실무 형법판례
수험

박태곤 / 유경일 공저

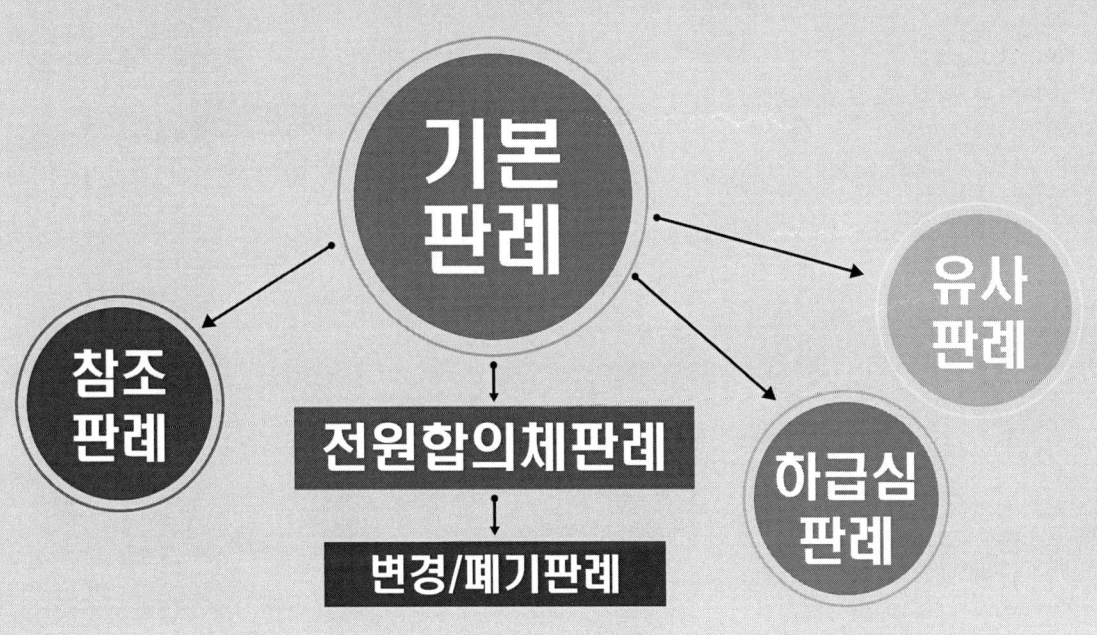

법문 북스

수사실무총서 등대지기 V

실무 수험 형법판례

박 태 곤 / 유 경 일 공저

법 문 북 스

공소시효의 계산법

(형사소송법 제249조)

구 분	2007. 12. 20. 까지	2007. 12. 21. 부터
사 형	15	25
무 기	10	15
	7	10
장기 10년 미만의 징역 금고	5	7
장기 5년 미만의 징역 금고, 장기 10년 이상의 자격정지, 1만원 이상 벌금	3	
장기 5년 미만의 징역 금고, 장기 10년 이상의 자격정지, 벌금		5
장기 5년 이상의 자격정지	2	3
장기 5년 미만의 자격정지, 구류, 과료, 몰수, 1만원 미만 벌금	1	
장기 5년 미만의 자격정지, 구류, 과료, 몰수		1
	공소시효의 적용 배제	

◆ 개정법(2007. 12. 21.) 시행 전에 범한 죄에 대하여는 종전의 규정 적용
◆ 사건접수 일자 기준이 아니고 범죄 발생일시 기준

● 책을 펴내며

　형사소송법 개정과 수사준칙, 수사규칙 등 각종 형사법령의 제정 및 개정으로 경찰의 수사역량에 많은 변화가 주어져 형사판례의 중요성은 더욱 수복받고 있습니다.

　이런 판례에 대해 인터넷 등을 통해 쉽게 검색할 수 있으나 필요에 따라 내가 원하는 판례를 일괄적으로 찾아 비교할 수 있는 판례집을 그동안 찾아보기가 쉽지 않았을 것입니다.

　특히, 실무에 있어서 수사결과보고서의 결정이유 작성 시 증거관계와 혐의 여부를 판단함에 관련 판례를 인용하는 것이 무엇보다 중요하고 필수적입니다.

　또 최근 각종 형법시험의 특징이 판례의 구체적 사안이 문항의 지문으로 출제되고 있는데, 시험에 출제되고 있는 대부분 판례는 실무와 관련되었다고 볼 수 있습니다.

　그래서 실무와 수험에 꼭 필요한 형법판례집을 출간하게 되었습니다.

　『실무/수험 형법판례집』의 특징은 다음과 같습니다.

　첫째, 2021. 12. 9. 시행 개정 형법을 토대로 2021년 4월 현재까지 최신판례를 우선순위로 한 다음 본 판례에서 인용한 참조판례를 하단에 연결지었으며, 유사판례와 하급심 중요판례까지 총 4,100여 개 판례를 정리하였다.

　둘째, 전원합의체 판례로 인해 변경·폐기된 판례는 합의체 판례와 같이 연결 정리하여 변경·폐지된 판례를 잘못 인용하지 않도록 하였다.

　셋째, 판례의 중요요지를 목차로 정리하여 목차만으로도 내가 찾고자 하는 관련 판례를 쉽게 접할 수 있도록 하였으며, 세부적인 내용검색을 위해 판례번호와 판결일을 같이 표기하였다.

넷째, 판례 중 판결요지 부분은 시험에 그대로 출제되므로 있는 그대로 수록하도록
하면서, 핵심 법리 위주로 압축하고 중요 부분은 <u>밑줄</u>로 표기하였다.

다섯째, '법학전문대학원협의회'에서 2020년 형법 표준판례로 선정한 543개
판례도 참고하여 모두 반영하였다.

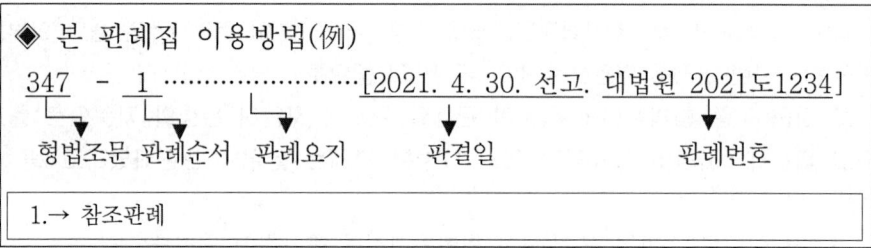

저자가 그동안 수사경찰관으로 근무하면서 실무와 승진시험의 경험을 토대로
판례의 중요성을 인식하고 실무와 수험에 꼭 필요한 형법 판례를 오랜 시간 정리
하고 다듬어 집필하게 되었습니다.

앞으로도 「실무/수험형법판례집」이 수험생은 물론 일선에서 활약하는 수사경찰의
업무수행과 관련하여 잘못된 법률적용을 올바르게 비추어 주고 실체적 진실발견을
최종목표로 하는 우리 수사경찰의 지침서가 될 수 있었으면 합니다.

끝으로 「실무/수험형법판례집」이 출판되도록 도와주신 법문북스 김현호 사장님을
비롯한 출판사 임직원들에게 감사의 말씀을 전합니다.

2021년 5월
저자 박태곤, 유경일

Contents

제1편 형법총칙

제2편 형법각칙

제3편 재산범죄

형법 총칙

1 편

목 차

제1장 형법의 적용 범위

제2장 죄

제3장 형

제59조(선고유예의 요건) ··· **272**

제4장 기간

제1장 형법의 적용 범위

제1조[범죄의 성립과 처벌]

> 제1조(범죄의 성립과 처벌) ① 범죄의 성립과 처벌은 행위 시의 법률에 따른다.
> ② 범죄 후 법률이 변경되어 그 행위가 범죄를 구성하지 아니하게 되거나 형이 구법(舊法)보다 가벼워진 경우에는 신법(新法)에 따른다.
> ③ 재판이 확정된 후 법률이 변경되어 그 행위가 범죄를 구성하지 아니하게 된 경우에는 형의 집행을 면제한다. [전문개정 2020. 12. 8.]

01-1. 법무사가 등록증을 다른 사람에게 빌려주거나 법무사의 등록증을 빌린 행위가 개정된 법무사법 시행 이전부터 계속되어 온 경우 [대법원 2020. 10. 15. 선고, 2020도7307]

【판시사항】

법무사가 등록증을 다른 사람에게 빌려주거나 법무사의 등록증을 빌린 행위가 2017. 12. 12. 법률 제15151호로 개정된 법무사법 시행 이전부터 계속되어 온 경우, 개정된 법무사법이 시행된 이후의 행위로 취득한 금품 그 밖의 이익만이 개정된 법무사법 제72조 제2항에 따른 몰수나 추징의 대상이 되는지 여부(적극)

【판결요지】

2017. 12. 12. 법률 제15151호로 개정된 법무사법(이하 '개정된 법무사법'이라 한다)에는 제72조 제2항이 신설되어 등록증을 다른 사람에게 빌려준 법무사, 법무사의 등록증을 빌린 사람 등이 취득한 금품이나 그 밖의 이익은 몰수하고 이를 몰수할 수 없을 때에는 그 가액을 추징한다고 규정하고 있고, 부칙 제2조는 "제72조 제2항의 개정규정은 이 법 시행 후 최초로 법무사 등록증을 다른 사람에게 빌려준 경우부터 적용한다."라고 규정하고 있다. 위와 같이 개정된 법무사법 제72조 제2항, 부칙 제2조, 헌법 제13조 제1항 전단과 형법 제1조 제1항에서 정한 형벌법규의 소급효 금지원칙에 비추어 보면, 법무사가 등록증을 다른 사람에게 빌려주거나 법무사의 등록증을 빌린 행위가 개정된 법무사법 시행 이전부터 계속되어 온 경우에는 개정된 법무사법이 시행된 이후의 행위로 취득한 금품 그 밖의 이익만이 개정된 법무사법 제72조 제2항에 따른 몰수나 추징의 대상이 된다고 보아야 한다.

01-2. 형법에서 정한 폭력범죄들에 대한 가중적 구성요건을 규정하고 있던 폭력행위법 제2조 제1항을 삭제한 것이 같은 항 각호에 열거된 개별 범죄를 일률적으로 가중처벌하도록 한 종전의 조치가 부당하다는 데에서 나온 반성적 조치로서 형법 제1조 제2항에 따라 신법을 적용하여야 하는 경우인지 여부(적극) [대법원 2018. 6. 28. 선고, 2015도2390]

【판시사항】

구 폭력행위처벌법 제2조 제1항은 "상습적으로 다음 각호의 죄를 범한 사람은 다음의 구분에 따라 처벌한다." 라고 규정하면서 그 각호에서 형법이 정한 폭력범죄들을 열거하고 그에 따른 법정형을 규정하고 있었으나, 2016. 1. 6. 법률 제13718호로 개정·시행된 폭력행위 등 처벌에 관한 법률은 제2조 제1항을 삭제하면서 경과규정을 별도로 두지 아니하였다. 이와 같이 형법에서 정한 폭력범죄들에 대한 가중적 구성요건을 규정하고 있던 구 폭력행위처벌법 제2조 제1항을 삭제한 취지는, 그 가중적 구성요건의 표지로서 같은 항 각호에 열거된 범죄행위를 포괄한 폭력행위의 습벽이 가지는 일반적인 위험성을 고려하더라도 개별 범죄의 범행경위, 구체적인 행위태양과 법익침해의 정도 등이 매우 다양함에도 일률적으로 가중처벌하도록 한 종전의 조치가 부당하다는 데에서 나온 반성적 조치라고 보아야 할 것이다.

따라서 <u>이는 형법 제1조 제2항의 '범죄 후 법률의 변경에 의하여 그 행위가 범죄를 구성하지 아니하거나 형이 구법보다 경한 때' 에 해당하므로, 위 규정에 따라 신법을 적용하여야 한다.</u>

---

1. 범죄 후 법률의 변경에 의하여 형이 구법보다 경한 때 [대법원 2010. 3. 11. 선고, 2009도12930]

【판시사항】

[1] 형법 제1조 제2항의 적용범위

[2] 법정형으로 징역형과 금고형만 규정되어 있던 구 군형법 제79조(무단이탈)가 원심판결 선고 후 개정되어 벌금형이 추가된 경우, '범죄 후 법률의 변경에 의하여 형이 구법보다 경한 때'에 해당한다.

【판결요지】

[1] 형벌법령 제정의 이유가 된 법률이념의 변천에 따라 과거에 범죄로 보던 행위에 대하여 그 평가가 달라져 이를 범죄로 인정하고 처벌한 그 자체가 부당하였다거나 또는 과형이 과중하였다는 반성적 고려에서 법령을 개폐하였을 경우에는, 형법 제1조 제2항에 따라 신법을 적용하여야 한다.

[2] 구 군형법(2009. 11. 2. 법률 제9820호로 개정되기 전의 것) 제79조는 "허가 없이 근무장소 또는 지정장소를 일시이탈하거나 지정한 시간 내에 지정한 장소에 도달하지 못한 자는 1년 이하의 징역이나 금고에 처한다"고 규정하였으나, 원심판결 선고 후 시행된 군형법 제79조는 "허가 없이 근무장소 또는 지정장소를 일시적으로 이탈하거나 지정한 시간까지 지정한 장소에 도달하지 못한 사람은 1년 이하의 징역이나 금고 또는 300만 원 이하의 벌금에 처한다"고 규정하여 벌금형이 법정형으로 추가되었는바, 그 취지는 무단이탈의 형태와 동기가 다양함에도 불구하고 죄질이 경미한 무단이탈에 대하여도 반드시 징역형 내지 금고형으로 처벌하도록 한 종전의 조치가 과중하다는 데에서 나온 반성적 조치라고 보아야 할 것이어서, 이는 형법 제1조 제2항의 '범죄 후 법률의 변경에 의하여 형이 구법보다 경한 때'에 해당한다.

01-3. 법률에 사용된 문언의 의미를 해석하는 방법 [대법원 2018. 6. 15. 선고, 2018도2615]

【판결요지】

<u>법률에 사용된 문언의 의미는 해당 법률에 정의규정이 있다면 그에 따를 것이나, 그렇지 않은 경우라도 문언의 통상적인 의미를 살피는 외에 그것이 해당 법률에서 어떠한 의미로 어떻게 사용되고 있는지 체계적, 논리적으로 파악하여야 한다.</u>

01-4. 형벌법규의 해석방법 [대법원 2018. 5. 11. 선고, 2018도2844]

4 . 제1장 형법의 적용 범위

【판결요지】

형벌법규는 문언에 따라 엄격하게 해석·적용하여야 하고 피고인에게 불리한 방향으로 지나치게 확장해석하거나 유추해석해서는 안 된다. 그러나 형벌법규의 해석에서도 문언의 가능한 의미 안에서 입법 취지와 목적 등을 고려한 법률 규정의 체계적 연관성에 따라 문언의 논리적 의미를 분명히 밝히는 체계적·논리적 해석방법은 규정의 본질적 내용에 가장 접근한 해석을 위한 것으로서 죄형법정주의의 원칙에 부합한다.

01-5. 형벌법령 개정·폐지 시 형법 제1조 제2항에 따라 신법을 적용하여야 하는 경우 [대법원 2017. 12. 28. 선고, 2015도5854]

【판시사항】

[1] 형벌법령 개정·폐지 시 형법 제1조 제2항에 따라 신법을 적용하여야 하는 경우

[2] 형법 제257조 제2항의 가중적 구성요건을 규정하고 있던 구 폭력행위 등 처벌에 관한 법률 제3조 제1항을 삭제하는 대신에 같은 구성요건을 형법 제258조의2 제1항에 신설하면서 법정형을 구 폭력행위 등 처벌에 관한 법률 제3조 제1항보다 낮게 규정한 것이 종전의 형벌규정이 과중하다는 데에서 나온 반성적 조치로서 형법 제1조 제2항의 '범죄 후 법률의 변경에 의하여 형이 구법보다 경한 때'에 해당하는지 여부(적극)

【이 유】

형벌법령 제정의 이유가 된 법률이념의 변천에 따라 과거에 범죄로 보던 행위에 대하여 그 평가가 달라져 이를 범죄로 인정하고 처벌한 것 자체가 부당하였다거나 또는 법정형이 지나치게 무거웠다는 반성적 고려에서 법령을 개정하거나 폐지하였을 경우에는 형법 제1조 제2항에 따라 신법을 적용하여야 한다.

---

1. 형법 제257조 제1항의 가중적 구성요건을 규정하고 있던 구 폭력행위 등 처벌에 관한 법률 제3조 제1항을 삭제하는 대신 같은 구성요건을 형법 제258조의2 제1항에 신설하면서 법정형을 구 폭력행위 등 처벌에 관한 법률 제3조 제1항보다 낮게 규정한 것이 '범죄 후 법률의 변경에 의하여 형이 구법보다 경한 때'에 해당하는지 여부(적극) [대법원 2016. 1. 28. 선고, 2015도17907]

【판결요지】

구 폭력행위 등 처벌에 관한 법률(2016. 1. 6. 법률 제13718호로 개정되기 전의 것, 이하 '구 폭력행위처벌법'이라 한다)은 제3조 제1항에서 "단체나 다중의 위력으로써 또는 단체나 집단을 가장하여 위력을 보임으로써 제2조 제1항 각 호에 규정된 죄를 범한 사람 또는 흉기나 그 밖의 위험한 물건을 휴대하여 그 죄를 범한 사람은 제2조 제1항 각 호의 예에 따라 처벌한다."라고 규정하고, 제2조 제1항에서 "상습적으로 다음 각 호의 죄를 범한 사람은 다음의 구분에 따라 처벌한다."라고 규정하면서 제3호에서 형법 제257조 제1항(상해), 형법 제257조 제2항(존속상해)에 대하여 3년 이상의 유기징역에 처하도록 규정하였다. 그런데 2016. 1. 6. 법률 제13718호로 개정·시행된 폭력행위 등 처벌에 관한 법률에는 제3조 제1항이 삭제되고, 같은 날 법률 제13719호로 개정·시행된 형법에는 제258조의2(특수상해)가 신설되어 제1항에서 "단체 또는 다중의 위력을 보이거나 위험한 물건을 휴대하여 제257조 제1항 또는

제2항의 죄를 범한 때에는 1년 이상 10년 이하의 징역에 처한다."라고 규정하였다. 이와 같이 형법 제257조 제1항의 가중적 구성요건을 규정하고 있던 구 폭력행위처벌법 제3조 제1항을 삭제하는 대신에 같은 구성요건을 형법 제258조의2 제1항에 신설하면서 법정형을 구 폭력행위처벌법 제3조 제1항보다 낮게 규정한 것은, 가중적 구성요건의 표지가 가지는 일반적인 위험성을 고려하더라도 개별 범죄의 범행경위, 구체적인 행위태양과 법익침해의 정도 등이 매우 다양함에도 일률적으로 3년 이상의 유기징역으로 가중 처벌하도록 한 종전의 형벌규정이 과중하다는 데에서 나온 반성적 조치라고 보아야 하므로, 이는 형법 제1조 제2항의 '범죄 후 법률의 변경에 의하여 형이 구법보다 경한 때'에 해당한다.

---

2. 형벌법령 개폐 시 형법 제1조 제2항에 따라 신법을 적용하여야 하는 경우 [대법원 2017. 3. 16. 선고, 2013도16192]

【판시사항】

[1] 형벌법령 개폐 시 형법 제1조 제2항에 따라 신법을 적용하여야 하는 경우

[2] 형법 제257조 제2항의 가중적 구성요건을 규정하고 있던 구 폭력행위 등 처벌에 관한 법률 제3조 제1항을 삭제하는 대신에 같은 구성요건을 형법 제258조의2 제1항에 신설하면서 법정형을 구 폭력행위 등 처벌에 관한 법률 제3조 제1항보다 낮게 규정한 것이 종전의 형벌규정이 과중하다는 데에서 나온 반성적 조치로서 형법 제1조 제2항의 '범죄 후 법률의 변경에 의하여 형이 구법보다 경한 때'에 해당하는지 여부(적극)

【이 유】

[1] 형벌법령 제정의 이유가 된 법률이념의 변천에 따라 과거에 범죄로 보던 행위에 대하여 그 평가가 달라져 이를 범죄로 인정하고 처벌한 그 자체가 부당하였다거나 또는 과형이 과중하였다는 반성적 고려에서 법령을 개폐하였을 경우에는 형법 제1조 제2항에 따라 신법을 적용하여야 한다(대법원 2010. 3. 11. 선고 2009도12930 판결, 대법원 2013. 7. 11. 선고 2013도4862, 2013전도101 판결 등 참조). 원심판결 이유에 의하면, 원심은 이 사건 공소사실 중 피고인이 위험한 물건인 과도를 휴대하여 피해자 공소외인에게 상해를 가한 행위에 대하여 구 폭력행위 등 처벌에 관한 법률(2016. 1. 6. 법률 제13718호로 개정되기 전의 것, 이하 '구 폭력행위처벌법'이라 한다) 제3조 제1항, 제2조 제1항 제3호, 형법 제257조 제2항을 적용하여 유죄로 판단하였다.

구 폭력행위처벌법은 제3조 제1항에서 "단체나 다중의 위력으로써 또는 단체나 집단을 가장하여 위력을 보임으로써 제2조 제1항 각 호에 규정된 죄를 범한 사람 또는 흉기나 그 밖의 위험한 물건을 휴대하여 그 죄를 범한 사람은 제2조 제1항 각 호의 예에 따라 처벌한다."라고 규정하고, 제2조 제1항에서 "상습적으로 다음 각 호의 죄를 범한 사람은 다음의 구분에 따라 처벌한다."라고 규정하면서 그 제3호에서 형법 제257조 제1항(상해), 형법 제257조 제2항(존속상해)에 대하여 3년 이상의 유기징역에 처하도록 규정하였다. 그런데 2016. 1. 6. 법률 제13718호로 개정·시행된 폭력행위 등 처벌에 관한 법률에는 제3조 제1항이 삭제되고, 같은 날 법률 제13719호로 개정·시행된 형법에는 제258조의2(특수상해)가 신설되어 그 제1항에서 "단체 또는 다중의 위력을 보이거나 위험한 물건을 휴대하여 제257조 제1항 또는 제2항의 죄를 범한 때에는 1년 이상 10년 이하의 징역에 처한다."라고 규정하였다.

01-6. 승객이 탑승한 후 항공기의 모든 문이 닫힌 때부터 내리기 위하여 문을 열 때까지 항공기가

지상에서 이동하는 경로가 위 '항로'에 포함되는지 여부(소극) [대법원 2017. 12. 21., 선고, 2015도8335, 전원합의체 판결]

【판결요지】

[다수의견] (가) 항공보안법 제42조는 "위계 또는 위력으로써 운항 중인 항공기의 항로를 변경하게 하여 정상 운항을 방해한 사람은 1년 이상 10년 이하의 징역에 처한다."라고 규정하고 있다. 같은 법 제2조 제1호는 '운항 중'을 '승객이 탑승한 후 항공기의 모든 문이 닫힌 때로부터 내리기 위하여 문을 열 때까지'로 정의하였다. 그러나 항공보안법에 '항로'가 무엇인지에 관하여 정의한 규정은 없다.

(나) 죄형법정주의는 국가형벌권의 자의적인 행사로부터 개인의 자유와 권리를 보호하기 위하여 범죄와 형벌을 법률로 정할 것을 요구한다. 그러한 취지에 비추어 보면 형벌법규의 해석은 엄격하여야 하고, 문언의 가능한 의미를 벗어나 피고인에게 불리한 방향으로 해석하는 것은 죄형법정주의의 내용인 확장해석금지에 따라 허용되지 아니한다. 법률을 해석할 때 입법 취지와 목적, 제·개정 연혁, 법질서 전체와의 조화, 다른 법령과의 관계 등을 고려하는 체계적·논리적 해석 방법을 사용할 수 있으나, 문언 자체가 비교적 명확한 개념으로 구성되어 있다면 원칙적으로 이러한 해석 방법은 활용할 필요가 없거나 제한될 수밖에 없다. 죄형법정주의 원칙이 적용되는 형벌법규의 해석에서는 더욱 그러하다.

(다) 법령에서 쓰인 용어에 관해 정의규정이 없는 경우에는 원칙적으로 사전적인 정의 등 일반적으로 받아들여진 의미에 따라야 한다. 국립국어원의 표준국어대사전은 항로를 '항공기가 통행하는 공로(空路)'로 정의하고 있다. 국어학적 의미에서 항로는 공중의 개념을 내포하고 있음이 분명하다. 항공기 운항과 관련하여 '항로'가 지상에서의 이동 경로를 가리키는 용어로 쓰인 예를 찾을 수 없다.

(라) 본죄의 객체는 '운항 중'의 항공기이다. 그러나 위계 또는 위력으로 변경할 대상인 '항로'는 별개의 구성요건요소로서 그 자체로 죄형법정주의 원칙에 부합하게 해석해야 할 대상이 된다. 항로가 공중의 개념을 내포한 말이고, 입법자가 그 말뜻을 사전적 정의보다 넓은 의미로 사용하였다고 볼 자료가 없다. 지상의 항공기가 이동할 때 '운항 중'이 된다는 이유만으로 그때 다니는 지상의 길까지 '항로'로 해석하는 것은 문언의 가능한 의미를 벗어난다.

(마) 지상에서 이동하는 항공기의 경로를 함부로 변경하는 것은 다른 항공기나 시설물과 충돌할 수 있어 위험성이 큰 행위임이 분명하다. 그러나 처벌의 필요성만으로 죄형법정주의 원칙을 후퇴시켜서는 안 된다. 그런 행위는 기장에 대한 업무방해죄로 처벌할 수 있을 뿐만 아니라, 많은 경우 폭행·협박 또는 위계를 수반할 것이므로 10년 이하의 징역으로 처벌 가능한 직무집행방해죄(항공보안법 제43조) 등에 해당할 수 있어 처벌의 공백이 생기는 것도 아니다.

01-7. 형사소송법률의 시행령이 형사처벌에 관한 사항을 규정하면서 법률의 명시적인 위임 범위를 벗어나 처벌의 대상을 확장하는 경우, 위임입법의 한계를 벗어나 무효인지 여부(적극) [대법원 2017. 2. 21. 선고, 2015도14966]

【판시사항】

법률의 시행령은 모법인 법률의 위임 없이 법률이 규정한 개인의 권리·의무에 관한 내용을 변경·보충하거나 법률에서 규정하지 아니한 새로운 내용을 규정할 수 없고, 특히 법률의 시행령이 형사처벌에 관한 사항을 규정하면서 법률의 명시적인 위임 범위를 벗어나 그 처벌의 대상을 확장하는 것은 죄형법정주의의 원칙에도 어긋나므로, 그러한 시행령은 위임입법의 한계를 벗어난 것으로서 무효이다(대법원 1998. 10. 15. 선고 98도1759 전원합의체 판결, 대법원 1999. 2. 11. 선고 98도2816 전원합의체 판결 참조).

> 1. 법률의 시행령이 형사처벌에 관한 사항을 규정하면서 법률의 명시적인 위임 범위를 벗어나 처벌 대상을 확장하는 경우, 위임입법의 한계를 벗어나 무효인지 여부(적극) [대법원 2017. 2. 16. 선고, 2015도16014, 전원합의체 판결]
> 【판결요지】
> [다수의견] 법률의 시행령은 모법인 법률의 위임 없이 법률이 규정한 개인의 권리·의무에 관한 내용을 변경·보충하거나 법률에서 규정하지 아니한 새로운 내용을 규정할 수 없고, 특히 법률의 시행령이 형사처벌에 관한 사항을 규정하면서 법률의 명시적인 위임 범위를 벗어나 처벌의 대상을 확장하는 것은 죄형법정주의의 원칙에도 어긋나는 것이므로, 그러한 시행령은 위임입법의 한계를 벗어난 것으로서 무효이다.

01-8. 아동학대범죄의 처벌 등에 관한 특례법 제34조의 취지 및 같은 법 시행일 당시 범죄행위가 종료되었으나 아직 공소시효가 완성되지 아니한 아동학대범죄에 대하여 같은 법 제34조 제1항이 적용되는지 여부(적극) [대법원 2016. 9. 28. 선고, 2016도7273]

【판결요지】

아동학대범죄의 처벌 등에 관한 특례법(2014. 1. 28. 법률 제12341호로 제정되어 2014. 9. 29. 시행되었으며, 이하 '아동학대처벌법'이라 한다)은 아동학대범죄의 처벌에 관한 특례 등을 규정함으로써 아동을 보호하여 아동이 건강한 사회 구성원으로 성장하도록 함을 목적으로 제정되었다. 아동학대처벌법 제2조 제4호 (타)목은 아동복지법 제71조 제1항 제2호, 제17조 제3호에서 정한 '아동의 신체에 손상을 주거나 신체의 건강 및 발달을 해치는 신체적 학대행위' [구 아동복지법(2011. 8. 4. 법률 제11002호로 전부 개정되기 전의 것) 제29조 제1호 '아동의 신체에 손상을 주는 학대행위'에 상응하는 규정이다]를 아동학대범죄의 하나로 규정하고, 나아가 제34조는 '공소시효의 정지와 효력'이라는 표제 밑에 제1항에서 "아동학대범죄의 공소시효는 형사소송법 제252조에도 불구하고 해당 아동학대범죄의 피해아동이 성년에 달한 날부터 진행한다."라고 규정하며, 부칙은 "이 법은 공포 후 8개월이 경과한 날부터 시행한다."라고 규정하고 있다. 이처럼 아동학대처벌법은 신체적 학대행위를 비롯한 아동학대범죄로부터 피해아동을 보호하기 위한 것으로서, 같은 법 제34조 역시 아동학대범죄가 피해아동의 성년에 이르기 전에 공소시효가 완성되어 처벌대상에서 벗어나지 못하도록 진행을 정지시킴으로써 보호자로부터 피해를 입은 18세 미만 아동을 실질적으로 보호하려는 취지이다.

이러한 아동학대처벌법의 입법 목적 및 같은 법 제34조의 취지를 공소시효를 정지하는 특례조항의 신설·소급에 관한 법리에 비추어 보면, 비록 아동학대처벌법이 제34조 제1항의 소급적용 등에 관하여 명시적인 경과규정을 두고 있지는 아니하나, 위 규정은 완성되지 아니한 공소시효의 진행을 일정한 요건 아래에서 장래를 향하여 정지시키는 것으로서, 시행일인 2014. 9. 29. 당시 범죄행위가 종료되었으나 아직 공소시효가 완성되지 아니한 아동학대범죄에 대하여도 적용된다.

01-9. 법정형으로 징역형만 규정하고 있던 구 형법 제324조가 개정되어 벌금형이 추가된 것이 '범죄 후 법률의 변경에 의하여 형이 구법보다 경한 때'에 해당하는지 여부(적극) [대법원 2016. 3. 24. 선고, 2016도836]

【판시사항】

형벌법령 제정의 이유가 된 법률이념의 변천에 따라 과거에 범죄로 보던 행위에 대하여 그 평가가 달라져 이를 범죄로 인정하고 처벌한 그 자체가 부당하였다거나 또는 형이 과중하였다는 반성적 고려에서 법령을 개폐하였을 경우에는 형법 제1조 제2항에 따라 신법을 적용하여야 한다(대법원 2013. 7. 11. 선고 2013도4862, 2013전도101 판결 등 참조). 구 폭력행위처벌법 제2조 제2항은 2명 이상이 공동하여 구 형법 제324조 등에 규정된 죄를 범하였을 때에는 구 형법 각 해당 조항에서 정한 형의 2분의 1까지 가중한다고 규정하였다. 그런데 구 형법 제324조는 "폭행 또는 협박으로 사람의 권리행사를 방해하거나 의무 없는 일을 하게 한 자는 5년 이하의 징역에 처한다." 라고 규정하였으나, 원심판결 선고 후 시행된 형법(2016. 1. 6. 법률 제13719호로 개정되어 같은 날 시행된 것) 제324조 제1항은 "폭행 또는 협박으로 사람의 권리행사를 방해하거나 의무 없는 일을 하게 한 자는 5년 이하의 징역 또는 3천만 원 이하의 벌금에 처한다." 라고 규정하여 벌금형이 법정형으로 추가되었다. 이는 강요 행위의 형태와 동기가 다양한데 죄질이 가벼운 강요 행위에 대하여도 반드시 징역형으로 처벌하도록 한 종전의 조치가 과중하다는 데에서 나온 반성적 조치라고 보이므로 형법 제1조 제2항의 '범죄 후 법률의 변경에 의하여 형이 구법보다 경한 때' 에 해당한다.

01-10. 죄가 되지 아니하던 행위를 구성요건 신설로 포괄일죄의 처벌대상으로 삼는 경우, 신설된 포괄일죄 처벌법규가 시행되기 이전의 행위에 대하여 신설된 법규를 적용할 수 있는지 여부(소극) [대법원 2016. 1. 28. 선고, 2015도15669]

【판시사항】

포괄일죄에 관한 기존 처벌법규에 대하여 그 표현이나 형량과 관련한 개정을 하는 경우가 아니라 애초에 죄가 되지 아니하던 행위를 구성요건의 신설로 포괄일죄의 처벌대상으로 삼는 경우에는 신설된 포괄일죄 처벌법규가 시행되기 이전의 행위에 대하여는 신설된 법규를 적용하여 처벌할 수 없다(형법 제1조 제1항). 이는 신설된 처벌법규가 상습범을 처벌하는 구성요건인 경우에도 마찬가지라고 할 것이므로, 구성요건이 신설된 상습강제추행죄가 시행되기 이전의 범행은 상습강제추행죄로는 처벌할 수 없고 행위시법에 기초하여 강제추행죄로 처벌할 수 있을 뿐이며, 이 경우 그 소추요건도 상습강제추행죄에 관한 것이 아니라 강제추행죄에 관한 것이 구비되어야 한다.

01-11. '위계간음죄'를 규정한 구 형법 제304조의 삭제가 범죄 후의 법령개폐로 범죄를 구성하지 않게 되어 형이 폐지되었을 때에 해당하는지 여부(적극) [대법원 2014. 4. 24. 선고, 2012도14253]

【판시사항】

구 형법 제304조(2012. 12. 18. 법률 제11574호로 개정되기 전의 것, 이하 같다)는 '혼인을 빙자하거나 기타 위계로써 음행의 상습 없는 부녀를 기망하여 간음한 자는 2년 이하의 징역 또는 500만 원 이하의 벌금에 처한다' 라고 규정하고 있었으나, 2012. 12. 18. 법률 제11574호로 형법이 개정되면서 삭제되었다. 위 개정에 앞서 구 형법 제304조 중 혼인빙자간음죄 부분은 헌법재판소 2009. 11. 26. 선고 2008헌바58 등 결정에 의하여 위헌으로 판단되었고, 또한 위 개정 형법 부칙 등에서 그 시행 전의 행위에 대한 벌칙의 적용에 관하여 아무런 경과규정을 두지 아니하였다. 이러한 사정 등에 비추어 보면, 구 형법 제304조의 삭제는 법률이념의 변천에 따라 과거에 범죄로 본 음행의 상습없는 부녀에 대한 위계간음 행위에 관하여 현재의 평가가 달라짐에 따라 이를 처벌대상으로 삼는 것이 부당하다는 반성적 고려에서 비롯된 것으로 봄이 타당하므로, 이는 범죄 후의 법령개폐로 범죄를 구성하지 않게 되어 형이 폐지되었을 때에 해당한다.

01-12. 죄형법정주의 원칙에서 파생되는 '명확성의 원칙'의 의미 및 법규범이 명확성 원칙에 위반되는지 판단하는 방법 [대법원 2014. 1. 29. 선고, 2013도12939]

【판결요지】

죄형법정주의의 원칙에서 파생되는 명확성의 원칙은 법률이 처벌하고자 하는 행위가 무엇이며 그에 대한 형벌이 어떠한 것인지를 누구나 예견할 수 있고, 그에 따라 자신의 행위를 결정할 수 있도록 구성요건을 명확하게 규정하는 것을 의미한다. 그러나 처벌법규의 구성요건이 명확하여야 한다고 하여 모든 구성요건을 단순한 서술적 개념으로 규정하여야 하는 것은 아니고, 다소 광범위하여 법관의 보충적인 해석을 필요로 하는 개념을 사용하였다고 하더라도 통상의 해석방법에 의하여 건전한 상식과 통상적인 법감정을 가진 사람이면 당해 처벌법규의 보호법익과 금지된 행위 및 처벌의 종류와 정도를 알 수 있도록 규정하였다면 처벌법규의 명확성에 배치되는 것이 아니다. 또한 어떠한 법규범이 명확한지 여부는 그 법규범이 수범자에게 법규의 의미내용을 알 수 있도록 공정한 고지를 하여 예측가능성을 주고 있는지 여부 및 그 법규범이 법을 해석·집행하는 기관에게 충분한 의미내용을 규율하여 자의적인 법해석이나 법집행이 배제되는지 여부, 다시 말하면 예측가능성 및 자의적 법집행 배제가 확보되는지 여부에 따라 이를 판단할 수 있다. 그런데 법규범의 의미내용은 그 문언뿐만 아니라 입법 목적이나 입법 취지, 입법 연혁, 그리고 법규범의 체계적 구조 등을 종합적으로 고려하는 해석방법에 의하여 구체화하게 되므로, 결국 법규범이 명확성 원칙에 위반되는지 여부는 위와 같은 해석방법에 의하여 그 의미내용을 합리적으로 파악할 수 있는 해석기준을 얻을 수 있는지 여부에 달려 있다.

01-13. 공공기관의 운영에 관한 법률 제53조가 공기업의 임직원으로서 공무원이 아닌 사람은 형법

제129조의 적용에서는 이를 공무원으로 본다고 규정하고 있을 뿐 구체적인 공기업의 지정에 관하여는 하위규범인 기획재정부장관의 고시에 의하도록 규정한 것이 죄형법정주의에 위배되거나 위임입법의 한계를 일탈한 것인지 여부(소극) [대법원 2013. 6. 13., 선고, 2013도1685]

【판결요지】

공공기관의 운영에 관한 법률(이하 '법'이라고 한다) 제4조, 제5조 제1항, 제2항, 제3항 제1호 (가)목, 제53조, 공공기관의 운영에 관한 법률 시행령(이하 '시행령'이라고 한다) 제7조의 취지와 내용에 더하여 법의 입법 목적과 경제상황이나 정책상 목적에 따라 공공기관의 사업 내용이나 범위 등이 계속적으로 변동할 수밖에 없는 현실, 국회가 공공기관의 재정상태와 직원 수의 변동, 수입액 등을 예측하기 어렵고 그러한 변화에 대응하여 그때마다 법률을 개정하는 것도 용이하지 아니한 점 등을 감안할 때 공무원 의제규정의 적용을 받는 공기업 등의 정의규정을 법률이 아닌 시행령이나 고시 등 그 하위규범에서 정하는 것에 부득이한 측면이 있고, 법 및 시행령상 '시장형 공기업'의 경우 자산규모가 2조 원 이상으로 직원 정원이 50인 이상인 공공기관으로서 총수입액 중 자체수입액이 85% 이상인 기업을 의미하는 것으로 명시적으로 규정되어 있어서 법령에서 비교적 구체적으로 요건과 범위를 정하여 공공기관 유형의 지정 권한을 기획재정부장관에게 위임하고 있는 것으로 볼 수 있으며, 특히 종래 '기타공공기관'으로 지정되어 있다가 기획재정부장관 고시에 의하여 '시장형 공기업'으로 지정된 기관의 임직원은 고시를 통하여 그 기관이 '시장형 공기업'으로 지정되었는지 여부를 확인할 수 있고, 시장형 공기업의 임직원이라는 의미가 불명확하다고 볼 수도 없는 점 등에 비추어 보면, 법 제53조가 공기업의 임직원으로서 공무원이 아닌 사람은 형법 제129조의 적용에 있어서는 이를 공무원으로 본다고 규정하고 있을 뿐 구체적인 공기업의 지정에 관하여는 그 하위규범인 기획재정부장관의 고시에 의하도록 규정하였다 하더라도 죄형법정주의에 위배되거나 위임입법의 한계를 일탈한 것으로 볼 수 없다.

01-14. 죄형법정주의 원칙에 따른 형벌법규의 해석 [대법원 2013. 11. 28. 선고, 2012도4230]

【판결요지】

죄형법정주의는 국가형벌권의 자의적인 행사로부터 개인의 자유와 권리를 보호하기 위하여 범죄와 형벌을 법률로 정할 것을 요구한다. 그러한 취지에 비추어 보면 형벌법규의 해석은 엄격하여야 하고, 명문의 형벌법규의 의미를 피고인에게 불리한 방향으로 지나치게 확장해석하거나 유추해석하는 것은 죄형법정주의의 원칙에 어긋나는 것으로서 허용되지 아니한다.

01-15. 재심이 개시된 사건에서 재심대상판결 당시 법령이 변경된 경우, 법원이 범죄사실에 대하여 적용하여야 할 법령(=재심판결 당시의 법령) [대법원 2011. 10. 27. 선고, 2009도1603]

【판시사항】

재심이 개시된 사건에서 재심대상판결 당시 법령이 변경된 경우, 법원이 범죄사실에 대하여 적용하여야 할 법령(=재심판결 당시의 법령) 및 법령 해석 기준 시기(=재심판결 당시)

【판결요지】

재심이 개시된 사건에서 범죄사실에 대하여 적용하여야 할 법령은 재심판결 당시의 법령이고, 재심대상판결 당시의 법령이 변경된 경우 법원은 범죄사실에 대하여 재심판결 당시의 법령을 적용하여야 하며, 법령을 해석할 때에도 재심판결 당시를 기준으로 하여야 한다.

---

1. 재심사유가 없지만 재심의 심판대상에 포함된 보호감호 청구사건에 관한 법령이 재심대상판결 후 개정·폐지된 경우, 보호감호 청구사건에 적용되어야 할 법령 [대법원 2011. 6. 9. 선고, 2010도13590]

【판시사항】

재심이 개시된 사안에서, 재심사유가 없지만 재심의 심판대상에 포함된 보호감호 청구사건에 관한 법령이 재심대상판결 후 개정·폐지된 경우, 보호감호 청구사건에 적용되어야 할 법령(=재심판결 당시의 법령)

【판결요지】

재심이 개시된 사건에서 재심사유가 없는 범죄사실에 관한 법령이 재심대상판결 후 개정·폐지된 경우에는 그 범죄사실에 관하여도 재심판결 당시 법률을 적용하여야 하는데, 이러한 법리는 재심사유가 없지만 재심의 심판대상에 포함되는 재판 계속 중에 있는 보호감호 청구사건에 관한 법령이 재심대상판결 후 개정·폐지된 경우에도 마찬가지로 적용된다고 보는 것이 타당하다.

01-16. 형법 제1조 제2항의 적용 범위 [대법원 2011. 9. 8. 선고, 2011도7635]

【판시사항】

[1] 형법 제1조 제2항의 적용 범위

[2] 구 마약류 불법거래 방지에 관한 특례법 제9조 제2항의 처벌대상이 '약물 기타 물품을 마약류로 인식하고 양도·양수하거나 이를 소지한 행위' 에서 '약물이나 그 밖의 물품을 마약류라는 사실을 알면서도 양도·양수하거나 소지한 행위' 로 개정되었더라도, 위 법률 개정이 종전에 마약류에 해당하지 않는 약물 기타 물품을 마약류로 인식하고 양도·양수하거나 소지한 행위를 형사처벌한 것이 부당하였다는 반성적 고려에서 비롯된 것으로 볼 수 없다.

【이 유】

형법 제1조 제2항의 규정은 형벌법령 제정의 이유가 된 법률이념의 변천에 따라 과거에 범죄로 보던 행위에 대하여 그 평가가 달라져 이를 범죄로 인정하고 처벌한 그 자체가 부당하였다거나 또는 과형이 과중하였다는 반성적 고려에서 법령을 개폐하였을 경우에 적용하여야 하고, 이와 같은 법률이념의 변경에 의한 것이 아닌 다른 사정의 변천에 따라 그때그때의 특수한 필요에 대처하기 위하여 법령을 개폐하는 경우에는 이미 그 전에 성립한 위법행위는 현재에 관찰하여서도 여전히 가벌성이 있는 것이어서 그 법령이 개폐되었다 하더라도 그에 대한 형이 폐지된 것이라고 할 수 없다 (대법원 2005. 12. 23. 선고 2005도747 판결 등 참조).

---

1. 사용이 금지되었던 식품첨가물이 '건강기능식품에 관한 법률' 및 이에 의하여 고시된 '건강기능식품의 기준 및 규격' 등에 의하여 그 제한적 사용이 가능하도록 법률이 변경된 경우 [대법원 2005. 12. 23. 선고, 2005도747]

【판시사항】

사용이 금지되었던 식품첨가물이 '건강기능식품에 관한 법률' 및 이에 의하여 고시된 '건강기능식품의 기준 및 규격' 등에 의하여 그 제한적 사용이 가능하도록 법률이 변경된 경우, 위 법률 및 고시가 시행되기 전에 이미 범하여진 위반행위에 대한 가벌성이 소멸되는 것은 아니라고 한 원심의 판단을 수긍한 사례

【판결요지】

사용이 금지되었던 식품첨가물이 '건강기능식품에 관한 법률' 및 이에 의하여 고시된 '건강기능식품의 기준 및 규격' 등에 의하여 그 제한적 사용이 가능하도록 법률이 변경된 것은 법률이념의 변천으로 종래의 규정에 따른 처벌 자체가 부당하다는 반성적 고려에서 비롯된 것이라기보다는 건강기능식품의 국내 수요 확대 등 여건의 변화에 따른 규제범위의 합리적 조정의 필요와 건강기능식품의 안전성 제고 등 그때그때의 특수한 필요에 대처하기 위한 정책적 조치에 따른 것으로 보아, 위 법률 및 고시가 시행되기 전에 이미 범하여진 위반행위에 대한 가벌성이 소멸되는 것은 아니다.

---

2. 형을 가볍게 개정하면서 부칙에서 개정 전 범죄에 대하여는 종전의 법을 적용하도록 규정하는 것이 형벌불소급원칙이나 신법우선원칙에 반하는지 여부(소극) [대법원 2011. 7. 14. 선고, 2011도1303]

【판시사항】

[1] 형을 가볍게 개정하면서 부칙에서 개정 전 범죄에 대하여는 종전의 법을 적용하도록 규정하는 것이 형벌불소급원칙이나 신법우선원칙에 반하는지 여부(소극)

[2] '납세의무자가 정당한 사유 없이 1회계연도에 3회 이상 체납하는 경우'를 처벌하는 구 조세범 처벌법 제10조의 삭제는 경제·사회적 여건 변화를 반영한 정책적 조치에 따른 것으로 보일 뿐 법률이념의 변천에 따른 반성적 고려에서 비롯된 것이라고 보기 어려우므로, 위 규정 삭제 이전에 범한 위반행위의 가벌성이 소멸되지 않는다고 본 원심판단을 수긍한 사례

---

3. 법률이념의 변경에 의한 것이 아닌 경제사정의 변천에 따르는 경제통제에 관한 법령의 개폐와 형법 제1조 제2항 [대법원 1963. 1. 31. 선고, 62도257]

【판결요지】

형법 제1조 제2항이나 형사소송법 제326조 제4호의 규정은 형벌 법령 제정의 이유가 된 법률이념의 변경에 따라 종래의 처벌 자체가 부당하였다거나 또는 과형이 과중하였다는 반성적 고려에서 법령을 개폐하였을 경우에 적용된다고 해석하여야 할 것이고 이와 같은 <u>법률이념의 변경에 의한 것이 아니고 경제사정의 변천에 따라 그때 그때의 특수한 필요에 대처하기 위하여 법령을 개폐하는 것에 불과한 경우에 있어서는 전법령시행 당시의 경제사정 아래 행하여진 위반행위에 대한 가벌성을 축소하거나 소멸시킬 아무런 이유가 없는 것이므로 후일 그 법령이 개폐되었다 하더라도 행위 당시의 형벌법령에 비추어서 그 위반행위를 처벌하여야 할 것이다.</u>

01-17. 형벌법규 적용대상이 행정법규가 규정한 사항을 내용으로 하는 경우, 행정법규 규정의 해석 원칙 [대법원 2011. 7. 14. 선고, 2009도7777]

【판시사항】

형벌법규의 해석은 엄격하여야 하고 명문규정의 의미를 피고인에게 불리한 방향으로 지나치게 확장 해석하거나 유추해석하는 것은 죄형법정주의의 원칙에 어긋나는 것으로서 허용되지 않으며, 이러한 법해석의 원리는 그 형벌법규의 적용대상이 행정법규가 규정한 사항을 내용으로 하고 있

는 경우에 그 행정법규의 규정을 해석하는 데에도 마찬가지로 적용된다(대법원 2004. 2. 27. 선고 2003도6535 판결, 대법원 2007. 6. 29. 선고 2006도4582 판결 등 참조).

01-18. 포괄일죄인 뇌물수수 범행이 특정범죄 가중처벌 등에 관한 법률 제2조 제2항의 시행 전후에 걸쳐 행하여진 경우, 위 조항에 규정된 벌금형 산정 기준이 되는 수뢰액의 범위(=시행 이후에 수수한 금액) [대법원 2011. 6. 10. 선고, 2011도4260]

【판결요지】

2008. 12. 26. 법률 제9169호로 개정·시행된 특정범죄 가중처벌 등에 관한 법률(이하 '특가법'이라 한다)은 제2조 제2항에서 "형법 제129조, 제130조 또는 제132조에 규정된 죄를 범한 자는 그 죄에 대하여 정한 형(제1항의 경우를 포함한다)에 수뢰액의 2배 이상 5배 이하의 벌금을 병과(併科)한다." 라고 규정하여 뇌물수수죄 등에 대하여 종전에 없던 벌금형을 필요적으로 병과하도록 하고 있는데, 헌법 제13조 제1항의 형벌법규 불소급 원칙과 형법 제1조 제1항의 "범죄의 성립과 처벌은 행위시의 법률에 의한다." 는 규정에 비추어 보면, 포괄일죄인 뇌물수수 범행이 위 신설 규정의 시행 전후에 걸쳐 행하여진 경우 특가법 제2조 제2항에 규정된 벌금형 산정 기준이 되는 수뢰액은 위 규정이 신설된 2008. 12. 26. 이후에 수수한 금액으로 한정된다고 보아야 한다.

1. 특정경제범죄가중처벌법 시행전후에 걸쳐 상습사기 범행을 한 자가 위 법시행 이후 취득한 가액이 동법 제3조 제1항 제3호 소정의 하단을 초과하는 경우의 적용법조 [대법원 1986. 7. 22. 선고, 86도 1012, 전원합의체 판결]

【판결요지】

(다수의견) 형법 부칙 제4조 제1항은 "1개의 죄가 본법시행 전후에 걸쳐서 행하여진 때에는 본법 시행전에 범한 것으로 간주한다"고 규정하고 있으나 위 부칙은 형법시행에 즈음하여 구형법과의 관계에서 그 적용범위를 규정한 경과법으로서 형법 제8조에서 규정하는 총칙규정이 아닐 뿐 아니라 범죄의 성립과 처벌은 행위시의 법률에 의한다고 규정한 형법 제1조 제1항의 해석으로서도 행위종료시의 법률의 적용을 배제한 점에서 타당한 것이 아니므로 신·구형법과의 관계가 아닌 다른 법과의 관계에서는 위 부칙을 적용 내지 유추적용할 것이 아니다. 따라서 상습으로 사기의 범죄행위를 되풀이 한 경우에 특정경제 범죄가중처벌등에 관한 법률시행 이후의 범행으로 인하여 취득한 재물의 가액이 위 법률 제3조 제1항 제3호의 구성요건을 충족하는 때는 그중 법정형이 중한 위 특정경제범죄가중처벌등에 관한 법률위반의 죄에 나머지 행위를 포괄시켜 특정경제범죄가중처벌등에 관한 법률위반의 죄로 처단하여야 한다.

2. 법 개정 전후에 걸친 포괄일죄에 대한 법령 적용 [대법원 1994. 10. 28. 선고, 93도1166]

【판결요지】

포괄일죄로 되는 개개의 범죄행위가 법 개정의 전후에 걸쳐서 행하여진 경우에는 신구법의 법정형에 대한 경중을 비교하여 볼 필요도 없이 범죄실행 종료시의 법이라고 할 수 있는 신법을 적용하여 포괄일죄로 처단하여야 할 것이다.

01-19. 범죄 후 법률 개정으로 형이 가벼워진 경우 공소시효기간의 기준(=신법의 법정형) [대법원 2008.

12. 11. 선고, 2008도4376]

【판결요지】

형사소송법] 범죄 후 법률의 개정에 의하여 법정형이 가벼워진 경우에는 형법 제1조 제2항에 의하여 당해 범죄사실에 적용될 가벼운 법정형(신법의 법정형)이 공소시효기간의 기준이 된다.

01-20. 가정폭력범죄의 처벌 등에 관한 특례법상 사회봉사명령의 법적 성질 및 형벌불소급원칙의 적용 여부(적극) [대법원 2008. 7. 24., 자, 2008어4]

【판시사항】

[1] 가정폭력범죄의 처벌 등에 관한 특례법상 사회봉사명령의 법적 성질 및 형벌불소급원칙의 적용 여부(적극)

[2] 가정폭력범죄의 처벌 등에 관한 특례법상 사회봉사명령을 부과하면서 행위시법이 아닌 신법을 적용한 것이 위법하다고 한 사례

【판결요지】

[1] 가정폭력범죄의 처벌 등에 관한 특례법이 정한 보호처분 중의 하나인 사회봉사명령은 가정폭력범죄를 범한 자에 대하여 환경의 조정과 성행의 교정을 목적으로 하는 것으로서 형벌 그 자체가 아니라 보안처분의 성격을 가지는 것이 사실이다. 그러나 한편으로 이는 가정폭력범죄행위에 대하여 형사처벌 대신 부과되는 것으로서, 가정폭력범죄를 범한 자에게 의무적 노동을 부과하고 여가시간을 박탈하여 실질적으로는 신체적 자유를 제한하게 되므로, 이에 대하여는 원칙적으로 형벌불소급의 원칙에 따라 행위시법을 적용함이 상당하다.

[2] 가정폭력범죄의 처벌 등에 관한 특례법상 사회봉사명령을 부과하면서, 행위시법상 사회봉사명령 부과시간의 상한인 100시간을 초과하여 상한을 200시간으로 올린 신법을 적용한 것은 위법하다.

01-21. 종업원의 위반행위에 대하여 양벌조항으로서 개인인 영업주에게도 동일하게 무기 또는 2년 이상의 징역형의 법정형으로 처벌하도록 규정하고 있는 '보건범죄단속에 관한 특별조치법' 제6조 중 제5조에 의한 처벌 부분이 형사법상 책임원칙에 반하는지 여부(적극) [2007. 11. 29. 2005헌가10 전원재판부]

【결정요지】

이 사건 법률조항이 종업원의 업무 관련 무면허의료행위가 있으면 이에 대해 영업주가 비난받을 만한 행위가 있었는지 여부와는 관계없이 자동적으로 영업주도 처벌하도록 규정하고 있고, 그 문언상 명백한 의미와 달리 "종업원의 범죄행위에 대해 영업주의 선임감독상의 과실(기타 영업주의 귀책사유)이 인정되는 경우"라는 요건을 추가하여 해석하는 것은 문리해석의 범위를 넘어서는 것으로서 허용될 수 없으므로, 결국 위 법률조항은 다른 사람의 범죄에 대해 그 책임 유무를 묻지 않고 형벌을 부과함으로써, 법정형에 나아가 판단할 것 없이, 형사법의 기본원리인 '책임 없는 자에게 형벌을 부과할 수 없다'는 책임주의에 반한다.

01-22. 형사처벌에 관한 위임입법이 허용되기 위한 요건 [대법원 2006. 6. 15. 선고, 2004도756]

【판시사항】

사회현상의 복잡다기화와 국회의 전문적·기술적 능력의 한계 및 시간적 적응능력의 한계로 인하여 형사처벌에 관련된 모든 법규를 예외 없이 형식적 의미의 법률에 의하여 규정한다는 것은 사실상 불가능할 뿐만 아니라, 실제에 적합하지도 아니하기 때문에 특히 긴급한 필요가 있거나 미리 법률로써 자세히 정할 수 없는 부득이한 사정이 있는 경우에 한하여 수권법률(위임법률)이 구성요건의 점에서는 처벌대상자의 범위 등을 예측할 수 있을 정도로 구체적으로 정하고, 형벌의 점에서는 형벌의 종류 및 그 상한과 폭을 명확히 규정하는 것을 전제로 하여 위임입법은 허용된다.

01-23. 신법의 경과규정으로 재판시법주의를 규정한 형법 제1조 제2항의 적용을 배제할 수 있는지 여부(적극) [대법원 2004. 7. 22. 선고, 2003도8153]

【판시사항】

구 건설산업기본법이 1999. 4. 15. 일부 개정되어 당일 시행되었으나, 개정 법률 부칙 제6조에서 '이 법 시행 전의 행위에 대한 벌칙 및 과태료의 적용에 있어서는 종전의 규정에 의한다.'는 내용의 경과조치를 두고 있으므로 구법 시행 당시의 행위에 대하여는 구법을 적용하여야 하는 것이고, 이 경우 법률의 개정으로 범죄를 구성하지 않게 되거나 형이 폐지되었다고 볼 여지가 없어 면소사유에 해당하지 않는 것인바(대법원 2003. 1. 10. 선고 2002도5477 판결 참조), 개정 건설산업기본법 부칙 제6조에서 위와 같은 개정 법률 시행 전의 행위에 대한 벌칙의 적용에 있어서는 종전의 규정에 의한다는 경과규정을 두고 있는 이상, 원심이 구 건설산업기본법 시행 당시에 행하여진 이 사건 공소사실에 대하여 구 건설산업기본법을 적용하여 처벌한 것은 정당하고, 거기에 상고이유 주장과 같은 법률적용의 위법이 있다고 할 수 없다. 한편, 구체적인 범죄사실에 적용하여야 할 실체법규 이외의 법규에 관하여는 판결문상 그 규정을 적용한 취지가 인정되면 되고 특히 그 법규를 법률적용란에 표시하지 아니하였다 하여 위법하다고 할 수는 없다 할 것인바(대법원 1997. 2. 28. 선고 96도3247 판결 참조), 원심이 법률적용란에 '구 건설산업기본법(1999. 4. 15. 법률 제5965호로 일부 개정되기 전의 것)'이라고 명시한 이상 개정 건설산업기본법 부칙 제6조의 벌칙 등에 관한 경과조치를 통하여 구 건설산업기본법을 적용한 취지임이 명백하므로, 법률적용에서 개정 건설산업기본법 부칙 제6조를 명시하지 아니하였다고 하더라도 이로써 판결에 영향을 미친 위법이 있다고 할 수 없다.

01-24. 행위 당시의 판례에 의하면 처벌대상이 아니었던 행위를 판례의 변경에 따라 처벌하는 것이 평등의 원칙과 형벌불소급의 원칙에 반하는지 여부(소극) [대법원 1999. 9. 17., 선고, 97도3349]

【판결요지】

형사처벌의 근거가 되는 것은 법률이지 판례가 아니고, 형법 조항에 관한 판례의 변경은 그 법률조항의 내용을 확인하는 것에 지나지 아니하여 이로써 그 법률조항 자체가 변경된 것이라고 볼 수는 없으므로, 행위 당시의 판례에 의하면 처벌대상이 되지 아니하는 것으로 해석되었던 행위를 판례의 변경에 따라 확인된 내용의 형법 조항에 근거하여 처벌한다고 하여 그것이 헌법상 평등의 원칙과 형벌불소급의 원칙에 반한다고 할 수는 없다.

01-25. 형을 가볍게 개정하면서 그 부칙으로 개정법 시행 전 범죄에 대하여 종전 법을 적용하도록 규정하는 것이 형벌불소급원칙이나 신법우선주의에 반하는지 여부(소극) [대법원 1999. 4. 13. 자, 99초76,]

【판결요지】

형법 제1조 제2항 및 제8조에 의하면 범죄 후 법률의 변경에 의하여 형이 구법보다 경한 때에는 신법에 의한다고 규정하고 있으나 신법에 경과규정을 두어 이러한 신법의 적용을 배제하는 것도 허용되는 것으로서, 형을 종전보다 가볍게 형벌법규를 개정하면서 그 부칙으로 개정된 법의 시행 전의 범죄에 대하여 종전의 형벌법규를 적용하도록 규정한다 하여 헌법상의 형벌불소급의 원칙이나 신법우선주의에 반한다고 할 수 없다.

> **1. 재판시법주의를 규정한 형법 제1조 제2항의 적용을 신법의 경과규정으로서 배제할 수 있는지 여부 (적극) [대법원 1992. 2. 28. 선고, 91도2935]**
>
> 【판결요지】
> 형법 제1조 제2항 및 제8조에 의하면 범죄 후 법률의 변경에 의하여 그 행위가 범죄를 구성하지 아니하는 경우 신법에 의한다고 규정하고 있으나 신법에 경과규정을 두어 이러한 재판시법주의의 적용을 배제하는 것도 허용된다.

> **2. 형을 가볍게 개정하면서 부칙으로 개정 전의 범죄에 대하여는 종전의 형벌법규를 추급하여 적용하도록 규정한 경우 [대법원 1995. 1. 24. 선고, 94도2787]**
>
> 【판시사항】
> [1] 형을 가볍게 개정하면서 부칙으로 개정 전의 범죄에 대하여는 종전의 형벌법규를 추급하여 적용하도록 규정하였다면, 죄형법정주의에 반하거나 범죄 후 형의 변경이 있는 경우에 해당하는지 여부
> [2] 부정한 방법으로 수입승인을 얻어 내어 수입면허를 받은 물품에 대하여 사후에 그 수입승인조건에 변경이 있으면, 범죄 후 형의 폐지나 변경에 해당하는지 여부
>
> 【판결요지】
> [1] 형을 종전보다 가볍게 형벌법규를 개정하면서 그 부칙으로 개정 전의 범죄에 대하여는 종전의 형벌법규를 추급하여 적용하도록 규정한다 하여 죄형법정주의에 반하거나 범죄 후 형의 변경이 있는 경우라 할 수 없으므로 형법 제1조 제2항 소정의 신법우선주의가 적용될 여지가 없다.
> [2] 이미 부정한 방법으로 수입승인을 얻어 내어 수입면허를 받은 물품에 대하여 사후에 그 수입승인조건에 변경이 있다 하여 범죄 후 형의 폐지나 변경에 해당한다고 볼 수 없다.

01-26. 법 개정 전후에 걸친 포괄일죄에 대한 법령 적용 [대법원 1998. 2. 24. 선고, 97도183]

【판결요지】

포괄일죄로 되는 개개의 범죄행위가 법 개정의 전후에 걸쳐서 행하여진 경우에는 신·구법의 법

정형에 대한 경중을 비교하여 볼 필요도 없이 범죄 실행 종료시의 법이라고 할 수 있는 신법을 적용하여 포괄일죄로 처단하여야 한다.

01-27. 죄형법정주의의 의의와 위임입법의 한계 [헌법재판소 1991. 7. 8. 선고 91헌가4 전원재판부]

<결정요지>

법률이 없으면 범죄도 없고 형벌도 없다' 라는 말로 표현되는 죄형법정주의는 이미 제정된 정의로운 법률에 의하지 아니하고는 처벌되지 아니한다는 원칙으로서 이는 무엇이 처벌될 행위인가를 국민이 예측가능한 형식으로 정하도록 하여 개인의 법적 안정성을 보호하고 성문의 형벌법규에 의한 실정법질서를 확립하여 국가형벌권의 자의적 행사로부터 개인의 자유와 권리를 보장하려는 법치국가 형법의 기본원칙이다. 형벌법규에서 위임입법은 죄형법정주의의 법률주의에 반하는지, 허용된다면 어떤 범위에서 허용되는지 문제된다. 형벌법규는 국민의 자유와 권리에 심각한 효과를 주므로, 형벌법규에서 법률의 위임은 미리 법률로써 자세히 정할 수 없는 부득이한 사정이 있는 경우에 한정되어야 하고 이러한 경우일지라도 법률에서 범죄의 구성요건은 처벌대상인 행위가 어떠한 것일 것이라고 이를 예측할 수 있을 정도로 구체적으로 정하고 형벌의 종류 및 그 상한과 폭을 명백히 규정하여야 한다.

복표발행, 현상기타사행행위단속법(1991.3.8. 법률 제4339호 사행행위등규제법으로 개정되기 전의 것) 제9조는 벌칙규정이면서도 형벌만을 규정하고 범죄의 구성요건의 설정은 완전히 각령에 백지위임하고 있는 것이나 다름없어 위임입법의 한계를 규정한 헌법 제75조와 죄형법정주의를 규정한 헌법 제12조 제1항, 제13조 제1항에 위반된다.

01-28. 법령의 개폐로 형이 폐지된 경우의 의미 [대법원 1987. 3. 10. 선고, 86도42]

【판결요지】

형법 제1조 제2항이나 형사소송법 제326조 제4호의 규정은 형벌법령 제정의 이유가 된 법률이념의 변경에 따라 종래의 처벌자체가 부당하였다거나 또는 과형이 과중하였다는 반성적 고려에서 법령을 개폐하였을 경우에 적용된다고 해석하여야 할 것이고 교통질서유지를 위한 규제방법의 변경 등 그때 그때의 특수한 필요에 대처하기 위하여 법령을 개폐한 것에 불과한 경우에 있어서는 구법 당시에 범하여진 위반행위에 대한 가벌성을 소멸시키거나 축소시킬 아무런 이유가 없으므로 후일 그 법령이 개폐되었다 하더라도 행위당시의 형벌법령에 비추어 그 위반행위를 처벌하여야 할 것이다.

> **1. 형의 변경과 행위시법주의 [대법원 1978. 2. 28. 선고, 77도1280]**
>
> 【판결요지】
>
> 형법 제1조 제2항이나 형사소송법 제326조 제4호의 규정은 법률이념의 변경에 따라 종래의 처벌자체가 부당하였거나 또는 과형이 과중하였다는 반성적 고려에서 법령을 개폐하였을 경우에 신법이 적용된다고 하는 것이므로 단순히 경제사정에 따라 법령을 개폐한 것과 같은 경우에는 행위시법령이 적용된다.

제2조[국내범]

제2조(국내범) 본법은 대한민국영역내에서 죄를 범한 내국인과 외국인에게 적용한다.

02-1. 외국에 소재한 대한민국 영사관 내부는 대한민국 영역에 속하는지 여부(소극) [대법원 2006. 9. 22. 선고, 2006도5010]

【판시사항】

[1] 외국에 소재한 대한민국 영사관 내부가 대한민국 영역에 속하는지 여부(소극)

[2] 외국인이 중국 북경시에 소재한 대한민국 영사관 내에서 여권발급신청서를 위조하였다는 취지의 공소사실에 대하여, 외국인의 국외범에 해당한다는 이유로 피고인에 대한 재판권이 없다.

【이 유】

형법의 적용에 관하여 같은 법 제2조는 대한민국 영역 내에서 죄를 범한 내국인과 외국인에게 적용한다고 규정하고 있으며, 같은 법 제6조 본문은 대한민국 영역 외에서 대한민국 또는 대한민국 국민에 대하여 같은 법 제5조에 기재한 이외의 죄를 범한 외국인에게 적용한다고 규정하고 있는바, 중국 북경시에 소재한 대한민국 영사관 내부는 여전히 중국의 영토에 속할 뿐 이를 대한민국의 영토로서 그 영역에 해당한다고 볼 수 없을 뿐 아니라, 사문서위조죄가 형법 제6조의 대한민국 또는 대한민국 국민에 대하여 범한 죄에 해당하지 아니함은 명백하다.

02-2. 외국인이 한국 공무원에게 알선명목으로 국내에서 금품수수 후 알선행위가 국외인 경우, 구 변호사법 제90조 제1호 위반죄가 성립하는지 여부(적극) [대법원 2000. 4. 21. 선고, 99도3403]

【판결요지】

외국인이 대한민국 공무원에게 알선한다는 명목으로 금품을 수수하는 행위가 대한민국 영역 내에서 이루어진 이상, 비록 금품수수의 명목이 된 알선행위를 하는 장소가 대한민국 영역 외라 하더라도 대한민국 영역 내에서 죄를 범한 것이라고 하여야 할 것이므로, 형법 제2조에 의하여 대한민국의 형벌법규인 구 변호사법(2000. 1. 28. 법률 제6207호로 전문 개정되기 전의 것) 제90조 제1호가 적용되어야 한다.

02-3. 공모공동정범에 있어서 공모지도 범죄지에 해당하는지 여부(적극) [대법원 1998. 11. 27. 선고, 98도2734]

【판결요지】

형법 제2조를 적용함에 있어서 공모공동정범의 경우 공모지도 범죄지로 보아야 한다.

제3조[내국인의 국외범]

제3조(내국인의 국외범) 본법은 대한민국영역외에서 죄를 범한 내국인에게 적용한다.

03-1. 내국인이 대한민국 영역 외에서 의료행위를 하는 경우, 의료법 구성요건에 해당하는지 여부(소극)
[대법원 2020. 4. 29. 선고, 2019도19130]

【판결요지】

구 의료법 제27조 제1항 단서 제1호는 '외국의 의료인 면허를 가진 자로서 국내에 체류하는 자'에 대하여 '보건복지부령으로 정하는 범위에서 의료행위를 할 수 있다'고 규정하고 있다. 그러나 구 의료법은 외국의 의료인 면허를 가진 자에 대하여 대한민국 영역 외에서의 의료행위를 허용하는 규정은 두고 있지 않다. 또한 구 의료법 제33조는 제1항에서 '의료인은 이 법에 따른 의료기관을 개설하지 아니하고는 의료업을 할 수 없다'고 규정하면서, 제2항 이하에서 의료기관을 개설하려는 자는 시장·군수·구청장에게 신고하거나(제3항), 시·도지사의 허가를 받아야 한다고(제4항) 규정하는 등 의료기관이 대한민국 영역 내에 소재하는 것을 전제로 개설의 절차 및 요건을 정하고 있다. 이와 같은 의료법의 목적, 우리나라 보건복지부장관으로부터 면허를 받은 의료인에게만 의료행위 독점을 허용하는 입법 취지 및 관련 조항들의 내용 등을 종합하면, 의료법상 의료제도는 대한민국 영역 내에서 이루어지는 의료행위를 규율하기 위하여 체계화된 것으로 이해된다. 그렇다면 구 의료법 제87조 제1항 제2호, 제27조 제1항이 대한민국 영역 외에서 의료행위를 하려는 사람에게까지 보건복지부장관의 면허를 받을 의무를 부과하고 나아가 이를 위반한 자를 처벌하는 규정이라고 보기는 어렵다. 따라서 내국인이 대한민국 영역 외에서 의료행위를 하는 경우에는 구 의료법 제87조 제1항 제2호, 제27조 제1항의 구성요건 해당성이 없다.

03-2. 도박죄를 처벌하지 않는 외국 카지노에서의 도박이라는 사정만으로 도박행위의 위법성이 조각되는지 여부(소극) [대법원 2017. 4. 13. 선고, 2017도953]

【판시사항】

형법 제3조는 "본법은 대한민국 영역 외에서 죄를 범한 내국인에게 적용한다."라고 하여 형법의 적용 범위에 관한 속인주의를 규정하고 있고, 또한 국가 정책적 견지에서 도박죄의 보호법익보다 좀 더 높은 국가이익을 위하여 예외적으로 내국인의 출입을 허용하는 폐광지역 개발 지원에 관한 특별법 등에 따라 카지노에 출입하는 것은 법령에 의한 행위로 위법성이 조각된다고 할 것이나, 도박죄를 처벌하지 않는 외국 카지노에서의 도박이라는 사정만으로 그 위법성이 조각된다고 할 수 없으므로(대법원 2004. 4. 23. 선고 2002도2518 판결 등 참조), 원심의 판단에 상고이유로 주장하는 바와 같이 도박죄의 위법성 조각에 관한 법리를 오해하는 등의 위법이 없다.

1. 카지노에서의 도박에 대한 위법성 여부(적극) [대법원 2004. 4. 23. 선고, 2002도2518]

【판시사항】

【판결요지】

형법 제3조는 "본법은 대한민국 영역 외에서 죄를 범한 내국인에게 적용한다."고 하여 형법의 적용 범위에 관한 속인주의를 규정하고 있고, 또한 국가 정책적 견지에서 도박죄의 보호법익보다 좀더 높은 국가이익을 위하여 예외적으로 내국인의 출입을 허용하는 폐광지역개발지원에관한특별법 등에 따라 카지노에 출입하는 것은 법령에 의한 행위로 위법성이 조각된다고 할 것이나, 도박죄를 처벌하지 않는 외국 카지노에서의 도박이라는 사정만으로 그 위법성이 조각된다고 할 수 없다.

03-3. 필리핀국에서 도박을 한 피고인에게 우리나라 형법적용 여부(적극) [대법원 2001. 9. 25. 선고, 99도3337]

【판결요지】

형법 제3조는 '본법은 대한민국 영역 외에서 죄를 범한 내국인에게 적용한다.'고 하여 형법의 적용 범위에 관한 속인주의를 규정하고 있는바, 필리핀국에서 카지노의 외국인 출입이 허용되어 있다 하여도, 형법 제3조에 따라, 필리핀국에서 도박을 한 피고인에게 우리나라 형법이 당연히 적용된다.

1. 대한민국내의 미국문화원에서 범죄행위를 한 자에 대한 대한민국의 재판권 유무(적극) [대법원 1986. 6. 24. 선고, 86도403]

【판결요지】

국제협정이나 관행에 의하여 대한민국내에 있는 미국문화원이 치외법권지역이고 그 곳을 미국영토의 연장으로 본다 하더라도 그 곳에서 죄를 범한 대한민국 국민에 대하여 우리 법원에 먼저 공소가 제기되고 미국이 자국의 재판권을 주장하지 않고 있는 이상 속인주의를 함께 채택하고 있는 우리나라의 재판권은 동인들에게도 당연히 미친다 할 것이며 미국문화원측이 동인들에 대한 처벌을 바라지 않았다고 하여 그 재판권이 배제되는 것도 아니다.

제4조[국외에 있는 내국선박 등에서 외국인이 범한 죄]

제4조(국외에 있는 내국선박 등에서 외국인이 범한 죄) 본법은 대한민국영역외에 있는 대한민국의 선박 또는 항공기내에서 죄를 범한 외국인에게 적용한다.

04-1. 건축법개정전, 후에 걸친 불법증축행위에 대해 개정전의 법률적용 여부(적극) [대법원 1974. 5. 28. 선고, 74도19]

【판결요지】

건축법개정전, 후에 걸친 불법증축행위에 대하여는 형법 부칙 4조 1항의 취지에 비추어 구 법인 개정전의 법률에 따라 처단할 것이다.

제5조[외국인의 국외범]

제5조(외국인의 국외범) 본법은 대한민국영역외에서 다음에 기재한 죄를 범한 외국인에게 적용한다.
1. 내란의 죄
2. 외환의 죄
3. 국기에 관한 죄
4. 통화에 관한 죄
5. 유가증권, 우표와 인지에 관한 죄
6. 문서에 관한 죄중 제225조 내지 제230조
7. 인장에 관한 죄중 제238조

05-1. '대한민국 또는 대한민국 국민에 대하여 죄를 범한 때 의미 [대법원 2011. 8. 25. 선고, 2011도6507]

【판시사항】

[1] 형법 제6조 본문에서 정한 '대한민국 또는 대한민국 국민에 대하여 죄를 범한 때'의 의미

[2] 캐나다 시민권자인 피고인이 캐나다에서 위조사문서를 행사하였다는 내용으로 기소된 사안에서, 외국인 국외범으로서 우리나라에 재판권이 있다고 보아 유죄를 인정한 원심판결에 재판권 인정에 관한 법리오해의 위법이 있다.

[3] 캐나다 시민권자인 피고인이 피해자들을 기망하여 투자금 명목의 돈을 편취하였다는 내용으로 기소된 사안에서, 공소사실 중 '피고인이 대한민국 국민을 기망하여 캐나다에서 투자금을 수령한 부분'이 행위지인 캐나다 법률에 의하여 범죄를 구성하는지 등에 관하여 아무런 증명이 없는 상황에서 공소사실 전부를 유죄로 인정한 원심판결에 법리오해 및 심리미진의 위법이 있다.

【판결요지】

[1] 형법 제5조, 제6조의 각 규정에 의하면, 외국인이 외국에서 죄를 범한 경우에는 형법 제5조 제1호 내지 제7호에 열거된 죄를 범한 때와 형법 제5조 제1호 내지 제7호에 열거된 죄 이외에 대

한민국 또는 대한민국 국민에 대하여 죄를 범한 때에만 대한민국 형법이 적용되어 우리나라에 재판권이 있게 되고, 여기서 '대한민국 또는 대한민국 국민에 대하여 죄를 범한 때' 란 대한민국 또는 대한민국 국민의 법익이 직접적으로 침해되는 결과를 야기하는 죄를 범한 경우를 의미한다.

[2] 캐나다 시민권자인 피고인이 캐나다에서 위조사문서를 행사하였다는 내용으로 기소된 사안에서, 형법 제234조의 위조사문서행사죄는 형법 제5조 제1호 내지 제7호에 열거된 죄에 해당하지 않고, 위조사문서행사를 형법 제6조의 대한민국 또는 대한민국 국민의 법익을 직접적으로 침해하는 행위라고 볼 수도 없으므로 피고인의 행위에 대하여는 우리나라에 재판권이 없는데도, 위 행위가 외국인의 국외범으로서 우리나라에 재판권이 있다고 보아 유죄를 인정한 원심판결에 재판권 인정에 관한 법리오해의 위법이 있다.

[3] 캐나다 시민권자인 피고인이 투자금을 교부받더라도 선물시장에 투자하여 운용할 의사나 능력이 없음에도, 피해자들을 기망하여 투자금 명목의 돈을 편취하였다는 내용으로 기소된 사안에서, 공소사실 중 '피고인이 캐나다에 거주하는 대한민국 국민을 기망하여 캐나다에서 직접 또는 현지 은행계좌로 투자금을 수령한 부분' 은 외국인이 대한민국 영역 외에서 대한민국 국민에 대하여 범죄를 저지른 경우에 해당하므로, 이 부분이 행위지인 캐나다 법률에 의하여 범죄를 구성하는지 및 소추 또는 형의 집행이 면제되는지를 심리하여 해당 부분이 행위지 법률에 의하여 범죄를 구성하고 그에 대한 소추나 형의 집행이 면제되지 않는 경우에 한하여 우리 형법을 적용하였어야 하는데도, 이에 관하여 아무런 증명이 없는 상황에서 공소사실 전부를 유죄로 인정한 원심판결에 재판권 인정에 관한 법리오해 및 심리미진의 위법이 있다.

---

1. 사인위조죄는 대한민국과 대한민국국민에 대한 국외범(소극) [대법원 2002. 11. 26. 선고, 2002도4929]

【판결요지】
형법 제239조 제1항의 사인위조죄는 형법 제6조의 대한민국 또는 대한민국국민에 대하여 범한 죄에 해당하지 아니하므로 중국 국적자가 중국에서 대한민국 국적 주식회사의 인장을 위조한 경우에는 외국인의 국외범으로서 그에 대하여 재판권이 없다.

05-2. 외국인이 북한의 지령을 받아 외국 주재 북한이익대표부를 방문하여 북한공작원을 만남은 외국인의 국외범(적극)[대법원 2008. 4. 17. 선고, 2004도4899, 전원합의체 판결]

【판결요지】
국가보안법 제6조 제2항의 "반국가단체나 그 구성원의 지령을 받거나 받기 위하여 또는 그 목적수행을 협의하거나 협의하기 위하여 잠입하거나 탈출한 자" 및 같은 법 제8조 제1항의 "국가의 존립·안전이나 자유민주적 기본질서를 위태롭게 한다는 정을 알면서 반국가단체의 구성원 또는 그 지령을 받은 자와 회합·통신 기타의 방법으로 연락을 한 자" 의 적용과 관련하여, 독일인이 독일 내에서 북한의 지령을 받아 베를린 주재 북한이익대표부를 방문하고 그곳에서 북한공작원을 만났다면 위 각 구성요건상 범죄지는 모두 독일이므로 이는 외국인의 국외범에 해당하여, 형법 제5조와 제6조에서 정한 요건에 해당하지 않는 이상 위 각 조항을 적용하여 처벌할 수 없다.

제6조[대한민국과 대한민국국민에 대한 국외범]

제6조(대한민국과 대한민국국민에 대한 국외범) 본법은 대한민국영역외에서 대한민국 또는 대한민국국민에 대하여 전조에 기재한 이외의 죄를 범한 외국인에게 적용한다. 단 행위지의 법률에 의하여 범죄를 구성하지 아니하거나 소추 또는 형의 집행을 면제할 경우에는 예외로 한다.

06-1. 내국 법인의 대표자인 외국인이 내국 법인이 외국에 설립한 특수목적법인에 위탁해 둔 자금을 횡령한 경우 [대법원 2017. 3. 22. 선고, 2016도17465]

【판시사항】

내국 법인의 대표자인 외국인이 내국 법인이 외국에 설립한 특수목적법인에 위탁해 둔 자금을 정해진 목적과 용도 외에 임의로 사용하여 횡령한 경우, 횡령죄의 피해자(=당해 금전을 위탁한 내국 법인) 및 그 행위가 외국에서 이루어졌더라도 우리 법원에 재판권이 있는지 여부(원칙적 적극)

【판결요지】

내국 법인의 대표자인 외국인이 내국 법인이 외국에 설립한 특수목적법인에 위탁해 둔 자금을 정해진 목적과 용도 외에 임의로 사용한 데 따른 횡령죄의 피해자는 당해 금전을 위탁한 내국 법인이다. 따라서 그 행위가 외국에서 이루어진 경우에도 행위지의 법률에 의하여 범죄를 구성하지 아니하거나 소추 또는 형의 집행을 면제할 경우가 아니라면 그 <u>외국인에 대해서도 우리 형법이 적용되어(형법 제6조), 우리 법원에 재판권이 있다.</u>

06-2. 뉴질랜드 시민권을 취득함으로써 우리나라 국적을 상실한 후 뉴질랜드에서 대한민국 국민에 대하여 사기행위를 한 경우 [대법원 2008. 7. 24. 선고, 2008도4085]

【판시사항】

[1] 외국의 시민권을 취득한 대한민국의 국민이 국적을 상실하는 시기 및 형법 제6조의 외국법규의 존재에 대한 증명의 정도와 증명책임 부담자

[2] 피고인이 뉴질랜드 시민권을 취득함으로써 우리나라 국적을 상실하였으므로, 그 후 뉴질랜드에서 대한민국 국민에 대하여 사기행위를 하였더라도 외국인이 대한민국 영역 외에서 대한민국 국민에 대하여 범죄를 저지른 경우에 해당한다.

【이 유】

대한민국의 국민이 뉴질랜드의 시민권을 취득하면 국적법(2008. 3. 14. 법률 제8892호로 개정되기 전의 것, 이하 같다) 제15조 제1항에 정한 '자진하여 외국 국적을 취득한 자'에 해당하여 우리나라의 국적을 상실하게 되는 것이지 대한민국과 뉴질랜드의 '이중국적자'가 되어 국적법 제14조 제1항의 규정에 따라 법무부장관에게 대한민국의 국적을 이탈한다는 뜻을 신고하여야 비로소 대한민국의 국적을 상실하게 되는 것은 아니며, 한편 형법 제6조 본문에 의하여 외국인이 대한민국 영역 외에서 대한민국 국민에 대하여 범죄를 저지른 경우에도 우리 형법이 적용되지만, 같은 조 단서에 의하여 행위지의 법률에 의하여 범죄를 구성하지 아니하거나 소추 또는 형의 집행을 면제할

경우에는 우리 형법을 적용하여 처벌할 수 없다고 할 것이고, 이 경우 행위지의 법률에 의하여 범죄를 구성하는지 여부에 대해서는 엄격한 증명에 의하여 검사가 이를 입증하여야 할 것이다. 피고인은 2001년경에 뉴질랜드 시민권을 취득한 사실이 인정되므로 피고인은 그 무렵 대한민국의 국적을 상실하였다고 할 것이어서, 피해자 공소외 1에 대한 이 사건 사기 범행 당시에는 피고인이 외국인이라고 할 것이고, 위 사기범행의 장소도 뉴질랜드임을 알 수 있으므로, 이는 결국 <u>외국인이 대한민국 영역 외에서 대한민국 국민에 대하여 범죄를 저지른 경우에 해당한다고 할 것이다.</u>

06-3. 사인위조죄가 형법 제6조 소정의 대한민국과 대한민국국민에 대한 국외범(소극) [대법원 2002. 11. 26. 선고, 2002도4929]

【판결요지】

형법 제239조 제1항의 사인위조죄는 형법 제6조의 대한민국 또는 대한민국국민에 대하여 범한 죄에 해당하지 아니하므로 중국 국적자가 중국에서 대한민국 국적 주식회사의 인장을 위조한 경우에는 외국인의 국외범으로서 그에 대하여 재판권이 없다.

> 1. 중국인이 중국에서 중국인에게 한국에 입국하는 여행의 편의를 제공한 경우 외국인의 국외범(소극) [서울지법 2003. 6. 11. 선고, 2003고단728. 확정]
>
> 【판결요지】
>
> 중국인이 중국에서 중국인에게 한국에 입국하는 여행의 편의를 제공함으로써 일반 여행업을 한 경우, 이는 이른바 외국인의 국외범에 해당하고, 한편 등록하지 아니하고 일반 여행업을 하였다는 관광진흥법 제77조 제1호, 제4조 제1항 위반죄는 형법 제6조의 대한민국 또는 대한민국 국민에 대하여 범한 죄에 해당하지 아니하여 재판권이 없다.

제7조[외국에서 집행된 형의 산입]

> 제7조(외국에서 집행된 형의 산입) 죄를 지어 외국에서 형의 전부 또는 일부가 집행된 사람에 대해서는 그 집행된 형의 전부 또는 일부를 선고하는 형에 산입한다.

07-1. 외국에서의 미결구금에 대해 형법 제7조의 적용을 구하는 사건 [대법원 2017. 8. 24. 선고, 2017도5977, <u>전원합의체 판결</u>]

【판시사항】

[1] '외국에서 집행된 형의 산입' 규정인 형법 제7조의 취지 / 형법 제7조에서 정한 '외국에서 형의 전부 또는 일부가 집행된 사람'의 의미 및 형사사건으로 외국 법원에 기소되었다가 무죄판결을 받기까지 상당 기간 미결구금된 사람이 이에 해당하는지 여부(소극)와 그 미결구금 기간이 형법 제7조에 의한 산입의 대상이 되는지 여부(소극) / 외국에서 미결구금되었다가 무죄판

결을 받은 사람의 미결구금일수를 형법 제7조의 유추적용에 의하여 그가 국내에서 같은 행위로 인하여 선고받는 형에 산입할 수 있는지 여부(소극)

[2] 피고인이 외국에서 살인죄를 범하였다가 무죄 취지의 재판을 받고 석방된 후 국내에서 다시 기소되어 제1심에서 징역 10년을 선고받게 되자 자신이 외국에서 미결 상태로 구금된 5년여의 기간에 대하여도 '외국에서 집행된 형의 산입' 규정인 형법 제7조가 적용되어야 한다고 주장하며 항소한 사안에서, 피고인의 주장을 배척한 원심판단에 형법 제7조의 적용 대상 등에 관한 법리오해의 위법이 없다.

【판결요지】

[1] [다수의견] (가) 형법 제7조는 "죄를 지어 외국에서 형의 전부 또는 일부가 집행된 사람에 대해서는 그 집행된 형의 전부 또는 일부를 선고하는 형에 산입한다." 라고 규정하고 있다. 이 규정의 취지는, 형사판결은 국가주권의 일부분인 형벌권 행사에 기초한 것이어서 피고인이 외국에서 형사처벌을 과하는 확정판결을 받았더라도 그 외국 판결은 우리나라 법원을 기속할 수 없고 우리나라에서는 기판력도 없어 일사부재리의 원칙이 적용되지 않으므로, 피고인이 동일한 행위에 관하여 우리나라 형벌법규에 따라 다시 처벌받는 경우에 생길 수 있는 실질적인 불이익을 완화하려는 것이다. 그런데 여기서 '외국에서 형의 전부 또는 일부가 집행된 사람' 이란 문언과 취지에 비추어 '외국 법원의 유죄판결에 의하여 자유형이나 벌금형 등 형의 전부 또는 일부가 실제로 집행된 사람' 을 말한다고 해석하여야 한다. 따라서 형사사건으로 외국 법원에 기소되었다가 무죄판결을 받은 사람은, 설령 그가 무죄판결을 받기까지 상당 기간 미결구금되었더라도 이를 유죄판결에 의하여 형이 실제로 집행된 것으로 볼 수는 없으므로, '외국에서 형의 전부 또는 일부가 집행된 사람' 에 해당한다고 볼 수 없고, 그 미결구금 기간은 형법 제7조에 의한 산입의 대상이 될 수 없다.

(나) 미결구금은 공소의 목적을 달성하기 위하여 어쩔 수 없이 피고인 또는 피의자를 구금하는 강제처분이어서 형의 집행은 아니지만 신체의 자유를 박탈하는 점이 자유형과 유사하기 때문에, 형법 제57조 제1항은 인권 보호의 관점에서 미결구금일수의 전부를 본형에 산입한다고 규정하고 있다.

그러나 외국에서 무죄판결을 받고 석방되기까지의 미결구금은, 국내에서의 형벌권 행사가 외국에서의 형사절차와는 별개의 것인 만큼 우리나라 형벌법규에 따른 공소의 목적을 달성하기 위하여 필수불가결하게 이루어진 강제처분으로 볼 수 없고, 유죄판결을 전제로 한 것이 아니어서 해당 국가의 형사보상제도에 따라 구금 기간에 상응하는 금전적 보상을 받음으로써 구제받을 성질의 것에 불과하다. 또한 형사절차에서 미결구금이 이루어지는 목적, 미결구금의 집행 방법 및 피구금자에 대한 처우, 미결구금에 대한 법률적 취급 등이 국가별로 다양하여 외국에서의 미결구금으로 인해 피고인이 받는 신체적 자유 박탈에 따른 불이익의 양상과 정도를 국내에서의 미결구금이나 형의 집행과 효과 면에서 서로 같거나 유사하다고 단정할 수도 없다. 따라서 위와 같이 외국에서 이루어진 미결구금을 형법 제57조 제1항에서 규정한 '본형에 당연히 산입되는 미결구금' 과 같다고 볼 수 없다. 결국 미결구금이 자유 박탈이라는 효과 면에서 형의 집행과 일부 유사하다는 점만을 근거로, 외국에서 형이 집행된 것이 아니라 단지 미결구금되었다가 무죄판결을 받은 사람의 미결구금일수를 형법 제7조의 유추적용에 의하여 그가 국내에서 같은 행위로 인하여 선고받는 형에 산입하여야 한다는 것은 허용되기 어렵다.

(다) 한편 양형의 조건에 관하여 규정한 형법 제51조의 사항은 널리 형의 양정에 관한 법원의 재량사항에 속하고, 이는 열거적인 것이 아니라 예시적인 것이다. 피고인이 외국에서 기소되어 미결구금되었다가 무죄판결을 받은 이후 다시 그 행위로 국내에서 처벌받는 경우, 공판 과정에서 외국에서의 미결구금 사실이 밝혀진다면, 양형에 관한 여러 사정들과 함께 그 미결구금의 원인이 된 사실과 공소사실의 동일성의 정도, 미결구금 기간, 해당 국가에서 이루어진 미결구금의 특수성 등을 고려하여 필요한 경우 형법 제53조의 작량감경 등을 적용하고, 나아가 이를 양형의 조건에 관한 사항으로 참작하여 최종의 선고형을 정함으로써 적정한 양형을 통해 피고인의 미결구금에 따른 불이익을 충분히 해소할 수 있다. 형법 제7조를 유추적용하여 외국에서의 미결구금을 확정된 형의 집행 단계에서 전부 또는 일부 산입한다면 이는 위 미결구금을 고려하지 아니하고 형을 정함을 전제로 하므로, 오히려 위와 같이 미결구금을 양형 단계에서 반영하여 그에 상응한 적절한 형으로 선고하는 것에 비하여 피고인에게 더 유리하다고 단정할 수 없다.

07-2. 외국에서 형의 집행을 받은 자에 대한 형의 선고(적극) [대법원 1988. 1. 19. 선고, 87도2287]

【판결요지】

형법 제7조의 규정취지는 외국에서 형의 전부 또는 일부를 받은 자에 대하여 법원의 재량으로 형을 감경 또는 면제할 수 있다는 것이므로 <u>외국에서 형의 집행을 받은 자에 대하여 형을 선고한 것을 위법하다고 할 수 없다.</u>

> **1. 형법 제7조는 외국에서 형의 전부 또는 일부의 집행을 받은 자에 대하여 법원의 재량으로 형을 감경 또는 면제할 수 있다는 의미 [대법원 1979. 4. 10. 선고, 78도831]**
>
> 【판결요지】
>
> 형법 제7조는 외국에서 형의 전부 또는 일부의 집행을 받은 자에 대하여 법원의 재량으로 형을 감경 또는 면제할 수 있다는 뜻이다.

07-3. 외국판결에 의하여 몰수추징의 선고가 있었던 경우에도 국내법으로 추징(적극) [대법원 1977. 5. 24. 선고, 77도629]

【판결요지】

형법 제7조 규정의 취지에 비추어 외국판결에 의하여 몰수추징의 선고가 있었던 경우라도 관세법 제198조의 몰수할 수 없는 때에 해당한다 할 것이므로 그 물품의 범칙 당시의 국내도매가격에 상당한 금액을 피고인으로부터 추징하여야 마땅하다.

제8조[총칙의 적용]

> 제8조(총칙의 적용) 본법 총칙은 타법령에 정한 죄에 적용한다. 단, 그 법령에 특별한 규정이 있는 때에는 예외로 한다.

08-1. 형을 가볍게 개정하면서 부칙에서 개정 전 범죄에 대하여는 종전의 법을 적용하도록 규정하는 것이 형벌불소급원칙이나 신법우선원칙에 반하는지 여부(소극) [대법원 2011. 7. 14. 선고, 2011도1303]

【판시사항】

[1] 형을 가볍게 개정하면서 부칙에서 개정 전 범죄에 대하여는 종전의 법을 적용하도록 규정하는 것이 형벌불소급원칙이나 신법우선원칙에 반하는지 여부(소극)

[2] '납세의무자가 정당한 사유 없이 1회계연도에 3회 이상 체납하는 경우'를 처벌하는 구 조세범 처벌법 제10조의 삭제는 경제·사회적 여건 변화를 반영한 정책적 조치에 따른 것으로 보일 뿐 법률이념의 변천에 따른 반성적 고려에서 비롯된 것이라고 보기 어려우므로, 위 규정 삭제 이전에 범한 위반행위의 가벌성이 소멸되지 않는다고 본 원심판단을 수긍한 사례

【이 유】

(1) 형법 제1조 제2항 및 제8조에 의하면 범죄 후 법률의 변경에 의하여 형이 구법보다 가벼운 때에는 원칙적으로 신법에 따라야 하지만, 신법에 경과규정을 두어 이러한 신법의 적용을 배제하는 것도 허용되는 것으로서, 형을 종전보다 가볍게 형벌법규를 개정하면서 그 부칙에서 개정된 법의 시행 전의 범죄에 대하여는 종전의 형벌법규를 적용하도록 규정한다 하여 형벌불소급의 원칙이나 신법우선의 원칙에 반한다고 할 수 없다.

그리고 형법 제1조 제2항의 규정은 형벌법령 제정의 이유가 된 법률이념의 변천에 따라 과거에 범죄로 보던 행위에 대하여 그 평가가 달라져 이를 범죄로 보고 처벌한 자체가 부당하였다거나 또는 과형이 과중하였다는 반성적 고려에서 법령을 개폐하였을 경우에 적용하여야 하고, 이와 같은 법률이념의 변경에 의한 것이 아닌 다른 사정의 변천에 따라 그때그때의 특수한 필요에 대처하기 위하여 법령을 개폐하는 경우에는 이미 그 전에 성립한 위법행위를 현재에 관찰하여도 행위 당시의 행위로서는 가벌성이 있는 것이어서 그 법령이 개폐되었다 하더라도 그에 대한 형이 폐지된 것이라고는 할 수 없다.

(2) 조세범 처벌법이 2010. 1. 1. 법률 제9919호로 전부 개정되면서 피고인의 판시 조세범 처벌법 위반죄의 처벌 근거규정인 구 조세범 처벌법(2010. 1. 1. 법률 제9919호로 전부 개정되기 전의 것, 이하 같다) 제10조를 삭제하였으나, 개정된 조세범 처벌법 부칙 제2조에서 이 법 시행 전의 행위에 대한 벌칙의 적용은 종전의 규정에 따른다고 규정하고 있고, 구 조세범 처벌법 제10조의 삭제는 그 개정이유에 비추어 보면 경제·사회적 여건의 변화를 반영한 정책적 조치에 따른 것으로 보일 뿐이고 법률이념의 변천에 따른 반성적 고려에서 비롯된 것이라고는 보기 어려우므로, 원심이 구 조세범 처벌법 시행 당시에 행하여진 이 사건 각 조세범 처벌법 위반의 범행에 대하여 구

조세범 처벌법 제10조를 적용하여 처벌한 것은 정당하고 거기에 법리오해의 잘못이 없다.

> 1. 형을 가볍게 개정하면서 그 부칙으로 개정법 시행 전의 범죄에 대하여 종전의 법을 적용하도록 규정하는 것이 형벌불소급원칙이나 신법우선주의에 반하는지 여부(소극) [대법원 1999. 4. 13. 자, 99초76]
> 【판결요지】
> 형법 제1조 제2항 및 제8조에 의하면 범죄 후 법률의 변경에 의하여 형이 구법보다 경한 때에는 신법에 의한다고 규정하고 있으나 신법에 경과규정을 두어 이러한 신법의 적용을 배제하는 것도 허용되는 것으로서, 형을 종전보다 가볍게 형벌법규를 개정하면서 그 부칙으로 개정된 법의 시행 전의 범죄에 대하여 종전의 형벌법규를 적용하도록 규정한다 하여 헌법상의 형벌불소급의 원칙이나 신법우선주의에 반한다고 할 수 없다.

08-2. 행정상의 단속을 주안으로 하는 법규의 경우 명시적 규정 없이도 과실범으로 처벌할 수 있는지 여부(원칙적 소극) [대법원 2010. 2. 11. 선고, 2009도9807]

　【판결요지】
　행정상의 단속을 주안으로 하는 법규라 하더라도 '명문규정이 있거나 해석상 과실범도 벌할 뜻이 명확한 경우'를 제외하고는 형법의 원칙에 따라 '고의'가 있어야 벌할 수 있다.

> 1. 행정단속법규에 대한 과실범의 처벌 [대법원 1986. 7. 22. 선고, 85도108]
> 【판결요지】
> 행정상의 단속을 주안으로 하는 법규라 하더라도 명문규정이 있거나 해석상 과실범도 벌할 뜻이 명확한 경우를 제외하고는 형법의 원칙에 따라 고의가 있어야 벌할 수 있다.

08-3. 법인의 범죄능력 유무 [대법원 1994. 2. 8. 선고, 93도1483]

　【판결요지】
　법인은 기관인 자연인을 통하여 행위를 하게 되는 것이기 때문에, 자연인이 법인의 기관으로서 범죄행위를 한 경우에도 행위자인 자연인이 범죄행위에 대한 형사책임을 지는 것이고, 다만 <u>법률이 목적을 달성하기 위하여 특별히 규정하고 있는 경우에만 행위자를 벌하는 외에 법률효과가 귀속되는 법인에 대하여도 벌금형을 과할 수 있을 뿐이다.</u>

08-4. 군인이나 군무원 등에 해당되지 아니하는 비신분자가 신분자의 군형법 제41조 위반죄에 대하여 공범이 될 수 있는지 여부(적극) [대법원 1992. 12. 24. 선고, 92도2346]

　【판결요지】
　<u>피고인에 대한 공소사실은 공소외인과 공모하여 군형법 제41조 위반죄를 범하였다는 것이므로, 피고인은 군인이나 군무원 등 군인에 준하는 자에 해당되지 아니한다 할지라도 공소외인이 범행 당시 그와 같은 신분을 가지고 있었다면 형법 제8조, 군형법 제4조의 규정에 따라 형법 제33조가 적용되어 공범으로서의 죄책을 면할 수 없다.</u>

08-5. 행정단속법규에 대한 과실범의 처벌 [대법원 1986. 7. 22. 선고, 85도108]

【판결요지】

행정상의 단속을 주안으로 하는 법규라 하더라도 명문규정이 있거나 해석상 과실범도 벌할 뜻이 명확한 경우를 제외하고는 형법의 원칙에 따라 고의가 있어야 벌할 수 있다.

08-6. 통상적인 행정질서 벌인 과태료는 다른 특별한 규정이 없는 한 원칙적으로 고의 과실을 필요로 하는지 여부(소극) [대법원 1969. 7. 29. 자, 69마400]

【판시사항】

무역거래법 제30조 규정에 의하여 과하여지는 과태료는 통상적인 행정질서법중의 하나로서 행정형벌과는 다르다 할 것이다. 즉, 행정질서벌과 행정형벌은 다같이 행정법령에 위반하는데 대한 제재라는 점에서는 같다하더라도 행정형벌은 그 행정법규 위반이 직접적으로 행정목적과 사회공익을 침해하는 경우에 과하여지는 것이므로 행정형벌을 과하는데 있어서 고의 과실을 필요로 할 것이냐의 여부의 점은 별문제로 하더라도 행정질서벌인 과태료는 직접적으로 행정목적이나 사회공익을 침해하는데 까지는 이르지 않고 다만 간접적으로 행정상의 질서에 장해를 줄 위험성이 있는 정도의 단순한 의무태만에 대한 제재로서 과하여지는데 불과하므로 다른 특별한 규정이 없는 한 원칙적으로 고의 과실을 필요로 하지 아니한다고 해석하여야 할 것이다.

제2장 죄

제1절 죄의 성립과 형의 감면

제9조 [형사미성년자]

> 제9조 (형사미성년자) 14세 되지아니한 자의 행위는 벌하지 아니한다.

09-1. 음주운전과 관련한 미성년자인 피의자의 혈액채취가 필요한 경우, 법정대리인 동의 여부(원칙적 소극) [대법원 2014. 11. 13. 선고, 2013도1228]

【판결요지】

형사소송법상 소송능력이란 소송당사자가 유효하게 소송행위를 할 수 있는 능력, 즉 피고인 또는 피의자가 자기의 소송상의 지위와 이해관계를 이해하고 이에 따라 방어행위를 할 수 있는 의사능력을 의미하는데, 피의자에게 의사능력이 있으면 직접 소송행위를 하는 것이 원칙이고, 피의자에게 의사능력이 없는 경우에는 형법 제9조 내지 제11조의 규정의 적용을 받지 아니하는 범죄사건에 한하여 예외적으로 법정대리인이 소송행위를 대리할 수 있다(형사소송법 제26조). 따라서 음주운전과 관련한 도로교통법 위반죄의 범죄수사를 위하여 미성년자인 피의자의 혈액채취가 필요한 경우에도 피의자에게 의사능력이 있다면 피의자 본인만이 혈액채취에 관한 유효한 동의를 할 수 있고, 피의자에게 의사능력이 없는 경우에도 명문의 규정이 없는 이상 법정대리인이 피의자를 대리하여 동의할 수는 없다.

제10조[심신장애인]

> 제10조(심신장애인) ① 심신장애로 인하여 사물을 변별할 능력이 없거나 의사를 결정할 능력이 없는 자의 행위는 벌하지 아니한다.
> ② 심신장애로 인하여 전항의 능력이 미약한 자의 행위는 형을 감경할 수 있다.
> ③ 위험의 발생을 예견하고 자의로 심신장애를 야기한 자의 행위에는 전2항의 규정을 적용하지 아니한다.

10-1. 형법 제10조에 규정된 심신장애의 요건 및 심신장애의 유무를 판단하는 방법 [대법원 2018. 9. 13. 선고, 2018도7658]

【판결요지】

[1] 형법 제10조에 규정된 **심신장애**는 생물학적 요소로서 정신병 또는 비정상적 정신상태와 같은 정신적 장애가 있는 외에 심리학적 요소로서 이와 같은 정신적 장애로 말미암아 사물에 대한 변별능력과 그에 따른 행위통제능력이 결여되거나 감소되었음을 요하므로, 정신적 장애가 있는 자라고

하여도 범행 당시 정상적인 사물변별능력이나 행위통제능력이 있었다면 심신장애로 볼 수 없다.

　[2] **심신장애의 유무**는 법원이 형벌제도의 목적 등에 비추어 판단하여야 할 법률문제로서 그 판단에 전문감정인의 정신감정결과가 중요한 참고자료가 되기는 하나, 법원이 반드시 그 의견에 구속되는 것은 아니고, 그러한 감정결과뿐만 아니라 범행의 경위, 수단, 범행 전후의 피고인의 행동 등 기록에 나타난 여러 자료 등을 종합하여 독자적으로 심신장애의 유무를 판단하여야 한다.

10-2. 정신적 장애가 있는 자에 대하여 형법 제10조에 규정된 '심신장애'를 인정하기 위한 요건
　　　[대법원 2013. 1. 24. 선고, 2012도12689]

　【판시사항】

　[1] 정신적 장애가 있는 자에 대하여 형법 제10조에 규정된 '심신장애'를 인정하기 위한 요건

　[2] 무생물인 옷 등을 성적 각성과 희열의 자극제로 믿고 성적 흥분을 고취시키는 데 쓰는 '성주물성애증'이라는 정신질환이 있다는 사정만으로 절도 범행에 대한 심신장애에 해당한다고 볼 수 있는지 여부(원칙적 소극) 및 이때 심신장애 인정 여부의 판단 방법

　【이 유】.

　원심판결 이유에 의하면, 원심은 피고인이 무생물인 옷이나 신는 것들의 조각을 사람의 몸의 연장으로서 성적 각성과 희열의 자극제로 믿고 이를 성적 흥분을 고취시키는 데 쓰는 '성주물성애증'이라는 정신질환을 가지고 있는 점, 위 정신질환은 피고인이 초등학교 때 아버지가 어머니를 자주 폭행하고 전학을 3회나 하여 친구가 없고 가정이나 학교에서 외로움을 느끼며 지내다가 2007년 29세경에 주점에서 일하는 여성의 속옷을 훔친 이후로 발현되어 계속 여성의 옷을 훔치거나 구입하여 때때로 이를 자위행위의 도구로 사용하면서 심화되었던 점, 피고인은 사용했던 여성의 속옷이나 옷을 절취한 다음 이를 처분하지 않고 보관하였으며, 여성의 속옷이나 옷을 절취하기 위하여 다른 사람의 집에 침입하는 것도 서슴지 않은 점, 피고인이 여성의 속옷이나 옷을 절취할 만한 다른 동기는 없는 점 등에 비추어 볼 때, 피고인은 이 사건 각 범행 당시 성주물성애증으로 인하여 사물을 변별하거나 의사를 결정할 능력이 미약한 상태에 있었다고 판단하였다.

　형법 제10조에 규정된 심신장애는 정신병 또는 비정상적 정신상태와 같은 정신적 장애가 있는 외에 이와 같은 정신적 장애로 말미암아 사물에 대한 변별능력이나 그에 따른 행위통제능력이 결여 또는 감소되었음을 요하므로, 정신적 장애가 있는 자라고 하여도 범행 당시 정상적인 사물변별능력과 행위통제능력이 있었다면 심신장애로 볼 수 없다(대법원 1992. 8. 18. 선고 92도1425 판결 등 참조). 그리고 특별한 사정이 없는 한 성격적 결함을 가진 사람에 대하여 자신의 충동을 억제하고 법을 준수하도록 요구하는 것이 기대할 수 없는 행위를 요구하는 것이라고는 할 수 없으므로, 무생물인 옷 등을 성적 각성과 희열의 자극제로 믿고 이를 성적 흥분을 고취시키는 데 쓰는 성주물성애증이라는 정신질환이 있다고 하더라도 그러한 사정만으로는 절도 범행에 대한 형의 감면사유인 심신장애에 해당한다고 볼 수 없고, 다만 그 증상이 매우 심각하여 원래의 의미의 정신병이 있는 사람과 동등하다고 평가할 수 있거나, 다른 심신장애사유와 경합된 경우 등에는 심신장애를 인정할 여지가 있으며(대법원 1995. 2. 24. 선고 94도3163 판결 등 참조), 이 경우

심신장애의 인정 여부는 성주물성애증의 정도 및 내용, 범행의 동기 및 원인, 범행의 경위 및 수단과 태양, 범행 전후의 피고인의 행동, 범행 및 그 전후의 상황에 관한 기억의 유무 및 정도, 수사 및 공판절차에서의 태도 등을 종합하여 법원이 독자적으로 판단할 수 있다(대법원 1994. 5. 13. 선고 94도581 판결 등 참조).

---

1. 정신적 장애가 있는 자에 대하여 형법 제10조에 규정된 심신장애를 인정하기 위한 요건 [대법원 2007. 2. 8. 선고, 2006도7900]

【판시사항】

[1] 정신적 장애가 있는 자에 대하여 형법 제10조에 규정된 심신장애를 인정하기 위한 요건

[2] 소아기호증이 있다는 자체만으로 심신장애에 해당하는지 여부(소극) 및 소아기호증으로 인해 심신장애에 이르렀다고 보기 위한 기준

[3] 범행 당시 피고인의 소아기호증의 정도 및 내용 등 여러 사정에 대하여 구체적으로 심리·검토하지 않은 상태에서 심신미약의 상태에 있었다고 판단한 원심판결을 파기한 사례

【판결요지】

[1] 형법 제10조에 규정된 심신장애는 생물학적 요소로서 정신병 또는 비정상적 정신상태와 같은 정신적 장애가 있는 외에 심리학적 요소로서 이와 같은 정신적 장애로 말미암아 사물에 대한 변별능력과 그에 따른 행위통제능력이 결여되거나 감소되었음을 요하므로, 정신적 장애가 있는 자라고 하여도 범행 당시 정상적인 사물변별능력이나 행위통제능력이 있었다면 심신장애로 볼 수 없다.

[2] 특단의 사정이 없는 한 성격적 결함을 가진 자에 대하여 자신의 충동을 억제하고 법을 준수하도록 요구하는 것이 기대할 수 없는 행위를 요구하는 것이라고는 할 수 없으므로, 사춘기 이전의 소아들을 상대로 한 성행위를 중심으로 성적 흥분을 강하게 일으키는 공상, 성적 충동, 성적 행동이 반복되어 나타나는 소아기호증은 성적인 측면에서의 성격적 결함으로 인하여 나타나는 것으로서, 소아기호증과 같은 질환이 있다는 사정은 그 자체만으로는 형의 감면사유인 심신장애에 해당하지 아니한다고 봄이 상당하고, 다만 그 증상이 매우 심각하여 원래의 의미의 정신병이 있는 사람과 동등하다고 평가할 수 있거나, 다른 심신장애사유와 경합된 경우 등에는 심신장애를 인정할 여지가 있으며, 이 경우 심신장애의 인정 여부는 소아기호증의 정도, 범행의 동기 및 원인, 범행의 경위 및 수단과 태양, 범행 전후의 피고인의 행동, 증거인멸 공작의 유무, 범행 및 그 전후의 상황에 관한 기억의 유무 및 정도, 반성의 빛의 유무, 수사 및 공판정에서의 방어 및 변소의 방법과 태도, 소아기호증 발병 전의 피고인의 성격과 그 범죄와의 관련성 유무 및 정도 등을 종합하여 법원이 독자적으로 판단할 수 있다.

---

2. 심신장애를 인정하기 위한 요소 및 정신분열증과 같은 고정적 정신질환을 가진 자의 심신미약이라고 볼 여지가 있는 경우 [대법원 1992. 8. 18. 선고, 92도1425]

【판결요지】

형법 제10조에 규정된 심신장애는 생물학적 요소로서 정신병, 정신박약 또는 비정상적 정신상태와 같은 정신적 장애가 있는 외에 심리학적 요소로서 이와 같은 정신적 장애로 말미암아 사물에 대한 판별능력과 그에 따른 행위통제능력이 결여되거나 감소되었음을 요하므로, 정신적 장애가 있는 자라고 하여도 범행 당시 정상적인 사물판별능력이나 행위통제능력이 있었다면 심신장애로 볼 수 없음은 물론이

나, 정신적 장애가 정신분열증과 같은 고정적 정신질환의 경우에는 범행의 충동을 느끼고 범행에 이르게 된 과정에 있어서의 범인의 의식상태가 정상인과 같아 보이는 경우에도 범행의 충동을 억제하지 못한 것이 흔히 정신질환과 연관이 있을 수 있고, 이러한 경우에는 정신질환으로 말미암아 행위통제능력이 저하된 것이어서 심신미약이라고 볼 여지가 있다.

3. 정신적 장애자의 심신장애 상태여부의 판단방법 [대법원 2007. 6. 14. 선고, 2007도2360]

【판시사항】

형법 제10조에 규정된 심신장애는, 생물학적 요인으로 인하여 정신병 또는 비정상적 정신상태와 같은 정신적 장애가 있는 외에, 심리학적 요인으로 인한 정신적 장애로 말미암아 사물에 대한 변별능력과 그에 따른 행위통제능력이 결여되거나 감소되었음을 요하므로, 정신적 장애가 있는 자라고 하여도 범행 당시 정상적인 사물변별능력이나 행위통제능력이 있었다면 심신장애로 볼 수 없다 (대법원 2007. 2. 8. 선고 2006도7900 판결 등 참조). 그리고 피고인이 범행 당시 심신장애의 상태에 있었는지 여부를 판단함에 있어 반드시 전문가의 감정을 거쳐야 하는 것은 아니므로, 법원이 범행의 경위와 수단, 범행 전후의 피고인의 행동 등 기록에 나타난 여러 자료와 공판정에서의 피고인의 태도 등을 종합하여 피고인이 심신장애의 상태에 있지 아니하였다고 판단하여도 이것만 가지고 위법이라고 할 수는 없다 (대법원 1993. 12. 7. 선고 93도2701 판결 등 참조).

4. 심신장애의 유무 및 정도의 판단 근거 [대법원 1994. 5. 13. 선고, 94도581]

【판시사항】

[1] 심신장애의 유무 및 정도의 판단 근거

[2] 피고인이 편집형 정신분열증환자로서 심신상실의 상태에 있었다는 감정인의 의견을 배척하고 제반 사정을 종합하여 심신미약으로만 인정한 사례

【판결요지】

[1] 형법 제10조 제1항 및 제2항 소정의 심신장애의 유무 및 정도의 판단은 법률적 판단으로서 반드시 전문감정인의 의견에 기속되어야 하는 것은 아니고, 정신분열병의 종류 및 정도, 범행의 동기 및 원인, 범행의 경위 및 수단과 태양, 범행 전후의 피고인의 행동, 증거인멸 공작의 유무, 범행 및 그 전후의 상황에 관한 기억의 유무 및 정도, 반성의 빛 유무, 수사 및 공판정에서의 방어 및 변소의 방법과 태도, 정신병 발병 전의 피고인의 성격과 그 범죄와의 관련성 유무 및 정도 등을 종합하여 법원이 독자적으로 판단할 수 있다.

5. 심신장애 유무의 판단에 있어서 법원이 전문감정인의 정신감정 결과에 기속을 받는지 여부 [대법원 1995. 2. 24. 선고, 94도3163]

【판시사항】

[1] 심신장애 유무의 판단에 있어서 법원이 전문감정인의 정신감정 결과에 기속을 받는지 여부

[2] 충동조절장애로 인한 병적 도벽이 형의 감면사유인 심신장애에 해당하는지 여부

【판결요지】

[1] 형법 제10조 소정의 심신장애의 유무는 법원이 형벌제도의 목적 등에비추어 판단하여야 할 법률문제로서, 그 판단에 있어서는 전문감정인의 정신감정 결과가 중요한 참고자료가 되기는 하나, 법원

으로서는 반드시 그 의견에 기속을 받는 것은 아니고, 그러한 감정 결과뿐만 아니라 범행의 경위, 수단, 범행 전후의 피고인의 행동 등 기록에 나타난 제반 자료 등을 종합하여 단독적으로 심신장애의 유무를 판단하여야 한다.

[2] 피고인이 자신의 절도의 충동을 억제하지 못하는 성격적 결함(정신의학상으로는 정신병질이라는 용어로 표현하기도 한다)으로 인하여 절도 범행에 이르게 되었다고 하더라도, 이와 같이 자신의 충동을 억제하지 못하여 범죄를 저지르게 되는 현상은 정상인에게서도 얼마든지 찾아볼 수 있는 일로서 이는 정도의 문제에 불과하고, 따라서 특단의 사정이 없는 한 위와 같은 성격적 결함을 가진 자에 대하여 자신의 충동을 억제하고 법을 준수하도록 요구하는 것이 기대할 수 없는 행위를 요구하는 것이라고는 할 수 없으므로 원칙적으로는 충동조절장애와 같은 성격적 결함은 형의 감면 사유인 심신장애에 해당하지 않는다고 봄이 상당하고, 다만 그러한 성격적 결함이 매우 심각하여 원래의 의미의 정신병을 가진 사람과 동등하다고 평가할 수 있다든지, 또는 다른 심신장애사유와 경합된 경우에는 심신장애를 인정할 여지가 있을 것이다.

10-3. 충동조절장애와 같은 성격적 결함으로 인한 범행을 심신장애로 인한 범행으로 볼 수 있는지 여부(한정 적극) [대법원 2011. 2. 10. 선고, 2010도14512]

【판시사항】

자신의 충동을 억제하지 못하여 범죄를 저지르게 되는 현상은 정상인에게서도 얼마든지 찾아볼 수 있는 일로서, 특단의 사정이 없는 한 위와 같은 성격적 결함을 가진 자에 대하여 자신의 충동을 억제하고 법을 준수하도록 요구하는 것이 기대할 수 없는 행위를 요구하는 것이라고는 할 수 없으므로, 원칙적으로 충동조절장애와 같은 성격적 결함은 형의 감면사유인 심신장애에 해당하지 아니한다고 봄이 타당하다. 다만 충동조절장애와 같은 성격적 결함이라 할지라도 그것이 매우 심각하여 원래의 의미의 정신병을 가진 사람과 동등하다고 평가할 수 있는 경우에는 그로 인한 범행은 심신장애로 인한 범행으로 보아야 한다(대법원 2002. 5. 24. 선고 2002도1541 판결, 대법원 2009. 2. 26. 선고 2008도9867 판결 등 참조).

---

1. 생리기간 중에 심각한 충동조절장애에 빠져 절도 범행을 저지른 행위 [대법원 2002. 5. 24. 선고, 2002도1541]

【판시사항】

[1] 충동조절장애와 같은 성격적 결함으로 인한 범행을 심신장애로 인한 범행으로 볼 수 있는지 여부(한정 적극)

[2] 피고인이 생리기간 중에 심각한 충동조절장애에 빠져 절도 범행을 저지른 것으로 의심이 되는데도 전문가에게 피고인의 정신상태를 감정시키는 등의 방법으로 심신장애 여부를 심리하지 아니한 원심판결을 심리미진과 심신장애에 관한 법리오해의 위법이 있다는 이유로 파기한 사례

【판결요지】

[1] 자신의 충동을 억제하지 못하여 범죄를 저지르게 되는 현상은 정상인에게서도 얼마든지 찾아볼 수 있는 일로서, 특단의 사정이 없는 한 위와 같은 성격적 결함을 가진 자에 대하여 자신의 충동을 억제하고 법을 준수하도록 요구하는 것이 기대할 수 없는 행위를 요구하는 것이라고는 할 수 없으

므로, 원칙적으로 충동조절장애와 같은 성격적 결함은 형의 감면사유인 심신장애에 해당하지 아니한다고 봄이 상당하지만, 그 이상으로 사물을 변별할 수 있는 능력에 장애를 가져오는 원래의 의미의 정신병이 도벽의 원인이라거나 혹은 도벽의 원인이 충동조절장애와 같은 성격적 결함이라 할지라도 그것이 매우 심각하여 원래의 의미의 정신병을 가진 사람과 동등하다고 평가할 수 있는 경우에는 그로 인한 절도 범행은 심신장애로 인한 범행으로 보아야 한다.

10-4. 심신장애의 유무 및 정도에 대한 판단 방법 [대법원 2007. 11. 29. 선고, 2007도8333]

【판시사항】

형법 제10조에 규정된 심신장애의 유무 및 정도의 판단은 법률적 판단으로서 반드시 전문감정인의 의견에 기속되어야 하는 것은 아니고, 정신질환의 종류와 정도, 범행의 동기, 경위, 수단과 태양, 범행 전후의 피고인의 행동, 반성의 정도 등 여러 사정을 종합하여 법원이 독자적으로 판단할 수 있다 (대법원 1999. 8. 24. 선고 99도1194 판결, 대법원 2007. 7. 12. 선고 2007도3391 판결 등 참조).

10-5. 음주운전을 할 의사를 가지고 음주만취한 후 운전을 결행하여 교통사고를 일으킨 경우 심신장애로 인한 감경 등을 할 수 있는지 여부(소극) [대법원 2007. 7. 27. 선고, 2007도4484]

【판시사항】

음주운전을 할 의사를 가지고 음주만취한 후 운전을 결행하다가 교통사고를 일으킨 경우에는 음주시에 교통사고를 일으킬 위험성을 예견하였는데도 자의로 심신장애를 야기한 경우에 해당하므로 형법 제10조 제3항에 의하여 심신장애로 인한 감경 등을 할 수 없다고 할 것이다 (대법원 1992. 7. 28. 선고 92도999 판결 등 참조).

---

1. 음주운전을 할 의사를 가지고 음주만취한 후 운전을 결행하여 교통사고를 일으킨 경우 심신장애로 인한 감경 등을 할 수 있는지 여부(소극) [대법원 1992. 7. 28. 선고, 92도999]

【판결요지】

형법 제10조 제3항은 "위험의 발생을 예견하고 자의로 심신장애를 야기한 자의 행위에는 전2항의 규정을 적용하지 아니한다"고 규정하고 있는 바, 이 규정은 고의에 의한 원인에 있어서의 자유로운 행위만이 아니라 과실에 의한 원인에 있어서의 자유로운 행위까지도 포함하는 것으로서 위험의 발생을 예견할 수 있었는데도 자의로 심신장애를 야기한 경우도 그 적용 대상이 된다고할 것이어서, 피고인이 음주운전을 할 의사를 가지고 음주만취한 후 운전을 결행하여 교통사고를 일으켰다면 피고인은 음주시에 교통사고를 일으킬 위험성을 예견하였는데도 자의로 심신장애를 야기한 경우에 해당하므로 위 법조항에 의하여 심신장애로 인한 감경 등을 할 수 없다.

---

2. 스스로 차를 운전하여 술집에 가서 술을 마신 후 운전을 하다가 교통사고를 일으킨 경우, 심신미약으로 인한 형의 감경을 할 수 있는지 여부 [대법원 1995. 6. 13. 선고, 95도826]

【판결요지】

피고인이 자신의 차를 운전하여 술집에 가서 술을 마신 후 운전을 하다가 교통사고를 일으켰다면, 이는 피고인이 음주할 때 교통사고를 일으킬 수 있다는 위험성을 예견하고도 자의로 심신장애를 야기한 경우에 해당하여, 가사 사고 당시 심신미약 상태에 있었다고 하더라도 심신미약으로 인한 형의 감경을 할 수 없다.

---

3. 대마초 흡연시에 이미 범행을 예견하고 자의로 심신장애를 야기한 경우(소극) [대법원 1996. 6. 11. 선고, 96도857]

【판결요지】
대마초 흡연시에 이미 범행을 예견하고도 자의로 심신장애를 야기한 경우 형법 제10조 제3항에 의하여 심신장애로 인한 감경 등을 할 수 없다.

10-6. 심신장애를 인정하기 위한 요소 및 정신분열증과 같은 고정적 정신질환을 가진 자가 범행의 충동을 느끼고 범행에 이르게 된 과정에서의 의식상태가 정상인과 같아 보이지만 심신미약이라고 볼 여지가 있는 경우 [대법원 2005. 12. 9. 선고, 2005도7342]

【판시사항】
형법 제10조에 규정된 심신장애는 생물학적 요소로서 정신병, 정신박약 또는 비정상적 정신상태와 같은 정신적 장애가 있는 외에 심리학적 요소로서 이와 같은 정신적 장애로 말미암아 사물에 대한 판별능력과 그에 따른 행위통제능력이 결여되거나 감소되었음을 요하므로, 정신적 장애가 있는 자라고 하여도 범행 당시 정상적인 사물판별능력이나 행위통제능력이 있었다면 심신장애로 볼 수 없음은 물론이나, 정신적 장애가 정신분열증과 같은 고정적 정신질환의 경우에는 범행의 충동을 느끼고 범행에 이르게 된 과정에서의 범인의 의식상태가 정상인과 같아 보이는 경우에도 범행의 충동을 억제하지 못한 것이 정신질환과 연관이 있는 경우가 흔히 있고, 이러한 경우에는 정신질환으로 말미암아 행위통제능력이 저하된 것이어서 심신미약이라고 볼 여지가 있다 (대법원 1992. 8. 18. 선고 92도1425 판결 참조).

10-7. 심신장애의 유무 및 정도에 대한 판단 기준 [대법원 1999. 1. 26. 선고, 98도3812]

【판시사항】
[1] 심신장애의 유무 및 정도에 대한 판단 기준
[2] 정신분열증을 이유로 심신미약 감경을 한 제1심판결에 대하여 피고인이 항소이유에서 양형부당만을 주장하고 심신상실 주장은 하지 않았다고 하더라도, 직권으로 피고인의 심신장애 정도에 관하여 심리를 하였어야 한다는 이유로 원심판결을 파기한 사례

【판결요지】
[1] 형법 제10조 제1항, 제2항에 규정된 심신장애의 유무 및 정도의 판단은 법률적 판단으로서 반드시 전문감정인의 의견에 기속되어야 하는 것은 아니고, 정신분열증의 종류와 정도, 범행의 동기, 경위, 수단과 태양, 범행 전후의 피고인의 행동, 반성의 정도 등 여러 사정을 종합하여 법원이 독자적으로 판단할 수 있다.

[2] 정신분열증을 이유로 심신미약 감경을 한 제1심판결에 대하여 피고인이 항소이유에서 양형 부당만을 주장하고 심신상실 주장은 하지 않았다고 하더라도, 직권으로 피고인의 심신장애 정도에 관하여 심리를 하였어야 한다.

10-8. 심신장애의 유무 및 그 정도에 대한 판단방법 [대법원 1991. 9. 13. 선고, 91도1473]

【판결요지】

형법 제10조 제1항 및 제2항 소정의 심신장애의 유무 및 정도를 판단함에 있어서 반드시 전문감정인의 의견에 기속되어야 하는 것은 아니고 범행의 경위, 수단, 범행 전후의 피고인의 행동 등 기록에 나타난 제반자료와 공판정에서의 피고인의 태도 등을 종합하여 법원이 독자적으로 심신장애의 유무를 판단할 수 있는 것이다

---

1. 심신장애의 정도판단에 있어서 감정서의 내용에 기속되는지 여부(소극) [대법원 1983. 7. 12. 선고, 83도1262]

【판결요지】

범행당시 피고인의 심신장애의 정도를 판단함에 있어서 감정인의 감정서만에 의거한 판단을 하지 아니하였다하여 심신상실에 관한 법리오해의 위법이 있다 할 수 없다.

---

2. 심신장애 유무와 그 정도에 대한 판단방법 [대법원 1990. 11. 27. 선고, 90도2210]

【판결요지】

심신장애 유무와 그 정도를 판단함에 있어 반드시 감정인의 의견에 따라야 하는 것은 아니다.

10-9. 정신분열증으로 인하여 피해자를 "사탄"이라고 생각하고 그를 죽여야만 천당에 갈 수 있다고 믿어 살해한 경우 범행당시 심신상실상태 여부(적극) [대법원 1990. 8. 14. 선고, 90도1328]

【판결요지】

범행당시 정신분열증으로 심신장애의 상태에 있었던 피고인이 피해자를 살해한다는 명확한 의식이 있었고 범행의 경위를 소상하게 기억하고 있다고 하여 범행당시 사물의 변별능력이나 의사결정능력이 결여된 정도가 아니라 미약한 상태에 있었다고 단정할 수는 없는 것인바, 피고인이 피해자를 살해할 만한 다른 동기가 전혀 없고, 오직 피해자를 "사탄"이라고 생각하고 피해자를 죽여야만 피고인. 자신이 천당에 갈 수 있다고 믿어 살해하기에 이른 것이라면, 피고인은 범행당시 정신분열증에 의한 망상에 지배되어 사물의 선악과 시비를 구별할 만한 판단능력이 결여된 상태에 있었던 것으로 볼 여지가 없지 않다.

10-10. 범행직전에 친구들과 소주 약 7병을 먹고 있었다는 진술이 심신미약의 주장인지 여부(소극) [대법원 1990. 4. 24. 선고, 90도434]

【판결요지】

피고인이 원심에 제출한 항소이유서에 범행 직전에 친구들과 소주를 약 7병 먹고 있었다고 진술

한 대목이 있더라도 이러한 진술만으로는 <u>심신미약의 주장을 한 것으로 볼 수 없다.</u>

10-11. 만취되어 기억이 없다는 진술이 범죄의 성립을 조각하거나 형의 감면이유가 되는 사실의 진술에 해당하는지 여부(적극) [대법원 1990. 2. 13. 선고, 89도2364]

【판결요지】

범행당시 술에 만취하였기 때문에 전혀 기억이 없다는 취지의 진술은 범행당시 심신상실 또는 심신미약의 상태에 있었다는 주장으로서 형사소송법 제323조 제2항 소정의 법률상 범죄의 성립을 조각하거나 형의 감면의 이유가 되는 사실의 진술에 해당한다.

10-12. 음주로 인한 심신장애 여부의 판단과 전문의사에 의한 감정요부(소극) [대법원 1985. 8. 20. 선고, 85도1235]

【판결요지】

음주로 인한 심신장애의 여부는 기록에 나타난 제반자료와 공판정에서의 피고인의 진술등을 종합하여 판단하여도 무방하고 반드시 전문의사에 의한 감정에 의하여야 하는 것은 아니다.

---

1. 심신장애자인 여부의 판단에 있어서 전문가의 감정요부(소극) [대법원 1984. 4. 24. 선고, 84도527]

【판시사항】

[1] 심신장애자인 여부의 판단에 있어서 전문가의 감정요부(소극)

[2] 정신감정을 거치지 않고 피고인 등의 전후 진술, 범행당시의 정황에 비추어 심신장애자가 아니라고 한 조치의 당부

【판결요지】

[1] 심신장애자의 행위인 여부는 반드시 전문가의 감정에 의하여만 결정할 수 있는 것이 아니고 그 행위의 전후 사정이나 기록에 나타난 제반자료와 공판정에서의 피고인의 태도 등을 종합하여 심신상실 또는 미약자의 행위가 아니라고 인정하여도 이를 위법이라 할 수 없다.

[2] 피고인이 검찰에서 범행에 관한 기억이 없다고 하였으나 법정에서는 범행사실을 전부 시인하고 있고 피해자의 진술에 따르면 범행당시 피고인에게서 술냄새가 나지 않았다는 것으로 피고인이 술에 취하여 기억이 전혀 없다고 단정하기 어렵고, 피고인의 정신 상태에 관하여는 피고인이 과거에 이유없이 쓰러지거나 돈주고 수집한 빈병을 깨버린 일이 있어 피고인에게 원인모를 병이 있는 것같다는 피고인의 처의 진술이 있으나, 이 진술만으로 피고에게 정신질환이 있다고 하기에는 어렵고 피고인이 뇌를 다친 여부에 관하여는 인정할 자료가 없다면 피고인의 범죄경력, 이 사건 범행의 경위, 방법 및 범행 후 정황 등을 종합하여 범행당시 피고인이 사물을 판별할 능력이나 의사결정 능력이 없었거나 미약하였다는 변소를 배척한 조치는 정당하며 그 정신감정을 거치지 아니하였다 하여 위법이라 할 수 없다.

10-13. 범행 후 죄증을 인멸하고 알리바이를 조작하려 노력한 경우 그 범행이 심신상실상태에서 행해진 것이라고 볼 수 있는지 여부(소극) [대법원 1984. 7. 24. 선고, 84도1246]

【판결요지】

피고인이 범행 직후 공장숙소에 돌아와서 혈흔이 묻어있는 운동화와 상의를 목욕탕에서 빨아 난로불에 말린 사실이 있을 뿐만 아니라 그 후 함께 근무하던 공원들에게는 자기가 범행시각 이전에 숙소로 돌아온 것처럼 진술해 달라고 부탁하는 한편 범행 당시에 신었던 운동화를 땅에 묻었다가 다시 파내어 소각하는 등 죄증을 인멸하고 알리바이를 조작하려고 노력한 흔적을 엿볼 수 있다면 피고인의 범행이 심신상실의 상태에서 저지른 소행이라고 보기 어렵다.

10-14. 형법 제10조 제1항과 제2항 소정의 심신장애자의 차이 [대법원 1984. 2. 28. 선고, 83도3007]

【판시사항】

[1] 형법 제10조 제1항과 제2항 소정의 심신장애자의 차이

[2] 연속방화범행자를 심신미약자로 인정한 예

【판결요지】

[1] 형법 제10조의 심신장애로 인하여 사물을 변별할 능력이 없거나 의사를 결정할 능력이 없는 자 및 이와 같은 능력이 미약한 자라 함은 어느 것이나 심신장애의 상태에 있는 사람을 말하고, 이 양자는 단순히 그 장애정도의 강약의 차이가 있을 뿐 정신장애로 인하여 사물의 시비 또는 선악을 변별할 능력이 없거나 그 변별한 바에 따라 행동할 능력이 없는 경우와, 정신장애가 위와 같은 능력을 결여하는 정도에는 이르지 않았으나 그 능력이 현저하게 감퇴된 상태를 말한다.

[2] 피고인의 정신상태가 정신분열증세와 방화에 대한 억제하기 어려운 충동으로 말미암아 사물을 변별하거나 의사를 결정할 능력이 미약한 상태에서 불과 6일간에 여덟차례에 걸친 연속된 방화를 감행하였다면, 피고인을 심신미약자로 인정하고 형법 제10조 제2항을 적용하여 처단한 조치는 정당하다.

10-15. 범행시에 발행하지 아니한 지병과 참작하여야 할 심신장애 사유 [대법원 1983. 10. 11. 선고, 83도1897]

【판결요지】

피고인이 평소 간질병 증세가 있었더라도 범행 당시에는 간질병이 발작하지 아니하였다면 이는 책임감면사유인 심신장애 내지는 심신미약의 경우에 해당하지 아니한다.

10-16. 편집형 정신분열증 환자와 심신상실 [대법원 1980. 5. 27. 선고, 80도656]

【판결요지】

편집형 정신분열증환자는 자기의 행동을 알 때도 있고 모를 때도 있으나 사물에 대한 판단력이 없는 것이 특징이고 또 사물을 변별하고 그에 따라서 자신의 의사결정을 하거나 자기의 의지를 제어할 능력이 없는 것이다.

10-17. 책임능력의 의의와 판단기준 [대법원 1968. 4. 30., 선고, 68도400

【판결요지】

본조에서 말하는 사물을 판별할 능력 또는 의사를 결정할 능력은 자유의사를 전제로 한 의사결

정의 능력에 관한 것으로서, 그 능력의 유무와 정도는 감정사항에 속하는 사실문제라 할지라도 그 능력에 관한 확정된 사실이 심신상실 또는 심신미약에 해당하는 여부는 법률문제에 속하는 것인바 피고인의 범행 당시 정신상태가 심신미약인 상태에 해당되는 것으로 사료된다는 취지의 감정서의 기재 및 이에 대한 감정인의 증언은 감정결과인 인격해리상태에 대한 자신의 법률적 평가를 개진하였음에 불과하므로 그 정신상태에 관한 판단의 자료가 될 수 없다.

원래 형법 제10조에서 말하는 사물을 변별할 능력 또는 의사를 결정할 능력은 자유의사를 전제로 한 의사결정의 능력에 관한 것으로서, 그 능력의 유무와 정도는 감정사항에 속하는 사실문제라 할 지라도 그 능력에 관한 확정된 사실 또는 심신상실 또는 심신미약에 해당 되는 여부는 법률문제에 속하는 것인 바, 원판결이 채택한 피고인에 대한 전기 정신감정서와 감정의사 변용욱의 증언 중에 본건 범행 당시 피고인의 정신상태가 심신미약 상태에 해당되는 것으로 사료한다는 취지의 기재 또는 진술 부분이었기는 하나, 그것은 피고인의 정신상태를 감정한 감정의 사로서 그 감정결과인 인격해리 상태에 대하여 자신의 법률적 평가를 개진 하였음에 불과하는 것이었은 즉, 이는 그 정신상태에 관한 판단의 자료가 될 수 없는 것이었음에 반하여 그 감정서의 내용과 그에 관한 증언을 검토함으로서 피고인의 본건 범행당시의 정신상태는 그 감정서 (4)및 6항에 기술한 소견이나 진단과 같은 것이어서 정신 의학상 인격해리 상태에 속하는 것이라 할 것이 었으며 그 상태하에서는 극적으로 좁은 의미의 의식을 떠나고 무의식상태가 됨으로 (그 상태가 살아지면 의식을 회복하게 된다),그의 동작은 수면중의 동작과 같아서 그 동작의 선악은 구별할 수 없게 된다할 것이고 (기록 303,307장 참조) 그러한 무의식상태 하에서도 무의식적이나마 약간의 분별능력이 있었던 것으로 볼 수 는 있는 것이나 그 분별을 사후에 추상치 못하는 것이니 그것을 기억상실 상태였다고 할 것(기록 146,146장참조) 이었음을 알아 차릴 수 있는 바인즉, 원판결이 위 증거들에 의하여 본건 범행 당시 피고인의 정신상태는 심신미약정도에 지나지 않는 것이었다고 단정 하였음은 증거의 내용 및 가치 의 판단을 그릇하여 그 내용에 상치되는사항을 단정한 위법을 면치 못할 것이다.

그리고 위 감정서의 (4)(6)항의 기재사항에 제1심 판결이 인정설시한 본건범행 수개월전의 동리 사람들에 대한 피고인의 전술한 바와 같은 비정상적인 행패의 사태나 피고인이 상고이유 중 에서 자진하는 그의 뇌막염의 기왕증에 관한 사항에 비추어 본건 범행 당시의 피고인은 심신을 자극할 염려가 있는 음주같은 일을 엄금하여야 할 처지에 있었음을 알 수 있는 바인즉, 원심으로서는 의당 피고인이 본건 범행당일 제1심판결이 인정 설시한 바와 같이 음주함에 있어 주취 후, 그의 정신상태에 이상적인 변화가 생길 것을 예견하였다거나 또는 예견할 수 있었던 것인가의 여부를 심리하여 본건 범행에 대한 형법 제10조 제3항의 적응 여부를 결정하여야 할 것이었음에도 불구하고 원판결 중에서는 위 사실에 관한 아무런 심리와 판단의 흔적을 찾아 볼 수 없는 바이니, 이점에 있어 그 판결은 심리미진의 위법을 면치 못할 것이다.

제12조[강요된 행위]

> 제12조(강요된 행위) 저항할 수 없는 폭력이나 자기 또는 친족의 생명, 신체에 대한 위해를 방어할 방법이 없는 협박에 의하여 강요된 행위는 벌하지 아니한다.

12-1. 하관에게 상관의 위법 내지 불법한 명령에 따라야 할 의무가 있는지 여부(소극) [대법원 2015. 10. 29. 선고, 2015도9010]

【판시사항】

공무원이 그 직무를 수행함에 있어 상관은 하관에 대하여 범죄행위 등 위법한 행위를 하도록 명령할 직권이 없는 것이며, 또한 하관은 소속 상관의 적법한 명령에 복종할 의무는 있으나 위와 같이 명백히 위법 내지 불법한 명령인 때에는 이는 벌써 직무상의 지시명령이라 할 수 없으므로 이에 따라야 할 의무는 없다(대법원 1999. 4. 23. 선고 99도636 판결, 대법원 2013. 11. 28. 선고 2011도5329 판결 참조).

12-2. 직무상 지휘·복종관계에 있는 부하가 직장 상사의 범법행위에 가담하지 않을 기대가능성 유무(적극) [대법원 2007. 5. 11. 선고, 2007도1373]

【판시사항】

직장 상사의 범법행위에 가담한 부하에 대하여 직무상 지휘·복종관계에 있다는 이유만으로 범법행위에 가담하지 않을 기대가능성이 없다고는 할 수 없다(대법원 2005. 7. 29. 선고 2004도5685 판결 등 참조).

12-3. 성장교육과정을 통하여 형성된 관념으로 인하여 행위자의 의사결정이 사실상 강제되는 경우 [대법원 1990. 3. 27. 선고, 89도1670]

【판결요지】

형법 제12조에서 말하는 <u>강요된 행위는 저항할 수 없는 폭력이나 생명, 신체에 위해를 가하겠다는 협박 등 다른 사람의 강요행위에 의하여 이루어진 행위를 의미하는 것이지 어떤 사람의 성장교육과정을 통하여 형성된 내재적인 관념 내지 확신으로 인하여 행위자 스스로의 의사결정이 사실상 강제되는 결과를 낳게 하는 경우까지 의미한다고 볼 수 없다.</u>

12-4. 상관의 위법 내지 불법한 명령과 하관의 복종의무 [대법원 1988. 2. 23. 선고, 87도2358]

【판시사항】

[1] 상관의 위법 내지 불법한 명령과 하관의 복종의무

[2] 상관명령에의 절대 복종이 불문률로 되어 있는 경우 위법명령에 따른 행위가 정당행위 내지 강요된 행위에 해당하는지 여부

【판결요지】

[1] 공무원이 그 직무를 수행함에 있어 상관은 하관에 대하여 범죄행위 등 위법한 행위를 하도록 명령할 직권이 없는 것이고, 하관은 소속상관의 적법한 명령에 복종할 의무는 있으나 그 명령이 참고인으로 소환된 사람에게 가혹행위를 가하라는 등과 같이 명백한 위법 내지 불법한 명령인 때에는 이는 벌써 직무상의 지시명령이라 할 수 없으므로 이에 따라야 할 의무는 없다.

[2] 설령 대공수사단 직원은 상관의 명령에 절대 복종하여야 한다는 것이 불문률로 되어 있다 할지라도 국민의 기본권인 신체의 자유를 침해하는 고문행위 등이 금지되어 있는 우리의 국법질서에 비추어 볼 때 그와 같은 불문률이 있다는 것만으로는 고문치사와 같이 중대하고도 명백한 위법명령에 따른 행위가 정당한 행위에 해당하거나 강요된 행위로서 적법행위에 대한 기대가능성이 없는 경우에 해당하게 되는 것이라고는 볼 수 없다.

---

1. 상관의 위법한 명령에 대한 복종의무와 책임조각사유 [대법원 1980. 5. 20. 선고, 80도306]

【판결요지】

공무원은 직무를 수행함에 있어서 소속 상관의 명백히 위법한 명령에 대해서까지 복종할 의무는 없을 뿐만 아니라, 중앙정보부직원은 상관의 명령에 절대 복종하여야 한다는 것이 불문율로 되어 있다는 점만으로는 이 사건에서와 같이 중대하고 명백한 위법명령에 따른 범법행위까지 강요된 행위이거나 적법행위에 대한 기대가능성이 없는 경우에 해당한다고는 도저히 볼 수 없다.

12-5. 단체사이 상하관계에서 오는 구속력 때문에 한 행위가 강요된 행위에 해당하는지 여부 [대법원 1986. 9. 23. 선고, 86도1547]

【판결요지】

단체사이의 상하관계에서 오는 구속력때문에 이루어진 행위라는 사유만으로는 그 행위를 강요된 행위라 볼 수 없다.

12-6. 형법 제12조(강요된 행위) 소정의 "폭력" "협박" "강요"의 의미 [대법원 1983. 12. 13. 선고, 83도2276]

【판결요지】

형법 제12조 소정의 저항할 수 없는 폭력은, 심리적인 의미에 있어서 육체적으로 어떤 행위를 절대적으로 하지 아니할 수 없게 하는 경우와 윤리적 의미에 있어서 강압된 경우를 말하고, 협박이란 자기 또는 친족의 생명, 신체에 대한 위해를 달리 막을 방법이 없는 협박을 말하며, 강요라 함은 피강요자의 자유스런 의사결정을 하지 못하게 하면서 특정한 행위를 하게 하는 것을 말한다.

12-7. 상사의 지시에 의한 군용물 매각과 강요된 행위 [대법원 1983. 12. 13. 선고, 83도2543]

【판결요지】

휘발유 등 군용물의 불법매각이 상사인 포대장이나 인사계 상사의 지시에 의한 것이라 하여도 그 같은 지시가 저항할 수 없는 폭력이나 자기 또는 친족의 생명, 신체에 대한 위해를 방어할 방법이 없는 협박에 상당한 것이라고 인정되지 않은 이상 강요된 행위로서 책임성이 조각된다고 할 수 없다.

12-8. 강요된 행위의 유형적인 협박요건 여부(소극) [대법원 1969. 3. 25. 선고, 69도94]

【판시사항】

강요된 행위가 되려면 반드시 유형적인 협박을 받는 것을 요건으로 하지 아니한다.

12-9. 형법소정의 강요된 행위의 성질 [대법원 1968. 11. 5. 선고, 68도1334]

【판결요지】

어로작업중 북괴에 납치되어 북괴의 활동을 찬양하고 그 구성원의 물음에 대하여 아는 사실을 답하고 물품을 받는 등의 행위는 강요된 행위라고 봄이 상당하다.

제13조[고의]

> 제13조(고의) 죄의 성립요소인 사실을 인식하지 못한 행위는 벌하지 아니한다. 다만, 법률에 특별한 규정이 있는 경우에는 예외로 한다. [전문개정 2020. 12. 8.]

13-1. 방조범 성립에 필요한 고의의 의미와 내용 및 그 증명 방법 [대법원 2018. 9. 13. 선고]

【판결요지】

형법상 방조행위는 정범이 범행을 한다는 정을 알면서 그 실행행위를 용이하게 하는 직접·간접의 모든 행위를 가리키는 것으로서 유형적, 물질적인 방조뿐만 아니라 정범에게 범행의 결의를 강화하도록 하는 것과 같은 무형적, 정신적 방조행위까지도 이에 해당한다. 종범은 정범의 실행행위 중에 이를 방조하는 경우뿐만 아니라, 실행 착수 전에 장래의 실행행위를 예상하고 이를 용이하게 하는 행위를 하여 방조한 경우에도 성립한다. 형법상 방조행위는 정범이 범행을 한다는 정을 알면서 그 실행행위를 용이하게 하는 직접·간접의 행위를 말하므로, 방조범은 정범의 실행을 방조한다는 이른바 방조의 고의와 정범의 행위가 구성요건에 해당하는 행위인 점에 대한 정범의 고의가 있어야 하나, 이와 같은 고의는 내심적 사실이므로 피고인이 이를 부정하는 경우에는 사물의 성질상 고의와 상당한 관련성이 있는 간접사실을 증명하는 방법에 의하여 증명할 수밖에 없다. 이때 무엇이 상당한 관련성이 있는 간접사실에 해당할 것인가는 정상적인 경험칙에 바탕을 두고 치밀한 관찰력이나 분석력에 의하여 사실의 연결상태를 합리적으로 판단하여야 하고, 방조범에서 요구되는 정범의 고의는 정범에 의하여 실현되는 범죄의 구체적 내용을 인식할 것을 요하는 것은 아니고 미필적 인식이나 예견으로 족하다.

13-2. '미필적 고의'의 요건 및 판단 방법 [대법원 2018. 1. 25. 선고, 2017도12537]

【판시사항】

고의의 일종인 미필적 고의는 중대한 과실과는 달리 범죄사실의 발생 가능성에 대한 인식이 있고,

나아가 범죄사실이 발생할 위험을 용인하는 내심의 의사가 있어야 한다. 행위자가 범죄사실이 발생할 가능성을 용인하고 있었는지 여부는, 행위자의 진술에 의존하지 않고, 외부에 나타난 행위의 형태와 행위의 상황 등 구체적인 사정을 기초로, 일반인이라면 해당 범죄사실이 발생할 가능성을 어떻게 평가할 것인지를 고려하면서, 행위자의 입장에서 그 심리상태를 추인하여야 한다.

1, 범죄구성요건의 주관적 요소인 고의를 부인하는 경우, 증명 방법 [대법원 2017. 1. 12. 선고, 2016도 15470]

【판시사항】

[1] 피고인이 범죄구성요건의 주관적 요소인 고의를 부인하는 경우, 증명 방법

[2] 미필적 고의의 요건 및 판단 방법

【판결요지】

[1] 피고인이 범죄구성요건의 주관적 요소인 고의를 부인하는 경우, 범의 자체를 객관적으로 증명할 수는 없으므로 사물의 성질상 범의와 관련성이 있는 간접사실 또는 정황사실을 증명하는 방법으로 이를 증명할 수밖에 없다. 이때 무엇이 관련성이 있는 간접사실 또는 정황사실에 해당하는지는 정상적인 경험칙에 바탕을 두고 치밀한 관찰력이나 분석력으로 사실의 연결상태를 합리적으로 판단하는 방법에 의하여 판단하여야 한다.

[2] 고의의 일종인 미필적 고의는 중대한 과실과는 달리 범죄사실의 발생 가능성에 대한 인식이 있고 나아가 범죄사실이 발생할 위험을 용인하는 내심의 의사가 있어야 한다. 행위자가 범죄사실이 발생할 가능성을 용인하고 있었는지는 행위자의 진술에 의존하지 않고 외부에 나타난 행위의 형태와 행위의 상황 등 구체적인 사정을 기초로 일반인이라면 범죄사실이 발생할 가능성을 어떻게 평가할 것인지를 고려하면서 행위자의 입장에서 그 심리상태를 추인하여야 한다.

---

2. 미필적 고의의 요건 [대법원 1987. 2. 10. 선고, 86도2338]

【판결요지】

미필적 고의라 함은 결과의 발생이 불확실한 경우 즉 행위자에 있어서 그 결과발생에 대한 확실한 예견은 없으나 그 가능성은 인정하는 것으로, 이러한 미필적 고의가 있었다고 하려면 결과발생의 가능성에 대한 인식이 있음은 물론 나아가 결과발생을 용인하는 내심의 의사가 있음을 요한다.

13-3. 종범의 성립에 필요한 고의의 내용 [대법원 2018. 1. 25. 선고, 2016도18715]

【판시사항】

방조는 정범이 범행을 한다는 것을 알면서 그 실행행위를 용이하게 하는 종범의 행위이므로 종범은 정범의 실행을 방조한다는 방조의 고의와 정범의 행위가 구성요건에 해당한다는 점에 대한 정범의 고의가 있어야 한다.

13-4. 함정수사의 위법 여부를 판단하는 기준 [대법원 2013. 3. 28. 선고, 2013도1473]

【판시사항】

범의를 가지지 아니한 자에 대하여 수사기관이 사술이나 계략 등을 써서 범의를 유발하게 하여

범죄인을 검거하는 함정수사는 위법한바, 구체적인 사건에 있어서 위법한 함정수사에 해당하는지 여부는 해당 범죄의 종류와 성질, 유인자의 지위와 역할, 유인의 경위와 방법, 유인에 따른 피유인자의 반응, 피유인자의 처벌 전력 및 유인행위 자체의 위법성 등을 종합하여 판단하여야 한다. 수사기관과 직접 관련이 있는 유인자가 피유인자와의 개인적인 친밀관계를 이용하여 피유인자의 동정심이나 감정에 호소하거나, 금전적·심리적 압박이나 위협 등을 가하거나, 거절하기 힘든 유혹을 하거나, 또는 범행방법을 구체적으로 제시하고 범행에 사용될 금전까지 제공하는 등으로 과도하게 개입함으로써 피유인자로 하여금 범의를 일으키게 하는 것은 위법한 함정수사에 해당하여 허용되지 않지만, 유인자가 수사기관과 직접적인 관련을 맺지 아니한 상태에서 피유인자를 상대로 단순히 수차례 반복적으로 범행을 부탁하였을 뿐 수사기관이 사술이나 계략 등을 사용하였다고 볼 수 없는 경우는, 설령 그로 인하여 피유인자의 범의가 유발되었다 하더라도 위법한 함정수사에 해당하지 아니한다(대법원 2007. 7. 12. 선고 2006도2339 판결, 대법원 2007. 11. 29. 선고 2007도7680 판결 등 참조).

---

1. 甲이 수사기관에 체포된 동거남의 석방을 위한 공적을 쌓기 위하여 乙에게 필로폰 밀수입에 관한 정보제공을 부탁하면서 대가의 지급을 약속하고, 이에 乙이 丙에게, 丙은 丁에게 순차 필로폰 밀수입을 권유하여, 이를 승낙하고 필로폰을 받으러 나온 丁을 체포한 사안 [대법원 2007. 11. 29. 선고, 2007도7680]

【판시사항】

甲이 수사기관에 체포된 동거남의 석방을 위한 공적을 쌓기 위하여 乙에게 필로폰 밀수입에 관한 정보제공을 부탁하면서 대가의 지급을 약속하고, 이에 乙이 丙에게, 丙은 丁에게 순차 필로폰 밀수입을 권유하여, 이를 승낙하고 필로폰을 받으러 나온 丁을 체포한 사안에서, 乙, 丙 등이 각자의 사적인 동기에 기하여 수사기관과 직접적인 관련이 없이 독자적으로 丁을 유인한 것으로서 위법한 함정수사에 해당하지 않는다.

---

2. 수사기관과 직접 관련이 있는 유인자가 피유인자와의 개인적인 친밀관계를 이용한 함정수사 [대법원 2008. 7. 24. 선고, 2008도2794]

【판시사항】

본래 범의를 가지지 아니한 자에 대하여 수사기관이 사술이나 계략 등을 써서 범의를 유발하게 하여 범죄인을 검거하는 함정수사는 위법하다. 구체적인 사건에 있어서 위법한 함정수사에 해당하는지 여부는 해당 범죄의 종류와 성질, 유인자의 지위와 역할, 유인의 경위와 방법, 유인에 따른 피유인자의 반응, 피유인자의 처벌 전력 및 유인행위 자체의 위법성 등을 종합하여 판단하여야 한다. 수사기관과 직접 관련이 있는 유인자가 피유인자와의 개인적인 친밀관계를 이용하여 피유인자의 동정심이나 감정에 호소하거나, 금전적·심리적 압박이나 위협 등을 가하거나, 거절하기 힘든 유혹을 하거나, 또는 범행방법을 구체적으로 제시하고 범행에 사용될 금전까지 제공하는 등으로 과도하게 개입함으로써 피유인자로 하여금 범의를 일으키게 하는 것은 위법한 함정수사에 해당하여 허용되지 않지만, 유인자가 수사기관과 직접적인 관련을 맺지 않은 상태에서 피유인자를 상대로 단순히 수차례 반복적으로 범행을 부탁하였을 뿐 수사기관이 사술이나 계략 등을 사용하였다고 볼 수 없는 경우는, 설령 그로 인하여 피유인자의 범의가 유발되었다 하더라도 위법한 함정수사에 해당하지 않는다(대법원 2007. 7. 12. 선고 2006도2339 판결 등 참조).

13-5. 청소년의 고용과 관련한 미필적 고의 인정여부 [대법원 2011. 1. 13. 선고 2010도10029]

【판결요지】

청소년유해업소의 업주는 청소년을 고용하여서는 아니됨에도 피고인이 자신이 운영하는 유흥주점에 청소년인 甲(17세)을 종업원으로 고용하였다는 청소년보호법 위반의 공소사실에 대하여, 업주인 피고인이 甲을 직접 고용하였다고 볼 수 없고 위 주점의 지배인이 甲을 고용한 것으로 보일 뿐이라는 이유로 피고인에게 무죄를 선고한 원심판결에 같은 법 제24조의 '고용'의 해석 및 그 적용에 관한 법리오해의 위법이 있다.

공소외 1이 면접 당시 지배인 공소외 2로부터 주민등록증을 보여달라는 요구를 받고도 이를 제시하지 않고 자신의 나이를 속였음에도(공판기록 제50면) 피고인이 채용을 보류하거나 거부하지 아니하였고, 그 후 공소외 1이 2주 동안 위 유흥주점에서 일하였는데도 그의 신분과 연령을 확인하지 아니한 이상 피고인에게는 청소년임에도 불구하고 공소외 1을 고용한다는 점에 관하여 미필적 고의가 있었다고 봄이 상당하다.

13-6. 부진정결과적가중범에서 고의로 중한 결과를 발생하게 한 행위를 더 무겁게 처벌하는 규정이 없는 경우, 결과적가중범과 고의범의 죄수관계 [대법원 2008. 11. 27., 선고, 2008도7311]

【판결요지】

기본범죄를 통하여 고의로 중한 결과를 발생하게 한 경우에 가중 처벌하는 부진정결과적가중범에서, 고의로 중한 결과를 발생하게 한 행위가 별도의 구성요건에 해당하고 그 고의범에 대하여 결과적가중범에 정한 형보다 더 무겁게 처벌하는 규정이 있는 경우에는 그 고의범과 결과적가중범이 상상적 경합관계에 있지만, 위와 같이 고의범에 대하여 더 무겁게 처벌하는 규정이 없는 경우에는 결과적가중범이 고의범에 대하여 특별관계에 있으므로 결과적가중범만 성립하고 이와 법조경합의 관계에 있는 고의범에 대하여는 별도로 죄를 구성하지 않는다.

직무를 집행하는 공무원에 대하여 위험한 물건을 휴대하여 고의로 상해를 가한 경우에는 특수공무집행방해치상죄만 성립할 뿐, 이와는 별도로 폭력행위 등 처벌에 관한 법률 위반(집단·흉기 등 상해)죄를 구성하지 않는다.

13-7. 경찰관이 노래방 도우미 알선 영업 단속 실적을 올리기 위하여 그에 대한 제보나 첩보가 없는데도 손님을 가장하고 들어가 도우미를 불러낸 사안 [대법원 2008. 10. 23. 선고, 2008도7362]

【판시사항】

[1] 위법한 함정수사에 기한 공소제기의 효력(무효)

[2] 경찰관이 노래방의 도우미 알선 영업 단속 실적을 올리기 위하여 그에 대한 제보나 첩보가 없는데도 손님을 가장하고 들어가 도우미를 불러낸 사안에서, 위법한 함정수사로서 공소제기가 무효라고 한 사례

【이 유】

범의를 가진 자에 대하여 단순히 범행의 기회를 제공하거나 범행을 용이하게 하는 것에 불과한 수사방법이 경우에 따라 허용될 수 있음은 별론으로 하고, 본래 범의를 가지지 아니한 자에 대하여 수사기관이 사술이나 계략 등을 써서 범의를 유발케 하여 범죄인을 검거하는 함정수사는 위법함을 면할 수 없고, 이러한 함정수사에 기한 공소제기는 그 절차가 법률의 규정에 위반하여 무효인 때에 해당한다고 볼 것이다(대법원 2005. 10. 28. 선고 2005도1247 판결 등 참조).

---

1. 위법한 함정수사에 기한 공소제기의 효력(=무효) [대법원 2005. 10. 28. 선고, 2005도1247]
【판결요지】
범의를 가진 자에 대하여 단순히 범행의 기회를 제공하거나 범행을 용이하게 하는 것에 불과한 수사방법이 경우에 따라 허용될 수 있음은 별론으로 하고, 본래 범의를 가지지 아니한 자에 대하여 수사기관이 사술이나 계략 등을 써서 범의를 유발케 하여 범죄인을 검거하는 함정수사는 위법함을 면할 수 없고, 이러한 함정수사에 기한 공소제기는 그 절차가 법률의 규정에 위반하여 무효인 때에 해당한다.

---

2. 범의를 가진 자에 대하여 단순히 범행의 기회를 제공하는 것에 불과한 경우, 위법한 함정수사에 해당하는지 여부(소극) [대법원 2007. 5. 31. 선고, 2007도1903, 절도]
【판시사항】
[1] 위법한 함정수사에 기한 공소제기의 효력(무효) 및 범의를 가진 자에 대하여 단순히 범행의 기회를 제공하는 것에 불과한 경우, 위법한 함정수사에 해당하는지 여부(소극)
【판결요지】
[1] 본래 범의를 가지지 아니한 자에 대하여 수사기관이 사술이나 계략 등을 써서 범의를 유발케 하여 범죄인을 검거하는 함정수사는 위법함을 면할 수 없고, 이러한 함정수사에 기한 공소제기는 그 절차가 법률의 규정에 위반하여 무효인 때에 해당한다 할 것이지만, 범의를 가진 자에 대하여 단순히 범행의 기회를 제공하는 것에 불과한 경우에는 위법한 함정수사라고 단정할 수 없다.
[2] 경찰관이 취객을 상대로 한 이른바 부축빼기 절도범을 단속하기 위하여, 공원 인도에 쓰러져 있는 취객 근처에서 감시하고 있다가, 마침 피고인이 나타나 취객을 부축하여 10m 정도를 끌고 가 지갑을 뒤지자 현장에서 체포하여 기소한 경우, 위법한 함정수사에 기한 공소제기가 아니다.

13-8. 수사기관이 이미 범행을 저지른 범인을 검거하기 위해 정보원을 이용하여 범인을 검거장소로 유인한 경우, 함정수사 여부 [대법원 2007. 7. 26. 선고, 2007도4532]
　【판시사항】
　[1] 함정수사의 의미
　[2] 수사기관이 이미 범행을 저지른 범인을 검거하기 위해 정보원을 이용하여 범인을 검거장소로 유인한 경우, 함정수사로 볼 수 없다.
　【이 유】
　함정수사라 함은 본래 범의를 가지지 아니한 자에 대하여 수사기관이 사술이나 계략 등을 써서 범죄를 유발하게 하여 범죄인을 검거하는 수사방법을 말하는 것이므로, 범의를 가진 자에 대하여 범행의 기회를 주거나 단순히 사술이나 계략 등을 써서 범죄인을 검거하는 데 불과한 경우에는 이를 함정수사라고 할 수 없는바, 기록에 의하면, 이 사건에 있어서 피고인이 수사기관의 사술이나 계략 등에 의하여 범행을 유발한 것이 아니라, 이미 범행을 저지른 피고인을 검거하기 위하여 수사기관이 정보원을 이용하여 피고인을 검거장소로 유인한 것에 불과하므로, 피고인의 이 사건 범행이 함정수사에 의한 것으로 볼 수도 없다.

13-9. 수사기관이 피고인의 범죄사실을 인지하고도 바로 체포하지 않고 추가 범행을 지켜보고 있다가 범죄사실이 많이 늘어난 뒤에야 피고인을 체포하였다는 사정만으로 피고인에 대한 수사와 공소제기가 위법하다거나 함정수사에 해당한다고 할 수 있는지 여부(소극) [대법원 2007. 6. 29. 선고, 2007도3164]

【판시사항】

수사기관에서 공범이나 장물범의 체포 등을 위하여 범인의 체포시기를 조절하는 등 여러 가지 수사기법을 사용한다는 점을 고려하면, 수사기관이 피고인의 범죄사실을 인지하고도 피고인을 바로 체포하지 않고 추가 범행을 지켜보고 있다가 범죄사실이 많이 늘어난 뒤에야 피고인을 체포하였다는 사정만으로는 피고인에 대한 수사와 공소제기가 위법하다거나 함정수사에 해당한다고 할 수 없고, 이 사건에서 수사관들이 특진이나 수상 등 개인적인 이익을 위하여 고의적으로 체포를 지연시켰다고 볼 만한 자료가 없다.

13-10. 미필적 고의의 요건 및 그 존재 여부의 판단 방법 [대법원 2005. 10. 7. 선고, 2005도5554]

【판시사항】

범죄구성요건의 주관적 요소로서 미필적 고의라 함은 범죄사실의 발생 가능성을 불확실한 것으로 표상하면서 이를 용인하고 있는 경우를 말하고, 미필적 고의가 있었다고 하려면 범죄사실의 발생 가능성에 대한 인식이 있음은 물론 나아가 범죄사실이 발생할 위험을 용인하는 내심의 의사가 있어야 하며, 그 행위자가 범죄사실이 발생할 가능성을 용인하고 있었는지의 여부는 행위자의 진술에 의존하지 아니하고 외부에 나타난 행위의 형태와 행위의 상황 등 구체적인 사정을 기초로 하여 일반인이라면 당해 범죄사실이 발생할 가능성을 어떻게 평가할 것인가를 고려하면서 행위자의 입장에서 그 심리상태를 추인하여야 하고, 이와 같은 경우에도 공소가 제기된 범죄사실의 주관적 요소인 미필적 고의의 존재에 대한 입증책임은 검사에게 있는 것이며, 한편, 유죄의 인정은 법관으로 하여금 합리적인 의심을 할 여지가 없을 정도로 공소사실이 진실한 것이라는 확신을 가지게 하는 증명력을 가진 증거에 의하여야 하므로, 그와 같은 증거가 없다면 설령 피고인에게 유죄의 의심이 간다고 하더라도 피고인의 이익으로 판단할 수밖에 없다.

13-11. 미필적 고의의 요건 및 그 존재 여부의 판단 방법(대구지하철사고) [대법원 2004. 5. 14., 선고, 2004도74

【판시사항】

[1] 미필적 고의의 요건 및 그 존재 여부의 판단 방법

[2] 대구지하철화재 사고 현장을 수습하기 위한 청소 작업을 지시한 대구지하철공사 A에게 그러

한 청소 작업으로 인하여 증거인멸의 결과가 발생할 가능성을 용인하는 내심의 의사까지 있었다고 단정하기는 어렵다고 한 사례

【판결요지】

[1] 범죄구성요건의 주관적 요소로서 미필적 고의라 함은 범죄사실의 발생 가능성을 불확실한 것으로 표상하면서 이를 용인하고 있는 경우를 말하고, 미필적 고의가 있었다고 하려면 범죄사실의 발생 가능성에 대한 인식이 있음은 물론 나아가 범죄사실이 발생할 위험을 용인하는 내심의 의사가 있어야 하며, 그 행위자가 범죄사실이 발생할 가능성을 용인하고 있었는지의 여부는 행위자의 진술에 의존하지 아니하고 외부에 나타난 행위의 형태와 행위의 상황 등 구체적인 사정을 기초로 하여 일반인이라면 당해 범죄사실이 발생할 가능성을 어떻게 평가할 것인가를 고려하면서 행위자의 입장에서 그 심리상태를 추인하여야 하고, 이와 같은 경우에도 공소가 제기된 범죄사실의 주관적 요소인 미필적 고의의 존재에 대한 입증책임은 검사에게 있는 것이며, 한편, 유죄의 인정은 법관으로 하여금 합리적인 의심을 할 여지가 없을 정도로 공소사실이 진실한 것이라는 확신을 가지게 하는 증명력을 가진 증거에 의하여야 하므로, 그와 같은 증거가 없다면 설령 피고인에게 유죄의 의심이 간다고 하더라도 피고인의 이익으로 판단할 수밖에 없다.

[2] 대구지하철화재 사고 현장을 수습하기 위한 청소 작업이 한참 진행되고 있는 시간 중에 실종자 유족들로부터 이의제기가 있었음에도 대구지하철공사 A이 즉각 청소 작업을 중단하도록 지시하지 아니하였고 수사기관과 협의하거나 확인하지 아니하였다고 하여 위 A에게 그러한 청소 작업으로 인하여 증거인멸의 결과가 발생할 가능성을 용인하는 내심의 의사까지 있었다고 단정하기는 어렵다.

13-12. 청소년고용금지업소의 업주에 대하여 청소년고용에 관한 미필적 고의가 있음을 인정한 사례
[대법원 2002. 6. 28. 선고, 2002도2425]

【판결요지】

유흥업소의 업주로서는 다른 공적 증명력 있는 증거를 확인해 봄이 없이 단순히 건강진단결과서상의 생년월일 기재만을 확인하는 것으로는 청소년보호를 위한 연령확인의무이행을 다한 것으로 볼 수 없고, 따라서 이러한 의무이행을 다하지 아니한 채 대상자가 성인이라는 말만 믿고 타인의 건강진단결과서만을 확인한 채 청소년을 청소년유해업소에 고용한 업주에게는 적어도 청소년 고용에 관한 미필적 고의가 있음을 인정한 사례.

> 1. 풍속영업의규제에관한법률 제3조 제5호 소정의 "확인"의 의미 [대법원 1994. 1. 14. 선고, 93도2914]
> 【판결요지】
> 풍속영업의규제에관한법률 제3조 제5호에서 요구하는 "확인"이라 함은 18세미만의 청소년으로 의심이 되는 경우에 있어서는 적어도 주민등록증이나 이에 유사한 정도로 연령에 관한 공적 증명력이 있는 증거에 의하여 출입대상자의 연령을 확인하는 것을 의미한다.

13-13. 인체의 급소를 잘 알고 있는 무술교관 출신의 피고인이 무술의 방법으로 피해자의 울대(聲帶)를 가격하여 사망케 한 행위의 살인 범의(적극) [대법원 2000. 8. 18. 선고, 2000도2231]

【판시사항】

[1] 살인죄에 있어서 범의의 인정 기준 및 피고인이 살인의 범의를 자백하지 않고 상해 또는 폭행의 범의만이 있었을 뿐이라고 다투는 경우, 살인의 범의에 대한 판단 기준

[2] 인체의 급소를 잘 알고 있는 무술교관 출신의 피고인이 무술의 방법으로 피해자의 울대(聲帶)를 가격하여 사망케 한 행위에 살인의 범의가 있다고 본 사례

【판결요지】

[1] 살인죄에 있어서의 범의는 반드시 살해의 목적이나 계획적인 살해의 의도가 있어야만 인정되는 것은 아니고 자기의 행위로 인하여 타인의 사망의 결과를 발생시킬 만한 가능 또는 위험이 있음을 인식하거나 예견하면 족한 것이고 그 인식 또는 예견은 확정적인 것은 물론 불확정적인 것이라도 이른바 미필적 고의로도 인정되는 것인데, 피고인이 살인의 범의를 자백하지 아니하고 상해 또는 폭행의 범의만이 있었을 뿐이라고 다투고 있는 경우에 피고인에게 범행 당시 살인의 범의가 있었는지 여부는 피고인이 범행에 이르게 된 경위, 범행의 동기, 준비된 흉기의 유무·종류·용법, 공격의 부위와 반복성, 사망의 결과발생가능성 정도, 범행 후에 있어서의 결과회피행동의 유무 등 범행 전후의 객관적인 사정을 종합하여 판단할 수밖에 없다.

13-14. 재물손괴에 관한 미필적 고의를 인정여부(적극) [대법원 1987. 1. 20., 선고, 85도221]

【판결요지】

피고인들이 피조개양식장에 피해를 주지 아니하도록 할 의도에서 선박의 닻줄을 7샤클(175미터)에서 5샤클(125미터)로 감아놓았고 그 경우에 피조개양식장까지의 거리는 약 30미터까지 근접한다는 것이므로 닻줄을 50미터 더 늘여서 7샤클로 묘박하였다면 선박이 태풍에 밀려 피조개양식장을 침범하여 물적 손해를 입히리라는 것은 당연히 예상되는 것이고, 그럼에도 불구하고 태풍에 대비한 선박의 안전을 위하여 선박의 닻줄을 7샤클로 늘여 놓았다면 이는 피조개양식장의 물적피해를 인용한 것이라 할 것이어서 재물손괴의 점에 대한 미필적 고의를 인정할 수 있다.

13-15. 형벌법규의 부지와 범죄의 성립 [대법원 1984. 2. 14. 선고, 83도3206]

【판결요지】

형벌법규의 부지는 범의를 저각하지 아니하여, 범죄의 성립에 영향을 미치는 것이 아니다.

13-16. 타격의 착오와 살인의 고의 [대법원 1984. 1. 24. 선고, 83도2813]

【판결요지】

피고인이 먼저 피해자 1을 향하여 살의를 갖고 소나무 몽둥이(증 제1호, 길이 85센티미터 직경 9센티미터)를 양손에 집어들고 힘껏 후려친 가격으로 피를 흘리며 마당에 고꾸라진 동녀와 동녀의 등에 업힌 피해자 2의 머리부분을 위 몽둥이로 내리쳐 피해자 2를 현장에서 두개골절 및 뇌좌상으로 사망케 한 소위를 살인죄로 의율한 원심조처는 정당하게 긍인되며 소위 타격의 착오가 있는 경우라 할지라도 행위자의 살인의 범의성립에 방해가 되지 아니한다.

제14조[과실]

> 제14조(과실) 정상적으로 기울여야 할 주의(注意)를 게을리하여 죄의 성립요소인 사실을 인식하지 못한 행위는 법률에 특별한 규정이 있는 경우에만 처벌한다. [전문개정 2020. 12. 8.]

14-1. 행정상의 단속을 주안으로 하는 법규의 경우 명시적 규정 없이도 과실범으로 처벌할 수 있는지 여부(원칙적 소극) [대법원 2010. 2. 11. 선고, 2009도9807]

【판결요지】

행정상의 단속을 주안으로 하는 법규라 하더라도 '명문규정이 있거나 해석상 과실범도 벌할 뜻이 명확한 경우'를 제외하고는 형법의 원칙에 따라 '고의'가 있어야 벌할 수 있다.

---

1. 업무에 직접 관여하지 아니한 호텔회장의 호텔내 화재에 의한 업무상 과실치사상 책임 [대법원 1986. 7. 22. 선고, 85도108]

【판시사항】

[1] 업무에 직접 관여하지 아니한 호텔회장의 호텔내 화재에 의한 업무상 과실치사상 책임

[2] 행정단속법규에 대한 과실범의 처벌

【판결요지】

[1] 호텔을 경영하는 주식회사에 대표이사가 따로 있고 동 회사의 실질적인 책임자로서 업무전반을 총괄하는 전무밑에 상무, 지배인, 관리부장, 영업부장 등을 따로 두어 각 소관업무를 분담처리하도록 하는 한 소방법 소정의 방화관리자까지 선정, 당국에 신고하여 동인으로 하여금 소방훈련 및 화기사용 또는 취급에 관한 지도감독 등을 하도록 하고 있다면 위 회사의 업무에 전혀 관여하지 않고 있던 소위 회장에게는 위 회사의 직원들에 대한 일반적, 추상적 지휘감독의 책임은 있을지언정 동 호텔 종업원의 부주의와 호텔구조상의 결함으로 발생, 확대된 화재에 대한 구체적이고도 직접적인 주의의무는 없다고 할 수 밖에 없다.

[2] 행정상의 단속을 주안으로 하는 법규라 하더라도 명문규정이 있거나 해석상 과실범도 벌할 뜻이 명확한 경우를 제외하고는 형법의 원칙에 따라 고의가 있어야 벌할 수 있다.

14-2. 과실범의 책임발생의 이유 [대법원 1984. 2. 28. 선고, 83도3007]

【판결요지】

소위 과실범에 있어서의 비난가능성의 지적 요소란 결과발생의 가능성에 대한 인식으로서 인식있는 과실에는 이와 같은 인식이 있고, 인식없는 과실에는 이에 대한 인식자체도 없는 경우이나, 전자에 있어서 책임이 발생함은 물론, 후자에 있어서도 그 결과발생을 인식하지 못하였다는 데에 대한 부주의 즉 규범적 실재로서의 과실책임이 있다고 할 것이다.

14-3. 장물여부에 관한 중고품매입상의 주의의무 [대법원 1984. 2. 14. 선고, 83도2982]

【판결요지】

시계점을 경영하면서 중고시계의 매매도 하고 있는 피고인이 장물로 판정된 시계를 매입함에 있어 매도인에게 그 시계의 구입장소, 구입시기, 구입가격, 매각이유 등을 묻고 비치된 장부에 매입가격 및 주민등록증에 의해 확인된 위 매도인의 인적사항 일체를 사실대로 기재하였다면, 그 이상 위 매도인의 신분이나 시계출처 및 소지 경위에 대한 위 매도인의 설명의 진부에 대하여서까지 확인하여야 할 주의의무가 있다고는 보기 어렵다.

14-4. 과실범 처벌규정의 명백성 [대법원 1983. 12. 13. 선고, 83도2467]

【판결요지】
과실범은 법률에 특별한 규정이 있는 경우에 한하여 처벌되며 형벌법규의 성질상 과실범을 처벌하는 특별규정은 그 명문에 의하여 명백, 명료하여야 한다.

14-5. 과실범과 공동정범 [대법원 1962. 3. 29. 선고, 4294형상598]

【판결요지】
2인 이상이 어떠한 과실행위를 서로의 의사연락아래 하여 범죄되는 결과를 발생케 한 경우에는 과실범의 공동정범이 성립된다.

제15조[사실의 착오]

> 제15조(사실의 착오) ① 특별히 무거운 죄가 되는 사실을 인식하지 못한 행위는 무거운 죄로 벌하지 아니한다.
> ② 결과 때문에 형이 무거워지는 죄의 경우에 그 결과의 발생을 예견할 수 없었을 때에는 무거운 죄로 벌하지 아니한다. [전문개정 2020. 12. 8.]

15-1. 수인이 상해의 범의로 범행 중 한 사람이 중한 상해를 가하여 피해자가 사망에 이르게 된 경우, 나머지 사람들도 상해치사의 죄책을 지는지 여부(원칙적 적극) [대법원 2013. 4. 26. 선고, 2013도1222]

【판시사항】

결과적 가중범인 상해치사죄의 공동정범 성립에 결과를 공동으로 할 의사가 필요한지 여부(소극) 및 수인이 상해의 범의로 범행 중 한 사람이 중한 상해를 가하여 피해자가 사망에 이르게 된 경우, 나머지 사람들도 상해치사의 죄책을 지는지 여부(원칙적 적극)

【이 유】

결과적 가중범인 상해치사죄의 공동정범은 폭행 기타의 신체침해 행위를 공동으로 할 의사가 있으면 성립되고 결과를 공동으로 할 의사는 필요 없으며, 여러 사람이 상해의 범의로 범행 중 한 사람이 중한 상해를 가하여 피해자가 사망에 이르게 된 경우 나머지 사람들은 사망의 결과를 예견할 수 없는 때가 아닌 한 상해치사의 죄책을 면할 수 없다(대법원 2000. 5. 12. 선고 2000도 745 판결 등 참조).

---

1. 상해치사에 있어서 공동정범의 주관적 성립요건 [대법원 1993. 8. 24. 선고, 93도1674]

【판결요지】

결과적 가중범인 상해치사의 공동정범은 폭행 기타의 신체침해행위를 공동으로 할 의사가 있으면 성립되고, 결과를 공동으로 할 의사는 필요 없다.

---

2. 결과적 가중범인 상해치사죄의 공동정범의 성립에 결과를 공동으로 할 의사가 필요한지 여부(소극) [대법원 2000. 5. 12. 선고, 2000도745]

【판결요지】

결과적 가중범인 상해치사죄의 공동정범은 폭행 기타의 신체침해 행위를 공동으로 할 의사가 있으면 성립되고 결과를 공동으로 할 의사는 필요 없으며, 여러 사람이 상해의 범의로 범행 중 한 사람이 중한 상해를 가하여 피해자가 사망에 이르게 된 경우 나머지 사람들은 사망의 결과를 예견할 수 없는 때가 아닌 한 상해치사의 죄책을 면할 수 없다.

15-2. 강간하려는 행위와 이를 피하려다 사상에 이르게 된 사실 사이에 상당인과관계를 인정할 수 있는지 여부(적극) [대법원 1995. 5. 12. 선고, 95도425]

【판시사항】

[1] 강간하려는 행위와 이를 피하려다 사상에 이르게 된 사실 사이에 상당인과관계를 인정할 수 있는지 여부

[2] 피고인의 강간미수행위와 피해자의 추락사 사이에 상당인과관계가 있다고 보아 피고인을 강간치사죄로 처단한 사례

【판결요지】

[1] 폭행이나 협박을 가하여 간음을 하려는 행위와 이에 극도의 흥분을 느끼고 공포심에 사로잡혀 이를 피하려다 사상에 이르게 된 사실과는 이른바 상당인과관계가 있어 강간치사상죄로 다스릴 수 있다.

[2] 피고인이 자신이 경영하는 속셈학원의 강사로 피해자를 채용하고 학습교재를 설명하겠다는 구실로 유인하여 호텔 객실에 감금한 후 강간하려 하자, 피해자가 완강히 반항하던 중 피고인이 대실시간 연장을 위해 전화하는 사이에 객실 창문을 통해 탈출하려다가 지상에 추락하여 사망한 사안에서, 피고인의 강간미수행위와 피해자의 사망과의 사이에 상당인과관계가 있다고 보아 피고인을 강간치사죄로 처단한 원심의 판단을 수긍한 사례.

15-3. 특수공무집행방해치상죄가 중한 결과에 대한 고의가 있는 경우까지도 포함하는 부진정결과적가중범인지 여부 [대법원 1995. 1. 20. 선고, 94도2842]

【판시사항】

[1] 특수공무집행방해치상죄가 중한 결과에 대한 고의가 있는 경우까지도 포함하는 부진정결과적가중범인지 여부

[2] 기본범죄를 통하여 고의로 중한 결과를 발생케 한 부진정결과적가중범의 경우, 그 중한 결과가 별도의 구성요건에 해당한다면 결과적가중범과 중한 결과에 대한 고의범의 상상적 경합관계에 있다고 보아야 하는지 여부

【판결요지】

[1] 특수공무집행방해치상죄는 원래 결과적가중범이기는 하지만, 이는 중한 결과에 대하여 예견가능성이 있었음에 불구하고 예견하지 못한 경우에 벌하는 진정결과적가중범이 아니라 그 결과에 대한 예견가능성이 있었음에도 불구하고 예견하지 못한 경우뿐만 아니라 고의가 있는 경우까지도 포함하는 부진정결과적가중범이다.

[2] 고의로 중한 결과를 발생케 한 경우에 무겁게 벌하는 구성요건이 따로 마련되어 있는 경우에는 당연히 무겁게 벌하는 구성요건에서 정하는 형으로 처벌하여야 할 것이고, 결과적가중범의 형이 더 무거운 경우에는 결과적가중범에 정한 형으로 처벌할 수 있도록 하여야 할 것이므로, 기본범죄를 통하여 고의로 중한 결과를 발생케 한 부진정결과적가중범의 경우에 그 중한 결과가 별도의 구성요건에 해당한다면 이는 결과적가중범과 중한 결과에 대한 고의범의 상상적 경합관계에 있다고 보아야 할 것이다.

15-4. 상해치사에 있어서 공동정범의 주관적 성립요건 [대법원 1993. 8. 24. 선고, 93도1674]

【판결요지】

결과적 가중범인 상해치사의 공동정범은 폭행 기타의 신체침해행위를 공동으로 할 의사가 있으면 성립되고, 결과를 공동으로 할 의사는 필요 없다.

15-5. 목적한 사람이 아닌 다른 사람에게 상해를 입한 경우 상해죄의 성부 [대법원 1987. 10. 26. 선고, 87도1745]

【판결요지】

갑이 을등 3명과 싸우다가 힘이 달리자 식칼을 가지고 이들 3명을 상대로 휘두르다가 이를 말리면서 식칼을 뺏으려던 피해자 병에게 상해를 입혔다면 갑에게 상해의 범의가 인정되며 상해를 입은 사람이 목적한 사람이 아닌 다른 사람이라 하여 과실상해죄에 해당한다고 할 수 없다.

15-6. 상해의 결과를 예견할 수 없어 강간치상죄로 처단할 수 없다고 판단한 사례 [대법원 1985. 10. 8. 선고, 85도1537]

【판결요지】

피고인과 피해자가 여관에 투숙하여 별다른 저항이나 마찰없이 성행위를 한 후, 피고인이 잠시 방밖으로 나간 사이에 피해자가 방문을 안에서 잠그고 구내전화를 통하여 여관종업원에게 구조요청까지 한 후라면, 일반경험칙상 이러한 상황아래에서 피해자가 피고인의 방문 흔드는 소리에 겁을 먹고 강간을 모면하기 위하여 3층에서 창문을 넘어 탈출하다가 상해를 입을 것이라고 예견할 수는 없다고 볼 것이므로 이를 강간치상죄로 처단할 수 없다.특수체질자였기 때문에 가벼운 폭행으로 인한 충격으로 사망한 경우 사망에 대한 예견가능성이 없다.

제16조[법률의 착오]

> 제16조(법률의 착오) 자기의 행위가 법령에 의하여 죄가 되지 아니하는 것으로 오인한 행위
> 는 그 오인에 정당한 이유가 있는 때에 한하여 벌하지 아니한다.

16-1. 법률의 착오에 관한 형법 제16조의 취지 및 위 규정의 '정당한 이유'가 있는지 판단하는 기준
[대법원 2017. 11. 29. 선고, 2015도18253]

【판시사항】

형법 제16조에서 자기가 행한 행위가 법령에 의하여 죄가 되지 아니한 것으로 오인한 행위는 그 오인에 정당한 이유가 있는 때에 한하여 벌하지 아니한다고 규정하고 있는 것은 일반적으로 범죄가 되는 경우이지만 자기의 특수한 경우에는 법령에 의하여 허용된 행위로서 죄가 되지 아니한다고 그릇 인식하고 그와 같이 그릇 인식함에 정당한 이유가 있는 경우에는 벌하지 아니한다는 취지이다(대법원 1992. 5. 22. 선고 91도2525 판결, 대법원 2002. 1. 25. 선고 2000도1696 판결 등 참조). 그리고 이러한 **정당한 이유가 있는지의 여부**는 행위자에게 자기 행위의 위법의 가능성에 대해 심사숙고하거나 조회할 수 있는 계기가 있어 자신의 지적 능력을 다하여 이를 회피하기 위한 진지한 노력을 다하였더라면 스스로의 행위에 대하여 위법성을 인식할 수 있는 가능성이 있었음에도 이를 다하지 못한 결과 자기 행위의 위법성을 인식하지 못한 것인지의 여부에 따라 판단하여야 할 것이고, 이러한 위법성의 인식에 필요한 노력의 정도는 구체적인 행위정황과 행위자 개인의 인식능력 그리고 행위자가 속한 사회집단에 따라 달리 평가되어야 한다(대법원 2006. 3. 24. 선고 2005도3717 판결, 대법원 2009. 12. 24. 선고 2007도1915 판결 등 참조).

---

1. 허가를 담당하는 공무원이 허가를 요하지 않는다고 잘못 알려 준 것을 믿은 경우 자기의 행위가 죄가 되지 않는 것으로 오인한 데 정당한 이유가 있는지 여부(적극) [대법원 1992. 5. 22. 선고, 91도2525]

【판결요지】

행정청의 허가가 있어야 함에도 불구하고 허가를 받지 아니하여 처벌대상의 행위를 한 경우라도, 허가를 담당하는 공무원이 허가를 요하지 않는 것으로 잘못 알려 주어 이를 믿었기 때문에 허가를 받지 아니한 것이라면 허가를 받지 않더라도 죄가 되지 않는 것으로 착오를 일으킨 데 대하여 정당한 이유가 있는 경우에 해당하여 처벌할 수 없다.

---

2. 장례식장의 식당(접객실) 부분을 증축함에 있어 지방자치단체 협의나 건설교통부에 관련 질의를 한 경우 법률의 착오에 있어서 '정당한 이유' 여부 [대법원 2009. 12. 24. 선고, 2007도1915]

【판결요지】

피고인 또는 충청남도가 장례식장의 식당(접객실) 부분을 증축함에 있어 홍성군과 그 증축에 관한 협의 과정을 거쳤고 건설교통부에 관련 질의도 했던 것으로 보이나, 홍성군과의 협의는 증축부분이 장례식장이 아닌 '병원'의 부속건물임을 전제로 한 것이고 그에 관한 건축물대장에의 기재나 사용승인 또한 마찬가지이며, 건설교통부의 질의회신도 종합병원의 경우 일반적으로 장례식장의 설치나 운영이 그

부속시설로서 허용된다는 취지가 아니라 종합병원에 입원한 환자가 사망한 경우 그 장례의식을 위한 시설의 설치는 부속용도로 볼 수 있다는 취지에 불과하므로, 위와 같은 협의나 질의를 거쳤다는 사정만으로 이 사건 장례식장의 설치·운영에 관하여 피고인이 자신의 행위가 죄가 되지 아니하는 것으로 오인하였거나 그와 같은 오인에 정당한 이유가 있었다고 할 수 없다.

16-2. 외국인학교 경영자자 학교의 교비회계에 속하는 수입을 다른 외국인학교에 대여한 행위행위가 법률상 허용되는 것으로서 죄가 되지 않는다고 그릇 인식한 경우 [대법원 2017. 3. 15. 선고, 2014도12773]

【판시사항】

사립학교인 甲 외국인학교 경영자인 피고인이 甲 학교의 교비회계에 속하는 수입을 수회에 걸쳐 乙 외국인학교에 대여하였다고 하여 사립학교법 위반으로 기소된 사안에서, 甲 학교의 교비회계에 속하는 수입을 乙 학교에 대여하는 것은 구 사립학교법 제29조 제6항에 따라 금지되며, 피고인이 위와 같은 대여행위가 법률상 허용되는 것으로서 죄가 되지 않는다고 그릇 인식하고 있었더라도 그와 같이 그릇된 인식에 정당한 이유가 없다.

【판결요지】

사립학교인 甲 외국인학교 경영자인 피고인이 甲 학교의 교비회계에 속하는 수입을 수회에 걸쳐 乙 외국인학교에 대여하였다고 하여 사립학교법 위반으로 기소된 사안에서, 甲 학교와 乙 학교는 각각 설립인가를 받은 별개의 학교이므로 甲 학교의 교비회계에 속하는 수입을 乙 학교에 대여하는 것은 구 사립학교법(2013. 12. 30. 법률 제12125호로 개정되기 전의 것) 제29조 제6항에 따라 금지되며, 한편 피고인은 위와 같은 대여행위가 적법한지에 관하여 관할 도교육청의 담당공무원에게 정확한 정보를 제공하고 회신을 받거나 법률전문가에게 자문을 구하는 등의 조치를 취하지 않았고, 피고인이 외국인으로서 국어에 능숙하지 못하였다거나 甲 학교 설립·운영협약의 당사자에 불과한 관할청의 소속 공무원들이 참석한 甲 학교 학교운영위원회에서 乙 학교에 대한 자금 대여 안건을 보고하였다는 것만으로는 피고인이 자신의 지적 능력을 다하여 행위의 위법 가능성을 회피하기 위한 진지한 노력을 다하였다고 볼 수 없으므로, 피고인이 위와 같은 대여행위가 법률상 허용되는 것으로서 죄가 되지 않는다고 그릇 인식하고 있었더라도 그와 같이 그릇된 인식에 정당한 이유가 없다고.

16-3. 자신의 행위가 건축법상 허가대상인 줄 몰랐다는 사정이 '법률의 착오'에 해당하는지 여부(소극) [대법원 2011. 10. 13. 선고, 2010도15260]

【판시사항】

[1] 자신의 행위가 구 건축법상 허가대상인 줄 몰랐다는 사정이 '법률의 착오'에 해당하는지 여부(소극)

[2] 피고인이 구 건축법상 허가대상인 주택을 무허가로 건축하였다는 내용으로 기소된 사안에서, '국토의 계획 및 이용에 관한 법률'에서 정한 제2종 지구단위계획구역 안에서의 건축에 해당한

다는 사실을 알았다면 그 건축이 허가대상인 줄 몰랐다 하더라도 이는 단순한 법률의 부지에 불과하여 구 건축법 위반죄의 성립에 영향이 없는데도, 이와 달리 피고인에게 무허가 건축의 범의가 없었다고 보아 무죄를 선고한 원심판결에 법리오해 및 심리미진의 위법이 있다.

【이 유】

「형법」제16조에 의하여 처벌하지 아니하는 경우란 단순한 법률의 부지의 경우를 말하는 것이 아니고, 일반적으로 범죄가 되는 행위이지만 자기의 특수한 경우에는 법령에 의하여 허용된 행위로서 죄가 되지 아니한다고 그릇 인식하고 그와 같이 인식함에 있어 정당한 이유가 있는 경우에는 벌하지 아니한다는 취지이므로, 피고인이 자신의 행위가 구 「건축법」상의 허가대상인 줄을 몰랐다는 사정은 단순한 법률의 부지에 불과하고 특히 법령에 의하여 허용된 행위로서 죄가 되지 않는다고 적극적으로 그릇 인식한 경우가 아니어서 이를 법률의 착오에 기인한 행위라고 할 수 없다 (대법원 1991. 10. 11. 선고 91도1566 판결 등 참조).

---

1. 식품위생법상의 허가대상인 줄 몰랐다는 사정과 법률의 착오 [대법원 1990. 1. 23. 선고, 89도1476]

【판결요지】

피고인이 이 사건 범행이 식품위생법상의 허가대상인 줄을 몰랐다는 사정은 단순한 법률의 부지에 불과하고 특히 법령에 의하여 허용된 행위로서 죄가 되지 않는다고 적극적으로 그릇 인정한 경우는 아니므로 이를 법률의 착오에 기인한 행위라고 할 수 없다.

---

2. 자신의 행위가 같은 법상의 거래허가대상인 줄을 몰랐다는 사정이 법률의 착오에 해당하는지 여부 (소극) [대법원 1992. 4. 24. 선고, 92도245]

【판결요지】

형법 제16조에 자기의 행위가 법령에 의하여 죄가 되지 아니하는 것으로 오인한 행위는 그 오인에 정당한 이유가 있는 때에 한하여 처벌하지 아니한다고 규정하고 있는 것은 단순한 법률의 부지의 경우를 말하는 것이 아니고, 일반적으로 범죄가 되는 행위이지만 자기의 특수한 경우에는 법령에 의하여 허용된 행위로서 죄가 되지 아니한다고 그릇 인식하고 그와 같이 인식함에 있어 정당한 이유가 있는 경우에는 벌하지 아니한다는 취지이므로, 피고인이자신의 행위가 국토이용관리법상의 거래허가대상인 줄을 몰랐다는 사정은 단순한 법률의 부지에 불과하고 특히 법령에 의하여 허용된 행위로서 죄가 되지 않는다고 적극적으로 그릇 인식한 경우가 아니어서 이를 법률의 착오에 기인한 행위라고 할 수 없다.

16-4. 풍속영업의 규제에 관한 법률 제3조 제2호 위반행위를 한 피고인이 그 이전에 그와 유사한 행위로 '혐의없음'처분을 받은 전력이 있다거나 일정한 시청차단장치를 설치하였다는 등의 사정이 형법 제16조의 정당한 이유가 있다고 볼 수 있는지 [대법원 2010. 7. 15. 선고, 2008도11679]

【판시사항】

형법 제16조에서 자기가 행한 행위가 법령에 의하여 죄가 되지 아니한 것으로 오인한 행위는 그 오인에 정당한 이유가 있는 때에 한하여 벌하지 아니한다고 규정하고 있는 것은 일반적으로 범죄가 되는 경우이지만 자기의 특수한 경우에는 법령에 의하여 허용된 행위로서 죄가 되지 아니한다고 그릇 인식하고 그와 같이 그릇 인식함에 정당한 이유가 있는 경우에는 벌하지 아니한다는 취지이고, 이러한 정당한 이유가 있는지 여부는 행위자에게 자기 행위의 위법의 가능성에 대해 심사숙고하거나 조회할 수 있는 계기가 있어 자신의 지적능력을 다하여 이를 회피하기 위한 진지한 노력을 다하였더라면 스스로의 행위에 대하여 위법성을 인식할 수 있는 가능성이 있었음에도 이를 다하지 못한 결과 자기 행위의 위법성을 인식하지 못한 것인지 여부에 따라 판단하여야 할 것이고, 이러한 위법성의 인식에 필요한 노력의 정도는 구체적인 행위정황과 행위자 개인의 인식능력 그리고 행위자가 속한 사회집단에 따라 달리 평가되어야 한다(대법원 2006. 3. 24. 선고 2005도3717 판결, 대법원 2008. 10. 23. 선고 2008도5526 판결 등 참조).

16-5. 이미 무선설비의 형식승인을 받은 다른 수입업자가 있음을 이용하여 동일한 제품을 형식승인 없이 수입·판매한 행위 [대법원 2009. 6. 11. 선고, 2008도10373]

【판시사항】

이미 무선설비의 형식승인을 받은 다른 수입업자가 있음을 이용하여 동일한 제품을 형식승인 없이 수입·판매한 행위는 무선설비에 대한 관계 법령의 취지 및 내용에 비추어 볼 때 전파법 위반죄에 해당하고, 무선설비의 납품처 직원으로부터 형식등록이 필요 없다는 취지의 답변을 들었다는 사정만으로는 형법 제16조의 법률의 착오에 해당하지 않는다.

16-6. 법률의 착오에 관한 형법 제16조의 규정 취지 및 정당한 이유가 있는지 여부의 판단 방법 [대법원 2006. 3. 24., 선고, 2005도3717]

【판결요지】

형법 제16조에서 자기가 행한 행위가 법령에 의하여 죄가 되지 아니한 것으로 오인한 행위는 그 오인에 정당한 이유가 있는 때에 한하여 벌하지 아니한다고 규정하고 있는 것은 일반적으로 범죄가 되는 경우이지만 자기의 특수한 경우에는 법령에 의하여 허용된 행위로서 죄가 되지 아니한다고 그릇 인식하고 그와 같이 그릇 인식함에 정당한 이유가 있는 경우에는 벌하지 아니한다는 취지이고, 이러한 정당한 이유가 있는지 여부는 행위자에게 자기 행위의 위법의 가능성에 대해 심사숙고하거나 조회할 수 있는 계기가 있어 자신의 지적능력을 다하여 이를 회피하기 위한 진지한 노력을 다하였더라면 스스로의 행위에 대하여 위법성을 인식할 수 있는 가능성이 있었음에도 이를 다하지 못한 결과 자기 행위의 위법성을 인식하지 못한 것인지 여부에 따라 판단하여야 할 것이고, 이러한 위법성의 인식에 필요한 노력의 정도는 구체적인 행위정황과 행위자 개인의 인식능력 그리고 행위자가 속한 사회집단에 따라 달리 평가되어야 한다. 국회의원이 의정보고서를 발간하는 과정에서 선거법규에 저촉되지 않는다고 오인한 것에 형법 제16조의 정당한 이유가 없다고 한 사례

16-7. 허가를 담당하는 공무원이 허가를 요하지 않는다고 잘못 알려 준 것을 믿은 경우, 자기의 행위가 죄가 되지 않는 것으로 오인한 데 정당한 이유가 있는지 여부(적극) [대법원 2005. 8. 19. 선고, 2005도1697]

【판시사항】

행정청의 허가가 있어야 함에도 불구하고, 허가를 받지 아니하여 처벌대상의 행위를 한 경우라도 허가를 담당하는 공무원이 허가를 요하지 않는 것으로 잘못 알려 주어 이를 믿었기 때문에 허가를 받지 아니한 것이라면 허가를 받지 않더라도 죄가 되지 않는 것으로 착오를 일으킨 데 대하여 정당한 이유가 있는 경우에 해당하여 처벌할 수 없다.

16-8. 자격기본법에 의한 민간자격증을 취득한 자가 한방의료행위인 침술행위를 한 경우 [대법원 2003. 5. 13. 선고, 2003도939]

【판시사항】

자격기본법에 의한 민간자격증을 취득한 자가 한방의료행위인 침술행위를 한 경우, 무면허 의료행위에 해당되지 아니하여 죄가 되지 않는다고 믿는 데에 정당한 사유가 있었다고 할 수 있는지 여부(소극)

【판결요지】

자격기본법에 의한 민간자격관리자로부터 대체의학자격증을 수여받은 자가 사업자등록을 한 후 침술원을 개설하였다고 하더라도 국가의 공인을 받지 못한 민간자격을 취득하였다는 사실만으로는 자신의 행위가 무면허 의료행위에 해당되지 아니하여 죄가 되지 않는다고 믿는 데에 정당한 사유가 있었다고 할 수 없다.

16-9. 비디오물감상실업자가 자신의 비디오물감상실에 18세 이상 19세 미만의 청소년을 출입시킨 행위가 법률의 착오에 해당하는지 [대법원 2002. 5. 17. 선고, 2001도4077]

【판결요지】

비디오물감상실업자가 자신의 비디오물감상실에 18세 이상 19세 미만의 청소년을 출입시킨 행위가 관련 법률에 의하여 허용된다고 믿었고, 그렇게 믿었던 것에 대하여 정당한 이유가 있는 경우에 해당한다.

16-10. 기공원을 운영하면서 환자들을 대상으로 척추교정시술행위를 한 자가 정부 공인의 체육종목인 '활법'의 사회체육지도자 자격증을 취득한 자라 하여도 자신의 행위가 무면허 의료행위에 해당되지 아니하여 죄가 되지 않는다고 믿은 데에 정당한 사유가 있는지 [대법원 2002. 5. 10. 선고, 2000도2807]

【판시사항】

대학이나 사회교육기관에서 활법에 관하여 교육을 실시하고 있다거나, 활법이 정부 공인의 체육종목이고 피고인이 활법 종목의 사회체육지도자 자격증을 취득한 후 위 기공원을 운영하고 있다 하더라도, 활법을 교육하고, 체육종목으로 공인하거나 그 지도자 자격을 부여하는 것 등은, 신체활동을 통하여 건전한 신체와 정신을 기르고 여가를 선용하고자 하는 체육활동으로서의 일반적인 활법의 지도를 위한 것이지, 그것이 나아가 그 이외에 법률에서 금지하는 무면허 의료행위까지도 할 수 있도록 허용하는 취지는 아님이 분명하고(대법원 1995. 4. 7. 선고 94도1325 판결 참조),

대체의학이라 할지라도 사람의 생명이나 신체 또는 공중위생에 위해를 발생시킬 우려가 있는 행위는 의료행위로서 의사가 아닌 자가 시행할 수 없다 할 것이므로, 설사 피고인이 자신의 행위가 무면허 의료행위에 해당되지 아니하여 죄가 되지 않는다고 믿었다 하더라도 그와 같이 믿은 데에 정당한 사유가 있었다고는 할 수 없어, 이 부분 상고이유 역시 그 이유가 없다.

16-11. 부동산중개업자가 부동산중개업협회의 자문을 통하여 인원수의 제한 없이 중개보조원을 채용하는 것이 허용되는 것으로 믿고서 제한인원을 초과하여 중개보조원을 채용한 행위가 법률에 착오에 해당하는지 여부(소극) [대법원 2000. 8. 18. 선고, 2000도2943]

【판결요지】

형법 제16조에 자기의 행위가 법령에 의하여 죄가 되지 아니하는 것으로 오인한 행위는 그 오인에 정당한 이유가 있는 때에 한하여 벌하지 아니한다고 규정하고 있는 것은 단순한 법률의 부지의 경우를 말하는 것이 아니고, 일반적으로 범죄가 되는 경우이지만 자기의 특수한 경우에는 법령에 의하여 허용된 행위로서 죄가 되지 아니한다고 그릇 인식하고 그와 같은 그릇 인식함에 정당한 이유가 있는 경우에는 벌하지 아니한다는 취지이므로, 부동산중개업자가 부동산중개업협회의 자문을 통하여 인원수의 제한 없이 중개보조원을 채용하는 것이 허용되는 것으로 믿고서 제한인원을 초과하여 중개보조원을 채용함으로써 부동산중개업법 위반행위에 이르게 되었다고 하더라도 그러한 사정만으로 자신의 행위가 법령에 저촉되지 않는 것으로 오인함에 정당한 이유가 있는 경우에 해당한다거나 범의가 없었다고 볼 수는 없다.

---

1. 담당자도 아니면서 원본과 다른 토지대장등본을 작성한 공무원의 공문서위조에 대하여 형법 제16조 소정의 법률의 착오에 해당하는지 여부 [대법원 1997. 4. 25. 선고, 96도3409]

【판결요지】

토지대장등본은 토지대장의 존재를 전제로 하여 토지대장에 대신하는 증명수단으로 사용되는 것이 거래실정인 점에 비추어 볼 때, 수복지역내소유자미복구토지의복구등록과보존등기등에관한특별조치법 소정의 공고 및 열람절차가 이의 없이 마쳐졌기 때문에 언제든지 당사자의 신청에 의하여 소유명의인 변경등록이 가능한 상태에 있었고 그 변경등록에 필요한 당사자의 신청서도 이미 제출된 것으로 믿어졌으며 담당자가 없는 사이에 신속한 민원해결의 필요성이 있었다고 할지라도, 제출된 바도 없는 소유명의인변경등록신청서를 접수한 양 허위의 접수인을 찍고 담당계장이 아닌 자의 직인을 찍어 신청서접수서를 허위로 작성하고 또한 접수대장까지 허위로 작성하면서 원본에도 없는 중요한 사항을 복사본에 추가 기재하여 원본과 소유명의자가 전혀 다른 토지대장등본을 작성하였다면, 이를 두고 위법성을 인식하지 못한 데에 정당한 이유가 있다고 할 수 없다.

---

2. 관할 환경청이 비록 폐기물 배출업자가 차량을 임차하여 폐기물을 수집·운반하는 경우에도 '스스로 폐기물을 수집·운반하는 경우'에 해당하는 것으로 해석하고, 관련 규정에 따라 그 임차차량에 대하여 특정폐기물 수집·운반차량증을 발급해 준 경우 [대법원 1998. 6. 23. 선고, 97도1189]

【판결요지】

관할 환경청이 비록 폐기물 배출업자가 차량을 임차하여 폐기물을 수집·운반하는 경우에도 '스스로 폐기물을 수집·운반하는 경우'에 해당하는 것으로 해석하고, 관련 규정에 따라 그 임차차량에 대하여 특정폐기물 수집·운반차량증을 발급해 주고 있었다 하더라도, 그러한 사정만으로는 관할 환경청이 폐기물 배출업자가 폐기물의 수집·운반만을 위하여 무허가 업자로부터 폐기물 운반차량을 그 운전사와 함께 임차하는 형식을 취하면서 실질적으로는 무허가 업자에게 위탁하여 폐기물을 수집·운반하게 하는 행위까지 적법한 것으로 해석하였다고 볼 수 없으므로, 피고인이 피고인 회사의 폐기물 수집·운반 방법이 죄가 되지 아니하는 것으로 믿었다 하더라도 그와 같이 믿는데 정당한 이유가 있었다고 보기 어렵다.

16-12. 공무원이 그 직무에 관하여 실시한 봉인 등의 표시를 손상 또는 은닉 기타의 방법으로 그 효용을 해함에 있어서 그 봉인 등의 표시가 법률상 효력이 없다고 믿은 경우(소극) [대법원 2000. 4. 21. 선고, 99도5563]

【판결요지】

공무원이 그 직무에 관하여 실시한 봉인 등의 표시를 손상 또는 은닉 기타의 방법으로 그 효용을 해함에 있어서 그 봉인 등의 표시가 법률상 효력이 없다고 믿은 것은 법규의 해석을 잘못하여 행위의 위법성을 인식하지 못한 것이라고 할 것이므로 그와 같이 믿은 데에 정당한 이유가 없는 이상, 그와 같이 믿었다는 사정만으로는 공무상표시무효죄의 죄책을 면할 수 없다고 할 것이다.

16-13. 변리사로부터 자문과 감정을 받아 타인의 등록상표와 유사한 상표를 사용한 경우와 법률의 착오 [대법원 1995. 7. 28. 선고, 95도702]

【판결요지】

피고인이 변리사로부터 타인의 등록상표가 상품의 품질이나 원재료를 보통으로 표시하는 방법으로 사용하는 상표로서 효력이 없다는 자문과 감정을 받아 자신이 제작한 물통의 의장등록을 하고 그 등록상표와 유사한 상표를 사용한 경우, 설사 피고인이 위와 같은 경위로 자기의 행위가 죄가 되지 아니한다고 믿었다 하더라도 이러한 경우에는 누구에게도 그 위법의 인식을 기대할수 없다고 단정할 수 없으므로 피고인은 상표법 위반의 죄책을 면할 수 없다.

16-14. 사안을 달리하는 사건에 관한 대법원 판례에 비추어 자신의 행위가 적법한 것으로 오인한 경우와 법률의 착오 [대법원 1995. 7. 28. 선고, 95도1081]

【판결요지】

피고인이 대법원의 판례에 비추어 자신의 행위가 무허가 의약품의제조·판매행위에 해당하지 아니하는 것으로 오인하였다고 하더라도, 이는 사안을 달리하는 사건에 관한 대법원의 판례의 취지를 오해하였던 것에 불과하여 그와 같은 사정만으로는 그 오인에 정당한 사유가 있다고 볼 수 없다.

16-15. 행정청의 허가가 있어야 함에도 담당 공무원이 허가를 요하지 않는다고 잘못 알려 주어 믿었다면, 허가를 받지 않더라도 처벌할 수 없는지 여부 [대법원 1995. 7. 11. 선고, 94도1814]

【판결요지】

행정청의 허가가 있어야 함에도 불구하고 허가를 받지 아니하여 처벌대상 행위를 한 경우, 허가를 담당하는 공무원이 허가를 요하지 않는 것으로 잘못 알려 주어 이를 믿었기 때문에 허가를 받지 아니하였다면, 허가를 받지 않더라도 죄가 되지 않는 것으로 착오를 일으킨 데 대하여 정당한 이유가 있는 경우에 해당하여 처벌할 수 없다.

16-16. 관례에 좇은 금원공여행위와 법률의 착오 [대법원 1995. 6. 30. 선고, 94도1017]

【판결요지】

금원공여행위가 관례에 좇은 것이라고 하더라도 그러한 사유만으로 그 행위가 죄가 되지 않는 것으로 오인한 데에 정당한 이유가 있다고 할 수 없다.

16-17. 국유재산을 사용·수익하는 것이 법령에 의하여 허용된다고 믿을 만한 정당한 이유가 있는지 여부 [대법원 1993. 10. 12. 선고, 93도1888]

【판결요지】

국유재산을 대부받아 주유소를 경영하는 자가 기사식당과 휴게소가 필요하게 되어 건축허가사무 담당 공무원에게 위 국유지상에 건축물을 건축할 수 있는지의 여부를 문의하여, 비록 국유재산이지만 위 국유재산을 불하받을 것이 확실하고 또 만일 건축을 한 뒤에 위 국유재산을 불하받지 못하게 되면 건물을 즉시 철거하겠다는 각서를 제출하면 건축허가가 될 수 있다는 답변을 듣고, 건축사에게 건축물의 설계를 의뢰하여 위와 같은 내용의 각서와 함께 건축허가신청서를 제출하여 건축허가를 받고, 건물을 신축하여 준공검사를 받은 지 1년여 후에 위 국유재산을 매수하였다면, 국유재산법 제24조 제3항에 따라 기부를 전제로 한 시설물의 축조 이외에는 국유지상에 건물을 신축할 수 없는 사실을 알고 있었다 하더라도, 국유지상에 건물을 신축하여 그 국유재산을 사용·수익하는 것이 법령에 의하여 허용되는 것으로 믿었고 또 그렇게 믿을 만한 정당한 이유가 있었다고 볼 수 있다.

16-18. 운전면허정지통지서를 보고 면허증을 반납하지 않고 있으면 정지처분의집행이 지연되고 그 기간 동안의 운전은 무면허운전이 되지 않는다고 믿은 경우 [대법원 1993. 4. 13. 선고, 92도2309]

【판시사항】

운전면허정지통지서를 보고 면허증을 반납하지 않고 있으면 정지처분의집행이 지연되고 그 기간 동안의 운전은 무면허운전이 되지 않는다고 믿은 경우 법률의 착오에 관한 심리범위

【판결요지】

운전면허증을 반납하지 아니하여 정지처분의 집행이 지연되면 지연된 기간의 1/2을 가산하여 정지처분을 받게 된다고 기재되어 있는 운전면허정지통지서를 보고 면허증을 반납하지 않고 있으면 정지처분의 집행이 지연되고 그 기간 동안의 운전은 무면허운전이 되지 않는다고 믿고서 운전하고 다닌 것이 아닌지 여부 및 그렇게 <u>오인함에 어떠한 과실이 있다고 할 수 없어 정당한 이유가 있는 경우에 해당되게 될 여지가 있는지 여부를 유의해 볼 필요가 있다.</u>

16-19. 보건사회부 고시 등에 의하여 미승인 오락기구를 당국에 등록하고 그 사용기간을 일정 기간 받은 경우 공중위생법상의 벌칙규정에 대한 면책적 효력이 있는지 여부(소극) [대법원 1991. 8. 27. 선고, 91도1523]

【판시사항】

[1] 보건사회부 고시 등에 의하여 미승인 오락기구를 당국에 등록하고 그 사용기간을 일정 기간 받은 경우 공중위생법상의 벌칙규정에 대한 면책적 효력이 있는지 여부(소극)

[2] 피고인이 비록 보건사회부장관의 고시에 의하여 당국의 형식승인을 받지 아니한 전자오락기구를 사용하였다 하더라도 피고인의 행위가 죄가 되지 아니하는 것으로 오인하는데 정당한 이유가 있다고 볼 수 없다.다. 위 '가'항의 경우에는 처벌의 대상에서 제외된다는 보건사회부장관의 회시는 법원의 판단을 기속하는지 여부(소극)

【판결요지】

[1] 보건사회부 고시 제8712호 및 제894호 등에 의하여 미승인오락기구를 당국에 등록하고 그 사용기간을 일정기간 받았다 하더라도 보건사회부장관고시 등은 그 기간 내에 형식승인기구로 교체하지 아니하더라도 허가의 취소 등 행정제재를 하지 않는다는 취지일 뿐, 공중위생법상의 벌칙규정에 대한 면책적 효력이 있다고 할 수 없다.

[2] 피고인이 비록 보건사회부장관의 고시에 의하여 당국의 형식승인을 받지 아니한 전자오락기구를 사용하였다 하더라도 피고인의 행위가 죄가 되지 아니하는 것으로 오인하는데 정당한 이유가 있다고 볼 수 없다.다. 위 '가'항의 경우에는 처벌의 대상에서 제외된다는 보건사회부장관의 회시는 법원의 판단을 기속하지 아니한다.

---

1. 체신부장관 회신의 법원기속 여부 및 위 회신을 믿고 한 행위의 범의유무 [대법원 1987. 4. 14. 선고, 87도160]

【판시사항】

[1] 유선방송설비가 전기통신기본법상의 자가전기통신설비에 해당하는지 여부

[2] 체신부장관 회신의 법원기속 여부 및 위 회신을 믿고 한 행위의 범의유무

【판결요지】

[1] 유선방송설비가 피고인이 그 자신의 유선비디오 방송업 경영을 위하여 설치 운영한 것이 분명하다면 피고인만의 통신의 이용에 제공하기 위한 자가전기통신설비에 해당한다고 할 것이고, 그 설비를 통하여 피고인이 송신하는 음향과 영상을 그 방송수용가가 수신함으로써 이를 이용한 일이 있다는 이유로 그 설비를 가리켜 피고인의 자가전기통신설비가 아니라고 할 수는 없다.

[2] 유선방송설비는 전기통신기본법상의 자가전기통신설비가 아니다라는 내용의 체신부장관의 회신이 법령의 해석에 관한 법원의 판단을 기속하는 것은 아니고, 가사 피고인이 유선방송업은 당국의 허가대상이 아니라고 알았다거나 체신부장관의 회신 내용에 의하여 자기의 행위가 법령에 의하여 죄가 되지 아니하는 것으로 오인하였다 하더라도 피고인에게 범의가 없었다고는 할 수 없다.

16-20. 피해자의 승낙이 있은 것으로 오신하여 성교를 하려고 한 과정에서 상해를 입힌 경우, 강간치상죄의 성부 [부산지법 1991. 8. 20. 선고, 91고합291]

【판결요지】

강간치상죄는 강간죄와 마찬가지로 폭행 또는 협박으로 부녀자를 강간하려 한 경우에 성립하는 고의범으로서 피해자가 성교행위를 승낙하고 있는 경우에는 구성요건해당성이 없어 범죄가 성립할 수 없음은 물론 피해자가 겉으로는 승낙하지 않고 있다고 하더라도 내심의 진의는 승낙하고 있는 것이라고 행위자가 오신하여 성교를 하려고 한 과정에서 상해를 입힌 경우에도 강간치상죄의 고의는 조각되므로 같은 죄로 처벌할 수 없다.

16-21. 건축허가 변경신고 및 그 수리행위가 건축법을 오해한 담당공무원의 잘못된 종용이 건축법령에 어긋난다는 도청 건축과 소속공무원 및 건물신축에 관여한 건축사의 견해가 옳다고 믿고 위 변경신고의 내용과 어긋나는 건축행위를 한 경우(소극) [대법원 1991. 6. 14. 선고, 91도514]

【판시사항】

[1] 건축허가 변경신고 및 그 수리행위가 건축법을 오해한 담당공무원의 잘못된 종용에도 기인하여 이루어지고, 피고인은 담당공무원의 종용이 건축법령에 어긋난다는 도청 건축과 소속공무원 및 건물신축에 관여한 건축사의 견해가 옳다고 믿고 위 변경신고의 내용과 어긋나는 건축행위를 한 경우, 법률의 착오에 해당하여 책임을 면하는지 여부(소극)

[2] 위 "[1]"항의 구청장의 건축허가 변경신고 수리행위가 위법하다 하여 적법한 변경신고절차 없이 이와 어긋나는 행위를 한 경우 건축법위반의 죄책을 면하는지 여부(소극)

【판결요지】

[1] 건축허가 변경신고 및 그 수리행위가 건축법상 "도로"에 해당하지 아니하고 자연발생적인 통행로에 불과한 것을 건축법상 "도로"에 해당한다고 오해한 담당공무원의 종용에도 기인하여 이루어지고, 피고인은 담당공무원의 종용이 건축법령에 어긋난다는 도청 건축과 소속공무원 및 건물신축에 관여한 건축사의 견해가 옳다고 믿고 위 변경신고의 내용과 어긋나는 건축행위를 한 경우, 설사 피고인이 위와 같은 경위로 자기의 행위가 죄가 되지 아니한다고 믿었다 하더라도 이러한 경우에는 누구에게도 그 위법의 인식을 기대할 수 없다고 단정할 수 없으므로 건축법 위반의 죄책을 면할 수 없다.

[2] 위 "[1]"항의 구청장의 건축허가 변경신고 수리행위가 위법하다 하여도 당연무효라고까지는 할 수 없으니 행정쟁송의 절차에 따라 그 위법을 다툼은 별론으로 하고 적법한 변경신고절차 없이 이와 어긋나는 행위를 한 이상 건축법 위반의 죄책을 면할 수 없다.

16-22. 횡령행위인 금원인출시에 변호사의 조언을 받은 경우 법률의 착오에 의한 것이라 볼 수 있는지 여부(소극) [대법원 1990. 10. 16. 선고, 90도1604]

【판결요지】

가처분결정으로 직무집행정지 중에 있던 종단대표자가 종단소유의 보관금을 소송비용으로 사용함에 있어 변호사의 조언이 있었다는 것만으로 보관금인출사용행위가 법률의 착오에 의한 것이라 할 수 없다.

16-23. 식품위생법상의 허가대상인 줄 몰랐다는 사정과 법률의 착오 [대법원 1990. 1. 23. 선고, 89도1476]

【판결요지】

피고인이 이 사건 범행이 식품위생법상의 허가대상인 줄을 몰랐다는 사정은 단순한 법률의 부지에 불과하고 특히 법령에 의하여 허용된 행위로서 죄가 되지 않는다고 적극적으로 그릇 인정한 경우는 아니므로 이를 법률의 착오에 기인한 행위라고 할 수 없다.

16-24. 체신부장관의 질의회신을 믿고 한 범행의 범의유무(적극) [대법원 1989. 2. 14. 선고, 87도1860]

【판시사항】

[1] 유선비디오 방송시설이 전기통신기본법상의 자가전기통신설비에 해당하는지 여부
[2] 체신부장관의 질의회신을 믿고 한 범행의 범의유무(적극)

【판결요지】

[1] 유선비디오 방송시설을 자신의 유선비디오방송업 경영을 위하여 실치 운영하였다면 이는 전기통신기본법 제2조 제6호 소정의 자가전기통신설비에 해당하고 당국의 허가없이 이를 설치한 때에는 같은 법 제40조, 제15조에 위반된다.

[2] 유선비디오 방송업자들의 질의에 대하여 체신부장관이 유선비디오 방송은 자가통신설비로 볼 수 없어 같은법 제15조 제1항 소정의 허가대상이 되지 않는다는 견해를 밝힌 바 있다 하더라도 그 견해가 법령의 해석에 관한 법원의 판단을 기속하는 것은 아니므로 그것만으로 피고인에게 범의가 없었다고 할 수 없다.

16-25. 감독관청의 주선으로 면허대여를 받아 시공한 무면허건축업자 행위의 적부 [대법원 1987. 12. 22. 선고, 86도1175]

【판결요지】

건축업면허없이 시공할 수 없는 건축공사를 피고인이 타인의 건설업면허를 대여받아 그 명의로 시공하였다면 비록 위 면허의 대여가 감독관청의 주선에 의하여 이루어졌다 하더라도 그와 같은 사정만으로서는 피고인의 소위를 사회상규에 위배되지 않는 적법행위로 볼 수는 없을 뿐만 아니라, 설사 피고인으로서는 이를 적법행위로 오인하였다 하더라도 위와 같은 사정만으로서는 그 오인에 정당한 이유가 있다고 볼 수도 없다.

16-26. 당번병이 그 임무범위 내에 속하는 일로 오인하고 한 무단이탈 행위와 위법성 [대법원 1986.

10. 28. 선고, 86도1406]

【판결요지】

소속 중대장의 당번병이 근무시간중은 물론 근무시간 후에도 밤늦게 까지 수시로 영외에 있는 중대장의 관사에 머물면서 집안일을 도와주고 그 자녀들을 보살피며 중대장 또는 그 처의 심부름을 관사를 떠나서까지 시키는 일을 해오던 중 사건당일 중대장의 지시에 따라 관사를 지키고 있던중 중대장과 함께 외출나간 그 처로부터 24:00경 비가 오고 밤이 늦어 혼자 귀가할 수 없으니 관사로부터 1.5킬로미터 가량 떨어진 지점까지 우산을 들고 마중을 나오라는 연락을 받고 당번병으로서 당연히 해야 할 일로 생각하고 그 지점까지 나가 동인을 마중하여 그 다음날 01:00경 귀가하였다면 위와 같은 당번병의 관사이탈 행위는 중대장의 직접적인 허가를 받지 아니 하였다 하더라도 당번병으로서의 그 임무범위내에 속하는 일로 오인하고 한 행위로서 그 오인에 정당한 이유가 있어 위법성이 없다고 볼 것이다.

16-27. 범죄의 성립에 있어서의 위법성의 인식정도 [대법원 1987. 3. 24., 선고, 86도2673]

【판결요지】

범죄의 성립에 있어서 위법의 인식은 그 범죄사실이 사회정의와 조리에 어긋난다는 것을 인식하는 것으로서 족하고 구체적인 해당 법조문까지 인식할 것을 요하는 것은 아니므로 설사 형법상의 허위공문서작성죄에 해당되는 줄 몰랐다고 가정하더라도 그와 같은 사유만으로는 위법성의 인식이 없었다고 할 수 없다.

피고인이 판시 봉양면사무소 호병계장으로 재직하고 있음을 기화로 피고인과 피고인의 동거여인인 공소외 1과의 사이에 출생한 공소외 2를 피고인과 피고인의 법률상 처인 공소외 3 사이에서 출생한 것처럼 호적부에 허위의 기재를 한 후 그 정을 모르는 면장으로 하여금 이에 날인케 하여 허위내용의 호적부를 작성한 원심판시 소위는 형법 제260조 제1항의 허위공문서작성죄의 구성요건을 충족함이 뚜렷하고 나아가 범죄의 성립에 있어서 위법의 인식은 그 범죄사실이 사회정의와 조리에 어긋난다는 것을 인식하는 것으로서 족하고 구체적인 해당 법조문까지 인식할 것을 요하는 것은 아니므로 설사 피고인이 소론과 같이 위의 판시 소위가 형법상의 허위공문서작성죄에 해당되는 줄 몰랐다고 가정하더라도 그와 같은 사유만으로서는 피고인에게 위법성의 인식이 없었다고 할 수 없으므로 원심이 피고인의 판시 소위를 허위공문서작성죄로 다스린 조치는 정당하다.

16-28. 허가를 얻어 벌채하고 남아있던 잔존목을 벌채한 것이 위법인 줄 몰랐다는 사정과 법률의 착오 [대법원 1986. 6. 24. 선고, 86도810]

【판결요지】

허가를 얻어 벌채하고 남아 있던 잔존목을 벌채하는 것이 위법인 줄 몰랐다는 사정은 단순한 법률의 부지에 불과하며 형법 제16조에 해당하는 법률의 착오라 볼 수 없다.

16-29. 유흥접객업소의 업주가 경찰당국의 단속에서 제외되어 있어 만 18세 이상의 미성년자는

출입이 허용되는 줄 안 것이 법률의 착오 해당 여부 [대법원 1985. 4. 9., 선고, 85도25]

【판결요지】

[1] 형법 제16조에 자기의 행위가 법령에 의하여 죄가 되지 아니한 것으로 오인한 행위는 그 오인에 정당한 이유가 있는 때에 한하여 벌하지 아니한다고 규정하고 있는 것은 단순한 법률의 부지의 경우를 말하는 것이 아니고 일반적으로 범죄가 되는 행위이지만 자기의 특수한 경우에는 법령에 의하여 허용된 행위로서 죄가 되지 아니한다고 그릇 인식하고 그와 같이 그릇 인식함에 있어 정당한 이유가 있는 경우에는 벌하지 아니한다는 취지이다.

[2] 유흥접객업소의 업주가 경찰당국의 단속대상에서 제외되어 있는 만 18세 이상의 고등학생이 아닌 미성년자는 출입이 허용되는 것으로 알고 있었더라도 이는 미성년자보호법 규정을 알지 못한 단순한 법률의 부지에 해당하고 특히 법령에 의하여 허용된 행위로서 죄가 되지 않는다고 적극적으로 그릇 인정한 경우는 아니므로 비록 경찰당국이 단속대상에서 제외하였다 하여 이를 법률의 착오에 기인한 행위라고 할 수는 없다.

16-30. 자기행위가 범죄로 됨을 모른 경우 유죄인정의 당부 [대법원 1984. 2. 28. 선고, 83도2985]

【판결요지】

설사 피고인이 이 사건 소위가 범죄가 되는지를 몰랐다 하더라도 그것만으로는 유죄로 인정한 원심의 조처에 잘못이 있다고 할 수 없다.

16-31. 형법 제16조 소정의 정당한 이유가 있다고 본 사례 [대법원 1983. 2. 22., 선고, 81도2763]

【판결요지】

[1] 식품위생법 제1조, 제2조 제1항 및 동법의 기타 규정취지를 종합고찰하여 보면 동법 제44조 제1항, 제23조 제1항, 제22조, 동법시행령(1981.4.2. 대통령령 제10268호로 개정되기 전의 것) 제9조 제36호 등에서 가리키는 식품이란 의약으로 섭취하는 것을 제외한 모든 음식물을 말한다고 해석하여야 할 것인바, 미싯가루를 만들어서 소비하고자 하는 사람들이 물에 씻어 오거나 볶아온 쌀, 보리, 콩 등을 빻아서 미싯가루를 만들어 준 피고인의 소위는 식품위생법 제22조 제1항 및 동법시행령 제9조 제36호 소정의 식품가공업에 해당한다.

[2] 피고인이 1975.4.1자 서울특별시 공문, 1975.12.3자 동시의 식품제조허가지침, 동시의 1976.3.29자 제분업소허가권 일원화에 대한 지침 및 피고인이 가입되어 있는 서울시 식용유협동조합 도봉구 지부의 질의에 대한 도봉구청의 1977.9.1자 질의회시 등의 공문이 곡물을 단순히 볶아서 판매하거나 가공위탁자로부터 제공받은 고추, 참깨, 들깨, 콩등을 가공할 경우 양곡관리법 및 식품위생법상의 허가대상이 아니라는 취지이어서 사람들이 물에 씻어 오거나 볶아온 쌀 등을 빻아서 미싯가루를 제조하는 행위에는 별도의 허가를 얻을 필요가 없다고 믿고서 미싯가루 제조행위를 하게 되었다면, 피고인은 자기의 행위가 법령에 의하여 죄가 되지 않는 것으로 오인하였고 또 그렇게 오인함에 어떠한 과실이 있음을 가려낼 수 없어 정당한 이유가 있는 경우에 해당한다.

16-32. 진술조서를 폐기하고 새로 작성하는 행위와 법률의 착오 [대법원 1978. 6. 27. 선고, 76도2196]

【판결요지】

수사처리의 관례상 일부 상치된 내용을 일치시키기 위하여 적법하게 작성된 참고인 진술조서를 찢어버리고 진술인의 진술도 듣지 아니하고 그 내용을 일치시킨 새로운 진술조서를 작성한 행위는 그 행위를 적법한 것으로 잘못 믿었다고 할지라도 그렇게 잘못 믿은데 대하여 정당한 이유가 있다고 볼 수 없다.

16-33. 주거를 이동하고 예비군대원신고를 한 자가 바로 주민등록증을 옮기지 않고 후에 옮기면서 예비군대원 신고를 하지않은 행위와 법률의 착오 [대법원 1974. 11. 12. 선고, 74도2676]

【판결요지】

주민등록법 17조의 7에 의하여 주민등록지를 공법관계에 있어서의 주소로 볼 것이므로 주민등록지를 이전한 이상 향토예비군설치법 3조 4항 동법시행령 22조 1항 4호에 의하여 대원신고를 하여야하나 이미 주거를 이동하고 같은 주소에 대원신고를 하였던 터이므로 피고인이 재차 동일 주소에 대원신고(주소이동)를 아니하였음이 향토예비군설치법 15조 6항에 말한 정당한 사유가 있다고 오인한데서 나온 행위였다면 이는 법률착오가 범의를 조각하는 경우이다.

16-34. 국민학교 교장이 도교육위원회의 지시에 따라 교과내용으로 되어있는 꽃 양귀비를 교과식물로 비치하기 위하여 양귀비종자를 사서 교무실 앞 화단에 심은 행위 [대법원 1972. 3. 31. 선고, 72도64]

【판시사항】

[1] 국민학교 교장이 도교육위원회의 지시에 따라 교과내용으로 되어있는 꽃 양귀비를 교과식물로 비치하기 위하여 양귀비종자를 사서 교무실 앞 화단에 심은 행위를 법률의 착오에 해당된다.

[2] 10년 이상을 소채 및 종묘상등을 경영하여 식물의 종자에 대하여 지식경험을 가진 자는 특별한 사정이 없는 이상 양귀비종자에 마약성분이 함유되어 있는 사실을 쉽게 알고 있었다고 봄이 경험법칙상 당연하다.

【판결요지】

국민학교 교장이 도 교육위원회의 지시에 따라 교과내용으로 되어 있는 꽃양귀비를 교과식물로 비치하기 위하여 양귀비 종자를 사서 교무실 앞 화단에 심은 것이라면 이는 죄가 되지 아니하는 것으로 오인한 행위로서 그 오인에 정당한 이유가 있는 경우에 해당한다고 할 것이다.

제17조[인과관계]

제17조(인과관계) 어떤 행위라도 죄의 요소되는 위험발생에 연결되지 아니한 때에는 그 결과로 인하여 벌하지 아니한다.

17-1. 의사가 설명의무를 위반한 채 의료행위를 하였다가 환자에게 상해 또는 사망의 결과가 발생한 경우 업무상 과실로 인한 형사책임을 지우기 위한 요건 [대법원 2015. 6. 24. 선고, 2014도11315]

【판시사항】

 의사가 설명의무를 위반한 채 의료행위를 하였다가 환자에게 상해 또는 사망의 결과가 발생한 경우 의사에게 업무상 과실로 인한 형사책임을 지우기 위해서는 의사의 설명의무 위반과 환자의 상해 또는 사망 사이에 상당인과관계가 존재하여야 한다(대법원 2011. 4. 14. 선고 2010도10104 판결 등 참조).

---

1. 한의사인 피고인이 피해자에게 문진하여 과거 봉침(蜂針)을 맞고도 별다른 이상반응이 없었다는 답변을 듣고 알레르기 반응검사를 생략한 채 환부에 봉침시술을 하였는데, 피해자가 위 시술 직후 쇼크반응을 나타내는 등 상해를 입은 사안 [대법원 2011. 4. 14. 선고, 2010도10104]

【판시사항】

[1] 한의사인 피고인이 피해자에게 문진하여 과거 봉침(蜂針)을 맞고도 별다른 이상반응이 없었다는 답변을 듣고 알레르기 반응검사를 생략한 채 환부에 봉침시술을 하였는데, 피해자가 위 시술 직후 쇼크반응을 나타내는 등 상해를 입은 사안

[2] 의사가 설명의무를 위반한 채 의료행위를 하여 피해자에게 상해가 발생한 경우 업무상 과실로 인한 형사책임을 지기 위한 요건 및 '한의사의 경우'에도 동일한 법리가 적용되는지 여부(적극)

【판결요지】

[1] 한의사인 피고인이 피해자에게 문진하여 과거 봉침을 맞고도 별다른 이상반응이 없었다는 답변을 듣고 알레르기 반응검사(skin test)를 생략한 채 환부인 목 부위에 봉침시술을 하였는데, 피해자가 위 시술 직후 아나필락시 쇼크반응을 나타내는 등 상해를 입은 사안에서, 피고인에게 과거 알레르기 반응검사 및 약 12일 전 봉침시술에서도 이상반응이 없었던 피해자를 상대로 다시 알레르기 반응검사를 실시할 의무가 있다고 보기는 어렵고, 설령 그러한 의무가 있다고 하더라도 제반 사정에 비추어 알레르기 반응검사를 하지 않은 과실과 피해자의 상해 사이에 상당인과관계를 인정하기 어렵다는 이유로, 같은 취지의 원심판단을 수긍한 사례.

[2] 의사가 설명의무를 위반한 채 의료행위를 하여 피해자에게 상해가 발생하였다고 하더라도, 업무상 과실로 인한 형사책임을 지기 위해서는 피해자의 상해와 의사의 설명의무 위반 내지 승낙취득 과정의 잘못 사이에 상당인과관계가 존재하여야 하고, 이는 한의사의 경우에도 마찬가지이다.

17-2. 교통방해 행위와 사상의 결과 사이에 상당인과관계를 인정할 수 있는 경우 [대법원 2014. 7. 24. 선고, 2014도6206]

【판시사항】

[1] 교통방해치사상죄의 성립 요건 및 교통방해 행위와 사상의 결과 사이에 상당인과관계를 인정할 수 있는 경우

[2] 피고인이 고속도로 2차로를 따라 자동차를 운전하다가 1차로를 진행하던 甲의 차량 앞에 급하게 끼어든 후 곧바로 정차하여, 甲의 차량 및 이를 뒤따르던 차량 두 대는 급정차하였으나, 그 뒤를 따라오던 乙의 차량이 앞의 차량들을 연쇄적으로 추돌케 하여 乙을 사망에 이르게 하고 나머지 차량 운전자 등 피해자들에게 상해를 입힌 사안에서, 피고인에게 일반교통방해치사상죄를 인정한 원심판단이 정당하다.

【판결요지】

[1] 형법 제188조에 규정된 교통방해에 의한 치사상죄는 결과적 가중범이므로, 위 죄가 성립하려면 교통방해 행위와 사상(死傷)의 결과 사이에 상당인과관계가 있어야 하고 행위 시에 결과의 발생을 예견할 수 있어야 한다. 그리고 교통방해 행위가 피해자의 사상이라는 결과를 발생하게 한 유일하거나 직접적인 원인이 된 경우만이 아니라, 그 행위와 결과 사이에 피해자나 제3자의 과실 등 다른 사실이 개재된 때에도 그와 같은 사실이 통상 예견될 수 있는 것이라면 상당인과관계를 인정할 수 있다.

[2] 피고인이 고속도로 2차로를 따라 자동차를 운전하다가 1차로를 진행하던 甲의 차량 앞에 급하게 끼어든 후 곧바로 정차하여, 甲의 차량 및 이를 뒤따르던 차량 두 대는 연이어 급제동하여 정차하였으나, 그 뒤를 따라오던 乙의 차량이 앞의 차량들을 연쇄적으로 추돌케 하여 乙을 사망에 이르게 하고 나머지 차량 운전자 등 피해자들에게 상해를 입힌 사안에서, 편도 2차로의 고속도로 1차로 한가운데에 정차한 피고인은 현장의 교통상황이나 일반인의 운전 습관·행태 등에 비추어 고속도로를 주행하는 다른 차량 운전자들이 제한속도 준수나 안전거리 확보 등의 주의의무를 완전하게 다하지 않을 수도 있다는 점을 알았거나 충분히 알 수 있었으므로, 피고인의 정차 행위와 사상의 결과 발생 사이에 상당인과관계가 있고, 사상의 결과 발생에 대한 예견가능성도 인정된다는 이유로, 피고인에게 일반교통방해치사상죄를 인정한 원심판단이 정당하다.

---

1. 살인의 실행행위와 사망 사이의 인과관계 유무의 판단기준 [대법원 1994. 3. 22. 선고, 93도3612]

【판결요지】

살인의 실행행위가 피해자의 사망이라는 결과를 발생하게 한 유일한 원인이거나 직접적인 원인이어야만 되는 것은 아니므로, 살인의 실행행위와 피해자의 사망과의 사이에 다른 사실이 개재되어 그 사실이 치사의 직접적인 원인이 되었다고 하더라도 그와 같은 사실이 통상 예견할 수 있는 것에 지나지 않는다면 살인의 실행행위와 피해자의 사망과의 사이에 인과관계가 있는 것으로 보아야 한다.

17-3. 선행차량에 충격되어 도로에 쓰러져 있던 피해자를 다시 역과함으로써 사망에 이르게 하고도 필요한 조치를 취하지 않고 도주한 경우 [대법원 2014. 6. 12. 선고, 2014도3163]

【판결요지】

자동차 운전자인 피고인이, 甲이 운전하는 선행차량에 충격되어 도로에 쓰러져 있던 피해자 乙을 다시 역과함으로써 사망에 이르게 하고도 필요한 조치를 취하지 않고 도주하였다고 하여 특정

범죄 가중처벌 등에 관한 법률 위반(도주차량)으로 기소된 사안에서, 제출된 증거들만으로는 피고인 운전 차량이 2차로 乙을 역과할 당시 아직 乙이 생존해 있었다고 단정하기 어렵다는 이유로, 이와 달리 보아 피고인에게 유죄를 인정한 원심판결에 선행 교통사고와 후행 교통사고가 경합하여 피해자가 사망한 경우 후행 교통사고와 피해자의 사망 사이의 인과관계 증명책임에 관한 법리오해 등의 위법이 있다.

17-4. 피고인의 행위가 다른 원인과 결합하여 피해자에게 사망의 결과를 발생하게 한 경우, 인과관계가 인정되는지 여부(적극) [대법원 2012. 3. 15. 선고, 2011도17648]

【판시사항】

[1] 피고인의 행위가 다른 원인과 결합하여 피해자에게 사망의 결과를 발생하게 한 경우, 인과관계가 인정되는지 여부(적극)

[2] 피고인이 甲의 뺨을 1회 때리고 오른손으로 목을 쳐 甲으로 하여금 뒤로 넘어지면서 머리를 땅바닥에 부딪치게 하여 상해를 가하고 그로 인해 사망에 이르게 하였다는 내용으로 기소된 사안에서, 甲이 두부 손상을 입은 후 병원에서 입원치료를 받다가 합병증으로 사망에 이르게 되어 피고인의 범행과 甲의 사망 사이에 인과관계를 부정할 수 없고, 사망 결과에 대한 예견가능성이 있었는데도, 이와 달리 보아 상해치사의 공소사실을 무죄로 판단한 원심판결에 법리오해의 위법이 있다.

【이 유】

피고인의 행위가 피해자를 사망하게 한 직접적 원인은 아니었다 하더라도 이로부터 발생된 다른 간접적 원인이 결합되어 사망의 결과를 발생하게 한 경우 그 행위와 사망 사이에는 인과관계가 있다고 할 것이다(대법원 1982. 12. 28. 선고 82도2525 판결 등 참조).

---

1. 자상행위가 다른 원인과 결합하여 사망의 결과를 야기한 경우 인과관계의 존부(적극) [대법원 1982. 12. 28. 선고, 82도2525]

【판결요지】

피고인의 자상행위가 피해자를 사망하게 한 직접적 원인은 아니었다 하더라도 이로부터 발생된 다른 간접적 원인이 결합되어 사망의 결과를 발생하게 한 경우라도 그 행위와 사망간에는 인과관계가 있다고 할 것인바, 이 사건 진단서에는 직접사인 심장마비, 호흡부전, 중간선행사인 패혈증, 급성심부전증, 선행사인 자상, 장골정맥파열로 되어 있으며, 피해자가 부상한 후 1개월이 지난 후에 위 패혈증 등으로 사망하였다 하더라도 그 패혈증이 위 자창으로 인한 과다한 출혈과 상처의 감염 등에 연유한 것인 이상 자상행위와 사망과의 사이에 인과관계의 존재를 부정할 수 없다.

17-5. 택시 운전자가 교통신호를 위반하여 진행한 과실로 교차로 내에서 갑이 운전하는 승용차와 충돌하여 갑 등으로 하여금 상해를 입게 한 경우, 인과관계 여부 [대법원 2012. 3. 15., 선고, 2011도17117]

【판결요지】

택시 운전자인 피고인이 교통신호를 위반하여 4거리 교차로를 진행한 과실로 교차로 내에서 甲

이 운전하는 승용차와 충돌하여 甲 등으로 하여금 상해를 입게 하였다고 하여 교통사고처리 특례법 위반으로 기소된 사안에서, 피고인의 택시가 차량 신호등이 적색 등화임에도 횡단보도 앞 정지선 직전에 정지하지 않고 상당한 속도로 정지선을 넘어 횡단보도에 진입하였고, 횡단보도에 들어선 이후 차량 신호등이 녹색 등화로 바뀌자 교차로로 계속 직진하여 교차로에 진입하자마자 교차로를 거의 통과하였던 甲의 승용차 오른쪽 뒤 문짝 부분을 피고인 택시 앞 범퍼 부분으로 충돌한 점 등을 종합할 때, 피고인이 적색 등화에 따라 정지선 직전에 정지하였더라면 교통사고는 발생하지 않았을 것임이 분명하여 피고인의 신호위반행위가 교통사고 발생의 직접적인 원인이 되었다고 보아야 하는데도, 이와 달리 보아 공소를 기각한 원심판결에 신호위반과 교통사고의 인과관계에 관한 법리오해의 위법이 있다.

17-6. 직진신호에 따라 교차로를 통과하는 운전자의 주의의무 및 그 경우 운전자의 과속행위와 교통사고 사이에 상당인과관계가 있는지 여부(한정 소극) [대법원 1998. 9. 22., 선고, 98도1854]

【판결요지】

녹색등화에 따라 왕복 8차선의 간선도로를 직진하는 차량의 운전자는 특별한 사정이 없는 한 왕복 2차선의 접속도로에서 진행하여 오는 다른 차량들도 교통법규를 준수하여 함부로 금지된 좌회전을 시도하지는 아니할 것으로 믿고 운전하면 족하고, 접속도로에서 진행하여 오던 차량이 아예 허용되지 아니하는 좌회전을 감행하여 직진하는 자기 차량의 앞을 가로질러 진행하여 올 경우까지 예상하여 그에 따른 사고발생을 미리 방지하기 위하여 특별한 조치까지 강구할 주의의무는 없다 할 것이고, 또한 운전자가 제한속도를 지키며 진행하였더라면 피해자가 좌회전하여 진입하는 것을 발견한 후에 충돌을 피할 수 있었다는 등의 사정이 없는 한 운전자가 제한속도를 초과하여 과속으로 진행한 잘못이 있다 하더라도 그러한 잘못과 교통사고의 발생 사이에 상당인과관계가 있다고 볼 수는 없다.

17-7. 강간하려는 행위와 이를 피하려다 사상에 이르게 된 사실 사이에 상당인과관계를 인정할 수 있는지 여부 [대법원 1995. 5. 12. 선고, 95도425]

【판시사항】

[1] 강간하려는 행위와 이를 피하려다 사상에 이르게 된 사실 사이에 상당인과관계를 인정할 수 있는지 여부

[2] 피고인의 강간미수행위와 피해자의 추락사 사이에 상당인과관계가 있다고 보아 피고인을 강간치사죄로 처단한 사례

【판결요지】

[1] 폭행이나 협박을 가하여 간음을 하려는 행위와 이에 극도의 흥분을 느끼고 공포심에 사로잡혀 이를 피하려다 사상에 이르게 된 사실과는 이른바 상당인과관계가 있어 강간치사상죄로 다스릴 수 있다.

[2] 피고인이 자신이 경영하는 속셈학원의 강사로 피해자를 채용하고 학습교재를 설명하겠다는 구실로 유인하여 호텔 객실에 감금한 후 강간하려 하자, 피해자가 완강히 반항하던 중 피고인이

대실시간 연장을 위해 전화하는 사이에 객실 창문을 통해 탈출하려다가 지상에 추락하여 사망한 사안에서, 피고인의 강간미수행위와 피해자의 사망과의 사이에 상당인과관계가 있다고 보아 피고인을 강간치사죄로 처단한 원심의 판단을 수긍한 사례.

17-8. 안전거리를 확보치 않은 차가 뒷차의 충격으로 앞차와 충돌한 경우에 있어서 인과관계 유무(소극) [대법원 1983. 8. 23. 선고, 82도3222]

【판결요지】

피고인 운전의 차가 이미 정차하였음에도 뒤쫓아오던 차의 충돌로 인하여 앞차를 충격하여 사고가 발생한 경우, 설사 피고인에게 안전거리를 준수치 않은 위법이 있었다 할지라도 그것이 이 사건 피해결과에 대하여 인과관계가 있다고 단정할 수 없다.

17-9. 폭행으로 평소의 지병이 악화되어 사망한 경우 폭행과 사망간의 인과관계 존부(적극) [대법원 1983. 1. 18. 선고, 82도697]

【판결요지】

피고인이 1981.4.8 피해자의 뺨을 2회 때리고 두손으로 어깨를 잡아 땅바닥에 넘어뜨리고 머리를 세멘트벽에 부딪치게 하여서, 피해자가 그 다음날부터 머리에 통증이 있었고 같은 달 16 의사 3인에게 차례로 진료를 받을 때에 혈압이 매우 높았고 몹시 머리가 아프다고 호소하였으며 그 후 병세가 계속 악화되어 결국 같은해 4.30 뇌손상(뇌좌상)으로 사망하였다면, 피해자가 평소 고혈압과 선천성혈관기형인 좌측전고동맥류의 증세가 있었고 피고인의 폭행으로 피해자가 사망함에 있어 위와 같은 지병이 사망결과에 영향을 주었다고 해서 피고인의 폭행과 피해자의 사망간에 상당인과관계가 없다고 할 수 없으며, 피고인이 피해자를 폭행할 당시에 이미 폭행과 그 결과에 대한 예견가능성이 있었다 할 것이고 그로 인하여 치사의 결과가 발생하였다면 이른바 결과적가중범의 죄책을 면할 수 없다.

17-10. 자상행위가 다른 원인과 결합하여 사망의 결과를 야기한 경우 인과관계의 존부(적극) [대법원 1982. 12. 28. 선고, 82도2525]

【판결요지】

피고인의 자상행위가 피해자를 사망하게 한 직접적 원인은 아니었다 하더라도 이로부터 발생된 다른 간접적 원인이 결합되어 사망의 결과를 발생하게 한 경우라도 그 행위와 사망간에는 인과관계가 있다고 할 것인바, 이 사건 진단서에는 직접사인 심장마비, 호흡부전, 중간선행사인 패혈증, 급성심부전증, 선행사인 자상, 장골정맥파열로 되어 있으며, 피해자가 부상한 후 1개월이 지난 후에 위 패혈증 등으로 사망하였다 하더라도 그 패혈증이 위 자창으로 인한 과다한 출혈과 상처의 감염 등에 연유한 것인 이상 자상행위와 사망과의 사이에 인과관계의 존재를 부정할 수 없다.

17-11. 화약류취급책임자 면허 없는 자에게 화약류를 취급케 한 행위와 화약류 폭발사고 간에

인과관계 유무(소극) [대법원 1981. 9. 8. 선고, 81도53]

【판결요지】

탄광덕대인 피고인이 화약류취급책임자 면허가 없는 갑에게 화약고 열쇠를 맡기었던 바갑이 경찰관의 화약고 검열에 대비하여 임의로 화약고에서 뇌관, 폭약 등을 꺼내어 이를 노무자 숙소 아궁이에 감추었고, 이 사실을 모르는 자가 위 아궁이에 불을 때다 위 폭발물에 인화되어 폭발위력으로 사람을 사상 에 이르게 한 경우에는 피고인으로서는 위와 같은 사고를 예견할 수 있었다고 보기 어려울뿐 아니라 피고인이 갑에게 위 열쇠를 보관 시키고 화약류를 취급하도록 한 행위와 위 사고발생 간에는 인과관계가 있다고 할 수 없다.

17-12. 지병이 사망 결과에 영향을 준 경우 폭행과 사망간의 인과관계 유무(적극) [대법원 1979. 10. 10. 선고, 79도2040]

【판결요지】

피해자가 평소 병약한 상태에 있었고 피고인의 폭행으로 그가 사망함에 있어서 지병이 또한 사망 결과에 영향을 주었다고 하여 폭행과 사망 간에 인과관계가 없다고 할 수 없다.

17-13. 폭행과 사망과의 사이에 인과관계가 없다고 본 사례 [대법원 1978. 11. 28. 선고, 78도1961]

【판결요지】

고등학교 교사가 제자의 잘못을 징계코자 왼쪽 뺨을 때려 뒤로 넘어지면서 사망에 이르게 한 경우 위 피해자는 두께 0.5미리밖에 안되는 비정상적인 얇은 두개골이었고 또 뇌수송을 가진 심신허약자로서 좌측 뺨을 때리자 급성뇌성압 상승으로 넘어지게 된 것이라면 위 소위와 피해자의 사망 간에는 이른바 인과관계가 없는 경우에 해당한다.

17-14. 유기행위와 피해자의 사망과의 사이에 상당인과 관계 유무(소극) [대법원 1967. 10. 31. 선고, 67도1151]

【판결요지】

치사량의 청산가리를 음독했을 경우 미처 인체에 흡수되기 전에 지체없이 병원에서 위 세척을 하는 등 응급 치료를 받으면 혹 소생할 가능은 있을지 모르나 이미 이것이 혈관에 흡수되어 피고인이 피해자를 변소에서 발견했을 때의 피해자의 증상처럼 환자의 안색이 변하고 의식을 잃었을 때는 우리의 의학기술과 의료시설로서는 그 치료가 불가능하여 결국 사망하게 되는 것이고 또 일반적으로 병원에서 음독환자에게 위세척 호흡촉진제 강심제주사 등으로 응급가료를 하나 이것이 청산가리 음독인 경우에는 아무런 도움도 되지 못하는 것이므로 피고인의 유기행위와 피해자의 사망간에는 상당인과 관계가 없다 할 것이다.

제18조[부작위범]

> 제18조(부작위범) 위험의 발생을 방지할 의무가 있거나 자기의 행위로 인하여 위험발생의 원인을 야기한 자가 그 위험발생을 방지하지 아니한 때에는 그 발생된 결과에 의하여 처벌한다.

18-1. 부작위에 의한 업무방해죄가 성립하기 위한 요건 [대법원 2017. 12. 22. 선고, 2017도13211, 업무방해]

【판시사항】

[1] 부작위에 의한 업무방해죄가 성립하기 위한 요건

[2] 피고인이 甲과 토지 지상에 창고를 신축하는 데 필요한 형틀공사 계약을 체결한 후 그 공사를 완료하였는데, 甲이 공사대금을 주지 않는다는 이유로 위 토지에 쌓아 둔 건축자재를 치우지 않고 공사현장을 막는 방법으로 위력으로써 甲의 창고 신축 공사 업무를 방해하였다는 내용으로 기소된 사안에서, 공소사실을 유죄로 인정한 원심판결에 부작위에 의한 업무방해죄의 성립에 관한 법리오해의 잘못이 있다.

【판결요지】

[1] 업무방해죄와 같이 <u>작위를 내용으로 하는 범죄를 부작위에 의하여 범하는 부진정 부작위범이 성립하기 위해서는 부작위를 실행행위로서의 작위와 동일시할 수 있어야 한다.</u>

[2] 피고인이 甲과 토지 지상에 창고를 신축하는 데 필요한 형틀공사 계약을 체결한 후 그 공사를 완료하였는데, 甲이 공사대금을 주지 않는다는 이유로 위 토지에 쌓아 둔 건축자재를 치우지 않고 공사현장을 막는 방법으로 위력으로써 甲의 창고 신축 공사 업무를 방해하였다는 내용으로 기소된 사안에서, 피고인이 일부러 건축자재를 甲의 토지 위에 쌓아 두어 공사현장을 막은 것이 아니라 당초 자신의 공사를 위해 쌓아 두었던 건축자재를 공사 완료 후 치우지 않은 것에 불과하므로, 비록 공사대금을 받을 목적으로 건축자재를 치우지 않았더라도, 피고인이 자신의 공사를 위하여 쌓아 두었던 건축자재를 공사 완료 후에 단순히 치우지 않은 행위가 위력으로써 甲의 추가 공사 업무를 방해하는 업무방해죄의 실행행위로서 甲의 업무에 대하여 하는 적극적인 방해행위와 동등한 형법적 가치를 가진다고 볼 수 없는데도, 이와 달리 보아 공소사실을 유죄로 인정한 원심판결에 부작위에 의한 업무방해죄의 성립에 관한 법리오해의 잘못이 있다.

18-2. 부진정 부작위범에서 부작위로 인한 법익침해가 범죄의 실행행위로 평가될 수 있는 경우 및 여기서의 작위의무는 신의성실의 원칙이나 사회상규 혹은 조리상 작위의무가 기대되는 경우에도 인정되는지 여부(적극) [대법원 2015. 11. 12., 선고, 2015도6809, 전원합의체 판결]

【판시사항】

[1] 특정한 행위를 하지 아니하는 부작위가 형법적으로 부작위로서의 의미를 갖는 경우

[2] 부진정 부작위범에서 부작위로 인한 법익침해가 범죄의 실행행위로 평가될 수 있는 경우 및 여기서의 작위의무는 신의성실의 원칙이나 사회상규 혹은 조리상 작위의무가 기대되는 경우에도

인정되는지 여부(적극)

[3] 부진정 부작위범의 고의의 내용 및 이때 작위의무자에게 고의가 있었는지 판단하는 기준

【판결요지】

[1] 범죄는 보통 적극적인 행위에 의하여 실행되지만 때로는 결과의 발생을 방지하지 아니한 부작위에 의하여도 실현될 수 있다. 형법 제18조는 "위험의 발생을 방지할 의무가 있거나 자기의 행위로 인하여 위험발생의 원인을 야기한 자가 그 위험발생을 방지하지 아니한 때에는 그 발생된 결과에 의하여 처벌한다." 라고 하여 부작위범의 성립 요건을 별도로 규정하고 있다.

자연적 의미에서의 부작위는 거동성이 있는 작위와 본질적으로 구별되는 무(無)에 지나지 아니하지만, 위 규정에서 말하는 부작위는 법적 기대라는 규범적 가치판단 요소에 의하여 사회적 중요성을 가지는 사람의 행태가 되어 법적 의미에서 작위와 함께 행위의 기본 형태를 이루게 되므로, 특정한 행위를 하지 아니하는 부작위가 형법적으로 부작위로서의 의미를 가지기 위해서는, 보호법익의 주체에게 해당 구성요건적 결과발생의 위험이 있는 상황에서 행위자가 구성요건의 실현을 회피하기 위하여 요구되는 행위를 현실적·물리적으로 행할 수 있었음에도 하지 아니하였다고 평가될 수 있어야 한다.

[2] 나아가 살인죄와 같이 일반적으로 작위를 내용으로 하는 범죄를 부작위에 의하여 범하는 이른바 부진정 부작위범의 경우에는 보호법익의 주체가 법익에 대한 침해위협에 대처할 보호능력이 없고, 부작위행위자에게 침해위협으로부터 법익을 보호해 주어야 할 법적 작위의무가 있을 뿐 아니라, 부작위행위자가 그러한 보호적 지위에서 법익침해를 일으키는 사태를 지배하고 있어 작위의무의 이행으로 결과발생을 쉽게 방지할 수 있어야 부작위로 인한 법익침해가 작위에 의한 법익침해와 동등한 형법적 가치가 있는 것으로서 범죄의 실행행위로 평가될 수 있다. 다만 여기서의 작위의무는 법령, 법률행위, 선행행위로 인한 경우는 물론, 신의성실의 원칙이나 사회상규 혹은 조리상 작위의무가 기대되는 경우에도 인정된다.

[3] 또한 부진정 부작위범의 고의는 반드시 구성요건적 결과발생에 대한 목적이나 계획적인 범행 의도가 있어야 하는 것은 아니고 법익침해의 결과발생을 방지할 법적 작위의무를 가지고 있는 사람이 의무를 이행함으로써 결과발생을 쉽게 방지할 수 있었음을 예견하고도 결과발생을 용인하고 이를 방관한 채 의무를 이행하지 아니한다는 인식을 하면 족하며, 이러한 작위의무자의 예견 또는 인식 등은 확정적인 경우는 물론 불확정적인 경우이더라도 미필적 고의로 인정될 수 있다. 이때 작위의무자에게 이러한 고의가 있었는지는 작위의무자의 진술에만 의존할 것이 아니라, 작위의무의 발생근거, 법익침해의 태양과 위험성, 작위의무자의 법익침해에 대한 사태지배의 정도, 요구되는 작위의무의 내용과 이행의 용이성, 부작위에 이르게 된 동기와 경위, 부작위의 형태와 결과발생 사이의 상관관계 등을 종합적으로 고려하여 작위의무자의 심리상태를 추인하여야 한다.

18-3. 게임산업진흥에 관한 법률 제45조 제2호 위반죄가 진정부작위범에 해당하는지 여부(소극)
　　[대법원 2011. 11. 10. 선고, 2010도11631]

【판결요지】

게임산업진흥에 관한 법률 제26조 제2항, 제45조 제2호의 규정형식 및 취지에 비추어 볼 때, 같은 법 제45조 제2호 위반죄는 청소년게임제공업 등을 영위하고자 하는 자가 등록의무를 이행하지 아니하였다는 것만으로 구성요건이 실현되는 것은 아니고, 나아가 영업을 하였다는 요건까지 충족되어야 비로소 구성요건이 실현되는 것이므로 이를 진정부작위범으로 볼 것은 아니다.

18-4. 법무사 아닌 사람이 법무사로 소개되거나 호칭되는 데에도 자신이 법무사가 아니라는 사실을 밝히지 않은 경우 부작위에 의한 법무사법위반 인정 여부(적극) [대법원 2008. 2. 28. 선고, 2007도9354]

　【판시사항】

법무사가 아닌 사람이 법무사로 소개되거나 호칭되는 데에도 자신이 법무사가 아니라는 사실을 밝히지 않은 채 법무사 행세를 계속하면서 근저당권설정계약서를 작성한 사안에서, 부작위에 의한 법무사법 제3조 제2항 위반죄를 인정할 수 있다.

18-5. 방조행위가 부작위에 의하여도 성립하는지 여부(적극) [대법원 2006. 4. 28. 선고, 2003도4128]

　【판결요지】

형법상 방조행위는 정범의 실행을 용이하게 하는 직접, 간접의 모든 행위를 가리키는 것으로서 작위에 의한 경우뿐만 아니라 부작위에 의하여도 성립되는 것이다.

18-6. 압류된 골프장시설을 보관하는 회사의 대표이사가 위 압류시설의 사용 및 봉인의 훼손을 방지할 수 있는 적절한 조치 없이 골프장을 개장하게 하여 봉인이 훼손되게 한 경우, 부작위에 의한 공무상표시무효죄의 성립 여부(적극) [대법원 2005. 7. 22. 선고, 2005도3034]

　【판시사항】

형법이 금지하고 있는 법익침해의 결과발생을 방지할 법적인 작위의무를 지고 있는 자가 그 의무를 이행함으로써 결과발생을 쉽게 방지할 수 있었음에도 불구하고 그 결과의 발생을 용인하고 이를 방관한 채 그 의무를 이행하지 아니한 경우에, 그 부작위가 작위에 의한 법익침해와 동등한 형법적 가치가 있는 것이어서 그 범죄의 실행행위로 평가될 만한 것이라면, 작위에 의한 실행행위와 동일하게 부작위범으로 처벌할 수 있고, 여기서 작위의무는 성문법과 불문법, 공법과 사법을 불문하고 법령, 법률행위, 선행행위로 인한 경우는 물론, 기타 신의성실의 원칙이나 사회상규 혹은 조리상 작위의무가 기대되는 경우에도 인정된다 할 것이다.

18-7. 부진정부작위범에 있어서 부작위범의 보충성 [대법원 2004. 6. 24. 선고, 2002도995]

　【판결요지】

어떠한 범죄가 적극적 작위에 의하여 이루어질 수 있음은 물론 결과의 발생을 방지하지 아니하는 소극적 부작위에 의하여도 실현될 수 있는 경우에, 행위자가 자신의 신체적 활동이나 물리적·화학적 작용을 통하여 적극적으로 타인의 법익 상황을 악화시킴으로써 결국 그 타인의 법익을 침해하기에 이르렀다면, 이는 작위에 의한 범죄로 봄이 원칙이고, 작위에 의하여 악화된 법익

상황을 다시 되돌이키지 아니한 점에 주목하여 이를 부작위범으로 볼 것은 아니며, 나아가 악화되기 이전의 법익 상황이, 그 행위자가 과거에 행한 또 다른 작위의 결과에 의하여 유지되고 있었다 하여 이와 달리 볼 이유가 없다.

이 사건의 경우 피고인들은 피고인 3에게 피해자를 집으로 후송하고 호흡보조장치를 제거할 것을 지시하는 등의 적극적 행위를 통하여 원심공동피고인의 부작위에 의한 살인행위를 도운 것이므로, 이를 작위에 의한 방조범으로 본 원심의 판단은 정당한 것으로 수긍할 수 있고, 거기에 피고인들이 상고이유로 주장하는 바처럼 형법상 작위와 부작위의 구별 및 방조행위의 성립에 관한 법리오해 등의 위법이 없다.

18-8. 입찰업무 담당 공무원이 입찰보증금이 횡령되고 있는 사실을 알고도 이를 방지할 조치를 취하지 아니함으로써 새로운 횡령범행이 계속된 경우, 횡령의 종범 여부(적극) [대법원 1996. 9. 6. 선고, 95도2551]

【판시사항】

[1] 정범의 실행행위를 방지할 의무 있는 자가 그 방지조치를 하지 아니함으로써 실행행위를 용이하게 한 경우, 부작위에 의한 종범의 성부(적극)

[2] 형법상 부작위범이 성립되기 위한 작위의무의 내용과 그 태양

[3] 입찰업무 담당 공무원이 입찰보증금이 횡령되고 있는 사실을 알고도 이를 방지할 조치를 취하지 아니함으로써 새로운 횡령범행이 계속된 경우, 횡령의 종범으로 처벌한 사례

【판결요지】

[1] 형법상 방조는 작위에 의하여 정범의 실행을 용이하게 하는 경우는 물론, 직무상의 의무가 있는 자가 정범의 범죄행위를 인식하면서도 그것을 방지하여야 할 제반 조치를 취하지 아니하는 부작위로 인하여 정범의 실행행위를 용이하게 하는 경우에도 성립된다.

[2] 형법상 부작위범이 인정되기 위해서는 형법이 금지하고 있는 법익침해의 결과 발생을 방지할 법적인 작위의무를 지고 있는 자가 그 의무를 이행함으로써 결과 발생을 쉽게 방지할 수 있었음에도 불구하고 그 결과의 발생을 용인하고 이를 방관한 채 그 의무를 이행하지 아니한 경우에, 그 부작위가 작위에 의한 법익침해와 동등한 형법적 가치가 있는 것이어서 그 범죄의 실행행위로 평가될 만한 것이라면, 작위에 의한 실행행위와 동일하게 부작위범으로 처벌할 수 있고, 여기서 작위의무는 법적인 의무이어야 하므로 단순한 도덕상 또는 종교상의 의무는 포함되지 않으나 작위의무가 법적인 의무인 한 성문법이건 불문법이건 상관이 없고 또 공법이건 사법이건 불문하므로, 법령, 법률행위, 선행행위로 인한 경우는 물론이고 기타 신의성실의 원칙이나 사회상규 혹은 조리상 작위의무가 기대되는 경우에도 법적인 작위의무는 있다.

[3] 법원의 입찰사건에 관한 제반 업무를 주된 업무로 하는 공무원이 자신이 맡고 있는 입찰사건의 입찰보증금이 계속적으로 횡령되고 있는 사실을 알았다면, 담당 공무원으로서는 이를 제지하고 즉시 상관에게 보고하는 등의 방법으로 그러한 사무원의 횡령행위를 방지해야 할 법적인 작위의무를 지는 것이 당연하고, 비록 그의 묵인 행위가 배당불능이라는 최악의 사태를 막기 위한

동기에서 비롯된 것이라고 하더라도 자신의 작위의무를 이행함으로써 결과 발생을 쉽게 방지할 수 있는 공무원이 그 사무원의 새로운 횡령범행을 방조 용인한 것을 작위에 의한 법익 침해와 동등한 형법적 가치가 있는 것이 아니라고 볼 수는 없다는 이유로, 그 담당 공무원을 업무상횡령의 종범으로 처벌한 사례.

18-9. 진정부작위 범죄의 기수시기 [대법원 1994. 4. 26. 선고, 93도1731]

【판결요지】

일정한 기간 내에 잘못된 상태를 바로잡으라는 행정청의 지시를 이행하지 않았다는 것을 구성요건으로 하는 범죄는 이른바 진정부작위범으로서 그 의무리행기간의 경과에 의하여 범행이 기수에 이름과 동시에 작위의무를 발생시킨 행정청의 지시 역시 그 기능을 다한 것으로 보아야 한다.

18-10. 부작위에 의한 작위범의 요건 [대법원 1992. 2. 11., 선고, 91도2951

【판결요지】

[1] 형법이 금지하고 있는 법익침해의 결과발생을 방지할 법적인 작위의무를 지고 있는 자가 그 의무를 이행함으로써 결과발생을 쉽게 방지할 수 있었음에도 불구하고 그 결과의 발생을 용인하고 이를 방관한 채 그 의무를 이행하지 아니한 경우에, 그 불작위가 작위에 의한 법익침해와 동등한 형법적 가치가 있는 것이어서 그 범죄의 실행행위로 평가될 만한 것이라면, 작위에 의한 실행행위와 동일하게 부작위범으로 처벌할 수 있다고 할 것이다.

[2] 피고인이 조카인 피해자(10세)를 살해할 것을 마음먹고 저수지로 데리고 가서 미끄러지기 쉬운 제방 쪽으로 유인하여 함께 걷다가 피해자가 물에 빠지자 그를 구호하지 아니하여 피해자를 익사하게 한 것이라면 피해자가 스스로 미끄러져서 물에 빠진 것이고, 그 당시는 피고인이 살인죄의 예비 단계에 있었을 뿐 아직 실행의 착수에는 이르지 아니하였다고 하더라도, 피해자의 숙부로서 익사의 위험에 대처할 보호능력이 없는 나이 어린 피해자를 익사의 위험이 있는 저수지로 데리고 갔던 피고인으로서는 피해자가 물에 빠져 익사할 위험을 방지하고 피해자가 물에 빠지는 경우 그를 구호하여 주어야 할 법적인 작위의무가 있다고 보아야 할 것이고, 피해자가 물에 빠진 후에 피고인이 살해의 범의를 가지고 그를 구호하지 아니한 채 그가 익사하는 것을 용인하고 방관한 행위(부작위)는 피고인이 그를 직접 물에 빠뜨려 익사시키는 행위와 다름없다고 형법상 평가될 만한 살인의 실행행위라고 보는 것이 상당하다.

제19조(독립행위의 경합)

제19조(독립행위의 경합) 동시 또는 이시의 독립행위가 경합한 경우에 그 결과발생의 원인된 행위가 판명되지 아니한 때에는 각 행위를 미수범으로 처벌한다.

19-1. 독립행위 경합의 요건 [대법원 1997. 11. 28. 선고, 97도1740]

【판결요지】

2인 이상이 상호의사의 연락이 없이 동시에 범죄구성요건에 해당하는 행위를 하였을 때에는 원칙적으로 각인에 대하여 그 죄를 논하여야 하나, 그 결과발생의 원인이 된 행위가 분명하지 아니한 때에는 각 행위자를 미수범으로 처벌하고(독립행위의 경합), 이 독립행위가 경합하여 특히 상해의 경우에는 공동정범의 예에 따라 처단(동시범)하는 것이므로, 상호의사의 연락이 있어 공동정범이 성립한다면, 독립행위경합 등의 문제는 아예 제기될 여지가 없다.

1. 공범들의 행위중 결과발생의 원인된 행위가 불명한 경우, 동시범 규정의 적용여부 [대법원 1985. 12. 10. 선고, 85도1892]

【판결요지】

2인 이상이 상호의사의 연락없이 동시에 범죄구성요건에 해당하는 행위를 하였을 때에는 원칙적으로 각인에 대하여 그 죄를 논하여야 하나 그 결과 발생의 원인이 된 행위가 분명하지 아니한 때에는 각 행위자를 미수범으로 처벌하고(독립행위의 경합), 이 독립행위가 경합하여 특히 상해의 결과를 발생하게 하고 그 결과발생의 원인이 된 행위가 밝혀지지 아니한 경우에는 공동정범의 예에 따라 처단(동시범)하는 것이므로 공범관계에 있어 공동가공의 의사가 있었다면 이에는 도시 동시범등의 문제는 제기될 여지가 없다.

19-2. 이시의 독립행위가 경합하여 사망의 결과가 일어난 경우와 공동정범에 의한 처벌 [대법원 1981. 3. 10. 선고, 80도3321]

【판결요지】

이시의 독립된 상해행위가 경합하여 사망의 결과가 일어난 경우에 그 원인된 행위가 판명되지 아니한 때에는 공동정범의 예에 의하여야 한다.

1. 이시(異時)의 독립행위가 경합한 경우 미수범의 처벌규정이 없을 때 [광주고법 1961. 2. 20. 4293형공 817. 확정]

【판결요지】

이시의 독립행위가 경합하여 치사의 결과가 발생하였는데 그 결과발생의 원인행위가 판명되지 아니한 경우 업무상과실치사죄에는 미수범의 처벌규정이 없기 때문에 형법 제19조를 적용할 수 없고, 범죄의 증명이 없는 것으로 보아 무죄를 선고하여야 한다.

제20조[정당행위]

> 제20조(정당행위) 법령에 의한 행위 또는 업무로 인한 행위 기타 사회상규에 위배되지 아니하는 행위는 벌하지 아니한다.

20-1. 자신의 점유를 되찾기 위하여 甲의 잠금장치를 손괴하고 특정 호실에 들어간 행위의 사회통념에 비추어 용인될 수 있는 행위 여부 [울산지법 2020. 4. 10. 선고, 2019고정367. 확정]

【판시사항】

피고인은 甲 소유의 빌라를 건축 시공한 공사업자 乙로부터 골조공사 부분을 하도급받아 시공한 후 공사대금을 지급받지 못하자, 역시 공사대금을 받지 못하여 준공 직후 빌라 각 호실에 도어락을 설치하고 점유를 개시한 乙로부터 특정 호실의 점유를 이전받았는데, 그곳 현관 도어락의 비밀번호가 바뀌어 열리지 않자 도어락을 떼어 내 새로운 도어락으로 교체하고 그곳에 들어감으로써 甲 소유의 재물인 도어락을 손괴하고 甲이 관리하는 건조물에 침입하였다는 내용으로 기소된 사안에서, 피고인이 자신의 점유를 되찾기 위하여 甲의 잠금장치를 손괴하고 특정 호실에 들어간 행위는 사회통념에 비추어 용인될 수 있는 행위로서 정당행위의 요건을 갖추었다는 이유로 무죄를 선고한 사례

【판결요지】

피고인은 甲 소유의 빌라를 건축 시공한 공사업자 乙로부터 골조공사 부분을 하도급받아 시공한 후 공사대금을 지급받지 못하자, 역시 공사대금을 받지 못하여 준공 직후 빌라 각 호실에 도어락을 설치하고 점유를 개시한 乙로부터 빌라 302호(이하 '302호' 라고만 한다)의 점유를 이전받았는데, 그곳 현관 도어락의 비밀번호가 바뀌어 열리지 않자 도어락을 떼어 내 새로운 도어락으로 교체하고 그곳에 들어감으로써 甲 소유의 재물인 도어락을 손괴하고 甲이 관리하는 건조물에 침입하였다는 내용으로 기소된 사안이다.

피고인은 302호의 공동점유자 乙로부터 점유를 적법하게 이전받은 후 그곳에 도시가스 사용신청을 하는 한편, 옷가지와 행거 등을 갖다 놓고 도어락 비밀번호를 변경하여 독점적인 점유를 개시한 점, 피고인은 302호와 관련된 공사대금채권이 있으므로 위와 같이 점유를 개시하여 유치권을 취득하였다고 볼 여지가 있고, 그럼에도 그 후 그곳에 가져다 놓은 물건이 반출되고 도어락이 교체되었으므로 302호에 관한 정당한 점유를 침탈당한 것으로 보는 것이 타당한 점, 피고인은 얼마 후 이와 같이 302호의 도어락이 교체된 것을 알고 乙의 동의를 얻어 다시 도어락을 교체하였는데, 당시 302호는 도어락만 교체되었을 뿐 공실이었던 것으로 보이고, 그 무렵 빌라의 공실을 매도 또는 임대하기 위하여 각 호실의 비밀번호가 여러 명에게 공유되던 상황이어서 비밀번호를 잃어버린 경우 종종 도어락을 교체하기도 하였던 점(이 점에 비추어 피고인에게 재물손괴나 건조물침입의 고의가 있는지도 의심스럽다) 등을 종합하면, 피고인이 甲이 설치한 도어락을 손괴한 행위는 점유의 침탈이라는 부당한 침해를 배제하기 위한 행위로서 상당한 이유가 있고, 공실이던 302호의 도어락 손괴와 건조물침입은 침해된 피고인의 이익에 비추어 피해 정도가 무겁지 아니하며, 甲은 빌라의 공사업자에 의한 유치권 행사를 위한 점유를 알고 있었으므로, 피고인이 자신의 점

유를 되찾기 위하여 甲의 잠금장치를 손괴하고 302호에 들어간 행위는 사회통념에 비추어 용인될 수 있는 행위로서 정당행위의 요건을 갖추었다는 이유로 무죄를 선고한 사례이다.

20-2. 위법성조각사유로서 정당행위나 정당방위에 해당하는지 판단하는 방법 [대법원 2018. 12. 27. 선고, 2017도15226]

【판시사항】

[1] 위법성조각사유로서 정당행위나 정당방위에 해당하는지 판단하는 방법

[2] 정당행위로 인정되기 위한 요건

[3] 정당방위가 성립하려면 방위행위가 사회적으로 상당한 것이어야 하는지 여부(적극)

【판결요지】

[1] 어떠한 행위가 위법성조각사유로서 정당행위나 정당방위가 되는지 여부는 구체적인 경우에 따라 합목적적·합리적으로 가려야 하고, 또 행위의 적법 여부는 국가질서를 벗어나서 이를 가릴 수 없는 것이다.

[2] 정당행위로 인정되려면 첫째 행위의 동기나 목적의 정당성, 둘째 행위의 수단이나 방법의 상당성, 셋째 보호법익과 침해법익의 법익균형성, 넷째 긴급성, 다섯째 그 행위 이외의 다른 수단이나 방법이 없다는 보충성의 요건을 모두 갖추어야 한다.

[3] 그리고 정당방위가 성립하려면 침해행위에 의하여 침해되는 법익의 종류, 정도, 침해의 방법, 침해행위의 완급과 방위행위에 의하여 침해될 법익의 종류, 정도 등 일체의 구체적 사정들을 참작하여 방위행위가 사회적으로 상당한 것이어야 한다.

20-3. 주주의 권리행사와 관련된 재산상 이익의 공여가 의례적이거나 불가피한 것이라는 등의 특별한 사정이 있는 경우, 형법 제20조에 정하여진 '사회상규에 위배되지 아니하는 행위'에 해당하는지 여부(적극) [대법원 2018. 2. 8. 선고, 2015도7397]

【판시사항】

[1] 상법상 주주의 권리행사와 관련된 재산상 이익의 공여가 의례적이거나 불가피한 것이라는 등의 특별한 사정이 있는 경우, 형법 제20조에 정하여진 '사회상규에 위배되지 아니하는 행위'에 해당하는지 여부(적극) 및 그러한 특별한 사정이 있는지 판단하는 기준

[2] 甲 주식회사 대표이사인 피고인이 주주총회 등에서 특정 의결권 행사방법을 독려하기 위한 방법으로 甲 회사의 주주총회 등에 참석하여 사전투표 또는 직접투표 방식으로 의결권을 행사한 주주들에게 甲 회사에서 발행한 상품교환권 등을 제공함으로써 상법을 위반하였다는 내용으로 기소된 사안에서, 피고인의 행위가 상법상 주주의 권리행사에 관한 이익공여의 죄에 해당한다고 본 원심의 판단이 정당하다.

【판결요지】

[1] 상법상 주주의 권리행사와 관련된 재산상 이익의 공여라 하더라도 그것이 의례적인 것이라거나 불가피한 것이라는 등의 특별한 사정이 있는 경우에는, 법질서 전체의 정신이나 그 배후에

놓여 있는 사회윤리 내지 사회통념에 비추어 용인될 수 있는 행위로서 형법 제20조에 정하여진 '사회상규에 위배되지 아니하는 행위'에 해당한다. 그러한 특별한 사정이 있는지 여부는 이익공여의 동기, 방법, 내용과 태양, 회사의 규모, 공여된 이익의 정도 및 이를 통해 회사가 얻는 이익의 정도 등을 종합적으로 고려하여 사회통념에 따라 판단하여야 한다.

[2] 甲 주식회사 대표이사인 피고인이 주주총회 등에서 특정 의결권 행사방법을 독려하기 위한 방법으로 甲 회사의 주주총회 등에 참석하여 사전투표 또는 직접투표 방식으로 의결권을 행사한 주주들에게 甲 회사에서 발행한 20만 원 상당의 상품교환권 등을 제공함으로써 상법을 위반하였다는 내용으로 기소된 사안에서, 피고인이 甲 회사의 계산으로 사전투표와 직접투표를 한 주주들에게 무상으로 20만 원 상당의 상품교환권 등을 각 제공한 것은 주주총회 의결권 행사와 관련된 이익의 공여로서 사회통념상 허용되는 범위를 넘어서는 것이어서 상법상 주주의 권리행사에 관한 이익공여의 죄에 해당한다고 본 원심의 판단이 정당하다.

20-4. 음란물에 문학적·예술적·사상적·과학적·의학적·교육적 표현 등이 결합된 경우, 이러한 결합 표현물에 의한 표현행위가 형법 제20조에 정하여진 '사회상규에 위배 여부(소극) [대법원 2017. 10. 26. 선고, 2012도13352]

【판시사항】

[1] 음란물에 문학적 · 예술적 · 사상적 · 과학적 · 의학적 · 교육적 표현 등이 결합된 경우, 이러한 결합 표현물에 의한 표현행위가 형법 제20조에 정하여진 '사회상규에 위배되지 아니하는 행위'에 해당하는 경우

[2] 방송통신심의위원회 심의위원인 피고인이 자신의 인터넷 블로그에 위원회에서 음란정보로 의결한 '남성의 발기된 성기 사진'을 게시함으로써 정보통신망을 통하여 음란한 화상 또는 영상인 사진을 공공연하게 전시하였다고 하여 정보통신망 이용촉진 및 정보보호 등에 관한 법률 위반(음란물유포)으로 기소된 사안에서, 피고인의 게시물은 사진과 학술적, 사상적 표현 등이 결합된 결합 표현물로서, 사진은 음란물에 해당하나 결합 표현물인 게시물을 통한 사진의 게시는 형법 제20조에 정하여진 '사회상규에 위배되지 아니하는 행위'에 해당한다.

【판결요지】

[1] 음란물이 그 자체로는 하등의 문학적 · 예술적 · 사상적 · 과학적 · 의학적 · 교육적 가치를 지니지 아니하더라도, 음란성에 관한 논의의 특수한 성격 때문에, 그에 관한 논의의 형성 · 발전을 위해 문학적 · 예술적 · 사상적 · 과학적 · 의학적 · 교육적 표현 등과 결합되는 경우가 있다. 이러한 경우 음란 표현의 해악이 이와 결합된 위와 같은 표현 등을 통해 상당한 방법으로 해소되거나 다양한 의견과 사상의 경쟁메커니즘에 의해 해소될 수 있는 정도라는 등의 특별한 사정이 있다면, 이러한 결합 표현물에 의한 표현행위는 공중도덕이나 사회윤리를 훼손하는 것이 아니어서, 법질서 전체의 정신이나 그 배후에 놓여 있는 사회윤리 내지 사회통념에 비추어 용인될 수 있는 행위로서 형법 제20조에 정하여진 '사회상규에 위배되지 아니하는 행위'에 해당된다.

[2] 방송통신심의위원회(이하 '위원회'라고 한다) 심의위원인 피고인이 자신의 인터넷 블로그에

위원회에서 음란정보로 의결한 '남성의 발기된 성기 사진'을 게시함으로써 정보통신망을 통하여 음란한 화상 또는 영상인 사진을 공공연하게 전시하였다고 하여 정보통신망 이용촉진 및 정보보호 등에 관한 법률 위반(음란물유포)으로 기소된 사안에서, 피고인의 게시물은 다른 블로그의 화면 다섯 개를 갈무리하여 옮겨온 남성의 발기된 성기 사진 8장(이하 '사진들'이라 한다)과 벌거벗은 남성의 뒷모습 사진 1장을 전체 게시면의 절반을 조금 넘는 부분에 걸쳐 게시하고, 이어서 정보통신에 관한 심의규정 제8조 제1호를 소개한 후 피고인의 의견을 덧붙이고 있으므로 사진들과 음란물에 관한 논의의 형성·발전을 위한 학술적, 사상적 표현 등이 결합된 결합 표현물로서, 사진들은 오로지 남성의 발기된 성기와 음모만을 뚜렷하게 강조하여 여러 맥락 속에서 직접적으로 보여줌으로써 성적인 각성과 흥분이 존재한다는 암시나 공개장소에서 발기된 성기의 노출이라는 성적 일탈의 의미를 나타내고, 나아가 여성의 시각을 배제한 남성중심적인 성관념의 발로에 따른 편향된 관점을 전달하고 있어 음란물에 해당하나, 사진들의 음란성으로 인한 해악은 이에 결합된 학술적, 사상적 표현들과 비판 및 논증에 의해 해소되었고, 결합 표현물인 게시물을 통한 사진들의 게시는 목적의 정당성, 수단이나 방법의 상당성, 보호법익과 침해법익 간의 법익균형성이 인정되어 법질서 전체의 정신이나 그 배후에 놓여 있는 사회윤리 내지 사회통념에 비추어 용인될 수 있는 행위에 해당하므로, 원심이 게시물의 전체적 맥락에서 사진들을 음란물로 단정할 수 없다고 본 것에는 같은 법 제74조 제1항 제2호 및 제44조의7 제1항 제1호가 규정하는 '음란'에 관한 법리오해의 잘못이 있으나, 공소사실을 무죄로 판단한 것은 결론적으로 정당하다.

20-5. 형법 제20조에서 정한 '사회상규에 위배되지 아니하는 행위'의 의미 및 정당행위의 성립 요건
[대법원 2017. 5. 30. 선고, 2017도2758]

【판시사항】

[1] 형법 제20조에서 정한 '사회상규에 위배되지 아니하는 행위'의 의미 및 정당행위의 성립 요건

[2] 甲 주식회사가 피고인에게 공립유치원의 놀이시설 제작 및 설치공사를 하도급주었는데, 피고인이 유치원 행정실장 등에게 공사대금의 직접 지급을 요구하였으나 거절당하자 놀이시설의 일부인 보호대를 칼로 뜯어내고 일부 놀이시설은 철거하는 방법으로 공무소에서 사용하는 물건을 손상하였다는 내용으로 기소된 사안에서, 피고인에게 공사대금 직불청구권이 있고 놀이시설의 정당한 유치권자로서 공사대금 채권을 확보할 필요가 있었다고 하더라도, 위와 같은 피고인의 행위가 수단과 방법의 상당성이 인정된다거나 공사대금 확보를 위한 유치권을 행사하는 데에 긴급하고 불가피한 수단이었다고 볼 수 없는데도, 공용물건손상의 공소사실에 대하여 무죄를 선고한 원심판결에 정당행위에 관한 법리오해의 잘못이 있다.

【이 유】

형법 제20조가 정한 '사회상규에 위배되지 아니하는 행위'란 법질서 전체의 정신이나 그 배후에 놓여 있는 사회윤리나 사회통념에 비추어 용인될 수 있는 행위를 말한다. 어떠한 행위가 사회상규에 위배되지 아니하는 정당한 행위로서 위법성이 조각되는 것인지는 구체적인 사정 아래에서 합목적적, 합리적으로 고찰하여 개별적으로 판단되어야 한다. 이와 같은 정당행위를 인정하려면

첫째 그 행위의 동기나 목적의 정당성, 둘째 행위의 수단이나 방법의 상당성, 셋째 보호이익과 침해이익의 법익균형성, 넷째 긴급성, 다섯째 그 행위 외에 다른 수단이나 방법이 없다는 보충성 등의 요건을 갖추어야 한다(대법원 2002. 12. 26. 선고 2002도5077 판결, 대법원 2014. 9. 4. 선고 2014도7302 판결 등 참조).

---

1. 무면허 의료행위가 사회상규에 위배되지 아니하는 정당행위로 인정되기 위한 요건 [대법원 2002. 12. 26. 선고, 2002도5077]

【판시사항】

[1] 무면허 의료행위가 사회상규에 위배되지 아니하는 정당행위로 인정되기 위한 요건

[2] 외국에서 침구사자격을 취득하였으나 국내에서 침술행위를 할 수 있는 면허나 자격을 취득하지 못한 자가 단순한 수지침 정도의 수준을 넘어 체침을 시술한 경우, 사회상규에 위배되지 아니하는 무면허의료행위로 인정될 수 없다.

【판결요지】

[1] 일반적으로 면허 또는 자격 없이 침술행위를 하는 것은 의료법 제25조의 무면허 의료행위(한방의료행위)에 해당되어 같은 법 제66조에 의하여 처벌되어야 하는 것이며, 그 침술행위가 광범위하고 보편화된 민간요법이고 그 시술로 인한 위험성이 적다는 사정만으로 그것이 바로 사회상규에 위배되지 아니하는 행위에 해당한다고 보기는 어렵다 할 것이고, 다만 개별적인 경우에 그 침술행위의 위험성의 정도, 일반인들의 시각, 시술자의 시술의 동기, 목적, 방법, 횟수, 시술에 대한 지식수준, 시술경력, 피시술자의 나이, 체질, 건강상태, 시술행위로 인한 부작용 내지 위험발생 가능성 등을 종합적으로 고려하여 법질서 전체의 정신이나 그 배후에 놓여 있는 사회윤리 내지 사회통념에 비추어 용인될 수 있는 행위에 해당한다고 인정되는 경우에만 사회상규에 위배되지 아니하는 행위로서 위법성이 조각된다.

---

2. 수지침 시술행위가 의료법에서 금지하고 있는 무면허 의료행위에 해당하는지 여부(적극) 및 수지침 시술행위가 형법 제20조 소정의 정당행위에 해당하기 위한 요건 [대법원 2000. 4. 25. 선고, 98도2389]

【판결요지】

일반적으로 면허 또는 자격 없이 침술행위를 하는 것은 의료법 제25조의 무면허 의료행위(한방의료행위)에 해당되어 같은 법 제66조에 의하여 처벌되어야 하고, 수지침 시술행위도 위와 같은 침술행위의 일종으로서 의료법에서 금지하고 있는 의료행위에 해당하며, 이러한 수지침 시술행위가 광범위하고 보편화된 민간요법이고, 그 시술로 인한 위험성이 적다는 사정만으로 그것이 바로 사회상규에 위배되지 아니하는 행위에 해당한다고 보기는 어렵다고 할 것이나, 수지침은 시술부위나 시술방법 등에 있어서 예로부터 동양의학으로 전래되어 내려오는 체침의 경우와 현저한 차이가 있고, 일반인들의 인식도 이에 대한 관용의 입장에 기울어져 있으므로, 이러한 사정과 함께 시술자의 시술의 동기, 목적, 방법, 횟수, 시술에 대한 지식수준, 시술경력, 피시술자의 나이, 체질, 건강상태, 시술행위로 인한 부작용 내지 위험발생 가능성 등을 종합적으로 고려하여 구체적인 경우에 있어서 개별적으로 보아 법질서 전체의 정신이나 그 배후에 놓여 있는 사회윤리 내지 사회통념에 비추어 용인될 수 있는 행위에 해당한다고 인정되는 경우에는 형법 제20조 소정의 사회상규에 위배되지 아니하는 행위로서 위법성이 조각된다고 할 것이다.

3. 형법 제20조 소정 정당행위의 의미와 그 요건 [대법원 1986. 10. 28. 선고, 86도1764]

【판결요지】

형법 제20조 규정의 뜻은 어떤 행위가 형식적으로는 범죄의 구성요건에 해당한다고 보이는 경우에도 국법질서 전체의 이념에 비추어 용인될 수 있는 것이라면 이를 정당행위로 보아 처벌하지 아니한다는 것으로서 어느 행위가 정당행위에 해당한다고 인정할 수 있기 위해서는 그 행위의 동기나 목적의 정당성, 행위의 수단이나 방법의 상당성, 보호법익과 침해법익과의 법익균형성, 긴급성, 그 행위 외에 다른 수단이나 방법이 없다는 보충성 등의 요건이 갖추어져야 한다.

4. 범행의 동기와 목적이 주관적으로 정당성을 가진 자의 살해한 행위의 사회상규에 위배되지 않는 정당행위 여부(소극) [대법원 1997. 11. 14. 선고, 97도2118]

【판결요지】

어떠한 행위가 형법 제20조 소정의 사회상규에 위배되지 않는 행위로 판단되기 위하여서는 그 범행의 동기, 행위자의 의사, 목적과 수단의 정당성, 그로 인한 법익침해의 정도 등을 종합적으로 고려하여 사회통념상 용인될 정도의 상당성이 있다고 인정되어야 하고, 그와 같은 판단에는 법질서 전체의 정신이나 그 배후에 놓여 있는 사회윤리가 그 판단의 기준이 되어야 할 것인바, 피고인이 백범 김구의 암살범인 안두희를 살해한 범행의 동기나 목적은 주관적으로는 정당성을 가진다고 하더라도 우리 법질서 전체의 관점에서는 사회적으로 용인될 수 있을 만한 정당성을 가진다고 볼 수 없고, 나아가 피고인은 그 처단의 방법으로 살인을 선택하였으나 우리 나라의 현재 상황이 위 안두희를 살해하여야 할 만큼 긴박한 상황이라고 볼 수 없을 뿐만 아니라 민족정기를 세우기 위하여서는 위 안두희를 살해하지 아니하면 안된다는 필연성이 있다고 받아들이기도 어려우므로 결국 피고인의 각 범행이 사회상규에 위배되지 아니하는 행위로서 정당행위에 해당한다고 볼 수 없는 것이라고 판단한 원심판결을 수긍한 사례.

5. 피고인의 차를 손괴하고 도망하려는 피해자를 도망하지 못하게 멱살을 잡고 흔들어 피해자에게 전치 14일의 흉부찰과상을 가한 경우, 정당행위 여부(적극) [대법원 1999. 1. 26. 선고, 98도3029]

【판시사항】

[1] 현행범인 체포행위가 적정한 한계를 벗어나는 행위인지 여부의 판단 기준

【판결요지】

[1] 적정한 한계를 벗어나는 현행범인 체포행위는 그 부분에 관한 한 법령에 의한 행위로 될 수 없다고 할 것이나, 적정한 한계를 벗어나는 행위인가 여부는 결국 정당행위의 일반적 요건을 갖추었는지 여부에 따라 결정되어야 할 것이지 그 행위가 소극적인 방어행위인가 적극적인 공격행위인가에 따라 결정되어야 하는 것은 아니다.

[2] 피고인의 차를 손괴하고 도망하려는 피해자를 도망하지 못하게 멱살을 잡고 흔들어 피해자에게 전치 14일의 흉부찰과상을 가한 경우, 정당행위에 해당한다.

6. 피해자를 정신의료기관에 강제입원시킨 조치가 사회상규에 위배되지 아니하는 정당한 행위로서 위법성이 조각여부(소극) [대법원 2001. 2. 23. 선고, 2000도4415]

【판시사항】

[1] 형법 제20조 소정의 '사회상규에 위배되지 아니하는 행위'의 의미 및 정당행위의 성립 요건

[1] 형법 제20조 소정의 '사회상규에 위배되지 아니하는 행위'라 함은 법질서 전체의 정신이나 그 배후에 놓여 있는 사회윤리 내지 사회통념에 비추어 용인될 수 있는 행위를 말하고, 어떠한 행위가 사회상규에 위배되지 아니하는 정당한 행위로서 위법성이 조각되는 것인지는 구체적인 사정 아래서 합목적적, 합리적으로 고찰하여 개별적으로 판단하여야 할 것인바, 이와 같은 정당행위를 인정하려면 첫째 그 행위의 동기나 목적의 정당성, 둘째 행위의 수단이나 방법의 상당성, 셋째 보호이익과 침해이익과의 법익균형성, 넷째 긴급성, 다섯째 그 행위 외에 다른 수단이나 방법이 없다는 보충성 등의 요건을 갖추어야 한다.

[2] 피해자를 정신의료기관에 강제입원시킨 조치가 사회상규에 위배되지 아니하는 정당한 행위로서 위법성이 조각된다고 보기 어렵다.

20-6. 공직선거법 제112조 제2항 등에 규정된 의례적 행위나 직무상 행위에 해당하지 않는 같은 조 제1항의 금품 등 제공행위가 사회상규에 위배되지 아니하여 위법성이 조각되는지 여부(한정 적극)
[대법원 2017. 4. 28. 선고, 2015도6008]

【판시사항】

[1] 공직선거법 제112조 제2항 등에 규정된 의례적 행위나 직무상 행위에 해당하지 않는 같은 조 제1항의 금품 등 제공행위가 사회상규에 위배되지 아니하여 위법성이 조각되는지 여부(한정 적극)

[2] 지방의회의원이 음식물 등 제공에 사용한 돈이 지방의회의 예산에 편성되어 있는 업무추진비에서 예산집행절차를 거쳐 지급되었는데, 그 지급이 공직선거법 제112조 제2항 제4호 (가)목에서 정한 '법령에 의한 금품제공행위' 또는 (나)목에서 정한 '대상·방법·범위 등을 구체적으로 정한 당해 지방자치단체의 조례에 의한 금품제공행위'에 해당하지 않는 경우, 지방의회의원이 업무추진비를 사용하여 음식물 등을 제공한 행위가 사회상규에 위배되지 않는다는 이유로 위법성이 조각될 수 있는지 여부(한정 적극) 및 그 판단 기준

【판결요지】

[1] 공직선거법 제112조 제1항에 해당하는 금품 등 제공행위가 같은 법 제112조 제2항 등에 규정된 의례적 행위나 직무상 행위에 해당하지 않더라도, 그것이 지극히 정상적인 생활형태의 하나로서 역사적으로 생성된 사회질서의 범위 안에 있는 것이라면 의례적 행위나 직무상의 행위로서 사회상규에 위배되지 아니하여 위법성이 조각된다.

[2] 지방의회의원이 음식물 등 제공에 사용한 돈이 지방의회의 예산에 편성되어 있는 업무추진비에서 예산집행절차를 거쳐 지급된 경우, 그 지급이 공직선거법 제112조 제2항 제4호 (가)목에서 정한 '법령에 의한 금품제공행위' 또는 (나)목에서 정한 '대상·방법·범위 등을 구체적으로 정한 당해 지방자치단체의 조례에 의한 금품제공행위'에 해당하지 않는다면 원칙적으로는 사회상규에 위배되지 않는다는 이유로 위법성이 조각될 수 없다. 그러나 구 지방재정법 시행령 (2007. 6. 28. 대통령령 제20123호로 개정된 것) 제144조 제2항으로 "지방자치단체의 업무추진비 집행기준에 관한 사항은 행정자치부령으로 정한다." 라는 규정이 신설되고, 지방자치단체가 업무추진비를 집행하는 과정에서 자주 발생하는 공직선거법 위반 여부에 대한 논란을 사전에 방

지하고 구체적인 업무추진비 집행기준을 마련하여 업무추진비가 지방자치단체의 자율과 책임 아래 본래의 목적과 취지에 맞게 사용되도록 하기 위해서 구 지방자치단체 업무추진비 집행에 관한 규칙(2008. 3. 11. 행정안전부령 제5호로 제정된 것, 이하 '규칙'이라고 한다)이 제정됨으로써, 지방자치단체의 장과 보조기관, 사업소장의 직무수행에 드는 비용과 지방자치단체가 시행하는 행사, 시책추진사업, 투자사업의 원활한 추진을 위한 비용인 '업무추진비'의 집행기준이 명확하게 되었다. 이를 반영하여 위 지방재정법 시행령과 규칙이 시행된 이후에는 행정자치부 예규인 지방자치단체 세출예산 집행기준에서도 지방자치단체의 장의 업무추진비(203목) 집행 과정에서 규칙을 따르도록 규정하게 되었다. 그런데 위 지방자치단체 세출예산 집행기준에서 지방의회회비 중 업무추진비(20505목, 20506목)에 관하여 지방자치단체의 장의 각 업무추진비 지출에 적용되는 공통사항 중 규칙 또는 이를 개정한 경우 개정 규칙을 적용하도록 정한 부분을 제외하고는 거의 동일한 집행방법을 따르도록 규정한 것과 달리, 그 집행기준에 해당하는 규칙은 2015. 4. 1. 행정안전부령 제23호로 개정되기 전까지 지방의회의원의 업무추진비를 집행하는 기준을 명시적으로 규정하지 않았다. 이러한 지방자치단체의 장과 지방의회의원의 업무추진비 관련 법령의 제정과 개정 경위, 각 법령의 취지 등에 비추어 살펴보면, 지방의회의원의 업무추진비가 직무수행에 드는 비용을 보전해 주기 위한 것으로서 예산편성 시 그 용도를 공적 업무와 관련하여 지출하도록 포괄적으로 정하고 있을 뿐 지급대상이나 범위를 명확하게 한정하지 아니한 경우에 해당하고, 그 집행기준을 규정한 법령이 없어서 이와 유사하다고 볼 수 있는 지방자치단체의 장의 업무추진비에 관한 규정을 유추적용하는 내부적인 사무처리 준칙이 있었다면, 단순히 그와 같은 사무처리 준칙이 당해 지방자치단체의 조례에 명시적으로 규정되어 있지 않다는 이유만으로 사회상규에 위배되지 않는다는 피고인들의 주장을 함부로 배척할 수 없다.

따라서 지방의회의원의 업무추진비 사용에 관하여 지방자치단체의 장에 대한 규정을 유추적용할 수 있는지가 명확하지 아니하였던 기간 동안 지방의회의원이 업무추진비를 사용하여 음식물 등을 제공한 행위가 지극히 정상적인 생활형태의 하나로서 역사적으로 생성된 사회질서의 범위 안에 있는 것인지를 판단함에 있어서는, 업무추진비의 사용처가 관련 법령에서 정한 지방의회의원의 직무수행에 포함되는지, 피고인들이 내부적인 사무처리 준칙상 그 회계처리에 유추적용되었다고 주장하는 규정에 의하면 그와 같은 업무추진비의 사용이 정당하다고 할 수 있는지, 형식적으로 지방의회의원의 직무에 속하는 업무에 관하여 지방자치단체장에 대한 규정을 유추적용하였다고 주장하고 있을 뿐 실제로는 직무수행과 관련 없이 개인적인 이익을 위하여 지출하거나 또는 직무수행과 관련된다고 하더라도 합리적인 범위를 넘어 지나치게 과다하게 지출한 것인지 등을 구체적 · 종합적으로 고려하되, 공직선거법 제112조 제1항에 해당하는 금품 등 제공행위를 금지하는 공직선거법의 입법 취지가 몰각되지 않도록 신중하게 판단해야 한다.

20-7. 공공단체등 위탁선거에 관한 법률상 '기부행위'의 구성요건에 해당하는 행위가 사회상규에 위배되지 아니하여 위법성이 조각되는 경우 [대법원 2017. 3. 9. 선고, 2016도21295]

【판시사항】

공공단체등 위탁선거에 관한 법률상 기부행위의 구성요건에 해당하는 행위라고 하더라도, 그것이 지극히 정상적인 생활형태의 하나로서 역사적으로 생성된 사회질서의 범위 안에 있는 것이라고 볼 수 있는 경우에는 일종의 의례적 행위나 직무상의 행위로서 사회상규에 위배되지 아니하여 위법성이 조각되는 경우가 있을 수 있지만, 그와 같은 사유로 위법성의 조각을 인정함에는 신중을 요한다(대법원 2011. 2. 24. 선고 2010도14720 판결 등 참조).

피고인이 산림조합장으로 재임하던 중 조합원 3명에게 합계 1,044,000원의 떡갈비 36세트를 제공한 방법과 이에 소요된 자금, 피고인이 떡갈비를 제공한 시기와 양, ○○군 산림조합이 버섯떡갈비 판매사업을 위해 그 사업계획에 따라 우량금융고객이나 기관장에게 떡갈비를 제공한 경우와의 차이 등 제반 사정을 들어 피고인의 위와 같은 행위가 공공단체등 위탁선거에 관한 법률 제33조 제1항 제1호 또는 제2호에서 정한 직무상의 행위 또는 의례적 행위에 해당하지 아니한다.

---

1. 현직 군수로서 차기 지방자치단체장 선거에 출마가 확실시되는 피고인이 선거구민들에게 식사를 제공한 경우 기부행위의 정당성 [대법원 2011. 2. 24. 선고, 2010도14720]

【판시사항】

[1] 공직선거법상의 '기부행위'에 해당하는 행위가 위법이 조각되기 위한 요건

[2] 현직 군수로서 차기 지방자치단체장 선거에 출마가 확실시되는 피고인이 선거구민들에게 식사를 제공하여 기부행위를 하였다는 내용의 공직선거법 위반의 공소사실에 대하여, 위 행위가 기부행위가 아니라거나 사회상규에 위배되지 아니하는 정당행위로서 위법성이 조각된다는 취지의 피고인의 주장을 배척한 원심판단을 수긍한 사례

【판결요지】

[1] 공직선거법상 기부행위의 구성요건에 해당하는 행위라 하더라도 그것이 지극히 정상적인 생활형태의 하나로서 역사적으로 생성된 사회질서의 범위 안에 있는 것이라고 볼 수 있는 경우에는 일종의 의례적 행위나 직무상의 행위로서 사회상규에 위배되지 아니하여 위법성이 조각되는 경우가 있을 수 있지만 그와 같은 사유로 위법성의 조각을 인정할 때에는 신중을 요한다.

[2] 현직 군수로서 전국동시지방선거(제5회) 지방자치단체장 선거에 특정 정당 후보로 출마가 확실시되는 피고인이 같은 정당 지역청년위원장 등 선거구민 20명에게 약 36만 원 상당의 식사를 제공하여 기부행위를 하였다는 내용의 공직선거법 위반의 공소사실에 대하여, 위 음식물 제공행위가 선거에 관련한 기부행위가 아니라거나 사회상규에 위배되지 아니하는 정당행위로서 위법성이 조각된다는 취지의 피고인의 주장을 배척한 원심판단을 수긍한 사례.

20-8. 감정평가업자가 아닌 공인회계사가 타인의 의뢰에 의하여 일정한 보수를 받고 '부동산 가격공시 및 감정평가에 관한 법률'이 정한 토지에 대한 감정평가를 업으로 행하는 것이 같은 법 제43조 제2호에 의하여 처벌되는 행위인지 여부(적극) 및 위 행위가 형법 제20조가 정한 '법령에 의한 행위'로서 정당행위에 해당하는지 여부(원칙적 소극) [대법원 2015. 11. 27. 선고, 2014도191]

【판결요지】

감정평가업자가 아닌 공인회계사가 타인의 의뢰에 의하여 일정한 보수를 받고 부동산공시법이 정한 토지에 대한 감정평가를 업으로 행하는 것은 부동산공시법 제43조 제2호에 의하여 처벌되는

행위에 해당하고, 특별한 사정이 없는 한 형법 제20조가 정한 '법령에 의한 행위'로서 정당행위에 해당한다고 볼 수는 없다.

20-9. 노동조합이 실질적으로 기업의 구조조정 실시 자체를 반대하기 위하여 쟁의행위에 나아간 경우, 쟁의행위 목적의 정당성이 인정되는지 여부(원칙적 소극) [대법원 2014. 11. 13. 선고, 2011도393]

【판시사항】

노동조합이 실질적으로 기업의 구조조정 실시 자체를 반대하기 위하여 쟁의행위에 나아간 경우, 쟁의행위 목적의 정당성이 인정되는지 여부(원칙적 소극) / 쟁의행위에서 추구되는 목적 중 일부가 정당하지 못한 경우, 쟁의행위 전체의 정당성을 판단하는 기준

【이 유】

정리해고나 사업조직의 통폐합 등 기업의 구조조정 실시 여부는 경영주체의 고도의 경영상 결단에 속하는 사항으로서 원칙적으로 단체교섭의 대상이 될 수 없어, 그것이 긴박한 경영상의 필요나 합리적 이유 없이 불순한 의도로 추진된다는 등의 특별한 사정이 없음에도 노동조합이 실질적으로 그 실시 자체를 반대하기 위하여 쟁의행위로 나아간다면, 비록 그러한 구조조정의 실시가 근로자들의 지위나 근로조건의 변경을 필연적으로 수반한다 하더라도, 그 쟁의행위는 목적의 정당성을 인정할 수 없다. 아울러 쟁의행위가 추구하는 목적이 여러 가지로서 그 중 일부가 정당하지 못한 경우에는 주된 목적 내지 진정한 목적을 기준으로 쟁의행위 목적의 정당성 여부를 판단하여야 하는데, 만일 부당한 요구사항을 뺐더라면 쟁의행위를 하지 않았을 것이라고 인정될 때에는 그 쟁의행위 전체가 정당성을 갖지 못한다고 보아야 한다(대법원 2011. 1. 27. 선고 2010도11030 판결 등 참조).

---

1. 노동조합이 실질적으로 구조조정 실시 자체를 반대할 목적으로 쟁의행위에 나아간 경우, 쟁위행위의 목적의 정당성을 인정할 수 있는지 여부(한정 소극) [대법원 2002. 2. 26. 선고, 99도5380]

【판시사항】

[1] 노동조합이 실질적으로 구조조정 실시 자체를 반대할 목적으로 쟁의행위에 나아간 경우, 쟁위행위의 목적의 정당성을 인정할 수 있는지 여부(한정 소극)

[2] 쟁의행위에서 추구되는 목적이 여러 가지이고 그 중 일부가 정당하지 못한 경우, 쟁의행위 전체의 정당성의 판단 기준

[3] 한국조폐공사 노동조합의 쟁의행위에 대하여 목적의 정당성을 인정할 수 없다.

【판결요지】

[1] 정리해고나 사업조직의 통폐합 등 기업의 구조조정의 실시 여부는 경영주체에 의한 고도의 경영상 결단에 속하는 사항으로서 이는 원칙적으로 단체교섭의 대상이 될 수 없고, 그것이 긴박한 경영상의 필요나 합리적인 이유 없이 불순한 의도로 추진되는 등의 특별한 사정이 없는 한, 노동조합이 실질적으로 그 실시 자체를 반대하기 위하여 쟁의행위에 나아간다면, 비록 그 실시로 인하여 근로자들의 지위나 근로조건의 변경이 필연적으로 수반된다 하더라도 그 쟁의행위는 목적의 정당성을 인정할 수 없다.

[2] 쟁의행위에서 추구되는 목적이 여러 가지이고 그 중 일부가 정당하지 못한 경우에는 주된 목적 내지 진정한 목적의 당부에 의하여 그 쟁의목적의 당부를 판단하여야 할 것이고, 부당한 요구사항을 뺐더라면 쟁의행위를 하지 않았을 것이라고 인정되는 경우에는 그 쟁의행위 전체가 정당성을 갖지 못한다고 보아야 한다.

[3] 한국조폐공사 노동조합이 임금 등 근로조건 개선을 내세워 쟁의행위에 돌입하였으나 그 주된 목적은 정부의 공기업 구조조정 및 그 일환으로 추진되는 조폐창 통폐합을 반대하기 위한 대정부 투쟁에 있다고 보아 쟁의행위의 정당성을 인정할 수 없다.

20-10. 형법 제20조에서 정한 '사회상규에 위배되지 않는 행위'의 의미와 요건 [대법원 2014. 3. 27. 선고, 2012도11204]

【판시사항】

형법 제20조에서 정한 사회상규에 위배되지 않는 행위란 법질서 전체의 정신이나 그 배후의 사회윤리 또는 사회통념에 비추어 용인될 수 있는 행위를 말하므로, 어떤 행위가 그 동기나 목적이 정당하고 수단이나 방법이 상당하며 보호법익과 침해법익이 균형을 이루는 등으로 당시의 상황에서 사회윤리나 사회통념상 취할 수 있는 본능적이고 소극적인 방어행위라고 평가할 수 있다면 이는 사회상규에 위배되지 않는 행위라고 보아야 할 것이다.

당시 피고인은 실내 어린이 놀이터 벽에 기대어 앉아 자신의 딸(4세)이 노는 모습을 보고 있었는데, 피해자가 다가와 딸이 가지고 놀고 있는 블록을 발로 차고 손으로 집어 들면서 쌓아놓은 블록을 무너뜨리고, 이에 딸이 울자 피고인이 피해자에게 '하지 마, 그러면 안 되는 거야'라고 말하면서 몇 차례 피해자를 제지한 사실, 그러자 피해자는 피고인의 딸을 한참 쳐다보고 있다가 갑자기 딸의 눈 쪽을 향해 오른손을 뻗었고 이를 본 피고인이 왼손을 내밀어 피해자의 행동을 제지하였는데, 이로 인해 피해자가 바닥에 넘어져 엉덩방아를 찧은 사실, 그 어린이 놀이터는 실내에 설치되어 있는 것으로서, 바닥에는 충격방지용 고무매트가 깔려 있었던 사실, 한편 피고인의 딸은 그 전에도 또래 아이들과 놀다가 다쳐서 당시에는 얼굴에 손톱 자국의 흉터가 몇 군데 남아 있는 상태였던 사실 등을 알 수 있다. 이러한 사실관계에서 알 수 있는 피고인의 이 사건 행위의 동기와 수단 및 그로 인한 피해의 정도 등의 사정을 앞서 본 법리에 비추어 살펴보면, 피고인의 이러한 행위는 피해자의 갑작스런 행동에 놀라서 자신의 어린 딸이 다시 얼굴에 상처를 입지 않도록 보호하기 위한 것으로 딸에 대한 피해자의 돌발적인 공격을 막기 위한 본능적이고 소극적인 방어행위라고 평가할 수 있고, 따라서 이를 사회상규에 위배되는 행위라고 보기는 어렵다고 할 것이다.

1. 본능적인 소극적 방어행위로 인한 피해자 사망과 정당행위 여부 [대법원 1987. 10. 26. 선고, 87도464]

【판결요지】

피고인이 자기의 앞가슴을 잡고 있는 피해자의 손을 떼어 내기 위하여 피해자의 손을 뿌리친 것에 불과하다면 그와 같은 행위는 피해자의 불법적인 공격으로부터 벗어나기 위한 본능적인 소극적 방어행위에 지나지 아니하여 사회통념상 허용될 상당성이 있는 위법성이 결여된 행위라고 볼 여지가 있다 할 것이고 위 행위가 사회상규에 위배되지 않는 행위로서 위법성이 결여된 행위로 인정된다면 그 행위의 결과로 피해자가 사망하게 되었다 하더라도 폭행치사죄로 처벌할 수는 없다.

20-11. 형법 제20조에 정하여진 '사회상규에 위배되지 아니하는 행위'의 의미 및 정당행위의 성립 요건 [대법원 2014. 1. 16. 선고, 2013도6761]

【판시사항】

형법 제20조에 정하여진 '사회상규에 위배되지 아니하는 행위' 라 함은, 법질서 전체의 정신이나 그 배후에 놓여 있는 사회윤리 내지 사회통념에 비추어 용인될 수 있는 행위를 말하므로, 어떤 행위가 그 행위의 동기나 목적의 정당성, 행위의 수단이나 방법의 상당성, 보호이익과 침해이익의 법익 균형성, 긴급성, 그 행위 이외의 다른 수단이나 방법이 없다는 보충성 등의 요건을 갖춘 경우에는 정당행위에 해당한다 할 것이다(대법원 1986. 10. 28. 선고 86도1764 판결, 대법원 2005. 2. 25. 선고 2004도8530 판결 등 참조).

1. 형법 제20조 소정 정당행위의 의미와 그 요건 [대법원 1986. 10. 28. 선고, 86도1764]
【판결요지】
형법 제20조 규정의 뜻은 어떤 행위가 형식적으로는 범죄의 구성요건에 해당한다고 보이는 경우에도 국법질서 전체의 이념에 비추어 용인될 수 있는 것이라면 이를 정당행위로 보아 처벌하지 아니한다는 것으로서 어느 행위가 정당행위에 해당한다고 인정할 수 있기 위해서는 그 행위의 동기나 목적의 정당성, 행위의 수단이나 방법의 상당성, 보호법익과 침해법익과의 법익균형성, 긴급성, 그 행위 외에 다른 수단이나 방법이 없다는 보충성 등의 요건이 갖추어져야 한다.

20-12. 직장이나 사업장시설을 점거하는 형태의 쟁의행위 또는 단체교섭 사항이 될 수 없는 사항을 달성하려는 쟁의행위의 정당성 판단 기준 [대법원 2012. 5. 24. 선고, 2010도9963]

【판시사항】

근로자들의 직장 또는 사업장시설의 점거는 적극적인 쟁의행위의 한 형태로서 그 점거의 범위가 직장 또는 사업장시설의 일부분이고 사용자 측의 출입이나 관리지배를 배제하지 않는 병존적인 점거에 지나지 않을 때에는 정당한 쟁의행위로 볼 수 있으나, 이와 달리 직장 또는 사업장시설을 전면적·배타적으로 점거하여 조합원 이외의 자의 출입을 저지하거나 사용자 측의 관리지배를 배제하여 업무의 중단 또는 혼란을 야기케 하는 것과 같은 행위는 정당성의 한계를 벗어난 것이라고 볼 수밖에 없고(대법원 2007. 12. 28. 선고 2007도5204 판결 등 참조), 단체교섭 사항이 될 수 없는 사항을 달성하려는 쟁의행위도 그 목적의 정당성을 인정할 수 없다.

1. 직장 또는 사업장시설의 전면적, 배타적 점거와 쟁의행위의 정당성의 한계 [대법원 1991. 6. 11. 선고, 91도383]
【판시사항】
[1] 직장 또는 사업장시설의 전면적, 배타적 점거와 쟁의행위의 정당성의 한계

[2] 보험회사의 노조 쟁의대책위원회의 총무가 쟁의대책위원 등과 공모공동하여, 일요일을 제외한 1주일 동안 매일 약 1,500명 내지 약 2,000명의 노조원들을 동원하여 회사 건물에서 복도 점거, 꽹과리 등에 의한 소음발생 등의 방법으로 한 점거농성이 직장 또는 사업장시설의 전면적 또는 배타적인 점거에 해당할 뿐 아니라 폭력에 의한 업무저해행위까지도 수반한 것이어서 쟁의행위의 정당성의 한계를 벗어나 업무방해죄를 구성한다고 본 사례

【판결요지】
[1] 직장 또는 사업장시설의 점거는 적극적인 쟁의행위의 한 형태로서 그 점거의 범위가 직장 또는 사업장시설의 일부분이고 사용자측의 출입이나 관리지배를 배제하지 않는 병존적인 점거에 지나지 않을 때에는 정당한 쟁의행위로 볼 수 있으나, 이와 달리 직장 또는 사업장시설을 전면적, 배타적으로 점거하여 조합원 이외의 자의 출입을 저지하거나 사용자측의 관리지배를 배제하여 업무의 중단 또는 혼란을 야기케 하는 것과 같은 행위는 이미 정당성의 한계를 벗어난 것이라고 볼 수밖에 없다.

2. 노동조합 및 노동관계조정법 시행령 제17조의 서면신고의무의 미준수만을 이유로 쟁의행위의 정당성을 부정할 수 있는지 여부(소극) [대법원 2007. 12. 28. 선고, 2007도5204]

【판시사항】
[1] 직장 또는 사업장시설을 점거하는 형태의 쟁의행위의 정당성의 한계
[2] 노동조합의 조합원들이 쟁의행위로 사용자인 서울특별시건축사회의 사무실 일부를 점거한 사안에서, 이는 부분적·병존적 점거로 정당한 쟁의행위에 해당하므로 업무방해죄의 책임을 물을 수 없다.
[3] 노동조합 및 노동관계조정법 시행령 제17조의 서면신고의무의 미준수만을 이유로 쟁의행위의 정당성을 부정할 수 있는지 여부(소극)

【판결요지】
[1] 직장 또는 사업장시설의 점거는 적극적인 쟁의행위의 한 형태로서 그 점거의 범위가 직장 또는 사업장시설의 일부분이고 사용자측의 출입이나 관리지배를 배제하지 않는 병존적인 점거에 지나지 않을 때에는 정당한 쟁의행위로 볼 수 있으나, 이와 달리 직장 또는 사업장시설을 전면적, 배타적으로 점거하여 조합원 이외의 자의 출입을 저지하거나 사용자측의 관리지배를 배제하여 업무의 중단 또는 혼란을 야기케 하는 것과 같은 행위는 이미 정당성의 한계를 벗어난 것이라고 볼 수밖에 없다.
[2] 노동조합의 조합원들이 쟁의행위로 사용자인 서울특별시건축사회의 사무실 일부를 점거한 사안에서, 점거한 곳의 범위와 평소의 사용형태, 사용자측에서 이를 사용하지 못하게 됨으로써 입은 피해의 내용과 정도 등에 비추어 이는 폭력의 행사에 해당하지 않는 사업장시설의 부분적·병존적인 점거로서 사용자의 재산권과 조화를 이루고 있고, 사용자의 업무가 실제로 방해되었거나 업무방해의 결과를 초래할 위험성이 발생하였다고 보기 어려우므로, 위 점거행위는 노동관계 법령에 따른 정당한 행위로서 위법성이 조각되어 업무방해죄의 책임을 물을 수 없다.
[3] 노동조합 및 노동관계조정법 시행령 제17조에서 규정하고 있는 쟁의행위의 일시·장소·참가인원 및 그 방법에 관한 서면신고의무는 쟁의행위를 함에 있어 그 세부적·형식적 절차를 규정한 것으로서 쟁의행위에 적법성을 부여하기 위하여 필요한 본질적인 요소는 아니므로, 신고절차의 미준수만을 이유로 쟁의행위의 정당성을 부정할 수는 없다.

20-13. 신문기자가 기사 작성 자료를 수집하기 위해 취재에 응해줄 것을 요청하고 취재한 내용을

관계 법령에 저촉되지 않는 범위 내에서 보도하는 것이 '정당행위'에 해당하는지 여부(원칙적 적극) [대법원 2011. 7. 14. 선고, 2011도639]

【판시사항】

[1] 신문기자가 기사 작성 자료를 수집하기 위해 취재에 응해줄 것을 요청하고 취재한 내용을 관계 법령에 저촉되지 않는 범위 내에서 보도하는 것이 '정당행위'에 해당하는지 여부(원칙적 적극)

[2] 신문기자인 피고인이 고소인에게 2회에 걸쳐 증여세 포탈에 대한 취재를 요구하면서 이에 응하지 않으면 자신이 취재한 내용대로 보도하겠다고 말하여 협박하였다는 취지로 기소된 사안에서, 위 행위가 설령 협박죄에서 말하는 해악의 고지에 해당하더라도 특별한 사정이 없는 한 사회상규에 반하지 아니하는 행위라고 보는 것이 타당한데도, 이와 달리 본 원심판단에 정당행위에 관한 법리오해의 위법이 있다.

【판결요지】

[1] 신문은 헌법상 보장되는 언론자유의 하나로서 정보원에 대하여 자유로이 접근할 권리와 취재한 정보를 자유로이 공표할 자유를 가지므로(신문 등의 진흥에 관한 법률 제3조 제2항 참조), 종사자인 신문기자가 기사 작성을 위한 자료를 수집하기 위해 취재활동을 하면서 취재원에게 취재에 응해줄 것을 요청하고 취재한 내용을 관계 법령에 저촉되지 않는 범위 내에서 보도하는 것은 신문기자의 일상적 업무 범위에 속하는 것으로서, 특별한 사정이 없는 한 사회통념상 용인되는 행위라고 보아야 한다.

[2] 신문기자인 피고인이 고소인에게 2회에 걸쳐 증여세 포탈에 대한 취재를 요구하면서 이에 응하지 않으면 자신이 취재한 내용대로 보도하겠다고 말하여 협박하였다는 취지로 기소된 사안에서, 피고인이 취재와 보도를 빙자하여 고소인에게 부당한 요구를 하기 위한 취지는 아니었던 점, 당시 피고인이 고소인에게 취재를 요구하였다가 거절당하자 인터뷰 협조요청서와 서면질의 내용을 그 자리에 두고 나왔을 뿐 폭언을 하거나 보도하지 않는 데 대한 대가를 요구하지 않은 점, 관할 세무서가 피고인의 제보에 따라 탈세 여부를 조사한 후 증여세를 추징하였다고 피고인에게 통지한 점, 고소인에게 불리한 사실을 보도하는 경우 기자로서 보도에 앞서 정확한 사실 확인과 보도 여부 등을 결정하기 위해 취재 요청이 필요했으리라고 보이는 점 등 제반 사정에 비추어, 위 행위가 설령 협박죄에서 말하는 해악의 고지에 해당하더라도 특별한 사정이 없는 한 기사 작성을 위한 자료를 수집하고 보도하기 위한 것으로서 신문기자의 일상적 업무 범위에 속하여 사회상규에 반하지 아니하는 행위라고 보는 것이 타당한데도, 이와 달리 본 원심판단에 정당행위에 관한 법리오해의 위법이 있다.

20-14. 채권추심을 위하여 한 독촉 등 권리행사에 필요한 행위가 정당행위로 되기 위한 요건
[대법원 2011. 5. 26. 선고, 2011도2412]

【판시사항】

[1] 채권추심을 위하여 한 독촉 등 권리행사에 필요한 행위가 정당행위로 되기 위한 요건

[2] 사채업자인 피고인이 채무자 甲에게, 채무를 변제하지 않으면 甲이 숨기고 싶어하는 과거

행적과 사채를 쓴 사실 등을 남편과 시댁에 알리겠다는 등의 문자메시지를 발송한 사안에서, 피고인에게 협박죄를 인정하는 한편 위와 같은 행위가 정당행위에 해당한다는 주장을 배척한 원심 판단을 수긍한 사례

【이 유】

협박죄에 있어서의 협박이라 함은 사람으로 하여금 공포심을 일으킬 수 있을 정도의 해악을 고지하는 것을 말하고 협박죄가 성립하기 위하여는 적어도 발생 가능한 것으로 생각될 수 있는 정도의 구체적인 해악의 고지가 있어야 하며, 해악의 고지가 있다 하더라도 그것이 사회의 관습이나 윤리관념 등에 비추어 사회통념상 용인될 정도의 것이라면 협박죄는 성립하지 않으나, 이러한 의미의 협박행위 내지 협박의 고의가 있었는지 여부는 행위의 외형뿐 아니라 그러한 행위에 이르게 된 경위, 피해자와의 관계 등 전후 상황을 종합하여 판단해야 할 것이다(대법원 1991. 5. 10. 선고 90도2102 판결, 대법원 2005. 3. 25. 선고 2005도329 판결 등 참조). 그리고 채권자가 채권 추심을 위하여 독촉 등 권리행사에 필요한 행위를 할 수 있기는 하지만, 법률상 허용되는 정당한 절차에 의한 것이어야 하며, 또한 채무자의 자발적 이행을 촉구하기 위해 필요한 범위 안에서 상당한 방법으로 그 권리가 행사되어야 한다.

원심이 확정한 사실관계에 의하면, 사채업자인 피고인은 피해자에게, 채무를 변제하지 않으면 피해자가 숨기고 싶어하는 과거의 행적과 사채를 쓴 사실 등을 남편과 시댁에 알리겠다는 등의 문자메시지를 발송하였다는 것인바, 이는 피해자에게 공포심을 일으키기에 충분하다고 보아야 할 것이고, 그 밖에 피고인이 고지한 해악의 구체적인 내용과 표현방법, 피고인이 피해자에게 위와 같은 해악을 고지하게 된 경위와 동기 등 제반 사정 등을 종합하면, 피고인에게 협박의 고의가 있었음을 충분히 인정할 수 있으며, 피고인이 정당한 절차와 방법을 통해 그 권리를 행사하지 아니하고 피해자에게 위와 같이 해악을 고지한 것이 사회의 관습이나 윤리관념 등 사회통념에 비추어 용인할 수 있는 정도의 것이라고 볼 수는 없다.

20-15. 불법 감청·녹음 등에 관여하지 아니한 언론기관이 그 통신 또는 대화 내용을 보도하여 공개하는 행위가 형법 제20조의 정당행위에 해당하기 위한 요건 및 공개행위의 주체가 언론기관이나 그 종사자 아닌 사람인 경우에도 동일한 법리가 적용되는지 여부(적극) [대법원 2011. 5. 13. 선고, 2009도14442]

【판시사항】

[1] 불법 감청·녹음 등에 관여하지 아니한 언론기관이 그 통신 또는 대화 내용을 보도하여 공개하는 행위가 형법 제20조의 정당행위에 해당하기 위한 요건 및 공개행위의 주체가 언론기관이나 그 종사자 아닌 사람인 경우에도 동일한 법리가 적용되는지 여부(적극)

[2] 국회의원인 피고인이, 구 국가안전기획부 내 정보수집팀이 대기업 고위관계자와 중앙일간지 사주 간의 사적 대화를 불법 녹음한 자료를 입수한 후 그 대화내용과, 위 대기업으로부터 이른바 떡값 명목의 금품을 수수하였다는 검사들의 실명이 게재된 보도자료를 작성하여 자신의 인터넷 홈페이지에 게재하였다고 하여 통신비밀보호법 위반으로 기소된 사안에서, 위 행위가 형법 제20

조의 정당행위에 해당한다고 볼 수 없는데도, 이와 달리 본 원심판단에 법리오해의 위법이 있다.

【판결요지】

[1] 불법 감청·녹음 등에 관여하지 아니한 언론기관이 그 통신 또는 대화 내용을 보도하여 공개하는 행위가 형법 제20조의 정당행위에 해당하기 위하여는, 첫째, 그 보도의 목적이 불법 감청·녹음 등의 범죄가 저질러졌다는 사실 자체를 고발하기 위한 것으로 그 과정에서 불가피하게 통신 또는 대화의 내용을 공개할 수밖에 없는 경우이거나, 불법 감청·녹음 등에 의하여 수집된 통신 또는 대화의 내용이 이를 공개하지 아니하면 공중의 생명·신체·재산 기타 공익에 대한 중대한 침해가 발생할 가능성이 현저한 경우 등과 같이 비상한 공적 관심의 대상이 되는 경우에 해당하여야 하고, 둘째, 언론기관이 불법 감청·녹음 등의 결과물을 취득함에 있어 위법한 방법을 사용하거나 적극적·주도적으로 관여하여서는 아니되며, 셋째, 그 보도가 불법 감청·녹음 등의 사실을 고발하거나 비상한 공적 관심사항을 알리기 위한 목적을 달성하는 데 필요한 부분에 한정되는 등 통신비밀의 침해를 최소화하는 방법으로 이루어져야 하고, 넷째, 그 내용을 보도함으로써 얻어지는 이익 및 가치가 통신비밀의 보호에 의하여 달성되는 이익 및 가치를 초과하여야 한다. 이러한 법리는 불법 감청·녹음 등에 의하여 수집된 통신 또는 대화 내용의 공개가 관계되는 한, 그 공개행위의 주체가 언론기관이나 그 종사자 아닌 사람인 경우에도 마찬가지로 적용된다.

[2] 국회의원인 피고인이, 구 국가안전기획부 내 정보수집팀이 대기업 고위관계자와 중앙일간지 사주 간의 사적 대화를 불법 녹음한 자료를 입수한 후 그 대화내용과, 위 대기업으로부터 이른바 떡값 명목의 금품을 수수하였다는 검사들의 실명이 게재된 보도자료를 작성하여 자신의 인터넷 홈페이지에 게재하였다고 하여 통신비밀보호법 위반으로 기소된 사안에서, 피고인이 국가기관의 불법 녹음 자체를 고발하기 위하여 불가피하게 위 녹음 자료에 담겨 있던 대화 내용을 공개한 것이 아니고, 위 대화가 피고인의 공개행위시로부터 8년 전에 이루어져 이를 공개하지 아니하면 공익에 대한 중대한 침해가 발생할 가능성이 현저한 경우로서 비상한 공적 관심의 대상이 되는 경우에 해당한다고 보기 어려우며, 전파성이 강한 인터넷 매체를 이용하여 불법 녹음된 대화의 상세한 내용과 관련 당사자의 실명을 그대로 공개하여 방법의 상당성을 결여하였고, 위 게재행위와 관련된 사정을 종합하여 볼 때 위 게재에 의하여 얻어지는 이익 및 가치가 통신비밀이 유지됨으로써 얻어지는 이익 및 가치를 초월한다고 볼 수 없으므로, 피고인이 위 녹음 자료를 취득하는 과정에 위법이 없었더라도 위 행위는 형법 제20조의 정당행위에 해당한다고 볼 수 없는데도, 이와 달리 본 원심판단에 법리오해의 위법이 있다.

20-16. 불법 감청·녹음 등에 관여하지 아니한 언론기관이 그 사정을 알면서 이를 보도하여 공개하는 행위가 형법 제20조의 '정당행위'로 인정되기 위한 요건 [대법원 2011. 3. 17. 선고, 2006도8839, 전원합의체 판결] = (불법 감청·녹음 사건)

【판시사항】

[1] 불법 감청·녹음 등에 관여하지 아니한 언론기관이 그 사정을 알면서 이를 보도하여 공개하는 행위가 형법 제20조의 '정당행위'로 인정되기 위한 요건

[2] 방송사 기자인 피고인이, 구 국가안전기획부 정보수집팀이 타인 간의 사적 대화를 불법 녹음하여 생성한 도청자료인 녹음테이프와 녹취보고서를 입수한 후 이를 자사의 방송프로그램을 통하여 공개한 사안에서, 위 행위가 형법 제20조의 정당행위에 해당하지 않는다고 본 원심판단을 수긍한 사례

【판결요지】

[1] [다수의견] (가) 통신비밀보호법은 같은 법 및 형사소송법 또는 군사법원법의 규정에 의하지 아니한 우편물의 검열 또는 전기통신의 감청, 공개되지 아니한 타인 간의 대화의 녹음 또는 청취행위 등 통신비밀에 속하는 내용을 수집하는 행위(이하 이러한 행위들을 '불법 감청 · 녹음 등'이라고 한다)를 금지하고 이를 위반한 행위를 처벌하는 한편(제3조 제1항, 제16조 제1항 제1호), 불법 감청 · 녹음 등에 의하여 수집된 통신 또는 대화의 내용을 공개하거나 누설하는 행위를 동일한 형으로 처벌하도록 규정하고 있다(제16조 제1항 제2호). 이와 같이 통신비밀보호법이 통신비밀의 공개 · 누설행위를 불법 감청 · 녹음 등의 행위와 똑같이 처벌대상으로 하고 법정형도 동일하게 규정하고 있는 것은, 통신비밀의 침해로 수집된 정보의 내용에 관계없이 정보 자체의 사용을 금지함으로써 당초 존재하지 아니하였어야 할 불법의 결과를 용인하지 않겠다는 취지이고, 이는 불법의 결과를 이용하여 이익을 얻는 것을 금지함과 아울러 그러한 행위의 유인마저 없애겠다는 정책적 고려에 기인한 것이다.

(나) 불법 감청 · 녹음 등에 관여하지 아니한 언론기관이, 그 통신 또는 대화의 내용이 불법 감청 · 녹음 등에 의하여 수집된 것이라는 사정을 알면서도 이를 보도하여 공개하는 행위가
형법 제20조의 정당행위로서 위법성이 조각된다고 하기 위해서는, 첫째 보도의 목적이 불법 감청 · 녹음 등의 범죄가 저질러졌다는 사실 자체를 고발하기 위한 것으로 그 과정에서 불가피하게 통신 또는 대화의 내용을 공개할 수밖에 없는 경우이거나, 불법 감청 · 녹음 등에 의하여 수집된 통신 또는 대화의 내용이 이를 공개하지 아니하면 공중의 생명 · 신체 · 재산 기타 공익에 대한 중대한 침해가 발생할 가능성이 현저한 경우 등과 같이 비상한 공적 관심의 대상이 되는 경우에 해당하여야 하고, 둘째 언론기관이 불법 감청 · 녹음 등의 결과물을 취득할 때 위법한 방법을 사용하거나 적극적 · 주도적으로 관여하여서는 아니 되며, 셋째 보도가 불법 감청 · 녹음 등의 사실을 고발하거나 비상한 공적 관심사항을 알리기 위한 목적을 달성하는 데 필요한 부분에 한정되는 등 통신비밀의 침해를 최소화하는 방법으로 이루어져야 하고, 넷째 언론이 그 내용을 보도함으로써 얻어지는 이익 및 가치가 통신비밀의 보호에 의하여 달성되는 이익 및 가치를 초과하여야 한다. 여기서 이익의 비교 · 형량은, 불법 감청 · 녹음된 타인 간의 통신 또는 대화가 이루어진 경위와 목적, 통신 또는 대화의 내용, 통신 또는 대화 당사자의 지위 내지 공적 인물로서의 성격, 불법 감청 · 녹음 등의 주체와 그러한 행위의 동기 및 경위, 언론기관이 불법 감청 · 녹음 등의 결과물을 취득하게 된 경위와 보도의 목적, 보도의 내용 및 보도로 인하여 침해되는 이익 등 제반 사정을 종합적으로 고려하여 정하여야 한다.

1. 상사 계급의 피고인이 부대원들에게 얼차려를 지시할 당시 얼차려의 결정권자도 아니었고 소속 부대의 얼차려 지침상 허용되는 얼차려도 아니라는 등의 이유로, 피고인의 얼차려 지시 행위를 형법 제20조의 정당행위로 볼 수 없다. [대법원 2006. 4. 27. 선고, 2003도4151]

【판결요지】

[1] 형법 제20조 소정의 '사회상규에 위배되지 아니하는 행위'라 함은 법질서 전체의 정신이나 그 배후에 놓여 있는 사회윤리 내지 사회통념에 비추어 용인될 수 있는 행위를 말하고, 어떠한 행위가 사회상규에 위배되지 아니하는 정당한 행위로서 위법성이 조각되는 것인지는 구체적인 사정 아래서 합목적적, 합리적으로 고찰하여 개별적으로 판단되어야 하므로, 이와 같은 정당행위를 인정하려면, 첫째 그 행위의 동기나 목적의 정당성, 둘째 행위의 수단이나 방법의 상당성, 셋째 보호이익과 침해이익과의 법익균형성, 넷째 긴급성, 다섯째 그 행위 외에 다른 수단이나 방법이 없다는 보충성 등의 요건을 갖추어야 한다.

[2] 상사 계급의 피고인이 부대원들에게 얼차려를 지시할 당시 얼차려의 결정권자도 아니었고 소속 부대의 얼차려 지침상 허용되는 얼차려도 아니라는 등의 이유로, 피고인의 얼차려 지시 행위를 형법 제20조의 정당행위로 볼 수 없다.

20-17. 시위 방법의 하나로 행한 '삼보일배 행진'이 사회상규에 반하지 아니하는 정당행위 여부(적극) [대법원 2010. 4. 8. 선고, 2009도11395]

【판시사항】

삼보일배 행진이라는 시위방법 자체에 있어서는 그 장소, 형태, 내용, 방법과 결과 등에 비추어 시위의 목적 달성에 필요한 합리적인 범위에서 사회통념상 용인될 수 있는 다소의 피해를 발생시킨 경우에 불과하다고 보이고, 또한 신고내용에 포함되지 않은 삼보일배 행진을 한 것이 신고제도의 목적 달성을 심히 곤란하게 하는 정도에 이른다고 볼 수도 없으므로, 결국 피고인들의 위와 같은 행위는 사회상규에 반하지 아니하는 행위로서 위법성이 조각된다고 하여 이 부분 공소사실에 대하여 무죄라고 판단하였는바, 관련 법리와 기록에 비추어 살펴보면 이러한 환송 후 원심의 판단은 정당하여 수긍이 가고, 거기에 상고이유 주장과 같은 법리오해 등의 위법이 없다.

1. 시위의 방법으로 행한 '삼보일배 행진'이 사회상규에 위배되지 않는 정당행위 여부(적극) [대법원 2009. 7. 23. 선고, 2009도840]

【판시사항】

[1] 집회나 시위에서 소음이나 통행의 불편을 발생시키는 행위가 정당행위에 해당하는 경우

[2] 시위의 방법으로 행한 '삼보일배 행진'이 사회상규에 위배되지 않는 정당행위에 해당한다.

【판결요지】

[1] 집회나 시위는 다수인이 공동 목적으로 회합하고 공공장소를 행진하거나 위력 또는 기세를 보여 불특정 다수인의 의견에 영향을 주거나 제압을 가하는 행위로서, 그 회합에 참가한 다수인이나 참가하지 아니한 불특정 다수인에게 의견을 전달하기 위하여 어느 정도의 소음이나 통행의 불편 등이 발생할 수밖에 없는 것은 부득이한 것이므로 집회나 시위에 참가하지 아니한 일반 국민도 이를 수인할 의무가 있다. 따라서 그 집회나 시위의 장소, 태양, 내용, 방법 및 그 결과 등에 비추어,

집회나 시위의 목적 달성에 필요한 합리적인 범위에서 사회통념상 용인될 수 있는 다소간의 피해를 발생시킨 경우에 불과하다면, 정당행위로서 위법성이 조각될 수 있다.

[2] 건설업체 노조원들이 '임·단협 성실교섭 촉구 결의대회'를 개최하면서 차도의 통행방법으로 신고하지 아니한 삼보일배 행진을 하여 차량의 통행을 방해한 사안에서, 그 시위방법이 장소, 태양, 내용, 방법과 결과 등에 비추어 사회통념상 용인될 수 있는 다소의 피해를 발생시킨 경우에 불과하고, 구 집회 및 시위에 관한 법률(2006. 2. 21. 법률 제7849호로 개정되기 전의 것)에 정한 신고제도의 목적 달성을 심히 곤란하게 하는 정도에 이른다고 볼 수 없어, 사회상규에 위배되지 않는 정당행위에 해당한다.

20-18. 겉으로는 서로 싸움을 하는 것처럼 보이는 당사자 중 일방의 유형력 행사의 위법성이 조각되기 위한 요건 [대법원 2010. 2. 11. 선고, 2009도12958]

【판시사항】

[1] 겉으로는 서로 싸움을 하는 것처럼 보이는 당사자 중 일방의 유형력 행사의 위법성이 조각되기 위한 요건

[2] 상대방 일행이 서로 합세하여 甲을 구타하였고, 甲은 이를 벗어나기 위하여 손을 휘저으며 발버둥치는 과정에서 상대방 등에게 상해를 가하게 된 사안에서, 甲의 행위의 위법성이 조각된다고 판단한 원심판결을 수긍한 사례

【판결요지】

[1] 맞붙어 싸움을 하는 사람 사이에서는 공격행위와 방어행위가 연달아 행하여지고 방어행위가 동시에 공격행위인 양면적 성격을 띠어서 어느 한쪽 당사자의 행위만을 가려내어 방어를 위한 '정당행위' 라거나 '정당방위' 에 해당한다고 보기 어려운 것이 보통이다. 그러나 겉으로는 서로 싸움을 하는 것처럼 보이더라도 실제로는 한쪽 당사자가 일방적으로 위법한 공격을 가하고 상대방은 이러한 공격으로부터 자신을 보호하고 이를 벗어나기 위한 저항수단으로서 유형력을 행사한 경우에는, 그 행위가 새로운 적극적 공격이라고 평가되지 아니하는 한, 이는 사회관념상 허용될 수 있는 상당성이 있는 것으로서 위법성이 조각된다.

[2] 甲과 자신의 남편과의 관계를 의심하게 된 상대방이 자신의 아들 등과 함께 甲의 아파트에 찾아가 현관문을 발로 차는 등 소란을 피우다가, 출입문을 열어주자 곧바로 甲을 밀치고 신발을 신은 채로 거실로 들어가 상대방 일행이 서로 합세하여 甲을 구타하기 시작하였고, 甲은 이를 벗어나기 위하여 손을 휘저으며 발버둥치는 과정에서 상대방 등에게 상해를 가하게 된 사안에서, 상대방의 남편과 甲이 불륜을 저지른 것으로 생각하고 이를 따지기 위하여 甲의 집을 찾아가 甲을 폭행하기에 이른 것이라는 것만으로 상대방 등의 위 공격행위가 적법하다고 할 수 없고, 甲은 그러한 위법한 공격으로부터 자신을 보호하고 이를 벗어나기 위한 사회관념상 상당성 있는 방어행위로서 유형력의 행사에 이르렀다고 할 것이어서 위 행위의 위법성이 조각된다고 판단한 원심판결에 법리오해의 위법이 없다..

1. 상대방의 일방적인 불법한 공격으로부터 자신을 보호하고 이를 벗어 나기 위한 저항수단으로 유형력을 행사한 경우 위법성이 조각되는지 여부(적극) [대법원 1984. 9. 11. 선고, 84도1440]

【판결요지】

외관상 서로 격투를 하는 것처럼 보이는 경우라 할지라도 실지로는 한쪽 당사자가 일방적으로 불법한 공격을 가하고 상대방은 이러한 불법한 공격으로부터 자신을 보호하고 이를 벗어나기 위한 저항수단으로 유형물을 행사한 경우라면 그 행위가 적극적인 반격이 아니라 소극적인 방어의 한도를 벗어나지 않는 한 그 행위에 이르게 된 경위와 그 목적·수단 및 행위자의 의사등 제반사정에 비추어 볼 때, 사회통념상 허용될만한 상당성이 있는 행위로서 위법성이 조각된다고 하겠다.

2. 외관상 서로 격투를 한 당사자 중 일방의 유형력의 행사가 위법성이 조각되기 위한 요건 [대법원 1999. 10. 12. 선고, 99도3377]

【판시사항】

[1] 외관상 서로 격투를 한 당사자 중 일방의 유형력의 행사가 위법성이 조각되기 위한 요건

[2] 외관상 서로 격투를 한 당사자 중 일방의 유형력의 행사가 타방의 일방적인 불법 폭행에 대하여 자신을 보호하고 이를 벗어나기 위한 저항수단으로서 소극적인 방어의 한도를 벗어나지 않았다는 이유로 위법성이 조각된다고 본 사례

【판결요지】

[1] 서로 격투를 하는 자 상호간에는 공격행위와 방어행위가 연속적으로 교차되고 방어행위는 동시에 공격행위가 되는 양면적 성격을 띠는 것이므로 어느 한쪽 당사자의 행위만을 가려내어 방어를 위한 정당행위라거나 또는 정당방위에 해당한다고 보기 어려운 것이 보통이나, 외관상 서로 격투를 하는 것처럼 보이는 경우라고 할지라도 실지로는 한쪽 당사자가 일방적으로 불법한 공격을 가하고 상대방은 이러한 불법한 공격으로부터 자신을 보호하고 이를 벗어나기 위한 저항수단으로 유형력을 행사한 경우라면, 그 행위가 적극적인 반격이 아니라 소극적인 방어의 한도를 벗어나지 않는 한 그 행위에 이르게 된 경위와 그 목적수단 및 행위자의 의사 등 제반 사정에 비추어 볼 때 사회통념상 허용될 만한 상당성이 있는 행위로서 위법성이 조각된다고 보아야 할 것이다.

20-19. 공직선거법상 기부행위의 구성요건에 해당하는 행위라 하더라도 '사회상규에 위배되지 아니하는 행위'로서 위법성이 조각될 수 있는지 여부(한정 적극) [대법원 2009. 12. 10. 선고, 2009도9925]

【판시사항】

공직선거법상 기부행위의 구성요건에 해당하는 행위라 하더라도 그것이 정상적인 생활형태의 하나로서 역사적으로 생성된 사회질서의 범위 안에 있는 것이라고 볼 수 있는 경우에는 사회상규에 위배되지 아니하여 위법성이 조각되는 경우가 있을 수 있지만 그와 같은 사유로 위법성의 조각을 인정함에는 신중을 요한다 할 것이다(앞서 든 대법원 2009도676 판결 등 참조).

원심은 피고인이 이 사건 버스 투어를 실시한 경위, 동기 및 대상, 그 규모와 횟수, 기부액수 등 제반사정 등에 비추어, 이 사건 버스 투어를 통하여 이루어진 피고인의 기부행위가 지극히 정상적인 생활형태의 하나로서 역사적으로 생성된 사회질서의 범위 안에 있는 행위로서 사회상규에 위배되지 아니하여 위법성이 조각된다고 볼 수 없다는 취지로 판단하였다. 앞서 본 법리 및 기록

에 비추어 살펴보면, 원심의 위와 같은 판단은 정당하다. 원심판결에 상고이유에서 주장하는 바와 같은 사회상규에 위배되지 아니하는 행위에 대한 법리 오해 등의 위법이 없다.

> **1. 구 공직선거및선거부정방지법 제112조 제2항에 정한 의례적 행위나 직무상 행위 등에 해당하지 않는 기부행위의 위법성이 조각되기 위한 요건** [대법원 2005. 1. 13. 선고, 2004도7360]
>
> 【판결요지】
>
> 구 공직선거및선거부정방지법(2004. 3. 12. 법률 제7189호로 개정되기 전의 것)의 규정방식에 비추어 같은 법 제112조 제1항에 해당하는 금품 등의 제공행위가 같은 조 제2항과 이에 근거한 중앙선거관리위원회규칙 및 그 위원회의 결정에 의하여 의례적이거나 직무상의 행위 또는 통상적인 정당활동으로서 허용되는 것으로 열거된 행위에 해당하지 아니하는 이상 후보자 등의 기부행위 금지위반을 처벌하는 같은 법 제257조 제1항 제1호의 구성요건해당성이 있고, 다만 후보자 등이 한 기부행위가 같은 법 제112조 제2항 등에 의하여 규정된 의례적이거나 직무상의 행위 또는 통상적인 정당활동에 해당하지는 아니하더라도 그것이 지극히 정상적인 생활형태의 하나로서 역사적으로 생성된 사회질서의 범위 안에 있는 것이라고 볼 수 있는 경우에는 일종의 의례적이거나 직무상의 행위 또는 통상적인 정당활동으로서 사회상규에 위배되지 아니하여 위법성이 조각되는 경우가 있을 수 있지만 그와 같은 사유로 위법성의 조각을 인정함에는 신중을 요한다.

20-20. 무면허 의료행위가 사회상규에 위배되지 아니하는 정당행위로 인정되기 위한 요건[대법원 2009. 10. 15. 선고, 2006도6870]

【판시사항】

[1] 무면허 의료행위가 사회상규에 위배되지 아니하는 정당행위로 인정되기 위한 요건

[2] 한의사 면허나 자격 없이 소위 '통합의학'에 기초하여 환자를 진찰 및 처방하는 행위가 정당행위에 해당하지 않는다.

【이 유】

의료행위에 해당하는 어떠한 시술행위가 무면허로 행하여졌을 때, 개별적인 경우에 그 시술행위의 위험성의 정도, 일반인들의 시각, 시술자의 시술의 동기, 목적, 방법, 횟수, 시술에 대한 지식수준, 시술경력, 피시술자의 나이, 체질, 건강상태, 시술행위로 인한 부작용 내지 위험발생 가능성 등을 종합적으로 고려하여 법질서 전체의 정신이나 그 배후에 놓여 있는 사회윤리 내지 사회통념에 비추어 용인될 수 있는 행위에 해당한다고 인정되는 경우에만 사회상규에 위배되지 아니하는 행위로서 위법성이 조각되는 것이고(대법원 2002. 12. 26. 선고 2002도5077 판결, 대법원 2004. 10. 28. 선고 2004도3405 판결 등 참조), 한편 이러한 법리는 의료행위에 해당하는 진찰 및 처방에도 마찬가지로 적용된다. 위 법리에 비추어 기록을 살펴보면, 비록 피고인이 나름대로 소위 '통합의학'이라는 분야의 지식을 쌓아 온 사실은 인정되나, 국내에서 진찰 및 처방행위를 할 수 있는 면허나 자격을 취득하지는 못한 사실, 위와 같은 '통합의학'은 아직 이에 대한 체계적인 연구가 부족하여 그 치료효과에 관한 과학적 근거가 부족한 사실, 이 사건 환자들은 간암, 간경화 등 질병의 치료를 목적으로 피고인을 찾아가 가입비를 납부한 뒤, 피고인으로부터 진

찰을 받고, 그 상태에 따라 한의사가 아니면 처방할 수 없고 한약사라고 하더라도 한약조제지침서에 정하여진 처방에 따라서 조제할 수 있을 뿐인 한약재로 구성된 소위 '달인 물'을 처방받아 이를 복용하였는데, 이러한 '통합의학'에 기초한 피고인의 질병에 대한 진찰 및 처방은 그 치료효과에 관한 과학적 근거가 부족하여 그로 인한 부작용 내지 위험발생의 개연성이 적지 아니할 것으로 보이는 사실 등을 인정할 수 있는바, 그렇다면 이러한 피고인의 진찰 및 처방은 의료법을 포함한 법질서 전체의 정신이나 사회통념에 비추어 용인될 수 있는 행위에 해당한다고 볼 수 없으므로 위법성이 조각되지 아니한다. 이 부분 상고이유 역시 받아들일 수 없다.

20-21. 시위참가자들이 경찰관들의 위법한 제지 행위에 대항하는 과정에서 공동하여 경찰관들에게 PVC파이프를 휘두르거나 진압방패와 채증장비를 빼앗는 등의 폭행행위를 한 것이 정당행위나 정당방위에 해당하는지 여부(소극) [대법원 2009. 6. 11. 선고, 2009도2114]

【판시사항】

어떠한 행위가 사회상규에 위배되지 아니하는 정당한 행위로서 위법성이 조각되는 것인지는 구체적인 사정 아래서 합목적적, 합리적으로 고찰하여 개별적으로 판단되어야 하므로, 이와 같은 정당행위가 인정되려면, 첫째 그 행위의 동기나 목적의 정당성, 둘째 행위의 수단이나 방법의 상당성, 셋째 보호이익과 침해이익의 법익 균형성, 넷째 긴급성, 다섯째 그 행위 이외의 다른 수단이나 방법이 없다는 보충성 등의 요건을 갖추어야 하고(대법원 2003. 9. 26. 선고 2003도3000 판결, 대법원 2007. 3. 29. 선고 2006도9307 판결 등 참조), 형법 제21조 소정의 정당방위가 성립하려면 침해행위에 의하여 침해되는 법익의 종류, 정도, 침해의 방법, 침해행위의 완급과 방위행위에 의하여 침해될 법익의 종류, 정도 등 일체의 구체적 사정들을 참작하여 방위행위가 사회적으로 상당한 것이어야 한다(대법원 1992. 12. 22. 선고 92도2540 판결, 대법원 2007. 3. 29. 선고 2006도9307 판결 등 참조).

---

1. 정당방위의 성립요건으로서 현재성과 상당성의 인정여부 [대법원 1992. 12. 22., 선고, 92도2540]

【판결요지】

[1] 정당방위가 성립하려면 침해행위에 의하여 침해되는 법익의 종류, 정도, 침해의 방법, 침해행위의 완급과 방위행위에 의하여 침해될 법익의 종류, 정도 등 일체의 구체적 사정들을 참작하여 방위행위가 사회적으로 상당한 것이어야 하고, 정당방위의 성립요건으로서의 방어행위에는 순수한 수비적 방어뿐 아니라 적극적 반격을 포함하는 반격방어의 형태도 포함되나, 그 방어행위는 자기 또는 타인의 법익침해를 방위하기 위한 행위로서 상당한 이유가 있어야 한다.

[2] 의붓아버지의 강간행위에 의하여 정조를 유린당한 후 계속적으로 성관계를 강요받아 온 피고인이 상피고인과 사전에 공모하여 범행을 준비하고 의붓아버지가 제대로 반항할 수 없는 상태에서 식칼로 심장을 찔러 살해한 행위는 사회통념상 상당성을 결여하여 정당방위가 성립하지 아니한다.

20-22. 운동경기 도중 참가자가 제3자에게 상해의 결과를 발생시킨 경우 위법성이 조각되기 위한 요건 및 골프경기 중 골프공으로 경기보조원을 맞혀 상해를 입힌 행위가 이에 해당하는지

여부 [대법원 2008. 10. 23. 선고, 2008도6940]

【판결요지】

운동경기에 참가하는 자가 경기규칙을 준수하는 중에 또는 그 경기의 성격상 당연히 예상되는 정도의 경미한 규칙위반 속에 제3자에게 상해의 결과를 발생시킨 것으로서, 사회적 상당성의 범위를 벗어나지 아니하는 행위라면 과실치상죄가 성립하지 않는다. 그러나 골프경기를 하던 중 골프공을 쳐서 아무도 예상하지 못한 자신의 등 뒤편으로 보내어 등 뒤에 있던 경기보조원(캐디)에게 상해를 입힌 경우에는 주의의무를 현저히 위반하여 사회적 상당성의 범위를 벗어난 행위로서 과실치상죄가 성립한다.

20-23. 형법 제20조 소정의 '사회상규에 위배되지 아니하는 행위'의 의미 및 정당행위의 성립 요건 [대법원 2008. 10. 23. 선고, 2008도6999]

【판시사항】

형법 제20조 소정의 '사회상규에 위배되지 아니하는 행위'라 함은 법질서 전체의 정신이나 그 배후에 놓여 있는 사회윤리 내지 사회통념에 비추어 용인될 수 있는 행위를 말하고, 어떠한 행위가 사회상규에 위배되지 아니하는 정당한 행위로서 위법성이 조각되는 것인지는 구체적인 사정 아래서 합목적적, 합리적으로 고찰하여 개별적으로 판단되어야 하므로, 이와 같은 정당행위를 인정하려면 첫째 그 행위의 동기나 목적의 정당성, 둘째 행위의 수단이나 방법의 상당성, 셋째 보호이익과 침해이익과의 법익 균형성, 넷째 긴급성, 다섯째 그 행위 외에 다른 수단이나 방법이 없다는 보충성 등의 요건을 갖추어야 하는바 (대법원 2003. 9. 26. 선고 2003도3000 판결 참조), 기록에 의하면, 피고인이 제1심 범죄사실 기재와 같은 글에는 피해자가 주민을 기만하고, 또 주민에 거짓말을 하였다는 등으로 피해자를 비방하는 내용으로 일관하고 있어 행위의 목적이나 수단이 정당하다고 할 수 없다 할 것이므로, 이 부분에 관한 상고이유의 주장도 받아들일 수 없다.

20-24. 안수기도가 정당행위로 인정될 수 있는 한도 및 통상적인 안수기도라 할 수 없는 유형력의 행사로 상해를 입힌 것이 정당행위인지 여부(소극) [대법원 2008. 8. 21. 선고, 2008도2695]

【판시사항】

[1] 안수기도가 정당행위로 인정될 수 있는 한도 및 통상적인 안수기도라 할 수 없는 유형력의 행사로 상해를 입힌 것이 정당행위인지 여부(소극)

[2] 기도원운영자가 정신분열증 환자의 치료 목적으로 안수기도를 하다가 환자에게 상해를 입힌 사안에서, 장시간 환자의 신체를 강제로 제압하는 등 과도한 유형력을 행사한 것으로서 '사회상규상 용인되는 정당행위'에 해당하지 않는다.

【판결요지】

[1] 종교적 기도행위의 일환으로서 기도자의 기도에 의한 염원 내지 의사가 상대방에게 심리적 또는 영적으로 전달되는 데 도움이 된다고 인정할 수 있는 한도 내에서 상대방의 신체의 일부에 가볍게 손을 얹거나 약간 누르면서 병의 치유를 간절히 기도하는 행위는 그 목적과 수단면에서

정당성이 인정된다고 볼 수 있지만, 그러한 종교적 기도행위를 마치 의료적으로 효과가 있는 치료행위인 양 내세워 환자를 끌어들인 다음, 통상의 일반적인 안수기도의 방식과 정도를 벗어나 환자의 신체에 비정상적이거나 과도한 유형력을 행사하고 신체의 자유를 과도하게 제압하여 환자의 신체에 상해까지 입힌 경우라면, 그러한 유형력의 행사가 비록 안수기도의 명목과 방법으로 이루어졌다 해도 사회상규상 용인되는 정당행위라고 볼 수 없다.

20-25. 주위토지통행권의 존부와 범위에 관한 확인 및 주위통행권을 방해하는 옹벽 부분에 관한 철거를 명하는 판결과 그 강제집행을 따르지 아니하고 임의로 옹벽을 철거한 행위의 정당행위에 해당여부(소극) [대법원 2008. 3. 27. 선고, 2007도7933]

【판시사항】

피해자들이 이 사건 옹벽의 철거에 동의하지 않았으면, 피고인으로서는 피해자들을 상대로 하여 주위토지통행권의 존부 및 범위에 관한 확인 및 이 사건 옹벽 중 주위통행을 위한 부분에 관한 철거 판결을 받고, 이를 이행하지 않을 경우 법령에서 정하는 절차를 따라 강제집행할 수 있을 뿐인데, 피고인이 위와 같은 절차를 따르지 아니하고 임의로 이 사건 옹벽을 철거한 행위는 피고인에게 이 사건 도로에 관한 주위토지통행권을 인정할 수 있는지 여부와 관계없이 위법하다는 이유로, 피고인의 정당행위에 의한 위법성 조각 주장을 배척하였는바, 기록에 의하여 살펴보면, 원심의 이러한 판단은 옳은 것으로 수긍이 가고, 거기에 상고이유의 주장과 같은 정당행위에 관한 법리오해의 위법 등이 있다고 할 수 없다.

20-26. 정보보안과 소속 경찰관이 자신의 지위를 내세우면서 타인의 민사분쟁에 개입하여 빨리 채무를 변제하지 않으면 상부에 보고하여 문제를 삼겠다고 말한 사안에서, 정당한 직무집행이라거나 목적 달성을 위한 상당한 수단으로 인정할 수 있는지 여부(소극) [대법원 2007. 9. 28. 선고, 2007도606, 전원합의체 판결]

【판시사항】

[1] 권리행사나 직무집행의 일환으로 해악을 고지한 경우, 협박죄의 성립 여부

[2] 정보보안과 소속 경찰관이 자신의 지위를 내세우면서 타인의 민사분쟁에 개입하여 빨리 채무를 변제하지 않으면 상부에 보고하여 문제를 삼겠다고 말한 사안에서, 상대방이 채무를 변제하고 피해 변상을 하는지 여부에 따라 직무집행 여부를 결정하겠다는 취지이더라도 정당한 직무집행이라거나 목적 달성을 위한 상당한 수단으로 인정할 수 없어 정당행위에 해당하지 않는다.

【판결요지】

[1] 권리행사나 직무집행의 일환으로 상대방에게 일정한 해악을 고지한 경우, 그 해악의 고지가 정당한 권리행사나 직무집행으로서 사회상규에 반하지 아니하는 때에는 협박죄가 성립하지 아니하나, 외관상 권리행사나 직무집행으로 보이더라도 실질적으로 권리나 직무권한의 남용이 되어 사회상규에 반하는 때에는 협박죄가 성립한다고 보아야 할 것인바, 구체적으로는 그 해악의 고지가 정당한 목적을 위한 상당한 수단이라고 볼 수 있으면 위법성이 조각되지만, 위와 같은 관련성

이 인정되지 아니하는 경우에는 그 위법성이 조각되지 아니한다.

20-27. 의사가 모발이식시술을 하면서 이에 관하여 어느 정도 지식을 가지고 있는 간호조무사로 하여금 모발이식시술행위 중 일정 부분을 직접 하도록 맡겨둔 채 별반 관여하지 않은 것이 정당행위에 해당하지 않는다. [대법원 2007. 6. 28. 선고, 2005도8317, 의료법위반]

【판시사항】

[1] 무면허 의료행위가 정당행위로서 위법성이 조각되기 위한 요건

[2] 의사가 모발이식시술을 하면서 이에 관하여 어느 정도 지식을 가지고 있는 간호조무사로 하여금 모발이식시술행위 중 일정 부분을 직접 하도록 맡겨둔 채 별반 관여하지 않은 것이 정당행위에 해당하지 않는다.

【판결요지】

[1] 의료행위에 해당하는 어떠한 시술행위가 무면허로 행하여졌을 때, 그 시술행위의 위험성의 정도, 일반인들의 시각, 시술자의 시술의 동기, 목적, 방법, 횟수, 시술에 대한 지식수준, 시술경력, 피시술자의 나이, 체질, 건강상태, 시술행위로 인한 부작용 내지 위험 발생 가능성 등을 종합적으로 고려하여 법질서 전체의 정신이나 그 배후에 놓여 있는 사회윤리 내지 사회통념에 비추어 용인될 수 있는 행위에 해당한다고 인정되는 경우에만 사회상규에 위배되지 아니하는 행위로서 위법성이 조각된다.

[2] 의사가 모발이식시술을 하면서 이에 관하여 어느 정도 지식을 가지고 있는 간호조무사로 하여금 모발이식시술행위 중 일정 부분을 직접 하도록 맡겨둔 채 별반 관여하지 않은 것이 정당행위에 해당하지 않는다.

---

1. 부항 시술행위가 정당행위에 해당하지 아니한다. [대법원 2004. 10. 28. 선고, 2004도3405]

【판시사항】

[1] 무면허 의료행위가 사회상규에 위배되지 아니하는 정당행위로 인정되기 위한 요건

[2] 부항 시술행위가 정당행위에 해당하지 아니한다.

【판결요지】

[1] 부항 시술행위가 광범위하고 보편화된 민간요법이고, 그 시술로 인한 위험성이 적다는 사정만으로 그것이 바로 사회상규에 위배되지 아니하는 행위에 해당한다고 보기는 어렵고, 다만 개별적인 경우에 그 부항 시술행위의 위험성의 정도, 일반인들의 시각, 시술자의 시술의 동기, 목적, 방법, 횟수, 시술에 대한 지식수준, 시술경력, 피시술자의 나이, 체질, 건강상태, 시술행위로 인한 부작용 내지 위험발생 가능성 등을 종합적으로 고려하여 법질서 전체의 정신이나 그 배후에 놓여 있는 사회윤리 내지 사회통념에 비추어 용인될 수 있는 행위에 해당한다고 인정되는 경우에만 사회상규에 위배되지 아니하는 행위로서 위법성이 조각된다.

20-28. 타인 급여번호와 비밀번호를 이용하여 학교법인의 정보통신망에 보관중인 급여명세서를 열람·출력하는 행위가 사회상규에 반하지 않는 정당행위 해당여부(소극) [대법원 2007. 6. 28. 선고, 2006도6389]

피고인이 공소외인 등의 급여번호와 비밀번호를 무단히 이용하여 학교법인의 정보통신망에 보관 중인 급여명세를 열람·출력하는 행위가 상당성이 있다고 보기 어려운 점, 피고인이 공소외인 등의 급여명세를 위와 같은 방법으로 입수하여야 할 긴급한 상황에 있었다고 보기도 어려운 점, 다른 수단이나 방법에 의하더라도 피고인이 의도한 소송상의 입증목적을 충분히 달성할 수 있다고 보이는 점 등을 종합하여 보면, 피고인의 이 사건 비밀침해 및 누설행위가 사회상규에 반하지 않는 정당행위에 해당한다고 볼 수다.

20-29. 토지소유권자가 피해자가 운영하는 회사에 대하여 그 토지의 인도 등을 구할 권리가 있다는 이유만으로 위 회사로 들어가는 진입로를 폐쇄한 것이 정당한 행위 또는 자력구제에 해당하지 않는다. [대법원 2007. 5. 11. 선고, 2006도4328]

【판시사항】

[1] 형법 제20조에 정하여진 정당행위의 성립 요건

[2] 토지소유권자가 피해자가 운영하는 회사에 대하여 그 토지의 인도 등을 구할 권리가 있다는 이유만으로 위 회사로 들어가는 진입로를 폐쇄한 것이 정당한 행위 또는 자력구제에 해당하지 않는다.

【이 유】

어떠한 행위가 사회상규에 위배되지 아니하는 정당한 행위로서 위법성이 조각되는 것인지는 구체적인 사정 아래서 합목적적, 합리적으로 고찰하여 개별적으로 판단하여야 할 것이고, 이와 같은 정당행위를 인정하려면, 첫째 그 행위의 동기나 목적의 정당성, 둘째 행위의 수단이나 방법의 상당성, 셋째 보호이익과 침해이익과의 법익균형성, 넷째 긴급성, 다섯째 그 행위 외에 다른 수단이나 방법이 없다는 보충성 등의 요건을 갖추어야 할 것인바(대법원 2006. 4. 27. 선고 2005도8074 판결 등 참조), 피고인이 이 사건 토지의 소유권자로서 공소외 주식회사에 대하여 사용대차계약을 해지하고 이 사건 토지의 인도 등을 구할 권리가 있다는 이유만으로 공소외 주식회사로 들어가는 진입로를 폐쇄한 것은, 그 권리를 확보하기 위하여 다른 적법한 절차를 취하는 것이 곤란하였던 것으로 보이지 않아 그 동기와 목적이 정당하다거나 수단이나 방법이 상당하다고 할 수 없고, 또한 그에 관한 피고인의 이익과 피해자가 침해받은 이익 사이에 균형이 있는 것으로도 보이지 않으므로 정당한 행위라고 할 수 없다.

20-30. 대출의 조건 및 용도에 위반하여 자금을 사용하는 관행을 이유로 대출 조건과 용도가 임야매수자금으로 한정된 정책자금을 실제보다 부풀려 대출받아 편취한 행위가 사회상규에 위배되지 않는 정당한 행위라거나 비난가능성이 없다고 할 수 있는지 여부(소극) [대법원 2007. 4. 27. 선고, 2006도7634]

【판결요지】

임야매수자금으로 대출받은 돈을 임야매수를 위해 사용하지는 않더라도 임업경영의 목적으로 사용하는 한 산림조합이나 정부가 이를 용인하여 왔다거나, 정책자금을 대출받은 사람들이 대출의 조건 및 용도에 위반하여 자금을 사용하는 관행이 있다고는 인정할 수 없을 뿐만 아니라, 설령 그러한 관행이 존재한다고 하더라도 이는 법에 어긋나는 것이므로 그러한 관행을 이유로 대출 조건과 용도가 임야매수자금으로 한정된 정책자금을 실제보다 부풀려 대출받아 편취한 행위가 사회상규에 위배되지 않는 정당한 행위라거나 비난가능성이 없다고 할 수는 없다.

20-31. 주민들이 농기계 등으로 그 주변의 농경지나 임야에 통행하기 위해 이용하는 자신 소유의 도로에 깊이 1m 정도의 구덩이를 판 행위가 일반교통방해죄에 해당하고 자구행위나 정당행위에 해당하지 않는다. [대법원 2007. 3. 15. 선고, 2006도9418, 일반교통방해]

【판시사항】

어떠한 행위가 위법성조각사유로서의 정당행위가 되는지의 여부는 구체적인 경우에 따라 합목적적, 합리적으로 가려야 하는바, 정당행위로 인정되려면 첫째 행위의 동기나 목적의 정당성, 둘째 행위의 수단이나 방법의 상당성, 셋째 보호법익과 침해법익의 균형성, 넷째 긴급성, 다섯째 그 행위 이외의 다른 수단이나 방법이 없다는 보충성의 요건을 모두 갖추어야 한다(대법원 2005. 2. 25. 선고 2004도8530 판결, 2001. 9. 28. 선고 2001도3923 판결 등 참조).

20-32. 통행로의 현황, 개설시기 및 이용상황 등 제반 사정에 비추어, 통행로 중 폭 100m 길이 부분을 포크레인으로 폭 2m 정도로 굴착하고 돌덩이까지 쌓아 놓은 행위가 정당행위나 정당방위에 해당한다고 보기는 어렵다. [대법원 2007. 2. 22. 선고, 2006도8750]

【판시사항】

피고인이 사건 통행로가 '육로'에 해당한다고 하여도 피고인의 행위가 정당방위, 정당행위에 해당한다는 주장을 명시적으로 하였는바{제1심에서의 2006. 6. 29.자 변론요지서(공판 99쪽), 원심에서의 2006. 11. 9.자 변론요지서(공판 148쪽)}, 이러한 주장은 형사소송법 제323조 제2항에서 정한 "법률상 범죄의 성립을 조각하는 이유되는 사실이 진술"에 해당하므로, 원심은 이에 대한 판단을 명시하였어야 할 것이다.

그러나 형법 제20조에 정하여진 '사회상규에 위배되지 아니하는 행위'라 함은 법질서 전체의 정신이나 그 배후에 놓여 있는 사회윤리 내지 사회통념에 비추어 용인될 수 있는 행위를 말하고, 어느 행위가 정당행위에 해당한다고 인정하려면 그 행위의 동기나 목적의 정당성, 행위의 수단이나 방법의 상당성, 보호법익과 침해법익과의 법익균형성, 긴급성, 그 행위 외에 다른 수단이나 방법이 없다는 보충성 등의 요건을 갖추어야 하는 것이며(대법원 2004. 8. 20. 선고 2003도4732 판결, 2005. 2. 25. 선고 2004도8530 판결 등 참조), 어떠한 행위가 정당방위로 인정되려면 그 행위가 자기 또는 타인의 법익에 대한 현재의 부당한 침해를 방어하기 위한 것으로서 상당성이 있어야 하므로, 위법하지 않은 정당한 침해에 대한 정당방위는 인정되지 아니하고, 방위행위가 사회적으로 상당한 것인지 여부는 침해행위에 의해 침해되는 법익의 종류, 정도, 침해의 방법, 침해행위의 완급과 방위행위에 의해 침해될 법익의 종류, 정도 등 일체의 구체적 사정들을 참작하여 판단하여야 하는 것인바(대법원 2003. 11. 13. 선고 2003도3606 판결 참조), 기록에 나타난, 이 사건 통행로의 현황, 개설시기 및 이용상황 등 제반 사정에 비추어 보면, 피고인이 이 사건 통행로 중 폭 100m 길이 부분을 포크레인으로 폭 2m 정도로 굴착하고, 돌덩이까지 쌓아 놓은 행위가 정당행위나 정당방위에 해당한다고 보기는 어렵다고 할 것이다.

20-33. 피고인이 감독관청의 허가 없이 사회복지법인의 기본재산을 처분한 대가로 수령한 보상금을 사용한 행위가 사회상규에 위배되지 않는 정당행위라고 볼 수 없다. [대법원 2006. 11. 23. 선고, 2005도5511]

【판시사항】
사회복지법인의 기본재산을 용도변경하는 경우 감독관청의 허가를 받도록 규정한 입법취지 및 용도변경이 용이한 현금의 특성상 인정되는 그 사용 용처의 적정성 여부에 대한 사전심사의 필요성 등에 비추어 볼 때 사회복지법인의 운영이나 기본재산의 처분과 관련된 용처에 기본재산을 사용하는 경우에도 감독관청의 허가를 받아야 할 필요가 있다고 할 것이므로 피고인이 감독관청의 허가 없이 이 사건 보상금을 사용한 행위가 사회상규에 위배되지 않는 정당한 행위라고 볼 수 없고, 따라서 피고인의 이 사건 보상금 사용행위가 정당행위로서 위법성이 조각된다는 주장도 받아들일 수 없다.

20-34. 군수가 재경향우회 등 각종 모임의 성격과 규모, 기부행위의 금액 또는 기부행위로 제공된 식사 등이 사회상규에 위배되지 아니하여 위법성이 조각이 되는 판단 정도 [대법원 2006. 6. 30. 선고, 2006도2104]

【판시사항】
재경신안군향우회, 축협한우전문식당 및 쿵짝노래방에서의 모임의 성격과 규모, 위 각 모임에 참가한 사람들이 피고인에 대한 정당의 공천이나 지방선거에서 영향력을 행사할 수 있는 지위에 있는 점, 위 기부행위의 금액 또는 위 각 기부행위로 제공된 식사, 술과 안주 등의 가액, 그 대상 모임과 피고인과의 관계, 친밀도 등에 비추어 그것이 지극히 정상적인 생활형태의 하나로서 역사적으로 생성된 사회질서의 범위 안에 있는 의례적인 행위이거나 직무상의 행위로서 사회상규에 위배되지 아니하여 위법성이 조각되는 경우로 보기는 어렵다고 할 것이다.

20-35. 점포의 경미한 위반행위에 대한 단전조치의 정당행위 여부(소극) [대법원 2006. 6. 27. 선고, 2006도1187]

【판시사항】
점포에 단순히 구분벽을 설치한 행위 등은 이 사건에 적용되는 위 회사의 업무규정상 위 회사가 점포주에 대한 시정명령 없이 바로 공용물의 사용제한 등의 시정조치를 할 정도로 중대한 위반행위에 해당하지 않아 경미한 위반행위에 관하여 단전조치는 정당행위라고 볼 수 없다.

【이 유】
이 사건 점포에 단순히 구분벽을 설치한 행위 등은 이 사건에 적용되는 위 회사의 업무규정상

위 회사가 점포주에 대한 시정명령 없이 바로 공용물의 사용제한 등의 시정조치를 할 정도로 중대한 위반행위에 해당한다고 보기 어렵고 단지 경미한 위반행위라고 보아야 할 것인데, 위 회사의 대표이사인 피고인은 위와 같은 이 사건 점포에 관한 경미한 위반행위에 관하여 단전조치를 취하기 전에 거쳐야 하는 필수적 절차를 제대로 거치지 아니하였을 뿐만 아니라, 이와 유사한 경미한 위반행위를 저지른 다른 점포들에 대해서는 단전조치 등을 취하지 아니한 채 유독 피고인의 업무방식에 비판적인 사람과 관련된 이 사건 점포에 대해서만 단전조치를 취한 점 등 제반 사정에 비추어 볼 때, 피고인의 판시 행위의 동기와 목적이 정당하다거나 혹은 그 수단이나 방법이 상당하다고 할 수 없고, 그에 관한 피고인(혹은 위 회사)의 이익과 피해자가 침해받은 이익 사이에 균형이 이루어진다고 볼 수도 없다. 그렇다면 이 사건 점포에 대한 단전조치가 사회상규에 위배되지 아니하는 정당행위라고 볼 수 없다고 판단한 원심의 조치는 위와 같은 법리에 따른 것으로서 수긍할 수 있고, 거기에 상고이유로 주장하는 바와 같은 판결에 영향을 미친 법리오해 등의 위법이 있다고 할 수 없다.

20-36. 아파트 입주자대표회의 회장이 다수 입주민들의 민원에 따라 위성방송 수신을 방해하는 케이블TV방송의 시험방송 송출을 중단시키기 위하여 위 케이블TV방송의 방송안테나를 절단하도록 지시한 행위가 긴급피난 내지는 정당행위에 해당하는지(소극)[대법원 2006. 4. 13. 선고, 2005도9396]

【판시사항】

원심은, 이 사건 당시 피고인이 경기동부방송의 시험방송 송출로 인하여 위성방송의 수신이 불가능하게 되었다는 민원을 접수한 후 경기동부방송에 시험방송 송출을 중단해달라는 요청도 해보지 아니한 채 시험방송이 송출된 지 약 1시간 30여 분 만에 곧바로 경기동부방송의 방송안테나를 절단하도록 지시한 점, 그 당시 (아파트 이름 생략)아파트 전체 815세대 중 140여 세대는 경기동부방송과 유선방송이용계약을 체결하고 있었던 점 등 그 행위의 내용이나 방법, 법익침해의 정도 등에 비추어 볼 때, 당시 피고인이 다수 입주민들의 민원에 따라 입주자대표회의 회장의 자격으로 위성방송 수신을 방해하는 경기동부방송의 시험방송 송출을 중단시키기 위하여 경기동부방송의 방송안테나를 절단하도록 지시하였다고 할지라도 피고인의 위와 같은 행위를 긴급피난 내지는 정당행위에 해당한다고 볼 수 없다고 판단하였는바, 앞서 본 법리와 기록에 의하여 살펴보면, 원심의 설시에 다소 부족한 점이 있다고 하더라도 그 결론은 옳은 것으로 수긍이 가고, 거기에 정당행위나 긴급피난에 관한 법리오해 등의 위법이 있다고 할 수 없다.

20-37. 검사 및 검찰수사관의 범죄혐의자들에 대한 폭행과 가혹행위가 직권을 남용한 과도한 물리력의 행사로서 사회통념상 용인될 수 있는 정당행위에 해당한다고 볼 수 없다. [대법원 2005. 5. 26. 선고, 2005도945]

【판시사항】

이 사건 폭행 및 가혹행위는 피고인들 및 그 공범자들이 피해자들에게 자백을 강요하면서 일방적으로 폭행과 가혹행위를 한 것으로서 사회통념상 용인될 수 있는 정당행위에 해당한다고 할 수 없고, 다만 피해자 2는 호송과정에서 사람을 죽이지 않았다면서 고함을 지르고 몸부림을 치고, 1101호 조사실에서도 범행을 부인하면서 고함을 지르고 욕설을 한 사실이 인정되고, 피고인들은 피해자 5도 머리를 벽에 부딪히는 등 자해행위를 하였다고 주장하고 있으나, 동인들에 대한 이 사건 가혹행위는 당시의 상황, 동기, 수단과 방법 등 제반 정황에 비추어 직권을 남용한 과도한 물리력의 행사로 평가함이 상당하고, 사회통념상 용인될 수 있는 정당행위에 해당한다고 볼 수 없다고 판단하였다.

20-38. 시장번영회 회장이 이사회의 결의와 시장번영회의 관리규정에 따라서 관리비 체납자의 점포에 대하여 실시한 단전조치는 정당행위로서 업무방해죄 구성여부 [대법원 2004. 8. 20. 선고, 2003도4732]

【판시사항】

시장번영회 회장이 이사회의 결의와 시장번영회의 관리규정에 따라서 관리비 체납자의 점포에 대하여 실시한 단전조치는 정당행위로서 업무방해죄를 구성하지 아니한다.

20-39. 초·중등교사의 학생에 대한 지도행위가 법령에 의한 정당행위에 해당하기 위한 요건 및 정당행위로 볼 수 없는 경우 [대법원 2004. 6. 10. 선고, 2001도5380]

【판시사항】

초·중등교사의 학생에 대한 지도행위가 법령에 의한 정당행위에 해당하기 위한 요건 및 정당행위로 볼 수 없는 경우

【판결요지】

초·중등교육법령에 따르면 교사는 학교장의 위임을 받아 교육상 필요하다고 인정할 때에는 징계를 할 수 있고 징계를 하지 않는 경우에는 그 밖의 방법으로 지도를 할 수 있는데 그 지도에 있어서는 교육상 불가피한 경우에만 신체적 고통을 가하는 방법인 이른바 체벌로 할 수 있고 그 외의 경우에는 훈육, 훈계의 방법만이 허용되어 있는바, 교사가 학생을 징계 아닌 방법으로 지도하는 경우에도 징계하는 경우와 마찬가지로 교육상의 필요가 있어야 될 뿐만 아니라 특히 학생에게 신체적, 정신적 고통을 가하는 체벌, 비하(卑下)하는 말 등의 언행은 교육상 불가피한 때에만 허용되는 것이어서, 학생에 대한 폭행, 욕설에 해당되는 지도행위는 학생의 잘못된 언행을 교정하려는 목적에서 나온 것이었으며 다른 교육적 수단으로는 교정이 불가능하였던 경우로서 그 방법과 정도에서 사회통념상 용인될 수 있을 만한 객관적 타당성을 갖추었던 경우에만 법령에 의한 정당행위로 볼 수 있을 것이고, 교정의 목적에서 나온 지도행위가 아니어서 학생에게 체벌, 훈계 등의 교육적 의미를 알리지도 않은 채 지도교사의 성격 또는 감정에서 비롯된 지도행위라든가, 다른 사람이 없는 곳에서 개별적으로 훈계, 훈육의 방법으로 지도·교정될 수 있는 상황이었음에도 낯모르는 사람들이 있는 데서 공개적으로 학생에게 체벌·모욕을 가하는 지도행위라든가, 학생의 신체나 정신건강에 위험한 물건 또는 지도교사의 신체를 이용하여 학생의 신체 중 부상의 위험성이 있는 부위를 때리거나 학생의 성별, 연령, 개인적 사정에서 견디기 어려운 모욕감을 주

어 방법·정도가 지나치게 된 지도행위 등은 특별한 사정이 없는 한 사회통념상 객관적 타당성을 갖추었다고 보기 어렵다.

20-40. 특정 제약회사를 비방하는 취지가 내용의 주조를 이루고 있는 글을 작성하여 국회의원이나 언론사, 다른 제약회사 등의 홈페이지에 게재한 행위의 형법 제310조 및 제20조에 해당 여부 [대법원 2004. 5. 28. 선고, 2004도1497]

【판시사항】

원심판결 이유에 의하면, 원심은 피고인의 위와 같은 행위가 그 수단과 방법에 있어서 상당성이 인정된다고 보기 어려우며, 이와 같은 인터넷 게재가 긴급하고 불가피한 수단이었다고도 볼 수 없어 사회상규에 위배되지 아니하는 정당행위로 볼 수 없다고 판단하였는바, 기록과 위에서 본 법리에 비추어 살펴보면, 원심의 위와 같은 판단은 정당한 것으로 수긍이 가고, 거기에 주장과 같은 법리오해의 위법이 있음을 찾아볼 수 없다.

20-41. 아파트 선거관리위원회 명의의 재선거 공고문과 안내문을 은닉·훼손한 행위가 정당행위에 해당하지 않는다.[대법원 2004. 5. 14. 선고, 2003도5370]

【판시사항】

피고인이 제1아파트 선거관리위원회 명의의 재선거 공고문과 안내문을 은닉·훼손한 사실을 인정한 다음, 제1아파트 제12대 동대표 선거를 관리할 선거관리위원회 위원으로 통장들을 위촉한다는 아파트 입주자 대표회의의 결정에 대하여 당시 입주자 대표회의의 감사로 있던 피고인이 별다른 이의를 제기하지 않다가, 막상 자신의 당선을 무효로 한다는 선거관리위원회의 결정이 내려지자 비로소 선거관리위원들의 자격에 문제가 있음을 들어 그러한 선거관리위원회의 결정이 효력이 없고 위 선거에서 과반수 득표를 한 자신의 당선이 유효하다고 주장하면서 재선거 공고문과 재선거를 실시하게 된 경위를 담고 있는 안내문을 가져감으로써 재선거를 시행하려고 하는 선거관리위원회의 업무에 지장을 초래한 점, 위 안내문의 일부 표현이 피고인에 대한 부정적인 내용을 담고 있다고 하더라도, 먼저 안내문을 자진 수거하거나 부정적인 표현을 삭제하여 줄 것을 요청함으로써 선거관리위원회 스스로 이를 시정하도록 하였어야 함에도, 선거관리위원회에 별다른 항의도 아니한 채 그대로 피고인의 집으로 가지고 간 후 현재까지 이를 보관하고 있는 점 및 피고인과 선거관리위원회의 관계, 제12대 동대표 선거의 진행 경위와 선거 이후의 정황 등 제반 사정에 비추어 피고인의 행위가 정당행위에 해당하지 않는다.

20-42. 연립주택 아래층에 사는 피해자가 위층 피고인의 집으로 통하는 상수도관의 밸브를 임의로 잠근 후 이를 피고인에게 알리지 않아 하루 동안 수돗물이 나오지 않은 고통을 겪었던 피고인이 상수도관의 밸브를 확인하고 이를 열기 위하여 부득이 피해자의 집에 들어간 행위가 정당행위에 해당한다. [대법원 2004. 2. 13. 선고, 2003도7393]

【판시사항】

피고인과 피해자는 판시 연립주택 2·3층에 거주하면서 1여 년 전부터 2층에 사는 피해자의 집 화장실 천정의 누수문제로 여러 차례 다투어 왔는데 피해자는 자기 집의 누수가 피고인의 집 상수도관 등의 누수나 목욕탕 등의 방수상태가 불량한 데 그 원인이 있다고 주장하며 보수를 요구하였고, 피고인은 연립주택 전체가 불실하게 시공된 데다가 노후되어 자신의 집을 포함하여 연립주택에 전체적으로 누수현상이 발생한 것이므로 전체 보수가 필요하다면서 피고인 집만의 보수공사를 거부하여 서로 감정이 악화되어 있었던 사실, 3층에 사는 피고인의 집으로 통하는 상수도관 밸브가 2층에 있는 피해자의 집 주방 싱크대에 설치되어 있었는데, 이 사건 전날인 2002. 5. 2. 아침 피해자가 피고인의 집으로 통하는 상수도관 밸브를 임의로 잠가 버려 하루 동안 피고인 집에 수돗물이 나오지 않아 피고인과 피고인 가족들이 큰 고통을 겪은 사실, 연립주택의 다른 세대에는 수돗물이 나오는 것을 확인한 피고인은 피해자가 자신의 집으로 통하는 상수도관 밸브를 잠갔을 것으로 믿고 이를 확인하고 상수도관 밸브를 열기 위하여 이 사건 당일 오전 9시경 피해자의 집에 갔으나 피해자가 자기 집에도 수돗물이 나오지 않는다고 말하면서 출입을 거부하므로 피고인은 피해자를 밀치고 그 집에 들어가서 상수도관 밸브가 잠긴 것을 확인하고 이를 열어 놓은 사실, 피해자의 신고에 따라 경찰관이 현장에 출동하였으나 피해자가 피고인의 처벌을 요청하지 아니하여 그대로 돌아갔는데 피고인이 보수공사를 하지 아니하자 피해자는 그로부터 25일 후에 피고인을 처벌하여 줄 것을 요청한 사실을 알 수 있다.

이처럼, 연립주택 위층에 있는 집으로 통하는 상수도관 밸브가 아래층 집에 설치되어 있는 경우 그 상수도관 밸브의 이상 유무의 확인이나 고장의 수리를 위한 위층 거주자의 아래층 집 출입은 그로 인하여 주거의 평온을 심하게 침해하는 것이 아닌 경우에는 특별한 사정이 없는 한 허용되어야 한다고 봄이 상당하다고 할 것인바, 아래층에 사는 피해자가 위층 피고인의 집으로 통하는 상수도관의 밸브를 임의로 잠근 후 이를 피고인에게 알리지 않아 하루 동안 수돗물이 나오지 않은 고통을 겪었던 피고인이 상수도관의 밸브를 확인하고 이를 열기 위하여 부득이 피해자의 집에 들어간 것이므로 이는 피해자의 주거생활의 평온이 다소 침해되는 것을 정당화할 만한 이유가 될 수 있다고 보여지고, 오전 9시경 피해자의 집을 방문하여 문은 열어 주었으나 출입을 거부하는 피해자를 밀치는 것 외에 다른 행동을 하지 않았고 이로 인하여 피해자에게 별다른 피해가 발생하지 않은 점, 피해자 역시 피고인이 자신의 집에 들어오는 것을 적극적으로 제지하지 않았고 당일 출동한 경찰관들에게 피고인을 처벌해 달라는 요청을 하지 않은 점 등 여러 사정에 비추어 보면, 피고인의 위와 같은 행위가 그 수단과 방법에 있어서 상당성이 인정된다고 보여질 뿐만 아니라 긴급하고 불가피한 수단이었다고 할 것이므로, 피고인이 피해자의 주거에 침입한 행위는 형법 제20조의 '사회상규에 위배되지 않는 행위'에 해당한다고 할 것이다.

20-43. 쟁의행위에서 추구되는 목적이 여러 가지이고 그 중 일부가 정당하지 못한 경우, 쟁의행위 전체의 정당성의 판단 기준 [대법원 2003. 12. 11. 선고, 2001도3429]

【판시사항】

[1] 쟁의행위에서 추구되는 목적이 여러 가지이고 그 중 일부가 정당하지 못한 경우, 쟁의행위

전체의 정당성의 판단 기준

　[2] 한국조폐공사 노동조합의 쟁의행위에 대하여 주된 목적의 정당성을 인정할 수 없다.

　【판결요지】

　[1] 쟁의행위에서 추구되는 목적이 여러 가지이고 그 중 일부가 정당하지 못한 경우에는 주된 목적 내지 진정한 목적의 당부에 의하여 그 쟁의목적의 당부를 판단하여야 할 것이고, 부당한 요구사항을 뺐더라면 쟁의행위를 하지 않았을 것이라고 인정되는 경우에는 그 쟁의행위 전체가 정당성을 갖지 못한다고 보아야 한다.

　[2] 한국조폐공사 노동조합의 쟁의행위에 대하여 임금의 개선이라는 목적이 진혀 없었다고 단정할 수는 없다고 하더라도 그 주된 목적은 정부의 공기업 구조조정의 일환으로 추진되는 조폐창 통폐합의 저지에 있다고 보아 쟁의행위의 정당성을 인정할 수 없다.

20-44. 방송국 홈페이지의 시청자 의견란에 작성·게시한 글 중 일부의 표현이 모욕적 언사이기는 하나, 형법 제20조의 사회상규에 위배되지 아니하는 행위로서 위법성이 조각된다. [대법원 2003. 11. 28. 선고, 2003도3972]

　【판결요지】

　피고인이 방송국 홈페이지의 시청자 의견란에 작성·게시한 글 중 일부의 표현은 이미 방송된 프로그램에 나타난 기본적인 사실을 전제로 한 뒤, 그 사실관계나 이를 둘러싼 문제에 관한 자신의 판단과 나아가 이러한 경우에 피해자가 취한 태도와 주장한 내용이 합당한가 하는 점에 대하여 자신의 의견을 개진하고, 피해자에게 자신의 의견에 대한 반박이나 반론을 구하면서, 자신의 판단과 의견의 타당함을 강조하는 과정에서 부분적으로 그와 같은 표현을 사용한 것으로서 사회상규에 위배되지 않는다고 봄이 상당하다.

20-45. 쟁의행위가 형법상 정당행위가 되기 위한 요건 [대법원 2003. 11. 13. 선고, 2003도687]

　【판시사항】

　[1] 쟁의행위가 형법상 정당행위가 되기 위한 요건

　[2] 노동조합의 쟁의행위에 대하여 목적의 정당성을 인정할 수 없다.

　【판결요지】

　[1] 근로자의 쟁의행위가 형법상 정당행위가 되기 위하여는 첫째 그 주체가 단체교섭의 주체로 될 수 있는 자이어야 하고, 둘째 그 목적이 근로조건의 향상을 위한 노사간의 자치적 교섭을 조성하는 데에 있어야 하며, 셋째 사용자가 근로자의 근로조건 개선에 관한 구체적인 요구에 대하여 단체교섭을 거부하였을 때 개시하되 특별한 사정이 없는 한 조합원의 찬성결정 등 법령이 규정한 절차를 거쳐야 하고, 넷째 그 수단과 방법이 사용자의 재산권과 조화를 이루어야 함은 물론 폭력의 행사에 해당되지 아니하여야 한다는 여러 조건을 모두 구비하여야 한다.

　[2] 쟁의행위의 목적이 경영권의 본질에 속하는 공장이전 자체의 반대를 위한 것이므로 그 목적에 있어 정당성을 상실하였을 뿐만 아니라 그 수단과 방법이 사용자의 재산권과 조화를 이루지

못하고 폭력을 행사한 것이어서 정당행위에 해당하지 아니한다.

20-46. 무면허 의료행위가 사회상규에 위배되지 아니하는 정당행위로 인정되기 위한 요건 [대법원 2003. 5. 13. 선고, 2003도939]

【판결요지】

일반적으로 면허 또는 자격 없이 침술행위를 하는 것은 의료법 제25조의 무면허 의료행위(한방의료행위)에 해당되어 같은 법 제66조에 의하여 처벌되어야 하는 것이며, 그 침술행위가 광범위하고 보편화된 민간요법이고 그 시술로 인한 위험성이 적다는 사정만으로 그것이 바로 사회상규에 위배되지 아니하는 행위에 해당한다고 보기는 어렵다 할 것이고, 다만 개별적인 경우에 그 침술행위의 위험성의 정도, 일반인들의 시각, 시술자의 시술의 동기, 목적, 방법, 횟수, 시술에 대한 지식수준, 시술경력, 피시술자의 나이, 체질, 건강상태, 시술행위로 인한 부작용 내지 위험발생 가능성 등을 종합적으로 고려하여 법질서 전체의 정신이나 그 배후에 놓여 있는 사회윤리 내지 사회통념에 비추어 용인될 수 있는 행위에 해당한다고 인정되는 경우에만 사회상규에 위배되지 아니하는 행위로서 위법성이 조각된다.

20-47. 현행범인으로서의 요건을 갖추지 못한 자에 대한 경찰관의 체포를 면하려고 반항하는 과정에서 경찰관에게 상해를 가한 경우, 정당방위가 성립되는지 여부(적극) [대법원 2002. 5. 10. 선고, 2001도300]

【판시사항】

[1] 현행범인을 규정한 형사소송법 제211조 제1항 소정의 '범죄의 실행의 즉후인 자'의 의미

[2] 현행범인으로서의 요건을 갖추지 못한 자에 대한 경찰관의 체포를 면하려고 반항하는 과정에서 경찰관에게 상해를 가한 경우, 정당방위가 성립되는지 여부(적극)

【판결요지】

[1] 형사소송법 제211조가 현행범인으로 규정한 '범죄의 실행의 즉후인 자'라고 함은, 범죄의 실행행위를 종료한 직후의 범인이라는 것이 체포하는 자의 입장에서 볼 때 명백한 경우를 일컫는 것으로서, 위 법조가 제1항에서 본래의 의미의 현행범인에 관하여 규정하면서 '범죄의 실행의 즉후인 자'를 '범죄의 실행 중인 자'와 마찬가지로 현행범인으로 보고 있고, 제2항에서는 현행범인으로 간주되는 준현행범인에 관하여 별도로 규정하고 있는 점 등으로 미루어 볼 때, '범죄의 실행행위를 종료한 직후'라고 함은, 범죄행위를 실행하여 끝마친 순간 또는 이에 아주 접착된 시간적 단계를 의미하는 것으로 해석되므로, 시간적으로나 장소적으로 보아 체포를 당하는 자가 방금 범죄를 실행한 범인이라는 점에 관한 죄증이 명백히 존재하는 것으로 인정되는 경우에만 현행범인으로 볼 수 있다.

[2] 현행범인으로서의 요건을 갖추고 있었다고 인정되지 않는 상황에서 경찰관들이 동행을 거부하는 자를 체포하거나 강제로 연행하려고 하였다면, 이는 적법한 공무집행이라고 볼 수 없고, 그 체포를 면하려고 반항하는 과정에서 경찰관에게 상해를 가한 것은 불법 체포로 인한 신체에 대한

현재의 부당한 침해에서 벗어나기 위한 행위로서 정당방위에 해당하여 위법성이 조각된다.

---

1. 경찰관이 임의동행을 요구하며 손목을 잡고 뒤로 꺾어 올리는 등으로 제압하자 거기에서 벗어나려고 몸싸움을 하는 과정에서 경찰관에게 경미한 상해를 입힌 경우, 위법성이 결여된 행위라고 본 사례
   [대법원 1999. 12. 28. 선고, 98도138]

【판시사항】

원심은, 그 증거에 의하여 피고인이 정읍경찰서 역전파출소 소속 경찰관인 공소외 1, 2 등이 피고인을 순찰차량에 태워 정읍경찰서로 연행하는 과정에서, 양발로 위 순찰차량의 뒷문을 23회 걷어차고, 오른 발로 공소외 1의 목부위를 1회, 우측팔로 공소외 2의 좌측 옆구리를 2회 때려, 공소외 1에게 요치 약 2주일간의 경추부염좌상 등을, 위 공소외 2에게 요치 약 2주일간의 좌흉부좌상 등을 가하고, 위 순찰 차량을 수리비 금 10,000원 상당이 들도록 손상한 사실을 인정한 다음 위 공소외 2과 공소외 1가 피고 인에게 임의동행을 요구하면서 이를 거절하는 피고인에게 위법하게 물리력을 행사한 사실을 인정하면 서도 피고인이 위 공소외 2, 공소외 1 등의 연행에 대하여 소극적으로 저항함에 그치지 않고, 적극적으 로 순찰차량을 걷어차고, 공소외 2, 공소외 1에게 상해를 가한 점에 비추어 볼 때 피고인의 위와 같은 행위가 상당성이 있는 행위로 정당행위에 해당한다고 볼 수 없다고 판시하였다.

그러나 원심이 유지한 제1심판결이 들고 있는 증거들에 의하면, 공소외 2 및 공소외 1는 피고인에게 정읍경찰서까지 임의동행할 것을 요구하여 피고인을 순찰차에 태운 다음 피고인 옆에 탑승한 공소외 2이 피고인의 오른쪽 손목을 잡고 뒤로 꺾어 올리는 등으로 피고인을 제압하자 피고인이 거기에서 벗어 나려고 공소외 2과 몸싸움을 하는 과정에서의 몸부림으로 앞서와 같은 상해 및 손괴가 발생한 사실을 인정할 수 있는바, 공소외 2 및 공소외 1의 이와 같은 행위는 임의동행을 거부하는 피고인을 불법하게 체포·구금한 것으로 볼 수밖에 없고, 따라서 피고인의 범행은 이러한 불법 체포·구금으로 인한 신체에 대한 현재의 부당한 침해에서 벗어나기 위한 행위로서 그 행위에 이른 경위와 그 목적 및 수단, 행위자 의 의사 등 제반 사정에 비추어 위법성이 결여된 행위라고 볼 것이다.

20-48. 노동조합원의 찬·반투표 절차를 거치지 아니한 쟁의행위의 정당성 유무(소극)   [대법원 2001. 10. 25. 선고, 99도4837, 전원합의체 판결]

【판결요지】

[다수의견] 근로자의 쟁의행위가 형법상 정당행위가 되기 위하여는 첫째 그 주체가 단체교섭의 주 체로 될 수 있는 자이어야 하고, 둘째 그 목적이 근로조건의 향상을 위한 노사간의 자치적 교섭을 조성하는 데에 있어야 하며, 셋째 사용자가 근로자의 근로조건 개선에 관한 구체적인 요구에 대하 여 단체교섭을 거부하였을 때 개시하되 특별한 사정이 없는 한 조합원의 찬성결정 등 법령이 규정 한 절차를 거쳐야 하고, 넷째 그 수단과 방법이 사용자의 재산권과 조화를 이루어야 함은 물론 폭 력의 행사에 해당되지 아니하여야 한다는 여러 조건을 모두 구비하여야 하는바, 특히 그 절차에 관하여 쟁의행위를 함에 있어 조합원의 직접·비밀·무기명투표에 의한 찬성결정이라는 절차를 거 쳐야 한다는 노동조합및노동관계조정법 제41조 제1항의 규정은 노동조합의 자주적이고 민주적인 운영을 도모함과 아울러 쟁의행위에 참가한 근로자들이 사후에 그 쟁의행위의 정당성 유무와 관련 하여 어떠한 불이익을 당하지 않도록 그 개시에 관한 조합의사의 결정에 보다 신중을 기하기 위하

여 마련된 규정이므로 위의 절차를 위반한 쟁의행위는 그 절차를 따를 수 없는 객관적인 사정이 인정되지 아니하는 한 정당성이 상실된다. 이와 달리 쟁의행위의 개시에 앞서 노동조합및노동관계 조정법 제41조 제1항에 의한 투표절차를 거치지 아니한 경우에도 조합원의 민주적 의사결정이 실 질적으로 확보된 때에는 단지 노동조합 내부의 의사형성 과정에 결함이 있는 정도에 불과하다고 하여 쟁의행위의 정당성이 상실되지 않는 것으로 해석한다면 위임에 의한 대리투표, 공개결의나 사후결의, 사실상의 찬성간주 등의 방법이 용인되는 결과, 그와 같은 견해는 위의 관계 규정과 대 법원의 판례취지에 반하는 것이 된다. 따라서 견해를 달리하여 노동조합및노동관계조정법 제41조 제1항을 위반하여 조합원의 직접·비밀·무기명 투표에 의한 과반수의 찬성결정을 거치지 아니하 고 쟁의행위에 나아간 경우에도 조합원의 민주적 의사결정이 실질적으로 확보된 경우에는 위와 같 은 투표절차를 거치지 아니하였다는 사정만으로 쟁의행위가 정당성을 상실한다고 볼 수 없다는 취 지의 대법원 2000. 5. 26. 선고 99도4836 판결은 이와 어긋나는 부분에 한하여 변경하기로 한다.

20-49. 주주총회에 참석한 주주가 회사측의 의사에 반하여 회사 사무실을 뒤져 회계장부를 강제로 찾아 열람한 경우, 정당행위에 해당하는지 여부(소극) [대법원 2001. 9. 7. 선고, 2001도2917]

【판시사항】

[1] 주주총회에 참석한 의결권 대리인이 회사 사무실을 뒤져 원하는 장부를 찾아낸 경우, 형법 제20조 소정의 정당행위라고 볼 수 없다는 이유로 방실수색죄가 성립한다.

[2] 주주총회에 참석한 주주가 회사측의 의사에 반하여 회사 사무실을 뒤져 회계장부를 강제로 찾아 열람한 경우, 형법 제20조 소정의 정당행위에 해당하는지 여부(소극)

【판결요지】

[1] 주주총회에 참석한 의결권 대리인이 회사 사무실을 뒤져 원하는 장부를 찾아낸 경우, 형법 제20조 소정의 정당행위라고 볼 수 없다는 이유로 방실수색죄가 성립한다.

[2] 회사의 정기주주총회에 적법하게 참석한 주주라고 할지라도 주주총회장에서의 질문, 의사진 행 발언, 의결권의 행사 등의 주주총회에서의 통상적인 권리행사 범위를 넘어서서 회사의 구체적 인 회계장부나 서류철 등을 열람하기 위하여는 별도로 상법 제466조 등에 정해진 바에 따라 회사 에 대하여 그 열람을 청구하여야 하고, 만일 회사에서 정당한 이유 없이 이를 거부하는 경우에는 법원에 그 이행을 청구하여 그 결과에 따라 회계장부 등을 열람할 수 있을 뿐 주주총회 장소라고 하여 회사측의 의사에 반하여 회사의 회계장부를 강제로 찾아 열람할 수는 없다고 할 것이며, 설 사 회사측이 회사 운영을 부실하게 하여 소수주주들에게 손해를 입게 하였다고 하더라도 위와 같 은 사정만으로 주주총회에 참석한 주주가 강제로 사무실을 뒤져 회계장부를 찾아내는 것이 사회 통념상 용인되는 정당행위로 되는 것은 아니다..

20-50. 새마을금고 이사장이 구 새마을금고법 및 정관에 반하여 비회원인 회사에게 대출해 준 경우, 그 회사가 위 대출금으로 회원인 회사근로자들의 상여금을 지급하였다 하더라도 정당행위에 해당하지 않는다고 본 사례 [대법원 1999. 2. 23. 선고, 98도1869]

【판결요지】

[1] 형법 제20조는 "법령에 의한 행위 또는 업무로 인한 행위 기타 사회상규에 위배되지 아니하는 행위는 벌하지 아니한다."고 규정하고 있는데, 어떠한 행위가 정당한 행위로서 위법성이 조각되는 것인지는 구체적인 경우에 따라 합목적적, 합리적으로 가려져야 할 것인바, 정당행위를 인정하려면 첫째 그 행위의 동기나 목적의 정당성, 둘째 행위의 수단이나 방법의 상당성, 셋째 보호이익과 침해이익과의 법익균형성, 넷째 긴급성, 다섯째 그 행위 외에 다른 수단이나 방법이 없다는 보충성 등의 요건을 갖추어야 한다.

[2] 새마을금고 이사장이 구 새마을금고법 및 정관에 반하여 비회원인 회사에게 대출해 준 경우, 그 회사가 위 대출금으로 회원인 회사근로자들의 상여금을 지급하였다 하더라도 정당행위에 해당하지 않는다고 본 사례

20-51. 해악의 고지는 있지만 사회통념에 비추어 용인할 수 있는 정도의 것이기 때문에 협박죄가 성립하지 아니한다고 본 사례 [대법원 1998. 3. 10. 선고, 98도70]

【판결요지】

협박죄에 대하여 유죄를 선고한 원심판결을 해악의 고지는 있지만 사회통념에 비추어 용인할 수 있는 정도의 것이기 때문에 협박죄가 성립하지 아니한다고 보아 파기한 사례.

---

1. "앞으로 수박이 없어지면 네 책임으로 한다"고 말한 것은 해악의 고지라고 보기 어렵고, 가사 다소간의 해악의 고지에 해당한다고 가정하더라도 위법성이 없다. [대법원 1995. 9. 29. 선고, 94도2187]

【판결요지】

"앞으로 수박이 없어지면 네 책임으로 한다"고 말하였다고 하더라도 그것만으로는 구체적으로 어떠한 법익에 어떠한 해악을 가하겠다는 것인지를 알 수 없어 이를 해악의 고지라고 보기 어렵고, 가사 위와 같이 말한 것이 다소간의 해악의 고지에 해당한다고 가정하더라도, 피고인이 전에도 여러 차례 수박을 절취당하여 그 범인을 붙잡기 위해 수박밭을 지키고 있던 중 마침 같은 마을에 거주하며 피고인과 먼 친척간이기도 한 피해자가 피고인의 수박밭에 들어와 두리번거리는 것을 발견하자 피해자가 수박을 훔치려던 것으로 믿은 나머지 피해자를 훈계하려고 위와 같이 말하였으며 그 과정에서 폭행을 가하거나 달리 유형력을 행사한 바는 없었다면, 가사 피고인이 위와 같이 말한 것으로 인하여 피해자가 어떤 공포심을 느꼈다고 하더라도 피고인이 위와 같은 말을 하게 된 경위, 피고인과 피해자의 나이 및 신분 관계 등에 비추어 볼 때 이는 정당한 훈계의 범위를 벗어나는 것이 아니어서 사회상규에 위배되지 아니하므로 위법성이 없다고 봄이 상당하고, 그 후 피해자가 스스로 음독 자살하기에 이르렀다 하더라도 이는 피해자가 자신의 결백을 밝히려는 데 그 동기가 있었던 것으로 보일 뿐 그것이 피고인의 협박으로 인한 결과라고 보기도 어려우므로 그와 같은 결과의 발생만을 들어 이를 달리 볼 것은 아니다.

20-52. 근로자의 쟁의행위가 형법상 정당행위가 되기 위한 요건 [대법원 1998. 1. 20. 선고, 97도588]

【판결요지】

근로자의 쟁의행위가 형법상 정당행위가 되기 위하여는 첫째 그 주체가 단체교섭의 주체로 될

수 있는 자이어야 하고, 둘째 그 목적이 근로조건의 향상을 위한 노사간의 자치적 교섭을 조성하는 데에 있어야 하며, 셋째 사용자가 근로자의 근로조건 개선에 관한 구체적인 요구에 대하여 단체교섭을 거부하였을 때 개시하되 특별한 사정이 없는 한 조합원의 찬성결정 및 노동쟁의 발생신고 등 절차를 거쳐야 하는 한편, 넷째 그 수단과 방법이 사용자의 재산권과 조화를 이루어야 함은 물론 폭력의 행사에 해당되지 아니하여야 한다는 여러 조건을 모두 구비하여야 한다

20-53. 불법선거운동 적발 목적으로 도청기를 설치하기 위하여 타인의 주거에 침입한 행위의 정당행위 성부(소극) [대법원 1997. 3. 28. 선고, 95도2674]

【판결요지】

타인의 주거에 침입한 행위가 비록 불법선거운동을 적발하려는 목적으로 이루어진 것이라고 하더라도, 타인의 주거에 도청장치를 설치하는 행위는 그 수단과 방법의 상당성을 결하는 것으로서 정당행위에 해당하지 않는다.

20-54. 경찰관이 허가 없이 개인적으로 총기 등을 소지할 수 있는지 여부(소극) [대법원 1996. 7. 30. 선고, 95도2408]

【판결요지】

경찰공무원법의 규정 취지는 경찰공무원이 직무수행을 위하여 필요하다고 인정되는 경우에 한하여 무기를 휴대할 수 있다는 것뿐이지, 경찰관이라 하여 허가 없이 개인적으로 총포 등을 구입하여 소지하는 것을 허용하는 것은 아니다.

20-55. 목이 졸린 상태에서 벗어나기 위한 소극적 저항행위로서 정당행위에 해당한다고 본 사례 [대법원 1996. 5. 28. 선고, 96도979]

【판결요지】

피해자가 양손으로 피고인의 넥타이를 잡고 늘어져 후경부피하출혈상을 입을 정도로 목이 졸리게 된 피고인이 피해자를 떼어놓기 위하여 왼손으로 자신의 목 부근 넥타이를 잡은 상태에서 오른손으로 피해자의 손을 잡아 비틀면서 서로 밀고 당기고 하였다면, 피고인의 그와 같은 행위는 목이 졸린 상태에서 벗어나기 위한 소극적인 저항행위에 불과하여 형법 제20조 소정의 정당행위에 해당하여 죄가 되지 아니한다고 본 원심판결을 수긍한 사례

---

1. 피해자의 침해행위에 대한 소극적인 저항방법으로서 사회통념상 용인될 만한 상당성이 있어서 위법성이 조각된다고 본 예 [대법원 1987. 4. 14. 선고, 87도339]

【판결요지】

분쟁중인 부동산관계로 따지러 온 피해자가 피고인의 가게안에 들어와서 피고인 및 그의 부에게 행패를 부리므로 피해자를 가게 밖으로 밀어내려다가 피해자를 넘어지게 한 행위는 피해자측의 행패를 저지하기 위한 소극적 저항방법으로서 비록 그 과정에서 피해자가 넘어졌다 할지라도 그 경위, 목적, 수단, 피고인의 의사등 여러가지 사정에 비추어 볼 때 사회통념상 용인될 만한 상당성이 있는 행위로 위법성이 없다.

---

2. 멱살을 잡아당기는 피해자의 옷자락을 잡고 밀친 행위가 정당행위에 해당된다고 본 사례 [대법원 1990. 1. 23. 선고, 89도1328]

【판결요지】

피해자가 갑자기 달려나와 정당한 이유없이 피고인의 멱살을 잡고 파출소로 가자면서 계속하여 끌어당기므로 피고인이 그와 같은 피해자의 행위를 제지하기 위하여 그의 양팔부분의 옷자락을 잡고 밀친 것이라면 이러한 피고인의 행위는 멱살을 잡힌데서 벗어나기 위한 소극적인 저항행위에 불과하고 그 행위에 이른 경위 등에 비추어 볼 때 사회통념상 허용될만한 정도의 상당성이 있는 행위로서 형법 제20조 소정의 정당행위에 해당한다.

3. 불법적인 공격으로부터 벗어나기 위한 소극적 방어행위로서 정당행위에 해당한다고 본 사례[대법원 1990. 3. 27. 선고, 90도292]

【판결요지】

피고인이 피해자와 그 일행으로부터 더이상 맞지 않기 위하여 피해자의 손을 잡아 뿌리치고 목부분을 1회 밀어버림으로써 피해자가 땅에 넘어지게 된 것이라면 피고인의 행위는 그 동기나 당시의 정황으로 보아 불법한 공격적인 행위가 아니라 오히려 위 피해자 일행의 공격으로부터 벗어나기 위한 소극적인 방어행위로서 사회상규에 위배되지 않는 행위라고 볼 것이다.

20-56. 형사상 책임이 면제되는 쟁의행위의 정당성 요건 [대법원 1996. 2. 27. 선고, 95도2970]

【판결요지】

쟁의행위는 근로자가 소극적으로 노무제공을 거부하거나 정지하는 행위만이 아니라 적극적으로 그 주장을 관철하기 위하여 업무의 정상적인 운영을 저해하는 행위까지 포함하는 것이므로, 쟁의행위의 본질상 사용자의 정상업무가 저해되는 경우가 있음은 부득이한 것으로서 사용자는 이를 수인할 의무가 있으나, 이러한 근로자의 쟁의행위가 정당성의 한계를 벗어날 때에는 근로자는 업무방해죄 등 형사상 책임을 면할 수 없는바, 형사상 책임이 면제되는 정당성의 요건은 쟁의행위가 단체교섭과 관련하여 근로조건의 유지, 개선 등을 목적으로 하는 것이어서 그 목적이 정당하여야 하고, 쟁의행위의 시기와 절차가 법령의 규정에 따른 것으로서 정당하여야 하며, 또 쟁의행위의 방법과 태양이 폭력 또는 파괴행위를 수반하거나 기타 고도의 반사회성을 띤 행위가 아닌 정당한 범위 내의 것이어야 한다.

20-57. 사서증서인증서의 변조가 당초의 잘못된 기재를 정정하려는 의도였다고 할지라도 정당행위라고 볼 수 없다. [대법원 1992. 10. 13. 선고, 92도1064]

【판시사항】

원심판결 이유에 의하면 원심은 피고인의 지위, 피고인이 정정한 내용의 주요성, 인증서 정정의 경위 등을 종합하여 볼 때 그 사서증서인증서의 변조가 비록 당초의 잘못된 기재를 정정하려는 의도였다고 할지라도 이를 사회상규에 위배되지 아니한 정당한 업무범위 내의 행위라고 할 수 없다고 판단하였는바, 기록에 비추어 원심의 판단은 정당하고 거기에 지적하는 바와 같은 형법 제20조의 정당행위에 관한 법리오해의 위법이 없다. 공증인보조자인 피고인의 이 사건 사서증서 인증서의 변조행위가 법령에 의하여 죄가 되지 아니하는 것으로 오인한 데서 비롯되었거나 그 오인에 정당한 이유가 있어 형법 제16조에 해당한다고 할 수도 없다.

20-58. 여자 화장실 내에서 백을 빼앗으려고 다가오는 남자의 어깨를 밀친 행위가 정당행위에 해당한다고 본 사례 [대법원 1992. 3. 27. 선고, 91도2831]

【판결요지】

남자인 피해자가 비좁은 여자 화장실 내에 주저앉아 있는 피고인으로부터 무리하게 쇼핑백을 빼앗으려고 다가오는 것을 저지하기 위하여 피해자의 어깨를 순간적으로 밀친 것은 피해자의 불법적인 공격으로부터 벗어나기 위한 본능적인 소극적 방어행위에 지나지 아니 하므로 이는 사회통념상 허용될 수 있는 행위로서 그 위법성을 인정할 수 없다.

20-59. 학생주임을 맡고 있는 교사가 훈계목적으로 몽둥이와 당구큐대로 학생의 둔부를 때려 3주간의 치료를 요하는 상해를 입힌 경우 정당행위에 해당하는지 여부(소극) [대법원 1991. 5. 14. 선고, 91도513]

【판결요지】

교사가 학생을 엎드러지게 한 후 몽둥이와 당구큐대로 그의 둔부를 때려 3주간의 치료를 요하는 우둔부심부혈종좌이부좌상을 입혔다면 비록 학생주임을 맡고 있는 교사로서 제자를 훈계하기 위한 것이었다 하더라도 이는 징계의 범위를 넘는 것으로서 형법 제20조의 정당행위에는 해당하지 아니한다.

---

1. 교사가 국민학교 5학년생을 징계하기 위하여 지휘봉으로 엉덩이와 허리를 때려 6주간의 치료를 요하는 상해를 입힌 경우 교사의 징계권행사로서 정당행위가 되는지 여부(소극) [대법원 1990. 10. 30. 선고, 90도1456]

【판결요지】

교사가 국민학교 5학년생을 징계하기 위하여 양손으로 교탁을 잡게하고 길이 50cm, 직경 3cm 가량 되는 나무 지휘봉으로 엉덩이를 두번 때리고, 학생이 아파서 무릎을 굽히며 허리를 옆으로 틀자 다시 허리부분을 때려 6주간의 치료를 받아야 할 상해를 입힌 경우 위 징계행위는 그 방법 및 정도가 교사의 징계권행사의 허용한도를 넘어선 것으로서 정당한 행위로 볼 수 없다.

20-60. 피해어민들이 그들의 피해보상 주장을 관철하기 위하여 집단적인 시위를 하고, 선박의 입·출항 업무를 방해하며 진압 경찰관들을 구타하여 상해를 입힌 경우 정당행위에 해당하지 않는다고 본 사례 [대법원 1991. 5. 10. 선고, 91도346]

【판결요지】

피해어민들이 그들의 피해보상 주장을 관철하기 위하여 집단적인 시위를 하고, 선박의 입 · 출항 업무를 방해하며 이를 진압하려는 경찰관들을 대나무 사잇대 등을 들고 구타하여 상해를 입히는 등의 행위를 한 경우 각 범행의 수단, 방법 및 그 결과 등에 비추어 위 각 범행이 사회통념상 용인될 만한 상당성이 있는 정당행위라고는 할 수 없다.

---

1. 고추값 폭락으로 인한 생존대책을 강구하여 달라는 농민들의 요구가 정당하더라도 이를 관철한다는 명목으로 경운기를 동원, 철도 건널목을 점거한 행위 [대법원 1989. 12. 26. 선고, 89도1512]

【판결요지】

고추값 폭락으로 인한 생존대책을 강구하여 달라는 농민들의 요구가 정당하더라도 이를 관철한다는 명목으로 경운기를 동원, 철도 건널목을 점거하여 열차의 운행을 막고, 철길에서 물러날 것을 요구하는 경찰관들에게 돌을 던져 상해를 입히는 등의 시위행위는 그 수단이나 방법에 있어서 상당성이 있다고 할 수 없으므로 정당행위로는 인정되지 않는다.

---

2. 집회및시위에관한법률 신고 없이 이루어진 옥외집회 또는 시위를 사전에 관할 경찰서가 안 경우 사회상규에 반하지 아니하는 정당행위라고 볼 수 있는지 여부(소극) [대법원 1990. 8. 14. 선고, 90도870]

【판결요지】

옥외집회 또는 시위가 개최될 것이라는 것을 관할 경찰서가 알고 있었다거나 그 집회 또는 시위가 평화롭게 이루어진다 하여 신구 집회및시위에관한법률 소정의 신고의무가 면제되는 것이라고는 할 수 없으므로 소정의 신고서 제출 없이 이루어진 옥외집회 또는 시위를 사회상규에 반하지 아니하는 정당한 행위라고 할 수는 없다.

20-61. 사단법인의 이사장이 의안에 관하여 발언하다가 타인의 명예를 훼손하는 내용의 말을 한 경우 사회상규에 반하지 아니하는지 여부(소극) [대법원 1990. 12. 26. 선고, 90도2473]

【판결요지】

공소외 사단법인의 이사장이 이사회 또는 임시총회의 의장으로서 의안에 관하여 발언하다가 타인의 명예를 훼손하는 내용의 말을 하였다면 사회상규에 반하지 아니한다고 할 수 없으므로 위법성이 조각되지 아니한다.

20-62. 노동조건의 개선 등의 목적을 관철하기 위한 통근버스 운행방해, 탈의실 농성점거 등의 행위가 법령에 의한 행위 또는 업무로 인한 행위로서 위법성이 조각되는지 여부(소극) [대법원 1990. 7. 10. 선고, 90도755]

【판결요지】

피고인들이 한 통근버스 운행방해, 탈의실 농성점거, 농성행위 등의 행위가 적법한 절차를 거치지 않고 이루어진 것이어서 업무방해죄, 일반교통방해죄의 구성요건에 해당하는 것이라면 정당한 노동조합 활동이라고 볼 수 없어 법령에 의한 행위 또는 업무로 인한 행위라고 할 수 없고, 설사 피고인들이 노동조건의 개선이나 임금인상 등의 목적을 관철하기 위하여 그와 같은 행위를 하였다고 하여도 이와 같이 그 절차가 위법이고, 또 그 방법이 위와 같은 것이어서 사회상규상 허용될 수 없는 것인 이상은 마찬가지이므로 위법성이 조각되지 아니한다.

20-63. 농성제지를 위한 감금과 정당행위 [대법원 1989. 12. 12. 선고, 89도875]

【판결요지】

회사의 관리사원으로 근무하는 자들이 해고에 항의하는 농성을 제지하기 위하여 그 주동자라고 생각되는 해고근로자들을 다른 근로자와 분산시켜 귀가시키거나 불응시에는 경찰에 고발, 인계할 목적으로 간부사원회의의 지시에 따라 위 근로자들을 봉고차에 강제로 태운 다음 그곳에서 내리지 못하게 하여 감금행위를 한 것이라고 하더라도 이를 정당한 업무행위라거나 사회상규에 위배되지 않는 정당한 행위라고 보기는 어렵고 또 현재의 부당한 침해를 방위하기 위하여 상당성이 인정되는 정당방위 행위라고 볼 수도 없다.

20-64. 중학교 졸업예정 학생들에 대한 학원의 교습행위를 사회상규에 위배되지 않는 행위로 볼 수 없다.[대법원 1989. 10. 24. 선고, 87도1044]

【판결요지】

피고인이 그가 경영하는 학원에서 고등학교 입학준비반에 등록한 중학교 졸업예정학생들에게 그 개강예정일 2주일 전부터 학교수업이 끝나는 오후 1시부터 6시까지 진학지도를 위한 오리엔테이션을 실시하는 과정에서 일부강사들로 하여금

구 사설강습소에관한법률 제9조의2 제1항에 위반하여 학과 내용을 교습케 한 경우 그 교습행위 당시에는 매일 오전 중에 중학교 졸업예정학생들에게 학교수업을 계속 실시하고 있어서 학교교육과정이 실질적으로 종료되었다고 할 수 없었고, 광고된 개강예정일로부터2주일 전에 시작된 교습이 개강소개나 준비에 반드시 필요한 것이었다고 보기 어려우며, 당시 개강기간이 재학생에 대한 학원의 교습행위를 단속하면서 졸업예정학생에 대해서는 이를 그 규제 또는 단속대상에서 사실상 제외하였다거나 나아가 사회일반에서 이를 용인하여야 하는 것으로 인식되었다고 여겨야 할 자료도 발견되지 않는 점들에 비추어 보면, 수강생들이 비록 고등학교입학 학력고사에서 낙방하여 다시 중학교 교과과정을 공부해야 할 처지에 놓여 있었고 학원개강일까지 사이의 공백기에 방황하는 것을 막기 위하여 위와 같은 교습에 이르게 되었더라도 그것이 정상적인 학교교육실시에 전혀 저촉되지 아니하고 일반적으로 위법하다고 여겨지지 아니하며 그 처벌이 무가치하다거나 사회정의에 위반된다고 인식될 정도라고 할 수는 없다.

20-65. 가옥소유자의 침입에 대한 피해자의 추정적 승낙 [대법원 1989. 9. 12. 선고, 89도889]

【판결요지】

건물의 소유자라고 주장하는 피고인과 그것을 점유관리하고 있는 피해자 사이에 건물의 소유권에 대한 분쟁이 계속되고 있는 상황이라면 피고인이 그 건물에 침입하는 것에 대한 피해자의 추정적 승낙이 있었다거나 피고인의 이 사건 범행이 사회상규에 위배되지 않는다고 볼 수 없다고 한 원심의 조치는 수긍이 간다.

20-66. 공공의 이익을 위한 동기에 피해자를 비방할 목적도 함께 있을 경우 형법 제310조의
     적용가부(적극) [대법원 1989. 2. 14. 선고, 88도899]

　【판시사항】

　[1] 명예훼손과 위법성 조각사유

　[2] 공공의 이익을 위한 동기에 피해자를 비방할 목적도 함께 있을 경우 형법 제310조의 적용가
부(적극)

　【판결요지】

　[1] 교회담임목사를 출교처분한다는 취지의 교단산하 재판위원회의 판결문은 성질상 교회나 교
단 소속신자들 사이에서는 당연히 전파, 고지될 수 있는 것이므로 위 판결문을 복사하여 예배를
보러온 신도들에게 배포한 행위에 의하여 그 목사의 개인적인 명예가 훼손된다 하여도 그것은 진
실한 사실로서 오로지 교단 또는 그 산하교회 소속신자들의 이익에 관한 때에 해당하거나 적어도
사회상규에 위배되지 아니하는 행위에 해당하여 위법성이 없다.

　[2] '[1]' 항의 경우 피고인들의 소행에 피해자를 비방할 목적이 함께 숨어 있었다고 하더라도
그 주요한 동기가 공공의 이익을 위한 것이라면 형법 제310조의 적용을 배제할 수 없다.

20-67. 상관명령에의 절대 복종이 불문률로 되어 있는 경우 위법명령에 따른 행위가 정당행위 내지
     강요된 행위에 해당하는지 여부[대법원 1988. 2. 23. 선고, 87도2358]

　【판시사항】

　[1] 상관의 위법 내지 불법한 명령과 하관의 복종의무

　[2] 상관명령에의 절대 복종이 불문률로 되어 있는 경우 위법명령에 따른 행위가 정당행위 내지
강요된 행위에 해당하는지 여부

　【판결요지】

　[1] 공무원이 그 직무를 수행함에 있어 상관은 하관에 대하여 범죄행위 등 위법한 행위를 하도
록 명령할 직권이 없는 것이고, 하관은 소속상관의 적법한 명령에 복종할 의무는 있으나 그 명령
이 참고인으로 소환된 사람에게 가혹행위를 가하라는 등과 같이 명백한 위법 내지 불법한 명령인
때에는 이는 벌써 직무상의 지시명령이라 할 수 없으므로 이에 따라야 할 의무는 없다.

　[2] 설령 대공수사단 직원은 상관의 명령에 절대 복종하여야 한다는 것이 불문률로 되어 있다
할지라도 국민의 기본권인 신체의 자유를 침해하는 고문행위 등이 금지되어 있는 우리의 국법질
서에 비추어 볼 때 그와 같은 불문률이 있다는 것만으로는 고문치사와 같이 중대하고도 명백한
위법명령에 따른 행위가 정당한 행위에 해당하거나 강요된 행위로서 적법행위에 대한 기대가능성
이 없는 경우에 해당하게 되는 것이라고는 볼 수 없다.

20-68. 부당한 철거대집행으로 인한 도로의 무단점용과 정당행위 [대법원 1986. 10. 14. 선고,
     86도435]

【판결요지】

당국의 허가없이 도로를 점용하는 행위는 소위 상태범이므로 설사 위와 같은 도로의 점용동기가 당국의 부당한 철거대집행에 인한 것이라 하더라도 이로써 그 도로의 계속적인 점용이 정당화 될 수 없다.

20-69. 피해자에게 더 이상 맞지 않으려고 가슴을 밀어낸 정도의 폭행과 정당행위 [대법원 1986. 7. 22. 선고, 86도751]

【판결요지】

피해자가 피고인의 팔을 당기고 하여 아무말없이 뒤돌아가는데 다시 오른팔을 확 잡아당기고 가슴부분을 1회 때리고 또 다시 때리려는 것을 보고, 피고인으로서는 더이상 맞지 않으려고 피해자의 가슴을 밀어낸 정도의 행위로서는 비록 외형상 그것이 폭행에 해당한다 하더라도 그 동기나 당시의 상황으로 봐서 불법한 공격적인 행위로 나아간 것이라고 할 수 없고 이는 오히려 먼저 당한 폭행과 같은 새로운 폭행을 당하지 않으려고 본능적으로 한 소극적 방어행위(저항)에 지나지 않아 사회상규에 어긋나는 행위라고 볼 수 없다.

20-70. 타인의 위법한 공격으로부터 자신을 보호하고 이를 벗어나기 위하여 필요한 최소한도의 소극적인 방어에 불과하여 위법성이 없다. [대법원 1986. 6. 24. 선고, 86도276]

【판결요지】

피해자가 피고인에게 달려들어 주먹으로 오른쪽 눈을 1회, 양어깨를 2,3회 구타하자 이를 제지하기 위하여 피고인이 피해자의 어깨를 잡고 왼손으로 2,3회 팔목을 밀고 당기는 등 승강이를 벌이다가 피해자를 두고 그 자리를 피한 정도라면 피고인의 위와 같은 행위가 외형상 폭행에 해당된다 하더라도 사건의 경위와 상황 등에 비추어 이는 피해자의 위법한 공격으로부터 자신을 보호하고 이를 벗어나기 위하여 필요한 최소한도의 소극적 방어에 불과하여 사회상규에 어긋나지 않는 행위로서 위법성이 없다.

20-71. 사회적 상당성이 인정되는 의사의 통상적인 진료행위라 하여 업무상 과실치상죄의 성립을 부정한 사례 [대법원 1986. 6. 10. 선고, 85도2133]

【판시사항】

원심판결은 그 이유에서, 피고인이 최초의 소파수술을 받은 피해자가 8일후에 다시 복통을 호소하면서 찾아오자 그 복통이 최초수술로 인한 후유증(최초수술시에 태아조직이 완전히 제거되지 아니한 채 자궁내에 잔류함으로 인한 후유증)으로 판단하고 두번째의 소파수술을 시행하였으나, 이는 피해자에 대한 최초의 소파수술시에 태아조직으로 볼 수 있는 내용물이 나왔던 점에 근거한 판단으로, 그와 같은 판단이 현재의 의학이론에 크게 벗어나지 않는 것이라는 점, 피해자를 자궁외임신으로 의심하는 경우에도 진단목적으로 소파수술을 시행할 수도 있다는 점, 2차 소파수술로 인한 상처가 지극히 경미한 정도의 것이라는 점에 비추어 보면 비록 위 제2차 소파수술이 피해자의 자궁외임신을 오진한 피고인의 과실에 기인된 것이라 하더라도 이는 사회적 상당성이 인정되는 의사의 통상적인 진료행위에 지나지 않는 것이므로 피고인의 소위를 과실로 상해를 입힌 행위로는 볼 수 없다고 판단하였다.

20-72. 상대방의 불법한 공격으로 부터 자신을 보호하고 이를 벗어나기 위한 저항수단으로 유형력을 행사한 경우 위법성이 조각되는지 여부(적극) [대법원 1985. 3. 12. 선고, 84도2929]

【판결요지】

상대방의 불법한 공격으로부터 자신을 보호하고 이를 벗어나기 위한 지항수단으로 유형력을 행사한 경우에 그 행위가 소극적인 방어의 한도를 벗어나지 않는다면 그 행위에 이르게 된 경위와 그 목적, 수단 및 행위자의 의사등 제반사정에 비추어 사회통념상 허용될만한 상당성이 있는 행위로서 위법성이 조각된다.

20-73. 부하를 훈계하기 위한 폭행행위와 사회상규 위반여부 [대법원 1984. 6. 26. 선고, 84도603]

【판결요지】

부하를 훈계하기 위한 것이라 하여도 폭행행위가 훈계권의 범위를 넘었다고 보여지고 그로 인하여 상해를 입은 이상 그 행위를 사회상규에 위배되지 아니한 행위로서 위법성이 조각된다고 할 수 없다.

20-74. 사회상규에 위배되지 않는 행위의 의미 [대법원 1983. 2. 8. 선고, 82도357]

【판결요지】

형법 제20조가 사회상규에 위배되지 아니하는 행위는 처벌하지 아니한다고 규정한 것은 사회상규 개념을 가장 기본적인 위법성 판단의 기준으로 삼아 이를 명문화한 것으로서 그에 따르면 행위가 법규정의 문언상 일응 범죄구성요건에 해당된다고 보이는 경우에도 그것이 극히 정상적인 생활형태의 하나로서 역사적으로 생성된 사회생활질서의 범위안에 있는 것이라고 생각되는 경우에 한하여 그 위법성이 저각되어 처벌할 수 없게 되는 것이며, 어떤 법규성이 처벌대상으로 하는 행위가 사회발전에 따라 전혀 위법하지 않다고 인식되고 그 처벌이 무가치할뿐 아니라 사회정의에 배반된다고 생각될 정도에 이를 경우나, 자유민주주의 사회의 목적 가치에 비추어 이를 실현하기 위해 사회적 상당성이 있는 수단으로 행하여졌다는 평가가 가능한 경우에 한하여 이를 사회상규에 위배되지 아니한다고 할 것이다..

제21조[정당방위]

> 제21조(정당방위) ① 현재의 부당한 침해로부터 자기 또는 타인의 법익(法益)을 방위하기 위하여 한 행위는 상당한 이유가 있는 경우에는 벌하지 아니한다.
> ② 방위행위가 그 정도를 초과한 경우에는 정황(情況)에 따라 그 형을 감경하거나 면제할 수 있다.
> ③ 제2항의 경우에 야간이나 그 밖의 불안한 상태에서 공포를 느끼거나 경악(驚愕)하거나 흥분하거나 당황하였기 때문에 그 행위를 하였을 때에는 벌하지 아니한다.

21-1. 정당방위가 성립하려면 방위행위가 사회적으로 상당한 것이어야 하는지 여부(적극) [대법원 2018. 12. 27. 선고, 2017도15226]

【판시사항】

위법성조각사유로서 정당행위나 정당방위에 해당하는지 판단하는 방법 / 정당행위로 인정되기 위한 요건 / 정당방위가 성립하려면 방위행위가 사회적으로 상당한 것이어야 하는지 여부(적극)

【판결요지】

어떠한 행위가 위법성조각사유로서 정당행위나 정당방위가 되는지 여부는 구체적인 경우에 따라 합목적적·합리적으로 가려야 하고, 또 행위의 적법 여부는 국가질서를 벗어나서 이를 가릴 수 없는 것이다. **정당행위로 인정되려면** 첫째 행위의 동기나 목적의 정당성, 둘째 행위의 수단이나 방법의 상당성, 셋째 보호법익과 침해법익의 법익균형성, 넷째 긴급성, 다섯째 그 행위 이외의 다른 수단이나 방법이 없다는 보충성의 요건을 모두 갖추어야 한다. 그리고 **정당방위가 성립하려면** 침해행위에 의하여 침해되는 법익의 종류, 정도, 침해의 방법, 침해행위의 완급과 방위행위에 의하여 침해될 법익의 종류, 정도 등 일체의 구체적 사정들을 참작하여 방위행위가 사회적으로 상당한 것이어야 한다.

21-2. 경찰관이 적법절차를 준수하지 않은 채 실력으로 피의자를 체포하려고 한 행위가 적법한 공무집행인지 여부(소극) 및 피의자가 경찰관의 불법한 체포를 면하려고 반항하는 과정에서 경찰관에게 상해를 가한 행위가 정당방위에 해당하는지 여부(적극) [대법원 2017. 9. 21. 선고, 2017도10866]

【판시사항】

[1] 공무집행방해죄에서 '적법한 공무집행'의 의미 / 경찰관이 적법절차를 준수하지 않은 채 실력으로 피의자를 체포하려고 한 행위가 적법한 공무집행인지 여부(소극) 및 피의자가 경찰관의 불법한 체포를 면하려고 반항하는 과정에서 경찰관에게 상해를 가한 행위가 정당방위에 해당하는지 여부(적극)

[2] 경찰관들이 체포영장을 소지하고 메트암페타민(일명 필로폰) 투약 등 혐의로 피고인을 체포하려고 하자, 피고인이 이에 거세게 저항하는 과정에서 경찰관들에게 상해를 가하였다고 하여 공무집행방해 및 상해의 공소사실로 기소된 사안

【판결요지】

[1] 형법 제136조가 규정하는 공무집행방해죄는 공무원의 직무집행이 적법한 경우에 한하여 성

립한다. 이때 적법한 공무집행은 그 행위가 공무원의 추상적 권한에 속할 뿐 아니라 구체적 직무집행에 관한 법률상 요건과 방식을 갖춘 경우를 가리킨다. 경찰관이 적법절차를 준수하지 않은 채 실력으로 피의자를 체포하려고 하였다면 적법한 공무집행이라고 할 수 없다. 그리고 경찰관의 체포행위가 적법한 공무집행을 벗어나 불법하게 체포한 것으로 볼 수밖에 없다면, 피의자가 그 체포를 면하려고 반항하는 과정에서 경찰관에게 상해를 가한 것은 불법체포로 인한 신체에 대한 현재의 부당한 침해에서 벗어나기 위한 행위로서 정당방위에 해당하여 위법성이 조각된다.

[2] 피고인이 경찰관들과 마주하자마자 도망가려는 태도를 보이거나 먼저 폭력을 행사하며 대항한 바 없는 등 경찰관들이 체포를 위한 실력행사에 나아가기 전에 체포영장을 제시하고 미란다 원칙을 고지할 여유가 있었음에도 애초부터 미란다 원칙을 체포 후에 고지할 생각으로 먼저 체포행위에 나선 행위는 적법한 공무집행이라고 보기 어렵다.

> 1. 경찰관의 불법한 체포를 면하려고 반항하는 과정에서 경찰관에게 상해를 가한 경우 [대법원 2000. 7. 4. 선고, 99도4341]
>
> 【판결요지】
> 경찰관의 행위가 적법한 공무집행을 벗어나 불법하게 체포한 것으로 볼 수밖에 없다면, 그 체포를 면하려고 반항하는 과정에서 경찰관에게 상해를 가한 것은 불법 체포로 인한 신체에 대한 현재의 부당한 침해에서 벗어나기 위한 행위로서 정당방위에 해당하여 위법성이 조각된다.

21-3. 정당방위의 성립요건 및 타인의 법익에 대한 현재의 부당한 침해를 방위하기 위한 행위도 상당한 이유가 있으면 정당방위에 해당하여 위법성이 조각되는지 여부(적극) [대법원 2017. 3. 15. 선고, 2013도2168]

【판결요지】

어떠한 행위가 정당방위로 인정되려면 그 행위가 자기 또는 타인의 법익에 대한 현재의 부당한 침해를 방어하기 위한 것으로서 상당성이 있어야 하므로, 위법하지 않은 정당한 침해에 대한 정당방위는 인정되지 않는다. 이때 방위행위가 사회적으로 상당한 것인지는 침해행위에 의해 침해되는 법익의 종류와 정도, 침해의 방법, 침해행위의 완급, 방위행위에 의해 침해될 법익의 종류와 정도 등 일체의 구체적 사정들을 참작하여 판단하여야 한다. 또한 자기의 법익뿐 아니라 타인의 법익에 대한 현재의 부당한 침해를 방위하기 위한 행위도 상당한 이유가 있으면 형법 제21조의 정당방위에 해당하여 위법성이 조각된다.

21-4. 경찰관의 불심검문을 받아 운전면허증을 교부한 후 경찰관에게 큰 소리로 욕설을 하였는데, 경찰관이 피고인을 모욕죄의 현행범으로 체포하려고 하자 피고인이 반항하면서 경찰관에게 상해를 가한 사안 [대법원 2011. 5. 26. 선고, 2011도3682]

【판시사항】

[1] 현행범인을 체포하기 위하여 '체포의 필요성'이 있어야 하는지 여부(적극) 및 현행범인 체포 요건을 갖추지 못하여 위법한 체포에 해당하는지의 판단 기준

[2] 공무집행방해죄에서 '적법한 공무집행' 의 의미 및 현행범인이 경찰관의 불법한 체포를 면하려고 반항하는 과정에서 경찰관에게 상해를 가한 경우 '정당방위' 의 성립 여부(적극)

【판결요지】

[1] 현행범인은 누구든지 영장 없이 체포할 수 있는데(형사소송법 제212조), 현행범인으로 체포하기 위하여는 행위의 가벌성, 범죄의 현행성·시간적 접착성, 범인·범죄의 명백성 이외에 체포의 필요성 즉, 도망 또는 증거인멸의 염려가 있어야 하고, 이러한 요건을 갖추지 못한 현행범인 체포는 법적 근거에 의하지 아니한 영장 없는 체포로서 위법한 체포에 해당한다. 여기서 현행범인 체포의 요건을 갖추었는지는 체포 당시 상황을 기초로 판단하여야 하고, 이에 관한 검사나 사법경찰관 등 수사주체의 판단에는 상당한 재량 여지가 있으나, 체포 당시 상황으로 보아도 요건 충족 여부에 관한 검사나 사법경찰관 등의 판단이 경험칙에 비추어 현저히 합리성을 잃은 경우에는 그 체포는 위법하다고 보아야 한다.

[2] 형법 제136조가 규정하는 공무집행방해죄는 공무원의 직무집행이 적법한 경우에 한하여 성립하고, 여기서 적법한 공무집행은 그 행위가 공무원의 추상적 권한에 속할 뿐 아니라 구체적 직무집행에 관한 법률상 요건과 방식을 갖춘 경우를 가리킨다. 경찰관이 현행범인 체포 요건을 갖추지 못하였는데도 실력으로 현행범인을 체포하려고 하였다면 적법한 공무집행이라고 할 수 없고, 현행범인 체포행위가 적법한 공무집행을 벗어나 불법인 것으로 볼 수밖에 없다면, 현행범이 체포를 면하려고 반항하는 과정에서 경찰관에게 상해를 가한 것은 불법체포로 인한 신체에 대한 현재의 부당한 침해에서 벗어나기 위한 행위로서 정당방위에 해당하여 위법성이 조각된다.

---

1. 검사가 참고인 조사를 받는 줄 알고 검찰청에 자진출석한 변호사사무실 사무장을 합리적 근거 없이 긴급체포하자 그 변호사가 이를 제지하는 과정에서 위 검사에게 상해를 가한 것이 정당방위에 해당한다 [대법원 2006. 9. 8. 선고, 2006도148]

【판시사항】

검사의 행위는 앞서 본 바와 같이 이미 적법한 공무집행을 벗어나 피고인 2를 불법하게 체포하려고 한 것으로 볼 수밖에 없으므로, 피고인 1이 피고인 2에 대한 체포를 제지하는 과정에서 위 검사에게 상해를 가한 것은 이러한 불법 체포로 인한 신체에 대한 현재의 부당한 침해에서 벗어나기 위한 행위로서 정당방위에 해당하여 위법성이 조각된다고 봄이 상당하다(대법원 2000. 7. 4. 선고 99도4341 판결, 2002. 5. 10. 선고 2001도300 판결 등 참조).

---

2. 경찰관의 불법한 체포를 면하려고 반항하는 과정에서 경찰관에게 상해를 가한 경우, 불법 체포로 인한 신체에 대한 현재의 부당한 침해에서 벗어나기 위한 행위로서 정당방위에 해당한다. [대법원 2000. 7. 4. 선고, 99도4341]

【판결요지】

경찰관의 행위가 적법한 공무집행을 벗어나 불법하게 체포한 것으로 볼 수밖에 없다면, 그 체포를 면하려고 반항하는 과정에서 경찰관에게 상해를 가한 것은 불법 체포로 인한 신체에 대한 현재의 부당한 침해에서 벗어나기 위한 행위로서 정당방위에 해당하여 위법성이 조각된다.

3. 현행범이 경찰관의 불법한 체포를 면하려고 반항하는 과정에서 경찰관에게 상해를 가한 경우 정당방위의 성립 여부(적극) [대법원 2006. 11. 23. 선고, 2006도2732]

【판시사항】

형법 제136조가 규정하는 공무집행방해죄는 공무원의 직무집행이 적법한 경우에 한하여 성립하는 것이고, 여기서 적법한 공무집행이라고 함은 그 행위가 공무원의 추상적 권한에 속할 뿐 아니라 구체적 직무집행에 관한 법률상 요건과 방식을 갖춘 경우를 가리키는 것이며, 한편 헌법 제12조 제5항 전문, 형사소송법 제213조의2, 제72조의 규정 등에 의하면 사법경찰관리가 현행범인을 체포하는 경우에는 반드시 범죄사실의 요지, 구속의 이유와 변호인을 선임할 수 있음을 말하고 변명할 기회를 주어야 할 것임이 명백하므로, 경찰관이 위 적법절차를 준수하지 아니한 채 실력으로 현행범인을 연행하려고 하였다면 적법한 공무집행이라고 할 수 없고 (대법원 2000. 7. 4. 선고 99도4341 판결, 2004. 11. 26. 선고 2004도5894 판결 등 참조), 경찰관의 현행범 체포행위가 적법한 공무집행을 벗어나 불법하게 체포한 것으로 볼 수밖에 없다면, 현행범이 그 체포를 면하려고 반항하는 과정에서 경찰관에게 상해를 가한 것은 불법 체포로 인한 신체에 대한 현재의 부당한 침해에서 벗어나기 위한 행위로서 정당방위에 해당하여 위법성이 조각된다(대법원 2000. 7. 4. 선고 99도4341 판결 참조).

21-5. 정당방위의 성립요건 [대법원 2007. 4. 26. 선고, 2007도1794]

【판시사항】

형법 제21조 소정의 정당방위가 성립하려면 침해행위에 의하여 침해되는 법익의 종류, 정도, 침해의 방법, 침해행위의 완급과 방위행위에 의하여 침해될 법익의 종류, 정도 등 일체의 구체적 사정들을 참작하여 방위행위가 사회적으로 상당한 것이어야 한다 (대법원 1992. 12. 22. 선고 92도2540 판결, 2005. 9. 30. 선고 2005도3940, 2005감도15 판결 등 참조).피해자가 피고인에게 한 가해의 수단 및 정도, 그에 비교되는 피고인의 행위의 수단, 방법과 행위의 결과 등 제반 사정에 비추어, 피고인의 이 사건 범행행위가 피해자의 피고인에 대한 현재의 부당한 침해를 방위하거나 그러한 침해를 예방하기 위한 행위로 상당한 이유가 있는 경우에 해당한다고 볼 수 없고, 또 피고인의 이 사건 범행행위는 방위행위가 그 정도를 초과한 때에 해당하거나 정도를 초과한 방위행위가 야간 기타 불안스러운 상태하에서 공포, 경악, 흥분 또는 당황으로 인한 때에 해당한다고 볼 수도 없다.

21-6. 싸움 중에 이루어진 가해행위가 방어행위인 동시에 공격행위의 성격을 가지는 경우, 정당방위라고 볼 수 있는지 여부(소극) [대법원 2004. 6. 25. 선고, 2003도4934]

【판시사항】

가해자의 행위가 피해자의 부당한 공격을 방위하기 위한 것이라기보다는 서로 공격할 의사로 싸우다가 먼저 공격을 받고 이에 대항하여 가해하게 된 것이라고 봄이 상당한 경우, 그 가해행위는 방어행위인 동시에 공격행위의 성격을 가지므로 정당방위라고 볼 수 없다(대법원 2000. 3. 28. 선고 2000도228 판결 참조). 공소외 2가 먼저 피고인에게 컵에 든 물을 끼얹고 피고인의 머리채를 잡아 흔들어 싸움을 유발하자 피고인이 공소외 2의 뺨을 1대 때리고 어깨를 잡고 밀고 당기는 등 공소외 2의 폭행에 적극적으로 대항한 점, 당시 공소외 2가 임신중이었고, 피고인 또한, 그러한 사실을 알고 있었던 점 및 피고인과 공소외 2가 싸움에 이르게 된 동기 및 경위, 싸움 전후의 정황 등 이 사건 기록에 나타난 제반 사정에 비추어, 피고인의 행위는 공소외 2의 부당한 공격에 대한 소극적인 방어의 한도를 넘어 적극적인 반격으로서 공격행위의 성격을 가진다고 봄이 상당하므로 정당방위에 해당하지 않는다.

---

1. 싸움 중에 이루어진 가해행위가 정당방위 또는 과잉방위행위에 해당할 수 있는지 여부(소극) [대법원 2000. 3. 28. 선고, 2000도228]

【판결요지】

가해자의 행위가 피해자의 부당한 공격을 방위하기 위한 것이라기 보다는 서로 공격할 의사로 싸우다가 먼저 공격을 받고 이에 대항하여 가해하게 된 것이라고 봄이 상당한 경우, 그 가해행위는 방어행위인 동시에 공격행위의 성격을 가지므로 정당방위 또는 과잉방위행위라고 볼 수 없다.

21-7. 경찰관 무기사용의 요건 및 그 판단 방법 [대법원 2004. 3. 25. 선고, 2003도3842]

【판결요지】

경찰관직무집행법 제10조의4 제1항에 의하면, 경찰관은 범인의 체포, 도주의 방지, 자기 또는 타인의 생명·신체에 대한 방호, 공무집행에 대한 항거의 억제를 위하여 필요하다고 인정되는 상당한 이유가 있을 때 그 사태를 합리적으로 판단하여 필요한 한도 내에서 무기를 사용할 수 있되, 다만 형법에 규정한 정당방위나 긴급피난에 해당하는 때, 사형·무기 또는 장기 3년 이상의 징역이나 금고에 해당하는 죄를 범하거나 범하였다고 의심할 만한 충분한 이유가 있는 자가 경찰관의 직무집행에 대하여 항거하거나 도주하려고 할 때 또는 체포, 도주의 방지나 항거의 억제를 위하여 다른 수단이 없다고 인정되는 상당한 이유가 있는 때를 제외하고는 무기 사용으로 인하여 사람에게 위해를 주어서는 안된다고 규정하고 있고, 경찰관의 무기 사용이 위와 같은 요건을 충족하는지 여부는 범죄의 종류, 죄질, 피해법익의 경중, 위해의 급박성, 저항의 강약, 범인과 경찰관의 수, 무기의 종류, 무기 사용의 태양, 주변의 상황 등을 고려하여 사회통념상 상당하다고 평가되는지 여부에 따라 판단하여야 하고, 특히 사람에게 위해를 가할 위험성이 큰 권총의 사용에 있어서는 그 요건을 더욱 엄격하게 판단하여야 할 것임은 원심이 판시하고 있는 바와 같다.

상대파출소 근무자인 김재웅으로부터 '공소외 1이 술집에서 맥주병을 깨 다른 사람의 목을 찌르고 현재 자기집으로 도주하여 칼로 아들을 위협하고 있다.'는 상황을 고지받고 현장에 도착한 피고인으로서는, 공소외 1이 칼을 소지하고 있는 것으로 믿었고 또 그렇게 믿은 데에 정당한 이유가 있었다고 할 것이므로, 피고인과 김종하가 공소외 1과의 몸싸움에 밀려 함께 넘어진 상태에서 칼을 소지한 것으로 믿고 있었던 공소외 1과 다시 몸싸움을 벌인다는 것은 피고인 자신의 생명 또는 신체에 위해를 가져올 수도 있는 위험한 행동이라고 판단할 수밖에 없을 것이고, 따라서 피고인이 공포탄 1발을 발사하여 경고를 하였음에도 불구하고 공소외 1이 김종하의 몸 위에 올라탄 채 계속하여 김종하를 폭행하고 있었고, 또 그가 언제 소지하고 있었을 칼을 꺼내어 김종하나 피고인을 공격할지 알 수 없다고 피고인이 생각하고 있던 급박한 상황에서 김종하를 구출하기 위하여 공소외 1을 향하여 권총을 발사한 것이므로, 이러한 피고인의 권총 사용이, 경찰관직무집행법 제10조의4 제1항의 허용범위를 벗어난 위법한 행위라거나 피고인에게 업무상과실치사의 죄책을 지울만한 행위라고 선뜻 단정할 수는 없다(다만 민사상으로 공무원인 피고인의 위와 같은 행위에 관하여 국가가 국가배상책임을 질 것인지 여부는 이와 별도의 관점에서 검토되어야 할 것이며, 이 점은 별론으로 한다).

그럼에도 불구하고, 원심은 이와 달리 피고인이 공소외 1을 향하여 실탄을 발사한 행위가 경찰관의 무기 사용의 허용범위를 벗어난 위법행위라고 판단하였으니, 거기에는 경찰관직무집행법 제10조의4 제1항 소정의 경찰관 무기 사용의 허용범위 및 정당방위 등에 관한 법리를 오해하여 판결에 영향을 미친 위법이 있다. 이를 지적하는 상고이유의 주장은 이유 있다.

21-8. 현행범인으로서의 요건을 갖추지 못한 자에 대한 경찰관의 체포를 면하려고 반항하는 과정에서 경찰관에게 상해를 가한 경우, 정당방위가 성립되는지 여부(적극) [대법원 2002. 5. 10. 선고, 2001도300]

【판결요지】

현행범인으로서의 요건을 갖추고 있었다고 인정되지 않는 상황에서 경찰관들이 동행을 거부하는 자를 체포하거나 강제로 연행하려고 하였다면, 이는 적법한 공무집행이라고 볼 수 없고, 그 체포를 면하려고 반항하는 과정에서 경찰관에게 상해를 가한 것은 불법 체포로 인한 신체에 대한 현재의 부당한 침해에서 벗어나기 위한 행위로서 정당방위에 해당하여 위법성이 조각된다.

21-9. 정당한 직무집행에 대하여 정당방위가 가능한지 여부 [대법원 1997. 4. 17. 선고, 96도3376, 전원합의체 판결]

【판결요지】

정당방위가 성립하기 위하여는 현재의 부당한 침해를 방위하기 위한 행위이어야 할 것인데, 앞서 본 바와 같이 W 차장의 부대출동명령이나 그 출동준비명령과 X 수경사령관의 피고인들에 대한 공격준비행위는 피고인들의 불법공격에 대비하거나 반란을 진압하기 위한 정당한 직무집행으로서, 이를 가리켜 현재의 부당한 침해행위라고 볼 수는 없으므로, 이에 대항한 피고인들의 병력동원행위가 정당방위에 해당한다고 할 수 없다.

같은 취지의 원심 판단은 정당하고, 거기에 상고이유로 지적하는 바와 같이 채증법칙 위반이나 심리미진으로 인한 사실오인 또는 정당방위에 관한 법리오해의 위법이 있다고 할 수 없다.

그리고 긴급피난이 성립하기 위하여는 행위자에게 피난의 의사가 있어야 할 것인데, 기록에 의하면, 피고인들이 병력을 동원한 것은 위난을 피할 의사에 의한 것은 아니고 반란목적을 달성할 의도에 의한 것이라고 보이므로, 피고인들에게 피난의 의사가 있었다고도 할 수 없다.

21-10. 싸움 중에 발생한 상해행위가 정당방위에 해당하지 않는다고 판단한 원심판결을 법리오해 등을 이유로 파기한 사례 [대법원 1996. 12. 23. 선고, 96도2745]

【판결요지】
피고인과 피해자가 서로 욕설을 하던 중에 싸움이 일어났다는 이유만을 들어 피고인의 행위가
정당방위에 해당된다는 주장을 배척하였을 뿐 아니라, 싸우는 과정에서 발생한 상해라 하여 그
구체적인 발생원인에 관하여는 살펴보지도 아니한 채 별다른 증거 없이 상대방의 행위로 인한 것
이라고 단정한 원심판결을 법리오해 등을 이유로 파기한 사례.

1. 상호시비가 벌어져 싸움한 경우 정당방위의 성립인정 가부 [대법원 1984. 5. 22. 선고, 83도3020]
【판결요지】
피고인과 피해자 사이에 상호시비가 벌어져 싸움을 하는 경우에는 그 투쟁행위는 상대방에 대하여 방
어행위인 동시에 공격행위를 구성하며, 상대방의 행위를 부당한 침해라고 하고 피고인의 행위만을 방
어행위라고는 할 수 없다.

2. 싸움 중에 이루어진 구타행위와 정당방위의 성부(소극) [대법원 1996. 9. 6. 선고, 95도2945]
【판결요지】
싸움과 같은 일련의 상호투쟁 중에 이루어진 구타행위는 서로 상대방의 폭력행위를 유발한 것이므로
정당방위가 성립되지 않는다.

21-11. 침해행위에서 벗어난 후에 분을 풀려는 목적에서 나온 공격행위가 정당방위에 해당하는지
여부(소극) [대법원 1996. 4. 9. 선고, 96도241]

【판시사항】
[1] 침해행위에서 벗어난 후에 분을 풀려는 목적에서 나온 공격행위가 정당방위에 해당하는지
여부(소극)
[2] 침해행위에서 벗어난 후에 분을 풀려는 목적에서 나온 공격행위라고 본 사례
【판결요지】
[1] 피해자의 침해행위에 대하여 자기의 권리를 방위하기 위한 부득이한 행위가 아니고, 그 침해
행위에서 벗어난 후 분을 풀려는 목적에서 나온 공격행위는 정당방위에 해당한다고 할 수 없다.
[2] 침해행위에서 벗어난 후에 분을 풀려는 목적에서 나온 공격행위로서 정당방위에 해당하지
아니한다.

1. 침해행위에서 벗어난 후 설분의 목적으로 행한 공격행위의 정당방위에의 해당여부 [대법원 1986. 2.
11. 선고, 85도2642]
【판결요지】
피해자의 침해행위에 대하여 자기의 권리방위상 부득이한 것이 아니고 그 침해행위에서 벗어난 후에
설분의 목적에서 나온 공격행위는 정당방위에 해당한다고 할 수 없다.

21-12. 상호투쟁중에 이루어진 상해행위와 과잉방위의 성부 [대법원 1993. 8. 24. 선고, 92도1329]

【판결요지】

피해자 일행 중 1명의 뺨을 때린 데에서 비롯된 가해자 등의 행위는 피해자 일행의 부당한 공격을 방위하기 위한 것이라기보다는 서로 공격할 의사로 싸우다가 먼저 공격을 받고 이에 대항하여 가해하게 된 것이라고 봄이 상당하고 이와 같은 싸움의 경우 가해행위는 방어행위인 동시에 공격행위의 성격을 가지므로 정당방위 또는 과잉방위행위라고 볼 수 없다.

> 1. 상호쟁투중에 이루어진 구타행위와 정당방위[대법원 1986. 12. 23. 선고, 86도1491]
> 【판결요지】
> 일련의 상호쟁투 중에 이루어진 구타행위는 서로 상대방의 폭력행위를 유발한 것이므로 정당방위 또는 과잉방위는 성립되지 아니한다.

21-13. 농성제지를 위한 감금과 정당행위 [대법원 1989. 12. 12. 선고, 89도875]

【판결요지】

회사의 관리사원으로 근무하는 자들이 해고에 항의하는 농성을 제지하기 위하여 그 주동자라고 생각되는 해고근로자들을 다른 근로자와 분산시켜 귀가시키거나 불응시에는 경찰에 고발, 인계할 목적으로 간부사원회의의 지시에 따라 위 근로자들을 봉고차에 강제로 태운 다음 그곳에서 내리지 못하게 하여 감금행위를 한 것이라고 하더라도 이를 정당한 업무행위라거나 사회상규에 위배되지 않는 정당한 행위라고 보기는 어렵고 또 현재의 부당한 침해를 방위하기 위하여 상당성이 인정되는 정당방위 행위라고 볼 수도 없다.

21-14. 강제추행범의 혀를 깨문 행위가 정당방위에 해당된다고 본 사례 [대법원 1989. 8. 8. 선고, 89도358]

【판결요지】

갑과 을이 공동으로 인적이 드문 심야에 혼자 귀가중인 병여에게 뒤에서 느닷없이 달려들어 양팔을 붙잡고 어두운 골목길로 끌고들어가 담벽에 쓰러뜨린 후 갑이 음부를 만지며 반항하는 병여의 옆구리를 무릎으로 차고 억지로 키스를 함으로 병여가 정조와 신체를 지키려는 일념에서 엉겁결에 갑의 혀를 깨물어 설절단상을 입혔다면 병여의 범행은 자기의 신체에 대한 현재의 부당한 침해에서 벗어나려고 한 행위로서 그 행위에 이르게 된 경위와 그 목적 및 수단, 행위자의 의사 등 제반사정에 비추어 위법성이 결여된 행위이다.

21-15. 갑회사가 을이 점유하던 공사현장에 실력을 행사하여 들어와 현수막 및 간판을 설치하고 담장에 글씨를 쓴 행위 [대법원 1989. 3. 14. 선고, 87도3674]

【판결요지】

갑회사가 을이 점유하던 공사현장에 실력을 행사하여 들어와 현수막 및 간판을 설치하고 담장에 글씨를 쓴 행위는 을의 시공 및 공사현장의 점유를 방해하는 것으로서 을의 법익에 대한 현재의 부당한 침해라고 할 수 있으므로 을이 그 현수막을 찢고 간판 및 담장에 씌어진 글씨를 지운 것은 그 침해를 방어하기 위한 행위로서 상당한 이유가 있다.

21-16. 부의 신체등에 대한 위해를 방위하기 위한 정당방위로서 위법성이 조각된다고 본 사례
[대법원 1986. 10. 14. 선고, 86도1091]

【판결요지】

차량통행문제를 둘러싸고 피고인의 부와 다툼이 있던 피해자가 그 소유의 차량에 올라타 문안으로 운전해 들어가려 하자 피고인의 부가 양팔을 벌리고 이를 제지하였으나 위 피해자가 이에 불응하고 그대로 그 차를 피고인의 부 앞쪽으로 약 3미터 가량 전진시키자 위 차의 운전석 부근 옆에 서 있던 피고인이 부가 위 차에 다치겠으므로 이에 당황하여 위 차를 정지시키기 위하여 운전석 옆 창문을 통하여 피해자의 머리털을 잡아당겨 그의 흉부가 위 차의 창문틀에 부딪혀 약간의 상처를 입게 한 행위는 부의 생명, 신체에 대한 현재의 부당한 침해를 방위하기 위한 행위로서 정당방위에 해당한다.

21-17. 집단구타에 대한 반격행위로서 과잉방어에 해당한다고 판단한 사례 [대법원 1985. 9. 10. 선고, 85도1370]

【판시사항】

무릇 정당방위가 성립하려면 침해행위에 의하여 침해되는 법익의 종류, 정도, 침해의 방법, 침해행위의 완급과 방위행위에 의하여 침해될 법익의 종류, 정도등 일체의 구체적 사정을 참작하여 방위행위가 사회적으로 상당한 것이라고 인정할 수 있는 것이라야 할 것이다.

원심판결 이유에 의하면, 원심은 제 1 심판결 거시의 증거를 종합하여 판시 일시에 공소외 이대용 경영의 신백식품점 앞길을 술에 취하여 지나가던 1심 공동피고인 1(폭력전과자), 2, 공소외 1(사망)이 피고인에게 이유없이 욕설을 하고 피고인이 이에 대꾸를 하자 공소외 1이 피고인의 얼굴에 연필깎기용 면도칼을 들이대며 찌를 듯이 위협을 하고, 피고인은 이에 겁이 나서 위 신백식품점 안으로 일단 피신을 하였다가 위 가게주인이 가게에서 나가라고 요구하여 가게 밖으로 나왔던 바 공소외 1이 그 부근 가게에서 가지고 나온 소주병을 깨어 던져서 피고인의 왼손목에 맞게 하고 1심 공동피고인 1은 신백식품점에서 들고나온 사이다병을 깨어던져 피고인의 오른손목에 맞게 하고 1심 공동피고인 2도 이새끼 죽으려고 환장하였느냐고 하면서 시멘트벽돌을 집어던지는등 3인이 공격행위를 하여 오므로 피고인은 공격행위를 계속하여 올 경우 이에 대항하기 위하여 자신이 전화케이블선공사 도구로 사용하던 곡괭이 자루를 집어들고 약 50미터 떨어진 일신타이어 수리점 앞까지 도망가는데 공소외 1은 각목을 들고, 1심 공동피고인 1 빈 전화케이블선을 들고 계속 쫓아와 마구 휘두르며 피고인의 어깨, 머리, 왼손, 옆구리 등을 마구 때리므로 이에 대항하여 피고인도 곡괭이자루를 마구 휘두른 결과 공소외 1의 머리뒷부분을 1회 힘껏 맞게하여 동인도 사망하고 1심 공동피고인 1은 상해를 입었으며 피고인 자신도 왼쪽 셋째손가락이 부러지는 상해를 입은 사실을 인정한 후 이와 같이 집단구타를 당하게 된 피고인이 더 이상 도피하기 어려운 상황에서 이를 방어하기 위하여 반격적인 행위를 하려던 것이 그 정도가 지나친 행위를 한 것이 뚜렷하므로 이는 과잉방위에 해당한다고 판시하고 있다.

그러므로 기록과 대조하여 검토하여 보니 원심의 위 사실인정은 정당하여 거기에 채증법칙에 위배하여 사실을 오인한 위법이 없으며, 앞서 본 정당방위의 성립요건에 비추어 보면 원심이 피고인의 위 행위를 과잉방위에 해당한다고 판단한 조치 또한 정당하게 시인되고 거기에 소론이 지적하는 바와 같은 정당방위에 관한 법리오해의 위법이 있다 할 수 없으므로 논지는 모두 이유없다.

21-18. 언쟁중 흥분끝에 격투하여 상해를 입힌 행위와 정당방위 [대법원 1984. 6. 26. 선고, 83도3090]

【판결요지】

언쟁중 흥분끝에 싸우다가 상해를 입힌 행위는 서로 상대방의 상해행위를 유발한 것이어서 정당방위는 성립하지 아니한다.

---

1. 긴급방위의 한계 [대법원 1955. 6. 21. 4288형상98]

【판결요지】

자기 또는 타인의 법익에 대한 침해를 방술하기 위한 행위가 소위 긴급방위로서 위법성을 조각함에는 그 방위행위가 부득이한 상태에 있음을 요함으로 2인이 언쟁 중 피차 흥분끝에 의식적으로 상호구타한 행위는 상호 간의 유발에 인한 행위임으로 상호 간의 긴급방위를 인정할 수 없는 것이다.

21-19. 상관의 심한 기합에 격분하여 상관을 사살한 행위와 정당방위의 성부(소극) [대법원 1984. 6. 12. 선고, 84도683]

【판결요지】

정당방위는 침해행위에 의해 침해되는 법익의 종류, 정도, 침해방법, 침해행위의 완급과 방위행위에 의해 침해될 법익의 종류, 정도등 일체의 구체적 사정을 참작하여 방위행위가 사회적으로 상당한 것이었다고 인정할 수 있는 것이어야 하는바, 전투경찰대원이 상관의 다소 심한 기합에 격분하여 상관을 사살한 행위는 자신의 신체에 대한 침해를 방위하기 위한 상당한 방법이었다고 볼 수 없다.

21-20. 피해자가 피고인에게 다가와 폭언을 하면서 피고인의 오른손 둘째 손가락을 물어 뜯으므로 피고인이 피해자의 부당한 공격에서 벗어나기 위해 손을 뿌리치면서 두 손으로 피해자의 양어깨를 누른 경우 [대법원 1984. 4. 24. 선고, 84도242]

【판결요지】

피해자가 피고인에게 다가와 폭언을 하면서 피고인의 오른손 둘째 손가락을 물어 뜯으므로 피고인이 이를 피하려고 손을 뿌리치면서 두 손으로 피해자의 양어깨를 누르게 되었다면, 피고인의 소위는 피해자의 부당한 공격에서 벗어나려고 한 행위로서 그 행위에 이르게 된 경위, 목적, 수단, 의사 등 제반사정에 비추어 사회통념상 허용될 만한 정도의 상당성 있는 것으로 위법성이 결여되어 폭행죄를 구성하지 아니한다.

21-21. 피해자를 살해하려고 먼저 가격한 경우에 있어서 피해자의 반격과 정당방위 성립여부(소극) [대법원 1983. 9. 13., 선고, 83도1467

【판결요지】

피고인이 피해자를 살해하려고 먼저 가격한 이상 피해자의 반격이 있었더라도 피해자를 살해한 소위가 정당방위에 해당한다고 볼 수 없다.

21-22. 수확권한 있는 자에 의한 토지매수인의 경작방해와 정당방위 [대법원 1977. 5. 24. 선고, 76도3460]

【판결요지】

국유토지가 공개입찰에 의하여 매매되고 그 인도집행이 완료되었다 하더라도 그 토지의 종전 경작자인 피고인이 파종한 보리가 30센치 이상 성장하였다면 그 보리는 피고인의 소유로서 그가 수확할 권한이 있으므로 토지매수자가 토지를 경작하기 위하여 소를 이용하여 쟁기질을 하고 성장한 보리를 갈아뭉게는 행위는 피고인의 재산에 대한 현재의 부당한 침해라 할 것이므로 이를 막기 위하여 그 경작을 못 하도록 소 앞을 가로막고 쟁기를 잡아당기는 등의 피고인의 행위는 정당방위에 해당된다. 토지의 인도집행이 있은 후에도 피고인이 다시 토지를 점유 경작하고 있었다면 그 점유가 비록 불법이라 하여도 새로운 점유상태가 형성되었다 할 것이므로 매수인이 다시 적법한 인도절차를 밟지않고 한 경작행위는 정당한 업무수행이라 할 수 없으므로 이를 저지한 피고인의 행위는 업무방해죄에 해당되지 않는다.

21-23. 형법 제21조제2항 소정의 과잉방위에 형법 제21조제3항이 적용되는 예 [대법원 1974. 2. 26. 선고, 73도2380]

【판결요지】

피고인의 행위가 형법 제21조2항 소정의 과잉방위에 해당한다 할지라도 위 행위가 당시 야간에 술이 취한 피해자의 불의의 행패와 폭행으로 인한 불안스러운 상태에서의 공포, 경악, 흥분 또는 당황에 기인된 것이라면 형법 제21조3항이 적용되어 피고인은 무죄이다.

21-24. 싸움을 함에 있어서 격투를 하는 자 중의 한사람의 공격이 그 격투에서 당연히 예상할 수 있는 정도를 초과하여 살인의 흉기 등을 사용하는 경우, 정당방위 인정여부[대법원 1968. 5. 7., 선고, 68도370]

【판결요지】

피고인은(피고인은 상병이다) 소속대의 경비병으로 복무를 하고 있는 자로서 1967.7.28. 오후 10시부터 동일 오후 12시까지 소속 연대장숙소 부근에서 초소근무를 하라는 명령받고 근무중, 그 이튿날인 1967.7.27. 오전 1시30분경 동소에서 다음번 초소로 근무를 하여야 할 상병 공소외인과 교대시간이 늦었다는 이유로 언쟁을 하다가 피고인이 동인을 구타하자 공소외인(22세)은 소지하고 있던 카빙소총을 피고인의 등뒤에 겨누며 실탄을 장전하는등 발사할 듯이 위협을 하자 피고인은 당황하여 먼저 동인을 사살치 않으면 위험하다고 느낀 피고인은 뒤로 돌아서면서 소지하고 있던 카빙소총을 동인의 복부를 향하여 발사하므로서 동인을 사망케 하였다는 것이다.

그렇다면 피고인과 공소외인과의 사이에 언쟁을 하고, 피고인이 동인을 구타하는등의 싸움을 하였다하여도, 다른 특별한 사정이 없는 한, 구타를 하였음에 불과한 피고인으로서는 공소외인이 실탄이 장전되어있는(초소 근무인만큼 실탄이 장전되어 있다) 카빙소총을 피고인의 등뒤에 겨누며 발사할 것 같이 위협하는 방위 행위는 위와 같은 싸움에서 피고인이 당연히 예상하였던 상대방의 방위행위라고는 인정할 수 없으므로 이는 부당한 침해라고 아니할 수 없고, 원심이 인정한 바와 같이 피고인이 동인을 먼저 사살하지 않으면 피고인의 생명이 위험하다고 느낀 나머지 뒤로 돌아서면서 소지중인 카빙총을 발사하였다는 행위는 현재의 급박하고도 부당한 침해를 방위하기 위한 행위로서 상당한 이유가 있는 행위라고 아니할 수 없고, 만일 공소외인이 피고인의 등뒤에서 카빙총의 실탄을 발사하였다면, 이미 그 침해행위는 종료되고 따라서 피고인의 정당방위는 있을 수 없을 것임에도 불구하고, 원심이 위와 같은 사실을 인정하면서 피고인이 발사를 할 때까지는 공소외인이 발사를 하지 아니한 점으로 보아, 동인에게 피고인을 살해 할 의사가 있다고는 볼 수 없으므로 피고인의 생명에 대한 현재의 위험이 있다고는 볼 수 없다는 취지로 판시하므로서, 위와 같은 피고인의 행위를 정당방위가 아니라는 취지로 판시하였음은 정당방위에 관한 법의를 오해한 위법이 있다고 아니할 수 없을 뿐 아니라, 가사 피해자인 공소외인에게 피고인을 상해할 의사가 없고 객관적으로 급박하고 부당한 침해가 없었다고 가정하더라도 원심이 인정한 사실자체로 보아도 피고인으로서는 현재의 급박하고도 부당한침해가 있는 것으로 오인하는데 대한 정당한 사유가 있는 경우(기록에 의하면 공소외인은 술에 취하여 초소를 교대하여야 할 시간보다 한시간 반 늦게 왔었고, 피고인의 구타로 동인은 코피를 흘렸다는 것이며, 동인은 코피를 닦으며 흥분하여 "월남에서는 사람하나 죽인 것은 파리를 죽인 것이나 같았다. 너하나 못 죽일 줄 아느냐"라고 하면서 피고인의 등뒤에 카빙총을 겨누었다고한다)에 해당된다고 아니할 수 없음에도 불구하고, 원심이 위와 같은 이유로서 피고인의 정당방위의 주장을 배척하였음은 역시 오상방위에 관한 법리를 오해한 위법이 있다고도 아니할 수 없으므로 원판결은 부당하다하여 파기하기로 한다.

21-25. 정당방위의 성립요건인 "상당한 이유"를 결한 일례 [대법원 1966. 3. 5., 선고, 66도63]

【판결요지】

원심판결은 피고인의 정당방위의 주장에 대하여, 피고인이 나보고 그러느냐 하면서 자동차에서 내리자, 부락민들이 계속하여 피고인에게 투석을 하고, 피해자 공소외인은 수족으로 피고인의 안면, 복부등을 구타하므로 피고인은 상처를 입고 순간적으로 분개한 나머지 마침 소지하고 있든 칼을 흔들어 공소외인의 우측 유방 하부에 자상을 입힌 사실을 인정할 수 있으므로, 일응 정당방위에 있어서와 같이 자기 신체에 대한 현재의 부당한 침해를 방위하기 위한 행위라 할 수 있겠으나, 당시,그 차에 탔던 사람들은 그대로 통과하여 모두 무사히 위험을 모면하였던 점이 기록상 명백하므로, 피고인 역시 그의 행동여하에 따라서는 침해를 용이하게 피할 수 있었음에도 불구하고 그 소란스런 분위기 속에서 일련의 연속적 공격방위의 투쟁행위를 예견하면서 이를 피하지 않고 수많은 부락민에게 마치 대항이라도 할듯이 차에서 내린끝에 봉변을 당하고 일시 분개하여 칼을 휘둘렀다 함은, 결국 침해를 방위키 위한 상당한 행위라 할 수 없다고 판시하여 피고인의 주장을 배척하였으나, 정당방위에 있어서는 긴급피난의 경우와 같이 불법한 침해에 대해서 달리 피난방법이 없었다는 것을 반드시 필요로 하는것이 아니므로 본건의 경우, 피고인이 다중의 가해를 피할 수 있었다는 한가지 이유만을 들어 피고인의 주장을 배척한 것은 결국, 정당방위에 관한 법리를 오해하여 법률적용을 그릇친 것이라고 함에 있다.

 그러나 무릇, 정당방위가 성립하려면 침해행위에 의하여 침해되는 법익의 종류, 정도, 침해의 방법, 침해행위의 완급과 또 방위행위에 의하여 침해될 법익의 종류정도등, 일체의 구체적 사정을 참작하여 방위행위가 사회적으로 상당한 것이었다고 인정할 수 있는 것이라야 하는 것인바, 본건의 경우에 있어서 피고인이 취한 행위는 객관적으로 보아 자기 신체에 대한 침해를 방위하기 위한 상당한 방법이었다고 볼 수 없으므로 이를 정당방위에 해당하지 않는다고 본 원심판단은 정당한 것이고, 논지는 이유없다.

제22조[긴급피난]

> 제22조(긴급피난) ① 자기 또는 타인의 법익에 대한 현재의 위난을 피하기 위한 행위는 상당한 이유가 있는 때에는 벌하지 아니한다.
> ② 위난을 피하지 못할 책임이 있는 자에 대하여는 전항의 규정을 적용하지 아니한다.
> ③ 전조 제2항과 제3항의 규정은 본조에 준용한다.

22-1. 형법 제22조 제1항의 긴급피난에서 '상당한 이유 있는 행위'에 해당하기 위한 요건 [대법원 2006. 4. 13. 선고, 2005도9396]

【판시사항】

형법 제22조 제1항의 긴급피난이란 자기 또는 타인의 법익에 대한 현재의 위난을 피하기 위한 상당한 이유 있는 행위를 말하고, 여기서 **'상당한 이유 있는 행위'**에 해당하려면, 첫째 피난행위는 위난에 처한 법익을 보호하기 위한 유일한 수단이어야 하고, 둘째 피해자에게 가장 경미한 손해를 주는 방법을 택하여야 하며, 셋째 피난행위에 의하여 보전되는 이익은 이로 인하여 침해되는 이익보다 우월해야 하고, 넷째 피난행위는 그 자체가 사회윤리나 법질서 전체의 정신에 비추어 적합한 수단일 것을 요하는 등의 요건을 갖추어야 한다.

22-2. 한의사인 피고인이 같은 아파트에 거주하는 응급환자를 자신의 한의원으로 옮기기 위하여 무면허운전을 한 행위 [청주지법 2006. 5. 3. 선고, 2005노1200. 확정]

【판시사항】

한의사인 피고인이 같은 아파트에 거주하는 응급환자를 자신의 한의원으로 옮기기 위하여 무면허운전을 한 사안에서, 현재의 위난을 피하여야 할 긴급상태에 있었지만 대체 이동수단을 이용할 수 있었기 때문에 긴급피난의 성립요건인 보충성의 원칙을 충족시키지 못하여 긴급피난에 해당하지 않는다.

【이 유】

이 사건 당시 공소외인이 뇌압상승으로 인한 중풍 발병의 우려가 높아 공소외인을 신속히 병원으로 옮길 필요가 있다고 보이므로 현재의 위난을 피하여야 할 긴급상태에 있었다고 볼 수 있다. 그러나 대체 이동수단이 없었는지에 대하여 보건대, 위 아파트는 인근에 택시 등 대중교통수단은 물론 119나 구급차량을 이용할 수 있는 지역인 점, 앞서 본 택시나 구급차량 등을 호출하는 데 소요되는 시간과 위 아파트에서 도로까지의 거리, 피고인의 응급조치로 증상이 다소 완화된 공소외인이 부축을 받아 거동이 가능하였던 점 등 여러 사정에 비추어 볼 때, 당시 피고인은 택시나 119 구급차량을 호출하거나 아니면 이웃 주민이나 아파트 관리실 등에 협조를 요청하여 공소외인을 후송할 수 있었다고 판단되고 오로지 피고인이 직접 이 사건 차량으로 공소외인을 후송하여야 할 방법 밖에 없었던 상황이라 보기 어려우므로, 결국 긴급피난의 성립요건인 보충성의 원칙을 충족시키지 못하였다 할 것이어서, 피고인의 위와 같은 무면허운전행위를 긴급피난에 해당한다고 보기 어렵다.

22-1. 시민단체의 특정 후보자에 대한 낙선운동이 시민불복종운동으로서 헌법상 정당행위이거나

형법상 정당행위 또는 긴급피난으로서 정당화될 수 있는지 여부(소극) [대법원 2004. 4. 27. 선고, 2002도315]

【판결요지】

선거운동은 국민의 참정의욕을 고취하고 선거에의 관심을 높임은 물론 선거인에게 후보자의 선택에 관한 판단의 자료를 얻을 수 있는 유력한 기회가 되는 것이므로, 선거운동의 자유 혹은 선거에 있어서의 의사표현의 자유는 최대한으로 보장되는 것이 바람직하지만, 만약 선거운동이 자유라는 이름하에 무제한으로 방임될 경우에는 부당한 경쟁과 금력, 권력, 폭력 등의 개입으로 오히려 선거인의 자유의사가 왜곡되고 후보자 상호간의 실질적인 기회의 균등이 무너지는 등의 폐해가 초래될 우려가 매우 크므로 그에 대한 어느 정도의 제한은 필연적이라고 할 수 있으며, 이에 우리 헌법은 "국민의 자유와 권리는 그 본질적인 내용을 침해하지 않는 범위 내에서 법률로써 제한할 수 있다."고 규정(제37조 제2항)함으로써 선거운동의 자유도 '선거의 공정성의 보장'이라는 공익을 위하여 필요한 경우에는 법률로써 제한할 수 있음을 명백히 하였고, 구 공직선거및선거부정방지법(2002. 3. 7. 법률 제6663호로 개정되기 전의 것)은 "선거의 자유와 공정성을 확보하기 위하여 이 법 또는 다른 법률의 규정에 의하여 금지 또는 제한되는 경우를 제외하고는 누구든지 자유롭게 선거운동을 할 수 있다."고 규정(제58조 제2항)하는 한편, 선거운동의 주체, 기간, 방법 등에 대하여 일정한 제한을 가하고 있는데, 피고인들의 공직선거및선거부정방지법 위반의 각 행위에 적용되는 같은 법의 각 조항들에 의한 선거운동의 제한은 의사표현의 내용 그 자체에 대한 전면적인 제한이 아니라 선거운동 과정에서 예상되는 다양한 선거운동의 방법 중에서 특히 중대한 폐해를 초래함으로써 선거의 자유와 공정을 해칠 우려가 크다고 인정되는 의사표현의 특수한 수단방법에 국한하고 있고, 또 필요·최소한의 정도를 넘지 않고 있으므로, 이러한 제한으로 인하여 기본권의 본질적 내용이 침해되는 것은 아니라고 할 것인바, 피고인들이 확성장치 사용, 연설회 개최, 불법행렬, 서명날인운동, 선거운동기간 전 집회 개최 등의 방법으로 특정 후보자에 대한 낙선운동을 함으로써 공직선거및선거부정방지법에 의한 선거운동제한 규정을 위반한 피고인들의 같은 법 위반의 각 행위는 위법한 행위로서 허용될 수 없는 것이고, 피고인들의 위 각 행위가 시민불복종운동으로서 헌법상의 기본권 행사 범위 내에 속하는 정당행위이거나 형법상 사회상규에 위반되지 아니하는 정당행위 또는 긴급피난의 요건을 갖춘 행위로 볼 수는 없다.

22-2. 스스로 야기한 강간범행의 와중에서 피해자가 손가락을 깨물며 반항하자 물린 손가락을 비틀며 잡아 뽑다가 피해자에게 치아결손의 상해를 입힌 소위를 긴급피난행위라 할 수 있는지 여부 [대법원 1995. 1. 12. 선고, 94도2781]

【판시사항】

[1] 강간치사상죄에 있어서 사상의 결과는 강간에 수반하는 행위에서 발생한 경우도 포함하는지 여부
[2] 스스로 야기한 강간범행의 와중에서 피해자가 손가락을 깨물며 반항하자 물린 손가락을 비틀며 잡아 뽑다가 피해자에게 치아결손의 상해를 입힌 소위를 긴급피난행위라 할 수 있는지 여부

【판결요지】

[1] 강간 등에 의한 치사상죄에 있어서 사상의 결과는 간음행위 그 자체로부터 발생한 경우나 강간의 수단으로 사용한 폭행으로부터 발생한 경우는 물론 강간에 수반하는 행위에서 발생한 경우도 포함한다.

[2] 피고인이 스스로 야기한 강간범행의 와중에서 피해자가 피고인의 손가락을 깨물며 반항하자 물린 손가락을 비틀며 잡아 뽑다가 피해자에게 치아결손의 상해를 입힌 소위를 가리켜 법에 의하여 용인되는 피난행위라 할 수 없다.

22-3. 신고된 갑대학교에서의 집회가 집회장소 사용 승낙을 하지 아니한 갑대학교측의 요청으로 경찰관들에 의하여 저지되자, 신고 없이 을대학교로 옮겨 집회를 한 것이 긴급피난에 해당하는지 여부(소극) [대법원 1990. 8. 14. 선고, 90도870]

【판결요지】

집회장소 사용 승낙을 하지 않은 갑대학교측의 집회 저지 협조요청에 따라 경찰관들이 갑대학교 출입문에서 신고된 갑대학교에서의 집회에 참가하려는 자의 출입을 저지한 것은 경찰관직무집행법 제6조의 주거침입행위에 대한 사전 제지조치로 볼 수 있고, 비록 그 때문에 소정의 신고없이 을대학교로 장소를 옮겨서 집회를 하였다 하여 그 신고없이 한 집회가 긴급피난에 해당한다고도 할 수 없다.

22-4. 위급한 상황에서 선박과 선원들의 안전을 위하여 사회통념상 가장 적절하고 필요불가결하다고 인정되는 조치를 취한 경우 [대법원 1987. 1. 20. 선고, 85도221]

【판결요지】

선박의 이동에도 새로운 공유수면점용허가가 있어야 하고 휴지선을 이동하는데는 예인선이 따로 필요한 관계로 비용이 많이 들어 다른 해상으로 이동을 하지 못하고 있는 사이에 태풍을 만나게 되고 그와 같은 위급한 상황에서 선박과 선원들의 안전을 위하여 사회통념상 가장 적절하고 필요불가결하다고 인정되는 조치를 취하였다면 형법상 긴급피난으로서 위법성이 없어서 범죄가 성립되지 아니한다고 보아야 하고 미리 선박을 이동시켜 놓아야 할 책임을 다하지 아니함으로써 위와 같은 긴급한 위난을 당하였다는 점만으로는 긴급피난을 인정하는데 아무런 방해가 되지 아니한다.

제23조[자구행위]

> 제23조(자구행위) ① 법률에서 정한 절차에 따라서는 청구권을 보전(保全)할 수 없는 경우에 그 청구권의 실행이 불가능해지거나 현저히 곤란해지는 상황을 피하기 위하여 한 행위는 상당한 이유가 있는 때에는 벌하지 아니한다.
> ② 제1항의 행위가 그 정도를 초과한 경우에는 정황에 따라 그 형을 감경하거나 면제할 수 있다.

23-1. 甲이 집회 장면을 카메라로 촬영하자 집회참가자인 피고인이 영상을 지워달라고 요구하면서 甲이 메고 있던 가방 줄을 붙잡고 밀고 당기는 등의 폭행을 한 행위 [부산지법 2015. 9. 11. 선고, 2015노1466. 확정]

【판시사항】

甲이 집회 장면을 카메라로 촬영하자 집회참가자인 피고인이 영상을 지워달라고 요구하면서 甲이 메고 있던 가방 줄을 붙잡고 밀고 당기는 등의 폭행을 하였다는 내용으로 기소된 사안에서, 피고인의 행위가 정당행위 또는 자구행위에 해당하여 위법성이 없다는 이유로 무죄를 선고한 사례

【판결요지】

甲이 집회 장면을 카메라로 촬영하자 집회참가자인 피고인이 영상을 지워달라고 요구하면서 甲이 메고 있던 가방 줄을 붙잡고 밀고 당기는 등의 폭행을 하였다는 내용으로 기소된 사안에서, 甲은 적법하게 집회신고를 한 후 집회활동을 하고 있던 피고인 등 집회참가자들의 동의 없이 얼굴을 불과 1~2m 거리를 두고 근접하여 촬영한 점, 당시 피고인은 사이비종교 피해자들 약 50여 명과 사이비종교단체의 위험성을 알리는 취지의 집회를 하였는데, 집회참가자들의 신체적 정보가 담긴 영상이 사이비종교단체에 전송되면 이들 단체의 보복행위 대상이 되는 것이 염려되어 얼굴이 촬영된 영상을 삭제해 달라고 요청하였으나 응하지 아니하였고, 주변에 있던 경찰관의 도움을 받아 촬영한 영상을 삭제하도록 재차 요구하였으나 완강히 거부한 점 등에 비추어 볼 때, 피고인의 행위는 형법 제20조의 정당행위 또는 형법 제23조의 자구행위에 해당하여 위법성이 없다는 이유로 무죄를 선고한 사례.

23-2. 형법상 자구행위의 의미 [대법원 2007. 12. 28. 선고, 2007도7717]

【판시사항】

[1] 형법상 자구행위의 의미

[2] 인근 상가의 통행로로 이용되고 있는 토지의 사실상 지배권자가 위 토지에 철주와 철망을 설치하고 포장된 아스팔트를 걷어냄으로써 통행로로 이용하지 못하게 한 경우, 이는 일반교통방해죄를 구성하고 자구행위에 해당하지 않는다.

【이 유】

형법상 자구행위라 함은 법정절차에 의하여 청구권을 보전하기 불능한 경우에 그 청구권의 실행 불능 또는 현저한 실행곤란을 피하기 위한 상당한 행위를 말하는 것이다(대법원 2007. 3. 15. 선

고 2006도9418 판결, 대법원 2007. 5. 11. 선고 2006도4328 판결 등 참조).

원심이 적법하게 채택한 증거들 및 기록에 비추어 살펴보면, 설사 피고인의 주장대로 이 사건 토지에 인접하여 있는 공소외 2 소유의 광주 서구 화정동 1051 소재 건물에 건축법상 위법요소가 존재하고 공소외 2가 그와 같은 위법요소를 방치 내지 조장하고 있다거나, 위 건물의 건축허가 또는 이 사건 토지상의 가설건축물 허가 여부에 관한 관할관청의 행정행위에 하자가 존재한다고 가정하더라도, 그러한 사정만으로 이 사건에 있어서 피고인이 이 사건 토지의 소유자를 대위 또는 대리하여 법정절차에 의하여 이 사건 토지의 소유권을 방해하는 사람들에 대한 방해배제 등 청구권을 보전하는 것이 불가능하였거나 현저하게 곤란하였다고 볼 수 없을 뿐만 아니라, 피고인의 이 사건 행위가 그 청구권의 실행불능 또는 현저한 실행곤란을 피하기 위한 상당한 행위라고 볼 수도 없음을 알 수 있다.

23-3. 주민들이 농기계 등으로 그 주변의 농경지나 임야에 통행하기 위해 이용하는 자신 소유의 도로에 깊이 1m 정도의 구덩이를 판 행위가 일반교통방해죄에 해당하고 자구행위나 정당행위에 해당하지 않는다. [대법원 2007. 3. 15. 선고, 2006도9418]

【판시사항】

이 사건 도로는 피고인 소유 토지상에 무단으로 확장 개설되어 그대로 방치할 경우 불특정 다수인이 통행할 우려가 있다는 사정만으로는 피고인이 법정절차에 의하여 자신의 청구권을 보전하는 것이 불가능한 경우에 해당한다고 볼 수 없을 뿐 아니라, 이미 불특정 다수인이 통행하고 있는 육상의 통로에 구덩이를 판 행위가 피고인의 청구권의 실행불능이나 현저한 실행곤란을 피하기 위한 상당한 이유가 있는 행위라고도 할 수 없으므로, 이 점에 관한 상고이유의 주장도 받아들일 수 없다.

어떠한 행위가 위법성조각사유로서의 정당행위가 되는지의 여부는 구체적인 경우에 따라 합목적적, 합리적으로 가려야 하는바, 정당행위로 인정되려면 첫째 행위의 동기나 목적의 정당성, 둘째 행위의 수단이나 방법의 상당성, 셋째 보호법익과 침해법익의 균형성, 넷째 긴급성, 다섯째 그 행위 이외의 다른 수단이나 방법이 없다는 보충성의 요건을 모두 갖추어야 한다(대법원 2005. 2. 25. 선고 2004도8530 판결, 2001. 9. 28. 선고 2001도3923 판결 등 참조).

원심은, 피고인이 이 사건 도로에 구덩이를 파는 등으로 공중의 통행을 저지한 이상 이 사건 도로가 피고인의 소유라고 하더라도 그러한 피고인의 행위는 정당행위에 해당하지 않는다고 판단하였는바, 위와 같은 법리와 기록에 비추어 살펴보면, 이러한 원심의 판단은 옳은 것으로 수긍이 가고, 거기에 정당행위에 관한 법리오해의 위법이 있다고 할 수 없다.

23-4. 소유권을 내세워 소송계속 중인 건조물의 자물쇠를 쇠톱으로 절단하고 침입한 행위가 자구행위인지 여부(소극) [대법원 1985. 7. 9. 선고, 85도707]

【판결요지】

소유권의 귀속에 관한 분쟁이 있어 민사소송이 계속중인 건조물에 관하여 현실적으로 관리인이 있음에도 위 건조물의 자물쇠를 쇠톱으로 절단하고 침입한 소위는 법정절차에 의하여 그 권리를 보전하기가 곤란하고 그 권리의 실행불능이나 현저한 실행곤란을 피하기 위해 상당한 이유가 있는 행위라고 할 수 없다.

23-5. 형법 제23조 소정의 자구행위의 요건에 해당하지 않는다고 한 강제적 채권추심의 예 [대법원 1984. 12. 26. 선고, 84도2582]

【판결요지】

피고인이 피해자에게 석고를 납품한 대금을 받지 못하고 있던중 피해자가 화랑을 폐쇄하고 도주하자, 피고인이 야간에 폐쇄된 화랑의 베니어판 문을 미리 준비한 드라이버로 뜯어 내고 피해자의 물건을 몰래 가지고 나왔다면, 위와 같은 피고인의 강제적 채권추심 내지 이를 목적으로 하는 물품의 취거행위를 형법 제23조 소정의 자구행위라고 볼 수 없다.

제24조(피해자의 승낙)

제24조(피해자의 승낙) 처분할 수 있는 자의 승낙에 의하여 그 법익을 훼손한 행위는 법률에 특별한 규정이 없는 한 벌하지 아니한다.

24-1. 명의자의 명시적·묵시적 승낙이 있거나 승낙이 추정되는 경우, 사문서변조죄가 성립하는지 여부(소극) [대법원 2015. 11. 26. 선고, 2014도781]

【판시사항】

부동산등기 특별조치법 제3조 제1항은 계약을 원인으로 소유권이전등기를 신청할 때에는 당사자, 목적부동산, 계약연월일, 대금 및 그 지급일자, 부동산중개업자 등이 기재된 계약서에 검인신청인을 표시하여 계약 대상인 부동산 소재지를 관할하는 시장 등으로부터 검인을 받아 관할 등기소에 제출하도록 규정하고 있다. 이 사건 매매계약서는 매도인과 매수인의 서명·날인뿐만 아니라 파주시장의 검인이 날인된 부동산등기 특별조치법상의 '검인계약서' 인데, 이처럼 파주시장의 검인이 날인된 이상 이 사건 매매계약서는 '그 기재와 같은 내용의 매매계약이 체결되었다는 사실' 뿐만 아니라, '그 기재와 같은 내용으로 계약 당사자들이 파주시장에게 검인의 날인을 신청하였고, 그 이후 역시 같은 내용으로 등기신청이 이루어졌다' 는 사실 또한 증명하고 있다. 따라서 피고인이 이 사건 매매계약서 사본에 이 사건 문구를 임의로 기입한 행위가 작성명의인의 승낙이 있는 경우에 해당하여 사문서변조죄가 성립하지 않는다고 하기 위해서는 매도인과 매수인뿐만 아니라 검인을 날인한 파주시장의 명시적·묵시적 승낙이 있거나 또는 적어도 여러 정황에 비추어 볼 때 추정적 승낙이 기대되는 경우이어야 한다. 피고인이 이 사건 매매계약서 사본에 이 사건 문구를 기입할 당시 파주시장의 승낙이 있었다는 점을 인정할 만한 아무런 자료가 없을 뿐만 아니라, 이 사건 매매계약의 대상 토지에 대한 상속세 부과와 관련하여 과세전적부심사를 청구한 상황에서, 파주시장으로부터 이 사건 문구를 기입하는 행위에 대하여 승낙을 받을 수 있었을 것이라고 추정하기도 어렵다. 따라서 피고인이 이 사건 매매계약서 사본에 이 사건 문구를 기입하여 제출한 행위는 사문서변조죄와 변조사문서행사죄에 해당한다. 였을 것으로 판단된다.

> 1. 문서명의인의 추정적 승낙이 예상되는 경우 사문서변조죄의 성립 여부(소극) 및 명의자의 승낙에 대한 막연한 기대나 예측만으로 추정적 승낙을 인정할 수 있는지 여부(소극) [대법원 2008. 4. 10. 선고, 2007도9987]
>
> 【판시사항】
> 사문서의 위·변조죄는 작성권한 없는 자가 타인 명의를 모용하여 문서를 작성하는 것을 말하는 것이므로 사문서를 작성·수정함에 있어 그 명의자의 명시적이거나 묵시적인 승낙이 있었다면 사문서의 위·변조죄에 해당하지 않고, 한편 행위 당시 명의자의 현실적인 승낙은 없었지만 행위 당시의 모든 객관적 사정을 종합하여 명의자가 행위 당시 그 사실을 알았다면 당연히 승낙했을 것이라고 추정되는 경우 역시 사문서의 위·변조죄가 성립하지 않는다고 할 것이나(대법원 1993. 3. 9. 선고 92도3101 판결, 대법원 2003. 5. 30. 선고 2002도235 판결 등 참조), 명의자의 명시적인 승낙이나 동의가 없다는 것을 알고 있으면서도 명의자 이외의 자의 의뢰로 문서를 작성하는 경우 명의자가 문서작성 사실을 알았다면 승낙하였을 것이라고 기대하거나 예측한 것만으로는 그 승낙이 추정된다고 단정할 수 없다.
> 특히, 법무사법 제25조에 의하면 법무사가 사건의 위임을 받은 경우에는 주민등록증·인감증명서 등 법령에 의하여 작성된 증명서의 제출이나 제시 기타 이에 준하는 확실한 방법으로 위임인이 본인 또는 그 대리인임을 확인하여야 하는바, 법무사가 타인의 권리의무에 중대한 영향을 미칠 수 있는 문서를 작성함에 있어 이 규정에 위반하여 문서명의자 본인의 동의나 승낙이 있었는지에 대한 아무런 확인절차를 거치지 아니하고 오히려 명의자 본인의 동의나 승낙이 없음을 알면서도 권한 없이 문서를 작성한 경우에는 사문서위조 및 동행사죄의 고의를 인정할 수 있다.

24-2. 피해자의 승낙을 자유롭게 철회할 수 있는지 여부(적극) 및 철회 방법에 아무런 제한이 없는지 여부(적극) [대법원 2011. 5. 13. 선고, 2010도9962]

　【판시사항】
　[1] 피해자의 승낙을 자유롭게 철회할 수 있는지 여부(적극) 및 철회 방법에 아무런 제한이 없는지 여부(적극)
　[2] 피고인이 피해자 甲의 상가건물에 대한 임대차계약 당시 甲의 모(母) 乙에게서 인테리어 공사 승낙을 받았는데, 이후 乙이 임대차보증금 잔금 미지급을 이유로 즉시 공사를 중단하고 퇴거할 것을 요구하자 도끼를 집어 던져 상가 유리창을 손괴한 사안에서, 乙이 위 의사표시로써 시설물 철거에 대한 동의를 철회하였다고 보아야 한다.

24-3. 위법성조각사유인 피해자의 승낙이 갖추어야 하는 요건 [대법원 2008. 12. 11. 선고, 2008도9606]

　【판시사항】
　형법 제24조의 규정에 의하여 위법성이 조각되는 피해자의 승낙은 개인적 법익을 훼손하는 경우에 법률상 이를 처분할 수 있는 사람의 승낙이어야 할 뿐만 아니라 그 승낙이 윤리적·도덕적으로 사회상규에 반하는 것이 아니어야 한다(대법원 1985. 12. 10. 선고 85도1892 판결 등 참조).

원심은 그 판시와 같은 사실을 인정한 다음, 피고인이 피해자와 공모하여 교통사고를 가장하여 보험금을 편취할 목적으로 피해자에게 상해를 가하였다면 피해자의 승낙이 있었다고 하더라도 이는 위법한 목적에 이용하기 위한 것이므로 피고인의 행위가 피해자의 승낙에 의하여 위법성이 조각된다고 할 수 없다고 판단하였다. 앞서 본 법리 및 기록에 비추어 살펴보면, 원심의 위와 같은 판단은 정당하고, 거기에 상고이유의 주장과 같은 피해자 승낙에 관한 법리를 오해하였거나 죄형법정주의의 명확성 원칙에 위배되는 위법이 없다.

---

1. 형법 제24조 소정의 위법성이 조각되는 피해자의 승낙의 범위 [대법원 1985. 12. 10. 선고, 85도1892]
【판결요지】
형법 제24조의 규정에 의하여 위법성이 조각되는 피해자의 승낙은 개인적 법익을 훼손하는 경우에 법률상 이를 처분할 수 있는 사람의 승낙을 말할 뿐만 아니라 그 승낙이 윤리적, 도덕적으로 사회상규에 반하는 것이 아니어야 한다.

24-4. 추정적 승낙의 의미 [대법원 2006. 3. 24. 선고, 2005도8081]

【판시사항】

[1] 추정적 승낙의 의미

[2] 채권자들이 채무자인 피해자에 대한 채권을 우선적으로 확보할 목적으로 피해자의 물건을 무단으로 취거한 사안에서, 절도죄에서의 불법영득의사를 인정하고, 자구행위의 성립과 추정적 승낙의 존재를 부정한 사례

【이 유】

추정적 승낙이란 피해자의 현실적인 승낙이 없었다고 하더라도 행위 당시의 모든 객관적 사정에 비추어 볼 때 만일 피해자가 행위의 내용을 알았더라면 당연히 승낙하였을 것으로 예견되는 경우를 말하는바, 기록에 비추어 살펴보면, 원심이 그 판시와 같은 사정을 인정한 다음 피고인들이 피해자의 가구들을 취거할 당시 피해자의 추정적 승낙이 있다고 볼 수 없다고 판단한 것은 정당한 것으로 수긍이 가고, 거기에 상고이유로 주장하는 바와 같이 추정적 승낙에 관한 법리를 오해하는 등의 위법이 있다고 할 수 없다.

24-5. 수술승낙이 의사의 부정확 또는 불충분한 설명에 의한 것인 경우의 효력 [대법원 1993. 7. 27. 선고, 92도2345]

【판결요지】

산부인과 전문의 수련과정 2년차인 의사가 자신의 시진, 촉진결과 등을 과신한 나머지 초음파검사 등 피해자의 병증이 자궁외 임신인지, 자궁근종인지를 판별하기 위한 정밀한 진단방법을 실시하지 아니한 채 피해자의 병명을 자궁근종으로 오진하고 이에 근거하여 의학에 대한 전문지식이 없는 피해자에게 자궁적출술의 불가피성만을 강조하였을 뿐 위와 같은 진단상의 과오가 없었으면

당연히 설명받았을 자궁외 임신에 관한 내용을 설명받지 못한 피해자로부터 수술승낙을 받았다면 위 승낙은 부정확 또는 불충분한 설명을 근거로 이루어진 것으로서 수술의 위법성을 조각할 유효한 승낙이라고 볼 수 없다.

24-6. 치사의 결과에 대한 예견가능성이 있고 피해자의 승낙이 있었다고 보기 어렵다. [대법원 1989. 11. 28. 선고, 89도201]

【판결요지】

각종의 장기와 신경이 밀집되어 있어 인체의 가장 중요한 부위를 점하고 있는 흉부에 대한 강도의 타격은 생리적으로 중대한 영향을 줄 뿐만 아니라 신경에 자극을 줌으로써 이에 따른 쇼크로 인해 피해자를 사망에 이르게 할 수 있고, 더우기 그 가격으로 급소를 맞을 때에는 더욱 그러할 것인데, 피할만한 여유도 없는 좁은 장소와 상급자인 피고인이 하급자인 피해자로부터 아프게 반격을 받을 정도의 상황에서 신체가 보다 더 건강한 피고인이 피해자에게 약 1분 이상 가슴과 배를 때렸다면 사망의 결과에 대한 예견가능성을 부정할 수도 없을 것이며 위와 같은 상황에서 이루어진 폭행이 장난권투로서 피해자의 승낙에 의한 사회상규에 어긋나지 않는 것이라고도 볼 수 없다.

24-7. 가옥소유자의 침입에 대한 피해자의 추정적 승낙 [대법원 1989. 9. 12. 선고, 89도889]

【판결요지】

건물의 소유자라고 주장하는 피고인과 그것을 점유관리하고 있는 피해자 사이에 건물의 소유권에 대한 분쟁이 계속되고 있는 상황이라면 피고인이 그 건물에 침입하는 것에 대한 피해자의 추정적 승낙이 있었다거나 피고인의 이 사건 범행이 사회상규에 위배되지 않는다고 볼 수 없다고 한 원심의 조치는 수긍이 간다.

24-8. 종교상의 치료행위(안수)를 정당행위나 피해자의 승낙에 의한 행위라고 볼 수 있는지 여부(소극) [서울고법 1988. 11. 10. 선고, 88노2534, 확정]

【판결요지】

피고인이 피해자의 정신질환을 치료하기 위해 안수기도를 하면서 피해자의 가슴과 머리를 눌러 전흉부 및 두정부피하출혈상을 가하고 정당성에도 불구하고 수단방법의 상당성, 법익의 교량, 긴급성, 보충성의 요건을 결한 것으로서 정당행위라 할 수 없고, 또 피해자의 승낙이 있는 경우에 해당한다고도 볼 수 없다.

제2절 미수범

제25조[미수범]

> 제25조(미수범) ① 범죄의 실행에 착수하여 행위를 종료하지 못하였거나 결과가 발생하지 아니한 때에는 미수범으로 처벌한다.
> ② 미수범의 형은 기수범보다 감경할 수 있다.

25-1. 임의적 감경의'의미 / 임의적 감경사유의 존재가 인정되고 법관이 그에 따라 징역형에 대해 법률상 감경을 하는 경우, 형법 제55조 제1항 제3호에 따라 상한과 하한을 모두 2분의 1로 감경하여야 하는지 여부(적극) / 이러한 현재 판례와 실무의 해석이 여전히 타당한지 여부(적극) [대법원 2021. 1. 21. 선고, 2018도5475, 전원합의체 판결]

【판시사항】

'임의적 감경의' 의미 / 임의적 감경사유의 존재가 인정되고 법관이 그에 따라 징역형에 대해 법률상 감경을 하는 경우, 형법 제55조 제1항 제3호에 따라 상한과 하한을 모두 2분의 1로 감경하여야 하는지 여부(적극) / 이러한 현재 판례와 실무의 해석이 여전히 타당한지 여부(적극)

【판결요지】

[다수의견] 필요적 감경의 경우에는 감경사유의 존재가 인정되면 반드시 형법 제55조 제1항에 따른 법률상 감경을 하여야 함에 반해, 임의적 감경의 경우에는 감경사유의 존재가 인정되더라도 법관이 형법 제55조 제1항에 따른 법률상 감경을 할 수도 있고 하지 않을 수도 있다. 나아가 임의적 감경사유의 존재가 인정되고 법관이 그에 따라 징역형에 대해 법률상 감경을 하는 이상 형법 제55조 제1항 제3호에 따라 상한과 하한을 모두 2분의 1로 감경한다. 이러한 현재 판례와 실무의 해석은 여전히 타당하다. 구체적인 이유는 다음과 같다.

① 형법은 필요적 감경의 경우에는 문언상 형을 '감경한다.' 라고 표현하고, 임의적 감경의 경우에는 작량감경과 마찬가지로 문언상 형을 '감경할 수 있다.' 라고 표현하고 있다. '할 수 있다.' 는 말은 어떠한 명제에 대한 가능성이나 일반적인 능력을 나타내는 말로서 '하지 않을 수도 있다.' 는 의미를 포함한다. '할 수 있다.' 는 문언의 의미에 비추어 보면 입법자는 임의적 감경의 경우 정황 등에 따라 형을 감경하거나 감경하지 않을 수 있도록 한 것이고 그 권한 내지 재량을 법관에게 부여한 것이다. 이러한 해석은 문언상 자연스러울 뿐만 아니라 일상의 언어 사용에 가까운 것으로 누구나 쉽게 이해할 수 있다. 법문과 입법자의 의사에 부합하는 이상, 죄형법정주의 원칙상 허용되지 않는 유추해석에 해당하지도 않는다.

한편 형법 제55조 제1항은 형벌의 종류에 따라 법률상 감경의 방법을 규정하고 있는데, 형법 제55조 제1항 제3호는 "유기징역 또는 유기금고를 감경할 때에는 그 형기의 2분의 1로 한다." 라고 규정하고 있다. 이와 같이 유기징역형을 감경할 경우에는 '단기' 나 '장기' 의 어느 하나만 2분의 1로 감경하는 것이 아니라 '형기' 즉 법정형의 장기와 단기를 모두 2분의 1로 감경함을 의미한다는 것은 법문상 명확하다. 처단형은 선고형의 최종적인 기준이 되므로 그 범위는 법률에 따라서 엄격하게 정하여야 하고, 별도의 명시적인 규정이 없는 이상 형법 제56조에서 열거하고 있는 가중·감경할 사유에 해당하지 않는 다른 성질의 감경사유를 인정할 수는 없다. 따라서 유기징역형에 대한 법률상 감경을 하면서 형법 제55조 제1항 제3호에서 정한 것과 같이 장기와 단기를 모두 2분의 1로 감경하는 것이 아닌 장기 또는 단기 중 어느 하나만을 2분의 1로 감경하는 방식이나 2분의 1보다 넓은 범위의 감경을 하는 방식 등은 죄형법정주의 원칙상 허용될 수 없다.

② 법률상 감경사유는 구성요건해당성, 위법성, 책임 등 범죄의 성립요건과 관련이 있거나 불법의 정도나 보호법익의 침해 정도 등과 관련 있는 사유들이 대부분이다. 입법자는 범죄의 성립 및 처벌과 관련된 중요한 사항들을 법률상 감경의 요건으로 정한 뒤 해당 요건이 범죄의 성립 또는 처벌 범위의 결정에 일반적으로 미치는 영향이나 중요성을 종합적으로 고려하여 필요적 감경, 임의적 감경으로 구별하여 규정하였다.

위와 같이 필요적 감경사유와 임의적 감경사유가 구별되어 규정되어 있는 취지를 고려하면 그 법률효과도 명확히 구별되어야 한다.

25-2. 미수범의 공소시효 기산점(=행위를 종료하지 못하였거나 결과가 발생하지 아니하여 더 이상 범죄가 진행될 수 없는 때) [대법원 2017. 7. 11. 선고, 2016도14820]

【판시사항】

공소시효의 기산점(=범죄행위가 종료한 때) / 미수범의 공소시효 기산점(=행위를 종료하지 못하였거나 결과가 발생하지 아니하여 더 이상 범죄가 진행될 수 없는 때)

【판결요지】

공소시효는 범죄행위가 종료한 때부터 진행한다(형사소송법 제252조 제1항). 미수범은 범죄의 실행에 착수하여 행위를 종료하지 못하였거나 결과가 발생하지 아니한 때에 처벌받게 되므로(형법 제25조 제1항), 미수범의 범죄행위는 행위를 종료하지 못하였거나 결과가 발생하지 아니하여 더 이상 범죄가 진행될 수 없는 때에 종료하고, 그때부터 미수범의 공소시효가 진행한다.

제26조[중지범]

제26조(중지범) 범인이 실행에 착수한 행위를 자의(自意)로 중지하거나 그 행위로 인한 결과의 발생을 자의로 방지한 경우에는 형을 감경하거나 면제한다.

26-1. 다른 공범의 범행을 중지하게 하지 아니한 채 자기만의 범의를 철회·포기한 경우, 중지미수의 인정 여부(소극) [대법원 2005. 2. 25. 선고, 2004도8259]

【판시사항】

다른 공범의 범행을 중지하게 하지 아니한 이상 자기만의 범의를 철회, 포기하여도 중지미수로는 인정될 수 없는 것인바(대법원 1969. 2. 25. 선고 68도1676 판결 참조), 기록에 의하면, 피고인은 원심 공동피고인과 합동하여 피해자를 텐트 안으로 끌고 간 후 원심 공동피고인, 피고인의 순으로 성관계를 하기로 하고 피고인은 위 텐트 밖으로 나와 주변에서 망을 보고 원심 공동피고인은 피해자의 옷을 모두 벗기고 피해자의 반항을 억압한 후 피해자를 1회 간음하여 강간하고, 이어 피고인이 위 텐트 안으로 들어가 피해자를 강간하려 하였으나 피해자가 반항을 하며 강간을 하지 말아 달라고 사정을 하여 강간을 하지 않았다는 것이므로, 앞서 본 법리에 비추어 보면 위 구본선이 피고인과의 공모하에 강간행위에 나아간 이상 비록 피고인이 강간행위에 나아가지 않았다 하더라도 중지미수에 해당하지는 않는다고 할 것이다.

1. 다른 공범자의 범행을 중지케 한 바 없으면 범의를 철회하여도 중지미수가 될 수 없다. [대법원 1969. 2. 25. 선고, 68도1676]

【판시사항】

피고인이 공소외 1 중위와 범행을 공모하여 동 중위는 엔진오일을 매각 처분하고, 피고인은 송증정리를 하기로 한 것은 사후에 범행이 용이하게 탄로나지 아니 하도록 하는 안전방법의 하나이지, 위 중위가 보관한 위 군용물을 횡령하는데 있어 송증정리가 없으면, 절대 불가능한 것은 아니며, 피고인은 후에 범의를 철회하고 송증정리를 거절하였다 하여도 공범자인 위 중위의 범죄 실행을 중지케 하였다는 것이 아님이 원판결 및 1심 판결에 의하여 확정된 사실이므로 피고인에게 중지 미지수를 인정할 수 없고 (본원 1954.1.30선고 4286 형상 103 판결)

26-2. 중지미수의 성립요건 및 살해의 의사로 피해자를 칼로 수회 찔렀으나 많은 피가 흘러나오는 것을 보고 겁을 먹고 그만 둔 경우, 중지미수에 해당하는지 여부(소극) [대법원 1999. 4. 13. 선고, 99도640]

【판결요지】

범죄의 실행행위에 착수하고 그 범죄가 완수되기 전에 자기의 자유로운 의사에 따라 범죄의 실행행위를 중지한 경우에 그 중지가 일반 사회통념상 범죄를 완수함에 장애가 되는 사정에 의한 것이 아니라면 이는 중지미수에 해당한다고 할 것이지만, 피고인이 피해자를 살해하려고 그의 목 부위와 왼쪽 가슴 부위를 칼로 수 회 찔렀으나 피해자의 가슴 부위에서 많은 피가 흘러나오는 것을 발견하고 겁을 먹고 그만 두는 바람에 미수에 그친 것이라면, 위와 같은 경우 많은 피가 흘러 나오는 것에 놀라거나 두려움을 느끼는 것은 일반 사회통념상 범죄를 완수함에 장애가 되는 사정에 해당한다고 보아야 할 것이므로, 이를 자의에 의한 중지미수라고 볼 수 없다.

> 1. 중지미수의 의의 [대법원 1985. 11. 12. 선고, 85도2002]
>
> 【판결요지】
>
> 중지미수라 함은 범죄의 실행행위에 착수하고 그 범죄가 완수되기 전에 자기의 자유로운 의사에 따라 범죄의 실행행위를 중지하는 것으로서 장애미수와 대칭되는 개념이나 중지미수와 장애미수를 구분하는데 있어서는 범죄의 미수가 자의에 의한 중지이냐 또는 어떤 장애에 의한 미수이냐에 따라 가려야 하고 특히 자의에 의한 중지중에서도 일반사회통념상 장애에 의한 미수라고 보여지는 경우를 제외한 것을 중지미수라고 풀이함이 일반이다.

26-3. 예비음모의 행위를 처벌하는 경우에 있어서 중지범의 관념을 인정할 수 있는지 여부(소극) [대법원 1991. 6. 25. 선고, 91도436]

【판결요지】

중지범은 범죄의 실행에 착수한 후 자의로 그 행위를 중지한 때를 말하는 것이고, 실행의 착수가 있기 전인 예비음모의 행위를 처벌하는 경우에 있어서는 중지범의 관념은 이를 인정할 수 없다.

26-4. 특정범죄가중처벌법 제5조의4 제1항 위반죄에 형법 제26조의 중지미수 규정이 적용되는지 여부(소극) [대법원 1986. 3. 11. 선고, 85도2831]

【판결요지】

특정범죄가중처벌등에관한법률 제5조의4 제1항은 상습으로 형법 제329조 내지 제331조의 죄 또는 그 미수죄를 범한 자를 무기 또는 3년 이상의 징역에 처하도록 규정하고 있는바, 이는 절도, 야간주거침입절도, 특수절도 및 그 미수죄의 상습범행을 형법각칙이 정하는 형보다 무겁게 가중처벌하고자 함에 그 입법목적이 있을 뿐 달리 형법총칙규정의 적용을 배제할 이유가 없는 것이므로 중지미수에 관한 형법 제26조의 적용을 배제하는 명문규정이 없는 한 위 특정범죄가중처벌등에관한법률 제5조의4 제1항 위반의 죄에 위 형법규정의 적용이 없다고 할 수 없다.

26-5. 범행의 발각이 두려워 실행행위에 이르지 못한 경우, 중지범에의 해당여부(소극) [대법원 1986. 1. 21. 선고, 85도2339]

【판결요지】

범행당일 미리 제보를 받은 세관직원들이 범행장소 주변에 잠복근무를 하고 있어 그들이 왔다 갔다하는 것을 본 피고인이 범행의 발각을 두려워한 나머지 자신이 분담하기로 한 실행행위에 이르지 못한 경우, 이는 피고인의 자의에 의한 범행의 중지가 아니어서 형법 제26조 소정의 중지범에 해당한다고 볼 수 없다.

제27조[불능범]

> 제27조(불능범) 실행의 수단 또는 대상의 착오로 인하여 결과의 발생이 불가능하더라도 위험성이 있는 때에는 처벌한다. 단, 형을 감경 또는 면제할 수 있다.

27-1. 불능미수'의 의미 및 여기에서 '결과의 발생이 불가능'하다는 것의 의미 [대법원 2019. 5. 16. 선고, 2019도97]

【판시사항】

형법 제27조(불능범)는 "실행의 수단 또는 대상의 착오로 인하여 결과의 발생이 불가능하더라도 위험성이 있는 때에는 처벌한다. 단, 형을 감경 또는 면제할 수 있다." 라고 규정하고 있다. **불능미수란 행위자에게 범죄의사가 있고 실행의 착수라고 볼 수 있는 행위가 있더라도 실행의 수단이나 대상의 착오로 처음부터 결과발생 또는 법익침해의 가능성이 없지만 다만 그 행위의 위험성 때문에 미수범으로 처벌하는 경우를 말한다**(대법원 1998. 10. 23. 선고 98도2313 판결 등 참조). 여기에서 '결과의 발생이 불가능' 하다는 것은 범죄행위의 성질상 어떠한 경우에도 구성요건의 실현이 불가능하다는 것을 의미한다.

27-2. 독살하려다 실패한 경우 장애미수와 불능미수의 판별심리 요부(적극) [대법원 1984. 2. 14., 선고, 83도2967]

【판결요지】

원심이 인용한 제 1심판결 이유에 의하면 제 1심은 그 채택한 증거를 종합하여 피고인이 남편인 공소외인을 살해할 것을 결의하고 배추국 그릇에 농약인 종자소독약 유제3호 8미리리터 가량을 탄 다음 위 공소외인에게 먹게하여 동인을 살해하고자 하였으나 이를 먹던 위 피해자가 국물을 토함으로써 그 목적을 이루지 못하고 미수에 그친 사실을 인정하고 피고인에 대하여 형법 제254조, 제250조 제1항, 제25조, 제55조 등을 적용하여 처단하고 있다.

그러나 원심이 채택한 사법경찰관 사무취급작성의 신현화에 대한 진술조서의 기재에 의하면, 위 농약유제 3호는 동물에 대한 경구치사량에 있어서 엘.디 (LD) 50이 키로그람당 1.590미리그람이라고 되어 있어서 피고인이 사용한 위의 양은 그 치사량에 현저히 미달한 것으로 보이고, 한편 형법은 범죄의 실행에 착수하여 결과가 발생하지 아니한 경우의 미수와 실행수단의 착오로 인하여 결과발생이 불가능하더라도 위험성이 있는 경우의 미수와는 구별하여 처벌하고 있으므로 원심으로서는 이 사건 종사소독약유 제3호의 치사량을 좀더 심리한 다음 피고인의 소위가 위의 어느 경우에 해당하는지를 가렸어야 할 것임에도 불구하고 원심이 이를 심리하지 아니한 채 그 판시와 같은 사유만으로 피고인에게 형법 제254조, 제250조 제1항, 제25조의 살인미수의 죄책을 인정하였음은 장애미수와 불능미수에 관한 법리를 오해하였거나 심리를 다하지 아니함으로써 판결에 영향을 미친 위법을 범하였다 할 것이다.

27-3. 불능범의 위험성 판단기준 [대법원 1978. 3. 28. 선고, 77도4049]

【판결요지】

불능범의 판단기준으로서 위험성 판단은 피고인이 행위 당시에 인식한 사정을 놓고 이것이 객관적으로 일반인의 판단으로 보아 결과발생의 가능성이 있느냐를 따져야 하므로 히로뽕제조를 위하여 에페트린에 빙초산을 혼합한 행위가 불능범이 아니라고 인정하려면 위와같은 사정을 놓고 객관적으로 제약방법을 아는 과학적 일반인의 판단으로 보아 결과발생의 가능성이 있어야 한다.

제28조[음모, 예비]

제28조(음모, 예비) 범죄의 음모 또는 예비행위가 실행의 착수에 이르지 아니한 때에는 법률에 특별한 규정이 없는 한 벌하지 아니한다.

28-1. 예비죄의 종범이 처벌되는지 여부(소극) [대법원 1979. 5. 22. 선고, 79도552]

【판결요지】

정범이 실행의 착수에 이르지 아니하고 예비단계에 그친 경우에는, 이에 가공한다 하더라도 예비의 공동정범이 되는 때를 제외하고는 종범으로 처벌할 수 없다.

28-2. 예비단계에 있어서의 종범의 성립여부(소극) [대법원 1976. 5. 25. 선고, 75도1549]

【판결요지】

형법 32조 1항 소정 타인의 범죄란 정범이 범죄의 실현에 착수한 경우를 말하는 것이므로 종범이 처벌되기 위하여는 정범의 실행의 착수가 있는 경우에만 가능하고 형법 전체의 정신에 비추어 정범이 실행의 착수에 이르지 아니한 예비의 단계에 그친 경우에는 이에 가공하는 행위가 예비의 공동정범이 되는 경우를 제외하고는 종범의 성립을 부정하고 있다고 보는 것이 타당하다.

제3절 공범

제30조[공동정범]

> 제30조(공동정범) 2인 이상이 공동하여 죄를 범한 때에는 각자를 그 죄의 정범으로 처벌한다.

30-1. 공동정범의 성립요건 / 공모공동정범의 성립 여부에 대한 증명 정도 [대법원 2018. 9. 13. 선고, 2018도7658, 2018전도54, 55, 2018보도6, 2018모2593]

【판결요지】

형법 제30조의 공동정범은 2인 이상이 공동하여 죄를 범하는 것으로서, <u>공동정범이 성립하기 위하여는 주관적 요건인 공동가공의 의사와 객관적 요건인 공동의사에 의한 기능적 행위지배를 통한 범죄의 실행사실이 필요하다.</u> 여기서 **공동가공의 의사**는 타인의 범행을 인식하면서도 이를 제지하지 아니하고 용인하는 것만으로는 부족하고, 공동의 의사로 특정한 범죄행위를 하기 위하여 일체가 되어 서로 다른 사람의 행위를 이용하여 자기의 의사를 실행에 옮기는 것을 내용으로 하여야 한다. 공모공동정범의 성립 여부는 범죄 실행의 전 과정을 통하여 각자의 지위와 역할, 공범에 대한 권유내용 등을 구체적으로 검토하고 이를 종합하여 위와 같은 상호이용의 관계가 합리적인 의심을 할 여지가 없을 정도로 증명되어야 하고, 그와 같은 증명이 없다면 설령 피고인에게 유죄의 의심이 간다고 하더라도 피고인의 이익으로 판단할 수밖에 없다.

30-2. 범죄 실행을 공모하였으나 공모관계에서 이탈한 경우, 다른 공모자가 이미 실행행위에 착수한 이후에는 공동정범의 책임을 지는지 여부(적극) [대법원 2018. 1. 25. 선고, 2017도12537]

【판시사항】

원심은 그 판시와 같은 이유를 들어, PHMG 등을 원료물질로 하는 가습기살균제의 개발·제조·판매에 관여한 피고인 1, 피고인 2, 피고인 3, 피고인 4, 피고인 5, 피고인 7과 공소외 5 주식회사(이하 '공소외 5 회사'라 한다)의 임직원인 공소외 6, 공소외 7, 공소외 8, 공소외 9 주식회사의 ◇◇◇◇ 사업본부(이하 '공소외 9 회사'라 한다)의 임직원인 공소외 10, 공소외 11, 공소외 12, 공소외 13 회사의 품질보증(QA, Quality Assurance)팀에서 근무하면서 공소외 9 회사의 (제품명 3 생략)에 대한 품질을 검사하고 보증하는 품질보증 업무를 담당한 공소외 14, ☆☆☆☆의 대표자로서 공소외 5 회사와 공소외 9 회사에 가습기살균제를 제조하여 납품한 공소외 15는 공동의 주의의무와 인식 아래 업무상과실로 결함 있는 가습기살균제를 각각 제조·판매하였고, 그 결함으로 그중 두 종류 이상의 가습기살균제를 사용한 피해자들에게 사망 또는 상해의 결과가 발생하였으므로, 위 피고인들과 공소외 6, 공소외 7, 공소외 8, 공소외 10, 공소외 11, 공소외 12, 공소외 14, 공소외 15 중 특정 피해자가 중복 사용한 가습기살균제들의 제조·판매에 관하여 업무상과실이 있는 사람들 간에는 해당 피해자에 대한 업무상과실치사상죄의 공동정범이 성립한다고 판단하였다. 원심판결 이유를 관련 법리와 적법하게 채택된 증거들에 비추어 살펴보면, 위와 같은 원심의 판단에 상고이유 주장과 같이 과실범의 공동정범 성립에 관한 법리를 오해하거나 대법원판례 위반의 위법이 없다.

피고인 1, 피고인 2의 퇴직 이후 이루어진 표시광고법 위반죄의 공동정범 인정 관련 상고이유에 관하여 공동정범은 범죄행위 시에 그 의사의 연락이 묵시적이거나 간접적이거나를 불문하고, 행위자 상호 간에 주관적으로 서로 범죄행위를 공동으로 한다는 공동가공의 의사가 있음으로써 성립하고, 범죄의 실행을 공모하였다면 다른 공모자가 이미 실행행위에 착수한 이후에는 그 공모관계에서 이탈하였다고 하더라도 공동정범의 책임을 면할 수 없다(대법원 1984. 1. 31. 선고 83도2941 판결, 대법원 2011. 1. 13. 선고 2010도9927 판결 등 참조). 원심은 그 판시와 같은 이유를 들어 위 피고인들이 퇴직 후에 이루어진 거짓의 표시 행위에 대하여도 책임을 부담한다고 판단하였다.

---

1. 망을 보기로 한 강도공모자가 타공모자들이 피해자의 집에 침입한 후 망을 보지 않은 경우 공동정범의 성부(적극) [대법원 1984. 1. 31. 선고, 83도2941]

【판시사항】

[1] 공동정범의 성립요건

[2] 망을 보기로 한 강도공모자가 타공모자들이 피해자의 집에 침입한 후 망을 보지 않은 경우 공동정범의 성부

【판결요지】

[1] 공동정범은 범죄행위시에 그 의사의 연락이 묵시적이거나 간접적이거나를 불문하고 행위자 상호간에 주관적으로 서로 범죄행위를 공동으로 한다는 공동가공의 의사가 있음으로써 성립하는 것이다.

[2] 행위자 상호간에 범죄의 실행을 공모하였다면 다른 공모자가 이미 실행에 착수한 이후에는 그 공모관계에서 이탈하였다고 하더라도 공동정범의 책임을 면할 수 없는 것이므로 피고인 등이 금품을 강취할 것을 공모하고 피고인은 집 밖에서 망을 보기로 하였으나, 다른 공모자들이 피해자의 집에 침입한 후 담배를 사기 위해서 망을 보지 않았다고 하더라도, 피고인은 판시 강도상해죄의 공동정범의 죄책을 면할 수가 없다.

---

2. 피고인이 포괄일죄의 관계에 있는 범행의 일부를 실행한 후 공범관계에서 이탈하였으나 다른 공범자에 의하여 나머지 범행이 이루어진 경우 [대법원 2011. 1. 13. 선고, 2010도9927]

【판결요지】

피고인이 포괄일죄의 관계에 있는 범행의 일부를 실행한 후 공범관계에서 이탈하였으나 다른 공범자에 의하여 나머지 범행이 이루어진 경우, 피고인이 관여하지 않은 부분에 대하여도 죄책을 부담한다.

30-3. 공동정범에서 '공모'의 성립요건과 인정 방법 / 공모에 의한 범죄의 공동실행에 해당하는지 판단하는 기준 [대법원 2017. 12. 22. 선고, 2017도15538]

【판시사항】

2인 이상이 공모하여 범죄에 공동 가공하는 공범관계에 있어서의 공모는 법률상 어떤 정형을 요구하는 것이 아니고, 범죄를 공동실행할 의사가 있는 공범자 상호 간에 직·간접적으로 그 공동실행에 관한 암묵적인 의사연락이 있으면 충분하고, 이에 대한 직접증거가 없더라도 정황사실과 경험법칙에 의하여 이를 인정할 수 있다. 그리고 공모에 의한 범죄의 공동실행은 모든 공범자가 스스로 범죄의

구성요건을 실현하는 것을 전제로 하지 아니하고, 그 실현행위를 하는 공범자에게 그 행위결정을 강화하도록 협력하는 것으로도 가능하며, 이에 해당하는지 여부는 행위 결과에 대한 각자의 이해 정도, 행위 가담의 크기, 범행지배에 대한 의지 등을 종합적으로 고려하여 판단하여야 한다(대법원 2006. 12. 22. 선고 2006도1623 판결, 대법원 2012. 4. 26. 선고 2010도2905 판결 등 참조).

---

1. 공모에 의한 범죄의 공동실행에 해당하는지 여부 판단 기준 [대법원 2006. 12. 22. 선고, 2006도1623]

【판결요지】

공모에 의한 범죄의 공동실행은 모든 공범자가 스스로 범죄의 구성요건을 실현하는 것을 전제로 하지 아니하고, 그 실현행위를 하는 공범자에게 그 행위결정을 강화하도록 협력하는 것으로도 가능하며, 이에 해당하는지 여부는 행위 결과에 대한 각자의 이해 정도, 행위 가담의 크기, 범행지배에 대한 의지 등을 종합적으로 고려하여 판단하여야 한다.

---

2. 공동정범에서 공모관계의 성립요건과 인정 방법 및 공모에 의한 범죄의 공동실행에 해당하는지 판단하는 기준 [대법원 2012. 4. 26. 선고, 2010도2905]

【판시사항】

2인 이상이 공모하여 범죄에 공동 가공하는 공범관계에 있어서의 공모는 법률상 어떤 정형을 요구하는 것이 아니고 범죄를 공동실행할 의사가 있는 공범자 상호 간에 직·간접적으로 그 공동실행에 관한 암묵적인 의사연락이 있으면 충분하고, 이에 대한 직접증거가 없더라도 정황사실과 경험법칙에 의하여 이를 인정할 수 있다. 그리고 공모에 의한 범죄의 공동실행은 모든 공범자가 스스로 범죄의 구성요건을 실현하는 것을 전제로 하지 아니하고, 그 실현행위를 하는 공범자에게 그 행위결정을 강화하도록 협력하는 것으로도 가능하며, 이에 해당하는지 여부는 행위 결과에 대한 각자의 이해 정도, 행위 가담의 크기, 범행지배에 대한 의지 등을 종합적으로 고려하여 판단하여야 한다.

30-4. 공모자 중 구성요건에 해당하는 행위 일부를 직접 분담하여 실행하지 않은 사람이 공모공동정범으로서 죄책을 지는 경우 [대법원 2017. 10. 26. 선고, 2017도473]

【판시사항】

공모자 중 구성요건에 해당하는 행위 일부를 직접 분담하여 실행하지 않은 사람도 전체 범죄에서 그가 차지하는 지위, 역할이나 범죄 경과에 대한 지배나 장악력 등을 종합해 볼 때, 단순한 공모자에 그치는 것이 아니라 범죄에 대한 본질적 기여를 통한 기능적 행위지배가 존재하는 것으로 인정되는 경우 이른바 공모공동정범으로서의 죄책을 질 수 있다(대법원 2017. 1. 12. 선고 2016도15470 판결 등 참조).

---

1. 공모자 중 구성요건에 해당하는 행위 일부를 직접 분담하여 실행하지 않은 사람이 공모공동정범으로서 죄책을 지는 경우 [대법원 2017. 1. 12. 선고, 2016도15470]

【판결요지】

형법 제30조의 공동정범은 2인 이상이 공동하여 죄를 범하는 것으로서, 공동정범이 성립하기 위해서는 주관적 요건으로서 공동가공의 의사와 객관적 요건으로서 공동의사에 기한 기능적 행위지배를 통한 범죄의 실행사실이 필요하고, 공동가공의 의사는 공동의 의사로 특정한 범죄행위를 하기 위하여 일체가 되어 서로 다른 사람의 행위를 이용하여 자기의 의사를 실행에 옮기는 것을 내용으로 하는 것이어야한다. 공모자 중 구성요건에 해당하는 행위 일부를 직접 분담하여 실행하지 않은 사람도 전체 범죄에서 그가 차지하는 지위, 역할이나 범죄 경과에 대한 지배나 장악력 등을 종합해 볼 때, 단순한 공모자에 그치는 것이 아니라 범죄에 대한 본질적 기여를 통한 기능적 행위지배가 존재하는 것으로 인정되는 경우 이른바 공모공동정범으로서의 죄책을 질 수 있다.

30-5. 공동정범이 성립하기 위한 요건 및 주관적 요건으로서 '공동가공의 의사'의 내용   [대법원 2017. 5. 17. 선고, 2017도2573]

【판시사항】

형법 제30조에서 정한 공동정범은 공동으로 범죄를 저지르려는 의사에 따라 공범자들이 협력하여 범행을 분담함으로써 범죄의 구성요건을 실현한 경우에 각자가 범죄 전체에 대하여 정범으로서의 책임을 지는 것이다. 이러한 공동정범이 성립하기 위해서는 주관적 요건으로서 공동가공의 의사와 객관적 요건으로서 공동의사에 의한 기능적 행위지배를 통한 범죄의 실행사실이 필요하고, 이때 공동가공의 의사는 공동의 의사로 특정한 범죄행위를 하기 위하여 일체가 되어 서로 다른 사람의 행위를 이용하여 자기의 의사를 실행에 옮기는 것을 내용으로 하는 것이어야 한다(대법원 1996. 1. 26. 선고 95도2461 판결, 대법원 2017. 4. 26. 선고 2013도12592 판결 등 참조).

1. 공동정범의 본질 및 종범과의 구별 [대법원 1989. 4. 11. 선고, 88도1247]
【판결요지】
공동정범의 본질은 분업적 역할분담에 의한 기능적 행위지배에 있으므로 공동정범은 공동의사에 의한 기능적 행위지배가 있음에 반하여 종범은 그 행위지배가 없는 점에서 양자가 구별된다.

30-6. 공동정범에서 공모나 모의의 성립요건 및 피고인이 공모와 함께 범의를 부인하는 경우, 그 증명 방법 [대법원 2017. 1. 25. 선고, 2016도10389]

【판시사항】

2인 이상이 공동으로 범죄를 저지르는 공동정범에서 공모나 모의는 반드시 직접적·명시적으로 이루어질 필요는 없고 순차적·암묵적으로 이루어질 수도 있으나, 어느 경우에도 범죄를 공동으로 실현하려는 의사의 결합이 있어야 한다. 피고인이 공모와 함께 범의를 부인하는 경우에는 이러한 주관적 요소는 사물의 성질상 범의와 관련성이 있는 간접사실 또는 정황사실을 증명하는 방법으로 이를 증명할 수밖에 없다(대법원 2009. 2. 12. 선고 2008도6551 판결 등 참조).

1. 피고인이 공모 및 범의를 부인하는 경우, 그 증명방법 [대법원 2006. 2. 23. 선고, 2005도8645)]
【판시사항】
[1] 피고인이 공모 및 범의를 부인하는 경우, 그 증명방법

[2] 피고인의 학력, 경력, 공범과의 관계, 근무장소, 담당업무의 내용과 성격 등의 정황사실만으로 피고인이 공범들과 암묵적으로 상통하여 의사의 결합을 이루었다고 단정한 원심판결을 파기한 사례

【판결요지】

[1] 2인 이상이 공동으로 가공하여 범죄를 행하는 공동정범에 있어서 공모나 모의는 반드시 직접, 명시적으로 이루어질 필요는 없고 순차적, 암묵적으로 상통하여 이루어질 수도 있으나 어느 경우에도 범죄에 공동 가공하여 이를 공동으로 실현하려는 의사의 결합이 있어야 할 것이고, 피고인이 공모의 점과 함께 범의를 부인하는 경우에는 이러한 주관적 요소로 되는 사실은 사물의 성질상 범의와 상당한 관련성이 있는 간접사실 또는 정황사실을 증명하는 방법에 의하여 이를 입증할 수밖에 없으며, 이때 무엇이 상당한 관련성이 있는 간접사실에 해당할 것인가는 정상적인 경험칙에 바탕을 두고 치밀한 관찰력이나 분석력에 의하여 사실의 연결상태를 합리적으로 판단하는 방법에 의하여야 한다.

30-7. 공동정범이 성립한다고 판단하기 위해서 공동가공 의사에 기한 상호 이용의 관계가 합리적인 의심을 할 여지가 없을 정도로 증명되어야 하는지 여부(적극) [대법원 2015. 10. 29. 선고, 2015도5355]

【판시사항】

공동정범의 성립요건 및 주관적 요건인 '공동가공의 의사'의 내용 / 공동정범이 성립한다고 판단하기 위해서 공동가공의 의사에 기한 상호 이용의 관계가 합리적인 의심을 할 여지가 없을 정도로 증명되어야 하는지 여부(적극)

【판결요지】

형법 제30조의 공동정범은 2인 이상이 공동하여 죄를 범하는 것으로서, 공동정범이 성립하기 위해서는 주관적 요건으로서 공동가공의 의사와 객관적 요건으로서 공동의사에 기한 기능적 행위지배를 통한 범죄의 실행사실이 필요하다. 공동가공의 의사는 타인의 범행을 인식하면서도 이를 제지하지 아니하고 용인하는 것만으로는 부족하고, 공동의 의사로 특정한 범죄행위를 하기 위해 일체가 되어 서로 다른 사람의 행위를 이용하여 자기의 의사를 실행에 옮기는 것을 내용으로 하는 것이어야 한다. 따라서 공동정범이 성립한다고 판단하기 위해서는 범죄실현의 전 과정을 통하여 행위자들 각자의 지위와 역할, 다른 행위자에 대한 권유 내용 등을 구체적으로 검토하고 이를 종합하여 공동가공의 의사에 기한 상호 이용의 관계가 합리적인 의심을 할 여지가 없을 정도로 증명되어야 한다.

1. 다른 3명의 공모자들과 강도 모의를 주도한 피고인이, 다른 공모자들이 피해자를 뒤쫓아 가자 단지 "어?"라고만 하고 더 이상 만류하지 아니하여 공모자들이 강도상해의 범행을 한 사안 [대법원 2008. 4. 10. 선고, 2008도1274]

【판시사항】

[1] 공모에 주도적으로 참여한 공모자가 공모관계에서 이탈하여 공동정범으로서 책임을 지지 않기 위한 요건

[2] 다른 3명의 공모자들과 강도 모의를 주도한 피고인이, 다른 공모자들이 피해자를 뒤쫓아 가자 단지 "어?"라고만 하고 더 이상 만류하지 아니하여 공모자들이 강도상해의 범행을 한 사안에서, 피고인이 그 공모관계에서 이탈하였다고 볼 수 없다.

【판결요지】

[1] 공모공동정범에 있어서 공모자 중의 1인이 다른 공모자가 실행행위에 이르기 전에 그 공모관계에서 이탈한 때에는 그 이후의 다른 공모자의 행위에 관하여는 공동정범으로서의 책임은 지지 않는다 할 것이나, 공모관계에서의 이탈은 공모자가 공모에 의하여 담당한 기능적 행위지배를 해소하는 것이 필요하므로 공모자가 공모에 주도적으로 참여하여 다른 공모자의 실행에 영향을 미친 때에는 범행을 저지하기 위하여 적극적으로 노력하는 등 실행에 미친 영향력을 제거하지 아니하는 한 공모관계에서 이탈하였다고 할 수 없다.

[2] 다른 3명의 공모자들과 강도 모의를 하면서 삽을 들고 사람을 때리는 시늉을 하는 등 그 모의를 주도한 피고인이 함께 범행 대상을 물색하다가 다른 공모자들이 강도의 대상을 지목하고 뒤쫓아 가자 단지 "어?"라고만 하고 비대한 체격 때문에 뒤따라가지 못한 채 범행현장에서 200m 정도 떨어진 곳에 앉아 있었으나 위 공모자들이 피해자를 쫓아가 강도상해의 범행을 한 사안에서, 피고인에게 공동가공의 의사와 공동의사에 기한 기능적 행위지배를 통한 범죄의 실행사실이 인정되므로 강도상해죄의 공모관계에 있고, 다른 공모자가 강도상해죄의 실행에 착수하기까지 범행을 만류하는 등으로 그 공모관계에서 이탈하였다고 볼 수 없으므로 강도상해죄의 공동정범으로서의 죄책을 진다.

30-8. 공모에 주도적으로 참여한 공모자가 공모관계에서 이탈하여 공동정범으로서 책임을 지지 않기 위한 요건 [대법원 2015. 2. 16. 선고, 2014도14843]

【판시사항】

공모공동정범에서 공모자 중의 1인이 다른 공모자가 실행행위에 이르기 전에 그 공모관계에서 이탈한 때에는 그 이후의 다른 공모자의 행위에 관하여는 공동정범으로서의 책임은 지지 않는다. 그렇지만 공모관계에서의 이탈은 공모자가 공모에 의하여 담당한 기능적 행위지배를 해소하는 것이 필요하므로 공모자가 공모에 주도적으로 참여하여 다른 공모자의 실행에 영향을 미친 때에는 범행을 저지하기 위하여 적극적으로 노력하는 등 실행에 미친 영향력을 제거하지 아니하는 한 공모관계에서 이탈하였다고 할 수 없다.

30-9. 피고인이 공모의 점을 부인하는 경우 그 증명 방법 [대법원 2012. 8. 30. 선고, 2012도5220]

【판시사항】

피고인이 범죄의 주관적 요소인 공모의 점을 부인하는 경우에는, 사물의 성질상 이와 상당한 관련성이 있는 간접사실 또는 정황사실을 증명하는 방법에 의하여 이를 입증할 수밖에 없으며, 이때 무엇이 상당한 관련성이 있는 간접사실에 해당할 것인가는 정상적인 경험칙에 바탕을 두고 치밀한 관찰과 분석을 통하여 사실의 연결상태를 합리적으로 판단하는 방법에 의하여야 할 것이다.

30-10. 상명하복 관계에 있는 자들 사이에 공동정범이 성립할 수 있는지 여부(적극) [대법원 2012. 1. 27. 선고, 2010도10739]

【판시사항】

2인 이상이 범죄에 공동 가공하는 공범관계에서 공모는 법률상 어떤 정형을 요구하는 것이 아니고, 2인 이상이 공모하여 어느 범죄에 공동 가공하여 그 범죄를 실현하려는 의사의 결합만 있으면 되는 것으로서, 비록 전체의 모의과정이 없었다고 하더라도 수인 사이에 순차적으로 또는 암묵적으로 상통하여 그 의사의 결합이 이루어지면 공모관계가 성립하고, 이러한 공모가 이루어진 이상 실행행위에 직접 관여하지 아니한 자라도 다른 공모자의 행위에 대하여 공동정범으로서의 형사책임을 지는 것이고, 이와 같은 공모에 대하여는 직접증거가 없더라도 정황사실과 경험법칙에 의하여 이를 인정할 수 있고, 상명하복 관계에 있는 자들 사이에 있어서도 범행에 공동 가공한 이상 공동정범이 성립하는 데 아무런 지장이 없는 것이다.

---

1. 공모공동정범에 있어서 공모관계 인정방법 [대법원 2004. 12. 10. 선고, 2004도5652]

【판결요지】

2인 이상이 범죄에 공동 가공하는 공범관계에서 공모는 법률상 어떤 정형을 요구하는 것이 아니고, 2인 이상이 공모하여 어느 범죄에 공동 가공하여 그 범죄를 실현하려는 의사의 결합만 있으면 되는 것으로서, 비록 전체의 모의과정이 없었다고 하더라도 수인 사이에 순차적으로 또는 암묵적으로 상통하여 그 의사의 결합이 이루어지면 공모관계가 성립하고, 이러한 공모가 이루어진 이상 실행행위에 직접 관여하지 아니한 자라도 다른 공모자의 행위에 대하여 공동정범으로서의 형사책임을 지는 것이고, 이와 같은 공모에 대하여는 직접증거가 없더라도 정황사실과 경험법칙에 의하여 이를 인정할 수 있다.

30-11. 공모공동정범의 공모자들에게 공모한 범행 외에 부수적으로 파생된 범죄에 대하여도 암묵적 공모와 기능적 행위지배가 있다고 인정하기 위한 판단 기준 [대법원 2010. 12. 23. 선고, 2010도7412]

【판결요지】

공모공동정범의 경우, 범죄의 수단과 태양, 가담하는 인원과 그 성향, 범행 시간과 장소의 특성, 범행과정에서 타인과의 접촉 가능성과 예상되는 반응 등 제반 상황에 비추어, 공모자들이 그 공모한 범행을 수행하거나 목적 달성을 위해 나아가는 도중에 부수적인 다른 범죄가 파생되리라고 예상하거나 충분히 예상할 수 있는데도 그러한 가능성을 외면한 채 이를 방지하기에 족한 합리적인 조치를 취하지 아니하고 공모한 범행에 나아갔다가 결국 그와 같이 예상되던 범행들이 발생하였다면, 비록 그 파생적인 범행 하나하나에 대하여 개별적인 의사의 연락이 없었다 하더라도 당초의 공모자들 사이에 그 범행 전부에 대하여 암묵적인 공모는 물론 그에 대한 기능적 행위지배가 존재한다고 보아야 한다.

30-12. 구성요건행위를 직접 분담하여 실행하지 아니한 공모자를 공모공동정범으로 인정하기 위한 요건 [대법원 2010. 7. 15., 선고, 2010도3544]

【판시사항】

[1] 구성요건행위를 직접 분담하여 실행하지 아니한 공모자를 공모공동정범으로 인정하기 위한 요건

[2] 건설 관련 회사의 유일한 지배자가 회사 대표의 지위에서 장기간에 걸쳐 건설공사 현장소장

들의 뇌물공여행위를 보고받고 이를 확인·결재하는 등의 방법으로 위 행위에 관여한 사안

【판결요지】

[1] 형법 제30조의 공동정범은 공동가공의 의사와 그 공동의사에 의한 기능적 행위지배를 통한 범죄실행이라는 주관적·객관적 요건을 충족함으로써 성립하므로, 공모자 중 구성요건행위를 직접 분담하여 실행하지 아니한 사람도 위 요건의 충족 여부에 따라 이른바 공모공동정범으로서의 죄책을 질 수도 있다. 한편 구성요건행위를 직접 분담하여 실행하지 아니한 공모자가 공모공동정범으로 인정되기 위하여는 전체 범죄에 있어서 그가 차지하는 지위·역할이나 범죄경과에 대한 지배 내지 장악력 등을 종합하여 그가 단순한 공모자에 그치는 것이 아니라 범죄에 대한 본질적 기여를 통한 기능적 행위지배가 존재하는 것으로 인정되어야 한다.

[2] 비록 사전에 구체적인 대상 및 액수를 정하여 뇌물공여를 지시하지 아니하였다고 하더라도 그 핵심적 경과를 계획적으로 조종하거나 촉진하는 등으로 기능적 행위지배를 하였다고 보아 공모공동정범의 죄책을 인정하여야 함에도 이를 인정하지 아니한 원심판단에 법리 오해의 위법이 있다.

30-13. 공모공동정범에서 공모의 설시 정도 [대법원 2008. 11. 13. 선고, 2006도755]

【판결요지】

공모공동정범에 있어 그 공모에 관하여는 모의의 구체적인 일시, 장소, 내용 등을 상세하게 설시하여야 할 필요는 없고, 범행에 관하여 의사가 합치되었다는 것만 설시하면 된다.

---

1. 공모공동정범에서의 공모의 내용과 그 판시의 정도 [대법원 1994. 10. 11. 선고, 94도1832]

【판결요지】

공모공동정범에 있어서의 공모는, 두 사람 이상이 공동의 의사로 특정한 범죄행위를 하기 위하여 일체가 되어 서로 다른 사람의 행위를 이용하여 각자 자기의 의사를 실행에 옮기는 것을 내용으로 하여야 하는 것이나, 그 공모의 판시는 모의의 구체적인 일시, 장소, 내용 등을 상세하게 판시할 필요는 없고, 위에서 본 바와 같은 내용의 의사합치가 성립된 것이 밝혀지는 정도면 된다.

30-14. 신고의무없는 자가 신고의무 위반으로 인한 공중위생관리법의 공동정범이 될 수 있는지 여부(소극) [대법원 2008. 3. 27. 선고, 2008도89]

【판결요지】

공중위생관리법 제3조 제1항 전단은 "공중위생영업을 하고자 하는 자는 공중위생영업의 종류별로 보건복지부령이 정하는 시설 및 설비를 갖추고 시장·군수·구청장에게 신고하여야 한다"고 규정하고 있고, 제20조 제1항 제1호는 '제3조 제1항 전단의 규정에 의한 신고를 하지 아니한 자'를 처벌한다고 규정하고 있는바, 그 규정 형식 및 취지에 비추어 신고의무 위반으로 인한 공중위생관리법 위반죄는 구성요건이 부작위에 의하여서만 실현될 수 있는 진정부작위범에 해당한다고 할 것이고, 한편 부작위범 사이의 공동정범은 다수의 부작위범에게 공통된 의무가 부여되어 있고 그 의무를 공통으로 이행할 수 있을 때에만 성립한다고 할 것이다. 그리고 공중위생영업의 신고의무는 '공중위생영업을 하고자 하는 자'에게 부여되어 있고, 여기서 '영업을 하는 자'라 함은

영업으로 인한 권리의무의 귀속주체가 되는 자를 의미하므로, 영업자의 직원이나 보조자의 경우에는 영업을 하는 자에 포함되지 않는다고 해석함이 상당하다.

원심은, 그 채택 증거를 종합하여 판시와 같은 사실을 인정한 다음, 이 사건 (상호 생략)케어코리아 각 지점의 실장직에 있었던 피고인들은 위 회사의 근로소득자에 불과하고 영업상의 권리의무의 귀속주체가 아니라는 이유로 위 규정에 의한 신고의무를 부담하는 자에 해당하지 않는다고 판단하고, 나아가 피고인들에게 공통된 신고의무가 부여되어 있지 않은 이상 부작위범인 신고의무 위반으로 인한 공중위생관리법 위반죄의 공동정범도 성립할 수 없다고 판단하였는바, 앞서 본 법리에 비추어 위와 같은 원심의 판단은 옳고, 거기에 상고이유의 주장과 같은 법리오해의 위법이 있다고 할 수 없다.

30-15. 공모자 중 직접 실행행위를 분담하지 않은 자가 공모공동정범으로서의 죄책을 지기 위한 요건
[대법원 2007. 11. 15. 선고, 2007도6075]
【판시사항】

공모자 중 구성요건 행위 일부를 직접 분담하여 실행하지 않은 자라도 경우에 따라 이른바 공모공동정범으로서의 죄책을 질 수도 있는 것이기는 하나, 이를 위해서는 전체 범죄에서 그가 차지하는 지위, 역할이나 범죄 경과에 대한 지배 내지 장악력 등을 종합해 볼 때, 단순한 공모자에 그치는 것이 아니라 범죄에 대한 본질적 기여를 통한 기능적 행위지배가 존재하는 것으로 인정되는 경우여야 한다.

30-16. 피고인이 공모사실과 범의를 부인하는 경우의 증명방법 [대법원 2007. 7. 27. 선고, 2007도4378]
【판시사항】

공모가 이루어진 이상 실행행위에 직접 관여하지 아니한 자라도 다른 공모자의 행위에 대하여 공동정범으로서의 형사책임을 지고(대법원 1994. 3. 8. 선고 93도3154 판결, 대법원 2000. 11. 10. 선고 2000도3483 판결 등 참조), 피고인이 공모의 점과 함께 범의를 부인하는 경우에는, 이러한 주관적 요소로 되는 사실은 사물의 성질상 범의와 상당한 관련성이 있는 간접사실 또는 정황사실을 증명하는 방법에 의하여 이를 입증할 수밖에 없으며, 이 때 무엇이 상당한 관련성이 있는 간접사실에 해당할 것인가는 정상적인 경험칙에 바탕을 두고 치밀한 관찰력이나 분석력에 의하여 사실의 연결 상태를 합리적으로 판단하는 방법에 의하여야 한다(대법원 2003. 1. 24. 선고 2002도6103 판결, 대법원 2006. 2. 23. 선고 2005도8645 판결 등 참조).

30-17. 공모공동정범에 있어서 공모 또는 모의에 대한 특정과 증명의 정도 [대법원 2007. 4. 26. 선고, 2007도235]
【판시사항】

범죄의 특성에 비추어 부득이한 예외적인 경우라면 형사소송법이 공소사실을 특정하도록 한 취지에 반하지 않는 범위 내에서 공소사실 중 일부가 다소 개괄적으로 기재되었다고 하여 반드시 위법하다고 할 수 없으나(대법원 2003. 1. 24. 선고 2002도6103 판결 등 참조), 공모공동정범에 있어서 공모 또는 모의는 '범죄될 사실'의 주요부분에 해당하는 이상 가능한 한 이를 구체적이고 상세하게 특정하여야 할 뿐 아니라 엄격한 증명의 대상에 해당한다(대법원 1988. 9. 13. 선고 88도1114 판결, 1989. 6. 27. 선고 88도2381 판결 등 참조).

30-18. 공모공동정범에 있어서 공모자들에게 공모한 범행외에 공모한 범행의 도중에 부수적으로 파생된 범죄에 대하여도 공모와 기능적 행위가 있다고 인정하기 위한 판단 기준 [대법원 2007. 4. 26. 선고, 2007도428]

【판시사항】

형법 제30조의 공동정범은 공동가공의 의사와 그 공동의사에 기한 기능적 행위지배를 통한 범죄 실행이라는 주관적·객관적 요건을 충족함으로써 성립하는바, 공모자 중 일부가 구성요건 행위 중 일부를 직접 분담하여 실행하지 않은 경우라 할지라도 전체 범죄에 있어서 그가 차지하는 지위, 역할이나 범죄 경과에 대한 지배 내지 장악력 등을 종합해 볼 때, 단순한 공모자에 그치는 것이 아니라 범죄에 대한 본질적 기여를 통한 기능적 행위지배가 존재하는 것으로 인정된다면, 이른바 공모공동정범으로서의 죄책을 면할 수 없는 것이다 (대법원 1998. 5. 21. 선고 98도321 전원합의체 판결, 2004. 6. 24. 선고 2002도995 판결, 2005. 3. 11. 선고 2002도5112 판결, 2006. 12. 22. 선고 2006도1623 판결 등 참조). 그리고 이 경우, <u>범죄의 수단과 태양, 가담하는 인원과 그 성향, 범행 시간과 장소의 특성, 범행과정에서 타인과의 접촉 가능성과 예상되는 반응 등 제반 상황에 비추어, 공모자들이 그 공모한 범행을 수행하거나 목적 달성을 위해 나아가는 도중에 부수적인 다른 범죄가 파생되리라고 예상하거나 충분히 예상할 수 있는데도 그러한 가능성을 외면한 채 이를 방지하기에 족한 합리적인 조치를 취하지 아니하고 공모한 범행에 나아갔다가 결국 그와 같이 예상되던 범행들이 발생하였다면, 비록 그 파생적인 범행 하나하나에 대하여 개별적인 의사의 연락이 없었다 하더라도 당초의 공모자들 사이에 그 범행 전부에 대하여 암묵적인 공모는 물론 그에 대한 기능적 행위지배가 존재한다고 보아야 할 것이다.</u> 한편, 공모공동정범에 있어서 공모 또는 모의는 '범죄될 사실'의 주요부분에 해당하는 이상 가능한 한 이를 구체적이고 상세하게 특정하여야 할 뿐 아니라 엄격한 증명의 대상에 해당한다 할 것이나(대법원 1988. 9. 13. 선고 88도1114 판결, 1989. 6. 27. 선고 88도2381 판결 등 참조), 범죄의 특성에 비추어 부득이한 예외적인 경우라면 형사소송법이 공소사실을 특정하도록 한 취지에 반하지 않는 범위 내에서 공소사실 중 일부가 다소 개괄적으로 기재되었다고 하여 위법하다고 할 수는 없는 것이므로(대법원 2003. 1. 24. 선고 2002도6103 판결 참조), 그 공모 또는 모의의 판시는 모의의 구체적인 일시, 장소, 내용 등을 상세하게 판시하여야만 할 필요는 없고 의사합치가 성립된 것이 밝혀지는 정도면 된다고 할 것이다(대법원 2006. 8. 25. 선고 2006도3631 판결 참조).

30-19. 공모공동정범에 있어서 공모의 판시 정도 [대법원 2006. 8. 25. 선고, 2006도3631]

【판시사항】

공모공동정범에 있어서의 공모는, 두 사람 이상이 공동의 의사로 특정한 범죄행위를 하기 위하여 일체가 되어 서로가 다른 사람의 행위를 이용하여 각자 자기의 의사를 실행에 옮기는 것을 내용으로 하여야 하는 것이나, 그 공모의 판시는 모의의 구체적인 일시, 장소, 내용 등을 상세하게 판시하여야만 할 필요는 없고 의사합치가 성립된 것이 밝혀지는 정도면 된다(대법원 1996. 3. 8. 선고 95도2930 판결 등 참조). 한편, 형법 제30조의 공동정범이 성립하기 위하여서는 주관적 요건인 공동가공의 의사와 객관적 요건으로서 그 공동의사에 기한 기능적 행위지배를 통하여 범죄를 실행하였을 것이 필요하고, 여기서 공동가공의 의사란 타인의 범행을 인식하면서도 이를 제지함이 없이 용인하는 것만으로는 부족하고 공동의 의사로 특정한 범죄행위를 하기 위하여 일체가 되어 서로 다른 사람의 행위를 이용하여 자기의 의사를 실행에 옮기는 것을 내용으로 하는 것이어야 한다(대법원 1998. 9. 22. 선고 98도1832 판결, 2004. 6. 24. 선고 2002도995 판결 등 참조).

1. 전체의 모의과정은 없었으나 수인 사이에 의사의 결합이 있는 경우 공동정범의 성부 [대법원 1993. 7. 13. 선고, 92도2832]

【판결요지】

2인 이상이 공모하여 범죄에 공동 가공하는 공범관계에 있어서 공모는 법률상 어떤 정형을 요구하는 것이 아니고 공범자 상호간에 직접 또는 간접으로 범죄의 공동실행에 관한 암묵적인 의사연락이 있으면 족한 것으로, 비록 전체의 모의과정이 없었다고 하더라도 수인 사이에 의사의 결합이 있으면 공동정범이 성립될 수 있다.

30-20. 실행행위에 직접 관여한 사실을 인정하면서도 공모 및 범의를 부인하는 경우, 그 입증 방법 [대법원 2003. 1. 24. 선고, 2002도6103]

【판시사항】

[1] 공모공동정범에 있어서 공모관계의 성립 요건

[2] 피고인이 실행행위에 직접 관여한 사실을 인정하면서도 공모 및 범의를 부인하는 경우, 그 입증 방법

【판결요지】

[1] 2인 이상이 범죄에 공동 가공하는 공범관계에서 공모는 법률상 어떤 정형을 요구하는 것이 아니고 2인 이상이 공모하여 어느 범죄에 공동가공하여 그 범죄를 실현하려는 의사의 결합만 있으면 되는 것으로서, 비록 전체의 모의과정이 없었다고 하더라도 수인 사이에 순차적으로 또는 암묵적으로 상통하여 그 의사의 결합이 이루어지면 공모관계가 성립하고, 이러한 공모가 이루어진 이상 실행행위에 직접 관여하지 아니한 자라도 다른 공모자의 행위에 대하여 공동정범으로서의 형사책임을 진다.

[2] 공모공동정범에 있어서의 공모나 모의는 범죄사실을 구성하는 것으로서 이를 인정하기 위하여는 엄격한 증명이 요구되지만, 피고인이 그 실행행위에 직접 관여한 사실을 인정하면서도 공모의 점과 함께 범의를 부인하는 경우에는, 이러한 주관적 요소로 되는 사실은 사물의 성질상 범의와 상당한 관련성이 있는 간접사실 또는 정황사실을 증명하는 방법에 의하여 이를 입증할 수밖에 없고,

무엇이 상당한 관련성이 있는 간접사실에 해당할 것인가는 정상적인 경험칙에 바탕을 두고 치밀한 관찰력이나 분석력에 의하여 사실의 연결상태를 합리적으로 판단하는 방법에 의하여야 한다.

---

1. 피고인이 실행행위에 직접 관여한 사실을 인정하면서도 공모의 점과 함께 범의를 부인하는 경우의 입증 방법 [대법원 2000. 7. 7. 선고, 2000도1899]

【판결요지】

공모공동정범에 있어서의 이러한 공모나 모의는 범죄사실을 구성하는 것으로서 이를 인정하기 위하여는 엄격한 증명이 요구되지만, 피고인이 그 실행행위에 직접 관여한 사실을 인정하면서도 공모의 점과 함께 범의를 부인하는 경우에는, 이러한 주관적 요소로 되는 사실은 사물의 성질상 범의와 상당한 관련성이 있는 간접사실을 증명하는 방법에 의하여 이를 입증할 수밖에 없고, 무엇이 상당한 관련성이 있는 간접사실에 해당할 것인가는 정상적인 경험칙에 바탕을 두고 치밀한 관찰력이나 분석력에 의하여 사실의 연결상태를 합리적으로 판단하는 방법에 의하여야 한다.

---

2. 공모공동정범에 있어서 모의의 증명 및 판시의 정도 [대법원 1988. 9. 13. 선고, 88도1114]

【판시사항】

[1] 공모공동정범에 있어서 "모의"의 내용

[2] 공모공동정범에 있어서 모의의 증명 및 판시의 정도

【판결요지】

[1] 공모공동정범에 있어서의 모의는 <u>사전모의를 필요로 하거나 범인 전원이 일정한 시간과 장소에 집합하여 행할 필요는 없고 그 가운데 한 사람 또는 두 사람을 통하여 릴레이식으로 하거나 또는 암묵리에 서로 의사가 상통해도 된다 하겠으나 그 모의의 내용만은 두 사람 이상이 공동의 의사로 특정한 범죄행위를 하기 위하여 일체가 되어 서로가 다른 사람의 행위를 이용하여 각자 자기의 의사를 실행에 옮기는 것을 내용으로 하는 것이어야 하고, 그에 따라 범죄를 실행한 사실이 인정되어야만 공모공동정범이 성립되는 것이고 이와 같은 공모에 참여한 사실이 인정되는 이상 직접 실행행위에 관여하지 않았더라도 다른 사람의 행위를 자기의사의 수단으로 하여 범죄를 하였다는 점에서 자기가 직접 실행행위를 분담한 경우와 형사책임의 성립에 차이를 둘 이유가 없다.</u>

[2] 위에서 본 공모나 모의는 공모공동정범에 있어서의 "범죄될 사실"이라 할 것이므로 이를 인정하기 위하여는 엄격한 증명에 의하지 않으면 아니되고 그 증거는 판결에 표시되어야 하며, 공모의 판시는 그 구체적 내용을 상세하게 판시할 필요는 없다 하겠으나 위에서 본 취지대로 성립된 것이 밝혀져야만 한다.

30-21. 공동정범의 주관적 성립요건으로서의 공동가공의 의사의 의미 [대법원 1999. 9. 17. 선고, 99도2889]

【판결요지】

공동정범이 성립하기 위한 주관적 요건으로서 공동가공의 의사는 타인의 범행을 인식하면서도 이를 제지하지 아니하고 용인하는 것만으로 부족하고, 공동의 의사로 특정한 범죄행위를 하기 위하여 일체가 되어 서로 다른 사람의 행위를 이용하여 자기의 의사를 옮기는 것을 내용으로 하는 것이어야 한다.

30-22. 피고인에게 범행에 가담하려는 의사가 있었다고 보기 어렵고, 가사 공모 관계가 인정된다 하더라도 다른 조직원들이 범행에 이르기 전에 그 공모관계에서 이탈한 경우 [대법원 1996. 1. 26. 선고, 94도2654]

【판결요지】

피고인에게 범행에 가담하려는 의사가 있었다고 보기 어렵고, 가사 공모 관계가 인정된다 하더라도 다른 조직원들이 범행에 이르기 전에 그 공모관계에서 이탈한 것으로 본 사례.

---

1. 소위 공모공동정범에 있어서도 다른 공모자가 실행행위에 이르기 전에 그 공모관계에서 이탈한 때에는 공동정범의 책임을 지지 않는다. [대법원 1972. 4. 20. 선고, 71도2277]

【판시사항】

[1] 소위 공모공동정범에 있어서도 다른 공모자가 실행행위에 이르기 전에 그 공모관계에서 이탈한 때에는 공동정범의 책임을지지 않는다.

[2] 그 경우에 이탈의 의사표시는 반드시 명시적임을 요하지 않는다.

---

2. 다른 공모자가 실행에 착수하기 이전에 그 공모관계에서 이탈한 자의 책임 및 그 이탈의사의 표시방법 [대법원 1986. 1. 21. 선고, 85도2371]

【판결요지】

공모공동정범에 있어서 그 공모자중의 1인이 다른 공모자가 실행행위에 이르기 전에 그 공모관계에서 이탈한 때에는 그 이후의 다른 공모자의 행위에 관하여 공동정범으로서의 책임은 지지 않는다고 할 것이고 그 이탈의 표시는 반드시 명시적임을 요하지 않는다.

30-23. 공모공동정범에 있어서 공모관계 이탈시 공동정범으로서의 책임 여부 [대법원 1995. 7. 11. 선고, 95도955]

【판결요지】

공모공동정범에 있어서 공모자 중의 1인이 다른 공모자가 실행행위에 이르기 전에 그 공모관계에서 이탈한 때에는 그 이후의 다른 공모자의 행위에 관하여는 공동정범으로서의 책임을 지지 않는다.

30-24. 과실범의 공동정범의 성립 여부 [대법원 1994. 3. 22. 선고, 94도35]

【판결요지】

형법 제30조 소정의 "2인 이상이 공동하여 죄를 범한 때"의 "죄"에는 고의범뿐만 아니라 과실범도 포함된다.

---

1. 과실범의 공동정범의 성립여부 [대법원 1978. 9. 26. 선고, 78도2082]

【판결요지】

2인이상이 서로의 의사연락 아래 범죄되는 결과를 발생케 한 경우에는 과실범의 공동정범이 성립한다.

30-25. 공동정범의 주관적 요건인 공모의 의의와 공모하였으나 실행행위에 관여하지 않은 자의 형사책임 [대법원 1992. 11. 24. 선고, 92도2432]

【판결요지】

공동정범의 주관적 요건인 공모는 공범자 상호간에 범죄의 공동실행에 관한 의사의 결합만 있으면 족하고, 이와 같은 공모가 이루어진 이상 실행행위에 관여하지 않더라도 다른 공범자의 행위에 대하여 형사책임을 진다.

---

1. 공동정범의 성립요건 및 결과적가중범에 있어서의 공동정범의 성립에 결과를 공동으로 할 의사가 필요한지 여부(소극) [대법원 1990. 6. 26. 선고, 90도765]

【판결요지】

공동정범에 있어서는 범인전원이 일정한 일시, 장소에 집합하여 모의한 바 없고 또 일부가 현실적으로 범죄실행에 가담한 일이 없다고 하여도 간접적 또는 순차적으로 범행의 포괄적 또는 개별적인 의사연락이 있으면 전체에 대하여 공동정범이 성립하는 것이고, 또 결과적가중범에 있어서의 공동정범은 행위를 공동으로 할 의사가 있으면 성립하고 결과를 공동으로 할 의사는 필요없다.

---

2. 공동정범의 성립에 있어서 공모의 의의와 공모하였으나 실행행위에 관여하지 아니한 자의 형사책임 [대법원 1992. 8. 18. 선고, 92도1244]

【판결요지】

공동정범의 주관적 요건인 공모는 공범자 상호간의 범죄의 공동실행에 관한 의사의 결합이 있으면 되는 것이므로 공범자 전원이 동일한 일시, 장소에서 모의하지 아니하고, 순차적으로 또는 암묵적으로 상통하여 그 의사의 결합이 이루어져도 공모관계는 성립한다 할 것이고, 이와 같은 공모가 이루어진 이상 실행행위에 관여하지 아니한 자라도 다른 공범자의 행위에 대하여 공동정범으로서의 형사책임을 지는 것이다.

30-26. 공동정범으로 판시하면서도 형법 제30조의 적용을 명시하지 않은 판결과 파기사유 [대법원 1990. 4. 27. 선고, 90도527]

【판결요지】

원심판결이 피고인이 "타인들과 공동하여" 재물을 손괴하고 사람들의 신체를 상해하였다고 판시함으로써 형법 제30조를 적용하고 있음이 판결서에 비추어 명백한 이상, 같은 법조의 적용을 명시하지 않았더라도, 법령을 잘못 적용하여 판결에 영향을 미친 위법이 있다고 볼 수 없다.

30-27. 공범자가 범죄의 부수적인 일부의 실행에만 가담한 경우 공동정범의 성부(적극) 대법원 1990. 3. 27. 선고, 89도1670]

【판결요지】

형법 제30조의 "2인 이상이 공동하여 죄를 범한 때"라 함은 범죄구성요건에 해당하는 행위의 전부 또는 일부의 실행에 공동가공한 경우만을 가르키는 것이 아니고, 수인이 공동하여 범죄의 실행을 모의하고 그 공동의사를 실행하기 위한 것이었다면 모의자 사이에 역할에 차이가 있어 모의자 중의 일부가 그 범죄의 부수적인 부분의 실행에만 가담한 경우도 이에 포함된다.

---

1. 실행행위를 분담하지 아니한 공모자의 죄책 [대법원 1984. 9. 11. 선고, 84도1383]

【판결요지】

형법 제30조의 "2인 이상이 공동하여 죄를 범한 때"라 함은 반드시 범죄의 구성요건에 해당하는 행위의 전부 또는 일부의 실행에 공동 가공한 경우만을 가르키는 것이 아니고, 수인이 공동하여 범죄의 실행을 모의하고 그 공동의사를 실행하기 위하여 모의자중의 일부만이 실행행위를 담당하여 범죄를 수행한 경우에도 공모자는 모두 그 정범이 된다.

---

2. 공동정범에 있어서 공범자 사이의 공모방법과 실행행위에 가담하지 않은자의 죄책 [대법원 1987. 7. 7. 선고,, 87도945]

【판결요지】

공동정범의 성립에 있어서 공범자 사이의 공모와 범죄의 실행에 관하여는 공범자 전원이 같은 일시, 같은 장소에 모여 모의함을 요하지 아니하고 순차적으로 범의의 연락이 이루어 짐으로써 그 범의내용에 대하여 포괄적 또는 개별적인 의사의 연락이나 인식이 있었으면 공범자 전원의 공모관계가 있다고 할 것이므로 어느 공범자가 그 실행행위에 직접 가담하지 않았다 하더라도 다른 공범자의 분담실행한 행위에 대하여 공동정범으로서의 죄책을 지게 된다.

---

3. 수인 사이에 순차로 의사의 결합이 이루어진 경우 공범관계 성부 [대법원 1987. 9. 8. 선고, 87도1507]

【판시사항】

[1] 수인 사이에 순차로 의사의 결합이 이루어진 경우 공범관계의 성부

[2]. 범죄실행에 직접 가담하지 아니한 공범자의 죄책

【판결요지】

[1] 2인이상이 공모하여 범죄에 공동가공하는 공범관계에 있어서 공모는 법률상 어떤 정형을 요구하는 것이 아니고 어떠한 범죄를 실현하려는 의사의 결합만 있으면 되는 것이므로 수인 사이에 순차로 의사의 결합이 이루어졌다면 비록 수인 전체 사이에 어떤 모의과정은 없었다고 하더라도 공범관계의 성립에는 아무런 장애가 있을 수 없다.

[2] 수인이 공모한 후 공범자 중 일부의 자가 설사 범죄실행에 직접 가담하지 아니하였다 하더라도 다른 공범자가 분담 실행한 행위에 대하여 공동정범의 책임이 있다.

30-28. 공모공동정범에 있어서 공모나 모의에 대한 적시요부(적극) [대법원 1989. 6. 27. 선고, 88도2381]

【판결요지】

공모공동정범에 있어서의 공모나 모의는 두사람 이상이 공동의 의사로 특정한 범죄행위를 하기 위하여 일체가 되어 서로가 다른 사람의 행위를 이용하여 각자 자기의 의사를 실행에

옮기는 것을 내용으로 하는 것으로 "범죄될 사실"에 해당하므로 법원이 공모나 모의사실을 인정하는 이상 당해 공모나 모의가 이루어진 일시, 장소 또는 실행방법, 각자 행위의 분담, 역할 등을 구체적으로 상세하게 판시할 것까지는 없더라도 적어도 공모나 모의가 성립되었다는 정도는 판결이유에서 밝혀야 한다.

---

1. 공모공동정범의 성립요건과 그 형사책임 [대법원 1988. 4. 12. 선고, 87도2368]

【판결요지】

공모공동정범이 성립되려면 두 사람 이상이 공동의 의사로 특정한 범죄행위를 하기 위하여 일체가 되어 서로가 다른 사람의 행위를 이용하여 각자 자기의 의사를 실행에 옮기는 것을 내용으로 하는 모의를 하여 그에 따라 범죄를 실행한 사실이 인정되어야 하고, 이와 같이 공모에 참여한 사실이 인정되는 이상 직접 실행행위에 관여하지 않았더라도 다른 사람의 행위를 자기의사의 수단으로 하여 범죄를 하였다는 점에서 자기가 직접 실행행위를 분담한 경우와 형사책임의 성립에 차이를 둘 이유가 없다.

30-29. 공범자들 사이에 범의의 연락이 있었으나 그 일부만이 범죄의 실행에 당한 경우에 공동정범의 성립여부 [대법원 1988. 3. 22. 선고, 87도2539]

【판결요지】

공동정범이 성립하기 위하여는 반드시 공범자 전원이 범죄의 실행행위에 가담할 필요는 없고 적어도 공범자들 사이에 범죄에 대한 공동가공의 의사가 있는 경우 즉 상호간에 범의의 연락이 있고 그 공범자 일부가 범죄의 실행에 당한 경우에는 결국 전원이 공동일체로서 범죄를 실행한 것이 되고, 스스로 직접 그 실행행위를 분담하지 아니한 자도 그 범죄 전체에 관하여 공동정범으로서 책임을 진다.

30-30. 암묵리의 의사상통과 공동정범의 성립 [대법원 1987. 11. 24. 선고, 87도2011]

【판결요지】

공동정범이 성립하기 위하여서는 반드시 공범자간에 사전모의가 있어야하는 것은 아니며 암묵리에 서로 협력하여 공동범의를 실현하려는 의사가 상통하면 공모가 있다 할 것이고 이와 같은 의사연락이 있는 이상 반드시 각 범행의 실행을 분담할 것을 요하지 아니한다.

---

1. 공범의 범의를 실현하려는 의사가 암묵리에 상통한 경우와 공동정범의 성립 [대법원 1982. 10. 26. 선고, 82도1818]

【판결요지】

공동정범이 성립하기 위하여는 반드시 공범자간에 사전 모의가 있어야 하는 것은 아니며, 암묵리에 서로 협력하여 공동의 범의를 실현하려는 의사가 상통하면 공모가 있다할 것이고 공모가 있는 이상 반드시 각 범행의 실행을 분담할 것을 요하지 아니하고, 단순히 망을 보았어도 공범의 책임을 면할 수 없다 할 것이므로, 강간을 모의한 공동피고인중의 1인이 강간하고 있는 중 다른 피고인이 강간피해자의 딸을 살해하고 다시 전자는 강간을 끝내고 망을 보고 있는 사이에 후자가 강간피해자를 묶고 집에 불을 놓아 피해자를 살해한 경우 전자는 강간 이후의 다른 피고인의 일련의 범행에 대하여 공동정범의 죄책을 면할 수 없다.

2. 암묵적인 의사연락과 공동정범의 성부 [대법원 1986. 1. 28. 선고, 85도2421]
【판결요지】
공동정범의 주관적 성립요건인 공모는 공범자 상호간에 직접 또는 간접적으로 범죄의 공동실행에 관한 암묵적인 의사연락이 있으면 족하고 반드시 공범자들이 미리 일정한 장소에 집합하여 사전에 각자의 분담행위를 정하는 등 직접적인 모의를 하여야만 하는 것은 아니다.

30-31. 폭력행위등처벌법 제2조 제2항 소정의 공동범과 형법 제30조 공동정범의 차이 [대법원 1986. 6. 10. 선고, 85도119]
【판결요지】

폭력행위등처벌에관한법률 제2조 제2항의 "2인 이상이 공동하여" 라고 함은 그 수인간에 소위 공범관계가 존재하는 것을 요건으로 하는 것이며, 수인이 동일 장소에서 동일기회에 상호 다른 자의 범행을 인식하고 이를 이용하여 범행을 한 경우임을 요하고, 형법 제30조의 소위 공동정범은 공범자 전원간에 범죄에 대한 공동가공의 의사가 있는 경우 즉 범행자 상호간에 범의의 연락이 있고 그 일부자가 범죄의 실행에 당한 경우에 성립되고, 이때에는 그 전원이 공동일체로서 범죄를 실행한 것이 되고 비록 스스로 직접 그 실행행위를 분담하지 아니한 자이더라도 그 범죄 전체에 관하여 공동정범으로서의 책임을 져야 한다.

1. 폭력행위처벌법 제2조의 "2인 이상이 공동하여"라는 문구의 의미 [대법원 1970. 3. 10. 선고, 70도163]
【판결요지】
2인 이상이 공동하여 죄를 범한 때란 것은 수인간에 이른바 공범관계가 존재하는 것을 요건으로 하는 것이며 수인이 동일장소에서 동일기회에 상호 다른 자가 가하는 상해 또는 폭행을 인정하고 이를 이용하여 그에 대하여 상해 또는 폭행을 가한 경우에 비로소 이에 해당한다.

2. 폭력행위처벌법 제2조 제2항의 폭행행위의 공범관계를 인정하지 아니한 예 [대법원 1982. 1. 26. 선고, 81도1934]
【판결요지】
폭력행위등 처벌에 관한 법률 제2조 제2항의 '2인 이상이 공동하여'라 함은 수인이 동일한 장소에서 동일한 기회에 서로 다른 자의 범행을 인식하고 이를 이용하여 범행을 한 경우임을 요한다. 따라서 피고인이 피해자 갑과 서로 멱살을 잡고 실랑이를 하다가 주위의 만류로 일단 끝날 즈음에 피고인의 처 을 및 공소외인과 위 갑의 처 병 사이에 싸움이 벌어져 위 을 등이 병에게 폭행을 가하자 피고인은 이에 가세하지 아니하고 오히려 이들의 싸움을 적극 만류하였다면 피고인이 갑의 멱살을 잡고 실랑이를 벌린 행위에 대하여 그 죄책을 묻는 여부는 별론으로 하고, 피고인과 위 을 등과의 공범관계를 인정하여 위 갑, 병에 대한 공동폭행죄의 죄책을 물을 수는 없다.

30-32. 공범들의 행위중 결과발생의 원인된 행위가 불명한 경우, 동시범 규정의 적용여부 [대법원 1985. 12. 10. 선고, 85도1892]

【판시사항】

2인 이상이 상호의사의 연락없이 동시에 범죄구성요건에 해당하는 행위를 하였을 때에는 원칙적으로 각인에 대하여 그 죄를 논하여야 하나 그 결과 발생의 원인이 된 행위가 분명하지 아니한 때에는 각 행위자를 미수범으로 처벌하고(독립행위의 경합), 이 독립행위가 경합하여 특히 상해의 결과를 발생하게 하고 그 결과발생의 원인이 된 행위가 밝혀지지 아니한 경우에는 공동정범의 예에 따라 처단(동시범)하는 것이므로 공범관계에 있어 공동가공의 의사가 있었다면 이에는 도시 동시범등의 문제는 제기될 여지가 없다.

30-33. 릴레이식 범의의 연락과 공모 공동정범의 성부 [대법원 1985. 3. 12. 선고, 83도2197]

【판결요지】

공모공동정범의 경우에 범인 전원이 일정한 일시, 장소에 집합하여 모의하지 않고 그중 1인 또는 2인 이상을 통하여 릴레이식으로 행하여진 범의의 연결이 있고 그 범의 내용에 대하여 포괄적 또는 개별적인 의사연결이나 그 인식이 있었으면 그들 전원이 공모관계에 있다고 보아야 할 것이고 그 실행행위에 직접 가담하지 아니하였더라도 다른 공범자가 분담 실행한 행위에 대하여 공동정범의 죄책을 진다.

> 1. 범인 중의 1인 또는 2인 이상을 통하여 릴레이식으로 범의의 연락이 있는 경우에 공모공동정범의 성부(적극) [대법원 1981. 7. 7. 선고, 80도2544]
>
> 【판결요지】
> 공동정범내지는 공모공동정범의 경우에 범인전원이 일정한 일시 장소에 집합하여 모의하지 않고 그 중의 1인 또는 2인 이상을 통하여 릴레이식으로 하여진 범의의 연락이 있고 그 범의 내용에 대하여 포괄적 또는 개별적인 의사연락이나 그 인식이 있었으면 그들 전원이 공모관계에 있다고 보아야 할 것이고, 그 후 그 실행행위에 직접 가담하지 아니하였더라도 다른 공모자가 분담 실행한 행위에 대하여 공동정범의 죄책을 진다.

30-34. 소위 대향범에 대한 공범에 관한 형법총칙 규정의 적용여부 [대법원 1985. 3. 12. 선고, 84도2747]

【판결요지】

소위 대향범은 대립적 범죄로서 2인 이상의 서로 대향된 행위의 존재를 필요로 하는 필요적 공범관계에 있는 범죄로 이에는 공범에 관한 형법총칙규정의 적용이 있을 수 없는 것이므로 피고인 (갑)이 피고인 (을)에게 외화취득의 대상으로 원화를 지급하고 피고인 (을)이 이를 영수한 경우 위 (갑)에게는 대상지급을 금한 외국환관리법 제22조 제1호, (을)에게는 대상지급의 영수를 금한 같은 조 제2호 위반의 죄만 성립될 뿐 각 상피고인의 범행에 대하여는 공범관계가 성립되지 않는다.

30-35. 사후수습을 위하여 사고직원의 업무수행을 계속시킨 상사의 그뒤 계속된 부정행위에 대한 공동가공 여부 [대법원 1984. 1. 24. 선고, 80도1402]

【판결요지】

수협조합지부의 대리가 타점 당좌수표를 자기앞수표가 입금된 것처럼 일건 서류를 허위 작성한 후 자기앞수표를 발행하여 준 행위를 보고받은 지부장이 영업과장이 1주일의 시간적 여유를 주면 지부에 손해가 없도록 사후 수습하겠다고 하므로 사고수습대책을 강구하라고 지시한 경우 그후 설사 위 대리가 위와 같은 수표거래행위를 계속하므로 지부에 손해가 증가되었다고 하더라도 그 목적이 사고수습에 있었던 이상 지부장이 대리의 배임행위에 공동가공하였다고 볼 수 없다.

30-36. 실행행위를 분담하지 아니한 법인의 사용인이 소속된 법인의 죄책 [대법원 1983. 3. 22. 선고, 81도2545]

【판결요지】

양벌규정에 의하여 법인이 처벌받는 경우에 법인의 사용인들이 범죄행위를 공모한 후 일방법인의 사용인이 그 실행행위에 직접 가담하지 아니하고 다른 공모자인 타법인의 사용인만이 분담실행한 경우에도 그 법인은 공동정범의 죄책을 면할 수 없다.

30-37. 포괄적일죄의 일부가담과 공동정범의 성립범위 [대법원 1982. 6. 8. 선고, 82도884]

【판결요지】

포괄적일죄의 일부에 공동정범으로 가담한 자는 비록 그가 그때에 이미 이루어진 종전의 범행을 알았다 하여도 그 가담 이후의 범행에 대해서만 공동정범으로서 책임을 진다.

30-38. 미필적 고의에 대한 묵시의 의사 연락이 있었다고 인정된 사례 [대법원 1979. 9. 25. 선고, 79도1698]

【판결요지】

피해자에게 가해할 것을 사전에 합의하여 식칼과 각목을 휴대하여 가해를 하여 사망하였다면 살해에 대한 미필적 고의가 있었다고 할 것이며 또 그 점에 대한 묵시의 연락이 있었다고 할 것이다.

30-39. 결과적가중죄의 공동정범의 법리 [대법원 1978. 1. 17. 선고, 77도2193]

【판결요지】

결과적가중범인 상해치사죄의 공동정범은 폭행 기타의 신체침해행위를 공동으로 할 의사가 있으면 성립되고 결과를 공동으로 할 의사는 필요없다 할 것이므로 패싸움중 한사람이 칼로 찔러 상대방을 죽게한 경우에 다른 공범자가 그 결과 인식이 없다 하여 상해치사죄의 책임이 없다고 할 수 없다.

제31조[교사범]

제31조(교사범) ① 타인을 교사하여 죄를 범하게 한 자는 죄를 실행한 자와 동일한 형으로 처벌한다.
② 교사를 받은 자가 범죄의 실행을 승낙하고 실행의 착수에 이르지 아니한 때에는 교사자와 피교사자를 음모 또는 예비에 준하여 처벌한다.
③ 교사를 받은 자가 범죄의 실행을 승낙하지 아니한 때에도 교사자에 대하여는 전항과 같다.

31-1. 교사범, 방조범의 범죄사실을 적시하는 방법 [대법원 2020. 5. 28. 선고, 2017도7586]

【판시사항】

정범의 성립은 교사범, 방조범의 구성요건의 일부를 형성하고 교사범, 방조범이 성립함에는 먼저 정범의 범죄행위가 인정되는 것이 그 전제요건이 되는 것은 공범의 종속성에 연유하는 당연한 귀결이며, 따라서 교사범, 방조범의 사실 적시에 있어서도 정범의 범죄 구성요건이 되는 사실 전부를 적시하여야 하고, 이 기재가 없는 교사범, 방조범의 사실 적시는 죄가 되는 사실의 적시라고 할 수 없다(대법원 1981. 11. 24. 선고 81도2422 판결 참조).

31-2. 교사자의 교사행위에도 불구하고 피교사자가 범행을 승낙하지 아니하거나 피교사자의 범행결의가 교사자의 교사행위에 의하여 생긴 것으로 보기 어려운 경우, 교사자의 죄책 [대법원 2013. 9. 12. 선고, 2012도2744]

【판시사항】

[1] 교사자의 교사행위에도 불구하고 피교사자가 범행을 승낙하지 아니하거나 피교사자의 범행결의가 교사자의 교사행위에 의하여 생긴 것으로 보기 어려운 경우, 교사자의 죄책

[2] 피교사자가 범죄의 실행에 착수한 경우 범행결의가 교사자의 교사행위에 의하여 생긴 것인지 판단하는 기준 및 피교사자가 교사자의 교사행위 당시에는 범행을 승낙하지 않았으나 이후 그 교사행위에 의하여 범행을 결의한 것으로 인정되는 경우, 교사범이 성립하는지 여부(적극)

【판결요지】

[1] 교사범이란 정범인 피교사자로 하여금 범죄를 결의하게 하여 그 죄를 범하게 한 때에 성립하므로, 교사자의 교사행위에도 불구하고 피교사자가 범행을 승낙하지 아니하거나 피교사자의 범행결의가 교사자의 교사행위에 의하여 생긴 것으로 보기 어려운 경우에는 이른바 실패한 교사로서 형법 제31조 제3항에 의하여 교사자를 음모 또는 예비에 준하여 처벌할 수 있을 뿐이다.

[2] 피교사자가 범죄의 실행에 착수한 경우 그 범행결의가 교사자의 교사행위에 의하여 생긴 것인지는 교사자와 피교사자의 관계, 교사행위의 내용 및 정도, 피교사자가 범행에 이르게 된 과정, 교사자의 교사행위가 없더라도 피교사자가 범행을 저지를 다른 원인의 존부 등 제반 사정을 종합적으로 고려하여 사건의 전체적 경과를 객관적으로 판단하는 방법에 의하여야 하고, 이러한 판단 방법에 의할 때 피교사자가 교사자의 교사행위 당시에는 일응 범행을 승낙하지 아니한 것으로 보여진다 하더라도 이후 그 교사행위에 의하여 범행을 결의한 것으로 인정되는 이상 교사범의

성립에는 영향이 없다.

31-3. 정범이 교사자의 교사행위에 의하여 범죄 실행을 결의하게 된 경우, 교사행위 외에 다른 원인이 있어 범죄를 실행한 경우에도 교사범이 성립하는지 여부(적극) [대법원 2012. 11. 15. 선고, 2012도7407]

【판시사항】

[1] 교사자가 공범관계로부터 이탈하여 교사범의 죄책을 부담하지 않기 위한 요건

[2] 정범이 교사자의 교사행위에 의하여 범죄 실행을 결의하게 된 경우, 교사행위 외에 다른 원인이 있어 범죄를 실행한 경우에도 교사범이 성립하는지 여부(적극)

【이 유】

교사범이란 정범인 피교사자로 하여금 범죄를 결의하게 하여 그 죄를 범하게 한 때에 성립하는 것이고, 교사범을 처벌하는 이유는 이와 같이 교사범이 피교사자로 하여금 범죄 실행을 결의하게 하였다는 데에 있다. 따라서 교사범이 그 공범관계로부터 이탈하기 위해서는 피교사자가 범죄의 실행행위에 나아가기 전에 교사범에 의하여 형성된 피교사자의 범죄 실행의 결의를 해소하는 것이 필요하고, 이때 교사범이 피교사자에게 교사행위를 철회한다는 의사를 표시하고 이에 피교사자도 그 의사에 따르기로 하거나 또는 교사범이 명시적으로 교사행위를 철회함과 아울러 피교사자의 범죄 실행을 방지하기 위한 진지한 노력을 다하여 당초 피교사자가 범죄를 결의하게 된 사정을 제거하는 등 제반 사정에 비추어 객관적·실질적으로 보아 교사범에게 교사의 고의가 계속 존재한다고 보기 어렵고 당초의 교사행위에 의하여 형성된 피교사자의 범죄 실행의 결의가 더 이상 유지되지 않는 것으로 평가할 수 있다면, 설사 그 후 피교사자가 범죄를 저지르더라도 이는 당초의 교사행위에 의한 것이 아니라 새로운 범죄 실행의 결의에 따른 것이므로 교사자는 형법 제31조 제2항에 의한 죄책을 부담함은 별론으로 하고 형법 제31조 제1항에 의한 교사범으로서의 죄책을 부담하지는 않는다고 할 수 있다.

한편 교사범이 성립하기 위해 교사범의 교사가 정범의 범행에 대한 유일한 조건일 필요는 없으므로, 교사행위에 의하여 피교사자가 범죄 실행을 결의하게 된 이상 피교사자에게 다른 원인이 있어 범죄를 실행한 경우에도 교사범의 성립에는 영향이 없다(대법원 1991. 5. 14. 선고 91도542 판결 등 참조).

---

1. 피교사자가 이미 범죄의 결의를 가지고 있을 때에도 교사범이 성립할 수 있는지 여부(소극) [대법원 1991. 5. 14. 선고, 91도542]

【판시사항】

[1] 피교사자가 이미 범죄의 결의를 가지고 있을 때에도 교사범이 성립할 수 있는지 여부(소극)

[2] 교사의 수단·방법과 범행의 특정 정도

[3] 절도범들로부터 19회에 걸쳐 장물을 취득하여 온 자가 절도범들에게 드라이바 1개를 사주면서 "열심히 일을 하라(도둑질을 하라)"고 말한 것이 절도의 교사가 된다고 본 사례

[4] 정범의 범죄습벽과 함께 교사행위가 원인이 되어 정범이 범죄를 실행한 경우의 교사범의 성립 여부 (적극)

【판결요지】

[1] 교사범이란 타인(정범)으로 하여금 범죄를 결의하게 하여 그 죄를 범하게 한 때에 성립하는 것이고 피교사자는 교사범의 교사에 의하여 범죄실행을 결의하여야 하는 것이므로, <u>피교사자가 이미 범죄의 결의를 가지고 있을 때에는 교사범이 성립할 여지가 없다.</u>

[2] <u>막연히 "범죄를 하라"거나 "절도를 하라"고 하는 등의 행위만으로는 교사행위가 되기에 부족하다</u> 하겠으나, 타인으로 하여금 일정한 범죄를 실행할 결의를 생기게 하는 행위를 하면 되는 것으로서 교사의 수단방법에 제한이 없다 할 것이므로, <u>교사범이 성립하기 위하여는 범행의 일시, 장소, 방법 등의 세부적인 사항까지를 특정하여 교사할 필요는 없는 것이고, 정범으로 하여금 일정한 범죄의 실행을 결의할 정도에 이르게 하면 교사범이 성립된다.</u>

[3] 피고인이 갑, 을, 병이 절취하여 온 장물을 상습으로 19회에 걸쳐 시가의 3분의1 내지 4분의 1의 가격으로 매수하여 취득하여 오다가, 갑, 을에게 일제 도라이바 1개를 사주면서 "병이 구속되어 도망다니려면 돈도 필요할텐데 열심히 일을 하라(도둑질을 하라)"고 말하였다면, 그 취지는 종전에 병과 같이 하던 범위의 절도를 다시 계속하면 그 장물은 매수하여 주겠다는 것으로서 절도의 교사가 있었다고 보아야 한다.

[4] 교사범의 교사가 정범이 죄를 범한 유일한 조건일 필요는 없으므로, 교사행위에 의하여 정범이 실행을 결의하게 된 이상 비록 정범에게 범죄의 습벽이 있어 그 습벽과 함께 교사행위가 원인이 되어 정범이 범죄를 실행한 경우에도 교사범의 성립에 영향이 없다.

31-4. 자기의 형사사건에 관한 증거를 위조하기 위하여 타인을 교사한 경우 증거위조교사죄 성립 여부(적극) [대법원 2011. 2. 10. 선고, 2010도15986]

【판시사항】

증거위조죄의 구성요건 중 '타인의 형사사건', '위조' 의 의미 및 자기의 형사사건에 관한 증거를 위조하기 위하여 타인을 교사한 경우 증거위조교사죄가 성립하는지 여부(적극)

【판결요지】

형법 제155조 제1항의 증거위조죄에서 타인의 형사사건이란 증거위조 행위시에 아직 수사절차가 개시되기 전이라도 장차 형사사건이 될 수 있는 것까지 포함하고, 그 형사사건이 기소되지 아니하거나 무죄가 선고되더라도 증거위조죄의 성립에 영향이 없다. 여기에서의 '위조' 란 문서에 관한 죄에 있어서의 위조 개념과는 달리 새로운 증거의 창조를 의미하는 것이므로 존재하지 아니한 증거를 이전부터 존재하고 있는 것처럼 작출하는 행위도 증거위조에 해당하며, 증거가 문서의 형식을 갖는 경우 증거위조죄에 있어서의 증거에 해당하는지 여부가 그 작성권한의 유무나 내용의 진실성에 좌우되는 것은 아니다. 또한 <u>자기의 형사사건에 관한 증거를 위조하기 위하여 타인을 교사하여 죄를 범하게 한 자에 대하여는 증거위조교사죄가 성립한다.</u>

1. 증거은닉죄의 구성요건인 "타인의 형사사건 또는 징계사건" 에 장차 형사 또는 징계사건이 될 수 있는 것까지를 포함하는지 여부 [대법원 1982. 4. 27. 선고, 82도274]

【판결요지】
증거은닉죄에 있어서 "타인의 형사사건 또는 징계사건"이란 은닉행위시에 아직 수사 또는 징계절차가 개시되기 전이라도 장차 형사 또는 징계사건이 될 수 있는 것까지를 포함한다.

2. 자기의 형사사건에 관한 증거를 인멸하기 위하여 타인을 교사하여 죄를 범하게 한 경우, 증거인멸교사죄의 성립 여부(적극) [대법원 2000. 3. 24. 선고, 99도5275]
【판결요지】
자기의 형사사건에 관한 증거를 인멸하기 위하여 타인을 교사하여 죄를 범하게 한 자에 대하여는 증거인멸교사죄가 성립한다.

31-5. 상해 또는 중상해를 교사하였는데 피교사자가 살인을 실행한 경우 교사자의 죄책 [대법원 2002. 10. 25. 선고, 2002도4089]
【판결요지】
교사자가 피교사자에 대하여 상해 또는 중상해를 교사하였는데 피교사자가 이를 넘어 살인을 실행한 경우에, 일반적으로 교사자는 상해죄 또는 중상해죄의 죄책을 지게 되는 것이지만 이 경우에 교사자에게 피해자의 사망이라는 결과에 대하여 과실 내지 예견가능성이 있는 때에는 상해치사죄의 죄책을 지울 수 있다.

31-6. 교사범이 성립하기 위하여는 정범의 범죄행위가 인정되는 것이 전제요건인지 여부(적극) [대법원 2000. 2. 25. 선고, 99도1252]
【판결요지】
교사범이 성립하기 위해서는 교사자의 교사행위와 정범의 실행행위가 있어야 하는 것이므로, 정범의 성립은 교사범의 구성요건의 일부를 형성하고 교사범이 성립함에는 정범의 범죄행위가 인정되는 것이 그 전제요건이 된다.

1. 교사범의 정범종속성 [대법원 1998. 2. 24. 선고, 97도183]
【판결요지】
정범의 성립은 교사범의 구성요건의 일부를 형성하고 교사범이 성립함에는 정범의 범죄행위가 인정되는 것이 그 전제요건이 된다.

31-7. 상해를 교사하였으나 피교사자가 살인을 실행한 경우, 교사자의 죄책 [대법원 1997. 6. 24. 선고, 97도1075]
【판시사항】
[1] 교사자가 피교사자에게 피해자를 "정신차릴 정도로 때려주라"고 한 것이 상해의 교사인지 여부(적극)
[2] 상해를 교사하였으나 피교사자가 살인을 실행한 경우, 교사자의 죄책

【판결요지】

 [1] 교사자가 피교사자에게 피해자를 "정신차릴 정도로 때려주라"고 교사하였다면 이는 상해에 대한 교사로 봄이 상당하다.

 [2] 교사자가 피교사자에 대하여 상해를 교사하였는데 피교사자가 이를 넘어 살인을 실행한 경우, 일반적으로 교사자는 상해죄에 대한 교사범이 되는 것이고, 다만 이 경우 교사자에게 피해자의 사망이라는 결과에 대하여 과실 내지 예견가능성이 있는 때에는 상해치사죄의 교사범으로서의 죄책을 지울 수 있다.

31-8. 함정수사의 의의 [대법원 1987. 6. 9. 선고, 87도915)]

【판결요지】

 소위 함정수사라 함은 본래 범의를 가지지 아니한 자에 대하여 수사기관이 사술이나 계략 등을 써서 범죄를 유발케 하여 범죄인을 검거하는 수사방식을 말하는 것이므로 위 물품반출업무담당자가 소속회사에 밀반출행위를 사전에 알리고 그 정확한 증거를 확보하기 위하여 피고인의 밀반출행위를 묵인하였다는 것은 이른바 함정수사에 비유할 수는 없다.

---

1. 함정수사에 의하여 행한 범죄의 가벌성 및 그 소송절차의 위법 여부 [대법원 1963. 9. 12. 선고, 63도190]

【판결요지】

마약사범을 단속하는 공무원이 정보원을 앞세워 피고인으로부터 마약을 매수하게 하여 본건 범죄를 행하게 하였다 할지라도 전혀 범의가 없는 피고인으로 하여금 본건 범행을 유발하게 한 경우나 아니라면 피고인의 본건 소위가 범죄가 되지 아니한다거나 공소제기절차 내지 공소권에 흠이 있는 경우라고 볼 수 없고 또 그와 같은 조사행위는 이를 도의적으로 비난함은 별 문제로 하고 그로 말미암아 피고인의 기본적 인권이 침해된 것이라고는 보기 어렵다 할 것이다.

31-9. 치과의사가 기공사에게 진료행위를 하도록 지시한 것이 무면허의료행위의 교사에 해당하는지 여부(적극) [대법원 1986. 7. 8., 선고, 86도749]

【판결요지】

 치과의사가 환자의 대량유치를 위해 치과기공사들에게 내원환자들에게 진료행위를 하도록 지시하여 동인들이 각 단독으로 전항과 같은 진료행위를 하였다면 무면허의료행위의 교사범에 해당한다.

제32조[종범]

> 제32조(종범) ① 타인의 범죄를 방조한 자는 종범으로 처벌한다.
> ② 종범의 형은 정범의 형보다 감경한다

32-1. 형법상 '방조행위'의 의미 및 방조의 시기 / 방조범 성립에 필요한 고의의 의미와 내용 및 그
    증명 방법 [대법원 2018. 9. 13. 선고, 2018도7658]

【판시사항】

[1] 형법상 '방조행위'의 의미 및 방조의 시기 / 방조범 성립에 필요한 고의의 의미와 내용 및
그 증명 방법

[2] 법원이 공소장변경 없이 직권으로 공동정범으로 기소된 범죄사실을 방조사실로 인정할 수
있는지 여부(한정 적극)

【판결요지】

[1] 형법상 방조행위는 정범이 범행을 한다는 정을 알면서 그 실행행위를 용이하게 하는 직접·
간접의 모든 행위를 가리키는 것으로서 유형적, 물질적인 방조뿐만 아니라 정범에게 범행의 결의
를 강화하도록 하는 것과 같은 무형적, 정신적 방조행위까지도 이에 해당한다. 종범은 정범의 실
행행위 중에 이를 방조하는 경우뿐만 아니라, 실행 착수 전에 장래의 실행행위를 예상하고 이를
용이하게 하는 행위를 하여 방조한 경우에도 성립한다. 형법상 방조행위는 정범이 범행을 한다는
정을 알면서 그 실행행위를 용이하게 하는 직접·간접의 행위를 말하므로, 방조범은 정범의 실행
을 방조한다는 이른바 방조의 고의와 정범의 행위가 구성요건에 해당하는 행위인 점에 대한 정범
의 고의가 있어야 하나, 이와 같은 고의는 내심적 사실이므로 피고인이 이를 부정하는 경우에는
사물의 성질상 고의와 상당한 관련성이 있는 간접사실을 증명하는 방법에 의하여 증명할 수밖에
없다. 이때 무엇이 상당한 관련성이 있는 간접사실에 해당할 것인가는 정상적인 경험칙에 바탕을
두고 치밀한 관찰력이나 분석력에 의하여 사실의 연결상태를 합리적으로 판단하여야 하고, 방조
범에서 요구되는 정범의 고의는 정범에 의하여 실현되는 범죄의 구체적 내용을 인식할 것을 요하
는 것은 아니고 미필적 인식이나 예견으로 족하다.

[2] 법원은 공소사실의 동일성이 인정되는 범위 내에서 공소가 제기된 범죄사실보다 가벼운 범
죄사실이 인정되는 경우, 심리의 경과 등에 비추어 볼 때 피고인의 방어에 실질적인 불이익을 주
는 것이 아니라면 공소장변경 없이 직권으로 가벼운 범죄사실을 인정할 수 있으므로, 공동정범으
로 기소된 범죄사실을 방조사실로 인정할 수 있다.

---

1. 정범의 실행행위 착수 이전의 방조행위와 종범의 성부(적극) [대법원 2004. 6. 24. 선고, 2002도995]
【판결요지】
종범은 정범의 실행행위 중에 이를 방조하는 경우뿐만 아니라, 실행 착수 전에 장래의 실행행위를 예상
하고 이를 용이하게 하는 행위를 하여 방조한 경우에도 성립한다.

32-2. 정범의 범죄행위 없이 방조범만이 성립될 수 있는지 여부(소극) [대법원 2017. 5. 31. 선고, 2016도12865]

【판시사항】

[1] 정범의 범죄행위 없이 방조범만이 성립될 수 있는지 여부(소극)

[2] 병원 원장인 피고인 甲 등이 乙 등에게 허위의 입·퇴원확인서를 작성한 후 교부하여, 乙 등이 보험회사로부터 보험금을 편취하는 것을 방조하였다는 내용으로 기소된 사안에서, 정범인 乙 등의 범죄가 성립되지 않는 이상 방조범에 불과한 피고인 甲 등의 범죄도 성립될 수 없는데도, 사기방조의 공소사실을 유죄로 인정한 원심판결에 법리오해의 위법이 있다.

【이 유】

방조범은 종범으로서 정범의 존재를 전제로 하는 것이므로, 정범의 범죄행위 없이 방조범만이 성립될 수는 없다(대법원 1974. 5. 28. 선고 74도509 판결 등 참조).

32-3. 인터넷 이용자가 링크 부분을 클릭함으로써 저작권자에게서 이용 허락을 받지 아니한 저작물을 게시하거나 인터넷 이용자에게 그러한 저작물을 송신하는 등의 방법으로 저작권자의 복제권이나 공중송신권을 침해하는 웹페이지 등에 직접 연결되는 경우, 링크 행위만으로 저작재산권 침해행위의 방조행위에 해당하는지 여부(소극) [대법원 2015. 3. 12., 선고, 2012도13748]

【판결요지】

형법상 방조행위는 정범의 실행을 용이하게 하는 직접, 간접의 모든 행위를 가리키는데, 링크를 하는 행위 자체는 인터넷에서 링크하고자 하는 웹페이지 등의 위치 정보나 경로를 나타낸 것에 불과하여, 인터넷 이용자가 링크 부분을 클릭함으로써 저작권자에게서 이용 허락을 받지 아니한 저작물을 게시하거나 인터넷 이용자에게 그러한 저작물을 송신하는 등의 방법으로 저작권자의 복제권이나 공중송신권을 침해하는 웹페이지 등에 직접 연결된다고 하더라도 침해행위의 실행 자체를 용이하게 한다고 할 수는 없으므로, 이러한 링크 행위만으로는 저작재산권 침해행위의 방조행위에 해당한다고 볼 수 없다.

32-4. 정범의 실행의 착수 이전에 장래의 실행행위를 예상하고 이를 용이하게 하기 위하여 방조한 경우, 종범이 성립하는지 여부(한정 적극) [대법원 2013. 11. 14. 선고, 2013도7494]

【판결요지】

종범은 정범이 실행행위에 착수하여 범행을 하는 과정에서 이를 방조한 경우뿐 아니라, 정범의 실행의 착수 이전에 장래의 실행행위를 미필적으로나마 예상하고 이를 용이하게 하기 위하여 방조한 경우에도 그 후 정범이 실행행위에 나아갔다면 성립할 수 있다.

> **1. 정범의 실행행위를 방지할 의무 있는 자가 그 방지조치를 하지 아니함으로써 실행행위를 용이하게 한 경우, 부작위에 의한 종범의 성부(적극) [대법원 1996. 9. 6. 선고, 95도2551]**
>
> 【판결요지】
>
> 형법상 방조는 작위에 의하여 정범의 실행을 용이하게 하는 경우는 물론, 직무상의 의무가 있는 자가 정범의 범죄행위를 인식하면서도 그것을 방지하여야 할 제반 조치를 취하지 아니하는 부작위로 인하여 정범의 실행행위를 용이하게 하는 경우에도 성립된다.

32-5. 공동정범과 종범의 구별 기준 [대법원 2013. 1. 10. 선고, 2012도12732]

【판시사항】

형법 제30조의 공동정범이 성립하기 위하여는 주관적 요건인 공동가공의 의사와 객관적 요건으로서 그 공동의사에 기한 기능적 행위지배를 통하여 범죄를 실행하였을 것이 필요하고, 여기서 공동가공의 의사란 타인의 범행을 인식하면서도 이를 제지함이 없이 용인하는 것만으로는 부족하고 공동의 의사로 특정한 범죄행위를 하기 위하여 일체가 되어 서로 다른 사람의 행위를 이용하여 자기의 의사를 실행에 옮기는 것을 내용으로 하는 것이어야 한다(대법원 2003. 3. 28. 선고 2002도7477 판결 등 참조). 한편, 공동정범의 본질은 분업적 역할분담에 의한 기능적 행위지배에 있다고 할 것이므로 공동정범은 공동의사에 의한 기능적 행위지배가 있음에 반하여 종범은 그 행위지배가 없는 점에서 양자가 구별된다(대법원 1989. 4. 11. 선고 88도1247 판결).

32-6. '방조행위'의 의미 및 정범의 실행행위 착수 이전의 방조행위와 방조범 성립 여부(적극) [대법원 2011. 12. 8. 선고, 2010도9500]

【판시사항】

[1] '방조행위'의 의미 및 정범의 실행행위 착수 이전의 방조행위와 방조범 성립 여부(적극)

[2] 방조범 성립요건으로서 '고의'의 의미와 그 증명 방법

【이 유】

형법상 방조행위는 정범이 범행을 한다는 정을 알면서 그 실행행위를 용이하게 하는 직접·간접의 모든 행위를 가리키는 것으로서, 그 방조는 정범의 실행행위 중에 이를 방조하는 경우뿐만 아니라, 실행 착수 전에 장래의 실행행위를 예상하고 이를 용이하게 하는 행위를 하여 방조한 경우에도 성립한다. 그리고 방조범은 정범의 실행을 방조한다는 이른바 방조의 고의와 정범의 행위가 구성요건에 해당하는 행위인 점에 대한 정범의 고의가 있어야 하나, 이와 같은 고의는 내심적 사실이므로 피고인이 이를 부정하는 경우에는 사물의 성질상 고의와 상당한 관련성이 있는 간접사실을 증명하는 방법에 의하여 입증할 수밖에 없고, 이때 무엇이 상당한 관련성이 있는 간접사실에 해당할 것인가는 정상적인 경험칙에 바탕을 두고 치밀한 관찰력이나 분석력에 의하여 사실의 연결상태를 합리적으로 판단하는 외에 다른 방법이 없다고 할 것이며, 또한 방조범에 있어서 정범의 고의는 정범에 의하여 실현되는 범죄의 구체적 내용을 인식할 것을 요하는 것은 아니고 미필적 인식 또는 예견으로 충분하다(대법원 1997. 4. 17. 선고 96도3377 전원합의체 판결, 대법원 2004. 6. 24. 선고 2002도995 판결, 대법원 2005. 4. 29. 선고 2003도6056 판결 등 참조).

32-7. 형법상 방조행위의 의미 [대법원 2008. 3. 13. 선고, 2006도3615]

【판시사항】

형법상 방조행위는 정범이 범행을 한다는 정을 알면서 그 실행행위를 용이하게 하는 직접·간접의 모든 행위를 가리키는 것으로서 유형적·물질적인 방조뿐만 아니라 정범에게 범행의 결의를 강화하도록 하는 것과 같은 무형적·정신적 방조행위까지도 이에 해당한다(대법원 2007. 4. 27. 선고 2007도1303 판결 등 참조).

32-8. 방조범이 성립하기 위해 정범의 실행을 방조한다는 데 대한 인식 이외에 정범에 의하여 실현되는 범죄의 구체적 내용을 인식할 것을 요하는지 여부 [대법원 2007. 12. 14., 선고, 2005도872]

【판시사항】

[1] 저작권법상 복제권 침해행위에 대한 방조범 성립의 요건

[2] 소리바다 서비스를 운영하여 그 이용자들로 하여금 구 저작권법상 복제권의 침해행위를 할 수 있도록 한 것은 그 방조범에 해당한다고 한 사례

【판결요지】

[1] 저작권법이 보호하는 복제권의 침해를 방조하는 행위란 정범의 복제권 침해를 용이하게 해주는 직접·간접의 모든 행위로서, 정범의 복제권 침해행위 중에 이를 방조하는 경우는 물론, 복제권 침해행위에 착수하기 전에 장래의 복제권 침해행위를 예상하고 이를 용이하게 해주는 경우도 포함하며, 정범에 의하여 실행되는 복제권 침해행위에 대한 미필적 고의가 있는 것으로 충분하고 정범의 복제권 침해행위가 실행되는 일시, 장소, 객체 등을 구체적으로 인식할 필요가 없으며, 나아가 정범이 누구인지 확정적으로 인식할 필요도 없다.

[2] P2P 프로그램을 이용하여 음악파일을 공유하는 행위가 대부분 정당한 허락 없는 음악파일의

복제임을 예견하면서도 MP3 파일 공유를 위한 P2P 프로그램인 소리바다 프로그램을 개발하여 이를 무료로 널리 제공하였으며, 그 서버를 설치·운영하면서 프로그램 이용자들의 접속정보를 서버에 보관하여 다른 이용자에게 제공함으로써 이용자들이 용이하게 음악 MP3 파일을 다운로드 받아 자신의 컴퓨터 공유폴더에 담아 둘 수 있게 하고, 소리바다 서비스가 저작권법에 위배된다는 경고와 서비스 중단 요청을 받고도 이를 계속한 경우, MP3 파일을 다운로드 받은 이용자의 행위는 구 저작권법(2006. 12. 28. 법률 제8101호로 전문 개정되기 전의 것) 제2조 제14호의 복제에 해당하고, 소리바다 서비스 운영자의 행위는 구 저작권법상 복제권 침해행위의 방조에 해당한다.

32-9. 형법상 방조행위가 부작위에 의하여도 성립하는지 여부(적극) [대법원 2006. 4. 28. 선고, 2003도4128]

【판결요지】

형법상 방조행위는 정범의 실행을 용이하게 하는 직접, 간접의 모든 행위를 가리키는 것으로서 작위에 의한 경우뿐만 아니라 부작위에 의하여도 성립되는 것이다.

---

1. 형법상 부작위범이 인정되기 위한 요건 [대법원 1997. 3. 14. 선고, 96도1639]

【판결요지】

형법상 부작위범이 인정되기 위하여는 형법이 금지하고 있는 법익침해의 결과발생을 방지할 법적인 작위의무를 지고 있는 자가 그 의무를 이행함으로써 결과발생을 쉽게 방지할 수 있었음에도 불구하고 그 결과의 발생을 용인하고 이를 방관한 채 그 의무를 이행하지 아니한 경우에, 그 부작위가 작위에 의한 법익침해와 동등한 형법적 가치가 있는 것이어서 그 범죄의 실행행위로 평가될 만한 것이라면, 작위에 의한 실행행위와 동일하게 부작위범으로 처벌할 수 있다.

---

2. 정범의 실행행위를 방지할 의무 있는 자가 그 방지조치를 하지 아니함으로써 실행행위를 용이하게 한 경우, 부작위에 의한 종범의 성부(적극) [대법원 1996. 9. 6. 선고, 95도2551]

【판시사항】

[1] 정범의 실행행위 착수 이전의 방조행위를 종범으로 처벌하기 위한 요건

[2] 정범의 실행행위를 방지할 의무 있는 자가 그 방지조치를 하지 아니함으로써 실행행위를 용이하게 한 경우, 부작위에 의한 종범의 성부(적극)

[3] 형법상 부작위범이 성립되기 위한 작위의무의 내용과 그 태양

【판결요지】

[1] 종범은 정범의 실행행위 중에 이를 방조하는 경우뿐만 아니라, 실행 착수 전에 장래의 실행행위를 예상하고 이를 용이하게 하는 행위를 하여 방조한 경우에도 정범이 실행행위를 한 경우에 성립한다.

[2] 형법상 방조는 작위에 의하여 정범의 실행을 용이하게 하는 경우는 물론, 직무상의 의무가 있는 자가 정범의 범죄행위를 인식하면서도 그것을 방지하여야 할 제반 조치를 취하지 아니하는 부작위로 인하여 정범의 실행행위를 용이하게 하는 경우에도 성립된다.

[3] 형법상 부작위범이 인정되기 위해서는 형법이 금지하고 있는 법익침해의 결과 발생을 방지할 법적인 작위의무를 지고 있는 자가 그 의무를 이행함으로써 결과 발생을 쉽게 방지할 수 있었음에도 불구하고 그 결과의 발생을 용인하고 이를 방관한 채 그 의무를 이행하지 아니한 경우에, 그 부작위가 작위

에 의한 법익침해와 동등한 형법적 가치가 있는 것이어서 그 범죄의 실행행위로 평가될 만한 것이라면, 작위에 의한 실행행위와 동일하게 부작위범으로 처벌할 수 있고, 여기서 작위의무는 법적인 의무이어야 하므로 단순한 도덕상 또는 종교상의 의무는 포함되지 않으나 작위의무가 법적인 의무인한 성문법이건 불문법이건 상관이 없고 또 공법이건 사법이건 불문하므로, 법령, 법률행위, 선행행위로 인한 경우는 물론이고 기타 신의성실의 원칙이나 사회상규 혹은 조리상 작위의무가 기대되는경우에도 법적인 작위의무는 있다.

32-10. 방조범에 대한 공소사실의 특정 정도 [대법원 2001. 12. 28. 선고, 2001도5158]

【판결요지】

공소사실이란 범죄의 특별구성요건을 충족하는 구체적 사실이며 공소장에는 공소사실의 기재에 있어서 공소의 원인된 사실을 다른 사실과 구별할 수 있을 정도로 특정하도록 형사소송법이 요구하고 있으므로, 방조범의 공소사실을 기재함에 있어서는 그 전제가 되는 정범의 범죄구성을 충족하는 구체적 사실을 기재하여야 한다.

32-11. 예비행위의 방조범 성립(소극) [대법원 1979. 11. 27. 선고, 79도2201]

【판결요지】

예비행위의 방조행위는 방조범으로서 처단할 수 없는 것이고 그와 같은 법리는 특정범죄가중처벌등에관한법률 및 관세법에 규정된 무면허수입등 예비죄의 방조행위에 있어서도 마찬가지이다.

---

1. 예비단계에 있어서의 종범의 성립여부 [대법원 1976. 5. 25. 선고, 75도1549]

【판결요지】

형법 32조 1항 소정 타인의 범죄란 정범이 범죄의 실현에 착수한 경우를 말하는 것이므로 종범이 처벌되기 위하여는 정범의 실행의 착수가 있는 경우에만 가능하고 형법 전체의 정신에 비추어 정범이 실행의 착수에 이르지 아니한 예비의 단계에 그친 경우에는 이에 가공하는 행위가 예비의 공동정범이 되는경우를 제외하고는 종범의 성립을 부정하고 있다고 보는 것이 타당하다.

32-12. 정범 실행행위를 확정함 없이 방조범 성립 인정 여부 [대법원 1979. 2. 27. 선고, 78도3113]

【판결요지】

방조죄는 정범의 범죄에 종속하여 성립하는 것으로서 방조의 대상이 되는 정범의 실행행위의 착수가 없는 이상 방조죄만이 독립하여 성립될 수 없다.

32-13. 간접적으로 정범을 방조하는 경우 정범이 누구인지 알 필요성이 있는지 여부 [대법원 1977. 9. 28. 선고, 76도4133]

【판결요지】

정법이 범행을 한다는 점을 알면서 그 실행행위를 용이하게 한 이상 그 행위가 간접적이거나 직접적이거나를 가리지 않으며 이 경우 정범이 누구에 의하여 실행되어지는가를 확지할 필요는 없다.

제33조[공범과 신분]

> 제33조(공범과 신분) 신분이 있어야 성립되는 범죄에 신분 없는 사람이 가담한 경우에는 그 신분 없는 사람에게도 제30조부터 제32조까지의 규정을 적용한다. 다만, 신분 때문에 형의 경중이 달라지는 경우에 신분이 없는 사람은 무거운 형으로 벌하지 아니한다.

33-1. 업무상의 임무라는 신분관계가 없는 자가 신분관계 있는 자와 공모하여 업무상배임죄를 범한 경우, 신분관계가 없는 공범에 대하여는 형법 제33조 단서에 따라 단순배임죄에서 정한 형으로 처단하여야 하는지 여부(적극) [대법원 2018. 8. 30. 선고, 2018도10047]

【판시사항】

업무상배임죄는 업무상 타인의 사무를 처리하는 지위에 있는 사람이 그 임무를 위반하는 행위로써 재산상의 이익을 취득하거나 제3자로 하여금 이를 취득하게 하여 본인에게 손해를 입힌 때에 성립한다. 이는 타인의 사무를 처리하는 지위라는 점에서 보면 단순배임죄에 대한 가중규정으로서 신분관계로 형의 경중이 있는 경우라고 할 것이다. 따라서 그와 같은 업무상의 임무라는 신분관계가 없는 자가 그러한 신분관계 있는 자와 공모하여 업무상배임죄를 저질렀다면, 그러한 신분관계가 없는 공범에 대하여는 형법 제33조 단서에 따라 단순배임죄에서 정한 형으로 처단하여야 한다. 이 경우에는 <u>신분관계 없는 공범에게도 같은 조 본문에 따라 일단 신분범인 업무상배임죄가 성립하고 다만 과형에서만 무거운 형이 아닌 단순배임죄의 법정형이 적용된다</u>(대법원 1986. 10. 28. 선고 86도1517 판결, 대법원 2010. 9. 9. 선고 2010도6507 판결 등 참조).

33-2. 공무원이 아닌 자가 허위공문서작성죄의 간접정범이나 공동정범이 될 수 있는지 여부 [대법원 2006. 5. 11. 선고, 2006도1663]

【판시사항】

공무원이 아닌 자는 형법 제228조의 경우를 제외하고는 허위공문서작성죄의 간접정범으로 처벌할 수 없으나, 공무원이 아닌 자가 공무원과 공동하여 허위공문서작성죄를 범한 때에는 공무원이 아닌 자도 형법 제33조, 제30조에 의하여 허위공문서작성죄의 공동정범이 된다.

33-3. 업주의 유사사행행위 범행에 지배인이 가공한 경우 지배인의 공동정범 성부(적극) [대법원 1990. 11. 13. 선고, 90도1848]

【판결요지】

신분관계로 인하여 성립될 범죄에 가공한 행위는 신분관계가 없는 자도 공동정범의 책임을 지게 되는 것이므로 성인용 오락영업허가업소의 지배인도 업주의 유사사행행위 범행에 가공한 행위의 정도 및 내용에 따라 공동정범으로 의율할 수 있다.

제34조[간접정범, 특수한 교사, 방조에 대한 형의 가중]

제34조(간접정범, 특수한 교사, 방조에 대한 형의 가중) ① 어느 행위로 인하여 처벌되지 아니하는 자 또는 과실범으로 처벌되는 자를 교사 또는 방조하여 범죄행위의 결과를 발생하게한 자는 교사 또는 방조의 예에 의하여 처벌한다.
② 자기의 지휘, 감독을 받는 자를 교사 또는 방조하여 전항의 결과를 발생하게 한 자는 교사인 때에는 정범에 정한 형의 장기 또는 다액에 그 2분의 1까지 가중하고 방조인 때에는 정범의 형으로 처벌한다.

34-1. 피해자를 도구로 삼아 피해자 신체를 이용하여 추행행위를 한 경우, 강제추행죄의 간접정범에 해당하는지 여부(적극) [대법원 2018. 2. 8. 선고, 2016도17733]

【판결요지】

강제추행죄는 사람의 성적 자유 내지 성적 자기결정의 자유를 보호하기 위한 죄로서 정범 자신이 직접 범죄를 실행하여야 성립하는 자수범이라고 볼 수 없으므로, 처벌되지 아니하는 타인을 도구로 삼아 피해자를 강제로 추행하는 간접정범의 형태로도 범할 수 있다. 여기서 강제추행에 관한 간접정범의 의사를 실현하는 도구로서의 타인에는 피해자도 포함될 수 있으므로, 피해자를 도구로 삼아 피해자의 신체를 이용하여 추행행위를 한 경우에도 강제추행죄의 간접정범에 해당할 수 있다.

34-2. 허위공문서작성죄의 간접정범이 성립하는 경우 [대법원 2011. 5. 13. 선고, 2011도1415]

【판시사항】

[1] 허위공문서작성죄의 간접정범이 성립하는 경우

[2] 공무원 甲이 허위의 사실을 기재한 자동차운송사업변경(증차)허가신청 검토조서를 작성한 다음 이를 자동차운송사업변경(증차)허가신청 검토보고에 첨부하여 결재를 상신하였고, 담당계장으로서 그와 같은 사정을 알고 있는 중간 결재자인 피고인과 담당과장으로서 그와 같은 사정을 모르는 최종 결재자인 乙이 차례로 결재를 하여 자동차운송사업 변경허가가 이루어진 사안에서, 피고인과 甲의 행위가 허위공문서작성죄의 간접정범에 해당하는데도 공동정범에 해당한다고 본 원심판단은 잘못이지만, 그러한 잘못은 판결에 영향이 없다.

【판결요지】

[1] 허위공문서작성의 주체는 직무상 그 문서를 작성할 권한이 있는 공무원에 한하고 작성권자를 보조하는 직무에 종사하는 공무원은 허위공문서작성죄의 주체가 되지 못한다. 다만 공문서의 작성권한이 있는 공무원의 직무를 보좌하는 사람이 그 직위를 이용하여 행사할 목적으로 허위의 내용이 기재된 문서 초안을 그 정을 모르는 상사에게 제출하여 결재하도록 하는 등의 방법으로 작성권한이 있는 공무원으로 하여금 허위의 공문서를 작성하게 한 경우에는 허위공문서작성죄의 간접정범이 성립한다.

[2] 공무원 甲이 허위의 사실을 기재한 자동차운송사업변경(증차)허가신청 검토조서를 작성한 다음 이를 자동차운송사업변경(증차)허가신청 검토보고에 첨부하여 결재를 상신하였고, 담당계장

으로서 그와 같은 사정을 알고 있는 중간 결재자인 피고인과 담당과장으로서 그와 같은 사정을 알지 못하는 최종 결재자인 乙이 차례로 위 검토보고에 결재를 하여 자동차운송사업 변경허가가 이루어진 사안에서, 위 검토조서 및 검토보고의 각 내용과 형식, 관계 및 작성 목적, 이를 토대로 변경허가가 이루어진 점 등을 종합할 때, 공문서인 위 검토보고의 작성자는 乙이라고 보아야 하므로, 위 검토보고의 내용 중 일부에 불과한 위 검토조서의 작성자인 甲은 물론 乙의 업무상 보조자이자 중간 결재자인 피고인은 허위공문서작성죄의 주체가 될 수 없는데도 피고인과 甲의 행위가 공동정범에 해당한다고 본 원심판단은 잘못이지만, 이는 허위의 정을 모르는 작성권자 乙로 하여금 허위의 공문서를 결재·작성하게 한 경우에 해당하여 그 간접정범에 해당하고, 간접정범은 형법 제34조 제1항, 제31조 제1항에 의하여 죄를 실행한 자와 동일한 형으로 처벌되는 것이므로 그러한 잘못은 판결에 영향을 미친 위법이 되지 못한다례.

> 1. 공무원 아닌 자가 공문서작성을 보좌하는 공무원과 공모하여 허위의 문서초안을 상사에게 제출하여 결재케 함으로써 허위 공문서를 작성케 한 경우, 간접정범의 공범으로서의 죄책을 지는지 여부(적극)
> [대법원 1992. 1. 17. 선고, 91도2837]
> 【판결요지】
> 공문서의 작성권한이 있는 공무원의 직무를 보좌하는 자가 그 직위를 이용하여 행사할 목적으로 허위의 내용이 기재된 문서 초안을 그 정을 모르는 상사에게 제출하여 결재하도록 하는 등의 방법으로 작성권한이 있는 공무원으로 하여금 허위의 공문서를 작성하게 한 경우에는 간접정범이 성립되고 이와 공모한 자 역시 그 간접정범의 공범으로서의 죄책을 면할 수 없는 것이고, 여기서 말하는 공범은 반드시 공무원의 신분이 있는 자로 한정되는 것은 아니라고 할 것이다.

34-3. 간접정범이 성립하기 위하여 타인의 의사를 부당하게 억압할 것을 요하는지 여부(소극)
    [대법원 2008. 9. 11. 선고, 2007도7204]
【판시사항】
 [1] 간접정범이 성립하기 위하여 타인의 의사를 부당하게 억압할 것을 요하는지 여부(소극)
【판결요지】
 [1] 처벌되지 아니하는 타인의 행위를 적극적으로 유발하고 이를 이용하여 자신의 범죄를 실현한 자는 형법 제34조 제1항이 정하는 간접정범의 죄책을 지게 되고, 그 과정에서 타인의 의사를 부당하게 억압하여야만 간접정범에 해당하는 것은 아니다.
 [2] 정유회사 경영자의 청탁으로 국회의원이 위 경영자와 지역구 지방자치단체장 사이에 정유공장의 지역구 유치와 관련한 간담회를 주선하고 위 경영자는 정유회사 소속 직원들로 하여금 위 국회의원이 사실상 지배·장악하고 있던 후원회에 후원금을 기부하게 한 사안에서, 국회의원에게는 정치자금법 제32조 제3호 위반죄가, 경영자에게는 정치자금법 위반죄의 간접정범이 성립한다.

34-4. 수표의 발행인이 아닌 사람이 부정수표단속법 제4조가 정한 허위신고죄의 주체가 될 수 있는지 여부(소극) 및 간접정범의 형태로 같은 죄를 범할 수 있는지 여부(소극) [대법원 2007. 3.

15. 선고, 2006도7318,]

【판시사항】

부정수표단속법 제4조가 '수표금액의 지급 또는 거래정지처분을 면할 목적'을 요건으로 하고, 수표금액의 지급책임을 부담하는 자 또는 거래정지처분을 당하는 자는 발행인에 국한되는 점에 비추어 볼 때 그와 같은 발행인이 아닌 자는 부정수표단속법 제4조가 정한 허위신고죄의 주체가 될 수 없고, 발행인이 아닌 자는 허위신고의 고의 없는 발행인을 이용하여 간접정범의 형태로 허위신고죄를 범할 수도 없다 할 것인바(대법원 1992. 11. 10. 선고 92도1342 판결), 타인으로부터 명의를 차용하여 수표를 발행하는 경우에 있어서도 수표가 제시됨으로써 당좌예금계좌에서 수표금액이 지출되거나 거래정지처분을 당하게 되는 자는 결국 수표의 지급인인 은행과 당좌예금계약을 체결한 자인 수표의 발행명의인이 되고, 수표가 제시된다고 하더라도 수표금액이 지출되거나 거래정지처분을 당하게 되는 자에 해당된다고 볼 수 없는 명의차용인은 부정수표단속법 제4조가 정한 허위신고죄의 주체가 될 수 없다(대법원 2003. 1. 24. 선고 2002도5939 판결 참조).

---

1. 타인으로부터 명의를 차용하여 수표를 발행하는 경우, 명의차용인이 부정수표단속법 제4조가 정한 허위신고죄의 주체가 될 수 있는지 여부(소극) [대법원 2003. 1. 24. 선고, 2002도5939]

【판결요지】

부정수표단속법 제4조가 '수표금액의 지급 또는 거래정지처분을 면할 목적'을 요건으로 하고, 수표금액의 지급책임을 부담하는 자 또는 거래정지처분을 당하는 자는 발행인에 국한되는 점에 비추어 볼 때 그와 같은 발행인이 아닌 자는 부정수표단속법 제4조가 정한 허위신고죄의 주체가 될 수 없고, 발행인이 아닌 자는 허위신고의 고의 없는 발행인을 이용하여 간접정범의 형태로 허위신고죄를 범할 수도 없다 할 것인바, 타인으로부터 명의를 차용하여 수표를 발행하는 경우에 있어서도 수표가 제시됨으로써 당좌예금계좌에서 수표금액이 지출되거나 거래정지처분을 당하게 되는 자는 결국 수표의 지급인인 은행과 당좌예금계약을 체결한 자인 수표의 발행명의인이 되고, 수표가 제시된다고 하더라도 수표금액이 지출되거나 거래정지처분을 당하게 되는 자에 해당된다고 볼 수 없는 명의차용인은 부정수표단속법 제4조가 정한 허위신고죄의 주체가 될 수 없다.

---

2. 수표의 발행인이 아닌 자가 부정수표단속법 제4조 소정의 허위신고죄의 주체가 되거나, 간접정범의 형태로 같은 죄를 범할 수 있는지 여부(소극) [대법원 1992. 11. 10., 선고, 92도1342]

【판결요지】

부정수표단속법의 목적이 부정수표 등의 발행을 단속처벌함에 있고(제1조), 허위신고죄를 규정한 위 법 제4조가 "수표금액의 지급 또는 거래정지처분을 면하게 할 목적"이 아니라 "수표금액의 지급 또는 거래정지처분을 면할 목적"을 요건으로 하고 있는데 수표금액의 지급책임을 부담하는 자 또는 거래정지처분을 당하는 자는 오로지 발행인에 국한되는 점에 비추어 볼 때 발행인 아닌 자는 위 법조가 정한 허위신고죄의 주체가 될 수 없고, 허위신고의 고의 없는 발행인을 이용하여 간접정범의 형태로 허위신고죄를 범할 수도 없다.

34-5. 공무원 아닌 자가 관공서에 허위내용의 증명원을 제출하여 그 정을 모르는 공무원으로부터 그

증명원 내용과 같은 증명서를 발급받은 경우, 공문서위조죄의 간접정범이 성립하는지 여부(소극) [대법원 2001. 3. 9. 선고, 2000도938]

【판결요지】

어느 문서의 작성권한을 갖는 공무원이 그 문서의 기재 사항을 인식하고 그 문서를 작성할 의사로써 이에 서명날인하였다면, 설령 그 서명날인이 타인의 기망으로 착오에 빠진 결과 그 문서의 기재사항이 진실에 반함을 알지 못한 데 기인한다고 하여도, 그 문서의 성립은 진정하며 여기에 하등 작성명의를 모용한 사실이 있다고 할 수는 없으므로, <u>공무원 아닌 자가 관공서에 허위 내용의 증명원을 제출하여 그 내용이 허위인 정을 모르는 담당공무원으로부터 그 증명원 내용과 같은 증명서를 발급받은 경우 공문서위조죄의 간접정범으로 의율할 수는 없다.</u>

34-6. 공문서의 기안자가 작성권한 있는 상사에게 허위의 문서초안을 제출하여 서명날인을 받은 경우의 죄책 [대법원 1990. 2. 27. 선고, 89도1816]

【판결요지】

작성권한 있는 공무원의 직무를 보좌하여 공문서를 기안 또는 초안하는 직권이 있는 자가 그 직위를 이용하여 행사할 목적으로 직무상 기안하는 문서에 허위의 내용을 기재하고 허위인 정을 모르는 상사로 하여금 그 초안내용이 진실한 것으로 오신케 하여 서명날인케 함으로써 허위내용의 공문서를 작성토록 하였다면 소위 허위공문서작성죄의 간접정범의 죄책을 면할 수 없다.

---

1. 공문서 작성을 보조하는 공무원이 임의로 허위내용의 공문서를 작성한 경우의 죄책(공문서위조죄) [대법원 1981. 7. 28. 선고, 81도898]

【판결요지】

허위공문서작성죄의 주체는 그 문서를 작성할 권한이 있는 명의인인 공무원에 한하고, 그 공무원의 문서작성을 보조하는 직무에 종사하는 공무원은 위 죄의 주체가 되지 못하므로 보조 공무원이 허위공문서를 기안하여 그 정을 모르는 작성권자의 결재를 받아 공문서를 완성한 때에는 허위공문서작성죄의 간접정범이 되고, 이러한 결재를 거치지 않고 임의로 허위내용의 공문서를 완성한 때에는 공문서위조죄가 성립한다.

---

2. 지방행정주사보가 초안한 허위기안문서에 기한 시장명의의 체비지매각 증명서의 작성과 허위공문서 작성죄의 간접정범 [대법원 1983. 9. 27. 선고, 83도1404]

【판결요지】

시장의 토지구획정리사무를 보조하는 지방행정주사보가 행사할 목적으로 그 직무상 초안하는 문서에 허위사실을 기내한 체비지매각 증명서 및 매도증서를 기안하여 그 정을 모르는 총무과 직원으로 하여금 시장 직인을 압날케 하여 시장명의의 위 문서들을 작성케 한 경우에는 허위공문서작성죄의 간접정범이 성립한다.

---

3. 공문서작성을 보좌하는 공무원이 허위의 문서초안을 그 정을 모르는 상사에게 제출하여 결재케 함으로써 허위공문서를 작성케 한 경우의 죄책 [대법원 1986. 8. 19. 선고, 85도2728]

【판결요지】

공문서의 작성권한이 있는 공무원의 직무를 보좌하는 자가 그 직위를 이용하여 행사할 목적으로 허위의 내용이 기재된 문서초안을 그 정을 모르는 상사에게 제출하여 결재하도록 함으로써 허위공문서를 작성케 하는 경우에는 허위공문서작성죄의 간접정범이 성립되고 이와 공모한 자 역시 위 죄책을 면할 수 없다.

34-7. 피해자를 강요하여 자상하게 한 경우 상해죄의 간접정범이 성립하는지 여부(적극) [대법원 1970. 9. 22., 선고, 70도1638

【판결요지】

피고인은 동거한 사실이 있는 피해자인 공소외인 여인에게 피고인을 탈영병이라고 헌병대에 신고한 이유와 다른 남자와 정을 통한 사실들을 추궁한 바, 이를 부인하자 하숙집 뒷산으로 데리고 가 계속 부정을 추궁하면서 상대 남자를 말하자 대답을 하지 못하고 당황하던 동 여인에게 소지중인 면도칼 1개를 주면서 "네가 네 코를 자르지 않을 때는 돌로서 죽인다"는 등 위협을 가해 자신의 생명에 위험을 느낀 동 여인은 자신의 생명을 보존하기 위하여 위 면도칼로 콧등을 길이 2.5센치, 깊이 0.56센치 절단하므로서 동 여인에게 전치 3개월을 요하는 상처를 입혀 안면부 불구가 되게 하였다는 것으로서 이와같이 피고인에게 피해자 여인의 상해결과에 대한 인식이 있고 또 그 여인에게 대한 협박정도가 그의 의사결정의 자유를 상실케 함에 족한 것인 이상, 피고인에게 중상해 사실을 인정하고 피해자 여인의 자상행위로 인정하지 아니한 원판결 판단에 소론 위법이 없다.

제4절 누범

제35조(누범) / 제36조(판결선고후의 누범발각)

제35조(누범) ① 금고(禁錮) 이상의 형을 선고받아 그 집행이 종료되거나 면제된 후 3년 내에 금고 이상에 해당하는 죄를 지은 사람은 누범(累犯)으로 처벌한다.
② 누범의 형은 그 죄에 대하여 정한 형의 장기(長期)의 2배까지 가중한다.
제36조(판결선고후의 누범발각) 판결선고후 누범인 것이 발각된 때에는 그 선고한 형을 통산하여 다시 형을 정할 수 있다. 단, 선고한 형의 집행을 종료하거나 그 집행이 면제된 후에는 예외로 한다.

35-1. 포괄일죄의 일부 범행이 누범기간 내에 이루어지고 나머지 범행이 누범기간 경과 후에 이루어진 경우, 범행 전부가 누범에 해당하는지 여부(적극) [대법원 2012. 3. 29. 선고, 2011도14135]

【판시사항】

포괄일죄의 일부 범행이 누범기간 내에 이루어진 이상 나머지 범행이 누범기간 경과 후에 이루어졌더라도 그 범행 전부가 누범에 해당한다고 보아야 한다.

35-2. 특정범죄가중처벌법 제5조의4 제6항을 적용한 후 다시 형법 제35조에 의한 누범가중을 하여야 하는지 여부(적극) [대법원 2006. 12. 8. 선고, 2006도6886,]

【판결요지】

2005. 8. 4. 법률 제7654호로 개정·시행된 특정범죄 가중처벌 등에 관한 법률 제5조의4 제6항은 그 입법 취지가 2005. 8. 4. 법률 제7656호로 공포·시행된 사회보호법 폐지법률에 의하여 사회보호법이 폐지됨에 따라 상습절도 사범 등에 관한 법정형을 강화하기 위한 데 있다고 보이고, 조문의 체계가 일정한 구성요건을 규정하는 형식으로 되어 있으며, 적용요건이나 효과도 형법 제35조와 달리 규정되어 있는 점 등에 비추어 볼 때, 위 법률 제5조의4 제1항 또는 제2항의 죄로 2회 이상 실형을 받아 그 집행을 종료하거나 면제받은 후 3년 이내에 다시 위 제1항 또는 제2항의 죄를 범한 때에는 그 죄에 정한 형의 단기의 2배까지 가중한 법정형에 의하여 처벌한다는 내용의 새로운 구성요건을 창설한 규정이라고 새겨야 할 것이므로, 이러한 경우 위 제6항에 정한 형에 다시 형법 제35조의 누범가중한 형기범위 내에서 처단형을 정하는 것이 옳다.

35-3. 누범가중의 요건으로서 다시 금고 이상에 해당하는 죄를 범하였는지 여부의 판단기준 [대법원 2006. 4. 7. 선고, 2005도9858, 전원합의체 판결]

【판결요지】

형법 제35조 소정의 누범이 되려면 금고 이상의 형을 받아 그 집행을 종료하거나 면제를 받은 후 3년 내에 다시 금고 이상에 해당하는 죄를 범하여야 하는바, 이 경우 다시 금고 이상에 해당하는 죄를 범하였는지 여부는 그 범죄의 실행행위를 하였는지 여부를 기준으로 결정하여야 하므로 3년의 기간 내에 실행의 착수가 있으면 족하고, 그 기간 내에 기수에까지 이르러야 되는 것은 아니다.

35-4. 형이 실효된 경우 그 전과를 특정범죄가중처벌등에관한법률 제5조의4 제5항 소정의 징역형의 선고를 받은 경우로 볼 수 있는지 여부(소극) [대법원 2002. 10. 22. 선고, 2002감도39]

【판결요지】

특정범죄가중처벌등에관한법률 제5조의4 제5항은, 형법 제329조 내지 제331조와 제333조 내지 제336조 · 제340조 · 제362조의 죄 또는 그 미수죄로 3회 이상 징역형을 받은 자로서 다시 이들 죄를 범하여 누범으로 처벌할 경우도 제1항 내시 제4항과 같다고 규정하고 있고, 한편 형의실효등에관한법률에 의하여 형이 실효된 경우에는 형의 선고에 의한 법적 효과가 장래에 향하여 소멸되므로 형이 실효된 후에는 그 전과를 특정범죄가중처벌등에관한법률 제5조의4 제5항 소정의 징역형의 선고를 받은 경우로 볼 수는 없다.

35-5. 특별사면으로 출소한 후 3년 이내에 다시 죄를 범한 자에 대한 누범가중의 당부(적극) [대법원 1986. 11. 11. 선고, 86도2004]

【판결요지】

형의 선고를 받은 자가 특별사면을 받아 형의 집행을 면제받고 또 후에 복권이 되었다 하더라도 형의 선고의 효력이 상실되는 것은 아니므로 실형을 선고받아 복역타가 특별사면으로 출소한 후 3년 이내에 다시 범죄를 저지른 자에 대한 누범가중은 정당하다.

35-6. 집행유예 기간중의 범죄와 누범가중 [대법원 1983. 8. 23. 선고, 83도1600]

【판결요지】

금고이상의 형을 받고 그 형의 집행유예기간 중에 금고 이상에 해당하는 죄를 범하였다 하더라도 이는 누범가중의 요건을 충족시킨 것이라 할 수 없다.

---

1. 금고이상의 형을 받고 그 형의 집행기간중에 금고이상에 해당하는 죄를 범한 경우와 형법 제35조 소정의 누범 성립여부(소극) [대법원 1965. 10. 5. 선고, 65도676]

【판결요지】

금고 이상의 형을 받고 그 형의 집행유예기간중에 금고 이상에 해당하는 죄를 범하였다고 하더라도 이는 누범가중의 요건을 충족시킨 것이라 할 수 없다.

---

2. 집행유예 기간중에 새로운 죄를 범하였다 하더라도 위 집행유예를 받은 죄와의 관계에 있어서 누범가중 처벌할 수 없다. [대법원 1969. 8. 26. 선고, 69도1111]

【판시사항】

집행유예 기간중에 새로운 죄를 범하였다 하더라도 위 집행유예를 받은 죄와의 관계에 있어서 누범가중 처벌할 수 없다.

35-7. 법정형 중 벌금형을 선택한 경우 누범가중의 적부(소극) [대법원 1982. 9. 14. 선고, 82도1702]

【판결요지】

형법 제35조 제1항에 규정된 " 금고 이상에 해당하는 죄" 라 함은 유기금고형이나 유기징역형으로 처단할 경우에 해당하는 죄를 의미하는 것으로서 법정형 중 벌금형을 선택한 경우에는 누범가중을 할 수 없다.

35-8. 상습범 중 일부 소위가 누범에 해당하는 경우 누범가중 [대법원 1982. 5. 25. 선고, 82도600]

【판결요지】

상습범 중 일부 소위가 누범기간내에 이루어진 이상 나머지 소위가 누범기간 경과후에 행하여졌더라도 그 행위 전부가 누범관계에 있는 것이다.

---

1. 한개의 상습범중 그 일부인 맨처음의 소위와 두번째의 소위가 전과와 누범관계에 있고 세 번째의 소위가 전과인 징역형의 집행을 종료한지 3년 뒤의 소위인 경우에 위의 행위 전부가 누범관계에 있는지 여부(적극) [대법원 1976. 1. 13. 선고, 75도3397]

【판결요지】

한 개의 상습범중 그 일부인 맨처음의 소위(1975.3.23)와 다음의 두번째의 소위(1975.4.9)가 전과와 누범관계에 있으므로 나머지의 세번째의 소위(1975.5.24)가 전과인 징역형의 집행을 종료한지 (1972.4.28) 3년 뒤의 소위라 할지라도 위의 첫째번 및 둘째번의 소위와 합쳐서 한 개의 상습법을 구성하므로 위의 행위전부가 누범관계에 있다.

35-9. 복권과 누범가중사유 [대법원 1981. 4. 14. 선고, 81도543]

【판결요지】

복권은 사면의 경우와 같이 형의 언도의 효력을 상실시키는 것이 아니고, 다만 형의 언도의 효력으로 인하여 상실 또는 정지된 자격을 회복시킴에 지나지 아니하는 것이므로 복권이 있었다고 하더라도 그 전과사실은 누범가중사유에 해당한다.

35-10. 잔형기 경과전인 가석방기간중에 범한 죄에 대하여 형법 35조 소정 형집행종료후에 죄를 범한 경우에 해당한다고 볼 수 없는지 여부(소극) [대법원 1976. 9. 14. 선고, 76도2071]

【판결요지】

잔형기간경과전인 가석방기간중에 본건 범행을 저질렀다면 이를 형법 35조에서 말하는 형집행종료후에 죄를 범한 경우에 해당한다고 볼 수 없으므로 여기에 누범가중을 할 수 없는 이치라 할 것이다.

제5절 경합범

제37조[경합범]

> 제37조(경합범) 판결이 확정되지 아니한 수개의 죄 또는 금고 이상의 형에 처한 판결이 확정된 죄와 그 판결확정전에 범한 죄를 경합범으로 한다.

37-1. 법조경합의 의미와 실질적 죄수를 판단하는 기준 [대법원 2020. 7. 9. 선고, 2019도17405]

【판결요지】

법조경합은 1개의 행위가 외관상 수 개의 죄의 구성요건에 해당하는 것처럼 보이나 실질적으로 1죄만을 구성하는 경우를 말하며, 실질적으로 1죄인가 또는 수죄인가는 구성요건적 평가와 보호법익의 측면에서 고찰하여 판단하여야 한다.

37-2. 포괄일죄의 관계에 있는 범행 일부에 대하여 판결이 확정된 경우, 면소판결의 대상 / 포괄일죄와 실체적 경합범의 구별 기준 [대법원 2020. 5. 14. 선고, 2020도1355]

【판결요지】

포괄일죄의 관계에 있는 범행 일부에 대하여 판결이 확정된 경우에는 사실심 판결선고 시를 기준으로 그 이전에 이루어진 범행에 대하여는 확정판결의 기판력이 미쳐 면소의 판결을 선고하여야 할 것인데, 동일 죄명에 해당하는 여러 개의 행위 혹은 연속된 행위를 단일하고 계속된 범의 하에 일정 기간 계속하여 행하고 피해법익도 동일한 경우에는 이들 각 행위를 통틀어 포괄일죄로 처단하여야 할 것이나, 범의의 단일성과 계속성이 인정되지 아니하거나 범행방법 및 장소가 동일하지 않은 경우에는 각 범행은 실체적 경합범에 해당한다.

---

1. 포괄일죄 여부를 판단하는 기준 [대법원 2013. 5. 24. 선고, 2011도9549]

【판시사항】

형사재판이 실체적으로 확정되면 동일한 범죄에 대하여 거듭 처벌할 수 없고, 확정판결이 있는 사건과 동일사건에 대하여 공소의 제기가 있는 경우에는 판결로써 면소의 선고를 하여야 한다. 이때 공소사실이나 범죄사실의 동일성 여부는 사실의 동일성이 갖는 법률적 기능을 염두에 두고 피고인의 행위와 그 사회적인 사실관계를 기본으로 하되 그 규범적 요소도 고려하여 판단하여야 한다(대법원 2006. 3. 23. 선고 2005도9678 판결, 대법원 2010. 10. 14. 선고 2009도4785 판결 등 참조). 그리고 포괄일죄의 관계에 있는 범행 일부에 대하여 판결이 확정된 경우에는 사실심 판결선고 시를 기준으로 그 이전에 이루어진 범행에 대하여는 확정판결의 기판력이 미쳐 면소의 판결을 선고하여야 할 것인데(대법원 1994. 8. 9. 선고 94도1318 판결, 대법원 2006. 5. 11. 선고 2006도1252 판결), 동일 죄명에 해당하는 여러 개의 행위 혹은 연속된 행위를 단일하고 계속된 범의하에 일정 기간 계속하여 행하고 그 피해법익도 동일한 경우에는 이들 각 행위를 통틀어 포괄일죄로 처단하여야 할 것이나, 범의의 단일성과 계속성이 인정되지 아니하거나 범행방법 및 장소가 동일하지 않은 경우에는 각 범행은 실체적 경합범에 해당한다(대법원 2005. 9. 30. 선고 2005도4051 판결, 대법원 2006. 9. 8. 선고 2006도3172 판결 등 참조).

37-3. 형법 제37조 후단 경합범 중 아직 판결을 받지 않은 죄가 이미 판결이 확정된 죄와 동시에 판결할 수 없었던 경우, 형법 제39조 제1항이 적용되는지 여부(소극) [대법원 2018. 11. 29. 선고, 2018도14863]

【판시사항】

[1] 형법 제37조 후단 경합범 중 아직 판결을 받지 않은 죄가 이미 판결이 확정된 죄와 동시에 판결할 수 없었던 경우, 형법 제39조 제1항이 적용되는지 여부(소극)

[2] 아직 판결을 받지 않은 수 개의 죄가 판결 확정을 전후하여 저질러지고 판결 확정 전에 범한 죄를 이미 판결이 확정된 죄와 동시에 판결할 수 없었던 경우, 그 수 개의 죄 사이에 형법 제37조 전단 경합범 관계가 성립하는지 여부(소극) 및 이때 판결 확정을 전후한 각각의 범죄에 대하여 별도로 형을 정하여 선고하여야 하는지 여부(적극)

【이 유】

형법 제37조 후단, 제39조 제1항의 문언, 입법 취지 등에 비추어 보면, 아직 판결을 받지 않은 죄가 이미 판결이 확정된 죄와 동시에 판결할 수 없었던 경우에는 형법 제39조 제1항에 따라 동시에 판결할 경우와 형평을 고려하여 형을 선고하거나 그 형을 감경 또는 면제할 수 없다고 해석함이 타당하다(대법원 2011. 10. 27. 선고 2009도9948 판결 등 참조). 한편 <u>아직 판결을 받지 않은 수 개의 죄가 판결 확정을 전후하여 저질러진 경우 판결 확정 전에 범한 죄를 이미 판결이 확정된 죄와 동시에 판결할 수 없었던 경우라고 하여 마치 확정된 판결이 존재하지 않는 것처럼 그 수 개의 죄 사이에 형법 제37조 전단의 경합범 관계가 성립하여 형법 제38조가 적용된다고 볼 수도 없으므로 확정을 전후한 각각의 범죄에 대하여 별도로 형을 정하여 선고할 수밖에 없다</u>(대법원 2014. 3. 27. 선고 2014도469 판결 등 참조).

1. 형법 제37조 후단 경합범 중 아직 판결을 받지 아니한 죄가 이미 판결이 확정된 죄와 동시에 판결할 수 없었던 경우, 형법 제39조 제1항에 따라 동시에 판결할 경우와 형평을 고려하여 형을 선고하거나 형을 감경 또는 면제할 수 있는지 여부(소극) [대법원 2011. 10. 27. 선고, 2009도9948]

【판시사항】

제37조는 후단에서 '금고 이상의 형에 처한 판결이 확정된 죄와 그 판결 확정 전에 범한 죄'를 경합범으로 한다고 규정하고, 「형법」 제39조 제1항은 경합범 중 판결을 받지 아니한 죄가 있는 때에는 그 죄와 판결이 확정된 죄를 동시에 판결할 경우와 형평을 고려하여 그 죄에 대하여 형을 선고하며 이 경우 그 형을 감경 또는 면제할 수 있다고 규정하고 있다. 위 각 조항의 문언, 입법취지 등에 비추어 보면, 아직 판결을 받지 아니한 죄가 이미 판결이 확정된 죄와 동시에 판결할 수 없었던 경우에는 「형법」 제 <u>39조 제1항에 따라 동시에 판결할 경우와 형평을 고려하여 형을 선고하거나 그 형을 감경 또는 면제할 수 없다고 해석함이 상당하다.</u>

2. 아직 판결을 받지 아니한 죄가 이미 판결이 확정된 죄와 동시에 판결할 수 없었던 경우, 형법 제37조 후단 경합범 관계가 성립하는지 여부(소극) [대법원 2014. 3. 27. 선고, 2014도469]

【판시사항】

[1] 아직 판결을 받지 아니한 죄가 이미 판결이 확정된 죄와 동시에 판결할 수 없었던 경우, 형법 제37조 후단 경합범 관계가 성립하는지 여부(소극) 및 형법 제39조 제1항에 따라 동시에 판결할 경우와 형평을 고려하여 형을 선고하거나 형을 감경 또는 면제할 수 있는지 여부(소극)

[2] 아직 판결을 받지 아니한 수개의 죄가 판결 확정을 전후하여 저질러지고 판결 확정 전에 범한 죄를 이미 판결이 확정된 죄와 동시에 판결할 수 없었던 경우, 그 수개의 죄 사이에 형법 제37조 전단 경합범 관계가 인정되는지 여부(소극) 및 판결 확정을 전후한 각각의 범죄에 대하여 별도로 형을 정하여 선고하여야 하는지 여부(적극)

【판결요지】

[1] 형법 제37조 후단 및 제39조 제1항의 문언, 입법 취지 등에 비추어 보면, 아직 판결을 받지 아니한 죄가 이미 판결이 확정된 죄와 동시에 판결할 수 없었던 경우에는 형법 제37조 후단의 경합범 관계가 성립할 수 없고 형법 제39조 제1항에 따라 동시에 판결할 경우와 형평을 고려하여 형을 선고하거나 그 형을 감경 또는 면제할 수도 없다고 해석함이 타당하다.

[2] 아직 판결을 받지 아니한 수개의 죄가 판결 확정을 전후하여 저질러진 경우 판결 확정 전에 범한 죄를 이미 판결이 확정된 죄와 동시에 판결할 수 없었던 경우라고 하여 마치 확정된 판결이 존재하지 않는 것처럼 그 수개의 죄 사이에 형법 제37조 전단의 경합범 관계가 인정되어 형법 제38조가 적용된다고 볼 수도 없으므로 확정을 전후한 각각의 범죄에 대하여 별도로 형을 정하여 선고할 수밖에 없다.

37-4. 포괄일죄와 실체적 경합범의 구별 기준 [대법원 2018. 1. 24. 선고, 2017도18746]

【판시사항】

단일하고 계속된 범의로 일정 기간 계속하여 동일 죄명에 해당하는 여러 행위를 하고 피해법익도 동일한 경우에는 이들 여러 행위를 통틀어 **포괄일죄**로 처벌하여야 한다. 그러나 범의의 단일성과 계속성이 인정되지 않거나 범행방법이 동일하지 않은 경우에는 여러 범행이 **실체적 경합범**에 해당한다(대법원 2010. 11. 11. 선고 2007도8645 판결 등 참조).

1. 포괄일죄의 성립 요건 [대법원 2017. 7. 11. 선고, 2017도7171]

【판시사항】

동일 죄명에 해당하는 수 개의 행위를 단일하고 계속된 범의 아래 일정기간 계속하여 행하고 그 피해법익도 동일한 경우에는 이들 각 행위를 통틀어 포괄일죄로 처단하여야 한다(대법원 2010. 11. 11. 선고 2007도8645 판결 등 참조).

37-5. 형법 제59조 제1항 단서에서 선고유예의 예외사유로 정한 '자격정지 이상의 형을 받은 전과'에 형법 제37조 후단에 규정된 금고 이상의 형에 처한 판결에 의한 전과도 포함되는지 여부(적극) [대법원 2017. 9. 12. 선고, 2017도10577]

【판시사항】

형법 제59조 제1항은 "1년 이하의 징역이나 금고, 자격정지 또는 벌금의 형을 선고할 경우에 제51조의 사항을 참작하여 개전의 정상이 현저한 때에는 그 선고를 유예할 수 있다. 단, 자격정지 이상의 형을 받은 전과가 있는 자에 대하여는 예외로 한다." 라고 정하고 있다. 선고유예가 주로 범정이 경미한 초범자에 대하여 형을 부과하지 않고 자발적인 개선과 사회복귀를 촉진시키고자 하는 제도인 점, 형법 제61조가 유예기간 중 자격정지 이상의 형에 처한 판결이 확정되거나 자격정지 이상의 형에 처한 전과가 발각된 경우 등을 선고유예의 실효사유로 규정하고 있는 점 등을 종합하면, 선고유예의 예외사유로 정한 '자격정지 이상의 형을 받은 전과' 에는 형법 제37조 후단에 규정된 금고 이상의 형에 처한 판결에 의한 전과도 포함된다(대법원 2010. 7. 8. 선고 2010도931 판결 참조).

---

1. 형법 제37조 후단 경합범 중 판결을 받지 아니한 죄에 대하여 형을 선고하는 경우에, 형법 제37조 후단에 규정된 '금고 이상의 형에 처한 판결이 확정된 죄'의 형도 형법 제59조 제1항 단서에서 정한 선고유예의 예외사유인 '자격정지 이상의 형을 받은 전과'에 포함되는지 여부(적극) [대법원 2010. 7. 8. 선고, 2010도931]

【판결요지】

선고유예가 주로 범정이 경미한 초범자에 대하여 형을 부과하지 않고 자발적인 개선과 갱생을 촉진시키고자 하는 제도인 점, 형법은 선고유예의 예외사유를 '자격정지 이상의 형을 받은 전과'라고만 규정하고 있을 뿐 그 전과를 범행 이전의 것으로 제한하거나 형법 제37조 후단 경합범 규정상의 금고 이상의 형에 처한 판결에 의한 전과를 제외하고 있지 아니한 점, 형법 제39조 제1항은 경합범 중 판결을 받지 아니한 죄가 있는 때에는 그 죄와 판결이 확정된 죄를 동시에 판결할 경우와 형평을 고려하여 그 죄에 대하여 형을 선고하여야 하는데 이미 판결이 확정된 죄에 대하여 금고 이상의 형이 선고되었다면 나머지 죄가 위 판결이 확정된 죄와 동시에 판결되었다고 하더라도 선고유예가 선고되었을 수 없을 것인데 나중에 별도로 판결이 선고된다는 이유만으로 선고유예가 가능하다고 하는 것은 불합리한 점 등을 종합하여 보면, 형법 제39조 제1항에 의하여 형법 제37조 후단 경합범 중 판결을 받지 아니한 죄에 대하여 형을 선고하는 경우에 있어서 형법 제37조 후단에 규정된 금고 이상의 형에 처한 판결이 확정된 죄의 형도 형법 제59조 제1항 단서에서 정한 '자격정지 이상의 형을 받은 전과'에 포함된다고 봄이 상당하다.

37-6. 형법 제37조 후단에서 규정한 경합범의 요건 및 벌금형을 선고한 판결이나 약식명령이 확정된 죄가 형법 제37조 후단의 경합범이 될 수 있는지 여부(소극) [대법원 2017. 7. 11. 선고, 2017도7287]

【판시사항】

형법 제37조 후단에서 '금고 이상의 형에 처한 판결이 확정된 죄와 그 판결확정 전에 범한 죄'를 경합범으로 규정하고 있으므로, 벌금형을 선고한 판결이나 약식명령이 확정된 죄는 형법 제37조 후단의 경합범이 될 수 없다.

37-7. 실체법상 포괄일죄의 관계에 있는 일련의 범행 중간에 동종의 죄에 관한 확정판결이 있는 경우, 확정판결의 전후로 일련의 범행이 분리되는지 여부(적극) [대법원 2017. 5. 17. 선고, 2017도3373]

【판시사항】

실체법상 포괄일죄의 관계에 있는 일련의 범행 중간에 동종의 죄에 관한 확정판결이 있는 경우에는 <u>확정판결로 전후 범죄사실이 나뉘어져 원래 하나의 범죄로 포괄될 수 있었던 일련의 범행은 확정판결의 전후로 분리된다.</u> 사실심판결 선고 시 이후의 범죄는 확정판결의 기판력이 미치지 않으므로 설령 확정판결 전의 범죄와 포괄일죄의 관계에 있다고 하더라도 별개의 독립적인 범죄가 된다(대법원 2000. 2. 11. 선고 99도4797 판결, 대법원 2000. 3. 10. 선고 99도2744 판결 참조).

---

1. 판결확정 전에 범한 사기죄가 판결확정된 사기죄와 상습사기죄의 포괄일죄의 관계에 있는 경우 확정판결의 기판력이 후에 기소된 확정판결 전의 단순사기죄의 공소사실에 미치는지 여부(적극) [대법원 2000. 2. 11. 선고, 99도4797]

【판결요지】

유죄판결을 선고받고 그 판결이 확정된 바 있는 사기죄의 범죄사실과 그 확정판결 이전에 이루어진 사기죄의 범죄사실이 다 같이 피고인의 사기습벽에서 이루어진 것이라면, 이미 확정판결을 받은 위 사기죄의 범죄사실과 위 판결 전 사기죄의 공소사실은 실체법상 포괄일죄인 상습사기죄의 관계에 있다 할 것이고, 따라서 위 사기죄에 대한 확정판결의 기판력은 그와 포괄일죄의 관계에 있으나 단순사기죄로 기소된 확정판결 이전의 사기공소사실에 미치게 되는 것이어서 이에 대하여는 면소의 판결을 하여야 한다.

---

2. 상습범의 중간에 동종의 상습범의 확정판결이 있는 경우, 확정판결 전후의 범행은 두 개의 죄로 분단되는지 여부(적극) [대법원 2000. 3. 10. 선고, 99도2744]

【판결요지】

상습범에 있어서 공소제기의 효력은 공소가 제기된 범죄사실과 동일성이 인정되는 범죄사실의 전체에 미치는 것이므로 상습범의 범죄사실에 대한 공판심리중에 그 범죄사실과 동일한 습벽의 발현에 의한 것으로 인정되는 범죄사실이 추가로 발견된 경우에는 검사는 공소장변경절차에 의하여 그 범죄사실을 공소사실로 추가할 수 있다고 할 것이나, 공소제기된 범죄사실과 추가로 발견된 범죄사실 사이에 그것들과 동일한 습벽에 의하여 저질러진 또다른 범죄사실에 대한 유죄의 확정판결이 있는 경우에는 전후 범죄사실의 일죄성은 그에 의하여 분단되어 공소제기된 범죄사실과 판결이 확정된 범죄사실만이 포괄하여 하나의 상습범을 구성하고, 추가로 발견된 확정판결 후의 범죄사실은 그것과 경합범 관계에 있는 별개의 상습범이 되므로, 검사는 공소장변경절차에 의하여 이를 공소사실로 추가할 수는 없고 어디까지나 별개의 독립된 범죄로 공소를 제기하여야 한다.

37-8. 포괄일죄인 영업범에서 공소제기된 범죄사실과 공판심리 중에 추가로 발견된 범죄사실 사이에 그 범죄사실들과 동일성이 인정되는 또 다른 범죄사실에 대한 유죄의 확정판결이 있는 경우, 추가로 발견된 확정판결 후의 범죄사실은 공소제기된 범죄사실과 분단되는지 여부(적극) [대법원 2017. 4. 28. 선고, 2016도21342]

【판시사항】

【판결요지】

포괄일죄인 영업범에서 공소제기의 효력은 공소가 제기된 범죄사실과 동일성이 인정되는 범죄사실의 전체에 미치므로, 공판심리 중에 그 범죄사실과 동일성이 인정되는 범죄사실이 추가로 발견된 경우에 검사는 공소장변경절차에 의하여 그 범죄사실을 공소사실로 추가할 수 있다. 그러나 공소제기된 범죄사실과 추가로 발견된 범죄사실 사이에 그 범죄사실들과 동일성이 인정되는 또다른 범죄사실에 대한 유죄의 확정판결이 있는 때에는, 추가로 발견된 확정판결 후의 범죄사실은 공소제기된 범죄사실과 분단되어 동일성이 없는 별개의 범죄가 된다. 따라서 이때 검사는 공소장변경절차에 의하여 확정판결 후의 범죄사실을 공소사실로 추가할 수는 없고 별개의 독립된 범죄로 공소를 제기하여야 한다.

37-9. 경합범 관계에 있는 수개의 범죄사실을 유죄로 인정하여 한 개의 형을 선고한 불가분의 확정판결 중 일부 범죄사실에 대하여만 재심사유가 있는 경우, 재심법원의 심리 범위 [대법원 2017. 3. 22. 선고, 2016도9032]

【판시사항】

경합범 관계에 있는 수개의 범죄사실을 유죄로 인정하여 한 개의 형을 선고한 불가분의 확정판결에서 그중 일부의 범죄사실에 대하여만 재심청구의 이유가 있는 것으로 인정된 경우에는 형식적으로는 1개의 형이 선고된 판결에 대한 것이어서 그 판결 전부에 대하여 재심개시의 결정을 할 수밖에 없지만, 비상구제수단인 재심제도의 본질상 재심사유가 없는 범죄사실에 대하여는 재심개시결정의 효력이 그 부분을 형식적으로 심판의 대상에 포함시키는 데 그치므로 재심법원은 그 부분에 대하여는 이를 다시 심리하여 유죄인정을 파기할 수 없고, 다만 그 부분에 관하여 새로이 양형을 하여야 하므로 양형을 위하여 필요한 범위에 한하여만 심리를 할 수 있을 뿐이다(대법원 1996. 6. 14. 선고 96도477 판결, 대법원 2001. 7. 13. 선고 2001도1239 판결 등 참조).

1. 1개의 형이 확정된 경합범 중 일부 사실에 관하여만 재심사유가 있는 경우의 심판 범위와 재심사유가 없는 부분에 적용할 법률 및 양형조건 등 [대법원 1996. 6. 14. 선고, 96도477]

【판결요지】

재심사유가 없는 범죄사실에 관한 법령이 재심대상판결 후 개정·폐지된 경우에는 그 범죄사실에 관하여도 재심판결 당시의 법률을 적용하여야 하고 양형조건에 관하여도 재심대상판결 후 재심판결시까지의 새로운 정상도 참작하여야 하며, 재심사유 있는 사실에 관하여 심리 결과 만일 다시 유죄로 인정되는 경우에는 재심사유 없는 범죄사실과 경합범으로 처리하여 한 개의 형을 선고하여야 한다.

37-10. 사기죄 등 재산범죄에서 일정기간 반복하여 행하여진 각 범행이 포괄일죄로 되기 위한 요건 및 포괄일죄가 되는지 판단할 때 고려하여야 할 사항 [대법원 2016. 10. 27. 선고, 2016도11318]

【판시사항】

[1] 사기죄 등 재산범죄에서 일정기간 반복하여 행하여진 각 범행이 포괄일죄로 되기 위한 요건 및 포괄일죄가 되는지 판단할 때 고려하여야 할 사항

[2] 범의의 단일성과 계속성을 판단하는 기준

【판결요지】

[1] 사기죄 등 재산범죄에서 동일한 피해자에 대하여 단일하고 계속된 범의하에 동종의 범행을 일정기간 반복하여 행한 경우에는 각 범행은 통틀어 포괄일죄가 될 수 있다. 다만 각 범행이 포괄일죄가 되느냐 경합범이 되느냐는 그에 따라 피해액을 기준으로 가중처벌을 하도록 하는 특별법이 적용되는지 등이 달라질 뿐 아니라 양형 판단 및 공소시효와 기판력에 이르기까지 피고인에게 중대한 영향을 미치게 되므로 매우 신중하게 판단하여야 한다.

[2] 특히 범의의 단일성과 계속성은 개별 범행의 방법과 태양, 범행의 동기, 각 범행 사이의 시간적 간격, 그리고 동일한 기회 내지 관계를 이용하는 상황이 지속되는 가운데 후속 범행이 있었는지, 즉 범의의 단절이나 갱신이 있었다고 볼 만한 사정이 있는지 등을 세밀하게 살펴 논리와 경험칙에 근거하여 합리적으로 판단하여야 한다.

37-11. 제37조 후단 경합범 중 아직 판결을 받지 아니한 죄가 이미 판결이 확정된 죄와 동시에 판결할 수 없었던 경우, 제39조 제1항에 따라 동시에 판결할 경우와 형평을 고려하여 형을 선고하거나 형을 감경 또는 면제할 수 있는지 여부(소극) [대법원 2014. 5. 16. 선고, 2013도12003]

【판시사항】

'금고 이상의 형에 처한 판결이 확정된 죄와 그 판결 확정 전에 범한 죄'는 형법 제37조 후단에서 정하는 경합범에 해당하고, 이 경우 형법 제39조 제1항에 의하여 경합범 중 판결을 받지 아니한 죄와 판결이 확정된 죄를 동시에 판결할 경우와 형평을 고려하여 그 죄에 대하여 형을 선고하여야 하는바, 아직 판결을 받지 아니한 죄가 이미 판결이 확정된 죄와 동시에 판결할 수 없었던 경우에는 형법 제39조 제1항에 따라 동시에 판결할 경우와 형평을 고려하여 형을 선고하거나 그 형을 감경 또는 면제할 수 없다고 해석함이 상당하다.

37-12. 각 사설 사이트를 운영한 사무실의 위치, 사설 사이트 운영자, 회원들과의 입출금 방식이 서로 다른 경우 도박개장죄의 포괄일죄가 성립하는지 여부(소극) [대법원 2013. 11. 28., 선고, 2013도10467]

【판결요지】

동일 죄명에 해당하는 수 개의 행위를 단일하고 계속된 범의로 일정기간 계속하여 행하고 그 피해법익도 동일한 경우에는 이들 각 행위를 통틀어 포괄일죄로 처단하여야 할 것이나, 수 개의 범행에서 범의의 단일성과 계속성이 인정되지 아니하거나 범행방법이 동일하지 않다면 각 범행은 실체적 경합범에 해당한다. 약식명령이 확정된 범죄와 이 부분 공소사실의 범죄 사이에는 각 사설 사이트를 운영한 사무실의 위치, 사설 사이트 운영자, 회원들과의 입출금 방식이 서로 다른 점, 약식명령이 확정된 사건에서는 피고인이 단독범으로 기소되었으나 이 부분 공소사실에서는 피고인이 공동정범으로 기소된 점 등 여러 사정에 비추어 보면, 이 사건 약식명령이 확정된 범죄사실과 이 부분 공소사실은 양자 사이에 범의의 단일성과 계속성이 인정되지 아니하고 범행방법도 동일하지 아니하여 포괄일죄에 해당하지 아니한다.

37-13. 여러 개의 업무상 횡령행위가 포괄일죄로 되기 위한 요건 및 포괄일죄의 관계에 있는 범행 일부에 대하여 약식명령이 확정된 경우 면소판결의 대상 [대법원 2013. 6. 13. 선고, 2013도4737]

【판시사항】

여러 개의 업무상 횡령행위라 하더라도 피해법익이 단일하고, 범죄의 태양이 동일하며, 단일 범의의 발현에 기인하는 일련의 행위라고 인정될 때에는, 포괄하여 1개의 범죄라고 봄이 타당하고 (대법원 2007. 1. 12. 선고 2004도8071 판결 등 참조), 포괄일죄의 관계에 있는 범행의 일부에 대하여 약식명령이 확정된 경우에는 그 약식명령의 발령 시를 기준으로 하여 그 이전에 이루어진 범행에 대하여는 면소의 판결을 선고하여야 한다.

37-14. 법조경합의 의미와 실질적 죄수의 판단 기준 [대법원 2011. 11. 24. 선고, 2010도8568]

【판결요지】

법조경합은 1개의 행위가 외관상 수개의 죄의 구성요건에 해당하는 것처럼 보이나 실질적으로 1죄만을 구성하는 경우를 말하며, 실질적으로 1죄인가 또는 수죄인가는 구성요건적 평가와 보호법익의 측면에서 고찰하여 판단하여야 한다.

37-15. 수개의 등록상표에 대한 상표권침해 행위가 계속하여 행하여진 경우, 상표권침해죄의 죄수 관계(=각 등록상표 1개마다 포괄하여 일죄) [대법원 2011. 7. 14. 선고, 2009도10759]

【판결요지】

수개의 등록상표에 대하여 상표법 제93조에서 정한 상표권침해 행위가 계속하여 행하여진 경우에는 각 등록상표 1개마다 포괄하여 1개의 범죄가 성립하므로, 특별한 사정이 없는 한 상표권자 및 표장이 동일하다는 이유로 등록상표를 달리하는 수개의 상표권침해 행위를 포괄하여 하나의 죄가 성립하는 것으로 볼 수 없다.

37-16. 수인의 피해자에 대하여 단일한 범의하에 동일한 방법으로 각 피해자별로 기망행위를 한 경우, 사기죄의 죄수 및 포괄일죄로 볼 수 있는 경우 [대법원 2011. 4. 14. 선고, 2011도769]

【판시사항】

수인의 피해자에 대하여 단일한 범의하에 동일한 방법으로 각 피해자별로 기망행위를 한 경우, 사기죄의 죄수 및 포괄일죄로 볼 수 있는 경우

【판결요지】

[1] 사기죄에서 수인의 피해자에 대하여 각 피해자별로 기망행위를 하여 각각 재물을 편취한 경우에 그 범의가 단일하고 범행방법이 동일하다고 하더라도 포괄일죄가 성립하는 것이 아니라 피해자별로 1개씩의 죄가 성립하는 것으로 보아야 한다. 다만 피해자들이 하나의 동업체를 구성하는 등으로 피해 법익이 동일하다고 볼 수 있는 사정이 있는 경우에는 피해자가 복수이더라도 이들에 대한 사기죄를 포괄하여 일죄로 볼 수도 있다.

[2] 사기죄 피해자들의 피해 법익이 동일하다고 볼 근거가 없는데도, 위 피해자들이 부부라는 사정만으로 이들에 대한 각 사기 행위가 포괄하여 일죄에 해당한다고 보아 특정경제범죄 가중처벌 등에 관한 법률을 적용한 원심판결에 죄수에 관한 심리미진 또는 법리오해의 위법이 있다.

---

1. 동일 죄명에 해당하는 수개의 행위를 단일하고 계속된 범의하에 일정기간 계속하여 행하고 그 피해 법익도 동일한 경우의 죄수(=포괄일죄) [대법원 2003. 12. 26. 선고, 2003도6288]

【판결요지】

동일 죄명에 해당하는 수개의 행위를 단일하고 계속된 범의 하에 일정기간 계속하여 행하고 그 피해법익도 동일한 경우에는 이들 각 행위를 통틀어 포괄일죄로 처단하여야 한다.

37-17. 단일하고 계속된 범의 아래 일정기간 계속하여 이루어졌고 피해법익도 동일한 경우 죄수관계(=포괄일죄) 및 방조범의 경우도 동일한 법리가 적용되는지 여부(적극) [대법원 2010. 11. 25. 선고, 2010도1588]

【판시사항】

[1] 단일하고 계속된 범의 아래 일정기간 계속하여 이루어졌고 피해법익도 동일한 경우 죄수 관계(=포괄일죄) 및 방조범의 경우도 동일한 법리가 적용되는지 여부(적극)

[2] 피고인들이, 자신들이 개설한 인터넷 사이트를 통해 회원들로 하여금 음란한 동영상을 게시하도록 하고, 다른 회원들로 하여금 이를 다운받을 수 있도록 하는 방법으로 정보통신망을 통한 음란한 영상의 배포, 전시를 방조한 행위가 단일하고 계속된 범의 아래 일정기간 계속하여 이루어졌고 피해법익도 동일한 경우, 포괄일죄의 관계에 있다고 본 원심판결을 수긍한 사례

【이 유】

동일 죄명에 해당하는 수개의 행위를 단일하고 계속된 범의 아래 일정기간 계속하여 행하고 그 피해법익도 동일한 경우에는 이들 각 행위를 통틀어 포괄일죄로 처단하여야 할 것이고(대법원 1995. 9. 5. 선고 95도1269 판결, 대법원 2007. 3. 29. 선고 2007도595 판결, 대법원 2009. 8. 20. 선고 2009도4684 판결 등 참조), 이는 방조범의 경우에도 마찬가지이다.

---

1. 단일하고 계속된 범의하에 일정기간 계속하여 유사석유제품을 판매한 경우의 죄수관계(=포괄일죄) [대법원 2006. 5. 11. 선고, 2006도1252]

【판시사항】

[1] 단일하고 계속된 범의하에 일정기간 계속하여 유사석유제품을 판매한 경우의 죄수관계(=포괄일죄)

[2] 포괄일죄의 관계에 있는 범행의 일부에 대하여 판결이 확정된 경우, 확정판결의 기판력이 미치는 기준시점(=사실심 판결선고시)

【이 유】

석유사업법 제26조는 "누구든지 석유제품에 다른 석유제품 또는 석유화학제품을 혼합하거나 석유화학제품에 다른 석유화학제품을 혼합하는 등의 방법으로 제조된 것으로서 대통령령이 정하는 제품(이하 '유사석유제품'이라 한다)을 생산 또는 판매하거나, 판매목적인 유사석유제품임을 알고 이를 저장·운

송 또는 보관하여서는 아니된다."고 규정하고 있고, 벌칙 조항인 제33조에서는 제26조의 규정에 위반한 자를 형벌에 처하도록 규정하고 있으며, 한편 동일 죄명에 해당하는 수 개의 행위를 단일하고 계속된 범의 하에 일정기간 계속하여 행하고 그 피해법익도 동일한 경우에는 이들 각 행위를 통틀어 포괄일죄로 처단하여야 할 것인바(대법원 2002. 7. 26. 선고 2002도1855 판결 등 참조), 석유사업법 제26조 위반행위 처벌규정의 직접적인 보호법익은 석유제품의 적정한 품질 확보라는 사회적 법익에 있으므로, 단일하고 계속된 범의하에 일정기간 계속하여 유사석유제품을 판매함으로써 석유사업법 제26조에 위반된 행위를 한 경우에 이는 모두 포괄하여 석유사업법 제33조, 제26조 소정의 일죄를 구성한다 (대법원 2002. 11. 26. 선고 2002도4061 판결 참조).

---

2. 단일하고 계속된 범의하에 일정기간 계속하여 행하고 그 피해법익도 동일한 경우의 죄수관계(=포괄일죄) [대법원 2007. 3. 29. 선고, 2007도595]

【판시사항】

[1] 단일하고 계속된 범의하에 일정기간 계속하여 행하고 그 피해법익도 동일한 경우의 죄수관계(=포괄일죄)

[2] 게임장에서 사행성간주게임물인 게임기에 경품으로 문화상품권을 넣은 후 점수에 따라 손님들에게 제공함으로써 문화관광부장관이 고시하는 방법에 의하지 아니하고 경품을 제공하였다는 공소사실로 두 차례 기소된 경우, 각 공소사실은 모두 단일하고 계속된 범의하에 동일 죄명의 범행을 일정기간 반복하여 행한 것으로서 그 피해 법익도 동일한 것이므로 포괄일죄에 해당한다.

【이 유】

동일 죄명에 해당하는 수개의 행위를 단일하고 계속된 범의하에 일정기간 계속하여 행하고 그 피해법익도 동일한 경우에는 이들 각 행위를 통틀어 포괄일죄로 처단하여야 할 것이다(대법원 2007. 1. 11. 선고 2006도6620 판결 참조).

37-18. 특정범죄가중처벌 등에 관한 법률상 '위험운전치사상죄'와 도로교통법상 '음주운전죄'의 관계(=실체적 경합) [대법원 2008. 11. 13. 선고, 2008도7143]

【판결요지】

원래 도로교통법은 도로에서 일어나는 교통상의 위험과 장해를 방지하고 제거하여 안전하고 원활한 교통을 확보함을 목적으로 하는 것이어서(도로교통법 제1조), 불특정다수의 사람 또는 차마의 통행을 위한 도로에서의 자동차 운전 등의 통행행위만을 법의 적용대상으로 삼고 도로 이외의 장소에서의 통행행위는 적용대상으로 하지 않고 있다(도로교통법 제2조 제1호, 제24호). 반면, 음주로 인한 특정범죄가중처벌 등에 관한 법률 위반(위험운전치사상)죄는 입법 취지와 그 문언에 비추어 볼 때, 주취상태에서의 자동차 운전으로 인한 교통사고가 빈발하고 그로 인한 피해자의 생명·신체에 대한 피해가 중대할 뿐만 아니라 사고발생 전 상태로의 회복이 불가능하거나 쉽지 않은 점 등의 사정을 고려하여, 형법 제268조에서 규정하고 있는 업무상과실치사상죄의 특례를 규정하여 가중처벌함으로써 피해자의 생명·신체의 안전이라는 개인적 법익을 보호하기 위한 것이어서, 그 적용범위가 도로에서의 자동차 운전으로 인한 경우뿐만 아니라 도로 이외 장소에서의 자동차 운전으로 인한 경우도 역시 포함되는 것으로 본다.

한편, 도로교통법 위반(음주운전)죄는 술에 취한 상태에서 자동차 등을 운전하는 행위를 처벌하면서, 술에 취한 상태를 인정하는 기준을 운전자의 혈중 알코올농도 0.05% 이상이라는 획일적인 수치로 규정하여, 운전자가 혈중 알코올농도의 최저기준치를 초과한 주취상태에서 자동차 등을 운전한 경우에는 구체적으로 정상적인 운전이 곤란한지 여부와 상관없이 이를 처벌대상으로 삼고 있는 바, 이는 위와 같은 혈중 알코올농도의 주취상태에서의 운전행위로 인하여 추상적으로 도로교통상의 위험이 발생한 것으로 봄으로써 도로에서 주취상태에서의 운전으로 인한 교통상의 위험과 장해를 방지하고 제거하여 안전하고 원활한 교통을 확보하는데 그 목적이 있다. 반면, 음주로 인한 특정범죄가중처벌 등에 관한 법률 위반(위험운전치사상)죄는 도로교통법 위반(음주운전)죄의 경우와는 달리 형식적으로 혈중 알코올농도의 법정 최저기준치를 초과하였는지 여부와는 상관없이 운전자가 음주의 영향으로 실제 정상적인 운전이 곤란한 상태에 있어야만 하고, 그러한 상태에서 자동차를 운전하다가 사람을 상해 또는 사망에 이르게 한 행위를 처벌대상으로 하고 있는 바, 이는 음주로 인한 특정범죄가중처벌 등에 관한 법률 위반(위험운전치사상)죄는 업무상과실치사상죄의 일종으로 구성요건적 행위와 그 결과 발생 사이에 인과관계가 요구되기 때문이다.

위와 같이 음주로 인한 특정범죄가중처벌 등에 관한 법률 위반(위험운전치사상)죄와 도로교통법 위반(음주운전)죄는 입법 취지와 보호법익 및 적용 영역을 달리하는 별개의 범죄로서 양 죄가 모두 성립하는 경우 두 죄는 실체적 경합관계에 있는 것으로 보아야 할 것이다.

37-19. 법조경합의 한 형태인 특별관계의 의미 [대법원 2006. 5. 26. 선고, 2006도1713]

【판시사항】

법조경합의 한 형태인 특별관계란 어느 구성요건이 다른 구성요건의 모든 요소를 포함하는 이외에 다른 요소를 구비하여야 성립하는 경우로서 특별관계에 있어서는 특별법의 구성요건을 충족하는 행위는 일반법의 구성요건을 충족하지만 반대로 일반법의 구성요건을 충족하는 행위는 특별법의 구성요건을 충족하지 못한다.

---

1. 상상적 경합과 법조경합의 구별 기준 [대법원 2003. 4. 8. 선고, 2002도6033]

【판결요지】

법조경합의 한 형태인 특별관계란 어느 구성요건이 다른 구성요건의 모든 요소를 포함하는 외에 다른 요소를 구비하여야 성립하는 경우로서 특별관계에 있어서는 특별법의 구성요건을 충족하는 행위는 일반법의 구성요건을 충족하지만 반대로 일반법의 구성요건을 충족하는 행위는 특별법의 구성요건을 충족하지 못한다.

37-20. 포괄일죄로 인정하기 위한 요건 [대법원 2005. 9. 15. 선고, 2005도1952]

【판시사항】

[1] 포괄일죄로 인정하기 위한 요건

[2] 구 공직선거 및 선거부정방지법 위반죄의 죄수에 관한 원심의 판단을 위법하다.

【판결요지】

[1] 수개의 범죄행위를 포괄하여 하나의 죄로 인정하기 위하여는 범의의 단일성 외에도 각 범죄행위 사이에 시간적·장소적 연관성이 있고 범행의 방법 간에도 동일성이 인정되는 등 수개의 범죄행위를 하나의 범죄로 평가할 수 있는 경우에 해당하여야 한다.

[2] 구 공직선거 및 선거부정방지법상 금지되는 선전행위 등이 약 2개월 남짓한 기간에 걸쳐 서로 다른 장소에서 별개의 사람들을 대상으로 이루어졌고, 그 구체적인 행위 역시 서로 동일성이 인정된다고 보기 어려운 다양한 행위들이어서, 하나의 범죄로 평가할 수 있는 경우에 해당한다고 볼 수 없다는 이유로, 이를 포괄일죄로 본 원심의 판단을 위법하다.

37-21. 포괄일죄의 중간에 별종의 죄의 확정판결이 끼어 있는 경우의 처벌례(=확정판결 후의 범죄)
  [대법원 2003. 8. 22. 선고, 2002도5341]

【판시사항】

[1] 동일 죄명에 해당하는 수개의 행위를 단일하고 계속된 범의하에 일정기간 계속하여 행하고 그 피해법익도 동일한 경우의 죄수(=포괄일죄)

[2] 포괄일죄의 중간에 별종의 죄의 확정판결이 끼어 있는 경우의 처벌례(=확정판결 후의 범죄)

【판결요지】

[1] 동일 죄명에 해당하는 수개의 행위를 단일하고 계속된 범의하에 일정기간 계속하여 행하고 그 피해법익도 동일한 경우에는 이들 각 행위를 통틀어 포괄일죄로 처단하여야 한다.

[2] 포괄일죄로 되는 개개의 범죄행위가 다른 종류의 죄의 확정판결의 전후에 걸쳐서 행하여진 경우에는 그 죄는 2죄로 분리되지 않고 확정판결 후인 최종의 범죄행위시에 완성되는 것이다.

> **1. 단일하고 계속된 범의 하에 일정기간 계속하여 약사법 제35조 제1항에 위반된 행위를 한 경우, 그 죄수(=포괄일죄) [대법원 2001. 8. 21. 선고, 2001도3312]**
>
> **【판시사항】**
>
> [1] 단일하고 계속된 범의 하에 일정기간 계속하여 약사법 제35조 제1항에 위반된 행위를 한 경우, 그 죄수(=포괄일죄)
>
> [2] 포괄일죄의 중간에 별종의 죄의 확정판결이 끼어 있는 경우의 처벌례(=확정판결 후의 범죄)
>
> **【판결요지】**
>
> [1] 약사법 제35조 제1항은 '약국개설자가 아니면 의약품을 판매하거나 판매의 목적으로 취득할 수 없다.'고 규정하고 있고, 벌칙 조항인 제74조 제1항에서는 위 제35조 제1항의 규정에 위반한 자를 형벌에 처하도록 규정하고 있으며, 한편 동일 죄명에 해당하는 수 개의 행위를 단일하고 계속된 범의 하에 일정기간 계속하여 행하고 그 피해법익도 동일한 경우에는 이들 각 행위를 통틀어 포괄일죄로 처단하여야 할 것인바, 약국개설자가 아님에도 단일하고 계속된 범의 하에 일정기간 계속하여 의약품을 판매하거나 판매의 목적으로 취득함으로써 약사법 제35조 제1항에 위반된 행위를 한 경우, 위에서 본 약사법의 관련 조항의 내용 및 법리 등에 비추어, 이는 모두 포괄하여 약사법 제74조 제1항 제1호, 제35조 제1항 소정의 일죄를 구성한다(약사법은 마약법 등과는 달리 금지의

대상인 판매행위와 별도의 행위개념으로 취득행위를 구분한 것은 아니며, 약사법의 관련 조항의 취지는 법정의 자격 없는 자의 의약품판매행위를 널리 금지하고자 하는 것으로, 결국 동 조항이 금지하고자 하는 것은 취득이나 판매 등으로 예시되는 약사 등만이 행할 수 있는 일반적인 의약품 취급행위로 보아야 한다).

[2] 포괄일죄로 되는 개개의 범죄행위가 다른 종류의 죄의 확정판결의 전후에 걸쳐서 행하여진 경우에는 그 죄는 2죄로 분리되지 않고 확정판결 후인 최종의 범죄행위시에 완성되는 것이다.

---

2. 일정한 기간 동안 계속하여 환자를 보내준 자에게 환자를 보내준 때마다 대가를 지급하는 것이 포괄일죄인지 여부(적극) [대법원 1998. 5. 29. 선고, 97도1126]

【판결요지】

동일 죄명에 해당하는 수 개의 행위를 단일하고 계속된 범의하에 일정기간 계속하여 행하고 그 피해법익도 동일한 경우에는 이들 각 행위를 통틀어 포괄일죄로 처단하여야 하므로, 일정한 기간 동안 계속하여 환자를 보내준 자에게 환자를 보내준 때마다 대가를 지급한 경우 포괄일죄를 구성한다.

37-22. 형법 제37조 후단 소정의 '판결'에 약식명령도 포함되는지 여부(적극) [대법원 2001. 11. 30. 선고, 2001도5657]

【판시사항】

[1] 흉기를 휴대하여 저지른 폭력행위의 범행이 흉기 등을 휴대하지 않은 폭력행위의 범행과 사이에 폭력행위등처벌에관한법률 제2조 제1항 소정의 상습폭력죄의 포괄일죄의 관계에 있는지 여부(소극)

[2] 형법 제37조 후단 소정의 '판결'에 약식명령도 포함되는지 여부(적극)

【판결요지】

[1] 상습적으로 흉기 또는 위험한 물건을 휴대하여 폭력행위등처벌에관한법률 제2조 제1항에 열거된 죄를 범한 자에 대하여는 같은 법 제3조 제3항에서 무기 또는 7년 이상의 징역에 처하도록 별도로 규정하고 있으므로, 흉기를 휴대하여 저지른 원심 판시 폭력행위의 각 범행이 흉기 등을 휴대하지 않은 범행들로서 원심에서 면소가 선고된 원심 판시 각 공소사실과 사이에 같은 법 제2조 제1항 소정의 상습폭력죄의 포괄일죄의 관계에 있는 것으로 볼 수는 없다.

[2] 형법 제37조 후단에 의하면 판결이 확정된 죄와 그 판결 확정 전에 범한 죄를 경합범으로 한다고 규정하고 있고, 여기서 말하는 '판결'에는 약식명령도 포함된다.

---

1. 약식명령이 확정된 범죄와 그 이전의 범죄간의 형법 제37조 후단의 경합범 성립 여부(적극)[대법원 1990. 7. 10. 선고, 90도952]

【판결요지】

피고인은 1989.1.23. 향토예비군설치법위반죄로 벌금형의 약식명령을 받고 같은 해 3.2 그 명령이 확정된 자이므로 그 이전에 범한 죄는 위 약식명령에 의하여 확정된 죄와 형법 제37조 후단의 경합범이 되는 것으로서 같은 법 제39조에 의하여 판결을 받지 아니하고 위의 죄에 대하여는 다시 형을 정하여야 하는 것이므로 확정 전에 범한 죄와 위 약식명령 확정후에 범한 죄에 대하여 따로 형을 정하여 선고하여야 한다.

37-23. 상습으로 저질러진 수개 범죄의 죄수관계 [대법원 2004. 9. 16. 선고 2001도3206 전원합의체 판결]

【판결요지】

[다수의견] 상습성을 갖춘 자가 여러 개의 죄를 반복하여 저지른 경우에는 각 죄를 별죄로 보아 경합범으로 처단할 것이 아니라 그 모두를 포괄하여 상습범이라고 하는 하나의 죄로 처단하는 것이 상습범의 본질 또는 상습범 가중처벌규정의 입법취지에 부합한다.

[별개의견] 원래 '상습성'이란 '행위자의 속성'이라는 점에는 학설·판례상 이론이 없고 다수의견도 이를 받아들이고 있는바, 이는 곧 단 한번 저질러진 범행이라도 그것이 상습성의 발현에 의한 것이라면 상습범이 된다는 것이어서 상습범이 성립하기 위하여는 반드시 수개의 범행이 반복될 것을 그 구성요건요소로 하거나 예정하고 있는 것은 아니므로 상습성이 발현된 수개의 범행이 있는 경우에 각개의 범행 상호간에 보호법익이나 행위의 태양과 방법, 의사의 단일 또는 갱신 여부, 시간적·장소적 근접성 등 일반의 포괄일죄 인정의 기준이 되는 요소들을 전혀 고려함이 없이 오로지 '상습성'이라는 하나의 표지만으로 곧 모든 범행을 하나로 묶어 포괄하여 일죄라고 할 수는 없으므로 수개의 상습사기 범행은 원칙으로 수개의 죄로 보아야 한다.

37-24. 범의의 단일성과 계속성이 없는 경우의 죄수 [대법원 1997. 12. 26. 선고, 97도2609]

【판결요지】

단일하고도 계속된 범의하에 동종의 범행을 일정기간 반복하여 행하고 그 피해법익도 동일한 경우에는 각 범행을 통틀어 포괄일죄로 볼 것이나, 이러한 범의의 단일성과 계속성을 인정할 수 없는 때에는 각 범행마다 별개의 죄가 성립하는 것이므로 경합범으로서 처단하여야 한다.

37-25. 단일하고 계속된 범의 하에 동종의 범행을 반복하여 피해법익도 동일한 경우의 죄수(=포괄일죄)
       [대법원 1990. 10. 10. 선고, 90도1580]

【판결요지】

단일하고 계속된 범의 하에 동종의 범행을 일정기간 반복하여 그 피해법익도 동일한 경우에는 각 범행을 통틀어 포괄일죄로 볼 것이다.

---

1. 동일인으로부터 같은 명목으로 3개월여 동안 3회에 걸쳐 뇌물을 수수한 행위를 포괄일죄로 본 사례
   [대법원 1990. 6. 26. 선고, 90도466]

【판결요지】

단일하고 계속된 범의하에 동종의 범행을 일정기간 반복하여 행하고 그 피해법익도 동일한 경우에는 각 범행을 통틀어 포괄일죄로 보아야 하는 것이므로 공무원이 동일인으로부터 다른 공무원 소관의 관광호텔사업승인에 따른 직무사항의 알선에 관하여 교제비명목으로 3개월여동안 3회에 걸쳐 합계금 4,500,000원을 받은 사실을 포괄일죄로 다스린 원심의 조치는 정당하다.

37-26. 동일한 피해자에 대한 3회의 금원편취 행위를 실체적 경합범으로 본 사례 [대법원 1989. 11.

28. 선고, 89도1309]

【판결요지】

피고인이 동일한 피해자로부터 3회에 걸쳐 돈을 편취함에 있어서 그 시간적 간격이 각 2개월 이상이 되고 그 기망방법에 있어서도 처음에는 경매보증금을 마련하여 시간을 벌어주면 경매목적물을 처분하여 갚겠다고 거짓말을 하였고, 두번째는 한번만 더 시간을 벌면 위 부동산이 처분될 수 있다고 하여 돈을 빌려주게 하고, 마지막에는 돈을 빌려주지 않으면 두번에 걸쳐 빌려준 돈도 갚을 수 없게 되었다고 거짓말을 함으로써 피해자로 하여금 부득이 그 돈을 빌려주지 않을 수 없는 상태에 놓이게 하였다면 피고인에게 범의의 단일성과 계속성이 있었다고 보여지지 아니하므로 위의 각 범행은 실체적 경합범에 해당한다.

37-27. 여러차례에 걸친 뇌물수수행위의 죄수 [대법원 1987. 5. 26. 선고, 86도1648]

【판결요지】

뇌물을 여러차례에 걸쳐 수수함으로써 그 행위가 여러개이더라도 그것이 단일하고 계속적 범의에 의하여 이루어지고 동일법익을 침해한 때에는 포괄일죄로 처벌함이 상당하다.

> 1. 동일인으로부터 동일한 이유로 11회에 걸쳐 뇌물을 수수한 경우의 죄수 [대법원 1985. 9. 24. 선고, 85도1502]
>
> 【판결요지】
>
> 1982.7.중순경부터 1984.4.초까지 11회에 걸쳐 동일인으로부터 동일한 이유로 격월로 합계 금 290만원을 뇌물로 받은 것은 단일하고 계속된 범의에 의하여 이루어진 것으로 보아야 하므로 이를 포괄일죄로 보아 특정범죄가중처벌등에 관한 법률 제2조 제1항 제2호, 형법 제129조 제1항을 적용한 것은 정당하다.

37-28. 수매의 부정수표를 발행한 경우의 죄수 [대법원 1986. 3. 11. 선고, 85도2809]

【판결요지】

부정수표단속법 제2조 제2항,제1항이 정하는 수표를 발행하거나 작성한 자가 수표를 발행한 후에 예금부족, 거래정지 처분이나 수표계약의 해제 또는 해지로 인하여 제시기일에 지급되지 아니하게 한 죄는 그 수표마다 각별히 하나의 죄가 성립하는 것이다.

37-29. 형법 제37조 후단의 "판결이 확정된 죄"의 의미 [대법원 1984. 8. 21. 선고, 84모1297]

【판결요지】

형법 제37조 후단의 경합범에 있어서 판결에 확정된 죄라 함은 수개의 독립한 죄중의 어느 죄에 대하여 확정판결이 있었던 사실 자체를 의미하고 그 확정판결이 있은 죄의 형의 집행을 종료한 여부, 형의 집행유예가 실효된 여부는 묻지 않는다고 해석할 것이므로 형법 제65조에 의하여 집행유예를 선고한 확정판결에 의한 형의 선고가 그 효력을 잃었다 하더라도 확정판결을 받은 존재가 이에 의하여 소멸되지 않는 이상 위 법 제37조 후단의 판결이 확정된 죄에 해당한다고 보아야 할 것이다.

37-30. 경합범으로 처단할시, 가장 중한 죄 아닌 죄에 정한 형의 단기가 가장 중한 죄에 정한 형의 단기보다 중한 경우, 형의 하한 [대법원 1985. 4. 23. 선고, 84도2890]

【판결요지】

경합범의 처벌에 관하여 형법 제38조 제1항 제2호 본문은 각 죄에 정한 형이 사형 또는 무기징역이나 무기금고 이외의 동종의 형인 때에는 가장 중한 죄에 정한 장기 또는 다액에 그 2분의 1까지 가중하도록 규정하고 그 단기에 대하여는 명문을 두고 있지 않고 있으나 가장 중한 죄 아닌 죄에 정한 형의 단기가 가장 중한 죄에 정한 형의 단기보다 중한 때에는 위 본문 규정취지에 비추어 그 중한 단기를 하한으로 한다고 새겨야 할 것이다.

37-31. 확정판결을 받은 범죄와 후에 기소된 확정판결전의 범죄가 포괄일죄의 관계에 있는 경우 후에 기소된 범죄에 대한 면소판결 [대법원 1984. 3. 13. 선고, 84도20]

【판결요지】

확정판결을 받은 특수절도 및 절도의 범행과 확정판결이전에 이루어진 본건 단순절도 범행이 다같이 피고인의 절도습벽에서 이루어진 것으로 인정할 수 있다면 위 두 범죄는 실체법상 일죄인 상습특수절도의 포괄일죄의 관계에 있으므로 위 특수절도 및 절도죄에 대한 확정판결의 기판력은 단순절도죄로 기소된 공소사실에 대하여도 미치므로 단순절도 공소사실에 대하여 면소판결을 할 것이다.

---

1. 확정 판결을 받은 특수절도죄와 후에 기소된 야간주거침입절도죄가 상습특수절도죄의 포괄일죄의 관계에 있는 경우 특수절도죄에 대한확정 판결의 기판력이 야간주거침입절도죄에 미치는지 여부(적극) [대법원 1978. 2. 14. 선고, 77도3564, 전원합의체 판결]

【판결요지】

확정 판결을 받은 1971.5.3자 특수절도범행과 이 사건으로 기소된 1970.12.24자 야간주거침입절도범행이 다같이 피고인의 절도습벽에서 이루어 졌다고 한다면 위 두 범죄는 실체법상 일죄인 상습특수절도의 포괄일죄의 관계에 있으므로 위 특수절도죄에 대한 확정 판결의 기판력은 야간주거침입절도죄로 기소된 공소사실에 대하여도 미치게 된다.(다수의견)

제38조[경합범과 처벌례]

제38조(경합범과 처벌례) ① 경합범을 동시에 판결할 때에는 다음 각 호의 구분에 따라 처벌한다.
1. 가장 무거운 죄에 대하여 정한 형이 사형, 무기징역, 무기금고인 경우에는 가장 무거운 죄에 대하여 정한 형으로 처벌한다.
2. 각 죄에 대하여 정한 형이 사형, 무기징역, 무기금고 외의 같은 종류의 형인 경우에는 가장 무거운 죄에 대하여 정한 형의 장기 또는 다액(多額)에 그 2분의 1까지 가중하되 각 죄에 대하여 정한 형의 장기 또는 다액을 합산한 형기 또는 액수를 초과할 수 없다. 다만, 과료와 과료, 몰수와 몰수는 병과(倂科)할 수 있다.
3. 각 죄에 대하여 정한 형이 무기징역, 무기금고 외의 다른 종류의 형인 경우에는 병과한다.
② 제1항 각 호의 경우에 징역과 금고는 같은 종류의 형으로 보아 징역형으로 처벌한다.

38-1. 경합범 중 일부에 대하여 무죄, 일부에 대하여 유죄를 선고한 제1심판결에 대하여 검사만이 무죄 부분에 대해 항소한 경우, 항소심에서 파기할 때의 파기 범위(=무죄부분) [대법원 2010. 11. 25. 선고, 2010도10985]

【판시사항】

[1] 경합범 중 일부에 대하여 무죄, 일부에 대하여 유죄를 선고한 제1심판결에 대하여 검사만이 무죄 부분에 대해 항소한 경우, 항소심에서 이를 파기할 때의 파기 범위(=무죄 부분)

[2] 수개의 마약류관리에 관한 법률 위반(향정)으로 기소된 피고인에 대한 제1심판결의 무죄 부분에 대한 검사의 항소만 있는 사안

【판결요지】

[1] 경합범으로 동시에 기소된 사건에 대하여 일부 유죄, 일부 무죄를 선고하는 등 판결주문이 수개일 때에는 그 1개의 주문에 포함된 부분을 다른 부분과 분리하여 일부상소를 할 수 있고 당사자 쌍방이 상소하지 아니한 부분은 분리 확정되므로, 경합범 중 일부에 대하여 무죄, 일부에 대하여 유죄를 선고한 제1심판결에 대하여 <u>검사만이 무죄 부분에 대하여 항소를 한 경우, 피고인과 검사가 항소하지 아니한 유죄판결 부분은 항소기간이 지남으로써 확정되어 항소심에 계속된 사건은 무죄판결 부분에 대한 공소뿐이며, 그에 따라 항소심에서 이를 파기할 때에는 무죄 부분만을 파기하여야 한다.</u>

[2] 위 유죄 부분은 확정되고 무죄 부분만이 원심에 계속되게 되었으므로 위 무죄 부분만을 심리·판단하여야 함에도, 이미 유죄로 확정된 부분까지 다시 심리하여 위 무죄 부분과 함께 형을 선고한 원심판결에 심리의 범위에 관한 법리오해의 위법이 있다.

[3] 수개의 마약류관리에 관한 법률 위반(향정)죄의 중간에 확정판결이 존재하여 확정판결 전후의 범죄가 서로 경합범 관계에 있지 않게 되었으므로, 형법 제39조 제1항에 따라 2개의 주문으로 형을 선고하여야 함에도 징역 및 벌금형이라는 하나의 병과형을 선고한 원심판결에 경합범에 관한 법리오해의 위법이 있다고.

38-2. 형법 제39조 제1항이 경합범 중 판결을 받지 아니한 죄에 대하여 "그 죄와 판결이 확정된 죄를 동시에 판결할 경우와 형평을 고려하여" 형을 선고한다고 정한 취지 [대법원 2008. 9. 11. 선고, 2006도8376]

【판시사항】

[1] 형법 제39조 제1항이 경합범 중 판결을 받지 아니한 죄에 대하여 "그 죄와 판결이 확정된 죄를 동시에 판결할 경우와 형평을 고려하여" 형을 선고한다고 정한 취지

[2] 형법 제37조 후단 경합범의 선고형을 정하는 법원이 갖는 재량의 범위

[3] 무기징역의 판결이 확정된 죄와 형법 제37조 후단 경합범의 관계에 있는 죄에 대하여 공소가 제기된 경우, 형을 필요적으로 면제하여야 하는지 여부(소극)

【판결요지】

[1] 형법 제39조 제1항이 형법 제37조의 후단 경합범과 전단 경합범 사이에 처벌의 불균형이 없도록 하고자 하면서도, 경합범 중 판결을 받지 아니한 죄가 있는 때에는 "그 죄와 판결이 확정된 죄를 동시에 판결할 경우와 형평을 고려하여" 판결을 받지 아니한 죄에 대하여 형을 선고한다고 정한 취지는, 두 죄에 형법 제38조를 적용하여 산출한 처단형의 범위 내에서 전체형을 정한 다음 그 전체형에서 판결이 확정된 죄에 대한 형을 공제한 나머지를 판결을 받지 아니한 죄에 대한 형으로 선고하거나, 두 죄에 대한 선고형의 총합이 두 죄에 대하여 형법 제38조를 적용하여 산출한 처단형의 범위 내에 속하도록 형을 선고하는 방법으로 전체형을 정하거나 처단형의 범위를 제한하게 되면, 이미 판결이 확정된 죄에 대하여 일사부재리 원칙에 반할 수 있고, 먼저 판결을 받은 죄에 대한 형이 확정됨에 따라 뒤에 판결을 선고받는 후단 경합범에 대하여 선고할 수 있는 형의 범위가 지나치게 제한되어 책임에 상응하는 합리적이고 적절한 선고형의 결정이 불가능하거나 현저히 곤란하게 될 우려가 있음을 감안한 것이다.

[2] 형법 제37조의 후단 경합범에 대하여 심판하는 법원은 판결이 확정된 죄와 후단 경합범의 죄를 동시에 판결할 경우와 형평을 고려하여 후단 경합범의 처단형의 범위 내에서 후단 경합범의 선고형을 정할 수 있는 것이고, 그 죄와 판결이 확정된 죄에 대한 선고형의 총합이 두 죄에 대하여 형법 제38조를 적용하여 산출한 처단형의 범위 내에 속하도록 후단 경합범에 대한 형을 정하여야 하는 제한을 받는 것은 아니며, 후단 경합범에 대한 형을 감경 또는 면제할 것인지는 원칙적으로 그 죄에 대하여 심판하는 법원이 재량에 따라 판단할 수 있다.

[3] 무기징역에 처하는 판결이 확정된 죄와 형법 제37조의 후단 경합범의 관계에 있는 죄에 대하여 공소가 제기된 경우, 법원은 두 죄를 동시에 판결할 경우와 형평을 고려하여 후단 경합범에 대한 처단형의 범위 내에서 후단 경합범에 대한 선고형을 정할 수 있고, 형법 제38조 제1항 제1호가 형법 제37조의 전단 경합범 중 가장 중한 죄에 정한 처단형이 무기징역인 때에는 흡수주의를 취하였다고 하여 뒤에 공소제기된 후단 경합범에 대한 형을 필요적으로 면제하여야 하는 것은 아니다.

38-3. 선고확정된 경합범관계에 있는 수개의 형 중 중한 형인 무기징역형이 사후에 징역 20년 형으로

감형된 경우, 몰수나 벌금, 과료 이외의 다른 형을 집행할 수 있는지 여부(소극) 및 이미 집행한 형기의 통산규정인 구 형법 제39조 제4항이 적용되는지 여부(소극) [대법원 2006. 5. 29. 자, 2006모135,]

【판시사항】

[1] 선고·확정된 경합범관계에 있는 수개의 형 중 중한 형인 무기징역형이 사후에 징역 20년 형으로 감형된 경우, 몰수나 벌금, 과료 이외의 다른 형을 집행할 수 있는지 여부(소극) 및 이미 집행한 형기의 통산규정인 구 형법 제39조 제4항이 적용되는지 여부(소극)

[2] 경합범관계에 있는 각 죄에 대하여 각 2년 6월의 징역형과 무기징역형이 별도로 선고·확정된 경우에는 위 무기징역형이 사후에 징역 20년으로 감형되었다고 하더라도 징역 2년 6월의 형 집행으로 복역한 형기를 감형된 징역 20년의 형기에 통산할 수 없다고 판단한 원심결정을 수긍한 사례

【판결요지】

[1] 구 형법(2005. 7. 29. 법률 제7623호로 개정되기 전의 것) 제39조 제2항,
제1항, 제38조 제1항 제1호는 경합범관계에 있는 사건에 관하여 수개의 형이 선고·확정된 경우에는 경합범의 처벌례에 의하여 집행하도록 되어 있으므로 그 중 중한 형이 사형 또는 무기징역이나 무기금고인 때에는 그 형만을 집행할 수 있을 뿐 몰수나 벌금, 과료 이외의 다른 형은 집행하지 아니함이 그 규정 취지에 의하여 분명하므로 경합범에 해당하는 무기징역형이 사후에 징역 20년 형으로 감형되었다 하더라도 그 감형된 형만을 집행할 수 있을 뿐 몰수나 벌금, 과료 이외의 다른 형은 집행할 수 없다. 한편 이미 집행한 형기의 통산규정인
같은 법 제39조 제4항은 수개의 형을 합산하여 집행하는 경우에 이미 집행한 형기는 수개의 형 중 일부에 해당하는 것이어서 이를 통산하라는 취지이므로 무기징역형만을 집행할 뿐 다른 형을 더 이상 집행하지 아니하는 경우에는 적용될 여지가 없는 것이니, 위 무기징역형이 사후에 징역 20년 형으로 감형되었다 하더라도 마찬가지로 그 적용이 없다.

---

1. 선고 확정된 경합범관계에 있는 무기징역형과 징역 5년 형 중 위 무기징역형이 사후에 징역 20년 형으로 감형된 경우, 위 20년 형에다가 위 5년 형을 합산하여 집행하라는 검사의 집행지휘처분의 적부(소극) [대법원 1991. 8. 9. 자, 91모54]

【판결요지】

경합범관계에 있는 수개의 형이 선고, 확정된 경우에는 경합범의 처벌례에 따라 집행하도록 되어 있으므로 피고인에 대하여 선고, 확정된 경합범관계에 있는 2개의 형 중 1개의 형이 무기징역형이고, 1개의 형이 징역 5년 형인 경우에는 위 무기징역형이 사후에 징역 20년 형으로 감형되었다 하더라도 그 감형된 형만을 집행할 수 있을 뿐 위 5년형은 집행할 수 없는 것이니 위 20년 형에다가 위 5년 형을 합산하여 집행하라는 검사의 집행지휘처분은 위법하다.

38-4. 특수강도의 소위가 동일한 장소에서 동일한 방법에 의하여 시간적으로 접착된 상황에서 이루어진 것이기는 하나 피해자가 여러 사람인 경우의 죄수 [대법원 1979. 10. 10., 선고, 79도2093]

【판결요지】

특수강도의 소위가 동일한 장소에서 동일한 방법에 의하여 시간적으로 접착된 상황에서 이루어

진 경우에는 피해자가 여러 사람이더라도 단순일죄가 성립한다.

원심은 이 사건 피고인들의 특수강도의 소위가 동일한 장소에서 동일한 방법에 의하여 시간적으로 접착된 상황에서 이루어진 것이기는 하나 피해자가 여러 사람이므로 단순일죄가 아니고 경합범이 된다는 이유로 이를 단순일죄로 본 제1심 판결을 파기하고 있다.

그러나 당원은 일찌기 단일한 범의로써 절취한 시간과 장소가 접착되어 있고 같은 사람의 관리하에 있는 방안에서 소유자가 다른 물건을 여러 가지 절취한 경우에는 단순일죄가 성립한다고 판시한 바 있는데(1970.7.21 선고 70도1133 판결)이는 이 사건과 같은 강도죄의 경우에도 적용이 되는 것이라 함이 상당하고 또 절도나 강도죄와 같은 도죄의 죄수를 정하는 표준이 반드시 법익침해의 개수에만 의거하지 않는 경우가 있다는 것을 말한 것이라 할 것이라 할 것이다.

그렇다면 원심이 이 사건에 있어서 죄수에 관하여 설시한 것은 당원의 판례 취지에도 반하고 나아가 판결 결과에 영향을 미친 법률의 위반이 있는 경우에 해당한 것이라 하지 않을 수 없다.

제39조[판결을 받지 아니한 경합범, 수개의 판결과 경합범, 형의 집행과 경합범]

> 제39조(판결을 받지 아니한 경합범, 수개의 판결과 경합범, 형의 집행과 경합범) ① 경합범중 판결을 받지 아니한 죄가 있는 때에는 그 죄와 판결이 확정된 죄를 동시에 판결할 경우와 형평을 고려하여 그 죄에 대하여 형을 선고한다. 이 경우 그 형을 감경 또는 면제할 수 있다.
> ② 삭제 〈2005. 7. 29.〉
> ③ 경합범에 의한 판결의 선고를 받은 자가 경합범 중의 어떤 죄에 대하여 사면 또는 형의 집행이 면제된 때에는 다른 죄에 대하여 다시 형을 정한다.
> ④ 전 3항의 형의 집행에 있어서는 이미 집행한 형기를 통산한다.

39-1. 유죄의 확정판결을 받은 사람이 그 후 별개의 후행범죄를 저질렀는데 유죄의 확정판결에 대하여 재심이 개시된 경우, 후행범죄가 재심대상판결에 대한 재심판결 확정 전에 범하여졌다면 아직 판결을 받지 아니한 후행범죄와 재심판결이 확정된 선행범죄 사이에 형법 제37조 후단에서 정한 경합범 관계가 성립하는지 여부(소극) [대법원 2019. 6. 20. 선고, 2018도20698, 전원합의체 판결]

【판시사항】

상습범으로 유죄의 확정판결을 받은 사람이 그 후 동일한 습벽에 의해 후행범죄를 저질렀는데 유죄의 확정판결에 대하여 재심이 개시된 경우, 동일한 습벽에 의한 후행범죄가 재심대상판결에 대한 재심판결 선고 전에 범하여졌다면 재심판결의 기판력이 후행범죄에 미치는지 여부(소극) / 유죄의 확정판결을 받은 사람이 그 후 별개의 후행범죄를 저질렀는데 유죄의 확정판결에 대하여 재심이 개시된 경우, 후행범죄가 재심대상판결에 대한 재심판결 확정 전에 범하여졌다면 아직 판결을 받지 아니한 후행범죄와 재심판결이 확정된 선행범죄 사이에 형법 제37조 후단에서 정한 경합범 관계가 성립하는지 여부(소극)

【판결요지】

[다수의견] ① 재심 개시 여부를 심리하는 절차의 성질과 판단 범위, 재심개시결정의 효력 등에 비추어 보면, 유죄의 확정판결 등에 대해 재심개시결정이 확정된 후 재심심판절차가 진행 중이라는 것만으로는 확정판결의 존재 내지 효력을 부정할 수 없고, 재심개시결정이 확정되어 법원이 그 사건에 대해 다시 심리를 한 후 재심의 판결을 선고하고 그 재심판결이 확정된 때에 종전의 확정판결이 효력을 상실한다. 재심의 취지와 특성, 형사소송법의 이익재심 원칙과 재심심판절차에 관한 특칙 등에 비추어 보면, 재심심판절차에서는 특별한 사정이 없는 한 검사가 재심대상사건과 별개의 공소사실을 추가하는 내용으로 공소장을 변경하는 것은 허용되지 않고, 재심대상사건에 일반 절차로 진행 중인 별개의 형사사건을 병합하여 심리하는 것도 허용되지 않는다.

② 상습범으로 유죄의 확정판결(이하 앞서 저질러 재심의 대상이 된 범죄를 '선행범죄'라 한다)을 받은 사람이 그 후 동일한 습벽에 의해 범행을 저질렀는데(이하 뒤에 저지른 범죄를 '후행범죄'라 한다) 유죄의 확정판결에 대하여 재심이 개시된 경우, 동일한 습벽에 의한 후행범죄가 재심대상판결에 대한 재심판결 선고 전에 저질러진 범죄라 하더라도 재심판결의 기판력이 후행범죄에 미치지 않는다.

재심심판절차에서 선행범죄, 즉 재심대상판결의 공소사실에 후행범죄를 추가하는 내용으로 공소
장을 변경하거나 추가로 공소를 제기한 후 이를 재심대상사건에 병합하여 심리하는 것이 허용되
지 않으므로 재심심판절차에서는 후행범죄에 대하여 사실심리를 할 가능성이 없다. 또한 재심심
판절차에서 재심개시결정의 확정만으로는 재심대상판결의 효력이 상실되지 않으므로 재심대상판
결은 확정판결로서 유효하게 존재하고 있고, 따라서 재심대상판결을 전후하여 범한 선행범죄와
후행범죄의 일죄성은 재심대상판결에 의하여 분단되어 동일성이 없는 별개의 상습범이 된다. 그
러므로 선행범죄에 대한 공소제기의 효력은 후행범죄에 미치지 않고 선행범죄에 대한 재심판결의
기판력은 후행범죄에 미치지 않는다. 만약 재심판결의 기판력이 재심판결의 선고 전에 선행범죄
와 동일한 습벽에 의해 저질러진 모든 범죄에 미친다고 하면, 선행범죄에 대한 재심대상판결의
선고 이후 재심판결 선고 시까지 저지른 범죄는 동시에 심리할 가능성이 없었음에도 모두 처벌할
수 없다는 결론에 이르게 되는데, 이는 처벌의 공백을 초래하고 형평에 반한다.
　③ 유죄의 확정판결을 받은 사람이 그 후 별개의 후행범죄를 저질렀는데 유죄의 확정판결에 대
하여 재심이 개시된 경우, 후행범죄가 재심대상판결에 대한 재심판결 확정 전에 범하여졌다 하더
라도 아직 판결을 받지 아니한 후행범죄와 재심판결이 확정된 선행범죄 사이에는 형법 제37조 후
단에서 정한 경합범 관계(이하 '후단 경합범'이라 한다)가 성립하지 않는다.
　재심판결이 후행범죄 사건에 대한 판결보다 먼저 확정된 경우에 후행범죄에 대해 재심판결을 근
거로 후단 경합범이 성립한다고 하려면 재심심판법원이 후행범죄를 동시에 판결할 수 있었어야
한다. 그러나 아직 판결을 받지 아니한 후행범죄는 재심심판절차에서 재심대상이 된 선행범죄와
함께 심리하여 동시에 판결할 수 없었으므로 후행범죄와 재심판결이 확정된 선행범죄 사이에는
후단 경합범이 성립하지 않고, 동시에 판결할 경우와 형평을 고려하여 그 형을 감경 또는 면제할
수 없다. 재심판결이 후행범죄에 대한 판결보다 먼저 확정되는 경우에는 재심판결을 근거로 형식
적으로 후행범죄를 판결확정 전에 범한 범죄로 보아 후단 경합범이 성립한다고 하면, 선행범죄에
대한 재심판결과 후행범죄에 대한 판결 중 어떤 판결이 먼저 확정되느냐는 우연한 사정에 따라
후단 경합범 성립이 좌우되는 형평에 반하는 결과가 발생한다.
【참조판례】
대법원 2013. 9. 12. 선고 2012도12190 판결(변경), 대법원 2016. 2. 18. 선고 2015도17440 판결(변경)

---

1. 유죄의 확정판결에 대한 재심개시결정이 확정되어 법원이 그 사건에 대하여 다시 심판을 한 후 재심
　판결을 선고하여 확정된 경우, 종전의 확정판결은 당연히 효력을 상실하는지 여부(적극) [대법원
　2017. 9. 21. 선고, 2017도4019]
【판시사항】
[1] 유죄의 확정판결에 대한 재심개시결정이 확정되어 법원이 그 사건에 대하여 다시 심판을 한 후 재
　　심판결을 선고하여 확정된 경우, 종전의 확정판결은 당연히 효력을 상실하는지 여부(적극)
[2] 피고인이 폭력행위등처벌에관한법률위반(집단·흉기등재물손괴등)죄 등으로 징역형을 선고받아 판
　　결이 확정되었는데, 그 집행을 종료한 후 3년 내에 상해죄 등을 범하였다는 이유로 제1심 및 원심에
　　서 누범으로 가중처벌된 사안에서, 피고인이 누범전과인 확정판결에 대해 재심을 청구하여 재심대

상판결 전부에 대하여 재심개시결정이 이루어졌고, 상해죄 등 범행 이후 진행된 재심심판절차에서 징역형을 선고한 재심판결이 확정됨으로써 확정판결은 당연히 효력을 상실하였으므로, 더 이상 상해죄 등 범행이 확정판결에 의한 형의 집행이 끝난 후 3년 내에 이루어진 것이 아니라.

【판결요지】

[1] 유죄의 확정판결에 대하여 재심개시결정이 확정되어 법원이 그 사건에 대하여 다시 심판을 한 후 재심의 판결을 선고하고 그 재심판결이 확정된 때에는 종전의 확정판결은 당연히 효력을 상실한다.

[2] 피고인이 폭력행위등처벌에관한법률위반(집단·흉기등재물손괴등)죄 등으로 징역 8월을 선고받아 판결이 확정되었는데(이하 '확정판결'이라고 한다), 그 집행을 종료한 후 3년 내에 상해죄 등을 범하였다는 이유로 제1심 및 원심에서 누범으로 가중처벌된 사안에서, 피고인이 누범전과인 확정판결에 대해 재심을 청구하여, 재심개시절차에서 재심대상판결 중 헌법재판소가 위헌결정을 선고하여 효력을 상실한 구 폭력행위 등 처벌에 관한 법률(2014. 12. 30. 법률 제12896호로 개정된 것) 제3조 제1항, 제2조 제1항 제1호, 형법 제366조를 적용한 부분에 헌법재판소법 제47조 제4항의 재심사유가 있다는 이유로 재심대상판결 전부에 대하여 재심개시결정이 이루어졌고, 상해죄 등 범행 이후 진행된 재심심판절차에서 징역 8월을 선고한 재심판결이 확정됨으로써 확정판결은 당연히 효력을 상실하였으므로, 더 이상 상해죄 등 범행이 확정판결에 의한 형의 집행이 끝난 후 3년 내에 이루어진 것이 아니라..

39-2. 법정형에 하한이 설정된 후단 경합범에 관한 감경을 할 때에 형기의 2분의 1 미만으로도 감경할 수 있는지 여부에 관한 사건 [대법원 2019. 4. 18. 선고, 2017도14609, 전원합의체 판결]

【판시사항】

[1] 법정형에 하한이 설정된 형법 제37조 후단 경합범에 대하여 형법 제39조 제1항 후문에 따라 형을 감경할 때에는 형법 제55조 제1항이 적용되지 아니하여 유기징역의 경우 그 형기의 2분의 1 미만으로도 감경할 수 있는지 여부(소극)

[2] 피고인이 마약류 관리에 관한 법률 위반(향정)죄의 범죄사실로 징역 4년을 선고받아 그 판결이 확정되었는데, 위 판결확정 전에 향정신성의약품을 1회 판매하고 1회 판매하려다 미수에 그쳤다는 내용의 마약류 관리에 관한 법률 위반(향정) 공소사실로 기소된 사안에서, 법정형인 무기 또는 5년 이상의 징역 중에서 유기징역을 선택하고 형법 제37조 후단 경합범에 대한 감경과 작량감경을 한 원심으로서는 형법 제56조 제4호, 제5호, 제6호 및 제55조 제1항 제3호에 따른 처단형인 징역 1년 3개월부터 11년 3개월까지의 범위 내에서 형을 정했어야 하는데도, 이와 달리 형법 제37조 후단 경합범에 대하여 형법 제39조 제1항에서 정한 감경을 할 때에는 형법 제55조 제1항이 적용되지 않는다는 전제에서 위와 같은 법률상 처단형의 하한을 벗어난 징역 6개월을 선고한 원심의 판단에 법리오해의 잘못이 있다.

【판결요지】

[1] [다수의견] 형법 제37조 후단 경합범(이하 '후단 경합범'이라 한다)에 대하여 형법 제39조 제1항에 의하여 형을 감경할 때에도 법률상 감경에 관한 형법 제55조 제1항이 적용되어 유기징역을 감경할 때에는 그 형기의 2분의 1 미만으로는 감경할 수 없다. 그 이유는 다음과 같다.

① 처단형은 선고형의 최종적인 기준이 되므로 그 범위는 법률에 따라서 엄격하게 정하여야 하

고, 별도의 명시적인 규정이 없는 이상 형법 제56조에서 열거하고 있는 가중·감경할 사유에 해당하지 않는 다른 성질의 감경 사유를 인정할 수는 없다. 형의 감경에는 법률상 감경과 재판상 감경인 작량감경이 있다. 작량감경 외에 법률의 여러 조항에서 정하고 있는 감경은 모두 법률상 감경이라는 하나의 틀 안에 놓여 있다. 따라서 형법 제39조 제1항 후문에서 정한 감경도 당연히 법률상 감경에 해당한다. 형법 제39조 제1항 후문의 "그 형을 감경 또는 면제할 수 있다." 라는 규정 형식도 다른 법률상의 감경 사유들과 다르지 않다. 이와 달리 형법 제39조 제1항이 새로운 감경을 설정하였다고 하려면 그에 대하여 일반적인 법률상의 감경과 다른, 감경의 폭이나 방식이 제시되어야 하고 감경의 순서 또한 따로 정했어야 할 것인데 이에 대하여는 아무런 정함이 없다. 감경의 폭이나 방식, 순서에 관해 달리 정하고 있지 않은 이상 후단 경합범에 대하여도 법률상 감경 방식에 관한 총칙규정인 형법 제55조, 제56조가 적용된다고 보는 것이 지극히 자연스럽다.

② 후단 경합범에 따른 감경을 새로운 유형의 감경이 아니라 일반 법률상 감경의 하나로 보고, 후단 경합범에 대한 감경에 있어 형법 제55조 제1항에 따라야 한다고 보는 것은 문언적·체계적 해석에 합치될 뿐 아니라 입법자의 의사와 입법연혁 등을 고려한 목적론적 해석에도 부합한다.

39-3. 아직 판결을 받지 않은 죄가 이미 판결이 확정된 죄와 동시에 판결할 수 없었던 경우, 형법 제39조 제1항에 따라 동시에 판결할 경우와 형평을 고려하여 형을 선고하거나 형을 감경 또는 면제할 수 있는지 여부(소극) [대법원 2018. 10. 12. 선고, 2018도11244]

【판시사항】

형법 제37조 후단, 제39조 제1항의 문언과 입법 취지 등에 비추어 보면, 아직 판결을 받지 않은 죄가 이미 판결이 확정된 죄와 동시에 판결할 수 없었던 경우에는 형법 제39조 제1항에 따라 동시에 판결할 경우와 형평을 고려하여 형을 선고하거나 그 형을 감경 또는 면제할 수 없다고 해석함이 타당하다(대법원 2011. 10. 27. 선고 2009도9948 판결 등 참조).

---

1. 형법 제37조 후단 경합범 중 아직 판결을 받지 아니한 죄가 이미 판결이 확정된 죄와 동시에 판결할 수 없었던 경우, 형법 제39조 제1항에 따라 동시에 판결할 경우와 형평을 고려하여 형을 선고하거나 형을 감경 또는 면제할 수 있는지 여부(소극) [대법원 2011. 10. 27. 선고, 2009도9948]

【판시사항】

[1] 형법 제37조 후단 경합범 중 아직 판결을 받지 아니한 죄가 이미 판결이 확정된 죄와 동시에 판결할 수 없었던 경우, 형법 제39조 제1항에 따라 동시에 판결할 경우와 형평을 고려하여 형을 선고하거나 형을 감경 또는 면제할 수 있는지 여부(소극)

[2] 피고인을 금고 이상의 형에 처한 각 판결의 확정일이 甲죄 2005. 4. 16. 乙죄 2007. 8. 28. 丙죄 2007. 11. 9. 丁죄 2007. 12. 29.이고, 乙·丙·丁죄는 모두 甲죄 판결 확정일 이전 범행인 사안에서, 甲죄 판결 확정일 이후 범행인 2007. 7. 26.자 및 2007. 8. 22.자 범죄는 이미 판결이 확정된 乙·丙·丁죄와 처음부터 동시에 판결을 선고할 수 없었으므로 형법 제39조 제1항에 따라 동시에 판결할 경우와 형평을 고려하여 형을 감경 또는 면제할 수 없다고 한 원심판단을 수긍한 사례

【이 유】

형법 제37조는 후단에서 '금고 이상의 형에 처한 판결이 확정된 죄와 그 판결 확정 전에 범한 죄'를 경합범으로 한다고 규정하고, 「형법」 제39조 제1항은 경합범 중 판결을 받지 아니한 죄가 있는 때에는 그 죄와 판결이 확정된 죄를 동시에 판결할 경우와 형평을 고려하여 그 죄에 대하여 형을 선고하며 이 경우 그 형을 감경 또는 면제할 수 있다고 규정하고 있다. 위 각 조항의 문언, 입법취지 등에 비추어 보면, 아직 판결을 받지 아니한 죄가 이미 판결이 확정된 죄와 동시에 판결할 수 없었던 경우에는 「형법」 제39조 제1항에 따라 동시에 판결할 경우와 형평을 고려하여 형을 선고하거나 그 형을 감경 또는 면제할 수 없다고 해석함이 상당하다.

2. 금고 이상의 형에 처한 판결확정 전에 저질러진 것으로서 아직 판결을 받지 아니한 죄가 이미 판결이 확정된 죄와 동시에 판결할 수 없었던 경우, 형법 제39조 제1항에 따라 동시에 판결할 경우와 형평을 고려하여 형을 선고하거나 형을 감경 또는 면제할 수 있는지 여부(소극) [대법원 2012. 9. 27. 선고, 2012도9295]

【판시사항】
[1] 금고 이상의 형에 처한 판결확정 전에 저질러진 것으로서 아직 판결을 받지 아니한 죄가 이미 판결이 확정된 죄와 동시에 판결할 수 없었던 경우, 형법 제39조 제1항에 따라 동시에 판결할 경우와 형평을 고려하여 형을 선고하거나 형을 감경 또는 면제할 수 있는지 여부(소극)
[2] 피고인을 금고 이상의 형에 처한 甲죄에 대한 판결이 확정되고, 그 후에 甲죄 판결확정일 이전에 저질러진 乙죄에 대하여 금고 이상의 형에 처하는 판결이 확정되었는데, 피고인의 정보통신망 이용촉진 및 정보보호 등에 관한 법률 위반 범행이 甲죄 판결확정일과 乙죄 판결확정일 사이에 저질러진 사안에서, 같은 법 위반죄와 乙죄는 처음부터 동시에 판결을 선고할 수 없었는데도 동시에 판결할 경우와 형평을 고려하여 형을 선고한 제1심판결을 그대로 유지한 원심판결에 법리오해의 위법이 있다.

【판결요지】
[1] 형법 제37조 후단 및 제39조 제1항의 문언, 입법취지 등에 비추어 보면, 아직 판결을 받지 아니한 죄가 이미 판결이 확정된 죄와 동시에 판결할 수 없었던 경우에는 형법 제39조 제1항에 따라 동시에 판결할 경우와 형평을 고려하여 형을 선고하거나 그 형을 감경 또는 면제할 수 없다고 해석함이 상당하다.

39-4. 형법 제39조 제1항에 따라 형법 제37조 후단 경합범 중 판결을 받지 아니한 죄에 대하여 형을 선고하는 경우, 형법 제37조 후단에 규정된 '금고 이상의 형에 처한 판결이 확정된 죄'의 형도 형법 제59조 제1항 단서에서 선고유예의 예외사유로 규정한 '자격정지 이상의 형을 받은 전과'에 포함되는지 여부(적극) [대법원 2018. 4. 10. 선고, 2018오1]

【판시사항】
형법 제59조 제1항은 "1년 이하의 징역이나 금고, 자격정지 또는 벌금의 형을 선고할 경우에 형법 제51조의 사항을 참작하여 개전의 정상이 현저한 때에는 그 선고를 유예할 수 있다. 단, 자격정지 이상의 형을 받은 전과가 있는 자에 대하여는 예외로 한다." 라고 규정하고 있다. 형법 제39조 제1항에 따라 형법 제37조 후단 경합범 중 판결을 받지 아니한 죄에 대하여 형을 선고하는 경우 형법 제37조 후단에 규정된 '금고 이상의 형에 처한 판결이 확정된 죄'의 형도 형법 제59조 제1항 단서에서 규정한 '자격정지 이상의 형을 받은 전과'에 포함된다(대법원 2010. 7.

8. 선고 2010도931 판결 참조).

39-5. 다수의 피해자에 대하여 각별로 기망행위를 하여 각각 재산상 이익을 편취한 경우, 범의가 단일하고 범행방법이 동일하더라도 피해자별로 독립한 사기죄가 성립하는지 여부(적극) [대법원 2015. 4. 23., 선고, 2014도16980]

【판시사항】

[1] 다수의 피해자에 대하여 각별로 기망행위를 하여 각각 재산상 이익을 편취한 경우, 범의가 단일하고 범행방법이 동일하더라도 피해자별로 독립한 사기죄가 성립하는지 여부(적극) 및 사기죄의 포괄일죄로 볼 수 있는 경우

[2] 1개의 기망행위에 의하여 다수의 피해자에게서 각각 재산상 이익을 편취한 경우, 피해자별로 수 개의 사기죄가 성립하는지 여부(적극) 및 그 죄수(=상상적 경합범)

【판결요지】

다수의 피해자에 대하여 각별로 기망행위를 하여 각각 재산상 이익을 편취한 경우에는 범의가 단일하고 범행방법이 동일하더라도 각 피해자의 피해법익은 독립한 것이므로 이를 포괄일죄로 파악할 수 없고 피해자별로 독립한 사기죄가 성립된다(대법원 1993. 6. 22. 선고 93도743 판결 참조). 다만 피해자들이 하나의 동업체를 구성하는 등으로 피해 법익이 동일하다고 볼 수 있는 사정이 있는 경우에는 피해자가 복수이더라도 이들에 대한 사기죄를 포괄하여 일죄로 볼 수도 있을 것이다(대법원 2011. 4. 14. 선고 2011도769 판결 등 참조). 그리고 1개의 기망행위에 의하여 다수의 피해자로부터 각각 재산상 이익을 편취한 경우에는 피해자별로 수 개의 사기죄가 성립하고, 그 사이에는 상상적 경합의 관계에 있는 것으로 보아야 한다.

기록에 의하면, ① 피해자 공소외 2, 공소외 1과 공소외 5는 1962. 5. 29. 만우리 부동산에 관하여 1962. 5. 10. 매매를 원인으로 각 3분의 1 지분에 관한 소유권이전등기를 마친 사실, ② 피해자 공소외 3은 2009. 9. 24. 만우리 부동산에 관한 공소외 5의 위 3분의 1 지분에 관하여 2002. 7. 5. 협의분할에 의한 상속을 원인으로 지분이전등기를 마친 사실, ③ 피해자들은 법무사 사무실에서 함께 피고인 1 등을 만나 만우리 부동산에 관하여 매매대금을 14억 3,000만 원으로 하여 매매계약을 체결하였고, 매매계약서 및 근저당권설정계약서 등에 피해자들별로 각각 서명·날인한 사실, ④ 피해자 공소외 1은 검찰에서 '피해자 공소외 1에게 도와달라고 부탁하여 근저당권설정해지 서류를 피해자들에게 작성해 주지 않기로 하였다'는 원심 공동피고인 2의 변명에 대하여 '만우리 부동산은 3명이 공동명의로 되어 있어 혼자 허락할 수도 없는 상황이었다'라고 진술하며 원심 공동피고인 2의 변명에 대하여 반박한 사실을 알 수 있다.

이와 같이 피해자들이 만우리 부동산에 대한 각 공유지분을 취득한 경위와 피해자들이 함께 피고인 1을 만나 각자 자신의 공유지분에 대한 처분권을 행사한 점, 달리 피해자들이 하나의 동업체를 구성하는 등 피해법익이 동일하다고 볼만한 사정이 없는 점 등을 종합하여 보면, 각 피해자의 피해법익은 독립한 것이므로 피해자별로 독립한 사기죄가 성립하고, 피고인 1 등이 같은 일시, 장소에서 피해자들로부터 각 재산상 이익을 편취한 행위는 사회관념상 1개의 행위로 평가할

수 있으므로 위 각 사기죄 사이에는 상상적 경합의 관계에 있다 할 것이다.

39-6. 형법 제39조 제1항 후문을 적용하여 형을 감경 또는 면제하기 위한 요건 및 형법 제39조 제1항 전문에서 정한 '형평을 고려하여'의 판단 기준 [대법원 2011. 9. 29. 선고, 2008도9109]

【판시사항】

[1] 형법 제39조 제1항 후문을 적용하여 형을 감경 또는 면제하기 위한 요건 및 형법 제39조 제1항 전문에서 정한 '형평을 고려하여'의 판단 기준

[2] 이미 판결이 확정된 '군무이탈죄 등'과 형법 제37조 후단 경합범 관계에 있는 '강도상해죄'에 대하여 원심법원이 형법 제39조 제1항의 법률상 감경을 하고 거듭 작량감경을 하여 산출한 처단형 범위 내에서 형을 정하고 그 집행을 유예한 사안

【판결요지】

[1] 판결이 확정된 죄와 형법 제37조 후단 경합범(이하 '후단 경합범'이라 한다)을 동시에 판결할 경우와의 형평을 고려하라는 형법 제39조 제1항 취지에 비추어 볼 때 후단 경합범에 대하여 심판하는 법원의 재량이 무제한이라 할 수는 없으므로, 후단 경합범에 해당한다는 이유만으로 특별히 형평을 고려하여야 할 사정이 존재하지 아니함에도 형법 제39조 제1항 후문을 적용하여 형을 감경 또는 면제하는 것은 오히려 판결이 확정된 죄와 후단 경합범을 동시에 판결할 경우와 형평에 맞지 아니할 뿐만 아니라 책임에 상응하는 합리적이고 적절한 선고형이 될 수 없어 허용될 수 없다. 따라서 <u>형법 제39조 제1항 후문의 '감경' 또는 '면제'는 판결이 확정된 죄의 선고형에 비추어 후단 경합범에 대하여 처단형을 낮추거나 형을 추가로 선고하지 않는 것이 형평을 실현하는 것으로 인정되는 경우에만 적용할 수 있다고 보는 것이</u> 타당하다. 이때 형법 제39조 제1항 후문을 적용하여 후단 경합범 자체에 대한 처단형을 낮추어 선고형을 정하는 경우, 그러한 조치가 판결이 확정된 죄와 후단 경합범을 동시에 판결할 경우와 형평에 맞는 정당한 것인지는 판결이 확정된 죄의 선고형과 후단 경합범에 대하여 선고할 형의 각 본형을 기준으로 판단하되, 후단 경합범에 대한 형의 집행을 유예하는 등 다른 처분을 부과할 경우에는 그 처분을 비롯한 관련 제반 사정을 종합하여 전체적, 실질적으로 판단하여야 한다.

[2] 이미 징역 2년에 집행유예 3년에 처하는 판결이 확정된 군무이탈죄(법정형 2년 이상 10년 이하의 징역) 등과 형법 제37조 후단 경합범 관계에 있는 강도상해죄(법정형 무기징역 또는 7년 이상의 유기징역)에 대하여 원심법원이 형법 제39조 제1항의 법률상 감경을 하고 거듭 작량감경을 하여 산출한 처단형 범위 내인 징역 3년으로 형을 정하고 그 집행을 유예한 사안에서, 선고된 각 본형의 합계, 집행유예의 실효 가능성 및 강도상해죄와 관련된 제반 사정에 비추어, 원심의 조치는 판결이 확정된 죄와 형법 제37조 후단 경합범을 동시에 판결할 경우와의 형평을 고려한 것으로 볼 수 있어 정당하다.

제40조[상상적 경합]

제40조(상상적 경합) 한 개의 행위가 여러 개의 죄에 해당하는 경우에는 가장 무거운 죄에 대하여 정한 형으로 처벌한다.

40-1. 상상적 경합의 요건 중 '1개의 행위'의 의미 [대법원 2017. 9. 21. 선고, 2017도11687]

【판시사항】

상상적 경합의 요건 중 '1개의 행위'의 의미 / 상상적 경합 관계의 경우, 그중 1죄에 대한 확정판결의 기판력이 다른 죄에 대하여도 미치는지 여부(적극)

【판결요지】

상상적 경합은 1개의 행위가 수개의 죄에 해당하는 경우를 말한다(형법 제40조). 여기에서 1개의 행위란 법적 평가를 떠나 사회관념상 행위가 사물자연의 상태로서 1개로 평가되는 것을 의미한다. 그리고 상상적 경합 관계의 경우에는 그중 1죄에 대한 확정판결의 기판력은 다른 죄에 대하여도 미친다.

---

1. 상상적 경합관계의 경우 1죄에 대한 확정판결의 기판력이 다른 죄에 대하여도 미치는지 여부(적극) 및 형법 제40조에 정한 '1개의 행위'의 의미 [대법원 2007. 2. 23. 선고, 2005도10233]

【판시사항】

[1] 상상적 경합관계의 경우 1죄에 대한 확정판결의 기판력이 다른 죄에 대하여도 미치는지 여부(적극) 및 형법 제40조에 정한 '1개의 행위'의 의미

[2] 공소사실 중 명예훼손죄가, 확정판결의 범죄사실 중 업무방해죄와 상상적 경합관계에 있다고 보아 이미 확정된 위 확정판결의 기판력이 위 공소사실 중 명예훼손죄에 대하여도 미친다는 이유로 면소판결을 선고한 원심판결을 정당하다고 본 사례

【이 유】

형법 제40조 소정의 상상적 경합 관계의 경우에는 그 중 1죄에 대한 확정판결의 기판력은 다른 죄에 대하여도 미치는 것이고 (대법원 1991. 6. 25. 선고 91도643 판결, 1991. 12. 10. 선고 91도2642 판결 등 참조), 여기서 1개의 행위라 함은 법적 평가를 떠나 사회 관념상 행위가 사물자연의 상태로서 1개로 평가되는 것을 의미한다(대법원 1987. 2. 24. 선고 86도2731 판결 참조).

40-2. 여러 개의 위탁관계에 의하여 보관하던 여러 개의 재물을 1개의 행위에 의하여 횡령한 경우, 횡령죄의 죄수 관계(=상상적 경합범) [대법원 2013. 10. 31. 선고, 2013도10020]

【판시사항】

여러 개의 위탁관계에 의하여 보관하던 여러 개의 재물을 1개의 행위에 의하여 횡령한 경우 위탁관계별로 수개의 횡령죄가 성립하고, 그 사이에는 상상적 경합의 관계가 있는 것으로 보아야 한다.

40-3. 상상적 경합과 법조경합의 구별 기준 및 법조경합의 한 형태인 흡수관계에 속하는 '불가벌적

'수반행위'의 의미 [대법원 2012. 10. 11. 선고, 2012도1895]

【판시사항】

[1] 상상적 경합과 법조경합의 구별 기준 및 법조경합의 한 형태인 흡수관계에 속하는 이른바 '불가벌적 수반행위'의 의미

[2] 동일한 피해자에 대한 폭행행위가 업무방해죄의 수단이 된 경우, 폭행행위가 이른바 '불가벌적 수반행위'에 해당하여 업무방해죄에 대하여 흡수관계에 있는지 여부(소극)

【판결요지】

[1] 상상적 경합은 1개의 행위가 실질적으로 수개의 구성요건을 충족하는 경우를 말하고, 법조경합은 1개의 행위가 외관상 수개의 죄의 구성요건에 해당하는 것처럼 보이나 실질적으로 1죄만을 구성하는 경우를 말하며, 실질적으로 1죄인가 또는 수죄인가는 구성요건적 평가와 보호법익의 측면에서 고찰하여 판단하여야 한다. 그리고 이른바 **불가벌적 수반행위**란 법조경합의 한 형태인 흡수관계에 속하는 것으로서, 행위자가 특정한 죄를 범하면 비록 논리 필연적인 것은 아니지만 일반적·전형적으로 다른 구성요건을 충족하고 이때 그 구성요건의 불법이나 책임 내용이 주된 범죄에 비하여 경미하기 때문에 처벌이 별도로 고려되지 않는 경우를 말한다.

[2] 업무방해죄와 폭행죄는 구성요건과 보호법익을 달리하고 있고, 업무방해죄의 성립에 일반적·전형적으로 사람에 대한 폭행행위를 수반하는 것은 아니며, 폭행행위가 업무방해죄에 비하여 별도로 고려되지 않을 만큼 경미한 것이라고 할 수도 없으므로, 설령 피해자에 대한 폭행행위가 동일한 피해자에 대한 업무방해죄의 수단이 되었다고 하더라도 그러한 폭행행위가 이른바 '불가벌적 수반행위'에 해당하여 업무방해죄에 대하여 흡수관계에 있다고 볼 수는 없다.

---

1. 상상적 경합과 법조경합의 구별 기준 및 법조경합의 한 형태인 '특별관계'의 의미 [대법원 2012. 8. 30. 선고, 2012도6503]

【판결요지】

상상적 경합은 1개의 행위가 실질적으로 수개의 구성요건을 충족하는 경우를 말하고, 법조경합은 1개의 행위가 외관상 수개의 죄의 구성요건에 해당하는 것처럼 보이나 실질적으로 1죄만을 구성하는 경우를 말하며, 실질적으로 1죄인가 또는 수죄인가는 구성요건적 평가와 보호법익의 측면에서 고찰하여 판단하여야 한다. 그리고 법조경합의 한 형태인 **특별관계**란 어느 구성요건이 다른 구성요건의 모든 요소를 포함하는 외에 다른 요소를 구비하여야 성립하는 경우로서, 특별관계에서는 특별법의 구성요건을 충족하는 행위는 일반법의 구성요건을 충족하지만 반대로 일반법의 구성요건을 충족하는 행위는 특별법의 구성요건을 충족하지 못한다.

40-4. 상상적 경합관계에 있는 공소사실 중 일부가 먼저 기소된 후 나머지 공소사실이 추가기소된 경우, 법원이 취해야 할 조치 [대법원 2012. 6. 28. 선고, 2012도2087]

【판결요지】

상상적 경합관계에 있는 공소사실 중 일부가 먼저 기소된 후 나머지 공소사실이 추가기소되고 이들 공소사실이 상상적 경합관계에 있음이 밝혀진 경우라면, 추가기소에 의하여 전후에 기소된

각 공소사실 전부를 처벌할 것을 신청하는 취지가 포함되었다고 볼 수 있어, 공소사실을 추가하는 등의 공소장변경과는 절차상 차이가 있을 뿐 실질에 있어서 별 차이가 없다. 따라서 법원으로서는 석명권을 행사하여 검사로 하여금 추가기소의 진정한 취지를 밝히도록 하여 검사의 석명에 의하여 추가기소가 상상적 경합관계에 있는 행위 중 먼저 기소된 공소장에 누락된 것을 추가 보충하는 취지로서 1개의 죄에 대하여 중복하여 공소를 제기한 것이 아님이 분명해진 경우에는, 추가기소에 의하여 공소장변경이 이루어진 것으로 보아 전후에 기소된 공소사실 전부에 대하여 실체판단을 하여야 하고 추가기소에 대하여 공소기각판결을 할 필요가 없다.(포괄일죄에 관한 대법원 1996. 10. 11. 선고 96도1698 판결 등 참조).

40-5. 수개의 접근매체를 한꺼번에 양도하여 수개의 전자금융거래법 위반죄를 범한 경우 그 죄수관계(=상상적 경합) [대법원 2010. 3. 25. 선고, 2009도1530]

【판시사항】

구 전자금융거래법(2008. 12. 31. 법률 제9325호로 개정되기 전의 것) 제6조 제3항은 "접근매체는 다른 법률에 특별한 규정이 없는 한 양도·양수하거나 질권을 설정하여서는 아니된다"고 규정하고, 같은 법 제49조 제5항 제1호는 " 제6조 제3항의 규정을 위반하여 접근매체를 양도·양수하거나, 질권을 설정한 자"는 1년 이하의 징역 또는 1천만 원 이하의 벌금에 처한다고 규정하고 있는바, 위 법률 조항에서 규정하는 접근매체 양도죄는 각각의 접근매체마다 1개의 죄가 성립하는 것이고, 다만 위와 같이 수개의 접근매체를 한꺼번에 양도한 행위는 하나의 행위로 수개의 전자금융거래법 위반죄를 범한 경우에 해당하여 각 죄는 상상적 경합관계에 있다고 해석함이 상당하다.

40-6. 상상적 경합에 있어서 중한 죄에 정한 형의 하한이 다른 법조의 최하한의 형보다 경한 경우의 처단형 [대법원 2008. 12. 24. 선고, 2008도9169]

【판시사항】

[1] 상상적 경합에 있어서 중한 죄에 정한 형의 하한이 다른 법조의 최하한의 형보다 경한 경우의 처단형

[2] 상상적 경합관계에 있는 업무상배임죄와 영업비밀 국외누설로 인한 구 부정경쟁방지 및 영업비밀보호에 관한 법률 위반죄에 대하여 형이 더 무거운 업무상배임죄에 정한 형으로 처벌하기로 하면서, 징역형과 벌금형을 병과할 수 있도록 규정한 위 특별법에 의하여 벌금형을 병과할 수 있다.

【판결요지】

[1] 형법 제40조가 규정하는 1개의 행위가 수개의 죄에 해당하는 경우에 '**가장 중한 죄에 정한 형으로 처벌한다**'란, 수개의 죄명 중 가장 중한 형을 규정한 법조에 의하여 처단한다는 취지와 함께 다른 법조의 최하한의 형보다 가볍게 처단할 수 없다는 취지 즉, 각 법조의 상한과 하한을 모두 중한 형의 범위 내에서 처단한다는 것을 포함한다.

[2] 상상적 경합관계에 있는 업무상배임죄와 영업비밀 국외누설로 인한 구 부정경쟁방지 및 영업비밀보호에 관한 법률(2007. 12. 21. 법률 제8767호로 개정되기 전의 것) 위반죄에 대하여 형

이 더 무거운 업무상배임죄에 정한 형으로 처벌하기로 하면서, 징역형과 벌금형을 병과할 수 있도록 규정한 위 특별법에 의하여 벌금형을 병과할 수 있다.

40-7. 상상적 경합의 관계에 있는 사기죄와 변호사법 위반죄 중 변호사법 위반죄의 공소시효가 완성된 경우 사기죄의 공소시효까지 완성된 것으로 볼 수 있는지 여부(소극) [대법원 2006. 12. 8. 선고, 2006도6356]

【판시사항】

1개의 행위가 여러 개의 죄에 해당하는 경우 형법 제40조는 이를 과형상 일죄로 처벌한다는 것에 지나지 아니하고, 공소시효를 적용함에 있어서는 각 죄마다 따로 따져야 할 것인바, 공무원이 취급하는 사건에 관하여 청탁 또는 알선을 할 의사와 능력이 없음에도 청탁 또는 알선을 한다고 기망하여 금품을 교부받은 경우에 성립하는 사기죄와 변호사법 위반죄는 상상적 경합의 관계에 있으므로 (대법원 2006. 1. 27. 선고 2005도8704 판결), <u>변호사법 위반죄의 공소시효가 완성되었다고 하여 그 죄와 상상적 경합관계에 있는 사기죄의 공소시효까지 완성되는 것은 아니다.</u>

40-8. 상상적 경합에 있어서 중한 죄의 하한이 다른 법조의 최하한의 형보다 경한 경우의 처단형 [대법원 2006. 1. 27. 선고, 2005도8704]

【판시사항】

[1] 상상적 경합에 있어서 중한 죄의 하한이 다른 법조의 최하한의 형보다 경한 경우의 처단형

[2] 상상적 경합의 관계에 있는 사기죄와 변호사법 위반죄에 대하여 형이 더 무거운 사기죄에 정한 형으로 처벌하기로 하면서도, 필요적 몰수·추징에 관한 변호사법 제116조, 제111조에 의하여 추징한 원심의 조치를 수긍한 사례

【판결요지】

[1] 형법 제40조가 규정하는 1개의 행위가 수개의 죄에 해당하는 경우에는 '가장 중한 죄에 정한 형으로 처벌한다.' 함은 그 수개의 죄명 중 가장 중한 형을 규정한 법조에 의하여 처단한다는 취지와 함께 다른 법조의 최하한의 형보다 가볍게 처단할 수는 없다는 취지 즉, 각 법조의 상한과 하한을 모두 중한 형의 범위 내에서 처단한다는 것을 포함하는 것으로 새겨야 한다.

[2] 상상적 경합의 관계에 있는 사기죄와 변호사법 위반죄에 대하여 형이 더 무거운 사기죄에 정한 형으로 처벌하기로 하면서도, 필요적 몰수·추징에 관한 구 변호사법 제116조, 제111조에 의하여 청탁 명목으로 받은 금품 상당액을 추징한 원심의 조치를 수긍한 사례.

40-9. 1개의 행위에 관하여 사기죄와 업무상배임죄 또는 단순배임죄의 각 구성요건이 모두 구비된 경우의 죄수 관계(=상상적 경합관계) [대법원 2002. 7. 18. 선고, 2002도669, <u>전원합의체 판결</u>]

【판시사항】

[1] 상상적 경합과 법조경합의 구별 기준

[2] 1개의 행위에 관하여 사기죄와 업무상배임죄 또는 단순배임죄의 각 구성요건이 모두 구비된

경우의 죄수 관계(=상상적 경합관계)

【판결요지】

[1] 상상적 경합은 1개의 행위가 실질적으로 수개의 구성요건을 충족하는 경우를 말하고 법조경합은 1개의 행위가 외관상 수개의 죄의 구성요건에 해당하는 것처럼 보이나 실질적으로 1죄만을 구성하는 경우를 말하며, 실질적으로 1죄인가 또는 수죄인가는 구성요건적 평가와 보호법익의 측면에서 고찰하여 판단하여야 한다.

[2] 업무상배임행위에 사기행위가 수반된 때의 죄수 관계에 관하여 보면, 사기죄는 사람을 기망하여 재물의 교부를 받거나 재산상의 이익을 취득하는 것을 구성요건으로 하는 범죄로서 임무위배를 그 구성요소로 하지 아니하고 사기죄의 관념에 임무위배 행위가 당연히 포함된다고 할 수도 없으며, 업무상배임죄는 업무상 타인의 사무를 처리하는 자가 그 업무상의 임무에 위배하는 행위로써 재산상의 이익을 취득하거나 제3자로 하여금 이를 취득하게 하여 본인에게 손해를 가하는 것을 구성요건으로 하는 범죄로서 기망적 요소를 구성요건의 일부로 하는 것이 아니어서 양 죄는 그 구성요건을 달리하는 별개의 범죄이고 형법상으로도 각각 별개의 장(章)에 규정되어 있어, 1개의 행위에 관하여 사기죄와 업무상배임죄의 각 구성요건이 모두 구비된 때에는 양 죄를 법조경합 관계로 볼 것이 아니라 상상적 경합관계로 봄이 상당하다 할 것이고, 나아가 업무상배임죄가 아닌 단순배임죄라고 하여 양 죄의 관계를 달리 보아야 할 이유도 없다.

【참조판례】

대법원 1983. 7. 12. 선고 82도1910 판결(공1983, 1216)(변경)

---

1. 타인의 사무를 처리하는 자가 기망행위를 수단으로 배임행위를 한 경우 형사책임 여하 [대법원 1983. 7. 12. 선고, 82도1910] ☞ 변경

【판결요지】

타인의 위탁에 의하여 사무를 처리하는 자가 그 사무처리상 임무에 위배하여 본인을 기망하고 착오에 빠진 본인으로부터 재물을 교부받은 경우에는 사기죄가 성립되며 설사 배임죄의 구성요건이 충족되어도 별도로 배임죄를 구성하는 것이 아니다.

40-10. 기본범죄를 통하여 고의로 중한 결과를 발생케 한 부진정결과적가중범의 경우, 그 중한 결과가 별도의 구성요건에 해당한다면 결과적가중범과 중한 결과에 대한 고의범의 상상적 경합관계에 있다고 보아야 하는지 여부(적극) [대법원 1995. 1. 20. 선고, 94도2842]

【판결요지】

고의로 중한 결과를 발생케 한 경우에 무겁게 벌하는 구성요건이 따로 마련되어 있는 경우에는 당연히 무겁게 벌하는 구성요건에서 정하는 형으로 처벌하여야 할 것이고, 결과적가중범의 형이 더 무거운 경우에는 결과적가중범에 정한 형으로 처벌할 수 있도록 하여야 할 것이므로, 기본범죄를 통하여 고의로 중한 결과를 발생케 한 부진정결과적가중범의 경우에 그 중한 결과가 별도의 구성요건에 해당한다면 이는 결과적가중범과 중한 결과에 대한 고의범의 상상적 경합관계에 있다고 보아야 할 것이다.

40-11. 진료거부로 인한 의료법위반죄와 응급조치불이행으로 인한 의료법위반죄의 죄수(＝상상적 경합범) [대법원 1993. 9. 14. 선고, 93도1790]

【판결요지】

의료법 제68조, 제16조 제1항의 진료거부로 인한 의료법위반죄와 같은 법 제67조, 제16조 제2항의 응급조치불이행으로 인한 의료법위반죄는 그 규제내용이나 같은법시행규칙 제10조 등의 관계규정에 비추어 포괄1죄의 관계에 있는 것이 아니라 상상적경합 관계에 있다.

40-12. 차의 운전자가 업무상과실로 사람을 상해에 이르게 함과 동시에 물건을 손괴하고 도주한 경우 특정범죄가중처벌등에관한법률위반죄 및 도로교통법 제106조 소정의 죄의 관계(＝상상적 경합범) [대법원 1993. 5. 11. 선고, 93도49]

【판결요지】

차의 운전자가 업무상 주의의무를 게을리하여 사람을 상해에 이르게 함과 아울러 물건을 손괴하고도 피해자를 구호하는 등 도로교통법 제50조 제1항의 규정에 의한 조치를 취하지 아니한 채 도주한 때에는, 같은 법 제113조 제1호 소정의 제44조 위반죄와 같은 법 제106조 소정의 죄 및 특정범죄가중처벌등에관한법률위반죄가 모두 성립하고, 이 경우 특정범죄가중처벌등에관한법률위반죄와 물건손괴 후 필요한 조치를 취하지 아니함으로 인한 도로교통법 제106조 소정의 죄는 1개의 행위가 수개의 죄에 해당하는 상상적 경합범의 관계에 있고, 위의 2개의 죄와 같은 법 제113조 제1호 소정의 제44조 위반죄는 주체나 행위 등 구성요건이 다른 별개의 범죄이므로 실체적 경합범의 관계에 있다.

40-13. 도로공사 현장소장이 산업안전보건법 제23조 제3항의 위험방지조치를 취하지 아니한 같은 법 위반의 범죄사실과 그와 같은 조치를 취하지 아니한 업무상과실로 근로자를 사망케 한 업무상과실치사죄의 죄수관계(＝상상적경합범) [대법원 1991. 12. 10. 선고, 91도2642]

【판결요지】

도로공사의 현장소장은 지반의 붕괴 등에 의하여 근로자에게 위험을 미칠 우려가 있는 때에는 그 위험을 방지하기 위하여 지반을 안전한 경사로 하고 낙하의 위험이 있는 토석을 제거하거나 옹벽 및 흙막이 지보공 등을 설치하여야 함에도, 이러한 위험방지조치를 취하지 아니함으로써 산업안전보건법 제23조 제3항의 규정에 위반하였다는 범죄사실과 위와 같은 위험을 방지하기 위하여 필요한 조치를 취하지 아니한 업무상과실로 인하여 위 근로자를 사망에 이르게 하였다는 범죄사실에 있어서, 위의 산업안전보건법상의 위험방지조치의무와 업무상주의의무가 일치하고 이는 1개의 행위가 2개의 업무상과실치사죄와 산업안전보건법위반죄에 해당하는 경우이다.

40-14. 2인 이상의 연명으로 된 문서를 위조한 경우의 죄수관계(＝상상적 경합범) [대법원 1987. 7. 21. 선고, 87도564]

【판결요지】

문서에 2인 이상의 작성명의인이 있을 때에는 각 명의자마다 1개의 문서가 성립되므로(당원 1977.7.12. 선고 77도1736 판결; 1956.3.2. 선고 4288형상343 판결 참조) 2인이상의 연명으로 된 문서를 위조한 때에는 작성명의인의 수대로 수개의 문서위조죄가 성립하고 그 연명문서를 위조하는 행위는 자연적 관찰이나 사회통념상 하나의 행위라 할 것이므로 위 수개의 문서위조죄는 형법 제40조가 규정하는 상상적경합범에 해당한다고 볼 것이다.

---

1. 2명 이상의 작성명의자와 문서의 개수 [대법원 1956. 3. 2. 4288형상343]

【판결요지】

문서가 2명 이상의 연명으로 작성되었을 때는 명의자마다 1개의 문서가 성립된다.

40-15. 상상적 경합에 있어서 중한 죄의 하한이 다른 법조의 최하한의 형보다 경한 경우의 처단형
  [대법원 1984. 2. 28., 선고, 83도3160]

【판결요지】

형법 제40조가 규정하는 1개의 행위가 수개의 죄에 해당하는 경우에는 「가장 중한 죄에 정한 형으로 처벌한다」 함은 그 수개의 죄명중 가장 중한 형을 규정한 법조에 의하여 처단한다는 취지와 함께 다른 법조의 최하한의 형보다 가볍게 처단할 수는 없다는 취지 즉, 각 법조의 상한과 하한을 모두 중한 형의 범위내에서 처단한다는 것을 포함하는 것으로 새겨야 할 것이다.

40-16. 단일한 살인의 범의하에 동일인에 대하여 수회의 예비 및 공격행위로서 살인한 경우와 죄수
  [대법원 1965. 9. 28. 선고, 65도695]

【판시사항】

[1] 단일한 살인의 범의하에 동일인에 대하여 수회의 예비 및 공격행위로서 살인한 경우와 죄수
[2] 단일한 범죄를 수개의 경합죄로 처단하였으나 판결에 영향을 미치지 아니한 사례

【판결요지】

살해의 목적으로 동일인에게 일시 장소를 달리하고 수차에 걸쳐 단순한 예비행위를 하거나 또는 공격을 가하였으나 미수에 그치다가 드디어 그 목적을 달성한 경우에 그 예비행위 내지 공격행위가 동일한 의사발동에서 나왔고 그 사이에 범의의 갱신이 없는한 각 행위가 같은 일시 장소에서 행하여 졌거나 또는 다른 장소에서 행하여 졌거나를 막론하고 또 그 방법이 동일하거나 여부를 가릴 것 없이 그 살해의 목적을 달성할 때까지의 행위는 모두 실행행위의 일부로서 이를 포괄적으로 보고 단순한 한 개의 살인기수죄로 처단할 것이지 살인예비 내지 미수죄와 동 기수죄의 경합죄로 처단할 수 없는 것이다.

제3장 형

제1절 형의 종류와 경중

제41조[형의 종류]

> 제41조(형의 종류) 형의 종류는 다음과 같다.
> 1. 사형
> 2. 징역
> 3. 금고
> 4. 자격상실
> 5. 자격정지
> 6. 벌금
> 7. 구류
> 8. 과료
> 9. 몰수

41-1. 사형의 선고가 허용되는 경우 및 사형의 선고 여부를 결정하는 방법 [대법원 2015. 8. 27. 선고, 2015도5785,2015전도105]

【판시사항】

사형은 인간의 생명을 박탈하는 냉엄한 궁극의 형벌로서 사법제도가 상정할 수 있는 극히 예외적인 형벌이라는 점을 감안할 때, 사형의 선고는 범행에 대한 책임의 정도와 형벌의 목적에 비추어 누구라도 그것이 정당하다고 인정할 수 있는 특별한 사정이 있는 경우에만 허용되어야 한다. 따라서 사형의 선고 여부를 결정함에 있어서는 형법 제51조가 규정한 사항을 중심으로 범인의 연령, 직업과 경력, 성행, 지능, 교육정도, 성장과정, 가족관계, 전과의 유무, 피해자와의 관계, 범행의 동기, 사전계획의 유무, 준비의 정도, 수단과 방법, 잔인하고 포악한 정도, 결과의 중대성, 피해자의 수와 피해감정, 범행 후의 심정과 태도, 반성과 가책의 유무, 피해회복의 정도, 재범의 우려 등 양형의 조건이 되는 모든 사항을 철저히 심리하여야 하고, 그러한 심리를 거쳐 사형의 선고가 정당화될 수 있는 사정이 있음이 밝혀진 경우에 한하여 비로소 사형을 선고할 수 있다(대법원 2006. 3. 24. 선고 2006도354 판결, 대법원 2010. 6. 10. 선고 2010도4347 판결 등 참조).

> 1. 사형의 선택 여부를 결정함에 있어서 필수적 양형자료 및 필요한 양형심리의 방법 [대법원 2003. 6. 13. 선고, 2003도924]
>
> 【판시사항】
> [1] 사형의 선택 여부를 결정함에 있어서 필수적 양형자료 및 필요한 양형심리의 방법

[2] 사형을 선택함에 있어서 양형조건에 대한 필요한 조사 및 심리를 다하지 아니한 채 형의 양정을 하였음을 이유로 원심판결을 파기한 사례

【판결요지】

[1] 사형의 선택 여부를 결정하기 위하여는 법원으로서는 마땅히 기록에 나타난 양형조건들을 평면적으로만 참작하는 것에서 더 나아가, 피고인의 주관적인 양형요소인 성행과 환경, 지능, 재범의 위험성, 개선교화 가능성 등을 심사할 수 있는 객관적인 자료를 확보하여 이를 통하여 사형선택 여부를 심사하여야 할 것은 물론이고, 피고인이 범행을 결의하고 준비하며 실행할 당시를 전후한 피고인의 정신상태나 심리상태의 변화 등에 대하여서도 정신의학이나 심리학 등 관련 분야의 전문적인 의견을 들어 보는 등 깊이 있는 심리를 하여 본 다음에 그 결과를 종합하여 양형에 나아가야 한다.

41-2. 사형의 선택이 허용되는 경우 [대법원 1992. 8. 14. 선고, 92도1086]

【판결요지】

사형은 인간의 생명 자체를 영원히 박탈하는 냉엄한 극형으로서 그 생명을 존치시킬 수 없는 부득이 한 경우에 한하여 적용되어야 할 궁극의 형벌이므로, 사형을 선택함에 있어서는 범행의 동기, 태양, 죄질, 범행의 수단,잔악성, 결과의 중대성, 피해자의 수, 피해감정, 범인의 연령, 전과, 범행 후의 정황, 범인의 환경, 교육 및 생육과정 등 여러 사정을 참작하여 죄책이 심히 중대하고 죄형의 균형이나 범죄의 일반예방적 견지에서도 극형이 불가피하다고 인정되는 경우에 한하여 허용될 수 있다.

41-3. 벌금형의 환형유치기간이 징역형의 기간을 넘는 경우에 있어서 형의 경중 [대법원 1980. 5. 13. 선고, 80도765]

【판결요지】

벌금형의 환형유치기간이 징역형의 형기를 초과하더라도 벌금형이 징역형보다 경한 형이라고 보아야 한다.

제42조[징역 또는 금고의 기간]

> 제42조(징역 또는 금고의 기간) 징역 또는 금고는 무기 또는 유기로 하고 유기는 1개월 이상 30년 이하로 한다. 단, 유기징역 또는 유기금고에 대하여 형을 가중하는 때에는 50년까지로 한다. 〈개정 2010. 4. 15.〉

42-1. 무기징역형을 작량감경하는 경우 15년을 초과하는 징역형을 선고할 수 있는지 여부(소극)
　　[대법원 1992. 11. 24. 선고, 92도2432]

　【판결요지】

　형법 제55조 제1항 제2호는 무기징역 또는 무기금고를 감경할 때에는 7년 이상의 징역 또는 금고로 하도록 규정하고 있고, 형법 제42조 본문은 징역 또는 금고는 무기 또는 유기로 하고 유기는 1월 이상 15년 이하로 하도록 규정하고 있으므로 무기징역형을 선택하여 작량감경을 하는 경우 15년을 초과하는 징역형을 선고할 수 없다. ☞ 형법 개정 전 판례로 형법 개정〈2010. 4. 15.〉으로 유기는 30년 이하로 변경됨

> 1. 무기징역형에 처하는 것이 과중하다고 인정되고 작량감경사유가 있는 경우 작량감경한 형이 가볍게 느껴진다고 하여 과중한 무기징역형을 선고함의 당부(소극) [대법원 1992. 10. 13. 선고, 92도1428, 전원합의체 판결]
>
> 　【판결요지】
>
> 　수형자를 사회로부터 영구히 격리시켜 그 자유를 박탈하는 종신자유형인 무기징역형은 유기징역형과는 현저한 차이가 있으므로, 양형의 조건에 비추어 무기징역형에 처하는 것이 과중하다고 인정되고 작량감경의 사유가 있다면 작량감경한 형기 범위 내에서 형을 선고하여야지 작량감경한 형이 가볍게 느껴진다고 하여 과중한 무기징역형을 선고할 수는 없는 것이며, 만일 무기징역형을 선고한다면 이는 형의 양정이 심히 부당한 경우에 해당하여 위법하다.

42-2. 징역형과 벌금형이 병과된 경우에 벌금형의 환산유치기간이 3년을 넘지 않는 한 징역형의 기간보다 길다 하더라도 위법이라 할 수 없다. [대법원 1971. 3. 30. 선고, 71도251]

　【판시사항】

　징역형과 벌금형이 병과된 경우에 벌금형의 환산유치기간이 3년을 넘지 않는 한 징역형의 기간보다 길다 하더라도 위법이라 할 수 없다.

42-3. 형법 제42조 단서를 적용하지 아니한 위법이 판결에 영향을 미친 것이 못된다. [대법원 1971. 3. 9. 선고, 70도2681]

　【판결요지】

　본조 단서를 적용하여야 할 경우에는 이를 적용하지 않는 것은 위법이나 징역 3년이 선고된 경우 판결의 결과에 영향을 미칠 것은 못된다.

제48조[몰수의 대상과 추징]

> 제48조(몰수의 대상과 추징) ① 범인 외의 자의 소유에 속하지 아니하거나 범죄 후 범인 외의 자가 사정을 알면서 취득한 다음 각 호의 물건은 전부 또는 일부를 몰수할 수 있다.
> 1. 범죄행위에 제공하였거나 제공하려고 한 물건
> 2. 범죄행위로 인하여 생겼거나 취득한 물건
> 3. 제1호 또는 제2호의 대가로 취득한 물건
> ② 제1항 각 호의 물건을 몰수할 수 없을 때에는 그 가액(價額)을 추징한다.
> ③ 문서, 도화(圖畵), 전자기록(電磁記錄) 등 특수매체기록 또는 유가증권의 일부가 몰수의 대상이 된 경우에는 그 부분을 폐기한다.[전문개정 2020. 12. 8.]

48-1. 특별법에서 몰수추징의 성격이나 범위 등에 관하여 형법과 달리 정한 경우, 형법 제48조의 적용이 배제되는지 여부(적극) [대법원 2018. 7. 26. 선고, 2018도8194]

【판시사항】

[1] 특별법에서 몰수·추징의 성격이나 범위 등에 관하여 형법과 달리 정한 경우, 형법 제48조의 적용이 배제되는지 여부(적극) 및 특별법에 따른 몰수·추징 요건이 구비되지 않고 형법 제48조의 요건이 충족되는 경우 이에 따른 몰수·추징이 가능한지 여부(적극)

[2] 형법 제48조 제1항에 따른 몰수 여부가 법원의 재량에 속하는지 여부(적극)

【이 유】

[1] 특별법에서 해당 법률의 입법 목적과 취지 등을 고려하여 몰수·추징의 성격이나 그 범위 등에 관하여 형법과 달리 정한 경우에는 특별법 우선의 원칙상 특별법 규정이 적용되는 한도에서 형법 제48조의 적용이 배제된다. 그러나 특별법에 따른 몰수·추징 요건이 구비되지 않고 형법 제48조의 요건이 충족되는 경우에는 이에 따른 몰수·추징이 가능하다(대법원 1974. 6. 11. 선고 74도352 판결 참조).

[2] 다만 형법 제48조 제1항에 따른 몰수는 임의적인 것이므로 그 몰수의 요건에 해당하는 물건이라도 이를 몰수할 것인지는 법원의 재량에 맡겨져 있다(대법원 2002. 9. 4. 선고 2000도515 판결 등 참조). 피고인의 이 사건 범행은 게임산업진흥에 관한 법률(이하 '게임산업법'이라 한다) 제45조 제4호, 제32조 제1항 제2호, 사행행위 등 규제 및 처벌 특례법 제30조 제1항 제1호에 해당하는 범죄로서 필수적 몰수·추징을 정한 게임산업법 제44조 제2항의 적용 대상이 아니다. 압수된 옐로우씨 40대(증 제1호)와 자동진행장치 45대(증 제2호)는 필수적 몰수의 대상이 아닌 형법 제48조 제1항에 따른 임의적 몰수의 대상이다.

> 1. 관세법 제188조 제1호의 소정 허위신고죄에 있어서 대상물을 형법 48조에 의하여 몰수할 수 있는가 여부(소극) [대법원 1974. 6. 11. 선고, 74도352]
> 【판결요지】

관세법 제188조 1호 소정의 물품에 대한 수입신고를 함에 있어서 주요사항을 허위로 신고한 경우에 위 물건은 신고의 대상물에 지나지 않아 신고로서 이루어지는 허위신고죄의 범죄행위 자체에 제공되는 물건이라고 할 수 없으므로 형법 48조 1항 소정의 몰수요건에 해당한다고 볼 수 없다.

48-2. 여러 사람이 공모하여 관세를 포탈하거나 관세장물을 알선, 운반, 취득한 경우, 몰수추징의 방법과 범위 [대법원 2018. 2. 8. 선고, 2017도15561]

【판시사항】

관세법상의 추징은 일반 형사법에서의 추징과는 달리 징벌적 성격을 띠고 있어 여러 사람이 공모하여 관세를 포탈하거나 관세장물을 알선, 운반, 취득한 경우에는 범인 중 1인이 그 물품을 소유하거나 점유하였다면 그 물품의 범죄행위 당시 국내도매가격에 상당한 금액을 그 물품의 소유 또는 점유사실의 유무를 불문하고 범인 전원으로부터 각각 추징할 수 있는 것이고, <u>범인이 밀수품을 소유하거나 점유한 사실이 있다면 압수 또는 몰수가 가능한 시기에 범인이 이를 소유하거나 점유한 사실이 있는지 여부에 상관없이 관세법 제282조에 따라 몰수 또는 추징할 수 있다</u>(대법원 2007. 12. 28. 선고 2007도8401 판결 등 참조).

48-3. 전자기록을 몰수할 수 있는지 여부(적극) [대법원 2017. 10. 23. 선고, 2017도5905]

【판시사항】

전자기록은 일정한 저장매체에 전자방식이나 자기방식에 의하여 저장된 기록으로서 저장매체를 매개로 존재하는 물건이므로 형법 제48조 제1항 각호의 사유가 있는 때에는 이를 몰수할 수 있다.

48-4. 몰수대상물건이 압수되어 있는지 및 적법한 절차에 의하여 압수되었는지 여부가 형법상 몰수의 요건인지 여부(소극) [대법원 2014. 9. 4. 선고, 2014도3263]

【판시사항】

몰수는 반드시 압수되어 있는 물건에 대하여만 하는 것이 아니므로 몰수대상물건이 압수되어 있는가 하는 점 및 적법한 절차에 의하여 압수되었는가 하는 점은 몰수의 요건이 아닌바(대법원 2003. 5. 30. 선고 2003도705 판결 참조), 원심 판시 이 사건 1차 압수물이 이 사건 범죄행위에 제공된 물건임이 인정되는 이상 원심 판시와 같이 이 사건 1차 압수물에 대한 압수 자체가 위법하게 되었다 하더라도 그것이 그에 대한 몰수의 효력에 영향을 미칠 수는 없으므로 상고이유로 이 점을 다투는 것은 이유 없고, 압수·수색영장의 제시에 관한 형사소송법 제118조가 사후에 영장을 받아야 하는 경우에 관한 형사소송법 제216조 등에 대하여도 적용됨을 전제로 하는 주장 역시 독자적인 견해에 불과하여 받아들일 수 없다.

48-5. 추징 가액 산정의 기준시(=재판선고시) [대법원 2008. 10. 9. 선고, 2008도6944]

【판결요지】

몰수는 범죄에 의한 이득을 박탈하는 데 그 취지가 있고, 추징도 이러한 몰수의 취지를 관철하기 위한 것인 점 등에 비추어 볼 때, 몰수할 수 없는 때에 추징하여야 할 가액은 범인이 그 물건을 보유하고 있다가 몰수의 선고를 받았더라면 잃었을 이득상당액을 의미하므로, <u>다른 특별한 사정이 없는 한 그 가액산정은 재판선고시의 가격을 기준으로 하여야 한다.</u>

48-6. 몰수의 요건인 '범죄행위에 제공하려고 한 물건'의 의미 [대법원 2008. 2. 14. 선고, 2007도10034]

【판시사항】

[1] 몰수의 요건인 '범죄행위에 제공하려고 한 물건'의 의미

[2] 체포될 당시에 미처 송금하지 못하고 소지하고 있던 자기앞수표나 현금은 장차 실행하려고 한 외국환거래법 위반의 범행에 제공하려는 물건일 뿐, 그 이전에 범해진 외국환거래법 위반의 '범죄행위에 제공하려고 한 물건'으로는 볼 수 없으므로 몰수할 수 없다.

【판결요지】

[1] 형법 제48조 제1항 제1호는 몰수할 수 있는 물건으로서 '범죄행위에 제공하였거나 제공하려고 한 물건'을 규정하고 있는데, 여기서 범죄행위에 제공하려고 한 물건이란 범죄행위에 사용하려고 준비하였으나 실제 사용하지 못한 물건을 의미하는바, 형법상의 몰수가 공소사실에 대하여 형사재판을 받는 피고인에 대한 유죄판결에서 다른 형에 부가하여 선고되는 형인 점에 비추어, 어떠한 물건을 <u>'범죄행위에 제공하려고 한 물건'으로서 몰수하기 위하여는 그 물건이 유죄로 인정되는 당해 범죄행위에 제공하려고 한 물건임이 인정되어야 한다.</u>

[2] 체포될 당시에 미처 송금하지 못하고 소지하고 있던 자기앞수표나 현금은 장차 실행하려고 한 외국환거래법 위반의 범행에 제공하려는 물건일 뿐, 그 이전에 범해진 외국환거래법 위반의 '범죄행위에 제공하려고 한 물건'으로는 볼 수 없<u>으므로 몰수할 수 없다고.</u>

---

1. 문화재보호법 제80조 제2항에 의하여 몰수할 문화재가 피고인 이외의 제3자의 소유에 속하는 경우, 그의 선의·악의를 불문하고 필요적으로 몰수하여야 하는지 여부(적극) [대법원 1999. 5. 11. 선고, 99다12161]

【판시사항】

[1] 문화재보호법 제80조 제2항에 의하여 몰수할 문화재가 피고인 이외의 제3자의 소유에 속하는 경우, 그의 선의·악의를 불문하고 필요적으로 몰수하여야 하는지 여부(적극)

[2] 피고인 이외의 제3자 소유의 물건에 대하여 몰수를 선고한 판결의 효력

【판결요지】

[1] 문화재보호법 제80조 제2항은 같은 법 제76조 제1항의 규정에 위반하여 문화재를 국외로 수출 또는 반출하거나 반출한 문화재를 다시 반입하지 아니한 자는 3년 이상의 유기징역에 처하고 그 문화재는 몰수한다고 규정하고 있는바, 위 규정에 의한 몰수는 형법총칙이 규정한 몰수에 대한 특별규정으로서 몰수할 문화재가 피고인 이외의 제3자의 소유에 속하더라도 <u>그의 선의·악의를 불문하고 필요적으로 이를 몰수하여야 한다.</u>

[2] 형사법상 몰수는 공소사실에 관하여 형사재판을 받는 피고인에 대한 유죄의 판결에서 다른 형에 부가하여 선고되는 형인 점에 비추어, 피고인 이외의 제3자의 소유에 속하는 물건에 대하여 몰수

를 선고한 판결의 효력은 원칙적으로 몰수의 원인이 된 사실에 관하여 유죄의 판결을 받은 피고인에 대한 관계에서 그 물건을 소지하지 못하게 하는 데 그치고 그 사건에서 재판을 받지 아니한 제3자의 소유권에 어떤 영향을 미치는 것은 아니다.

2. 대형할인매장에서 수회 상품을 절취하여 자신의 승용차에 싣고 간 경우, 위 승용차는 형법 제48조 제1항 제1호에 정한 범죄행위에 제공한 물건으로 보아 몰수할 수 있는지(적극) [대법원 2006. 9. 14. 선고, 2006도4075]

【판시사항】

[1] 형법 제48조 제1항 제1호의 "범죄행위에 제공한 물건"의 의미

[2] 대형할인매장에서 수회 상품을 절취하여 자신의 승용차에 싣고 간 경우

【판결요지】

[1] 형법 제48조 제1항 제1호의 "범죄행위에 제공한 물건"은, 가령 살인행위에 사용한 칼 등 범죄의 실행행위 자체에 사용한 물건에만 한정되는 것이 아니며, 실행행위의 착수 전의 행위 또는 실행행위의 종료 후의 행위에 사용한 물건이더라도 그것이 범죄행위의 수행에 실질적으로 기여하였다고 인정되는 한 위 법조 소정의 제공한 물건에 포함된다.

[2] 대형할인매장에서 수회 상품을 절취하여 자신의 승용차에 싣고 간 경우, 위 승용차는 형법 제48조 제1항 제1호에 정한 범죄행위에 제공한 물건으로 보아 몰수할 수 있다.

48-7. 부동산 미등기 전매계약에 의하여 제3자로부터 받은 대금을 부동산등기 특별조치법 제8조 제1호 위반 행위와 관련하여 취득한 것으로 보아 몰수추징할 수 있는지 여부(소극) [대법원 2007. 12. 14. 선고, 2007도7353]

【판결요지】

부동산의 소유권을 이전받을 것을 내용으로 하는 계약(1차 계약)을 체결한 자가 그 부동산에 대하여 다시 제3자와 소유권이전을 내용으로 하는 계약(전매계약)을 체결한 것이 부동산등기 특별조치법 제8조 제1호 위반행위에 해당하는 경우, 전매계약에 의하여 제3자로부터 받은 대금은 위 조항의 처벌대상인 '1차 계약에 따른 소유권이전등기를 하지 않은 행위'로 취득한 것이 아니므로 형법 제48조에 의한 몰수나 추징의 대상이 될 수 없다.

48-8. 공범자의 소유물도 몰수의 대상이 되는지 여부(적극) [대법원 2007. 3. 15. 선고, 2006도8929]

【판시사항】

[1] 손님들이 성인오락실에서 경품으로 제공받은 상품권을 현금으로 환전해주는 환전소에서 압수한 현금과 상품권이 사행행위 등 규제 및 처벌특례법 위반 범행에 제공하였거나 제공하려 한 물건 또는 범죄행위로 취득한 물건으로서 이를 몰수한 원심의 조치를 수긍한 사례

[2] 공범자의 소유물도 몰수의 대상이 되는지 여부(적극)

【이 유】

형법 제48조 제1항의 범인에는 공범자도 포함된다고 해석되므로, 범인 자신의 소유물은 물론 공범자의 소유물에 대하여도 이를 몰수할 수 있다 할 것인바 (대법원 2000. 5. 12. 선고 2000도745

판결 등 참조), 설령 피고인 2가 운영하는 환전소에서 압수한 현금의 실제 소유자가 피고인 1이라고 하더라도, 원심이 피고인 1과 공범관계에 있는 피고인 2로부터 위 현금을 몰수한 조치는 정당하고, 거기에 상고이유로 주장하는 바와 같은 채증법칙 위배 등의 위법이 있다고 볼 수 없다.

48-9. 형법 제48조 제1항의'범인'에 포함되는 공범자의 범위 [대법원 2006. 11. 23. 선고, 2006도5586]

【판결요지】

형법 제48조 제1항의 '범인' 에는 공범자도 포함되므로 피고인의 소유물은 물론 공범자의 소유물도 그 공범자의 소추 여부를 불문하고 몰수할 수 있고, 여기에서의 공범자에는 공동정범, 교사범, 방조범에 해당하는 자는 물론 필요적 공범관계에 있는 자도 포함된다.

---

1. 기소중지된 공범자의 소유물이 몰수의 대상이 되는지 여부(적극) [대법원 1984. 5. 29. 선고, 83도2680]

【판결요지】

형법 제48조 제1항의 "범인" 속에는 "공범자"도 포함되므로 범인 자신의 소유물은 물론 공범자의 소유물도 그 공범자의 소추 여부를 불문하고 몰수할 수 있다고 할 것이다.

48-10. 피해자로 하여금 사기도박에 참여하도록 유인하기 위하여 고액의 수표를 제시해 보인 경우, 이를 몰수할 수 있다. [대법원 2002. 9. 24. 선고, 2002도3589]

【판결요지】

피해자로 하여금 사기도박에 참여하도록 유인하기 위하여 고액의 수표를 제시해 보인 경우, 형법 제48조 소정의 몰수가 임의적 몰수에 불과하여 법관의 자유재량에 맡겨져 있고, 위 수표가 직접적으로 도박자금으로 사용되지 아니하였다 할지라도, 위 수표가 피해자로 하여금 사기도박에 참여하도록 만들기 위한 수단으로 사용된 이상, 이를 몰수할 수 있고, 그렇다고 하여 피고인에게 극히 가혹한 결과가 된다고 볼 수는 없다.

48-11. 자기앞수표를 뇌물로 받아 소비한 후 액면금 상당을 반환한 경우, 추징 여부(적극) [대법원 1999. 1. 29. 선고, 98도3584]

【판결요지】

수뢰자가 자기앞수표를 뇌물로 받아 이를 소비한 후 자기앞수표 상당액을 증뢰자에게 반환하였다 하더라도 뇌물 그 자체를 반환한 것은 아니므로 이를 몰수할 수 없고 수뢰자로부터 그 가액을 추징하여야 할 것이다.

48-12. 예금통장의 몰수가 예금반환채권의 몰수로서의 효력이 있는지 여부(소극) [대법원 1997. 11. 14. 선고, 97다34235]

【판결요지】

예금통장이 몰수되었다고 하여 예금반환채권까지 몰수된 것으로 볼 수 없다.

48-13. 수인이 공동하여 청탁 명목으로 받은 금품을 분배한 경우, 몰수추징의 범위 [대법원 1996. 11. 29. 선고, 96도2490]

【판결요지】

변호사법 제94조의 규정에 의한 필요적 몰수 또는 추징은 같은 법 제27조의 규정에 위반하거나 같은 법 제90조 제1호, 제2호 또는 제92조의 죄를 범한 자 또는 그 정을 아는 제3자가 받은 금품 기타 이익을 그들로부터 박탈하여 그들로 하여금 부정한 이익을 보유하지 못하게 함에 그 목적이 있는 것이므로, <u>수인이 공동하여 공무원이 취급하는 사건 또는 사무에 관하여 청탁을 한다는 명목으로 받은 금품을 분배한 경우에는 각자가 실제로 분배받은 금품만을 개별적으로 몰수하거나 그 가액을 추징하여야 한다.</u>

---

1. 불법이익이 공동피고인간에 개별적으로 귀속된 경우에 있어서의 추징의 한도 [대법원 1982. 7. 27. 선고, 82도1310]

【판결요지】

몰수 또는 추징은 금품 기타 이익을 받은 범인 또는 제3자로부터 이를 박탈하여 그들로 하여금 불법한 이득을 보유하지 못하게 함에 그 목적이 있는 것이므로 그 이익이 개별적으로 귀속한 때는 그 이익의 한도내에서 개별적으로 추징하여야 하고 그 이익의 한도를 넘어서 추징할 수 없다 할 것이다. 따라서 피고인이 교부받은 금 170만원 중 금 100만원을 공동피고인에게 청탁의 명목으로 교부한 경우에는 피고인이 보유한 금 70만원에 한하여 추징하여야 한다.

---

2. 부정이익이 변호사법위반죄의 공동피고인간에 개별적으로 분배된 경우의 몰수 추징범위 [대법원 1993. 12. 28. 선고, 93도1569]

【판결요지】

구 변호사법(1993.3.10. 법률 제4544호로 개정되기 전의 것) 제82조의 규정에 의한 필요적 몰수 또는 추징은, 금품 기타 이익을 범인 또는 제3자로부터 박탈하여 그들로 하여금 부정한 이익을 보유하지 못하게 함에 그 목적이 있는 것이므로, <u>수인이 공동하여 공무원이 취급하는 사건 또는 사무에 관하여 청탁을 한다는 명목으로 받은 금품을 분배한 경우에는 각자로부터 실제로 분배받은 금품만을 개별적으로 몰수하거나 그 가액을 추징</u>하여야 하고, 위와 같은 청탁을 한다는 명목으로 받은 금품 중의 일부를 실제로 금품을 받은 취지에 따라 청탁과 관련하여 관계공무원에게 뇌물로 공여한 경우에도 그 부분의 이익은 실질적으로 피고인에게 귀속된 것이 아니므로 그 부분을 제외한 나머지 금품만을 몰수하거나 그 가액을 추징하여야 한다.

---

3. 특정경제범죄법의 알선수재죄에 있어서의 몰수, 추징의 범위 [대법원 1994. 2. 25. 선고, 93도3064]

【판결요지】

특정경제범죄가중처벌등에관한법률 제10조 제2항, 제3항의 규정에 의한 필요적 몰수 또는 추징은, 금품 기타 이익을 범인 또는 제3자로부터 박탈하여 그들로 하여금 부정한 이익을 보유하지 못하게 함에 그 목적이 있는 것이므로, 피고인이 이른바 자금조성의 방법으로 금융기관의 임직원의 직무에 속한 사항인 대출을 알선하여 준다는 명목으로 받은 금품 중의 일부를 실제로 금품을 받은 취지에 따라 그 자금을 조성하여 준 전주에게 그 예금이자와 사채이자와의 차액 보전조로 지급하였다면 그 부분의 이익은 실질적으로 피고인에게 귀속된 것이 아니므로 그 부분을 제외한 나머지 금품만을 몰수하거나 그 가액을 추징하여야 한다.

48-14. 형사소송법 제132조에 의하여 압수물을 매각한 경우, 그 대가보관금에 대한 몰수의 가부(적극) [대법원 1996. 11. 12. 선고, 96도2477]

【판결요지】

관세법 제198조 제2항에 따라 몰수하여야 할 압수물이 멸실, 파손 또는 부패의 염려가 있거나 보관하기에 불편하여 이를 형사소송법 제132조의 규정에 따라 매각하여 그 대가를 보관하는 경우에는, 몰수와의 관계에서는 그 대가보관금을 몰수 대상인 압수물과 동일시할 수 있다.

48-15. 법인의 종업원인 피고인이 그 법인의 업무에 관하여 다른 공범자들과 함께 국외로 도피시킨 법인 소유 재산을 피고인으로부터 추징할 수 있는지 여부 [대법원 1995. 3. 10. 선고, 94도1075]

【판결요지】

특정경제범죄가중처벌등에관한법률 제10조 제3항, 제1항에 의한 것으로서 형법상의 몰수, 추징과는 달리 범죄로 인한 이득의 박탈을 목적으로 한 것이라기보다는 재산국외도피사범에 대한 징벌의 도를 강화하여 범행대상인 재산을 필요적으로 몰수하고 그 몰수가 불능인 때에는 그 가액을 납부하게 하는 징벌적 성질의 처분이라고 봄이 상당하므로 그 도피재산이 피고인 을이 아닌 회사의 소유라거나 피고인 을이 이를 점유하지 아니하고 그로 인하여 이득을 취한 바가 없다고 하더라도 추징할 수 있다.

1. 관세범칙물을 소유, 점유한 바 없는 공범자에 대한 추징의 가부(적극) [대법원 1984. 6. 12. 선고, 84도397]
【판결요지】
관세법상 추징은 일반형사법의 경우와 달리 징벌적 성격을 띠고 있어 다수인이 공모하여 관세를 포탈한 경우 범칙자 중 1인이 소유 또는 점유하던 물품을 몰수할 수 없게 된 때에는 그 물품의 소유 또는 점유사실 유무를 불문하고 범칙자 전원으로부터 각각 그 물품의 범칙 당시의 가액을 추징할 것이다.

48-16. 향정신성의약품관리법상의 추징의 성질과 이득을 취한 바 없는 범법자에 대한 추징 여부(적극) [대법원 1990. 12. 26. 선고, 90도2381]

【판결요지】

향정신성의약품관리법상의 추징은 그 법에서 정한 죄를 범한 자에 대한 징벌적 성질을 가지는 처분이므로 피고인이 그 범행으로 인하여 이득을 취득한 바 없다 하더라도 법원은 그 가액의 추징을 명하여야 한다.

---

1. 수인의 범법자에 대한 향정신성의약품관리법상의 추징방법 [대법원 1984. 3. 13. 선고, 83도3228]

【판시사항】

【판결요지】

향정신성의약품관리법상의 추징은 그 법에서 정한 죄를 범한 자에 대한 징벌적 성질을 가지는 처분이 므로 그 죄를 범한 자가 여러사람이 있을 때에는 각자에 대하여 그 가격전부의 추징을 명하여야 한다.

---

2. 향정신성의약품관리법 제47조 제1항 소정의 몰수나 추징의 성질 [대법원 1989. 12. 8. 선고, 89도 1920]

【판결요지】

향정신성의약품관리법 제47조 제1항에 정한 몰수나 추징은 형법상의 몰수나 추징이 범죄행위로 인한 이득의 박탈을 주목적으로 하는 것과 달라 그 범행에 제공된 의약품을 필요적으로 몰수하고 그 몰수가 불가능한 때에는 그 가액을 납부하게 하는 징벌적 성질의 처분이라 할 것이므로 향정신성의약품의 소 유자나 최종소지인에 대하여서만 추징을 명하는 것이 아니라 동일한 의약품을 취급한 자들에 대하여 그 취급한 범위내에서 의약품가액 전액의 추징을 명하여야 한다.

48-17. 주형을 선고유예하면서 추징만을 선고할 수 있는지 여부(적극) [대법원 1990. 4. 27. 선고, 89도2291]

【판결요지】

주형인 징역형의 선고를 유예할 경우에도 추징을 선고할 수 있다.

48-18. 자기앞수표를 뇌물로 받아 소비한 후 액면금 상당을 반환한 경우 추징의 당부 [대법원 1984. 2. 14. 선고, 83도2871]

【판결요지】

피고인이 뇌물로서 수수한 자기앞수표를 일단 소비한 후에 증뢰자에게 다시 동액의 금원을 반환 하였다 하더라도 피고인에 대하여 위 금액상당을 추징한 조처는 정당하다.

---

1. 자기앞수표를 뇌물로 받아 소비한 후 액면금 상당을 반환한 경우 추징의 대상 [대법원 1983. 4. 12. 선고, 82도2462]

【판결요지】

자기앞수표를 뇌물로 받아 이를 생활비로 소비한 후 자기앞수표 상당액을 증뢰자에게 반환하였다 하더 라도 뇌물 그 자체를 반환한 것은 아니므로 이를 몰수할 수 없고 그 가액을 추징하여야 한다.

48-19. 공범중 1인으로부터 추징할 액수 [대법원 1983. 9. 13. 선고, 83도1660]

【판결요지】

피고인 및 제1심 공동피고인 2인 등 3인의 공동범범으로 수수한 금원중 피고인의 이익으로 돌아간 것은 피고인이 위 공동피고인 2인과 동업하기 위하여 사용된 4,000,000원중 그 3분의 1에 해당하는 금 1,333,333원이라 하여 동액을 추징한 원심조치는 정당하다 할 것이다.

48-20. 일부 허위기재된 부분이 있는 공문서의 몰수의 당부 [대법원 1983. 6. 14. 선고, 83도808]

【판결요지】

군 피.엑스(P.X)에서 공무원인 군인이 그 권한에 의하여 작성한 월간판매실적보고서의 내용에 일부 허위기재된 부분이 있더라도 이는 공무소인 소관 육군부대의 소유에 속하는 것이므로 이를 허위공문서 작성의 범행으로 인하여 생긴 물건으로 누구의 소유도 불허하는 것이라 하여 형법 제48조 제1항 제1호를 적용, 몰수하였음은 부당하다.

48-21. 공범자중 1인의 소유 및 점유에 속하는 밀수입 물품의 몰수에 갈음하는 추징선고 대상이 되는 자의 범위 [대법원 1979. 4. 10. 선고, 78도3236]

【판결요지】

수인이 공모하여 관세법을 위반한 사건에 있어서는 공범자중의 1인만이 밀수입한 물품을 소유 또는 점유하였을 뿐이라 하여도 그 몰수에 갈음하여 추징할 때에는 각 범칙자에게 그 가액 전액의 추징을 명하여야 한다.

48-22. 공동피고인에게 도박자금으로 대여한 금원의 추징 상대방 [대법원 1982. 9. 28. 선고, 82도1669]

【판결요지】

피고인이 다른 공동 피고인들에게 도박자금으로 금원을 대여하였다면 그 금원은 그 때부터 피고인의 소유가 아니라 동 공동 피고인들의 소유에 귀속하게 되므로 그것을 동 공동 피고인들로부터 형법 제48조 제1항 제1호나 제2호를 적용하여 몰수함은 모르되 피고인으로 부터 몰수할 성질의 것은 아니다.

48-23. 피해변상이 있는 경우의 추징할 대상 [대법원 1979. 7. 10. 선고, 79도1189]

【판결요지】

범인이 피해자로부터 받은 금품을 소비하고 나서 그에 상당한 금품을 반환하여 피해변상을 하였다고 하더라도 이를 범인으로부터 추징하여야 한다.

48-24. 주형의 선고를 유예하지 아니하면서 그에 부가할 추징에 대해서만 선고를 유예 할 수 있는지 여부(소극) [대법원 1979. 4. 10. 선고, 78도3098]

【판결요지】

몰수에 갈음하는 추징은 부가형적 성질을 띠고 있어 그 주형에 대하여 선고를 유예하는 경우에는 그 부가할 추징에 대하여도 선고를 유예할 수 있으나, 그 주형에 대하여 선고를 유예하지 아니하면서 이에 부가할 추징에 대하여서만 선고를 유예할 수는 없다.

48-25. 압수되었다가 피고인에게 환부된 물건의 몰수가부(적극) [대법원 1977. 5. 24. 선고, 76도4001]

【판결요지】

몰수는 압수되어 있는 물건에 대해서만 하는것이 아니므로 판결선고전 검찰에 의하여 압수된 후 피고인에게 <u>환부된 물건에 대하여도 피고인으로 부터 몰수할 수 있다.</u>

제49조[몰수의 부가성]

> 제49조(몰수의 부가성) 몰수는 타형에 부가하여 과한다. 단, 행위자에게 유죄의 재판을 아니할 때에도 몰수의 요건이 있는 때에는 몰수만을 선고할 수 있다.

49-1. 범죄수익은닉의 규제 및 처벌 등에 관한 법률 제9조 제1항에 따라 범죄수익 등을 몰수하는 경우 공범자의 소유물도 몰수의 대상이 되는지 여부(적극) 및 공범자 중 1인 소유에 속하는 물건에 대하여 몰수를 선고하는 방법 [대법원 2013. 5. 23. 선고, 2012도11586]

【판결요지】

<u>형법 제48조 제1항의 '범인' 속에는 '공범자'도 포함되므로 범인 자신의 소유물은 물론 공범자의 소유물도 그 공범자의 소추 여부를 불문하고 몰수할 수 있고, 이는 범죄수익은닉의 규제 및 처벌 등에 관한 법률 제9조 제1항의 '범인'의 해석에서도 마찬가지이다.</u> 그리고 형벌은 공범자 전원에 대하여 각기 별도로 선고하여야 할 것이므로 공범자 중 1인 소유에 속하는 물건에 대한 부가형인 몰수에 관하여도 개별적으로 선고하여야 한다.

> 1. 공범자중 1인의 소유에 속하는 압수물에 대한 몰수선고 대상이 되는 자의 범위 [대법원 1979. 2. 27. 선고, 78도2246]
> 【판결요지】
> 형벌은 공범자 전원에 대하여 각기 별도로 선고하여야 할 것이므로 공범자 중 1인 소유에 속하는 압수물에 대한 부가형인 몰수에 관하여도 개별적으로 선고하여야 할 것이다.

49-2. 주형을 선고유예하면 몰수, 추징도 선고유예 가능(적극) [대법원 1980. 3. 11. 선고, 77도2027]

【판결요지】

주형을 선고유예하는 경우에 부가형인 몰수나 몰수에 갈음하는 부가형적 성질을 띠는 추징도 선고유예할 수 있다.

> 1. 필요적 몰수의 경우. 선고유예가 가능한지 여부(적극) [대법원 1978. 4. 25. 선고, 76도2262]
> 【판결요지】

필요적 몰수의 경우라도 주형을. 선고유예하는 경우에는 몰수나 또는 몰수에 가름하는 추징도. 선고유예를 할 수 있다.

49-3. 형의 선고유예를 하는 경우에도 몰수형만의 선고를 할 수 있는지 여부(적극) [대법원 1973. 12. 11. 선고, 73도1133, 전원합의체 판결]

【판결요지】

형법 제59조에 의하여 형의 선고유예를 하는 경우에도 몰수의 요건이 있는 때에는 몰수형만의 선고를 할 수 있다고 해석함이 상당하다.

제50조[형의 경중]

제50조(형의 경중) ① 형의 경중은 제41조 각 호의 순서에 따른다. 다만, 무기금고와 유기징역은 무기금고를 무거운 것으로 하고 유기금고의 장기가 유기징역의 장기를 초과하는 때에는 유기금고를 무거운 것으로 한다.
② 같은 종류의 형은 장기가 긴 것과 다액이 많은 것을 무거운 것으로 하고 장기 또는 다액이 같은 경우에는 단기가 긴 것과 소액이 많은 것을 무거운 것으로 한다.
③ 제1항 및 제2항을 제외하고는 죄질과 범정(犯情)을 고려하여 경중을 정한다.

50-1. 금고 5월을 선고한 제1심판결에 대해 피고인만이 항소하였는데, 원심이 제1심과 마찬가지로 유죄를 인정하여 甲죄에 대하여는 금고형을, 乙죄와 丙죄에 대하여는 징역형을 선택한 후 각 죄를 형법 제37조 전단 경합범으로 처벌하면서 피고인에게 금고 5월, 집행유예 2년, 보호관찰 및 40시간의 수강명령을 선고한 사안 [대법원 2013. 12. 12. 선고, 2013도6608]

【판결요지】

피고인에게 금고 5월의 실형을 선고한 제1심판결에 대해 피고인만이 항소하였는데, 원심이 제1심과 마찬가지로 유죄를 인정하여 甲죄에 대하여는 금고형을, 乙죄와 丙죄에 대하여는 징역형을 선택한 후 각 죄를 형법 제37조 전단 경합범으로 처벌하면서 피고인에게 금고 5월, 집행유예 2년, 보호관찰 및 40시간의 수강명령을 선고한 사안에서, 금고형과 징역형을 선택하여 경합범 가중을 하는 경우에는 형법 제38조 제2항에 따라 금고형과 징역형을 동종의 형으로 간주하여 징역형으로 처벌하여야 하고, 형기의 변경 없이 금고형을 징역형으로 바꾸어 집행유예를 선고하더라도 불이익변경금지 원칙에 위배되지 않는데도, 제1심판결을 파기하면서 제1심의 위법을 시정하지 아니한 원심판결에 경합범 가중에 관한 법리오해의 잘못이 있다.

1. 벌금형의 약식명령을 고지받아 정식재판을 청구한 사건과 공소가 제기된 사건을 병합·심리한 후 경합범으로 처단하면서 징역형을 선고하면 불이익한 변경에 해당한다. [대법원 2004. 11. 11. 선고, 2004도6784]

50-2. 상상적 경합에 있어서 중한 죄의 하한이 다른 법조의 최하한의 형보다 경한 경우의 처단형
    [대법원 2006. 1. 27. 선고, 2005도8704]

【판결요지】

형법 제40조가 규정하는 1개의 행위가 수개의 죄에 해당하는 경우에는 '**가장 중한 죄에 정한 형으로 처벌한다.**' 함은 그 수개의 죄명 중 가장 중한 형을 규정한 법조에 의하여 처단한다는 취지와 함께 다른 법조의 최하한의 형보다 가볍게 처단할 수는 없다는 취지 즉, 각 법조의 상한과 하한을 모두 중한 형의 범위 내에서 처단한다는 것을 포함하는 것으로 새겨야 한다.

50-3. 형법 제37조 전단의 경합범에 대하여 같은 법 제38조 제1항 제2호에 의하여 경합범가중을 하면서 판결이유에 경합범가중의 적용법조만을 나열식으로 기재하고 어느 죄에 정한 형에 경합범가중을 한 것인지 기재하지 아니한 경우, 형사소송법 제323조 제1항에 위배되는지 여부(소극) [대법원 1999. 9. 7. 선고, 99도3092]

【판결요지】

형법 제37조 전단의 경합범에 대하여 같은 법 제38조 제1항 제2호에 의하여 경합범가중을 함에 있어서 판결이유에 경합범가중의 적용법조로서 같은 법 제37조 전단, 제38조 제1항 제2호, 제50조를 나열식으로 기재한 경우, 동종의 형 사이의 경중은 같은 법 제50조에 의하여 형기나 금액, 죄질과 범정에 의하여 결정되는 것이므로 당연히 위 규정에 의하여 결정된 가장 중한 죄에 정한 형에 경합범가중을 한 것으로 보아야 할 것이고, 형기나 금액이 동일하고 또 죄질과 범정으로도 경중이 가려지지 않을 때에는 어느 죄에 경합범가중을 하더라도 차이가 없을 것이므로, 어느 죄에 정한 형에 경합범가중을 한 것인지에 관하여 기재하지 아니하였다고 하더라도 특별한 사정이 없는 한 형사소송법 제323조 제1항의 법령의 적용을 명시하지 아니한 위법이 있다고 할 수 없다.

50-4. 제1심에서 징역 1년 6월 형의 3년간 집행유예를, 환송 전 원심에서 징역 1년 형의 선고유예를 각 선고받은 데 대하여, 환송 후 원심에서 벌금 40,000,000원의 형과 금 16,485,250원의 추징의 선고를 모두 유예한 경우, 불이익변경 여부(소극) [대법원 1998. 3. 26. 선고, 97도1716, 전원합의체 판결]

【판결요지】

피고인에 대하여 제1심이 징역 1년 6월에 집행유예 3년의 형을 선고하고, 이에 대하여 피고인만이 항소하였는데, 환송 전 원심은 제1심판결을 파기하고 징역 1년 형의 선고를 유예하였으며, 이에 대하여 피고인만이 상고하여 당원이 원심판결을 파기하고 사건을 원심에 환송하자, 환송 후 원심은 제1심판결을 파기하고, 벌금 40,000,000원 형과 금 16,485,250원 추징의 선고를 모두 유예하였다면, 환송 후 원심이 제1심이나 환송 전 원심보다 가볍게 그 주형을 징역 1년 6월 형의 집행유예 또는 징역 1년 형의 선고유예에서 벌금 40,000,000원 형의 선고유예로 감경한 점에 비추어, 그 선고를 유예한 금 16,485,250원의 추징을 새로이 추가하였다고 하더라도, 전체적·실질적으로 볼 때

피고인에 대한 형이 제1심판결이나 환송 전 <u>원심판결보다 불이익하게 변경되었다고 볼 수는 없다.</u>

50-5. 병과형 또는 선택형이 있는 경우 법정형의 경중 비교방법 [대법원 1983. 11. 8. 선고, 83도2499]

【판결요지】

행위시법인 구 변호사법(1982.12.31 개정전의 법률) 제54조에 규정된 형은 징역 3년이고 재판시법인 현행 변호사법 제78조에 규정된 형은 5년 이하의 징역 또는 1천만원 이하의 벌금으로서 신법에서는 벌금형의 선택이 가능하다 하더라도 <u>법정형의 경중은 병과형 또는 선택형 중 가장 중한 형을 기준으로 하여 다른 형과 경중을 정하는 것이므로 행위시법인 구법의 형이 더 경하다.</u>

50-6. 공소장에 기재누락된 형법 제50조의 적용 [대법원 1983. 5. 10. 선고, 83도612]

【판결요지】

검사의 공소장기재에 형법 제50조의 기재가 없다고 하더라도 법원은 형법 제38조 제1항 제2호에 의하여 경합가중한 형을 정함에 있어 경합범 중 가장 중한 죄를 가려 그 죄에 정한 형의 장기에 경합가중하기 위하여 형의 경중을 정한 형법 제50조를 적용하여야 한다.

50-7. 벌금형의 환형유치기간이 징역형의 기간을 넘는 경우에 있어서 형의 경중 [대법원 1980. 5. 13. 선고, 80도765]

【판결요지】

벌금형의 환형유치기간이 징역형의 형기를 초과하더라도 벌금형이 징역형보다 경한 형이라고 보아야 한다.

50-8. 징역6월과 징역8월(단 집행유예2년)의 경중 [대법원 1966. 12. 8. 선고, 66도1319, <u>전원합의체 판결</u>]

【판결요지】

제1심에서 징역 6월의 선고를 받고 피고인만이 항소한 사건에서 징역 8월에 집행유예 2년을 선고한 것은 제1심 형보다 중하고 따라서 불이익변경의 금지원칙에 위반된다.

제2절 형의 양정

제51조[양형의 조건]

> 제51조(양형의 조건) 형을 정함에 있어서는 다음 사항을 참작하여야 한다.
> 1. 범인의 연령, 성행, 지능과 환경
> 2. 피해자에 대한 관계
> 3. 범행의 동기, 수단과 결과
> 4. 범행 후의 정황

51-1. 외국에서의 미결구금에 대해 형법 제7조의 적용을 구하는 사건 [대법원 2017. 8. 24. 선고, 2017도5977, 전원합의체 판결]

【판시사항】

외국에서 미결구금되었다가 무죄판결을 받은 사람의 미결구금일수를 형법 제7조의 유추적용에 의하여 그가 국내에서 같은 행위로 인하여 선고받는 형에 산입할 수 있는지 여부(소극)

【판결요지】

양형의 조건에 관하여 규정한 형법 제51조의 사항은 널리 형의 양정에 관한 법원의 재량사항에 속하고, 이는 열거적인 것이 아니라 예시적인 것이다. 피고인이 외국에서 기소되어 미결구금되었다가 무죄판결을 받은 이후 다시 그 행위로 국내에서 처벌받는 경우, 공판 과정에서 외국에서의 미결구금 사실이 밝혀진다면, 양형에 관한 여러 사정들과 함께 그 미결구금의 원인이 된 사실과 공소사실의 동일성의 정도, 미결구금 기간, 해당 국가에서 이루어진 미결구금의 특수성 등을 고려하여 필요한 경우 형법 제53조의 작량감경 등을 적용하고, 나아가 이를 양형의 조건에 관한 사항으로 참작하여 최종의 선고형을 정함으로써 적정한 양형을 통해 피고인의 미결구금에 따른 불이익을 충분히 해소할 수 있다. 형법 제7조를 유추적용하여 외국에서의 미결구금을 확정된 형의 집행 단계에서 전부 또는 일부 산입한다면 이는 위 미결구금을 고려하지 아니하고 형을 정함을 전제로 하므로, 오히려 위와 같이 미결구금을 양형 단계에서 반영하여 그에 상응한 적절한 형으로 선고하는 것에 비하여 피고인에게 더 유리하다고 단정할 수 없다.

> 1. 양형부당을 상고이유로 할 수 없는 사건에서 정상에 관한 심리미진을 상고이유로 할 수 있는지 여부 (소극) [대법원 1990. 10. 26. 선고, 90도1940]
> 【판결요지】
> 징역 3년 6월이나 4년의 형이 선고된 판결에 대하여는 형의 양정이 부당함을 들어 상고이유로 할 수 없음은 물론 사실심법원이 양형의 조건이 되는 정상에 관하여 심리를 제대로 하지 아니하였음을 들어 상고이유로 할 수도 없다.

51-2. 사형의 선고가 허용되는 경우 및 사형을 선고할 때 준수하여야 할 사항 [대법원 2017. 4. 28.

선고, 2017도2188]

【판시사항】

사형은 인간의 생명을 박탈하는 냉엄한 궁극의 형벌로서 사법제도가 상정할 수 있는 극히 예외적인 형벌이라는 점을 감안할 때, 사형의 선고는 범행에 대한 책임의 정도와 형벌의 목적에 비추어 볼 때 누구라도 그것이 정당하다고 인정할 수 있는 특별한 사정이 있는 경우에만 허용되고, 형법 제51조가 규정한 사항을 중심으로 양형의 조건이 되는 모든 사정에 대한 철저히 심리를 거쳐 사형의 선고가 정당화될 수 있음이 밝혀진 경우에 한하여 비로소 사형을 선고할 수 있다(대법원 2015. 8. 27. 선고 2015도5785 판결 등 참조).

---

1. 사형의 선택 여부를 결정함에 있어서 필수적 양형자료 및 필요한 양형심리의 방법 [대법원 2003. 6. 13. 선고, 2003도924]

【판시사항】

[1] 사형의 선고가 허용되기 위한 요건

[2] 사형의 선택 여부를 결정함에 있어서 필수적 양형자료 및 필요한 양형심리의 방법

【판결요지】

[1] 사형은 인간의 생명 자체를 영원히 박탈하는 냉엄한 궁극의 형벌로서 문명국가의 이성적인 사법제도가 상정할 수 있는 극히 예외적인 형벌이라는 점을 감안할 때, 사형의 선고는 범행에 대한 책임의 정도와 형벌의 목적에 비추어 그것이 정당화될 수 있는 특별한 사정이 있다고 누구라도 인정할 만한 객관적인 사정이 분명히 있는 경우에만 허용되어야 하고, 따라서 사형을 선고함에 있어서는 범인의 연령, 직업과 경력, 성행, 지능, 교육 정도, 성장과정, 가족관계, 전과의 유무, 피해자와의 관계, 범행의 동기, 사전계획의 유무, 준비의 정도, 수단과 방법, 잔인하고 포악한 정도, 결과의 중대성, 피해자의 수와 피해감정, 범행 후의 심정과 태도, 반성과 가책의 유무, 피해회복의 정도, 재범의 우려 등 양형의 조건이 되는 모든 사항을 철저히 심리하여 위와 같은 특별한 사정이 있음을 명확하게 밝힌 후 비로소 사형의 선택 여부를 결정하여야 한다.

[2] 사형의 선택 여부를 결정하기 위하여는 법원으로서는 마땅히 기록에 나타난 양형조건들을 평면적으로만 참작하는 것에서 더 나아가, 피고인의 주관적인 양형요소인 성행과 환경, 지능, 재범의 위험성, 개선교화 가능성 등을 심사할 수 있는 객관적인 자료를 확보하여 이를 통하여 사형선택 여부를 심사하여야 할 것은 물론이고, 피고인이 범행을 결의하고 준비하며 실행할 당시를 전후한 피고인의 정신상태나 심리상태의 변화 등에 대하여서도 정신의학이나 심리학 등 관련 분야의 전문적인 의견을 들어 보는 등 깊이 있는 심리를 하여 본 다음에 그 결과를 종합하여 양형에 나아가야 한다.

51-3. 선고유예에 관하여 형법 제51조의 사항과 개전의 정상이 현저한지에 대한 원심판단의 당부를 상고심이 심판할 수 있는지 여부(소극) [대법원 2016. 12. 27. 선고, 2015도14375]

【판결요지】

형법 제51조의 사항과 개전의 정상이 현저한지에 관한 사항은 형의 양정에 관한 법원의 재량사항에 속하므로, 상고심으로서는 형사소송법 제383조 제4호에 의하여 사형·무기 또는 10년 이상의 징역·금고가 선고된 사건에서 형의 양정의 당부에 관한 상고이유를 심판하는 경우가 아닌 이

상, 선고유예에 관하여 형법 제51조의 사항과 개전의 정상이 현저한지에 대한 원심판단의 당부를 심판할 수 없다.

---

1. 선고유예의 요건 중 '개전의 정상이 현저한 때'의 의미 및 이에 대한 원심 판단의 당부를 상고심의 심판대상으로 삼을 수 있는지 여부(소극) [대법원 2003. 2. 20. 선고, 2001도6138, 전원합의체 판결]

【판결요지】

[다수의견] 선고유예의 요건 중 '개전의 정상이 현저한 때'라고 함은, 반성의 정도를 포함하여 널리 형법 제51조가 규정하는 양형의 조건을 종합적으로 참작하여 볼 때 형을 선고하지 않더라도 피고인이 다시 범행을 저지르지 않으리라는 사정이 현저하게 기내뇌는 경우를 가리킨다고 해석할 것이고, 이와 달리 여기서의 '개전의 정상이 현저한 때'가 반드시 피고인이 죄를 깊이 뉘우치는 경우만을 뜻하는 것으로 제한하여 해석하거나, 피고인이 범죄사실을 자백하지 않고 부인할 경우에는 언제나 선고유예를 할 수 없다고 해석할 것은 아니며, 또한 형법 제51조의 사항과 개전의 정상이 현저한지 여부에 관한 사항은 널리 형의 양정에 관한 법원의 재량사항에 속한다고 해석되므로, 상고심으로서는 형사소송법 제383조 제4호에 의하여 사형·무기 또는 10년 이상의 징역·금고가 선고된 사건에서 형의 양정의 당부에 관한 상고이유를 심판하는 경우가 아닌 이상, 선고유예에 관하여 형법 제51조의 사항과 개전의 정상이 현저한지 여부에 대한 원심 판단의 당부를 심판할 수 없고, 그 원심 판단이 현저하게 잘못되었다고 하더라도 달리 볼 것이 아니다.

51-4. 제1심과 비교하여 양형의 조건에 변화가 없고 제1심의 양형이 재량의 합리적인 범위를 벗어나지 않는 경우, 항소심이 이를 존중하여야 하는지 여부(적극) [대법원 2015. 7. 23. 선고, 2015도3260, 전원합의체 판결]

【판시사항】

[1] 제1심과 비교하여 양형의 조건에 변화가 없고 제1심의 양형이 재량의 합리적인 범위를 벗어나지 않는 경우, 항소심이 이를 존중하여야 하는지 여부(적극) 및 항소심이 형의 양정이 부당한 제1심판결을 파기하여야 하는 경우

[2] 항소심이 자신의 양형판단과 일치하지 않는다고 하여 양형부당을 이유로 제1심판결을 파기하는 경우, 양형심리 및 양형판단 방법이 위법한지 여부(소극) 및 원심판단에 근거가 된 양형자료와 그에 관한 판단 내용이 모순 없이 설시되어 있더라도, 양형의 조건이 되는 사유를 일일이 명시하지 아니하면 위법한지 여부(소극)

【판결요지】

[1] 양형부당은 원심판결의 선고형이 구체적인 사안의 내용에 비추어 너무 무겁거나 너무 가벼운 경우를 말한다. 양형은 법정형을 기초로 하여 형법 제51조에서 정한 양형의 조건이 되는 사항을 두루 참작하여 합리적이고 적정한 범위 내에서 이루어지는 재량 판단으로서, 공판중심주의와 직접주의를 취하고 있는 우리 형사소송법에서는 양형판단에 관하여도 제1심의 고유한 영역이 존재한다. 이러한 사정들과 아울러 항소심의 사후심적 성격 등에 비추어 보면, 제1심과 비교하여 양형의 조건에 변화가 없고 제1심의 양형이 재량의 합리적인 범위를 벗어나지 아니하는 경우에는

이를 존중함이 타당하며, 제1심의 형량이 재량의 합리적인 범위 내에 속함에도 항소심의 견해와 다소 다르다는 이유만으로 제1심판결을 파기하여 제1심과 별로 차이 없는 형을 선고하는 것은 자제함이 바람직하다. 그렇지만 제1심의 양형심리 과정에서 나타난 양형의 조건이 되는 사항과 양형기준 등을 종합하여 볼 때에 제1심의 양형판단이 재량의 합리적인 한계를 벗어났다고 평가되거나, 항소심의 양형심리 과정에서 새로이 현출된 자료를 종합하면 제1심의 양형판단을 그대로 유지하는 것이 부당하다고 인정되는 등의 사정이 있는 경우에는, 항소심은 형의 양정이 부당한 제1심판결을 파기하여야 한다.

[2] [다수의견] 항소심은 제1심에 대한 사후심적 성격이 가미된 속심으로서 제1심과 구분되는 고유의 양형재량을 가지고 있으므로, 항소심이 자신의 양형판단과 일치하지 아니한다고 하여 양형부당을 이유로 제1심판결을 파기하는 것이 바람직하지 아니한 점이 있다고 하더라도 이를 두고 양형심리 및 양형판단 방법이 위법하다고까지 할 수는 없다. 그리고 원심의 판단에 근거가 된 양형자료와 그에 관한 판단 내용이 모순 없이 설시되어 있는 경우에는 양형의 조건이 되는 사유에 관하여 일일이 명시하지 아니하여도 위법하다고 할 수 없다.

---

1. 양형의 조건이 되는 사유를 판결에 일일이 명시하지 아니하면 위법한지 여부(소극) [대법원 1994. 12. 13. 선고, 94도2584]

【판결요지】

범행의 동기, 범행의 도구 및 수법, 피고인의 성행, 전과, 연령, 직업과 환경 등의 양형의 조건을 참작하면 제1심의 형량이 적절하다고 판단된다고 하여 항소기각의 판결을 선고하였다면, 양형의 조건이 되는 사유에 관하여는 이를 판결에 일일이 명시하지 아니하여도 위법이 아니다.

51-5. 형의 집행유예를 선고받은 사람이 그 선고가 실효 또는 취소됨이 없이 유예기간을 경과하여 형의 선고가 효력을 상실한 경우, 선고유예 결격사유인 '자격정지 이상의 형을 받은 전과가 있는 자'에 해당하는지 여부(적극) [대법원 2012. 6. 28. 선고, 2011도10570]

【판시사항】

형법 제59조 제1항은 형의 선고유예에 관하여 "1년 이하의 징역이나 금고, 자격정지 또는 벌금의 형을 선고할 경우에 제51조의 사항을 참작하여 개전의 정상이 현저한 때에는 그 선고를 유예할 수 있다. 단 자격정지 이상의 형을 받은 전과가 있는 자에 대하여는 예외로 한다." 고 규정하고 있다. 여기서 그 단서에서 정한 "자격정지 이상의 형을 받은 전과" 라 함은 자격정지 이상의 형을 선고받은 범죄경력 자체를 의미하는 것이고, 그 형의 효력이 상실된 여부는 묻지 않는 것으로 해석함이 상당하다. 한편 형의 집행유예를 선고받은 사람이 형법 제65조에 의하여 그 선고가 실효 또는 취소됨이 없이 정해진 유예기간을 무사히 경과하여 형의 선고가 효력을 잃게 되었더라도, 이는 형의 선고의 법적 효과가 없어질 뿐이고 형의 선고가 있었다는 기왕의 사실 자체까지 없어지는 것은 아니므로, 그는 형법 제59조 제1항 단서에서 정한 선고유예 결격사유인 "자격정지 이상의 형을 받은 전과가 있는 자" 에 해당한다고 보아야 한다 (대법원 2008. 10. 9. 선고 2007도8269 판결 등 참조).

51-6. 형사재판에서 형의 양정을 함에 있어 고려하여야 할 사항 [대법원 2002. 10. 25. 선고, 2002도4298]

【판시사항】

[1] 형사재판에서 형의 양정을 함에 있어 고려하여야 할 사항

[2] 무기징역형에 처하는 것이 과중하다고 인정되고 작량감경사유가 드러난 경우, 과중한 무기징역형을 선고하는 것이 위법한지 여부(적극)

【판결요지】

[1] 형사소송은 피고인의 권익보호를 통한 실체적 진실 발견으로 정의를 실현하는 절차이어서 적정한 형의 양정도 그 정의실현의 한가지 귀결이라 할 것인바, 형의 양정은 사실심 법관의 전권사항이므로 통상의 경우 양형의 이유를 명시하는 일이 요구되지 아니하며 그 양형에 대하여 상고할 수 없는 것이지만, 형사소송법 제383조 제4호가 사형, 무기 또는 10년 이상의 징역이나 금고형이 선고된 사건에 있어서 형의 양정이 심히 부당하다고 인정할 현저한 사유가 있는 경우를 피고인만의 상고사유로 규정함으로써 그러한 사건에서의 양형참작사유는 사실심의 필요적 심판대상이 되는 것이고, 양형에서의 필요적 참작사유를 열거한 형법 제51조에는 범죄행위에 관련된 사유들과 더불어 범죄행위자인 피고인에 관련된 사유들이 더 많이 열거되어 있다는 점은 양형의 심리·판단 단계에서 주목되어야 할 부면이다.

[2] 수형자를 사회로부터 영구히 격리시켜 그의 자유를 박탈하는 종신자유형인 무기징역형은 유기징역형과는 현저한 차이가 있으므로 양형의 조건을 심리한 결과 무기징역형에 처하는 것이 과중하다고 인정되고 작량감경의 사유가 드러날 경우에는 작량감경한 형기범위 내에서 형을 선고하여야 하며 그런 상황에서 무기징역형을 선고한다면 그 형의 양정은 심히 부당한 경우에 해당하여 위법하게 된다.

51-7. 형사소송절차에서 피고인이 범죄사실에 대하여 진술을 거부하거나 거짓 진술을 하는 경우, 피고인의 그러한 태도나 행위를 가중적 양형의 조건으로 참작할 수 있는지 여부(한정 적극) [대법원 2001. 3. 9. 선고, 2001도192]

【판결요지】

형법 제51조 제4호에서 양형의 조건의 하나로 정하고 있는 범행 후의 정황 가운데에는 형사소송절차에서의 피고인의 태도나 행위를 들 수 있는데, 모든 국민은 형사상 자기에게 불리한 진술을 강요당하지 아니할 권리가 보장되어 있으므로(헌법 제12조 제2항), 형사소송절차에서 피고인은 방어권에 기하여 범죄사실에 대하여 진술을 거부하거나 거짓 진술을 할 수 있고, 이 경우 범죄사실을 단순히 부인하고 있는 것이 죄를 반성하거나 후회하고 있지 않다는 인격적 비난요소로 보아 가중적 양형의 조건으로 삼는 것은 결과적으로 피고인에게 자백을 강요하는 것이 되어 허용될 수 없다고 할 것이나, 그러한 태도나 행위가 피고인에게 보장된 방어권 행사의 범위를 넘어 객관적이고 명백한 증거가 있음에도 진실의 발견을 적극적으로 숨기거나 법원을 오도하려는 시도에 기인한 경우에는 가중적 양형의 조건으로 참작될 수 있다.

제52조[자수, 자복]

> 제52조(자수, 자복) ① 죄를 지은 후 수사기관에 자수한 경우에는 형을 감경하거나 면제할 수 있다.
> ② 피해자의 의사에 반하여 처벌할 수 없는 범죄의 경우에는 피해자에게 죄를 자복(自服)하였
> 을 때에도 형을 감경하거나 면제할 수 있다.

52-1. 형법 제52조 제1항에서 말하는'자수' 의미 및 자수감경을 하지 아니하거나 자수감경 주장에 대하여
판단하지 아니한 원심의 조치가 위법한지 여부(소극) [대법원 2011. 12. 22. 선고, 2011도12041]

【판시사항】

[1] 형법 제52조 제1항에서 말하는 '자수' (自首)의 의미 및 자수감경을 하지 아니하거나 자수
감경 주장에 대하여 판단하지 아니한 원심의 조치가 위법한지 여부(소극)

[2] 피고인이 금융기관 직원인 자신의 업무와 관련하여 금품을 수수하였다고 하여 특정경제범죄
가중처벌 등에 관한 법률 위반(수재)죄로 기소된 사안에서, 피고인이 수사기관에 두 번째 출석하
여 조사를 받으면서 비로소 범행을 자백한 행위를 '자수' 라고 할 수 없고, 설령 자수하였다 하
더라도 자수의 착오 주장에 대하여 판단하지 아니한 원심의 조치가 위법하다고 할 수 없다.

【판결요지】

[1] 형법 제52조 제1항에서 말하는 **'자수'** 란 범인이 스스로 수사책임이 있는 관서에 자기의 범
행을 자발적으로 신고하고 그 처분을 구하는 의사표시이므로, 수사기관의 직무상의 질문 또는 조
사에 응하여 범죄사실을 진술하는 것은 자백일 뿐 자수로는 되지 아니하고, 나아가 자수는 범인
이 수사기관에 의사표시를 함으로써 성립하는 것이므로 내심적 의사만으로는 부족하고 외부로 표
시되어야 이를 인정할 수 있는 것이다. 또한 피고인이 자수하였다 하더라도 자수한 이에 대하여
는 법원이 임의로 형을 감경할 수 있음에 불과한 것으로서 원심이 자수감경을 하지 아니하였다거
나 자수감경 주장에 대하여 판단을 하지 아니하였다 하여 위법하다고 할 수 없다.

[2] 피고인이 금융기관 직원인 자신의 업무와 관련하여 금품을 수수하였다고 하여 특정경제범죄
가중처벌 등에 관한 법률 위반(수재)죄로 기소된 사안에서, 피고인이 수사기관에 자진 출석하여
처음 조사를 받으면서는 돈을 차용하였을 뿐이라며 범죄사실을 부인하다가 제2회 조사를 받으면
서 비로소 업무와 관련하여 돈을 수수하였다고 자백한 행위를 자수라고 할 수 없고, 설령 자수하
였다고 하더라도 자수한 이에 대하여는 법원이 임의로 형을 감경할 수 있음에 불과한 것으로서
원심이 자수의 착오 주장에 대하여 판단하지 아니하였다 하여 위법하다고 할 수 없다.

---

1. 자수감경을 하지 아니하였다거나 자수감경 주장에 대하여 판단을 하지 아니하였다 하여 위법한지
여부(소극) [대법원 2001. 4. 24. 선고, 2001도872]

【판결요지】

피고인이 자수하였다 하더라도 자수한 자에 대하여는 법원이 임의로 형을 감경할 수 있음에 불과한 것
으로서 원심이 자수감경을 하지 아니하였다거나 자수감경 주장에 대하여 판단을 하지 아니하였다 하여
위법하다고 할 수 없다.

2. 자수서를 소지하고 수사기관에 자발적으로 출석하였으나 자수서를 제출하지 아니하고 범행사실도 부인하였다면 자수가 성립하지 아니하고, 그 이후 구속까지 된 상태에서 자수서를 제출하고 범행사실을 시인한 것을 자수에 해당여부(소극) [대법원 2004. 10. 14. 선고, 2003도3133]

【판시사항】

[1] 형법 제52조 제1항에 정한 자수의 의미와 요건 및 자백과의 구별

[2] 자수서를 소지하고 수사기관에 자발적으로 출석하였으나 자수서를 제출하지 아니하고 범행사실도 부인하였다면 자수가 성립하지 아니하고, 그 이후 구속까지 된 상태에서 자수서를 제출하고 범행사실을 시인한 것을 자수에 해당한다고 인정할 수 없다.

【이유】

형법 제52조 제1항에서 말하는 **자수**란 범인이 자발적으로 자신의 범죄사실을 수사기관에 신고하여 그 소추를 구하는 의사표시를 함으로써 성립하는 것으로서, 범행이 발각된 후에 수사기관에 자진 출석하여 범죄사실을 **자백**한 경우도 포함하며, 일단 자수가 성립한 이상 자수의 효력은 확정적으로 발생하고 그 후에 범인이 번복하여 수사기관이나 법정에서 범행을 부인한다고 하여 일단 발생한 자수의 효력이 소멸하는 것은 아니라고 할 것이지만 (대법원 1997. 3. 20. 선고 96도1167 전원합의체 판결, 1999. 7. 9. 선고 99도1695 판결, 2001. 5. 15. 선고 2001도410 판결 등 참조), 수사기관에의 신고가 자발적이라고 하더라도 그 신고의 내용이 자기의 범행을 명백히 부인하는 등의 내용으로 자기의 범행으로서 범죄성립요건을 갖추지 아니한 사실일 경우에는 자수는 성립하지 않고, 일단 자수가 성립하지 아니한 이상 그 이후의 수사과정이나 재판과정에서 범행을 시인하였다고 하더라도 새롭게 자수가 성립할 여지는 없다고 할 것이며(대법원 1993. 6. 11. 선고 93도1054 판결, 1994. 10. 14. 선고 94도2130 판결, 1999. 7. 9. 선고 99도1695 판결, 1999. 9. 21. 선고 99도2443 판결 등 참조), 범인이 스스로 수사책임이 있는 관서에 자기의 범행을 자발적으로 신고하고 그 처분을 구하는 의사표시이므로 수사기관의 직무상의 질문 또는 조사에 응하여 범죄사실을 진술하는 것은 자백일 뿐 자수로는 되지 않는다고 할 것이고(대법원 2002. 6. 25. 선고 2002도1893 판결 참조), 자수는 범인이 수사기관에 의사표시를 함으로써 성립하기 때문에 내심적 의사만으로는 부족하고, 외부로 표시되어야 이를 인정할 수 있는 것이다.

52-2. 경찰관의 여죄 추궁 끝에 다른 범죄사실을 자백한 경우, 자수 여부(소극) [대법원 2006. 9. 22. 선고, 2006도4883]

【판시사항】

[1] 자수의 의미

[2] 피고인이 경찰관의 여죄 추궁 끝에 다른 범죄사실을 자백한 경우, 자수라고 할 수 없다.

[3] 자수감경을 하지 아니한 조치의 적부(적극)

【이 유】

자수라 함은 범인이 스스로 수사책임이 있는 관서에 자기의 범행을 자발적으로 신고하고 그 처분을 구하는 의사표시를 말하고, 가령 수사기관의 직무상의 질문 또는 조사에 응하여 범죄사실을 진술하는 것은 자백일 뿐 자수로는 되지 않는다(대법원 1992. 8. 14. 선고 92도962 판결 등 참조). 기록에 의하면, 경찰관이 피고인의 강도상해 등의 범행에 관하여 수사를 하던 중 국립과학수사연

구소의 유전자검색감정의뢰회보 등을 토대로 피고인의 여죄를 추궁한 끝에 피고인이 강도강간의 범죄사실과 2004. 11. 23.자 특수강도의 범죄사실을 자백하였음을 알 수 있으므로 이를 자수라고 할 수 없고, 그 밖에 피고인이 자수하였다고 볼 자료가 없다. 또한, 설령 피고인이 자수하였다 하더라도 자수한 자에 대하여는 법원이 임의로 형을 감경할 수 있음에 불과한 것으로서 자수감경을 하지 아니하였다 하여 위법하다고 할 수 없는 것이다(대법원 1992. 8. 14. 선고 92도962 판결 등 참조). 원심판결에 상고이유의 주장과 같은 자수에 관한 법리오해 등의 위법이 없다.

---

1. 자수감경을 하지 아니한 조치의 적부(적극) [대법원 1992. 8. 14. 선고, 92도962]

【판결요지】

피고인이 자수하였다 하더라도 자수한 자에 대하여는 법원이 임의로 감경할 수 있음에 불과한 것으로서 자수감경을 하지 아니하였다 하여 위법하다고 할 수 없다.

52-3. 검찰에 자진 출석하여 범행을 사실대로 진술한 후 법정에서 범행을 부인한 경우, 자수감경을 할 수 있는지 여부(적극) [대법원 2005. 4. 29. 선고, 2002도7262]

【판결요지】

피고인들이 검찰에 조사 일정을 문의한 다음 지정된 일시에 검찰에 출두하는 등의 방법으로 자진 출석하여 범행을 사실대로 진술하였다면 자수가 성립되었다고 할 것이고, 그 후 법정에서 범행 사실을 부인한다고 하여 뉘우침이 없는 자수라거나, 이미 발생한 자수의 효력이 없어진다고 볼 수 없다.

52-4. 수사기관에 뇌물수수의 범죄사실을 자발적으로 신고하였으나 그 수뢰액을 실제보다 적게 신고함으로써 적용법조와 법정형이 달라지게 된 경우, 자수의 성립여부(소극) [대법원 2004. 6. 24. 선고, 2004도2003]

【판시사항】

[1] 자수의 성립요건으로서 '자신의 범죄사실'의 의미 및 자백과의 구별

[2] 수사기관에 뇌물수수의 범죄사실을 자발적으로 신고하였으나 그 수뢰액을 실제보다 적게 신고함으로써 적용법조와 법정형이 달라지게 된 경우, 자수의 성립을 부인한 사례

【이유】

형법 제52조 제1항 소정의 자수란 범인이 자발적으로 자신의 범죄사실을 수사기관에 신고하여 그 소추를 구하는 의사표시를 함으로써 성립하는 것이고(대법원 1999. 7. 9. 선고 99도1695 판결 참조), 여기서 신고의 내용이 되는 '자신의 범죄사실'이란 자기의 범행으로서 범죄성립요건을 갖춘 객관적 사실을 의미하는 것으로서, 위와 같은 객관적 사실을 자발적으로 수사기관에 신고하여 그 처분에 맡기는 의사표시를 함으로써 자수는 성립하게 되는 것이므로, 수사기관에의 신고가 자발적이라고 하더라도 그 신고의 내용이 자기의 범행을 부인하는 등의 내용으로 자기의 범행으로서 범죄성립요건을 갖추지 아니한 사실일 경우에는 자수는 성립하지 아니하며(대법원 1999. 9. 21. 선고 99도2443 판결 참조), 수사기관의 직무상의 질문 또는 조사에 응하여 범죄사실을 진술

하는 것은 자백일 뿐 자수로는 되지 않는다 (대법원 2002. 6. 25. 선고 2002도1893 판결 참조).

---

1. 형법 제52조 제1항 소정의 자수의 성립요건 및 자수가 성립한 후 범행을 부인하는 경우, 자수의 효력
   이 소멸하는지 여부(소극) [대법원 1999. 7. 9. 선고, 99도1695]

【판결요지】

형법 제52조 제1항 소정의 자수란 범인이 자발적으로 자신의 범죄사실을 수사기관에 신고하여 그 소추
를 구하는 의사표시를 함으로써 성립하는 것으로서, 일단 자수가 성립한 이상 자수의 효력은 확정적으
로 발생하고 그 후에 범인이 번복하여 수사기관이나 법정에서 범행을 부인한다고 하더라도 일단 발생
한 자수의 효력이 소멸하는 것은 아니라고 할 것이다.

52-5. 형법 제52조 제1항의'자수'를 인정하기 위한 요건 [대법원 1999. 9. 21. 선고, 99도2443]

【판시사항】

형법 제52조 소정의 자수라 함은 범인이 자발적으로 자신의 범죄사실을 수사기관에 신고하여 소
추를 구하는 의사표시를 말하는 것인바, 여기서 신고의 내용이 되는 '자신의 범죄사실'이란 자기
의 범행으로서 범죄성립요건을 갖춘 객관적 사실을 의미하는 것으로, 위와 같은 객관적 사실을
자발적으로 수사기관에 신고하여 그 처분에 맡기는 의사표시를 함으로써 자수는 성립하게 되는
것이므로(대법원 1995. 6. 30. 선고 94도1017 판결, 대법원 1999. 4. 13. 선고 98도4560 판결,
대법원 1999. 7. 9. 선고 99도1695 판결 참조), 위 수사기관에의 신고가 자발적이라고 하더라도
그 신고의 내용이 자기의 범행을 명백히 부인하는 등의 내용으로 자기의 범행으로서 범죄성립요
건을 갖추지 아니한 사실일 경우에는 자수는 성립하지 않고, 수사과정이 아닌 그 후의 재판과정
에서 범행을 시인하였다고 하더라도 새롭게 자수가 성립할 여지는 없다고 할 것이다.」

---

1. 자수의 요건 [대법원 1995. 6. 30. 선고, 94도1017]

【판결요지】

법률상의 형의 감경사유가 되는 자수를 위하여는, 범인이 자기의 범행으로서 범죄성립요건을 갖춘 객
관적 사실을 자발적으로 수사관서에 신고하여 그 처분에 맡기는 것으로 족하고, 더 나아가 법적으로
그 요건을 완전히 갖춘 범죄행위라고 적극적으로 인식하고 있을 필요까지는 없다.

---

2. 세관 검색시 금속탐지기에 의해 대마 휴대 사실이 발각될 상황에서 세관 검색원의 추궁에 의하여
   대마 수입 범행을 시인한 경우, 자수 여부(소극) [대법원 1999. 4. 13. 선고, 98도4560]

【판시사항】

세관 검색시 금속탐지기에 의해 대마 휴대 사실이 발각될 상황에서 세관 검색원의 추궁에 의하여 대마
수입 범행을 시인한 경우, 자발성이 결여되어 자수에 해당하지 않는다.

52-6. 수개의 범죄사실 중 일부만 자수한 경우의 효력 [대법원 1994. 10. 14. 선고, 94도2130]

【판시사항】

[1] 범죄사실을 부인하거나 죄의 뉘우침이 없는 자수를 형감경사유인 자수라고 할 수 있는지 여부
[2] 수개의 범죄사실 중 일부만 자수한 경우의 효력

【판결요지】

[1] 형법 제52조 제1항 소정의 자수란 범인이 자발적으로 자신의 범죄사실을 수사기관에 신고하여 그 소추를 구하는 의사표시로서 이를 형의 감경사유로 삼는 주된 이유는 범인이 그 죄를 뉘우치고 있다는 점에 있으므로 범죄사실을 부인하거나 죄의 뉘우침이 없는 자수는 그 외형은 자수일지라도 법률상 형의 감경사유가 되는 진정한 자수라고는 할 수 없다.

[2] 수개의 범죄사실 중 일부에 관하여만 자수한 경우에는 그 부분 범죄사실에 대하여만 자수의 효력이 있다.

---

1. 개전의 정이 없는 자수를 형법 제52조 소정의 자수라고 할 수 있는지 여부(소극) [대법원 1993. 6. 11. 선고, 93도1054]

【판결요지】

형법 제52조가 자수를 형의 감경사유로 삼은 첫째 이유는 범인이 죄를 뉘우치고 있다는 데에 있으므로 죄의 뉘우침이 없는 자수는 외형은 자수일지라도 형법 규정이 정한 자수라고 할 수 없다.

---

2. 범인이 수개의 범죄사실 중의 1부라도 수사기관에 자진 신고한 경우 [대법원 1969. 7. 22. 선고, 69도779]

【판시사항】

범인이 수개의 범죄사실 중의 1부라도 수사기관에 자진 신고한 이상, 그 동기가 투명치 않고 그후 공범을 두둔하더라도 그 자수한 부분 범죄사실에 대하여는 자수의 효력이 있다.

52-7. 수사기관으로부터 출석요구를 받기 전에 대검찰청 중앙수사부에 직접 전화를 걸어 출석의사 및 소재지를 밝힌 경우(적극) [대법원 1994. 5. 10. 선고, 94도659]

【판시사항】

피고인 1은 수사기관으로부터 출석요구를 받기 전에 대검찰청 중앙수사부에 직접 전화를 걸어 출석의사 및 소재지를 밝힌 후 집으로 찾아온 검찰수사관을 따라 위 중앙수사부에 출석하여 이 사건 범행사실을 자백하면서 모든 책임을 지겠으니 엄벌하여 달라는 취지의 자술서를 작성하고 형사소추를 구하였고, 피고인 2는 수사기관의 수사가 시작되기 전에 원심 피고인으로부터 금원을 받은 사실을 시인하면서 위 피고인의 전화번호를 기재하고, 주소지 내에 상주하고 있을 터이니 연락받는 대로 임의출석하여 사실을 밝히고 죄가 있으면 달게 처벌을 받겠다는 취지의 자진출두서를 작성하여 대검찰청 중앙수사부에 제출하고, 그 다음날 위 중앙수사부로부터 검찰청에 출석할 것을 연락받고 자진 출석하여 원심 피고인으로부터 금원을 수수한 사실을 스스로 자백하며 죄가 된다면 처벌을 받겠다고 형사소추를 구하였다고 판시하고 있는바, 원심판결과 원심이 인용한 1심판결이 채용한 증거들을 기록과 대조하여 검토하여 보면 원심의 위 사실인정은 정당하다.

피고인들이 수사기관에 자진출석하여 범죄사실을 신고하게 된 전후사정이 원심판시와 같다면 피

고인들은 수사책임있는 관서에 자기들의 범죄사실을 자수한 것으로 보아야 할 것이고, 또 피의자로서 신문을 받으면서 수사기관 앞에서 이 사건 범죄사실을 대체적으로 시인하는 내용의 진술을 한 것이라면, 피고인들이 법정에서 소론과 같이 범죄사실의 세부적인 형태나 상황설명 등에 다소 차이가 나는 진술을 하였다 하여도 자수의 효력에는 영향을 미칠것이 못된다 할 것이다.

---

1. 친지에 대한 자수의사 전달의 자수 해당 여부(소극) [대법원 1985. 9. 24. 선고, 85도1489]

【판결요지】

경찰관에게 검거되기 전에 친지에게 전화로 자수의사를 전달하였더라도 그것만으로는 자수로 볼 수 없다.

52-8. 자수주장에 대한 판단의 명시 여부(소극) [대법원 1991. 2. 26. 선고, 90도2906]

【판결요지】

자수는 재량에 의한 형의 감면사유에 불과하여 자수사실에 대한 주장은 형의 양정에 영향을 미치는 사유에 지나지 아니하므로 원심이 이 점에 대하여 판단하지 아니하였다 하여 잘못이라 할 수 없다.

---

1. 자수주장에 대한 판단의 명시 요부(소극) [대법원 1989. 5. 9. 선고, 89도420]

【판결요지】

살인죄에 있어서는 자수가 형의 필요적 감경 또는 면제사유가 아니므로 자수하였다는 주장은 형사소송법 제323조 제2항 소정의 법률상 형의 감면의 이유되는 사실의 진술에 해당하지 않고, 따라서 법원이 자수를 사유로 형을 감경 또는 면제할 필요가 없다고 인정할 때는 이에 대하여 반드시 판단을 명시하여야 하는 것도 아니다.

---

2. 형법 제52조의 자수, 자복감경이나 소년법 제60조 제2항의 소년에 대한 감경이 필요적인지 여부(소극) [대법원 1990. 4. 27. 선고, 90도321]

【판결요지】

형법 제52조의 자수, 자복감경이나 소년법 제60조 제2항이 규정한 감경은 필요적인 것이 아니고 법원의 재량에 속하는 것이다.

---

3. 자수감경하지 아니한 조치의 적부(적극) [대법원 1990. 10. 23. 선고, 90도1818]

【판결요지】

자수한 자에 대하여는 법원이 임의로 감경할 수 있음에 불과한 것으로서 원심이 자수감경을 하지 아니하였다 하여 위법하다 할 수 없다.

52-9. 내심으로 자수할 것을 결심한 경우, 자수해당 여부(소극) [대법원 1986. 6. 10. 선고, 86도792]

【판결요지】

법률상 자수가 성립하려면 범인이 수사기관에 대하여 자발적으로 자기의 범죄사실을 신고하여야 하는 것이므로 내심으로 자수할 것을 결심한 바 있었다 하여 자수로 볼 수 없다.

52-10. 자수가 형의 필요적 감면사유인지 여부(소극) [대법원 1986. 5. 27. 선고, 86도645]

　【판결요지】

　자수를 하였다 하더라도 이를 양형에 반드시 참작하여야 하는 것은 아니므로 원심이 형을 양정함에 이를 참작하여 감경하지 아니하였다하여 위법이라고 할 수 없다.

52-11. 자수하였다는 주장이 형사소송법 제323조 제2항 소정의 법률상 형의 가중감면의 이유가 되는 사실의 진술에 해당하는지 여부(소극) [대법원 1985. 3. 12. 선고, 84도3042]

　【판시사항】

　[1] 자수하였다는 주장이 형사소송법 제323조 제2항 소정의 법률상 형의 가중감면의 이유가 되는 사실의 진술에 해당하는지 여부(소극)

　[2] 자수를 형법 제52조 소정의 감면사유로 삼지 않고, 제53조 소정의 작량감경사유로 한 것의 적부(적극)

　【판결요지】

　[1] 형사소송법 제323조 제2항에 규정된 법률상 형의 가중감면의 이유가 되는 사실이라 함은 법률상 형의 필요적 가중감면의 이유가 되는 사실을 말하는 것으로서 법원의 임의적 감면사유에 해당하는 형법 제52조 제1항 소정의 자수에 관한 주장은 여기에 해당하지 않는다.

　[2] 형법 제52조 제1항 소정의 자수감면은 법원의 재량에 속하는 임의적인 것이기 때문에 법원이 이를 위 법조에 의한 감경사유로 삼지 아니하고 다른 정상과 합쳐 정상참작의 사유로 삼아 형법 제53조에 의한 작량감경을 하더라도 위법하다고 볼 수 없다.

52-12. 수사기관에 의한 조사질문시 범죄사실을 인정하는 진술이 자수에 해당하는지 여부(소극) [대법원 1982. 9. 28. 선고, 82도1965]

　【판결요지】

　자수라 함은 범인이 스스로 수사책임이 있는 관서에 자기의 범행을 고하고 그 처분을 구하는 의사표시를 하는 것을 말하고, 가령 수사기관의 직무상의 질문 또는 조사에 응하여 범죄사실을 진술하는 것은 자백일 뿐 자수로는 되지 않는다.

52-13. 제3자를 통하여 한 자수의 효력(적극) [대법원 1964. 8. 31. 선고, 64도252]

　【판결요지】

　자수의 신고방법에는 법률상 특별한 제한이 없으므로 제3자를 통하여서도 이를 할 수 있다.

52-14. 수사기관 아닌 자에 대한 자수의 의사전달과 자수의 적부(소극) [대법원 1954. 12. 21. 4287형상164]

　【판시사항】

[1] 수사기관 아닌 자에 대한 자수의 의사전달과 자수의 적부
[2] 적법한 자수로 인정할 수 없는 피고인의 진술과 이에 대한 판단을 하지 아니한 판결의 적부
【판결요지】
법률상 자수라 함은 죄를 범한 자가 관에 발각되기 전에 수사기관에 그 범죄사실을 고함을 요하는 바 피고인이 그 부를 통하여 수사기관 아닌 국민회유지가에게 지리산으로부터 귀가하였음을 연락한 사실만으로는 자수라 할 수 없고 이와 같은 주장은 형의 감면의 원인되는 사실의 주장이라 볼 수 없음으로 이에 대한 판단을 아니하였다 하여 위법이라 할 수 없다.

제53조[정상참작감경]

제53조(정상참작감경) 범죄의 정상(情狀)에 참작할 만한 사유가 있는 경우에는 그 형을 감경할 수 있다.

53-1. 하나의 죄에 대하여 징역형과 벌금형을 병과하여야 할 경우, 징역형에만 작량감경을 할 수 있는지 여부(소극) [대법원 2011. 5. 26. 선고, 2011도3161]
【판시사항】
하나의 죄에 대하여 징역형과 벌금형을 병과하여야 할 경우, 징역형에만 작량감경을 할 수 있는지 여부(소극)
【이 유】
하나의 죄에 대하여 징역형과 벌금형을 병과하여야 할 경우에 특별한 규정이 없는 한 징역형에만 작량감경을 하고 벌금형에는 작량감경을 하지 않는 것은 위법하다(대법원 1997. 8. 26. 선고 96도3466 판결, 대법원 2008. 7. 10. 선고 2008도3258 판결 등 참조).

1. 징역형과 벌금형을 병과하여야 할 경우, 징역형만의 작량감경 가부(소극) [대법원 1997. 8. 26. 선고, 96도3466]
【판시사항】
[1] 징역형과 벌금형을 병과하여야 할 경우, 징역형만의 작량감경 가부(소극)
[2] 징역형과 벌금형을 병과하면서 징역형에 대하여만 작량감경 규정을 기재하고 벌금형에 대하여는 작량감경 규정을 누락시킨 사안
【판결요지】
[1] 징역형과 벌금형을 병과하여야 할 경우에 특별한 규정이 없는 한 징역형에만 작량감경을 하고 벌금형에는 작량감경을 하지 않는 것은 위법하다.
[2] 징역형과 벌금형을 병과하면서 징역형에 대하여만 작량감경 규정을 기재하고 벌금형에 대하여는 작량감경 규정을 누락시킨 사안에서, 선고된 벌금형이 작량감경의 범위 내 및 작량감경을 하지 아니한 범위 내에 다 드는 경우, 법리오해의 위법이 있다.

> 2. 하나의 죄에 대하여 징역형과 벌금형을 병과하는 경우, 징역형만 작량감경할 수 있는지 여부(소극)
> [대법원 2009. 2. 12. 선고, 2008도6551]
> 【판시사항】
> 하나의 죄에 대하여 징역형과 벌금형을 병과하는 경우, 특별한 규정이 없는 한 징역형에만 작량감경을 하고 벌금형에는 작량감경을 하지 않는 것은 위법하다(대법원 1997. 8. 26. 선고 96도3466 판결, 대법원 2008. 7. 10. 선고 2008도3258 판결 등 참조)

53-2. 무기징역형에 처하는 것이 과중하다고 인정되고 작량감경사유가 드러난 경우, 과중한 무기징역형을 선고하는 것이 위법한지 여부(적극) [대법원 2002. 10. 25. 선고, 2002도4298]

【판시사항】

[1] 무기징역형에 처하는 것이 과중하다고 인정되고 작량감경사유가 드러난 경우, 과중한 무기징역형을 선고하는 것이 위법한지 여부(적극)

[2] 강간살인, 살인범행에 대하여 심신미약 감경만 하고 작량감경을 하지 아니한 채 무기징역형을 선고한 것은 형의 양정이 심히 부당하다.

【판결요지】

[1] 수형자를 사회로부터 영구히 격리시켜 그의 자유를 박탈하는 종신자유형인 무기징역형은 유기징역형과는 현저한 차이가 있으므로 양형의 조건을 심리한 결과 무기징역형에 처하는 것이 과중하다고 인정되고 작량감경의 사유가 드러날 경우에는 작량감경한 형기범위 내에서 형을 선고하여야 하며 그런 상황에서 무기징역형을 선고한다면 그 형의 양정은 심히 부당한 경우에 해당하여 위법하게 된다.

53-3. 법률상 감경사유가 있을 때의 작량감경 [대법원 1991. 6. 11. 선고, 91도985]

【판결요지】

법률상 감경사유가 있을 때에는 작량감경보다 우선하여 하여야 할 것이고, 작량감경은 이와 같은 법률상 감경을 다하고도 그 처단형의 범위를 완화하여 그보다 낮은 형을 선고하고자 할 때에 하는 것이 옳다.

53-4. 미성년자에 대하여 법정형 중에서 무기징역을 선택한 후 작량감경하여 부정기의 징역형을 선고할 수 있는지 여부(소극) [대법원 1991. 4. 9. 선고, 91도357]

【판결요지】

법정형 중에서 무기징역을 선택한 후 작량감경한 결과 유기징역을 선고하게 되었을 경우에는 피고인이 미성년자라 하더라도 부정기형을 선고할 수 없는 것이므로, 피고인에게 법정형 중 무기징역형을 선택한 후 작량감경을 하여 징역 10년의 정기형을 선고한 판결에 소년법 제59조, 제60조의 해석을 잘못한 위법이 없다.

> 1. 소년범에게 법정형 중 무기징역형을 선택한 후 작량감경을 하여 유기징역형으로 처단할 경우 부정기
>   형선고의 가부(소극) [대법원 1985. 4. 23. 선고, 85도318]
>   【판결요지】
>   소년법 제54조 제1항의 규정에 의한 부정기형은 처단형이 아닌 법정형을 기준으로 하여 장기 2년 이상
>   의 유기형에 해당하는 죄를 범한 때에 선고하도록 되어 있으므로 강도강간죄와 같이 법정형이 무기
>   또는 10년 이상의 징역인 경우에 위 법정형중 무기징역형을 선택한 후 작량감경을 하여 유기징역형으
>   로 처단할 때에는 그 법정형은 어디까지나 무기징역형이어서 위 소년법 제54조를 적용할 여지가 없다.

> 2. 소년법에 대하여 법정형 중 무기징역형을 선택한 후 작량감경하여 장기의 유기징역형을 선고한 조치
>   의 적부(적극) [대법원 1990. 10. 23. 선고, 90도2083]
>   【판결요지】
>   소년법 제54조 제1항의 규정에 의한 부정기형은 처단형이 아닌 법정형을 기준으로 하여 장기 2년 이상
>   의 유기징역에 해당하는 죄를 범하였을 때 선고하도록 되어 있으므로 원심이 소년이 범한 특정범죄가
>   중처벌등에관한법률 제5조의4 제3항의 죄에 대한 법정형인 사형, 무기 또는 10년 이상의 징역 가운데
>   무기징역을 선택한 다음 작량감경하여 장기의 유기징역형을 선고한 것은 옳다.

53-5. 보호감호기간에 대한 작량감경 여부(소극) [대법원 1986. 10. 28. 선고, 86도1661]

【판결요지】
보호감호요건에 해당하는 이상 보호감호기간은 법정되어 있어 법원이 재량으로 감경하거나 면제
할 수 없다.

> 1. 보호감호의 기간에 대한 법원의 재량권유무(소극) [대법원 1984. 11. 13. 선고, 84도2223]
>   【판결요지】
>   보호감호요건에 해당한다고 인정된 경우에는 법원은 감호대상자를 사회보호법 소정기간 동안 보호감
>   호에 처하여야 하고 감호기간의 양정에 법원의 재량을 인정하는 규정이 없으며 또 보호감호 처분을
>   형벌이라고 할 수 없어 형법 제53조의 규정이 적용되지 아니하므로 보호감호의 기간을 정함에 있어
>   작량감경을 하지 아니하였다 하여 잘못이 있다고 할 수 없다.

53-6. 자수로 인한 형의 감면이 필요적인 것인지 여부(소극) [대법원 1984. 11. 13. 선고, 84도1897]

【판결요지】
형법 제52조 제1항 소정의 자수로 인한 형의 감면은 법원의 자유재량에 속하는 것으로서
임의적인 것이므로 피고인이 수사책임 있는 관서에 자수 하였다고 하여도 법원이 이를 위
법조에 의한 자수감경의 사유로 삼지 아니하고 다른 정상과 합쳐 정상참작의 사유로 삼아
형법 제53조에 의한 작량감경을 하더라도 위법하다고 볼 수 없다.

53-7. 소년범에 대한 작량감경시 소년법 제54조 제1항 단서의 장, 단기제한도 1/2 감경할 수 있는지
   여부(소극) [대법원 1983. 6. 14. 선고, 83도993]

【판결요지】

형법 제53조에 의한 작량감경은 법정형을 감경하여 처단형을 정하는 과정이며 법원은 이 처단형의 범위내에서 선고형을 양정하게 되는 것인바, 소년법 제54조 제1항 단서는 소년에 대한 부정기 선고형의 상한을 정한 것에 불과하고 법정형을 정한 것이 아니므로 피고인에게 형법 제53조에 의한 작량감경 사유가 있다고 하여 위 소년법 소정의 부정기 선고형의 상한도 아울러 감경되어야 하는 것은 아니다.

제54조[선택형과 정상참작감경]

> 제54조(선택형과 정상참작감경) 한 개의 죄에 정한 형이 여러 종류인 때에는 먼저 적용할 형을 정하고 그 형을 감경한다.

54-1. 형법 제53조에 의한 작량감경의 방법 [대법원 1964. 10. 28. 선고, 64도454]

【판결요지】

본조에 의한 작량감경에 있어서도 일정한 범위를 정하여 그 범위내에서만 각 범죄사정에 적합한 양형을 하여야 하고 작량감경의 방법도 본법 제55조 소정 방법에 따라야 한다.

제55조[법률상의 감경]

제55조(법률상의 감경) ① 법률상의 감경은 다음과 같다. 〈개정 2010. 4. 15.〉
  1. 사형을 감경할 때에는 무기 또는 20년 이상 50년 이하의 징역 또는 금고로 한다.
  2. 무기징역 또는 무기금고를 감경할 때에는 10년 이상 50년 이하의 징역 또는 금고로 한다.
  3. 유기징역 또는 유기금고를 감경할 때에는 그 형기의 2분의 1로 한다.
  4. 자격상실을 감경할 때에는 7년 이상의 자격정지로 한다.
  5. 자격정지를 감경할 때에는 그 형기의 2분의 1로 한다.
  6. 벌금을 감경할 때에는 그 다액의 2분의 1로 한다.
  7. 구류를 감경할 때에는 그 장기의 2분의 1로 한다.
  8. 과료를 감경할 때에는 그 다액의 2분의 1로 한다.
② 법률상 감경할 사유가 수개있는 때에는 거듭 감경할 수 있다.

55-1. 임의적 감경사유의 존재가 인정되고 법관이 그에 따라 징역형에 대해 법률상 감경을 하는 경우, 형법 제55조 제1항 제3호에 따라 상한과 하한을 모두 2분의 1로 감경하여야 하는지 여부(적극) [대법원 2021. 1. 21. 선고, 2018도5475, 전원합의체 판결]

【판시사항】

'임의적 감경의' 의미 / 임의적 감경사유의 존재가 인정되고 법관이 그에 따라 징역형에 대해 법률상 감경을 하는 경우, 형법 제55조 제1항 제3호에 따라 상한과 하한을 모두 2분의 1로 감경하여야 하는지 여부(적극) / 이러한 현재 판례와 실무의 해석이 여전히 타당한지 여부(적극)

【판결요지】

[다수의견] 필요적 감경의 경우에는 감경사유의 존재가 인정되면 반드시 형법 제55조 제1항에 따른 법률상 감경을 하여야 함에 반해, 임의적 감경의 경우에는 감경사유의 존재가 인정되더라도 법관이 형법 제55조 제1항에 따른 법률상 감경을 할 수도 있고 하지 않을 수도 있다. 나아가 임의적 감경사유의 존재가 인정되고 법관이 그에 따라 징역형에 대해 법률상 감경을 하는 이상 형법 제55조 제1항 제3호에 따라 상한과 하한을 모두 2분의 1로 감경한다. 이러한 현재 판례와 실무의 해석은 여전히 타당하다. 구체적인 이유는 다음과 같다.

① 형법은 필요적 감경의 경우에는 문언상 형을 '감경한다.' 라고 표현하고, 임의적 감경의 경우에는 작량감경과 마찬가지로 문언상 형을 '감경할 수 있다.' 라고 표현하고 있다. '할 수 있다.' 는 말은 어떠한 명제에 대한 가능성이나 일반적인 능력을 나타내는 말로서 '하지 않을 수도 있다.' 는 의미를 포함한다. '할 수 있다.' 는 문언의 의미에 비추어 보면 입법자는 임의적 감경의 경우 정황 등에 따라 형을 감경하거나 감경하지 않을 수 있도록 한 것이고 그 권한 내지 재량을 법관에게 부여한 것이다. 이러한 해석은 문언상 자연스러울 뿐만 아니라 일상의 언어 사용에 가까운 것으로 누구나 쉽게 이해할 수 있다. 법문과 입법자의 의사에 부합하는 이상, 죄형법정주의 원칙상 허용되지 않는 유추해석에 해당하지도 않는다.

한편 형법 제55조 제1항은 형벌의 종류에 따라 법률상 감경의 방법을 규정하고 있는데, 형법 제

55조 제1항 제3호는 "유기징역 또는 유기금고를 감경할 때에는 그 형기의 2분의 1로 한다." 라고 규정하고 있다. 이와 같이 유기징역형을 감경할 경우에는 '단기'나 '장기'의 어느 하나만 2분의 1로 감경하는 것이 아니라 '형기' 즉 법정형의 장기와 단기를 모두 2분의 1로 감경함을 의미한다는 것은 법문상 명확하다. 처단형은 선고형의 최종적인 기준이 되므로 그 범위는 법률에 따라서 엄격하게 정하여야 하고, 별도의 명시적인 규정이 없는 이상 형법 제56조에서 열거하고 있는 가중·감경할 사유에 해당하지 않는 다른 성질의 감경사유를 인정할 수는 없다. 따라서 유기징역형에 대한 법률상 감경을 하면서 형법 제55조 제1항 제3호에서 정한 것과 같이 장기와 단기를 모두 2분의 1로 감경하는 것이 아닌 장기 또는 단기 중 어느 하나만을 2분의 1로 감경하는 방식이나 2분의 1보다 넓은 범위의 감경을 하는 방식 등은 죄형법정주의 원칙상 허용될 수 없다.
<u>② 법률상 감경사유는 구성요건해당성, 위법성, 책임 등 범죄의 성립요건과 관련이 있거나 불법의 정도나 보호법익의 침해 정도 등과 관련 있는 사유들이 대부분이다. 입법자는 범죄의 성립 및 처벌과 관련된 중요한 사항들을 법률상 감경의 요건으로 정한 뒤 해당 요건이 범죄의 성립 또는 처벌 범위의 결정에 일반적으로 미치는 영향이나 중요성을 종합적으로 고려하여 필요적 감경, 임의적 감경으로 구별하여 규정하였다.</u>
위와 같이 필요적 감경사유와 임의적 감경사유가 구별되어 규정되어 있는 취지를 고려하면 그 법률효과도 명확히 구별되어야 한다.

---

1. 법정형에 하한이 설정된 형법 제37조 후단 경합범에 대하여 형법 제39조 제1항 후문에 따라 형을 감경할 때에는 형법 제55조 제1항이 적용되지 아니하여 유기징역의 경우 그 형기의 2분의 1 미만으로도 감경할 수 있는지 여부(소극) [대법원 2019. 4. 18. 선고, 2017도14609, 전원합의체 판결]
【판결요지】
[다수의견] 형법 제37조 후단 경합범(이하 '후단 경합범'이라 한다)에 대하여 형법 제39조 제1항에 의하여 형을 감경할 때에도 법률상 감경에 관한 형법 제55조 제1항이 적용되어 유기징역을 감경할 때에는 그 형기의 2분의 1 미만으로는 감경할 수 없다. 그 이유는 다음과 같다.
① 처단형은 선고형의 최종적인 기준이 되므로 그 범위는 법률에 따라서 엄격하게 정하여야 하고, 별도의 명시적인 규정이 없는 이상 형법 제56조에서 열거하고 있는 가중·감경할 사유에 해당하지 않는 다른 성질의 감경 사유를 인정할 수는 없다. 형의 감경에는 법률상 감경과 재판상 감경인 작량감경이 있다. 작량감경 외에 법률의 여러 조항에서 정하고 있는 감경은 모두 법률상 감경이라는 하나의 틀 안에 놓여 있다. 따라서 형법 제39조 제1항 후문에서 정한 감경도 당연히 법률상 감경에 해당한다. 형법 제39조 제1항 후문의 "그 형을 감경 또는 면제할 수 있다."라는 규정 형식도 다른 법률상의 감경 사유들과 다르지 않다. 이와 달리 형법 제39조 제1항이 새로운 감경을 설정하였다고 하려면 그에 대하여 일반적인 법률상의 감경과 다른, 감경의 폭이나 방식이 제시되어야 하고 감경의 순서 또한 따로 정했어야 할 것인데 이에 대하여는 아무런 정함이 없다. 감경의 폭이나 방식, 순서에 관해 달리 정하고 있지 않은 이상 후단 경합범에 대하여도 법률상 감경 방식에 관한 총칙규정인 형법 제55조, 제56조가 적용된다고 보는 것이 지극히 자연스럽다.

② 후단 경합범에 따른 감경을 새로운 유형의 감경이 아니라 일반 법률상 감경의 하나로 보고, 후단 경합범에 대한 감경에 있어 형법 제55조 제1항에 따라야 한다고 보는 것은 문언적·체계적 해석에 합치될 뿐 아니라 입법자의 의사와 입법연혁 등을 고려한 목적론적 해석에도 부합한다.

55-2. 형의 감경조문을 적용하지 아니한 것이 판결에 영향을 미친 위법인지 여부(소극) [대법원 1983. 11. 22. 선고, 83도2130]

【판결요지】

법정형이 7년 이상의 유기징역인데 형법 소정의 감경절차를 거침없이 징역 4년을 선고함은 법률 적용의 착오로서 판결에 영향을 미쳤다 할 것이다.

55-3. 형의 감경후에 처단형을 정할 수 있는 형기의 범위 [대법원 1983. 11. 8. 선고, 83도2370]

【판결요지】

형법 제55조 제1항 제3호에 의하여 형기를 감경할 경우 여기서의 형기라 함은 장기와 단기를 모두 포함하는 것으로서 당해 처벌조항에 장기 또는 단기의 정함이 없을 때에는 형법 제42조에 의하여 장기는 15년, 단기는 1월이라고 볼 것이어서 형법 제250조의 소정형중 5년 이상의 유기징역형을 선택한 이상 그 장기는 15년이므로 법률상 감경을 한다면 장기 7년 6월, 단기 2년 6월의 범위내에서 처단형을 정하여야 한다.

55-4. 보호감호 처분의 기간을 정함에 있어 법률상 감경이나 작량감경할 수 있는지 여부(소극) [대법원 1983. 7. 12. 선고, 83감도114]

【판결요지】

사회보호법 소정의 보호감호처분은 형벌이라고 볼 수 없으므로 형법 규정의 법률상 감경이나 작량감경의 규정이 적용되지 아니한다.

55-5. 형법 제55조 제1항 제6호의 벌금을 감경할 때의 다액의 의미 [대법원 1978. 4. 25. 선고, 78도246, 전원합의체 판결]

【판결요지】

형법 제55조 제1항 제6호의 벌금을 감경할 때의 「다액」의 2분의 1이라는 문구는 「금액」의 2분의 1이라고 해석하여 그 상한과 함께 하한도 2분의 1로 내려가는 것으로 해석하여야 한다(다수의견).

제56조[가중 · 감경의 순서]

> 제56조(가중 · 감경의 순서) 형을 가중 · 감경할 사유가 경합하는 경우에는 다음 각 호의 순서에 따른다.
> 1. 각칙 조문에 따른 가중
> 2. 제34조제2항에 따른 가중
> 3. 누범 가중
> 4. 법률상 감경
> 5. 경합범 가중
> 6. 정상참작감경

56-1. 법률상 감경과 경합범 가중의 순서 [대구고법 1981. 12. 11. 선고, 81노1111, 확정]

　【판결요지】

　형법 제56조에 의하여 형을 가중, 감경할 사유가 경합된 때에는 법률상 감경을 먼저하고, 다음에 경합범가중을 하도록 규정되어 있다.

---

1. 형을 감경할 것을 아니하고 감경가중의 순서를 그릇한 실례 [대법원 1960. 9. 30. 4293형상509]

【판결요지】

범행당시 만16세 이상의 소년으로서 사형 또는 무기형에 국한된 법정형 있는 죄를 범하였으면 설사 감경사유가 있어 이를 감경한 결과 유기형으로 감경되었다 하더라도 동 유기형은 구 소년법(88.12.31. 법률 제4057로 개정전) 제54조에서 말하는 장기 2년 이상의 법정형에 해당치 아니하므로 부정기형을 과할 수 없다

56-2. 형의 가중감경의 순서 [광주고법 1965. 1. 20. 64노110, 확정]

　【판결요지】

　형법 제56조에 의하면 형의 가중감경은 법률상 감경을 한 뒤에 경합범 가중을 하게 되어 있는데, 원심이 경합범 가중을 한 뒤에 법률상 감경(미수감경)을 한 것은 판결의 결과에 영향을 미친 위법이 있다 할 것이다.

제57조[판결선고전 구금일수의 통산]

> 제57조(판결선고전 구금일수의 통산) ① 판결선고전의 구금일수는 그 전부를 유기징역, 유기금고, 벌금이나 과료에 관한 유치 또는 구류에 산입한다. 〈개정 2014. 12. 30.〉
> ② 전항의 경우에는 구금일수의 1일은 징역, 금고, 벌금이나 과료에 관한 유치 또는 구류의 기간의 1일로 계산한다.

57-1. 병과형 또는 수 개의 형이 선고된 경우 판결선고 전의 구금일수를 어느 형에 산입하는지 명시하여야 하는지 여부(소극) [대법원 2010. 9. 9. 선고, 2010도6924]

　【판결요지】

　헌법재판소는 형법 제57조 제1항 중 '또는 일부' 부분은 헌법에 위반된다고 선언하였는바, 이로써 판결선고 전의 구금일수는 그 전부가 유기징역, 유기금고, 벌금이나 과료에 관한 유치기간 또는 구류에 당연히 산입되어야 하게 되었고, 병과형 또는 수 개의 형으로 선고된 경우 어느 형에 미결구금일수를 산입하여 집행하느냐는 형집행 단계에서 형집행기관이 할 일이다.

> 1. 미결구금일수가 법정통산되는 경우 법정통산될 일수보다 적은 일수를 산입한 판결의 효력 [대법원 1996. 1. 26. 선고, 95도2263]
> 　【판결요지】
> 　형사소송법 제482조의 규정에 의하여 미결구금일수가 법정통산되는 경우에 항소심이 그 법정통산될 일수보다 적은 일수를 산입한다는 판단을 주문에서 선고하였다 하더라도 이는 법률상 의미 없는 조치에 불과하고 이로 말미암아 법정통산이 배제되는 것은 아니므로 위와 같은 사유만으로 원심판결을 파기할 수는 없다.

> 2. 형법 제57조 제1항의 일부에 대한 헌법재판소의 위헌결정에 따라 판결에서 별도로 '판결선고 전 미결구금일수 산입에 관한 사항'을 판단할 필요가 없어졌는지 여부(적극)[대법원 2009. 12. 10. 선고, 2009도11448]
> 　【판결요지】
> 　형법 제57조 제1항 중 "또는 일부" 부분은 헌법재판소 2009. 6. 25. 선고 2007헌바25 사건의 위헌결정으로 효력이 상실되었다. 그리하여 판결선고 전 미결구금일수는 그 전부가 법률상 당연히 본형에 산입하게 되었으므로에서 별도로 미결구금일수 산입에 관한 사항을 판단할 필요가 없다고 할 것이다.

57-2. 미결구금일수의 통산에 관한 형법 제57조의 규정 취지 [대법원 2009. 5. 28. 선고, 2009도1446]

　【판시사항】

　[1] 미결구금일수의 통산에 관한 형법 제57조의 규정 취지

　[2] 미합중국 정부와의 범죄인인도조약에 따라 미국에서 체포된 후 국내에 송환되어 구속되기까지의 기간이 형법 제57조에 의하여 본형에 산입될 미결구금일수에 해당하지 않는다.

　【판결요지】

[1] 형법 제57조가 미결구금일수의 전부 또는 일부를 본형에 산입한다고 규정한 것은 미결구금이 공소의 목적을 달성하기 위하여 어쩔 수 없이 피고인 또는 피의자를 구금하는 강제처분이어서, 형의 집행은 아니지만 자유를 박탈하는 점이 자유형과 유사하기 때문이다.

[2] 피고인이 미결구금일수로서 본형에의 산입을 요구하는 일수는 공소의 목적을 달성하기 위하여 어쩔 수 없이 이루어진 강제처분기간이 아니라, '대한민국 정부와 미합중국 정부간의 범죄인인도조약'에 따라 체포된 후 인도절차를 밟기 위한 기간에 불과하여 형법 제57조에 의하여 본형에 산입될 미결구금일수에 해당하지 않는다.

---

1. 필리핀에서 범행을 저지른 피고인이 필리핀 당국에 의하여 체포된 후 강제로 출국되기까지의 기간이 형법 제57조에 의하여 본형에 산입될 미결구금일수에 해당하는지 여부(소극) [대법원 2003. 2. 11. 선고, 2002도6606]

【판시사항】

[1] 미결구금일수의 통산에 관한 형법 제57조의 규정 취지

[2] 필리핀에서 범행을 저지른 피고인이 필리핀 당국에 의하여 체포된 후 강제로 출국되기까지의 기간이 형법 제57조에 의하여 본형에 산입될 미결구금일수에 해당하지 않는다.

【판결요지】

[1] 미결구금은 공소의 목적을 달성하기 위하여 어쩔 수 없이 피고인 또는 피의자를 구금하는 강제처분이어서 형의 집행은 아니지만, 자유를 박탈하는 점이 자유형과 유사하기 때문에, 형법 제57조는 인권보호의 관점에서 미결구금일수의 전부 또는 일부를 본형에 산입한다고 규정하고 있다.

[2] 피고인이 미결구금일수로서 본형에의 산입을 요구하는 일수는 공소의 목적을 달성하기 위하여 어쩔 수 없이 이루어진 강제처분기간이 아니라, 피고인이 필리핀 당국에 의하여 이민법위반 혐의(체류자격 외 활동)로 체포된 후 필리핀에서 강제로 출국되기까지의 기간에 불과하여 형법 제57조에 의하여 본형에 산입될 미결구금일수에 해당하지 않는다.

57-3. 실제 구금일수를 초과하여 본형에 산입한 판결이 확정된 경우, 초과부분이 본형에 산입되는 효력이 생기는지 여부(소극) [대법원 2007. 7. 13. 선고, 2007도3448]

【판시사항】

[1] 실제 구금일수를 초과하여 본형에 산입한 판결이 확정된 경우, 초과부분이 본형에 산입되는 효력이 생기는지 여부(소극)

[2] 판결 선고 전의 구금일수가 전혀 없음에도 이를 산입한 판결을 판결서 경정으로 시정할 수 있는지 여부(적극)

【판결요지】

[1] 형법 제57조에서 판결 선고 전의 구금일수의 전부 또는 일부를 유기징역, 유기금고, 벌금이나 과료에 관한 유치 또는 구류에 산입하도록 규정하고 있는 것은 신체의 자유를 구속한다는 점에서 자유형의 집행과 실질적 차이가 없다는 점을 감안하여 공평의 견지에서 실제로 구금되었던 일수의 전부 또는 일부를 본형에 산입하도록 하는 것이므로, 실제 구금일수를 초과하여 산입한

판결이 확정된 경우에도 그 초과 부분이 본형에 산입되는 효력이 생기는 것은 아니다.

　[2] 불구속된 피고인에 대하여 판결을 선고하면서 판결 선고 전의 미결구금일수가 실제 없음에도 형법 제57조를 적용하여 이를 산입한 예외적인 경우에는 재판서에 오기와 유사한 오류가 있음이 명백하여 판결서의 경정으로 이를 시정할 수 있다.

　[3] 피고인이 항소심 계속중 별건 확정판결의 집행에 의하여 수감중이었으므로 항소심에서의 미결구금일수가 전혀 없음에도 불구하고 착오로 본형에 잘못 산입한 오류를 판결서의 경정을 통하여 시정함에 있어 불이익변경금지원칙이 적용될 여지가 없다고 본 사례.

57-4. 수사기관에 의해 체포되었다가 당일 석방된 경우, 피고인에 대하여 벌금형을 선고하면서 위 미결구금일수를 노역장유치기간에 산입하여야 하는지 여부(적극) [대법원 2007. 2. 9. 선고, 2006도7837]

【판시사항】

　형법 제57조에 의하면 판결 선고 전의 구금일수는 그 전부 또는 일부를 반드시 유기징역이나 유기금고, 벌금이나 과료에 관한 유치기간 또는 구류에 산입하여야 하는 것이고, 기록에 의하면 피고인은 이 사건 범죄사실로 2006. 1. 13. 체포되었다가 당일 검사의 석방지휘에 따라 석방된 사실을 알 수 있으므로, 제1심이 피고인에 대하여 벌금형을 선고하면서 위 미결구금일수를 노역장유치기간에 산입하지 아니한 것은 법령을 적용하지 아니하여 판결에 영향을 미친 위법이 있다고 할 것이다.

57-5. 판결 선고 전의 구금일수는 법률상 당연히 통산하는 경우가 아닌 이상 그 전부를 산입할 것인지의 여부가 판결 법원의 재량에 속하는지 여부(적극) [대법원 2007. 2. 8. 선고, 2006도7882]

【판시사항】

　판결 선고 전의 구금일수는 법률상 당연히 통산할 경우가 아닌 이상 그 전부를 산입할 것인가 또는 그 일부만을 산입할 것인가의 여부는 판결 법원의 재량에 속하는 것이므로 이에 따른 원심의 조치는 적법하고 이를 탓하는 상고이유는 이유 없다.

---

1. 제1심판결이 그 판결선고 전의 미결구금일수 중 일부만을 본형에 산입하고 기피신청일 다음날부터 기피사건 재항고 기각결정 전날까지의 구금기간을 본형에 산입하지 아니한 것이 위법한지 여부(소극) [대법원 2005. 10. 14. 선고, 2005도4758]

【판결요지】

형사소송법 제92조 제3항에 의하면 같은 법 제22조에 의한 기피신청으로 인하여 공판절차가 정지된 기간은 구속기간에 산입하지 아니한다고 규정되어 있는바, 그 취지는 본안의 심리기간을 확보하기 위한 것뿐이므로 기피신청으로 인하여 공판절차가 정지된 상태의 구금기간도 판결선고 전의 구금일수에는 산입되어야 하는 것이고, 따라서 제1심판결이 위 구금기간을 미결구금일수에 산입하지 아니한 것은 잘못이라고 할 것이나 판결선고 전의 구금일수는 법률상 당연히 통산할 경우가 아닌 이상 그 전부를 산입할 것인가 또는 그 일부만을 산입할 것인가의 여부는 판결법원의 자유재량에 속하는 것이므로, 제1심판결이 그 판결선고 전의 미결구금일수 중 일부만을 본형에 산입하고 기피신청일 다음날부터 기

> 피사건 재항고 기각결정 전날까지의 구금기간을 본형에 산입하지 아니하였다고 하더라도 이를 위법이라고 할 것은 아니다.

57-6. 항소심이 제1심판결 선고 전 구금일수 중 일부를 본형에 산입하지 아니한 조치의 위법 여부(소극)
[대법원 2006. 4. 13. 선고, 2005도9268]

【판결요지】

판결 선고 전 구금일수를 전부 산입할 것인가 또는 그 일부만을 산입할 것인가의 여부는 판결 법원의 자유재량에 속하는 것이므로, 항소심이 제1심판결을 파기하고 새로이 형을 선고함에 있어서 제1심판결 선고 전의 구금일수 중 일부를 본형에 산입하지 않았다고 하더라도 이를 위법하다 할 수 없다.

57-7. 판결 선고 당일에 집행유예, 선고유예, 벌금형 등의 선고나 보석, 구속취소 등으로 인하여 그날 중으로 석방된 피고인이 바로 당일에 상소를 제기한 경우, 그 선고 당일(석방된 당일)의 구금일수 1일이 상소심의 재정통산의 대상이 되는지 여부(적극) [대법원 2006. 2. 10. 선고, 2005도6246]

【판시사항】

[1] 형법 제57조에 의하여 본형 산입의 대상이 되는 미결구금일수

[2] 판결 선고 당일에 집행유예, 선고유예, 벌금형 등의 선고나 보석, 구속취소 등으로 인하여 그날 중으로 석방된 피고인이 바로 당일에 상소를 제기한 경우, 그 선고 당일(석방된 당일)의 구금일수 1일이 상소심의 재정통산의 대상이 되는지 여부(적극)

【판결요지】

[1] 형법 제57조에 의하여 <u>본형 산입의 대상이 되는 미결구금일수(재정통산 일수)는 판결 선고 전날까지의 구금일수라고 보아야 한다.</u>

[2] 판결 선고 당일에 집행유예, 선고유예, 벌금형 등의 선고나 보석, 구속취소 등으로 인하여 그날 중으로 석방된 피고인이 바로 당일에 상소를 제기한 경우에는 그 선고 당일(석방된 당일)의 구금일수 1일은 상소심의 재정통산의 대상이 된다고 할 것이고, 상소심은 재정통산의 대상이 되는 미결구금일수가 있을 때에는 반드시 그 전부 또는 일부를 본형에 산입하여야 하는 것이므로 그 경우 위 미결구금일수 1일을 반드시 본형에 산입하는 선고를 하여야 한다.

> 1. 계산상 일수보다 미결구금일수를 과다 산입한 조치의 적부 [대법원 1994. 2. 8. 선고, 93도2563]
> 【판결요지】
> 1992.11.29. 구속되었고 제1심판결 선고일이 1993.4.28.이라면 판결 선고 전 구금일수는 150일임이 계산상 명백하므로 미결구금일수 180일을 본형에 산입한 것은 형법 제57조를 잘못 적용하여 위법하다.

<u>57-8.</u> 경합범 관계에 있는 공소사실 중 일부에 대하여 유죄, 일부에 대하여 무죄의 각 판결이 선고되어 유죄부분에 대하여는 피고인이, 무죄부분에 대하여는 검사가 각 상고를 제기한 경우, 쌍방의 상고를 모두 기각하는 때의 상고제기 후의 미결구금일수 산입 방법 [대법원 2002. 6. 20. 선고, 2002도807, <u>전원합의체 판결]</u>

【판결요지】

[다수의견] 형법 제37조 전단의 경합범관계에 있는 공소사실 중 일부에 대하여는 유죄, 나머지 일부에 대하여는 무죄를 선고하였고 그 중 유죄부분에 대하여는 피고인이 상고하고 무죄부분에 대하여는 검사가 상고한 경우에 있어서는, 원심판결 전부의 확정이 차단되어 상고심에 이심되는 것이고 유죄부분에 대한 피고인의 상고가 이유 없더라도 무죄부분에 대한 검사의 상고가 이유 있는 때에는 피고인에게 하나의 형이 선고되어야 하는 관계로 무죄부분뿐 아니라 유죄부분도 함께 파기되어야 하는 것이므로, 쌍방의 상고를 모두 기각하는 판결이 선고되기 전까지는 검사의 상고로 인하여 유죄부분과 무죄부분이 모두 파기될 가능성을 내포하고 있어 두 부분은 서로 밀접하게 관련되어 있고, 따라서 검사의 상고가 이유 있는지 여부를 가리기 전에는 유죄부분에 대한 피고인의 상고만을 분리하여 기각할 수 없어, 상고심의 미결구금이 오로지 피고인의 책임으로 돌릴 사유로 인하여 생긴 것이라고는 할 수 없다고 할 것이니, 이러한 경우 법문의 문언대로 당연히 형사소송법 제482조 제1항 제1호의 '검사가 상소를 제기한 때'에 해당하는 것으로 보아야 할 것이고, 따라서 피고인과 검사의 상고를 모두 기각하는 경우에 있어서도 상고제기 후의 판결선고 전의 구금일수는 형사소송법 제482조 제1항 제1호에 의하여 그 전부가 본형에 산입되는 것이라 할 것이며, 이와는 달리 경합범의 관계에 있는 사실 중 일부를 유죄로, 일부를 무죄로 각 판결하고 그 중 유죄부분에 대하여는 피고인이, 무죄부분에 대하여는 검사가 각 상고를 제기한 경우에 상고심에서 쌍방의 상고를 모두 기각하는 때에는 원심의 유죄부분과 무죄부분은 가분적이어서 쌍방의 상고는 서로 영향을 미치지 않으므로 상고 후의 구금일수를 형법 제57조에 의하여 재정산입하여야 한다고 판시한 <u>대법원 2002. 2. 5. 선고 2001도6311 판결은 이 판결의 견해와 저촉되는 한도 내에서 이를 변경</u>하기로 한다.

1. 경합범 관계에 있는 사실 중 일부에 대하여 유죄, 일부에 대하여 무죄의 각 판결이 선고되어 유죄부분에 대하여는 피고인이, 무죄 부분에 대하여는 검사가 각 상고를 제기한 경우 상고를 모두 기각하는 때의 미결구금일수 산입 방법 [대법원 2002. 2. 5. 선고, 2001도6311] ☞ 변경

【판결요지】

경합범의 관계에 있는 사실 중 일부를 유죄로, 일부를 무죄로 각 판결하고, 그 중 유죄부분에 대하여는 피고인이, 무죄부분에 대하여는 검사가 각 상고를 제기한 경우에 상고심에서 쌍방의 상고를 모두 기각하는 때에는 원심의 유죄부분과 무죄부분은 가분적이어서 쌍방의 상고는 서로 영향을 미치지 않으므로 피고인만이 상고한 유죄부분에 대하여는 형사소송법 제482조 제1항 제1호에 정해진 검사가 상고한 경우에 해당하지 아니하므로 이에 대한 상고 후의 구금일수는 형법 제57조에 의하여 재정산입하여야 한다.

2. 경합범 중 일부에 대하여 무죄, 일부에 대하여 유죄를 선고한 항소심 판결에 대하여 검사만이 무죄부분에 대하여 상고를 제기한 경우 상고심에서 이를 파기할 때의 파기범위 [대법원 1992. 1. 21. 선고, 91도1402, <u>전원합의체 판결]</u>

【판결요지】

형법 제37조 전단의 경합범으로 같은 법 제38조 제1항 제2호에 해당하는 경우 하나의 형으로 처벌하여야 함은 물론이지만 위 규정은 이를 동시에 심판하는 경우에 관한 규정인 것이고 경합범으로 동시에 기소된 사건에 대하여 일부 유죄, 일부 무죄의 선고를 하거나 일부의 죄에 대하여 징역형을, 다른 죄에 대하여 벌금형을 선고하는 등 판결주문이 수개일 때에는 그 1개의 주문에 포함된 부분을 다른 부분과 분리하여 일부상소를 할 수 있는 것이고 당사자 쌍방이 상소하지 아니한 부분은 분리 확정된다고 볼 것인바, 경합범 중 일부에 대하여 무죄, 일부에 대하여 유죄를 선고한 항소심 판결에 대하여 검사만이 무죄 부분에 대하여 상고를 한 경우 피고인과 검사가 상고하지 아니한 유죄판결 부분은 상고기간이 지남으로써 확정되어 상고심에 계속된 사건은 무죄판결 부분에 대한 공소뿐이라 할 것이므로 상고심에서 이를 파기할 때에는 무죄 부분만을 파기할 수밖에 없다.

57-9. 법원이 판결선고 전의 구금일수를 구속영장이 발부되지 아니한 다른 범죄사실에 관한 죄의 형에 산입할 수 있는지 여부(적극) [대법원 1996. 5. 10. 선고, 96도800]

【판결요지】

수개의 공소사실로 공소가 제기된 피고인이 그 중 일부의 범죄사실만으로 구속영장이 발부되어 구금되어 있었고, 법원이 그 수개의 범죄사실을 병합심리한 끝에 피고인에게 구속영장이 발부된 일부 범죄사실에 관한 죄의 형과 나머지 범죄사실에 관한 죄의 형으로 나누어 2개의 형을 선고할 경우에 일부 범죄사실에 의한 구금의 효과는 피고인의 신병에 관한 한 나머지 범죄사실에도 미친다고 보아 그 구금일수를 어느 죄에 관한 형에 산입할 것인가의 문제는 법원의 재량에 속하는 사항이라고 할 것이므로 <u>법원이 판결선고 전의 구금일수를 구속영장이 발부되지 아니한 다른 범죄사실에 관한 죄의 형에 산입할 수도 있다.</u>

57-10. 판결 선고 전의 구금일수 산입방법 [대법원 1995. 9. 29. 선고, 95도1662]

【판결요지】

형법 제57조의 규정에 따라 판결 선고 전의 구금일수는 그 전부 또는 일부를 형사소송법 제482조에 의하여 이른바 <u>법정통산을 하는 경우를 제외하고는 반드시 유기징역, 유기금고, 벌금이나 과료에 관한 유치 또는 구류에 산입하여야 한다.</u>

---

1. 구금일수를 전혀 산입하지 아니한 것은 파기사유가 되는지 여부(적극) [대법원 1979. 11. 13. 선고, 79도443]

【판결요지】

형법 제57조에 따라 판결선고 전의 구금일수는 그 전부 또는 일부를 형사소송법 제482조에 의하여 소위 법정통산을 하는 경우를 제외하고는 반드시 유기징역, 유기금고, 벌금이나 과료에 관한 유치 또는 구류에 산입하여야 하므로 제1심 판결 선고 전의 구금일수를 통산하지 아니함은 법령의 적용을 아니하여 판결에 영향을 미친 것이 된다.

---

2. 판결 선고 전의 구금일수를 본형에 전연 산입하지 아니한 원심판결을 파기자판하면서 미결구금일수 일부를 본형에 산입한 사례 [대법원 1994. 7. 29. 선고, 94도1354]

【판결요지】

피고인이 공소제기 전부터 계속 구금되어 있어 형법 제57조에 의하여 원심판결 선고 전의 구금일수의 전부 또는 일부를 본형에 산입하여야 할 것임에도 불구하고 구금일수를 전연 산입하지 아니한 원심판결에는 법령의 적용을 하지 아니한 위법이 있다.

57-11. 제1심 판결이 판결선고 전 구금일수 중 일부를 본형에 산입하지 아니한 것의 적부 [대법원 1993. 11. 26. 선고, 93도2505]

【판시사항】

[1] 제1심 판결이 판결선고 전 구금일수 중 일부를 본형에 산입하지 아니한 것의 적부

[2] 미결구금일수 중 일부 통산을 허용한 형법 제57조의 위헌 여부

【판결요지】

[1] 제1심 판결이 피고인의 판결선고 전 구금일수 중 일부를 본형에 산입하지 아니하였다 하더라도 이는 판결법원의 재량에 속하는 사항이므로, 거기에 형법 제57조의 해석 적용을 그르친 잘못이 있다 할 수 없다.

[2] 법원의 재량에 의하여 판결선고 전 구금일수 중 일부만을 통산할 수 있도록 한 형법 제57조의 규정이 헌법상의 평등원칙이나 피고인에 대한 무죄추정의 원칙 또는 재판을 받을 권리의 보장에 관한 원칙 등에 위배되는 것이라고 할 수 없다.

---

1. 미결구금기간이 본형기간을 초과한 경우의 위법 여부(소극) [대법원 1989. 10. 10. 선고, 89도1711]

【판시사항】

[1] 미결구금일수의 재량산입에 관한 형법 제57조의 위헌 여부(소극)

[2] 미결구금기간이 본형기간을 초과한 경우의 위법 여부(소극)

【판결요지】

[1] 재량에 의하여 판결선고전 구금일수 중 일부만을 통산할 수 있도록 한 형법 제57조의 규정이 신속한 재판을 받을 권리를 규정한 헌법에 위반된다고 할 수 없다.

[2] 미결구금기간이 확정된 징역 또는 금고의 본형기간을 초과한 결과가 생겼다 하여 위법하다고 할 수 없다.

57-12. 제1심판결의 선고형이 2개 이상 있을 때에 항소심이 항소기각하는 경우 판결선고전의 미결구금일수의 산입방법 [대법원 1988. 6. 14. 선고, 88도534]

【판결요지】

항소심이 피고인의 항소를 기각하면서 판결선고전의 미결구금일수를 제1심판결의 선고형에 산입하는 경우에 제1심판결의 선고형이 2개이상 있을 때에는 그 중 어느 형에 산입하는지를 분명히 해야 한다.

제3절 형의 선고유예

제59조[선고유예의 요건]

제59조(선고유예의 요건) ① 1년 이하의 징역이나 금고, 자격정지 또는 벌금의 형을 선고할 경우에 제51조의 사항을 고려하여 뉘우치는 정상이 뚜렷할 때에는 그 형의 선고를 유예할 수 있다. 다만, 자격정지 이상의 형을 받은 전과가 있는 사람에 대해서는 예외로 한다.
② 형을 병과할 경우에도 형의 전부 또는 일부에 대하여 선고를 유예할 수 있다.

59-1. 형법 제39조 제1항에 따라 형법 제37조 후단 경합범 중 판결을 받지 아니한 죄에 대하여 형을 선고하는 경우, 형법 제37조 후단에 규정된 '금고 이상의 형에 처한 판결이 확정된 죄'의 형도 형법 제59조 제1항 단서에서 선고유예의 예외사유로 규정한 '자격정지 이상의 형을 받은 전과'에 포함되는지 여부(적극) [대법원 2018. 4. 10. 선고, 2018오1]

【판시사항】

형법 제59조 제1항은 "1년 이하의 징역이나 금고, 자격정지 또는 벌금의 형을 선고할 경우에 형법 제51조의 사항을 참작하여 개전의 정상이 현저한 때에는 그 선고를 유예할 수 있다. 단, 자격정지 이상의 형을 받은 전과가 있는 자에 대하여는 예외로 한다." 라고 규정하고 있다. 형법 제39조 제1항에 따라 형법 제37조 후단 경합범 중 판결을 받지 아니한 죄에 대하여 형을 선고하는 경우 형법 제37조 후단에 규정된 '금고 이상의 형에 처한 판결이 확정된 죄' 의 형도 형법 제59조 제1항 단서에서 규정한 '자격정지 이상의 형을 받은 전과' 에 포함된다(대법원 2010. 7. 8. 선고 2010도931 판결 참조).

1. 형법 제37조 후단 경합범 중 판결을 받지 아니한 죄에 대하여 형을 선고하는 경우에, 형법 제37조 후단에 규정된 '금고 이상의 형에 처한 판결이 확정된 죄'의 형도 형법 제59조 제1항 단서에서 정한 선고유예의 예외사유인 '자격정지 이상의 형을 받은 전과'에 포함되는지 여부(적극) [대법원 2010. 7. 8. 선고, 2010도931]

【판결요지】

선고유예가 주로 범정이 경미한 초범자에 대하여 형을 부과하지 않고 자발적인 개선과 갱생을 촉진시키고자 하는 제도인 점, 형법은 선고유예의 예외사유를 '자격정지 이상의 형을 받은 전과'라고만 규정하고 있을 뿐 그 전과를 범행 이전의 것으로 제한하거나 형법 제37조 후단 경합범 규정상의 금고 이상의 형에 처한 판결에 의한 전과를 제외하고 있지 아니한 점, 형법 제39조 제1항은 경합범 중 판결을 받지 아니한 죄가 있는 때에는 그 죄와 판결이 확정된 죄를 동시에 판결할 경우와 형평을 고려하여 그 죄에 대하여 형을 선고하여야 하는데 이미 판결이 확정된 죄에 대하여 금고 이상의 형이 선고되었다면 나머지 죄가 위 판결이 확정된 죄와 동시에 판결되었다고 하더라도 선고유예가 선고되었을 수 없을 것인데 나중에 별도로 판결이 선고된다는 이유만으로 선고유예가 가능하다고 하는 것은 불합리한 점 등을 종합하여 보면, 형법 제39조 제1항에 의하여 형법 제37조 후단 경합범 중 판결을 받지 아니한 죄에 대하여 형을 선고하는 경우에 있어서 형법 제37조 후단에 규정된 금고 이상의 형에 처한 판결이 확정된 죄의 형도 형법 제59조 제1항 단서에서 정한 '자격정지 이상의 형을 받은 전과'에 포함된다고 봄이 상당하다.

59-2. 선고유예 판결을 하는 경우이유에서 선고형을 정해 놓아야 하는지 여부(적극) 및 형이 벌금형일 경우에는 벌금액 외에 환형유치처분까지 해 두어야 하는지 여부(적극) [대법원 2015. 1. 29. 선고, 2014도15120]

【판시사항】

형법 제59조에 의하여 형의 선고를 유예하는 판결을 할 경우에도 선고가 유예된 형에 대한 판단을 하여야 하므로, 선고유예 판결에서도 그 판결 이유에서는 선고형을 정해 놓아야 하고 그 형이 벌금형일 경우에는 벌금액뿐만 아니라 환형유치처분까지 해 두어야 한다(대법원 1988. 1. 19. 선고 86도2654 판결, 대법원 2014. 6. 12. 선고 2014도2234 판결 등 참조).

> 1. 선고유예판결을 하는 경우 판결이유에서 선고가 유예된 형에 대한 판단(환형유치 등) 요부 [대법원 1988. 1. 19. 선고, 86도2654]
>
> 【판결요지】
>
> 형법 제59조에 의하여 형의 선고를 유예하는 판결을 할 경우에도 선고가 유예된 형에 대한 판단을 하여야 하는 것이므로 선고유예 판결에서도 그 판결이유에서는 선고할 형의 종류와 량 즉 선고형을 정해 놓아야 하고 그 선고를 유예하는 형이 벌금형일 경우에는 그 벌금액 뿐만 아니라 환형유치처분까지 해 두어야 한다.

59-3. 형의 집행유예를 선고받은 사람이 그 선고가 실효 또는 취소됨이 없이 유예기간을 경과하여 형의 선고가 효력을 상실한 경우, 선고유예 결격사유인 '자격정지 이상의 형을 받은 전과가 있는 자'에 해당하는지 여부(적극) [대법원 2012. 6. 28. 선고, 2011도10570]

【판시사항】

형의 집행유예를 선고받은 사람이 형법 제65조에 의하여 그 선고가 실효 또는 취소됨이 없이 정해진 유예기간을 무사히 경과하여 형의 선고가 효력을 잃게 되었더라도, 이는 형의 선고의 법적 효과가 없어질 뿐이고 형의 선고가 있었다는 기왕의 사실 자체까지 없어지는 것은 아니므로, 그는 형법 제59조 제1항 단서에서 정한 선고유예 결격사유인 "자격정지 이상의 형을 받은 전과가 있는 자"에 해당한다고 보아야 한다 (대법원 2008. 10. 9. 선고 2007도8269 판결 등 참조).

59-4. 집행유예의 선고를 받고 그 유예기간을 무사히 경과한 경우, 형의 실효 등에 관한 법률 제7조가 적용되는지 여부(소극) [대법원 2007. 5. 11. 선고, 2005도5756]

【판시사항】

집행유예의 선고를 받고 그 유예기간을 무사히 경과한 경우, 형의 실효 등에 관한 법률 제7조가 적용되는지 여부(소극)

【이 유】

형의 실효 등에 관한 법률(이하 '형실효법'이라 한다) 제7조 제1항은 수형인이 자격정지 이상의 형을 받음이 없이 그 형의 집행을 종료하거나 그 집행이 면제된 경우에 한하여 적용될 수 있는 형의 실효에 관한 규정이므로, 이 사건에서와 같이 피고인이 징역 8월에 집행유예 1년을 선고받은 후 그 집행유예의 선고가 실효 또는 취소됨이 없이 유예기간을 경과함으로써 형법 제65조에 의하여 위 형의 선고가 효력을 잃은 경우에는 형실효법 제7조 제1항에 의하여 위 형이 실효될 여지는 없는 것이고, 가사 형실효법 제7조 제1항에 의하여 위 형이 실효되었다고 하더라도 그 형의 선고가 있었다는 기왕의 사실 자체까지 소멸하는 것은 아니다.(대법원 2004. 10. 15. 선고 2004도4869 판결 참조),

1. 집행유예의 선고를 받고 그 유예기간을 무사히 경과한 자에 대하여 선고유예의 선고가 가능한지 여부(소극) [대법원 2003. 12. 26. 선고, 2003도3768]
【판결요지】
형법 제59조 제1항 단행에서 정한 "자격정지 이상의 형을 받은 전과"라 함은 자격정지 이상의 형을 선고받은 범죄경력 자체를 의미하는 것이고, 그 형의 효력이 상실된 여부는 묻지 않는 것으로 해석함이 상당하다고 할 것이고, 따라서 형의 집행유예를 선고받은 자는 형법 제65조에 의하여 그 선고가 실효 또는 취소됨이 없이 정해진 유예기간을 무사히 경과하여 형의 선고가 효력을 잃게 되었다고 하더라도 형의 선고의 법률적 효과가 없어진다는 것일 뿐, 형의 선고가 있었다는 기왕의 사실 자체까지 없어지는 것은 아니므로, 형법 제59조 제1항 단행에서 정한 선고유예 결격사유인 "자격정지 이상의 형을 받은 전과가 있는 자"에 해당한다고 보아야 한다.

59-5. 선고유예의 요건 중 '개전의 정상이 현저한 때'의 의미 및 이에 대한 원심 판단의 당부를 상고심의 심판대상으로 삼을 수 있는지 여부(소극) [대법원 2003. 2. 20. 선고, 2001도6138, 전원합의체 판결]
【판시사항】
[1] 양형부당을 사유로 한 상고이유를 제한하는 형사소송법 제383조 제4호의 위헌 여부(소극)
[2] 선고유예의 요건 중 '개전의 정상이 현저한 때'의 의미 및 이에 대한 원심 판단의 당부를 상고심의 심판대상으로 삼을 수 있는지 여부(소극)
【판결요지】
[1] 대법원의 재판권에 관하여 헌법은 제107조 제2항의 규정 외에는 아무런 규정을 두고 있지 아니하고 있어, 위 규정 외의 대법원의 재판권에 관한 사항은 적의 규정할 수 있는 것이므로 형사사건에서 어떤 사유를 이유로 하여 상고할 수 있도록 하느냐의 문제는 입법정책의 문제일 뿐만 아니라, 양형부당을 사유로 한 상고이유를 제한한 형사소송법 제383조 제4호의 규정은 입법권자에게 허용된 형성의 자유의 영역에 속하는 것이라고 할 것이어서, 위 법률의 규정이 헌법 제101조 제2항이나, 대법원의 재판을 받을 국민의 권리를 규정하고 있는 헌법 규정에 위반되는 것이라고 할 수 없다.
[2] [다수의견] 선고유예의 요건 중 '개전의 정상이 현저한 때'라고 함은, 반성의 정도를 포함

하여 널리 형법 제51조가 규정하는 양형의 조건을 종합적으로 참작하여 볼 때 형을 선고하지 않더라도 피고인이 다시 범행을 저지르지 않으리라는 사정이 현저하게 기대되는 경우를 가리킨다고 해석할 것이고, 이와 달리 여기서의 '개전의 정상이 현저한 때'가 반드시 피고인이 죄를 깊이 뉘우치는 경우만을 뜻하는 것으로 제한하여 해석하거나, 피고인이 범죄사실을 자백하지 않고 부인할 경우에는 언제나 선고유예를 할 수 없다고 해석할 것은 아니며, 또한 형법 제51조의 사항과 개전의 정상이 현저한지 여부에 관한 사항은 널리 형의 양정에 관한 법원의 재량사항에 속한다고 해석되므로, 상고심으로서는 형사소송법 제383조 제4호에 의하여 사형·무기 또는 10년 이상의 징역·금고가 선고된 사건에서 형의 양정의 당부에 관한 상고이유를 심판하는 경우가 아닌 이상, 선고유예에 관하여 형법 제51조의 사항과 개전의 정상이 현저한지 여부에 대한 원심 판단의 당부를 심판할 수 없고, 그 원심 판단이 현저하게 잘못되었다고 하더라도 달리 볼 것이 아니다.

59-6. 범죄사실을 부인하는 피고인에게 형의 선고유예를 할 수 있는지 여부(소극) [대법원 1999. 11. 12. 선고, 99도3140]

【판결요지】

형법 제59조 제1항에 형의 선고를 유예할 수 있는 요건으로 규정된 개전의 정상이 현저한 때란 죄를 깊이 뉘우치고 있는 것을 의미하는 것으로서 범죄사실을 부인하는 경우에는 죄를 뉘우친다고 할 수 없어 형의 선고유예를 할 수 없다.

59-7. 구류형을 선고유예할 수 있는지 여부(소극) [대법원 1993. 6. 22. 선고, 93오1]

【판결요지】

형법 제59조 제1항은 1년 이하의 징역이나 금고, 자격정지 또는 벌금의 형을 선고할 경우 같은 법 제51조의 사항을 참작하여 개전의 정상이 현저한 때에는 선고를 유예할 수 있다고 규정하고 있어 형의 선고를 유예할 수 있는 경우는 선고할 형이 1년 이하의 징역이나 금고, 자격정지 또는 벌금의 형인 경우에 한하고 구류형에 대하여는 선고를 유예할 수 없다.

59-8. 주형을 선고유예하면서 추징만을 선고할 수 있는지 여부(적극) [대법원 1990. 4. 27. 선고, 89도2291]

【판결요지】

주형인 징역형의 선고를 유예할 경우에도 추징을 선고할 수 있다.

---

1. 형의 선고유예를 하는 경우에도 몰수형만의 선고를 할 수 있는지 여부(적극) [대법원 1973. 12. 11. 선고, 73도1133, 전원합의체 판결]

【판결요지】

형법 제59조에 의하여 형의 선고유예를 하는 경우에도 몰수의 요건이 있는 때에는 몰수형만의 선고를 할 수 있다고 해석함이 상당하다.

59-9. 주형에 대하여 선고를 유예하지 않으면서 이에 부가할 몰수, 추징에 대해서만 선고를 유예할 수 있는지 여부(소극) [대법원 1988. 6. 21. 선고, 88도551]

【판결요지】

형법 제59조에 의하더라도 몰수는 선고유예의 대상으로 규정되어 있지 아니하고 다만 몰수 또는 이에 갈음하는 추징은 부가형적 성질을 띠고 있어 그 주형에 대하여 선고를 유예하는 경우에는 그 부가할 몰수 추징에 대하여도 선고를 유예할 수 있으나, 그 <u>주형에 대하여 선고를 유예하지 아니하면서 이에 부가할 몰수 추징에 대하여서만 선고를 유예할 수는 없다.</u>

---

1. 주형의 선고를 유예하지 아니하면서 그에 부가할 추징에 대해서만 선고를 유예 할 수 있는지 여부(소극) [대법원 1979. 4. 10. 선고, 78도3098]

【판결요지】

몰수에 갈음하는 추징은 부가형적 성질을 띠고 있어 그 주형에 대하여 선고를 유예하는 경우에는 그 부가할 추징에 대하여도 선고를 유예할 수 있으나, 그 주형에 대하여 선고를 유예하지 아니하면서 이에 부가할 추징에 대하여서만 선고를 유예할 수는 없다.

59-10. 형법 제59조 제1항에 의하여 선고를 유예하는 형은 주형과 부가형을 포함한 전처단형을 말한다. [대법원 1970. 7. 24. 선고, 70도1289]

【판시사항】

원심은 피고인을 징역 10월에 처하면서 형법 제59조 제1항에 의하여 그 선고를 유예하되 피고인에게 대하여 추징금 300,000원을 과하고 있다. 그러나 형법 제59조 제1항에 의하여 선고를 유예하는 형은 주형과 부가형을 포함한 전처단형을 말하는 것이라 할 것이므로(대법원 70.6.30. 선고, 70도993 판결참조, 60.9.21. 선고 4293형상121호 판결참조) 필경 위의 원판결은 선고유예의 법리를 오해하였다 할 것이다」

59-11. 선고유예를 할 수 있는 형은 형을 병과하는 경우를 제외하고서는 주형과 부과형을 포함한다. [대법원 1970. 6. 30. 선고, 70도883]

【판시사항】

선고유예를 할 수 있는 형은 형을 병과하는 경우를 제외하고서는 주형과 부과형을 포함한다.

제60조[선고유예의 효과]

> 제60조(선고유예의 효과) 형의 선고유예를 받은 날로부터 2년을 경과한 때에는 면소된 것으로 간주한다.

60-1. 형의 선고유예 판결이 확정된 후 선고유예 기간을 경과한 경우, 선고유예 실효 결정을 할 수 있는지 여부(소극) [대법원 2018. 2. 6. 자, 2017모3459]

【판시사항】

형의 선고유예 판결이 확정된 후 선고유예 기간을 경과한 경우, 선고유예 실효 결정을 할 수 있는지 여부(소극) / 이는 원결정에 대한 집행정지의 효력이 있는 즉시항고 또는 재항고로 인하여 아직 선고유예 실효 결정의 효력이 발생하기 전 상태에서 상소심 절차 진행 중에 선고유예 기간이 그대로 경과한 경우에도 마찬가지인지 여부(적극)

【이 유】

형법 제60조, 제61조 제1항, 형사소송법 제335조, 제336조 제1항에 의하면, 형의 선고유예를 받은 자가 유예기간 중 자격정지 이상의 형에 처한 판결을 선고받아 그 판결이 확정되더라도 검사의 청구에 의한 선고유예 실효의 결정에 의하여 비로소 선고유예가 실효된다. 형의 선고유예 판결이 확정된 후 2년을 경과한 때에는 형법 제60조에 따라 면소된 것으로 간주하고, 그 뒤에는 실효의 대상이 되는 선고유예의 판결이 존재하지 않으므로 선고유예 실효의 결정을 할 수 없다. 이는 <u>원결정에 대한 집행정지의 효력이 있는 즉시항고 또는 재항고로 인하여 아직 선고유예 실효 결정의 효력이 발생하기 전 상태에서 상소심 절차 진행 중에 선고유예 기간이 그대로 경과한 경우에도 마찬가지이다</u>(대법원 2007. 6. 28.자 2007모348 결정, 대법원 2016. 5. 13.자 2016모799 결정 등 참조).

> 1. 선고유예 실효결정에 대한 상소심 진행 중에 유예기간인 2년이 경과한 경우, 선고유예 실효 결정을 할 수 있는지 여부(소극) [대법원 2007. 6. 28. 자, 2007모348]
>
> 【판결요지】
>
> <u>형법 제60조, 제61조 제1항, 형사소송법 제335조, 제336조 제1항의 각 규정에 의하면, 형의 선고유예를 받은 자가 유예기간 중 자격정지 이상의 형에 처한 판결이 확정되더라도 검사의 청구에 의한 선고유예 실효의 결정에 의하여 비로소 선고유예가 실효되는 것이고, 또한 형의 선고유예의 판결이 확정된 후 2년을 경과한 때에는 형법 제60조가 정하는 바에 따라 면소된 것으로 간주되고, 그와 같이 유예기간이 경과함으로써 면소된 것으로 간주된 후에는 실효시킬 선고유예의 판결이 존재하지 아니하므로 선고유예 실효의 결정(선고유예된 형을 선고하는 결정)을 할 수 없으며, 이는 원결정에 대한 집행정지의 효력이 있는 즉시항고 또는 재항고로 인하여 아직 그 선고유예 실효 결정의 효력이 발생하기 전 상태에서 상소심에서 절차 진행 중에 그 유예기간이 그대로 경과한 경우에도 마찬가지이다.</u>

60-2. 성폭력특례법상 등록대상 성범죄에 대해 선고유예 판결이 있는 경우 확정 즉시 등록대상자로서

신상정보 제출의무를 지는지 여부(적극) 및 선고유예 판결 확정 후 2년이 경과하면 신상정보 제출의무를 면하는지 여부(적극) [대법원 2014. 11. 13. 선고, 2014도3564]

【판결요지】

성폭력범죄의 처벌 등에 관한 특례법(이하 '성폭력 특례법'이라 한다) 제16조 제2항, 제42조 제1항, 제2항, 제43조 제1항, 제3항, 제4항, 제45조 제1항의 내용 및 형식, 그 취지와 아울러 선고유예 판결의 법적 성격 등에 비추어 보면, 등록대상자의 신상정보 제출의무는 법원이 별도로 부과하는 것이 아니라 등록대상 성범죄로 유죄판결이 확정되면 성폭력 특례법의 규정에 따라 당연히 발생하는 것이고, 위 유죄판결에서 선고유예 판결이 제외된다고 볼 수 없다. 따라서 등록대상 성범죄에 대하여 선고유예 판결이 있는 경우에도 선고유예 판결이 확정됨으로써 곧바로 등록대상자로 되어 신상정보를 제출할 의무를 지게 되며, 다만 선고유예 판결 확정 후 2년이 경과하여 면소된 것으로 간주되면 등록대상자로서 신상정보를 제출할 의무를 면한다고 해석된다.

제61조[선고유예의 실효]

> 제61조(선고유예의 실효) ① 형의 선고유예를 받은 자가 유예기간 중 자격정지 이상의 형에 처한 판결이 확정되거나 자격정지 이상의 형에 처한 전과가 발견된 때에는 유예한 형을 선고한다. 〈개정 1995. 12. 29.〉
> ② 제59조의2의 규정에 의하여 보호관찰을 명한 선고유예를 받은 자가 보호관찰기간중에 준수사항을 위반하고 그 정도가 무거운 때에는 유예한 형을 선고할 수 있다. 〈신설 1995. 12. 29.〉

61-1. 선고유예의 실효를 규정한 형법 제61조 제1항에서 말하는'형의 선고유예를 받은 자가 자격정지 이상의 형에 처한 전과가 발견된 때'의 의미 [대법원 2008. 2. 14. 자, 2007모845]]

【판결요지】

형법 제61조 제1항에서 말하는 **'형의 선고유예를 받은 자가 자격정지 이상의 형에 처한 전과가 발견된 때'** 란 형의 선고유예의 판결이 확정된 후에 비로소 위와 같은 전과가 발견된 경우를 말하고 그 판결확정 전에 이러한 전과가 발견된 경우에는 이를 취소할 수 없으며, 이때 판결확정 전에 발견되었다고 함은 검사가 명확하게 그 결격사유를 안 경우만을 말하는 것이 아니라 당연히 그 결격사유를 알 수 있는 객관적 상황이 존재함에도 부주의로 알지 못한 경우도 포함한다.

61-2. 집행유예의 선고를 받고 그 유예기간을 무사히 경과한 자에 대하여 선고유예가 가능한지 여부(소극) [대법원 2008. 1. 18. 선고, 2007도9405]

【판시사항】

형법 제59조 제1항은 "1년 이하의 징역이나 금고, 자격정지 또는 벌금의 형을 선고할 경우 제51

조의 사항을 참작하여 개전의 정상이 현저한 때에는 그 선고를 유예할 수 있다. 단, 자격정지 이상의 형을 받은 전과가 있는 자에 대하여는 예외로 한다."고 규정하고 있는바, 선고유예가 주로 범정이 경미한 초범자에 대하여 형을 부과하지 않고 자발적인 개선과 갱생을 촉진시키고자 하는 제도라는 점, 형법 제61조가 유예기간 중 자격정지 이상의 형에 처한 판결이 확정되거나 자격정지 이상의 형에 처한 전과가 발각된 경우 등을 선고유예의 실효사유로 규정하고 있는 점 등을 종합하여 보면, 형법 제59조 제1항 단행에서 정한 '자격정지 이상의 형을 받은 전과' 라 함은 자격정지 이상의 형을 선고받은 범죄경력 자체를 의미하는 것이고, 그 형의 효력이 상실된 여부는 묻지 않는 것으로 해석함이 상당하다. 따라서 형의 집행유예를 선고받은 자는 형법 제65조에 의하여 그 선고가 실효 또는 취소됨이 없이 정해진 유예기간을 무사히 경과하여 형의 선고가 효력을 잃게 되었다고 하더라도 형의 선고의 법률적 효과가 없어진다는 것일 뿐, 형의 선고가 있었다는 기왕의 사실 자체까지 없어지는 것은 아니므로 (대법원 2003. 12. 26. 선고 2003도3768 판결 등 참조), 형법 제59조 제1항 단행에서 정한 선고유예 결격사유인 '자격정지 이상의 형을 받은 전과가 있는 자' 에 해당한다고 보아야 한다.

61-3. 선고유예 기간 중에 집행유예 판결이 가능한지 여부(적극) [대구지법 2006. 4. 28. 선고, 2006고합119, 확정]

　【판시사항】

　[1] 징역형의 선고유예를 받은 전과가 형법 제37조 후단에서 말하는 '금고 이상의 형에 처한 판결이 확정된 죄' 에 해당하는지 여부(소극)

　[2] 선고유예 기간 중에 집행유예 판결이 가능한지 여부(적극)

　【판결요지】

　[1] 선고유예를 받은 전과는 비록 그 판결 이유에서 유예된 형이 금고 이상의 형이라 하더라도 이를 '금고 이상의 형에 처한 판결이 확정된 죄' 라고 보는 것은 상당하지 않다.

　[2] 형법 제62조 제1항 단서는 집행유예의 결격사유로서 "금고 이상의 형을 선고한 판결이 확정된 때부터 그 집행을 종료하거나 면제된 후 3년까지의 기간에 범한 죄에 대하여 형을 선고하는 경우에는 그러하지 아니하다." 고 하여 명문상으로 '금고 이상의 형을 선고' 한 판결이 있음을 전제로 하고 있고, 선고유예 판결은 선고유예의 실효에 따라 형이 선고되기 전에는 여전히 형의 선고는 유예된 상태이므로 위 결격사유에 해당한다고 볼 수는 없어 선고유예 기간 중에도 집행유예의 판결을 선고할 수 있다.

제4절 형의 집행유예

제62조[집행유예의 요건]

제62조(집행유예의 요건) ① 3년 이하의 징역이나 금고 또는 500만원 이하의 벌금의 형을 선고할 경우에 제51조의 사항을 참작하여 그 정상에 참작할 만한 사유가 있는 때에는 1년 이상 5년 이하의 기간 형의 집행을 유예할 수 있다. 다만, 금고 이상의 형을 선고한 판결이 확정된 때부터 그 집행을 종료하거나 면제된 후 3년까지의 기간에 범한 죄에 대하여 형을 선고하는 경우에는 그러하지 아니하다. 〈개정 2005. 7. 29. 2016. 1. 6.〉
② 형을 병과할 경우에는 그 형의 일부에 대하여 집행을 유예할 수 있다.

62-1. 집행유예를 할 때 집행유예 기간의 시기(始期)(=집행유예를 선고한 판결 확정일) [대법원 2019. 2. 28. 선고, 2018도13382]

【판결요지】

우리 형법이 집행유예 기간의 시기에 관하여 명문의 규정을 두고 있지는 않지만, 형사소송법 제459조가 "재판은 이 법률에 특별한 규정이 없으면 확정한 후에 집행한다." 라고 규정한 취지나 집행유예 제도의 본질 등에 비추어 보면 집행유예를 함에 있어 그 집행유예 기간의 시기는 집행유예를 선고한 판결 확정일로 하여야 한다.

1. 하나의 판결로 두 개의 징역형을 선고하는 경우, 그 중 하나의 징역형에 대하여만 집행유예를 선고할 수 있는지 여부(적극) [대법원 2002. 2. 26. 선고, 2000도4637]

【판시사항】

[1] 하나의 판결로 두 개의 징역형을 선고하는 경우, 그 중 하나의 징역형에 대하여만 집행유예를 선고할 수 있는지 여부(적극)

[2] 집행유예기간의 시기(始期)를 그 집행유예를 선고한 판결 확정일 이후의 시점으로 임의로 선택할 수 있는지 여부(소극)

[3] 형법 제37조 후단의 경합범 관계에 있는 죄에 대하여 두 개의 징역형을 선고하면서 하나의 징역형에 대하여만 집행유예를 선고하고 그 집행유예기간의 시기(始期)를 다른 하나의 징역형의 집행종료일로 한 것은 위법하다.

【판결요지】

[1] 형법 제37조 후단의 경합범 관계에 있는 죄에 대하여 형법 제39조 제1항에 의하여 따로 형을 선고하여야 하기 때문에 하나의 판결로 두 개의 자유형을 선고하는 경우 그 두 개의 자유형은 각각 별개의 형이므로 형법 제62조 제1항에 정한 집행유예의 요건에 해당하면 그 각 자유형에 대하여 각각 집행유예를 선고할 수 있는 것이고, 또 그 두 개의 자유형 중 하나의 자유형에 대하여 실형을 선고하면서 다른 자유형에 대하여 집행유예를 선고하는 것도 우리 형법상 이러한 조치를 금하는 명문의 규정이 없는 이상 허용되는 것으로 보아야 한다.

[2] 우리 형법이 집행유예기간의 시기(始期)에 관하여 명문의 규정을 두고 있지는 않지만 형사소송법 제459조가 "재판은 이 법률에 특별한 규정이 없으면 확정한 후에 집행한다."고 규정한 취지나 집행 유예 제도의 본질 등에 비추어 보면 집행유예를 함에 있어 그 집행유예기간의 시기는 집행유예를 선고한 판결 확정일로 하여야 하고 법원이 판결 확정일 이후의 시점을 임의로 선택할 수는 없다.

[3] 형법 제37조 후단의 경합범 관계에 있는 죄에 대하여 두 개의 징역형을 선고하면서 하나의 징역형 에 대하여만 집행유예를 선고하고 그 집행유예기간의 시기를 다른 하나의 징역형의 집행종료일로 한 것은 위법하다.

62-2. 형법 제62조 제1항 단서에서 집행유예 결격사유로 정한 '금고 이상의 형을 선고한 판결이 확정된 때부터 그 집행을 종료하거나 면제된 후 3년까지의 기간에 범한 죄에 대하여 형을 선고하는 경우'의 의미와 범위 [대법원 2019. 1. 17. 선고, 2018도17589]

【판시사항】

형법 제62조 제1항 단서는 집행유예 결격사유로 '금고 이상의 형을 선고한 판결이 확정된 때부터 그 집행을 종료하거나 면제된 후 3년까지의 기간에 범한 죄에 대하여 형을 선고하는 경우' 를 정하고 있 다. 이는 실형을 선고받고 집행종료나 집행면제 후 3년이 지나지 않은 시점에서 범한 죄에 대하여 형 을 선고하는 경우뿐만 아니라, 집행유예 기간 중에 범한 죄에 대하여 형을 선고할 때 이미 집행유예 가 실효 또는 취소된 경우와 그 선고 시점에 집행유예 기간이 지나지 않아 형 선고의 효력이 실효되 지 않은 채로 남아 있는 경우도 포함한다(대법원 2007. 2. 8. 선고 2006도6196 판결 등 참조).

1. 집행유예 기간 중에 범한 죄에 대하여 공소가 제기된 후 그 재판 도중에 집행유예 기간이 경과한 경우 집행유예 기간 중에 범한 죄에 대하여 다시 집행유예를 선고할 수 있는지 여부(적극) [대법원 2007. 2. 8. 선고, 2006도6196]

【판결요지】

집행유예 기간 중에 범한 죄에 대하여 형을 선고할 때에, 집행유예의 결격사유를 정하는 형법 제62조 제1항 단서 소정의 요건에 해당하는 경우란, 이미 집행유예가 실효 또는 취소된 경우와 그 선고 시점에 미처 유예기간이 경과하지 아니하여 형 선고의 효력이 실효되지 아니한 채로 남아 있는 경우로 국한되 고, 집행유예가 실효 또는 취소됨이 없이 유예기간을 경과한 때에는, 형의 선고가 이미 그 효력을 잃게 되어 '금고 이상의 형을 선고'한 경우에 해당한다고 보기 어려울 뿐 아니라, 집행의 가능성이 더 이상 존재하지 아니하여 집행종료나 집행면제의 개념도 상정하기 어려우므로 위 단서 소정의 요건에 해당하 지 않는다고 할 것이므로, 집행유예 기간 중에 범한 범죄라고 할지라도 집행유예가 실효 취소됨이 없이 그 유예기간이 경과한 경우에는 이에 대해 다시 집행유예의 선고가 가능하다.

62-3. 구 형법 시행 당시에 범한 범죄에 대하여 형을 선고함에 있어, 구 형법을 적용하면 집행유예 결격사유에 해당하지 아니하지만 현행 형법을 적용하면 집행유예 결격사유에 해당하는 경우, 피고인에게 적용할 법률(=구 형법) [대법원 2008. 3. 27. 선고, 2007도7874]

【판결요지】

구 형법(2005. 7. 29. 법률 제7623호로 개정되기 전의 것) 제62조 제1항 단서는 '금고 이상의 형의 선고를 받아 집행을 종료한 후 또는 집행이 면제된 후로부터 5년을 경과하지 아니한 자'를 형의 집행유예의 결격사유로 규정하고 있었으나, 현행 형법 제62조 제1항 단서는 '금고 이상의 형을 선고한 판결이 확정된 때부터 그 집행을 종료하거나 면제된 후 3년까지의 기간에 범한 죄에 대하여 형을 선고하는 경우'를 집행유예 결격사유로 규정하면서, 그 부칙(2005. 7. 29.) 제2항에서는 "이 법은 이 법 시행 전에 행하여진 죄에 대하여도 적용한다. 다만, 종전의 규정을 적용하는 것이 행위자에게 유리한 경우에는 그러하지 아니하다." 라고 규정하고 있으므로, 위 법률 개정 전에 저지른 범죄에 대하여 형을 선고함에 있어서는 어느 법률이 피고인에게 유리한지를 가려 그 법률을 적용하여야 한다. 따라서 <u>구 형법 시행중 범한 범죄에 대하여 형을 선고함에 있어, 종전의 형법을 적용하면 형의 집행을 종료한 후 이미 5년이 경과되어 집행유예 결격사유에 해당하지 아니하지만, 현행 형법을 적용하면 형의 집행을 종료한 후 3년까지의 기간중에 범한 죄이어서 집행유예 결격사유에 해당하는 경우 피고인에게는 종전 형법을 적용하는 것이 유리하므로 그 법률을 적용하여야 한다.</u>

62-4. 형의 집행유예를 선고받고 그 유예기간이 경과하지 않은 경우가 구 형법 제62조 제1항 단서에서 정한 집행유예 결격사유에 해당하는지 여부(원칙적 적극) [대법원 2007. 7. 27. 선고, 2007도768]

【판시사항】

[1] 형의 집행유예를 선고받고 그 유예기간이 경과하지 않은 경우가 구 형법 제62조 제1항 단서에서 정한 집행유예 결격사유에 해당하는지 여부(원칙적 적극)

[2] 구 형법 제62조 제1항 단서에 정한 집행유예 결격사유의 해석 범위

[3] 현행 형법 제62조의 해석상 집행유예기간 중에 범한 죄에 대하여 공소가 제기된 후 그 재판 도중에 집행유예기간이 경과한 경우, 다시 집행유예를 선고할 수 있는지 여부(적극)

[4] 구 형법 시행 중 범한 범죄에 대하여 형을 선고함에 있어, 범죄 당시 집행유예기간 중이었고 그 유예기간 경과 전에 집행유예 취소결정이 확정되었다면 구 형법 제62조에 의하든 현행 형법 제62조에 의하든 모두 집행유예 결격사유에 해당하므로, 종전 규정이 피고인에게 더 유리하다고 할 수 없다.

【판결요지】

[1] 구 형법(2005. 3. 31. 법률 제7427호로 개정되기 전의 것) 제62조 제1항 단서에서 규정한 '금고 이상의 형의 선고를 받아 집행을 종료한 후 또는 집행이 면제된 후로부터 5년을 경과하지 아니한 자'라는 의미는 실형선고를 받고 집행종료나 집행면제 후 5년을 경과하지 않은 경우만을 가리키는 것이 아니라, 형의 집행유예를 선고받고 그 유예기간이 경과하지 않은 경우도 특별한 사정(형법 제37조의 경합범관계에 있는 수죄가 전후로 기소되어 각각 별개의 절차에서 재판을 받게 된 결과 어느 하나의 사건에서 먼저 집행유예가 선고되어 그 형이 확정된 경우로서 같은 절차에서 동시에 재판을 받았더라면 한꺼번에 집행유예의 선고를 받았으리라고 여겨지는 특수한 경우에 한함)이 없는 한 여기에 포함된다.

[2] 구 형법(2005. 3. 31. 법률 제7427호로 개정되기 전의 것) 제62조 제1항 단서 규정의 문언과 취지 및 위 법리 등에 비추어 보면, 피고인에 대하여 3년 이하의 징역 또는 금고의 형을 선고할 경우에 형법 제51조의 사항을 참작하여 그 정상에 참작할 만한 사유가 있는 때에는 집행유예를 선

고할 수 있으나, 원칙적으로 금고 이상의 형의 선고를 받은 전력이 있는 경우에는 집행유예를 선고할 수 없는 것으로 하되, 다만 금고 이상의 형의 선고를 받은 전력이 있더라도, 그 전력이 형의 집행유예를 선고받은 것으로서 그 집행유예가 실효 또는 취소됨이 없이 그 유예기간을 이미 경과하였거나, 그 전력이 실형을 선고받은 것으로서 그 형의 집행을 종료한 후 또는 집행이 면제된 후로부터 5년이 경과한 경우에는 다시 집행유예를 선고할 수 있는 것으로 해석함이 상당하다.

[3] 집행유예기간 중에 범한 죄에 대하여 형을 선고할 때에, 집행유예의 결격사유를 정하는 현행 형법 제62조 제1항 단서 소정의 요건에 해당하는 경우란, 이미 집행유예가 실효 또는 취소된 경우와 그 선고 시점에 미처 유예기간이 경과하지 아니하여 형 선고의 효력이 실효되지 아니한 채로 남아 있는 경우로 국한되고, 집행유예가 실효 또는 취소됨이 없이 유예기간을 경과한 때에는 위 단서 소정의 요건에 해당하지 않으므로, 집행유예기간 중에 범한 범죄라고 할지라도 집행유예가 실효 또는 취소됨이 없이 그 유예기간이 경과한 경우에는 이에 대해 다시 집행유예의 선고가 가능하다.

[4] 구 형법(2005. 3. 31. 법률 제7427호로 개정되기 전의 것) 시행중 범한 범죄에 대하여 형을 선고함에 있어, 범죄 당시 집행유예기간 중이었고 그 유예기간 경과 전에 집행유예 취소결정이 확정되었다면 구 형법 제62조의 규정에 의하든 현행 형법 제62조에 의하든 모두 집행유예의 결격 사유에 해당하므로, 종전 규정이 피고인에게 더 유리하다고 할 수 없다.

---

1. 집행유예기간 중에 다시 집행유예를 선고할 수 있는지 여부 [대법원 1989. 9. 12. 선고, 87도2365, 전원합의체 판결]

【판결요지】

(다수의견) 형법 제62조 제1항 단서에서 규정한 "금고 이상의 형의 선고를 받아 집행을 종료한 후 또는 집행이 면제된 후로부터 5년을 경과하지 아니한 자"라는 의미는 실형선고를 받고 집행종료나 집행 면제 후 5년을 경과하지 않은 경우만을 가리키는 것이 아니라 형의 집행유예를 선고받고 그 유예기간이 경과하지 않은 경우를 포함하나 형법 제37조의 경합범관계에 있는 수죄가 전후로 기소되어 각각 별개의 절차에서 재판을 받게 된 결과 어느 하나의 사건에서 먼저 집행유예가 선고되어 그 형이 확정되었을 경우 다른 사건의 판결에서는 다시 집행유예를 선고할 수 없다면 그 수죄가 같은 절차에서 동시에 재판을 받아 한꺼번에 집행유예를 선고받을 수 있었던 경우와 비교하여 현저히 균형을 잃게 되므로 이러한 불합리가 생기는 경우에 한하여 위 단서 규정의 "형의 선고를 받아"라는 의미는 실형이 선고된 경우만을 가리키고 형의 집행유예를 선고받은 경우는 포함되지 않는다고 해석함이 상당하다.

---

2. 일반적으로 집행유예기간 중에 다시 집행유예를 선고함의 가부(소극) [대법원 1989. 10. 10. 선고, 88도824]

【판결요지】

형의 집행유예를 선고받고 그 유예기간이 경과되지 아니한 사람에게는 그 사람이 형법 제37조의 경합 범관계에 있는 수죄를 범하여 같은 절차에서 동시에 재판을 받았더라면 한꺼번에 집행유예의 선고를 받았으리라고 여겨지는 특수한 경우가 아닌 한 다시 형의 집행유예를 선고할 수 없다.

---

3. 집행유예기간이 경과하지 아니한 자에 대하여 다시 형의 집행유예를 선고할 수 있는지 여부(한정 소극) [대법원 2002. 2. 22. 선고, 2001도5891]

【판결요지】

형법 제62조 제1항 단서에서 규정한 '금고 이상의 형의 선고를 받아 집행을 종료한 후 또는 집행이 면제된 후로부터 5년이 경과하지 아니한 자'라는 의미는 실형의 선고를 받고 집행종료나 집행이 면제된 후부터 5년을 경과하지 아니한 경우만을 가리키는 것이 아니라 형의 집행유예를 선고받고 그 유예기간이 경과하지 아니한 경우도 포함되고, 다만 어떤 사람이 저지른 형법 제37조의 경합범관계에 있는 수죄가 전후로 기소되어 각각 별개의 절차에서 재판을 받게 된 결과 어느 죄에 대하여 먼저 집행유예가 선고되어 그 형이 확정된 경우 그 나머지 죄에 대한 판결에서 다시 집행유예를 선고할 수 없다면 위 수죄가 같은 절차에서 동시에 심판을 받아 한꺼번에 집행유예를 선고받을 수 있었던 경우와 비교하여 현저히 균형을 잃게 되어 불합리하므로, 이러한 경우에 있어서는 위 단서규정의 '형의 선고를 받아'라는 의미는 실형이 선고된 경우만을 가리키고 형의 집행유예를 선고받은 경우는 포함하지 않으므로, 형의 집행유예를 선고받고 그 유예기간이 경과되지 아니한 사람에게는 그 사람이 형법 제37조의 경합범관계에 있는 수죄를 범하여 같은 절차에서 동시에 재판을 받았더라면 한꺼번에 집행유예의 선고를 받았으리라고 여겨지는 특수한 경우가 아닌 한 다시 형의 집행유예를 선고할 수 없다.

4. 집행유예 기간 중에 범한 죄에 대하여 공소가 제기된 후 그 재판 도중에 집행유예 기간이 경과한 경우 집행유예 기간 중에 범한 죄에 대하여 다시 집행유예를 선고할 수 있는지 여부(적극) [대법원 2007. 2. 8. 선고, 2006도6196]

【판결요지】

집행유예 기간 중에 범한 죄에 대하여 형을 선고할 때에, 집행유예의 결격사유를 정하는 형법 제62조 제1항 단서 소정의 요건에 해당하는 경우란, 이미 집행유예가 실효 또는 취소된 경우와 그 선고 시점에 미처 유예기간이 경과하지 아니하여 형 선고의 효력이 실효되지 아니한 채로 남아 있는 경우로 국한되고, 집행유예가 실효 또는 취소됨이 없이 유예기간을 경과한 때에는, 형의 선고가 이미 그 효력을 잃게 되어 '금고 이상의 형을 선고'한 경우에 해당한다고 보기 어려울 뿐 아니라, 집행의 가능성이 더 이상 존재하지 아니하여 집행종료나 집행면제의 개념도 상정하기 어려우므로 위 단서 소정의 요건에 해당하지 않는다고 할 것이므로, 집행유예 기간 중에 범한 범죄라고 할지라도 집행유예가 실효 취소됨이 없이 그 유예기간이 경과한 경우에는 이에 대해 다시 집행유예의 선고가 가능하다.

62-5. 하나의 자유형 중 일부에 대해서는 실형을, 나머지에 대해서는 집행유예를 선고하는 것이 가능한지 여부(소극) [대법원 2007. 2. 22. 선고, 2006도8555]

【판결요지】

집행유예의 요건에 관한 형법 제62조 제1항이 '형'의 집행을 유예할 수 있다고만 규정하고 있다고 하더라도, 이는 같은 조 제2항이 그 형의 '일부'에 대하여 집행을 유예할 수 있는 때를 형을 '병과' 할 경우로 한정하고 있는 점에 비추어 보면, 조문의 체계적 해석상 하나의 형의 전부에 대한 집행유예에 관한 규정이라 할 것이고, 또한 하나의 자유형에 대한 일부집행유예에 관하여는 그 요건, 효력 및 일부 실형에 대한 집행의 시기와 절차, 방법 등을 입법에 의해 명확하게 할 필요가 있어, 그 인정을 위해서는 별도의 근거 규정이 필요하므로 하나의 자유형 중 일부에 대해서는 실형을, 나머지에 대해서는 집행유예를 선고하는 것은 허용되지 않는다.

62-6. '집행유예의 선고를 받은 후 형법 제62조 단행의 사유가 발각된 때'의 의미 및 집행유예 선고의 판결확정 전에 집행유예 결격사유를 당연히 알 수 있는 객관적 상황이 존재함에도 검사가 부주의로 알지 못한 경우, 위 '집행유예의 선고를 받은 후 형법 제62조 단행의 사유가 발각된 때'에 해당하는지 여부(소극) [대법원 2001. 6. 27. 자, 2001모135]

【판결요지】

형법 제64조 제1항에 의하면 집행유예의 선고를 받은 후 형법 제62조 단행의 사유가 발각된 때에는 집행유예의 선고를 취소한다고 규정되어 있는바, 여기에서 집행유예를 선고받은 후 형법 제62조 단행의 사유 즉 금고 이상의 형의 선고를 받아 집행을 종료한 후 또는 집행이 면제된 후로부터 5년을 경과하지 아니한 자인 것이 발각된 때라 함은 집행유예 선고의 판결이 확정된 후에 비로소 위와 같은 사유가 발각된 경우를 말하고 그 판결확정 전에 결격사유가 발각된 경우에는 이를 취소할 수 없으며, 이때 판결확정 전에 발각되었다고 함은 검사가 명확하게 그 결격사유를 안 경우만을 말하는 것이 아니라 당연히 그 결격사유를 알 수 있는 객관적 상황이 존재함에도 부주의로 알지 못한 경우도 포함된다.

62-7. 형법 제62조에 의하여 집행유예를 선고하는 경우에 같은 법 제62조의2 제1항에 규정된 보호관찰과 사회봉사를 동시에 명할 수 있는지 여부(적극) [대법원 1998. 4. 24. 선고, 98도98]

【판결요지】

형법 제62조의2 제1항은 "형의 집행을 유예하는 경우에는 보호관찰을 받을 것을 명하거나 사회봉사 또는 수강을 명할 수 있다."고 규정하고 있는바, 그 문리에 따르면, 보호관찰과 사회봉사는 각각 독립하여 명할 수 있다는 것이지, 반드시 그 양자를 동시에 명할 수 없다는 취지로 해석되지는 아니할 뿐더러, 소년법 제32조 제3항, 성폭력범죄의처벌및피해자보호등에관한법률 제16조 제2항, 가정폭력범죄의처벌등에관한특례법 제40조 제1항 등에는 보호관찰과 사회봉사를 동시에 명할 수 있다고 명시적으로 규정하고 있는바, 일반 형법에 의하여 보호관찰과 사회봉사를 명하는 경우와 비교하여 특별히 달리 취급할 만한 이유가 없으며, 제도의 취지에 비추어 보더라도, 범죄자에 대한 사회복귀를 촉진하고 효율적인 범죄예방을 위하여 양자를 병과할 필요성이 있는 점 등을 종합하여 볼 때, 형법 제62조에 의하여 집행유예를 선고할 경우에는 같은 법 제62조의2 제1항에 규정된 보호관찰과 사회봉사 또는 수강을 동시에 명할 수 있다고 해석함이 상당하다.

62-8. 집행유예기간 내에 다시 집행유예를 선고할 수 있는 이른바 "나머지죄"의 의미 [대법원 1992. 8. 14. 선고, 92도1246]

【판결요지】

형법 제62조 제1항 단서에서 규정한 "금고 이상의 형의 선고를 받아 집행을 종료한 후 또는 집행이 면제된 후로부터 5년이 경과하지 아니한 자" 라는 의미는 실형의 선고를 받고 집행종료나 집행이 면제된 후부터 5년을 경과하지 아니한 경우만을 가리키는 것이 아니라 형의 집행유예를 선고받고 그 유예기간이 경과하지 아니한 경우도 포함되나, 다만 어떤 사람이 저지른 형법 제37조의 경합범관계에 있는 수죄가 전후로 기소되어 각각 별개의 절차에서 재판을 받게 된 결과 어느 죄에 대하여 먼저 집행유예가 선고되어 그 형이 확정된 경우 그 나머지 죄에 대한 판결에서 다시 집행유예를 선고할 수 없다면 위 수죄가 같은 절차에서 동시에 심판을 받아 한꺼번에 집행유예를 선고받을 수 있었던 경우와 비교하여 현저히 균형을 잃게 되어 불합리하므로, 이러한 경우에 있어서는 위 단서 규정의 "형의 선고를 받아"라는 의미는 실형이 선고된 경우만을 가리키고 형의 집행유예를 선고받은 경우는 포함하지 않는다고 보아야하고, 한편 먼저 집행유예의 형이 확정된 죄의 집행유예기간 내에 다시 집행유예를 선고할 수 있는 나머지 죄란 그 먼저 형이 확정된 죄와 법률상 동시에 심판을 받을 가능성이 있었던 형법 제37조 후단의 경합범관계에 있는 죄이면 모두 이에 해당한다 할 것이지, 개개의 소송절차 또는 범행시기 등과의 관계에 의하여 현실적으로 동시심판이 현저히 곤란하였는지 여부 또는 동시심판을 하였을 경우 과연 집행유예를 선고받을 수 있는 정상이 있었는지 여부 등 구체적인 사정을 일일이 고려하여야 하는 것은 아니다.

62-9. 집행유예 결격자를 규정한 형법 제62조 제1항 단서의 "금고 이상의 형을 선고받아 집행을 종료한 후 또는 면제된 후로부터 5년을 경과하지 아니한 자"의 의미와 먼저 형의 선고를 받았던 범죄사실 이전의 범죄사실로 재판을 받는 피고인에게도 위 조항이 적용되는지 여부(적극) [대법원 1990. 11. 23. 선고, 90도1803]

【판결요지】

형법 제62조 제1항 단서는 금고 이상의 형의 선고를 받아 집행을 종료한 후 또는 집행이 면제된 후로부터 5년을 경과하지 아니한 자에 대하여는 집행유예를 선고할 수 없도록 규정하고 있는바, 여기에서 "5년을 경과하지 아니한 자"라는 의미는 범죄행위시가 먼저 형의 선고를 받았던 범죄사실이 있기 전의 행위이었거나 그 후에 있었던 행위이거나를 막론하고 형의 선고시를 기준으로 하여 먼저 선고받은 형의 집행을 종료하였거나 집행이 면제된 후로부터 5년의 기간이 경과하지 아니한 자를 의미하는 것이므로 실형을 받은 피고인이 그 형의 집행종료간주일로부터 원심판결 선고시까지 사이에 4년 3개월여가 경과하였을 뿐이라면 이 사건 범행이 위 유죄로 확정된 범죄 이전에 범한 것이라 하더라도 피고인은 형법 제62조 제1항 단서 소정의 집행유예 결격자에 해당한다.

62-10. 형의 집행유예의 취소사유가 되는 형법 제62조 제1항 단행의 사유에 집행유예를 선고받은 경우도 포함되는지 여부 [대법원 1990. 8. 24. 자, 89모36]

【판결요지】

형의 집행유예의 취소사유가 되는 형법 제62조 제1항 단행의 사유 가운데에는 형의 집행유예를 선고 받은 사람이 형법 제37조의 경합범 관계에 있는 수죄를 범하여 같은 절차에서 동시에 재판을 받았더라면 한꺼번에 집행유예의 선고를 받았으리라고 여겨지는 경우가 아닌한 형의 집행유예를 선고받은 경우도 포함되는 것이다.

제62조의2[보호관찰, 사회봉사·수강명령]

제62조의2(보호관찰, 사회봉사·수강명령) ① 형의 집행을 유예하는 경우에는 보호관찰을 받을 것을 명하거나 사회봉사 또는 수강을 명할 수 있다.
② 제1항의 규정에 의한 보호관찰의 기간은 집행을 유예한 기간으로 한다. 다만, 법원은 유예기간의 범위내에서 보호관찰기간을 정할 수 있다.
③ 사회봉사명령 또는 수강명령은 집행유예기간내에 이를 집행한다.[본조신설 1995. 12. 29.]

62의2-1. 사회봉사명령의 특별준수사항의 범위 [대법원 2020. 11. 5. 선고, 2017도18291]

【판시사항】

[1] 법원이 형의 집행을 유예하는 경우 명할 수 있는 '사회봉사'의 의미(=시간 단위로 부과될 수 있는 일 또는 근로활동)

[2] 보호관찰 등에 관한 법률 제32조 제3항에서 보호관찰 대상자에게 과할 수 있는 특별준수사항으로 정한 '범죄행위로 인한 손해를 회복하기 위하여 노력할 것(제4호)' 등 같은 항 제1호부터 제9호까지의 사항은 보호관찰 대상자에 한하여 부과할 수 있는지 여부(적극) 및 사회봉사명령·수강명령 대상자에 대해서도 이를 부과할 수 있는지 여부(소극)

【판결요지】

[1] 우리 헌법 제12조 제1항은 "모든 국민은 신체의 자유를 가진다. 누구든지 … 법률과 적법한 절차에 의하지 아니하고는 처벌·보안처분 또는 강제노역을 받지 아니한다."라고 규정하여 처벌, 보안처분, 강제노역에 관한 법률주의 및 적법절차원리를 선언하고 있다.

이에 따라 범죄인에 대한 사회 내 처우의 한 유형으로 도입된 사회봉사명령 등에 관하여 구체적인 사항을 정하고 있는 형법 제62조의2 제1항은 "형의 집행을 유예하는 경우에는 보호관찰을 받을 것을 명하거나 사회봉사 또는 수강을 명할 수 있다."라고 규정하고 있다. 나아가 보호관찰 등에 관한 법률 제59조 제1항은 "법원은 형법 제62조의2에 따른 사회봉사를 명할 때에는 500시간 … 의 범위에서 그 기간을 정하여야 한다. 다만 다른 법률에 특별한 규정이 있는 경우에는 그 법률에서 정한 바에 따른다."라고 규정하고 있다. 위 각 규정을 종합하면, 법원이 형의 집행을 유예하는 경우 명할 수 있는 사회봉사는 다른 법률에 특별한 규정이 없는 한 500시간 내에서 시간 단위로 부과될 수 있는 일 또는 근로활동을 의미하는 것으로 해석된다.

[2] 보호관찰, 사회봉사명령·수강명령은 당해 대상자의 교화·개선 및 범죄예방을 위하여 필요하고도 상당한 한도 내에서 이루어져야 하고, 당해 대상자의 연령·경력·심신상태·가정환경·교우관계 기타 모든 사정을 충분히 고려하여 가장 적합한 방법으로 실시되어야 하므로, 법원은 특별준수사항을 부과하는 경우 대상자의 생활력, 심신의 상태, 범죄 또는 비행의 동기, 거주지의 환경 등 대상자의 특성을 고려하여 대상자가 준수할 수 있다고 인정되고 자유를 부당하게 제한하지 아니하는 범위 내에서 개별화하여 부과하여야 한다는 점, 보호관찰의 기간은 집행을 유예한 기간으로 하고 다만 법원은 유예기간의 범위 내에서 보호관찰기간을 정할 수 있는 반면, 사회봉사명령·수강명령은 집행유예기간 내에 이를 집행하되 일정한 시간의 범위 내에서 그 기간을 정

하여야 하는 점, 보호관찰명령이 보호관찰기간 동안 바른 생활을 영위할 것을 요구하는 추상적 조건의 부과이거나 악행을 하지 말 것을 요구하는 소극적인 부작위조건의 부과인 반면, <u>사회봉사 명령·수강명령은 특정시간 동안의 적극적인 작위의무를 부과하는 데 특징이 있다는 점 등에 비추어 보면, 사회봉사명령·수강명령 대상자에 대한 특별준수사항은 보호관찰 대상자에 대한 것과 같을 수 없고, 따라서 보호관찰 대상자에 대한 특별준수사항을 사회봉사명령·수강명령 대상자에게 그대로 적용하는 것은 적합하지 않다.</u>

보호관찰 등에 관한 법률(이하 '보호관찰법'이라고 한다) 제32조 제3항은 법원 및 보호관찰 심사위원회가 판결의 선고 또는 결정의 고지를 할 때 보호관찰 대상자에게 "범죄행위로 인한 손해를 회복하기 위하여 노력할 것(제4호)" 등 같은 항 제1호부터 제9호까지 정한 사항과 "그 밖에 보호관찰 대상자의 재범 방지를 위하여 필요하다고 인정되어 대통령령으로 정하는 사항(제10호)"을 특별준수사항으로 따로 과할 수 있다고 규정하고 있다. 이에 따라 보호관찰 등에 관한 법률 시행령(이하 '시행령'이라고 한다) 제19조는 보호관찰 대상자에게 과할 수 있는 특별준수 사항을 제1호부터 제7호까지 규정한 데 이어, 제8호에서 "그 밖에 보호관찰 대상자의 생활상태, 심신의 상태, 범죄 또는 비행의 동기, 거주지의 환경 등으로 보아 보호관찰 대상자가 준수할 수 있고 자유를 부당하게 제한하지 아니하는 범위에서 개선·자립에 도움이 된다고 인정되는 구체적인 사항"을 규정하고 있다. 나아가 보호관찰법 제62조는 제2항에서 사회봉사명령·수강명령 대상자가 일반적으로 준수하여야 할 사항을 규정하는 한편, 제3항에서 "법원은 판결의 선고를 할 때 제2항의 준수사항 외에 대통령령으로 정하는 범위에서 본인의 특성 등을 고려하여 특별히 지켜야 할 사항을 따로 과할 수 있다."라고 규정하고 있다. 이에 따라 시행령 제39조 제1항은 사회봉사명령·수강명령 대상자에 대한 특별준수사항으로 위 시행령 제19조를 준용하고 있다.

위 각 규정을 종합하면, 보호관찰법 제32조 제3항이 보호관찰 대상자에게 과할 수 있는 특별준수사항으로 정한 "범죄행위로 인한 손해를 회복하기 위하여 노력할 것(제4호)" 등 같은 항 제1호부터 제9호까지의 사항은 보호관찰 대상자에 한해 부과할 수 있을 뿐, 사회봉사명령·수강명령 대상자에 대해서는 부과할 수 없다.

---

1. 일정한 금원의 출연을 내용으로 하는 사회봉사명령이 허용되는지 여부(소극) [대법원 2008. 4. 11. 선고, 2007도8373] ☞ 정몽구 사회봉사명령 사건

【판시사항】

[1] 일정한 금원의 출연을 내용으로 하는 사회봉사명령이 허용되는지 여부(소극)

[2] 피고인에게 자신의 범죄행위와 관련하여 어떤 말이나 글을 공개적으로 발표하도록 명하는 내용의 사회봉사명령이 허용되는지 여부(소극)

[3] 재벌그룹 회장의 횡령행위 등에 대하여 집행유예를 선고하면서 사회봉사명령으로서 금전출연을 주된 내용으로 하는 사회공헌계획의 성실한 이행, 준법경영을 주제로 하는 강연과 기고를 명하는 것은 허용될 수 없다고 본 사례

【판결요지】

[1] 형법과 보호관찰 등에 관한 법률의 관계 규정을 종합하면, 사회봉사는 형의 집행을 유예하면서 부가적으로 명하는 것이고 집행유예 되는 형은 자유형에 한정되고 있는 점 등에 비추어, 법원이 형의 집행을 유예하는 경우 명할 수 있는 사회봉사는 자유형의 집행을 대체하기 위한 것으로서 500시간 내에서 시간 단위로 부과될 수 있는 일 또는 근로활동을 의미하는 것으로 해석되므로, 법원이 형법 제62조의2의 규정에 의한 사회봉사명령으로 피고인에게 일정한 금원을 출연하거나 이와 동일시할 수 있는 행위를 명하는 것은 허용될 수 없다

[2] 법원이 피고인에게 유죄로 인정된 범죄행위를 뉘우치거나 그 범죄행위를 공개하는 취지의 말이나 글을 발표하도록 하는 내용의 사회봉사를 명하고 이를 위반할 경우 형법 제64조 제2항에 의하여 집행유예의 선고를 취소할 수 있도록 함으로써 그 이행을 강제하는 것은, 헌법이 보호하는 피고인의 양심의 자유, 명예 및 인격에 대한 심각하고 중대한 침해에 해당하므로 허용될 수 없고, 또 법원이 명하는 사회봉사의 의미나 내용은 피고인이나 집행 담당 기관이 쉽게 이해할 수 있어 집행 과정에서 그 의미나 내용에 관한 다툼이 발생하지 않을 정도로 특정되어야 하므로, 피고인으로 하여금 자신의 범죄행위와 관련하여 어떤 말이나 글을 공개적으로 발표하라는 사회봉사를 명하는 것은 경우에 따라 피고인의 명예나 인격에 대한 심각하고 중대한 침해를 초래할 수 있고, 그 말이나 글이 어떤 의미나 내용이어야 하는 것인지 쉽게 이해할 수 없어 집행 과정에서 그 의미나 내용에 관한 다툼이 발생할 가능성이 적지 않으며, 유죄로 인정된 범죄행위를 뉘우치거나 그 범죄행위를 공개하는 취지의 말이나 글을 발표하도록 하는 취지의 것으로도 해석될 가능성이 적지 않으므로 이러한 사회봉사명령은 위법하다.

[3] 재벌그룹 회장의 횡령행위 등에 대하여 집행유예를 선고하면서 사회봉사명령으로서 일정액의 금전 출연을 주된 내용으로 하는 사회공헌계획의 성실한 이행을 명하는 것은 시간 단위로 부과될 수 있는 일 또는 근로활동이 아닌 것을 명하는 것이어서 허용될 수 없고, 준법경영을 주제로 하는 강연과 기고를 명하는 것은 헌법상 양심의 자유 등에 대한 심각하고 중대한 침해가능성, 사회봉사명령의 의미나 내용에 대한 다툼의 여지 등의 문제가 있어 허용될 수 없다.

2. 보호관찰명령 없이 사회봉사·수강명령만 선고하는 경우, 보호관찰대상자에 대한 특별준수사항을 사회봉사·수강명령대상자에게 그대로 적용할 수 있는지 여부(소극) [대법원 2009. 3. 30. 자, 2008모1116]
【판시사항】
[1] 보호관찰명령 없이 사회봉사·수강명령만 선고하는 경우, 보호관찰대상자에 대한 특별준수사항을 사회봉사·수강명령대상자에게 그대로 적용할 수 있는지 여부(소극)
[2] 보호관찰명령 없이 수강명령만 선고한 경우, 특별준수사항 위반을 이유로 집행유예를 취소하는 경우 법원의 판단 방법
【판결요지】
[1] 보호관찰, 사회봉사·수강 또는 갱생보호는 당해 대상자의 교화·개선 및 범죄예방을 위하여 필요하고도 상당한 한도 내에서 이루어져야 하며, 당해 대상자의 연령·경력·심신상태·가정환경·교우관계 기타 모든 사정을 충분히 고려하여 가장 적합한 방법으로 실시되어야 하므로, 법원은 특별준수사항을 부과하는 경우 대상자의 생활력, 심신의 상태, 범죄 또는 비행의 동기, 거주지의 환경 등 대상자의 특성을 고려하여 대상자가 준수할 수 있다고 인정되고 자유를 부당하게 제한하지 아니하는 범위 내에서 개별화하여 부과하여야 한다는 점, 보호관찰의 기간은 집행을 유예한 기간으로 하고 다만,

법원은 유예기간의 범위 내에서 보호관찰기간을 정할 수 있는 반면, 사회봉사명령·수강명령은 집행유예기간 내에 이를 집행하되 일정한 시간의 범위 내에서 그 기간을 정하여야 하는 점, 보호관찰명령이 보호관찰기간 동안 바른 생활을 영위할 것을 요구하는 추상적 조건의 부과이거나 악행을 하지 말 것을 요구하는 소극적인 부작위조건의 부과인 반면, 사회봉사명령·수강명령은 특정시간 동안의 적극적인 작위의무를 부과하는 데 그 특징이 있다는 점 등에 비추어 보면, 사회봉사·수강명령대상자에 대한 특별준수사항은 보호관찰대상자에 대한 것과 같을 수 없고, 따라서 보호관찰대상자에 대한 특별준수사항을 사회봉사·수강명령대상자에게 그대로 적용하는 것은 적합하지 않다.

[2] 형법 제64조 제2항이 준수사항이나 명령의 위반 정도가 무거운 때에 집행유예의 선고를 취소할 수 있도록 규정하고 있고, 집행유예의 취소는 자유형의 선고와 마찬가지로 자유를 박탈하는 결과를 가져올 뿐만 아니라 사회봉사·수강명령의 실패와 다름아니기 때문에 사회봉사·수강명령의 목적을 도저히 달성할 수 없을 정도에 이르렀다고 판단될 때 하여야 하는 것이 바람직하다는 사정을 보태어 보면, 법원이 보호관찰대상자에게 특별히 부과할 수 있는 '재범의 기회나 충동을 줄 수 있는 장소에 출입하지 아니할 것'이라는 사항을 만연히 사회봉사·수강명령대상자에게 부과하고 사회봉사·수강명령대상자가 재범한 것을 집행유예 취소사유로 삼는 것은 신중하여야 한다.

62의2-2. 보호관찰이나 사회봉사 또는 수강을 명한 집행유예를 받은 자가 준수사항이나 명령을 위반하고 그 위반사실이 범죄행위가 되는 경우, 그 범죄에 대한 형사절차와는 별도로 집행유예를 취소할 수 있는지 여부(적극) [대법원 1999. 3. 10. 자, 99모33]

【판결요지】

형법 제62조의2의 규정에 의하여 보호관찰이나 사회봉사 또는 수강을 명한 집행유예를 받은 자가 준수사항이나 명령을 위반한 경우에 그 위반사실이 동시에 범죄행위로 되더라도 그 기소나 재판의 확정여부 등 형사절차와는 별도로 법원이 보호관찰등에관한법률에 의한 검사의 청구에 의하여 형법 제64조 제2항에 규정된 집행유예 취소의 요건에 해당하는가를 심리하여 준수사항이나 명령 위반사실이 인정되고 위반의 정도가 무거운 때에는 집행유예를 취소할 수 있다.

62의2-3. 개정 형법 시행 이전에 죄를 범한 자에 대하여 개정 형법에 따라 보호관찰을 명할 수 있는지 여부(적극) [대법원 1997. 6. 13. 선고, 97도703]

【판결요지】

개정 형법 제62조의2 제1항에 의하면 형의 집행을 유예를 하는 경우에는 보호관찰을 받을 것을 명할 수 있고, 같은 조 제2항에 의하면 제1항의 규정에 의한 보호관찰의 기간은 집행을 유예한 기간으로 하고, 다만 법원은 유예기간의 범위 내에서 보호관찰의 기간을 정할 수 있다고 규정되어 있는 바, 위 조항에서 말하는 보호관찰은 형벌이 아니라 보안처분의 성격을 갖는 것으로서, 과거의 불법에 대한 책임에 기초하고 있는 제재가 아니라 장래의 위험성으로부터 행위자를 보호하고 사회를 방위하기 위한 합목적적인 조치이므로, 그에 관하여 반드시 행위 이전에 규정되어 있어야 하는 것은 아니며, 재판시의 규정에 의하여 보호관찰을 받을 것을 명할 수 있다고 보아야 할 것이고, 이와 같은 해석이 형벌불소급의 원칙 내지 죄형법정주의에 위배되는 것이라고 볼 수 없다.

제63조[집행유예의 실효]

제63조(집행유예의 실효) 집행유예의 선고를 받은 자가 유예기간 중 고의로 범한 죄로 금고 이상의 실형을 선고받아 그 판결이 확정된 때에는 집행유예의 선고는 효력을 잃는다. 〈개정 2005. 7. 29.〉

63-1. 형법 제63조 소정의 '금고 이상의 형의 선고'에는 여죄에 대한 집행유예의 선고도 포함되는지 여부(소극) [대법원 1997. 10. 13. 자, 96모118]

【판결요지】

집행유예의 실효에 관하여 형법 제63조는 "집행유예의 선고를 받은 자가 유예기간 중 금고 이상의 형의 선고를 받아 그 판결이 확정된 때에는 집행유예의 선고는 효력을 잃는다."고 규정하고 있는바, 위 규정의 "**금고 이상의 형의 선고**"에는 실형뿐만이 아니라 금고 이상의 형이 선고된 이상 그 형의 집행이 유예된 경우도 원칙적으로 포함되는 것이지만, 이를 엄격히 해석하여 형법 제37조의 경합범관계에 있는 수죄가 전후로 기소되어 각각 별개의 절차에서 재판을 받게 된 결과 어느 하나의 사건에서 먼저 집행유예가 선고되어 그 형이 확정된 후 그 유예기간 중 여죄에 대한 다른 사건의 판결에서 집행유예가 선고되는 경우, 먼저 선고된 집행유예의 선고가 효력을 잃게 된다고 한다면 위 수죄가 같은 절차에서 동시에 재판을 받아 한꺼번에 집행유예를 선고받을 수 있었던 경우와 비교하여 볼 때 현저히 균형을 잃게 되어 불합리한 결과가 되므로, 집행유예기간 중 여죄에 대하여 금고 이상의 실형이 선고된 것이 아니고 금고 이상의 형의 집행유예가 선고된 경우는 예외적으로 위 규정의 "금고 이상의 형의 선고"를 받은 것에 포함되지 아니한다.

1. 형법 제63조의 입법 취지 [대법원 1997. 7. 18. 자, 97모18]

【판시사항】

[1] 형법 제63조의 입법 취지

[2] 집행유예의 선고가 확정된 죄와 형법 제37조 후단의 경합범 관계에 있는 다른 죄에 대하여 금고 이상의 실형을 선고한 판결이 그 집행유예기간 중에 확정된 경우, 전자의 집행유예의 실효 여부(적극)

[3] 집행유예의 실효제도가 형벌불소급원칙이나 일사부재리원칙에 반하는지 여부(소극)

[4] 선행 범행에 대한 실형의 판결의 상고심 계속중 이루어진 후행 범행에 대한 집행유예의 판결이 실형의 판결보다 먼저 상고기각으로 확정되고 실형의 판결이 그 후에 확정됨으로써 집행유예의 선고가 효력을 잃게 되는 것이 평등권 침해에 해당하는지 여부(소극)

【판결요지】

[1] 형의 집행유예 선고의 실효에 관한 규정인 형법 제63조는 집행유예의 실효사유로서 집행유예기간 중 금고 이상의 형을 선고한 판결이 확정된 것을 요구하고 있을 뿐이고 그와 같이 금고 이상의 형이 확정된 죄가 집행유예기간 중에 범한 것인지 여부를 불문하고 있는바, 위 규정의 입법 취지는 재범의 방지뿐만 아니라, 본래 경합범으로서 동시에 재판하여 단일한 형을 선고할 복수의 죄에 대하여 각각 별도로 재판이 진행되어 선고한 수개의 형이 별도로 확정된 경우에 그 복수의 죄에 대하

여 동시에 재판하였더라면 한꺼번에 실형이 선고되었을 경우와 불균형이 생기지 않도록 하는 등 범죄자에 대한 적정한 형벌권 행사를 도모하고자 함에도 있다.

[2] 집행유예의 선고가 확정된 죄와 법률상 동일한 절차에서 심판을 받을 가능성이 있었던 형법 제37조 후단의 경합범 관계에 있는 다른 죄에 대하여 금고 이상의 실형을 선고한 판결이 그 집행유예기간 중에 확정된 경우에는 먼저 확정되었던 집행유예의 선고가 효력을 잃는다.

[3] 범죄에 대한 형의 집행유예는 합리적 목적을 위하여 법률로 규정한 사유가 발생할 경우 당연히 실효될 것 등을 조건으로 하여 선고되는 것이므로, 그러한 실효사유가 발생하여 형의 집행유예 선고가 효력을 잃음으로써 유예되었던 형이 집행된다고 하여 행위시의 법률에 의하여 처벌받지 아니하는 행위에 대하여 소급하여 처벌받게 하거나 동일한 범죄에 대하여 거듭 처벌하는 것이라고 볼 수 없으므로 헌법 제13조 제1항이나 형법 제1조에 위반된다고 할 수 없다.

[4] 형벌권 행사의 적정을 도모하고자 하는 형법 제63조의 입법 취지와 같은 법 제62조 제1항 단서에서 일정한 전과를 집행유예의 결격사유로 규정하고 나아가 집행유예의 선고를 받은 후 집행유예의 결격사유가 발각된 때에는 같은 법 제64조의 규정에 의하여 집행유예의 선고를 취소하도록 하고 있는 점 등을 아울러 고려하여 보면, 선행 범행에 대한 실형의 판결의 상고심 계속중 이루어진 후행 범행에 대한 집행유예의 판결이 실형의 판결보다 나중에 확정되지 아니하고 먼저 상고기각으로 확정되고 실형의 판결이 그 후에 상고기각으로 확정됨으로써 그 집행유예의 선고가 효력을 잃는다고 하더라도 평등권이 침해되었다고 볼 수 없다.

63-2. 집행유예기간 중 다시 집행유예를 선고할 수 있는 경우에 해당되지 아니함에도 이를 간과하여 다시 집행유예 판결이 선고·확정된 경우, 전자의 집행유예 실효 여부(적극) [대법원 1997. 4. 1. 자, 96모109]

【판결요지】

집행유예기간 중에 있는 자로서 다시 집행유예를 선고할 수 있는 경우에 해당되지 아니함에도 이를 간과하여 다시 집행유예 판결이 선고되어 전자의 집행유예기간 중 후자의 집행유예 판결이 확정된 경우, 형의 집행유예 선고의 실효에 관한 규정인 형법 제63조 소정의 '금고 이상의 형의 선고를 받아'라는 의미는 그 실형의 선고만을 지칭하는 것이 아니라 금고 이상의 형이 선고된 이상 그 형의 집행을 유예한 경우도 포함되고, 법원의 판결이 선고되어 확정된 이상 그 판결이 재심 등 다른 불복절차에 의하여 번복되거나 혹은 상소권회복 등에 의하여 그 확정력이 배제되지 않는 이상 그 확정판결 자체는 유효하므로, 비록 후자의 판결 선고 당시 법원이나 검찰이 집행유예기간 중인 사실을 간과하였다고 하더라도 그러한 사정만으로 전자의 판결의 집행유예 선고가 실효되는 것이 위법하다고 할 수는 없다(본 사건은 상표권침해행위로 집행유예 판결을 선고받은 피고인이 그 판결 확정 후 다시 상표권침해행위를 한 사안임).

1. 형법 제63조 소정의 "금고 이상의 형의 선고를 받아"의 의미 [대법원 1979. 9. 14. 자, 79모30]

【판결요지】

형의 집행유예의 실효에 관한 규정인 형법 제63조 소정의 "금고 이상의 형의 선고를 받아"라는 의미는 그 실형의 선고만을 지칭하는 것이 아니라 그 형이 선고된 이상 그 형의 집행을 유예한 경우도 포함된다.

제64조[집행유예의 취소]

제64조(집행유예의 취소) ① 집행유예의 선고를 받은 후 제62조 단행의 사유가 발각된 때에는 집행유예의 선고를 취소한다. 〈개정 1995. 12. 29.〉
② 제62조의2의 규정에 의하여 보호관찰이나 사회봉사 또는 수강을 명한 집행유예를 받은 자가 준수사항이나 명령을 위반하고 그 정도가 무거운 때에는 집행유예의 선고를 취소할 수 있다. 〈신설 1995. 12. 29.〉

64-1. 재항고인이 집행유예의 취소 청구를 인용한 제1심결정에 대하여 즉시항고를 하고, 즉시항고장에 항고이유를 적지 않았는데 원심이 제1심법원으로부터 소송기록을 송부받은 당일에 항고를 기각하는 결정을 하면서, 항고를 제기한 재항고인에게 소송기록과 증거물을 송부받았다는 통지를 하지 않은 사안 [대법원 2018. 6. 22. 자, 2018모1698]

【판결요지】

재항고인이 집행유예의 취소 청구를 인용한 제1심결정에 대하여 즉시항고를 하고, 즉시항고장에 항고이유를 적지 않았는데, 원심이 제1심법원으로부터 소송기록을 송부받은 당일에 항고를 기각하는 결정을 하면서, 항고를 제기한 재항고인에게 소송기록과 증거물을 송부받았다는 통지를 하지 않은 사안에서, 원심은 재항고인에게 항고에 관하여 이유서를 제출하거나 의견을 진술하고 유리한 증거를 제출할 기회를 부여하였다고 할 수 없으므로, 원심결정에 형사소송법 제411조에 관한 법리를 오해한 잘못이 있다.

64-2. 형법 제64조 제2항에 규정된 집행유예취소의 요건에 해당하는지 여부를 심리할 때의 평가요소 [대법원 2010. 5. 27. 자, 2010모446]

【판시사항】

[1] 형법 제64조 제2항에 규정된 집행유예취소의 요건에 해당하는지 여부를 심리할 때의 평가 요소
[2] 동종 전력이 있는 피고인이 음주운전 등으로 집행유예 선고와 함께 보호관찰을 명받은 후 보호관찰관의 지도·감독에 불응하며 동종의 무면허운전을 한 사안에서, 피고인에 대한 집행유예 취소 청구를 기각한 원심결정에 법리오해 및 심리미진의 위법이 있다.

【판결요지】

[1] 법원이 보호관찰 등에 관한 법률에 의한 검사의 청구에 의하여 형법 제64조 제2항에 규정된 집행유예취소의 요건에 해당하는가를 심리함에 있어, 보호관찰기간 중의 재범에 대하여 따로 처벌받는 것과는 별도로 보호관찰자 준수사항 위반 여부 및 그 정도를 평가하여야 하고, 보호관찰이나 사회봉사 또는 수강명령은 각각 병과되는 것이므로 사회봉사 또는 수강명령의 이행 여부는 보호관찰자 준수사항 위반 여부나 그 정도를 평가하는 결정적인 요소가 될 수 없다.
[2] 이미 수차례 음주 및 무면허운전으로 처벌받은 전력이 있는 피고인이 같은 범행으로 집행유예 선고와 함께 보호관찰 등을 명받았음에도 보호관찰관의 지도·감독에 불응하여 집행유예취소 청구가 되어 유치되기까지 하였음에도, 위 집행유예취소 청구가 기각된 후에 종전과 같이 보호관

찰관의 지도·감독에 불응하며 동종의 무면허운전을 한 사안에서, 보호관찰 대상자로서의 준수사항을 심각하게 위반하였다고 할 것임에도, 피고인에 대한 집행유예취소 청구를 기각한 원심결정에 법리오해 및 심리미진의 위법이 있다.

64-3. 집행유예의 판결을 선고받은 사유가 형법 제64조 소정의 집행유예선고의 취소사유에 해당하는지 여부(적극) [대법원 1983. 2. 5. 자, 83모1]

【판결요지】

피고인이 1980.12.30 특수절도 등으로 징역 1년에 2년간 집행유예의 선고를 받아 동판결이 확정되고 다시 1982.2.23 폭력행위 등 처벌에 관한 법률 위반으로 징역 1년 6월에 3년간 집행유예의 선고를 받아 동 판결이 확정된 경우에는 위 1982.2.23자 집행유예선고는 취소되어야 하고 전자의 집행유예판결이 1983.1.7로써 집행유예 기간이 경과된다고 하여 결론을 달리 할 것이 아니다.

64-4. 집행유예의 취소요건인 전과의 발각시기 [대법원 1982. 1. 19. 자, 81모44]

【판결요지】

집행유예의 취소는 그 집행유예판결이 확정된 후 취소사유에 해당하는 전과가 발각된 경우에 한하고 그 판결확정전에 발견된 경우에는 이를 취소할 수 없다.

---

1. 형법 제64조의 취지 [대법원 1976. 4. 14. 자, 76모12]

【판결요지】

형법 64조의 취지는 집행유예선고의 판결이 확정된 후에 비로소 동법 62조의 단행의 사유가 발각된 경우 검사는 집행유예의 취소청구를 할 수 있다는 뜻이고 검사가 피고인이 집행유예의 결격자임을 각지 하였음에도 불구하고 상소를 함이 없이 집행유예선고의 판결을 확정시킨 경우에는 집행유예의 취소를 청구할 수 없다고 보아야 한다.

제65조[집행유예의 효과]

> 제65조(집행유예의 효과) 집행유예의 선고를 받은 후 그 선고의 실효 또는 취소됨이 없이 유예기간을 경과한 때에는 형의 선고는 효력을 잃는다.

65-1. 형법 제65조에서 '형의 선고가 효력을 잃는다'는 의미 및 형법 제65조에 따라 형의 선고가 효력을 잃는 경우, 그 전과를 폭력행위 등 처벌에 관한 법률 제2조 제3항의 '징역형을 받은 경우'라고 할 수 있는지 여부(소극) [대법원 2016. 6. 23. 선고, 2016도5032]

【판시사항】

[1] 형법 제65조에서 '형의 선고가 효력을 잃는다'는 의미 및 형법 제65조에 따라 형의 선고가 효력을 잃는 경우, 그 전과를 폭력행위 등 처벌에 관한 법률 제2조 제3항의 '징역형을 받은 경우'라고 할 수 있는지 여부(소극)

[2] 징역형의 실효기간이 경과하기 전에 별도의 집행유예 선고가 있었으나 집행유예가 실효 또는 취소됨이 없이 유예기간이 경과하였고 그 무렵 집행유예 전에 선고되었던 징역형도 자체의 실효기간이 경과한 경우, 그 징역형이 폭력행위 등 처벌에 관한 법률 제2조 제3항의 '징역형을 받은 경우'에 해당하는지 여부(소극)

【판결요지】

[1] 형법 제65조는 "집행유예의 선고를 받은 후 그 선고의 실효 또는 취소됨이 없이 유예기간을 경과한 때에는 형의 선고는 효력을 잃는다."라고 규정하고 있다. 여기서 '형의 선고가 효력을 잃는다'는 의미는 형의 실효와 마찬가지로 형의 선고에 의한 법적 효과가 장래를 향하여 소멸한다는 취지이다. 따라서 형법 제65조에 따라 형의 선고가 효력을 잃는 경우에도 그 전과는 폭력행위 등 처벌에 관한 법률 제2조 제3항에서 말하는 '징역형을 받은 경우'라고 할 수 없다.

[2] 어느 징역형의 실효기간이 경과하기 전에 별도의 집행유예 선고가 있었지만 집행유예가 실효 또는 취소됨이 없이 유예기간이 경과하였고 그 무렵 집행유예 전에 선고되었던 징역형도 자체의 실효기간이 경과하였다면 그 징역형 역시 실효되어 폭력행위 등 처벌에 관한 법률 제2조 제3항에서 말하는 '징역형을 받은 경우'에 해당한다고 할 수 없다.

---

1. 형법 제65조에서 '형의 선고가 효력을 잃는다'는 의미 및 이에 따라 형의 선고가 효력을 잃는 경우 그 전과를 특정범죄가중처벌법 제5조의4 제5항에서 정한 '징역형을 받은 경우'로 볼 수 있는지 여부(소극) [대법원 2010. 9. 9. 선고, 2010도8021]

【판결요지】

집행유예의 효과에 관한 형법 제65조에서 '형의 선고가 효력을 잃는다'는 의미는 구 형의 실효 등에 관한 법률(2010. 3. 31. 법률 제10211호로 개정되기 전의 것)에 의한 형의 실효와 같이 형의 선고에 의한 법적 효과가 장래에 향하여 소멸한다는 취지이다. 따라서 위 규정에 따라 형의 선고가 효력을 잃는 경우에도 그 전과는 구 특정범죄 가중처벌 등에 관한 법률(2010. 3. 31. 법률 제10210호로 개정되기 전의 것) 제5조의4 제5항에서 정한 '징역형을 받은 경우'로 볼 수 없다.

65-2. 집행유예기간을 경과한 후 형법 제62조 단행의 사유가 발각된 경우, 집행유예를 취소할 수 있는지
여부(소극) [대법원 1999. 1. 12. 자; 98모151]

【판결요지】

집행유예의 선고를 받은 후 그 선고의 실효 또는 취소됨이 없이 유예기간을 경과한 때에는 형법 제65조가 정하는 바에 따라 형의 선고는 효력을 잃는 것이고, 그와 같이 유예기간이 경과함으로써 형의 선고가 효력을 잃은 후에는 형법 제62조 단행의 사유가 발각되었다고 하더라도 그와 같은 이유로 집행유예를 취소할 수 없고 그대로 유예기간경과의 효과가 발생한다.

65-3. 형법 제65조 소정의 "형의 선고는 효력을 잃는다"의 의미 [대법원 1983. 4. 2. 자; 83모8]

【판결요지】

형법 제65조 소정의 "형의 선고는 효력을 잃는다" 는 취의는 형의 선고의 법률적 효과가 없어진다는 것일 뿐 형의 선고가 있었다는 기왕의 사실 자체까지 없어진다는 뜻이 아니다.

제5절 형의 집행

제66조[사형]

> 제66조(사형) 사형은 교정시설 안에서 교수(絞首)하여 집행한다.

66-1. 사형을 규정한 형법 규정 및 사형집행을 인정하는 형법 제66조, 행형법 제57조 제1항의 위헌 여부 [대법원 1994. 12. 19. 자, 94초123]

【판결요지】

　형법 제250조, 제41조 등 사형이라는 형벌을 규정한 형법 규정이 헌법위반의 법률이라고 할 수 없고, 사형의 집행을 인정하는 형법 제66조, 행형법 제57조 제1항이 헌법에 위배되는 것이라고 볼 수 없다.

66-2. 사형제도의 위헌여부(소극) [대법원 1990. 4. 24. 선고, 90도319]

【판결요지】

　국가의 형사정책으로 질서유지와 공공복리를 위하여 형법에 사형이라는 형벌을 규정하였다 하여 이를 헌법에 위배된 것이라 할 수 없다.

66-3. 사형의 위헌여부(소극) [대법원 1987. 9. 8. 선고, 87도1458]

【판결요지】

　인도적 또는 종교적 견지에서는 존귀한 생명을 빼앗아가는 사형제도는 모름지기 피해야 할 일이겠지만 한편으로는 범죄로 인하여 침해되는 또 다른 귀중한 생명을 외면할 수 없고 사회공공의 안녕과 질서를 위하여 국가의 형사정책상 형사제도를 존치하는 것도 정당하게 긍인할 수 밖에 없는 것이므로 형법 제338조가 그 법정형으로 사형을 규정하였다 하더라도 이를 헌법에 위반되는 조문이라 할 수 없다.

제69조[벌금과 과료]

제69조(벌금과 과료) ① 벌금과 과료는 판결확정일로부터 30일내에 납입하여야 한다. 단, 벌금을 선고할 때에는 동시에 그 금액을 완납할 때까지 노역장에 유치할 것을 명할 수 있다.
② 벌금을 납입하지 아니한 자는 1일 이상 3년 이하, 과료를 납입하지 아니한 자는 1일 이상 30일 미만의 기간 노역장에 유치하여 작업에 복무하게 한다.

69-1. 벌금을 납입하지 아니하는 경우의 유치기간으로 3년을 초과하는 기간을 정할 수 있는지 여부(소극) [대법원 2016. 8. 25. 선고, 2016도6466]

【판시사항】

형법 제69조 제2항, 제70조 제1항에 의하면 벌금을 선고할 때에는 납입하지 아니하는 경우의 유치기간을 정하여 동시에 선고하여야 하고, 그 유치기간은 1일 이상 3년 이하의 기간 내로만 정할 수 있으며, 3년을 초과하는 기간을 벌금을 납입하지 아니하는 경우의 유치기간으로 정할 수 없다(대법원 1971. 3. 30. 선고 71도251 판결 참조).

69-2. 벌금 미납자의 사회봉사 집행에 관한 특례법' 제4조 제1항에서 정한 '납부명령일부터 30일 이내'가 벌금 미납자의 사회봉사 신청기간의 종기(終期)만을 규정한 것인지 여부(적극) 및 이때'납부명령일'의 의미(=납부명령이 벌금 미납자에게 고지된 날) [대법원 2013. 1. 16. 자, 2011모16]

【판결요지】

벌금 미납자의 사회봉사 집행에 관한 특례법' (이하 '특례법' 이라 한다)은 벌금 미납자에 대한 노역장 유치를 사회봉사로 대신하여 집행할 수 있는 제도를 새로 도입하면서, 벌금형이 확정된 벌금 미납자는 검사의 '납부명령일부터 30일 이내에' 사회봉사를 신청할 수 있다고 규정하고 있다(제4조 제1항). 여러 사정, 특히 특례법의 입법 취지 등을 종합해 보면, 벌금 미납자가 사회봉사의 대체집행 신청을 할 수 있는 처음 시점, 즉 시기(始期)를 특별히 제한하여 해석할 이유는 없으므로, 신청은 벌금형이 확정된 때부터 가능하다고 볼 것이다. 따라서 위 규정은 신청을 할 수 있는 종기(終期)만을 규정한 것으로 새기는 것이 타당하고, 그 종기(終期)는 검사의 납부 '명령일' 이 아니라 납부명령이 벌금 미납자에게 '고지된 날' 로부터 30일이 되는 날이라고 해석하는 것이 옳다.

제70조[노역장 유치]

제70조(노역장 유치) ① 벌금이나 과료를 선고할 때에는 이를 납입하지 아니하는 경우의 노역장 유치기간을 정하여 동시에 선고하여야 한다. 〈개정 2020. 12. 8.〉
② 선고하는 벌금이 1억원 이상 5억원 미만인 경우에는 300일 이상, 5억원 이상 50억원 미만인 경우에는 500일 이상, 50억원 이상인 경우에는 1천일 이상의 노역장 유치기간을 정하여야 한다. 〈신설 2014. 5. 14. 2020. 12. 8.〉

70-1. 노역장유치기간의 하한을 정한 형법 제70조 제2항의 시행 전에 행해진 피고인의 범죄행위에 대하여, 원심이 피고인을 징역 5년 6개월과 벌금 13억 1,250만 원에 처하면서 형법 제70조 제1항, 제2항을 적용하여 노역장유치기간(525일)을 정한 판결을 선고하였는데, 원심판결 선고 후 헌법재판소가 형법 제70조 제2항을 시행일 이후 최초로 공소 제기되는 경우부터 적용하도록 한 형법 부칙(2014. 5. 14.) 제2조 제1항이 헌법상 형벌불소급원칙에 위반되어 위헌이라고 판단한 사안 [대법원 2018. 2. 13. 선고, 2017도17809]

【판결요지】

1억 원 이상의 벌금형을 선고하는 경우 노역장유치기간의 하한을 정한 형법(2014. 5. 14. 법률 제12575호로 개정되어 같은 날 시행된 것, 이하 같다) 제70조 제2항(이하 '노역장유치조항' 이라 한다)의 시행 전에 행해진 피고인의 범죄행위에 대하여, 원심이 피고인을 징역 5년 6개월과 벌금 13억 1,250만 원에 처하면서 형법 제70조 제1항, 제2항을 적용하여 '벌금을 납입하지 않는 경우 250만 원을 1일로 환산한 기간 노역장에 유치한다' 는 내용의 판결을 선고하였는데, 원심판결 선고 후 헌법재판소가 형법 제70조 제2항을 시행일 이후 최초로 공소 제기되는 경우부터 적용하도록 한 형법 부칙(2014. 5. 14.) 제2조 제1항이 헌법상 형벌불소급원칙에 위반되어 위헌이라고 판단한 사안에서, 헌법재판소의 위헌결정 선고로 위 부칙조항은 헌법재판소법 제47조 제3항 본문에 따라 효력을 상실하였으므로, 노역장유치조항을 적용하여 노역장유치기간을 정한 원심판결은 유지될 수 없다.

70-2. 벌금형은 감경되었으나 그 노역장유치기간이 길어진 경우, 불이익변경금지원칙의 위배 여부(소극) [대법원 2000. 11. 24. 선고, 2000도3945]

【판시사항】

[1] 벌금형은 감경되었으나 그 노역장유치기간이 길어진 경우, 불이익변경금지원칙의 위배 여부 (소극) 및 벌금형이 감경되었을 뿐만 아니라 그 벌금형에 대한 노역장유치기간도 줄어들었으나 노역장유치 환산의 기준 금액이 낮아진 경우, 불이익변경금지원칙의 위배 여부(소극)

[2] 벌금형에 대한 노역장유치기간이 선택형인 징역형의 장기보다 긴 경우, 노역장유치기간을 정함에 있어 위법이 있는지 여부(소극)

【판결요지】

[1] 피고인에 대한 벌금형이 제1심보다 감경되었다면 비록 그 벌금형에 대한 노역장유치기간이 제1심보다 더 길어졌다고 하더라도 전체적으로 보아 형이 불이익하게 변경되었다고 할 수는 없다

할 것이고, 피고인에 대한 벌금형이 제1심보다 감경되었을 뿐만 아니라 그 벌금형에 대한 노역장
유치기간도 줄어든 경우라면 노역장유치 환산의 기준 금액이 제1심의 그것보다 낮아졌다 하여도
형이 불이익하게 변경되었다고 할 수는 없다.

 [2] 벌금형에 대한 노역장유치기간의 산정에는 형법 제69조 제2항에 따른 제한이 있을 뿐 그 밖
의 다른 제한이 없으므로, 징역형과 벌금형 가운데서 벌금형을 선택하여 선고하면서 그에 대한
노역장유치기간을 환산한 결과 선택형의 하나로 되어 있는 징역형의 장기보다 유치기간이 더 길
수 있게 되었다 하더라도 이를 위법이라고 할 수는 없다.

---

1. 벌금형은 감경되었으나 노역장 환형유치기간이 길어진 경우 불이익변경금지원칙 [대법원 1977. 9.
   13. 선고, 77도2114, 전원합의체 판결]
   【판시사항】
   [1] 벌금형은 감경되었으나 노역장 환형유치기간이 길어진 경우 불이익변경금지원칙
   [2] 특정범죄가중처벌등에 관한 법률 제6조 제2항, 제3항의 벌금형을 작량감경할 수 있는지 여부
   【판결요지】
   [1] 벌금형이 감경되었다면 그 벌금형에 환형유치기간이 더 길어졌다고 하여도 전체적으로 비교하여
       형이 불이익하게 변경되었다고 할 수 없다.
   [2] 관세법 제180조 위반의 죄가 특정범죄가중처벌 등에 관한 법률 제6조 제2항, 제3항에 의하여 가중
       처벌되고 벌금형이 필요적으로 병과되는 경우에도 관세법 제194조가 적용되므로 벌금형에 대하여
       형법 제 53조를 적용하여 작량감경할 수 없다.

제6절 가석방

제72조[가석방의 요건]

> 제72조(가석방의 요건) ① 징역이나 금고의 집행 중에 있는 사람이 행상(行狀)이 양호하여 뉘우침이 뚜렷한 때에는 무기형은 20년, 유기형은 형기의 3분의 1이 지난 후 행정처분으로 가석방을 할 수 있다.
> ② 제1항의 경우에 벌금이나 과료가 병과되어 있는 때에는 그 금액을 완납하여야 한다.

72-1. 사형이 무기징역으로 특별감형된 경우 구금된 사형집행대기기간을 처음부터 무기징역을 받은 경우와 동일하게 가석방요건 중의 하나인 형의 집행기간에 산입할 것인지 여부(소극) [대법원 1991. 3. 4. 자, 90모59]

【판결요지】

사형집행을 위한 구금은 미결구금도 아니고 형의 집행기간도 아니며 특별감형은 형을 변경하는 효과만 있을 뿐이고 이로 인하여 형의 선고에 의한 기성의 효과는 변경되지 아니하므로 사형이 무기징역으로 특별감형된 경우 사형의 판결확정일에 소급하여 무기징역형이 확정된 것으로 보아 무기징역형의 형기 기산일을 사형의 판결 확정일로 인정할 수도 없고 사형집행대기 기간이 미결구금이나 형의 집행기간으로 변경된다고 볼 여지도 없으며, 또한 특별감형은 수형 중의 행장의 하나인 사형집행대기기간까지를 참작하여 되었다고 볼 것이므로 사형집행대기기간을 처음부터 무기징역을 받은 경우와 동일하게 가석방요건 중의 하나인 형의 집행기간에 다시 산입할 수는 없다.

제7절 형의 시효

제78조[형의 시효의 기간]

제78조(형의 시효의 기간) 시효는 형을 선고하는 재판이 확정된 후 그 집행을 받지 아니하고 다음 각 호의 구분에 따른 기간이 지나면 완성된다. 〈개정 2017. 12. 12. 2020. 12. 8.〉
1. 사형: 30년
2. 무기의 징역 또는 금고: 20년
3. 10년 이상의 징역 또는 금고: 15년
4. 3년 이상의 징역이나 금고 또는 10년 이상의 자격정지: 10년
5. 3년 미만의 징역이나 금고 또는 5년 이상의 자격정지: 7년
6. 5년 미만의 자격정지, 벌금, 몰수 또는 추징: 5년
7. 구류 또는 과료: 1년

78-1. 과태료의 처벌에 있어 공소시효나 형의 시효 및 예산회계법 제96조 소정의 국가의 금전채권에 관한 소멸시효의 규정이 적용 내지 준용되는지 여부(소극) [대법원 2000. 8. 24. 자, 2000마1350]

【판결요지】

과태료의 제재는 범죄에 대한 형벌이 아니므로 그 성질상 처음부터 공소시효(형사소송법 제249조)나 형의 시효(형법 제78조)에 상당하는 것은 있을 수 없고, 이에 상당하는 규정도 없으므로 일단 한번 과태료에 처해질 위반행위를 한 자는 그 처벌을 면할 수 없는 것이며, 예산회계법 제96조 제1항은 "금전의 급부를 목적으로 하는 국가의 권리로서 시효에 관하여 다른 법률에 규정이 없는 것은 5년간 행사하지 아니할 때에는 시효로 인하여 소멸한다."고 규정하고 있으므로 과태료 결정 후 징수의 시효, 즉 과태료 재판의 효력이 소멸하는 시효에 관하여는 국가의 금전채권으로서 예산회계법에 의하여 그 기간은 5년이라고 할 것이지만, 위반행위자에 대한 과태료의 처벌권을 국가의 금전채권과 동일하게 볼 수는 없으므로 예산회계법 제96조에서 정해진 국가의 금전채권에 관한 소멸시효의 규정이 과태료의 처벌권에 적용되거나 준용되지는 않는다.

78-2. 사회보호법 제5조 제2항 제1호 소정의 형기 합계 3년 이상에 통산되는 실형의 범위 [대법원 1987. 5. 26. 선고, 87감도55]

【판시사항】

[1] 사회보호법 제5조 제2항 제1호 소정의 형기 합계 3년 이상에 통산되는 실형의 범위

[2] 집행유예의 실효로 집행되어야 할 형이 집행되지 않고 있던중 시효가 완성된 경우, 위 형이 사회보호법 제5조 소정의 실형에 해당되는지 여부

【판결요지】

[1] 사회보호법 제5조 제2항 제1호 소정의 형기합계 3년이상에 통산되는 실형에는 그 집행을 마친 형기뿐만 아니라 그 집행이 면제된 형기도 포함된다.

[2] 집행유예의 실효로 인하여 집행되어야 할 형이 집행이 되지 않은 채 형의 시효기간이 경과함으로써 시효가 완성되었다면 집행유예가 실효된 위 형은 결국 그 집행이 면제된 형으로서 사회보장법 제5조 소정의 실형에 해당된다

제80조[시효의 중단]

> 제80조(시효의 중단) 시효는 사형, 징역, 금고와 구류에 있어서는 수형자를 체포함으로, 벌금, 과료, 몰수와 추징에 있어서는 강제처분을 개시함으로 인하여 중단된다.

80-1. 채권에 대한 강제집행의 방법으로 벌금형을 집행하는 경우 그 벌금에 대하여 시효중단의 효력이 발생하는 시기(=채권압류명령 신청시) [대법원 2009. 6. 25. 자, 2008모1396]

【판시사항】

채권에 대한 강제집행의 방법으로 벌금형을 집행하는 경우 그 벌금에 대하여 시효중단의 효력이 발생하는 시기(=채권압류명령 신청시) 및 수형자의 재산이라고 추정되는 채권에 대하여 압류신청을 하였으나 집행불능이 된 경우 이미 발생한 시효중단의 효력이 소멸하는지 여부(소극)

【판결요지】

벌금에 있어서의 시효는 강제처분을 개시함으로 인하여 중단되고(형법 제80조), 여기서 채권에 대한 강제집행의 방법으로 벌금형을 집행하는 경우에는 검사의 징수명령서에 기하여 '법원에 채권압류명령을 신청하는 때'에 강제처분인 집행행위의 개시가 있는 것으로 보아 특별한 사정이 없는 한 그때 시효중단의 효력이 발생하며, 한편 그 시효중단의 효력이 발생하기 위하여 집행행위가 종료되거나 성공하였음을 요하지 아니하고, 수형자에게 집행행위의 개시사실을 통지할 것을 요하지 아니한다. 따라서 일응 수형자의 재산이라고 추정되는 채권에 대하여 압류신청을 한 이상 피압류채권이 존재하지 아니하거나 압류채권을 환가하여도 집행비용 외에 잉여가 없다는 이유로 집행불능이 되었다고 하더라도 이미 발생한 시효중단의 효력이 소멸하지는 않는다.

80-2. 유체동산 경매의 방법으로 추징형을 집행하는 경우 시효중단의 시점 [대법원 2006. 1. 17. 자, 2004모524]

【판시사항】

[1] 유체동산 경매의 방법으로 추징형을 집행하는 경우 시효중단의 시점

[2] 집행관이 추징의 시효 만료 전에 징수명령서를 수령하고, 그 후 상당한 기간이 경과되기 전에 징수명령이 집행되었다면 추징의 시효가 완성된 후의 집행이 아니라.

【판결요지】

[1] 형법 제80조에서 추징에 있어서의 시효는 강제처분을 개시함으로 인하여 중단된다고 규정하고 있는바, 여기에서 유체동산 경매의 방법으로 추징형을 집행하는 경우에는 검찰징수사무규칙

제17조에 의한 검사의 징수명령서를 집행관이 수령하는 때에 강제처분의 개시가 있는 것으로 보아야 하고, 다만 집행관이 그 후에 집행에 착수하지 못하면 시효중단의 효력이 없어진다.

[2] 집행관이 추징의 시효 만료 전에 징수명령서를 수령하고, 그 후 상당한 기간이 경과되기 전에 징수명령이 집행되었다면 추징의 시효가 완성된 후의 집행이 아니라..

80-3. 벌금형의 시효중단사유인 벌금의 일부납부의 의미 및 수형자가 아닌 제3자가 수형자의 의사와는 무관하게 벌금의 일부를 납부한 경우, 형의 시효가 중단되는지 여부(소극) [대법원 2001. 8. 23. 자, 2001모91]

【판결요지】

수형자가 벌금의 일부를 납부한 경우에는 이로써 집행행위가 개시된 것으로 보아 그 벌금형의 시효가 중단된다고 봄이 상당하고, 이 경우 벌금의 일부 납부란 수형자 본인이 스스로 벌금을 일부 납부한 경우, 즉 벌금의 일부를 수형자 본인 또는 그 대리인이나 사자가 수형자 본인의 의사에 따라 이를 납부한 경우를 말하는 것이고, 수형자 본인의 의사와는 무관하게 제3자가 이를 납부한 경우는 포함되지 아니한다.

80-4. 추징금의 시효중단에 관한 법리 [대법원 2001. 7. 27. 선고, 2001두3365]

【판결요지】

추징금의 시효는 검사의 집행명령에 따라 집행관이 강제처분인 집행행위를 개시함으로써 중단되고, 이러한 집행행위는 유체동산 압류시 압류할 유체동산을 찾기 위해 추징금 납부의무자의 주거를 수색함으로써 이미 개시되므로 그 때 시효중단의 효력은 발생하며, 수색 결과 압류할 물건을 찾아 압류집행한 경우는 물론 이를 찾지 못하여 집행불능이 된 경우나 특정 유체동산을 압류하였으나 나중에 제3자가 그 소유권을 주장하며 제3자 이의의 소를 제기하여 해당 유체동산에 대한 압류가 취소된 경우에도 이미 발생한 시효중단의 효력은 소멸하지 않는다.

---

1. 검사의 집행명령에 기하여 집달관이 확정된 벌금형의 집행을 개시하였으나 압류물을 환가하여도 집행비용 외에 잉여가 없다는 이유로 집행불능이된 경우 시효중단 효력의 소멸 여부(소극) 및 위 벌금형의 미납자에 대한 노역장유치집행의 가부(적극) [대법원 1992. 12. 28. 자, 92모39]

【판결요지】

확정된 벌금형을 집행하기 위한 검사의 집행명령에 기하여 집달관이 집행을 개시하였다면 이로써 벌금형에 대한 시효는 중단되는 것인바(형법 제80조), 이 경우 압류물을 환가하여도 집행비용 외에 잉여가 없다는 이유로 집행불능이 되었다고 하더라도 이미 발생한 시효중단의 효력이 소멸하지는 않는다 할 것이고, 따라서 위 벌금형의 미납자에 대하여는 형사소송법 제492조에 의해 노역장유치의 집행을 할 수 있다.

제8절 형의 소멸

제81조[형의 실효]

제81조(형의 실효) 징역 또는 금고의 집행을 종료하거나 집행이 면제된 자가 피해자의 손해를 보상하고 자격정지 이상의 형을 받음이 없이 7년을 경과한 때에는 본인 또는 검사의 신청에 의하여 그 재판의 실효를 선고할 수 있다.

81-1. 형의 실효를 위한 요건인 형법 제81조 소정의 피해자의 피해를 보상한다는 의미 [서울형사지법 1992. 6. 23. 92로12]

【판결요지】

형법 제81조는 단순히 "피해자의 피해를 보상하고"라고만 규정되어 있는바, 위 규정에서 말하는 "피해자"란 원칙적으로는 범죄행위로 인하여 피해를 본 직접적인 피해자를 가리키나, 한편 형의 실효의 요건으로서의 피해보상은 피해자에게 손해보상이 가능한 범죄에 한하여 요건으로 되고, 그 성질상 피해보항이 불가능한 범죄에 있어서는 위와 같은 요건은 요구되지 아니하므로 위 피해보상의 요건이 모든 범죄에 관한 형의 실효를 위하여 요구되는 필요충족요건이라고 할 수는 없고, 단지 형의 집행을 종료한 후 형을 받음이 없이 7년이 경과할 것이라는 요건에 부수되는 부차적인 요건에 불과하므로, 비록 직접적인 피해자와는 형식적인 피해보상이 이루어지지 아니하였다고 하더라도 직접적인 피해자 이외에 실질적으로 피해를 본 피해자가 별도로 존재하고 그에 대한 피해보상이 이루어짐으로써 실질적인 피해의 회복이 이루어진 것으로 인정될 만한 사정이 있는 때에는 피해보상의 요건은 충족한다.

81-2. 재판의 실효선고나 형이 실효된 경우와 사회보호법 제5조 제1항 제1호의 적용 가부(소극) [대법원 1982. 3. 23. 선고, 82도235]

【판결요지】

형법 제81조에 의한 재판의 실효선고나 형의 실효등에 관한 법률에 의하여 형이 실효된 경우에는 사회보호법 제5조 제1항 제1호 소정의 " 실형을 받고" 에 해당하지 아니한다.

제82조[복권]

제82조(복권) 자격정지의 선고를 받은 자가 피해자의 손해를 보상하고 자격정지 이상의 형을 받음이 없이 정지기간의 2분의 1을 경과한 때에는 본인 또는 검사의 신청에 의하여 자격의 회복을 선고할 수 있다.

82-1. 일반사면의 효과 [대법원 1995. 12. 22. 선고, 95도2446]

【판결요지】

사면법 제5조 제1항 제1호 소정의 '일반사면은 형의 언도의 효력이 상실된다.'는 의미는 형법 제65조 소정의 '형의 선고는 효력을 잃는다.'는 의미와 마찬가지로 단지 형의 선고의 법률적 효과가 없어진다는 것일 뿐 형의 선고가 있었다는 기왕의 사실 자체의 모든 효과까지 소멸한다는 뜻은 아니다.

제4장 기간

제83조[기간의 계산]

제83조(기간의 계산) 연(年) 또는 월(月)로 정한 기간은 연 또는 월 단위로 계산한다.

83-1. 누범기간의 기산점 [대구고법 1986. 12. 10. 선고, 86노1347]

【판결요지】

피고인이 1982.6.25. 징역형의 집행을 마치고 출소하였고, 이 사건 범행일은 1985.6.25.이므로 범행은 위 징역형의 집행이 종료된 바로 다음날이며 누범기간 진행의 기산점이 되는 1982.6.26.로부터 3년이 차는 날에 저질러진 범행이어서 누범에 해당한다.

제84조[형기의 기산]

제84조(형기의 기산) ① 형기는 판결이 확정된 날로부터 기산한다.
② 징역, 금고, 구류와 유치에 있어서는 구속되지 아니한 일수는 형기에 산입하지 아니한다.

84-1. 사형이 무기징역으로 특별감형된 경우 구금된 사형집행대기기간을 처음부터 무기징역을 받은 경우와 동일하게 가석방요건 중의 하나인 형의 집행기간에 산입할 것인지 여부(소극) [대법원 1991. 3. 4. 자, 90모59]

【판결요지】

사형집행을 위한 구금은 미결구금도 아니고 형의 집행기간도 아니며 특별감형은 형을 변경하는 효과만 있을 뿐이고 이로 인하여 형의 선고에 의한 기성의 효과는 변경되지 아니하므로 사형이 무기징역으로 특별감형된 경우 사형의 판결확정일에 소급하여 무기징역형이 확정된 것으로 보아 무기징역형의 형기 기산일을 사형의 판결 확정일로 인정할 수도 없고 사형집행대기 기간이 미결구금이나 형의 집행기간으로 변경된다고 볼 여지도 없으며, 또한 특별감형은 수형 중의 행장의 하나인 사형집행대기기간까지를 참작하여 되었다고 볼 것이므로 사형집행대기기간을 처음부터 무기징역을 받은 경우와 동일하게 가석방요건 중의 하나인 형의 집행기간에 다시 산입할 수는 없다.

형법각칙

2편

형법 각칙(제87~328조)

목 차

제1장 내란의 죄

제2장 외환의 죄

제5장 공안(公安)을 해하는 죄

제6장 폭발물에 관한 죄

제7장 공무원의 직무에 관한 죄

제8장 공무방해에 관한 죄

제9장 도주와 범인은닉의 죄

제10장 위증과 증거인멸의 죄

제11장 무고의 죄

제12장 신앙에 관한 죄

제13장 방화와 실화의 죄

제14장 일수와 수리에 관한 죄

제15장 교통방해의 죄

제16장 먹는 물에 관한 죄

제18장 통화에 관한 죄

제19장 유가증권, 우표와 인지에 관한 죄

제20장 문서에 관한 죄

제21장 인장에 관한 죄

제22장 성풍속에 관한 죄

제23장 도박과 복표에 관한 죄

제24장 살인의 죄

제25장 상해와 폭행의 죄

제26장 과실치사상의 죄

제27장 낙태의 죄

제28장 유기와 학대의 죄

제29장 체포와 감금의 죄

제30장 협박의 죄

제31장 약취(略取), 유인(誘引) 및 인신매매의 죄

제32장 강간과 추행의 죄

제297조의2(유사강간) ·· **937**

제298조(강제추행) ·· **938**

제33장 명예에 관한 죄

제34장 신용, 업무와 경매에 관한 죄

제35장 비밀침해의 죄

제36장 주거침입의 죄

제37장 권리행사를 방해하는 죄

제1장 내란의 죄

제87조(내란)

> 제87조(내란) 대한민국 영토의 전부 또는 일부에서 국가권력을 배제하거나 국헌을 문란하게 할 목적으로 폭동을 일으킨 자는 다음 각 호의 구분에 따라 처벌한다.
> 1. 우두머리는 사형, 무기징역 또는 무기금고에 처한다.
> 2. 모의에 참여하거나 지휘하거나 그 밖의 중요한 임무에 종사한 자는 사형, 무기 또는 5년 이상의 징역이나 금고에 처한다. 살상, 파괴 또는 약탈 행위를 실행한 자도 같다.
> 3. 부화수행(附和隨行)하거나 단순히 폭동에만 관여한 자는 5년 이하의 징역이나 금고에 처한다.

98-1. 내란선동죄과 내란음모의 성립 요건 [대법원 2015. 1. 22. 선고, 2014도10978, 전원합의체 판결]

【판시사항】

[1] 내란선동죄의 성립 요건

[2] 특정 정당 소속의 국회의원 피고인 甲 및 지역위원장 피고인 乙이 공모하여, 이른바 조직원들과 두 차례 회합을 통하여 회합 참석자 130여 명에게 한반도에서 전쟁이 발발하는 등 유사시에 상부 명령이 내려지면 바로 전국 각 권역에서 국가기간시설 파괴 등 폭동을 할 것을 주장함으로써 내란죄를 범할 것을 선동하였다는 내용으로 기소된 사안에서, 피고인들에게 유죄를 인정한 원심판단을 정당하다.

[3] 내란음모죄의 성립 요건

[4] 특정 정당 소속의 국회의원 피고인 甲 및 지역위원장 피고인 乙을 비롯한 피고인들이, 이른바 조직원들과 회합을 통하여 회합 참석자 130여 명과 한반도에서 전쟁이 발발하는 등 유사시에 상부 명령이 내려지면 바로 전국 각 권역에서 국가기간시설 파괴 등 폭동할 것을 통모함으로써 내란죄를 범할 목적으로 음모하였다는 내용으로 기소된 사안에서, 피고인들에게 무죄를 선고한 원심판단을 정당하다.

【판결요지】

[1] [다수의견] (가) 내란선동죄는 내란이 실행되는 것을 목표로 선동함으로써 성립하는 독립한 범죄이고, 선동으로 말미암아 피선동자들에게 반드시 범죄의 결의가 발생할 것을 요건으로 하지 않는다. 즉 내란선동은 주로 내란행위의 외부적 준비행위에도 이르지 않은 단계에서 이루어지지만, 다수인의 심리상태에 영향을 주는 방법으로 내란의 실행욕구를 유발 또는 증대시킴으로써 집단적인 내란의 결의와 실행으로 이어지게 할 수 있는 파급력이 큰 행위이다. 따라서 내란을 목표로 선동하는 행위는 그 자체로 내란예비·음모에 준하는 불법성이 있다고 보아 내란예비·음모와 동일한 법정형으로 처벌되는 것이다.

(나) 내란선동죄에서 '국헌을 문란할 목적' 이란 "헌법 또는 법률에 정한 절차에 의하지 아니하고 헌법 또는 법률의 기능을 소멸시키는 것(형법 제91조 제1호)" 또는 "헌법에 의하여 설치된

국가기관을 강압에 의하여 전복 또는 그 권능행사를 불가능하게 하는 것(같은 조 제2호)”을 말한다. 국헌문란의 목적은 범죄 성립을 위하여 고의 외에 요구되는 초과주관적 위법요소로서 엄격한 증명사항에 속하나, 확정적 인식임을 요하지 아니하며, 다만 미필적 인식이 있으면 족하다. 그리고 국헌문란의 목적이 있었는지 여부는 피고인들이 이를 자백하지 않는 이상 외부적으로 드러난 피고인들의 행위와 그 행위에 이르게 된 경위 등 사물의 성질상 그와 관련성 있는 간접사실 또는 정황사실을 종합하여 판단하면 되고, 선동자의 표현 자체에 공격대상인 국가기관과 그를 통해 달성하고자 하는 목표, 실현방법과 계획이 구체적으로 나타나 있어야만 인정되는 것은 아니다.

또한, 형법상 내란죄의 구성요건인 폭동의 내용으로서의 폭행 또는 협박은 일체의 유형력의 행사나 외포심을 생기게 하는 해악의 고지를 의미하는 최광의의 폭행·협박을 말하는 것으로서, 이를 준비하거나 보조하는 행위를 전체적으로 파악한 개념이며, 그 정도가 한 지방의 평온을 해할 정도의 위력이 있음을 요한다.

내란선동이란 내란이 실행되는 것을 목표로 하여 피선동자들에게 내란행위를 결의, 실행하도록 충동하고 격려하는 일체의 행위를 말한다. 내란선동은 주로 언동, 문서, 도화 등에 의한 표현행위의 단계에서 문제되는 것이므로 내란선동죄의 구성요건을 해석함에 있어서는 국민의 기본권인 표현의 자유가 위축되거나 본질이 침해되지 아니하도록 죄형법정주의의 기본정신에 따라 엄격하게 해석하여야 한다. 따라서 내란을 실행시킬 목표를 가지고 있다 하여도 단순히 특정한 정치적 사상이나 추상적인 원리를 옹호하거나 교시하는 것만으로는 내란선동이 될 수 없고, 그 내용이 내란에 이를 수 있을 정도의 폭력적인 행위를 선동하는 것이어야 하고, 나아가 피선동자의 구성 및 성향, 선동자와 피선동자의 관계 등에 비추어 피선동자에게 내란 결의를 유발하거나 증대시킬 위험성이 인정되어야만 내란선동으로 볼 수 있다. 언어적 표현행위는 매우 추상적이고 다의적일 수 있으므로 그 표현행위가 위와 같은 내란선동에 해당하는지를 가림에 있어서는 선동행위 당시의 객관적 상황, 발언 등의 장소와 기회, 표현 방식과 전체적인 맥락 등을 종합하여 신중하게 판단하여야 한다.

다만 선동행위는 선동자에 의하여 일방적으로 행해지고, 그 이후 선동에 따른 범죄의 결의 여부 및 그 내용은 선동자의 지배영역을 벗어나 피선동자에 의하여 결정될 수 있으며, 내란선동을 처벌하는 근거가 선동행위 자체의 위험성과 불법성에 있다는 점 등을 전제하면, 내란선동에 있어 시기와 장소, 대상과 방식, 역할분담 등 내란 실행행위의 주요 내용이 선동 단계에서 구체적으로 제시되어야 하는 것은 아니고, 또 선동에 따라 피선동자가 내란의 실행행위로 나아갈 개연성이 있다고 인정되어야만 내란선동의 위험성이 있는 것으로 볼 수도 없다.

[2] 특정 정당 소속의 국회의원 피고인 甲 및 지역위원장 피고인 乙이 공모하여, 이른바 조직원들과 두 차례 회합을 통하여 회합 참석자 130여 명에게 한반도에서 전쟁이 발발하는 등 유사시에 상부 명령이 내려지면 바로 전국 각 권역에서 국가기간시설 파괴 등 폭동을 할 것을 주장함으로써 내란의 죄를 범할 것을 선동하였다는 내용으로 기소된 사안에서, 당시의 한반도 정세, 각 회합의 내용 및 경위, 회합 참석자들의 성향·구성 및 피고인들과 관계, 피고인들의 경력과 범죄전력, 피고인들이 각 회합에서 맡은 역할과 발언 내용, 회합 참석자들의 강연 청취태도 및 발언 등

제반 사정을 종합할 때, 피고인들의 발언은 아직 전쟁 위기가 완전히 해소된 상태가 아니고 북한의 도발이 계속되는 당시의 상황에서 각 회합 참석자들에게 특정 정세를 전쟁 상황으로 인식하고 가까운 장래에 구체적인 내란의 결의를 유발하거나 증대시킬 위험성이 충분하므로, 피고인들의 행위는 그 자체로 위험성이 있는 내란 선동행위에 해당한다는 이유로, 피고인들에게 유죄를 인정한 원심판단을 정당하다.

[3] [다수의견] 음모는 실행의 착수 이전에 2인 이상의 자 사이에 성립한 범죄실행의 합의로서, 합의 자체는 행위로 표출되지 않은 합의 당사자들 사이의 의사표시에 불과한 만큼 실행행위로서의 정형이 없고, 따라서 합의의 모습 및 구체성의 정도도 매우 다양하게 나타날 수밖에 없다. 그런데 어떤 범죄를 실행하기로 막연하게 합의한 경우나 특정한 범죄와 관련하여 단순히 의견을 교환한 경우까지 모두 범죄실행의 합의가 있는 것으로 보아 음모죄가 성립한다고 한다면 음모죄의 성립범위가 과도하게 확대되어 국민의 기본권인 사상과 표현의 자유가 위축되거나 그 본질이 침해되는 등 죄형법정주의 원칙이 형해화될 우려가 있으므로, 음모죄의 성립범위도 이러한 확대해석의 위험성을 고려하여 엄격하게 제한하여야 한다. 한편 내란죄의 주체는 국토를 참절하거나 국헌을 문란할 목적을 이룰 수 있을 정도로 조직화된 집단으로서 다수의 자이어야 하고, 그 역할도 수괴, 중요한 임무에 종사한 자, 부화수행한 자 등으로 나뉜다(형법 제87조 각 호 참조). 또한, 실행행위인 폭동행위는 살상, 파괴, 약탈, 단순 폭동 등 여러 가지 폭력행위가 혼합되어 있고, 그 정도가 한 지방의 평온을 해할 정도의 위력이 있음을 요한다.

2인 이상의 자 사이에 어떠한 폭동행위에 대한 합의가 있는 경우에도 공격의 대상과 목표가 설정되어 있지 않고, 시기와 실행방법이 어떠한지를 알 수 없으면 그것이 '내란'에 관한 음모인지를 알 수 없다. 따라서 내란음모가 성립하였다고 하기 위해서는 개별 범죄행위에 관한 세부적인 합의가 있을 필요는 없으나, 공격의 대상과 목표가 설정되어 있고, 그 밖의 실행계획에 있어서 주요 사항의 윤곽을 공통적으로 인식할 정도의 합의가 있어야 한다.

나아가 합의는 실행행위로 나아간다는 확정적인 의미를 가진 것이어야 하고, 단순히 내란에 관한 생각이나 이론을 논의한 것으로는 부족하다. 또한, 내란음모가 단순히 내란에 관한 생각이나 이론을 논의 내지 표현한 것인지 실행행위로 나아간다는 확정적인 의미를 가진 합의인지를 구분하기가 쉽지 않다는 점을 고려하면, 내란음모죄에 해당하는 합의가 있다고 하기 위해서는 단순히 내란에 관한 범죄결심을 외부에 표시·전달하는 것만으로는 부족하고 객관적으로 내란범죄의 실행을 위한 합의라는 것이 명백히 인정되고, 그러한 합의에 실질적인 위험성이 인정되어야 한다.

그리고 내란음모가 실질적 위험성이 있는지 여부는 합의 내용으로 된 폭력행위의 유형, 내용의 구체성, 계획된 실행시기와의 근접성, 합의 당사자의 수와 합의 당사자들 사이의 관계, 합의의 강도, 합의 당시의 사회정세, 합의를 사전에 준비하였는지 여부, 합의의 후속 조치가 있었는지 여부 등을 종합적으로 고려하여 판단하여야 한다.

[4] 특정 정당 소속의 국회의원 피고인 甲 및 지역위원장 피고인 乙을 비롯한 피고인들이, 이른바 조직원들과 회합을 통하여 회합 참석자 130여 명과 한반도에서 전쟁이 발발하는 등 유사시에 상부 명령이 내려지면 바로 전국 각 권역에서 국가기간시설 파괴 등 폭동을 할 것을 통모함으로

써 내란의 죄를 범할 목적으로 음모하였다는 내용으로 기소된 사안에서, 당시의 한반도 정세, 회합의 내용 및 경위, 회합 참석자들의 성향·구성 및 피고인들과 관계, 피고인들의 경력과 범죄전력, 피고인들이 회합에서 맡은 역할과 발언 내용, 회합 참석자들의 강연 청취태도 및 발언 등 제반 사정에 비추어 볼 때, 피고인들을 비롯한 회합 참석자들이 전쟁 발발시 대한민국의 체제를 전복하기 위하여 구체적인 물질적 준비방안을 마련하라는 피고인 甲의 발언에 호응하여 선전전, 정보전, 국가기간시설 파괴 등을 논의하기는 하였으나, 1회적인 토론의 정도를 넘어서 내란의 실행행위로 나아가겠다는 확정적인 의사의 합치에 이르렀다고 보기 어려워 형법상 내란음모죄 성립에 필요한 '내란범죄 실행의 합의'를 하였다고 할 수 없다는 이유로, 피고인들에게 무죄를 선고한 원심판단을 정당하다.

98-2. 내란음모죄는 내란죄의 실행착수 전 통모, 합의여부(소극) [대법원 1981. 1. 23. 선고, 80도2756]

【판결요지】
내란음모죄는 내란죄의 실행착수 전에 그 실행의 내용에 관하여 2인 이상의 자가 통모, 합의를 하는 것으로서 단순히 추상적, 일반적 합의만으로 부족하다 하겠으나 실행의 계획의 세부에 이르기까지 모의할 필요는 없다.

98-3. 군사반란과 내란을 통하여 정권을 장악한 경우의 가벌성 여부(적극) [대법원 1997. 4. 17. 선고, 96도3376, 전원합의체 판결]

【판시사항】
[1] 군사반란과 내란을 통하여 정권을 장악한 경우의 가벌성 여부(적극)
[2] 내란죄의 구성요건인 '폭동'의 의미와 정도 및 내란행위자들에 의하여 이루어진 비상계엄 전국확대조치의 폭동성 여부(적극)
[3] 간접정범의 방법에 의한 내란죄의 인정 여부(적극)
[4] 내란을 구성하는 개별행위에 대한 내란 가담자의 책임 범위 및 죄수
[5] 내란죄와 내란목적살인죄의 관계
[6] 내란죄의 기수시기 및 내란죄가 상태범인지 여부(적극)
[7] 5·18내란행위의 종료 시점(1981. 1. 24.)

【판결요지】
[1] [다수의견] 우리 나라는 제헌헌법의 제정을 통하여 국민주권주의, 자유민주주의, 국민의 기본권보장, 법치주의 등을 국가의 근본이념 및 기본원리로 하는 헌법질서를 수립한 이래 여러 차례에 걸친 헌법개정이 있었으나, 지금까지 한결같이 위 헌법질서를 그대로 유지하여 오고 있는 터이므로, 군사반란과 내란을 통하여 폭력으로 헌법에 의하여 설치된 국가기관의 권능행사를 사실상 불가능하게 하고 정권을 장악한 후 국민투표를 거쳐 헌법을 개정하고 개정된 헌법에 따라 국가를 통치하여 왔다고 하더라도 그 군사반란과 내란을 통하여 새로운 법질서를 수립한 것이라고 할 수는 없으며, 우리 나라의 헌법질서 아래에서는 헌법에 정한 민주적 절차에 의하지 아니하

고 폭력에 의하여 헌법기관의 권능행사를 불가능하게 하거나 정권을 장악하는 행위는 어떠한 경우에도 용인될 수 없다. 따라서 그 군사반란과 내란행위는 처벌의 대상이 된다.

[2] 내란죄의 구성요건인 폭동의 내용으로서의 폭행 또는 협박은 일체의 유형력의 행사나 외포심을 생기게 하는 해악의 고지를 의미하는 최광의의 폭행·협박을 말하는 것으로서, 이를 준비하거나 보조하는 행위를 전체적으로 파악한 개념이며, 그 정도가 한 지방의 평온을 해할 정도의 위력이 있음을 요한다.

그런데 1980. 5. 17. 당시 시행되고 있던 계엄법 등 관계 법령에 의하면, '비상계엄의 전국확대'는 필연적으로 국민의 기본권을 제약하게 되므로, 비상계엄의 전국확대 그 사실 자체만으로도 국민에게 기본권이 제약될 수 있다는 위협을 주는 측면이 있고, 민간인인 국방부장관은 지역계엄실시와 관련하여 계엄사령관에 대하여 가지고 있던 지휘감독권을 잃게 되므로, 군부를 대표하는 계엄사령관의 권한이 더욱 강화됨은 물론 국방부장관이 계엄업무로부터 배제됨으로 말미암아 계엄업무와 일반국정을 조정 통할하는 국무총리의 권한과 이에 대한 국무회의의 심의권마저도 배제됨으로써, 헌법기관인 국무총리와 국무위원들이 받는 강압의 효과와 그에 부수하여 다른 국가기관의 구성원이 받는 강압의 정도가 증대된다고 할 것이며, 따라서 비상계엄의 전국확대조치의 그와 같은 강압적 효과가 법령과 제도 때문에 일어나는 당연한 결과라고 하더라도, 이러한 법령이나 제도가 가지고 있는 위협적인 효과가 국헌문란의 목적을 가진 자에 의하여 그 목적을 달성하기 위한 수단으로 이용되는 경우에는 비상계엄의 전국확대조치가 내란죄의 구성요건인 폭동의 내용으로서의 협박행위가 되므로 이는 내란죄의 폭동에 해당하고, 또한 그 당시 그와 같은 비상계엄의 전국확대는 우리 나라 전국의 평온을 해하는 정도에 이르렀음을 인정할 수 있다.

[3] 범죄는 '어느 행위로 인하여 처벌되지 아니하는 자'를 이용하여서도 이를 실행할 수 있으므로, 내란죄의 경우에도 '국헌문란의 목적'을 가진 자가 그러한 목적이 없는 자를 이용하여 이를 실행할 수 있다.

[4] 내란 가담자들이 하나의 내란을 구성하는 일련의 폭동행위 전부에 대하여 이를 모의하거나 관여한 바가 없다고 하더라도, 내란집단의 구성원으로서 전체로서의 내란에 포함되는 개개 행위에 대하여 부분적으로라도 그 모의에 참여하거나 기타의 방법으로 기여하였음이 인정된다면, 그 일련의 폭동행위 전부에 대하여 내란죄의 책임을 면할 수 없고, 한편 내란죄는 그 구성요건의 의미 내용 그 자체가 목적에 의하여 결합된 다수의 폭동을 예상하고 있는 범죄라고 할 것이므로, 내란행위자들에 의하여 애초에 계획된 국헌문란의 목적을 위하여 행하여진 일련의 폭동행위는 단일한 내란죄의 구성요건을 충족하는 것으로서 이른바 단순일죄로 보아야 한다.

[5] 내란목적살인죄는 국헌을 문란할 목적을 가지고 직접적인 수단으로 사람을 살해함으로써 성립하는 범죄라 할 것이므로, 국헌문란의 목적을 달성함에 있어 내란죄가 '폭동'을 그 수단으로 함에 비하여 내란목적살인죄는 '살인'을 그 수단으로 하는 점에서 두 죄는 엄격히 구별된다. 따라서 내란의 실행과정에서 폭동행위에 수반하여 개별적으로 발생한 살인행위는 내란행위의 한 구성요소를 이루는 것이므로 내란행위에 흡수되어 내란목적살인의 별죄를 구성하지 아니하나, 특정인 또는 일정한 범위 내의 한정된 집단에 대한 살해가 내란의 와중에 폭동에 수반하여 일어난 것

이 아니라 그것 자체가 의도적으로 실행된 경우에는 이러한 살인행위는 내란에 흡수될 수 없고 내란목적살인의 별죄를 구성한다.

[6] 내란죄는 국토를 참절하거나 국헌을 문란할 목적으로 폭동한 행위로서, 다수인이 결합하여 위와 같은 목적으로 한 지방의 평온을 해할 정도의 폭행·협박행위를 하면 기수가 되고, 그 목적의 달성 여부는 이와 무관한 것으로 해석되므로, 다수인이 한 지방의 평온을 해할 정도의 폭동을 하였을 때 이미 내란의 구성요건은 완전히 충족된다고 할 것이어서 상태범으로 봄이 상당하다.

[7] 5·18내란 과정으로서의 비상계엄의 전국확대는 일종의 협박행위로서 내란죄의 구성요건인 폭동에 해당하므로, 그 비상계엄 자체가 해제되지 아니하는 한 전국계엄에서 지역계엄으로 변경되었다 하더라도 그 최초의 협박이 계속되고 있는 것이어서 그 비상계엄의 전국확대로 인한 폭동행위는 이를 해제할 때까지 간단없이 계속되었다 할 것이고, 이와 같은 폭동행위가 간단없이 계속되는 가운데 그 비상계엄의 전국확대를 전후하여 그 비상계엄의 해제시까지 사이에 밀접하게 행하여진 이른바 예비검속에서부터 정치활동 규제조치에 이르는 일련의 폭동행위들은 위와 같은 비상계엄의 전국확대로 인한 폭동행위를 유지 또는 강화하기 위하여 취하여진 조치들로서 위 비상계엄의 전국확대로 인한 폭동행위와 함께 단일한 내란행위를 이룬다고 봄이 상당하므로, 위 비상계엄의 전국확대를 포함한 일련의 내란행위는 위 비상계엄이 해제된 1981. 1. 24.에 비로소 종료되었다고 보아야 한다.

---

1. 내란죄에 있어서의 국헌문란의 목적의 의미와 인식 [대법원 1980. 5. 20. 선고, 80도306]

【판시사항】

[1] 내란죄에 있어서의 국헌문란의 목적의 의미와 인식

[2] 내란죄에 있어서 "폭력"의 의미와 그 기수시기

【판결요지】

[1] 내란죄에 있어서의 국헌문란의 목적은 현행의 헌법 또는 법률이 정한 정치적 기본조직을 불법으로 파괴하는 것을 말하고 구체적인 국가기관인 자연인만을 살해하거나, 그 계승을 기대하는 것은 이에 해당되지 않으나 반드시 초법규적인 의미는 아니라고 할 것이며, 공산, 군주 또는 독재제도로 변경하여야 하는 것은 더욱 아니고, 그 목적은 엄격한 증명사항에 속하고 직접적임을 요하나 결과 발생의 희망, 의욕임을 필요로 한다고 할 수는 없고, 또 확정적 인식임을 요하지 아니하며, 다만 미필적인식이 있으면 족하다 할 것이다.

[2] 형법 제87조의 구성요건으로서의 "폭동"이라 함은 다수인이 결합하여 폭행 , 협박하는 것을 말하는 것으로서 다수인의 결합은 어느 정도 조직화될 필요는 있으나, 그 수효를 특정할 수는 없는 것이고, 내란되는 폭동행위로서의 집단행동이 개시된 후 국토참절 또는 국헌문란의 목적을 달성하였는가의 여부에 관계없이 기수로 될 수 있음은 소론과 같으나, 그 폭동행위로 말미암아 한 지방의 평온을 해할 정도에 이르렀을 경우라야 기수로 된다고 할 것이고, 폭동의 내용으로서의 폭행 또는 협박은 최광의의 것으로서 이를 준비하거나 보조하는 행위를 총체적으로 파악한 개념이라고 할 것이다.

[2-1] 내란목적살인과 내란미수를 상상적 경합으로 의률한 원심의 조치는 정당 하다(A 등이 B 대통령 및 경호원들을 살해하고 내란을 기도하였다가 미수에 그친 사안에 관한 것임)

98-4. 국가보안법 1조의 「정부를 참칭하고 국가를 변란할 목적」의 의의 [대법원 1966. 4. 21. 선고, 66도152, 전원합의체 판결]

【판시사항】

국가보안법 1조의 「정부를 참칭하고 국가를 변란할 목적」의 의의

【판결요지】

피고인들이 무력으로 현정부를 전복하고 국회의 기능을 정지하며 소장급이상의 육·해·공군, 해병대 장성으로 구성된 구국위원회를 설치하고, 대통령이 피고인들의 건의를 받아 들이면 그대로 유임시킬 것이나 이에 동의하지 아니하면 국무 총리로 하여금 대통령의 직무를 대행케 하는등 방법으로 정부를 새로 조직하기로 하고 이 목적을 달성하기 위한 결사를 구성하고 빈번히 회합하여 그 실천 방법으로서 특정부대의 병력을 동원하여 무력으로 육군본부를 위시한 정부기관을 점거하고, 대통령을 위시한 정부요인을 체포하고, 이에 대항할 것으로 예상되는 부대병력을 무력으로 저지하기로 계획하였다면 이는 형법의 내란죄에서 말하는 국헌을 문란할 목적으로 폭동을 할 것을 계획한데 그치는 것이 아니고 한걸음 더 나아가서 정부를 참칭하고 국가를 변란할 목적이 있었다고 볼 것이며, 만일 피고인들이 계획한대로 막대한 병력의 군대가 통수계통을 무시하고 동원되어 정부전복과 정권획득의 목적으로 사용되어 극도의 혼란과 수습할 수 없는 국가적 위기에 봉착하게 된다면 이는 대한민국의 기본질서가 파괴되고 실로 국운에 중대한 영향이 미칠 것이라 할 것이니 결국 이는 국가보안법 1조에서 말하는 정부를 참칭하고 국가를 변란케하는 경우에 해당한다할 것이며 오로지 공산정권을 수립하거나 군주국가로 국체를 변경케하는 경우에만 국가보안법 1조에 해당한다는 논지는 독단에 지나지 아니한다.

제2장 외환의 죄

제98조[간첩]

제98조(간첩) ① 적국을 위하여 간첩하거나 적국의 간첩을 방조한 자는 사형, 무기 또는 7년 이상의 징역에 처한다.
② 군사상의 기밀을 적국에 누설한 자도 전항의 형과 같다.

98-1. 국가보안법 제4조 제1항 제2호 (나)목에서 정한 '기밀'의 개념과 판단 기준 [대법원 2011. 10. 13. 선고, 2009도320]

【이 유】

국가보안법 제4조 제1항 제2호 (나)목에서 정하고 있는 기밀은 정치, 경제, 사회, 문화 등 각 방면에 관하여 반국가단체에 대하여 비밀로 하거나 확인되지 아니함이 대한민국의 이익이 되는 모든 사실, 물건 또는 지식으로서, 그것들이 국내에서의 적법한 절차 등을 거쳐 이미 일반인에게 널리 알려진 공지의 사실, 물건 또는 지식에 속하지 아니한 것이어야 하고, 또 그 내용이 누설되는 경우 국가의 안전에 위험을 초래할 우려가 있어 기밀로 보호할 실질가치를 갖춘 것이어야 한다. 다만 국가보안법 제4조가 반국가단체의 구성원 또는 그 지령을 받은 자의 목적수행 행위를 처벌하는 규정이므로 그것들이 공지되었다고 하기 위하여는 신문, 방송 등 대중매체나 통신수단 등의 발달 정도, 독자 및 청취의 범위, 공표의 주체 등 여러 사정에 비추어 보아 반국가단체 또는 그 지령을 받은 자가 더 이상 탐지·수집이나 확인·확증의 필요가 없는 것이라고 볼 수 있어야 할 것이고, 누설할 경우 실질적 위험성이 있는지 여부는 그 기밀을 수집할 당시의 대한민국과 북한 또는 기타 반국가단체와의 대치현황과 안보사항 등이 고려되는 건전한 상식과 사회통념에 따라 판단하여야 할 것이며, 그 기밀이 사소한 것이라 하더라도 누설될 경우 반국가단체에는 이익이 되고 대한민국에는 불이익을 초래할 위험성이 명백하다면 이에 해당한다 할 것이다 (대법원 1997. 7. 16. 선고 97도985 전원합의체 판결 참조).

98-2. '진보당사건'에 관한 재심대상판결인 대법원 1959. 2. 27. 선고 4291형상559 판결에 대하여 재심이 개시된 사안 [대법원 2011. 1. 20. 선고, 2008재도11, 전원합의체 판결]

【판시사항】

[1] 형법 제98조 제1항에서 '간첩'의 의미 및 간첩이 이미 탐지·수집하여 지득하고 있는 사항을 타인에게 보고·누설하는 행위가 간첩행위인지 여부(소극)

[2] 피고인에 대한 '간첩'의 공소사실은 이를 인정할 만한 증거가 없을 뿐만 아니라, 이미 지득한 관련 문건 등을 보고·누설한 행위에 불과하여 그 자체로서 형법 제98조 제1항에 규정된 간첩행위로 보기 어렵다.

[3] 이른바 '진보당사건'에 관한 재심대상판결인 대법원 1959. 2. 27. 선고 4291형상559 판결

에 대하여 재심이 개시된 사안에서, 원심판결과 제1심판결 중 유죄 부분을 각 파기하고 직접판결을 하면서 제1심판결에서 무죄가 선고된 진보당 관련 구 국가보안법 위반의 공소사실에 대한 검사의 항소를 기각하고, 간첩의 공소사실에 대하여 무죄를 선고하는 한편, 무기불법소지행위에 대하여는 형의 선고를 유예한 사례

【판결요지】

[1] 형법 제98조 제1항에서 간첩이라 함은 적국에 제보하기 위하여 은밀한 방법으로 우리나라의 군사상은 물론 정치, 경제, 사회, 문화, 사상 등 기밀에 속한 사항 또는 도서, 물건을 탐지·수집하는 것을 말하고, 간첩행위는 기밀에 속한 사항 또는 도서, 물건을 탐지·수집한 때에 기수가 되므로 간첩이 이미 탐지·수집하여 지득하고 있는 사항을 타인에게 보고·누설하는 행위는 간첩의 사후행위로서 위 조항에 의하여 처단의 대상이 되는 간첩행위 자체라고 할 수 없다.

[2] 피고인에 대한 간첩의 공소사실은 합리적인 의심이 없을 정도로 증명되었다고 보기 어렵고 달리 이를 인정할 만한 증거가 없을 뿐만 아니라, 진보당의 중앙위원장인 피고인이 이미 지득하고 있던 관련 문건 등을 보고·누설한 행위에 불과하여 그 사실 자체로서 형법 제98조 제1항에 규정된 간첩행위로 보기 어렵다.

[3] 이른바 '진보당사건'에 관한 재심대상판결인 대법원 1959. 2. 27. 선고 4291형상559 판결에서 피고인에 대한 구 국가보안법(1958. 12. 26. 법률 제500호로 폐지제정되기 전의 것, 이하 '구 국가보안법'이라고 한다) 위반, 군정법령 제5호 위반 및 간첩의 공소사실이 각 유죄로 인정되어 사형이 집행되었는데, 피고인의 자녀들이 위 판결에 대해 재심을 청구하여 재심이 개시된 사안에서, 원심판결과 제1심판결 중 유죄 부분을 각 파기하고 직접판결을 하면서 제1심판결에서 무죄가 선고된 진보당 관련 구 국가보안법 위반의 공소사실에 대한 검사의 항소를 기각하고, 간첩의 공소사실에 대하여 무죄를 선고하는 한편, 무기불법소지에 의한 군정법령 제5호 위반죄에 대하여는 당시 적용법령인 위 제5호가 폐지되어 구 총포화약류단속법(1981. 1. 10. 법률 제3354호 총포·도검·화약류단속법으로 전부 개정되기 전의 것)을 적용하였으나, 피고인의 독립운동가 및 정치인으로서의 이력과 이 사건 재심에서 공소사실 대부분이 무죄로 밝혀진 점 등을 고려하여 그 형의 선고를 유예한 사례

---

1. 형법 제98조 제1항의 간첩죄의 기수시기 [대법원 1982. 2. 23. 선고, 81도3063]

【판결요지】

형법 제98조 제1항에 규정된 간첩행위는 기밀에 속한 사항 또는 도서, 물건을 탐지 수집한 때에 기수가 되는 것이고 간첩이 탐지 수집한 사항을 타인에게 보고, 누설하는 행위는 간첩행위 자체라고는 볼 수 없다.

---

2. 형법 제98조 제1항과 구 국가보안법 제3조 제1호와의 관계 [대법원 1982. 4. 27. 선고, 82도285]

【판시사항】

[1] 구 국가보안법(1960.6.10 법률 제549호) 제2조, 형법 제98조 제1항과 구 국가보안법 제3조 제1호와의 관계

[2] 형법 제98조 제1항의 간첩죄를 범한 자 또는 구 국가보안법 제3조 제1호의 국가기밀을 탐지한 자가 그 기밀을 누설한 경우 별도로 군사기밀누설죄 및 국가기밀누설죄를 구성하는지의 여부
【판결요지】
[1] 구 국가보안법 제3조 제1호에서 말하는 국가기밀은 동법 제2조형법 제98조 제1항에서 말하는 국가기밀보다 그 기밀의 중요성과 가치의 정도에 있어서 고도의 국가기밀을 뜻한다.
[2] 형법 제98조 제1항의 간첩죄를 범한 자가 그 탐지수집한 기밀을 누설한 경우나 구 국가보안법 제3조 제1호의 국가기밀을 탐지 수집한 자가 그 기밀을 누설한 경우에는 양죄를 포괄하여 1죄를 범한 것으로 보아야 하고, 간첩죄와 군사기밀누설죄 또는 국가기밀탐지수집죄와 국가기밀누설등 두가지 죄를 범한 것으로 인정할 수 없다.

3. 간첩행위의 의미 [대법원 1982. 11. 9. 선고, 82도2239]

【판시사항】
[1] 구 국가보안법(1960.6.10 법률 제549호) 제2조, 형법 제98조 제1항 소정의 간첩행위의 의미
[2] 간첩의 구성요건인 기밀사항과 간첩행위의 경위 사실의 설시방법
[3] 적국에 누설한 군사상 기밀의 지득이 직무와 관련된 여부에 따른 법률적용관계
【판결요지】
[1] 구 국가보안법(1960.6.10 법률 제549호) 제2조, 형법 제98조 제1항에 규정된 간첩이란 단순한 기밀뿐만 아니라 정치, 경제, 사회, 문화, 사상 등 각 방면에 걸쳐서 우리나라의 국방상 북괴집단에게 알리지 아니하거나 확인되지 아니함이 우리나라의 이익이 되는 모든 기밀사항을 탐지, 모집함을 말하고 이러한 기밀에 속하는 이상 국내에서는 비록 신문, 잡지, 라디오 등에 보도되고 알려진 사항이라고 하더라도 북괴집단에 유리한 자료가 될 경우에는 역시 위 기밀사항에 포함된다고 보아야 할 것이나, 단순히 피고인의 활동상황에 관한 보고내용에 불과한 포섭대상, 포섭결과, 하숙이동상황, 이북방송의 청취상태, 자기가 수사기관에 연행되었다는 등의 사항은 기밀에 해당하지 않는다.
[2] 원심판결이 그 설시중 피고인의 단순한 활동상황에 관한 사항을 간첩행위의 대상인 기밀사항으로 본 것이 아니라 간첩행위의 경위사실로서 설시한 것에 불과한 것이라면 이러한 경위사실과 간첩의 구성요건인 기밀사항의 내용을 명확히 구분하여 판시하여야 할 것이다.
[3] 구 국가보안법 제2조에서 인용한 형법 제98조 제1항의 간첩행위는 적국에 제보하기 위하여 은밀히 또는 묘계로써 우리나라의 군사상은 물론 정치, 경제, 사회, 문화, 사상등 기밀에 관한 사항 또는 도서, 물건을 탐지, 모집함을 말하는 것이고, 직무에 관하여 군사상 기밀을 지득한 자가 이를 적국에 누설한 경우에는 형법 제98조 제2항의 기밀누설에, 직무에 관계없이 지득한 군사상 기밀을 지득한 자가 이를 적국에 누설한 경우에는 형법 제99조의 일반이적죄에 해당한다 할것이다.

98-3. 국가보안법상 간첩방조죄의 구성요건 [대법원 1994. 3. 11. 선고, 93도3145]

【판결요지】
국가보안법 제4조 제1항 제2호, 형법 제98조 제1항에 의한 반국가단체의 구성원 또는 그 지령을 받은 자에 대한 간첩방조죄가 성립하기 위하여는 행위자는 그 방조의 상대방이 반국가단체의 간첩임을 인식하면서 간첩행위를 원조하여 용이하게 하는 행위가 요구된다.

1. 국가보안법 제2조, 형법 제98조 제1항의 법리를 오해한 위법이 있는 사례 [대법원 1973. 5. 8. 선고, 73도249]

【판결요지】

국가보안법 제2조 소정의 "반국가단체의 구성원 또는 그 지령을 받은 자"라는 요건은 정범인 국가보안법상의 간첩죄에 있어서만 필요로 하는 것이며, 그 방조죄에 있어서는 이러한 요건의 필요없이 "반국가단체의 간첩"이라는 인식만 있으면 그 주체가 될 수 있는 것이다.

2. 단순히 숙식을 제공한 경우 간첩방조죄의 성부 [대법원 1986. 2. 25. 선고, 85도2533]

【판시사항】

[1] 구 국가보안법(1980.12.31 법률 제3318호로 개정되기 전의 것) 제2조, 형법 제98조 소정 간첩죄에 있어서의 군사상 기밀의 의미

[2] 단순히 숙식을 제공한 경우 간첩방조죄의 성부

【판결요지】

[1] 구 국가보안법(1980.12.31 법률 제3318호로 개정되기 전의 것) 제2조, 형법 제98조 제1항의 간첩죄에 있어서의 군사상 기밀은 순전한 군사상 기밀에만 국한되지 아니하고 정치, 경제, 사회, 문화 등 모든 분야에 걸쳐 북괴가 알거나 모르거나를 묻지 않고 우리나라의 국방정책상 그 집단에 알리지 아니하거나 확인되지 아니함을 우리나라의 이익으로 하는 모든 사항을 포함하는 것이므로 비록 공연한 사실에 속하더라도 북괴에 대하여 비밀로 하는 것이 우리나라의 이익을 위하여 필요하다고 인정되는 사항은 모두 이에 해당한다.

[2] 간첩이라 함은 적국을 위하여 국가기밀을 탐지, 수집하는 행위를 말하는 것이므로 간첩방조죄가 성립하려면 간첩의 활동을 방조할 의사로서 그의 기밀의 탐지 수집행위를 용이하게 하는 행위가 있어야 하고 단순히 숙식을 제공한다거나 또는 무전기를 매몰하는 행위를 도와주었다거나 하는 사실만으로서는 간첩방조죄가 성립할 수 없다.

3. 간첩죄에 있어서의 군사기밀의 의미 [대법원 1986. 9. 23. 선고, 86도1429]

【판결요지】

국가보안법상 간첩죄의 탐지, 수집의 대상이 되는 군사기밀이란 단순한 군사기밀뿐만 아니라 국내에 널리 알려진 사항이라든가 우리나라에 있어서는 상식적인 내용의 것일지라도 정치, 경제, 사회, 문화, 사상등 각 방면에 걸쳐 우리나라의 국방상 북괴집단에 알리지 아니하거나 확인되지 아니함이 우리나라의 이익이 되는 모든 기밀사항을 포함한다.

98-4. 국내에서 공지 사실이라 하여도 북한을 위하여서는 유리한 자료가 될 경우 국가보안법상의 간첩죄의 대상이 되는 국가기밀이 되는지 여부(적극) [대법원 1991. 3. 12. 선고, 91도3]

【판시사항】

[1] 국내에서의 공지의 사실이라 하여도 북한을 위하여서는 유리한 자료가 될 경우 국가보안법상의 간첩죄의 대상이 되는 국가기밀이 되는지 여부(적극)

[2] 반국가단체에 가입하여 지도적 임무에 종사하였음을 내용으로 한 국가보안법 소정의 반국가단체구성 등 죄의 공소시효의 기산점

【판결요지】

[1] 국내에서는 신문, 라디오 등에 보도되어 공지의 사실이라 하여도 북한을 위하여서는 유리한 자료가 될 경우에는 국가보안법상의 간첩죄의 대상이 되는 국가기밀이 된다.

[2] 피고인이 1955.5경 조총련 결성 때부터 이에 가입하여 조총련의 지부 총무부장에 취임하고 이어 1961.4. 조선노동당의 당원으로도 가입하였다면 피고인은 그 무렵 반국가단체에 가입하여 지도적 임무에 종사하였음이 명백하여 이러한 피고인의 소위는 이미 국가보안법 소정의 반국가단체구성등죄의 구성요건을 충족하였다고 할 것이므로 그때가 이 죄의 공소시효의 기산점이 된다.

98-5. 국가기밀의 의미 [대법원 1988. 10. 25. 선고, 88도1568]

【판결요지】

구 국가보안법(1980.12.31. 법률 제3318호로 개정되기 전의 것) 제3조 제1호에 규정에 된 국가기밀과 같은 법 제2조, 형법 제98조 제1항에 규정된 국가기밀은 그 기밀의 중요성과 가치의 정도에 차이가 있는 것으로 보아 전자에 있어서의 국가기밀은 후자에 있어서의 국가기밀보다 고도의 국가기밀을 뜻하는 것으로 해석하여야 하므로, 탐지.수집하였다는 정보 중 사찰들의 위치 및 정황이나 주지들 및 승려들의 신원 등에 관한 것은 구 국가보안법 제3조 제1호에 규정된 고도의 국가기밀에 해당한다고 할 수 없다.

---

1. 국가기밀을 탐지수집한 자가 탐지수집한 기밀을 누설한 경우에 포괄일죄가 되는가 여부 [대법원 1974. 7. 26. 선고, 74도1477, 전원합의체 판결]

【판시사항】

[1] 형법 98조 1항의 간첩죄를 범한자가 탐지수집한 기밀을 누설한 경우 또는 국가보안법 3조 1호의 국가기밀을 탐지수집한 자가 탐지수집한 기밀을 누설한 경우에 포괄일죄가 되는가 여부

[2] 국가보안법 2조, 형법 98조 1항이 뜻하는 국가기밀과 국가보안법 3조 1호의 국가기밀의 차이

【판결요지】

1. 국가보안법 3조 1호에서 말하는 국가기밀과 국가보안법 2조, 형법 98조 1항이 뜻하는 국가기밀과는 그 기밀의 중요성과 가치의 정도에 차이가 있는 것으로 보아 전자에 있어서의 국가기밀은 후자에 있어서의 국가기밀보다 고도의 국가기밀을 뜻하는 것으로 해석함이 타당하다.

2. 형법 98조 1항의 간첩죄를 범한자가 그 탐지수집한 기밀을 누설한 경우 또는 국가보안법 3조 1호의 국가기밀을 탐지수집한 자가 그 탐지수집한 기밀을 누설한 경우 등에는 포괄하여 1죄를 범한 것으로 보아야 하고 간첩죄와 군사기밀누설죄 또는 국가기밀 탐지수집죄와 국가기밀누설등 두가지 죄를 범한 것으로 인정할 수 없다.

---

2. 누구에게나 공개되어 쉽게 지득할 수 있는 사항이 구 국가보안법 제3조 제1호에 규정된 국가기밀인지 여부 [대법원 1987. 5. 26. 선고, 87도455]

【판시사항】

[1] 구 국가보안법 (법률 제1151호) 제3조 제1호의 국가기밀과 동법 제2조형법 제98조 제1항의 국가기밀과의 차이

[2] 누구에게나 공개되어 쉽게 지득할 수 있는 사항이 구 국가보안법 제3조 제1호에 규정된 국가기밀
인지 여부

【판결요지】

[1] 구 국가보안법(법률 제1151호) 제3조 제1호에 규정된 국가기밀은 구 국가보안법 제2조형법 제98
조 제1항이 정하는 국가기밀과는 그 기밀의 중요성과 가치의 정도에 차이가 있는 것으로 보아 전
자에 있어서의 국가기밀은 후자에 있어서의 국가기밀보다 고도의 국가기밀을 뜻하는 것으로 해석
하여야 한다.

[2] 탐지, 수집하였다는 정보내용이 김포국제공항을 통하여 입국하는 사람이라면 누구에게나 공개되어
쉽게 지득할 수 있는 것이라면 이것을 구 국가보안법 제3조 제1호에 규정된 고도의 중요성을 가진
국가기밀이라고 할 수는 없다

98-6. 반국가단체로부터의 지령은 반국가단체로부터 직접 지령을 받아야 하는지 여부 [대법원 1987. 9. 8. 선고, 87도1446]

【판시사항】

[1] 구 국가보안법(1962.9.24. 법률 제1151호) 제2조, 형법 제98조 제1항의 간첩의 의미

[2] 외국에 거주하는 증인의 소환이 송달에 응하지 않아 불가능한 경우에 형사소송법 제314조
소정의 사유에 해당여부

[3] 국가보안법상의 반국가단체로부터의 지령은 반국가단체로부터 직접 지령을 받아야 하는지 여부

【판결요지】

[1] 구 국가보안법(1962.9.24. 법률 제1151호) 제2조, 형법 제98조 제1항에 규정된 간첩이란 순
수한 국가기밀 뿐만 아니라 정치, 경제, 사회, 문화, 사상등 각 방면에 걸쳐서 우리나라의 국방
상 북괴집단에게 알려지 아니하거나 확인되지 아니함이 우리나라의 이익이 되는 모든 기밀사항을
탐지 수집함을 말하고, 이러한 기밀에 속하는 이상 국내에서 비록 신문, 잡지, 라디오 등에 보도
되고 알려진 사항이라고 하더라도 북괴집단에 유리한 자료가 될 경우에는 역시 기밀사항이라고
보아야 한다.

[2] 일본에 거주하는 사람을 증인으로 채택하여 환문코자 하였으나 외무부로부터 현재 일본측에
서 형사사건에 대하여는 양국 형법체계상의 상이함을 이유로 송달에 응하지 않고 있어 그 송달이
불가능하다는 취지의 회신을 받고 위 증인을 취소하였다면 이러한 사유는
형사소송법 제314조 소정의 공판기일에서 진술을 요할 자가 기타 사유로 인하여 진술할 수 없는
때에 해당한다.

[3] 국가보안법상의 반국가단체로부터의 지령은 반국가단체로부터 직접 지령을 받은 자 뿐만 아
니라 위 지령을 받은 자로부터 지령을 다시 받은 자도 포함된다.

98-7. 형법 제98조 제1항 소정의 국가기밀의 의의 [대법원 1987. 5. 26. 선고, 87도432]

【판시사항】

[1] 국가보안법 제4조 제1항 제2호, 형법 제98조 제1항 소정의 국가기밀의 의의

[2] 국가보안법 제7조 제1항 위반죄의 성립에 반국가단체를 이롭게 하려는 목적의식이 필요한지여부

[3] 국가보안법 제4조 제1항 제6호 위반죄의 구성요건

【판결요지】

[1] 국가보안법 제4조 제1항 제2호, 형법 제98조 제1항 소정의 간첩죄의 대상이 되는 국가기밀은 순전한 국가기밀에만 국한할 것은 아니고 정치, 경제, 사회, 문화 등 각 분야에 걸쳐서 대한민국의 국방정책상 북한공산집단에서 알리지 아니하거나 확인되지 아니함이 이익이 되는 모든 기밀사항이 포함되고 이러한 기밀사항이 비록 국내에 알려진 공지의 사실에 속하는 것이라 할지라도 북한공산집단에게 유리한 자료가 될 경우에는 이를 탐지 수집하는 행위는 간첩죄를 구성한다

[2] 국가보안법 제7조 제1항 소정의 반국가단체를 이롭게 하는 행위라 함은 그 행위의 내용이 객관적으로 반국가단체의 이익이 될 수 있고 정상적인 정신, 상당한 지식지능을 가진 사람이면 그 행위가 반국가단체를 이롭게 한다는 것을 인식하거나 또는 이익이 될 수 있다는 미필적인 인식이 있으면 되고 그 행위자에게 반국가단체를 이롭게 하려는 목적의식(의욕)을 필요로 하는 것은 아니다.

[3] 국가보안법 제4조 제1항 제6호 소정의 사회질서의 혼란을 조성할 우려가 있는 사항에 관하여 허위사실을 유포하는 행위라 함은 그 행위의 내용이 객관적으로 사회질서의 혼란을 조성할 우려가 있는 사항에 관한 허위사실이어야 하고 주관적으로 그 행위가 사회질서의 혼란을 조성할 우려가 있는 사항에 관한 허위사실이라는 것을 인식하였거나 적어도 그러한 우려가 있을 수 있다는 미필적 인식하에 이를 유포하면 되고 반드시 그 목적한 결과를 가져오게 할 것까지를 요하는 것은 아니다.

---

1. 국내에서 이미 보도된 사항의 탐지, 수집과 간첩죄의 성부 [대법원 1985. 11. 26. 선고, 85도1876]

【판결요지】

국가보안법 제4조가 규정하는 국가기밀은 단순한 기밀뿐만 아니라 그밖의 정치, 경제, 문화, 사회등 각 방면에 걸쳐서 우리나라의 국방상 북괴집단에 알리지 아니하거나 확인되지 아니함이 우리나라의 이익이 되는 모든 기밀사항이 포함되고 이러한 기밀사항이 국내에서는 이미 보도된 사항이라 하더라도 북괴집단에 유리한 자료가 될 경우에는 이를 탐지, 수집하는 것은 간첩이 된다.

---

2. 국내에 잘 알려진 사실의 탐지, 수집과 간첩죄의 성부 [대법원 1986. 7. 22. 선고, 86도808]

【판시사항】

[1] 반국가단체의 지배하에 있지 아니한 국가로부터의 잠입도 국가보안법 제6조 제2항 소정의 잠입죄에 해당하는지 여부

[2] 국내에 잘 알려진 사실의 탐지, 수집과 간첩죄의 성부

【판결요지】

[1] 국가보안법 제6조 제2항 및 구 반공법(1963.10.8 법률 제1412호로 개정된 것) 제6조 제4항 소정의 잠입죄는 그 규정의 문언상 반국가단체의 지배하에 있는 지역으로부터 잠입하는 것을 구성요건으로 하고 있지 아니하여 반국가단체의 지배하에 있지 아니한 국가로부터 잠입한 경우에도 반국가단체의 구성원으로부터 지령을 받고 또 그 목적수행의 의사아래 잠입한 것이라면 위 각 법조 소정의 잠입죄에 해당한다.

[2] 국가보안법 제4조 제1항 제2호, 형법 제98조 제1항 소정의 간첩죄의 대상이 되는 국가기밀은 순전한 국가기밀에만 국한할 것은 아니고 정치, 경제, 사회, 문화등 각 분야에 걸쳐서 대한민국의 국방정책상 북한괴뢰집단에게 알리지 아니하거나 확인되지 아니함이 대한민국의 이익이 되는 모든 기밀사항이 포함되고 이러한 기밀사항이 국내에 알려진 것이라 할지라도 북한괴뢰집단에게 유리한 자료가 될 때에는 이를 탐지, 수집하는 행위는 간첩죄를 구성한다.

98-8. 민심동향의 파악, 수집과 간첩죄의 성부 [대법원 1985. 11. 12. 선고, 85도1939]

【판결요지】

간첩죄의 국가기밀은 순전한 국가기밀에만 국한할 것이 아니고 정치, 경제, 사회, 문화등 각 방면에 걸쳐 북한괴뢰집단의 지·부지에 불구하고 우리나라의 국가정책상 동 집단에 알리지 아니하거나 확인되지 아니함을 대한민국의 이익으로 하는 모든 기밀사항을 포함하고 지령에 의하여 민심동향을 파악, 수집하는 것도 이에 해당한다.

---

1. 간첩의 개념 [대법원 1969. 2. 25. 선고, 68도1825]

【판결요지】

간첩의 개념에 과거에 있어서의 제반정세와 변천된 현정세하에 있어서는 단순한 군사상 기밀 뿐만아니라 그외의 정치, 경제, 문화, 사회 등 각 방면에 걸쳐서 우리나라의 국방정책상 북한괴뢰집단에게 알리지 아니하거나 확인되지 아니함이 우리나라의 이익이되는 모든 기밀사항이 포함된다 할 것이므로 우리나라의 전반에 걸친 민심동향을 파악 수집하는 것도 국가기밀을 수집하는데 포함된다.

---

2. 일간신문 등의 보도사항의 모집탐지와 간첩행위 [대법원 1983. 4. 26. 선고, 83도416]

【판시사항】

[1] 간첩죄에 있어서 군사상 기밀의 의미

[2] 일간신문 등의 보도사항의 모집탐지와 간첩행위

[3] 무전기를 매몰할 때 망을 보아준 행위와 간첩방조죄의 성부(소극)

【판결요지】

[1] 간첩죄의 군사상 기밀은 순전한 군사상 기밀에만 국한할 것이 아니고 정치, 경제, 사회, 문화 등 각 방면에 걸쳐 북한괴뢰집단의 지, 부지에 불구하고 우리나라 국방정책상 동 집단에 알리지 아니하거나 확인되지 아니함을 대한민국의 이익으로 하는 모든 군사기밀을 포함한다.

[2] 일간신문에 보도되는 사항이라 하더라도 북한괴뢰집단에 대하여 비밀로 하는 것이 대한민국의 이익을 위하여 필요하다고 생각되는 군사에 관계되는 정보라면 그것을 수집탐지하는 것도 간첩행위가 된다.

[3] 간첩이란 적국을 위하여 국가기밀 사항을 탐지 수집하는 행위를 지칭하는 것이므로 무전기를 매몰하는 행위를 간첩행위로 볼 수 없다 하겠으니 이를 망보아 준 행위는 간첩방조죄를 구성하지 않는다.

98-9. 지령사항수행을 보류하고 있던 중 체포된 경우에 중지범으로 볼 수 있는지 여부 [대법원 1984. 9. 11. 선고, 84도1381]

【판시사항】

[2] 간첩행위의 착수시기

[3] 지령사항수행을 보류하고 있던 중 체포된 경우에 중지범으로 볼 수 있는지 여부

【판결요지】

[1] 자백 외에 보강증거를 요구하는 것은 그 자백의 진실성을 담보하려는데 그 뜻이 있다고 할 것이므로 보강증거는 피고인의 자백이 진실한 것이라고 뒷받침 할 수 있는 것이면 족하다고 할 것이고 이는 자백사실이 가공적인 것이 아니고 진실한 것이라고 인정할 수 있는 정도의 증거이면 직접증거 뿐 아니라 정황증거 내지 간접증거라도 족하다고 할 것이다.

[2] 간첩의 목적으로 외국 또는 북한에서 국내에 침투 또는 월남하는 경우에는 기밀탐지가 가능한 국내에 침투 상륙함으로써 간첩죄의 실행의 착수가 있다고 할 것이다.

[3] 피고인이 기밀탐지임무를 부여받고 대한민국에 입국 기밀을 탐지 수집중 경찰관이 피고인의 행적을 탐문하고 갔다는 말을 전해 듣고 지령사항수행을 보류하고 있던 중 체포되었다면 피고인은 기밀탐지의 기회를 노리다가 검거된 것이므로 이를 중지범으로 볼 수는 없다.

98-10. 적국에 누설한 군사상 기밀의 지득이 직무와 관련된 여부에 따른 법률적용관계 [대법원 1982. 11. 23. 선고, 82도2201]

【판시사항】

[1] 간첩죄의 기수시기

[2] 적국에 누설한 군사상 기밀의 지득이 직무와 관련된 여부에 따른 법률적용관계

[3] 간첩죄에 있어서의 군사상 기밀의 의미

【판결요지】

[1] 구 국가보안법 제2조, 형법 제98조 제1항의 간첩죄는 적국을 위하여 군사상 기밀은 물론 적국에 알려짐으로써 우리나라에 불이익이 되는 정치, 경제, 사회, 문화 등 모든 분야에 걸친 기밀을 탐지, 수집함으로 성립되는 것이고, 그 후에 이 탐지, 모집한 기밀을 적국에 제보하여 누설하였다고 하더라도 이는 따로 별개의 죄가 성립되는 것이 아니다.

[2] 직무에 관하여 군사상 기밀을 지득한 자가 이를 적국에 누설한 경우에는 형법 제98조 제2항에, 직무와 관계없이 지득한 군사상 기밀을 적국에 누설한 경우에는 형법 제99조에 각 해당한다.

[3] 간첩죄에 있어서의 군사상 기밀이란 현대전의 양상에 비추어 순수한 군사상 기밀뿐만 아니라 군사력에 직결되고 군작전 수행과 관련이 있는 정치, 경제, 사회, 문화 등 국가의 모든 분야에 걸쳐 적국에 알려짐으로써 우리나라에 군사상 불이익이 되는 일체의 기밀을 포함한다고 할 것이며 그 기밀이 비록 일반인 누구나 용이하게 볼 수 있고 알 수 있게 노출, 방치되었다고 하더라도 이를 적국에 제보할 목적으로 모집하였다면 간첩죄가 성립하고, 그 탐지, 모집한 기밀이 국가중요기밀이어야 하고 엄중히 보관되어 탐지, 모집이 극히 곤란한 것으로서 그 탐지, 모집도 은밀하거나 묘계로써 해야 한다는 논지는 이유없다.

제105조[국기, 국장의 모독]

제105조(국기, 국장의 모독) 대한민국을 모욕할 목적으로 국기 또는 국장을 손상, 제거 또는 오욕한 자는 5년 이하의 징역이나 금고, 10년 이하의 자격정지 또는 700만원 이하의 벌금에 처한다.

105-1. 국기에 대한 존중과 경의의 표시방법 [대법원 1975. 7. 22 선고 74도213 판결]

【판결요지】

피고인들이 국기에 대한 존중과 경의의 표시방법으로 주목함으로써 하는 것을 받아들이는 이상 그들이 교리상 국기에 대하여 절을 해서는 안된다는 말을 했다 해서 바로 피고인들에게 국기를 비기할 고의나 국기를 모독할 목적이 있었다고 볼 수 없다.

제113조[외교상기밀의 누설]

제113조(외교상기밀의 누설) ① 외교상의 기밀을 누설한 자는 5년 이하의 징역 또는 1천만원 이하의 벌금에 처한다. 〈개정 1995. 12. 29.〉
② 누설할 목적으로 외교상의 기밀을 탐지 또는 수집한 자도 전항의 형과 같다.

113-1. '외교상의 기밀'의 개념 [대법원 1995. 12. 5. 선고, 94도2379]

【판시사항】

[1] 형법 제113조 제1항 소정의 '외교상의 기밀'의 개념

[2] 외국에 이미 널리 알려진 사항이 '외교상의 기밀'에 해당하는지 여부

[3] 외국언론에 이미 보도된 바 있는 우리 나라의 외교정책이나 활동에 관련된 사항들에 관하여 정부가 이른바 보도지침의 형식으로 국내언론기관의 보도 여부 등을 통제하고 있다는 사실을 알리는 것이 외교상의 기밀을 누설한 경우에 해당하지 않는다.

【판결요지】

[1] 형법 제113조 제1항 소정의 외교상의 기밀이라 함은, 외국과의 관계에서 국가가 보지해야 할 기밀로서, 외교정책상 외국에 대하여 비밀로 하거나 확인되지 아니함이 대한민국의 이익이 되는 모든 정보자료를 말한다.

[2] 외국에 이미 널리 알려져 있는 사항은 특단의 사정이 없는 한 이를 비밀로 하거나 확인되지 아니함이 외교정책상의 이익이 된다고 할 수 없는 것이어서 외교상의 기밀에 해당하지 아니한다.

[3] 외국언론에 이미 보도된 바 있는 우리 나라의 외교정책이나 활동에 관련된 사항들에 관하여 정부가 이른바 보도지침의 형식으로 국내언론기관의 보도 여부 등을 통제하고 있다는 사실을 알리는 것이 외교상의 기밀을 누설한 경우에 해당하지 않는다.

제5장 공안(公安)을 해하는 죄

제114조(범죄단체 등의 조직)

> 제114조(범죄단체 등의 조직) 사형, 무기 또는 장기 4년 이상의 징역에 해당하는 범죄를 목적으로 하는 단체 또는 집단을 조직하거나 이에 가입 또는 그 구성원으로 활동한 사람은 그 목적한 죄에 정한 형으로 처벌한다. 다만, 형을 감경할 수 있다.

114-1. '범죄를 목적으로 하는 단체'의 의미 [대법원 2020. 8. 20. 선고, 2019도16263]

【판시사항】

[1] 형법 제114조에서 정한 '범죄를 목적으로 하는 단체'의 의미

[2] 형법 제114조에서 정한 '범죄를 목적으로 하는 집단'의 의미와 요건

[3] 피고인 甲은 무등록 중고차 매매상사(외부사무실)를 운영하면서 피해자들을 기망하여 중고차량을 불법으로 판매해 금원을 편취할 목적으로 외부사무실 등에서 범죄집단을 조직·활동하고, 피고인 甲, 乙을 제외한 나머지 피고인들은 범죄집단에 가입·활동하였다는 내용으로 기소된 사안에서, 위 외부사무실은 특정 다수인이 사기범행을 수행한다는 공동목적 아래 구성원들이 대표, 팀장, 출동조, 전화상담원 등 정해진 역할분담에 따라 행동함으로써 사기범행을 반복적으로 실행하는 체계를 갖춘 결합체, 즉 형법 제114조의 '범죄를 목적으로 하는 집단'에 해당한다.

【판결요지】

[1] 형법 제114조에서 정한 '범죄를 목적으로 하는 단체'란 특정 다수인이 일정한 범죄를 수행한다는 공동목적 아래 구성한 계속적인 결합체로서 그 단체를 주도하거나 내부의 질서를 유지하는 최소한의 통솔체계를 갖춘 것을 의미한다.

[2] 형법 제114조에서 정한 '범죄를 목적으로 하는 집단'이란 특정 다수인이 사형, 무기 또는 장기 4년 이상의 범죄를 수행한다는 공동목적 아래 구성원들이 정해진 역할분담에 따라 행동함으로써 범죄를 반복적으로 실행할 수 있는 조직체계를 갖춘 계속적인 결합체를 의미한다. '범죄단체'에서 요구되는 '최소한의 통솔체계'를 갖출 필요는 없지만, 범죄의 계획과 실행을 용이하게 할 정도의 조직적 구조를 갖추어야 한다.

[3] 피고인 甲은 무등록 중고차 매매상사(이하 '외부사무실'이라 한다)를 운영하면서 피해자들을 기망하여 중고차량을 불법으로 판매해 금원을 편취할 목적으로 외부사무실 등에서 범죄집단을 조직·활동하고, 피고인 甲, 乙을 제외한 나머지 피고인들은 범죄집단에 가입·활동하였다는 내용으로 기소된 사안에서, 외부사무실에는 회사 조직과 유사하게 대표, 팀장, 팀원(출동조, 전화상담원)으로 직책이나 역할이 분담되어 있었는데, 상담원은 인터넷 허위 광고를 보고 전화를 건 손님들에게 거짓말로 외부사무실에 방문할 것을 유인하는 역할을, 출동조는 외부사무실을 방문한 손님들에게 허위 중고차량을 보여주면서 소위 '뜯플' 또는 '쌩플'의 수법으로 중고차량 매매계약을 유도하는 역할을, 팀장은 소속 직원을 채용하고, 손님 방문 시 출동조를 배정하며, 출동

조로부터 계약 진행 상황을 보고받고, 출동조가 매매계약 유도를 성공하면 손님들과 정식 계약을 체결하는 역할을, 대표인 피고인 甲은 사무실과 집기, 중고자동차 매매계약에 필요한 자료와 할부금융, 광고 등을 준비해 외부사무실을 운영하면서 팀장을 채용한 뒤 팀장으로 하여금 팀을 꾸려 사기범행을 실행하도록 하고, 할부금융사로부터 할부중개수수료를 받으면 이를 팀별로 배분하는 역할을 수행하였으며, 대표 또는 팀장은 팀장, 출동조, 전화상담원에게 고객을 유인하고 대응하는 법이나 기망하는 방법 등에 대해 교육한 점, 대표는 팀장들이 이용할 할부금융사 및 광고 사이트를 정해 팀장들에게 알려주고 팀장들로부터 상사입금비 및 광고비를 받는 한편, 손님들이 중고차량을 할부로 계약한 경우 할부금융사로부터 받는 할부중개수수료 중 절반을 팀장들에게 나누어 주었으며, 팀장들은 대표로부터 지급받은 위 할부중개수수료와 중고차량 매매에 따른 차익을 출동조 및 상담원에게 각각 나눠주고 나머지를 가져간 점, 피고인 乙을 제외한 나머지 피고인들은 외부사무실 업무와 관련하여 '텔레그램'을 이용한 대화방을 여러 개 개설하여 정보를 공유하거나 각종 보고 등을 하였고, 대표와 팀장들은 월 1~2회 회의를 하면서 단속정보 등을 공유하였으며, 팀장들은 공유된 정보를 소속 출동조 및 상담원에게 전파한 점 등을 종합하면, 외부사무실은 특정 다수인이 사기범행을 수행한다는 공동목적 아래 구성원들이 대표, 팀장, 출동조, 전화상담원 등 정해진 역할분담에 따라 행동함으로써 사기범행을 반복적으로 실행하는 체계를 갖춘 결합체, 즉 형법 제114조의 '범죄를 목적으로 하는 집단'에 해당한다는 이유로, 이와 달리 보아 공소사실을 무죄로 판단한 원심판결에 법리오해의 위법이 있다.

---

1. 형법 제114조 제1항 소정의 범죄를 목적으로 하는 단체의 의미 [대법원 1985. 10. 8. 선고, 85도1515]

【판결요지】

형법 제114조 제1항 소정의 범죄를 목적으로 하는 단체라 함은 특정다수인이 일정한 범죄를 수행한다는 공동목적 아래 이루어진 계속적인 결합체로서 그 단체를 주도하는 최소한의 통솔체제를 갖추고 있음을 요한다.

114-2. 보이스피싱 사기범죄의 범죄단체 조직 [대법원 2017. 10. 26. 선고, 2017도8600]

【판시사항】

[1] 피고인들이 불특정 다수의 피해자들에게 전화하여 금융기관 등을 사칭하면서 신용등급을 올려 낮은 이자로 대출을 해주겠다고 속여 신용관리비용 명목의 돈을 송금받아 편취할 목적으로 보이스피싱 사기 조직을 구성하고 이에 가담하여 조직원으로 활동함으로써 범죄단체를 조직하거나 이에 가입·활동하였다는 내용으로 기소된 사안

[2] 피고인이 보이스피싱 사기 범죄단체에 가입한 후 사기범죄의 피해자들로부터 돈을 편취하는 등 그 구성원으로서 활동하였다는 내용의 공소사실이 유죄로 인정된 사안에서, 범죄단체 가입행위 또는 범죄단체 구성원으로서 활동하는 행위와 사기행위는 각각 별개의 범죄구성요건을 충족하는 독립된 행위이고 서로 보호법익도 달라 법조경합 관계로 목적된 범죄인 사기죄만 성립하는 것은 아니라고 본 원심판단을 수긍한 사례

【판결요지】

[1] 보이스피싱 조직은 보이스피싱이라는 사기범죄를 목적으로 구성된 다수인의 계속적인 결합체로서 총책을 중심으로 간부급 조직원들과 상담원들, 현금인출책 등으로 구성되어 내부의 위계질서가 유지되고 조직원의 역할 분담이 이루어지는 최소한의 통솔체계를 갖춘 형법상의 범죄단체에 해당하고, 보이스피싱 조직의 업무를 수행한 피고인들에게 범죄단체 가입 및 활동에 대한 고의가 인정되며, 피고인들의 보이스피싱 조직에 의한 사기범죄 행위가 범죄단체 활동에 해당한다.

[2] 피고인이 보이스피싱 사기 범죄단체에 가입한 후 사기범죄의 피해자들로부터 돈을 편취하는 등 그 구성원으로서 활동하였다는 내용의 공소사실이 유죄로 인정된 사안에서, 범죄단체 가입행위 또는 범죄단체 구성원으로서 활동하는 행위와 사기행위는 각각 별개의 범죄구성요건을 충족하는 독립된 행위이고 서로 보호법익도 달라 법조경합 관계로 목적된 범죄인 사기죄만 성립하는 것은 아니라고 본 원심판단을 수긍한 사례

114-3. 범죄단체를 구성하거나 이에 가입한 자가 더 나아가 구성원으로 활동하는 경우, '범죄단체의 구성이나 가입'과 '범죄단체 구성원으로서의 활동' 사이의 죄수관계(=포괄일죄) [대법원 2015. 9. 10. 선고, 2015도7081]

【판결요지】

폭력행위 등 처벌에 관한 법률 제4조 제1항은 그 법에 규정된 범죄행위를 목적으로 하는 단체를 구성하거나 이에 가입하는 행위 또는 구성원으로 활동하는 행위를 처벌하도록 정하고 있는데, 이는 구체적인 범죄행위의 실행 여부를 불문하고 범죄행위에 대한 예비·음모의 성격이 있는 범죄단체의 생성 및 존속 자체를 막으려는 데 입법 취지가 있다. 또한 위 조항에서 말하는 범죄단체 구성원으로서의 활동이란 범죄단체의 내부 규율 및 통솔 체계에 따른 조직적·집단적 의사 결정에 기초하여 행하는 범죄단체의 존속·유지를 지향하는 적극적인 행위를 일컫는다.

그런데 범죄단체의 구성이나 가입은 범죄행위의 실행 여부와 관계없이 범죄단체 구성원으로서의 활동을 예정하는 것이고, 범죄단체 구성원으로서의 활동은 범죄단체의 구성이나 가입을 당연히 전제로 하는 것이므로, 양자는 모두 범죄단체의 생성 및 존속·유지를 도모하는, 범죄행위에 대한 일련의 예비·음모 과정에 해당한다는 점에서 범의의 단일성과 계속성을 인정할 수 있을 뿐만 아니라 피해법익도 다르지 않다. 따라서 범죄단체를 구성하거나 이에 가입한 자가 더 나아가 구성원으로 활동하는 경우, 이는 포괄일죄의 관계에 있다.

114-4. 폭력행위처벌법 제4조가 규정한 '범죄단체'의 의미 [대법원 2004. 7. 8. 선고, 2004도2009]

【판결요지】

폭력행위등처벌에관한법률 제4조 소정의 범죄단체는 같은 법 소정의 범죄를 한다는 공동목적하에 특정 다수인에 의하여 이루어진 계속적이고도 최소한의 통솔체제를 갖춘 조직화된 결합체를 의미한다 할 것이므로, 특정 다수인에 의하여 이루어진 계속적이고 통솔체제를 갖춘 조직화된 결합체라 하더라도 그 구성원이 같은 법 소정의 범죄에 대한 공동목적을 갖고 있지 아니하는 한 그

단체를 같은 법 소정의 범죄단체로 볼 수는 없다.

114-5. 범죄단체의 구성 또는 가입죄에 해당한다. [대법원 1987. 10. 13. 선고, 87도1240]

【판결요지】

피고인들이 수괴, 간부 가입자를 구분할 수 있을 정도의 지휘통솔체계를 갖춘 단체를 구성하고 또는 이에 가입한 후 피고인 갑으로부터 단체생활에 필요한 자금 등을 제공받고, 싸움에 대비하여 수시로 단체 및 개인훈련을 실시하는 한편 피고인 갑의 사주를 받거나 고향의 선배들을 괴롭히는 자들을 응징한다는 명목 등으로 위 단체구성후 1년 10개월 동안 16건에 걸쳐 강도상해 및 폭력행위(상해, 협박 등)를 자행하여 왔다면 그 과정에서 생활비절감 등의 편의상 함께 모여 단체생활을 한 일면이 있다고 인정된다거나 위 단체의 명칭이 수사단계에서야 비로소 붙여진 것이라 하더라도 피고인들의 위와 같은 소위는 결국 폭력을 목적으로 한 범죄단체를 구성 또는 이에 가입한 죄에 해당된다.

114-6. 형법 제114조 제1항 소정의 범죄를 목적으로 하는 단체의 의미 [대법원 1985. 10. 8. 선고, 85도1515]

【판결요지】

형법 제114조 제1항 소정의 범죄를 목적으로 하는 단체라 함은 특정다수인이 일정한 범죄를 수행한다는 공동목적 아래 이루어진 계속적인 결합체로서 그 단체를 주도하는 최소한의 통솔체제를 갖추고 있음을 요한다.

> 1. 제114조 제1항 소정의 '범죄를 목적으로 하는 단체'의 의의 [대법원 1981. 11. 24. 선고, 81도2608]
> 【판결요지】
> 형법 제114조 제1항 소정의 '범죄를 목적으로 하는 단체'라 함은 특정다수인이 일정한 범죄를 수행한다는 공동목적 아래 이루어진 계속적인 결합체로서 단순한 다중의 집합과는 달라 단체를 주도하는 최소한의 통솔체제를 갖추고 있어야 함을 요하는바, 피고인들이 각기 소매치기의 범죄를 목적으로 그 실행행위를 분담하기로 약정하였으나 위에서 본 계속적이고 통솔체제를 갖춘 단체를 조직하였거나 그와 같은 단체에 가입하였다고 볼 증거가 없다는 이유로 무죄를 선고한 조치는 정당하다.

114-7. 형법 114조 소정 범죄단체조직죄의 성립요건 [대법원 1975. 9. 23., 선고, 75도2321

【판결요지】

형법 제114조 소정 범죄단체조직죄는 범죄를 목적으로 하는 단체를 조직함으로써 성립하는 것이고 그 후 목적한 범죄의 실행행위를 하였는가 여부는 위 죄의 성립에 영향이 없다.

114-8. 범죄를 목적으로 단체를 조직하였거나 그와 같은 정을 알면서 그 단체에 가입한 것이라 볼 수 없는 사례 [대법원 1969. 8. 19. 선고, 69도935]

【판결요지】

피고인들이 증권투자인들의 권익을 보호하기 위하여 발족한 투자인협회의 간부진을 개편하고 각 그 간부 내지 회원이 된 목적이 증권거래소상장기업체의 주주총회때마다 소위 총회꾼들의 횡포가 극심하므로 이들을 제거하고 주주총회를 원활하게 진행케함으로써 정부시책에 적극 호응함과 동시에 진실한 투자인의 권익보호를 도모하려는데 있었다면 그 목적달성을 위한 과정에서 일부 총회꾼들의 주주권행사를 방해한 바 있고 그에 대한 사례조로 해당 회사로부터 금품을 수수한 바 있다고 하여도 이를 범죄단체 조직이라고는 할 수 없다.

제115조[소요]

> 제115조(소요) 다중이 집합하여 폭행, 협박 또는 손괴의 행위를 한 자는 1년 이상 10년 이하의 징역이나 금고 또는 1천500만원 이하의 벌금에 처한다. 〈개정 1995. 12. 29.〉

115-1. 소요죄와 포고령위반죄의 죄수관계 [대법원 1983. 6. 14. 선고, 83도424]

【판결요지】

피고인의 행위가 수십명의 군중과 함께 정치적 구호를 외치며 거리를 진행하는등 다중이 집합하여 폭행, 협박, 손괴행위를 한 것이라면 그 행위자체가 포고령 제10호가 금지한 정치목적의 시위를 한 것이라고 보아야 할 것이므로 소요죄와 위 포고령위반죄는 1개의 행위가 동시에 수개의 죄에 해당하는 형법 제40조의 상상적 경합범의 관계에 있다.

제118조[공무원자격의 사칭]

> 제118조(공무원자격의 사칭) 공무원의 자격을 사칭하여 그 직권을 행사한 자는 3년 이하의 징역 또는 700만원 이하의 벌금에 처한다. 〈개정 1995. 12. 29.〉

118-1. 위임받은 채권을 추심하는 방편으로 합동수사반원임을 사칭하고 협박한 경우 공무원자격사칭죄의 성부(소극) [대법원 1981. 9. 8. 선고, 81도1955]

【판결요지】

공무원자격사칭죄가 성립하려면 어떤 직권을 행사할 수 있는 권한을 가진 공무원임을 사칭하고 그 직권을 행사한 사실이 있어야 하는바, 피고인들 이 그들이 위임받은 채권을 용이하게 추심하는 방편으로 합동수사반원임을 사칭하고 협박한 사실이 있다고 하여도 위 채권의 추심행위는 개인적인 업무이지 합동수사반의 수사업무의 범위에는 속하지 아니하므로 이를 공무원자격사칭죄로 처벌할 수 없다.

118-2. 중앙정보부 직원의 직권행사에 해당하지 아니한 사례 [대법원 1977. 12. 13. 선고, 77도2750]

【판결요지】

중앙정보부 직원이 아닌 자가 동 직원임을 사칭하고 청와대에 파견된 감사실장인데 사무실에 대통령사진의 액자가 파손된 채 방치되었다는 사실을 보고받고 나왔으니 자인서를 작성 제출하라고 말한 행위는 중앙정보부 직원의 직권행사에 해당되지 않는다.

118-3. 사칭된 공무원의 의미 [대법원 1973. 5. 22. 선고, 73도884]

【판결요지】

형법 제118조의 소위 공무원 개념에는 공무원 임용령 제43조에 의한 임시직원도 포함된다.

118-4. 공무원(중앙정보부원) 자격사칭죄의 구성요건 [대법원 1972. 6. 27. 선고, 72도550]

【판결요지】

중앙정보부원이 아닌 자가 이를 사칭하여 어떤 고소사건의 수사경위를 청취하였다 하더라도 그 소위가 중앙접보부원의 직무를 규정한 중앙정보부법(폐) 제2조에 규정한 정보업무에 해당하는지를 심리함이 없이는 그 자격을 사칭한 중앙접보부원의 직권인 정보업무를 행한 것이라고 할 수 없다.

제6장 폭발물에 관한 죄

제119조[폭발물 사용]

> 제119조(폭발물 사용) ① 폭발물을 사용하여 사람의 생명, 신체 또는 재산을 해하거나 그 밖에 공공의 안전을 문란하게 한 자는 사형, 무기 또는 7년 이상의 징역에 처한다.
> ② 전쟁, 천재지변 그 밖의 사변에 있어서 제1항의 죄를 지은 자는 사형이나 무기징역에 처한다.
> ③ 제1항과 제2항의 미수범은 처벌한다.

119-1. '폭발물'의 의미 및 어떠한 물건이 폭발물에 해당하는지 판단하는 기준 [대법원 2012. 4. 26. 선고, 2011도17254]

【판시사항】

[1] 형법 제119조 폭발물사용죄에서 '폭발물'의 의미 및 어떠한 물건이 폭발물에 해당하는지 판단하는 기준

[2] 피고인이 자신이 제작한 폭발물을 사용하여 공안을 문란하게 하였다고 하여 폭발물사용으로 기소된 사안에서, 피고인이 제작한 물건의 구조 등에 비추어 그것이 형법 제119조 제1항에 규정된 '폭발물'에 해당한다고 볼 수 없는데도, 이와 달리 보아 폭발물사용죄가 성립한다고 한 원심판결에 법리오해의 위법이 있다.

【판결요지】

[1] 형법 제119조 제1항에서 규정한 폭발물사용죄는 폭발물을 사용하여 공안을 문란하게 함으로써 성립하는 공공위험범죄로서 개인의 생명, 신체 등과 아울러 공공의 안전과 평온을 보호법익으로 하는 것이고, 법정형이 사형, 무기 또는 7년 이상의 징역으로 범죄의 행위 태양에 해당하는 생명, 신체 또는 재산을 해하는 경우에 성립하는 살인죄, 상해죄, 재물손괴죄 등의 범죄를 비롯한 유사한 다른 범죄에 비하여 매우 무겁게 설정되어 있을 뿐 아니라, 형법은 제172조에서 '폭발성 있는 물건을 파열시켜 사람의 생명, 신체 또는 재산에 대하여 위험을 발생시킨 자'를 처벌하는 폭발성물건파열죄를 별도로 규정하고 있는데 그 법정형은 1년 이상의 유기징역으로 되어 있다. 이와 같은 여러 사정을 종합해 보면, 폭발물사용죄에서 말하는 폭발물이란 폭발작용의 위력이나 파편의 비산 등으로 사람의 생명, 신체, 재산 및 공공의 안전이나 평온에 직접적이고 구체적인 위험을 초래할 수 있는 정도의 강한 파괴력을 가지는 물건을 의미한다. 따라서 어떠한 물건이 형법 제119조에 규정된 폭발물에 해당하는지는 폭발작용 자체의 위력이 공안을 문란하게 할 수 있는 정도로 고도의 폭발성능을 가지고 있는지에 따라 엄격하게 판단하여야 한다.

[2] 피고인이 자신이 제작한 폭발물을 배낭에 담아 고속버스터미널 등의 물품보관함 안에 넣어 두고 폭발하게 함으로써 공안을 문란하게 하였다고 하여 폭발물사용으로 기소된 사안에서, 피고인이 제작한 물건의 구조, 그것이 설치된 장소 및 폭발 당시의 상황 등에 비추어, 위 물건은 폭발작용 자체에 의하여 공공의 안전을 문란하게 하거나 사람의 생명, 신체 또는 재산을 해할 정도

의 성능이 없거나, 사람의 신체 또는 재산을 경미하게 손상시킬 수 있는 정도에 그쳐 사회의 안전과 평온에 직접적이고 구체적인 위험을 초래하여 공공의 안전을 문란하게 하기에는 현저히 부족한 정도의 파괴력과 위험성만을 가진 물건이므로 형법 제172조 제1항에 규정된 '폭발성 있는 물건'에는 해당될 여지가 있으나 이를 형법 제119조 제1항에 규정된 '폭발물'에 해당한다고 볼 수는 없는데도, 위 제작물이 폭발물에 해당한다고 보아 폭발물사용죄가 성립한다고 한 원심판결에 법리오해의 위법이 있다.

119-2. 폭발물을 사용하여 살인등 행위를 한 경우 살인등 죄와 폭발물 사용죄와의 관계(=법조경합)[서울고법 1973. 4. 20., 73노179]

【판결요지】

형법 119조 소정의 폭발물사용죄는 폭발물을 사용하여 사람의 생명, 신체 또는 재산을 해하거나 기타 공안을 문란케 하는 죄로서 단순히 폭발물을 사용하여 사람의 생명, 신체 또는 재산을 해하거나 기타 공안을 문란케 하는 죄로서 단순히 폭발물을 사용하는 행위로서는 본죄가 성립하지 않고 폭발물을 사용하여 사람의 생명, 신체 또는 재산을 해하거나 기타 공안을 문란케 하는 결과가 발생하여야 비로소 본죄가 성립되는 만큼 폭발물을 사용하여 살인, 상해 또는 재물손괴등의 결과가 발생하였을 때에는 살인, 상해, 재물손괴등의 행위는 모두 폭발물사용죄에 흡수되는 법조 경합관계에 있다.

119-3. 살해의 의사로 폭발물을 사용하였을 경우 별도로 폭발물사용죄의 성립여부 [서울고법 1972. 2. 1. 71노901]

【판결요지】

형법 119조 1항 소정의 폭발물사용죄는 폭발물을 사용하여 사람의 생명, 신체, 재산을 해하는 행위가 있으면 그 자체가 공안문란행위라 할 것이며 이로써 동죄의 구성요건에 해당하는 것이라고 봄이 상당하다 할 것이므로 사람을 살해할 목적으로 방실에서 다이나마이트를 폭발케하여 사람에게 상해를 입히고 나아가 가재를 손괴하였다면 살인미수죄 이외에 폭발물사용죄가 성립된다.

제7장 공무원의 직무에 관한 죄

제122조[직무유기]

> 제122조(직무유기) 공무원이 정당한 이유없이 그 직무수행을 거부하거나 그 직무를 유기한 때에는 1년 이하의 징역이나 금고 또는 3년 이하의 자격정지에 처한다.

122-1. 경찰공무원이 지명수배 중인 범인을 발견하고도 직무상 의무에 따른 적절한 조치를 취하지 아니하고 오히려 범인을 도피하게 하는 행위를 한 경우, 범인도피죄 외에 직무유기죄가 따로 성립하는지 여부(소극) [대법원 2017. 3. 15. 선고, 2015도1456]

【판시사항】

경찰공무원이 지명수배 중인 범인을 발견하고도 직무상 의무에 따른 적절한 조치를 취하지 아니하고 오히려 범인을 도피하게 하는 행위를 하였다면, 그 직무위배의 위법상태는 범인도피행위 속에 포함되어 있다고 보아야 할 것이므로, 이와 같은 경우에는 작위범인 범인도피죄만이 성립하고 부작위범인 직무유기죄는 따로 성립하지 아니한다(대법원 1996. 5. 10. 선고 96도51 판결, 대법원 2006. 10. 19. 선고 2005도3909 전원합의체 판결 등 참조). 한편, 범인도피죄는 범인을 도피하게 함으로써 기수에 이르지만, 범인도피행위가 계속되는 동안에는 범죄행위도 계속되고 행위가 끝날 때 비로소 범죄행위가 종료된다(대법원 1995. 9. 5. 선고 95도577 판결, 대법원 2012. 8. 30. 선고 2012도6027 판결 등 참조). 이 사건 공소사실 중 2010. 7. 25.자 직무유기의 점의 요지는 '경찰공무원인 피고인 1은 공소외인이 지명수배되어 도피 중임을 잘 알면서 2010. 7. 25. 공소외인을 만나게 되었음에도 공소외인을 체포하지 아니함으로써 정당한 이유 없이 그 직무를 유기하였다'는 것이고, 이 사건 공소사실 중 범인도피의 점은 '경찰공무원인 피고인 1이 피고인 2, 원심공동피고인 3과 공모하여 2010. 3.부터 2010. 10.경까지 지명수배 중인 공소외인을 도피하게 하였다'는 취지이다. 제1심은 위 범죄사실을 인정하여 범인도피의 점을 유죄로 인정하였고, 원심은 제1심판결을 그대로 유지하였다. 이와 같은 2010. 7. 25.자 직무유기의 공소사실과 제1심과 원심이 유죄로 인정한 범인도피의 범죄사실에 의하면, 경찰공무원으로서 지명수배자 체포에 관한 직무상 의무를 부담하는 피고인 1은 피고인 2, 원심공동피고인 3과 공모하여 2010. 3.부터 2010. 10.까지 지명수배자인 공소외인을 도피하게 하는 행위를 계속하였고, 그러한 범인도피행위가 계속되는 도중인 2010. 7. 25. 공소외인을 만나고서도 그를 체포하지 않았다는 것이다. 피고인 1의 위 범인도피범행과 직무유기행위를 앞서 본 법리에 비추어 살펴보면, 피고인 1의 2010. 7. 25.자 직무유기로 인한 직무위배의 위법상태는 2010. 3.경부터 계속된 범인도피범행에 포함되어 있다고 볼 것이다. 이러한 경우 작위범인 범인도피죄만이 성립하고 부작위범인 직무유기죄는 따로 성립하지 아니한다.

1. 검사로부터 범인을 검거하라는 지시를 받은 경찰관이 범인을 도피케 한 경우에 범인도피죄 외에 직무유기죄가 따로 성립하는지 여부(소극) [대법원 1996. 5. 10. 선고, 96도51]

【판결요지】

피고인이 검사로부터 범인을 검거하라는 지시를 받고서도 그 직무상의 의무에 따른 적절한 조치를 취하지 아니하고 오히려 범인에게 전화로 도피하라고 권유하여 그를 도피케 하였다는 범죄사실만으로는 직무위배의 위법상태가 범인도피행위 속에 포함되어 있는 것으로 보아야 할 것이므로, 이와 같은 경우에는 작위범인 범인도피죄만이 성립하고 부작위범인 직무유기죄는 따로 성립하지 아니한다.

2. 경찰관이 압수물을 범죄 혐의 입증에 사용하도록 하는 등의 적절한 조치를 취하지 아니하고 피압수자에게 돌려주어 증거인멸죄를 범한 경우에 별도로 부작위범인 직무유기죄가 성립하는지 여부(소극) [대법원 2006. 10. 19. 선고, 2005도3909, 전원합의체 판결]

【판결요지】

경찰서 방범과장이 부하직원으로부터 음반·비디오물 및 게임물에 관한 법률 위반 혐의로 오락실을 단속하여 증거물로 오락기의 변조 기판을 압수하여 사무실에 보관중임을 보고받아 알고 있었음에도 그 직무상의 의무에 따라 위 압수물을 수사계에 인계하고 검찰에 송치하여 범죄 혐의의 입증에 사용하도록 하는 등의 적절한 조치를 취하지 않고, 오히려 부하직원에게 위와 같이 압수한 변조 기판을 돌려주라고 지시하여 오락실 업주에게 이를 돌려준 경우, 작위범인 증거인멸죄만이 성립하고 부작위범인 직무유기(거부)죄는 따로 성립하지 아니한다.

122-2. 교육기관 등의 장이 교육공무원에 대한 징계의결을 집행하지 못할 법률상·사실상의 장애가 없는데도 징계의결서를 통보받은 날로부터 법정 시한이 지나도록 집행을 유보하는 행위가 직무유기죄를 구성하는지 여부(한정 적극) [대법원 2014. 4. 10. 선고, 2013도229]

【판시사항】

직무유기죄에서 '직무를 유기한 때'의 의미 및 교육기관 등의 장이 교육공무원에 대한 징계의결을 집행하지 못할 법률상·사실상의 장애가 없는데도 징계의결서를 통보받은 날로부터 법정 시한이 지나도록 집행을 유보하는 행위가 직무유기죄를 구성하는지 여부(한정 적극)

【판결요지】

형법 제122조에서 정하는 직무유기죄에서 '직무를 유기한 때'란 공무원이 법령, 내규 등에 의한 추상적 성실의무를 태만히 하는 일체의 경우에 성립하는 것이 아니라 직장의 무단이탈, 직무의 의식적인 포기 등과 같이 국가의 기능을 저해하고 국민에게 피해를 야기시킬 가능성이 있는 경우를 가리킨다. 그리하여 일단 직무집행의 의사로 자신의 직무를 수행한 경우에는 직무집행의 내용이 위법한 것으로 평가된다는 점만으로 직무유기죄의 성립을 인정할 것은 아니고, 공무원이 태만·분망 또는 착각 등으로 인하여 직무를 성실히 수행하지 아니한 경우나 형식적으로 또는 소홀히 직무를 수행한 탓으로 적절한 직무수행에 이르지 못한 것에 불과한 경우에도 직무유기죄는 성립하지 아니한다. 따라서 교육기관·교육행정기관·지방자치단체 또는 교육연구기관의 장이 징계의결을 집행하지 못할 법률상·사실상의 장애가 없는데도 징계의결서를 통보받은 날로부터 법정 시한이 지나도록 집행을 유보하는 모든 경우에 직무유기죄가 성립하는 것은 아니고, 그러한 유보가 직무에 관한 의식적인 방임이나 포기에 해당한다고 볼 수 있는 경우에 한하여 직무유기죄가 성립한다고 보아야 한다.

---

1. 직무유기죄 구성요건 중 '직무를 유기한 때'의 의미 및 공무원이 직무집행의 의사로 직무를 수행하였으나 직무집행의 내용이 위법한 경우, 직무유기죄가 성립하는지 여부(소극) [대법원 2013. 4. 26. 선고, 2012도15257]

【이 유】

형법 제122조에서 정하는 직무유기죄에서 '직무를 유기한 때'란 공무원이 법령, 내규 등에 의한 추상적 성실의무를 태만히 하는 일체의 경우에 성립하는 것이 아니라 직장의 무단이탈, 직무의 의식적인 포기 등과 같이 국가의 기능을 저해하고 국민에게 피해를 야기시킬 가능성이 있는 경우를 가리킨다. 그리하여 일단 직무집행의 의사로 자신의 직무를 수행한 경우에는 그 직무집행의 내용이 위법한 것으로 평가된다는 점만으로 직무유기죄의 성립을 인정할 것은 아니고, 공무원이 태만·분망 또는 착각 등으로 인하여 직무를 성실히 수행하지 아니한 경우나 형식적으로 또는 소홀히 직무를 수행한 탓으로 적절한 직무수행에 이르지 못한 것에 불과한 경우에도 직무유기죄는 성립하지 아니한다(대법원 2007. 7. 12. 선고 2006도1390 판결, 대법원 2011. 7. 28. 선고 2011도1739 판결 등 참조).

122-3. 지방자치단체 교육기관장이 수사기관 등으로부터 교육공무원의 징계사유를 통보받고도 징계요구를 하지 아니하여 주무부장관으로부터 징계요구를 하라는 직무이행명령을 받았으나 그에 대한 이의의 소를 제기한 경우, 징계사유를 통보받은 날로부터 1개월 내에 징계요구를 하지 않았다는 사정만으로 직무를 유기한 것에 해당하는지 여부(원칙적 소극) [대법원 2013. 6. 27. 선고, 2011도797]

【판결요지】

지방자치법은 지방자치단체의 장이 법령의 규정에 따라 그 의무에 속하는 국가위임사무 등의 관리와 집행을 명백히 게을리하고 있다고 인정되면 주무부장관이 그 직무의 이행을 명령할 수 있고, 지방자치단체의 장은 그 이행명령에 이의가 있으면 15일 이내에 대법원에 소를 제기할 수 있다고 규정하고 있는데(제170조 제1항, 제3항), 이 규정은 '지방교육자치에 관한 법률' 제3조에 의하여 지방자치단체의 교육과 학예에 관한 사무에도 준용된다. 따라서 지방자치단체의 교육기관 등의 장이 국가위임사무인 교육공무원에 대한 징계사무를 처리함에 있어 주무부장관의 직무이행명령을 받은 경우에도 이의가 있으면 대법원에 소를 제기할 수 있다 할 것이므로, 수사기관 등으로부터 징계사유를 통보받고도 징계요구를 하지 아니하여 주무부장관으로부터 징계요구를 하라는 직무이행명령을 받았다 하더라도 그에 대한 이의의 소를 제기한 경우에는, 수사기관 등으로부터 통보받은 자료 등으로 보아 징계사유에 해당함이 객관적으로 명백한 경우 등 특별한 사정이 없는 한 징계사유를 통보받은 날로부터 1개월 내에 징계요구를 하지 않았다는 것만으로 곧바로 직무를 유기한 것에 해당한다고 볼 수는 없다.

122-4. 경찰관이 벌금미납자로 지명수배되어 있던 甲을 세 차례에 걸쳐 만나고도 그를 검거하지 않아 직무를 유기한 경우 [대법원 2011. 9. 8. 선고, 2009도13371]

【판시사항】

경찰관인 피고인이 벌금미납자로 지명수배되어 있던 甲을 세 차례에 걸쳐 만나고도 그를 검거하여 검찰청에 신병을 인계하는 등 필요한 조치를 취하지 않아 직무를 유기하였다는 내용으로 예비적으로 기소된 사안

【판결요지】

벌금미납자에 대한 노역장유치 집행을 위하여 검사의 지휘를 받아 형집행장을 집행하는 경우 벌금미납자 검거는 사법경찰관리의 직무범위에 속한다고 보아야 하는데도, 재판의 집행이 사법경찰관리의 직무범위에 속한다고 볼 법률적 근거가 없다는 이유로 甲에 대하여 실제 형집행장이 발부되어 있었는지 등에 대하여 나아가 심리하지 않은 채 공소사실을 무죄로 인정한 원심판단에 법리오해의 위법이 있다.

122-5. 직무유기죄에서 '직무를 유기한 때'의 의미 및 특수직무유기죄의 경우에도 동일한 법리가 적용되는지 여부(적극) [대법원 2011. 7. 28. 선고, 2011도1739]

【판결요지】

직무유기죄에서 '직무를 유기한 때'란 공무원이 법령, 내규 등에 의한 추상적 충근의무를 태만히 하는 일체의 경우를 이르는 것이 아니고 직장의 무단이탈, 직무의 의식적인 포기 등과 같이 그것이 국가의 기능을 저해하며 국민에게 피해를 야기시킬 가능성이 있는 경우를 말하는 것으로서, 이는 특정범죄 가중처벌 등에 관한 법률 제15조에서 정한 특수직무유기죄의 경우에도 마찬가지이다.

---

1. 직무유기죄의 성립요건 및 병가중인 자가 직무유기죄의 주체가 될 수 있는지 여부(소극) [대법원 1997. 4. 22. 선고, 95도748]

【판시사항】

[1] 직무유기죄의 성립요건 및 병가중인 자가 직무유기죄의 주체가 될 수 있는지 여부(소극)

[2] 일부 조합원의 집단에 의한 쟁의행위가 정당행위에 해당하지 아니하고, 병가 중의 참가자도 그렇지 아니한 참가자들과의 공범관계가 인정된다고 보아 직무유기죄로 처단한 사례

【판결요지】

[1] 직무유기죄는 구체적으로 그 직무를 수행하여야 할 작위의무가 있는데도 불구하고 이러한 직무를 버린다는 인식하에 그 작위의무를 수행하지 아니함으로써 성립하는 것이고, 또 그 직무를 유기한 때라 함은 공무원이 법령, 내규 등에 의한 추상적인 충근의무를 태만히 하는 일체의 경우를 이르는 것이 아니고, 직장의 무단이탈, 직무의 의식적인 포기 등과 같이 그것이 국가의 기능을 저해하며 국민에게 피해를 야기시킬 가능성이 있는 경우를 말하는 것이므로, 병가중인 자의 경우 구체적인 작위의무 내지 국가기능의 저해에 대한 구체적인 위험성이 있다고 할 수 없어 직무유기죄의 주체로 될 수는 없다.

[2] 노동조합의 승인 없이 또는 지시에 반하여 일부 조합원의 집단에 의하여 이루어진 쟁의행위가 그 경위와 목적, 태양 등에 비추어 정당행위에 해당하지 아니하고, 그 쟁의행위에 참가한 일부 조합원이 병가 중이어서 직무유기죄의 주체로 될 수는 없다 하더라도 직무유기죄의 주체가 되는 다른 조합원들과의 공범관계가 인정된다는 이유로, 그 쟁의행위에 참가한 조합원들 모두 직무유기죄로 처단되어야 한다고 본 사례(이 사건은 병가중인 철도공무원들이 그렇지 아니한 철도공무원들과 함께 전국철도노동조합의 일부 조합원들로 구성된 임의단체인 전국기관차협의회가 주도한 파업에 참가한 사례임).

122-6. 검사가 긴급체포 등 강제처분 적법성에 의문을 갖고 대면조사를 위한 피의자 인치를 2회에
걸쳐 명하였으나 이를 이행하지 않은 사법경찰관 [대법원 2010. 10. 28. 선고, 2008도11999]

【판시사항】

[1] 형법 제139조 인권옹호직무명령불준수죄와 형법 제122조 직무유기죄의 죄수 관계(=상상적 경합)

[2] 검사가 긴급체포 등 강제처분의 적법성에 의문을 갖고 대면조사를 위한 피의자 인치를 2회에 걸쳐 명하였으나 이를 이행하지 않은 사법경찰관에게 인권옹호직무명령불준수죄와 직무유기죄를 모두 인정하고 두 죄를 상상적 경합관계로 처리한 원심판단을 수긍한 사례

【이 유】

인권침해의 소지가 가장 많은 수사 분야에서 국민의 인권과 자유를 보호하기 위하여 우리 헌법과 법률은 검사 제도를 두어 검사에게 준사법기관으로서의 지위를 부여하고 철저한 신분보장과 공익의 대변자로서 객관의무를 지워 사법경찰관리의 수사에 대한 지휘와 감독을 맡게 함과 동시에 전속적 영장청구권(헌법 제12조 제3항), 수사주재자로서 사법경찰관리에 대한 수사지휘(형사소송법 제196조), 체포·구속 장소 감찰(형사소송법 제198조의2) 등의 권한을 부여하여 절차법적 차원에서 인권보호의 기능을 수행하게 하고 있다. 이러한 측면에서 검사의 수사에 관한 지휘는 수사 과정에서의 인권침해를 방지하는 '인권옹호'를 당연히 포함한다. 따라서 형법 제139조의 입법 취지 및 보호법익, 그 적용대상의 특수성 등을 고려하면 여기서 말하는 '인권'은 범죄수사 과정에서 사법경찰관리에 의하여 침해되기 쉬운 인권으로서, 주로 헌법 제12조에 의한 국민의 신체의 자유 등을 그 내용으로 한다. 인권의 내용을 이렇게 볼 때 형법 제139조에 규정된 '인권옹호에 관한 검사의 명령'은 사법경찰관리의 직무수행에 의하여 침해될 수 있는 인신 구속 및 체포와 압수수색 등 강제수사를 둘러싼 피의자, 참고인, 기타 관계인에 대하여 헌법이 보장하는 인권 가운데 주로 그들의 신체적 인권에 대한 침해를 방지하고 이를 위해 필요하고도 밀접 불가분의 관련성 있는 검사의 명령 중 '그에 위반할 경우 사법경찰관리를 형사처벌까지 함으로써 준수되도록 해야 할 정도로 인권옹호를 위해 꼭 필요한 검사의 명령'으로 보아야 하고 나아가 법적 근거를 가진 적법한 명령이어야 한다 (헌법재판소 2007. 3. 29. 선고 2006헌바69 전원재판부 결정 참조).

한편 사법경찰관이 검사에게 긴급체포된 피의자에 대한 긴급체포 승인 건의와 함께 구속영장을 신청한 경우, 검사는 긴급체포의 승인 및 구속영장의 청구가 피의자의 인권에 대한 부당한 침해를 초래하지 않도록 긴급체포의 적법성 여부를 심사하면서 수사서류 뿐만 아니라 피의자를 검찰청으로 출석시켜 직접 대면조사할 수 있는 권한을 가진다고 보아야 한다. 따라서 이와 같은 목적과 절차의 일환으로 검사가 구속영장 청구 전에 피의자를 대면조사하기 위하여 사법경찰관리에게 피의자를 검찰청으로 인치할 것을 명하는 것은 적법하고 타당한 수사지휘 활동에 해당하고, 수사지휘를 전달받은 사법경찰관리는 이를 준수할 의무를 부담한다. 다만 체포된 피의자의 구금 장소가 임의적으로 변경되는 점, 법원에 의한 영장실질심사 제도를 도입하고 있는 현행 형사소송법하에서 체포된 피의자의 신속한 법관 대면권 보장이 지연될 우려가 있는 점 등을 고려하면, 위와 같은 검사의 구속영장 청구 전 피의자 대면조사는 긴급체포의 적법성을 의심할 만한 사유가 기록

기타 객관적 자료에 나타나고 피의자의 대면조사를 통해 그 여부의 판단이 가능할 것으로 보이는 예외적인 경우에 한하여 허용될 뿐, 긴급체포의 합당성이나 구속영장 청구에 필요한 사유를 보강하기 위한 목적으로 실시되어서는 아니 된다. 나아가 검사의 구속영장 청구 전 피의자 대면조사는 강제수사가 아니므로 피의자는 검사의 출석 요구에 응할 의무가 없고, 피의자가 검사의 출석 요구에 동의한 때에 한하여 사법경찰관리는 피의자를 검찰청으로 호송하여야 한다.

그리고 형법 제139조에 규정된 인권옹호직무명령불준수죄와 형법 제122조에 규정된 직무유기죄의 각 구성요건과 보호법익 등을 비교하여 볼 때, 인권옹호직무명령불준수죄가 직무유기죄에 대하여 법조경합 중 특별관계에 있다고 보기는 어렵고 양 죄를 상상적 경합관계로 보아야 한다.

위 법리와 원심이 판시한 사정들을 종합하면, 긴급체포된 피의자에 대한 긴급체포의 승인 및 구속영장 청구 여부를 심사한 검사가 이 사건 긴급체포 등 강제처분의 적법성에 의문을 갖고 수사서류 외에 피의자를 대면조사할 충분한 사유가 있었던 것으로 보이므로, 2회에 걸친 검사의 이 사건 명령은 적법하고 타당한 수사지휘권의 행사에 해당하고, 사법경찰관리의 체포 등 강제수사 과정에서 야기될 수 있는 피의자의 신체적 인권에 대한 침해를 방지하기 위하여 사법경찰관리를 형사처벌까지 함으로써 준수되도록 해야 할 정도로 인권옹호를 위해 꼭 필요한 검사의 명령으로 봄이 상당하다. 또한 원심이 인정한 이 사건 명령의 외관, 형식 및 내용, 이 사건 명령이 발하여진 시기와 경위 등을 종합하면, 사법경찰관인 피고인으로서는 이 사건 명령이 강제수사 과정에서의 인권옹호에 관한 것임을 충분히 알고 있었던 것으로 보인다.

122-7. 사법경찰관이 현행범인 체포 및 긴급체포의 경우 반드시 미란다 원칙을 고지하여야 하는지 여부(적극) 및 고지의 시기 [대법원 2010. 6. 24. 선고, 2008도11226]

【판시사항】

[1] 피고인들을 비롯한 경찰관들이 현행범으로 체포한 도박혐의자들에게 현행범인체포서 대신에 임의동행동의서를 작성하게 하거나 압수한 일부 도박자금에 관하여 검사의 지휘도 받지 않고 반환하는 등 제대로 조사하지 않은 채 이들을 석방한 사안

[2] 사법경찰관리가 현행범인을 체포하는 경우 및 긴급체포의 경우 반드시 미란다 원칙을 고지하여야 하는지 여부(적극) 및 고지의 시기

【판결요지】

[1] 피고인들을 비롯한 경찰관들이 현행범으로 체포한 도박혐의자 17명에 대해 현행범인체포서 대신에 임의동행동의서를 작성하게 하고, 그나마 제대로 조사도 하지 않은 채 석방하였으며, 현행범인 석방사실을 검사에게 보고도 하지 않았고, 석방일시·사유를 기재한 서면을 작성하여 기록에 편철하지도 않았으며, 압수한 일부 도박자금에 관하여 압수조서 및 목록도 작성하지 않은 채 검사의 지휘도 받지 않고 반환하였고, 일부 도박혐의자의 명의도용 사실과 도박 관련 범죄로 수회 처벌받은 전력을 확인하고서도 아무런 추가조사 없이 석방한 사안에서, 이는 단순히 업무를 소홀히 수행한 것이 아니라 정당한 사유 없이 의도적으로 수사업무를 방임 내지 포기한 것이라고 봄이 상당하다는 이유로, 피고인들에 대하여 직무유기죄의 성립을 부정한 원심판단에 법리오해

또는 사실오인의 잘못이 있다.

　[2] <u>사법경찰리가 현행범인으로 체포하는 경우에는 반드시 범죄사실의 요지, 구속의 이유와 변호인을 선임할 수 있음을 말하고 변명할 기회를 주어야 하며, 이러한 법리는 비단 현행범인을 체포하는 경우뿐만 아니라 긴급체포의 경우에도 마찬가지로 적용되는 것이고, 이와 같은 고지는 체포를 위한 실력행사에 들어가기 전에 미리 하여야 하는 것이 원칙이나, 달아나는 피의자를 쫓아가 붙들거나 폭력으로 대항하는 피의자를 실력으로 제압하는 경우에는 붙들거나 제압하는 과정에서 하거나, 그것이 여의치 않은 경우에는 일단 붙들거나 제압한 후에 지체없이 하여야 한다.</u>

122-8. 경찰관이 불법체류자 신병을 출입국관리사무소에 인계하지 않고 훈방하면서 이들 인적사항 조차 기재해 두지 아니한 경우(적극) [대법원 2008. 2. 14. 선고, 2005도4202]

　【판시사항】
　[1] 경찰관이 불법체류자의 신병을 출입국관리사무소에 인계하지 않고 훈방하면서 이들의 인적사항조차 기재해 두지 아니하였다면 직무유기죄가 성립한다.
　[2] 하나의 행위가 부작위범인 직무유기죄와 작위범인 허위공문서작성·행사죄의 구성요건을 동시에 충족하는 경우, 그 중 하나의 죄로만 공소를 제기할 수 있는지 여부(적극)

　【판결요지】
　[1] 경찰관이 불법체류자의 신병을 출입국관리사무소에 인계하지 않고 훈방하면서 이들의 인적사항조차 기재해 두지 아니하였다면 직무유기죄가 성립한다.
　[2] 하나의 행위가 부작위범인 직무유기죄와 작위범인 허위공문서작성·행사죄의 구성요건을 동시에 충족하는 경우, 공소제기권자는 재량에 의하여 작위범인 허위공문서작성·행사죄로 공소를 제기하지 않고 부작위범인 직무유기죄로만 공소를 제기할 수 있다.

---

1. 직무유기죄의 성립요건 [대법원 1999. 11. 26. 선고, 99도1904]
　【판시사항】
　[1] 직무유기죄의 성립요건
　[2] 하나의 행위가 부작위범인 직무유기죄와 작위범인 범인도피죄의 구성요건을 동시에 충족하는 경우, 그 중 하나의 죄로만 공소를 제기할 수 있는지 여부(적극)
　【판결요지】
　[1] 직무유기죄는 구체적으로 그 직무를 수행하여야 할 작위의무가 있는데도 불구하고 이러한 직무를 버린다는 인식하에 그 작위의무를 수행하지 아니하면 성립하는 것이다.
　[2] 하나의 행위가 부작위범인 직무유기죄와 작위범인 범인도피죄의 구성요건을 동시에 충족하는 경우 공소제기권자는 재량에 의하여 작위범인 범인도피죄로 공소를 제기하지 않고 부작위범인 직무유기죄로만 공소를 제기할 수도 있다.

122-9. 공무원이 어떠한 형태로든 직무집행의 의사로 자신의 직무를 수행한 경우, 그 직무집행의 내용이 위법한 것으로 평가된다는 점만으로 직무유기죄가 성립하는지 여부(소극) [대법원

2007. 7. 12. 선고, 2006도1390]

【판시사항】

[1] 공무원이 어떠한 형태로든 직무집행의 의사로 자신의 직무를 수행한 경우, 그 직무집행의 내용이 위법한 것으로 평가된다는 점만으로 직무유기죄가 성립하는지 여부(소극)

[2] 지방자치단체장이 전국공무원노동조합이 주도한 파업에 참가한 소속 공무원들에 대하여 관할 인사위원회에 징계의결요구를 하지 아니하고 가담 정도의 경중을 가려 자체 인사위원회에 징계의결요구를 하거나 훈계처분을 하도록 지시한 행위가 직무유기죄를 구성하지 않는다.

【판결요지】

[1] 직무유기죄는 공무원이 법령·내규 등에 의한 추상적 충근의무를 태만히 하는 일체의 경우에 성립하는 것이 아니라, 직장의 무단이탈이나 직무의 의식적인 포기 등과 같이 국가의 기능을 저해하고 국민에게 피해를 야기시킬 구체적 위험성이 있고 불법과 책임비난의 정도가 높은 법익침해의 경우에 한하여 성립하므로, <u>어떠한 형태로든 직무집행의 의사로 자신의 직무를 수행한 경우에는 그 직무집행의 내용이 위법한 것으로 평가된다는 점만으로 직무유기죄의 성립을 인정할 것은 아니다.</u>

[2] 지방자치단체장이 전국공무원노동조합이 주도한 파업에 참가한 소속 공무원들에 대하여 관할 인사위원회에 징계의결요구를 하지 아니하고 가담 정도의 경중을 가려 자체 인사위원회에 징계의결요구를 하거나 훈계처분을 하도록 지시한 행위가 직무유기죄를 구성하지 않는다.

122-10. 공무원이 위법사실을 발견하고도 직무상 의무에 따른 적절한 조치를 취하지 아니하고 위법사실을 적극적으로 은폐할 목적으로 허위공문서를 작성·행사한 경우, 허위공문서작성·동행사죄 이외에 직무유기죄 성립 여부(소극) [대법원 2004. 3. 26. 선고, 2002도5004]

【판시사항】

공무원이 어떠한 위법사실을 발견하고도 직무상 의무에 따른 적절한 조치를 취하지 아니하고 위법사실을 적극적으로 은폐할 목적으로 허위공문서를 작성, 행사한 경우에는 직무위배의 위법상태는 허위공문서작성 당시부터 그 속에 포함되는 것으로 작위범인 허위공문서작성 및 그 행사죄만이 성립하고 부작위범인 직무유기죄는 따로 성립하지 아니한다(대법원 1972. 5. 9. 선고 72도722 판결, 1999. 12. 24. 선고 99도2240 판결 등 참조).

1. 예비군 중대장이 직무에 관하여 허위공문서를 작성한 후 원사실을 그대로 상사에게 보고하지 않은 것이 별도로 직무유기죄를 구성하는지 여부(소극) [대법원 1982. 12. 28. 선고, 82도2210]

【판결요지】

예비군 중대장이 그 소속 예비군대원의 훈련불참사실을 알았다면 이를 소속 대대장에게 보고하는 등의 조치를 취할 직무상의 의무가 있음은 물론이나, 그 소속 예비군대원의 훈련불참사실을 고의로 은폐할 목적으로 당해 예비군대원이 훈련에 참석한 양 허위내용의 학급편성명부를 작성, 행사하였다면, 직무위배의 위법상태는 허위공문서작성 당시부터 그 속에 포함되어 있는 것이고 그 후 소속대대장에게 보고하지 아니하였다 하더라도 당초에 있었던 직무위배의 위법상태가 그대로 계속된 것에 불과하다고 보아야 하고, 별도의 직무유기죄가 성립하여 양죄가 실체적 경합범이 된다고 할 수 없다.

2. 농지사무를 담당하고 있는 군직원이 농지불법전용 사실에 대하여 아무런 조치를 취하지 아니한 것이 직무유기죄에 해당하는지 여부 [대법원 1993. 12. 24. 선고, 92도3334]

【판결요지】

농지사무를 담당하고 있는 군직원으로서는 그 관내에서 발생한 농지불법전용 사실을 알게 되었으면 군수에게 그 사실을 보고하여 군수로 하여금 원상회복을 명하거나 나아가 고발을 하는 등 적절한 조치를 취할 수 있도록 하여야 할 직무상 의무가 있는 것이므로 농지불법전용 사실을 외면하고 아무런 조치를 취하지 아니한 것은 자신의 직무를 저버린 행위로서 농지의 보전·관리에 관한 국가의 기능을 저해하며 국민에게 피해를 야기시킬 가능성이 있어 직무유기죄에 해당한다.

3. 공무원이 위법사실을 발견하고도 직무상 의무에 따른 적절한 조치를 취하지 아니하고 위법사실을 적극적으로 은폐할 목적으로 허위공문서를 작성, 행사한 경우, 허위공문서작성, 동행사죄 이외에 직무유기죄가 별도로 성립하는지 여부(소극) [대법원 1999. 12. 24. 선고, 99도2240]

【판시사항】

공무원이 위법사실을 발견하고도 직무상 의무에 따른 적절한 조치를 취하지 아니하고 위법사실을 적극적으로 은폐할 목적으로 허위공문서를 작성, 행사한 경우 직무위배의 위법상태는 허위공문서작성 당시부터 그 속에 포함되는 것으로 작위범인 허위공문서작성, 동행사죄만이 성립하고 부작위범인 직무유기죄는 따로 성립하지 아니한다.

122-11. 경찰관이 방치된 오토바이가 있다는 신고를 받거나 순찰중 이를 발견하고 오토바이 상회 운영자에게 연락하여 오토바이를 수거해가도록 하고 그 대가를 받은 경우 [대법원 2002. 5. 17. 선고, 2001도6170]

【판결요지】

경찰관이 장기간에 걸쳐 여러 번 오토바이를 오토바이 상회 운영자에게 보관시키고도 경찰관 스스로 소유자를 찾아 반환하도록 처리하거나 상회 운영자에게 반환 여부를 확인한 일이 전혀 없고, 상회 운영자로부터 오토바이를 보내준 대가 또는 그 처분대가로 돈까지 지급받았다면, 경찰관의 이와 같은 행위는 습득물을 단순히 상회 운영자에게 보관시키거나 소유자를 찾아서 반환하도록 협조를 구한 정도를 벗어나 상회 운영자에게 그 습득물에 대한 임의적인 처분까지 용인한 것으로서 습득물 처리 지침에 따른 직무를 의식적으로 방임 내지 포기하고 정당한 사유 없이 직무를 수행하지 아니한 경우에 해당한다.

1. 상부 승인없이 직무일체를 부하직원에게 맡겨두고 확인감독마저 하지 않은 경우 [대법원 1986. 2. 11. 선고, 85도2471]

【판결요지】

소속대 수송관 겸 3종 출납관으로서 소속대 유류수령과 불출 및 그에 따른 결산 기타 업무를 수행할 직무있는 자가 신병치료를 이유로 상부의 승인없이 1984.12.초부터 1985.3.경까지 3종 출납관 도장과 창고열쇠를 포함한 3종 업무일체를 계원에게 맡겨두고 이에 대한 일체의 확인감독마저 하지 않았다면 이는 부대관례에 따른 정당한 위임의 정도를 벗어난 직무의 의식적인 포기로서 직무유기죄에 해당한다.

122-12. 직무유기죄에 있어서 '직무를 유기한 때'의 의미 [대법원 1997. 8. 29. 선고, 97도675]

【판시사항】

[1] 직무유기죄에 있어서 '직무를 유기한 때'의 의미

[2] 직무유기죄가 즉시범인지 여부(소극)

【판결요지】

[1] 형법 제122조 후단 소정의 공무원이 정당한 이유 없이 직무를 유기한 때라 함은 직무에 관한 의식적인 방임 내지 포기 등 정당한 사유 없이 직무를 수행하지 아니한 경우를 의미하는 것이므로 공무원이 태만, 분망, 착각 등으로 인하여 직무를 성실히 수행하지 아니한 경우나 형식적으로 또는 소홀히 직무를 수행하였기 때문에 성실한 직무수행을 못한 것에 불과한 경우에는 직무유기죄는 성립하지 아니한다.

[2] 직무유기죄는 그 직무를 수행하여야 하는 작위의무의 존재와 그에 대한 위반을 전제로 하고 있는바, 그 작위의무를 수행하지 아니함으로써 구성요건에 해당하는 사실이 있었고 그 후에도 계속하여 그 작위의무를 수행하지 아니하는 위법한 부작위상태가 계속되는 한 가벌적 위법상태는 계속 존재하고 있다고 할 것이며 형법 제122조 후단은 이를 전체적으로 보아 1죄로 처벌하는 취지로 해석되므로 이를 즉시범이라고 할 수 없다.

---

1. 태만, 분망, 착각 등으로 인한 업무의 부당한 집행과 직무유기죄의 성부(소극) [대법원 1983. 1. 18. 선고, 82도2624]

【판결요지】

형법 제122조의 이른바 직무를 유기한다는 것은 법령, 내규, 통첩 또는 지시 등에 의한 추상적인 충근의무를 태만히 하는 일체의 경우를 이르는 것이 아니라 구체적으로 직무의 의식적인 포기 등과 같이 국가의 기능을 해하며 국민에게 피해를 야기시킬 가능성이 있는 경우를 일컫는 것이므로 직무유기죄가 성립하려면 주관적으로는 직무를 버린다는 인식과 객관적으로는 직무 또는 직장을 벗어나는 행위가 있어야 하고 다만 직무집행에 관하여 태만, 분망, 착각등 일신상 또는 객관적 사정으로 어떤 부당한 결과를 초래한 경우에는 형법상의 직무유기죄는 성립하지 않는다 할 것이므로, 피고인이 치안책임자(경찰서장)로서 그 관내에서 일어난 총기난동사건에 대하여 전혀 효과적인 대응책을 강구하지 못한 사실은 인정되지만, 사건 당일은 칠흑같은 깊은 밤인데다 비마저 내리고 있어서 총기난동자의 소재파악이 어려웠을 뿐만 아니라, 피고인의 직속부하인 경찰관이 그 관내에서 총기를 무차별 난사하여 수십명을 헤아리는 사상자가 발생하는 미증유의 사태에서 피고인이 망연 자실하여 거의 정상적인 사고력을 잃은 정도였고, 피고인이 궁유지서에 도착한 당일 01:30경은 이미 범인이 총기난사를 끝내고 은신하고 있을 때라는 사실 등에 비추어 보면, 특수범 진압조직으로 대처하지 않았다는 점등 피고인의 대응조치가 적절하지 못하였다는 사정만으로서는 형법상 직무유기죄가 성립한다고 볼 수 없다.

> **2. 태만, 분망, 착각 등으로 인한 부실한 직무집행의 직무유기죄의 성부** [대법원 1983. 12. 13. 선고, 83도1157]
>
> 【판결요지】
>
> 형법 제122조의 직무유기죄의 성립에는 주관적으로 직무를 버린다는 인식과 객관적으로 직무 또는 직장을 벗어나는 행위가 있어야하는 것으로 직무집행의사로 직무를 수행한 이상 태만, 분망, 착각 등 일신상 또는 객관적 사유로 직무수행을 소홀히 하여 부실한 결과가 초래되었다고 하여도 직무유기죄가 성립된다고 볼 수 없다.

> **3. 공무원이 태만, 착각 등으로 직무를 성실히 수행하지 아니하거나 못한 경우의 직무유기죄 성부(소극)**
> [대법원 1997. 4. 11. 선고, 96도2753]
>
> 【판시사항】
>
> [1] 공무원이 태만, 착각 등으로 직무를 성실히 수행하지 아니하거나 못한 경우의 직무유기죄 성부(소극)
>
> [2] 통고처분·고발 권한이 없는 세무공무원이 그 권한자에게 통고처분이나 고발조치를 건의하지 아니한 것이 직무유기에 해당하지 않는다고 본 사례
>
> 【판결요지】
>
> [1] 형법 제122조 소정의 공무원이 정당한 이유 없이 직무를 유기한 때라 함은 직무에 관한 의식적인 방임 내지는 포기 등 정당한 사유 없이 직무를 수행하지 아니한 경우를 의미하는 것이므로 공무원이 태만, 분망, 착각 등으로 인하여 직무를 성실히 수행하지 아니한 경우나 형식적으로 또는 소홀히 직무를 수행하였기 때문에 성실한 직무수행을 못한 것에 불과한 경우에는 직무유기죄는 성립하지 않는다.
>
> [2] 통고처분이나 고발을 할 권한이 없는 세무공무원이 그 권한자에게 범칙사건 조사 결과에 따른 통고처분이나 고발조치를 건의하는 등의 조치를 취하지 않았다고 하더라도, 구체적 사정에 비추어 그것이 직무를 성실히 수행하지 못한 것이라고 할 수 있을지언정 그 직무를 의식적으로 방임 내지 포기하였다고 볼 수 없다.

122-13. 직무유기교사죄의 공소사실 특정 방법 [대법원 1997. 8. 22. 선고, 95도984]

【판결요지】

직무유기교사죄는 피교사자인 공무원별로 1개의 죄가 성립되는 것이므로 피교사자인 공무원별로 사실을 특정할 수 있도록 공소사실을 기재하여야 한다.

122-14. 위계공무집행방해죄와 직무유기죄의 관계 [대법원 1997. 2. 28. 선고, 96도2825]

【판결요지】

피고인이, 출원인이 어업허가를 받을 수 없는 자라는 사실을 알면서도 그 직무상의 의무에 따른 적절한 조치를 취하지 않고 오히려 부하직원으로 하여금 어업허가 처리기안문을 작성하게 한 다음 피고인 스스로 중간결재를 하는 등 위계로써 농수산국장의 최종결재를 받았다면, 직무위배의 위법상태가 위계에 의한 공무집행방해행위 속에 포함되어 있는 것이라고 보아야 할 것이므로, 이와 같은 경우에는 <u>작위범인 위계에 의한 공무집행방해죄만이 성립하고 부작위범인 직무유기죄는 따로 성립하지 아니한다.</u>

1. 세무공무원이 범칙사건을 수사하고 관계서류를 작성함에 있어 그 혐의 사실을 고의로 은폐하기 위하여 내용허위의 전말서나 진술조서 등을 작성 행사한 경우 [대법원 1971. 8. 31. 선고, 71도1176]

【판시사항】

세무공무원이 범칙사건을 수사하고 관계서류를 작성함에 있어 그 혐의 사실을 고의로 은폐하기 위하여 내용허위의 전말서나 진술조서 등을 작성 행사하였다면 허위공문서 작성 행사좌만이 성립되고 직무유기죄는 성립되지 않는다.

---

2. 작위범인 허위공문서작성, 동행사죄만이 성립하고 부작위범인 직무유기죄는 성립하지 않는다고 한 경우 [대법원 1972. 5. 9. 선고, 72도722]

【판결요지】

공무원이 신축건물에 대한 착공 및 준공검사를 마치고 관계서류를 작성함에 있어 그 허가조건 위배사실을 숨기기 위하여 허위의 복명서를 작성 행사하였을 경우에는 작위범인 허위공문서작성 동행사죄만이 성립하고 부작위범인 직무유기죄는 성립하지 아니한다.

122-15. 교도소 보안과 출정계장과 감독교사가 호송교도관들을 지휘하여 재소자의 호송계호업무를 수행함에 있어서 성실하게 그 직무를 수행하지 아니한 잘못으로 집단도주사고가 발생한 경우 형법상 직무유기죄를 구성하는지 여부(소극) [대법원 1991. 6. 11. 선고, 91도96]

【판결요지】

형법 제122조에서 공무원이 정당한 이유 없이 직무를 유기한 때라 함은 정당한 사유 없이 의식적으로 직무를 포기하거나 직무 또는 직장을 이탈하는 것을 말하고 공무원이 직무를 수행함에 있어서 태만 또는 착각 등으로 이를 성실하게 수행하지 아니한 경우까지 포함하는 것은 아니라 할 것인바, 교도소 보안과 출정계장과 감독교사가 호송지휘관 및 감독교사로서 호송교도관 5명을 지휘하여 재소자 25명을 전국의 각 교도소로 이감하는 호송업무를 수행함에 있어서, 시간이 촉박하여 호송교도관들이 피호송자 개개인에 대하여 규정에 따른 검신 등의 절차를 철저히 이행하지 아니한 채 호송하는 데도 위 호송교도관들에게 호송업무 등을 대강 지시한 후에는 그들이 이를 제대로 수행할 것으로 믿고 구체적인 확인, 감독을 하지 아니한 잘못으로 말미암아 <u>피호송자들이 집단도주하는 결과가 발생한 경우, 위 출정계장과 감독교사가 재소자의 호송계호업무를 수행함에 있어서 성실하게 그 직무를 수행하지 아니하여 충근의무에 위반한 잘못은 인정되나 고의로 호송계호업무를 포기하거나 직무 또는 직장을 이탈한 것이라고는 볼 수 없으므로 형법상 직무유기죄를 구성하지 아니한다.</u>

---

1. 직무집행내용이 부실한 경우 직무유기죄의 성부 [대법원 1982. 9. 14. 선고, 81도2538]

【판결요지】

형법 제122조 소정의 공무원이 정당한 이유없이 그 직무를 유기한 때라 함은 직무에 관한 의식적인 방임 내지는 포기 등 정당한 사유없이 그 직무를 수행하지 아니한 경우를 의미한다고 할 것이므로 <u>공무원이 태만 착각 등으로 인하여 직무집행을 성실히 수행하지 아니 한 것에 불과한 경우나 형식적으로 또는 소홀히 직무를 집행하였기 때문에 성실한 직무수행을 못한 것으로 귀착되는 경우에는 직무유기죄는 성립하지 아니한다.</u>

> ## 2. 직무수행이 불성실한 경우 직무유기의 성부(소극) [대법원 1984. 3. 27. 선고, 83도3260]
>
> **【판결요지】**
>
> 형법 제122조에서 공무원이 정당한 이유없이 그 직무를 유기한 때라 함은 공무원이 정당한 사유없이 의식적으로 직무를 포기하거나 직무 또는 직장을 이탈하는 것을 말하며 공무원이 직무수행을 함에 있어서 태만, 착각 등으로 이를 성실하게 수행하지 아니한 경우까지 포함하는 것은 아니라 할 것이므로 피고인이 순찰 및 검사 등을 하지 아니하고 잠을 잔 것은 일직사관으로서의 직무를 성실하게 수행하지 아니하여 충근의무에 위반한 허물이 있다고 하겠으나 근무장소에서 유사시에 깨어 직무수행에 임할 수 있는 상황(상황실로부터 피고인이 누운 침상까지는 2미터 정도의 거리로서 판자칸막이가 있는데 불과함)에서 잠을 잔 것이므로 피고인이 고의로 일직사관으로서의 직무를 포기하거나 직장을 이탈한 것이라고는 볼 수 없다.

122-16. 당직사관이 술을 마시고 내무반에서 화투놀이를 한 후 애인과 함께 자고나서 당직근무의 인계.인수 없이 퇴근한 경우(적극) [대법원 1990. 12. 21. 선고, 90도2425]

【판결요지】

학생군사교육단의 당직사관으로 주번근무를 하던 육군 중위가 당직근무를 함에 있어서 훈육관실에서 학군사관후보생 2명과 함께 술을 마시고 내무반에서 학군사관후보생 2명 및 애인 등과 함께 화투놀이를 한 다음 애인과 함께 자고 난 뒤 교대할 당직근무자에게 당직근무의 인계, 인수도 하지아니한 채 퇴근하였다면 직무유기죄가 성립된다.

122-17. 가축도축업체에 가축검사원으로 재직하는 공무원이 퇴근시 소 계류장의 시정.봉인 조취를 취하지 아니하고 관리를 도축장 직원에게 방치한 행위(적극) [대법원 1990. 5. 25. 선고, 90도191]

【판시사항】

[1] 가축검사공무원이 피고인이 도축 의뢰된 소가 강제급수되었으리라는 것을 알면서도 도축지시를 하고 검사증명서를 발급해 주는 등 직무유기죄를 범하였다는 공소사실을 자백하는 경우에 필요한 보강증거의 정도

[2] 가축도축업체에 배치되어 가축검사원으로 재직하는 공무원이 퇴근시 소 계류장의 시정 · 봉인 조취를 취하지 아니하고 그 관리를 도축장 직원에게 방치한 행위가 직무유기죄에 해당되는지 여부(적극)

【판결요지】

[1] 자백에 대한 보강증거는 범죄사실의 전부 또는 중요부분을 인정할 수 있는 정도가 되지 아니하더라도 피고인의 자백이 가공적이 아닌 진실한 것임을 인정할 수 있는 정도만 되면 족할 뿐만 아니라, 직접증거가 아닌 간접증거나 정황증거도 보강증거가 될 수 있는 것이므로 수의사인 피고인이 가축도축업체에 배치된 가축검사 공무원으로서 위 도축장의 계류사에서 도축의뢰된 소 가운데 일부가 강제급수되었으리라는 것을 알면서도 원상태로 회복된 것을 확인하지 아니하고 도축 지시를 하고 검사증명서를 발급해주는 등 검사원의 직무를 유기하였다는 공소사실에 관하여

자백하는 경우, 도축할 소의 도축장 도착일시, 도축장에서의 계류시간, 도축일시 등을 기록하여 놓은 위 가축도축업체의 범행기간 중 일부 일자 동안의 계류대장의 사본이나, 범행일 위 도축장에서 소에게 강제로 물을 먹이는데 사용된 모터·고무호스·물주입기·소아가리 받침대 등의 기구를 범행일 후에 압수하였다는 내용의 검찰청 수사사무관이 작성한 압수조서의 각 기재내용은, 위 공소사실을 인정할 만한 직접적인 증거는 되지 못한다고 하더라도, 적어도 위 피고인의 자백이 가공적인 것이 아닌 진실한 것임을 인정할 수 있는 증거로는 충분하다.

[2] 가축위생시험소 소속 수의사보인 피고인이 가축도축업체에 배치되어 가축검사원으로 재직하는 공무원으로서 위 도축장에서 소에 대한 강제급수의 방지와 사료의 소화·신선한 육질의 유지를 위해 퇴근시에는 소 계류장에 들어온 소의 숫자와 상태를 확인하고 소 계류장 출입문의 시정·봉인조치를 이행하고, 부득이 퇴근 후 도축의뢰되는 소를 계류장에 입사시킬 경우에는 검사원이 나가 계류장 문을 열고 입사시킨 후 다시 시정·봉인하여 소에 대한 강제급수를 미리 방지하는등 검사원으로서의 직무를 철저히 해야 함에도, 퇴근시 소 계류장의 시정·봉인조치를 취하지 아니하고 그 관리를 도축장 직원에게 방치한 행위는 직무유기죄에 해당된다.

122-18. 특정범죄가중처벌등에 관한 법률(특수직무유기)의 성질 [대법원 1984. 7. 24. 선고, 84도705]

【판시사항】

[1] 특정범죄가중처벌등에 관한 법률 제15조(특수직무유기) 규정의 성질

[2] 산림법 위반의 범죄수사에 종사하는 공무원이 직무에 위배하여 허위공문서 등을 작성 행사한 경우 특수직무유기죄의 성부

【판결요지】

[1] 특정범죄가중처벌등에 관한 법률 제15조(특수직무유기)는 형법 제122조의 직무유기죄와는 달리 새로운 범죄유형을 정하고 그에 대한 법정형을 규정한 것이라고 할 것이다.

[2] 공무원이 그 직무상의 의무에 위배하여 허위공문서를 작성행사한 경우 직무위배의 위법 상태는 허위공문서작성당시부터 그 속에 포함되어 별도로 형법 제122조의 직무유기죄가 성립되지 않는다는 당원 1982.12.28 선고 82도2210 판결은 형법 제122조의 직무유기죄와는 별도의 범죄인 특정범죄가중처벌등에 관한 법률 제15조의 특수직무유기죄에는 적절한 것이 될수 없다 할 것이므로, 사법경찰리 직무취급을 겸하여 산림법위반의 범죄수사에 종사하는 공무원이 특정범죄가중처벌등에 관한 법률위반의 범죄사실을 인지하고도 필요한 조치를 취하지 아니하고 그 범죄사실을 은폐하기 위하여 그 직무에 관한 허위의 공문서를 작성행사하였다면 특정범죄가중처벌등에 관한 법률 제15조의 특수직무유기죄가 성립한다 할 것이다.

122-19. 과세자료전 등이 은닉되어 있음을 발견한 세무공무원이 이를 양성화하여 과세처분되도록 조치하지 않은 경우(적극) [대법원 1984. 4. 10. 선고, 83도1653]

【판결요지】

피고인이 세무서 소득세과 재산세계에 근무하면서 과세자료처리 및 정리등 사무를 취급하였는데 같

은 계 근무직원인 소외(갑)의 책상서랍속에 공동피고인(을)에 대한 양도소득세 과세자료전들이 은닉되어 있는 것을 발견하였는데 그 당시 피고인이 위 과세자료들을 자료대장에 등재할 직무를 직접 담당하고 있지는 않았다 하더라도 이러한 업무의 보조업무에 해당하는 업무를 담당하고 있었고, 또 위 자료전의 은닉이 위 (을)에 대한 양도소득세가 부과되지 않도록 하기 위한 고의적 은닉이라는 사실과 위 (을)이 주민등록을 여러차례 옮겨 전출한 사실을 알고 있었다면, 피고인으로서는 위 (갑)으로 하여금 위 자료전을 조속히 처리함으로써 세원을 양성화하여 국가의 적정한 조세징수권행사를 할 수 있도록 조치할 의무가 있다고 할 것이며 동 의무는 단순히 윤리적, 추상적인 직무를 넘어선 구체적인 직무라 할 것이므로, 피고인이 위 (갑)에 대하여 위 과세자료를 자료정리부에 등재하여 자기에게 넘겨 달라고 촉구만 하고 그대로 이를 방치하였다면 직무유기죄를 구성한다고 볼 것이다.

122-20. 직무유기죄에 있어서 직무유기한 때의 의미 [대법원 1983. 3. 22. 선고, 82도3065]

【판시사항】

[1] 직무유기죄에서의 주관적 요건

[2] 직무유기죄에 있어서 직무유기한 때의 의미

【판결요지】

[1] 직무유기죄는 이른바 부진정부작위범으로서 구체적으로 그 직무를 수행하여야 할 작위의무가 있는데도 불구하고 이러한 직무를 버린다는 인식하에 그 작위의무를 수행하지 아니함으로써 성립하는 것이다.

[2] 직무유기죄에 있어서 직무를 유기한 때라 함은 법령 내규 또는 지시 및 통첩에 의한 추상적인 의무를 태만하는 일체의 경우를 이르는 것이 아니고, 직장의 무단이탈, 직무의 의식적인 포기 등과 같이 그것이 국가의 기능을 저해하며 국민에게 피해를 야기시킬 가능성이 있는 경우를 말한다.

---

1. 형법 제122조의 이른바, "공무원이 정당한 이유 없이 그 직무를 유기한때"의 의의 [대법원 1966. 3. 15. 선고, 65도984]

【판결요지】

직무를 유기한 때라 함은 공무원이 법령 내규 또는 지시 및 통첩에 의한 추상적인 충실의 의무를 태만하는 일체의 경우를 이르는 것이 아니고 직장의 무단이탈, 직무의 의식적인 포기 등과 같이 그것이 국가의 기능을 저해하며 국민에게 피해를 야기시킬 가능성이 있는 경우를 말한다.

---

2. 세관공무원의 승감임무를 도중에 포기한 행위 [대법원 1970. 9. 29. 선고, 70도1790]

【판결요지】

세관감시과 소속 공무원으로서 항구에 정박 중인 외항선에 머무르면서 밀수여부의 감시, 방지 등 근무명령을 받았음에도 불구하고 감기가 들어 몸이 불편하다는 구실로 위 임무를 도중에 포기하고 집에 돌아와 자버린 행위는 위 임무를 포기하지 아니치 못할 정당한 사유가 있지 않은 이상 그 임무를 포기하고 직무를 유기한 것이라고 할 것이다.

122-21. 전매공무원이 외제담배를 긴급압수한 후 태만과 분망으로 압수물에 대한 압수수색영장신청 직무를 해태한 경우(소극) [대법원 1982. 9. 28. 선고, 82도1633]

【판결요지】

형법 제122조에 규정된 직무유기죄의 성립에는 주관적으로 직무를 버린다는 인식과 객관적으로 직무 또는 직장을 벗어나는 행위가 있어야 하므로 전매공무원인 피고인이 외제담배를 긴급압수한 후 도주한 범칙자를 찾는데 급급하여 미처 압수수색영장을 신청하지 못한 이 사건에서와 같이 직무수행과 관련하여 태만, 분망, 착각 등 일신상 또는 객관적 사유로 인하여 부당한 결과를 초래한 것에 불과한 경우에는 직무유기죄는 성립하지 않는다.

122-22. 사법경찰관리가 경미한 범죄 혐의사실을 검사에게 인지 보고하지 아니하고 훈방한 경우와 직무유기죄의 성부(소극) [대법원 1982. 6. 8. 선고, 82도117]

【판결요지】

공무원이 직무를 유기한 때라 함은 공무원이 법령 내규 또는 지시 통첩에 의한 추상적인 충근의무를 게을리한 일체의 경우를 지칭하는 것이 아니라 주관적으로 직무집행의사를 포기하고 객관적으로 정당한 이유없이 직무집행을 하지 아니하는 부작위상태가 있어 국가기능을 저해하는 경우를 말한다 할 것인바, 사법 경찰관리가 직무집행의사로 위법사실을 조사하여 훈방하는 등 어떤 형태로든지 그 직무집행행위를 하였다면 형사피의사건으로 입건수사하지 않았다 하여 곧 직무유기죄가 성립한다고 볼 수는 없다.

122-23. 교육감인이 확인한 무자격 교사를 의법조치 하지 아니한 경우(적극) [대구고법 1980. 11. 27. 선고, 79노932, 확정]

【판결요지】

교육감인 피고인이 관내에 위조 교사자격증에 의하여 임명받은 무자격 교사가 42명이나 됨을 확인하고도 문교부의 자체감사와 신문보도에 의하여 세상에 알려질 때까지 9개월간이나 이를 감독기관인 문교부에 보고하거나 교육공무원법 및 사립학교법규정에 의한 조치를 취함이 없이 방치한 것은 직무유기죄에 해당한다.

122-24. 경찰공무원이 공문서를 위조하여 행사한 경우(소극) [광주고법 1980. 1. 10. 선고, 79노68, 확정]

【판결요지】

경찰공무원인 피고인이 공소외인등을 도박등 피의자로 입건하였다가 공소외인을 피의자에게 빼버리기 위하여 관계공문서를 위조하고, 허위공문서를 작성 행사하였다 하여도 이 경우에는 작위범인 공문서위조죄등만이 성립하고, 부작위범인 직무유기죄는 성립하지 아니한다.

제123조(직권남용)

> 제123조(직권남용) 공무원이 직권을 남용하여 사람으로 하여금 의무없는 일을 하게 하거나 사람의 권리행사를 방해한 때에는 5년 이하의 징역, 10년 이하의 자격정지 또는 1천만원 이하의 벌금에 처한다

123-1. 지방자치단체장이 승진후보자명부 방식에 의한 5급 공무원 승진임용 절차에서 미리 승진후보자명부상 후보자들 중에서 승진대상자를 실질적으로 결정한 다음 그 내용을 인사위원회를 통해 인사위원회 위원들에게 '승진대상자 추천'이라는 명목으로 제시하여 특정 후보자들을 승진대상자로 의결하도록 유도하는 행위가 '직권의 남용' 및 '의무 없는 일을 하게 한 경우'에 해당하는지 여부(소극) [대법원 2020. 12. 10. 선고, 2019도17879]

【판시사항】

지방자치단체장이 승진후보자명부 방식에 의한 5급 공무원 승진임용 절차에서 미리 승진후보자명부상 후보자들 중에서 승진대상자를 실질적으로 결정한 다음 그 내용을 인사위원회 간사, 서기 등을 통해 인사위원회 위원들에게 '승진대상자 추천' 이라는 명목으로 제시하여 인사위원회로 하여금 자신이 특정한 후보자들을 승진대상자로 의결하도록 유도하는 행위가 직권남용권리행사방해죄의 구성요건인 '직권의 남용' 및 '의무 없는 일을 하게 한 경우' 에 해당하는지 여부(소극)

【판결요지】

지방자치단체의 장이 승진후보자명부 방식에 의한 5급 공무원 승진임용 절차에서 인사위원회의 사전심의·의결 결과를 참고하여 승진후보자명부상 후보자들에 대하여 승진임용 여부를 심사하고서 최종적으로 승진대상자를 결정하는 것이 아니라, 미리 승진후보자명부상 후보자들 중에서 승진대상자를 실질적으로 결정한 다음 그 내용을 인사위원회 간사, 서기 등을 통해 인사위원회 위원들에게 '승진대상자 추천' 이라는 명목으로 제시하여 <u>인사위원회로 하여금 자신이 특정한 후보자들을 승진대상자로 의결하도록 유도하는 행위는 인사위원회 사전심의 제도의 취지에 부합하지 않다는 점에서 바람직하지 않다고 볼 수 있지만, 그것만으로는 직권남용권리행사방해죄의 구성요건인 '직권의 남용' 및 '의무 없는 일을 하게 한 경우' 로 볼 수 없다.</u>

123-2. '직권남용'의 의미 및 남용에 해당하는지 판단하는 기준 / 어떠한 직무가 공무원의 일반적 직무권한에 속하는 사항이라고 인정하기 위한 요건 [대법원 2020. 2. 13. 선고, 2019도5186]

【판시사항】

[1] 직권남용권리행사방해죄에서 말하는 '직권남용' 의 의미 및 남용에 해당하는지 판단하는 기준 / 어떠한 직무가 공무원의 일반적 직무권한에 속하는 사항이라고 인정하기 위한 요건

[2] 공무원이 한 행위가 직권남용에 해당한다는 이유만으로 상대방이 한 일이 '의무 없는 일' 에 해당하는지 여부(소극) 및 '의무 없는 일' 에 해당하는지 판단하는 기준 / 직권남용 행위의 상대방이 일반 사인인 경우, 상대방에게 어떠한 행위를 하게 하였다면 '의무 없는 일을 하게 한

때’에 해당할 수 있는지 여부(원칙적 적극)

[3] 직권남용권리행사방해죄는 공무원에게 직권이 존재하는 것을 전제로 하는 범죄인지 여부(적극) / 공무원이 퇴임 전에 범행을 공모하였으나 공직에서 퇴임한 경우, 퇴임 후의 범행에 관하여 공범으로서 책임을 지는지 여부(원칙적 소극)

[4] 강요죄에서 말하는 ‘협박’의 의미와 내용 / 행위자가 직업이나 지위에 기초하여 상대방에게 어떠한 이익 등의 제공을 요구한 경우, 그 요구 행위가 강요죄의 수단으로서 해악의 고지에 해당하는지 판단하는 기준 / 공무원인 행위자가 상대방에게 어떠한 이익 등의 제공을 요구하였으나 위와 같은 해악의 고지로 인정될 수 없는 경우, 강요죄가 성립하는지 여부(소극)

[5] 대통령비서실장 및 정무수석비서관실 소속 공무원들인 피고인들이, 2014~2016년도의 3년 동안 각 연도별로 전국경제인연합회에 특정 정치성향 시민단체들에 대한 자금지원을 요구하고 그로 인하여 전국경제인연합회 부회장 甲으로 하여금 해당 단체들에 자금지원을 하도록 하였다고 하여 직권남용권리행사방해 및 강요의 공소사실로 기소된 사안에서, 피고인들이 자금지원을 요구한 행위는 대통령비서실장과 정무수석비서관실의 일반적 직무권한에 속하는 사항으로서 직권을 남용한 경우에 해당하고, 甲은 위 직권남용 행위로 인하여 자금지원 결정이라는 의무 없는 일을 하였다는 등의 이유로 직권남용권리행사방해죄가 성립한다고 본 원심판단을 수긍하고, 한편 피고인들의 자금지원 요구를 강요죄의 성립 요건인 협박, 즉 해악의 고지에 해당한다고 단정할 수 없다는 이유로, 이와 달리 본 원심판단에 강요죄의 협박에 관한 법리오해의 잘못이 있다.

【판결요지】

[1] 직권남용권리행사방해죄는 공무원이 일반적 직무권한에 속하는 사항에 관하여 직권을 행사하는 모습으로 실질적, 구체적으로 위법·부당한 행위를 한 경우에 성립한다. **‘직권남용’**이란 공무원이 일반적 직무권한에 속하는 사항에 관하여 그 권한을 위법·부당하게 행사하는 것을 뜻한다. 어떠한 직무가 공무원의 일반적 직무권한에 속하는 사항이라고 하기 위해서는 그에 관한 법령상 근거가 필요하다. 법령상 근거는 반드시 명문의 규정만을 요구하는 것이 아니라 명문의 규정이 없더라도 법령과 제도를 종합적, 실질적으로 살펴보아 그것이 해당 공무원의 직무권한에 속한다고 해석되고, 이것이 남용된 경우 상대방으로 하여금 사실상 의무 없는 일을 하게 하거나 권리를 방해하기에 충분한 것이라고 인정되는 경우에는 직권남용죄에서 말하는 일반적 직무권한에 포함된다.

남용에 해당하는가를 판단하는 기준은 구체적인 공무원의 직무행위가 본래 법령에서 그 직권을 부여한 목적에 따라 이루어졌는지, 직무행위가 행해진 상황에서 볼 때 필요성·상당성이 있는 행위인지, 직권행사가 허용되는 법령상의 요건을 충족했는지 등을 종합하여 판단하여야 한다.

[2] 공무원이 한 행위가 직권남용에 해당한다고 하여 그러한 이유만으로 상대방이 한 일이 ‘의무 없는 일’에 해당한다고 인정할 수는 없다. **‘의무 없는 일’**에 해당하는지는 직권을 남용하였는지와 별도로 상대방이 그러한 일을 할 법령상 의무가 있는지를 살펴 개별적으로 판단하여야 한다. 직권남용 행위의 상대방이 일반 사인인 경우 특별한 사정이 없는 한 직권에 대응하여 따라야 할 의무가 없으므로 그에게 어떠한 행위를 하게 하였다면 ‘의무 없는 일을 하게 한 때’에 해당할 수 있다.

[3] 직권남용권리행사방해죄는 공무원에게 직권이 존재하는 것을 전제로 하는 범죄이고, 직권은 국가의 권력 작용에 의해 부여되거나 박탈되는 것이므로, 공무원이 공직에서 퇴임하면 해당 직무에서 벗어나고 그 퇴임이 대외적으로도 공표된다. 공무원인 피고인이 퇴임한 이후에는 위와 같은 직권이 존재하지 않으므로, 퇴임 후에도 실질적 영향력을 행사하는 등으로 퇴임 전 공모한 범행에 관한 기능적 행위지배가 계속되었다고 인정할 만한 특별한 사정이 없는 한, 퇴임 후의 범행에 관하여는 공범으로서 책임을 지지 않는다고 보아야 한다.

[4] 강요죄는 폭행 또는 협박으로 사람의 권리행사를 방해하거나 의무 없는 일을 하게 하는 범죄이다. 여기에서 협박은 객관적으로 사람의 의사결정의 자유를 제한하거나 의사실행의 자유를 방해할 정도로 겁을 먹게 할 만한 해악을 고지하는 것을 말한다. 이와 같은 협박이 인정되기 위해서는 발생 가능한 것으로 생각할 수 있는 정도의 구체적인 해악의 고지가 있어야 한다. 행위자가 직업이나 지위에 기초하여 상대방에게 어떠한 이익 등의 제공을 요구하였을 때 그 요구 행위가 강요죄의 수단으로서 해악의 고지에 해당하는지 여부는 행위자의 지위뿐만 아니라 그 언동의 내용과 경위, 요구 당시의 상황, 행위자와 상대방의 성행·경력·상호관계 등에 비추어 볼 때 상대방으로 하여금 그 요구에 불응하면 어떠한 해악에 이를 것이라는 인식을 갖게 하였다고 볼 수 있는지, 행위자와 상대방이 행위자의 지위에서 상대방에게 줄 수 있는 해악을 인식하거나 합리적으로 예상할 수 있었는지 등을 종합하여 판단해야 한다. 공무원인 행위자가 상대방에게 어떠한 이익 등의 제공을 요구한 경우 위와 같은 해악의 고지로 인정될 수 없다면 직권남용이나 뇌물 요구 등이 될 수는 있어도 협박을 요건으로 하는 강요죄가 성립하기는 어렵다.

[5] 대통령비서실장 및 정무수석비서관실 소속 공무원들인 피고인들이, 2014~2016년도의 3년 동안 각 연도별로 전국경제인연합회(이하 '전경련'이라 한다)에 특정 정치성향 시민단체들에 대한 자금지원을 요구하고 그로 인하여 전경련 부회장 甲으로 하여금 해당 단체들에 자금지원을 하도록 하였다고 하여 직권남용권리행사방해 및 강요의 공소사실로 기소된 사안에서, 피고인들이 위와 같이 자금지원을 요구한 행위는 대통령비서실장과 정무수석비서관실의 일반적 직무권한에 속하는 사항으로서 직권을 남용한 경우에 해당하고, 甲은 위 직권남용 행위로 인하여 전경련의 해당 보수 시민단체에 대한 자금지원 결정이라는 의무 없는 일을 하였다는 등의 이유로 직권남용권리행사방해죄가 성립한다고 본 원심판단을 수긍하고, 한편 대통령비서실 소속 공무원이 그 지위에 기초하여 어떠한 이익 등의 제공을 요구하였다고 해서 곧바로 그 요구를 해악의 고지라고 평가할 수 없는 점, 요구 당시 상대방에게 그 요구에 따르지 않으면 해악에 이를 것이라는 인식을 갖게 하였다고 평가할 만한 언동의 내용과 경위, 요구 당시의 상황, 행위자와 상대방의 성행·경력·상호관계 등에 관한 사정이 나타나 있지 않은 점, 전경련 관계자들이 대통령비서실의 요구를 받고도 그에 따르지 않으면 정책 건의 무산, 전경련 회원사에 대한 인허가 지연 등의 불이익을 받는다고 예상하는 것이 합리적이라고 볼 만한 사정도 제시되지 않은 점 등 여러 사정을 종합하면 피고인들의 위와 같은 자금지원 요구를 강요죄의 성립 요건인 협박, 즉 해악의 고지에 해당한다고 단정할 수 없다는 이유로, 이와 달리 본 원심판단에 강요죄의 협박에 관한 법리를 오해한 잘못이 있다.

1. '직권남용'의 의미와 판단 기준 및 어떠한 직무를 '공무원의 일반적 권한에 속하는 사항'으로 인정하기 위한 요건 [대법원 2011. 7. 28. 선고, 2011도1739]

【판시사항】

[1] 직권남용권리행사방해죄에서 '직권남용'의 의미와 판단 기준 및 어떠한 직무를 '공무원의 일반적 권한에 속하는 사항'으로 인정하기 위한 요건

[2] 해군본부 법무실장인 피고인이 국방부 검찰수사관 甲에게 군내 납품비리 수사와 관련한 수사기밀 사항을 보고하게 하여 직무상 권한을 남용하였다는 내용으로 기소된 사안에서, 피고인에게 직권남용권리행사방해죄를 인정한 원심판단을 수긍한 사례

【판결요지】

[1] 형법 제123조의 직권남용권리행사방해죄에서 '직권의 남용'이란 공무원이 '일반적 권한'에 속하는 사항을 불법하게 행사하는 것, 즉 형식적, 외형적으로는 직무집행으로 보이나 실질은 정당한 권한 외의 행위를 하는 경우를 의미하고, 남용에 해당하는지는 구체적인 공무원의 직무행위가 그 목적 및 그것이 행하여진 상황에서 볼 때의 필요성·상당성 여부, 직권행사가 허용되는 법령상 요건을 충족했는지 등 제반 요소를 고려하여 결정하여야 한다. 그리고 어떠한 직무가 공무원의 일반적 권한에 속하는 사항이라고 하기 위해서는 그에 관한 법령상의 근거가 필요하지만, 명문이 없는 경우라도 법·제도를 종합적, 실질적으로 관찰해서 그것이 해당 공무원의 직무권한에 속한다고 해석되고, 남용된 경우 상대방으로 하여금 사실상 의무 없는 일을 행하게 하거나 권리를 방해하기에 충분한 것이라고 인정되는 경우에는 직권남용죄에서 말하는 '일반적 권한'에 포함된다고 보아야 한다.

[2] 해군본부 법무실장인 피고인이 국방부 검찰수사관 甲에게 군내 납품비리 수사와 관련한 수사기밀 사항을 보고하게 하여 직무상 권한을 남용하였다는 내용으로 기소된 사안에서, 피고인은 해군 검찰업무뿐 아니라 소송, 징계업무 등 법무업무 전반에 관하여 해군참모총장을 보좌하는 자로서 해군 소속 인원의 사법처리와 관련된 중요 사항에 관하여 보고를 받을 일반적인 직무권한이 있으나, 여기서 나아가 국방부 검찰단의 향후 수사 방향에 대한 내용 등 수사기밀사항에 대한 보고를 요구하는 행위는 형식적, 외형적으로는 직무집행으로 보이나 실질은 일반적 직무권한 범위를 넘어 직무의 행사에 가탁한 부당한 행위이고, 甲으로서는 외부에 유출될 경우 검찰단의 수사 기능에 현저한 장애를 초래할 수 있는 검찰단 내부 수사 내용을 피고인에게 보고할 법률상의 의무가 없었다고 보아, 피고인에게 직권남용권리행사방해죄를 인정한 원심판단을 수긍한 사례

123-3. 국가정보원법 제11조 제1항에서 말하는 '사람'의 의미 및 국가정보원의 직원도 이에 포함되는지 여부(적극) [대법원 2019. 3. 14. 선고, 2018도18646]

【판시사항】

[1] 국가정보원법 제11조 제1항에서 말하는 '사람'의 의미 및 국가정보원의 직원도 이에 포함되는지 여부(적극) / 위 조항에서 말하는 '직권의 남용'의 의미 및 남용에 해당하는지 판단하는 기준 / 위 조항에서 말하는 '의무 없는 일을 하게 한 때'의 의미 및 공무원이 자신의 직무권한에 속하는 사항에 관하여 실무 담당자로 하여금 직무집행을 보조하게 한 행위가 이에 해당하는지 판단하는 기준

[2] 국가정보원법상 직권남용죄에서 말하는 '직권의 남용'에 해당하기 위한 요건 및 지위를 이용한 불법행위와의 구별 기준

【판결요지】

[1] 국가정보원법 제11조 제1항은 "원장·차장과 그 밖의 직원은 그 직권을 남용하여 법률에 따른 절차를 거치지 아니하고 사람을 체포 또는 감금하거나 다른 기관·단체 또는 사람으로 하여금 의무 없는 일을 하게 하거나 사람의 권리행사를 방해하여서는 아니 된다."라고 규정하고 있다. 여기에서 말하는 '사람'은 형법 제123조에 규정된 직권남용권리행사방해죄에서의 '사람'과 동일하게 해석하여야 하므로, 국가정보원의 직원도 국가정보원법 위반죄에서의 '사람'에 포함된다. 그리고 '직권의 남용'이란 공무원이 일반적 직무권한에 속하는 사항을 불법하게 행사하는 것, 즉 형식적, 외형적으로는 직무집행으로 보이나 그 실질은 정당한 권한 이외의 행위를 하는 경우를 의미한다. '남용'에 해당하는가의 여부는 구체적인 공무원의 직무행위가 그 목적, 그것이 행하여진 상황에서 볼 때의 필요성·상당성 여부, 직권행사가 허용되는 법령상의 요건을 충족했는지 등의 제반 요소를 고려하여 결정하여야 한다.

한편 '의무 없는 일을 하게 한 때'란 '사람'으로 하여금 법령상 의무 없는 일을 하게 하는 때를 의미하므로, 직무집행의 기준과 절차가 법령에 구체적으로 명시되어 있고 실무 담당자에게도 직무집행의 기준을 적용하고 절차에 관여할 고유한 권한과 역할이 부여되어 있다면 실무 담당자로 하여금 그러한 기준과 절차를 위반하여 직무집행을 보조하게 한 경우에는 '의무 없는 일을 하게 한 때'에 해당하나, 공무원이 자신의 직무권한에 속하는 사항에 관하여 실무 담당자로 하여금 그 직무집행을 보조하는 사실행위를 하도록 하더라도 이는 공무원 자신의 직무집행으로 귀결될 뿐이므로 원칙적으로 '의무 없는 일을 하게 한 때'에 해당한다고 할 수 없다.

[2] 직권남용죄는 공무원이 그 일반적 직무권한에 속하는 사항에 관하여 직권의 행사에 가탁하여 실질적, 구체적으로 위법·부당한 행위를 한 경우에 성립한다. 여기에서 말하는 '직권의 남용'이란 공무원이 일반적 직무권한에 속하는 사항을 불법하게 행사하는 것, 즉 형식적, 외형적으로는 직무집행으로 보이나 실질적으로는 정당한 권한 이외의 행위를 하는 경우를 의미하고, 공무원이 그의 일반적 직무권한에 속하지 않는 행위를 하는 경우인 지위를 이용한 불법행위와는 구별된다. 그리고 어떠한 직무가 공무원의 일반적 권한에 속하는 사항이라고 하기 위해서는 그에 관한 법령상의 근거가 필요하다. 다만 법령상의 근거는 반드시 명문의 근거만을 의미하는 것은 아니고, 명문이 없는 경우라도 법·제도를 종합적, 실질적으로 관찰해서 그것이 해당 공무원의 직무권한에 속한다고 해석되고 그것이 남용된 경우 상대방으로 하여금 의무 없는 일을 행하게 하거나 상대방의 권리를 방해하기에 충분한 것이라고 인정되는 경우에는 직권남용죄에서 말하는 일반적 권한에 포함된다.

123-4. '직권의 남용'의 의미 및 남용 해당하는지 판단 기준 [대법원 2018. 2. 13. 선고, 2014도11441]

【판결요지】

직권남용권리행사방해죄에서 '직권의 남용'이란 공무원이 일반적 직무권한에 속하는 사항을 불

법하게 행사하는 것, 즉 형식적, 외형적으로는 직무집행으로 보이나 그 실질은 정당한 권한 이외의 행위를 하는 경우를 의미하고, 남용에 해당하는지는 구체적인 직무행위의 목적, 그 행위가 당시의 상황에서 필요성이나 상당성이 있는 것이었는지, 직권행사가 허용되는 법령상의 요건을 충족했는지 등의 여러 요소를 고려하여 결정하여야 한다.

123-5. 직권남용죄의 성립요건 및 '직권남용'에 해당하는지 판단하는 기준 [대법원 2015. 3. 26. 선고, 2013도2444]

【판시사항】

직권남용죄는 공무원이 그 일반적 직무권한에 속하는 사항에 관하여 직권의 행사에 가탁하여 실질적, 구체적으로 위법·부당한 행위를 한 경우에 성립하고, 그 일반적 직무권한은 반드시 법률상의 강제력을 수반하는 것임을 요하지 아니하며, 그것이 남용될 경우 직권행사의 상대방으로 하여금 법률상 의무 없는 일을 하게 하거나 정당한 권리행사를 방해하기에 충분한 것이면 된다(대법원 2004. 5. 27. 선고 2002도6251 판결 참조). 그리고 직권남용에 해당하는가의 판단 기준은 구체적인 공무원의 직무행위가 그 목적, 그것이 행하여진 상황에서 볼 때의 필요성·상당성 여부, 직권행사가 허용되는 법령상의 요건을 충족했는지 등 제반 요소를 고려하여 결정하여야 한다(대법원 2012. 1. 27. 선고 2010도11884 판결 참조).

---

1. 직권남용권리행사방해죄에서 '직권남용'의 의미와 판단 기준 및 '의무 없는 일을 하게 한 때'의 의미 [대법원 2012. 1. 27. 선고, 2010도11884]

【판시사항】

[1] 직권남용권리행사방해죄에서 '직권남용'의 의미와 판단 기준 및 '의무 없는 일을 하게 한 때'의 의미

[2] 시장(市長)인 피고인 甲이 자신의 인사관리업무를 보좌하는 피고인 乙과 공동하여, 관련 법령에서 정한 절차에 따라 평정대상 공무원에 대한 평정단위별 서열명부 및 평정순위가 정해졌는데도 평정권자나 실무 담당자 등에게 특정 공무원들에 대한 평정순위 변경을 구체적으로 지시하여 평정단위별 서열명부를 새로 작성하도록 한 사안에서, 피고인들의 행위가 직권남용권리행사방해죄의 공동정범에 해당한다고 본 원심판단을 수긍한 사례

【판결요지】

[1] 형법 제123조의 직권남용권리행사방해죄에서 '직권의 남용'이란 공무원이 일반적 직무권한에 속하는 사항을 불법하게 행사하는 것, 즉 형식적·외형적으로는 직무집행으로 보이나 실질은 정당한 권한 이외의 행위를 하는 경우를 의미하고, 직권남용에 해당하는가의 판단 기준은 구체적인 공무원의 직무행위가 그 목적, 그것이 행하여진 상황에서 볼 때의 필요성·상당성 여부, 직권행사가 허용되는 법령상의 요건을 충족했는지 등 제반 요소를 고려하여 결정하여야 하며, '의무 없는 일을 하게 한 때'란 '사람'으로 하여금 법령상 의무 없는 일을 하게 하는 때를 의미하고, 직무집행의 기준과 절차가 법령에 구체적으로 명시되어 있고 실무 담당자에게도 직무집행의 기준을 적용하고 절차에 관여할 고유한 권한과 역할이 부여되어 있다면 실무 담당자로 하여금 그러한 기준과 절차를 위반하여 직무집행을 보조하게 한 경우에는 '의무 없는 일을 하게 한 때'에 해당한다.

[2] 시장(市長)인 피고인 甲이 자신의 인사관리업무를 보좌하는 행정과장 피고인 乙과 공동하여, 관련 법령에서 정한 절차에 따라 평정대상 공무원에 대한 평정단위별 서열명부가 작성되고 이에 따라 평정순위가 정해졌는데도 평정권자나 실무 담당자 등에게 특정 공무원들에 대한 평정순위 변경을 구체적으로 지시하여 평정단위별 서열명부를 새로 작성하도록 한 사안에서, 지방공무원법, 지방공무원 임용령, 지방공무원 평정규칙의 입법 목적에 비추어 평정권자나 확인권자가 아닌 지방자치단체의 장이나 그의 인사관리업무를 보좌하는 자에게는 소속 공무원에게 지시하여 관련 법령에서 정해진 절차에 따라 작성된 평정단위별 서열명부를 특정 공무원에 대한 평정순위를 변경하는 내용으로 재작성하게 할 권한이 없으므로, 피고인들의 행위가 공무원이 일반적 직무권한에 속하는 사항에 관하여 직권을 남용하여 평정권자나 실무 담당자 등으로 하여금 의무 없는 일을 하도록 한 것으로서 직권남용권리행사방해죄에 해당한다.

123-6. 직권남용권리행사방해죄에서 '직권남용'의 의미와 판단 기준 및 '의무 없는 일을 하게 한 때'의 의미 [대법원 2011. 2. 10., 선고, 2010도13766

【판결요지】

형법 제123조의 직권남용권리행사방해죄에서 '직권의 남용'이란 공무원이 일반적 직무권한에 속하는 사항을 불법하게 행사하는 것, 즉 형식적, 외형적으로는 직무집행으로 보이나 그 실질은 정당한 권한 이외의 행위를 하는 경우를 의미하고, 남용에 해당하는가의 판단 기준은 구체적인 공무원의 직무행위가 그 목적, 그것이 행하여진 상황에서 볼 때의 필요성·상당성 여부, 직권행사가 허용되는 법령상의 요건을 충족했는지 등의 제반 요소를 고려하여 결정하여야 한다. 그리고 직권남용권리행사방해죄에서 '의무 없는 일을 하게 한 때'란 '사람'으로 하여금 법령상 의무 없는 일을 하게 하는 때를 의미하는바, 공무원이 자신의 직무권한에 속하는 사항에 관하여 실무 담당자로 하여금 그 직무집행을 보조하는 사실행위를 하도록 하더라도 이는 공무원 자신의 직무 집행으로 귀결될 뿐이므로 원칙적으로 직권남용권리행사방해죄에서 말하는 '의무 없는 일을 하게 한 때'에 해당한다고 할 수 없으나, 직무집행의 기준과 절차가 법령에 구체적으로 명시되어 있고 실무 담당자에게도 직무집행의 기준을 적용하고 절차에 관여할 고유한 권한과 역할이 부여되어 있다면 실무 담당자로 하여금 그러한 기준과 절차에 위반하여 직무집행을 보조하게 한 경우에는 '의무 없는 일을 하게 한 때'에 해당한다.

123-7. 경찰관 범죄수사권이 직권남용권리행사방해죄에서의 '권리'에 해당하는지(적극) [대법원 2010. 1. 28. 선고, 2008도7312]

【판시사항】

[1] 형법 제123조의 직권남용권리행사방해죄에서 '권리'의 의미

[2] 경찰관의 범죄수사권이 직권남용권리행사방해죄에서의 '권리'에 해당한다고 인정한 사례

[3] 상급 경찰관이 직권을 남용하여 부하 경찰관들의 수사를 중단시키거나 사건을 다른 경찰관서로 이첩하게 한 경우, '권리행사를 방해함으로 인한 직권남용권리행사방해죄'와 '의무 없는 일을 하게 함으로 인한 직권남용권리행사방해죄'가 별개로 성립하는지 여부(소극)

【판결요지】

[1] 형법 제123조의 직권남용권리행사방해죄에서 말하는 '권리'는 법률에 명기된 권리에 한하지 않고 법령상 보호되어야 할 이익이면 족한 것으로서, 공법상의 권리인지 사법상의 권리인지를 묻지 않는다고 봄이 상당하다.

[2] 경찰관 직무집행법의 관련 규정을 근거로 경찰관은 범죄를 수사할 권한을 가지고 있다고 인정한 다음, 이러한 범죄수사권은 직권남용권리행사방해죄에서 말하는 '권리'에 해당한다.

[3] 상급 경찰관이 직권을 남용하여 부하 경찰관들의 수사를 중단시키거나 사건을 다른 경찰관서로 이첩하게 한 경우, 일단 '부하 경찰관들의 수사권 행사를 방해한 것'에 해당함과 아울러 '부하 경찰관들로 하여금 수사를 중단하거나 사건을 다른 경찰관서로 이첩할 의무가 없음에도 불구하고 수사를 중단하게 하거나 사건을 이첩하게 한 것'에도 해당된다고 볼 여지가 있다. 그러나 이는 어디까지나 하나의 사실을 각기 다른 측면에서 해석한 것에 불과한 것으로서, '권리행사를 방해함으로 인한 직권남용권리행사방해죄'와 '의무 없는 일을 하게 함으로 인한 직권남용권리행사방해죄'가 별개로 성립하는 것이라고 할 수는 없다. 따라서 위 두 가지 행위 태양에 모두 해당하는 것으로 기소된 경우, '권리행사를 방해함으로 인한 직권남용권리행사방해죄'만 성립하고 '의무 없는 일을 하게 함으로 인한 직권남용권리행사방해죄'는 따로 성립하지 아니하는 것으로 봄이 상당하다.

123-8. 대통령비서실 정책실장이 공무원으로 하여금 특별교부세 교부대상이 아닌 특정 사찰의 증개축사업을 지원하는 특별교부세 교부신청 및 교부결정을 하도록 한 행위가 직권남용권리행사죄를 구성한다. [대법원 2009. 1. 30. 선고, 2008도6950]

【판시사항】

[1] 대통령비서실 정책실장이 공무원으로 하여금 특별교부세 교부대상이 아닌 특정 사찰의 증·개축사업을 지원하는 특별교부세 교부신청 및 교부결정을 하도록 하게 한 행위가 직권남용권리행사죄를 구성한다.

[2] 대통령비서실 정책실장이 기업관계자들에게 기업 메세나(Mecenat) 활동의 일환인 미술관 전시회 후원을 요청하여 기업관계자들이 특정 미술관에 후원금을 지급한 사안에서, 직권남용권리행사방해죄 및 제3자뇌물공여죄가 성립하지 않는다.

123-9. 직권남용권리행사방해죄에서 '권리행사 방해'의 의미 및 기수시기 [대법원 2008. 12. 24. 선고, 2007도9287]

【판시사항】

[1] 직권남용권리행사방해죄에서 '권리행사 방해'의 의미 및 기수시기

[2] 한국토지공사 지사가 폐기물최종처리시설 부지를 분양하면서 지방자치단체장의 추천을 받아 분양신청을 한 사람을 분양대상자로 제한하였는데, 지방자치단체장이 분양신청을 하려는 특정인에 대하여 추천서발급을 거부한 사안에서, 직권남용권리행사방해죄가 성립하지 않는다.

【이 유】

형법 제123조가 규정하는 직권남용권리행사방해죄에서 권리행사를 방해한다 함은 법령상 행사할
수 있는 권리의 정당한 행사를 방해하는 것을 말한다고 할 것이므로 이에 해당하려면 구체화된
권리의 현실적인 행사가 방해된 경우라야 할 것이고, 따라서 공무원의 직권남용행위가 있었다 할
지라도 현실적으로 권리행사의 방해라는 결과가 발생하지 아니하였다면 본죄의 기수를 인정할 수
없다 (대법원 2006. 2. 9. 선고 2003도4599 판결 등 참조).

123-10. 수사에 관하여 일반적 직무권한을 가진 검사가 실제로는 개인적인 목적을 위하여 수용자를
　　　　소환하면서도 수사 목적이라는 명분을 내세워 교도관리에게 위 수용자에 대한 소환요구 또는
　　　　출석요구를 한 경우 [대법원 2006. 5. 26. 선고, 2005도6966]

【판시사항】

직권남용죄는 공무원이 그 일반적 직무권한에 속하는 사항에 관하여 직권의 행사에 가탁하여 실
질적, 구체적으로는 위법·부당한 행위를 한 경우에 성립하고, 그 일반적 직무권한은 반드시 법
률상의 강제력을 수반하는 것임을 요하지 아니하며, 그것이 남용될 경우 직권행사의 상대방으로
하여금 법률상 의무 없는 일을 하게 하거나 정당한 권리행사를 방해하기에 충분한 것이면 되는
것이다(대법원 2004. 5. 27. 선고 2002도6251 판결 참조). 그런데 검사는 수사에 관하여는 그 목
적을 달성하기 위하여 필요한 조사를 할 수 있고(형사소송법 제199조), 검사는 수사목적 달성을
위하여 필요한 경우에는 피의자나 피의자 아닌 제3자(참고인)에 대한 출석을 요구하여 진술을 들
을 수 있으며(형사소송법 제200조, 제221조), 검사가 출석을 요구하는 자가 교도소나 구치소에
수용된 자인 경우 당해 구금시설의 교도관리는 당해 수용자를 검사조사실 등 지정된 장소에 동행
하고 출정수용자에 대한 계호업무를 수행하며, 수용자의 신병확보와 증거인멸 방지 등 소송진행
에 협력하여야 하는 것이므로(계호근무준칙 제290조) 위와 같은 규정에 비추어 보면 검사가 참고
인 조사를 위하여 타청 관할에 속하는 교도소장에 대하여 참고인의 소환을 요청하는 것은 그의
일반적 직무권한에 속하는 사항이라고 할 것이다.

---

1. 일정한 경우 채권은행으로 하여금 기업에 대한 대출을 권고하거나 요청하는 것이 D장관의 일반적
　직무권한에 속하는 사항인지 여부(적극) [대법원 2004. 5. 27. 선고, 2002도6251]
【판시사항】
[1] 일정한 경우 채권은행으로 하여금 기업에 대한 대출을 권고하거나 요청하는 것이 D장관의 일반적
　　직무권한에 속하는 사항인지 여부(적극)
[2] D장관이 대기업에 해당되지도 아니하며 회생 가능성도 불투명하여 대출이 가능한 요건을 갖추었
　　다고 보기 어려운 기업에 대하여 그 주거래 은행의 은행장에게 대출을 실행하여 줄 것을 요구하고,
　　위 요구에 따라 대출이 이루어진 경우, 직권남용죄에 해당한다.
【판결요지】

[1] 국가경제 전반, 특히 금융사무에 관하여 포괄적인 권한을 행사하는 D장관이, 국민경제에 미치는 영향력이 심대한 대기업 등의 도산과 그로 인한 관련 기업들의 연쇄도산, 금융기관의 부실화, 대량 실업의 발생 등 국가경제의 안정과 발전을 저해하는 사태의 발생을 방지하기 위하여, 국민경제에 미치는 영향력이 큰 기업으로서 회생 가능성이 있는 기업에 대하여는 자구계획의 수립과 실천 등 일정한 요건을 갖출 것을 전제로 융자를 해 주도록 금융기관에 권고하거나 이를 요청하는 것은 그의 일반적 직무권한에 속하는 사항이라고 할 것이다.

[2] D장관이 대기업에 해당되지도 아니하며 회생 가능성도 불투명하여 대출이 가능한 요건을 갖추었 다고 보기 어려운 기업에 대하여 은행감독원장으로부터 경영개선명령을 받아 신규대출을 기피하 고 있던 위 기업의 주거래 은행의 은행장에게 개인적 친분이 있는 위 기업을 도와 주기 위한 목적 으로 대출을 실행하여 줄 것을 요구하고, 위 요구에 따라 위 은행장이 이미 같은 은행으로부터 대 출신청이 거절당한 바 있는 위 기업에 대하여 새로이 다른 채권은행장들과 협조융자를 추진하고 대출하도록 한 행위가 직권남용죄에 해당한다.

123-11. 행형법 제18조 제2항 소정의 "필요한 용무"에 해당하지 아니한다 하여 접견신청을 거부한 경우 형법 제123조 소정의 타인의 권리행사방해죄의 성부 [대법원 1993. 7. 26. 자, 92모29]

【판결요지】

형법 제123조의 죄에 관한 주관적 구성요건으로서의 범의에는 권리행사를 방해한다는 인식 이외에 직권을 남용한다는 인식도 포함되는 것이므로 교도소에서 접견업무를 담당하던 교도관이 접견신청 에 대하여 행형법 제18조 제2항 소정의 "필요한 용무"가 있는 때에 해당하지 아니한다고 판단하 여 그 접견신청을 거부하였다면, 단지 접견신청거부행위의 위법성에 대한 인식이 없었던 것에 불 과한 것이 아니라 애초부터 직권남용에 대한 범의 자체가 없어 위 범죄를 구성하지 아니한다.

123-12. 정보관계를 담당한 순경이 지구당집행위원회에서 쓸 회의장소에 몰래 도청기를 마련해 놓았다가 회의 개최 전에 들켜 뜯기고 이 때문에 회의 열릴시간이 10분 늦어진 경우 직권남용죄 기수 여부(소극) [대법원 1978. 10. 10., 선고, 75도2665]

【판결요지】

형법 제123조의 죄가 기수에 이르려면 의무없는 일을 시키는 행위 또는 권리를 방해하는 행위가 있었다는 것만으로는 부족하고, 지금 당장에 피해자의 의무없는 행위가 이룩된 것 또는 권리방해 의 결과가 발생한 것을 필요로 한다고 해석하여야 법문에 충실한 해석이라 하겠다. 따라서 공무원 의 직권남용이 있다 하여도 현실적으로 권리행사의 저해가 없다면 본죄의 기수를 인정할 수 없다. 이 사건에 있어서 원판결이 증거에 의하여 확정한 사실을 피고인이 정보관계를 담당한 순경으로 서 증거수집을 위하여 원설시 정당의 설시 지구당집행위원회에서 쓸 회의장소에 몰래 설시 도청 기를 마련해 놓았다가 회의 개최전에 들켜 뜯겼다는 것이며 이 때문에 회의 열릴시간이 10분 늦 어졌다는 것이고, 원심은 이 회의에 대한 구체적인 사정에 비추어 회의경과에 대한 증거를 삼기 위하여 도청장치를 마련한다는 것은 정당한 목적으로 적법한 범위에서 한 일로는 볼 수 없다고 하였으며, 여기에 대하여 피고인의 범의가 없다고는 할 수 없다는 취지로 판단하여 그의 고의를 인정하고 도청장치를 마련한 사실이 회의전에 회의측에 알려져 뜯겼(도청은 못했다)지만 도청장치 때문에 회의가 예정보다 10분 늦어 시작되었으니 권리행사가 방해된 것이라는 판단으로 본조의죄의 성립을 인정하였다. 그러나 피고인이 도청기를 설치함으로써, 자유롭게 정당활동을 하고 동 회의의 의사를 진행하며, 회의진행을 도청당하지 아니하고 기타 비밀을 침해당하지 아니하는 권리를 침해당한 것이라는 공소사실에 비추어 회의가 10분 늦어진 사실은 공소범위를 벗어난 것으로 인정될 수 있고, 원심이 확정사실과 같이 도청장치를 하였다가 뜯겨서 도청을 못하였다면 회의진행을 도청당하지 아니할 권리(기타 권리)가 침해된 현실적인 사실은 없다 하리니 직권남용죄의기수로 논할 수 없음이 뚜렷하고, 미수의 처벌을 정한 바 없으니 도청을 걸었으나 뜻을 못이룬 피고인의 행위는 다른 죄로는 몰라도 형법 제123조를 적용하여 죄책을 지울 수는 없다.

제124조[불법체포, 불법감금]

> 제124조(불법체포, 불법감금) ① 재판, 검찰, 경찰 기타 인신구속에 관한 직무를 행하는 자 또는 이를 보조하는 자가 그 직권을 남용하여 사람을 체포 또는 감금한 때에는 7년 이하의 징역과 10년 이하의 자격정지에 처한다.
> ② 전항의 미수범은 처벌한다.

124-1. 수사기관이 영장주의를 배제하는 위헌적 법령에 따라 영장 없는 체포·구금을 한 경우에도 불법체포·감금의 직무범죄가 인정되는 경우에 준하는 것으로 보아 형사소송법 제420조 제7호의 재심사유가 있다고 보아야 하는지 여부(적극) [대법원 2018. 5. 2. 자, 2015모3243]

【판결요지】

형사재판에서의 재심은 유죄의 확정판결에 중대한 하자가 있는 경우 피고인의 이익을 위하여 이를 바로잡기 위한 비상구제절차이다.

형사소송법 제420조 제7호는 재심사유의 하나로서 "원판결, 전심판결 또는 그 판결의 기초된 조사에 관여한 법관, 공소의 제기 또는 그 공소의 기초된 수사에 관여한 검사나 사법경찰관이 그 직무에 관한 죄를 범한 것이 확정판결에 의하여 증명된 때"를 들고 있다. 형법 제124조의 불법체포·감금죄는 위 재심사유가 규정하는 대표적인 직무범죄로서 헌법상 영장주의를 관철하기 위한 것이다. 헌법 제12조 제3항은 영장주의를 천명하고 있는데, 이는 강제처분의 남용으로부터 신체의 자유 등 국민의 기본권을 보장하기 위한 핵심 수단이 된다.

수사기관이 영장주의에 어긋나는 체포·구금을 하여 불법체포·감금의 직무범죄를 범하는 상황은 일반적으로 영장주의에 관한 합헌적 법령을 따르지 아니한 경우에 문제 된다. 이와 달리 영장주의를 배제하는 위헌적 법령이 시행되고 있는 동안 수사기관이 그 법령에 따라 영장 없는 체포·구금을 하였다면 법체계상 그러한 행위를 곧바로 직무범죄로 평가하기는 어렵다. 그러나 이러한 경우에도 영장주의를 배제하는 법령 자체가 위헌이라면 결국 헌법상 영장주의에 위반하여 영장 없는 체포·구금을 한 것이고 그로 인한 국민의 기본권 침해 결과는 수사기관이 직무범죄를 저지른 경우와 다르지 않다. 즉, 수사기관이 영장주의를 배제하는 위헌적 법령에 따라 체포·구금을 한 경우 비록 그것이 형식상 존재하는 당시의 법령에 따른 행위라고 하더라도 그 법령 자체가 위헌이라면 결과적으로 그 수사에 기초한 공소제기에 따른 유죄의 확정판결에는 수사기관이 형법 제124조의 불법체포·감금죄를 범한 경우와 마찬가지의 중대한 하자가 있다고 보아야 한다.

124-2. 사법경찰관이 체포 당시 상황을 고려하여 경험칙에 비추어 현저하게 합리성을 잃지 않은 채 판단하면 체포 요건이 충족되지 아니함을 알 수 있었는데도, 자신의 재량 범위를 벗어난 상황에서 사람을 체포하여 권리행사를 방해한 경우, 직권남용체포죄와 직권남용권리행사방해죄가 성립하는지 여부(적극) [대법원 2017. 3. 9. 선고, 2013도16162]

【판결요지】

현행범인 체포의 요건을 갖추었는지에 관한 검사나 사법경찰관 등의 판단에는 상당한 재량의 여지가 있으나, 체포 당시 상황으로 보아도 요건 충족 여부에 관한 검사나 사법경찰관 등의 판단이 경험칙에 비추어 현저히 합리성을 잃은 경우 그 체포는 위법하다. 그리고 범죄의 고의는 확정적 고의뿐만 아니라 결과 발생에 대한 인식이 있고 이를 용인하는 의사인 이른바 미필적 고의도 포함하므로, 피고인이 인신구속에 관한 직무를 집행하는 사법경찰관으로서 체포 당시 상황을 고려하여 경험칙에 비추어 현저하게 합리성을 잃지 않은 채 판단하면 체포 요건이 충족되지 아니함을 충분히 알수 있었는데도, <u>자신의 재량 범위를 벗어난다는 사실을 인식하고 그와 같은 결과를 용인한 채 사람을 체포하여 권리행사를 방해하였다면, 직권남용체포죄와 직권남용권리행사방해죄가 성립한다.</u>

124-3. 긴급체포가 요건을 갖추지 못하여 위법한 체포에 해당하는 경우 [대법원 2008. 5. 29. 선고, 2008도2099]

【판시사항】

<u>긴급체포가 위법하다는 주장에 대하여 긴급체포의 요건을 갖추었는지 여부는 사후에 밝혀진 사정을 기초로 판단하는 것이 아니라 체포 당시의 상황을 기초로 판단하여야 하고,</u> 이에 관한 검사나 사법경찰관 등 수사 주체의 판단에는 상당한 재량의 여지가 있다고 할 것이나, 긴급체포 당시의 상황으로 보아서도 그 요건의 충족 여부에 관한 검사나 사법경찰관의 판단이 경험칙에 비추어 현저히 합리성을 잃은 경우에는 그 체포는 위법한 체포라 할 것이다(2002. 6. 11. 선고 2000도5701 판결, 대법원 2003. 3. 27. 자 2002모81 결정 등 참조)

---

1. 긴급체포가 요건을 갖추지 못하여 위법한 체포에 해당하는 경우 및 위법한 체포에 의한 유치중에 작성된 피의자신문조서의 증거능력 유무(소극) [대법원 2002. 6. 11. 선고, 2000도5701]

【판결요지】

긴급체포는 영장주의원칙에 대한 예외인 만큼 형사소송법 제200조의3 제1항의 요건을 모두 갖춘 경우에 한하여 예외적으로 허용되어야 하고, 요건을 갖추지 못한 긴급체포는 법적 근거에 의하지 아니한 영장 없는 체포로서 위법한 체포에 해당하는 것이고, 여기서 긴급체포의 요건을 갖추었는지 여부는 사후에 밝혀진 사정을 기초로 판단하는 것이 아니라 체포 당시의 상황을 기초로 판단하여야 하고, 이에 관한 검사나 사법경찰관 등 수사주체의 판단에는 상당한 재량의 여지가 있다고 할 것이나, 긴급체포 당시의 상황으로 보아서도 그 요건의 충족 여부에 관한 검사나 사법경찰관의 판단이 경험칙에 비추어 현저히 합리성을 잃은 경우에는 그 체포는 위법한 체포라 할 것이고, 이러한 위법은 <u>영장주의에 위배되는 중대한 것이니 그 체포에 의한 유치 중에 작성된 피의자신문조서는 위법하게 수집된 증거로서 특별한 사정이 없는 한 이를 유죄의 증거로 할 수 없다.</u>

124-4. 인신구속에 관한 직무를 행하는 자 또는 이를 보조하는 자가 피해자를 구속하기 위하여 진술조서 등을 허위로 작성 후 검사와 영장전담판사를 기망하여 구속영장을 발부받아 피해자를 구금한 행위(적극) [대법원 2006. 5. 25. 선고, 2003도3945]

【판결요지】

감금죄는 간접정범의 형태로도 행하여질 수 있는 것이므로, 인신구속에 관한 직무를 행하는 자 또는 이를 보조하는 자가 피해자를 구속하기 위하여 <u>진술조서 등을 허위로 작성한 후 이를 기록</u><u>에 첨부하여 구속영장을 신청하고, 진술조서 등이 허위로 작성된 정을 모르는 검사와 영장전담판</u><u>사를 기망하여 구속영장을 발부받은 후 그 영장에 의하여 피해자를 구금하였다면 형법 제124조</u><u>제1항의 직권남용감금죄가 성립한다.</u>

124-5. 긴급체포가 요건을 갖추지 못하여 위법한 체포에 해당하는 경우 [대법원 2005. 12. 9. 선고, 2005도7569]

【판시사항】

[1] 긴급체포가 요건을 갖추지 못하여 위법한 체포에 해당하는 경우

[2] 피고인을 긴급체포한 경위 등에 비추어 피고인에 대한 긴급체포가 위법한 체포에 해당한다고 보기는 어렵다.

【이 유】

긴급체포의 요건을 갖추었는지 여부는 체포 당시의 상황을 기초로 판단하여야 하고, 이에 관한 검사나 사법경찰관 등 수사주체의 판단에는 상당한 재량의 여지가 있다고 할 것이며, 다만, 긴급체포 당시의 상황으로 보아 그 요건의 충족 여부에 관한 검사나 사법경찰관의 판단이 경험칙에 비추어 현저히 합리성을 잃은 경우에 한하여 그 긴급체포는 위법한 체포로 평가할 수 있을 뿐이다(대법원 2003. 3. 27.자 2002모81 결정 참조).

기록에 의하면, 이 사건 피고인에 대한 고소사건을 담당하던 경찰관은 피고인의 소재 파악을 위해 피고인의 거주지와 피고인이 경영하던 공장 등을 찾아가 보았으나, 피고인이 공장 경영을 그만 둔 채 거주지에도 귀가하지 않는 등 소재를 감추자 법원의 압수수색영장에 의한 휴대전화 위치추적 등의 방법으로 피고인의 소재를 파악하려고 하던 중, 2004. 10. 14. 23:00경 주거지로 귀가하던 피고인을 발견하고, 피고인이 계속 소재를 감추려는 의도가 다분하고 증거인멸 및 도망의 염려가 있다는 이유로 피고인을 사기 혐의로 긴급체포한 사실을 알 수 있는바, 위 법리 및 이 사건 긴급체포의 경위 등에 비추어 보면 피고인에 대한 긴급체포가 위법한 체포에 해당한다고 보기는 어렵다고 할 것이므로, 이 점을 탓하는 상고이유의 주장도 받아들일 수 없다.

124-6. 즉결심판 피의자를 강제로 경찰서 보호실에 유치시키는 행위 (적극) [대법원 1997. 6. 13. 선고, 97도877]

【판시사항】

[1] 경찰서 내에서의 심리적, 무형적 장애에 의한 감금행위의 성부(적극)

[2] 즉결심판 피의자를 강제로 경찰서 보호실에 유치시키는 것이 불법감금죄 해당 여부(적극)

【판결요지】

[1] 감금죄에 있어서의 감금행위는 사람으로 하여금 일정한 장소 밖으로 나가지 못하도록 하여 신체의 자유를 제한하는 행위를 가리키는 것이고, 그 방법은 반드시 물리적, 유형적 장애를 사용하는 경우뿐만 아니라 심리적, 무형적 장애에 의하는 경우도 포함되는 것이므로, 설사 그 장소가

경찰서 내 대기실로서 일반인과 면회인 및 경찰관이 수시로 출입하는 곳이고 여닫이 문만 열면 나갈 수 있도록 된 구조라 하여도 경찰서 밖으로 나가지 못하도록 그 신체의 자유를 제한하는 유형, 무형의 억압이 있었다면 이는 감금에 해당한다.

[2] 형사소송법이나 경찰관직무집행법 등의 법률에 정하여진 구금 또는 보호유치 요건에 의하지 아니하고는 즉결심판 피의자라는 사유만으로 피의자를 구금, 유치할 수 있는 아무런 법률상 근거가 없고, 경찰 업무상 그러한 관행이나 지침이 있었다 하더라도 이로써 원칙적으로 금지되어 있는 인신구속을 행할 수 있는 근거로 할 수 없으므로, <u>즉결심판 피의자의 정당한 귀가요청을 거절한 채 다음날 즉결심판법정이 열릴 때까지 피의자를 경찰서 보호실에 강제유치시키려고 함으로써 피의자를 경찰서 내 즉결피의자 대기실에 10 - 20분 동안 있게 한 행위는 형법 제124조 제1항의 불법감금죄에 해당하고, 이로 인하여 피의자를 보호실에 밀어넣으려는 과정에서 상해를 입게 하였다면 특정범죄가중처벌등에관한법률 제4조의2 제1항 위반죄에 해당한다.</u>

> 1. 경찰서 안에서 식사도 하고 사무실 안팎을 내왕해도 경찰서 밖으로 나가지 못하도록 신체의 자유를 제한하는 유형, 무형의 억압이 있었다면 감금행위에 해당하는지 여부 (적극) [대법원 1991. 12. 30. 자, 91모5]
> 【판결요지】
> 감금죄에 있어서의 감금행위는 사람으로 하여금 일정한 장소 밖으로 나가지 못하도록 하여 신체의 자유를 제한하는 행위를 가리키는 것이고, 그 방법은 반드시 물리적, 유형적 장애를 사용하는 경우뿐만 아니라 심리적, 무형적 장애에 의하는 경우도 포함되는 것인바, 설사 피해자가 경찰서 안에서 직장동료인 피의자들과 같이 식사도 하고 사무실 안팎을 내왕하였다 하여도 피해자를 경찰서 밖으로 나가지 못하도록 그 신체의 자유를 제한하는 유형, 무형의 억압이 있었다면 이는 감금행위에 해당한다.

> 2. 심리적, 무형적 장애에 의한 감금행위의 성부 [대법원 1994. 3. 16. 자, 94모2]
> 【판결요지】
> 감금죄에 있어서의 감금행위는 사람으로 하여금 일정한 장소 밖으로 나가지 못하도록 하여 신체의 자유를 제한하는 행위를 가리키는 것으로서 그 방법은 반드시 물리적, 유형적 장애를 사용하는 경우뿐만 아니라 심리적, 무형적 장애에 의하는 경우도 포함되는 것인바, 설사 피해자가 경찰서 안에서 자유스럽게 활동하였다 하여도 피해자를 경찰서 밖으로 나가지 못하도록 그 신체의 자유를 제한하는 유형, 무형의 억압이 있었다면, 이는 바로 감금행위에 해당할 수 있다.

124-7. 수사기관이 구속영장 없이 피의자를 구금한 경우(적극) [대법원 1985. 7. 29. 자, 85모16]

【판결요지】

수사기관이 피의자를 수사하는 과정에서 구속영장없이 피의자를 함부로 구금하여 피의자의 신체의 자유를 박탈하였다면 직권을 남용한 불법감금의 죄책을 면할 수 없고, 수사의 필요상 피의자를 임의동행한 경우에도 조사 후 귀가시키지 아니하고 그의 의사에 반하여 경찰서 조사실 또는 보호실 등에 계속 유치함으로써 신체의 자유를 속박하였다면 이는 구금에 해당한다.

제125조[폭행, 가혹행위]

> 제125조(폭행, 가혹행위) 재판, 검찰, 경찰 그 밖에 인신구속에 관한 직무를 수행하는 자 또는 이를 보조하는 자가 그 직무를 수행하면서 형사피의자나 그 밖의 사람에 대하여 폭행 또는 가혹행위를 한 경우에는 5년 이하의 징역과 10년 이하의 자격정지에 처한다. [전문개정 2020. 12. 8.]

125-1. 일반교도관이 복역중인 기결수에 대하여 폭행 또는 가혹행위를 한 경우 특수공무원의 폭행, 가혹행위죄로 처벌할 수 있는지 여부(소극) [광주고법 1992. 11. 21. 자, 92초43, 확정]

【판시사항】

[1] 일반교도관이 복역중인 기결수에 대하여 폭행 또는 가혹행위를 한 경우 형법 제125조 소정의 특수공무원의 폭행, 가혹행위죄로 처벌할 수 있는지 여부(소극)

[2] 형법 제125조 소정의 행위객체 중 "기타 사람"에 기결수가 포함되는지 여부

【판결요지】

[1] 형법 제125조 소정의 "기타 인신구속에 관한 직무를 행하는 자"라 함은 사법경찰관사의 직무를 행할 자와 그 직무범위에 관한 법률에 규정되어 사법경찰관의 직무를 행하는 자를 말하고, "이를 보조하는 자"라 함은 법원, 검찰의 직원 또는 사법경찰사와 같이 그 직무상 보조자의 지위에 있는 자를 말하고 일반교도관들은 위 법률 제5조 제1호에 따른 교도소장의 제청 및 관할 지방검찰청 검사의 지명에 의하여 사법경찰관사의 직무를 행할 자에 해당하게 되며, 나아가 위 법률 제6조 제1호에 의하여 당해 교도소에서 발생하는 범죄에 대한 심사 또는 그 보조업무를 처리하는 경우가 아닌 한 형법 제125조에 규정된 특수공무원의 어느 범주에 속한다고 할 수 없으므로 일반교도관의 기결수에 대한 폭행 또는 가혹행위는 형법 제125조로 의율할 수 없다.

[2] 형법 제125조에 규정된 행위객체인 "형사피의자 또는 기타 사람"에서의 "기타 사람"이라 함은 피고인, 증인, 참고인 등 재판이나 심사에 있어서 조사의 대상이 된 사람을 말한다 할 것이므로, 형이 확정되어 복역중인 기결수는 교도소 내에서 발생한 다른 범죄의 피의자나 참고인이 아닌 이상 이에 포함되지 아니한다.

125-2. 수사기관 피의자 수사의 허용한계 [서울남부지법 2010. 12. 30., 선고, 2010고합331

【판결요지】

인신구속에 관한 직무를 행하거나 이를 보조하는 자로서 경찰서 강력팀 소속 경찰공무원인 피고인들(5명)이 특수절도 등 각 범죄 혐의로 체포된 형사피의자들을 수사하면서 그들이 범행을 부인하거나 공범 및 여죄를 자백하지 않는다는 등의 이유로 피의자였던 피해자 21명을 폭행하고, 대부분의 피해자들에 대하여 소리를 지르지 못하도록 입에 휴지나 수건 등을 집어넣고 접착테이프로 입과 머리 주위를 감은 후 뒤로 수갑이 채워진 양팔을 위로 꺾어 올려 어깨 부위 등에 고통을 가하는 이른바 '날개꺾기' 라는 가혹행위를 하였으며, 그로 인하여 일부 피해자들을 상해에 이르게 한 사안에서, 피고인들 전원에 대하여 유죄를 선고한 사례.

제126조(피의사실공표)

> 제126조(피의사실공표) 검찰, 경찰 그 밖에 범죄수사에 관한 직무를 수행하는 자 또는 이를 감독하거나 보조하는 자가 그 직무를 수행하면서 알게 된 피의사실을 공소제기 전에 공표(公表)한 경우에는 3년 이하의 징역 또는 5년 이하의 자격정지에 처한다. [전문개정 2020. 12. 8.]

126-1. 피의사실 공표죄에서 '피의사실'의 의미 및 피의사실을 공표한 것인지 단순한 의견을 표명한 것인지 판단하는 기준 [대법원 2013. 11. 28. 선고, 2009다51271]

【판시사항】

피의사실 공표죄란 검찰, 경찰 기타 범죄수사에 관한 직무를 행하는 자 또는 이를 감독하거나 보조하는 자가 그 직무를 행함에 있어서 알게 된 피의사실을 공판청구 전에 공표함으로써 성립하는 범죄인데, 여기서 '피의사실'이란 수사기관이 혐의를 두고 있는 범죄사실로서 그 내용이 공소사실에 이를 정도로 구체적으로 특정될 필요는 없지만, 그것이 단순한 의견의 표명에 이르는 정도로는 피의사실을 공표한 것이라고 할 수 없다. 이때 그 발언이 피의사실인가 또는 의견인가를 구별함에 있어서는 언어의 통상적 의미와 용법, 문제 된 발언이 사용된 장소와 문맥, 그 발언이 행하여진 사회적 상황과 배경 등 전체적 정황을 종합적으로 고려하여 판단하여야 한다.

126-2. 수사기관의 피의사실 공표행위가 허용되기 위한 요건 및 그 위법성 조각 여부 판단 기준 [대법원 2002. 9. 24. 선고, 2001다49692]

【판결요지】

일반 국민들은 사회에서 발생하는 제반 범죄에 관한 알권리를 가지고 있고 수사기관이 피의사실에 관하여 발표를 하는 것은 국민들의 이러한 권리를 충족하기 위한 방법의 일환이라 할 것이나, 한편 헌법 제27조 제4항은 형사피고인에 대한 무죄추정의 원칙을 천명하고 있고, 형법 제126조는 검찰, 경찰 기타 범죄수사에 관한 직무를 행하는 자 또는 이를 감독하거나 보조하는 자가 그 직무를 행함에 당하여 지득한 피의사실을 공판청구 전에 공표하는 행위를 범죄로 규정하고 있으며, 형사소송법 제198조는 검사, 사법경찰관리 기타 직무상 수사에 관계 있는 자는 비밀을 엄수하며 피의자 또는 다른 사람의 인권을 존중하여야 한다고 규정하고 있는바, 수사기관의 피의사실 공표행위는 공권력에 의한 수사결과를 바탕으로 한 것으로 국민들에게 그 내용이 진실이라는 강한 신뢰를 부여함은 물론 그로 인하여 피의자나 피해자 나아가 그 주변 인물들에 대하여 치명적인 피해를 가할 수도 있다는 점을 고려할 때, 수사기관의 발표는 원칙적으로 일반 국민들의 정당한 관심의 대상이 되는 사항에 관하여 객관적이고도 충분한 증거나 자료를 바탕으로 한 사실 발표에 한정되어야 하고, 이를 발표함에 있어서도 정당한 목적하에 수사결과를 발표할 수 있는 권한을 가진 자에 의하여 공식의 절차에 따라 행하여져야 하며, 무죄추정의 원칙에 반하여 유죄를 속단하게 할 우려가 있는 표현이나 추측 또는 예단을 불러일으킬 우려가 있는 표현을 피하는 등 그 내용이나 표현 방법에 대하여도 유념하지 아니하면 아니 된다 할 것이므로, 수사기관의 피의사실 공표행위가 위법성을 조각하는지의 여부를 판단함에 있어서는 공표 목적의 공익성과 공표 내용의 공공성, 공표의 필요성, 공표된 피의사실의 객관성 및 정확성, 공표의 절차와 형식, 그 표현 방법, 피의사실의 공표로 인하여 생기는 피침해이익의 성질, 내용 등을 종합적으로 참작하여야 한다.

126-3. 수사기관이나 수사담당 공무원이 피의사실을 공표하는 경우, 그 공표사실이 진실이라고 믿을 만한 상당한 이유가 있는지 여부의 판단 기준 [대법원 1998. 7. 14. 선고, 96다17257]

【판결요지】

형법 제126조가 검찰, 경찰 기타 범죄수사에 관한 직무를 행하는 자 또는 이를 감독하거나 보조하는 자가 그 직무를 행함에 당하여 지득한 피의사실을 공판청구 전에 공표하는 것을 범죄로 규정하고 있는 점, 헌법 제27조 제4항이 형사피고인에 대하여 무죄추정 원칙을 규정하고 있는 점과 아울러 직접 수사를 담당한 수사기관이나 수사담당 공무원의 발표에 대하여는 국민들이 그 공표된 사실이 진실할 것으로 강하게 신뢰하리라는 점 등을 고려한다면 직접 수사를 담당한 수사기관이나 수사담당 공무원이 피의사실을 공표하는 경우에는 공표하는 사실이 의심의 여지없이 확실히 진실이라고 믿을 만한 객관적이고 타당한 확증과 근거가 있는 경우가 아니라면 그러한 상당한 이유가 있다고 할 수 없다.

126-4. 피의사실공표로 인한 명예훼손의 경우, 그 진실성에 관한 오신의 상당성 여부의 판단 시점(공표 당시) 및 증거자료의 사용 범위 [대법원 1996. 8. 20. 선고, 94다29928]

【판시사항】

[1] 피의사실 공표로 인한 명예훼손의 경우, 그 진실성에 관한 오신의 상당성 여부의 판단 시점(공표 당시) 및 증거자료의 사용 범위

[2] 수사기관의 피의사실 공표로 인하여 피의자의 명예가 훼손된 사안에서, 피의사실이 진실이라고 믿은 데에 상당한 이유가 없다는 이유로, 보도자료의 작성·배포에 관여한 경찰서장과 수사경찰관 및 국가의 연대배상책임을 인정한 사례

【판결요지】

[1] 피의사실 공표로 인한 명예훼손의 경우, 공표한 피의사실의 진실성에 관한 오신에 상당성이 있는지 여부는 발표 당시의 시점에서 판단되어야 하지만 발표 당시의 시점에서 판단한다고 하더라도 그 전후의 수사과정과 밝혀진 사실들을 참고하여야 발표시점에서의 상당성 여부를 가릴 수 있는 것이므로, 발표 후에 수집된 증거자료도 상당성 인정의 증거로 사용할 수 있다.

[2 수사기관이 피의자의 자백을 받아 기자들에게 보도자료를 배포하는 방법으로 피의사실을 공표함으로써 피의자의 명예가 훼손된 사안에서, 피의사실이 진실이라고 믿은 데에 상당한 이유가 없다는 이유로, 보도자료의 작성·배포에 관여한 경찰서장과 수사경찰관 및 국가의 연대배상책임을 인정한 사례

제127조[공무상 비밀의 누설]

> 제127조(공무상 비밀의 누설) 공무원 또는 공무원이었던 자가 법령에 의한 직무상 비밀을 누설한 때에는 2년 이하의 징역이나 금고 또는 5년 이하의 자격정지에 처한다.

127-1. 대통령 당선인 甲의 비서실 소속 공무원인 피고인이 당시 甲을 위하여 중국에 파견할 특사단 추천 의원을 정리한 문건을 乙에게 이메일 또는 인편 등으로 전달함으로써 법령에 의한 직무상 비밀을 누설하였다는 내용으로 기소된 사안 [대법원 2018. 4. 26. 선고, 2018도2624]

【판결요지】

위 문건이 사전에 외부로 누설될 경우 대통령 당선인의 인사 기능에 장애를 초래할 위험이 있으므로, 종국적인 의사결정이 있기 전까지는 외부에 누설되어서는 아니 되는 비밀로서 보호할 가치가 있는 직무상 비밀에 해당한다.

127-2. 검사가 수사대상, 방법 등에 관하여 사법경찰관리에게 지휘한 내용을 기재한 수사지휘서의 기재 내용과 이에 관계된 수사상황이 수사기관 내부의 비밀에 해당하는지 여부(적극) [대법원 2018. 2. 13. 선고, 2014도11441]

【판시사항】

[1] 공무상비밀누설죄의 구성요건과 보호법익 / 공무상비밀누설죄에서 '법령에 의한 직무상 비밀'의 의미와 범위

[2] 검사가 수사의 대상, 방법 등에 관하여 사법경찰관리에게 지휘한 내용을 기재한 수사지휘서의 기재 내용과 이에 관계된 수사상황이 수사기관 내부의 비밀에 해당하는지 여부(적극)

【판결요지】

[1] 형법 제127조는 공무원 또는 공무원이었던 자가 법령에 의한 직무상 비밀을 누설하는 것을 구성요건으로 하고, 비밀 그 자체를 보호하는 것이 아니라 공무원의 비밀엄수의무의 침해에 의하여 위험하게 되는 이익, 즉 비밀 누설에 의하여 위협받는 국가의 기능을 보호하기 위한 것이다. 여기에서 **'법령에 의한 직무상 비밀'** 이란 반드시 법령에서 비밀로 규정되었거나 비밀로 분류 명시된 사항에 한정되지 않고, 정치·군사·외교·경제·사회적 필요에 따라 비밀로 된 사항은 물론 정부나 공무소 또는 국민이 객관적, 일반적인 입장에서 외부에 알려지지 않는 것에 상당한 이익이 있는 사항도 포함하나, 실질적으로 그것을 비밀로서 보호할 가치가 있다고 인정할 수 있는 것이어야 한다.

[2] 검사가 수사의 대상, 방법 등에 관하여 사법경찰관리에게 지휘한 내용을 기재한 수사지휘서는 당시까지 진행된 수사의 내용뿐만 아니라 향후 수사의 진행방향까지 가늠할 수 있게 하는 수사기관의 내부문서이다. 수사기관이 특정 사건에 대하여 내사 또는 수사를 진행하고 있는 상태에서 수사지휘서의 내용이 외부에 알려질 경우 피내사자나 피의자 등이 증거자료를 인멸하거나 수사기관에서 파악하고 있는 내용에 맞추어 증거를 준비하는 등 수사기관의 증거 수집 등 범죄수사 기능에 장애가 생길 위험이 있다. 또한 수사지휘서의 내용이 누설된 경로에 따라서는 사건관계인

과의 유착 의혹 등으로 수사의 공정성과 신뢰성이 훼손됨으로써 수사의 궁극적인 목적인 적정한 형벌권 실현에 지장이 생길 우려도 있다. 그러므로 수사지휘서의 기재 내용과 이에 관계된 수사 상황은 해당 사건에 대한 종국적인 결정을 하기 전까지는 외부에 누설되어서는 안 될 수사기관 내부의 비밀에 해당한다.

---

1. 공무상비밀누설죄에 있어서의 비밀의 의미 [대법원 2003. 6. 13. 선고, 2001도1343]

【판시사항】

형법 제127조는 공무원 또는 공무원이었던 자가 법령에 의한 직무상 비밀을 누설하는 것을 구성요건으로 하고 있고, 동조에서 법령에 의한 직무상 비밀이란 반드시 법령에 의하여 비밀로 규정되었거나 비밀로 분류 명시된 사항에 한하지 아니하고 정치, 군사, 외교, 경제, 사회적 필요에 따라 비밀로 된 사항은 물론 정부나 공무소 또는 국민이 객관적, 일반적인 입장에서 외부에 알려지지 않는 것에 상당한 이익이 있는 사항도 포함하는 것이나, 실질적으로 그것을 비밀로서 보호할 가치가 있다고 인정할 수 있는 것이어야 할 것이고, 본죄는 기밀 그 자체를 보호하는 것이 아니라 공무원의 비밀엄수의무의 침해에 의하여 위험하게 되는 이익, 즉 비밀의 누설에 의하여 위협받는 국가의 기능을 보호하기 위한 것이라고 볼 것이다(대법원 1996. 5. 10. 선고 95도780 판결 등 참조).

---

2. 특정사건에 대해 수사를 진행하고 있는 상태에서 수사기관의 자료 확보 내역, 사안의 죄책 여하, 신병처리 의견 등 정보가 수사기관 내부 비밀에 해당하는지 여부(적극) [대법원 2007. 6. 14. 선고, 2004도5561]

【판시사항】

[1] 공무상비밀누설죄에 있어서 '법령에 의한 직무상 비밀'의 의미와 보호법익

[2] 특정 사건에 대하여 수사를 진행하고 있는 상태에서 수사기관의 자료 확보 내역, 사안의 죄책 여하, 신병처리 의견 등의 정보가 수사기관 내부의 비밀에 해당하는지 여부(적극)

【판결요지】

[1] 형법 제127조는 공무원 또는 공무원이었던 자가 법령에 의한 직무상 비밀을 누설하는 것을 구성요건으로 하고 있는바, 여기서 법령에 의한 직무상 비밀이란 반드시 법령에 의하여 비밀로 규정되었거나 비밀로 분류 명시된 사항에 한하지 아니하고, 정치, 군사, 외교, 경제, 사회적 필요에 따라 비밀로 된 사항은 물론 정부나 공무소 또는 국민이 객관적, 일반적인 입장에서 외부에 알려지지 않는 것에 상당한 이익이 있는 사항도 포함하나, 실질적으로 그것을 비밀로서 보호할 가치가 있다고 인정할 수 있는 것이어야 하고, 한편, 공무상비밀누설죄는 기밀 그 자체를 보호하는 것이 아니라 공무원의 비밀엄수의무의 침해에 의하여 위험하게 되는 이익, 즉 비밀의 누설에 의하여 위협받는 국가의 기능을 보호하기 위한 것이다.

[2] 검찰 등 수사기관이 특정 사건에 대하여 수사를 진행하고 있는 상태에서, 수사기관이 현재 어떤 자료를 확보하였고 해당 사안이나 피의자의 죄책, 신병처리에 대하여 수사책임자가 어떤 의견을 가지고 있는지 등의 정보는, 그것이 수사의 대상이 될 가능성이 있는 자 등 수사기관 외부로 누설될 경우 피의자 등이 아직까지 수사기관에서 확보하지 못한 자료를 인멸하거나, 수사기관에서 파악하고 있는 내용에 맞추어 증거를 조작하거나, 허위의 진술을 준비하는 등의 방법으로 수사기관의 범죄수사 기능에 장애를 초래할 위험이 있는 점에 비추어 보면, 해당 사건에 대한 종국적인 결정을 하기 전까지는 외부에 누설되어서는 안 될 수사기관 내부의 비밀에 해당한다.

3. 공무상비밀누설죄에서 '법령에 의한 직무상 비밀'의 의미와 보호법익 [대법원 2012. 3. 15. 선고, 2010 도14734]

【판시사항】

[1] 공무상비밀누설죄에서 '법령에 의한 직무상 비밀'의 의미와 보호법익

[2] 구청에서 체납차량 영치 및 공매 등의 업무를 담당하던 공무원인 피고인이 甲의 부탁을 받고 차적 조회 시스템을 이용하여 범죄 현장 부근에서 경찰의 잠복근무에 이용되고 있던 경찰청 소속 차량의 소유관 계에 관한 정보를 알아내 甲에게 알려줌으로써 공무상비밀을 누설하였다는 내용으로 기소된 사안

【판결요지】

[1] 형법 제127조는 공무원 또는 공무원이었던 자가 법령에 의한 직무상 비밀을 누설하는 것을 구성요 건으로 하고, 같은 조에서 '법령에 의한 직무상 비밀'이란 반드시 법령에 의하여 비밀로 규정되었 거나 비밀로 분류 명시된 사항에 한하지 아니하고, 정치, 군사, 외교, 경제, 사회적 필요에 따라 비밀로 된 사항은 물론 정부나 공무소 또는 국민이 객관적, 일반적인 입장에서 외부에 알려지지 않는 것에 상당한 이익이 있는 사항도 포함하나, 실질적으로 그것을 비밀로서 보호할 가치가 있다 고 인정할 수 있는 것이어야 하고, 본죄는 비밀 그 자체를 보호하는 것이 아니라 공무원의 비밀엄 수의무의 침해에 의하여 위험하게 되는 이익, 즉 비밀 누설에 의하여 위협받는 국가의 기능을 보호 하기 위한 것이다.

[2] 누구든지 열람이 가능한 부동산등기 사항과 달리 구 자동차관리법(2009. 2. 6. 법률 제9449호로 개정되기 전의 것) 제7조 제4항, 구 자동차등록규칙(2010. 4. 7. 국토해양부령 제239호로 개정되 기 전의 것) 제10조, 제12조가 자동차 소유자의 성명까지 기재된 신청서를 제출하여야 자동차등록 원부의 열람이나 등본 또는 초본을 발급받을 수 있게 규정하여 자동차 소유자에 관한 정보가 공개 되지 아니한 측면을 고려하더라도, 재산의 소유 주체에 관한 정보에 불과한 자동차 소유자에 관한 정보를 정부나 공무소 또는 국민이 객관적, 일반적인 입장에서 외부에 알려지지 않는 것에 상당한 이익이 있는 사항으로서 실질적으로 비밀로 보호할 가치가 있다거나, 그 누설에 의하여 국가의 기 능이 위협받는다고 볼 수 없고, 경찰청 소속 차량으로 잠복수사에 이용되는 경우 소속이 외부에 드러나지 말아야 할 사실상의 필요성이 있다는 사정만으로 달리 볼 것이 아니어서, 피고인이 甲에 게 제공한 차량 소유관계에 관한 정보가 형법 제127조에서 정한 '법령에 의한 직무상 비밀'에 해당 한다고 볼 수 없는데도, 이와 달리 보아 유죄를 인정한 원심판결에 법리오해의 위법이 있다.

127-3. 공무원 등의 직무상 비밀 누설행위와 대향범 관계에 있는 '직무상 비밀을 누설받은 자'에 대하여 공범에 관한 형법총칙 규정이 적용되는지 여부(소극) 및 위와 같은 법리가 구 정보통신망법의 경우에도 마찬가지로 적용되는지 여부(적극) [대법원 2017. 6. 19. 선고, 2017도4240]

【판결요지】

2인 이상의 서로 대향된 행위의 존재를 필요로 하는 대향범에 대하여는 공범에 관한 형법총칙 규정이 적용될 수 없다. 형법 제127조는 공무원 또는 공무원이었던 자가 법령에 의한 직무상 비밀을 누설하는 행위만을 처벌하고 있을 뿐 직무상 비밀을 누설받은 상대방을 처벌하는 규정이 없는 점에 비추어, 직무상 비밀을 누설받은 자에 대하여는 공범에 관한 형법총칙 규정이 적용될 수

없다. 위와 같은 법리는 구 정보통신망 이용촉진 및 정보보호 등에 관한 법률(2016. 3. 22. 법률 제14080호로 개정되기 전의 것) 제49조의 경우에도 마찬가지로 적용된다.

---

1. 사무실 직원인 피고인 甲이 법원공무원인 피고인 乙에게 부탁하여, 수사 중인 사건의 체포영장 발부자 명단을 누설받은 사안 [대법원 2011. 4. 28. 선고, 2009도3642]

【판시사항】

[1] 공무원 등의 직무상 비밀 누설행위와 대향범 관계에 있는 '비밀을 누설받은 행위'에 대하여 공범에 관한 형법총칙 규정을 적용할 수 있는지 여부(소극)

[2] 변호사 사무실 직원인 피고인 甲이 법원공무원인 피고인 乙에게 부탁하여, 수사 중인 사건의 체포영장 발부자 명단을 누설받은 사안

【판결요지】

[1] 2인 이상 서로 대향된 행위의 존재를 필요로 하는 대향범에 대하여는 공범에 관한 형법총칙 규정이 적용될 수 없는데, 형법 제127조는 공무원 또는 공무원이었던 자가 법령에 의한 직무상 비밀을 누설하는 행위만을 처벌하고 있을 뿐 직무상 비밀을 누설받은 상대방을 처벌하는 규정이 없는 점에 비추어, 직무상 비밀을 누설받은 자에 대하여는 공범에 관한 형법총칙 규정이 적용될 수 없다고 보는 것이 타당하다.

[2] 피고인 乙이 직무상 비밀을 누설한 행위와 피고인 甲이 이를 누설받은 행위는 대향범 관계에 있으므로 공범에 관한 형법총칙 규정이 적용될 수 없는데도, 피고인 甲의 행위가 공무상비밀누설교사죄에 해당한다고 본 원심판단에 법리오해의 위법이 있다.

127-4. 공무상비밀누설죄에서 '법령에 의한 직무상 비밀'의 의미와 보호법익 [대법원 2009. 6. 11. 선고, 2009도2669]

【판시사항】

형법 제127조는 공무원 또는 공무원이었던 자가 법령에 의한 직무상 비밀을 누설하는 것을 구성요건으로 하고 있는바, 여기서 법령에 의한 직무상 비밀이란 반드시 법령에 의하여 비밀로 규정되었거나 비밀로 분류 명시된 사항에 한하지 아니하고, 정치, 군사, 외교, 경제, 사회적 필요에 따라 비밀로 된 사항은 물론 정부나 공무소 또는 국민이 객관적, 일반적인 입장에서 외부에 알려지지 않는 것에 상당한 이익이 있는 사항도 포함하나, 실질적으로 그것을 비밀로서 보호할 가치가 있다고 인정할 수 있는 것이어야 하고, 한편, 공무상비밀누설죄는 기밀 그 자체를 보호하는 것이 아니라 공무원의 비밀엄수의무의 침해에 의하여 위험하게 되는 이익, 즉 비밀의 누설에 의하여 위협받는 국가의 기능을 보호하기 위한 것이다 (대법원 2007. 6. 14. 선고 2004도5561 판결 등 참조).

---

1. 이른바, 옷값 대납 사건의 내사결과보고서의 내용이 비공지의 사실이기는 하나 실질적으로 비밀로서 보호할 가치가 있는 여부(소극) [대법원 2003. 12. 26. 선고, 2002도7339]

【판시사항】

[1] 공무상비밀누설죄에 있어서 '직무상 비밀'의 의미 및 보호법익

---

[2] 이른바, 옷값 대납 사건의 내사결과보고서의 내용이 비공지의 사실이기는 하나 실질적으로 비밀로서 보호할 가치가 있는 것이라고 인정할 수 없다.

【판결요지】

형법 제127조는 공무원 또는 공무원이었던 자가 법령에 의한 직무상 비밀을 누설하는 것을 구성요건으로 하고 있고, 동조에서 법령에 의한 직무상 비밀이란 반드시 법령에 의하여 비밀로 규정되었거나 비밀로 분류 명시된 사항에 한하지 아니하고 정치, 군사, 외교, 경제, 사회적 필요에 따라 비밀로 된 사항은 물론 정부나 공무소 또는 국민이 객관적, 일반적인 입장에서 외부에 알려지지 않는 것에 상당한 이익이 있는 사항도 포함하는 것이나, 실질적으로 그것을 비밀로서 보호할 가치가 있다고 인정할 수 있는 것이어야 할 것이고, 본죄는 기밀 그 자체를 보호하는 것이 아니라 공무원의 비밀엄수의무의 침해에 의하여 위험하게 되는 이익, 즉 비밀의 누설에 의하여 위협받는 국가의 기능을 보호하기 위한 것이다.

127-5. 지방자치단체장 또는 계약담당공무원이 수의계약에 부칠 '예정가격'이 형법 제127조에 정한 '공무상 비밀'에 해당하는지 여부(적극) [대법원 2008. 3. 14. 선고, 2006도7171]

【판시사항】

[1] 지방자치단체의 장 또는 계약담당공무원이 수의계약에 부칠 사항에 관하여 결정한 '예정가격'이 형법 제127조에 정한 '공무상 비밀'에 해당하는지 여부(적극)

[2] 담당공무원이 수해복구 공사계약을 수의계약 방식으로 체결하기로 하면서, 미리 선정된 공사업체에게 공사 예정가격을 알려준 행위가 형법 제127조의 공무상 비밀누설죄에 해당한다.

【판결요지】

구 지방재정법(2005. 8. 4. 법률 제7663호로 전문 개정되기 전의 것) 제63조에 의하여 준용되는 국가를 당사자로 하는 계약에 관한 법률 제7조는, 국가가 당사자로서 계약을 체결하는 경우 계약의 목적·성질·규모 등을 고려하여 필요하다고 인정될 때에는 대통령령이 정하는 바에 의하여 수의계약에 의할 수 있도록 정하고, 같은 법 시행령 제7조의2 제1항은 "각 중앙관서의 장 또는 계약담당공무원은 경쟁입찰 또는 수의계약 등에 부칠 사항에 대하여 당해 규격서 및 설계서 등에 의하여 예정가격을 결정하고, 이를 밀봉하여 미리 개찰장소 또는 가격협상장소 등에 두어야 하며, 예정가격이 누설되지 아니하도록 하여야 한다"고 규정하고 있으며, 제30조 제1항 본문은 "각 중앙관서의 장 또는 계약담당공무원은 수의계약을 체결하고자 할 때에는 2인 이상으로부터 견적서를 받아야 한다"고 규정하고 있다. 위 규정들을 종합하면 지방자치단체의 장 또는 계약담당공무원이 수의계약에 부칠 사항에 관하여 당해 규격서 및 설계서 등에 의하여 결정한 '예정가격'은 형법 제127조의 '공무상 비밀'에 해당한다.

127-6. 공무상비밀누설죄의 객체와 보호법익 [대법원 1996. 5. 10. 선고, 95도780]

【판시사항】

형법 제127조는 공무원 또는 공무원이었던 자가 법령에 의한 직무상 비밀을 누설하는 것을 구성요건으로 하고 있고, 동 조에서 법령에 의한 직무상 비밀이란 반드시 법령에 의하여 비밀로 규정되었거나 비밀로 분류 명시된 사항에 한하지 아니하고 정치, 군사, 외교, 경제, 사회적 필요에 따라 비밀로 된 사항은 물론 정부나 공무소 또는 국민이 객관적, 일반적인 입장에서 외부에 알려지지 않는 것에 상당한 이익이 있는 사항도 포함하는 것이나, 동 조에서 말하는 **비밀**이란 실질적으로 그것을 비밀로서 보호할 가치가 있다고 인정할 수 있는 것이어야 할 것이다. 그리고 본죄는 기밀 그 자체를 보호하는 것이 아니라 공무원의 비밀엄수의무의 침해에 의하여 위험하게 되는 이익, 즉 비밀의 누설에 의하여 위협받는 국가의 기능을 보호하기 위한 것이다.

[2] 감사원 감사관이 공개한 기업의 비업무용 부동산 보유실태에 관한 감사원 보고서의 내용이 공무상 비밀에 해당되지 않는다.

---

1. 형법 제127조 소정의 "법령에 의한 직무상 비밀"의 의미 [대법원 1981. 7. 28. 선고, 81도1172]

【판결요지】

형법 제127조 소정의 "법령에 의한 직무상 비밀"이란 반드시 법령에 의하여 또는 인위적으로 비밀로 분류 명시된 사항뿐만 아니라 정치적, 경제적, 군사적, 외교적, 또는 사회적 필요에 따라 비밀로 된 사항은 물론 정부나 공무소 또는 국민이 객관적 일반적인 입장에서 외부에 알려지지 않는 것에 상당한 이익이 있는 사항을 포함한다고 해석하여야 한다.

127-7. 행정기관 내부에서 처리과정 중에 있는 중간문서라는 사유만으로 법령상의 직무상 비밀에 해당하는지 여부(소극) [서울지법 1993. 9. 6. 선고, 90고단3615. 확정]

【판시사항】

[1] 행정기관 내부에서 처리과정 중에 있는 중간문서라는 사유만으로 법령상의 직무상 비밀에 해당하는지 여부

[2] 국세청을 대상으로 한 기업의 비업무용부동산 취득에 대한 과세실태실지감사보고서를 감사위원회의 의결을 거치기 전에 신문기자에게 건네준 감사원 감사관(피고인)의 행위가 공무상비밀누설에 해당하지 않는다.

【판결요지】

비밀로 규정되거나 분류된 바도 없고, 그 내용도 정치, 군사, 경제, 사회적 필요에 따라 비밀로 된 것이거나 정부나 공무소 또는 국민이 객관적, 일반적인 입장에서 외부에 알려지지 않는 것에 상당한 이익이 있는 실질적인 비밀의 범위에 포함되지 않는 사항에 관한 것이라면 단지 행정기관 내부에서 처리과정 중에 있는 중간문서라는 사유만으로 법령상의 직무상 비밀에 해당한다고 볼 수 없다.

127-8. 알려준 내용사실이 시험의 당락에 중요한 영향을 미쳐야 하는지 여부(소극) [대법원 1970. 6. 30. 선고, 70도562]

【판시사항】

공무상 비밀누설죄의 범죄사실 적시에서 피고인 "갑"이 "병"에게 알려준 내용사실이 시험의 당락에 중요한 영향을 미칠 문제에 속하였던 사실을 적시하면 족하고, 그 내용 사항이 구체적으로 출제된 여부의 점까지 밝힐 필요는 없다.

제129조[수뢰, 사전수뢰]

제129조(수뢰, 사전수뢰) ① 공무원 또는 중재인이 그 직무에 관하여 뇌물을 수수, 요구 또는 약속한 때에는 5년 이하의 징역 또는 10년 이하의 자격정지에 처한다.
② 공무원 또는 중재인이 될 자가 그 담당할 직무에 관하여 청탁을 받고 뇌물을 수수, 요구 또는 약속한 후 공무원 또는 중재인이 된 때에는 3년 이하의 징역 또는 7년 이하의 자격정지에 처한다.

129-1. 뇌물죄에서 뇌물공여자의 특정 방법 및 금품이나 재산상 이익 등이 반드시 공여자와 수뢰자 사이에 직접 수수되어야 하는지 여부(소극) [대법원 2020. 9. 24. 선고, 2017도12389]

【판시사항】

[1] 뇌물죄에서 뇌물공여자의 특정 방법 및 금품이나 재산상 이익 등이 반드시 공여자와 수뢰자 사이에 직접 수수되어야 하는지 여부(소극)

[2] 공무원인 피고인 甲은 피고인 乙로부터 "선물을 할 사람이 있으면 새우젓을 보내 주겠다."라는 말을 듣고 이를 승낙한 뒤 새우젓을 보내고자 하는 사람들의 명단을 피고인 乙에게 보내 주고 피고인 乙로 하여금 위 사람들에게 피고인 甲의 이름을 적어 마치 피고인 甲이 선물을 하는 것처럼 새우젓을 택배로 발송하게 하고 그 대금을 지급하지 않는 방법으로 직무에 관하여 뇌물을 교부받고, 피고인 乙은 피고인 甲에게 뇌물을 공여하였다는 내용으로 기소된 사안에서, 피고인 乙의 새우젓 출연에 의한 피고인 甲의 영득의사가 실현되어 형법 제129조 제1항의 뇌물공여죄 및 뇌물수수죄가 성립하고, 공여자와 수뢰자 사이에 직접 금품이 수수되지 않았다는 사정만으로 이와 달리 볼 수 없다.

【판결요지】

[1] 뇌물죄는 공여자의 출연에 의한 수뢰자의 영득의사의 실현으로서, 공여자의 특정은 직무행위와 관련이 있는 이익의 부담 주체라는 관점에서 파악하여야 할 것이므로, 금품이나 재산상 이익 등이 반드시 공여자와 수뢰자 사이에 직접 수수될 필요는 없다.

[2] 공무원인 피고인 甲은 피고인 乙로부터 "선물을 할 사람이 있으면 새우젓을 보내 주겠다."라는 말을 듣고 이를 승낙한 뒤 새우젓을 보내고자 하는 329명의 명단을 피고인 乙에게 보내 주고 피고인 乙로 하여금 위 사람들에게 피고인 甲의 이름을 적어 마치 피고인 甲이 선물을 하는 것처럼 총 11,186,000원 상당의 새우젓을 택배로 발송하게 하고 그 대금을 지급하지 않는 방법으로 직무에 관하여 뇌물을 교부받고, 피고인 乙은 피고인 甲에게 뇌물을 공여하였다는 내용으로 기소된 사안에서, 피고인 乙은 도내 어촌계장이고, 피고인 甲은 도청 공무원으로 재직하면서 어민들의 어업지도, 보조금 관련 사업과 어로행위 관련 단속 업무 등을 총괄하고 있던 점, 피고인 乙은 이전에도 같은 방식으로 피고인 甲이 재직 중이던 도청 담당과에 새우젓을 보낼 사람들의 명단을 요청하여 직원으로부터 명단을 받아 피고인 甲의 이름으로 새우젓을 발송한 점 등 여러 사정을 종합하면, 피고인 乙은 피고인 甲이 지정한 사람들에게 피고인 甲의 이름을 발송인으로 기재하여 배송업체를 통하여 배송업무를 대신하여 주었을 뿐이고, 새우젓을 받은 사람들은 새우젓을 보낸 사람을

피고인 乙이 아닌 피고인 甲으로 인식하였으며, 한편 피고인 乙과 피고인 甲 사이에 새우젓 제공에 관한 의사의 합치가 존재하고 위와 같은 제공방법에 관하여 피고인 甲이 양해하였다고 보이므로, 피고인 乙의 새우젓 출연에 의한 피고인 甲의 영득의사가 실현되어 형법 제129조 제1항의 뇌물공여죄 및 뇌물수수죄가 성립하고, 공여자와 수뢰자 사이에 직접 금품이 수수되지 않았다는 사정만으로 이와 달리 볼 수 없다는 이유로, 그럼에도 사회통념상 위 329명이 새우젓을 받은 것을 피고인 甲이 직접 받은 것과 같이 평가할 수 있는 관계라고 인정하기에 부족하다고 보아 피고인들에게 무죄를 선고한 원심판단에 뇌물죄의 성립에 관한 법리오해 등의 위법이 있다.

1. 정치자금 명목으로 관련 법률에 정한 절차에 따라 수수된 금품의 경우에 뇌물성을 인정할 수 있는지 여부(적극) [대법원 2008. 6. 12. 선고, 2006도8568]

【판시사항】
[1] 甲이 乙을 대신하여 자신의 자금으로 수뢰자에게 금품을 지급한 다음 乙로부터 그 금액을 상환받은 경우, 뇌물공여자의 특정 방법
[2] 정치자금 명목으로 관련 법률에 정한 절차에 따라 수수된 금품의 경우에 뇌물성을 인정할 수 있는지 여부(적극)

【판결요지】
[1] 뇌물죄는 공여자의 출연에 의한 수뢰자의 영득의사의 실현으로서, 공여자의 특정은 직무행위와 관련이 있는 이익의 부담 주체라는 관점에서 파악하여야 하므로, 금품이나 재산상 이익 등이 반드시 공여자와 수뢰자 사이에 직접 수수될 필요는 없고, 그 사이에서 제3자가 먼저 공여자를 대신하여 자신의 자금으로 수뢰자에게 지급한 다음 공여자로부터 그 금액을 상환받는 방식으로 수수되었다 할지라도, 공여자와 수뢰자 사이에 금품 제공에 관한 의사의 합치가 존재하고 또한 그러한 지급방법에 관하여 수뢰자가 양해하였다고 인정되는 한, 공여자와 수뢰자 사이에 직접 금품이 수수되지 아니하였다는 사정만으로는 뇌물수수죄의 죄책을 면할 수 없다.
[2] 정치자금의 기부행위는 정치활동에 대한 재정적 지원행위이고, 뇌물은 공무원의 직무행위에 대한 위법한 대가로서 양자는 별개의 개념이므로, 금품이 정치자금의 명목으로 수수되었고 또한 당시 시행되던 구 정치자금에 관한 법률에 정한 절차를 밟았다 할지라도, 상대방의 지위 및 직무권한, 당해 기부자와 상대방의 종래 교제상황, 기부의 유무나 시기, 상대방, 금액, 빈도 등의 상황과 함께 당해 금품의 액수 및 기부하기에 이른 동기와 경위 등에 비추어 볼 때, 정치인의 정치활동 전반에 대한 지원의 성격을 갖는 것이 아니라 공무원으로서의 정치인의 특정한 구체적 직무행위와 관련하여 제공자에게 유리한 행위를 기대하거나 혹은 그에 대한 사례로서 이루어짐으로써 정치인인 공무원의 직무행위에 대한 대가로서의 실체를 가진다면 뇌물성이 인정된다.

129-2. 뇌물죄에서 뇌물의 내용인 이익의 의미 / 뇌물수수죄에서 말하는 '수수'의 의미 및 뇌물에 대한 법률상 소유권을 취득하여야 하는지 여부(소극) [대법원 2019. 8. 29. 선고 2018도13792 전원합의체 판결]

【판시사항】
뇌물죄에서 뇌물의 내용인 이익의 의미 / 뇌물수수죄에서 말하는 '수수'의 의미 및 뇌물에 대

한 법률상 소유권을 취득하여야 하는지 여부(소극) / 뇌물수수자가 뇌물로 제공된 물건에 대한 법률상 소유권 취득의 요건을 갖추지 않았더라도 그 물건 자체를 뇌물로 받은 것으로 볼 수 있는 경우 / 뇌물수수자가 뇌물공여자에 대한 내부관계에서 물건에 대한 실질적인 사용·처분권한을 취득하였으나 뇌물수수 사실을 은닉하거나 뇌물공여자가 계속 그 물건에 대한 비용 등을 부담하기 위하여 소유권 이전의 형식적 요건을 유보하는 경우, 뇌물수수죄가 성립하는지 여부(적극)

【판결요지】

뇌물죄에서 뇌물의 내용인 이익은 금전, 물품 그 밖의 재산적 이익과 사람의 수요 욕망을 충족시키기에 충분한 일체의 유형·무형의 이익을 포함한다. 뇌물수수죄에서 말하는 '수수'란 받는 것, 즉 뇌물을 취득하는 것이다. 여기에서 취득이란 뇌물에 대한 사실상의 처분권을 획득하는 것을 의미하고, 뇌물인 물건의 법률상 소유권까지 취득하여야 하는 것은 아니다. 뇌물수수자가 법률상 소유권 취득의 요건을 갖추지는 않았더라도 뇌물로 제공된 물건에 대한 점유를 취득하고 뇌물공여자 또는 법률상 소유자로부터 반환을 요구받지 않는 관계에 이른 경우에는 그 물건에 대한 실질적인 사용·처분권한을 갖게 되어 그 물건 자체를 뇌물로 받은 것으로 보아야 한다.

뇌물수수자가 뇌물공여자에 대한 내부관계에서 물건에 대한 실질적인 사용·처분권한을 취득하였으나 뇌물수수 사실을 은닉하거나 뇌물공여자가 계속 그 물건에 대한 비용 등을 부담하기 위하여 소유권 이전의 형식적 요건을 유보하는 경우에는 뇌물공여자와 뇌물수수자 사이에서는 소유권을 이전받은 경우와 다르지 않으므로 그 물건을 뇌물로 받았다고 보아야 한다. 뇌물수수자가 교부받은 물건을 뇌물공여자에게 반환할 것이 아니므로 뇌물수수자에게 영득의 의사도 인정된다.

129-3. 공무원이 얻는 이익이 직무와 대가관계가 있는 부당한 이익으로서 뇌물에 해당하는지 판단 기준 [대법원 2018. 5. 15. 선고, 2017도19499]

【판시사항】

뇌물죄는 직무집행의 공정과 이에 대한 사회의 신뢰 및 직무행위의 불가매수성을 그 보호법익으로 하고 있고, 직무에 관한 청탁이나 부정한 행위를 필요로 하는 것은 아니므로, 수수한 금품의 뇌물성을 인정하는 데 특별한 청탁이 있어야만 하는 것은 아니다. 또한 금품이 직무에 관하여 수수된 것으로 족하고 개개 직무행위와 대가관계에 있을 필요는 없으며, 그 직무행위가 특정된 것일 필요도 없다(대법원 2000. 1. 21. 선고 99도4940 판결 등 참조). 공무원이 그 직무의 대상이 되는 사람으로부터 금품 기타 이익을 받은 때에는 그것이 그 사람이 종전에 공무원으로부터 접대 또는 수수한 것을 갚는 것으로서 사회상규에 비추어 볼 때 의례상 대가에 불과한 것이라고 여겨지거나, 개인적인 친분관계가 있어서 교분상 필요에 의한 것이라고 명백하게 인정할 수 있는 경우 등 특별한 사정이 없는 한 직무와 관련성이 있다고 볼 수 있다. 그리고 공무원의 직무와 관련하여 금품을 주고받았다면 비록 사교적 의례의 형식을 빌려 금품을 주고받았다고 하더라도 그 수수한 금품은 뇌물이 된다. 공무원이 얻는 어떤 이익이 직무와 대가관계가 있는 부당한 이익으로서 뇌물에 해당하는지 또는 사회상규에 따른 의례상 대가 혹은 개인적 친분관계에 따른 교분상 필요에 의한 것으로서 직무와 관련성이 없는 것인지는 당해 공무원의 직무 내용, 직무와 이익 제공자의 관계, 이익 수수 경위와 시기 등 사정과 아울러 제공된 이익의 종류와 가액도 함께 참작하여 이를 판단하여야 한다(대법원 2017. 1. 12. 선고 2016도15470 판결 등 참조).

---

1. 공무원의 직무와 관련하여 사교적 의례의 형식을 빌어 금품을 수수한 경우(적극) [대법원 2000. 1. 21. 선고, 99도4940]

【판시사항】

[1] 공무원이 얻는 이익이 직무와 대가관계가 있는 부당한 이익으로서 뇌물에 해당하는지 여부 판단 기준

[2] 공무원의 직무와 관련하여 사교적 의례의 형식을 빌어 금품을 수수한 경우, 뇌물성 여부(적극)

[3] 수뢰죄에 있어서 단일하고 계속된 범의하에 동종의 범행을 반복하여 행하고 그 피해법익도 동일한 경우, 포괄일죄의 성립 여부(적극)

【판결요지】

[1] 공무원이 얻는 어떤 이익이 직무와 대가관계가 있는 부당한 이익으로서 뇌물에 해당하는지 여부는 당해 공무원의 직무의 내용, 직무와 이익제공자와의 관계, 쌍방간에 특수한 사적인 친분관계가 존재하는지의 여부, 이익의 다과, 이익을 수수한 경위와 시기 등의 제반 사정을 참작하여 결정하여야 할 것이고, 뇌물죄가 직무집행의 공정과 이에 대한 사회의 신뢰 및 직무행위의 불가매수성을 그 보호법익으로 하고 있음에 비추어 볼 때, 공무원이 그 이익을 수수하는 것으로 인하여 사회일반으로부터 직무집행의 공정성을 의심받게 되는지 여부도 뇌물죄의 성부를 판단함에 있어서의 판단 기준이 된다.

[2] 공무원이 그 직무의 대상이 되는 사람으로부터 금품 기타 이익을 받은 때에는 그것이 그 사람이 종전에 공무원으로부터 접대 또는 수수받은 것을 갚는 것으로서 사회상규에 비추어 볼 때에 의례상의 대가에 불과한 것이라고 여겨지거나, 개인적인 친분관계가 있어서 교분상의 필요에 의한 것이라고 명백하게 인정할 수 있는 경우 등 특별한 사정이 없는 한 직무와의 관련성이 없는 것으로 볼 수 없고, 공무원의 직무와 관련하여 금품을 수수하였다면 비록 사교적 의례의 형식을 빌어 금품을 주고 받았다 하더라도 그 수수한 금품은 뇌물이 된다.

[3] 단일하고도 계속된 범의 아래 동종의 범행을 일정기간 반복하여 행하고 그 피해법익도 동일한 경우에는 각 범행을 통틀어 포괄일죄로 볼 것이고, 수뢰죄에 있어서 단일하고도 계속된 범의 아래 동종의 범행을 일정기간 반복하여 행하고 그 피해법익도 동일한 것이라면 돈을 받은 일자가 상당한 기간에 걸쳐 있고, 돈을 받은 일자 사이에 상당한 기간이 끼어 있다 하더라도 각 범행을 통틀어 포괄일죄로 볼 것이다.

129-4. 뇌물죄에서 뇌물성을 인정하는 데 특별히 의무위반 행위나 청탁의 유무 등을 고려할 필요 또는 금품수수 시기와 직무집행 행위의 전후를 가릴 필요가 있는지 여부(소극) [대법원 2017. 12. 22. 선고, 2017도12346]

【판시사항】

[1] 뇌물죄에서 뇌물성을 인정하는 데 특별히 의무위반 행위나 청탁의 유무 등을 고려할 필요 또는 금품수수 시기와 직무집행 행위의 전후를 가릴 필요가 있는지 여부(소극) 및 뇌물죄에서 말하는 '직무'의 범위

[2] 뇌물수수죄의 성립요건인 직무관련성 / 공무원이 장래에 담당할 직무에 대한 대가로 이익을

수수한 경우, 뇌물수수죄가 성립할 수 있는지 여부(적극) 및 이때 수수한 이익과 장래에 담당할 직무와의 관련성 정도

【판결요지】

[1] 뇌물죄는 직무집행의 공정과 이에 대한 사회의 신뢰에 기초하여 직무행위의 불가매수성을 보호법익으로 하고 있고, 직무에 관한 청탁이나 부정한 행위를 필요로 하지 않으므로 뇌물성을 인정하는 데 특별히 의무위반 행위나 청탁의 유무 등을 고려할 필요가 없고, 금품수수 시기와 직무집행 행위의 전후를 가릴 필요도 없다. 뇌물죄에서 말하는 '직무'에는 법령에 정하여진 직무뿐만 아니라 그와 관련 있는 직무, 관례상이나 사실상 소관하는 직무행위권자를 보좌하거나 영향을 줄 수 있는 직무행위, 과거에 담당하였거나 장래에 담당할 직무 외에 사무분장에 따라 현실적으로 담당하고 있지 않아도 법령상 일반적인 직무권한에 속하는 직무 등 공무원이 그 직위에 따라 담당할 일체의 직무를 포함한다.

[2] 형법 제129조 제1항의 뇌물수수죄가 성립하려면 공무원이 그 직무에 관하여 뇌물을 수수하여야 한다. 따라서 공무원이 이익을 수수한 행위가 공무원의 직무와 관련이 없다면 뇌물수수죄는 성립하지 않는다. 공무원이 장래에 담당할 직무에 대한 대가로 이익을 수수한 경우에도 뇌물수수죄가 성립할 수 있지만, 그 이익을 수수할 당시 장래에 담당할 직무에 속하는 사항이 그 수수한 이익과 관련된 것임을 확인할 수 없을 정도로 막연하고 추상적이거나, 장차 그 수수한 이익과 관련지을 만한 직무권한을 행사할지 자체를 알 수 없다면, 그 이익이 장래에 담당할 직무에 관하여 수수되었다거나 그 대가로 수수되었다고 단정하기 어렵다.

---

1. 뇌물죄에 있어서 '직무' 및 수뢰후부정처사죄에 있어서 '부정한 행위'의 의미 [대법원 2003. 6. 13. 선고, 2003도1060]

【판결요지】

뇌물죄는 직무집행의 공정과 이에 대한 사회의 신뢰에 기하여 직무행위의 불가매수성을 그 직접의 보호법익으로 하고 있으므로 뇌물성은 의무위반 행위나 청탁의 유무 및 금품수수 시기와 직무집행 행위의 전후를 가리지 아니한다 할 것이고, 따라서 뇌물죄에서 말하는 '직무'에는 법령에 정하여진 직무뿐만 아니라 그와 관련 있는 직무, 과거에 담당하였거나 장래에 담당할 직무 외에 사무분장에 따라 현실적으로 담당하지 않는 직무라도 법령상 일반적인 직무권한에 속하는 직무 등 공무원이 그 직위에 따라 공무로 담당할 일체의 직무를 포함한다 할 것이고, 수뢰후부정처사죄에서 말하는 '부정한 행위'라 함은 직무에 위배되는 일체의 행위를 말하는 것으로 직무행위 자체는 물론 그것과 객관적으로 관련 있는 행위까지를 포함한다.

---

2. 공무원이 그 직무에 관하여 금원을 무기한·무이자로 차용한 경우(적극) [대법원 2004. 5. 28. 선고, 2004도1442]

【판시사항】

[1] 공무원이 그 직무에 관하여 금원을 무기한·무이자로 차용한 경우 뇌물성 유무(적극)

[2] 대대 주임원사가 소속 사병의 부모로부터 무이자로 금원을 차용하여 그 이자액 상당의 재산상 금융 이익을 취득함으로써 뇌물을 수수하였다.

【이유】

[1] 공무원이 그 직무에 관하여 금원을 무기한·무이자로 차용한 경우에는 수뢰자가 받은 실질적 이익은 무기한·무이자 차용금의 금융이익 상당이므로 위의 경우에는 그 금융이익이 뇌물이라 할 것인 바(대법원 1976. 9. 28. 선고 75도3607 판결 참조),

[2] 병사들의 보직 등을 결정하는 직무가 피고인이 관례상이나 사실상 소관하는 직무 또는 결정권자를 보좌하거나 영향을 줄 수 있는 직무에 해당함은 앞서 본 바와 같고, 기록에 의하면, 공소외 2의 아들인 공소외 1이 피고인이 주임원사로 근무하는 부대의 사병이라는 관계 이외에는 피고인과 공소외 2 사이에 사적인 친분관계가 없었던 사실, 공소외 2는 공소외 1에 대한 면회 또는 체육대회 참가 등으로 부대를 방문할 때 특산물 등을 선물하며 피고인에게 인사를 하는 외에는 피고인과의 접촉이 없었던 사실 등이 인정되며, 피고인도 군 검찰에서 '아들을 부탁하는 명목이 아니라면 원래부터 아는 사이가 아닌데 1,000만 원을 빌려주지 않았을 것'이라고 진술하고 있는 점 등에 비추어, 피고인이 공소외 2로부터 1,000만 원을 무이자로 차용하여 이자 상당 금융이익을 취득한 것을 직무와 관계없이 개인적 친분관계에 의한 교분상의 필요에 의한 것이라고 볼 수는 없고, 오히려 직무의 대가로 얻은 부당한 이익이라고 인정하기에 충분하다 할 것이다.

129-5. 공무원의 직무와 관련하여 사교적 의례의 형식을 빌려 수수한 금품이 뇌물에 해당하는지 여부(적극) [대법원 2017. 12. 22. 선고, 2017도11616]

【판시사항】

[1] 공무원이 직무의 대상이 되는 사람으로부터 금품 기타 이익을 받은 경우, 직무와의 관련성이 인정되는지 여부(원칙적 적극) / 공무원의 직무와 관련하여 사교적 의례의 형식을 빌려 수수한 금품이 뇌물에 해당하는지 여부(적극)

[2] 뇌물수수죄의 범의를 인정하기 위해서는 엄격한 증명이 요구되는지 여부(적극) / 피고인이 금품 등을 수수한 사실을 인정하면서도 범의를 부인하는 경우, 그 증명 방법 및 간접 사실에 비추어 뇌물수수의 범의가 인정되는 경우

【이 유】

공무원이 그 직무의 대상이 되는 사람으로부터 금품 기타 이익을 받은 때에는 그것이 그 사람이 종전에 공무원으로부터 접대 또는 수수 받은 것을 갚는 것으로서 사회상규에 비추어 볼 때 의례상의 대가에 불과한 것이거나, 개인적인 친분관계가 있어서 교분상의 필요에 의한 것이라고 명백하게 인정할 수 있는 경우 등 특별한 사정이 없는 한 직무와의 관련성이 있다고 볼 수 있고, 공무원의 직무와 관련하여 금품을 수수하였다면 비록 사교적 의례의 형식을 빌려 금품을 주고받았다고 하더라도 그 수수한 금품은 뇌물이 된다(대법원 2002. 7. 26. 선고 2001도6721 판결, 대법원 2017. 1. 12. 선고 2016도15470 판결 등 참조). 한편 뇌물수수죄에서 공무원의 직무에 관하여 수수하였다는 범의를 인정하기 위해서는 엄격한 증명이 요구되지만, 피고인이 금품 등을 수수한 사실을 인정하면서도 범의를 부인하는 경우에는, 범의와 상당한 관련성이 있는 간접 사실을 증명

하는 방법에 의하여 이를 입증할 수밖에 없는데, 간접 사실에 비추어 수수하는 금품이 공무원의 직무에 대한 대가로서의 성질을 가진다는 사정을 피고인이 미필적으로라도 인식하면서 묵인한 채 이를 수수한 것으로 볼 수 있다면 뇌물수수의 범의는 충분히 인정된다(대법원 2016. 2. 18. 선고 2015도18070 판결 등 참조).

---

1. 뇌물죄 적용에 있어서 지방공사와 지방공단의 직원을 공무원으로 본다고 규정한 지방공기업법 제83조가 위헌인지 여부(소극) 및 이 때 간부직원만을 공무원으로 보아야 하는지 여부(소극) [대법원 2002. 7. 26. 선고, 2001도6721] (소극)

【판결요지】

형법 제129조 내지 제132조의 적용에 있어서 지방공사와 지방공단의 직원까지 공무원으로 본다고 규정한 지방공기업법 제83조는 헌법 제11조 제1항, 제37조 제2항 등에 위반된다고 볼 수 없고, 또한 지방공기업법 제83조의 명문의 규정에 반하여 지방공사와 지방공단의 직원을 특정범죄가중처벌등에관한법률 제4조 제1항 소정의 간부직원, 즉 과장대리급 이상의 직원으로 한정하여 해석할 수도 없다.

129-6. 공무원이 직무의 대상이 되는 사람으로부터 금품 기타 이익을 받은 경우, 직무관련성이 인정되는지 여부(원칙적 적극) [대법원 2017. 6. 19. 선고, 2017도5316]

【판시사항】

뇌물죄에서 직무의 의미 및 구체적인 행위가 공무원의 직무에 속하는지와 공무원이 얻는 이익이 직무와 대가관계가 있는 부당한 이익으로서 뇌물에 해당하는지 판단하는 방법 / 공무원이 직무의 대상이 되는 사람으로부터 금품 기타 이익을 받은 경우, 직무관련성이 인정되는지 여부(원칙적 적극)

【이 유】

뇌물죄에서 말하는 직무에는 공무원이 법령상 관장하는 직무 그 자체뿐만 아니라 직무와 밀접한 관계가 있는 행위 또는 관례상이나 사실상 관여하는 직무행위도 포함된다. 구체적인 행위가 공무원의 직무에 속하는지는 그것이 공무의 일환으로 행하여졌는지라는 형식적인 측면과 함께 공무원이 수행하여야 할 직무와의 관계에서 합리적으로 필요하다고 인정되는 것인지라는 실질적인 측면을 아울러 고려하여 결정하여야 한다. 또한 공무원이 얻는 이익이 직무와 대가관계가 있는 부당한 이익으로서 뇌물에 해당하는지 여부는 공무원의 직무내용, 직무와 이익제공자의 관계, 쌍방 간에 특수한 사적인 친분관계가 존재하는지 여부, 이익의 다과, 이익을 주고받은 경위와 시기 등 여러 사정을 참작하여 결정하여야 한다(대법원 2011. 3. 24. 선고 2010도17797 판결 등 참조). 그리고 공무원이 그 직무의 대상이 되는 사람으로부터 금품 기타 이익을 받은 때에는 사회상규에 비추어 의례상의 대가라고 볼 수 있거나, 개인적인 친분관계가 있어서 교분상의 필요에 의한 것이라고 명백하게 인정할 수 있는 경우 등과 같은 특별한 사정이 없는 한 직무관련성이 인정된다(대법원 2002. 7. 26. 선고 2001도6721 판결, 대법원 2017. 1. 12. 선고 2016도15470 판결 등 참조).

---

1. 공무원이 얻은 이익이 '뇌물'에 해당하는지 여부 판단 기준 [대법원 2011. 3. 24. 선고, 2010도17797]

【판시사항】

[1] 공무원이 얻은 이익이 '뇌물'에 해당하는지 여부의 판단 기준

[2] 시(市) 도시계획국장인 피고인 甲이 건설회사를 운영하는 피고인 乙의 부탁을 받고 위 회사로 하여
금 자신이 관리·감독하는 공사 중 일부를 하도급받도록 해 준 다음 그 대가로 돈을 받은 사안에서,
위 행위가 뇌물수수죄에 해당한다고 본 원심판단을 수긍한 사례

【판결요지】

[1] 공무원이 얻는 어떤 이익이 직무와 대가관계가 있는 부당한 이익으로서 '뇌물'에 해당하는지 여부
는 당해 공무원의 직무 내용, 직무와 이익제공자의 관계, 쌍방 간에 특수한 사적인 친분관계가 존
재하는지 여부, 이익의 다과, 이익을 수수한 경위와 시기 등의 제반 사정을 참작하여 결정하여야
하고, 뇌물죄가 직무집행의 공정과 이에 대한 사회의 신뢰 및 직무행위의 불가매수성을 보호법익
으로 하고 있는 점에 비추어 볼 때, 공무원이 이익을 수수하는 것으로 인하여 사회일반으로부터
직무집행의 공정성을 의심받게 되는지 여부도 뇌물죄의 성립 여부를 판단할 때에 기준이 된다.

[2] 시(市) 도시계획국장인 피고인 甲이, 시에서 丙 주식회사를 시공사로 하여 진행하던 구청 신축공사
및 그에 인접하여 丁 주식회사가 丙 회사를 시공사로 하여 진행하던 건물 증축공사에 대한 관리·감
독 업무를 수행하면서, 戊 회사를 운영하는 피고인 乙의 부탁을 받고 丙 회사에 부탁하여 위 증축
공사 중 건축공사 부분을 戊 회사에 하도급받도록 해 준 다음 그 대가로 돈을 받은 사안에서, 甲의
위와 같은 행위는 직무와 밀접한 관계가 있는 행위에 관하여 금품을 수수한 것으로서 뇌물수수죄
에 해당한다고 본 원심판단을 수긍한 사례

129-7. 금품수수 여부가 쟁점인 사건에서 금품수수자로 지목된 자가 수수사실을 부인하고 있고 이를 뒷받침할 객관적 물증이 없는 경우 [대법원 2017. 3. 30. 선고, 2013도10100]

【판시사항】

금품수수 여부가 쟁점이 된 사건에서 금품수수자로 지목된 피고인이 수수사실을 부인하고 있고
이를 뒷받침할 금융자료 등 객관적 물증이 없는 경우 금품을 제공하였다는 사람의 진술만으로 유죄
를 인정하기 위해서는 그 사람의 진술이 증거능력이 있어야 함은 물론 합리적인 의심을 배제할 만
한 신빙성이 있어야 하고, 신빙성이 있는지 여부를 판단할 때에는 그 진술 내용 자체의 합리성, 객
관적 상당성, 전후의 일관성뿐만 아니라 그의 인간됨, 그 진술로 얻게 되는 이해관계 유무, 특히
그에게 어떤 범죄의 혐의가 있고 그 혐의에 대하여 수사가 개시될 가능성이 있거나 수사가 진행 중
인 경우에는 이를 이용한 협박이나 회유 등의 의심이 있어 그 진술의 증거능력이 부정되는 정도에
까지 이르지 않는 경우에도 그로 인한 궁박한 처지에서 벗어나려는 노력이 진술에 영향을 미칠 수
있는지 여부 등도 아울러 살펴보아야 한다(대법원 2002. 6. 11. 선고 2000도5701 판결, 대법원
2009. 1. 15. 선고 2008도8137 판결, 대법원 2011. 4. 28. 선고 2010도14487 판결 등 참조).

1. 금품수수 여부가 쟁점인 사건에서 금품공여자나 금품수수자로 지목된 자의 진술이 각각 일부는 진실
을, 일부는 허위나 과장·왜곡·착오를 포함하고 있을 경우 [대법원 2011. 4. 28. 선고, 2010도14487]
【판시사항】

금품수수 여부가 쟁점인 사건에서 금품공여자나 금품수수자로 지목된 자의 진술이 각각 일부는 진실을, 일부는 허위나 과장·왜곡·착오를 포함하고 있을 경우, 그 진술의 신빙성 유무를 판단할 때 고려하여야 할 사항

【판결요지】

금품수수 여부가 쟁점이 된 사건에서 금품공여자나 금품수수자로 지목된 피고인의 진술이 각기 일부는 진실을, 일부는 허위나 과장·왜곡·착오를 포함하고 있을 수 있으므로, 형사재판을 담당하는 사실심 법관으로서는 금품공여자와 피고인 사이의 상반되고 모순되는 진술들 가운데 허위·과장·왜곡·착오를 배제한 진실을 찾아내고 그 진실들을 조합하여 사건의 실체를 파악하는 노력을 기울여야 하며, 이러한 노력 없이 금품공여자의 진술 중 일부 진술에 신빙성이 인정된다고 하여 그가 한 공소사실에 부합하는 진술은 모두 신빙하고 이와 배치되는 피고인의 주장은 전적으로 배척한다면, 이는 피고인의 진술에 일부 신빙성이 있는 부분이 있다고 하여 공소사실을 부인하는 피고인의 주장 전부를 신빙할 수 있다고 보는 것과 다를 바 없는 논리의 비약에 지나지 않아서 그에 따른 결론이 건전한 논증에 기초하였다고 수긍하기 어렵다.

2. 금원수수 여부가 쟁점인 사건에서 금융자료 등 물증이 없는 경우, 금원을 제공하였다는 사람의 진술에 대한 신빙성 유무의 판단 기준 [대법원 2009. 1. 15. 선고, 2008도8137] ⇒ 변양호 전 재정경제부 국장 피고사건

【판시사항】

[1] 금원수수 여부가 쟁점인 사건에서 금융자료 등 물증이 없는 경우, 금원을 제공하였다는 사람의 진술에 대한 신빙성 유무의 판단 기준

[2] 쟁점인 금원수수 여부에 관하여 금융자료 등 물증이 없는 상황에서 여러 차례 금원을 제공하였다는 사람의 진술 중 상당한 부분의 신빙성을 배척하는 경우, 나머지의 금원제공 진술로 유죄를 인정하기 위한 요건

【판결요지】

[1] 금원수수 여부가 쟁점이 된 사건에서 금원수수자로 지목된 피고인이 수수사실을 부인하고 있고 이를 뒷받침할 금융자료 등 객관적 물증이 없는 경우, 금원을 제공하였다는 사람의 진술만으로 유죄를 인정하기 위해서는 그 사람의 진술이 증거능력이 있어야 함은 물론 합리적인 의심을 배제할 만한 신빙성이 있어야 한다. 신빙성 유무를 판단할 때에는 그 진술 내용 자체의 합리성, 객관적 상당성, 전후의 일관성뿐만 아니라 그의 인간됨, 그 진술로 얻게 되는 이해관계 유무 등을 아울러 살펴보아야 한다. 특히, 그에게 어떤 범죄의 혐의가 있고 그 혐의에 대하여 수사가 개시될 가능성이 있거나 수사가 진행중인 경우에는, 이를 이용한 협박이나 회유 등의 의심이 있어 그 진술의 증거능력이 부정되는 정도에까지 이르지 않는 경우에도, 그로 인한 궁박한 처지에서 벗어나려는 노력이 진술에 영향을 미칠 수 있는지 여부 등을 살펴보아야 한다.

[2] 금원수수 여부가 쟁점이 된 사건에서 금원수수자로 지목된 피고인이 수수사실을 부인하고 있고 이를 뒷받침할 금융자료 등 객관적 물증이 없는 경우, 여러 차례에 걸쳐 금원을 제공하였다고 주장하는 사람의 진술을 신뢰할 수 있는지 심사해 본 결과 그 중 상당한 금원제공 진술 부분을 그대로 믿을 수 없는 객관적인 사정 등이 밝혀져 그 부분 진술의 신빙성을 배척하는 경우라면, 여러 차례에 걸쳐 금원을 제공하였다는 진술의 신빙성은 전체적으로 상당히 허물어졌다고 보아야 한다. 따라서

나머지 일부 금원제공 진술 부분에 관하여는 이를 그대로 믿을 수 없는 객관적 사정 등이 직접 밝혀지지 않았다고 하더라도, 여러 차례에 걸쳐 금원을 제공하였다고 주장하는 사람의 진술만을 내세워 함부로 나머지 일부 금원수수 사실을 인정하는 것은 원칙적으로 허용될 수 없다. 나머지 일부 금원수수 사실을 인정하려면 신빙성을 배척하는 진술 부분과는 달리 이 부분 진술만은 신뢰할 수 있는 근거가 확신할 수 있을 정도로 충분히 제시되거나, 그 진술을 보강할 수 있는 다른 증거들에 의하여 충분히 뒷받침되는 경우 등 합리적인 의심을 해소할 만한 특별한 사정이 존재하여야 한다.

129-8. 정치자금 명목으로 정치자금법에 정한 절차에 따라 주고받은 금품이라도 뇌물성이 인정되는 경우 및 이때 금품제공의 뇌물성을 판단할 때 고려할 사항 [대법원 2017. 3. 22. 선고, 2016도21536]

【판시사항】

[1] 정치자금의 명목으로 정치자금법에 정한 절차에 따라 주고받은 금품이라도 뇌물성이 인정되는 경우 및 이때 금품 제공의 뇌물성을 판단할 때 고려할 사항

[2] 공무원이 뇌물을 받는 데에 지출한 필요 경비 또는 뇌물을 받는 주체가 아닌 자가 수고비로 받은 부분이나 뇌물을 받기 위하여 형식적으로 체결된 용역계약에 따른 비용으로 사용된 부분이 뇌물의 가액과 추징액에서 공제할 항목에 해당하는지 여부(소극) / 피고인이 영득의 의사로 뇌물을 받은 것인지 판단하는 기준

【판결요지】

[1] 정치자금의 기부행위는 정치활동에 대한 재정적 지원행위이고, 뇌물은 공무원의 직무행위에 대한 위법한 대가로서, 양자는 별개의 개념이다. 정치자금의 명목으로 금품을 주고받았고 정치자금법에 정한 절차를 밟았다고 할지라도, 정치인의 정치활동 전반에 대한 지원의 성격을 갖는 것이 아니라 공무원인 정치인의 특정한 구체적 직무행위와 관련하여 금품 제공자에게 유리한 행위를 기대하거나 또는 그에 대한 사례로서 금품을 제공함으로써 정치인인 공무원의 직무행위에 대한 대가로서의 실체를 가진다면 뇌물성이 인정된다. 이때 금품 제공의 뇌물성을 판단할 때 상대방의 지위와 직무권한, 금품 제공자와 상대방의 종래 교제상황, 금품 제공자가 평소 기부를 하였는지와 기부의 시기·상대방·금액·빈도, 제공한 금품의 액수, 금품 제공의 동기와 경위 등을 종합적으로 고려하여야 한다.

[2] 공무원이 뇌물을 받는 데에 필요한 경비를 지출한 경우 그 경비는 뇌물수수의 부수적 비용에 불과하여 뇌물의 가액과 추징액에서 공제할 항목에 해당하지 않는다. 뇌물을 받는 주체가 아닌 자가 수고비로 받은 부분이나 뇌물을 받기 위하여 형식적으로 체결된 용역계약에 따른 비용으로 사용된 부분은 뇌물수수의 부수적 비용에 지나지 않는다. 뇌물을 받는다는 것은 영득의 의사로 금품을 받는 것을 말하므로, 뇌물인지 모르고 받았다가 뇌물임을 알고 즉시 반환하거나 또는 증뢰자가 일방적으로 뇌물을 두고 가므로 나중에 기회를 보아 반환할 의사로 어쩔 수 없이 일시 보관하다가 반환하는 등 영득의 의사가 없었다고 인정되는 경우라면 뇌물을 받았다고 할 수 없다. 그러나 피고인이 먼저 뇌물을 요구하여 증뢰자로부터 돈을 받았다면 피고인에게는 받은 돈 전부에 대한 영득의 의사가 인정된다.

1. 영득의 의사로 수령한 뇌물의 액수가 예상한 것보다 너무 많아 후에 이를 반환한 경우 뇌물죄의 성립
   범위(=수령한 액수 전부) [대법원 2007. 3. 29. 선고, 2006도9182]
   【판결요지】
   뇌물을 수수한다는 것은 영득의 의사로 금품을 수수하는 것을 말하므로, 뇌물인지 모르고 이를 수수하
   였다가 뇌물임을 알고 즉시 반환하거나, 증뢰자가 일방적으로 뇌물을 두고 가므로 후일 기회를 보아
   반환할 의사로 어쩔 수 없이 일시 보관하다가 반환하는 등 그 영득의 의사가 없었다고 인정되는 경우라
   면 뇌물을 수수하였다고 할 수 없겠지만, 피고인이 먼저 뇌물을 요구하여 증뢰자가 제공하는 돈을 받았
   다면 피고인에게는 받은 돈 전부에 대한 영득의 의사가 인정된다고 하지 않을 수 없고, 이처럼 영득의
   의사로 뇌물을 수령한 이상 그 액수가 피고인이 예상한 것보다 너무 많은 액수여서 후에 이를 반환하였
   다고 하더라도 뇌물죄의 성립에는 영향이 없다.

2. 공무원으로 의제되는 정비사업전문관리업자의 임·직원이 취득한 금품의 '뇌물'에 해당하는지 판단하
   는 기준 [대법원 2011. 11. 24. 선고, 2011도9585]
   【판시사항】
   [1] 공무원으로 의제되는 정비사업전문관리업자의 임·직원이 자신이 아닌 정비사업전문관리업자 또는
   제3자에게 뇌물을 공여하도록 한 경우, 임·직원에게 뇌물수수죄가 성립하기 위한 요건
   [2] 구 도시 및 주거환경정비법상 정비사업전문관리업체 임원인 피고인이 건설회사에게서 재개발정비
   사업 시공사로 선정되도록 도와달라는 취지의 부탁을 받고 자신이 실질적으로 장악하고 있는 컨설
   팅회사 명의 계좌로 돈을 교부받았다는 내용으로 기소된 사안
   [3] 여러 사람이 공동으로 뇌물을 수수한 경우 가액 추징의 방법 및 공동수수자가 아닌 교사범 또는
   종범에게 뇌물 중 일부를 사례금 등의 명목으로 교부한 경우 추징하여야 할 금액(=수뢰액 전부)
   [4] 공무원으로 의제되는 정비사업전문관리업자의 임·직원이 취득한 금품이 '뇌물'에 해당하는지 판단
   하는 기준
   【판결요지】
   [1] 형법 제129조 제1항 뇌물수수죄는 공무원이 직무에 관하여 뇌물을 수수한 때에 적용되는 것으로
   서, 공무원이 직접 뇌물을 받지 아니하고 증뢰자로 하여금 다른 사람에게 뇌물을 공여하도록 한
   경우라도 다른 사람이 공무원의 사자 또는 대리인으로서 뇌물을 받은 경우 등과 같이 사회통념상
   다른 사람이 뇌물을 받은 것을 공무원이 직접 받은 것과 같이 평가할 수 있는 관계가 있는 경우에
   는 형법 제129조 제1항 뇌물수수죄가 성립하고, 이러한 법리는 공무원으로 의제되는 정비사업전
   문관리업자의 임·직원이 직무에 관하여 자신이 아닌 정비사업전문관리업자 또는 그 밖의 제3자에
   게 뇌물을 공여하게 하는 경우에도 마찬가지이다.
   [2] 도시 및 주거환경정비법상 정비사업전문관리업체인 甲 주식회사 대표이사인 피고인이 여러 건설회
   사들에게서 재개발정비사업 시공사로 선정되도록 도와달라는 취지의 부탁을 받고 자신이 실질적
   으로 장악하고 있는 컨설팅회사 명의 계좌로 돈을 교부받았다는 내용으로 기소된 사안에서, 피고
   인이 건설회사와 컨설팅회사 간의 용역계약을 가장하여 건설회사들에게서 뇌물을 수수하는 과정
   에서 건설회사들이 형식적인 용역계약 상대방인 컨설팅회사 계좌로 뇌물을 입금한 것은 사회통념
   상 피고인에게 직접 뇌물을 공여한 것과 동일하게 평가할 수 있다고 보아 형법 제129조 제1항 뇌
   물수수죄를 인정한 원심판단을 수긍한 사례

[3] 여러 사람이 공동으로 뇌물을 수수한 경우 그 가액을 추징하려면 실제로 분배받은 금품만을 개별적으로 추징하여야 하고 수수금품을 개별적으로 알 수 없을 때에는 평등하게 추징하여야 하며 공동정범뿐 아니라 교사범 또는 종범도 뇌물의 공동수수자에 해당할 수 있으나, 공동정범이 아닌 교사범 또는 종범의 경우에는 정범과의 관계, 범행 가담 경위 및 정도, 뇌물 분배에 관한 사전약정의 존재 여부, 뇌물공여자의 의사, 종범 또는 교사범이 취득한 금품이 전체 뇌물수수액에서 차지하는 비중 등을 고려하여 공동수수자에 해당하는지를 판단하여야 한다. 그리고 뇌물을 수수한 자가 공동수수자가 아닌 교사범 또는 종범에게 뇌물 중 일부를 사례금 등의 명목으로 교부하였다면 이는 뇌물을 수수하는 데 따르는 부수적 비용의 지출 또는 뇌물의 소비행위에 지나지 아니하므로, 뇌물수수자에게서 수뢰액 전부를 추징하여야 한다.

[4] 공무원이 취득한 금품이 뇌물에 해당하는지는 당해 공무원의 직무 내용, 직무와 금품제공자의 관계, 쌍방간에 특수한 사적인 친분관계가 존재하는지 여부, 금품의 다과, 금품을 수수한 경위와 시기 등의 제반 사정을 참작하여 결정하여야 하고, 이는 도시 및 주거환경정비법 제84조에 의하여 공무원으로 의제되는 정비사업전문관리업자의 임·직원의 경우도 마찬가지이다.

129-9. 공무원이 직접 뇌물을 받지 않고 증뢰자로 하여금 다른 사람에게 뇌물을 공여하도록 한 경우, 뇌물수수죄가 성립하기 위한 요건 [대법원 2016. 6. 23. 선고, 2016도3540]

【판시사항】

[1] 공무원이 직접 뇌물을 받지 않고 증뢰자로 하여금 다른 사람에게 뇌물을 공여하도록 한 경우, 형법 제129조 제1항의 뇌물수수죄가 성립하기 위한 요건

[2] 해군참모총장인 피고인 甲이 피고인 乙과 공모하여, 방위산업물자를 공급하는 丙 그룹 관련 회사들로 하여금 피고인 乙이 33%의 지분을 보유한 丁 주식회사에 후원금을 지급하게 하는 방법으로 뇌물을 수수하였다고 하여 특정범죄 가중처벌 등에 관한 법률 위반(뇌물)으로 기소된 사안에서, 피고인들이 받은 뇌물의 내용을 후원금이 아닌 '주요 주주로서 얻게 되는 경제적 이익'이라고 인정하고 그에 관하여 형법 제129조 제1항의 뇌물수수죄가 성립한다고 본 원심판결에 법리오해의 위법이 있다.

【판결요지】

[1] 형법 제129조 제1항의 뇌물수수죄는 공무원이 직무에 관하여 뇌물을 수수한 때에 적용되는 것으로서, 이와 별도로 형법 제130조에서 공무원이 직무에 관하여 부정한 청탁을 받고 제3자에게 뇌물을 공여하게 한 때에는 제3자뇌물제공죄로 처벌하도록 규정하고 있는 점에 비추어 보면, <u>공무원이 직접 뇌물을 받지 않고 증뢰자로 하여금 다른 사람에게 뇌물을 공여하도록 한 경우에는 다른 사람이 공무원의 사자(使者) 또는 대리인으로서 뇌물을 받은 경우 등과 같이 사회통념상 다른 사람이 뇌물을 받은 것을 공무원이 직접 받은 것과 같이 평가할 수 있는 관계가 있는 경우에 한하여 형법 제129조 제1항의 뇌물수수죄가 성립한다.</u>

[2] 해군참모총장인 피고인 甲이 피고인 乙과 공모하여, 방위산업물자를 공급하는 丙 그룹 관련 회사들로 하여금 피고인 乙이 33%의 지분을 보유한 丁 주식회사에 후원금을 지급하게 하는 방법으로 뇌물을 수수하였다고 하여 특정범죄 가중처벌 등에 관한 법률 위반(뇌물)으로 기소된 사안에서, 丁 회사가 후원금을 받은 것을 피고인들이 직접 받은 것과 동일하게 평가할 수 없다는 이

유로 후원금에 대한 단순수뢰죄가 성립하지 않는다고 보는 이상, 丁 회사가 공무원이나 그 공동정범자 이외의 제3자 지위에서 후원금을 공여받음으로써 피고인 乙이 그 주주로서 간접적으로 이익을 얻게 되더라도 그러한 사실상의 경제적 이익에 관하여 피고인들을 뇌물의 귀속주체로 하여 단순수뢰죄가 별도로 성립한다고 볼 수 없으므로, 피고인 乙이 33% 지분을 보유한 주주로서 丁 회사와 밀접한 이해관계를 맺고 있더라도 丁 회사가 후원금을 받은 것을 피고인 乙이 직접 받은 것과 동일하게 평가할 수 없는 이상 그 금품에서 파생하는 경제적 이익을 뇌물로 직접 수수하였다고 인정하여 단순수뢰죄가 성립하였다고 볼 수 없음에도, 공소장 변경 절차를 거치지 않고 직권으로 피고인들이 받은 뇌물의 내용을 후원금이 아닌 '주요 주주로서 얻게 되는 경제적 이익'이라고 인정하고 그에 관하여 형법 제129조 제1항의 뇌물수수죄가 성립한다고 본 원심판결에 뇌물의 내용이나 귀속주체에 관한 법리오해의 위법이 있다.

129-10. 금품수수 여부가 쟁점인 사건에서 여러 차례 금품을 제공하였다는 사람의 진술 중 상당 부분 신빙성을 배척하는 경우, 나머지 금품제공 진술로 유죄를 인정하기 위한 요건 [대법원 2016. 6. 23. 선고, 2016도2889]

【판시사항】

[1] 금품수수 여부가 쟁점인 사건에서 금융자료 등 객관적 물증이 없는 경우, 금품을 제공하였다는 사람의 진술만으로 유죄를 인정하기 위한 요건 및 진술에 신빙성이 있는지 판단하는 기준

[2] 금품수수 여부가 쟁점인 사건에서 여러 차례에 걸쳐 금품을 제공하였다는 사람의 진술 중 상당 부분의 신빙성을 배척하는 경우, 나머지 금품제공 진술로 유죄를 인정하기 위한 요건

[3] 금품수수 여부가 쟁점인 사건에서 금품을 제공하였다는 사람의 진술에 대하여 제1심이 증인신문 절차 등을 거친 후에 합리적인 의심을 배제할 만한 신빙성이 없다고 보아 공소사실을 무죄로 판단하였는데, 항소심이 제1심 증인 등을 다시 신문하는 등의 추가 증거조사를 거쳐 신빙성을 심사하여 본 결과 제1심이 들고 있는 의심과 일부 어긋날 수 있는 사실의 개연성이 드러남으로써 제1심 판단에 의문이 생긴 경우, 일부 반대되는 사실에 관한 개연성 또는 의문만으로 제1심 판단에 사실오인의 위법이 있다고 단정하여 공소사실을 유죄로 인정할 수 있는지 여부(원칙적 소극)

【이 유】

[1] 형사재판에서 범죄사실에 대한 증명책임은 검사에게 있고, 유죄의 인정은 법관으로 하여금 합리적인 의심을 할 여지가 없을 정도로 공소사실이 진실한 것이라는 확신을 가지게 하는 증명력을 가진 증거에 의하여야 하므로, 그와 같은 증거가 없다면 설령 피고인에게 유죄의 의심이 간다 하더라도 피고인의 이익으로 판단할 수밖에 없다(대법원 1996. 3. 8. 선고 95도3081 판결 등 참조).

[2] 금품수수 여부가 쟁점이 된 사건에서 금품수수자로 지목된 피고인이 수수사실을 부인하고 있고 이를 뒷받침할 금융자료 등 객관적 물증이 없는 경우에 금품을 제공하였다는 사람의 진술만으로 유죄를 인정하기 위해서는 그 사람의 진술이 증거능력이 있어야 함은 물론 합리적인 의심을 배제할 만한 신빙성이 있어야 하고, 신빙성이 있는지 여부를 판단할 때에는 그 진술 내용 자체의 합리성, 객관적 상당성, 전후의 일관성뿐만 아니라 그의 인간됨, 그 진술로 얻게 되는 이해관계

유무, 특히 그에게 어떤 범죄의 혐의가 있고 그 혐의에 대하여 수사가 개시될 가능성이 있거나 수사가 진행 중인 경우에는 이를 이용한 협박이나 회유 등의 의심이 있어 그 진술의 증거능력이 부정되는 정도에까지 이르지 않는 경우에도 그로 인한 궁박한 처지에서 벗어나려는 노력이 진술에 영향을 미칠 수 있는지 여부 등도 아울러 살펴보아야 한다(대법원 2009. 1. 15. 선고 2008도 8137 판결 등 참조).

나아가 금품수수 여부가 쟁점이 된 사건에서 여러 차례에 걸쳐 금품을 제공하였다고 주장하는 사람의 진술을 신뢰할 수 있는지에 관하여 심사해 본 결과 그중 상당한 진술 부분을 그대로 믿을 수 없는 객관적인 사정 등이 밝혀짐에 따라 그 부분 진술의 신빙성을 배척하는 경우라면, 여러 차례에 걸쳐 금품을 제공하였다는 진술의 신빙성은 전체적으로 상당히 약해졌다고 보아야 할 것이므로, 비록 나머지 일부 금품제공 진술 부분에 대하여는 이를 그대로 믿을 수 없는 객관적 사정 등이 직접 밝혀지지 않았다고 하더라도, 그 진술만을 내세워 함부로 나머지 일부 금품수수 사실을 인정하는 것은 원칙적으로 허용될 수 없다고 보아야 한다. 나머지 일부 금품수수 사실을 인정할 수 있으려면, 신빙성을 배척하는 진술 부분과는 달리 그 부분 진술만은 신뢰할 수 있는 근거가 확신할 수 있을 정도로 충분히 제시되거나, 그 진술을 보강할 수 있는 다른 증거들에 의하여 충분히 뒷받침되는 경우 등과 같이 합리적인 의심을 해소할 만한 특별한 사정이 존재하여야 한다(대법원 2009. 1. 15. 선고 2008도8137 판결 등 참조).

[3] 금품수수 여부가 쟁점이 된 사건에서 금품을 제공하였다는 사람의 진술에 대하여 제1심이 증인신문 절차 등을 거친 후에 합리적인 의심을 배제할 만한 신빙성이 없다고 보아 공소사실을 무죄로 판단한 경우에, 항소심이 제1심 증인 등을 다시 신문하는 등의 추가 증거조사를 거쳐 그 신빙성을 심사하여 본 결과 제1심이 들고 있는 의심과 일부 어긋날 수 있는 사실의 개연성이 드러남으로써 제1심의 판단에 의문이 생긴다 하더라도, 제1심이 제기한 의심이 금품 제공과 양립할 수 없거나 그 진술의 신빙성 인정에 장애가 되는 사실의 개연성에 대한 합리성 있는 근거에 기초하고 있고 제1심의 증거조사 결과와 항소심의 추가 증거조사 결과에 의하여도 제1심이 일으킨 이러한 합리적인 의심을 충분히 해소할 수 있을 정도에까지 이르지 아니한다면, 그와 같은 일부 반대되는 사실에 관한 개연성 또는 의문만으로 그 진술의 신빙성 및 범죄의 증명이 부족하다는 제1심의 판단에 사실오인의 위법이 있다고 단정하여 공소사실을 유죄로 인정하여서는 아니 된다. 특히 항소심에서도 그 진술 중의 일부에 대하여 신빙성을 부정함으로써 그에 관한 제1심의 판단을 수긍하는 경우라면, 나머지 진술 부분에 대하여 신빙성을 부정한 제1심의 판단이 위법하다고 인정하기 위해서는 그 부분 진술만은 신뢰할 수 있는 확실한 근거가 제시되는 등의 특별한 사정이 있는지에 관하여 더욱 신중히 판단하여야 한다(대법원 2016. 2. 18. 선고 2015도11428 판결 참조).

129-11. 직무수행권을 상실한 후에도 조합 임원으로 등기되어 있는 상태에서 실질적으로 조합 임원으로서 직무를 수행하여 온 경우, 그 조합 임원을 뇌물죄의 적용에서 '공무원'으로 보아야 하는지 여부(적극) [대법원 2016. 1. 14. 선고, 2015도15798]

【판시사항】

도시 및 주거환경정비법상 정비사업조합의 임원이 조합 임원의 지위를 상실하거나 직무수행권을 상실한 후에도 조합 임원으로 등기되어 있는 상태에서 계속하여 실질적으로 조합 임원으로서 직무를 수행하여 온 경우, 그 조합 임원을 같은 법 제84조에 따라 형법상 뇌물죄의 적용에서 '공무원'으로 보아야 하는지 여부(적극)

【판결요지】

도시 및 주거환경정비법(이하 '도시정비법'이라고 한다) 제84조의 문언과 취지, 형법상 뇌물죄의 보호법익 등을 고려하면, 정비사업조합의 임원이 정비구역 안에 있는 토지 또는 건축물의 소유권 또는 지상권을 상실함으로써 조합 임원의 지위를 상실한 경우나 임기가 만료된 정비사업조합의 임원이 관련 규정에 따라 후임자가 선임될 때까지 계속하여 직무를 수행하다가 후임자가 선임되어 직무수행권을 상실한 경우, 그 조합 임원이 그 후에도 <u>조합의 법인 등기부에 임원으로 등기되어 있는 상태에서 계속하여 실질적으로 조합 임원으로서의 직무를 수행하여 왔다면 직무수행의 공정과 그에 대한 사회의 신뢰 및 직무행위의 불가매수성은 여전히 보호되어야 한다. 따라서 그 조합 임원은 임원의 지위 상실이나 직무수행권의 상실에도 불구하고 도시정비법 제84조에 따라 형법 제129조 내지 제132조의 적용에서 공무원으로 보아야 한다.</u>

129-12. 필요적 몰수추징 대상인 '뇌물에 공할 금품'의 범위 [대법원 2015. 10. 29. 선고, 2015도12838]

【판시사항】

[1] 필요적 몰수·추징의 대상인 '뇌물에 공할 금품'의 범위

[2] 뇌물을 수수할 때 공여자를 기망한 경우, 뇌물수수죄, 뇌물공여죄가 성립하는지 여부(적극) 및 이때 뇌물을 수수한 공무원의 죄책(=뇌물죄와 사기죄의 상상적 경합범)

【이 유】

형법 제134조는 뇌물에 공할 금품을 필요적으로 몰수하고 이를 몰수하기 불가능한 때에는 그 가액을 추징하도록 규정하고 있는바, 몰수는 특정된 물건에 대한 것이고 추징은 본래 몰수할 수 있었음을 전제로 하는 것임에 비추어 뇌물에 공할 금품이 특정되지 않았던 것은 몰수할 수 없고 그 가액을 추징할 수도 없다(대법원 1996. 5. 8. 선고 96도221 판결 참조).

뇌물을 수수함에 있어서 공여자를 기망한 점이 있다 하여도 뇌물수수죄, 뇌물공여죄의 성립에는 영향이 없고(대법원 1985. 2. 8. 선고 84도2625 판결 참조), 이 경우 뇌물을 수수한 공무원에 대하여는 한 개의 행위가 뇌물죄와 사기죄의 각 구성요건에 해당하므로 형법 제40조에 의하여 상상적 경합으로 처단하여야 할 것이다(대법원 1977. 6. 7. 선고 77도1069 판결).

> 1. 공여자를 기망하여 뇌물을 수수한 경우 뇌물수수 및 뇌물공여죄의 각 성부 [대법원 1985. 2. 8. 선고, 84도2625]
>
> 【판결요지】
>
> 뇌물은 수수함에 있어서 공여자를 기망한 점이 있다 하여도 뇌물수수, 뇌물공여죄의 성립에는 아무런 소장이 없다.

129-13. 배임수재자가 배임증재자에게 무상으로 빌려준 물건을 인도받아 사용하고 있던 중 공무원이 된 후, 배임증재자가 배임수재자에게 뇌물공여의 뜻을 밝히고 물건을 계속하여 배임수재자가 사용할 수 있는 상태로 두는 경우, 뇌물공여죄 성립 여부(원칙적 소극) [대법원 2015. 10. 15. 선고, 2015도6232]

【판결요지】

배임수재자가 배임증재자에게서 그가 무상으로 빌려준 물건을 인도받아 사용하고 있던 중에 공무원이 된 경우, 그 사실을 알게 된 배임증재자가 배임수재자에게 앞으로 물건은 공무원의 직무에 관하여 빌려주는 것이라고 하면서 뇌물공여의 뜻을 밝히고 물건을 계속하여 배임수재자가 사용할 수 있는 상태로 두더라도, 처음에 배임증재로 무상 대여할 당시에 정한 사용기간을 추가로 연장해 주는 등 새로운 이익을 제공한 것으로 평가할 만한 사정이 없다면, 이는 종전에 이미 제공한 이익을 나중에 와서 뇌물로 하겠다는 것에 불과할 뿐 새롭게 뇌물로 제공되는 이익이 없어 뇌물공여죄가 성립하지 않는다.

129-14. 뇌물수수의 공범자들 사이에 직무와 관련하여 금품이나 이익을 수수하기로 하는 명시적 또는 암묵적 공모관계가 성립하고 공모 내용에 따라 공범자 중 1인이 금품이나 이익을 수수한 경우 [대법원 2014. 12. 24. 선고, 2014도10199]

【판시사항】

뇌물수수의 공범자들 사이에 직무와 관련하여 금품이나 이익을 수수하기로 하는 명시적 또는 암묵적 공모관계가 성립하고 공모 내용에 따라 공범자 중 1인이 금품이나 이익을 수수한 경우, 수수한 금품이나 이익 전부에 관하여 특정범죄 가중처벌 등에 관한 법률 위반(뇌물)죄 또는 뇌물수수죄의 공모공동정범이 성립하는지 여부(원칙적 적극)

【이 유】

공무원이 그 직무의 대상이 되는 사람으로부터 금품 기타 이익을 받은 때에는 그것이 그 사람이 종전에 공무원으로부터 접대 또는 수수 받은 것을 갚는 것으로서 사회상규에 비추어 볼 때에 의례상의 대가에 불과한 것이라고 여겨지거나, 개인적인 친분관계가 있어서 교분상의 필요에 의한 것이라고 명백하게 인정할 수 있는 경우 등 특별한 사정이 없는 한 직무와의 관련성이 없는 것으로 볼 수 없다. 공무원의 직무와 관련하여 금품을 수수하였다면 비록 사교적 의례의 형식을 빌려 금품을 주고받았다고 하더라도 그 수수한 금품은 뇌물이 된다(대법원 2002. 7. 26. 선고 2001도6721 판결 등 참조). 공무원이 얻는 어떤 이익이 직무와 대가관계가 있는 부당한 이익으로서 뇌물에 해당하는지 혹은 사회상규에 따른 의례상의 대가 혹은 개인적 친분관계에 따른 교분상의 필요에 의한 것으로서 직무와의 관련성이 없는지 여부는 해당 공무원의 직무의 내용, 직무와 이익 제공자의 관계, 이익의 수수 경위 및 시기 등의 사정과 아울러 공여되는 이익의 종류와 가액도 함께 참작하여 판단하여야 한다(대법원 2006. 2. 24. 선고 2005도4737 판결, 대법원 2013. 11. 28. 선고 2013도9003 판결 등 참조).

뇌물수수의 공범자들 사이에 직무와 관련하여 금품이나 이익을 수수하기로 하는 명시적 또는 암묵적 공모관계가 성립하고 그 공모 내용에 따라 공범자 중 1인이 금품이나 이익을 수수하였다면, 사전에 특정 금액 이하로만 받기로 약정하였다든가 수수한 금액이 공모 과정에서 도저히 예상할 수 없는 고액이라는 등과 같은 특별한 사정이 없는 한, 그 수수한 금품이나 이익 전부에 관하여 특정범죄가중법 위반(뇌물)죄 또는 뇌물수수죄의 공모공동정범이 성립하며, 수수할 금품이나 이익의 규모나 정도 등에 대하여 사전에 서로 의사의 연락이 있거나 수수한 금품 등의 구체적 금액을 공범자가 알아야 공모공동정범이 성립하는 것은 아니라고 할 것이다(대법원 2003. 5. 30. 선고 2003도1137 판결 등 참조).

그리고 공무원이 뇌물을 받으면서 그 취득을 위하여 상대방에게 뇌물의 가액에 상당하는 금액의 일부를 비용 명목으로 출연하거나 그 밖에 경제적 이익을 제공하였다 하더라도, 이는 뇌물을 받는 데 지출한 부수적 비용에 불과하다고 보아야 할 것이지, 이로 인하여 공무원이 받은 뇌물이 그 뇌물의 가액에서 위와 같은 지출액을 공제한 나머지 가액에 상당한 이익에 한정된다고 볼 수는 없고(대법원 1999. 10. 8. 선고 99도1638 판결 등 참조), 공무원이 수수한 이익에 직무행위에 대한 대가로서의 성질과 직무 외의 행위에 대한 사례로서의 성질이 불가분적으로 결합되어 있는 경우에는 그 전부가 직무행위에 대한 대가로서의 성질을 가진다(대법원 2002. 8. 23. 선고 2002도46 판결, 대법원 2014. 3. 13. 선고 2013도15589 판결 등 참조).

129-15. 뇌물죄에서 직무관련성과 뇌물성 및 공무원이 얻은 이익이 '뇌물'에 해당하는지 판단하는 기준 [대법원 2014. 10. 15. 선고, 2014도8113]

【판시사항】

[1] 뇌물죄에서 직무관련성과 뇌물성 및 공무원이 얻은 이익이 '뇌물'에 해당하는지 판단하는 기준 / 이러한 법리가 도시 및 주거환경정비법 제84조에 의하여 공무원으로 의제되는 재건축정비사업조합 임원에게도 마찬가지로 적용되는지 여부(적극)

[2] 甲 생명보험 주식회사의 보험설계사이자 도시 및 주거환경정비법상 재건축정비사업조합의 조합장인 피고인이, 乙에게서 시공사 선정 등에 도움을 달라는 청탁을 받고 乙로 하여금 甲 회사 보험상품에 대한 보험계약을 체결하게 한 후 그에 대한 보험계약 모집수수료를 교부받음으로써 직무에 관하여 뇌물을 수수하였다는 내용으로 기소된 사안에서, 피고인이 乙에게서 제공받은 뇌물은 '보험계약 체결에 따라 모집수수료 등을 지급받을 수 있는 지위 또는 기회'이고, 재산적 가치는 적어도 보험계약 모집수수료 상당은 된다.

【이 유】

뇌물죄는 공무원의 직무집행의 공정과 이에 대한 사회의 신뢰 및 직무행위의 불가매수성을 그 보호법익으로 하고 있고 직무에 관한 청탁이나 부정한 행위를 필요로 하는 것은 아니기 때문에 수수된 금품의 뇌물성을 인정하는 데 특별한 청탁이 있어야만 하는 것은 아니며, 또한 금품이 직무에 관하여 수수된 것으로 족하고 개개의 직무행위와 대가적 관계가 있을 필요는 없다(대법원 2001. 10. 12. 선고 2001도3579 판결 등 참조). 공무원이 얻는 어떤 이익이 직무와 대가관계가 있는 부당한 이익으로서 뇌물에 해당하는지 여부는 당해 공무원의 직무내용, 직무와 이익제공자의 관계, 쌍방간에 특수한 사적인 친분관계가 존재하는지 여부, 이익의 다과, 이익을 수수한 경위와 시기 등의 제반사정을 참작하여 결정하여야 하고, 뇌물죄가 직무집행의 공정과 이에 대한 사회의 신뢰 및 직무행위의 불가매수성을 보호법익으로 하고 있는 점에 비추어 볼 때, 공무원이 이익을 수수하는 것으로 인하여 사회일반으로부터 직무집행의 공정성을 의심받게 되는지 여부도 뇌물죄의 성립 여부를 판단할 때에 기준이 된다(대법원 2011. 3. 24. 선고 2010도17797 판결 등 참조). 이러한 법리는 「도시 및 주거환경정비법」 제84조에 의하여 공무원으로 의제되는 재건축정비사업조합의 임원에게도 마찬가지로 적용된다.

---

1. 부하직원으로부터 승진 청탁과 함께 돈을 교부받았다가 나중에 반환한 경우 [대법원 2001. 10. 12. 선고, 2001도3579]

【판결요지】

피고인이 부하직원으로부터 승진 청탁과 함께 돈을 교부받은 경위, 언제든지 그 돈을 반환할 기회가 있었음에도 반환하지 않은 점, 그 돈을 사용한 뒤 6개월 후에 그 청탁을 들어줄 수 없는 처지에 이르자 반환한 점 등에 비추어 피고인에게 그 돈을 뇌물로서 영득할 의사가 있었다고 인정한 사례

---

2. 한국어항협회의 임원 또는 직원에 대하여 형법 제129조의 뇌물수수죄를 적용하기 위한 요건 [대법원 2009. 9. 10. 선고, 2009도5657]

【판시사항】

[1] 한국어항협회의 임원 또는 직원에 대하여 형법 제129조의 뇌물수수죄를 적용하기 위한 요건

[2] 한국어항협회의 임원이 해양쓰레기 정화사업을 수주함에 있어 편의를 봐달라는 취지의 부탁과 함께 1,000만 원의 뇌물을 수수하였다는 공소사실에 대하여, 한국어항협회의 '해양폐기물 수거·처리 사무'는 구 어항법 제38조의2 규정에 의하여 공무원 의제가 적용되는 사무에 해당하지 않으므로 형법 제129조의 뇌물수수죄가 적용되지 않는다고 판단한 사례

【이 유】

[1] 뇌물죄는 공무원의 직무집행의 공정과 이에 대한 사회의 신뢰 및 직무행위의 불가매수성을 그 보호법익으로 하고 있고, 직무에 관한 청탁이나 부정한 행위를 필요로 하는 것은 아니기 때문에 수수된 금품의 뇌물성을 인정하는 데 특별한 청탁이 있어야만 하는 것은 아니며, 또한 금품이 직무에 관하여 수수된 것으로 족하고 개개의 직무행위와 대가적 관계에 있을 필요는 없고, 공무원이 그 직무의 대상이 되는 사람으로부터 금품 기타 이익을 받은 때에는, 사회상규에 비추어 볼 때에 의례상의 대가에 불과한 것이라고 여겨지거나 개인적인 친분관계가 있어서 교분상의 필요에 의한 것이라고 명백하게 인정할 수 있는 경우 등 특별한 사정이 없는 한, 직무와의 관련성이 없는 것으로 볼 수 없으며, 공무원이 직무와 관련하여 금품을 수수하였다면 비록 사교적 의례의 형식을 빌려 금품을 주고받았다고 하더라도 그 수수한 금품은 뇌물이 되고, 나아가 뇌물죄가 직무집행의 공정과 이에 대한 사회의 신뢰를 그 보호법익으로 하고 있음에 비추어 볼 때 공무원이 금원을 수수하는 것으로 인하여 사회 일반으로부터 직무집행의 공정성을 의심받게 되는지의 여부도 하나의 판단 기준이 된다고 할 것이다(대법원 2008. 2. 1. 선고 2007도5190 판결 등 참조).

129-16. 도시개발법상 도시개발구역의 토지 소유자가 도시개발을 위하여 설립한 조합의 임직원 등이 직무에 관하여 부당한 이익을 얻은 경우, 그러한 이익을 약속, 공여 또는 공여의 의사를 표시한 자에게 뇌물공여죄가 성립하는지 여부(적극) [대법원 2014. 6. 12. 선고, 2014도2393]

【판결요지】

도시개발법 제84조는 "조합의 임직원, 제20조에 따라 그 업무를 하는 감리원은 형법 제129조부터 제132조까지의 규정에 따른 벌칙을 적용할 때 공무원으로 본다." 고 규정하고 있으므로, 도시개발구역의 토지 소유자가 도시개발을 위하여 설립한 조합(이하 '도시개발조합' 이라 한다)의 임직원 등은 형법 제129조 내지 제132조가 정한 죄의 주체가 된다. 이에 따라 도시개발조합의 임직원 등이 그 직무에 관하여 부당한 이익을 얻었다면 그러한 이익도 형법 제133조 제1항에 규정된 "제129조 내지 제132조에 기재한 뇌물" 에 해당하므로, 그 뇌물을 약속, 공여 또는 공여의 의사를 표시한 자에게는 형법 제133조 제1항에 의한 뇌물공여죄가 성립한다.

129-17. 임명권자에 의하여 임용되어 공무에 종사하여 온 사람이 나중에 임용결격자이었음이 밝혀져 당초의 임용행위가 무효인 경우 '공무원'에 해당하는지 여부(적극) [대법원 2014. 3. 27. 선고, 2013도11357]

【판시사항】

임명권자에 의하여 임용되어 공무에 종사하여 온 사람이 나중에 임용결격자이었음이 밝혀져 당초의 임용행위가 무효인 경우 형법 제129조에서 규정한 '공무원' 에 해당하는지 여부(적극) 및 그가 직무에 관하여 뇌물을 수수한 경우 수뢰죄로 처벌할 수 있는지 여부(적극)

【판결요지】

형법이 뇌물죄에 관하여 규정하고 있는 것은 공무원의 직무집행의 공정과 그에 대한 사회의 신뢰 및 직무행위의 불가매수성을 보호하기 위한 것이다. 법령에 기한 임명권자에 의하여 임용되어 공무에 종사하여 온 사람이 나중에 그가 임용결격자이었음이 밝혀져 당초의 임용행위가 무효라고 하더라도, 그가 임용행위라는 외관을 갖추어 실제로 공무를 수행한 이상 공무 수행의 공정과 그에 대한 사회의 신뢰 및 직무행위의 불가매수성은 여전히 보호되어야 한다. 따라서 이러한 사람은 형법 제129조에서 규정한 공무원으로 봄이 타당하고, 그가 그 직무에 관하여 뇌물을 수수한 때에는 수뢰죄로 처벌할 수 있다.

129-18. 뇌물의 내용인 '이익'의 의미 및 '성적 욕구의 충족'이 뇌물의 내용인 이익에 포함되는지 여부(적극) [대법원 2014. 1. 29. 선고, 2013도13937]

【판결요지】

뇌물죄에서 뇌물의 내용인 이익이라 함은 금전, 물품 기타의 재산적 이익뿐만 아니라 사람의 수요·욕망을 충족시키기에 족한 일체의 유형·무형의 이익을 포함하며, 제공된 것이 성적 욕구의 충족이라고 하여 달리 볼 것이 아니다.

1. 뇌물 내용인 '이익'의 의미 및 투기적 사업에 참여할 기회를 얻는 것이 '이익'에 해당하는지 여부(적극) [대법원 2002. 11. 26. 선고, 2002도3539]

【판시사항】

[1] 뇌물의 내용인 '이익'의 의미 및 투기적 사업에 참여할 기회를 얻는 것이 '이익'에 해당하는지 여부(적극)

[2] 공무원이 뇌물로 투기적 사업에 참여할 기회를 제공받은 경우, 뇌물수수죄의 기수시기

【판결요지】

[1] 뇌물죄에서 뇌물의 내용인 이익이라 함은 금전, 물품 기타의 재산적 이익뿐만 아니라 사람의 수요 욕망을 충족시키기에 족한 일체의 유형, 무형의 이익을 포함한다고 해석되고, 투기적 사업에 참여할 기회를 얻는 것도 이에 해당한다.

[2] 공무원이 뇌물로 투기적 사업에 참여할 기회를 제공받은 경우, 뇌물수수죄의 기수 시기는 투기적 사업에 참여하는 행위가 종료된 때로 보아야 하며, 그 행위가 종료된 후 경제사정의 변동 등으로 인하여 당초의 예상과는 달리 그 사업 참여로 아무런 이득을 얻지 못한 경우라도 뇌물수수죄의 성립에는 영향이 없다.

---

2. 영득 의사로 수령한 뇌물을 후에 반환하더라도 뇌물수수죄가 성립하는지 여부(적극) 및 영득할 의사 로 뇌물을 수령한 것인지 판단하는 기준 [대법원 2012. 8. 23. 선고, 2010도6504]

【판시사항】

[1] 영득의 의사로 수령한 뇌물을 후에 반환하더라도 뇌물수수죄가 성립하는지 여부(적극) 및 영득할 의사로 뇌물을 수령한 것인지 판단하는 기준

[2] 뇌물의 내용인 '이익'의 의미 및 투기적 사업에 참여할 기회를 얻는 것이 '이익'에 해당하는지 여부(적극)

【이 유】

뇌물을 수수한다는 것은 영득의 의사로 금품을 수수하는 것을 말하므로, 뇌물인지 모르고 이를 수수하였다가 뇌물임을 알고 즉시 반환하거나, 증뢰자가 일방적으로 뇌물을 두고 가므로 후일 기회를 보아 반환할 의사로 어쩔 수 없이 일시 보관하다가 반환하는 등 그 영득의 의사가 없었다고 인정되는 경우라면 뇌물을 수수하였다고 할 수 없겠지만, 일단 피고인이 영득의 의사로 뇌물을 수령한 이상 후에 이를 반환하였다고 하더라도 뇌물죄의 성립에는 영향이 없다(대법원 1987. 9. 22. 선고 87도1472 판결, 대법원 2007. 3. 29. 선고 2006도9182 판결 등 참조). 한편 영득할 의사로 뇌물을 수령한 것인지 여부를 판단함에 있어서는 뇌물을 교부받은 경위, 언제든지 그 뇌물을 반환할 기회가 있었음에도 반환하지 아니하였는지 여부, 그 뇌물을 반환하게 된 경위 등을 고려하여야 한다.

129-19. 뇌물공여죄가 성립하기 위하여는 반드시 상대방 측에서 뇌물수수죄가 성립하여야 하는지 여부(소극) [대법원 2013. 11. 28. 선고, 2013도9003]

【판시사항】

뇌물공여죄가 성립하기 위하여는 뇌물을 공여하는 행위와 상대방 측에서 금전적으로 가치가 있는 그 물품 등을 받아들이는 행위가 필요할 뿐 반드시 상대방 측에서 뇌물수수죄가 성립하여야 하는 것은 아니다(대법원 2006. 2. 24. 선고 2005도4737 판결 등 참조).

129-20. 뇌물죄에서 '직무'의 의미 및 공무원이었던 자가 재직 중에 청탁을 받고 직무상 부정한 행위를 한 후 뇌물의 수수 등을 할 당시 이미 공무원의 지위를 떠난 경우, 형법 제129조 제1항의 수뢰죄로 처벌할 수 있는지 여부(소극) [대법원 2013. 11. 28. 선고, 2013도10011]

【판시사항】

[1] 공무원이 구 건설기술관리법 제5조 제1항에 따른 '지방건설기술심의위원회' 위원으로서 직무를 처리하는 경우, 그 직무가 그 공무원이 취급하는 원래의 직무 범위에 속하지 않더라도 지방건설기술심의위원회 위원의 직무와 관련하여 부당한 금품을 수수한 때에는 뇌물죄가 성립하는지 여부(적극)

[2] 뇌물죄에서 '직무'의 의미 및 공무원이었던 자가 재직 중에 청탁을 받고 직무상 부정한 행위를 한 후 뇌물의 수수 등을 할 당시 이미 공무원의 지위를 떠난 경우, 형법 제129조 제1항의 수뢰죄로 처벌할 수 있는지 여부(소극)

[3] 공무원이 고유의 직무와 관련이 없는 일에 관하여 별도의 위촉절차 등을 거쳐 다른 직무를 수행하고 위촉 종료 이후에 종전에 위촉받아 수행한 직무에 관하여 금품을 수수한 경우, 일반 수뢰죄로 처벌할 수 있는지 여부(소극)

【판결요지】

[1] 구 건설기술관리법(2012. 1. 17. 법률 제11180호로 개정되기 전의 것) 제45조 제1호는 형법 제129조부터 제132조까지의 뇌물죄 규정을 적용할 때에는 제5조 제1항에 따른 지방건설기술심의위원회(이하 '기술심의위원회'라 한다)의 위원 중 공무원이 아닌 위원은 공무원으로 본다고 규정하고 있다. 이는 심의의 공정성과 투명성을 높이기 위하여 공무원이 아닌 사람이 기술심의위원회의 위원으로서 직무를 처리하는 경우에 그 직무와 관련하여 부당한 금품을 수수하면 공무원으로 보아 형법 제129조부터 제132조까지의 뇌물죄로 처벌하려는 것이다. 위와 같은 의제규정의 내용 및 목적에 비추어 보면, 국가공무원이나 지방공무원 등 공무원이 기술심의위원회의 위원으로서 직무를 처리하는 경우에 그 직무가 그 공무원이 취급하는 원래의 직무 범위에 속하지 아니한다고 하더라도 기술심의위원회 위원의 직무와 관련하여 부당한 금품을 수수한 때에는 뇌물죄가 성립한다.

[2] 뇌물죄에서 직무란 공무원이 그 지위에 수반하여 공무로서 처리하는 일체의 직무를 말하며, 과거에 담당하였거나 또는 장래 담당할 직무 및 사무분장에 따라 현실적으로 담당하지 않는 직무라고 하더라도 법령상 일반적인 직무권한에 속하는 직무 등 공무원이 그 지위에 따라 공무로 담당할 일체의 직무를 말한다. 다만 형법은 공무원이었던 자가 재직 중에 청탁을 받고 직무상 부정한 행위를 한 후 뇌물을 수수, 요구 또는 약속을 한 때에는 제131조 제3항에서 사후수뢰죄로 처벌하도록 규정하고 있으므로, 뇌물의 수수 등을 할 당시 이미 공무원의 지위를 떠난 경우에는 제129조 제1항의 수뢰죄로는 처벌할 수 없고 사후수뢰죄의 요건에 해당할 경우에 한하여 그 죄로 처벌할 수 있을 뿐이다.

[3] 국가공무원이 지방자치단체의 업무에 관하여 전문가로서 위원 위촉을 받아 한시적으로 직무를

수행하는 경우와 같이 공무원이 그 고유의 직무와 관련이 없는 일에 관하여 별도의 위촉절차 등을 거쳐 다른 직무를 수행하게 된 경우에는 그 위촉이 종료되면 그 위원 등으로서 새로 보유하였던 공무원 지위는 소멸한다고 보아야 하므로, 그 이후에 종전에 위촉받아 수행한 직무에 관하여 금품을 수수하더라도 이는 사후수뢰죄에 해당할 수 있음은 별론으로 하고 일반 수뢰죄로 처벌할 수는 없다.

---

1. 건설기술관리법이 형법상 뇌물죄 규정을 적용할 때 발주청의 '설계자문위원회' 위원 중 공무원이 아닌 위원을 공무원으로 의제하는 취지 [대법원 2013. 11. 14. 선고, 2012도15254]

【판시사항】

[1] 건설기술관리법 제45조 제2호가 형법상 뇌물죄 규정을 적용할 때 같은 법 제5조의2에 따른 발주청의 '설계자문위원회' 위원 중 공무원이 아닌 위원을 공무원으로 의제하는 취지

[2] 건설기술관리법령에 따라 발주청의 '설계심의분과위원회' 위원으로 임명 또는 위촉된 사람이 설계심의분과위원회 또는 그 위원의 직무와 관련하여 부당한 금품을 수수한 경우, 건설기술관리법 제45조 제2호에서 정한 '설계자문위원회' 위원으로서 직무와 관련하여 부당한 금품을 수수한 것에 해당하여 뇌물죄가 성립하는지 여부(적극)

【판결요지】

[1] 건설기술관리법(이하 '법'이라 한다) 제45조 제2호가 형법상 뇌물죄의 규정을 적용할 때는 법 제5조의2에 따른 발주청의 설계자문위원회 위원 중 공무원이 아닌 위원을 공무원으로 본다고 규정하고 있는 취지는, 설계자문위원회 심의의 공정성과 투명성을 높이기 위하여 공무원이 아닌 사람이 설계자문위원회의 위원으로서 직무를 처리하는 경우에, 그 직무와 관련하여 부당한 금품을 수수하면 공무원으로 보아 뇌물죄로 처벌하려는 것이다.

[2] 건설기술관리법(이하 '법'이라 한다) 제5조의2 제2항, 구 건설기술관리법 시행령(2013. 2. 20. 대통령령 제24390호로 개정되기 전의 것) 제21조 제1항, 제5항, 제6항, 제10조 제5항의 규정 내용처럼 발주청의 설계심의분과위원회는 설계자문위원회의 하부기관으로서 설계자문위원회가 담당하는 업무 중 일정한 사항을 수행하고, 이를 위하여 설계자문위원회의 위원 중에서 설계심의분과위원회의 위원을 임명 또는 위촉하도록 한 점에 비추어 보면, 설계심의분과위원회 위원은 건설기술관리법령에서 정한 바에 따라 설계자문위원회 위원의 직무를 수행한다고 할 것이다. 따라서 발주청의 설계심의분과위원회의 위원으로 임명 또는 위촉된 사람이 설계심의분과위원회 또는 그 위원의 직무와 관련하여 부당한 금품을 수수한 경우에는 법 제45조 제2호에서 정한 설계자문위원회 위원으로서 그 직무와 관련하여 부당한 금품을 수수한 것에 해당하여 뇌물죄가 성립한다고 봄이 타당하다.

---

2. 공무원이 슬롯머신 영업에 5천만 원을 투자하여 매월 3백만 원을 배당받기로 약속한 후 이를 교부받은 경우, 뇌물수수죄의 뇌물 액수 산정 방법 [대법원 1995. 6. 30. 선고, 94도993]

【판결요지】

경찰공무원이 슬롯머신 영업에 5천만 원을 투자하여 매월 3백만 원을 배당받기로 약속한 후 35회에 걸쳐 1억 5백만 원을 교부받은 경우, 5천만 원을 투자함으로써 바로 이익을 얻었다고는 볼 수 없고 매월 3백만 원을 지급받기로 하는 약속, 즉 뇌물의 수수를 약속한 것에 불과하고 현실적으로 매월 3백만 원씩을 지급받은 것이 뇌물을 수수한 것이라고 보아야 하므로 1억 5백만원은 그 자체가 뇌물이 되는데, 다만 실제의 뇌물의 액수는 5천만 원을 투자함으로써 얻을 수 있는 통상적인 이익을 초과한 금액

이라고 보아야 하며, 여기서 통상적인 이익이라 함은 다른 특별한 사정이 없는 한 그 경찰공무원의 직무와 관계없이 투자하였더라면 얻을 수 있었을 이익을 말하는데, 구체적으로는 위 투자의 형태가 실질에 있어서는 금원을 대여하고 그에 대하여 이자를 받은 것과 다를 바 없으므로 슬롯머신 업소 경영자와 같은 사람에게 5천만 원을 직무와 관계없이 대여하였더라면 받았을 이자 상당이 통상적인 이익이 되며 그 이율은 양 당사자의 자금사정과 신용도 및 해당 업계의 금리체계에 따라 심리판단해야 하며, 그 경찰공무원이 다른 방법으로 그 돈을 투자하였더라면 어느 정도의 이익을 얻을 수 있었을 것인지는 원칙적으로 고려할 필요가 없다.

129-21. 제129조의 구성요건 중 뇌물의 '약속'의 의미 [대법원 2012. 11. 15. 선고, 2012도9417]

【판시사항】

[1] 형법 제129조의 구성요건 중 뇌물의 '약속'의 의미

[2] 甲 유한회사의 이사 피고인 乙과 대표 피고인 丙이 공모하여, 甲 회사가 추진하는 골프장 조성 공사와 관련하여 피고인 丁이 관할 시장으로서 인허가 과정에서 편의를 봐준 데 대한 사례 명목으로 돈을 제공하기로 하고, 피고인 丁은 위 돈을 제공받기로 함으로써 공무원의 직무에 관하여 뇌물을 약속하였다는 내용으로 기소된 사안에서, 제반 사정에 비추어 볼 때 피고인 丁의 시장직 퇴임일 이전에 피고인들 사이에 뇌물공여 및 수수에 관한 약속이 이루어졌다고 단정할 수 없는데도, 이와 달리 보아 공소사실을 유죄로 인정한 원심판결에 뇌물약속죄에서 '약속'의 의미에 관한 법리오해의 위법이 있다.

【판결요지】

[1] 형법 제129조의 구성요건인 뇌물의 **'약속'**은 양 당사자의 뇌물수수의 합의를 말하고, 여기에서 '합의'란 그 방법에 아무런 제한이 없고 명시적일 필요도 없지만, 장래 공무원의 직무와 관련하여 뇌물을 주고 받겠다는 양 당사자의 의사표시가 확정적으로 합치하여야 한다.

[2] 甲 유한회사의 이사 피고인 乙과 대표 피고인 丙이 공모하여, 甲 회사가 추진하는 골프장 조성 공사와 관련하여 피고인 丁이 관할 시장으로서 인허가 절차가 신속하게 처리되도록 하는 등 편의를 봐준 데 대한 사례 차원에서 시장직 퇴임 후의 해외 연수비용 명목으로 미화 50,000달러를 제공하기로 하고, 피고인 丁은 위 돈을 제공받기로 함으로써 공무원의 직무에 관하여 뇌물을 약속하였다는 내용으로 기소된 사안에서, 제반 사정에 비추어 피고인 丙과 피고인 丁 사이에 또는 피고인들 3자 사이에 뇌물을 공여하고 수수하기로 하는 확정적인 의사의 합치로서 약속이 있었다고 보기 어렵고, 설령 당시 피고인 丁의 뇌물요구 의사표시가 있었다고 보더라도 뇌물을 공여하겠다는 피고인 丙의 확정적인 의사가 피고인 丁에게 그 퇴임일 이전에 전달되었음을 인정할 만한 증거도 없으므로, 결국 피고인 丁의 시장직 퇴임일 이전에 피고인들 사이에 뇌물공여 및 수수에 관한 약속이 이루어졌다고 단정할 수 없는데도, 이와 달리 보아 공소사실을 유죄로 인정한 원심판결에 뇌물약속죄에서 '약속'의 의미에 관한 법리오해의 위법이 있다.

129-22. 뇌물죄에서 수뢰자가 증뢰자에게서 받은 돈을 빌린 것이라고 주장하는 경우, 수뢰자가 돈을 실제로 빌린 것인지 판단하는 기준 [대법원 2012. 8. 30. 선고, 2012도6280]

【판시사항】

[1] 뇌물죄에서 뇌물성과 직무관련성을 판단하는 기준

[2] 뇌물죄에서 수뢰자가 증뢰자에게서 받은 돈을 빌린 것이라고 주장하는 경우, 수뢰자가 돈을 실제로 빌린 것인지 판단하는 기준

【이 유】

공무원이 그 직무의 대상이 되는 사람으로부터 금품 기타 이익을 받은 때에는, 사회상규에 비추어 의례상의 대가에 불과하거나 개인적 친분관계가 있어 교분상의 필요에 의한 것이라고 인정되는 등의 특별한 사정이 없는 한 직무와 관련이 없다고 볼 수 없으며, 공무원이 직무와 관련하여 금품을 수수하였다면 비록 사교적 의례의 형식을 빌려 금품을 주고받았다 하더라도 그 수수한 금품은 뇌물이 된다(대법원 2002. 7. 26. 선고 2001도6721 판결, 대법원 2008. 2. 1. 선고 2007도5190 판결 등 참조).

뇌물죄에 있어서 수뢰자가 증뢰자로부터 돈을 받은 사실은 시인하면서도 그 돈을 뇌물로 받은 것이 아니라 빌린 것이라고 주장하는 경우 수뢰자가 그 돈을 실제로 빌린 것인지 여부는 수뢰자가 증뢰자로부터 돈을 수수한 동기, 전달 경위 및 방법, 수뢰자와 증뢰자 사이의 관계, 양자의 직책이나 직업 및 경력, 수뢰자의 차용 필요성 및 증뢰자 외의 자로부터의 차용 가능성, 차용금의 액수 및 용처, 증뢰자의 경제적 상황 및 증뢰와 관련된 경제적 예상이익의 규모, 담보제공 여부, 변제기 및 이자 약정 여부, 수뢰자의 원리금 변제 여부, 채무불이행시 증뢰자의 독촉 및 강제집행의 가능성 등 증거에 의하여 나타나는 객관적인 사정을 모두 종합하여 판단하여야 한다(대법원 2010. 9. 30. 선고 2009도4386 판결, 대법원 2011. 11. 10. 선고 2011도7261 판결 등 참조). 한편 형사재판에서 공소가 제기된 범죄사실에 대한 입증책임은 검사에게 있는 것이고, 유죄의 인정은 법관으로 하여금 합리적인 의심을 할 여지가 없을 정도로 공소사실이 진실한 것이라는 확신을 가지게 하는 증명력을 가진 증거에 의하여야 하며, 이러한 법리는 수수된 돈의 성격이 뇌물인지 여부가 다투어지는 경우에도 마찬가지로 적용되므로, 수수된 돈의 성격이 뇌물이라는 사실이 합리적인 의심을 할 여지가 없을 정도로 진실한 것이라는 확신을 가지게 하는 증명력을 가진 증거가 없다면 설령 피고인에게 유죄의 의심이 간다 하더라도 피고인의 이익으로 판단할 수밖에 없다(대법원 2006. 4. 27. 선고 2006도735 판결, 대법원 2011. 11. 10. 선고 2011도7261 판결 등 참조).

---

1. 공무원이 직무와 관련하여 뇌물수수를 약속하고 퇴직 후 이를 수수하는 경우, 뇌물약속죄 및 사후수뢰죄가 성립할 뿐 뇌물수수죄는 성립하지 않는다. [대법원 2008. 2. 1. 선고, 2007도5190]

【판시사항】

[1] 뇌물수수죄의 주체

[2] 공무원이 직무와 관련하여 뇌물수수를 약속하고 퇴직 후 이를 수수하는 경우, 뇌물약속죄 및 사후수뢰죄가 성립할 뿐 뇌물수수죄는 성립하지 않는다.

【이 유】

뇌물죄는 공무원의 직무집행의 공정과 이에 대한 사회의 신뢰 및 직무행위의 불가매수성을 그 보호법익으로 하고 있고, 직무에 관한 청탁이나 부정한 행위를 필요로 하는 것은 아니기 때문에 수수된 금품

의 뇌물성을 인정하는 데 특별한 청탁이 있어야만 하는 것은 아니며, 또한 금품이 직무에 관하여 수수된 것으로 족하고 개개의 직무행위와 대가적 관계에 있을 필요는 없고, 공무원이 그 직무의 대상이 되는 사람으로부터 금품 기타 이익을 받은 때에는 사회상규에 비추어 볼 때에 의례상의 대가에 불과한 것이라고 여겨지거나, 개인적인 친분관계가 있어서 교분상의 필요에 의한 것이라고 명백하게 인정할 수 있는 경우 등 특별한 사정이 없는 한 직무와의 관련성이 없는 것으로 볼 수 없으며, 공무원이 직무와 관련하여 금품을 수수하였다면 비록 사교적 의례의 형식을 빌어 금품을 주고 받았다고 하더라도 그 수수한 금품은 뇌물이 되고(대법원 2002. 7. 26. 선고 2001도6721 판결 등 참조), 나아가 뇌물죄가 직무집행의 공정과 이에 대한 사회의 신뢰를 그 보호법익으로 하고 있음에 비추어 볼 때 공무원이 금원을 수수하는 것으로 인하여 사회 일반으로부터 직무집행의 공정성을 의심받게 되는지의 여부도 하나의 판단 기준이 된다고 할 것이다(대법원 2001. 9. 18. 선고 2000도5438 판결 등 참조).

<u>뇌물수수죄는 공무원 또는 중재인이 그 직무에 관하여 뇌물을 수수한 때에 성립하는 것이어서 그 주체는 현재 공무원 또는 중재인의 직에 있는 자에 한정되므로, 공무원이 직무와 관련하여 뇌물수수를 약속하고 퇴직 후 이를 수수하는 경우에는, 뇌물약속과 뇌물수수가 시간적으로 근접하여 연속되어 있다고 하더라도, 뇌물약속죄 및 사후수뢰죄가 성립할 수 있음은 별론으로 하고, 뇌물수수죄는 성립하지 않는다.</u>

129-23. 서울시 후생복지심의위원회 위원장에 의해 서울시청 구내식당 소속 시간제 종사원으로 고용된 자가 담당 업무와 관련하여 뇌물을 수수한 경우 [대법원 2012. 8. 23. 선고, 2011도12639]

【판시사항】

서울특별시 후생복지심의위원회 위원장에 의해 서울시청 구내식당 소속 시간제 종사원으로 고용된 피고인이 담당 업무와 관련하여 뇌물을 수수하였다는 내용으로 기소된 사안에서, 피고인이 뇌물수수죄의 주체인 '공무원'에 해당하지 않는다고 본 원심판단을 수긍한 사례

【이 유】

서울특별시 후생복지심의위원회가 정한 서울특별시 후생복지시설 운영규정 제6조에 따라 위 후생복지심의위원회 위원장에 의해 서울시청 구내식당 소속 시간제 종사원으로 고용된 사실을 인정한 다음, 서울특별시의 내부규정에 불과한 위 운영규정은 법령에 해당하지 아니하고, 피고인 1의 채용, 징계, 신분보장, 보수, 업무 등의 내용이 지방공무원법상 계약직 공무원의 그것과 명백히 다르므로, 피고인 1을 뇌물수수죄 및 허위공문서작성·행사죄의 주체인 공무원에 해당한다고 할 수 없고, 피고인 1에게 자신이 공무원이라는 인식이 있었다고 볼 수도 없다고 판단하였다.

---

1. 시·구도시계획위원회 위원이 형법 제129조의 공무원에 해당되는지 여부(적극) [대법원 1997. 6. 13. 선고, 96도1703]

【판결요지】

형법 제129조에서의 공무원이라 함은 법령의 근거에 기하여 국가 또는 지방자치단체 및 이에 준하는 공법인의 사무에 종사하는 자로서 그 노무의 내용이 단순한 기계적·육체적인 것에 한정되어 있지 않은 자를 지칭하는 것이므로, 도시계획법 제75조 제2항, 제76조 제2항, 같은법시행령 제61조 제1항, 제3항에 따라 도시계획에 관하여 시장 또는 구청장의 자문에 응하며, 당해 시 또는 구의 도시계획에 관한 사항을 심의하기 위하여 설치된 시·구도시계획위원회의 위원도 형법 제129조에서 말하는 공무원에 해당된다.

---

2. 중앙약사심의위원회 소분과위원이 형법상 뇌물죄의 주체로서 공무원에 해당하는지 여부(적극) [대법원 2002. 11. 22. 선고, 2000도4593]

【판결요지】

구 약사법(1997. 12. 13. 법률 제5454호로 개정되기 전의 것) 제14조, 그 법 시행령(1992. 6. 2. 대통령령 제13659호로 개정되기 전의 것) 제18조, 제23조, 그 법 시행령(1994. 7. 7. 대통령령 제14319호로 개정되기 전의 것) 제17조, 그 법 시행령(대통령령 제14319호) 제15조에 의하여 설치된 중앙약사심의위원회 소속분과위원회의 소분과위원회 구성에 있어서 그의 위원의 선정 위촉에 앞서 소분과위원회 위원으로 위촉될 후보자들이 각 소분과위원회별로 위원후보자 군(브레인풀;brain-pool)의 형식으로 편성되며 그 후보자들은 보건사회부장관(1994. 12. 23. 법률 제4831호에 의하여 보건복지부장관으로 변경됨. 아래에서도 같다)에 의하여 위촉되는 것이 아니라 해당 국장에 의하여 편성되어 그 사실이 당사자에게 통지되는 과정을 거치고, 그 후 그 후보자들이 소분과위원회가 개최될 때마다 미리 보건사회부장관에 의하여 소분과위원회 위원으로 위촉될 수 있으며 그렇게 위촉된 사람들은 소분과위원회를 구성하여 심의기간 중 위원으로 활동하게 되고 당해 심의가 끝날 때 그 소분과위원회 위원에서 해촉되는 절차로 심의활동인 공무에 종사하게 되므로, 위와 같이 소분과위원회의 그 후보자군에 포함 편성되는 것만으로는 그 때부터 공무에 종사하는 것이라고 할 수는 없으나, 그 후보자들 중 중앙약사심의위원회 소분과위원회의 개최를 앞두고 소분과위원회 위원으로 위촉된 사람은 그 때부터 보건사회부장관이 자문을 구한 당해 안건의 심의가 끝날 때까지의 기간 동안은 위의 근거 법령에 의하여 공무에 종사하는 자로서 형법 제129조에 규정된 수뢰죄의 주체인 공무원이라고 할 것이다.

129-24. 건축법상 '건축위원회의 위원'이 뇌물수수죄의 주체인 '공무원'에 해당하는지 여부(소극) [대법원 2012. 7. 26. 선고, 2012도5692]

【판시사항】

구 건축법(2008. 3. 21. 법률 제8974호로 전부 개정되기 전의 것, 이하 '구 건축법'이라 한다) 제77조는 '다음 각 호의 어느 하나에 해당하는 자로서 공무원이 아닌 자는 형법 제129조 내지 제132조, 특정범죄 가중처벌 등에 관한 법률 제2조 및 제3조의 적용에 있어서는 이를 공무원으로 본다'고 규정하고, 제1호로 '같은 법 제23조의 규정에 의하여 현장조사 · 검사 및 확인업무를 대행하는 자', 제2호로 '같은 법 제28조의 규정에 의한 건축지도원', 제3호로 '같은 법 제58조 제2항의 규정에 의한 인증기관의 임 · 직원', 제4호로 '같은 법 제71조 제4항의 규정에 의한 기관 및 단체의 임 · 직원', 제5호로 '같은 법 제76조의3의 규정에 의한 건축분쟁조정위원회의 위원'을 열거하면서 '같은 법 제4조 제1항의 규정에 의한 건축위원회의 위원'은 이를 포함하지 않고 있다.

1. 집행관사무소의 사무원이 뇌물죄의 주체인 '공무원'에 해당하는지 여부(소극) [대법원 2011. 3. 10. 선고, 2010도14394]

【판시사항】

[1] 형법 제129조 내지 제132조 및 구 변호사법 제111조에서 정한 '공무원'의 의미

[2] '집행관사무소의 사무원'이 뇌물죄의 주체인 '공무원'에 해당하는지 여부(소극)

【판결요지】

[1] 형법 제129조 내지 제132조 및 구 변호사법(2007. 3. 29. 법률 제8321호로 개정되기 전의 것) 제111조에서 정한 '공무원'이란 국가공무원법과 지방공무원법상 공무원 및 다른 법률에 따라 위 규정들을 적용할 때 공무원으로 간주되는 자 외에 법령에 기하여 국가 또는 지방자치단체 및 이에 준하는 공법인의 사무에 종사하는 자로서 노무의 내용이 단순한 기계적·육체적인 것에 한정되어 있지 않은 자를 말한다.

[2] 집행관사무소의 사무원은 법원 및 검찰청 9급 이상의 직에 근무한 자 또는 이와 동등 이상의 자격이 있다고 인정되는 자 중에서 소속지방법원장의 허가를 받아 대표집행관이 채용하는 자로서(집행관규칙 제21조 제2항), 법원일반직 공무원에 준하여 보수를 지급받는 한편 근무시간, 휴가 등 복무와 제척사유, 경매물건 등의 매수금지 의무 등에서는 집행관에 관한 법령의 규정이 준용된다는 점에서(같은 규칙 제3조 제1항, 제22조 제1항, 제25조) 형법 제129조 내지 제132조 및 구 변호사법(2007. 3. 29. 법률 제8321호로 개정되기 전의 것) 제111조의 경우 공무원으로 취급되는 집행관의 지위와 비슷한 면이 있기는 하지만, '지방법원에 소속되어 법률이 정하는 바에 따라 재판의 집행, 서류의 송달 그 밖에 법령에 따른 사무에 종사'하는 집행관(집행관법 제2조)과 달리 그에게 채용되어 업무를 보조하는 자에 불과할 뿐(같은 규칙 제21조 제1항), 그를 대신하거나 그와 독립하여 집행에 관한 업무를 수행하는 자의 지위에 있지는 않다. 앞서 본 법리와 위 각 법령의 규정, 그리고 피고인에게 불리한 형벌법규의 유추적용은 엄격히 제한되어야 한다는 점 등에 비추어 보면, 집행관사무소의 사무원이 집행관을 보조하여 담당하는 사무의 성질이 국가의 사무에 준하는 측면이 있다는 사정만으로는 형법 제129조 내지 제132조 및 구 변호사법 제111조에서 정한 '공무원'에 해당한다고 보기 어렵다.

129-25. 공무원이 직무에 관하여 금전을 무이자로 차용한 경우, 뇌물수수죄 공소시효 기산점 (=금전을 차용한 때) [대법원 2012. 2. 23. 선고, 2011도7282]

【판결요지】

공소시효는 범죄행위를 종료한 때로부터 진행하는데(형사소송법 제252조 제1항), 공무원이 직무에 관하여 금전을 무이자로 차용한 경우에는 차용 당시에 금융이익 상당의 뇌물을 수수한 것으로 보아야 하므로, 공소시효는 금전을 무이자로 차용한 때로부터 기산한다.

129-26. 공무원이 수수요구 또는 약속한 금품에 직무행위에 대한 대가의 성질과 직무 외의 행위에 대한 사례 성질이 불가분적으로 결합되어 있는 경우, 금품 전부가 직무행위에 대한 대가로서 성질을 가지는지 여부(적극) [대법원 2012. 1. 12. 선고, 2011도12642]

【판시사항】

[1] 공무원이 수수·요구 또는 약속한 금품에 직무행위에 대한 대가의 성질과 직무 외의 행위에 대한 사례의 성질이 불가분적으로 결합되어 있는 경우, 금품 전부가 직무행위에 대한 대가로서의 성질을 가지는지 여부(적극)

[2] 정치자금·선거자금 등의 명목으로 수수한 금품이 정치인인 공무원의 직무행위에 대한 대가의 실체를 갖는 경우 뇌물성 인정 여부(적극) 및 금품의 수수가 수회에 걸쳐 이루어지고 각 수수

행위별로 직무관련성 유무를 달리 볼 여지가 있는 경우 직무관련성 판단 방법

【이 유】

공무원이 수수·요구 또는 약속한 금품에 그 직무행위에 대한 대가로서의 성질과 직무 외의 행위에 대한 사례로서의 성질이 불가분적으로 결합되어 있는 경우에는, 그 수수·요구 또는 약속한 금품 전부가 불가분적으로 직무행위에 대한 대가로서의 성질을 가진다(대법원 2009. 7. 9. 선고 2009도3039 판결 등 참조). 또한 정치자금·선거자금 등의 명목으로 이루어진 금품의 수수라 하더라도 그것이 정치인인 공무원의 직무행위에 대한 대가로서의 실체를 가지는 한 뇌물로서의 성격을 잃지 아니하고, 설령 수수된 금품 중 순수한 정치자금의 성격이 일부 포함되어 있는 경우가 있다고 하더라도 이를 뇌물로 보는 데에는 지장이 없으며(대법원 1997. 12. 26. 선고 97도2609 판결 참조), 다만 그 금품의 수수가 수회에 걸쳐 이루어졌고 각 수수 행위별로 직무관련성 유무를 달리 볼 여지가 있는 경우에는 그 행위마다 직무와의 관련성 여부를 가릴 필요가 있을 뿐이다(대법원 2011. 5. 26. 선고 2009도2453 판결 참조).

원심은, 이 사건 금품이 정치인인 피고인에 대한 선거자금으로서 수수된 것이기는 하나 또한 ○○시장으로서 공무원인 피고인의 관내 기업에 대한 인허가 등 직무행위에 대한 대가로서의 실체를 부인할 수 없어 직무행위에 대한 대가로서의 성질과 정치자금으로서의 성질이 불가분적으로 결합되어 있다고 인정하였는바, 원심이 확정한 바와 같이 그 수수한 금품이 직무행위의 대가로서의 성질을 가지는 이상, 거기에 정치자금으로서의 성질이 포함되어 있다고 하더라도 앞서 본 법리에 따라 그 수수된 금품 전부가 뇌물로서의 성격을 잃지 않는다고 보아야 할 것이다.

---

1. 정치자금과 뇌물의 관계 [대법원 1997. 4. 17. 선고, 96도3378]

【판시사항】

[1] 정치자금과 뇌물의 관계

[2] 뇌물죄에 있어서 직무의 범위

【판결요지】

[1] 정치자금, 선거자금, 성금 등의 명목으로 이루어진 금품의 수수라 할지라도, 그것이 정치가인 공무원의 직무행위에 대한 대가로서의 실체를 갖는 한 뇌물로서의 성격을 잃지 않는다.

[2] 뇌물수수죄에 있어서 직무라는 것은 공무원이 법령상 관장하는 직무행위뿐만 아니라 그 직무와 관련하여 사실상 처리하고 있는 행위 및 결정권자를 보좌하거나 영향을 줄 수 있는 직무행위도 포함된다.

---

2. 국회의원이 의정활동과 전체적·포괄적으로 대가관계가 있는 금원을 교부받은 경우(적극) [대법원 1997. 12. 26. 선고, 97도2609]

【판시사항】

[1] 국회의원이 의정활동과 전체적·포괄적으로 대가관계가 있는 금원을 교부받은 경우, 뇌물죄의 성부(적극)

[2] 정치자금·선거자금 등 명목으로 금원을 받았지만 그것이 정치가인 당해 공무원의 직무행위에 대한 대가로서의 실체를 갖는 경우, 뇌물성 인정 가부(적극)

【판결요지】

[1] 뇌물죄는 직무집행의 공정과 이에 대한 사회의 신뢰에 기하여 직무수행의 불가매수성을 그 직접의 보호법익으로 하고 있으므로, 공무원의 직무와 금원의 수수가 전체적으로 대가관계에 있으면 뇌물수수죄가 성립하고, 특별히 청탁의 유무, 개개의 직무행위의 대가적 관계를 고려할 필요가 없으며, 또한 그 직무행위가 특정된 것일 필요도 없다 할 것이고, 한편 뇌물죄에 있어서 직무에는 공무원이 법령상 관장하는 직무 그 자체뿐만 아니라 그 직무와 밀접한 관계가 있는 행위 또는 관례상이나 사실상 소관하는 직무행위도 포함된다 할 것이므로, 국회의원이 그 직무권한의 행사로서의 의정활동과 전체적·포괄적으로 대가관계가 있는 금원을 교부받았다면 그 금원의 수수가 어느 직무행위와 대가관계에 있는 것인지 특정할 수 없다고 하더라도 이는 국회의원의 직무에 관련된 것으로 보아야 하고, 한편 국회의원이 다른 의원의 직무행위에 관여하는 것이 국회의원의 직무행위 자체라고 할 수는 없으나, 국회의원이 자신의 직무권한인 의안의 심의·표결권 행사의 연장선상에서 일정한 의안에 관하여 다른 동료의원에게 작용하여 일정한 의정활동을 하도록 권유·설득하는 행위 역시 국회의원이 가지고 있는 위 직무권한의 행사와 밀접한 관계가 있는 행위로서 그와 관련하여 금원을 수수하는 경우에도 뇌물수수죄가 성립한다.

[2] 정치자금·선거자금 등의 명목으로 이루어진 금품의 수수라 하더라도 그것이 정치인인 공무원의 직무행위에 대한 대가로서의 실체를 가지는 한 뇌물로서의 성격을 잃지 아니한다.

3. 뇌물죄에서 수뢰액이 엄격한 증명의 대상인지 여부(적극) 및 수뢰액을 특정할 수 없는 경우, 가액을 추징할 수 있는지 여부(소극) [대법원 2011. 5. 26. 선고, 2009도2453]

【판시사항】

[1] 뇌물죄에서 '직무'의 의미 및 구체적인 행위가 공무원의 직무에 속하는지의 판단 기준

[2] 구 해양수산부 소속 공무원인 피고인이 甲 해운회사의 대표이사 등에게서 중국의 선박운항허가 담당부서가 관장하는 중국 국적선사의 선박에 대한 운항허가를 받을 수 있도록 노력해 달라는 부탁을 받고 돈을 받은 사안에서, 직무관련성이 없어 뇌물수수죄가 성립하지 않는다.

[3] 뇌물죄에서 수뢰액이 엄격한 증명의 대상인지 여부(적극) 및 수뢰액을 특정할 수 없는 경우, 가액을 추징할 수 있는지 여부(소극)

[4] 구 해양수산부 소속 공무원인 피고인이 甲 해운회사의 전·현직 대표이사에게서 직무관련성이 없는 '중국 교통부로부터 선박운항허가를 받을 수 있도록 해달라는 명목'과 직무관련성이 있는 '甲 회사의 업무편의를 도모하여 달라는 명목'으로 돈을 교부받은 사안

【판결요지】

[1] 뇌물죄에서 말하는 직무에는 공무원이 법령상 관장하는 직무 그 자체뿐만 아니라 직무와 밀접한 관계가 있는 행위 또는 관례상이나 사실상 관여하는 직무행위도 포함되나, 구체적인 행위가 공무원의 직무에 속하는지는 그것이 공무의 일환으로 행하여졌는가 하는 형식적인 측면과 함께 공무원이 수행하여야 할 직무와의 관계에서 합리적으로 필요하다고 인정되는 것인가 하는 실질적인 측면을 아울러 고려하여 결정하여야 한다.

[2] 구 해양수산부 해운정책과 소속 공무원인 피고인이 甲 해운회사의 대표이사 등에게서 중국의 선박운항허가 담당부서가 관장하는 중국 국적선사의 선박에 대한 운항허가를 받을 수 있도록 노력해 달라는 부탁을 받고 돈을 받은 사안에서, 관련 규정에 의하면 해운정책과 업무에는 대한민국 국적선사의 선박에 관한 것만 포함되어 있을 뿐 외국 국적선사의 선박에 대한 행정처분에 관한 것은

포함되어 있지 않고, 또한 외국 국적선사의 선박에 대한 구체적인 행정처분은, 해운정책과 소속 공무원에게 이를 좌우할 수 있는 어떠한 영향력이 있다고 할 수도 없어 해운정책과 소속 공무원의 직무와 밀접한 관계에 있는 행위라거나 또는 그가 관여하는 행위에 해당한다고 볼 수 없다는 이유로, 직무관련성이 없어 뇌물수수죄가 성립하지 않는다고 본 원심판단을 수긍한 사례

[3] 뇌물죄에서 수뢰액은 다과에 따라 범죄구성요건이 되므로 엄격한 증명의 대상이 되고, 특정범죄 가중처벌 등에 관한 법률에서 정한 범죄구성요건이 되지 않는 단순 뇌물죄의 경우에도 몰수·추징의 대상이 되는 까닭에 역시 증거에 의하여 인정되어야 하며, 수뢰액을 특정할 수 없는 경우에는 가액을 추징할 수 없다.

[4] 구 해양수산부 해운정책과 소속 공무원인 피고인이 甲 해운회사의 전·현직 대표이사에게서 직무관련성이 없는 '중국 교통부로부터 선박운항허가를 받을 수 있도록 해달라는 명목'과 직무관련성이 있는 '甲 회사의 업무편의를 도모하여 달라는 명목'으로 돈을 교부받은 사안에서, 피고인이 수수한 돈에 직무관련성이 있는 업무에 대한 대가의 성질과 직무관련성이 없는 업무에 대한 사례의 성질이 불가분적으로 결합되어 구분이 객관적으로 불가능하다면 추징을 아예 하지 않거나, 그렇지 않고 추징을 할 것이라면 직무관련성이 있는 수뢰액을 특정하여 그에 따라 적용법조 및 추징액을 결정하였어야 하는데도, 단지 양자의 구분이 어렵다는 이유로 명확한 근거도 없이 비율적 방법으로 직무관련성이 있는 업무와 대가관계에 있는 수뢰액을 추산하여 추징한 원심판단에 수뢰액의 산정과 추징에 관한 법리오해 및 심리미진의 위법이 있다.

129-27. 포괄일죄인 뇌물수수 범행이 특정범죄 가중처벌 등에 관한 법률 제2조 제2항의 시행 전후에 걸쳐 행하여진 경우, 위 조항에 규정된 벌금형 산정 기준이 되는 수뢰액의 범위 (=시행 이후에 수수한 금액) [대법원 2011. 6. 10. 선고, 2011도4260]

【판시사항】

[1] 포괄일죄인 뇌물수수 범행이 특정범죄 가중처벌 등에 관한 법률 제2조 제2항의 시행 전후에 걸쳐 행하여진 경우, 위 조항에 규정된 벌금형 산정 기준이 되는 수뢰액의 범위(=시행 이후에 수수한 금액)

[2] 피고인이 구 특정범죄 가중처벌 등에 관한 법률 제2조 제2항 시행일인 2008. 12. 26.을 전후하여 甲에게서 9회에 걸쳐 총 1,610만 원, 乙에게서 4회에 걸쳐 총 1,000만 원의 뇌물을 수수하였는데, 위 각 죄 상호간은 포괄일죄의 관계에 있고 그 중 위 규정 시행 이후 받은 뇌물이 甲에게서 총 450만 원, 乙에게서 총 200만 원인 사안에서, 피고인에게 병과할 수 있는 벌금형의 상한은 같은 법 시행일 이후 행해진 각 뇌물수수죄에 한하여 경합범 가중을 한 범위 내인 3,250만 원인데도, 이를 초과하여 3,500만 원을 병과한 원심판결에 법리오해의 위법이 있다.

【판결요지】

[1] 2008. 12. 26. 법률 제9169호로 개정·시행된 특정범죄 가중처벌 등에 관한 법률(이하 '특가법'이라 한다)은 제2조 제2항에서 "형법 제129조, 제130조 또는 제132조에 규정된 죄를 범한 자는 그 죄에 대하여 정한 형(제1항의 경우를 포함한다)에 수뢰액의 2배 이상 5배 이하의 벌금을 병과(倂科)한다." 라고 규정하여 뇌물수수죄 등에 대하여 종전에 없던 벌금형을 필요적으로 병과하도록 하고 있는데, 헌법 제13조 제1항의 형벌법규 불소급 원칙과 형법 제1조 제1항의 "범죄의 성

립과 처벌은 행위시의 법률에 의한다." 는 규정에 비추어 보면, 포괄일죄인 뇌물수수 범행이 위 신설 규정의 시행 전후에 걸쳐 행하여진 경우 특가법 제2조 제2항에 규정된 벌금형 산정 기준이 되는 수뢰액은 위 규정이 신설된 2008. 12. 26. 이후에 수수한 금액으로 한정된다고 보아야 한다.

[2] 피고인이 구 특정범죄 가중처벌 등에 관한 법률(2010. 3. 31. 법률 제10210호로 개정되기 전의 것, 이하 '구 특가법' 이라 한다) 제2조 제2항 시행일인 2008. 12. 26.을 전후하여 甲에게 서 9회에 걸쳐 총 1,610만 원, 乙에게서 4회에 걸쳐 총 1,000만 원의 뇌물을 수수하였는데, 위 각 죄 상호간은 포괄일죄의 관계에 있고 그 중 위 규정 시행 이후 받은 뇌물이 甲에게서 총 450 만 원, 乙에게서 총 200만 원인 사안에서, 구 특가법 제2조 제2항에 규정된 벌금형 산정 기준이 되는 수수액은 2008. 12. 26. 이후에 수수한 금액에 한정되므로, 피고인에게 병과할 수 있는 벌 금형의 상한은 甲과 관련된 뇌물수수죄에 대한 벌금형 상한인 2,250만 원(=450만 원 × 5배), 乙 과 관련된 뇌물수수죄에 대한 벌금형 상한인 1,000만 원(=200만 원 × 5배)에 관하여 경합범 가 중을 한 범위 내인 3,250만 원에 불과한데도, 이를 초과하여 3,500만 원을 병과한 원심판결에 법 리오해의 위법이 있다.

129-28. 지방공기업법에 의한 뇌물죄의 적용에서 공무원으로 의제되는 '과장 또는 팀장 이상의 직원' 여부의 판단 기준(=직급) [대법원 2011. 1. 13. 선고, 2009도14660]

【판시사항】

[1] 지방공기업법 제83조, 같은 법 시행령 제80조에 의한 뇌물죄의 적용에서 공무원으로 의제되 는 '과장 또는 팀장 이상의 직원' 여부의 판단 기준(=직급)

[2] 피고인들이 인천도시개발공사의 4급 직원으로 근무하던 기간 중에 뇌물을 수수하였다는 내 용으로 기소된 사안에서, 피고인들이 위 공사의 4급 직원으로서 과장의 직위를 가지고 근무하고 있었던 이상 형법 제129조 제1항에서 정한 뇌물수수죄의 주체가 될 수 있다.

【판결요지】

[1] 지방공기업법 제83조는 "공사와 공단의 임원 및 대통령령이 정하는 직원은 형법 제129조 내지 제132조의 적용에 있어서는 이를 공무원으로 본다." 고 규정하고 있고, 같은 법 시행령 제 80조는 "법 제83조에서 '대통령령이 정하는 직원' 이라 함은 공사와 공단의 정관상 과장 또는 팀장 이상의 직원을 말한다." 고 규정하고 있는바, 위 시행령에 정한 <u>과장 또는 팀장 이상의 직 원' 이란 직급을 기준으로 하여 과장 또는 팀장과 동급이거나 그 이상의 직원을 말하는 것으로서 현실적으로 과장이나 팀장의 직위를 가지고 있는지 여부는 문제삼지 않는다.</u>

[2] 피고인들이 인천도시개발공사(이하 '공사' 라 한다)의 4급 직원으로 근무하던 기간 중에 해외관광 및 골프접대 등 명목으로 향응 등 재산상 이익을 제공받음으로써 공무원으로 의제되는 지방공기업 직원의 직무에 관하여 뇌물을 수수하였다는 내용으로 기소된 사안에서, '과장' 은 공사 정관의 위임을 받은 인사규정에 따라 4급 직원들로 임용되는 직위로서 엄연히 존재하므로, 피고인들이 공사의 4급 직원으로서 과장의 직위를 가지고 근무하고 있었던 이상 지방공기업법 시 행령 제80조에 정한 간부직원에 해당하여 같은 법 제83조에 의하여 형법 제129조 제1항에서 정한

뇌물수수죄의 주체가 될 수 있고, 설령 공사의 직제상 '과'라는 조직이 존재하지 않더라도 뇌물수수죄의 성립에 장애가 될 수 없는데도, 위 뇌물수수의 공소사실을 무죄로 인정한 원심판결에 법리오해의 위법이 있다.

129-29. 국회 정무위원회 수석전문위원인이 정무위원회 소관 기관 등의 업무에 관한 청탁 또는 부탁을 받고 금품을 수수한 행위(적극) [대법원 2010. 12. 23. 선고, 2010도10910]

【판결요지】

국회 정무위원회 수석전문위원으로서 정무위원회 소관 기관에 대하여 상당한 영향력을 가진 피고인이 그 소관 기관 등의 업무에 관한 청탁 또는 부탁을 받고 금품을 수수한 사안에서, 피고인의 위 행위는 자신의 직무이거나 그 직무와 밀접한 관계가 있는 행위라고 할 것이어서 형법 제129조의 수뢰죄에 해당한다.

---

1. 한국토지개발공사 간부가 수급인에 대하여 하도급업체의 선정을 알선하고 하도급업체로부터 금원을 수수한 경우, 수뢰죄가 성립한다고 본 사례 [대법원 1998. 2. 27. 선고, 96도582]

【판결요지】
한국토지개발공사 간부가 수급인에 대하여 하도급업체의 선정을 알선하고 하도급업체로부터 금원을 수수한 경우, 수뢰죄가 성립한다고 본 원심판결을 수긍한 사례

---

2. 공무원이 뇌물로 투기적 사업에 참여할 기회를 제공받은 경우, 뇌물수수죄의 기수시기 [대법원 2002. 5. 10. 선고, 2000도2251]

【판시사항】
[1] 뇌물의 내용인 '이익'의 의미 및 투기적 사업에 참여할 기회를 얻는 것이 '이익'에 해당하는지 여부 (적극)
[2] 지방의회 의장선거와 관련하여 지방의회 의원들이 금품 등을 수수한 경우 직무관련성이 있어 뇌물죄가 성립한다.

【판결요지】
[1] 뇌물죄에서 뇌물의 내용인 이익이라 함은 금전, 물품 기타의 재산적 이익뿐만 아니라 사람의 수요 욕망을 충족시키기에 족한 일체의 유형, 무형의 이익을 포함한다고 해석되고, 투기적 사업에 참여할 기회를 얻는 것도 이에 해당한다.
[2] 지방자치법 제42조 제1항의 규정에 의하면 지방의회는 의장을 의원들간의 무기명투표로 선거하도록 되어 있으므로 의장선거에서의 투표권을 가지고 있는 군의원들이 이와 관련하여 금품 등을 수수할 경우 이는 군의원으로서의 직무와 관련된 것이라 할 것이므로 뇌물죄가 성립한다.

129-30. 공무원으로 의제되는 정비사업전문관리업자의 임·직원이 얻는 이익이 '뇌물'에 해당하는지 여부의 판단 기준 [대법원 2010. 5. 13. 선고, 2008도5506]

【판시사항】

[1] 공무원으로 의제되는 정비사업전문관리업자의 임·직원이 얻는 이익이 '뇌물'에 해당하는

지 여부의 판단 기준

[2] 공무원으로 의제되는 정비사업전문관리업자의 임·직원이 소속된 정비사업전문관리업자에게 뇌물을 공여하도록 한 경우, 그 임·직원이 뇌물을 수수한 것으로 평가하기 위한 요건

【이 유】

공무원이 얻는 어떤 이익이 직무와 대가관계가 있는 부당한 이익으로서 뇌물에 해당하는지 여부는 당해 공무원의 직무의 내용, 직무와 이익제공자와의 관계, 쌍방에 특수한 사적인 친분관계가 존재하는지의 여부, 이익의 다과, 이익을 수수한 경위와 시기 등의 제반 사정을 참작하여 결정하여야 할 것이고(대법원 2007. 4. 27. 선고 2005도4204 판결 참조), 이는 도시 및 주거환경정비법 제84조에 의하여 공무원으로 의제되는 정비사업전문관리업자의 임·직원의 경우도 마찬가지라고 할 것이며, 이때 임·직원이 얻는 어떤 이익을 직무와 대가관계가 있는 부당한 이익으로서 뇌물에 해당하는 것으로 보려면 정비사업전문관리업자가 반드시 정비조합이나 조합설립추진위원회와 특정 재건축·재개발 정비사업에 관하여 구체적인 업무위탁계약을 체결하여 그 직무에 관하여 이익을 취득할 것을 요하는 것은 아니라고 할 것이다.

공무원으로 의제되는 정비사업전문관리업자의 임·직원이 직무에 관하여 자신이 아닌 정비사업전문관리업자에 뇌물을 공여하게 하는 경우에도 마찬가지라고 할 것이어서, 임·직원이 법인인 정비사업전문관리업자를 사실상 1인 회사로서 개인기업과 같이 운영하거나, 그렇지 않더라도 사회통념상 정비사업전문관리업자에 뇌물을 공여한 것이 곧 그 임·직원에게 공여한 것과 같다고 볼 수 있을 정도로 경제적·실질적 이해관계를 같이 하는 것으로 평가되는 경우에 한하여 형법 제129조 제1항의 뇌물수수죄가 성립한다 (대법원 2008. 9. 25. 선고 2008도2590 판결 등).

---

1. 도시 및 주거환경정비법상 정비사업전문관리업자의 임·직원이 뇌물죄 적용에서 공무원으로 의제되는 시기 [대법원 2008. 9. 25. 선고, 2008도2590]

【판시사항】

[1] 도시 및 주거환경정비법상 정비사업전문관리업자의 임·직원이 뇌물죄 적용에서 공무원으로 의제되는 시기

[2] 공무원으로 의제되는 정비사업전문관리업자의 임·직원이 얻는 이익이 뇌물에 해당하는지 여부의 판단 기준

[3] 공무원으로 의제되는 정비사업전문관리업자의 임·직원이 소속된 정비사업전문관리업자에게 뇌물을 공여하도록 한 경우, 임·직원이 뇌물을 수수한 것으로 평가하기 위한 요건

【판결요지】

[1] 도시 및 주거환경정비법 제84조의 문언과 취지를 고려하면, 정비사업전문관리업자의 임·직원이 일정한 자본·기술인력 등의 기준을 갖추어 시·도지사(2006. 12. 28. 법률 제8125호로 개정되기 전에는 건설교통부 장관)에게 등록한 후에는 조합설립추진위원회로부터 정비사업전문관리업자로 선정되기 전이라도 그 직무에 관하여 뇌물을 수수한 때에 형법 제129조 내지 제132조의 적용대상이 되고, 정비사업전문관리업자가 조합설립추진위원회로부터 정비사업에 관한 업무를 대행할 권한을 위임받은 후에야 비로소 그 임·직원이 위 법의 적용대상이 되는 것은 아니다.

[2] 공무원이 얻는 어떤 이익이 직무와 대가관계가 있는 부당한 이익으로서 뇌물에 해당하는지 여부는 당해 공무원의 직무의 내용, 직무와 이익제공자와의 관계, 쌍방 간에 특수한 사적인 친분관계가 존재하는지의 여부, 이익의 다과, 이익을 수수한 경위와 시기 등의 제반 사정을 참작하여 결정하여야 하고, 이는 도시 및 주거환경정비법 제84조에 의하여 공무원으로 의제되는 정비사업전문관리업자의 임·직원의 경우도 마찬가지이다. 이때 임·직원이 얻는 어떤 이익을 직무와 대가관계가 있는 부당한 이익으로서 뇌물에 해당하는 것으로 보려면 정비사업전문관리업자가 반드시 정비조합이나 조합설립추진위원회와 특정 재건축·재개발 정비사업에 관하여 구체적인 업무위탁계약을 체결하여 그 직무에 관하여 이익을 취득하여야 하는 것은 아니다.

[3] 공무원으로 의제되는 정비사업전문관리업자의 임·직원이 직무에 관하여 자신이 아닌 정비사업진문관리업자에 뇌물을 공여하게 하는 경우, 위 임·직원이 법인인 정비사업전문관리업자를 사실상 1인 회사로서 개인기업과 같이 운영하거나, 사회통념상 정비사업전문관리업자에 뇌물을 공여한 것이 곧 그 임·직원에게 공여한 것과 같다고 볼 수 있을 정도로 경제적·실질적 이해관계를 같이하는 것으로 평가되는 경우에 한하여 형법 제129조 제1항의 뇌물수수죄가 성립한다.

---

2. 뇌물죄에 있어서 직무관련성 및 공무원이 얻은 이익이 뇌물에 해당하는지 여부의 판단 기준 [대법원 2007. 4. 27. 선고, 2005도4204]

【판시사항】

[1] 뇌물죄에 있어서 직무관련성 및 공무원이 얻은 이익이 뇌물에 해당하는지 여부의 판단 기준

[2] 경찰관이 재건축조합 직무대행자에 대한 진정사건을 수사하면서 진정인측의 재건축 설계업체로 선정되기를 희망하던 건축사사무소 대표로부터 금원을 수수한 사안

【판결요지】

[1] 뇌물죄는 직무집행의 공정과 이에 대한 사회의 신뢰 및 직무행위의 불가매수성을 그 보호법익으로 하고 있고, 직무에 관한 청탁이나 부정한 행위를 필요로 하는 것은 아니기 때문에 수수된 금품의 뇌물성을 인정하는 데 특별한 청탁이 있어야만 하는 것은 아니고, 또한 금품이 직무에 관하여 수수된 것으로 족하고 개개의 직무행위와 대가적 관계에 있을 필요는 없으며, 그 직무행위가 특정된 것일 필요도 없다. 또한 공무원이 얻는 어떤 이익이 직무와 대가관계가 있는 부당한 이익으로서 뇌물에 해당하는지 여부는 당해 공무원의 직무의 내용, 직무와 이익제공자와의 관계, 쌍방간에 특수한 사적인 친분관계가 존재하는지의 여부, 이익의 다과, 이익을 수수한 경위와 시기 등의 제반 사정을 참작하여 결정하여야 할 것이고, 뇌물죄가 직무집행의 공정과 이에 대한 사회의 신뢰 및 직무행위의 불가매수성을 그 보호법익으로 하고 있음에 비추어 볼 때, 공무원이 그 이익을 수수하는 것으로 인하여 사회일반으로부터 직무집행의 공정성을 의심받게 되는지 여부도 뇌물죄의 성부를 판단함에 있어서의 판단 기준이 된다.

[2] 금원의 수수와 경찰공무원의 직무인 진정사건 수사와의 관련성을 배척할 수 없다.

---

3. 공무원이 직접 뇌물을 받지 아니하고 증뢰자로 하여금 제3자에게 뇌물을 공여하도록 하고 그 제3자가 뇌물을 받은 경우, 단순수뢰죄의 성립 여부(한정 적극) [대법원 1998. 9. 22. 선고, 98도1234]

【판시사항】

공무원이 직접 뇌물을 받지 아니하고 증뢰자로 하여금 제3자에게 뇌물을 공여하도록 하고 그 제3자가 뇌물을 받은 경우, 형법 제129조 제1항의 단순수뢰죄의 성립 여부(한정 적극)

【판결요지】

형법 제130조의 제3자뇌물제공죄를 형법 제129조 제1항의 단순수뢰죄와 비교하여 보면 공무원이 직접 뇌물을 받지 아니하고, 증뢰자로 하여금 제3자에게 뇌물을 공여하도록 하고 그 제3자로 하여금 뇌물을 받도록 한 경우에는 부정한 청탁을 받고 그와 같은 행위를 한 경우에 한하여 단순수뢰죄와 같은 형으로 처벌하고, 공무원이 직접 뇌물을 받지 아니하고, 증뢰자로 하여금 제3자에게 뇌물을 공여하도록 하고 그 제3자로 하여금 뇌물을 받도록 하였다 하더라도 부정한 청탁을 받은 일이 없다면 이를 처벌하지 아니한다는 취지로 해석하여야 할 것이나, 다만 공무원이 직접 뇌물을 받지 아니하고, 증뢰자로 하여금 다른 사람에게 뇌물을 공여하도록 하고 그 다른 사람으로 하여금 뇌물을 받도록 한 경우라 할지라도 그 다른 사람이 공무원의 사자 또는 대리인으로서 뇌물을 받은 경우나 그 밖에 예컨대 평소 공무원이 그 다른 사람의 생활비 등을 부담하고 있었다거나 혹은 그 다른 사람에 대하여 채무를 부담하고 있었다는 등의 사정이 있어서 그 다른 사람이 뇌물을 받음으로써 공무원은 그만큼 지출을 면하게 되는 경우 등 사회통념상 그 다른 사람이 뇌물을 받은 것을 공무원이 직접 받은 것과 같이 평가할 수 있는 관계가 있는 경우에는 형법 제129조 제1항의 단순수뢰죄가 성립한다.

---

4. 공무원이 실질적인 경영자로 있는 회사가 청탁 명목의 금원을 회사 명의 예금계좌로 송금받은 경우에 뇌물수수죄 성립여부(적극) [대법원 2004. 3. 26. 선고, 2003도8077]

【판시사항】

[1] 공무원이 직접 뇌물을 받지 아니하고 증뢰자로 하여금 다른 사람에게 뇌물을 공여하도록 한 경우, 형법 제129조 제1항의 뇌물수수죄 성립 여부(한정 적극)

[2] 공무원이 실질적인 경영자로 있는 회사가 청탁 명목의 금원을 회사 명의의 예금계좌로 송금받은 경우에 뇌물수수죄가 성립한다.

【판결요지】

[1] 공무원이 직접 뇌물을 받지 아니하고 증뢰자로 하여금 다른 사람에게 뇌물을 공여하도록 한 경우, 그 다른 사람이 공무원의 사자 또는 대리인으로서 뇌물을 받은 경우나 그 밖에 예컨대, 평소 공무원이 그 다른 사람의 생활비 등을 부담하고 있었다거나 혹은 그 다른 사람에 대하여 채무를 부담하고 있었다는 등의 사정이 있어서 그 다른 사람이 뇌물을 받음으로써 공무원은 그만큼 지출을 면하게 되는 경우 등 사회통념상 그 다른 사람이 뇌물을 받은 것을 공무원이 직접 받은 것과 같이 평가할 수 있는 관계가 있는 경우에는 형법 제130조의 제3자 뇌물제공죄가 아니라, 형법 제129조 제1항의 뇌물수수죄가 성립한다.

[2] 공무원이 실질적인 경영자로 있는 회사가 청탁 명목의 금원을 회사 명의의 예금계좌로 송금받은 경우에 사회통념상 위 공무원이 직접 받은 것과 같이 평가할 수 있어 뇌물수수죄가 성립한다

---

5. 공무원이 공동으로 투자하는 관계에 있으면서 공무원 자신의 투자금 내지 대여금으로 계산하면서 그 다른 사람 이름으로 뇌물을 받는 경우(한정 적극) 및 그 판단 기준 [대법원 2009. 10. 15. 선고, 2009도6422]

【판시사항】

공무원이 다른 사람과 공동으로 또는 그 다른 사람을 통하여 투자하는 관계에 있으면서 공무원 자신의 투자금 내지 대여금으로 계산하면서 그 다른 사람 이름으로 뇌물을 받는 경우, 형법 제129조 제1항의 뇌물수수죄 성립 여부(한정 적극) 및 그 판단 기준

【이 유】

공무원이 직접 뇌물을 받지 아니하고 증뢰자로 하여금 다른 사람에게 뇌물을 공여하도록 한 경우, 그 다른 사람이 공무원의 사자 또는 대리인으로서 뇌물을 받은 경우나, 그 다른 사람이 뇌물을 받음으로써 공무원은 그만큼 지출을 면하게 되는 경우 등 사회통념상 그 다른 사람이 뇌물을 받은 것을 공무원이 직접 받은 것과 같이 평가할 수 있는 관계가 있는 경우에는 형법 제129조 제1항의 뇌물수수죄가 성립한다 (대법원 2004. 3. 26. 선고 2003도8077 판결 등 참조). 또한 공무원이 다른 사람과 공동으로 또는 그 다른 사람을 통하여 투자하는 관계에 있으면서 공무원 자신의 투자금 내지 대여금으로 계산하면서 그 다른 사람 이름으로 뇌물을 받는 경우에도 마찬가지라고 할 것인데, 이러한 경우에 해당하는지는 공무원과 그 다른 사람 사이에 투자관계가 형성되어 있거나 장차 형성될 것이 기대되었는지 여부, 공무원과 증뢰자의 의사가 어떠하였는지 여부, 공무원의 투자금 내지 대여금이라는 계산을 배제하고서도 증뢰자와 그 다른 사람 사이에 정상적인 거래가 성립될 수 있는 관계였는지 여부, 증뢰자와 그 다른 사람 사이의 정상적인 거래를 나타내는 정황적인 징표들이 존재하는지 여부 등을 종합하여 판단하여야 할 것이다.

129-31. 뇌물죄에서 뇌물의 내용인 '이익'의 의미 및 투기적 사업에 참여할 기회를 얻는 것이 그 이익에 해당하는지 여부(적극) [대법원 2010. 5. 13. 선고, 2009도7040]

【판시사항】

[1] 구 도시개발법 제82조가 벌칙적용상 조합의 임·직원을 공무원으로 의제하는 경우인 형법 제129조 제2항에서의 '공무원 또는 중재인이 될 자'의 의미

[2] 뇌물죄에서 뇌물의 내용인 '이익'의 의미 및 투기적 사업에 참여할 기회를 얻는 것이 그 이익에 해당하는지 여부(적극)

[3] 도시개발조합의 임원인 조합장 또는 상무이사로 선출될 상당한 개연성이 있는 피고인들이 그 담당할 직무에 관하여 청탁을 받고 소유권이전등기를 마칠 수 있는 기회를 제공받는 방법으로 이익을 수수한 사안에서, 사전수뢰죄의 성립을 긍정한 사례

【이 유】

구 「도시개발법」(2005. 1. 14. 법률 제7335호로 일부 개정되기 전의 것. 이하 같다) 제82조는 "조합의 임원 및 직원은 「형법」 제129조 내지 제132조의 적용에 있어 이를 공무원으로 본다" 라고 규정함으로써 「형법」 제129조 제1항(수뢰)은 물론 제2항(사전수뢰)의 경우에도 동일하게 의제하고 있는데, 「형법」 제129조 제2항에 정한 '공무원 또는 중재인이 될 자'란 공무원채용시험에 합격하여 발령을 대기하고 있는 자 또는 선거에 의해 당선이 확정된 자 등 공무원 또는 중재인이 될 것이 예정되어 있는 자뿐만 아니라 공직취임의 가능성이 확실하지는 않더라도 어느 정도의 개연성을 갖춘 자를 포함한다고 할 것이다. 나아가 뇌물죄에서 뇌물의 내용인 이익이라 함은 금전, 물품 기타의 재산적 이익뿐만 아니라 사람의 수요·욕망을 충족시키기에 족한 일체의 유형, 무형의 이익을 포함한다고 해석되고, 투기적 사업에 참여할 기회를 얻는 것도 이에 해당한다 할 것이

다 (대법원 2002. 11. 26. 선고 2002도3539 판결 등 참조).

129-32. 경찰청장으로서 모든 범죄수사에 관하여 직무상 또는 사실상의 영향력을 행사할 수 있는
지위에 있던 피고인이, 1년에 3~4차례 정도 전화로 안부 인사를 나눌 정도였던 甲으로부터
미화 2만 달러를 받은 경우(적극) [대법원 2010. 4. 29. 선고, 2010도1082]

【판시사항】

경찰청장으로서 모든 범죄수사에 관하여 직무상 또는 사실상의 영향력을 행사할 수 있는 지위에
있던 피고인이, 1년에 3˜4차례 정도 전화로 안부 인사를 나눌 정도였던 甲으로부터 미화 2만 달
러를 받은 것은 직무와 관련하여 뇌물로 수수한 것이라고 한 원심판단을 수긍한 사례

【이 유】

뇌물죄는 직무집행의 공정과 이에 대한 사회의 신뢰에 기하여 직무행위의 불가매수성을 그 직접의
보호법익으로 하고 있고, 직무에 관한 청탁이나 부정한 행위를 필요로 하지 아니하여 수수된 금품
의 뇌물성을 인정하는데 특별히 의무위반행위나 청탁의 유무 등을 고려할 필요가 없으므로, 뇌물
은 직무에 관하여 수수된 것으로 족하고 개개의 직무행위와 대가적 관계에 있거나 그 직무행위가
특정된 것일 필요도 없으며, 공무원이 그 직무의 대상이 되는 사람으로부터 금품 기타 이익을 받
은 때에는 그것이 그 사람이 종전에 공무원으로부터 접대 받거나 수수한 것을 갚는 것으로서 사회
상규에 비추어 볼 때에 의례상의 대가에 불과한 것이라고 여겨지거나, 개인적인 친분관계가 있어
서 교분상의 필요에 의한 것이라고 명백하게 인정할 수 있는 경우 등 특별한 사정이 없는 한 직무
와의 관련성이 없는 것으로 볼 수 없고, 공무원의 직무와 관련하여 금품을 수수하였다면 비록 사
교적 의례의 형식을 빌어 금품을 주고받았다 하더라도 그 수수한 금품은 뇌물이 되는 것이다(대법
원 1997. 4. 17. 선고 96도3378 판결, 대법원 2002. 7. 26. 선고 2001도6721 판결 등 참조).

129-33. 국회의원이 특정 협회로부터 요청받은 자료를 제공하고 그 대가로서 후원금 명목으로
금원을 교부받은 사안 [대법원 2009. 5. 14. 선고, 2008도8852]

【판시사항】

국회의원이 특정 협회로부터 요청받은 자료를 제공하고 그 대가로서 후원금 명목으로 금원을 교
부받은 사안에서, 직무관련성이 있어 뇌물죄가 성립한다.

【이 유】

뇌물죄는 직무집행의 공정과 이에 대한 사회의 신뢰에 기하여 직무행위의 불가매수성을 그 직접
의 보호법익으로 하고 있고, 직무에 관한 청탁이나 부정한 행위를 필요로 하지 아니하여 수수된
금품의 뇌물성을 인정하는 데 특별히 의무위반행위나 청탁의 유무 등을 고려할 필요가 없으므로,
뇌물은 직무에 관하여 수수된 것으로 족하고 개개의 직무행위와 대가적 관계에 있을 필요는 없으
며, 그 직무행위가 특정된 것일 필요도 없다(대법원 1997. 4. 17. 선고 96도3378 판결 참조).

129-34. 시·도지사에 의하여 '지방교통영향심의위원회 위원'으로 임명 또는 위촉된 자가 수뢰죄의

주체인 '공무원'이 되는 시기(=임명 또는 위촉시) [대법원 2009. 2. 12. 선고, 2007도2733]

【판결요지】

구 환경 · 교통 · 재해 등에 관한 영향평가법(2004. 3. 11. 법률 제7186호로 개정되기 전의 것) 제19조 제5항, 제8항 및 구 환경 · 교통 · 재해 등에 관한 영향평가법 시행령(2005. 9. 16. 대통령령 제19052호로 개정되기 전의 것) 제19조 제1항, 제2항, 제4항 등 규정에 의하면, 시 · 도지사에 의하여 '지방교통영향심의위원회의 위원'으로 임명 또는 위촉된 자는 그때부터 형법 제129조에 규정된 수뢰죄의 주체인 공무원에 해당하게 되고, 특정 안건을 심의하기 위한 '지방교통영향심의위원회의 회의' 개최를 앞두고 위원장에 의하여 그 회의의 위원으로 지명된 때에 비로소 위 법조에 정한 '공무원'에 해당하게 되는 것은 아니다.

129-35. 수뢰자로 지목된 자가 수뢰사실을 부인하고 있고 이를 뒷받침할 객관적인 물증이 없는 경우, 금품공여자의 진술의 신빙성 판단 방법 [대법원 2008. 12. 11. 선고, 2008도7112]

【판시사항】

뇌물죄에 있어서 수뢰자로 지목된 피고인이 수뢰사실을 시종일관 부인하고 있고 이를 뒷받침할 만한 객관적인 자료 등 물증이 없는 경우에, 금품공여자의 진술은 증거능력이 있어야 함은 물론 합리적 의심을 배제할 만한 신빙성이 있어야 하고, 신빙성이 있는지 여부를 판단함에 있어서는 그 진술내용 자체의 합리성, 객관적 상당성, 전후의 일관성 등 뿐만 아니라 그의 인간됨, 그 진술로 얻게 되는 이해관계 유무 등도 아울러 살펴보아야 한다(대법원 2006. 5. 26. 선고 2005도1904 판결, 대법원 2007. 7. 27. 선고 2007도3798 판결 등 참조). 그리고 증거의 증명력은 법관의 자유판단에 맡겨져 있으나(형사소송법 제308조) 그 판단은 논리와 경험칙에 합치하여야 하고, 형사재판에 있어서 유죄로 인정하기 위한 심증형성의 정도는 합리적 의심을 할 여지가 없을 정도여야 하나(형사소송법 제307조 제2항) 이는 모든 가능한 의심을 배제할 정도에 이를 것까지 요구하는 것은 아니며, 증명력이 있는 것으로 인정되는 증거를 합리적 근거가 없는 의심을 일으켜 이를 배척하는 것은 자유심증주의의 한계를 벗어나는 것으로 허용될 수 없는바, 여기에서 말하는 합리적 의심이라 함은 요증사실과 양립할 수 없는 사실의 개연성에 대한 논리와 경험칙에 기한 의문으로서, 피고인에게 유리한 정황을 사실인정과 관련하여 파악한 이성적 추론에 그 근거를 둔 것이어야 하므로, 단순히 관념적인 의심이나 추상적인 가능성에 기초한 의심은 합리적 의심에 포함된다고 할 수 없다(대법원 2008. 8. 21. 선고 2008도3570 판결 등 참조).

129-36. 함정에 빠뜨릴 의사로 공무원에게 금품을 공여하여 공무원이 그 금품을 직무와 관련하여 수수한 경우 뇌물수수죄 성립 여부(적극) [대법원 2008. 3. 13. 선고, 2007도10804]

【판시사항】

[1] 필요적 공범의 경우 협력자 전부에게 형사책임이 요구되는지 여부(소극) 및 함정에 빠뜨릴 의사로 공무원에게 금품을 공여하여 공무원이 그 금품을 직무와 관련하여 수수한 경우 뇌물수수죄가 성립되는지 여부(적극)

[2] 피고인의 뇌물수수가 공여자들의 함정교사에 의한 것이기는 하나, 뇌물공여자들에게 피고인을 함정에 빠뜨릴 의사만 있었고 뇌물공여의 의사가 전혀 없었다고 보기 어려울 뿐 아니라, 뇌물공여자들의 함정교사라는 사정은 피고인의 책임을 면하게 하는 사유가 될 수 없다.

【판결요지】

[1] 뇌물공여죄와 뇌물수수죄는 필요적 공범관계에 있다고 할 것이나, 필요적 공범이라는 것은 법률상 범죄의 실행이 다수인의 협력을 필요로 하는 것을 가리키는 것으로서 이러한 범죄의 성립에는 행위의 공동을 필요로 하는 것에 불과하고 반드시 협력자 전부가 책임이 있음을 필요로 하는 것은 아니므로, 오로지 공무원을 함정에 빠뜨릴 의사로 직무와 관련되었다는 형식을 빌려 그 공무원에게 금품을 공여한 경우에도 공무원이 그 금품을 직무와 관련하여 수수한다는 의사를 가지고 받아들이면 뇌물수수죄가 성립한다.

[2] 피고인의 뇌물수수가 공여자들의 함정교사에 의한 것이기는 하나, 뇌물공여자들에게 피고인을 함정에 빠뜨릴 의사만 있었고 뇌물공여의 의사가 전혀 없었다고 보기 어려울 뿐 아니라, 뇌물공여자들의 함정교사라는 사정은 피고인의 책임을 면하게 하는 사유가 될 수 없다.

---

1. 뇌물공여죄 성립에 뇌물수수죄가 성립되어야만 하는지 여부(소극) [대법원 1987. 12. 22. 선고, 87도1699]

【판결요지】

뇌물증여죄가 성립되기 위하여서는 뇌물을 공여하는 행위와 상대방측에서 금전적으로 가치가 있는 그 물품 등을 받아들이는 행위(부작위 포함)가 필요할 뿐이지 반드시 상대방측에서 뇌물수수죄가 성립되어야만 한다는 것을 뜻하는 것은 아니다.

129-37. 뇌물죄에 있어서 수뢰자로 지목된 자가 수뢰사실을 시종일관 부인하고 있고 이를 뒷받침할 금융자료 등 물증이 없는 경우, 증뢰자의 진술만으로 유죄를 인정하기 위한 요건 [대법원 2008. 2. 14. 선고, 2005도4202]

【판시사항】

뇌물죄에 있어서 수뢰자로 지목된 자가 수뢰사실을 시종일관 부인하고 있고 이를 뒷받침할 금융자료 등 물증이 없는 경우, 증뢰자의 진술만으로 유죄를 인정하기 위한 요건

【판결요지】

뇌물죄에 있어서 수뢰자로 지목된 피고인이 수뢰사실을 시종일관 부인하고 있고 이를 뒷받침할 금융자료 등 물증이 없는 경우에, 증뢰자의 진술만으로 유죄를 인정하기 위하여는 증뢰자의 진술이 증거능력이 있어야 함은 물론 합리적인 의심을 배제할 만한 신빙성이 있어야 하고, 신빙성이 있는지 여부를 판단함에 있어서는 그 진술내용 자체의 합리성, 객관적 상당성, 전후의 일관성 등뿐만 아니라 그의 인간됨, 그 진술로 얻게 되는 이해관계 유무 등도 아울러 살펴보아야 한다.

129-38. 공무원이 수의계약을 체결하면서 공사업자로부터 수수한 돈의 뇌물성 유무 판단 기준 [대법원 2007. 10. 12. 선고, 2005도7112]

【판시사항】

[1] 공무원이 수의계약을 체결하면서 공사업자로부터 수수한 돈의 뇌물성 유무를 판단하는 기준

[2] 수의계약을 체결하는 공무원이 공사업자와 계약금액을 부풀려서 계약하고 부풀린 금액을 자신이 되돌려 받기로 사전에 약정한 다음 그에 따라 수수한 돈은 성격상 뇌물이 아니고 횡령금에 해당한다.

【판결요지】

[1] 공무원이 관공서에 필요한 공사의 시행이나 물품의 구입을 위하여 수의계약을 체결하면서 해당 공사업자 등으로부터 돈을 수수한 경우, 그 돈의 성격을 공무원의 직무와 관련하여 수수된 뇌물로 볼 것인지, 아니면 적정한 금액보다 과다하게 부풀린 금액으로 계약을 체결하기로 공사업자 등과 사전 약정하여 이를 횡령(국고손실)한 것으로 볼 것인지 여부는, 돈을 공여하고 수수한 당사자들의 의사, 계약의 내용과 성격, 계약금액과 수수한 금액 사이의 비율, 수수한 돈의 액수, 그 계약이행으로 공사업자 등이 얻을 수 있는 적정한 이익, 공사업자 등이 공무원으로부터 공사대금 등을 지급받은 시기와 돈을 공무원에게 교부한 시간적 간격, 공사업자 등이 공무원에게 교부한 돈이 공무원으로부터 지급받은 바로 그 돈인지 여부, 수수한 장소와 방법 등을 종합적으로 고려하여 객관적으로 평가하여 판단해야 한다.

[2] 수의계약을 체결하는 공무원이 해당 공사업자와 적정한 금액 이상으로 계약금액을 부풀려서 계약하고 부풀린 금액을 자신이 되돌려 받기로 사전에 약정한 다음 그에 따라 수수한 돈은 성격상 뇌물이 아니고 **횡령금에 해당한다.**

129-39. 정치자금과 뇌물의 관계 및 뇌물의 직무관련성 [대법원 2007. 8. 23. 선고, 2007도4956]

【판시사항】

정치자금·선거자금 등의 명목으로 이루어진 금품의 수수라 하더라도 그것이 정치인인 공무원의 직무행위에 대한 대가로서의 실체를 가지는 한 뇌물로서의 성격을 잃지 아니하며, 뇌물죄는 직무집행의 공정과 이에 대한 사회의 신뢰에 기하여 직무수행의 불가매수성을 그 직접의 보호법익으로 하고 있으므로, 공무원의 직무와 금원의 수수가 전체적으로 대가관계에 있으면 뇌물수수죄가 성립하고, 특별히 청탁의 유무, 개개의 직무행위의 대가적 관계를 고려할 필요가 없으며, 그 직무행위가 특정된 것일 필요도 없다 할 것이다(대법원 1997. 12. 26. 선고 97도2609 판결 등 참조).

---

1. 뇌물죄에 있어서 대통령의 직무범위 및 그 직무관련성 [대법원 1997. 4. 17. 선고, 96도3377, 전원합의체 판결]

【판결요지】

대통령은 정부의 수반으로서 중앙행정기관의 장을 지휘·감독하여 정부의 중요정책을 수립·추진하는 등 모든 행정업무를 총괄하는 직무를 수행하고, 대형건설 사업 및 국토개발에 관한 정책, 통화, 금융, 조세에 관한 정책 및 기업활동에 관한 정책 등 각종 재정·경제 정책의 수립 및 시행을 최종 결정하며, 소관 행정 각 부의 장들에게 위임된 사업자 선정, 신규사업의 인·허가, 금융지원, 세무조사 등 구체적 사항에 대하여 직접 또는 간접적인 권한을 행사함으로써 기업체들의 활동에 있어 직무상 또는 사실상의 영향력을 행사할 수 있는 지위에 있고, 국책사업의 사업자 선정도 역시 대통령의 직무범위에 속하거나 그

직무와 밀접한 관계가 있는 행위이므로 이에 관하여 대통령에게 금품을 공여하면 바로 뇌물공여죄가 성립하고, 대통령이 실제로 영향력을 행사하였는지 여부는 범죄의 성립에 영향을 미치지 않는다. 또한 뇌물죄는 직무집행의 공정과 이에 대한 사회의 신뢰에 기하여 직무행위의 불가매수성을 그 직접의 보호법익으로 하고 있고, 뇌물성을 인정하는 데에는 특별히 의무위반행위의 유무나 청탁의 유무 등을 고려할 필요가 없는 것이므로, 뇌물은 대통령의 직무에 관하여 공여되거나 수수된 것으로 족하고 개개의 직무행위와 대가적 관계에 있을 필요가 없으며, 그 직무행위가 특정된 것일 필요도 없다.

129-40. 영득의 의사로 수령한 뇌물의 액수가 예상한 것보다 너무 많아 후에 이를 반환한 경우 뇌물죄의 성립 범위(=수령한 액수 전부) [대법원 2007. 3. 29. 선고, 2006도9182]

【판결요지】

뇌물을 수수한다는 것은 영득의 의사로 금품을 수수하는 것을 말하므로, 뇌물인지 모르고 이를 수수하였다가 뇌물임을 알고 즉시 반환하거나, 증뢰자가 일방적으로 뇌물을 두고 가므로 후일 기회를 보아 반환할 의사로 어쩔 수 없이 일시 보관하다가 반환하는 등 그 영득의 의사가 없었다고 인정되는 경우라면 뇌물을 수수하였다고 할 수 없겠지만, <u>피고인이 먼저 뇌물을 요구하여 증뢰자가 제공하는 돈을 받았다면 피고인에게는 받은 돈 전부에 대한 영득의 의사가 인정된다고 하지 않을 수 없고, 이처럼 영득의 의사로 뇌물을 수령한 이상 그 액수가 피고인이 예상한 것보다 너무 많은 액수여서 후에 이를 반환하였다고 하더라도 뇌물죄의 성립에는 영향이 없다.</u>

1. 공개된 장소에서 금품을 수수하거나 수수한 금품을 사익을 위하여 사용하지 않았으면 뇌물성이 부정되는지 여부 [대법원 1985. 5. 14. 선고, 83도2050]

【판결요지】

<u>뇌물죄에 있어서 금품을 수수한 장소가 공개된 공사현장이었고 금품을 수수한 공무원이 이를 공사현장 인부들의 식대 또는 동 공사의 홍보비 등으로 소비하였을 뿐 자신의 사리를 취한바 없다 하더라도 그 뇌물성이 부인되지 않는다.</u>

129-41. 공무원이 수수한 금품이 직무와 대가관계가 있는 부당한 이익으로서 뇌물에 해당하는지 여부의 판단 기준 [대법원 2006. 12. 22. 선고, 2004도7356]

【판시사항】

공무원이 수수한 금품이 직무와 대가관계가 있는 부당한 이익으로서 뇌물에 해당하는지 여부는 당해 공무원의 직무 내용, 직무와 이익제공자와의 관계, 쌍방간에 특수한 사적인 친분관계가 존재하는지 여부, 이익의 다과, 이익을 수수한 경위와 시기 등의 제반 사정을 참작하여 결정하여야 할 것이고, 뇌물죄가 직무집행의 공정과 이에 대한 사회의 신뢰를 그 보호법익으로 하고 있음에 비추어 볼 때, 그 성립을 위하여 반드시 직무에 관한 청탁이나 부정한 행위를 필요로 하는 것이 아니고, 공무원이 금원을 수수하는 것으로 인하여 사회일반으로부터 직무집행의 공정성을 의심받게 되는지의 여부도 하나의 판단 기준이 된다(대법원 1998. 3. 10. 선고 97도3113 판결, 2000. 1. 21. 선고 99도4940 판결, 2001. 9. 18. 선고 2000도5438 판결 등 참조).

1. 공무원이 얻는 이익이 직무와 대가관계 있는 부당한 이익으로서 뇌물에 해당하는지 여부 판단 기준
   [대법원 1998. 3. 10. 선고, 97도3113]
   【판시사항】
   [1] 공무원이 얻는 이익이 직무와 대가관계가 있는 부당한 이익으로서 뇌물에 해당하는지 여부의 판단
   기준
   [2] 지방자치단체 건축지도계장으로 근무하는 피고인이 건축업자에게 편의를 제공한 후 동인에게 자신
   의 주상복합건물 신축공사를 도급주어 시공하게 한 사안에서, 뇌물죄의 성립을 인정한 사례
   【판결요지】
   [1] 공무원이 얻는 어떤 이익이 직무와 대가관계가 있는 부당한 이익으로서 뇌물에 해당하는지 여부는
   당해 공무원의 직무의 내용, 직무와 이익제공자와의 관계, 쌍방간에 특수한 사적인 친분관계가 존
   재하는지의 여부, 이익의 다과, 이익을 수수한 경위와 시기 등의 제반 사정을 참작하여 결정되어져
   야 할 것이고, 뇌물죄가 직무집행의 공정과 이에 대한 사회의 신뢰를 그 보호법익으로 하고 있음에
   비추어 볼 때, 공무원이 그 이익을 수수하는 것으로 인하여 사회일반으로부터 직무집행의 공정성
   을 의심받게 되는지 여부도 뇌물죄의 성부를 판단함에 있어서의 판단 기준이 된다.
   [2] 건축지도계장으로 근무하는 피고인이 건축업자에게 편의를 제공한 후 동인에게 자신의 주상복합건
   물 신축공사를 도급주어 시공하게 한 사안에서, 통상공사비보다 다소 저렴한 액수로 공사계약을
   체결한 것이 직무와 관련하여 부당하게 저렴한 가격으로 결정되었다고 볼 수 없다는 이유로 뇌물
   죄에 대하여 무죄를 선고한 원심판결을 법리오해, 채증법칙 위반 등을 이유로 파기한 사례

2. 뇌물약속죄에 있어서 뇌물의 목적물인 이익이 약속 당시 현존하거나 그 가액이 확정되어 있어야 하
   는지 여부(소극) [대법원 2001. 9. 18. 선고, 2001도970]
   【판시사항】
   [1] 뇌물약속죄에 있어서 뇌물의 목적물인 이익이 약속 당시 현존하거나 그 가액이 확정되어 있어야
   하는지 여부(소극)
   [2] 피고인이 그 소유의 갑 토지를 을 토지와 교환한 것과 관련하여 수뢰를 하였다는 공소사실에 대하
   여, 원심은 교환된 토지 간에 시가의 차이가 있다고 인정할 수 없다는 이유로 무죄를 선고하였으
   나, 갑 토지의 시가가 을 토지의 시가보다 비싸다고 하더라도 피고인으로서는 장기간 처분하지 못
   하던 토지를 처분하는 한편 매수를 희망하던 전원주택지로 향후 개발이 되면 가격이 많이 상승할
   토지를 매수하게 되는 무형의 이익을 얻었다고 봄이 상당하다는 이유로 원심판결을 파기한 사례
   【판결요지】
   [1] 뇌물약속죄에 있어서 뇌물의 목적물인 이익은 약속 당시에 현존할 필요는 없고 약속 당시에 예기할
   수 있는 것이라도 무방하며, 뇌물의 목적물이 이익인 경우에는 그 가액이 확정되어 있지 않아도
   뇌물약속죄가 성립하는 데는 영향이 없다.
   [2] 피고인이 그 소유의 갑 토지를 을 토지와 교환한 것과 관련하여 수뢰를 하였다는 공소사실에 대하
   여, 원심은 교환된 토지 간에 시가의 차이가 있다고 인정할 수 없다는 이유로 무죄를 선고하였으
   나, 갑 토지의 시가가 을 토지의 시가보다 비싸다고 하더라도 피고인으로서는 장기간 처분하지 못

하던 토지를 처분하는 한편 매수를 희망하던 전원주택지로 향후 개발이 되면 가격이 많이 상승할 토지를 매수하게 되는 무형의 이익을 얻었다고 봄이 상당하다는 이유로 원심판결을 파기한 사례

3. 공무원이 향응을 제공받아 수뢰한 경우, 수뢰액의 산정 방법 [대법원 2005. 11. 10. 선고, 2004도42]

【판시사항】

[1] 수뢰죄에 있어서 단일하고 계속된 범의하에 동종의 범행을 반복하여 행하고 그 피해법익도 동일한 경우, 포괄일죄의 성립 여부(적극)

[2] 공무원이 향응을 제공받아 수뢰한 경우, 수뢰액의 산정 방법

【이 유】

[1] 수뢰죄에 있어서 단일하고 계속된 범의 하에 동종의 범행을 일정 기간 반복하여 행하고 그 피해법익도 동일한 경우에는 각 범행을 통틀어 포괄일죄로 볼 것이므로(대법원 1990. 9. 25. 선고 90도 1588 판결, 2000. 1. 21. 선고 99도4940 판결 등 참조),

뇌물죄는 직무집행의 공정과 이에 대한 사회의 신뢰에 기하여 직무수행의 불가매수성을 직접적인 보호법익으로 하고 있으므로, 공무원의 직무와 금원의 수수가 전체적으로 대가관계에 있으면 뇌물수 수죄가 성립하고, 특별히 청탁의 유무, 개개의 직무행위의 대가적 관계를 고려할 필요는 없으며, 또 한 그 직무행위가 특정된 것일 필요도 없다 할 것이고, 한편 뇌물죄에 있어서 직무에는 공무원이 법령상 관장하는 직무 그 자체뿐만 아니라 그 직무와 밀접한 관계가 있는 행위 또는 관례상이나 사실 상 소관하는 직무행위권자를 보좌하거나 영향을 줄 수 있는 직무행위도 포함되고(대법원 1997. 4. 17. 선고 96도3378 판결, 2004. 5. 28. 선고 2004도1442 판결 등 참조), 공무원이 수수한 금원이 직무와 대가관계가 있는 부당한 이익으로서 뇌물에 해당하는지 여부는 당해 공무원의 직무 내용, 직무와 이익제공자와의 관계, 쌍방간에 특수한 사적인 친분관계가 존재하는지 여부, 이익의 다과, 이익을 수수한 경위와 시기 등의 제반 사정을 참작하여 결정하여야 할 것이고, 뇌물죄가 직무집행의 공정과 이에 대한 사회의 신뢰를 그 보호법익으로 하고 있음에 비추어 공무원이 그 이익을 수수하는 것으로 인하여 사회일반으로부터 직무집행의 공정성을 의심받게 되는지의 여부도 하나의 판단 기준 이 된다(대법원 2001. 9. 18. 선고 2000도5438 판결, 2002. 3. 15. 선고 2001도970 판결 등 참조).

[2] 피고인이 증뢰자와 함께 향응을 하고 증뢰자가 이에 소요되는 금원을 지출한 경우 이에 관한 피고 인의 수뢰액을 인정함에 있어서는 먼저 피고인의 접대에 요한 비용과 증뢰자가 소비한 비용을 가 려내어 전자의 수액을 가지고 피고인의 수뢰액으로 하여야 하고 만일 각자에 요한 비용액이 불명 일 때에는 이를 평등하게 분할한 액을 가지고 피고인의 수뢰액으로 인정하여 그 가액을 추징하여 야 하는바(대법원 1995. 1. 12. 선고 94도2687 판결, 2001. 10. 12. 선고 99도5294 판결 등 참 조), 기록에 의하면, 피고인은 2002. 4.경 3명이 참석한 가운데 150만 원 상당의 향응을, 같은 해 9.경 3명이 참석한 가운데 80만 원 상당의 향응을, 같은 해 9.경 4명이 참석한 가운데 200만 원 상당의 향응을, 같은 해 10.경 5명이 참석한 가운데 250만 원 상당의 향응을 각 제공받은 사실을 인정할 수 있으므로, 원심이 각 향응액을 평등하게 분할한 액으로 피고인의 수뢰액을 인정한 후 이를 추징한 조치는 옳고, 거기에 채증법칙을 위배하여 사실을 오인하거나 수뢰액 산정에 관한 법 리 또는 추징에 관한 법리를 오해한 위법이 있다고 할 수 없다.

129-42. 뇌물죄에서 말하는 직무 의미 및 구체적인 행위가 공무원의 직무에 속하는지 여부 판단

방법 [대법원 2006. 6. 15. 선고, 2005도1420]

【판시사항】

[1] 뇌물죄에서 말하는 직무의 의미 및 구체적인 행위가 공무원의 직무에 속하는지 여부의 판단 방법

[2] 서울대학교 의과대학 교수 겸 서울대학교병원 의사가 구치소로 왕진을 나가 진료하고 진단서를 작성해 주거나 법원의 사실조회에 대하여 회신을 해주는 것은 의사로서의 진료업무이지 교육공무원인 서울대학교 의과대학 교수의 직무와 밀접한 관련 있는 행위라고 할 수 없다는 이유로 뇌물수수의 공소사실에 대하여 무죄를 선고한 원심의 조치를 수긍한 사례

【이 유】

뇌물죄에서 말하는 직무에는 공무원이 법령상 관장하는 직무 그 자체뿐만 아니라 직무와 밀접한 관계가 있는 행위 또는 관례상이나 사실상 관여하는 직무행위도 포함된다고 할 것이나, 구체적인 행위가 공무원의 직무에 속하는지 여부는 그것이 공무의 일환으로 행하여졌는가 하는 형식적인 측면과 함께 그 공무원이 수행하여야 할 직무와의 관계에서 합리적으로 필요하다고 인정되는 것이라고 할 수 있는가 하는 실질적인 측면을 아울러 고려하여 결정하여야 할 것이다(대법원 2002. 5. 31. 선고 2001도670 판결 등 참조).

---

1. 국립대학교 교수가 부설연구소 책임연구원 지위에서 연구소 자체가 수주한 어업피해조사용역업무를 수행하는 것이 교육공무원의 직무에 해당하는지 여부(소극) [대법원 2002. 5. 31. 선고, 2001도670]

【판결요지】

뇌물죄에서 말하는 직무에는 공무원이 법령상 관장하는 직무 그 자체뿐만 아니라 직무와 밀접한 관계가 있는 행위 또는 관례상이나 사실상 관여하는 직무행위도 포함된다고 할 것이나, 구체적인 행위가 공무원의 직무에 속하는지 여부는 그것이 공무의 일환으로 행하여졌는가 하는 형식적인 측면과 함께 그 공무원이 수행하여야 할 직무와의 관계에서 합리적으로 필요하다고 인정되는 것이라고 할 수 있는가 하는 실질적인 측면을 아울러 고려하여 결정하여야 하는바, 수산업법시행령 제62조 및 어업면허및어장관리에관한규칙 제51조의2에 의하여 해양수산부가 지정 고시한 어업손실액 조사기관인 국립대학교 부설 연구소(국립대학교 부설 연구소 아닌 사립대학교 부설 연구소도 조사기관으로 지정되어 있다)가 국가를당사자로하는계약에관한법률에 근거하지 아니하고 <u>국가와는 별개의 지위에서</u> 연구소라는 단체의 명의로 체결한 어업피해조사용역계약상의 과업 내용에 의하여 국립대학교 교수가 위 연구소 소속 연구원으로서 수행하는 조사용역업무는 교육공무원의 직무 또는 그와 밀접한 관계가 있거나 그와 관련된 행위에 해당한다고 볼 수 없다.

129-43. 자동차 뇌물수수를 인정하기 위해 그 수수자가 자동차에 대한 법률상 소유권을 취득하여야 하는지 여부(소극) [대법원 2006. 5. 26. 선고, 2006도1716]

【판시사항】

자동차를 뇌물로 공여한 경우 자동차등록원부에 뇌물수수자가 그 <u>소유자로 등록되지 않았다고</u> 하더라도 자동차의 사실상 소유자로서 자동차에 대한 실질적인 사용 및 처분권한이 있다면 자동차 자체를 뇌물로 취득한 것으로 보아야 할 것이므로(대법원 2006. 4. 27. 선고 2006도735 판결

참조), 원심이 자동차 자체를 뇌물로 공여하였다고 하려면 그 수수자가 자동차에 대한 법률상 소유권을 취득하여야 한다는 것을 전제로 본 것은 적절하지 않다고 할 것이다.

129-44. 뇌물공여죄의 성립에 반드시 상대방측의 뇌물수수죄가 성립하여야만 하는지 여부(소극)
[대법원 2006. 2. 24. 선고, 2005도4737]

【판시사항】

[1] 지방자치단체장인 피고인이 건설업자로부터 거액의 현금이 든 굴비상자를 뇌물로 받은 것으로 기소된 사안

[2] 공무원이 얻는 이익이 직무와 대가관계가 있는 부당한 이익으로서 뇌물에 해당하는지 여부의 판단 기준

[3] 뇌물공여죄의 성립에 반드시 상대방측의 뇌물수수죄가 성립하여야만 하는지 여부(소극)

【판결요지】

[1] 두 사람 사이에 거액의 현금을 뇌물로 수수할 정도의 친분관계 내지 직접적 현안이나 구체적 청탁이 존재하지 아니함은 물론, 그 선물의 구체적 내용에 대하여 고지받지 못한 상태에서 피고인의 여동생 가족이 사용하는 아파트로 선물이 전달되도록 하였다가 그 내용물을 확인하는 즉시 관청에 이를 신고하기에 이른 점 등의 사정에 비추어 피고인에게 수뢰의 범의가 있었다고 볼 수 없다고 한 원심의 판단을 수긍한 사례

[2] 공무원이 얻는 어떤 이익이 직무와 대가관계가 있는 부당한 이익으로서 뇌물에 해당하는지 혹은 사회상규에 따른 의례상의 대가 혹은 개인적 친분관계에 따른 교분상의 필요에 의한 것으로서 직무와의 관련성이 없는 것인지 여부는 당해 공무원의 직무의 내용, 직무와 이익제공자의 관계, 이익의 수수 경위 및 시기 등의 사정과 아울러 공여되는 이익의 종류 및 가액도 함께 참작하여 이를 판단하여야 한다.

[3] 뇌물공여죄가 성립하기 위하여는 뇌물을 공여하는 행위와 상대방측에서 금전적으로 가치가 있는 그 물품 등을 받아들이는 행위가 필요할 뿐 반드시 상대방측에서 뇌물수수죄가 성립하여야 함을 뜻하는 것은 아니다.

---

1. 공무원이 얻은 이익이 직무와 대가관계가 있는 부당한 이익으로서 뇌물에 해당하는지 여부 판단 기준
 [대법원 2000. 6. 15. 선고, 98도3697, 전원합의체 판결]
 【판결요지】
 공무원이 얻은 어떤 이익이 직무와 대가관계가 있는 부당한 이익으로서 뇌물에 해당하는지 여부는 그 공무원의 직무내용, 직무와 이익제공자와의 관계, 쌍방간에 특수한 사적친분관계가 존재하는지 여부, 이익의 다과, 이익을 수수한 경위와 시기 등 모든 사정을 참작하여 결정되어야 하고, 뇌물죄가 직무집행의 공정과 이에 대한 사회의 신뢰를 그 보호법익으로 하고 있음에 비추어 공무원이 그 이익을 수수하는 것으로 인하여 사회일반으로부터 직무집행의 공정성을 의심받게 되는지 여부도 뇌물죄 성부의 판단 기준이 되어야 한다.

129-45. 거래상대방 업체로부터 수수한 골프운동 경비, 호텔투숙비, 차량이용료 상당의 이익을 직무와 관련한 뇌물이라고 본 원심의 판단을 수긍한 사례 [대법원 2005. 9. 29. 선고, 2005도4411]

【판시사항】

[1] 뇌물죄에 있어서 수뢰자로 지목된 자가 수뢰사실을 시종일관 부인하고 있고 이를 뒷받침할 금융자료 등 물증이 없는 경우, 증뢰자의 진술만으로 유죄를 인정하기 위한 요건

[2] 공무원이 얻은 이익이 직무와 대가관계가 있는 부당한 이익으로서 뇌물에 해당하는지 여부의 판단 기준

[3] 피고인이 거래상대방 업체로부터 수수한 골프운동 경비, 호텔투숙비, 차량이용료 상당의 이익을 직무와 관련한 뇌물이라고 본 원심의 판단을 수긍한 사례

【이유】

뇌물죄에 있어서 수뢰자로 지목된 피고인이 수뢰사실을 시종일관 부인하고 있고 이를 뒷받침할 금융자료 등 물증이 없는 경우에 증뢰자의 진술만으로 유죄를 인정하기 위하여는 증뢰자의 진술이 증거능력이 있어야 함은 물론 합리적인 의심을 배제할 만한 신빙성이 있어야 하고, 신빙성이 있는지 여부를 판단함에 있어서는 그 진술내용 자체의 합리성, 객관적 상당성, 전후의 일관성 등뿐만 아니라 그의 인간됨, 그 진술로 얻게 되는 이해관계 유무 등도 아울러 살펴보아야 한다(대법원 2002. 6. 11. 선고 2000도5701 판결).

공무원이 얻은 어떤 이익이 직무와 대가관계가 있는 부당한 이익으로서 뇌물에 해당하는지 여부는 그 공무원의 직무내용, 직무와 이익제공자와의 관계, 쌍방간에 특수한 사적 친분관계가 존재하는지 여부, 이익의 다과, 이익을 수수한 경위와 시기 등 모든 사정을 참작하여 결정되어야 하고, 뇌물죄가 직무집행의 공정과 이에 대한 사회의 신뢰를 그 보호법익으로 하고 있음에 비추어 공무원이 그 이익을 수수하는 것으로 인하여 사회 일반으로부터 직무집행의 공정성을 의심받게 되는지 여부도 뇌물죄의 성부를 판단함에 있어서의 중요한 판단 기준이 된다(대법원 2001. 9. 18. 선고 2000도5438 판결, 2002. 3. 15. 선고 2001도970 판결 등 참조).

---

1. 공무원이 얻은 이익이 직무와 대가관계가 있는 부당한 이익으로서 뇌물에 해당하는지 여부 판단 기준 및 뇌물죄에 있어서 직무의 의미 [대법원 2002. 3. 15. 선고, 2001도970]

【판결요지】

공무원이 얻은 어떤 이익이 직무와 대가관계가 있는 부당한 이익으로서 뇌물에 해당하는지 여부는 그 공무원의 직무내용·직무와 이익제공자와의 관계·쌍방간에 특수한 사적 친분관계가 존재하는지 여부·이익의 다과·이익을 수수한 경위와 시기 등 모든 사정을 참작하여 결정되어야 하고 뇌물죄가 직무집행의 공정과 이에 대한 사회의 신뢰를 그 보호법익으로 하고 있음에 비추어 공무원이 그 이익을 수수하는 것으로 인하여 사회일반으로부터 직무집행의 공정성을 의심받게 되는지 여부도 뇌물죄 성부의 판단 기준이 되어야 하며, 뇌물죄에서 말하는 직무에는 공무원이 법령상 관장하는 직무 그 자체뿐만 아니라 직무와 밀접한 관계가 있는 행위 또는 관례상이나 사실상 관여하는 직무행위도 포함된다.

2. 뇌물약속죄에 있어서 뇌물의 목적물인 이익이 약속 당시 현존하거나 그 가액이 확정되어 있어야 하
   는지 여부(소극) [대법원 2001. 9. 18. 선고, 2000도5438]

【판시사항】

[1] 뇌물약속죄에 있어서 뇌물의 목적물인 이익이 약속 당시 현존하거나 그 가액이 확정되어 있어야
    하는지 여부(소극)

[2] 피고인이 그 소유의 갑 토지를 을 토지와 교환한 것과 관련하여 수뢰를 하였다는 공소사실에 대하
    여, 원심은 교환된 토지 간에 시가의 차이가 있다고 인정할 수 없다는 이유로 무죄를 선고하였으
    나, 갑 토지의 시가가 을 토지의 시가보다 비싸다고 하더라도 피고인으로서는 장기간 처분하지 못
    하던 토지를 처분하는 한편 매수를 희망하던 전원주택지로 향후 개발이 되면 가격이 많이 상승할
    토지를 매수하게 되는 무형의 이익을 얻었다고 봄이 상당하다는 이유로 원심판결을 파기한 사례

【판결요지】

[1] 뇌물약속죄에 있어서 뇌물의 목적물인 이익은 약속 당시에 현존할 필요는 없고 약속 당시에 예기할
    수 있는 것이라도 무방하며, 뇌물의 목적물이 이익인 경우에는 그 가액이 확정되어 있지 않아도
    뇌물약속죄가 성립하는 데는 영향이 없다.

[2] 피고인이 그 소유의 갑 토지를 을 토지와 교환한 것과 관련하여 수뢰를 하였다는 공소사실에 대하
    여, 원심은 교환된 토지 간에 시가의 차이가 있다고 인정할 수 없다는 이유로 무죄를 선고하였으
    나, 갑 토지의 시가가 을 토지의 시가보다 비싸다고 하더라도 피고인으로서는 장기간 처분하지 못
    하던 토지를 처분하는 한편 매수를 희망하던 전원주택지로 향후 개발이 되면 가격이 많이 상승할
    토지를 매수하게 되는 무형의 이익을 얻었다고 봄이 상당하다는 이유로 원심판결을 파기한 사례

129-46. 농업중앙회 과장급이 자회사인 주식회사농협유통에 파견되어 축산부장으로 근무하면서
        육가공업체로부터 직무와 관련 돈을 받은 사안 [대법원 2002. 5. 14. 선고, 2002도666]

【판시사항】

농업협동조합중앙회의 과장급 간부직원이 자회사인 주식회사 농협유통에 파견되어 축산부장으로
근무하면서 육가공업체로부터 그 직무와 관련하여 돈을 받은 사안에서, 특정범죄가중처벌등에관
한법률 제4조 제1항에 따라 위 피고인을 공무원으로 보아야 하므로 형법 제129조 제1항의 뇌물죄
가 성립한다고 한 원심판단을 수긍한 사례

【이 유】

피고인이 농업협동조합중앙회의 과장급 간부직원으로서 주식회사 농협유통에 파견되어 축산부장
으로 근무하면서 육가공업체로부터 그 직무와 관련하여 돈을 받은 사실을 인정한 다음, 특정범죄
가중처벌등에관한법률 제4조 제1항, 같은 법 시행령 제2조 제48호, 제3조 제1호에 따라 형법상
뇌물죄의 적용에 있어 피고인을 공무원으로 보아야 하고, 또 주식회사 농업유통은 농업협동조합
중앙회가 그 업무의 원활한 수행을 위하여 자본금을 전액 출자하여 설립한 회사로서, 피고인이
그 회사에 파견되어 수행하는 직무가 농업협동조합중앙회의 직무와 성격을 달리하지 아니하므로,
피고인이 그 직무와 관련하여 돈을 받은 행위가 형법 제129조 제1항의 뇌물죄에 해당한다.

1. 정부관리기업체의 간부직원이 공무원으로 재직중 직무에 관하여 금품을 수수한 경우, 특정범죄가중 처벌등에관한법률 제4조의 적용여부(소극) [대법원 1984. 8. 14. 선고, 84도1139]

【판시사항】

[1] 정부관리기업체의 간부직원이 공무원으로 재직중의 직무에 관하여 금품을 수수한 경우, 특정범죄 가중처벌등에관한법률 제4조의 적용여부(소극)

[2] 공무원의 의무위반 행위를 수반하지 않는 금품수수의 뇌물성 및 시도지사에게 위임된 칸트리클럽 지도감독업무와 교통부장관 보좌관의 직무관련성

【판결요지】

[1] 특정범죄가중처벌등에 관한 법률 제4조의 규정은 형법 제129조 내지 제132조의 적용에 있어서는 정부관리기업체의 간부직원은 이를 공무원으로 본다는 뇌물죄의 적용대상을 확대한 것으로 정부 관리기업체의 간부직원이 그 정부관리기업체의 직무에 관하여 형법 제129조 내지 132조의 죄를 범하였을 때 각 그 죄가 성립한다는 것으로 현재 정부관리기업체의 간부직원으로 있는 자가 공무 원으로 재직중의 직무에 관하여 금품을 수수하였을 때는 구체적 사안에 따라 사후수뢰죄등이 성립 함은 별론으로 하고 이의 적용이 없음은 명문상 명백하다.

[2] 뇌물죄는 직무집행의 공정과 이에 대한 사회의 신뢰를 기하여 직무행위의 불가매수성을 그 직접적 보호법익으로 하고 있으므로 뇌물성은 의무위반행위의 유무와 청탁의 유무 등은 이를 가리지 않는 것이며 또 설사 칸트리클럽에 대한 지도 감독업무가 각 시도지사에게 위임되었다 하더라도 지방자 치단체의 장에게 위임한 국가행정사무에 관하여는 당해 주무부장관이 이를 지휘·감독하도록 되 어 있으므로 피고인이 교통부장관을 보좌하여 관광호텔 골프장 등 관광이용시설업체의 지휘·감 독 등의 업무를 관장하고 있었다면 이를 들어 피고인의 직무의 관련성을 부정할 수 없다.

129-47. 군에서 일차진급 평정권자가 그 평정업무와 관련하여 진급대상자로 하여금 자신의 은행대출금 채무에 연대보증하게 한 경우, 뇌물죄 성립 여부(적극) [대법원 2001. 1. 5. 선고, 2000도4714]

【판시사항】

[1] 뇌물죄에 있어서 직무 및 뇌물의 내용인 이익의 의미

[2] 군에서 일차진급 평정권자가 그 평정업무와 관련하여 진급대상자로 하여금 자신의 은행대출 금채무에 연대보증하게 한 경우, 뇌물죄의 성립 여부(적극)

【판결요지】

[1] 뇌물죄는 직무집행의 공정과 직무행위의 불가매수성을 그의 보호법익으로 하고 있으므로 뇌 물성은 의무위반 행위의 유무와 청탁의 유무 등을 가리지 아니하는 것이며, 따라서 과거에 담당 하였거나 장래 담당할 직무 그 자체뿐만 아니라 그 직무와 밀접한 관계가 있는 행위 또는 관례상 이나 사실상 소관하는 직무행위 및 결정권자를 보좌하거나 영향을 줄 수 있는 직무행위도 포함되 며, 뇌물의 내용인 이익이라 함은 금전, 물품 기타의 재산적 이익뿐만 아니라 사람의 수요 욕망 을 충족시키기에 족한 일체의 유형·무형의 이익을 포함하는 것이다.

[2] 군에서 일차진급 평정권자가 그 평정업무와 관련하여 진급대상자로 하여금 자신의 은행대출 금채무에 연대보증하게 한 행위는 직무에 관련하여 이익인 뇌물을 받은 것에 해당된다.

> **1. 장래 싯가 앙등이 예상되는 주식을 액면가로 매수한 경우(적극) [대법원 1979. 10. 10. 선고, 78도1793]**
> **【판결요지】**
> 뇌물죄에 있어서 뇌물의 내용인 이익이라 함은 금전, 물품 기타의 재산적 이익 뿐만 아니라 사람의 수요, 욕망을 충족 시키기에 족한 일체의 유형, 무형의 이익을 포함한다고 해석되고 투기적 사업에 참여할 기회를 얻는 것도 위 이익에 해당되므로 장래 싯가의 앙등이 예상되고 주식을 액면가에 매수한 것은 <u>뇌물죄에 해당된다.</u>

129-48. 공무원이 수수한 금원이 직무와 대가관계가 있는 부당한 이익으로서 뇌물에 해당하는지 여부의 판단 기준 [대법원 2000. 10. 24. 선고, 99도3115]

【판결요지】

공무원이 수수한 금원이 직무와 대가관계가 있는 부당한 이익으로서 뇌물에 해당하는지 여부는 당해 공무원의 직무 내용, 직무와 이익제공자와의 관계, 쌍방간에 특수한 사적인 친분관계가 존재하는지 여부, 이익의 다과, 이익을 수수한 경위와 시기 등의 제반 사정을 참작하여 결정하여야 할 것이고, 뇌물죄가 직무집행의 공정과 이에 대한 사회의 신뢰를 그 보호법익으로 하고 있음에 비추어 볼 때 공무원이 금원을 수수하는 것으로 인하여 사회일반으로부터 직무집행의 공정성을 의심받게 되는지의 여부도 하나의 판단 기준이 된다.

129-49. 음주운전을 적발하여 단속에 관련된 제반 서류를 작성한 후 운전면허 취소업무를 담당하는 직원에게 인계하는 업무를 담당하는 경찰관이 피단속자로부터 운전면허가 취소되지 않도록 하여 달라는 청탁을 받고 금원을 교부받은 경우(적극) [대법원 1999. 11. 9. 선고, 99도2530]

【판시사항】

음주운전을 적발하여 단속에 관련된 제반 서류를 작성한 후 운전면허 취소업무를 담당하는 직원에게 이를 인계하는 업무를 담당하는 경찰관이 피단속자로부터 운전면허가 취소되지 않도록 하여 달라는 청탁을 받고 금원을 교부받은 경우 뇌물수수죄가 성립한다.

> **1. 수수한 뇌물 중 일부를 타인에게 교부한 경우의 수뢰액 [대법원 1992. 2. 28. 선고, 91도3364]**
> **【판시사항】**
> [1] 영득의 의사로 뇌물을 수수하였지만 그 액수가 너무 많아서 나중에 반환할 의사로 보관한 경우 뇌물죄의 성부(적극)
> [2] 수수한 뇌물 중 일부를 타인에게 교부한 경우의 수뢰액
> [3] 국회의원이 수수한 금원이 뇌물일 뿐 정치자금이 아니어서 별도로 정치자금에관한법률위반죄가 성립할 여지가 없다.
> **【판결요지】**
> [1] 일단 영득의 의사로 뇌물을 수수하였지만 그 액수가 너무 많아서 나중에 반환할 의사로 보관하였다 하더라도 뇌물죄의 성립에는 영향이 없다.
> [2] 뇌물을 수수한 자가 그 후에 자신의 편의에 따라 그중 일부를 타인에게 교부하였어도 <u>위 뇌물 전액을 수수하였다고 보아야 한다.</u>

[3] 국회의원인이 수수한 금원이 뇌물일 뿐 정치자금에관한법률소정의 정치자금이 아니어서 여기에 뇌물죄 외에 별도로 정치자금에관한법률위반죄가 성립할 여지는 없다.

2. 뇌물죄에 있어서 뇌물 내용인 이익의 의미 및 뇌물성 판단 기준 [대법원 1995. 9. 5. 선고, 95도1269]
【판결요지】
뇌물죄에서 뇌물의 내용인 이익이라 함은 금전, 물품 기타의 재산적 이익뿐만 아니라 사람의 수요 욕망을 충족시키기에 족한 일체의 유형, 무형의 이익을 포함한다고 해석되고, 투기적 사업에 참여할 기회를 얻는 것도 이에 해당하며, 이러한 뇌물성의 유무는 공무원의 직무와 이익공여자와의 관계, 이익수수의 경위, 그 당시의 사회상태 등 제반 사정을 종합하여 합리적으로 판단하여야 한다.

129-50. 특정범죄가중처벌등에관한법률의 '수뢰액'은 공범자 전원의 수뢰액을 합한 금액을 기준으로 하여야 하는지 여부(적극) [대법원 1999. 8. 20. 선고, 99도1557]
　【판시사항】
　[1] 특정범죄가중처벌등에관한법률 제2조 제1항 소정의 '수뢰액'은 공범자 전원의 수뢰액을 합한 금액을 기준으로 하여야 하는지 여부(적극)
　[2] 특정범죄가중처벌등에관한법률 제4조 제2항, 같은법시행령 제3조 제1호 소정의 정부관리기업체의 간부직원이 아닌 직원도 다른 간부직원과 함께 뇌물수수죄의 공동정범이 될 수 있는지 여부(적극)
　[3] 특정범죄가중처벌등에관한법률 제4조 제1항의 규정 취지
　【판결요지】
　[1] 수인이 공동하여 뇌물수수죄를 범한 경우에 공범자는 자기의 수뢰액뿐만 아니라 다른 공범자의 수뢰액에 대하여도 그 죄책을 면할 수 없는 것이므로, 특정범죄가중처벌등에관한법률 제2조 제1항의 적용 여부를 가리는 수뢰액을 정함에 있어서는 그 공범자 전원의 수뢰액을 합한 금액을 기준으로 하여야 할 것이고, 각 공범자들이 실제로 취득한 금액이나 분배받기로 한 금액을 기준으로 할 것이 아니다.
　[2] 특정범죄가중처벌등에관한법률 제4조 제2항, 같은법시행령 제3조 제1호 소정의 정부관리기업체의 간부직원이 아닌 직원도 다른 간부직원인 직원과 함께 뇌물수수죄의 공동정범이 될 수 있다.
　[3] 특정범죄가중처벌등에관한법률 제4조 제1항은 형법 제129조 내지 제132조의 적용에 있어서 뇌물죄의 적용대상을 원래 공무원이 아닌 정부관리기업체의 간부직원에게로 확대 적용한다는 것으로서, 정부관리기업체의 간부직원이 그 직무에 관하여 형법 제129조 내지 제132조의 죄를 범하였을 때에는 그 죄가 성립하는 것으로 하여 그 각 법조의 특정범죄가중처벌등에관한법률을 적용한다는 뜻임은 문언상 명백하다.

129-51. 사전수뢰죄에 있어서 청탁의 의미와 방법 [대법원 1999. 7. 23. 선고, 99도1911]
　【판결요지】
　형법 제129조 제2항의 사전수뢰는 단순수뢰의 경우와는 달리 청탁을 받을 것을 요건으로 하고

있는바, 여기에서 청탁이라 함은 공무원에 대하여 일정한 직무행위를 할 것을 의뢰하는 것을 말하는 것으로서 그 직무행위가 부정한 것인가 하는 점은 묻지 않으며 그 청탁이 반드시 명시적이어야 하는 것도 아니라고 할 것이다.

129-52. 자기앞수표를 뇌물로 받아 소비한 후 액면금 상당을 반환한 경우, 추징 여부(적극) [대법원 1999. 1. 29. 선고, 98도3584]

【판시사항】

[1] 단일하고 계속적 범의에 의한 수회의 뇌물수수행위의 죄수(=포괄일죄)

[2] 자기앞수표를 뇌물로 받아 소비한 후 액면금 상당을 반환한 경우, 추징 여부(적극)

【판결요지】

[1] 뇌물을 여러 차례에 걸쳐 수수함으로써 그 행위가 여러 개이더라도 그것이 단일하고 계속적 범의에 의하여 이루어지고 동일법익을 침해한 때에는 포괄일죄로 처벌함이 상당하다.

[2] 수뢰자가 자기앞수표를 뇌물로 받아 이를 소비한 후 자기앞수표 상당액을 증뢰자에게 반환하였다 하더라도 뇌물 그 자체를 반환한 것은 아니므로 이를 몰수할 수 없고 수뢰자로부터 그 가액을 추징하여야 할 것이다.

129-53. 경지정리사업의 감리업무를 한 농어촌진흥공사의 직원이 건설기술관리법 제45조 소정의 공무원으로 의제되는지 여부(소극) [대법원 1998. 4. 28. 선고, 96도2828]

【판시사항】

[1] 경지정리사업의 감리업무를 한 농어촌진흥공사의 직원이 건설기술관리법 제45조 소정의 공무원으로 의제되는지 여부(소극)

[2] [1]항의 농어촌진흥공사의 직원이 과장급인 경우 정부투자기관관리기본법 제18조 소정의 공무원으로서 뇌물수수죄의 적용대상이 되는지 여부(적극)

【판결요지】

[1] 건설기술관리법 제27조, 제45조, 건설기술관리법시행령 제50조 규정에 따르면, 농어촌진흥공사가 경지정리사업을 농촌근대화촉진법에 의한 농지개량사업으로 당해 군청의 의뢰에 따라 그 감리를 맡은 경우, 이를 건설기술관리법 제27조 제1항에 의하여 같은 법 제28조의 규정에 의한 감리전문회사로서 감리를 맡은 것이라고 볼 수 없으므로, 농어촌진흥공사의 직원으로 감리업무를 한 자가 같은 법 제45조에 의하여 공무원으로 의제된다고 볼 수 없다.

[2 [1]항의 농어촌진흥공사 직원이 당해 사건 범행 당시 3급 과장으로 근무하고 있었다면 정부투자기관관리기본법 제2조, 제18조, 정부투자기관관리기본법시행령 제14조, 농어촌진흥공사및농지관리기금법 제7조 제1항의 규정에 따라 뇌물수수죄의 적용에 있어서는 공무원으로 의제된다.

129-54. 지방의회의원이 형법상 공무원에 해당 여부(적극) [대법원 1997. 3. 11. 선고, 96도1258]

【판결요지】

일반적으로 공무원이라 함은 광의로는 국가 또는 공공단체의 공무를 담당하는 일체의 자를 의미하며, 협의로는 국가 또는 공공단체와 공법상 근무관계에 있는 모든 자를 말하는바, 지방자치법 제32조에 의하면 지방의회의원은 명예직으로서 의정활동비와 보조활동비, 회기 중 출석비를 지급받도록 규정하고 있을 뿐 정기적인 급여를 지급받지는 아니하나, 지방공무원법 제2조 제3항에 의하면 특수경력직 공무원 중 정무직 공무원으로 '선거에 의하여 취임하는 자'를 규정하고 있고, 지방자치법 제35조 이하에 의하면 지방의회의원은 여러 가지 공적인 사무를 담당하도록 규정하고 있으며, 공직자윤리법에 의하면 지방의회의원도 공직자로 보아 재산등록 대상자로 규정하고 있는 점 등에 비추어 볼 때, 비록 지방의회의원이 일정한 비용을 지급받을 뿐 정기적인 급여를 지급받지는 아니한다고 하더라도 공무를 담당하고 있는 이상 지방의회의원은 형법상 공무원에 해당한다.

129-55. 처가 뇌물을 전달받았더라도 전후 사정에 비추어 피고인에게 전달된 것으로 봄이 상당하다는 이유로, 무죄를 선고한 원심판결을 파기한 사례 [대법원 1996. 12. 6. 선고, 96도144]

【판시사항】
[1] 피고인의 처가 뇌물을 전달받았더라도 전후 사정에 비추어 피고인에게 전달된 것으로 봄이 상당하다는 이유로, 무죄를 선고한 원심판결을 파기한 사례
[2] 은행 지점장에 대한 금 83,500원 상당의 향응이 전후 사정에 비추어 볼 때 사교적 의례의 범위에 속하지 않는다고 본 사례

【판결요지】
[1] 피고인과 증뢰자가 수시로 접촉을 계속하여 왔고 사생활에까지 도움을 줄 정도의 관계라면, 증뢰자가 피고인에게 전혀 알리지 않은 채 피고인의 처에게 금품을 보냈다고 보기 어려울 뿐만 아니라 피고인의 처로서도 그가 금품을 보냈다는 사실을 피고인에게 숨기기는 어렵다고 보여지므로, 달리 합리적인 근거가 없는 한 그 금품은 피고인에게 전달되었다고 봄이 상당하다.
[2] 은행 지점장인 피고인이 제공받은 향응이 도합 금 83,500원 상당에 지나지 않는다고 하더라도, 피고인과 증뢰자와의 관계, 피고인이 그로부터 향응을 제공받은 동기 및 경위, 피고인이 향응 이외에도 수차례 금품을 수수하였다는 사정 등에 비추어 보면, 이를 단순한 사교적 의례의 범위에 속하는 것에 불과하다고 단정할 수는 없다.

---

1. 청탁과 함께 받은 자기앞수표를 은행에 예치시켰다가 후환이 두려워 되돌려준 경우 뇌물수수의 고의 유무(적극) [대법원 1984. 4. 10. 선고, 83도1499]
【판시사항】
[1] 시가 70,000원 상당의 주식접대와 뇌물
[2] 청탁과 함께 받은 자기앞수표를 은행에 예치시켰다가 후환이 두려워 되돌려준 경우 뇌물수수의 고의유무(적극)
【판결요지】

[1] 노동청 해외근로국장으로서 해외취업자 국외송출허가 등 업무를 취급하던 피고인이 접대부 등의 국외송출을 부탁받고 시가 70,000원 상당의 주식을 접대받은 경우, 비록 그 접대의 규모가 그리 크지 아니하였다 하더라도 그 사유만으로 이를 단순한 사교적 의례의 범위에 속하는 향응에 불과하다고 볼 수 없으며 뇌물성을 띤다고 볼 것이다.

[2] 피고인이 소외 (갑)으로부터 입력송출의 부탁과 함께 <u>사례조로 교부받은 자기앞수표를 약 2주일후 반환하여 주었다 하더라도, 위 수표를 일단 피고인의 은행구좌에 예치시켰다가 그 뒤 동료직원들에게 위 (갑)에 대하여 탐문해 본 결과 믿을 수 없다고 하므로 후환을 염려하여 (갑)에게 반환한 것이라면 피고인에게 뇌물수수의 고의가 있었다고 할 것이다.</u>

129-56. 동일한 직무에 관하여 동일한 명목으로 불과 며칠 사이에 행해진 금원수수 [대법원 1995. 12. 26. 선고, 95도2376]

【판결요지】

금원수수가 동일한 직무에 관하여 동일한 명목으로 불과 며칠 사이에 행해졌고 피해법익 또한 동일한 경우이므로 <u>포괄하여 뇌물수수죄의 일죄를 구성한다.</u>

---

1. 동일 증뢰자로 부터 동일 명목으로 3회에 걸친 수뢰와 포괄적 일죄 [대법원 1983. 11. 8. 선고, 83도711]
【판결요지】
피고인이 3회에 걸쳐서 동일 증뢰자로 부터 동일한 직무에 관하여 동일한 명목으로 금품을 받은 경우, 비록 그 금품의 수수가 20여일의 기간에 걸쳐 이루어졌더라도 단일범의 하에 이루어진 계속된 행위라고 볼 수 있고 피해법익 또한 동일한 경우이므로 위 소위는 포괄하여 일죄만을 구성하는 것이라고 봄이 상당하다.

129-57. 공무원이 직무와 관계없이 타인을 공갈하여 재물을 교부하게 한 경우, 뇌물공여죄가 성립되는지 여부(소극) [대법원 1994. 12. 22. 선고, 94도2528]

【판시사항】

[1] 공무원이 직무와 관계없이 타인을 공갈하여 재물을 교부하게 한 경우, 뇌물공여죄가 성립되는지 여부(소극)

[2] 회사에 대한 세무조사에서 과다계상된 손금항목에 대한 조사를 하지 않고 묵인하는 조건으로 금품을 수수하였다면, 문제된 세금계산서가 진정거래에 기한 것인지, 세무공무원의 묵인행위로 추징세금액수가 실제로 줄어든 것이 있는지 여부에 관계없이 뇌물죄를 구성한다.

【판결요지】

[1] <u>공무원이 직무집행의 의사 없이 또는 직무처리와 대가적 관계없이 타인을 공갈하여 재물을 교부하게 한 경우에는 공갈죄만이 성립하고,</u> 이러한 경우 재물의 교부자가 공무원의 해악의 고지로 인하여 외포의 결과 금품을 제공한 것이라면 그는 공갈죄의 피해자가 될 것이고 뇌물공여죄는 성립될 수 없다고 하여야 할 것이다.

[2] 세무공무원에게 회사에 대한 세무조사라는 직무집행의 의사가 있었고, 과다계상된 손금항목에 대한 조사를 하지 않고 이를 묵인하는 조건으로, 다시 말하면 그 직무처리에 대한 대가관계로

서 금품을 제공받았으며, 회사의 대표이사는 공무원의 직무행위를 매수하려는 의사에서 금품을 제공하였고, 그 세무공무원은 세무조사 당시 타회사 명의의 세금계산서가 위장거래에 의하여 계상된 허위의 계산서라고 판단하고 이를 바로잡아 탈루된 세금을 추징할 경우 추징할 세금이 모두 50억 원에 이를 것이라고 알려 주었음이 명백하다면, 문제된 세금계산서가 진정한 거래에 기하여 제출된 것인지, 세무공무원의 묵인행위로 인하여 회사에게 추징된 세금액수가 실제적으로 줄어든 것이 있는지 여부에 관계없이 그 세무공무원 및 대표이사의 행위가 뇌물죄를 구성한다.

---

1. 공무원이, 직무집행의 의사없이, 또는 직무처리와 대가적 관계없이, 타인을 공갈하여, 재물의 교부를 받은 경우, 뇌물수수죄의 성부(소극) [대법원 1966. 4. 6. 선고, 66도12]

【판시사항】

형법 제129조 제1항 소정 공무원이 그 직무에 관하여 뇌물을 수수, 요구 또는 약속하였을 때에는 ...의 직무에 관하여라는 뜻이 일정한 직무에 관한 것으로서 족하고, 개개의 직무 행위에 대한, 대가적 이익임을 요하지 않는다고 하더라도 기록에 의하면 피고인 2는 1965.5.2 하순 전주시 소재 선일양조장 탈세사건을 수사중 압수된 비밀장부에 나타난 피고인 1외 7,8명의 전주세무서직원등에 대한 비위사실을 적발하고도 입건하지 않고 불문에 부한 사실(검찰청 고위층의 지시에 의하여 불문에 부하게 되었고, 이 사실은 피고인 1에게 정식으로 고지 되었던것)이 있었다고 하여도 피고인 2가 그 비위사실에 대한 처리에 관하여 피고인 1에게 뇌물을 요구하였거나 비위 사실을 당시 입건조사할 의사가 있었다고 인정할 만한 아무런 증거가 없으므로 필경 원심사실확정과 같이 피고인 2는 검찰청 수사계장이라는 특수한 직위를 이용하여 공갈하였다고 보지 않을 수 없어서 원심의 사실확정과정에는 아무런 위법이 없다 할 것이며, 피고인 2가 직무집행의 의사없이 또는 어느 직무처리에 대한 대가적 관계없이 피고인 1을 공갈하여 재물을 교부시켰다면 비록 피해자인 피고인 1에게 뇌물을 공여할 의사가 있었다고 하더라도 피고인 오원택의 소위는 뇌물수수죄를 구성하지 아니하고, 공갈죄를 구성하며, 피고인 1의 소위는 단순히 공갈죄의 피해자에 지나지 아니하고, 뇌물공여죄를 구성한다고 할수 없으므로 피고인 2의 입장에서 볼 때에 피고인 1로부터의 금전수수가 오로지 공갈이 있었다는 사실이 확정되는 이상 피고인 1이 금전공여의 의사에 관하여 논지가 지적하는 바와 같이, 사례, 또는 앞으로 잘 부탁한다는 취지가 있었다고 하여도 뇌물죄를 구성한다고 할 수 없다할 것이니, 원심조처에 아무런 위법이 없다.

129-58. 투기적 사업에 참여할 기회를 제공받은 경우 뇌물수수죄 여부(적극) [대법원 1994. 11. 4. 선고, 94도129]

【판시사항】

[1] 투기적 사업에 참여할 기회를 제공받은 것으로 뇌물수수죄에 해당된다.

[2] 특정범죄가중처벌등에관한법률 위반의 공소사실을 공소장변경절차 없이 뇌물수수죄로 인정할 수 있는지 여부

【판결요지】

[1] 직무와 관련하여 장래 시가앙등이 예상되는 체비지의 지분을 낙찰원가에 매수한 것은 투기적 사업에 참여할 기회를 제공받은 것으로 뇌물수수죄에 해당된다.

[2] 검사가 피고인들이 투기적 사업에 참여할 기회를 제공받은 것을 뇌물의 약속으로, 그 후에

이루어진 환매로 인하여 그들이 얻은 차액 상당의 경제적 이익을 뇌물의 수수로 보아 이를 포괄하여 특정범죄가중처벌등에관한법률 제2조 제1항 제1호, 형법 제129조 제1항 위반으로 공소를 제기하였다고 하더라도 피고인들이 직무와 관련하여 '라'항과 같이 체비지 지분을 매수함으로써 투기적 사업에 참여할 기회를 제공받은 것은 그 공소사실에 포함되어 있는 것이라고 보아야 하고, 이 경우 법원이 투기적 사업에 참여할 기회를 제공받은 것을 뇌물로 인정하더라도 피고인들의 방어에 실질적 불이익을 초래할 염려는 없는 것이므로 법원은 공소장변경절차 없이 직권으로 그 수수한 뇌물을 투기적 사업에 참여할 기회를 제공받은 것으로 적시하여 이를 형법 제129조 제1항 위반의 뇌물수수죄로 인정하여야 한다.

---

1. 조합아파트 가입권에 붙은 소위 프리미엄이 뇌물에 해당하는지 여부(적극) [대법원 1992. 12. 22. 선고, 92도1762] .
【판결요지】
뇌물수수죄나 뇌물공여죄에 있어서의 뇌물이란 금전, 물품 기타의 재산적 이익 등 사람의 수요, 욕망을 충족시키기에 족한 유형, 무형의 일체의 이익이 포함되므로, 조합아파트 가입권에 붙은 소위 프리미엄도 뇌물에 해당한다.

129-59. 수뢰죄에 있어서의 직무관련성의 범위 [대법원 1994. 9. 9. 선고, 94도619] .
【판결요지】
수뢰죄에 있어 직무라는 것은 공무원의 법령상 관장하는 직무행위뿐만 아니라 그 직무와 관련하여 사실상 처리하고 있는 행위 및 결정권자를 보좌하거나 영향을 줄 수 있는 직무행위도 포함된다.

129-60. 뇌물죄의 보호법익과 직무의 범위 [대법원 1994. 3. 22. 선고, 93도2962] .
【판결요지】
뇌물죄는 직무집행의 공정과 직무행위의 불가매수성을 그 보호법익으로 하고 있으므로, 뇌물성은 의무위반행위의 유무와 청탁의 유무 및 수수시기가 언제인지를 가리지 아니하는 것이고, 따라서 과거에 담당하였거나 장래 담당할 직무 및 사무분장에 따라 현실적으로 담당하지 아니하는 직무라 하더라도 뇌물죄에 있어서의 직무에 해당할 수 있다.

---

1. 수수한 뇌물의 반환과 뇌물죄의 범의 [대법원 1982. 11. 23. 선고, 82도1431]
【판결요지】
뇌물은 일단 영득의 의사로 수수한 것이라면 후일 이를 반환하였다 하더라도 뇌물죄의 성립에는 소장이 없다 할 것인바, 피고인이 수수한 금원을 약 2개월 후에 반환하였다 하더라도 반환할 때까지의 기간에 비추어 일단영득의 의사로 수수하였던 것으로 본 원심의 조처는 타당하다.

---

2. 영득의 의사로 수수한 물건을 반환한 때 뇌물죄의 성부 [대법원 1983. 3. 22. 선고, 83도113]
【판결요지】

영득의 의사로 뇌물을 수수한 것이라면 후일 이를 반환하였다 하더라도 뇌물죄의 성립에는 영향이 없다.

3. 구청위생계장이 건물용도변경허가와 관련하여 금품을 수수한 경우와 뇌물죄에 있어서 직무에의 관련 여부(적극) [대법원 1989. 9. 12. 선고, 89도597]

【판결요지】

뇌물죄에 있어서 직무에 관하여라 함은 당해 공무원이 그 직무의 결정권을 갖고 있지 않더라도 그 직무행위와 밀접한 관계에 있는 경우 및 사실상 관리하는 직무행위도 포함된다고 할 것이므로, 유흥업소를 경영하는 사람으로부터 구청위생계장이 건물용도변경허가와 관련하여 금품을 수수한 것은 직무와 관련하여 교부받은 것이라고 인정한 원심의 조처는 정당하다.

129-61. 한국전력공사 일반직원급 직원이 과장대리의 일을 맡고 있는 경우 특가법 제2조의 뇌물수수죄의 주체 여부(소극) [대법원 1993. 12. 28. 선고, 93도2164]

【판결요지】

한국전력공사는 그 직원의 직급을 처장급, 부처장급, 부장급, 과장급, 일반직원급, 기능원급 등으로 분류하고 있고, 특정범죄가중처벌등에관한법률시행령 제3조 제1호가 한국전력공사 등의 임원과 과장대리급 이상의 직원을 공무원으로 보도록 되어 있으며 여기서 말하는 과장대리급 또는 과장급 이상의 직원이라 함은 직급을 기준으로 하여 과장대리 또는 과장과 동급이거나 그 이상의 직원을 말하는 것이므로, 위 공사의 일반직원급에 재직하면서 과장대리의 일을 맡고 있는 자는 정부관리기업체의 간부직원이 아니어서 뇌물수수죄의 주체가 될 수 없다.

1. 특정범죄가중처벌등에관한법률시행령 제3조 제1호 소정의 과장대리급 이상의 직원인지 여부의 판단 기준(=직급) [대법원 1992. 8. 14. 선고, 91도3191]

【판시사항】

[1] 특정범죄가중처벌등에관한법률시행령 제3조 제1호 소정의 과장대리급 이상의 직원인지 여부의 판단기준(=직급)

[2] 한국전기통신공사 A본부에서 과장으로 호칭되는 일반직 3급 직원이 현실적으로 과장의 직위를 가지고 있지는 않다 하더라도 뇌물수수죄의 주체가 될 수 있다고 본 사례

[3] 정부관리기업체의 과장대리급 이상의 직원이 아닌 직원도 다른 과장대리급 이상인 직원과 함께 뇌물수수죄의 공동정범이 될 수 있는지 여부(적극)

【판결요지】

[1] 특정범죄가중처벌등에관한법률시행령 제3조 제1호 소정의 과장대리급또는 과장급 이상의 직원이라 함은 직급을 기준으로 하여 과장대리 또는 과장과 동급이거나 그 이상의 직원을 말하는 것으로서 현실적으로 과장이나 과장대리의 직위를 가지고 있는지의 여부는 문제삼지 않는다.

[2] 한국전기통신공사 A본부에는 조직의 최소단위가 부이고 과는 없어 위 공사 일반직 3급 직원인 피고인도 범행 당시 위 공사 A본부 총무부 또는 관리국 인사부에 일반직원으로 근무하고 있었으나 위 공사 직제규정시행세칙은 편제상 직위가 부여되지 않은 일반직 3급 직원을 과장으로 호칭하도록 하고 있으며, 또 위 사업본부 산하 현업기관에서 피고인과 같은 일반직 3급 직원을 과장으로

보하도록 규정하고 있다면, 피고인이 비록 현실적으로 과장의 직위를 가지고 있지는 않다 하더라도 과장과 동급의 직급에 있다고 보아야 할 것이어서 형법 제129조 제1항 소정의 뇌물수수죄의 주체가 될 수 있다.

[3] 정부관리기업체의 과장대리급 이상이 아닌 직원도 다른 과장대리급 이상인 직원들과 함께 뇌물수수죄의 공동정범이 될 수 있다.

129-62. 후일 반환할 의사로 금품을 받은 경우 뇌물수수죄의 성부(소극) [대법원 1989. 7. 25. 선고, 89도126]

【판결요지】

뇌물을 수수한다는 것은 영득의 의사로 받는 것을 말하고 후일 기회를 보아서 반환할 의사로서 일단 받아둔 데 불과하다면 뇌물의 수수라고 할 수 없다.

129-63. 재무부 보험과장이 보험회사 주식인수 등에 대한 노력의 대가 취지로 금원을 수취한 경우 직무에 관하여 뇌물을 수수한 경우 해당 여부(적극) [대법원 1984. 7. 24. 선고, 83도830]

【판결요지】

보험회사의 감독관청인 재무부의 보험과장으로서 보험회사의 감독에 관한 실무책임을 지고 있던 피고인이 상피고인이 보험회사의 주식 등을 금 2억5천만원으로 인수할 수 있도록 많은 노력을 기울여준데 대한 대가의 취지와 앞으로도 동 보험회사의 운영과정에서 감독관청의 실무책임자로서 계속적인 선처를 바란다는 취지에서 위 상피고인이 제공하는 금원을 수취하였다면 피고인은 그 직무에 관하여 뇌물을 수수한 경우에 해당한다.

129-64. 승인권자에게 신청서를 전달하는 자의 직무에 관한 금품수수 [대법원 1983. 8. 23. 선고, 82도2350]

【판결요지】

도시계획시설 결정 승인이 시장의 소관사항 아니고 도지사의 소관사항일지라도 시 군시계획계장으로서 위 승인신청서를 수리하여 결재를 거쳐 상급승인기관에 전달하는 직무에 종사하고 있다면 은 그 신청에 관한 금품수수는 직무에 관한 것이라 할 수 있으므로 뇌물수수죄가 성립한다.

129-65. 시의 측량기술원이 다년간의 경험을 기초로 추측한 입찰예정가격의 고지가 뇌물죄에서의 직무에 관련된 것인지 여부(소극) [대법원 1983. 3. 22. 선고, 82도1922]

【판결요지】

피고인 (갑)이 시의 도시과 구획정리계 측량기술원으로 근무하면서 다년간 환지측량업무에 종사하게 된 결과 얻은 지식과 경험을 기초로 체비지에 관한 공개경쟁 입찰에서 입찰예정가격이 대략 어느정도 될 것이라고 추측한 내용을 피고인 (을)에게 알려준 행위는 그의 직무행위 내지는 직무와 밀접하게 관련된 행위라고 볼 수 없는 것이고, 따라서 피고인 (갑)이 그 대가로 피고인 (을)로 부터 받기로 약속한 이익도 뇌물죄에서 말하는 직무에 관련된 대가라고 보기 어렵다.

129-66. 뇌물로 공여된 당좌수표가 부도된 경우 [대법원 1983. 2. 22. 선고, 82도2964]

【판결요지】

뇌물로 공여된 당좌수표가 수수 후 부도가 되었다 하더라도 뇌물죄의 성립에는 아무런 소장이 없다.

129-67. 축의금으로 낸 것을 뇌물수수로 볼 수 없다고 한 예 [대법원 1982. 9. 14. 선고, 81도2774]

【판결요지】

피고인의 아들들의 결혼식장에서 공소외인들이 축의금으로 낸 것을 사후에 전달받은 것일 뿐만 아니라 피고인이 동 공소외인들과는 개인적으로도 친분관계를 맺어온 사이였다면 비록 동 공소외인들이 피고인의 직무와 관련이 있는 사업을 경영하는 사람들이었다 하더라도 그 사정만으로 위 금원이 축의금을 빙자하여 뇌물로 수수된 것이라고 단정할 수 없다.

129-68. 뇌물약속죄에 있어서 뇌물의 목적물인 이익의 현존 및 그 가액확정의 각 필요성 여부(소극)
      [대법원 1981. 8. 20. 선고, 81도698]

【판결요지】

뇌물약속죄에 있어서 뇌물의 목적물인 이익은 약속 당시에 현존할 필요는 없고 약속당시에 예기할 수 있는 것이라도 무방하며, 뇌물의 목적물이 이익인 경우에는 그 가액이 확정되어 있지 않아도 뇌물약속죄가 성립하는 데는 영향이 없으므로 <u>공무원이 건축업자로부터 그가 건축할 주택을 공사비 상당액으로 분양받기로 약속한 경우에는 매매시가 중 공사비를 초과하는 액수만큼의 이익을 뇌물로서 약속한 것이 되어 뇌물약속죄가 성립한다.</u>

129-69. 수의계약으로 아파트를 분양받은 행위를 수뢰로 인정하지 아니한 예 [대법원 1981. 4. 28. 선고, 80도3323]

【판시사항】

수의계약으로 아파트를 분양받은 행위를 수뢰로 인정하지 아니한 예(속칭 A아파트 특혜분양사건)

【판결요지】

뇌물성의 유무는 공무원의 직무와 이익공여자와의 관계, 이익수수의 경위, 그 당시의 사회상태 등 제반사정을 종합하여 합리적으로 판단하여야 할 것인 바, 피고인들이 본건 A아파트의 건립 또는 융자에 관계되는 공무를 담당한 바가 있어도 동 건설회사측에 별다른 편의를 제공한 적이 없고, 위 공무를 취급하지 아니하였더라도 다른 일반 수의 분양자들과 같이 친지, 동료 등의 연줄로 분양받을 수 있었고, 또 분양받아야 할 실수요자였으며 피고인들의 위 공무집행은 위 아파트의 분양계약과 관련시킬 수 없는 우연에 불과하였으므로 본건 아파트의 분양계약이 직무와 대가관계에 있는 부당한 이익 즉 뇌물성이 있다고 할 수 없다.

129-70. 상납사실과 뇌물수수금액 [대법원 1980. 4. 22. 선고, 80도541]

【판결요지】

피고인이 뇌물을 수수한 후 그중 일부를 상납하였다 하더라도 부탁받은 일의 달성을 위한 자기 편의에 의하여 금원을 받은지 2개월 20일이 지난 후에 상사들에게 그중의 일부를 증회한 경우에는 그 뇌물전액을 수수하였다고 보아야 한다.

129-71. 수회에 걸쳐 뇌물을 받은 것을 수뢰죄의 포괄일죄로 보아 특정범죄가중처벌 등에 관한 법률위반으로 다스릴 수 있는지 여부(적극) [대법원 1974. 2. 26. 선고, 73도2497]

【판결요지】

피고인이 1970.1.26 부터 같은 해 3.12 까지의 약 1개월반 사이에 16회에 걸쳐 동일인으로부터 합계금 2,778,000원의 뇌물을 받은 것은 포괄일죄로 볼 수 있으므로 특정범죄가중처벌등에관한법률 제2조1항2호, 형법 제129조1항에 해당한다.

129-72. 기한부로 채용된 공무원의 뇌물수수죄 주체여부(적극) [대법원 1971. 10. 19. 선고, 71도1113]

【판시사항】

교육법 제32조의2 제1항 전단은 교육위원회의 교육감의 사무를 보좌하게 하기 위하여 교육위원회에 필요한 공무원을 둔다 규정하였고 지방공무원법 제2조 제2항 6호는 기한부로 채용된 공무원을 별정직 공무원으로 한다 규정하고 있어 원판결에 의하여 확정된 사실에 의하면 피고인은 위 법령에 근거하여 기한부로 채용된 공무원이라 할 것이며 단순한 노무에 종사하는 자라할 수 없을 것이므로 원판결이 피고인을 뇌물 수수죄의 주체가 될 수 있다고 판단하였음에 무슨 위법이 있을 수 없다.

129-73. 가격상 상당한 차이가 있는 냉장고를 교환의 형식으로 취득한 것이 뇌물로 인정된 사례 [서울고법 1971. 4. 30. 71노114, 상고]

【판결요지】

뇌물이란 반드시 무상으로 받아야 하는 것은 아니며 공무원의 직무행위와 관련된 대가관계가 있으면 족하다 할 것인 바 피고인이 수수한 금성냉장고 1대는 비록 피고인이 소지하고 있었던 일제 중고 냉장고와는 교환한 것이나 가격상 상당한 차가 나고 뿐만 아니라 피고인이 위 법아물산공사의 외화연초의 부정유출을 방지하는 직책을 맡고 있음을 기화로 수차 전화로 감청하여 취득한 것임이 일건 기록상 명백한 것이므로 피고인이 취득한 냉장고는 단순히 교환에 의하여 취득한 것이 아니고 뇌물로 보기에 넉넉하다.

129-74. 후생관계 또는 상관의 승인과 수뢰죄 성부 [대법원 1955. 10. 18. 선고, 4288형상235]

【판결요지】

경찰관이 피의자로부터 뇌물을 받음에 있어서 상관의 승인을 얻었거나 상관과 같이 향응을 받았다 하여 수뢰죄의 성립을 부정할 수 없고 그 동기가 직원의 후생관계를 위한 것이라 할지라도 범죄조각사유에 해당한다 할 수 없다.

제130조[제삼자뇌물제공]

> 제130조(제삼자뇌물제공) 공무원 또는 중재인이 그 직무에 관하여 부정한 청탁을 받고 제3자에게 뇌물을 공여하게 하거나 공여를 요구 또는 약속한 때에는 5년 이하의 징역 또는 10년 이하의 자격정지에 처한다.

130-1. 제3자뇌물수수죄에서 '제3자'의 의미 [대법원 2017. 3. 15. 선고, 2016도19659]

【판시사항】

[1] 제3자뇌물수수죄에서 필요한 공소사실의 특정 정도

[2] 제3자뇌물수수죄에서 '제3자'의 의미 / 공무원 또는 중재인이 부정한 청탁을 받고 제3자에게 뇌물을 제공하게 하고 제3자가 그러한 공무원 또는 중재인의 범죄행위를 알면서 방조한 경우, 제3자뇌물수수방조죄가 성립하는지 여부(적극)

[3] 공무원이 직무관련자에게 제3자와 계약을 체결하도록 요구하여 계약 체결을 하게 한 행위가 제3자뇌물수수죄의 구성요건과 직권남용권리행사방해죄의 구성요건에 모두 해당하는 경우, 제3자뇌물수수죄와 직권남용권리행사방해죄가 각각 성립하는지 여부(적극) 및 두 죄의 죄수관계(=상상적 경합범)

【판결요지】

[1] 제3자뇌물수수죄는 공무원 또는 중재인이 직무에 관하여 부정한 청탁을 받고 제3자에게 뇌물을 공여하게 하는 행위를 구성요건으로 하고 있고, 그중 부정한 청탁은 명시적인 의사표시뿐만 아니라 묵시적인 의사표시로도 가능하며 청탁의 대상인 직무행위의 내용도 구체적일 필요가 없다. 이러한 점에 비추어 살펴보면, 제3자뇌물수수죄의 공소사실은 범죄의 일시, 장소를 비롯하여 구성요건사실이 다른 사실과 구별되어 공소사실의 동일성의 범위를 구분할 수 있고, 피고인의 방어권 행사에 지장이 없는 정도로 기재되면 특정이 되었다고 보아야 하고, 그중 부정한 청탁의 내용은 구체적으로 기재되어 있지 않더라도 공무원 또는 중재인의 직무와 제3자에게 제공되는 이익 사이의 대가관계를 인정할 수 있을 정도로 특정되면 충분하다.

[2] 제3자뇌물수수죄에서 제3자란 행위자와 공동정범 이외의 사람을 말하고, 교사자나 방조자도 포함될 수 있다. 그러므로 공무원 또는 중재인이 부정한 청탁을 받고 제3자에게 뇌물을 제공하게 하고 제3자가 그러한 공무원 또는 중재인의 범죄행위를 알면서 방조한 경우에는 그에 대한 별도의 처벌규정이 없더라도 방조범에 관한 형법총칙의 규정이 적용되어 제3자뇌물수수방조죄가 인정될 수 있다.

[3] 공무원이 직무관련자에게 제3자와 계약을 체결하도록 요구하여 계약 체결을 하게 한 행위가 제3자뇌물수수죄의 구성요건과 직권남용권리행사방해죄의 구성요건에 모두 해당하는 경우에는, 제3자뇌물수수죄와 직권남용권리행사방해죄가 각각 성립하되, 이는 사회 관념상 하나의 행위가 수 개의 죄에 해당하는 경우이므로 두 죄는 형법 제40조의 상상적 경합관계에 있다.

1. 제3자 뇌물공여죄에 있어서 '뇌물', '부정한 청탁'의 의미 및 그 판단 기준 [대법원 2007. 1. 26. 선고, 2004도1632]

【판시사항】

[1] 제3자 뇌물공여죄에 있어서 '뇌물', '부정한 청탁'의 의미 및 그 판단 기준

[2] 도지사가 제3자로부터 복지재단 출연금의 형태로 거액을 수수한 행위가 관광지구 추가지정 및 관련 절차의 진행에 있어서 이를 총괄하는 도지사로서의 직무와 관련하여 제3자 뇌물공여죄에서 뜻하는 광의의 부정한 청탁을 매개로 이루어진 것으로 본 사례

【판결요지】

[1] 형법 제130조의 제3자 뇌물공여죄에 있어서 뇌물이란 공무원의 직무에 관하여 부정한 청탁을 매개로 제3자에게 교부되는 위법 혹은 부당한 이익을 말하고, '부정한 청탁'이란 위법한 것뿐만 아니라 사회상규나 신의성실의 원칙에 위배되는 부당한 경우도 포함하는 것인바, 직무와 관련된 뇌물에 해당하는지 혹은 부정한 청탁이 있었는지 여부를 판단함에 있어서는 그 직무 혹은 청탁의 내용, 이익 제공자와의 관계, 이익의 다과 및 수수 경위와 시기 등의 제반 사정과 아울러 직무집행의 공정과 이에 대한 사회의 신뢰 및 직무수행의 불가매수성이라고 하는 뇌물죄의 보호법익에 비추어 그 이익의 수수로 인하여 사회 일반으로부터 직무집행의 공정성을 의심받게 되는지 여부도 판단 기준이 된다. 나아가 비록 청탁의 대상이 된 직무집행 그 자체는 위법·부당한 것이 아니라 하더라도 당해 직무집행을 어떤 대가관계와 연결시켜 그 직무집행에 관한 대가의 교부를 내용으로 하는 청탁이라면 이는 의연 '부정한 청탁'에 해당하는 것으로 볼 수 있으며, 청탁의 대상인 직무행위의 내용도 구체적일 필요가 없고 묵시적인 의사표시라도 무방하며, 실제로 부정한 처사를 하였을 것을 요하지도 않는다.

130-2. 제3자뇌물제공죄에서 '부정한 청탁'의 의미 및 묵시적 의사표시에 의한 부정한 청탁이 있다고 하기 위한 요건 [대법원 2014. 9. 4. 선고, 2011도14482]

【판시사항】

[1] 제3자뇌물제공죄에서 '부정한 청탁'의 의미 및 묵시적 의사표시에 의한 부정한 청탁이 있다고 하기 위한 요건

[2] 공무원이 직무와 관련 있는 사람에게 제3자를 거래 상대방으로 소개·추천한 것이 직무에 관한 부정한 이익을 제3자에게 공여하게 하는 행위에 해당하는지 판단하는 기준

【이 유】

형법 제130조의 제3자뇌물제공죄에서 '청탁'이란 공무원에 대하여 일정한 직무집행을 하거나 하지 않을 것을 의뢰하는 행위를 말하고, '부정한' 청탁이란 의뢰한 직무집행 자체가 위법하거나 부당한 경우 또는 의뢰한 직무집행 그 자체는 위법하거나 부당하지 아니하지만 당해 직무집행을 어떤 대가관계와 연결시켜 그 직무집행에 관한 대가의 교부를 내용으로 하는 경우 등을 의미한다. 그런데 제3자뇌물제공죄에서 공무원이 '그 직무에 관하여 부정한 청탁을 받을 것'을 요건으로 하는 취지는 처벌의 범위가 불명확해지지 않도록 하기 위한 것으로서, 이러한 부정한 청탁은 명시적 의사표시에 의해서뿐만 아니라 묵시적 의사표시에 의해서도 가능하지만, 묵시적 의사표시에 의한 부정한 청탁이 있다고 하려면 청탁의 대상이 되는 직무집행의 내용과 제3자에게 제공되는 이익이 그 직무집행에 대한 대가라는 점에 대하여 공무원과 이익 제공자 사이에 공통의

인식이나 양해가 있어야 한다. 따라서 그러한 인식이나 양해 없이 막연히 선처하여 줄 것이라는 기대나 직무집행과는 무관한 다른 동기에 의하여 제3자에게 금품을 공여한 경우에는 묵시적 의사표시에 의한 부정한 청탁이 있다고 볼 수 없다(대법원 2009. 1. 30. 선고 2008도6950 판결, 대법원 2011. 4. 14. 선고 2010도12313 판결 등 참조).

---

1. 제3자뇌물제공죄에서 묵시적 의사표시에 의한 '부정한 청탁'을 인정하기 위한 요건 및 '대가관계에 관한 양해' 없이 단지 나중에 제3자에 대한 금품제공이 있었다는 사정만으로 소급하여 '청탁의 부정성'을 인정할 수 있는지 여부(소극) [대법원 2011. 4. 14. 선고, 2010도12313]

【판시사항】

[1] 제3자뇌물제공죄에서 묵시적 의사표시에 의한 '부정한 청탁'을 인정하기 위한 요건 및 '대가관계에 관한 양해' 없이 단지 나중에 제3자에 대한 금품제공이 있었다는 사정만으로 소급하여 '청탁의 부정성'을 인정할 수 있는지 여부(소극)

[2] 구청장인 피고인이 관내의 공사 인·허가와 관련하여 甲 회사로부터 묵시적인 부정한 청탁을 받고 누각을 제3자인 구(區)에 기부채납하게 하였다는 등의 제3자뇌물제공으로 기소된 사안에서, 지방자치단체인 구는 '제3자뇌물제공죄의 제3자'가 될 수 없다고 본 원심판단에 잘못이 있다.

【판결요지】

[1] 형법 제130조의 제3자뇌물제공죄는 공무원이 직무에 관하여 부정한 청탁을 받고 제3자에게 뇌물을 제공하게 하면 성립하는 죄로서, 이때 '부정한 청탁'이란 의뢰한 직무집행 자체가 위법·부당한 경우뿐 아니라 의뢰한 직무집행 자체는 위법하거나 부당하지 않더라도 당해 직무집행을 어떤 대가관계와 연결시켜 이에 관한 대가의 교부를 내용으로 하는 청탁이면 되고 반드시 명시적 의사표시에 의해서뿐 아니라 묵시적 의사표시에 의해서도 가능하지만, 묵시적 의사표시에 의한 부정한 청탁이 있다고 하기 위하여는 청탁의 대상이 되는 직무집행의 내용과 제3자에게 제공되는 금품이 그 직무집행에 대한 대가라는 점에 대하여 당사자 사이에 공통의 인식이나 양해가 있어야 한다. 따라서 그러한 인식이나 양해 없이 막연히 선처하여 줄 것이라는 기대나 직무집행과는 무관한 다른 동기에 의하여 제3자에게 금품을 공여한 경우에는 묵시적 의사표시에 의한 부정한 청탁이 있다고 볼 수 없고, 이는 공무원이 먼저 제3자에게 금품을 공여할 것을 요구하였다고 하여 달리 볼 것도 아니다. 한편 형법상 수뢰죄의 경우 공무원의 직무와 금품의 수수가 전체적으로 대가관계에 있으면 성립하는 것과 달리, 제3자뇌물제공죄의 경우 '부정한 청탁'을 범죄성립의 구성요건으로 하고 있고 이는 처벌의 범위가 불명확해지지 않도록 하려는 데 취지가 있으므로, 당사자 사이에 청탁의 부정성을 규정짓는 대가관계에 관한 양해가 없었다면 단지 나중에 제3자에 대한 금품제공이 있었다는 사정만으로 어떠한 직무가 소급하여 부정한 청탁에 의한 것이라고 평가될 수는 없다.

[2] 구청장인 피고인이 구청 관내의 공사 인·허가와 관련하여 甲 회사로부터 묵시적인 부정한 청탁을 받고 5억 원 상당의 경로당 누각을 제3자인 구(區)에 기부채납하게 하였다는 등의 제3자뇌물제공으로 기소된 사안에서, 공무원인 지방자치단체장이 직무에 관하여 부정한 청탁을 받고 지방자치단체에 금품을 제공하게 하였다면 공무원 개인이 금품을 취득한 경우와 동일시할 수는 없고 그 공무원이 단체를 대표하는 지위에 있는 경우에도 마찬가지여서 형법 제130조의 제3자뇌물제공죄가 성립할 수 있으므로, 이와 달리 위 기부채납 재산을 취득한 지방자치단체인 구는 '제3자뇌물제공죄의 제3자'가 될 수 없다고 본 원심판단에 잘못이 있으나, 제반 사정에 비추어 甲 회사의 관계자들이 피고인

의 요구를 받고 위 누각을 구에 기부채납한 것이 피고인의 직무와 관련한 부정한 청탁의 대가로 제공된 것이라고 단정할 수 없다는 이유로, 피고인에게 무죄를 선고한 원심판단의 결론은 정당하다.

130-3. 제3자뇌물공여죄에서 '대가관계에 대한 양해'가 존재하지 않는 경우에 청탁이나 직무집행 후에 제3자에게 금품을 지급한 사실만으로 소급하여 '청탁의 부정성'을 인정할 수 있는지 여부(소극) [대법원 2008. 6. 12. 선고, 2006도8568]

【판결요지】

제3자뇌물공여죄에서 '부정한 청탁'을 요건으로 하고 있는 취지는 처벌의 범위가 불명확해지지 않도록 하기 위한 것이므로, 청탁의 부정성을 규정짓는 이러한 대가관계에 관한 양해가 명시적이든 묵시적이든 당사자 사이에 존재하여야 하며, 이와 같이 청탁과 관련하여 대가관계에 대한 양해가 존재하지 않는다면 단지 나중에 제3자와 금품 수수가 있었다는 사정만으로 소급하여 청탁이 부정한 것으로 평가할 수는 없고, 적어도 당사자들이 제3자에 대한 금품의 지급 여부를 청탁 및 직무집행 당시까지 전혀 예견조차 하지 못 하였음이 명백하고, 제3자에 대한 금품의 지급이 다른 동기에 의하여 결정되었을 개연성도 있다면, 비록 당사자가 상정한 청탁의 대가에 해당하는 부분은 그 죄책을 물을 수 있다 하더라도, 그 이외의 부분까지 청탁 당시에 대가관계의 연결에 관한 인식이나 양해가 있었던 것으로 보아 부정한 청탁에 해당한다고 볼 수는 없다.

130-4. 제3자 뇌물제공죄에서 '뇌물', '부정한 청탁'의 의미와 판단 기준 및 공무원이 부정한 행위를 하였을 것을 요하는지 여부(소극) [대법원 2007. 11. 16. 선고, 2004도4959]

【판시사항】

[1] 형법 제130조의 제3자 뇌물제공죄에서 '뇌물', '부정한 청탁'의 의미와 판단 기준 및 공무원이 부정한 행위를 하였을 것을 요하는지 여부(소극)

[2] 성남시장이 정자·백궁지구의 도시설계변경 및 건축허가 관련 업무를 처리하며 위 지구에 주상복합아파트 건설사업을 추진하는 甲으로부터 이에 관한 편의를 제공해 달라는 묵시적 청탁을 받고, 위 주상복합아파트의 건축설계용역을 乙업체에게 도급하여 달라고 甲에게 부탁한 사안에서, 제3자 뇌물제공죄의 성립을 인정한 사례

【이유】

형법 제130조의 제3자 뇌물제공죄에 있어서 뇌물이란 공무원의 직무에 관하여 부정한 청탁을 매개로 제3자에게 교부되는 위법 혹은 부당한 이익을 말하고, '부정한 청탁'이란 위법한 것뿐만 아니라 사회상규나 신의성실의 원칙에 위배되는 부당한 경우도 포함하는 것인바, 부정한 청탁이 있었는지 여부를 판단함에 있어서는 그 직무 혹은 청탁의 내용, 이익 제공자와의 관계, 이익의 다과 및 수수경위와 시기 등의 제반사정과 아울러 직무집행의 공정과 이에 대한 사회의 신뢰 및 직무수행의 불가매수성이라고 하는 뇌물죄의 보호법익에 비추어 그 이익의 수수로 인하여 사회 일반으로부터 직무집행의 공정성을 의심받게 되는지 여부도 판단 기준이 된다 (대법원 1999. 7. 23. 선고 99도1911 판결, 2002. 3. 15. 선고 2001도970 판결 등 참조). 따라서 비록 청탁의 대상

이 된 직무집행 그 자체는 위법·부당한 것이 아니라 하더라도 당해 직무집행을 어떤 대가관계와 연결시켜 그 직무집행에 관한 대가의 교부를 내용으로 하는 청탁이라면 이는 '부정한 청탁'에 해당하는 것으로 볼 수 있고(대법원 2006. 6. 15. 선고 2004도3424 판결 참조), 이러한 청탁은 명시적으로는 물론 묵시적으로도 행하여질 수 있으며, 공무원이 부정한 청탁에 따라 부정한 행위를 하였을 것을 요하지도 않는다.

---

1. 제3자 뇌물공여죄에 있어서 '부정한 청탁'의 의미 [대법원 2006. 6. 15. 선고, 2004도3424]

【판시사항】

[1] 제3자 뇌물공여죄에 있어서 '부정한 청탁'의 의미

[2] 형법 제130조 뇌물죄에 있어서의 뇌물성

【판결요지】

[1] 형법 제130조의 제3자 뇌물공여죄에 있어서 '부정한 청탁'이라 함은, 그 청탁이 위법하거나 부당한 직무집행을 내용으로 하는 경우는 물론, 비록 청탁의 대상이 된 직무집행 그 자체는 위법·부당한 것이 아니라 하더라도 당해 직무집행을 어떤 대가관계와 연결시켜 그 직무집행에 관한 대가의 교부를 내용으로 하는 청탁이라면 이는 의연 '부정한 청탁'에 해당한다고 보아야 한다.

[2] 형법 제130조 뇌물죄에 있어서의 뇌물성은 형법 제129조 뇌물죄에 있어서와 마찬가지로 직무와의 관련성이 있으면 인정되는 것이고, 그 뇌물을 받는 제3자가 뇌물임을 인식할 것을 요하지 아니하며, 그 뇌물을 제3자에게 공여하게 한 동기를 묻지 아니하므로, 어떤 금품이 공무원의 직무행위와 관련하여 교부된 것이라면 그것이 시주의 형식으로 교부되었고 또 불심에서 우러나온 것이라 하더라도 뇌물임을 면할 수 없다.

[3] 공정거래위원회 위원장인 피고인이 이동통신회사가 속한 그룹의 구조조정본부장으로부터 당해 이동통신회사의 기업결합심사에 대하여 선처를 부탁받으면서 특정 사찰에의 시주를 요청하여 시주금을 제공케 한 사안에서, 그 부탁한 직무가 피고인의 재량권한 내에 속하더라도 형법 제130조에 정한 '부정한 청탁'에 해당하고, 위 시주는 기업결합심사와 관련되어 이루어진 것이라고 판단하여 제3자뇌물수수의 죄책을 인정한 원심의 조치를 수긍한 사례

130-5. 뇌물공여죄에 있어서 "직무에 관하여"의 의미 [대법원 1987. 11. 24. 선고, 87도1463]

【판결요지】

뇌물공여죄에 있어서 "직무에 관하여"라 함은 공무원이 그 지위에 수반하여 공무로서 취급하는 일체의 사무를 말하는 것으로서, 그 권한에 속하는 직무행위 뿐만 아니라 이에 밀접한 관계가 있는 경우와 그 직무에 관련하여 사실상 처리하고 있는 행위까지도 포함된다.

제131조(수뢰후부정처사, 사후수뢰)

제131조(수뢰후부정처사, 사후수뢰) ① 공무원 또는 중재인이 전2조의 죄를 범하여 부정한 행위를 한 때에는 1년 이상의 유기징역에 처한다.

② 공무원 또는 중재인이 그 직무상 부정한 행위를 한 후 뇌물을 수수, 요구 또는 약속하거나 제삼자에게 이를 공여하게 하거나 공여를 요구 또는 약속한 때에도 전항의 형과 같다.

③ 공무원 또는 중재인이었던 자가 그 재직 중에 청탁을 받고 직무상 부정한 행위를 한 후 뇌물을 수수, 요구 또는 약속한 때에는 5년 이하의 징역 또는 10년 이하의 자격정지에 처한다.

④ 전3항의 경우에는 10년 이하의 자격정지를 병과할 수 있다.

131-1. 형법 제131조 제1항의 죄를 범한 자가 특정범죄가중처벌등에관한법률 제2조 제1항이 규정하고 있는 '형법 제129조, 제130조에 규정된 죄를 범한 자'에 해당되는지 여부(적극) [대법원 2004. 3. 26. 선고, 2003도8077]

【판결요지】

형법 제131조 제1항은 공무원 또는 중재인이 형법 제129조, 제130조의 죄를 범한 후에 부정한 행위를 한 때에 가중처벌한다는 규정이므로, 형법 제131조 제1항의 죄를 범한 자는 특정범죄가중처벌등에관한법률 제2조 제1항 소정의 형법 제129조, 제130조에 규정된 죄를 범한 자에 해당된다.

131-2. 뇌물죄에 있어서 '직무' 및 수뢰후부정처사죄에 있어서 '부정한 행위'의 의미 [대법원 2003. 6. 13. 선고, 2003도1060]

【판결요지】

뇌물죄는 직무집행의 공정과 이에 대한 사회의 신뢰에 기하여 직무행위의 불가매수성을 그 직접의 보호법익으로 하고 있으므로 뇌물성은 의무위반 행위나 청탁의 유무 및 금품수수 시기와 직무집행 행위의 전후를 가리지 아니한다 할 것이고, 따라서 뇌물죄에서 말하는 '직무'에는 법령에 정하여진 직무뿐만 아니라 그와 관련 있는 직무, 과거에 담당하였거나 장래에 담당할 직무 외에 사무분장에 따라 현실적으로 담당하지 않는 직무라도 법령상 일반적인 직무권한에 속하는 직무 등 공무원이 그 직위에 따라 공무로 담당할 일체의 직무를 포함한다 할 것이고, 수뢰후부정처사죄에서 말하는 '부정한 행위'라 함은 직무에 위배되는 일체의 행위를 말하는 것으로 직무행위 자체는 물론 그것과 객관적으로 관련 있는 행위까지를 포함한다.

131-3. 수뢰후부정처사죄와 각각 상상적 경합 관계에 있는 공도화변조, 동행사죄의 경합범 가중의 당부(소극) [대법원 2001. 2. 9. 선고, 2000도1216]

【판결요지】

형법 제131조 제1항의 수뢰후부정처사죄에 있어서 공무원이 수뢰후 행한 부정행위가 공도화변조 및 동행사죄와 같이 보호법익을 달리하는 별개 범죄의 구성요건을 충족하는 경우에는 수뢰후부정처사죄 외에 별도로 공도화변조 및 동행사죄가 성립하고 이들 죄와 수뢰후부정처사죄는 각각 상상적 경합 관계에 있다고 할 것인바, 이와 같이 공도화변조죄와 동행사죄가 수뢰후부정처사죄와 각각 상상적 경합범 관계에 있을 때에는 공도화변조죄와 동행사죄 상호간은 실체적 경합범 관계에 있다고 할지라도 상상적 경합범 관계에 있는 수뢰후부정처사죄와 대비하여 가장 중한 죄에 정한 형으로 처단하면 족한 것이고 따로이 경합범 가중을 할 필요가 없다.

---

1. 예비군 중대장이 훈련불참자로부터 금원을 교부받고 참석한 내용의 허위공문서를 작성, 비치한 경우 수뢰후 부정처사죄외에 허위공문서작성, 동행사죄의 성립여부(적극) [대법원 1983. 7. 26. 선고, 83도1378]

【판시사항】

[1] 예비군 중대장이 훈련불참자로부터 금원을 교부받고 참석한 내용의 허위공문서를 작성, 비치한 경우 수뢰후 부정처사죄외에 허위공문서작성, 동행사죄의 성립여부

[2] 수뢰후 부정처사죄와 각각 상상적 경합관계에 있는 허위공문서작성, 동행사죄의 경합가중의 당부(소극)

【판결요지】

[1] 예비군 중대장이 그 소속예비군으로부터 금원을 교부받고 그 예비군이 예비군훈련에 불참하였음에도 불구하고 참석한 것처럼 허위내용의 중대학급편성명부를 작성, 행사한 경우라면 수뢰후 부정처사죄 외에 별도로 허위공문서작성 및 동행사죄가 성립하고 이들 죄와 수뢰후 부정처사죄는 각각 상상적 경합관계에 있다고 할 것이다.

[2] 허위공문서작성죄와 동행사죄가 수뢰후 부정처사죄와 각각 상상적 경합관계에 있을 때에는 허위공문서작성죄와 동행사죄 상호간은 실체적 경합범관계에 있다고 할지라도 상상적 경합범관계에 있는 수뢰후 부정처사죄와 대비하여 가장 중한 죄에 정한 형으로 처단하면 족한 것이고 따로이 경합가중을 할 필요가 없다.

131-4. 증여가 직무행위와 대가관계가 인정되는 경우, 사교적 예의의 명목을 빌더라도 뇌물에 해당하는지 여부(적극) [대법원 1999. 7. 23. 선고, 99도390]

【판시사항】

[1] 구 공중위생법 제41조 제2항, 같은법시행령 제27조 제1항 제4호에 의하여 전자유기기구의 검사를 위탁받은 기관의 직원이 기구 내에 설치된 프로그램의 점검필 여부를 확인하지 아니한 채 점검필유기기구확인표시증을 컴퓨터게임장 업주에게 교부한 경우, 확인표시증 기재사항의 기재 여부나 실제 부착 여부에 관계없이 형법 제131조 제2항 소정의 '직무상 부정한 행위'에 해당하는지 여부(적극)

[2] 증여가 직무행위와 대가관계가 인정되는 경우, 사교적 예의의 명목을 빌더라도 뇌물에 해당하는지 여부(적극)

【판결요지】

[1] 점검필유기기구확인표시증이란 전자유기기구 내에 설치된 프로그램이 구 공중위생법(1999. 1. 21. 법률 제5654호로 개정되기 전의 것) 제12조의2, 같은법시행령 제7조의6, 제27조 제1항 제4호, 같은법시행규칙 제15조의3 소정의 검사를 적법하게 마친 것임을 확인하는 내용의 사단법인

한국컴퓨터산업중앙회 명의의 증표로서 전자유기기구의 외부에 부착되어 거기에 설치된 프로그램의 점검필 여부를 전자유기기구를 직접 개봉하지 않고도 확인할 수 있도록 하는 기능을 하는 것이므로, 그 부착은 반드시 검사기관인 사단법인 한국컴퓨터산업중앙회의 직원이 전자유기기구 내에 설치된 프로그램의 점검필 여부를 확인한 후 직접 하여야 하고, 따라서 같은 법 제41조 제2항, 같은법시행령 제27조 제1항 제4호의 규정에 의하여 검사를 위탁받은 사단법인 한국컴퓨터산업중앙회의 직원이 전자유기기구 내에 설치된 프로그램의 점검필 여부를 확인하지도 아니한 채 점검필유기기구확인표시증을 컴퓨터게임장 업주에게 함부로 교부하여 주었다면 이는 검사기관 직원으로서의 직무에 위배되는 행위로서 같은 법 제41조 제3항, 형법 제131조 제2항 소정의 '직무상 부정한 행위'에 해당한다 할 것이고, 그것이 직무에 위배되는 행위인 이상 그와 같이 교부된 점검필유기기구확인표시증에 점검필 여부의 확인대상이 되는 프로그램의 점검번호, 프로그램명, 취급자 성명 등이 구체적으로 기재되어 있는지 여부나 그것이 컴퓨터게임장 업주에 의하여 점검을 마치지 않은 프로그램이 설치된 전자유기기구에 실제로 부착되었는지 여부 등은 죄의 성립에 아무런 영향을 미치지 못한다.

 [2] 뇌물은 직무에 관한 행위의 대가로서의 불법한 이익을 말하므로 직무와 관련 없이 단순히 사교적인 예의로서 하는 증여는 뇌물이라고 할 수 없으나, 직무행위와의 대가관계가 인정되는 경우에는 비록 사교적 예의의 명목을 빌더라도 뇌물성을 부정할 수 없다.

131-5. 배임에 의한 국고손실죄의 공동정범인 공무원이 다른 공범으로부터 그 범행에 의하여 취득한 금원의 일부를 받은 경우, 뇌물수수죄의 성부(소극) [대법원 1997. 2. 25. 선고, 94도3346]

【판결요지】

 특정범죄가중처벌등에관한법률 제5조 소정의 배임에 의한 국고손실죄의 공동정범인 공무원이 다른 공범으로부터 그 범행에 의하여 취득한 금원의 일부를 받은 경우, 그 금원의 성격은 그 성질이 공동정범들 사이의 내부적 이익분배에 불과한 것이고 별도로 뇌물수수죄(사후수뢰죄)에 해당하지 않는다.

> **1. 관세포탈의 공동정범인 공무원이 다른 공범으로부터 금품을 받은 것이 뇌물수수가 되는지 여부 [대법원 1980. 2. 26. 선고, 79도3095]**
>
> 【판결요지】
>
> 공무원이 공소외인과 사전 공모하여 밀수행위를 하므로써 관세포탈의 공동정범이 된 경우 위 공소외인으로부터 금품을 수수한 것은 위 공동정범들간의 이익분배에 지나지 아니하여 뇌물수수가 될 수 없다.

131-6. 행정청의 내부방침에 위배하여 허위의 복명서를 작성한 후 대규모소매점개설신고서를 수리한 행위가 형법 제131조 제2항 소정의 '직무상 부정한 행위'에 해당하는지(적극) [대법원 1996. 8. 23. 선고, 96도1231]

【판결요지】

 행정청의 내부방침에 위배하여 허위의 복명서를 작성한 후 대규모소매점개설신고서를 수리한 직무위배 행위 역시 형법 제131조 제2항 소정의 '직무상 부정한 행위'에 해당되고, 관계 법령상 대규모소매점개설신고의 요건을 심사하여 수리 여부를 결정할 수 있는 권한이 행정청에 있는 것이 아니라 하여 달리 볼 것은 아니다.

131-7. 과세 대상에 관한 규정이 명확하지 않고 그에 관한 확립된 선례도 없었던 경우, 공무원이 주식회사로부터 뇌물을 받은 후 위 회사에 유리하게 관계 법령을 해석하여 감액처분한 경우 수뢰후부정처사죄여부(소극) [대법원 1995. 12. 12. 선고, 95도2320]

【판결요시】

과세 대상에 관한 규정이 명확하지 않고 그에 관한 확립된 선례도 없었던 경우, 공무원이 주식회사로부터 뇌물을 받은 후 관계 법령에 대한 충분한 연구, 검토 없이 위 회사에 유리한 쪽으로 법령을 해석하여 감액처분하였더라도 위 감액처분이 위법하지 않으면 그 공무원이 수뢰 후 '부정한 행위'를 한 것으로서 수뢰후부정처사죄를 범하였다고 볼 수는 없다.

131-8. 부정행위후 잔별금의 수수와 사후수뢰죄의 성부 [대법원 1983. 4. 26. 선고, 82도2095]

【판결요지】

공사의 입찰업무를 담당하고 있는 장교가 비밀로 하여야 할 그 공사의 입찰예정가격을 응찰자에게 미리 알려준 소위는 직무에 위배되는 행위로서 형법 제141조 제2항의 부정한 행위에 해당한다 할 것이어서 입찰이 끝난 후 20여일이 경과한 후 전속시의 전별금 명목으로 금원을 받았다 하더라도 이는 직무행위의 부정행위와 관련된 금품의 수수에 해당하므로 사후 수뢰죄를 구성한다.

131-9. 직무상 지득한 구술시험 문제 중에서 소론 사항을 "병"에게 알린 것은 공무상 비밀의 누설인 동시에 형법 제131조 제1항의 부정한 행위를 한 때에 해당한다.[대법원 1970. 6. 30. 선고, 70도562]

【판시사항】

피고인이 그 직무상 지득한 구술시험 문제 중에서 소론 사항을 "병"에게 알린 것은 공무상 비밀의 누설인 동시에 형법 제131조 제1항의 부정한 행위를 한 때에 해당한다.

제132조[알선수뢰]

> 제132조(알선수뢰) 공무원이 그 지위를 이용하여 다른 공무원의 직무에 속한 사항의 알선에 관하여 뇌물을 수수, 요구 또는 약속한 때에는 3년 이하의 징역 또는 7년 이하의 자격정지에 처한다.

132-1. 형법 제132조에서 말하는 '다른 공무원의 직무에 속한 사항의 알선에 관하여 뇌물을 수수한다'는 의미 [대법원 2017. 12. 22. 선고, 2017도12346]

【판시사항】

[1] 형법 제132조에서 말하는 '다른 공무원의 직무에 속한 사항의 알선에 관하여 뇌물을 수수한다' 는 의미

[2] 알선뇌물수수죄가 성립하기 위하여 뇌물을 수수할 당시 상대방에게 알선에 의하여 해결을 도모하여야 할 현안이 반드시 존재하여야 하는지 여부(소극) 및 '알선할 사항' 의 특정 정도

【판결요지】

[1] 형법 제132조에서 말하는 '다른 공무원의 직무에 속한 사항의 알선에 관하여 뇌물을 수수한다' 라고 함은, 다른 공무원의 직무에 속한 사항을 알선한다는 명목으로 뇌물을 수수하는 행위로서 반드시 알선의 상대방인 다른 공무원이나 그 직무의 내용을 구체적으로 특정할 필요까지는 없다.

[2] 알선행위는 장래의 것이라도 무방하므로, 뇌물을 수수할 당시 상대방에게 알선에 의하여 해결을 도모하여야 할 현안이 반드시 존재하여야 할 필요는 없지만, 알선뇌물수수죄가 성립하려면 알선할 사항이 다른 공무원의 직무에 속하는 사항으로서 뇌물수수의 명목이 그 사항의 알선에 관련된 것임이 어느 정도는 구체적으로 나타나야 한다. 단지 상대방으로 하여금 뇌물을 수수하는 자에게 잘 보이면 어떤 도움을 받을 수 있다거나 손해를 입을 염려가 없다는 정도의 막연한 기대감을 갖게 하는 정도에 불과하고, 뇌물을 수수하는 자 역시 상대방이 그러한 기대감을 가질 것이라고 짐작하면서 수수하였다는 사정만으로는 알선뇌물수수죄가 성립하지 않는다.

---

1. 알선뇌물요구죄의 성립요건으로서 '알선할 사항'의 특정 정도 및 뇌물을 요구할 당시 알선에 의하여 해결을 도모하여야 할 현안이 존재하여야 하는지 여부(소극) [대법원 2009. 7. 23. 선고, 2009도3924]

【판시사항】

[1] 형법 제132조의 알선뇌물요구죄의 성립요건으로서 '알선할 사항'의 특정 정도 및 뇌물을 요구할 당시 알선에 의하여 해결을 도모하여야 할 현안이 존재하여야 하는지 여부(소극)

[2] 구청 공무원이 유흥주점의 업주에게 '유흥주점 영업과 관련하여 세금이나 영업허가 등에 관하여 문제가 생기면 다른 담당 공무원에게 부탁하여 도움을 주겠다'면서 그 대가로 1,000만 원을 요구한 사안

【판결요지】

[1] 형법 제132조에서 말하는 '다른 공무원의 직무에 속한 사항의 알선에 관하여 뇌물을 요구한다'고 함은, 다른 공무원의 직무에 속한 사항을 알선한다는 명목으로 뇌물을 요구하는 행위로서 반드시 알선의 상대방인 다른 공무원이나 그 직무의 내용이 구체적으로 특정될 필요까지는 없지만, 알선뇌물요구죄가 성립하려면 알선할 사항이 다른 공무원의 직무에 속하는 사항으로서 뇌물요구의 명

목이 그 사항의 알선에 관련된 것임이 어느 정도 구체적으로 나타나야 한다. 단지 상대방으로 하여 금 뇌물을 요구하는 자에게 잘 보이면 그로부터 어떤 도움을 받을 수 있다거나 손해를 입을 염려가 없다는 정도의 막연한 기대감을 갖게 하는 정도에 불과하고, 뇌물을 요구하는 자 역시 상대방이 그러한 기대감을 가질 것이라고 짐작하면서 뇌물을 요구하였다는 정도의 사정만으로는 알선뇌물 요구죄가 성립한다고 볼 수 없다. 한편, 여기서 말하는 알선행위는 장래의 것이라도 무방하므로, 알선뇌물요구죄가 성립하기 위하여는 뇌물을 요구할 당시 반드시 상대방에게 알선에 의하여 해결 을 도모하여야 할 현안이 존재하여야 할 필요는 없다.

[2] 뇌물요구의 명목이 상대방의 막연한 기대감을 전제로 한 것이고 당시 알선할 사항이 구체적으로 특정되었다거나 알선에 의하여 해결을 도모해야 할 현안이 존재하였다는 사실을 인정할 증거가 없어 알선뇌물요구죄가 성립하지 않는다고 판단한 원심판결을, 알선뇌물요구죄에 관한 법리를 오 해하였다는 이유로 파기한 사례

132-2. 알선뇌물수수죄가 성립하기 위하여 알선 상대방인 다른 공무원이나 그 직무의 내용이 구체적으로 특정되어야 하는지 여부(소극) 및 뇌물을 수수할 당시 알선에 의하여 해결을 도모하여야 할 현안이 존재하여야 하는지 여부(소극) [대법원 2013. 4. 11. 선고, 2012도16277]

【판시사항】

[1] 알선뇌물수수죄가 성립하기 위하여 알선 상대방인 다른 공무원이나 그 직무의 내용이 구체적으로 특정되어야 하는지 여부(소극) 및 뇌물을 수수할 당시 알선에 의하여 해결을 도모하여야 할 현안이 존재하여야 하는지 여부(소극)

[2] 공무원이 수수한 이익에 직무행위에 대한 대가로서의 성질과 직무 외의 행위에 대한 사례로 서의 성질이 불가분적으로 결합되어 있는 경우, 그 전부가 직무행위에 대한 대가로서의 성질을 가지는지 여부(적극)

【이 유】

"다른 공무원의 직무에 속한 사항의 알선에 관하여 뇌물을 수수한다"고 함은 다른 공무원의 직무에 속한 사항을 알선한다는 명목으로 뇌물을 수수하는 행위로서, 반드시 알선의 상대방인 다 른 공무원이나 그 직무의 내용이 구체적으로 특정될 필요까지는 없다. 또한 여기서 말하는 알선 행위는 장래의 것이라도 무방하므로 알선뇌물수수죄가 성립하기 위하여는 뇌물을 수수할 당시 반 드시 상대방에게 알선에 의하여 해결을 도모하여야 할 현안이 존재하여야 할 필요가 없다(대법원 2009. 7. 23. 선고 2009도3924 판결 등 참조).

132-3. 알선수뢰죄의 성립요건 및 '공무원이 그 지위를 이용하여'의 의미 [대법원 2010. 11. 25. 선고, 2010도11460]

【판시사항】

[1] 알선수뢰죄의 성립요건 및 '공무원이 그 지위를 이용하여'의 의미

[2] 육군본부 정보작전지원참모부에서 조직진단관으로 근무하는 3급 군무원 피고인이 장군진급 심사를 앞두고 있던 甲으로부터 인사참모부 선발관리실장인 乙에게 부탁하여 장군진급이 되도록

하여 달라는 부탁을 받고 합계 5,000만 원을 받았다고 하여 특정범죄 가중처벌 등에 관한 법률상 알선수뢰로 기소된 사안에서, 피고인이 위 금원을 수수할 당시 자신의 지위를 이용하여 선발관리실장이던 乙의 진급업무와 관련하여 사실상 영향을 줄 수 있는 관계에 있었다고 하기에 부족하다고 보아 무죄를 인정한 원심판결을 수긍한 사례

【이 유】

알선수뢰죄는 공무원이 그 지위를 이용하여 다른 공무원의 직무에 속한 사항의 알선에 관하여 뇌물을 수수, 요구 또는 약속하는 것을 그 성립요건으로 하고 있고, 여기서 '공무원이 그 지위를 이용하여' 라 함은 친구, 친족관계 등 사적인 관계를 이용하는 경우이거나 단순히 공무원으로서의 신분이 있다는 것만을 이용하는 경우에는 이에 해당한다고 할 수 없고, 적어도 다른 공무원이 취급하는 사무의 처리에 법률상이거나 사실상으로 영향을 줄 수 있는 관계에 있는 공무원이 그 지위를 이용하는 경우이어야 한다(대법원 1994. 10. 21. 선고 94도852 판결 등 참조).

---

1. 향응을 제공받아 수뢰한 경우, 수뢰액의 인정 방법 [대법원 1995. 1. 12. 선고, 94도2687]

【판시사항】

[1] 형법 제132조 소정의 "공무원이 그 지위를 이용하여"에 해당하는 경우

[2] 향응을 제공받아 수뢰한 경우, 수뢰액의 인정 방법

【판결요지】

[1] 형법 제132조 소정의 알선수뢰죄에 있어서 "공무원이 그 지위를 이용하여"라 함은 친구, 친족관계 등 사적인 관계를 이용하는 경우에는 여기에 해당한다고 할 수 없으나, 다른 공무원이 취급하는 사무처리에 법률상이거나 사실상으로 영향을 줄 수 있는 관계에 있는 공무원이 그 지위를 이용하는 경우에는 여기에 해당하고 그 사이에 반드시 상하관계, 협동관계, 감독권한 등의 특수한 관계에 있음을 요하지 않는다.

[2] 피고인이 일정 기간 사이에 룸싸롱 등에서 수회에 걸쳐 술값 등 접대 명목으로 일정 금액 상당의 향응을 제공받았다면, 이러한 경우 피고인의 수뢰액을 인정함에 있어서는 먼저 피고인의 접대에 요한 비용과 향응 제공자가 소비한 비용액을 가려내어 피고인의 접대에 요한 비용을 피고인의 수뢰액으로 인정하여야 하고 만일 각자에 요한 비용액이 불명일 때에는 이를 평등하게 분할한 액을 가지고 피고인의 수뢰액으로 인정하여야 할 것이다.

---

2. 공무원이 제3자를 초대하여 함께 향응을 접대받은 경우, 뇌물수수액의 산정 방법 [대법원 2001. 10. 12. 선고, 99도5294]

【판시사항】

[1] 서울시 지하철공사의 임직원의 직무가 형법 제132조의 알선수뢰죄에 있어 '공무원의 직무'에 해당하는지 여부(적극) 및 그 알선수뢰죄에 있어서 '공무원이 그 지위를 이용하여'의 의미

[2] 공무원이 제3자를 초대하여 함께 향응을 접대받은 경우, 뇌물수수액의 산정 방법

【판결요지】

[1] 지방공기업법 제83조는 지방공사의 임원 및 직원을 형법 제129조 내지 제132조의 적용에 있어서 공무원으로 보도록 규정하고 있으며, 서울시 지하철공사는 위 규정이 적용되는 지방공사의 하나이

므로, 피고인이 서울시 지하철공사의 임직원의 직무에 속한 사항의 알선에 관하여 뇌물을 수수하였다면 이는 형법 제132조에 해당하는 것이며, 한편 알선수뢰죄는 공무원이 그 지위를 이용하여 다른 공무원의 직무에 속한 사항의 알선에 관하여 뇌물을 수수, 요구 또는 약속하는 것을 그 성립요건으로 하고 있고, 여기서 '공무원이 그 지위를 이용하여'라 함은 친구, 친족관계 등 사적인 관계를 이용하는 경우에는 이에 해당한다고 할 수 없으나, 다른 공무원이 취급하는 사무의 처리에 법률상이거나 사실상으로 영향을 줄 수 있는 관계에 있는 공무원이 그 지위를 이용하는 경우에는 이에 해당하고, 그 사이에 상하관계, 협동관계, 감독권한 등의 특수한 관계가 있음을 요하지 않는다.

[2] 피고인이 증뢰자와 함께 향응을 하고 증뢰자가 이에 소요되는 금원을 지출한 경우 이에 관한 피고인의 수뢰액을 인정함에 있어서는 먼저 피고인의 접대에 요한 비용과 증뢰자가 소비한 비용을 가려내어 전자의 수액을 가지고 피고인의 수뢰액으로 하여야 하고 만일 각자에 요한 비용액이 불명일 때에는 이를 평등하게 분할한 액을 가지고 피고인의 수뢰액으로 인정하여야 할 것이고, <u>피고인이 향응을 제공받는 자리에 피고인 스스로 제3자를 초대하여 함께 접대를 받은 경우에는, 그 제3자가 피고인과는 별도의 지위에서 접대를 받는 공무원이라는 등의 특별한 사정이 없는 한 그 제3자의 접대에 요한 비용도 피고인의 접대에 요한 비용에 포함시켜 피고인의 수뢰액으로 보아야 한다.</u>

132-4. 알선수뢰죄에 있어서 '공무원이 그 지위를 이용하여'와 '다른 공무원의 직무에 속한 사항의 알선행위'의 의미 [대법원 2006. 4. 27. 선고, 2006도735]

【판시사항】

[1] 알선수뢰죄에 있어서 '공무원이 그 지위를 이용하여'와 '다른 공무원의 직무에 속한 사항의 알선행위'의 의미

[2] 자동차를 뇌물로 수수하였다고 하기 위해서는 수뢰자가 그 법률상 소유권을 취득하여야 하는지 여부(소극)

[3] 뇌물로 제공되었다는 자동차에 대하여 피고인에게 실질적 처분권한이 있다고 할 수 없어 자동차 자체를 뇌물로 수수한 것으로 볼 수 없다.

【판결요지】

[1] 알선수뢰죄는 공무원이 그 지위를 이용하여 다른 공무원의 직무에 속한 사항의 알선에 관하여 뇌물을 수수, 요구 또는 약속하는 것을 그 성립요건으로 하고 있고, 여기서 '공무원이 그 지위를 이용하여'라 함은 친구, 친족관계 등 사적인 관계를 이용하는 경우에는 이에 해당한다고 할 수 없으나, 다른 공무원이 취급하는 사무의 처리에 법률상이거나 사실상으로 영향을 줄 수 있는 관계에 있는 공무원이 그 지위를 이용하는 경우에는 이에 해당하고, 그 사이에 상하관계, 협동관계, 감독권한 등의 특수한 관계가 있음을 요하지 않는다고 할 것이고, '다른 공무원의 직무에 속한 사항의 알선행위'는 그 공무원의 직무에 속하는 사항에 관한 것이면 되는 것이지 그것이 반드시 부정행위라거나 그 직무에 관하여 결재권한이나 최종 결정권한을 갖고 있어야 하는 것이 아니다.

[2] 자동차를 뇌물로 제공한 경우 자동차등록원부에 뇌물수수자가 그 소유자로 등록되지 않았다고 하더라도 자동차의 사실상 소유자로서 자동차에 대한 실질적인 사용 및 처분권한이 있다면 자동차 자체를 뇌물로 취득한 것으로 보아야 한다.

[3] 피고인에게 뇌물로 제공되었다는 자동차는 리스차량으로 리스회사 명의로 등록되어 있는 점, 피고인이 처분승낙서, 권리확인서 등 원하는 경우 소유권이전을 할 수 있는 서류를 소지하고 있지도 아니한 점, 리스계약상 리스계약이 기간만료 또는 리스료 연체로 종료되어 리스회사에서 위 승용차의 반환을 구하는 경우 피고인은 이에 응할 수밖에 없다고 보이는 점 등에 비추어 볼 때 피고인에게 위 승용차에 대한 실질적 처분권한이 있다고 할 수 없어 자동차 자체를 뇌물로 수수한 것으로 볼 수 없다.

---

1. 형법 제132조의 알선행위의 대상 [대법원 1989. 12. 26. 선고, 89도2018]

【판시사항】

[1] 서광주세무서 징세계장이 남광주세무서징세계장의 직무에 관하여 알선수뢰죄의 주체가 된다.

[2] 형법 제132조의 알선행위의 대상

【판결요지】

[1] 피고인이 남광주세무서 징세계장인 공소외인의 전임자였고 이사건 당시에 서광주세무서 징세계장으로 근무하고 있었다면 이사건 압류재산의 공매담당자인 위 공소외인의 직무에 관하여 사실상의 영향력을 행사할 수 있는 지위에 있었다고 할 것이다.

[2] 형법 제132조의 알선행위는 직무에 속하는 사항에 관한 것이면 되는 것이지 그것이 반드시 부정행위라거나 그 직무에 관하여 결정권을 가지고 있어야만 하는 것은 아니다.

132-5. 알선수뢰죄에 있어서 '공무원이 그 지위를 이용한다'함과 '다른 공무원의직무에 속한 사항의 알선행위'의 의미 [대법원 1992. 5. 8. 선고, 92도532]

【판결요지】

알선수뢰죄에 있어서 "공무원이 그 지위를 이용한다" 함은 다른 공무원이 취급하는 사무처리에 영향을 줄 수 있는 관계에 있으면 족하고, 반드시 상하관계, 협동관계, 감독관계 등의 특수한 지위에 있음을 요하지 아니하고, "다른 공무원의 직무에 속한 사항의 알선행위" 는 그 공무원의 직무에 속하는 사항에 관한 것이면 되는 것이지 그것이 반드시 부정행위라거나 그 직무에 관하여 결재권한이나 최종결정권한을 갖고 있어야 하는 것이 아니다.

132-6. 국회의원에게 한국마사회 발주공사를 수의계약 수주할 수 있도록 한국마사회장에게 알선하여 달라는 청탁을 하고 금원을 지급한 경우 알선증액죄의 구성여부(적극) [대법원 1990. 8. 10. 선고, 90도665]

【판시사항】

[1] 국회의원에게 한국마사회 발주공사를 수의계약으로 수주할 수 있도록 한국마사회장에게 알선하여 달라는 청탁을 하고 금원을 지급한 경우 알선증액죄의 구성여부(적극)

[2] 대한주택공사. 자재과장과 직원에게 물품납품계약을 한국보훈복지공단과 수의계약으로 체결하여 주면 사례하겠다고 청탁하고 계약체결 후 돈 2,180만원을 교부한 경우 배임수증죄의 부정한 청탁에 해당하는지 여부(적극)

【판결요지】

[1] 농림수산부장관은 한국마사회장의 임명권, 마사회의 업무에 관한 감독권을 갖고 있으며 국

회에는 입법권, 예산안심의확정권, 국정에 관한 조사권 등이 있고 국무위원 등에 대하여 국회에 출석, 국정처리상황에 관하여 답변할 것을 요구할 권한 등이 있으므로 국회의원은 한국마사회장에 대하여 사실상 영향력을 미칠 수 있는 지위에 있다고 보아야 할 것이고, 따라서 피고인이 국회의원에게 한국마사회가 발주하는 공사를 수의계약에 의하여 수주할 수 있도록 한국마사회장에게 알선하여 달라는 청탁을 하고 금원을 지급하였다면 알선증뢰죄를 구성한다 할 것이다.

[2] 배임수증재죄에 있어서의 부정한 청탁이라 함은 청탁이 사회상규 또는 신의성실의 원칙에 반하는 것을 말하고 이를 판단함에 있어서는 청탁의 내용과 이에 관련하여 공여한 재물의 액수, 형식, 이 죄의 보호법익인 거래의 청렴성 등을 종합적으로 고찰하여야 할 것인바, 피고인이 물품구매계약을 담당하고 있는 공소외 공사. 자재과장과 직원에게 물품납품계약을 한국보훈복지공단과 수의계약으로 체결하여 주고 편의를 보아 주면 사례하겠다고 청탁하고 그 구매계약체결 후 금 2,180만원을 교부하였다면 피고인의 위 청탁은 부정한 청탁이라고 하여야 할 것이다.

132-7. 구청 지역경제계장의 직전의 보직이었던 지적과 지정계장의 직무상 토지등의 거래계약허가의 알선과 관련하여 돈을 받은 경우(적극) [대법원 1990. 7. 27. 선고, 90도890]

【판결요지】

구청 지역경제과 지역경제계장인 피고인이 갑으로부터 직전에 피고인이 그 계장으로 근무하였던 지적과 지정계의 담당직원들에게 부탁하여 규제구역 안에 있는 토지 등의 거래계약허가를 받도록 알선하여 달라는 청탁을 받고, 그에게 그에 관한 업무를 취급하는 지정계장인 을을 소개하여 주고, 을에게 허가를 받을 수 있는 것인지의 여부를 알아 본 다음 그와 함께 현장에 가서 그 점을 확인하기까지 하였을 뿐더러, 을이 뇌물을 받은 후 토지 등의 거래허가가 되자 피고인은 갑으로부터 위와 같이 알선하여 준데 대한 사례비의 명목으로 금 1,400,000원을 교부받았다면 피고인이 그 지위를 이용하여 다른 공무원에게 사실상의 영향력을 행사함으로써 그의 직무에 관한 사항에 관하여 알선을 하고 그에 관하여 뇌물을 교부받은 것이라고 보아야 한다.

132-8. 서울시 부시장 비서관이 체비지불하와 관련하여 금품을 받은 경우 알선수뢰죄 여부(적극) [대법원 1989. 11. 14. 선고, 89도1700]

【판결요지】

서울시 공무원으로 11년 이상 근무하여 왔고 5급 별정직의 신분으로 서울시 부시장의 비서관으로 재직하던 자가 시청 관재과 소속공무원에게 부탁하여 체비지를 불하받도록 하여 주겠다고 약속하고 그 교제비로 금원을 교부받았다면, 이는 체비지 불하업무를 취급하는 시청 관재과 소속공무원과의 사이에 직무상 연관관계를 가지고 사실상 어떤 영향력을 미칠 수 있는 지위를 이용하여 그 공무원의 직무에 속하는 사항의 알선에 관하여 뇌물을 수수한 것이라고 봄이 상당하다.

132-9. 노동부 직업안정국 고용대책과장의 연예인 국외공급사업과 직무 관련성 유무(적극) [대법원 1989. 9. 12. 선고, 89도1297]

【판결요지】

노동부 직업안정국 고용대책과장은 그 관장업무에 비추어 연예인 국외공급사업에 관한 실무담당
자인 해외고용과장 및 최종 허가권자인 노동부장관의 허가업무에 사실상 영향을 미칠 수 있는 특
수한 관계에 있는 자라고 할 것이므로 피고인이 고용대책과장으로 재직 중 관계공무원에게 청탁
하여 연예인 국외공급 사업허가를 받아 달라는 부탁과 함께 금원을 교부받았다면 그 지위를 이용
하였다고 보아야 할 것이니 알선수뢰죄에 해당한다.

132-10. 군교육청 관리과 서무계장이 국민학교 고용원 임용알선에 대한 사례명목으로 금품을
수수한 경우 알선수뢰죄의 성립여부 [대법원 1988. 1. 19. 선고, 86도1138]

【판시사항】

[1] 형법 제132조의 알선수뢰죄의 성립요건

[2] 군교육청 관리과 서무계장이 국민학교 고용원 임용알선에 대한 사례명목으로 금품을 수수한
경우 알선수뢰죄의 성립여부

【판결요지】

[1] 형법 제132조의 알선수뢰죄는 당해직무를 처리하는 다른 공무원과 직접, 간접의 연관관계를
가지고 법률상이거나 사실상이거나를 막론하고 어떤 영향력을 미칠 수 있는 지위에 있는 공무원
이 그 지위를 이용하여 다른공무원의 직무에 속한 사항의 알선에 관하여 뇌물을 수수, 요구, 약
속한 때에 성립한다.

[2] 군교육청 관리과 서무계장은 그 교육청 관내 국민학교 고용원의 인사교류및 조정의 실무책
임을 맡고 있는 자로서, 국민학교 고용원의 임명권자인 국민학교 교장의 고용원임용에 관한 사실
상 영향력을 미칠 수 있는 특수한 관계에 있는 자라고 할 것이므로 위 서무계장이 고용원의 임용
에 관한 알선을 한데 대한 사례명목으로 금품을 수수한 이상 알선수뢰죄가 성립된다.

> 1. 형법 제132조에 "공무원이 그 지위를 이용하여"란 적어도 당해 직무를 처리하는 공무원과 직무상
>   직접, 간접의 연관관계를 가지고 법률상이거나 사실상이거나를 막론하고 어떠한 영향력을 줄 수 있
>   는 지위에 있어야 한다. [대법원 1973. 2. 13. 선고, 66도403]
>
> 【판결요지】
>
> 형법 제132조에 규정한 알선 수뢰죄는 공무원이 그 지위를 이용하여 다른 공무원의 직무에 속한 사항
> 의 알선에 관하여 뇌물을 수수요구 또는 약속하는 것을 그 성립요건으로 규정하고 있는 바, 그 성립
> 요건중에 「공무원이 그 지위를 이용하여」 라는 의미는 공무원의 종류와 직위의 여하를 불문하고 공무
> 원의 신분만 있으면 당해직무를 처리하는 다른 공무원과 아무런 관계가 없어도 이 범죄의 주체가 된다
> 고 보기는 어렵고 적어도 당해 직무를 처리하는 공무원과 직무상 직접, 간접의 연관 관계를 가지고 법률
> 상이거나 사실상이거나를 막론하고 어떠한 영향력을 줄 수 있는 지위에 있는 공무원이라야 본 범죄의
> 주체가 될 수 있다고 해석함이 상당하다고 할 것이다. (대법원 1968.12.17. 선고 68도1303 판결 참조)

132-11. 수입품에 관한 배상문제의 타결을 요청 받은 공무원이 개인자격으로 이를 해결해 주고

금품을 수수한 경우와 알선수뢰죄의 성부(소극) [대법원 1984. 4. 10. 선고, 82도766]

【판결요지】

농업협동조합이 해외에서 구입한 물품이 한국도착시 물량부족임이 발견되었음에도 그 배상문제가 신속히 타결되지 않으므로 피고인 (갑)이 해외여행중인 국회의원인 피고인 (을)에게 위 문제의 타결에 힘써 달라고 요청하여 피고인 (을)이 개인자격으로 외국수출업체의 부사장을 만나 부족물량의 변상을 설득, 그에 대한 승락을 받아내자, 이에 피고인 (갑)이 감사의 뜻으로 피고인 (을)에게 미화 2000달라를 준 것이라면, 이는 피고인 (갑)이 다른 공무원의 직무에 속한 사항의 알선에 관하여 교부한 것이라고 볼 수 없다.

132-12. 군청 건설과 농지계 공무원이 도지사 직무에 속한 사항(골재채취 허가)에 관하여 알선수뢰죄의 주체가 되는지 여부(소극) [대법원 1984. 1. 31. 선고, 83도3015]

【판결요지】

피고인은 이 사건 금원수수 당시 군청 건설과 농지계에 근무하던 자로서 도지사의 직무에 속하는 골재채취예정지 고시사무와 직접 또는 간접의 연관관계가 있다고 볼 수 없을 뿐 아니라, 도지사의 위 직무에 관하여 법률상 또는 사실상 어떠한 영향을 미칠만한 지위에 있는 자라고 볼 수도 없으니, 피고인을 위 도지사의 직무사항에 관하여 알선수뢰죄의 주체로 인정할 수 없다.

132-13. 도교육위원회 보건기사가 도보건과 식품계근무 행정주사보에 대하여 "지위를 이용하는 관계" 에 있는지 여부(소극) [대법원 1983. 8. 23. 선고, 82도956]

【판결요지】

도교육위원회 사회체육과 보건계에서 아동급식과 아동 및 교원의 신체검사에 관한 업무를 담당하는 지방보건기사는 도 보건사회국에서 카바레 영업허가업무를 담당하는 시 등의 환경위생과 식품위생계를 감독하고 그 영업허가에 앞서 사전승인하는 업무를 담당하는 지방행정주사보와 직접·간접의 연관관계도 없을 뿐만 아니라 법률상이나 사실상 어떠한 영향력을 줄 수 있는 지위에 있지 않은 이상 단지 공무원의 신분을 가졌다는 사실만으로는 공무원이 지위를 이용하여 다른 공무원의 직무에 속한 사항의 알선에 관하여 뇌물을 수수하였다고 할 수 없다.

132-14. 수산업협동조합 중앙회장의 지구별 어업협동조합장 임명이 공무원이 취급하는 사무에 속한다고 볼 수 있는지 여부(소극) [대법원 1976. 9. 14. 선고, 76도1987]

【판결요지】

수산업협동조합 중앙회장의 지구별 어업협동조합장 임명이 공무에 속한다고 단정하기 어렵고 특정범죄가중처벌 등에 관한 법률 4조와 같은법 시행령 2조3조에 의하여 위 중앙회장이 형법 129조 내지 132조의 적용에 있어서 공무원으로 간주되는 이외에 위와같은 업무와 관계없이 그가 당연히 공무원의 신분을 보유한다고 볼 근거도 없다.

제133조[뇌물공여 등]

제133조(뇌물공여 등) ① 제129조부터 제132조까지에 기재한 뇌물을 약속, 공여 또는 공여의 의
사를 표시한 자는 5년 이하의 징역 또는 2천만원 이하의 벌금에 처한다.
② 제1항의 행위에 제공할 목적으로 제3자에게 금품을 교부한 자 또는 그 사정을 알면서 금품을
교부받은 제3자도 제1항의 형에 처한다.

133-1. 도시개발법상 도시개발구역의 토지소유자가 도시개발을 위하여 설립한 조합의 임직원 등이
직무에 관하여 부당한 이익을 얻은 경우 뇌물공여죄가 성립하는지 여부(적극) [대법원 2014. 6.
12. 선고, 2014도2393]

【판시사항】

도시개발법상 도시개발구역의 토지 소유자가 도시개발을 위하여 설립한 조합의 임직원 등이 직
무에 관하여 부당한 이익을 얻은 경우, 그러한 이익을 약속, 공여 또는 공여의 의사를 표시한 자
에게 형법 제133조 제1항에 의한 뇌물공여죄가 성립하는지 여부(적극)

【판결요지】

도시개발법 제84조는 "조합의 임직원, 제20조에 따라 그 업무를 하는 감리원은 형법 제129조부
터 제132조까지의 규정에 따른 벌칙을 적용할 때 공무원으로 본다." 고 규정하고 있으므로, 도시
개발구역의 토지 소유자가 도시개발을 위하여 설립한 조합(이하 '도시개발조합'이라 한다)의
임직원 등은 형법 제129조 내지 제132조가 정한 죄의 주체가 된다. 이에 따라 도시개발조합의 임
직원 등이 그 직무에 관하여 부당한 이익을 얻었다면 그러한 이익도 형법 제133조 제1항에 규정
된 "제129조 내지 제132조에 기재한 뇌물"에 해당하므로, 그 뇌물을 약속, 공여 또는 공여의
의사를 표시한 자에게는 형법 제133조 제1항에 의한 뇌물공여죄가 성립한다.

1. 형법 제133조에서 인용한 형법 제129조 내지 제132조에서 말하는 공무원 [대법원 1971. 11. 23. 선고,
71도1786]

【판결요지】

형법 제133조에서 인용한 형법 제129조 내지 제132조에서 말하는 공무원이란 말 중에는 본조 제1항에
서 인용한 형법 제129조 내지 제132조에서 말하는 정부관리기업체의 간부직원이 끼어 있는 그 법조문
을 전제로 하고 있다 할 것이므로 정부관리기업체의 간부직원에게 뇌물을 공여하였다면 이는 공무원에
게 뇌물을 공여한 경우와 같이 뇌물공여죄가 성립한다고 보아야 한다.

133-2. 甲이 뇌물공여의 점에 대해 공동정범의 관계에 있는 乙으로부터 뇌물로 공여할 금품을
교부받은 경우, 甲의 구 특정범죄가중처벌 등에 관한 법률 위반(알선수재)의 점에 대해 무죄를
인정한 사례 [대법원 2010. 4. 15. 선고, 2009도11146]

【판시사항】

甲이 뇌물공여의 점에 대해 공동정범의 관계에 있는 乙으로부터 뇌물로 공여할 금품을 교부받은

경우, 그 행위는 상호간의 뇌물공여를 위한 예비행위에 불과할 뿐 자신의 이익을 취득하기 위하여 받은 것으로 볼 수는 없다는 이유로, 甲의 구 특정범죄가중처벌 등에 관한 법률 위반(알선수재)의 점에 대해 무죄를 인정한 사례

【이 유】

피고인은 춘천시장과의 두터운 친분관계를 내세워 춘천시장에 대한 뇌물을 공여하기로 모의한 것이라고 보아야 하는바, 사정이 이와 같다면 피고인은 공소외 2와의 사이에 춘천시장에 대한 뇌물공여를 공모하고 그 행위를 분담하기로 한 공동정범의 지위에 있을 뿐이므로, 그와 공동정범의 관계에 있던 공소외 2로부터 뇌물로 공여할 금품을 교부받았다 하더라도, 그 행위는 상호간의 뇌물공여를 위한 예비행위에 불과할 뿐이고 자신의 이익을 취득하기 위하여 돈을 받은 것이라고 볼 수는 없다고 판단하여 피고인에 대한 특정범죄 가중처벌 등에 관한 법률 위반(알선수재)죄에 대하여 무죄를 선고한 제1심판결을 유지하였다.

133-3. 형법 제133조 제2항에서 말하는 제3자 증뢰물 전달죄의 성립요건 [대법원 2008. 3. 14. 선고, 2007도10601]

【판시사항】

형법 제133조 제2항은 증뢰자가 뇌물에 공할 목적으로 금품을 제3자에게 교부하거나 또는 그 정을 알면서 교부받는 증뢰물 전달행위를 독립한 구성요건으로 하여 이를 같은 조 제1항의 뇌물공여죄와 같은 형으로 처벌하는 규정으로서, 그 중 제3자의 증뢰물 전달죄는 증뢰자나 수뢰자가 아닌 제3자가 증뢰자로부터 수뢰할 사람에게 전달될 금품이라는 정을 알면서 그 금품을 받은 때에 성립한다고 할 것이다 (대법원 1965. 10. 26. 선고 65도785 판결, 대법원 2002. 6. 14. 선고 2002도1283 판결 등 참조).

> 1. 증뢰물을 교부받은 제3자가 수뢰자에게 이를 전달한 행위가 증뢰물전달죄 외에 별도로 뇌물공여죄를 구성하는지 여부(소극) [대법원 1997. 9. 5. 선고, 97도1572]
>
> 【판결요지】
>
> 형법 제133조 제2항은 증뢰자가 뇌물에 공할 목적으로 금품을 제3자에게 교부하거나 또는 그 정을 알면서 교부받는 증뢰물전달행위를 독립한 구성요건으로 하여 이를 같은 조 제1항의 뇌물공여죄와 같은 형으로 처벌하는 규정으로서, 제3자의 증뢰물전달죄는 제3자가 증뢰자로부터 교부받은 금품을 수뢰할 사람에게 전달하였는지 여부에 관계 없이 제3자가 그 정을 알면서 금품을 교부받음으로써 성립하는 것이며, 나아가 제3자가 그 교부받은 금품을 수뢰할 사람에게 전달하였다고 하여 증뢰물전달죄 외에 별도로 뇌물공여죄가 성립하는 것은 아니다.

133-4. 공무원으로 의제되는 재건축조합장에게 건설업자들이 직무와 관련하여 금전을 제공한 경우 부정한 청탁이 없더라도 뇌물공여죄 성립 여부(적극) [대법원 2008. 1. 24. 선고, 2006도5711]

【판결요지】

재건축조합장의 경우 도시 및 주거환경정비법에 의해 공무원으로 의제되므로, 건설업자들이 재

건축조합장에게 직무와 관련하여 금전을 제공하였다면 별도의 부정한 청탁이 존재하지 않더라도 뇌물공여죄가 성립한다.

133-5. 형법 제133조 제2항에서 정한 '제3자'의 의미 [대법원 2006. 6. 15. 선고, 2004도756]

【판시사항】

형법 제133조 제2항은 증뢰자가 뇌물에 공할 목적으로 금품을 제3자에게 교부하거나 또는 그 정을 알면서 교부받는 증뢰물 전달행위를 독립한 구성요건으로 하여 이를 같은 조 제1항의 뇌물공여죄와 같은 형으로 처벌하는 규정으로서 (대법원 1997. 9. 5. 선고 97도1572 판결, 2002. 6. 14. 선고 2002도1283 판결 등 참조), 여기에서의 제3자란 행위자와 공동정범 이외의 자를 말한다고 할 것이다.

133-6. 재개발주택조합의 조합장이 그 재직 중 고소하거나 고소당한 사건의 수사를 담당한 경찰관에게 프리미엄이 예상되는 조합아파트 1세대를 분양해 준 경우, 뇌물공여죄 여부(적극) [대법원 2002. 11. 26. 선고, 2002도3539]

【판결요지】

재개발주택조합의 조합장이 그 재직 중 고소하거나 고소당한 사건의 수사를 담당한 경찰관에게 액수 미상의 프리미엄이 예상되는 그 조합아파트 1세대를 분양해 준 경우, 그 아파트가 당첨자의 분양권 포기로 조합에서 임의분양하기로 된 것으로서 예상되는 프리미엄의 금액이 불확실하였다고 하더라도, 조합, 즉 조합장이 선택한 수분양자가 되어 분양계약을 체결한 것 자체가 경제적인 이익이라고 볼 수 있으므로 뇌물공여죄에 해당한다.

133-7. 별건으로 수사를 받고 있는 증뢰자의 뇌물을 공여하였다는 진술의 신빙성 [대법원 2002. 10. 22. 선고, 2002도2167]

【판시사항】

[1] 별건으로 수사를 받고 있는 증뢰자의 뇌물을 공여하였다는 진술의 신빙성

[2] 뇌물을 공여하였다는 증뢰자의 진술의 신빙성을 배척한 원심판결을 심리미진을 이유로 파기한 사례

【판결요지】

별건으로 수사중에 있는 사람의 참고인 진술은 그 진술이 별건에서의 유리한 처분을 얻기 위하여 수사관의 의도에 영합하려는 동기에서 나온 허위진술이 아닌지 주의를 기울여 그 증거능력이나 신빙성을 판단하여야 하지만, 뇌물을 공여하였다는 증뢰자의 진술이 상당 정도 객관적인 금융자료와 부합하고 있는 경우에는 특별한 사정 없이 섣불리 그 신빙성을 배척할 수 없다.

133-8. 공무원이 제3자뇌물취득죄의 주체가 될 수 있는지 여부(적극) [대법원 2002. 6. 14. 선고, 2002도1283]

【판결요지】

형법 제133조 제2항은 증뢰자가 뇌물에 공할 목적으로 금품을 제3자에게 교부하거나 또는 그 정을 알면서 교부받는 증뢰물전달행위를 독립한 구성요건으로 하여 이를 같은 조 제1항의 뇌물공여죄와 같은 형으로 처벌하는 규정으로서, 제3자의 증뢰물전달죄는 제3자가 증뢰자로부터 교부받은 금품을 수뢰할 사람에게 전달하였는지의 여부에 관계없이 제3자가 그 정을 알면서 금품을 교부받음으로써 성립하는 것이고, 본죄의 주체는 비공무원을 예정한 것이나 공무원일지라도 직무와 관계되지 않는 범위 내에서는 본죄의 주체에 해당될 수 있다 할 것이므로, 피고인이 자신의 공무원으로서의 직무와는 무관하게 군의관 등의 직무에 관하여 뇌물에 공할 목적의 금품이라는 정을 알고 이를 전달해준다는 명목으로 취득한 경우라면 제3자뇌물취득죄가 성립된다.

133-9. 공무원이 다른 공무원이 취급하는 사무에 관한 청탁을 받고, 그 공무원에게 제공할 금품을 받아 단순히 전달한 경우, 변호사법 제90조 제1항 위반죄의 성부(소극) [대법원 1997. 6. 27. 선고, 97도439]

【판결요지】

자신의 이득을 취하기 위하여 공무원이 취급하는 사건 또는 사무에 관하여 청탁한다는 명목으로 금품 등을 교부받은 것이 아니고, 공무원이 취급하는 사무에 관한 청탁을 받고, 청탁상대방인 공무원에게 제공할 금품을 받아 그 공무원에게 단순히 전달한 경우에는 알선수뢰죄나 증뢰물전달죄만이 성립하고, 이와 같은 경우에 변호사법 제90조 제1호 위반죄는 성립할 수 없다.

---

1. 자신의 이득을 위하여 공무원이 취급하는 사건 등에 관하여 청탁의 명목으로 금품을 교부받은 자가 변호사법 위반으로 처벌될 경우, 그 금품을 교부한 자에 대한 증뇌물전달죄 등의 성부(소극) [대법원 1986. 3. 25. 선고, 86도436]

【판결요지】

공무원이 취급하는 사무에 관한 청탁을 받고, 청탁상대방인 공무원에 제공할 금품을 받아 그 공무원에게 단순히 전달한 경우와는 달리, 자기 자신의 이득을 취하기 위하여 공무원이 취급하는 사건 또는 사무에 관하여 청탁한다는 등의 명목으로 금품 등을 교부받으면 그로서 곧 변호사법 제78조 제1호의 위반죄가 성립되고 이와 같은 경우 알선수뇌나 증뇌물전달죄는 성립할 여지가 없다.

133-10. 뇌물공여의 상대방이 뇌물 수 사실을 부인하면서도 뇌물공여자를 만났던 사실 및 청탁을 받은 사실을 시인한 것이 뇌물공여자의 자백에 대한 보강증거가 될 수 있다. [대법원 1995. 6. 30. 선고, 94도993]

【판시사항】

[1] 뇌물공여의 상대방이 뇌물 수수 사실을 부인하면서도 뇌물공여자를 만났던 사실 및 청탁을 받은 사실을 시인한 것이 뇌물공여자의 자백에 대한 보강증거가 될 수 있다.

[2] 경찰공무원이 슬롯머신 영업에 5천만 원을 투자하여 매월 3백만 원을 배당받기로 약속한 후 이를 교부받은 경우, 뇌물수수죄의 뇌물 액수 산정 방법

【판결요지】

[1] 뇌물공여의 상대방인 공무원이 뇌물을 수수한 사실을 부인하면서도 그 일시경에 뇌물공여자를 만났던 사실 및 공무에 관한 청탁을 받기도 한 사실자체는 시인하였다면, 이는 뇌물을 공여하였다는 뇌물공여자의 자백에 대한 보강증거가 될 수 있다.

[2] 경찰공무원이 슬롯머신 영업에 5천만 원을 투자하여 매월 3백만 원을 배당받기로 약속한 후 35회에 걸쳐 1억 5백만 원을 교부받은 경우, 5천만 원을 투자함으로써 바로 이익을 얻었다고는 볼 수 없고 매월 3백만 원을 지급받기로 하는 약속, 즉 뇌물의 수수를 약속한 것에 불과하고 현실적으로 매월 3백만 원씩을 지급받은 것이 뇌물을 수수한 것이라고 보아야 하므로 1억 5백만원은 그 자체가 뇌물이 되는데, 다만 실제의 뇌물의 액수는 5천만 원을 투자함으로써 얻을 수 있는 통상적인 이익을 초과한 금액이라고 보아야 하며, 여기서 통상적인 이익이라 함은 다른 특별한 사정이 없는 한 그 경찰공무원의 직무와 관계없이 투자하였더라면 얻을 수 있었을 이익을 말하는데, 구체적으로는 위 투자의 형태가 실질에 있어서는 금원을 대여하고 그에 대하여 이자를 받은 것과 다를 바 없으므로 슬롯머신 업소 경영자와 같은 사람에게 5천만 원을 직무와 관계없이 대여하였더라면 받았을 이자 상당이 통상적인 이익이 되며 그 이율은 양 당사자의 자금사정과 신용도 및 해당 업계의 금리체계에 따라 심리판단해야 하며, 그 경찰공무원이 다른 방법으로 그 돈을 투자하였더라면 어느 정도의 이익을 얻을 수 있었을 것인지는 원칙적으로 고려할 필요가 없다.

133-11. 증뢰죄의 성립에 있어서 판시할 공무원의 직무권한 범위 [대법원 1982. 9. 28. 선고, 80도2309]

【판결요지】

증뢰죄의 판시에 있어서 죄로 될 사실의 적시는 공무원의 직무 중 개개의 직무행위에 대한 대가관계에 있는 사실까지를 판시할 필요는 없다 할지라도 적어도 공무원의 어떠한 직무권한의 범위에 관한 것인가에 대하여는 구체적으로 판시할 필요가 있다 할 것인바, 피고인이 군납계약 체결에 대한 사례로 뇌물을 공여한 것이라는 이 사건에 있어서 원심이 공여 상대방인 공소외인들이 각종 군용피복의 군납계약체결과 어떠한 관계에 있고 또 어떠한 영향을 줄 수 있는가에 대하여 심리판단하지 않았음은 위법하다.

제134조[몰수, 추징]

> 제134조(몰수, 추징) 범인 또는 사정을 아는 제3자가 받은 뇌물 또는 뇌물로 제공하려고 한 금품은 몰수한다. 이를 몰수할 수 없을 경우에는 그 가액을 추징한다. [전문개정 2020. 12. 8.]

134-1. 뇌물수수나 알선수재에 이용된 공급계약이 형식적 계약에 불과하여 부가가치세 과세대상은 아니나 부가가치세 명목의 금전을 포함한 대가를 받은 경우, 추징의 대상(=수수한 금액 전부) 및 그 후에 그 일부를 부가가치세로 신고·납부하였더라도 마찬가지인지 여부(적극) [대법원 2018. 5. 30. 선고, 2016도18311]

【판시사항】

뇌물수수나 알선수재에 이용된 공급계약이 실제 공급이 없는 형식적 계약에 불과하여 부가가치세 과세대상이 아니라면 그에 관한 납세의무가 없다. 설령 부가가치세 명목의 금전을 포함한 대가를 받았다고 하더라도 그 일부를 부가가치세로 거래 징수하였다고 할 수 없어 수수한 금액 전부가 범죄로 얻은 이익에 해당하여 추징대상이 된다. 그 후에 이를 부가가치세로 신고·납부하였다고 하더라도 달리 볼 수 없다(대법원 2015. 1. 15. 선고 2012도7571 판결 참조).

134-2. 필요적 몰수추징의 대상인 '뇌물에 공할 금품'의 범위 [대법원 2015. 10. 29. 선고, 2015도12838]

【판시사항】

형법 제134조는 뇌물에 공할 금품을 필요적으로 몰수하고 이를 몰수하기 불가능한 때에는 그 가액을 추징하도록 규정하고 있는바, 몰수는 특정된 물건에 대한 것이고 추징은 본래 몰수할 수 있었음을 전제로 하는 것임에 비추어 뇌물에 공할 금품이 특정되지 않았던 것은 몰수할 수 없고 그 가액을 추징할 수도 없다(대법원 1996. 5. 8. 선고 96도221 판결 참조).

134-3. 뇌물죄에서 금품의 무상대여를 통하여 위법한 재산상 이익을 취득한 경우, 추징의 대상 (=금융이익 상당액) 및 그 산정 방법 [대법원 2014. 5. 16. 선고, 2014도1547]

【판결요지】

형법 제134조의 규정에 의한 필요적 몰수 또는 추징은 같은 법 제129조 내지 133조를 위반한 자에게 제공되거나 공여될 금품 기타 재산상 이익을 박탈하여 그들로 하여금 부정한 이익을 보유하지 못하게 함에 그 목적이 있다. 금품의 무상대여를 통하여 위법한 재산상 이익을 취득한 경우 범인이 받은 부정한 이익은 그로 인한 금융이익 상당액이라 할 것이므로 추징의 대상이 되는 것은 무상으로 대여받은 금품 그 자체가 아니라 위 금융이익 상당액이라고 봄이 상당하다. 한편 여기에서 추징의 대상이 되는 금융이익 상당액은 객관적으로 산정되어야 할 것인데, 범인이 금융기관으로부터 대출받는 등 통상적인 방법으로 자금을 차용하였을 경우 부담하게 될 대출이율을 기준으로 하거나 그 대출이율을 알 수 없는 경우에는 금품을 제공받은 피고인의 지위에 따라 민법 또는 상법에서 규정하고 있는 법정이율을 기준으로 하여, 변제기나 지연손해금에 관한 약정이 가장되어 무효라고 볼 만한 사정이 없는 한 금품수수일로부터 약정된 변제기까지 금품을 무이자로 차용하여 얻은 금융이익의 수액을 산정한 뒤 이를 추징하여야 한다. 나아가 그와 같이 약정된 변제기가 없는 경우에는 선고일 전에 실제로 차용금을 변제하였다거나 대여자의 변제 요구에 의하여 변제기가 도래하였다는 등의 특별한 사정이 없는 한, 금품수수일로부터 판결 선고시까지 금품을 무이자로 차용하여 얻은 금융이익의 수액을 산정한 뒤 이를 추징하여야 할 것이다.

---

1. 뇌물죄에서 금품을 무상차용하여 위법한 재산상 이익을 취득한 경우 추징의 대상(=금융이익 상당액) 및 그 산정 방법 [대법원 2008. 9. 25. 선고, 2008도2590]

【판결요지】

금품의 무상차용을 통하여 위법한 재산상 이익을 취득한 경우 범인이 받은 부정한 이익은 그로 인한 금융이익 상당액이므로 추징의 대상이 되는 것은 무상으로 대여받은 금품 그 자체가 아니라 위 금융이익 상당액이다. 여기에서 추징의 대상이 되는 금융이익 상당액은 객관적으로 산정되어야 할 것인데, 범인이 금융기관으로부터 대출받는 등 통상적인 방법으로 자금을 차용하였을 경우 부담하게 될 대출이율을 기준으로 하거나, 그 대출이율을 알 수 없는 경우에는 금품을 제공받은 범인의 지위에 따라 민법 또는 상법에서 규정하고 있는 법정이율을 기준으로 하여, 변제기나 지연손해금에 관한 약정이 가장되어 무효라고 볼 만한 사정이 없는 한, 금품수수일로부터 약정된 변제기까지 금품을 무이자로 차용으로 얻은 금융이익의 수액을 산정한 뒤 이를 추징하여야 한다.

134-4. 여러 사람이 공동으로 뇌물을 수수한 경우 가액 추징의 방법 및 공동수수자가 아닌 교사범 또는 종범에게 뇌물 중 일부를 사례금 등의 명목으로 교부한 경우 추징하여야 할 금액 (=수뢰액 전부)[대법원 2011. 11. 24. 선고, 2011도9585]

【판결요지】

여러 사람이 공동으로 뇌물을 수수한 경우 그 가액을 추징하려면 실제로 분배받은 금품만을 개별적으로 추징하여야 하고 수수금품을 개별적으로 알 수 없을 때에는 평등하게 추징하여야 하며 공동정범뿐 아니라 교사범 또는 종범도 뇌물의 공동수수자에 해당할 수 있으나, 공동정범이 아닌 교사범 또는 종범의 경우에는 정범과의 관계, 범행 가담 경위 및 정도, 뇌물 분배에 관한 사전약정의 존재 여부, 뇌물공여자의 의사, 종범 또는 교사범이 취득한 금품이 전체 뇌물수수액에서 차지하는 비중 등을 고려하여 공동수수자에 해당하는지를 판단하여야 한다. 그리고 뇌물을 수수한 자가 공동수수자가 아닌 교사범 또는 종범에게 뇌물 중 일부를 사례금 등의 명목으로 교부하였다면 이는 뇌물을 수수하는 데 따르는 부수적 비용의 지출 또는 뇌물의 소비행위에 지나지 아니하므로, 뇌물수수자에게서 수뢰액 전부를 추징하여야 한다.

134-5. 공무원의 직무에 속한 사항의 알선에 관하여 금품을 받고 그 금품 중의 일부를 받은 취지에 따라 청탁과 관련하여 관계 공무원에게 뇌물로 공여하거나 다른 알선행위자에게 청탁의 명목으로 교부한 경우, 몰수추징의 범위 [대법원 2002. 6. 14. 선고, 2002도1283]

【판결요지】

형법 제134조의 규정에 의한 필요적 몰수 또는 추징은, 범인이 취득한 당해 재산을 범인으로부터 박탈하여 범인으로 하여금 부정한 이익을 보유하지 못하게 함에 그 목적이 있는 것으로서, 공무원의 직무에 속한 사항의 알선에 관하여 금품을 받고 그 금품 중의 일부를 받은 취지에 따라 청탁과 관련하여 관계 공무원에게 뇌물로 공여하거나 다른 알선행위자에게 청탁의 명목으로 교부한 경우에는 그 부분의 이익은 실질적으로 범인에게 귀속된 것이 아니어서 이를 제외한 나머지 금품만을 몰수하거나 그 가액을 추징하여야 한다.

---

1. 불법이익이 공동피고인간에 개별적으로 귀속된 경우에 있어서의 추징의 한도 [대법원 1982. 7. 27. 선고, 82도1310]

【판결요지】

몰수 또는 추징은 금품 기타 이익을 받은 범인 또는 제3자로부터 이를 박탈하여 그들로 하여금 불법한 이득을 보유하지 못하게 함에 그 목적이 있는 것이므로 그 이익이 개별적으로 귀속한 때는 그 이익의 한도내에서 개별적으로 추징하여야 하고 그 이익의 한도를 넘어서 추징할 수 없다 할 것이다. 따라서 피고인이 교부받은 금 170만원 중 금 100만원을 공동피고인에게 청탁의 명목으로 교부한 경우에는 피고인이 보유한 금 70만원에 한하여 추징하여야 한다.

---

2. 수뢰한 금원을 다시 타인에게 뇌물로 공여한 경우의 추징방법 [대법원 1986. 11. 25. 선고, 86도1951]

【판결요지】

피고인들이 뇌물로 받은 돈을 그후 다른사람에게 다시 뇌물로 공여하였다 하더라도 그 수뢰의 주체는 어디까지나 피고인들이고 그 수뢰한 돈을 다른 사람에게 공여한 것은 수뢰한 돈을 소비하는 방법에 지나지 아니하므로 피고인들로부터 그 수뢰액 전부를 각 추징하여야 한다.

134-6. 공무원이 뇌물을 받음에 있어서 그 취득을 위하여 상대방에게 뇌물의 가액에 상당하는 금원의 일부를 비용으로 지출하거나 그 밖에 경제적 이익을 제공한 경우, 몰수추징의 범위 [대법원 1999. 10. 8. 선고, 99도1638]

【판결요지】

공무원이 뇌물을 받음에 있어서 그 취득을 위하여 상대방에게 뇌물의 가액에 상당하는 금원의 일부를 비용의 명목으로 출연하거나 그 밖에 경제적 이익을 제공하였다 하더라도, 이는 뇌물을 받는 데 지출한 부수적 비용에 불과하다고 보아야 할 것이지, 이로 인하여 공무원이 받은 뇌물이 그 뇌물의 가액에서 위와 같은 지출액을 공제한 나머지 가액에 상당한 이익에 한정되는 것이라고 볼 수는 없으므로, 그 공무원으로부터 뇌물죄로 얻은 이익을 몰수 · 추징함에 있어서는 그 받은 뇌물 자체를 몰수하여야 하고, 그 뇌물의 가액에서 위와 같은 지출을 공제한 나머지 가액에 상당한 이익만을 몰수 · 추징할 것은 아니다.

134-7. 자기앞수표를 뇌물로 받아 소비한 후 액면금 상당을 반환한 경우, 추징 여부(적극) [대법원

1999. 1. 29. 선고, 98도3584]

【판결요지】

수뢰자가 자기앞수표를 뇌물로 받아 이를 소비한 후 자기앞수표 상당액을 증뢰자에게 반환하였다 하더라도 뇌물 그 자체를 반환한 것은 아니므로 이를 몰수할 수 없고 수뢰자로부터 그 가액을 추징하여야 할 것이다.

134-8. 뇌물로 받은 금원을 예금하였다가 뒤에 같은 금액을 증뢰자에게 반환한 경우, 그 가액의 추징 여부(적극) [대법원 1996. 10. 25. 선고, 96도2022]

【판결요지】

뇌물로 받은 돈을 은행에 예금한 경우 그 예금행위는 뇌물의 처분행위에 해당하므로 그 후 수뢰자가 같은 액수의 돈을 증뢰자에게 반환하였다 하더라도 이를 뇌물 그 자체의 반환으로 볼 수 없으니 이러한 경우에는 수뢰자로부터 그 가액을 추징하여야 한다.

---

1. 수수한 뇌물상당액을 3개월 후에 반환한 경우와 추징 [대법원 1986. 12. 23. 선고, 86도2021]

【판결요지】

1985.6초에 교부받은 뇌물 200만원 상당액을 1985.9.3에 증뢰자의 거래은행구좌에 온라인으로 입금하여 반환하였다면 그 반환시기 등에 비추어 반환한 돈 200만원이 뇌물로 교부받았던 바로 그 돈이었다고 보기 어려우므로 그 가액상당을 수뢰자로부터 추징한 조치는 적법하다.

134-9. 공동으로 수수한 뇌물을 분배한 경우의 몰수 추징 방법 [대법원 1993. 10. 12. 선고, 93도2056]

【판결요지】

수인이 공동하여 수수한 뇌물을 분배한 경우에는 각자로부터 실제로 분배받은 금품만을 개별적으로 몰수하거나 그 가액을 추징하여야 한다.

---

1. 수인이 공모하여 뇌물을 수수한 경우에 몰수 불능으로 인한 가액의 추징방법 [대법원 1975. 4. 22. 선고, 73도1963]

【판결요지】

수인이 공모하여 뇌물을 수수한 경우에 몰수불능으로 그 가액을 추징하려면 개별적으로 추징하여야 하고 수수금품을 개별적으로 알 수 없을 때에는 평등하게 추징하여야 한다.

134-10. 은행의 온라인방식으로 수수한 뇌물을 전액 반환한 경우 추징 여부 [서울고법 1993. 8. 18. 선고, 93노1884, 확정]

【판결요지】

피고인이 온라인방식에 의하여 자신의 은행예금구좌에 뇌물을 입금하도록 하여 이를 수수한 후 그 예금에서 금원을 인출하여 전액을 돌려주었다 하더라도 뇌물로 받은 금원 그 자체를 반환한 경우는 아니므로 피고인으로부터 그가 수수한 금원 전부를 추징하여야 한다.

> 1. 뇌물로 받은 돈을 은행에 예금하였다가 후에 같은 액수의 돈을 증뢰자에게 반환한 경우, 그 가액의
> 추징여부(적극) [대법원 1985. 9. 10. 선고, 85도1350] 요지】
> 뇌물로 받은 돈을 은행에 예금한 경우 그 예금행위는 뇌물의 처분행위에 해당한다 할 것이므로 그후
> 수뢰자가 같은 액수의 돈을 증뢰자에게 반환하였다 하더라도 이를 뇌물자체의 반환이라고 볼 수 없으
> 므로 이러한 경우에는 수뢰자로부터 그 가액을 추징하여야 한다.

134-11. 뇌물로 교부한 당좌수표가 부도나자 이를 반환받고 액면가액에 상응하는 현금이나 유가증권을
다시 교부한 경우 이 현금이나 유가증권이 몰수, 추징의 대상이 되는지 여부(적극) [대법원 1992.
12. 8. 선고, 92도1995]

【판결요지】
증뢰자가 교부한 당좌수표가 부도나자 부도된 당좌수표를 반환받고 그 수표에 대체하여 수표의
액면가액에 상응하는 현금이나 유가증권을 수뢰자에게 다시 교부하고 수뢰자가 이를 수수하였다
면, 형법 제134조의 규정취지가 수뢰자로 하여금 불법한 이득을 보유시키지 않으려는 데에 있는
점에 비추어 볼 때, 이 현금이나 유가증권이 몰수, 추징의 대상이 된다.

134-12. 뇌물로 수수한 금원을 소비한 후 그 금액상당을 반환한 경우와 추징 [대법원 1986. 10. 28.
선고, 86도1083]

【판결요지】
뇌물로 수수한 금원을 소비하고난 후에 그 금액상당을 반환하였다 하더라도 그 가액을 추징하여
야 한다.

134-13. 수수한 뇌물을 소비하였다가 동액을 반환한 경우 그 가액의 추징여부 [대법원 1986. 10. 14.
선고, 86도1189]

【판결요지】
수뢰죄에 있어서 수뢰자가 일단 수수한 뇌물을 소비하여 몰수하기 불능하게 되었을 때에는 그후
에 동액의 금원을 증뢰자에게 반환하였다 하여도 수뢰자로부터 그 가액을 추징하여야 한다.

> 1. 뇌물소비 후 동액의 금원을 반환한 경우 추징여부 [대법원 1983. 12. 27. 선고, 83도1313]
> 【판결요지】
> 수뢰자가 수수한 금원상당을 후일 증뢰자에게 반환했으나 그것이 금원을 수령하여 소비한 뒤 다른 돈
> 으로 지급한 것이라면 이를 추징한 원심의 조치는 정당하다.

134-14. 증뢰자에게 반환한 뇌물을 수뢰자로부터 추징함의 적부(소극) [대법원 1984. 2. 28. 선고,
83도2783]

【판결요지】

수뢰자가 뇌물을 그대로 보관하였다가 증뢰자에게 반환한 때에는 증뢰자로 부터 몰수·추징할 것이므로 수뢰자로 부터 추징함은 위법하다.

134-15. 간접적으로 뇌물을 받았을 경우의 몰수 또는 추징[대구고법 1978. 1. 25. 선고, 76노1022, 확정]

【판결요지】

피고인이 A를 통하여 간접으로 뇌물을 받은 사실을 인정할 수 있으므로 간접으로 교부받았음에 불과한 위 돈 1,000,000원은 피고인으로부터 몰수하거나 추징하여야 할 것이고 A로부터 추징할 수 없다.

134-16. 뇌물로 받은 수표를 은행에 예금한 경우에 그 예금행위는 뇌물의 처분행위에 해당하므로 그 후 수뢰자가 수표금액에 상당한 금전을 찾아서 증뢰자에게 반환한 경우 [대법원 1970. 4. 14. 선고, 69도2461]

【판결요지】

뇌물로 받은 수표를 은행에 예금한 경우 그 예금행위는 뇌물의 처분행위에 해당하여 그 후 수뢰자가 그 액면에 상당하는 금전을 찾아서 증뢰자에게 반환하였다 하더라도 이를 뇌물 그 자체의 반환으로 볼 수 없으므로 이러한 경우에는 수뢰자로부터 그 가액을 추징하여야 한다.

제8장 공무방해에 관한 죄

제136조[공무집행방해]

> 제136조(공무집행방해) ① 직무를 집행하는 공무원에 대하여 폭행 또는 협박한 자는 5년 이하의 징역 또는 1천만원 이하의 벌금에 처한다. 〈개정 1995. 12. 29.〉
> ② 공무원에 대하여 그 직무상의 행위를 강요 또는 조지하거나 그 직을 사퇴하게 할 목적으로 폭행 또는 협박한 자도 전항의 형과 같다.

136-1. 경찰관들이 집회 및 시위에 관한 법률상 질서유지선에 해당하지 아니한다는 이유로 집회 장소에 출입하거나 그 장소 안에 머무르는 경찰관들의 행위가 곧바로 위법하게 되는지 여부(소극) [대법원 2019. 1. 10. 선고, 2016도21311]

【판시사항】

옥외집회 또는 시위의 장소에 질서유지를 위한 경찰관 출입이 허용되는 범위(=집회 및 시위의 보호와 공공의 질서유지를 위하여 필요하다고 인정되는 최소한의 범위) / 경찰관들이 집회 및 시위에 관한 법률상 질서유지선에 해당하지 아니한다는 이유로 집회 또는 시위의 장소에 출입하거나 그 장소 안에 머무르는 경찰관들의 행위가 곧바로 위법하게 되는지 여부(소극) 및 같은 법 제19조에 의한 출입에 해당하는 경우, 적법한 공무집행으로 볼 수 있는지 여부(적극)

【판결요지】

집회 및 시위에 관한 법률(이하 '집시법' 이라 한다) 제19조 제1항은 "경찰관은 집회 또는 시위의 주최자에게 알리고 그 집회 또는 시위의 장소에 정복을 입고 출입할 수 있다. 다만 옥내집회 장소에 출입하는 것은 직무집행을 위하여 긴급한 경우에만 할 수 있다." 라고 규정하고, 같은 조 제2항은 "집회나 시위의 주최자, 질서유지인 또는 장소관리자는 질서를 유지하기 위한 경찰관의 직무집행에 협조하여야 한다." 라고 규정함으로써, 집회 또는 시위의 장소에 질서유지를 위한 경찰관 출입을 허용하고 있다. 집시법 제19조가 옥외집회 또는 시위의 장소에 질서유지를 위한 경찰관 출입 요건으로 주최자에 대한 고지, 정복 착용만을 정하고 있지만, 집회의 자유가 가지는 헌법적 가치와 기능, 집회 및 시위의 권리 보장과 공공의 안녕질서의 조화라는 집시법의 입법목적 등에 비추어 보면, 질서유지선 설정에 관한 규정을 준용하여 옥외집회 또는 시위의 장소에 질서유지를 위한 경찰관 출입 역시 집회 및 시위의 보호와 공공의 질서유지를 위하여 필요한 경우 최소한의 범위로 이루어져야 할 것이다. 따라서 <u>경찰관들이 집시법상 질서유지선에 해당하지 아니한다고 하여 집회 또는 시위의 장소에 출입하거나 그 장소 안에 머무르는 경찰관들의 행위를 곧바로 위법하다고 할 것은 아니고, 집시법 제19조에 의한 출입에 해당하는 경우라면 적법한 공무집행으로 볼 수 있을 것이다.</u>

136-2. 112신고 받고 출동한 경찰관을 협박한 경우 [대법원 2018. 12. 13. 선고, 2016도19417]

【판시사항】

　피고인은 평소 집에서 심한 고성과 욕설, 시끄러운 음악 소리 등으로 이웃 주민들로부터 수회에 걸쳐 112신고가 있어 왔던 사람인데, 피고인의 집이 소란스럽다는 112신고를 받고 출동한 경찰관 甲, 乙이 인터폰으로 문을 열어달라고 하였으나 욕설을 하였고, 경찰관들이 피고인을 만나기 위해 전기차단기를 내리자 화가 나 식칼을 들고 나와 욕설을 하면서 경찰관들을 향해 찌를 듯이 협박함으로써 甲, 乙의 112신고 업무 처리에 관한 직무집행을 방해하였다고 하여 특수공무집행방해로 기소된 사안

【판결요지】

　피고인이 자정에 가까운 한밤중에 음악을 크게 켜놓거나 소리를 지른 것은 경범죄 처벌법 제3조 제1항 제21호에서 금지하는 인근소란행위에 해당하고, 그로 인하여 인근 주민들이 잠을 이루지 못하게 될 수 있으며, 甲과 乙이 112신고를 받고 출동하여 눈앞에서 벌어지고 있는 범죄행위를 막고 주민들의 피해를 예방하기 위해 피고인을 만나려 하였으나 피고인은 문조차 열어주지 않고 소란행위를 멈추지 않았던 상황이라면 피고인의 행위를 제지하고 수사하는 것은 경찰관의 직무상 권한이자 의무라고 볼 수 있으므로, 위와 같은 상황에서 甲과 乙이 피고인의 집으로 통하는 전기를 일시적으로 차단한 것은 피고인을 집 밖으로 나오도록 유도한 것으로서, 피고인의 범죄행위를 진압·예방하고 수사하기 위해 필요하고도 적절한 조치로 보이고, 경찰관 직무집행법 제1조의 목적에 맞게 제2조의 직무 범위 내에서 제6조에서 정한 즉시강제의 요건을 충족한 적법한 직무집행으로 볼 여지가 있다

136-3. 공무집행방해죄의 '폭행' 및 '직무를 집행하는'의 의미 [대법원 2018. 3. 29. 선고, 2017도21537]

【판시사항】

　[1] 공무집행방해죄에서 말하는 '폭행'의 의미 및 구체적으로 직무집행의 방해라는 결과발생을 요하는지 여부(소극) / 공무집행방해죄에서 말하는 '직무를 집행하는'의 의미와 판단 방법

　[2] 피고인이 甲과 주차문제로 언쟁을 벌이던 중, 112 신고를 받고 출동한 경찰관 乙이 甲을 때리려는 피고인을 제지하자 자신만 제지를 당한 데 화가 나서 손으로 乙의 가슴을 밀치고, 피고인을 현행범으로 체포하며 순찰차 뒷좌석에 태우려고 하는 乙의 정강이 부분을 양발로 걷어차는 등 폭행함으로써 경찰관의 112 신고처리에 관한 직무집행을 방해하였다는 내용으로 기소된 사안

【판결요지】

　[1] 형법 제136조에서 정한 공무집행방해죄는 직무를 집행하는 공무원에 대하여 폭행 또는 협박한 경우에 성립하는 범죄로서 여기서의 <u>폭행은 사람에 대한 유형력의 행사로 족하고 반드시 그 신체에 대한 것임을 요하지 아니하며, 또한 추상적 위험범으로서 구체적으로 직무집행의 방해라는 결과발생을 요하지도 아니한다.</u> 한편 공무집행방해죄에서 <u>'직무를 집행하는'이란 공무원이 직무수행에 직접 필요한 행위를 현실적으로 행하고 있는 때만을 가리키는 것이 아니라 공무원이 직무수행을 위하여 근무 중인 상태에 있는 때를 포괄하고, 직무의 성질에 따라서는 직무수행의 과정을 개별적으로 분리하여 부분적으로 각각의 개시와 종료를 논하는 것이 부적절하고 여러 종</u>

류의 행위를 포괄하여 일련의 직무수행으로 파악함이 상당한 경우가 있다.

 [2] 피고인이 손으로 乙의 가슴을 밀칠 당시 乙은 112 신고처리에 관한 직무 내지 순찰근무를 수행하고 있었고, 이와 같이 공무를 집행하고 있는 乙의 가슴을 밀치는 행위는 공무원에 대한 유형력의 행사로서 공무집행방해죄에서 정한 폭행에 해당하며, 피고인이 체포될 당시 도망 또는 증거인멸의 염려가 없었다고 할 수 없어 체포의 필요성이 인정되고, 공소사실에 관한 증인들의 법정진술의 신빙성을 인정한 제1심의 판단을 뒤집을 만한 특별한 사정이 없다는 등의 이유로, 이와 달리 보아 공소사실을 무죄라고 판단한 원심판결에 공무집행방해죄의 폭행이나 직무집행, 현행범 체포의 요건 등에 관한 법리오해 또는 제1심 증인이 한 진술의 신빙성을 판단할 때 공판중심주의와 직접심리주의 원칙을 위반한 잘못이 있다.

---

1. 청원경찰이 불법주차 단속요구에 응하여 현장을 확인만 하고 즉시 단속하지 않는다는 이유로 청원경찰을 폭행한 경우(적극) [대법원 2009. 1. 15. 선고, 2008도9919]

【판결요지】
야간 당직 근무자는 불법주차 단속권한은 없지만 민원 접수를 받아 다음날 관련 부서에 전달하여 처리하고 있으므로 불법주차 단속업무는 야간 당직 근무자들의 민원업무이자 경비업무로서 공무집행방해죄의 '직무집행'에 해당하여 공무집행방해죄가 성립한다.

---

2. 불법주차 차량에 불법주차 스티커를 붙였다가 이를 다시 떼어 낸 직후에 있는 주차단속 공무원을 폭행한 경우 [대법원 1999. 9. 21. 선고, 99도383]

【판결요지】
폭행 당시 주차단속 공무원은 일련의 직무수행을 위하여 근무중인 상태에 있었다고 보아야 한다는 이유로 공무집행방해죄의 성립을 인정한 사례

---

3. 공무집행방해죄의 전제가 되는 공무집행의 적법성에 대한 판단 기준 [대법원 2002. 4. 12. 선고, 2000도3485]

【판시사항】
[1] 공무집행방해죄의 전제가 되는 공무집행의 적법성에 대한 판단 기준
[2] 노사분규 동향을 파악하거나 파악하기 위해 현장에서 대기중이던 근로감독관을 폭행한 행위는 공무집행방해죄를 구성한다.

【판결요지】
[1] 공무집행방해죄는 공무원의 적법한 공무집행이 전제가 되고, 그 공무집행이 적법하기 위하여는 그 행위가 당해 공무원의 추상적인 직무권한에 속할 뿐 아니라 구체적으로도 그 권한 내에 있어야 하며, 또한 직무행위로서의 중요한 방식을 갖추어야 한다.
[2] 노동조합관계자들과 사용자측 사이의 다툼을 수습하려 하였으나 노동조합측이 지시에 따르지 않자 경비실 밖으로 나와 회사의 노사분규 동향을 파악하거나 파악하기 위해 대기 또는 준비 중이던 근로감독관을 폭행한 행위는 공무집행방해죄를 구성한다.

136-4. 형집행장 제시 없이 구인할 수 있는 급속을 요하는 때의 의미 [대법원 2017. 9. 26. 선고, 2017도9458]

【판시사항】

[1] 사법경찰관리가 벌금형을 받은 이를 노역장 유치의 집행을 위하여 구인하는 경우, 검사로부터 발부받은 형집행장을 상대방에게 제시하여야 하는지 여부(적극) 및 형집행장의 제시 없이 구인할 수 있는 '급속을 요하는 때'의 의미 / 이때 사법경찰관리가 벌금 미납으로 인한 노역장 유치의 집행의 상대방에게 형집행 사유와 더불어 벌금 미납으로 인한 지명수배 사실을 고지한 경우, 형집행장이 발부되어 있는 사실도 고지한 것이라거나 형집행장이 발부되어 있는 사실까지도 포함하여 고지한 것이라고 볼 수 있는지 여부(원칙적 소극) 및 이와 같은 사법경찰관리의 직무집행이 적법한 직무집행에 해당하는지 여부(소극)

[2] 경찰관 甲이 도로를 순찰하던 중 벌금 미납으로 지명수배된 피고인과 조우하게 되어 벌금 미납 사실을 고지하고 벌금납부를 유도하였으나 피고인이 이를 거부하자 벌금 미납으로 인한 노역장 유치의 집행을 위하여 구인하려 하였는데, 피고인이 이에 저항하여 甲을 폭행함으로써 벌금 수배자 검거를 위한 경찰관의 공무집행을 방해하였다는 내용으로 기소된 사안에서, 甲이 피고인을 구인하는 과정에서 형집행장이 발부되어 있는 사실은 고지하지 않았던 사정에 비추어 甲의 직무집행은 위법하다고 보아 공소사실을 무죄로 판단한 원심판결이 정당하다.

【판결요지】

[1] 벌금형에 따르는 노역장 유치는 실질적으로 자유형과 동일하므로, 그 집행에 대하여는 자유형의 집행에 관한 규정이 준용된다(형사소송법 제492조). 구금되지 아니한 당사자에 대하여 형의 집행기관인 검사는 그 형의 집행을 위하여 이를 소환할 수 있으나, 당사자가 소환에 응하지 아니한 때에는 형집행장을 발부하여 이를 구인할 수 있는데(형사소송법 제473조), 이 경우의 형집행장의 집행에 관하여는 형사소송법 제1편 제9장에서 정하는 피고인의 구속에 관한 규정이 준용된다(형사소송법 제475조). 그리하여 사법경찰관리가 벌금형을 받은 이를 그에 따르는 노역장 유치의 집행을 위하여 구인하려면 검사로부터 발부받은 형집행장을 상대방에게 제시하여야 하지만(형사소송법 제85조 제1항), 형집행장을 소지하지 아니한 경우에 급속을 요하는 때에는 상대방에 대하여 형집행 사유와 형집행장이 발부되었음을 고하고 집행할 수 있고(형사소송법 제85조 제3항), 여기서 형집행장의 제시 없이 구인할 수 있는 '급속을 요하는 때'란 애초 사법경찰관리가 적법하게 발부된 형집행장을 소지할 여유가 없이 형집행의 상대방을 조우한 경우 등을 가리킨다. 이때 사법경찰관리가 벌금 미납으로 인한 노역장 유치의 집행의 상대방에게 형집행 사유와 더불어 벌금 미납으로 인한 지명수배 사실을 고지하였더라도 특별한 사정이 없는 한 그러한 고지를 형집행장이 발부되어 있는 사실도 고지한 것이라거나 형집행장이 발부되어 있는 사실까지도 포함하여 고지한 것이라고 볼 수 없으므로, 이와 같은 사법경찰관리의 직무집행은 적법한 직무집행에 해당한다고 할 수 없다.

[2] 경찰관 甲이 도로를 순찰하던 중 벌금 미납으로 지명수배된 피고인과 조우하게 되어 벌금 미납 사실을 고지하고 벌금납부를 유도하였으나 피고인이 이를 거부하자 벌금 미납으로 인한 노역장 유치의 집행을 위하여 구인하려 하였는데, 피고인이 이에 저항하여 甲의 가슴을 양손으로 수차례

밀침으로써 벌금수배자 검거를 위한 경찰관의 공무집행을 방해하였다는 내용으로 기소된 사안에서, 피고인에 대하여 확정된 벌금형의 집행을 위하여 형집행장이 이미 발부되어 있었으나, 甲이 피고인을 구인하는 과정에서 형집행장이 발부되어 있는 사실은 고지하지 않았던 사정에 비추어 甲의 위와 같은 직무집행은 위법하다고 보아 공소사실을 무죄로 판단한 원심판결이 정당하다.

---

1. 형집행장을 소지하지 아니한 채 피고인을 체포·구인하려고 하자 피고인이 이를 거부하면서 경찰관을 폭행한 사안 [대법원 2010. 10. 14. 선고, 2010도8591]

【판결요지】

경찰관이 벌금형에 따르는 노역장 유치의 집행을 위하여 형집행장을 소지하지 아니한 채 피고인을 구인할 목적으로 그의 주거지를 방문하여 임의동행의 형식으로 데리고 가다가, 피고인이 동행을 거부하며 다른 곳으로 가려는 것을 제지하면서 체포·구인하려고 하자 피고인이 이를 거부하면서 경찰관을 폭행한 사안에서, 위와 같이 <u>피고인을 체포·구인하려고 한 것은 노역장 유치의 집행에 관한 법규정에 반하는 것으로서 적법한 공무집행행위라고 할 수 없으며, 또한 그 경우에 형집행장의 제시 없이 구인할 수 있는 '급속을 요하는 경우'(형사소송법 제85조 제3항)에 해당한다고 할 수 없고, 이는 피고인이 벌금미납자로 지명수배 되었다고 하더라도 달리 볼 것이 아니라는 이유로, 위 공무집행방해의 공소사실에 대하여 무죄를 선고한 원심판단을 수긍한 사례</u>

136-5. 경찰관이 적법절차를 준수하지 않은 채 실력으로 피의자를 체포하려고 한 행위가 적법한 공무집행인지 여부(소극) [대법원 2017. 9. 21. 선고, 2017도10866]

【판시사항】

[1] 공무집행방해죄에서 '적법한 공무집행'의 의미 / 경찰관이 적법절차를 준수하지 않은 채 실력으로 피의자를 체포하려고 한 행위가 적법한 공무집행인지 여부(소극) 및 피의자가 경찰관의 불법한 체포를 면하려고 반항하는 과정에서 경찰관에게 상해를 가한 행위가 정당방위에 해당하는지 여부(적극)

【판결요지】

[1] 형법 제136조가 규정하는 공무집행방해죄는 공무원의 직무집행이 적법한 경우에 한하여 성립한다. 이때 적법한 공무집행은 그 행위가 공무원의 추상적 권한에 속할 뿐 아니라 구체적 직무집행에 관한 법률상 요건과 방식을 갖춘 경우를 가리킨다. 경찰관이 적법절차를 준수하지 않은 채 실력으로 피의자를 체포하려고 하였다면 적법한 공무집행이라고 할 수 없다. 그리고 경찰관의 체포행위가 적법한 공무집행을 벗어나 불법하게 체포한 것으로 볼 수밖에 없다면, 피의자가 그 체포를 면하려고 반항하는 과정에서 경찰관에게 상해를 가한 것은 불법체포로 인한 신체에 대한 현재의 부당한 침해에서 벗어나기 위한 행위로서 정당방위에 해당하여 위법성이 조각된다.

[2] 경찰관들이 체포영장을 소지하고 메트암페타민(일명 필로폰) 투약 등 혐의로 피고인을 체포하려고 하자, 피고인이 이에 거세게 저항하는 과정에서 경찰관들에게 상해를 가하였다고 하여 공무집행방해 및 상해의 공소사실로 기소된 사안에서, <u>피고인이 경찰관들과 마주하자마자 도망가려는 태도를 보이거나 먼저 폭력을 행사하며 대항한 바 없는 등 경찰관들이 체포를 위한 실력행사에 나</u>

아가기 전에 체포영장을 제시하고 미란다 원칙을 고지할 여유가 있었음에도 애초부터 미란다 원칙을 체포 후에 고지할 생각으로 먼저 체포행위에 나선 행위는 적법한 공무집행이라고 보기 어렵다.

---

1. 공무집행방해죄에 있어서 '공무집행'의 의미 및 현행범인이 적법절차를 준수하지 아니한 채 실력으로 자신을 연행하려고 한 경찰관에 대하여 폭행한 경우(소극) [대법원 2000. 7. 4. 선고, 99도4341]

【판시사항】

[1] 공무집행방해죄에 있어서 '공무집행'의 의미 및 현행범인이 적법절차를 준수하지 아니한 채 실력으로 자신을 연행하려고 한 경찰관에 대하여 폭행을 한 경우, 공무집행방해죄의 성립 여부(소극)

[2] 경찰관의 불법한 체포를 면하려고 반항하는 과정에서 경찰관에게 상해를 가한 경우, 불법 체포로 인한 신체에 대한 현재의 부당한 침해에서 벗어나기 위한 행위로서 정당방위에 해당한다.

【판결요지】

[1] 형법 제136조가 규정하는 공무집행방해죄는 공무원의 직무집행이 적법한 경우에 한하여 성립하는 것이고, 여기서 적법한 공무집행이라 함은 그 행위가 공무원의 추상적 권한에 속할 뿐 아니라 구체적 직무집행에 관한 법률상 요건과 방식을 갖춘 경우를 가리키는 것이므로, 경찰관이 적법절차를 준수하지 아니한 채 실력으로 현행범인을 연행하려고 하였다면 적법한 공무집행이라고 할 수 없고, 현행범인이 그 경찰관에 대하여 이를 거부하는 방법으로써 폭행을 하였다고 하여 공무집행방해죄가 성립하는 것은 아니다.

[2] 경찰관의 행위가 적법한 공무집행을 벗어나 불법하게 체포한 것으로 볼 수밖에 없다면, 그 체포를 면하려고 반항하는 과정에서 경찰관에게 상해를 가한 것은 불법 체포로 인한 신체에 대한 현재의 부당한 침해에서 벗어나기 위한 행위로서 정당방위에 해당하여 위법성이 조각된다.

---

2. 현행범인이 경찰관의 불법한 체포를 면하려고 반항하는 과정에서 경찰관에게 상해를 가한 경우 '정당방위'의 성립 여부(적극) [대법원 2011. 5. 26. 선고, 2011도3682]

【판시사항】

[1] 공무집행방해죄에서 '적법한 공무집행'의 의미 및 현행범인이 경찰관의 불법한 체포를 면하려고 반항하는 과정에서 경찰관에게 상해를 가한 경우 '정당방위'의 성립 여부(적극)

[2] 피고인이 경찰관의 불심검문을 받아 운전면허증을 교부한 후 경찰관에게 큰 소리로 욕설을 하였는데, 경찰관이 피고인을 모욕죄의 현행범으로 체포하려고 하자 피고인이 반항하면서 경찰관에게 상해를 가한 사안에서, 위 행위가 정당방위에 해당한다는 이유로, 피고인에 대한 '상해' 및 '공무집행방해'의 공소사실을 무죄로 인정한 원심판단을 수긍한 사례

【판결요지】

[1] 형법 제136조가 규정하는 공무집행방해죄는 공무원의 직무집행이 적법한 경우에 한하여 성립하고, 여기서 적법한 공무집행은 그 행위가 공무원의 추상적 권한에 속할 뿐 아니라 구체적 직무집행에 관한 법률상 요건과 방식을 갖춘 경우를 가리킨다. 경찰관이 현행범인 체포 요건을 갖추지 못하였는데도 실력으로 현행범인을 체포하려고 하였다면 적법한 공무집행이라고 할 수 없고, 현행범인 체포행위가 적법한 공무집행을 벗어나 불법인 것으로 볼 수밖에 없다면, 현행범이 체포를 면하려고 반항하는 과정에서 경찰관에게 상해를 가한 것은 불법체포로 인한 신체에 대한 현재의 부당한 침해에서 벗어나기 위한 행위로서 정당방위에 해당하여 위법성이 조각된다.

[2] 피고인이 경찰관의 불심검문을 받아 운전면허증을 교부한 후 경찰관에게 큰 소리로 욕설을 하였는데, 경찰관이 모욕죄의 현행범으로 체포하겠다고 고지한 후 피고인의 오른쪽 어깨를 붙잡자 반항하면서 경찰관에게 상해를 가한 사안에서, 피고인은 경찰관의 불심검문에 응하여 이미 운전면허증을 교부한 상태이고, 경찰관뿐 아니라 인근 주민도 욕설을 직접 들었으므로, 피고인이 도망하거나 증거를 인멸할 염려가 있다고 보기는 어렵고, 피고인의 모욕 범행은 불심검문에 항의하는 과정에서 저지른 일시적, 우발적인 행위로서 사안 자체가 경미할 뿐 아니라, 피해자인 경찰관이 범행현장에서 즉시 범인을 체포할 급박한 사정이 있다고 보기도 어려우므로, 경찰관이 피고인을 체포한 행위는 적법한 공무집행이라고 볼 수 없고, 피고인이 체포를 면하려고 반항하는 과정에서 상해를 가한 것은 불법체포로 인한 신체에 대한 현재의 부당한 침해에서 벗어나기 위한 행위로서 정당방위에 해당한다.

136-6. 경찰관이 적법절차를 준수하지 않은 채 실력으로 현행범인을 연행하려 한 행위가 적법한 공무집행인지 여부(소극) [대법원 2017. 3. 15. 선고, 2013도2168]

【판결요지】

　　형법 제136조가 규정하는 공무집행방해죄는 공무원의 직무집행이 적법한 경우에 한하여 성립한다. 이때 적법한 공무집행은 그 행위가 공무원의 추상적 권한에 속할 뿐 아니라 구체적 직무집행에 관한 법률상 요건과 방식을 갖춘 경우를 가리키므로, 경찰관이 적법절차를 준수하지 않은 채 실력으로 현행범인을 연행하려 하였다면 적법한 공무집행이라고 할 수 없다.

1. 경찰관이 현행범인을 체포한 후에 범죄사실의 요지 등을 고지한 경우에도 적법한 공무집행에 해당하는지 여부(한정 적극) [대법원 2008. 10. 9. 선고, 2008도3640]

【판시사항】

[1] 형법 제136조의 공무집행방해죄에서 적법한 공무집행의 의미 및 경찰관이 현행범인을 체포한 후에 범죄사실의 요지 등을 고지한 경우에도 적법한 공무집행에 해당하는지 여부(한정 적극)

[2] 경찰관의 현행범인 체포경위 및 그에 관한 현행범인체포서와 범죄사실의 기재에 다소 차이가 있더라도, 그것이 논리와 경험칙상 장소적·시간적 동일성이 인정되는 범위 내라면 그 체포행위가 공무집행방해죄의 요건인 적법한 공무집행에 해당한다.

【판결요지】

형법 제136조의 공무집행방해죄는 공무원의 직무집행이 적법한 경우에 한하여 성립하고, 그 공무집행이 적법하려면 그 행위가 당해 공무원의 추상적 직무권한에 속할 뿐 아니라 구체적으로도 그 권한 내에 있어야 하며, 또한 직무행위의 중요한 방식을 갖추어야 한다. 한편, 구 형사소송법(2007. 12. 21. 법률 제8730호로 개정되기 전의 것) 제213조의2, 제72조의 규정 등에 의하면 사법경찰관리가 현행범인을 체포하는 경우에는 반드시 범죄사실의 요지, 체포의 이유와 변호인을 선임할 수 있음을 말하고 변명할 기회를 주어야 하고, 이와 같은 고지는 체포를 위한 실력행사에 들어가기 이전에 미리 하여야 하는 것이 원칙이나, 달아나는 피의자를 쫓아가 붙들거나 폭력으로 대항하는 피의자를 실력으로 제압하는 경우에는 붙들거나 제압하는 과정에서 하거나, 그것이 여의치 않은 경우에라도 일단 붙들거나 제압한 후에 지체없이 행하였다면 경찰관의 현행범인 체포는 적법한 공무집행이라고 할 수 있다.

136-7. 국민권익위원회 운영지원과 소속 기간제근로자로서 청사 안전관리 및 민원인 안내 등의

사무를 담당한 甲의 공무집행을 방해한 경우 [대법원 2015. 5. 29. 선고, 2015도3430]

【판결요지】

甲은 국민권익위원회 위원장과 계약기간 1년의 근로계약을 체결한 점, 공무원으로 임용된 적이 없고 공무원연금이 아니라 국민연금에 가입되어 있는 점, 국민권익위원회 훈령으로 '무기계약근로자 및 기간제근로자 관리운용 규정'이 있으나 국민권익위원회 내부규정으로 그 내용도 채용, 근로조건 및 퇴직 등 인사에 관한 일반적인 사항을 정하는 것에 불과하고, 달리 甲이 법령의 근거에 기하여 위 사무에 종사한 것이라고 볼 만한 자료가 없는 점 등 제반 사정에 비추어 甲은 법령의 근거에 기하여 국가 등의 사무에 종사하는 형법상 공무원이라고 보기 어려운데도, 甲이 공무집행방해죄에서 공무원에 해당한다고 단정한 원심판단에 형법상 공무원에 관한 법리오해의 잘못이 있다.

136-8. 경찰관이 신분증을 제시하지 않고 불심검문을 하였으나, 검문하는 사람이 경찰관이고 검문하는 이유가 범죄행위에 관한 것임을 피고인이 알고 있었던 경우, 그 불심검문이 위법한 공무집행인지 여부(소극) [대법원 2014. 12. 11. 선고, 2014도7976]

【판결요지】

경찰관직무집행법(이하 '법'이라 한다) 제3조 제4항은 경찰관이 불심검문을 하고자 할 때에는 자신의 신분을 표시하는 증표를 제시하여야 한다고 규정하고, 경찰관직무집행법 시행령 제5조는 위 법에서 규정한 신분을 표시하는 증표는 경찰관의 공무원증이라고 규정하고 있는데, 불심검문을 하게 된 경위, 불심검문 당시의 현장상황과 검문을 하는 경찰관들의 복장, 피고인이 공무원증 제시나 신분 확인을 요구하였는지 여부 등을 종합적으로 고려하여, 검문하는 사람이 경찰관이고 검문하는 이유가 범죄행위에 관한 것임을 피고인이 충분히 알고 있었다고 보이는 경우에는 신분증을 제시하지 않았다고 하여 그 불심검문이 위법한 공무집행이라고 할 수 없다.

136-9. 교정시설 소장에 의하여 허용된 범위를 넘어 사진 또는 그림 등을 부착한 수용자에 대해 교도관이 부착물의 제거를 지시한 행위가 적법한 직무집행에 해당하는지 여부(원칙적 적극) [대법원 2014. 9. 25. 선고, 2013도1198]

【판시사항】

[1] 교정시설 소장에 의하여 허용된 범위를 넘어 사진 또는 그림 등을 부착한 수용자에 대해 교도관이 부착물의 제거를 지시한 행위가 적법한 직무집행에 해당하는지 여부(원칙적 적극)

[2] 징벌사유에 해당하는 행위를 하였다고 의심할 만한 상당한 이유가 있는 수용자에 대하여 조사가 필요한 경우, 수용자를 조사거실에 분리 수용할 수 있는지 여부(한정 적극)

【판결요지】

[1] 형의 집행 및 수용자의 처우에 관한 법률(이하 '형집행법'이라고 한다) 제32조 제1항, 제105조 제1항, 제3항, 형의 집행 및 수용자의 처우에 관한 법률 시행규칙 제214조 제17호와 같은 수용자의 청결의무와 규율준수의무에 관한 규정의 취지와 아울러, 수용자가 교정시설의 소장이 허용한 범위를 넘어 수용시설에 사진 또는 그림 등을 부착하는 행위는 교정시설의 소장이 유지하

려는 수용시설 본래의 청결상태를 훼손하는 본질적 성격을 가지는 점, 수용시설에 부착될 부착물의 허용 기준 설정은 수용시설의 관리자인 교정시설 소장의 권한에 속하는 사항으로서 허용 기준 설정 자체를 두고 형집행법상 수용자의 인권 존중 조항(제4조)이나 헌법상 과잉금지의 원칙에 위배된다고 볼 수 없는 점, 수용자의 위와 같은 개인적·임의적 부착 행위는 수용시설 자체의 청결 유지뿐만 아니라 교정시설 내 공동생활의 질서유지를 저해할 우려가 크다고 보이는 점 등을 종합하면, 수용자에게 부착물의 내용, 부착의 경위 등에 비추어 교정시설의 소장에 의하여 허용된 범위를 넘은 부착 행위를 하게 된 정당한 사유가 인정되는 등의 특별한 사정이 없는 한, 교정시설의 소장에 의하여 허용된 범위를 넘어 사진 또는 그림 등을 부착한 수용자에 대하여 교도관이 부착물의 제거를 지시한 행위는 수용자가 복종하여야 할 직무상 지시로서 적법한 직무집행이라고 보아야 한다.

[2] 징벌사유에 해당하는 행위를 하였다고 의심할 만한 상당한 이유가 있는 수용자에 대하여 조사가 필요한 경우라 하더라도, 특히 그 수용자에 대한 조사거실에의 분리 수용은 형의 집행 및 수용자의 처우에 관한 법률 제110조 제1항의 각 호에 따라 그 수용자가 증거를 인멸할 우려가 있는 때 또는 다른 사람에게 위해를 끼칠 우려가 있거나 다른 수용자의 위해로부터 보호할 필요가 있는 때에 한하여 인정된다.

136-10. 시(市)에서 관리하는 도로의 보도에서 농성용 천막을 설치하던 중 이를 제지하려는 시청 소속 공무원들에게 상해 또는 폭행을 가한 사안 [대법원 2014. 2. 27. 선고, 2013도5356]

【판결요지】

도로관리청인 甲 시청 소속 공무원들이 보도에서 피고인들의 천막 설치를 제지하거나 설치 중인 천막을 철거하려고 한 행위는 구 도로법(2012. 6. 1. 법률 제11471호로 개정되기 전의 것. 이하 같다) 제83조에 따라 구 도로법 제45조에 규정된 도로에 관한 금지행위를 제지하기 위한 합리적 상당성이 있는 조치로서 보도의 본래 목적을 달성하도록 하기 위한 관리권 범위 내의 행위에 해당하므로, 이러한 도로관리권에 근거하여 적법하게 공무집행을 하는 공무원들에게 폭행 등을 가한 피고인들의 행위는 공무집행방해죄를 구성한다.

136-11. 적법성이 결여된 직무행위를 하는 공무원 대항하여 폭행이나 협박을 가한 경우(소극) [대법원 2013. 11. 28. 선고, 2013도9138]

【판시사항】

형법 제136조가 정하는 공무집행방해죄는 공무원의 직무집행이 적법한 경우에 한하여 성립하는 것으로, 이러한 적법성이 결여된 직무행위를 하는 공무원에게 대항하여 폭행이나 협박을 가하였다고 하더라도 이를 공무집행방해죄로 다스릴 수는 없고, 이때 적법한 공무집행이라 함은 그 행위가 공무원의 추상적 권한에 속할 뿐 아니라 구체적 직무집행에 관한 법률상 요건과 방식을 갖춘 경우를 가리킨다(대법원 2005. 10. 28. 선고 2004도4731 판결, 대법원 2011. 4. 28. 선고 2007도7514 판결 등 참조).

> 1. 경찰관들이 노래연습장에서 주류 판매여부를 확인하기 위하여 법관이 발부한 영장 없이 노래연습장을 검색한 행위 [대법원 2005. 10. 28. 선고, 2004도4731]
>
> 【판시사항】
> [1] 적법성이 결여된 직무행위를 하는 공무원에게 대항하여 폭행이나 협박을 가한 경우, 공무집행방해죄의 성립 여부(소극)
> [2] 경찰관들이 노래연습장에서의 주류 판매여부를 확인하기 위하여 법관이 발부한 영장 없이 노래연습장을 검색한 행위가 적법한 직무집행이라고 볼 수 없어 그 검색행위를 방해하였다고 하더라도 공무집행방해죄를 구성하지 않는다.
>
> 【이유】
> 형법 제136조가 규정하는 공무집행방해죄는 공무원의 직무집행이 적법한 경우에 한하여 성립하는 것이고, 여기서 적법한 공무집행이라고 함은 그 행위가 공무원의 추상적 권한에 속할 뿐 아니라 구체적 직무집행에 관한 법률상 요건과 방식을 갖춘 경우를 가리키는 것이므로, 이러한 적법성이 결여된 직무행위를 하는 공무원에게 대항하여 폭행이나 협박을 가하였다고 하더라도 이를 공무집행방해죄로 다스릴 수는 없다 (대법원 1992. 5. 22. 선고 92도506 판결 참조).

136-12. 공무집행방해죄에서 공무집행 적법성을 판단하는 기준 및 현행범 체포의 적법성을 판단하는 경우에도 마찬가지인지 여부(적극) [대법원 2013. 8. 23. 선고, 2011도4763]

【판결요지】
공무집행방해죄는 공무원의 적법한 공무집행이 전제로 되는데, 추상적인 권한에 속하는 공무원의 어떠한 공무집행이 적법한지 여부는 행위 당시의 구체적 상황에 기하여 객관적·합리적으로 판단하여야 하고 사후적으로 순수한 객관적 기준에서 판단할 것은 아니다. 마찬가지로 현행범 체포의 적법성은 체포 당시의 구체적 상황을 기초로 객관적으로 판단하여야 하고, 사후에 범인으로 인정되었는지에 의할 것은 아니다.

136-13. 경찰관직무집행법에 따른 경찰관의 제지 조치가 적법한 직무집행으로 평가될 수 있기 위한 요건 및 그 제지 조치가 적법한지 판단하는 기준 [대법원 2013. 6. 13. 선고, 2012도9937]

【판결요지】
경찰관직무집행법 제6조 제1항에 따른 경찰관의 제지 조치가 적법한 직무집행으로 평가될 수 있기 위해서는, 형사처벌의 대상이 되는 행위가 눈앞에서 막 이루어지려고 하는 것이 객관적으로 인정될 수 있는 상황이고, 그 행위를 당장 제지하지 않으면 곧 인명·신체에 위해를 미치거나 재산에 중대한 손해를 끼칠 우려가 있는 상황이어서, 직접 제지하는 방법 외에는 위와 같은 결과를 막을 수 없는 절박한 사태이어야 한다. 다만, 경찰관의 제지 조치가 적법한지 여부는 제지 조치 당시의 구체적 상황을 기초로 판단하여야 하고 사후적으로 순수한 객관적 기준에서 판단할 것은 아니다.

1. 특정 지역에서의 불법집회에 참가하려는 것을 막기 위하여 시간적·장소적으로 근접하지 않은 다른 지역에서 집회예정장소로 이동하는 것을 제지하는 행위 [대법원 2008. 11. 13. 선고, 2007도9794]

【판시사항】

특정 지역에서의 불법집회에 참가하려는 것을 막기 위하여 시간적·장소적으로 근접하지 않은 다른 지역에서 집회예정장소로 이동하는 것을 제지하는 행위가 경찰관직무집행법 제6조 제1항에 따른 공무원의 적법한 직무집행인지 여부(소극)

【판결요지】

집회 및 시위에 관한 법률에 의하여 금지되어 그 주최 또는 참가행위가 형사처벌의 대상이 되는 위법한 집회·시위가 장차 특정지역에서 개최될 것이 예상된다고 하더라도, 이와 시간적·장소적으로 근접하지 않은 다른 지역에서 그 집회·시위에 참가하기 위하여 출발 또는 이동하는 행위를 함부로 제지하는 것은 경찰관직무집행법 제6조 제1항의 행정상 즉시강제인 경찰관의 제지의 범위를 명백히 넘어 허용될 수 없다. 따라서 이러한 제지 행위는 공무집행방해죄의 보호대상이 되는 공무원의 적법한 직무집행이 아니다.

136-14. 국회의 경호업무 등을 담당하는 국회 경위가 상임위원의 회의장 출입을 막는 행위가 적법한지 여부(원칙적 소극) [대법원 2013. 6. 13. 선고, 2010도13609]

【판결요지】

헌법 제49조가 국회에서의 다수결 원리를 선언하고 있으나, 이는 어디까지나 통지가 가능한 국회의원 모두에게 회의에 출석할 기회가 부여된 바탕 위에서 재적의원 과반수의 출석과 출석의원 과반수의 찬성으로 그 결의가 이루어질 것을 전제로 하고 있다고 해석되는 점, 국회 상임위원회의 의사·의결정족수를 규정한 국회법 제54조의 규정 또한 실질적으로 모든 위원회의 구성원에게 출석의 기회가 보장된 상태에서 자유로운 토론의 기회가 부여되는 것을 전제조건으로 하고 있는 점 등에 비추어 보면 누구든지 국회의원이 본회의 또는 위원회에 출석하기 위하여 본회의장 또는 위원회 회의장에 출입하는 것을 방해하여서는 아니 되며, 특히 국회의 경호 업무 등을 담당하는 국회 경위가 상임위원회 위원의 회의장 출입을 막는 것은 이를 정당화할 만한 특별한 사정이 없는 한 위법하다.

136-15. 불심검문의 적법 요건 및 그 내용 [대법원 2012. 9. 13. 선고, 2010도6203]

【판시사항】

[1] 불심검문의 적법 요건 및 그 내용

[2] 검문 중이던 경찰관들이, 자전거를 이용한 날치기 사건 범인과 흡사한 인상착의의 피고인이 자전거를 타고 다가오는 것을 발견하고 정지를 요구하였으나 멈추지 않아, 앞을 가로막고 검문에 협조해 달라고 하였음에도 불응하고 그대로 전진하자, 따라가서 재차 앞을 막고 검문에 응하라고 요구하였는데, 이에 피고인이 경찰관들의 멱살을 잡아 밀치는 등 항의하여 공무집행방해 등으로 기소된 사안에서, 경찰관들의 행위는 적법한 불심검문에 해당한다고 보아야 하는데도, 이와 달리 보아 피고인에게 무죄를 선고한 원심판결에 법리오해의 위법이 있다.

【판결요지】

[1] 경찰관직무집행법(이하 '법' 이라 한다)의 목적, 법 제1조 제1항, 제2항, 제3조 제1항, 제2

항, 제3항, 제7항의 규정 내용 및 체계 등을 종합하면, <u>경찰관은 법 제3조 제1항에 규정된 대상</u>
<u>자에게 질문을 하기 위하여 범행의 경중, 범행과의 관련성, 상황의 긴박성, 혐의의 정도, 질문의</u>
<u>필요성 등에 비추어 목적 달성에 필요한 최소한의 범위 내에서 사회통념상 용인될 수 있는 상당</u>
<u>한 방법으로 대상자를 정지시킬 수 있고 질문에 수반하여 흉기의 소지 여부도 조사할 수 있다.</u>

 [2] 검문 중이던 경찰관들이, 자전거를 이용한 날치기 사건 범인과 흡사한 인상착의의 피고인이
자전거를 타고 다가오는 것을 발견하고 정지를 요구하였으나 멈추지 않아, 앞을 가로막고 소속과
성명을 고지한 후 검문에 협조해 달라는 취지로 말하였음에도 불응하고 그대로 전진하자, 따라가
서 재차 앞을 막고 검문에 응하라고 요구하였는데, 이에 피고인이 경찰관들의 멱살을 잡아 밀치
거나 욕설을 하는 등 항의하여 공무집행방해 등으로 기소된 사안에서, 범행의 경중, 범행과의 관
련성, 상황의 긴박성, 혐의의 정도, 질문의 필요성 등에 비추어 경찰관들은 목적 달성에 필요한
최소한의 범위 내에서 사회통념상 용인될 수 있는 상당한 방법을 통하여 경찰관직무집행법 제3조
제1항에 규정된 자에 대해 의심되는 사항을 질문하기 위하여 정지시킨 것으로 보아야 한다.

136-16. 피고인이 부산지방경찰청장에게 '부산에서 서울까지 도보로 시위한다'는 내용의 옥외집회(시위행진) 신고를
한 후 부산 등을 거쳐 서울에서 도보행진을 하던 중, 불법집회라며 이를 제지하는 일부 경찰관들을 넘어뜨려
상해를 입히는 등 시위진압 업무를 방해한 경우 [대법원 2011. 6. 9. 선고, 2009도591]

　【판결요지】

 '태평양전쟁 희생자 유족회' 사무국장인 피고인이 부산지방경찰청장에게 시위(행진)의 상세한
일정과 진로가 기재된 전국도보행진 일정표와 함께 '위 유족회가 부산에서 서울까지 도보로 시
위한다'는 내용의 옥외집회(시위 · 행진) 신고를 한 후 부산 등을 거쳐 서울에서 도보행진을 하
던 중, 경찰관들에게서 불법집회라는 등의 이유로 제지를 받자 이에 불응하여 승합차를 계속 운
전함으로써 일부 경찰관들을 넘어뜨려 상해를 입히는 등 시위진압 업무를 방해하였다는 내용으로
기소된 사안에서, 제반 사정에 비추어 두 곳 이상의 지방경찰청 관할지에 속하는 위 집회 신고가
주최지 관할 지방경찰청장인 부산지방경찰청장에게 접수되었고, 신고서 및 첨부서류에 의하면 도
보행진 당일의 집회를 비롯하여 예정된 각 집회의 구체적 일정 및 장소가 특정된 것으로 볼 수
있으며, 신고 후 개최된 집회의 실제 내용도 신고 내용과 동일성이 없다거나 신고한 목적, 일시,
장소, 방법 등의 범위를 뚜렷이 벗어난 것이라고 보기 어려워, 위 집회를 집시법에서 정한 신고
절차를 위반하여 개최된 옥외집회 또는 시위에 해당한다고 단정할 수 없다는 이유로, 경찰관들의
위 제지 행위가 공무집행방해죄의 보호대상이 되는 적법한 공무집행에 해당하는지에 관하여 살피
지 아니한 채 이에 저항한 피고인의 행위가 공무집행방해죄를 구성한다고 본 원심판결에 법리오
해 및 심리미진의 위법이 있다.

136-17. 적법성이 결여된 직무행위를 하는 공무원에게 대항하여 폭행이나 협박을 가한 경우,
공무집행방해죄가 성립하는지 여부(소극) [대법원 2011. 5. 26. 선고, 2010도10305]

　【이 유】

형법 제136조가 정하는 공무집행방해죄는 공무원의 직무집행이 적법한 경우에 한하여 성립하는 것으로, 이러한 적법성이 결여된 직무행위를 하는 공무원에게 대항하여 폭행이나 협박을 가하였다고 하더라도 이를 공무집행방해죄로 다스릴 수는 없다. 이때 적법한 공무집행이라 함은 그 행위가 공무원의 추상적 권한에 속할 뿐 아니라 구체적 직무집행에 관한 법률상 요건과 방식을 갖춘 경우를 가리킨다 (대법원 2005. 10. 28. 선고 2004도4731 판결 참조).

136-18. 법외 단체인 전국공무원노동조합 지부 자진폐쇄 요청 후 행정대집행을 행하던 공무원들에 대항하여 폭행 등 행위 [대법원 2011. 4. 28. 선고, 2008도4721]

【판시사항】

법외 단체인 전국공무원노동조합 지부가 당초 공무원 직장협의회 운영에 이용되던 구(區) 청사 시설을 지부 사무실로 임의 사용하자 구청장이 자진폐쇄 요청 후 행정대집행법에 따라 행정대집행을 하였는데, 지부장 등 피고인들이 위 대집행을 행하던 공무원들에 대항하여 폭행 등 행위를 한 사안에서 피고인들에게 공무집행방해죄를 인정한 원심판단의 결론이 정당하다.

---

1. 법정형이 5만 원 이하의 벌금, 구류 또는 과료에 해당하는 경미한 범죄의 현행범을 강제로 연행하려고 하는 경찰관을 폭행 [대법원 1992. 5. 22. 선고, 92도506]

【판시사항】

법정형이 5만 원 이하의 벌금, 구류 또는 과료에 해당하는 경미한 범죄의 현행범을 강제로 연행하려고 하는 경찰관의 행위는 적법한 공무집행이라고 볼 수 없으므로 이를 제지하고자 폭행을 가한 행위는 공무집행방해죄를 구성하지 아니한다고 본 사례

【판결요지】

공소외인의 행위가 법정형 5만 원 이하의 벌금, 구류 또는 과료에 해당하는 경미한 범죄에 불과한 경우 비록 그가 현행범인이라고 하더라도 영장 없이 체포할 수는 없고, 또한 범죄의 사전 진압이나 교통단속의 목적만을 이유로 그에게 임의동행을 강요할 수도 없다 할 것이므로, 경찰관이 그의 의사에 반하여 강제로 연행하려고 한 행위는 적법한 공무집행이라고 볼 수 없고, 따라서 피고인이 위 경찰관의 행위를 제지하기 위하여 경찰관에게 폭행을 가하였다고 하여도 이는 공무집행방해죄를 구성하지 아니한다.

136-19. 공무집행방해죄에서 '협박'의 의미 [대법원 2011. 2. 10. 선고, 2010도15986]

【판결요지】

공무집행방해죄에서 협박이란 상대방에게 공포심을 일으킬 목적으로 해악을 고지하는 행위를 의미하는 것으로서 고지하는 해악의 내용이 그 경위, 행위 당시의 주위 상황, 행위자의 성향, 행위자와 상대방과의 친숙함의 정도, 지위 등의 상호관계 등 행위 당시의 여러 사정을 종합하여 객관적으로 상대방으로 하여금 공포심을 느끼게 하는 것이어야 하고, 그 협박이 경미하여 상대방이 전혀 개의치 않을 정도인 경우에는 협박에 해당하지 않는다.

1. 파출소에서 경찰관들에게 폭언을 한 것이 공무집행방해죄의 협박 해당여부[대법원 1989. 12. 26. 선고, 89도1204]

【판결요지】

폭력행위 등 전과 12범인 피고인이 그 경영의 술집에서 떠들며 놀다가 주민의 신고를 받고 출동한 경찰로부터 조용히 하라는 주의를 받은 것 뿐인데 그후 새벽 4시의 이른 시각에 파출소에까지 뒤쫓아가서 "우리 집에 무슨 감정이 있느냐, 이 순사새끼들 죽고 싶으냐"는 등의 폭언을 하였다면, 이는 단순한 불만의 표시나 감정적인 욕설에 그친다고 볼수 없고, 경찰이 계속하여 단속하는 경우에 생명, 신체에 어떤 위해가 가해지리라는 것을 통보함으로써 공포심을 품게 하려는데 그 목적이 있었다고 할 것이고, 또 이는 객관적으로 보아 상대방으로 하여금 공포심을 느끼게 하기에 족하다고 할 것이다.

2. 공무집행방해죄에 있어서 협박의 의미 및 그 정도 [대법원 2006. 1. 13. 선고, 2005도4799]

【판시사항】

[1] 공무집행방해죄에 있어서 협박의 의미 및 그 정도

[2] 이른바 전국공무원노동조합의 노조원들이 간부 공무원에 대하여 한 욕설이 그 경위, 행위 당시의 주위 상황 등을 종합하여 볼 때, 객관적으로 상대방으로 하여금 공포심을 느끼게 할 정도의 것이라고 보기 어렵다.

【판결요지】

[1] 공무집행방해죄에 있어서 협박이라 함은 상대방에게 공포심을 일으킬 목적으로 해악을 고지하는 행위를 의미하는 것으로서 고지하는 해악의 내용이 그 경위, 행위 당시의 주위 상황, 행위자의 성향, 행위자와 상대방과의 친숙함의 정도, 지위 등의 상호관계 등 행위당시의 여러 사정을 종합하여 객관적으로 상대방으로 하여금 공포심을 느끼게 하는 것이어야 하고, 그 협박이 경미하여 상대방이 전혀 개의치 않을 정도인 경우에는 협박에 해당하지 않는다.

136-20. 형법상 '공무원'의 의미 [대법원 2011. 1. 27. 선고, 2010도14484]

【판시사항】

[1] 형법상 '공무원'의 의미

[2] 피고인이 국민기초생활 보장법상 '자활근로자'로 선정되어 주민자치센터 사회복지담당 공무원의 복지도우미로 근무하던 甲을 협박하여 그 직무집행을 방해하였다는 내용으로 기소된 사안에서, 甲이 공무원으로서 공무를 담당하고 있었다고 볼 수 없다.

【이 유】

형법상 공무원이라 함은 국가 또는 지방자치단체 및 이에 준하는 공법인의 사무에 종사하는 자로서 그 노무의 내용이 단순한 기계적 육체적인 것에 한정되어 있지 않은 자를 말한다(대법원 1978. 4. 25. 선고 77도3709 판결 참조). 이 사건 범행 당시 국민기초생활 보장법 제15조 제1항 제4호, 같은 법 시행령 제20조, 같은 법 시행규칙 제25조에 따라 자활근로자로 선정되어 사회복지담당 공무원의 복지도우미로 근무하던 전인숙이 공무원으로서 공무를 담당하고 있었다고 볼 수 없었다고 판단한 것은 정당하다.

136-21. 공무원의 직무수행에 대한 비판이나 시정 등을 요구하는 집회·시위 과정에서 음향을 발생시킨 행위가 공무집행방해죄에서의 폭행에 해당하는지 여부(한정 적극) 및 그 판단 기준
　　　　[대법원 2009. 10. 29. 선고, 2007도3584]

【판결요지】
민주사회에서 공무원의 직무수행에 대한 시민들의 건전한 비판과 감시는 가능한 한 널리 허용되어야 한다는 점에서 볼 때, 공무원의 직무 수행에 대한 비판이나 시정 등을 요구하는 집회·시위 과정에서 일시적으로 상당한 소음이 발생하였다는 사정만으로는 이를 공무집행방해죄에서의 음향으로 인한 폭행이 있었다고 할 수는 없다. 그러나 의사전달수단으로서 합리적 범위를 넘어서 상대방에게 고통을 줄 의도로 음향을 이용하였다면 이를 폭행으로 인정할 수 있을 것인바, 구체적인 상황에서 공무집행방해죄에서의 음향으로 인한 폭행에 해당하는지 여부는 음량의 크기나 음의 높이, 음향의 지속시간, 종류, 음향발생 행위자의 의도, 음향발생원과 직무를 집행 중인 공무원과의 거리, 음향발생 당시의 주변 상황을 종합적으로 고려하여 판단하여야 한다.

1. 지방의회 의결사항 중에 지방의회의 권한에 속하지 아니하는 사항이 포함되어 있는 경우 [대법원 1998. 5. 12. 선고, 98도662]
【판시사항】
지방의회의 회의가 적법한 소집절차를 밟아 소집되었고 소집의 목적이 불법적이거나 사회질서에 반하는 것이 아닌 이상, 그 회의의 의결사항 중에 지방의회의 권한에 속하지 아니하는 사항이 포함되어 있었다 하더라도 지방의회 의원들이 그 회의에 참석하고 그 회의에서 의사진행을 하는 직무행위는 적법한 것이다.

136-22. 동일한 공무를 집행하는 여러 공무원의 공무집행을 방해한 경우의 죄수관계(=상상적 경합)
　　　　[대법원 2009. 6. 25. 선고, 2009도3505]

【판시사항】
[1] 동일한 공무를 집행하는 여러 공무원의 공무집행을 방해한 경우의 죄수관계(=상상적 경합)
[2] 피해 신고를 받고 출동한 두 명의 경찰관에게 욕설을 하면서 순차로 폭행을 하여 신고 처리 및 수사 업무에 관한 정당한 직무집행을 방해한 사안

【판결요지】
[1] 동일한 공무를 집행하는 여럿의 공무원에 대하여 폭행·협박 행위를 한 경우에는 공무를 집행하는 공무원의 수에 따라 여럿의 공무집행방해죄가 성립하고, 위와 같은 폭행·협박 행위가 동일한 장소에서 동일한 기회에 이루어진 것으로서 사회관념상 1개의 행위로 평가되는 경우에는 여럿의 공무집행방해죄는 상상적 경합의 관계에 있다.
[2] 동일한 장소에서 동일한 기회에 이루어진 폭행 행위는 사회관념상 1개의 행위로 평가하는 것이 상당하다는 이유로, 위 공무집행방해죄는 형법 제40조에 정한 상상적 경합의 관계에 있다.

136-23. 수사기관에 자진출석한 사람이 긴급체포의 요건을 갖추지 못하였음에도 실력으로 자신을 체포하려고 한 검사에게 폭행을 가한 경우 [대법원 2006. 9. 8. 선고, 2006도148]

【판시사항】

[1] 공무집행방해죄에서 '공무집행'의 의미 및 수사기관에 자진출석한 사람이 긴급체포의 요건을 갖추지 못하였음에도 실력으로 자신을 체포하려고 한 검사나 사법경찰관에게 폭행을 가한 경우 공무집행방해죄의 성립 여부(소극)

[2] 검사가 참고인 조사를 받는 줄 알고 검찰청에 자진출석한 변호사사무실 사무장을 합리적 근거 없이 긴급체포하자 그 변호사가 이를 제지하는 과정에서 위 검사에게 상해를 가한 것이 정당방위에 해당한다고 본 사례

【판결요지】

1] 형법 제136조가 규정하는 공무집행방해죄는 공무원의 직무집행이 적법한 경우에 한하여 성립하고, 여기서 적법한 공무집행은 그 행위가 공무원의 추상적 권한에 속할 뿐 아니라 구체적 직무집행에 관한 법률상 요건과 방식을 갖춘 경우를 가리키므로, 검사나 사법경찰관이 수사기관에 자진출석한 사람을 긴급체포의 요건을 갖추지 못하였음에도 실력으로 체포하려고 하였다면 적법한 공무집행이라고 할 수 없고, 자진출석한 사람이 검사나 사법경찰관에 대하여 이를 거부하는 방법으로써 폭행을 하였다고 하여 공무집행방해죄가 성립하는 것은 아니다.

2] 검사가 참고인 조사를 받는 줄 알고 검찰청에 자진출석한 변호사사무실 사무장을 합리적 근거 없이 긴급체포하자 그 변호사가 이를 제지하는 과정에서 위 검사에게 상해를 가한 것이 정당방위에 해당한다.

---

1. 음주측정을 거절하는 운전자를 음주측정할 목적으로 파출소로 끌고 가려한 행위 [대법원 1994. 10. 25. 선고, 94도2283]

【판결요지】

의경이 피고인을 파출소로 끌고 가려고 한 것은 음주측정을 하기 위한 것일 뿐, 피고인을 음주운전이나 음주측정거부의 현행범으로 체포하려는 의사였는지도 의심스러울 뿐 아니라, 가사 현행범으로 체포하려 하였더라도 현행범을 체포함에 있어서는 체포 당시에 헌법 및 형사소송법에 규정된 바와 같이 피의자에 대하여 범죄사실의 요지, 체포 또는 구속의 이유와 변호인을 선임할 수 있음을 말하고 변명할 기회를 주는 등 적법절차를 준수하여야 함에도 현행범으로 체포한다는 사실조차 고지하지 아니한 채 실력으로 연행하려 하였다면 그 의경의 행위는 적법한 공무집행으로 볼 수 없다.

136-24. 현행범인 요건을 갖추지 못한 자에 대한 경찰관의 체포를 면하려고 반항하는 과정에서 경찰관에게 상해를 가한 경우, 정당방위가 성립 여부(적극) [대법원 2002. 5. 10. 선고, 2001도300]

【판결요지】

현행범인으로서의 요건을 갖추고 있었다고 인정되지 않는 상황에서 경찰관들이 동행을 거부하는 자를 체포하거나 강제로 연행하려고 하였다면, 이는 적법한 공무집행이라고 볼 수 없고, 그 체포

를 면하려고 반항하는 과정에서 경찰관에게 상해를 가한 것은 불법 체포로 인한 신체에 대한 현재의 부당한 침해에서 벗어나기 위한 행위로서 정당방위에 해당하여 위법성이 조각된다.

136-25. 교통법규 위반 차량에 대한 면허증제시에 거부하며 차량을 출발시킨 경우 [대법원 1994. 9. 27. 선고, 94도886]

【판시사항】

[1] 적법성이 결여된 직무행위를 하는 공무원을 폭행하는 경우 공무집행방해죄의 성립 여부

[2] 범칙행위를 하였다고 인정되는 운선자가 자신의 인적사항을 밝히지 아니하고 면허증제시를 거부하며 차량을 출발시킨 경우, 교통단속업무에 종사하던 의경이 서서히 진행하는 차량의 문틀을 잡고 정지할 것을 요구한 행위는 적법한 공무집행의 범위 안에 든다.

【판결요지】

[1] 형법 제136조가 규정하는 공무집행방해죄는 공무원의 직무집행이 적법한 경우에 한하여 성립하는 것이고, 여기서 적법한 공무집행이라고 함은 그 행위가 공무원의 추상적 권한에 속할 뿐 아니라 구체적 직무집행에 관한 법률상 요건과 방식을 갖춘 경우를 가리키는 것이므로, 이러한 적법성이 결여된 직무행위를 하는 공무원에게 대항하여 폭행을 가하였다고 하더라도 이를 공무집행방해죄로 다스릴 수는 없다.

[2] 범칙행위를 하였다고 인정되는 운전자가 자신의 인적사항을 밝히지 아니하고 면허증제시를 거부하며 차량을 출발시킨 경우, 교통단속업무에 종사하던 의경이 서서히 진행하는 차량의 문틀을 잡고 정지할 것을 요구한 행위는 적법한 공무집행의 범위 안에 든다.

136-26. 경찰공무원이 자동차운전자에게 후렛쉬봉에 의한 3회에 걸친 음주측정 후에도 이를 확인할 수 없어 다시 음주측정기로 검사받을 것을 요구한 행위 [대법원 1992. 4. 28. 선고, 92도220]

【판결요지】

도로교통법 제41조 제2항에 의하여 경찰공무원이 운전자에 대하여 음주 여부나 주취정도를 측정함에 있어서는 그 측정방법이나 측정회수에 있어서 합리적인 필요한 한도에 그쳐야 하겠지만 그 한도 내에서는 어느 정도의 재량이 있다고 하여야 할 것인바, 경찰공무원이 승용차에 가족을 태우고 가던 술을 마시지 않은 운전자에게 음주 여부를 확인하려고 후렛쉬봉에 두 차례 입김을 불게 했으나 잘 알 수 없어 동료경찰관에게 확인해 줄 것을 부탁하였고 그가 위와 같은 방법으로 다시 확인하려 했으나 역시 알 수 없어 보다 정확한 음주측정기로 검사받을 것을 요구했다면 다른 사정이 없는 한 위와 같은 상황에서의 음주 여부의 확인을 위하여 한 위 경찰공무원의 행위는 합리적인 필요한 한도를 넘은 것이라고 할 수 없어 적법한 공무집행에 해당한다.

136-27. 면허증 제시를 요구하는 교통단속 경찰관을 폭행한 사안 [대법원 1992. 2. 11. 선고, 91도2797]

【판시사항】

[1] 공무집행방해죄에 있어서 공무집행의 의미

[2] 면허증 제시를 요구하는 교통단속 경찰관을 폭행한 사안에 대하여 경찰관의 직무집행행위의 적법성 여부에 대한 심리가 미진하다는 이유로 이를 유죄로 인정한 원심판결을 파기한 사례

【판결요지】

[1] 공무집행방해죄는 공무원의 직무집행이 적법한 경우에 한하여 성립하는 것으로서 적법한 공무집행이라고 함은 그 행위가 공무원의 추상적 권한에 속할 뿐아니라 구체적 직무집행에 관한 법률상 요건과 방식을 갖춘 것을 말하는 것이므로, 이러한 적법성이 결여된 직무행위를 하는 공무원에게 항거하였다고 하여도 그 항거행위가 폭력을 수반한 경우에 폭행죄 등의 죄책을 묻는 것은 별론으로 하고 공무집행방해죄로 다스릴 수는 없다.

[2] 피고인이 교통단속 경찰관의 면허증 제시 요구에 응하지 않고 교통경찰관을 폭행한 사안에 대하여 <u>경찰관의 면허증 제시 요구에 순순히 응하지 않은 것은 잘못이라고 하겠으나, 피고인이 위 경찰관에게 먼저 폭행 또는 협박을 가한 것이 아니라면 경찰관의 오만한 단속 태도에 항의한다고 하여 피고인을 그 의사에 반하여 교통초소로 연행해 갈 권한은 경찰관에게 없는 것이므로, 이러한 강제연행에 항거하는 와중에서 경찰관의 멱살을 잡는 등 폭행을 가하였다고 하여도 공무집행방해죄가 성립되지 않는다.</u>

---

1. 교사가 교장실에서 교장을 협박한 뒤 40여분 후 출동한 경찰관들이 서무실에서 동행을 거부하는 그를 체포한 경우 [대법원 1991. 9. 24. 선고, 91도1314]

【판시사항】

[1] 교사가 교장실에서 교장을 협박한 뒤 40여분 후 출동한 경찰관들이 서무실에서 동행을 거부하는 그를 체포한 경우에 현행범인의 체포라고 단정한 원심판결에는 심리미진 또는 법리오해의 위법이 있다고 하여 이를 파기한 사례

[2] 현행범인으로서의 요건을 갖추지 못한 자에 대한 경찰관의 강제연행을 폭행 등의 방법으로 방해한 것이 공무집행방해죄를 구성하는지 여부

【판결요지】

[1] 교사가 교장실에 들어가 불과 약 5분 동안 식칼을 휘두르며 교장을 협박하는 등의 <u>소란을 피운 후 40여분 정도가 지나 경찰관들이 출동하여 교장실이 아닌 서무실에서 그를 연행하려 하자 그가 구속영장의 제시를 요구하면서 동행을 거부하였다면, 체포 당시 서무실에 앉아 있던 위 교사가 방금 범죄를 실행한 범인이라는 죄증이 경찰관들에게 명백히 인식될 만한 상황이었다고 단정할 수 없는데도</u> 이와 달리 그를 "범죄의 실행의 즉후인 자"로서 현행범인이라고 단정한 원심판결에는 현행범인에 관한 법리오해의 위법이 있다고 하여 이를 파기한 사례

[2] 현행범인으로서의 요건을 갖추고 있었다고 인정되지 않는 상황에서 경찰관들이 동행을 거부하는 자를 체포하거나 강제로 연행하려고 하였다면, 이는 적법한 공무집행이라고 볼 수 없으므로 강제연행을 거부하는 자를 도와 경찰관들에 대하여 폭행을 하는 등의 방법으로 그 연행을 방해하였다고 하더라도, 공무집행방해죄는 성립되지 않는다.

136-28. 현행범이나 준현행범도 아닌 피고인을 체포하려고(법원의 영장도 없이) 피고인의 집에 강제로 들어가려고 하는 경찰관들을 제지한 행위(소극) [대법원 1991. 12. 10. 선고, 91도2395]

【판결요지】

경찰관들이 현행범이나 준현행범도 아닌 피고인을 체포하려고(법원의 영장도 없이) 피고인의 집(주거)에 강제로 들어가려고 하여 피고인이 이를 제지하는 행위를 한 경우, 위 경찰관들의 행위는 적법한 공무집행이라 볼 수 없으므로 피고인의 행위는 공무집행방해죄에 해당하지 아니한다.

136-29. 피해어민들이 그들의 피해보상 주장을 관철하기 위하여 집단적인 시위를 하고, 선박의 입출항 업무를 방해하며 진압 경찰관들을 구타하여 상해를 입힌 경우 [대법원 1991. 5. 10. 선고, 91도346]

【판결요지】

피해어민들이 그들의 피해보상 주장을 관철하기 위하여 집단적인 시위를 하고, 선박의 입·출항 업무를 방해하며 이를 진압하려는 경찰관들을 대나무 사앗대 등을 들고 구타하여 상해를 입히는 등의 행위를 한 경우 각 범행의 수단, 방법 및 그 결과 등에 비추어 위 각 범행이 사회통념상 용인될 만한 상당성이 있는 정당행위라고는 할 수 없다.

136-30. 파출소에서 근무하는 방범원이 형법 제136조(공무집행방해) 소정의 "공무원"에 해당하는지 여부(적극) [대법원 1991. 3. 27. 선고, 90도2930]

【판결요지】

파출소에서 근무하는 방범원은 직할시·도·시·군·자치구지방고용직공무원의임용등에관한조례(준칙) 제4조의2에 의한 임용권자의 명에 따라 경찰서·지서 또는 파출소에 파견되어 근무하는 지방공무원법 제2조 제3항 제4호 소정의 지방고용직공무원임이 분명하므로 형법 제136조 소정의 "공무원"에 해당한다.

136-31. 싸움을 끝낸 피고인을 체포하려던 행위와 적법한 공무집행 [대법원 1989. 12. 12. 선고, 89도1934]

【판결요지】

경찰관이 주민의 신고를 받고 현장에 도착했을 때에는 이미 싸움이 끝난 상태였다면 그러한 상황은 형사소송법 제211조, 제206조에 해당하지 않으므로 경찰관이 임의동행을 거부하는 피고인을 체포하려는 행위는 적법한 공무집행이라 볼 수 없다.

136-32. 퇴근중인 경찰관의 단속행위가 공무집행인지 여부 [서울형사지법 1985. 10. 25. 선고, 85노1959, 확정]

【판결요지】

경찰관이 업무수행중 경찰관정복을 입고 장비를 갖춘 채 퇴근도중, 행패를 부리는 피고인을 발견하고 이를 저지하고 인근경찰서로 연행하려 한 경우 그 퇴근중에도 아직 공무를 집행하는 지위에 있다고 보아야 한다.

136-33. 행정사무의 편의를 목적으로 한 행위가 공무집행방해죄에 있어서의 공무집행중에 해당하는지 여부 [대법원 1982. 11. 23. 선고, 81도1872]

【판결요지】

면사무소에 설계도면을 제출할 의무나 설계에 필요한 금원을 지급할 의무가 없다면 피고인이 설계도를 제출하지 않음으로써 건축시공상의 어떤 불이익을 받는 것은 별론으로 하고 면사무소 공무원으로서도 이를 적법하게 강제할 권한이 없는 것이므로 면사무소 공무원이 자신의 행정사무의 편의를 위한 목적으로 설계도의 제출을 요구한 행위는 공무집행방해죄에 있어서의 공무집행에 해당한다고 단정할 수는 없다.

136-34. 파출소 사무실의 바닥에 인분을 던지는 행위 [대법원 1981. 3. 24. 선고, 81도326]

【판결요지】

경찰관이 공무를 집행하고 있는 파출소 사무실의 바닥에 인분이 들어있는 물통을 집어던지고 책상위에 있던 재떨이에 인분을 퍼담아 사무실 바닥에 던지는 행위는 동 경찰관에 대한 폭행이다.

136-35. 교통경찰관이 서행중인 차를 정차시켜 정차여부의 확인도 하지 아니한 채 정차금지구역에서 정차하였다고 욕설과 폭행을 한 행위 [대법원 1978. 10. 10. 선고, 78도2134]

【판결요지】

교통경찰관이 서행중인 차를 정차시켜 정차여부의 확인도 하지 아니한 채 정차금지구역에서 정차하였다고 욕설과 폭행을 한 행위는 공무원이 그 권한에 속하는 사항에 관하여 법령에 정한 방식에 따라 그 직무를 집행하는 경우에 해당된다고 보기 어렵다.

136-36. 협박의 내용이 경미한 경우 공무집행방해죄를 구성 여부(소극) [대법원 1970. 6. 30. 선고, 70도1121]

【판결요지】

협박이 경미한 것이어서 상대방인 공무원이 개의하지 않을 정도의 것이라면 공무집행방해죄를 구성하지 않는다.

136-37. 집달리가 그 직무를 집행함에 있어 집행대상이 된 사실에 인하여 착오가 있는 경우 [대법원 1961. 8. 26. 4293형상852]

【판결요지】

공무집행의 대상이 된 사실에 관하여 착오가 있었더라도 일응 그 행위가 공무원의 적법한 행위라고 인정할 수 있는 경우는 본조의 공무집행에 해당된다.

제137조[위계에 의한 공무집행방해]

> 제137조(위계에 의한 공무집행방해) 위계로써 공무원의 직무집행을 방해한 자는 5년 이하의 징역 또는 1천만원 이하의 벌금에 처한다. 〈개정 1995. 12. 29.〉

137-1. 피의자 등이 수사기관에 조작된 허위의 증거를 제출함으로써 수사기관의 수사활동을 적극적으로 방해한 경우(적극) [대법원 2019. 3. 14. 선고, 2018도18646]

【판결요지】

수사기관이 범죄사건을 수사함에 있어서는 피의자 등의 진술 여하에 불구하고 피의자를 확정하고 그 피의사실을 인정할 만한 객관적인 모든 증거를 수집·조사할 권한과 의무가 있다. 한편 피의자는 진술거부권 및 자기에게 유리한 진술을 할 권리와 유리한 증거를 제출할 권리를 가질 뿐이고, 수사기관에 대하여 진실만을 진술하여야 할 의무가 있는 것은 아니다. 따라서 피의자 등이 수사기관에 대하여 허위사실을 진술하거나 피의사실 인정에 필요한 증거를 감추고 허위의 증거를 제출하였더라도, 수사기관이 충분한 수사를 하지 않은 채 이와 같은 허위의 진술과 증거만으로 증거의 수집·조사를 마쳤다면, 이는 수사기관의 불충분한 수사에 의한 것으로서 피의자 등의 위계에 의하여 수사가 방해되었다고 볼 수 없어 위계에 의한 공무집행방해죄가 성립된다고 할 수 없다. 그러나 피의자 등이 적극적으로 허위의 증거를 조작하여 제출하고 그 증거 조작의 결과 수사기관이 그 진위에 관하여 나름대로 충실한 수사를 하더라도 제출된 증거가 허위임을 발견하지 못할 정도에 이르렀다면, 이는 위계에 의하여 수사기관의 수사행위를 적극적으로 방해한 것으로서 위계공무집행방해죄가 성립된다.

---

1. 음주운전 교통사고를 야기한 후 그 형사처벌을 면하기 위하여 타인의 혈액을 자신의 혈액인 것처럼 경찰관에게 제출하여 감정하도록 한 경우(적극) [대법원 2003. 7. 25. 선고, 2003도1609]

【판시사항】
음주운전을 하다가 교통사고를 야기한 후 그 형사처벌을 면하기 위하여 타인의 혈액을 자신의 혈액인 것처럼 교통사고 조사 경찰관에게 제출하여 감정하도록 한 경우

【판결요지】
음주운전을 하다가 교통사고를 야기한 후 그 형사처벌을 면하기 위하여 타인의 혈액을 자신의 혈액인 것처럼 교통사고 조사 경찰관에게 제출하여 감정하도록 한 행위는, 단순히 피의자가 수사기관에 대하여 허위사실을 진술하거나 자신에게 불리한 증거를 은닉하는 데 그친 것이 아니라 수사기관의 착오를 이용하여 적극적으로 피의사실에 관한 증거를 조작한 것으로서 위계에 의한 공무집행방해죄가 성립한다.

---

2. 타인의 소변을 마치 자신의 소변인 것처럼 수사기관에 건네주어 필로폰 음성반응이 나오게 한 경우 [대법원 2007. 10. 11. 선고, 2007도6101]

【판시사항】

헌법에 의하여 누구든지 형사상 자기에게 불리한 진술을 강요당하지 아니할 특권이 부여되어 있으나, 그렇다고 하여 자기의 형사처벌을 면하기 위하여 위법한 방법으로 허위의 증거를 조작하는 것까지 허용되는 것은 아니다. 피고인이 타인의 소변을 마치 자신의 소변인 것처럼 건네주어 필로폰 음성반응이 나오게 한 행위는, 단순히 피의자가 수사기관에 대하여 허위사실을 진술하거나 자신에게 불리한 증거를 은닉하는 데 그친 것이 아니라 수사기관의 착오를 이용하여 적극적으로 피의사실에 관한 증거를 조작한 것이므로 위계에 의한 공무집행방해죄가 성립한다.

137-2. 위계에 의한 공무집행방해죄에서 '위계'의 의미 및 상대방이 이에 따라 그릇된 행위나 처분을 하여야만 위 죄가 성립하는지 여부(적극) [대법원 2017. 4. 27. 선고, 2017도2583]

【판시사항】

위계에 의한 공무집행방해죄에서 '위계'의 의미 및 상대방이 이에 따라 그릇된 행위나 처분을 하여야만 위 죄가 성립하는지 여부(적극) / 구체적인 직무집행을 저지하거나 현실적으로 곤란하게 하는 데까지 이르지 않은 경우, 위계에 의한 공무집행방해죄로 처벌할 수 있는지 여부(소극)

【이 유】

위계에 의한 공무집행방해죄에서 '위계'라 함은 행위자의 행위목적을 이루기 위하여 상대방에게 오인, 착각, 부지를 일으키게 하여 그 오인, 착각, 부지를 이용하는 것으로서, 상대방이 이에 따라 그릇된 행위나 처분을 하여야만 위 죄가 성립한다. 만약 그러한 행위가 구체적인 직무집행을 저지하거나 현실적으로 곤란하게 하는 데까지는 이르지 않은 경우에는 위계에 의한 공무집행방해죄로 처벌할 수 없다(대법원 2009. 4. 23. 선고 2007도1554 판결 등 참조).

---

1. 위계에 의한 공무집행방해죄의 성립요건인 '위계'의 의미 [대법원 2009. 4. 23. 선고, 2007도1554]

【판시사항】

[1] 위계에 의한 공무집행방해죄의 성립요건인 '위계'의 의미

[2] 국립대학교의 전임교원 공채심사위원인 학과장 甲이 지원자 乙의 부탁을 받고 이미 논문접수가 마감된 학회지에 乙의 논문이 게재되도록 돕고, 그 후 연구실적심사의 기준을 강화하자고 제안한 것은 해당 학과의 전임교원 임용 목적에 부합하는 것으로서 공정한 경우에 해당하므로 형법 제137조에서 말하는 '위계'에 해당하지 않는다.

[3] 국립대학교의 전임교원 공채 지원자인 乙이 학과장 甲의 도움으로 이미 논문접수가 마감된 학회지에 논문을 추가게재하여 심사요건 이상의 전공논문실적을 확보하였더라도, 이는 乙이 자신의 노력에 의한 연구결과물로서 심사기준을 충족한 것이고 이후 다른 전형절차들을 모두 거쳐 최종 선발된 것이라면, 乙의 행위가 형법 제137조에 정한 '위계'에 해당하지 않는다.

【판결요지】

[1] 위계에 의한 공무집행방해죄에 있어서 '위계'라 함은 행위자의 행위목적을 이루기 위하여 상대방에게 오인, 착각, 부지를 일으키게 하여 그 오인, 착각, 부지를 이용하는 것으로서, 상대방이 이에 따라 그릇된 행위나 처분을 하여야만 위 죄가 성립한다. 만약, 그러한 행위가 구체적인 직무집행을 저지하거나 현실적으로 곤란하게 하는 데까지는 이르지 않은 경우에는 위계에 의한 공무집행방해죄로 처벌할 수 없다.

[2] 국립대학교의 전임교원 공채심사위원인 학과장 甲이 지원자 乙의 부탁을 받고 이미 논문접수가 마감된 학회지에 乙의 논문이 게재되도록 도운 행위는 다소 부적절한 행위라고 볼 수 있지만, 그 후 甲이 연구실적심사의 기준을 강화하자고 제안한 것은 해당 학과의 전임교원 임용 목적에 부합하는 것으로서 공정한 경우에 해당하므로, 설사 甲의 행위가 결과적으로는 乙에게 유리한 결과가 되었다 하더라도 형법 제137조에서 말하는 '위계'에 해당하지 않는다.

[3] 국립대학교의 전임교원 공채 지원자인 乙이 학과장 甲의 도움으로 이미 논문접수가 마감된 학회지에 논문을 추가게재하여 심사요건 이상의 전공논문실적을 확보하였더라도, 이는 乙이 자신의 노력에 의한 연구결과물로서 심사기준을 충족한 것이고 이후 다른 전형절차들을 모두 거쳐 최종 선발된 것이라면, 乙의 행위가 공채관리위원회 위원들로 하여금 乙의 자격에 관하여 오인이나 착각, 부지를 일으키게 하였다거나 그로 인하여 그릇된 행위나 처분을 하게 한 경우에 해당한다고 할 수 없어, 형법 제137조에 정한 '위계'에 해당하지 않는다.

---

2. 담당 공무원들 모두의 공모 또는 양해 아래 이루어진 부정한 행위가 위계에 의한 공무집행방해죄에서 '위계'에 해당하는지 여부(소극) [대법원 2015. 2. 26. 선고, 2013도13217]

【판시사항】

[1] 위계에 의한 공무집행방해죄에서 '위계'의 의미 및 구체적인 공무집행을 저지하거나 현실적으로 곤란하게 하는 데까지 이르지 않은 경우, 위계에 의한 공무집행방해죄로 처벌할 수 있는지 여부(소극)

[2] 담당 공무원들 모두의 공모 또는 양해 아래 이루어진 부정한 행위가 위계에 의한 공무집무방해죄에서 '위계'에 해당하는지 여부(소극)

【이유】

[1] 위계에 의한 공무집행방해죄에서 '위계'라 함은 행위자의 행위목적을 이루기 위하여 상대방에게 오인, 착각, 부지를 일으키게 하여 그 오인, 착각, 부지를 이용하는 것으로서, 상대방이 이에 따라 그릇된 행위나 처분을 하여야만 위 죄가 성립한다. 만약 그러한 행위가 구체적인 직무집행을 저지하거나 현실적으로 곤란하게 하는 데까지는 이르지 않은 경우에는 위계에 의한 공무집행방해죄로 처벌할 수 없다(대법원 2009. 4. 23. 선고 2007도1554 판결 참조).

[2] 위계에 의한 공무집행방해죄에서 '위계'라 함은 행위자의 행위목적을 이루기 위하여 상대방인 담당 공무원에게 오인 등을 일으키게 하여 그 오인 등을 이용하는 것을 말한다. 따라서 담당 공무원들 모두의 공모 또는 양해 아래 부정한 행위가 이루어졌다면 이로 말미암아 오인 등을 일으킨 상대방이 있다고 할 수 없으므로, 그러한 행위는 위계에 의한 공무집행방해죄에서의 위계에 해당한다고 볼 수 없다(대법원 2007. 12. 27. 선고 2005도6404 판결 참조).

137-3. 신고인이 신고서에 허위사실을 기재하거나 허위의 소명자료를 행정청에 제출한 행위(원칙적 소극)[대법원 2016. 1. 28. 선고, 2015도17297]

【판시사항】

[1] 신고인이 신고서에 허위사실을 기재하거나 허위의 소명자료를 행정청에 제출한 행위만으로 위계에 의한 공무집행방해죄를 구성하는지 여부(원칙적 소극) / 출원자나 신청인이 제출한 허위의 소명자료 등을 담당 공무원이 충분히 심사하였으나 발견하지 못하여 인허가처분을 하거나 신청을 수리한 경우, 위계에 의한 공무집행방해죄가 성립하는지 여부(적극)

[2] 등기신청인이 제출한 허위의 소명자료 등을 등기관이 충분히 심사하였음에도 발견하지 못하여 등기가 마쳐진 경우, 위계에 의한 공무집행방해죄가 성립할 수 있는지 여부(적극) 및 등기관에게 등기신청이 실체법상 권리관계와 일치하는지 심사할 실질적인 심사권한이 없더라도 마찬가지인지 여부(적극)

【판결요지】

[1] 위계에 의한 공무집행방해죄는 상대방의 오인, 착각, 부지를 일으키고 이를 이용하는 위계에 의하여 상대방이 그릇된 행위나 처분을 하게 함으로써 공무원의 구체적이고 현실적인 직무집행을 방해하는 경우에 성립한다. 따라서 <u>행정청에 대한 일방적 통고로 효과가 완성되는 '신고'의 경우에는 신고인이 신고서에 허위사실을 기재하거나 허위의 소명자료를 제출하였더라도, 그것만으로는 담당 공무원의 구체적이고 현실적인 직무집행이 방해받았다고 볼 수 없어 특별한 사정이 없는 한 허위 신고가 위계에 의한 공무집행방해죄를 구성한다고 볼 수 없다.</u> 그러나 행정관청이 출원에 의한 인허가처분 여부를 심사하거나 신청을 받아 일정한 자격요건 등을 갖춘 때에 한하여 그에 대한 수용 여부를 결정하는 등의 업무를 하는 경우에는 위 '신고'의 경우와 달리, 출원자나 신청인이 제출한 허위의 소명자료 등에 대하여 담당 공무원이 나름대로 충분히 심사를 하였으나 이를 발견하지 못하여 인허가처분을 하게 되거나 신청을 수리하게 되었다면, 출원자나 신청인의 위계행위가 원인이 되어 행정관청이 그릇된 행위나 처분에 이르게 된 것이어서 위계에 의한 공무집행방해죄가 성립한다.

[2] 등기신청은 단순한 '신고'가 아니라 신청에 따른 등기관의 심사 및 처분을 예정하고 있으므로, 등기신청인이 제출한 허위의 소명자료 등에 대하여 등기관이 나름대로 충분히 심사를 하였음에도 이를 발견하지 못하여 등기가 마쳐지게 되었다면 위계에 의한 공무집행방해죄가 성립할 수 있다. 등기관이 등기신청에 대하여 부동산등기법상 등기신청에 필요한 서면이 제출되었는지 및 제출된 서면이 형식적으로 진정한 것인지를 심사할 권한은 갖고 있으나 등기신청이 실체법상의 권리관계와 일치하는지를 심사할 실질적인 심사권한은 없다고 하여 달리 보아야 하는 것은 아니다.

---

1. 개인택시 운송사업 양도·양수를 위하여 허위의 출원사유를 주장하면서 의사로부터 허위진단서를 발급받아 이를 소명자료로 제출하여 행정관청으로부터 양도·양수 인가처분을 받은 경우 [대법원 2002. 9. 4. 선고, 2002도2064]

【판시사항】

[1] 출원자가 허위의 출원사유를 주장하면서 이에 부합하는 허위의 소명자료를 제출하였고, 이에 대하여 허가관청이 인·허가요건의 존부에 관하여 충분히 심사를 하였으나 출원사유 및 소명자료가 허위임을 발견하지 못하여 인·허가처분을 하게 된 경우, 위계에 의한 공무집행방해죄가 성립하는지 여부(적극)

[2] 개인택시 운송사업 양도·양수를 위하여 허위의 출원사유를 주장하면서 의사로부터 허위 진단서를 발급받아 이를 소명자료로 제출하여 행정관청으로부터 양도·양수 인가처분을 받은 경우, 위계에 의한 공무집행방해죄가 성립한다.

【판결요지】

[1] 행정관청이 출원에 의한 인·허가처분을 함에 있어서는 그 출원사유가 사실과 부합하지 아니하는 경우가 있음을 전제로 하여 인·허가할 것인지의 여부를 심사하는 것이므로 행정관청이 사실을 충분히 확인하지 아니한 채 출원자가 제출한 허위의 출원사유나 허위의 소명자료를 가볍게 믿고 인가 또는 허가를 하였다면 이는 행정관청의 불충분한 심사에 기인한 것으로서 출원자의 위계가 결과 발생의 주된 원인이었다고 할 수 없어 위계에 의한 공무집행방해죄를 구성하지 않는다고 할 것이지만, 출원자가 행정관청에 허위의 출원사유를 주장하면서 이에 부합하는 허위의 소명자료를 첨부하여 제출한 경우 허가관청이 관계 법령이 정한 바에 따라 인·허가요건의 존부 여부에 관하여 나름대로 충분히 심사를 하였으나 출원사유 및 소명자료가 허위임을 발견하지 못하여 인·허가처분을 하게 되었다면 이는 허가관청의 불충분한 심사가 그의 원인이 된 것이 아니라 출원인의 위계행위가 원인이 된 것이어서 위계에 의한 공무집행방해죄가 성립된다.

[2] 피고인이 개인택시 운송사업면허를 받은 지 5년이 경과되지 아니하여 원칙적으로 개인택시 운송사업을 양도할 수 없는 사람 등과 사이에 마치 그들이 1년 이상의 치료를 요하는 질병으로 인하여 직접 운전할 수 없는 것처럼 가장하여 개인택시 운송사업의 양도·양수인가를 받기로 공모한 후, 질병이 있는 노숙자들로 하여금 그들이 개인택시 운송사업을 양도하려고 하는 사람인 것처럼 위장하여 의사의 진료를 받게 한 다음, 그 정을 모르는 의사로부터 환자가 개인택시 운송사업의 양도인으로 된 허위의 진단서를 발급받아 행정관청에 개인택시 운송사업의 양도·양수 인가신청을 하면서 이를 소명자료로 제출하여 진단서의 기재 내용을 신뢰한 행정관청으로부터 인가처분을 받은 경우, 위계에 의한 공무집행방해죄가 성립한다.

2. 외국 주재 한국영사관에 허위의 자료를 첨부하여 비자발급신청을 하고 이에 업무담당자가 충분히 심사하였으나 신청사유 및 소명자료가 허위임을 발견하지 못하여 신청을 수리한 경우(적극) [대법원 2009. 2. 26. 선고, 2008도11862]

【판시사항】

[1] 외국 주재 한국영사관에 허위의 자료를 첨부하여 비자발급신청을 하고 이에 업무담당자가 충분히 심사하였으나 신청사유 및 소명자료가 허위임을 발견하지 못하여 신청을 수리한 경우, 위계에 의한 공무집행방해죄가 성립하는지 여부(적극)

[2] 범죄행위로 인하여 강제출국당한 전력이 있는 사람이 외국 주재 한국영사관에 허위의 호구부 및 외국인등록신청서 등을 제출하여 사증 및 외국인등록증을 발급받은 사안에서, 위계에 의한 공무집행방해죄가 성립한다.

【판결요지】

외국 주재 한국영사관의 비자발급업무와 같이, 상대방으로부터 신청을 받아 일정한 자격요건 등을 갖춘 경우에 한하여 그에 대한 수용 여부를 결정하는 업무에 있어서는 신청서에 기재된 사유가 사실과 부합하지 않을 수 있음을 전제로 하여 그 자격요건 등을 심사·판단하는 것이므로, 그 업무담당자가 사실을 충분히 확인하지 아니한 채 신청인이 제출한 허위의 신청사유나 소명자료를 가볍게 믿고 이를 수용하였다면, 이는 업무담당자의 불충분한 심사에 기인한 것으로서 위계에 의한 공무집행방해죄를 구성하지 않는다. 그러나 신청인이 업무담당자에게 허위의 주장을 하면서 이에 부합하는 허위의 소명자료를 첨부하여 제출한 경우, 그 수리 여부를 결정하는 업무담당자가 관계 규정이 정한 바에 따라 그 요건의 존부에 관하여 나름대로 충분히 심사를 하였으나 신청사유 및 소명자료가 허위임을 발견하지 못하여 그 신청을 수리하게 될 정도에 이르렀다면, 이는 업무담당자의 불충분한 심사가 아니라 신청인의 위계행위에 의한 것으로서 위계에 의한 공무집행방해죄가 성립한다.

---

3. 허위의 자료를 첨부하여 비자발급 신청한 경우, 신청인에게 '위계에 의한 공무집행방해죄'가 성립하는지 여부(적극) [대법원 2011. 4. 28. 선고, 2010도14696]

【판시사항】

[1] 신청인이 허위의 자료를 첨부하여 비자발급 신청을 하였고, 이에 대하여 외국 주재 한국영사관 업무담당자가 충분히 심사하였으나 신청사유 및 소명자료가 허위인 것을 발견하지 못하여 이를 수리한 경우, 신청인에게 '위계에 의한 공무집행방해죄'가 성립하는지 여부(적극)

[2] 불법체류를 이유로 강제출국 당한 중국 동포인 피고인이 중국에서 이름과 생년월일을 변경한 호구부(戶口簿)를 발급받아 중국 주재 대한민국 총영사관에 제출하여 입국사증을 받은 다음, 다시 입국하여 외국인등록증을 발급받고 귀화허가신청서까지 제출한 사안에서, 피고인에게 각 '위계에 의한 공무집행방해죄'를 인정한 원심판단을 수긍한 사례

【판결요지】

[1] 외국 주재 한국영사관의 비자발급 업무와 같이, 상대방에게서 신청을 받아 일정한 자격요건 등을 갖춘 경우에 한하여 그에 대한 수용 여부를 결정하는 업무는 신청서에 기재된 사유가 사실과 부합하지 않을 수 있는 것을 전제로 그 자격요건 등을 심사·판단하는 것이므로, 업무담당자가 사실을 충분히 확인하지 아니한 채 신청인이 제출한 허위의 신청사유나 허위의 소명자료를 가볍게 믿고 이를 수용하였다면, 이는 업무담당자의 불충분한 심사에 기인한 것이어서 위계에 의한 공무집행방해죄를 구성하지 아니하지만, 신청인이 업무담당자에게 허위의 주장을 하면서 이에 부합하는 허위의 소명자료를 첨부하여 제출한 경우 수리 여부를 결정하는 업무담당자가 관계 규정에서 정한 바에 따라 요건의 존부에 관하여 나름대로 충분히 심사를 하였으나 신청사유 및 소명자료가 허위인 것을 발견하지 못하여 신청을 수리하게 될 정도에 이르렀다면, 이는 업무담당자의 불충분한 심사가 아니라 신청인의 위계행위에 의한 것이어서 위계에 의한 공무집행방해죄를 구성한다.

[2] 불법체류를 이유로 강제출국 당한 중국 동포인 피고인이 중국에서 이름과 생년월일을 변경한 호구부(戶口簿)를 발급받아 중국 주재 대한민국 총영사관에 제출하여 변경된 명의로 입국사증을 받은 다음, 다시 입국하여 그 명의로 외국인등록증을 발급받고 귀화허가신청서까지 제출한 사안에서, 피고인이 자신과 동일성을 확인할 수 없도록 변경된 호구부를 중국의 담당관청에서 발급받아 위 대한민국 총영사관에 제출하였으므로, 영사관 담당직원 등이 호구부의 기재를 통하여 피고인의 인적사항 외에 강제출국 전력을 확인하지 못하였더라도, 사증 및 외국인등록증의 발급요건 존부에 대하여 충분한 심사를 한 것으로 보아야 하고, 이러한 경우 행정청의 불충분한 심사가 아니라 출원인의 적극적인 위계에 의해 사증 및 외국인등록증이 발급되었던 것이므로 위계에 의한 공무집행방해죄가 성립하고, 또한 피고인의 위계행위에 의하여 귀화허가에 관한 공무집행방해 상태가 초래된 것이 분명하므로, 귀화허가가 이루어지지 아니하였더라도 위 죄의 성립에 아무런 영향이 없다는 이유로, 피고인에게 각 '위계에 의한 공무집행방해죄'를 인정한 원심판단을 수긍한 사례

4. 신고인이 허위사실을 신고서에 기재하거나 허위의 소명자료를 첨부하여 행정청에 제출하는 행위가 형법상 '위계에 의한 공무집행방해죄'를 구성하는지 여부(원칙적 소극) [대법원 2011. 9. 8. 선고, 2010도7034]

【판시사항】

[1] 신고인이 허위사실을 신고서에 기재하거나 허위의 소명자료를 첨부하여 행정청에 제출하는 행위가 형법상 '위계에 의한 공무집행방해죄'를 구성하는지 여부(원칙적 소극)

[2] 화물자동차 운송주선사업자인 피고인이 관할 행정청에 주기적으로 허가기준에 관한 사항을 신고하는 과정에서 허위 서류를 제출하는 부정한 방법으로 허가를 받아 위계로써 공무원의 직무집행을 방해하였다는 내용으로 기소된 사안에서, 피고인에게 유죄를 인정한 원심판결에 법리오해의 위법이 있다.

【이 유】

위계에 의한 공무집행방해죄는 상대방의 오인, 착각, 부지를 일으키고 이를 이용하는 위계에 의하여 상대방으로 하여금 그릇된 행위나 처분을 하게 함으로써 공무원의 구체적이고 현실적인 직무집행을 방해하는 경우에 성립한다(대법원 1997. 2. 28. 선고 96도2825 판결, 대법원 2009. 4. 23. 선고 2007도1554 판결 등 참조). 한편 신고는 사인(私人)이 행정청에 대하여 일정한 사실 또는 관념을 통지함으로써 공법상 법률효과가 발생하는 행위로서 원칙적으로 행정청에 대한 일방적 통고로 그 효과가 완성될 뿐 이에 대응하여 신고내용에 따라 법률효과를 부여하는 행정청의 행위나 처분을 예정하고 있지 아니하므로, 신고인이 허위사실을 신고서에 기재하거나 허위의 소명자료를 첨부하여 제출하였다고 하더라도 관계 법령에 별도의 처벌규정이 있어 이를 적용하는 것은 별론으로 하고, 일반적으로 위와 같은 허위 신고가 형법상 위계에 의한 공무집행방해죄를 구성한다고 볼 수 없다. 다만 관계 법령이 비록 신고라는 용어를 사용하고 있더라도 사실상 인허가 등 처분의 신청행위와 다를 바 없다고 평가되는 등의 예외적인 경우에는 위계에 의한 공무집행방해죄가 성립할 여지가 있으나, 이때에도 행정청이 나름대로 충분히 사실관계를 확인하더라도 그 신고내용이 허위이거나 법령의 취지에 맞지 아니함을 발견할 수 없었던 경우가 아니라면 심사를 담당하는 행정청이 신고내용이나 자료의 진실성을 충분히 따져 보지 않은 채 경솔하게 이를 믿고 어떠한 행위나 처분에 나아갔다고 하여 이를 신고인의 위계에 의한 결과로 볼 수 없으므로 위계에 의한 공무집행방해죄는 성립하지 아니한다(대법원 2002. 9. 4. 선고 2002도2064 판결, 대법원 2010. 10. 28. 선고 2008도9590 판결 등 참조).

137-4. 가처분신청 시 당사자가 허위의 주장을 하거나 허위의 증거를 제출한 경우(소극) [대법원 2012. 4. 26. 선고, 2011도17125]

【판결요지】

법원은 당사자의 허위 주장 및 증거 제출에도 불구하고 진실을 밝혀야 하는 것이 그 직무이므로, 가처분신청 시 당사자가 허위의 주장을 하거나 허위의 증거를 제출하였다 하더라도 그것만으로 법원의 구체적이고 현실적인 어떤 직무집행이 방해되었다고 볼 수 없으므로 이로써 바로 위계에 의한 공무집행방해죄가 성립한다고 볼 수 없다.

137-5. 신청인이 허위 신청사유를 주장하면서 이에 부합하는 허위 소명자료를 제출한 경우(적극) [대법원 2011. 5. 26. 선고, 2011도1484]

[1] 신청인이 허위 신청사유를 주장하면서 이에 부합하는 허위 소명자료를 제출하였고, 이에 대하여 행정청이 요건의 존부에 관하여 충분히 심사하였으나 신청사유 및 소명자료가 허위임을 발견하지 못하여 신청을 수리하게 된 경우, 위계에 의한 공무집행방해죄가 성립하는지 여부(적극)

[2] 피고인들이 공모하여 허위 물량배정계획서와 일괄 작성한 견적서들을 지방조달청에 제출하여 위계로써 지방조달청장의 단체수의계약 체결에 관한 정당한 직무집행을 방해하였다는 내용으로 기소된 사안에서, 피고인들에게 유죄를 인정한 원심판결을 수긍한 사례

【이 유】

행정청이 상대방으로부터 신청을 받아 일정한 자격요건 등을 갖춘 경우에 한하여 그에 대한 수용 여부를 결정하는 업무에 있어서는 신청서에 기재된 사유가 사실과 부합하지 않을 수 있음을 전제로 하여 그 자격요건 등을 심사·판단하는 것이므로, 그 업무담당자가 사실을 충분히 확인하지 아니한 채 신청인이 제출한 허위의 신청사유나 허위의 소명자료를 가볍게 믿고 이를 수용하였다면, 이는 업무담당자의 불충분한 심사에 기인한 것으로서 위계에 의한 공무집행방해죄를 구성하지 않는다. 그러나 신청인이 업무담당자에게 허위의 주장을 하면서 이에 부합하는 허위의 소명자료를 첨부하여 제출한 경우 그 수리 여부를 결정하는 업무담당자가 관계 규정이 정한 바에 따라 그 요건의 존부에 관하여 나름대로 충분히 심사를 하였으나 신청사유 및 소명자료가 허위임을 발견하지 못하여 그 신청을 수리하게 될 정도에 이르렀다면, 이는 업무담당자의 불충분한 심사가 아니라 신청인의 위계행위에 의한 것으로서 위계에 의한 공무집행방해죄가 성립한다(대법원 2009. 2. 26. 선고 2008도11862 판결 등 참조).

원심판결 이유를 위 법리 및 원심이 적법하게 채택한 증거들에 비추어 살펴보면, 원심이 그 판시와 같은 사정들을 종합하여 피고인들이 공모하여 공소사실 기재와 같이 허위의 물량배정계획서와 일괄 작성한 견적서들을 인천지방조달청에 제출하여 위계로써 인천지방조달청장의 단체수의계약 체결에 관한 정당한 직무집행을 방해한 사실을 인정할 수 있다는 이유로, 피고인들에 대한 이 부분 위계공무집행방해의 공소사실에 관하여 무죄를 선고한 제1심판결을 파기하고 유죄로 인정한 것은 정당하고, 거기에 논리와 경험의 법칙에 위배하고 자유심증주의의 한계를 벗어나거나 위계공무집행방해죄에 관한 법리 등을 오해한 위법이 없다.

---

1. 당사자가 허위의 신청사유를 주장하면서 이에 들어맞는 거짓 소명자료를 제출한 경우(적극) [대법원 2002. 9. 10. 선고, 2002도2131]

【판시사항】

[1] 당사자가 허위의 신청사유를 주장하면서 이에 들어맞는 거짓 소명자료를 제출하였고, 이에 대하여 행정청이 인·허가요건의 해당 여부에 관하여 충분히 심사하였으나 신청사유 및 소명자료가 거짓임을 발견하지 못하여 인·허가처분을 하게 된 경우, 위계에 의한 공무집행방해죄가 성립하는지 여부(적극)

[2] 개인택시운송사업 양도·양수를 위하여 허위의 신청사유를 주장하면서 의사로부터 허위 진단서를 발급받아 이를 소명자료로 제출하여 행정청으로부터 양도·양수 인가처분을 받은 경우, 위계에 의한 공무집행방해죄가 성립한다.

[1] 행정청이 당사자의 신청에 따라 인·허가처분을 함에 있어서는 그 신청사유가 사실과 들어맞지 아니하는 경우가 있음을 전제로 하여 인·허가 여부를 심사·결정하는 것이므로, 행정청이 사실을 충분히 확인하지 아니한 채 신청인이 제출한 사실과 다른 신청사유나 소명자료를 믿고 인·허가를 하였다면, 이는 행정청의 불충분한 심사로 인한 것으로서 신청인의 위계에 의한 것이었다고 볼 수 없어 위계에 의한 공무집행방해죄가 성립하지 아니한다 할 것이나 당사자가 행정청에 사실과 다른 신청사유를 주장하면서 이에 들어맞는 거짓 소명자료를 첨부하여 제출한 경우 행정청이 관계 법령에 따라 인·허가요건에 해당하는지 여부에 관하여 충분히 심사하였으나 신청사유와 소명자료가 거짓임을 발견하지 못하여 인·허가처분을 하게 되었다면 이는 행정청의 불충분한 심사로 인한 것이 아니라 신청인의 위계에 의한 것으로서 위계에 의한 공무집행방해죄가 성립된다.

[2] 피고인이 개인택시운송사업 면허를 받은 지 5년이 지나지 아니하여 원칙적으로 개인택시운송사업을 양도할 수 없는 사람 등과 공모하여 질병이 있는 노숙자들로 하여금 그들이 개인택시운송사업을 양도하려고 하는 사람인 것처럼 위장하여 의사의 진료를 받게 한 뒤 이러한 사정을 모르는 의사로부터 개인택시운송사업의 양도인이 1년 이상의 질병에 걸려 있는 것으로 된 허위 진단서를 발급받고 이를 소명자료로 삼아 행정청에 개인택시운송사업의 양도·양수 인가신청을 하여 그 진단서를 믿은 행정청으로부터 인가처분을 받은 경우, 위계에 의한 공무집행방해죄가 성립한다.

137-6. 행정관청으로부터 출원에 의한 인허가처분을 받을 때 그 처분이 허위의 출원사유 등에 관한 담당공무원의 불충분한 심사에 기인한 경우(소극) [대법원 2010. 10. 28. 선고, 2008도9590]

【판시사항】

[1] 행정관청으로부터 출원에 의한 인허가처분을 받을 때 그 처분이 허위의 출원사유 등에 관한 담당공무원의 불충분한 심사에 기인한 경우, 위계에 의한 공무집행방해죄가 성립하는지 여부(소극)

[2] 수출입화물방제업체 운영자인 피고인이 국립식물검역소 출장소에 허위의 소독작업결과서가 첨부된 수출식물검사신청서를 제출하여 수출검사합격증명서를 발급받음으로써 위계로써 위 출장소의 업무집행을 방해하였다는 공소사실에 대하여, 담당공무원이 신청사유의 사실 여부를 정당하게 조사하지 아니한 채 위 합격증명서를 발급한 것이라면, 피고인의 행위로 그 공무집행이 방해되었다고 단정할 수는 없다.

【판결요지】

[1] 행정관청이 출원에 의한 인허가처분을 할 때에는 그 출원사유가 사실과 부합하지 아니하는 경우가 있음을 전제로 하여 인허가할 것인지 여부를 심사·결정하는 것이므로, 행정관청이 그러한 사실을 충분히 확인하지 아니한 채 출원자가 제출한 허위의 출원사유나 허위의 소명자료를 가볍게 믿고 인가 또는 허가를 하였다면 이는 행정관청의 불충분한 심사에 기인한 것이어서 출원자의 위계가 결과 발생의 주된 원인이라 할 수 없으므로, 위계에 의한 공무집행방해죄를 구성하지 않는다.

[2] 수출입화물방제업체 운영자인 피고인이 국립식물검역소 출장소에 허위의 소독작업결과서가 첨부된 수출식물검사신청서를 제출하여 수출검사합격증명서를 발급받음으로써 위계로써 위 출장소의 수출식물 검역 및 검사합격증명서 발급 업무의 집행을 방해하였다는 공소사실에 대하여, 담

당공무원이 신청사유를 정당하게 조사하였다면 허위임을 알 수 있었을 터인데 그 사실 여부를 조사하지 아니한 채 신청사유 및 첨부서류가 진실한 것으로 가볍게 믿은 나머지 위 합격증명서를 발급한 것이라면, 이는 위 담당공무원이 신청사유를 충분히 심사하지 못한 데에 기인한 결과라고 할 것이므로 그 공무집행이 방해되었다고 단정할 수는 없음에도, 피고인의 행위를 위계에 의한 공무집행방해죄에 해당한다고 단정한 원심의 조치에 법리오해 및 심리미진의 위법이 있다.

---

1. 출원자의 허위출원사유의 기재 및 허위소명자료에 의한 인허가처분과 위계에 의한 공무집행방해의 성부(소극) [대법원 1988. 5. 10. 선고, 87도2079]

【판결요지】

일반적으로 출원 등에 의한 행정관청의 인허가처분은 신청서 기재와 부속소명자료 등에 의하여 그 인허가요건을 심사 결정하는 것이며 이는 출원사유가 사실과 부합되지 아니하는 경우가 있음을 전제로 하는 것이므로 출원자가 그 출원사유에 허위의 사실을 기재하고 허위의 소명자료를 첨부하였음에도 불구하고 행정관청이 그 출원사유에 대하여 진실한 것으로 가볍게 믿은 나머지 인허가처분을 하였다면 이는 행정관청의 불충분한 심사에 기인한 것이라 할 것이고 출원자의 위계에 의한 것이라고 할 수 없다.

---

2. 위계공무집행방해죄와 직무유기죄의 관계 [대법원 1997. 2. 28. 선고, 96도2825]

【판시사항】

[1] 위계공무집행방해죄의 성립요건인 '위계'의 의미

[2] 출원자가 허위의 출원사유나 허위의 소명자료를 제출하여 인·허가처분을 받은 경우, 위계공무집행방해죄의 성부(소극)

[3] 심사담당 공무원이 출원사유가 허위임을 알면서도 위계에 의한 방법으로 결재권자의 결재를 받아낸 경우, 위계공무집행방해죄의 성부(적극)

[4] 위계공무집행방해죄와 직무유기죄의 관계

【판결요지】

[1] 위계에 의한 공무집행방해죄에 있어서 위계라 함은 행위자의 행위목적을 이루기 위하여 상대방에게 오인, 착각, 부지를 일으키게 하여 그 오인, 착각, 부지를 이용하는 것을 말하는 것으로 상대방이 이에 따라 그릇된 행위나 처분을 하였다면 이 죄가 성립된다.

[2 행정관청이 출원에 의한 인·허가처분을 함에 있어서는 그 출원사유가 사실과 부합하지 아니하는 경우가 있음을 전제로 하여 인·허가할 것인지 여부를 심사결정하는 것이므로, 행정관청이 사실을 충분히 확인하지 아니한 채 출원자가 제출한 허위의 출원사유나 허위의 소명자료를 가볍게 믿고 인가 또는 허가를 하였다면, 이는 행정관청의 불충분한 심사에 기인한 것으로서 출원자의 위계에 의한 것이었다고 할 수 없어 위계에 의한 공무집행방해죄를 구성하지 않는다.

[3 출원에 대한 심사업무를 담당하는 공무원이 출원인의 출원사유가 허위라는 사실을 알면서도 결재권자로 하여금 오인, 착각, 부지를 일으키게 하고 그 오인, 착각, 부지를 이용하여 인·허가처분에 대한 결재를 받아낸 경우에는 출원자가 허위의 출원사유나 허위의 소명자료를 제출한 경우와는 달리 더 이상 출원에 대한 적정한 심사업무를 기대할 수 없게 되었다고 할 것이어서 그와 같은 행위는 위계로써 결재권자의 직무집행을 방해한 것에 해당하므로 위계에 의한 공무집행방해죄가 성립한다.

[4] 피고인이, 출원인이 어업허가를 받을 수 없는 자라는 사실을 알면서도 그 직무상의 의무에 따른 적절한 조치를 취하지 않고 오히려 부하직원으로 하여금 어업허가 처리기안문을 작성하게 한 다음 피고인 스스로 중간결재를 하는 등 위계로써 농수산국장의 최종결재를 받았다면, 직무위배의 위법 상태가 위계에 의한 공무집행방해행위 속에 포함되어 있는 것이라고 보아야 할 것이므로, 이와 같은 경우에는 작위범인 위계에 의한 공무집행방해죄만이 성립하고 부작위범인 직무유기죄는 따로 성립하지 아니한다.

137-7. 어떠한 행위가 공무원이 관계 법령에 따라 금지규정 위반행위의 유무를 충분히 감시하여 확인·단속하더라도 이를 발견하지 못할 정도에 이른 경우(적극) [대법원 2010. 4. 15. 선고, 2007도8024]

【판시사항】

[1] 어떠한 행위가 공무원이 관계 법령에 따라 금지규정 위반행위의 유무를 충분히 감시하여 확인·단속하더라도 이를 발견하지 못할 정도에 이른 경우, 위계에 의한 공무집행방해죄의 성립 여부(적극)

[2] 과속단속카메라에 촬영되더라도 불빛을 반사시켜 차량 번호판이 식별되지 않도록 하는 기능이 있는 제품('파워매직세이퍼')을 차량 번호판에 뿌린 상태로 차량을 운행한 행위만으로는, 교통단속 경찰공무원이 충실히 직무를 수행하더라도 통상적인 업무처리과정 하에서 사실상 적발이 어려운 위계를 사용하여 그 업무집행을 하지 못하게 한 것으로 보기 어렵다.

【이 유】

법령에서 어떤 행위의 금지를 명하면서 이를 위반하는 행위에 대한 벌칙을 두는 한편, 공무원으로 하여금 그 금지규정의 위반 여부를 감시·단속하게 하고 있는 경우 그 공무원에게는 금지규정 위반행위의 유무를 감시하여 확인하고 단속할 권한과 의무가 있다 할 것인데, 만약 어떠한 행위가 공무원이 관계 법령이 정한 바에 따라 금지규정 위반행위의 유무를 충분히 감시하여 확인하고 단속하더라도 이를 발견하지 못할 정도에 이른 것이라면 이는 위계에 의하여 공무원의 감시·단속업무를 적극적으로 방해한 것으로서 위계에 의한 공무집행방해죄가 성립된다고 할 것이지만, 그와 같은 행위가 이에 이르지 않고 단순히 공무원의 감시·단속을 피하여 금지규정에 위반하는 행위를 한 것에 불과하다면 이는 공무원의 불충분한 감시·단속에 기인한 것이지, 행위자 등의 위계에 의하여 공무원의 감시·단속에 관한 직무가 방해되었다고 할 수 없을 것이어서 위계에 의한 공무집행방해죄가 성립된다고 할 수 없다(대법원 2005. 8. 25. 선고 2005도1731 판결, 대법원 2010. 1. 14. 선고 2009도10659 판결 등 참조).

위 법리와 원심이 들고 있는 그 판시 각 사정에 비추어 보면, 과속으로 인하여 과속단속카메라에 촬영되더라도 불빛을 반사시켜 차량 번호판이 식별되지 않도록 하는 기능이 있는 이 사건 '파워매직세이퍼'를 차량 번호판에 뿌린 상태로 차량을 운행한 행위만으로는 경찰청의 교통단속업무를 구체적이고 현실적으로 수행하는 경찰공무원에 대하여 그가 충실히 직무를 수행한다고 하더라도 통상적인 업무처리과정 하에서는 사실상 적발이 어려운 위계를 사용하여 그 업무집행을 하지 못하게 한 것이라고 보기 어렵다.

원심이 같은 취지에서 위 '파워매직세이퍼'를 차량 번호판에 뿌린 상태로 차량을 운행한 공소외인 등의 행위가 위계에 의한 공무집행방해죄를 구성하지 않는 이상 위 제품을 제조하여 공소외인 등에게 판매한 피고인들의 행위 역시 위계에 의한 공무집행방해 방조죄를 구성하지 않는다고 보아, 이 사건 주위적 공소사실에 대하여 무죄로 판단한 제1심판결을 유지한 조치는 정당한 것으로 수긍이 가고, 거기에 상고이유 주장과 같이 위계에 의한 공무집행방해죄의 법리를 오해하여 판결에 영향을 미친 위법이 있다고 할 수 없다.

---

1. 수용자 또는 수용자 아닌 자가 교도관의 감시·단속을 피하여 규율위반행위를 하는 경우(한정 적극)
　[대법원 2005. 8. 25. 선고, 2005도1731]

【판시사항】
[1] 수용자 또는 수용자 아닌 자가 교도관의 감시·단속을 피하여 규율위반행위를 하는 경우, 위계에 의한 공무집행방해죄의 성립 여부(한정 적극)
[2] 변호사가 접견을 핑계로 수용자를 위하여 휴대전화와 증권거래용 단말기를 구치소 내로 몰래 반입하여 이용하게 한 행위가 위계에 의한 공무집행방해죄에 해당한다.

【판결요지】
행형법 제45조, 제46조 제1항, 구 수용자 규율 및 징벌에 관한 규칙(2004. 6. 29. 법무부령 제555호로 개정되기 전의 것) 제3조, 제7조 제1항, 교도관직무규칙 제47조, 제54조의 각 규정들을 종합해 보면, 수용자에게는 허가 없는 물품을 사용·수수하거나 허가 없이 전화 등의 방법으로 다른 사람과 연락하는 등의 규율위반행위를 하여서는 아니 될 금지의무가 부과되어 있고, 교도관은 수용자의 규율위반행위를 감시·단속·적발하여 상관에게 보고하고 징벌에 회부되도록 하여야 할 일반적인 직무상 권한과 의무가 있다고 할 것이므로, 수용자가 교도관의 감시·단속을 피하여 규율위반행위를 하는 것만으로는 단순히 금지규정에 위반되는 행위를 한 것에 지나지 아니할 뿐 위계에 의한 공무집행방해죄가 성립한다고 할 수 없고, 또 수용자가 아닌 자가 교도관의 검사 또는 감시를 피하여 금지물품을 반입하거나 허가 없이 전화 등의 방법으로 다른 사람과 연락하도록 하였더라도 교도관에게 교도소 등의 출입자와 반출·입 물품을 단속·검사할 권한과 의무가 있는 이상, 수용자 아닌 자의 그러한 행위는 특별한 사정이 없는 한 위계에 의한 공무집행방해죄에 해당하는 것으로는 볼 수 없다 할 것이나, 구체적이고 현실적으로 감시·단속업무를 수행하는 교도관에 대하여 그가 충실히 직무를 수행한다고 하더라도 통상적인 업무처리과정하에서는 사실상 적발이 어려운 위계를 적극적으로 사용하여 그 업무집행을 하지 못하게 하였다면 이에 대하여 위계에 의한 공무집행방해죄가 성립한다.

137-8. 지방의회 의장선거의 감표위원이 사전에 투표용지에 감표위원 확인 도장을 날인하면서 누가 어떤 후보에게 투표하였는지 구별할 수 있도록 투표용지에 표시하고 그 용지에 의하여 투표가 행해진 경우(적극) [대법원 2009. 9. 10. 선고, 2009도6541]

【판시사항】
지방의회는 의원 중에서 그 의회의 의장·부의장을 무기명투표로 선거하여야 하고(지방자치법 제48조), 지방의회 의장은 회의장 내의 질서를 유지하고 의회의 사무를 감독하여야 하므로(같은 법 제49조), 지방의회 의장 선거에 있어서 각 의원들은 의장을 무기명투표로 선출하는 직무를, 의장은 무기명투표가 이루어지는 회의장 내의 질서를 유지하고 의장 선출 사무를 감독하는 직무를 집행하게 된다. 한편 무기명투표는 선거인이 누구에게 투표하였는가를 제3자가 알지 못하게 하기 위하여 마련된 선거방식이다. 따라서 지방의회 의장 선거의 감표위원이 되어 투표용지에 사전에 날인하게 된 것을 기화로 누가 어떤 후보에게 투표를 하였는지 구별할 수 있도록 그 용지에 표시를 하는 행위는 무기명투표의 비밀성을 침해하는 행위로서, 그 후에 그 용지에 의하여 투표가 행하여졌다면 그 자체만으로 의원들의 비밀선거에 의한 의장 선출 직무와 의장의 투표사무 감독직무를 위계로써 방해하는 행위에 해당한다고 할 것이다. 거기서 나아가 의원들이 비밀성이 침해되었음을 알아서 자신들의 소신과 다른 투표를 하게 되어야 비로소 의원들 및 의장의 위 직무의 집행이 방해되었다고 할 것은 아니다.

137-9. 병역법상의 지정업체에서 산업기능요원으로 근무할 의사가 없음에도 허위내용으로 편입신청이나 파견근무신청을 하여 관할관청의 승인을 받은 경우(적극) [대법원 2009. 3. 12. 선고, 2008도1321]

【판결요지】

구 병역법(2004. 3. 11. 법률 제7186호로 개정되기 전의 것)상의 지정업체에서 산업기능요원으로 근무할 의사가 없음에도 해당 지정업체의 장과 공모하여 허위내용의 편입신청서를 제출하여 관할관청으로부터 산업기능요원 편입을 승인받고, 나아가 관할관청의 실태조사를 회피하기 위하여 허위서류를 작성·제출하는 등의 방법으로 파견근무를 신청하여 관할관청으로부터 파견근무를 승인받았다면, 이러한 파견근무의 승인 등은 관할관청의 불충분한 심사가 원인이 된 것이 아니라 출원인의 위계행위가 원인이 된 것이어서 위계에 의한 공무집행방해죄가 성립한다.

137-10. 담당자가 아닌 공무원이 위계에 의한 방법으로 담당공무원으로 하여금 인·허가 처분을 하게 한 경우(적극) [대법원 2008. 3. 13. 선고, 2007도7724]

【판결요지】

담당자가 아닌 공무원이 출원인의 청탁을 들어줄 목적으로 자신의 업무 범위에 속하지도 않는 업무에 관하여 그 일부를 담당공무원을 대신하여 처리하면서 위계를 써서 담당공무원으로 하여금 오인, 착각, 부지를 일으키게 하고 그 오인, 착각, 부지를 이용하여 인·허가 처분을 하게 하였다면, 이는 허가관청의 불충분한 심사가 그의 원인이 된 것이 아니라 담당자가 아닌 공무원의 위계행위가 원인이 된 것이어서 위계에 의한 공무집행방해죄가 성립한다.

---

1. 위계공무집행방해죄의 성립요건인 위계의 의미 [대법원 1995. 5. 9. 선고, 94도2990]

【판시사항】

[1] 위계공무집행방해죄의 성립요건인 위계의 의미

[2] 검사의 몰수판결 집행업무의 내용 및 성질

【판결요지】

[1] 위계에 의한 공무집행방해죄에 있어서의 위계라 함은 행위자의 행위목적을 이루기 위하여 상대방에 오인, 착각, 부지를 일으키게 하여 그 오인, 착각, 부지를 이용하는 것을 말하고, 상대방이 이에 따라 그릇된 행위나 처분을 하였다면 이 죄가 성립된다.

[2] 검사의 몰수판결 집행업무란 몰수를 명한 판결이 확정된 후 검사의 집행지휘에 의하여 몰수집행을 하는 것을 뜻하는 것으로서 몰수물이 압수되어 있는 경우에는 집행지휘만으로 집행이 종료되게 되며, 몰수물이 압수되어 있지 아니한 경우에는 검사가 몰수선고를 받은 자에게 그 제출을 명하고, 이에 불응할 경우 몰수집행명령서를 작성하여 집달관에게 강제집행을 명하는 방법으로 집행하는 것으로 족하므로, 몰수물이 압수되어 있는 이상 검사의 몰수판결 집행업무는 타인의 위계에 의하여 방해당할 수 없는 성질의 업무이다.

2. 위계에 의한 공무집행방해죄에 있어서 구체적인 공무집행을 저지하거나 현실적으로 곤란하게 하는 데까지는 이르지 아니하고 미수에 그친 경우(소극) [대법원 2003. 2. 11. 선고, 2002도4293]
【판결요지】
위계에 의한 공무집행방해죄에 있어서 위계라 함은 행위자의 행위목적을 이루기 위하여 상대방에게 오인, 착각, 부지를 일으키게 하여 그 오인, 착각, 부지를 이용하는 것을 말하는 것으로 상대방이 이에 따라 그릇된 행위나 처분을 하여야만 이 죄가 성립하는 것이고, 만약 범죄행위가 구체적인 공무집행을 저지하거나 현실적으로 곤란하게 하는 데까지는 이르지 아니하고 미수에 그친 경우에는 위계에 의한 공무집행방해죄로 처벌할 수 없다.

137-11. 초등학교를 졸업하였음에도 초등학교 중퇴 이하의 학력자라는 허위 내용의 인우보증서를 첨부하여 운전면허 구술시험에 응시한 경우(소극) [대법원 2007. 3. 29. 선고, 2006도8189]
【판시사항】
피고인이 초등학교를 졸업하였음에도 초등학교 중퇴 이하의 학력자라는 허위 내용의 인우보증서를 첨부하여 구술시험에 응시하였다는 사실만으로는 적법한 직무집행을 방해하였다고 볼 수 없다고 하여 위계에 의한 공무집행방해죄가 성립하지 아니한다.

137-12. 단순히 공무원의 감시·단속을 피하여 금지규정에 위반하는 행위를 한 경우(소극) [대법원 2004. 4. 9. 선고, 2004도272]
【판시사항】
[1] 단순히 공무원의 감시·단속을 피하여 금지 규정에 위반하는 행위를 한 경우, 위계에 의한 공무집행방해죄의 성립 여부(소극)
[2] 수용자가 교도관의 감시·단속을 피하여 규율위반행위를 하는 경우 및 수용자가 아닌 자가 교도관의 검사 또는 감시를 피하여 금지 물품을 교도소 내로 반입되도록 한 경우, 위계에 의한 공무집행방해죄가 성립한다고 할 수 없다.
【이유】
법령에서 어떤 행위의 금지를 명하면서 이를 위반하는 행위에 대한 벌칙을 두는 한편, 공무원으로 하여금 그 금지 규정의 위반 여부를 감시, 단속하게 하고 있는 경우 그 공무원에게는 금지 규정 위반행위의 유무를 감시하여 확인하고 단속할 권한과 의무가 있으므로 단순히 공무원의 감시, 단속을 피하여 금지 규정에 위반하는 행위를 한 것에 불과하다면 그에 대하여 벌칙을 적용하는 것은 별론으로 하고 그 행위가 위계에 의한 공무집행방해죄에 해당하는 것이라고는 할 수 없다.

수용자에게는 흡연하거나 담배를 소지·수수·교환 또는 은닉하는 등의 규율위반행위를 하여서는 아니될 금지의무가 부과되어 있고, 교도관은 수용자의 규율위반행위를 감시, 단속, 적발하여 상관에게 보고하고 징벌에 회부되도록 하여야 할 일반적인 직무상 권한과 의무가 있다고 할 것인바, 구체적이고 현실적으로 감시, 단속업무를 수행하는 교도관에 대하여 위계를 사용하여 그 업무집행을 못하게 한다면 이에 대하여 위계에 의한 공무집행방해죄가 성립한다고 할 것이지만, 수용자가 교도관의 감시, 단속을 피하여 규율위반행위를 하는 것만으로는 단순히 금지규정에 위반되는 행위를 한 것에 지나지 아니할 뿐 이로써 위계에 의한 공무집행방해죄가 성립한다고는 할 수 없고, 수용자가 아닌 자가 교도관의 검사 또는 감시를 피하여 금지물품을 교도소 내로 반입되도록 하였다고 하더라도 교도관에게 교도소 등의 출입자와 반출·입 물품을 단속, 검사하거나 수용자의 거실 또는 신체 등을 검사하여 금지물품 등을 회수하여야 할 권한과 의무가 있는 이상, 그러한 수용자 아닌 자의 행위를 위계에 의한 공무집행방해죄에 해당하는 것으로 볼 수 없다(대법원 2003. 11. 13. 선고 2001도7045 판결 참조).

---

1. 법령에서 명한 금지행위의 위반과 위계에 의한 공무집행방해죄의 성립 여부(소극) [대법원 2003. 11. 13. 선고, 2001도7045]

【판시사항】

[1] 법령에서 명한 금지행위의 위반과 위계에 의한 공무집행방해죄의 성립 여부(소극)

[2] 교도관과 재소자가 상호 공모하여 재소자가 교도관으로부터 담배를 교부받아 이를 흡연한 행위 및 휴대폰을 교부받아 외부와 통화한 행위 등이 위계에 의한 공무집행방해죄에 해당하지 않는다.

【판결요지】

[1] 법령에서 어떤 행위의 금지를 명하면서 이를 위반하는 행위에 대한 벌칙을 두는 한편, 공무원으로 하여금 그 금지규정의 위반 여부를 감시, 단속하게 하고 있는 경우 그 공무원에게는 금지규정 위반행위의 유무를 감시하여 확인하고 단속할 권한과 의무가 있으므로 단순히 공무원의 감시, 단속을 피하여 금지규정에 위반하는 행위를 한 것에 불과하다면 그에 대하여 벌칙을 적용하는 것은 별론으로 하고 그 행위가 위계에 의한 공무집행방해죄에 해당하는 것이라고는 할 수 없다.

[2] 법령에서 교도소 수용자에게는 흡연하거나 담배를 소지·수수·교환하거나 허가 없이 전화 등의 방법으로 다른 사람과 연락하는 등의 규율위반행위를 하여서는 아니될 금지의무가 부과되어 있고, 교도관은 수용자의 규율위반행위를 감시, 단속, 적발하여 상관에게 보고하고 징벌에 회부되도록 하여야 할 일반적인 직무상 권한과 의무가 있다고 할 것인바, 구체적이고 현실적으로 감시, 단속업무를 수행하는 교도관에 대하여 위계를 사용하여 그 업무집행을 못하게 한다면 이에 대하여 위계에 의한 공무집행방해죄가 성립한다고 할 것이지만, 수용자가 교도관의 감시, 단속을 피하여 규율위반행위를 하는 것만으로는 단순히 금지규정에 위반되는 행위를 한 것에 지나지 아니할 뿐 이로써 위계에 의한 공무집행방해죄가 성립한다고는 할 수 없고, 수용자가 아닌 자가 교도관의 검사 또는 감시를 피하여 금지물품을 교도소 내로 반입되도록 하였다고 하더라도 교도관에게 교도소 등의 출입자와 반출·입 물품을 단속, 검사하거나 수용자의 거실 또는 신체 등을 검사하여 금지물품 등을 회수하여야 할 권한과 의무가 있는 이상, 그러한 수용자 아닌 자의 행위를 위계에 의한 공무

집행방해죄에 해당하는 것으로는 볼 수 없으며, 교도관이 수용자의 규율위반행위를 알면서도 이를 방치하거나 도와주었더라도, 이를 다른 교도관 등에 대한 관계에서 위계에 의한 공무집행방해죄가 성립하는 것으로 볼 수는 없다.

137-13. 위계에 의한 공무집행방해죄에 있어서 '공무원의 직무집행'의 의미 [대법원 2003. 12. 26. 선고, 2001도6349]

【판시사항】

[1] 위계에 의한 공무집행방해죄에 있어서 '공무원의 직무집행'의 의미

【판결요지】

[1] 위계에 의한 공무집행방해죄는 행위목적을 이루기 위하여 상대방에게 오인, 착각, 부지를 일으키게 하여 이를 이용함으로써 법령에 의하여 위임된 공무원의 적법한 직무에 관하여 그릇된 행위나 처분을 하게 하는 경우에 성립하고, 여기에서 공무원의 직무집행이란 법령의 위임에 따른 공무원의 적법한 직무집행인 이상 공권력의 행사를 내용으로 하는 권력적 작용뿐만 아니라 사경제주체로서의 활동을 비롯한 비권력적 작용도 포함되는 것으로 봄이 상당하다.

[2] 감척어선 입찰자격이 없는 자가 제3자와 공모하여 제3자의 대리인 자격으로 제3자 명의로 입찰에 참가하고, 낙찰받은 후 자신의 자금으로 낙찰대금을 지급하여 감척어선에 대한 실질적 소유권을 취득한 경우, 위계에 의한 공무집행방해죄가 성립한다.

---

1. 지방자치단체의 공사입찰에 있어서 허위서류를 제출하여 입찰참가자격을 얻고 낙찰자로 결정되어 계약을 체결한 행위(적극) [대법원 2003. 10. 9. 선고, 2000도4993]

【판시사항】

지방자치단체의 공사입찰에 있어서 허위서류를 제출하여 입찰참가자격을 얻고 낙찰자로 결정되어 계약을 체결한 행위에 대하여 위계에 의한 공무집행방해죄의 성립을 긍정한 사례

137-14. 민사소송을 제기하면서 피고의 주소를 허위기재하여 소송서류를 허위주소로 송달케 한 경우(소극) [대법원 1996. 10. 11. 선고, 96도312]

【판결요지】

민사소송을 제기함에 있어 피고의 주소를 허위로 기재하여 법원공무원으로 하여금 변론기일소환장 등을 허위주소로 송달케 하였다는 사실만으로는 이로 인하여 법원공무원의 구체적이고 현실적인 어떤 직무집행이 방해되었다고 할 수는 없으므로, 이로써 바로 위계에 의한 공무집행방해죄가 성립한다고 볼 수는 없다.

137-15. 출원자가 허위의 출원사유나 소명자료를 제출하여 행정관청의 인허가처분을 얻은 경우(소극) [대법원 1989. 3. 28. 선고, 88도898]

【판결요지】

행정관청이 출원에 의한 인허가처분을 함에 있어서는 그 출원사유가 사실과 부합하지 않는 경우

가 있음을 전제로 하여 인허가여부를 심사하는 것이므로 행정관청이 사실을 충분히 확인하지 아니한 채 출원자가 제출한 허위의 출원사유나 소명자료만을 경신하고 인가 또는 허가를 하였다면 이는 행정관청의 불충분한 심사에 기인한 것으로서 출원자의 위계에 의한 것이라고 할 수 없어 위계에 의한 공무집행방해죄를 구성하지 않는다.

> **1. 허위의 출원사유로 행정관청의 허가를 받은 경우에 위계에 의한 공무집행방해죄의 성부(소극)** [대법원 1975. 7. 8. 선고, 75도324]
>
> 【판결요지】
> 출원에 의한 행정관청의 허가는 그 허가요건에 해당하는지의 여부를 심사하여 그 허가 여부를 결정하는 것이고 심사를 하는 것은 출원사유가 사실에 부합되지 아니하는 경우가 있음을 전제로 하는 것이므로 출원자가 그 출원사유에 허위사실을 기재하고 이에 부합되는 허위의 소명자료를 첨부 제출한 출원자에 대하여 허가관청이 그 출원사유를 사실인 것으로 경신하고 이를 허가하였다면 이는 허가관청의 불충분한 심사에 기인하였다 할 것이고 출원자의 위계로 인하여 공무집행이 방해되었다고는 할 수 없어 공무집행방해죄가 성립하지 아니한다.

> **2. 허위내용의 소명자료에 의한 인허가출원의 경우(소극)** [대법원 1982. 12. 14. 선고, 82도2207]
>
> 【판결요지】
> 일반적으로 출원 등에 의한 행정관청의 인허가처분은 그 인, 허가요건을 신청서기재와 부속소명자료 등에 의하여 그 인, 허가여부를 심사 결정하는 것이며 이는 출원사유가 사실과 부합하지 아니하는 경우가 있음을 전제로 하는 것이므로 출원자가 그 출원사유에 허위의 사실을 기재하고 허위의 소명자료를 첨부하였는데 행정관청이 그 출원사유가 진실한 것이라고 경신하고 이를 받아들였다면 이는 행정관청의 불충분한 심사에 기인한 것으로 그 출원자의 위계에 의한 것이었다고는 할 수 없으므로 위계에 의한 공무집행방해죄를 구성하지 아니한다.

137-16. 개인택시 운송사업면허 신청서에 허위의 소명자료를 첨부한 경우(소극) [대법원 1988. 9. 27. 선고, 87도2174]

【판결요지】
개인택시 운송사업면허 신청은 출원에 의한 행정관청의 일반적인 인 · 허가처분과 마찬가지로 행정관청이 면허요건에 해당하는 여부를 심리하여 면허 여부를 결정하는 것이고 그 신청서에 첨부된 소명자료가 진실한 것인지를 가리지않고 면허를 결정하는 것이 아니므로 그 면허신청서에 허위의 소명자료를 첨부한 소위는 위계에 의한 공무집행방해죄에 해당하지 않는다.

137-17. 운전면허시험에 대리응시한 경우, 위계공무집행방해죄의 성부(적극) [대법원 1986. 9. 9. 선고, 86도1245]

【판결요지】
피고인이 마치 그의 형인양 시험감독자를 속이고 원동기장치 자전거운전면허시험에 대리로 응시하였다면 피고인의 소위는 위계에 의한 공무집행방해죄가 성립한다.

137-18. 실효된 임대차 계약서를 제시하고 명도집행을 저지한 건물의 점유자(소극) [대법원 1984. 1. 31. 선고, 83도2290]

【판결요지】

건물점유자로서 명도집행을 저지할 수 있는 정당한 기능이 있는 자가 그 점유사실을 입증하기 위한 수단으로 임대차계약서 사본을 제시하면서 그 실효된 사실을 고지하지 아니하고 자신이 정당한 임차인인 것처럼 주장하였다고 하더라도 이로써 형법 제137조 소정의 위계에 해당한다고는 볼 수 없다.

137-19. 입학원서 추천서란의 허위기재(적극) [대법원 1983. 9. 27. 선고, 83도1864]

【판결요지】

위계에 의한 공무집행방해죄에 있어서의 소위 위계라 함은 행위자의 행위목적을 이룩하기 위하여 상대방에 오인, 착각 또는 부지를 일으키게 하여 이를 이용하는 것을 말하며 상대방이 이에 따라 그릇된 행위나 처분을 하였다면 위계에 의한 공무집행방해죄가 성립된다고 할 것이므로 고등학교 입학원서 추천서란을 사실과 다르게 조작허위기재하여 그 추천서 성적이 고등학교입학전형의 자료가 되었다면 위계에 의하여 고등학교입학전형업무를 방해한 것이다.

137-20. 허위내용의 사문서의 행사에 의한 위계에 의한 공무집행 방해죄의 성부(적극) [대법원 1982. 7. 27. 선고, 82도1301]

【판결요지】

간호보조원 교육과정이수에 관한 사문서인 수료증명서의 허위작성은 무형위조로서 처벌대상이 되지 아니하고 피고인들의 행위가 허위작성 및 교부로 끝났다고 하더라도 간호보조원자격시험 응시자격을 증명하는 위 문서의 용도와 그 사용의 결과를 인식하고 공소외인 들로 하여금 사용케 할 의도로 작성교부한 것이고 그들이 위 문서를 진정한 문서인 것처럼 시험관리당국에 제출하여 응시자격을 인정받아 응시함으로써 그 시험관리에 관한 공무집행을 방해하는 상태를 초래하였다면 피고인들은 위 공소외인들과 공무집행방해죄의 공동정범의 죄책을 면할 수 없고, 무형위조의 사후행위로써 처벌의 대상이 되지 않는다고 볼 수 없다.

137-21. 공무원인 시험감독관의 답안지 유출과 위계에 의한 공무집행방해죄의 여부(적극) [서울고법 1982. 5. 12. 선고, 82노732, 확정]

【판결요지】

피고인이 공무원으로 시험감독관이라 하더라도 답안지를 수험생에게 유출함으로써 다른 시험감독관의 감독업무 및 시험시행기관의 정당한 합격사정 등을 방해할 의사로서 이 사건 범행을 저지른 이상 위계에 의한 공무집행방해죄가 성립한다.

137-22. 피의자나 참고인이 아닌 자가 자발적이고 계획적으로 피의자를 가장하여 수사기관에서

허위진술을 한 경우(소극) [대법원 1977. 2. 8. 선고, 76도3685]

【판결요지】

형사 피의자와 수사기관이 대립적 위치에서 서로 공격방어를 할 수 있는 취지의 형사소송법의 규정과 법률에 의한 선서를 한 증인이 허위로 진술을 한 경우에 한하여 위증죄가 성립된다는 형법의 규정 취지에 비추어 수사기관이 범죄사건을 수사함에 있어서는 피의자나 피의자로 자처하는 자 또는 참고인의 진술여하에 불구하고 피의자를 확정하고 그 피의사실을 인정할 만한 객관적인 제반증거를 수집 조사하여야 할 권리와 의무가 있는 것이라고 할 것이므로 <u>피의자나 참고인이 아닌 자가 자발적이고 계획적으로 피의자를 가장하여 수사기관에 대하여 허위사실을 진술하였다 하여 바로 이를 위계에 의한 공무집행방해죄가 성립된다고 할 수 없다.</u>

137-23. 위계에 의한 공무집행방해의 죄가 성립되려면 자기의 위계행위로 인하여 공무집행을 방해하려는 의사가 있어야 한다. [대법원 1970. 1. 27. 선고, 69도2260]

【판결요지】

위계에 의한 공무집행방해죄가 성립되려면 자기의 위계행위로 인하여 공무집행을 방해하려는 의사가 있을 경우에 한한다고 보는 것이 상당하다할 것이므로 피고인이 경찰관서에 허구의 범죄를 신고한 까닭은 피고인이 생활에 궁하여 오로지 직장을 구하여 볼 의사로서 허위로 간첩이라고 자수를 한 데 불과하고 한 걸음 더 나아가서 그로 말미암아 공무원의 직무집행을 방해하려는 의사까지 있었던 것이라고는 인정되지 아니한다.

137-24. 응시자가 시험장소 내에서 같은 응시자에게 시험답안 쪽지를 전달 경우(적극) [대법원 1967. 5. 23. 선고, 67도650]

【판결요지】

피고인과 '갑'이 공모하고 피고인이 시험장소 내에서 시험감독관의 감시의 틈을 타서 시험답안지의 해답이 적히 쪽지를 '갑'에게 전달한 이상 '갑'의 행위 여하에 불구하고 공무원의 시험감독에 관한 직무집행을 위계로서 방해한 경우에 해당한다 할 것이다.

제138조[법정 또는 국회회의장모욕]

> 제138조(법정 또는 국회회의장모욕) 법원의 재판 또는 국회의 심의를 방해 또는 위협할 목적으로 법정이나 국회회의장 또는 그 부근에서 모욕 또는 소동한 자는 3년 이하의 징역 또는 700만원 이하의 벌금에 처한다. 〈개정 1995. 12. 29.〉

138-1. 甲 정당 당직자인 피고인들 등이 국회 외교통상 상임위원회 회의장 앞 복도에서 출입이 봉쇄된 회의장 출입구를 뚫을 목적으로 회의장 출입문 및 그 안쪽에 쌓여있던 집기를 손상하거나, 국회 심의를 방해할 목적으로 회의장 내에 물을 분사한 사안 [대법원 2013. 6. 13. 선고, 2010도13609]

【판시사항】

甲 정당 당직자인 피고인들 등이 국회 외교통상 상임위원회 회의장 앞 복도에서 출입이 봉쇄된 회의장 출입구를 뚫을 목적으로 회의장 출입문 및 그 안쪽에 쌓여있던 집기를 손상하거나, 국회 심의를 방해할 목적으로 회의장 내에 물을 분사한 사안

【판결요지】

피고인들의 위와 같은 행위는 공용물건손상죄 및 국회회의장소동죄의 구성요건에 해당하고, 국민의 대의기관인 국회에서 서로의 의견을 경청하고 진지한 토론과 양보를 통하여 더욱 바람직한 결론을 도출하는 합법적 절차를 외면한 채 곧바로 폭력적 행동으로 나아가 방법이나 수단에 있어서도 상당성의 요건을 갖추지 못하여 이를 위법성이 조각되는 정당행위나 긴급피난의 요건을 갖춘 행위로 평가하기 어렵다.

138-2. 법관의 퇴정 직후 저지른 소동과 법정모욕죄 [서울고법 1989. 6. 12. 선고, 89노974, 확정]

【판결요지】

법정모욕죄의 구성요건인 법원의 재판을 방해할 목적으로 행하여진 소동행위는 재판이 진행중일 때 뿐 아니라 재판개시 직전에 행하여지는 경우도 포함된다고 풀이되므로 피고인들의 소동행위가 재판장이 법정내의 질서회복을 위하여 휴정을 선언하고 법관대기실로 퇴정 한 뒤 곧 자행되었다면 이는 재판이 개시될 상황에서 행하여진 것으로서 법정모욕죄의 구성요건에 해당한다.

제139조〔인권옹호직무방해〕

제139조(인권옹호직무방해) 경찰의 직무를 행하는 자 또는 이를 보조하는 자가 인권옹호에 관한 검사의 직무집행을 방해하거나 그 명령을 준수하지 아니한 때에는 5년 이하의 징역 또는 10년 이하의 자격정지에 처한다.

139-1. '인권옹호에 관한 검사의 명령'의 의미와 요건 〔대법원 2010. 10. 28. 선고, 2008도11999〕

【판시사항】

[1] 형법 제139조에 규정된 '인권옹호에 관한 검사의 명령'의 의미와 요건

[2] 형법 제139조 인권옹호직무명령불준수죄와 형법 제122조 직무유기죄의 죄수 관계(=상상적 경합)

【이 유】

[1] 형법 제139조의 입법 취지 및 보호법익, 그 적용대상의 특수성 등을 고려하면 여기서 말하는 '인권'은 범죄수사 과정에서 사법경찰관리에 의하여 침해되기 쉬운 인권으로서, 주로 헌법 제12조에 의한 국민의 신체의 자유 등을 그 내용으로 한다. 인권의 내용을 이렇게 볼 때 형법 제139조에 규정된 '인권옹호에 관한 검사의 명령'은 사법경찰관리의 직무수행에 의하여 침해될 수 있는 인신 구속 및 체포와 압수수색 등 강제수사를 둘러싼 피의자, 참고인, 기타 관계인에 대하여 헌법이 보장하는 인권 가운데 주로 그들의 신체적 인권에 대한 침해를 방지하고 이를 위해 필요하고도 밀접 불가분의 관련성 있는 검사의 명령 중 '그에 위반할 경우 사법경찰관리를 형사처벌까지 함으로써 준수되도록 해야 할 정도로 인권옹호를 위해 꼭 필요한 검사의 명령'으로 보아야 하고 나아가 법적 근거를 가진 적법한 명령이어야 한다 (헌법재판소 2007. 3. 29. 선고 2006헌바69 전원재판부 결정 참조).

[2] 형법 제139조에 규정된 인권옹호직무명령불준수죄와 형법 제122조에 규정된 직무유기죄의 각 구성요건과 보호법익 등을 비교하여 볼 때, 인권옹호직무명령불준수죄가 직무유기죄에 대하여 법조경합 중 특별관계에 있다고 보기는 어렵고 양 죄를 상상적 경합관계로 보아야 한다.

제140조[공무상비밀표시무효]

> 제140조(공무상비밀표시무효) ① 공무원이 그 직무에 관하여 실시한 봉인 또는 압류 기타 강제처분의 표시를 손상 또는 은닉하거나 기타 방법으로 그 효용을 해한 자는 5년 이하의 징역 또는 700만원 이하의 벌금에 처한다. 〈개정 1995. 12. 29.〉
> ② 공무원이 그 직무에 관하여 봉함 기타 비밀장치한 문서 또는 도화를 개봉한 자도 제1항의 형과 같다. 〈개정 1995. 12. 29.〉
> ③ 공무원이 그 직무에 관하여 봉함 기타 비밀장치한 문서, 도화 또는 전자기록등 특수매체기록을 기술적 수단을 이용하여 그 내용을 알아낸 자도 제1항의 형과 같다. 〈신설 1995. 12. 29.〉

140-1. 공무상표시무효죄 중 '공무원이 그 직무에 관하여 실시한 압류 기타 강제처분의 표시를 기타 방법으로 그 효용을 해하는 것'의 의미 [대법원 2018. 7. 11. 선고, 2015도5403]

【판시사항】

[1] 형법 제140조 제1항의 공무상표시무효죄 중 '공무원이 그 직무에 관하여 실시한 압류 기타 강제처분의 표시를 기타 방법으로 그 효용을 해하는 것'의 의미

[2] 집행관이 유체동산을 가압류하면서 이를 채무자에게 보관하도록 하였는데 채무자가 가압류된 유체동산을 제3자에게 양도하고 그 점유를 이전한 경우, 공무상표시무효죄가 성립하는지 여부(원칙적 적극) 및 채무자와 양수인이 가압류된 유체동산을 원래 있던 장소에 그대로 두었더라도 마찬가지인지 여부(적극)

【판결요지】

[1] 형법 제140조 제1항이 정한 공무상표시무효죄 중 '<u>공무원이 그 직무에 관하여 실시한 압류 기타 강제처분의 표시를 기타 방법으로 그 효용을 해하는 것</u>'이란 손상 또는 은닉 이외의 방법으로 그 표시 자체의 효력을 사실상으로 감쇄 또는 멸각시키는 것을 의미하는 것이지, 그 표시의 근거인 처분의 법률상 효력까지 상실케 한다는 의미는 아니다.

[2] 집행관이 유체동산을 가압류하면서 이를 채무자에게 보관하도록 한 경우 그 가압류의 효력은 압류된 물건의 처분행위를 금지하는 효력이 있으므로, 채무자가 가압류된 유체동산을 제3자에게 양도하고 그 점유를 이전한 경우, 이는 가압류집행이 금지하는 처분행위로서, 특별한 사정이 없는 한 가압류표시 자체의 효력을 사실상으로 감쇄 또는 멸각시키는 행위에 해당한다. 이는 채무자와 양수인이 가압류된 유체동산을 원래 있던 장소에 그대로 두었더라도 마찬가지이다.

1. 건물의 점유이전금지가처분 채무자가 그 가처분의 집행 취지가 기재된 고시문이 그 가처분 목적물에 부착된 이후 제3자로 하여금 그 건물 중 일부에서 영업을 할 수 있도록 한 경우(적극) [대법원 2004. 10. 28. 선고, 2003도8238]

【판시사항】

점유이전금지가처분 채무자인 피고인은 집행관이 이 사건 건물에 관하여 가처분을 집행하면서 '채무자는 점유를 타에 이전하거나 또는 점유명의를 변경하여서는 아니된다.'는 등의 집행 취지가 기재되어 있는 고시문을 이 사건 건물에 부착한 이후에 제3자로 하여금 이 사건 건물 중 3층에서 카페 영업을 할 수 있도록 이를 무상으로 사용케 하였다는 것인바, 이러한 피고인의 행위는 위 고시문의 효력을 사실상 멸각시키는 행위라 할 것이고, 가족, 고용인 기타 동거자 등 가처분 채무자에게 부수하는 사람을 거주시키는 것과 같이 가처분 채무자가 그 목적물을 사용하는 하나의 태양에 지나지 아니하는 행위라고 보기는 어려우므로 형법 제140조 제1항 소정의 공무상표시무효죄에 해당한다 할 것이다.

2. 건물점유이전금지의 가처분집행후 다른 사람을 건물 일부에 점유케 한 경우(적극) [대법원 1972. 9. 12. 선고, 72도1441]

【판결요지】

건물점유이전금지의 가처분집행후 다른 사람을 건물 일부에 점유케 하였다면 집달리가 가처분집행한 강제처분의 표시의 효력을 해한 것이라 할 것이다.

140-2. 공무상표시무효죄의 성립요건 [대법원 2016. 5. 12. 선고, 2015도20322]

【판시사항】

형법 제140조 제1항의 공무상표시무효죄의 성립요건 / 집행관이 부작위를 명하는 가처분이 발령되었음을 고시하는 데 그치고 구체적인 집행행위를 하지 아니한 경우, 피신청인이 가처분의 부작위명령을 위반한 것만으로 공무상 표시의 효용을 해하는 행위에 해당하는지 여부(소극)

【이 유】

형법 제140조 제1항의 공무상표시무효죄는 공무원이 그 직무에 관하여 봉인, 동산의 압류, 부동산의 점유 등과 같은 구체적인 강제처분을 실시하였다는 표시를 손상 또는 은닉하거나 기타 방법으로 그 효용을 해함으로써 성립하는 범죄이다. 따라서 집행관이 법원으로부터 피신청인에 대하여 부작위를 명하는 가처분이 발령되었음을 고시하는 데 그치고 나아가 봉인 또는 물건을 자기의 점유로 옮기는 등의 구체적인 집행행위를 하지 아니하였다면, 단순히 피신청인이 가처분의 부작위명령을 위반하였다는 것만으로는 공무상 표시의 효용을 해하는 행위에 해당하지 아니한다(대법원 2010. 9. 30. 선고 2010도3364 판결 등 참조).

1. 집행관이 부작위를 명하는 가처분 발령 사실을 고시하였을 뿐 구체적인 집행행위를 하지 않은 상태에서 가처분의 피신청인이 위 부작위명령을 위반한 경우(소극) [대법원 2010. 9. 30. 선고, 2010도3364]

【판시사항】

[1] 집행관이 부작위를 명하는 가처분 발령 사실을 고시하였을 뿐 구체적인 집행행위를 하지 않은 상태에서 가처분의 피신청인이 위 부작위명령을 위반한 경우, 형법 제140조 제1항 공무상표시무효죄가 성립하는지 여부(소극)

[2] 집행관이 영업방해금지 가처분결정의 취지를 고시한 공시서를 게시하였을 뿐 구체적인 집행행위를 하지 않은 상태에서 위 가처분에 의하여 부과된 부작위명령을 피고인이 위반한 사안에서, 공무상 표시의 효용을 해하는 행위를 하였다고 볼 수 없다고 본 원심판단을 수긍한 사례

【판결요지】

[1] 형법 제140조 제1항의 공무상표시무효죄는 공무원이 그 직무에 관하여 봉인, 동산의 압류, 부동산의 점유 등과 같은 구체적인 강제처분을 실시하였다는 표시를 손상 또는 은닉하거나 기타 방법으로 그 효용을 해함으로써 성립하는 범죄이다. 따라서 집행관이 법원으로부터 피신청인에 대하여 부작위를 명하는 가처분이 발령되었음을 고시하는 데 그치고 나아가 봉인 또는 물건을 자기의 점유로 옮기는 등의 구체적인 집행행위를 하지 아니하였다면, 단순히 피신청인이 위 가처분의 부작위명령을 위반하였다는 것만으로는 공무상 표시의 효용을 해하는 행위에 해당하지 않는다.

[2] 집행관이 영업방해금지 가처분결정의 취지를 고시한 공시서를 게시하였을 뿐 어떠한 구체적 집행행위를 하지 않은 상태에서 위 가처분에 의하여 부과된 부작위명령을 피고인이 위반한 사안에서, 공무상 표시의 효용을 해하는 행위를 하였다고 볼 수 없다고 하여, 공무상표시무효의 공소사실에 대하여 무죄를 선고한 원심판단을 수긍한 사례

140-3. 집행관이 부작위를 명하는 가처분 발령사실을 고시하였을 뿐 구체적인 집행행위를 하지 않은 상태에서 채무자가 부작위명령을 위반한 경우(소극) [대법원 2008. 12. 24. 선고, 2006도1819]

【판결요지】

형법 제140조 제1항의 공무상 표시무효죄는 공무원이 그 직무에 관하여 봉인, 동산의 압류, 부동산의 점유 등과 같은 구체적인 강제처분을 실시하였다는 표시를 손상 또는 은닉하거나 기타 방법으로 그 효용을 해함으로써 성립하는 범죄이다. 따라서 집행관이 법원으로부터 피신청인에 대하여 부작위를 명하는 가처분이 발령되었음을 고시하는 데 그치고 나아가 봉인 또는 물건을 자기의 점유로 옮기는 등의 구체적인 집행행위를 하지 아니하였다면, 단순히 피신청인이 위 가처분의 부작위명령을 위반하였다는 것만으로는 공무상 표시의 효용을 해하는 행위에 해당하지 않는다.

140-4. 가처분의 채무자가 아닌 제3자가 가처분상의 부작위 명령을 위반한 것이 가처분집행 표시의 효용을 해한 행위에 해당하는지 여부(소극) [대법원 2007. 11. 16. 선고, 2007도5539]

【판시사항】

[1] 가처분의 채무자가 아닌 제3자가 가처분상의 부작위 명령을 위반한 것이 가처분집행 표시의 효용을 해한 행위에 해당하는지 여부(소극)

[2] 온천수 사용금지 가처분결정이 있기 전부터 온천이용허가권자인 가처분 채무자로부터 이를 양수하고 임대차계약의 형식을 빌어 온천수를 이용하여 온 제3자가 위 금지명령을 위반하여 계속 온천수를 사용한 행위가 공무상표시무효죄를 구성하지 않는다.

【판결요지】

[1] 가처분은 가처분 채무자에 대한 부작위 명령을 집행하는 것이므로 가처분의 채무자가 아닌 제3자가 그 부작위 명령을 위반한 행위는 그 가처분집행 표시의 효용을 해한 것으로 볼 수 없다.

[2] 온천수 사용금지 가처분결정이 있기 전부터 온천이용허가권자인 가처분 채무자로부터 이를 양수하고 임대차계약의 형식을 빌어 온천수를 이용하여 온 제3자가 위 금지명령을 위반하여 계속 온천수를 사용한 경우, 위 제3자가 위 가처분 사건 당사자 사이의 권리관계 내용을 잘 알고 있었

다거나 그가 실질적으로는 가처분 채무자와 같은 당사자 위치에 있었다는 등의 사정이 있다 하여
도 위 위반행위가 공무상표시무효죄를 구성하지 않는다.

1. 제3자가 건축주를 상대로 건축공사중지가처분집행을 한 후에 건축허가 명의를 피고인이 자기가 대표
  이사로 있는 "을"회사로 변경하여 건축공사를 계속한 경우(소극) [대법원 1976. 7. 27. 선고, 74도1896]
  【판결요지】
  제3자가 법원으로부터 받은 건축공사중지명령의 가처분집행은 어디까지나 "갑"회사에 대하여 부작위
  명령을 집행한데 불과한 것이므로 위 가처분집행이 완료된 뒤 피고인이 본건 시공중인 건축허가 명의
  를 자기가 대표이사로 있는 "을"회사로 변경하여 위 가처분집행을 그대로 둔 채 그 건축공사를 계속하
  였다는 사실자체만으로는 위와 같은 내용의 가처분집행표시의 효용을 해한 것이라고는 할 수 없으므로
  형법 140조 1항 소정 공무상표시무효죄가 성립하지 아니한다.

140-5. '공무원이 그 직무에 관하여 실시한 압류 기타 강제처분의 표시를 기타 방법으로 그 효용을
    해하는 것'의 의미 [대법원 2007. 7. 27. 선고, 2007도4378]
  【판시사항】
  형법 제140조 제1항 규정의 공무상표시무효죄 중 '공무원이 그 직무에 관하여 실시한 압류 기
  타 강제처분의 표시를 기타 방법으로 그 효용을 해하는 것' 이라 함은 손상 또는 은닉 이외의 방
  법으로 그 표시 자체의 효력을 사실상으로 감살 또는 멸각시키는 것을 의미한다 (대법원 2004.
  10. 28. 선고 2003도8238 판결 등 참조).

140-6. 공무원이 실시한 봉인 등의 표시에 절차상 또는 실체상의 하자가 있으나 객관적·일반적으로
    그것이 공무원이 그 직무에 관하여 실시한 봉인 등으로 인정할 수 있는 상태에 있는
    경우(원칙적 적극) [대법원 2007. 3. 15. 선고, 2007도312]
  【판시사항】
  [1] 공무원이 실시한 봉인 등의 표시에 절차상 또는 실체상의 하자가 있으나 객관적·일반적으
  로 그것이 공무원이 그 직무에 관하여 실시한 봉인 등으로 인정할 수 있는 상태에 있는 경우, 공
  무상표시무효죄의 객체가 되는지 여부(원칙적 적극)
  [2] 피고인이 특허권을 침해하였다는 소명이 있다는 이유로 가처분집행이 행하여졌으나 후일 그
  본안소송에서 위 특허가 무효라는 취지의 대법원 판결이 선고되어 그 피보전권리의 부존재가 확
  정된 경우에도 공무상표시무효죄가 성립하는지 여부(적극)
  【이 유】
  공무원이 그 직권을 남용하여 위법하게 실시한 봉인 또는 압류 기타 강제처분의 표시임이 명백하
  여 법률상 당연무효 또는 부존재라고 볼 수 있는 경우에는 그 봉인 등의 표시는 공무상표시무효죄
  의 객체가 되지 아니하여 이를 손상 또는 은닉하거나 기타 방법으로 그 효용을 해한다 하더라도
  공무상표시무효죄가 성립하지 아니한다 할 것이지만, 공무원이 실시한 봉인 등의 표시에 절차상
  또는 실체상의 하자가 있다고 하더라도 객관적·일반적으로 그것이 공무원이 그 직무에 관하여 실

시한 봉인 등으로 인정할 수 있는 상태에 있다면 적법한 절차에 의하여 취소되지 아니하는 한 공무상표시무효죄의 객체로 된다고 할 것이다(대법원 2001. 1. 16. 선고 2000도1757 판결 등 참조).

140-7. 출입금지가처분의 대상이 된 건조물 등에 가처분 채권자의 승낙을 얻어 출입하는 경우(소극)
[대법원 2006. 10. 13. 선고, 2006도4740]

【판시사항】

출입금지가처분의 대상이 된 건조물 등에 가처분 채권자의 승낙을 얻어 출입하는 경우 출입금지가처분 표시의 효용을 해한 것인지 여부(소극)

【판결요지】

출입금지가처분은 그 성질상 가처분 채권자의 의사에 반하여 건조물 등에 출입하는 것을 금지하는 것이므로 비록 가처분결정이나 그 결정의 집행으로서 집행관이 실시한 고시에 그러한 취지가 명시되어 있지 않다고 하더라도 가처분 채권자의 승낙을 얻어 그 건조물 등에 출입하는 경우에는 출입금지가처분 표시의 효용을 해한 것이라고 할 수 없다.

140-8. 압류된 골프장시설을 보관하는 회사의 대표이사가 위 압류시설의 사용 및 봉인의 훼손을 방지할 수 있는 적절한 조치 없이 골프장을 개장하게 하여 봉인이 훼손되게 한 경우(적극)
[대법원 2005. 7. 22. 선고, 2005도3034]

【판시사항】

압류된 골프장시설을 보관하는 회사의 대표이사가 위 압류시설의 사용 및 봉인의 훼손을 방지할 수 있는 적절한 조치 없이 골프장을 개장하게 하여 봉인이 훼손되게 한 경우, 부작위에 의한 공무상표시무효죄의 성립을 인정한 사례

【이유】

피고인이 이 사건 압류시설의 보관자 지위에 있는 공소외 회사의 대표이사라고 하더라도 그러한 사실만으로 위 압류물에 행하여진 봉인의 훼손 결과에 대하여 자연인으로서의 피고인이 당연히 공무상표시무효죄의 죄책을 부담하여야 하는 것은 아니라 할 것이고, 기록상 피고인이 위 봉인을 직접 훼손 혹은 지시하거나 아래 예비적 공소사실에 관한 부분에서 보는 바와 같이 봉인의 훼손이 당연히 예견되는 골프장 개장 및 시설물 작동을 지시하는 등 적극적 작위로서의 위 훼손 혹은 그에 상당하는 행위가 존재함을 인정할 아무런 증거가 존재하지 아니하는 이상 이 사건 주위적 공소사실에 대한 입증부족을 이유로 무죄라고 본 제1심의 판단을 그대로 유지한 원심의 조치는 정당한 것으로 수긍되고, 거기에 상고이유에서 주장하는 바와 같은 위법이 있다고 할 수 없다.

140-9. 공무원이 실시한 봉인 등의 표시에 절차상 또는 실체상의 하자가 있으나 객관적·일반적으로 공무원이 그 직무에 관하여 실시한 봉인 등으로 인정할 수 있는 상태에 있는 경우(적극)
[대법원 2005. 6. 9. 선고, 2005도1085]

【판시사항】

공무원이 실시한 봉인 등의 표시에 절차상 또는 실체상의 하자가 있다고 하더라도, 그 봉인 등의 표시가 객관적·일반적으로 공무원이 그 직무에 관하여 실시한 것으로 인정할 수 있는 상태에 있는 이상, 적법한 절차에 의하여 취소될 때까지는 공무상표시무효죄의 객체가 되는 것인바(대법원 2000. 4. 21. 선고 99도5563 판결 참조), 기록에 의하면, 법원이 이 사건 입주자대표회의를 피신청인으로 하여 이 사건 시설물에 대한 사용금지가처분 결정을 하고 집행관이 위 결정에 따라 이 사건 시설물을 사용하지 말도록 위 가처분의 집행을 하고 그 표시를 하였으며, 위 가처분의 집행 및 표시가 적법한 절차에 의하여 취소된 바가 없음에도, 이 사건 입주자대표회의의 회장인 피고인이 위 표시에 반하여 여선히 이 사건 시설물의 사용을 중단할 어떠한 조치도 취하지 아니하고 이를 계속 사용한 사실을 알 수 있는바, 이와 같은 피고인의 행위는 위 공무상표시의 효용을 해하는 것이라 아니할 수 없고, 가사 피고인이 자신의 이익을 위한 것이 아니라 입주민들의 이익을 위하여 그와 같이 하였다 하더라도 공무상표시무효죄가 성립하지 않는 것은 아니라고 할 것이므로, 원심이 이 부분 공소사실에 대하여 유죄로 인정한 것은 정당한 것으로 수긍이 가고, 거기에 상고이유에서 주장하는 바와 같이 사실을 오인하는 등의 위법이 있다고 할 수 없다.

---

1. 공무원이 실시한 봉인 등의 표시에 절차상 또는 실체상의 하자가 있으나 객관적·일반적으로 그것이 공무원이 그 직무에 관하여 실시한 봉인 등으로 인정할 수 있는 상태에 있는 경우(적극) [대법원 2000. 4. 21. 선고, 99도5563]

【판시사항】

[1] 공무원이 실시한 봉인 등의 표시에 절차상 또는 실체상의 하자가 있으나 객관적·일반적으로 그것이 공무원이 그 직무에 관하여 실시한 봉인 등으로 인정할 수 있는 상태에 있는 경우, 공무상표시무효죄의 객체가 되는지 여부(적극)

[2] 공무원이 그 직무에 관하여 실시한 봉인 등의 표시를 손상 또는 은닉 기타의 방법으로 그 효용을 해함에 있어서 그 봉인 등의 표시가 법률상 효력이 없다고 믿었다는 사정만으로 공무상표시무효죄의 죄책을 면할 수 있는지 여부(소극)

【판결요지】

[1] 공무원이 그 직권을 남용하여 위법하게 실시한 봉인 또는 압류 기타 강제처분의 표시임이 명백하여 법률상 당연무효 또는 부존재라고 볼 수 있는 경우에는 그 봉인 등의 표시는 공무상표시무효죄의 객체가 되지 아니하여 이를 손상 또는 은닉하거나 기타 방법으로 그 효용을 해한다 하더라도 공무상표시무효죄가 성립하지 아니한다 할 것이나, 공무원이 실시한 봉인 등의 표시에 절차상 또는 실체상의 하자가 있다고 하더라도 객관적·일반적으로 그것이 공무원이 그 직무에 관하여 실시한 봉인 등으로 인정할 수 있는 상태에 있다면 적법한 절차에 의하여 취소되지 아니하는 한 공무상표시무효죄의 객체로 된다고 할 것이다.

[2] 공무원이 그 직무에 관하여 실시한 봉인 등의 표시를 손상 또는 은닉 기타의 방법으로 그 효용을 해함에 있어서 그 봉인 등의 표시가 법률상 효력이 없다고 믿은 것은 법규의 해석을 잘못하여 행위의 위법성을 인식하지 못한 것이라고 할 것이므로 그와 같이 믿은 데에 정당한 이유가 없는 이상, 그와 같이 믿었다는 사정만으로는 공무상표시무효죄의 죄책을 면할 수 없다고 할 것이다.

140-10. 채무자가 불가피한 사정으로 채권자의 승낙을 얻어 압류물을 이동시켰으나 집행관의 승인은 얻지 못한 경우(소극) [대법원 2004. 7. 9. 선고, 2004도3029]

【판시사항】

집행관이 그 점유를 옮기고 압류표시를 한 다음 채무자에게 보관을 명한 유체동산에 관하여 채무자가 이를 다른 장소로 이동시켜야 할 특별한 사정이 있고, 그 이동에 앞서 채권자에게 이동사실 및 이동장소를 고지하여 승낙을 얻은 때에는 비록 집행관의 승인을 얻지 못한 채 압류물을 이동시켰다 하더라도 형법 제140조 제1항소정의 '기타의 방법으로 그 효용을 해한' 경우에 해당한다고 할 수 없다고 할 것이다.

---

1. 압류물건의 가동과 공무상 비밀표시무효죄의 성부 [대법원 1983. 8. 23. 선고, 80도1545]

【판결요지】

집달관이 그 점유를 옮기고 압류표시를 한 다음 피고인에게 보관을 명한 물건들을 집달관이나 채권자 몰래 야간에 원래의 장소로부터 상당한 거리에 있는 다른 장소로 이동시킨 것은 피고인이 집행을 면탈할 목적으로 이동시킨 것이 아니라 하여도 객관적 외형에 비추어 볼 때 집행을 현저히 곤란하게 한 경우에 해당하므로 형법 제140조 제1항의 「…… 기타 방법으로 그 효용을 해한 자」에 해당한다.

---

2. 압류물을 원래 보관장소로부터 다른 장소로 이동시킨 경우(적극) [대법원 1986. 3. 25. 선고, 86도69]

【판결요지】

압류물을 채권자나 집달관 몰래 원래의 보관장소로부터 상당한 거리에 있는 다른 장소로 이동시킨 경우에는 설사 그것이 집행을 면탈할 목적으로 한 것이 아니라 하여도 객관적으로 집행을 현저히 곤란하게 한 것이 되어 형법 제140조 제1항 소정의 "기타의 방법으로 그 효용을 해한" 경우에 해당된다.

---

3. 압류물을 집달관의 승인 없이 관할구역 밖으로 옮긴 경우(적극) [대법원 1992. 5. 26. 선고, 91도894]

【판결요지】

압류물을 집달관의 승인 없이 임의로 그 관할구역 밖으로 옮긴 경우에는 압류집행의 효용을 해하게 된다고 할 것이므로 공무상비밀표시무효죄가 성립한다.

140-11. 공무상비밀표시무효죄의 성립요건으로 행위 당시 강제처분의 표시가 현존할 것을 요하는지 여부(적극) [대법원 1997. 3. 11. 선고, 96도2801]

【판결요지】

공무상표시무효죄가 성립하기 위하여는 행위 당시에 강제처분의 표시가 현존할 것을 요한다.

140-12. 건물명도 집행이 완료된 후 채무자가 동건물에 침입한 경우(소극) [대법원 1985. 7. 23. 선고, 85도1092]

【판결요지】

집달관이 채무자 겸 소유자의 건물에 대한 점유를 해제하고 이를 채권자에게 인도한 후 채무자의 출입을 봉쇄하기 위하여 출입문을 판자로 막아둔 것을 채무자가 이를 뜯어내고 그 건물에 들어갔다 하더라도 이는 강제집행이 완결된 후의 행위로서 채권자들의 점유를 침범하는 것은 별론으로 하고 공무상 표시무효죄에 해당하지는 않는다.

140-13. 가처분결정의 당부와 그에 기한 강제처분 표시의 효력(적극) [대법원 1985. 7. 9. 선고, 85도1165]

【판결요지】

법원의 가처분결정에 기하여 집달관이 한 강제처분 표시의 효력은 그 가처분 결정이 적법한 절차에 의하여 취소되지 않는 한 지속되는 것이며, 그 가처분 결정이 가령 부당한 것이라 하더라도 그 효력을 부정할 수는 없다.

140-14. 압류표시된 원동기 가동과 공무상 표시무효죄 성부(소극) [대법원 1984. 3. 13. 선고, 83도3291]

【판결요지】

압류는 채무자의 처분행위를 금하는 것이므로 압류의 효용을 손상하지 않는다면 압류상태에서 그 용법에 따라 종전대로 사용하는 것은 허용된다 할 것이므로 피고인이 압류표시된 원동기를 가동하였다 하여 공무상표시무효죄를 구성한다고 볼 수 없다.

140-15. 압류가 경합된 경우에 한 채권자에게만 변제하고 압류된 유체동산을 처분한 경우(적극) [대법원 1981. 10. 13. 선고, 80도1441]

【판결요지】

채권자 갑에 의하여 압류된 피고인 소유 유체동산에 대하여 다시 채권자 을에 의하여 조사절차가 취하여진 경우에는 을에 대한 관계에 있어서도 압류의 효력이 미친다고 할 것이니, 피고인이 갑에 대한 채무를 변제하였다하여도 그 압류가 해제되지 아니한 한 압류상태에 있다고 할 것이니 갑에 대한 변제사실만 가지고는 압류의 효력이 없다고 할 수 없고, 이를 처분한 피고인에게 공무상 비밀표시 무효에 관한 범의가 없었다고도 할 수 없다.

140-16. 직접 점유자가 점유이전금지가처분집행후 간접 점유자에게 점유를 이전한 경우(적극) [대법원 1980. 12. 23. 선고,, 80도1963]

【판결요지】

직접 점유자에 대한 점유이전금지가처분결정이 집행된 후 그 피신청인인 직접점유자가 가처분 목적물의 간접점유자에게 그 점유를 이전한 경우에는 그 가처분표시의 효용을 해한 것이 된다.

140-17. 남편을 채무자로 한 출입금지가처분을 무시하고 그 처가 출입이 금지된 밭에 들어간

경우(소극) [대법원 1979. 2. 13. 선고, 77도1455]

【판결요지】

남편을 채무자로 한 출입금지가처분 명령의 효력은 그 처에게는 미치지 아니하므로 그 처가 이를 무시하고 출입금지된 밭에 들어가 작업을 한 경우에 공무원이 직무에 관하여 실시한 강제처분 표시의 효용을 해한 것이라고는 할 수 없다.

140-18. 채무자가 채권가압류결정의 정본을 송달받고서도 제3채무자에게 가압류된 돈을 지급한 경우(소극) [대법원 1975. 5. 13. 선고, 73도2555]

【판결요지】

채무자가 채권가압류결정의 정본을 송달받고서 제3채무자에게 가압류된 돈을 지급하였어도 채권 가압류결정의 송달을 받은 것이 형법 142조 소정의 공무상 보관명령이 있는 경우도 아니고 형법 140조 1항 소정의 강제처분의 표시가 있었다고 볼 수 없으니 공무상 보관물의 무효죄 또는 공무 상 비밀표시무효죄가 성립하지 않는다.

140-19. 공무상비밀표시무효와 고의의 내용 [대법원 1970. 9. 22. 선고 70도1206]

【판결요지】

형법 제140조 제1항의 규정은 봉인 또는 압류 기타 강제처분의 표시가 효력을 잃기 전에 권리 없이 이를 손상 또는 은닉하였거나 기타 방법으로 그 효용을 해케 한 행위를 구성요소로 하는 취지이며, 민사소송법 기타 공법의 규정에 의하여 가압류의 효력이 없다고 해석되는 경우 또는 봉인 등의 형식이 있으나 이를 손상할 권리가 있다고 인정되는 경우에는 본죄의 구성요소를 충족하지 못한다고 봐야 할 것이다.

그러므로 민사소송법 기타의 공법의 해석을 잘못하여 피고인이 가압류의 효력이 없는 것이라 하여 가압류가 없는 것으로 착오하였거나 또는 봉인 등을 손상 또는 효력을 해할 권리가 있다고 오신한 경우에는 민사법령 기타 공법의 부지에 인한 것으로서 이러한 법령의 부지는 형벌법규의 부지와 구별되어 범의를 조각한다고 해석할 것이다.

제140조의2[부동산강제집행효용침해]

> 제140조의2(부동산강제집행효용침해) 강제집행으로 명도 또는 인도된 부동산에 침입하거나 기타 방법으로 강제집행의 효용을 해한 자는 5년 이하의 징역 또는 700만원 이하의 벌금에 처한다. [본조신설 1995. 12. 29.]

140의2-1. 부동산강제집행효용침해죄의 구성요건 중 '기타 방법' 및 '강제집행의 효용을 해하는 것'의 의미 [대법원 2014. 1. 23. 선고, 2013도38]

【판시사항】

형법 제140조의2의 부동산강제집행효용침해죄는 강제집행으로 명도 또는 인도된 부동산에 침입하거나 기타 방법으로 강제집행의 효용을 해함으로써 성립한다. 여기서 **'기타 방법'** 이란 강제집행의 효용을 해할 수 있는 수단이나 방법에 해당하는 일체의 방해행위를 말하고, **'강제집행의 효용을 해하는 것'** 이란 강제집행으로 명도 또는 인도된 부동산을 권리자가 그 용도에 따라 사용·수익하거나 권리행사를 하는 데 지장을 초래하는 일체의 침해행위를 말한다(대법원 2002. 11. 8. 선고 2002도4801 판결 참조).

140의2-2. 부동산강제집행효용침해죄에 있어 '강제집행으로 명도 또는 인도된 부동산'에 퇴거집행된 부동산이 포함되는지 여부(적극) [대법원 2003. 5. 13. 선고, 2001도3212]

【판시사항】

[1] 형법 제140조의2 소정의 부동산강제집행효용침해죄에 있어 '강제집행으로 명도 또는 인도된 부동산'에 퇴거집행된 부동산이 포함되는지 여부(적극)

[2] 피고인이 정식재판을 청구한 약식명령 사건에 다른 사건이 병합된 경우, 경합범으로 처단하면서 약식명령의 형보다 중한 형을 선고한 것이 불이익변경금지의 원칙에 어긋나는지 여부(소극)

【판결요지】

[1] 형법 제140조의2 부동산강제집행효용침해죄의 입법취지와 체제 및 내용과 구조를 살펴보면, 부동산강제집행효용침해죄의 객체인 강제집행으로 명도 또는 인도된 부동산에는 강제집행으로 퇴거집행된 부동산을 포함한다고 해석된다.

[2 피고인이 약식명령에 대하여 정식재판을 청구한 사건에서 다른 사건을 병합심리한 후 경합범으로 처단하면서 약식명령의 형량보다 중한 형을 선고한 것은 형사소송법 제457조의2가 규정하는 불이익변경금지의 원칙에 어긋나지 아니한다.

제141조[공용서류 등의 무효, 공용물의 파괴]

제141조(공용서류 등의 무효, 공용물의 파괴) ① 공무소에서 사용하는 서류 기타 물건 또는 전자기록등 특수매체기록을 손상 또는 은닉하거나 기타 방법으로 그 효용을 해한 자는 7년 이하의 징역 또는 1천만원 이하의 벌금에 처한다. 〈개정 1995. 12. 29.〉
② 공무소에서 사용하는 건조물, 선박, 기차 또는 항공기를 파괴한 자는 1년 이상 10년 이하의 징역에 처한다.

141-1. 공용전자기록 등 손상죄에서 말하는 '공무소에서 사용하는 서류 기타 전자기록'에 공문서로서 효력이 생기기 이전의 서류, 정식 접수 및 결재 절차를 거치지 않은 문서, 결재 상신 과정에서 반려된 문서 등이 포함되는지 여부(적극) [대법원 2020. 12. 10. 선고, 2015도19296]

【판시사항】

공용전자기록 등 손상죄에서 말하는 '공무소에서 사용하는 서류 기타 전자기록'에 공문서로서의 효력이 생기기 이전의 서류, 정식의 접수 및 결재 절차를 거치지 않은 문서, 결재 상신 과정에서 반려된 문서 등이 포함되는지 여부(적극) 및 미완성의 문서라도 본죄가 성립하는지 여부(적극)

【판결요지】

형법 제141조 제1항은 공무소에서 사용하는 서류 기타 물건 또는 전자기록 등 특수매체기록을 손상 또는 은닉하거나 기타 방법으로 그 효용을 해한 자를 처벌하도록 규정하고 있다. '공무소에서 사용하는 서류 기타 전자기록'에는 공문서로서의 효력이 생기기 이전의 서류라거나, 정식의 접수 및 결재 절차를 거치지 않은 문서, 결재 상신 과정에서 반려된 문서 등을 포함하는 것으로, 미완성의 문서라고 하더라도 본죄의 성립에는 영향이 없다.

1. 형법 제141조 제1항의 공용서류는 정부공문서 규정에 따라 접수되고 결제된 것에 한하는지(소극) [대법원 1971. 3. 30. 선고, 71도324]

【판시사항】
형법 제141조 제1항의 공용서류는 정부공문서 규정에 따라 접수되고 결제된 것에 한하지 않는다.

2. 공용서류은닉죄에 있어서 범의 및 경찰 작성 진술조서가 미완성이고 작성자와 진술자가 서명·날인 또는 무인한 것이 아니어서 공문서로서 효력이 없는 경우(적극) [대법원 2006. 5. 25. 선고, 2003도3945]

【판결요지】
형법 제141조 제1항이 규정하고 있는 공용서류은닉죄에 있어서의 범의란 피고인에게 공무소에서 사용하는 서류라는 사실과 이를 은닉하는 방법으로 그 효용을 해한다는 사실의 인식이 있음으로써 족하고, 경찰이 작성한 진술조서가 미완성이고 작성자와 진술자가 서명·날인 또는 무인한 것이 아니어서 공문서로서의 효력이 없다고 하더라도 공무소에서 사용하는 서류가 아니라고 할 수는 없다.

141-2. '공무소에서 사용하는 서류'의 의미 및 공용서류은닉죄에서 범의의 내용 [대법원 2013. 11.

28. 선고, 2011도5329]

【판시사항】

형법 제141조 제1항의 '공무소에서 사용하는 서류' 란 공무소에서 사용 또는 보관 중인 서류이면 족하고, 그 범의란 피고인에게 공무소에서 사용하는 서류라는 사실과 이를 은닉하는 방법으로 그 효용을 해한다는 사실의 인식이 있음으로써 충분하며 반드시 그에 관한 계획적인 의도나 적극적인 희망이 있어야 하는 것은 아니다(대법원 1998. 8. 21. 선고 98도360 판결, 대법원 2006. 5. 25. 선고 2003도3945 판결 등 참조).

141-3. 공문서 작성권자와 공용서류무효죄 [대법원 1995. 11. 10. 선고, 95도1395]

【판결요지】

형법 제141조 제1항이 규정한 공용서류무효죄는 정당한 권한 없이 공무소에서 사용하는 서류의 효용을 해함으로써 성립하는 죄이므로 권한 있는 자의 정당한 처분에 의한 공용서류의 파기에는 적용의 여지가 없고, 또 공무원이 작성하는 공문서는 그것이 작성자의 지배를 떠나 작성자로서도 그 변경 삭제가 불가능한 단계에 이르렀다면 모르되 그렇지 않고 상사가 결재하는 단계에 있어서는 작성자는 결재자인 상사와 상의하여 언제든지 그 내용을 변경 또는 일부 삭제할 수 있는 것이며 그 내용을 정당하게 변경하는 경우는 물론 내용을 허위로 변경하였다 하여도 그 행위가 허위공문서작성죄에 해당할지언정 따로 형법 제141조 소정의 공용서류의 효용을 해하는 행위에 해당한다고는 할 수 없다.

141-4. 시가 본청 전입자 발탁을 위하여 실시한 참고시험의 답안지(적극) [부산고법 1991. 2. 6. 선고, 90노667, 확정]

【판결요지】

형법 제225조에 규정된 공문서라 함은 그 작성명의인인 공무소 또는 공무원이 법령, 내규 또는 관례에 의하여 그 직무집행의 범위 내에서 직무상 작성한 문서를 의미하므로, 시가 본청 전입자 발탁을 위하여 구청공무원을 상대로 실시한 내부인사용 참고시험의 답안지는 응시자인 구청공무원이 공무를 위하여 직무상 작성한 문서가 아니라 직무와는 관계없이 개인적 목적을 위하여 작성한 서류에 불과하므로, 이는 형법 제225조 소정의 공문서가 아니라 형법 제141조 제1항 소정의 공용서류에 해당한다.

141-5. 군에 제출한 건축허가신청에 첨부된 설계도면을 권한없이 바꿔 갈아 넣은 경우(적극) [대법원 1982. 12. 14. 선고, 81도81]

【판결요지】

공용서류무효죄는 공문서나 사문서를 불문하고 공무소에서 사용 또는 보관중인 서류를 정당한 권한없이 그 효용을 해함으로써 성립하므로, 피고인이 군에 보관중인 피고인 명의의 건축허가신청서에 첨부된 설계도면을 떼내고 별개의 설계도면으로 바꿔 넣은 경우 공용서류무효죄가 성립한다.

141-6. 상사에게 정식보고되지 않고 수사기록에 편철되지 아니한 채 보관중이던 진술조서를 휴지통에
폐기한 경우(적극) [대법원 1982. 10. 12. 선고, 82도368]

【판결요지】

공용서류무효죄의 객체는 그것이 공무소에서 사용되는 서류인 이상, 정식절차를 밟아 접수되었
는지 또는 완성되어 효력이 발생되었는지의 여부를 묻지 않는다 할 것이므로 피고인이 작성한 이
사건 진술조서가 상사에게 정식으로 보고되어 수사기록에 편철된 문서가 아니라거나 완성된 서류
가 아니라 하여 형법 제141조 제1항 소정의 공무소에서 사용하는 서류에 해당하지 않는 것이라고
할 수 없으니, 피고인이 진술자의 서명무인과 간인까지 받아 작성한 진술조서를 수사기록에 편철
하지 않은 채 보관하고 있다가 휴지통에 버려 폐기한 소위는 공용서류무효죄에 해당한다.

---

1. 공용서류무효죄의 객체 [대법원 1981. 8. 25. 선고, 81도1830]

【판결요지】

공용서류무효죄에 있어서의 객체는 그것이 공무소에서 사용하는 서류인 이상 공문서이거나 사문서이거
나 또는 정식절차를 밟아 접수 또는 작성된 것이거나 완성된 것이거나를 묻지 않는다고 할 것이므로 세
무공무원이 상속세신고서 및 세무서 작성의 부과결정서등을 임의로 반환한 경우에는 위죄에 해당한다.

제142조[공무상 보관물의 무효]

제142조(공무상 보관물의 무효) 공무소로부터 보관명령을 받거나 공무소의 명령으로 타인이 관리
하는 자기의 물건을 손상 또는 은닉하거나 기타 방법으로 그 효용을 해한 자는 5년 이하의 징역
또는 700만원 이하의 벌금에 처한다. 〈개정 1995. 12. 29.〉

142-1. 채권가압류 명령의 송달이 공무상 보관명령에 해당하는지 여부(소극) [대법원 1983. 7. 12.
선고, 83도1405]

【판결요지】

제3채무자는 채무자에 대한 채무의 지급을 하여서는 아니된다는 내용 등의 가압류결정 정본의 송달
을 받은 것이 형법 제142조 소정의 공무소로부터 보관명령을 받은 경우에 해당한다고 할 수 없다.

142-2. 압수보관된 상태 그대로 양도한 것이 공무상 보관물무효죄가 되는지 여부(소극) [서울고법
1980. 3. 20. 선고, 76노992, 확정]

【판결요지】

압수가 해제될 것을 전제로하여 압수보관된 상태 그대로 양도한 사실만으로는 공무상 보관물무
효죄가 된다고 할 수 없다.

142-3. 채무자가 채권가압류결정의 정본을 송달받고서도 제3채무자에게 가압류된 돈을 지급한 경우(소극) [대법원 1975. 5. 13. 선고, 73도2555]

【판결요지】

채무자가 채권가압류결정의 정본을 송달받고서 제3채무자에게 가압류된 돈을 지급하였어도 채권가압류결정의 송달을 받은 것이 형법 142조 소정의 공무상 보관명령이 있는 경우도 아니고 형법 140조 1항 소정의 강제처분의 표시가 있었다고 볼 수 없으니 공무상 보관물의 무효죄 또는 공무상 비밀표시무효죄가 성립하지 않는다.

제144조[특수공무방해]

제144조(특수공무방해) ① 단체 또는 다중의 위력을 보이거나 위험한 물건을 휴대하여 제136조, 제138조와 제140조 내지 전조의 죄를 범한 때에는 각조에 정한 형의 2분의 1까지 가중한다. ② 제1항의 죄를 범하여 공무원을 상해에 이르게 한 때에는 3년 이상의 유기징역에 처한다. 사망에 이르게 한 때에는 무기 또는 5년 이상의 징역에 처한다. 〈개정 1995. 12. 29.〉

144-1. 직무를 집행하는 공무원에 대하여 위험한 물건을 휴대하여 고의로 상해를 가한 경우, 특수공무집행방해치상죄 외에 폭력행위법 위반(집단·흉기 등 상해)죄를 구성하는지 여부(소극)[대법원 2008. 11. 27. 선고, 2008도7311]

【판결요지】

직무를 집행하는 공무원에 대하여 위험한 물건을 휴대하여 고의로 상해를 가한 경우에는 특수공무집행방해치상죄만 성립할 뿐, 이와는 별도로 폭력행위 등 처벌에 관한 법률 위반(집단·흉기 등 상해)죄를 구성하지 않는다.

1. 특수공무집행방해치상죄가 중한 결과에 대한 고의가 있는 경우까지도 포함하는 부진정결과적가중범인지 여부(적극) [대법원 1995. 1. 20. 선고, 94도2842]
   【판결요지】
   특수공무집행방해치상죄는 원래 결과적가중범이기는 하지만, 이는 중한 결과에 대하여 예견가능성이 있었음에 불구하고 예견하지 못한 경우에 벌하는 진정결과적가중범이 아니라 그 결과에 대한 예견가능성이 있었음에도 불구하고 예견하지 못한 경우뿐만 아니라 고의가 있는 경우까지도 포함하는 부진정결과적가중범이다.

144-2. 신호위반에 따른 정지 지시를 무시하고 도주하던 사람이 자신을 추격해 온 경찰관의 하차 요구에 불응한 채 계속 도주를 시도하다가 자동차 앞 범퍼로 경찰관을 들이받고, 차 본넷

위에 경찰관을 매달은 채로 그대로 진행한 행위(적극) [대법원 2008. 2. 28. 선고, 2008도3]

【판시사항】

신호위반에 따른 정지 지시를 무시하고 도주하던 사람이 자신을 추격해 온 경찰관의 하차 요구에 불응한 채 계속 도주를 시도하다가 자동차 앞 범퍼로 경찰관을 들이받고, 차 본넷 위에 경찰관을 매달은 채로 그대로 차를 몰고 진행하던 중 인도에 있던 가로수를 들이받아 결국 경찰관을 사망에 이르게 한 사안

【이 유】

피고인이 신호위반에 따른 정지 지시를 무시하고 도주한 자신을 추격해 온 경찰관 2명이 피고인의 차 앞뒤로 오토바이를 세워놓고 피고인에게 하차하라고 요구하였음에도 이에 불응한 채 차를 후진하여 차 뒤에 있는 오토바이를 들이받은 후, 앞에 있는 오토바이와의 사이에 생긴 공간을 이용하여 핸들을 좌측으로 꺾으면서 급발진함으로써 운전석 쪽의 펜더 옆에 서 있던 경찰관 공소외인의 다리를 차 앞범퍼로 들이받았고, 이에 공소외인이 차 본넷 위에 앞으로 넘어지면서 본넷을 붙잡고 있는데도 차를 그대로 몰고 진행하던 중 우측 인도에 심어져 있던 가로수를 들이받아 차 범퍼와 가로수 사이에 공소외인의 다리가 끼어 절단되게 하여 공소외인으로 하여금 저혈량성 쇼크 등으로 사망에 이르게 한 사실을 인정할 수 있고, <u>피고인의 이러한 행위는 '위험한 물건'인 자동차를 이용하여 경찰관인 공소외인의 교통단속에 관한 정당한 직무집행을 방해하고 그로 인해 공소외인을 사망에 이르게 한 특수공무집행방해치사죄에 해당한다고 판단하였다.</u>

144-3. 특수공무집행방해치상죄의 주관적 성립요건 [대법원 2002. 4. 12. 선고, 2000도3485]

【판시사항】

[1] 공동정범에 있어서 공모관계의 성립요건 및 결과적가중범인 특수공무집행방해치상죄의 주관적 성립 요건

[2] 집회 및 시위에 참가한 노동조합원 중 일부가 시위진압 경찰관들과의 몸싸움 과정에서 경찰관들에게 상해를 입게 한 사안에서 금속연맹 지역 본부장의 직책을 가지고 그 집회 및 시위에 적극적으로 참가한 피고인에게 특수공무집행방해치상의 공모공동정범으로서의 죄책을 인정한 사례

【판결요지】

[1] 어느 범죄에 2인 이상이 공동가공하는 경우 공모는 법률상 어떠한 정형을 요구하는 것이 아니고 2인 이상이 공모하여 범죄에 공동가공하여 범죄를 실현하려는 의사의 결합만 있으면 되는 것으로서, 비록 암묵적으로라도 수인 사이에 의사가 상통하여 의사의 결합이 이루어지면 공모관계가 성립하고, 이러한 공모가 이루어진 이상 실행행위에 직접 관여하지 아니한 자라도 다른 공모자의 행위에 대하여 공동정범으로서 형사책임을 지며, 또 결과적가중범의 공동정범은 기본행위를 공동으로 할 의사가 있으면 성립하고 결과를 공동으로 할 의사는 필요 없는바, 특수공무집행방해치상죄는 단체 또는 다중의 위력을 보이거나 위험한 물건을 휴대하고 직무를 집행하는 공무원에 대하여 폭행·협박을 하여 공무원을 사상에 이르게 한 경우에 성립하는 결과적가중범으로서 행위자가 그 결과를 의도할 필요는 없고 그 결과의 발생을 예견할 수 있으면 족하다.

[2] 집회 및 시위에 참가한 노동조합원 중 일부가 시위진압 경찰관들과의 몸싸움 과정에서 경찰관들에게 상해를 입게 한 사안에서 금속연맹 지역 본부장의 직책을 가지고 그 집회 및 시위에 적극적으로 참가한 피고인에게 특수공무집행방해치상의 공모공동정범으로서의 죄책을 인정한 사례

---

1. 특수공무집행방해치상죄의 행위자가 그 결과 의도 여부 [대법원 1980. 5. 27. 선고, 80도796]

【판결요지】

형법 제144조 제2항 소정의 특수공무집행방해치상죄는 결과적 가중범이므로 행위자가 그 결과를 의도할 필요는 없고 그 결과의 발생을 예견할 수 있으면 족하다.

---

2. 집단행위 과정에서 살상의 고의행위에 가담하지 아니한 집단원도 결과가 예견가능한 경우 특수공무방해치사상의 죄책을 지는지 여부(적극) [대법원 1990. 6. 26. 선고, 90도765]

【판시사항】

[1] 부진정결과적가중범인 특수공무방해치사상죄에 있어서 공무집행을 방해하는 집단행위 과정에서 살상의 고의행위에 가담하지 아니한 집단원도 결과가 예견가능한 경우 특수공무방해치사상의 죄책을 지는지 여부(적극)

[2] 공무집행을 방해하는 집단행위 과정에서 일부 집단원이 고의로 방화행위를 하여 사상의 결과를 초래한 경우 방화행위 자체에 공모가담한 바 없는 공범이 특수공무방해치사상죄 외에 방화치사상의 죄책을 지는지 여부(소극)

【판결요지】

[1] 특수공무방해치사상과 같은 이른바 부진정결과적가중범은 예견가능한 결과를 예견하지 못한 경우뿐만 아니라 그 결과를 예견하거나 고의가 있는 경우까지도 포함하는 것이므로, 공무집행을 방해하는 집단행위의 과정에서 일부 집단원이 고의행위로 살상을 가한 경우에도 다른 집단원에게 그 사상의 결과가 예견가능한 것이었다면 다른 집단원도 그 결과에 대하여 특수공무방해치사상의 책임을 면할 수 없다.

[2] 부진정결과적가중범인 특수공무방해치사상죄에 있어서 공무집행을 방해하는 집단행위의 과정에서 일부 집단원이 고의로 방화행위를 하여 사상의 결과를 초래한 경우에 다른 집단원이 그 방화행위로 인한 사상의 결과를 예견할 수 있는 상황이었다면 특수공무방해치사상의 죄책을 면할 수 없으나 그 방화행위 자체에 공모가담한 바 없는 이상 방화치사상죄로 의율할 수는 없다.

---

3. 특수공무집행방해치사상죄의 성립 요건 [대법원 1997. 10. 10. 선고, 97도1720]

【판결요지】

특수공무집행방해치상죄는 단체 또는 다중의 위력을 보이거나 위험한 물건을 휴대하고 직무를 집행하는 공무원에 대하여 폭행, 협박을 하여 공무원을 사상에 이르게 한 경우에 성립하는 결과적가중범으로서 행위자가 그 결과를 의도할 필요는 없고 그 결과의 발생을 예견할 수 있으면 족하다.

144-4. 의무경찰이 직진하여 오는 택시의 운전자에게 좌회전을 지시하고 불과 30㎝ 앞에서 이유를 설명하고 있다가, 택시 운전자가 신경질적으로 갑자기 좌회전하는 바람에 택시 우측 범퍼로 무릎을 들이받힌 경우 [대법원 1995. 1. 24. 선고, 94도1949]

【판시사항】

[1] 의무경찰이 직진하여 오는 택시의 운전자에게 좌회전을 지시하고 불과 30㎝ 앞에서 이유를 설명하고 있다가, 택시 운전자가 신경질적으로 갑자기 좌회전하는 바람에 택시 우측 범퍼로 무릎을 들이받힌 사안

[2] "[1]"항과 같은 택시 운전자의 범행을 특수공무집행방해치상죄로 의율할 수는 없다.

【판결요지】

[1] 의무경찰이 학생들의 가두캠페인 행사관계로 직진하여 오는 택시의 운전자에게 좌회전 지시를 하였음에도 택시의 운전자가 계속 직진하여 와서 택시를 세우고는 항의하므로 그 의무경찰이 택시 약 30㎝ 전방에 서서 이유를 설명하고 있는데 그 운전자가 신경질적으로 갑자기 좌회전하는 바람에 택시 우측 앞 범퍼부분으로 의무경찰의 무릎을 들이받은 사안에서, 그 사건의 경위, 사고 당시의 정황, 운전자의 연령 및 경력 등에 비추어 특별한 사정이 없는 한 택시의 회전반경 등 자동차의 운전에 대하여 충분한 지식과 경험을 가졌다고 볼 수 있는 운전자에게는, 사고 당시 최소한 택시를 일단 후진하였다가 안전하게 진행하거나 의무경찰로 하여금 안전하게 비켜서도록 한 다음 진행하지 아니하고 그대로 좌회전하는 경우 그로부터 불과 30㎝ 앞에서 서 있던 의무경찰을 충격하리라는 사실을 쉽게 알고도 이러한 결과발생을 용인하는 내심의 의사, 즉 미필적 고의가 있었다고 봄이 경험칙상 당연하다.

[2] "[1]"항과 같은 사건의 경위와 정황, 그 의무경찰의 피해가 전치 5일 간의 우슬관절부 경도 좌상 정도에 불과한 점 등에 비추어 볼 때, 그와 같은 택시운행으로 인하여 사회통념상 피해자인 의무경찰이나 제3자가 위험성을 느꼈으리라고는 보여지지 아니하므로 그 택시 운전자의 범행을 특수공무집행방해 치상죄로 의율할 수는 없다.

---

1. 가연물질이 많은 대학도서관 옥내에서 공무집행을 방해할 목적으로 화염병을 투척하는 경우 특수공무방해치사상죄의 성립요건으로서의 사상의 결과 발생에 관한 예견가능성 유무(적극) [대법원 1990. 6. 22. 선고, 90도767]

【판시사항】

[1] 대학생들에 의하여 납치, 감금된 전경들을 구출하기 위하여 경찰이 압수수색영장 없이 대학교 도서관에 진입한 것이 적법한 공무집행에 해당하는지 여부(적극)

[2] 가연물질이 많은 대학도서관 옥내에서 공무집행을 방해할 목적으로 화염병을 투척하는 경우 특수공무방해치사상죄의 성립요건으로서의 사상의 결과 발생에 관한 예견가능성 유무(적극)

【판결요지】

[1] 대학생들인 피고인들이 전경 5명을 불법으로 납치, 감금하고 있으면서 경찰의 수회에 걸친 즉시 석방요구에도 불구하고 불가능한 조건을 내세워 이에 불응하고, 경찰이 납치된 전경들을 구출하기 위하여 농성장소인 대학교 도서관 건물에 진입하기 직전 동 대학교 총장에게 이를 통고하고 이에 동 총장이 설득하였음에도 불구하고 이에 응하지 아니한 상황 아래에서는 현행의 불법감금상태를 제거하고 범인을 체포할 긴급한 필요가 있다고 보여지므로, 경찰이 압수수색영장 없이 도서관 건물에 진입한 것은 적법한 공무원의 직무집행이라 할 것이다.

[2] 특수공무방해치사상죄는 결과적가중범으로서 행위자가 그 결과의 발생을 예견할 수 있으면 족하다고 할 것인바, 피고인들이 도서관에 농성중인 학생들과 함께 경찰의 진입에 대항하여 건물현관 입구에는 빈 드럼통으로, 계단 등에는 책상과 걸상으로 각 장애물을 설치하고, 화염병이 든 상자 등 가연물질이 많이 모여있는 7층 복도 등에는 석유를 뿌려놓아 가연물질이 많은 옥내에 화염병이 투척되면 화염병이 불씨에 의하여 발화할 가능성이 있고 행동반경이 좁은 고층건물의 옥내인 점을 감안하여 볼 때, 불이 날 경우 많은 사람이 다치거나 사망할 수 있다는 것은 일반경험칙상 넉넉히 예상할 수 있는 것이므로 피고인들에게 위와 같은 화재로 인한 사망 등의 결과발생에 관하여 예견가능성이 없었다고는 할 수 없다.

144-5. 감금당한 전투경찰대원들을 구출하기 위하여 대학교 도서관에 진입한 경찰관들에 대하여 피고인들과 농성학생들이 화염병을 던져 경찰관들을 사상에 이르게 한 경우(적극) [대법원 1990. 6. 22. 선고, 90도764]

【판결요지】

100여명의 학생들에 의하여 감금당한 전투경찰대원들을 구출하기 위하여 경찰관들이 대학교 도서관으로 진입하려 하자 피고인들이 이를 저지하기 위하여 화염병을 사용하려고 하였는바, 화염병을 도서관 실내 등에 던지게 되면 화염병의 불길이 인화성물질에 번져 도서관이 소훼될 수 있고, 나아가 도서관으로 진입한 경찰관들이 위와 같은 화염병에 의한 불길로 말미암아 사상할 위험이 있다는 것을 충분히 예견할 수 있었음에도 불구하고, 피고인들이 농성학생들과 함께 도서관의 입구 등에 장애물을 설치하고 화염병을 만들어 나누어 가지고 있다가 경찰관들이 도서관으로 진입하면 화염병을 경찰관들이나 도서관의 입구 등에 설치된 장애물 및 도서관의 실내 등에 던져 경찰관들의 진입을 저지함으로써 경찰관들의 구출임무를 방해하기로 순차 공모하고, 이에 따라 피고인들도 그 실행행위를 분담한 후 농성학생들 중 일부가 도서관 복도 중앙에 널려있는 화염병 상자 주위에 석유를 뿌리고, 불을 붙인 화염병을 상자쪽으로 던짐으로써 화재가 발생하고, 도서관으로 진입하던 경찰관들 중 일부가 화염병의 유리조각이나 의자 등에 의하여 상해를 입고, 도서관 복도에서 발생한 화재로 말미암아 일부 경찰관들이 사상에 이르렀다면, 피고인들의 위 행위는 특수공무방해치사상죄를 구성한다.

144-6. 특수공무방해죄의 "위험한 물건을 휴대하여" 의 의미 [대법원 1984. 10. 23. 선고, 84도2001]

【판결요지】

형법 제144조 특수공무방해죄에 있어서의 "위험한 물건" 이라 함은 흉기는 아니라고 하더라도 널리 사람의 생명·신체에 해를 가하는데 사용할 수 있는 일체의 물건을 포함한다고 풀이할 것이므로 본래 살상용·파괴용으로 만들어진 것 뿐만 아니라 다른 목적으로 만들어진 칼·가위·유리병·각종 공구·자동차등은 물론, 화학약품 또는 사주된 동물등도 그것이 사람의 생명·신체에 해를 가하는데 사용되었다면 본조의 "위험한 물건" 이라 할 것이며, 한편, 이러한 물건을 "휴대하여" 라는 말은 소지 뿐만 아니라 널리 이용한다는 뜻도 포함하고 있다.

144-7. 경찰관의 임의동행 요구을 받고 자기집 안방으로 피하여 문을 잠근후 면도칼로 앞가슴 등을
그어 피를 보이면서 죽어버리겠다 한 경우(소극) [대법원 1976. 3. 9. 선고, 75도3779]

【판시사항】

경찰관의 임의동행을 요구 받은 피고인이 자기집 안방으로 피하여 문을 잠근후 면도칼로 앞가슴
등을 그어 피를 보이면서 죽어버리겠다한 경우에 형법 144조 1항, 136조 1항 소정의 폭행 또는
협박으로 볼 수 있는지 여부.

【판결요지】

경찰관의 임의동행을 요구받은 피고인이 자기집 안방으로 피하여 문을 잠그었다면 이는 임의동
행 요구를 거절한 것이므로 피요구자의 승락을 조건으로 하는 임의동행하려는 직무행위는 끝난
것이고 피고인이 문을 잠근 방안에서 면도칼로 앞가슴 등을 그어 피를 보이면서 자신이 죽어버리
겠다고 불온한 언사를 농하였다 하여도 이는 자해자학행위는 될지언정 위 경찰관에 대한 유형력
의 행사나 해악의 고지표시가 되는 폭행 또는 협박으로 볼 수 없다.

144-8. 형법 제144조의 "다중의 위력을 보이거나"의 뜻 [대법원 1971. 12. 21. 선고, 71도1930]

【판결요지】

본조 소정의 "다중"이라함은 단체를 이루지 못한 다수인의 중합을 지칭하는 것이므로 불과 3인
의 경우에는 그것이 어떤 집단의 힘을 발판 또는 배경으로 한다는 것이 인정되지 않는한 "다중의
위력"을 보인 것이라고는 할 수 없다.

제9장 도주와 범인은닉의 죄

제145조(도주, 집합명령위반)

> 제145조(도주, 집합명령위반) ① 법률에 따라 체포되거나 구금된 자가 도주한 경우에는 1년 이하의 징역에 처한다.
> ② 제1항의 구금된 자가 천재지변이나 사변 그 밖에 법령에 따라 잠시 석방된 상황에서 정당한 이유없이 집합명령에 위반한 경우에도 제1항의 형에 처한다. [전문개정 2020. 12. 8.]

145-1. 사법경찰관이 피고인을 수사관서까지 동행한 것이 사실상의 강제연행, 즉 불법체포에 해당한 경우 도주죄의 주체 여부(소극) [대법원 2006. 7. 6. 선고, 2005도6810]

【판결요지】

사법경찰관이 피고인을 수사관서까지 동행한 것이 사실상의 강제연행, 즉 불법체포에 해당하고, 불법체포로부터 6시간 상당이 경과한 후에 이루어진 긴급체포 또한 위법하므로 피고인이 불법체포된 자로서 형법 제145조 제1항에 정한 '법률에 의하여 체포 또는 구금된 자'가 아니어서 도주죄의 주체가 될 수 없다.

145-2. 도주죄의 기수시기 및 도주행위가 기수에 이른 후에 도주죄의 범인의 도피를 도와주는 행위가 도주원조죄에 해당하는지 여부(소극) [대법원 1991. 10. 11. 선고, 91도1656]

【판결요지】

도주죄는 즉시범으로서 범인이 간수자의 실력적 지배를 이탈한 상태에 이르렀을 때에 기수가 되어 도주행위가 종료하는 것이고, 도주원조죄는 도주죄에 있어서의 범인의 도주행위를 야기시키거나 이를 용이하게 하는 등 그와 공범관계에 있는 행위를 독립한 구성요건으로 하는 범죄이므로, 도주죄의 범인이 도주행위를 하여 기수에 이른 이후에 범인의 도피를 도와 주는 행위는 범인도피죄에 해당할 수 있을 뿐 도주원조죄에는 해당하지 아니한다.

제151조(범인은닉과 친족간의 특례)

제151조(범인은닉과 친족간의 특례) ① 벌금 이상의 형에 해당하는 죄를 범한 자를 은닉 또는 도피하게 한 자는 3년 이하의 징역 또는 500만원 이하의 벌금에 처한다. 〈개정 1995. 12. 29.〉
② 친족 또는 동거의 가족이 본인을 위하여 전항의 죄를 범한 때에는 처벌하지 아니한다. 〈개정 2005. 3. 31.〉

151-1. 범인도피죄에서 '도피하게 하는 행위'의 의미 / 공범을 도피하게 하는 경우에 범인도피죄가 성립할 수 있는지 여부(적극) 및 범인 스스로 도피하는 행위도 처벌되는지 여부(소극) [대법원 2018. 8. 1. 선고, 2015도20396]

【판시사항】

[1] 범인도피죄에서 '도피하게 하는 행위'의 의미

[2] 공범을 도피하게 하는 경우에 범인도피죄가 성립할 수 있는지 여부(적극) 및 범인 스스로 도피하는 행위도 처벌되는지 여부(소극)

[3] 공범 중 1인이 그 범행에 관한 수사절차에서 참고인 또는 피의자로 조사받으면서 자기의 범행을 구성하는 사실관계에 관하여 허위로 진술하고 허위 자료를 제출하는 경우, 범인도피죄로 처벌할 수 있는지 여부(소극) 및 이때 공범이 이러한 행위를 교사한 경우, 범인도피교사죄가 성립하는지 여부(소극)

【판결요지】

[1] 형법 제151조가 정한 범인도피죄에서 '도피하게 하는 행위'란 은닉 이외의 방법으로 범인에 대한 수사, 재판, 형의 집행 등 형사사법의 작용을 곤란하게 하거나 불가능하게 하는 일체의 행위를 말한다.

[2] 범인도피죄는 타인을 도피하게 하는 경우에 성립할 수 있는데, 여기에서 타인에는 공범도 포함되나 범인 스스로 도피하는 행위는 처벌되지 않는다.

[3] 공범 중 1인이 그 범행에 관한 수사절차에서 참고인 또는 피의자로 조사받으면서 자기의 범행을 구성하는 사실관계에 관하여 허위로 진술하고 허위 자료를 제출하는 것은 자신의 범행에 대한 방어권 행사의 범위를 벗어난 것으로 볼 수 없다. 이러한 행위가 다른 공범을 도피하게 하는 결과가 된다고 하더라도 범인도피죄로 처벌할 수 없다. 이때 공범이 이러한 행위를 교사하였더라도 범죄가 될 수 없는 행위를 교사한 것에 불과하여 범인도피교사죄가 성립하지 않는다.

1. 피의자가 수사기관에서 공범에 관하여 허위진술한 경우 범인도피죄의 성립 여부(원칙적 소극) [대법원 2008. 12. 24. 선고, 2007도11137]

【판시사항】

[1] 범인도피죄에서 '도피하게 하는 행위'의 의미

[2] 피의자가 수사기관에서 공범에 관하여 허위진술한 경우 범인도피죄의 성립 여부(원칙적 소극)

【판결요지】

[1] 형법 제151조의 범인도피죄에서 '도피하게 하는 행위'는 은닉 이외의 방법으로 범인에 대한 수사, 재판 및 형의 집행 등 형사사법의 작용을 곤란 또는 불가능하게 하는 일체의 행위를 말하는 것으로서 그 수단과 방법에는 어떠한 제한이 없다. 또한, 위 죄는 위험범으로서 현실적으로 형사사법의 작용을 방해하는 결과를 초래할 것이 요구되지 아니하지만, 같은 조에 함께 규정되어 있는 은닉행위에 비견될 정도로 수사기관의 발견·체포를 곤란하게 하는 행위, 즉 직접 범인을 도피시키는 행위 또는 도피를 직접적으로 용이하게 하는 행위에 한정된다. 그 자체로는 도피시키는 것을 직접적인 목적으로 하였다고 보기 어려운 어떤 행위의 결과 간접적으로 범인이 안심하고 도피할 수 있게 한 경우까지 포함하는 것은 아니다.

[2] 수사기관은 범죄사건을 수사함에 있어서 피의자나 참고인의 진술 여하에 불구하고 피의자를 확정하고 그 피의사실을 인정할 만한 객관적인 제반 증거를 수집·조사하여야 할 권리와 의무가 있다. 따라서 참고인이 수사기관에서 범인에 관하여 조사를 받으면서 그가 알고 있는 사실을 묵비하거나 허위로 진술하였다고 하더라도, 그것이 적극적으로 수사기관을 기만하여 착오에 빠지게 함으로써 범인의 발견 또는 체포를 곤란 내지 불가능하게 할 정도가 아닌 한 범인도피죄를 구성하지 않는다. 이러한 법리는 피의자가 수사기관에서 공범에 관하여 묵비하거나 허위로 진술한 경우에도 그대로 적용된다.

[3] 사행행위 등 규제 및 처벌특례법 위반죄의 피의자가 수사기관에서 조사받으며 오락실을 단독 운영하였다고 허위진술하여 오락실 공동운영자인 공범의 존재를 숨긴 것이 범인도피죄에 해당하지 않는다.

151-2. 범인도피죄의 기수시기와 종료시기 [대법원 2017. 3. 15. 선고, 2015도1456]

【판시사항】

범인도피죄는 범인을 도피하게 함으로써 기수에 이르지만, 범인도피행위가 계속되는 동안에는 범죄행위도 계속되고 행위가 끝날 때 비로소 범죄행위가 종료된다(대법원 1995. 9. 5. 선고 95도577 판결, 대법원 2012. 8. 30. 선고 2012도6027 판결 등 참조).

1. 공범자의 범인도피행위 도중에 기왕의 범인도피상태를 이용하여 스스로 범인도피행위를 계속한 자에 대하여 범인도피죄의 공동정범이 성립하는지 여부(적극) [대법원 1995. 9. 5. 선고, 95도577]

【판결요지】

범인도피죄는 범인을 도피하게 함으로써 기수에 이르지만 범인도피행위가 계속되는 동안에는 범죄행위도 계속되고 행위가 끝날 때 비로소 범죄행위가 종료되고, 공범자의 범인도피행위의 도중에 그 범행을 인식하면서 그와 공동의 범의를 가지고 기왕의 범인도피상태를 이용하여 스스로 범인도피행위를 계속한 자에 대하여는 범인도피죄의 공동정범이 성립한다.

2. 공범자의 범행을 방조한 종범(적극) [대법원 2012. 8. 30. 선고, 2012도6027]

【판시사항】

[1] 공범자의 범인도피행위 도중에 기왕의 범인도피상태를 이용하여 스스로 범인도피행위를 계속한 경우 범인도피죄의 공동정범이 성립하는지 여부(적극) 및 이때 공범자의 범행을 방조한 종범의 경우에도 동일한 법리가 적용되는지 여부(적극)

[2] 甲이 수사기관 및 법원에 출석하여 乙 등의 사기 범행을 자신이 저질렀다는 취지로 허위자백하였는데, 그 후 甲의 사기 피고사건 변호인으로 선임된 피고인이 甲과 공모하여 진범 乙 등을 은폐하는 허위자백을 유지하게 함으로써 범인을 도피하게 하였다는 내용으로 기소된 사안

【판결요지】

[1] 범인도피죄는 범인을 도피하게 함으로써 기수에 이르지만, 범인도피행위가 계속되는 동안에는 범죄행위도 계속되고 행위가 끝날 때 비로소 범죄행위가 종료된다. 따라서 공범자의 범인도피행위 도중에 그 범행을 인식하면서 그와 공동의 범의를 가지고 기왕의 범인도피상태를 이용하여 스스로 범인도피행위를 계속한 경우에는 범인도피죄의 공동정범이 성립하고, 이는 공범자의 범행을 방조한 종범의 경우도 마찬가지이다.

[2] 피고인이 변호인으로서 단순히 甲의 이익을 위한 적절한 변론과 그에 필요한 활동을 하는 데 그치지 아니하고, 甲과 乙 사이에 부정한 거래가 진행 중이며 甲 피고사건의 수임과 변론이 거래의 향배와 불가결한 관련이 있을 것임을 분명히 인식하고도 乙에게서 甲 피고사건을 수임하고, 그들의 합의가 성사되도록 도왔으며, 스스로 합의금의 일부를 예치하는 방안까지 용인하고 합의서를 작성하는 등으로 甲과 乙의 거래관계에 깊숙이 관여한 행위를 정당한 변론권의 범위 내에 속한다고 평가할 수 없고, 나아가 변호인의 비밀유지의무는 변호인이 업무상 알게 된 비밀을 다른 곳에 누설하지 않을 소극적 의무를 말하는 것일 뿐 진범을 은폐하는 허위자백을 적극적으로 유지하게 한 행위가 변호인의 비밀유지의무에 의하여 정당화될 수 없다고 하면서, 한편으로 피고인의 행위는 정범인 甲에게 결의를 강화하게 한 방조행위로 평가될 수 있다.

151-3. 범인이 도피를 위하여 타인에게 도움을 요청하는 행위가 범인도피교사죄를 구성하는 경우와 그 경우 방어권 남용 여부의 판단 기준 [대법원 2014. 4. 10. 선고, 2013도12079]

【판결요지】

범인 스스로 도피하는 행위는 처벌되지 아니하므로, 범인이 도피를 위하여 타인에게 도움을 요청하는 행위 역시 도피행위의 범주에 속하는 한 처벌되지 아니하며, 범인의 요청에 응하여 범인을 도운 타인의 행위가 범인도피죄에 해당한다고 하더라도 마찬가지이다. 다만 범인이 타인으로 하여금 허위의 자백을 하게 하는 등으로 범인도피죄를 범하게 하는 경우와 같이 그것이 방어권의 남용으로 볼 수 있을 때에는 범인도피교사죄에 해당할 수 있다. 이 경우 방어권의 남용이라고 볼 수 있는지 여부는, 범인을 도피하게 하는 것이라고 지목된 행위의 태양과 내용, 범인과 행위자의 관계, 행위 당시의 구체적인 상황, 형사사법의 작용에 영향을 미칠 수 있는 위험성의 정도 등을 종합하여 판단하여야 한다.

1. 범인이 자신을 위하여 타인으로 하여금 허위 자백을 하게 하여 범인도피죄를 범하게 하는 경우(적극)
  [대법원 2000. 3. 24. 선고, 2000도20]
【판결요지】
범인이 자신을 위하여 타인으로 하여금 허위의 자백을 하게 하여 범인도피죄를 범하게 하는 행위는 방어권의 남용으로 범인도피교사죄에 해당한다.

151-4. '죄를 범한 자가 자신을 위하여 타인으로 하여금 범인도피죄를 범하게 하는 경우, 범인도피교사죄가 성립하는지 여부(적극) [대법원 2014. 3. 27. 선고, 2013도152]

【판시사항】

[1] 형법 제151조 제1항에서 정한 '죄를 범한 자'의 의미

[2] 형법 제151조 제1항에서 정한 '죄를 범한 자'가 자신을 위하여 타인으로 하여금 범인도피죄를 범하게 하는 경우, 범인도피교사죄가 성립하는지 여부(적극)

【이 유】

형법 제151조의 범인도피죄는 수사, 재판 및 형의 집행 등에 관한 국권의 행사를 방해하는 행위를 처벌하려는 것이므로 형법 제151조 제1항에서 정한 <u>**죄를 범한 자**</u>는 범죄의 혐의를 받아 수사대상이 되어 있는 사람이면 그가 진범인지 여부를 묻지 않고 이에 해당한다(대법원 1960. 2. 24. 선고 4292형상555 판결, 대법원 1982. 1. 26. 선고 81도1931 판결, 대법원 2007. 2. 22. 선고 2006도9139 판결 참조). 그리고 형법 제151조 제1항에서 정한 <u>'죄를 범한 자'가 자신을 위하여 타인으로 하여금 범인도피죄를 범하게 하는 행위는 방어권의 남용으로 범인도피교사죄에 해당한다</u>(대법원 2000. 3. 24. 선고 2000도20 판결, 대법원 2008. 11. 13. 선고 2008도7647 판결 등 참조).

---

1. 범인은닉죄에 있어서 '죄를 범한 자'의 의미 [대법원 1982. 1. 26. 선고, 81도1931]

【판결요지】

범인은닉죄는 형사사법에 관한 국권의 행사를 방해하는 자를 처벌하고자 하는 것이므로 형법 제151조 제1항 소정의 '죄를 범한 자'라 함은 범죄의 혐의를 받아 수사 대상이 되어 있는 자를 포함한다. 따라서 구속수사의 대상이 된 소송외인이 그 후 무혐의로 석방되었다 하더라도 위 죄의 성립에 영향이 없다.

---

2. 사실혼관계에 있는 자가 형법 제151조 제2항 및 제155조 제4항의 '친족'에 해당하는지 여부(소극) [대법원 2003. 12. 12. 선고, 2003도4533]

【판결요지】

형법 제151조 제2항 및 제155조 제4항은 친족, 호주 또는 동거의 가족이 본인을 위하여 범인도피죄, 증거인멸죄 등을 범한 때에는 처벌하지 아니한다고 규정하고 있는바, <u>사실혼관계에 있는 자는 민법 소정의 친족이라 할 수 없어 위 조항에서 말하는 친족에 해당하지 않는다.</u>

---

3. 무면허운전으로 사고를 낸 사람이 동생을 경찰서에 대신 출두시켜 피의자로 조사받도록 한 행위(적극) [대법원 2006. 12. 7. 선고, 2005도3707]

【판시사항】

[1] 범인이 자신을 위하여 형법 제151조 제2항에 의하여 처벌을 받지 아니하는 친족 등으로 하여금 허위의 자백을 하게 하여 범인도피죄를 범하게 하는 경우, 범인도피교사죄의 성립 여부(적극)

[2] 무면허 운전으로 사고를 낸 사람이 동생을 경찰서에 대신 출두시켜 피의자로 조사받도록 한 행위가 범인도피교사죄를 구성하는지 여부(적극)

【판결요지】

[1] 범인이 자신을 위하여 타인으로 하여금 허위의 자백을 하게 하여 범인도피죄를 범하게 하는 행위는 방어권의 남용으로 범인도피교사죄에 해당하는바, 이 경우 그 타인이 형법 제151조 제2항에 의하여 처벌을 받지 아니하는 친족, 호주 또는 동거 가족에 해당한다 하여 달리 볼 것은 아니다.
[2] 무면허 운전으로 사고를 낸 사람이 동생을 경찰서에 대신 출두시켜 피의자로 조사받도록 한 행위는 범인도피교사죄를 구성한다.

4. 범인이 자신을 위해 타인이 허위의 자백을 하는 것을 방조한 경우, 범인도피방조죄의 성립 여부(적극)
  [대법원 2008. 11. 13. 선고, 2008도7647]
  【판시사항】
  범인이 자신을 위하여 타인으로 하여금 허위의 자백을 하게 하여 범인도피죄를 범하게 하는 행위는 방어권의 남용으로 범인도피교사죄에 해당하는바(대법원 2000. 3. 24. 선고 2000도20 판결 참조), 이 경우 그 타인이 형법 제151조 제2항에 의하여 처벌을 받지 아니하는 친족, 호주 또는 동거 가족에 해당한다 하여 달리 볼 것은 아니다 (대법원 2006. 12. 7. 선고 2005도3707 판결 참조). 한편, 이와 같은 법리는 범인을 위해 타인이 범하는 범인도피죄를 범인 스스로 방조하는 경우에도 마찬가지로 적용된다.

151-5. 참고인이 수사기관에서 조사받으면서 알고 있는 사실을 묵비하거나 허위로 진술한 행위(원칙적 소극) [대법원 2013. 1. 10. 선고, 2012도13999]
  【판시사항】
  [1] 참고인이 수사기관에서 조사받으면서 알고 있는 사실을 묵비하거나 허위로 진술한 행위가 범인도피죄를 구성하는지 여부(원칙적 소극)
  [2] 게임장 등의 실제 업주가 아닌 종업원이 수사기관에서 자신이 실제 업주라고 허위로 진술하는 행위가 범인도피죄를 구성하는지 여부(원칙적 소극)
  [3] 불법 사행성 게임장의 종업원인 피고인이 수사기관에서 자신이 게임장의 실제 업주라고 진술하였다가, 그 후 위 진술을 번복함에 따라 실제 업주가 체포되자 다시 자신이 실제 업주라고 허위 진술을 한 사안
  【이 유】
  [1] 원래 수사기관은 범죄사건을 수사함에 있어서 피의자나 참고인의 진술 여하에 불구하고 피의자를 확정하고 그 피의사실을 인정할 만한 객관적인 제반 증거를 수집 · 조사하여야 할 권한과 의무가 있는 것이므로, 참고인이 수사기관에서 범인에 관하여 조사를 받으면서 그가 알고 있는 사실을 묵비하거나 허위로 진술하였다고 하더라도, 그것이 적극적으로 수사기관을 기만하여 착오에 빠지게 함으로써 범인의 발견 또는 체포를 곤란 내지 불가능하게 할 정도의 것이 아니라면 범인도피죄를 구성하지 않는다고 보아야 한다(대법원 2003. 2. 14. 선고 2002도5374 판결 등 참조). 참고인이 수사기관에서 허위 진술을 하였다고 하여 그 자체를 처벌하거나 이를 수사방해 행위로 처벌하는 규정이 없는 이상 범인도피죄의 인정 범위를 함부로 확장해서는 안 될 것이기 때문이다.
  [2] 이러한 법리는 게임장 등의 실제 업주가 아니라 종업원임에도 불구하고 자신이 실제 업주라고 허위로 진술하는 경우에도 마찬가지로서, 단순히 실제 업주라고 허위로 진술하는 것만으로는 부족

하고 게임장 등의 운영 경위, 자금 출처, 게임기 등의 구입 경위, 점포의 임대차계약 체결 경위 등에 관해서까지 적극적으로 허위로 진술하거나 허위 자료를 제시하여 그 결과 수사기관이 실제 업주를 발견 또는 체포하는 것이 곤란 내지 불가능하게 될 정도에까지 이른 것으로 평가될 수 있어야 범인도피죄를 구성한다고 할 것이다(대법원 2010. 1. 28. 선고 2009도10709 판결 등 참조).

---

1. 도로교통법위반으로 체포된 범인이 타인 성명을 모용한다는 정을 알면서 신원보증인으로서 신원보증서에 자신의 인적 사항을 허위로 기재하여 제출한 경우(소극) [대법원 2003. 2. 14. 선고, 2002도5374]

【판결요지】

수사절차에서 작성되는 신원보증서는 체포된 피의자 석방의 필수적인 요건이거나 어떠한 법적 효력이 있는 것은 아니고, 다만 피의사건이 비교적 경미한 경우 피의자와 일정한 관계에 있는 신원보증인이 수사기관에 대하여 피의자의 신분, 직업, 주거 등을 보증하고 향후 수사기관이나 법원의 출석요구에 사실상 협조하겠다는 의사를 표시하는 것으로서 피의자나 신원보증인에게 심리적인 부담을 줌으로써 수사기관이나 재판정에의 출석 또는 형 집행 등 형사사법절차상의 편의를 도모하는 것에 불과하여 보증인에게 법적으로 진실한 서류를 작성·제출할 의무가 부과된 것은 아니므로, 신원보증서를 작성하여 수사기관에 제출하는 보증인이 피의자의 인적 사항을 허위로 기재하였다고 하더라도, 그로써 적극적으로 수사기관을 기망한 결과 피의자를 석방하게 하였다는 등 특별한 사정이 없는 한, 그 행위만으로 범인도피죄가 성립되지 않는다

151-6. 폭행사건 현장의 참고인이 출동한 경찰관에게 범인의 이름 대신 허무인의 이름을 대면서 구체적인 인적사항에 대한 언급을 피한 경우(소극) [대법원 2008. 6. 26. 선고, 2008도1059]

【판시사항】

[1] 참고인이 수사기관에서 한 허위진술과 범인도피죄의 성립 여부(원칙적 소극)

[2] 폭행사건 현장의 참고인이 출동한 경찰관에게 범인의 이름 대신 허무인의 이름을 대면서 구체적인 인적사항에 대한 언급을 피한 사안에서, 범인도피죄가 성립하지 않는다.

【이 유】

[1] 원래 수사기관은 범죄사건을 수사함에 있어서 피의자나 참고인의 진술 여하에 불구하고, 피의자를 확정하고 그 피의사실을 인정할 만한 객관적인 제반 증거를 수집·조사하여야 할 권리와 의무가 있는 것이므로, 참고인이 수사기관에서 범인에 관하여 조사를 받으면서 그가 알고 있는 사실을 묵비하거나 허위로 진술하였다고 하더라도, 그것이 적극적으로 수사기관을 기만하여 착오에 빠지게 함으로써 범인의 발견 또는 체포를 곤란 내지 불가능하게 할 정도의 것이 아니라면 범인도피죄를 구성하지 않는다(대법원 2003. 2. 14. 선고 2002도5374 판결 등 참조).

[2] 피고인이 피해자 공소외 1을 폭행한 공소외 2의 인적사항을 묻는 경찰관의 질문에 답하면서, 단순히 '이언중'이라고 허무인의 이름을 진술하고 구체적인 인적사항에 대하여는 모른다고 진술하는데 그쳤을 뿐이라면 이를 가리켜 적극적으로 수사기관을 기만하여 착오에 빠지게 함으로써 범인의 발견 또는 체포를 곤란 내지 불가능하게 할 정도의 것이라고 할 수 없어 범인도피죄를 구성하지 않는다.

151-7. 범인도피죄의 의의 [대법원 2006. 5. 26. 선고, 2005도7528]

【판결요지】

 형법 제151조에서 규정하는 범인도피죄는 범인은닉 이외의 방법으로 범인에 대한 수사 · 재판 및 형의 집행 등 형사사법의 작용을 곤란 또는 불가능하게 하는 행위를 말하는 것으로서 그 방법에는 아무런 제한이 없고, 또한 범인도피죄는 위험범으로서 현실적으로 형사사법의 작용을 방해하는 결과가 초래되어야만 하는 것은 아니다.

---

1. '벌금 이상의 형에 해당하는 죄를 범한 자'의 의미 [대법원 2000. 11. 24. 선고, 2000도4078]

【판시사항】

[1] 형법 제151조 소정의 범인도피죄의 의의, 같은 조 소정의 '벌금 이상의 형에 해당하는 죄를 범한 자'의 의미와 그에 대한 인식 여부의 판단 기준 및 범인이 아닌 자가 수사기관에 범인임을 자처하고 허위사실을 진술하여 진범의 체포와 발견에 지장을 초래한 경우, 범인도피죄의 성립 여부(적극)

[2] 범인도피죄의 성립을 인정한 사례

【판결요지】

[1] 형법 제151조에서 규정하는 범인도피죄는 범인은닉 이외의 방법으로 범인에 대한 수사, 재판 및 형의 집행 등 형사사법의 작용을 곤란 또는 불가능하게 하는 행위를 말하는 것으로서, 그 방법에는 어떠한 제한이 없고, 또한 위 죄는 위험범으로서 현실적으로 형사사법의 작용을 방해하는 결과가 초래될 것이 요구되지 아니할 뿐만 아니라, 같은 조 소정의 '벌금 이상의 형에 해당하는 죄를 범한 자'라 함은 범죄의 혐의를 받아 수사 대상이 되어 있는 자도 포함하고, 벌금 이상의 형에 해당하는 자에 대한 인식은 실제로 벌금 이상의 형에 해당하는 범죄를 범한 자라는 것을 인식함으로써 족하고 그 법정형이 벌금 이상이라는 것까지 알 필요는 없으며, 범인이 아닌 자가 수사기관에 범인임을 자처하고 허위사실을 진술하여 진범의 체포와 발견에 지장을 초래하게 한 행위는 위 죄에 해당한다.

[2] 범인에 대하여 적용 가능한 죄가 도로교통법위반죄로부터 교통사고처리특례법위반죄를 거쳐 상해죄에 이르기까지 다양하고, 그 죄들은 모두 벌금 이상의 형을 정하고 있으며 범인에게 적용될 수 있는 죄가 교통사고처리특례법위반죄에 한정된다고 하더라도 자동차종합보험 가입사실만으로 범인의 행위가 형사소추 또는 처벌을 받을 가능성이 없는 경우에 해당한다고 단정할 수 없을 뿐 아니라, 피고인이 수사기관에 적극적으로 범인임을 자처하고 허위사실을 진술함으로써 실제 범인을 도피하게 하였다는 이유로 범인도피죄의 성립을 인정한 사례

151-8. 범인이 기소중지자임을 알고도 범인 부탁으로 다른 사람의 명의로 대신 임대차계약을 체결해 준 행위(적극) [대법원 2004. 3. 26. 선고, 2003도8226]

【판시사항】

 [1] 범인도피죄에서 어떤 행위가 도피하게 하는 행위에 해당하는지 여부의 판단방법

 [2] 범인이 기소중지자임을 알고도 범인의 부탁으로 다른 사람의 명의로 대신 임대차계약을 체결해 준 행위가 범인도피죄에 해당한다.

【판결요지】

[1] 범인도피죄는 직접 범인을 도피시키는 행위 또는 도피를 직접적으로 용이하게 하는 행위에 한정되는 것인바, 어떤 행위가 직접 범인을 도피시키는 행위 또는 도피를 직접적으로 용이하게 하는 행위에 해당하는가를 판단하기 위하여는, 범인도피죄의 구성요건적 행위가 정형화되어 있지 아니한 점을 고려한다면, 피고인이 범인의 처지나 의도에 대하여 인식하고 있었는지, 그에게 범인을 은닉 내지 도피시키려는 의사가 있었는지를 함께 고려하여 살펴보아야 할 것이고, 단순히 피고인이 한 행위의 밖으로 드러난 태양만 살펴보는 것만으로는 부족하다.

[2] 범인이 기소중지자임을 알고도 범인의 부탁으로 다른 사람의 명의로 대신 임대차계약을 체결해 준 경우, 비록 임대차계약서가 공시되는 것은 아니라 하더라도 수사기관이 탐문수사나 신고를 받아 범인을 발견하고 체포하는 것을 곤란하게 하여 범인도피죄에 해당한다.

151-9. 범인은닉죄의 성립 요건 [대법원 2002. 10. 11. 선고, 2002도3332]

【판결요지】

범인은닉죄라 함은 죄를 범한 자임을 인식하면서 장소를 제공하여 체포를 면하게 하는 것만으로 성립한다 할 것이고, 죄를 범한 자에게 장소를 제공한 후 동인에게 일정 기간 동안 경찰에 출두하지 말라고 권유하는 언동을 하여야만 범인은닉죄가 성립하는 것이 아니며, 또 그 권유에 따르지 않을 경우 강제력을 행사하여야만 한다거나, 죄를 범한 자가 은닉자의 말에 복종하는 관계에 있어야만 범인은닉죄가 성립하는 것은 더욱 아니다.

> **1. 범죄의 혐의를 받고 수배중인 자를 은닉한 경우에 범인은닉죄의 성부(적극) [대법원 1983. 8. 23. 선고, 83도1486]**
>
> **【판결요지】**
>
> 형법 제151조에서 죄를 범한 자라 함은 반드시 공소제기가 되거나 유죄의 판결을 받은 자 뿐만 아니라 범죄의 혐의를 받아 수사중인 자도 포함되므로 경찰에서 수배중인 자임을 인식하면서 동인을 투숙케 하여 체포를 면하게 한 경우에는 범인은닉죄가 성립한다.

151-10. 하나의 행위가 부작위범인 직무유기죄와 작위범인 범인도피죄의 구성요건을 동시에 충족하는 경우, 그 중 하나의 죄로만 공소를 제기할 수 있는지 여부(적극) [대법원 1999. 11. 26. 선고, 99도1904]

【판결요지】

하나의 행위가 부작위범인 직무유기죄와 작위범인 범인도피죄의 구성요건을 동시에 충족하는 경우 공소제기권자는 재량에 의하여 작위범인 범인도피죄로 공소를 제기하지 않고 부작위범인 직무유기죄로만 공소를 제기할 수도 있다.

151-11. 범인이 아닌 자가 수사기관에서 범인임을 자처한 경우 범인은닉죄 성부(적극) [대법원 1996. 6. 14. 선고, 96도1016]

【판결요지】

범인 아닌 자가 수사기관에서 범인임을 자처하고 허위사실을 진술하여 진범의 체포와 발견에 지장을 초래하게 한 행위는 범인은닉죄에 해당한다.

151-12. 검사로부터 범인을 검거하라는 지시를 받은 경찰관이 범인을 도피케 한 경우에 범인도피죄 외에 직무유기죄가 따로 성립하는지 여부(소극) [대법원 1996. 5. 10. 선고, 96도51]

【판결요지】

피고인이 검사로부터 범인을 검거하라는 지시를 받고서도 그 직무상의 의무에 따른 적절한 조치를 취하지 아니하고 오히려 범인에게 전화로 도피하라고 권유하여 그를 도피케 하였다는 범죄사실만으로는 직무위배의 위법상태가 범인도피행위 속에 포함되어 있는 것으로 보아야 할 것이므로, 이와 같은 경우에는 작위범인 범인도피죄만이 성립하고 부작위범인 직무유기죄는 따로 성립하지 아니한다.

151-13. 범인도피죄에 있어서 죄를 범한 자에 대한 인식 [대법원 1995. 12. 26. 선고, 93도904]

【판시사항】

[1] 범인도피죄에 있어서 죄를 범한 자에 대한 인식

[2] 범인도피죄의 고의가 있었다고 인정한 사례

【판결요지】

[1] 범인도피죄에 있어서 벌금 이상의 형에 해당하는 자에 대한 인식은 실제로 벌금 이상의 형에 해당하는 범죄를 범한 자라는 것을 인식함으로써 족하고 그 법정형이 벌금 이상이라는 것까지 알 필요는 없는 것이고 범죄의 구체적인 내용이나 범인의 인적 사항 및 공범이 있는 경우 공범의 구체적 인원수 등까지 알 필요는 없다.

[2] 공범이 더 있다는 사실을 숨긴 채 허위보고를 하고 조사를 받고 있는 범인에게 다른 공범이 더 있음을 실토하지 못하도록 하는 등의 행위를 하였다면 도피행위에 대한 고의가 있다.

> **1. 피의자 간에 연락하여 만나게 해 주고 도피를 용이하게 한 행위(적극) [대법원 1990. 12. 26. 선고, 90도2439]**
>
> 【판결요지】
>
> 형법 제151조에서 규정하는 범인을 도피하게 한 경우란 은닉 이외의 방법으로 관헌의 체포, 발견을 곤란 또는 불가능하게 하는 일체의 행위를 의미하는 것이므로 피고인이 살인미수의 피의자를 상피고인에게 연락하여 만나게 해주고 동인으로 하여금 도피를 용이하게 한 경우 범인도피죄에 해당한다.

> **2. 범인 조작행위와 범인은익죄 [대법원 1967. 5. 23. 선고, 67도366]**
>
> 【판결요지】
>
> 범인(벌금이상의 형에 해당하는 죄를 범한 자)으로 혐의를 받아 수사기관으로부터 수사중인 경우에 범인 아닌 다른 자로 하여금 범인으로 가장케 하여 수사를 받도록 함으로서 범인체포에 지장을 초래케하는 행위는 '범인 은익' 또는 '도피'에 해당된다.

151-14. 범인에게 통상적인 안부인사를 한 행위(소극) [대법원 1992. 6. 12. 선고, 92도736]

【판결요지】

범인도피죄에 있어서의 '도피'란 은닉 이외의 방법으로 수사기관의 발견, 체포를 곤란 내지 불가능하게 하는 일체의 행위를 뜻하는 것으로, 단순히 안부를 묻거나 통상적인 인사말 등만으로는 범인을 도피하게 한 것이라고 할 수 없을 것인바, 주점 개업식 날 찾아 온 범인에게 '도망다니면서 이렇게 와 주니 고맙다. 항상 몸조심하고 주의하여 다녀라. 열심히 살면서 건강에 조심하라.'고 말한 것은 단순히 안부인사에 불과한 것으로 범인을 도피하게 한 것으로 볼 수 없다.

---

1. 공범의 이름을 단순히 묵비한 경우 범인도피죄의 성부(소극) [대법원 1984. 4. 10. 선고, 83도3288]

【판결요지】

피고인이 절도사건과 관련하여 사법경찰리로부터 조사받는 과정에서 공범인 상피고인들 (갑,을)의 이름을 단순히 묵비하였다 하여 절도범인을 도피하게 하였다고는 볼 수 없다.

151-15. 수표가 지급거절되리라는 사정을 알면서 그 수표부도 직전에 발행인을 은닉한 경우(적극)
[대법원 1990. 3. 27. 선고, 89도1480]

【판결요지】

부정수표단속법 제2조 제2항 위반의 범죄는 예금부족으로 인하여 제시일에 지급되지 아니할 것이라는 결과발생을 예견하고 수표를 발행한 때에 바로 성립하는 것이고 수표소지인의 제시일에 수표금의 지급이 거절된 때에 비로소 성립하는 것은 아니므로, 피고인이 수표발행인을 은닉한 것이 그 수표가 부도나기 전날이라고 하더라도 그 수표가 부도날 것이라는 사정과 수표발행인이 부정수표단속법 위반으로 수사관서의 수배를 받게 되리라는 사정을 알았다면 범인은닉에 관한 범의가 없다고 할 수는 없을 것이다.

151-16. 피의자의 채무를 인수하여 채권자가 피의자를 수사당국에 인계치 않게 한 경우(소극)
[대법원 1984. 2. 14. 선고, 83도2209]

【판결요지】

피고인들이 부정수표단속법 피의자 (갑)이 공소외 (을)에 대하여 지는 또 다른 노임채무를 인수키로 하는 지불각서를 작성하여 주고 위 (을)이 (갑)을 수사당국에 인계하는 것을 포기하기로 하는 합의가 이루어져 위 (갑)이 수사당국에 인계되지 않은 경우이면 피고인들에 대하여 범인도피죄의 성립을 인정할 수 없다.

제10장 위증과 증거인멸의 죄

제152조[위증, 모해위증]

> 제152조(위증, 모해위증) ① 법률에 의하여 선서한 증인이 허위의 진술을 한 때에는 5년 이하의 징역 또는 1천만원 이하의 벌금에 처한다. 〈개정 1995. 12. 29.〉
> ② 형사사건 또는 징계사건에 관하여 피고인, 피의자 또는 징계혐의자를 모해할 목적으로 전항의 죄를 범한 때에는 10년 이하의 징역에 처한다.

152-1. 증인의 증언이 기억에 반하는 허위진술인지 판단 방법 [대법원 2018. 5. 15. 선고, 2017도19499]

　【판시사항】

　증인의 증언이 기억에 반하는 허위진술인지 판단하는 방법 / 증언의 의미가 그 자체로 불분명하거나 다의적으로 이해될 수 있는 경우, 증언의 허위성을 판단하는 방법 / 지엽적인 사항에 관한 증언이라도 허위 진술인 경우, 위증죄가 성립하는지 여부(적극)

　【이 유】

　증인의 증언이 기억에 반하는 허위 진술인지 여부는 그 증언의 단편적인 구절에 구애될 것이 아니라 당해 신문절차에서 한 증언 전체를 일체로 파악하여 판단하여야 하고, 증언의 의미가 그 자체로 불분명하거나 다의적으로 이해될 수 있는 경우에는 언어의 통상적인 의미와 용법, 문제 된 증언이 나오게 된 전후 문맥, 신문 취지, 증언이 행하여진 경위 등을 종합하여 당해 증언의 의미를 명확히 한 다음 허위성을 판단하여야 한다(대법원 2001. 12. 27. 선고 2001도5252 판결 등 참조). 증언이 기본적인 사항에 관한 것이 아니고 지엽적인 사항에 관한 진술이라 하더라도 그것이 허위 진술인 이상 위증죄 성립에는 영향이 없다(대법원 1982. 6. 8. 선고 81도3069 판결 등 참조).

> 1. 지엽적인 사항에 관한 증언과 위증죄의 성부(적극) [대법원 1982. 6. 8. 선고, 81도3069]
> 【판결요지】
> 증언내용이 지엽적인 사항에 관한 것이라도 기억에 반하는 허위의 진술이면 위증죄가 성립한다.

152-2. 증언거부사유가 있음에도 증언거부권을 고지받지 못하여 증언거부권을 행사하는 데 사실상 장애가 초래되었다고 볼 수 있는 경우, 위증죄가 성립하는지 여부(소극) [대법원 2013. 5. 23. 선고, 2013도3284]

　【판시사항】

　형사소송법에 규정된 증언거부권 제도는 증인에게 증언의무의 이행을 거절할 수 있는 권리를 부여한 것이고, 증언거부권의 고지 제도는 증인에게 그러한 권리의 존재를 확인시켜 침묵할 것인지 아니면 진술할 것인지에 관하여 심사숙고할 기회를 충분히 부여함으로써 침묵할 수 있는 권리를 보장하기 위한 것임을 감안할 때, 재판장이 신문 전에 증인에게 증언거부권을 고지하지 않은 경우에도 당해 사건에서 증언 당시 증인이 처한 구체적인 상황, 증언거부사유의 내용, 증인이 증언거부사유 또는 증언거부권의 존재를 이미 알고 있었는지, 증언거부권을 고지받았더라도 허위진술을 하였을 것이라고 볼 만한 정황이 있는지 등을 전체적·종합적으로 고려하여 증인이 침묵하지 아니하고 진술한 것이 자신의 진정한 의사에 의한 것인지를 기준으로 위증죄의 성립 여부를 판단하여야 한다. 그러므로 헌법 제12조 제2항에 정한 불이익 진술의 강요금지 원칙을 구체화한 자기부죄거부특권에 관한 것이거나 기타 증언거부사유가 있음에도 증인이 증언거부권을 고지받지 못함으로 인하여 그 증언거부권을 행사하는 데 사실상 장애가 초래되었다고 볼 수 있는 경우에는 위증죄의 성립을 부정하여야 할 것이나(대법원 2010. 1. 21. 선고 2008도942 전원합의체 판결 참조).

1. 증인신문절차에서 법률에 규정된 증인 보호규정이 지켜진 것으로 인정되지 않은 경우, 허위진술을 한 증인의 위증죄 처벌 여부(원칙적 소극) [대법원 2010. 1. 21. 선고, 2008도942, 전원합의체 판결]

【판시사항】

[1] 위증죄의 구성요건인 '법률에 의하여 선서한 증인'의 의미

[2] 증인신문절차에서 법률에 규정된 증인 보호 규정이 지켜진 것으로 인정되지 않은 경우, 허위진술을 한 증인을 위증죄로 처벌할 수 있는지 여부(원칙적 소극)

【판결요지】

[1] 위증죄와 형사소송법의 취지, 정신과 기능을 고려하여 볼 때, 형법 제152조 제1항에서 정한 '법률에 의하여 선서한 증인'이라 함은 '법률에 근거하여 법률이 정한 절차에 따라 유효한 선서를 한 증인'이라는 의미이고, 그 증인신문은 법률이 정한 절차 조항을 준수하여 적법하게 이루어진 경우여야 한다고 볼 것이다.

[2] 위증죄의 의의 및 보호법익, 형사소송법에 규정된 증인신문절차의 내용, 증언거부권의 취지 등을 종합적으로 살펴보면, 증인신문절차에서 법률에 규정된 증인 보호를 위한 규정이 지켜진 것으로 인정되지 않은 경우에는 증인이 허위의 진술을 하였다고 하더라도 위증죄의 구성요건인 "법률에 의하여 선서한 증인"에 해당하지 아니한다고 보아 이를 위증죄로 처벌할 수 없는 것이 원칙이다. 다만, 법률에 규정된 증인 보호 절차라 하더라도 개별 보호절차 규정들의 내용과 취지가 같지 아니하고, 당해 신문 과정에서 지키지 못한 절차 규정과 그 경위 및 위반의 정도 등 제반 사정이 개별 사건마다 각기 상이하므로, 이러한 사정을 전체적·종합적으로 고려하여 볼 때, 당해 사건에서 증인 보호에 사실상 장애가 초래되었다고 볼 수 없는 경우에까지 예외 없이 위증죄의 성립을 부정할 것은 아니라고 할 것이다.

2. 공동피고인이 소송절차의 분리로 피고인 지위에서 벗어난 경우 다른 공동피고인에 대한 공소사실에 관하여 증인적격이 있는지 여부(적극) 및 대향범인 공동피고인의 경우에도 동일한 법리가 적용되는지 여부(적극) [대법원 2012. 3. 29. 선고, 2009도11249]

【판시사항】

[1] 공동피고인이 소송절차의 분리로 피고인 지위에서 벗어난 경우 다른 공동피고인에 대한 공소사실에 관하여 증인적격이 있는지 여부(적극) 및 대향범인 공동피고인의 경우에도 동일한 법리가 적용되는지 여부(적극)

[2] 피고인들이 증·수뢰사건으로 기소되어 공동피고인으로 함께 재판을 받으면서 서로 뇌물을 주고받은 사실이 없다고 다투던 중 증·수뢰의 상대방인 공동피고인에 대한 사건이 변론분리되어 뇌물공여 또는 뇌물수수의 증인으로 채택되었는데, 증언거부권을 고지받지 못한 상태에서 자신들의 종전 주장을 되풀이함에 따라 거짓 진술에 이르게 된 사안에서, 피고인들을 위증죄로 처벌할 수 없다.

【이 유】

피고인의 지위에 있는 공동피고인은 다른 공동피고인에 대한 공소사실에 관하여 증인이 될 수 없으나, 소송절차가 분리되어 피고인의 지위에서 벗어나게 되면 다른 공동피고인에 대한 공소사실에 관하여 증인이 될 수 있고, 이는 대향범인 공동피고인의 경우에도 다르지 않다(대법원 2008. 6. 26. 선고 2008도3300 판결 참조).

152-3. 증인이 증언거부권을 고지받지 않은 상태에서 허위진술을 한 경우, 위증죄가 성립하는지 판단하는 기준 [대법원 2012. 12. 13. 선고, 2010도10028]

【판시사항】

[1] 증인이 증언거부권을 고지받지 않은 상태에서 허위진술을 한 경우, 위증죄가 성립하는지 판단하는 기준

[2] 범행을 하지 아니한 자가 범인으로 공소제기되어 피고인의 지위에서 범행사실을 허위자백하고, 나아가 공범에 대한 증인의 자격에서 증언하면서 공범과 함께 범행하였다고 허위의 진술을 한 경우, 증언거부권의 대상이 되는지 여부(적극)

【이 유】

증언거부권 제도는 증인에게 증언의무의 이행을 거절할 수 있는 권리를 부여한 것이고, 형사소송법상 증언거부권의 고지 제도는 증인에게 그러한 권리의 존재를 확인시켜 침묵할 것인지 아니면 진술할 것인지에 관하여 심사숙고할 기회를 부여함으로써 침묵할 수 있는 권리를 보장하기 위한 것임을 감안할 때, 재판장이 신문 전에 증인에게 증언거부권을 고지하지 않은 경우에도 당해 사건에서 증언 당시 증인이 처한 구체적인 상황, 증언거부사유의 내용, 증인이 증언거부사유 또는 증언거부권의 존재를 이미 알고 있었는지 여부, 증언거부권을 고지받았더라도 허위진술을 하였을 것이라고 볼 만한 정황이 있는지 등을 전체적·종합적으로 고려하여 증인이 침묵하지 아니하고 진술한 것이 자신의 진정한 의사에 의한 것인지 여부를 기준으로 위증죄의 성립 여부를 판단하여야 한다(대법원 2010. 1. 21. 선고 2008도942 전원합의체 판결 등 참조).

한편 형사소송법에서 위와 같이 증언거부권의 대상으로 규정한 '공소제기를 당하거나 유죄판결을 받을 사실이 발로될 염려 있는 증언'에는 자신이 범행을 한 사실뿐 아니라 범행을 한 것으로 오인되어 유죄판결을 받을 우려가 있는 사실 등도 포함된다고 할 것이다. 따라서 범행을 하지 아니한 자가 범인으로 공소제기가 되어 피고인의 지위에서 범행사실을 허위자백하고, 나아가 공범에 대한 증인의 자격에서 증언을 하면서 그 공범과 함께 범행하였다고 허위의 진술을 한 경우에도 그 증언은 자신에 대한 유죄판결의 우려를 증대시키는 것이므로 증언거부권의 대상은 된다고 볼 것이다. 다만 그 경우는 자신이 하지 아니한 범행을 오히려 했다고 진술하는 것으로서 자기부죄거부의 특권이 인정되는 본래 모습과는 상당한 차이가 있으므로, 이는 증언거부권을 고지받았

으면 증언을 거부하였을지 여부, 즉 증언거부권의 행사에 사실상 장애가 초래되었다고 볼 수 있는지를 판단함에 있어 중요한 요소로 고려함이 마땅하다.

---

1. 재판장이 신문 전에 증언거부권을 고지하지 않은 경우 위증죄 성립 여부의 판단 기준 [대법원 2010. 2. 25. 선고, 2007도6273]

【판시사항】

[1] 재판장이 신문 전에 증언거부권을 고지하지 않은 경우 위증죄 성립 여부의 판단 기준

[2] 전 남편에 대한 도로교통법 위반(음주운전) 사건의 증인으로 법정에 출석한 전처(前妻)가 증언거부권을 고지받지 않은 채 공소사실을 부인하는 전 남편의 변명에 부합하는 내용을 적극적으로 허위 진술한 사안

【판결요지】

[1] 재판장이 신문 전에 증인에게 증언거부권을 고지하지 않은 경우에도 당해 사건에서 증언 당시 증인이 처한 구체적인 상황, 증언거부사유의 내용, 증인이 증언거부사유 또는 증언거부권의 존재를 이미 알고 있었는지 여부, 증언거부권을 고지 받았더라도 허위 진술을 하였을 것이라고 볼 만한 정황이 있는지 등을 전체적·종합적으로 고려하여 증인이 침묵하지 아니하고 진술한 것이 자신의 진정한 의사에 의한 것인지 여부를 기준으로 위증죄의 성립 여부를 판단하여야 한다.

[2] 증인으로 출석하여 증언한 경위와 그 증언 내용, 증언거부권을 고지받았더라도 그와 같이 증언을 하였을 것이라는 취지의 진술 내용 등을 전체적·종합적으로 고려할 때 선서 전에 재판장으로부터 증언거부권을 고지받지 아니하였다 하더라도 이로 인하여 증언거부권이 사실상 침해당한 것으로 평가할 수는 없다는 이유로 위증죄의 성립을 긍정한 사례

---

2. 사촌관계에 있는 甲의 도박 사실 여부에 관하여 증언거부사유가 발생하게 되었는데도 재판장으로부터 증언거부권을 고지받지 못한 상태에서 허위 진술을 하게 된 사안(소극) [대법원 2010. 2. 25. 선고, 2009도13257]

【판시사항】

사촌관계에 있는 甲의 도박 사실 여부에 관하여 증언거부사유가 발생하게 되었는데도 재판장으로부터 증언거부권을 고지받지 못한 상태에서 허위 진술을 하게 된 사안에서, 위증죄의 성립을 부정한다.

---

3. 공범인 공동피고인이 다른 공동피고인에 대한 공소사실에 관하여 증인적격이 있는지 여부(원칙적 소극) [대법원 2008. 6. 26. 선고, 2008도3300]

【판시사항】

[1] 공범인 공동피고인이 다른 공동피고인에 대한 공소사실에 관하여 증인적격이 있는지 여부(원칙적 소극)

[2] 게임장의 종업원이 그 운영자와 함께 게임산업진흥에 관한 법률 위반죄의 공범으로 기소되어 공동피고인으로 재판을 받던 중, 운영자에 대한 공소사실에 관한 증인으로 증언한 내용과 관련하여 위증죄로 기소된 사안에서, 소송절차가 분리되지 않은 이상 위 종업원은 증인적격이 없어 위증죄가 성립하지 않는다.

【판결요지】

공범인 공동피고인은 당해 소송절차에서는 피고인의 지위에 있으므로 다른 공동피고인에 대한 공소사실에 관하여 증인이 될 수 없으나, 소송절차가 분리되어 피고인의 지위에서 벗어나게 되면 다른 공동피고인에 대한 공소사실에 관하여 증인이 될 수 있다.

152-4. 민사소송의 당사자인 법인의 대표자가 선서하고 증언한 경우, 위증죄의 주체가 될 수 있는지 여부(소극) [대법원 2012. 12. 13. 선고, 2010도14360]

【판시사항】

민사소송의 당사자는 증인능력이 없으므로 증인으로 선서하고 증언하였다고 하더라도 위증죄의 주체가 될 수 없고, 이러한 법리는 민사소송에서의 당사자인 법인의 대표자의 경우에도 마찬가지로 적용된다(대법원 1998. 3. 10. 선고 97도1168 판결 참조).

152-5. 소송절차가 분리된 공범인 공동피고인이 증언거부권을 고지받은 상태에서 자기의 범죄사실에 대하여 허위로 진술한 경우(적극) [대법원 2012. 10. 11. 선고, 2012도6848,2012전도143]

【판시사항】

헌법 제12조 제2항은 '모든 국민은 형사상 자기에게 불리한 진술을 강요당하지 아니한다'고 규정하고 있고 형사소송법 제283조의2 제1항도 "피고인은 진술하지 아니하거나 개개의 질문에 대하여 진술을 거부할 수 있다."고 규정하고 있으므로, 공범인 공동피고인은 당해 소송절차에서는 피고인의 지위에 있어 다른 공동피고인에 대한 공소사실에 관하여 증인이 될 수 없으나, 소송절차가 분리되어 피고인의 지위에서 벗어나게 되면 다른 공동피고인에 대한 공소사실에 관하여 증인이 될 수 있다(대법원 2008. 6. 26. 선고 2008도3300 판결 등 참조).

한편 형사소송법 제148조는 피고인의 자기부죄거부특권을 보장하기 위하여 자기가 유죄판결을 받을 사실이 발로될 염려 있는 증언을 거부할 수 있는 권리를 인정하고 있고, 그와 같은 증언거부권 보장을 위하여 형사소송법 제160조는 재판장이 신문 전에 증언거부권을 고지하여야 한다고 규정하고 있으므로, 소송절차가 분리된 공범인 공동피고인에 대하여 증인적격을 인정하고 그 자신의 범죄사실에 대하여 신문한다 하더라도 피고인으로서의 진술거부권 내지 자기부죄거부특권을 침해한다고 할 수 없다. 따라서 증인신문절차에서 형사소송법 제160조에 정해진 증언거부권이 고지되었음에도 불구하고 위 피고인이 자기의 범죄사실에 대하여 증언거부권을 행사하지 아니한 채 허위로 진술하였다면 위증죄가 성립된다고 할 것이다.

152-6. 자신에 대한 유죄판결이 확정된 증인이 확정판결에 대하여 재심을 청구할 예정인 경우, 공범에 대한 피고사건에서 형사소송법 제148조에 의한 증언거부권이 인정되는지 여부(소극) [대법원 2011. 11. 24. 선고, 2011도11994]

【판시사항】

[1] 자신에 대한 유죄판결이 확정된 증인이 확정판결에 대하여 재심을 청구할 예정인 경우, 공범에 대한 피고사건에서 형사소송법 제148조에 의한 증언거부권이 인정되는지 여부(소극)

[2] 피고인이 마약류관리에 관한 법률 위반(향정)죄로 이미 유죄판결을 받아 확정된 후 별건으로 기소된 공범 甲에 대한 피고사건의 증인으로 출석하여 허위의 진술을 한 사안에서, 피고인에게 증언을 거부할 권리가 없으므로 증언에 앞서 증언거부권을 고지받지 못하였더라도 증인신문절차상 잘못이 없다고 판단하여 위증죄를 인정한 원심판단을 수긍한 사례

【판결요지】

[1] 형사소송법 제148조의 증언거부권은 헌법 제12조 제2항에 정한 불이익 진술의 강요금지 원칙을 구체화한 자기부죄거부특권에 관한 것인데, 이미 유죄의 확정판결을 받은 경우에는 헌법 제13조 제1항에 정한 일사부재리의 원칙에 의해 다시 처벌받지 아니하므로 자신에 대한 유죄판결이 확정된 증인은 공범에 대한 사건에서 증언을 거부할 수 없고, 설령 증인이 자신에 대한 형사사건에서 시종일관 범행을 부인하였더라도 그러한 사정만으로 증인이 진실대로 진술할 것을 기대할 수 있는 가능성이 없는 경우에 해당한다고 할 수 없으므로 허위의 진술에 대하여 위증죄 성립을 부정할 수 없다. 한편 자신에 대한 유죄판결이 확정된 증인이 재심을 청구한다 하더라도, 이미 유죄의 확정판결이 있는 사실에 대해서는 일사부재리의 원칙에 의하여 거듭 처벌받지 않는다는 점에 변함이 없고, 형사소송법상 피고인의 불이익을 위한 재심청구는 허용되지 아니하며(형사소송법 제420조), 재심사건에는 불이익변경 금지 원칙이 적용되어 원판결의 형보다 중한 형을 선고하지 못하므로(형사소송법 제439조), 자신의 유죄 확정판결에 대하여 재심을 청구한 증인에게 증언의무를 부과하는 것이 형사소추 또는 공소제기를 당하거나 유죄판결을 받을 사실이 발로(發露)될 염려 있는 증언을 강제하는 것이라고 볼 수는 없다. 따라서 자신에 대한 유죄판결이 확정된 증인이 공범에 대한 피고사건에서 증언할 당시 앞으로 재심을 청구할 예정이라고 하여도, 이를 이유로 증인에게 형사소송법 제148조에 의한 증언거부권이 인정되지는 않는다.

1. 자신에 대한 유죄판결이 확정된 증인이 확정판결에 대하여 재심을 청구할 예정인 경우, 공범에 대한 피고사건에서 형사소송법 제148조에 의한 증언거부권이 인정되는지 여부(소극)[대법원 2008. 10. 23. 선고, 2005도10101]

【판시사항】

[1] 유죄판결이 확정된 피고인이 공범의 형사사건에서 사실대로 자신의 범행을 시인하는 증언을 할 것이라는 기대가능성이 있는지 여부(적극)

[2] 자신의 강도상해 범행을 일관되게 부인하였으나 유죄판결이 확정된 피고인이 별건으로 기소된 공범의 형사사건에서 자신의 범행사실을 부인하는 증언을 한 사안에서, 피고인에게 사실대로 진술할 것이라는 기대가능성이 있으므로 위증죄가 성립한다고 판단한 사례

【판결요지】

[1] 피고인에게 적법행위를 기대할 가능성이 있는지 여부를 판단하기 위하여는 행위 당시의 구체적인 상황하에 행위자 대신에 사회적 평균인을 두고 이 평균인의 관점에서 그 기대가능성 유무를 판단하여야 한다. 또한, 자기에게 형사상 불리한 진술을 강요당하지 아니할 권리가 결코 적극적으로 허위의 진술을 할 권리를 보장하는 취지는 아니며, 이미 유죄의 확정판결을 받은 경우에는 일사부재리의 원칙에 의해 다시 처벌되지 아니하므로 증언을 거부할 수 없는바, 이는 사실대로의 진술

즉 자신의 범행을 시인하는 진술을 기대할 수 있기 때문이다. 이러한 점 등에 비추어 보면, 이미 유죄의 확정판결을 받은 피고인은 공범의 형사사건에서 그 범행에 대한 증언을 거부할 수 없을 뿐만 아니라 나아가 사실대로 증언하여야 하고, 설사 피고인이 자신의 형사사건에서 시종일관 그 범행을 부인하였다 하더라도 이러한 사정은 위증죄에 관한 양형참작사유로 볼 수 있음은 별론으로 하고 이를 이유로 피고인에게 사실대로 진술할 것을 기대할 가능성이 없다고 볼 수는 없다.

152-7. 민사소송법상 재판장에게 증언거부권 고지의무가 인정되는지 여부(소극) [대법원 2011. 7. 28. 선고, 2009도14928]

【판시사항】

[1] 민사소송법상 재판장에게 증언거부권 고지의무가 인정되는지 여부(소극) 및 민사소송절차에서 적법하게 선서한 증인이 증언거부권을 고지받지 아니한 상태에서 허위진술을 한 경우, 위증죄가 성립하는지 여부(원칙적 적극)

[2] 민사소송절차에 증인으로 출석한 피고인이 재판장으로부터 증언거부권을 고지받지 않은 상태에서 허위의 증언을 한 사안에서, 증인으로서 적법하게 선서를 마치고도 허위진술을 한 피고인의 행위는 위증죄에 해당하고, 이와 달리 보고 무죄를 인정한 원심판결에 법리오해의 위법이 있다.

【판결요지】

[1] 형사소송법은 증언거부권에 관한 규정(제148조, 제149조)과 함께 재판장의 증언거부권 고지의무에 관하여도 규정하고 있는 반면(제160조), 민사소송법은 증언거부권 제도를 두면서도(제314조 내지 제316조) 증언거부권 고지에 관한 규정을 따로 두고 있지 않다. 우리 입법자는 1954. 9. 23. 제정 당시부터 증언거부권 및 그 고지 규정을 둔 형사소송법과는 달리 그 후인 1960. 4. 4. 민사소송법을 제정할 때 증언거부권 제도를 두면서도 그 고지 규정을 두지 아니하였고, 2002. 1. 26. 민사소송법을 전부 개정하면서도 같은 입장을 유지하였다. 이러한 입법 경위 및 규정 내용에 비추어 볼 때, 이는 양 절차에 존재하는 목적·적용원리 등의 차이를 염두에 둔 입법적 선택으로 보인다. 더구나 민사소송법은 형사소송법과 달리, '선서거부권 제도'(제324조), '선서면제 제도'(제323조) 등 증인으로 하여금 위증죄의 위험에서 벗어날 수 있도록 하는 이중의 장치를 마련하고 있어 증언거부권 고지 규정을 두지 아니한 것이 입법의 불비라거나 증언거부권 있는 증인의 침묵할 수 있는 권리를 부당하게 침해하는 입법이라고 볼 수도 없다. 그렇다면 민사소송절차에서 재판장이 증인에게 증언거부권을 고지하지 아니하였다 하여 절차위반의 위법이 있다고 할 수 없고, 따라서 적법한 선서절차를 마쳤는데도 허위진술을 한 증인에 대해서는 달리 특별한 사정이 없는 한 위증죄가 성립한다고 보아야 한다.

[2] 민사소송절차에 증인으로 출석한 피고인이, 민사소송법 제314조에 따라 증언거부권이 있는데도 재판장으로부터 증언거부권을 고지받지 않은 상태에서 허위의 증언을 한 사안에서, 민사소송법이 정하는 절차에 따라 증인으로서 적법하게 선서를 마치고도 허위진술을 한 피고인의 행위는 위증죄에 해당하고 기록상 달리 특별한 사정이 보이지 아니하는데도, 법적 근거가 없는 증언

거부권의 고지절차가 없었다는 이유로 무죄를 인정한 원심판단에 민사소송절차의 증언거부권 고지에 관한 법리오해의 위법이 있다.

152-8. 별도의 증인신청 및 채택절차를 거쳐 그 증인이 다시 신문을 받는 과정에서 종전 신문절차에서의 진술을 철회·시정한 경우, 이미 종결된 종전 증인신문절차에서 행한 위증죄의 성립에 영향을 미치는지 여부(소극) [대법원 2010. 9. 30. 선고, 2010도7525]

【판시사항】

[1] 별도의 증인 신청 및 채택 절차를 거쳐 그 증인이 다시 신문을 받는 과정에서 종전 신문절차에서의 진술을 철회·시정한 경우, 이미 종결된 종전 증인신문절차에서 행한 위증죄의 성립에 영향을 미치는지 여부(소극)

[2] 피고인으로부터 위증의 교사를 받은 甲이 관련사건의 제1심 제9회 공판기일에 증인으로 출석하여 한 허위 진술이 철회·시정된 바 없이 증인신문절차가 종료되었다가, 그 후 증인으로 다시 신청·채택된 甲이 위 관련사건의 제21회 공판기일에 다시 출석하여 종전 선서의 효력이 유지됨을 고지받고 증언하면서 종전 기일에 한 허위 진술을 철회한 사안에서, 甲의 위증죄는 이미 기수에 이르렀음에도 이와 달리 본 원심판단에 법리오해의 위법이 있다.

【판결요지】

[1] 증인의 증언은 그 전부를 일체로 관찰·판단하는 것이므로 선서한 증인이 일단 기억에 반하는 허위의 진술을 하였더라도 그 신문이 끝나기 전에 그 진술을 철회·시정한 경우 위증이 되지 아니한다고 할 것이나, <u>증인이 1회 또는 수회의 기일에 걸쳐 이루어진 1개의 증인신문절차에서 허위의 진술을 하고 그 진술이 철회·시정된 바 없이 그대로 증인신문절차가 종료된 경우 그로써 위증죄는 기수에 달하고, 그 후 별도의 증인 신청 및 채택 절차를 거쳐 그 증인이 다시 신문을 받는 과정에서 종전 신문절차에서의 진술을 철회·시정한다 하더라도 그러한 사정은 형법 제153조가 정한 형의 감면사유에 해당할 수 있을 뿐, 이미 종결된 종전 증인신문절차에서 행한 위증죄의 성립에 어떤 영향을 주는 것은 아니다.</u> 위와 같은 법리는 증인이 별도의 증인신문절차에서 새로이 선서를 한 경우뿐만 아니라 종전 증인신문절차에서 한 선서의 효력이 유지됨을 고지 받고 진술한 경우에도 마찬가지로 적용된다.

[2] 피고인으로부터 위증의 교사를 받은 甲이 관련사건의 제1심 제9회 공판기일에 증인으로 출석하여 한 허위 진술이 철회·시정된 바 없이 증인신문절차가 그대로 종료되었다가, 그 후 증인으로 다시 신청·채택된 甲이 위 관련사건의 제21회 공판기일에 다시 출석하여 종전 선서의 효력이 유지됨을 고지받고 증언하면서 종전 기일에 한 진술이 허위 진술임을 시인하고 이를 철회하는 취지의 진술을 한 사안에서, 甲의 위증죄는 이미 기수에 이른 것으로 보아야 하고, 그 후 다시 증인으로 신청·채택되어 종전 신문절차에서 한 허위 진술을 철회하였더라도 이미 성립한 위증죄에 영향을 미친다고 볼 수는 없음에도, 이와 달리 본 원심판단에 법리오해의 위법이 있다.

---

1. 허위 진술을 신문종료 전에 철회 시정한 경우 위증죄의 성부(소극) [대법원 1993. 12. 7. 선고, 93도425]

증인의 증언은 그 전부를 일체로 관찰 판단하는 것이므로 선서한 증인이 일단 기억에 반하는 허위의 진술을 하였더라도 그 신문이 끝나기 전에 그 진술을 철회 시정한 경우 위증이 되지 아니한다.

2. 같은 심급에서 변론기일을 달리하여 수차 증인으로 나가 최초 한 선서의 효력을 유지시킨 상태에서 수 개의 허위진술을 하는 경우 위증죄의 죄수 [대법원 2007. 3. 15. 선고, 2006도9463]

【판시사항】

행정소송사건의 같은 심급에서 변론기일을 달리하여 수차 증인으로 나가 수 개의 허위진술을 하더라도 최초 한 선서의 효력을 유지시킨 후 증언한 이상 1개의 위증죄를 구성함에 그친다(대법원 2005. 3. 25. 선고 2005도60 판결 참조).

152-9. 증인이 법정에서 선서 후 증인진술서에 기재된 내용이 사실대로라는 취지의 진술만을 한 경우(원칙적 소극) [대법원 2010. 5. 13. 선고, 2007도1397]

【판시사항】

[1] 증인이 법정에서 선서 후 증인진술서에 기재된 내용이 사실대로라는 취지의 진술만을 한 경우, 그 증인진술서에 기재된 구체적인 내용을 기억하여 반복 진술한 것으로 보아 그 허위 기재 부분에 관하여 위증죄로 처벌할 수 있는지 여부(원칙적 소극)

[2] 증인진술서의 실질적인 진정성립을 인정하는 취지의 진술만으로는 법정에서 구체적으로 진술하거나 이와 같이 볼 수 있는 특별한 사정이 있는 경우라고 보기는 어렵다는 이유로, 같은 취지에서 위증의 공소사실을 무죄로 선고한 원심 판단을 정당하다.

【이 유】

형법 제152조 제1항의 위증죄는 법률에 의하여 선서한 증인이 허위의 진술을 한 때에 성립하는 것이므로 위증의 경고를 수반하는 법률에 의한 선서절차를 거친 법정에서 구체적으로 이루어진 진술을 그 대상으로 하는바,「민사소송규칙」제79조 제1항은 "법원은 효율적인 증인신문을 위하여 필요하다고 인정하는 때에는 증인을 신청한 당사자에게 증인진술서를 제출하게 할 수 있다" 라고 규정함으로써 증인진술서제도를 채택하고 있는데 이러한 증인진술서는 그 자체로는 서증에 불과하여 그 기재내용이 법정에서 진술되지 아니하는 한 여전히 서증으로 남게 되는 점,「민사소송법」제331조가 원칙적으로 증인으로 하여금 서류에 의하여 진술을 하지 못하도록 규정하고 있는 점,「민사소송규칙」제95조 제1항이 증인신문의 방법에 관하여 개별적이고 구체적으로 하여야 한다고 규정하고 있는 점 등의 사정에 비추어 볼 때, 증인이 법정에서 선서 후 증인진술서에 기재된 구체적인 내용에 관하여 진술함이 없이 단지 그 증인진술서에 기재된 내용이 사실대로라는 취지의 진술만을 한 경우에는 그것이 증인진술서에 기재된 내용 중 특정 사항을 구체적으로 진술한 것과 같이 볼 수 있는 등의 특별한 사정이 없는 한 증인이 그 증인진술서에 기재된 구체적인 내용을 기억하여 반복 진술한 것으로는 볼 수 없으므로, 가사 거기에 기재된 내용에 허위가 있다 하더라도 그 부분에 관하여 법정에서 증언한 것으로 보아 위증죄로 처벌할 수는 없다고 할 것이다.

152-10. 증인 진술이 법률적·주관적 평가나 의견인 경우 위증죄의 요건인 '허위의 진술'에 해당하는지 여부(소극) [대법원 2009. 3. 12. 선고, 2008도11007]

【판시사항】

증인의 진술이 법률적·주관적 평가나 의견인 경우 위증죄의 요건인 '허위의 진술'에 해당하는지 여부(소극) 및 그 내용에 다소의 오류나 모순이 있는 경우 위증죄가 성립하는지 여부(소극)

【이 유】

위증죄는 법률에 의하여 선서한 증인이 사실에 관하여 기억에 반하는 진술을 한 때에 성립하고, 증인의 진술이 경험한 사실에 대한 법률적 평가이거나 단순한 의견에 지나지 아니하는 경우에는 위증죄에서 말하는 허위의 공술이라고 할 수 없으며(대법원 2007. 9. 20. 선고 2005도9590 판결 등 참조), 경험한 객관적 사실에 대한 증인 나름의 법률적·주관적 평가나 의견을 부연한 부분에 다소의 오류나 모순이 있더라도 위증죄가 성립하는 것은 아니라고 할 것이다(대법원 2001. 3. 23. 선고 2001도213 판결 참조).

위 법리와 기록에 비추어 살펴보면, 피고인이 공소외 2와의 사이를 원장과 직원 관계라고 한 것이나 다른 직원과 똑같이 대했다고 한 것은 사실 그대로이거나 주관적 평가 내지 의견을 말한 것에 지나지 않는다고 봄이 상당하고, 이를 위증죄의 대상이 되는 과거에 경험한 사실을 허위로 진술한 경우에 해당한다고 보기는 어렵다고 할 것이다.

> 1. 증인의 의견 내지 판단의 진술이 위증죄에 있어서의 허위의 공술에 해당하는지 여부(소극) [대법원 1996. 2. 9. 선고, 95도1797]
>
> 【판결요지】
>
> 증인의 진술이 경험한 사실에 대한 법률적 평가이거나 단순한 의견에 지나지 아니하는 경우에는 위증죄에서 말하는 허위의 공술이라고 할 수 없다.

152-11. 형법 제152조 제2항의 모해위증죄에 있어서 '모해할 목적'의 의미 [대법원 2007. 12. 27. 선고, 2006도3575]

【판결요지】

형법 제152조 제2항의 모해위증죄에 있어서 '모해할 목적'이란 피고인·피의자 또는 징계혐의자를 불리하게 할 목적을 말하고, 허위진술의 대상이 되는 사실에는 공소 범죄사실을 직접, 간접적으로 뒷받침하는 사실은 물론 이와 밀접한 관련이 있는 것으로서 만일 그것이 사실로 받아들여진다면 피고인이 불리한 상황에 처하게 되는 사실도 포함된다. 그리고 이러한 모해의 목적은 허위의 진술을 함으로써 피고인에게 불리하게 될 것이라는 인식이 있으면 충분하고 그 결과의 발생까지 희망할 필요는 없다.

152-12. 위증죄에서 기억에 반하는 허위진술인지 여부의 판단 방법 [대법원 2007. 10. 26. 선고, 2007도5076]

【판시사항】

증인의 증언이 기억에 반하는 허위진술인지 여부는 그 증언의 단편적인 구절에 구애될 것이 아니라 당해 신문절차에 있어서의 증언 전체를 일체로 파악하여 판단하여야 할 것이고, 증언의 전체적 취지가 객관적 사실과 일치되고 그것이 기억에 반하는 공술이 아니라면 사소한 부분에 관하여 기억과 불일치하더라도 그것이 신문취지의 몰이해 또는 착오에 인한 것이라면 위증이 될 수 없다(대법원 1996. 3. 12. 선고 95도2864 판결 참조).

152-13. 자기 형사피고사건에 관하여 타인을 교사하여 위증하게 한 경우(적극) [대법원 2004. 1. 27. 선고, 2003도5114]

【판시사항】

[1] 자기의 형사피고사건에 관하여 타인을 교사하여 위증하게 한 경우, 위증교사죄의 성립 여부 (적극)

[2] 위증죄에 있어 위증의 전제사실에 관한 공소사실과 다른 전제사실을 인정하는 경우, 공소장 변경절차의 요부(한정 소극)

【판결요지】

[1] 피고인이 자기의 형사사건에 관하여 허위의 진술을 하는 행위는 피고인의 형사소송에 있어서의 방어권을 인정하는 취지에서 처벌의 대상이 되지 않으나, 법률에 의하여 선서한 증인이 타인의 형사사건에 관하여 위증을 하면 형법 제152조 제1항의 위증죄가 성립되므로 자기의 형사사건에 관하여 타인을 교사하여 위증죄를 범하게 하는 것은 이러한 방어권을 남용하는 것이라고 할 것이어서 교사범의 죄책을 부담케 함이 상당하다.

[2 검사가 위증죄로 공소를 제기하면서, 공소사실에 피고인이 어떤 사실에 관하여 허위의 진술을 하였다는 허위가 문제되는 당해 사실 이외에 그 전제사실을 기재한 경우에 그 전제사실이 피고인의 증언이 허위가 되는 이유에 관하여 설시한 것에 불과한 것이라면, 법원은 심리 결과 피고인의 증언이 허위가 문제되는 당해 사실에 관하여 기억에 반하는 허위의 진술을 한 것으로 인정되기만 한다면 법원은 공소장변경의 절차 없이 공소장기재의 전제사실과 다른 전제사실을 인정하여 유죄판결을 할 수 있다.

152-14. 위증죄에 있어 증언이 기억에 반하는 허위진술인지 여부의 판단 방법 및 증언의 의미가 불분명하거나 다의적으로 이해될 수 있는 경우 증언의 허위성 여부 판단 방법 [대법원 2003. 12. 12. 선고, 2003도3885]

【판시사항】

증인의 증언이 기억에 반하는 허위진술인지 여부는 그 증언의 단편적인 구절에 구애될 것이 아니라 당해 신문절차에 있어서의 증언 전체를 일체로 파악하여 판단하여야 할 것이고, 증언의 의미가 그 자체로 불분명하거나 다의적으로 이해될 수 있는 경우에는 언어의 통상적인 의미와 용법·문제된 증언이 나오게 된 전후의 문맥·신문의 취지·증언이 행하여진 경위 등을 종합하여 당해 증언의 의미를 명확히 한 다음 허위성을 판단하여야 한다(대법원 2001. 12. 27. 선고 2001 도5252 판결 참조).

---

1. 증인의 증언이 허위진술인지 여부의 판단 [대법원 1988. 12. 6. 선고, 88도935]

【판결요지】

증인의 증언이 기억에 반하는 허위진술인지 여부는 그 증언의 단편적인 구절에 구애될 것이 아니라 당해 신문절차에 있어서의 증언 전체를 일체로 파악하여 판단하여야 한다.

152-15. 심문절차로 진행되는 가처분 신청사건에서 증인으로 선서를 하고 허위의 공술을 한 경우(소극) 대법원 2003. 7. 25. 선고, 2003도180]

【판결요지】

가처분사건이 변론절차에 의하여 진행될 때에는 제3자를 증인으로 선서하게 하고 증언을 하게 할 수 있으나 심문절차에 의할 경우에는 법률상 명문의 규정도 없고, 또 구 민사소송법(2002. 1. 26. 법률 제6626호로 전문 개정되기 전의 것)의 증인신문에 관한 규정이 준용되지도 아니하므로 선서를 하게 하고 증언을 시킬 수 없다고 할 것이고, 따라서 제3자가 심문절차로 진행되는 가처분 신청사건에서 증인으로 출석하여 선서를 하고 진술함에 있어서 허위의 공술을 하였다고 하더라도 그 선서는 법률상 근거가 없어 무효라고 할 것이므로 위증죄는 성립하지 않는다

---

1. 심문절차로 진행되는 소송비용확정신청사건에서 증인으로 선서를 하고 허위의 공술을 한 경우(소극) [대법원 1995. 4. 11. 선고, 95도186]

【판결요지】

제3자가 심문절차로 진행되는 소송비용확정신청사건에서 증인으로 출석하여 선서를 하고 진술함에 있어 허위의 공술을 하였다고 하더라도 그 선서는 법률상 근거가 없어 무효라고 할 것이므로 위증죄는 성립하지 않는다.

152-16. 선서한 증인이 같은 기일에 여러 가지 사실에 관하여 기억에 반하는 허위의 진술을 한 경우, 위증죄의 죄수(=포괄일죄) 및 기판력 [대법원 1998. 4. 14. 선고, 97도3340]

【판결요지】

하나의 사건에 관하여 한 번 선서한 증인이 같은 기일에 여러 가지 사실에 관하여 기억에 반하는 허위의 진술을 한 경우 이는 하나의 범죄의사에 의하여 계속하여 허위의 진술을 한 것으로서 포괄하여 1개의 위증죄를 구성하는 것이고 각 진술마다 수 개의 위증죄를 구성하는 것이 아니므로, 당해 위증 사건의 허위진술 일자와 같은 날짜에 한 다른 허위진술로 인한 위증 사건에 관한 판결이 확정되었다면, 비록 종전 사건 공소사실에서 허위의 진술이라고 한 부분과 당해 사건 공소사실에서 허위의 진술이라고 한 부분이 다르다 하여도 종전 사건의 확정판결의 기판력은 당해 사건에도 미치게 되어 당해 위증죄 부분은 면소되어야 한다.

152-17. 민사소송의 당사자인 법인의 대표자가 선서하고 증언한 경우 위증죄의 주체(소극) [대법원 1998. 3. 10. 선고, 97도1168]

【판결요지】

민사소송의 당사자는 증인능력이 없으므로 증인으로 선서하고 증언하였다고 하더라도 위증죄의 주체가 될 수 없고, 이러한 법리는 민사소송에서의 당사자인 법인의 대표자의 경우에도 마찬가지로 적용된다.

152-18. 위증죄에 있어서 증언이 기억에 반하는 허위진술인지 여부의 판단 방법 [대법원 1996. 3. 12. 선고, 95도2864]

【판결요지】

증인의 증언이 기억에 반하는 허위진술인지 여부는 그 증언의 단편적인 구절에 구애될 것이 아니라 당해 신문절차에 있어서의 증언 전체를 일체로 파악하여 판단하여야 할 것이고, 증언의 전체적 취지가 객관적 사실과 일치되고 그것이 기억에 반하는 공술이 아니라면 사소한 부분에 관하여 기억과 불일치하더라도 그것이 신문취지의 몰이해 또는 착오에 인한 것이라면 위증이 될 수 없다.

---

1. 증인의 기억에 반하나 객관적 사실에 부합하는 증언(적극) [대법원 1982. 9. 14. 선고, 81도105]

【판시사항】

[1] 증인의 기억에 반하나 객관적 사실에 부합하는 증언과 위증죄의 성부(적극)

[2] 증언이 기억에 반하는지 여부가 불분명한 경우 전체적 취지가 객관적 사실과 일치하고 극히 사소한 부분만이 기억과 불일치하는 경우

【판결요지】

[1] 위증죄에 있어서의 위증은 선서한 증인이 자기의 기억에 반하는 사실을 진술함으로써 성립되고 설사 그 증언이 객관적 사실에 부합된다고 하더라도 기억에 반하는 진술을 한 때에는 위증죄의 성립에 영향이 없다.

[2] 증언이 증인의 기억에 반하는 것인지의 여부가 불분명한 경우에 증언이 객관적 사실과 부합되면 특단의 사정이 없는 한 기억에 반하는 진술을 하였다고 단정할 수 없고, 또한 증언의 전체적 취지가 객관적 사실과 일치하고 그것이 기억에 반하는 공술이 아니라면 극히 사소한 부분에 관하여 기억과 불일치하는 점이 있다 하더라도 그것이 신문취지의 몰이해 또는 착오로 인한 진술이라고 인정된다면 위증죄는 성립될 수 없다.

---

2. 증언의 허위진술 여부에 대한 판단기준에 있어 증인의 착오와 위증의 범의 [대법원 1991. 5. 10. 선고, 89도1748]

【판결요지】

위증죄에서 증인의 증언이 기억에 반하는 허위의 진술인지 여부를 가릴 때에는 그 증언의 단편적인 구절에 구애될 것이 아니라 당해 신문절차에서 한 증언 전체를 일체로 파악하여야 하고, 그 결과 증인이 무엇인가 착오에 빠져 기억에 반한다는 인식 없이 증언하였음이 밝혀진 경우에는 위증의 범의를 인정할 수 없다

152-19. 모해목적으로 위증을 교사하였다면 그 정범에게 모해목적이 없다 하더라도 모해위증교사죄로
　　　　처단할 수 있는지 여부(적극) [대법원 1994. 12. 23. 선고, 93도1002]

【판시사항】

[1] 위증죄와 모해위증죄가 형법 제33조 단서 소정의 '신분관계로 인하여 형의 경중이 있는 경
우'에 해당하는지 여부

[2] 모해할 목적으로 위증을 교사하였다면 그 정범에게 모해의 목적이 없다 하더라도 모해위증
교사죄로 처단할 수 있는지 여부

[3] 형법 제33조 단서를 적용한 취의로 해석된다면 법률적용에서 그 단서 조항을 명시하지 않았
다 하더라도 위법이 있다고 할 수 없는지 여부

【판결요지】

[1] 형법 제152조 제1항과 제2항은 위증을 한 범인이 형사사건의 피고인 등을 '모해할 목적'을
가지고 있었는가 아니면 그러한 목적이 없었는가 하는 범인의 특수한 상태의 차이에 따라 범인에
게 과할 형의 경중을 구별하고 있으므로, 이는 바로 형법 제33조 단서 소정의 "신분관계로 인하
여 형의 경중이 있는 경우"에 해당한다고 봄이 상당하다.

[2] 피고인이 갑을 모해할 목적으로 을에게 위증을 교사한 이상, 가사 정범인 을에게 모해의 목
적이 없었다고 하더라도, 형법 제33조 단서의 규정에 의하여 피고인을 모해위증교사죄로 처단할
수 있다.

[3] 구체적인 범죄사실에 적용하여야 할 실체법규 이외의 법규에 관하여는 판결문상 그 규정을
적용한 취지가 인정되면 되고 특히 그 법규를 법률적용란에서 표시하지 아니하였다 하여 위법이
라고 할 수 없으므로, 모해의 목적으로 그 목적이 없는 자를 교사하여 위증죄를 범한 경우 그 목
적을 가진 자는 모해위증교사죄로, 그 목적이 없는 자는 위증죄로 처벌할 수 있다고 설시한 다음
피고인을 모해위증교사죄로 처단함으로써 사실상 형법 제33조 단서를 적용한 취의로 해석되는 이
상, 법률적용에서 위 단서 조항을 빠뜨려 명시하지 않았다고 하더라도 이로써 판결에 영향을 미
친 위법이 있다고 할 수 없는 것이다.

152-20. 포괄적 1죄의 관계에 있는 위증죄의 일부 범죄사실에 대하여 공소가 제기된 뒤 항소심에서
　　　　나머지 부분을 추가하는 것이 공소사실의 동일성을 해하는지 여부(소극) [대법원 1992. 12.
　　　　22. 선고, 92도2047]

【판결요지】

포괄적 1죄의 관계에 있는 위증죄의 일부 범죄사실에 대한 기판력은 현실적으로 심판대상이 되
지 않는 다른 부분에까지도 미치므로, 그 일부의 범죄사실에 대하여 공소가 제기된 뒤에 항소심
에서 나머지 부분을 추가하였다고 하여 공소사실의 동일성을 해하는 것이라고 볼 수 없다.

152-21. 위증 피고사건에서 전문사실의 증언에 관하여 증인이 들어서 알게 되었다고 할 경우

[대법원 1991. 12. 10. 선고, 91도2209]

【판시사항】

위증 피고사건에서 전문사실의 증언에 관하여 증인이 들어서 알게 되었다는 경위가 증인의 기억에 반한다는 증거도 없이 유죄로 인정하였다고 하여 원심판결을 파기한 사례

【판결요지】

어떤 사실을 누군가로부터 들었다는 진술부분은 자기의 경험내용에 관한 진술이 아니라 타인으로부터 전문한 타인의 경험내용에 관한 진술이므로 그와 같이 전문한 일이 없다거나 또는 그 진술내용이 실제로 전문한 내용과 다르다는 등 증인이 사실내용을 알게 된 경위가 기억에 반하는 경우라야만 위증죄로 의율할 수 있고, 단지 그 진술내용이 객관적 사실과 다르다는 것만으로 기억에 반하는 진술이라고 단정할 수 없는 것인데도, 증인이 들어서 알게 되었다는 경위가 증인의 기억에 반한다는 증거도 없이 위 진술부분을 허위진술이라고 단정하였다고 하여 원심판결을 파기한 사례

---

1. " ...한 사실을 압니다" " ...은 ...의 소유였습니다" 라는 형태의 증언이 위증죄에 해당하는지 여부의 판단기준 [대법원 1983. 9. 27. 선고, 83도42]

【판결요지】

" ...한 사실을 압니다" " ...은 ...의 소유였습니다" 라는 증인의 진술이 경험사실이 아닌 증인 나름대로의 단순한 의결이나 평가에 불과한 경우에는 위증죄의 구성요건인 허위의 공술에 해당되지 않는다 할 것이나, 일반적으로는 그러한 진술은 증인이 직접 경험하거나 또는 타인의 경험한 바를 전해들어서 어떤 사실을 알게 되고 또 권리귀속에 관한 인식을 가지게 되어 그러한 내용을 진술하는 것이라 할 것이므로 이와 같은 경우에는 증인이 그 증언내용을 알게 된 경위를 심리판단하여 그 증언내용이 기억에 반한 진술인지의 여부를 가려야 한다.

152-22. 타인으로부터 전해 들은 금품의 전달사실을 마치 자신이 전달한 것처럼 진술한 경우(적극)
[대법원 1990. 5. 8. 선고, 90도448]

【판결요지】

타인으로부터 전해 들은 금품의 전달사실을 마치 증인 자신이 전달한 것처럼 진술한 것은 증인의 기억에 반하는 허위진술이라고 할 것이므로 그 진술부분은 위증에 해당한다.

152-23. 타인명의의 고소장 제출에 의한 위증사실의 신고와 무고죄의 주체 [대법원 1989. 9. 26. 선고, 88도1533]

【판시사항】

[1] 위증혐의로 고소고발한 사실 중 재판결과에 영향이 없는 사실만이 허위인 경우 무고죄의 성부(적극)

[2] 타인명의의 고소장 제출에 의한 위증사실의 신고와 무고죄의 주체

【판결요지】

[1] 1통의 고소, 고발장에 의하여 수개의 혐의사실을 들어 무고로 고소, 고발한 경우 그중 일부

사실은 진실이나 다른 사실은 허위인 때에는 그 허위사실부분만이 독립하여 무고죄를 구성하는 것이고, 위증죄는 진술내용이 당해 사건의 요증사항이 아니거나 재판의 결과에 영향을 미친 바 없더라도 선서한 증인이 그 기억에 반하여 허위의 진술을 한 경우에는 성립되어 그 죄책을 면할 수 없으므로, 위증으로 고소, 고발한 사실 중 위증한 당해사건의 요증사항이 아니고 재판결과에 영향을 미친 바 없는 사실만이 허위라고 인정되더라도 무고죄의 성립에는 영향이 없다.

[2] 위증죄는 국가의 사법기능을 보호법익으로 하는 죄로서 개인적 법익을 보호법익으로 하는 것이 아니므로 위증사실의 신고는 고소의 형식을 취하였더라도 고발이고, 고발은 피해자 본인 및 고소권자를 제외하고는 누구나 할 수 있는 것이어서 고발의 대리는 허용되지 않고 고발의 의사를 결정하고 고발행위를 주재한 자가 고발인이라고 할 것이므로 <u>타인명의의 고소장 제출에 의해 위증사실의 신고가 행하여졌더라도 피고인이 고소장을 작성하여 수사기관에 제출하고 수사기관에 대하여 고발인 진술을 하는 등 피고인의 의사로 고발행위를 주도하였다면 그 고발인은 피고인이다.</u>

152-24. 수사기록에 기재된 진술내용이 상위없다는 증언이 있을 경우 위증죄 성립 범위(소극) [대법원 1989. 9. 12. 선고, 88도1147]

【판결요지】

판사가 증인이 경찰과 검사에게 진술한 내용이 사실이냐고 묻고 수사기록을 제시하고 그 요지를 고지한 즉 증인이 사실대로 진술하였으며 그 내용도 상위없다고 답변하였을 뿐이라면 증인이 수사기록에 있는 그의 진술조서에 기재된 내용을 기억하여 반복 진술한 것이라고 할 수는 없으므로 설사 그 진술조서에 기재된 내용 중 증인의 기억에 반하는 부분이 있다고 하여도 그 기재내용을 상위없다고 하는 진술자체가 위증이 될 수 있음은 별론으로 하고 그 진술기재내용을 위증한 것이라고 할 수는 없다.

152-25. 위증죄에 있어서 허위의 공술의 의미 [대법원 1989. 1. 17. 선고, 88도580]

【판결요지】

위증죄에 있어서의 허위의 공술이란 증인이 자기의 기억에 반하는 사실을 진술하는 것을 말하는 것으로서 그 내용이 객관적 사실과 부합한다고 하여도 위증죄의 성립에 장애가 되지 않는다.

---

1. 증언이 사실에 부합되는 여부와 위증죄 성립여부 [대법원 1980. 4. 8. 선고, 78도2026]
【판결요지】
위증은 법률에 의하여 적법히 선서한 증인이 자기 기억에 반하는 사실을 진술함으로써 성립하는 것이므로 자기의 기억에 반하는 사실을 진술하였다면 설사 그 증인이 사실에 부합된다고 할지라도 위증죄가 성립된다.

152-26. 위증죄의 성립요건 [대법원 1988. 12. 13. 선고, 88도80]

【판결요지】

위증죄는 법률에 의하여 선서한 증인이 자기의 기억에 반하는 사실을 진술함으로써 성립하는 것이므로 그 진술이 객관적 사실과 부합하지 아니한다 하더라도 그 증언이 증인의 기억에 반하는지 여부를 가려보기 전에는 위증이라고 속단해서는 안된다.

152-27. 주관적 평가나 법률적 효력에 관한 견해를 부연한 부분에 다소의 오류가 있는 경우(소극) [대법원 1988. 9. 27. 선고, 88도236]

【판결요지】

경험한 사실에 기초한 주관적 평가나 법률적 효력에 관한 견해를 부연한 부분에 다소의 오류가 있다 하여도 위증죄가 성립되는 것이 아니다.

---

1. 경험사실에 기초한 주관적 평가나 그 법률적 효력에 관한 진술부분 다소의 오류나 모순이 있는 경우 (소극)[대법원 1984. 2. 14. 선고, 83도37]

【판시사항】

경험사실에 기초한 주관적 평가나 그 법률적 효력에 관한 진술부분 다소의 오류나 모순이 있는 경우

【판결요지】

위증죄는 법률에 의하여 선언한 증인이 자기의 기억에 반하는 사실을 진술함으로써 성립하는 것이므로, 경험을 통하여 기억하고 있는 사실을 진술한 이상 그 진술이 객관적 사실에 부합되지 아니하거나 경험한 사실에 기초한 주관적 평가나 그 법률적 효력에 관한 견해를 부연한 부분에 다소의 오류나 모순이 있다고 하여 위증죄가 성립하는 것은 아니다.

152-28. 매매확인서의 발급경위와 취지 및 그 내용에 관한 허위진술과 허위죄의 성부 [대법원 1987. 10. 13. 선고, 87도1501]

【판결요지】

증인의 진술이 경험한 사실에 대한 법률적 평가이거나 단순한 의견에 지나지 아니하는 경우에는 위증죄에서 말하는 허위의 공술이라고 할 수 없으나 매매확인서의 발급경위와 취지 및 그 내용에 관하여 사실과 다르게 허위의 진술을 하였다면 이는 단순히 매매계약서의 효력에 관한 자신의 의견을 진술한 것이 아니라 경험한 사실에 관한 허위내용의 진술에 해당하여 위증죄가 성립된다.

152-29. 증언내용 사실을 잘 알지 못하면서도 잘 아는 것처럼 증언한 경우(적극) [대법원 1986. 9. 9. 선고, 86도57]

【판결요지】

선서를 하고서 진술한 증언내용이 자신이 그 증언내용사실을 잘 알지 못하면서도 잘 아는 것으로 증언한 것이라면 그 증언은 기억에 반한 진술이어서 위증죄가 성립된다.

---

1. 잘 모르는 사실을 단정 증언한 경우(적극) [대법원 1985. 8. 20. 선고, 85도868]

【판결요지】

공소외인이 법원에 출석하여 당사자 본인신문에 응하여 진술한 사실을 모르고 증언을 한 것이라 하더라도 위 공소외인이 피고인의 형수이고 그 민사소송사건의 이해관계인(당사자 본인)이어서 동인이 법원에 출석진술할 여지가 있었음에도 이러한 사실을 확인함이 없이 동인은 의사표시의 능력도 없는 사람이고 법정에 서서 진술한 사실이 전혀 없는 노인이라고 단정 증언하였음은 기억에 반한 진술이라고 하지 않을 수 없다.

152-30. 신문취지의 오해 내지 착각에 따른 진술과 위증죄의 성부(소극) [대법원 1986. 7. 8. 선고, 86도1050]

【판결요지】

증언당시 판사의 신문취지를 오해 내지 착각하고 진술한 것이라면 위증의 고의가 있었다고 보기 어렵다.

152-31. 위증죄가 성립되려면 그 증언이 당해 사건의 요증사항이거나 재판결과에 영향을 미칠 사항에 관한 것임을 요하는지 여부(소극) [대법원 1986. 6. 10. 선고, 85도117]

【판결요지】

위증죄는 선서한 증인이 고의로 자신의 기억에 반하는 증언을 함으로써 성립하고 그 진술이 당해 사건의 요증사항인 여부 및 재판의 결과에 영향을 미친 여부는 위증죄의 성립에 아무런 관계가 없다.

152-32. 증인이 직접 지득하지 아니한 사실을 법률적 표현을 빌어 진술한 경우(적극) [대법원 1986. 6. 10. 선고, 84도2039]

【판결요지】

위증죄는 증인이 사실에 관하여 기억에 반하는 사실을 진술함으로써 성립하고, 다만 경험한 사실에 대한 법률적 평가이거나 단순한 의견에 지나지 않는다면 허위의 공술이라고 할 수는 없으나 자기가 지득하지 아니한 어떤 사실관계를 단순히 법률적 표현을 써서 진술한 것이라면 이는 객관적 사실을 토대로 한 증인 나름의 법률적 견해를 진술한 것과는 다르므로 위증죄의 성립을 부인할 수 없다.

152-33. 다소 추측과 과장된 점이 있기는 하나 허위의 증언이 아니라고 한 예 [대법원 1986. 2. 11. 선고, 85도2663]

【판결요지】

토지의 관리인으로부터 적당히 서류를 만들어 동 토지를 팔았는데 나중에 대토를 주면되지 않겠느냐는 말을 듣고 서류를 적당히 만들었다면 인감등을 위조한 것이라고 생각하고 그와 같이 증언을 하게 된 것이라면 그 증언에 다소의 추측과 과장된 점이 있기는 하나 허위라고는 할 수 없다.

152-34. 어떠한 사실을 "안다"라는 증언이 위증이 되기 위한 요건 [대법원 1985. 11. 26. 선고,

85도711]

【판결요지】

증인이 어떠한 사실을 "안다"고 진술하는 경우에는 증인이 직접 경험하거나 또는 타인의 경험한 바를 전해 들어서 알게 된 사실을 진술하는 것이므로 이와 같이 <u>알게 된 경위가 어떤 것인지를 가려내어 그것이 피고인의 기억에 반하는지의 여부를 판단하여야 할 것이고 그 진술이 객관적인 사실과 다르다는 것만으로 곧 기억에 반하는 진술이라고 단정할 수는 없다.</u>

152-35. 들어서 알게 된 사실을 목격하여 알게 된 것처럼 진술한 경우(적극) [대법원 1985. 10. 8. 선고, 85도783]

【판결요지】

위증죄에 있어서의 허위의 공술은 사실을 경험한 경위에 관한 허위의 진술도 포함하는 것이므로 들어서 알게 된 사실을 마치 목격하여 알게된 것처럼 진술한 경우에도 허위의 공술에 해당한다.

---

1. 전문한 사실을 직접 목격한 것처럼 진술한 경우(적극) [대법원 1984. 3. 27. 선고, 84도48]

【판결요지】

위증죄에 있어서의 허위의 공술은 증인의 기억에 반하는 진술을 말하는 것으로서 그 허위여부는 주관적으로 증인이 인식한 경험사실을 기준으로 판단하는 것인바, 증인이 예컨대 전문한 사실을 마치 목격하여 알게 된 사실인 것처럼 진술한 경우에는 경험의 경위에 관하여 기억에 반하는 허위의 공술을 한 것에 해당하는 것이다.

---

2. 타인의 경험을 전해들은 것을 내용으로 하는 증언이 위증인지의 판단기준 [대법원 1985. 4. 9. 선고, 83도44]

【판결요지】

증언의 내용이 타인이 경험한 바를 전해들은 것이거나 기록 또는 문서를 보고 간접적으로 알게 된 것이라면 그 진술이 전해 준 내용이나 알게 된 문서의 내용에 일치되지 아니하는 때에는 그 진술은 일응 기억에 반한 것으로 보아야 할 것이므로 위증죄에 해당한다 할 것이니 이러한 경우에는 증인이 그 증언 내용을 알게 된 경위에 따라 그 증언내용이 기억에 반한 진술인지의 여부를 가려야 한다.

152-36. 증언내용이 사실과는 다르나 허위의 진술은 아니라고 본 사례 [대법원 1985. 3. 26. 선고, 84도1098]

【판결요지】

부동산을 매수한지 20여년이 경과한 뒤이어서 그 매도당시의 입회인을 매수당시 입회한 것으로 잘못 기억하고 증언하였다면 이는 기억에 반하는 허위의 진술이라고 보기는 어렵다.

---

1. 8,9년 전에 취급한 사무에 관한 "모른다"는 증언과 기억에 반하는 허위진술여부(소극) [대법원 1983. 12. 13. 선고, 83도2342]

152-37. 중간계주를 통하여 간접적으로 계에 관여된 자에 관하여 원계주가 계원이 아니라고 한 진술(소극) [대법원 1984. 5. 15. 선고, 84도602]

【판결요지】

피고인이 중간계주를 통하여 피고인이 조직한 계에 가입한 공소외(갑)에게 계불입금을 불입토록 독촉한 사실까지 있음에도 (갑)은 계에 가입한 사실이 없다고 한 피고인의 진술의 취지가(갑)이 직접 계에 가입한 사실이 없다는 뜻이고, 더구나 중간계주가 자신의 이름으로 위 계에 가입하여 그 계금의 불입 및 수령을 하였고 다만 중간계주와 (갑)과의 사이에서는 위 계에 (갑)이 가입하고 그 계불입금은 중간계주를 통하여 불입하고 계금도 중간계주가 타서 (갑)에게 전달케 한 사정을 엿볼 수 있다면 피고인의 위와 같은 취지의 진술이 기억에 반하는 허위의 공술이라고 볼 수 없다.

152-38. 실제 계약체결일과 불과 2일 차이 나게 한 증언과 허위의 공술(소극) [대법원 1983. 11. 22. 선고, 83도2492]

【판결요지】

타인의 일에 대하여 정확한 날자를 기억한다는 것은 경험칙상 어려우므로 피고인이 실제 계약체결일과 불과 2일이 차이나게 증언한 것을 가지고 기억에 반한 허위의 공술을 하였다고 볼 수 없다.

152-39. 공동피고이던 자가 의제자백으로 인해 분리된 후에 한 허위증언(적극) [대법원 1983. 10. 25. 선고, 83도1318]

【판결요지】

피고인을 공동피고로 한 민사사건에서 피고인이 의제자백에 의해 분리되고, 공소외인 만이 피고로 남았다면 이는 타인 사이의 사건이라고 할 것이므로 그 사건에서 한 증언이 기억에 반한 것인 이상 위증죄에 해당한다.

152-40. 효력이 없는 종중의 이사회 및 임원회의 결의 내용에 상반하는 진술(적극) [대법원 1983. 8. 23. 선고, 82도1989]

【판결요지】

위증죄는 법률에 의하여 선서한 증인이 자기의 기억에 반하는 사실을 진술함으로써 성립된다 할 것이므로 피고 등이 종중의 이사회결의나 임원회의 결의 등이 있었음을 알면서도 이에 반하는 공술을 한 이상, 동 결의가 종중규약에 위반하여 효력이 없는 것이라 한들 위증죄의 성립에 영향을 미치지 않는다.

152-41. 경험한 사실에 대한 주관적 평가나 법률적 효력에 대한 의견의 진술(소극) [대법원 1983. 6. 28. 선고, 83도1125]

【판결요지】

위증죄는 증인이 사실에 관하여 기억에 반하는 사실을 진술함으로써 성립하고 경험한 사실에 대한 주관적 평가나 법률적 효력에 관한 의견의 진술은 위증죄의 대상이 되지 않는다.

152-42. 개개의 사실을 종합한 전체적 취지로 증언한 경우(소극) [대법원 1983. 3. 22. 선고, 83도64]

【판결요지】

증언의 내용을 구성하는 개개의 사실을 개별적으로 진술하지 아니하고 신문자의 취지에 따라 이를 종합한 전체적 취지로 대답 진술하였다 하더라도 개개의 사실이 기억에 일치하고 전체적 취지가 이에 어긋나지 아니하면 허위의 진술이라 할 수 없다.

152-43. 상세한 증인신문사항에 대하여 증인이 이를 파악하지 못하거나 기억하지 못함에도 단순히 긍정적 답변을 한 경우(적극) [대법원 1981. 6. 23. 선고, 81도118]

【판결요지】

상세한 내용의 증인신문사항에 대하여 증인이 그 상세한 신문사항내용을 파악하지 못하였거나 또는 기억하지 못함에도 불구하고 이를 그대로 긍정하는 취지의 답변을 하였다면 기억에 반하여 허위의 진술을 한 것이라고 볼 것이다.

152-44. 위증죄의 기수시기 [대법원 1974. 6. 25. 선고, 74도1231]

【판결요지】

증인의 증언은 그 전부를 일체로 관찰 판단하는 것이므로 선서한 증인이 일단 기억에 반한 허위의 진술을 하였더라도 그 신문이 끝나기 전에 그 진술을 취소 시정한 경우에는 위증이 되지 아니한다고 봄이 상당하며 따라서 위증죄의 기수시기는 신문 진술이 종료한 때로 해석할 것이다. (진술후에 선서를 명하는 경우는 선서종료한 때 기수가 될 것이다).

제153조[자백, 자수]

제152조(위증, 모해위증) ① 법률에 의하여 선서한 증인이 허위의 진술을 한 때에는 5년 이하의 징역 또는 1천만원 이하의 벌금에 처한다. 〈개정 1995. 12. 29.〉
② 형사사건 또는 징계사건에 관하여 피고인, 피의자 또는 징계혐의자를 모해할 목적으로 전항의 죄를 범한 때에는 10년 이하의 징역에 처한다.
제153조(자백, 자수) 전조의 죄를 범한 자가 그 공술한 사건의 재판 또는 징계처분이 확정되기 전에 자백 또는 자수한 때에는 그 형을 감경 또는 면제한다.

153-1. 형법 제153조에서 정한 '재판이 확정되기 전'에 피고인의 고소사건 수사 결과 피고인의 무고 혐의가 밝혀져 피고인에 대한 공소가 제기되고 피고소인에 대해서는 불기소결정이 내려져 재판절차가 개시되지 않은 경우가 포함되는지 여부(적극) [대법원 2018. 8. 1. 선고, 2018도7293]

【판시사항】

무고죄의 경우 재판확정 전의 자백을 필요적 감경 또는 면제사유로 정한 형법 제157조, 제153조에서 자백의 범위 / 형법 제153조에서 정한 '재판이 확정되기 전'에 피고인의 고소사건 수사 결과 피고인의 무고 혐의가 밝혀져 피고인에 대한 공소가 제기되고 피고소인에 대해서는 불기소결정이 내려져 재판절차가 개시되지 않은 경우가 포함되는지 여부(적극)

【판결요지】

형법 제157조, 제153조는 무고죄를 범한 자가 그 신고한 사건의 재판 또는 징계처분이 확정되기 전에 자백 또는 자수한 때에는 그 형을 감경 또는 면제한다고 하여 이러한 재판확정 전의 자백을 필요적 감경 또는 면제사유로 정하고 있다. 위와 같은 자백의 절차에 관해서는 아무런 법령상의 제한이 없으므로 그가 신고한 사건을 다루는 기관에 대한 고백이나 그 사건을 다루는 재판부에 증인으로 다시 출석하여 전에 그가 한 신고가 허위의 사실이었음을 고백하는 것은 물론 무고 사건의 피고인 또는 피의자로서 법원이나 수사기관에서의 신문에 의한 고백 또한 자백의 개념에 포함된다. 형법 제153조에서 정한 '재판이 확정되기 전'에는 피고인의 고소사건 수사 결과 피고인의 무고 혐의가 밝혀져 피고인에 대한 공소가 제기되고 피고소인에 대해서는 불기소결정이 내려져 재판절차가 개시되지 않은 경우도 포함된다.

1. 위증죄에 있어서의 자백의 절차 [대법원 1973. 11. 27. 선고, 73도1639]

【판결요지】

형법 제153조 소정의 위증죄를 범한자가 자백, 자수를 한 경우의 형의 감면규정은 재판 확정전의 자백을 형의 필요적 감경 또는 면제사유로 한다는 것이며, 또 위 자백의 절차에 관하여는 아무런 제한이 없으므로 그가 공술한 사건을 다루는 기관에 대한 자발적인 고백은 물론, 위증사건의 피고인 또는 피의자로서 법원이나 수사기관의 심문에 의한 고백도 위 자백의 개념에 포함된다.

153-2. 별도의 증인 신청 및 채택 절차를 거쳐 그 증인이 다시 신문을 받는 과정에서 종전 신문절차에서의
진술을 철회시정한 경우 [대법원 2010. 9. 30. 선고, 2010도7525]

【판시사항】

별도의 증인 신청 및 채택 절차를 거쳐 그 증인이 다시 신문을 받는 과정에서 종전 신문절차에
서의 진술을 철회·시정한 경우, 이미 종결된 종전 증인신문절차에서 행한 위증죄의 성립에 영향
을 미치는지 여부(소극)

【판결요지】

증인의 증언은 그 전부를 일체로 관찰·판단하는 것이므로 선서한 증인이 일단 기억에 반하는
허위의 진술을 하였더라도 그 신문이 끝나기 전에 그 진술을 철회·시정한 경우 위증이 되지 아
니한다고 할 것이나, 증인이 1회 또는 수회의 기일에 걸쳐 이루어진 1개의 증인신문절차에서 허
위의 진술을 하고 그 진술이 철회·시정된 바 없이 그대로 증인신문절차가 종료된 경우 그로써
위증죄는 기수에 달하고, 그 후 별도의 증인 신청 및 채택 절차를 거쳐 그 증인이 다시 신문을
받는 과정에서 종전 신문절차에서의 진술을 철회·시정한다 하더라도 그러한 사정은 형법 제153
조가 정한 형의 감면사유에 해당할 수 있을 뿐, 이미 종결된 종전 증인신문절차에서 행한 위증죄
의 성립에 어떤 영향을 주는 것은 아니다. 위와 같은 법리는 증인이 별도의 증인신문절차에서 새
로이 선서를 한 경우뿐만 아니라 종전 증인신문절차에서 한 선서의 효력이 유지됨을 고지 받고
진술한 경우에도 마찬가지로 적용된다.

제154조[허위의 감정, 통역, 번역]

제154조(허위의 감정, 통역, 번역) 법률에 의하여 선서한 감정인, 통역인 또는 번역인이 허위의 감정, 통역 또는 번역을 한 때에는 전2조의 예에 의한다.

154-1. 허위감정죄에 있어서 감정내용의 허위성에 대한 인식을 요하는지 여부(적극) [대법원 2000. 11. 28. 선고, 2000도1089]

【판시사항】

[1] 허위감정죄에 있어서 감정내용의 허위성에 대한 인식을 요하는지 여부(적극)

[2] 감정인이 감정사항의 일부를 타인에게 의뢰하여 그 감정 결과를 감정인 명의로 법원에 제출한 경우, 허위감정죄의 성립을 인정한 사례

[3] 허위감정죄의 죄수와 기수시기

【판결요지】

[1] 허위감정죄는 고의범이므로, 비록 감정내용이 객관적 사실에 반한다고 하더라도 감정인의 주관적 판단에 반하지 않는 이상 허위의 인식이 없어 허위감정죄로 처벌할 수 없다.

[2] 감정인이 감정사항의 일부를 타인에게 의뢰하여 그 감정 결과를 감정인 명의로 법원에 제출한 경우, 그 타인은 감정인의 업무보조자에 불과하고 감정의견은 감정인 자신의 의견과 판단을 나타내는 것이므로 감정인으로서는 그 감정 결과의 적정성을 당연히 확인하였다고 볼 것인데 제반 사정에 비추어 보면 감정인에게 허위성의 인식이 있었다는 이유로 허위감정죄의 성립을 인정한다.

[3] 하나의 소송사건에서 동일한 선서 하에 이루어진 법원의 감정명령에 따라 감정인이 동일한 감정명령사항에 대하여 수차례에 걸쳐 허위의 감정보고서를 제출하는 경우에는 각 감정보고서 제출행위시마다 각기 허위감정죄가 성립한다 할 것이나, 이는 단일한 범의 하에 계속하여 허위의 감정을 한 것으로서 포괄하여 1개의 허위감정죄를 구성한다.

제155조(증거인멸 등과 친족간의 특례)

제155조(증거인멸 등과 친족간의 특례) ① 타인의 형사사건 또는 징계사건에 관한 증거를 인멸, 은닉, 위조 또는 변조하거나 위조 또는 변조한 증거를 사용한 자는 5년 이하의 징역 또는 700만 원 이하의 벌금에 처한다. 〈개정 1995. 12. 29.〉

② 타인의 형사사건 또는 징계사건에 관한 증인을 은닉 또는 도피하게 한 자도 제1항의 형과 같다. 〈개정 1995. 12. 29.〉

③ 피고인, 피의자 또는 징계혐의자를 모해할 목적으로 전2항의 죄를 범한 자는 10년 이하의 징역에 처한다.

④ 친족 또는 동거의 가족이 본인을 위하여 본조의 죄를 범한 때에는 처벌하지 아니한다. 〈개정 2005. 3. 31.〉

155-1. 증거위조죄에서 말하는 '위조'의 의미 / 사실의 증명을 위해 작성된 문서가 그 사실에 관한 내용이나 작성명의 등에 아무런 허위가 없는 경우, '증거위조'에 해당하는지 여부(소극) [대법원 2021. 1. 28. 선고, 2020도2642]

【판시사항】

[1] 증거위조죄에서 말하는 '증거'의 의미 / 형 또는 징계의 경중에 관계있는 정상을 인정하는 데 도움이 될 자료가 증거위조죄의 증거에 포함되는지 여부(적극)

[2] 증거위조죄에서 말하는 '위조'의 의미 / 사실의 증명을 위해 작성된 문서가 그 사실에 관한 내용이나 작성명의 등에 아무런 허위가 없는 경우, '증거위조'에 해당하는지 여부(소극) 및 사실증명에 관한 문서가 형사사건 또는 징계사건에서 허위의 주장에 관한 증거로 제출되어 그 주장을 뒷받침하게 되더라도 마찬가지인지 여부(적극)

【판결요지】

[1] 형법 제155조 제1항의 증거위조죄에서 말하는 '증거'란 타인의 형사사건 또는 징계사건에 관하여 수사기관이나 법원 또는 징계기관이 국가의 형벌권 또는 징계권의 유무를 확인하는 데 관계있다고 인정되는 일체의 자료를 뜻한다. 따라서 범죄 또는 징계사유의 성립 여부에 관한 것뿐만 아니라 형 또는 징계의 경중에 관계있는 정상을 인정하는 데 도움이 될 자료까지도 본조가 규정한 증거에 포함된다.

[2] 형법 제155조 제1항은 타인의 형사사건 또는 징계사건에 관한 증거를 인멸, 은닉, 위조 또는 변조하거나 위조 또는 변조한 증거를 사용한 자를 처벌하고 있고, 여기서의 '위조'란 문서에 관한 죄의 위조 개념과는 달리 새로운 증거의 창조를 의미한다. 그러나 사실의 증명을 위해 작성된 문서가 그 사실에 관한 내용이나 작성명의 등에 아무런 허위가 없다면 '증거위조'에 해당한다고 볼 수 없다. 설령 사실증명에 관한 문서가 형사사건 또는 징계사건에서 허위의 주장에 관한 증거로 제출되어 그 주장을 뒷받침하게 되더라도 마찬가지이다.

1. 타인의 형사사건과 관련하여 수사기관이나 법원에 제출하거나 현출되게 할 의도로 법률행위 당시에
   는 존재하지 아니하였던 처분문서를 사후에 그 작성일을 소급하여 작성하는 경우(적극) [대법원
   2007. 6. 28. 선고, 2002도3600]
   【판시사항】
   타인의 형사사건과 관련하여 수사기관이나 법원에 제출하거나 현출되게 할 의도로 법률행위 당시에는
   존재하지 아니하였던 처분문서를 사후에 그 작성일을 소급하여 작성하는 경우, 증거위조죄를 구성하는
   지 여부(적극) 및 내용의 진실성 여부가 증거위조죄의 성립에 영향을 미치는지 여부(소극)
   【판결요지】
   타인의 형사사건과 관련하여 수사기관이나 법원에 제출하거나 현출되게 할 의도로 법률행위 당시에는
   존재하지 아니하였던 처분문서, 즉 그 외형 및 내용상 법률행위가 그 문서 자체에 의하여 이루어진 것과
   같은 외관을 가지는 문서를 사후에 그 작성일을 소급하여 작성하는 것은, 가사 그 작성자에게 해당 문서
   의 작성권한이 있고, 또 그와 같은 법률행위가 당시에 존재하였다거나 그 법률행위의 내용이 위 문서에
   기재된 것과 큰 차이가 없다 하여도 증거위조죄의 구성요건을 충족시키는 것이라고 보아야 하고, 비록
   그 내용이 진실하다 하여도 국가의 형사사법기능에 대한 위험이 있다는 점은 부인할 수 없다.

2. 증거위조죄에서 '타인의 형사사건 등에 관한 증거를 위조한다'는 것의 의미 및 참고인이 수사기관에
   서 허위의 진술을 하는 것이 여기에 포함되는지 여부(소극) [대법원 2017. 10. 26. 선고, 2017도9827]
   【판시사항】
   [1] 증거위조죄에서 '타인의 형사사건 등에 관한 증거를 위조한다'는 것의 의미 및 참고인이 수사기관
       에서 허위의 진술을 하는 것이 여기에 포함되는지 여부(소극)
   [2] 참고인이 타인의 형사사건 등에서 직접 진술 또는 증언하는 것을 대신하거나 그 진술 등에 앞서서
       허위의 사실확인서나 진술서를 작성하여 수사기관 등에 제출하거나 또는 제3자에게 교부하여 제3
       자가 이를 제출한 것이 증거위조죄를 구성하는지 여부(소극)
   【이 유】
   타인의 형사사건 등에 관한 증거를 위조한다 함은 증거 자체를 위조함을 말하는 것이고, 참고인이 수사
   기관에서 허위의 진술을 하는 것은 여기에 포함되지 않는다. 한편 참고인이 타인의 형사사건 등에서
   직접 진술 또는 증언하는 것을 대신하거나 그 진술 등에 앞서서 허위의 사실확인서나 진술서를 작성하
   여 수사기관 등에 제출하거나 또는 제3자에게 교부하여 제3자가 이를 제출한 것은 존재하지 않는 문서
   를 이전부터 존재하고 있는 것처럼 작출하는 등의 방법으로 새로운 증거를 창조한 것이 아닐뿐더러,
   참고인이 수사기관에서 허위의 진술을 하는 것과 차이가 없으므로, 증거위조죄를 구성하지 않는다고
   할 것이다(대법원 2015. 10. 29. 선고 2015도9010 판결 참조).

155-2. 범인이 증거은닉을 위하여 타인에게 도움을 요청하는 행위가 증거은닉죄로 처벌되는지
        여부(원칙적 소극) [대법원 2018. 10. 25. 선고, 2015도1000]
   【판시사항】
   증거은닉죄의 성립요건 / 범인이 증거은닉을 위하여 타인에게 도움을 요청하는 행위가 증거은닉
   죄로 처벌되는지 여부(원칙적 소극) / 피고인 자신이 직접 자기의 이익을 위하여 증거가 될 자료
   를 은닉한 경우, 증거은닉죄에 해당하는지 여부(소극) 및 제3자와 공동하여 그러한 행위를 하였

더라도 마찬가지인지 여부(적극)

【이 유】

증거은닉죄는 타인의 형사사건이나 징계사건에 관한 증거를 은닉할 때 성립하고, 범인 자신이 한 증거은닉 행위는 형사소송에 있어서 피고인의 방어권을 인정하는 취지와 상충하여 처벌의 대상이 되지 아니하므로 범인이 증거은닉을 위하여 타인에게 도움을 요청하는 행위 역시 원칙적으로 처벌되지 아니한다. 따라서 피고인 자신이 직접 형사처분을 받게 될 것을 두려워한 나머지 자기의 이익을 위하여 그 증거가 될 자료를 은닉하였다면 증거은닉죄에 해당하지 않고, 제3자와 공동하여 그러한 행위를 하였다고 하더라도 마찬가지이다(대법원 2013. 11. 28. 선고 2011도5329 판결, 대법원 2014. 4. 10. 선고 2013도12079 판결 등 참조).

---

1. 피고인 자신을 위한 증거인멸 행위가 동시에 다른 공범자에 관한 증거를 인멸한 결과가 되는 경우(소극) [대법원 2013. 11. 28. 선고, 2011도5329]

【판시사항】

증거인멸죄는 타인의 형사사건 또는 징계사건에 관한 증거를 인멸하는 경우에 성립하는 것으로서, 피고인 자신이 직접 형사처분이나 징계처분을 받게 될 것을 두려워한 나머지 자기의 이익을 위하여 그 증거가 될 자료를 인멸하였다면, 그 행위가 동시에 다른 공범자의 형사사건이나 징계사건에 관한 증거를 인멸한 결과가 된다고 하더라도 이를 증거인멸죄로 다스릴 수 없다(대법원 1995. 9. 29. 선고 94도2608 판결 등 참조). 한편 증거인멸죄에 있어서 타인의 형사사건 또는 징계사건이란 인멸행위 시에 아직 수사 또는 징계절차가 개시되기 전이라도 장차 형사 또는 징계사건이 될 수 있는 것까지를 포함한다(대법원 1995. 3. 28. 선고 95도134 판결 등 참조).

---

2. 자신의 형사사건에 관한 증거은닉을 위하여 타인에게 도움을 요청하는 행위가 증거은닉교사죄에 해당하는 경우 및 판단 기준 [대법원 2016. 7. 29. 선고, 2016도5596]

【판시사항】

증거은닉죄는 타인의 형사사건이나 징계사건에 관한 증거를 은닉할 때 성립하고 자신의 형사사건에 관한 증거은닉 행위는 형사소송에 있어서 피고인의 방어권을 인정하는 취지와 상충하여 처벌의 대상이 되지 아니하므로 자신의 형사사건에 관한 증거은닉을 위하여 타인에게 도움을 요청하는 행위 역시 원칙적으로 처벌되지 아니하나, 다만 그것이 방어권의 남용이라고 볼 수 있을 때는 증거은닉교사죄로 처벌할 수 있다. 방어권 남용이라고 볼 수 있는지 여부는, 증거를 은닉하게 하는 것이라고 지목된 행위의 태양과 내용, 범인과 행위자의 관계, 행위 당시의 구체적인 상황, 형사사법작용에 영향을 미칠 수 있는 위험성의 정도 등을 종합하여 판단하여야 한다(대법원 2014. 4. 10. 선고 2013도12079 판결 참조).

155-3. 타인의 형사사건 등에 관한 증거를 위조한다는 것의 의미 [대법원 2015. 10. 29. 선고, 2015도9010]

【판시사항】

[1] 증거위조죄에서 '증거', '위조' 및 '타인의 형사사건 등에 관한 증거를 위조한다'는 것의 의미

[2] 참고인이 타인의 형사사건 등에서 직접 진술 또는 증언하는 것을 대신하거나 진술 등에 앞

서 허위의 사실확인서나 진술서를 작성하여 수사기관 등에 제출하거나 제3자에게 교부하여 제3자가 이를 제출한 것이 증거위조죄를 구성하는지 여부(소극)

【이 유】

타인의 형사사건 또는 징계사건에 관한 증거를 위조한 경우에 성립하는 형법 제155조 제1항의 증거위조죄에서 '증거'라 함은 타인의 형사사건 또는 징계사건에 관하여 수사기관이나 법원 또는 징계기관이 국가의 형벌권 또는 징계권의 유무를 확인하는 데 관계있다고 인정되는 일체의 자료를 의미하고, 타인에게 유리한 것이건 불리한 것이건 가리지 아니하며 또 증거가치의 유무 및 정도를 불문하는 것이고, 여기서의 '위조'란 문서에 관한 죄에 있어서의 위조 개념과는 달리 새로운 증거의 창조를 의미하는 것이므로 존재하지 아니한 증거를 이전부터 존재하고 있는 것처럼 작출하는 행위도 증거위조에 해당하며, 증거가 문서의 형식을 갖는 경우 증거위조죄에 있어서의 증거에 해당하는지 여부가 그 작성권한의 유무나 내용의 진실성에 좌우되는 것은 아니다(대법원 2007. 6. 28. 선고 2002도3600 판결 참조). 그리고 타인의 형사사건 등에 관한 증거를 위조한다 함은 증거 자체를 위조함을 말하는 것이고, 참고인이 수사기관에서 허위의 진술을 하는 것은 여기에 포함되지 않는다(대법원 1995. 4. 7. 선고 94도3412 판결 참조). 한편 참고인이 타인의 형사사건 등에서 직접 진술 또는 증언하는 것을 대신하거나 그 진술 등에 앞서서 허위의 사실확인서나 진술서를 작성하여 수사기관 등에 제출하거나 또는 제3자에게 교부하여 제3자가 이를 제출한 것은 존재하지 않는 문서를 이전부터 존재하고 있는 것처럼 작출하는 등의 방법으로 새로운 증거를 창조한 것이 아닐뿐더러, 참고인이 수사기관에서 허위의 진술을 하는 것과 차이가 없으므로, 증거위조죄를 구성하지 않는다고 할 것이다(대법원 2011. 7. 28. 선고 2010도2244 판결 참조).

1. 참고인이 허위의 진술서 등을 작성하여 수사기관에 제출한 경우, 증거위조죄 성립 여부(소극) [대법원 2011. 7. 28. 선고, 2010도2244]

【판시사항】

타인의 형사사건 등에 관한 증거를 위조한다 함은 증거 자체를 위조함을 말하는 것이고, 참고인이 수사기관에서 허위의 진술을 하는 것은 여기에 포함되지 않는다(대법원 1995. 4. 7. 선고 94도3412 판결 등 참조). 한편 참고인이 타인의 형사사건 등에서 직접 진술 또는 증언하는 것을 대신하거나 그 진술 등에 앞서서 허위의 사실확인서나 진술서를 작성하여 수사기관 등에 제출하거나 또는 제3자에게 교부하여 제3자가 이를 제출한 것은 존재하지 않는 문서를 이전부터 존재하고 있는 것처럼 작출하는 등의 방법으로 새로운 증거를 창조한 것이 아닐뿐더러, 참고인이 수사기관에서 허위의 진술을 하는 것과 차이가 없으므로, 증거위조죄를 구성하지 않는다고 할 것이다.

155-4. 참고인이 타인의 형사사건 등에 관하여 제3자와 대화하면서 허위로 진술하고 그 진술이 담긴 대화 내용을 녹음한 녹음파일 또는 이를 녹취한 녹취록을 만들어 수사기관 등에 제출하는 행위(적극) [대법원 2013. 12. 26. 선고, 2013도8085,2013전도165]

【판결요지】

참고인이 타인의 형사사건 등에 관하여 제3자와 대화를 하면서 허위로 진술하고 위와 같은 허위

진술이 담긴 대화 내용을 녹음한 녹음파일 또는 이를 녹취한 녹취록은 참고인의 허위진술 자체 또는 참고인 작성의 허위 사실확인서 등과는 달리 그 진술내용만이 증거자료로 되는 것이 아니고 녹음 당시의 현장음향 및 제3자의 진술 등이 포함되어 있어 그 일체가 증거자료가 된다고 할 것이므로, 이는 증거위조죄에서 말하는 '증거'에 해당한다. 또한 위와 같이 참고인의 허위 진술이 담긴 대화 내용을 녹음한 녹음파일 또는 이를 녹취한 녹취록을 만들어 내는 행위는 무엇보다도 그 녹음의 자연스러움을 뒷받침하는 현장성이 강하여 단순한 허위진술 또는 허위의 사실확인서 등에 비하여 수사기관 등을 그 증거가치를 판단함에 있어 오도할 위험성을 현저히 증대시킨다고 할 것이므로, 이러한 행위는 허위의 증거를 새로이 작출하는 행위로서 증거위조죄에서 말하는 '위조'에도 해당한다고 봄이 상당하다. 따라서 참고인이 타인의 형사사건 등에 관하여 제3자와 대화를 하면서 허위로 진술하고 위와 같은 허위 진술이 담긴 대화 내용을 녹음한 녹음파일 또는 이를 녹취한 녹취록을 만들어 수사기관 등에 제출하는 것은, 참고인이 타인의 형사사건 등에 관하여 수사기관에 허위의 진술을 하거나 이와 다를 바 없는 것으로서 허위의 사실확인서나 진술서를 작성하여 수사기관 등에 제출하는 것과는 달리, 증거위조죄를 구성한다.

155-5. 자기의 형사사건에 관한 증거를 위조하기 위하여 타인을 교사한 경우(적극) [대법원 2011. 2. 10. 선고, 2010도15986]

【판결요지】

자기의 형사사건에 관한 증거를 위조하기 위하여 타인을 교사하여 죄를 범하게 한 자에 대하여는 증거위조교사죄가 성립한다.

---

1. 증거은닉죄의 구성요건인 "타인의 형사사건 또는 징계사건"에 장차 형사 또는 징계사건이 될 수 있는 것까지를 포함하는지 여부(적극)[대법원 1982. 4. 27. 선고, 82도274]

【판결요지】

증거은닉죄에 있어서 "타인의 형사사건 또는 징계사건"이란 은닉행위시에 아직 수사 또는 징계절차가 개시되기 전이라도 장차 형사 또는 징계사건이 될 수 있는 것까지를 포함한다.

155-6. 모해증거위조죄에서 '피의자'에 해당하기 위한 요건 대법원 2010. 6. 24. 선고, 2008도12127]

【판시사항】

형법 제155조 제1항은 "타인의 형사사건 또는 징계사건에 관한 증거를 인멸, 은닉, 위조 또는 변조하거나 위조 또는 변조한 증거를 사용한 자는 5년 이하의 징역 또는 700만 원 이하의 벌금에 처한다"고 하고, 그 제3항은 "피고인, 피의자 또는 징계혐의자를 모해할 목적으로 제1항의 죄를 범한 자는 10년 이하의 징역에 처한다"고 규정하고 있는바, 그 문언 내용 및 입법 목적과 형벌법규 엄격 해석의 원칙 등에 비추어 보면 형법 제155조 제3항에서 말하는 '피의자'라고 하기 위해서는 수사기관에 의하여 범죄의 인지 등으로 수사가 개시되어 있을 것을 필요로 하고, 그 이전의 단계에서는 장차 형사입건될 가능성이 크다고 하더라도 그러한 사정만으로 '피의자'에 해당한다고 볼 수는 없다. 한편 사법경찰관리 집무규칙 제21조에 의하면 사법경찰관이 범죄를 인지하는 경우에는 범죄인지

보고서를 작성하는 절차를 거치도록 되어있으므로 특별한 사정이 없는 한 수사기관이 그와 같은 절차를 거친 때에 범죄인지가 된 것으로 볼 수 있겠으나, 사법경찰관이 그와 같은 절차를 거치기 전에 범죄의 혐의가 있다고 보아 수사에 착수하는 행위를 한 때에는 이때에 범죄를 인지한 것으로 보아야 하고 그 뒤 범죄인지보고서를 작성한 때에 비로소 범죄를 인지하였다고 볼 것은 아니다 (대법원 1989. 6. 20. 선고 89도648 판결, 대법원 2001. 10. 26. 선고 2000도2968 판결 등 참조).

155-7. 증거변조죄가 적용되는 '징계사건'에 사인(私人) 간의 징계사건이 포함되는지 여부(소극) [대법원 2007. 11. 30. 선고, 2007도4191]

【판결요지】

형법 제155조 제1항은 '타인의 형사사건 또는 징계사건에 관한 증거를 인멸, 은닉, 위조 또는 변조하거나 위조 또는 변조한 증거를 사용한 자'를 처벌한다고 규정하고 있는바, 증거인멸 등 죄는 위증죄와 마찬가지로 국가의 형사사법작용 내지 징계작용을 그 보호법익으로 하므로, 위 법조문에서 말하는 '징계사건'이란 국가의 징계사건에 한정되고 사인(私人) 간의 징계사건은 포함되지 않는다.

155-8. 경찰관이 압수물을 범죄 혐의의 입증에 사용하도록 하는 등의 적절한 조치를 취하지 아니하고 피압수자에게 돌려주어 증거인멸죄를 범한 경우에 별도로 부작위범인 직무유기죄가 성립하는지 여부(소극) [대법원 2006. 10. 19. 선고, 2005도3909, 전원합의체 판결]

【판결요지】

경찰서 방범과장이 부하직원으로부터 음반·비디오물 및 게임물에 관한 법률 위반 혐의로 오락실을 단속하여 증거물로 오락기의 변조 기판을 압수하여 사무실에 보관중임을 보고받아 알고 있었음에도 그 직무상의 의무에 따라 위 압수물을 수사계에 인계하고 검찰에 송치하여 범죄 혐의의 입증에 사용하도록 하는 등의 적절한 조치를 취하지 않고, 오히려 부하직원에게 위와 같이 압수한 변조 기판을 돌려주라고 지시하여 오락실 업주에게 이를 돌려준 경우, 작위범인 증거인멸죄만이 성립하고 부작위범인 직무유기(거부)죄는 따로 성립하지 아니한다.

> 1. 증거인멸의 교사와 직무유기죄에 관한 법리를 오해한 위법이 있는 실례 [대법원 1967. 7. 4. 선고, 66도840]
>
> 【판결요지】
>
> 피고인이 밀수품 보관 피의자 '갑'을 조사함에 있어서 동인의 처남인 공소외 '을'이 사건 밀수품을 갖고 와서 보관케 되었다고 사실대로 진술하였음에도 불구하고 '갑'을 사주하여 '병'이라는 가공인물을 내세워서 그로부터 동물품을 받았다고 허위진술하게 하여 그와 같은 취지로 피의자 신문조서에 기재하고 또 '갑'의 처인 '정'에게 대하여 누가 물으면 남편친구 부탁으로 받아 놓았다고 말하라고 하였다면 비록 사법경찰관으로서 범죄수사의 방법으로 한 것이라 하여도 타인을 교사하여 증거인멸죄를 범하게 한 것인 동시에 그것이 또한 정당한 직무집행을 거부한 것이 된다 할 것이다.

155-9. 자신을 위해 증인을 도피하게 한 행위가 동시에 다른 공범자의 형사사건이나 징계사건에

관한 증인을 도피하게 한 결과로 되는 경우(소극)[대법원 2003. 3. 14. 선고, 2002도6134]

【판결요지】

피고인 자신이 직접 형사처분이나 징계처분을 받게 될 것을 두려워한 나머지 자기의 이익을 위하여 증인이 될 사람을 도피하게 하였다면, 그 행위가 동시에 다른 공범자의 형사사건이나 징계사건에 관한 증인을 도피하게 한 결과가 된다고 하더라도 이를 증인도피죄로 처벌할 수 없다.

155-10. 위증죄로 처벌되지 아니하는 선서무능력자로서 사고 현장을 목격한 일이 없는 사람에게 부탁하여 타인의 형사사건을 재판하는 법정에서 현장을 목격한 것처럼 허위의 진술을 하게 한 경우(소극) [대법원 1998. 2. 10. 선고, 97도2961]

【판결요지】

형법 제155조 제1항에서 타인의 형사사건에 관하여 증거를 위조한다 함은 증거 자체를 위조함을 말하는 것으로서, 선서무능력자로서 범죄 현장을 목격하지도 못한 사람으로 하여금 형사법정에서 범죄 현장을 목격한 양 허위의 증언을 하도록 하는 것은 위 조항이 규정하는 증거위조죄를 구성하지 아니한다.

155-11. 피고인 자신을 위한 증거인멸행위가 동시에 피고인의 공범자 아닌 자의 증거를 인멸한 결과가 되는 경우(소극) [대법원 1995. 9. 29. 선고, 94도2608]

【판결요지】

증거인멸죄는 타인의 형사사건 또는 징계사건에 관한 증거를 인멸하는 경우에 성립하는 것으로서, 피고인 자신이 직접 형사처분이나 징계처분을 받게 될 것을 두려워한 나머지 자기의 이익을 위하여 그 증거가 될 자료를 인멸하였다면, 그 행위가 동시에 다른 공범자의 형사사건이나 징계사건에 관한 증거를 인멸한 결과가 된다고 하더라도 이를 증거인멸죄로 다스릴 수 없고, 이러한 법리는 그 행위가 피고인의 공범자가 아닌 자의 형사사건이나 징계사건에 관한 증거를 인멸한 결과가 된다고 하더라도 마찬가지이다.

155-12. 자기의 형사피고사건에 관한 증거의 인멸을 타인에게 교사한 경우에 증거인멸죄 교사범의 죄책을 인정할 것인가 여부 [대법원 1965. 12. 10., 선고, 65도826, 전원합의체 판결]

【판결요지】

본법 제155조 제1항의 증거인멸죄는 국가형벌권의 행사를 저해하는 일체의 행위를 처벌의 대상으로 하고 있으나 범인 자신이 한 증거인멸의 행위는 피고인의 형사소송에 있어서의 방어권을 인정하는 취지와 상충하므로 처벌의 대상이 되지 아니한다. 그러나 타인이 타인의 형사사건에 관한 증거를 그 이익을 위하여 인멸하는 행위를 하면 본법 제155조 제1항의 증거인멸죄가 성립되므로 자기의 형사사건에 관한 증거를 인멸하기 위하여 타인을 교사하여 죄를 범하게 한 자에 대하여도 교사범의 죄책을 부담케 함이 상당할 것이다.

제11장 무고의 죄

제156조[무고]

> 제156조(무고) 타인으로 하여금 형사처분 또는 징계처분을 받게 할 목적으로 공무소 또는 공무원에 대하여 허위의 사실을 신고한 자는 10년 이하의 징역 또는 1천500만원 이하의 벌금에 처한다. 〈개정 1995. 12. 29.〉

156-1. 성폭행 고소에 관하여 무고죄가 성립하는지가 문제된 사건 [대법원 2019. 7. 11. 선고, 2018도2614]

【판시사항】

[1] 무고죄의 성립요건 / 신고사실의 진실성을 인정할 수 없다는 소극적 증명만으로 그 신고사실을 허위로 단정하여 무고죄를 인정할 수 있는지 여부(소극) / 신고내용에 일부 객관적 진실에 반하는 내용이 포함되어 있으나 단지 신고사실의 정황을 과장하는 데 불과한 경우, 무고죄가 성립하는지 여부(소극)

[2] 성폭행이나 성희롱 사건의 피해자가 하는 진술의 증명력을 판단할 때 고려하여야 할 사항 / 피해자임을 주장하는 자가 성폭행 등의 피해를 입었다고 신고한 사실에 대하여 증거불충분 등을 이유로 불기소처분되거나 무죄판결이 선고된 경우, 반대로 이러한 신고내용이 객관적 사실에 반하여 무고죄가 성립하는지 여부를 판단할 때에도 같은 법리가 고려되어야 하는지 여부(적극)

【판결요지】

[1] 무고죄는 타인으로 하여금 형사처분이나 징계처분을 받게 할 목적으로 신고한 사실이 객관적인 진실에 반하는 허위사실인 경우에 성립하는 범죄이므로, 신고한 사실이 객관적 진실에 반하는 허위사실이라는 요건은 적극적 증명이 있어야 하고, 신고사실의 진실성을 인정할 수 없다는 소극적 증명만으로 곧 그 신고사실이 객관적 진실에 반하는 허위의 사실이라 단정하여 무고죄의 성립을 인정할 수는 없으며, 신고내용에 일부 객관적 진실에 반하는 내용이 포함되어 있더라도 그것이 범죄의 성부에 영향을 미치는 중요한 부분이 아니고 단지 신고사실의 정황을 과장하는 데 불과하다면 무고죄는 성립하지 않는다.

[2] 성폭행이나 성희롱 사건의 피해자가 피해사실을 알리고 문제를 삼는 과정에서 오히려 피해자가 부정적인 여론이나 불이익한 처우 및 신분 노출의 피해 등을 입기도 하여 온 점 등에 비추어 보면, 성폭행 피해자의 대처 양상은 피해자의 성정이나 가해자와의 관계 및 구체적인 상황에 따라 다르게 나타날 수밖에 없다. 따라서 개별적, 구체적인 사건에서 성폭행 등의 피해자가 처하여 있는 특별한 사정을 충분히 고려하지 않은 채 피해자 진술의 증명력을 가볍게 배척하는 것은 정의와 형평의 이념에 입각하여 논리와 경험의 법칙에 따른 증거판단이라고 볼 수 없다. 위와 같은 법리는, 피해자임을 주장하는 자가 성폭행 등의 피해를 입었다고 신고한 사실에 대하여 증거불충분 등을 이유로 불기소처분되거나 무죄판결이 선고된 경우 반대로 이러한 신고내용이 객관적 사실에 반하여 무고죄가 성립하는지 여부를 판단할 때에도 마찬가지로 고려되어야 한다. 따라서 <u>성폭</u>

행 등의 피해를 입었다는 신고사실에 관하여 불기소처분 내지 무죄판결이 내려졌다고 하여, 그 자체를 무고를 하였다는 적극적인 근거로 삼아 신고내용을 허위라고 단정하여서는 아니 됨은 물론, 개별적, 구체적인 사건에서 피해자임을 주장하는 자가 처하였던 특별한 사정을 충분히 고려하지 아니한 채 진정한 피해자라면 마땅히 이렇게 하였을 것이라는 기준을 내세워 성폭행 등의 피해를 입었다는 점 및 신고에 이르게 된 경위 등에 관한 변소를 쉽게 배척하여서는 아니 된다.

---

1. 무고죄에 있어서 신고사실이 진실임을 인정할 수 없다는 소극적 증명만으로 바로 허위성을 인정할 수 있는지 여부(소극) [대법원 1984. 1. 24. 선고, 83도1401]
【판결요지】
무고죄는 타인으로 하여금 형사처분이나 징계처분을 받게 할 목적으로 신고한 사실이 객관적 진실에 반하는 허위사실인 경우에 성립되는 범죄이므로 신고한 사실이 객관적 진실에 반하는 허위사실이라는 요건은 적극적 증명이 있어야 하며 신고사실의 진실성을 인정할 수 없다는 소극적 증명만으로 곧 그 신고사실이 객관적 진실에 반하는 허위의 사실이라 단정하여 무고죄의 성립을 인정할 수는 없다.

---

2. 서로 멱살을 잡고 밀고 당기는 과정에서 스스로 넘어져 입게 된 상처를 상대방의 폭행으로 인한 것이라고 고소한 경우(소극) [대법원 1986. 7. 22. 선고, 86도582]
【판결요지】
피고인이 공소외인과 주주총회 회의장에서 상대방을 비난하다가 감정이 격해져서 서로 의자를 밀치면서 달려나와 상대방의 멱살을 붙잡고 밀고 당기면서 회의장출구 쪽으로 나가던중 피고인이 넘어지면서 의자에 다리를 부딪쳐서 상처를 입게 된 경우, 서로 멱살을 잡고 밀고 당기는 과정에서 상처를 입게 된이상 위 공소외인으로부터 폭행당하여 상해를 입었다고 고소하였다 하더라도 허위사실을 신고한 것이라고 볼 수는 없다.

---

3. 무고죄에 있어서 허위의 사실 [대법원 1996. 5. 31. 선고, 96도771]
【판시사항】
[1] 무고죄에 있어서 허위의 사실
[2] 허위의 사실을 신고한 것이라 단정하기 어렵다고 본 사례
【판결요지】
[1] 무고죄에 있어서 허위의 사실이라 함은 그 신고된 사실로 인하여 상대방이 형사처분이나 징계처분 등을 받게 될 위험이 있는 것이어야 하고, 비록 신고내용에 일부 객관적 진실에 반하는 내용이 포함되었다고 하더라도 그것이 독립하여 형사처분 등의 대상이 되지 아니하고 단지 신고사실의 정황을 과장하는 데 불과하거나 허위의 일부 사실의 존부가 전체적으로 보아 범죄사실의 성립 여부에 직접 영향을 줄 정도에 이르지 아니하는 내용에 관계되는 것이라면 무고죄가 성립하지 아니한다.
[2] 폭행을 당하지는 않았더라도 그와 다투는 과정에서 시비가 되어 서로 허리띠나 옷을 잡고 밀고 당기면서 평소에 좋은 상태가 아니던 요추부에 경도의 염좌증세가 생겼을 가능성이 충분히 있다면 피고인의 구타를 당하여 상해를 입었다는 내용의 고소는 다소 과장된 것이라고 볼 수 있을지언정 이를 일컬어 무고죄의 처벌대상인 허위사실을 신고한 것이라고 단정하기는 어렵다고 본 사례

4. 신고내용에 일부 객관적 진실에 반하는 내용이 포함되어 있으나 그것이 신고사실의 정황을 과장한 데 불과한 경우(소극) [대법원 2010. 11. 11. 선고, 2008도7451]

【판시사항】

무고죄는 타인으로 하여금 형사처분이나 징계처분을 받게 할 목적으로 신고한 사실이 객관적인 진실에 반하는 허위사실인 경우에 성립하는 범죄이므로, 신고한 사실이 객관적 진실에 반하는 허위사실이라는 요건은 적극적 증명이 있어야 하고, 신고사실의 진실성을 인정할 수 없다는 소극적 증명만으로 곧 그 신고사실이 객관적 진실에 반하는 허위의 사실이라 단정하여 무고죄의 성립을 인정할 수는 없으며(대법원 1984. 1. 24. 선고 83도1401 판결 참조), 신고내용에 일부 객관적 진실에 반하는 내용이 포함되어 있다고 하더라도 그것이 신고사실의 정황을 과장하는 데 불과하다면 무고죄는 성립하지 않는다(대법원 1986. 7. 22. 선고 86도582 판결, 대법원 1996. 5. 31. 선고 96도771 판결 등 참조).

156-2. 공무소에 신고한 허위사실이 친고죄로서 그에 대한 고소기간이 경과하였음이 신고내용 자체에 의하여 분명한 경우(소극) [대법원 2018. 7. 11. 선고, 2018도1818]

【판시사항】

타인으로 하여금 형사처분을 받게 할 목적으로 공무소에 대하여 허위의 사실을 신고하였다고 하더라도, 그 사실이 친고죄로서 그에 대한 고소기간이 경과하여 공소를 제기할 수 없음이 그 신고내용 자체에 의하여 분명한 때에는 당해 국가기관의 직무를 그르치게 할 위험이 없으므로 이러한 경우에는 무고죄가 성립하지 아니한다(대법원 1998. 4. 14. 선고 98도150 판결 등 참조).

156-3. 허위로 신고한 사실이 무고행위 당시 형사처분의 대상이 될 수 있었으나 이후 형사범죄가 되지 않는 것으로 판례가 변경된 경우(원칙적 소극) [대법원 2017. 5. 30. 선고, 2015도15398]

【판시사항】

무고죄의 보호법익 / 허위로 신고한 사실 자체가 신고 당시 형사범죄를 구성하지 않는 경우, 무고죄가 성립하는지 여부(소극) 및 허위로 신고한 사실이 무고행위 당시 형사처분의 대상이 될 수 있었으나 이후 형사범죄가 되지 않는 것으로 판례가 변경된 경우, 이미 성립한 무고죄에 영향을 미치는지 여부(원칙적 소극)

【판결요지】

타인으로 하여금 형사처분 또는 징계처분을 받게 할 목적으로 공무소 또는 공무원에 대하여 허위의 사실을 신고하는 때에 무고죄가 성립한다(형법 제156조). 무고죄는 부수적으로 개인이 부당하게 처벌받거나 징계를 받지 않을 이익도 보호하나, 국가의 형사사법권 또는 징계권의 적정한 행사를 주된 보호법익으로 한다.

타인에게 형사처분을 받게 할 목적으로 '허위의 사실'을 신고한 행위가 무고죄를 구성하기 위해서는 신고된 사실 자체가 형사처분의 대상이 될 수 있어야 하므로, 가령 허위의 사실을 신고하였더라도 신고 당시 그 사실 자체가 형사범죄를 구성하지 않으면 무고죄는 성립하지 않는다. 그러나 허위로 신고한 사실이 무고행위 당시 형사처분의 대상이 될 수 있었던 경우에는 국가의 형사사법권의 적정한 행사를 그르치게 할 위험과 부당하게 처벌받지 않을 개인의 법적 안정성이 침해될 위험이 이미 발생하였으므로 무고죄는 기수에 이르고, 이후 그러한 사실이 형사범죄가 되지 않는 것으로 판례가 변경되었더라도 특별한 사정이 없는 한 이미 성립한 무고죄에는 영향을 미치지 않는다.

---

1. 피무고자의 승낙이 있는 경우 무고죄의 성립 여부(적극) [대법원 2005. 9. 30. 선고, 2005도2712]

【판시사항】

[1] 피무고자의 승낙이 있는 경우 무고죄의 성립 여부(적극) 및 무고죄에 있어서 '형사처분 또는 징계처분을 받게 할 목적'의 의미

[2] 피무고자의 승낙을 받아 허위사실을 기재한 고소장을 제출하였다면 피무고자에 대한 형사처분이라는 결과발생을 의욕한 것은 아니라 하더라도 적어도 그러한 결과발생에 대한 미필적인 인식은 있었던 것으로 보아야 한다.

【판결요지】

[1] 무고죄는 국가의 형사사법권 또는 징계권의 적정한 행사를 주된 보호법익으로 하고 다만, 개인의 부당하게 처벌 또는 징계받지 아니할 이익을 부수적으로 보호하는 죄이므로, 설사 무고에 있어서 피무고자의 승낙이 있었다고 하더라도 무고죄의 성립에는 영향을 미치지 못한다 할 것이고, 무고죄에 있어서 형사처분 또는 징계처분을 받게 할 목적은 허위신고를 함에 있어서 다른 사람이 그로 인하여 형사 또는 징계처분을 받게 될 것이라는 인식이 있으면 족한 것이고 그 결과발생을 희망하는 것까지를 요하는 것은 아니므로, 고소인이 고소장을 수사기관에 제출한 이상 그러한 인식은 있었다고 보아야 한다.

---

2. 신고한 허위의 사실이 형사범죄를 구성하지 않는 경우 무고죄의 성부(소극) [대법원 2007. 4. 13. 선고, 2006도558]

【판시사항】

[1] 신고한 허위의 사실이 형사범죄를 구성하지 않는 경우 무고죄의 성부(소극)

[2] "피고소인이 송이의 채취권을 이중으로 양도하여 손해를 입었으니 엄벌하여 달라"는 내용의 고소 사실이 횡령죄나 배임죄 기타 형사범죄를 구성하지 않는 내용의 신고에 불과하여 그 신고 내용이 허위라고 하더라도 무고죄가 성립할 수 없다.

【판결요지】

[1] 타인에게 형사처분을 받게 할 목적으로 '허위의 사실'을 신고한 행위가 무고죄를 구성하기 위하여는 신고된 사실 자체가 형사처분의 원인이 될 수 있어야 할 것이어서, 가령 허위의 사실을 신고하였다 하더라도 그 사실 자체가 형사범죄로 구성되지 아니한다면 무고죄는 성립하지 아니한다.

[2] "피고소인이 송이의 채취권을 이중으로 양도하여 손해를 입었으니 엄벌하여 달라"는 내용의 고소 사실이 횡령죄나 배임죄 기타 형사범죄를 구성하지 않는 내용의 신고에 불과하여 그 신고 내용이 허위라고 하더라도 무고죄가 성립할 수 없다.

156-4. 자기 자신을 무고하기로 제3자와 공모하고 무고행위에 가담한 경우, 무고죄의 공동정범으로 처벌할 수 있는지 여부(소극) [대법원 2017. 4. 26. 선고, 2013도12592]

【판결요지】

형법 제156조에서 정한 무고죄는 타인으로 하여금 형사처분 또는 징계처분을 받게 할 목적으로 허위의 사실을 신고하는 것을 구성요건으로 하는 범죄이다. 자기 자신으로 하여금 형사처분 또는 징계처분을 받게 할 목적으로 허위의 사실을 신고하는 행위, 즉 자기 자신을 무고하는 행위는 무고죄의 구성요건에 해당하지 않아 무고죄가 성립하지 않는다. 따라서 자기 자신을 무고하기로 제3자와 공모하고 이에 따라 무고행위에 가담하였더라도 이는 자기 자신에게는 무고죄의 구성요건에 해당하지 않아 범죄가 성립할 수 없는 행위를 실현하고자 한 것에 지나지 않아 무고죄의 공동정범으로 처벌할 수 없다.

> 1. 제3자를 교사·방조하여 자신에 대한 허위의 사실을 신고하게 한 경우, 피무고자가 무고죄의 교사·방조범의 죄책을 지는지 여부(적극) [대법원 2008. 10. 23. 선고, 2008도4852]
>
> 【판결요지】
> 형법 제156조의 무고죄는 국가의 형사사법권 또는 징계권의 적정한 행사를 주된 보호법익으로 하는 죄이나, 스스로 본인을 무고하는 자기무고는 무고죄의 구성요건에 해당하지 아니하여 무고죄를 구성하지 않는다. 그러나 피무고자의 교사·방조 하에 제3자가 피무고자에 대한 허위의 사실을 신고한 경우에는 제3자의 행위는 무고죄의 구성요건에 해당하여 무고죄를 구성하므로, 제3자를 교사·방조한 피무고자도 교사·방조범으로서의 죄책을 부담한다.

156-5. 무고죄에서 '공무소 또는 공무원'의 의미 대법원 2014. 12. 24. 선고, 2012도4531]

【판시사항】

[1] 무고죄에서 허위사실의 신고방식 및 적시의 정도

[2] 무고죄에서 신고사실이 허위임을 신고자가 확신하여야 하는지 여부(소극)

[3] 무고죄에서 '공무소 또는 공무원'의 의미 / 군인에 대한 무고의 경우, 공무소 또는 공무원에 대한 신고가 해당 군인에 대하여 징계처분 또는 형사처분을 심사 결행할 직권 있는 소속 상관에게 도달되어야 무고죄가 성립하는지 여부(적극)

【이 유】

[1] 무고죄에서 허위사실의 신고방식은 구두에 의하건 서면에 의하건 관계가 없고, 서면에 의하는 경우에도 그 신고내용이 타인으로 하여금 형사처분 또는 징계처분을 받게 할 목적의 허위사실이면 충분하며 그 명칭을 반드시 고소장이라고 하여야만 무고죄가 성립하는 것은 아니다(대법원 1985. 12. 10. 선고 84도2380 판결 등 참조). 그리고 무고죄에서의 허위사실 적시의 정도는 수사관서 또는 감독관서에 대하여 수사권 또는 징계권의 발동을 촉구하는 정도의 것이면 충분하고 반드시 범죄구성요건 사실이나 징계요건 사실을 구체적으로 명시하여야 하는 것은 아니다(대법원 2006. 5. 25. 선고 2005도4642 판결 등 참조).

[2] 무고죄는 타인으로 하여금 형사 또는 징계처분을 받게 할 목적으로 진실함의 확신이 없는 사실을 신고함으로써 성립하므로, 그 신고사실이 허위라는 것을 신고자가 확신할 필요는 없다(대법원 1990. 10. 12. 선고 90도1065 판결, 대법원 2007. 3. 29. 선고 2006도8638 판결 등 참조).

[3] 형법 제156조는 타인으로 하여금 형사처분 또는 징계처분을 받게 할 목적으로 공무소 또는 공

무원에 대하여 허위의 사실을 신고한 자를 처벌하도록 정하고 있다. 여기서 '공무소 또는 공무원' 이란 형사처분의 경우에는 검사, 사법경찰관리 등 형사소추 또는 수사를 할 권한이 있는 관청과 그 감독기관 또는 그 소속 공무원을 말하고, 징계처분의 경우에는 징계권자 또는 징계권의 발동을 촉구하는 직권을 가진 자와 그 감독기관 또는 그 소속 구성원을 말한다(대법원 2010. 11. 25. 선고 2010도10202 판결 참조). 따라서 군인에 대한 무고죄의 경우에 공무소 또는 공무원에 대한 신고는 반드시 해당 군인에 대하여 징계처분 또는 형사처분을 심사 결행할 직권 있는 소속 상관에게 직접 하여야 하는 것은 아니지만, 지휘명령 계통이나 수사관할 이첩을 통하여 그런 권한 있는 상관에게 도달되어야 무고죄가 성립한다(대법원 1973. 1. 16. 선고 72도1136 판결 참조).

---

1. 무고죄에 있어서 허위사실 적시의 정도 [대법원 2006. 5. 25. 선고, 2005도4642]
【판시사항】
[1] 무고죄에 있어서 허위사실 적시의 정도
[2] 신고사실의 진실성을 인정할 수 없다는 소극적인 증명만으로 곧 그 신고사실이 객관적인 진실에 반하는 허위사실이라고 단정하여 무고죄의 성립을 인정할 수 있는지 여부(소극)
[3] 무고죄에 있어서의 범의
[4] 무고죄에 있어서 '형사처분 또는 징계처분을 받게 할 목적'의 의미
【판결요지】
[1] 무고죄에 있어서 허위사실 적시의 정도는 수사관서 또는 감독관서에 대하여 수사권 또는 징계권의 발동을 촉구하는 정도의 것이면 충분하고 반드시 범죄구성요건 사실이나 징계요건 사실을 구체적으로 명시하여야 하는 것은 아니다.[
[2] 무고죄는 타인으로 하여금 형사처분이나 징계처분을 받게 할 목적으로 신고한 사실이 객관적 진실에 반하는 허위사실인 경우에 성립되는 범죄이므로 신고한 사실이 객관적 사실에 반하는 허위사실이라는 요건은 적극적인 증명이 있어야 하며, 신고사실의 진실성을 인정할 수 없다는 소극적 증명만으로 곧 그 신고사실이 객관적 진실에 반하는 허위사실이라고 단정하여 무고죄의 성립을 인정할 수는 없다.
[3] 무고죄에 있어서의 범의는 반드시 확정적 고의임을 요하지 아니하고 미필적 고의로서도 족하다 할 것이므로 무고죄는 신고자가 진실하다는 확신 없는 사실을 신고함으로써 성립하고 그 신고사실이 허위라는 것을 확신함을 필요로 하지 않는다.
[4] 무고죄에 있어서 '형사처분 또는 징계처분을 받게 할 목적'은 허위신고를 함에 있어서 다른 사람이 그로 인하여 형사 또는 징계처분을 받게 될 것이라는 인식이 있으면 족한 것이고 그 결과발생을 희망하는 것을 요하는 것은 아닌바, 피고인이 고소장을 수사기관에 제출한 이상 그러한 인식은 있었다 할 것이다.

---

2. 진실함의 확신이 없는 사실의 신고와 무고죄의 범의 [대법원 1990. 10. 12. 선고, 90도1065]
【판결요지】
무고죄가 성립하는데는 타인으로 하여금 형사 또는 징계처분을 받게 할 목적으로 진실함의 확신이 없는 사실을 신고함으로써 족하고 그 신고사실이 허위라는 것을 신고자가 확신할 필요는 없다.

3. 1통의 고발장에 의하여 수개의 혐의사실을 들어 고발한 경우, 그 중 일부 사실이 진실이고 다른 사실이 허위이면 그 허위사실 부분이 독립하여 무고죄를 구성하는지 여부(적극) [대법원 2007. 3. 29. 선고, 2006도8638]

【판시사항】

1통의 고발장에 의하여 수개의 혐의사실을 들어 고발한 경우, 그 중 일부 사실이 진실이라 하더라도 다른 사실이 허위이면 그 허위사실 부분은 독립하여 무고죄를 구성하므로(대법원 1989. 9. 26. 선고 88도1533 판결 등 참조), 피고인이 공소외인을 상대로 고발한 다른 혐의사실이 무고죄를 구성하지 않는다고 하여 이 사건 공소사실을 유죄로 인정하는 데에 장애가 된다고 할 수 없다.

그리고 형법 제16조에서 "자기가 행한 행위가 법령에 의하여 죄가 되지 아니한 것으로 오인한 행위는 그 오인에 정당한 이유가 있는 때에 한하여 벌하지 아니한다."고 하는 것은 단순한 법률의 부지를 말하는 것이 아니고 일반적으로 범죄가 되는 경우이지만 자기의 특수한 경우에는 법령에 의하여 허용된 행위로서 죄가 되지 아니한다고 그릇 인식하고 그와 같이 그릇 인식함에 정당한 이유가 있는 경우에는 벌하지 않는다는 취지인바(대법원 2005. 9. 29. 선고 2005도4592 판결 등 참조), 설령 피고인이 자신의 행위가 죄가 되지 아니한다고 그릇 인식하였다고 하더라도 그와 같이 그릇 인식함에 정당한 이유가 있다고 할 수 없다.

4. 무고죄의 구성요건 중 '징계처분' 및 '공무소 또는 공무원'의 의미 [대법원 2010. 11. 25. 선고, 2010도10202]

【판시사항】

[1] 무고죄의 구성요건 중 '징계처분' 및 '공무소 또는 공무원'의 의미

[2] 변호사에 대한 징계처분이 형법 제156조에서 정하는 '징계처분'에 포함되는지 여부(적극) 및 그 징계 개시의 신청권이 있는 지방변호사회의 장이 같은 조에서 정한 '공무소 또는 공무원'에 포함되는지 여부(적극)

【판결요지】

[1] 형법 제156조는 타인으로 하여금 형사처분 또는 징계처분을 받게 할 목적으로 공무소 또는 공무원에 대하여 허위의 사실을 신고한 자를 처벌하도록 정하고 있다. 여기서 '징계처분'이란 공법상의 특별권력관계에 기인하여 질서유지를 위하여 과하여지는 제재를 의미하고, 또한 '공무소 또는 공무원'이란 징계처분에 있어서는 징계권자 또는 징계권의 발동을 촉구하는 직권을 가진 자와 그 감독기관 또는 그 소속 구성원을 말한다.

[2] 구 변호사법(2008. 3. 28. 법률 제8991호로 개정되기 전의 것, 이하 '구 변호사법'이라 한다) 제92조, 제95조, 제96조, 제100조 등 관련 규정에 의하면 변호사에 대한 징계가 대한변호사협회 변호사징계위원회를 거쳐 최종적으로 법무부의 변호사징계위원회에서 결정되고 이에 불복하는 경우에는 행정소송을 할 수 있는 점, 구 변호사법 제93조, 제94조, 제101조의2 등은 판사 2명과 검사 2명이 위원으로 참여하여 대한변호사협회 변호사징계위원회나 법무부의 변호사징계위원회를 구성하고, 서류의 송달, 기일의 지정이나 변경 및 증인·감정인의 선서와 급여에 관한 사항에 대하여 '형사소송법'과 '형사소송비용 등에 관한 법률'의 규정을 준용하도록 정하고 있는 점, 위와 같은 절차를 마련한 것은 변호사의 공익적 지위에 기인하여 공법상의 특별권력관계에 준하여 징계에

관하여도 공법상의 통제를 하려는 의도로 보여지는 점 등을 고려하여 보면, 변호사에 대한 징계처분은 형법 제156조에서 정하는 '징계처분'에 포함된다고 봄이 상당하고, 구 변호사법 제97조의2 등 관련 규정에 의하여 그 징계 개시의 신청권이 있는 지방변호사회의 장은 형법 제156조에서 정한 '공무소 또는 공무원'에 포함된다.

156-6. 사립학교 교원에 대한 학교법인 등의 징계처분이 형법 제156조의 '징계처분'에 포함되는지 여부(소극) [대법원 2014. 7. 24. 선고, 2014도6377]

【판시사항】

[1] 형법 제156조에서 정한 '징계처분'의 의미 / 사립학교 교원에 대한 학교법인 등의 징계처분이 형법 제156조의 '징계처분'에 포함되는지 여부(소극)

[2] 피고인이 사립대학교 교수인 피해자들로 하여금 징계처분을 받게 할 목적으로 범정부 국민포털인 국민신문고에 민원을 제기한 사안

【판결요지】

[1] 형법 제156조는 타인으로 하여금 형사처분 또는 징계처분을 받게 할 목적으로 공무소 또는 공무원에 대하여 허위의 사실을 신고한 자를 처벌하도록 정하고 있다. 여기서 '징계처분'이란 공법상의 감독관계에서 질서유지를 위하여 과하는 신분적 제재를 말한다.

그런데 사립학교 교원은 학교법인 또는 사립학교경영자가 임면하고(사립학교법 제53조, 제53조의2), 그 임면은 사법상 고용계약에 의하며, 사립학교 교원은 학생을 교육하는 대가로 학교법인 등으로부터 임금을 지급받으므로 학교법인 등과 사립학교 교원의 관계는 원칙적으로 사법상 법률관계에 해당한다. 비록 임면자가 사립학교 교원의 임면에 대하여 관할청에 보고하여야 하고, 관할청은 일정한 경우 임면권자에게 해직 또는 징계를 요구할 수 있는 등(사립학교법 제54조) 학교법인 등에 대하여 국가 등의 지도·감독과 지원 및 규제가 행해지고, 사립학교 교원의 자격, 복무 및 신분을 공무원인 국·공립학교 교원에 준하여 보장하고 있지만, 이 역시 이들 사이의 법률관계가 사법상 법률관계임을 전제로 신분 등을 교육공무원의 그것과 동일하게 보장한다는 취지에 다름 아니다. 따라서 학교법인 등의 사립학교 교원에 대한 인사권의 행사로서 징계 등 불리한 처분은 사법적 법률행위의 성격을 가진다. 위와 같은 법리를 종합하여 보면, 사립학교 교원에 대한 학교법인 등의 징계처분은 형법 제156조의 '징계처분'에 포함되지 않는다고 해석함이 옳다.

[2] 피고인이 사립대학교 교수인 피해자들로 하여금 징계처분을 받게 할 목적으로 국민권익위원회에서 운영하는 범정부 국민포털인 국민신문고에 민원을 제기한 사안에서, 피해자들은 사립학교 교원이므로 피고인의 행위가 무고죄에 해당하지 않음에도, 이와 달리 보아 유죄를 인정한 원심판결에 무고죄의 '징계처분'에 관한 법리를 오해한 잘못이 있다.

1. 변호사에 대한 징계처분이 형법 제156조에서 정하는 '징계처분'에 포함되는지 여부(적극) [대법원 2010. 11. 25. 선고, 2010도10202]

【판시사항】

[1] 변호사에 대한 징계처분이 형법 제156조에서 정하는 '징계처분'에 포함되는지 여부(적극) 및 그 징계 개시의 신청권이 있는 지방변호사회의 장이 같은 조에서 정한 '공무소 또는 공무원'에 포함되는지 여부(적극)

[2] 피고인이 변호사인 피해자로 하여금 징계처분을 받게 할 목적으로 서울지방변호사회에 허위 내용의 진정서를 제출한 사안에서, 무고죄를 인정한 원심판단을 수긍한 사례

【판결요지】

[1] 구 변호사법(2008. 3. 28. 법률 제8991호로 개정되기 전의 것, 이하 '구 변호사법'이라 한다) 제92조, 제95조, 제96조, 제100조 등 관련 규정에 의하면 변호사에 대한 징계가 대한변호사협회 변호사징계위원회를 거쳐 최종적으로 법무부의 변호사징계위원회에서 결정되고 이에 불복하는 경우에는 행정소송을 할 수 있는 점, 구 변호사법 제93조, 제94조, 제101조의2 등은 판사 2명과 검사 2명이 위원으로 참여하여 대한변호사협회 변호사징계위원회나 법무부의 변호사징계위원회를 구성하고, 서류의 송달, 기일의 지정이나 변경 및 증인·감정인의 선서와 급여에 관한 사항에 대하여 '형사소송법'과 '형사소송비용 등에 관한 법률'의 규정을 준용하도록 정하고 있는 점, 위와 같은 절차를 마련한 것은 변호사의 공익적 지위에 기인하여 공법상의 특별권력관계에 준하여 징계에 관하여도 공법상의 통제를 하려는 의도로 보여지는 점 등을 고려하여 보면, 변호사에 대한 징계처분은 형법 제156조에서 정하는 '징계처분'에 포함된다고 봄이 상당하고, 구 변호사법 제97조의2 등 관련 규정에 의하여 그 징계 개시의 신청권이 있는 지방변호사회의 장은 형법 제156조에서 정한 '공무소 또는 공무원'에 포함된다.

156-7. 무고죄에서 '형사처분 또는 징계처분을 받게 할 목적'의 인정범위 및 허위내용의 고소장을 수사기관에 제출한 고소인에게 위 목적이 인정되는지 여부(적극) [대법원 2014. 3. 13. 선고, 2012도2468]

【판시사항】

[1] 무고죄에서 '형사처분 또는 징계처분을 받게 할 목적'의 인정범위 및 허위 내용의 고소장을 수사기관에 제출한 고소인에게 위 목적이 인정되는지 여부(적극)

[2] 피고인이 수사기관에 '甲이 민사사건 재판과정에서 위조된 확인서를 제출하였으니 처벌하여 달라'는 내용으로 허위 사실이 기재된 고소장을 제출하면서 '甲이 위조된 합의서도 제출하였다'는 취지로 기재하였으나, 고소보충 진술 시 확인서가 위조되었다는 점에 관하여만 진술한 사안에서, 합의서 위조·행사의 무고 부분에 대하여 무죄를 선고한 원심판결에 무고죄의 '신고'에 관한 법리오해 등 위법이 있다.

【판결요지】

[1] 무고죄는 타인으로 하여금 형사처분 또는 징계처분을 받게 할 목적으로 공무소 또는 공무원에 대하여 허위의 사실을 신고하는 때에 성립하고, 무고죄에서 형사처분 또는 징계처분을 받게 할 목적은 허위신고를 함에 있어서 다른 사람이 그로 인하여 형사 또는 징계처분을 받게 될 것이라는 인식이 있으면 족하고 그 결과발생을 희망하는 것까지를 요하는 것은 아니므로, 고소인이 고소장을 수사기관에 제출한 이상 그러한 인식은 있었다고 보아야 한다.

[2] 피고인이 수사기관에 '甲이 민사사건 재판과정에서 위조된 확인서를 제출하였으니 처벌하여

달라'는 내용으로 허위사실이 기재된 고소장을 제출하면서 '甲이 위조된 합의서도 제출하였다' 는 취지로 기재하였으나, 고소보충 진술 시 확인서가 위조되었다는 점에 관하여만 진술한 사안에 서, 피고인이 제출한 고소장에 '합의서도 도장을 찍은 바가 없으므로 위조 및 행사 여부를 가려 주시기 바랍니다'라고 기재한 내용이 허위의 사실이라면 이 부분에 대해서도 '허위사실을 신고 한 것'으로 보아야 한다.

---

1. 무고죄에 있어서 형사 또는 징계처분을 받게 할 목적에는 위 처분을 받게 될 것이라는 인식 외에 그 결과발생을 희망하는 것을 요하는지 여부(소극) [대법원 1991. 5. 10. 선고, 90도2601]

【판시사항】

[1] 무고죄에 있어서 형사 또는 징계처분을 받게 할 목적에는 위 처분을 받게 될 것이라는 인식 외에 그 결과발생을 희망하는 것을 요하는지 여부(소극)

[2] 상상적 경합범 관계에 있는 5명의 피고소인들에 대한 각 무고죄에 대하여 1개의 형을 선고한 원심 판결 중 3명의 피고소인들에 대한 각 고소의 각 경미한 일부씩에 관하여 사실오인이 있으나 이 부분이 무죄로 인정된다고 하더라도 피고인에 대한 원심판결에 영향을 미쳤다고는 보여지지 아니 한다고하여 상고를 기각한 사례

【판결요지】

[1] 무고죄에 있어서 형사처분 또는 징계처분을 받게 할 목적은 허위신고를 함에 있어서 다른 사람이 그로 인하여 형사 또는 징계처분을 받게 될 것이라는 인식이 있으면 족한 것이고 그 결과발생을 희망 하는 것을 요하는 것은 아닌바, 피고인이 고소장을 수사기관에 제출한 이상 그러한 인식은 있었다 할 것이니 피고인이 고소를 한 목적이 피고소인들을 처벌받도록 하는 데에 있지 아니하고 단지 회사 장부상의 비리를 밝혀 정당한 정산을 구하는 데에 있다 하여 무고의 범의가 없다 할 수 없다.

[2] 상상적 경합범 관계에 있는 5명의 피고소인들에 대한 각 무고죄에 대하여 1개의 형을 선고한 원심판 결의 피고인이 피고소인들을 상대로 총 12개 항목에 걸쳐 합계 약 일억 구천만원을 횡령하였다고 고소하였다는 사실 중 피고소인 3명이 약 금 일천 구백만원을 횡령하였다는 부분에 대하여는 사실을 오인하였으나 이는 유죄로 인정된 위 3명에 대한 각 1개의 무고죄의 비교적 경미한 일부에 해당할 뿐더러 나머지 2명에 대하여는 모두 무고죄가 인정되므로 이 부분이 무죄로 인정된다고 하더라도 피고인에 대한 원심판결에 영향을 미쳤다고는 보여지지 아니한다고 하여 상고를 기각한 사례

---

2. 고소인이 고소장을 접수하면서 수사기관의 고소인 출석요구에 응하지 않음으로써 고소가 각하될 것 으로 의도하고 있었던 경우(적극) [대법원 2006. 8. 25. 선고, 2006도3631]

【판시사항】

피고인의 주장과 같이 실제 고소를 한 공소외 2가 고소장을 접수하더라도 수사기관의 고소인 출석요구 에 응하지 않음으로써 그 단계에서 수사가 중지되고 고소가 각하될 것으로 의도하고 있었고, 더 나아가 피고소인들에 대한 출석요구와 피의자신문 등의 수사권까지 발동될 것은 의욕하지 않았다고 하더라도 피고인들이 위 공소외 2와 공모하여 공소외 2로 하여금 그러한 허위 사실이 기재된 고소장을 수사기관 에 제출하도록 한 이상 피고인들에게는 그 피고소인들이 그로 인하여 형사처분을 받게 될 수도 있다는 점에 대한 인식이 있었다고 보아야 하고, 또 그 고소장 접수 당시에 이미 국가의 형사사법권의 적정한 행사가 저해될 위험도 발생하였다고 보아야 한다.

156-8. 수사기관 등의 추문(推問) 과정에서 허위진술을 한 경우(소극) [대법원 2014. 2. 21. 선고, 2013도4429]

【판시사항】

수사기관 등의 추문(推問) 과정에서 허위진술을 하는 것이 무고죄를 구성하는지 여부(소극) 및 참고인의 진술이 수사기관 등의 추문에 의한 것인지 판단하는 기준

【이 유】

무고죄에 있어서의 신고는 자발적인 것이어야 하고 수사기관 등의 추문(推問), 즉 수사기관 등이 추궁하여 캐어묻거나 진술을 이끌어내는 과정에서 허위의 진술을 하는 것은 무고죄를 구성하지 않는 것이지만, 당초 고소장에 기재하지 않은 사실을 수사기관에서 고소보충조서를 받을 때 자진하여 진술하였다면 이 진술 부분까지 신고한 것으로 보아야 할 것이다(대법원 1996. 2. 9. 선고 95도2652 판결 등 참조). 그리고 참고인의 진술이 수사기관 등의 추문에 의한 것인지 여부는 수사가 개시된 경위, 수사기관의 질문 및 그에 대한 답변의 형식과 내용, 수사의 혐의사실과 참고인의 진술의 관련성 등을 종합하여 판단하여야 한다(대법원 2005. 12. 22. 선고 2005도3203 판결 등 참조).

---

1. 고소장을 기재하지 않은 사실을 고소보충조서작성시 자진하여 진술한 경우(적극) [대법원 1984. 12. 11. 선고, 84도1953]

【판시사항】

고소장을 기재하지 않은 사실을 고소보충조서작성시 자진하여 진술한 경우, 이 부분도 무고죄에 있어서의 신고로 볼 수 있는지의 여부(적극)

【판결요지】

무고죄에 있어서의 신고는 자발적인 것이어야 하고 수사기관 등의 추문에 대하여 허위의 진술을 하는 것은 무고죄를 구성하지 않는 것이지만 당초 고소장에 기재하지 않은 사실을 수사기관에서 고소보충조서를 받을 때 자진하여 진술하였다면 이 진술부분까지 신고한 것으로 보아야 한다.

---

2. 무고죄에 있어서의 신고의 의의 [대법원 1996. 2. 9. 선고, 95도2652]

【판결요지】

무고죄에 있어서의 신고는 자발적인 것이어야 하고 수사기관 등의 추문에 대하여 허위의 진술을 하는 것은 무고죄를 구성하지 않는 것이지만, 당초 고소장에 기재하지 않은 사실을 수사기관에서 고소보충조서를 받을 때 자진하여 진술하였다면 이 진술 부분까지 신고한 것으로 보아야 한다.

---

3. 참고인의 진술이 수사기관 등의 추문에 의한 것인지 여부의 판단 방법 [대법원 2005. 12. 22. 선고, 2005도3203]

【판시사항】

[1] 고발사건의 참고인이 수사기관의 추문에 대하여 허위진술을 하는 것이 무고죄를 구성하는지 여부 (소극) 및 참고인의 진술이 수사기관 등의 추문에 의한 것인지 여부의 판단 방법

[2] 수표발행인인 피고인이 은행에 지급제시된 수표가 위조되었다는 내용의 허위의 신고를 하여 그 정을 모르는 은행 직원이 수사기관에 고발을 함에 따라 수사가 개시되고, 피고인이 경찰에 출석하여 위조자로 특정인을 지목하는 진술을 한 경우, 피고인이 자발적으로 수사기관에 대하여 허위의 사실을 신고한 것으로 평가하여야 한다.

【판결요지】

[1] 무고죄에 있어서의 신고는 자발적인 것이어야 하고 수사기관 등의 추문에 대하여 허위의 진술을 하는 것은 무고죄를 구성하지 않는 것이지만, 참고인의 진술이 수사기관 등의 추문에 의한 것인지 여부는 수사가 개시된 경우, 수사의 혐의사실과 참고인의 진술의 관련성 등을 종합하여 판단하여야 한다.

[2] 수표발행인인 피고인이 은행에 지급제시된 수표가 위조되었다는 내용의 허위의 신고를 하여 그 정을 모르는 은행 직원이 수사기관에 고발을 함에 따라 수사가 개시되고, 피고인이 경찰에 출석하여 수표위조자로 특정인을 지목하는 진술을 한 경우, 이는 피고인이 위조 수표에 대한 부정수표단속법 제7조의 고발의무가 있는 은행원을 도구로 이용하여 수사기관에 고발을 하게 하고 이어 수사기관에 대하여 특정인을 위조자로 지목함으로써 자발적으로 수사기관에 대하여 허위의 사실을 신고한 것으로 평가하여야 한다.

156-9. 신고사실의 진실성을 인정할 수 없다는 점만으로 허위사실이라고 단정하여 무고죄의 성립을 인정할 수 있는지 여부(소극) [대법원 2014. 2. 13. 선고, 2011도15767]

【판시사항】

신고사실의 진실성을 인정할 수 없다는 점만으로 허위사실이라고 단정하여 무고죄의 성립을 인정할 수 있는지 여부(소극) 및 부정수표 단속법 제4조 위반죄에 같은 법리가 적용되는지 여부(적극)

【판결요지】

무고죄는 타인으로 하여금 형사처분이나 징계처분을 받게 할 목적으로 신고한 사실이 객관적 진실에 반하는 허위사실인 경우에 성립되는 범죄이므로 신고한 사실이 객관적 진실에 반하는 허위사실이라는 점에 관하여는 적극적인 증명이 있어야 하며, 신고사실의 진실성을 인정할 수 없다는 점만으로 곧 그 신고사실이 객관적 진실에 반하는 허위사실이라고 단정하여 무고죄의 성립을 인정할 수는 없고, 이는 수표금액의 지급 또는 거래정지처분을 면할 목적으로 금융기관에 거짓 신고를 하는 경우에 성립하는 부정수표 단속법 제4조 위반죄에서도 마찬가지이다.

1. 신고사실의 진실성을 인정할 수 없다는 소극적인 증명만으로 곧 그 신고사실이 객관적인 진실에 반하는 허위사실이라고 단정하여 무고죄의 성립을 인정할 수 있는지 여부(소극) [대법원 1998. 2. 24. 선고, 96도599]

【판결요지】

무고죄는 타인으로 하여금 형사처분이나 징계처분을 받게 할 목적으로 신고한 사실이 객관적 진실에 반하는 허위사실인 경우에 성립되는 범죄이므로 신고한 사실이 객관적 사실에 반하는 허위사실이라는 요건은 적극적인 증명이 있어야 하며, 신고사실의 진실성을 인정할 수 없다는 소극적 증명만으로 곧 그 신고사실이 객관적 진실에 반하는 허위사실이라고 단정하여 무고죄의 성립을 인정할 수는 없다.

156-10. 부정수표단속법 제4조의 허위신고죄와 무고죄의 죄수 관계(=실체적 경합범) [대법원 2014.
1. 23. 선고, 2013도12064]

【이 유】

부정수표단속법 제4조는 수표금액의 지급 또는 거래정지처분을 면할 목적으로 금융기관에 거짓 신고를 한 자를 처벌하도록 규정하고 있는바, 위 허위신고죄는 타인으로 하여금 형사처분 또는 징계처분을 받게 할 목적으로 공무소 또는 공무원에 대하여 허위의 사실을 신고하는 때에 성립하는 무고죄와는 행위자의 목적, 신고의 상대방, 신고 내용, 범죄의 성립시기 등을 달리하는 별개의 범죄로서 서로 보호법익이 다르고, 법률상 1개의 행위로 평가되는 경우에도 해당하지 않으므로, 두 죄는 상상적 경합관계가 아니라 실체적 경합관계로 보아야 한다.

156-11. 신고한 허위사실 자체가 형사범죄를 구성하지 않는 경우(소극) [대법원 2013. 9. 26. 선고,
2013도6862]

【이 유】

타인에게 형사처분을 받게 할 목적으로 허위의 사실을 신고한 행위가 무고죄를 구성하기 위하여는 신고된 사실 자체가 형사처분의 원인이 될 수 있어야 할 것이어서, 가령 허위의 사실을 신고하였다 하더라도 그 사실 자체가 형사범죄로 구성되지 아니한다면 무고죄는 성립하지 아니한다(대법원 1992. 10. 13. 선고 92도1799 판결, 대법원 2007. 4. 13. 선고 2006도558 판결 등 참조).

156-12. 신고내용에 일부 허위사실이 포함된 경우, 무고죄가 성립하는지 판단하는 기준 [대법원
2012. 5. 24. 선고, 2011도11500]

【판시사항】

[1] 신고내용에 일부 허위사실이 포함된 경우, 무고죄가 성립하는지 판단하는 기준

[2] 피고인이 甲 주식회사에서 리스한 승용차를 乙에게 담보로 제공하고 돈을 차용하면서 약정 기간 내에 갚지 못할 경우 이를 처분하더라도 아무런 이의를 제기하지 않기로 하였는데, 변제기 이후 乙 등이 차량을 처분하자 피고인의 허락 없이 마음대로 처분하였다는 취지로 고소한 사안에서, 위 고소 내용은 허위사실 기재로서 그 자체로 독립하여 무고죄가 성립하는데도, 이와 달리 보아 무죄를 인정한 원심판결에 법리오해의 위법이 있다.

【이 유】

무고죄는 타인으로 하여금 형사처분 또는 징계처분을 받게 할 목적으로 공무소 또는 공무원에 대하여 허위의 사실을 신고하는 때에 성립하는 것으로, 여기에서 허위사실의 신고라 함은 신고사실이 객관적 사실에 반한다는 것을 확정적이거나 미필적으로 인식하고 신고하는 것을 말하는 것이므로, 신고사실의 일부에 허위의 사실이 포함되어 있다고 하더라도 그 허위 부분이 범죄의 성부에 영향을 미치는 중요한 부분이 아니고, 단지 신고한 사실을 과장한 것에 불과한 경우에는 무고죄에 해당하지 아니하지만(대법원 1996. 5. 31. 선고 96도771 판결, 대법원 2003. 1. 24. 선고

2002도5939 판결 등 참조), 그 일부 허위인 사실이 국가의 심판작용을 그르치거나 부당하게 처벌을 받지 아니할 개인의 법적 안정성을 침해할 우려가 있을 정도로 고소사실 전체의 성질을 변경시키는 때에는 무고죄가 성립될 수 있다(대법원 2004. 1. 16. 선고 2003도7178 판결, 대법원 2009. 1. 30. 선고 2008도8573 판결, 대법원 2010. 4. 29. 선고 2010도2745 판결 등 참조).

---

1. 고소내용이 사실에 기초하여 그 정황을 다소 과장한 경우(소극) [대법원 2003. 1. 24. 선고, 2002도5939]

【판시사항】

무고죄에 있어서 고소사실의 허위성에 대한 인식 요부(적극) 및 고소내용이 사실에 기초하여 그 정황을 다소 과장한 경우, 무고죄의 성립 여부(소극)

【판결요지】

무고죄는 타인으로 하여금 형사처분 또는 징계처분을 받게 할 목적으로 공무소 또는 공무원에 대하여 허위의 사실을 신고하는 때에 성립하는 것인데, 여기에서 허위사실의 신고라 함은 신고사실이 객관적 사실에 반한다는 것을 확정적이거나 미필적으로 인식하고 신고하는 것을 말하는 것으로서, 설령 고소사실이 객관적 사실에 반하는 허위의 것이라 할지라도 그 허위성에 대한 인식이 없을 때에는 무고에 대한 고의가 없다 할 것이고, 고소내용이 터무니없는 허위사실이 아니고 사실에 기초하여 그 정황을 다소 과장한 데 지나지 아니한 경우에는 무고죄가 성립하지 아니한다.

---

2. 도박자금으로 대여한 금전의 용도에 대하여 허위로 신고한 경우(적극) [대법원 2004. 1. 16. 선고, 2003도7178]

【판결요지】

무고죄는 타인으로 하여금 형사처분 또는 징계처분을 받게 할 목적으로 공무소 또는 공무원에 대하여 허위의 사실을 신고하는 때에 성립하는 것으로, 여기에서 허위사실의 신고라 함은 신고사실이 객관적 사실에 반한다는 것을 확정적이거나 미필적으로 인식하고 신고하는 것을 말하는 것이므로, 신고사실의 일부에 허위의 사실이 포함되어 있다고 하더라도 그 허위부분이 범죄의 성부에 영향을 미치는 중요한 부분이 아니고, 단지 신고한 사실을 과장한 것에 불과한 경우에는 무고죄에 해당하지 아니하지만, 그 일부 허위인 사실이 국가의 심판작용을 그르치거나 부당하게 처벌을 받지 아니할 개인의 법적 안정성을 침해할 우려가 있을 정도로 고소사실 전체의 성질을 변경시키는 때에는 무고죄가 성립될 수 있다.

---

3. 경찰관이 甲을 현행범으로 체포하려는 상황에서 乙이 경찰관을 폭행하여 乙을 현행범으로 체포하였는데, 乙이 경찰관의 현행범 체포업무를 방해한 일이 없다며 경찰관을 불법체포로 고소한 경우(적극) [대법원 2009. 1. 30. 선고, 2008도8573]

【판결요지】

무고죄는 타인으로 하여금 형사처분 또는 징계처분을 받게 할 목적으로 공무소 또는 공무원에 대하여 허위의 사실을 신고하는 때에 성립하는 것으로, 여기에서 허위사실의 신고라 함은 신고사실이 객관적 사실에 반한다는 것을 확정적이거나 미필적으로 인식하고 신고하는 것을 말한다. 따라서 신고사실의 일부에 허위의 사실이 포함되어 있다고 하더라도 그 허위부분이 범죄의 성부에 영향을 미치는 중요한 부분이 아니고, 단지 신고한 사실을 과장한 것에 불과한 경우에는 무고죄에 해당하지 아니하지만, 그 일부 허위인 사실이 국가의 심판 작용을 그르치거나 부당하게 처벌을 받지 아니할 개인의 법적 안정성을 침해할 우려가 있을 정도로 고소사실 전체의 성질을 변경시키는 때에는 무고죄가 성립한다.

156-13. 돈을 갚지 않은 차용인을 사기죄로 고소하면서 변제의사와 능력의 유무에 관하여 기망하였다는 내용으로 고소한 경우(소극) [대법원 2011. 9. 8. 선고, 2011도3489]

【판시사항】

[1] 돈을 갚지 않은 차용인을 사기죄로 고소하면서 변제의사와 능력의 유무에 관하여 기망하였다는 내용으로 고소한 경우, 고소인이 차용금의 '용도'를 묵비하거나 사실과 달리 신고한 것이 무고죄의 '허위사실 신고'에 해당하는지 여부(소극)

[2] 피고인이 돈을 갚지 않는 甲을 차용금 사기로 고소하면서 대여금의 용도에 관하여 '도박자금'으로 빌려준 사실을 감추고 '내비게이션 구입에 필요한 자금'이라고 허위 기재하고, 대여의 일시·장소도 사실과 달리 기재하여 甲을 무고하였다는 내용으로 기소된 사안

【판결요지】

[1] 금원을 대여한 고소인이 차용금을 갚지 않은 차용인을 사기죄로 고소하는 데 있어서, 피고소인이 차용금의 용도를 사실대로 이야기하였더라면 금원을 대여하지 않았을 것인데 차용금의 용도를 속이는 바람에 대여하였다고 주장하는 사안이라면, 차용금의 실제 용도는 사기죄의 성립 여부에 영향을 미치는 것으로서 고소사실의 중요한 부분이 되고 따라서 실제 용도에 관하여 고소인이 허위로 신고할 경우에는 그것만으로도 무고죄에서 허위의 사실을 신고한 경우에 해당한다고 할 수 있다. 그러나 단순히 차용인이 변제의사와 능력의 유무에 관하여 기망하였다는 내용으로 고소한 경우에는, 차용금의 용도와 무관하게 다른 자료만으로도 충분히 차용인의 변제의사나 능력의 유무에 관한 기망사실을 인정할 수 있는 경우도 있을 것이므로, 차용금의 실제 용도에 관하여 사실과 달리 신고하였다는 것만으로는 범죄사실의 성립 여부에 영향을 줄 정도의 중요한 부분을 허위로 신고하였다고 할 수 없다. 이와 같은 법리는 고소인이 차용사기로 고소할 때 묵비하거나 사실과 달리 신고한 차용금의 실제 용도가 도박자금이었더라도 달리 볼 것은 아니다.

[2] 피고인의 고소 내용은 甲이 변제의사와 능력도 없이 차용금 명목으로 돈을 편취하였으니 사기죄로 처벌하여 달라는 것이고, 甲이 차용금의 용도를 속이는 바람에 대여하게 되었다는 취지로 주장한 사실은 없으며, 수사기관으로서는 차용금의 용도와 무관하게 다른 자료들을 토대로 甲이 변제의사나 능력 없이 돈을 차용하였는지를 조사할 수 있는 것이므로, 비록 피고인이 도박자금으로 대여한 사실을 숨긴 채 고소장에 대여금의 용도에 관하여 허위로 기재하고 대여 일시·장소 등 변제의사나 능력의 유무와 관련성이 크지 아니한 사항에 관하여 사실과 달리 기재한 사정만으로는 사기죄 성립 여부에 영향을 줄 정도의 중요한 부분을 허위 신고하였다고 보기 어려운데도, 피고인에게 유죄를 인정한 원심판단에 무고죄에 관한 법리오해의 위법이 있다.

1. '차용금의 용도'를 묵비하거나 사실과 달리 신고한 것이 무고죄에서 '허위사실의 신고'에 해당하는지 여부(소극) [대법원 2011. 1. 13. 선고, 2010도14028]

[1] 무고죄에서 신고사실에 포함된 일부 허위 부분이 단지 사실을 과장한 것에 불과한 경우, 무고죄의 성립 여부(소극)

[2] 고소인이 돈을 갚지 않는 차용인을 사기죄로 고소하면서 단순히 변제의사와 능력의 유무에 관하여 기망하였다는 내용으로 고소한 경우, '차용금의 용도'를 묵비하거나 사실과 달리 신고한 것이 무고죄에서 '허위사실의 신고'에 해당하는지 여부(소극)

[3] 피고인이 돈을 갚지 않는 차용인들을 사기죄로 고소하면서 대여 장소를 허위기재하여 도박자금으로 빌려 준 사실을 숨기고, 피고소인들에게 대여 장소를 묵비하도록 종용하였다는 사정만으로는 무고죄에서 '허위사실의 신고'로 보기 어려운데도, 이와 달리 본 원심판단에 법리오해의 위법이 있다.

【이 유】

무고죄는 타인으로 하여금 형사처분 또는 징계처분을 받게 할 목적으로 공무소 또는 공무원에 대하여 허위의 사실을 신고하는 때에 성립하는 것으로, 신고사실의 일부에 허위의 사실이 포함되어 있다고 하더라도 그 허위 부분이 범죄의 성립 여부에 영향을 미치는 중요한 부분이 아니고, 단지 신고한 사실을 과장한 것에 불과한 경우에는 무고죄에 해당하지 아니한다(대법원 1996. 5. 31. 선고 96도771 판결, 대법원 2003. 1. 24. 선고 2002도5939 판결 등 참조). 그런데 금원을 대여한 고소인이 차용금을 갚지 않는 차용인을 사기죄로 고소함에 있어서, 피고소인이 차용금의 용도를 사실대로 이야기하였더라면 금원을 대여하지 않았을 것인데 차용금의 용도를 속이는 바람에 대여하였다고 주장하는 사안이라면 그 차용금의 실제 용도는 사기죄의 성립 여부에 영향을 미치는 것으로서 고소사실의 중요한 부분이 되고 따라서 그 실제 용도에 관하여 고소인이 허위로 신고를 할 경우에는 그것만으로도 무고죄에 있어서의 허위의 사실을 신고한 경우에 해당한다고 할 수 있다. 그러나 단순히 차용인이 변제의사와 능력의 유무에 관하여 기망하였다는 내용으로 고소한 경우에는 차용금의 용도와 무관하게 다른 자료만으로도 충분히 차용인의 변제의사나 능력의 유무에 관한 기망사실을 인정할 수 있는 경우도 있을 것이므로, 그 차용금의 실제 용도에 관하여 사실과 달리 신고하였다 하더라도 그것만으로는 범죄사실의 성립 여부에 영향을 줄 정도의 중요한 부분을 허위로 신고하였다고 할 수 없다. 이와 같은 법리는 고소인이 차용사기로 고소함에 있어서 묵비하거나 사실과 달리 신고한 차용금의 실제 용도가 도박자금이었다고 하더라도 달리 볼 것은 아니다(대법원 2004. 12. 9. 선고 2004도2212 판결 등 참조).

156-14. 상대방의 범행에 공범으로 가담한 사람이 이를 숨긴 채 상대방을 고소한 경우(소극) [대법원 2010. 2. 25. 선고, 2009도1302]

【판시사항】

[1] 무고죄에서 '허위의 사실'의 의미

[2] 상대방의 범행에 공범으로 가담한 사람이 이를 숨긴 채 상대방을 고소한 경우, 무고죄가 성립하는지 여부(소극)

[3] 피고인이 甲, 乙과 공모하여 은행으로부터 대출금을 편취한 것과는 별도로 甲이 피고인을 기망하여 위 대출금을 편취하였으니 처벌해 달라는 취지로 고소하여 甲에 대해 사기죄로 공소제기까지 된 사안에서, 위 고소는 甲에 대한 관계에서 독립하여 형사처분 등의 대상이 되는 허위사실의 고소로 볼 여지가 있음에도 피고인이 공범이었다는 이유로 무고죄가 성립하지 않는다고 판

단한 원심판결에 법리오해의 위법이 있다.

【이 유】

무고죄에 있어서 허위의 사실이라 함은 그 신고된 사실로 인하여 상대방이 형사처분이나 징계처분 등을 받게 될 위험이 있는 것이어야 하고, 비록 신고내용에 일부 객관적 진실에 반하는 내용이 포함되었다 하더라도 그것이 독립하여 형사처분 등의 대상이 되지 아니하고 단지 신고사실의 정황을 과장하는 데 불과하거나 허위의 일부사실의 존부가 전체적으로 보아 범죄사실의 성부에 직접 영향을 줄 정도에 이르지 아니하는 내용에 관계되는 것이라면 무고죄가 성립하지 아니한다(대법원 2006. 9. 28. 선고 2006도2963 판결 등 참조). 그리고 피고인 자신이 상대방의 범행에 공범으로 가담하였음에도 자신의 가담사실을 숨기고 상대방만을 고소한 경우, 피고인의 고소내용이 상대방의 범행 부분에 관한 한 진실에 부합하므로 이를 허위의 사실로 볼 수 없고, 상대방의 범행에 피고인이 공범으로 가담한 사실을 숨겼다고 하여도 그것이 상대방에 대한 관계에서 독립하여 형사처분 등의 대상이 되지 아니할뿐더러 전체적으로 보아 상대방의 범죄사실의 성립 여부에 직접 영향을 줄 정도에 이르지 아니하는 내용에 관계되는 것이므로 무고죄가 성립하지 않는다(대법원 2008. 8. 21. 선고 2008도3754 판결 참조).

156-15. 고소사실 자체가 인정되지 않는 경우 고소 내용이 피고인의 과실 또는 무지에 기인한 경우(적극) [대법원 2009. 11. 12. 선고, 2009도8949]

【판시사항】

[1] 무고죄에서 고소 내용이 사실에 기초하여 그 정황을 다소 과장한 것일 때 무고죄가 성립하는지 여부(소극)

[2] 고소사실 자체가 인정되지 않는 경우에는 고소 내용이 설사 피고인의 과실 또는 무지에 기인한 것이라고 하더라도 이를 단순한 정황의 과장에 해당한다고 볼 수 없어, 무고죄가 성립한다.

【이 유】

무고죄는 타인으로 하여금 형사처분 또는 징계처분을 받게 할 목적으로 공무소 또는 공무원에 대하여 허위의 사실을 신고함으로써 성립한다. 여기에서 허위사실의 신고라 함은 신고사실이 객관적 사실에 반한다는 것을 확정적이거나 미필적으로 인식하고 신고하는 것을 말하는 것으로서, 고소 내용이 터무니없는 허위사실이 아니고 사실에 기초하여 그 정황을 다소 과장한 데 지나지 아니한 경우에는 무고죄가 성립하지 아니한다(대법원 2008. 5. 29. 선고 2006도6347 판결 참조).

156-16. 무고죄에서 허위사실의 적시 정도 [대법원 2009. 3. 26. 선고, 2008도6895]

【판시사항】

무고죄에 있어서 허위사실의 적시는 수사관서 또는 감독관서에 대하여 수사권 또는 징계권의 발동을 촉구하는 정도의 것이라면 충분하고, 그 사실이 해당될 죄명 등 법률적 평가까지 명시하여야 하는 것은 아니다(대법원 1987. 3. 24. 선고 87도231 판결 등 참조).

156-17. 무고죄에서 고소사실의 허위성에 대한 인식 요부(적극) [대법원 2008. 5. 29. 선고, 2006도6347]

【판시사항】

[1] 무고죄에서 고소사실의 허위성에 대한 인식 요부(적극) 및 고소내용이 사실에 기초하여 그 정황을 다소 과장한 것일 때 무고죄가 성립하는지 여부(소극)

[2] 무고죄에서 '허위사실의 신고' 의 의미

【이 유】

무고죄에 있어서 신고사실이 객관적 사실과 일치하지 않는 것이라도 신고자가 진실이라고 확신하고 신고하였을 때에는 무고죄가 성립하지 않는다고 할 것이나, 진실이라고 확신한다 함은 신고자가 알고 있는 객관적인 사실관계에 의하더라도 신고사실이 허위라거나 또는 허위일 가능성이 있다는 인식을 하지 못하는 경우를 말하는 것이지, 신고자가 알고 있는 객관적 사실관계에 의하여 신고사실이 허위라거나 허위일 가능성이 있다는 인식을 하면서도 이를 무시한 채 무조건 자신의 주장이 옳다고 생각하는 경우까지 포함되는 것은 아닌데(대법원 1995. 12. 5. 선고 95도231 판결, 대법원 2000. 7. 4. 선고 2000도1908, 2000감도62 판결, 대법원 2006. 9. 22. 선고 2006도4255 판결 등 참조), 피고인은 재판과정에서 위 고소내용을 인정할 증거는 공소외 1의 발언밖에 없다고 주장하면서도 공소외 1이 구체적으로 어떻게 말을 하였는지에 대하여는 명확히 밝히지 못한 채 당시 묵시적으로 인정하였다는 취지의 주장만을 하고 있음을 알 수 있는바, 이러한 사정들을 앞서 본 법리에 비추어 보면, 피고인은 그 고소사실이 허위라거나 허위일 가능성이 있다는 인식을 하면서도 이를 무시한 채 고소에 이른 것이라고 보아야 할 것이므로 피고인에게 무고의 고의가 없었다고 볼 수도 없다.

---

1. 무고죄에 있어서의 허위사실의 신고의 의미 및 신고한 사실의 허위 여부의 인정기준 [대법원 1991. 10. 11. 선고, 91도1950]

【판시사항】

[1] 무고죄에 있어서의 허위사실의 신고의 의미 및 신고한 사실의 허위 여부의 인정기준

[2] 갑의 피고인에 대한 고발내용이 허위라는 피고인의 갑에 대한 고소내용이 그 중요부분에 있어 객관적으로 진실한 사실에 부합하는 것이어서 무고죄에 해당하지 아니한다고 본 사례

【판결요지】

[1] 무고죄는 타인으로 하여금 형사처분 등을 받게 할 목적으로 신고한 사실이 객관적 진실에 반하는 허위사실인 경우에 성립되는 범죄로서, 신고자가 그 신고내용을 허위라고 믿었다 하더라도 그것이 객관적으로 진실한 사실에 부합할 때에는 허위사실의 신고에 해당하지 않아 무고죄는 성립하지 않는 것이며, 한편 위 신고한 사실의 허위 여부는 그 범죄의 구성요건과 관련하여 신고사실의 핵심 또는 중요내용이 허위인가에 따라 판단하여 무고죄의 성립 여부를 가려야 한다.

[2] 갑의 피고인에 대한 고발내용은 "피고인이 환경보전법 제37조에서 규정하고 있는 '특정유해물질 또는 산업폐기물'을 함유하고 있는 보일러 세관수를 방류함으로써 위 법조를 위반하였다"는 것인 한편, 피고인의 갑에 대한 고소내용은 피고인이 그와 같이 '특정유해물질 또는 산업폐기물'을 함유하고 있는 보일러 세관수를 방류한 사실이 없어 갑의 위 고발내용이 허위라는 것인데, 피고인이 보일러 세관수를 방류한 사실이 인정된다 하더라도 그 세관수가 위 법조에 규정된 특정유해물질이나 산업폐기물을 함유하고 있지 않다면, 피고인의 고소내용은 그 중요부분에 있어 객관적으로 진실한 사실에 부합하는 것이어서 피고인이 허위사실을 신고한 것이라고는 할 수 없으므로 무고죄에 해당하지 아니한다.

156-18. 신고된 범죄사실이 이미 공소시효가 완성되어 무고죄가 성립하지 않는 경우인지 여부를 판단하기 위한 기준시점(=신고시) [대법원 2008. 3. 27. 선고, 2007도11153]

【판시사항】

[1] 신고된 범죄사실이 이미 공소시효가 완성되어 무고죄가 성립하지 않는 경우인지 여부를 판단하기 위한 기준시점(=신고시)

[2] 범행일시를 특정하지 않은 고소장을 제출한 후, 고소보충진술시에 범죄사실의 공소시효가 아직 완성되지 않은 것으로 진술한 피고인이 그 이후 검찰이나 제1심 법정에서 다시 범죄의 공소시효가 완성된 것으로 정정 진술한 사안에서, 이미 고소보충진술시에 무고죄가 성립하였다.

【이 유】

무고죄는 타인으로 하여금 형사처분 등을 받게 할 목적으로 공무소 등에 허위의 사실을 신고함으로써 성립하는 범죄이므로, 그 신고된 범죄사실이 이미 공소시효가 완성된 것이어서 무고죄가 성립하지 아니하는 경우에 해당하는지 여부는 그 신고시를 기준으로 하여 판단하여야 한다고 할 것이다.

기록에 의하면, 피고인은 피해자 공소외인의 폭행일시를 특정하지 아니한 고소장을 2005. 6. 28.경 수서경찰서 민원실에 제출, 접수한 후, 고소인 보충진술시에 그 폭행일시를 2003. 3.경으로 특정하였음을 알아 볼 수 있는바, 폭행죄의 공소시효기간은 3년이므로 피고인은 아직 공소시효가 완성되지 아니한 범죄사실을 신고한 것임이 명백하고, 따라서 그 신고사실이 허위인 이상 피고인은 무고죄의 죄책을 면할 수 없다고 할 것이고, 피고인이 그 이후 검찰이나 제1심 법정에서 위 피해자의 폭행일시를 2002. 3.로 정정하여 진술하였다고 하여 이미 성립된 무고죄에 영향을 미칠 수는 없다고 할 것이다.

---

1. 허위사실을 신고한 경우라도 그 사실이 사면되어 공소권이 소멸된 경우(소극) [대법원 1970. 3. 24. 선고, 69도2330]

【판결요지】

허위사실을 신고한 경우라도 그 사실이 사면되어 공소권이 소멸된 것이 분명한 때에는 무고죄는 성립되지 아니한다.

2. 객관적으로 공소시효가 완성된 사실에 대하여 공소시효가 완성되지 않은 것처럼 고소한 경우(적극)
   [대법원 1995. 12. 5. 선고, 95도1908]
   【판결요지】
   객관적으로 고소사실에 대한 공소시효가 완성되었더라도 고소를 제기하면서 마치 공소시효가 완성되지 아니한 것처럼 고소한 경우에는 국가기관의 직무를 그르칠 염려가 있으므로 무고죄를 구성한다.

156-19. 신고사실의 진실성을 인정할 수 없다는 소극적인 증명만으로 허위사실이라고 단정하여 무고죄의 성립을 인정할 수 있는지 여부(소극) [대법원 2007. 10. 11. 선고, 2007도6406]

【판시사항】

무고죄는 타인으로 하여금 형사처분이나 징계처분을 받게 할 목적으로 신고한 사실이 객관적 진실에 반하는 허위사실인 경우에 성립되는 범죄이므로 신고한 사실이 객관적 사실에 반하는 허위사실이라는 요건은 적극적인 증명이 있어야 하며, 신고사실의 진실성을 인정할 수 없다는 소극적 증명만으로 곧 그 신고사실이 객관적 진실에 반하는 허위사실이라고 단정하여 무고죄의 성립을 인정할 수는 없다(대법원 2004. 1. 27. 선고 2003도5114 판결 등 참조).

156-20. 영수증을 정당하게 작성·교부하거나 적법하게 백지보충권을 수여하여 그에 따라 백지보충이 이루어졌음에도 불구하고 상대방이 그 영수증을 위조하였다고 신고한 경우(적극) [대법원 2007. 6. 1. 선고, 2007도2299]

【판시사항】

무고죄는 타인으로 하여금 형사처분 또는 징계처분을 받게 할 목적으로 공무소 또는 공무원에 대하여 허위의 사실을 신고하는 때에 성립하는 것인바, 정당하게 작성·교부되거나 적법한 보충권의 범위 내에서 백지 부분이 보충된 영수증을 당초에 예상하고 있던 용도가 아닌 용도로 사용한다는 것과 그 영수증을 위조한다는 것은 단순히 법률적 평가를 넘어서서 사실관계가 전혀 다르다고 할 것이므로, 영수증을 정당하게 작성·교부하거나 적법하게 백지보충권을 수여하여 그에 따라 백지보충이 이루어졌음에도 불구하고 상대방이 그 영수증을 위조하였다고 신고하였다면, 이는 무고죄에서 말하는 허위사실의 신고에 해당하는 것으로 보아야 할 것이다.

156-21. 무고죄에 있어서의 범의 [대법원 2007. 4. 26. 선고, 2007도1423]

【판시사항】

무고죄에 있어서 범의는 반드시 확정적 고의임을 요하지 아니하고 미필적 고의로서도 족하다 할 것이므로, 무고죄는 신고자가 진실하다는 확신 없는 사실을 신고함으로써 성립하고 그 신고사실이 허위라는 것을 확신함을 필요로 하지 않는다고 할 것이고(대법원 2006. 5. 25. 선고 2005도4642 판결 참조), 또 고소를 한 목적이 상대방을 처벌받도록 하는 데 있지 않고 시비를 가려달라는 데에 있다고 하여 무고죄의 범의가 없다고 할 수는 없다(대법원 1995. 12. 12. 선고 94도3271 판결 참조).

1. 무고죄의 고의 [대법원 1995. 12. 12. 선고, 94도3271]

무고죄에 있어서 형사처분을 받게 할 목적은 허위신고를 함에 있어 다른 사람이 그로 인하여 형사처분을 받게 될 것이라는 인식이 있으면 충분하고 그 결과의 발생을 희망할 필요까지는 없다 할 것이므로, 고소인이 고소장을 수사기관에 제출한 이상 그러한 인식은 있다 할 것이고, 나아가 고소를 한 목적이 상대방을 처벌받도록 하는 데 있지 않고 시비를 가려 달라는 데에 있다고 하여 무고죄의 범의가 없다고 할 수 없으며, 그가 신문사의 대표이사로서 위 신문사 수습대책위원회의 요구에 따라 수동적으로 행동한 것이라고 하여도 무고죄의 성립에는 지장이 없다.

156-22. 타인 명의의 고소장을 대리하여 작성하고 제출하는 형식으로 고소가 이루어진 경우, 무고죄의 주체(명의자) [대법원 2007. 3. 30. 선고, 2006도6017]

【판시사항】

비록 외관상으로는 타인 명의의 고소장을 대리하여 작성하고 제출하는 형식으로 고소가 이루어진 경우라 하더라도 그 명의자는 고소의 의사가 없이 이름만 빌려준 것에 불과하고 명의자를 대리한 자가 실제 고소의 의사를 가지고 고소행위를 주도한 경우라면 그 명의자를 대리한 자를 신고자로 보아 무고죄의 주체로 인정하여야 할 것이다(대법원 2006. 7. 13. 선고 2005도7588 판결 등 참조).

156-23. 고소당한 범죄가 유죄로 인정되는 경우에, 고소를 당한 사람이 고소인에 대하여 '고소당한 죄의 혐의가 없는 것으로 인정된다면 고소인이 자신을 무고한 것에 해당하므로 고소인을 처벌해 달라'는 내용의 고소장을 제출하였다면 고소인에 대한 무고의 범의를 인정할 수 있는지 여부(적극) [대법원 2007. 3. 15. 선고, 2006도9453]

【판결요지】

무고죄의 허위신고에 있어서 다른 사람이 그로 인하여 형사처분 또는 징계처분을 받게 될 것이라는 인식이 있으면 족하므로, 고소당한 범죄가 유죄로 인정되는 경우에, 고소를 당한 사람이 고소인에 대하여 '고소당한 죄의 혐의가 없는 것으로 인정된다면 고소인이 자신을 무고한 것에 해당하므로 고소인을 처벌해 달라'는 내용의 고소장을 제출하였다면 설사 그것이 자신의 결백을 주장하기 위한 것이라고 하더라도 방어권의 행사를 벗어난 것으로서 고소인을 무고한다는 범의를 인정할 수 있다.

156-24. 무고죄에 있어서 신고한 사실의 허위 여부의 인정기준 [대법원 2006. 2. 10. 선고, 2003도7487]

【판시사항】

무고죄는 타인으로 하여금 형사처분 등을 받게 할 목적으로 신고한 사실이 객관적 진실에 반하는 허위사실인 경우에 성립되는 범죄로서, 신고한 사실의 허위 여부는 그 범죄의 구성요건과 관련하여 신고사실의 핵심 또는 중요내용이 허위인가에 따라 판단하여 무고죄의 성립 여부를 가려야 한다(대법원 1991. 10. 11. 선고 91도1950 판결 참조).

156-25. 무고죄에 있어서 고소사실의 허위성에 대한 인식 요부(적극) [대법원 1998. 9. 8. 선고,

98도1949]

【판시사항】

[1] 무고죄에 있어서 고소사실의 허위성에 대한 인식 요부(적극)

[2] 고소내용이 사실에 기초하여 그 정황을 다소 과장한 경우, 무고죄의 성립 여부(소극)

【판결요지】

[1] 무고죄는 타인으로 하여금 형사처분 또는 징계처분을 받게 할 목적으로 공무소 또는 공무원에 대하여 허위의 사실을 신고하는 때에 성립하는 것인데, 여기에서 허위사실의 신고라 함은 신고사실이 객관적 사실에 반한다는 것을 확정적이거나 미필적으로 인식하고 신고하는 것을 말하는 것으로서, 설령 고소사실이 객관적 사실에 반하는 허위의 것이라 할지라도 그 허위성에 대한 인식이 없을 때에는 무고에 대한 고의가 없다.

[2] 고소내용이 터무니 없는 허위사실이 아니고 사실에 기초하여 그 정황을 다소 과장한 데 지나지 아니한 경우에는 무고죄가 성립하지 아니한다.

---

1. 객관적 사실과 일치하지 않는 사실에 대하여 진실이라고 확신하면서 신고한 경우(소극) [대법원 1988. 9. 27. 선고, 88도99]

【판결요지】

무고죄에 있어서의 신고는 신고사실이 허위임을 인식하거나 진실하다는 확신없이 신고함을 말하는 것이므로 객관적 사실과 일치하지 않은 것이라도 신고자가 진실이라고 확신하고 신고하였을 때에는 무고죄가 성립하지 않으며, 여기에서 진실이라고 확신한다 함은 신고사실이 허위일 가능성이 있다는 인식 즉 미필적 인식도 없음을 말한다.

---

2. 신고내용에 진실에 반하는 내용이 포함되었다 하더라도 단지 정황을 과장하는 데 불과한 경우(소극) [대법원 1995. 2. 24. 선고, 94도3068]

【판시사항】

[1] 신고내용에 진실에 반하는 내용이 포함되었다 하더라도 단지 정황을 과장하는 데 불과하다면 무고죄가 성립하지 않는지 여부

[2] 고소내용이 허위의 사실을 신고한 것으로 신고사실의 정황을 과장하는데 불과하다고 볼 수 없다.

【판결요지】

[1] 무고죄에 있어서의 "허위의 사실"과 관련하여 비록 그 신고내용에 일부 객관적 진실에 반하는 내용이 포함되었다 하더라도 그것이 단지 신고사실의 정황을 과장하는 데 불과하다면 무고죄가 성립하지 아니한다.

[2] 피고소인들이 피고인과 제3자와의 싸움을 말리려고 하다가 피고인이 말을 듣지 아니하여 만류를 포기하고 옆에서 보고만 있었을 뿐 피고소인들이 피고인의 팔을 잡은 사실이 없었고, 또한 피고인이 그 싸움에서 턱 부위에 상해를 입은 사실은 있으나 그 상해 역시 피고인이 제3자로부터 안면부를 얻어맞아 입은 것이 아니라 서로 멱살을 잡고 밀고 당기는 과정에서 입은 상해임을 엿볼 수 있는 경우, 이와 같은 사실관계에서 "피고소인들이 피고인의 양팔을 잡아 가세하고 제3자가 피고인의 안면부를 때려 상해를 입혔다"는 취지의 고소내용은 그 제3자에 대한 관계에서는 신고사실의

정황을 다소 과장한 것에 불과하다고 볼 수도 있겠으나, 피고소인들에 대한 관계에서는 고소내용 전체가 객관적인 진실에 반하는 허위의 사실을 신고한 것으로서 그것이 단지 신고사실의 정황을 과장하는 데 불과하다고 볼 수는 없다.

156-26. 고소인이 피고소인의 주관적 의사에 관하여 갖게 된 의심을 일반인의 입장에서 볼 때 충분히 합리적인 근거가 있다면 무고의 미필적 고의를 인정할 수 없다고 본 사례 [대법원 1996. 3. 26. 선고, 95도2998]

【판결요지】

진실한 객관적인 사실들에 근거하여 고소인이 피고소인의 주관적인 의사에 관하여 갖게 된 의심을 고소장에 기재하였을 경우에 법률 전문가 아닌 일반인의 입장에서 볼 때 그와 같은 의심을 갖는 것이 충분히 합리적인 근거가 있다고 볼 수 있다면, 비록 그 의심이 나중에 진실하지 않는 것으로 밝혀졌다고 하여 곧바로 고소인에게 무고의 미필적 고의가 있었다고 단정하여서는 안된다.

---

1. 객관적인 사실관계대로 신고하였으나 주관적인 법률평가가 잘못된 경우(소극) [대법원 1985. 9. 24. 선고, 84도1737] .

【판결요지】

무고죄에서 말하는 허위라 함은 객관적인 사실에 반하는 것을 말하고 그 고의는 이 허위에 대한 인식이 있음을 요하는 것이므로 객관적인 사실관계를 자신이 인식한대로 신고하는 이상 객관적인 사실을 토대로 한 나름대로의 <u>주관적, 법적 구성이나 평가에 잘못이 있다 하더라도 이는 허위의 사실을 신고한 것에 해당한다고 볼 수 없어 무고죄가 성립하지 아니한다.</u>

156-27. 허위내용의 고소가 신고사실의 정황을 과장한 데에 지나지 않는다고 말할 수 없다. [대법원 1995. 3. 10. 선고, 94도2598] .

【판결요지】

피고인이 고소를 통하여 공소외인에게 실제로 돈을 대여한 바 없거나 또는 일부 대여한 돈을 이미 변제받았음에도 불구하고 마치 돈을 대여하였거나 그로 인한 채권이 여전히 존재하는 것처럼 내세워 허위내용의 사실을 신고한 것인 이상, 그것이 단순히 신고사실의 정황을 과장한 데에 지나지 않는다고 말할 수는 없다.

156-28. 국세청장에 대한 탈세혐의사실에 관한 허위의 진정서 제출(적극) [대법원 1991. 12. 13. 선고, 91도2127]

【판결요지】

무고죄에 있어서의 형사처분을 받게 할 목적이란 허위신고를 함으로써 다른 사람이 그로 인하여 형사처분을 받게 될 것이라는 인식이 있으면 족하고 그 결과 발생을 희망하는 것까지는 필요치 않으며, 또 무고죄에 있어서의 범의는 반드시 확정적 고의임을 요하지 아니하므로 신고자가 진실하다는 확신 없는 사실을 신고함으로써 무고죄는 성립하고 그 신고사실이 허위라는 것을 확신할 것까지는 없다. 국세청장은 조세범칙행위에 대하여 벌금 상당액의 통고처분을 하거나 검찰에 이를 고발할 수 있는 권한이 있으므로, 국세청장에 대하여 탈세혐의사실에 관한 허위의 진정서를 제출하였다면 무고죄가 성립한다.

156-29. 피고인의 진정 및 그와 관련된 부분을 수사하기 위한 검사의 추간에 대한 대답으로서 진정내용 이외의 사실에 관하여 한 진술이 무고죄를 구성할 수 있는지 여부(소극) [대법원 1990. 8. 14. 선고, 90도595]

【판결요지】

피고인이 수사기관에 한 진정 및 그와 관련된 부분을 수사하기 위한 검사의 추문에 대한 대답으로서 진정내용 이외의 사실에 관하여 한 진술은 피고인의 자발적 진정내용에 해당되지 아니하므로 무고죄를 구성하지 않는다.

156-30. 타인명의의 고소장 제출에 의한 위증사실의 신고와 무고죄의 주체 [대법원 1989. 9. 26. 선고, 88도1533]

【판시사항】

[1] 위증혐의로 고소고발한 사실 중 재판결과에 영향이 없는 사실만이 허위인 경우 무고죄의 성부(적극)

[2] 타인명의의 고소장 제출에 의한 위증사실의 신고와 무고죄의 주체

【판결요지】

[1] 1통의 고소, 고발장에 의하여 수개의 혐의사실을 들어 무고로 고소, 고발한 경우 그중 일부 사실은 진실이나 다른 사실은 허위인 때에는 그 허위사실부분만이 독립하여 무고죄를 구성하는 것이고, 위증죄는 진술내용이 당해 사건의 요증사항이 아니거나 재판의 결과에 영향을 미친 바 없더라도 선서한 증인이 그 기억에 반하여 허위의 진술을 한 경우에는 성립되어 그 죄책을 면할 수 없으므로, 위증으로 고소, 고발한 사실 중 위증한 당해사건의 요증사항이 아니고 재판결과에 영향을 미친 바 없는 사실만이 허위라고 인정되더라도 무고죄의 성립에는 영향이 없다.

[2] 위증죄는 국가의 사법기능을 보호법익으로 하는 죄로서 개인적 법익을 보호법익으로 하는 것이 아니므로 위증사실의 신고는 고소의 형식을 취하였더라도 고발이고, 고발은 피해자 본인 및 고소권자를 제외하고는 누구나 할 수 있는 것이어서 고발의 대리는 허용되지 않고 고발의 의사를 결정하고 고발행위를 주재한 자가 고발인이라고 할 것이므로 타인명의의 고소장 제출에 의해 위증사실의 신고가 행하여졌더라도 피고인이 고소장을 작성하여 수사기관에 제출하고 수사기관에 대하여 고발인 진술을 하는 등 피고인의 의사로 고발행위를 주도하였다면 그 고발인은 피고인이다.

156-31. 검찰수사관에게 허위사실을 말하고 진술조서를 받음에 있어 처벌요구의 진술을 한 것이 무고죄에 있어서의 신고에 해당하는지 여부(적극) [대법원 1988. 2. 23. 선고, 87도2454]

【판결요지】

피고인이 타인의 소개로 검찰청에서 만난 검찰수사관에게 영수증을 제시하면서 그 영수증에 기재된 금액은 관계기관에 대한 청탁금 명목으로 갑에게 교부한 것이라고 허위의 사실을 말하여 갑에 대한 변호사법위반죄의 혐의를 인정하게 한 다음 위 검찰수사관으로부터 그와 같은 내용으로 진술조서를 받음에 있어 갑에 대한 처벌을 요구하는 진술을 한 것이라면 피고인의 위와 같은 진술행위는 단순히 수사기관의 추문에 의하여 행해진 것이라거나 수사기관의 요청에 의한 범죄의 정보제공에 불과한 것이 아니라 자진하여 타인으로 하여금 형사처분을 받게 할 목적으로 수사기관에 대하여 허위의 사실을 신고한 것으로서 형법 제156조 소정의 무고죄에 있어서의 신고에 해당한다.

156-32. 객관적 사실에 반하는 사실을 진실이라고 확신하고서 한 신고(소극) [대법원 1987. 12. 22. 선고, 87도1977]

【판결요지】

무고죄에 있어서의 신고는 신고사실이 허위임을 인식하거나 진실하다는 확신없이 신고함을 말하는 것이며 따라서 객관적 사실과 일치하지 않는 것이라도 신고자가 진실이라고 확신하고 신고하였을 때에는 무고죄가 성립되지 아니한다.

156-33. 주관적 법률평가의 잘못으로 인한 고소(소극) [대법원 1987. 6. 9. 선고, 87도1029]

【판결요지】

고소인이 갑에게 대여하였다가 이미 변제받은 금원에 관하여 갑이 이를 수개월간 변제치 않고 있었던 점을 들어 위 금원을 착복하였다는 표현으로 고소장에 기재하였다 하여도 이것이 갑으로부터 아직 변제받지 못한 나머지 금원에 관한 <u>고소내용의 정황을 과장한 것이거나 또는 주관적 법률평가를 잘못하였음에 지나지 아니한 것이라면 특별의 사정이 없는한 이로써 허위의 사실을 들어 고소하였다고 단정할 수는 없다.</u>

156-34. 타인(타기관)에 접수되어 있는 자기명의의 문서를 무효화시킨 경우 문서손괴죄의 성부 [대법원 1987. 4. 14. 선고, 87도177]

【판결요지】

비록 자기명의의 문서라 할지라도 이미 타인(타기관)에 접수되어 있는 문서에 대하여 함부로 이를 무효화시켜 그 용도에 사용하지 못하게 하였다면 일응 형법상의 문서손괴죄를 구성한다 할 것이므로 그러한 내용의 범죄될 사실을 허위로 기재하여 수사기관에 고소한 이상 무고죄의 죄책을 면할 수 없다.

156-35. 진실이라는 확신없이 고소하는 경우(적극) [대법원 1986. 12. 9. 선고, 85도2482]

【판결요지】

종중의 사고수습대책회의가 종묘관리인의 채무를 면제하여 주는 결의를 할 적법한 권한은 없다 하더라도 피고소인은 위 회의의 결의에 따라 종묘관리인의 채무를 면제하여 준 것인데 피고인이 이를 알고 있었음에도 불구하고 진실이라는 확신 없이 위 피고소인이 공소외인으로부터 금원을 받고 임의로 결손처분하였다고 고소하였다면 금전수수의 대가로 채무면제를 하여 주었다는 점에 대하여 수사기관으로 하여금 수사권을 발동하도록 함에 충분하므로 피고인의 위와 같은 소위는 무고죄를 구성한다.

156-36. 고소장 작성시 변호사의 자문을 받은 사실과 무고죄의 성부(적극) [대법원 1986. 10. 14. 선고, 86도1606]

【판결요지】

무고죄는 타인으로 하여금 형사처분을 받게 할 목적으로 허위의 사실을 공무소에 신고하면 성립되는 것이고 허위의 사실을 기재한 고소장을 작성하여 수사기관에 제출한 이상 고소장을 작성할 때 변호사등 법조인의 자문을 받았다 하더라도 무고죄의 성립에는 소장이 없다.

156-37. 사실을 과장한 고소와 무고죄의 성부(소극) [대법원 1986. 7. 8. 선고, 86도1132]

【판결요지】

고소사실이 사실과 다른 점이 있다 하더라도 다소 사실을 과장한 것 뿐이라면 무고의 범의가 있다고 할 수 없다.

> 1. 과장된 상해의 고소와 무고죄(소극) [대법원 1984. 1. 24. 선고, 83도3023]
> 【판결요지】
> 피고인이 여러 사람과 시비를 하여 누구로부터 얼마를 구타당하였는지 특정지울 수 없으나 좌측안면부 등에 찰과상 및 좌상을 입은 사실을 인정할 수 있다면 피고인이 이를 고소함에 있어서 좌측안면부 등의 찰과상 및 좌상외에 이미 수년전 또는 몇 개월전에 입은 비골골절 사실마저 기재된 상해진단서를 제출하였다 하여도 이는 고소내용의 정황과장에 지나지않으므로 위 골절부분만이 따로 무고죄를 구성한다고 할 수 없다.

156-38. 무고죄에 있어 신고사실의 허위성의 입증정도 [대법원 1985. 12. 10. 선고, 85도2213]

【판결요지】

무고죄에 있어서는 그 신고내용의 진실성을 인정하기에 넉넉하냐의 여부를 따질 것이 아니라 신고사실의 허위성을 따져 이를 단정하기에 부족함이 없다면 죄가 성립한다.

156-39. 객관적 사실대로 신고하였으나 주관적 법률평가가 잘못된 경우 무고죄의 성부(소극) [대법원 1985. 6. 25. 선고, 83도3245]

【판결요지】

무고죄의 성립에는 타인으로 하여금 형사 및 징계처분을 받게할 목적으로 진실함의 확신없는 사실을 신고함으로써 족하고 신고자가 그 신고사실이 허위라는 것을 확신할 것까지 요하지 아니하나 한편, 신고자가 객관적 사실관계를 사실 그대로 신고한 이상 그 객관적 사실을 토대로 한 나름대로의 주관적 법률평가를 잘못하고 이를 신고하였다 하여 그 사실만을 가지고 허위사실을 신고한 것에 해당하여 무고죄가 성립한다고 할 수 없다.

---

1. 압수물환부 결정의 관보공고가 요건흠결임을 탓하는 내용의 고소제기와 검사에 대한 무고(소극) [대법원 1984. 3. 27. 선고, 83도2826]

【판시사항】

[1] 압수물환부 결정의 관보공고가 요건흠결임을 탓하는 내용의 고소제기와 검사에 대한 무고

[2] 고소사실 중 객관적 사실에 부가된 주관적 의견의 오류와 무고죄의 성부

【판결요지】

[1] 압수물의 환부를 받을 자의 소재가 불명하다 하여 관보에 공고하기 위하여서는 일단 압수물의 환부인에게 적법한 송달을 하여 그 송달이 불능한 경우라야 할 것인데 검사가 피의자에 대하여 무혐의 결정을 하면서 압수물의 환부결정을 한 다음, 피고인의 주소가 그 기록상 뚜렷한데도 압수물환부를 관보에 공고하도록 조치한 것은 압수물환부에 관한 공고요건이 결여되었다 할 것이고 따라서 이를 탓하는 내용의 피고인 제출의 고소장 기재사실로써, 허위사실을 가지고 위 검사를 무고하였다고 할 수 없다.

[2] 고소장에 피고소인이 압수물건을 폐기처분하려던 것이 피고인이 제기하여 계류중인 준재심사건에서 이를 증거로서 사용할 수 없게 하려는 목적일 것이라는 취지의 기재가 있다 하여도 이는 피고인의 주관적 의견의 기재에 불과하고 가사 그 주관적 의견이 잘못되었다 하여도 객관적 관계를 거짓 없이 그대로 신고한 이상 그 주관적 의견부분만을 따로 떼어 허위사실을 신고한 것이라 볼 수 없으므로 피고인의 위 행위는 무고죄를 구성하지 아니한다.

156-40. 매도인이 적법한 해제권 없이 계약해제의 통고를 하고 타에 2중으로 매각한 것을 배임죄로 고소한 경우(소극) [대법원 1985. 2. 26. 선고, 84도2510]

【판결요지】

하천부지점용권의 매매계약에 있어 매수인의 잔대금 지급과 매도인의 하천부지점용포기서의 교부는 동시이행 관계에 있으므로 매도인이 하천부지에 대한 점용포기서의 준비나 제공없이 매수인의 잔금지급 불이행만을 들고 일방적으로 매매계약 해제통고를 하였다 하여도 위 매매계약이 유효하게 해제되었다고 할 수 없는 것이어서 매도인이 매매계약 해제통고 후 하천부지를 타에 매각한 것을 들어 배임죄로 고소한 행위는 객관적으로 진실하여 허위라고 할 수 없으므로 무고죄를 구성하지 아니한다.

156-41. 허위내용의 고소장을 경찰관에게 제출하였다가 반환 받은 경우(적극) [대법원 1985. 2. 8. 선고, 84도2215]

【판결요지】

피고인이 최초에 작성한 허위내용의 고소장을 경찰관에게 제출하였을 때 이미 허위사실의 신고가 수사기관에 도달되어 무고죄의 기수에 이른 것이라 할 것이므로 그 후에 그 고소장을 되돌려 받았다 하더라도 이는 무고죄의 성립에 아무런 영향이 없다.

156-42. 객관적 사실관계는 진실하나 죄명을 잘못 기재한 고소의 경우(소극) [대법원 1984. 5. 29. 선고, 83도3125]

【판결요지】

고소인이 피고소인들이 저지른 불법행위에 관하여 고소를 제기함에 있어 법의 무지로 비록 죄명을 잘못 적었다고 하더라도 그 고소내용이 객관적인 사실관계를 거짓없이 신고한 것인 이상 무고죄가 된다고 할 수 없다.

156-43. 앙문이란 명칭의 진정서 제출과 무고죄(적극) [대법원 1984. 5. 15. 선고, 84도125]

【판결요지】

피고인이 공소외인으로 하여금 형사처벌을 받게 할 목적으로 검사에게 허위사실을 기재한 앙문이라는 명칭의 진정서를 제출하였다면 무고죄가 성립한다.

156-44. 무고죄의 성립에 있어서 신고사실의 허위성에 대한 확신요부(소극) [대법원 1984. 4. 10. 선고, 83도3075]

【판결요지】

무고죄의 성립에는 타인으로 하여금 형사처분이나 징계처분을 받게 할 목적으로 진실하다고 확신없는 허위사실을 신고함으로써 족하고, 그 <u>신고사실이 허위라는 점에 대하여 신고인의 확신이 있음을 필요로 하는 것은 아니다.</u>

156-45. 무고죄의 성립과 신고를 받은 공무원의 수사착수 여부와의 관계 [대법원 1983. 9. 27. 선고, 83도1975]

【판결요지】

무고죄는 타인으로 하여금 형사처분을 받게 할 목적으로 수사기관에 신고함으로써 성립하고 그 <u>신고를 받은 공무원이 수사에 착수하였는지의 여부는 그 범죄의 성립에 영향을 주지 않는다.</u>

> 1. 도지사가 무고죄에 있어서 신고의 상대방이 되는지 여부(적극) [대법원 1982. 11. 23. 선고, 81도2380]
> 【판결요지】
> 도지사는 그 산하에 수사기관인 경찰국을 두고 그 직원을 지휘 감독하고 또 관내경찰서장을 지휘 감독하는 지위에 있으므로 형사처분을 받게 할 목적으로 허위사실을 진정의 형식으로 <u>도지사에게 신고하면 그로써 무고죄는 성립한다고 봄이 상당하다.</u>

156-46. 계주의 계금 일부에 대한 상계주장을 알고 이에 승복하였다가 그뒤 계금일부미지급을 이유로 한 고소와 무고죄의 성부(적극) [대법원 1983. 5. 10. 선고, 83도818]

【판결요지】

계주가 상계를 주장하여 피고인이 탈 계금중 일부를 임의공제하고 잔금만을 지급하자 피고인이 상계에 불만을 표시하긴 하였으나 상계된 액수는 다른 계를 조직하여 보충시켜 주겠다는 계주의 약속을 받아들여 결국 이에 승복한 경우 그뒤 계주가 그 약속을 지키지 않았다고 해서 피고인이 계주가 계금중 일부를 미지급함으로써 배임행위를 하였다는 취지의 고소를 하였음은 무고죄에 해당한다.

156-47. 강간죄를 강간치상죄로 고소한 것이 상해에 대한 무고죄가 되는지 여부(소극) [대법원 1983. 1. 18. 선고, 82도2170]

【판결요지】

강간을 당하여 상해를 입었다는 고소내용은 하나의 강간행위에 대한 고소사실이고, 이를 분리하여 강간에 관한 고소사실과 상해에 관한 고소사실의 두 가지 고소내용이라고 볼 수는 없으므로, 피고인이 공소외(갑)으로 부터 강간을 당한 것이 사실인 이상 이를 고소함에 있어서 강간으로 입은 것이 아닌 상해사실을 포함시켰다 하더라도 이는 고소내용의 정황을 과장한 것에 지나지 아니하여 따로이 무고죄를 구성하지 아니한다.

---

1. 구타를 당한 자가 상해를 입었다고 고소한 경우(소극) [대법원 1973. 12. 26. 선고, 73도2771]

【판결요지】

구타를 당하여 상해를 입었다는 고소내용은 하나의 폭력행위에 대한 고소사실로서 이를 분리하여 폭행에 관한 고소사실과 상해에 관한 고소사실의 두 가지의 고소내용이라고는 할 수 없으므로, 피고인이 구타를 당한것이 사실인 이상 이를 고소함에 있어서 입지않은 상해사실을 포함시켰다 하더라도 이는 고소내용의 정황의 과장에 지나지 않으므로 위 상해부분만이 따로이 무고죄를 구성한다고는 할 수 없다.

156-48. 신고사실이 진실이나 그에 대한 형사책임을 부담할 자를 잘못 지적한 경우(소극) [대법원 1982. 4. 27. 선고, 81도2341]

【판결요지】

허위사실을 신고한 것이 아닌 이상 그 신고된 사실에 대한 형사책임을 부담할 자를 잘못 택하였다고 해도 무고죄는 성립하지 아니한다.

156-49. 피고인 자신이 타인의 범행에 공범으로 가담하였음에도 자신의 가담사실을 숨기고 타인만을 고소한 경우(소극) [서울고법 1981. 12. 2. 선고, 81노392, 확정]

【판결요지】

피고인의 고소내용이 피고소인의 행위에 관한한 진실에 부합하여 이를 허위의 사실로 볼 수 없고 피고소인의 각 범행에 피고인도 공범으로서 가담한 사실을 숨겼다 하여 피고소인의 범행부분에 관한 고소내용까지가 허위로 되는 것은 아니고 다만 그 정황을 과장하여 고소한 것에 불과한 것이므로 위 고소행위는 무고죄가 되지 아니한다.

156-50. 절도죄의 고소사실이 인정되지 아니하나 동 고소내용에 의하면 권리행사방해죄가 인정되는 경우(소극) [대법원 1981. 6. 23. 선고, 80도1049]

【판결요지】

피고소인이 피고인 소유의 원목을 절취하였다는 고소사실중 동 원목이 피고인 소유가 아니라 피고소인 소유이어서 절도죄를 구성하지 아니하여도 피고소인의 소위가 권리행사방해죄를 구성하는 때에는 피고인의 고소를 무고라고 할 수 없다.

156-51. 농업중앙회나 동회장이 본조 소정의 공무소나 공무원에 해당하는 지 여부(소극) [대법원 1980. 2. 12. 선고, 79도3109]

【판결요지】

농업협동조합중앙회나 농업협동조합중앙회장은 형법 제156조 무고죄에 있어서의 공무소나 공무원에 해당되지 아니한다.

156-52. 대통령에 대한 허위사실의 진정과 무고죄 성부(적극) [대법원 1977. 6. 28. 선고, 77도1445]

【판결요지】

형사처분을 받게 할 목적으로 허위사실을 진정의 형식으로 대통령에게 신고하면 무고죄가 성립된다.

156-53. 허위신고 내용이 피신고자의 권한의 행위인 경우의 무고죄의 성부(적극) [대법원 1977. 4. 26. 선고, 75도2885]

【판결요지】

시청의 시민과장이 부당하게 도시계획을 변경하였다는 내용의 허위진정은 비록 도시계획변경은 건설부장관의 권한에 속하며 시청의 시민과장이 임의로 좌우할 수 없다 하더라도 당해 시청에서 도시계획을 수립하는 이상 시청의 시민과장의 징계권자로 하여금 징계권발동을 유발하기에 족한 것으로 보여진다.

156-54. 무고죄에 있어서 신고될 공무소 또는 공무원의 범위 [대법원 1973. 1. 16. 선고, 72도1136]

【판결요지】

무고죄에 있어서 공무소 또는 공무원에 대한 신고는 반드시 징계처분 또는 형사처분을 심사 결행할 직권있는 본속상관에게 직접 할 것을 필요로 하는 것이 아니고 지휘 명령계통이나 수사관할 이첩을 통하여 그런 권한 있는 상관에게 도달함으로서 성립한다.

제157조[자백·자수]

> 제157조(자백·자수) 제153조는 전조에 준용한다.
> 제153조(자백, 자수) 전조의 죄를 범한 자가 그 공술한 사건의 재판 또는 징계처분이 확정되기 전에 자백 또는 자수한 때에는 그 형을 감경 또는 면제한다.

157-1. 무고죄의 경우 재판확정 전의 자백을 필요적 감경 또는 면제사유로 정한 형법 제157조, 제153조에서 자백의 범위 [대법원 2018. 8. 1. 선고, 2018도7293]

【판시사항】

무고죄의 경우 재판확정 전의 자백을 필요적 감경 또는 면제사유로 정한 형법 제157조, 제153조에서 자백의 범위 / 형법 제153조에서 정한 '재판이 확정되기 전'에 피고인의 고소사건 수사 결과 피고인의 무고 혐의가 밝혀져 피고인에 대한 공소가 제기되고 피고소인에 대해서는 불기소결정이 내려져 재판절차가 개시되지 않은 경우가 포함되는지 여부(적극)

【판결요지】

형법 제157조, 제153조는 무고죄를 범한 자가 그 신고한 사건의 재판 또는 징계처분이 확정되기 전에 자백 또는 자수한 때에는 그 형을 감경 또는 면제한다고 하여 이러한 재판확정 전의 자백을 필요적 감경 또는 면제사유로 정하고 있다. 위와 같은 자백의 절차에 관해서는 아무런 법령상의 제한이 없으므로 그가 신고한 사건을 다루는 기관에 대한 고백이나 그 사건을 다루는 재판부에 증인으로 다시 출석하여 전에 그가 한 신고가 허위의 사실이었음을 고백하는 것은 물론 무고 사건의 피고인 또는 피의자로서 법원이나 수사기관에서의 신문에 의한 고백 또한 자백의 개념에 포함된다. 형법 제153조에서 정한 '재판이 확정되기 전'에는 피고인의 고소사건 수사 결과 피고인의 무고 혐의가 밝혀져 피고인에 대한 공소가 제기되고 피고소인에 대해서는 불기소결정이 내려져 재판절차가 개시되지 않은 경우도 포함된다.

157-2. 무고죄에 있어서 자백의 의미 [대법원 1995. 9. 5. 선고, 94도755]

【판결요지】

무고죄에 있어서 형의 필요적 감면사유에 해당하는 자백이란 자신의 범죄사실, 즉 타인으로 하여금 형사처분 또는 징계처분을 받게 할 목적으로 공무소 또는 공무원에 대하여 허위의 사실을 신고하였음을 자인하는 것을 말하고, 단순히 그 신고한 내용이 객관적 사실에 반한다고 인정함에 지나지 아니하는 것은 이에 해당하지 아니한다.

제12장 신앙에 관한 죄

제158조[장례식등의 방해]

> 제158조(장례식등의 방해) 장례식, 제사, 예배 또는 설교를 방해한 자는 3년 이하의 징역 또는 500만원 이하의 벌금에 처한다. 〈개정 1995. 12. 29.〉

158-1. 장례식방해죄의 성립요건 [대법원 2013. 2. 14. 선고, 2010도13450]

【판시사항】

장례식방해죄의 성립요건 및 장례식의 절차와 평온을 저해할 위험이 초래된 방해행위가 있었다는 사실에 대한 증명책임 소재(=검사)

【이 유】

장례식방해죄는 장례식의 평온과 공중의 추모감정을 보호법익으로 하는 이른바 추상적 위험범으로서 범인의 행위로 인하여 장례식이 현실적으로 저지 내지 방해되었다고 하는 결과의 발생까지 요하지 않고 방해행위의 수단과 방법에도 아무런 제한이 없으며 일시적인 행위라 하더라도 무방하나, 적어도 객관적으로 보아 장례식의 평온한 수행에 지장을 줄 만한 행위를 함으로써 장례식의 절차와 평온을 저해할 위험이 초래될 수 있는 정도는 되어야 비로소 방해행위가 있다고 보아 장례식방해죄가 성립한다고 할 것이다.

158-2. 목사면직 판결을 받은 목사가 일부 신도들과 함께 소속 교단을 탈퇴한 후 종전 교회 예배당으로 들어와 찬송가를 부르며 예배 방해한 경우(소극) [대법원 2008. 2. 28. 선고, 2006도4773]

【판시사항】

소속 교단으로부터 목사면직의 판결을 받은 목사가 일부 신도들과 함께 소속 교단을 탈퇴한 후 아무런 통보나 예고도 없이, 부활절 예배를 준비 중이던 종전 교회 예배당으로 들어와 찬송가를 부르고 종전 교회의 교인들로부터 예배당을 비워달라는 요구를 받았으나 이를 계속 거부한 사안에서, 위 목사와 신도들의 행위는 종전 교회의 교인들의 예배를 방해하는 것으로서 형법 제158조 예배방해죄에서 보호하는 '예배'에 해당한다고 보기는 어렵다.

158-3. 예배방해죄의 성립요건 [대법원 2008. 2. 1. 선고, 2007도5296]

【판시사항】

[1] 형법 제158조 예배방해죄의 성립요건

[2] 교회의 교인이었던 사람이 교인들의 총유인 교회 현판, 나무십자가 등을 떼어 내고 예배당 건물에 들어가 출입문 자물쇠를 교체하여 7개월 동안 교인들의 출입을 막은 사안에서, 장기간 예배당 건물의 출입을 통제한 위 행위는 교인들의 예배 내지 그와 밀접불가분의 관계에 있는 준비 단계를 계속하여 방해한 것으로 볼 수 없어 예배방해죄가 성립하지 않는다.

【판결요지】

[1] 형법 제158조에 규정된 예배방해죄는 공중의 종교생활의 평온과 종교감정을 그 보호법익으로 하는 것이므로, 예배중이거나 예배와 시간적으로 밀접불가분의 관계에 있는 준비단계에서 이를 방해하는 경우에만 성립한다.

[2] 교회의 교인이었던 사람이 교인들의 총유인 교회 현판, 나무십자가 등을 떼어 내고 예배당 건물에 들어가 출입문 자물쇠를 교체하여 7개월 동안 교인들의 출입을 막은 사안에서, 장기간 예배당 건물의 출입을 통제한 위 행위는 교인들의 예배 내지 그와 밀접불가분의 관계에 있는 준비단계를 계속하여 방해한 것으로 볼 수 없어 예배방해죄가 성립하지 않는다.

---

1. 제전방해죄의 성립요건 [대법원 1982. 2. 23. 선고, 81도2691]

【판결요지】
형법 제158조에 규정된 제전방해죄는 제전의 평온을 그 보호법익으로 하는 것이므로 제전이 집행중이거나 제전의 집행과 시간적으로 밀접 불가분의 관계에 있는 준비단계에서 이를 방해하는 경우에만 성립한다 할 것이다.

158-4. 정식절차를 밟은 위임 목사가 아닌 자가 당회의 결의에 반하여 설교와 예배인도를 한 경우(적극)
[대법원 1971. 9. 28. 선고, 71도1465]

【판시사항】

정식절차를 밟은 위임 목사가 아닌 자가 당회의 결의에 반하여 설교와 예배인도를 한 경우 형법 제158조의 설교 또는 예배방해죄가 성립여부(적극)

【판결요지】

정식절차를 밟은 위임목사가 아닌 자가 당회의 결의에 반하여 설교와 예배인도를 한 경우라 할지라도 그가 그교파의 목사로서 그 교의를 신봉하는 신도 약 350여명 앞에서 그 교지에 따라 설교와 예배인도를 한 것이라면 다른 특별한 사정이 없는한 그 설교와 예배인도는 형법상 보호를 받을 가치가 있고 이러한 설교와 예배인도의 평온한 수행에 지장을 주는 행위를 하면 본조의 설교 또는 에배방해죄가 성립한다.

제160조(분묘의 발굴)

제160조(분묘의 발굴) 분묘를 발굴한 자는 5년 이하의 징역에 처한다.

160-1. 분묘를 수호, 봉사하며 관리하고 처분할 권한이 있는 구 민법상 호주상속인이 사체에 대한 종교적, 관습적 양속에 따른 존숭의 예를 갖추어 분묘를 발굴하는 경우 [대법원 2007. 12. 13. 선고, 2007도8131]

【판시사항】

[1] 분묘발굴행위의 위법성이 조각되기 위한 요건

[2] 분묘를 수호, 봉사하며 관리하고 처분할 권한이 있는 구 민법상 호주상속인이 사체에 대한 종교적, 관습적 양속에 따른 존숭의 예를 갖추어 분묘를 발굴하는 경우

【이 유】

[1] 분묘발굴죄는 그 분묘에 대하여 아무런 권한 없는 자나 또는 권한이 있는 자라도 사체에 대한 종교적 양속에 반하여 함부로 이를 발굴하는 경우만을 처벌대상으로 삼는 취지라고 보아야 할 것이므로, 법률상 그 분묘를 수호, 봉사하며 관리하고 처분할 권한이 있는 자 또는 그로부터 정당하게 승낙을 얻은 자가 사체에 대한 종교적, 관습적 양속에 따른 존숭의 예를 갖추어 이를 발굴하는 경우에는 그 행위의 위법성은 조각된다고 할 것이다.

[2] 한편 분묘에 대한 봉사, 수호 및 관리, 처분권은 종중이나 그 후손들 모두에게 속하여 있는 것이 아니라 오로지 그 분묘에 관한 호주상속인에게 전속한다(대법원 1995. 2. 10. 선고 94도1190 판결 등 참조).

160-2. 사실상 분묘를 관리 수호하던 피고인이 종중 결의에 따라 망인의 가를 계승한 양손자의 승낙하에 종교적 예를 갖추어 분묘를 발굴한 경우(소극) [대법원 1995. 2. 10. 선고, 94도1190]

【판결요지】

사실상 분묘를 관리, 수호하고 망인의 봉제사를 행하여 오던 피고인이 실질상 손이 끊겨 수호 관리하기 힘든 조상들의 묘를 화장 방식으로 바꾸기로 한 종중의 결의에 따라 망인의 사망 당시 호주의 사후양자로 그를 호주상속하여 망인의 가를 계승한 양손자의 승낙하에 종교적 예를 갖추어 그 분묘를 발굴하였다면, 비록 그 발굴 전에 망인의 출가한 양손녀들의 승낙을 얻지 아니하였다 하더라도 이를 위법한 행위라고 단정할 수 없다.

160-3. 분묘발굴죄의 객체인 분묘의 의미 [대법원 1990. 2. 13. 선고, 89도2061]

【판결요지】

분묘발굴죄의 객체인 분묘는 사람의 사체, 유골, 유발 등을 매장하여 제사나 예배 또는 기념의 대상으로 하는 장소를 말하는 것이고, 사체나 유골이 토괴화하였을 때에도 분묘인 것이며, 그 사자가 누구인지 불명하다고 할지라도 현재 제사 숭경하고 종교적 예의의 대상으로 되어 있고 이를 수호봉사하는 자가 있으면 여기에 해당한다고 할 것이다.

160-4. 생모의 묘를 설묘 관리하는 "갑"의 의사에 반하여 그 묘를 발굴한 "을"의 행위(적극) [대법원 1971. 10. 25. 선고, 71도1727]

【판시사항】

분묘발굴의 피해법익은 종교감정의 공서양속을 해치는데 있으므로 생모의 묘를 설묘 관리하는 "갑"의 의사에 반하여 그 묘를 발굴한 "을"의 행위에 대해 설령 그 묘가 자기의 생모("갑"과는 이부동복간)의 묘라도 죄가 성립한다.

제161조[시체 등의 유기 등]

제161조(시체 등의 유기 등) ① 시체, 유골, 유발 또는 관 속에 넣어 둔 물건을 손괴(損壞), 유기,
은닉 또는 영득(領得)한 자는 7년 이하의 징역에 처한다.
② 분묘를 발굴하여 제1항의 죄를 지은 자는 10년 이하의 징역에 처한다. [전문개정 2020. 12. 8.]

161-1. 사람을 살해한 자의 사체유기 행위가 불가벌적 사후행위인지 여부(소극) [대법원 1997. 7. 25.
　　　　선고, 97도1142]

【판결요지】

　사람을 살해한 자가 그 사체를 다른 장소로 옮겨 유기하였을 때에는 별도로 사체유기죄가 성립
하고, 이와 같은 사체유기를 불가벌적 사후행위로 볼 수는 없다.

1. 사람을 살해한 다음 그 범죄를 은폐하기 위해 시체를 유기한 경우의 죄수 [대법원 1984. 11. 27. 선고,
　 84도2263]

【판결요지】

사람을 살해한 다음 그 범죄의 흔적을 은폐하기 위하여 그 시체를 다른 장소로 옮겨 유기하였을 때에는
살인죄와 사체유기죄의 경합범이 성립하고 사체유기를 불가벌적 사후행위라 할 수 없다.

161-2. 인적이 드문 장소에서 피해자를 살해하고 사체를 방치한 채 도주한 경우(소극) [대법원 1986.
　　　　6. 24. 선고, 86도891]

【판결요지】

　형법 제161조의 사체은닉이라 함은 사체의 발견을 불가능 또는 심히 곤란하게 하는 것을 구성요
건으로 하고 있으나 살인, 강도살인등의 목적으로 사람을 살해한 자가 그 살해의 목적을 수행함
에 있어 사후 사체의 발견이 불가능 또는 심히 곤란하게 하려는 의사로 인적이 드문 장소로 피해
자를 유인하거나 실신한 피해자를 끌고가서 그곳에서 살해하고 사체를 그대로 둔채 도주한 경우
에는 비록 결과적으로 사체의 발견이 현저하게 곤란을 받게 되는 사정이 있다 하더라도 별도로
사체은닉죄가 성립되지 아니한다.

161-3. 자기의 지배할 수 있는 지역내에서 자살사태가 발생하였는데 이를 소할관서 또는 유가족에게
　　　　통보 연락하지 아니하고 사체를 매장한 경우 [대법원 1961. 1. 18. 4293형상859]

【판결요지】

　사체를 지하에 매몰하였다 하더라도 사리와 상례에 벗어난 것이면 사체유기죄가 성립한다.

161-4. 유골의 분리와 유골손괴 [대법원 1957. 7. 5. 선고, 4290형상148]

【판결요지】

　형법 제161조에서 사체유골 등의 손괴라함은 사자에 대한 숭경의 감정을 해하는 위법한 물질적

손괴를 말하는 것으로서 사체는 비록 그 근육이 부패하여 자연적으로 분골이된 경우라 할지라도 그 생전의 위치와 순서를 그대로 보존할 것이오 가령 이장하는 경우라 할지라도 그 자연적태세를 변경혼란함이 없이 계골함이 아국고래의 관례이므로 계골함이 없이 그 전체유골에서 일부를 분리함은 손괴를 면치 못한다 함이 타당하다.

제163조[변사체 검시 방해]

제163조(변사체 검시 방해) 변사자의 시체 또는 변사(變死)로 의심되는 시체를 은닉하거나 변경하거나 그 밖의 방법으로 검시(檢視)를 방해한 자는 700만원 이하의 벌금에 처한다. [전문개정 2020. 12. 8.]

163-1. 범죄로 인하여 사망한 것이 명백한 자의 사체가 변사체검시방해죄의 객체가 될 수 있는지 여부(소극) [대법원 2003. 6. 27. 선고, 2003도1331]

【판결요지】

형법 제163조의 변사자라 함은 부자연한 사망으로서 그 사인이 분명하지 않은 자를 의미하고 그 사인이 명백한 경우는 변사자라 할 수 없으므로, 범죄로 인하여 사망한 것이 명백한 자의 사체는 같은 법조 소정의 변사체검시방해죄의 객체가 될 수 없다.

163-2. 사인이 명백한 경우 변사자 여부(소극) [대법원 1970. 2. 24. 선고, 69도2272]

【판시사항】

형법 제163조의 변사자는 부자연한 사망으로서 그 사인이 분명하지 않은 자를 의미하고 그 사인이 명백한 것은 변사자라 할 수 없다.

제13장 방화와 실화의 죄

제164조[현주건조물 등 방화]

> 제164조(현주건조물 등 방화) ① 불을 놓아 사람이 주거로 사용하거나 사람이 현존하는 건조물, 기차, 전차, 자동차, 선박, 항공기 또는 지하채굴시설을 불태운 자는 무기 또는 3년 이상의 징역에 처한다.
> ② 제1항의 죄를 지어 사람을 상해에 이르게 한 경우에는 무기 또는 5년 이상의 징역에 처한다. 사망에 이르게 한 경우에는 사형, 무기 또는 7년 이상의 징역에 처한다. [전문개정 2020. 12. 8.]

164-1. 모텔 방에 투숙하여 담배를 피운 후 재떨이에 버린 담뱃불이 완전히 꺼졌는지 여부를 확인하지 않은 채 불이 붙기 쉬운 휴지를 재떨이에 버려 화재가 발생한 경우 [대법원 2010. 1. 14. 선고, 2009도12109,2009감도38]

【판시사항】

모텔 방에 투숙하여 담배를 피운 후 재떨이에 담배를 끄게 되었으나 담뱃불이 완전히 꺼졌는지 여부를 확인하지 않은 채 불이 붙기 쉬운 휴지를 재떨이에 버리고 잠을 잔 과실로 담뱃불이 휴지와 침대시트에 옮겨 붙게 함으로써 화재가 발생한 사안

【이 유】

이 사건 화재는 피고인이 모텔 방에 투숙하여 담배를 피운 후 재떨이에 담배를 끄게 되었으나 담뱃불이 완전히 꺼졌는지 여부를 확인하지 않은 채 불이 붙기 쉬운 휴지를 재떨이에 버리고 잠을 잔 과실로 담뱃불이 휴지와 옆에 있던 침대시트에 옮겨 붙게 함으로써 발생하였고, 이러한 피고인의 과실은 중대한 과실에 해당한다고 전제한 다음, 이와 같이 이 사건 화재가 피고인의 중과실로 발생하였다 하더라도, 이 부분 공소사실과 같이 부작위에 의한 현주건조물방화치사 및 현주건조물방화치상죄가 성립하기 위하여는, 피고인에게 법률상의 소화의무가 인정되는 외에 소화의 가능성 및 용이성이 있었음에도 피고인이 그 소화의무에 위배하여 이미 발생한 화력을 방치함으로써 소훼의 결과를 발생시켜야 하는 것인데, 이 사건 화재가 피고인의 중대한 과실 있는 선행행위로 발생한 이상 피고인에게 이 사건 화재를 소화할 법률상 의무는 있다 할 것이나, 피고인이 이 사건 화재 발생 사실을 안 상태에서 모텔을 빠져나오면서도 모텔 주인이나 다른 투숙객들에게 이를 알리지 아니하였다는 사정만으로는 피고인이 이 사건 화재를 용이하게 소화할 수 있었다고 보기 어렵다.

164-2. 현주건조물방화죄의 기수시기 [대법원 2007. 3. 16. 선고, 2006도9164]

【판시사항】

[1] 현주건조물방화죄의 기수시기

[2] 피해자의 사체 위에 옷가지 등을 올려놓고 불을 붙인 천조각을 던져서 그 불길이 방안을 태우면서 천정에까지 옮겨 붙었다면 도중에 진화되었다고 하더라도 일단 천정에 옮겨 붙은 때에 이미 현주건조물방화죄의 기수에 이른 것이라.

【이 유】

현주건조물방화죄는 화력이 매개물을 떠나 목적물인 건조물 스스로 연소할 수 있는 상태에 이름으로써 기수가 된다.

164-3. 매개물을 통한 현존건조물방화죄의 실행의 착수시기 및 그 판단 방법 [대법원 2002. 3. 26. 선고, 2001도6641]

【판시사항】

[1] 매개물을 통한 현존건조물방화죄의 실행의 착수시기 및 그 판단 방법

[2] 피고인이 방화의 의사로 뿌린 휘발유가 인화성이 강한 상태로 주택주변과 피해자의 몸에 적지 않게 살포되어 있는 사정을 알면서도 라이터를 켜 불꽃을 일으킴으로써 피해자의 몸에 불이 붙은 경우

【판결요지】

[1] 매개물을 통한 점화에 의하여 건조물을 소훼함을 내용으로 하는 형태의 방화죄의 경우에, 범인이 그 매개물에 불을 커서 붙였거나 또는 범인의 행위로 인하여 매개물에 불이 붙게 됨으로써 연소작용이 계속될 수 있는 상태에 이르렀다면, 그것이 곧바로 진화되는 등의 사정으로 인하여 목적물인 건조물 자체에는 불이 옮겨붙지 못하였다고 하더라도, **방화죄의 실행의 착수**가 있었다고 보아야 할 것이고, 구체적인 사건에 있어서 이러한 실행의 착수가 있었는지 여부는 범행 당시 피고인의 의사 내지 인식, 범행의 방법과 태양, 범행 현장 및 주변의 상황, 매개물의 종류와 성질 등의 제반 사정을 종합적으로 고려하여 판단하여야 한다.

[2] 피고인이 방화의 의사로 뿌린 휘발유가 인화성이 강한 상태로 주택주변과 피해자의 몸에 적지 않게 살포되어 있는 사정을 알면서도 라이터를 켜 불꽃을 일으킴으로써 피해자의 몸에 불이 붙은 경우, 비록 외부적 사정에 의하여 불이 방화 목적물인 주택 자체에 옮겨 붙지는 아니하였다 하더라도 현존건조물방화죄의 실행의 착수가 있었다고 봄이 상당하다.

164-4. 재물 강취 후 피해자를 살해할 목적으로 현주건조물에 방화하여 사망에 이르게 한 경우, 강도살인죄와 현주건조물방화치사죄의 관계(=상상적경합) [대법원 1998. 12. 8. 선고 98도3416]

【판결요지】

피고인들이 피해자들의 재물을 강취한 후 그들을 살해할 목적으로 현주건조물에 방화하여 사망에 이르게 한 경우, 피고인들의 행위는 강도살인죄와 현주건조물방화치사죄에 모두 해당하고 그 두죄는 상상적경합범관계에 있다.

164-5. 성냥으로 이불에 불을 놓아 침대 매트리스와 이불을 소훼하였으나 건물 자체에 불이 붙지 아니한 경우 [서울고법 1998. 1. 20. 선고, 97노2544. 확정]

【판결요지】

성냥으로 이불에 불을 놓아 침대 매트리스와 이불을 소훼하였으나 건물 자체에 불이 붙지 아니

한 경우, 화력이 건물에 독립하여 스스로 연소할 수 있는 상태에 이르지 않았다는 이유로 방화행위가 미수에 그쳤다고 인정한 사례

164-6. 방화 후 불길이 치솟는 것을 보고 겁이 나서 불을 끈 경우를 중지미수 여부(소극) [대법원 1997. 6. 13. 선고, 97도957]

【판결요지】

피고인이 장롱 안에 있는 옷가지에 불을 놓아 건물을 소훼하려 하였으나 불길이 치솟는 것을 보고 겁이 나서 물을 부어 불을 끈 것이라면, 위와 같은 경우 치솟는 불길에 놀라거나 자신의 신체안전에 대한 위해 또는 범행 발각시의 처벌 등에 두려움을 느끼는 것은 일반 사회통념상 범죄를 완수함에 장애가 되는 사정에 해당한다고 보아야 할 것이므로, 이를 자의에 의한 중지미수라고는 볼 수 없다.

164-7. 현주건조물방화치사상죄와 살인죄 및 존속살인죄의 죄수관계 [대법원 1996. 4. 26. 선고, 96도485]

【판결요지】

형법 제164조 후단이 규정하는 현주건조물방화치사상죄는 그 전단이 규정하는 죄에 대한 일종의 가중처벌 규정으로서 과실이 있는 경우뿐만 아니라, 고의가 있는 경우에도 포함된다고 볼 것이므로 사람을 살해할 목적으로 현주건조물에 방화하여 사망에 이르게 한 경우에는 현주건조물방화치사죄로 의율하여야 하고 이와 더불어 살인죄와의 상상적경합범으로 의율할 것은 아니며, 다만 존속살인죄와 현주건조물방화치사죄는 상상적경합범 관계에 있으므로, 법정형이 중한 존속살인죄로 의율함이 타당하다.

---

1. 살인이나 상해의 고의로 현주건조물을 소훼하여 사람을 사상에 이르게 한 경우, 형법 제164조 후단 소정의 현주건조물 방화치사상죄의 성립여부 [대법원 1983. 1. 18. 선고, 82도2341]

【판시사항】

[1] 살인이나 상해의 고의로 현주건조물을 소훼하여 사람을 사상에 이르게 한 경우, 형법 제164조 후단 소정의 현주건조물 방화치사상죄의 성립여부

[2] 현주건조물에 방화하여 동 건조물에서 탈출하려는 사람을 막아 소사케 한 경우, 현주건물방화죄와 살인죄와의 관계

【판결요지】

[1] 형법 제164조 후단이 규정하는 현주건조물 방화치사상죄는 그 전단에 규정하는 죄에 대한 일종의 가중처벌규정으로서 불을 놓아 사람의 주거에 사용하거나 사람이 현존하는 건조물을 소훼함으로 인하여 사람을 사상에 이르게 한 때에 성립되며 동 조항이 사형, 무기 또는 7년 이상의 징역의 무거운 법정형을 정하고 있는 취의에 비추어 보면 과실이 있는 경우 뿐만 아니라 고의가 있는 경우도 포함된다고 볼 것이므로, 현주건조물내에 있는 사람을 강타하여 실신케 한 후 동건조물에 방화하여 소사케 한 피고인을 현주건조물에의 방화죄와 살인죄의 상상적 경합으로 의율할 것은 아니다.

[2] 형법 제164조 전단의 현주건조물에의 방화죄는 공중의 생명, 신체, 재산 등에 대한 위험을 예방하기 위하여 공공의 안전을 그 제1차적인 보호법익으로 하고 제2차적으로는 개인의 재산권을 보호하는 것이라고 할 것이나, 여기서 공공에 대한 위험은 구체적으로 그 결과가 발생됨을 요하지 아니하는 것이고 이미 현주건조물에의 점화가 독립연소의 정도에 이르면 동 죄는 기수에 이르러 완료되는 것인 한편, 살인죄는 일신전속적인 개인적 법익을 보호하는 범죄이므로, 이 사건에서와 같이 불을 놓은 집에서 빠져 나오려는 피해자들을 막아 소사케 한 행위는 1개의 행위가 수개의 죄명에 해당하는 경우라고 볼 수 없고, 위 방화행위와 살인행위는 법률상 별개의 범의에 의하여 별개의 법익을 해하는 별개의 행위라고 할 것이니, <u>현주건조물방화죄와 살인죄는 실체적 경합관계에 있다.</u>

164-8. 방화행위를 하던 집단 중 1인이 피해자에게 화염병을 던져 화상을 입힌 경우, 공모에 참여한 집단원 모두가 현존건조물방화치상의 죄책여부(적극) [대법원 1996. 4. 12. 선고, 96도215]

【판결요지】

피고인을 비롯한 30여 명의 공범들이 화염병 등 소지 공격조와 쇠파이프 소지 방어조로 나누어 이 사건 건물을 집단방화하기로 공모하고 이에 따라 공격조가 위 건물로 침입하여 화염병 수십 개를 1층 민원실 내부로 던져 불을 붙여 위 건물 내부를 소훼케 하는 도중에 공격조의 일인이 위 건조물 내의 피해자를 향하여 불이 붙은 화염병을 던진 사실을 알 수 있는바, 이와 같이 공격조 일인이 방화대상 건물 내에 있는 피해자를 향하여 불붙은 화염병을 던진 행위는, 비록 그것이 피해자의 진화행위를 저지하기 위한 것이었다고 하더라도, 공격조에게 부여된 임무 수행을 위하여 이루어진 일련의 방화행위 중의 일부라고 보아야 할 것이고, 따라서 피해자의 화상은 이 사건 방화행위로 인하여 입은 것이라 할 것이므로 피고인을 비롯하여 당초 공모에 참여한 집단원 모두는 위 상해 결과에 대하여 현존건조물방화치상의 죄책을 면할 수 없다. 가사 피해자의 상해가 이 사건 방화 및 건물소훼로 인하여 입은 것이라고 보기 어렵다고 하더라도 형법(1995. 12. 29. 법률 제5057호로 개정되기 전의 것) 제164조 후단이 규정하는 현존건조물방화치상죄와 같은 이른바 부진정결과적가중범은 예견가능한 결과를 예견하지 못한 경우뿐만 아니라 그 결과를 예견하거나 고의가 있는 경우까지도 포함하는 것이므로 이 사건에서와 같이 <u>사람이 현존하는 건조물을 방화하는 집단행위의 과정에서 일부 집단원이 고의행위로 살상을 가한 경우에도 다른 집단원에게 그 사상의 결과가 예견 가능한 것이었다면 다른 집단원도 그 결과에 대하여 현존건조물방화치사상의 책임을 면할 수 없는 것인바, 피고인을 비롯한 집단원들이 당초 공모시 쇠파이프를 소지한 방어조를 운용하기로 한 점에 비추어 보면 피고인으로서는 이 사건 건물을 방화하는 집단행위의 과정에서 상해의 결과가 발생하는 것도 예견할 수 있었다고 보이므로,</u> 이 점에서도 피고인을 현존건조물방화치상죄로 의율할 수 있다.

1. 공무집행을 방해하는 집단행위 과정에서 일부 집단원이 고의로 방화행위를 하여 사상의 결과를 초래한 경우 방화행위 자체에 공모가담한 바 없는 공범이 특수공무방해치사상죄 외에 방화치사상의 죄책을 지는지 여부(소극) [대법원 1990. 6. 26. 선고, 90도765]
【판결요지】

부진정결과적가중범인 특수공무방해치사상죄에 있어서 공무집행을 방해하는 집단행위의 과정에서 일부 집단원이 고의로 방화행위를 하여 사상의 결과를 초래한 경우에 다른 집단원이 그 방화행위로 인한 사상의 결과를 예견할 수 있는 상황이었다면 특수공무방해치사상의 죄책을 면할 수 없으나 그 방화행위 자체에 공모가담한 바 없는 이상 방화치사상죄로 의율할 수는 없다.

164-9. 사람의 주거에 사용하는 건조물에 방화하여 사람을 소사하게 한 경우의 죄책 [대구고법 1987. 1. 22. 선고, 86노1373, 확정]

【판결요지】

형법 제164조 후단이 규정하는 현주건조물방화치사상죄는 그 전단이 규정하는 죄에 대한 일종의 가중처벌규정으로서 불을 놓아 사람의 주거에 사용하거나 사람이 현존하는 건조물을 소훼함으로 인하여 사람을 사망에 이르게 한 때에 성립되며, 그 법정형의 규정취지에 비추어 보면 사상의 점에 관하여 과실이 있는 경우 뿐만 아니라 고의가 있는 경우에도 포함된다고 볼 것이므로 사람의 주거에 사용하는 여관방에 불을 놓고 이로써 사람을 소사케 한 때에는 현주건조물방화미수죄와 살인죄의 상상적경합범으로 처벌할 것이 아니라 현주건조물방화치사의 일죄로 처벌함이 옳다.

164-10. 홧김에 서적 등을 마당에 내어 놓고 불태운 행위와 방화죄의 고의유무(소극) [대법원 1984. 7. 24. 선고, 84도1245]

【판결요지】

피고인이 동거하던 공소외인과 가정불화가 악화되어 헤어지기로 작정하고 홧김에 죽은 동생의 유품으로 보관하던 서적 등을 뒷마당에 내어 놓고 불태워 버리려 했던 점이 인정될 뿐 피고인이 위 공소외인 소유의 가옥을 불태워 버리겠다고 결의하여 불을 놓았다고 볼 수 없다면 피고인의 위 소위를 가리켜 방화의 범의가 있었다고 할 수 없다.

164-11. 호텔사장과 영선과장의 화재에 대한 업무상 주의의무 [대법원 1984. 2. 28. 선고, 83도3007]

【판시사항】

[1] 호텔 사장과 영선과장의 화재에 대한 업무상 주의의무

[2] 화재경보 스위치를 봉하고 비상문을 고정시키는등 행위와 화재로 인한 숙박객의 사상에 대한 예견가능성 유무

【판결요지】

[1] 호텔의 사장 또는 영선과장인 피고인들에게는 화재가 발생하면 불이 확대되지 않도록 계단과 복도등을 차단하는 갑종방화문은 항상 자동개폐되도록 하며, 숙박업들이 신속하게 탈출대피할 수 있도록 각층의 을종방화문(비상문)은 언제라도 내부에서 외부로의 탈출방향으로 밀기만 하면 그대로 열려지도록 설비관리하고, 화재시에는 즉시 전층 각객실에 이를 알리는 감지기, 수신기, 주경종, 지구경종을 완벽하게 정상적으로 작동하도록 시설관리하여야 할 업무상의 주의의무가 있다 할 것이다.

[2] 호텔의 사장 또는 영선과장인 피고인들이 오보가 잦다는 이유로 자동화재조기탐지 및 경보

시설인 수신기의 지구경종스위치를 내려 끈 채 봉하고, 영업상 미관을 해친다는 이유로 각층에 설치된 갑종방화문을 열어두게 하고 옥외피난계단으로 통하는 을종방화문은 도난방지등의 이유로 고리를 끼워 피난구로서의 역할을 다하지 못하게 하였다면, 이와 같은 피고인들의 주의의무 해태는 결과적으로 건물의 화재발생시에 있어서 숙박객 등에게 신속하게 화재를 알릴 수 없게 되고 발화지점에서의 상하층에의 연소방지를 미흡하게 하고 또 숙박객 등을 비상구를 통해 신속하게 옥외로 대피시키지 못하게 하는 것임은 경험상 명백하다 할 것이므로, 이 사건 화재로 인한 숙박객 등의 사상이라는 결과는 충분히 예견가능한 것이라고 할 것이다.

164-12. 비닐하우스가 건조물인지 여부(적극) [서울고법 1982. 12. 22. 선고, 82노2843, 확정]

【판결요지】

피고인이 방화한 이 사건 비닐하우스는 비닐을 사용하여 축조한 7평 가량 넓이의 반원형 모양의 가건물로서 거실과 부엌에는 창장과 취사도구를 장치하여 피고인의 부모와 동생이 주거로 사용하여 왔는바 이는 형법 제164조 소정의 사람의 주거에 사용하는 건조물에 속한다고 해석함이 상당하고 비록 위 비닐하우스가 비닐을 사용하여 간단하게 축조된 가건물이라고 하여도 위 인정을 달리할 사유가 되지 못한다.

164-13. 부부싸움중에 격분하여 벽에 걸려있던 켜진 석유등을 들고 처에게 던져 불이 난 경우(소극) [서울고법 1974. 9. 26. 74노640, 확정]

【판결요지】

부부싸움중에 격분하여 벽에 걸려있던 켜진 석유등을 들고 처에게 집어던져서 석유등이 동녀의 몸에 맞고 방바닥에 떨어지면서 깨져 기름이 번짐과 동시에 불이나서 이불에 인화된 것이라면 별단의 사유가 없는 한 불을 지르기 위한 의도에서 행한 것으로는 보기 어렵다.

164-14. 부작위에 의한 방화범의 성립요건 [서울고법 1971. 4. 29. 71노103, 확정]

【판결요지】

방화죄로 해당하지 않는 자기의 행위로 인하여 불을 일으킨 자는 그 불이 형법 164조에 의하여 기재된 물건에 연소될 우려가 있는 경우에는 그 불을 끌 수 있는 한 꺼야할 의무가 있음은 물론, 이와 같은 지위에 있는 자가 이미 일어난 화력을 이용하여 그러한 물건을 소훼할 의도에서 또는 그 화력을 이용하려고 하는 정도의 적극적인 의도는 없더라도 그와 같은 결과의 발생을 인식하면서 이를 인용하는 의사로서 그 불을 끄는데 필요한 조치를 취하지 않은채 이를 방지할 때는 부작위에 의한 방화죄가 성립한다.

164-15. 방화죄의 기수시기 [대법원 1970. 3. 24. 선고, 70도330]

【판결요지】

방화죄는 화력이 매개물을 떠나 스스로 연소할 수 있는 상태에 이르렀을 때에 기수가 된다.

제166조[일반건조물 등에의 방화]

> 제166조(일반건조물 등에의 방화) ① 불을 놓아 전 2조에 기재한 이외의 건조물, 기차, 전차, 자동차, 선박, 항공기 또는 광갱을 소훼한 자는 2년 이상의 유기징역에 처한다.
> ② 자기 소유에 속하는 제1항의 물건을 소훼하여 공공의 위험을 발생하게 한 자는 7년 이하의 징역 또는 1천만원 이하의 벌금에 처한다. 〈개정 1995.12.29〉

166-1. 방화죄의 객체인 '건조물'의 개념 [대법원 2013. 12. 12. 선고, 2013도3950]

【판결요지】

형법상 방화죄의 객체인 건조물은 토지에 정착되고 벽 또는 기둥과 지붕 또는 천장으로 구성되어 사람이 내부에 기거하거나 출입할 수 있는 공작물을 말하고, 반드시 사람의 주거용이어야 하는 것은 아니라도 사람이 사실상 기거·취침에 사용할 수 있는 정도는 되어야 한다.

원심은, 이 사건 폐가는 지붕과 문짝, 창문이 없고 담장과 일부 벽체가 붕괴된 철거 대상건물로서 사실상 기거·취침에 사용할 수 없는 상태의 것이므로 형법 제166조의 건조물이 아닌 형법 제167조의 물건에 해당하고, 피고인이 이 사건 폐가의 내부와 외부에 쓰레기를 모아놓고 태워 그 불길이 이 사건 폐가 주변 수목 4~5그루를 태우고 폐가의 벽을 일부 그을리게 하는 정도만으로는 방화죄의 기수에 이르렀다고 보기 어려우며, 일반물건방화죄에 관하여는 미수범의 처벌 규정이 없다는 이유로 제1심의 유죄판결을 파기하고 피고인에게 무죄를 선고하였다.

위 법리에 비추어 기록을 살펴보면, 원심의 위와 같은 사실인정과 판단은 정당하고, 거기에 방화죄에 있어 건조물에 관한 개념을 오해하거나 논리와 경험의 법칙에 반하여 자유심증주의의 한계를 벗어난 잘못이 없다.

제167조 [일반물건에의 방화]

> 제167조 (일반물건에의 방화) ① 불을 놓아 전3조에 기재한 이외의 물건을 소훼하여 공공의 위험을 발생하게 한 자는 1년 이상 10년 이하의 징역에 처한다.
> ② 제1항의 물건이 자기의 소유에 속한 때에는 3년 이하의 징역 또는 700만원 이하의 벌금에 처한다.〈개정 1995.12.29〉

167-1. 불을 놓아 '무주물'을 소훼하여 공공의 위험을 발생하게 한 경우 (적극)[대법원 2009. 10. 15. 선고, 2009도7421]

【판시사항】

[1] 불을 놓아 '무주물'을 소훼하여 공공의 위험을 발생하게 한 경우, 형법 제167조 제2항을 적용하여 처벌할 수 있는지 여부(적극)

[2] 노상에서 전봇대 주변에 놓인 재활용품과 쓰레기 등에 불을 놓아 공공의 위험을 발생하게 한 경우, 일반물건방화죄가 성립한다고 한 사례

【판결요지】

[1] 형법 제167조 제2항은 방화의 객체인 물건이 자기의 소유에 속한 때에는 같은 조 제1항보다 감경하여 처벌하는 것으로 규정하고 있는바, 방화죄는 공공의 안전을 제1차적인 보호법익으로 하지만 제2차적으로는 개인의 재산권을 보호하는 것이라고 볼 수 있는 점, 현재 소유자가 없는 물건인 무주물에 방화하는 경우에 타인의 재산권을 침해하지 않는 점은 자기의 소유에 속한 물건을 방화하는 경우와 마찬가지인 점, 무주의 동산을 소유의 의사로 점유하는 경우에 소유권을 취득하는 것에 비추어(민법 제252조) 무주물에 방화하는 행위는 그 무주물을 소유의 의사로 점유하는 것이라고 볼 여지가 있는 점 등을 종합하여 보면, 불을 놓아 무주물을 소훼하여 공공의 위험을 발생하게 한 경우에는 '무주물'을 '자기 소유의 물건'에 준하는 것으로 보아 형법 제167조 제2항을 적용하여 처벌하여야 한다.

[2] 노상에서 전봇대 주변에 놓인 재활용품과 쓰레기 등에 불을 놓아 소훼한 사안에서, 그 재활용품과 쓰레기 등은 '무주물'로서 형법 제167조 제2항에 정한 '자기 소유의 물건'에 준하는 것으로 보아야 하므로, 여기에 불을 붙인 후 불상의 가연물을 집어넣어 그 화염을 키움으로써 전선을 비롯한 주변의 가연물에 손상을 입히거나 바람에 의하여 다른 곳으로 불이 옮아붙을 수 있는 공공의 위험을 발생하게 하였다면, 일반물건방화죄가 성립한다.

167-2. 인화력이 강한 파일원단 더미에 담배불을 던진 경우 방화죄의 고의 유무 [서울고법 1983. 5. 16., 선고, 83노456, 확정]

【판결요지】

피고인이 종사하던 파일수지공업사를 떠나 다른 직장으로 옮겨가려던 의도가 위 공업사 직원의 방해로 좌절됨에 불만을 품고 피우던 담배를 파일원단 더미에 집어던져 화재를 발생케 한 경우, 불에

잘 타고 화력이 강한 파일원단에 담배불이 떨어지면 쉽사리 착화되어 화재가 발생하고 공공의 위험이 따를 것이라는 점은 경험상 쉽게 예견할 수 있으므로 피고인에게 화재의 결과에 대한 고의와 공공의 위험에 대한 인식이 확정적으로는 없었다 하더라도 미필적 인식은 있었다고 볼 수 있다.

167-3. 방화죄에 있어서 공공의 위험 [대구고법 1979. 1. 24., 선고, 78노941, 확정]

【판결요지】

형법 제167조 제1항의 공공의 위험이란 일반물건을 소훼하고 이로 인하여 불특정 다수인의 생명, 신체, 재산에 위해를 가할 우려 있다고 볼 수 있는 상태를 말하는 바 이사건 현장은 김해평야에 속하는 곳으로 주위에 아무런 농작물이 없는 논으로서 서쪽에 약 50미터폭의 논 1필지를 건너 다른 사람의 비닐하우스 2채가 있을 뿐 가장 가까운 인가는 300여미터나 떨어져 있음을 인정할 수 있어 피고인의 이사건 범행으로 사람의 생명이나 신체 또는 재산에 구체적으로 위험을 줄 수 있는 상태가 아니며 또 연소되어 나갈만한 자료가 전혀 없으므로 공공의 위험이 발생하였다고는 할 수 없다.

167-4. 자기의 옷에 불을 놓아 타인의 양말등에 연소한 경우의 법령적 용례 [서울고법 1969. 4. 14., 67노237, 확정]

【판결요지】

자기의 옷에 불을 놓아 소훼하고 타인의 양말에도 점화되게 하였다는 사실을 인정한 이상 형법 제167조 제2항 제1항을 적용하였음은 법률적용이 그릇된 것이고 이 경우에는 동법 제168조 제2항, 제167조 제2항을 적용함이 옳다.

제168조[연소]

제168조(연소) ① 제166조제2항 또는 전조제2항의 죄를 범하여 제164조, 제165조 또는 제166조 제1항에 기재한 물건에 연소한 때에는 1년 이상 10년 이하의 징역에 처한다.
② 전조제2항의 죄를 범하여 전조제1항에 기재한 물건에 연소한 때에는 5년 이하의 징역에 처한다.

168-1. 자기의 옷에 불을 놓아 타인의 양말등에 연소한 경우 [서울고법 1969. 4. 14. 67노237, 확정]

【판결요지】

자기의 옷에 불을 놓아 소훼하고 타인의 양말에도 점화되게 하였다는 사실을 인정한 이상 형법 제167조 제2항 제1항을 적용하였음은 법률적용이 그릇된 것이고 이 경우에는 동법 제168조 제2항, 제167조 제2항을 적용함이 옳다.

제170조[실화]

제170조(실화) ① 과실로 제164조 또는 제165조에 기재한 물건 또는 타인 소유인 제166조에 기재한 물건을 불태운 자는 1천500만원 이하의 벌금에 처한다.
② 과실로 자기 소유인 제166조의 물건 또는 제167조에 기재한 물건을 불태워 공공의 위험을 발생하게 한 자도 제1항의 형에 처한다. [전문개정 2020. 12. 8.]

170-1. 형법 제170조 제2항 소정의 '자기의 소유에 속하는 제166조 또는 제167조에 기재한 물건'의 해석 [대법원 1994. 12. 20. 자, 94모32, 전원합의체 결정]

【판결요지】

[다수의견] 형법 제170조 제2항에서 말하는 **'자기의 소유에 속하는 제166조 또는 제167조에 기재한 물건'**이라 함은 '자기의 소유에 속하는 제166조에 기재한 물건 또는 자기의 소유에 속하든, 타인의 소유에 속하든 불문하고 제167조에 기재한 물건'을 의미하는 것이라고 해석하여야 하며, 제170조 제1항과 제2항의 관계로 보아서도 제166조에 기재한 물건(일반건조물 등) 중 타인의 소유에 속하는 것에 관하여는 제1항에서 규정하고 있기 때문에 제2항에서는 그중 자기의 소유에 속하는 것에 관하여 규정하고, 제167조에 기재한 물건에 관하여는 소유의 귀속을 불문하고 그 대상으로 삼아 규정하고 있는 것이라고 봄이 관련조문을 전체적, 종합적으로 해석하는 방법일 것이고, 이렇게 해석한다고 하더라도 그것이 법규정의 가능한 의미를 벗어나 법형성이나 법창조행위에 이른 것이라고는 할 수 없어 죄형법정주의의 원칙상 금지되는 유추해석이나 확장해석에 해당한다고 볼 수는 없을 것이다.

170-2. 함께 술을 마신 후 만취된 피해자를 촛불이 켜져 있는 방안에 혼자 눕혀 놓고 촛불을 끄지 않고 나오는 바람에 화재가 발생하여 피해자가 사망한 경우(적극) [대법원 1994. 8. 26. 선고,

94도1291]

【판시사항】

원심이 유지한 제1심판결이 내세운 증거를 기록에 비추어 검토하면 피고인들이 자신들과 함께 술을 마시고 만취되어 의식이 없는 피해자를 부축하여 학교선배인 장은석의 자취집에 함께 가서 촛불을 가져 오라고 하여 장은석이 가져온 촛불이 켜져 있는 방안에 이불을 덮고 자고 있는 피해자를 혼자 두고 나옴에 있어 그 촛불이 피해자의 발로부터 불과 약 70 내지 80㎝ 밖에 떨어져 있지 않은 곳에 마분지로 된 양초갑 위에 놓여져 있음을 잘 알고 있었던 피고인들로서는 당시 촛불을 켜놓아야 할 별다른 사정이 엿보이지 아니하고 더욱이 피고인들 외에는 달리 피해자를 돌보아 줄 사람도 없었던 터이므로 술에 취한 피해자가 정신없이 몸부림을 치다가 발이나 이불자락으로 촛불을 건드리는 경우 그것이 넘어져 불이 이불이나 비닐장판 또는 벽지 등에 옮겨붙어 화재가 발생할 가능성이 있고, 또한 화재가 발생하는 경우 화재에 대처할 능력이 없는 피해자가 사망할 가능성이 있음을 예견할 수 있으므로 이러한 경우 피해자를 혼자 방에 두고 나오는 피고인들로서는 촛불을 끄거나 양초가 쉽게 넘어지지 않도록 적절하고 안전한 조치를 취하여야 할 주의 의무가 있다 할 것인바, 비록 피고인들이 직접 촛불을 켜지 않았다 할지라도 위와 같은 주의 의무를 다하지 않은 이상 피고인들로서는 이 사건 화재발생과 그로 인한 피해자의 사망에 대하여 과실책임을 면할 수는 없다 할 것이다.

170-3. 노후되고 전기사용량이 많은 건물 소유자가 전기차단기를 내리지않고 집을 비운사이에 전기의 합선으로 화재가 발생한 경우(소극) [서울형사지법 1991. 7. 2. 선고, 91노331, 확정]

【판결요지】

형법 제170조 제1항의 실화죄가 성립하기 위하여는 일반적으로 요구되는 주의의무의 태만으로 현주건조물 등을 소훼하여야 하는바 피고인 소유건물이 축조된 지 약 15년이 지나 노후되고 그 안에 설치된 전선도 비교적 오래된 상태이었으며, 그 건물 안에 위치한 두 개의 점포가 같은 전선을 사용함에 따라 전기사용량이 비교적 많았다고 하더라도, 합선이나 누전 등을 예상할 수 있는 보다 구체적인 어떤 특별한 사정이 존재하지 않는다면 일반적으로 당연히 합선 등의 사고발생을 예상하여 이를 방지하기 위한 조치를 취할 주의의무가 있다고 할 수는 없으므로, 또 집을 비우면서 전기차단기를 내려서 전기가 옥내로 들어오지 않도록 하지 아니함으로써 전기의 합선으로 인한 화재가 발생하였다 하더라도, 이를 위 실화죄의 구성요건인 과실에 해당한다고는 하기 어렵다.

170-4. 업무상 실화죄에 있어서의 의무의 범위 [대법원 1983. 5. 10. 선고, 82도2279]

【판시사항】

[1] 업무상 실화죄에 있어서의 의무의 범위

[2] 공동과실의 경합에 의한 화재발생과 실화죄의 죄책인정

【판결요지】

[1] 업무상 실화죄에 있어서의 업무에는 그 직무상 화재의 원인이 된 화기를 직접 취급하는 것

에 그치지 않고 화재의 발견 방지 등의 의무가 지워진 경우를 포함한다.

[2] 공동의 과실이 경합되어 화재가 발생한 경우에 적어도 각 과실이 화재의 발생에 대하여 하나의 조건이 된 이상은 그 공동적 원인을 제공한 각자에 대하여 실화죄의 죄책을 물어야 한다.

170-5. 선박의 등화단속담당책임자있는 경우와 선장의 업무상실화책임 [대법원 1956. 12. 21. 4289형상276]

【판시사항】

[1] 선장의 행정상 과실책임과 형법상의 의무상의 과실책임과의 관계

[2] 선박의 등화단속담당책임자있는 경우와 선장의 업무상실화책임

【판결요지】

[1] 선장이 상법 기타 해운행정법상의 특별법령에서 과한 의무를 해태한 경우라 할지라도 동 과실이 반드시 형사상의 과실에 해당한다 할 수 없고 동 과실의 유무는 각 구체적 경우에 따라 이를 결정하여야 한다

[2] 선박의 등화단속을 담당한 책임자가 있는 경우에 선장은 동담당자를 지휘감독할 행정상의 책임은 있다 할 것이나 등화단속에 대한 직접 책임은 없다 할것이므로 우책임자가 실화하였다 할지라도 선장에게 업무상 실화로써 문제할 수 없다.

제171조[업무상실화, 중실화]

> 제171조(업무상실화, 중실화) 업무상과실 또는 중대한 과실로 인하여 제170조의 죄를 범한 자는 3년 이하의 금고 또는 2천만원 이하의 벌금에 처한다. 〈개정 1995. 12. 29.〉

171-1. 중실화를 유죄로 인정한 원심판결을 화재발생원인의 인정에 있어 심리미진의 위법이 있다 하여 파기한 사례 [대법원 1994. 3. 11. 선고, 93도3001]

【판결요지】

전기석유난로를 켜 놓은 채 귀가하여 전기석유난로 과열로 화재가 발생하였다 하여 중실화를 유죄로 이정한 원심판결을 화재발생원인의 인정에 있어 심리미진의 위법이 있다 하여 파기한 사례

171-2. 성냥불이 꺼진 것을 확인하지 아니한 채 플라스틱 휴지통에 던진 것이 중대한 과실에 해당한다고 본 사례 [대법원 1993. 7. 27. 선고, 93도135]

【판시사항】

피고인이 성냥불로 담배를 붙인 다음 그 성냥불이 꺼진 것을 확인하지 아니한 채 휴지가 들어 있는 플라스틱 휴지통에 던진 것을 중대한 과실이 있는 경우에 해당한다고 본 원심의 판단은 정당하고, 거기에 소론과 같은 중대한 과실에 관한 법리를 오해한 위법이 있다고 볼 수 없다.

> 1. 형법 제171조의 중대한 과실 [대법원 1960. 3. 9. 4292형상761]
> 【판결요지】
> 중과실은 행위자가 극히 근소한 주의를 함으로써 결과발생을 인식할 수 있음에도 불구하고 부주의로서 이를 인식하지 못한 경우를 말하는 것이고 경과실과의 구별은 구체적인 경우에 사회통념을 고려하여 결정될 문제인바 피고인이 사용한 양촉은 신품으로 약 3시간 지속할 수 있고 창고내에는 상자위에 녹여서 붙여 놓은 촛불 부근에 헌가마니 쓰레기 등이 있을 뿐 휘발유 등 인화물질은 없었으며 양곡이 입고되어 있었고 약 30분 후에는 고사를 끝내고 고사에 사용한 쌀가마니를 입고할 예정으로 촛불을 끄지 아니하고 그대로 세워 놓고 창고문을 닫고 나온 것이니 위 경우에 인정되는 피고인이 촛불을 들고 나오든가 소화하고 나오지 아니한 과실은 어디까지나 경과실에 불과하다 할 것이다.

> 2. 형법 제171조의 중실화의 의미 [대법원 1988. 8. 23. 선고, 88도855]
> 【판결요지】
> 형법 제171조가 정하는 중실화는 행위자가 극히 작은 주의를 함으로써 결과발생을 예견할 수 있었는데도 부주의로 이를 예견하지 못하는 경우를 말한다.

171-3. 유조차운전사가 석유구판점의 위험물취급주임의 지시를 받아 유조차의 석유를 구판점 탱크로 급유하다가 탱크주입구에서 급유호스가 빠지는 바람에 화기에 인화되어 화재가 발생한 경우 운전사의 업무상과실 유무(소극) [대법원 1990. 11. 13. 선고, 90도2011]

【판결요지】

소방법 제18조, 같은법시행규칙 제54조, 소방시설의 설치, 유지및위험물제조소등시설의기준에관한규칙 제279조 제6호에 비추어 보면 유조차의 석유를 구판점의 지하 석유탱크에 공급하는 작업은 위험물취급주임의 참여하에 하여야 하고, 작업자는 그의 보완에 관한 지시와 감독하에 일을 하여야 하는 것이며, 그 보안에 관한 책임은 위험물취급주임에게 있는 것이라고 보아야 할 것인바, 유조차의 운전사에게 위험물취급주임의 지시 없이도 석유가 제대로 급유되는지, 어떠한 사유로 인하여 급유장애가 발생하는지 여부를 확인하기 위하여 급유가 끝날 때까지 그와 함께 또는 그와 교대로 급유호스가 주입구에서 빠지려고 할 때는 즉시 대응조치를 할 수 있는 자세를 갖추어야 할 업무상의 주의의무가 있다고 할 수는 없으므로, 유조차운전사가 석유구판점의 위험물취급주임의 지시를 받아 유조차의 석유를 구판점 탱크로 급유하다가 급유호스가 탱크주입구에서 빠지는 바람에 분출된 석유가 화기에 인화되어 화재가 발생한 경우 운전수가 위험물취급주임이 탱크주입구 부분을 이탈하였음을 보고서도유조차 운전석에 앉아 다른 일을 보고 있었다고 하여 운전사에게 화재발생에 대하여 과실이 있다고 책임을 물을 수는 없다.

171-4. 중실화죄 및 중과실치사상죄에 있어서 중대한 과실이 아니라고 본 사례 [대법원 1989. 10. 13. 선고, 89도204]

【판결요지】

호텔오락실의 경영자가 그 오락실 천정에 형광등을 설치하는 공사를 하면서 그 호텔의 전기보안담당자에게 아무런 통고를 하지 아니한 채 무자격전기기술자로 하여금 전기공사를 하게 하였더라도, 전기에 관한 전문지식이 없는 오락실경영자로서는, 시공자가 조인터박스를 설치하지 아니하고 형광등을 천정에 바짝 붙여 부착시키는 등 부실하게 공사를 하였거나 또는 전기보안담당자가 전기공사사실을 통고받지 못하여 전기설비에 이상이 있는지 여부를 점검하지 못함으로써 위와 같은 부실공사가 그대로 방치되고 그로 인하여 전선의 합선에 의한 방화가 발생할 것등을 쉽게 예견할 수 있었다고 보기는 어려우므로 위 오락실경영자에게 위와 같은 과실이 있었더라도 사회통념상 이를 화재발생에 관한 중대한 과실이라고 평가하기는 어렵다.

171-5. 중실화죄에 있어서의 "중대한 과실"의 판단기준 [대법원 1989. 1. 17. 선고, 88도643]

【판결요지】

연탄아궁이로부터 80센티미터 떨어진 곳에 쌓아둔 스폰지요, 솜 등이 연탄아궁이 쪽으로 넘어지면서 화재현장에 의한 화재가 발생한 경우라고 하더라도 그 스폰지요, 솜 등을 쌓아두는 방법이나 상태 등에 관하여 아주 작은 주의만 기울였더라면 스폰지요나 솜 등이 넘어지고 또 그로 인하여 화재가 발생할 것을 예견하여 회피할 수 있었음에도 불구하고 부주의로 이를 예견하지 못하고 스폰지와 솜 등을 쉽게 넘어질 수 있는 상태로 쌓아둔 채 방치하였기 때문에 화재가 발생한 것으로 판단되어야만, "중대한 과실"로 인하여 화재가 발생한 것으로 볼 수 있다.

171-6. 형법 제171조의 업무의 의미 [대법원 1988. 10. 11. 선고, 88도1273]

【판결요지】

형법 제171조 소정의 업무는 직무로서 화기로부터의 안전을 배려해야 할 사회생활상의 지위를 뜻한다.

제172조[폭발성물건파열]

제172조(폭발성물건파열) ① 보일러, 고압가스 기타 폭발성있는 물건을 파열시켜 사람의 생명, 신체 또는 재산에 대하여 위험을 발생시킨 자는 1년 이상의 유기징역에 처한다.
② 제1항의 죄를 범하여 사람을 상해에 이르게 한 때에는 무기 또는 3년 이상의 징역에 처한다. 사망에 이르게 한 때에는 무기 또는 5년 이상의 징역에 처한다. [전문개정 1995. 12. 29.]

172-1. 임대인이 임차인 乙이 방실 내에 설치된 가스레인지를 사용하지 않는다는 이유로 문 앞에 내놓자 이를 갖고 가 창고에 넣어두었을 뿐 가스레인지 철거로 노출된 가스배관에 정상적인 마감조치를 취하지 아니한 경우 [춘천지법 영월지원 2018. 2. 1. 선고, 2017고합17. 확정]

【판결요지】

오피스텔 및 내부 시설(가스레인지 등)의 소유자인 피고인 甲은 액화석유가스 사용자로서 법령이 정한 시설기준과 기술기준에 맞도록 액화석유가스의 사용시설과 가스용품을 갖추고 사고방지와 안전 확보 등을 위하여 사용시설의 정상작동이 가능하도록 필요설비 및 장치를 설치하고 적절한 조치를 할 의무가 있고, 그와 함께 오피스텔의 임대인으로서 오피스텔 및 내부에 구비된 시설을 사용목적에 따라 안전하게 사용할 수 있는 상태로 임차인에게 인도할 의무가 있음에도, 오피스텔을 임차인 乙에게 인도할 당시 가스레인지와 가스호스가 제대로 연결되어 있는지 등을 충분히 확인하지 않은 채 가스레인지와 분리된 가스호스의 마감처리를 제대로 하지 않은 과실이 있고, 乙이 오피스텔을 임차·점유한 이후에는 방실 내부에 있는 가스레인지와 가스호스 등 가스사용시설에 대한 관리책임을 부담하게 된다고 하더라도, 가스레인지와 가스호스의 분리 및 분리된 가스호스의 마감처리 불이행이 가스누출의 직접적 원인 중 하나여서 피고인 甲에게 위와 같은 과실이 인정되지 않는다거나 피고인 甲의 과실과 폭발사고 사이에 상당인과관계가 부정된다고 볼 수 없으며, 한편 丙 회사의 사용인인 피고인 丁은 丙 회사의 업무에 관하여 액화석유가스의 안전관리 및 사업법 제30조 제1항을 위반하여 안전점검을 하지 않은 것이라는 이유로, 피고인 甲, 丁에 대한 공소사실을 모두 유죄로 판단한 사례

172-2. 폭발물사용죄에서 '폭발물'의 의미 및 어떠한 물건이 폭발물에 해당하는지 판단하는 기준 [대법원 2012. 4. 26. 선고, 2011도17254]

【판시사항】

[1] 형법 제119조 폭발물사용죄에서 '폭발물' 의 의미 및 어떠한 물건이 폭발물에 해당하는지 판단하는 기준

[2] 피고인이 자신이 제작한 폭발물을 사용하여 공안을 문란하게 하였다고 하여 폭발물사용으로 기소된 사안

【판결요지】

[1] 형법 제119조 제1항에서 규정한 폭발물사용죄는 폭발물을 사용하여 공안을 문란하게 함으로써 성립하는 공공위험범죄로서 개인의 생명, 신체 등과 아울러 공공의 안전과 평온을 보호법익으로 하는 것이고, 법정형이 사형, 무기 또는 7년 이상의 징역으로 범죄의 행위 태양에 해당하는 생명, 신체 또는 재산을 해하는 경우에 성립하는 살인죄, 상해죄, 재물손괴죄 등의 범죄를 비롯한 유사한 다른 범죄에 비하여 매우 무겁게 설정되어 있을 뿐 아니라, 형법은 제172조에서 '폭발성 있는 물건을 파열시켜 사람의 생명, 신체 또는 재산에 대하여 위험을 발생시킨 자' 를 처벌하는 폭발성물건파열죄를 별도로 규정하고 있는데 그 법정형은 1년 이상의 유기징역으로 되어 있다. 이와 같은 여러 사정을 종합해 보면, 폭발물사용죄에서 말하는 폭발물이란 폭발작용의 위력이나 파편의 비산 등으로 사람의 생명, 신체, 재산 및 공공의 안전이나 평온에 직접적이고 구체적인 위험을 초래할 수 있는 정도의 강한 파괴력을 가지는 물건을 의미한다. 따라서 어떠한 물건이 형법 제119조에 규정된 폭발물에 해당하는지는 폭발작용 자체의 위력이 공안을 문란하게 할 수 있는 정도로 고도의 폭발성능을 가지고 있는지에 따라 엄격하게 판단하여야 한다.

[2] 피고인이 제작한 물건의 구조, 그것이 설치된 장소 및 폭발 당시의 상황 등에 비추어, 위 물건은 폭발작용 자체에 의하여 공공의 안전을 문란하게 하거나 사람의 생명, 신체 또는 재산을 해할 정도의 성능이 없거나, 사람의 신체 또는 재산을 경미하게 손상시킬 수 있는 정도에 그쳐 사회의 안전과 평온에 직접적이고 구체적인 위험을 초래하여 공공의 안전을 문란하게 하기에는 현저히 부족한 정도의 파괴력과 위험성만을 가진 물건이므로 형법 제172조 제1항에 규정된 '폭발성 있는 물건' 에는 해당될 여지가 있으나 이를 형법 제119조 제1항에 규정된 '폭발물' 에 해당한다고 볼 수는 없는데도, 위 제작물이 폭발물에 해당한다고 보아 폭발물사용죄가 성립한다.

172-3. 임차인이 자신의 사용하던 가스설비의 휴즈콕크를 아무런 조치 없이 제거하고 이사를 간 후 가스공급을 개별적으로 차단할 수 있는 주밸브가 열려져 가스가 유입되어 폭발사고가 발생한 경우 [대법원 2001. 6. 1. 선고, 99도5086]

【판결요지】

구 액화석유가스의안전및사업관리법상의 관련 규정 취지와 그 주밸브가 누군가에 의하여 개폐될 가능성을 배제할 수 없다는 점 등에 비추어 그 휴즈콕크를 제거하면서 그 제거부분에 아무런 조치를 하지 않고 방치하면 주밸브가 열리는 경우 유입되는 가스를 막을 아무런 안전장치가 없어 가스 유출로 인한 대형사고의 가능성이 있다는 것은 평균인의 관점에서 객관적으로 볼 때 충분히 예견할 수 있다는 이유로 임차인의 과실과 가스폭발사고 사이의 상당인과관계를 인정한 사례

제14장 일수와 수리에 관한 죄

제184조[수리방해]

> 제184조(수리방해) 둑을 무너뜨리거나 수문을 파괴하거나 그 밖의 방법으로 수리(水利)를 방해한 자는 5년 이하의 징역 또는 700만원 이하의 벌금에 처한다. [전문개정 2020. 12. 8.]

184-1. 수리방해죄에 있어 '수리(水利)'와 '수리를 방해'의 의미 및 수리방해죄의 성립요건 [대법원 2001. 6. 26. 선고, 2001도404]

【판시사항】

[1] 형법 제184조 수리방해죄에 있어 '수리(水利)'와 '수리를 방해'의 의미 및 수리방해죄의 성립 요건

[2] 원천 내지 자원으로서의 물의 이용이 아니라, 하수나 폐수 등 이용이 끝난 물을 배수로를 통하여 내려보내는 것을 방해하는 경우, 수리방해죄의 성립 여부(한정 소극)

[3] 농촌주택에서 배출되는 생활하수의 배수관(소형 PVC관)을 토사로 막아 하수가 내려가지 못하게 한 경우, 수리방해죄에 해당하지 아니한다고 본 사례

【판결요지】

[1] 형법 제184조는 '제방을 결궤(決潰, 무너뜨림)하거나 수문을 파괴하거나 기타 방법으로 수리를 방해'하는 것을 구성요건으로 하여 수리방해죄를 규정하고 있는바 여기서 <u>수리(水利)라 함</u>은, 관개용·목축용·발전이나 수차 등의 동력용·상수도의 원천용 등 널리 물이라는 천연자원을 사람의 생활에 유익하게 사용하는 것을 가리키고(다만, 형법 제185조의 교통방해죄 또는 형법 제195조의 수도불통죄의 경우 등 다른 규정에 의하여 보호되는 형태의 물의 이용은 제외될 것이다), <u>수리를 방해한다</u> 함은 제방을 무너뜨리거나 수문을 파괴하는 등 위 조문에 예시된 것을 포함하여 저수시설, 유수로(流水路)나 송·인수시설 또는 이들에 부설된 여러 수리용 장치를 손괴·변경하거나 효용을 해침으로써 수리에 지장을 일으키는 행위를 가리키며, 나아가 수리방해죄는 타인의 수리권을 보호법익으로 하므로 수리방해죄가 성립하기 위하여는 법령, 계약 또는 관습 등에 의하여 타인의 권리에 속한다고 인정될 수 있는 물의 이용을 방해하는 것이어야 한다.

[2] 원천 내지 자원으로서의 물의 이용이 아니라, 하수나 폐수 등 이용이 끝난 물을 배수로를 통하여 내려보내는 것은 형법 제184조 소정의 수리에 해당한다고 할 수 없고, 그러한 배수 또는 하수처리를 방해하는 행위는, 특히 그 배수가 수리용의 인수(引水)와 밀접하게 연결되어 있어서 그 배수의 방해가 직접 인수에까지 지장을 초래한다는 등의 특수한 경우가 아닌 한, 수리방해죄의 대상이 될 수 없다.

184-2. 유지의 몽리민들이 계속하여 20년이상 평온 공연하게 유지의 물을 사용하여 소유 농지를 경작한 경우의 동 몽리 농민들의 유지의 저수사용권 [대법원 1968. 2. 20. 선고, 67도1677]

【판결요지】

[1] 몽리민들이 계속하여 20년 이상 평온 공연하게 본건 유지의 물을 사용하여 소유농지를 경작하여 왔다면 그 유지의 물을 사용할 권리가 있다고 할 것이므로 그 권리를 침해하는 행위는 수리방해죄를 구성한다할 것이다.

[2] 몽이민들이 1944년경부터 계속하여 20년 이상 평온, 공연하게 본건 유지의 물을 사용하여 소유 농지를 경작하여 왔다면 본법 부칙 제2조, 본조, 본법 제245조 제1항, 제291조, 제292조 등에 의하여 지역권취득기간의 경과로 유지소유자에 대하여 그 저주 관계에 이용할 수 있는 권리를 취득하였다 하여 용수지역권에 관한 등기를 청구할 수 있다.

제15장 교통방해의 죄

제185조[일반교통방해]

> 제185조(일반교통방해) 육로, 수로 또는 교량을 손괴 또는 불통하게 하거나 기타 방법으로 교통을 방해한 자는 10년 이하의 징역 또는 1천500만원 이하의 벌금에 처한다. 〈개정 1995. 12. 29.〉

185-1. 도로에서의 집회나 시위가 교통방해행위를 수반할 경우, 일반교통방해죄가 성립하는지 여부(원칙적 적극) [대법원 2019. 4. 23. 선고, 2017도1056]

【판시사항】

[1] 일반교통방해죄의 보호법익 및 처벌대상 행위 / 일반교통방해죄에서 말하는 '육로'의 의미

[2] 도로에서의 집회나 시위가 교통방해행위를 수반할 경우, 일반교통방해죄가 성립하는지 여부(원칙적 적극)

[3] 집회 및 시위에 관한 법률에 따른 신고 없이 이루어진 집회에 참석한 참가자들이 차로 위를 행진하는 등으로 도로 교통을 방해하거나, 같은 법에 따라 적법한 신고를 마친 집회 또는 시위가 당초에 신고한 범위를 현저히 벗어나거나 같은 법 제12조에 따른 조건을 중대하게 위반하여 도로 교통을 방해함으로써 통행을 불가능하게 하거나 현저하게 곤란하게 하는 경우, 일반교통방해죄가 성립하는지 여부(적극) 및 이때 참가자에게 일반교통방해죄가 성립하기 위한 요건

[4] 일반교통방해죄가 추상적 위험범인지 여부(적극) 및 기수 시기와 종료 시기 / 교통방해를 유발한 집회에 참가하였으나 참가 당시 이미 다른 참가자들에 의해 교통의 흐름이 차단된 상태였던 경우, 참가자에게 일반교통방해죄가 성립하기 위한 요건

【이 유】

[1] 형법 제185조는 일반교통방해죄에 관하여 "육로, 수로 또는 교량을 손괴 또는 불통하게 하거나 기타 방법으로 교통을 방해한 자는 10년 이하의 징역 또는 1천 500만 원 이하의 벌금에 처한다."라고 정하고 있다. 일반교통방해죄는 일반 공중의 교통안전을 보호법익으로 하는 범죄로서 육로 등을 손괴 또는 불통하게 하는 경우뿐만 아니라 그 밖의 방법으로 교통을 방해하여 통행을 불가능하게 하거나 현저하게 곤란하게 하는 일체의 행위를 처벌하는 것을 목적으로 한다(대법원 2003. 10. 10. 선고 2003도4485 판결 등 참조). 그리고 여기에서 '<u>육로</u>'라 함은 일반 공중의 왕래에 공용된 장소, 즉 특정인에 한하지 않고 불특정 다수인 또는 차마가 자유롭게 통행할 수 있는 공공성을 지닌 장소를 말한다(대법원 2010. 2. 25. 선고 2009도13376 판결 등 참조).

[2] 집회와 시위의 자유는 헌법상 보장된 국민의 기본권이므로 형법상 일반교통방해죄를 집회와 시위의 참석자에게 적용할 경우에는 집회와 시위의 자유를 부당하게 제한하는 결과가 발생할 우려가 있다. 그러나 일반교통방해죄에서 교통을 방해하는 방법을 위와 같이 포괄적으로 정하고 있는 데다가 도로에서 집회와 시위를 하는 경우 일반 공중의 교통안전을 직접적으로 침해할 위험이 있는 점을 고려하면 집회나 시위의 경우에도 교통방해행위를 수반한다면 특별한 사정이 없는 한

일반교통방해죄가 성립할 수 있다.

[3] 집회 및 시위에 관한 법률(이하 '집시법'이라 한다)에 따른 신고 없이 이루어진 집회에 참석한 참가자들이 차로 위를 행진하는 등으로 도로 교통을 방해하거나, 집시법에 따라 적법한 신고를 마친 집회 또는 시위라고 하더라도 당초에 신고한 범위를 현저히 벗어나거나 집시법 제12조에 따른 조건을 중대하게 위반하여 도로 교통을 방해함으로써 통행을 불가능하게 하거나 현저하게 곤란하게 하는 경우에는 일반교통방해죄가 성립한다(대법원 2008. 11. 13. 선고 2006도755 판결 등 참조). 그러나 이 경우에도 참가자 모두에게 당연히 일반교통방해죄가 성립하는 것은 아니고, 실제로 참가자가 신고 없이 이루어진 집회·시위에 가담하거나, 위와 같이 신고 범위를 현저하게 벗어나거나 조건을 중대하게 위반하는 데 가담하여 교통방해를 유발하는 직접적인 행위를 하였거나, 참가자의 참가 경위나 관여 정도 등에 비추어 참가자에게 공모공동정범의 죄책을 물을 수 있는 경우라야 일반교통방해죄가 성립한다(대법원 2016. 11. 10. 선고 2016도4921 판결 등 참조).

[4] 한편 일반교통방해죄는 이른바 추상적 위험범으로서 교통이 불가능하거나 또는 현저히 곤란한 상태가 발생하면 바로 기수가 되고 교통방해의 결과가 현실적으로 발생하여야 하는 것은 아니다(대법원 2005. 10. 28. 선고 2004도7545 판결 등 참조). 또한 일반교통방해죄에서 교통방해행위는 계속범의 성질을 가지는 것이어서 교통방해의 상태가 계속되는 한 위법상태는 계속 존재한다. 따라서 교통방해를 유발한 집회에 참가한 경우 참가 당시 이미 다른 참가자들에 의해 교통의 흐름이 차단된 상태였다고 하더라도 교통방해를 유발한 다른 참가자들과 암묵적·순차적으로 공모하여 교통방해의 위법상태를 지속시켰다고 평가할 수 있다면 일반교통방해죄가 성립한다(대법원 2018. 1. 24. 선고 2017도11408 판결, 대법원 2018. 5. 11. 선고 2017도9146 판결 등 참조).

---

1. 일반교통방해죄의 법적 성격과 기수 및 종료시기 [대법원 2018. 1. 24. 선고, 2017도11408]

【판시사항】

[1] 일반교통방해죄의 보호법익 및 처벌대상 행위 / 도로에서의 집회나 시위가 교통방해 행위를 수반할 경우, 일반교통방해죄가 성립하는지 여부(원칙적 적극)

[2] 집회 및 시위에 관한 법률에 따라 적법한 신고를 마친 집회 또는 시위가 당초에 신고한 범위를 현저히 벗어나거나 같은 법 제12조에 따른 조건을 중대하게 위반하여 도로 교통을 방해함으로써 통행을 불가능하게 하거나 현저하게 곤란하게 하는 경우, 일반교통방해죄가 성립하는지 여부(적극) 및 이때 참가자에게 일반교통방해죄가 성립하기 위한 요건

【판결요지】

[1] 형법 제185조는 일반교통방해죄에 관하여 "육로, 수로 또는 교량을 손괴 또는 불통하게 하거나 기타 방법으로 교통을 방해한 자는 10년 이하의 징역 또는 1천 500만 원 이하의 벌금에 처한다."라고 정하고 있다. 일반교통방해죄는 일반 공중의 교통안전을 보호법익으로 하는 범죄로서 육로 등을 손괴 또는 불통하게 하는 경우뿐만 아니라 그 밖의 방법으로 교통을 방해하여 통행을 불가능하게 하거나 현저하게 곤란하게 하는 일체의 행위를 처벌하는 것을 목적으로 한다. 집회와 시위의 자유는 헌법상 보장된 국민의 기본권이므로 형법상의 일반교통방해죄를 집회와 시위의 참석자에게 적용할 경우에는 집회와 시위의 자유를 부당하게 제한하는 결과가 발생할 우려가 있다. 그러나 일반교통방

해죄에서 교통을 방해하는 방법을 위와 같이 포괄적으로 정하고 있는 데다가 도로에서 집회와 시위를 하는 경우 일반 공중의 교통안전을 직접적으로 침해할 위험이 있는 점을 고려하면, 집회나 시위로 교통방해 행위를 수반할 경우에 특별한 사정이 없는 한 일반교통방해죄가 성립할 수 있다.

[2] 집회 및 시위에 관한 법률(이하 '집시법'이라 한다)에 따라 적법한 신고를 마친 집회 또는 시위라고 하더라도 당초에 신고한 범위를 현저히 벗어나거나 집시법 제12조에 따른 조건을 중대하게 위반하여 도로 교통을 방해함으로써 통행을 불가능하게 하거나 현저하게 곤란하게 하는 경우에는 형법 제185조의 일반교통방해죄가 성립한다. 그러나 이때에도 참가자 모두에게 당연히 일반교통방해죄가 성립하는 것은 아니고, 실제로 참가자가 위와 같이 신고 범위를 현저하게 벗어나거나 조건을 중대하게 위반하는 데 가담하여 교통방해를 유발하는 직접적인 행위를 하였거나, 참가자의 참가 경위나 관여 정도 등에 비추어 그 참가자에게 공모공동정범의 죄책을 물을 수 있는 경우라야 일반교통방해죄가 성립한다.

---

2. 집회 및 시위에 관한 법률에 따른 신고 없이 이루어진 집회에 참석한 참가자들이 차로 위를 행진하는 등으로 도로 교통을 방해함으로써 통행을 불가능하게 하거나 현저하게 곤란하게 하는 경우, 일반교통방해죄가 성립하는지 여부(적극) 및 이때 참가자에게 일반교통방해죄가 성립하기 위한 요건 [대법원 2018. 5. 11., 선고, 2017도9146]

【판결요지】

집회 및 시위에 관한 법률에 따른 신고 없이 이루어진 집회에 참석한 참가자들이 차로 위를 행진하는 등으로 도로 교통을 방해함으로써 통행을 불가능하게 하거나 현저하게 곤란하게 하는 경우에 일반교통방해죄가 성립한다. 그러나 이 경우에도 참가자 모두에게 당연히 일반교통방해죄가 성립하는 것은 아니고, 실제로 참가자가 집회·시위에 가담하여 교통방해를 유발하는 직접적인 행위를 하였거나, 참가자의 참가 경위나 관여 정도 등에 비추어 참가자에게 공모공동정범의 죄책을 물을 수 있는 경우라야 일반교통방해죄가 성립한다.

---

3. 피고인 소유의 임야 내 타인의 음식점으로 통하는 진입도로가 일반교통방해죄에서 정한 불특정 다수인을 위한 공공성을 가진 도로(소극) [대법원 2010. 2. 25. 선고, 2009도13376]

【판시사항】

피고인 소유의 임야 내 타인의 음식점으로 통하는 진입도로가 일반교통방해죄에서 정한 불특정 다수인을 위한 공공성을 가진 도로라고 보기 어렵다.

【이 유】

피고인은 2007. 4. 29.부터 같은 달 30.까지 광주시 중대동 (이하 지번 생략) 소재 임야 내 공소외 1의 음식점으로 통하는 진입도로에서, 위 임야의 소유권을 취득하였음에도 위 진입도로에 대한 소유권을 행사하지 못한다는 이유로, 포크레인 등의 장비를 동원하여 위 진입도로 노면의 일부를 손괴하고 쇠사슬을 위 진입도로에 걸어 둠으로써 불특정 다수인이 통행하는 위 진입도로의 교통을 방해하였다라는 것이다.

---

4. 공로에 출입할 수 있는 다른 도로가 있는 상태에서 토지 소유자로부터 일시적인 사용승낙을 받아 통행하거나 토지 소유자가 개인적으로 사용하면서 부수적으로 타인의 통행을 묵인한 장소에 불과한 도로가 육로에 해당하는지 여부(소극) [대법원 2017. 4. 7. 선고, 2016도12563]

【판결요지】

형법 제185조의 일반교통방해죄는 일반 공중의 교통안전을 보호하는 범죄로서 육로 등을 손괴하거나 장애물로 막는 등의 방법으로 교통을 방해하여 통행을 불가능하게 하거나 현저하게 곤란하게 하는 일체의 행위를 처벌하는 것을 목적으로 한다. 여기에서 '육로'란 일반 공중의 왕래에 제공된 장소, 즉 특정인에 한하지 않고 불특정 다수인 또는 차마가 자유롭게 통행할 수 있는 공공성을 지닌 장소를 말한다. 통행로를 이용하는 사람이 적은 경우에도 위 규정에서 말하는 육로에 해당할 수 있으나, 공로에 출입할 수 있는 다른 도로가 있는 상태에서 토지 소유자로부터 일시적인 사용승낙을 받아 통행하거나 토지 소유자가 개인적으로 사용하면서 부수적으로 타인의 통행을 묵인한 장소에 불과한 도로는 위 규정에서 말하는 육로에 해당하지 않는다.

5. 집회 또는 시위가 형법상 일반교통방해죄를 구성하는 경우 [대법원 2008. 11. 13. 선고, 2006도755]

【판시사항】

[1] 집회 또는 시위가 형법상 일반교통방해죄를 구성하는 경우

[2] 전국민주노동조합총연맹 준비위원회가 주관한 도로행진시위가 사전에 구 집회 및 시위에 관한 법률에 따라 옥외집회신고를 마쳤어도, 신고의 범위와 위 법률 제12조에 따른 제한을 현저히 일탈하여 주요도로 전차선을 점거하여 행진 등을 함으로써 교통소통에 현저한 장해를 일으켰다면, 일반교통방해죄를 구성한다.

【판결요지】

[1] 구 집회 및 시위에 관한 법률(2007. 5. 11. 법률 제8424호로 전문 개정되기 전의 것) 제6조 제1항 및 입법 취지에 비추어, 적법한 신고를 마치고 도로에서 집회나 시위를 하는 경우 도로의 교통이 어느 정도 제한될 수밖에 없으므로, 그 집회 또는 시위가 신고된 범위 내에서 행해졌거나 신고된 내용과 다소 다르게 행해졌어도 신고된 범위를 현저히 일탈하지 않는 경우에는, 그로 인하여 도로의 교통이 방해를 받았다고 하더라도 특별한 사정이 없는 한 형법 제185조의 일반교통방해죄가 성립한다고 볼 수 없다. 그러나 그 집회 또는 시위가 당초 신고된 범위를 현저히 일탈하거나 구 집회 및 시위에 관한 법률(2007. 5. 11. 법률 제8424호로 전문 개정되기 전의 것) 제12조에 의한 조건을 중대하게 위반하여 도로 교통을 방해함으로써 통행을 불가능하게 하거나 현저하게 곤란하게 하는 경우에는 일반교통방해죄가 성립한다.

185-2. 일반교통방해죄가 추상적 위험범인지 여부(적극) 및 그 기수시기 [대법원 2019. 1. 10. 선고, 2016도19464]

【판시사항】

일반교통방해죄는 일반 공중의 교통안전을 보호법익으로 하는 범죄이고 육로 등을 손괴 또는 불통케 하거나 기타의 방법으로 교통을 방해하여 통행을 불가능하게 하거나 현저하게 곤란하게 하는 일체의 행위를 처벌하는 것을 목적으로 한다(대법원 1995. 9. 15. 선고 95도1475 판결 등 참조). 또한 일반교통방해죄는 추상적 위험범이므로 교통이 불가능하거나 현저히 곤란한 상태가 발생하면 바로 기수가 되고 교통방해의 결과가 현실적으로 발생하여야 하는 것은 아니다(대법원 2005. 10. 28. 선고 2004도7545 판결 등 참조).

185-3. 교통방해치사상죄의 성립요건 및 교통방해 행위와 사상의 결과 사이에 상당인과관계를
       인정할 수 있는 경우 [대법원 2014. 7. 24. 선고, 2014도6206]

【판시사항】
 [1] 교통방해치사상죄의 성립 요건 및 교통방해 행위와 사상의 결과 사이에 상당인과관계를 인
정할 수 있는 경우

 [2] 피고인이 고속도로 2차로를 따라 자동차를 운전하다가 1차로를 진행하던 甲의 차량 앞에 급
하게 끼어든 후 곧바로 정차하여, 甲의 차량 및 이를 뒤따르던 차량 두 대는 급정차하였으나, 그
뒤를 따라오던 乙의 차량이 앞의 차량들을 연쇄적으로 추돌케 하여 乙을 사망에 이르게 하고 나
머지 차량 운전자 등 피해자들에게 상해를 입힌 사안

【판결요지】
 [1] 형법 제188조에 규정된 교통방해에 의한 치사상죄는 결과적 가중범이므로, 위 죄가 성립하
려면 교통방해 행위와 사상(死傷)의 결과 사이에 상당인과관계가 있어야 하고 행위 시에 결과의
발생을 예견할 수 있어야 한다. 그리고 교통방해 행위가 피해자의 사상이라는 결과를 발생하게
한 유일하거나 직접적인 원인이 된 경우만이 아니라, 그 행위와 결과 사이에 피해자나 제3자의
과실 등 다른 사실이 개재된 때에도 그와 같은 사실이 통상 예견될 수 있는 것이라면 상당인과관
계를 인정할 수 있다.

 [2] 편도 2차로의 고속도로 1차로 한가운데에 정차한 피고인은 현장의 교통상황이나 일반인의
운전 습관·행태 등에 비추어 고속도로를 주행하는 다른 차량 운전자들이 제한속도 준수나 안전
거리 확보 등의 주의의무를 완전하게 다하지 않을 수도 있다는 점을 알았거나 충분히 알 수 있었
으므로, 피고인의 정차 행위와 사상의 결과 발생 사이에 상당인과관계가 있고, 사상의 결과 발생
에 대한 예견가능성도 인정된다.

185-4. 일반교통방해죄의 보호법익과 처벌대상 행위 [대법원 2014. 7. 10. 선고, 2014도1926]

【판시사항】
 형법 제185조의 일반교통방해죄는 일반공중의 교통안전을 그 보호법익으로 하는 범죄로서 육로
등을 손괴 또는 불통하게 하거나 기타 방법으로 교통을 방해하여 통행을 불가능하게 하거나 현저
히 곤란하게 하는 일체의 행위를 처벌하는 것을 그 목적으로 하고 있다(대법원 1995. 9. 15. 선

고 95도1475 판결 등 참조).

---

1. 왕복 4차로의 도로 중 편도 3개 차로 쪽에 차량 2, 3대와 간이테이블 수십개를 이용하여 길가쪽 2개
   차로를 차지하는 포장마차를 설치하고 영업행위(적극) [대법원 2007. 12. 14. 선고, 2006도4662]
   【판시사항】
   서울 중구 소공동의 왕복 4차로의 도로 중 편도 3개 차로 쪽에 차량 2, 3대와 간이테이블 수십개를
   이용하여 길가쪽 2개 차로를 차지하는 포장마차를 설치하고 영업행위는 비록 행위가 교통량이 상대적
   으로 적은 야간에 이루어졌다 하더라도 형법 제185조의 일반교통방해죄를 구성한다.

---

2. 가옥 앞 도로가 폐기물 운반 차량의 통행로로 이용되어 가옥 일부에 균열 등이 발생하자 도로에 트랙
   터를 세워두거나 철책 펜스를 설치하여 차량의 통행을 불가능하게 하거나 위 차량들의 앞을 가로막
   고 앉아서 통행을 일시적으로 방해한 경우 [대법원 2009. 1. 30. 선고, 2008도10560]
   【판시사항】
   피고인의 가옥 앞 도로가 폐기물 운반 차량의 통행로로 이용되어 가옥 일부에 균열 등이 발생하자 피고
   인이 위 도로에 트랙터를 세워두거나 철책 펜스를 설치함으로써 위 차량의 통행을 불가능하게 하거나
   위 차량들의 앞을 가로막고 앉아서 통행을 일시적으로 방해한 경우, 전자의 경우에만 일반교통방해죄
   를 구성한다.
   【이 유】
   이 사건 도로는 피고인의 가옥 앞에 소재한 폭이 약 3.6m인 도로로서 1997년경부터 10여 년 간 공소외
   회사의 폐기물 운반 차량이 통행하여 온 점, 그런데 위 차량들이 이 사건 도로를 다니는 동안 진동으로
   인하여 피고인의 가옥 일부에 균열이 생기고 위 차량들이 대문과 담장을 충격하여 손괴하는 사고가
   발생하기도 한 점, 이에 공소외 회사는 피고인과 사이에 위 손괴된 부분을 수리해 주고 이와 별도로
   피고인에게 4,000만 원을 지급하기로 합의하였으나 2,000만 원만을 지급한 채 나머지 합의사항을 이
   행하지 아니한 점, 그 후 피고인은 위 차량들의 통행으로 인하여 피고인의 가옥에 균열이 발생하고
   주거의 평온을 해한다는 등의 이유로 이 사건 도로 중 약 1.4m를 침범한 상태로 피고인 소유의 트랙터
   를 세워두거나 철책 펜스를 설치하여 위 차량들이 이 사건 도로를 통행할 수 없도록 하거나 위 차량들
   의 앞을 가로막고 앉아서 통행하지 못하도록 한 점을 알 수 있다.
   이와 같은 사정 및 위 법리에 비추어 보면, 피고인이 이 사건 도로에 트랙터를 세워두거나 철책 펜스를
   설치하여 노폭을 현저하게 제한함으로써 종전에는 통행이 가능하던 차량의 통행을 불가능하게 한 행위
   는 일반교통방해죄를 구성한다고 봄이 상당하고, 같은 취지의 원심의 판단은 정당한 것으로 수긍할
   수 있으나, 나아가 피고인이 이 사건 도로를 가로막고 앉아서 위 차량의 통행을 일시적으로 방해한
   행위가 교통을 방해하여 통행을 불가능하게 하거나 현저하게 곤란하게 하는 행위라고 보기는 어려우므
   로, 원심이 피고인의 이러한 행위까지 일반교통방해죄에 해당한다고 판단하고 만 것은 일반교통방해죄
   의 구성요건에 관한 법리를 오해하여 판결에 영향을 미친 것이다.

185-5. 공항 여객터미널 버스정류장 앞 도로 중 공항리무진 버스 외의 다른 차의 주차가 금지된
    구역에서 밴 차량을 40분간 불법주차하고 호객행위(소극) [대법원 2009. 7. 9. 선고,
    2009도4266]

【판시사항】

피고인이 카니발 밴 차량을 40분 가량 주차한 장소는 위 여객터미널 도로 중에서 공항리무진 버스들이 승객들을 승·하차시키는 장소로서 일반 차량들의 주차가 금지된 구역이기는 하지만 위와 같이 주차한 장소의 옆 차로를 통하여 다른 차량들이 충분히 통행할 수 있었을 것으로 보이고, 피고인의 위와 같은 주차행위로 인하여 공항리무진 버스가 출발할 때 후진을 하여 차로를 바꾸어 진출해야 하는 불편을 겪기는 하였지만 통행이 불가능하거나 현저하게 곤란하지는 않았던 것으로 보인다.

185-6. 인근 상가의 통행로로 이용되고 있는 토지의 사실상 지배권자가 토지에 철주와 철망을 설치하고 포장된 아스팔트를 걷어냄으로써 통행로로 이용하지 못하게 한 경우(소극) [대법원 2007. 12. 28. 선고, 2007도7717]

【판시사항】

인근 상가의 통행로로 이용되고 있는 토지의 사실상 지배권자가 위 토지에 철주와 철망을 설치하고 포장된 아스팔트를 걷어냄으로써 통행로로 이용하지 못하게 한 경우, 이는 일반교통방해죄를 구성하고 자구행위에 해당하지 않는다.

【이 유】

형법 제185조의 일반교통방해죄는 일반 공중의 교통의 안전을 그 보호법익으로 하는 범죄로서 육로 등을 손괴 또는 불통케 하거나 기타의 방법으로 교통을 방해하여 통행을 불가능하게 하거나 현저히 곤란하게 하는 일체의 행위를 처벌하는 것을 그 목적으로 하고 있으며, 여기서 '육로'라 함은 사실상 일반 공중의 왕래에 공용되는 육상의 통로를 널리 일컫는 것으로서 그 부지의 소유관계나 통행권리관계 또는 통행인의 많고 적음 등을 가리지 않는다 (대법원 2002. 4. 26. 선고 2001도6903 판결, 대법원 2007. 3. 15. 선고 2006도9418 판결 등 참조).

---

1. 구도로 옆으로 신도로가 개설된 경우 구도로의 '육로' 해당여부(적극) [대법원 1999. 7. 27. 선고, 99도1651]

【판시사항】

피고인 소유의 토지를 포함한 구도로 옆으로 신도로가 개설되었으나 구도로가 여전히 형법 제185조 소정의 '육로'에 해당한다.

---

2. 불특정 다수인의 통행로로 이용되어 오던 도로의 토지 일부의 소유자가 도로의 중간에 바위를 놓아두거나 이를 파헤침으로써 차량의 통행을 못하게 한 행위 [대법원 2002. 4. 26. 선고, 2001도6903]

【판시사항】

불특정 다수인의 통행로로 이용되어 오던 도로의 토지 일부의 소유자라 하더라도 그 도로의 중간에 바위를 놓아두거나 이를 파헤침으로써 차량의 통행을 못하게 한 행위는 일반교통방해죄 및 업무방해죄에 해당한다.

185-7. 목장 소유자가 목장운영을 위해 목장용지 내에 임도를 개설하고 차량 출입을 통제하면서

인근 주민들의 일부 통행을 부수적으로 묵인한 경우(소극) [대법원 2007. 10. 11. 선고, 2005도7573]

【판시사항】

목장 소유자가 목장운영을 위해 목장용지 내에 임도를 개설하고 차량 출입을 통제하면서 인근 주민들의 일부 통행을 부수적으로 묵인한 경우, 위 임도는 공공성을 지닌 장소가 아니어서 일반 교통방해죄의 '육로'에 해당하지 않는다.

【이 유】

피고인이 목장을 운영하기 위해 자신의 비용으로 자신의 목장용지 내에 이 사건 임도를 개설하였을 뿐이고 농가의 영농을 위한 농로로 개설된 것이 아닌 점, 당시 이 사건 임야 인근의 경작자들이나 성묘객들이 이용해오던 기존 통행로가 있었고 이 사건 임도가 개설된 이후에도 이 사건 임도와 기존 통행로가 같이 이용되어 왔던 점, 피고인이 1997년~1998년경부터 이 사건 임도에 차량들의 출입을 통제해 왔고, 인근의 경작자들도 그 통제에 따르던 중 김충남이 임의로 이 사건 임도와 자신의 밭을 연결하는 별도의 통행로를 개설하고 트랙터를 이용하여 계속 통행함으로써 문제가 되었고, 영월군에서 이 사건 철문이 설치된 부근까지 포장공사를 한 것은 피고인이 이 사건 임도에 차량들의 출입을 통제해 온 이후인 점 등에 비추어 볼 때, 이 사건 임도는 그 소유자인 피고인이 개인적으로 사용하면서 인근 주민들의 통행을 부수적으로 묵인한 것에 불과하고, 불특정다수인 또는 차마가 자유롭게 통행할 수 있는 공공성을 지닌 장소에 해당한다고 보기 어렵다.

185-8. 주민들이 농기계 등으로 그 주변의 농경지나 임야에 통행하기 위해 이용하는 자신 소유의 도로에 깊이 1m 정도의 구덩이를 판 행위(적극) [대법원 2007. 3. 15. 선고, 2006도9418]

【판시사항】

이 사건 도로는 주민들이 농기계 등으로 그 주변의 농경지나 임야에 통행하는 데 이용하여 사실상 일반 공중의 왕래에 공용되는 육상의 통로에 해당하고, 피고인은 육로인 이 사건 도로에 깊이 1m 정도의 구덩이를 파는 등의 방법으로 위 도로의 통행을 방해하였다

185-9. 사실상 2가구 외에는 달리 이용하는 사람들이 없는 통행로라 하더라도 이는 일반교통방해죄에서 정하고 있는 육로에 해당하는지 여부(적극) [대법원 2007. 2. 22. 선고, 2006도8750]

【판시사항】

[1] 사실상 2가구 외에는 달리 이용하는 사람들이 없는 통행로라 하더라도 이는 일반교통방해죄에서 정하고 있는 육로에 해당한다고 본 사례

[2] 통행로의 현황, 개설시기 및 이용상황 등 제반 사정에 비추어, 통행로 중 폭 100m 길이 부분을 포크레인으로 폭 2m 정도로 굴착하고 돌덩이까지 쌓아 놓은 행위가 정당행위나 정당방위에 해당한다고 보기는 어렵다.

【이 유】

이 사건 통행로는 사실상 일반공중의 왕래에 공용되는 것으로 일반교통방해죄에서 정하고 있는

육로에 해당한다고 할 것이고, 이는 사실상 위 통행로를 공소외 1과 공소외 2 2가구 외에는 달리 이용하는 사람들이 없다 하더라도 달리 볼 것은 아니라고 할 것이다. 이 사건 통행로의 현황, 개설시기 및 이용상황 등 제반 사정에 비추어 보면, 피고인이 이 사건 통행로 중 폭 100m 길이 부분을 포크레인으로 폭 2m 정도로 굴착하고, 돌덩이까지 쌓아 놓은 행위가 정당행위나 정당방위에 해당한다고 보기는 어렵다고 할 것이다.

185-10. 불특정 다수인 또는 차마가 자유롭게 통행할 수 있는 공공성을 지닌 장소로 볼 수 없다는 이유로 육로에 해당하지 않는다. [대법원 1999. 4. 27. 선고, 99도401]

【판시사항】

피고인이 이 사건 담장을 설치한 곳은 위 봉계동 제2토지와 같은 동 제3토지 사이의 경계선상인바, 위 제2토지는 원래 마을 사람들이 통행로로 사용하던 도로였으나 폭이 좁아 같은 동 제1토지 및 같은 동 제4토지의 일부에 대체도로가 개설되면서 도로로서의 기능을 상실하고 같은 동 제1토지에 사실상 편입되어 그 토지의 소유자가 점유·사용하다가 피고인이 1974.경 위 제1토지를 매수하면서 함께 인도받아 그 지상에 건축한 주택의 마당으로 사용하던 토지이고, 위 제3토지는 같은 동 제5토지상에 있는 별정우체국의 진입로로서 그에 연접한 토지의 소유자들인 이 사건 고발인들도 그 토지를 통하여 대로에 통행하고 있으며, 또 위 제2토지와 제3토지 사이에는 원래 피고인이 설치한 담장이 있었는데 피고인은 고발인들의 요구로 그 담장의 일부를 헐고 고발인 등이 대로에 이르는 지름길로서 위 제2토지와 그 안쪽에 있는 피고인 소유의 제1토지를 통행하는 것을 묵인하다가 고발인 등이 그 토지상에 차량을 주차시키는 등의 행위로 피고인의 토지이용을 방해하자 원래의 경계선상에 다시 이 사건 담장을 설치한 것으로 보일 뿐, 그 안쪽의 토지가 불특정 다수인 또는 차마가 자유롭게 통행할 수 있는 공공성을 지닌 장소로는 보이지 아니한다.

> **1. 골목길을 자신의 소유라는 이유로 약간의 공간만 남겨두고 담장을 설치하여 주민들의 통행을 곤란하게 한 경우(적극) [대법원 1994. 11. 4. 선고, 94도2112]**
>
> 【판결요지】
> 주민들에 의하여 공로로 통하는 유일한 통행로로 오랫동안 이용되어 온 폭 2m의 골목길을 자신의 소유라는 이유로 폭 50 내지 75cm 가량만 남겨두고 담장을 설치하여 주민들의 통행을 현저히 곤란하게 하였다면 일반교통방해죄를 구성한다.

185-11. 약 600명의 노동조합원들이 보도가 따로 마련되어 있지 아니한 도로 우측의 편도 2차선의 대부분을 차지하면서 행진하는 방법으로 시위 한 경우(소극) [대법원 1992. 8. 18. 선고, 91도2771]

【판결요지】

피고인 등 약 600명의 노동조합원들이 차도만 설치되어 있을 뿐 보도는 따로 마련되어 있지 아니한 도로 우측의 편도 2차선의 대부분을 차지하면서 대오를 이루어 행진하는 방법으로 시위를 하고 이로 인하여 나머지 편도 2차선으로 상, 하행차량이 통행하느라 차량의 소통이 방해되었다 하더라도 피고인 등의 시위행위에 대하여 일반교통방해죄를 적용할 수 없다.

185-12. 주민들이 공터를 도로에 이르는 지름길로 일시 이용한 경우(소극) [대법원 1984. 11. 13. 선고, 84도2192]

【판결요지】

토지의 소유자가 자신의 토지의 한쪽 부분을 일시 공터로 두었을 때 인근주민들이 위 토지의 동서쪽에 있는 도로에 이르는 지름길로 일시 이용한 적이 있다 하여도 이를 일반공중의 내왕에 공용되는 도로하고 할 수 없으므로 형법 제185조 소정의 육로로 볼 수 없다.

제187조[기차 등의 전복 등]

제187조(기차 등의 전복 등) 사람의 현존하는 기차, 전차, 자동차, 선박 또는 항공기를 전복, 매몰, 추락 또는 파괴한 자는 무기 또는 3년 이상의 징역에 처한다.

187-1. 형법 제187조 선박파괴죄에서 말하는 '파괴'의 의미 [대법원 2009. 4. 23. 선고, 2008도11921]

【판시사항】

[1] 형법 제187조 선박파괴죄에서 말하는 '파괴'의 의미

[2] 대형 유조선의 유류탱크 일부에 구멍이 생기고 선수마스트, 위성통신 안테나, 항해등 등이 파손된 정도에 불과한 것은 형법 제187조에 정한 선박의 '파괴'에 해당하지 않는다.

【판결요지】

[1] 형법이 제187조를 교통방해의 죄 중 하나로서 그 법정형을 높게 정하는 한편 미수, 예비·음모까지도 처벌 대상으로 삼고 있는 사정에 덧붙여 '파괴' 외에 다른 구성요건 행위인 전복, 매몰, 추락 행위가 일반적으로 상당한 정도의 손괴를 수반할 것이 당연히 예상되는 사정 등을 고려해 볼 때, 형법 제187조에서 정한 '파괴'란 다른 구성요건 행위인 전복, 매몰, 추락 등과 같은 수준으로 인정할 수 있을 만큼 교통기관으로서의 기능·용법의 전부나 일부를 불가능하게 할 정도의 파손을 의미하고, 그 정도에 이르지 아니하는 단순한 손괴는 포함되지 않는다.

[2] 총 길이 338m, 갑판 높이 28.9m, 총 톤수 146,848톤, 유류탱크 13개, 평형수탱크 4개인 대형 유조선의 유류탱크 일부에 구멍이 생기고 선수마스트, 위성통신 안테나, 항해등 등이 파손된 정도에 불과한 것은 형법 제187조에 정한 선박의. '파괴'에 해당하지 않는다.

1. 형법 제187조에 정한 "파괴"의 뜻 [대법원 1970. 10. 23. 선고, 70도1611] .
【판결요지】
본조에서 정한 "파괴"의 뜻은 기차, 전차, 자동차, 선박 도는 항공기의 교통기관으로서의 용법의 전부 또는 일부를 불가능하게 할 정도의 파손을 의미하고 이 정도에 이르지 아니하는 단순하고 경미한 손괴를 포함하지 않는다

187-2. 선박매몰죄의 고의가 성립하기 위한 인식의 정도 및 사람의 현존하는 선박에 대해 매몰행위의 실행을 개시하여 선박을 매몰시켰으나 그 결과발생시 사람이 현존하지 않았거나 범인이 선박에 있는 사람을 안전하게 대피시킨 경우, 선박매몰죄의 기수로 볼 것인지 여부(적극) [대법원 2000. 6. 23. 선고, 99도4688]

【판결요지】

선박매몰죄의 고의가 성립하기 위하여는 행위시에 사람이 현존하는 것이라는 점에 대한 인식과 함께 이를 매몰한다는 결과발생에 대한 인식이 필요하며, 현존하는 사람을 사상에 이르게 한다는 등 공공의 위험에 대한 인식까지는 필요하지 않고, 사람의 현존하는 선박에 대해 매몰행위의 실행을 개시하고 그로 인하여 선박을 매몰시켰다면 매몰의 결과발생시 사람이 현존하지 않았거나 범인이 선박에 있는 사람을 안전하게 대피시켰다고 하더라도 선박매몰죄의 기수로 보아야 할 것이지 이를 미수로 볼 것은 아니다.

187-3. 승객이 탄 헬리콥터의 조종사가 엔진 고장시에 긴급시의 항법으로서 정해진 절차에 따라 운행하지 못한 과실로 위 항공기를 해상에 추락시킨 경우(적극) [대법원 1990. 9. 11. 선고, 90도1486]

【판결요지】

형법 제187조에서 말하는 항공기의 '추락'이라 함은 공중에 떠 있는 항공기를 정상시 또는 긴급시의 정해진 항법에 따라 지표 또는 수면에 착륙 또는 착수시키지 못하고, 그 이외의 상태로 지표 또는 수면에 낙하시키는 것을 말하는 것인바, 헬리콥터에 승객 3명을 태우고 운항하던 조종사가 엔진 고장이 발생한 경우에 위 항공기를 긴급시의 항법으로서 정해진 절차에 따라 운항하지 못한 과실로 말미암아 사람이 현존하는 위 항공기를 안전하게 비상착수시키지 못하고 해상에 추락시켰다면 업무상 과실항공기추락죄에 해당한다.

187-4. 선박매몰죄와 선박매몰치사죄의 죄수관계 [서울고법 1990. 5. 18. 선고, 89노3822, 확정]

【판결요지】

선박매몰치사죄는 선박매몰죄를 범하여 사람을 사망하게 한 결과가 발생하였을 때 성립하는 이른바 결과적가중범으로서 선박매몰죄에 대하여는 특별법관계에 있어 선박매몰치사죄가 인정되는 이상 이와 별도로 선박매몰죄가 성립되는 것은 아니라고 보아야 할것이고 위 2개의 죄가 별개로 성립하여 상상적경합관계에 있는 것으로 볼 것이 아니다.

제189조[과실, 업무상과실, 중과실]

제189조(과실, 업무상과실, 중과실) ① 과실로 인하여 제185조 내지 제187조의 죄를 범한 자는 1천만원 이하의 벌금에 처한다. 〈개정 1995. 12. 29.〉
② 업무상과실 또는 중대한 과실로 인하여 제185조 내지 제187조의 죄를 범한 자는 3년 이하의 금고 또는 2천만원 이하의 벌금에 처한다. 〈개정 1995. 12. 29.〉

189-1. 예인선 정기용선자의 현장소장 甲은 사고 위험성이 높은 시점에 출항을 강행할 것을 지시하였고, 예인선 선장 乙은 甲 지시에 따라 사고의 위험성이 높은 시점에 출항하는 등 무리하게 예인선을 운항한 결과 예인되던 선박에 적재된 물건이 해상에 추락하여 선박교통을 방해한 경우 [대법원 2009. 6. 11. 선고, 2008도11784]

【판결요지】

예인선 정기용선자의 현장소장 甲은 사고의 위험성이 높은 해상에서 철골 구조물 및 해상크레인 운반작업을 함에 있어 선적작업이 지연되어 정조시점에 맞추어 출항할 수 없게 되었음에도, 출항을 연기하거나 대책을 강구하지 않고 예인선 선장 乙의 출항연기 건의를 묵살한 채 출항을 강행하도록 지시하였고, 예인선 선장 乙은 甲의 지시에 따라 사고의 위험이 큰 시점에 출항하였고 해상에 강조류가 흐르고 있었음에도 무리하게 예인선을 운항한 결과 무동력 부선에 적재된 철골 구조물이 해상에 추락하여 해상의 선박교통을 방해한 사안에서, 甲과 乙을 업무상과실일반교통방해죄의 공동정범으로 처벌한 사례

189-2. 성수대교 붕괴사고에서 교량 건설회사의 트러스 제작 책임자, 교량공사 현장감독, 발주 관청의 공사감독 공무원 등에게 업무상과실치사상, 업무상과실일반교통방해, 업무상과실자동차추락죄 등의 유죄를 인정한 사례 [대법원 1997. 11. 28. 선고, 97도1740]

【판결요지】

[1] 구 형법(1995. 12. 29. 법률 제5057호로 개정되기 전의 것) 제189조 제2항, 제185조에서 업무상과실일반교통방해의 한 행위태양으로 규정한 '손괴'라고 함은 물리적으로 파괴하여 그 효용을 상실하게 하는 것을 말하므로, 이 사건 성수대교의 건설 당시의 부실제작 및 부실시공행위 등에 의하여 트러스가 붕괴되는 것도 위 '손괴'의 개념에 포함된다.

[2] 구 형법(1995. 12. 29. 법률 제5057호로 개정되기 전의 것) 제189조 제2항에서 말하는 '업무상과실'의 주체는 기차, 전차, 자동차, 선박, 항공기나 기타 일반의 '교통왕래에 관여하는 사무'에 직접·간접으로 종사하는 자이어야 할 것인바, 성수대교는 차량 등의 통행을 주된 목적으로 하여 건설된 교량이므로, 그 건설 당시 제작, 시공을 담당한 자도 '교통왕래에 관여하는 사무'에 간접적으로 관련이 있는 자에 해당한다.

[3] 업무상과실로 인하여 교량을 손괴하여 자동차의 교통을 방해하고 그 결과 자동차를 추락시킨 경우에는 구 형법(1995. 12. 29. 법률 제5057호로 개정되기 전의 것) 제189조 제2항, 제185조 소정의 업무상과실일반교통방해죄와 같은 법 제189조 제2항, 제187조 소정의 업무상과실자동차추

락죄가 성립하고, 위 각 죄는 형법 제40조 소정의 상상적 경합관계에 있다.

 [4] 성수대교와 같은 교량이 그 수명을 유지하기 위하여는 건설업자의 완벽한 시공, 감독공무원들의 철저한 제작시공상의 감독 및 유지·관리를 담당하고 있는 공무원들의 철저한 유지·관리라는 조건이 합치되어야 하는 것이므로, 위 각 단계에서의 과실 그것만으로 붕괴원인이 되지 못한다고 하더라도, 그것이 합쳐지면 교량이 붕괴될 수 있다는 점은 쉽게 예상할 수 있고, 따라서 위 각 단계에 관여한 자는 전혀 과실이 없다거나 과실이 있다고 하여도 교량붕괴의 원인이 되지 않았다는 등의 특별한 사정이 있는 경우를 제외하고는 붕괴에 대한 공동책임을 면할 수 없다.

189-3. 기온의 급상승으로 인한 철로장출이 직접적인 원인이 되어 열차가 일부 탈선한 경우(소극)
[대법원 1991. 12. 10. 선고, 91도2044]

【판결요지】

 기관사가 열차 운행중 사고지점 부근이 좌우 진동이 심하다는 다른 열차로부터의 연락이 있으니 주의운전을 바란다는 무전만 받고 시속 약 85Km로 운행하던 중 사고지점 약 50m 앞에서 궤도가 장출되어 있는 것을 발견하고 비상제동을 걸었으나 미치지 못하여 열차가 일부 탈선한 경우, 열차는 미리 지정된 속도로 진행하고 특별한 사정이 없는 한 마음대로 속력을 가감할 수 없는데, 육안으로 궤도장출을 발견하려면 상당히 가까이 가야만 가능하며 그 지점에 이르기 전에 시속 약 20 내지 30Km로 감속하여야만 열차를 정지시킬수 있었던 점 및 위 사고는 기온의 급상승으로 인한 철로장출이 그 직접적인 원인이 된 점 등에 비추어 보면 이와 같은 상황에서 기관사에게 위 사고를 예상하고 충분히 감속하여 즉시 정차해야 할 주의의무가 있다고 할 수 없다.

189-4. 열차기관사의 운전개시 전 열차의 제동장치 이상 유무를 확인하여야 할 업무상 주의의무(적극)
[대법원 1991. 11. 12. 선고, 91도1278]

【판결요지】

 열차 기관사는 운전개시 전 차장으로부터 차장실의 공기압력계 점검결과 등을 무전으로 수신하는 등으로 열차의 제동장치 이상 유무를 확인하여야 할 업무상 주의의무가 있음에도 불구하고 이를 게을리 하였다 하여 업무상과실을 인정한 사례

189-5. 거리, 속도, 도로사정에 비추어 운전자에게 과실이 없다고 본 사례 [대법원 1984. 3. 13. 선고, 83도3006]

【판결요지】

 피고인이 버스를 운전하여 시속 50킬로미터의 속도로 10도 정도의 좌곡각 길을 돌아 나오면서 비로소 전방 100미터 거리에서 두 버스가 약간의 간격을 두고 중앙선을 조금 침범한 채 과속으로 경쟁하면서 마주오는 것을 보았는데 곧 뒤에 오던 버스(1628호)가 추월을 포기하고 자기차선으로 들어가자 별일 없으리라 생각하고 계속 같은 속도로 운행하였다면, 피고인으로서는 추월을 포기하고 자기 차선으로 들어가던 뒤의 버스가 앞차(2006호)의 갑작스러운 급제동조치로 앞차를 충격

한 반동으로 반대차선을 완전히 가로 막을 것임을 예견할 수 있었다고 인정하기 어렵고 또 이러한 거리와 속도 그리고 도로사정하에서 피고인이 사고를 회피할 수 있었다는 사실이 인정되지 아니하는 한 피고인에게 과실이 있다고 인정하기 어렵다.

189-6. 어로작업 중인 항행유지선과 피항선의 충돌시 항행유지선 조선자의 과실성립 요건 [대법원 1984. 1. 17. 선고, 83도2746]

【판시사항】

[1] 어로작업 중인 항행유지선과 피항선의 충돌시 항행유지선 조선자의 과실성립 요건

[2] 항행유지선 조선자의 견시의무 해태와 사고발생 간의 인과관계

【판결요지】

[1] 어로작업중인 항행유지선과 이를 피할 의무있는 피항선이 서로 충돌한 경우에 피항선이 위 항행유지선의 존재나 위치를 정확히 알지 못하고 운행하다가 충돌한 것이라면 항행유지선을 조선하던 피고인에게도 적절한 위험신호를 미리 발하여 그 위치를 상대방 선박에게 알림으로써 피항하도록 하지 못한 과실이 있다 하겠으나, 만일 피항선이 항행유지선의 존재와 위치를 정확히 알고 있으면서 이를 피항하려다가 조선상의 과실로 충돌한 것이라면 항행유지선이 위험신호를 미리 발하여 그 위치를 알림으로써 피항하게 하지 못한 잘못이 사고발생의 원인이 되었다고 보기는 어렵다.

[2] 어로작업중인 항행유지선이라고 할지라도 피항선이 피항하지 않음으로써 충돌의 위험이 닥친 경우에 스스로 방향을 바꾸거나 감속 또는 정선함으로써 사고를 미연에 방지할 수 있다면 그같은 조치를 취할 주의의무가 있으나, 만일 항행유지선 조선자가 견시의무를 다하여 미리 피항선의 근접을 발견하였더라도 충돌의 위험이 닥친 단계에서 스스로 방향변경 등의 방법으로 위험을 피할 도리가 없는 이상 항행유지선 조선자의 견시의무를 소홀히 한 과실은 사고발생과 상당인과관계가 있다고 볼 수 없다.

189-7. 도로교통법 제74조가 형법상의 업무상 과실자동차파괴 등 죄와 특별관계에 있는지 여부(소극) [대법원 1983. 9. 27. 선고, 82도671]

【판결요지】

형법 제189조 제2항, 제187조 소정의 업무상과실자동차파괴등죄는 교통방해죄의 한 태양으로서 공중교통안전을 그 보호법익으로 하는 공공위험죄에 속하는데 반해 도로교통법 제74조는 차량운행에 수반되는 위험성에 비추어 운전자에게 고도의 주의의무를 강조하고 나아가 차량운행과 직접 관계없는 제3자의 재물을 보호하는데 있어 그 보호법익을 달리하고, 그 행위의 객체는 후자가 "건조물 기타 재물" 일반을 그 대상으로 함에 반하여 전자는 "사람이 현존하는 기차, 전차, 자동차, 선박 또는 항공기"로 한정하고, 그 행위의 태양면에서도 후자는 단순손괴로 족함에 반하여 전자는 교통기관으로서의 용법의 전부 또는 일부를 불가능하게 할 정도의 손괴임을 요하는등 위 형법 본조의 구성요건이 위 도로교통법 제74조의 구성요건보다 축소한정되는 관계인 점등에 비추어 위 양법규는 일반법과 특별법관계가 아닌 별개의 독립된 구성요건으로 해석함이 상당하다.

189-8. 농무로 인한 암야에 태풍으로 풍랑이 심한 해상을 항해하는 경우의 선장의 업무상 주의의무
[대법원 1960. 2. 29. 4292형상894]

【판결요지】

농무로 인한 암야에 태풍으로 풍랑이 심한 해상을 항해하는 선박의 선장은 완전한 항로를 유지하기 위하여 선장 자신이 항시 조타운항하여야 하고 부득이한 사정으로 인하여 조타실을 이거하려 할 때에는 항로에 경험이 있고 또 조타술이 능숙한 자로 하여금 대신 조타운항케 하는 조치를 강구하여야 하고 이러한 조치가 불가능할 때에는 일시항해를 정지하는 등 적절한 조치를 취하여 선박으로 하여금 암초에 충돌하여 침몰케 하는 사고가 발생하지 아니하도록 미연에 이를 방지할 것을 업무상 주의의무가 있다 할 것이다.

제16장 먹는 물에 관한 죄

제195조(수도불통)

> 제195조(수도불통) 공중이 먹는 물을 공급하는 수도 그 밖의 시설을 손괴하거나 그 밖의 방법으로 불통(不通)하게 한 자는 1년 이상 10년 이하의 징역에 처한다. [전문개정 2020. 12. 8.]

195-1. 형법 제195조 수도불통죄의 법리 [대법원 1977. 11. 22. 선고, 77도103]

【판결요지】

사설수도를 설치한 시장 번영회가 수도요금을 체납한 회원에 대하여 사전 경고까지 하고 한 단수행위에는 위법성이 있다고 볼 수 없다.

195-2. 사설수도시설자가 불법가입자의 수도시설 손괴한 경우 수도불통죄가 성립하는지 여부(소극) [대구고법 1970. 11. 5. 70노180, 확정]

【판결요지】

사설수도시설자는 불법가입자의 집으로 들어가는 수도시설을 발굴하여 급수를 정지 시킬 수 있으므로 그 수도시설을 손괴하였다 하여도 수도불통죄가 성립치 아니한다.

195-3. 수도불통죄와 부정수도 [대법원 1957. 2. 1. 4289형상317]

【판결요지】

비록 적법한 절차를 밟지 아니한 수도라 할지라도 그것이 현실로 공중생활에 필요한 음용수를 공급하고 있는 시설로 되어있는 이상 해시설을 불법하게 손괴하여서 수도를 불통케 하였을때에는 수도불통으로 봄이 타당하다

제18장 통화에 관한 죄

제207조(통화의 위조 등)

> 제207조(통화의 위조 등) ① 행사할 목적으로 통용하는 대한민국의 화폐, 지폐 또는 은행권을 위조 또는 변조한 자는 무기 또는 2년 이상의 징역에 처한다.
> ② 행사할 목적으로 내국에서 유통하는 외국의 화폐, 지폐 또는 은행권을 위조 또는 변조한 자는 1년 이상의 유기징역에 처한다.
> ③ 행사할 목적으로 외국에서 통용하는 외국의 화폐, 지폐 또는 은행권을 위조 또는 변조한 자는 10년 이하의 징역에 처한다.
> ④ 위조 또는 변조한 전3항 기재의 통화를 행사하거나 행사할 목적으로 수입 또는 수출한 자는 그 위조 또는 변조의 각 죄에 정한 형에 처한다.

207-1. 내국에서 유통하는 외국의 화폐, 지폐 또는 은행권을 위조 또는 변조하는 행위를 처벌하는 특정범죄 가중처벌 등에 관한 법률 제10조 중 형법 제207조 제2항에 관한 부분이 형법 제207조 제2항과의 관계에서 형벌체계상의 정당성과 균형성을 제대로 갖추지 못하여 헌법의 기본원리나 평등원칙에 어긋나는지 여부(적극) [대법원 2015. 2. 16. 선고, 2014도14843]

【판시사항】

특정범죄가중법 제10조 중 형법 제207조 제2항에 관한 부분(이하 '이 사건 특정범죄가중법 조항'이라 한다)은, 형법 제207조 제2항(이하 '이 사건 형법 조항'이라 한다)의 범죄를 범한 사람, 즉 "행사할 목적으로 내국에서 유통하는 외국의 화폐, 지폐 또는 은행권을 위조 또는 변조한 자"를 이 사건 형법 조항에서 정한 법정형보다 중하게 처벌한다는 취지이다. 그런데 이 사건 특정범죄가중법 조항은 이 사건 형법 조항에서 정한 구성요건 외에 특별한 가중적 구성요건의 표지를 전혀 추가하지 않고 법정형만을 가중함으로써 그 법적용을 오로지 검사의 기소재량에만 맡기고 있어 법적용에 대한 혼란을 낳게 되고 더욱이 그 법정형은 이 사건 형법 조항에서 정한 형과 달리 사형을 추가하고 유기징역형의 하한도 5배나 가중하고 있어 형벌체계상의 정당성과 균형성을 제대로 갖추지 못하였다고 할 수 있으므로, 결국 기소 재량에 의하여 어느 규정이 적용되는지 여부에 따라 심각한 형의 불균형이 초래되어 헌법의 기본원리나 평등원칙에 어긋날 수 있다.

따라서 이 사건 형법 조항에 해당하는 범죄를 범한 위 공소사실에 대하여 이 사건 특정범죄가중법 조항을 적용하여 기소된 이 사건에서, 원심으로서는 이 사건 특정범죄가중법 조항의 위헌 여부 내지는 그 적용에 따른 위헌적 결과를 피하기 위한 공소장변경절차 등의 필요 유무 등에 관하여 심리·판단하였어야 함에도, 이를 살펴보지 아니한 채 이 사건 특정범죄가중법 조항을 위반한 공소사실로서의 유죄로 인정함으로써 판결에 영향을 미친 위법이 있다.

207-2. 위조된 외국 화폐 등이 외국에서 강제통용력이 없고 국내에서 사실상 거래 대가의 지급수단이 되지 않는 경우(소극) [대법원 2013. 12. 12. 선고, 2012도2249]

【판시사항】

위조된 외국의 화폐, 지폐 또는 은행권이 외국에서 강제통용력이 없고 국내에서 사실상 거래 대가의 지급수단이 되지 않는 경우, 그 화폐 등을 행사한 행위가 위조통화행사죄를 구성하는지 여부(소극) 및 이 경우 위조사문서행사죄 또는 위조사도화행사죄로 의율할 수 있는지 여부(적극)

【판결요지】

형법상 통화에 관한 죄는 문서에 관한 죄에 대하여 특별관계에 있으므로 통화에 관한 죄가 성립하는 때에는 문서에 관한 죄는 별도로 성립하지 않는다. 그러나 위조된 외국의 화폐, 지폐 또는 은행권이 강제통용력을 가지지 않는 경우에는 형법 제207조 제3항에서 정한 '외국에서 통용하는 외국의 화폐 등'에 해당하지 않고, 나아가 그 화폐 등이 국내에서 사실상 거래 대가의 지급수단이 되고 있지 않는 경우에는 형법 제207조 제2항에서 정한 '내국에서 유통하는 외국의 화폐 등'에도 해당하지 않으므로, 그 화폐 등을 행사하더라도 형법 제207조 제4항에서 정한 위조통화행사죄를 구성하지 않는다고 할 것이고, 따라서 이러한 경우에는 형법 제234조에서 정한 위조사문서행사죄 또는 위조사도화행사죄로 의율할 수 있다고 보아야 한다.

---

1. 형법 제207조 제2항 소정의 내국에서 '유통하는'의 의미 [대법원 2003. 1. 10. 선고, 2002도3340]

【판시사항】

[1] 형법 제207조 제2항 소정의 내국에서 '유통하는'의 의미

[2] 스위스 화폐로서 1998년까지 통용되었으나 현재는 통용되지 않고 다만 스위스 은행에서 신권과의 교환이 가능한 진폐(眞幣)가 형법 제207조 제2항 소정의 내국에서 '유통하는' 외국의 화폐에 해당하지 아니한다.

[3] 위조통화임을 알고 있는 자에게 그 위조통화를 교부한 경우, 위조통화행사죄의 성립 여부(적극)

【판결요지】

[1] 형법 제207조 제2항 소정의 내국에서 '유통하는'이란, 같은 조 제1항, 제3항 소정의 '통용하는'과 달리, 강제통용력이 없이 사실상 거래 대가의 지급수단이 되고 있는 상태를 가리킨다.

[2] 스위스 화폐로서 1998년까지 통용되었으나 현재는 통용되지 않고 다만 스위스 은행에서 신권과의 교환이 가능한 진폐(眞幣)가 형법 제207조 제2항 소정의 내국에서 '유통하는' 외국의 화폐에 해당하지 아니한다.

[3] 위조통화임을 알고 있는 자에게 그 위조통화를 교부한 경우에 피교부자가 이를 유통시키리라는 것을 예상 내지 인식하면서 교부하였다면, 그 교부행위 자체가 통화에 대한 공공의 신용 또는 거래의 안전을 해할 위험이 있으므로 위조통화행사죄가 성립한다.

---

2. 일반인의 관점에서 통용할 것이라고 오인할 가능성이 있는 외국의 지폐(소극) [대법원 2004. 5. 14. 선고, 2003도3487]

【판시사항】

[1] 일반인의 관점에서 통용할 것이라고 오인할 가능성이 있는 외국의 지폐가 형법 제207조 제3항에서 규정한 '외국에서 통용하는 외국의 지폐'에 해당하는지 여부(소극)

[2] 미합중국 100만 달러 지폐와 10만 달러 지폐가 막연히 일반인의 관점에서 미합중국에서 강제통용력을 가졌다고 오인할 수 있다는 이유로 형법 제207조 제3항의 외국에서 통용하는 지폐에 포함된다고 판단한 원심판결을 파기한 사례

【판결요지】

[1] 형법 제207조 제3항은 "행사할 목적으로 외국에서 통용하는 외국의 화폐, 지폐 또는 은행권을 위조 또는 변조한 자는 10년 이하의 징역에 처한다."고 규정하고 있는바, 여기에서 **외국에서 통용한다**고 함은 그 외국에서 강제통용력을 가지는 것을 의미하는 것이므로 외국에서 통용하지 아니하는 즉, 강제통용력을 가지지 아니하는 지폐는 그것이 비록 일반인의 관점에서 통용할 것이라고 오인할 가능성이 있다고 하더라도 위 형법 제207조 제3항에서 정한 외국에서 통용하는 외국의 지폐에 해당한다고 할 수 없고, 만일 그와 달리 위 형법 제207조 제3항의 외국에서 통용하는 지폐에 일반인의 관점에서 통용할 것이라고 오인할 가능성이 있는 지폐까지 포함시키면 이는 위 처벌조항을 문언상의 가능한 의미의 범위를 넘어서까지 유추해석 내지 확장해석하여 적용하는 것이 되어 죄형법정주의의 원칙에 어긋나는 것으로 허용되지 않는다.

[2] 미국에서 발행된 적이 없이 단지 여러 종류의 관광용 기념상품으로 제조, 판매되고 있는 미합중국 100만 달러 지폐와 과거에 발행되어 은행 사이에서 유통되다가 현재는 발행되지 않고 있으나 화폐수집가나 재벌들이 이를 보유하여 오고 있는 미합중국 10만 달러 지폐가 막연히 일반인의 관점에서 미합중국에서 강제통용력을 가졌다고 오인할 수 있다는 이유로 형법 제207조 제3항의 외국에서 통용하는 지폐에 포함된다고 판단한 원심판결을 파기한 사례

207-3. 자신의 신용력을 증명하기 위하여 타인에게 보일 목적으로 통화를 위조한 경우(소극) [대법원 2012. 3. 29. 선고, 2011도7704]

【판시사항】

[1] 형법 제207조 통화위조죄 등에서 '행사할 목적'의 의미 및 자신의 신용력을 증명하기 위하여 타인에게 보일 목적으로 통화를 위조한 경우, 행사할 목적이 인정되는지 여부(소극)

[2] 통화위조죄와 위조통화행사죄의 객체인 '위조통화'가 유통과정에서 일반인이 진정한 통화로 오인할 정도의 외관을 갖추어야 하는지 여부(적극)

【판결요지】

[1] 형법 제207조에서 정한 '행사할 목적'이란 유가증권위조의 경우와 달리 위조·변조한 통화를 진정한 통화로서 유통에 놓겠다는 목적을 말하므로, 자신의 신용력을 증명하기 위하여 타인에게 보일 목적으로 통화를 위조한 경우에는 행사할 목적이 있다고 할 수 없다.

[2] 통화위조죄와 위조통화행사죄의 객체인 위조통화는 유통과정에서 일반인이 진정한 통화로 오인할 정도의 외관을 갖추어야 한다.

---

1. 객관적으로 진정한 통화로 오인될 염려가 없어도 위조통화행사죄의 객체가 될 수 있는지 여부(소극)
[대법원 1985. 4. 23. 선고, 85도570]
【판결요지】

위조통화행사죄의 객체인 위조통화는 객관적으로 보아 일반인으로 하여금 진정통화로 오신케 할 정도에 이른 것이면 족하고 그 위조의 정도가 반드시 진물에 흡사하여야 한다거나 누구든지 쉽게 그 진부를 식별하기가 불가능한 정도의 것일 필요는 없으나, 이 사건 위조지폐인 한국은행 10,000원권과 같이 전자복사기로 복사하여 그 크기와 모양 및 앞뒤로 복사되어 있는 점은 진정한 통화와 유사하나 그 복사된 정도가 조잡하여 정밀하지 못하고 진정한 통화의 색채를 갖추지 못하고 흑백으로만 되어 있어 객관적으로 이를 진정한 것으로 오인할 염려가 전혀 없는 정도의 것인 경우에는 위조통화행사죄의 객체가 될 수 없다.

---

2. 통화의 앞 뒤면을 전자복사기로 복사하여 같은 크기로 자른 것이 통화위조죄 및 위조통화행사죄의 객체가 될 수 있는지 여부(소극) [대법원 1986. 3. 25. 선고, 86도255]
【판결요지】
통화위조죄와 위조통화행사죄의 객체인 위조통화는 그 통화과정에서 일반인이 진정한 통화로 오인할 정도의 외관을 갖추어야 할 것이므로, 한국은행발행 일만원권 지폐의 앞.뒷면을 전자복사기로 복사하여 비슷한 크기로 자른 정도의 것은 객관적으로 진정한 통화로 오인할 정도에 이르지 못하여 통화위조죄 및 위조통화행사죄의 객체가 될 수 없다.

207-4. 통화변조에 해당하기 위한 요건 [대법원 2004. 3. 26. 선고, 2003도5640]

【판시사항】

[1] 통화변조에 해당하기 위한 요건

[2] 진정한 통화인 미화 1달러 및 2달러 지폐의 발행연도, 발행번호, 미국 재무부를 상징하는 문양, 재무부장관의 사인, 일부 색상을 고친 것만으로는 통화가 변조되었다고 볼 수 없다.

【이 유】

진정한 통화에 대한 가공행위로 인하여 기존 통화의 명목가치나 실질가치가 변경되었다거나 객관적으로 보아 일반인으로 하여금 기존 통화와 다른 진정한 화폐로 오신하게 할 정도의 새로운 물건을 만들어 낸 것으로 볼 수 없다면 통화가 변조되었다고 볼 수 없다(대법원 2002. 1. 11. 선고 2000도3950 판결 등 참조).

---

1. 통화위조죄에 있어서의 위조의 정도 [대법원 1979. 8. 28. 선고, 79도639]
【판결요지】
한국은행권 10원짜리 주화의 표면에 하얀 약칠을 하여 100원짜리 주화와 유사한 색채를 갖도록 색채의 변경만을 한 경우 이는 일반인으로 하여금 진정한 통화로 오신케 할 정도의 새로운 화폐를 만들어 낸 것이라고 볼 수 없다.

---

2. 일본국의 자동판매기 등에 투입하여 일본국의 500¥짜리 주화처럼 사용하기 위하여 한국은행발행 500원짜리 주화의 표면 일부를 깎아내어 손상을 가한 경우(소극) [대법원 2002. 1. 11. 선고, 2000도3950]
【판결요지】
피고인들이 한국은행발행 500원짜리 주화의 표면 일부를 깎아내어 손상을 가하였지만 그 크기와 모양 및 대부분의 문양이 그대로 남아 있어, 이로써 기존의 500원짜리 주화의 명목가치나 실질가치가 변경되었다거나, 객관적으로 보아 일반인으로 하여금 일본국의 500¥짜리 주화로 오신케 할 정도의 새로운 화폐를 만들어 낸 것이라고 볼 수 없고, 일본국의 자동판매기 등이 위와 같이 가공된 주화를 일본국의 500¥짜리 주화로 오인한다는 사정만을 들어 그 명목가치가 일본국의 500¥으로 변경되었다거나 일반인으로 하여금 일본국의 500¥짜리 주화로 오신케 할 정도에 이르렀다고 볼 수도 없다.

207-5. 위조통화를 행사한 경우 사기죄가 성립되는지 여부 [대법원 1979. 7. 10. 선고, 79도840]

【판결요지】

통화위조죄에 관한 규정은 공공의 거래상의 신용 및 안전을 보호하는 공공적인 법익을 보호함을 목적으로 하고 있고, 사기죄는 개인의 재산법익에 대한 죄이어서 양죄는 그 보호법익을 달리하고 있으므로 위조통화를 행사하여 재물을 불법영득한 때에는 위조통화행사죄와 사기죄의 양죄가 성립된다.

207-6. 통화위조의 착수에 이르렀다고 볼 수 없는 사례 [대법원 1966. 12. 6. 선고, 66도1317]

【판결요지】

피고인이 행사할 목적으로 미리 준비한 물건들과 옵세트인쇄기를 사용하여 한국은행권 100원권을 사진찍어 그 필름 원판 7매와 이를 확대하여 현상한 인화지 7매를 만들었음에 그쳤다면 아직 통화위조의 착수에는 이르지 아니하였고 그 준비단계에 불과하다.

제19장 유가증권, 우표와 인지에 관한 죄

제214조[유가증권의 위조 등]

> 제214조(유가증권의 위조 등) ① 행사할 목적으로 대한민국 또는 외국의 공채증서 기타 유가증권을 위조 또는 변조한 자는 10년 이하의 징역에 처한다.
> ② 행사할 목적으로 유가증권의 권리의무에 관한 기재를 위조 또는 변조한 자도 전항의 형과 같다.

214-1. 대표이사가 대표 자격을 표시하는 방식으로 약속어음 등 유가증권을 작성하는 경우(적극)
    [대법원 2015. 11. 27. 선고, 2014도17894]

【판시사항】

주식회사의 대표이사가 대표 자격을 표시하는 방식으로 문서를 작성한 행위가 위조에 해당하는지 판단하는 기준(=작성권한의 유무) 및 대표이사가 허위로 또는 대표권을 남용하여 주식회사 명의의 문서를 작성한 경우, 자격모용사문서작성죄 또는 사문서위조죄에 해당하는지 여부(소극) / 이러한 법리는 대표이사가 대표 자격을 표시하는 방식으로 약속어음 등 유가증권을 작성하는 경우에도 마찬가지로 적용되는지 여부(적극)

【이 유】

주식회사의 대표이사가 그 대표 자격을 표시하는 방식으로 작성한 문서에 표현된 의사 또는 관념이 귀속되는 주체는 대표이사 개인이 아닌 주식회사이므로 그 문서의 명의자는 주식회사라고 보아야 한다. 따라서 위와 같은 문서 작성행위가 위조에 해당하는지는 그 작성자가 주식회사 명의의 문서를 적법하게 작성할 권한이 있는지에 따라 판단하여야 하고, 문서에 대표이사로 표시되어 있는 사람으로부터 그 문서 작성에 관하여 위임 또는 승낙을 받았는지에 따라 판단할 것은 아니다(대법원 2008. 12. 24. 선고 2008도7836 판결 참조).

원래 주식회사의 적법한 대표이사는 회사의 영업에 관하여 재판상 또는 재판외의 모든 행위를 할 권한이 있으므로, 대표이사가 직접 주식회사 명의의 문서를 작성하는 행위는 자격모용사문서작성 또는 위조에 해당하지 않는 것이 원칙이다. 이는 그 문서의 내용이 진실에 반하는 허위이거나 대표권을 남용하여 자기 또는 제3자의 이익을 도모할 목적으로 작성된 경우에도 마찬가지이다(대법원 2010. 5. 13. 선고 2010도1040 판결 참조).

이러한 법리는 주식회사의 대표이사가 대표 자격을 표시하는 방식으로 약속어음 등 유가증권을 작성하는 경우에도 마찬가지로 적용된다.

214-2. 유가증권의 내용 중 이미 변조된 부분을 다시 권한 없이 변경한 경우(소극) [대법원 2012. 9. 27. 선고, 2010도15206]

【판결요지】

유가증권변조죄에서 '변조'는 진정하게 성립된 유가증권의 내용에 권한 없는 자가 유가증권의 동일성을 해하지 않는 한도에서 변경을 가하는 것을 의미하고, 이와 같이 권한 없는 자에 의해 변조된 부분은 진정하게 성립된 부분이라 할 수 없다. 따라서 <u>유가증권의 내용 중 권한 없는 자에 의하여 이미 변조된 부분을 다시 권한 없이 변경하였다고 하더라도 유가증권변조죄는 성립하지 않는다.</u>

---

1. 약속어음의 액면금액을 권한 없이 변경하는 경우의 죄책(=유가증권변조죄) [대법원 2006. 1. 26. 선고, 2005도4764]

【판시사항】

[1] 위조 유가증권에 대한 유가증권변조죄의 성립 여부(소극)

[2] 약속어음의 액면금액을 권한 없이 변경하는 경우의 죄책(=유가증권변조죄)

【판결요지】

[1] <u>유가증권변조죄에 있어서 변조라 함은 진정으로 성립된 유가증권의 내용에 권한 없는 자가 그 유가증권의 동일성을 해하지 않는 한도에서 변경을 가하는 것을 말하므로, 이미 타인에 의하여 위조된 약속어음의 기재사항을 권한 없이 변경하였다고 하더라도 유가증권변조죄는 성립하지 아니한다.</u>

[2] 약속어음의 액면금액을 권한 없이 변경하는 것은 유가증권변조에 해당할 뿐 유가증권위조는 아니므로, 약속어음의 액면금액을 권한 없이 변경하는 행위가 당초의 위조와는 별개의 새로운 유가증권위조로 된다고 할 수 없다.

---

2. 갑(甲)이 백지 약속어음의 액면란 등을 부당 보충하여 위조한 후 을(乙)이 갑(甲)과 공모하여 금액란을 임의로 변경한 경우(소극) [대법원 2008. 12. 24. 선고, 2008도9494]

【판시사항】

갑(甲)이 백지 약속어음의 액면란 등을 부당 보충하여 위조한 후 을(乙)이 갑(甲)과 공모하여 금액란을 임의로 변경한 사안에서, 을(乙)의 행위는 유가증권위조나 변조에 해당하지 않는다.

【이 유】

유가증권변조죄에 있어서 변조라 함은 진정으로 성립된 유가증권의 내용에 권한 없는 자가 그 유가증권의 동일성을 해하지 않는 한도에서 변경을 가하는 것을 말하므로, 이미 타인에 의하여 위조된 약속어음의 기재사항을 권한 없이 변경하였다고 하더라도 유가증권변조죄는 성립하지 아니한다. 그리고 <u>위조된 약속어음의 액면금액을 권한 없이 변경하는 것이 당초의 위조와는 별개의 새로운 유가증권위조로 된다고 할 수도 없다</u>(대법원 2006. 1. 26. 선고 2005도4764 판결 등 참조).

그러므로 권한 없이 보충됨으로써 위조되었다고 평가되는 약속어음에 있어서 그 위조행위자와 공모하여 그 금액란을 임의로 변경한 피고인의 행위를 같은 취지에서 무죄로 본 원심의 판단은 정당하다.

214-3. 사자(死者)·허무인 명의 유가증권을 위조한 경우(한정 적극) [대법원 2011. 7. 14. 선고, 2010도1025]

【판시사항】

[1] 사자(死者)·허무인 명의 유가증권을 위조한 경우, 유가증권위조죄 성립 여부(한정 적극)

[2] 사망자의 상속인인 처(妻)에게서 사망자의 인장을 교부받아 사망자 생존 시를 발행일자로 한 사자(死者) 명의 유가증권을 위조한 경우, 발행명의인의 승낙이 있었다고 볼 수 있는지 여부(소극)

【이 유】

[1] 약속어음과 같이 유통성을 가진 유가증권의 위조는 일반거래의 신용을 해하게 될 위험성이 매우 크다는 점에서 적어도 행사할 목적으로 외형상 일반인으로 하여금 진정하게 작성된 유가증권이라고 오신케 할 수 있을 정도로 작성된 것이라면 그 발행명의인이 가령 실재하지 않은 사자 또는 허무인이라 하더라도 그 위조죄가 성립된다고 해석함이 상당하다(대법원 1971. 7. 27. 선고 71도905 판결 참조).

[2] 그리고 사자 명의로 된 약속어음을 작성함에 있어 사망자의 처로부터 사망자의 인장을 교부받아 생존 당시 작성한 것처럼 약속어음의 발행일자를 그 명의자의 생존 중의 일자로 소급하여 작성한 때에는 발행명의인의 승낙이 있었다고 볼 수 없다(대법원 1983. 10. 25. 선고 83도1520 판결, 대법원 2009. 10. 29. 선고 2009도4658 판결 등 참조).

---

1. 허무인 명의 유가증권이라도 그것이 행사할 목적으로 작성되었고 외형상 일반인으로 하여금 진정하게 작성된 유가증권이라고 오신케 할 수 있을 경우(적극) [대법원 1971. 7. 27. 선고, 71도905]

【판시사항】

어음과 같은 유통성을 가진 유가증권의 위조는 일반거래의 신용을 해하는 위험성이 있다는 점으로 보아 적어도 행사할 목적으로 외형상 일반인으로 하여금 진정하게 작성된 유가증권이라고 오신케 할 수 있을 정도로 작성된 것이라면 그 명의인이 가령 실재하지 않은 허무인이라 하더라도 그 위조죄가 성립된다고 해석함이 상당하다 할 것임에도 불구하고 원심이 위의 발행 명의인 "이동수"가 허무인이라는 이유만으로서 유가증권위조죄의 성립을 부정하였음은 유가증권위조에 관한 법리를 오해한 위법이 있다고 아니할 수 없은즉 이를 파기하여야 할 것인바 검사는 원심에서 유죄를 선고한 사기의 점에 대하여도 위의 무죄부분과 같이 상고를 하였음에도 불구하고 사기의 점에 대하여는 상고 이유서에 아무 언급이 없다 하더라도 위의 유가증권 위조와 동행사 및 사기의 공소사실은 경합범으로서 공소가 된 것인즉 원판결을 전부 파기하기로 한다. (1971.4.20. 선고 71도359 판결참조)

214-4. 유가증권위조죄 공범 사이에서 위조유가증권 교부행위가 위조유가증권행사죄에 해당하는지 여부(소극) [대법원 2010. 12. 9. 선고, 2010도12553]

【판시사항】

[1] 유가증권위조죄의 공범 사이에서의 위조유가증권 교부행위가 위조유가증권행사죄에 해당하는지 여부(소극)

[2] 피고인과 甲은 甲이 피고인으로부터 돈을 차용하는 것처럼 가장하기로 공모한 다음, 피고인이 위조된 자기앞수표가 들어 있는 봉투를 乙을 통해 공범 甲과 그 위조사실을 모르는 丙이 함께 있는 자리에서 甲에게 교부하였는데, 이때 甲은 위조된 자기앞수표를 봉투에서 꺼내거나 丙에게 보여 주지도 않은 사안에서, 피고인에 대한 위 위조유가증권행사의 공소사실을 유죄로 인정한 원심판결에 법리오해의 위법이 있다.

【판결요지】

[1] 위조유가증권행사죄의 처벌목적은 유가증권의 유통질서를 보호하는 데 있는 만큼 단순히 문서의 신용성을 보호하고자 하는 위조공·사문서행사죄의 경우와는 달리 교부자가 진정 또는 진실

한 유가증권인 것처럼 위조유가증권을 행사하였을 때뿐만 아니라 위조유가증권임을 알고 있는 자에게 교부하였더라도 피교부자가 이를 유통시킬 것임을 인식하고 교부하였다면, 그 교부행위 그 자체가 유가증권의 유통질서를 해할 우려가 있어 처벌의 이유와 필요성이 충분히 있으므로 위조유가증권행사죄가 성립한다고 보아야 할 것이지만, <u>위조유가증권의 교부자와 피교부자가 서로 유가증권위조를 공모하였거나 위조유가증권을 타에 행사하여 그 이익을 나누어 가질 것을 공모한 공범의 관계에 있다면, 그들 사이의 위조유가증권 교부행위는 그들 이외의 자에게 행사함으로써 범죄를 실현하기 위한 전단계의 행위에 불과한 것으로서 위조유가증권은 아직 범인들의 수중에 있다고 볼 것이지 행사되었다고 볼 수는 없다.</u>

[2] 피고인과 甲은 甲이 피고인으로부터 1,500만 원을 차용하는 것처럼 가장하기로 공모한 다음, 피고인이 위조된 100만 원권 자기앞수표 14장 외에 10만 원권 수표 10장이 들어 있는 봉투를 乙을 통해 공범 甲과 그 위조사실을 모르는 丙이 함께 있는 자리에서 甲에게 교부하자, 甲은 그 자리에서 자신의 연인 丙을 보증인으로 하는 차용증을 작성하여 乙에게 주었는데, 이때 甲은 봉투에서 10만 원권 수표 10장을 꺼내어 丙에게 보여 주었으나 위조된 100만 원권 자기앞수표는 봉투에서 꺼내거나 丙에게 보여 주지도 않은 사안에서, 乙이나 甲이 위조된 자기앞수표를 丙에게 제시하는 등으로 이를 인식하게 하였다고 할 수 없어 이들이 위 봉투를 丙의 면전에서 주고받은 행위를 위조된 자기앞수표를 행사한 경우에 해당한다고 볼 수 없고, 따라서 乙이나 甲에게 위 수표를 교부한 것이 이를 행사한 경우에 해당한다고 볼 수도 없다.

---

1. 위조유가증권임을 알고 있는 자에게 교부한 소위와 동 행사죄의 성부(적극) [대법원 1983. 6. 14. 선고, 81도2492]

【판결요지】

<u>위조유가증권임을 알고 있는 자에게 교부하였더라도 피교부자가 이를 소통시킬 것임을 인식하고 교부하였다면 그 교부행위 그 자체가 유가증권의 유통질서를 해할 우려가 있어 위조유가증권행사죄가 성립한다.</u>

214-5. 위조 선하증권 사본의 위조유가증권 여부(소극) [대법원 2010. 5. 13. 선고, 2008도10678]

【판시사항】

피고인이 은행에 제출한 위조 선하증권의 사본이 위조유가증권행사죄에서 말하는 유가증권에 해당하지 않는다.

위조유가증권행사죄에 있어서의 유가증권이라 함은 위조된 유가증권의 원본을 말하는 것이지 전자복사기 등을 사용하여 기계적으로 복사한 사본은 이에 해당하지 않는다(대법원 2007. 2. 8. 선고 2006도8480 판결 등 참조).

214-6. 수표위조·변조에 의한 부정수표단속법 제5조 위반죄의 성립에 '행사할 목적'이 필요한지 여부(소극) [대법원 2008. 2. 14. 선고, 2007도10100]

【판결요지】

유가증권위조·변조죄에 관한 형법 제214조 제1항은 "행사할 목적으로 대한민국 또는 외국의 공채증서 기타 유가증권을 위조 또는 변조한 자는 10년 이하의 징역에 처한다" 라고 규정하고 있는 반면, 수표위조·변조죄에 관한 부정수표단속법 제5조는 "수표를 위조 또는 변조한 자는 1년 이상의 유기징역과 수표금액의 10배 이하의 벌금에 처한다" 라고 규정하고 있는바, 이러한 <u>부정수표단속법 제5조의 문언상 본조는 수표의 강한 유통성과 거래수단으로서의 중요성을 감안하여 유가증권 중 수표의 위·변조행위에 관하여는 범죄성립요건을 완화하여 초과주관적 구성요건인 '행사할 목적' 을 요구하지 아니하는 한편, 형법 제214조 제1항 위반에 해당하는 다른 유가증권 위조·변조행위보다 그 형을 가중하여 처벌하려는 취지의 규정이라고 해석하여야 한다.</u>

214-7. 선하증권 팩스(모사전송기) 사본의 허위작성유가증권행사죄에서 말하는 유가증권 유무(소극) [대법원 2007. 2. 8. 선고, 2006도8480]

【판시사항】

[1] 허위작성유가증권행사죄 또는 위조유가증권행사죄에서 유가증권의 의미

[2] 선하증권의 팩스(모사전송기) 사본이 허위작성유가증권행사죄에서 말하는 유가증권에 해당하지 않는다.

【이 유】

허위작성유가증권행사죄 또는 위조유가증권행사죄에 있어서의 유가증권이라 함은 허위작성 또는 위조된 유가증권의 원본을 말하는 것이지 <u>전자복사기 등을 사용하여 기계적으로 복사한 사본은 이에 해당하지 않는다</u>(대법원 1998. 2. 13. 선고 97도2922 판결 등 참조). 이 사건 품의서에 첨부되어 제출된, 선하증권 12장의 팩스(모사전송기) 사본은 허위작성유가증권행사죄에 있어서의 유가증권에 해당하지 않는다.

---

1. 위조유가증권행사죄에 있어서의 '유가증권'의 의미 [대법원 1998. 2. 13. 선고, 97도2922]

【판결요지】

위조유가증권행사죄에 있어서의 유가증권이라 함은 위조된 유가증권의 원본을 말하는 것이지 전자복사기 등을 사용하여 기계적으로 복사한 사본은 이에 해당하지 않는다.

214-8. 약속어음의 발행인으로부터 어음금액이 백지인 약속어음의 할인을 위임받은 자가 위임범위 내에서 어음금액을 기재한 후 어음할인을 받으려고 하다가 그 목적을 이루지 못하자 유통되지 아니한 당해 약속어음을 원상태대로 발행인에게 반환하기 위하여 어음금액의 기재를 삭제한 경우(소극) [대법원 2006. 1. 13. 선고, 2005도6267]

【판시사항】

유가증권변조죄에 있어서 변조라 함은 진정으로 성립된 유가증권의 내용에 권한 없는 자가 그 유가증권의 동일성을 해하지 않는 한도에서 변경을 가하는 것을 말하는바(대법원 1984. 11. 27. 선고 84도1862 판결, 2003. 1. 10. 선고 2001도6553 판결 등 참조), 약속어음의 발행인으로부터 어음금액이 백지인 약속어음의 할인을 위임받은 자가 위임 범위 내에서 어음금액을 기재한 후 어음할인을 받으려고 하다가 그 목적을 이루지 못하자 유통되지 아니한 당해 약속어음을 원상태대

로 발행인에게 반환하기 위하여 어음금액의 기재를 삭제하는 것은 그 권한 범위 내에 속한다고 할 것이므로, 이를 유가증권변조라고 볼 수 없다.

214-9. 어음의 발행인이 약속어음을 회수한 후 지급일자를 임의로 변경한 행위(적극) [대법원 2003. 1. 10. 선고, 2001도6553]

【판시사항】

형법 제214조 제2항에 규정된 '유가증권의 권리의무에 관한 기재를 변조한다'는 것은 진정하게 성립된 타인 명의의 부수적 증권행위에 관한 유가증권의 기재내용에 작성권한이 없는 자가 변경을 가하는 것을 말하고(대법원 1989. 12. 8. 선고 88도753 판결 참조), <u>어음발행인이라 하더라도 어음상에 권리의무를 가진 자가 있는 경우에는 이러한 자의 동의를 받지 아니하고 어음의 기재 내용에 변경을 가하였다면 이는 유가증권의 권리의무에 관한 기재를 변조한 것에 해당한다 할 것이다.</u>

피고인은 공소외 주식회사 미륭상사에게 물품대금의 지급담보조로 자신이 발행한 약속어음 8매를 교부하였다가 그 대금을 지급하거나 새로운 어음으로 교체하는 방법으로 위 어음들을 회수한 후 어음에 남아있는 미륭상사 명의 배서의 담보적 효력을 이용하기 위하여 이미 경과된 지급기일을 임의로 그 후의 날짜로 변경한 후 공소외 이복환에게 이를 교부하였다는 것이므로 피고인의 행위는 형법 제214조 제2항 소정의 유가증권변조죄에 해당한다.

214-10. 형법 제214조의 '유가증권'의 개념 및 그 판단 방법 [대법원 2001. 8. 24. 선고, 2001도2832]

【판결요지】

형법 제214조의 <u>유가증권</u>이란 증권상에 표시된 재산상의 권리의 행사와 처분에 그 증권의 점유를 필요로 하는 것을 총칭하는 것으로서 재산권이 증권에 화체된다는 것과 그 권리의 행사와 처분에 증권의 점유를 필요로 한다는 두 가지 요소를 갖추면 족하지 반드시 유통성을 가질 필요는 없고, 또한 위 유가증권은 일반인이 진정한 것으로 오신할 정도의 형식과 외관을 갖추고 있으면 되므로 증권이 비록 문방구 약속어음 용지를 이용하여 작성되었다고 하더라도 그 전체적인 형식·내용에 비추어 일반인이 진정한 것으로 오신할 정도의 약속어음 요건을 갖추고 있으면 당연히 형법상 유가증권에 해당한다.

---

1. 발행인의 날인 없는 가계수표위조행위와 부정수표단속법 제5조 소정의 수표위조죄의 성부(소극) [대법원 1985. 9. 10. 선고, 85도1501]

【판결요지】

<u>피고인이 위조한 것이라는 가계수표가 발행인의 날인이 없는 것이라면 이는 일반인이 진정한 것으로 오신할 정도의 형식과 외관을 갖춘 수표라 할 수 없어 부정수표단속법 제5조 소정의 수표위조의 책임을 물을 수 없다.</u>

---

2. 약속어음에 발행인의 날인 대신 발행인 아닌 피고인의 무인만이 있는 경우(소극) [대법원 1992. 6. 23. 선고, 92도976]

【판결요지】

피고인은 인쇄된 약속어음용지를 사용하기는 하였으나 유가증권인 약속어음을 발행할 의도로 약속어음을 작성한 것이라기 보다는 소비대차의 증표로서 발행한 것으로 보이고, 피고인이 위조한 것이라는 위 약속어음은 발행인의 날인이 없고, 발행인 아닌 피고인이 임의로 날인한 무인만이 있으며, 그 작성방식에 비추어 보아도 일반인이 진정하고 유효한 약속어음으로 오신할 정도의 형식과 외관을 갖춘 약속어음이라고 보기 어려우므로 이는 형법 제214조 소정의 유가증권으로 볼 수 없다.

3. 할부구매전표"의 유가증권 유무(적극) [대법원 1995. 3. 14. 선고, 95도20]

【판결요지】

"할부구매전표"가 그 소지인이 판매회사의 영업소에서 그 취급상품을 그 금액의 한도 내에서 구매할 수 있는 권리가 화체된 증권으로서 그 권리의 행사와 처분에 증권의 점유를 필요로 하는 것임이 인정된다면, 이를 유가증권으로 봄이 정당하다.

4. 공중전화카드가 유가증권인지 여부(적극) [대법원 1998. 2. 27. 선고, 97도2483]

【판시사항】

[1] 공중전화카드가 유가증권인지 여부(적극)

[2] 폐공중전화카드의 자기기록 부분에 전자정보를 기록하여 사용가능한 공중전화카드를 만든 행위가 유가증권위조죄에 해당한다고 본 사례

【판결요지】

형법 제214조에서 유가증권이라 함은, 증권상에 표시된 재산상의 권리의 행사와 처분에 그 증권의 점유를 필요로 하는 것을 총칭하는 것인바, 공중전화카드는 그 표면에 전체 통화가능 금액과 발행인이 문자로 기재되어 있고, 자기(磁氣)기록 부분에는 당해 카드의 진정성에 관한 정보와 잔여 통화가능 금액에 관한 정보가 전자적 방법으로 기록되어 있어, 사용자가 카드식 공중전화기의 카드 투입구에 공중전화카드를 투입하면 공중전화기에 내장된 장치에 의하여 그 자기정보가 해독되어 당해 카드가 발행인에 의하여 진정하게 발행된 것임이 확인된 경우 잔여 통화가능 금액이 공중전화기에 표시됨과 아울러 그 금액에 상당하는 통화를 할 수 있도록 공중전화기를 작동하게 하는 것이어서, 공중전화카드는 문자로 기재된 부분과 자기기록 부분이 일체로써 공중전화 서비스를 제공받을 수 있는 재산상의 권리를 화체하고 있고, 이를 카드식 공중전화기의 카드 투입구에 투입함으로써 그 권리를 행사하는 것으로 볼 수 있으므로, 공중전화카드는 형법 제214조의 유가증권에 해당한다.

5. 스키장의 리프트탑승권이 유가증권인지 여부(적극) [대법원 1998. 11. 24. 선고, 98도2967]

【판시사항】

스키장의 리프트탑승권이 형법상 유가증권이라고 본 사례

214-11. 수표에 기재되어야 할 수표행위자의 명칭 [대법원 1996. 5. 10. 선고, 96도527]

【판결요지】

수표에 기재되어야 할 수표행위자의 명칭은 반드시 수표행위자의 본명에 한하는 것은 아니고 상호, 별명 그 밖의 거래상 본인을 가리키는 것으로 인식되는 칭호라면 어느 것이나 다 가능하다고

볼 것이므로, 비록 그 칭호가 본명이 아니라 하더라도 통상 그 명칭을 자기를 표시하는 것으로 거래상 사용하여 그것이 그 행위자를 지칭하는 것으로 인식되어 온 경우에는 그것을 수표상으로도 자기를 표시하는 칭호로 사용할 수 있다.

> **1. 망부의 사망 후 그 명의를 거래상 자기를 표시하는 명칭으로 사용하여 온 경우 그 망부 명의의 어음발행이 타인명의를 모용한 어음의 위조에 해당하는지 여부(소극)** [대법원 1982. 9. 28. 선고, 82도296]
>
> **【판결요지】**
> 어음에 기재되어야 할 어음행위자의 명칭은 반드시 어음행위자의 본명에 한하는 것은 아니고 상호, 별명 그 밖의 거래상 본인을 가리키는 것으로 인식되는 칭호라면 어느 것이나 다 가능하다고 볼 것이므로 비록 그 칭호가 타인의 명칭이라도 통상 그 명칭은 자기를 표시하는 것으로 거래상 사용하여 그것이 그 행위자를 지칭하는 것으로 인식되어 온 경우에는 그것을 어음상으로도 자기를 표시하는 칭호로 사용할 수 있다 할 것이므로 <u>피고인이 그 망부의 사망 후 그의 명의를 거래상 자기를 표시하는 명칭으로 사용하여 온 경우에는 피고인에 의한 망부 명의의 어음발행은 피고인 자신의 어음행위라고 볼 것이고 이를 가리켜 타인의 명의를 모용하여 어음을 위조한 것이라고 할 수 없다.</u>

214-12. 백지어음보충권의 한도가 특정되어 있지 아니하고 그 행사방법에 대하여도 특별한 정함이 없는 경우 결과적으로 그 범위를 일탈한 보충권의 행사와 유가증권위조죄 [대법원 1989. 12. 12. 선고, 89도1264]

【판결요지】

백지어음에 대하여 취득자가 발행자와의 합의에 의하여 정하여진 보충권의 한도를 넘어 보충을 한 경우에는 발행인의 서명날인 있는 기존의 약속 어음용지를 이용하여 새로운 약속어음을 발행하는 것에 해당하므로 위와 같은 보충권의 남용행위는 유가증권위조죄를 구성하는 것이나, 그 보충권의 한도자체가 처음부터 일정한 금액 등으로 특정되어 있지 아니하고 그 행사방법에 대하여도 특별한 정함이 없어서 다툼이 있는 경우에는 결과적으로 보충권의 행사가 그 범위를 일탈하게 되었다 하더라도 그 점만 가지고 바로 백지보충권의 남용 또는 그에 대한 범의가 있다고 단정할 수는 없다 할 것이고 그 보충권일탈의 정도, 보충권행사의 원인 및 경위 등에 관한 심리를 통하여 정중히 이를 인정하여야 한다.

> **1. 약속어음의 액면금액란에 자의로 합의된 금액의 한도를 엄청나게 넘는 금액 기입 행위(적극)** [대법원 1972. 6. 13. 선고, 72도897]
>
> **【판시사항】**
> <u>약속어음의 액면금액란에 자의로 합의된 금액의 한도를 엄청나게 넘는 금액을 기입하는 행위는, 백지보충권의 범위를 초월하여 서명날인 있는 약속어음용지를 이용한 새로운 약속어음의 발행에 해당되는 것으로서 그 소위가 유가증권 위조죄를 구성한다.</u>

214-13. 약속어음을 제3배서인으로부터 백지식 배서에 의하여 교부양도받은 자가 배서 하지 아니한 채 제3자에게 교부양도 하였다가 지급이 거절됨에 따라 제3자로부터 환수한 다음 제3배서인란과

제4배서인란 사이에 보전지를 결합시키고 배서란에 자신의 성명과 배서일자를 기재하고 날인한 행위(소극) [대법원 1989. 12. 8. 선고, 88도753]

【판시사항】

약속어음을 제3배서인으로부터 백지식배서에 의하여 교부양도받은 자가 위 어음에 배서를 하지 아니한 채 제3자에게 교부양도 하였다가 위 어음금의 지급이 거절됨에 따라 제3자로부터 이를 환수한 다음 위 어음의 제3배서인란과 제4배서인란 사이에 보전지를 결합시키고 그 배서란에 자신의 성명과 배서일자를 기재하고 날인한 행위가 유가증권의 위조 또는 변조죄에 해당하는지 여부 (소극)

【판결요지】

형법 제214조 제2항에 규정된 "유가증권의 권리의무에 관한 기재를 위조 한다"는 것은 진정하게 성립된 유가증권에 작성권한이 없는 자가 타인의 명의를 모용하여 배서, 보증 등의 부수적 증권행위를 하는 것을 말하고, "유가증권의 권리의무에 관한 기재를 변조한다"는 것은 진정하게 성립된 타인명의의 부수적 증권행위에 관한 유가증권의 기재내용에 작성권한이 없는 자가 변경을 가하는 것을 말하므로, 약속어음을 제3배서인으로부터 백지식배서의 방식에 의하여 교부양도 받아 백지를 보충하지 아니하고 배서도 하지 아니한 채 제3자에게 교부양도한 자가 만기에 어음금의 지급이 거절됨에 따라 양수인에게 소구의무를 이행하고 약속어음을 환수하여 약속어음의 정당한 소지인이 되었다면, 약속어음의 제3배서란과 제4배서란 사이에 보전지를 결합시키고 그 보전지의 배서란에 자신의 성명과 배서일자를 기재하고 날인하였다고 하더라도 이와 같은 행위는 타인의 명의를 모용하여 한 것이 아님은 물론 타인명의의 유가증권의 기재내용에 변경을 가한 것도 아니므로 형법 제214조 제2항 소정의 유가증권 위조, 변조죄에 해당하지 아니한다.

214-14. 타인이 위조한 백지수표를 그 위조된 정을 알면서 완성하는 행위(적극) [청주지법 1987. 12. 21. 선고, 87고합200, 확정]

【판결요지】

타인이 위조한 액면과 발행일자가 백지로 된 당좌수표를 구입하여 행사의 목적으로 백지인 액면란에 금액을 기입하고 발행일을 기입하여 그 위조수표를 완성하는 행위는 백지수표형태의 위조행위와는 별개의 부정수표단속법위반죄(수표위조)를 구성한다.

---

1. 기존채무의 변제조로 위조어음을 교부한 경우 사기죄의 성부(소극) [대법원 1983. 4. 12. 선고, 82도2938]

【판시사항】

[1] 유가증권위조죄의 죄수

[2] 기존채무의 변제조로 위조어음을 교부한 경우 사기죄의 성부

【판결요지】

[1] 유가증권위조죄의 죄수는 원칙적으로 위조된 유가증권의 매수를 기준으로 정할 것이므로, 약속어음 2매의 위조행위는 포괄일죄가 아니라 경합범이다.

214-15. 한국외환은행 소비조합이 그 소속조합원에게 발행한 신용카드가 유가증권인지 여부(적극) [대법원 1984. 11. 27. 선고, 84도1862]

【판시사항】

[1] 한국외환은행 소비조합이 그 소속조합원에게 발행한 신용카드가 유가증권인지 여부(적극)

[2] 타인의 신용카드를 자신의 카드인양 제시하여 상점 점원으로 하여금 금액난을 정정. 기재케
한 경우 유가증권 변조죄의 성부

【판결요지】

[1] 형법 제214조의 유가증권이란 증권상에 표시된 재산상의 권리의 행사와 처분에 그 증권의
점유를 필요로 하는 것을 총칭하는 것이므로 그것이 유통성을 반드시 가질 필요는 없는 것이나
재산권이 증권에 화체된다는 것과, 그 권리의 행사처분에 증권의 점유를 필요로 한다는 두가지
요소를 갖추어야 하는 것이고, 위 두 가지 요소중 어느 하나를 갖추지 못한 경우에는 형법 제214
조에서 말하는 유가증권이라 할 수 없다 할 것인바, 한국외환은행 소비조합이 그 소속조합원에게
발행한 신용카드는 그 카드에 의해서만 신용구매의 권리를 행사할 수 있는 점에서 재산권이 증권
에 화체되었다고 볼 수 있으므로 유가증권이라 할 것이다.

[2] 유가증권변조죄에 있어서 변조라 함은 진정으로 성립된 유가증권의 내용에 권한없는 자가
그 유가증권의 동일성을 해하지 않는 한도에서 변경을 가하는 것을 말하고, 설사, 진실에 합치하
도록 변경한 것이라 하더라도 권한없이 변경한 경우에는 변조로 되는 것이고 정을 모르는 제3자
를 통하여 간접정범의 형태로도 범할 수 있는 것인 바, 신용카드를 제시받은 상 점점원이 그 카
드의 금액란을 정정기재하였다 하더라도 그것이 카드소지인이 위 점원에게 자신이 위 금액을 정
정기재 할 수 있는 권리가 있는 양 기망하여 이루어졌다면 이는 간접정범에 의한 유가증권변조로
봄이 상당하다.

214-16. 명의대여자의 승낙없이 제1의 명의임차인으로부터 영업권을 매수한 제2의 명의임차인이 명의대여자의 명의로 어음을 배서한 경우(적극) [대법원 1984. 2. 28. 선고, 83도3284]

【판결요지】

타점포체인의 명의를 사용하여 영업하고 그 체인대표자의 명의를 사용할 수 있는 내용의 명의임
대차계약이 체결된 경우에 있어서 명의대여자의 승낙(점포체인의 대표자로부터 체인의 지점장으
로 임명받는 형식)없이 제1의 명의임차인으로부터 지점의 영업권을 사실상 매수한 제2의 명의임
차인이 명의대여자의 승낙없이 본래의 명의대여자의 명의로 어음을 배서하고 이를 행사하였다면
제2의 명의임차인은 유가증권위조의 책임을 면할 수 없고 위 체인 대표자가 명의대여자로서 책임
을 지는 여부는 유가증권위조죄의 성립에 소장이 없다.

214-17. 위조된 백지어음이란 정을 알면서 이를 구입하여 백지인 액면란에 금액을 기입하는
        행위(적극) [대법원 1982. 6. 22. 선고, 82도677]

【판결요지】

타인이 위조한 액면과 지급기일이 백지로 된 약속어음을 구입하여 행사의 목적으로 백지인 액면
란에 금액을 기입하여 그 위조어음을 완성하는 행위는 백지어음 형태의 위조행위와는 별개의 유
가증권위조죄를 구성한다.

214-18. 회사의 대표자가 대표권을 남용하여 주권의 기재사항에 변경을 가한 행위(소극) [대법원
        1980. 4. 22. 선고, 79도3034]

【판결요지】

회사의 대표이사로서 주권작성에 관한 일반적인 권한을 가지고 있는 자가 대표권을 남용하여 자
기 또는 제3자의 이익을 도모할 목적으로 그들 명의의 주권의 기재사항에 변경을 가한 행위는 유
가증권변조죄를 구성하지 아니한다.

214-19. 타인에게 속한 자기명의의 유가증권에 변경을 가한 자의 죄책 [대법원 1978. 11. 14. 선고,
        78도1904]

【판결요지】

타인에게 속한 자기명의의 유가증권에 무단히 변경을 가하였다 하더라도 그것이 문서손괴죄나
허위유가증권작성죄에 해당되는 경우가 있음은 별론으로 하고 유가증권변조죄를 구성하는 것은
아니다.

제215조(자격모용에 의한 유가증권의 작성)

> 제215조(자격모용에 의한 유가증권의 작성) 행사할 목적으로 타인의 자격을 모용하여 유가증권을 작성하거나 유가증권의 권리 또는 의무에 관한 사항을 기재한 자는 10년 이하의 징역에 처한다.

215-1. 주식회사의 전임 대표이사가 대표이사의 권한을 실질적으로 행사하는 자로서 후임 대표이사의 승낙을 얻어 잠정적으로 이전부터 사용하여 오던 자기 명의로 된 위 회사 대표이사의 명판을 이용하여 자신을 위 회사의 대표이사로 표시하여 약속어음을 발행 행사한 경우(적극) [대법원 1991. 2. 26. 선고, 90도577]

【판결요지】

주식회사 대표이사로 재직하던 피고인이 대표이사가 타인으로 변경되었음에도 불구하고 이전부터 사용하여 오던 피고인 명의로 된 위 회사 대표이사의 명판을 이용하여 여전히 피고인을 위 회사의 대표이사로 표시하여 약속어음을 발행, 행사하였다면, 설사 <u>약속어음을 작성, 행사함에 있어 후임 대표이사의 승낙을 얻었다거나 위 회사의 실질적인 대표이사로서의 권한을 행사하는 피고인이 은행과의 당좌계약을 변경하는데에 시일이 걸려 잠정적으로 전임 대표이사인 그의 명판을 사용한 것이라 하더라도 이는 합법적인 대표이사로서의 권한 행사라 할 수 없어 자격모용유가증권작성 및 동행사죄에 해당한다.</u>

> 1. 직무집행정지가처분결정을 받은 대표이사가 대표이사 명의의 유가증권을 작성한 행위(적극) [대법원 1987. 8. 18. 선고, 87도145]
>
> 【판결요지】
> 대표이사 직무집행정지가처분결정은 대표이사의 직무집행만을 정지시킬 뿐 대표이사의 자격까지 박탈하는 것은 아니나 가처분결정이 송달되어 일절의 직무집행이 정지됨으로써 직무집행의 권한이 없게 된 대표이사가 그 권한밖의 일인 대표이사 명의의 유가증권을 작성 행사하는 행위가 회사업무의 중단을 막기 위한 긴급한 인수인계 행위라 하더라도 합법적인 권한행사라 할 수 없으므로 이는 자격모용유가증권작성 및 동 행사죄에 해당한다.

215-2. 망부의 사망 후 그 명의를 거래상 자기를 표시하는 명칭으로 사용하여 온 경우(소극) [대법원 1982. 9. 28. 선고, 82도296]

【판시사항】

피고인이 망부의 사망 후 그 명의를 거래상 자기를 표시하는 명칭으로 사용하여 온 경우 그 망부 명의의 어음발행이 타인명의를 모용한 어음의 위조에 해당하는지 여부(소극)

【판결요지】

어음에 기재되어야 할 어음행위자의 명칭은 반드시 어음행위자의 본명에 한하는 것은 아니고 상호, 별명 그 밖의 거래상 본인을 가리키는 것으로 인식되는 칭호라면 어느 것이나 다 가능하다고 볼 것이므로 비록 그 칭호가 타인의 명칭이라도 통상 그 명칭은 자기를 표시하는 것으로 거래상 사용하여 그것이 그 행위자를 지칭하는 것으로 인식되어 온 경우에는 그것을 어음상으로도 자기를 표시하는 칭호로 사용할 수 있다 할 것이므로 피고인이 그 망부의 사망 후 그의 명의를 거래상 자기를 표시하는 명칭으로 사용하여 온 경우에는 피고인에 의한 망부 명의의 어음발행은 피고인 자신의 어음행위라고 볼 것이고 이를 가리켜 타인의 명의를 모용하여 어음을 위조한 것이라고 할 수 없다.

215-3. 약속어음의 발행인 주소란에 "안동택시" 발행인란에 "피고인"이라 기재하고 피고인이라는 이름 밑에 "주식회사 안동택시 대표이사 피고인인"이라는 인장을 압날하여 발행교부한 경우(소극) [대법원 1974. 11. 26. 선고, 74도1708]

【판시사항】

약속어음의 발행인 주소란에 "안동택시" 발행인란에 "피고인" 이라 기재하고 피고인이라는 이름 밑에 "주식회사 안동택시 대표이사 피고인인" 이라는 인장을 압날하여 발행교부 하였다면 자격모용에 의한 유가증권작성행사가 되는가의 여부(소극)

【판결요지】

약속어음을 발행함에 있어 발행인의 주소란에 "안동택시" 발행인란에 "피고인" 이라고 기재하고 피고인이라는 이름 밑에 " 주식회사 안동택시 대표이사 피고인" 이라는 인장을 압날하여 동 어음을 타인에게 교부하였다면 이 사실만으로 안동택시의 대표이사의 자격을 모용하여 유가증권인 약속어음을 작성 행사하였다고 할 수 없다.

제216조[허위유가증권의 작성 등]

제216조(허위유가증권의 작성 등) 행사할 목적으로 허위의 유가증권을 작성하거나 유가증권에 허위사항을 기재한 자는 7년 이하의 징역 또는 3천만원 이하의 벌금에 처한다. 〈개정 1995. 12. 29.〉

216-1. 자기앞수표의 발행인이 수표의뢰인으로부터 수표자금을 입금받지 아니한 채 자기앞수표를 발행한 경우(소극) 대법원 2005. 10. 27. 선고, 2005도4528]

【판결요지】

형법 제216조 전단의 허위유가증권작성죄는 작성권한 있는 자가 자기 명의로 기본적 증권행위를 함에 있어서 유가증권의 효력에 영향을 미칠 기재사항에 관하여 진실에 반하는 내용을 기재하는 경우에 성립하는바, 자기앞수표의 발행인이 수표의뢰인으로부터 수표자금을 입금받지 아니한 채 자기앞수표를 발행하더라도 그 수표의 효력에는 아무런 영향이 없으므로 허위유가증권작성죄가 성립하지 아니한다.

216-2. 은행을 통하여 지급이 이루어지는 약속어음의 발행인이 그 발행을 위하여 은행에 신고된

것이 아닌 발행인의 다른 인장을 날인한 경우(소극) [대법원 2000. 5. 30. 선고, 2000도883]

【판결요지】

은행을 통하여 지급이 이루어지는 약속어음의 발행인이 그 발행을 위하여 은행에 신고된 것이 아닌 발행인의 다른 인장을 날인하였다 하더라도 그것이 발행인의 인장인 이상 그 어음의 효력에는 아무런 영향이 없으므로 허위유가증권작성죄가 성립하지 아니한다.

---

1. 어음배서인의 주소를 허위기재 한 경우(소극) [대법원 1986. 6. 24. 선고, 84도547]

【판결요지】

배서인의 주소기재는 배서의 요건이 아니므로 약속어음 배서인의 주소를 허위로 기재하였다고 하더라도 그것이 배서인의 인적 동일성을 해하여 배서인이 누구인지를 알 수 없는 경우가 아닌 한 약속어음상의 권리관계에 아무런 영향을 미치지 않는다 할 것이고, 따라서 약속어음상의 권리에 아무런 영향을 미치지 않는 사항은 그것을 허위로 기재하더라도 형법 제216조 소정의 허위유가증권작성죄에 해당되지 않는다.

216-3. 선하증권 기재의 화물을 인수하거나 확인하지도 아니하고 또한 선적할 선편조차 예약하거나 확보하지도 않은 상태에서 수출면장만을 확인한 채 실제로 선적한 사실이 없는 화물을 선적하였다는 내용의 선하증권을 발행한 경우(적극) [대법원 1995. 9. 29. 선고, 95도803]

【판시사항】

[1] 선하증권 기재의 화물을 인수하거나 확인하지도 아니하고 또한 선적할 선편조차 예약하거나 확보하지도 않은 상태에서 수출면장만을 확인한 채 실제로 선적한 사실이 없는 화물을 선적하였다는 내용의 선하증권을 발행였다면 허위유가증권작성죄가 성립한다.

[2] 허위작성유가증권행사죄의 공동정범이 성립되는 경우

【판결요지】

[1] 선하증권 기재의 화물을 인수하거나 확인하지도 아니하고 또한 선적할 선편조차 예약하거나 확보하지도 않은 상태에서 수출면장만을 확인한 채 실제로 선적한 일이 없는 화물을 선적하였다는 내용의 선하증권을 발행, 교부하였다면 피고인들은 위 선하증권을 작성하면서 진실에 반하는 허위의 기재를 하였음이 명백할 뿐만 아니라 위 선하증권이 허위라는 사실을 인식하였다고 볼 것이고, 피고인들이 진실에 반하는 선하증권을 작성하면서 곧 위 물품이 선적될 것이라고 예상하였다고 하여 위 각 선하증권의 허위성의 인식이 없었다고 할 수 없으며, 화물이 선적되기도 전에 이른바 선선하증권을 발행하는 것이 해운업계의 관례라고 하더라도 이를 가리켜 정상적인 행위라거나 그 목적과 수단의 관계에서 보아 사회적 상당성이 있다고 할 수는 없으므로 피고인들이 위 행위가 죄가 되지 아니한다고 그릇 인식하였다고 하더라도 거기에 정당한 이유가 있는 경우라고 할 수 없으므로 허위유가증권작성죄의 죄책을 면할 수 없다.

[2] 허위작성된 유가증권을 피교부자가 그것을 유통하게 한다는 사실을 인식하고 교부한 때에는 허위작성유가증권행사죄에 해당하고, 행사할 의사가 분명한 자에게 교부하여 그가 이를 행사한 때에는 허위작성유가증권행사죄의 공동정범이 성립된다.

> 1. 허위의 선하증권을 발행교부하여 수취인으로 하여금 그 물품대금을 지급받게 한 경우 [대법원 1985.
> 8. 20. 선고, 83도2575]
>
> 【판시사항】
> [1] 허위유가증권작성죄의 공모공동정범이 성립하는 경우
> [2] 허위의 선하증권을 발행교부하여 수취인으로 하여금 그 물품대금을 지급받게 한 경우의 죄책
> 【판결요지】
> [1] 유가증권의 허위작성행위 자체에는 직접관여한 바 없다 하더라도 타인에게 그 작성을 부탁하여
> 의사연락이 되고 그 타인으로 하여금 범행을 하게 하였다면 공모공동정범에 의한 허위작성죄가
> 성립한다.
> [2] 허위의 선하증권을 발행하여 타인에게 교부하여 줌으로써 그 타인으로 하여금 이를 행사하여 그
> 선하증권상의 물품대금을 지급받게 한 소위는 허위 유가증권행사죄와 사기죄의 공동정범을 인정
> 하기에 충분하다.

216-4. 정기예탁금증서가 유가증권인지 여부(소극) [대법원 1984. 11. 27. 선고, 84도2147]

【판결요지】

정기예탁금증서는 예탁금반환채권의 유통이나 행사를 목적으로 작성된 것이 아니고 채무자가 그
증서 소지인에게 변제하여 책임을 면할 목적으로 발행된 이른바 면책증권에 불과하여 위 증서의
점유가 예탁금반환채권을 행사함에 있어 그 조건이 된다고 볼 수 없는 것이라면 위 증권상에 표
시된 권리가 그 증권에 화체되었다고 볼 수 없을 것이므로 위 증서는 <u>형법 제216조, 제217조에서
규정된 유가증권에 해당하지 아니한다.</u>

216-5. 회사 대표이사를 그만 둔 자에 의한 허위유가증권작성죄 및 업무상배임죄의 성부(소극) [대법원 1982. 6. 22. 선고, 81도1935]

【판시사항】

[1] 회사 대표이사를 그만 둔 자에 의한 허위유가증권작성죄 및 업무상 배임죄의 성부
[2] 주권발행 전에 주식을 양도받은 자에 대한 주권발행과 허위유가증권 작성죄의 성부

【판결요지】

[1] 피고인이 1974.8.31까지 회사 대표이사로 있었다면 그 후인 1975.3경에 대표이사 아닌 피고
인이 회사주권을 작성교부한 행위는 허위유가증권작성이나 업무상배임죄를 구성할 수 없다.
[2] 피고인이 주권발행 전에 주식을 양도받은 자에 대하여 주권을 발행한 경우에 가사 그 주식
양도가 주권발행 전에 이루어진 것이어서 상법 제335조에 의하여 무효라 할지라도 권리의 실체관
계에 부합되어 허위의 주권발행의 범의가 있다고 할 수 없다.

제217조[위조유가증권 등의 행사 등]

> 제217조(위조유가증권 등의 행사 등) 위조, 변조, 작성 또는 허위기재한 전3조 기재의 유가증권을
> 행사하거나 행사할 목적으로 수입 또는 수출한 자는 10년 이하의 징역에 처한다.

217-1. 유가증권위조죄의 공범사이에서 위조유가증권 교부행위가 위조유가증권행사죄에 해당하는지
여부(소극) [대법원 2007. 1. 11. 선고, 2006도7120]

【판시사항】

위조유가증권행사죄의 처벌목적은 유가증권의 유통질서를 보호하고자 함에 있는 만큼 단순히 문
서의 신용성을 보호하고자 하는 위조 공·사문서행사죄의 경우와는 달리 교부자가 진정 또는 진
실한 유가증권인 것처럼 위조유가증권을 행사하였을 때뿐만 아니라 위조유가증권임을 알고 있는
자에게 교부하였더라도 피교부자가 이를 유통시킬 것임을 인식하고 교부하였다면, 그 교부행위
그 자체가 유가증권의 유통질서를 해할 우려가 있어 처벌의 이유와 필요성이 충분히 있다고 할
것이므로 위조유가증권행사죄가 성립한다고 보아야 할 것이지만(대법원 1983. 6. 14. 선고 81도
2492 판결 등 참조), 위조유가증권의 교부자와 피교부자가 서로 유가증권위조를 공모하였거나 위
조유가증권을 타에 행사하여 그 이익을 나누어 가질 것을 공모한 공범의 관계에 있다면, 그들 사
이의 위조유가증권 교부행위는 그들 이외의 자에게 행사함으로써 범죄를 실현하기 위한 전 단계
의 행위에 불과한 것으로서 위조유가증권은 아직 범인들의 수중에 있다고 볼 것이지 행사되었다
고 볼 수는 없다고 할 것이다(대법원 2003. 6. 27. 선고 2003도2372 판결 등 참조).

> 1. 위조유가증권임을 알고 있는 자에게 교부한 소위와 동 행사죄의 성부(적극) [대법원 1983. 6. 14. 선
> 고, 81도2492]
> 【판결요지】
> 위조유가증권임을 알고 있는 자에게 교부하였더라도 피교부자가 이를 소통시킬 것임을 인식하고 교부하였
> 다면 그 교부행위 그 자체가 유가증권의 유통질서를 해할 우려가 있어 위조유가증권행사죄가 성립한다.

217-2. 은행에 입금된 수표의 발행일자 제조에 관한 사실인정에 있어서의 경험칙 [대법원 1984. 7.
24. 선고, 84도1081]

【판결요지】

피고인이 이 사건 수표를 취득할 당시 그 발행일자가 1981.2.28 이었는데 피고인이 위 수표를
은행에 제시하여 타점권기입장에 기재된 발행일자가 1981.12.28로 되어 있다면 은행원들이 고의
로 위 수표의 발행일자를 변조하였다고 인정할 만한 사정이 없는 한 위 수표의 발행일자는 은행
에 제시되기 전 피고인의 수중에 있는 동안에 이미 변조되어 있었다고 보는 것이 경험칙에 맞는
합리적인 해석이라 할 것이다.

217-3. 위조유가증권을 제시하고 피해자를 기망하여 재물을 편취한 경우의 죄책 [서울고법 1973. 7.

24. 73노565, 확정]

【판결요지】

위조유가증권을 제시하고 피해자를 기망하여 재물을 편취한 소위는 <u>위조유가증권행사죄와 사기</u>
<u>죄가 성립하며 이들 수죄는 형법 제37조 전단의 실체적 경합범이며 상상적 경합범이 아니다.</u>

217-4. 위조수표인 사실을 말하고 동 위조수표를 교부한 경우(소극) [광주고법 1969. 9. 4. 69노217, 확정]

【판결요지】

피고인이 상피고인 "갑"에게 위조수표 2매를 교부할 당시에 위조수표인 점을 알리고 교부하였으
며 상피고인 "갑"도 위조수표인 정을 알면서 이를 교부받은 사실을 인정할 수 있는 바, 이와 같은
경우에는 위조수표를 진정한 문서(유가증권)로서 사용한 것이 아님으로 위조유가증권행사죄에는
해당되지 않는다.

제218조[인지·우표의 위조등]

제218조(인지·우표의 위조등) ① 행사할 목적으로 대한민국 또는 외국의 인지, 우표 기타 우편요금
을 표시하는 증표를 위조 또는 변조한 자는 10년 이하의 징역에 처한다. 〈개정 1995. 12. 29.〉
② 위조 또는 변조된 대한민국 또는 외국의 인지, 우표 기타 우편요금을 표시하는 증표를 행사하거
나 행사할 목적으로 수입 또는 수출한 자도 제1항의 형과 같다. 〈개정 1995. 12. 29.〉

218-1. 형법 제218조 및 제219조의 "행사"의 의미와 위조우표를 수집의 대상으로 매매하는 경우를
　　　포함하는지 여부(적극) [대법원 1989. 4. 11. 선고, 88도1105]

【판시사항】

[1] 형법 제218조 및 제219조의 "행사"의 의미와 위조우표를 수집의 대상으로 매매하는 경우를
포함하는지 여부(적극)

[2] 위조우표를 그 정을 아는 자에게 교부한 경우와 "행사할 목적"

【판결요지】

[1] 위조우표취득죄 및 위조우표행사죄에 관한 형법 제219조 및 제218조 제2항 소정의 "행사"라
함은 위조된 대한민국 또는 외국의 우표를 진정한 우표로서 사용하는 것으로 반드시 우편요금의
납부용으로 사용하는 것에 한정되지 않고 우표수집의 대상으로서 매매하는 경우도 이에 해당된다.

[2] <u>위조된 우표를 그 정을 알고 있는 자에게 교부하더라도 그 자가 이를 진정하게 발행된 우표</u>
<u>로서 사용할 것이라는 정을 인식하면서 교부한다면 위조우표행사죄의 "행사할 목적"에 해당된다.</u>

제20장 문서에 관한 죄

제225조[공문서등의 위조 · 변조]

> 제225조(공문서등의 위조 · 변조) 행사할 목적으로 공무원 또는 공무소의 문서 또는 도화를 위조 또는 변조한 자는 10년 이하의 징역에 처한다. 〈개정 1995. 12. 29.〉

225-1. 인터넷을 통하여 열람 · 출력한 등기사항전부증명서 하단의 열람일시 부분을 수정 테이프로 지우고 복사해 두었다가 이를 타인에게 교부하여 공문서변조 및 변조공문서행사로 기소된 사안 [대법원 2021. 2. 25., 선고, 2018도19043]

【판시사항】

[1] 공문서변조죄 성립에 필요한 문서의 작성 정도 및 이에 해당하는지 판단하는 기준

[2] 피고인이 인터넷을 통하여 열람 · 출력한 등기사항전부증명서 하단의 열람 일시 부분을 수정 테이프로 지우고 복사해 두었다가 이를 타인에게 교부하여 공문서변조 및 변조공문서행사로 기소된 사안에서, 피고인이 등기사항전부증명서의 열람 일시를 삭제하여 복사한 행위는 등기사항전부증명서가 나타내는 권리 · 사실관계와 다른 새로운 증명력을 가진 문서를 만든 것에 해당하고 그로 인하여 공공적 신용을 해할 위험성도 발생하였다.

【판결요지】

[1] 공문서변조죄는 권한 없는 자가 공무소 또는 공무원이 이미 작성한 문서내용에 대하여 동일성을 해하지 않을 정도로 변경을 가하여 새로운 증명력을 작출케 함으로써 공공적 신용을 해할 위험성이 있을 때 성립한다. 이때 일반인으로 하여금 공무원 또는 공무소의 권한 내에서 작성된 문서라고 믿을 수 있는 형식과 외관을 구비한 문서를 작성하면 공문서변조죄가 성립하는 것이고, 일반인으로 하여금 공무원 또는 공무소의 권한 내에서 작성된 문서라고 믿게 할 수 있는지 여부는 그 문서의 형식과 외관은 물론 그 문서의 작성경위, 종류, 내용 및 일반거래에 있어서 그 문서가 가지는 기능 등 여러 가지 사정을 종합적으로 고려하여 판단하여야 한다.

[2] 피고인이 인터넷을 통하여 열람 · 출력한 등기사항전부증명서 하단의 열람 일시 부분을 수정 테이프로 지우고 복사해 두었다가 이를 타인에게 교부하여 공문서변조 및 변조공문서행사로 기소된 사안에서, 등기사항전부증명서의 열람 일시는 등기부상 권리관계의 기준 일시를 나타내는 역할을 하는 것으로서 권리관계나 사실관계의 증명에서 중요한 부분에 해당하고, 열람 일시의 기재가 있어 그 일시를 기준으로 한 부동산의 권리관계를 증명하는 등기사항전부증명서와 열람 일시의 기재가 없어 부동산의 권리관계를 증명하는 기준 시점이 표시되지 않은 등기사항전부증명서 사이에는 증명하는 사실이나 증명력에 분명한 차이가 있는 점, 법률가나 관련 분야의 전문가가 아닌 평균인 수준의 사리분별력을 갖는 일반인의 관점에서 볼 때 그 등기사항전부증명서가 조금만 주의를 기울여 살펴보기만 해도 그 열람 일시가 삭제된 것임을 쉽게 알아볼 수 있을 정도로 공문서로서의 형식과 외관을 갖추지 못했다고 보기 어려운 점을 종합하면, 피고인이 등기사항전부증명서의 열람

일시를 삭제하여 복사한 행위는 등기사항전부증명서가 나타내는 권리·사실관계와 다른 새로운 증명력을 가진 문서를 만든 것에 해당하고 그로 인하여 공공적 신용을 해할 위험성도 발생하였다는 이유로, 이와 달리 본 원심판결에 공문서변조에 관한 법리오해의 잘못이 있다.

225-1. 공문서변조죄의 성립요건 및 최종 결재권자를 보조하여 문서의 기안업무를 담당한 공무원이 이미 결재를 받아 완성된 공문서의 내용을 적법한 절차를 밟지 않고 변경한 경우, 공문서변조죄 여부(원칙적 적극) [대법원 2017. 6. 8. 선고, 2016도5218]

【판시사항】

공문서변조죄는 권한 없는 자가 행사할 목적으로 공무소 또는 공무원이 이미 작성한 문서내용에 대하여 동일성을 침해하지 않을 정도로 변경을 가하여 새로운 증명력을 만들어 냄으로써 공공적 신용을 해칠 위험성이 있을 때 성립한다(대법원 2003. 12. 26. 선고 2002도7339 판결 등 참조). 최종 결재권자를 보조하여 문서의 기안업무를 담당한 공무원이 이미 결재를 받아 완성된 공문서에 대하여 적법한 절차를 밟지 않고 그 내용을 변경한 경우에도 특별한 사정이 없는 한 공문서변조죄가 성립한다.

> 1. 공문서 일부만을 복사한 행위가 공문서변조죄 해당여부(소극) [대법원 2003. 12. 26. 선고, 2002도7339]
> 【판시사항】
> [1] 공문서변조죄의 의의
> [2] 공문서의 일부만을 복사한 행위가 공문서변조죄에 해당되지 않는다.
> 【판결요지】
> [1] 공문서변조죄는 권한 없는 자가 공무소 또는 공무원이 이미 작성한 문서내용에 대하여 동일성을 해하지 않을 정도로 변경을 가하여 새로운 증명력을 작출케 함으로써 공공적 신용을 해할 위험성이 있을 때 성립한다.

225-2. 공무원 문서작성을 보조하는 직무에 종사하는 공무원이 허위공문서를 기안하여 임의로 작성권자의 직인 등을 부정 사용함으로써 공문서를 완성한 경우(적극) [대법원 2017. 5. 17. 선고, 2016도13912]

【판시사항】

공무원의 문서작성을 보조하는 직무에 종사하는 공무원이 허위공문서를 기안하여 임의로 작성권자의 직인 등을 부정 사용함으로써 공문서를 완성한 경우, 공문서위조죄가 성립하는지 여부(적극) 및 공문서의 작성권한 없는 사람이 허위공문서를 기안하여 공문서를 완성한 경우에도 마찬가지인지 여부(적극) / 공문서의 작성권한 없는 공무원 등이 작성권자의 결재를 받지 않고 직인 등을 보관하는 담당자를 기망하여 작성권자의 직인을 날인하도록 하여 공문서를 완성한 경우, 공문서위조죄가 성립하는지 여부(적극)

【판결요지】

허위공문서작성죄의 주체는 문서를 작성할 권한이 있는 명의인인 공무원에 한하고 그 공무원의 문서작성을 보조하는 직무에 종사하는 공무원은 허위공문서작성죄의 주체가 될 수 없다. 따라서 보조 직무에 종사하는 공무원이 허위공문서를 기안하여 허위임을 모르는 작성권자의 결재를 받아 공문서를 완성한 때에는 허위공문서작성죄의 간접정범이 될 것이지만, 이러한 결재를 거치지 않고 임의로 작성권자의 직인 등을 부정 사용함으로써 공문서를 완성한 때에는 공문서위조죄가 성립한다. 이는 공문서의 작성권한 없는 사람이 허위공문서를 기안하여 작성권자의 결재를 받지 않고 공문서를 완성한 경우에도 마찬가지이다. 나아가 작성권자의 직인 등을 보관하는 담당자는 일반적으로 작성권자의 결재가 있는 때에 한하여 보관 중인 직인 등을 날인할 수 있을 뿐이다. 이러한 경우 다른 공무원 등이 작성권자의 결재를 받지 않고 직인 등을 보관하는 담당자를 기망하여 작성권자의 직인을 날인하도록 하여 공문서를 완성한 때에도 공문서위조죄가 성립한다.

---

1. 공문서 작성을 보조하는 공무원이 임의로 허위내용의 공문서를 작성한 경우의 죄책(공문서위조죄)
   [대법원 1981. 7. 28. 선고, 81도898]
   【판결요지】
   허위공문서작성죄의 주체는 그 문서를 작성할 권한이 있는 명의인인 공무원에 한하고, 그 공무원의 문서작성을 보조하는 직무에 종사하는 공무원은 위 죄의 주체가 되지 못하므로 보조 공무원이 허위공문서를 기안하여 그 정을 모르는 작성권자의 결재를 받아 공문서를 완성한 때에는 허위공문서작성죄의 간접정범이 되고, 이러한 결재를 거치지 않고 임의로 허위내용의 공문서를 완성한 때에는 공문서위조죄가 성립한다.

225-3. 계약 등에 의하여 공무와 관련되는 업무를 일부 대행하는 자가 공문서위조죄의 행위 주체인 '공무원 또는 공무소'가 될 수 있는지 여부(원칙적 소극) [대법원 2016. 3. 24. 선고, 2015도15842]
   【판시사항】
   [1] 공문서위조죄의 객체인 '공문서'의 의미 및 계약 등에 의하여 공무와 관련되는 업무를 일부 대행하는 자가 공문서위조죄의 행위 주체인 '공무원 또는 공무소'가 될 수 있는지 여부(원칙적 소극)
   [2] 구 화물자동차 운수사업법령에 따라 국토해양부장관에게서 '구 화물자동차 운수사업법 제3조 제3항 단서에 따른 허가사항 변경신고'에 관한 업무를 위탁받은 화물자동차운송사업협회의 임원과 직원이 공문서위조죄나 허위공문서작성죄의 주체인 공무원이 될 수 있는지 여부(소극) 및 위 협회 이사장이 작성한 대폐차수리통보서가 사문서에 해당하는지 여부(적극)
   【이 유】
   공문서위조죄의 객체인 공문서는 공무원 또는 공무소가 그 직무에 관하여 작성하는 문서로서, 그 행위 주체가 공무원과 공무소가 아닌 경우에는 형법 또는 기타 특별법에 의하여 공무원 등으로 의제되는 경우를 제외하고는 계약 등에 의하여 공무와 관련되는 업무를 일부 대행하는 경우가 있다고 하더라도 공무원 또는 공무소가 될 수 없고, 특히 형벌법규의 구성요건을 법률의 규정도 없이 유추 해석하는 것은 죄형법정주의 원칙에 반한다(대법원 1996. 3. 26. 선고 95도3073 판결 참조).

1. 지방세의 수납업무를 일부 관장하는 시중은행의 세금수납영수증(소극) [대법원 1996. 3. 26. 선고, 95
   도3073]
   【판결요지】
   지방세의 수납업무를 일부 관장하는 시중은행의 직원이나 은행이 형법 제225조 소정의 공무원 또는
   공무소가 되는 것은 아니고 세금수납영수증도 공문서에 해당하지 않는다.

2. 선박안전기술공단이 선박안전법에 따라 해양수산부장관의 선박검사업무 등을 대행하는 경우, 선박
   검사증서 발급 업무를 수행하는 공단 임직원을 공문서의 작성 주체인 '공무원'으로 볼 수 있는지 여
   부(소극) [대법원 2016. 1. 14. 선고, 2015도9133]
   【판시사항】
   [1] 공문서위조죄나 허위공문서작성죄의 객체인 '공문서'의 의미 및 계약 등에 의하여 공무와 관련되는
       업무를 일부 대행하는 자가 공문서의 작성 주체인 '공무원 또는 공무소'가 될 수 있는지 여부(원칙
       적 소극)
   [2] 선박안전기술공단이 선박안전법 제60조 제1항에 따라 해양수산부장관의 선박검사업무 등을 대행
       하는 경우, 선박검사증서 발급 업무를 수행하는 공단 임직원을 공문서의 작성 주체인 '공무원'으로
       볼 수 있는지 여부(소극) 및 공단이 해양수산부장관을 대행하여 이사장 명의로 발급하는 선박검사
       증서가 공문서위조죄나 허위공문서작성죄에서의 '공문서'에 해당하는지 여부(소극)
   【이 유】
   [1] 공문서위조죄나 허위공문서작성죄의 객체인 공문서는 공무원 또는 공무소가 그 직무에 관하여 작
       성하는 문서이고, 그 행위주체가 공무원과 공무소가 아닌 경우에는 형법 또는 특별법에 의하여 공
       무원 등으로 의제되는 경우를 제외하고는 계약 등에 의하여 공무와 관련되는 업무를 일부 대행하
       는 경우가 있더라도 공무원 또는 공무소가 될 수 없다. 그리고 형벌법규의 해석은 엄격하여야 하고
       명문규정의 의미를 피고인에게 불리하게 지나치게 확장해석하거나 유추해석하는 것은 죄형법정주
       의 원칙에 반한다(대법원 1996. 3. 26. 선고 95도3073 판결 등 참조).
   [2] 선박안전법 제60조 제1항은 "해양수산부장관(2013. 3. 23. 법률개정 전에는 국토해양부장관이었
       다)은 선박검사 및 선박검사증서의 교부 등에 관한 업무를 선박안전기술공단(이하 '공단'이라 한
       다)과 협정을 체결하는 방식으로 공단에게 대행하게 할 수 있다."고 규정하고 있다. 이 규정에 따
       라 공단이 해양수산부장관의 업무를 대행하는 경우에 관하여 선박안전법 제82조는 '제60조 제1항
       등의 규정에 따른 대행검사기관의 임원 및 직원은 형법 제129조 내지 제132조의 적용에 있어 공무
       원으로 본다'고 규정하고 있을 뿐이고, 그 밖에 공단의 임직원을 공문서위조죄나 허위공문서작성
       죄에서의 공문서 작성 주체인 공무원으로 의제하거나 공단이 발급하는 선박검사증서를 공문서로
       의제하는 취지의 명문규정은 없다. 이러한 선박안전법 관련 규정을 앞서 본 법리에 비추어 살펴보
       면, 공단이 선박안전법 제60조 제1항에 따라 해양수산부장관의 선박검사업무 등을 대행하면서 선
       박검사증서를 발급하더라도 그 업무를 수행하는 공단 임직원을 공문서의 작성 주체인 공무원으로
       볼 수는 없다고 할 것이다. 이 경우에 관하여 선박안전법 제82조가 대행검사기관인 공단의 임직원
       을 형법 제129조 내지 제132조의 적용에 있어 공무원으로 의제하는 것으로 규정한다고 하여 이들
       이 공문서위조죄나 허위공문서작성죄에서의 공무원으로도 될 수 있다고 보는 것은 형벌법규를 피
       고인에게 불리하게 지나치게 확장해석하거나 유추해석하는 것이어서 죄형법정주의 원칙에 반한

다. 따라서 공단이 해양수산부장관을 대행하여 이사장 명의로 발급하는 선박검사증서는 공무원 또는 공무소가 작성하는 문서라고 볼 수 없으므로 공문서위조죄나 허위공문서작성죄에서의 공문서에 해당하지 아니한다.

225-4. 위조문서를 공범자 등에게 행사한 경우 위조문서행사죄가 성립하는지 여부(소극) [대법원 2012. 2. 23. 선고, 2011도14441]

【판시사항】

[1] 위조문서를 공범자 등에게 행사한 경우 위조문서행사죄가 성립하는지 여부(소극) 및 간접정범을 통한 위조문서행사 범행에서 도구로 이용된 자에게 행사한 경우 위조문서행사죄가 성립하는지 여부(적극)

[2] 피고인이 위조·변조한 공문서의 이미지 파일을 甲 등에게 이메일로 송부하여 프린터로 출력하게 함으로써 '행사'하였다는 내용으로 기소되었는데, 甲 등은 출력 당시 위 파일이 위조된 것임을 알지 못한 사안에서, 피고인의 행위가 위조·변조공문서행사죄를 구성한다고 보아야 하는데도, 이와 달리 보아 무죄를 선고한 원심판결에 법리오해의 위법이 있다.

【이 유】

위조문서행사죄에 있어서 행사는 위조된 문서를 진정한 것으로 사용함으로써 문서에 대한 공공의 신용을 해칠 우려가 있는 행위를 말하므로 그 행사의 상대방에는 아무런 제한이 없고, 다만 문서가 위조된 것임을 이미 알고 있는 공범자 등에게 행사하는 경우에는 위조문서행사죄가 성립할 수 없으나(대법원 2005. 1. 28. 선고 2004도4663 판결 참조), 간접정범을 통한 위조문서행사 범행에 있어 도구로 이용된 자라고 하더라고 문서가 위조된 것임을 알지 못하는 자에게 행사한 경우에는 위조문서행사죄가 성립한다.

피고인은 위조한 전문건설업등록증 등의 컴퓨터 이미지 파일을 공사 수주에 사용하기 위하여 발주자인 공소외 1 또는 ▽▽▽▽기술서비스의 담당직원 공소외 2에게 이메일로 송부한 사실, 공소외 1 또는 공소외 2는 피고인으로부터 이메일로 송부받은 컴퓨터 이미지 파일을 프린터로 출력할 당시 그 이미지 파일이 위조된 것임을 알지 못하였던 사실을 알 수 있으므로, 피고인의 위와 같은 행위는 형법 제229조의 위조·변조공문서행사죄를 구성한다고 보아야 할 것이다.

225-5. 컴퓨터 모니터에 나타나는 이미지가 형법상 '문서'에 해당하는지 여부(소극) [대법원 2010. 7. 15. 선고, 2010도6068]

【판시사항】

[1] 형법상 문서에 관한 죄에서 '문서'의 의미

[2] 컴퓨터 모니터에 나타나는 이미지가 형법상 '문서'에 해당하는지 여부(소극)

[3] 국립대학교 교무처장 명의의 '졸업증명서 파일'을 위조하였다는 공소사실에 대하여, 위 파일이 형법상의 문서에 해당하지 않는다는 이유로 무죄를 선고한 원심판단을 수긍한 사례

【이 유】

형법상 문서에 관한 죄에 있어서 문서라 함은, 문자 또는 이에 대신할 수 있는 가독적 부호로 계속적으로 물체상에 기재된 의사 또는 관념의 표시인 원본 또는 이와 사회적 기능, 신용성 등을 동일시할 수 있는 기계적 방법에 의한 복사본으로서 그 내용이 법률상, 사회생활상 주요 사항에 관한 증거로 될 수 있는 것을 말하고(대법원 2006. 1. 26. 선고 2004도788 판결 참조), 컴퓨터 모니터 화면에 나타나는 이미지는 이미지 파일을 보기 위한 프로그램을 실행할 경우에 그때마다 전자적 반응을 일으켜 화면에 나타나는 것에 지나지 않아서 계속적으로 화면에 고정된 것으로는 볼 수 없으므로, 형법상 문서에 관한 죄에 있어서의 문서에는 해당되지 않는다(대법원 2007. 11. 29. 선고 2007도7480 판결, 대법원 2008. 4. 10. 선고 2008도1013 판결 등 참조).

이 사건 졸업증명서 파일은 그 파일을 보기 위하여 일정한 프로그램을 실행하여 모니터 등에 이미지 영상을 나타나게 하여야 하므로, 파일 그 자체는 형법상 문서에 관한 죄에 있어서의 문서에 해당되지 않는다고 하여 이 사건 공소사실에 대해 무죄를 선고한 것은 정당하다.

---

1. 자신의 이름과 나이를 속이는 용도로 사용할 목적으로 주민등록증의 이름·주민등록번호란에 글자를 오려붙인 후 이를 컴퓨터 스캔 장치를 이용하여 이미지 파일로 만들어 컴퓨터 모니터로 출력하는 한편 타인에게 이메일로 전송한 사안(소극) [대법원 2007. 11. 29. 선고, 2007도7480]

【판시사항】

자신의 이름과 나이를 속이는 용도로 사용할 목적으로 주민등록증의 이름·주민등록번호란에 글자를 오려붙인 후 이를 컴퓨터 스캔 장치를 이용하여 이미지 파일로 만들어 컴퓨터 모니터로 출력하는 한편 타인에게 이메일로 전송한 사안

【이 유】

이 사건 공소사실의 요지는, "피고인은, ① 2005. 10. 20.경 자신의 집에서, 사귀고 있던 공소외인에게 피고인의 나이와 성명을 속이는 용도로 행사할 목적으로 권한 없이, 컴퓨터로 '미애', '701226'을 작성하여 출력한 다음, 피고인의 주민등록증 성명란 '길자'라는 글자 위에 위와 같이 출력한 '미애'라는 글자를, 주민등록번호란 '640209'라는 글자 위에 위와 같이 출력한 '701226'이라는 글자를 각 오려붙인 다음, 이를 컴퓨터 스캔 장치를 이용하여 스캔함으로써 이미지 파일을 생성하는 방법으로 복사하여 컴퓨터 모니터로 출력함으로써 화면에 이미지가 나타나도록 하는 방법으로 공문서인 강남구청장 발행의 주민등록증 1장을 위조하고, ② 같은 일시, 장소에서, 위와 같이 위조한 주민등록증 이미지가 저장되어 있는 파일을 공소외인에게 보내는 이메일에 마치 진정하게 성립한 것처럼 첨부, 전송하여 그 무렵 그 정을 모르는 공소외인으로 하여금 첨부파일을 열람하도록 함으로써 공소외인이 사용하는 컴퓨터 모니터에 위와 같이 위조한 주민등록증의 이미지가 나타나도록 함으로써 이를 행사하였다"는 것이다. 그러나 앞서 본 법리에 비추어 볼 때, 컴퓨터 모니터 화면에 나타나는 이미지는 이미지 파일을 보기 위한 프로그램을 실행할 경우에 그때마다 전자적 반응을 일으켜 화면에 나타나는 것에 지나지 않아서 계속적으로 화면에 고정된 것으로는 볼 수 없으므로, 형법상 문서에 관한 죄에 있어서의 '문서'에는 해당되지 않는다고 할 것이다.

---

2. 타인의 주민등록증에 붙어있는 사진을 떼어내고 피고인의 사진을 붙인 행위(적극) [대법원 1991. 9. 10. 선고, 91도1610]

피고인이 행사할 목적으로 타인의 주민등록증에 붙어있는 사진을 떼어내고 그 자리에 피고인의 사진을 붙였다면 이는 기존 공문서의 본질적 또는 중요 부분에 변경을 가하여 새로운 증명력을 가지는 별개의 공문서를 작성한 경우에 해당하므로 공문서위조죄를 구성한다.

3. 컴퓨터 스캔 작업을 통하여 만들어낸 공인중개사 자격증의 이미지 파일(소극) [대법원 2008. 4. 10. 선고, 2008도1013]

【판시사항】
피고인이 컴퓨터 스캔 작업을 통하여 만들어낸 공인중개사 자격증의 이미지 파일은 전자기록으로서 전자기록 장치에 전자적 형태로서 고정되어 계속성이 있다고 볼 수는 있으나, 그러한 형태는 그 자체로서 시각적 방법에 의해 이해할 수 있는 것이 아니어서 이를 형법상 문서에 관한 죄에 있어서의 '문서'로 보기 어렵다.

225-6. 법원이 이혼의사확인서등본 뒤에 이혼신고서를 첨부하고 간인하여 교부하였는데 당사자가 이를 떼어내고 다른 내용의 이혼신고서를 붙여 호적관서에 제출한 경우(소극) [대법원 2009. 1. 30. 선고, 2006도7777]

【판결요지】
구 호적법(2007. 5. 17. 법률 제8435호로 폐지) 제79조 제1항 및 구 호적법 시행규칙(2007. 11. 28. 대법원규칙 제2119호로 폐지) 등을 종합하여 볼 때, 가정법원의 서기관 등이 이혼의사확인서등본을 작성한 뒤 이를 이혼의사확인신청 당사자 쌍방에게 교부하면서 이혼신고서를 확인서등본 뒤에 첨부하여 그 직인을 간인하였다고 하더라도, 그러한 사정만으로 이혼신고서가 공문서인 이혼의사확인서등본의 일부가 되었다고 볼 수 없다. 따라서 당사자가 이혼의사확인서등본과 간인으로 연결된 이혼신고서를 떼어내고 원래 이혼신고서의 내용과는 다른 이혼신고서를 작성하여 이혼의사확인서등본과 함께 호적관서에 제출하였다고 하더라도, 공문서인 이혼의사확인서등본을 변조하였다거나 변조된 이혼의사확인서등본을 행사하였다고 할 수 없다.

225-7. 공문서의 작성권한 없는 자가 공무원의 자격을 모용하여 공문서를 작성한 경우의 죄책 (=자격모용공문서작성죄) [대법원 2008. 1. 17. 선고, 2007도6987]

【판시사항】
[1] 공문서의 작성권한 없는 자가 공무원의 자격을 모용하여 공문서를 작성한 경우의 죄책(=자격모용공문서작성죄)
[2] 식당의 주·부식 구입 업무를 담당하는 공무원이 주·부식구입요구서의 과장결재란에 권한 없이 자신의 서명을 한 경우
[3] 계약 등에 의하여 공무와 관련되는 업무를 일부 대행하는 자가 작성한 문서가 공문서위조·변조죄의 객체가 될 수 있는지 여부(소극)
[4] 식당의 주·부식 구입 업무를 담당하는 공무원이 계약 등에 의하여 공무소의 주·부식 구

입·검수 업무 등을 담당하는 조리장·영양사 등의 명의를 위조하여 검수결과보고서를 작성한 경우, 공문서위조죄의 성립을 부인한 사례

【이 유】

형법 제225조의 공문서변조나 위조죄의 객체인 공문서는 공무원 또는 공무소가 그 직무에 관하여 작성하는 문서이고, 그 행위주체가 공무원과 공무소가 아닌 경우에는 형법 또는 기타 특별법에 의하여 공무원 등으로 의제되는 경우를 제외하고는 계약 등에 의하여 공무와 관련되는 업무를 일부 대행하는 경우가 있다 하더라도 공무원 또는 공무소가 될 수는 없다 (대법원 1996. 3. 26. 선고 95도3073 판결 참조).

225-8. 종량제 쓰레기봉투에 인쇄할 시장 명의의 문안이 새겨진 필름을 제조하는 행위에 그친 경우(소극) [대법원 2007. 2. 23. 선고, 2005도7430]

【판시사항】

이 사건 부천시장 명의의 '종량제 쓰레기봉투' (이하 '쓰레기봉투' 라고 한다)의 제작과정 및 피고인의 의도 등에 의하여 인정되는 다음과 같은 사정, 즉 피고인이 행사할 목적으로 위조하여 진정한 것으로 판매하려고 하였던 것은 부천시장 명의의 공문서인 쓰레기봉투이지, 쓰레기봉투를 위조하는 과정에 필요한 것으로서 쓰레기봉투에 인쇄할 부천시장 명의의 문안이 새겨진 필름이라고 볼 수 없는 점, 쓰레기봉투 비닐에 부천시장 명의의 문안을 인쇄하기 위하여는 위 필름만으로는 불가능하고 위 필름에 근거한 동판을 제작하여야 비로소 가능한 점 등에 비추어 보면, 피고인이 위 동판 제작 이전 단계에 불과한 위 필름을 제조하는 행위에 그쳤다면 이는 아직 부천시장 명의의 공문서인 쓰레기봉투를 위조하는 범행의 실행의 착수에 이르지 아니한 것으로 그 준비단계에 불과한 것으로 보아야 하며, 또한 쓰레기봉투에 인쇄할 부천시장 명의의 문안이 위 필름에 그대로 복사되어 있다고 하더라도, 위 필름은 오로지 쓰레기봉투 비닐에 부천시장 명의의 문안을 인쇄하기 위한 작업에 필요한 동판 제작을 위한 공정에 투입할 용도에서 일시적으로 제작되는 물건일 뿐이어서, 피고인에게 위 필름을 진정한 공문서로 행사할 범의가 있었다고 볼 수 없다.

225-9. 사서증서 인증서 중 사서증서의 기재 내용을 일부 변조한 경우의 죄책(=사문서변조) [대법원 2005. 3. 24. 선고, 2003도2144]

【판결요지】

공증인이 공증인법 제57조 제1항의 규정에 의하여 사서증서에 대하여 하는 인증은 당해 사서증서에 나타난 서명 또는 날인이 작성명의인에 의하여 정당하게 성립하였음을 인증하는 것일 뿐 그 사서증서의 기재 내용을 인증하는 것은 아닌바, 사서증서 인증서 중 인증기재 부분은 공문서에 해당한다고 하겠으나, 위와 같은 내용의 인증이 있었다고 하여 사서증서의 기재 내용이 공문서인 인증기재 부분의 내용을 구성하는 것은 아니라고 할 것이므로, 사서증서의 기재 내용을 일부 변조한 행위는 공문서변조죄가 아니라 사문서변조죄에 해당한다.

225-10. 문서의 재사본이 문서위조죄의 객체인 문서에 해당하는지 여부(적극) [대법원 2004. 10. 28. 선고, 2004도5183]

【판시사항】

[1] 문서의 재사본이 문서위조죄의 객체인 문서에 해당하는지 여부(적극) 및 진정한 문서의 사본을 복사하면서 일부 조작을 가한 경우 문서위조죄의 성립 여부(적극)

[2] 타인의 주민등록증을 복사기와 컴퓨터를 이용하여 전혀 별개의 주민등록증사본을 창출시킨 경우, 공문서위조 및 행사죄에 해당한다.

【이 유】

형법 제237조의2에 따라 전자복사기, 모사전송기 기타 이와 유사한 기기를 사용하여 복사한 문서의 사본도 문서원본과 동일한 의미를 가지는 문서로서 이를 다시 복사한 문서의 재사본도 문서위조죄 및 동 행사죄의 객체인 문서에 해당한다 할 것이고, 진정한 문서의 사본을 전자복사기를 이용하여 복사하면서 일부 조작을 가하여 그 사본 내용과 전혀 다르게 만드는 행위는 공공의 신용을 해할 우려가 있는 별개의 문서사본을 창출하는 행위로서 문서위조 행위에 해당한다(대법원 2000. 9. 5. 선고 2000도2855 판결 등 참조).

원심판결 이유에 의하면, 원심은 그 채택 증거를 종합하여, 피고인이 타인의 주민등록증을 이용하여 주민등록증상 이름과 사진을 하얀 종이로 가린 후 복사기로 복사를 하고, 다시 컴퓨터를 이용하여 위조하고자 하는 당사자의 인적사항과 주소, 발급일자를 기재한 후 덮어쓰기를 하여 이를 다시 복사하는 방식으로 전혀 별개의 주민등록증사본을 창출시킨 사실을 인정한 다음, 그 사본 또한 공문서위조 및 행사죄의 객체가 되는 공문서에 해당한다고 판단하였는바, 위에서 본 법리와 기록에 비추어 살펴보면 원심의 위와 같은 사실인정과 판단은 정당한 것으로 수긍이 가고, 거기에 주장과 같은 법리오해나 채증법칙 위배 등의 위법이 없다.

---

1. 진정한 문서의 사본을 전자복사기를 이용하여 복사하면서 일부 조작을 가하여 그 사본 내용과 전혀 다르게 만드는 행위가 문서위조행위에 해당하는지 여부(적극) [대법원 2000. 9. 5. 선고, 2000도2855]

【판시사항】

전사복사기 등을 사용하여 복사한 문서의 사본을 다시 복사한 문서의 재사본이 문서위조죄 및 동 행사죄의 객체인 문서에 해당하는지 여부(적극) 및 진정한 문서의 사본을 전자복사기를 이용하여 복사하면서 일부 조작을 가하여 그 사본 내용과 전혀 다르게 만드는 행위가 문서위조행위에 해당하는지 여부(적극)

【판결요지】

형법 제237조의2에 따라 전자복사기, 모사전송기 기타 이와 유사한 기기를 사용하여 복사한 문서의 사본도 문서원본과 동일한 의미를 가지는 문서로서 이를 다시 복사한 문서의 재사본도 문서위조죄 및 동 행사죄의 객체인 문서에 해당한다 할 것이고, 진정한 문서의 사본을 전자복사기를 이용하여 복사하면서 일부 조작을 가하여 그 사본 내용과 전혀 다르게 만드는 행위는 공공의 신용을 해할 우려가 있는 별개의 문서사본을 창출하는 행위로서 문서위조행위에 해당한다.

225-11. 권한 없는 자가 임의로 인감증명서의 사용용도란의 기재를 고쳐 쓴 경우(소극) [대법원 2004. 8. 20. 선고, 2004도2767]

【판결요지】

인감증명법 제12조 제1항, 동법시행령(2002. 12. 31. 대통령령 제17867호로 개정되기 전의 것) 제13조 등 인감증명의 신청과 인감증명서의 발급에 관한 법령의 규정에 의하면, 인감의 증명을 신청함에 있어서 그 용도가 부동산매도용일 경우에는 부동산매수자란에 매수자의 성명(법인인 경우에는 법인명), 주소 및 주민등록번호를 기재하여 신청하여야 하지만 그 이외의 경우에는 신청 당시 사용용도란을 기재하여야 하는 것은 아니고, 필요한 경우에 신청인이 직접 기재하여 사용하도록 되어 있으며, 사용용도에 따른 인감증명서의 유효기간에 관한 종전의 규정도 삭제되어 유효기간의 차이도 없으므로 인감증명서의 사용용도란의 기재는 증명청인 동장이 작성한 증명문구에 의하여 증명되는 부분과는 아무런 관계가 없다고 할 것이므로, 권한 없는 자가 임의로 인감증명서의 사용용도란의 기재를 고쳐 썼다고 하더라도 공무원 또는 공무소의 문서 내용에 대하여 변경을 가하여 새로운 증명력을 작출한 경우라고 볼 수 없으므로 공문서변조죄나 이를 전제로 하는 변조공문서행사죄가 성립되지는 않는다.

225-12. 공무원 아닌 자가 관공서에 허위내용의 증명원을 제출하여 그 정을 모르는 공무원으로부터 그 증명원 내용과 같은 증명서를 발급받은 경우, 공문서위조죄의 간접정범이 성립하는지 여부(소극) [대법원 2001. 3. 9. 선고, 2000도938]

【판결요지】

어느 문서의 작성권한을 갖는 공무원이 그 문서의 기재 사항을 인식하고 그 문서를 작성할 의사로써 이에 서명날인하였다면, 설령 그 서명날인이 타인의 기망으로 착오에 빠진 결과 그 문서의 기재사항이 진실에 반함을 알지 못한 데 기인한다고 하여도, 그 문서의 성립은 진정하며 여기에 하등 작성명의를 모용한 사실이 있다고 할 수는 없으므로, 공무원 아닌 자가 관공서에 허위 내용의 증명원을 제출하여 그 내용이 허위인 정을 모르는 담당공무원으로부터 그 증명원 내용과 같은 증명서를 발급받은 경우 공문서위조죄의 간접정범으로 의율할 수는 없다.

225-13. 수뢰후부정처사죄와 각각 상상적 경합 관계에 있는 공도화변조, 동행사죄의 경합범 가중의 당부(소극) [대법원 2001. 2. 9. 선고, 2000도1216]

【판결요지】

형법 제131조 제1항의 수뢰후부정처사죄에 있어서 공무원이 수뢰후 행한 부정행위가 공도화변조 및 동행사죄와 같이 보호법익을 달리하는 별개 범죄의 구성요건을 충족하는 경우에는 수뢰후부정처사죄 외에 별도로 공도화변조 및 동행사죄가 성립하고 이들 죄와 수뢰후부정처사죄는 각각 상상적 경합 관계에 있다고 할 것인바, 이와 같이 공도화변조죄와 동행사죄가 수뢰후부정처사죄와 각각 상상적 경합범 관계에 있을 때에는 공도화변조죄와 동행사죄 상호간은 실체적 경합범 관계에 있다고 할지라도 상상적 경합범 관계에 있는 수뢰후부정처사죄와 대비하여 가장 중한 죄에 정한 형으로 처단하면 족한 것이고 따로이 경합범 가중을 할 필요가 없다.

225-14. 인낙조서에 첨부되어 있는 도면 및 그 사본에 임의로 점선을 그은 행위(소극) [대법원 2000. 11. 10. 선고, 2000도3033]

【판시사항】

[1] 공도화변조죄에 있어서 변조의 의미

[2] 인낙조서에 첨부되어 있는 도면 및 그 사본에 임의로 점선을 그은 행위가 공도화변조에 해당한다고 볼 수 없다.

【판결요지】

[1] 공도화변조죄에 있어서의 변조라 함은 공무소 또는 공무원의 도화 내용에 동일성을 해하지 않을 정도로 변경을 가하여 새로운 증명력을 작출케 함으로써 공도화에 대한 공공적 신용을 해할 위험성이 있는 행위를 말한다.

[2] 인낙조서에 첨부되어 있는 도면 및 그 사본에 임의로 그은 점선은 인낙조서 본문이나 도면에서 그에 대한 설명이 없는 이상 특정한 의미 내용을 갖지 아니한 단순한 도형에 불과하여 그 자체로서 새로운 증명력이 작출케 된다고 할 수 없다는 이유로 그와 같은 <u>점선을 그은 행위가 문서의 손괴에 해당할 수 있음은 별론으로 하고, 공도화로서의 공공적 신용을 해할 위험이 있는 공도화변조죄에 해당한다고 할 수 없다.</u>

225-15. 대리인의 신청에 의한 인감증명을 본인 신청에 의한 것으로 기재 발급한 경우의 죄책 (=허위공문서작성죄) [대법원 1997. 7. 11. 선고, 97도1082]

【판결요지】

인감증명서 발급업무를 담당하는 공무원이 발급을 신청한 본인이 직접 출두한 바 없음에도 불구하고 본인이 직접 신청하여 발급받은 것처럼 인감증명서에 기재하였다면, 이는 <u>공문서위조죄가 아닌 허위공문서작성죄를 구성한다.</u>

225-16. 담당자도 아니면서 원본과 다른 토지대장등본을 작성한 경우(적극) [대법원 1997. 4. 25. 선고, 96도3409]

【판결요지】

토지대장등본은 토지대장의 존재를 전제로 하여 토지대장에 대신하는 증명수단으로 사용되는 것이 거래실정인 점에 비추어 볼 때, 수복지역내소유자미복구토지의복구등록과보존등기등에관한특별조치법 소정의 공고 및 열람절차가 이의 없이 마쳐졌기 때문에 언제든지 당사자의 신청에 의하여 소유명의인변경등록이 가능한 상태에 있었고 그 변경등록에 필요한 당사자의 신청서도 이미 제출된 것으로 믿어졌으며 담당자가 없는 사이에 신속한 민원해결의 필요성이 있었다고 할지라도, 제출된 바도 없는 소유명의인변경등록신청서를 접수한 양 허위의 접수인을 찍고 담당계장이 아닌 자의 직인을 찍어 신청서접수서를 허위로 작성하고 또한 접수대장까지 허위로 작성하면서 원본에도 없는 중요한 사항을 복사본에 추가 기재하여 원본과 소유명의자가 전혀 다른 토지대장등본을 작성하였다면, 이를 두고 위법성을 인식하지 못한 데에 정당한 이유가 있다고 할 수 없다.

225-17. 주민등록증 비닐커버 위에 주민등록번호를 덧기재하고 투명 테이프를 붙이는 방법으로 주민등록번호를 고친 행위(소극) [대법원 1997. 3. 28. 선고, 97도30]

【판결요지】

자신의 주민등록증 비닐커버 위에 검은색 볼펜을 사용하여 주민등록번호 전부를 덧기재하고 투명 테이프를 붙이는 방법으로 주민등록번호 중 출생연도를 나타내는 "71"을 "70"으로 고친 사안에서, 변조행위가 공문서 자체에 변경을 가한 것이 아니며 그 변조방법이 조잡하여 공문서에 대한 공공의 위험을 초래할 정도에 이르지 못하였다.

---

1. 공문서 기안담당자가 적법한 절차를 거침이 없이 임의로 결재된 원문서에 누락사실을 추가기재한 경우(적극) [대법원 1995. 3. 24. 선고, 94도1112]

【판시사항】

[1] 공문서 기안담당자가 적법한 절차를 거침이 없이 임의로 결재된 원문서에 누락사실을 추가기재한 경우, 문서변조의 범의를 인정한 사례

[2] 공문서변조죄에 있어서 행사할 목적의 의의

【판결요지】

[1] 최종 결재권자를 보조하는 기안담당자가 토지가격 감정의뢰서에 첨부된 재산명세서상에 일부 기재가 누락된 토지가 있었으나 그 감정의뢰에 따른 감정을 하는 과정에서 그 누락사실이 발견되어 감정평가사가 그 토지까지 감정하여 작성한 감정평가서를 송부하여 오자, 사후에 이를 일치시킨다는 생각에서 위 재산명세서상에 그 누락된 토지들을 추가기재하였더라도 그 과정에서 적법한 절차를 거침이 없이 임의로 결재된 원문서에 없는 사항을 추가기재한 이상 그러한 행위에 대하여는 공문서변조의 범의를 인정하기에 충분하고, 감정의뢰서에 누락된 토지에 대한 감정까지 하여 작성한 감정평가서에 대하여 위 감정의뢰서 작성명의자인 최종 결재권자의 결재가 있었다고 하여 이로써 위 감정의뢰서 추가기재 행위에 대하여 작성명의자의 승낙이 있었다고 볼 수 없다.

[2] 공문서변조죄에 있어서 행사할 목적이란 변조된 공문서를 진정한 문서인 것처럼 사용할 목적 즉 행사의 상대방이 누구이든지간에 그 상대방에게 문서의 진정에 대한 착오를 일으킬 목적이면 충분한 것이지 반드시 변조 전의 그 문서의 본래의 용도에 사용할 목적에 한정되는 것은 아니다.

225-18. 재산세과세대장의 작성 권한이 있던 자가 인사이동되어 그 권한이 없어진 후 그 기재내용을 변경한 경우(적극) [대법원 1996. 11. 22. 선고, 96도1862]

【판시사항】

피고인은 1992. 4. 21.경부터 1993. 11. 30.경까지 사이에 지방세무주사보로서 대구 북구청 세무과에서 부동산 취득세의 과세 및 징수업무 등에 종사하던 중 1993. 5. 20. 위 북구청 사무실에서 대구 북구 산격동 1434의 34 소재 토지 159㎡를 취득한 공소외 김헌식으로부터 취득세

955,200원을 수령한 다음 위 토지에 대한 재산세 과세대장의 변동사항 기록 확인란에 "93. 5. 20. 신납"이라고 기재한 후 위 취득세를 횡령하였다가 1994. 11.하순경 위 취득세 횡령사실을 은폐하기 위하여 행사할 목적으로 위 재산세 과세대장 변동사항 기록 확인란의 "93. 5. 20. 신납"이라는 기재를 한 줄로 그어 버리고 그 옆에 "94. 11. 30. 납기"라고 기재하였는데, 피고인이 위와 같이 정정할 당시에는 인사이동되어 위 과세대장의 작성권한이 없었다는 것이므로, 피고인의 위와 같은 행위는 공문서변조죄에 해당한다 할 것이고, 피고인이 자신의 취득세 횡령행위를 은폐하기 위하여 위와 같이 정정한 행위를 가리켜 권한의 위임에 따른 것이라거나 사회상규에 위배되지 아니하는 정당한 행위라고는 할 수 없는 것이며, 나아가 피고인이 위 김헌식으로부터 취득세를 수납한 이상 위 재산세 과세대장에 "93. 5. 20. 신납"이라고 기재한 것을 허위라고 할 수 없으므로 그것이 허위임을 전제로 피고인이 이를 "94. 11. 30. 납기"라고 정정한 행위는 공문서변조죄가 되지 않는다고 할 수 없다.

225-19. 업무보조자인 공무원이 공문서 용지에 허위내용을 기재하고 작성권자의 직인을 날인한 경우 업무보조자인 공무원 및 중간결재자의 죄책 [대법원 1996. 4. 23. 선고, 96도424]

【판결요지】

공문서 작성권자로부터 일정한 요건이 구비되었는지 여부를 심사하여 그 요건이 구비되었음이 확인될 경우에 한하여 작성권자의 직인을 사용하여 작성권자 명의의 공문서를 작성하라는 포괄적인 권한을 수여받은 업무보조자인 공무원이, 그 위임의 취지에 반하여 공문서 용지에 허위내용을 기재하고 그 위에 보관하고 있던 작성권자의 직인을 날인하였다면, 그 업무보조자인 공무원에게 공문서위조죄가 성립할 것이고, 그에게 위와 같은 행위를 하도록 <u>지시한 중간결재자인 공무원도 공문서위조죄의 공범으로서의 책임을 면할 수 없다.</u>

---

1. 시장으로부터 전결사항으로 위임받아 양곡인도 지령서의 작성권한을 부여받은 자가 시장의 지령없이 양곡인도서를 작성한 경우(적극) [대법원 1965. 3. 16. 선고, 65도106]

【판결요지】

시장으로부터 시의 양곡인도사무를 전결사항으로 위임받아 양곡인도지령서를 작성할 권한까지 부여받았다 하더라도 양곡인도의 지령을 받지 않고 그 양곡인도서를 작성한 경우에 사무위임자 또는 문서작성을 위탁한 사람의 의사에 반하는 위탁의 범위를 일탈하는 행위로서 공문서위조죄가 성립된다.

---

2. 특정한 사항에 관하여 공문서를 보충기재 할 권한만 위임되어 있는 자가 동 공문서를 허위로 작성한 경우(적극) [대법원 1984. 9. 11. 선고, 84도368]

【판결요지】

군청소속의 도축장 검사원에게 군수명의로 된 백지의 지방우육 서울반출증을 보관하면서 적법한 도축신청과 서울축산기업 납세조합에서 발행한 지방우육 서울반입 실수요자확인증의 제출이 있는 경우에 한하여 위 백지반출증에 실수요자증명서의 발행번호와 반출증의 발행일자, 유효기간 등을 보충기재하여 반입실수요자에 교부할 권한만이 위임되어 있었던 경우라면 동 검사원에게 위 반출증의 작성권한이 위임되어 있다고 볼 수 없으므로 동 검사원이 적법한 도축신청과 실수요자확인증의 제출이 없음에도 허위의 반출증을 작성교부하였다면 공문서위조죄가 성립한다.

3. 면사무소 호적계장이 면장의 결재 없이 허위내용의 호적정정 기재를 한 경우(소극) [대법원 1990. 10. 12. 선고, 90도1790]
【판결요지】
형법 제227조가 규정한 허위공문서작성죄는 그 문서를 작성할 권한이 있는 공무원이 허위내용의 공문서를 작성한 경우에 성립하는 것이고 그 공무원을 보조하는 직무에 종사하는 공무원이 작성권한을 가진 공무원의 결재도 받지 아니하고 임의로 허위내용의 공문서를 작성권한자 명의로 작성한 때에는 공문서위조죄가 성립한다고 할 것인바, 면사무소 호적계장이 면장의 결재 없이 호적의 출생년란, 주민등록번호란에 허위내용의 호적정정 기재를 한 경우에는 공문서위조 및 동행사죄를 구성하는 것은 별론으로 하고 형법 제227조가 규정한 허위공문서작성죄에 해당할 수는 없다.

225-20. 도화사본이 도화변조의 객체가 되는지 여부(적극) [대법원 1993. 7. 27. 선고, 93도1435]
【판결요지】
문서위조 또는 변조 및 동행사죄의 보호법익은 문서 자체의 가치가 아니고 문서에 대한 공공의 신용이므로 문서위조 또는 변조의 객체가 되는 문서는 반드시 원본에 한한다고 보아야 할 근거는 없고 문서의 사본이라도 원본과 동일한 의식내용을 보유하고 증명수단으로서 원본과 같은 사회적 기능과 신용을 가지는 것으로 인정된다면 이를 위 문서의 개념에 포함시키는 것이 상당하다 할 것이고, 나아가 광의의 문서의 개념에 포함되는 도화의 경우에 있어서도 마찬가지로 해석하여야 한다.

225-21. 농지관리기금에 관한 업무를 위탁받은 농어촌진흥공사가 공무수행의 일환으로 농지관리기금관리자 명의로 작성하여 군수에게 발송한 농지조성비납입고지서(적극) [대법원 1993. 4. 27. 선고, 92도3277]
【판시사항】
농지조성비의 징수 및 관리업무는 국가의 사무이고 이를 수행하는 관계가 있어서 공사의 기금출납담당본부장과 기금출납원은 공무원이며 공사는 공무소라고 할 것이므로 공사가 위 공무수행의 일환으로 농지관리기금관리자 명의로 작성하여 청도군수에게 발송한 이 사건 납입고지서는 공문서에 해당한다고 보아야 할 것이다.

225-22. 공증인가 합동법률사무소 작성의 사서증서인증서가 공문서인지 여부(적극) [대법원 1992. 10. 13. 선고, 92도1064]
【판시사항】
[1] 간이절차에의한민사분쟁사건처리특례법에 의하여 설립된 공증인가 합동법률사무소 작성의 사서증서인증서가 공문서인지 여부(적극)
[2] 관례상 합동법률사무소에서 보존 관리하고 있는 사서증서인증서를 인증서 원본으로 볼 수 있는지 여부(적극)

【판결요지】

[1] 간이절차에의한민사분쟁사건처리특례법에 의하여 설립된 공증인가 합동법률사무소 작성의 사서증서에 관한 인증서는 공문서이다.

[2] 사서증서인증서 원본의 보관에 관하여 법령상의 근거규정이 없다고 하더라도 관례상 합동법률사무소에서 보존 관리하고 있는 사서증서인증서는 그 인증서 원본으로 볼 수 있다.

225-23. 위조 행사하였다는 출근통지서가 외견상 공무소 또는 공무원이 그 직무권한 내에서 작성한 문서(소극) [대법원 1992. 5. 26. 선고, 92도699]

【판결요지】

위조 행사하였다는 출근통지서는 타자용지에 타자기로 작성한 것으로 그 두문에 발신기관명이 기재되어 있지 않고, 그 작성명의도 공무소인 시청이나 공무원인 그 시장 또는 보조기관인 A과장으로 되어있지 않고 말단에 A과로만 기재되어 있어 본문의 내용을 읽어 보지 않고는 어느 기관의 A과인지 선뜻 알아 볼 수 없게 되어 있고, 위 "A과"라는 기재 부분 옆에는 직인이나 관인이 아닌 공소외인의 사인이 찍혀 있어 그 외관이 공문서라고 보기 어려울 정도로 극히 조악하고, 그 본문에 있어서도 출근통지라는 매우 이례적인 내용을 담고 있는 점 등을 종합 고찰하여 보면, 위 출근통지서는 외견상으로도 공무소 또는 공무원이 그 직무권한 내에서 작성한 공문서라고 보기 어려울 정도로 공문서로서의 외관과 형식을 갖추지 못하였다.

225-24. 공립학교 교사가 작성하는 교원 인적사항과 전출희망사항 등을 기재하는 부분과 학교장이 작성하는 학교장의견란 등으로 구성되어 있는 교원실태조사카아드(소극) [대법원 1991. 9. 24. 선고, 91도1733]

【판결요지】

공립학교 교사가 작성하는 교원의 인적사항과 전출희망사항 등을 기재하는 부분과 학교장이 작성하는 학교장의견란 등으로 구성되어 있는 교원실태조사카아드는 학교장의 작성명의 부분은 공문서라고 할 수 있으나, 작성자가 교사 명의로 된 부분은 개인적으로 전출을 희망하는 의사표시를 한 것에 지나지 아니하여 이것을 가리켜 공무원이 직무상 작성한 공문서라고 할 수는 없을 것이므로 위 카드의 교사 명의 부분을 명의자의 의사에 반하여 작성하였다고 하여도 공문서를 위조한 것이라고 할 수 없다.

225-25. 시가 본청 전입자 발탁을 위하여 실시한 참고시험의 답안지(적극) [부산고법 1991. 2. 6. 선고, 90노667, 확정]

【판결요지】

형법 제225조에 규정된 공문서라 함은 그 작성명의인인 공무소 또는 공무원이 법령, 내규 또는 관례에 의하여 그 직무집행의 범위 내에서 직무상 작성한 문서를 의미하므로, 시가 본청 전입자 발탁을 위하여 구청공무원을 상대로 실시한 내부인사용 참고시험의 답안지는 응시자인 구청공무원이 공무를 위하여 직무상 작성한 문서가 아니라 직무와는 관계없이 개인적 목적을 위하여 작성한 서류에 불과하므로, 이는 형법 제225조 소정의 공문서가 아니라 형법 제141조 제1항 소정의 공용서류에 해당한다.

225-26. 공문서위조죄의 성립요건 [대법원 1987. 9. 22. 선고, 87도1443]

【판결요지】

일반인으로 하여금 공무원 또는 공무소의 권한내에서 작성된 문서라고 믿을 수 있는 형식과 외관을 구비한 문서를 작성하면 공문서위조죄가 성립되므로, 피고인이 국립경찰병원장 명의의 진단서에 직인과 계인을 날인하고 환자의 성명과 병명 및 향후치료소견을 기재하였다면 비록 진단서 발행번호나 의사의 서명날인이 없더라도 이는 공문서로서 형식과 외관을 구비하였으므로 공문서위조죄가 성립한다.

225-27. 허위로 작성된 공문서도 공문서변조죄의 객체가 되는지 여부(소극) [대법원 1986. 11. 11. 선고, 86도1984]

【판결요지】

공문서변조라 함은 권한없이 이미 진정하게 성립된 공무원 또는 공무소명의의 문서내용에 대하여 그 동일성을 해하지 아니할 정도로 변경을 가하는 것을 말한다 할 것이므로 이미 허위로 작성된 공문서는 형법제225조 소정의 공문서변조죄의 객체가 되지 아니한다.

225-28. 사본을 행사할 목적으로 공문서 기재내용을 변개한 경우(소극) [대법원 1986. 2. 25. 선고, 85도2835]

【판결요지】

공문서변조죄는 변조한 공문서 자체를 진정한 것으로 행사할 목적아래 그 기재내용을 변개한 경우에 성립하는 것이므로 사본을 행사할 목적으로 면허증사진 위에 다른 사진을 떨어지지 않을 정도로 풀을 약간 칠해 붙여 이를 전자복사기에 넣어 면허증 사본을 복사한 행위는 면허증 원본을 행사할 목적이 없는 것이어서 공문서변조죄에 해당하지 않는다.

225-29. 인감증명서의 사용용도난기재 변경이 공문서변조죄에 해당되는지 여부(적극) [대법원 1985. 9. 24. 선고, 85도1490]

【판결요지】

공무원이 작성한 문서와 개인이 작성한 문서가 1개 문서중에 포함되어 있는 경우에도 공무원이 작성한 증명문구에 의하여 증명되는 개인작성부분을 변조한 경우에는 공문서변조죄가 성립하는 바, 인감증명서의 사용용도는 인감신청인이 기재하는 것이나 그 기재한 용도에 따른 인감증명서가 발급되면 그 용도기재의 여하에 따라 인감증명서의 유효기간이 달라지는 것이므로 그 기재된 용도에 대하여도 증명의 효력이 미친다고 볼 것이어서 권한없이 그 용도기재를 고쳐 썼다면 이는 공문서변조죄에 해당한다.

225-30. 한국조폐공사 사장명의의 신분증명서가 공문서인지 여부(적극) [대법원 1985. 7. 23. 선고, 85도1291]

【판결요지】

한국조폐공사법 제17조 규정의 취지에 비추어 동조에서 말하는 벌칙은 한국조폐공사의 임원이 지위를 남용하여 범법행위를 한 경우에 적용할 벌칙만을 말하는 것이 아니라 제3자가 위 공사의 임원에 대하여 범법행위를 한 경우에 적용할 벌칙과 같이 피해자인 임원보호를 위한 면에서의 벌칙도 포함하는 것으로 풀이하여야 하므로 한국조폐공사법 제10조 소정의 임원인 같은 공사사장 명의의 신분증명서를 위조, 행사한 행위는 형법상의 공문서위조, 동행사죄에 해당한다.

> 1. 주식회사 서울신탁은행장 명의의 수출용 원자재 구매승인서가 공문서인지 여부(적극) [대법원 1980. 9. 9. 선고, 80도1924]
>
> 【판결요지】
> 외국환은행인 주식회사 서울신탁은행장 명의의 무역거래법에 의한 수출용 원자재 구매승인서는 동법 제31조의 취지에 비추어 공문서로 보아야 한다.

225-31. 공문서에 첨부된 간인이 없는 도면도 공문서의 일부인지 여부(적극) [대법원 1985. 6. 25. 선고, 85도540]

【판시사항】

[1] 공문서에 첨부된 간인이 없는 도면도 공문서의 일부인지 여부(적극)

[2] 공문서에 첨부된 도면에 표시가 잘못된 부분이 있다하여 임의로 정정도면과 바꿔치기 한 경우, 공문서변조 및 동행사의 범의

【판결요지】

[1] 공문서에 첨부한 도면에 간인이 날인되지 아니하였다는 이유만으로 그 도면을 공문서의 일부가 아니라고 볼 수 없다.

[2] 시장명의로 작성하여 도지사에게 송부한 환지계획인가신청서에 첨부된 당초의 도면에 잘못 표시된 부분이 있다고 하여도 시에서 도시계획 업무를 담당한 공무원이 적법한 절차를 거침이 없이 임의로 위 도면을 정정도면과 바꿔치기 한 행위에 대하여는 공문서변조, 동행사의 범의를 인정하기 넉넉하며, 도면에 간인이 없다든가 시장의 승인이 예상된다 하여 그 범의를 부정할 수는 없다.

225-32. 복사본을 만들어 사용할 목적으로 공분서원본을 변조한 경우 [서울고법 1985. 1. 18. 선고, 84노3050, 확정]

【판결요지】

변조한 공문서를 바로 사용하거나 변조한 공문서를 이용, 복사본을 만들어 사용하거나 그 사용의 방법에 차이가 있음에 불과하므로 공문서원본을 변조하여 그 복사본을 만들어 사용할 목적이었다

할지라도 동 변조행위를 함에 있어서 그 원본을 행사할 목적이 있었다 할 것이므로 이는 공문서 변조죄에 해당한다.

225-33. 공문서 일부 기재사항을 변경기재 후 담당공무원에게 제출하여 동인으로 부터 그 부분에 대한 정정확인 직인을 받은 경우, 공문서 변조죄의 성부(소극) [대법원 1984. 11. 27. 선고, 84도2136]

【판결요지】

피고인이 건축물관리대장등본상의 건축물소유자의 주소지를 동인의 주민등록부상의 주소지와 상위한 것을 일치시키기 위하여 위 관리대장등본의 주소지기재를 주민등록부와 같은 주소로 변경기재한 후 동인의 주민등록등본과 함께 읍의 제증명발급 민원담당공무원에게 제출하여 동인이 위양 서류들의 주소기재를 확인한 뒤 읍장의 정정확인직인을 날인하여 주는 것을 교부받은 것에 불과하다면 위 서류를 정정한 사람은 어디까지나 자신의 책임아래 위 직인을 날인해 준 위 공무원이라 할 것이고 피고인은 다만 그 신청을 한 자에 불과하다고 할 것이므로 위 공무원이 관청 내부적으로 권한을 초과하여 직무를 집행한 책임의 유무는 별론으로 하고 피고인에 대하여 공문서 변조의 책임을 물을 수는 없다.

225-34. 개인의무 부담의 문서와 공적문서 [대법원 1984. 3. 27. 선고, 83도2892]

【판결요지】

공소외인이 농업양곡직매장 운영에 관하여 자기명의의 문서를 작성할 권한을 부여받았다 하더라도 이 사건과 같은 개인 채무부담의 의견표시인 문서는 다른 사정이 없는한 경험칙이나 논리칙상 공적 문서로 볼 수 없다.

225-35. 재단법인 한국화학분석시험검사소 소장 명의의 수출검사합격증이 공문서인지 여부(적극) [대구고법 1983. 12. 20. 선고, 83노1152, 확정]

【판결요지】

수출검사법 제23조의 규정에 의하면 수출검사의 업무에 종사하는 민간지정 검사기관의 역원 및 검사원은 형법 또는 기타 법령중 벌칙의 적용에 있어서는 공무원으로 본다고 규정하고 있으므로 재단법인 한국화학분석시험검사소 소장 명의의 수출검사합격증은 공문서라 봄이 상당하다.

225-36. 문서작성권한자의 지시 또는 승낙하에 그 서명을 대신한 경우 공문서위조죄의 성부(소극) [대법원 1983. 5. 24. 선고, 82도1426]

【판결요지】

공문서의 위조라 함은 행사할 목적으로 공무원 또는 공무소의 문서를 정당한 작성권한 없는 자가 작성권한 있는 자의 명의로 작성하는 것을 말하므로, 공문서인 기안문서의 작성권한자가 직접 이에 서명하지 않고 피고인에게 지시하여 자기의 서명을 흉내내어 기안문서의 결재란에 대신 서명케 한 경우라면 피고인의 기안문서 작성행위는 작성권자의 지시 또는 승낙에 의한 것으로서 공문서위조죄의 구성요건해당성이 조각된다.

225-37. 병역수첩의 사진을 바꾸어 붙인 경우의 죄책(=공문서변조) [광주고법 1983. 4. 29. 선고, 83노38, 확정]

【판시사항】

[1] 병역수첩의 사진을 바꾸어 붙인 경우의 죄책

[2] 타인소유의 변조공문서에 대한 몰수 가부(소극)

【판결요지】

[1] 타인의 병역수첩에서 동인의 사진을 떼어 낸 다음 피고인의 사진을 붙인 행위는 공문서변조죄에 해당하고, 이를 행사함은 변조공문서 행사죄에 해당한다.

[2] 피고인이 타인 소유의 병역수첩을 변조한 경우에는 변조부분을 폐기하여 그 피해자에게 환부하여야 하고 이를 몰수할 수 없다.

225-38. 국민은행 간이예금취급소 발행의 관세영수증이 공문서인지 여부(적극) [서울고법 1983. 3. 31. 선고, 82노2982, 확정]

【판결요지】

국민은행○○지점 ○○간이예금취급소가 한국은행총재로부터 한국은행 국고금취급규칙에 따른 국고수납대리점의 지정을 받아 국세, 파출검사수수료등 국고금의 수납업무를 취급하여 왔다면, 위 간이예금취급소는 국고금수납관계에 있어서는 공무소라 할 것이므로, 위 간이예금취급소 발행의 관세영수증서 및 파출검사수수료영수증서는 국고금납입에 관한 영수증서로서 공문서라 할 것이다.

225-39. 건축허가 통지서에 첨부된 설계도면을 일부인이 소급 기재된 설계도면으로 바꿔 갈아끼운 경우 (적극) [대법원 1982. 12. 14. 선고, 81도81]

【판결요지】

건축허가서에 첨부된 설계도면을 떼내고 건축사협회의 도면등록 일부인을 건축허가 신청당시 일자로 소급 변조하여 새로 작성한 설계도면을 그 자리에 가철한 행위는 공문서 변조죄에 해당한다.

225-40. 군의 지적계장이 내부 결재없이 토지대장의 공유지 연명부 원장 오류를 정정한 행위(소극) [대법원 1982. 10. 12. 선고, 82도1485]

【판결요지】

군의 지적계장인 피고인이 공소외 (갑)으로부터 항의를 받고 동 공소외 이 소지한 등기부등본 및 종전의 토지대장과 공유지연명부등을 모두 대 조 해 본 결과 이 사건 토지가 분할될 당시 공유지연명부의 정리가 누락된 것 을 발견하고 동 공소외 인의 주장이 사실에 부합하여 신속한 민원처리의 목적으로 선처리, 후결재 받을 생각으로 내부결재를 받지 아니한 채 임의로 공소외인이 가지고 있던 토지대장의 공유지연명부의 지번과 고유번호 를 정정해 주고 원장을 정정한 것인 바, 토지대장상의 등록사항의 정정에 내부결재를 필요케 하는 취지가 그 내용의 정확성을 담보하는데 있다 할 것이고 공유지연명부상의 지번과 고유번호를 토지대장의 그것과 일치하도록 정정하는 행위는 경미한 사항이라 보지 않을수 없고 그 정정하려는 내용이 진정한 이상 결재를 구하였으면 의당 허가결재가 되었을 것임이 분명한 이 사건에 있어서, 피고인의 위와 같은 정정행위는 공유지연명부의 정리에 관한 군수의 보조자로서의 권한을 초과한 행위라고 볼 수는 없다 할 것이므로 피고인이 정규적인 절차에 의한 사무처리를 하지 아니한 점을 들어 내부규율상의 책임을 묻는 것은 별론으로 하고 공문서변조의 책임을 질 수는 없다.

225-41. 군수에게 신청한 사문서를 소관 면장이 열람 확인하였다는 취지로 경유인을 압날한 경우(소극) [광주고법 1982. 6. 3. 선고, 81노455, 확정]

【판결요지】

분배농지등기신청서를 농지개혁사업정리에 관한 특별조치법시행령 제11조에 의하여 소유권이전등기를 받고저 하는 자가 관할면장에게 제출하는 사인이 신청인으로 작성한 사문서로서 면장이 군수에 대하여 동 분배농지등기신청서를 첨부하여 등기신청을 함에 있어서 동 신청서를 소관면장이 열람확인하였다는 취지로 경유인을 압날했다고 하여 공문서가 된다고는 볼 수 없다.

225-42. '정정의 경우에는 무효로 한다'는 기재가 있는 공문서를 권한없는 자가 정정한 경우와 공문서위조죄의 성부(적극) [대법원 1980. 11. 11. 선고, 80도2126]

【판결요지】

유효기간이 경과하여 무효가된 공문서상에 '정정의 경우에는 무효로 한다'는 기재가 있다고 하더라도 이는 작성권한 없는 자의 정정을 무효로 한다는 취지로 보아야 할 것이므로 권한없는 자가 그 유효기간과 발행일자를 정정하고 그 부분에 작성권한 자의 직인을 압날하여 공문서를 작성하였다면 이는 형식과 외관에 의하여 효력이 있는 공문서를 위조한 것이 된다.

225-43. 가환지를 표시한 경지정리확정지구 원도의 도화여부(적극) [대법원 1980. 8. 12. 선고, 80도1134]

【판결요지】

가환지에 관한 경지정리확정지구 원도를 광주시장의 위탁에 의하여 대한지적협회 전라남도지부가 측량 작성하여 전라남도 세정과 지적계 기좌의 검사를 마친 후 광주시에 납품하고 다시 서구청으로 회송되어 온 경우에 위 지적도는 이미 이해관계인의 권리에 관한 사항을 기입한 것으로서 형법 제225조 소정의 공무소가 비치한 도화라고 봄이 상당하다.

225-44. 공문서위조죄의 공모공동정범 [대법원 1980. 5. 27. 선고, 80도907]

【판결요지】

피고인이 위조행위 자체에는 관여한 바 없다고 하더라도 타인에게 위조를 부탁하여 의사연락이 되고 그로 하여금 범행을 하게 하였다면 공모공동정범에 의한 위조죄가 성립된다.

225-45. 문서의 내용이 실체적 진실에 부합하는 경우에 문서위조죄의 성립여부(적극) [서울고법 1980. 5. 16. 선고, 74노914, 확정]

【판결요지】

비록 토지대장이나 토지대장등본의 내용이 실체적진실에 부합하는 것이라 하더라도 작성권한자의 결재없이 함부로 이를 작성, 행사한 이상 공문서위조죄 및 동행사죄의 죄책을 면할 수 없다.

225-46. 경찰공무원이 공문서를 위조하여 행사한 경우 직무유기죄 별도 성립여부(소극) [광주고법 1980. 1. 10. 선고, 79노68, 확정]

【판결요지】

경찰공무원인 피고인이 공소외인등을 도박등 피의자로 입건하였다가 공소외인을 피의자에게 빼버리기 위하여 관계공문서를 위조하고, 허위공문서를 작성 행사하였다 하여도 이 경우에는 작위범인 공문서위조죄등만이 성립하고, 부작위범인 직무유기죄는 성립하지 아니한다.

225-47. 업무보조자가 허위의 주민등록표등본을 작성한 경우 [대법원 1979. 12. 11. 선고, 78도704]

【판결요지】

주민등록표 등본 작성업무를 취급할 지위에 있지 아니하나 그 사무를 담당하는 자가 바쁠 때 동인의 승락 또는 인식하에 사실상 협조하여 동장명의의 주민등록표등본을 작성하여 온 자가 동인 모르게 주민등록표 원본기재 사실과 일치하지 아니한 주민등록표등본을 작성한 경우에는 공문서위조죄가 성립한다.

225-48. 공무원 아닌 자가 공무원을 기만하여 허위내용의 증명서를 작성케 한 경우 공문서위조죄가 되는지 여부(소극) [서울고법 1978. 4. 6. 선고, 78노64, 확정]

【판결요지】

피고인이 인감증명서 용지에 허위내용을 기재하여 이를 담당공무원에게 제출 신고하여 동 공무원으로 하여금 그 내용이 진실한 것으로 착오에 빠지게 하였다 하더라도 그 인감증명서 작성권자인 공무원이 그와 같은 내용의 인감증명을 발부할 의사를 가지고 이에 날인하여 동 인감증명서를 작성 완성한 것이어서 위 피고인의 행위가 공문서위조죄를 구성한다고 볼 수 없다.

225-49. 위조문서의 변조는 죄가 되는지 여부(소극) [서울고법 1977. 9. 2. 선고, 75노122, 확정]

【판결요지】

위조된 문서는 그 자체가 문서의 공공의 신용을 해할 위험을 구비하고 있고 그 비본질적 부분에 변경을 가하는 것만으로는 별단의 새로운 공공의 신용을 해할 위험성이 생기는 것이 아니므로 위조문서의 변조는 죄가 되지 않는다.

225-50. 공문서위조죄에 있어서 그 명의인의 실재요부(소극) [서울고법 1975. 5. 2. 75노149, 확정]

【판결요지】

공문서위조죄에 있어서 그 행위의 객체인 공문서의 명의인이 반드시 실재함을 필요로 하는 것은 아니고 공무소 또는 공무원이 실재하지 아니하여도 그 공문서 또는 공무원이 실재하는 것으로 일반인이 오신할 우려가 있고 그 명의의 문서가 실재하는 공무원이 작성한 문서로 볼 수 있는 정도의 형식과 외관을 갖춘 이상 공문서위조죄가 성립한다.

---

1. 공무소 또는 공무원이 실존여부(소극) [대법원 1968. 9. 17. 선고, 68도981]

【판결요지】

공무소 또는 공무원이 실존하지 아니하여도 그 공무소가 실존하고 그 산하 공무원이 실존하는 것으로 일반인이 오인할 우려가 있으며 그 이름의 문서가 실존하는 공무원이 작성한 문서로 볼 수 있는 정도의 형식과 외관을 갖춘이상 공문서위조죄가 성립된다.

225-51. 서울특별시장 명의로 발행된 광고안내장이 공문서 여부(적극) [서울고법 1974. 9. 3. 74노727, 확정]

【판결요지】

동대문종합시장에 전국 30여 협동조합이 참가하여 "중소기업제품종합직매장"이 개설될 당시 서울특별시장 명의로 발행된 「소비자에게 유익한 직매장으로 시민의 이용을 바란다」는 내용의 동 직매장에 대한 광고안내장이 일반인으로 하여금 공무원인 서울특별시장의 권한내에서 작성된 것이라고 믿을 수 있는 정도의 형식과 외관을 구비하였다면 공문서위조죄에서의 공문서의 요건을 갖추었다 할 것이다.

---

1. 공문서위조죄 성립에 있어서 위조된 공문서와 같은 공문서가 실제규정에 있음을 요하는가(적극) [대법원 1964. 8. 31. 선고, 64도308]

【판결요지】

위조된 문서가 일반인으로 하여금 공문서 또는 공무원의 직무권한내에서 작성된 것으로 믿게 할 수 있는 형식 외관을 갖추고 있는 경우에는 설령 이러한 문서가 육군규정에 없는 경우에도 공문서위조죄가 성립된다.

225-52. 인감증명신청서를 위조하고 이를 증명하는 동장명의의 인감증명서를 위조한 경우의 죄책 [서울고법 1973. 7. 31. 71노646, 확정]

【판결요지】

인감증명신청서를 위조하고 이를 증명하는 동장명의의 인감증명서를 위조한 경우, 우리 형법이 사문서와 공문서를 구별하고, 그 작성명의인이 엄연히 구별되므로 비록 복합문서로서 한지면에 존재한다고 하여 문서의 존재와 성립이 1개가 되는 것이 아니며 사문서위조부분이 공문서위조에 흡수된다고 할 수 없고 별개의 죄가 성립한다.

225-53. 이장이 직무에 관하여 작성하는 문서(적극) [대법원 1971. 8. 31. 선고, 71도1052]

【판시사항】

이장도 지방자치법 제146조지방자치에관한임시특별조치법 제9조의 3에서 규정하고 있는 지방자치단체의 기관으로서 그가 직무에 관하여 작성하는 문서는 공문서다.

225-54. 타인으로 가장행세하기 위하여 그 타인명의의 주민등록신고서와 면장명의의 주거표 및 주거표 이송부를 위조하여 행사한 경우(적극) [대법원 1970. 11. 24. 선고, 70도1978]

【판시사항】

타인으로 가장행세하기 위하여 그 타인명의의 주민등록신고서와 면장명의의 주거표 및 주거표 이송부를 위조하여 행사한 경우, 주민등록법 제21조 소정의 "허위의 사실을 신고"한 죄가 아니라 형법상의 사문서위조, 동행사, 공문서위조, 동행사의 죄가 성립하는 것이다.

제226조[자격모용에 의한 공문서 등의 작성]

제226조(자격모용에 의한 공문서 등의 작성) 행사할 목적으로 공무원 또는 공무소의 자격을 모용하여 문서 또는 도화를 작성한 자는 10년 이하의 징역에 처한다. 〈개정 1995. 12. 29.〉

226-1. 공문서의 작성권한 없는 자가 공무원의 자격을 모용하여 공문서를 작성한 경우의 죄책 (=자격모용공문서작성죄) [대법원 2008. 1. 17. 선고, 2007도6987]

【판시사항】

[1] 공문서의 작성권한 없는 자가 공무원의 자격을 모용하여 공문서를 작성한 경우의 죄책(=자격모용공문서작성죄)

[2] 식당의 주·부식 구입 업무를 담당하는 공무원이 주·부식구입요구서의 과장결재란에 권한 없이 자신의 서명을 한 경우, 자격모용공문서작성죄가 성립하고 공문서위조죄는 문제되지 않는다.

【이 유】

공문서위조죄는 공문서의 작성권한 없는 자가 공무소, 공무원의 명의를 이용하여 문서를 작성하는 것을 말하고, 공문서의 작성권한 없는 자가 공무원의 자격을 모용하여 공문서를 작성하는 경우에는 자격모용공문서작성죄가 성립한다. 피고인은 공문서인 위 각 주·부식구입요구서의 과장결재란에 피고인 자신의 서명을 하였다는 것인바, 이러한 경우는 <u>피고인이 과장의 자격을 모용하여 자신의 이름으로 공문서를 작성한 것이므로 자격모용공문서작성죄가 성립함은 별론으로 하고 공문서위조죄가 성립할 수는 없는 것이다.</u>

226-2. 자격모용에 의한 문서작성죄의 성립요건 [대법원 1993. 7. 27. 선고, 93도1435]

【판결요지】

정당한 대표권이나 대리권이 없는 자가 마치 대표권이나 대리권이 있는 것처럼 가장하여 타인의 자격을 모용하여 문서를 작성하는 경우 자격모용에 의한 문서작성죄가 성립한다.

226-3. 구청장이 전보된 후 전보 전 자신의 권한에 속하는 건축허가에 관한 기안용지의 결재란에 서명한 행위(적극) [대법원 1993. 4. 27. 선고, 92도2688]

【판결요지】

갑 구청장이 을 구청장으로 전보된 후 갑 구청장의 권한에 속하는 건축허가에 관한 기안용지의 결재란에 서명을 한 것은 자격모용에 의한 공문서작성죄를 구성한다.

제227조[허위공문서작성등]

제227조(허위공문서작성등) 공무원이 행사할 목적으로 그 직무에 관하여 문서 또는 도화를 허위로 작성하거나 변개한 때에는 7년 이하의 징역 또는 2천만원 이하의 벌금에 처한다. [전문개정 1995. 12. 29.]

227-1. 허위공문서작성죄의 객체가 되는 '문서' [대법원 2019. 3. 14. 선고, 2018도18646]

【판결요지】

허위공문서작성죄의 객체가 되는 문서는 문서상 작성명의인이 명시된 경우뿐 아니라 작성명의인이 명시되어 있지 않더라도 문서의 형식, 내용 등 문서 자체에 의하여 누가 작성하였는지를 추지할 수 있을 정도의 것이면 된다.

227-2. 허위공문서작성죄에서 '직무에 관한 문서'의 의미 및 구체적인 행위가 공무원의 직무에 속하는지 판단하는 기준 [대법원 2015. 10. 29. 선고, 2015도9010]

【판시사항】

[1] 허위공문서작성죄에서 '직무에 관한 문서'의 의미 및 구체적인 행위가 공무원의 직무에 속하는지 판단하는 기준

[2] 허위공문서작성죄에서 '허위'의 의미 및 허위의 인식 정도

【이 유】

[1] 허위공문서작성죄에 있어서 **직무에 관한 문서**라 함은 공무원이 직무권한 내에서 작성하는 문서를 말하고, 그 문서는 대외적인 것이거나 내부적인 것을 구별하지 아니하며, 그 직무권한이 반드시 법률상 근거가 있음을 필요로 하는 것이 아니고 명령, 내규 또는 관례에 의한 직무집행의 권한으로 작성하는 경우라도 포함되는 것이다(대법원 1995. 4. 14. 선고 94도3401 판결 참조). 그리고 구체적인 행위가 공무원의 직무에 속하는지 여부는 그것이 공무의 일환으로 행하여졌는가 하는 형식적인 측면과 함께 그 공무원이 수행하여야 할 직무와의 관계에서 합리적으로 필요하다고 인정되는 것이라고 할 수 있는가 하는 실질적인 측면을 아울러 고려하여 결정하여야 할 것이다(대법원 2009. 9. 24. 선고 2007도4785 판결 참조).

[2] 허위공문서작성죄에서 **허위**라 함은 표시된 내용과 진실이 부합하지 아니하여 그 문서에 대한 공공의 신용을 위태롭게 하는 경우를 말하는 것이고, 허위공문서작성죄는 허위공문서를 작성함에 있어 그 내용이 허위라는 사실을 인식하면 성립한다 할 것이다(대법원 2013. 10. 24. 선고 2013도5752 판결 참조).

1. 해운항만청의 고시로 작성의무가 부과되고 내부적으로 보관하는 문서(적극) [대법원 1995. 4. 14. 선고, 94도3401]

【판결요지】

허위공문서작성죄에 있어서 직무에 관한 문서라 함은 공무원이 직무권한 내에서 작성하는 문서를 말하고 그 문서는 대외적인 것이거나 내부적인 것을 구별하지 아니하며, 그 직무권한이 반드시 법률상 근거가 있음을 필요로 하는 것이 아니고 명령, 내규 또는 관례에 의한 직무집행의 권한으로 작성하는 경우라도 포함되므로, 해운항만청의 고시로 작성의무가 부과되고 내부적으로 보관하는 문서도 허위공문서작성의 객체가 되는 공문서이다.

2. 도립대학 교수가 특성화사업단장의 지위에서 납품검사와 관련하여 작성한 납품검수조서 및 물품검수내역서(적극) [대법원 2009. 9. 24. 선고, 2007도4785]

【판시사항】

도립 ○○전문대학의 특성화사업단은 위 대학이 산업체 등과 협력하여 특성화사업을 수행함에 있어 산업협력단과 별개로 조직한 기구이고, 위 대학의 교수인 피고인이 특성화사업단장으로서 관여한 납품검사는 교육공무원인 피고인의 직무권한에 속하므로, 피고인이 위 납품검사와 관련하여 작성한 이 사건 납품검수조서 및 물품검수내역서는 공무원이 직무권한 내에서 작성한 문서로서 공문서에 해당한다.

227-3. 피의자들을 현행범으로 체포하거나 현행범인체포서를 작성할 때 체포사유 및 변호인선임권을 고지하였다는 내용의 허위의 현행범인체포서와 확인서를 작성한 사안 [대법원 2010. 6. 24. 선고, 2008도11226]

【판결요지】

피고인들을 비롯한 경찰관들이 피의자 4명을 현행범으로 체포하거나 현행범인체포서를 작성할 때 체포사유 및 변호인선임권을 고지하지 아니하였음에도 불구하고, '체포의 사유 및 변호인 선임권 등을 고지 후 현행범인 체포한 것임' 이라는 내용의 허위의 현행범인체포서 4장과 '현행범인으로 체포하면서 범죄사실의 요지, 구속의 이유와 변호인을 선임할 수 있음을 고지하고 변명의 기회를 주었다' 는 내용의 허위의 확인서 4장을 각 작성한 사안에서, 당시 피고인들에게 허위공문서작성에 대한 범의도 있었다고 보아야 한다.

227-4. 외부 전문기관이 작성·보고하고 지방자치단체장 또는 계약담당자가 결재·승인한 '검사조서'가 공문서에 해당하는지 여부(적극) [대법원 2010. 4. 29. 선고, 2010도875]

【판시사항】

[1] 외부 전문기관이 작성 · 보고하고 지방자치단체의 장 또는 계약담당자가 결재 · 승인한 '검사조서' 가 공문서에 해당하는지 여부(적극)

[2] 자생식물원 조성공사의 감리업체의 책임감리원 甲과 이 공사를 감독하는 담당공무원 乙이 공모하여 허위 내용의 준공검사조서를 작성한 다음, 이를 준공검사결과보고서에 첨부하여 공무원들의 결재를 받아 사무실에 비치한 사안에서, 위 '준공검사조서' 는 공문서에 해당한다.

【판결요지】

지방자치단체를 당사자로 하는 계약의 이행완료에 관한 검사는 지방자치단체의 장 또는 계약담당자의 직무권한에 속하는 사항으로서 이를 전문기관에 위임하여 수행하게 한다고 하여 그 직무소관이 달라지는 것은 아니고 다만 이때에는 전문기관으로부터 검사결과를 문서로 통보받아 확인하는 방법으로 그 직무를 집행하게 되는 것이므로, 지방자치단체의 장 또는 계약담당자가 그 검사를 위임받아 수행한 전문기관으로부터 검사결과를 검사조서로 작성·보고받고 이를 확인하여 승인하는 의미로 검사조서에 결재하였다면 그와 같이 결재된 검사조서는 공무원이 그 직무권한 내에서 작성한 문서로서 허위공문서작성죄의 객체인 공문서에 해당한다.

227-5. 영상물등급위원회 임직원이 허위공문서작성죄 및 동행사죄의 주체인지 여부(소극) [대법원 2009. 3. 26. 선고, 2008도93]

【판시사항】

[1] 처벌법규의 개정으로 형법상 뇌물 관련 범죄에서만 공무원으로 의제되는 영상물등급위원회 임직원이 허위공문서작성죄 및 동행사죄의 주체인지 여부(소극)

[2] 영상물등급위원회 임직원이 게임물 등급분류와 관련하여 영상물등급위원회장 명의의 접수일부인을 허위로 작성·행사한 사안에서, 처벌법규의 개정으로 형법상 뇌물 관련 범죄 외에는 더 이상 공무원으로 의제되지 않게 된 영상물등급위원회 임직원들에 대해 허위공문서작성죄 및 동행사죄를 적용한 원심판결을 심리미진을 이유로 파기한 사례

【이 유】

허위공문서작성죄 및 그 행사죄는 "공무원"만이 그 주체가 될 수 있는 신분범이라 할 것이므로, 신분상 공무원이 아님이 분명한 피고인들을 허위공문서작성죄 및 그 행사죄로 처벌하려면 그에 관한 특별규정이 있어야 할 것이고, 그들의 업무가 국가의 사무에 해당한다거나, 그들이 소속된 영상물등급위원회의 행정기관성이 인정된다는 사정만으로는 피고인들을 위 죄로 처벌할 수 없다고 할 것이다. 이 사건 허위공문서작성 및 그 행사의 범행을 하였다는 2005. 6.경부터 2005. 9.경 당시에 시행되던 구 음반·비디오물 및 게임물에 관한 법률은 영상물등급위원회의 위원·직원은 형법 그 밖의 법률에 의한 벌칙의 적용에 있어서는 이를 공무원으로 본다고 규정하였다가, 위 법이 폐지되고 2006. 10. 28.부터 시행된 영화 및 비디오물의 진흥에 관한 법률 제91조는 벌칙의 적용에 있어서 영상물등급위원회 임직원이 공무원으로 의제되는 형법 등의 조문을 뇌물 관련 범죄로 축소하였는바, 그렇다면 원심으로서는 위와 같은 형벌법령 개정의 경위와 동기 등을 살펴 피고인들에 처벌가능성에 관하여 형법 제1조 제2항의 규정을 적용할 수 있는지 여부에 관하여 심리하였어야 할 것임에도 불구하고, 이 부분에 관하여 전혀 판단하지 아니하였다.

227-6. 공증인이 사서증서 인증서를 작성함에 있어, 사서증서의 서명 또는 날인이 본인의 것임을 확인하게 한 바가 없음에도 불구하고 마치 그렇게 한 것처럼 인증서에 기재한 경우(적극) [대법원 2007. 1. 25. 선고, 2006도3844]

【판시사항】

[1] 공증인이 사서증서 인증서를 작성함에 있어, 당사자가 공증인의 면전에서 사서증서에 서명 또는 날인을 하거나 당사자 본인이나 그 대리인으로 하여금 사서증서의 서명 또는 날인이 본인의

것임을 확인하게 한 바가 없음에도 불구하고 마치 그렇게 한 것처럼 인증서에 기재한 경우, 허위 공문서작성죄의 성립 여부(적극)

[2] 공증담당 변호사가 법무사의 직원으로부터 인증촉탁서류를 제출받았을 뿐, 법무사가 공증사무실에 출석하여 사서증서의 날인이 당사자 본인의 것임을 확인한 바 없음에도 마치 그러한 확인을 한 것처럼 인증서에 기재한 경우

【판결요지】

[1] 사서증서 인증을 촉탁받은 공증인이 사서증서 인증서를 작성함에 있어, 당사자가 공증인의 면전에서 사서증서에 서명 또는 날인을 하거나 당사자 본인이나 그 대리인으로 하여금 사서증서의 서명 또는 날인이 본인의 것임을 확인하게 한 바가 없음에도 불구하고, 당사자가 공증인의 면전에서 사서증서에 서명 또는 날인을 하거나 본인이나 그 대리인이 사서증서의 서명 또는 날인이 본인의 것임을 확인한 것처럼 인증서에 기재하였다면, 허위공문서작성죄의 죄책을 면할 수 없다.

[2] 인증촉탁 대리인이 법무사일 경우 그 직원이 공증사무실에 촉탁서류를 제출할 뿐 법무사 본인이 사서증서의 날인 또는 서명이 당사자 본인의 것임을 확인하지 아니하는 것이 업계의 관행이라고 할지라도 그와 같은 업계의 관행이 정당하다고 볼 수 없어 허위공문서작성죄가 성립한다.

227-7. 농지취득자격증명의 신청인에게 농업경영능력이나 영농의사가 없음을 알거나 이를 제대로 알지 못하면서도 농지취득자격증명통보서를 작성한 경우(적극) [대법원 2007. 1. 25. 선고, 2006도3996]

【판시사항】

농지법 제8조 제1항 소정의 농지취득자격증명은 농지를 취득하는 자가 그 소유권에 관한 등기를 신청할 때에 첨부하여야 할 서류로서(농지법 제8조 제4항), 농지를 취득하는 자에게 농지취득의 자격이 있다는 것을 증명하는 것이므로, 신청인에게 농업경영능력이나 영농의사가 없음을 알거나 이를 제대로 알지 못하면서도 농지취득자격에 아무런 문제가 없다는 내용으로 농지취득자격증명 통보서를 작성하였다면, 허위공문서작성죄가 성립한다.

227-8. 특별세무조사 후 증빙자료에 의하여 탈루세액임이 확실한 추징세액 일부를 고의로 누락시킨 채 작성된 특별조사종결보고서(적극) [대법원 2006. 12. 22. 선고, 2004도7356]

【판시사항】

원심이 그 채용 증거들에 의하여 판시와 같은 사실을 인정한 다음, 세무공무원인 공소외 5, 6, 7 등 명의로 작성된 이 사건 특별조사종결보고서는 위와 같은 피고인의 감세지시에 의하여 약 23억 원이라는 추징세액에 맞추기 위해 근거자료와는 상관없이 적출금액을 임의로 조정함으로써, 각종 증빙자료 등을 통하여 탈루세액임이 확실한 추징세액 약 55억 7,300만 원을 고의로 누락시킨 채 작성된 것으로서, 객관적 진실에 반하여 작성된 허위의 공문서라고 판단한 것은 정당하고, 거기에 상고이유에서 주장하는 바와 같은 채증법칙 위배로 인한 사실오인 및 허위공문서작성죄에 관한 법리오해 등의 위법이 없다.

> **1. 당사자로부터 뇌물을 받고 고의로 적용하여서는 안될 조항을 적용하여 과세표준을 결정하고 그 과세표준에 기하여 세액을 산출한 경우(소극)** [대법원 1996. 5. 14. 선고, 96도554]
> 【판결요지】
> 허위공문서작성죄란 공문서에 진실에 반하는 기재를 하는 때에 성립하는 범죄이므로, 고의로 법령을 잘못 적용하여 공문서를 작성하였다고 하더라도 그 법령적용의 전제가 된 사실관계에 대한 내용에 거짓이 없다면 허위공문서작성죄가 성립될 수 없는바 당사자로부터 뇌물을 받고 고의로 적용하여서는 안될 조항을 적용하여 과세표준을 결정하고 그 과세표준에 기하여 세액을 산출하였다고 하더라도, 그 세액계산서에 허위내용의 기재가 없다면 허위공문서작성죄에는 해당하지 않는다.

> **2. 소유권이전등기와 근저당권설정등기 신청서가 동시에 접수된 경우, 등기공무원이 소유권이전등기만 기입한 채 발급한 등기부등본이 허위공문서인지 여부(적극)** [대법원 1996. 10. 15. 선고, 96도1669]
> 【판결요지】
> 허위공문서라 함은 문서를 작성할 권한이 있는 공무원이 그 내용이 허위라는 사실을 인식하면서 진실에 반하는 기재를 하여 작성한 공문서인바, 부동산등기법 제53조 제1항, 제54조 및 1994. 1. 1.부터 시행된 등기예규 제13조의 규정에 의하면, 소유권이전등기와 근저당권설정등기의 신청이 동시에 이루어지고 그와 함께 등본의 교부신청이 있는 경우에는, 등기공무원은 소유권이전등기와 근저당권설정등기 모두에 관하여 등기부에의 기입을 마치고 그에 따른 등기부등본을 교부하여야 함에도 불구하고, 등기공무원이 소유권이전등기만 기입하고 근저당권설정등기는 기입하지 아니한 채 등기부등본을 발급하였다면 비록 그 등기부등본의 기재가 등기부의 기재와 일치한다 하더라도, 그 등기부등본은 이미 접수된 신청서에 따라 기입하여야 할 사항 중 일부를 고의로 누락한 채 작성되어 내용이 진실하지 아니한 것으로서 허위공문서에 해당한다.

227-9. 공무원이 아닌 자가 허위공문서작성죄의 간접정범이나 공동정범이 될 수 있는지 여부(적극) [대법원 2006. 5. 11. 선고, 2006도1663]

【판시사항】

공무원이 아닌 자는 형법 제228조의 경우를 제외하고는 허위공문서작성죄의 간접정범으로 처벌할 수 없으나 (대법원 1971. 1. 26. 선고 70도2598 판결 등), 공무원이 아닌 자가 공무원과 공동하여 허위공문서작성죄를 범한 때에는 공무원이 아닌 자도 형법 제33조, 제30조에 의하여 허위공문서작성죄의 공동정범이 된다.

> **1. 공무원 아닌 자의 허위공문서 작성의 간접정범인 때** [대법원 1971. 1. 26. 선고, 70도2598]
> 【판결요지】
> 공무원 아닌 자가 허위공문서작성의 간접정범일 때에는 본법 제228조의 경우를 제외하고는 이를 처단하지 못하므로 면장의 거주확인 증발급을 위한 허위사실의 신고는 죄가 되지 않는다.

227-10. 공무원인 의사가 공무소의 명의로 허위진단서를 작성한 경우의 죄책 [대법원 2004. 4. 9.

선고, 2003도7762]

【판결요지】

형법이 제225조 내지 제230조에서 공문서에 관한 범죄를 규정하고, 이어 제231조 내지 제236조에서 사문서에 관한 범죄를 규정하고 있는 점 등에 비추어 볼 때 형법 제233조 소정의 허위진단서작성죄의 대상은 공무원이 아닌 의사가 사문서로서 진단서를 작성한 경우에 한정되고, 공무원인 의사가 공무소의 명의로 허위진단서를 작성한 경우에는 허위공문서작성죄만이 성립하고 허위진단서작성죄는 별도로 성립하지 않는다.

227-11. 공무원이 위법사실을 발견하고도 직무상 의무에 따른 적절한 조치를 취하지 아니하고 위법사실을 적극적으로 은폐할 목적으로 허위공문서를 작성·행사한 경우 [대법원 2004. 3. 26. 선고, 2002도5004]

【판시사항】

공무원이 위법사실을 발견하고도 직무상 의무에 따른 적절한 조치를 취하지 아니하고 위법사실을 적극적으로 은폐할 목적으로 허위공문서를 작성·행사한 경우, 허위공문서작성·동행사죄 이외에 직무유기죄가 별도로 성립하는지 여부(소극)

【주문】

공무원이 어떠한 위법사실을 발견하고도 직무상 의무에 따른 적절한 조치를 취하지 아니하고 위법사실을 적극적으로 은폐할 목적으로 허위공문서를 작성, 행사한 경우에는 직무위배의 위법상태는 허위공문서작성 당시부터 그 속에 포함되는 것으로 작위범인 허위공문서작성 및 그 행사죄만이 성립하고 부작위범인 직무유기죄는 따로 성립하지 아니한다(대법원 1972. 5. 9. 선고 72도722 판결, 1999. 12. 24. 선고 99도2240 판결 등 참조).

피고인은 그 일시, 장소에서 적발한 공소외 1 주식회사의 폐수배출시설 폐쇄명령 불이행 사실을 은폐하는 데 행사할 목적으로 그 출장복명서의 폐쇄명령 이행사항 확인란을 허위로 작성하였다는 것이므로, 폐수배출시설 등 지도·단속 업무를 담당하는 피고인의 직무위배의 위법상태는 그 출장복명서를 허위로 작성할 당시부터 그 속에 포함되어 판시 허위공문서작성죄만 성립하고, 직무유기죄는 따로 성립하지 아니한다 할 것이다.

227-12. 고의로 법령을 잘못 적용하여 공문서를 작성하였으나 그 법령적용의 전제가 된 사실관계에 대한 내용에 거짓이 없는 경우(소극)[대법원 2003. 2. 11. 선고, 2002도4293]

【판시사항】

[1] 고의로 법령을 잘못 적용하여 공문서를 작성하였으나 그 법령적용의 전제가 된 사실관계에 대한 내용에 거짓이 없는 경우, 허위공문서작성죄의 성립 여부(소극)

[2] 폐기물처리사업계획이 관계 법령의 규정에 적합하지 아니함을 알면서 적합하다는 내용으로 통보서를 작성한 경우, 그 통보서가 허위의 공문서에 해당하는지 여부(적극)

【판결요지】

[1] 허위공문서작성죄란 공문서에 진실에 반하는 기재를 하는 때에 성립하는 범죄이므로, 고의로 법령을 잘못 적용하여 공문서를 작성하였다고 하더라도 그 법령적용의 전제가 된 사실관계에 대한 내용에 거짓이 없다면 허위공문서작성죄가 성립될 수 없다.

[2 폐기물관리법 제26조 제2항에 의한 폐기물처리사업계획 적합 통보서는 단순히 폐기물처리사업을 관계 법령에 따라 허가한다는 내용이 아니라, 폐기물처리업을 하려는 자가 폐기물관리법 제26조 제1항에 따라 제출한 폐기물처리사업계획이 폐기물관리법 및 관계 법령의 규정에 적합하다는 사실을 확인하거나 증명하는 것이라 할 것이므로, 그 폐기물처리사업계획이 관계 법령의 규정에 적합하지 아니함을 알면서 적합하다는 내용으로 통보서를 작성한 것이라면 그 통보서는 허위의 공문서라고 보지 아니할 수 없다.

---

1. 광업권 양수인이 허위내용 계속작업허가 신청서를 제출하여 군수명의 허가증이 발급된 경우(소극)
   [대법원 1983. 2. 8. 선고, 82도2211]
   【판결요지】
   광업권양수인이 도시계획법 및 동법시행령에 의한 관할군수의 계속작업허가를 신청함에 있어서 종전의 광업권자가 실제로 작업한 사실이 전혀없어 계속작업허가대상이 되지 않음에도 불구하고 계속갱도굴진작업을 하였고 본격적으로 개설계획을 수립하여 현재 작업중에 있다는 허위사실을 기재한 계속작업허가신청서를 제출하여 그 허가를 받은 경우, 동 신청에 대한 군수 명의의 허가공문이 광업권양수인의 계속작업허가신청에 대하여 단지 이를 허가하는 내용에 불과하고 계속작업사실을 확인하거나 증명하는 내용이 아니라 면허받지 못할 것을 허가한 허물이 있음은 별론으로 하고 위 공문에 표현된 허가의 의사표시 내용 자체에 어떠한 허위가 있다고 말할 수 없고, 또한 군청직원이 광업권양수인과 공모하여 허가서의 작성권한 자인 군수에게 허가서 발부를 품신하였다 하더라도 그 품신서의 "계속작업을 허가하고자 한다" 는 내용만으로는 그 자체에 어떠한 허위가 있다고 보기 어려우니 허위공문서작성죄가 성립하지 아니한다.

---

2. 건축 담당 공무원이 건축허가신청서를 접수·처리함에 있어 건축법상의 요건을 갖추지 못하고 설계된 사실을 알면서도 기안서인 건축허가통보서를 작성하여 건축허가서의 작성명의인인 군수의 결재를 받아 건축허가서를 작성한 경우(소극) [대법원 2000. 6. 27. 선고, 2000도1858]
   【판결요지】
   건축 담당 공무원이 건축허가신청서를 접수·처리함에 있어 건축법상의 요건을 갖추지 못하고 설계된 사실을 알면서도 기안서인 건축허가통보서를 작성하여 건축허가서의 작성명의인인 군수의 결재를 받아 건축허가서를 작성한 경우, 건축허가서는 그 작성명의인인 군수가 건축허가신청에 대하여 이를 관계 법령에 따라 허가한다는 내용에 불과하고 위 건축허가신청서와 그 첨부서류에 기재된 내용(건축물의 건축계획)이 건축법의 규정에 적합하다는 사실을 확인하거나 증명하는 것은 아니라 할 것이므로 군수가 위 건축허가통보서에 결재하여 위 건축허가신청을 허가하였다면 위 건축허가서에 표현된 허가의 의사표시 내용 자체에 어떠한 허위가 있다고 볼 수는 없다 할 것이어서, 이러한 건축허가에 그 요건을 구비하지 못한 잘못이 있고 이에 담당 공무원의 위법행위가 개입되었다 하더라도 그 위법행위에 대한 책임을 추궁하는 것은 별론으로 하고 위 건축허가서를 작성한 행위를 허위공문서작성죄로 처벌할 수는 없다.

227-13. 공무원이 출장반복의 번거로움을 회피하고 민원사무를 신속히 처리한다는 방침에 따라 사전에 출장조사한 다음 출장조사내용이 변동없다는 확신하에 출장복명서를 작성하고 다만 그 출장일자를 작성일자로 기재한 경우(소극) [대법원 2001. 1. 5. 선고, 99도4101]

【판시사항】

공무원이 여러 차례의 출장반복의 번거로움을 회피하고 민원사무를 신속히 처리한다는 방침에 따라 사전에 출장조사한 다음 출장조사내용이 변동없다는 확신하에 출장복명서를 작성하고 다만 그 출장일자를 작성일자로 기재한 경우, 허위공문서작성의 범의를 인정할 수 있는지 여부(소극)

【판결요지】

공무원이 여러 차례의 출장반복의 번거로움을 회피하고 민원사무를 신속히 처리한다는 방침에 따라 사전에 출장조사한 다음 출장조사내용이 변동없다는 확신하에 출장복명서를 작성하고 다만 그 출장일자를 작성일자로 기재한 것이라면 허위공문서작성의 범의가 있었다고 볼 수 없다.

---

1. 출장복명서를 작성하면서 기왕의 출장일자를 그 작성일자로 기재한 경우(소극) [대법원 1983. 12. 27. 선고, 82도3141]

【판결요지】

피고인이 여러차례의 출장반복의 번거로움을 회피하고 민원사무를 신속히 처리한다는 면의 방침과 지시에 따라 사전에 일괄하여 출장조사한 다음 출장조사내용에 변동이 없다는 확신하에 출장복명서를 작성하고 다만 그 출장일자를 작성일자로 기재한 것이라면 허위공문서작성의 범의가 있었다고 볼 수 없다.

227-14. 토지·하천 등의 경계나 면적을 측량하지 않은 채 지적도상의 그 경계를 정정한 경우(적극) [대법원 1997. 12. 26. 선고, 96도3057]

【판결요지】

임야도와 지적도상의 경계가 부합하지 아니하여 지적도의 경계 표시에 오류가 있음을 쉽게 확인할 수 있고 또 측량을 하지 않고서도 그 정정이 가능한 경우에 해당한다고 볼 수 없는 경우, 피고인 등이 임야도를 기준으로 하였다 하더라도 토지 및 하천 등의 경계나 면적을 측량하지도 아니한 채 지적도상의 토지 및 하천 등의 경계를 정정한 것은 결코 적법한 업무처리라고 할 수 없고, 따라서 피고인에게 허위공도화 작성 등의 범의가 있다.

227-15. 교통사고 가해자의 사고 후의 행동이 기재된 가해자 및 피해자의 관련자 진술서만 첨부하고 교통사고 실황조사서의 사고원인기재란 중 사고도주 표시란에는 아무런 표시를 하지 않은 경우(소극) [대법원 1997. 3. 11. 선고, 96도2329]

【판결요지】

교통사고 가해자가 사고발생 후 즉시 피해자를 구호조치하지 않고 사고현장으로부터 약 600m 정도 도주한 후 다시 사고현장으로 되돌아 와 경찰관에게 자신이 사고야기자라고 말한 사안에서, 교통사고 가해자의 사고 후의 행동이 기재된 가해자 및 피해자의 관련자 진술서만 첨부하고 교통사고 실황조사서의 사고원인기재란 중 사고도주 표시란에는 아무런 표시를 하지 않은 것이 허위 공문서작성에 해당하지 않는다.

227-16. 단속 경찰관이 고유번호가 가짜인 음주운전자 적발보고서를 작성하여 담당 경찰관으로 하여금 음주측정처리부에 기재토록 한 경우(적극) [대법원 1996. 10. 11. 선고, 95도1706]

【판결요지】

경찰서 보안과장인 피고인이 갑의 음주운전을 눈감아주기 위하여 그에 대한 음주운전자 적발보고서를 찢어버리고, 부하로 하여금 일련번호가 동일한 가짜 음주운진 적발보고서에 을에 대한 음주운전 사실을 기재케 하여 그 정을 모르는 담당 경찰관으로 하여금 주취운전자 음주측정처리부에 을에 대한 음주운전 사실을 기재하도록 한 이상, 을이 음주운전으로 인하여 처벌을 받았는지 여부와는 관계없이 허위공문서작성 및 동 행사죄의 간접정범으로서의 죄책을 면할 수 없다.

227-17. 허위공문서작성죄에 있어서 허위의 인식 정도 및 구체적인 손해가 생기거나 생길 위험이 있을 것을 요하는지 여부(소극) [대법원 1995. 11. 10. 선고, 95도1395]

【판결요지】

허위공문서작성죄는 허위공문서를 작성함에 있어 그 내용이 허위라는 사실을 인식하면 성립하고, 허위공문서 작성 그 자체로서 문서에 대한 공공적 신용을 위태롭게 하여 처벌하는 것이므로 특정인에 대한 구체적인 손해가 생기거나 생길 위험이 있을 것을 요하지 않는다.

---

1. 허위공문서 작성죄의 주체 [대법원 1974. 1. 29. 선고, 73도1854]

【판결요지】

허위공문서작성죄의 주체는 그 문서를 작성할 직무권한이 있는 명의인인 공무원이라 할 것인 바 관세청 심리분실 행정서기보는 사법경찰관 직무취급을 하는 권한이 없고 사법경찰리의 직무를 취급하는 자에 불과하므로 간접정범이 인정될 수 있는 특별사정이 없으면 허위공문서작성의 주체가 될 수 없다.

227-18. 허위공문서작성죄에 있어서 객체가 되는 문서 [대법원 1995. 11. 10. 선고, 95도2088]

【판결요지】

허위공문서작성죄에 있어서의 객체가 되는 문서는 문서상 작성명의인이 명시된 경우뿐 아니라 작성명의인이 명시되어 있지 아니하더라도 문서의 형식, 내용 등 그 문서 자체에 의하여 누가 작성하였는지를 추지할 수 있을 정도의 것이면 된다.

227-19. 소인"을 문서로 본 사례 [대법원 1995. 9. 5. 선고, 95도1269]

【판결요지】

구청 세무계장 명의의 소인을 세금 영수필 통지서에 날인하는 의미는 은행 등 수납기관으로부터 그 수납기관에 세금이 정상적으로 입금되었다는 취지의 영수필 통지서가 송부되어 와서 이에 기하여 수납부 정리까지 마쳤으므로 이제 그 영수필 통지서는 보관하면 된다는 점을 확인함에 있는

데, 소인이 가지는 의미가 위와 같은 것이라면 이는 하나의 문서로 보아야 한다.

> 1. 인감증명서를 발부하는 공무원이 대리인에 의한 신청임에도 본인이 직접 신청하는 것으로 기재한
>   경우(적극) [대법원 1985. 6. 25. 선고, 85도758]
>   【판결요지】
>   공문서허위작성죄에 있어서 허위라 함은 표시된 내용과 진실이 부합하지 아니하여 그 문서에 대한 공
>   공의 신용을 위태롭게 하는 경우를 말하고 인감증명서는 각종의 법률행위에 있어서 본인인 여부 및
>   본인의 진정한 의사인 여부를 확인케 하는데 일반적으로 사용되는 만큼 그 인감증명서가 본인 또는
>   대리인 중 누구의 신청에 의하여 발행된 문서이냐 하는 점 역시 그 증명력을 담보함에 필요한 사항이라
>   할 것이므로 인감증명서를 발행함에 있어 인감증명서의 인적사항과 인감 및 그 용도를 일치하게 기재
>   하였어도 대리인에 의한 것을 본인의 신청에 의한 것으로 기재하였다면 그 사항에 관하여는 허위기재
>   한 것으로 보아야 할 것이다.

227-20. 준공검사관이 매몰부분 공사의 미완성을 알면서도 공사감독관의 감독조서를 근거로
　　　　준공검사조서를 작성한 경우(소극) [대법원 1995. 6. 13. 선고, 95도491]
　　　【판결요지】
　　　준공검사관이 준공검사를 함에 있어 수중, 지하 또는 구조물의 내부 등 시공 후 매몰된 부분의
검사는 공사감독관의 감독조서를 근거로 하여 검사를 행하면 되고, 이를 실제로 검사하지 아니한
채 준공조서를 작성하였다 하더라도 허위준공검사조서작성죄의 죄책을 지지 아니하나, 매몰된 부
분의 공사가 완성되지 아니하였다는 것을 알면서도 준공검사조서를 작성한 경우에는 위 죄책을
면하지 못한다.

227-21. 군직원이 농지전용허가를 하여 주어서는 안 됨을 알면서도 허가하여 줌이 타당하다는
　　　　취지의 현장출장복명서 및 심사의견서를 작성하여 결재권자에게 제출한 경우(적극) [대법원
　　　　1993. 12. 24. 선고, 92도3334]
　　　【판시사항】
　　　공무원이 어떠한 위법사실을 발견하고도 그 직무상의 의무에 따른 적절한 조치를 취하지 아니하
고 오히려 그 위법사실을 적극적으로 은폐할 목적으로 허위의 공문서를 작성, 행사하였다면 이러
한 경우에는 직무위배의 위법상태는 허위공문서작성 당시부터 그 속에 포함되는 것으로 작위범인
허위공문서작성, 동행사죄만이 성립하고 부작위범인 직무유기죄는 따로 성립하지 아니한다고 함
이 당원의 견해(당원 1982.12.28. 선고 82도2210 판결; 1972.5.9. 선고 72도722 판결 참조) 임은
소론이 주장하는 바와 같다.

227-22. 공무원 아닌 자가 공문서작성을 보좌하는 공무원과 공모하여 허위의 문서초안을 상사에게
　　　　제출하여 결재케 함으로써 허위공문서를 작성케 한 경우(적극) [대법원 1992. 1. 17. 선고,
　　　　91도2837]

【판결요지】

공문서의 작성권한이 있는 공무원의 직무를 보좌하는 자가 그 직위를 이용하여 행사할 목적으로 허위의 내용이 기재된 문서 초안을 그 정을 모르는 상사에게 제출하여 결재하도록 하는 등의 방법으로 작성권한이 있는 공무원으로 하여금 허위의 공문서를 작성하게 한 경우에는 간접정범이 성립되고 이와 공모한 자 역시 그 간접정범의 공범으로서의 죄책을 면할 수 없는 것이고, 여기서 말하는 공범은 반드시 공무원의 신분이 있는 자로 한정되는 것은 아니라고 할 것이다.

---

1. 공무원 아닌 자의 허위공문서작성죄 간접정범 성립여부(적극) [대법원 1977. 12. 13. 선고, 74도1900]

【판결요지】

작성권한 있는 공무원의 직무를 보좌하는 자가 그 직위를 이용, 행사할 목적으로 그 초안한 문서에 허위내용을 기입하고, 그 정을 모르는 상사에게 제출 결재케 하므로써 허위 공문서를 작성케 하는 경우에 그와 공모한 자도 허위공문서 작성죄의 간접정범의 죄책을 진다.

---

2. 공문서작성을 보좌하는 공무원이 허위의 문서초안을 그 정을 모르는 상사에게 제출하여 결재케 함으로써 허위공문서를 작성케 한 경우의 죄책 [대법원 1986. 8. 19. 선고, 85도2728]

【판결요지】

공문서의 작성권한이 있는 공무원의 직무를 보좌하는 자가 그 직위를 이용하여 행사할 목적으로 허위의 내용이 기재된 문서초안을 그 정을 모르는 상사에게 제출하여 결재하도록 함으로써 허위공문서를 작성케 하는 경우에는 허위공문서작성죄의 간접정범이 성립되고 이와 공모한 자 역시 위 죄책을 면할 수 없다.

227-23. 면의 호적계장이 정을 모르는 면장의 결재를 받아 허위내용의 호적부를 작성한 경우 허위공문서작성죄의 간접정범이 성립 여부(적극) [대법원 1990. 10. 30. 선고, 90도1912]

【판결요지】

허위공문서작성죄의 주체는 직무상 그 문서를 작성할 권한이 있는 공무원에 한하고 작성권자를 보조하는 직무에 종사하는 공무원은 허위공문서작성죄의 주체가 되지 못하나 이러한 보조직무에 종사하는 공무원이 허위공문서를 기안하여 허위인 정을 모르는 작성권자에게 제출하고 그로 하여금 그 내용이 진실한 것으로 오신케 하여 서명 또는 기명날인케 함으로써 공문서를 완성한 때에는 허위공문서작성죄의 간접정범이 성립된다 할 것인바, 면의 호적계장이 정을 모른 면장의 결재를 받아 허위내용의 호적부를 작성한 경우 허위공문서작성, 동행사죄의 간접정범이 성립된다.

227-24. 공무원이 부탁을 받고 처가 세대주인 것처럼 된 세대별주민등록표를 작성하여 동사무소의 주민등록표 보관함에 비치한 경우(적극) [대법원 1990. 10. 16. 선고, 90도1199]

【판시사항】

[1] 공무원이 부탁을 받고 처가 세대주인 것처럼 된 세대별주민등록표를 작성하여 동사무소의 주민등록표 보관함에 비치한 경우 허위공문서작성 및 동행사죄의 성립 여부(적극)

[2] 작성명의인이 명시되어 있지는 않으나 문서의 형식, 내용 등 그 문서 자체만을 보아도 재작

성된 주민등록표임을 알 수 있는 경우 위 문서가 허위공문서작성죄의 객체가 되는지 여부(적극)

【판결요지】

[1] 지방공무원인 피고인이 갑으로부터 부탁을 받고 1989.4.15.까지는 갑이 세대주이고 처인 을은 동거가족에 불과하였음에도 불구하고 마치 1988.3.26.부터 을이 세대주인 것처럼 된 세대별 주민등록표 1장을 작성하여 동사무소의 주민등록표 보관함에 비치한 행위는 허위공문서작성 및 동행사죄에 해당한다.

[2] 허위로 작성한 주민등록표가 그 작성 명의인이 명시되어 있지는 않으나 법령에서 정한 서식에 따른 세대주 등과 재작성일의 기재 및 확인자의 날인이 있고 본적확인란에 동사무소 사무장의 도장이 찍혀져 있어 위 문서의 형식, 내용 등 그 문서 자체만을 보아도 세대주의 변경으로 주민등록표를 다시 작성한 것임을 알 수 있는 경우에는 위 공문서는 허위공문서작성죄의 객체가 되는 문서에 해당한다.

227-25. 군청 계장이 개인택시 면허발급예정 우선순위표에 특정인의 예정순위를 허위로 기재하여 그 정을 모르는 군수의 결재를 받은 경우(적극) [대법원 1990. 10. 16. 선고, 90도1170]

【판결요지】

개인택시면허업무 등을 담당하던 군청 계장이 군수를 보좌하여 '88개인택시 면허신청대상자 경력평정공고'를 초안함에 있어 특정인의 우선순위를 높게 조작하여 개인택시면허를 무난히 받게 하는 데 사용할 목적으로 위 공고 중 개인택시면허발급예정우선순위표에 그의 예정순위를 허위 기재한 다음 그 정을 모르는 군수의 결재를 받은 경우에 위 표는 공무원이 그 직무권한 내에서 직무집행을 위하여 작성한 것으로서 완성된 문서라 할 것이므로 위 행위는 허위공문서작성죄에 해당한다.

227-26. 주택공사의 설계와의 적합여부를 조사하여 작성하는 준공검사보고서가 허위공문서작성죄의 객체인 문서에 해당하는지 여부(적극) [대법원 1990. 10. 16. 선고, 90도1307]

【판결요지】

연립주택이 당초의 설계도대로 공사되어 있지 아니한 것을 담당공무원이 세밀히 조사하지 아니하여 그 적합여부를 제대로 알지 못하면서도 준공검사보고서 용지에 함부로 '적합'이라고 기재하고 서명날인을 하여 허위의 내용을 기재한 것이라면 위 준공검사보고서는 허위공문서작성죄의 객체가 되는 문서에 해당한다.

227-27. 건설관리과 소속 공공용지 점용허가 사무담당공무원이 공공용지현황조사복명서를 허위로 작성한 행위(적극) [대법원 1990. 8. 24. 선고, 90도1395]

【판시사항】

[1] 구청 건설관리과 소속 공공용지의 점용허가 사무담당공무원이 공공용지현황조사복명서를 허위로 작성한 행위가 허위공문서작성죄를 구성하는지 여부(적극)

[2] 구청 재무과 소속 공공용지매각 사무 담당공무원이 재산현황조사서를 허위로 작성한 행위가

허위공문서 작성죄를 구성하는지 여부(적극)

【판결요지】

[1] 구청 건설관리과 소속 공공용지의 점용허가 사무담당 공무원이 공소외인에 의한 구거부지의 점유 및 이에 관한 현장확인 사실이 없음에도 불구하고, 그의 명의로 점용허가를 받아주는데 행사할 목적으로 마치 현장에 나가 상황을 조사한 결과 그가 주거부지를 점유하고 있고 점용허가를 하더라도 구거부지의 유지관리상 지장이 없는 사실 등이 확인된 것처럼 공공용지현황조사복명서를 허위로 작성한 경우에는 허위공문서작성죄가 성립된다.

[2] 구청 재무과 소속 공공용지매각 사무담낭 공무원이 공소외인에 의한 구기부지의 점유, 사용이 전혀 없음에도 불구하고, 그가 수의계약에 의하여 구거부지를 매수하도록 하는데 행사할 목적으로, 마치 현장에 나가 상황을 조사한 결과 구거부지를 계속 점유하면서 채소밭으로 사용하고 있는 사실이 확인된 것처럼 재산현황조사서를 허위로 작성한 경우에는 허위공문서작성죄가 성립된다.

227-28. 공문서의 기안자가 작성권한 있는 상사에게 허위의 문서초안을 제출하여 서명날인을 받은 경우(적극) [대법원 1990. 2. 27. 선고, 89도1816]

【판결요지】

작성권한 있는 공무원의 직무를 보좌하여 공문서를 기안 또는 초안하는 직권이 있는 자가 그 직위를 이용하여 행사할 목적으로 직무상 기안하는 문서에 허위의 내용을 기재하고 허위인 정을 모르는 상사로 하여금 그 초안내용이 진실한 것으로 오신케 하여 서명날인케 함으로써 허위내용의 공무서를 작성토록 하였다면 소위 허위공문서작성죄의 간접정범의 죄책을 면할 수 없다.

> 1. 지방행정주사보가 초안한 허위기안문서에 기한 시장명의의 체비지매각 증명서의 작성과 허위공문서 작성죄의 간접정범(적극) [대법원 1983. 9. 27. 선고, 83도1404]
> 【판결요지】
> 시장의 토지구획정리사무를 보조하는 지방행정주사보가 행사할 목적으로 그 직무상 초안하는 문서에 허위사실을 기내한 체비지매각 증명서 및 매도증서를 기안하여 그 정을 모르는 총무과 직원으로 하여금 시장 직인을 압날게 하여 시장명의의 위 문서들을 작성케 한 경우에는 허위공문서작성죄의 간접정범이 성립한다.

227-29. 공사감독일지가 공문서인지 여부(소극) [대법원 1989. 12. 12. 선고, 89도1253]

【판결요지】

이 사건 공사감독일지는 공사를 발주한 관서의 장을 대리하여 현장에 주재하며 공사전반에 관한 감독업무에 종사하는 공사감독관의 지위에서 직무상 작성하는 문서로서 당해 관할관청에 비치하여야 할 공문서라 할 것이고 단순히 공사감독관이 그 직무를 수행함에 있어 참작할 문서에 불과하다고 볼 수 없다.

227-30. 과세대상이 되는 미완공 건축물의 재산세과세대장 등재와 허위공문서작성죄의 성부([대법원

1987. 8. 18. 선고, 87도1263]

【판결요지】

지방세과세대장은 과세행정청이 지방세를 적정하고도 원활하게 부과징수하기 위하여 내부적으로 작성, 보관하는 것으로서 비록 그 용도에 따른 사용수익을 할 수 없을 정도로 미완공인 건축물이라 할지라도 과세대상이 될 정도에 이른 건축물이라면 이를 재산세과세대장에 올려 그 납세의무자에게 소정의 지방세를 부과징수할 수 있는 것이므로 과세대상이 되는 미완공건축물을 재산세과세대장에 등재하였다고 하여 곧 허위공문서를 작성하였다고 단정할 수는 없다.

227-31. 대수선허가 면적보다 통상 있을 수 있는 사소한 차이로 증축된 것을 알면서 허가된 면적대로 준공되었다는 준공검사보고서 작성(소극) [대법원 1985. 5. 28. 선고, 85도327]

【판시사항】

대수선허가 면적보다 1층은 1.12평, 2층은 0.25평이 더 증축된 것을 알면서도 허가된 면적대로 준공되었다는 준공검사보고서를 작성하였으나 통상 있을 수 있는 사소한 차이인 점 등에 비추어 허위공문서작성 및 동행사의 범의를 부정한 사례

227-32. 현금출납부상 그 입출금의기재가 제대로 되어있어도 장부상의 잔액과 실제잔고간에 차이가 있으면 허위기재가 되는지 여부(소극) [대법원 1984. 9. 11. 선고, 84도1574]

【판결요지】

현금출납부는 그날 그날의 입출금을 기재하여 계산상의 잔액을 표시하는 것이므로 피고인이 그 잔금 중의 일부를 횡령하여 장부상의 잔액과 실제 잔고간에 차이가 나더라도, 장부상과 실제잔고를 맞게 하기 위하여 입금을 감소하거나 가공지출을 기재하였다면 몰라도 장부상 그 입출금의 기재가 제대로 된 이상, 허위기재라고 할 수 없다.

227-33. 의약품도매상허가를 위한 사전조사로서 한 의약품도매상시설조사서 허위기재와 허위공문서작성죄 성부 [대법원 1984. 5. 29. 선고, 83도455]

【판결요지】

의약품도매상을 경영하기 위한 허가신청을 받은 피고인들이 그 허가여부를 판단하기 위하여 기초자료를 조사하여 확인복명서를 작성한 후 그 결과를 바탕으로 작성한 문서는 그 형식적 명칭은 의약품도매상 시설조사서로 되어있으나 이는 당해 업소가 약국 및 의약품의 제조업과 판매업의 시설 기준령 제12조에 의한 시설기준에 적합한 시설을 갖추고 있는지 여부뿐만 아니라 허가신청자가 관리 약사를 두었는지 여부를 조사확인하고 관리 약사를 둔 것이 사실이란 뜻에서 관리약사의 인적사항과 그 면허내용을 관리자란에 기재한 문서로 작성된 것이라고 볼 여지가 있으므로 피고인들이 작성한 의약품도매상 시설조사서의 관리자란 기재사항이 공문서의 내용이 되는 여부는 그 문서의 형식적인 명칭만에 의하여 판단할 수 없고 그 내용을 기재토록 한 실질적인 이유가 무엇이었는지를 가려본 후 동 시설 조사서의 관리자란에 실제로 원용된 약사가 아닌 자를 기재한

<u>것이 허위공문서작성죄를 구성하는지를 판단하여야 할 것이다.</u>

227-34. 객관적으로 내용이 일치하나 설계서를 확인않고서 한(설계서에 의한) 준공검사조서(적극)
[대법원 1983. 12. 27. 선고, 82도3063]

【판결요지】

준공검사조서를 작성함에 있어서 <u>정산설계서를 확인하고 준공검사를 한 것이 아님에도 마치 한</u>
<u>것처럼 준공검사용지에 "정산설계서에 의하여 준공검사"를 하였다는 내용을 기입하였다면 허위</u>
<u>공문서작성의 범의가 있었음이 명백하여 그것만으로 곧 허위공문서작성죄가 성립하고 위 준공검</u>
<u>사조서의 내용이 객관적으로 정산설계서 초안이나 그후에 작성된 정산설계서 원본의 내용과 일치</u>
<u>한다거나 공사현장의 준공상태에 부합한다 하더라도 그 성립에 아무런 영향을 미치지 못한다.</u>

---

1. 가옥대장기재와 다른내용을 기재하여 가옥증명서를 발행한 경우(적극) [대법원 1973. 10. 23. 선고,
73도395]

【판결요지】

공무원이 작성한 가옥증명서의 기재내용이 객관적인 사실에 부합되는 것으로 그 내용이 허위가 아닐지
라도, 가옥증명서 자체가 시청에 비치한 가옥대장과 대조하여 상위가 없다는 증명서이고 보면, 가옥대
장기재와 다른내용을 기재하여 가옥증명서를 발행한 이상 허위공문서작성죄가 성립한다.

227-35. 무허가 건물을 허가받은 것처럼 가옥대장에 등재케 한 경우 허위공문서작성죄의 교사범
성부(적극) [대법원 1983. 12. 13. 선고, 83도1458]

【판결요지】

피고인이 건축물조사 및 가옥대장 정리업무를 담당하는 지방행정서기를 교사하여 무허가 건물을
허가받은 건축물인 것처럼 가옥대장 등에 등재케하여 허위공문서 등을 작성케 한 사실이 인정된
다면, 허위공문서작성죄의 교사범으로 처단한 것은 정당하다.

---

1. 공무원 아닌 자가 공무원을 기망하여 허위내용의 증명서를 작성케 한 후 행사한 경우에 허위공문서
작성 및 동행사죄 성부(소극) [대법원 1976. 8. 24. 선고, 76도151]

【판결요지】

공무원 아닌 자가 공무원을 기망하여 허위내용의 증명서를 작성케 한 후 행사하였다고 하더라도 허위
공문서작성 및 동행사죄는 성립되지 않는다.

227-36. 예비군 중대장이 훈련불참자로부터 금원을 교부받고 참석한 내용의 허위공문서를 작성,
비치한 경우 수뢰후 부정처사죄외에 허위공문서작성, 동행사죄의 성립여부(적극) [대법원
1983. 7. 26. 선고, 83도1378]

【판결요지】

예비군 중대장이 그 소속예비군으로부터 금원을 교부받고 그 예비군이 예비군훈련에 불참하였음

에도 불구하고 참석한 것처럼 허위내용의 중대학급편성명부를 작성, 행사한 경우라면 수뢰후 부정처사죄 외에 별도로 허위공문서작성 및 동행사죄가 성립하고 이들 죄와 수뢰후 부정처사죄는 각각 상상적 경합관계에 있다고 할 것이다.

227-37. 국고수입을 늘린다는 일념에서 법령에 위반하여 지정 매도인 이외의 자에게 홍삼을 판매하고 허위공문서를 작성한 행위(적극) [대법원 1983. 2. 8. 선고, 82도357]

【판결요지】

광주전매지청 관하 광주전매서장인 피고인이 홍삼판매할당량을 충실히 이행함으로써 국고수입을 늘린다는 일념하에서 법령에 위반하여 지정판매인 이외의 자에게 판매하고 이를 법령상 허용된 절차와 부합시키기 위하여 허위의 공문서인 매도신청서와 영수증을 작성케 하였다면, 설사 그것이 광주전매지청 관하에 일반화된 관례였고, 상급관청이 이를 묵인하였다는 사정이 있다 하더라도 이를 전혀 정상적인 행위라고 하거나 그 목적과 수단의 관계에서 보아 사회적 상당성이 있다고 단정할 수는 없고, 그 법익침해정도가 경미하여 가벌적 위법성이 없다고 할 수도 없다.

227-38. 사무인계서 작성시 보관중인 당좌수표 3매를 기재누락하였으나 허위공문서작성 인식이 없는 경우(소극) [대법원 1982. 12. 28. 선고, 82도1617]

【판결요지】

피고인이 제1군 재무과 평가계장직에 종사하다가 내무부 지방행정 연수원 입교의 명을 받고, 그 사무인계서를 작성함에 있어, 소외 회사(갑)으로부터 공사이행보증금의 지급담보로 교부받아 재무과 경리계의 금고에 보관중인 당좌수표 3매에 관한 사항을 정확히 기재하여야 할 것인데도 이에 관한 사항을 기재하지 않은 이유가 위 공사이행보증금의 일부는 지급받고 일부만이 미수인 관계로 미수금이 얼마인지를 기재하여 후임자에게 미수금을 징수할 수 있도록 하면 충분한 것으로 알고 부주의로 기재누락한 것이라면 피고인에게 허위공문서작성의 인식이 있다고 볼 수 없다.

227-39. 예비군 중대장이 직무에 관하여 허위공문서를 작성한 후 원사실을 그대로 상사에게 보고하지 않은 것이 별도로 직무유기죄를 구성하는지 여부(소극) [대법원 1982. 12. 28. 선고, 82도2210]

【판결요지】

예비군 중대장이 그 소속 예비군대원의 훈련불참사실을 알았다면 이를 소속 대대장에게 보고하는 등의 조치를 취할 직무상의 의무가 있음은 물론이나, 그 소속 예비군대원의 훈련불참사실을 고의로 은폐할 목적으로 당해 예비군대원이 훈련에 참석한 양 허위내용의 학급편성명부를 작성, 행사하였다면, 직무위배의 위법상태는 허위공문서작성 당시부터 그 속에 포함되어 있는 것이고 그 후 소속대대장에게 보고하지 아니하였다 하더라도 당초에 있었던 직무위배의 위법상태가 그대로 계속된 것에 불과하다고 보아야 하고, 별도의 직무유기죄가 성립하여 양죄가 실체적 경합범이 된다고 할 수 없다.

227-40. 공무원이 원본과 대조하지 않고 '원본대조필' 확인인을 날인한 경우(적극) [대법원 1981. 9. 22. 선고, 80도3180]

【판결요지】

공무원인 피고인이 그 직무에 관하여 이 건 문제로 된 사문서 사본에 " 원본대조필 토목기사 피고인" 이라 기재하고 도장을 날인하였다면 그 기재 자체가 공문서로 되고, 이 경우 피고인이 실제로 원본과 대조함이 없이 "원본대조필" 이라고 기재한 이상 그것만으로 곧 허위공문서작성죄가 성립하는 것이고, 피고인이 위 문서작성자에게 전화로 원본과 상이없다는 사실을 확인하였다거나 객관적으로 그 사본이 원본과 다른 점이 없다고 하더라도 위 죄가 성립한다.

227-41. 진술조서를 폐기하고 새로 작성하는 행위와 법률의 착오 [대법원 1978. 6. 27. 선고, 76도2196]

【판결요지】

수사처리의 관례상 일부 상치된 내용을 일치시키기 위하여 적법하게 작성된 참고인 진술조서를 찢어버리고 진술인의 진술도 듣지 아니하고 그 내용을 일치시킨 새로운 진술조서를 작성한 행위는 그 행위를 적법한 것으로 잘못 믿었다고 할지라도 그렇게 잘못 믿은데 대하여 정당한 이유가 있다고 볼 수 없다.

227-42. 단순한 오기라고 볼 여지가 있는 경우의 허위공문서작성죄의 성부(소극) [대법원 1978. 4. 11. 선고, 77도3781]

【판결요지】

출장 복령서에 " 11:00 출발" 을 " 11:00 현지도착" 이라 기재한 경우 특별히 도착시간을 은폐하여야 할 이유가 없는 한 단순히 오기라고 볼 여지도 없지 않으므로 위 사실만으로 바로 허위공문서작성죄로 다스릴 수는 없다.

227-43. 호적공무원이 신고사항이 허위인 것을 알면서 이를 수리하여 호적부에 기재한 경우(적극) [대법원 1977. 12. 27. 선고, 77도2155]

【판결요지】

신고사항이 허위인 것이 명백한 경우에는 호적리는 그 기재를 거부할 수 있다고 해석할 것이므로 허위임을 알고 있으면서 이를 호적부에 기재하였다면 허위공문서 작성죄가 성립한다.

227-44. 허위공문서작성죄 성립에 있어서 직무권한이란 의미 [대법원 1975. 3. 25. 선고, 74도2855]

【판결요지】

형법 제227조 허위공문서작성죄에 있어서의 이른바 직무에 관한 문서라는 것은 공무원이 그 직무권한 내에서 작성하는 문서를 지칭하는 것이고 이 직무권한이라는 것은 반드시 법률상에 근거가 있음을 필요로 하는 것이 아니고 널리 명령 내규 또는 관례에 의한 직무집행의 권한으로 작성하는 경우도 포함한다.

227-45. 청소차의 주유관계사무를 취급하는 공무원이 실제 소비량보다 많거나 실제로 주유한 사실이 없는데도 허위의 주유전표를 발행한 경우 [대법원 1974. 5. 28. 선고, 73도3426]

【판결요지】

구청에서 청소차의 주유관계사무를 취급하는 공무원이 실제 소비량보다 많고 또는 실제로 주유한 사실이 없다는 것을 알고 있음에도 불구하고 그 내용이 다른 주유전표를 발행한 경우 이들의 형사책임이 부정되려면 형식적으로 이미 정하여진 제도나 공급량에 따랐을 뿐이라는 것만으로는 부족하고 이러한 제도나 공급량이 하나의 방편이거나 기준을 세운 것이 아니라 어떠한 정책적인 목적에서 이루어진 절대적인 것이어서, 위 공무원으로서는 유류공급의 방식이나 공급량에서 오는 불합리나 과부족현상 등에 관여할 수 없었다는 것까지 규명되어야 한다.

제227조의2(공전자기록위작·변작)

> 제227조의2(공전자기록위작·변작) 사무처리를 그르치게 할 목적으로 공무원 또는 공무소의 전자기록등 특수매체기록을 위작 또는 변작한 자는 10년 이하의 징역에 처한다. [본조신설 1995. 12. 29.]

227의2-1. 형법 제227조의2에서 정한 전자기록의 '위작' 및 '사무처리를 그르치게 할 목적'의 의미 [대법원 2013. 11. 28. 선고, 2013도9003]

【판시사항】

형법 제227조의2는 "사무처리를 그르치게 할 목적으로 공무원 또는 공무소의 전자기록 등 특수매체기록을 위작 또는 변작한 자는 10년 이하의 징역에 처한다." 고 규정하고 있는데, 여기에서 정하는 전자기록의 "**위작**" 이란 전자기록에 관한 시스템을 설치·운영하는 주체와의 관계에서 전자기록의 생성에 관여할 권한이 없는 사람이 전자기록을 작출하거나 전자기록의 생성에 필요한 단위 정보의 입력을 하는 경우는 물론이고, 시스템의 설치·운영 주체로부터 각자의 직무 범위에서 개개의 단위 정보의 입력 권한을 부여받은 사람이 그 권한을 남용하여 허위의 정보를 입력함으로써 시스템 설치·운영 주체의 의사에 반하는 전자기록을 생성하는 경우도 포함하는데, 여기서 '허위의 정보' 라고 함은 진실에 반하는 내용을 의미하며, "**사무처리를 그르치게 할 목적**" 이란 위작 또는 변작된 전자기록이 사용됨으로써 시스템을 설치·운용하는 주체의 사무처리를 잘못되게 하는 것을 말한다(대법원 2010. 7. 8. 선고 2010도3545 판결, 대법원 2011. 5. 13. 선고 2011도1415 판결 등 참조).

---

1. 공전자기록등위작죄에서 '허위의 정보'의 의미 [대법원 2011. 5. 13. 선고, 2011도1415]

【판시사항】

[1] 공전자기록등위작죄에서 '위작' 및 '허위의 정보'의 의미

[2] 자동차등록 담당공무원인 피고인이 여객자동차 운수사업법상 차량충당연한 규정에 위배되어 영업용으로 변경 및 이전등록을 할 수 없는 차량인 것을 알면서 자동차등록정보 처리시스템의 자동차등록원부 용도란에 '영업용'이라고 입력하였으나, 변경 및 이전등록에 관한 구체적 등록내용인 최초등록일 등은 사실대로 입력한 사안에서, 위 행위가 공전자기록등위작죄의 '위작'에 해당한다고 할 수 없는데도, 이와 달리 본 원심판단에 법리오해의 위법이 있다.

【판결요지】

[1] '**허위의 정보**'라 함은 진실에 반하는 내용을 의미하는 것으로서, 관계 법령에 의하여 요구되는 자격을 갖추지 못하였음에도 불구하고 고의로 이를 갖춘 것처럼 단위 정보를 입력하였다고 하더라도 그 전제 또는 관련된 사실관계에 대한 내용에 거짓이 없다면 허위의 정보를 입력하였다고 볼 수 없다.

[2] 자동차등록 담당공무원인 피고인이 여객자동차 운수사업법상 차량충당연한 규정에 위배되어 영업용으로 변경 및 이전등록을 할 수 없는 차량인 것을 알면서 자동차등록정보 처리시스템의 자동차등록원부 용도란에 '영업용'이라고 입력하였으나, 변경 및 이전등록에 관한 구체적 등록내용인 최초등록일 등은 사실대로 입력한 사안에서, 자동차등록원부상 '영업용으로의 용도변경 및 이전'에

관한 등록정보가 확인·공시하는 내용에 자동차가 영업용으로 용도변경되어 이전되었다는 사실 외에 변경 및 이전등록에 필요한 법령상 자격의 구비 사실까지 포함한다고 볼 법적인 근거가 없고, 최초등록일 등 등록과 관련된 사실관계에 대한 내용에 거짓이 있다고 볼 수 없는 이상, 위 행위가 공전자기록등위작죄의 '위작'에 해당한다고 할 수 없다.

227의2-2. 공전자기록위작죄에서 '위작'의 의미 [대법원 2007. 7. 27. 선고, 2007도3798]

【판시사항】

전자기록의 생성에 관여할 권한이 없는 사람이 전자기록을 작출하거나 전자기록의 생성에 필요한 단위 정보의 입력을 하는 경우는 물론 시스템의 설치·운영 주체로부터 각자의 직무 범위에서 개개의 단위정보의 입력 권한을 부여받은 사람이 그 권한을 남용하여 허위의 정보를 입력함으로써 시스템 설치·운영 주체의 의사에 반하는 전자기록을 생성하는 경우도 형법 제227조의2에서 말하는 전자기록의 '위작'에 포함된다 (대법원 2005. 6. 9. 선고 2004도6132 판결 등 참조).

227의2-3. 경찰관이 고소사건을 처리하지 아니하였음에도 경찰범죄정보시스템에 그 사건을 검찰에 송치한 것으로 허위사실을 입력한 행위(적극) [대법원 2005. 6. 9. 선고, 2004도6132]

【판시사항】

경찰관이 고소사건을 처리하지 아니하였음에도 경찰범죄정보시스템에 그 사건을 검찰에 송치한 것으로 허위사실을 입력한 행위가 공전자기록위작죄에서 말하는 위작에 해당한다.

【판결요지】

형법 제227조의2에서 위작의 객체로 규정한 전자기록은, 그 자체로는 물적 실체를 가진 것이 아니어서 별도의 표시·출력장치를 통하지 아니하고는 보거나 읽을 수 없고, 그 생성 과정에 여러 사람의 의사나 행위가 개재됨은 물론 추가 입력한 정보가 프로그램에 의하여 자동으로 기존의 정보와 결합하여 새로운 전자기록을 작출하는 경우도 적지 않으며, 그 이용 과정을 보아도 그 자체로서 객관적·고정적 의미를 가지면서 독립적으로 쓰이는 것이 아니라 개인 또는 법인이 전자적 방식에 의한 정보의 생성·처리·저장·출력을 목적으로 구축하여 설치·운영하는 시스템에서 쓰임으로써 예정된 증명적 기능을 수행하는 것이므로, 위와 같은 시스템을 설치·운영하는 주체와의 관계에서 전자기록의 생성에 관여할 권한이 없는 사람이 전자기록을 작출하거나 전자기록의 생성에 필요한 단위 정보의 입력을 하는 경우는 물론 시스템의 설치·운영 주체로부터 각자의 직무 범위에서 개개의 단위정보의 입력 권한을 부여받은 사람이 그 권한을 남용하여 허위의 정보를 입력함으로써 시스템 설치·운영 주체의 의사에 반하는 전자기록을 생성하는 경우도 형법 제227조의2에서 말하는 전자기록의 '위작'에 포함된다.

제228조[공정증서원본 등의 부실기재]

> 제228조(공정증서원본 등의 부실기재) ① 공무원에 대하여 허위신고를 하여 공정증서원본 또는 이와 동일한 전자기록등 특수매체기록에 부실의 사실을 기재 또는 기록하게 한 자는 5년 이하의 징역 또는 1천만원 이하의 벌금에 처한다. 〈개정 1995. 12. 29.〉
> ② 공무원에 대하여 허위신고를 하여 면허증, 허가증, 등록증 또는 여권에 부실의 사실을 기재하게 한 자는 3년 이하의 징역 또는 700만원 이하의 벌금에 처한다. 〈개정 1995. 12. 29.〉

228-1. 유한회사 사원이 상법 등 법령에 정한 회사설립의 요건과 절차에 따라 회사설립등기를 함으로써 회사가 성립하였다고 볼 수 있는 경우, 회사설립등기와 그 기재 내용이 공정증서원본불실기재죄나 공전자기록 등 불실기재죄에서 말하는'불실의 사실'에 해당하는지 여부(원칙적 소극) [대법원 2020. 3. 26. 선고, 2019도7729]

【판시사항】

[1] 유한회사의 사원이 상법 등 법령에 정한 회사설립의 요건과 절차에 따라 회사설립등기를 함으로써 회사가 성립하였다고 볼 수 있는 경우, 회사설립등기와 그 기재 내용이 공정증서원본 불실기재죄나 공전자기록 등 불실기재죄에서 말하는 '불실의 사실'에 해당하는지 여부(원칙적 소극) / 이때 유한회사의 사원 등 회사설립에 관여하는 사람이 회사를 설립할 당시 회사를 실제로 운영할 의사 없이 회사를 이용한 범죄 의도나 목적이 있었다거나, 회사로서의 인적·물적 조직 등 영업의 실질을 갖추지 않았다는 이유만으로 불실의 사실을 법인등기부에 기록하게 한 것으로 볼 수 있는지 여부(소극)

[2] 피고인이 甲 유한회사를 설립한 후 회사 명의로 통장을 개설하여 이른바 대포통장을 유통시킬 목적이었을 뿐 회사를 설립한 사실이 없는데도 허위의 회사설립등기 신청서를 법원 등기관에게 제출하여 등기관으로 하여금 상업등기 전산정보처리시스템의 법인등기부에 위 신청서의 기재 내용을 입력하고 이를 비치하게 하였다고 하여 공전자기록 등 불실기재와 불실기재 공전자기록 등 행사의 공소사실로 기소된 사안

【판결요지】

[1] 유한회사의 사원이 상법 등 법령에 정한 회사설립의 요건과 절차에 따라 회사설립등기를 함으로써 회사가 성립하였다고 볼 수 있는 경우 회사설립등기와 그 기재 내용은 특별한 사정이 없는 한 공정증서원본 불실기재죄나 공전자기록 등 불실기재죄에서 말하는 불실의 사실에 해당하지 않는다. 유한회사의 사원 등 회사설립에 관여하는 사람이 회사를 설립할 당시 회사를 실제로 운영할 의사 없이 회사를 이용한 범죄 의도나 목적이 있었다거나, 회사로서의 인적·물적 조직 등 영업의 실질을 갖추지 않았다는 이유만으로는 불실의 사실을 법인등기부에 기록하게 한 것으로 볼 수 없다.

[2] 피고인이 甲 회사를 정관에 정한 목적대로 운영할 의사는 없었더라도 설립된 회사 명의로 금융기관 계좌를 개설하기 위해 상법상 회사를 설립할 의사는 있었으며, 회사설립에 필요한 정관을 작성하고, 출자 전액의 납입과 이사 등 임원의 취임승낙을 증명하는 정보 등을 첨부정보로 제출한 점, 이와 같은 요건을 갖추고 절차를 밟은 행위가 단지 설립된 회사의 법인격을 범죄 등에 이용하

기 위한 방편으로 이행된 측면이 있더라도, 상법상 회사설립절차를 이루는 회사 정관의 작성 자체가 없었다거나 출자의 납입 사실 자체가 부존재한다거나 납입의 효력이 없다고 볼 수 없는 점, 회사설립등기에 임원으로 등재된 사람에게 임원 등재 의사가 인정되는 이상 실제로 직무를 행사할 의사까지는 없었다고 해서 그 사람이 회사의 임원이 아니라거나 회사에 임원이 부존재한다고 볼 수도 없는 점을 종합하면, 피고인이 실제 유한회사를 설립하려는 의사를 가지고 상법이 정하는 유한회사 설립에 필요한 정관 작성, 출자 이행, 임원 선임 등의 절차를 이행함으로써 甲 회사는 상법상 유한회사로 성립하였고, 회사설립행위에 일부 하자가 있었다거나 피고인이 회사설립 당시 정관에 기재된 목적 수행에 필요한 영업의 실질을 갖추거나 영업에 필요한 인적·물적 조직을 갖추지 않았다는 등의 사정만으로는 회사의 성립 자체를 부정하고 회사가 부존재한다고 볼 수 없으므로, 甲 회사 설립등기는 공전자기록 등 불실기재죄에서 말하는 불실의 사실에 해당하지 않는다.

228-2. 공정증서원본에 기재된 사항이 부존재하거나 외관상 존재하더라도 무효에 해당하는 하자가 있는 경우, 공정증서원본불실기재죄 성립여부(적극) [대법원 2018. 6. 19. 선고, 2017도21783]

【판시사항】

공정증서원본에 기재된 사항이 부존재하거나 외관상 존재하더라도 무효에 해당하는 하자가 있는 경우, 공정증서원본불실기재죄가 성립하는지 여부(적극) / 공정증서원본에 기재된 사항이나 그 원인된 법률행위가 객관적으로 존재하고 거기에 취소사유인 하자가 있는 경우, 공정증서원본불실기재죄가 성립하는지 여부(소극)

【이 유】

공정증서원본불실기재죄는 공무원에 대하여 허위신고를 함으로써 공정증서원본에 불실의 사실을 기재하게 하는 경우에 성립한다. <u>공정증서원본에 기재된 사항이 부존재하거나 외관상 존재한다고 하더라도 무효에 해당되는 하자가 있다면, 그 기재는 불실기재에 해당한다. 그러나 기재된 사항이나 그 원인된 법률행위가 객관적으로 존재하고, 다만 거기에 취소사유인 하자가 있을 뿐인 경우, 취소되기 전에 공정증서원본에 기재된 이상, 그 기재는 공정증서원본의 불실기재에 해당하지는 않는다</u>(대법원 2004. 9. 24. 선고 2004도4012 판결 참조).

---

1. 종중 대표자가 종중총회의 결의 없이 종중재산인 부동산에 근저당권설정등기를 마친 행위(적극)[대법원 2005. 8. 25. 선고, 2005도4910]

【판시사항】

종중의 대표자가 종중총회의 결의 없이 종중재산인 부동산에 근저당권설정등기를 마친 행위는 공정증서원본불실기재죄에 해당한다.

228-3. 실제로는 채권·채무관계가 존재하지 않는데도 허위의 채무를 가장하고 이를 담보한다는 명목으로 허위의 근저당권설정등기를 마친 경우(적극) [대법원 2017. 2. 15. 선고, 2014도2415]

【판시사항】

실제로는 채권·채무관계가 존재하지 않는데도 허위의 채무를 가장하고 이를 담보한다는 명목으로 허위의 근저당권설정등기를 마친 경우, 공정증서원본불실기재죄나 공전자기록등불실기재죄 및 불실기재공정증서원본행사죄나 불실기재공전자기록등행사죄가 성립하는지 여부(적극)

【이 유】

형법 제228조 제1항이 규정하는 공정증서원본불실기재죄나 공전자기록등불실기재죄(이하 위 두 죄를 합쳐 '공정증서원본 등의 불실기재죄'라고 한다)는 특별한 신빙성이 인정되는 공문서에 대한 공공의 신용의 보장을 보호법익으로 하는 범죄로서, 공무원에 대하여 진실에 반하는 허위신고를 하여 공정증서원본 또는 이와 동일한 전자기록 등 특수매체기록에 실체관계에 부합하지 않는 불실의 사실을 기재 또는 기록하게 함으로써 성립한다. 따라서 실제로는 채권·채무관계가 존재하지 않는데도 허위의 채무를 가장하고 이를 담보한다는 명목으로 허위의 근저당권설정등기를 마친 것이라면 등기공무원에게 허위신고를 하여 등기부에 불실의 사실을 기재하게 한 때에 해당하므로 공정증서원본 등의 불실기재죄 및 불실기재공정증서원본 등의 행사죄가 성립한다(대법원 1969. 11. 11. 선고 69도1804 판결, 대법원 2008. 9. 11. 선고 2007도5386 판결 등 참조).

228-4. 법령 및 정관상 요구되는 이사회결의나 소집절차 없이 이루어졌으나 주주 전원이 참석하여 만장일치로 행한 임시주주총회 결의가 유효한지 여부(원칙적 적극) [대법원 2014. 5. 16. 선고, 2013도15895]

【판시사항】

법령 및 정관상 요구되는 이사회 결의나 소집절차 없이 이루어졌으나 주주 전원이 참석하여 만장일치로 행한 임시주주총회 결의가 유효한지 여부(원칙적 적극) 및 그 결의에 따른 등기가 불실의 사항을 기재한 등기인지 여부

【이 유】

주식회사의 임시주주총회가 법령 및 정관상 요구되는 이사회의 결의나 소집절차 없이 이루어졌다고 하더라도, 주주 전원이 참석하여 총회를 개최하는 데 동의하고 아무런 이의 없이 만장일치로 결의가 이루어졌다면 그 결의는 특별한 사정이 없는 한 유효하고, 그 결의에 따른 등기는 실체관계에 부합하는 것으로 이를 불실의 사항을 기재한 등기라고 할 수 없다(대법원 2002. 12. 24. 선고 2000다69927 판결 등 참조).

---

1. 대주주가 적법한 소집절차나 임시주주총회의 개최 없이 나머지 주주들의 의결권을 위임받아 자신이 임시의장이 되어 임시주주총회 의사록을 작성하여 법인등기를 마친 사안(소극) [대법원 2008. 6. 26. 선고, 2008도1044]

   【판시사항】

   대주주가 적법한 소집절차나 임시주주총회의 개최 없이 나머지 주주들의 의결권을 위임받아 자신이 임시의장이 되어 임시주주총회 의사록을 작성하여 법인등기를 마친 사안에서 공정증서원본불실기재죄가 성립하지 않는다.

228-5. 공정증서원본불실기재죄 또는 공전자기록등불실기재죄에서 '부실(不實)의 사실'의 의미 [대법원

2013. 1. 24. 선고, 2012도12363]

【판시사항】

[1] 공정증서원본불실기재죄 또는 공전자기록등불실기재죄에서 '부실(不實)의 사실'의 의미

[2] 부동산 거래당사자가 '거래가액'을 시장 등에게 거짓으로 신고하여 받은 신고필증을 기초로 사실과 다른 내용의 거래가액이 부동산등기부에 등재되도록 한 경우, 공전자기록등불실기재죄 및 불실기재공전자기록등행사죄가 성립하는지 여부(소극)

【판결요지】

[1] 형법 제228조 제1항이 규정하는 공정증서원본불실기재죄나 공전자기록등불실기재죄는 특별한 신빙성이 인정되는 권리의무에 관한 공문서에 대한 공공의 신용을 보장함을 보호법익으로 하는 범죄로서 공무원에 대하여 진실에 반하는 허위신고를 하여 공정증서원본 또는 이와 동일한 전자기록 등 특수매체기록에 그 증명하는 사항에 관하여 실체관계에 부합하지 아니하는 '부실(不實)의 사실'을 기재 또는 기록하게 함으로써 성립하므로, 여기서 **부실의 사실** 이란 권리의무관계에 중요한 의미를 갖는 사항이 객관적인 진실에 반하는 것을 말한다.

[2] 부동산등기법이 2005. 12. 29. 법률 제7764호로 개정되면서 매매를 원인으로 하는 소유권이전등기를 신청하는 경우에는 등기신청서에 거래신고필증에 기재된 거래가액을 기재하고, 신청서에 기재된 거래가액을 부동산등기부 갑구의 권리자 및 기타사항란에 기재하도록 하였는데, 이는 부동산거래 시 거래당사자나 중개업자가 실제 거래가액을 시장, 군수 또는 구청장에게 신고하여 신고필증을 받도록 의무화하면서 거짓 신고 등을 한 경우에는 과태료를 부과하기로 하여 2005. 7. 29. 법률 제7638호로 전부 개정된 '공인중개사의 업무 및 부동산 거래신고에 관한 법률'과 아울러 부동산 종합대책의 일환으로 실시된 것으로서, 그 개정 취지는 부동산거래의 투명성을 확보하기 위한 데에 있을 뿐이므로, 부동산등기부에 기재되는 거래가액은 당해 부동산의 권리의무관계에 중요한 의미를 갖는 사항에 해당한다고 볼 수 없다. 따라서 부동산의 거래당사자가 거래가액을 시장 등에게 거짓으로 신고하여 신고필증을 받은 뒤 이를 기초로 사실과 다른 내용의 거래가액이 부동산등기부에 등재되도록 하였다면, '공인중개사의 업무 및 부동산 거래신고에 관한 법률'에 따른 과태료의 제재를 받게 됨은 별론으로 하고, 형법상의 공전자기록등불실기재죄 및 불실기재공전자기록등행사죄가 성립하지는 아니한다.

228-6. 발행인과 수취인이 통모하여 진정한 어음채무 부담이나 어음채권 취득 의사 없이 단지 발행인의 채권자에게서 채권 추심이나 강제집행을 받는 것을 회피하기 위하여 형식적으로만 약속어음의 발행을 가장한 후 공증인에게 마치 진정한 어음발행행위가 있는 것처럼 허위로 신고하여 어음공정증서원본을 작성·비치하게 한 경우(적극) [대법원 2012. 4. 26. 선고, 2009도5786]

【판결요지】

형법 제228조 제1항의 공정증서원본불실기재죄는 공무원에 대하여 진실에 반하는 허위신고를 하여 공정증서원본 또는 이와 동일한 전자기록 등 특수매체기록에 실체관계에 부합하지 않는 불실의 사실을 기재 또는 기록하게 함으로써 성립한다. 그런데 발행인과 수취인이 통모하여 진정한 어음채무 부

담이나 어음채권 취득에 관한 의사 없이 단지 발행인의 채권자에게서 채권 추심이나 강제집행을 받는 것을 회피하기 위하여 형식적으로만 약속어음의 발행을 가장한 경우 이러한 어음발행행위는 통정허위표시로서 무효이므로, 이와 같이 발행인과 수취인 사이에 통정허위표시로서 무효인 어음발행행위를 공증인에게는 마치 진정한 어음발행행위가 있는 것처럼 허위로 신고함으로써 공증인으로 하여금 어음발행행위에 대하여 집행력 있는 어음공정증서원본을 작성케 하고 이를 비치하게 하였다면, 이러한 행위는 공정증서원본불실기재 및 불실기재공정증서원본행사죄에 해당한다고 보아야 한다.

---

1. 공증인에게 허위의 금전채권에 대하여 공정증서원본을 작성·비치하게 한 경우(적극) [대법원 2007. 7. 12. 선고, 2007도3005]

【판시사항】

형법 제228조 제1항이 규정하는 공정증서원본불실기재죄는 특별한 신빙성이 인정되는 공문서에 대한 공공의 신용을 보장함을 보호법익으로 하는 범죄로서 공무원에 대하여 진실에 반하는 허위신고를 하여 공정증서원본 또는 이와 동일한 전자기록 등 특수매체기록에 실체관계에 부합하지 아니하는 불실의 사실을 기재 또는 등록하게 함으로써 성립하는 것이므로, 실제로는 채권·채무관계가 존재하지 아니함에도 공증인에게 허위신고를 하여 가장된 금전채권에 대하여 집행력이 있는 공정증서원본을 작성하고 이를 비치하게 한 것이라면 공정증서원본불실기재죄 및 불실기재공정증서원본행사죄의 죄책을 면할 수 없다.

228-7. 등기원인을 가장한 경우 공정증서원본불실기재죄 및 동행사죄 성립 여부(소극) [대법원 2011. 7. 14. 선고, 2010도1025]

【판시사항】

부동산을 관리보존하는 방법으로 이를 타에 신탁하는 의사로서 그 소유권이전등기를 한 경우에는 그 원인을 매매로 가장하였다 하더라도 이는 공정증서원본불실기재죄에 해당하지 아니하고(대법원 1957. 4. 12. 선고 4290형상32 판결 등 참조), 피고인이 부동산에 관하여 가장매매를 원인으로 소유권이전등기를 경료하였더라도, 그 당사자 사이에는 소유권이전등기를 경료시킬 의사는 있었다고 할 것이므로 공정증서원본불실기재죄 및 동행사죄는 성립하지 않고, 또한 등기의무자와 등기권리자(피고인) 간의 소유권이전등기신청의 합의에 따라 소유권이전등기가 된 이상, 등기의무자 명의의 소유권이전등기가 원인이 무효인 등기로서 피고인이 그 점을 알고 있었다고 하더라도, 특별한 사정이 없는 한 바로 피고인이 등기부에 불실의 사실을 기재하게 하였다고 볼 것은 아니다(대법원 1991. 9. 24. 선고 91도1164 판결, 대법원 2009. 10. 15. 선고 2009도5780 판결 등 참조).

---

1. 등기원인의 가장과 공정증서원본 부실기재 [대법원 1957. 4. 12. 4290형상32]

【판결요지】

부동산을 관리보존할 목적으로 이를 타에 신탁하는 의미로써 해 소유권이전등기를 함에 있어서 기 원인은 매매로 가장하였다 하여도 이는 형법 제228조 제1항 혹은 동법 제229조 소정죄에 해당하지 아니한다.

2. 등기명의인이 부동산의 진실한 소유자가 아니어서 그 명의 등기가 원인무효임을 알면서 그로부터 가장 매수하고 이를 원인으로 소유권이전등기를 경료한 경우(소극) [대법원 1991. 9. 24. 선고, 91도1164]

【판결요지】

피고인이 부동산에 관하여 가장매매를 원인으로 소유권이전등기를 경료하였더라도, 그 당사자 사이에는 소유권이전등기를 경료시킬 의사는 있었다고 할 것이므로 공정증서원본불실기재죄 및 동행사죄는 성립하지 않고, 또한 등기의무자와 등기권리자(피고인)간의 소유권이전등기신청의 합의에 따라 소유권이전등기가 된 이상, 등기의무자 명의의 소유권이전등기가 원인이 무효인 등기로서 피고인이 그 점을 알고 있었다고 하더라도, 특별한 사정이 없는 한 바로 피고인이 등기부에 불실의 사실을 기재하게 하였다고 볼 것은 아니다.

3. 등기의무자 명의의 소유권이전등기가 원인무효임을 알면서 그로부터 가장매수하고 이를 원인으로 소유권이전등기를 경료한 경우(소극) [대법원 2009. 10. 15. 선고, 2009도5780]

【판시사항】

부동산을 관리보존하는 방법으로 이를 타에 신탁하는 의사로서 그 소유권이전등기를 한 경우에는 그 원인을 매매로 가장하였다 하더라도 이는 공정증서원본불실기재죄에 해당하지 아니하고(대법원 1957. 4. 12. 선고 4290형상32 판결 등 참조), 피고인이 부동산에 관하여 가장매매를 원인으로 소유권이전등기를 경료하였더라도, 그 당사자 사이에는 소유권이전등기를 경료시킬 의사는 있었다고 할 것이므로 공정증서원본불실기재죄 및 동행사죄는 성립하지 않고, 또한 등기의무자와 등기권리자(피고인) 간의 소유권이전등기신청의 합의에 따라 소유권이전등기가 된 이상, 등기의무자 명의의 소유권이전등기가 원인이 무효인 등기로서 피고인이 그 점을 알고 있었다고 하더라도, 특별한 사정이 없는 한 바로 피고인이 등기부에 불실의 사실을 기재하게 하였다고 볼 것은 아니다(대법원 1991. 9. 24. 선고 91도1164 판결 참조).

228-8. 공전자기록등불실기재죄에서 '허위의 신고'의 의미 [대법원 2011. 5. 13. 선고, 2011도1415]

【판시사항】

중고자동차매매업자인 피고인이 여객자동차 운수사업법상 차량충당연한 규정에 위배되어 여객자동차운수사업에 충당될 수 없는 차량인 것을 알면서 영업용으로 변경 및 이전등록신청을 하였으나, 구체적 등록내용인 최초등록일 등은 사실대로 기재한 사안

【판결요지】

자동차등록원부상 '영업용으로의 용도변경 및 이전'에 관한 등록정보가 확인·공시하는 내용에 자동차가 영업용으로 용도변경되어 이전되었다는 사실 외에 변경 및 이전등록에 필요한 법령상 자격의 구비 사실까지 포함한다고 볼 법령상의 근거가 없고, 최초등록일 등 등록과 관련된 사실관계에 대한 내용에 거짓이 있다고 볼 수 없는 이상, 피고인이 허위의 신고를 하였다고 할 수 없다.

228-9. 민사조정법상 조정절차에서 작성되는 '조정조서'가 공정증서원본불실기재죄 객체인 '공정증서원본'에 해당하는지 여부(소극) [대법원 2010. 6. 10. 선고, 2010도3232]

【판시사항】

[1] 민사조정법상의 조정절차에서 작성되는 '조정조서'가 공정증서원본 불실기재죄의 객체인

'공정증서원본'에 해당하는지 여부(소극)

[2] 법원에 허위 내용의 조정신청서를 제출하여 판사로 하여금 조정조서에 불실의 사실을 기재하게 하였다는 취지의 공정증서원본 불실기재의 공소사실에 대하여, 위 조정조서가 공정증서원본에 해당한다고 판단하여 유죄로 인정한 원심판단에 법리오해의 위법이 있다.

【판결요지】

형법 제228조 제1항이 규정하는 공정증서원본 불실기재죄는 공무원에 대하여 진실에 반하는 허위신고를 하여 공정증서원본에 그 증명하는 사항에 관하여 실체관계에 부합하지 아니하는 불실의 사실을 기재하게 함으로써 성립하는 범죄로서, 위 죄의 객체인 공정증서원본은 그 성질상 허위신고에 의해 불실한 사실이 그대로 기재될 수 있는 공문서이어야 한다고 할 것인바, 민사조정법상 조정신청에 의한 조정제도는 원칙적으로 조정신청인의 신청 취지에 구애됨이 없이 조정담당판사 등이 제반 사정을 고려하여 당사자들에게 상호 양보하여 합의하도록 권유·주선함으로써 화해에 이르게 하는 제도인 점에 비추어, 그 조정절차에서 작성되는 조정조서는 그 성질상 허위신고에 의해 불실한 사실이 그대로 기재될 수 있는 공문서로 볼 수 없어 공정증서원본에 해당하는 것으로 볼 수 없다.

228-10. '자동차운전면허대장'이 형법 제228조 제1항의 '공정증서원본'에 해당하는지 여부(소극)
　　　　[대법원 2010. 6. 10. 선고, 2010도1125]

【판시사항】

자동차운전면허대장이 형법 제228조 제1항의 '공정증서원본'에 해당하는지 여부(소극)

【판결요지】

도로교통법 시행령 제94조와 같은 법 시행규칙 제38조, 제77조, 제78조, 제80조, 제98조 등의 규정 취지를 종합하여 보면, 자동차운전면허대장은 운전면허 행정사무집행의 편의를 위하여 범칙자, 교통사고유발자의 인적사항·면허번호 등을 기재하거나 운전면허증의 교부 및 재교부 등에 관한 사항을 기재하는 것에 불과하며, 그에 대한 기재를 통해 당해 운전면허 취득자에게 어떠한 권리의무를 부여하거나 변동 또는 상실시키는 효력을 발생하게 하는 것으로 볼 수는 없고, 따라서 자동차운전면허대장은 사실증명에 관한 것에 불과하므로 형법 제228조 제1항에서 말하는 공정증서원본이라고 볼 수 없다.

---

1. 형법 제228조에서 말하는 공정증서의 의의 [대법원 1988. 5. 24. 선고, 87도2696]

【판결요지】

형법 제228조에서 말하는 공정증서란 권리의무에 관한 공정증서만을 가리키는 것이고 사실증명에 관한 것은 이에 포함되지 아니하므로 권리의무에 변동을 주는 효력이 없는 토지대장은 위에서 말하는 공정증서에 해당하지 아니한다.

228-11. 공전자기록등불실기재죄의 실행의 착수시기 [대법원 2009. 9. 24. 선고, 2009도4998]

【판시사항】

[1] 공전자기록등불실기재죄의 실행의 착수시기

[2] 위장결혼의 당사자 및 브로커와 공모한 피고인이 허위로 결혼사진을 찍고 혼인신고에 필요한 서류를 준비하여 위장결혼의 당사자에게 건네준 것만으로는 공전자기록등불실기재죄의 실행에 착수한 것으로 볼 수 없다.

【이 유】

공전자기록등불실기재죄에 있어서의 실행의 착수 시기는 공무원에 대하여 허위의 신고를 하는 때라고 보아야 할 것인바, 이 사건 피고인이 위장결혼의 당사자 및 중국 측 브로커와의 공모 하에 허위로 결혼사진을 찍고, 혼인신고에 필요한 서류를 준비하여 위장결혼의 당사자에게 건네준 것만으로는 아직 공전자기록등불실기재죄에 있어서 실행에 착수한 것으로 보기 어렵다.

228-12. 공정증서원본의 기재사항에 취소사유에 해당하는 하자가 있는 경우(소극) [대법원 2009. 2. 12. 선고, 2008도10248]

【판시사항】

[1] 공정증서원본의 기재사항에 취소사유에 해당하는 하자가 있는 경우, 공정증서원본불실기재죄의 성립 여부(소극)

[2] 주주총회의 소집절차 등에 관한 하자가 주주총회결의의 취소사유에 불과하여 그 취소 전에 주주총회의 결의에 따른 감사변경등기를 한 것이 공정증서원본불실기재죄를 구성하지 않는다.

【판결요지】

공정증서원본에 기재된 사항이 외관상 존재하는 사실이라 하더라도, 이에 무효나 부존재에 해당되는 흠이 있다면 그 기재는 부실기재에 해당된다. 그러나 그것이 객관적으로 존재하는 사실이고 이에 취소사유에 해당되는 하자가 있을 뿐인 경우에는 그 취소 전에 그 사실의 내용이 공정증서원본에 기재된 이상, 그 기재가 공정증서원본불실기재죄를 구성하지 않는다.

228-13. 공증인에게 허위의 금전채권에 대하여 공정증서원본을 작성·비치하게 한 경우(적극) [대법원 2008. 12. 24. 선고, 2008도7836]

【판시사항】

형법 제228조 제1항이 규정하는 공정증서원본불실기재죄는 특별한 신빙성이 인정되는 공문서에 대한 공공의 신용을 보장함을 보호법익으로 하는 범죄로서 공무원에 대하여 진실에 반하는 허위신고를 하여 공정증서원본 또는 이와 동일한 전자기록 등 특수매체기록에 실체관계에 부합하지 아니하는 부실의 사실을 기재 또는 등록하게 함으로써 성립하는 것이므로, 실제로는 채권·채무관계가 존재하지 아니함에도 공증인에게 허위신고를 하여 가장된 금전채권에 대하여 집행력이 있는 공정증서원본을 작성하고 이를 비치하게 한 것이라면 공정증서원본불실기재죄 및 부실기재공정증서원본행사죄의 죄책을 면할 수 없다고 할 것이다 (대법원 2003. 7. 25. 선고 2002도638 판결 등 참조).

228-14. 토지거래 허가구역 안의 토지에 관하여 실제로는 매매계약을 체결하고서도 처음부터 토지거래허가를 잠탈하려는 목적으로 등기원인을 '증여'로 하여 소유권이전등기를 경료한

경우(적극) [대법원 2007. 11. 30. 선고, 2005도9922]

【판결요지】

토지거래 허가구역 안의 토지에 관하여 실제로는 매매계약을 체결하고서도 처음부터 토지거래허가를 잠탈하려는 목적으로 등기원인을 '증여'로 하여 소유권이전등기를 경료한 경우, 비록 매도인과 매수인 사이에 실제의 원인과 달리 '증여'를 원인으로 한 소유권이전등기를 경료할 의사의 합치가 있더라도, 허위신고를 하여 공정증서원본에 불실의 사실을 기재하게 한 때에 해당한다.

228-15. 사문서위조나 공정증서원본불실기재가 성립한 후 피해자의 동의 또는 추인이 있는 경우, 이미 성립한 범죄에 영향이 있는지 여부(소극) [대법원 2007. 6. 28. 선고, 2007도2714]

【판시사항】

사문서위조나 공정증서원본불실기재가 성립한 후, 사후에 피해자의 동의 또는 추인 등의 사정으로 문서에 기재된 대로 효과의 승인을 받거나 등기가 실체적 권리관계에 부합하게 되었다 하더라도 이미 성립한 범죄에는 아무런 영향이 없다(대법원 1998. 4. 14. 선고 98도16 판결, 대법원 1999. 5. 14. 선고 99도202 판결, 대법원 2001. 11. 9. 선고 2001도3959 판결 등 참조).

---

1. 소유권이전등기가 절차상 하자가 있거나 등기원인이 실제와 다르다 하더라도 그 등기가 실체적 권리관계에 부합하는 유효한 등기인 경우(소극) [대법원 1998. 4. 14. 선고, 98도16]

【판시사항】

[1] 소유권이전등기가 절차상 하자가 있거나 등기원인이 실제와 다르다 하더라도 그 등기가 실체적 권리관계에 부합하는 유효한 등기인 경우, 공정증서원본불실기재 및 동행사죄의 성부(소극)

[2] 소유권이전등기 경료 당시에는 실체권리 관계에 부합하지 아니하나 사후에 이해관계인들의 동의·추인 등으로 실체권리 관계에 부합하게 된 경우, 공정증서원본불실기재 및 동행사죄의 성부(적극)

【판결요지】

[1] 소유권이전등기가 절차상 하자가 있거나 등기원인이 실제와 다르다 하더라도 그 등기가 실체적 권리관계에 부합하게 하기 위한 것이거나 실체적 권리관계에 부합하는 유효한 등기인 경우에는 공정증서원본불실기재 및 동행사죄가 성립되지 않는다고 할 것이나, 이는 소유권이전등기 경료 당시를 기준으로 그 등기가 실체권리관계에 부합하여 유효한 경우에 한정되는 것이다.

[2] 소유권이전등기 경료 당시에는 실체권리관계에 부합하지 아니한 등기인 경우에는 사후에 이해관계인들의 동의 또는 추인 등의 사정으로 실체권리관계에 부합하게 된다 하더라도 공정증서원본불실기재 및 동행사죄의 성립에는 아무런 영향이 없다.

---

2. 사문서위조죄나 공정증서원본불실기재죄가 성립한 후 피해자의 동의 또는 추인이 있는 경우(소극) [대법원 1999. 5. 14. 선고, 99도202]

【판시사항】

사문서위조죄나 공정증서원본불실기재죄가 성립한 후 피해자의 동의 또는 추인이 있는 경우, 이미 성립한 범죄에 영향이 있는지 여부(소극)

【판결요지】

사문서위조나 공정증서원본 불실기재가 성립한 후, 사후에 피해자의 동의 또는 추인 등의 사정으로 문
서에 기재된 대로 효과의 승인을 받거나, 등기가 실체적 권리관계에 부합하게 되었다 하더라도, 이미
성립한 범죄에는 아무런 영향이 없다.

3. 등기에 절차상 하자가 있거나 그 원인이 실제와 다르다 하더라도 실체적 권리관계에 부합하게 하기
   위하거나 부합하는 유효한 등기인 경우 [대법원 2001. 11. 9. 선고, 2001도3959]
   【판시사항】
   등기에 절차상 하자가 있거나 그 원인이 실제와 다르다 하더라도 실체적 권리관계에 부합하게 하기 위
   하거나 부합하는 유효한 등기인 경우, 공정증서원본불실기재 및 동행사죄의 성립 여부(소극) 및 등기
   경료 당시에는 실체권리관계에 부합하지 아니하나 사후에 이해관계인들의 동의·추인 등으로 실체권리
   관계에 부합하게 된 경우, 공정증서원본불실기재 및 동행사죄의 성립 여부(적극)
   【판결요지】
   소유권보존등기나 소유권이전등기에 절차상 하자가 있거나 등기원인이 실제와 다르다 하더라도 그 등기
   가 실체적 권리관계에 부합하게 하기 위한 것이거나 실체적 권리관계에 부합하는 유효한 등기인 경우에
   는 공정증서원본불실기재 및 동행사죄가 성립되지 않는다고 할 것이나, 이는 등기 경료 당시를 기준으
   로 그 등기가 실체권리관계에 부합하여 유효한 경우에 한정되는 것이고, 등기 경료 당시에는 실체권리
   관계에 부합하지 아니한 등기인 경우에는 사후에 이해관계인들의 동의 또는 추인 등의 사정으로 실체권
   리관계에 부합하게 된다 하더라도 공정증서원본불실기재 및 동행사죄의 성립에는 아무런 영향이 없다.

228-16. 신주발행이 판결로써 무효로 확정되기 이전에 그 신주발행사실을 담당 공무원에게 신고하여
       법인등기부에 기재하게 한 경우(소극) [대법원 2007. 5. 31. 선고, 2006도8488]
   【판결요지】
   주식회사의 신주발행의 경우 신주발행에 법률상 무효사유가 존재한다고 하더라도 그 무효는 신
   주발행무효의 소에 의해서만 주장할 수 있고, 신주발행무효의 판결이 확정되더라도 그 판결은 장
   래에 대하여만 효력이 있으므로(상법 제429조, 제431조 제1항), 그 신주발행이 판결로써 무효로
   확정되기 이전에 그 신주발행사실을 담당 공무원에게 신고하여 공정증서인 법인등기부에 기재하
   게 하였다고 하여 그 행위가 공무원에 대하여 허위신고를 한 것이라거나 그 기재가 불실기재에
   해당하는 것이라고 할 수는 없다.

1. 부동산 매수인이 매도인과 사이에 부동산 소유권이전에 관한 물권적 합의가 없는 상태에서, 소유권이
   전등기신청에 관한 대리권 없이 단지 소유권이전등기에 필요한 서류를 보관하고 있을 뿐인 법무사를
   기망하여 매수인 명의 소유권이전등기를 신청하게 한 경우 [대법원 2006. 3. 10. 선고, 2005도9402]
   【판결요지】
   부동산 매수인이 매도인과 사이에 부동산의 소유권이전에 관한 물권적 합의가 없는 상태에서, 소유권
   이전등기신청에 관한 대리권이 없이 단지 소유권이전등기에 필요한 서류를 보관하고 있을 뿐인 법무사
   를 기망하여 매수인 명의의 소유권이전등기를 신청하게 한 경우, 이는 단지 소유권이전등기신청절차에

하자가 있는 것에 불과한 것이 아니라 허위의 사실을 신고한 것이라고 보아야 하고, 위 소유권이전등기는 원인무효의 등기로서 불실기재에 해당한다는 이유로, 공정증서원본불실기재죄가 성립한다.

228-17. 유상증자 등기의 신청시 발행주식 총수 및 자본의 총액이 증가한 사실이 허위임을 알면서 증자등기를 신청하여 상업등기부원본에 그 기재를 하게 한 경우(적극) [대법원 2006. 10. 26. 선고, 2006도5147]

【판결요지】

공정증서원본불실기재죄는 공무원에 대하여 허위신고를 하여 공정증서원본에 진실에 반하는 사실을 기재하게 함으로써 성립하는 것이므로, 유상증자 등기의 신청시 발행주식 총수 및 자본의 총액이 증가한 사실이 허위임을 알면서 증자등기를 신청하여 상업등기부원본에 그 기재를 하게 한 경우, 등기신청서류로 제출된 주금납입금보관증명서가 위조된 것임을 몰랐다고 하더라도 공정증서원본불실기재죄가 성립한다.

228-18. 위조하여 작성된 집행수락부 약속어음 공정증서(적극) [대법원 2006. 6. 27. 선고, 2006도2864]

【판시사항】

피고인이 위조하여 작성된 집행수락부 약속어음 공정증서는 형법 제228조 제1항에서 정한 공정증서원본에 해당하는 것이므로, 이 점에 관한 상고논지는 이유 없다(대법원 2003. 3. 28. 선고 2002도3954 판결, 2003. 7. 25. 선고 2002도638 판결 등 참조).

228-19. 부동산에 관한 종중 명의 등기에 있어서 허위 종중 대표자 기재가 공정증서원본불실기재죄의 대상이 되는 불실 기재에 해당하는지 여부(적극) [대법원 2006. 1. 13. 선고, 2005도4790]

【판결요지】

형법 제228조 제1항이 규정하는 공정증서원본불실기재죄는 특별한 신빙성이 인정되는 권리의무에 관한 공문서에 대한 공공의 신용을 보장함을 보호법익으로 하는 범죄로서 공무원에 대하여 진실에 반하는 허위신고를 하여 공정증서원본에 그 증명하는 사항에 관하여 실체관계에 부합하지 아니하는 불실의 사실을 기재하게 함으로써 성립하는 것인데, 부동산등기법이 1991. 12. 14. 법률 제4422호로 개정되면서 등기권리자가 법인 아닌 사단 또는 재단인 경우에는 그 대표자나 관리인의 성명과 주소를 첨기하도록 되었는바, 위와 같은 법의 개정취지는 법인의 경우에는 법인등기부가 있으므로 부동산등기부에 회사명칭만 기재하더라도 대표권자가 누구인지를 용이하게 파악할 수 있으나, 비법인사단·재단의 경우에는 그렇지 못하여 아무 권한 없는 자가 정관이나 사원총회 결의록 등을 위조하여 자신이 진정한 대표자인 것처럼 등기신청을 할 위험이 매우 크므로 이들 단체명의의 등기에는 대표자 등의 성명, 주소, 주민등록번호를 등기사항으로 정하여 그 단체에 속하는 부동산의 처분권한이 누구에게 있는지를 등기부를 통하여 쉽게 확인할 수 있도록 공시하기 위한 것으로 보이고, 비록 종중 소유의 부동산은 종중 총회의 결의를 얻어야 유효하게 처분할 수 있다 하더라도 거래 상대방으로서는 부동산등기부상에 표시된 종중 대표자를 신뢰하고 거래하는 것이 일반적이라는 점 등에 비추어 보면, 종중 대표자의 기재는 당해 부동산의 처분권한과 관련된 중요한 부분의 기재로서 이에 대한 공공의 신용을 보호할 필요가 있으므로 이를 허위로 등재한 경우에는 공정증서원본불실기재죄의 대상이 되는 불실의 기재에 해당한다.

228-20. 사업자등록증이 형법 제228조 제2항에 정한 '등록증' 해당 여부(소극) [대법원 2005. 7. 15. 선고, 2003도6934]

【판시사항】

[1] 형법 제228조 제2항에 정한 '등록증'의 의미

[2] 사업자등록증이 형법 제228조 제2항에 정한 '등록증'에 해당하지 않는다고 한 원심의 판단을 수긍한 사례

【판결요지】

[1] 형법 제228조는 공무원이 아닌 자가 그 정을 모르는 공무원을 이용하여 공문서에 허위의 사실을 기재하게 하는 이른바 간접적 무형위조를 처벌하면서 모든 공문서를 객체로 하지 않고 '공정증서원본 또는 이와 동일한 전자기록 등 특수매체기록'(제1항), '면허증, 허가증, 등록증 또는 여권'(제2항)으로 그 객체를 제한하고 있는바, 그 취지는 공문서 중 일반사회생활에 있어서 특별한 신빙성을 요하는 공문서에 대한 공공의 신용을 보장하고자 하는 것이므로 위 형법 제228조 제2항의 '**등록증**'은 공무원이 작성한 모든 등록증을 말하는 것이 아니라, 일정한 자격이나 요건을 갖춘 자에게 그 자격이나 요건에 상응한 활동을 할 수 있는 권능 등을 인정하기 위하여 공무원이 작성한 증서를 말한다.

[2] **사업자등록증**은 단순한 사업사실의 등록을 증명하는 증서에 불과하고 그에 의하여 사업을 할 수 있는 자격이나 요건을 갖추었음을 인정하는 것은 아니라고 할 것이어서 형법 제228조 제1항에 정한 '등록증'에 해당하지 않는다.

228-21. 민법상 사단법인의 총회결의의 사법상 효력과 공정증서원본불실기재죄의 관계 [대법원 2004. 10. 15. 선고, 2004도3584]

【판시사항】

[1] 민법상 사단법인의 총회결의의 사법상 효력과 공정증서원본불실기재죄의 관계

[2] 재건축조합 임시총회의 소집절차나 결의방법이 법령이나 정관에 위반되어 임원개임결의가 사법상 무효라고 하더라도, 실제로 재건축조합의 조합총회에서 그와 같은 내용의 임원개임결의가 이루어졌고 그 결의에 따라 임원변경등기를 마쳤다면 공정증서원본불실기재죄가 성립하지 아니한다.

【판결요지】

형법 제228조 제1항에 정하여진 불실의 기재라고 함은, 객관적인 진실에 반하여 존재하지 아니하는 사실을 존재하는 것으로 하거나, 존재하는 사실을 존재하지 아니하는 것으로 기재하는 것을 말하므로 민법상의 사단법인의 총회의 결의에 따라 이사 등의 변경등기를 하는 경우에 있어서 그와 같은 행위가 공정증서원본불실기재의 원인이 되는 행위에 해당하는지 여부는 특별한 사정이

없는 한 총회결의의 사법상 효력의 여부와 관계없이 그와 별도로 현실적으로 사원총회에서 그와 같은 내용의 이사 등 변경에 관한 결의가 있었다고 평가할 수 있는지 여부에 따라서 결정하여야 함이 상당하다.

228-22. 타인으로부터 금원을 차용하여 주금을 납입하고 설립등기나 증자등기 후 바로 인출하여 차용금 변제에 사용하는 경우(적극) [대법원 2004. 6. 17. 선고, 2003도7645, 전원합의체 판결]

【판시사항】

타인으로부터 금원을 차용하여 주금을 납입하고 설립등기나 증자등기 후 바로 인출하여 차용금 변제에 사용하는 경우, 상법상 납입가장죄의 성립 외에 공정증서원본불실기재·동행사죄의 성립 여부(적극) 및 업무상횡령죄의 성립 여부(소극)

【판결요지】

[다수의견] 상법 제628조 제1항 소정의 납입가장죄는 회사의 자본충실을 기하려는 법의 취지를 유린하는 행위를 단속하려는 데 그 목적이 있는 것이므로, 당초부터 진실한 주금납입으로 회사의 자금을 확보할 의사 없이 형식상 또는 일시적으로 주금을 납입하고 이 돈을 은행에 예치하여 납입의 외형을 갖추고 주금납입증명서를 교부받아 설립등기나 증자등기의 절차를 마친 다음 바로 그 납입한 돈을 인출한 경우에는, 이를 회사를 위하여 사용하였다는 특별한 사정이 없는 한 실질적으로 회사의 자본이 늘어난 것이 아니어서 납입가장죄 및 공정증서원본불실기재죄와 불실기재 공정증서원본행사죄가 성립하고, 다만 납입한 돈을 곧바로 인출하였다고 하더라도 그 인출한 돈을 회사를 위하여 사용한 것이라면 자본충실을 해친다고 할 수 없으므로 주금납입의 의사 없이 납입한 것으로 볼 수는 없고, 한편 주식회사의 설립업무 또는 증자업무를 담당한 자와 주식인수 인이 사전 공모하여 주금납입취급은행 이외의 제3자로부터 납입금에 해당하는 금액을 차입하여 주금을 납입하고 납입취급은행으로부터 납입금보관증명서를 교부받아 회사의 설립등기절차 또는 증자등기절차를 마친 직후 이를 인출하여 위 차용금채무의 변제에 사용하는 경우, 위와 같은 행위는 실질적으로 회사의 자본을 증가시키는 것이 아니고 등기를 위하여 납입을 가장하는 편법에 불과하여 주금의 납입 및 인출의 전과정에서 회사의 자본금에는 실제 아무런 변동이 없다고 보아야 할 것이므로, 그들에게 회사의 돈을 임의로 유용한다는 불법영득의 의사가 있다고 보기 어렵다 할 것이고, 이러한 관점에서 상법상 납입가장죄의 성립을 인정하는 이상 회사 자본이 실질적으로 증가됨을 전제로 한 업무상횡령죄가 성립한다고 할 수는 없다.

228-23. 허위의 채권을 양도한다는 취지의 공정증서를 작성하게 한 행위(소극) [대법원 2004. 1. 27. 선고, 2001도5414]

【판결요지】

형법 제228조 제1항이 규정하는 공정증서원본불실기재죄는 특별한 신빙성이 인정되는 권리의무에 관한 공문서에 대한 공공의 신용을 보장함을 보호법익으로 하는 범죄로서 공무원에 대하여 진실에 반하는 허위신고를 하여 공정증서원본에 그 증명하는 사항에 관하여 실체관계에 부합하지 아니하는 불실의 사실을 기재하게 함으로써 성립하는 것이고, 한편 공증인법에 따르면 공증인은 당사자 기타 관계인의 촉탁에 의하여 법률행위 기타 사권에 관한 사실에 대한 공정증서의 작성 등을 처리함을 그 직무로 하고(제2조), 공증인이 증서를 작성함에는 그 청취한 진술, 그 목도한 사실 기타 실험한 사실을 기록하고 또한, 그 실험의 방법을 기재하여야 하는바(제34조), 공증인이 채권양도·양수인의 촉탁에 따라 그들의 진술을 청취하여 채권의 양도·양수가 진정으로 이루어짐을 확인하고 채권양도의 법률행위에 관한 공정증서를 작성한 경우 그 공정증서가 증명하는 사항은 채권양도의 법률행위가 진정으로 이루어졌다는 것일 뿐 그 공정증서가 나아가 양도되는 채권이 진정하게 존재한다는 사실까지 증명하는 것으로 볼 수는 없으므로, 양도인이 허위의 채권에 관하여 그 정을 모르는 양수인과 실제로 채권양도의 법률행위를 한 이상, 공증인에게 그러한 채권양도의 법률행위에 관한 공정증서를 작성하게 하였다고 하더라도 그 공정증서가 증명하는 사항에 관하여는 불실의 사실을 기재하게 하였다고 볼 것은 아니고, 따라서 공정증서원본불실기재죄가 성립한다고 볼 수 없다.

228-24. 불실의 사실이 기재된 공정증서 정본을 그 정을 모르는 법원 직원에게 교부한 행위(소극)
[대법원 2002. 3. 26. 선고, 2001도6503]

【판결요지】

형법 제229조, 제228조 제1항의 규정과 형벌법규는 문언에 따라 엄격하게 해석하여야 하고 피고인에게 불리한 방향으로 지나치게 확장해석하거나 유추해석하여서는 아니되는 원칙에 비추어 볼 때, 위 각 조항에서 규정한 '공정증서원본'에는 공정증서의 정본이 포함된다고 볼 수 없으므로 불실의 사실이 기재된 공정증서의 정본을 그 정을 모르는 법원 직원에게 교부한 행위는 형법 제229조의 불실기재공정증서원본행사죄에 해당하지 아니한다.

228-25. 소유권이전등기나 보존등기에 절차상 하자가 있거나 등기원인이 실제와 다르다 하더라도 그 등기가 실체적 권리관계에 부합하는 유효한 등기인 경우(소극) [대법원 2000. 3. 24. 선고, 98도105]

【판시사항】

소유권이전등기나 보존등기에 절차상 하자가 있거나 등기원인이 실제와 다르다 하더라도 그 등기가 실체적 권리관계에 부합하는 유효한 등기인 경우, 공정증서원본불실기재 및 동행사죄의 성립 여부(소극) 및 위와 같은 죄로 공소가 제기된 경우, 당해 등기가 실체적 권리관계에 부합하는 유효한 등기라는 주장의 소송상 의미(=적극부인)

【판결요지】

부동산에 관하여 경료된 소유권이전등기나 보존등기가 절차상 하자가 있거나 등기원인이 실제와 다르다 하더라도 그 등기가 실체적 권리관계에 부합하는 유효한 등기인 경우에는 공정증서원본불실기재, 동행사죄의 구성요건 해당성이 없게 되고, 그와 같은 죄로 공소가 제기된 경우 피고인이 당해 등기가 실체적 권리관계에 부합하는 유효한 등기라고 주장하는 것은 공소사실에 대한 적극부인에 해당한다.

1. 허위의 보증서에 기해 부동산소유권이전등기등에관한특별조치법에 의거 경료된 소유권이전등기가 실체권리관계에 부합하는 경우(소극) [대법원 1984. 12. 11. 선고, 84도2285]

【판결요지】

허위의 보증서를 발급받아 부동산소유권이전등기부에관한특별조치법에 의거 소유권이전등기를 거쳤더라도 그것이 권리의 실체관계에 부합하는 등기라면 공정증서에 부실의 사실을 기재하였다고는 할 수 없다.

2. 공정증서원본불실기재 및 동행사죄로 공소제기된 경우 등기가 실체적 권리 관계에 부합하는 유효한 등기라는 주장이 법률상 범죄의 성립 조각사유에 관한 주장인지 여부(소극) [대법원 1990. 9. 28. 선고, 90도427]

【판결요지】

피고인이 경료한 소유권이전등기가 절차상 하자가 있거나 등기원인이 실제와 다르다 하더라도 그 등기가 실체적 권리관계에 부합하는 유효한 등기인 경우에는 공정증서원본불실기재, 동행사죄의 구성요건 해당성이 없게 되는 것이므로, 공정증서원본불실기재 및 동행사죄로 공소가 제기된 경우 피고인이 시효취득으로 당해 등기가 실체적 권리관계에 부합하는 유효한 등기라고 주장하는 것은 공소사실에 대한 적극부인에 해당할 뿐, 법률상 범죄의 성립을 조각하는 사유에 관한 주장이라고는 볼 수 없으므로 그 주장이 받아들여져 무죄가 선고되는 경우와는 달리 그 주장이 받아들여지지 아니하는 경우에는 그대로 유죄의 선고를 함으로써 족하고 반드시 그에 대한 판단을 판결이유 중에 명시하여야만 하는 것은 아니다.

3. 적법하게 취득된 토지인 것으로 알고 실체관계에 부합하게 하기 위하여 소유권보존등기를 경료한 경우(소극) [대법원 1996. 4. 26. 선고, 95도2468]

【판시사항】

[1] 공정증서원본부실기재죄의 성립요건

[2] 적법하게 취득된 토지인 것으로 알고 실체관계에 부합하게 하기 위하여 소유권보존등기를 경료한 경우 공정증서원본부실기재 및 동 행사죄가 성립하지 않는다.

【판결요지】

[1] 공정증서원본부실기재죄는 허위신고에 의하여 부실의 사실을 기재한다는 점에 대한 인식이 있을 것을 요하는 고의범이므로 객관적으로 부실의 기재가 있다 하여도 그에 대한 인식이 없는 경우에는 본죄가 성립하지 않는다.

[2 피고인이 자신의 부친이 적법하게 취득한 토지인 것으로 알고 실체관계에 부합하게 하기 위하여 소유권보존등기를 경료한 경우 등기 당시 부실기재의 점에 대한 고의 내지는 인식이 없었다고 보아 공정증서원본부실기재 및 동 행사죄가 성립하지 않는다.

228-26. 상대방을 기망하여 협의상 이혼의 확인을 받아 이를 신고한 경우(소극) [대법원 1997. 1. 24. 선고, 95도448]

【판결요지】

협의상 이혼의 의사표시가 기망에 의하여 이루어진 것일지라도 그것이 취소되기까지는 유효하게 존재하는 것이므로, 협의상 이혼의사의 합치에 따라 이혼신고를 하여 호적에 그 협의상 이혼사실이 기재되었다면, 이는 공정증서원본불실기재죄에 정한 불실의 사실에 해당하지 않는다.

228-27. 부부관계를 설정할 의사 없이 중국 내 조선족 여자들의 국내 취업을 위한 입국을 목적으로 형식상 혼인신고를 한 경우(적극) [대법원 1996. 11. 22. 선고, 96도2049]

【판결요지】

피고인들이 중국 국적의 조선족 여자들과 참다운 부부관계를 설정할 의사 없이 단지 그들의 국내 취업을 위한 입국을 가능하게 할 목적으로 형식상 혼인하기로 한 것이라면, 피고인들과 조선족 여자들 사이에는 혼인의 계출에 관하여는 의사의 합치가 있었으나 참다운 부부관계의 설정을 바라는 효과의사는 없었다고 인정되므로 피고인들의 혼인은 우리 나라의 법에 의하여 혼인으로서의 실질적 성립요건을 갖추지 못하여 그 효력이 없고, 따라서 피고인들이 중국에서 중국의 방식에 따라 혼인식을 거행하였다고 하더라도 우리 나라의 법에 비추어 그 효력이 없는 혼인의 신고를 한 이상 피고인들의 행위는 공정증서원본불실기재 및 동행사 죄의 죄책을 면할 수 없다.

---

1. 해외이주 목적으로 위장결혼을 하고 그 혼인신고를 한 경우(적극) [대법원 1985. 9. 10. 선고, 85도1481]
【판결요지】
민법 제815조 제1호의 혼인무효사유인 "당사자간에 혼인의 합의가 없는 때"라 함은 당사자간에 사회관념상 부부라고 인정되는 정신적, 육체적 결합을 생기게 할 의사를 갖고 있지 않은 경우를 가리킨다고 할 것이므로 비록 혼인의 계출 자체에 관하여 당사자간에 의사의 합치가 있고 나아가 당사자간에 일응 법률상의 부부라는 신분관계를 설정할 의사는 있었다고 인정되는 경우라도 그것이 단지 다른 목적을 달성하기 위한 방편에 불과한 것으로서 그들간에 참다운 부부관계의 설정을 바라는 효과의사가 없는 경우에는 그 혼인은 무효라고 할 것이어서 해외이주의 목적으로 위장결혼을 하고 혼인신고를 하여 그 사실이 호적부에 기재되었다면 공정증서원본불실기재죄를 구성한다.

228-28. 당사자간에 근저당권설정의 합의가 성립된 후 적법하게 취소되지 않은 경우, 그에 기초한 근저당권설정등기의 효력(적극) 및 불실기재 유무(소극) [대법원 1996. 10. 15. 선고, 96도1225]

【판결요지】

불실한 사실의 기재라 함은 객관적 진실에 반하는 사실의 기재를 의미하는 것이지 절차상의 하자를 문제삼는 것이 아니므로, 당사자 사이에 근저당권설정의 합의가 성립한 이후 그 합의의 내용으로 된 의사표시가 적법하게 취소된 바 없다면 그에 기초한 근저당권설정등기는 유효한 등기라 할 것이고, 이를 가리켜 등기부에 불실의 사실을 기재한 것이라고 할 수 없다.

---

1. 근저당권자와 근저당권설정자간의 합의에 의하여 진정한 채무자 아닌 제3자를 채무자로 등기부상 등재한 경우(소극) [대법원 1985. 10. 8. 선고, 84도2461]
【판결요지】

근저당설정등기는 등기권리자인 채권자와 등기의무자인 근저당권설정자와의 합의를 기초로 이루어지는 것이므로 설사 등기의 편의상 진정한 채무자가 아닌 제3자를 채무자로 등기부상 등재케 하였다 하더라도 그것이 계약당사자간의 합의에 의하여 이루어진 것이라면 당사자 사이에 이와 같은 등기를 경료하게 할 의사가 있었던 것이므로 이 경우 공정증서원본불실기재죄는 성립되지 않는다.

---

1. 공동상속인 중의 1인이 다른 상속인들과의 합의 없이 법정상속분에 따른 공동상속등기를 마쳤다고 하더라도 그것이 실체적 권리관계에 부합되는 것이라면 불실의 등기라고 할 수 있는지 여부(소극) [대법원 1995. 11. 7. 선고, 95도898]

【판시사항】

[1] 공동상속인 중의 1인이 다른 상속인들과의 합의 없이 법정상속분에 따른 공동상속등기를 마쳤다고 하더라도 그것이 실체적 권리관계에 부합되는 것이라면 불실의 등기라고 할 수 있는지 여부

[2] 피고인이 법정상속분에 따라 공동상속인들 앞으로 마친 부동산소유권이전등기가 실체적 권리관계에 부합하는 유효한 등기로 보이는데도 피고인에 대한 공정증서원본불실기재 및 동행사의 점에 관한 공소사실을 유죄로 인정한 원심을 파기한 사례

【판결요지】

[1] 공동상속인 중의 1인이 다른 공동상속인들과의 합의 없이 법정상속분에 따른 공동상속등기를 마쳤다고 하더라도 그것이 실체적 권리관계에 부합되는 것이라면 이를 불실의 등기라고는 할 수 없다.

[2] 피고인이 법정상속분에 따라 공동상속인들 앞으로 마친 부동산소유권이전등기는 실체적 권리관계에 부합하는 유효한 등기로 보이고, 달리 그것이 불실의 등기임을 인정할 증거자료는 보이지 아니함에도 불구하고 피고인에 대한 공정증서원본불실기재 및 동 행사의 점에 관한 공소사실을 유죄로 인정한 원심판결을 관련 법리를 오해하였거나 필요한 심리를 다하지 아니하여 판결에 영향을 미친 위법을 저질렀다고 하여 파기한 사례

228-29. 1인주주회사에 있어서 1인주주가 이사를 상법 소정의 형식적 절차를 거치지 않고 해임하였다는 내용을 법인등기부에 기재케 한 경우(소극) [대법원 1996. 6. 11. 선고, 95도2817]

【판결요지】

1인주주회사에 있어서는 그 1인주주의 의사가 바로 주주총회 및 이사회의 결의로서 1인주주는 타인을 이사 등으로 선임하였다 하더라도 언제든지 해임할 수 있으므로, 1인주주인 피고인이 특정인과의 합의가 없이 주주총회의 소집 등 상법 소정의 형식적인 절차도 거치지 않고 특정인을 이사의 지위에서 해임하였다는 내용을 법인등기부에 기재하게 하였다고 하더라도 공정증서원본에 불실의 사항을 기재케 한 것이라고 할 수는 없다.

---

1. 소위 1인 회사의 1인 주주가 주주총회 및 이사회의 의사록을 작성하여 법인임원변경등기를 한 경우(소극) [대법원 1978. 6. 13. 선고, 77도3950]

【판결요지】

소위 1인 회사에 있어서는 그 1인주주의 의사가 바로 주주총회 및 이사회의 결의라 할 것이므로 주주총회 및 이사회의 소집통보등 형식적인 절차를 거치지 않았다 하여 그 결의가 부존재한 것이거나 무효의

것이라고 할 수 없으니 형식적인 절차없이 임원개선에 관한 사항을 법인등기부에 등재케하였다 하여 불실의 사항을 기재한 것이라고 볼 수 없다.

2. 1인 회사에 있어서 공정증서원본불실기재죄의 성립을 부정한 사례 [대법원 1979. 12. 28. 선고, 79도884]

【판결요지】

이른바 1인 회사에 있어서는 그 1인 주주의 의사가 바로 주주총회의 결의라 할 것이므로 주주총회소집 등 형식적 절차없이 회사의 임원개선에 관한 사항을 법인등기부에 기재케 하였다 하여도 공정증서원본 불실기재죄가 성립되는 것이 아니다.

3. 1인 회사의 1인 주주의 의사에 합치되나 당해 이사의 의사에 기하지 않은 이사사임등기와 공정증서 원본불실기재죄의 성부(적극) [대법원 1981. 6. 9. 선고, 80도2641]

【판결요지】

1인 주주의 의사는 주주총회와 이사회의 의사와 같으므로 주주총회나 이사회의 결의에 의해야 할 임원 변경등기가 불법하게 되었더라도 1인 주주의 의사와 합치되는 이상 불실등기라고 볼 수는 없으나, 임원이 스스로 사임한 데에 따른 이사사임등기는 주주총회나 이사회의 결의 내지 1인 주주의 의사와는 무관하고 오로지 당해 임원의 의사에 기하는 것이므로 당해 이사의 의사에 기하지 않은 이사사임등기가 1인 주주의 의사에 합치된다고 하여 불실등기가 아니라고 할 수 없다.

4. 1인 회사의 1인 주주가 상법 소정의 절차를 거치지 않고 임원개편등기를 한 경우(소극) [대법원 1985. 5. 14. 선고, 85도488]

【판결요지】

1인주주회사에서 1인주주의 의사에 따라 소집개최 된 임시주주총회가 비록 소집권자에 의하여 소집되지 아니하고 명의상 주주 아닌 자가 참석하는 등 상법 소정의 절차를 거치지 아니한 흠이 있다고 하여도 그와 같은 사항을 법인등기부에 등재케 한 것이 공정증서원본에 불실의 사항을 기재케 한 것이라고는 볼 수 없다.

5. 사실상 1인 회사인 합명회사에 있어서 실질적인 소유자에 의하여 임의로 다른 사원 명의의 지분양도 및 퇴사등기가 이루어진 경우(소극) [대법원 1989. 9. 29. 선고, 89도113]

【판결요지】

실질적으로 갑의 1인회사인 합명회사의 등기부상 무한책임사원으로 등재되어 있는 을이 등기편의상 명의만을 대여하였을 뿐인 경우 을 명의의 지분에 관한 실질상 사원의 지위는 갑에게 있다고 할 것이므로 을의 의사에 기하지 아니한 채 을이 그 지분을 다른 사원들의 동의를 얻어 병에게 양도, 퇴사한 양 등기되었더라도 그것이 모든 지분에 관한 실질적 소유자인 갑의 의사에 따른 것이라면 그 지분의 양도는 내용에 있어서는 양도되는 지분에 관한 실질적 사원으로서의 그 지분에 관한 신탁해지 및 양도의 의사와 위 지분 이외의 지분에 관한 상법 제197조의 다른 사원으로서의 지분양도에 대한 동의가 포함된 것이라고 할 수 있으므로 절차상의 흠은 있을지언정 권리의 실체관계에는 영향이 없는 것이어서 그와 같은 등기를 부실의 사실을 기재한 등기라고 할 수 없다.

6. 1인회사에서 1인주주가 임원의 의사에 기하지 아니하고 사임서를 작성하거나 이에 기한 등기부의
   기재를 한 경우(적극) [대법원 1992. 9. 14. 선고, 92도1564]
   【판결요지】
   이른바 1인회사에 있어서 1인주주의 의사는 바로 주주총회나 이사회의 의사와 같은 것이어서 가사 주
   주총회나 이사회의 결의나 그에 의한 임원변경등기가 불법하게 되었다 하더라도 그것이 1인주주의 의
   사에 합치되는 이상 이를 가리켜 의사록을 위조하거나 불실의 등기를 한 것이라고는 볼 수 없다 하겠으
   나 한편 임원의 사임서나 이에 따른 이사사임등기는 위와 같은 주주총회나 이사회의 결의 또는 1인주
   주의 의사와는 무관하고 오로지 당해 임원의 의사에 따라야 하는 것이므로 당해 임원의 의사에 기하지
   아니한 사임서의 작성이나 이에 기한 등기부의 기재를 하였다면 이는 사문서위조 및 공정증서원본불실
   기재의 죄책을 면할 수 없다.

228-30. 확정판결 내용이 진실에 반하는 것임을 알면서 이에 기하여 등기신청한 경우(적극) [대법원
        1996. 5. 31. 선고, 95도1967]
   【판시사항】
   확정판결의 내용이 진실에 반하는 것임을 알면서 이에 기하여 등기신청을 하는 것이 형법 제228
   조 소정의 공무원에 대하여 허위신고를 하는 것에 해당하는지 여부(적극)
   【판결요지】
   등기부의 기재가 확정판결에 의하여 되었다 하더라도 피고인이 그 확정판결의 내용이 진실에 반
   하는 것임을 알면서 이에 기하여 등기공무원에게 등기신청을 하는 것은 형법 제228조의 소위 공
   무원에 대하여 허위신고를 하는 것에 해당한다.

1. 허위의 청구원인으로 소송을 제기하여 승소한 확정판결에 의하여 등기공무원에게 등기신청을 한 경
   우와 형법 제228조의 이른바 "허위신고" [대법원 1965. 12. 21. 선고, 65도938]
   【판시사항】
   허위의 청구원인으로 소송을 제기하여 승소한 확정판결에 의하여 등기공무원에게 등기신청을 한 경우
   와 형법 제228조의 이른바 "허위신고"
   【판결요지】
   [1] 등기부의 기재가 확정판결에 의하여 되었다 하더라도 피고인이 그 확정판결의 내용이 진실에 반하
       는 것임을 알면서 이에 기하여 등기공무원에게 등기신청을 하는 것을 본조에 소위 공무원에 허위
       신고를 하는데 해당한다고 아니할 수 없고 허위신고를 하여 등기공무원으로 하여금 등기부에 부실
       의 사실을 기재하게 한 이상 본조의 죄를 구성한다 할 것이다.
   [2] 등기공무원이 등기를 한 때에는 그 등기부를 그 법원 또는 등기소에 비치하는 것은 등기공무원의
       직무상 당연히 할 행위이므로 그 필연의 결과인 부실의 사실을 기재한 등기부행사의 행위는 허위
       등기신청자가 등기공무원의 직무상 당연히 할 행위를 이용하여 간접으로 이를 실행한 것이라 할
       것이고 자기가 직접 그 행위에 관여하지 아니하였다 하여 그 행위에 대한 형법상의 책임을 면할
       수 없는 것이다.

228-31. 정관에 정한 절차에 따라 대표이사의 해임을 결의하고 이를 등기부에 등재함에 있어 법무사의 조언에 따라 등기사유를 달리하여 퇴임으로 변경등기한 경우(소극) [대법원 1994. 11. 4. 선고, 93도1033]

【판결요지】

정관에 정한 절차에 따라 임시주주총회를 개최하여 당시 임기가 만료되지 아니한 대표이사의 해임을 결의하고, 정관해석에 관하여 "전임자의 잔임기간 경과로 대표이사의 임기가 만료되었으니 해임등기보다 임기만료로 인한 퇴임등기를 하는 편이 낫다"는 법무사의 조언에 따라 그와 같은 내용의 임시주주총회 회의록을 작성하여 등기부상 퇴직사유를 임기만료로 인한 퇴임으로 변경등기한 것에 공정증서원본불실기재의 범의가 없다고 본 원심판결을 수긍한 사례

228-32. 공동대표이사로 법인등기하기로 그 절차를 위임받아 단독대표이사로 법인등기한 행위(적극) [대법원 1994. 7. 29. 선고, 93도1091]

【판결요지】

공동대표이사로 법인등기를 하기로 하여 이사회의사록 작성 등 그 등기절차를 위임받았음에도 단독대표이사 선임의 이사회의사록을 작성하여 단독대표이사로 법인등기한 행위가 사문서위조, 동행사, 공정증서원본불실기재, 동행사의 죄에 해당한다.

228-33. 광업출원인이 부정한 방법으로 광업권설정허가를 받아 광업권등록원부에 자신을 광업권자로 등록케 한 경우 광업권설정등록이 진실에 반하는 부실사실의 기재에 해당하는지 여부(소극) [대법원 1992. 11. 24. 선고, 92도2450]

【판결요지】

광업출원인이 부정한 방법을 사용하여 광업권설정허가를 받아 광업권등록원부에 그를 광업권자로 등록케 하였어도 허가가 당연무효이거나 취소되지 않는 한 허가에 기한 광업권설정등록을 진실에 반하는 부실사실의 기재라고 볼 수 없다.

---

1. 허위에 의한 이혼심판에 기한 이혼신고가 공정증서원본불실기재죄를 구성하는지 여부(소극) [대법원 1983. 8. 23. 선고, 83도1430]

【판결요지】

이혼심판은 형성판결로서 그에 기한 이혼신고는 보고적 신고에 불과하고 피고인이 비록 사위의 방법에 의하여 이혼심판을 받았다 하더라도 그 확정판결이 재심청구에 의하여 취소되지 아니하는 이상 혼인해소의 효력에는 영향이 없다 할 것이므로 그 확정판결에 기한 이혼신고 및 이에 따른 호적부등재와 그 비치행위가 공정증서원본불실기재 및 그 행사죄를 구성한다고 할 수 없다.

228-34. 교회가 분열되자 피고인이 당회장 등과 공모하여 자기파 교도의 결의만으로 교회 소유의 재산을 교회가 당회장에게 명의신탁한 것 같이 꾸며 매매를 원인으로 한 소유권이전등기를

마친 경우(적극) [대법원 1991. 4. 23. 선고, 91도276]

【판결요지】

교회가 소유하는 재산은 다른 특별한 정함이 없으면 그 교회교도의 총유에 속한다고 할 것이고 교도들이 분열되어 파쟁을 하는 경우라도 위 이치는 변할 수 없는 것이므로 피고인이 당회장 등과 공모하여 자기파 교도의 결의만으로 교회의 재산을 교회가 당회장에게 명의신탁한 것 같이 꾸며 매매를 원인으로한 소유권이전등기를 마쳤다면 교회의 명의신탁이 없었음에도 불구하고 명의신탁이 있었던 것 같은 부실의 등기를 한 것이 명백하므로 피고인은 공정증서원본부실기재등죄의 공범에 해당한다.

228-35. 문서작성에 관한 포괄적 위임을 받아 개개의 문서를 작성하여 법인등기를 경료한 경우(소극) [대법원 1988. 9. 13. 선고, 87도2012]

【판결요지】

갑과 을이 공동으로 주식회사를 경영하다가 갑이 을에게 위 회사의 소유와 경영에 관한 일체의 권리를 포기하면서 그 사무처리의 권한까지 을에게 포괄적으로 위임함으로써 을이 그 사무처리를 위하여 갑명의의 주식배당포기서, 이사사임서 등을 작성 행사한 것이라면 비록 을이 개개의 문서작성에 관한 승낙을 받지 않았다 하더라도 별다른 사정이 없는 한 묵시적인 승낙을 받았다고 할 것이어서 그것이 사문서위조, 동행사죄를 구성하거나, 그에 따른 법인등기부 변경등기를 경료한 것이 공정증서원본불실기재, 동행사죄등 을 구성할 수는 없다.

228-36. 주금가장납입에 의한 등기신청과 공정증서원본불실기재죄의 성부(적극) [대법원 1987. 11. 10. 선고, 87도2072]

【판결요지】

주금가장납입의 경우 현실적으로 주금액에 상당한 금원의 납입이라는 사실이 존재하기는 하나, 그 납입은 오로지 증자에 즈음하여 등기를 하기 위한 편법에 지나지 아니하고 실질적으로는 주금의 납입이 없는 가장납입으로서 이를 숨기고 마치 주식인수인에 의한 납입이 완료된 것처럼 등기공무원에 대하여 허위신고를 하여 증자를 한 취지의 등기신청을 함으로써상업등기부원본에 그 기재를 하게 하였다면 이는 공정증서원본불실기재 및 동행사죄가 성립한다.

> 1. 허위내용의 주식납입금 보관증서에 의한 발행주식총수 변경등기(적극) [대법원 1982. 2. 23. 선고, 80도2303]
> 【판결요지】
> 허위내용의 주식납입금 보관증서를 첨부하여 발행주식총수에 관한 변경등기를 경료하면 그같은 변경등기는 실체관계에 부합하지 아니하므로 공정증서원본부실기재죄가 성립한다.

228-37. 피상속인에게 실체상의 권리가 없음에도 불구하고 재산상속인 앞으로 상속을 원인으로 한 소유권이전등기를 경료한 경우(소극) [대법원 1987. 4. 14. 선고, 85도2661]

【판결요지】

재산상속인은 피상속인의 사망으로 인하여 상속개시된 때로부터 피상속인의 재산에 관한 포괄적 권리의무를 승계하게 되므로 어떤 부동산에 관하여 피상속인에게 실체상의 권리가 없었다 하더라도 재산상속인이 상속을 원인으로 한 소유권이전등기를 경료한 경우에는 그 등기는 당시의 등기부상의 권리관계를 나타내는 것에 불과하므로 그와 같은 등기절차를 밟았다 하여 공정증서원본불실기재나 동행사죄가 성립할 수 없다.

228-38. 의제자백에 의한 승소판결에 기하여 경료된 소유권이전등기가 실체관계에 부합하는 경우(소극) [대법원 1987. 3. 10. 선고, 86도864]

【판결요지】

피고인이 그가 점유하고 있는 토지에 대하여 매매를 원인으로 하는 소유권이전등기소송을 제기하여서 의제자백에 의한 승소판결을 받아 경료된 피고인 명의의 소유권이전등기가 비록 절차상의 하자가 있다 하더라도 점유에 의한 소유권취득시효가 완성함으로써 결국 위 소유권이전등기가 실체적 권리관계에 부합하는 유효한 등기라고 한다면 위의 소송에 있어서 피고인에게 위 토지를 편취하려는 범의가 있었다고 볼 수 없고 또한 위와 같이 경료된 등기 역시 불실의 등기라고도 할 수 없다.

228-39. 주금을 가장납입하여 증자등기를 한 것이 공정증서원본부실기재죄에 해당 하는지 여부(적극) [대법원 1986. 8. 19. 선고, 85도2158]

【판결요지】

주금가장납입의 경우 현실적으로 주금액에 상당한 금원의 납입이라는 사실이 존재하는 것은 사실이나 그 납입은 오로지 증자에 즈음하여 등기를 하기 위한 편법에 지나지 아니하고 실질은 주금의 납입이 없는 것과 다름없는 것이어서 이를 숨기고 마치 주식인수인에 의한 납입이 완료된 것처럼 등기공무원에 대하여 허위신고를 하여 증자를 한 취지의 등기신청을 함으로써 상업등기부 원본에 그 기재를 하게끔 하였다면 이는 발행주식의 총수, 자본의 총액에 대한 구 상법 (1984.4.10 법률 제3724호로 개정되기 전의 것) 제317조 제2항의 등기사항에 관하여 부실사실을 기재한 것이 된다.

228-40. 건물일부에 이중으로 소유권보존등기를 경료한 자에게 공정증서원본 부실기재의 범의가 있다고 본 사례 [대법원 1985. 2. 13. 선고, 84도2703]

【판결요지】

지하 1, 2층에 관하여 소유권보존등기가 경료되어 있는 건물지상에 다시 3층 건물을 축조한 자가 위 지하층 부분에 관한 등기사실을 숨기고 건물전체에 관하여 새로이 소유권보존등기를 신청하면서 지하층 부분에 관하여는 그 면적을 달리 기재 신청하여 그 등기를 경료한 경우, 당시 그 건물을 둘러싼 민형사상의 분쟁이 있어 쟁송중에 있었고 또 동인이 위 지하 1, 2층 건물에 경료된 가등기를 말소키 위해 타인명의의 문서를 위조한 사실이 있다면 위 건물중 지하 1, 2층 부분에 관한한 그 면적을 달리 기재하여 마치 별개의 건물인양 불실의 사실을 등기공무원에게 신고한다는 범의가 있었다고 보아야 한다.

228-41. 공증인이 인증한 사서증서가 공정증서원본에 해당하는지 여부(소극) [대법원 1984. 10. 23. 선고, 84도1217]

【판결요지】

형법 제228조에서 말하는 공정증서란 권리의무에 관한 공정증서를 가리키는 것이라 할 것이므로 공증인이 인증한 사서증서는 위 법조에서 말하는 공정증서원본이 될 수 없다.

> 1. 공정증서란 권리의무에 관한 증서를 가리키는 것이고, 사실증명에 관한 것은 포함되지 아니한다. [대법원 1971. 1. 29. 선고, 69도2238]
>
> 【판결요지】
>
> 공정증서란 권리의무에 관한 증서를 가리키는 것이고 토지대장 따위의 사실증명에 관한 것에 지나지 않는 것은 이에 포함되지 아니한다.

228-42. 법원의 촉탁에 의한 부실등기와 공정증서원본불실기재죄 성부(소극) [대법원 1983. 12. 27. 선고, 83도2442]

【판결요지】

공정증서원본불실기재죄에 있어서의 불실의 기재는 당사자의 허위신고에 의하여 이루어져야 하므로 법원의 촉탁에 의하여 이루어진 경우에는 가령 그 전제절차에 허위적 요소가 있다 하더라도 그것은 법원의 촉탁에 의하여 이루어진 것이지 당사자의 허위신고에 의하여 이루어진 것이 아니므로 공정증서원본불실기재죄를 구성하지 않는다.

> 1. 법원의 직권촉탁에 의하여 경매신청등기가 이루어진 경우에 강제경매신청에 허위적 요소가 있다 하여 공정증서원본불실기재죄를 구성하는지 여부(소극) [대법원 1976. 5. 25. 선고, 74도568]
>
> 【판결요지】
>
> 형법 228조 1항 소정의 공정증서원본불실기재죄에 있어서 불실의 사실기재는 당사자의 허위신고에 의하여 이루워져야 할 것이니 불실의 등기가 법원의 촉탁에 의한 경우에는 그 전제절차에 허위적 요소가 있다고 하더라도 이는 법원의 촉탁에 의하여 이루워진 것이지 당사자의 허위신고에 의하여 이루어진 것이 아니므로 위 공증서원본불실기재죄를 구성하지 아니한다.

228-43. 법원을 기망하여 승소판결을 받고 소유권이전등기를 경료한 경우 [대법원 1983. 4. 26. 선고, 83도188]

【판시사항】

법원을 기망하여 승소판결을 받고 소유권이전등기를 경료한 경우 사기죄와 공정증서원본불실기재죄와의 죄수

【판결요지】

법원을 기망하여 승소판결을 받고 그 확정판결에 의하여 소유권이전등기를 경료한 경우에는 사기죄와 별도로 공정증서원본 불실기재죄가 성립하고 양죄는 실체적 경합범 관계에 있다.

228-44. 부동산소유자로 하여금 근저당권자를 자금주라고 믿도록 속여서 근저당권설정등기를 경료케 한 경우 공정증서원본불실기재죄의 성부(소극) [대법원 1982. 7. 13. 선고, 82도39]

【판결요지】

부동산의 소유자로 하여금 근저당권자를 자금주라고 믿도록 속여서 근저당권설정등기를 경료케 한 경우라도 정당한 권한있는 자에 의하여 작성된 문서를 제출하여 그 등기가 이루어진 것이라면 당사자의 의사에 합치되는 등기라 할 것이므로 공정증서원본 불실기재죄가 성립하지 않는다.

228-45. 사망자를 상대로 한 판결에 기한, 실체관계에 부합하는 소유권이전등기와 공정증서원본부실기재죄의 성부(소극) [대법원 1982. 1. 12. 선고, 81도1702]

【판결요지】

피고인이 사망한 부동산등기 명의인을 상대로 매매를 원인으로 하는 소유권이전등기절차 이행청구의 소를 제기하여 의제자백에 의한 승소판결을 받고 이에 기하여 피고인 명의로 소유권이전등기를 경료하였다고 하여도 동 등기가 실체적 권리관계에 부합하는 유효한 등기라면 그 등기원인이 다르다 하여도 형사상 부실의 등기라고 할 수 없다.

228-46. 합의없이 경료되었지만 실체관계에 부합하는 소유권이전등기와 공정증서원본불실기재 [대법원 1980. 12. 9. 선고, 80도1323]

【판결요지】

당사자들의 합의 없이 경료된 소유권이전등기라고 하더라도 그것이 민사실체법상의 권리관계에 부합되는 유효한 것이라면 이를 불실의 등기라고 할 수 없다.

---

1. 관계 당사자들의 동의없이 경유된 중간생략의 소유권취득 등기와 공정증서 원본 불실기재죄 [대법원 1967. 11. 28. 선고, 66도1682]

【판결요지】

정당하게 취득한 건물 소유권에 대한 소유권이전등기를 경유함에 있어서 관계 당사자들의 동의를 얻지 않고 함부로 피고인 앞으로 중간생략의 소유권이전등기를 경유하였다 하여 공정증서원본부실기재죄에 해당한다 할 수 없다.

228-47. 외국판결에 의하여 신고한 경우 공정증서원본 분실기재, 동 행사죄의 성립을 부정한 사례 [대법원 1979. 12. 11. 선고, 79도2130]

【판결요지】

피고인들이 미국 법원의 확정판결에 의하여 이혼신고를 하고, 호적부의 기재도 위 사실에 부합되는 미국 법원의 판결에 근거하여 기재된 경우 위 기재내용이 국내법상 효력이 있는 지의 여부는 별론으로 하고 피고인들에게는 공정증서원본불실기재, 동행사의 행위가 있었다고 볼 수 없다.

228-48. 담보목적으로 부동산의 소유권이전등기서류를 교부한 경우와 당사자의 의사 [대법원 1979. 8. 28. 선고, 79도1210]

【판결요지】

꾸운 돈의 갚음을 담보하기 위하여 어느 부동산의 소유권이전등기 서류를 갖추어 준 때에 당사자의 의사는 다른 사정이 엿보이지 않으면 그 부동산을 양도담보한 것으로 볼 것이요 다만 서류를 보관하기로 한 것으로는 볼 수 없다.

228-49. 절차상의 하자가 있는 소유권이전등기가 공정증서원본불실기재 및 그 행사죄가 성립되는지 여부(소극) [대법원 1979. 7. 24. 선고, 79도482]

【판결요지】

비록 절차상의 하자가 있는 소유권이전등기라 할지라도 권리의 실체관계에 부합되는 경우에는 공정증서 원본 불실기재 및 그 행사죄로 볼 수 없다.

228-50. 공증사무취급이 인가된 합동법률사무소 명의로 작성된 공증에 관한 문서의 형법상 성질 [대법원 1977. 8. 23. 선고, 74도2715, 전원합의체 판결]

【판결요지】

(다수의견) 공증사무 취급이 인가된 합동법률사무소 명의로 작성된 공증에 관한 문서는 형법상 공정증서 기타 공문서에 해당한다.

228-51. 허위신고로서 자격증에 침사의 자격이 인정될 수 없는 사람에게 "침사의 자격을 인정함" 이라고 기재 된 경우 [대법원 1976. 7. 27. 선고, 76도1709]

【판결요지】

형법 228조 2항 소정의 면허장에 해당하는 이 사건 자격증이 피고인들의 허위신고로 말미암아 침사의 자격이 인정될 수 없는 사람들에게 "침사의 자격을 인정함" 이라고 기재하게 된 것이라면 이 기재 자체가 바로 불실의 사실에 해당한다고 할 것이다.

228-52. 공증인이 사서증서의 인증을 한 경우 [대법원 1975. 9. 9. 선고, 75도331]

【판결요지】

사서증서에 대한 공증인의 인증은 당사자로 하여금 공증인의 면전에서 사서증서에 서명 또는 날인하게 하거나 사서증서의 서명 또는 날인을 본인이나 그 대리인으로 하여금 인증하게 한 후 그 사실을 증서에 기재함으로서 동 증서의 성립에 대한 증명력을 높여주려는 것에 불과한 것이므로 공증인이 이러한 사서증서의 인증을 하였다 하여 동 증서가 형법 228조 1항 소정의 공정증서원본불실기재죄가 성립하지 아니한다.

228-53. 공정증서의 권리의무에 관한 사항에 관계없는 것이고 아무런 의미가 없는 상태하에 있는 예고등기는 이를 말소한다 할지라도 공정증서원본부실기재죄가 성립하지 아니한다. [대법원 1972. 10. 31. 선고, 72도1966]

【판시사항】
공정증서의 권리의무에 관한 사항에 관계없는 것이고 아무런 의미가 없는 상태하에 있는 예고등기는 이를 말소한다 할지라도 공정증서원본부실기재죄가 성립하지 아니한다.

228-54. 가장매매를 인한 소유권 이전등기를 경료하여도 공정증서원본 불실기재 및 등 행사죄는 성립하지 않는다. [대법원 1972. 3. 28. 선고, 71도2417, 전원합의체 판결]

【판결요지】
가장매매에 인한 소유권이전등기를 경료하여도 그 당사자간에는 소유권이전등기를 경료시킬 의사는 있었던 것이므로 공정증서원본불실기재 및 동 행사죄는 성립하지 아니한다.

228-55. 토지대장의 공정증서여부(소극) [대법원 1970. 12. 29. 선고, 4293형상2059]

【판결요지】
본조에서 말하는 공정증서는 권리의무에 관한 공정증서만을 가리키는 것이고 사실증명에 관한 것은 이에 포함되지 않는 것으로 해석함이 상당할 것이므로 권리의무에 변동을 주는 효력이 없는 토지대장은 위의 공정증서에 해당되지 않는다.

228-56. 공정증서원본불실기재죄는 어디까지나 공정증서원본에 불실한 사실을 기재케 하는 것이다. [대법원 1970. 5. 12. 선고, 70도643]

【판결요지】
공정증서원본부실기재죄는 어디까지나 공정증서원본에 부실을 기재케 하여야 하는 것이므로 가등기가 권리자와 의무자의 합의에 의하여 경료된 이상 공정증서원본부실기재죄가 되지 않는다.

> 1. 매수인 앞으로 소유권 이전등기를 하여 줄 의무가 있는 매도인이 그 의무를 면탈할 목적으로 제3자와 통모하고 가장한 매매예약을 원인으로 하여 제3자에게 가등기를 필한 경우의 매도인의 죄책 [대법원 1967. 12. 18. 선고, 67도1166]
> 【판결요지】
> 제3자와 통모하여 가장한 매매계약을 원인으로 가등기를 필한 경우에는 공정증서원본부실기재 및 강제집행면탈죄가 성립하지 아니한다.

228-57. 주민등록부 또는 인감대장이 공정증서인가의 여부(소극) [대법원 1968. 11. 19. 선고,

68도1231]

【판결요지】

[1] **주민등록부**는 권리의무의 득실변경 등의 증명을 목적으로 하는 공부가 아니라 할 것이므로 형법 제228조 소정의 공정증서가 아니다.

[2] **인감대장**은 행정청이 출원자의 현재 사용하고 있는 인감을 증명함으로써 국민의 편의를 도모하기 위하여 출원자의 인감신고를 받아두는 공부로서 공정증서가 아니라 할 것이다.

제230조〔공문서 등의 부정행사〕

제230조(공문서 등의 부정행사) 공무원 또는 공무소의 문서 또는 도화를 부정행사한 자는 2년 이하의 징역이나 금고 또는 500만원 이하의 벌금에 처한다. 〈개정 1995. 12. 29.〉

230-1. 甲선박에 의해 발생한 사고를 마치 乙선박에 의해 발생한 것처럼 허위신고를 하면서 그에 대한 검정용 자료로서 乙선박의 선박국적증서와 선박검사증서를 제출한 경우(소극) [대법원 2009. 2. 26. 선고, 2008도10851]

【판결요지】

선박법 제8조 제2항, 제10조, 선박법 시행규칙 제11조 제1항, 제12조, 선박안전법 제8조 제2항, 제17조 제1항, 제2항 등 관계 법령의 규정에 의하면, 선박국적증서는 한국선박으로서 등록하는 때에 선박번호, 국제해사기구에서 부여한 선박식별번호, 호출부호, 선박의 종류, 명칭, 선적항 등을 수록하여 발급하는 문서이고, 선박검사증서는 선박정기검사 등에 합격한 선박에 대하여 항해구역·최대승선인원 및 만재흘수선의 위치 등을 수록하여 발급하는 문서이다. 위 각 문서는 당해 선박이 한국선박임을 증명하고, 법률상 항행할 수 있는 자격이 있음을 증명하기 위하여 선박소유자에게 교부되어 사용되는 것이다. 따라서 어떤 선박이 사고를 낸 것처럼 허위로 사고신고를 하면서 그 선박의 선박국적증서와 선박검사증서를 함께 제출하였다고 하더라도, 선박국적증서와 선박검사증서는 위 선박의 국적과 항행할 수 있는 자격을 증명하기 위한 용도로 사용된 것일 뿐 그 본래의 용도를 벗어나 행사된 것으로 보기는 어려우므로, 이와 같은 행위는 공문서부정행사죄에 해당하지 않는다.

230-2. 타인의 주민등록증을 그 본래의 사용용도인 신분확인용으로 사용한 경우(소극) [대법원 2003. 2. 26. 선고, 2002도4935]

【판시사항】

[1] 사용권한자와 용도가 특정되어 있는 공문서 본래의 용도에 따른 사용이 아닌 경우, 공문서 부정행사죄의 성립 여부(소극)

[2] 타인의 주민등록증을 그 본래의 사용용도인 신분확인용으로 사용한 것이라고 볼 수 없어 공문서부정행사죄가 성립하지 않는다.

【판결요지】

[1] 사용권한자와 용도가 특정되어 있는 공문서를 사용권한 없는 자가 사용한 경우에도 그 공문서 본래의 용도에 따른 사용이 아닌 경우에는 형법 제230조의 공문서부정행사죄가 성립되지 아니한다.

[2 피고인이 기왕에 습득한 타인의 주민등록증을 피고인 가족의 것이라고 제시하면서 그 주민등록증상의 명의 또는 가명으로 **이동전화 가입신청을 한 경우**, 타인의 주민등록증을 본래의 사용용도인 신분확인용으로 사용한 것이라고 볼 수 없어 공문서부정행사죄가 성립하지 않는다.

230-3. 제3자로부터 신분확인을 위하여 신분증명서의 제시를 요구받고 다른 사람의 운전면허증을 제시한 경우(적극) [대법원 2001. 4. 19. 선고, 2000도1985, 전원합의체 판결]

【판시사항】

제3자로부터 신분확인을 위하여 신분증명서의 제시를 요구받고 다른 사람의 운전면허증을 제시한 경우, 공문서부정행사죄에 해당하는지 여부(적극)

【판결요지】

[다수의견] 운전면허증은 운전면허를 받은 사람이 운전면허시험에 합격하여 자동차의 운전이 허락된 사람임을 증명하는 공문서로서, 운전면허증에 표시된 사람이 운전면허시험에 합격한 사람이라는 '자격증명'과 이를 지니고 있으면서 내보이는 사람이 바로 그 사람이라는 '동일인증명'의 기능을 동시에 가지고 있다. 운전면허증의 앞면에는 운전면허를 받은 사람의 성명·주민등록번호·주소가 기재되고 사진이 첨부되며 뒷면에는 기재사항의 변경내용이 기재될 뿐만 아니라, 정기적으로 반드시 갱신교부되도록 하고 있어, 운전면허증은 운전면허를 받은 사람의 동일성 및 신분을 증명하기에 충분하고 그 기재 내용의 진실성도 담보되어 있다. 그럼에도 불구하고 운전면허증을 제시한 행위에 있어 동일인증명의 측면은 도외시하고, 그 사용목적이 자격증명으로만 한정되어 있다고 해석하는 것은 합리성이 없다. 인감증명법상 인감신고인 본인 확인, 공직선거및선거부정방지법상 선거인 본인 확인, 부동산등기법상 등기의무자 본인 확인 등 여러 법령에 의한 신분 확인절차에서도 운전면허증은 신분증명서의 하나로 인정되고 있다. 또한 주민등록법 자체도 주민등록증이 원칙적인 신분증명서이지만, 주민등록증을 제시하지 아니한 사람에 대하여 신원을 증명하는 증표나 기타 방법에 의하여 신분을 확인하도록 규정하는 등으로 다른 문서의 신분증명서로서의 기능을 예상하고 있다. 한편 우리 사회에서 운전면허증을 발급받을 수 있는 연령의 사람들 중 절반 이상이 운전면허증을 가지고 있고, 특히 경제활동에 종사하는 사람들의 경우에는 그 비율이 훨씬 더 이를 앞지르고 있으며, 금융기관과의 거래에 있어서도 운전면허증에 의한 실명확인이 인정되고 있는 등 현실적으로 운전면허증은 주민등록증과 대등한 신분증명서로 널리 사용되고 있다. 따라서, 제3자로부터 신분확인을 위하여 신분증명서의 제시를 요구받고 다른 사람의 운전면허증을 제시한 행위는 그 사용목적에 따른 행사로서 공문서부정행사죄에 해당한다고 보는 것이 옳다.

【참조판례】

대법원 1974. 9. 4. 선고 74도1695 판결(공1974, 7962), 대법원 1981. 12. 8. 선고 81도1130 판결(공1982, 186), 대법원 1983. 6. 28. 선고 82도1985 판결(공1983, 1211), 대법원 1989. 3. 28. 선고 88도1593 판결(공1989, 708)(변경), 대법원 1991. 5. 28. 선고 90도1877 판결(공1991, 1820)(변경), 대법원 1991. 7. 12. 선고 91도1052 판결(공1991, 2189)(변경), 대법원 1992. 11. 24. 선고 91도3269 판결(공1993상, 299)(변경), 대법원 1993. 5. 11. 선고 93도127 판결(공1993하, 1753), 대법원 1996. 10. 11. 선고 96도1733 판결(공1996하, 3375)(변경), 대법원 1999. 5. 14. 선고 99도206 판결(공1999상, 1219), 대법원 2000. 2. 11. 선고 99도1237 판결(공2000상, 737)(변경)

---

1. 공문서부정행사죄는 공문서의 사용목적이 특정되어 있는 공문서의 경우에만 성립되고 인감증명서와 같이 그 용도가 다양한 경우 성립 여부(소극) [대법원 1974. 7. 9. 선고, 74도1695]

【판결요지】

공문서부정행사죄는 공문서의 사용목적이 특정되어 있는 공문서의 경우에 그 사용명의자 아닌자가 그 사용명의자로 가장 행세하여 이 공문서를 행사하는 경우에만 성립되고 인감증명서와 같이 그 용도가 다양할 경우에는 그 사용명의자 아닌자가 그 명의자의 의사에 반하여 함부로 행사하더라도 문서 본래의 취지에 따른 용도에 합치된다면 위 죄는 성립할 수 없다.

---

2. 인감증명서, 등기필증과 공문서부정행사죄의 객체 [대법원 1981. 12. 8. 선고, 81도1130]

【판결요지】

공문서부정행사죄는 그 사용권한자와 용도가 특정되어 작성된 공문서 또는 공도화를 사용권한 없는 자가 그 사용권한 있는 것처럼 가장하여 부정한 목적으로 행사하거나, 또는 그 권한있는 자라도 그 정당한 용법에 반하여 부정하게 행사하는 경우에만 성립된다 할 것이므로, 인감증명서나 등기필증과 같이 사용권한자가 특정되어 있는 것도 아니고 그 용도도 다양한 공문서는 설사 그 문서와 아무 관련 없는 사람이 문서상의 명의인인 양 가장하여 이를 행사하였다 하더라도 공문서부정행사죄가 성립되지 아니한다.

---

3. 명의자의 의사에 반한 인감증명서의 행사가 공문서등 부정행사죄에 해당되는지 여부(소극) [대법원 1983. 6. 28. 선고, 82도1985]

【판결요지】

공문서등 부정행사죄는 그 사용권한자와 용도가 특정되어 작성된 공문서 또는 공도화를 사용권한없는 자가 그 사용권한있는 것처럼 가장하여 부정한 목적으로 행사하거나 또는 그 권한있는 자라도 그 정당한 용법에 반하여 부정하게 행사하는 경우에만 성립하므로, 인감증명서와 같이 사용권한자가 특정되어 있지도 않고 그 용도도 다양한 공문서는 그 명의자 아 닌 자가 그 명의자의 의사에 반하여 함부로 행사하더라도 문서 본래의 취지에 따른 용도에 합치된다면 공문서등 부정행사죄는 성립되지 않는다.

---

4. 타인의 운전면허증을 신분상의 동일성을 나타내기 위하여 제시한 경우(소극) [대법원 1989. 3. 28. 선고, 88도1593] ☞ 변경

【판결요지】

도로교통법 제68조, 제77조의 각 규정에 의하면 운전면허증은 운전면허시험 합격증명서로서 자동차를 운전하는 때에 이를 휴대하여야 하고 운전중에 경찰공무원으로부터 그 제시를 요구받은 때에 이를 제시하도록 그 사용목적이 특정되어 있는 것이므로 타인명의의 운전면허증을 습득한 자가 제3자로부터 신분확인을 위해 주민등록증의 제시를 요구받고 그 운전면허증을 제시한 소위는 그 사용목적에 따른 행사라고 할 수 없어 형법 제230조 소정의 공문서부정행사죄가 성립하지 않는다.

5. 파출소에서 조사를 받음에 있어 인적사항의 확인을 위한 주민등록증의 제시를 요구받고 형의 운전면 허증을 제시한 행위(소극) [대법원 1991. 5. 28. 선고, 90도1877] ☞ 변경
【판결요지】
도로교통법 제68조, 제69조, 제77조의 각 규정에 의하면 운전면허증은 운전면허시험에 합격하여 자동차의 운전이 허락된 자임을 증명하는 공문서로서 그 본래의 사용용도가 운전중에 경찰공무원으로부터 그 제시를 요구받으면 이를 제시하여 자동차의 운전이 허가된 자임을 증명하도록 그 사용목적이 특정되어 있으며 그 소지자의 인적사항의 확인에 있는 것은 아니라 할 것인바, 피고인이 파출소에서 조사를 받음에 있어 담당 순경으로부터 인적사항의 확인을 위한 주민등록증의 제시를 요구받고 소지하고 있던 형의 운전면허증을 제시한 소위는 그 사용용도에 따른 행사라고 할 수 없어 형법 제230조 소정의 공문서부정행사죄가 성립되지 않는다.

6. 전당포 주인으로부터 신분의 확인을 위해 주민등록증의 제시를 요구받고 운전면허증을 제시한 행위 (소극) [대법원 1991. 7. 12. 선고, 91도1052] ☞ 변경
【판결요지】
형법 제230조의 공문서부정행사죄는 그 사용목적이 특정된 공문서의 경우에 그 사용명의자 아닌 자가 그 사용명의자인 것으로 가장하여 그 사용목적에 따른 행사를 하여야 성립하는 것인바, 운전면허증의 본래의 사용목적은 자동차를 운전할 때에 이를 지니고 있어야 하고, 운전중에 경찰공무원으로부터 제시를 요구받은 때에 이를 제시하는데 있는 것일 뿐 그 소지자의 신분의 동일성을 증명하는데 있는 것은 아니므로, 피고인이 전당포 주인으로부터 신분의 확인을 위해 주민등록증의 제시를 요구받고 운전면허증을 제시한 행위는 운전면허증의 사용목적에 따른 행사라고 할 수는 없어 공문서부정사용죄가 성립하지 않는다.

7. 신원증명서를 피증명인 의사에 의하지 아니하고 사용한 행위(소극) [대법원 1993. 5. 11. 선고, 93도127]
【판결요지】
형법 제230조 소정의 공문서부정행사죄는 사용권한자와 용도가 특정되어 작성된 공문서 또는 공도화를 사용권한 없는 자가 사용권한이 있는 것처럼 가장하여 부정한 목적으로 행사하거나 또는 권한 있는 자라도 정당한 용법에 반하여 부정하게 행사하는 경우에 성립되는 것인바, 신원증명서는 금치산 또는 한정치산의 선고를 받고 취소되지 않은 사실의 해당 여부를 증명하는 문서로서 사용권한자가 특정되어 있다고 할 수 없고 또 용도도 다양하며 반드시 피증명인만이 사용할 수 있는 것이 아니므로 문서상의 피증명인의 의사에 의하지 아니하고 사용하였다 하더라도 그것이 문서 본래의 취지에 따른 용도에 합치되는 이상 공문서부정행사죄는 성립되지 아니한다.

8. 타인 명의의 운전면허증을 경찰관에게 신분확인을 위하여 제시한 경우(소극) [대법원 1996. 10. 11.
   선고, 96도1733] ☞ 변경
   【판결요지】
   도로교통법 제68조, 제77조의 각 규정에 의하면 운전면허증은 운전면허시험 합격증명서로서 자동차를
   운전하는 때에는 이를 휴대하여야 하고, 경찰공무원으로부터 그 제시를 요구받은 때에는 이를 제시하
   도록 그 사용목적이 특정되어 있으므로, 피고인이 타인 명의의 운전면허증을 습득하여 소지하고 있다
   가 경찰관으로부터 제시 요구를 받고 신분확인을 위하여 이를 제시한 것이라면, 이와 같은 운전면허증
   의 제시행위는 그 사용목적에 따른 제시행위라고 할 수 없어 형법 제230조가 규정한 공문서부정행사
   죄에 해당하지 아니한다.

9. 타인의 주민등록등본을 그와 아무런 관련 없는 사람이 마치 자신의 것인 양 행사한 경우(소극) [대법
   원 1999. 5. 14. 선고, 99도206]
   【판결요지】
   주민등록표등본은 시장·군수 또는 구청장이 주민의 성명, 주소, 성별, 생년월일, 세대주와의 관계 등
   주민등록법 소정의 주민등록사항이 기재된 개인별·세대별 주민등록표의 기재 내용 그대로를 인증하여
   사본·교부하는 문서로서 그 사용권한자가 특정되어 있다고 할 수 없고, 또 용도도 다양하며, 반드시
   본인이나 세대원만이 사용할 수 있는 것이 아니므로, 타인의 주민등록표등본을 그와 아무런 관련 없는
   사람이 마치 자신의 것인 것처럼 행사하였다고 하더라도 공문서부정행사죄가 성립되지 아니한다.

10. 이동전화기를 구입하면서 신분증 제시를 요구받자 타인의 운전면허증을 자신의 것인양 제시한 경
    우(소극) [대법원 2000. 2. 11. 선고, 99도1237] ☞ 변경
    【판결요지】
    이동전화기를 구입하면서 점포 직원으로부터 인적사항을 확인하기 위하여 신분증의 제시를 요구받고
    소지하고 있던 타인의 운전면허증을 제시한 행위는 타인의 운전면허증을 그 사용용도에 따라 행사한
    것이라고 할 수 없어 형법 제230조 소정의 공문서부정행사죄가 성립되지 아니한다.

230-4. 자동차를 임차하면서 타인의 운전면허증을 자신의 것인 양 자동차 대여업체 직원에게 제시한
       것이 공문서부정행사죄에 해당하는지 여부(적극) [대법원 1998. 8. 21. 선고, 98도1701]
   【판시사항】
   [1] 공문서부정행사죄의 성립요건
   [2] 자동차를 임차하면서 타인의 운전면허증을 자신의 것인 양 자동차 대여업체 직원에게 제시
   한 것이 공문서부정행사죄에 해당하는지 여부(적극)
   【판결요지】
   [1] 공문서부정행사죄는 사용권한자와 용도가 특정되어 작성된 공문서 또는 공도화를 사용권한
   없는 자가 사용권한이 있는 것처럼 가장하여 부정한 목적으로 행사하거나 또는 권한 있는 자라도
   정당한 용법에 반하여 부정하게 행사하는 경우에 성립되는 것이다.
   [2] 자동차운전면허증은 운전면허시험에 합격하여 자동차의 운전이 허락된 자임을 증명하는 공문

서로서 운전중에 휴대하도록 되어 있고, 자동차대여약관상 대여회사는 운전면허증 미소지자에게는 자동차 대여를 거절할 수 있도록 되어 있으므로, 자동차를 임차하려는 피고인들이 자동차 대여업체의 담당직원들로부터 임차할 자동차의 운전에 필요한 운전면허가 있고 또 운전면허증을 소지하고 있는지를 확인하기 위한 운전면허증의 제시 요구를 받자 타인의 운전면허증을 소지하고 있음을 기화로 자신이 타인의 자동차운전면허를 받은 사람들인 것처럼 행세하면서 자동차 대여업체의 직원들에게 이를 제시한 것이라면, 피고인들의 위와 같은 행위는 단순히 신분확인을 위한 것이라고는 할 수 없고, 이는 운전면허증을 사용권한이 없는 자가 사용권한이 있는 것처럼 가장하여 부정한 목적으로 사용한 것이기는 하나 운전면허증의 본래의 용도에 따른 사용행위라고 할 것이므로 공문서부정행사죄에 해당한다.

> ### 1. 화해조서 갱정결정신청에 대한 기각결정문을 화해조서정본인 것처럼 행사한 경우(소극) [대법원 1984. 2. 28. 선고, 82도2851]
> 【판결요지】
> 공문서부정행사죄는 그 사용권자와 용도가 특정되어 작성된 공문서 또는 공도서를 사용권한 없는 자가 그 사용권한이 있는 것처럼 가장하여 부정한 목적을 행사하거나 또는 사용권한 있는 자라도 그 정당한 용법에 반하여 부정하게 행사하는 경우에 성립되는 것이라 할 것이므로 화해조서 갱정결정신청 기각결정문을 화해조서정본인 것처럼 등기서류로 제출행사하였다고 하더라도 공문서부정행사죄는 성립하지 아니한다.

230-5. 피고인이 공소외 (갑)인양 허위신고하여 피고인의 사진과 지문이 찍힌 공소외(갑)명의의 주민등록증을 발급받아 소지하다가 검문경찰관에게 이를 제시한 행위(적극) [대법원 1982. 9. 28. 선고, 82도1297]

【판결요지】

공문서부정행사죄는 그 사용권한자와 용도가 특정되어 작성된 공문서 또는 공도화를 사용권한 없는 자가 그 사용권한 있는 것처럼 가장하여 부정한 목적으로 행사한 때 또는 형식상 그 사용권한이 있는 자라도 그 정당한 용법에 반하여 부정하게 행사한 때에 성립한다고 해석할 것인바, 피고인이 공소외 (갑)인 양 허위신고하여 피고인의 사진과 지문이 찍힌 공소외(갑)명의의 주민등록증을 발급받은 이상 주민등록증의 발행목적상 피고인에게 위 주민등록증에 부착된 사진의 인물이 공소외 (갑)의 신원 상황을 가진 사람이라는 허위사실을 증명하는 용도로 이를 사용할 수 있는 권한이 없다는 사실을 인식하고 있었다고도 할 것이므로 이를 검문경찰관에게 제시하여 이러한 허위사실을 증명하는 용도로 사용한 것은 공문서 부정행사죄를 구성한다.

제231조[사문서등의 위조 · 변조]

> 제231조(사문서등의 위조 · 변조) 행사할 목적으로 권리 · 의무 또는 사실증명에 관한 타인의 문서 또는 도화를 위조 또는 변조한 자는 5년 이하의 징역 또는 1천만원 이하의 벌금에 처한다. 〈개정 1995. 12. 29.〉

231-1. 이사가 이사회 회의록에 서명 대신 서명거부사유를 기재하고 그에 대한 서명을 하였는데 이사회 회의록의 작성권한자인 이사장이 임의로 이를 삭제한 경우, 사문서변조 해당 여부(원칙적 적극) [대법원 2018. 9. 13. 선고, 2016도20954]

【판시사항】

[1] 이사가 이사회 회의록에 서명 대신 서명거부사유를 기재하고 그에 대한 서명을 하였는데 이사회 회의록의 작성권한자인 이사장이 임의로 이를 삭제한 경우, 사문서변조에 해당하는지 여부(원칙적 적극)

[2] 甲 학교법인 이사장인 피고인이 甲 법인의 이사회 회의록 중 '이사장의 이사회 내용 사전 유출로 인한 책임을 물어 회의록 서명을 거부합니다. 乙'이라고 기재된 부분 및 그 옆에 있던 이사 乙의 서명 부분을 지워 회의록을 변조하고, 이를 행사하였다는 내용으로 기소된 사안

【판결요지】

[1] 이사회 회의록에 관한 이사의 서명권한에는 서명거부사유를 기재하고 그에 대해 서명할 권한이 포함된다. 이사가 이사회 회의록에 서명함에 있어 이사장이나 다른 이사들의 동의를 받을 필요가 없는 이상 서명거부사유를 기재하고 그에 대한 서명을 함에 있어서도 이사장 등의 동의가 필요 없다고 보아야 한다. 따라서 이사가 이사회 회의록에 서명 대신 서명거부사유를 기재하고 그에 대한 서명을 하면, 특별한 사정이 없는 한 그 내용은 이사회 회의록의 일부가 되고, 이사회 회의록의 작성권한자인 이사장이라 하더라도 임의로 이를 삭제한 경우에는 이사회 회의록 내용에 변경을 가하여 새로운 증명력을 가져오게 되므로 사문서변조에 해당한다.

[2] 甲 학교법인 이사장인 피고인이 甲 법인의 2014년도 제1차 이사회 회의록(이하 '회의록'이라 한다) 중 '이사장의 이사회 내용 사전 유출로 인한 책임을 물어 회의록 서명을 거부합니다. 乙'이라고 기재된 부분 및 그 옆에 있던 이사 乙의 서명 부분(이하 '문구'라 한다)을 지워 회의록을 변조하고, 이를 행사하였다는 내용으로 기소된 사안에서, 피고인이 이사회를 개최한 후 회의록을 작성하여 회의에 참석한 이사들과 감사로부터 회의록 각 페이지 하단의 간서명과 마지막 페이지에 기재된 기명 옆에 서명을 받은 사실, 乙이 '피고인이 사전에 회의의 내용을 공개하였다'는 이유로 서명을 거부하자 乙에게 회의록에 거부사유를 기재하도록 하였고, 乙은 회의록 첫 페이지의 간서명란 바로 밑에 문구를 기재한 사실, 피고인은 그 후 임의로 문구를 삭제한 후 다음 날 회의록을 甲 법인 홈페이지에 게시한 사실을 알 수 있는데, 이러한 사실관계를 법리에 비추어 보면, 乙이 회의록에 대한 서명권한 범위 내에서 회의록에 서명거부사유를 기재하고 그에 대한 서명을 한 이상 문구는 회의록의 일부가 되었으며, 이는 서명거부의 의미로 서명을 하

지 않은 것과 내용면에서 동일하다고 할 수 없다.

231-2. 형법상 문서에 관한 죄에서 '문서'의 의미 [대법원 2018. 5. 15. 선고, 2017도19499]

【판시사항】

형법상 문서에 관한 죄에서 '문서'의 의미 / 문서의 내용을 저장한 전자 파일이나 그 파일을 실행시켜 컴퓨터 모니터 화면에 나타낸 문서의 이미지가 형법상 문서에 관한 죄에서의 '문서'에 해당하는지 여부(소극)

【이 유】

형법상 문서에 관한 죄에 있어서 문서란, 문자 또는 이에 대신할 수 있는 가독적 부호로 계속적으로 물체 상에 기재된 의사 또는 관념의 표시인 원본 또는 이와 사회적 기능, 신용성 등을 동시할 수 있는 기계적 방법에 의한 복사본으로서 그 내용이 법률상, 사회생활상 주요 사항에 관한 증거로 될 수 있는 것을 말한다(대법원 2006. 1. 26. 선고 2004도788 판결 등 참조). 따라서 그와 같은 문서의 내용을 저장한 전자 파일이나 그 파일을 실행시켜 컴퓨터 모니터 화면에 나타낸 문서의 이미지는 계속적으로 물체 상에 고정된 것으로 볼 수 없으므로 형법상 문서에 관한 죄에 있어 '문서'에 해당되지 않는다(대법원 2007. 11. 29. 선고 2007도7480 판결, 대법원 2008. 4. 10. 선고 2008도1013 판결 등 참조).

---

1. 문서변조죄에 있어서 행사할 목적의 의미 [대법원 2006. 1. 26. 선고, 2004도788]

【판결요지】

문서변조죄에 있어서 행사할 목적이란 변조된 문서를 진정한 문서인 것처럼 사용할 목적을 말하는 것으로 적극적 의욕이나 확정적 인식을 요하지 아니하고 미필적 인식이 있으면 족하다.

231-3. 사문서변조죄의 성립요건 및 이미 진정하게 성립된 타인 명의의 문서가 존재하지 않는 경우(소극) [대법원 2017. 12. 5. 선고, 2014도14924]

【판시사항】

사문서변조죄의 성립요건 및 이미 진정하게 성립된 타인 명의의 문서가 존재하지 않는 경우, 사문서변조죄가 성립하는지 여부(소극)

【판결요지】

사문서변조죄는 권한 없는 자가 이미 진정하게 성립된 타인 명의의 문서 내용에 대하여 동일성을 해하지 않을 정도로 변경을 가하여 새로운 증명력을 작출케 함으로써 공공적 신용을 해할 위험성이 있을 때 성립한다. 따라서 이미 진정하게 성립된 타인 명의의 문서가 존재하지 않는다면 사문서변조죄가 성립할 수 없다.

---

1. 문서명의인의 승낙이 있거나 승낙이 추정되는 경우 사문서 위·변조죄 성립 여부(소극) [대법원 2011. 9. 29. 선고, 2010도14587]

【판시사항】

[1] 문서명의인의 승낙이 있거나 승낙이 추정되는 경우 사문서 위·변조죄 성립 여부(소극) 및 명의인의 승낙에 대한 막연한 기대나 예측만으로 승낙이 추정된다고 단정할 수 있는지 여부(소극)

[2] 피고인이 행사할 목적으로 권한 없이 甲 은행 발행의 피고인 명의 예금통장 기장내용 중 특정 일자 입금자 명의를 가리고 복사하여 통장 1매를 변조한 후 그 통장사본을 법원에 증거로 제출하여 행사하였다는 내용으로 기소된 사안에서, 피고인에게 무죄를 인정한 원심판결에 사문서변조 및 동행사죄에 관한 법리오해의 위법이 있다.

【판결요지】

[1] 사문서의 위·변조죄는 작성권한 없는 자가 타인 명의를 모용하여 문서를 작성하는 것을 말하므로 사문서를 작성·수정할 때 명의자의 명시적이거나 묵시적인 승낙이 있었다면 사문서의 위·변조죄에 해당하지 않고, 한편 행위 당시 명의자의 현실적인 승낙은 없었지만 행위 당시의 모든 객관적 사정을 종합하여 명의자가 행위 당시 그 사실을 알았다면 당연히 승낙했을 것이라고 추정되는 경우 역시 사문서의 위·변조죄가 성립하지 않는다고 할 것이나, 명의자의 명시적인 승낙이나 동의가 없다는 것을 알고 있으면서도 명의자가 문서작성 사실을 알았다면 승낙하였을 것이라고 기대하거나 예측한 것만으로는 그 승낙이 추정된다고 단정할 수 없다.

[2] 피고인이 행사할 목적으로 권한 없이 甲 은행 발행의 피고인 명의 예금통장 기장내용 중 특정 일자에 乙 주식회사로부터 지급받은 월급여의 입금자 부분을 화이트테이프로 지우고 복사하여 통장 1매를 변조한 후 그 통장사본을 법원에 증거로 제출하여 행사하였다는 내용으로 기소된 사안에서, 관련 민사소송에서 피고인이 언제부터 乙 회사에서 급여를 받았는지가 중요한 사항이었는데 2006. 4. 25.자 입금자 명의를 가리고 복사하여 이를 증거로 제출함으로써 2006. 5. 25.부터 乙 회사에서 급여를 수령하였다는 새로운 증명력이 작출되었으므로 공공적 신용을 해할 위험성이 있었다고 볼 수 있고, 제반 사정을 종합할 때 통장 명의자인 甲 은행장이 행위 당시 그러한 사실을 알았다면 이를 당연히 승낙했을 것으로 추정된다고 볼 수 없으며, 피고인이 쟁점이 되는 부분을 가리고 복사함으로써 문서내용에 변경을 가하고 증거자료로 제출한 이상 사문서변조 및 동행사의 고의가 없었다고 할 수 없다.

231-4. 피기망자가 행위자의 기망행위로 인하여 착오에 빠진 결과 내심의 의사와 다른 효과를 발생시키는 내용의 처분문서에 서명 또는 날인함으로써 처분문서의 내용에 따른 재산상 손해가 초래된 경우(적극) [대법원 2017. 2. 16. 선고, 2016도13362, 전원합의체 판결]

【판시사항】

피기망자가 행위자의 기망행위로 인하여 착오에 빠진 결과 내심의 의사와 다른 효과를 발생시키는 내용의 처분문서에 서명 또는 날인함으로써 처분문서의 내용에 따른 재산상 손해가 초래된 경우, 피기망자의 행위가 사기죄에서 말하는 처분행위에 해당하는지 여부(적극) / 이때 피기망자가 처분결과, 즉 문서의 구체적 내용과 법적 효과를 미처 인식하지 못하였으나 처분문서에 서명 또는 날인하는 행위에 관한 인식이 있었던 경우, 피기망자의 처분의사가 인정되는지 여부(적극)

【판결요지】

[다수의견] 이른바 **'서명사취'** 사기는 기망행위에 의해 유발된 착오로 인하여 피기망자가 내심의 의사와 다른 처분문서에 서명 또는 날인함으로써 재산상 손해를 초래한 경우이다. 여기서는

행위자의 기망행위 태양 자체가 피기망자가 자신의 처분행위의 의미나 내용을 제대로 인식할 수 없는 상황을 이용하거나 피기망자로 하여금 자신의 행위로 인한 결과를 인식하지 못하게 하는 것을 핵심적인 내용으로 하고, 이로 말미암아 피기망자는 착오에 빠져 처분문서에 대한 자신의 서명 또는 날인행위가 초래하는 결과를 인식하지 못하는 특수성이 있다. 피기망자의 하자 있는 처분행위를 이용하는 것이 사기죄의 본질인데, 서명사취 사안에서는 그 하자가 의사표시 자체의 성립과정에 존재한다. 이러한 서명사취 사안에서 피기망자가 처분문서의 내용을 제대로 인식하지 못하고 처분문서에 서명 또는 날인함으로써 내심의 의사와 처분문서를 통하여 객관적·외부적으로 인식되는 의사가 일치하지 않게 되었더라도, 피기망자의 행위에 의하여 행위자 등이 재물이나 재산상 이익을 취득하는 결과가 초래되었다고 할 수 있는 것은 그러한 재산의 이전을 내용으로 하는 처분문서가 피기망자에 의하여 작성되었다고 볼 수 있기 때문이다. 이처럼 피기망자가 행위자의 기망행위로 인하여 착오에 빠진 결과 내심의 의사와 다른 효과를 발생시키는 내용의 처분문서에 서명 또는 날인함으로써 처분문서의 내용에 따른 재산상 손해가 초래되었다면 그와 같은 처분문서에 서명 또는 날인을 한 피기망자의 행위는 사기죄에서 말하는 처분행위에 해당한다. 아울러 비록 피기망자가 처분결과, 즉 문서의 구체적 내용과 법적 효과를 미처 인식하지 못하였더라도, 어떤 문서에 스스로 서명 또는 날인함으로써 처분문서에 서명 또는 날인하는 행위에 관한 인식이 있었던 이상 피기망자의 처분의사 역시 인정된다.

---

1. 명의인을 기망하여 문서를 작성케 하는 경우에는 서명·날인이 정당히 성립된 경우에도 사문서위조죄가 성립하는지 여부(적극) [대법원 2000. 6. 13. 선고, 2000도778]

【판결요지】

명의인을 기망하여 문서를 작성케 하는 경우는 서명, 날인이 정당히 성립된 경우에도 기망자는 명의인을 이용하여 서명 날인자의 의사에 반하는 문서를 작성케 하는 것이므로 사문서위조죄가 성립한다.

231-5. 사문서위조죄의 객체가 되는 문서의 진정한 작성명의자가 누구인지 판단하는 기준 [대법원 2016. 10. 13. 선고, 2015도17777]

【판시사항】

사문서위조죄의 객체가 되는 문서의 진정한 작성명의자가 누구인지는 문서의 표제나 명칭만으로 이를 판단하여서는 아니 되고, 문서의 형식과 외관은 물론 문서의 종류, 내용, 일반 거래에서 그 문서가 가지는 기능 등 제반 사정을 종합적으로 참작하여 판단하여야 한다(대법원 1996. 2. 9. 선고 94도1858 판결, 대법원 2011. 12. 22. 선고 2011도11777 판결 등 참조).

---

1. 작성명의자의 승낙이나 위임이 없이 그 명의를 모용하여 문중규약을 작성한 경우(적극) [대법원 1996. 2. 9. 선고, 94도1858]

【판결요지】

사문서위조죄의 객체가 되는 문서가 권리의무에 관한 것인지 아니면 사실증명에 관한 것인지, 또 그 문서의 진정한 작성명의자가 누구인지 여부는 문서의 표제나 명칭만으로 이를 판단하여서는 아니되고,

문서의 형식과 외관은 물론 문서의 종류, 내용, 일반 거래에 있어서 그 문서가 가지는 기능 등 제반 사정을 종합적으로 참작하여 판단하여야 할 것이어서, 어떤 문서가 문중규약이라는 표제하에 작성되었다고 하여 이를 가리켜 일률적으로 문중원의 권리의무에 관한 사문서라거나 문중이라는 단체 명의의 문서라고 단정할 수는 없는 것이고, 위에서 설시한 제반 사정에 비추어 그 문서가 문중규약의 존재와 내용 등을 확인하는 취지에서 작성된 것으로 볼 수 있으면 이는 사실증명에 관한 문서이고, 또 이 경우에는 위와 같은 사항을 확인하는 의사표시의 주체가 그 문서의 작성명의자라고 할 것이므로, 그 작성명의자의 승낙이나 위임이 없이 그 명의를 모용하여 문중규약의 존재와 내용 등을 확인하는 문서를 작성하였다면 이는 사문서위조죄를 구성한다.

231-6. '문서가 원본인지 여부'가 중요한 거래에서 문서사본을 진정한 원본인 것처럼 행사할 목적으로 다른 조작을 가함이 없이 문서 원본을 그대로 컬러복사기로 복사한 후 복사한 문서 사본을 원본인 것처럼 행사한 행위(적극) [대법원 2016. 7. 14. 선고, 2016도2081]

【판시사항】

[1] '문서가 원본인지 여부'가 중요한 거래에서 문서 사본을 진정한 원본인 것처럼 행사할 목적으로 다른 조작을 가함이 없이 문서 원본을 그대로 컬러복사기로 복사한 후 복사한 문서 사본을 원본인 것처럼 행사한 행위가 사문서위조죄 및 동행사죄에 해당하는지 여부(적극) / 사문서위조죄가 성립하기 위한 위조의 정도

[2] 변호사인 피고인이 대량의 저작권법 위반 형사고소 사건을 수임하여 피고소인 30명을 각 형사고소하기 위하여 20건 또는 10건의 고소장을 개별적으로 수사관서에 제출하면서 각 하나의 고소위임장에만 소속 변호사회에서 발급받은 진정한 경유증표 원본을 첨부한 후 이를 일체로 하여 컬러복사기로 20장 또는 10장의 고소위임장을 각 복사한 다음 고소위임장과 일체로 복사한 경유증표를 고소장에 첨부하여 접수한 사안

【판결요지】

[1] 문서위조 및 동행사죄의 보호법익은 문서에 대한 공공의 신용이므로 '문서가 원본인지 여부'가 중요한 거래에서 문서의 사본을 진정한 원본인 것처럼 행사할 목적으로 다른 조작을 가함이 없이 문서의 원본을 그대로 컬러복사기로 복사한 후 복사한 문서의 사본을 원본인 것처럼 행사한 행위는 사문서위조죄 및 동행사죄에 해당한다. 또한 사문서위조죄는 명의자가 진정으로 작성한 문서로 볼 수 있을 정도의 형식과 외관을 갖추어 일반인이 명의자의 진정한 사문서로 오신하기에 충분한 정도이면 성립한다.

[2] 변호사회가 발급한 경유증표는 증표가 첨부된 변호사선임서 등이 변호사회를 경유하였고 소정의 경유회비를 납부하였음을 확인하는 문서이므로 법원, 수사기관 또는 공공기관에 이를 제출할 때에는 원본을 제출하여야 하고 사본으로 원본에 갈음할 수 없으며, 각 고소위임장에 함께 복사되어 있는 변호사회 명의의 경유증표는 원본이 첨부된 고소위임장을 그대로 컬러 복사한 것으로서 일반적으로 문서가 갖추어야 할 형식을 모두 구비하고 있고, 이를 주의 깊게 관찰하지 아니하면 그것이 원본이 아닌 복사본임을 알아차리기 어려울 정도이므로 일반인이 명의자의 진정한 사문서로 오신하기에 충분한 정도의 형식과 외관을 갖추었다는 이유로, 피고인의 행위가 사문서

위조죄 및 동행사죄에 해당한다.

231-7. 명의자의 명시적·묵시적 승낙이 있거나 승낙이 추정되는 경우, 사문서변조죄가 성립하는지 여부(소극) [대법원 2015. 11. 26. 선고, 2014도781]

【판시사항】

사문서변조죄는 권한 없는 자가 이미 진정하게 성립된 타인 명의의 사문서 내용을 동일성을 해하지 않을 정도로 변경하여 새로운 증명력을 만드는 경우에 성립한다. 그러므로 사문서를 수정할 때 명의자가 명시적이거나 묵시적으로 승낙을 하였다면 사문서변조죄가 성립하지 않고, 행위 당시 명의자가 현실적으로 승낙하지는 않았지만 명의자가 그 사실을 알았다면 당연히 승낙했을 것이라고 추정되는 경우에도 사문서변조죄가 성립하지 않는다(대법원 2011. 9. 29. 선고 2010도14587 판결 등 참조).

---

1. 문서명의인의 추정적 승낙이 예상되는 경우 사문서변조죄의 성립 여부(소극) [대법원 2008. 4. 10. 선고, 2007도9987]

【판시사항】

[1] 문서명의인의 추정적 승낙이 예상되는 경우 사문서변조죄의 성립 여부(소극) 및 명의자의 승낙에 대한 막연한 기대나 예측만으로 추정적 승낙을 인정할 수 있는지 여부(소극)

[2] 법무사가 위임인이 문서명의자로부터 문서작성권한을 위임받지 않았음을 알면서도 법무사법 제25조에 따른 확인절차를 거치지 아니하고 권리의무에 중대한 영향을 미칠 수 있는 문서를 작성한 경우, 사문서위조 및 동행사죄의 고의를 인정할 수 있는지 여부(적극)

【이 유】

[1] 사문서의 위·변조죄는 작성권한 없는 자가 타인 명의를 모용하여 문서를 작성하는 것을 말하는 것이므로 사문서를 작성·수정함에 있어 그 명의자의 명시적이거나 묵시적인 승낙이 있었다면 사문서의 위·변조죄에 해당하지 않고, 한편 행위 당시 명의자의 현실적인 승낙은 없었지만 행위 당시의 모든 객관적 사정을 종합하여 명의자가 행위 당시 그 사실을 알았다면 당연히 승낙했을 것이라고 추정되는 경우 역시 사문서의 위·변조죄가 성립하지 않는다고 할 것이나(대법원 1993. 3. 9. 선고 92도3101 판결, 대법원 2003. 5. 30. 선고 2002도235 판결 등 참조), 명의자의 명시적인 승낙이나 동의가 없다는 것을 알고 있으면서도 명의자 이외의 자의 의뢰로 문서를 작성하는 경우 명의자가 문서작성 사실을 알았다면 승낙하였을 것이라고 기대하거나 예측한 것만으로는 그 승낙이 추정된다고 단정할 수 없다.

[2] 특히, 법무사법 제25조에 의하면 법무사가 사건의 위임을 받은 경우에는 주민등록증·인감증명서 등 법령에 의하여 작성된 증명서의 제출이나 제시 기타 이에 준하는 확실한 방법으로 위임인이 본인 또는 그 대리인임을 확인하여야 하는바, 법무사가 타인의 권리의무에 중대한 영향을 미칠 수 있는 문서를 작성함에 있어 이 규정에 위반하여 문서명의자 본인의 동의나 승낙이 있었는지에 대한 아무런 확인절차를 거치지 아니하고 오히려 명의자 본인의 동의나 승낙이 없음을 알면서도 권한 없이 문서를 작성한 경우에는 사문서위조 및 동행사죄의 고의를 인정할 수 있다.

231-8. 문서명의인의 명시적이거나 묵시적인 승낙 또는 위임이 있었던 경우, 사문서위조에 해당하는지 여부(소극) [대법원 2015. 6. 11. 선고, 2012도1352]

【판시사항】

문서명의인의 명시적이거나 묵시적인 승낙 또는 위임이 있었던 경우, 사문서위조에 해당하는지 여부(소극) / 문서명의인이 사전에 문서 작성과 관련한 사무처리 권한을 포괄적으로 위임함으로써 문서작성자가 위임된 권한 범위 내에서 사무처리를 위하여 문서를 작성·행사하였으나 개개의 문서 작성에 관하여 승낙을 받지 않은 경우, 사문서위조 및 위조사문서행사죄가 성립하는지 여부(원칙적 소극)

【이 유】

문서의 위조는 작성권한 없는 자가 타인 명의를 모용하여 문서를 작성하는 행위를 말하는 것이므로, 사문서를 작성함에 있어 그 명의자의 명시적이거나 묵시적인 승낙 또는 위임이 있었다면 사문서위조에 해당한다고 할 수 없다. 특히 문서명의인이 문서작성자에게 사전에 문서 작성과 관련한 사무처리의 권한을 포괄적으로 위임함으로써 문서작성자가 위임된 권한의 범위 내에서 그 사무처리를 위하여 문서명의인 명의의 문서를 작성·행사한 것이라면, 비록 문서작성자가 개개의 문서 작성에 관하여 문서명의인으로부터 승낙을 받지 않았다고 하더라도 특별한 사정이 없는 한 사문서위조 및 위조사문서행사죄는 성립하지 않는다고 할 것이다(대법원 2011. 4. 28. 선고 2010도15817 판결 참조).

---

1. 문서작성에 관한 포괄적 위임을 받아 개개의 문서를 작성하여 법인등기를 경료한 경우(소극) [대법원 1988. 9. 13. 선고, 87도2012]

【판시사항】

문서작성에 관한 포괄적 위임을 받아 개개의 문서를 작성하여 법인등기를 경료한 경우 사문서위조, 공정증서원본불실기재죄 및 동행사죄 등의 성부(소극)

【판결요지】

갑과 을이 공동으로 주식회사를 경영하다가 갑이 을에게 위 회사의 소유와 경영에 관한 일체의 권리를 포기하면서 그 사무처리의 권한까지 을에게 포괄적으로 위임함으로써 을이 그 사무처리를 위하여 갑명의의 주식배당포기서, 이사사임서 등을 작성 행사한 것이라면 비록 을이 개개의 문서작성에 관한 승낙을 받지 않았다 하더라도 별다른 사정이 없는 한 묵시적인 승낙을 받았다고 할 것이어서 그것이 사문서위조, 동행사죄를 구성하거나, 그에 따른 법인등기부 변경등기를 경료한 것이 공정증서원본불실기재, 동행사죄등 을 구성할 수는 없다.

231-9. 재화 또는 용역을 공급하지 아니한 자가 타인 명의를 위조하여 그를 공급하는 자로 기재하여 세금계산서를 교부한 경우(소극) [대법원 2014. 11. 27. 선고, 2014도1700]

【판시사항】

재화 또는 용역을 공급하지 아니한 자가 타인 명의를 위조하여 그를 공급하는 자로 기재하여 세금계

산서를 교부한 경우, 조세범 처벌법 제10조 제3항 제1호에서 정한 처벌 대상에 해당하는지 여부(소극)

【판결요지】

조세범 처벌법 제10조 제1항 제1호는 '부가가치세법에 따라 세금계산서를 작성하여 발급하여야 할 자가 세금계산서를 발급하지 아니하거나 거짓으로 기재하여 발급한 경우'를 처벌하도록 규정하고, 같은 조 제3항 제1호는 '재화 또는 용역을 공급하지 아니하고 부가가치세법에 따른 세금계산서를 발급하는 행위'를 한 자를 처벌하도록 규정하는데, 위 각 문언과 입법취지 등에 비추어 보면, 조세범 처벌법 제10조 제3항 제1호는 재화 또는 용역을 공급하지 아니한 자가 자신을 공급하는 자로 기재한 세금계산서를 교부한 행위를 처벌 대상으로 규정한 것이므로, 재화 또는 용역을 공급하지 아니한 자가 타인 명의를 위조하여 그를 공급하는 자로 기재하여 세금계산서를 교부한 경우에는 세금계산서에 자신을 공급하는 자로 기재하지 않은 이상 사문서위조죄로 처벌할 수 있을지언정 조세범 처벌법 제10조 제3항 제1호가 정한 처벌 대상에 해당한다고 할 수 없다.

231-10. 주식회사 지배인이 회사명의 문서를 허위 또는 권한을 남용하여 작성한 경우, 사문서위조나 자격모용사문서작성죄 성립 여부(원칙적 소극) [대법원 2012. 9. 27. 선고, 2012도7467]

【판시사항】

[1] 주식회사의 지배인이 회사 명의의 문서를 허위 또는 권한을 남용하여 작성한 경우, 사문서위조나 자격모용사문서작성죄가 성립하는지 여부(원칙적 소극) 및 지배인이 회사 내부규정 등에 의하여 제한된 권한 범위를 벗어나 회사 명의의 문서를 작성한 경우, 사문서위조죄가 성립하는지 여부(적극)

[2] 甲 은행의 지배인으로 등기되어 있는 피고인이, 신용이나 담보가 부족한 차주 회사가 저축은행 등 대출기관에서 대출을 받는 데 사용하도록 지급보증의 성질이 있는 甲 은행 명의의 대출채권양수도약정서와 사용인감계를 작성하였다고 하여 사문서위조로 기소된 사안에서, 위와 같은 문서작성 행위는 甲 은행 내부규정에 따라 제한된 지배인의 대리권한을 넘는 경우에 해당하여 사문서위조죄가 성립한다고 본 원심판단을 정당하다.

【판결요지】

[1] 원래 주식회사의 지배인은 회사의 영업에 관하여 재판상 또는 재판 외의 모든 행위를 할 권한이 있으므로, 지배인이 직접 주식회사 명의 문서를 작성하는 행위는 위조나 자격모용사문서작성에 해당하지 않는 것이 원칙이고, 이는 문서의 내용이 진실에 반하는 허위이거나 권한을 남용하여 자기 또는 제3자의 이익을 도모할 목적으로 작성된 경우에도 마찬가지이다. 그러나 회사 내부규정 등에 의하여 각 지배인이 회사를 대리할 수 있는 행위의 종류, 내용, 상대방 등을 한정하여 권한을 제한한 경우에 제한된 권한 범위를 벗어나서 회사 명의의 문서를 작성하였다면, 이는 자기 권한 범위 내에서 권한 행사의 절차와 방식 등을 어긴 경우와 달리 문서위조죄에 해당한다.

[2] 甲 은행의 지배인으로 등기되어 있는 피고인이, 신용이나 담보가 부족한 차주 회사가 저축은행 등 대출기관에서 대출을 받는 데 사용하도록 지급보증의 성질이 있는 甲 은행 명의의 대출채권양수도약정서와 사용인감계를 작성하였다고 하여 사문서위조로 기소된 사안에서, 제반 사정에 비추어 甲 은행의 내부규정은 지급보증 등 여신에 관하여 금액 규모 등에 따라 전결권자를 구분하고

나아가 여신 결재가 이루어진 것을 전제로 인감관리자의 결재를 받아 사용인감계를 작성하도록 하는 등으로 지급보증 등의 의사결정 권한을 상위 결재권자에게 부여하고 있으므로, 위와 같은 문서 작성 행위는 제한된 지배인의 대리권한을 넘는 경우에 해당하여 사문서위조죄가 성립한다.

---

1. 주식회사 대표이사 명의의 문서작성 행위가 위조에 해당하는지 판단하는 기준(=작성권한의 유무)
   [대법원 2008. 12. 24. 선고, 2008도7836]
   【판시사항】
   [1] 주식회사 대표이사 명의의 문서작성 행위가 위조에 해당하는지 판단하는 기준(=작성권한의 유무)
   [2] 대표이사가 권한을 남용하여 허위로 주식회사 명의의 문서를 작성한 경우, 자격모용사문서작성죄 또는 사문서위조죄가 성립하는지 여부(소극)
   【이 유】
   [1] 주식회사의 대표이사가 그 대표자격을 표시하는 방식으로 작성된 문서에 표현된 의사 또는 관념이 귀속되는 주체는 대표이사 개인이 아닌 주식회사이므로 그 문서의 명의자는 주식회사라고 보아야 한다. 따라서 위와 같은 문서 작성행위가 위조에 해당하는지는 그 작성자가 주식회사 명의의 문서를 적법하게 작성할 권한이 있는지에 따라 판단하여야 하고, 문서에 대표이사로 표시되어 있는 사람으로부터 그 문서 작성에 관하여 위임 또는 승낙을 받았는지에 따라 판단할 것은 아니다(대법원 1975. 9. 23. 선고 74도1684 판결, 대법원 2008. 11. 17. 선고 2006도2016 판결 등 참조).
   [2] 원래 주식회사의 적법한 대표이사는 회사의 영업에 관하여 재판상 또는 재판외의 모든 행위를 할 권한이 있으므로, 대표이사가 직접 주식회사 명의 문서를 작성하는 행위는 자격모용사문서작성 또는 위조에 해당하지 않는 것이 원칙이다. 이는 그 문서의 내용이 진실에 반하는 허위이거나 대표권을 남용하여 자기 또는 제3자의 이익을 도모할 목적으로 작성된 경우에도 마찬가지이다(대법원 1980. 4. 22. 선고 79도3034 판결, 대법원 1983. 10. 25. 선고 83도2257 판결 등 참조).

---

2. 주식회사 지배인이 권한을 남용하여 허위로 회사명의 문서를 작성한 경우(소극) [대법원 2010. 5. 13. 선고, 2010도1040]
   【판시사항】
   [1] 주식회사의 지배인이 권한을 남용하여 허위로 회사 명의의 문서를 작성한 경우, 사문서위조 또는 자격모용사문서작성죄에 해당하는지 여부(소극)
   [2] 주식회사의 지배인이 자신을 그 회사의 대표이사로 표시하여 연대보증채무를 부담하는 취지의 회사 명의의 차용증을 작성·교부한 경우
   【판결요지】
   [1] 원래 주식회사의 지배인은 회사의 영업에 관하여 재판상 또는 재판 외의 모든 행위를 할 권한이 있으므로, 지배인이 직접 주식회사 명의 문서를 작성하는 행위는 위조나 자격모용사문서작성에 해당하지 않는 것이 원칙이고, 이는 그 문서의 내용이 진실에 반하는 허위이거나 권한을 남용하여 자기 또는 제3자의 이익을 도모할 목적으로 작성된 경우에도 마찬가지이다.
   [2] 주식회사의 지배인이 자신을 그 회사의 대표이사로 표시하여 연대보증채무를 부담하는 취지의 회사 명의의 차용증을 작성·교부한 경우, 그 문서에 일부 허위 내용이 포함되거나 위 연대보증행위가 회사의 이익에 반하는 것이더라도 사문서위조 및 위조사문서행사에 해당하지 않는다.

231-11. 문서 작성권한을 위임받아 문서를 작성한 경우(소극) [대법원 2012. 6. 28. 선고, 2010도690]

【판시사항】

 문서의 위조라고 하는 것은 작성권한 없는 자가 타인 명의를 모용하여 문서를 작성하는 것을 말하는 것이므로 사문서를 작성함에 있어 그 명의자의 명시적이거나 묵시적인 승낙 내지 위임이 있었다면 이는 사문서위조에 해당한다고 할 수 없을 것이지만, 문서 작성권한의 위임이 있는 경우라고 하더라도 그 위임을 받은 자가 그 위임받은 권한을 초월하여 문서를 작성한 경우는 사문서위조죄가 성립하고, 단지 위임받은 권한의 범위 내에서 이를 남용하여 문서를 작성한 것에 불과하다면 사문서위조죄가 성립하지 아니한다고 할 것이다(대법원 2006. 9. 28. 선고 2006도1545 판결 등 참조).

---

1. 문서작성권한을 위임받은 경우, 사문서위조죄 성부의 판단기준 [대법원 2005. 10. 28. 선고, 2005도6088]

【판시사항】

[1] 문서작성권한을 위임받은 경우, 사문서위조죄의 성부의 판단 기준

[2] 피고인이 회사를 인수하면서 회사 대표이사의 명의를 계속 사용하기로 승낙을 받았다고 하더라도, 사기 범행을 목적으로 실제로는 위 회사에 근무한 바 없는 제3자의 재직증명서 및 근로소득원천징수영수증 등 허위의 문서를 작성한 행위는 위임된 권한의 범위를 벗어나는 것으로서 사문서위조죄를 구성한다.

【이 유】

문서의 위조라고 하는 것은 작성권한 없는 자가 타인 명의를 모용하여 문서를 작성하는 것을 말하는 것이므로 사문서를 작성함에 있어 그 명의자의 명시적이거나 묵시적인 승낙 내지 위임이 있었다면 이는 사문서위조에 해당한다고 할 수 없을 것이지만(대법원 1998. 2. 24. 선고 97도183 판결 참조), 문서 작성권한의 위임이 있는 경우라고 하더라도 그 위임을 받은 자가 그 위임받은 권한을 초월하여 문서를 작성한 경우는 사문서위조죄가 성립하고, 단지 위임받은 권한의 범위 내에서 이를 남용하여 문서를 작성한 것에 불과하다면 사문서위조죄가 성립하지 아니한다고 할 것이다(대법원 1983. 10. 25. 선고 83도2257 판결 참조).

231-12. 사망한 사람 명의의 사문서를 위조한 경우 문서명의인이 생존하고 있다는 점이 문서의 중요한 내용을 이루거나 그 점을 전제로 문서가 작성되었다면, 사망한 명의자의 승낙이 추정된다는 이유로 사문서위조죄의 성립을 부정할 수 있는지 여부(소극) [대법원 2011. 9. 29. 선고, 2011도6223]

【판시사항】

 [1] 사망한 사람 명의의 사문서를 위조한 경우 문서명의인이 생존하고 있다는 점이 문서의 중요한 내용을 이루거나 그 점을 전제로 문서가 작성되었다면, 사망한 명의자의 승낙이 추정된다는 이유로 사문서위조죄의 성립을 부정할 수 있는지 여부(소극)

 [2] 피고인이 자신의 부(父) 甲에게서 甲 소유 부동산 매매에 관한 권한 일체를 위임받아 이를 매도하였는데, 그 후 甲이 갑자기 사망하자 소유권 이전에 사용할 목적으로 甲이 자신에게 인감증명서 발급을 위임한다는 취지의 인감증명 위임장을 작성하여 주민센터 담당직원에게 제출한 사안

【판결요지】

[1] 문서위조죄는 문서의 진정에 대한 공공의 신용을 보호법익으로 하는 것이므로 행사할 목적으로 작성된 사문서가 일반인으로 하여금 당해 명의인의 권한 내에서 작성된 문서라고 믿게 할 수 있는 정도의 형식과 외관을 갖추고 있으면 사문서위조가 성립하고, 위와 같은 요건을 구비한 이상 명의인이 문서의 작성일자 전에 이미 사망하였더라도 그러한 문서 역시 공공의 신용을 해할 위험성이 있으므로 사문서위조가 성립한다. 위와 같이 사망한 사람 명의의 사문서에 대하여도 문서에 대한 공공의 신용을 보호할 필요가 있다는 점을 고려하면, 문서명의인이 이미 사망하였는데도 문서명의인이 생존하고 있다는 점이 문서의 중요한 내용을 이루거나 그 점을 전제로 문서가 작성되었다면 이미 문서에 관한 공공의 신용을 해할 위험이 발생하였다 할 것이므로, 그러한 내용의 문서에 관하여 사망한 명의자의 승낙이 추정된다는 이유로 사문서위조의 성립을 부정할 수는 없다.

[2] 甲의 사망으로 포괄적인 명의사용의 근거가 되는 위임관계 내지 포괄적인 대리관계는 종료된 것으로 보아야 하므로 특별한 사정이 없는 한 피고인은 더 이상 위임받은 사무처리와 관련하여 甲의 명의를 사용하는 것이 허용된다고 볼 수 없고, 피고인이 사망한 甲의 명의를 모용한 인감증명 위임장을 작성하여 인감증명서를 발급받아야 할 급박한 사정이 있었다고 볼 만한 사정도 없으며, 인감증명 위임장은 본래 생존한 사람이 타인에게 인감증명서 발급을 위임한다는 취지의 문서라는 점을 고려하면, 이미 사망한 甲이 '병안 중'이라는 사유로 피고인에게 인감증명서 발급을 위임한다는 취지의 인감증명 위임장이 작성됨으로써 문서에 관한 공공의 신용을 해할 위험성이 발생하였다 할 것이고, 피고인이 명의자 甲이 승낙하였을 것이라고 기대하거나 예측한 것만으로는 사망한 甲의 승낙이 추정된다고 단정할 수 없다.

---

1. 해산등기를 마쳐 그 법인격이 소멸한 법인명의 사문서를 위조한 행위(적극) [대법원 2005. 3. 25. 선고, 2003도4943]

【판시사항】

문서위조죄는 문서의 진정에 대한 공공의 신용을 그 보호법익으로 하는 것이므로 행사할 목적으로 작성된 문서가 일반인으로 하여금 당해 명의인의 권한 내에서 작성된 문서라고 믿게 할 수 있는 정도의 형식과 외관을 갖추고 있으면 문서위조죄가 성립하는 것이고, 위와 같은 요건을 구비한 이상 그 명의인이 실재하지 않는 허무인이거나 또는 문서의 작성일자 전에 이미 사망하였다고 하더라도 그러한 문서 역시 공공의 신용을 해할 위험성이 있으므로 공문서와 사문서를 가리지 아니하고 문서위조죄가 성립한다고 봄이 상당하며(대법원 2005. 2. 24. 선고 2002도18 전원합의체 판결 참조) 이러한 법리는 법률적, 사회적으로 자연인과 같이 활동하는 법인 또는 단체에도 그대로 적용된다고 할 것이다. 기록에 의하여 살펴보면, 피고인이 위조행사한 삼성종합건설 명의의 아파트공급계약서와 입금표가 비록 삼성종합건설이 이미 해산등기를 마쳐 그 법인격이 소멸한 이후에 작성되었거나 그 법인격이 소멸한 이후의 일자로 작성되었다고 하더라도, 일반인으로 하여금 그 명의인인 삼성종합건설의 권한 내에서 작성된 문서라고 믿게 할 수 있는 정도의 형식과 외관을 갖추고 있다고 보기에 충분하므로 피고인의 판시 행위는 사문서위조 및 동행사죄에 해당된다고 할 것이다.

231-13. 다른 서류에 찍혀 있던 甲의 직인을 칼로 오려내어 풀로 붙인 후 이를 복사하는 방법으로 甲 명의의 추천서와 경력증명서를 위조한 경우(적극) [대법원 2011. 2. 10. 선고, 2010도8361]

【판시사항】

피고인이 다른 서류에 찍혀 있던 甲의 직인을 칼로 오려내어 풀로 붙인 후 이를 복사하는 방법으로 甲 명의의 추천서와 경력증명서를 위조하고 이를 행사하였다고 하여 기소된 사안에서, 위문서는 피고인이 직인을 오려붙인 흔적을 감추기 위하여 복사한 것으로서 일반적으로 문서가 갖추어야 할 형식을 다 구비하고 있고, 주의 깊게 관찰하지 아니하면 외관에 비정상적인 부분이 있음을 알아차리기가 어려울 정도이므로, 일반인이 명의자의 진정한 사문서로 오신하기에 충분한 정도의 형식과 외관을 갖추었다..

> 1. 작성명의자 승낙이나 위임이 없이 명의를 모용하여 토지사용에 관한 책임각서를 작성하면서 작성명의자 서명이나 날인은 하지 않고 피고인이 자신의 이름으로 보증인란에 서명·날인한 경우 [대법원 1997. 12. 26. 선고, 95도2221]
>
> 【판결요지】
>
> 사문서위조죄는 그 명의자가 진정으로 작성한 문서로 볼 수 있을 정도의 형식과 외관을 갖추어 일반인이 명의자의 진정한 사문서로 오신하기에 충분한 정도이면 성립하는 것이고, 반드시 그 작성명의자의 서명이나 날인이 있어야 하는 것은 아니나, 일반인이 명의자의 진정한 사문서로 오신하기에 충분한 정도인지 여부는 그 문서의 형식과 외관은 물론 그 문서의 작성경위, 종류, 내용 및 일반거래에 있어서 그 문서가 가지는 기능 등 여러 가지 사정을 종합적으로 고려하여 판단하여야 한다.

231-14. 확인서면의 등기의무자란에 등기의무자 乙 대신 甲이 우무인을 날인하는 방법으로 사문서인 乙 명의의 확인서면을 위조한 다음 법무사를 통해 이를 교부받은 경우(소극) [대법원 2010. 11. 25. 선고, 2010도11509]

【판시사항】

피고인들이 甲 등과 공모하여, 부동산등기법 제49조 제3항, 제2항에서 정한 확인서면의 등기의무자란에 등기의무자 乙 대신 甲이 우무인을 날인하는 방법으로 사문서인 乙 명의의 확인서면을 위조한 다음 법무사를 통해 이를 교부받았다고 기소된 사안에서, 위 확인서면은 법무사 명의의 문서이고, 작성명의인인 법무사가 피고인들 등에게 속아 등기의무자를 乙로 하는 내용의 확인서면을 작성하였다고 하더라도 이를 피고인들 등이 위조하였다고는 볼 수 없다.

231-15. 본명 대신 '가명'이나 '위명'을 사용하여 사문서를 작성한 경우 [대법원 2010. 11. 11. 선고, 2010도1835]

【판시사항】

[1] 본명 대신 '가명'이나 '위명'을 사용하여 사문서를 작성한 경우, 사문서위조죄가 성립하는지 여부

[2] 피고인이 다방 업주로부터 선불금을 받고 그 반환을 약속하는 내용의 현금보관증을 작성하면서 가명과 허위의 출생연도를 기재한 후 이를 교부한 행위가, 사문서위조죄 및 동행사죄에 해당하지 않는다고 본 원심판단에 법리오해의 위법이 있다.

【이 유】

실제의 본명 대신 가명이나 위명을 사용하여 사문서를 작성한 경우에 그 문서의 작성명의인과 실제 작성자 사이에 인격의 동일성이 그대로 유지되는 때에는 위조가 되지 않으나, 명의인과 작성자의 인격이 상이할 때에는 위조죄가 성립할 수 있다(대법원 1979. 6. 26. 선고 79도908 판결 참조).

---

1. 실존하는 갑으로 가장하여 이력을 속여 회사에 취직한 자가 갑 명의의 사직원, 서약서, 근로계약서를 작성한 행위(적극) [대법원 1979. 6. 26. 선고, 79도908]

【판시사항】
[1] 실존하는 갑으로 가장하여 이력을 속여 회사에 취직한 자가 갑 명의의 사직원, 서약서, 근로계약서를 작성한 행위와 사문서위조죄
[2] 피보증인으로서 위 갑을 자기인 것으로 기만하여 을 명의의 신원보증서를 작성하게 한 행위와 사문서위조죄

【판결요지】
[1] 실존하는 갑(甲)으로 가장하여 이력을 속여 회사에 취직한 자가 갑(甲) 명의 사직원, 서약서, 근로계약서를 작성한 행위는, 본명 대신에 가명을 사용한 경우와는 달라서, 각 사문서위조에 해당한다.
[2] 피보증인으로서 위 갑(甲)을 자기인 것으로 기만하여 을(乙) 명의의 신원보증서를 작성하게 한 것은 사문서위조죄가 된다.

231-16. 담뱃갑이 문서 등 위조죄의 대상인 '도화'에 해당하는지 여부(적극) [대법원 2010. 7. 29. 선고, 2010도2705]

【판시사항】
[1] 문서에 관한 죄의 객체인 '문서 또는 도화'의 의미 및 문서 등에 작성명의인의 날인 등이 없더라도 그 객체가 될 수 있는지 여부(한정 적극)
[2] '담뱃갑'이 문서 등 위조죄의 대상인 '도화'에 해당하는지 여부(적극)
[3] 중국산 가짜 담배를 밀수입하여 판매하면서 그 담뱃갑을 위조 및 행사한 경우(적극)

【판결요지】
[1] 형법상 문서에 관한 죄로써 보호하고자 하는 것은 구체적인 문서 그 자체가 아니라, 문서에 화체된 사람의 의사표현에 관한 안전성과 신용이다. 그리고 그 객체인 '문서 또는 도화'라고 함은 문자나 이에 준하는 가독적 부호 또는 상형적 부호로써 어느 정도 계속적으로 물체 위에 고착된 어떤 사람의 의사 또는 관념의 표현으로서, 그 내용이 법률상 또는 사회생활상 의미 있는 사항에 관한 증거가 될 수 있는 것을 말한다. 또한 그 문서 등에 작성명의인의 날인 등이 없다고 하여도 그 명의자의 문서 등이라고 믿을 만한 형식과 외관을 갖춘 경우에는 그 죄의 객체가 될 수 있다.
[2] 담뱃갑의 표면에 그 담배의 제조회사와 담배의 종류를 구별·확인할 수 있는 특유의 도안이

표시되어 있는 경우에는 일반적으로 그 담뱃갑의 도안을 기초로 특정 제조회사가 제조한 특정한 종류의 담배인지 여부를 판단하게 된다는 점에 비추어서도 그 담뱃갑은 적어도 그 담뱃갑 안에 들어 있는 담배가 특정 제조회사가 제조한 특정한 종류의 담배라는 사실을 증명하는 기능을 하고 있으므로, 그러한 담뱃갑은 문서 등 위조의 대상인 도화에 해당한다.

[3] 피고인이 밀수입한 담배는 '길림연초공업유한책임공사'가 제조하는 '장백산' 담배의 정품 담뱃갑에 표시된 'CHANGBAISHAN' 'JILIN TOBACCO INDUSTRY CO. LTD.' 등의 문자 및 성문(城門)의 문양 등과 같은 모양의 도안이 표시된 담뱃갑 및 '북경시연초질량감독검측참'이 제조하는 '중남해' 담배의 정품 담뱃갑에 표시된 中南海', 'BEIJING CIGARETTE FACTORY' 등의 문자 및 홀로그램 문양 등과 같은 모양의 도안이 표시된 담뱃갑에 들어 있고, 피고인은 위 중국산 담배를 밀수입하여 판매하면서 그 담뱃갑을 위조 및 행사였다는 공소사실에 대하여, 위 담뱃갑은 그 안에 있는 담배가 '길림연초공업유한책임공사'가 제조하는 '장백산' 담배 또는 '북경시연초질량감독검측참'이 제조하는 '중남해' 담배라는 사실을 증명하는 것으로서 각 사문서 등 위조의 대상이 되는 도화에 해당한다.

231-17. 사문서위조죄에 있어서 문서 작성의 정도 및 그 판단기준 [대법원 2009. 5. 14. 선고, 2009도5]

【판시사항】

[1] 사문서위조죄에 있어서 문서 작성의 정도 및 그 판단 기준

[2] 건설시행업자가 재개발사업 대상 토지 소유자들이 일정한 기한 내에 매매계약을 체결할 것을 동의한다는 내용의 매매계약동의서를 컴퓨터 및 필기구를 이용하여 작성하였지만, 위 매매계약동의서에는 동의 당사자들의 성명 및 주소만 기재되어 있을 뿐 날인은 없었던 점, 다른 토지 소유자들의 매매동의를 얻어 날인까지 받은 매매계약동의서와 함께 제시됨으로써 위 매매계약동의서의 소유자들은 확정적으로 매매계약에 동의하지 않았다는 사실을 쉽게 구별·확인가능 한 점, 매매계약동의서의 성격 등을 고려해 볼 때, 위 매매계약동의서가 진정한 문서로 오신하기에 충분한 정도의 형식과 외관을 갖춘 완성된 문서로 인정하기에 부족하다.

【이 유】

[1] 사문서위조죄는 그 명의자가 진정으로 작성한 문서로 볼 수 있을 정도의 형식과 외관을 갖추어 일반인이 명의자의 진정한 사문서로 오신하기에 충분한 정도이면 성립하는 것이고, 반드시 그 작성명의자의 서명이나 날인이 있어야 하는 것은 아님은 원심판결이 설시한 바와 같다 할 것이나, 일반인이 명의자의 진정한 사문서로 오신하기에 충분한 정도인지 여부는 그 문서의 형식과 외관은 물론 그 문서의 작성경위, 종류, 내용 및 일반거래에 있어서 그 문서가 가지는 기능 등 여러 가지 사정을 종합적으로 고려하여 판단하여야 할 것이다(대법원 1988. 3. 22. 선고 88도3 판결, 대법원 1997. 12. 26. 선고 95도2221 판결, 대법원 2006. 9. 14. 선고 2005도2518 판결 등 참조).

[2] 그런데, 이 사건 각 매매계약동의서는 이 사건 재개발사업 대상 토지들의 소유자인 공소외 1 외 11명이 일정한 기한 내에 매매계약을 체결할 것을 동의한다는 내용을 컴퓨터 및 필기구를 이용하여 작성한 것으로서, 동의 당사자인 위 공소외 1 외 11명의 성명 및 주소만이 기재되었을 뿐 날

인은 없었다는 것이고, 다른 토지소유자 7명의 매매동의를 얻어 날인까지 받은 매매계약동의서와 함께 제시되었다는 것인바, 위 12매의 문서들의 위와 같은 형식, 외관, 기재방식 및 날인이 되어 있는 7매의 다른 매매계약동의서와 함께 제시됨으로써 제시받은 당사자가 위 공소외 1 외 11명의 소유자들에 대하여는 확정적인 매매계약동의를 받지 못하였음을 쉽게 구별하여 확인할 수 있는 점, 위 공소외 1 외 11명에 대해서는 가격을 포함한 충분한 협의가 있어서 날인한다고 하면 바로 받으려고 미리 서식에 이름과 주소, 예상가격을 기재하여 휴대하고 있었다는 피고인의 주장이 설득력이 있는 점, 매매계약동의서가 당사자 사이에 장차 매매계약을 체결하는 것에 대한 합의가 있었음을 증명하는 서류로서 그 후 당사자들은 그에 따른 매매계약을 체결할 일정한 구속을 받게 된다는 기능을 갖는 점 등에 비추어 보면, 위 매매계약동의서는 공소외 1 외 11명이 작성한 진정한 문서로 오신하기에 충분한 정도의 형식과 외관을 갖춘 완성된 문서라고 인정하기에 부족하다 할 것이다.

231-18. 거래상 중요한 사실을 증명하는 사실증명에 관한 문서'의 의미 및 이에 해당하는지 여부에 관한 판단기준 [대법원 2009. 4. 23. 선고, 2008도8527]

【판시사항】

[1] 사문서위조, 동 행사죄에서 '거래상 중요한 사실을 증명하는 사실증명에 관한 문서'의 의미 및 이에 해당하는지 여부에 관한 판단기준

[2] 타인의 명의를 도용하여 작성한 건의문과 호소문이 중요한 사실을 증명하는 사실증명에 관한 문서에 해당한다.

[3] ○○작가협회 회원이 타인의 명의를 도용하여 협회 교육원장을 비방하는 내용의 호소문을 작성한 후 이를 협회 회원들에게 우편으로 송달한 경우, 사문서위조죄와 명예훼손죄가 각 성립하고, 이는 실체적 경합관계라.

【이 유】

사문서위조, 동 행사죄의 객체인 사문서는 권리·의무 또는 사실증명에 관한 타인의 문서 또는 도화를 가리키고, 권리·의무에 관한 문서라 함은 권리의무의 발생·변경·소멸에 관한 사항이 기재된 것을 말하며, 사실증명에 관한 문서는 권리·의무에 관한 문서 이외의 문서로서 거래상 중요한 사실을 증명하는 문서를 의미한다(대법원 2002. 12. 10. 선고 2002도5533 판결 참조).

그리고 거래상 중요한 사실을 증명하는 문서는, 법률관계의 발생·존속·변경·소멸의 전후과정을 증명하는 것이 주된 취지인 문서뿐만 아니라 직접적인 법률관계에 단지 간접적으로만 연관된 의사표시 내지 권리·의무의 변동에 사실상으로만 영향을 줄 수 있는 의사표시를 내용으로 하는 문서도 포함될 수 있다고 할 것인데, 이에 해당하는지 여부는 문서의 제목만을 고려할 것이 아니라 문서의 내용과 더불어 문서 작성자의 의도, 그 문서가 작성된 개관적인 상황, 문서에 적시된 사항과 그 행사가 예정된 상대방과의 관계 등을 종합적으로 고려하여 판단하여야 한다.

[3] 피고인이 공소외 1의 명의를 도용하여, ' 한국○○작가협회 이사장에 당선된 공소외 2의 선거참모들이 자신들에 대하여 선거결과에 따른 적절한 인사상의 조치를 취해 줄 것을 요구하고 이에 응하지 않을 경우 이사장에게 불리한 모종의 행동에 나서겠다'는 취지의 건의문을 작성하여

공소외 2에게 행사하고, '공소외 3의 구체적인 잘못을 적시하면서 공소외 3을 교육원장에 임명한 것은 잘못이므로 교육원장 임명문제를 공론을 거쳐 재검토하도록 요구하고, 임시총회 소집, 인사청문회, 회원의 의사를 묻는 표결의 방법, 공모 등의 방법을 제시하며, 이런 건의가 묵살되고 말 경우, …시위와 결사행동을 할 것이며, 본 협회 지휘기관과 대중언론에 호소하고 나아가 회원서명 투쟁을 지속적으로 해나갈 것을 엄숙히 천명한다'는 등의 내용을 담은 호소문을 작성하여 협회 회원 1,700여 명에게 우편으로 송달한 사실을 알 수 있다. 앞서 본 법리에 비추어 보면, 위 각 문서의 내용은 단순한 정치적 구호나 호소에 그친 것이 아니라 구체적인 요구사항을 적시하고 이를 이행하지 않으면 법적 · 행정적 책임을 묻겠다는 의사표시를 밝힌 것으로, 중요한 사실을 증명하는 사실증명에 관한 문서에 해당한다고 할 것이다.

---

1. 채권계약서 입회인으로 타인 명의를 함부로 써서 작성한 문서가 사문서인지 여부(적극) [대법원 2000. 2. 11. 선고, 99도4819]

【판시사항】

[1] 사실증명에 관한 사문서에는 법률상 또는 사회생활상의 사실의 증명에 관한 문서가 포함되는지 여부(적극) 및 채권계약서의 입회인으로 타인의 명의를 함부로 써서 작성한 문서가 사문서인지 여부(적극)

[2] 작성명의자의 인장이 찍히지 아니한 경우, 사문서위조죄에 있어서의 사문서에 해당하는지 여부(한정 적극)

【판결요지】

[1] 사실증명에 관한 사문서에는 법률상 또는 사회생활상의 사실의 증명에 관한 문서가 포함된다고 할 것이므로 채권계약서의 입회인으로 타인의 명의를 함부로 써서 작성한 문서는 사문서에 해당한다.

[2] 사문서의 작성명의자의 인장이 찍히지 아니하였더라도 그 사람의 상호와 성명이 기재되어 그 명의자의 문서로 믿을 만한 형식과 외관을 갖춘 경우에는 사문서위조죄에 있어서의 사문서에 해당한다고 볼 수 있다.

---

2. 사문서위조죄에서 '사실증명에 관한 타인의 문서'의 의미 [대법원 2008. 11. 27. 선고, 2008도7018]

【판시사항】

형법상 사문서위조죄는 행사할 목적으로 권리·의무 또는 사실증명에 관한 타인의 문서 또는 도화를 위조한 경우에 성립하고, 여기에서 **사실증명에 관한 타인의 문서**는 권리의무에 관한 문서 이외의 문서로서 법률상 또는 사회생활상 중요한 사실을 증명하는 문서를 말한다(대법원 2000. 2. 11. 선고 99도4819 판결 참조).

231-19. 사문서위조죄의 객체인 '문서'에서 작성명의인의 표시정도 [대법원 2009. 3. 26. 선고, 2008도6895]

【판시사항】

문서에 작성명의인이 명시되어 있지는 아니하더라도 문서의 내용, 형식, 체제 등에 비추어 그 문서 자체에 의하여 그 작성명의인을 판별할 수 있다면 사문서위조죄의 객체가 되는 문서로 볼 수 있다.

【판시사항】

[1] 사문서위조죄의 객체인 문서에 있어서 작성명의인의 표시 정도

[2] 새마을금고의 총무부장이 작성한 대의원 피선거권자명단이 그 서류 자체에 의하여 작성명의인을 판별할 수 없다는 등의 이유로 위 "[1]"항의 문서가 될 수 없다고 본 사례

【판결요지】

[1] 사문서위조죄는 작성권한이 없는 자가 타인의 명의를 모용하여 권리의무 또는 사실증명에 관한 타인의 문서를 위조한 경우에 성립되는 것으로서, 문서에 작성명의인이 명시되어 있지는 아니하더라도, 문서의 내용, 형식, 체제 등에 비추어 그 문서 자체에 의하여 그 작성명의인을 판별할 수 있어야만 사문서위조죄의 객체가 되는 문서로 볼 수 있다.

[2] 새마을금고 총무부장이 작성한 대의원 피선거권자명단에는 작성명의인이 표시되어 있지 않음은 물론, 그 내용·형식·체제 등에 비추어 보더라도 그 서류 자체에 의하여 그 작성명의인을 판별할 수 없을 뿐만 아니라, 위 피선거권자명단은 그가 위 금고의 이사장의 결재를 받아 작성한 것이 아니라 금고의 총무부장으로서 직책상 대의원선거가 원활하게 진행되게 하기 위하여 선거구별로 1통씩 작성한 경우라면 피선거권자명단을 작성함에 있어서 타인의 명의를 모용하였다고 볼 수 없으므로 그 서류를 사문서위조죄의 객체가 되는 문서로 볼 수 없다.

231-20. 위조문서가 압수되어 현존하는 경우 문서위조죄에 대한 공소사실 특정 정도 [대법원 2009. 1. 30. 선고, 2008도6950]

【판시사항】

[1] 위조된 문서가 압수되어 현존하는 경우 문서위조죄에 대한 공소사실의 특정 정도

[2] 외국 유명 대학교의 박사학위기를 위조·행사하였다는 공소사실에 관하여 위조되었다고 하는 박사학위기 사본만 현출된 사안에서, 공소사실이 특정되지 않았다고 판단한 원심을 파기한 사례

【판결요지】

[1] 공소사실의 기재는 범죄의 일시, 장소와 방법을 명시하여 사실을 특정할 수 있도록 하여야 하는데, 문서의 위조 여부가 문제되는 사건에서 그 위조된 문서가 압수되어 현존하고 있는 이상, 그 범죄 일시와 장소, 방법 등은 범죄의 동일성 인정과 이중기소의 방지, 시효저촉 여부 등을 가름할 수 있는 범위에서 사문서의 위조사실을 뒷받침할 수 있는 정도로만 기재되어 있으면 충분하다.

【판결요지】

사문서위조 및 변조의 공소사실에 있어서 위조 또는 변조되었다는 매매계약서 및 신탁각서들이 모두 현존하고 있고 위조 또는 변조한 방법이 특정되어 있는 이상 공소장에 그 위조 또는 변조하였다는 일시를 1984.5.30.이후 1986.10.20. 사이로, 그 범행장소를 장소불상지로 표기하였다 하여도 그 이상으로

확인하기가 어려워서 부득이 그와 같이 기재된 것이고 그것이 이중기소 또는 공소시효의 완성여부와 전혀 관계가 없는 때에는 공소사실이 특정되지 아니한 것이라고 할 수 없다.

231-21. 1인 주주의 위임 또는 승낙 없이 대표이사가 대표권을 행사한 것이 적법한지 여부(적극)
       [대법원 2008. 11. 27. 선고, 2006도9194]

【판시사항】

[1] 회사의 실질적 운영자인 1인 주주에 의해 대표이사의 대표권이 사실상 제한된 경우, 1인 주주의 위임 또는 승낙 없이 대표이사가 대표권을 행사한 것이 적법한지 여부(적극)

[2] 주식회사의 대표이사가 실질적 운영자인 1인 주주의 구체적인 위임이나 승낙을 받지 않고 이미 퇴임한 전 대표이사를 대표이사로 표시하여 회사 명의의 문서를 작성한 사안

【판결요지】

[1] 주식회사 대표이사의 대표권은 정관이나 주주총회 또는 이사회 결의 등에 의하여 적법하게 제한할 수 있지만, 회사의 운영을 실질적으로 장악·통제하고 있는 1인 주주가 적법한 대표이사의 권한 행사를 사실상 제한하고 있다는 것만으로는 대표이사의 대표권을 적법하게 제한하였다고 할 수 없으므로, 대표이사가 권한을 행사하는 과정에서 단순히 그 1인 주주의 위임 또는 승낙을 받지 않았다고 하여 그 대표권 행사가 권한을 넘어서는 행위가 되는 것은 아니다.

[2] 주식회사의 대표이사가 실질적 운영자인 1인 주주의 구체적인 위임이나 승낙을 받지 않고 이미 퇴임한 전 대표이사를 대표이사로 표시하여 회사 명의의 문서를 작성한 사안에서, 문서위조죄의 성립을 부정한 사례

231-22. 주식회사 대표이사 명의의 문서작성 행위가 위조에 해당하는지 판단하는 기준(=작성권한의 유무) [대법원 2008. 11. 27. 선고, 2006도2016]

【판시사항】

[1] 주식회사 대표이사 명의의 문서작성 행위가 위조에 해당하는지 판단하는 기준(=작성권한의 유무)

[2] 대표이사가 권한을 남용하여 허위로 주식회사 명의의 문서를 작성한 경우, 자격모용사문서작성죄 또는 사문서위조죄가 성립하는지 여부(소극)

[3] 대표이사로부터 권한을 위임받은 사람이 회사 명의로 문서를 작성하는 행위가 적법하기 위한 요건(=개별적·구체적 위임 또는 승낙)

[4] A회사의 대표이사 甲이 B회사의 대표이사 乙로부터 포괄적 위임을 받아 두 회사의 대표이사 업무를 처리하면서 두 회사 명의로 허위 내용의 영수증과 세금계산서를 작성한 사안

【판결요지】

[1] 주식회사의 대표이사가 그 대표 자격을 표시하는 방식으로 작성한 문서에 표현된 의사 또는 관념이 귀속되는 주체는 대표이사 개인이 아닌 주식회사이므로, 그 문서의 명의자는 주식회사이다. 위와 같은 문서 작성행위가 위조에 해당하는지는 그 작성자가 주식회사 명의의 문서를 적법

하게 작성할 권한이 있는지에 따라 판단하여야 하고, 문서에 대표이사로 표시되어 있는 사람으로부터 그 문서 작성에 관하여 위임 또는 승낙을 받았는지에 따라 판단할 것은 아니다.

[2] 원래 주식회사의 적법한 대표이사는 회사의 영업에 관하여 재판상 또는 재판외의 모든 행위를 할 권한이 있으므로, 대표이사가 직접 주식회사 명의 문서를 작성하는 행위는 자격모용사문서작성 또는 위조에 해당하지 않는 것이 원칙이다. 이는 그 문서의 내용이 진실에 반하는 허위이거나 대표권을 남용하여 자기 또는 제3자의 이익을 도모할 목적으로 작성된 경우에도 그러하다.

[3] 주식회사의 적법한 대표이사라 하더라도 그 권한을 포괄적으로 위임하여 다른 사람으로 하여금 대표이사의 업무를 처리하게 하는 것은 허용되지 않는다. 따라서 대표이사로부터 포괄적으로 권한 행사를 위임받은 사람이 주식회사 명의로 문서를 작성하는 행위는 원칙적으로 권한 없는 사람의 문서 작성행위로서 자격모용사문서작성 또는 위조에 해당하고, 대표이사로부터 개별적·구체적으로 주식회사 명의의 문서 작성에 관하여 위임 또는 승낙을 받은 경우에만 예외적으로 적법하게 주식회사 명의로 문서를 작성할 수 있다.

[4] B회사 명의 부분은 乙의 개별적·구체적 위임 또는 승낙 없는 행위로서 사문서위조 및 위조사문서행사죄가 성립하지만, A회사 명의 부분은 이미 퇴직한 종전의 대표이사를 승낙 없이 대표이사로 표시하였더라도 이에 해당하지 않는다.

---

1. 위탁권한을 초월한 문서작성과 문서위조죄 성부(적극) [대법원 1983. 10. 25. 선고, 83도2257]

【판시사항】

[1] 문서내용의 진실여부와 문서위조죄(적극)

[2] 위탁권한을 초월한 문서작성과 문서위조죄의 성부(적극)

[3] 권한을 남용하여서 한 문서작성과 문서위조죄의 성부

【판결요지】

[1] 문서위조죄의 성립여부는 그 문서의 작성명의로 타인의 명의를 모용하였느냐라는 형식에 의하여 결정할 것이고 그 문서내용의 진실여부는 특별한 처벌규정이 있는 경우외에는 동죄의 성립여부에 영향이 없다.

[2] 위탁된 권한을 초월하여 위탁자명의의 문서로 작성한 경우에는 문서위조죄가 성립한다.

[3] 타인의 대표자 또는 대리자가 그 대표명의, 대리명의 또는 직접 본인의 명의를 사용하여 문서를 작성할 권한을 가지는 경우에 권한을 남용하여 단순히 자기 또는 제3자의 이익을 도모할 목적으로 마음대로 그 대표자, 대리명의 또는 직접 본인명의로 문서를 작성한 때에는 문서위조죄는 성립하지 아니한다.

231-23. 휴대전화 신규 가입신청서를 위조 후 이를 스캔한 이미지 파일을 제3자에게 이메일로 전송한 행위의 위조사문서'행사 여부(적극) [대법원 2008. 10. 23. 선고, 2008도5200]

【판시사항】

[1] 위조문서행사죄에서 말하는 '행사'의 방법

[2] 휴대전화 신규 가입신청서를 위조한 후 이를 스캔한 이미지 파일을 제3자에게 이메일로 전

송한 것이 위조사문서의 '행사'에 해당한다.

【판결요지】

[1] 위조문서행사죄에 있어서 행사라 함은 위조된 문서를 진정한 문서인 것처럼 그 문서의 효용방법에 따라 이를 사용하는 것을 말하고, 위조된 문서를 제시 또는 교부하거나 비치하여 열람할 수 있게 두거나 우편물로 발송하여 도달하게 하는 등 위조된 문서를 진정한 문서인 것처럼 사용하는 한 그 행사의 방법에 제한이 없다. 또한, 위조된 문서 그 자체를 직접 상대방에게 제시하거나 이를 기계적인 방법으로 복사하여 그 복사본을 제시하는 경우는 물론, 이를 모사전송의 방법으로 제시하거나 컴퓨터에 연결된 스캐너(scanner)로 읽어 들여 이미지화한 다음 이를 전송하여 컴퓨터 화면상에서 보게 하는 경우도 행사에 해당하여 위조문서행사죄가 성립한다.

[2] 휴대전화 신규 가입신청서를 위조한 후 이를 스캔한 이미지 파일을 제3자에게 이메일로 전송한 사안에서, 이미지 파일 자체는 문서에 관한 죄의 '문서'에 해당하지 않으나, 이를 전송하여 컴퓨터 화면상으로 보게 한 행위는 이미 위조한 가입신청서를 행사한 것에 해당하므로 위조사문서행사죄가 성립한다.

---

1. 위조문서를 모사전송의 방법으로 타인에게 제시하는 행위의 위조문서행사죄 여부(적극)[대법원 1994. 3. 22. 선고, 94도4]

【판결요지】

사진기나 복사기 등을 사용하여 기계적인 방법으로 원본을 복사한 복사문서는 사본이라고 하더라도 문서위조죄 및 위조문서행사죄의 객체인 문서에 해당하는 것인바, 위조한 문서를 모사전송(facsimile)의 방법으로 타인에게 제시하는 행위도 위조문서행사죄를 구성한다.

231-24. 사문서위조죄의 문서작성 정도 및 그 판단 기준 [대법원 2008. 3. 27. 선고, 2008도443]

【판시사항】

사문서위조죄는 그 명의자가 진정으로 작성한 문서로 볼 수 있을 정도의 형식과 외관을 갖추어 일반인이 명의자의 진정한 사문서로 오신하기에 충분한 정도이면 성립하므로 반드시 그 작성명의자의 서명이나 날인이 있어야 하는 것은 아니나, 일반인이 명의자의 진정한 사문서로 오신하기에 충분한 정도인지 여부는 문서의 형식과 외관은 물론 문서의 작성경위, 종류, 내용 및 거래에 있어서 그 문서가 가지는 기능 등 여러 가지 사정을 종합하여 판단하여야 한다(대법원 1997. 12. 26. 선고 95도2221 판결, 대법원 2006. 9. 14. 선고 2005도2518 판결 등 참조).

---

1. 차용증에 연대보증인 이름과 주민등록번호 및 주소가 함께 적혀 있는데 날인이 없는 경우(적극) [대법원 2007. 5. 10. 선고, 2007도1674]

【판시사항】

[1] 사문서위조죄에 있어서 문서작성의 정도

[2] 차용증에 연대보증인의 이름과 주민등록번호 및 주소가 함께 적혀 있다면 비록 날인이 없다고 하더라도 일반인이 위 연대보증인 명의의 진정한 사문서로 오신하기에 충분하다고 본 사례

【이 유】

사문서위조죄는 그 명의자가 진정으로 작성한 문서로 볼 수 있을 정도의 형식과 외관을 갖추어 일반인이 명의자의 진정한 사문서로 오신하기에 충분한 정도이면 성립하는 것이고, 반드시 그 작성명의자의 서명이나 날인이 있어야 하는 것은 아니다(대법원 1989. 8. 8. 선고 88도2209 판결, 1997. 12. 26. 선고 95도2221 판결 등 참조). 원심판결이유를 기록에 비추어 살펴보면, 이 사건 차용증 3장에는 연대보증인으로 공소외 1의 이름이 적혀 있고, 아울러 공소외 1의 주민등록번호와 주소도 함께 적혀 있어, 비록 공소외 1의 날인이 없다고 하더라도 위와 같은 정도라면 공소외 1이 연대보증을 하였다는 내용의 문서로 볼 수 있을 정도의 형식과 외관을 갖추어 일반인이 공소외 1 명의의 진정한 사문서로 오신하기에 충분하다.

231-25. 신탁자가 수탁자 개별적 승낙 없이 수탁자 명의로 신탁재산 처분에 필요한 서류를 작성하는 행위 [대법원 2007. 11. 30. 선고, 2007도4812]

【판시사항】

[1] 신탁자가 수탁자의 개별적 승낙 없이 수탁자 명의로 신탁재산의 처분에 필요한 서류를 작성하는 행위가 사문서위조·동행사죄를 구성하는 경우

[2] 수탁자가 신탁자에게 자신에 대한 차용금 채무를 변제하지 않는 한 신탁재산을 타인에게 매도하는 데 필요한 서류 작성에 협조하지 않겠다는 취지의 말을 한 경우, 신탁자에게 부여하였던 수탁자 명의사용에 대한 포괄적 허용을 철회한 것으로 본 사례

【판결요지】

[1] 신탁자에게 아무런 부담이 없이 재산이 수탁자에게 명의신탁된 경우에는 그 재산의 처분 기타 권한행사에 있어서는 수탁자가 자신의 명의사용을 포괄적으로 신탁자에게 허용하였다고 봄이 상당하므로, 신탁자가 수탁자 명의로 신탁재산의 처분에 필요한 서류를 작성함에 있어 수탁자로부터 개별적인 승낙을 받지 아니하였다 하더라도 사문서위조·동행사죄가 성립하지 아니하지만, 수탁자가 명의신탁 받은 사실을 부인하면서 신탁재산이 수탁자 자신의 소유라고 주장하는 등으로 두 사람 사이에 신탁재산의 소유권에 관하여 다툼이 있는 경우에는 더 이상 신탁자가 그 재산의 처분 등과 관련하여 수탁자의 명의를 사용하는 것이 허용된다고 볼 수 없으며, 이는 수탁자가 명의신탁 받은 사실 자체를 부인하는 것은 아니더라도 신탁자의 신탁재산 처분권한을 다투는 등 신탁재산에 관한 처분이나 기타 권한행사에 있어서 신탁자에게 부여하였던 수탁자 명의사용에 대한 포괄적 허용을 철회한 것으로 볼 만한 사정이 있는 경우에도 마찬가지이다.

[2] 수탁자가 신탁자에게 자신에 대한 차용금 채무를 변제하지 않는 한 신탁재산을 타인에게 매도하는 데 필요한 서류 작성에 협조하지 않겠다는 취지의 말을 한 경우, 신탁자에게 부여하였던 수탁자 명의사용에 대한 포괄적 허용을 철회한 것으로 본 사례

---

1. 명의신탁자의 신탁부동산처분을 위한 수탁자 명의의 문서작성 권한 유무(소극) [대법원 1983. 10. 25. 선고, 83도1213]

【판결요지】

위탁자에게 아무런 부담이 지워지지 않은채 재산이 수탁자에게 명의신탁된 경우에는 특단의 사정이 없는 한, 그 재산의 처분 기타 권한행사에 있어서는 수탁자의 명의사용을 포괄적으로 위탁자에게 허용하였다고 봄이 상당하므로 위탁자가 신탁재산의 처분에 관하여 수탁자 명의의 매매계약서, 등기위임장 등을 작성하였다고 하여 사문서위조·동행사죄가 되지 아니한다.

231-26. 주민등록법 위반죄와 사문서위조죄 및 위조사문서행사죄의 관계 [대법원 2007. 8. 23. 선고, 2007도2551]

【판시사항】

구 주민등록법(2007. 5. 11. 법률 제8422호로 전문 개정되기 전의 것)은 시, 군 또는 구의 주민을 등록하게 함으로써 주민의 거주관계 등 인구의 동태를 상시로 명확히 파악하여 주민생활의 편익을 증진시키고 행정사무의 적정한 처리를 도모함에 그 입법목적이 있고(제1조), 같은 법 제21조 제2항은 다음 각 호의 어느 하나에 해당하는 자는 3년 이하의 징역 또는 1천만 원 이하의 벌금에 처한다고 규정한 다음, 같은 항 제1호에서 '주민등록 또는 주민등록증에 관하여 허위의 사실을 신고 또는 신청한 자'를 규정하고 있는바, 주민등록법위반죄는 문서의 진정에 대한 공공의 신용을 그 직접적 보호법익으로 하는 사문서위조죄 및 위조사문서행사죄와 그 보호법익 및 구성요건의 내용을 서로 달리하는 것이므로, 위 구 주민등록법 규정이 형법 제231조, 제234조의 규정에 흡수되는 관계라기보다는 각기 독립된 별개의 구성요건이라 할 것이다.

231-27. 사문서위조나 공정증서원본불실기재가 성립한 후 피해자의 동의 또는 추인이 있는 경우, 이미 성립한 범죄에 영향이 있는지 여부(소극) [대법원 2007. 6. 28. 선고, 2007도2714]

【판시사항】

사문서위조나 공정증서원본불실기재가 성립한 후, 사후에 피해자의 동의 또는 추인 등의 사정으로 문서에 기재된 대로 효과의 승인을 받거나 등기가 실체적 권리관계에 부합하게 되었다 하더라도 이미 성립한 범죄에는 아무런 영향이 없다(대법원 1998. 4. 14. 선고 98도16 판결, 대법원 1999. 5. 14. 선고 99도202 판결, 대법원 2001. 11. 9. 선고 2001도3959 판결 등 참조).

231-28. 세금계산서상의 공급자가 임의로 공급받는 자 란에 다른 사람을 기재한 경우 그 사람에 대한 관계에서 사문서위조죄가 성립되는지 여부(소극) [대법원 2007. 3. 15. 선고, 2007도169]

【판시사항】

세금계산서의 작성권한자(=공급자) 및 세금계산서상의 공급자가 임의로 공급받는 자 란에 다른 사람을 기재한 경우 그 사람에 대한 관계에서 사문서위조죄가 성립되는지 여부(소극)

【이 유】

문서위조라 함은 작성권한 없는 자가 타인 명의를 모용하여 문서를 작성하는 것을 말하는 것이다. 이 사건 세금계산서는, 원심이 적절히 설시한 바와 같이, 부가가치세 과세사업자가 재화나 용역을 공급하는 때에 이를 공급받은 자에게 작성·교부하여야 하는 계산서이므로(부가가치세법 제16조 제1항), 그 작성권자는 어디까지나 재화나 용역을 공급하는 공급자라고 보아야 할 것이고, 공급받는 자의 상호, 성명, 주소는 필요적 기재사항이 아닌 임의적 기재사항에 불과하여(부가가치세법 시행령 제53조 제1항) 공급받는 자의 상호, 성명, 주소가 기재되어 있지 않은 세금계산서라도 그 효력에는 영향이 없으며, 공급자가 세금계산서를 작성함에 있어 공급받은 자의 동의나 협조가 요구되지도 않는 점 등에 비추어 세금계산서상의 공급받는 자는 그 문서 내용의 일부에 불과할 뿐 세금계산서의 작성명의인은 아니라 할 것이니, 공급받는 자 란에 임의로 다른 사람을 기재하였다 하여 그 사람에 대한 관계에서 사문서위조죄가 성립된다고 할 수 없다.

231-29. 사서증서 인증서 중 사서증서의 기재 내용을 일부 변조한 경우의 죄책 [대법원 2005. 3. 24. 선고, 2003도2144]

【판결요지】

공증인이 공증인법 제57조 제1항의 규정에 의하여 사서증서에 대하여 하는 인증은 당해 사서증서에 나타난 서명 또는 날인이 작성명의인에 의하여 정당하게 성립하였음을 인증하는 것일 뿐 그 사서증서의 기재 내용을 인증하는 것은 아닌바, 사서증서 인증서 중 인증기재 부분은 공문서에 해당한다고 하겠으나, 위와 같은 내용의 인증이 있었다고 하여 사서증서의 기재 내용이 공문서인 인증기재 부분의 내용을 구성하는 것은 아니라고 할 것이므로, 사서증서의 기재 내용을 일부 변조한 행위는 공문서변조죄가 아니라 사문서변조죄에 해당한다.

231-30. 허무인·사망자 명의의 사문서를 위조한 경우(적극) [대법원 2005. 2. 24. 선고, 2002도18, 전원합의체 판결]

【판결요지】

문서위조죄는 문서의 진정에 대한 공공의 신용을 그 보호법익으로 하는 것이므로 행사할 목적으로 작성된 문서가 일반인으로 하여금 당해 명의인의 권한 내에서 작성된 문서라고 믿게 할 수 있는 정도의 형식과 외관을 갖추고 있으면 문서위조죄가 성립하는 것이고, 위와 같은 요건을 구비한 이상 그 명의인이 실재하지 않는 허무인이거나 또는 문서의 작성일자 전에 이미 사망하였다고 하더라도 그러한 문서 역시 공공의 신용을 해할 위험성이 있으므로 문서위조죄가 성립한다고 봄이 상당하며, 이는 공문서뿐만 아니라 사문서의 경우에도 마찬가지라고 보아야 한다.

【참조판례】

대법원 1957. 8. 30. 선고 4290형상214 판결(변경), 대법원 1959. 3. 20. 선고 4291형상591 판결(변경), 대법원 1960. 8. 10. 선고 4292형상658 판결(변경), 대법원 1966. 11. 22. 선고 66도1341 판결(집14-3, 형40)(변경), 대법원 1968. 9. 17. 선고 68도981 판결(집16-3, 형12), 대법원 1969. 10. 14. 선고 69도1480 판결(변경), 대법원 1970. 11. 30. 선고 70도2231 판결(집18-3, 형122)(변경), 대법원 1971. 7. 27. 선고 71도905 판결(집19-2, 형62), 대법원 1977. 2. 22. 선고 72도2265 판결(변경), 대법원 1980. 3. 25. 선고 79도799 판결(변경), 대법원 1991. 1. 29. 선고 90도2542 판결(공1991, 903)(변경), 대법원 1994. 9. 30. 선고 94도1787 판결(공1994하, 2918)(변경), 대법원 1997. 7. 25. 선고 97도605 판결(공1997하, 2751)(변경), 대법원 2003. 9. 26.

선고 2003도3729 판결(공2003하, 2140)

1. 사망한자 명의를 모용하여 문서를 작성한 경우(소극) [대법원 1966. 11. 22. 선고, 66도1341] ☞ 변경
【판결요지】
행사할 목적으로 죽은 사람의 명의 문서를 위조하거나 이를 행사하더라도 사문서위조, 동행사죄는 성립하지 않는다.

2. 타인명의 문서를 위조하여 행사하였는데 그 명의자가 이미 사망한 경우 [대법원 1970. 11. 30. 선고, 70도2231] ☞ 변경
【판결요지】
타인명의 문서를 위조하여 행사하였다 할지라도 그 명의자가 이미 사망한 경우에는 그 문서의 작성 일자가 명의자의 생존중의 일자로 된 경우가 아니면 사문서위조 및 그 행사죄가 성립되지 아니한다.

3. 허무인 명의의 사문서를 위조한 경우(소극)[대법원 1991. 1. 29. 선고, 90도2542] ☞ 변경
【판결요지】
사문서의 작성명의인이 허무인인 경우에는 사문서위조죄를 구성하지 아니한다.

4. 사자 명의의 문서를 작성한 경우 [대법원 1994. 9. 30. 선고, 94도1787] ☞ 변경
【판시사항】
[1] 사자 명의의 문서를 작성한 경우 사문서위조죄의 성립 여부
[2] '[1]'항의 문서가 실체적 권리관계에 합치되는 경우에도 사문서위조죄가 성립되는지 여부
[3] 위조문서의 복사본을 제시한 행위가 위조사문서행사죄를 구성하는지 여부
【판결요지】
[1] 사자 명의의 문서는 그것을 위조하였다고 하더라도 사문서위조죄가 성립하지 않는 것이나 사자 명의의 문서가 사자의 생존중에 작성한 것처럼 그 작성일자를 생존일자로 소급하여 작성한 경우에 는 사문서위조죄가 성립된다.
[2] "[1]"항의 문서가 실체적 권리관계에 합치된다고 하더라도 그 작성명의자의 승낙이 없을 때에는 여전히 사문서위조죄가 성립된다.
[3] 위조한 문서를 기계적 방법에 의하여 복사한 사본을 타에 제시하여 행사하여도 위조사문서행사죄 가 성립된다.

5. 생존중의 일자를 작성일자로 하여 사자 명의의 문서를 작성한 경우(적극) [대법원 1997. 7. 25. 선고, 97도605] ☞ 변경
【판시사항】
[1] 생존중의 일자를 작성일자로 하여 사자 명의의 문서를 작성한 경우, 사문서위조 및 동행사죄의 성 립 여부(적극)
[2] 허위의 소유권이전등기를 경료한 자가 그 부동산에 관하여 자신의 채권자와의 합의로 근저당권설 정등기를 경료한 경우, 공정증서원본불실기재 및 동행사죄의 성립 여부(적극)

【판결요지】

[1] 타인 명의의 문서를 위조하여 행사하였다 할지라도 그 문서를 작성할 당시 그 명의자가 이미 사망한 경우에는 그 문서의 작성일자가 그 명의자의 생존중의 일자로 된 경우가 아니면 사문서위조의 죄나 그 행사의 죄에 해당하지 아니한다.

[2] 근저당권은 근저당물의 소유자가 아니면 설정할 수 없으므로 타인의 부동산을 자기 또는 제3자의 소유라고 허위의 사실을 신고하여 소유권이전등기를 경료한 후 나아가 그 부동산이 자기 또는 당해 제3자의 소유인 것처럼 가장하여 그 부동산에 관하여 자기 또는 당해 제3자 명의로 채권자와의 사이에 근저당권설정등기를 경료한 경우에는 공정증서원본불실기재 및 동행사죄가 성립한다.

6. 자연인 아닌 법인 또는 단체명의의 문서에 있어서 그 문서작성자로 표시된 사람의 실존 여부가 문서위조죄의 성립에 영향이 있는지 여부(소극) [대법원 2003. 9. 26. 선고, 2003도3729]

【판시사항】

자연인 아닌 법인 또는 단체명의의 문서에 있어서 그 문서작성자로 표시된 사람의 실존 여부가 문서위조죄의 성립에 영향이 있는지 여부(소극) 및 기존의 진정문서를 변개한 것이 문서위조가 되는 경우

【판결요지】

문서위조죄는 문서의 진정에 대한 공공의 신용을 그 보호법익으로 하는 것이므로 그 작성된 문서가 일반인으로 하여금 당해 명의인의 권한 내에서 작성된 것이라고 믿을 수 있는 정도의 형식과 외관을 구비하면 성립되는 것이고 자연인 아닌 법인 또는 단체명의의 문서에 있어서는 요건이 구비된 이상 그 문서작성자로 표시된 사람의 실존 여부는 위조죄의 성립에 아무런 지장이 없으며, 기존의 진정문서를 이용하여 문서를 변개하는 경우에도 문서의 중요 부분에 변경을 가하여 새로운 증명력을 가지는 별개의 문서를 작성하는 것은 문서의 변조가 아닌 위조에 해당한다.

231-31. 주취운전자적발보고서, 주취운전자정황진술보고서의 운전자란에 타인의 성명을 기재하여 경찰관에게 제출한 경우 [대법원 2004. 12. 23. 선고, 2004도6483]

【판시사항】

피고인은 제1심판결에 대하여 양형부당만을 항소이유로 내세워 항소하였다가 항소가 기각되었는바, 이러한 경우 피고인은 원심판결에 대하여 법리오해의 위법이 있다는 것을 상고이유로 삼을 수는 없고(대법원 2003. 2. 11. 선고 2002도7115 판결 참조), 나아가 제1심판결이 들고 있는 증거들을 기록에 비추어 살펴보면, 이 사건 주취운전자 적발보고서 및 주취운전자 정황진술보고서의 각 운전자란에 타인의 서명을 한 다음 이를 <u>경찰관에게 제출한 것은 사문서위조 및 동행사죄에 해당한다.</u>

231-32. 문서명의인의 추정적 승낙이 예상되는 경우 사문서변조죄 성립 여부(소극) [대법원 2003. 5. 30. 선고, 2002도235]

【판결요지】

사문서의 위·변조죄는 작성권한 없는 자가 타인 명의를 모용하여 문서를 작성하는 것을 말하는 것이므로 사문서를 작성·수정함에 있어 그 명의자의 명시적이거나 묵시적인 승낙이 있었다면 사문서의 위·변조죄에 해당하지 않고, 한편 행위 당시 명의자의 현실적인 승낙은 없었지만 행위

당시의 모든 객관적 사정을 종합하여 명의자가 행위 당시 그 사실을 알았다면 당연히 승낙했을 것이라고 추정되는 경우 역시 사문서의 위 · 변조죄가 성립하지 않는다.

---

1. 문서명의인의 묵시적 승낙아래 작성한 경우(소극) [대법원 1983. 4. 12. 선고, 83도328]

【판결요지】

소외 (갑)회사의 이사인 소외 (을), (병)이 그 이사직을 사임코자 각 사임서를 대표이사에게 제출하였으나 대표이사가 이사사임등기를 하지 않자 업무담당이사인 피고인에게 이사사임등기를 강력히 요구하자 피고인이 동인들의 인장을 새겨 이사사임서를 작성한 행위는 동인들의 묵시적 승낙하에 한 것이라 볼 수 있으므로 이의 위조 및 동행사죄가 성립되지 않는다.

---

2. 명의자의 승낙과 사문서위조죄의 성부(소극) [대법원 1998. 2. 24. 선고, 97도183]

【판결요지】

문서의 위조라고 하는 것은 작성권한 없는 자가 타인 명의를 모용하여 문서를 작성하는 것을 말하는 것이므로 사문서를 작성함에 있어 그 명의자의 명시적이거나 묵시적인 승낙(위임)이 있었다면 이는 사문서위조에 해당한다고 할 수 없다.

231-33. 수사기관이 피의자신원을 특정하고 지문대조조회를 하기 위하여 직무상 작성하는 십지지문 지문대조표가 사문서인지 여부(소극) [대법원 2000. 8. 22. 선고, 2000도2393]

【판결요지】

십지지문 지문대조표는 수사기관이 피의자의 신원을 특정하고 지문대조조회를 하기 위하여 직무상 작성하는 서류로서 비록 자서란에 피의자로 하여금 스스로 성명 등의 인적사항을 기재하도록 하고 있다 하더라도 이를 사문서로 볼 수는 없다.

231-34. 문서명의자 도장을 소지하고 있는 자로부터 의뢰를 받아 문서를 대필해 준 경우, 대필자에게 문서위조의 범의를 인정할 수 있는지 여부(한정 소극) [대법원 1999. 7. 9. 선고, 99도1635]

【판결요지】

문서 명의자의 도장을 소지하고 있는 자로부터 의뢰를 받아 문서를 대필해 준 경우, 대필자가 그 도장이 의뢰인 등에 의하여 위조된 것임을 알았다든지, 아니면 적어도 그 도장이 명의인들로부터 다른 목적으로 의뢰인에게 교부된 것을 알고 있었다는 등의 특별한 사정이 없는 한 대필자로서는 의뢰인이 문서 명의자로부터 문서 작성의 위임을 받은 것으로 생각하였다고 봄이 상당하다 할 것이고, 이러한 특별한 사정이 인정되지 아니하는 한 문서 명의자가 의뢰인에게 문서 작성을 위임하지 아니하였다는 객관적인 사정만으로 대필자의 명의를 인정할 수 없다.

231-35. 문서죄의 보호법익 [대법원 1998. 4. 10. 선고 98도164, 98감도12]

【판결요지】

문서위조죄 문서의 진정에 대한 공공의 신용을 그 보호법익으로 하는 것이므로, 피고인이 위조하였다는 국제운전면허증이 그 유효기간을 경과하여 본래의 용법에 따라 사용할 수는 없게 되었다고 하더라도, 이를 행사하는 경우 그 상대방이 유효기간을 쉽게 알 수 없도록 되어 있거나 위 문서 자체가 진정하게 작성된 것으로서 피고인이 명의자로부터 국제운전면허를 받은 것으로 오신하기에 충분한 정도의 형식과 외관을 갖추고 있다면 피고인의 행위는 문서위조죄에 해당한다.

231-36. 외국에서 발행되어 유효기간이 경과한 국제운전면허증에 첨부된 사진을 바꾸어 붙인 행위와 문서위조죄 성립 여부(적극) [대법원 1998. 4. 10. 선고, 98도164]

【판결요지】

문서위조죄는 문서의 진정에 대한 공공의 신용을 그 보호법익으로 하는 것이므로, 피고인이 위조하였다는 국제운전면허증이 그 유효기간을 경과하여 본래의 용법에 따라 사용할 수는 없게 되었다고 하더라도, 이를 행사하는 경우 그 상대방이 유효기간을 쉽게 알 수 없도록 되어 있거나 위 문서 자체가 진정하게 작성된 것으로서 피고인이 명의자로부터 국제운전면허를 받은 것으로 오신하기에 충분한 정도의 형식과 외관을 갖추고 있다면 피고인의 행위는 문서위조죄에 해당한다.

---

1. 사문서위조죄 객체가 되는 문서의 진정한 작성명의자 확정방법 [대법원 1997. 6. 27. 선고, 95도1964]

【판결요지】

사문서위조의 객체가 되는 문서의 진정한 작성명의자가 누구인지 여부는 문서의 표제나 명칭만으로 이를 판단하여서는 아니되고, 문서의 형식과 외관은 물론 문서의 종류, 내용, 일반 거래에 있어서 그 문서가 가지는 기능 등 제반 사정을 종합적으로 참작하여 판단하여야 한다.

231-37. 타인으로부터 문서작성을 위임받았으나 그 위임된 권한을 초월하여 내용을 기재한 경우(적극) [대법원 1997. 3. 28. 선고, 96도3191]

【판시사항】

[1] 타인으로부터 문서작성을 위임받았으나 그 위임된 권한을 초월하여 내용을 기재한 경우, 사문서위조죄의 성부(적극)

[2] 신축상가건물의 명목상 건축주의 포괄적 승낙하에 분양에 관한 모든 업무를 처리하던 실제 건축주가 실제 분양되지도 않은 상가의 분양계약서 및 입금표를 작성·행사한 사안에서, 사문서위조 및 동행사의 점에 대하여 무죄를 선고한 원심판결을 파기한 사례

【판결요지】

[1] 사문서위조죄는 작성권한 없는 자가 타인의 명의를 모용하여 문서를 작성함으로써 성립하는 것인바, 타인으로부터 그 명의의 문서 작성을 위임받은 경우에도 위임된 권한을 초월하여 내용을 기재함으로써 명의자의 의사에 반하는 사문서를 작성하는 것은 작성권한을 일탈한 것으로서 사문서위조죄에 해당한다.

[2] 신축상가건물의 명목상 건축주의 포괄적 승낙하에 분양에 관한 모든 업무를 처리하던 실제 건축주가 실제 분양되지도 않은 상가에 대하여 명목상의 건축주 명의로 분양계약서 및 입금표를 작성하고 그 분양계약서 및 입금표를 이용하여 대출을 받는 식으로 금원을 편취한 사안에서, 상

가건물이 실제 분양되지도 않았고 분양대금이 납부된 바도 없는데도 그러한 사실이 있는 것으로 되어 있는 허위 내용의 문서를 작성하는 것과 같은 범죄행위는 포괄적으로 위임받은 분양업무에 속하는 것이라고 볼 수 없다는 이유로, 이와 달리 위와 같은 내용의 문서 작성 및 행사도 포괄적으로 위임받은 권한 내에 포함된다고 보아 사문서위조 및 동행사의 점에 대하여 무죄를 선고한 원심판결을 파기한 사례

---

1. 성적증명서를 교감의 대결로 부정발급한 경우(적극) [대법원 1983. 4. 12. 선고, 83도154]

【판결요지】

사문서위조죄에 있어서 위조라는 것은 타인명의의 문서를 권한없이 작성하는 것이라고 할 것인바, 학교 성적증명서작성에 있어서 그 작성권자는 그 학교의 교장일 뿐 교감이 아님이 명백하고 성적증명서의 발급은 교장의 전결사항인데 교장의 부재시 교감이 대결하였을 경우에는 그 부재중 교감이 성적증명서의 발급을 대결할 수 있는지의 여부를 가려보아야 하고 대결할 수 있는 위임이 있었다 하더라도 부정한 행사는 그 위임의 본지에 반하는 것이라 할 것이므로 이는 결국 권한없는 자의 결재에 의한 성적증명서의 작성이 되므로 사문서위조죄에 해당된다고 할 것이다.

---

2. 수임인의 위임취지에 반한 문서작성(적극) [대법원 1984. 6. 12. 선고, 83도2408]

【판결요지】

피고인(갑)이 공소외(을)과의 동업계약에 따라 (갑)의 명의로 변경하기 위하여 (을)의 인장이 날인된 백지의 건축주명의변경신청서를 받아 보관하고 있던 중 그 위임의 취지에 반하여 피고인(병) 앞으로 건축주명의를 변경하는 건축주명의변경신청서를 작성하여 구청에 제출하였다면 사문서위조 및 그 행사죄가 성립한다.

---

3. 작성명의자 날인이 정당하게 성립된 사문서에 권한 없는 자가 내용을 기재하거나, 권한을 초과하여 내용을 기재한 경우(적극) [대법원 1992. 12. 22. 선고, 92도2047]

【판결요지】

작성명의자의 날인이 정당하게 성립된 사문서라고 하더라도 내용을 기재할 <u>정당한 권한이 없는 자가 내용을 기재하거나 또는 권한을 위임받은 자가 권한을 초과하여 내용을 기재함으로써 날인자의 의사에 반하는 사문서를 작성한 경우에는 사문서위조죄가 성립한다.</u>

231-38. 문서기안자가 작성권한자의 결재 없이 문서를 작성한 경우(적극) [대법원 1997. 2. 14. 선고, 96도2234]

【판결요지】

<u>문서를 작성할 권한을 위임받지 아니한 문서기안자가 문서 작성권한을 가진 사람의 결재를 받은 바 없이 권한을 초과하여 문서를 작성하였다면 이는 사문서위조죄가 된다.</u>

---

1. 위탁된 권한을 초월하여 위탁자 명의의 문서를 작성하거나 타인의 서명날인이 정당한 경우에 그 서명날인자의 의사에 반한 문서작성(적극) [대법원 1976. 7. 13. 선고, 74도2035]

【판결요지】
위탁된 권한을 초월하여 위탁자 명의의 문서를 작성하거나 타인의 서명날인이 정당히 성립된 경우라 하더라도 그 서명날인자의 의사에 반하는 문서를 작성한 경우에는 사문서 위조죄가 성립한다.

231-39. 위조된 문서원본을 전자복사기로 복사하여 그 사본을 만드는 행위(적극) [대법원 1996. 5. 14. 선고, 96도785]

【판결요지】
전자복사기로 복사한 문서의 사본도 문서위조죄 및 동 행사죄의 객체인 문서에 해당하고, 위조된 문서원본을 단순히 전자복사기로 복사하여 그 사본을 만드는 행위도 공공의 신용을 해할 우려가 있는 별개의 문서사본을 창출하는 행위로서 문서위조행위에 해당한다.

1. 복사문서가 문서위조죄 및 동 행사죄의 객체인 문서에 해당하는지 여부(적극) [대법원 1995. 12. 26. 선고, 95도2389]

【판결요지】
복사기나 사진기, 모사전송기(facsimile) 등을 사용하여 기계적인 방법에 의하여 원본을 복사한 문서인 이른바 복사문서는 사본이라고 하더라도 문서위조죄 및 동 행사죄의 객체인 문서에 해당한다.

231-40. 특정된 용도로 본인이 직접 발급받은 인감증명서가 첨부되어 있는 문서의 증명력 [대법원 1995. 6. 30. 선고, 94도1286]

【판결요지】
특정된 용도로 본인이 직접 발급받은 인감증명서가 첨부되어 있고 그 특정된 용도에 맞게 같은 인감도장에 의하여 작성된 문서는 특별한 사정이 없는 한 본인이나 그로부터 정당한 권한을 위임받은 자에 의하여 그 권한의 범위안에서 적법하게 작성된 것으로 보아야 하므로, 뚜렷한 증거가 없는 한 쉽사리 이를 위조된 문서라고 인정할 것은 아니다.

231-41. 보관 중인 영수증에 작성명의인 승낙 없이 새로운 증명력을 가져오게 하는 문구를 기재한 경우(적극) [대법원 1995. 2. 24. 선고, 94도2092]

【판결요지】
공소외 망인이 피고인으로부터 어음 1장을 발행교부받으면서 그 증빙으로 작성하여 준 영수증에 그 망인이 "위 어음은 한국주택은행 이리지점의 융자에 따른 할부금 및 연체이자를 불입하기 위해 받은 것이다"는 사실내용을기재하여 두었을 뿐이어서, 그 문면 자체만으로는 당초 그 어음 수수에 의한 변제목적이 된 해당 은행융자금 상환채무가 구체적으로 어떠한 채무를 가리키는지의 점이 분명치 않은 경우, 피고인이 나중에 관련 민사소송에서 그 어음을 그 계쟁 부동산을 담보물로 한 은행융자금채무의 상환을 위하여 교부받은 것이라는 주장사실을 입증하는 데 사용할 목적으로 당시 보관중이던 그 영수증 위의 "할부금"이라는 기재부분 옆에다 그 작성명의인인 망인의 승낙 없이 임의로 그 계쟁 부동산을 지칭하는 표시로서 "733-19번지"라고 써 넣은 것이라면, 그 변경 내용이 비록 객관적인 진실에 합치하는 것이라 하더라도, 이는 그 영수증에 새로운 증명력을 가져오게 한 것임이 분명하므로, 사문서변조죄의 구성요건을 충족한다고 보아야 한다.

231-42. 생존중의 날짜를 작성일자로 사망자 명의 문서를 작성한 경우(적극) [대법원 1993. 9. 28. 선고, 93도2143]

【판결요지】

사망자 명의로 된 문서라고 할지라도 그 문서의 작성일자가 명의자의 생존중의 날짜로 된 경우 일반인으로 하여금 사망자가 생존중에 작성한 것으로 오신케 할 우려가 있으므로, 비록 시간적으로 피해자의 사망 이후에 피해자 명의의 문서를 위조하고 이를 행사한 것이라 하더라도 사문서위조죄와 동행사죄가 성립한다.

---

1. 문서작성일자가 그 명의자의 사망일자와 동일한 경우(적극) [대법원 1973. 10. 23. 선고, 73도1138]
【판결요지】
피고인이 "갑"(甲)의 사망 후에 그 명의를 모용하여 문서를 위조하고 이를 행사한 경우 그 문서작성일자가 위 "갑"의 사망일자인 동시에 생존일자라 하면 이는 일반인으로 하여금 그 사망자의 생존중에 작성한 것처럼 오신케 할 우려가 있으므로 문서에 대한 일반사회적인 신뢰성과 거래의 안전을 보호하려는 문서위조죄의 보호법익에 비추어 사문서위조, 동행사죄로 처단해야 할 것이다.

---

2. 사문서의 작성명의인이 사망한 자인 경우 자격모용사문서작성죄나 그 행사죄의 성부(소극) [대법원 1992. 12. 24. 선고, 92도2322]
【판결요지】
사문서의 작성명의인이 이미 사망한 자인 경우에는 그 문서의 작성일자가 명의인의 생존중의 일자로 된 경우가 아니면 사문서위조죄나 그 행사죄를 구성하지 않는 것이며, 이는 자격모용사문서작성죄나 그 행사죄에 있어서도 마찬가지이다.

231-43. 1인회사에서 1인주주가 임원의 의사에 기하지 아니하고 사임서를 작성하거나 이에 기한 등기부의 기재를 한 경우(적극) [대법원 1992. 9. 14. 선고, 92도1564]

【판시사항】

1인회사에서 1인주주가 임원의 의사에 기하지 아니하고 사임서를 작성하거나 이에 기한 등기부의 기재를 한 경우, 사문서위조죄 및 공정증서원본불실기재죄의 성부(적극)

【판결요지】

이른바 1인회사에 있어서 1인주주의 의사는 바로 주주총회나 이사회의 의사와 같은 것이어서 가사 주주총회나 이사회의 결의나 그에 의한 임원변경등기가 불법하게 되었다 하더라도 그것이 1인주주의 의사에 합치되는 이상 이를 가리켜 의사록을 위조하거나 불실의 등기를 한 것이라고는 볼 수 없다 하겠으나 한편 임원의 사임서나 이에 따른 이사사임등기는 위와 같은 주주총회나 이사회의 결의 또는 1인주주의 의사와는 무관하고 오로지 당해 임원의 의사에 따라야 하는 것이므로 당해 임원의 의사에 기하지 아니한 사임서의 작성이나 이에 기한 등기부의 기재를 하였다면 이는 사문서위조 및 공정증서원본불실기재의 죄책을 면할 수 없다.

231-44. 신용카드 매출표에 서명하여 이를 교부하는 행위 [대법원 1992. 6. 9. 선고, 92도77]

【판시사항】

신용카드업법 제25조 제1항 소정의 신용카드부정사용죄에 있어 '신용카드의 사용'의 의미와 매출표에 서명하여 이를 교부하는 행위가 별도로 사문서위조 및 동행사죄를 구성하는지 여부(소극)

【판결요지】

신용카드업법 제25조 제1항은 신용카드를 위조·변조하거나 도난·분실 또는 위조·변조된 신용카드를 사용한 자는 7년 이하의 징역 또는 5천만 원 이하의 벌금에 처한다고 규정하고 있는바, 위 부정사용죄의 구성요건적 행위인 신용카드의 사용이라 함은 신용카드의 소지인이 신용카드의 본래 용도인 대금결제를 위하여 가맹점에 신용카드를 제시하고 매출표에 서명하여 이를 교부하는 일련의 행위를 가리키고 단순히 신용카드를 제시하는 행위만을 가리키는 것은 아니라고 할 것이므로, 위 매출표의 서명 및 교부가 별도로 사문서위조 및 동행사의 죄의 구성요건을 충족한다고 하여도 이 사문서위조 및 동행사의 죄는 위 신용카드부정사용죄에 흡수되어 신용카드부정사용죄의 1죄만이 성립하고 별도로 사문서위조 및 동행사의 죄는 성립하지 않는다.

231-45. 백지문서에 날인한 자 의사에 반한 문서작성과 사문서위조죄(적극) [대법원 1992. 3. 31. 선고, 91도2815]

【판결요지】

다른 곳의 토지에 분묘를 소유하고 있는 피해자에게 피고인이 신청한 골재채취장과는 멀리 떨어져 있어 토석채취를 한다고 하여도 피해가 없으니 동의해 달라고 말하여 백지의 동의서 양식에 인감도장을 날인하게 한 다음, 행사할 목적으로 그 동의서에 피해자의 의사에 반하여 분묘 소재지를 위 골재채취장 주변의 토지로 기재하였다면 피고인이 작성한 피해자 작성명의의 동의서는 피해자가 동의서의 양식에 인감도장을 날인하면서 그 공란을 기재하도록 승낙한 내용과 다른 것이고, 위 동의서의 공란을 기재하여 완성하도록 승낙한 취지에도 어긋나는 것이어서 피고인은 피해자가 승낙한 문서 아닌 문서를 작성한 셈이 되고, 피해자의 의사에 반한 내용의 동의서를 작성한 것이 되어 사문서를 위조한 경우에 해당한다고 보아야 할 것이고, 그 동의서에 미리 날인받은 피해자의 인영이 진정한 것이었다고 하여 이것만 가지고 사문서를 위조한 것이 아니라고 할 수 없다.

---

1. 일정금액의 차용권한을 위임받으면서 명의인으로부터 작성해 받은 대출신청서 및 영수증의 백지로 된 금액란에 위임받은 금액보다 많은 금액을 기재한 경우(적극) [대법원 1982. 10. 12. 선고, 82도2023]
   【판결요지】

위탁된 권한을 초월하여 위탁자 명의의 문서를 작성하거나 위탁자의 서명날인이 정당하게 성립한 때라 하더라도 그 서명날인자의 의사에 반하는 문서를 작성한 경우에는 사문서위조죄가 성립한다 할 것이므로 피고인이 공소외 (갑)으로부터 금 75,000,000원의 차용 위탁을 받고 백지의 대출신청서 및 영수증에 동인의 날인을 받은 연후에 차용금액을 금 150,000,000원으로 기입하여 공소외 (갑) 명의의 대출신청서 및 영수증을 작성하였다면 문서위조죄가 성립한다.

231-46. 복사문서가 문서위조 및 동행사죄의 객체인 문서에 해당하는지 여부(적극) [대법원 1989. 9. 12. 선고, 87도506, 전원합의체 판결]

【판결요지】

(다수의견) 사진기나 복사기 등을 사용하여 기계적인 방법에 의하여 원본을 복사한 문서, 이른바 복사문서는 사본이더라도 필기의 방법 등에 의한 단순한 사본과는 달리 복사자의 의식이 개재할 여지가 없고, 그 내용에서부터 규모, 형태에 이르기까지 원본을 실제 그대로 재현하여 보여주므로 관계자로 하여금 그와 동일한 원본이 존재하는 것으로 믿게 할 뿐만 아니라 그 내용에 있어서도 원본 그 자체를 대하는 것과 같은 감각적 인식을 가지게 하고, 나아가 오늘날 일상거래에서 복사문서가 원본에 대신하는 증명수단으로서의 기능이 증대되고 있는 실정에 비추어 볼 때 이에 대한 사회적 신용을 보호할 필요가 있으므로 복사한 문서의 사본은 문서위조 및 동행사죄의 객체인 문서에 해당한다.

【참조판례】

대법원 1969.11.26. 선고 69도85 판결(폐기), 대법원 1978.4.11. 선고 77도4068 판결(폐기), 대법원 1981.12.22. 선고 81도2715 판결(폐기), 대법원 1982.5.25. 선고 82도715 판결(폐기), 대법원 1983.9.13. 선고 83도1829 판결(폐기), 대법원 1985.11.26. 선고 85도2138 판결(폐기), 대법원 1988.4.12. 선고 87도2709 판결(폐기), 대법원 1988.10.24. 선고 88도1680 판결(폐기)

---

1. 복사문서가 형법상 문서위조죄 소정문서에 해당되는지 여부 [대법원 1978. 4. 11. 선고, 77도4068, 전원합의체 판결] ☞ 폐기

【판결요지】

형법에 규정된 문서위조죄나 행사죄에 있어서의 문서라함은 작성명의인의 의사가 표시된 물체 그 자체를 의미한다 할 것이므로 원본을 기계적 방법에 의하여 사진복사한 경우에도 그 사본 또는 등본은 사본 또는 등본의 인증이 없는한 위 각 죄의 행위객체인 문서에 해당되지 아니한다.(다수의견)

---

2. 위조사문서 사본의 제시와 위조사문서 행사죄의 성부(소극) [대법원 1981. 12. 22. 선고, 81도2715] ☞ 폐기

【판결요지】

위조한 사문서 자체를 제시한 것이 아니라 위조한 사문서의 사본(기계적 방법에 의하여 복사한 것 포함)을 제시한 것만으로는 위조사문서의 행사죄에 해당한다고 볼 수 없다.

---

3. 사본이 문서위조죄의 행위객체인 문서에 해당하는지 여부(소극) [대법원 1982. 5. 25. 선고, 82도715] ☞ 폐기

문서위조죄와 행사죄에 있어서의 문서란 작성명의인의 의사가 표시된 문서 그 자체를 의미하고 원본을 기계적인 방법에 의하여 사본 복사한 것은 그 사본 또는 등본의 인증이 없는 한 위 각 죄의 행위객체인 문서에 해당하지 아니한다.

4. 복사문서가 문서위조. 동행사죄에 있어서의 문서에 해당하는지 여부(소극) [대법원 1983. 9. 13. 선고, 83도1829] ☞ 폐기
【판결요지】
공문서 또는 사문서의 위조죄나 동행사죄에 있어서의 문서라 함은 작성명의인의 의사가 표시된 원본자체를 말하고 사본은 그것이 기계적 방법에 의하여 복사된 것이라 하더라도 사본 또는 등본의 인증이 없는 한 위 각 죄의 행위객체인 문서에 해당하지 않는다.

5. 기계적 방법에 의하여 복사한 위조사문서의 사본을 제시한 경우 (소극) [대법원 1985. 11. 26. 선고, 85도2138] ☞ 폐기
【판결요지】
사진기술이 향상된 기계적 방법에 의하여 복사된 사본의 경우라도 이를 원본과 같이 보아야 할 법리상 근거는 없으므로 위조한 사문서자체가 아니라 위조한 사문서의 사본을 제시한 것만으로는 위조사문서 행사죄에 해당한다고 볼 수 없다.

6. 위조된 부동산매매계약서를 소유권이전등기청구소송 소장에 사본하여 첨부하도록 교부한 경우(적극) [대법원 1988. 4. 12. 선고,, 87도2709] ☞ 폐기
【판결요지】
형법에 규정된 공문서 또는 사문서의 위조죄나 그 행사죄에 있어서의 문서라 함은 작성명의인의 의사가 표시된 원본자체를 말하고, 사본은 그것이 기계적 방법에 의하여 복사된 것이라 하더라도 사본 또는 등본이라는 인증이 없는 한 위 각 죄의 행위객체인 문서에 해당되지 아니하나 위조된 부동산매매계약서 1통을 소유권이전등기청구소송의 소장에 사본하여 첨부하도록 교부하였다면 이는 곧 위조된 원본자체를 교부한 것으로서 취조사문서행사죄가 된다.

7. 복사문서가 문서위조, 동행사죄에 있어서의 문서에 해당되는지 여부(소극) [대법원 1988. 10. 24. 선고, 88도1680] ☞ 폐기
【판결요지】
형법에 규정된 문서위조죄와 행사죄에 있어서 문서라 함은 작성명의인의 의사가 표시된 문서 그 자체를 의미한다 할 것이므로 원본을 기계적인 방법에 의하여 복사한 경우에는 그 사본 또는 등본은 사본 또는 등본의 인증이 없는 한 위 각 죄의 행위객체인 문서에 해당하지 아니한다.

231-47. 작성명의자의 인영이나 주민등록번호 등재가 누락된 문서의 사문서위조죄 해당 여부(적극) [대법원 1989. 8. 8. 선고, 88도2209]
【판시사항】

[1] 작성명의자의 인영이나 주민등록번호의 등재가 누락된 문서가 사문서위조죄의 객체인 사문서에 해당하는지 여부(적극)

[2] 사문서위조 및 동행사죄가 조세범처벌법 제9조 소정의 조세포탈의 수단으로 행해진 경우 후자의 죄에 흡수되는지 여부(소극)

【판결요지】

[1] 사문서의 작성명의자의 인장이 압날되지 아니하고 주민등록번호가 기재되지 않았더라도, 일반인으로 하여금 그 작성명의자가 진정하게 작성한 사문서로 믿기에 충분할 정도의 형식과 외관을 갖추었으면 사문서위조죄 및 동행사죄의 객체가 되는 사문서라고 보아야 한다.

[2] 사문서위조 및 동행사죄가 조세범처벌법 제9조 제1항 소정의 "사기 기타 부정한 행위로써 조세를 포탈" 하기 위한 수단으로 행하여 졌다고 하여 그 조세포탈죄에 흡수된다고 볼 수 없다.

231-48. 명의자의 승낙(위임)과 사문서위조의 성부 [대법원 1988. 1. 12. 선고, 87도2256]

【판결요지】

문서의 위조라고 하는 것은 작성권한없는 자가 타인명의를 모용하여 문서를 작성하는 것을 말하는 것이므로 전세계약서를 작성함에 있어 그 명의자의 명시적이거나 묵시적인 승낙(위임)이 있은 것이라면 이는 사문서위조에 해당한다 할 수 없다.

231-49. 재산세과세증명원 위조의 기수시기 [대법원 1987. 11. 24. 선고, 87도1793]

【판결요지】

재산세과세증명은 그 과세대상자 뿐만 아니라 누구라도 구두 또는 서면으로 그 발급신청을 할수 있는 것이어서 그 증명원에 증명할 사항을 기재하고 원인의 기명만 하면 문서로서 완성되는 것이므로 위 증명원 위조의 기수시기는 원인의 날인이 있고 없음에 관계없이 원인의 이름을 기재한 때라고 보아야 한다.

> 1. 서명만 있고 날인이 누락된 타인명의의 출금청구서를 권한없이 작성한 경우(적극) [대법원 1982. 10. 12. 선고, 81도3176]
>
> 【판결요지】
>
> 피고인이 근무하던 증권회사에서는 위탁자의 서명이 있으면 날인이 누락된 위탁자 출금청구서라 하여도 출금이 가능하였으므로 권한없이 위탁자 본인의 의사에 의한 것처럼 가장하여 위탁자의 서명만 있고 날인이 없는 위탁자 출금청구서를 작성, 행사한 피고인의 소위를 사문서위조 동행사죄로 의률 처단하였음은 정당하다.

231-50. 2인 이상의 연명으로 된 문서를 위조한 경우 죄수관계 [대법원 1987. 7. 21. 선고, 87도564]

【판결요지】

문서에 2인 이상의 작성명의인이 있을 때에는 각 명의자 마다 1개의 문서가 성립되므로 2인 이상의 연명으로 된 문서를 위조한 때에는 작성명의인의 수대로 수개의 문서위조죄가 성립하고 또 그 연명문서를 위조하는 행위는 자연적 관찰이나 사회통념상 하나의 행위라 할 것이어서 위 수개의 문서위조죄는 형법 제40조가 규정하는 상상적 경합범에 해당한다.

> **1. 2명 이상의 작성명의자와 문서의 개수** [대법원 1956. 3. 2. 4288형상343]
> 【판결요지】
> 문서가 2명 이상의 연명으로 작성되었을 때는 명의자마다 1개의 문서가 성립되는 것으로 보아야 할 것이다.

> **2. 2인 이상이 작성명의자가 된 문서에 그 명의자 한 사람이 타명의 자와 합의없이 가필한 경우 사문서변조죄의 성립여부(적극)** [대법원 1977. 7. 12. 선고, 77도1736]
> 【판결요지】
> 문서에 2인 이상의 작성명의인이 있는 때에 그 명의자의 한사람이 타명의자와 합의없이 행사할 목적으로 그 문서의 내용을 변경하였을 때는 사문서변조죄가 성립된다.

231-51. 사실혼관계에 있던 자의 일방적인 혼인신고서 작성행위(적극) [대법원 1987. 4. 11. 선고, 87도399]

【판결요지】

혼인신고 당시에는 피해자가 피고인과의 동거관계를 청산하고 피고인을 만나주지 아니하는 등으로 피하여 왔다면 당초에는 피해자와 사실혼 관계에 있었고 또 피해자에게 혼인의 의사가 있었다 하더라도 위 혼인신고 당시에는 그 혼인의사가 철회되었다고 보아야 할 것이므로 피고인이 일방적으로 혼인신고서를 작성하여 혼인신고를 한 소위는 설사 혼인신고서 용지에 피해자 도장이 미리 찍혀 있었다 하더라도 사문서 위조 기타 관계법조의 범죄에 해당한다 할 것이다.

231-52. 고무명판만 찍었을 뿐 서명날인이 없는 경우(적극) [대법원 1987. 1. 20. 선고, 86도1867]

【판결요지】

사문서위조죄는 그 명의자가 작성한 진정한 사문서로 볼 수 있는 정도의 형식과 외관을 갖추어 일반인이 진정한 명의자의 사문서로 오신하기 충분하면 되는 것이고 비록 본건과 같이 "부산 해운대구 반송2동 289번지 동원산업사 대표 이강수"라고 새겨진 고무명판을 찍었을 뿐 서명날인이 없는 문서라고 하더라도 외관상 그 명의자가 작성한 사문서로 볼수 있는 정도의 형식과 외관을 갖춘 이상 사문서위조죄는 성립한다.

231-53. 단독신청이 가능한 민원서류 발급신청을 함에 있어 신청인란에 타인의 이름을 함께 기재하여 제출한 경우(소극) [대법원 1986. 9. 23. 선고, 86도1300]

【판결요지】

정부의 민원사무간소화규칙에 따라 매도인 또는 매수인이 단독으로 신청할 수 있는 농지개혁법 제19조 제2항의 농지매매증명을 발급받음에 있어 신청용지의 신청인난중에 매수인난에는 피고인의 이름을 기재하고 날인하였으나 매도인난에는 공소외인의 이름만 기재하고 날인을 하지 않았다면 위 문서는 그 형식이나 외관상 피고인 단독명의로 신청된 문서로 인정될뿐 피고인과 공소외인이 공동으로 신청한 문서로는 볼 수 없으므로 위 사실만으로는 위 공소외인 명의의 농지매매사실증명확인원을 위조하였다고 볼 수 없다.

231-54. 문서 작성권한 있는 자가 명의인 승낙없이 문서내용을 변경하는 경우(소극) [대법원 1986. 8. 19. 선고, 86도544]

【판결요지】

갑의 위임을 받아 그 소유부동산을 매도함에 있어서 갑을 대리하여 매수인과 매매계약을 체결한 자가 위 매매계약의 이행문제로 분쟁이 생기자 매수인의 요구에 따라 매매계약서상 매도인 갑 명의 위에 갑이 을의 대리인이라는 표시로 "을대" 라는 문구를 삽입 기재하였다 하더라도 이는 부동산의 처분권한을 위임받아 매매계약서 작성권한있는 자가 한 변경행위에 불과하여 비록 그 명의인의 승낙을 받지 아니하였다고 하여 사문서변조죄가 성립되는 것은 아니다.

231-55. 이사회의 출석 및 의결에 관한 권한을 위임하고 불참한 이사들이 이사회에 참석하여 의결권을 행사한 것처럼 이사회회의록을 작성한 경우(소극) [대법원 1985. 10. 22. 선고, 85도1732]

【판결요지】

이사회를 개최함에 있어 공소외 이사들이 그 참석 및 의결권의 행사에 관한 권한을 피고인에게 위임하였다면 그 이사들이 실제로 이사회에 참석하지도 않았는데 마치 참석하여 의결권을 행사한 것처럼 피고인이 이사회 회의록에 기재하였다 하더라도 이는 이른바 사문서의 무형위조에 해당할 따름이어서 처벌대상이 되지 아니한다.

> 1. 사문서 무형위조의 사문서위조죄에의 해당여부(소극) [대법원 1984. 4. 24. 선고, 83도2645]
> 【판결요지】
> 피고인들이 작성한 회의록에다 참석한 바 없는 소외인이 참석하여 사회까지 한 것으로 기재한 부분은 사문서의 무형위조에 해당할 뿐이어서 사문서의 유형위조만을 처벌하는 현행 형법하에서는 죄가 되지 아니한다.

231-56. 변조문서 내용이 명의인의 의사와 합치하는 경우 문서변조죄의 성부(적극) [대법원 1985. 1. 22. 선고, 84도2422]

【판결요지】

사문서변조에 있어서 그 변조 당시 명의인의 명시적, 묵시적 승낙없이 한 것이면 변조된 문서가 명의인에게 유리하여 결과적으로 그 의사에 합치한다 하더라도 사문서변조죄의 구성요건을 충족한다.

231-57. 작성명의인의 기명만 있고 날인이 빠진 예금청구서를 권한없이 작성한 경우(적극) [대법원 1984. 10. 23. 선고, 84도1729]

【판결요지】

예금청구서에 작성명의자의 기명만 있고 날인이 빠져있다 하여도 일반인이 그 작성명의자에 의하여 작성된 예금청구서라고 오신할 만한 형식과 외관을 갖추고 있는 이상 권한없이 위 예금청구서를 작성한 행위는 사문서위조죄에 해당하고 날인이 없다하여 이를 미완성문서로 볼 수는 없다.

231-58. 연대보증인이 될 것을 허락한 자의 인감도장과 인감증명서를 교부받아 직접 차주로 하는 차용금 증서를 작성한 경우(소극) [대법원 1984. 10. 10. 선고, 84도1566]

【판결요지】

피해자들이 일정한도액에 관한 연대보증인이 될 것을 허락하고 이에 필요한 문서를 작성하는데 쓰일 인감도장과 인감증명서(대출보증용)를 채무자에게 건네준 취지는 채권자에 대해 동액상당의 채무를 부담하겠다는 내용의 문서를 작성하도록 허락한 것으로 보아야 할 것이므로 비록 차용금 증서에 동 피해자들을 연대보증인으로 하지 않고 직접 차주로 하였을 지라도 그 문서는 정당한 권한에 기하여 그 권한의 범위 안에서 적법하게 작성된 것으로 보아야 한다.

> 1. 채무자가 연대보증인이 되려는 자의 인감도장과 인감증명서를 교부받아 차용증을 작성한 경우(소극)
>   [대법원 1983. 6. 28. 선고, 83도513]
> 【판결요지】
> 보증인이 되기 위하여 필요한 문서를 작성하는데 쓰일 인감도장과 인감증명서를 채무자에게 건네준 취지는 채무자로 하여금 그와 더불어 채권자에 대한 동액의 채무를 부담하겠다는 내용이 담긴 문서를 작성하도록 허용한 것이라고 할 것이므로 채무자가 그와 같은 내용의 문서를 작성하였고, 비록 그 문서가 표목이 보증서로 되어 있지 않으며 보증인이라는 기재가 없는 차용증이라 하더라도 그 문서는 정당한 권한에 기하여 작성된 것이다.

231-59. 수임인이 위임인의 인장을 새겨서 한 문서(임대차 계약서)(소극) [대법원 1984. 7. 24. 선고, 84도785]

【판결요지】

피고인이 시장점포의 임대차에 관하여 지주들의 허락을 받고 공소외인에게 임대하면서 이미 새겨둔 동인들의 인장을 사용하여 임대차계약서를 작성하고 임대보증금을 수령하였다면 이 같은 행위는 지주들로부터 위임받은 권한범위 내에서 정당한 업무수행행위로서 한 것이므로 사문서위조, 동행사등 죄를 구성하지 않는다.

231-60. 대리인이 본인 명의로 문서를 작성하면서 허위의 내용을 기재한 경우(소극) [대법원 1984. 7. 10. 선고, 84도1146]

【판결요지】

매수인으로부터 매도인과의 토지매매계약체결에 관하여 포괄적 권한을 위임받은 자는 위임자 명의로 토지매매계약서를 작성할 적법한 권한이 있다 할 것이므로 매수인으로부터 그 권한을 위임받은 피고인이 실제 매수가격 보다 높은 가격을 매매대금으로 기재하여 매수인 명의의 매매계약

<u>서를 작성하였다 하여도 그것은 작성권한 있는 자가 허위내용의 문서를 작성한 것일 뿐 사문서위조죄가 성립될 수는 없다.</u>

231-61. 포괄위임의 취지에 반하지 않는 위임자의 인장을 사용한 경우(소극) [대법원 1984. 3. 27. 선고, 82도1915]

【판결요지】

학교법인 이사들이 그 인장을 학교측에 보관시키면서 이사들의 의사에 반하지 아니하는 범위내에서 즉 이사회 회의록 등을 작성할 때 그 내용이 진실에 합치되는 경우에는 필요에 따라 이를 사용할 수 있도록 사전에 포괄적 위임을 한 경우에는 이사회 회의록의 내용이 회의경과를 그대로 기재하고 있어 이사들의 의사에 배치되는 점이 전혀 없는 이상 사문서위조죄를 구성하지 않는다.

231-62. 대금수령에 관하여 포괄적위임을 받은 자가 대금을 지급받는 방법으로 본인명의의 차용증서를 작성해 준 경우(소극) [대법원 1984. 3. 27. 선고, 84도115]

【판결요지】

급식용 가공돼지고기를 납품하는 단지원들에 의하여 돼지고기의 가공, 납품 및 대금수령에 관한 사무를 총괄적으로 위임받고 이를 위하여 그들의 인장을 맡아 사용하는 단지장이 그 대금의 수령을 위해 납품자인 단지원의 이름으로 축산협동조합에 예금청구서와 차용증서를 작성 제출하고 선급금명목으로 납품대금을 받아 이를 단지원에게 지급한 사실이 인정된다면 위 예금청구서와 차용증서는 단지원들로부터 돼지고기의 가공, 납품에 따른 포괄적 위임에 따라 작성된 것이라고 보여져 이에 대하여 사문서위조 동행사의 범의를 인정할 수 없다.

231-63. 가등기 담보권을 양수한 자가 양도인명의의 가등기말소 신청서를 작성한 경우(소극) [대법원 1984. 2. 14. 선고, 83도2650]

【판결요지】

고소인의 제3자에 대한 채권의 변제책임을 부담하는 대신 그 채권에 관하여 설정한 가등기에 의한 담보권을 양수한 피고인이 위 가등기를 말소함에 있어서 고소인명의의 가등기말소신청서 등을 임의로 작성하였다 하더라도 이는 결국 고소인으로부터의 포괄적 위임 내지 승락에 기한 것이어서 피고인이 위 가등기말소신청서 등을 위조하였다고 할 수 없다.

231-64. 허위의 신탁증서에 명의자를 속여 날인을 받아 행사한 경우(적극) [대법원 1983. 6. 28. 선고, 83도1036]

【판결요지】

권리의무에 관한 사문서인 타인명의의 신탁증서 1통을 작성한 후 마치 이를 다른 내용의 문서인 것처럼 그 타인에게 제시하여 날인을 받은 후 이를 법원에 증거로 제출하여 사용하였다면 사문서위조 및 동행사죄가 성립한다.

231-65. 대출금신청서와 차용금증서에 그 작성일자를 임의로 기입한 경우(소극) [대법원 1983. 4. 26. 선고, 83도520]

【판결요지】

작성일자만을 공란으로 둔 채 완성된 대출금신청서와 차용금증서에 타인이 작성일자를 임의로 기입한 행위는 특단의 사유가 없는 한 문서작성명의인의 작성권한을 침해한 것이라고 할 수 없으므로 문서위조죄에 해당하지 아니한다.

231-66. 대리인의 권한유월의 문서작성과 문서위조죄의 성부(소극) [대법원 1983. 4. 12. 선고, 83도332]

【판결요지】

문서위조죄를 구성하는지의 여부는 그 문서의 작성명의로 타인의 명의를 모용하였느냐 아니하였느냐라는 형식에 의하여 결정할 것으로서 그 문서의 내용의 진실여부는 특별한 처벌규정이 있는 경우 이외에는 동 죄의 성립여부에 아무런 소장이 없다고 할 것이므로, 타인의 대표자 또는 대리자가 그 대표명의 또는 대리명의를 써서 또는 직접 본인의 명의를 사용하여 문서를 작성할 권한을 가지는 경우에 그 지위를 남용하여 단순히 자기 또는 제3자의 이익을 도모할 목적으로 마음대로 문서를 작성한 때라고 할지라도 문서위조죄는 성립하지 아니한다.

231-67. 농협지소의 출납원이 예금수불기재를 임의변경한 경우 사문서변조죄의 성부(성립) [대법원 1983. 3. 22. 선고, 82도2300]

【판결요지】

농업협동조합지소의 직장마을금고의 출납원이 보통예금통장의 예금수불기재의 증감변경에 관한 일반적 권한이 없고 다만 그 권한이 있는 지소장의 승락이나 위임받은 범위내에서만 그 기계적 보조자로서 예금수불기재를 증감변경할 수 있음에 불과한 경우에는 동 출납원이 그 위임범위를 넘어서 함부로 예금수불기재를 증감변경한 경우에는 사문서변조죄를 구성한다.

231-68. 위임취지에 배치되는 후순위 저당권설정문서의 작성과 문서위조죄의 성부(적극) [대법원 1982. 11. 9. 선고, 81도2501]

【판결요지】

부동산에 관한 근저당권설정계약서나 그 등기신청에 첨부되는 위임장에 설정할 근저당권의 순위번호의 기재가 필수적 요건은 아니나 피고인이 문서작성의 위촉을 받을 때 제1순위의 근저당권설정 및 그 등기신청에 관한 것이 뚜렷한 이 사건에 있어서 그 위임의 취지에 배치되는 제2심 및 제3심의 근저당권설정에 관한 문서를 작성한 소위는 문서위조죄에 해당된다.

231-69. A 앞으로 된 영수증중 'A'라는 기재 옆에 그의 본명인 'B'를 기입한 경우와 사문서변조죄의

성부(소극) [대법원 1981. 10. 27. 선고, 81도2055]

【판결요지】

피고인의 본명은 B나 일상거래상 A로 통용되어 온 경우에 공소외인 작성의 A 앞으로 된 영수증에 피고인이 "A" 라는 기재 옆에 "B"라고 기입하였다고 하여도 이는 위 영수증의 내용에 영향을 미쳤다고 보여지지 아니하고, 따라서 새로운 증명력을 가한 것이 아니므로 사문서 변조죄를 구성하지 아니한다.

231-70. 문서의 내용과 관계없는 사항의 기입과 문서의 변조 [대법원 1980. 3. 11. 선고, 80도222]

【판결요지】

매매계약서와 대금영수증의 여백 부분에 ○○○ 귀하라고 표시한 것은 그 표시된 위치가 내용과 관계없는 곳이고 그 사문서의 내용이나 효력에 전에 없던 새로운 것을 가져오게 한 기재가 아니고 또한 어떤 행사의 목적이 있지 아니하면 사문서위조죄가 성립하지 아니한다.

231-71. 신용장에 날인된 접수인이 사실증명에 관한 사문서인지 여부(적극) [대법원 1979. 10. 30. 선고, 77도1879]

【판결요지】

신용장에 날인된 은행의 접수일부인은 사실증명에 관한 사문서에 해당되므로 신용장에 허위의 접수인을 날인한 것은 사문서위조에 해당된다.

제232조[자격모용에 의한 사문서의 작성]

> 제232조(자격모용에 의한 사문서의 작성) 행사할 목적으로 타인의 자격을 모용하여 권리·의무 또는 사실증명에 관한 문서 또는 도화를 작성한 자는 5년 이하의 징역 또는 1천만원 이하의 벌금에 처한다. 〈개정 1995. 12. 29.〉

232-1. 자격모용에 의한 사문서작성죄의 성립요건 [대법원 2017. 12. 22. 선고, 2017도14560]

【판시사항】

[1] 자격모용에 의한 사문서작성죄의 성립요건 / 대표자 또는 대리인의 자격으로 임대차 등 계약을 하는 경우, 위 죄의 성립에 필요한 대표 또는 대리관계의 표시 정도 및 판단 방법

[2] 피고인이 甲 주식회사 소유의 오피스텔에 대한 분양대행 권한을 가지게 되었을 뿐 甲 회사의 동의 없이 오피스텔을 임대할 권한이 없는데도 임차인들과 임대차계약을 체결하면서 甲 회사가 분양사업을 위해 만든 乙 회사 명의로 계약서를 작성·교부하였는데, 임대차계약서에는 임대인 성명이 '乙 회사(피고인)'로 기재되어 대표자 또는 대리인의 자격 표시가 없고 또 피고인의 개인 도장이 찍혀있는 사안

【판결요지】

[1] 자격모용에 의한 사문서작성죄는 문서위조죄와 마찬가지로 문서의 진정에 대한 공공의 신용을 보호법익으로 하는 것으로, 행사할 목적으로 타인의 자격을 모용하여 작성된 문서가 일반인으로 하여금 명의인의 권한 내에서 작성된 문서라고 믿게 할 수 있는 정도의 형식과 외관을 갖추고 있으면 성립한다. 대표자 또는 대리인의 자격으로 임대차 등 계약을 하는 경우 그 자격을 표시하는 방법에는 특별한 규정이 없다. 피고인 자신을 위한 행위가 아니고 작성명의인을 위하여 법률행위를 한다는 것을 인식할 수 있을 정도의 표시가 있으면 대표 또는 대리관계의 표시로서 충분하다. 일반인이 명의인의 권한 내에서 작성된 문서로 믿게 하기에 충분한 정도인지는 문서의 형식과 외관은 물론 문서의 작성 경위, 종류, 내용과 거래에서 문서가 가지는 기능 등 여러 사정을 종합하여 판단해야 한다.

[2] 임대차계약서의 형식과 외관, 작성 경위, 종류, 내용, 거래에서 위 계약서가 가지는 기능 등 여러 가지 사정을 종합하면, 일반인으로서는 임대차계약서가 乙 회사의 대표자 또는 대리인의 자격을 가진 피고인에 의해 乙 회사 명의로 작성된 문서라고 믿게 할 수 있는 정도의 형식과 외관을 갖추고 있어 피고인의 행위는 자격모용사문서작성과 자격모용작성사문서행사에 해당됨에도, 이와 달리 보아 무죄로 판단한 원심판결에 자격모용사문서작성죄에서 말하는 타인의 자격 모용 등에 관한 법리오해의 잘못이 있다.

1. 자격모용에 의한 사문서작성죄의 타인의 의미 [대법원 2008. 2. 14. 선고, 2007도9606]

【판시사항】

[1] 자격모용에 의한 사문서작성죄의 타인

[2] 부동산매매계약서에 작성인으로 기재된 '○○부동산'이라는 표시가 자격모용에 의한 사문서작성죄의 명의인에 해당한다고 본 사례

【판결요지】

[1] 자격모용에 의한 사문서작성죄에서의 **'타인'**에는 자연인뿐만 아니라 법인, 법인격 없는 단체를 비롯하여 거래관계에서 독립한 사회적 지위를 갖고 활동하고 있는 존재로 취급될 수 있으면 여기에 해당된다.

[2] 부동산중개사무소를 대표하거나 대리할 권한이 없는 사람이 부동산매매계약서의 공인중개사란에 '○○부동산 대표 △△△(피고인의 이름)'라고 기재한 사안에서, '○○부동산'이라는 표기는 단순히 상호를 가리키는 것이 아니라 독립한 사회적 지위를 가지고 활동하는 존재로 취급될 수 있으므로 자격모용사문서작성죄의 '명의인'에 해당한다.

232-2. 자격모용사문서작성죄 및 자격모용작성사문서행사죄에서 '거래상 중요한 사실을 증명하는 사실증명에 관한 사문서'의 의미와 이에 해당하는지 판단하는 기준 [대법원 2012. 5. 9. 선고, 2010도2690]

【이 유】

자격모용사문서작성죄 및 자격모용작성사문서행사죄의 객체인 사문서는 권리·의무 또는 사실증명에 관한 타인의 문서 또는 도화를 가리키고, 권리·의무에 관한 문서라 함은 권리의무의 발생·변경·소멸에 관한 사항이 기재된 것을 말하며, 사실증명에 관한 문서는 권리·의무에 관한 문서 이외의 문서로서 거래상 중요한 사실을 증명하는 문서를 의미한다. 그리고 거래상 중요한 사실을 증명하는 문서는, 법률관계의 발생·존속·변경·소멸의 전후과정을 증명하는 것이 주된 취지인 문서뿐만 아니라 직접적인 법률관계에 단지 간접적으로만 연관된 의사표시 내지 권리·의무의 변동에 사실상으로만 영향을 줄 수 있는 의사표시를 내용으로 하는 문서도 포함될 수 있다고 할 것인데, 이에 해당하는지 여부는 문서의 제목만을 고려할 것이 아니라 문서의 내용과 더불어 문서 작성자의 의도, 그 문서가 작성된 개관적인 상황, 문서에 적시된 사항과 그 행사가 예정된 상대방과의 관계 등을 종합적으로 고려하여 판단하여야 한다(대법원 2009. 4. 23. 선고 2008도8527 판결 참조).

232-3. 주식회사 지배인이 권한을 남용하여 허위로 회사명의 문서를 작성한 경우, 사문서위조 또는 자격모용사문서작성죄에 해당하는지 여부(소극) [대법원 2010. 5. 13. 선고, 2010도1040]

【판결요지】

원래 주식회사의 지배인은 회사의 영업에 관하여 재판상 또는 재판 외의 모든 행위를 할 권한이 있으므로, 지배인이 직접 주식회사 명의 문서를 작성하는 행위는 위조나 자격모용사문서작성에 해당하지 않는 것이 원칙이고, 이는 그 문서의 내용이 진실에 반하는 허위이거나 권한을 남용하여 자기 또는 제3자의 이익을 도모할 목적으로 작성된 경우에도 마찬가지이다.

1. 대표 또는 대리명의로 문서를 작성할 권한을 가진 자가 이를 남용하여 문서를 작성한 경우(소극) [대법원 2007. 10. 11. 선고, 2007도5838]

【판시사항】

[1] 대표 또는 대리명의로 문서를 작성할 권한을 가진 자가 이를 남용하여 문서를 작성한 경우, 자격모용 사문서작성죄의 성립 여부(소극)

[2] 토지매수권한을 위임받은 대리인이 매도인측 대표자와 공모하여 매매대금 일부를 착복하기로 하고 위임받은 특정 매매금액보다 낮은 금액을 허위로 기재한 매매계약서를 작성한 경우, 자격모용 사문서작성죄를 구성하지 않는다.

【판결요지】

[1] 자격모용 사문서작성죄를 구성하는지 여부는 그 문서를 작성함에 있어 타인의 자격을 모용하였는지 아닌지의 형식에 의하여 결정하여야 하고, 그 문서의 내용이 진실한지 아닌지는 이에 아무런 영향을 미칠 수 없으므로, 타인의 대표자 또는 대리자가 그 대표 또는 대리명의로 문서를 작성할 권한을 가지는 경우에 그 지위를 남용하여 단순히 자기 또는 제3자의 이익을 도모할 목적으로 문서를 작성하였다 하더라도 자격모용 사문서작성죄는 성립하지 아니한다.

232-4. 대표이사로부터 권한을 위임받은 사람이 회사 명의로 문서를 작성하는 행위가 적법하기 위한 요건(=개별적·구체적 위임 또는 승낙) [대법원 2008. 11. 27. 선고, 2006도2016]

【판결요지】

주식회사의 적법한 대표이사라 하더라도 그 권한을 포괄적으로 위임하여 다른 사람으로 하여금 대표이사의 업무를 처리하게 하는 것은 허용되지 않는다. 따라서 대표이사로부터 포괄적으로 권한 행사를 위임받은 사람이 주식회사 명의로 문서를 작성하는 행위는 원칙적으로 권한 없는 사람의 문서 작성행위로서 자격모용사문서작성 또는 위조에 해당하고, 대표이사로부터 개별적·구체적으로 주식회사 명의의 문서 작성에 관하여 위임 또는 승낙을 받은 경우에만 예외적으로 적법하게 주식회사 명의로 문서를 작성할 수 있다.

232-5. 주주총회 의장의 선임에 관한 법령 및 정관의 규정을 준수하지 않고 대주주가 임시의장이 되어 임시주주총회 의사록을 작성한 경우(소극) [대법원 2008. 6. 26. 선고, 2008도1044]

【판시사항】

주주총회 의장의 선임에 관한 법령 및 정관의 규정을 준수하지 않고 대주주가 임시의장이 되어 임시주주총회 의사록을 작성한 사안에서, 해당 주주총회 결의가 유효함을 전제로 의장의 지위에 관한 자격모용사문서작성죄 및 동행사죄의 성립을 부정한 사례

【이 유】

특히 위 회사의 정관에는 대표이사가 주주총회를 소집하고 의장이 되며, 대표이사 유고시에는 이사회에서 선임한 다른 이사가 이를 대행하도록 규정되어 있는 사실, 그런데 위 임시주주총회일인 2002. 1. 2. 당시 위 회사의 법인등기부상 대표이사는 공소외 6이었지만 그는 이미 사망한 사실 등을 인정한 다음, 피고인이 임시의장으로서 이사 및 감사의 해임, 선임을 결의한 내용으로 임시주주총회 의사록을 작성한 것이 위 정관의 규정에 어긋나는 것이기는 하지만, 위 주주총회 결의가 유효하다고 보는 이상, 위 회사 주식의 과반수를 소유한 대주주로서 그 유효한 결의가 있었던 주주총회에 유일하게 참석한 것으로 기재되어 있는 피고인에게 그 주주총회의 의사진행권한

을 가진 의장의 자격이 없다고 할 수 없고, 따라서 피고인이 위 주주총회 의사록을 작성함에 있어 의장의 자격을 모용하였다고 할 수는 없다.

232-6. 자격모용에의한사문서작성죄에 있어서 '행사할 목적'과 고의의 의미 [대법원 2007. 7. 27. 선고, 2006도2330]

【판시사항】
[1] 자격모용에 의한 사문서작성죄에 있어서 '행사할 목적'과 고의의 의미
[2] 재건축조합의 조합장이 아닌 사람이 재건축조합 조합장의 직함을 사용하여 재건축사업에 관한 계약서를 작성하였다면, 계약의 상대방이 자격모용사실을 알고 있었다거나 그 계약서에 조합장의 직인이 아닌 다른 인장을 날인하였더라도 자격모용에 의한 사문서작성죄의 범의와 행사의 목적이 인정된다고 본 사례

【판결요지】
자격모용에 의한 사문서작성죄는 행사할 목적으로 타인의 자격을 모용하여 권리·의무 또는 사실증명에 관한 문서를 작성함으로써 성립하는 것인바, 여기에서 **'행사할 목적'** 이라 함은 다른 <u>사람으로 하여금 그 문서가 정당한 권한에 기하여 작성된 것으로 오신하게 할 목적을 말하므로, 사문서를 작성하는 자가 다른 사람의 대리인 또는 대표자로서의 자격을 모용하여 문서를 작성한 다는 것을 인식·용인하면서 이를 진정한 문서로서 어떤 효용에 쓸 목적으로 사문서를 작성하였다면, 자격모용에 의한 사문서작성죄의 행사의 목적과 고의가 있는 것으로 보아야 한다.</u>

---

1. 교단이 분열된 후 선출된 회장이 분열 전 교단의 회장 자격으로 사문서를 작성, 제출한 경우(속극)
   [대법원 1996. 7. 12. 선고, 93도2628]
   【판결요지】
자격모용사문서작성죄가 성립하기 위하여는 행사할 목적 이외에 정당한 대표권이나 대리권이 없음을 알고도 마치 대표권이나 대리권이 있는 것처럼 가장하여 타인의 자격을 모용한다는 인식 즉 범의가 있어야 할 것인데, 교단이 한국천부교전도관부흥협회와 한국예수교전도관부흥협회로 분열됨으로써 위 각 분열된 교단 모두 원래의 교단과의 동일성을 상실하게 되었다고 하더라도 피고인 등은 자신들이 소속한 한국예수교전도관부흥협회가 원래의 교단의 교리를 따르고 있었으므로 동 교단이 동일성을 그대로 유지한다고 믿었을 것이라고 보이고, 그렇다면 위 한국예수교전도관부흥협회의 회장으로 선출된 피고인이 이 사건 진정서 등을 작성, 제출할 당시 타인의 자격을 모용한다는 범의가 있었다고 보기 어렵다.

232-7. 종중 대표자 등 임원 선임결의가 무효인 경우(소극) [대법원 2007. 7. 26. 선고, 2005도4072]
【판시사항】
[1] 종중의 대표자 등 임원 선임결의가 무효인 경우
[2] 종중의 신임 대표자 등이 선임되고 전임 대표자에 대한 직무집행정지가처분결정이 있은 후 위 가처분결정이 취소된 경우
[3] 종중의 신임 대표자 등이 선임되고 전임 대표자에 대한 직무집행정지가처분결정이 있은 후

위 가처분결정이 취소된 경우

【판결요지】

[1] 종중의 대표자 등 임원 선임결의가 무효인 경우, 전임 이사들이 계속 종전 그 직무를 수행하면서 임원 자격으로 작성한 이사회 의사록 등은 자격을 모용하여 작성한 문서가 아니다.

[2] 종중의 신임 대표자 등이 선임되고 전임 대표자에 대한 직무집행정지가처분결정이 있은 후 위 가처분결정이 취소된 경우, 신임 대표자 선임결의가 무효라 하더라도 전임 대표자가 위 가처분결정을 알면서 가처분결정시부터 취소시 사이에 대표자 자격으로 작성한 이사회 의사록 등은 자격을 모용하여 작성한 문서라.

[3] 종중의 신임 대표자 등이 선임되고 전임 대표자에 대한 직무집행정지가처분결정이 있은 후 위 가처분결정이 취소된 경우, 위 선임결의가 무효라면 종전 임원의 위 가처분결정 이전에 작성한 이사회 의사록은 '자격을 모용하여 작성한 문서'가 아니고, 이를 위 가처분결정 이후에 행사하였다고 하더라도 자격모용작성사문서행사죄가 성립하지 않는다.

232-8. 사문서 작성명의인이 사망한 자인 경우 자격모용사문서작성죄나 그 행사죄의 성부(소극)
[대법원 1992. 12. 24. 선고, 92도2322]

【판결요지】

사문서의 작성명의인이 이미 사망한 자인 경우에는 그 문서의 작성일자가 명의인의 생존중의 일자로 된 경우가 아니면 사문서위조죄나 그 행사죄를 구성하지 않는 것이며, 이는 자격모용사문서작성죄나 그 행사죄에 있어서도 마찬가지이다.

232-9. 양식계의 계장이나 그 직무를 대행하는 자가 아닌 자가 양식계의 계장 명의의 내수면사용동의 신청서를 자신의 이름으로 작성하고 행사한 경우(적극) [대법원 1991. 10. 8. 선고, 91도1703]

【판결요지】

양식계의 계장이나 그 직무를 대행하는 자가 아닌 자가 양식계의 계장 명의의 내수면사용동의신청서 하단의 계장란에 자신의 이름을 쓰게하고 그 옆에 자신의 도장을 날인하여 사실증명에 관한 문서인 위 내수면사용동의신청서 1매를 작성하고 이를 행사하였다면 이는 자격모용에 의한 사문서작성, 동행사죄에 해당한다.

제232조의2[사전자기록위작·변작]

> 제232조의2(사전자기록위작·변작) 사무처리를 그르치게 할 목적으로 권리·의무 또는 사실증명에 관한 타인의 전자기록등 특수매체기록을 위작 또는 변작한 자는 5년 이하의 징역 또는 1천만원 이하의 벌금에 처한다. [본조신설 1995. 12. 29.]

232의2-1. 사전자기록위작·변작죄에서 '사무처리를 그르치게 할 목적'의 의미 [대법원 2008. 6. 12. 선고, 2008도938]

【판시사항】

[1] 사전자기록위작·변작죄에서 '사무처리를 그르치게 할 목적'의 의미

[2] 새마을금고 직원이 위 금고의 전 이사장에 대한 채권확보를 위해 금고의 예금 관련 컴퓨터 프로그램에 전 이사장 명의의 예금계좌 비밀번호를 동의 없이 입력하여 위 예금계좌에 입금된 상조금을 위 금고의 가수금계정으로 이체한 사안에서, 사전자기록위작·변작죄의 '사무처리를 그르치게 할 목적'을 인정할 수 없다.

【판결요지】

[1] 형법 제232조의2에 정한 전자기록은 그 자체로서 객관적·고정적 의미를 가지면서 독립적으로 쓰이는 것이 아니라 개인 또는 법인이 전자적 방식에 의한 정보의 생성·처리·저장·출력을 목적으로 구축하여 설치·운영하는 시스템에서 쓰임으로써 예정된 증명적 기능을 수행하는 것이므로, '사무처리를 그르치게 할 목적'이란 위작 또는 변작된 전자기록이 사용됨으로써 위와 같은 시스템을 설치·운영하는 주체의 사무처리를 잘못되게 하는 것을 말한다.

[2] 새마을금고의 예금 및 입·출금 업무를 총괄하는 직원이 전 이사장 명의 예금계좌로 상조금이 입금되자 전 이사장에 대한 금고의 채권확보를 위해 내부 결재를 받아 금고의 예금 관련 컴퓨터 프로그램에 접속하여 전 이사장 명의 예금계좌의 비밀번호를 동의 없이 입력한 후 위 금원을 위 금고의 가수금계정으로 이체한 사안에서, 위 금고의 내부규정이나 여신거래기본약관의 규정에 비추어 이는 위 금고의 업무에 부합하는 행위로서 피해자의 비밀번호를 임의로 사용한 잘못이 있다고 하더라도 사전자기록위작·변작죄의 '사무처리를 그르치게 할 목적'을 인정할 수 없다.

> 1. 인터넷 포털사이트에 개설한 카페의 설치·운영 주체로부터 글쓰기 권한을 부여받은 사람이 위 카페에 접속하여 자신의 아이디로 허위내용의 글을 작성·게시한 경우(소극) [대법원 2008. 4. 24. 선고, 2008도294]
> 【판시사항】
> 인터넷 포털사이트에 개설한 카페의 설치·운영 주체로부터 글쓰기 권한을 부여받은 사람이 위 카페에 접속하여 자신의 아이디로 허위내용의 글을 작성·게시한 사안에서, 위 카페의 설치·운영 주체의 사무처리를 그르치게 할 목적을 인정하기 어렵다.

232의2-2. 컴퓨터의 기억장치 중 하나인 램(RAM)에 올려진 전자기록이 사전자기록위작·변작죄에서 말하는 권리의무 또는 사실증명에 관한 타인의 전자기록 등 특수매체기록에 해당하는지 여부(적극) [대법원 2003. 10. 9. 선고, 2000도4993]

【판시사항】

[1] 컴퓨터의 기억장치 중 하나인 램(RAM, Random Access Memory)에 올려진 전자기록이 형법 제232조의2의 사전자기록위작 · 변작죄에서 말하는 권리의무 또는 사실증명에 관한 타인의 전자기록 등 특수매체기록에 해당하는지 여부(적극)

[2] 원본파일의 변경까지 초래하지는 아니하였으나 램에 올려진 전자기록에 허구의 내용을 권한 없이 수정입력한 경우, 그 자체로 사전자기록변작죄의 기수에 이르렀다.

【판결요지】

[1] 형법 제232조의2의 사전자기록위작 · 변작죄에서 말하는 권리의무 또는 사실증명에 관한 타인의 전자기록 등 특수매체기록이라 함은 일정한 저장매체에 전자방식이나 자기방식에 의하여 저장된 기록을 의미한다고 할 것인데, 비록 컴퓨터의 기억장치 중 하나인 램(RAM, Random Access Memory)이 임시기억장치 또는 임시저장매체이기는 하지만, 형법이 전자기록위 · 변작죄를 문서위 · 변조죄와 따로 처벌하고자 한 입법취지, 저장매체에 따라 생기는 그 매체와 저장된 전자기록 사이의 결합강도와 각 매체별 전자기록의 지속성의 상대적 차이, 전자기록의 계속성과 증명적 기능과의 관계, 본죄의 보호법익과 그 침해행위의 태양 및 가벌성 등에 비추어 볼 때, 위 램에 올려진 전자기록 역시 사전자기록위작 · 변작죄에서 말하는 전자기록 등 특수매체기록에 해당한다.

[2] 램에 올려진 전자기록은 원본파일과 불가분적인 것으로 원본파일의 개념적 연장선상에 있는 것이므로, 비록 원본파일의 변경까지 초래하지는 아니하였더라도 이러한 전자기록에 허구의 내용을 권한 없이 수정입력한 것은 그 자체로 그러한 사전자기록을 변작한 행위의 구성요건에 해당된다고 보아야 할 것이며 그러한 수정입력의 시점에서 사전자기록변작죄의 기수에 이르렀다.

제233조[허위진단서등의 작성]

> 제233조(허위진단서등의 작성) 의사, 한의사, 치과의사 또는 조산사가 진단서, 검안서 또는 생사에 관한 증명서를 허위로 작성한 때에는 3년 이하의 징역이나 금고, 7년 이하의 자격정지 또는 3천만원 이하의 벌금에 처한다. [전문개정 1995. 12. 29.]

233-1. 허위진단서작성죄의 성립요건 [대법원 2017. 11. 9. 선고, 2014도15129]

【판시사항】

[1] 허위진단서작성죄의 성립요건

[2] 의사가 진단서에 환자에 대한 진단 결과 또는 향후 치료 의견 등을 함께 제시하고 그와 결합하여 수형생활 또는 수감생활의 가능 여부에 대하여 판단한 경우, 그 전체가 환자의 건강상태를 나타내고 있는 의료적 판단에 해당하는지 여부(적극)

【판결요지】

[1] 형법 제233조는 의사가 진단서를 허위로 작성한 경우에 처벌하도록 규정하고 있다. 여기서 진단서는 의사가 진찰의 결과에 관한 판단을 표시하여 사람의 건강상태를 증명하기 위하여 작성하는 문서를 말한다. 허위진단서작성죄는 원래 허위의 증명을 금지하려는 것이므로, 진단서의 내용이 실질상 진실에 반하는 기재여야 할 뿐 아니라 그 내용이 허위라는 의사의 주관적 인식이 필요하며, 그러한 인식은 미필적 인식으로도 충분하나, 이에 대하여는 검사가 증명책임을 진다.

[2] 허위진단서 작성에 해당하는 허위의 기재는 사실에 관한 것이건 판단에 관한 것이건 불문하므로, 현재의 진단명과 증상에 관한 기재뿐만 아니라 현재까지의 진찰 결과로서 발생 가능한 합병증과 향후 치료에 대한 소견을 기재한 경우에도 그로써 환자의 건강상태를 나타내고 있는 이상 허위진단서 작성의 대상이 될 수 있다.

진단서에는 의료법 시행규칙 제9조 제1항, 제2항에서 정한 사항을 반드시 기재하여야 하나 그 밖의 사항은 반드시 기재하여야 하는 것이 아니다. 그리고 형사소송법 제471조 제1항 제1호에서 정하고 있는 형집행정지의 요건인 '형의 집행으로 인하여 현저히 건강을 해할 염려가 있는 때'에 해당하는지에 대한 판단은 검사가 직권으로 하는 것이고, 그러한 판단 과정에 의사가 진단서 등으로 어떠한 의견을 제시하였더라도 검사는 그 의견에 구애받지 아니하며, 검사의 책임하에 규범적으로 형집행정지 여부의 판단이 이루어진다. 그렇지만 이 경우에 의사가 환자의 수형(受刑)생활 또는 수감(收監)생활의 가능 여부에 관하여 기재한 의견이 환자의 건강상태에 기초한 향후 치료 소견의 일부로서 의료적 판단을 기재한 것으로 볼 수 있다면, 이는 환자의 건강상태를 나타내고 있다는 점에서 허위진단서 작성의 대상이 될 수 있다. 따라서 의사가 진단서에 단순히 환자의 수형생활 또는 수감생활의 가능 여부에 대한 의견만 기재한 것이 아니라, 그 판단의 근거로 환자에 대한 진단 결과 또는 향후 치료 의견 등을 함께 제시하였고 그와 결합하여 수형생활 또는 수감생활의 가능 여부에 대하여 판단한 것이라면 그 전체가 환자의 건강상태를 나타내고 있는 의료적 판단에 해당한다. 그리고 그러한 판단에 결합된 진단 결과 또는 향후 치료 의견이 허위라면 수형생활 또는 수감생활의 가능 여부에 대한 판단 부분도 허위라고 할 수 있다. 그러나 그러한 판단에 결합된 진단 결과 내지 향후 치료 의견이 허위가 아니라면, 수형생활 또는 수감생활의 가능 여부에 관한 판단을 허위라고 할 수 있기 위해서는 먼저 환자가 처한 구체적이고 객관적인 수형생활 또는 수감생활의 실체를 확정하고 위 판단에 결합된 진단 결과 내지 향후 치료 의견에 의한 환자의 현재 및 장래 건강상태를 거기에 비추어 보아 환자의 실제 수형생활 또는 수감생활 가능 여부가 위 판단과 다르다는 것이 증명되어야 하고 또한 그에 대한 의사의 인식이 인정될 수 있어야 한다.

---

1. 의사가 진찰결과 알게 된 건강상태를 증명하기 위하여 작성한 소견서(적극) [대법원 1990. 3. 27. 선고, 89도2083]

【판시사항】

[1] 의사가 진찰결과 알게 된 건강상태를 증명하기 위하여 작성한 소견서가 허위진단서작성죄의 객체인 진단서에 해당하는지 여부(적극)

[2] 허위진단서작성죄의 성립요건

【판결요지】

[1] 형법 제233조의 허위진단서작성죄에 있어서 진단서라 함은 의사가 진찰의 결과에 관한 판단을 표시하여 사람의 건강상태를 증명하기 위하여 작성하는 문서를 말하는 것이므로, 비록 그 문서의 명칭이 소견서로 되어 있더라도 그 내용이 의사가 진찰한 결과 알게 된 병명이나 상처의 부위, 정도 또는 치료기간 등의 건강상태를 증명하기 위하여 작성된 것이라면 위 진단서에 해당되는 것이다.

[2] 허위진단서작성죄에 있어서 허위의 기재는 사실에 관한 것이건 판단에 관한 것이건 불문하는 것이나, 본죄는 원래 허위의 증명을 금지하려는 것이므로 그 내용이 허위라는 의사의 주관적 인식이 필요함은 물론, 실질상 진실에 반하는 기재일 것이 필요하다.

---

2. 허위진단서작성죄의 성립요건 [대법원 2006. 3. 23. 선고, 2004도3360]

형법 제233조의 허위진단서작성죄가 성립하기 위하여는 진단서의 내용이 실질상 진실에 반하는 기재여야 할 뿐 아니라 그 내용이 허위라는 의사의 주관적 인식이 필요하고, 의사가 주관적으로 진찰을 소홀히 한다던가 착오를 일으켜 오진한 결과로 객관적으로 진실에 반한 진단서를 작성하였다면 허위진단서작성에 대한 인식이 있다고 할 수 없으므로 허위진단서작성죄가 성립하지 아니한다 (대법원 1976. 2. 10. 선고 75도1888 판결, 1990. 3. 27. 선고 89도2083 판결 등 참조).

233-2. 허위진단서작성죄의 객체인 '진단서'의 의미와 그 판단 기준 [대법원 2013. 12. 12. 선고, 2012도3173]

【판시사항】

[1] 허위진단서작성죄의 객체인 '진단서'의 의미와 그 판단 기준

[2] 의사인 피고인이 환자의 인적사항, 병명, 입원기간 및 그러한 입원사실을 확인하는 내용이 기재된 '입퇴원 확인서'를 허위로 작성하였다고 하여 허위진단서작성으로 기소된 사안에서, 위 '입퇴원 확인서'는 허위진단서작성죄에서 규율하는 진단서로 보기 어려운데도, 이와 달리 보아 유죄를 인정한 원심판결에 법리오해의 위법이 있다.

【판결요지】

[1] 형법 제233조의 허위진단서작성죄에서 '진단서'란 의사가 진찰의 결과에 관한 판단을 표시하여 사람의 건강상태를 증명하기 위하여 작성하는 문서를 말하고, 위 조항에서 규율하는 진단서에 해당하는지 여부는 서류의 제목, 내용, 작성목적 등을 종합적으로 고려하여 판단하여야 한다.

[2] 의사인 피고인이 환자의 인적사항, 병명, 입원기간 및 그러한 입원사실을 확인하는 내용이 기재된 '입퇴원 확인서'를 허위로 작성하였다고 하여 허위진단서작성으로 기소된 사안에서, 위 **'입퇴원 확인서'는 문언의 제목, 내용 등에 비추어 의사의 전문적 지식에 의한 진찰이 없더라도 확인 가능한 환자들의 입원 여부 및 입원기간의 증명이 주된 목적인 서류로서 환자의 건강상태를 증명하기 위한 서류라고 볼 수 없어 허위진단서작성죄에서 규율하는 진단서로 보기 어렵다.**

233-3. 공무원인 의사가 공무소의 명의로 허위진단서를 작성한 경우의 죄책 [대법원 2004. 4. 9. 선고, 2003도7762]

【판결요지】

형법이 제225조 내지 제230조에서 공문서에 관한 범죄를 규정하고, 이어 제231조 내지 제236조에서 사문서에 관한 범죄를 규정하고 있는 점 등에 비추어 볼 때 형법 제233조 소정의 허위진단서작성죄의 대상은 공무원이 아닌 의사가 사문서로서 진단서를 작성한 경우에 한정되고, 공무원인 의사가 공무소의 명의로 허위진단서를 작성한 경우에는 허위공문서작성죄만이 성립하고 허위진단서작성죄는 별도로 성립하지 않는다.

233-4. 허위진단서 작성의 교사죄가 인정되는 사례 [대법원 1967. 1. 24. 선고, 66도1586]

【판결요지】

의사 아닌 자를 교사하여 의사와 공모하여 허위진단서를 작성케 하면 교사죄가 성립한다.

제236조[사문서의 부정행사]

> 제236조(사문서의 부정행사) 권리 · 의무 또는 사실증명에 관한 타인의 문서 또는 도화를 부정행사한 자는 1년 이하의 징역이나 금고 또는 300만원 이하의 벌금에 처한다. 〈개정 1995. 12. 29.〉

236-1. 사문서부정행사죄의 성립요건 [대법원 2007. 3. 30. 선고, 2007도629]

【판시사항】

[1] 사문서부정행사죄의 성립요건

[2] 실질적인 채권채무관계 없이 당사자 간의 합의로 작성한 '차용증 및 이행각서'를 이용하여 대여금청구소송을 제기하면서 이를 법원에 제출한 경우, 사문서부정행사죄에 해당하지 않는다고 본 사례

【판결요지】

[1] 형법 제236조 소정의 사문서부정행사죄는 사용권한자와 용도가 특정되어 작성된 권리의무 또는 사실증명에 관한 타인의 사문서 또는 사도화를 사용권한 없는 자가 사용권한이 있는 것처럼 가장하여 부정한 목적으로 행사하거나 또는 권한 있는 자라도 정당한 용법에 반하여 부정하게 행사하는 경우에 성립한다.

[2] 실질적인 채권채무관계 없이 당사자 간의 합의로 작성한 '차용증 및 이행각서'는 그 작성명의인들이 자유의사로 작성한 문서로 그 사용권한자가 특정되어 있다고 할 수 없고 또 그 용도도 다양하므로, 설령 피고인이 그 작성명의인들의 의사에 의하지 아니하고 위 '차용증 및 이행각서'상의 채권이 실제로 존재하는 것처럼 그 지급을 구하는 민사소송을 제기하면서 소지하고 있던 위 '차용증 및 이행각서'를 법원에 제출하였다고 하더라도 그것이 사문서부정행사죄에 해당하지 않는다.

---

1. 실효된 동업약정서를 증거로 제출하는 것이 사문서의 부정행사죄에 있어서의 부정행사가 되는지 여부(소극) [대법원 1978. 2. 14. 선고, 77도2645]

【판결요지】

형법 제236조 소정의 사문서부정행사죄에 있어서 부정행사란 사용할 권한없는 자가 문서명의자로 가장 행세하여 이를 사용하거나 또는 사용할 권한이 있더라도 그 문서를 본래의 작성목적 이외의 다른 사실을 직접 증명하는 용도에 이를 사용하는 것을 말하므로 실효된 문서를 증거로 제출하는 행위는 부정행사에 해당하지 아니한다.

---

2. 증거로서 사문서를 법원에 제출하는 행위가 사문서의 부정행사에 해당되는지 여부(소극) [대법원 1985. 5. 28. 선고, 84도2999]

【판결요지】

사문서부정행사죄에 있어서의 부정사용이란 사문서를 사용할 권원없는 자가 그 문서명의자로 가장행세하여 이를 사용하거나 또는 사용할 권원이 있다 하더라도 문서를 본래의 작성 목적 이외의 다른 사실

을 직접 증명하는 용도에 이를 사용하는 것을 말하는 것이므로 현금보관증이 자기 수중에 있다는 사실 자체를 증명키 위하여 증거로서 법원에 제출하는 행위는 사문서의 부정행사에 해당되지 아니한다.

236-2. 절취한 후불식 전화카드를 사용하여 공중전화를 건 행위가 사문서부정행사죄에 해당하는지 여부(적극) [대법원 2002. 6. 25. 선고, 2002도461]

【판결요지】

사용자에 관한 각종 정보가 전자기록되어 있는 자기띠가 카드번호와 카드발행자 등이 문자로 인쇄된 플라스틱 카드에 부착되어 있는 전화카드의 경우 그 자기띠 부분은 카드의 나머지 부분과 불가분적으로 결합되어 전체가 하나의 문서를 구성하므로, <u>전화카드를 공중전화기에 넣어 사용하는 경우 비록 전화기가 전화카드로부터 판독할 수 있는 부분은 자기띠 부분에 수록된 전자기록에 한정된다고 할지라도, 전화카드 전체가 하나의 문서로서 사용된 것으로 보아야 하고 그 자기띠 부분만 사용된 것으로 볼 수는 없으므로 절취한 전화카드를 공중전화기에 넣어 사용한 것은 권리의무에 관한 타인의 사문서를 부정행사한 경우에 해당한다.</u>

제237조의2[복사문서등]

제237조의2(복사문서등) 이 장의 죄에 있어서 전자복사기, 모사전송기 기타 이와 유사한 기기를 사용하여 복사한 문서 또는 도화의 사본도 문서 또는 도화로 본다. [본조신설 1995. 12. 29.]

237의2-1. 타인의 주민등록증을 복사기와 컴퓨터를 이용하여 전혀 별개의 주민등록증사본을 창출시킨 경우(적극) [대법원 2004. 10. 28. 선고, 2004도5183]

【판시사항】

[1] 문서의 재사본이 문서위조죄의 객체인 문서에 해당하는지 여부(적극) 및 진정한 문서의 사본을 복사하면서 일부 조작을 가한 경우 문서위조죄의 성립 여부(적극)

[2] 타인의 주민등록증을 복사기와 컴퓨터를 이용하여 전혀 별개의 주민등록증사본을 창출시킨 경우, 공문서위조 및 행사죄에 해당한다.

【이 유】

형법 제237조의2에 따라 전자복사기, 모사전송기 기타 이와 유사한 기기를 사용하여 복사한 문서의 사본도 문서원본과 동일한 의미를 가지는 문서로서 이를 다시 복사한 문서의 재사본도 문서위조죄 및 동 행사죄의 객체인 문서에 해당한다 할 것이고, 진정한 문서의 사본을 전자복사기를 이용하여 복사하면서 일부 조작을 가하여 그 사본 내용과 전혀 다르게 만드는 행위는 공공의 신용을 해할 우려가 있는 별개의 문서사본을 창출하는 행위로서 문서위조 행위에 해당한다 (대법원 2000. 9. 5. 선고 2000도2855 판결 등 참조).

피고인이 타인의 주민등록증을 이용하여 주민등록증상 이름과 사진을 하얀 종이로 가린 후 복사기로 복사를 하고, 다시 컴퓨터를 이용하여 위조하고자 하는 당사자의 인적사항과 주소, 발급일자를 기재한 후 덮어쓰기를 하여 이를 다시 복사하는 방식으로 전혀 별개의 주민등록증사본을 창출시킨 사실을 인정한 다음, 그 사본 또한 공문서위조 및 행사죄의 객체가 되는 공문서에 해당한다.

---

1. 타인의 주민등록증사본의 사진란에 자신의 사진을 붙여 복사하여 행사한 행위(적극) [대법원 2000. 9. 5. 선고, 2000도2855]

【판시사항】

[1] 전사복사기 등을 사용하여 복사한 문서의 사본을 다시 복사한 문서의 재사본이 문서위조죄 및 동 행사죄의 객체인 문서에 해당하는지 여부(적극) 및 진정한 문서의 사본을 전자복사기를 이용하여 복사하면서 일부 조작을 가하여 그 사본 내용과 전혀 다르게 만드는 행위가 문서위조행위에 해당하는지 여부(적극)

[2] 타인의 주민등록증사본의 사진란에 자신의 사진을 붙여 복사하여 행사한 행위가 공문서위조죄 및 동행사죄에 해당한다.

【판결요지】

[1] 형법 제237조의2에 따라 전자복사기, 모사전송기 기타 이와 유사한 기기를 사용하여 복사한 문서의 사본도 문서원본과 동일한 의미를 가지는 문서로서 이를 다시 복사한 문서의 재사본도 문서위조죄 및 동 행사죄의 객체인 문서에 해당한다 할 것이고, 진정한 문서의 사본을 전자복사기를 이용하여 복사하면서 일부 조작을 가하여 그 사본 내용과 전혀 다르게 만드는 행위는 공공의 신용을 해할 우려가 있는 별개의 문서사본을 창출하는 행위로서 문서위조행위에 해당한다.

제21장 인장에 관한 죄

제238조[공인 등의 위조, 부정사용]

제238조(공인 등의 위조, 부정사용) ① 행사할 목적으로 공무원 또는 공무소의 인장, 서명, 기명 또는 기호를 위조 또는 부정사용한 자는 5년 이하의 징역에 처한다.
② 위조 또는 부정사용한 공무원 또는 공무소의 인장, 서명, 기명 또는 기호를 행사한 자도 전항의 형과 같다.
③ 전 2항의 경우에는 7년 이하의 자격정지를 병과할 수 있다.

238-1. 행사할 목적으로 자동차등록번호판을 위조한 경우, 공기호위조죄가 성립하는지 여부(적극) 및 이때 '행사할 목적'의 의미 [대법원 2016. 4. 29. 선고, 2015도1413]

【판시사항】

형법 제238조 제1항에 의하면 행사할 목적으로 공기호인 자동차등록번호판을 위조한 경우에 공기호위조죄가 성립하고, 여기서 '행사할 목적' 이란 위조한 자동차등록번호판을 마치 진정한 것처럼 그 용법에 따라 사용할 목적을 말한다. 또한 '위조한 자동차등록번호판을 그 용법에 따라 사용할 목적' 이란 위조한 자동차등록번호판을 자동차에 부착하여 운행함으로써 일반인으로 하여금 자동차의 동일성에 관한 오인을 불러일으킬 수 있도록 하는 것을 말한다.

1. 절취한 자동차번호판을 다른 차량에 부착 운행이 부정사용공기호행사죄에 해당하는지 여부(적극) [대법원 1997. 7. 8. 선고, 96도3319]

【판시사항】

[1] 공기호부정사용과 부정사용공기호행사의 의미
[2] 절취한 자동차번호판을 다른 차량에 부착하고 운행한 것이 부정사용공기호행사죄에 해당하는지 여부(적극)

【판결요지】

[1] 형법 제238조 제1항에서 규정하고 있는 공기호인 자동차등록번호판의 부정사용이라 함은 진정하게 만들어진 자동차등록번호판을 권한 없는 자가 사용하든가, 권한 있는 자라도 권한을 남용하여 부당하게 사용하는 행위를 말하는 것이고, 같은 조 제2항에서 규정하고 있는 그 행사죄는 부정사용한 공기호인 자동차등록번호판을 마치 진정한 것처럼 그 용법에 따라 사용하는 행위를 말하는 것으로 그 행위개념을 달리하고 있다.

[2] 부정사용한 공기호인 자동차등록번호판의 용법에 따른 사용행위인 행사라 함은 이를 자동차에 부착하여 운행함으로써 일반인으로 하여금 자동차의 동일성에 관한 오인을 불러일으킬 수 있는 상태 즉 그것이 부착된 자동차를 운행함을 의미한다고 할 것이고, 그 운행과는 별도로 부정사용한 자동차등록번호판을 타인에게 제시하는 등 행위가 있어야 그 행사죄가 성립한다고 볼 수 없다.

2. 어떤 자동차의 등록번호판을 다른 자동차에 부착하는 행위 자체만으로 자동차등록번호판의 부정사용에 해당하는지 여부(적극) [대법원 2006. 9. 28. 선고, 2006도5233]

【판결요지】

자동차관리법 제71조에 규정하고 있는 자동차등록번호판의 부정사용이라 함은 진정하게 만들어진 자동차등록번호판을 권한 없는 자가 사용하든가, 권한 있는 자라도 권한을 남용하여 부당하게 사용하는 행위를 말하는 것으로서 (대법원 1997. 7. 8. 선고 96도3319 판결 참조), 어떤 자동차의 등록번호판을 다른 자동차에 부착하는 것은 그로 말미암아 일반인으로 하여금 자동차의 동일성에 관한 오인을 불러일으키는 행위이므로 그 자체만으로 자동차등록번호판의 부정사용에 해당한다 할 것이다.

238-2. 자동차관리법 제71조, 제78조가 형법 제238조 제1항 공기호부정사용죄의 특별법 관계인지 여부(소극) [대법원 1997. 6. 27. 선고, 97도1085]

【판결요지】

형법 제238조 제1항은 인장에 관한 죄의 한 태양으로서 인장·서명·기명·기호 등의 진정에 대한 공공의 신용, 즉 거래상의 신용과 안정을 그 보호법익으로 하고 있는 반면, 자동차관리법의 입법취지는 자동차를 효율적으로 관리하고 자동차의 성능과 안정을 확보함으로써 공공의 복리를 증진함을 그 목적으로 하고 있어(특히 같은 법 제78조, 제71조는 이러한 자동차의 효율적인 관리를 저해하는 행위를 규제하기 위한 것으로 보인다) 그 보호법익을 달리 하고 있을 뿐 아니라 그 주관적 구성요건으로서 형법상의 위 공기호부정사용죄는 고의와 더불어 '행사할 목적'이 있음을 요하는 반면 위 자동차관리법은 '행사할 목적'을 그 주관적 구성요건으로 하지 아니하고 있는 점에 비추어 보면, 자동차관리법 제78조, 제71조가 형법 제238조 제1항 소정의 공기호부정사용죄의 특별법 관계에 있다고는 보여지지 아니한다.

238-3. 택시미터기의 검정납봉을 임의로 재봉인 부착한 행위가 공기호부정사용에 해당하는지 여부(적극) [대법원 1982. 6. 8. 선고, 82도138]

【판결요지】

택시미터기의 수리는 계량법시행규칙에 의하여 검정의무가 면제되는 간이수리에 해당하나, 택시미터기에 적법하게 부착된 검정납봉의 봉인철사를 일단 절단한 후에는 소관 검정기관만이 이를 다시 부착할 수 있는 것이므로 피고인이 임의로 한 검정납봉 재봉인부착행위는 형법 제238조 제2항 소정의 공무소기호 부정사용에 해당한다.

238-4. 부정사용된 공기호행사죄에 있어서의 '행사' 의미 [대법원 1981. 12. 22. 선고, 80도1472]

【판결요지】

형법 제238조 제2항의 부정사용된 공기호의 행사죄는 부정사용된 공기호를 이를 진정한 것으로 임의로 공범자 이외의 자에게 보이는 등 사용하는 행위를 말하므로 이는 타인에 대한 외부적 행위이다. 따라서 허가량을 초과하여 벌채한 나무에 임산물 생산확인용 철제극인이 타기되었다고 하여도 동 나무를 산판에 적치하거나 반출하였다 하여 곧 공기호 행사죄가 되지 아니한다.

제239조[사인등의 위조, 부정사용]

제239조(사인등의 위조, 부정사용) ① 행사할 목적으로 타인의 인장, 서명, 기명 또는 기호를 위조 또는 부정사용한 자는 3년 이하의 징역에 처한다.
② 위조 또는 부정사용한 타인의 인장, 서명, 기명 또는 기호를 행사한 때에도 전항의 형과 같다.

239-1. 타인의 인장을 조각할 당시에 명의자로부터 명시적이거나 묵시적인 승낙 내지 위임을 받은 경우(소극) [대법원 2014. 9. 26. 선고, 2014도9213]

【판시사항】
형법 제239조 제1항의 사인위조죄는 그 명의인의 의사에 반하여 위법하게 행사할 목적으로 권한 없이 타인의 인장을 위조한 경우에 성립하므로, 타인의 인장을 조각할 당시에 그 명의자로부터 명시적이거나 묵시적인 승낙 내지 위임을 받았다면 인장위조죄가 성립하지 않는다고 할 것이다.

239-2. 완성되지 않은 문서에 권한 없는 자가 타인 서명 등을 기재한 경우, 문서 완성과 상관없이 서명 등 위조죄가 성립하는지 여부(적극) [대법원 2011. 3. 10. 선고, 2011도503]

【판시사항】
[1] 사서명 등 위조죄의 성립요건 및 일반인이 특정인의 진정한 서명 등으로 오신하기에 충분한 정도인지 판단하는 방법
[2] 완성되지 않은 문서에 권한 없는 자가 타인의 서명 등을 기재한 경우, 문서 완성과 상관없이 서명 등 위조죄가 성립하는지 여부(적극)
[3] 피고인이 타인 행세를 하며 피의자로서 조사를 받은 다음 경찰관에 의하여 작성된 피의자신문조서의 말미에 타인의 서명 및 무인을 하고, 타인의 이름이 기재된 수사과정확인서에 무인을 한 사안에서, 피고인에게 사서명 등 위조죄 및 위조사서명 등 행사죄의 유죄를 인정한 원심판단을 수긍한 사례

【이 유】
[1] 사서명 등 위조죄가 성립하기 위하여는 그 서명 등이 일반인으로 하여금 특정인의 진정한 서명 등으로 오신하게 할 정도에 이르러야 할 것이고, 일반인이 특정인의 진정한 서명 등으로 오신하기에 충분한 정도인지 여부는 그 서명 등의 형식과 외관, 작성경위 등을 고려하여야 할 뿐만 아니라 그 서명 등이 기재된 문서에 있어서의 서명 등 기재의 필요성, 그 문서의 작성경위, 종류, 내용 및 일반거래에 있어서 그 문서가 가지는 기능 등도 함께 고려하여 판단하여야 할 것이다.
[2] 한편 어떤 문서에 권한 없는 자가 타인의 서명 등을 기재하는 경우에는 그 문서가 완성되기 전이라도 일반인으로서는 그 문서에 기재된 타인의 서명 등을 그 명의인의 진정한 서명 등으로 오신할 수도 있으므로, 일단 서명 등이 완성된 이상 문서가 완성되지 아니한 경우에도 서명 등의 위조죄는 성립한다.

1. 사서명위조죄의 성립요건 및 수사서류에 대한 사서명위조·행사죄의 성립시기 [대법원 2005. 12. 23. 선고, 2005도4478]

【판시사항】

[1] 사서명위조죄의 성립요건 및 수사서류에 대한 사서명위조·행사죄의 성립시기

[2] 피고인이 음주운전 등으로 경찰서에서 조사를 받으면서 제3자로 행세하여 피의자신문조서의 진술자란에 제3자의 서명을 기재하였으나 그 이후 피고인의 간인이나 조사 경찰관의 서명날인 등이 완료되기 전에 그 서명위조 사실이 발각되었다고 하더라도 사서명위조죄 및 그 행사죄가 성립한다.

【이 유】

[1] 사서명위조죄가 성립하기 위해서는 그 서명이 일반인으로 하여금 특정인의 진정한 서명으로 오신하게 할 정도에 이르러야 할 것이고, 일반인이 특정인의 진정한 서명으로 오신하기에 충분한 정도인지 여부는 그 서명의 형식과 외관, 작성경위 등을 고려하여야 할 뿐만 아니라 그 서명이 기재된 문서에 있어서의 서명 기재의 필요성, 그 문서의 작성경위, 종류, 내용 및 일반거래에 있어서 그 문서가 가지는 기능 등도 함께 고려하여 판단하여야 할 것이지만, 한편 어떤 문서에 권한 없는 자가 타인의 서명을 기재하는 경우에는 그 문서가 완성되기 전이라도 일반인으로서는 그 문서에 기재된 타인의 서명을 그 명의인의 진정한 서명으로 오신할 수도 있으므로, 일단 서명이 완성된 이상 문서가 완성되지 아니한 경우에도 서명의 위조죄는 성립할 수 있는 것이다.

[2] 그리고 수사기관이 수사대상자의 진술을 기재한 후 진술자로 하여금 그의 면전에서 조서의 말미에 서명 등을 하도록 한 후 그 자리에서 바로 회수하는 수사서류의 경우에는, 그 진술자가 그 문서에 서명을 하는 순간 바로 수사기관이 열람할 수 있는 상태에 놓이게 되는 것이므로, 그 진술자가 마치 타인인 양 행세하며 타인의 서명을 기재한 경우 그 서명을 수사기관이 열람하기 전에 즉시 파기하였다는 등의 특별한 사정이 없는 이상 그 서명 기재와 동시에 위조사서명행사죄가 성립하는 것이며, 그와 같이 위조사서명행사죄가 성립된 직후에 수사기관이 위 서명이 위조된 것임을 알게 되었다고 하더라도 이미 성립한 위조사서명행사죄를 부정할 수 없다 할 것이다.

2. 사인(私印)위조죄의 성립요건 [대법원 2010. 1. 14. 선고, 2009도5929]

【판시사항】

[1] 사인(私印)위조죄의 성립요건

[2] 아파트 주민대표회 간부들이, 동대표로 당선된 공소외 甲이 사실은 대학을 졸업하지 않았음이 사립대학 교무처장 명의로 된 학력조회 회보서를 통해 확인되자, 甲의 허위학력 사실을 아파트 주민들에게 공고문 형식으로 알리면서 그 공고문의 신뢰성 제고를 위해 공고문 안에 대학 교무처장 명의의 직인을 함께 나타내어 사(私)인장인 위 직인을 위조하였다는 공소사실에 대하여, 위 직인을 대학 교무처장의 정당한 인장인 것처럼 가장하기 위해서 현출하였다거나 위 직인을 위조하여 행사할 의사가 있었다고 볼 수는 없다고 판단한 원심판결에 사인위조죄의 성립요건에 관한 법리오해의 위법이 있다.

【이 유】

[1] 사인위조죄가 성립하기 위해서는 그 인장이 일반인으로 하여금 특정인의 진정한 인장으로 오신하게 할 정도에 이르러야 할 것이고, 일반인이 특정인의 진정한 인장으로 오신하기에 충분한 정도인지 여부는 그 인장의 형식과 외관, 작성경위 등을 고려하여야 할 뿐만 아니라 그 인장이 현출된 문서 등에 있어서의 인장 현출의 필요성, 그 문서 등의 작성경위, 종류, 내용 및 일반거래에 있어서

그 문서 등이 가지는 기능 등도 함께 고려하여 판단하여야 할 것이다(대법원 2005. 12. 23. 선고 2005도4478 판결 참조).

239-3. 피의자가 피의자신문조서 말미의 서명날인란에 타인의 서명을 한 경우(적극) [대법원 2005. 7. 14. 선고, 2005도3357]

【판시사항】

피고인이 경찰에서 피의자로서 조사받으면서 자신의 형인 공소외인의 인적 사항을 밝히면서 자신이 공소외인인 것처럼 행세를 하고, 자신에 대한 피의자신문조서의 말미에 위 공소외인의 서명을 하여 수사기록에 편철하게 한 이 사건 범행에 대하여 사서명위조 및 동행사죄에 해당한다.

239-4. 사인위조죄가 형법 제6조 대한민국과 대한민국국민에 대한 국외범에 해당하는지 여부(소극) [대법원 2002. 11. 26. 선고, 2002도4929]

【판결요지】

형법 제239조 제1항의 사인위조죄는 형법 제6조의 대한민국 또는 대한민국국민에 대하여 범한 죄에 해당하지 아니하므로 중국 국적자가 중국에서 대한민국 국적 주식회사의 인장을 위조한 경우에는 외국인의 국외범으로서 그에 대하여 재판권이 없다.

239-5. 문서 구성부분이 아닌 인과(印顆) 자체 위조행위가 독립한 사인위조죄를 구성하는지 여부(적극) [전주지법 1999. 10. 1. 선고, 99노546 확정]

【판시사항】

[1] 인영이 현출된 물체가 명의인 본인에 의하여 직접 제작되었거나 또는 그 의사에 합치한 것이라도 인영의 현출에 관하여 그 명의인으로부터 권한을 위임받지 않은 경우, 인장위조죄의 성립 여부(적극)

[2] 형법 제239조 제2항 소정의 위조인장행사죄의 기수 시기

【판결요지】

[1] 형법 제239조 제1항의 사인위조죄에 있어서 위조라 함은 권한 없이 타인의 인장을 작성하는 것을 말하므로 인영의 현출에 관하여 그 명의인으로부터 권한을 위임받지 아니한 이상, 설사 당해 인영이 현출된 물체가 명의인 본인에 의하여 직접 제작되었거나 그 의사에 합치한 것이라고 할지라도 여전히 인장위조죄가 성립한다.

[2] 형법 제239조 제2항 소정의 위조인장행사죄는 위조된 인영을 타인에게 열람할 수 있는 상태에 두거나 인과를 날인하여 일반인이 열람할 수 있는 상태에 두면 그것으로 성립한다.

1. 위조된 인과자체를 타인에게 교부한 것만으로 위조인장 행사죄를 구성하는지 여부(소극) [대법원 1984. 2. 28. 선고, 84도90]
   【판결요지】

형법 제239조 제2항의 위조인장행사죄에 있어서 행사라 함은 위조된 인장을 진정한 것처럼 용법에 따라 사용하는 행위를 말한다 할 것이므로 위조된 인영을 타인에게 열람할 수 있는 상태에 두든지, 인과의 경우에는 날인하여 일반인이 열람할 수 있는 상태에 두면 그것으로 행사가 되는 것이고, 위조된 인과 그 자체를 타인에게 교부한 것만으로는 위조인장행사죄를 구성한다고 할 수 없다.

239-6. 명의인 승낙을 얻어 문서를 작성하는 데 사용할 의도로 인장을 조각하였으나 승낙을 얻지 못하여 사용하지 않고 명의인에게 돌려 준 경우(소극) [대법원 1992. 10. 27. 선고, 92도1578]

【판결요지】

형법 제239조 제1항 소정의 인장위조죄는 그 명의인의 의사에 반하여 위법하게 행사할 목적이 인정되어야 하며, 타인의 인장을 조각할 당시에는 미처 그 명의인의 승낙을 얻지 아니하였다고 하더라도 인장을 조각하여 그 명의인의 승낙을 얻어 그 명의인의 문서를 작성하는 데 사용할 의도로 인장을 조각하였으나 그 명의인의 승낙을 얻지 못하여 이를 사용하지 아니하고 명의인에게 돌려 주었다면, 특별한 사정이 없는 한 행사의 목적이 있었다고 인정할 수 없다.

239-7. 사망자 명의 인장을 위조, 행사한 경우(소극) [대법원 1984. 2. 28. 선고, 82도2064]

【판결요지】

이미 사망한 사람 명의의 문서를 위조하거나 이를 행사하더라도 사문서위조나 동행사죄는 성립하지 않는다는 문서위조죄의 법리에 비추어 이와 죄질을 같이하는 인장위조죄의 경우에도 사망자 명의의 인장을 위조, 행사하는 소위는 사인위조 및 동행사죄가 성립하지 않는다고 해석함이 상당하다.

239-8. 노동조합지부장직을 상실한 자가 동지부 직인을 인계하지 아니하므로 새로 조각한 행위(소극) [대법원 1981. 5. 6. 선고, 81도721]

【판결요지】

선거무효로 노동조합 지부장직을 상실한 자가 동 조합지부인과 지부장인을 동 지부장 직무대리에게 인계하지 아니하므로, 이에 대한 대응책으로 동 지부의 문서에 사용할 목적으로 동 지부장 직무대리의 승인하에 동 지부인과 지부장인을 조각한 행위는 부정한 방법으로 정당한 인장인 양 가장하기 위하여 직인등을 위조한 것이라고 할 수 없다.

제22장 성풍속에 관한 죄

제242조[음행매개]

> 제242조(음행매개) 영리의 목적으로 사람을 매개하여 간음하게 한 자는 3년 이하의 징역 또는 1천
> 500만원 이하의 벌금에 처한다. 〈개정 1995. 12. 29. 2012. 12. 18.〉

242-1. 음행 상습성 [대구고법 1965. 2. 22. 64노179, 확정]

　【판결요지】

　음행의 상습유무는 피해자들이 16,7세의 부녀이므로 부녀매매 및 음행매개죄의 성립에 아무런
영향이 없다

242-2. 미성년자에 대한 음행매개죄와 그 성립 요건 [대법원 1955. 7. 8. 4288형상37]

　【판결요지】

　형법 제242조 소정 미성년자에 대한 음행매개죄의 성립에는 그 미성년자가 음행의 상습이 있거
나 그 음행에 자진 동의한 사실은 하등 영향을 미치는 것이 아니다

제243조[음화반포등]

> 제243조(음화반포등) 음란한 문서, 도화, 필름 기타 물건을 반포, 판매 또는 임대하거나 공연히 전시 또는 상영한 자는 1년 이하의 징역 또는 500만원 이하의 벌금에 처한다. [전문개정 1995. 12. 29.]

243-1. 형법 제243조에서 정한 '음란'의 의미 및 '음란한 물건'으로 평가되기 위한 표현 정도 [대법원 2014. 7. 24. 선고, 2013도9228]

【판시사항】

'음란'이란 사회통념상 일반 보통인의 성욕을 자극하여 성적 흥분을 유발하고 정상적인 성적 수치심을 해하여 성적 도의관념에 반하는 것을 뜻한다. 따라서 어떠한 물건을 음란하다고 평가하려면 그 물건을 전체적으로 관찰하여 볼 때 단순히 저속하다는 느낌을 주는 정도를 넘어 사람의 존엄성과 가치를 심각하게 훼손·왜곡하였다고 평가할 수 있을 정도로 노골적으로 사람의 특정 성적 부위 등을 적나라하게 표현 또는 묘사하는 것이어야 할 것이다.

243-2. 물건의 음란 여부를 판단하는 기준 [대법원 2014. 6. 12. 선고, 2013도6345]

【판시사항】

<u>음란 여부를 판단함에 있어서는 행위자의 주관적 의도 등이 아니라 그 사회의 평균인의 입장에서 그 시대의 건전한 사회통념에 따라 객관적이고 규범적으로 평가하여야 한다</u>(대법원 2008. 3. 13. 선고 2006도3558 판결 등 참조).

그런데 기록에 의하면, 이 사건 물건은 사람의 피부에 가까운 느낌을 주는 실리콘을 소재로 하여 여성의 음부, 항문, 엉덩이 부위를 재현하였다고는 하나, 여성 성기의 일부 특징만을 정교하지 아니한 형상으로 간략하게 표현한 것에 불과하고 그 색상 또한 사람의 실제 피부색과는 차이가 있는 점 등을 알 수 있다. 이 사건 물건은 전체적으로 관찰·평가하여 볼 때 그 모습이 상당히 저속한 느낌을 주는 것은 사실이지만 이를 넘어서서 형사법상 규제의 대상으로 삼을 만큼 사람의 존엄성과 가치를 심각하게 훼손·왜곡하였다고 평가할 수 있을 정도로 노골적인 방법에 의하여 사람의 특정 성적 부위를 적나라하게 표현 또는 묘사한 것이라고 단정할 수 없다.

따라서 이 사건 물건이 사회통념상 일반 보통인의 성욕을 자극하여 성적 흥분을 유발하고 정상적인 성적 수치심을 해하여 성적 도의관념에 반하는 물건에 해당한다고 보기 어렵다.

243-3. 실리콘을 소재로 하여 여성 특정 신체부위를 개괄적인 형상과 단일한 재질, 색상을 이용하여 재현한 남성용 자위기구를 전시한 사안 [대법원 2014. 5. 29. 선고, 2014도3312]

【판시사항】

피고인이 실리콘을 소재로 하여 여성의 특정 신체부위를 개괄적인 형상과 단일한 재질, 색상을 이용하여 재현한 남성용 자위기구를 전시한 사안

【이 유】

이 사건 물품은 남성용 자위기구로서의 기능과 목적을 위하여 사람의 피부와 유사한 질감, 촉감, 색상을 가진 실리콘을 소재로 하여 여성의 특정 신체부위를 개괄적인 형상과 단일한 재질, 색상을 이용하여 재현한 것일 뿐, 단순히 저속하다거나 문란한 느낌을 준다는 정도를 넘어서서 존중·보호되어야 할 인격을 갖춘 존재인 사람의 존엄성과 가치를 심각하게 훼손·왜곡하였다고 평가할 수 있을 정도로 노골적인 방법에 의하여 성적 부위를 적나라하게 표현 또는 묘사한 것으로 보이지 않는다.

243-4. 음란한 물건'으로 평가되기 위한 표현 정도 [대법원 2014. 5. 29. 선고, 2013도15643]

【판시사항】

원심이 이와 같은 취지에서 이 사건 물건은 남성용 자위기구로서 비록 저속하고 문란한 느낌을 준다고 하더라도 사람의 존엄성과 가치를 심각하게 훼손·왜곡하였다고 평가할 수 있을 정도로 노골적인 방법에 의하여 성적 부위나 행위를 적나라하게 표현 또는 묘사하고 있다고 보기 어렵고, 사회통념상 그것을 보는 것 자체만으로도 성욕을 자극하거나 흥분시켜 일반인의 정상적인 성적 수치심을 해치고 선량한 성적 도의관념에 반하는 음란한 물건에 해당하지 아니한다고 판단한 것은 옳고, 거기에 상고이유의 주장과 같은 음란물에 관한 법리를 오해한 위법이 없다.

---

1. 남성용 자위기구인 모조 여성성기의 음란한 물건 해당 여부(적극) [대법원 2003. 5. 16. 선고, 2003도988]

【판시사항】

[1] 형법 제243조 소정의 '음란한 물건'의 의미 및 그 판단 기준

[2] 남성용 자위기구인 모조여성성기가 음란한 물건에 해당한다.

【판결요지】

[1] 음란한 물건이라 함은 성욕을 자극하거나 흥분 또는 만족케 하는 물건들로서 일반인의 정상적인 성적 수치심을 해치고 선량한 성적 도의관념에 반하는 것을 의미하며, 어떤 물건이 음란한 물건에 해당하는지 여부는 행위자의 주관적 의도나 반포, 전시 등이 행하여진 상황에 관계없이 그 물건 자체에 관하여 객관적으로 판단하여야 한다.

【이유】

[1] 음란한 물건이라 함은 성욕을 자극하거나 흥분 또는 만족케 하는 물건들로서 일반인의 정상적인 성적 수치심을 해치고 선량한 성적 도의관념에 반하는 것을 의미하며(대법원 2001. 6. 12. 선고 2001도1144 판결 등 참조), 어떤 물건이 음란한 물건에 해당하는지 여부는 행위자의 주관적 의도나 반포, 전시 등이 행하여진 상황에 관계없이 그 물건 자체에 관하여 객관적으로 판단하여야 한다.

[2] 이 사건 기구와 같은 남성용 자위기구가 그 시대적 수요가 있고 어느 정도의 순기능을 하고 있으며 은밀히 판매되고 사용되는 속성을 가진 것은 사실이나, 이 사건 기구는 사람의 피부에 가까운 느낌을 주는 실리콘을 재질로 사용하여 여성의 음부, 항문, 음모, 허벅지 부위를 실제와 거의 동일한 모습으로 재현하는 한편, 음부 부위는 붉은 색으로, 음모 부위는 검은 색으로 채색하는 등 그 형상 및 색상 등에 있어서 여성의 외음부를 그대로 옮겨놓은 것이나 진배없는 것으로서, 여성 성기를 지나치게

노골적으로 표현함으로써 사회통념상 그것을 보는 것 자체만으로도 성욕을 자극하거나 흥분시킬 수 있고 일반인의 정상적인 성적 수치심을 해치고 선량한 성적 도의관념에 반한다고 하지 않을 수 없다.

243-5. '음란' 개념의 종국적인 판단 주체 [대법원 2008. 3. 13. 선고, 2006도3558]

【판결요지】

'음란'이라는 개념은 사회와 시대적 변화에 따라 변동하는 상대적이고도 유동적인 것이고, 그 시대에 있어서 사회의 풍속, 윤리, 종교 등과도 밀접한 관계를 가지는 추상적인 것이므로, 구체적인 판단에 있어서는 사회통념상 일반 보통인의 정서를 그 판단의 기준으로 삼을 수밖에 없다고 할지라도, 이는 일정한 가치판단에 기초하여 정립할 수 있는 규범적인 개념이므로, '음란'이라는 개념을 정립하는 것은 물론 구체적인 표현물의 음란성 여부도 종국적으로는 법원이 이를 판단하여야 한다.

---

1. 형법 제243조 소정 "음란"의 판단 규준과 최종적인 판단의 주체 [대법원 1995. 2. 10. 선고, 94도2266]

【판결요지】

형법 제243조 소정의 **"음란"**이라는 개념 자체가 사회와 시대적 변화에 따라 변동하는 상대적이고도 유동적인 것이고, 그 시대에 있어서 사회의 풍속, 윤리, 종교 등과도 밀접한 관계를 가지는 추상적인 것이므로 결국 구체적인 판단에 있어서는 사회통념상 일반 보통인의 정서를 그 판단의 규준으로 삼을 수밖에 없다고 할지라도, 이는 법관이 일정한 가치판단에 의하여 내릴 수 있는 규범적인 개념이라 할 것이어서 그 최종적인 판단의 주체는 어디까지나 당해 사건을 담당하는 법관이라 할 것이니, 음란성을 판단함에 있어 법관이 자신의 정서가 아닌 일반 보통인의 정서를 규준으로 하여 이를 판단하면 족한 것이지 법관이 일일이 일반 보통인을 상대로 과연 당해 문서나 도화 등이 그들의 성욕을 자극하여 성적 흥분을 유발하거나 정상적인 성적 수치심을 해하여 성적 도의관념에 반하는 것인지의 여부를 묻는 절차를 거쳐야만 되는 것은 아니라고 할 것이다.

---

2. 형법 제243조 및 제244조 소정의 '음란'의 의미 및 그 판단 기준 [대법원 2000. 10. 27. 선고, 98도679]

【판결요지】

형법 제243조 및 제244조에서 말하는 '음란'이라 함은 정상적인 성적 수치심과 선량한 성적 도의관념을 현저히 침해하기에 적합한 것을 가리킨다 할 것이고, 이를 판단함에 있어서는 그 시대의 건전한 사회통념에 따라 객관적으로 판단하되 그 사회의 평균인의 입장에서 문서 전체를 대상으로 하여 규범적으로 평가하여야 할 것이며, 문학성 내지 예술성과 음란성은 차원을 달리하는 관념이므로 어느 문학작품이나 예술작품에 문학성 내지 예술성이 있다고 하여 그 작품의 음란성이 당연히 부정되는 것은 아니라 할 것이고, 다만 그 작품의 문학적·예술적 가치, 주제와 성적 표현의 관련성 정도 등에 따라서는 그 음란성이 완화되어 결국은 형법이 처벌대상으로 삼을 수 없게 되는 경우가 있을 수 있을 뿐이다.

243-6. 형법 제243조 '음란한 도화' 의미 및 음란성 판단기준 [대법원 2002. 8. 23. 선고, 2002도2889]

【판결요지】

형법 제243조에 규정된 '**음란한 도화**'라 함은 일반 보통인의 성욕을 자극하여 성적 흥분을 유발하고 정상적인 성적 수치심을 해하여 성적 도의관념에 반하는 것을 가리킨다고 할 것이고, 이는 당해 도화의 성에 관한 노골적이고 상세한 표현의 정도와 그 수법, 당해 도화의 구성 또는 예술성, 사상성 등에 의한 성적 자극의 완화의 정도, 이들의 관점으로부터 당해 도화를 전체로서 보았을 때 주로 독자의 호색적 흥미를 돋구는 것으로 인정되느냐의 여부 등을 검토, 종합하여 그 시대의 건전한 사회통념에 비추어 판단하여야 할 것이며, 예술성과 음란성은 차원을 달리하는 관념이므로 어느 예술작품에 예술성이 있다고 하여 그 작품의 음란성이 당연히 부정되는 것은 아니라 할 것이고, 다만 그 작품의 예술적 가치, 주제와 성적 표현의 관련성 정도 등에 따라서는 그 음란성이 완화되어 결국은 형법이 처벌대상으로 삼을 수 없게 되는 경우가 있을 수 있을 뿐이다.

---

1. 음란도서의 제조 및 판매의 죄에 있어서 공소사실의 특정 정도 [대법원 1991. 9. 10. 선고, 91도1550]
　【판시사항】
[1] 형법 제243조 소정의 음란한 문서 또는 도화의 의의 및 그 음란성 존부의 판단 기준
[2] 음란도서의 제조 및 판매의 죄에 있어서 공소사실의 특정 정도
[3] 음란도서의 제조 및 판매에 관한 죄의 공소사실에 있어서 그 음란성의 요건사실을 "위와 같은 내용"
　　이라고만 기재한 것이 전단의 음란도서의 내용과 같은 종류의 유사한 내용이라는 뜻이라면 당해
　　도서의 음란성 요건 사실을 구체적으로 특정하여 기재한 것으로 보기 어렵다고 본 사례
　【판결요지】
[1] 형법 제243조에 규정된 음란한 문서 또는 도화라 함은 성욕을 자극하여 흥분시키고 일반인의 정상
　　적인 성적정서와 선량한 사회풍속을 해칠 가능성이 있는 도서를 말하며 그 음란성의 존부는 작성
　　자의 주관적 의도가 아니라 객관적으로 도서 자체에 의하여 판단되어야 한다.
[2] 공소장의 공소사실은 법원의 심판대상을 한정하고 피고인의 방어범위를 특정하여 그 방어권을 보장
　　하는 의미를 갖는 것이므로 범죄의 일시·장소와 방법을 명시하여 구성요건에 해당하는 구체적 사실
　　을 특정하여 기재하여야 하는 것으로서 음란도서의 제조 및 판매에 관한 죄의 공소사실에 있어서도
　　행위의 객체인 당해 도서가 음란성 있는 도서에 해당하는 구체적 사실을 특정하여 기재하여야 한다.
[3] 음란도서의 제조 및 판매에 관한 죄의 공소사실에 있어서 그 음란성의 요건사실을 "위와 같은 내용"
　　이라고만 기재한 것이 비교적 구체적으로 음란성의 요건사실을 특정하여 기재한 전단의 음란도서
　　의 내용과 같은 종류의 유사한 내용이라는 뜻이라면, 그 내용과 어느 정도로 유사한 것인지가 분명
　　치 아니하여 당해 도서의 음란성 요건사실을 구체적으로 특정하여 기재한 것으로 보기 어렵다.

---

2. 음란한 문서의 개념과 음란성의 판단기준 [대법원 1995. 6. 16. 선고, 94도2413]
　【판시사항】
[1] 음란한 문서의 개념과 음란성의 판단기준
[2] 문학에 있어서의 표현의 자유와 형법 제243조, 제244조의 관계
[3] 형법 제243조, 제244조의 규정이 죄형법정주의에 반하는지 여부
　【판결요지】
[1] 형법 제243조의 음화등의반포등죄 및 형법 제244조의 음화등의제조등죄에 규정한 음란한 문서라
　　함은 일반 보통인의 성욕을 자극하여 성적 흥분을 유발하고 정상적인 성적 수치심을 해하여 성적
　　도의관념에 반하는 것을 가리키고, 문서의 음란성의 판단에 있어서는 당해 문서의 성에 관한 노골
　　적이고 상세한 묘사 서술의 정도와 그 수법, 묘사 서술이 문서 전체에서 차지하는 비중, 문서에

표현된 사상 등과 묘사 서술과의 관련성, 문서의 구성이나 전개 또는 예술성 사상성 등에 의한 성적 자극의 완화의 정도, 이들의 관점으로부터 당해 문서를 전체로서 보았을 때 주로 독자의 호색적 흥미를 돋우는 것으로 인정되느냐의 여부 등의 여러 점을 검토하는 것이 필요하고, 이들의 사정을 종합하여 그 시대의 건전한 사회통념에 비추어 그것이 공연히 성욕을 흥분 또는 자극시키고 또한 보통인의 정상적인 성적 수치심을 해하고, 선량한 성적 도의관념에 반하는 것이라고 할 수 있는가의 여부에 따라 결정되어야 한다.

[2] 헌법 제22조 제1항, 제21조 제1항에서 기본권으로 보장되는 문학에 있어서의 표현의 자유도 헌법 제21조 제4항, 제37조 제2항에서 공중도덕이나 사회윤리를 침해하는 경우에는 이를 제한할 수 있도록 하였으며, 이에 따라 형법에서는 건전한 성적 풍속 내지 성도덕을 보호하기 위하여 제243조에서 음란한 문서를 판매한 자를, 제244조에서 음란한 문서를 제조한 자를 각 처벌하도록 규정하고 있으므로, 문학작품이라고 하여 무한정의 표현의 자유를 누려 어떠한 성적 표현도 가능하다고 할 수는 없고 그것이 건전한 성적 풍속이나 성도덕을 침해하는 경우에는 형법규정에 의하여 이를 처벌할 수 있다.

[3] 일반적으로 법규는 그 규정의 문언에 표현력의 한계가 있을 뿐만 아니라 그 성질상 어느 정도의 추상성을 가지는 것은 불가피하고, 형법 제243조, 제244조에서 규정하는 "음란"은 평가적, 정서적 판단을 요하는 규범적 구성요건 요소이고, "음란"이란 개념이 일반 보통인의성욕을 자극하여 성적 흥분을 유발하고 정상적인 성적 수치심을 해하여 성적 도의관념에 반하는 것이라고 풀이되고 있으므로 이를 불명확하다고 볼 수 없기 때문에, 형법 제243조와 제244조의 규정이 죄형법정주의에 반하는 것이라고 할 수 없다.

---

3. 사진첩에 남자 모델이 전혀 등장하지 아니하고 남녀간의 정교 장면에 관한 사진이나 여자의 국부가 완전히 노출된 사진이 수록된 경우(적극) [대법원 1997. 8. 22. 선고, 97도937]

【판시사항】

사진첩에 남자 모델이 전혀 등장하지 아니하고 남녀간의 정교 장면에 관한 사진이나 여자의 국부가 완전히 노출된 사진이 수록되어 있지 않다 하더라도, 그 사진들이 음란한 도화에 해당한다고 본 사례

【판결요지】

사진첩에 남자 모델이 전혀 등장하지 아니하고 남녀간의 정교 장면에 관한 사진이나 여자의 국부가 완전히 노출된 사진이 수록되어 있지 않다 하더라도, 이들 사진들은 모델의 의상 상태, 자세, 촬영 배경, 촬영 기법이나 예술성 등에 의하여 성적 자극을 완화시키는 요소는 발견할 수 없고, 오히려 사진 전체로 보아 선정적 측면을 강조하여 주로 독자의 호색적 흥미를 돋구는 것으로서 일반 보통인의 성욕을 자극하여 성적 흥분을 유발하고 정상적인 성적 수치심을 해하는 것으로서 성적 도의관념에 반하는 것이므로, 그 사진첩은 음란한 도화에 해당한다고 본 원심판결을 수긍한 사례

243-7. 컴퓨터 프로그램파일이 형법 제243조 소정의 문서, 도화, 필름 기타 물건에 해당하는지 여부(소극) [대법원 1999. 2. 24. 선고, 98도3140]

【판결요지】

형법 제243조는 음란한 문서, 도화, 필름 기타 물건을 반포, 판매 또는 임대하거나 공연히 전시 또는 상영한 자에 대한 처벌 규정으로서 컴퓨터 프로그램파일은 위 규정에서 규정하고 있는 문

서, 도화, 필름 기타 물건에 해당한다고 할 수 없으므로, 음란한 영상화면을 수록한 컴퓨터 프로그램파일을 컴퓨터 통신망을 통하여 전송하는 방법으로 판매한 행위에 대하여 **전기통신기본법** 제48조의2의 규정을 적용할 수 있음은 별론으로 하고, 형법 제243조의 규정을 적용할 수 없다.

243-8. 출판사및인쇄소의등록에관한법률의 '음란 또는 저속한 간행물'인지 여부 결정기준 [대법원 1997. 12. 26. 선고, 97누11287]

【판결요지】

출판사및인쇄소의등록에관한법률 제5조의2 제5호 소정의 '음란 또는 저속한 간행물'이란 성에 관련된 의미에 있어서는 '음란'이란 개념으로 포괄할 수 있고, 간행물의 음란성을 판단함에 있어서는 당해 간행물의 성에 관한 노골적이고 상세한 표현의 정도와 그 수법, 성에 관한 표현이 간행물 전체에서 차지하는 비중 및 관련성, 간행물의 구성이나 전개 또는 예술성·학문성 등에 의한 성적 자극의 완화 정도, 이들의 관점으로부터 당해 간행물을 전체로서 보았을 때 주로 독자의 호색적 흥미를 돋우는 것으로 인정되는지의 여부 등의 여러 점을 검토하는 것이 필요하고, 이들의 사정을 종합하여 그 시대의 건전한 사회통념에 비추어서 그것이 공연히 성욕을 흥분 또는 자극시키고 또한 보통인의 정상적인 성적 수치심을 해하고, 선량한 성적 도의관념에 반하는 것이라고 할 수 있는가의 여부에 따라 결정되어야 한다.

243-9. 음란한 도화의 개념과 음란성의 판단기준 [대법원 1995. 6. 16. 선고, 94도1758]

【판결요지】

형법 제243조의 음화등의반포등죄 및 제244조의 음화등의제조등죄에 규정한 **음란한 도화**라 함은 일반 보통인의 성욕을 자극하여 성적 흥분을 유발하고 정상적인 성적 수치심을 해하여 성적 도의관념에 반하는 것을 가리키고, 도화의 **음란성의 판단에 있어서는** 당해 도화의 성에 관한 노골적이고 상세한 표현의 정도와 그 수법, 당해 도화의 구성 또는 예술성·사상성 등에 의한 성적 자극의 완화의 정도, 이들의 관점으로부터 당해 도화를 전체로서 보았을 때 주로 독자의 호색적 흥미를 돋우는 것으로 인정되느냐의 여부 등을 검토하는 것이필요하고 이들의 사정을 종합하여 그 시대의 건전한 사회통념에 비추어 그것이 공연히 성욕을 흥분 또는 자극시키고 또한 보통인의 정상적인 성적 수치심을 해하고 선량한 성적 도의관념에 반하는 것이라고 할 수 있는가의 여부를 결정하여야 한다.

243-10. 음란도서 판매죄에 있어서 공소사실 특정정도 [대법원 1991. 12. 27. 선고, 91도2492]

【판결요지】

공소사실은 법원의 심판대상을 한정하고 피고인의 방어범위를 특정하여 그 방어권을 보장하는 데 의미가 있으므로 범죄의 일시, 장소와 방법을 명시하여 구성요건에 해당하는 구체적 사실을 특정하여 기재하여야 하는바, 음화가 게재된 도서의 판매에 관한 죄의 공소사실에 있어서는 우선 행위의 객체인 당해 도서가 특정되어야 하고 나아가 그 도서에 게재된 도화가 음란성있는 도화에 해당한다는 구체적 사실도 특정하여 기재되어야 하는 것이다.

243-11. 공연윤리위원회의 심의를 마친 영화장면으로써 제작한 포스타 등의 광고물도 음화에 해당할 수 있는지 여부(적극) [대법원 1990. 10. 16. 선고, 90도1485]

【판결요지】

공연윤리위원회의 심의를 마친 영화작품이라 하더라도 이것을 영화관에서 상영하는 것이 아니고 관람객을 유치하기 위하여 영화장면의 일부를 포스타나 스틸사진 등으로 제작하였고, 제작된 포스타 등 도화가 그 영화의 예술적 측면이 아닌 선정적 측면을 특히 강조하여 그 표현이 과도하게 성감을 자극시키고 일반인의 정상적인 성적 정서를 해치는 것이어서 건전한 성풍속이나 성도덕 관념에 반하는 것이라면 그 포스타 등 광고물은 음화에 해당한다.

243-12. 음화등반포죄에서 음화등을 공연히 전시한다는 말의 의미 [대법원 1973. 8. 21. 선고, 73도409]

【판결요지】

형법 제243조에서 음화등을 공연히 전시한다는 것은 음화등을 불특정 또는 다수인이 관람할 수 있는 상태하에 현출시키는 것을 뜻한다.

243-13. 그림의 음란성 유무 판단 기준과 음화제조 내지 판매죄의 범의 성립 [대법원 1970. 10. 30. 선고, 70도1879]

【판결요지】

비록 명화집에 실려있는 그림이라 할지라도 이것을 예술 문학 등 공공의 이익을 위해서가 아닌 성냥갑 속에 넣어 판매할 목적으로 그 카드사진을 복사 제조하거나 시중에 판매하였다면 명화를 모독하여 음화화시켰다 할 것이고 그림의 음란성 유무는 객관적으로 판단해야 할 것이다.

제245조[공연음란]

제245조(공연음란) 공연히 음란한 행위를 한 자는 1년 이하의 징역, 500만원 이하의 벌금, 구류 또는 과료에 처한다. 〈개정 1995. 12. 29.〉

245-1. 요구르트 제품 홍보를 위하여 전라 여성 누드모델들이 알몸에 밀가루를 바르고 분무기로 요구르트를 몸에 뿌려 밀가루를 벗겨내는 방법으로 알몸을 드러낸 행위(적극) [대법원 2006. 1. 13. 선고, 2005도1264]

【판시사항】

형법 제245조 공연음란죄에서의 '음란한 행위' 의 의미

【판결요지】

[1] 형법 제245조 소정의 '음란한 행위' 라 함은 일반 보통인의 성욕을 자극하여 성적 흥분을 유발하고 정상적인 성적 수치심을 해하여 성적 도의관념에 반하는 행위를 가리키는 것이고, 그 행위가 반드시 성행위를 묘사하거나 성적인 의도를 표출할 것을 요하는 것은 아니다.

[2] 요구르트 제품의 홍보를 위하여 전라의 여성 누드모델들이 일반 관람객과 기자 등 수십명이 있는 자리에서, 알몸에 밀가루를 바르고 무대에 나와 분무기로 요구르트를 몸에 뿌려 밀가루를 벗겨내는 방법으로 알몸을 완전히 드러낸 채 음부 및 유방 등이 노출된 상태에서 무대를 돌며 관람객들을 향하여 요구르트를 던진 행위가 공연음란죄에 해당한다.

245-2. 신체 노출행위가 단순히 다른 사람에게 부끄러운 느낌이나 불쾌감을 주는 정도에 불과하다고 인정되는 경우(소극) [대법원 2004. 3. 12. 선고, 2003도6514]

【판시사항】

[1] 공연음란죄의 음란한 행위의 의미 및 그 주관적 요건

[2] 신체의 노출행위가 단순히 다른 사람에게 부끄러운 느낌이나 불쾌감을 주는 정도에 불과하다고 인정되는 경우, 형법 제245조 소정의 음란행위에 해당하는지 여부(소극)

【판결요지】

[1] 형법 제245조 소정의 '음란한 행위'라 함은 일반 보통인의 성욕을 자극하여 성적 흥분을 유발하고 정상적인 성적 수치심을 해하여 성적 도의관념에 반하는 것을 가리킨다고 할 것이고, 위 죄는 주관적으로 성욕의 흥분, 만족 등의 성적인 목적이 있어야 성립하는 것은 아니고 그 행위의 음란성에 대한 의미의 인식이 있으면 족하다.

[2] 경범죄처벌법 제1조 제41호가 '여러 사람의 눈에 뜨이는 곳에서 함부로 알몸을 지나치게 내놓거나 속까지 들여다 보이는 옷을 입거나 또는 가려야 할 곳을 내어 놓아 다른 사람에게 부끄러운 느낌이나 불쾌감을 준 사람'을 처벌하도록 규정하고 있는 점 등에 비추어 볼 때, <u>신체의 노출행위가 있었다고 하더라도 그 일시와 장소, 노출 부위, 노출 방법·정도, 노출 동기·경위 등 구체적 사정에 비추어, 그것이 일반 보통인의 성욕을 자극하여 성적 흥분을 유발하고 정상적인 성</u>

적 수치심을 해하는 것이 아니라 단순히 다른 사람에게 부끄러운 느낌이나 불쾌감을 주는 정도에 불과하다고 인정되는 경우 그와 같은 행위는 경범죄처벌법 제1조 제41호에 해당할지언정, 형법 제245조의 음란행위에 해당한다고 할 수 없다.

[3 말다툼을 한 후 항의의 표시로 엉덩이를 노출시킨 행위가 음란한 행위에 해당한다고 판단한 원심판결을 파기한 사례

> 1. 고속도로에서 행패를 부리던 자가 제지하려는 경찰관에 대항하여 공중 앞에서 알몸으로 성기를 노출한 경우(적극) [대법원 2000. 12. 22. 선고, 2000도4372]
> 【판시사항】
> 고속도로에서 승용차를 손괴하거나 타인에게 상해를 가하는 등의 행패를 부리던 자가 이를 제지하려는 경찰관에 대항하여 공중 앞에서 알몸이 되어 성기를 노출한 경우, 음란한 행위에 해당하고 그 인식도 있었다.

245-3. 연극공연행위의 음란성 유무가 행위자의 주관적 의사에 따라 좌우되는지 여부(소극) [대법원 1996. 6. 11. 선고, 96도980]

【판시사항】
[1] 연극공연행위의 음란성 판단 기준
[2] 연극공연행위의 음란성 유무가 행위자의 주관적 의사에 따라 좌우되는지 여부(소극)

【판결요지】
[1] 형법 제245조의 공연음란죄에 규정한 음란한 행위라 함은 일반 보통인의 성욕을 자극하여 성적 흥분을 유발하고 정상적인 성적 수치심을 해하여 성적 도의관념에 반하는 것을 가리키는바, 연극공연행위의 음란성의 판단에 있어서는 당해 공연행위의 성에 관한 노골적이고 상세한 묘사·서술의 정도와 그 수법, 묘사·서술이 행위 전체에서 차지하는 비중, 공연행위에 표현된 사상 등과 묘사·서술과의 관련성, 연극작품의 구성이나 전개 또는 예술성·사상성 등에 의한 성적 자극의 완화의 정도, 이들의 관점으로부터 당해 공연행위를 전체로서 보았을 때 주로 관람객들의 호색적 흥미를 돋구는 것으로 인정되느냐 여부 등의 여러 점을 검토하는 것이 필요하고, 이들의 사정을 종합하여 그 시대의 건전한 사회통념에 비추어 그것이 공연히 성욕을 흥분 또는 자극시키고 또한 보통인의 정상적인 성적 수치심을 해하고, 선량한 성적 도의관념에 반하는 것이라고 할 수 있는가 여부에 따라 결정되어야 한다.

[2 연극공연행위의 음란성의 유무는 그 공연행위 자체로서 객관적으로 판단해야 할 것이고, 그 행위자의 주관적인 의사에 따라 좌우되는 것은 아니다.

제23장 도박과 복표에 관한 죄

제246조[도박, 상습도박]

> 제246조(도박, 상습도박) ① 도박을 한 사람은 1천만원 이하의 벌금에 처한다. 다만, 일시오락 정도
> 에 불과한 경우에는 예외로 한다.
> ② 상습으로 제1항의 죄를 범한 사람은 3년 이하의 징역 또는 2천만원 이하의 벌금에 처한다. [전
> 문개정 2013. 4. 5.]

246-1. 상습도박죄에서 '상습성'의 의미 및 상습성 유무를 판단하는 기준 [대법원 2017. 4. 13. 선고,
2017도953]

【판시사항】

[1] 상습도박죄에서 '상습성'의 의미 및 상습성 유무를 판단하는 기준

[2] 도박죄를 처벌하지 않는 외국 카지노에서의 도박이라는 사정만으로 도박행위의 위법성이 조
각되는지 여부(소극)

【이 유】

상습도박죄에 있어서의 상습성이라 함은 반복하여 도박행위를 하는 습벽으로서 행위자의 속성을
말하는데, 이러한 습벽의 유무를 판단함에 있어서는 도박의 전과나 도박횟수 등이 중요한 판단자
료가 되나, 도박전과가 없다 하더라도 도박의 성질과 방법, 도금의 규모, 도박에 가담하게 된 태
양 등의 제반 사정을 참작하여 도박의 습벽이 인정되는 경우에는 상습성을 인정할 수 있다(대법
원 1995. 7. 11. 선고 95도955 판결, 대법원 2001. 2. 9. 선고 2000도5645 판결 등 참조).

> 1. 도박죄를 처벌하지 않는 외국 카지노에서 도박행위의 위법성 여부(적극) [대법원 2004. 4. 23. 선고,
> 2002도2518]
>
> 【판결요지】
> 형법 제3조는 "본법은 대한민국 영역 외에서 죄를 범한 내국인에게 적용한다."고 하여 형법의 적용 범
> 위에 관한 속인주의를 규정하고 있고, 또한 국가 정책적 견지에서 도박죄의 보호법익보다 좀더 높은
> 국가이익을 위하여 예외적으로 내국인의 출입을 허용하는 폐광지역개발지원에관한특별법 등에 따라
> 카지노에 출입하는 것은 법령에 의한 행위로 위법성이 조각된다고 할 것이나, 도박죄를 처벌하지 않는
> 외국 카지노에서의 도박이라는 사정만으로 그 위법성이 조각된다고 할 수 없다.

246-2. 사기도박에서 실행의 착수 시기(=사기도박을 위한 기망행위를 개시한 때) 및 실행의 착수 후
사기도박을 숨기기 위하여 한 정상적인 도박이 사기죄 실행행위에 포함되는지 여부(적극)
[대법원 2015. 10. 29. 선고, 2015도10948]

【판시사항】

사기죄는 편취의 의사로 기망행위를 개시한 때에 실행에 착수한 것으로 보아야 하므로, <u>사기도</u>

박에서도 사기적인 방법으로 도금을 편취하려고 하는 자가 상대방에게 도박에 참가할 것을 권유하는 등 기망행위를 개시한 때에 실행의 착수가 있는 것으로 보아야 하고, 그 후에 사기도박을 숨기기 위하여 정상적인 도박을 하였더라도 이는 사기죄의 실행행위에 포함된다(대법원 2011. 1. 13. 선고 2010도9330 판결 참조). 한편 사기죄에서 동일한 피해자에 대하여 수회에 걸쳐 기망행위를 하여 금원을 편취한 경우에 그 범의가 단일하고 범행 방법이 동일하다면 사기죄의 포괄일죄만이 성립한다(대법원 2002. 7. 12. 선고 2002도2029 판결, 대법원 2006. 2. 23. 선고 2005도8645 판결 등 참조). 따라서 피해자의 도박이 피고인들의 기망행위에 의하여 이루어졌다면 그로써 사기죄는 성립하며, 이로 인하여 피고인들이 취득한 제물이나 재산상 이익은 도박 당일 피해자가 잃은 도금 상당액이라 할 것이다.

---

1. '사기도박의 경우 사기죄 외에 도박죄가 별도 성립하는지 여부(소극) [대법원 2011. 1. 13. 선고, 2010도9330]

【판시사항】

[1] 이른바 '사기도박'의 경우 사기죄 외에 도박죄가 별도로 성립하는지 여부(소극)

[2] 피고인 등이 사기도박에 필요한 준비를 갖추고 그 실행에 착수한 후에 사기도박을 숨기기 위하여 얼마간 정상적인 도박을 하였더라도 이는 사기죄의 실행행위에 포함되는 것이어서, 피고인에 대하여는 피해자들에 대한 사기죄만이 성립하고 도박죄는 따로 성립하지 아니한다.

【판결요지】

[1] 도박이란 2인 이상의 자가 상호간에 재물을 도(賭)하여 우연한 승패에 의하여 그 재물의 득실을 결정하는 것이므로, 이른바 사기도박과 같이 도박당사자의 일방이 사기의 수단으로써 승패의 수를 지배하는 경우에는 도박에서의 우연성이 결여되어 사기죄만 성립하고 도박죄는 성립하지 아니한다.

[2] 피고인 등이 사기도박에 필요한 준비를 갖추고 그러한 의도로 피해자들에게 도박에 참가하도록 권유한 때 또는 늦어도 그 정을 알지 못하는 피해자들이 도박에 참가한 때에는 이미 사기죄의 실행에 착수하였다고 할 것이므로, 피고인 등이 그 후에 사기도박을 숨기기 위하여 얼마간 정상적인 도박을 하였더라도 이는 사기죄의 실행행위에 포함되는 것이어서 피고인에 대하여는 피해자들에 대한 사기죄만이 성립하고 도박죄는 따로 성립하지 아니함에도, 이와 달리 피해자들에 대한 사기죄 외에 도박죄가 별도로 성립하는 것으로 판단하고 이를 유죄로 인정한 원심판결에 사기도박에 있어서의 실행의 착수시기 등에 관한 법리오해의 위법이 있다.

246-3. 도박행위가 공갈죄 수단이 된 경우, 공갈죄에 흡수되는지 여부(소극) [대법원 2014. 3. 13. 선고, 2014도212]

【판시사항】

공갈죄와 도박죄는 그 구성요건과 보호법익을 달리하고 있고, 공갈죄의 성립에 일반적·전형적으로 도박행위를 수반하는 것은 아니며, 도박행위가 공갈죄에 비하여 별도로 고려되지 않을 만큼 경미한 것이라고 할 수도 없으므로, 도박행위가 공갈죄의 수단이 되었다 하여 그 도박행위가 공갈죄에 흡수되어 별도의 범죄를 구성하지 않는다고 할 수 없다.

246-4. 내기 골프가 도박에 해당하는지 여부(적극) [대법원 2008. 10. 23. 선고, 2006도736]

【판시사항】

[1] 형법 제246조의 도박행위의 요건인 '우연성'의 의미

[2] 피고인들이 각자 핸디캡을 정하고 홀마다 또는 9홀마다 별도의 돈을 걸고 총 26 내지 32회에 걸쳐 내기 골프를 한 행위가 도박에 해당한다.

【판결요지】

[1] 형법 제246조에서 도박죄를 처벌하는 이유는 정당한 근로에 의하지 아니한 재물의 취득을 처벌함으로써 경제에 관한 건전한 도덕법칙을 보호하는 데 있다. 그리고 도박은 '재물을 걸고 우연에 의하여 재물의 득실을 결정하는 것'을 의미하는바, 여기서 '우연'이란 주관적으로 '당사자에 있어서 확실히 예견 또는 자유로이 지배할 수 없는 사실에 관하여 승패를 결정하는 것'을 말하고, 객관적으로 불확실할 것을 요구하지 아니한다. 따라서, 당사자의 능력이 승패의 결과에 영향을 미친다고 하더라도 다소라도 우연성의 사정에 의하여 영향을 받게 되는 때에는 도박죄가 성립할 수 있다.

246-5. 풍속영업소에서 일시오락 정도에 불과한 도박을 하게 한 경우, 풍속영업의규제에관한법률 제3조 제3호 위반죄로 처벌할 수 있는지 여부(소극) [대법원 2004. 4. 9. 선고, 2003도6351]

【판시사항】

[1] 풍속영업자가 풍속영업소에서 일시 오락 정도에 불과한 도박을 하게 한 경우, 풍속영업의규제에관한법률 제3조 제3호 위반죄로 처벌할 수 있는지 여부(소극)

[2] 일시 오락 정도에 불과한 도박행위를 처벌하지 아니하는 이유

[3] 풍속영업자가 자신이 운영하는 여관에서 친구들과 일시오락 정도에 불과한 도박을 한 경우, 형법상 도박죄는 성립하지 아니하고 풍속영업의규제에관한법률 위반죄의 구성요건에는 해당하나 사회상규에 위배되지 않는 행위로서 위법성이 조각된다.

【판결요지】

[1] 풍속영업자가 풍속영업소에서 도박을 하게 한 때에는 그것이 일시오락 정도에 불과하여 형법상 도박죄로 처벌할 수 없는 경우에도 풍속영업자의 준수사항 위반을 처벌하는 풍속영업의규제에관한법률 제10조 제1항, 제3조 제3호의 구성요건 해당성이 있다고 할 것이나, 어떤 행위가 법규정의 문언상 일단 범죄 구성요건에 해당된다고 보이는 경우에도, 그것이 정상적인 생활형태의 하나로서 역사적으로 생성된 사회생활 질서의 범위 안에 있는 것이라고 생각되는 경우에는 사회상규에 위배되지 아니하는 행위로서 그 위법성이 조각되어 처벌할 수 없다.

[2] 일시오락 정도에 불과한 도박행위의 동기나 목적, 그 수단이나 방법, 보호법익과 침해법익과의 권형성 그리고 일시오락 정도에 불과한 도박은 그 재물의 경제적 가치가 근소하여 건전한 근로의식을 침해하지 않을 정도이므로 건전한 풍속을 해할 염려가 없는 정도의 단순한 오락에 그치는 경미한 행위에 불과하고, 일반 서민대중이 여가를 이용하여 평소의 심신의 긴장을 해소하는

오락은 이를 인정함이 국가정책적 입장에서 보더라도 허용된다.

---

1. 일시 오락정도에 불과한 오락행위의 기준 [대법원 1983. 3. 22. 선고, 82도2151]

【판시사항】

[1] 일시 오락정도에 불과한 도박행위를 처벌하지 아니하는 이유

[2] 일시 오락정도에 불과한 오락행위의 기준

【판결요지】

[1] 형법 제246조 도박죄를 처벌하는 이유는 정당한 근로에 의하지 아니한 재물의 취득을 처벌함으로써 경제에 관한 건전한 도덕법칙을 보호하기 위한 것인바, 그 처벌은 헌법이 보장하는 국민의 행복추구권이나 사생활의 자유를 침해할 수 없고, 동조의 입법취지가 건전한 근로의식을 배양 보호함에 있다면 일반 서민대중이 여가를 이용하여 평소의 심신의 긴장을 해소하는 오락은 이를 인정함이 국가정책적 입장에서 보더라도 허용된다 할 것으로, 일시 오락에 불과한 도박행위를 처벌하지 아니하는 이유가 여기에 있다.

[2] 속칭 민화투놀이에 저한 재물이 바로 그 즉시 예정된 방법에 따라 소비되지 아니하고 어느 일방이 승패에 따라 그 재물을 차지하였다 하더라도 그 재물의 득실이 승패결정의 흥미를 북돋우기 위한 것이고 그 재물의 경제적 가치가 근소(매회 1인당 100원식 걸어 합께 300원중 100원은 술값으로 적립하고 200원만 승자소유가 되며 20여회만 하였음)하여 건전한 근로의식을 침해하지 않을 정도라면 일시오락의 정도에 불과하다.

246-6. 상습도박죄에 있어서 상습성의 판단 [대법원 1995. 7. 11. 선고, 95도955]

【판결요지】

상습도박죄에 있어서의 상습성이라 함은 반복하여 도박행위를 하는 습벽으로서 행위자의 속성을 말하는데, 이러한 습벽의 유무를 판단함에 있어서는 도박의 전과나 도박횟수 등이 중요한 판단자료가 되나 도박전과가 없다 하더라도 도박의 성질과 방법, 도금의 규모, 도박에 가담하게 된 태양 등의 제반 사정을 참작하여 도박의 습벽이 인정되는 경우에는 상습성을 인정하여도 무방하다.

---

1. 2개월 10일 동안 9회에 걸친 도박과 상습성 유무(적극) [대법원 1983. 10. 25. 선고, 83도2448]

【판결요지】

피고인에게 아무 전과가 없다 하더라도 2개월 10일 동안 9회에 걸쳐 도박을 하였다면 이는 상습성이 있다.

---

2. 단시일내에 6회에 걸쳐 판돈 3,000,000원여가 오간 도박과 상습성 유무(적극) [대법원 1985. 6. 11. 선고, 85도748]

【판결요지】

단시일내에 전후 6회에 걸쳐 판돈 3,000,000원여가 오간 도박의 경우, 1회의 도금 및 승패금과 압수된 금원등에 비추어 이를 일시적인 오락으로 한 것으로는 볼 수 없고 여기에는 상습성이 있다고 할 것이다.

3. 상습도박죄에 있어서 상습성 인정 자료 [대법원 1994. 3. 8. 선고, 93도3608]

【판결요지】

상습도박죄에 있어서 상습성이라 함은 반복하여 도박행위를 하는 습벽으로서 행위자의 속성을 말하는 것이므로 이러한 습벽의 유무를 판단함에 있어서는 도박의 전과나 도박회수 등이 중요한 판단자료가 된다.

4. 1주일 간에 수십회의 도박을 하였으나 상습도박죄의 성립을 부정한 사례 [대법원 1985. 9. 24. 선고, 85도1272]

【판결요지】

피고인이 1982.3.15 19:00경부터 21:00경까지 사이, 동월 17. 17:30경부 터 18:30까지 사이, 동월 21. 17:00경부터 22:00까지 사이에 1회에 20,000원 내지 100,000원씩의 판돈을 걸고 "도리짓고땡"이라는 도박을 수십회 하였다 하여도 피고인에게는 도박의 전과도 없으며, 또한 피고인과 더불어 위 도박행위를 한 공범들은 1982.10. 하순경까지 위와 같은 도박행위를 계속하였는데 피고인은 위 1982.3.21 이후에는 스스로 위 도박행위는 물론 다른 어떤 도박행위에도 가담하지 않았다면 위와 같은 도박의 회수, 방법 및 판돈의 금액만으로 피고인의 위 도박행위가 바로 도박습벽의 발현이라고 보기는 어렵다.

5. 3차례에 걸친 전과사실만으로 최종범행일로부터 6년이 훨씬 지나고 출소일로부터 3년이 지난 단 1회의 범행을 상습범으로 인정할 수 있는지 여부(소극) [대법원 1987. 9. 8. 선고, 87도1371]

【판결요지】

상습범에 있어서의 상습성이라 함은 범행을 반복누행하는 습벽을 말하는 것이므로 상습성을 인정함에 있어서는 그 범행의 회수와 태양, 종전의 전과사실등이 그 중요한 근거가 되는 것이라 하더라도 이 사건에 있어서와 같이 3차례에 걸친 전과사실이 있으나 최종범행일로부터 6년이 훨씬 지나고 출소일로부터는 3년이 지난 후에 이 사건 범행을 단 1회 범한 것이라면 상기 전과가 있고 그 범죄의 태양이 동종이었다 하여 이것만으로 이 사건 범행을 상습성의 발현이라고 인정하기에는 부족하다 할 것이고 이 사건 범행이 위 최종전과로부터 장기간의 시일이 경과한 후에 범한 단 1회의 범행임에도 불구하고 이를 굳이 상습범으로 인정하기 위하여는 위 전과사실등과 더불어 특히 이것이 범행습벽의 발현이라고 인정해도 무방할 합리적인 사정이 있어야 한다.

6. 도박 전과가 없는 피고인이 유실물인 자기앞수표 금 100만원권 10매로 1회 최고 금 10만원씩을 걸고 약 200회에 걸쳐 '모이쪼'라는 도박을 한 경우 상습성(소극) [대법원 1991. 10. 8. 선고, 91도1894]

【판결요지】

상피고인이 사용해 보라고 건네주는 유실물인 자기앞수표 금 1,000,000원권 10매를 건네받은 도박 전과가 없는 피고인이 21:00경부터 이튿날 09:00경까지 사이에 위 수표를 가지고 공소외 4인과 함께 화투를 사용하여 1회 도금 최고 금 100,000원씩을 걸고 약 200회에 걸쳐 속칭 '모이쪼'라는 도박을 하였다면, 도박에 제공된 돈의 액수가 다소 많은 것은 사실이나 그 돈의 출처, 도박하기에 이른 경위 등에 비추어 도박의 상습성을 인정할 수 없다.

246-7. 상습도박죄에 있어서 상습성 개념과 그 판단자료 [대법원 1990. 12. 11. 선고, 90도2250]

【판시사항】

[1] 상습도박죄에 있어서의 상습성의 개념과 그 판단자료

[2] 도박의 전과 없는 피고인이 연말과 연초에 친지들과 어울려 "도리짓고땡" 도박을 2회 한 경우의 상습성 유무(소극)

【판결요지】

[1] 상습도박죄에 있어서 도박성과 상습성의 개념은 구별하여 해석하여야 하며, 여기에서 상습성이라 함은 반복하여 도박행위를 하는 습벽으로서 행위자의 속성을 말하는 것이므로 이러한 습벽의 유무를 판단함에 있어서 도박의 전과나 전력유무 또는 도박 횟수 등이 중요한 판단자료가 된다.

[2] 도박의 전과가 전혀 없고 이 사건 외에 도박을 한 전력이 전혀 나타나 있지 않은 피고인이 연말과 연초에 단 두차례에 한하여 평소 잘 아는 사이의 사람들과 어울려서 "도리짓고땡" 이라는 도박을 한 경우 피고인에게 도벽의 습벽 즉 상습성을 인정하기는 어렵다.

246-8. 도박행위가 일시오락 정도에 불과한 것인지 여부 판단기준 [대법원 1985. 4. 9. 선고, 84누692]

【판결요지】

우연한 승부에 재물을 거는 노름행위가 형법상 금지된 도박에 해당하는가, 아니면 일시적인 오락의 정도에 불과한 것인가 하는 점은 도박의 시간과 장소, 도박에 건 재물의 가액정도 도박에 가담한 자들의 사회적 지위나 재산정도 및 도박으로 인한 이득의 용도등 여러가지 객관적 사정을 참작하여 결정하여야 한다.

246-9. 도박 습벽있는 자가 도박을 하고 또 도박방조를 한 경우 죄수관계(=포괄적 1죄) [대법원 1984. 4. 24. 선고, 84도195]

【판결요지】

상습도박의 죄나 상습도박방조의 죄에 있어서의 상습성은 행위의 속성이 아니라 행위자의 속성으로서 도박을 반복해서 거듭하는 습벽을 말하는 것인 바, 도박의 습벽이 있는 자가 타인의 도박을 방조하면 상습도박방조의 죄에 해당하는 것이며, 도박의 습벽이 있는 자가 도박을 하고 또 도박방조를 하였을 경우 상습도박방조의 죄는 무거운 상습도박의 죄에 포괄시켜 1죄로서 처단하여야 한다.

246-10. 도박행위의 일시오락 정도의 판별기준 [대법원 1983. 12. 27. 선고, 83도2545]

【판결요지】

행상, 건재상경영 등 생업에 종사하면서 한동네에 거주하고 있는 피고인들이 마침 쉬는 날이라 동네 복덕방에 모여 놀다가 점심 및 술내기 육백을 치게 된 것인데 돈을 잃은 사람은 400원 또는 700원이고 돈을 딴 사람도 1,100원 정도이며 압수된 판돈 또한 4,800원에 불과한 사실이 인정되므로 이러한 피고인들 상호간의 관계, 직업, 화투를 친 시간 및 규모나 동기 등에 비추어 보면 피고인들의 도박의 행위는 일시오락의 정도에 지나지 아니한다.

1. 음식값을 마련하기 위한 도박과 도박죄의 성부 [대법원 1983. 5. 10. 선고, 83도68]

【판결요지】

생선회 3인분과 소주 2병 등 음식값을 마련하기 위하여 한 피고인들의 행위는 그들의 연령, 재산정도, 친교관계, 이 건에 이르게 된 경위와 그 방법, 그 회수와 장소 및 건 돈의 액수 등을 합쳐 검토하여 볼 때 단순한 오락정도에 불과하다.

246-11. 공동피고인에게 도박자금으로 대여한 금원의 추징 상대방 [대법원 1982. 9. 28. 선고, 82도1669]

【판시사항】

[1] 상습죄로 인정되는 동종의 수개 행위에 경합가중의 적부

[2] 피고인이 공동피고인에게 도박자금으로 대여한 금원의 추징 상대방

【판결요지】

[1] 상습범이라 함은 수다한 동종의 행위가 상습적으로 반복될 때 이를 일괄하여 하나의 죄로 처단하는 소위 과형상의 일죄를 말하는 것이니 동종의 수개의 행위에 상습성이 인정된다면 그 중 형이 중한 죄에 나머지 행위를 포괄시켜 처단하는 것이 상당하고 상습범으로 인정하면서도 실질적인 경합범으로 보아 형법 제37조, 제38조를 적용하여 경합가중함은 위법하다.

[2] 피고인이 다른 공동 피고인들에게 도박자금으로 금원을 대여하였다면 그 금원은 그 때부터 피고인의 소유가 아니라 동 공동 피고인들의 소유에 귀속하게 되므로 그것을 동 공동 피고인들로부터 형법 제48조 제1항 제1호나 제2호를 적용하여 몰수함은 모르되 피고인으로 부터 몰수할 성질의 것은 아니다.

246-12. 당구와 도박죄의 성부 [서울고법 1975. 4. 17. 74노1501, 확정]

【판결요지】

당구가 기량과 수련이 중요시되는 경기라 할지라도 그 경기자가 그 승패를 확실히 알고 있거나 또는 이를 마음대로 조작할 수 있는 것은 아니므로 그 경기에서 우연성이 완전히 배제된 것은 아니라할 것이므로 도박에 이용될 수 있다.

제247조[도박장소 등 개설]

> 제247조(도박장소 등 개설) 영리의 목적으로 도박을 하는 장소나 공간을 개설한 사람은 5년 이하의 징역 또는 3천만원 이하의 벌금에 처한다. [전문개정 2013. 4. 5.]

247-1. 사설 인터넷 도박사이트를 홍보하면서 회원들 가입 시 입력한 이름, 전화번호 등을 이용 전화를 걸어 도박사이트 가입을 승인해주는 방법으로 가입을 유도하고 도박사이트를 이용하여 도박을 하게 한 경우(적극) [대법원 2020. 9. 24. 선고, 2020도8978, 도박공간개설]

【판시사항】

사설 인터넷 도박사이트를 운영하는 사람이, 먼저 소셜 네트워크 서비스 앱에 오픈채팅방을 개설하여 아동·청소년이용음란 동영상을 게시하고 1:1 대화를 통해 불특정 다수를 위 오픈채팅방 회원으로 가입시킨 다음, 그 오픈채팅방에서 자신이 운영하는 도박사이트를 홍보하면서 회원들이 가입 시 입력한 이름, 전화번호 등을 이용하여 전화를 걸어 위 도박사이트 가입을 승인해주는 등의 방법으로 가입을 유도하고 그 도박사이트를 이용하여 도박을 하게 한 경우

【판결요지】

사설 인터넷 도박사이트를 운영하는 사람이, 먼저 소셜 네트워크 서비스 앱에 오픈채팅방을 개설하여 아동·청소년이용음란 동영상을 게시하고 1:1 대화를 통해 불특정 다수를 위 오픈채팅방 회원으로 가입시킨 다음, 그 오픈채팅방에서 자신이 운영하는 도박사이트를 홍보하면서 회원들이 가입 시 입력한 이름, 전화번호 등을 이용하여 전화를 걸어 위 도박사이트 가입을 승인해주는 등의 방법으로 가입을 유도하고 그 도박사이트를 이용하여 도박을 하게 하였다면, <u>영리를 목적으로 도박공간을 개설한 행위가 인정됨은 물론, 나아가 영리를 목적으로 아동·청소년이용음란물을 공연히 전시한 행위도 인정된다.</u>

> 1. 성인피시방 운영자가 손님들로 하여금 컴퓨터에 접속하여 인터넷 도박게임을 하고 게임머니 충전과 환전을 하도록 하면서 일정 금액을 수수료 명목으로 받은 행위 [대법원 2008. 10. 23. 선고, 2008도3970]
>
> 【판시사항】
>
> [1] 형법 제247조 도박개장죄의 성립요건
>
> [2] 성인피시방 운영자가 손님들로 하여금 컴퓨터에 접속하여 인터넷 도박게임을 하고 게임머니의 충전과 환전을 하도록 하면서 게임머니의 일정 금액을 수수료 명목으로 받은 행위를 도박개장죄로 인정
>
> 【판결요지】
>
> [1] <u>도박개장죄는 영리의 목적으로 스스로 주재자가 되어 그 지배하에 도박장소를 개설함으로써 성립하는 것으로 도박죄와는 별개의 독립된 범죄이다.</u> '도박'이란 참여한 당사자가 재물을 걸고 우연한 승부에 의하여 재물의 득실을 다투는 것을 의미하며, '영리의 목적'이란 도박개장의 대가로 불법한 재산상의 이익을 얻으려는 의사를 의미하고, 반드시 도박개장의 직접적 대가가 아니라 도박개장을 통하여 간접적으로 얻게 될 이익을 위한 경우에도 영리의 목적이 인정되며, 또한 현실적으로 그 이익을 얻었을 것을 요하지는 않는다.

> **2. 인터넷상의 도박개장죄를 인정한 사례** [대법원 2002. 4. 12. 선고, 2001도5802]
>
> **【판결요지】**
>
> 인터넷 고스톱게임 사이트를 유료화하는 과정에서 사이트를 홍보하기 위하여 고스톱대회를 개최하면서 참가자들로부터 참가비를 받고 입상자들에게 상금을 지급한 행위에 대하여 도박개장죄를 인정한 사례

> **3. 유료낚시터를 운영하는 사람이 입장료 명목으로 요금을 받고 낚인 물고기에 부착된 시상번호에 따라 경품을 지급한 사안(적극)** [대법원 2009. 2. 26. 선고, 2008도10582]
>
> **【판시사항】**
>
> 입장료의 액수, 경품의 종류 및 가액, 경품이 제공되는 방법 등의 여러 사정에 비추어 볼 때, 손님들이 내는 입장료는 이 사건 낚시터에 입장하기 위한 대가로서의 성격과 경품을 타기 위해 미리 거는 금품으로서의 성격을 아울러 지니고 있다고 볼 수 있고, 피고인이 손님들에게 경품을 제공하기로 한 것은 '재물을 거는 행위'로 볼 수 있으므로, 피고인은 영리의 목적으로 도박장소인 이 사건 낚시터를 개설하였다고 봄이 상당하다.

247-2. 음란물유포 인터넷사이트를 운영하면서 정보통신망 이용촉진 및 정보보호 등에 관한 법률 위반(음란물유포)죄와 도박개장방조죄에 의하여 비트코인(Bitcoin)을 취득한 사안 [대법원 2018. 5. 30. 선고, 2018도3619]

【판결요지】

범죄수익은닉의 규제 및 처벌 등에 관한 법률(이하 '범죄수익은닉규제법'이라 한다) [별표] 제1호 (사)목에서는 형법 제247조의 죄를, [별표] 제24호에서는 정보통신망법 제74조 제1항 제2호의 죄를 중대범죄로 규정하고 있어 피고인의 정보통신망법 위반(음란물유포)죄와 도박개장방조죄는 범죄수익은닉규제법에 정한 중대범죄에 해당하며, 비트코인은 경제적인 가치를 디지털로 표상하여 전자적으로 이전, 저장 및 거래가 가능하도록 한, 이른바 '가상화폐'의 일종인 점, 피고인은 위 음란사이트를 운영하면서 사진과 영상을 이용하는 이용자 및 음란사이트에 광고를 원하는 광고주들로부터 비트코인을 대가로 지급받아 재산적 가치가 있는 것으로 취급한 점에 비추어 비트코인은 재산적 가치가 있는 무형의 재산이라고 보아야 하고, 몰수의 대상인 비트코인이 특정되어 있다는 이유로, 피고인이 취득한 비트코인을 몰수할 수 있다고 본 원심판단이 정당하다.

247-3. 형법 제247조 도박개장죄의 성립 요건 [대법원 2013. 11. 28. 선고, 2012도14725]

【이 유】

형법 제247조의 도박개장죄는 영리의 목적으로 스스로 주재자가 되어 그 지배하에 도박장소를 개설함으로써 성립하는 도박죄와는 별개의 독립된 범죄이고, '도박'이라 함은 참여한 당사자가 재물을 걸고 우연한 승부에 의하여 재물의 득실을 다투는 것을 의미하며, '영리의 목적'이란 도박개장의 대가로 불법한 재산상의 이익을 얻으려는 의사를 의미하는 것이다(대법원 2002. 4. 12. 선고 2001도5802 판결 등 참조).

247-4. 가맹점을 모집하여 인터넷 도박게임이 가능하도록 시설을 설치하고 도박게임 프로그램을 가동하던 중 문제가 발생하여 더 이상 영업을 하지 못한 경우 [대법원 2009. 12. 10. 선고, 2008도5282]

【판시사항】

[1] 영리의 목적으로 인터넷 도박게임 사이트를 개설하여 운영하는 경우, 형법 제247조 도박개장죄의 기수 시기

[2] 피고인이 가맹점을 모집하여 인터넷 도박게임이 가능하도록 시설 등을 설치하고 도박게임 프로그램을 가동하던 중 문제가 발생하여 더 이상의 영업으로 나아가지 못한 경우, 실제로 이용자들이 도박게임 사이트에 접속하여 도박을 한 사실이 없더라도 도박개장죄는 이미 '기수'에 이르렀다고 본 사례

【판결요지】

[1] 형법 제247조의 도박개장죄는 영리의 목적으로 도박을 개장하면 기수에 이르고, 현실로 도박이 행하여졌음은 묻지 않는다. 따라서 영리의 목적으로 속칭 포커나 바둑이, 고스톱 등의 인터넷 도박게임 사이트를 개설하여 운영하는 경우, 현실적으로 게임이용자들로부터 돈을 받고 게임머니를 제공하고 게임이용자들이 위 도박게임 사이트에 접속하여 도박을 하여, 위 게임으로 획득한 게임머니를 현금으로 환전해 주는 방법 등으로 게임이용자들과 게임회사 사이에 있어서 재물이 오고갈 수 있는 상태에 있으면, 게임이용자가 위 도박게임 사이트에 접속하여 실제 게임을 하였는지 여부와 관계없이 도박개장죄는 '기수'에 이른다.

[2] 피고인이 단순히 가맹점만을 모집한 상태에서 도박게임 프로그램을 시험가동한 정도에 그친 것이 아니라, 가맹점을 모집하여 인터넷 도박게임이 가능하도록 시설 등을 설치하고 도박게임 프로그램을 가동하던 중 문제가 발생하여 더 이상의 영업으로 나아가지 못한 것으로 볼 여지가 있다면 이로써 도박개장죄는 이미 '기수'에 이르렀다고 볼 수 있고, 나아가 피고인이 모집한 피씨방의 업주들이 그곳을 찾은 이용자들에게 피고인이 개설한 도박게임 사이트에 접속하여 도박을 하게 한 사실이 없다고 하여 도박개장죄의 성립이 부정된다고 할 수 없다.

247-5. 인터넷사이트 운영자가 회원들로 하여금 온라인에서 현금화할 수 있는 게임코인을 걸고 고스톱, 포커 등을 하도록 하고, 수수료로 일정액을 취한 행위(적극) [대법원 2008. 9. 11. 선고, 2008도1667]

【판시사항】

피고인이 이 사건 인터넷사이트의 회원들에게 그 판시와 같은 방법으로 도박을 하게 하고, 이에 참여한 회원들로부터 매회 해당 판돈의 5%를 수수료 명목으로, 회원들이 도박을 하여 얻은 게임코인을 인터넷 포인트 환전사이트에서 환전할 때마다 환전금액의 10%를 환전수수료 명목으로, 그리고 회원들간의 게임머니 송금시 송금액의 10%를 송금수수료 명목으로 각 공제하여 합계 354,685,947원 상당의 이익을 취득한 사실을 알 수 있는바, 위 법리에 비추어 보면, 위 이익금은 모두 이 사건 도박개장의 직·간접적인 대가에 해당한다고 할 것이다.

247-6. 수인이 공모하여 도박개장행위로 이익을 얻은 경우, 실질적으로 귀속된 이익이 없는 사람에 대하여도 추징할 수 있는지 여부(소극) [대법원 2007. 10. 12. 선고, 2007도6019]

【판시사항】

[1] 수인이 공모하여 도박개장행위로 이익을 얻은 경우, 실질적으로 귀속된 이익이 없는 사람에 대하여도 추징할 수 있는지 여부(소극)

[2] 인터넷 도박사이트 운영자가 도박프로그램 개발자, 가맹점 업주 등과 공모하여 도박개장행위를 한 경우의 추징액은 실질적으로 위 운영자에게 귀속된 이익금을 기준으로 정하여야 한다.

【판결요지】

[1] 형법 제247조의 도박개장죄에 의하여 생긴 재산은 범죄수익은닉의 규제 및 처벌 등에 관한 법률 제2조 제1호 [별표] 제1호, 제8조 및 제10조에 의하여 추징의 대상이 되고, 이는 부정한 이익을 박탈하여 이를 보유하지 못하게 하는 데 그 목적이 있으므로, 수인이 공모하여 도박개장을 하여 이익을 얻은 경우 실질적으로 귀속된 이익이 없는 피고인에 대하여는 추징을 할 수 없다.

[2] 인터넷 도박사이트 운영자가 도박프로그램 개발자, 가맹점 업주 등과 공모하여 일반 게임장을 운영하면서 게임 이용자들에게 인터넷 도박프로그램을 제공하는 방식으로 도박개장행위를 하고 이용자들이 지불한 환전수수료, 딜러비 등 명목의 돈 일부를 가맹점으로부터 지급받은 사안에서, 위 사이트 운영자에게 실질적으로 귀속된 이익금을 기준으로 추징액을 정하여야 한다.

제248조(복표의 발매 등)

> 제248조(복표의 발매 등) ① 법령에 의하지 아니한 복표를 발매한 사람은 5년 이하의 징역 또는 3천만원 이하의 벌금에 처한다.
> ② 제1항의 복표발매를 중개한 사람은 3년 이하의 징역 또는 2천만원 이하의 벌금에 처한다.
> ③ 제1항의 복표를 취득한 사람은 1천만원 이하의 벌금에 처한다. [전문개정 2013. 4. 5.]

248-1. 형법 제248조가 규정하는 복표 개념요소 및 판단 기준 [대법원 2003. 12. 26. 선고, 2003도5433]

【판시사항】

[1] 형법 제248조가 규정하는 복표의 개념요소 및 판단 기준

[2] 이른바 '광고복권'이 형법 제248조 소정의 복표에 해당한다.

【판결요지】

[1] 형법은 각칙 제23장에서 '도박과 복표에 관한 죄'라는 제목 아래 도박죄와 함께 복표발매죄 등을 규정하고 있는바, 복표도 우연에 의하여 승패가 결정된다는 의미에서 도박에 유사한 측면이 있으므로, 건전한 국민의 근로관념과 사회의 미풍양속을 보호하려는 데에 그 발매 등의 행위를 제한하고 처벌할 이유가 있는 것이고, 여기에다가 사행행위등규제및처벌특례법 제2조 제1항 제1호 (가)목의 규정 취지를 종합하여 보면, 형법 제248조가 규정하는 복표의 개념요소는 ① 특정한 표찰일 것, ② 그 표찰을 발매하여 다수인으로부터 금품을 모을 것, ③ 추첨 등의 우연한 방법에 의하여 그 다수인 중 일부 당첨자에게 재산상의 이익을 주고 다른 참가자에게 손실을 줄 것의 세 가지로 파악할 수 있으며, 이 점에서 경제상의 거래에 부수하는 특수한 이익의 급여 내지 가격할 인에 불과한 경품권이나 사은권 등과는 그 성질이 다른 것이지만, 어떠한 표찰이 형법 제248조 소정의 복표에 해당하는지 여부는 그 표찰 자체가 갖는 성질에 의하여 결정되어야 하고, 그 기본 적인 성질이 위와 같은 개념요소를 갖추고 있다면, 거기에 광고 등 다른 기능이 일부 가미되어 있는 관계로 당첨되지 않은 참가자의 손실을 그 광고주 등 다른 사업주들이 대신 부담한다고 하더라도, 특별한 사정이 없는 한 복표로서의 성질을 상실하지는 않는다.

[2] 이른바 '광고복권'은 통상의 경우 이를 홍보 및 판촉의 수단으로 사용하는 사업자들이 당첨 되지 않은 참가자들의 손실을 대신 부담하여 주는 것일 뿐, 그 자체로는 추첨 등의 우연한 방법 에 의하여 일부 당첨자에게 재산상의 이익을 주고 다른 참가자에게 손실을 주는 복표로서의 성질 을 갖추고 있다고 보아 형법 제248조 소정의 복표에 해당한다.

제24장 살인의 죄

제250조[살인, 존속살해]

> 제250조(살인, 존속살해) ① 사람을 살해한 자는 사형, 무기 또는 5년 이상의 징역에 처한다.
> ② 자기 또는 배우자의 직계존속을 살해한 자는 사형, 무기 또는 7년 이상의 징역에 처한다. 〈개정 1995. 12. 29.〉

250-1. 살인죄와 같이 법정형이 무거운 범죄 경우에도 직접증거 없이 간접증거만으로 유죄를 인정할 수 있는지 여부(적극) [대법원 2017. 5. 30. 선고, 2017도1549]

【판시사항】

[1] 살인죄와 같이 법정형이 무거운 범죄의 경우에도 직접증거 없이 간접증거만으로 유죄를 인정할 수 있는지 여부(적극) 및 이때 필요한 주요사실의 전제가 되는 간접사실의 증명 정도

[2] 거액의 보험금 수령이 예상된다는 금전적 이유만으로 살인 범행의 동기를 인정할 때 유의할 사항 / 금전적 이득이 살인의 범행 동기가 될 수 있는 경우

[3] 피고인이 피해자 甲과 혼인한 후 피보험자를 甲, 수익자를 피고인으로 하는 다수의 생명보험에 가입하였다가, 경제적 상황이 어려워지자 거액의 보험금을 지급받을 목적으로 자신의 승합차 조수석에 甲을 태우고 고속도로를 주행하던 중 갓길 우측에 정차되어 있던 화물차량의 후미 좌측 부분에 피고인 승합차의 전면 우측 부분을 고의로 추돌시키는 방법으로 교통사고를 위장하여 甲을 살해하였다는 내용으로 주위적으로 기소된 사안

【판결요지】

[1] 유죄의 인정은 범행 동기, 범행수단의 선택, 범행에 이르는 과정, 범행 전후 피고인의 태도 등 여러 간접사실로 보아 피고인이 범행한 것으로 보기에 충분할 만큼 압도적으로 우월한 증명이 있어야 하고, 피고인이 고의적으로 범행한 것이라고 보기에 의심스러운 사정이 병존하고 증거관계 및 경험법칙상 고의적 범행이 아닐 여지를 확실하게 배제할 수 없다면 유죄로 인정할 수 없다. 피고인은 무죄로 추정된다는 것이 헌법상의 원칙이고, 그 추정의 번복은 직접증거가 존재할 경우에 버금가는 정도가 되어야 한다.

[2] 일반적으로 금전적 이득의 기회가 살인 범행의 중요한 동기가 될 수 있음은 부인할 수 없다. 특히 행위자가 얻을 수 있는 이익이 클수록 더욱 강한 동기로 작용하여 부도덕하고 반사회적인 범죄행위를 감행하는 유인이 될 수 있다는 점은 경험칙상으로도 충분히 수긍이 된다. 그러나 거액의 보험금 수령이 예상된다는 금전적 이유만으로 살해 동기를 인정할 수 있는지는 다른 간접사실들의 증명 정도와 함께 더욱 면밀히 살펴볼 필요가 있다. 한편 금전적 이득만이 살인의 범행 동기가 되는 것은, 범인이 매우 절박한 경제적 곤란이나 궁박 상태에 몰려 있어 살인이라는 극단적 방법을 통해서라도 이를 모면하려고 시도할 정도라거나 범인의 인성이 원래부터 탐욕적이고 인명을 가벼이 여기는 범죄적 악성과 잔혹함이 있는 경우 등이 대부분이다. 그렇지 않은 경우는

증오 등 인간관계의 갈등이나 치정 등 피해자를 살해할 금전 외적인 이유가 있어서 금전적 이득은 오히려 부차적이거나 적어도 금전 외적인 이유가 금전적 이득에 버금갈 정도라고 인정될 만한 사정이 있어야 살인의 동기로서 수긍할 정도가 된다. 더구나 계획적인 범행이고 범행 상대가 배우자 등 가족인 경우에는 범행이 단순히 인륜에 반하는 데에서 나아가 범인 자신의 생활기반인 가족관계와 혈연관계까지 파괴되므로 가정생활의 기반이 무너지는 것을 감내하고라도 살인을 감행할 만큼 강렬한 범행유발 동기가 존재하는 것이 보통이다.

[3] 졸음운전인지 고의사고인지 단언할 수 있는 객관적 증거가 없으므로, 충분히 가능성이 있는 여러 의문을 떨쳐내고 고의사고라고 확신할 수 있을 만큼 간접증거나 정황증거가 충분하다거나 그러한 증거들만으로 살인의 공소사실을 인정할 수 있을 정도의 종합적 증명력을 가진다고 보기에는 더 세밀하게 심리하고 확인해야 할 부분이 많은데도, 피고인에게 충분히 수긍할 만한 살인의 동기가 존재하였는지, 범행방법의 선택과 관련하여 제기될 수 있는 의문점을 해소할 만한 특별한 사정이 있는지, 사고 당시의 상황이 고의로 유발되었다는 과학적 근거가 충분한지 등에 대한 치밀하고도 철저한 검증 없이, 피고인이 고의로 甲을 살해하였다는 점이 합리적 의심을 배제할 정도로 증명되었다고 보아 유죄를 인정한 원심판결에 형사재판에서 요구되는 증명의 정도에 관한 법리를 오해하여 필요한 심리를 다하지 아니하거나 논리와 경험의 법칙에 반하여 자유심증주의의 한계를 벗어난 잘못이 있다.

250-2. 이른바 '이태원 살인사건' [대법원 2017. 1. 25. 선고, 2016도15526]

【판시사항】

피고인이 '1997. 4. 3. 21:50경 서울 용산구 이태원동에 있는 햄버거 가게 화장실에서 피해자 甲을 칼로 찔러 乙과 공모하여 甲을 살해하였다' 는 내용으로 기소된 사안

【판결요지】

甲은 피고인과 乙만 있던 화장실에서 칼에 찔려 사망하였고, 피고인과 乙은 서로 상대방이 甲을 칼로 찔렀고 자신은 우연히 그 장면을 목격하였을 뿐이라고 주장하나, 범행 현장에 남아 있던 혈흔 등에 비추어 乙의 주장에는 특별한 모순이 발견되지 않은 반면 피고인의 주장에는 쉽사리 해소하기 힘든 논리적 모순이 발생하는 점, 범행 이후의 정황에 나타난 여러 사정들 역시 피고인이 甲을 칼로 찌르는 것을 목격하였다는 乙의 진술의 신빙성을 뒷받침하는 점 등 제반 사정을 종합하면, 피고인이 甲을 칼로 찔러 살해하였음이 합리적인 의심을 할 여지가 없을 정도로 충분히 증명되었다고 본 원심판단이 정당하다.

250-3. 선장은 승객 등 선박공동체가 위험에 직면할 경우 선박공동체 전원의 안전이 종국적으로 확보될 때까지 적극적·지속적으로 구조조치를 취할 법률상 의무가 있는지 여부(적극) [대법원 2015. 11. 12. 선고, 2015도6809, 전원합의체 판결]

【판시사항】

[1] 선장은 승객 등 선박공동체가 위험에 직면할 경우 선박공동체 전원의 안전이 종국적으로 확

보될 때까지 적극적·지속적으로 구조조치를 취할 법률상 의무가 있는지 여부(적극) 및 선장이나 승무원은 선박 위험 시 조난된 승객이나 다른 승무원을 적극적으로 구조할 의무가 있는지 여부(적극) / 조난사고로 승객이나 다른 승무원들이 스스로 생명에 대한 위협에 대처할 수 없는 급박한 상황에서 선장이나 선원들의 부작위가 작위에 의한 살인행위와 동등한 형법적 가치를 가지는 경우 / 부작위와 사망의 결과 사이에 인과관계가 인정되는 경우

[2] 항해 중이던 선박의 선장 피고인 甲, 1등 항해사 피고인 乙, 2등 항해사 피고인 丙이 배가 기울어져 멈춘 후 침몰하고 있는 상황에서 피해자인 승객 등이 안내방송 등을 믿고 대피하지 않은 채 선내에 대기하고 있음에도 아무런 구조조치를 취하지 않고 퇴선함으로써, 배에 남아있던 피해자들을 익사하게 하고, 나머지 피해자들의 사망을 용인하였으나 구조되었다고 하여 살인 및 살인미수로 기소된 사안

【판결요지】

[1] 선장의 권한이나 의무, 해원의 상명하복체계 등에 관한 해사안전법 제45조, 구 선원법(2015. 1. 6. 법률 제13000호로 개정되기 전의 것) 제6조, 제10조, 제11조, 제22조, 제23조 제2항, 제3항은 모두 선박의 안전과 선원 관리에 관한 포괄적이고 절대적인 권한을 가진 선장을 수장으로 하는 효율적인 지휘명령체계를 갖추어 항해 중인 선박의 위험을 신속하고 안전하게 극복할 수 있도록 하기 위한 것이므로, 선장은 승객 등 선박공동체의 안전에 대한 총책임자로서 선박공동체가 위험에 직면할 경우 그 사실을 당국에 신고하거나 구조세력의 도움을 요청하는 등의 기본적인 조치뿐만 아니라 위기상황의 태양, 구조세력의 지원 가능성과 규모, 시기 등을 종합적으로 고려하여 실현가능한 구체적인 구조계획을 신속히 수립하고 선장의 포괄적이고 절대적인 권한을 적절히 행사하여 선박공동체 전원의 안전이 종국적으로 확보될 때까지 적극적·지속적으로 구조조치를 취할 법률상 의무가 있다. 또한 선장이나 승무원은 수난구호법 제18조 제1항 단서에 의하여 조난된 사람에 대한 구조조치의무를 부담하고, 선박의 해상여객운송사업자와 승객 사이의 여객운송계약에 따라 승객의 안전에 대하여 계약상 보호의무를 부담하므로, 모든 승무원은 선박 위험 시 서로 협력하여 조난된 승객이나 다른 승무원을 적극적으로 구조할 의무가 있다.

따라서 선박침몰 등과 같은 조난사고로 승객이나 다른 승무원들이 스스로 생명에 대한 위협에 대처할 수 없는 급박한 상황이 발생한 경우에는 선박의 운항을 지배하고 있는 선장이나 갑판 또는 선내에서 구체적인 구조행위를 지배하고 있는 선원들은 적극적인 구호활동을 통해 보호능력이 없는 승객이나 다른 승무원의 사망 결과를 방지하여야 할 작위의무가 있으므로, 법익침해의 태양과 정도 등에 따라 요구되는 개별적·구체적인 구호의무를 이행함으로써 사망의 결과를 쉽게 방지할 수 있음에도 그에 이르는 사태의 핵심적 경과를 그대로 방관하여 사망의 결과를 초래하였다면, 부작위는 작위에 의한 살인행위와 동등한 형법적 가치를 가지고, 작위의무를 이행하였다면 결과가 발생하지 않았을 것이라는 관계가 인정될 경우에는 작위를 하지 않은 부작위와 사망의 결과 사이에 인과관계가 있다.

[2] [다수의견] 피고인 乙, 丙은 간부 선원이기는 하나 나머지 선원들과 마찬가지로 선박침몰과 같은 비상상황 발생 시 각자 비상임무를 수행할 현장에 투입되어 선장의 퇴선명령이나 퇴선을 위한

유보갑판으로의 대피명령 등에 대비하다가 선장의 실행지휘에 따라 승객들의 이동과 탈출을 도와주는 임무를 수행하는 사람들로서, 임무의 내용이나 중요도가 선장의 지휘 내용이나 구체적인 현장상황에 따라 수시로 변동될 수 있을 뿐 아니라 퇴선유도 등과 같이 경우에 따라서는 승객이나 다른 승무원에 의해서도 비교적 쉽게 대체 가능하고, 따라서 승객 등의 퇴선을 위한 선장의 아무런 지휘·명령이 없는 상태에서 피고인 乙, 丙이 단순히 비상임무 현장에 미리 가서 추가 지시에 대비하지 아니한 채 선장과 함께 조타실에 있었다거나 혹은 기관부 선원들과 함께 3층 선실 복도에서 대기하였다는 사정만으로, 선장과 마찬가지로 선내 대기 중인 승객 등의 사망 결과나 그에 이르는 사태의 핵심적 경과를 계획적으로 조종하거나 저지·촉진하는 등 사태를 지배하는 지위에 있었다고 보기 어려운 점 등 제반 사정을 고려하면, 피고인 乙, 丙이 간부 선원들로서 선장을 보좌하여 승객 등을 구조하여야 할 지위에 있음에도 별다른 구조조치를 취하지 아니한 채 사태를 방관하여 결과적으로 선내 대기 중이던 승객 등이 탈출에 실패하여 사망에 이르게 한 잘못은 있으나, 그러한 부작위를 작위에 의한 살인의 실행행위와 동일하게 평가하기 어렵고, 또한 살인의 미필적 고의로 피고인 甲의 부작위에 의한 살인행위에 공모 가담하였다고 단정하기도 어려우므로, 피고인 乙, 丙에 대해 부작위에 의한 살인의 고의를 인정하기 어렵다고 한 원심의 조치는 정당하다.

250-4. 범행 결과가 매우 중대하고 범행 동기나 방법 및 범행 정황에 비난 가능성이 큰 사정이 있는 경우, 살인의 고의를 인정하는 방법 [대법원 2015. 10. 29. 선고, 2015도5355]

【판시사항】
범행 결과가 매우 중대하고 범행 동기나 방법 및 범행 정황에 비난 가능성이 큰 사정이 있는 경우, 살인의 고의를 인정하는 방법

【판결요지】
공소가 제기된 범죄사실의 주관적 요소인 고의의 존재에 대한 증명책임 역시 검찰관에게 있고, 유죄의 인정은 법관으로 하여금 합리적인 의심을 할 여지가 없을 정도로 공소사실이 진실한 것이라는 확신을 가지게 하는 증명력을 가진 증거에 의하여야 하므로, 그러한 증거가 없다면 피고인들에게 유죄의 의심이 간다고 하더라도 피고인들의 이익으로 판단하여야 한다. 나아가 형벌법규의 해석과 적용은 엄격하여야 하므로, 범행 결과가 매우 중대하고 범행 동기나 방법 및 범행 정황에 비난 가능성이 크다는 사정이 있더라도, 이를 양형에 불리한 요소로 고려하여 형을 무겁게 정하는 것은 별론, 그러한 사정을 이유로 살인의 고의를 쉽게 인정할 것은 아니고 이를 인정할 때에는 신중을 기하여야 한다.

250-5. 살인죄에서 살인 범의의 인정 기준 [대법원 2009. 2. 26. 선고, 2008도9867]

【판시사항】
살인죄에서 살인 범의의 인정 기준 및 피고인이 범행 당시 살인의 범의는 없었고 상해 또는 폭행의 범의만 있었을 뿐이라고 다투는 경우, 살인의 범의에 대한 판단 기준

【이 유】

살인의 범의는 반드시 살해의 목적이나 계획적인 살해의 의도가 있어야 인정되는 것은 아니고, 자기의 행위로 인하여 타인의 사망의 결과를 발생시킬 만한 가능성 또는 위험이 있음을 인식하거나 예견하면 족한 것이고 그 인식이나 예견은 확정적인 것은 물론 불확정적인 것이라도 이른바 미필적 고의로 인정되는 것인바, 피고인이 범행 당시 살인의 범의는 없었고 단지 상해 또는 폭행의 범의만 있었을 뿐이라고 다투는 경우에 피고인에게 범행 당시 살인의 범의가 있었는지 여부는 피고인이 범행에 이르게 된 경위, 범행의 동기, 준비된 흉기의 유무·종류·용법, 공격의 부위와 반복성, 사망의 결과발생 가능성 정도 등 범행 전후의 객관적인 사정을 종합하여 판단할 수밖에 없는 것이다(대법원 2002. 2. 8. 선고 2001도6425 판결, 대법원 2006. 4. 14. 선고 2006도734 판결 등 참조).

---

1. 건장한 체격의 군인이 왜소한 체격의 피해자를 폭행하고 특히 급소인 목을 설골이 부러질 정도로 세게 졸라 사망케 한 행위(적극) [대법원 2001. 3. 9. 선고, 2000도5590]
【판시사항】
건장한 체격의 군인이 왜소한 체격의 피해자를 폭행하고 특히 급소인 목을 설골이 부러질 정도로 세게 졸라 사망케 한 행위에 살인의 범의가 있다.

250-6. 입양의사로 친생자 출생신고를 하고 자신을 계속 양육하여 온 사람을 살해한 경우(=존속살해)
[대법원 2007. 11. 29. 선고, 2007도8333]
【판시사항】
민법(1977. 12. 31. 법률 제3051호로 개정되기 전의 것) 제874조 제1항에 의하면 처가 있는 자는 공동으로 함이 아니면 양자를 할 수 없다. 그리고 당사자가 입양의 의사로 친생자 출생신고를 하고 거기에 입양의 실질적 요건이 구비되어 있다면 그 형식에 다소 잘못이 있더라도 입양의 효력이 발생하고, 이 경우의 허위의 친생자 출생신고는 법률상의 친자관계인 양친자관계를 공시하는 입양신고의 기능을 하게 되는 것이다(대법원 2000. 6. 9. 선고 99므1633, 1640 판결, 대법원 2004. 11. 11. 선고 2004므1484 판결 등 참조).

250-7. 일정량 이상을 먹으면 사람이 죽을 수도 있는 '초우뿌리'나 '부자' 달인 물을 마시게 하여 피해자를 살해하려다 미수에 그친 경우 불능범 여부 [대법원 2007. 7. 26. 선고, 2007도3687]
【판시사항】
일정량 이상을 먹으면 사람이 죽을 수도 있는 '초우뿌리' 나 '부자' 달인 물을 마시게 하여 피해자를 살해하려다 미수에 그친 행위가 불능범이 아닌 살인미수죄에 해당한다고 본 사례
【이 유】
기록에 의하면 '초우뿌리' 나 '부자' 는 만성관절염 등에 효능이 있으나 유독성 물질을 함유하고 있어 과거 사약(死藥)으로 사용된 약초로서 그 독성을 낮추지 않고 다른 약제를 혼합하지 않은 채 달인 물을 복용하면 용량 및 체질에 따라 다르나 부작용으로 사망의 결과가 발생할 가능성을 배제할 수 없는 사실을 알 수 있는바, 원심이 그 설시 증거를 종합하여 피고인이 원심 공동피고인 공소외 1과 공모하여 일정량 이상을 먹으면 사람이 사망에 이를 수도 있는 '초우뿌리' 또는 '부

자' 달인 물을 피해자(공소외 1의 남편)에게 마시게 하여 피해자를 살해하려고 하였으나 피해자가 이를 토해버림으로써 미수에 그친 행위를 불능범이 아닌 살인미수죄로 본 제1심의 판단을 유지한 것은 정당하고 거기에 앞서 본 불능범에 관한 법리오해 또는 채증법칙 위배 등의 위법이 없다.

250-8. 산부인과 의사가 약물에 의한 유도분만 방법으로 낙태시술을 하였으나 태아가 살아서 미숙아로 출생하자 그 미숙아에게 염화칼륨을 주입하여 사망하게 한 사안 [대법원 2005. 4. 15. 선고, 2003도2780]

【판결요지】

염화칼륨 주입행위를 낙태를 완성하기 위한 행위에 불과한 것으로 볼 수 없고, 살아서 출생한 미숙아가 정상적으로 생존할 확률이 적다고 하더라도 그 상태에 대한 확인이나 최소한의 의료행위도 없이 적극적으로 염화칼륨을 주입하여 미숙아를 사망에 이르게 하였다면 피고인에게는 미숙아를 살해하려는 범의가 인정된다.

250-9. 치료중단 및 퇴원을 허용하는 조치를 취함으로써 환자를 사망에 이르게 한 담당 전문의와 주치의(=살인방조) [대법원 2004. 6. 24. 선고, 2002도995]

【판결요지】

보호자가 의학적 권고에도 불구하고 치료를 요하는 환자의 퇴원을 간청하여 담당 전문의와 주치의가 치료중단 및 퇴원을 허용하는 조치를 취함으로써 환자를 사망에 이르게 한 행위에 대하여 보호자, 담당 전문의 및 주치의가 부작위에 의한 살인죄의 공동정범으로 기소된 사안에서, 담당 전문의와 주치의에게 환자의 사망이라는 결과 발생에 대한 정범의 고의는 인정되나 환자의 사망이라는 결과나 그에 이르는 사태의 핵심적 경과를 계획적으로 조종하거나 저지·촉진하는 등으로 지배하고 있었다고 보기는 어려워 공동정범의 객관적 요건인 이른바 기능적 행위지배가 흠결되어 있다는 이유로 작위에 의한 살인방조죄만 성립한다.

250-10. 인체급소를 잘 알고 있는 무술교관 출신이 무술의 방법으로 피해자의 울대(聲帶)를 가격하여 사망케 한 행위(적극) [대법원 2000. 8. 18. 선고, 2000도2231]

【판시사항】

피고인이 피해자의 울대를 쳐 피해자를 사망에 이르게 한 행위가 피해자가 먼저 피고인을 할퀴고, 피고인의 고환을 잡고 늘어지는 등 피고인을 폭행한 것이 원인이 되었다고 하더라도, 원심이 적법하게 인정한 바와 같이 피고인의 이와 같은 행위가 살인의 범의에 기한 것이라고 인정되는 이상, 피고인의 행위는 정당방위나 과잉방위에 해당하는 행위라고 볼 수 없는 것이므로, 이와 다른 취지의 피고인의 상고이유 주장은 받아들일 수 없다.

250-11. 총알이 장전되어 있는 엽총 방아쇠를 잡고 있다가 총알이 발사되어 피해자가 사망한 사안(적극) [대법원 1997. 2. 25. 선고, 96도3364]

【판결요지】

총알이 장전되어 있는 엽총의 방아쇠를 잡고 있다가 총알이 발사되어 피해자가 사망한 사안에서, 범행의 도구로 사용된 엽총은 통상 사냥하기 직전에 총알을 장전하는 것인데도 사냥과는 전혀 관계없는 범행 당시 이미 총알이 장전되어 있었고, 실탄의 장전 유무는 탄창에 나타나는 표시에 의해서 쉽게 확인될 수 있어 총기에 실탄이 장전된 것인지 몰랐다고 하기 어려울 뿐 아니라, 안전장치를 하지 않은 상태에서 방아쇠를 잡고 있었던 점 등과 관계 증거에 나타난 전후 사정에 비추어, 피해자를 겁주려고 협박하다가 피해자의 접촉행위로 생겨난 단순한 오발사고가 아니라 살인의 고의가 있는 범죄행위였다.

250-12. 9세 여아를 목을 졸라 실신시킨 후 떠나버린 경우(적극) [대법원 1994. 12. 22. 선고, 94도2511]

【판결요지】

피고인이 9세의 여자 어린이에 불과하여 항거를 쉽게 제압할 수 있는 피해자의 목을 감아서 졸라 실신시킨 후 그곳을 떠나버린 이상 그와 같은 자신의 가해행위로 인하여 피해자가 사망에 이를 수도 있다는 사실을 인식하지 못하였다고 볼 수 없으므로, 적어도 그 범행 당시에는 피고인에게 살인의 범의가 있었다.

---

1. 시내버스로 사람을 사망케 한 운전자에 대하여 살인의 범의를 인정한 사례 [대법원 1988. 6. 14. 선고, 88도692]

【판결요지】

살인죄에 있어 범의는 자기의 행위로 인하여 타인의 사망의 결과를 발생시킬만한 가능 또는 위험이 있음을 인식 또는 예견하면 족한 것이고 사망의 결과발생 또는 희망할 것은 필요치 않으며, 그 인식 또는 예견은 불확정적인 것이라도 소위 미필적 고의가 있다고 보아야 할 것이다.

---

2. 살인의 실행행위와 사망 사이의 인과관계 유무 판단기준 [대법원 1994. 3. 22. 선고, 93도3612]

【판결요지】

살인의 실행행위가 피해자의 사망이라는 결과를 발생하게 한 유일한 원인이거나 직접적인 원인이어야만 되는 것은 아니므로, 살인의 실행행위와 피해자의 사망과의 사이에 다른 사실이 개재되어 그 사실이 치사의 직접적인 원인이 되었다고 하더라도 그와 같은 사실이 통상 예견할 수 있는 것에 지나지 않는다면 살인의 실행행위와 피해자의 사망과의 사이에 인과관계가 있는 것으로 보아야 한다.

250-13. 살해의사로 위험한 저수지로 유인한 조카(10세)가 물에 빠지자 구호하지 아니한 채 방치한 행위(적극) [대법원 1992. 2. 11. 선고, 91도2951]

【판결요지】

피고인이 조카인 피해자(10세)를 살해할 것을 마음먹고 저수지로 데리고 가서 미끄러지기 쉬운 제방 쪽으로 유인하여 함께 걷다가 피해자가 물에 빠지자 그를 구호하지 아니하여 피해자를 익사하게 한 것이라면 피해자가 스스로 미끄러져서 물에 빠진 것이고, 그 당시는 피고인이 살인죄의 예비 단계에 있었을 뿐 아직 실행의 착수에는 이르지 아니하였다고 하더라도, 피해자의 숙부로서 익사의 위험에 대처할 보호능력이 없는 나이 어린 피해자를 익사의 위험이 있는 저수지로 데리고 갔던 피고인으로서는 피해자가 물에 빠져 익사할 위험을 방지하고 피해자가 물에 빠지는 경우 그를 구호하여 주어야 할 법적인 작위의무가 있다고 보아야 할 것이고, 피해자가 물에 빠진 후에 피고인이 살해의 범의를 가지고 그를 구호하지 아니한 채 그가 익사하는 것을 용인하고 방관한 행위(부작위)는 피고인이 그를 직접 물에 빠뜨려 익사시키는 행위와 다름없다고 형법상 평가될 만한 살인의 실행행위라고 보는 것이 상당하다.

---

1. 피감금자에 대한 위험발생을 방지함이 없이 방치한 경우 살인죄의 성부(적극) [대법원 1982. 11. 23. 선고, 82도2024]

【판시사항】

[1] 피감금자에 대한 위험발생을 방지함이 없이 방치한 경우 살인죄의 성부

[2] 살인의 미필적 고의가 있다.

【판결요지】

[1] 피고인이 미성년자를 유인하여 포박 감금한 후 단지 그 상태를 유지하였을 뿐인데도 피감금자가 사망에 이르게 된 것이라면 피고인의 죄책은 감금치 사죄에 해당한다 하겠으나, 나아가서 그 감금상태가 계속된 어느 시점에서 피고인에게 살해의 범의가 생겨 피감금자에 대한 위험발생을 방지함이없이 포박감금상태에 있던 피감금자를 그대로 방치함으로써 사망케 하였다면 피고인의 부작위는 살인죄의 구성요건적 행위를 충족하는 것이라고 평가하기에 충분하므로 부작위에 의한 살인죄를 구성한다.

[2] 피해자를 아파트에 유인하여 양 손목과 발목을 노끈으로 묶고 입에 반창고를 두 겹으로 붙인 다음 양손목을 묶은 노끈은 창틀에 박힌 시멘트 못에, 양발목을 묶은 노끈은 방문손잡이에 각각 잡아매고 얼굴에 모포를 씌워 감금한 후 수차 아파트를 출입하다가 마지막 들어갔을 때 피해자가 이미 탈진 상태에 이르러 박카스를 마시지 못하고 그냥 흘려버릴 정도였고 피고인이 피해자의 얼굴에 모포를 덮어씌워 놓고 그냥 나오면서 피해자를 그대로 두면 죽을 것같다는 생각이 들었다면, 피고인이 위와 같은 결과발생의 가능성을 인정하고 있으면서도 피해자를 병원에 옮기지 않고 사경에 이른 피해자를 그대로 방치한 소위는 피해자가 사망하는 결과에 이르더라도 용인할 수 밖에 없다는 내심의 의사 즉 살인의 미필적 고의가 있다고 할 것이다.

250-14. 동일한 장소에서 동일한 방법으로 시간적으로 접착된 상황에서 권총으로 처자들에게 각기 실탄 1발씩을 순차로 발사하여 살해한 경우 죄수(=실체적 경합범) [대법원 1991. 8. 27. 선고, 91도1637]

【판결요지】

피고인이 단일한 범의로 동일한 장소에서 동일한 방법으로 시간적으로 접착된 상황에서 처와 자식들을 살해하였다고 하더라도 휴대하고 있던 권총에 실탄 6발을 장전하여 처와 자식들의 머리에 각기 1발씩 순차로 발사하여 살해하였다면, 피해자들의 수에 따라 수개의 살인죄를 구성한다.

250-15. 상해 및 폭행의 기회에 공범중 1인이 살인행위를 한 경우의 다른 공범의 죄책 [대법원 1991. 5. 14. 선고, 91도580]

【판결요지】

피고인이 공범들과 공동하여 피해자의 신체를 상해하거나 폭행을 가하는 기회에 공범 중 1인이 고의로 피해자를 살해한 경우, 피고인이 살인행위를 공모하거나 공범의 살인행위에 관여하지 아니하였기 때문에 살인죄의 죄책은 지지 아니한다고 하더라도 상해나 폭행행위에 관하여는 서로 인식이 있었고 예견이 가능한 공범의 가해행위로 사망의 결과가 초래된 이상, 상해치사죄의 죄책은 면할 수 없다.

250-16. 정신분열증으로 피해자를 "사탄"이라고 생각하고 그를 죽여야만 천당에 갈 수 있다고 믿어 살해한 경우 범행당시 심신상실상태에 있었다고 본 사례 [대법원 1990. 8. 14. 선고, 90도1328]

【판결요지】

범행당시 정신분열증으로 심신장애의 상태에 있었던 피고인이 피해자를 살해한다는 명확한 의식이 있었고 범행의 경위를 소상하게 기억하고 있다고 하여 범행당시 사물의 변별능력이나 의사결정능력이 결여된 정도가 아니라 미약한 상태에 있었다고 단정할 수는 없는 것인바, 피고인이 피해자를 살해할 만한 다른 동기가 전혀 없고, 오직 피해자를 "사탄"이라고 생각하고 피해자를 죽여야만 피고인. 자신이 천당에 갈 수 있다고 믿어 살해하기에 이른 것이라면, 피고인은 범행당시 정신분열증에 의한 망상에 지배되어 사물의 선악과 시비를 구별할 만한 판단능력이 결여된 상태에 있었던 것으로 볼 여지가 없지 않다.

250-17. 강간범이 살해의 미필적고의로 폭행과 강간을 하여 피해자를 사망케 한 경우 죄수(=살인죄와 강간치사죄의 상상적경합관계) [대법원 1990. 5. 8. 선고, 90도670]

【판결요지】

강간범인이 피해자를 사망에 이르게 한 경우에 그 사망의 결과가 간음행위 자체뿐만 아니라 강간의 수단으로 사용한 폭행으로 인하여 초래된 경우에도 강간치사죄가 성립하는 것이나, 다만 범인이 강간의 목적으로 피해자에게 폭행을 가할 때에 살해의 범의가 있었다면 살인죄와 강간치사죄의 상상적경합범이 성립한다고 할 것이므로, 강간범인이 살해의 미필적고의를 가지고 피해자의 입을 막고 경부를 눌러 피해자를 질식으로 인한 실신상태에 빠뜨려 강간한 후 그즈음 피해자를 경부압박으로 인한 질식으로 사망케 하였다면 살인죄와 강간치사죄의 상상적경합범으로 보아 가장 무거운 살인죄에 정한 형으로 처벌한 원심판결은 정당하다.

250-18. 계획적 의도없이 범행현장에 가서 소지하고 있던 과도로 살인한 경우(적극) [대법원 1987. 12. 8. 선고, 87도2195]

【판결요지】

피고인이 과도를 소지하고 범행현장에 가게 된 동기가 살상하기 위한 계획적인 의도가 없었다 하더라도 범행현장에서 피해자로부터 폭행을 당하자 소지하고 간 길이 30센티미터의 과도로 피해자를 힘껏 찔러 사망케 한 경우라면 피고인의 범의가 순간적 발생이라 할지라도 살해의 결과가 발생하리라는 인식이 있었다고 봄이 상당하다.

250-19. 7세, 3세 남짓된 어린자식들에게 함께 죽자고 권유하여 익사하게 한 경우 죄책(살인) [대법원 1987. 1. 20. 선고, 86도2395]

【판결요지】

　피고인이 7세, 3세 남짓된 어린자식들에 대하여 함께 죽자고 권유하여 물속에 따라 들어오게 하여 결국 익사하게 하였다면 비록 피해자들을 물속에 직접 밀어서 빠뜨리지는 않았다고 하더라도 사살의 의미를 이해할 능력이 없고 피고인의 말이라면 무엇이나 복종하는 어린 자식들을 권유하여 익사하게 한 이상 살인죄의 범의는 있었음이 분명하다.

250-20. 강간치상을 범한 자가 범행 은폐를 위하여 피해자를 살해한 경우 [대법원 1987. 1. 20. 선고, 86도2360]

【판결요지】

　피해자를 2회 강간하여 2주간 치료를 요하는 질입구파열창을 입힌 자가 피해자에게 용서를 구하였으나 피해자가 이에 불응하면서 위 강간사실을 부모에게 알리겠다고 하자 피해자를 살해하여 위 범행을 은폐시키기로 마음먹고 철사줄과 양손으로 피해자의 목을 졸라 질식 사망케 하였다면, 동인의 위와 같은 소위는 강간치상죄와 살인죄의 경합범이 된다.

250-21. 우발적인 범행이라고 하더라도 살인의 범의가 있다고 인정한 예 [대법원 1986. 12. 9. 선고, 86도2044]

【판결요지】

　길이 70센티미터, 직경 5센티미터의 아카시아 말목을 양손에 잡고 피해자의 머리 및 좌측팔 부분을 수회 구타하고 말목이 부러지자 주먹만한 돌을 들어 피해자의 머리를 1회 때리고 다시 길이 20센티미터, 폭 10센티미터, 직경 5센티미터 및 길이 16센티미터, 폭 9센티미터, 직경 7센티미터의 큰돌 2개로 머리를 2회 때려 우측두정부 함몰골절등의 상해로 그 자리에서 사망케 하였다면, 위 범행이 우발적이라 할지라도 살인의 결과발생을 인식하고 저지른 소행으로서 살인의 범의가 있었다고 봄이 상당하다.

250-22. 강간후에 이를 추궁하는 피해자를 살해한 경우 [대법원 1986. 11. 11. 선고, 86도1989]

【판결요지】

　피해자를 강간한 후 피해자가 울면서 자신의 장래를 책임지라고 이를 추궁하자 피고인이 피해자를 타이르던 중 피해자가 계속 반항하므로 순간적으로 그녀를 살해할 것을 결의하고 양손으로 피해자의 목을 졸라 그 자리에서 질식 사망케 한 것이라면 피고인에게는 당시 살인의 확정적 범의가 있었음이 분명하여 결과적 가중범의 범의를 논할 여지가 없다.

250-23. 상관의 심한 기합에 격분하여 상관을 사살한 행위와 정당방위 성부(소극) [대법원 1984. 6. 12. 선고, 84도683]

【판결요지】

정당방위는 침해행위에 의해 침해되는 법익의 종류, 정도, 침해방법, 침해행위의 완급과 방위행위에 의해 침해될 법익의 종류, 정도등 일체의 구체적 사정을 참작하여 방위행위가 사회적으로 상당한 것이었다고 인정할 수 있는 것이어야 하는바, 전투경찰대원이 상관의 다소 심한 기합에 격분하여 상관을 사살한 행위는 자신의 신체에 대한 침해를 방위하기 위한 상당한 방법이었다고 볼 수 없다.

250-24. 범행동기, 범행후 정황에 관한 진술과 정신감정결과에 비추어 심신장애상태에 있지 않다고 본 사례 [대법원 1984. 3. 13. 선고, 84도76]

【판결요지】

피해자들이 과거에 피고인이 자살미수한 일을 화제로 삼자 피고인을 비웃는 것 같고 창피한 생각이 들어 살해할 것을 결심하고 피해자들이 잠든 사이에 과도로 찌르고 난후 과도가 발견되면 의심을 받을 것 같아 굴뚝에다 버리고 나서 기절한 것처럼 가장하였다는 피고인의 범행동기 및 범행 후의 정황진술내용과 피고인의 우울성 인격장애는 병적인 것이 아니라 성격적 결함을 말하는 것이라는 정신감정결과에 비추어 보면 피고인은 범행당시 심신장애상태에 있지 않았다고 봄이 상당하다.

250-25. 사용한 독물량이 일반적으로는 치사량미달인 경우와 사망 결과발생 가능성 [대법원 1984. 2. 28. 선고, 83도3331]

【판결요지】

이 사건 농약의 치사추정량이 쥐에 대한 것을 인체에 대하여 추정하는 극히 일반적 추상적인 것이어서 마시는 사람의 연령, 체질, 영양 기타의 신체의 상황여하에 따라 상당한 차이가 있을 수 있는 것이라면 피고인이 요구르트 한병마다 섞은 농약 1.6씨씨가 그 치사량에 약간 미달한다 하더라도 이를 마시는 경우 사망의 결과발생 가능성을 배제할 수는 없다고 할 것이다.

250-26. 피해자 구타행위에 맞서 7군데나 식칼로 찔러 피해자를 사망케 한 소위와 정당방위 [대법원 1983. 9. 27. 선고, 83도1906]

【판결요지】

피고인이 피해자를 7군데나 식칼로 찔러 사망케 한 행위가 피해자의 구타행위로 말미암아 유발된 범행이었다 하더라도 그와 같은 사정만으로는 위 소위가 정당방위 또는 과잉방위에 해당된다고 볼 수 없다.

250-27. 격정적인 살해행위와 살인의 확정적 고의 [대법원 1983. 9. 13. 선고, 83도1817]

【판결요지】

피고인이 정교관계를 가졌던 피해자로부터 금품요구와 협박을 받아 오다가 위 피해자를 타이르던 중 반항하는 위 피해자를 순간적으로 살해하기로 결의하고 양손으로 피해자의 목을 졸라 질식 사망케 한 사실이 인정된다면 피고인에게 살인의 확정적 범의가 있었음이 분명하고 과실이나 결과적 가중범의 범의를 논할 여지가 없다.

250-28. 자상행위가 다른 원인과 결합하여 사망의 결과를 야기한 경우 인과관계 존부(적극) [대법원 1982. 12. 28. 선고, 82도2525]

【판결요지】

피고인의 자상행위가 피해자를 사망하게 한 직접적 원인은 아니었다 하더라도 이로부터 발생된 다른 간접적 원인이 결합되어 사망의 결과를 발생하게 한 경우라도 그 행위와 사망간에는 인과관계가 있다고 할 것인바, 이 사건 진단서에는 직접사인 심장마비, 호흡부전, 중간선행사인 패혈증, 급성심부전증, 선행사인 자상, 장골정맥파열로 되어 있으며, 피해자가 부상한 후 1개월이 지난 후에 위 패혈증 등으로 사망하였다 하더라도 그 패혈증이 위 자창으로 인한 과다한 출혈과 상처의 감염 등에 연유한 것인 이상 자상행위와 사망과의 사이에 인과관계의 존재를 부정할 수 없다.

250-29. 친생자 아닌 자를 호적에 친생자로 입적시켰으나 입양절차를 밟지 아니한 경우와 존속살인죄 성부(소극) [서울고법 1982. 2. 16. 선고, 81노2953, 확정]

【판결요지】

부부간인 갑과 을이 피고인을 주어다 길러 호적에 친자식으로 입적시켰으나 법률상 요구되는 입양절차를 밟지 아니하였다면 피고인은 갑, 을의 친생자도 아니고 양자도 아니다.

> 1. 개구멍받이를 친생자로 출생신고하여 양육한, 사실상의 모가 존속인지 여부(소극) [대법원 1981. 10. 13. 선고, 81도2466]
> 【판결요지】
> 피살자(여)가 그의 문전에 버려진 영아인 피고인을 주어다 기르고 그 부와의 친생자인것 처럼 출생신고를 하였으나 입양요건을 갖추지 아니하였다면 피고인과의 사이에 모자관계가 성립될 리 없으므로, 피고인이 동녀를 살해하였다고 하여도 존속살인죄로 처벌할 수 없다.

250-30. 혼인외 출생자와 생모의 친족관계(적극) [대법원 1980. 9. 9. 선고, 80도1731]

【판결요지】

혼인외의 출생자와 생모간에는 생모의 인지나 출생신고를 기다리지 않고 자의 출생으로 당연히 법률상의 친족관계가 생기는 것이다.

250-31. 제분에 못이겨 식도를 휘두르는 피고인을 말리거나 그 식도를 뺏으려고 한 피해자들을 닥치는 대로 찌르는 무차별횡포를 부리던 중 그의 父(부)까지 찌르게 된 경우 존속살해죄의 성부(소극) [대법원 1977. 1. 11. 선고, 76도3871]

【판결요지】

제분에 이기지 못하여 식도를 휘두르는 피고인을 말리거나 그 식도를 뺏으려고 한 그 밖의 피해 자들을 닥치는 대로 찌르는 무차별 횡포를 부리던 중에 그의 부(父)까지 찌르게 된 결과를 빚은 경우 피고인이 칼에 찔려 쓰러진 부를 부축해 데리고 나가지 못하도록 한 일이 있다고 하여 그의 부를 살해할 의사로 식도로 찔러 살해하였다는 사실을 인정하기는 어렵다고 봄이 상당하다.

250-32. 독약의 치사량과 살인미수 [대법원 1955. 9. 23. 4288형상221]

【판결요지】

피고인이 살의를 가지고 전후 3회에 선하여 계33개의 유독 환약을 피해자의 공복시에 복용케 하여 엄동에 인적이 회소한 산정에 실신혼도케 하고 동인을 동소에 그대로 방치할시는 혹한에 의하여 절명할 것을 인식하면서 동소를 유기 이탈한 경우에 우 독약복용에 의한 살의 있음은 물론 우 방치이탈로 인한 살의도 있다고 볼 것이므로 피해자가 우연히 타인의 구조에 의하여 난을 면하였다 하여 살의가 없다 할 수 없고 따라서 살인미수죄 구성에는 영향이 없다 할 것이다.

제251조[영아살해]

제251조(영아살해) 직계존속이 치욕을 은폐하기 위하거나 양육할 수 없음을 예상하거나 특히 참작할 만한 동기로 인하여 분만중 또는 분만직후의 영아를 살해한 때에는 10년 이하의 징역에 처한다.

251-1. 동거하는 남자를 영아살해죄의 주체인 직계존속으로 볼 수 있는지 여부 [대법원 1970.03.10. 선고 69도2285)

【판결요지】

피고인의 본건 살인, 사체유기의 범죄사실을 인정하기에 충분하고 원심의 증거취사선택에 채증 법칙 위반이 있음을 찾아볼 수 없을 뿐 아니라 남녀가 사실상 동거한 관계가 있고 그 사이에 영아가 분만되었다 하여도 그 남자와 영아와의 사이에 법률상 직계존속,비속의 관계가 있다 할 수 없음으로 원심이 본건을 보통 살인죄로 처단하였음에 위법이 없다.

251-2. 생후 2개월 된 아이의 영아살해죄 여부(소극) [대구고법 1968. 3. 26. 67노317, 확정]

【판결요지】

영아살해죄의 객체가 되는 것은 산모의 분만중 또는 분만 직후의 생존아를 말하는 것이고 생후 2개월이 경과한 때에는 형법에 규정된 영아라 할 수 없다.

제252조[촉탁, 승낙에 의한 살인 등]

> 제252조(촉탁, 승낙에 의한 살인 등) ① 사람의 촉탁이나 승낙을 받아 그를 살해한 자는 1년 이상 10년 이하의 징역에 처한다.
> ② 사람을 교사하거나 방조하여 자살하게 한 자도 제1항의 형에 처한다. [전문개정 2020. 12. 8.]

252-1. 피해자가 피고인과 말다툼을 하다가 '죽고 싶다' 또는 '같이 죽자'고 하며 피고인에게 기름을 사오라고 하자 휘발유 1병을 사다주었는데 피해자가 몸에 휘발유를 뿌리고 불을 붙여 자살한 사안(적극) [대법원 2010. 4. 29. 선고, 2010도2328]

【판시사항】

[1] 형법 제252조 제2항의 자살방조죄의 성립 요건

[2] 피해자가 피고인과 말다툼을 하다가 '죽고 싶다' 또는 '같이 죽자'고 하며 피고인에게 기름을 사오라고 하자 피고인이 휘발유 1병을 사다주었는데 피해자가 몸에 휘발유를 뿌리고 불을 붙여 자살한 사안에서, 자살방조죄를 인정한 원심판단을 수긍한 사례

【이 유】

형법 제252조 제2항의 **자살방조죄**는 자살하려는 사람의 자살행위를 도와주어 용이하게 실행하도록 함으로써 성립되는 것으로서, 이러한 자살방조죄가 성립하기 위해서는 그 방조 상대방의 구체적인 자살의 실행을 원조하여 이를 용이하게 하는 행위의 존재와 그 점에 대한 행위자의 인식이 요구된다. 피해자가 이 사건 당일 새벽에 피고인과 말다툼을 하다가 죽고 싶다 또는 같이 죽자고 하며 피고인에게 기름을 사오라는 말을 하였고, 이에 따라 피고인이 피해자에게 휘발유 1병을 사다주었는데 그 직후에 피해자가 몸에 휘발유를 뿌리고 불을 붙여 자살한 사실을 인정한 후 위와 같은 피해자의 자살경위에 피해자의 자녀문제와 고부갈등, 경제적 어려움 등으로 인한 피고인과 피해자 사이의 가정불화 등을 보태어 보면, 피고인이 이 사건 당시 피해자에게 휘발유를 사다주면 이를 이용하여 자살할 수도 있다는 것을 충분히 예상할 수 있었음에도 피해자에게 휘발유를 사다주어 피해자가 자살하도록 방조한 것이라고 판단된다.

1. 분신자살을 하겠다는 생각을 갖고 있는 사람에 대하여 실행을 용이하게 도와주겠다는 의도로 유서를 작성해 준 경우(적극) [대법원 1992. 7. 24. 선고, 92도1148]

【판시사항】

[1] 형법 제252조 제2항의 자살방조죄의 구성요건 및 그 방법

[2] 분신자살을 하겠다는 생각을 갖고 있는 사람에 대하여 그 실행을 용이하게 도와주겠다는 의도로 1991.4.27.경부터 같은 해 5.8.까지의 어느 날에서 울 어느 곳에서 유서 2장을 작성하여 줌으로써 유서내용에 의하여 암시하는 방법으로 분신자살의 실행을 용이하게 도와주어 자살을 방조하였다는 공소사실은 자살방조죄의 공소장 기재로서 적법하다.

[3] 분신자살한 경우, 증거물인 수첩, 업무일지, 메모지 등이 피고인에 의하여 사후에 조작되었다는 점, 분신자살 전후에 나타난 피고인의 행적 및 진술 등에 비추어 피고인은 망인이 자살하려는 정을 알고 그 유서를 대필해 주었으며 그 후 그 사실을 은폐하려 한 것이라고 보아 자살방조를 인정

【판결요지】

[1] 형법 제252조 제2항의 자살방조죄는 자살하려는 사람의 자살행위를 도와주어 용이하게 실행하도록 함으로써 성립되는 것으로서, 그 방법에는 자살도구인 총, 칼 등을 빌려주거나 독약을 만들어 주거나, 조언 또는 격려를 한다거나 기타 적극적, 소극적, 물질적, 정신적 방법이 모두 포함된다.

[2] 공소사실은, 피고인은 망인이 공소장에 기재된 상황에서 분신자살을 하겠다는 생각을 갖고 있음을 알고 그 실행을 용이하게 도와주겠다는 의도로 1991.4.27.경부터 같은 해 5.8.까지의 어느 날에 서울 어느 곳에서 리포트 용지에 검은 색 사인펜으로 유서 2장을 작성하여 줌으로써 유서내용에 의하여 위 망인에게 그의 분신자살이 조국과 민족을 위한 행위로 미화될 것이며 사후의 장례의식을 포함한 모든 문제도 전국민족민주운동연합에서 책임진다는 것을 암시하는 방법으로 분신자살의 실행을 용이하게 도와주어 망인의 자살을 방조하였다는 내용이므로, 이는 결국 적극적, 정신적 방법으로 자살하려는 사람에게 자살의 동인과 명분을 주어 자살을 용이하게 실행하도록 하였다는 것으로서 자살방조죄에 해당되는 공소임이 명백하여 공소장에 자살방조죄가 될 만한 사실이 포함되지 아니하였다고는 볼 수 없다.

---

2. 판매대금 편취의 목적으로 인터넷 자살사이트에 청산염 등 자살용 유독물 판매광고의 글을 게시한 행위(소극) [대법원 2005. 6. 10. 선고, 2005도1373]

【판시사항】

[1] 자살방조죄의 성립요건 및 방조의 방법

[2] 판매대금 편취의 목적으로 인터넷 자살사이트에 청산염 등 자살용 유독물 판매광고의 글을 게시한 행위가 자살방조에 해당하지 않는다.

【판결요지】

[1] 형법 제252조 제2항의 자살방조죄는 자살하려는 사람의 자살행위를 도와주어 용이하게 실행하도록 함으로써 성립되는 것으로서, 그 방법에는 자살도구인 총, 칼 등을 빌려주거나 독약을 만들어 주거나 조언 또는 격려를 한다거나 기타 적극적, 소극적, 물질적, 정신적 방법이 모두 포함된다 할 것이나, 이러한 자살방조죄가 성립하기 위해서는 그 방조 상대방의 구체적인 자살의 실행을 원조하여 이를 용이하게 하는 행위의 존재 및 그 점에 대한 행위자의 인식이 요구된다.

[2] 피고인이 인터넷사이트 내 자살 관련 카페 게시판에 청산염 등 자살용 유독물의 판매광고를 한 행위가 단지 금원 편취 목적의 사기행각의 일환으로 이루어졌고, 변사자들이 다른 경로로 입수한 청산염을 이용하여 자살한 사정 등에 비추어, 피고인의 행위는 자살방조에 해당하지 않는다.

제253조(위계 등에 의한 촉탁살인 등)

제253조(위계 등에 의한 촉탁살인 등) 전조의 경우에 위계 또는 위력으로써 촉탁 또는 승낙하게 하거나 자살을 결의하게 한 때에는 제250조의 예에 의한다.

253-1. 위력자살결의죄에 있어 위력의 정도 및 그 판단기준 [부산고법 1996. 10. 30. 선고, 96노502 : 상고기각]

【판시사항】

[1] 위력자살결의죄에 있어 위력의 정도 및 그 판단 기준

[2] 위력자살결의 및 위력자살결의방조죄로 기소된 것을 공소장 변경 없이 직권으로 자살교사 및 자살방조죄로 인정한 사례

【판결요지】

[1] 위력자살결의죄 내지 위력자살결의방조죄가 성립하기 위하여는 피해자에 대한 폭행이나 협박 등의 위력이 피해자의 항거를 불가능하게 하여 피해자가 그 의사결정 능력을 완전히 상실하거나 피해자의 항거를 현저히 곤란하게 하여 피해자가 자살 이외의 방법을 선택하는 것이 극히 곤란한 상황에 처하여 자살에 이를 정도의 것이어야 하고, 이러한 위력의 정도가 피해자의 의사결정 능력을 완전히 상실하거나 피해자가 자살 이외의 방법을 선택하는 것이 극히 곤란한 상황에 이를 정도의 것이었는지 여부는 위력의 강약 그 자체만으로 판단할 것은 아니며, 유형력을 행사한 당해 위력의 내용과 정도, 위력을 행사하게 된 경위, 피해자와의 관계, 자살 당시의 정황 등 구체적인 제반 사정을 종합하여 판단하여야 하고, 이 경우에 위력이 어느 정도에까지 이르렀는가는 구체적인 상황하에서 피해자의 단순한 주관이나 심리상태만에 의할 것이 아니라 사회통념에 비추어 그 행위의 내용이 일반적으로 피해자의 항거를 현저하게 곤란하게 하여 자살 이외의 방법을 선택하는 것이 극히 곤란한 상황에 처하여 자살에 이를 정도의 것이었는가는 객관적인 판단에 의하여 결정해야 한다.

[2] 공소제기된 위력자살결의 및 위력자살결의방조의 범죄사실 중에는 자살교사 및 자살방조의 범죄사실이 포함되어 있고, 피고인들이 피해자로 하여금 자살을 하도록 한 경위 등에 대하여 충분한 심리가 이루어졌으므로 피고인들을 그 공소사실에 포함된 자살교사 및 자살방조로 처벌하더라도 피고인들에게 불의의 처벌을 가하거나 그 방어권 행사에 실질적인 불이익을 초래할 염려가 있다고 볼 수 없다는 이유로, 위력자살결의 및 위력자살결의방조죄로 기소된 것을 공소장 변경 없이 직권으로 자살교사 및 자살방조죄로 인정한 사례

제255조[예비, 음모]

제255조(예비, 음모) 제250조와 제253조의 죄를 범할 목적으로 예비 또는 음모한 자는 10년 이하의 징역에 처한다.

255-1. 살인예비죄의 성립 요건 [대법원 2009. 10. 29. 선고, 2009도7150]

【판시사항】

[1] 살인예비죄의 성립 요건

[2] 甲이 乙을 살해하기 위하여 丙, 丁 등을 고용하면서 그들에게 대가의 지급을 약속한 경우, 甲에게 살인예비죄가 성립한다.

【판결요지】

[1] 형법 제255조, 제250조의 **살인예비죄가 성립하기 위하여는** 형법 제255조에서 명문으로 요구하는 살인죄를 범할 목적 외에도 살인의 준비에 관한 고의가 있어야 하며, 나아가 실행의 착수까지에는 이르지 아니하는 살인죄의 실현을 위한 준비행위가 있어야 한다. 여기서의 준비행위는 물적인 것에 한정되지 아니하며 특별한 정형이 있는 것도 아니지만, 단순히 범행의 의사 또는 계획만으로는 그것이 있다고 할 수 없고 객관적으로 보아서 살인죄의 실현에 실질적으로 기여할 수 있는 외적 행위를 필요로 한다.

[2] 甲이 乙을 살해하기 위하여 丙, 丁 등을 고용하면서 그들에게 대가의 지급을 약속한 경우, 甲에게는 살인죄를 범할 목적 및 살인의 준비에 관한 고의뿐만 아니라 살인죄의 실현을 위한 준비행위를 하였음을 인정할 수 있다는 이유로 살인예비죄의 성립을 인정한 사례

255-2. 살인의 실행행위에 착수하였다고 본 사례 [대법원 1986. 2. 25. 선고, 85도2773]

【판결요지】

피고인이 격분하여 피해자를 살해할 것을 마음먹고 밖으로 나가 낫을 들고 피해자에게 다가서려고 하였으나 제3자 이를 제지하여 그틈을 타서 피해자가 도망함으로써 살인의 목적을 이루지 못한 경우, 피고인이 낫을 들고 피해자에게 접근함으로써 살인의 실행행위에 착수하였다고 할 것이므로 이는 살인미수에 해당한다.

제25장 상해와 폭행의 죄

제257조[상해, 존속상해]

제257조(상해, 존속상해) ① 사람의 신체를 상해한 자는 7년 이하의 징역, 10년 이하의 자격정지 또는 1천만원 이하의 벌금에 처한다. 〈개정 1995. 12. 29.〉
② 자기 또는 배우자의 직계존속에 대하여 제1항의 죄를 범한 때에는 10년 이하의 징역 또는 1천 500만원 이하의 벌금에 처한다. 〈개정 1995. 12. 29.〉
③ 전 2항의 미수범은 처벌한다.

257-1. 상해의 피해자가 제출하는 '상해진단서'의 증명력 [대법원 2011. 1. 27. 선고, 2010도12728]

【판결요지】

상해죄의 피해자가 제출하는 상해진단서는 일반적으로 의사가 당해 피해자의 진술을 토대로 상해의 원인을 파악한 후 의학적 전문지식을 동원하여 관찰·판단한 상해의 부위와 정도 등을 기재한 것으로서 거기에 기재된 상해가 곧 피고인의 범죄행위로 인하여 발생한 것이라는 사실을 직접 증명하는 증거가 되기에 부족한 것이지만, 그 상해에 대한 진단일자 및 상해진단서 작성일자가 상해 발생시점과 시간상으로 근접하고 상해진단서 발급 경위에 특별히 신빙성을 의심할 만한 사정이 없으며 거기에 기재된 상해 부위와 정도가 피해자가 주장하는 상해의 원인 내지 경위와 일치하는 경우에는, 그 무렵 피해자가 제3자로부터 폭행을 당하는 등으로 달리 상해를 입을 만한 정황이 발견되거나 의사가 허위로 진단서를 작성한 사실이 밝혀지는 등의 특별한 사정이 없는 한, 그 상해진단서는 피해자의 진술과 더불어 피고인의 상해 사실에 대한 유력한 증거가 되고, 합리적인 근거 없이 그 증명력을 함부로 배척할 수 없다.

1. 의사 진술이나 진단서 기재의 상해사실 등에 대한 증거력 [대법원 1983. 4. 12. 선고, 82도2081]
【판시사항】
[1] 의사의 진술이나 진단서의 기재의 상해사실 등에 대한 증거력
[2] 가해자와 피해자의 신체조건, 당시 상황 등에 비추어 상해사실을 부인한 사례
【판결요지】
[1] 상처를 진단한 의사의 진술이나 진단서의 기재는 폭행·상해 등의 사실자체에 대한 직접증거가 되는 것은 아니고 다른 증거에 의하여 폭행·상해의 가해행위가 인정되는 경우에 그에 대한 상해의 부위나 정도의 점에 대한 증거가 된다.
[2] 피고인은 46세의 왜소한 부인이고 피해자는 키 171센티미터, 몸무게 85키로그램의 55세의 건강한 거구를 지닌 남자이고, 서로 얽혀 있는 상태에서 피고인이 피해자의 뺨을 2회 구타하였다 하여 곧바로 치아가 탈구된다는 것은 그 힘의 차이로 보아 쉽사리 수긍이 되지 아니하므로 원래 병약한 상태의 치아이었다는 등 특별한 사정이 없는 한 피해자의 상해가 피고인의 구타로 인한 것이라고 단정하기 어렵다.

257-2. 상대방 일행이 서로 합세하여 甲을 구타하였고, 甲은 이를 벗어나기 위하여 손을 휘저으며 발버둥치는 과정에서 상대방에게 상해를 가한 경우 [대법원 2010. 2. 11. 선고, 2009도12958]

【판결요지】

甲과 자신의 남편과의 관계를 의심하게 된 상대방이 자신의 아들 등과 함께 甲의 아파트에 찾아가 현관문을 발로 차는 등 소란을 피우다가, 출입문을 열어주자 곧바로 甲을 밀치고 신발을 신은 채로 거실로 들어가 상대방 일행이 서로 합세하여 甲을 구타하기 시작하였고, 甲은 이를 벗어나기 위하여 손을 휘저으며 발버둥치는 과정에서 상대방 등에게 상해를 가하게 된 사안에서, 상대방의 남편과 甲이 불륜을 저지른 것으로 생각하고 이를 따지기 위하여 甲의 집을 찾아가 甲을 폭행하기에 이른 것이라는 것만으로 상대방 등의 위 공격행위가 적법하다고 할 수 없고, 甲은 그러한 <u>위법한 공격으로부터 자신을 보호하고 이를 벗어나기 위한 사회관념상 상당성 있는 방어행위로서 유형력의 행사에 이르렀다고 할 것이어서 위 행위의 위법성이 조각된다</u>고 판단한 원심판결에 법리오해의 위법이 없다.

257-3. 병역법 제86조가 규정하고 있는 병역의무의 기피 또는 감면을 목적으로 한 '신체손상'의 의미 [대법원 2004. 3. 25. 선고, 2003도8247]

【판결요지】

병역법 제86조는 "병역의무를 기피하거나 감면받을 목적으로 도망하거나 행방을 감춘 때 또는 신체손상이나 사위행위를 한 사람은 1년 이상 3년 이하의 징역에 처한다." 라고 규정하므로, 그 구성요건은 행위자가 병역의무를 기피할 목적이나 그 의무를 감경 또는 면제받을 목적을 가지고 그 목적달성을 위하여 도망하거나 행방을 감추거나 신체손상을 하거나 사위행위를 한 경우에 충족되는 것으로서, 그 범죄의 실행행위에는 도망하거나 행방을 감추거나 신체손상을 하는 외에 병역의무의 기피 또는 감면의 목적을 가진 그 밖의 사위행위 전부가 포함되도록 규정되어 있음이 분명하고, 그 구성요건 중의 여러 행위유형들 중 도망하거나 행방을 감추거나 사위행위를 하는 경우 그 행위가 영속적인 경우이거나 일시적인 경우이거나 모두 포함되는 것이며 실제로 그 행위로써 병역의무의 기피 또는 감면의 결과가 발생하여야 하는 것도 아닌 즉성범이라 할 것이니, 그 행위 유형 중의 하나인 '신체손상'의 개념은 신체의 완전성을 해하거나 생리적 기능에 장애를 초래하는 '상해'의 개념과 일치되어야 하는 것은 아니며 병역의무의 기피 또는 감면사유에 해당되도록 신체의 변화를 인위적으로 조작하는 행위까지를 포함하는 개념이다.

257-4. 상해부위 판시 없는 상해죄의 인정이 적법한지 여부(소극) [대법원 2002. 11. 8. 선고, 2002도5016]

【판시사항】

[1] 상해부위의 판시 없는 상해죄의 인정이 적법한지 여부(소극)

[2] 원심판결에 상해부위에 관하여 판시하지 아니한 이유불비의 위법이 있다고 할 수 없다.

【판결요지】

[1] 상해사실의 인정에 있어 상해의 부위와 정도가 증거에 의하여 명백히 확정되어야 하고 상해부위의 판시 없는 상해죄의 인정은 위법하다.

[2] 피해자가 피고인으로부터 구타당하여 얼굴에 입은 상해의 부위를 촬영한 사진을 제시하면서 상해의 부위, 종류 및 정도에 관하여 진술하고 있고, 피고인 또한 법정에서 위 피해자를 때려 그와 같은 상해를 입힌 사실을 시인하고 있으며, 원심이 위 사진과 진술들을 증거로 채용하여 그 범죄사실을 인정한 이상, 원심판결에 상해부위 등에 관하여 판시하지 아니한 이유불비의 위법이 있다고 할 수 없다.

---

1. 진단서 없이 사진과 피해자의 진술 등에 의하여 상해사실을 인정하고 그 치료일수를 명시하지 않은 경우 [대법원 1996. 12. 10. 선고, 96도2529]

【판시사항】

[1] 협박과 폭행으로 실신한 경우, 상해에 해당된다고 본 사례

[2] 진단서 없이 사진과 피해자의 진술 등에 의하여 상해사실을 인정하고 그 치료일수를 명시하지 않은 원심판결에 위법이 없다고 본 사례

【판결요지】

[1] 오랜 시간 동안의 협박과 폭행을 이기지 못하고 실신하여 범인들이 불러온 구급차 안에서야 정신을 차리게 되었다면, 외부적으로 어떤 상처가 발생하지 않았다고 하더라도 생리적 기능에 훼손을 입어 신체에 대한 상해가 있었다고 본 사례

[2] 상해의 부위와 정도가 증거에 의하여 명백히 확정되어야 하고 상해부위의 판시 없는 상해죄의 인정은 위법하지만, 피해자들은 의사(醫師)와 그의 직원들로서 피해자들이 흉기에 찔려 입은 상해의 부위를 촬영한 사진을 제시하면서 상해의 부위와 정도에 관하여 진술하고 있고, 피고인의 공범들 또한 피해자들을 흉기로 찔러 그와 같은 상해를 입힌 사실을 시인하고 있으며, 원심 인정의 범죄사실에 상해부위가 특정되어 있으므로, 원심이 진단서 없이 상해사실을 인정하였고 또한 치료일수를 명시하지 아니하였다고 하더라도 원심판결에 어떤 위법이 있다고 볼 수 없다

257-5. 상해죄에 있어서 상해의 의미 [대법원 2000. 2. 25. 선고, 99도4305]

【판결요지】

상해죄에서의 상해는 피해자의 신체의 완전성을 훼손하거나 생리적 기능에 장애를 초래하는 것을 의미한다.

257-6. 상해를 교사하였으나 피교사자가 살인을 실행한 경우, 교사자 죄책 [대법원 1997. 6. 24. 선고, 97도1075]

【판시사항】

[1] 교사자가 피교사자에게 피해자를 "정신차릴 정도로 때려주라"고 한 것이 상해의 교사인지 여부(적극)

[2] 상해를 교사하였으나 피교사자가 살인을 실행한 경우, 교사자의 죄책

【판결요지】

[1] 교사자가 피교사자에게 피해자를 "정신차릴 정도로 때려주라"고 교사하였다면 이는 상해에 대한 교사로 봄이 상당하다.

[2] 교사자가 피교사자에 대하여 상해를 교사하였는데 피교사자가 이를 넘어 살인을 실행한 경우, 일반적으로 교사자는 상해죄에 대한 교사범이 되는 것이고, 다만 이 경우 교사자에게 피해자의 사망이라는 결과에 대하여 과실 내지 예견가능성이 있는 때에는 상해치사죄의 교사범으로서의 죄책을 지울 수 있다.

257-7. 좌측팔 부분에 약 1주간 치료를 요하는 동전크기 멍이 든 것이 상해죄 여부(소극) [대법원 1996. 12. 23. 선고, 96도2673]

【판결요지】

피고인이 피해자와 연행문제로 시비하는 과정에서 치료도 필요 없는 가벼운 상처를 입었으나, 그 정도의 상처는 일상생활에서 얼마든지 생길 수 있는 극히 경미한 상처이므로 굳이 따로 치료할 필요도 없는 것이어서 그로 인하여 인체의 완전성을 해하거나 건강상태를 불량하게 변경하였다고 보기 어려우므로, 피해자가 약 1주간의 치료를 요하는 좌측팔 부분의 동전크기의 멍이 든 것이 상해죄에서 말하는 상해에 해당되지 않는다.

257-8. 목이 졸린 상태에서 벗어나기 위한 소극적 저항행위(소극) [대법원 1996. 5. 28. 선고, 96도979]

【판결요지】

피해자가 양손으로 피고인의 넥타이를 잡고 늘어져 후경부피하출혈상을 입을 정도로 목이 졸리게 된 피고인이 피해자를 떼어놓기 위하여 왼손으로 자신의 목 부근 넥타이를 잡은 상태에서 오른손으로 피해자의 손을 잡아 비틀면서 서로 밀고 당기고 하였다면, 피고인의 그와 같은 행위는 목이 졸린 상태에서 벗어나기 위한 소극적인 저항행위에 불과하여 형법 제20조 소정의 정당행위에 해당하여 죄가 되지 아니한다.

257-9. 학생주임을 맡고있는 교사가 훈계목적으로 몽둥이와 당구큐대로 학생의 둔부를 때려 3주간의 치료를 요하는 상해를 입힌 경우 정당행위 여부(소극) [대법원 1991. 5. 14. 선고, 91도513]

【판결요지】

교사가 학생을 엎드러지게 한 후 몽둥이와 당구큐대로 그의 둔부를 때려 3주간의 치료를 요하는 우둔부심부혈종좌이부좌상을 입혔다면 비록 학생주임을 맡고 있는 교사로서 제자를 훈계하기 위한 것이었다 하더라도 이는 징계의 범위를 넘는 것으로서 형법 제20조의 정당행위에는 해당하지 아니한다.

1. 교사가 국민학교 5학년생을 징계하기 위하여 지휘봉으로 엉덩이와 허리를 때려 6주간의 치료를 요하는 상해를 입힌 경우 징계권행사로서 정당행위 여부(소극) [대법원 1990. 10. 30. 선고, 90도1456]
【판결요지】

교사가 국민학교 5학년생을 징계하기 위하여 양손으로 교탁을 잡게하고 길이 50cm, 직경 3cm 가량 되는 나무 지휘봉으로 엉덩이를 두번 때리고, 학생이 아파서 무릎을 굽히며 허리를 옆으로 틀자 다시 허리부분을 때려 6주간의 치료를 받아야 할 상해를 입힌 경우 위 징계행위는 그 방법 및 정도가 교사의 징계권행사의 허용한도를 넘어선 것으로서 정당한 행위로 볼 수 없다.

257-10. 목적한 사람이 아닌 다른 사람에게 상해를 입힌 경우(적극) [대법원 1987. 10. 26. 선고, 87도1745]

【판결요지】

갑이 을등 3명과 싸우다가 힘이 달리자 식칼을 가지고 이들 3명을 상대로 휘두르다가 이를 말리면서 식칼을 뺏으려던 피해자 병에게 상해를 입혔다면 갑에게 상해의 범의가 인정되며 상해를 입은 사람이 목적한 사람이 아닌 다른 사람이라 하여 과실상해죄에 해당한다고 할 수 없다.

257-11. 압류표시를 떼어 달라고 매달리는 피해자를 피하려고 뿌리치다 상해를 입힌 경우(소극) [대법원 1985. 5. 14. 선고, 85도466]

【판결요지】

압류표시를 떼어 달라고 매달리는 피해자를 피하기 위하여 이를 뿌리치고 나온 것에 불과하다면 그 과정에서 피해자가 다소의 상처를 입었다고 하더라도 그 사실만으로는 피고인을 상해죄 또는 폭행치상죄로 문의할 수 없다.

257-12. 폭행치상죄를 상해죄로 의율한 경우 판결결과의 영향 여부(소극) [대법원 1985. 1. 29. 선고, 84도2655]

【판결요지】

폭행에 대한 미필적인 고의는 있어도 상해에 대한 고의가 없어 폭행치상죄를 적용해야 함에도 법원이 상해죄를 적용한 것은 법률적용에 있어 위법이 있다고 할 것이나 상해죄나 폭행치상죄는 동일한 장에 규정된 동일죄질의 것이고 또 그 법정형도 동일하므로 위의 잘못은 판결결과에는 아무 영향이 없다.

257-13. 수인이 가벼운 상해 또는 폭행 등의 범의로 범행중 1인의 소위로 살인의 결과를 발생한 경우 나머지 자들의 죄책 [대법원 1984. 10. 5., 선고, 84도1544

【판결요지】

수인이 가벼운 상해 또는 폭행 등의 범의로 범행중 1인의 소위로 살인의 결과를 발생케 한 경우, 그 나머지 자들은 상해 또는 폭행죄 등과 결과적 가중범의 관계에 있는 상해치사 또는 폭행치사 등의 죄책은 면할 수 없다고 하더라도 위 살인등 소위는 전연 예기치 못하였다 할 것이므로 그들에게 살인죄의 책임을 물을 수는 없다 할 것이다.

257-14. 상해죄와 공갈죄가 "동종 또는 유사한 죄"에 해당하는지 여부(소극) [대법원 1984. 7. 10. 선고, 84감도134]

【판결요지】

타인을 주먹과 발로 수회 구타하여 2주의 상처를 입힌 상해행위와 타인에게 금품을 교부하지 않으면 신체상 위해를 가할 듯이 위협하여 손목시계 등을 교부받아 갈취한 공갈행위는 사회보호법 제6조 제2항 소정의 "동종 또는 유사한 죄"라 볼 수 없고, 설사 위 상해의 동기가 여비 500원을 주지 않는데 있었다 하더라도 또한 같다고 할 것이다.

257-15. 치료일수 미상인 경우에도 상해죄 성립 [대법원 1983. 11. 8. 선고, 83도1667]

【판결요지】

상해부위를 명시하고 있는 이상 그 치료일수가 미상이라 하여도 상해죄의 성립에 아무런 지장이 없다.

257-16. 사실과 달리 호적상에 부로 등재되어 있는 자를 상해한 경우 존속상해죄 성부(소극) [대법원 1983. 6. 28. 선고, 83도996]

【판결요지】

친자관계라는 사실은 호적상의 기재여하에 의하여 좌우되는 것은 아니며 호적상 친권자라고 등재되어 있다 하더라도 사실에 있어서 그렇지 않은 경우에는 법률상 친자관계가 생길 수 없다 할 것인바, 피고인은 호적부상 피해자와 모 사이에 태어난 친생자로 등재되어 있으나 피해자가 집을 떠난 사이 모가 타인과 정교관계를 맺어 피고인을 출산하였다면 피고인과 피해자 사이에는 친자관계가 없으므로 존속상해죄는 성립될 수 없다.

257-17. 동일한 일시, 장소에서 동일한 목적으로 피해자를 달리하여 상해한 경우 죄수 [대법원 1983. 4. 26. 선고, 83도524]

【판결요지】

상해를 입힌 행위가 동일한 일시, 장소에서 동일한 목적으로 저질러진 것이라 하더라도 피해자를 달리하고 있으면 피해자별로 각각 별개의 상해죄를 구성한다고 보아야 할 것이고 1개의 행위가 수개의 죄에 해당하는 경우라고 볼 수 없다.

257-18. 의사가 임부 태반에서 검사용으로 육편을 떼어 낸 행위(소극) [대법원 1974. 4. 23. 선고, 74도714]

【판결요지】

의사가 정상적인 진찰행위의 일환으로서 검사용으로 임부의 태반에서 육편을 떼어 냈다고 하여 이것이 태반 기타 모체에 지장을 주는 것이 아닌한 상해행위에 속하는 것이라고 볼 수 없다.

257-19. 폭행을 가하여 보행불능 수면장애 식욕감퇴 등 기능장애를 일으킨 경우(적극) [대법원 1969. 3. 11. 선고, 69도161]

【판시사항】

타인의 신체에 폭행을 가하여 보행불능 수면장애 식욕감퇴 등 기능의 장해를 일으킨 때에는 형법상 상해를 입힌 경우에 해당한다.

제258조[중상해, 존속중상해]

> 제258조(중상해, 존속중상해) ① 사람의 신체를 상해하여 생명에 대한 위험을 발생하게 한 자는 1년 이상 10년 이하의 징역에 처한다.
> ② 신체의 상해로 인하여 불구 또는 불치나 난치의 질병에 이르게 한 자도 전항의 형과 같다.
> ③ 자기 또는 배우자의 직계존속에 대하여 전2항의 죄를 범한 때에는 2년 이상 15년 이하의 징역에 처한다. 〈개정 2016. 1. 6.〉

258-1. 중상해죄의 성립요건 [대법원 2005. 12. 9. 선고, 2005도7527]

【판시사항】

[1] 중상해죄의 성립요건

[2] 1 ~ 2개월간 입원할 정도로 다리가 부러진 상해 또는 3주간의 치료를 요하는 우측흉부자상이 중상해에 해당하지 않는다.

【판결요지】

[1] 형법 제258조 제1항, 제2항에서 정하는 **중상해**는 사람의 신체를 상해하여 생명에 대한 위험을 발생하게 하거나, 신체의 상해로 인하여 불구 또는 불치나 난치의 질병에 이르게 한 경우에 성립한다.

[2] 1 ~ 2개월간 입원할 정도로 다리가 부러진 상해 또는 3주간의 치료를 요하는 우측흉부자상이 중상해에 해당하지 않는다.

258-2. 상해 고의만 있는 경우, 중상해죄 성립 여부 [대전고법 1995. 4. 7. 선고, 94노738 : 상고]

【판결요지】

가해행위시에 중상해의 고의가 있는 경우는 물론이고 상해의 고의만 있었더라도 그 가해행위로 인하여 중상해의 결과가 발생하는 경우에는 중상해에 대한 예견가능성이 인정되는 한 중상해죄의 죄책을 진다.

제258조의2(특수상해)

제258조의2(특수상해) ① 단체 또는 다중의 위력을 보이거나 위험한 물건을 휴대하여 제257조제1
항 또는 제2항의 죄를 범한 때에는 1년 이상 10년 이하의 징역에 처한다.
② 단체 또는 다중의 위력을 보이거나 위험한 물건을 휴대하여 제258조의 죄를 범한 때에는 2년
이상 20년 이하의 징역에 처한다.
③ 제1항의 미수범은 처벌한다. [본조신설 2016. 1. 6.]

258의2-1. 휴대전화로 머리를 5회 때리고 손으로 뺨을 2회 때려 약 14일간의 치료를 요하는 두피의
열린상처 상해를 가한 경우(적극) [수원지법 2018. 10. 26. 선고, 2018고합407. 확정]

【판결요지】

피고인이 피해자 甲을 포함한 일행들과 술집에서 함께 술을 마시던 중 甲이 술에 취하여 일행
중 한 명에게 실수를 한다는 이유로, 소지하고 있던 휴대전화(가로 7.19cm x 세로 14.89cm x
두께 0.79cm, 무게 163g)로 甲의 머리를 5회 때리고 손으로 甲의 뺨을 2회 때려 甲에게 약 14
일간의 치료를 요하는 두피의 열린상처 상해를 가하였다고 하여 특수상해로 기소된 사안이다.

위 휴대전화는 단단한 금속 물질의 재질로 되어 있어, 크기와 무게 등을 감안할 때 이를 세워 아
래쪽 얇은 면으로 머리를 가격하는 경우 신체에 심각한 위해를 가할 수 있는 점, 실제 피고인은
앉아 있는 甲을 향해 서 있는 상태에서 갑자기 위 휴대전화를 들고 머리 부위를 몇 차례 반복하
여 내려치는 방식으로 폭력을 행사하였고, 甲은 방어할 틈도 없이 머리 부위를 6바늘 정도 꿰매
는 정도의 비교적 중한 상해를 입게 된 점, 甲은 법정에서 피고인이 갑작스럽게 자신의 머리 부
위를 단단한 물질로 수회 가격하여 상당한 위협을 느꼈고 이로 인하여 얼굴을 타고 흐를 정도의
출혈이 발생하였다는 취지로 진술하였는데, 일반인의 관점에서 보더라도 피고인의 행위는 그 자
체로 상대방의 생명 또는 신체에 위해를 가할 수 있는 상당히 위협적인 행위로 평가되기 충분한
점, 휴대전화가 일상생활에서 전기통신을 위하여 널리 휴대하여 사용되는 물건으로 현대인의 필
수품이라는 점은 부인할 수 없으나, 재질상 내구성을 보유한 특성 및 사용방법 등에 비추어 폭력
행위의 도구로 사용될 경우 상대방이나 제3자의 생명 또는 신체에 위험한 상황을 초래할 가능성
이 높은 물건에 해당할 수 있고, 이에 대한 적절한 규율의 필요성 역시 높아졌다고 할 수 있는
점 등을 종합하면, 피고인이 범행 당시 사용한 위 휴대전화는 형법 제258조의2 제1항에서 규정한
'위험한 물건'에 해당한다.

258의2-2. 특수폭행치상의 경우, 형법 제258조의2의 신설에도 불구하고 종전과 같이 형법 제257조
제1항의 예에 의하여 처벌하는 것으로 해석하여야 하는지 여부(적극) [대법원 2018. 7. 24.
선고, 2018도3443]

【판결요지】

특수폭행치상죄의 해당규정인 형법 제262조, 제261조는 형법 제정 당시부터 존재하였는데, 형법
제258조의2 특수상해죄의 신설 이전에는 형법 제262조의 "전 2조의 죄를 범하여 사람을 사상에

이르게 한 때에는 제257조 내지 제259조의 예에 의한다." 라는 규정 중 '제257조 내지 제259조의 예에 의한다'의 의미는 형법 제260조(폭행, 존속폭행) 또는 제261조(특수폭행)의 죄를 범하여 상해, 중상해, 사망의 결과가 발생한 경우, 그 결과에 따라 상해의 경우에는 형법 제257조, 중상해의 경우에는 형법 제258조, 사망의 경우에는 형법 제259조의 예에 준하여 처벌하는 것으로 해석·적용되어 왔고, 따라서 특수폭행치상죄의 경우 법정형은 형법 제257조 제1항에 의하여 '7년 이하의 징역, 10년 이하의 자격정지 또는 1천만 원 이하의 벌금' 이었다.

그런데 2016. 1. 6. 형법 개정으로 특수상해죄가 형법 제258조의2로 신설됨에 따라 문언상으로 형법 세262조의 '제257조 내지 제259조의 에에 의한다' 는 규정에 형법 제258조의2가 포함되어 특수폭행치상의 경우 특수상해인 형법 제258조의2 제1항의 예에 의하여 처벌하여야 하는 것으로 해석될 여지가 생기게 되었다. 이러한 해석을 따를 경우 특수폭행치상죄의 법정형이 형법 제258조의2 제1항이 정한 '1년 이상 10년 이하의 징역' 이 되어 종래와 같이 형법 제257조 제1항의 예에 의하는 것보다 상향되는 결과가 발생하게 된다.

그러나 형벌규정 해석에 관한 법리와 폭력행위 등 처벌에 관한 법률의 개정 경과 및 형법 제258조의2의 신설 경위와 내용, 그 목적, 형법 제262조의 연혁, 문언과 체계 등을 고려할 때, 특수폭행치상의 경우 형법 제258조의2의 신설에도 불구하고 종전과 같이 형법 제257조 제1항의 예에 의하여 처벌하는 것으로 해석함이 타당하다.

258의2-3. 폭력행위 등 처벌에 관한 법률 제3조 제1항을 삭제하는 대신 형법 제258조의2 제1항에 신설하면서 법정형을 폭처법보다 낮게 규정한 것이 종전의 형벌규정이 과중하다는 데에서 나온 반성적 조치로서'범죄 후 법률의 변경에 의하여 형이 구법보다 경한 때'에 해당하는지 여부(적극) [대법원 2016. 1. 28. 선고, 2015도17907]

【판결요지】

형법 제257조 제2항의 가중적 구성요건을 규정하고 있던 구 폭력행위처벌법 제3조 제1항을 삭제하는 대신에 같은 구성요건을 형법 제258조의2 제1항에 신설하면서 법정형을 구 폭력행위처벌법 제3조 제1항보다 낮게 규정한 것은, 가중적 구성요건의 표지가 가지는 일반적인 위험성을 고려하더라도 개별 범죄의 범행경위, 구체적인 행위태양과 법익침해의 정도 등이 매우 다양함에도 일률적으로 3년 이상의 유기징역으로 가중 처벌하도록 한 종전의 형벌규정이 과중하다는 데에서 나온 반성적 조치라고 보아야 하므로, 이는 형법 제1조 제2항의 '범죄 후 법률의 변경에 의하여 형이 구법보다 경한 때' 에 해당한다.

제259조[상해치사]

> 제259조(상해치사) ① 사람의 신체를 상해하여 사망에 이르게 한 자는 3년 이상의 유기징역에 처한다. 〈개정 1995. 12. 29.〉
> ② 자기 또는 배우자의 직계존속에 대하여 전항의 죄를 범한 때에는 무기 또는 5년 이상의 징역에 처한다.

259-1. 상해치사죄 공동정범 성립에 결과를 공동으로 할 의사가 필요한지 여부(소극) [대법원 2013. 4. 26. 선고, 2013도1222]

【판시사항】

결과적 가중범인 상해치사죄의 공동정범 성립에 결과를 공동으로 할 의사가 필요한지 여부(소극) 및 수인이 상해의 범의로 범행 중 한 사람이 중한 상해를 가하여 피해자가 사망에 이르게 된 경우, 나머지 사람들도 상해치사의 죄책을 지는지 여부(원칙적 적극)

【이 유】

결과적 가중범인 상해치사죄의 공동정범은 폭행 기타의 신체침해 행위를 공동으로 할 의사가 있으면 성립되고 결과를 공동으로 할 의사는 필요 없으며, <u>여러 사람이 상해의 범의로 범행 중 한 사람이 중한 상해를 가하여 피해자가 사망에 이르게 된 경우 나머지 사람들은 사망의 결과를 예견할 수 없는 때가 아닌 한 상해치사의 죄책을 면할 수 없다</u>(대법원 2000. 5. 12. 선고 2000도745 판결 등 참조). 피고인이 냄비뚜껑을 피해자의 이마에 던지고 소주병이 깨질 때까지 피해자의 머리 부위를 수차례 가격한 점, 계속하여 흉기인 과도와 식칼을 이용하여 피해자의 머리 부위를 반복하여 때리거나 피해자를 협박한 점, 원심 공동피고인이 식칼로 피해자의 발등 동맥을 절단하는 것을 보고서도 이를 제지하지 아니한 점, 당시 피해자가 입은 상해의 부위가 전신에 걸쳐 광범위했고 상해 정도 또한 심히 중했던 점 등을 근거로 원심 공동피고인이 피해자에게 식칼로 상해를 가하는 과정에서 잘못하면 피해자를 사망에 이르게 할 수도 있다는 것을 피고인도 충분히 예견할 수 있었다고 본 것은 정당하다.

> 1. 상해치사에 있어서 공동정범의 주관적 성립요건 [대법원 1993. 8. 24. 선고, 93도1674]
> 【판결요지】
> 결과적 가중범인 상해치사의 공동정범은 폭행 기타의 신체침해행위를 공동으로 할 의사가 있으면 성립되고, 결과를 공동으로 할 의사는 필요 없다.

259-2. 이혼소송중인 남편이 찾아와 가위로 폭행하고 변태적 성행위를 강요하는 데에 격분하여 칼로 남편의 복부를 찔러 사망에 이르게 한 경우 [대법원 2001. 5. 15. 선고, 2001도1089]

【판결요지】

이혼소송중인 남편이 찾아와 가위로 폭행하고 변태적 성행위를 강요하는 데에 격분하여 처가 칼로 남편의 복부를 찔러 사망에 이르게 한 경우, 그 행위는 방위행위로서의 한도를 넘어선 것으로 사회통념상 용인될 수 없다는 이유로 정당방위나 과잉방위에 해당하지 않는다.

259-3. 상해행위를 피하려고 하다가 차량에 치어 사망한 경우 상해행위와 피해자의 사망 사이에 상당인과관계 여부[대법원 1996. 5. 10. 선고, 96도529]]

【판결요지】
피고인이 이 사건 범행일시경 계속 교제하기를 원하는 자신의 제의를 피해자가 거절한다는 이유로 얼굴을 주먹으로 수회 때리자 피해자는 이에 대항하여 피고인의 손가락을 깨물고 목을 할퀴게 되었고, 이에 격분한 피고인이 다시 피해자의 얼굴을 수회 때리고 발로 배를 수회 차는 등 폭행을 하므로 피해자는 이를 모면하기 위하여 도로 건너편의 추어탕 집으로 도망가 도움을 요청하였으나, 피고인은 이를 뒤따라 도로를 건너간 다음 피해자의 머리카락을 잡아 흔들고 얼굴 등을 주먹으로 때리는 등 폭행을 가하였고, 이에 견디지 못한 피해자가 다시 도로를 건너 도망하자 피고인은 계속하여 쫓아가 주먹으로 피해자의 얼굴 등을 구타하는 등 폭행을 가하여 전치 10일간의 흉부피하출혈상 등을 가하였고, 피해자가 위와 같이 계속되는 피고인의 폭행을 피하려고 다시 도로를 건너 도주하다가 차량에 치어 사망한 사실을 인정한 다음, 위와 같은 사정에 비추어 보면 피고인의 위 상해행위와 피해자의 사망 사이에 상당인과관계가 있다고 하여 피고인을 상해치사죄로 처단한 제1심의 판단을 유지하고 있는바, 기록에 의하여 살펴보면, 원심의 사실인정과 피고인의 위 상해행위와 피해자의 사망 사이에 상당인과관계가 있다고 본 원심의 판단은 모두 정당한 것으로 수긍이 되고, 거기에 소론과 같이 필요한 심리를 다하지 아니하여 사실을 오인한 위법이나 상해치사죄의 법리를 오해한 위법이 있다고 할 수 없다

259-4. 구타행위로 상해를 입은 피해자가 정신을 잃고 빈사상태에 빠지자 사망한 것으로 오인하고, 자신의 행위를 은폐하고 자살한 것처럼 가장하기 위하여 피해자를 베란다 아래의 바닥으로 떨어뜨려 사망케 한 경우 [대법원 1994. 11. 4. 선고, 94도2361]

【판결요지】
피고인이 피해자에게 우측 흉골골절 및 늑골골절상과 이로 인한 우측 심장벽좌상과 심낭내출혈 등의 상해를 가함으로써, 피해자가 바닥에 쓰러진 채 정신을 잃고 빈사상태에 빠지자, 피해자가 사망한 것으로 오인하고, 피고인의 행위를 은폐하고 피해자가 자살한 것처럼 가장하기 위하여 피해자를 베란다로 옮긴 후 베란다 밑 약 13m 아래의 바닥으로 떨어뜨려 피해자로 하여금 현장에서 좌측 측두부 분쇄함몰골절에 의한 뇌손상 및 뇌출혈 등으로 사망에 이르게 하였다면, 피고인의 행위는 포괄하여 단일의 상해치사죄에 해당한다.

259-5. 상해 또는 중상해를 교사하였는데 피교사자가 살인을 실행한 경우 교사자의 죄책 [대법원 1993. 10. 8. 선고, 93도1873]

【판결요지】
교사자가 피교사자에 대하여 상해 또는 중상해를 교사하였는데 피교사자가 이를 넘어 살인을 실

행한 경우 일반적으로 교사자는 상해죄 또는 중상해죄의 교사범이 되지만 이 경우 <u>교사자에게 피</u>
<u>해자의 사망이라는 결과에 대하여 과실 내지 예견가능성이 있는 때에는 상해치사죄의 교사범으로</u>
<u>서의 죄책을 지울 수 있다.</u>

259-6. 상해 공모자 중 일부가 피해자를 상해하여 사망케 한 경우, 실행행위에 관여하지 아니한 공모자가
　　　상해치사범죄의 공동정범에 해당하는지 여부(적극) [대법원 1991. 10. 11. 선고, 91도1755]

　【판결요지】

　공동정범의 주관적 요건인 공모는 공범자 상호간에 범죄의 공동실행에 관한 의사의 결합만 있으
면 족하고, 이와 같은 공모가 이루어진 이상 실행행위에 관여하지 않더라도 다른 공범자의 행위
에 대하여 형사책임을 지는 것인바, 피고인이 여러 공범들과 피해자를 상해하기로 공모하고, 피
고인 등은 상피고인의 사무실에서 대기하고, 실행행위를 분담한 공모자 일부가 사건현장에 가서
위 피해자를 상해하여 사망케 하였다면 피고인은 상해치사범죄의 공동정범에 해당한다.

259-7. 상해 및 폭행 기회에 공범중 1인이 살인행위를 한 경우 다른 공범의 죄책 [대법원 1991. 5.
　　　14. 선고, 91도580]

　【판결요지】

　피고인이 공범들과 공동하여 피해자의 신체를 상해하거나 폭행을 가하는 기회에 공범 중 1인이
고의로 피해자를 살해한 경우, 피고인이 살인행위를 공모하거나 공범의 살인행위에 관여하지 아
니하였기 때문에 살인죄의 죄책은 지지 아니한다고 하더라도 <u>상해나 폭행행위에 관하여는 서로</u>
<u>인식이 있었고 예견이 가능한 공범의 가해행위로 사망의 결과가 초래된 이상, 상해치사죄의 죄책</u>
<u>은 면할 수 없다.</u>.

259-8. 결과적가중죄의 공동정범의 법리 [대법원 1978. 1. 17. 선고, 77도2193]

　【판결요지】

　결과적가중범인 상해치사죄의 공동정범은 폭행 기타의 신체침해행위를 공동으로 할 의사가 있으면
성립되고 결과를 공동으로 할 의사는 필요없다 할 것이므로 패싸움중 한사람이 칼로 찔러 상대방을
죽게한 경우에 다른 공범자가 그 결과 인식이 없다 하여 상해치사죄의 책임이 없다고 할 수 없다.

259-9. 상해치사사건에 있어서 상해사실의 특정 [서울고법 1963. 5. 8. 63노26, 확정]

　【판결요지】

　상해죄의 결과적 가중범인 상해치사죄를 판단하기 위하여는 첫째 피고인이 그 원인되는 상해행
위를 어떠한 방법으로 가하였느냐를 밝혀야 할 것이고 둘째로는 그 상해 및 사망원인과 사망의
사이에 인과관계가 있음을 밝혀야 한다.

제260조[폭행, 존속폭행]

> 제260조(폭행, 존속폭행) ① 사람의 신체에 대하여 폭행을 가한 자는 2년 이하의 징역, 500만원 이하의 벌금, 구류 또는 과료에 처한다. 〈개정 1995. 12. 29.〉
> ② 자기 또는 배우자의 직계존속에 대하여 제1항의 죄를 범한 때에는 5년 이하의 징역 또는 700만원 이하의 벌금에 처한다. 〈개정 1995. 12. 29.〉
> ③ 제1항 및 제2항의 죄는 피해자의 명시한 의사에 반하여 공소를 제기할 수 없다. 〈개정 1995. 12. 29.〉

260-1. 자신의 며느리인 甲과 자신 아들이 부부싸움을 하는 것을 보고 甲을 훈계하던 중 도망가는 甲의 양쪽 팔을 수회 잡아당겨 폭행한 경우 [울산지법 2019. 6. 21. 선고, 2018노1296. 확정]

【판결요지】

피고인은 甲과 자신의 아들 사이에 다툼이 일어나자 이를 중재하고자 아들 부부가 살고 있던 아파트로 이동하여 甲과 아들을 훈계하였던 점, 술에 취해 있던 甲이 시어머니인 피고인에게 욕설을 하며 항의하자 피고인의 언성이 높아졌고, 이에 甲이 경찰에 신고하려는 움직임을 보여 피고인이 이를 제지하고자 甲의 팔 또는 옷깃을 잡았던 것으로 보이는 점, 그런데도 甲은 집 밖으로 나가 경찰에 신고를 하였던 점 등을 종합하면, 피고인의 위 행위가 폭행죄에서 말하는 불법적인 폭행의 범의를 가진 폭행에 해당한다고 단정하기 어렵고, 나아가 위 행위는 형법 제20조에서 규정한 '사회상규에 위배되지 아니하는 행위'의 범위 내에 있어 위법성이 조각된다는 이유로, 피고인에게 무죄를 선고한 제1심의 결론이 정당하다.

260-2. 폭행죄에서 말하는 '폭행'의 의미와 판단 기준 / 자신의 차를 가로막는 피해자를 부딪칠 듯이 차를 조금씩 전진시키는 것을 반복하는 행위가 '폭행'에 해당하는지 여부(적극) [대법원 2016. 10. 27., 선고, 2016도9302]

【판결요지】

폭행죄에서 말하는 폭행이란 사람의 신체에 대하여 육체적·정신적으로 고통을 주는 유형력을 행사함을 뜻하는 것으로서 반드시 피해자의 신체에 접촉함을 필요로 하는 것은 아니고, 그 불법성은 행위의 목적과 의도, 행위 당시의 정황, 행위의 태양과 종류, 피해자에게 주는 고통의 유무와 정도 등을 종합하여 판단하여야 한다(대법원 2003. 1. 10. 선고 2000도5716 판결, 대법원 2008. 7. 24. 선고 2008도4126 판결, 대법원 2009. 9. 24. 선고 2009도6800 판결 등 참조). 따라서 자신의 차를 가로막는 피해자를 부딪친 것은 아니라고 하더라도, 피해자를 부딪칠 듯이 차를 조금씩 전진시키는 것을 반복하는 행위 역시 피해자에 대해 위법한 유형력을 행사한 것이라고 보아야 한다.

260-3. 甲이 집회 장면을 카메라로 촬영하자 집회참가자인 피고인이 영상을 지워달라고 요구하면서 甲이 메고 있던 가방 줄을 붙잡고 밀고 당기는 등 폭행을 한 경우 [부산지법 2015. 9. 11. 선고, 2015노1466. 확정]

【판결요지】

甲은 적법하게 집회신고를 한 후 집회활동을 하고 있던 피고인 등 집회참가자들의 동의 없이 얼굴을 불과 1~2m 거리를 두고 근접하여 촬영한 점, 당시 피고인은 사이비종교 피해자들 약 50여 명과 사이비종교단체의 위험성을 알리는 취지의 집회를 하였는데, 집회참가자들의 신체적 정보가 담긴 영상이 사이비종교단체에 전송되면 이들 단체의 보복행위 대상이 되는 것이 염려되어 얼굴이 촬영된 영상을 삭제해 달라고 요청하였으나 응하지 아니하였고, 주변에 있던 경찰관의 도움을 받아 촬영한 영상을 삭제하도록 재차 요구하였으나 완강히 거부한 점 등에 비추어 볼 때, 피고인의 행위는 형법 제20조의 정당행위 또는 형법 제23조의 자구행위에 해당한다.

260-4. 속칭'생일빵'을 한다는 명목 하에 피해자 폭행사건 [대법원 2010. 5. 27. 선고, 2010도2680]

【판시사항】

[1] 속칭 '생일빵'을 한다는 명목 하에 피해자를 가격하였다면 폭행죄가 성립하고, 가격행위의 동기, 방법, 횟수 등 제반 사정에 비추어 사회상규에 위배되지 아니하는 정당행위에 해당하지 않는다고 한 원심판단을 수긍한 사례

[2] 폭행죄 등 반의사불벌죄에서 처벌불원의 의사표시는 의사능력 있는 피해자가 단독으로 할 수 있는지 여부(적극) 및 피해자 사망 후 상속인이 그 의사표시를 대신할 수 있는지 여부(소극)

[3] 속칭 '생일빵'을 한다는 명목 하에 피해자를 가격하여 사망에 이르게 한 사안에서, 폭행과 사망 간에 인과관계는 인정되지만 폭행 당시 피해자의 사망을 예견할 수 없었다는 이유로 폭행치사의 공소사실에 대하여 무죄를 선고한 원심판단을 수긍한 사례

【이 유】

[1] 피고인이 속칭 '생일빵'을 한다는 명목 하에 피해자를 판시와 같이 가격하였다면 폭행죄가 성립한다고 판단하였는바, 원심이 들고 있는 가격행위의 동기, 방법, 횟수 등의 제반 사정에 비추어 보면 원심의 위 판단은 앞에서 본 법리에 따른 것으로서 옳고, 거기에 폭행죄나 정당행위에 관한 법리를 오해한 위법 등이 없다.

[2] 폭행죄는 피해자의 명시한 의사에 반하여 공소를 제기할 수 없는 반의사불벌죄로서 처벌불원의 의사표시는 의사능력이 있는 피해자가 단독으로 할 수 있는 것이고(대법원 2009. 11. 19. 선고 2009도6058 전원합의체 판결 참조), 피해자가 사망한 후 그 상속인이 피해자를 대신하여 처벌불원의 의사표시를 할 수는 없다고 보아야 한다.

[3] 폭행치사죄는 결과적 가중범으로서 폭행과 사망의 결과 사이에 인과관계가 있는 외에 사망의 결과에 대한 예견가능성 즉 과실이 있어야 하고, 이러한 예견가능성의 유무는 폭행의 정도와 피해자의 대응상태 등 구체적 상황을 살펴서 엄격하게 가려야 한다(대법원 1990. 9. 25. 선고 90도1596 판결 등 참조).

260-5. 폭행죄에 있어서 유형력의 행사에 신체의 청각기관을 자극하는 음향도 포함되는지 여부(한정적극)
[대법원 2003. 1. 10., 선고, 2000도5716]

【판시사항】

[1] 폭행죄에 있어서 유형력의 행사에 신체의 청각기관을 자극하는 음향도 포함되는지 여부(한정적극)

[2] 거리상 멀리 떨어져 있는 사람에게 전화기를 이용하여 전화하면서 고성을 내거나 그 전화 대화를 녹음 후 듣게 하는 경우, 폭행죄에 있어서의 신체에 대한 유형력의 행사를 한 것으로 볼 수 있는지 여부(한정 적극)

【판결요지】

[1] 형법 제260조에 규정된 폭행죄는 사람의 신체에 대한 유형력의 행사를 가리키며, 그 유형력의 행사는 신체적 고통을 주는 물리력의 작용을 의미하므로 신체의 청각기관을 직접적으로 자극하는 음향도 경우에 따라서는 유형력에 포함될 수 있다.

[2] 피해자의 신체에 공간적으로 근접하여 고성으로 폭언이나 욕설을 하거나 동시에 손발이나 물건을 휘두르거나 던지는 행위는 직접 피해자의 신체에 접촉하지 아니하였다 하더라도 피해자에 대한 불법한 유형력의 행사로서 폭행에 해당될 수 있는 것이지만, 거리상 멀리 떨어져 있는 사람에게 전화기를 이용하여 전화하면서 고성을 내거나 그 전화 대화를 녹음 후 듣게 하는 경우에는 특수한 방법으로 수화자의 청각기관을 자극하여 그 수화자로 하여금 고통스럽게 느끼게 할 정도의 음향을 이용하였다는 등의 특별한 사정이 없는 한 신체에 대한 유형력의 행사를 한 것으로 보기 어렵다.

260-6. 부당한 공격에서 벗어나려고 한 폭행과 위법성 [대법원 1984. 4. 24. 선고, 84도242]

【판결요지】

피해자가 피고인에게 다가와 폭언을 하면서 피고인의 오른손 둘째 손가락을 물어 뜯으므로 피고인이 이를 피하려고 손을 뿌리치면서 두 손으로 피해자의 양어깨를 누르게 되었다면, 피고인의 소위는 피해자의 부당한 공격에서 벗어나려고 한 행위로서 그 행위에 이르게 된 경위, 목적, 수단, 의사 등 제반사정에 비추어 사회통념상 허용될 만한 정도의 상당성 있는 것으로 위법성이 결여되어 폭행죄를 구성하지 아니한다.

260-7. 시정된 방문을 발로 찬 행위의 폭행죄 해당여부(소극) [대법원 1984. 2. 14. 선고, 83도3186]

【판결요지】

공소외인이 피고인을 만나주지 않는다는 이유로 시정된 탁구장문과 주방문을 부수고 주방으로 들어가 방문을 열어주지 않으면 모두 죽여버린다고 폭언하면서 시정된 방문을 수회 발로 찬 피고인의 행위는 재물손괴죄 또는 숙소안의 자에게 해악을 고지하여 외포케 하는 단순 협박죄에 해당함은 별론으로 하고, 단순히 방문을 발로 몇번 찼다고 하여 그것이 피해자들의 신체에 대한 유형력의 행사로는 볼 수 없어 폭행죄에 해당한다 할 수 없다.

260-8. 소극적인 저항방법으로 부득이 행한 폭력행위가 사회상규에 위배되는지(적극) [대법원 1983.

7. 26. 선고, 83도1418]

【판결요지】

피해자가 과부로 홀로 살고있는 피고인의 집터를 자기소유라 주장하면서 출입문과 변소문을 폐쇄하고 피고인의 집으로 들어오는 전기선을 짤라버리는 등의 행패를 부리고 그 가족과 합세하여 피고인의 머리카락을 쥐어 잡고 발버둥침에도 불구하고 자기집 안으로 끌고 들어가서는 안에서 문을 잠가 감금시킨 상태에서 피고인의 목을 조르는등 폭행을 가함에 피고인이 이를 뿌리치기 위한 소극적인 저항방법으로 부득이 피해자의 멱살을 잡고 밀고 당기게 되었다면 이 폭력행위는 그에 이르게 된 과정과 목적, 수단 및 피고인의 의사등 여러사정에 비추어 볼 때 사회통념상 허용될 상당성이 있는 위법성이 결여된 행위이다.

제261조[특수폭행]

> 제261조(특수폭행) 단체 또는 다중의 위력을 보이거나 위험한 물건을 휴대하여 제260조제1항 또는 제2항의 죄를 범한 때에는 5년 이하의 징역 또는 1천만원 이하의 벌금에 처한다. 〈개정 1995. 12. 29.〉

261-1. 폭력행위등처벌법 제3조 제1항에서 정한 '위험한 물건'의 판단 기준 [대법원 2010. 11. 11. 선고 2010도10256]

【판결요지】

어떤 물건이 폭력행위 등 처벌에 관한 법률 제3조 제1항에서 정한 '위험한 물건'에 해당하는지 여부는 구체적인 사안에서 사회통념에 비추어 그 물건을 사용하면 상대방이나 제3자가 생명 또는 신체에 위험을 느낄 수 있는지 여부에 따라 판단하여야 한다. 이러한 판단 기준은 자동차를 사용하여 사람의 생명 또는 신체에 위해를 가하거나 다른 사람의 재물을 손괴한 경우에도 마찬가지로 적용된다 (대법원 2009. 3. 26. 선고 2007도3520 판결 등 참조). … 원심이 인정한 사실에 따르면, 피고인은 피해자와 사이에 운전 중 발생한 시비로 한차례 다툼이 벌어진 직후 피해자가 계속하여 피고인이 운전하던 이 사건 자동차를 뒤따라온다고 보고 순간적으로 화가 나 피해자에게 겁을 주기 위하여 이 사건 자동차를 후진하여 피해자가 승차하고 있던 판시 자동차(이하 '피해자 자동차'라고 한다)와 충돌하였고, 피해자는 원심법정에서 이 사건 당시 이 사건 자동차와 피해자 자동차 사이의 거리가 4 내지 5m 가량 되었다고 진술하였음을 알 수 있다. 한편 기록에 의하면, 피해자는 검찰에서 이 사건 자동차와 충돌할 당시의 상황에 대하여, '피고인이 이 사건 자동차를 운행하다가 정차한 후에 급하게 후진을 하였고, 이에 피해자도 급하게 후진기어를 넣고 약 4 내지 5m 이상을 후진하면서 충돌을 피하려고 하였는데, 이 사건 자동차가 워낙 빠른 속도로 후진하여 피하지 못하고 피해자 자동차의 앞 범퍼와 이 사건 자동차의 뒤 범퍼가 부딪쳤다'라는 취지로 진술한 바 있다. 사정이 그러하다면 앞서 본 법리에 비추어 볼 때, 피고인이 피해자에게 겁을 주기 위하여 이 사건 자동차를 후진하다가 피해자 자동차와 충돌한 것이고, 본래 자동차 자체는 살상용, 파괴용 물건이 아닌 점 등을 감안하더라도, 이 사건 자동차와 피해자 자동차의 충돌 당시와 같은 상황하에서는 피해자는 물론 제3자라도 이 사건 자동차와 충돌하면 생명 또는 신체에 살상의 위험을 느꼈을 것이라고 할 것이다. 따라서 피고인이 이 사건 자동차를 이용하여 원심판시와 같이 피해자에게 상해를 가하고, 피해자 자동차를 손괴한 행위는 폭력행위 등 처벌에 관한 법률 제3조 제1항이 정한 '위험한 물건'을 휴대하여 이루어진 범죄라고 봄이 상당하다. 그럼에도 불구하고 원심은 그 판시와 같은 사정만을 들어 폭력행위 등 처벌에 관한 법률 위반(집단·흉기등상해)의 점과 폭력행위 등 처벌에 관한 법률 위반(집단·흉기등재물손괴등)의 점에 관한 공소사실은 범죄의 증명이 없다고 판단하고 말았으니, 이러한 원심판결에는 폭력행위 등 처벌에 관한 법률 제3조 제1항이 정한 '위험한 물건'에 관한 법리를 오해한 나머지 판결 결과에 영향을 미친 위법이 있다. 이 점을 지적하는 상고이유는 이유 있다.

제262조[폭행치사상]

> 제262조(폭행치사상) 제260조와 제261조의 죄를 지어 사람을 사망이나 상해에 이르게 한 경우에 는 제257조부터 제259조까지의 예에 따른다. [전문개정 2020. 12. 8.]

262-1. 안수기도가 정당행위로 인정될 수 있는 한도 및 통상적인 안수기도라 할 수 없는 유형력의 행사로 상해를 입힌 것이 정당행위인지 여부(소극) 대법원 2008. 8. 21. 선고, 2008도2695]

【판시사항】

[1] 안수기도가 정당행위로 인정될 수 있는 한도 및 통상적인 안수기도라 할 수 없는 유형력의 행사로 상해를 입힌 것이 정당행위인지 여부(소극)

[2] 기도원운영자가 정신분열증 환자의 치료 목적으로 안수기도를 하다가 환자에게 상해를 입힌 사안에서, 장시간 환자의 신체를 강제로 제압하는 등 과도한 유형력을 행사한 것으로서 '사회상 규상 용인되는 정당행위'에 해당하지 않는다.

【판결요지】

<u>종교적 기도행위의 일환으로서 기도자의 기도에 의한 염원 내지 의사가 상대방에게 심리적 또는 영적으로 전달되는 데 도움이 된다고 인정할 수 있는 한도 내에서 상대방의 신체의 일부에 가볍 게 손을 얹거나 약간 누르면서 병의 치유를 간절히 기도하는 행위는 그 목적과 수단면에서 정당 성이 인정된다고 볼 수 있지만</u>, 그러한 종교적 기도행위를 마치 의료적으로 효과가 있는 치료행 위인 양 내세워 환자를 끌어들인 다음, 통상의 일반적인 안수기도의 방식과 정도를 벗어나 환자 의 신체에 비정상적이거나 과도한 유형력을 행사하고 신체의 자유를 과도하게 제압하여 환자의 신체에 상해까지 입힌 경우라면, 그러한 유형력의 행사가 비록 안수기도의 명목과 방법으로 이루 어졌다 해도 사회상규상 용인되는 정당행위라고 볼 수 없다.

---

1. 안수기도에 수반한 신체적 행위를 폭행으로 인정한 사례 [대법원 1994. 8. 23. 선고, 94도1484]

【판결요지】

안수기도는 환자의 환부나 머리에 손을 얹고 또는 약간 누르면서 환자를 위해 병을 낫게 하여 달라고 하나님께 간절히 기도 함으로써 병의 치유함을 받는다는 일종의 종교적 행위이고 그 목적 또한 정당하 겠으나, 기도행위에 수반하는 신체적 행위가 단순히 손을 얹거나 약간 누르는 정도가 아니라 그것이 지나쳐서 가슴과 배를 반복하여 누르거나 때려 그로 인하여 사망에 이른 것과 같은 정도의 것이라면 이는 사람의 신체에 대한 유형력의 행사로서 폭행의 개념에 속하는 행위이고, 비록 안수기도의 방법으 로 행하여졌다고 하더라도 신체에 대하여 유형력을 행사한다는 인식과 의사가 있으면 폭행에 대한 인 식과 의사 즉 고의가 있는 것이며, 이를 적법한 행위라고 오인했다고 하더라도 그 오인에 정당성을 발견할 수 없다.

262-2. '불상의 방법으로 피해자를 가격하여 그 충격으로 피해자가 뒤로 넘어지면서 우측 후두부가 도로 바닥에 부딪쳐 사망에 이르렀다'고 기재한 경우 [대법원 1999. 12. 28. 선고, 98도4181]

【판시사항】

폭행치사죄의 유죄판결 이유에서 범죄사실을 '피고인이 불상의 방법으로 피해자를 가격하여 그 충격으로 피해자가 뒤로 넘어지면서 우측 후두부가 도로 바닥에 부딪쳐 사망에 이르렀다'고 기재한 경우, 범죄사실을 명시한 것으로 볼 수 있는지 여부(소극)

【판결요지】

유죄판결에는 그 판결 이유에 범죄사실과 증거의 요지, 법령의 적용을 명시하여야 할 것인바, 여기서 범죄사실은 특정한 구성요건에 해당하는 위법하고 유책한 구체적 사실을 말하고, 폭행치사죄는 폭행죄를 범하여 사람을 사망에 이르게 한 죄이므로 이를 유죄로 인정한 판결이유에는 피고인이 폭행의 구체적 사실이 명시되어야 할 것인데이유에서 범죄사실을 '피고인이 불상의 방법으로 피해자를 가격하여 그 충격으로 피해자가 뒤로 넘어지면서 우측 후두부가 도로 바닥에 부딪쳐 사망에 이르렀다'고 기재한 것만으로는 피고인이 범한 폭행 사실의 구체적 사실을 기재하였다고 할 수 없다.

262-3. 야간에 폭행치사죄를 범한 것이라는 공소사실 중 폭행사실은 인정되나 폭행과 사망사이 인과관계가 입증되지 아니하는 경우 공소장변경 없이 폭력행위등처벌에관한법률 위반죄로 처벌할 수 있는지 여부(소극) [대법원 1990. 11. 27. 선고, 90도2189]

【판결요지】

야간에 폭행치사죄를 범한 것이라고 하여 공소가 제기되었으나 폭행과 사망과의 사이에 인과관계가 입증되지 아니하는 경우에는 범죄사실의 증명이 없는 때에 해당하므로 무죄를 선고하여야 하는 것이며, 폭행사실이 인정된다고 하여 검사의 공소장변경 없이 폭력행위등처벌에관한법률에 의하여 처벌할 수 있는 것은 아니다.

262-4. 피고인들로부터 폭행을 당하고 당구장 3층 화장실에 숨어 있던 피해자가 다시 피고인들로부터 폭행당하지 않으려고 창문 밖으로 숨으려다가 실족하여 사망한 경우 폭행과 사망 사이 인과관계 여부(적극) [대법원 1990. 10. 16. 선고, 90도1786]

【판결요지】

피고인들이 공동하여 피해자를 폭행하여 당구장 3층에 있는 화장실에 숨어 있던 피해자를 다시 폭행하려고 피고인 갑은 화장실을 지키고, 피고인 을은 당구치는 기구로 문을 내려쳐 부수자 위협을 느낀 피해자가 화장실 창문 밖으로 숨으려다가 실족하여 떨어짐으로써 사망한 경우에는 피고인들의 위 폭행행위와 피해자의 사망 사이에는 인과관계가 있다고 할 것이므로 폭행치사죄의 공동정범이 성립된다.

262-5. 공장에서 동료 사이에 말다툼을 하던 중 피고인의 삿대질을 피하려고 뒷걸음치던 장애물에 걸려 넘어져 두개골절로 사망한 경우 사망 결과에 대한 예견가능성 유무(소극) [대법원 1990. 9. 25. 선고, 90도1596]

【판결요지】

폭행치사죄는 결과적 가중범으로서 폭행과 사망의 결과 사이에 인과관계가 있는 외에 사망의 결과에 대한 예견가능성 즉 과실이 있어야 하고 이러한 예견가능성의 유무는 폭행의 정도와 피해자의 대응상태 등 구체적 상황을 살펴서 엄격하게 가려야 하는 것인바, 피고인이 피해자에게 상당한 힘을 가하여 넘어뜨린 것이 아니라 단지 공장에서 동료 사이에 말다툼을 하던 중 피고인이 삿대질하는 것을 피하고자 피해자 자신이 두어걸음 뒷걸음치다가 회전 중이던 십자형 스빙기계 철받침대에 걸려 넘어진 정도라면, <u>당시 바닥에 위와 같은 장애물이 있어서 뒷걸음치면 장애물에 걸려 넘어질 수 있다는 것까지는 예견할 수 있었다고 하더라도 그 정도로 넘어지면서 머리를 바닥에 부딪쳐 두개골절로 사망한다는 것은 이례적인 일이어서 통상적으로 일반인이 예견하기 어려운 결과라고 하지 않을 수 없으므로 피고인에게 폭행치사죄의 책임을 물을 수 없다.</u>

262-6. 치사의 결과에 대한 예견가능성이 있고 피해자 승낙이 있었다고 보기 어렵다. [대법원 1989. 11. 28. 선고, 89도201]

【판결요지】

각종의 장기와 신경이 밀집되어 있어 인체의 가장 중요한 부위를 점하고 있는 흉부에 대한 강도의 타격은 생리적으로 중대한 영향을 줄 뿐만 아니라 신경에 자극을 줌으로써 이에 따른 쇼크로 인해 피해자를 사망에 이르게 할 수 있고, 더우기 그 가격으로 급소를 맞을 때에는 더욱 그러할 것인데, 피할만한 여유도 없는 좁은 장소와 상급자인 피고인이 하급자인 피해자로부터 아프게 반격을 받을 정도의 상황에서 신체가 보다 더 건강한 피고인이 피해자에게 약 1분 이상 가슴과 배를 때렸다면 사망의 결과에 대한 예견가능성을 부정할 수도 없을 것이며 위와 같은 상황에서 이루어진 폭행이 장난권투로서 피해자의 승낙에 의한 사회상규에 어긋나지 않는 것이라고도 볼 수 없다.

262-7. 심장질환이 있는 피해자에 대한 폭행과 그로 인한 사망사이 상당인과관계 여부(적극) [대법원 1989. 10. 13. 선고, 89도556]

【판결요지】

피고인이 피해자의 멱살을 잡아 흔들고 주먹으로 가슴과 얼굴을 1회씩 구타하고 멱살을 붙들고 넘어뜨리는 등 신체 여러 부위에 표피박탈, 피하출혈 등의 외상이 생길 정도로 심하게 폭행을 가함으로써 평소에 오른쪽 관상동맥폐쇄 및 심실의 허혈성심근섬유화증세 등의 심장질환을 앓고 있던 피해자의 심장에 더욱 부담을 주어 나쁜 영향을 초래하도록 하였다면, 비록 피해자가 관상동맥부전과 허혈성심근경색 등으로 사망하였더라도, 피고인의 폭행의 방법, 부위나 정도 등에 비추어 피고인의 폭행과 피해자의 사망과 간에 상당인과관계가 있었다고 볼 수 있다.

> 1. 심장질환이 있는 자를 폭행하여 그 충격으로 사망케 한 경우, 폭행과 사망간 인과관계 유무(적극)
> [대법원 1986. 9. 9. 선고, 85도2433]
> 【판결요지】

피해자를 2회에 걸쳐 두 손으로 힘껏 밀어 땅바닥에 넘어뜨리는 폭행을 가함으로써 그 충격으로 인한 쇼크성 심장마비로 사망케 하였다면 비록 위 피해자에게 그 당시 심관성동맥경화 및 심근섬유화 증세 등의 심장질환의 지병이 있었고 음주로 만취된 상태였으며 그것이 피해자가 사망함에 있어 영향을 주었다고 해서 피고인의 폭행과 피해자의 사망간에 상당인과관계가 없다고 할 수 없다.

2. 폭행으로 평소 지병이 악화되어 사망한 경우 폭행과 사망간 인과관계 존부(적극) [대법원 1983. 1. 18. 선고, 82도697]

【판결요지】

피고인이 1981.4.8 피해자의 뺨을 2회 때리고 두손으로 어깨를 잡아 땅바닥에 넘어뜨리고 머리를 세멘트벽에 부딪치게 하여서, 피해자가 그 다음날부터 머리에 통증이 있었고 같은 달 16 의사 3인에게 차례로 진료를 받을 때에 혈압이 매우 높았고 몹시 머리가 아프다고 호소하였으며 그 후 병세가 계속 악화되어 결국 같은해 4.30 뇌손상(뇌좌상)으로 사망하였다면, 피해자가 평소 고혈압과 선천성혈관기형인 좌측전고동맥류의 증세가 있었고 피고인의 폭행으로 피해자가 사망함에 있어 위와 같은 지병이 사망결과에 영향을 주었다고 해서 피고인의 폭행과 피해자의 사망간에 상당인과관계가 없다고 할 수 없으며, 피고인이 피해자를 폭행할 당시에 이미 폭행과 그 결과에 대한 예견가능성이 있었다 할 것이고 그로 인하여 치사의 결과가 발생하였다면 이른바 결과적가중범의 죄책을 면할 수 없다.

262-8. 본능적인 소극적 방어행위로 인한 피해자 사망과 정당행위 여부 [대법원 1987. 10. 26. 선고, 87도464]

【판결요지】

피고인이 자기의 앞가슴을 잡고 있는 피해자의 손을 떼어 내기 위하여 피해자의 손을 뿌리친 것에 불과하다면 그와 같은 행위는 피해자의 불법적인 공격으로부터 벗어나기 위한 본능적인 소극적 방어행위에 지나지 아니하여 사회통념상 허용될 상당성이 있는 위법성이 결여된 행위라고 볼 여지가 있다 할 것이고 위 행위가 사회상규에 위배되지 않는 행위로서 위법성이 결여된 행위로 인정된다면 그 행위의 결과로 피해자가 사망하게 되었다 하더라도 폭행치사죄로 처벌할 수는 없다.

262-9. 특수체질자였기 때문에 가벼운 폭행으로 인한 충격으로 사망한 경우(소극) [대법원 1985. 4. 3. 선고, 85도303]

【판결요지】

피고인의 폭행정도가 서로 시비하다가 피해자를 떠밀어 땅에 엉덩방아를 찧고 주저앉게 한 정도에 지나지 않은 것이었고 또 피해자는 외관상 건강하여 전혀 병약한 흔적이 없는 자인데 사실은 관상동맥경화 및 협착증세를 가진 특수체질자이었기 때문에 위와 같은 정도의 폭행에 의한 충격에도 심장마비를 일으켜 사망하게 된 것이라면 피고인에게 사망의 결과에 대한 예견가능성이 있었다고 보기 어려워 결과적 가중범인 폭행치사죄로 의율할 수는 없다.

262-10. 폭행치사사건에서 피해자에 대한 의사 수술지연과 인과관계 [대법원 1984. 6. 26. 선고, 84도831]

【판결요지】

피고인이 주먹으로 피해자의 복부를 1회 강타하여 장파열로 인한 복막염으로 사망케 하였다면, 비록 의사의 수술지연 등 과실이 피해자의 사망의 공동원인이 되었다 하더라도 피고인의 행위가 사망의 결과에 대한 유력한 원인이 된 이상 그 폭력행위와 치사의 결과간에는 인과관계가 있다 할 것이어서 피고인은 피해자의 사망의 결과에 대해 폭행치사의 죄책을 면할 수 없다.

262-11. 어린애 업은 사람을 밀어 넘어뜨려 그 결과 어린애가 사망한 경우(적극) [대법원 1972. 11. 28. 선고, 72도2201]

【판시사항】

피고인은 빚독촉을 하다가 시비중 멱살을 잡고 대드는 공소외 1의 손을 뿌리치고 그를 뒤로 밀어 넘어트려 아래로 궁굴게하여 그 순간 그등에 업힌 그딸 공소외 2(생후 7개월)에게 두개골절등 상해를 입혀 그로 말미암아 그를 사망케한 사실을 인정함에 충분하다. 그러면 피고인은 빚이 있을망정 채권자인 공소외 1로부터 멱살을 잡히고 폭행을 감수할 이유는 없는 것이므로 피고인이 그 멱살을 잡은 공소외 1의 손을 뿌리친것은 그 정도로서 혹정당행위로 볼수 있을는지는 몰라도 피고인이 이에 그치지 않고 다시 그를 뒤로 밀어 넘어트린 것은 그 도를 넘은 것으로 그 위법성을 부정할 수는 없을것이고, 또 피고인이 폭행을 가한 대상자와 그 폭행의 결과 사망한 대상자는 서로 다른 인격자라 할지라도 위와 같이 어린애를 업은 사람을 밀어 넘어트리면 그 어린애도 따라서 필연적으로 넘어질 것임은 피고인도 예견하였을 것이므로 어린애를 업은 사람을 넘어트린 행위는 그 어린애에 대해서도 역시폭행이 된다할 것이다.

제263조[동시범]

> 제263조(동시범) 독립행위가 경합하여 상해의 결과를 발생하게 한 경우에 있어서 원인된 행위가 판명되지 아니한 때에는 공동정범의 예에 의한다.

263-1. 형법 제263조의 동시범의 특례 적용 범위 [대법원 2000. 7. 28. 선고 2000도2466 판결]

【판결요지】

시간적 차이가 있는 독립된 상해행위나 폭행행위가 경합하여 사망의 결과가 일어나고 그 사망의 원인된 행위가 판명되지 않은 경우에는 공동정범의 예에 의하여 처벌할 것이므로(대법원 1985. 5. 14. 선고 84도2118 판결 참조), 2시간 남짓한 시간적 간격을 두고 피고인이 두번째의 가해행위인 이 사건 범행을 한 후, 피해자가 사망하였고 그 사망의 원인을 알 수 없다고 보아 피고인을 폭행치사죄의 동시범으로 처벌한 원심판단은 옳고 거기에 동시범의 법리나 상당인과 관계에 관한 법리를 오해한 위법도 없다.

263-2. 공범들 행위중 결과발생의 원인된 행위가 불명한 경우, 동시범 적용여부(소극) [대법원 1985. 12. 10. 선고, 85도1892]

【판결요지】

2인 이상이 상호의사의 연락없이 동시에 범죄구성요건에 해당하는 행위를 하였을 때에는 원칙적으로 각인에 대하여 그 죄를 논하여야 하나 그 결과 발생의 원인이 된 행위가 분명하지 아니한 때에는 각 행위자를 미수범으로 처벌하고(독립행위의 경합), 이 독립행위가 경합하여 특히 상해의 결과를 발생하게 하고 그 결과발생의 원인이 된 행위가 밝혀지지 아니한 경우에는 공동정범의 예에 따라 처단(동시범)하는 것이므로 공범관계에 있어 공동가공의 의사가 있었다면 이에는 도시 동시범등의 문제는 제기될 여지가 없다.

263-3. 상해치사죄에도 형법 제263조가 적용되는지 여부(적극) [대법원 1985. 5. 14. 선고, 84도2118]

【판결요지】

동시범의 특례를 규정한 형법 제263조는 상해치사죄에도 적용된다.

> 1. 이시의 독립행위가 경합하여 사망의 결과가 일어난 경우와 공동정범에 의한 처벌(적극) [대법원 1981. 3. 10. 선고, 80도3321]
>
> 【판결요지】
>
> 이시의 독립된 상해행위가 경합하여 사망의 결과가 일어난 경우에 그 원인된 행위가 판명되지 아니한 때에는 공동정범의 예에 의하여야 한다.

263-4. 가해행위를 한 것 자체가 불분명한 자에 대한 상해죄 동시범 가부(소극) [대법원 1984. 5. 15. 선고, 84도488]

【판결요지】

상해죄에 있어서의 동시범은 두사람 이상이 가해행위를 하여 상해의 결과를 가져올 경우에 그 상해가 어느 사람의 가해행위로 인한 것인지가 분명치 않다면 가해자 모두를 공동정범으로 본다는 것이므로 가해행위를 한것 자체가 분명치 않은 사람에 대하여는 동시범으로 다스릴 수 없다.

263-5. 강간치상죄와 동시범 규정 적용 가부(소극) [대법원 1984. 4. 24. 선고, 84도372]

【판결요지】

형법 제263조의 동시범은 상해와 폭행죄에 관한 특별규정으로서 동 규정은 그 보호법익을 달리하는 강간치상죄에는 적용할 수 없다.

제264조[상습범]

제264조(상습범) 상습으로 제257조, 제258조, 제258조의2, 제260조 또는 제261조의 죄를 범한 때에는 그 죄에 정한 형의 2분의 1까지 가중한다. 〈개정 2016. 1. 6.〉

264-1. 형법 제264조에서 말하는 '상습'의 의미 및 위 규정에 열거되지 아니한 다른 유형의 범죄까지 고려하여 상습성 유무를 결정할 수 있는지 여부(소극) [대법원 2018. 4. 24. 선고, 2017도21663]

【판결요지】

상해죄 및 폭행죄의 상습범에 관한 형법 제264조는 "상습으로 제257조, 제258조, 제258조의2, 제260조 또는 제261조의 죄를 범한 때에는 그 죄에 정한 형의 2분의 1까지 가중한다." 라고 규정하고 있다. 형법 제264조에서 말하는 '상습' 이란 위 규정에 열거된 상해 내지 폭행행위의 습벽을 말하는 것이므로, 위 규정에 열거되지 아니한 다른 유형의 범죄까지 고려하여 상습성의 유무를 결정하여서는 아니 된다.

264-2. 상습으로 甲을 폭행하고, 어머니 乙을 존속폭행한 경우 [대법원 2018. 4. 24. 선고, 2017도10956]

【판시사항】

[1] 폭행죄의 '상습성' 의 의미 및 상습성 유무를 판단하는 방법 / 단순폭행, 존속폭행의 범행이 동일한 폭행 습벽의 발현에 의한 것으로 인정되는 경우, 그 죄수(=상습존속폭행죄의 포괄일죄) / 상습존속폭행죄로 처벌되는 경우, 피해자의 명시한 의사에 반하여 공소를 제기할 수 있는지 여부(적극)

[2] 피고인이 상습으로 甲을 폭행하고, 어머니 乙을 존속폭행하였다는 내용으로 기소된 사안

【판결요지】

[1] 폭행죄의 상습성은 폭행 범행을 반복하여 저지르는 습벽을 말하는 것으로서, 동종 전과의 유무와 그 사건 범행의 횟수, 기간, 동기 및 수단과 방법 등을 종합적으로 고려하여 상습성 유무를 결정하여야 하고, 단순폭행, 존속폭행의 범행이 동일한 폭행 습벽의 발현에 의한 것으로 인정

되는 경우, 그중 법정형이 더 중한 상습존속폭행죄에 나머지 행위를 포괄하여 하나의 죄만이 성립한다고 봄이 타당하다. 그리고 상습존속폭행죄로 처벌되는 경우에는 형법 제260조 제3항이 적용되지 않으므로, 피해자의 명시한 의사에 반하여도 공소를 제기할 수 있다.

 [2] 피고인에게 폭행 범행을 반복하여 저지르는 습벽이 있고 이러한 습벽에 의하여 단순폭행, 존속폭행 범행을 저지른 사실이 인정된다면 단순폭행, 존속폭행의 각 죄별로 상습성을 판단할 것이 아니라 포괄하여 그중 법정형이 가장 중한 상습존속폭행죄만 성립할 여지가 있는데도, 이와 달리 상습폭행과 존속폭행의 2개 행위로 파악하여, 피고인에게 단순폭행의 습벽이 인정된다는 이유로 상습폭행 부분을 유죄로 인정하면서도 존속폭행의 습벽까지는 인정할 증거가 없다는 이유에서 상습존속폭행은 성립할 수 없고 존속폭행만 성립할 수 있다고 전제한 다음, 乙이 제1심판결 선고 전에 처벌을 원하지 않는다는 의사를 밝혔다는 이유로 존속폭행 부분에 대하여 주문에서 공소기각을 선고한 원심판결에 형법 제264조, 폭행죄의 상습성, 죄수 등에 관한 법리오해의 잘못이 있다.

> 1. 상습존속폭행죄를 규정한 형법 제264조의 죄에 형법 제260조 제3항 적용여부(소극) [대법원 1965. 1. 26. 선고, 64도687]
> 【판결요지】
> 상습존속폭행죄에 대하여는 동법 제260조 제3항은 적용될 수 없다고 보아야 하므로 이죄에 대하여는 피해자의 명시한 의사에 반하여 논하지 못한다 할 수 없다.

264-3. 형법 제264조는 상습특수상해죄를 범한 때에 형법 제258조의2 제1항에서 정한 법정형의 단기와 장기를 모두 가중하여 1년 6개월 이상 15년 이하의 징역에 처한다는 의미인지 여부(적극) [대법원 2017. 6. 29. 선고, 2016도18194]

 【판결요지】

 형법은 제264조에서 상습으로 제258조의2의 죄를 범한 때에는 그 죄에 정한 형의 2분의 1까지 가중한다고 규정하고, 제258조의2 제1항에서 위험한 물건을 휴대하여 상해죄를 범한 때에는 1년 이상 10년 이하의 징역에 처한다고 규정하고 있다. 위와 같은 형법 각 규정의 문언, 형의 장기만을 가중하는 형법 규정에서 그 죄에 정한 형의 장기를 가중한다고 명시하고 있는 점, 형법 제264조에서 상습범을 가중처벌하는 입법 취지 등을 종합하면, 형법 제264조는 상습특수상해죄를 범한 때에 형법 제258조의2 제1항에서 정한 법정형의 단기와 장기를 모두 가중하여 1년 6개월 이상 15년 이하의 징역에 처한다는 의미로 새겨야 한다.

264-4. 직계존속에 대한 폭행과 상해를 상습으로 범한 경우의 죄책 [대법원 2003. 2. 28. 선고, 2002도7335]

 【판결요지】

 직계존속인 피해자를 폭행하고, 상해를 가한 것이 존속에 대한 동일한 폭력습벽의 발현에 의한 것으로 인정되는 경우, 그 중 법정형이 더 중한 상습존속상해죄에 나머지 행위들을 포괄시켜 하나의 죄만이 성립한다.

제26장 과실치사상의 죄

제266조[과실치상]

> 제266조(과실치상) ①과실로 인하여 사람의 신체를 상해에 이르게 한 자는 500만원 이하의 벌금, 구류 또는 과료에 처한다. 〈개정 1995. 12. 29.〉
> ② 제1항의 죄는 피해자의 명시한 의사에 반하여 공소를 제기할 수 없다. 〈개정 1995. 12. 29.〉

266-1. 운동경기 도중 참가자가 제3자에게 상해의 결과를 발생시킨 경우 위법성조각 요건 [대법원 2008. 10. 23. 선고, 2008도6940]

【판시사항】

[1] 과실치상죄에서 골프 등 개인 운동경기 참가자의 주의의무

[2] 운동경기 도중 참가자가 제3자에게 상해의 결과를 발생시킨 경우 위법성이 조각되기 위한 요건 및 골프경기 중 골프공으로 경기보조원을 맞혀 상해를 입힌 행위가 이에 해당하는지 여부

【판결요지】

[1] 골프와 같은 개인 운동경기에 참가하는 자는 자신의 행동으로 인해 다른 사람이 다칠 수도 있으므로, 경기 규칙을 준수하고 주위를 살펴 상해의 결과가 발생하는 것을 미연에 방지해야 할 주의의무가 있다. 이러한 주의의무는 경기보조원에 대하여도 마찬가지로 부담한다.

[2] 운동경기에 참가하는 자가 경기규칙을 준수하는 중에 또는 그 경기의 성격상 당연히 예상되는 정도의 경미한 규칙위반 속에 제3자에게 상해의 결과를 발생시킨 것으로서, 사회적 상당성의 범위를 벗어나지 아니하는 행위라면 과실치상죄가 성립하지 않는다. 그러나 골프경기를 하던 중 골프공을 쳐서 아무도 예상하지 못한 자신의 등 뒤편으로 보내어 등 뒤에 있던 경기보조원(캐디)에게 상해를 입힌 경우에는 주의의무를 현저히 위반하여 사회적 상당성의 범위를 벗어난 행위로서 과실치상죄가 성립한다.

제267조(과실치사)

> 제267조(과실치사) 과실로 인하여 사람을 사망에 이르게 한 자는 2년 이하의 금고 또는 700만원 이하의 벌금에 처한다. 〈개정 1995. 12. 29.〉

267-1. 타인의 팔을 잡아당겨 도로를 횡단하게 만든 자는 그 횡단중에 타인이 당한 교통사고에 대하여 과실치사상죄 여부(적극) [대법원 2002. 8. 23. 선고, 2002도2800]

【판시사항】

타인의 팔을 잡아당겨 도로를 횡단하게 만든 자는 그 횡단중에 타인이 당한 교통사고에 대하여 과실치사상죄의 죄책을 진다.

【판결요지】

중앙선에 서서 도로횡단을 중단한 피해자의 팔을 갑자기 잡아끌고 피해자로 하여금 도로를 횡단하게 만든 피고인으로서는 위와 같이 무단횡단을 하는 도중에 지나가는 차량에 충격당하여 피해자가 사망하는 교통사고가 발생할 가능성이 있으므로, 이러한 경우에는 피고인이 피해자의 안전을 위하여 차량의 통행 여부 및 횡단 가능 여부를 확인하여야 할 주의의무가 있다 할 것이므로, 피고인으로서는 위와 같은 주의의무를 다하지 않은 이상 교통사고와 그로 인한 피해자의 사망에 대하여 과실책임을 면할 수 없다.

267-2. 임대한 방실의 부엌으로 통하는 문과 벽사이에 있는 0.4 센티미터 정도의 틈으로 연탄가스가 스며들어 중독 사망한 경우, 임대인 과실유무(소극) [대법원 1985. 3. 12. 선고, 84도2034]

【판결요지】

임대한 방실의 부엌으로 통하는 문과 벽사이에 0.4센티미터 정도의 틈이 있다면 이는 문 전체를 다시 제작하여 붙이지 않더라도 다른 목재로 부착보수하는 정도로서 그 틈을 막을 수 있는 것이어서 그 하자가 방실을 사용할 수 없을 정도의 파손상태이거나 임대인에게 수선의무가 있는 대규모의 것이라고는 할 수 없고 임차인의 통상의 수선관리의무에 속한 것이라 못할바 아니므로 위 문틈으로 스며든 연탄가스에 중독되는 사고가 발생했다 하더라도 위 사고는 임대인의 과실로 인한 것이라고 볼 수 없다.

267-3. 함께 술을 마신 후 만취된 피해자를 촛불이 켜져 있는 방안에 혼자 눕혀 놓고 촛불을 끄지 않고 나오는 바람에 화재가 발생하여 피해자가 사망한 경우(적극) [대법원 1994. 8. 26. 선고, 94도1291]

【판시사항】

피고인들이 자신들과 함께 술을 마시고 만취되어 의식이 없는 피해자를 부축하여 학교선배인 장은석의 자취집에 함께 가서 촛불을 가져 오라고 하여 장은석이 가져온 촛불이 켜져 있는 방안에 이불을 덮고 자고 있는 피해자를 혼자 두고 나옴에 있어 그 촛불이 피해자의 발로부터 불과 약

70 내지 80㎝ 밖에 떨어져 있지 않은 곳에 마분지로 된 양초갑 위에 놓여져 있음을 잘 알고 있었던 피고인들로서는 당시 촛불을 켜놓아야 할 별다른 사정이 엿보이지 아니하고 더욱이 피고인들 외에는 달리 피해자를 돌보아 줄 사람도 없었던 터이므로 술에 취한 피해자가 정신없이 몸부림을 치다가 발이나 이불자락으로 촛불을 건드리는 경우 그것이 넘어져 불이 이불이나 비닐장판 또는 벽지 등에 옮겨붙어 화재가 발생할 가능성이 있고, 또한 화재가 발생하는 경우 화재에 대처할 능력이 없는 피해자가 사망할 가능성이 있음을 예견할 수 있으므로 이러한 경우 피해자를 혼자 방에 두고 나오는 피고인들로서는 촛불을 끄거나 양초가 쉽게 넘어지지 않도록 적절하고 안전한 조치를 취하여야 할 주의 의무가 있다 할 것인바, 비록 피고인들이 직접 촛불을 켜지 않았다 할지라도 위와 같은 주의 의무를 다하지 않은 이상 피고인들로서는 이 사건 화재발생과 그로 인한 피해자의 사망에 대하여 과실책임을 면할 수는 없다 할 것이다.

267-4. 임차인이 연탄가스에 중독되어 사망한 경우 임대인의 과실 유무 판단 고려사항 [대법원 1993. 9. 10. 선고, 93도196]

【판결요지】

임대차 목적물상의 하자의 정도가 그 목적물을 사용할 수 없을 정도의 파손상태라고 볼 수 없다든지 임대인에게 수선의무가 있는 대규모의 것이라고 볼 수 없어 임차인의 통상의 수선 및 관리의무에 속한다고 보여지는 경우에는 그 하자로 인하여 가스 중독사가 발생하였더라도 임대인에게 과실이 있다 할 수 없으나, 이러한 판단을 함에 있어 단순히 하자 자체의 상태만을 고려할 것이 아니라 그 목적물의 구조 및 전반적인 노후화 상태 등을 아울러 참작하여 대규모적인 수선이 요구되는지를 판단하여야 하며, 대규모의 수선 여부가 분명하지 아니한 경우에는 임대차 전후의 임대차 목적물의 상태 내지 하자로 인한 위험성의 징후 여부와 평소 임대인 또는 임차인의 하자 상태의 지실 내지 발견 가능성 여부, 임차인의 수선 요구 여부 및 이에 대한 임대인의 조치 여부 등을 종합적으로 고려하여 임대인의 과실 유무를 판단하여야 한다.

> 1. 방의 균열로 스며든 연탄가스에 의한 사고에 대하여 임대인의 과실 유무 [대법원 1989. 9. 26. 선고, 89도703]
>
> 【판결요지】
>
> 임차목적물인 방에 약간의 실금형태로 균열이 있고 외벽에 금이 가 있을 정도라면 그 방을 사용할 수 없을 정도의 파손상태라고 할 수 없고, 반드시 임대인에게 수선의무가 있는 대규모의 것이라고도 할 수 없어 임차인의 통상의 수선 및 관리의무에 속하므로, 위 균열로 스며든 연탄가스에 피해자자 중독되어 사망한 사고는 임대인의 과실로 인한 것이라고 볼 수 없다.

267-5. 파도가 치는 바닷가 바위 위에서 곧 전역할 병사를 헹가래쳐서 장난삼아 바다에 빠뜨리려고 하다가 그가 발버둥치는 바람에 그의 발을 붙잡고 있던 피해자가 미끄러져 익사한 경우(적극) [대법원 1990. 11. 13. 선고, 90도2106]

【판결요지】

바다에 면한 수직경사가 암반 위로 이끼가 많이 끼어 매우 미끄러운 곳에서 당시 폭풍주의보가 발효 중이어서 평소보다 높은 파도가 치고있던 상황하에 피해자와 같은 내무반원인 피고인 등 여러사람이 곧 전역할 병사 갑을 손발을 붙잡아 헹가래를 쳐서 장난삼아 바다에 빠뜨리려고 하다가 그가 발버둥치자 동인의 발을 붙잡고 있던 피해자가 몸의 중심을 잃고 미끄러지면서 바다에 빠져 사망한 경우 갑을 헹가래쳐서 바다에 빠뜨리려고 한 행위와 피해자가 바다에 빠져 사망한 결과와의 사이에는 인과관계가 있다고 할 것이고, 또 위와 같은 경우 결과발생에 관한 예견가능성도 있다고 할 것이므로 갑을 붙들고 헹가래치려고 한 피고인들로서는 비록 피해자가 위와 같이 헹가래치려고 한 일행중의 한 사람이었다고 하여도 동인의 사망에 대하여 과실책임을 면할 수 없다.

267-6. 학생이 교실 유리창을 닦다 추락사한 경우 담임교사의 책임(소극) [대법원 1989. 3. 28. 선고, 89도108]

【판시사항】

【판결요지】

담임교사가 학교방침에 따라 학생들에게 교실청소를 시켜왔고 유리창을 청소할 때는 교실안쪽에서 닦을 수 있는 유리창만을 닦도록 지시하였는데도 유독 피해자만이 수업시간이 끝나자마자 베란다로 넘어 갔다가 밑으로 떨어져 사망하였다면 담임교사에게 그 사고에 대한 어떤 형사상의 과실책임을 물을 수 없다.

267-7. 청산가리를 소지한 자와 과실치사죄의 성부 [광주고법 1972. 12. 29. 72노298, 확정]

【판결요지】

청산가리가 극도의 위험한 독극물이고 피해자와 사이 절교선언까지한 경우 피해자가 빼앗은 청산가리를 손으로 만지거나 먹어버려 신체 또는 생명에 어떤 위험이 발생되지 않을까하고 즉시 이를 탈취하여 던져버리는등 사고를 미연에 방지할 주의의무가 있다고 할 것임에도 이의 의무를 게을리하여 피해자가 청산가리를 입에 넣어 사망한 경우 과실치사죄의 책임은 면할 수 없다.

제268조[업무상과실ㆍ중과실 치사상]

제268조(업무상과실ㆍ중과실 치사상) 업무상과실 또는 중대한 과실로 사람을 사망이나 상해에 이르게 한 자는 5년 이하의 금고 또는 2천만원 이하의 벌금에 처한다. [전문개정 2020. 12. 8.]

I. 의료사고 관련

268-I-1. 의료사고에서 의사 과실유무를 판단하는 기준 및 이때 고려하여야 할 사항 [대법원 2018. 5. 15. 선고, 2016도13089]

【판시사항】

[1] 의료사고에서 의사의 과실 유무를 판단하는 기준 및 이때 고려하여야 할 사항

[2] 의사의 설명의무 위반을 이유로 한 형사상 책임을 묻기 위한 요건

【이 유】

[1] 의료사고에서 의사의 과실 유무를 판단할 때에는 같은 업무와 직종에 종사하는 일반적 보통인의 주의 정도를 표준으로 하고, 사고 당시의 일반적인 의학 수준과 의료 환경 및 조건, 의료행위의 특수성 등을 고려하여야 한다(대법원 2015. 12. 10. 선고 2015도8165 판결 참조).

원심은 피고인이 피해자에게 사용한 속박장치가 피해자의 호흡운동을 제한하였다고 보기 어렵고, 피해자에 대한 관찰을 게을리하여 심폐정지 사실을 뒤늦게 발견하였다고 볼 수 없다고 판단하였다. 또한 원심은 피해자에게 이상 징후가 발생한 직후 피고인이 실시한 산소공급, 인공호흡, 심폐소생술 등의 응급처치에 부적절한 면이 있다고 볼 수 없고, 위와 같은 응급처치를 시행하면서 피해자를 인근 병원 응급실로 이송한 피고인에게 당시 기도 확보를 위한 후두경, 암부백, 제세동기 등 응급처치 장비와 약물을 갖추고 있지 못한 것 그 자체만으로 어떠한 과실이 있다고 보기는 어렵다고 판단하였다. 이 사건 사고 당시 피고인과 같이 주로 소아 환자를 치료하는 개원 치과의사의 통상적인 주의 정도와 의료 환경 및 조건 등을 고려하여 기록을 살펴볼 때, 피고인이 피해자에 대한 속박장치를 과도하게 사용하였다거나, 피해자에 대한 관찰 및 응급처치가 부적절하였다고 볼 수 없다. 또한 피고인이 행한 응급처치와 후속조치의 적절성을 고려하지 않은 채 피고인과 같은 개원 치과의원에 호흡정지를 대비한 응급장비 등을 갖추지 못하였다는 이유만으로 피해자에게 발생한 악결과에 관하여 어떠한 과실이 있다고 보기도 어렵다.

[2] 의사의 설명의무 위반을 이유로 한 형사상 책임을 묻기 위해서는 의사가 시술의 위험성에 관하여 설명을 하였더라면 환자가 시술을 거부하였을 것이라는 점이 합리적 의심의 여지가 없이 증명되어야 한다(대법원 2015. 6. 24. 선고 2014도11315 판결 참조). 피고인이 수면마취를 유도하는 약제들의 부작용이나 국소마취제인 리도카인에 대한 과민반응 등의 부작용을 설명하였다면 피해자가 이 사건 치료를 받지 않았을 것이라는 점이 합리적 의심의 여지가 없이 증명되었다고 볼 수 없다.

1. 의사가 설명의무를 위반한 채 의료행위를 하였다가 환자에게 상해 또는 사망의 결과가 발생한 경우, 의사에게 업무상과실로 인한 형사책임을 지우기 위한 요건 [대법원 2015. 6. 24. 선고, 2014도11315]

【판시사항】

[1] 의사가 설명의무를 위반한 채 의료행위를 하였다가 환자에게 상해 또는 사망의 결과가 발생한 경우, 의사에게 업무상 과실로 인한 형사책임을 지우기 위한 요건

[2] 의료과오사건에서 의사의 과실을 인정하기 위한 요건 및 과실 유무를 판단하는 방법 / 의사에게 진료방법을 선택할 폭넓은 재량권이 있는지 여부(적극) 및 진료방법 선택에 관한 과실유무 판단 기준

【이 유】

[1] 의사가 설명의무를 위반한 채 의료행위를 하였다가 환자에게 상해 또는 사망의 결과가 발생한 경우 의사에게 업무상 과실로 인한 형사책임을 지우기 위해서는 의사의 설명의무 위반과 환자의 상해 또는 사망 사이에 상당인과관계가 존재하여야 한다(대법원 2011. 4. 14. 선고 2010도10104 판결 등 참조). 의료과오사건에 있어서 의사의 과실을 인정하려면 결과 발생을 예견·회피할 수 있었는데도 이를 하지 못한 점을 인정할 수 있어야 하고, 과실의 유무는 같은 업무에 종사하는 일반적인 의사의 주의 정도를 표준으로 판단하여야 하며, 이때 사고 당시의 의학의 수준, 의료환경과 조건, 의료행위의 특수성 등을 고려하여야 한다. 또한 의사에게는 환자의 상황, 당시의 의료수준, 자신의 지식·경험 등에 따라 적절하다고 판단되는 진료방법을 선택할 폭넓은 재량권이 있으므로, 의사가 특정 진료방법을 선택하여 진료를 하였다면 해당 진료방법 선택과정에 합리성이 결여되어 있다고 볼 만한 사정이 없는 이상 진료의 결과만을 근거로 하여 그 중 어느 진료방법만이 적절하고 다른 진료방법을 선택한 것은 과실에 해당한다고 말할 수 없다(대법원 2008. 8. 11. 선고 2008도3090 판결 등 참조).

2. 의료사고에서 의사의 과실을 인정하기 위한 요건과 판단기준 및 '한의사의 경우'에도 동일한 법리가 적용되는지 여부(적극) [대법원 2011. 4. 14. 선고, 2010도10104]

【판시사항】

[1] 의료사고에서 의사의 과실을 인정하기 위한 요건과 판단 기준 및 '한의사의 경우'에도 동일한 법리가 적용되는지 여부(적극)

[2] 한의사인 피고인이 피해자에게 문진하여 과거 봉침(蜂針)을 맞고도 별다른 이상반응이 없었다는 답변을 듣고 알레르기 반응검사를 생략한 채 환부에 봉침시술을 하였는데, 피해자가 위 시술 직후 쇼크반응을 나타내는 등 상해를 입은 사안

[3] 의사가 설명의무를 위반한 채 의료행위를 하여 피해자에게 상해가 발생한 경우 업무상 과실로 인한 형사책임을 지기 위한 요건 및 '한의사의 경우'에도 동일한 법리가 적용되는지 여부(적극)

[4] 한의사인 피고인이 피해자에게 문진하여 과거 봉침을 맞고도 별다른 이상반응이 없었다는 답변을 듣고 부작용에 대한 충분한 사전 설명 없이 환부에 봉침시술을 하였는데, 피해자가 위 시술 직후 쇼크반응을 나타내는 등 상해를 입은 사안

【판결요지】

[1] 의료사고에서 의사의 과실을 인정하기 위해서는 의사가 결과발생을 예견할 수 있었음에도 이를 예견하지 못하였고 결과발생을 회피할 수 있었음에도 이를 회피하지 못한 과실이 검토되어야 하고, 과실의 유무를 판단할 때에는 같은 업무와 직무에 종사하는 보통인의 주의정도를 표준으로 하

여야 하며, 여기에는 사고 당시의 일반적인 의학의 수준과 의료환경 및 조건, 의료행위의 특수성 등이 고려되어야 하고, 이러한 법리는 한의사의 경우에도 마찬가지이다.

[2] 한의사인 피고인이 피해자에게 문진하여 과거 봉침을 맞고도 별다른 이상반응이 없었다는 답변을 듣고 알레르기 반응검사(skin test)를 생략한 채 환부인 목 부위에 봉침시술을 하였는데, 피해자가 위 시술 직후 아나필락시 쇼크반응을 나타내는 등 상해를 입은 사안에서, 피고인에게 과거 알레르기 반응검사 및 약 12일 전 봉침시술에서도 이상반응이 없었던 피해자를 상대로 다시 알레르기 반응검사를 실시할 의무가 있다고 보기는 어렵고, 설령 그러한 의무가 있다고 하더라도 제반 사정에 비추어 알레르기 반응검사를 하지 않은 과실과 피해자의 상해 사이에 상당인과관계를 인정하기 어렵다.

[3] 의사가 설명의무를 위반한 채 의료행위를 하여 피해자에게 상해가 발생하였다고 하더라도, 업무상 과실로 인한 형사책임을 지기 위해서는 피해자의 상해와 의사의 설명의무 위반 내지 승낙취득 과정의 잘못 사이에 상당인과관계가 존재하여야 하고, 이는 한의사의 경우에도 마찬가지이다.

[4] 한의사인 피고인이 피해자에게 문진하여 과거 봉침을 맞고도 별다른 이상반응이 없었다는 답변을 듣고 부작용에 대한 충분한 사전 설명 없이 환부인 목 부위에 봉침시술을 하였는데, 피해자가 위 시술 직후 쇼크반응을 나타내는 등 상해를 입은 사안에서, 제반 사정에 비추어 피고인이 봉침시술에 앞서 설명의무를 다하였더라도 피해자가 반드시 봉침시술을 거부하였을 것이라고 볼 수 없어, 피고인의 설명의무 위반과 피해자의 상해 사이에 상당인과관계를 인정하기 어렵다.

268-I-2. 의사의 과실이 있는지 판단하는 기준 [대법원 2018. 5. 11. 선고, 2018도2844]

【판시사항】

의료과오사건에서 의사의 과실을 인정하기 위한 요건 및 의사의 과실이 있는지 판단하는 기준 / 의사가 진찰·치료 등의 의료행위를 할 때 요구되는 주의의무의 내용 및 의사에게 진단상 과실이 있는지 판단하는 기준

【판결요지】

의사가 진찰·치료 등의 의료행위를 할 때는 사람의 생명·신체·건강을 관리하는 업무의 성질에 비추어 환자의 구체적 증상이나 상황에 따라 위험을 방지하기 위하여 요구되는 최선의 조치를 해야 한다. 의사에게 진단상 과실이 있는지를 판단할 때는 의사가 비록 완전무결하게 임상진단을 할 수는 없을지라도 적어도 임상의학 분야에서 실천되고 있는 진단 수준의 범위에서 전문직업인으로서 요구되는 의료상의 윤리, 의학지식과 경험에 기초하여 신중히 환자를 진찰하고 정확히 진단함으로써 위험한 결과 발생을 예견하고 이를 회피하는 데에 필요한 최선의 주의의무를 다하였는지를 따져 보아야 한다. 나아가 의사는 환자에게 적절한 치료를 하거나 그러한 조치를 하기 어려운 사정이 있다면 신속히 전문적인 치료를 할 수 있는 다른 병원으로 전원시키는 등의 조치를 하여야 한다.

1. 19세 여자 환자의 임신 여부를 검사하지 아니한 것을 과실이라고 인정하기 위한 요건 [대법원 1996. 11. 8. 선고, 95도2710]

【판시사항】

[1] 의료사고에 있어서 의료종사원의 과실을 인정하기 위한 요건 및 그 판단 기준

[2] 대학병원 과장이라는 이유만으로 외래담당의사 및 담당 수련의들의 처치와 치료결과를 주시하고 적절한 수술방법을 지시·감독하거나 또는 직접 수술할 주의의무가 있는지 여부(소극)

[3] 농배양을 하지 아니한 과실과 피해자의 사망 사이의 인과관계의 판단 방법

[4] 피해자의 증상이 패혈증으로 발전할 우려가 있는 경우, 피고인에게 과실을 인정하기 위한 요건

[5] 19세 여자 환자의 임신 여부를 검사하지 아니한 것을 과실이라고 인정하기 위한 요건

【판결요지】

[1] 의료사고에 있어서 의료종사원의 과실을 인정하기 위하여서는 의료종사원이 결과 발생을 예견할 수 있음에도 불구하고 그 결과 발생을 예견하지 못하였고 그 결과 발생을 회피할 수 있었음에도 불구하고 그 결과 발생을 회피하지 못한 과실이 검토되어야 하고, 그 과실의 유무를 판단함에는 같은 업무와 직무에 종사하는 일반적 보통인의 주의정도를 표준으로 하여야 하며, 이에는 사고 당시의 일반적인 의학의 수준과 의료환경 및 조건, 의료행위의 특수성 등이 고려되어야 한다.

[2] 일반적으로 대학병원의 진료체계상 과장은 병원행정상의 직급으로서 다른 교수나 전문의가 진료하고 있는 환자의 진료까지 책임지는 것은 아니고, 소속 교수 등이 진료시간을 요일별 또는 오전, 오후 등 시간별로 구분하여 각자 외래 및 입원 환자를 관리하고 진료에 대한 책임을 맡게 된다. 그러한 사정을 감안하면, 피고인에게 피해자를 담당한 의사가 아니어서 그 치료에 관한 것이 아님에도 불구하고 구강악안면외과 과장이라는 이유만으로 외래담당의사 및 담당 수련의들의 처치와 치료결과를 주시하고 적절한 수술방법을 지시하거나 담당의사 대신 직접 수술을 하고, 농배양을 지시·감독할 주의의무가 있다고 단정할 수 없다.

[3] 피고인이 농배양을 하지 않은 과실이 피해자의 사망에 기여한 인과관계 있는 과실이 된다고 하려면, 농배양을 하였더라면 피고인이 투약해 온 항생제와 다른 어떤 항생제를 사용하게 되었을 것이라거나 어떤 다른 조치를 취할 수 있었을 것이고, 따라서 피해자가 사망하지 않았을 것이라는 점을 심리·판단하여야 한다.

[4] 피고인이 패혈증에 관한 최신 정의를 알지 못하여 이미 진행 중인 패혈증을 아직 진행하지 않고 있는 것으로 잘못 판단하고 적절한 치료방침을 정하지 못한 것이라 하더라도, 그 판단이 현재 우리나라의 일반적 기준으로서의 의학수준과 함께 피고인의 경력·전문분야 등 개인적인 조건이나 진료지·진료환경 등을 고려할 때, 통상의 의사의 정상적인 지식에 기한 것이 아니고 따라서 그것이 과실이라고 단정하기는 어렵고, 단순한 대진의뢰 등 소극적 협진마저도 그 시기가 적절치 않았는지 여부와 이에 그치지 않고 내과로 전과하는 등 적극적 협진을 하였다면 그 치료방법이 어떻게 달라져서 피해자의 생명을 구할 수 있었는지 여부가 심리되어야 한다.

[5] 피해자의 과거 병력에 대한 문진에서 나아가 피해자의 임신 여부 등에 대하여도 검진하지 않은 것이 피고인의 과실이라고 하려면, 봉와직염에 감염된 여자환자라면 19세로서 미혼이라고 하여도 그 임신 여부 검사를 하는 것이 보편적임에도 불구하고 피고인이 그 검사를 하지 않았다거나 그와 같은 여자환자가 증세가 호전되지 않는 경우 임신에 의한 면역기능 저하를 당연히 의심하여 대처하여야 함에도 불구하고 피고인이 그러한 통상적인 예견과 판단도 하지 못한 것이라는 점이 밝혀져야 한다.

---

2. 미용성형을 시술하는 의사의 주의의무 [대법원 2007. 5. 31. 선고, 2007도1977]
【판시사항】

의사가 진찰·치료 등의 의료행위를 할 때는 사람의 생명·신체·건강을 관리하는 업무의 성질에 비추어 환자의 구체적 증상이나 상황에 따라 위험을 방지하기 위하여 요구되는 최선의 조치를 취하여야 하고, 환자에게 적절한 치료를 하거나 그러한 조치를 취하기 어려운 사정이 있다면 신속히 전문적인 치료를 할 수 있는 다른 병원으로의 전원조치 등을 취하여야 하며(대법원 2005. 10. 28. 선고 2004다13045 판결, 2006. 12. 21. 선고 2005도9213 판결 등 참조), 특히 <u>미용성형을 시술하는 의사로서는 고도의 전문적 지식에 입각하여 시술 여부, 시술의 시기, 방법, 범위 등을 충분히 검토한 후 그 미용성형 시술의 의뢰자에게 생리적, 기능적 장해가 남지 않도록 신중을 기하여야 할 뿐 아니라, 회복이 어려운 후유증이 발생할 개연성이 높은 경우 그 미용성형 시술을 거부 내지는 중단하여야 할 의무가 있다.</u>

268-Ⅰ-3. 의사나 한의사가 진찰·치료 등의 의료행위를 할 때 취하여야 할 주의의무 내용 [대법원 2017. 10. 26. 선고, 2014도4570]

【판시사항】

<u>의사나 한의사가 진찰 · 치료 등의 의료행위를 할 때에는 사람의 생명 · 신체 · 건강을 관리하는 업무의 성질에 비추어 환자의 구체적 증상이나 상황에 따라 위험을 방지하기 위하여 요구되는 최선의 조치를 취하여야 하고, 환자에게 적절한 치료를 하거나 그러한 조치를 취하기 어려운 사정이 있다면 신속히 전문적인 치료를 할 수 있는 다른 병원으로 옮기는 조치 등을 취하여야 한다</u>(대법원 2006. 12. 21. 선고 2005도9213 판결, 대법원 2015. 3. 12. 선고 2012다117492 판결 등 참조).

1. 수술 도중 환자에게 사망 원인이 된 증상이 발생한 경우, 증상 발생에 관하여 의료상의 과실 이외의 다른 원인이 있다고 보기 어려운 간접사실들을 증명하는 방법으로 위 증상이 의료상의 과실에 기한 것으로 추정할 수 있는지 여부(적극) [대법원 2004. 10. 28. 선고, 2002다45185]

【판시사항】

[1] 수술 도중 환자에게 사망의 원인이 된 증상이 발생한 경우, 증상 발생에 관하여 의료상의 과실 이외의 다른 원인이 있다고 보기 어려운 간접사실들을 증명하는 방법으로 위 증상이 의료상의 과실에 기한 것으로 추정할 수 있는지 여부(적극) 및 위와 같은 경우에도 의사에게 무과실의 증명책임을 지울 수 있는지 여부(소극)

[2] 심한 어지럼증으로 입원한 환자가 뇌경색의 진단을 받고 뇌혈관의 이상 여부를 확인하기 위해 뇌혈관조영술 검사를 받던 중 뇌경색으로 의식을 상실하였다고 하더라도, 중한 결과가 의사의 시술상의 과실로 인한 것으로 추정하기 어렵다.

【판결요지】

[1] 의료행위는 고도의 전문적 지식을 필요로 하는 분야로서 전문가가 아닌 일반인으로서는 의사의 의료행위의 과정에 주의의무 위반이 있는지의 여부나 그 주의의무 위반과 손해발생 사이에 인과관계가 있는지 여부를 밝혀내기가 극히 어려운 특수성이 있으므로 수술 도중 환자에게 사망의 원인이 된 증상이 발생한 경우 그 증상 발생에 관하여 의료상의 과실 이외의 다른 원인이 있다고 보기 어려운 간접사실들을 입증함으로써 그와 같은 증상이 의료상의 과실에 기한 것이라고 추정하는 것도 가능하다고 하겠으나, 그 경우에도 의사의 과실로 인한 결과발생을 추정할 수 있을 정도의 개연성이 담보되지 않는

사정들을 가지고 막연하게 중한 결과에서 의사의 과실과 인과관계를 추정함으로써 결과적으로 의사에게 무과실의 입증책임을 지우는 것까지 허용되는 것은 아니다.

268-I-4. 수혈 거부에 관한 환자의 자기결정권 행사가 유효하기 위한 전제요건 [대법원 2014. 6. 26. 선고, 2009도14407]

【판시사항】

[1] 환자의 명시적인 수혈 거부 의사가 존재하여 수혈하지 아니함을 전제로 환자의 승낙(동의)을 받아 수술하였는데 수술 과정에서 수혈을 하지 않으면 생명에 위험이 발생할 수 있는 응급상태에 이른 경우, 의사가 진료행위 시 고려하여야 할 사항 및 수혈을 거부하는 환자의 자기결정권이 생명과 대등한 가치가 있다고 평가될 것인지 판단하는 기준

[2] 수혈 거부에 관한 환자의 자기결정권 행사가 유효하기 위한 전제 요건

[3] 환자의 자기결정권 행사에 따라 수혈하지 않는 방식으로 수술하는 경우, 의사에게 요구되는 주의의무

【판결요지】

[1] 환자의 명시적인 수혈 거부 의사가 존재하여 수혈하지 아니함을 전제로 환자의 승낙(동의)을 받아 수술하였는데 수술 과정에서 수혈을 하지 않으면 생명에 위험이 발생할 수 있는 응급상태에 이른 경우에, 환자의 생명을 보존하기 위해 불가피한 수혈 방법의 선택을 고려함이 원칙이라 할 수 있지만, 한편으로 환자의 생명 보호에 못지않게 환자의 자기결정권을 존중하여야 할 의무가 대등한 가치를 가지는 것으로 평가되는 때에는 이를 고려하여 진료행위를 하여야 한다.

[2] 어느 경우에 수혈을 거부하는 환자의 자기결정권이 생명과 대등한 가치가 있다고 평가될 것인지는 환자의 나이, 지적 능력, 가족관계, 수혈 거부라는 자기결정권을 행사하게 된 배경과 경위 및 목적, 수혈 거부 의사가 일시적인 것인지 아니면 상당한 기간 동안 지속되어 온 확고한 종교적 또는 양심적 신념에 기초한 것인지, 환자가 수혈을 거부하는 것이 실질적으로 자살을 목적으로 하는 것으로 평가될 수 있는지 및 수혈을 거부하는 것이 다른 제3자의 이익을 침해할 여지는 없는 것인지 등 제반 사정을 종합적으로 고려하여 판단하여야 한다. 다만 환자의 생명과 자기결정권을 비교형량하기 어려운 특별한 사정이 있다고 인정되는 경우에 의사가 자신의 직업적 양심에 따라 환자의 양립할 수 없는 두 개의 가치 중 어느 하나를 존중하는 방향으로 행위하였다면, 이러한 행위는 처벌할 수 없다.

그렇지만 이러한 판단을 위해서는 환자가 거부하는 치료방법, 즉 수혈 및 이를 대체할 수 있는 치료방법의 가능성과 안정성 등에 관한 의사의 설명의무 이행과 이에 따른 환자의 자기결정권 행사에 어떠한 하자도 개입되지 않아야 한다는 점이 전제되어야 한다. 즉 환자는 치료행위 과정에서의 수혈의 필요성 내지 수혈을 하지 아니할 경우에 야기될 수 있는 생명 등에 대한 위험성, 수혈을 대체할 수 있는 의료 방법의 효용성 및 한계 등에 관하여 의사로부터 충분한 설명을 듣고, 이러한 의사의 설명을 이해한 후 진지한 의사결정을 하여야 하고, 그 설명 및 자기결정권 행사 과정에서 예상한 범위 내의 상황이 발생되어야 하며, 또한 의사는 실제로 발생된 상황 아래에서

환자가 수혈 거부를 철회할 의사가 없는지 재확인하여야 한다.

[3] 특히 의사는 수술과정 등에서 발생되는 출혈로 인하여 환자의 생명이 위험에 빠지지 않도록 하기 위하여 환자에게 수혈하는 것이 통상적인 진료방법이고 또한 수혈을 통하여 출혈로 인한 사망의 위험을 상당한 정도로 낮출 수 있음에도 환자의 의사결정에 따라 수혈을 포기하고 이를 대체할 수 있는 수술 방법을 택하는 것인데, 그 대체 수술 방법이 수혈을 완전히 대체할 수 있을 정도의 출혈 방지 효과를 가지지 못한다면 그만큼 수술과정에서 환자가 과다출혈로 인한 사망에 이를 위험이 증가할 수 있으므로, 그럼에도 불구하고 수술을 할 필요성이 있는지에 관하여 통상적인 경우보다 더욱 세심하게 주의를 기울임으로써, 과연 수술을 하는 것이 환자를 위한 최선의 진료방법인지 신중히 판단할 주의의무가 있다. 그리고 수술을 하는 경우라 하더라도 수혈 대체 의료 방법과 함께 당시의 의료 수준에 따라 출혈로 인한 위험을 최대한 줄일 수 있는 사전준비나 시술방법을 시행함으로써 위와 같은 위험 발생 가능성을 줄이도록 노력하여야 하며, 또한 수술 과정에서 예상과 달리 다량의 출혈이 발생될 수 있는 사정이 드러남으로써 위와 같은 위험 발생 가능성이 현실화되었다면 과연 위험을 무릅쓰고 수술을 계속하는 것이 환자를 위한 최선의 진료 방법인지 다시 판단하여야 한다. 환자가 수혈 대체 의료 방법을 선택하였다고 하더라도 이는 생명에 대한 위험이 현실화되지 아니할 것이라는 전제 내지 기대 아래에서의 결정일 가능성이 크므로, 위험 발생 가능성이 현실화된 상태에서 위험을 무릅쓰고 수술을 계속하는 것이 환자의 자기결정권에 기초한 진료라고 쉽게 단정하여서는 아니 된다.

268-I-5. 간호사가 의사 진료를 보조할 경우 의사 지시에 따를 의무가 있는지 여부(원칙적 적극)
[대법원 2010. 10. 28. 선고, 2008도8606]

【판시사항】

[1] 간호사가 의사의 진료를 보조할 경우 의사의 지시에 따를 의무가 있는지 여부(원칙적 적극)

[2] 간호사 甲, 乙이 수술 직후의 환자에 대한 진료를 보조하면서 1시간 간격으로 4회 활력징후를 측정하라는 담당 의사의 지시에 따르지 아니하였고 그 후 위 환자가 과다출혈로 사망한 사안에서, 甲과 乙에게 업무상과실이 있다.

【판결요지】

[1] 구 의료법(2007. 4. 11. 법률 제8366호로 전부 개정되기 전의 것)은 제2조에서 의사는 의료에 종사하고, 간호사는 간호 또는 진료의 보조 등에 종사한다고 규정하고 있으므로, 간호사가 의사의 진료를 보조할 경우에는 특별한 사정이 없는 한 의사의 지시에 따라 진료를 보조할 의무가 있다.

[2] 담당 의사가 췌장 종양 제거수술 직후의 환자에 대하여 1시간 간격으로 4회 활력징후를 측정하라고 지시를 하였는데, 일반병실에 근무하는 간호사 甲이 중환자실이 아닌 일반병실에서는 그러할 필요가 없다고 생각하여 2회만 측정한 채 3회차 이후 활력징후를 측정하지 않았고, 甲과 근무교대한 간호사 乙 역시 자신의 근무시간 내 4회차 측정시각까지 활력징후를 측정하지 아니하였으며, 위 환자는 그 시각으로부터 약 10분 후 심폐정지상태에 빠졌다가 이후 약 3시간이 지나 과다출혈로 사망한 사안에서, 1시간 간격으로 활력징후를 측정하였더라면 출혈을 조기에 발견하

여 수혈, 수술 등 치료를 받고 환자가 사망하지 않았을 가능성이 충분하다고 보일 뿐 아니라, 甲과 乙은 의사의 위 지시를 수행할 의무가 있음에도 3회차 측정시각 이후 4회차 측정시각까지 활력징후를 측정하지 아니한 업무상과실이 있다고 보아야 한다.

> 1. 갑상선아전절제술 및 전경부임파절청소술을 받은 환자가 기도부종으로 인한호흡장애로 뇌기능 부분 손상상태(식물인간상태)에 이르게 된 경우 [대법원 1994. 12. 22. 선고, 93도3030]
> 【판결요지】
> 환지의 호흡 곤란을 알고도 00:30경부터 09:00경까지 환자의 상태를 확인하지 아니한 주치의 겸 당직의사와 그의 활력체크지시를 제대로 이행하지 아니하고 의사를 불러달라는 환자 보호자의 요청을 듣지 아니한 담당간호사들을 업무상과실치상죄로 처단한 사례

268-Ⅰ-6. 제왕절개수술 시행 중 태반조기박리를 발견하고도 피해자의 출혈 여부 관찰을 간호사에게 지시하였다가 수술 후 약 45분이 지나 대량출혈을 확인하고 전원(轉院) 조치하였으나 그 후 피해자가 사망한 사안 [대법원 2010. 4. 29. 선고, 2009도7070]

【판시사항】

[1] 피고인이 제왕절개수술을 시행 중 태반조기박리를 발견하고도 피해자의 출혈 여부 관찰을 간호사에게 지시하였다가 수술 후 약 45분이 지나 대량출혈을 확인하고 전원(轉院) 조치하였으나 그 후 피해자가 사망한 사안에서, 피고인에게 대량출혈 증상을 조기에 발견하지 못하고, 전원을 지체하여 피해자로 하여금 신속한 수혈 등의 조치를 받지 못하게 한 과실이 있다.

[2] 응급환자를 전원(轉院)하는 의사가 전원받는 병원 의료진에게 제공할 설명의무의 범위

[3] 피고인이 전원(轉院)받는 병원 의료진에게 피해자가 고혈압환자이고 제왕절개수술 후 대량출혈이 있었던 사정을 설명하지 않은 사안에서, 피고인에게 전원과정에서 피해자의 상태 및 응급조치의 긴급성에 관하여 충분히 설명하지 않은 과실이 있다.

[4] 피고인이 제왕절개수술 후 대량출혈이 있었던 피해자를 전원(轉院) 조치하였으나 전원받는 병원 의료진의 조치가 다소 미흡하여 도착 후 약 1시간 20분이 지나 수혈이 시작된 사안에서, 피고인의 전원지체 등의 과실로 신속한 수혈 등의 조치가 지연된 이상 피해자의 사망과 피고인의 과실 사이에 인과관계가 인정된다.

【이 유】

의료과오사건에 있어서 의사의 과실을 인정하려면 결과 발생을 예견할 수 있고 또 회피할 수 있었음에도 하지 못한 점을 인정할 수 있어야 하고, 위 과실의 유무를 판단함에는 같은 업무와 직무에 종사하는 일반적 보통인의 주의 정도를 표준으로 하여야 하며, 이때 사고 당시의 일반적인 의학의 수준과 의료환경 및 조건, 의료행위의 특수성 등을 고려하여야 한다(대법원 1999. 12. 10. 선고 99도3711 판결, 대법원 2008. 8. 11. 선고 2008도3090 판결 등 참조).

그리고 간호사가 '진료의 보조'를 함에 있어서는 모든 행위 하나하나마다 항상 의사가 현장에 입회하여 일일이 지도·감독하여야 한다고 할 수는 없고, 경우에 따라서는 의사가 진료의 보조행위 현장에 입회할 필요 없이 일반적인 지도·감독을 하는 것으로 족한 경우도 있을 수 있다 할 것인데, 여

기에 해당하는 보조행위인지 여부는 보조행위의 유형에 따라 일률적으로 결정할 수는 없고 구체적인 경우에 있어서 그 행위의 객관적인 특성상 위험이 따르거나 부작용 혹은 후유증이 있을 수 있는지, 당시의 환자 상태가 어떠한지, 간호사의 자질과 숙련도는 어느 정도인지 등의 여러 사정을 참작하여 개별적으로 결정하여야 할 것이다(대법원 2003. 8. 19. 선고 2001도3667 판결 참조).

268-Ⅰ-7. 간호사가 의사 지시나 위임을 받아 '의사만이 할 수 있는 의료행위'를 한 경우, 무면허 의료행위에 해당하는지 여부(적극) [대법원 2010. 3. 25. 선고, 2008도590]

【판시사항】

[1] 간호사가 의사의 지시나 위임을 받아 '의사만이 할 수 있는 의료행위'를 한 경우, 무면허 의료행위에 해당하는지 여부(적극)

[2] 마취전문 간호사가 의사의 구체적 지시 없이 독자적으로 마취약제와 사용량을 결정하여 피해자에게 척수마취시술을 한 경우, 구 의료법상의 무면허 의료행위에 해당한다.

【이 유】

피고인이 마취전문 간호사로서 의사의 구체적 지시 없이 독자적으로 마취약제와 사용량을 결정하여 치핵제거수술을 받을 피해자에게 척수마취시술을 한 후 집도의가 피해자에 대한 치핵제거수술을 시행하였고 수술현장에서도 집도의를 도와 피해자의 동태를 확인하면서 이상현상을 보이는 경우에 대비하여 응급조치를 준비하여야 함에도 현장을 이탈하는 등 적절한 조치를 취하지 않았을 뿐 아니라, 수술을 받던 피해자가 하체를 뒤로 빼면서 극도의 흥분상태로 소리를 지르는 등 통증을 호소하고 출혈이 발생한 이후에도 그 판시와 같이 마취전문 간호사로서의 필요한 조치를 다하지 아니한 업무상 과실이 있고, 그러한 업무상 과실과 집도의의 과실이 경합하여 결국 피해자가 사망에 이르게 되었다고 판단하였는바, 이러한 원심의 인정과 판단은 앞서 본 법리와 기록에 비추어 이를 수긍할 수가 있다. 원심판결에 업무상 과실 또는 인과관계에 관한 법리오해, 채증법칙 위반 등의 위법이 있다고 할 수 없으므로 이 부분 상고이유는 받아들일 수 없다.

원심은, 피고인이 의사의 지시 하에 마취행위를 하는 것이 무면허 의료행위에 해당하지 않는다고 믿은 데에 정당한 사유가 있다고 주장하면서 근거로 제시한 유권해석 등의 자료의 기재내용에 의하더라도 마취간호사는 의사의 구체적인 지시가 있어야 마취시술에서의 진료 보조행위를 할 수 있다는 것뿐이므로, 피고인이 집도의인 공소외인의 구체적인 지시 없이 독자적으로 마취약제와 양을 결정하여 피해자에게 직접 마취시술을 시행한 이상 피고인이 자신의 행위가 법령에 의하여 허용되는 행위라고 믿은 데에 정당한 사유가 없다고 판단하였는바, 이러한 원심의 판단은 앞서 본 법리에 비추어 정당하고, 거기에 상고이유에서 주장하는 바와 같은 법률의 착오에 관한 법리오해의 위법이 없다.

---

1. 의료사고에 있어서 의료종사원의 과실 의미 [대법원 1987. 1. 20. 선고, 86다카1469]

【판시사항】

[1] 의료사고에 있어서 의료종사원의 과실의 의미

[2] 의료사고에 있어서 의료종사원의 과실유무의 판단기준이 되는 주의의무의 정도

【판결요지】

[1] 의료사고에 있어서 의료종사원의 과실을 인정하기 위하여서는 의료종사원이 결과발생을 예견할 수 있음에도 불구하고 그 결과발생을 예견하지 못하였고, 그 결과발생을 회피할 수 있었음에도 불구하고 그 결과발생을 회피하지 못한 과실이 검토되어야 한다.

[2] 의료사고에 있어서 의료종사원의 과실은 일반적 보통인을 표준으로 하여 요구되는 주의의무를 결한 것으로서 여기에서 일반적 보통인이라 함은 추상적인 일반인이 아니라 그와 같은 업무와 직무에 종사하는 사람을 뜻하는 것이므로, 결국 이와 같은 사람이라면 보통 누구나 할 수 있는 주의의 정도를 표준으로 하여 과실유무를 논하여야 하며 이에는 사고당시의 일반직인 의학의 수준과 진료환경 및 조건, 의료행위의 특수성 등이 고려되어야 한다.

268-Ⅰ-8. 태아를 사망에 이르게 하는 행위가 '임산부'에 대한 상해에 해당하는지 여부(소극) [대법원 2009. 7. 9. 선고, 2009도1025]

【판시사항】

현행 형법이 사람에 대한 상해 및 과실치사상의 죄에 관한 규정과는 별도로 태아를 독립된 행위 객체로 하는 낙태죄, 부동의 낙태죄, 낙태치상 및 낙태치사의 죄 등에 관한 규정을 두어 포태한 부녀의 자기낙태행위 및 제3자의 부동의 낙태행위, 낙태로 인하여 위 부녀에게 상해 또는 사망에 이르게 한 행위 등에 대하여 처벌하도록 한 점, 과실낙태행위 및 낙태미수행위에 대하여 따로 처벌규정을 두지 아니한 점 등에 비추어보면, 우리 형법은 태아를 임산부 신체의 일부로 보거나, 낙태행위가 임산부의 태아양육, 출산 기능의 침해라는 측면에서 낙태죄와는 별개로 임산부에 대한 상해죄를 구성하는 것으로 보지는 않는다고 해석되고, 따라서 태아를 사망에 이르게 하는 행위가 임산부 신체의 일부를 훼손하는 것이라거나 태아의 사망으로 인하여 그 태아를 양육, 출산하는 임산부의 생리적 기능이 침해되어 임산부에 대한 상해가 된다고 볼 수는 없다(대법원 2007. 6. 29. 선고 2005도3832 판결 참조).

1. 제왕절개 수술의 경우 '의학적으로 제왕절개 수술이 가능하였고 규범적으로 수술이 필요하였던 시기(時期)'를 분만의 시기(始期)로 볼 수 있는지 여부(소극) [대법원 2007. 6. 29. 선고, 2005도3832]

【판시사항】

[1] 태아가 사람으로 되는 시기

[2] 제왕절개 수술의 경우 '의학적으로 제왕절개 수술이 가능하였고 규범적으로 수술이 필요하였던 시기(時期)'를 분만의 시기(始期)로 볼 수 있는지 여부(소극)

【판결요지】

[1] 사람의 생명과 신체의 안전을 보호법익으로 하고 있는 형법의 해석으로는 규칙적인 진통을 동반하면서 분만이 개시된 때(소위 진통설 또는 분만개시설)가 사람의 시기(始期)라고 봄이 타당하다.

[2] 제왕절개 수술의 경우 '의학적으로 제왕절개 수술이 가능하였고 규범적으로 수술이 필요하였던 시기(時期)'는 판단하는 사람 및 상황에 따라 다를 수 있어, 분만개시 시점 즉, 사람의 시기(始期)도 불명확하게 되므로 이 시점을 분만의 시기(始期)로 볼 수는 없다.

268-Ⅰ-9. 의료과오사건에서 의사의 과실을 인정하기 위한 요건 및 그 판단 기준 [대법원 2008. 8.
　　　11. 선고, 2008도3090]

　【판시사항】

　[1] 의료과오사건에서 의사의 과실을 인정하기 위한 요건 및 그 판단 기준

　[2] 소아외과 의사가 5세의 급성 림프구성 백혈병 환자의 항암치료를 위하여 쇄골하 정맥에 중심정맥도관을 삽입하는 수술을 하는 과정에서 환자의 우측 쇄골하 부위를 주사바늘로 10여 차례 찔러 환자가 우측 쇄골하 혈관 및 흉막 관통상에 기인한 외상성 혈흉으로 인한 순환혈액량 감소성 쇼크로 사망한 사안에서, 담당 소아외과 의사에게 형법 제268조의 업무상 과실이 없다.

　【이　유】

　의료과오사건에 있어서 의사의 과실을 인정하려면 결과 발생을 예견할 수 있고 또 회피할 수 있었음에도 이를 하지 못한 점을 인정할 수 있어야 하고, 위 과실의 유무를 판단함에는 같은 업무와 직무에 종사하는 일반적 보통인의 주의 정도를 표준으로 하여야 하며, 이때 사고 당시의 일반적인 의학의 수준과 의료환경 및 조건, 의료행위의 특수성 등을 고려하여야 한다(대법원 2006. 10. 26. 선고 2004도486 판결 등 참조). 또한, 의사는 진료를 행함에 있어 환자의 상황과 당시의 의료수준 그리고 자기의 지식경험에 따라 적절하다고 판단되는 진료방법을 선택할 상당한 범위의 재량을 가진다고 할 것이고, 그것이 합리적인 범위를 벗어난 것이 아닌 한 진료의 결과를 놓고 그중 어느 하나만이 정당하고 이와 다른 조치를 취한 것은 과실이 있다고 말할 수는 없다(대법원 2007. 5. 31. 선고 2005다5867 판결 등 참조).

268-Ⅰ-10. 산후조리원에서 신생아 집단관리를 책임지는 사람의 업무상 주의의무 [대법원 2007. 11.
　　　16. 선고, 2005도1796]

　【판시사항】

　[1] 산후조리원에서 신생아 집단관리를 책임지는 사람의 업무상 주의의무

　[2] 산후조리원에 입소한 신생아가 계속하여 잦은 설사 등의 이상증세를 보임에도 불구하고, 산후조리원의 신생아 집단관리를 맡은 책임자가 의사 등의 진찰을 받도록 하지 않아 신생아가 사망한 사안에서, 위 집단관리 책임자에게 업무상 과실치사의 죄책을 인정한 사례

　【판결요지】

　[1] 산후조리원의 주된 업무는 입소한 산모들에게 적절한 음식과 운동방법 등을 제공하여 몸을 회복할 수 있도록 하고, 산모가 대동한 신생아를 대신 관리하여 줌으로써 산모가 산후조리에 집중할 수 있도록 도와주는 것이고, 산모와 신생아의 집단관리는 산후조리서비스 제공에 필연적으로 부수되는 업무로서 그 자체가 치료행위는 아니다. 하지만, 면역력이 취약하여 다른 사람과 접촉이 바람직하지 아니한 신생아를 집단으로 수용하여 관리함으로써 질병의 감염으로 인한 생명·신체에 대한 위해가능성이 높아지는 특성상 보건분야 업무로서의 성격을 갖고 있으므로, 일반인에 의해 제공되는 산후조리 업무와는 달리 신생아의 집단관리 업무를 책임지는 사람으로서는 신

생아의 건강관리나 이상증상에 관하여 일반인보다 높은 수준의 지식을 갖추어 신생아를 위생적으로 관리하고 건강상태를 면밀히 살펴 이상증세가 보이면 의사나 한의사 등 전문가에게 진료를 받도록 하는 등 적절한 조치를 취하여야 할 업무상 주의의무가 있다.

[2] 산후조리원에 입소한 신생아가 출생 후 10일 이상이 경과하도록 계속하여 수유량 및 체중이 지나치게 감소하고 잦은 설사 등의 이상증세를 보임에도 불구하고, 산후조리원의 신생아 집단관리를 맡은 책임자가 의사나 한의사 등의 진찰을 받도록 하지 않아 신생아가 탈수 내지 괴사성 장염으로 사망한 사안에서, 위 집단관리 책임자가 산모에게 신생아의 이상증세를 즉시 알리고 적절한 조치를 구하여 산모의 지시를 따른 것만으로는 업무상 주의의무를 다하였다고 볼 수 없다며 신생아 사망에 대한 업무상 과실치사의 죄책을 인정한 사례

268-I-11. 야간 당직간호사가 담당 환자의 심근경색 증상을 당직의사에게 제대로 보고하지 않음으로써 당직의사가 필요한 조치를 취하지 못한 채 환자가 사망한 경우 [대법원 2007. 9. 20. 선고, 2006도294]

【판결요지】

병원의 야간당직 운영체계상 당직간호사에게 환자의 사망을 예견하거나 회피하지 못한 업무상 과실이 있고, 당직의사에게는 업무상 과실을 인정하기 어렵다.

268-I-12. 의사가 다른 의사와 의료행위를 분담하는 경우 업무상 주의의무 내용 [대법원 2007. 2. 22. 선고, 2005도9229]

【판시사항】

[1] 의사가 다른 의사와 의료행위를 분담하는 경우 업무상 주의의무의 내용

[2] 환자의 주치의 겸 정형외과 전공의가 같은 과 수련의의 처방에 대한 감독의무를 소홀히 한 나머지, 환자가 수련의의 잘못된 처방으로 인하여 상해를 입게 된 사안에서 전공의에 대한 업무상과실치상죄를 인정한 사례

【이 유】

의사는 전문적 지식과 기능을 가지고 환자의 전적인 신뢰하에서 환자의 생명과 건강을 보호하는 것을 업으로 하는 자로서 그 의료행위를 시술하는 기회에 환자에게 위해가 미치는 것을 방지하기 위하여 최선의 조치를 취할 의무를 지고 있으므로, 의사가 다른 의사와 의료행위를 분담하는 경우에도 자신이 환자에 대하여 주된 의사의 지위에 있거나 다른 의사를 사실상 지휘 감독하는 지위에 있다면, 그 의료행위의 영역이 자신의 전공과목이 아니라 다른 의사의 전공과목에 전적으로 속하거나 다른 의사에게 전적으로 위임된 것이 아닌 이상, 의사는 자신이 주로 담당하는 환자에 대하여 다른 의사가 하는 의료행위의 내용이 적절한 것인지의 여부를 확인하고 감독하여야 할 업무상 주의의무가 있고, 만약 의사가 이와 같은 업무상 주의의무를 소홀히 하여 환자에게 위해가 발생하였다면, 의사는 그에 대한 과실 책임을 면할 수 없다(대법원 1990. 5. 22. 선고 90도579 판결, 1998. 2. 27. 선고 97도2812 판결 등 참조).

피고인이 피해자의 주치의 겸 이 사건 병원 정형외과의 전공의로서, 같은 과의 수련의인 공소외 1이 피고인의 담당 환자인 피해자에 대하여 한 처방이 적절한 것인지의 여부를 확인하고 감독하여야 할 업무상 주의의무가 있음에도 불구하고(이는 공소외 1이 성형외과 영역과 관련한 처방에 대하여 이 사건 병원 성형외과 전공의인 공소외 2의 지시를 받았다고 하여 달리 볼 것이 아니다), 위 의무를 소홀히 한 나머지, 피해자가 공소외 1의 잘못된 처방으로 인하여 이 사건 상해를 입게 되었다.

---

1. 정맥에 주사하다가 근육에 새면 조직괴사등의 부작용을 일으킬 수 있는 마취제 에폰톨을 주사함에 있어서 의사의 주의의무 [대법원 1990. 5. 22. 선고, 90도579]

【판결요지】
주사약인 에폰톨을 3, 4분 정도의 단시간형 마취에 흔히 이용되는 마취제로서 점액성이 강한 유액성분이어서 반드시 정맥에 주사하여야 하며, 정맥에 투여하다가 근육에 새면 유액성분으로 인하여 조직괴사, 일시적인 혈관수축등의 부작용을 일으킬 수 있으므로 위와 같은 마취제를 정맥주사할 경우 의사로서는 스스로 주사를 놓든가 부득이 간호사나 간호조무사에게 주사케 하는 경우에도 주사할 위치와 방법 등에 관한 적절하고 상세한 지시를 함과 함께 스스로 그 장소에 입회하여 주사시행과정에서의 환자의 징후 등을 계속 주시하면서 주사가 잘못없이 끝나도록 조치하여야 할 주의의무가 있고, 또는 위와 같은 마취제의 정맥주사방법으로서는 수액세트에 주사침을 연결하여 정맥내에 위치하게 하고 수액을 공급하면서 주사제를 기존의 수액세트를 통하여 주사하는 이른바 사이드 인젝션(Side Injection)방법이 직접 주사방법 보다 안전하고 일반적인 것이라 할 것인 바, 산부인과 의사인 피고인이 피해자에 대한 임신중절수술을 시행하기 위하여 마취주사를 시주함에 있어 피고인이 직접 주사하지 아니하고, 만연히 간호조무사로 하여금 직접방법에 의하여 에폰톨 500밀리그램이 함유된 마취주사를 피해자의 우측 팔에 놓게 하여 피해자에게 상해를 입혔다면 이에는 의사로서의 주의의무를 다하지 아니한 과실이 있다고 할 것이다.

---

2. 간호사가 다른 환자에게 수혈할 혈액을 당해 환자에게 잘못 수혈하여 환자가 사망한 경우, 간호사에게 환자에 대한 수혈을 맡긴 의사의 과실 유무(적극) [대법원 1998. 2. 27. 선고, 97도2812]

【판시사항】
[1] 간호사가 다른 환자에게 수혈할 혈액을 당해 환자에게 잘못 수혈하여 환자가 사망한 경우, 간호사에게 환자에 대한 수혈을 맡긴 의사의 과실 유무(적극)
[2] 두 번째 혈액봉지로부터는 의사 대신 간호사가 교체해 주기로 하는 병원의 관행이 있었다는 이유로 간호사에게 수혈을 맡긴 의사가 책임을 면할 수 있는지 여부(소극)

【판결요지】
[1] 수혈은 종종 그 과정에서 부작용을 수반하는 의료행위이므로, 수혈을 담당하는 의사는 혈액형의 일치 여부는 물론 수혈의 완성 여부를 확인하고, 수혈 도중에도 세심하게 환자의 반응을 주시하여 부작용이 있을 경우 필요한 조치를 취할 준비를 갖추는 등의 주의의무가 있다. 그리고 의사는 전문적 지식과 기능을 가지고 환자의 전적인 신뢰하에서 환자의 생명과 건강을 보호하는 것을 업으로 하는 자로서, 그 의료행위를 시술하는 기회에 환자에게 위해가 미치는 것을 방지하기 위하여 최선의 조치를 취할 의무를 지고 있고, 간호사로 하여금 의료행위에 관여하게 하는 경우에도 그 의료행

위는 의사의 책임하에 이루어지는 것이고 간호사는 그 보조자에 불과하므로, 의사는 당해 의료행위가 환자에게 위해가 미칠 위험이 있는 이상 간호사가 과오를 범하지 않도록 충분히 지도·감독을 하여 사고의 발생을 미연에 방지하여야 할 주의의무가 있고, 이를 소홀히 한 채 만연히 간호사를 신뢰하여 간호사에게 당해 의료행위를 일임함으로써 간호사의 과오로 환자에게 위해가 발생하였다면 의사는 그에 대한 과실책임을 면할 수 없다.

[2 피고인이 근무하는 병원에서는 인턴의 수가 부족하여 수혈의 경우 두 번째 이후의 혈액봉지는 인턴 대신 간호사가 교체하는 관행이 있었다고 하더라도, 위와 같이 혈액봉지가 바뀔 위험이 있는 상황에서 피고인이 그에 대한 아무런 조치도 취함이 없이 간호사에게 혈액봉지의 교체를 일임한 것이 관행에 따른 것이라는 이유만으로 정당화될 수는 없다.

268-I-13. 산모의 태아가 역위로 조기분만 되면서 태아가 난산으로 인하여 분만 후 사망한 사안(소극) [대법원 2006. 12. 7. 선고, 2006도1790]

【판결요지】

비록 조산 위험이 있기는 하였으나 산모에게 분만진통이 있었다고 단정하기 어려워 그와 같은 상황에서 내진이나 초음파검사 없이 경과를 관찰하기로 한 산부인과 의사의 행위를 진료행위에 있어서 합리적인 재량의 범위를 벗어난 것이라고 보기 어려울 뿐만 아니라 일반적으로 산부인과 의사에게 요구되는 주의의무를 위반한 것이라고 보기는 어렵다.

268-I-14. 의사가 간호사의 진료보조행위에 일일이 입회하여 지도·감독하여야 하는지 여부(소극) 및 입회가 필요한 경우의 판단 기준 [대법원 2003. 8. 19. 선고, 2001도3667]

【판시사항】

[1] 의사가 간호사의 진료보조행위에 일일이 입회하여 지도·감독하여야 하는지 여부(소극) 및 입회가 필요한 경우의 판단 기준

[2] 간호사가 의사의 처방에 의한 정맥주사(Side Injection 방식)를 의사의 입회 없이 간호실습생(간호학과 대학생)에게 실시하도록 하여 발생한 의료사고에 대한 의사의 과실을 부정한 사례

【판결요지】

간호사가 '진료의 보조'를 함에 있어서는 모든 행위 하나하나마다 항상 의사가 현장에 입회하여 일일이 지도·감독하여야 한다고 할 수는 없고, 경우에 따라서는 의사가 진료의 보조행위 현장에 입회할 필요 없이 일반적인 지도·감독을 하는 것으로 족한 경우도 있을 수 있다 할 것인데, 여기에 해당하는 보조행위인지 여부는 보조행위의 유형에 따라 일률적으로 결정할 수는 없고 구체적인 경우에 있어서 그 행위의 객관적인 특성상 위험이 따르거나 부작용 혹은 후유증이 있을 수 있는지, 당시의 환자 상태가 어떠한지, 간호사의 자질과 숙련도는 어느 정도인지 등의 여러 사정을 참작하여 개별적으로 결정하여야 한다.

268-I-15. 내과의사가 신경과 전문의에 대한 협의진료 결과와 환자에 대한 진료 경과 등을 신뢰하여 뇌혈관계통 질환 가능성을 염두에 두지 않고 내과 영역 진료 행위를 계속하다가 환자의

뇌지주막하출혈을 발견하지 못하여 식물인간 상태에 이르게 한 경우 [대법원 2003. 1. 10.
선고, 2001도3292]
【판결요지】
[1] 의료사고에 있어서 의사의 과실을 인정하기 위해서는 의사가 결과 발생을 예견할 수 있었음
에도 불구하고 그 결과 발생을 예견하지 못하였고, 그 결과 발생을 회피할 수 있었음에도 불구
하고 그 결과 발생을 회피하지 못한 과실이 검토되어야 하고, 그 과실의 유무를 판단함에는 같은
업무와 직무에 종사하는 일반적 보통인의 주의 정도를 표준으로 하여야 하며, 이에는 사고 당시
의 일반적인 의학의 수준과 의료환경 및 조건, 의료행위의 특수성 등이 고려되어야 한다.
[2] 내과의사가 신경과 전문의에 대한 협의진료 결과 피해자의 증세와 관련하여 신경과 영역에서
이상이 없다는 회신을 받았고, 그 회신 전후의 진료 경과에 비추어 그 회신 내용에 의문을 품을
만한 사정이 있다고 보이지 않자 그 회신을 신뢰하여 뇌혈관계통 질환의 가능성을 염두에 두지 않
고 내과 영역의 진료 행위를 계속하다가 피해자의 증세가 호전되기에 이르자 퇴원하도록 조치한
경우, 피해자의 지주막하출혈을 발견하지 못한 데 대하여 내과의사의 업무상과실을 부정한 사례

---

1. 기관지폐렴환자에게 피부반응검사결과 음성인 경우에 한하여 "엠피시린"주사액을 시주케 한 의사의
   진료상 과실 유무(소극) [대법원 1984. 6. 12. 선고, 82도3199]
   【판결요지】
   내과전문의가 기관지폐렴환자로 진단한 환자에 대하여 그 요법으로 일반적으로 통용되고 있는 "엠피시
   린"주사액을 피부반응검사를 거쳐 음성인 경우에 한하여 그 주사액을 시주케 한 행위에는 내과전문의
   로서의 과실이 있다고 보기 어렵다.

---

2. 출산 후 이완성 자궁출혈로 저혈량성 쇼크상태에 빠진 산모에게 진료담당 의사가 필요한 수액과 혈
   액을 투여한 후 폐부종이 발병하여 산모가 사망한 사안(소극) [대법원 1997. 10. 10. 선고, 97도1678]
   【판시사항】
   출산 후 이완성 자궁출혈로 저혈량성 쇼크상태에 빠진 산모에게 진료담당 의사가 필요한 수액과 혈액
   을 투여한 후 폐부종이 발병하여 산모가 사망한 사안에서, 진료담당 의사의 과실을 인정하지 않은 사례
   【판결요지】
   의료사고에 있어서 의사의 과실을 인정하기 위해서는 의사가 결과발생을 예견할 수 있었음에도 불구하
   고 그 결과발생을 예견하지 못하였고 그 결과발생을 회피할 수 있었음에도 불구하고 그 결과발생을
   회피하지 못한 과실이 검토되어야 하고, 그 과실의 유무를 판단함에는 같은 업무와 직무에 종사하는
   일반적 보통인의 주의정도를 표준으로 하여야 하며, 이에는 사고 당시의 일반적인 의학의 수준과 의료
   환경 및 조건, 의료행위의 특수성 등이 고려되어야 한다.

---

3. 요추 척추후궁절제 수술도중에 수술용 메스가 부러지자 담당의사가 부러진 메스조각을 찾아 제거하
   기 위한 최선의 노력을 다하였으나 찾지 못하고 무리하게 제거할 경우의 위험성을 고려하여 부러진
   메스조각을 그대로 둔 채 수술부위를 봉합한 경우 [대법원 1999. 12. 10. 선고, 99도3711]
   【판결요지】

같은 수술과정에서 메스 끝이 부러지는 일이 흔히 있고, 부러진 메스가 쉽게 발견되지 않을 경우 수술 과정에서 무리하게 제거하려고 하면 부가적인 손상을 줄 우려가 있어 일단 봉합한 후에 재수술을 통하여 제거하거나 그대로 두는 경우가 있는 점에 비추어 담당의사의 과실을 인정할 수 없다.

268-Ⅰ-16. 산모의 태반조기박리에 대한 대응조치로서 응급 제왕절개 수술을 하는 산부인과 의사에게 수혈용 혈액을 미리 준비하여야 할 업무상 주의의무(적극) [대법원 2000. 1. 14. 선고, 99도3621]

【판결요지】

산부인과 의사가 산모의 태반조기박리에 대한 대응조치로서 응급 제왕절개 수술을 시행하기로 결정하였다면 이러한 경우에는 적어도 제왕절개 수술 시행 결정과 아울러 산모에게 수혈을 할 필요가 있을 것이라고 예상되는 특별한 사정이 있어 미리 혈액을 준비하여야 할 업무상 주의의무가 있다고 보아야 한다.

268-Ⅰ-17. 침투태반으로 인한 산후 과다출혈시, 자궁적출술을 즉시 시행하지 아니하고 보존적 지혈 요법을 거친 후 시행한 산부인과의사의 업무상과실 유무(소극) [대법원 1997. 4. 8. 선고, 96도3082]

【판시사항】

[1] 제왕절개수술을 하는 산부인과 개업의사에게 수혈용 혈액을 미리 준비할 업무상 주의의무가 없다고 본 사례

[2] 침투태반으로 인한 산후 과다출혈시, 자궁적출술을 즉시 시행하지 아니하고 보존적 지혈 요법을 거친 후 이를 시행한 산부인과 개업의사의 업무상과실 유무(소극)

【판결요지】

[1] 산부인과 개업의들이 매 분만마다 수혈용 혈액을 준비한다 하더라도 이를 사용하지 아니한 경우(대부분의 분만에서 사용하지 아니한다)에는 혈액원에 반납할 수 없고, 산부인과 의원에서는 이를 보관하였다가 다른 산모에게 사용할 수도 없기 때문에 결국 사용하지 못한 혈액은 폐기하여야 하고, 헌혈 부족으로 충분한 혈액을 확보하지 못하고 있는 당시 우리 나라의 실정상 만약 산부인과 개업의들이 매 분만마다 수혈용 혈액을 미리 준비하고, 이를 폐기한다면 혈액 부족이 심화될 우려가 있음을 알 수 있는바, 제왕절개분만을 함에 있어서 산모에게 수혈을 할 필요가 있을 것이라고 예상할 수 있었다는 사정이 보이지 않는 한, 산후과다출혈에 대비하여 제왕절개수술을 시행하기 전에 미리 혈액을 준비할 업무상 주의의무가 있다고 보기 어렵다.

[2] 침투태반에 의한 출혈이라 하여도 개업한 산부인과 전문의로서는 우선은 보존적인 요법을 시행하여 지혈이 되기를 기대하면서 관찰을 하여 보고, 그로써 지혈이 될 수 없다는 판단이 서게 되면 그 때에 지체 없이 자궁적출술을 시행하여야 할 것이지, 침투태반에 의한 출혈이라 하여 보존적인 요법을 거치지도 않고 우선 자궁적출술부터 시행할 주의의무가 있다고 보기는 어렵다.

1. 수술주관의사 또는 마취담당의사가 할로테인을 사용한 전신마취에 의하여 난소종양절제수술을 함에 앞서 혈청의 생화학적 반응에 의한 간기능검사로 환자의 간 상태를 정확히 파악하지 아니한 채 개복수술을 시행하여 환자가 급성전격성간염으로 인하여 사망한 경우(적극) [대법원 1990. 12. 11. 선고, 90도694]

【판시사항】

[1] 수술주관의사 또는 마취담당의사가 할로테인을 사용한 전신마취에 의하여 난소종양절제수술을 함에 앞서 혈청의 생화학적 반응에 의한 간기능검사로 환자의 간 상태를 정확히 파악하지 아니한 채 개복수술을 시행하여 환자가 급성전격성간염으로 인하여 사망한 경우 위 의사들의 업무상과실 유무(적극)

[2] 위 "[1]"항의 경우에 혈청의 생화학적 반응에 의한 간기능검사를 하지 않거나 이를 확인하지 아니한 의사들의 과실과 수술 후 환자의 사망 사이의 인과관계를 증거없이 인정하였다고 하여 원심판결을 파기한 사례

【판결요지】

[1] 전신마취에 의한 개복수술은 간부전을 일으키고 간성혼수에 빠지게 하기도 하는데 특히 급만성간염이나 간경변 등 간기능에 이상이 있는 경우에는 90% 이상이 간기능이 중악화하고 심한 경우에는 사망에 이르게 하는 것으로 알려져 있어 개복수술 전에 간의 이상 유무를 검사하는 것은 필수적이고, 피해자의 수술시에 사용된 마취제 할로테인은 드물게는 간에 해독을 끼치고 특히 이미 간장애가 있는 경우에는 간장애를 격화시킬 위험이 있으므로 이러한 환자에 대하여는 그 사용을 주의 또는 회피하여야 한다고 의료계에 주지되어 있으며 이 사건 사고당시 의료계에서는 개복수술 환자의 경우 긴급한 상황이 아닌 때에는 혈청의 생화학적 반응에 의한 간기능검사를 하는 것이 보편적이었다면, 응급환자가 아닌 난소종양환자의 경우에 있어서 수술주관의사 또는 마취담당의사인 피고인들로서는 난소종양절제수술에 앞서 혈청의 생화학적 반응에 의한 검사 등으로 종합적인 간기능검사를 철저히 하여 피해자가 간손상 상태에 있는지의 여부를 확인한 후에 마취 및 수술을 시행하였어야 할 터인데 피고인들은 시진, 문진 등의 검사결과와 정확성이 떨어지는 소변에 의한 간검사 결과만을 믿고 피해자의 간상태를 정확히 파악하지 아니한 채 할로테인으로 전신마취를 실시한 다음 이 사건 개복수술을 감행한 결과 수술 후 22일만에 환자가 급성전격성간염으로 인하여 사망한 경우에는 피고인들에게 업무상과실이 있다 할 것이다.

[2] 위 "[1]"항의 경우에는 혈청에 의한 간기능검사를 시행하지 않거나 이를 확인하지 않은 피고인들의 과실과 피해자의 사망 간에 인과관계가 있다고 하려면 피고인들이 수술 전에 피해자에 대한 간기능검사를 하였더라면 피해자가 사망하지 않았을 것임이 입증되어야 할 것인데도(수술 전에 피해자에 대하여 혈청에 의한 간기능검사를 하였더라면 피해자의 간기능에 이상이 있었다는 검사결과가 나왔으리라는 점이 증명되어야 할 것이다) 원심은 피해자가 수술당시에 이미 간손상이 있었다는 사실을 증거 없이 인정함으로써 채증법칙위반 및 인과관계에 관한 법리오해의 위법을 저지른 것이다.

268-I-18. 피해자가 회복하기 어려운 상태에서 다른 병원으로 전원한 후 사망한 사안 [대법원 1996. 9. 24. 선고, 95도245]

【판시사항】

[1] 교통사고 피해자를 진료하면서 적절한 진단 방법을 시행하지 않은 일반외과 전문의의 과실

을 인정한 원심판결을 수긍한 사례

[2] 피해자가 회복하기 어려운 상태에서 다른 병원으로 전원한 후 사망한 사안에서, 전원 전 진료 담당 의사의 과실과 피해자의 사망 사이의 인과관계를 인정한 사례

【판결요지】

[1] 일반외과 전문의인 피고인이 피해자의 후복막 전체에 형성된 혈종을 발견한 지 14일이 지나도록 전산화단층촬영 등 후복막 내의 장기 손상이나 농양 형성 여부를 확인하기에 적절한 진단방법을 시행하지 않은 채, 피해자가 보인 염증 증상의 원인을 단순히 장간막 봉합수술에 따른 후유증 정도로만 생각하고 필요한 적절한 진단 및 치료조치를 취하지 아니한 것은 진단 및 치료상의 주의의무를 다하지 아니한 것으로서 과실이 있다.

[2] 피해자가 다른 병원으로 전원할 당시 이미 후복막에 농양이 광범위하게 형성되어 있었고 췌장이나 십이지장과 같은 후복막 내 장기 등 조직의 괴사가 진행되어 이미 회복하기 어려운 상태에 빠져 있었다면, 피해자가 다른 병원으로 전원하여 진료를 받던 중 사망하였다는 사실 때문에 피고인의 진료상의 과실과 피해자의 사망과의 사이의 인과관계가 단절된다고 볼 수는 없다.

---

1. 피해자가 계류유산으로 인한 소파수술을 받은 후 패혈증으로 사망한 사안(적극) [대법원 1995. 12. 5. 선고, 94다57701]

【판시사항】

[1] 피해자가 계류유산으로 인한 소파수술을 받은 후 패혈증으로 사망한 사안에서 의사의 의료상 과실을 인정한 원심판결을 수긍한 사례

[2] 의료상 과실과 손해 발생 사이의 인과관계에 대한 입증책임의 완화

【판결요지】

[2] 일반적으로 의료행위는 고도의 전문적 지식을 필요로 하는 분야로서 그 의료의 과정은 대개의 경우 환자 본인이 그 일부를 알 수 있는 외에 의사만이 알 수 있을 뿐이고 치료의 결과를 달성하기 위한 의료 기법은 의사의 재량에 달려 있기 때문에, 손해 발생의 직접적인 원인이 의료상의 과실로 말미암은 것인지 여부는 전문가인 의사가 아닌 보통인으로서는 도저히 밝혀 낼 수 없는 특수성이 있어서 환자측이 의사의 의료 행위상의 주의의무 위반과 손해의 발생과 사이의 인과관계를 의학적으로 완벽하게 입증한다는 것은 극히 어려우므로, 환자가 치료 도중에 사망한 경우에 있어서는 피해자측에서 일련의 의료행위 과정에 있어서 저질러진 일반인의 상식에 바탕을 둔 의료상의 과실 있는 행위를 입증하고 그 결과와 사이에 일련의 의료행위 외에 다른 원인이 개재될 수 없다는 점을 증명한 경우에 있어서는, 의료행위를 한 측이 그 결과가 의료상의 과실로 말미암은 것이 아니라 전혀 다른 원인으로 말미암은 것이라는 입증을 하지 아니하는 이상, 의료상 과실과 결과 사이의 인과관계를 추정하여 손해배상 책임을 지울 수 있도록 입증책임을 완화하는 것이 손해의 공평, 타당한 부담을 그 지도원리로 하는 손해배상 제도의 이상에 맞는다.

268-Ⅰ-19. 마취환자의 마취회복업무를 담당한 의사의 주의의무 [대법원 1994. 4. 26. 선고, 92도3283]

【판시사항】

[1] 마취환자의 마취회복업무를 담당한 의사의 주의의무

[2] 간호사가 감시업무를 인계받지 않은 회복실 내의 모든 환자에 대하여 주시, 점검할 의무가 있는지 여부

【판결요지】

[1] 마취환자의 마취회복업무를 담당한 의사로서는 마취환자가 수술 도중 특별한 이상이 있었는지를 확인하여 특별한 이상이 있었던 경우에는 보통 환자보다 더욱 감시를 철저히 하고, 또한 마취환자가 의식이 회복되기 전에는 호흡이 정지될 가능성이 적지 않으므로 피해자의 의식이 완전히 회복될 때까지 주위에서 관찰하거나 적어도 환자를 떠날 때는 피해자를 담당하는 간호사를 특정하여 그로 하여금 환자의 상태를 계속 주시하도록 하여 만일 이상이 발생한 경우에는 즉시 응급조치가 가능하도록 할 의무가 있다.

[2] 피해자를 감시하도록 업무를 인계받지 않은 간호사가 자기 환자의 회복처치에 전념하고 있었다면 회복실에 다른 간호사가 남아있지 않은 경우에도 다른 환자의 이상증세가 인식될 수 있는 상황에서라야 이에 대한 조치를 할 의무가 있다고 보일 뿐 회복실 내의 모든 환자에 대하여 적극적, 계속적으로 주시, 점검을 할 의무가 있다고 할 수 없다.

268-Ⅰ-20. 수술승낙이 의사의 부정확 또는 불충분한 설명에 의한 것인 경우 효력 [대법원 1993. 7. 27. 선고, 92도2345]

【판시사항】

[1] 수술승낙이 의사의 부정확 또는 불충분한 설명에 의한 것인 경우의 효력

[2] 난소의 제거로 임신불능인 상태에 있어서의 자궁적출행위가 업무상 과실치상죄 소정의 상해에 해당하는지 여부(적극)

【판결요지】

[1] 산부인과 전문의 수련과정 2년차인 의사가 자신의 시진, 촉진결과 등을 과신한 나머지 초음파검사 등 피해자의 병증이 자궁외 임신인지, 자궁근종인지를 판별하기 위한 정밀한 진단방법을 실시하지 아니한 채 피해자의 병명을 자궁근종으로 오진하고 이에 근거하여 의학에 대한 전문지식이 없는 피해자에게 자궁적출술의 불가피성만을 강조하였을 뿐 위와 같은 진단상의 과오가 없었으면 당연히 설명받았을 자궁외 임신에 관한 내용을 설명받지 못한 피해자로부터 수술승낙을 받았다면 위 승낙은 부정확 또는 불충분한 설명을 근거로 이루어진 것으로서 수술의 위법성을 조각할 유효한 승낙이라고 볼 수 없다.

[2] 난소의 제거로 이미 임신불능 상태에 있는 피해자의 자궁을 적출했다 하더라도 그 경우 자궁을 제거한 것이 신체의 완전성을 해한 것이 아니라거나 생활기능에 아무런 장애를 주는 것이 아니라거나 건강상태를 불량하게 변경한 것이 아니라고 할 수 없고 이는 업무상 과실치상죄에 있어서의 상해에 해당한다.

268-Ⅰ-21. 정신병동에 입원 중인 환자가 완전감금병동의 화장실 창문을 열고 탈출하려다가 떨어져 죽은 사고 [대법원 1992. 4. 28. 선고, 91도1346]

정신병동에 입원중인 환자가 완전감금병동의 화장실 창문을 열고 탈출하려다가 떨어져 죽은 사고에 있어서 위 병동의 당직간호사인 피고인이 피해자에 대한 동태관찰의무 및 화장실 창문 자물쇠의 시정상태 점검의무를 게을리 한 과실이 있다고 유죄로 인정한 원심판결에 대하여 그 증거만으로는 당시 위 창문이 잠겨 있지 않았다고 단정하기 어렵고(단순히 시정장치의 시정여부를 확인하는 것을 넘어 이를 설치 관리하는 일까지 간호사의 업무로 보기는 어렵다) 또한 피고인이 피해자가 화장실에 가는 시간을 기록하여 두고 10여 분 후에 간호보조사로부터 피해자가 병실 침대에 없다는 보고를 받은 즉시 그를 찾아 나섰다면 그것을 가리켜 환자동태관찰의무를 게을리 한 것이라고 단정할 수도 없다고 하여 이를 사실오인 아니면 간호사의 업무상 주의의무에 관한 법리오해의 위법으로 파기한 사례

268-Ⅰ-22. 환자를 즉시 종합병원으로 옮기지 아니한 개업의와 의료상의 처치과오 유무 [대법원 1989. 11. 14. 선고, 89도1568]

【판결요지】

일반외과전문의인 피고인이 피해자의 증상을 통상의 혈행장애로 판단하고 그에 상응한 치료를 한 것에 잘못이 없는 경우에는 즉시환자를 종합병원에 넘기지 않았다 하여 그것만으로 의료상의 처치과정에 잘못이 있다고 할 수 없다.

268-Ⅰ-23. 심장병 환자에게 사전 정밀검사없이 편도선 절제수술을 한 의사에게 업무상 과실책임을 인정한 예 [대법원 1986. 10. 14. 선고, 85도1789]

【판결요지】

갑상선비대증이나 심장병환자에 대하여는 편도선 절제수술이 금기사항으로 되어 있으므로 의사로서는 환자를 진찰한 결과 환자의 갑성선과 심장이 보통사람의 그것에 비하여 많이 비대해져 있음을 발견하였으면 마땅히 정밀검사를 통하여 그 발병원인을 밝혀 보고 나아가 그 질환의 정도가 편도선 절제수술을 감내할 수 있는지의 여부를 확인한 연후에 편도선 절제수술을 시행하였어야 할 터임에도 사전에 이에 대한 정밀검사를 실시하지 아니한 과실로 환자가 갑상선수양암 및 관상동맥경화증 환자임을 알지 못한채 동인의 편도선절제수술을 감행함으로써 동인으로 하여금 수술을 마친 후 약 40분후에 심장마비로 사망케 하였다면 업무상과실치사의 책임이 있다.

II. 공사관련 사고

268-II-1. 도급인에게 수급인의 업무와 관련하여 사고방지에 필요한 안전조치를 할 주의의무가 있는지 여부(원칙적 소극) [대법원 2015. 10. 29. 선고, 2015도5545]

【판시사항】

법령에 의하여 도급인에게 수급인의 업무에 관하여 구체적인 관리·감독의무가 부여되어 있거나 도급인이 공사의 시공이나 개별 작업에 관하여 구체적으로 지시·감독하였다는 등의 특별한 사정이 없는 한, 도급인에게는 수급인의 업무와 관련하여 사고방지에 필요한 안전조치를 할 주의의무가 없다(대법원 2009. 5. 28. 선고 2008도7030 판결 등 참조).

> **1. 도급인이 수급인의 업무와 관련하여 사고방지에 필요한 안전조치를 취할 주의의무를 부담하는 예외적인 경우 [대법원 2009. 5. 28. 선고, 2008도7030]**
>
> 【판결요지】
>
> 원칙적으로 도급인에게는 수급인의 업무와 관련하여 사고방지에 필요한 안전조치를 취할 주의의무가 없으나, 법령에 의하여 도급인에게 수급인의 업무에 관하여 구체적인 관리·감독의무 등이 부여되어 있거나 도급인이 공사의 시공이나 개별 작업에 관하여 구체적으로 지시·감독하였다는 등의 특별한 사정이 있는 경우에는 도급인에게도 수급인의 업무와 관련하여 사고방지에 필요한 안전조치를 취할 주의의무가 있다.

268-II-2. 일정한 용도·규모 및 구조의 건축물을 건축하는 공사의 경우 반드시 건축사 등에 의한 공사감리를 받도록 규정한 취지 및 공사감리자가 감리업무를 소홀히 하여 사상의 결과가 발생한 경우(적극) [대법원 2010. 6. 24. 선고, 2010도2615]

【판시사항】

건축법, 건축사법, 건설기술관리법 등의 관련 법령에서 일정한 용도·규모 및 구조의 건축물을 건축하는 공사의 경우에 반드시 건축사 등의 일정한 자격을 갖춘 자에 의한 공사감리를 받도록 규정한 취지는, 건축주나 공사시공자로부터 독립한 전문가로 하여금 관계 법령과 설계도서 등에 따른 적합한 시공 여부를 확인하고 안전관리 등에 대한 지도·감독을 하게 함으로써, 건축물 붕괴사고, 하자분쟁, 유지보수비의 급증, 건축물 수명단축에 따른 재건축 등의 후유증을 유발하는 부실공사를 예방하기 위한 것으로 볼 수 있으므로(헌법재판소 2009. 6. 25. 선고 2007헌바39 전원재판부 결정 참조), 공사감리자가 관계 법령과 계약에 따른 감리업무를 소홀히 하여 건축물 붕괴 등으로 인하여 사상의 결과가 발생한 경우에는 업무상과실치사상의 죄책을 면할 수 없다(대법원 1994. 12. 27. 선고 94도2513 판결 등 참조).

> **1. 펌프장 신축공사시 가설구조물 설치공사의 설계도·시방서가 작성되지 아니하였더라도 그 설치공사에 따르는 재해예방과 안전관리업무가 구 건설기술관리법상 시공감리인의 업무범위 포함여부(적극)**
> **[대법원 1994. 12. 27. 선고, 94도2513]**
>
> 【판결요지】

구 건설기술관리법(1993.6.11. 법률 제4562호로 개정되기 전의 것)이 공사감리를 시공감리와 전면책임감리로 나누어, 시공감리는 당해 공사의 설계도나 기타 관계 서류의 내용대로 시공되는지의 여부를 확인하고 품질관리, 공사관리 등에 대한 기술지도를 하는 것이고, 전면책임감리는 위 시공감리를 함과 아울러 기술사항에 대한 발주자로서의 관계법령에 의한 감독권한을 대행하는 것으로 구분하여 규정하고 있고, 이 사건 가설구조물 설치공사를 시행함에 있어 설계도나 시방서가 작성되지 아니하였더라도, 그 가설구조물 설치공사는 펌프장 신축공사에 필수적으로 수반되어야 할 공사이고, 피고인이 소속된 감리전문회사가 발주청과 체결한 감리계약상, 감리단은 현장감독관의 위임을 받은 자로 공사수행을 위하여 필요하다고 판단되는 사항에 대하여는 시공자에게 이를 지시할 수 있고 재해예방 및 안전관리는 감리단의 업무로서 그 내용으로는 시공자의 현장관리상태의 확인, 시공현상에 시공자를 포함한 안전관리 전담반을 편성운영하는 것 등이 포함된다면, 그 가설구조물 설치공사에 따르는 재해를 예방하기 위한 대책 마련과 안전관리업무는 당연히 시공감리인의 업무범위에 포함된다고 봄이 상당하다.

268-II-3. 주택수리업자에게 주택수리를 의뢰한 도급인이 공사상 필요한 안전조치를 취할 업무상 주의의무(소극) [대법원 2002. 4. 12. 선고, 2000도3295]

【판결요지】

주택수리공사에 관하여 전문적인 지식이 없는 도급인이 주택수리공사 전문업자에게 주택수리를 의뢰하면서 공사에 관한 관리 감독 업무 또는 공사의 시공에 있어서 분야별 공사업자나 인부들에 대한 구체적인 작업지시 및 감독 업무를 주택수리업자에게 일임한 경우, 도급인이 공사를 관리하고 감독할 지위에 있다거나 주택수리업자 또는 분야별 공사업자나 인부들에 대하여 공사의 시공이나 개별 작업에 관하여 구체적으로 지시하고 감독할 지위에 있다고 볼 수 없으므로 도급인에게 공사상 필요한 안전조치를 취할 업무상 주의의무가 있다고 할 수 없다.

268-II-4. 건설업자가 건설업법 소정의 건설기술자 현장배치의무를 위반한 과실과 공사현장 인접 소방도로의 지반침하 방지를 위한 그라우팅공사 과정에서 발생한 가스폭발사고 사이에 상당인과관계 여부(적극) [대법원 1997. 1. 24. 선고, 96도776]

【판결요지】

건설업자가 토공사 및 흙막이공사의 감리업무까지 수행하기로 약정하였음에도 이에 위반하여 실질적인 감리업무를 수행할 수 있는 사람을 감리자로 파견하지 않은 상태에서, 건설업법 제33조, 건설업법시행령 제36조 제2항 제2호 소정의 건설기술자를 현장에 배치할 의무를 위반하여 건설기술자조차 현장에 배치하지 아니한 과실은 공사현장 인접 소방도로의 지반침하 방지를 위한 그라우팅공사 과정에서 발생한 가스폭발사고와 상당한 인과관계가 있다.

268-II-5. 공사감독관의 감독의무 위반과 재해로 인한 치사상의 결과 사이에 상당인과관계가 있다고 보기 위한 요건 [대법원 1995. 9. 15. 선고, 95도906]

【판시사항】

[1] 공사감독관의 감독의무 위반과 재해로 인한 치사상의 결과 사이에 상당인과관계가 있다고

보기 위한 요건

[2] 현장감독 공무원의 감독의무 위반과 붕괴사고로 인한 치사상의 결과 사이에 상당인과관계를 인정한 사례

【판결요지】

[1] 건설기술관리법 제35조, 같은법시행령 제56조, 같은법시행규칙(1993.12.31. 건설부령 제544호로 개정되기 전의 것) 제24조, 제25조, 같은법시행규칙(건설부령 제544호로 개정된 후의 것) 제43조 별표 9의 규정은 공사감독관으로 하여금 위 법령이 정한 감독의무를 철저히 수행하게 하여 무자격자 또는 자격미달자가 건설공사에 참여함으로써 야기될 공사의 부실화와 그로 인하여 발생할지도 모르는 재해를 미연에 방지하고자 하는 일반예방적인 차원에서 사전에 이를 차단하기 위한 것으로 보여지고, 오늘날 도처에서 일어나고 있는 교량 및 건물붕괴 등의 건축물 관련 대형 사고가 대부분 부실공사에 의한 것으로 나타나고 있고, 그 사고의 결과 또한 참혹하기 이를 데 없을 뿐만 아니라 무자격자에 의한 시공이 그 부실공사의 원인 중의 하나로 밝혀지고 있는 점까지 아울러 감안하여 보면 공사감독관이 위와 같은 직무에 위배하여 당해 건축공사가 불법하도급되어 무자격자에 의하여 시공되고 있는 점을 알고도 이를 묵인하였거나 그와 같은 사정을 쉽게 적발할 수가 있었음에도 직무상의 의무를 태만히 하여 무자격자로 하여금 공사를 계속하게 함으로써 붕괴사고 등의 재해가 발생한 경우에, 만일 자격있는 자가 시공을 하였다면 당해 재해가 발생하지 아니하였거나 재해 발생의 위험이 상당히 줄어들었으리라고 인정된다면, 공사감독관의 그와 같은 직무상의 의무위반과 붕괴사고 등의 재해로 인한 치사상의 결과 사이에 상당인과관계가 있다.

[2] 공사를 발주한 구청 소속의 현장감독 공무원인 피고인이 갑 회사가 전문 건설업 면허를 소지한 을 회사의 명의를 빌려 원수급인인 병 회사로부터 콘크리트 타설공사를 하도급받아 전문 건설업 면허나 건설기술 자격이 없는 개인인 정에게 재하도급주어 이 사건 공사를 시공하도록 한 사실을 알았거나 쉽게 알 수 있었음에도 불구하고 그 직무를 유기 또는 태만히 하여 정의 시공방법상의 오류와 그 밖의 안전상의 잘못으로 인하여 콘크리트 타설작업 중이던 건물이 붕괴되는 사고가 발생할 때까지도 이를 적발하지 아니하였거나 적발하지 못한 잘못이 있다면, 피고인의 위와 같은 직무상의 의무위반 행위는 이 사건 붕괴사고로 인한 치사상의 결과에 대하여 상당인과관계가 있다.

268-Ⅱ-6. 건설현장의 자생적 임시조직 팀장에게 같은 팀원이 작업중 사망한 데 대하여 업무상 과실치사죄의 책임이 있는지 여부(소극) [대법원 1994. 10. 25. 선고, 94도1549]

【판결요지】

피고인이 피해자 등과 함께 구성한 팀의 성격이 건설현장에서의 인부조달 및 그 관리의 원활화와 성과급에 따른 작업의 효율화의 필요성에서 자생된 임시조직에 불과하며, 그 팀장인 피고인은 그 팀의 섭외자 내지 대표자로서 일정부분의 공사를 수주하여 팀원과 함께 일을 하여 성과급으로 지급된 임금을 그 숙련도에 따라 자신 및 팀원에 분배하고, 비숙련 팀원에게 업무상의 조언을 하는 등의 역할을 할 뿐이고 작업인부에 대한 지휘, 감독은 당해 공사에 대한 책임을 지는 시공자 내지 하도급자에 고용된 현장소장, 안전관리책임자 내지 작업반장이 한다면, 피고인은 팀장으로

서 그 지휘, 감독자들로부터 받은 작업지시를 팀원들에게 전달하면서 그 업무분담을 조정하는 지위에 있는 데 불과하며 같은 팀원인 피해자를 지휘, 감독할 지위에 있다고 볼 수 없다.

268-Ⅱ-7. 공사현장에서 일어난 안전사고에 관하여 시공회사 사장에게 세부적인 안전대책을 강구하여야 할 주의의무(소극) [대법원 1989. 11. 24. 선고, 89도1618]

【판결요지】

시공회사의 상무이사인 현장소장이 현장에서의 공사감독을 전담하였고 사장은 그와 같은 감독을 하게 되어 있지 않았다면 사장으로서는 그 공사의 진행에 관하여 직접적인 지휘·감독을 받지 않는 회사직원 혹은 고용한 노무자들이 공사시행상의 안전수칙을 위반하여 사고를 저지를지 모른다고 하여 이에 대비하여 각개의 개별작업에 대하여 일일이 세부적인 안전대책을 강구하여야 하는 구체적이고 직접적인 주의의무가 있다고 하기 어렵다.

---

1. 공장에서 일어난 안전사고에 대하여 공장장에게 세부적인 안전대책을 강구할 직접적인 주의의무(소극)
   [대법원 1989. 1. 31. 선고, 88도1683]

【판결요지】

회사관리담당상무의 지휘 감독을 받는 소속직원들의 작업중 일어난 안전사고로서 그에 관한 안전관리 책임은 안전관리과장이 부담하고 있다면 공장장이 공장의 모든 일을 통괄하고 있다고 하더라도 직접적인 지휘 감독을 받지 않는 위 직원들이 안전수칙을 위반할지도 모른다고 하여 이에 대비하여 개별작업에 일일이 세부적인 안전대책을 강구하여야만 할 구체적이고 직접적인 주의의무는 없다.

---

2. 공장운영 전반에 대한 감독자가 따로 있는 경우 공장을 경영하는 자에게 공원에 대한 직접적인 감독 책임이 있는지 여부(소극) [대법원 1984. 11. 27. 선고, 84도2025]

【판결요지】

설치된 기계의 수리. 작업과정에 대한 공원의 훈련 및 감독, 신규 공원의 채용등 공장운영 전반에 대한 실무적인 감독자가 따로 있는 경우에는 공장을 임차경영하고 있다 하여 그에게 피해자인 공원에 대한 사전안전교육과 기계조작 및 작업방법 등에 관한 구체적이고 직접적인 감독책임이 있다고 할 수 없다.

---

3. 작업반장이 현장소장 작업중단지시를 무시하고 작업을 지시함으로써 발생한 사고에 대한 현장소장 의 과실유무(소극) [대법원 1984. 4. 10. 선고, 83도3365]

【판결요지】

배관공사 작업공정의 일부인 터파기작업을 함에 있어 현장소장인 피고인이 구덩이의 흙벽이 마사이고 전날밤의 비로 붕괴의 위험이 있음을 엿보고 현장기사를 시켜 작업반장에게 구덩이 안의 작업을 중단할 것을 지시까지 하였으나 작업반장이 피고인의 지시를 무시하고 피해자 등에게 작업을 지시한 결과, 작업하던 피해자가 흙벽이 붕괴되어 흙에 묻히는 사고가 발생하였다면 일반인부는 위 작업반장이 지시, 감독하게 되어 있으므로 피고인으로서는 현장소장으로서 사고발생을 방지하기 위해 필요한 지시를 다하였다 할 것이므로 위 붕괴사고는 피고인의 과실에 인한 것이라고 볼 수 없다.

4. 회사대표자에게 유류저장탱크 청소작업시 안전대책을 강구할 구체적 주의의무 유무(소극) [대법원 1983. 10. 11. 선고, 83도2108]

【판결요지】

회사대표자에게는 공장전체의 안전관리책임자인 공장장이나 보이라실과 유류저장탱크의 운용과 보관 보존에 대한 책임자인 보이라실 기관장을 임명 지휘감독함에 필요한 일반적 주의의무가 있을 뿐, 유류 저장탱크의 불순물청소작업등 구체적인 작업방법 및 작업상 요구되는 안전대책을 강구할 구체적이고 도 직접적인 주의의무는 없다.

5. 회사가 공장지붕 교체작업을 도급주어 시공케 한 경우 관리과장의 주의의무(소극) [대법원 1983. 9. 27. 선고, 83도1610]

【판결요지】

이 사건 공장지붕스레트 교체작업은 회사가 공소외인에게 도급주어 공사케 한 것이고 피고인은 위 회사의 관리과장으로서 그 공사의 시공업자의 선정, 공사계약의 체결, 공사의 지정 및 공사금의 지급 등 만을 담당하였을 뿐이라면 피고인에게 위 작업중의 사고를 방지하는데 필요한 안전조치를 취할 주의의 무가 있다고 보기 어렵다.

6. 원발주자에 의해 임명되지 않은 공사현장감독의 업무상 과실책임(소극) [대법원 1983. 6. 14. 선고, 82도2713]

【판결요지】

피고인이 사업당시 공사현장감독인인 이상 그 공사의 원래의 발주자의 직원이 아니고 또 동 발주자에 의하여 현장감독에 임명된 것도 아니며, 건설업법상 요구되는 현장건설기술자의 자격도 없다는 등의 사유는 업무상과실책임을 물음에 아무런 영향도 미칠 수 없다.

268-Ⅱ-8. 사람의 접근을 막기 위한 안전조치를 한 작업현장에서 후사경 없는 굴삭기 운전자에게 후면에서 접근해 오는 사람의 유무를 확인해야 할 주의의무가 있는지 여부(소극) [대법원 1987. 9. 22. 선고, 87도1254]

【판결요지】

작업현장에 경고표시판 및 안전망의 설치 등 충돌사고에 대비한 안전조치가 취해져 있었을 뿐만 아니라 굴삭기에의 접근을 예방하기 위하여 굴삭기의 전후에 신호수까지 배치해 두었다면 후사경이 붙어 있지 아니한 굴삭기를 운전하여 작업에 열중하고 있는 운전자에게 굴삭기의 후면에서 접근해오는 사람이 있는지의 여부까지 스스로 확인해 가면서 작업에 임해야할 주의의무가 있다고는 볼 수 없다.

268-Ⅱ-9. 취객이 도로로부터 약 21미터 떨어진 공사장에 파놓은 구덩이에 추락한 사고에 대하여 시공회사 직원의 과실책임(소극) [대법원 1986. 12. 9. 선고, 86도1933]

【판결요지】

피해자가 추락하여 상처를 입은 장소는 빌딩내에 자동차승강기를 설치하는 공사를 하면서 깊이 5 미터가량 파놓았던 곳으로서 그 설치장소로부터 노폭 5미터 가량의 뒷골목까지는 21.6미터 정도 떨어져 있고 그 도로와 승강기 설치장소 사이에 있는 공터에는 승강기설치를 위한 건축자재와 쓰레기가 사람의 왕래를 못하게 할 정도로 쌓여 있었으며 승강기 설치장소의 입구 중앙의 상단에는 추락주의라는 표지판을 부착해 놓았을 뿐 아니라 사람의 출입을 막기 위하여 각목과 쇠파이프로 입구를 막아 놓았었기 때문에 그 위나 아래로 지나야만 승강기 설치장소에 들어갈 수 있다면 21.6미터나 떨어진 도로를 지나가던 술 취한 피해자가 쉬어 가기 위해 건물 내로 들어가려다 위 승강기 설치공사를 위해 파놓은 곳에 빠져 다친 결과는 공사 시공회사 직원의 주의의무 태만으로 인하여 발생한 것으로 볼 수 없다.

268-Ⅱ-10. 도로에 웅덩이를 파둔 공사현장감독에게 웅덩이에 행인이 떨어져 입은 상해에 대한 책임(적극) [대법원 1986. 8. 19. 선고, 86도915]

【판결요지】

자전거 전용통로에 도시가스배관, 철도횡단흥관 압입공사를 하기 위하여 너비 약 3미터, 깊이 약 1미터, 길이 약 5미터의 웅덩이를 파두어 야간에 그곳을 지나던 통행인이 위 웅덩이에 떨어져 상해를 입었다면 동 공사현장 감독에게는 공사현장의 보안관리를 소홀히 한 주의의무위반이 있다.

268-Ⅱ-11. 소규모 전기공사 현장소장의 감전사고방지를 위한 주의의무 정도 [대법원 1986. 7. 22. 선고, 85도2223]

【판결요지】

현장건축물 시공업무, 임시동력선 배선공사 및 그와 관련된 안전관리를 총괄하는 지위에 있는 현장소장으로서는 그 현장이 직원 6명 정도의 비교적 소규모의 것이었다면 비록 현장소장 아래 담당기사가 있었다고 하더라도 공사전반에 걸친 일반적 관리책임은 물론 구체적인 전선설치 작업에 있어서도 전선의 상태를 점검하여 피복이 벗겨진 부분이 발견되면 이를 교체하는 등 필요한 조치를 취하여 감전사고를 미연에 방지하여야 할 주의의무가 있다.

268-Ⅱ-12. 포크레인 후미에 접근하는 자에 대한 포크레인 운전자 주의의무 [대법원 1985. 11. 12. 선고, 85도1831]

【판결요지】

포크레인은 작업당시 요란한 소리를 내면서 거대한 몸체가 움직이고 있어 일반인으로서는 누구나 그 작업반경내에 들어가면 충격사고의 위험을 예견할 수 있는 것이므로 중기운전자로서는 작업시작전에 그 작업반경내에 장애물이 있는지 여부를 살피고 작업도중 앞과 양옆을 면밀히 살핀 이상 통상의 주의의무를 다하였다고 할 것이고 그밖에 중기운전자가 살필 수 없는 몸체 뒷 부분에 사람이 접근할 것을 예견하여 별도로 사람을 배치하여 그 접근을 막을 주의의무까지는 없다.

III. 기타

268-III-1. 업무상과실치상죄에서 말하는 '업무'의 의미와 범위 [대법원 2017. 12. 5. 선고, 2016도16738]

【판시사항】

[1] 업무상과실치상죄에서 말하는 '업무'의 의미와 범위 / 건물 소유자가 안전배려나 안전관리 사무에 계속적으로 종사하거나 그러한 계속적 사무를 담당하는 지위를 가지지 않은 채 단지 건물을 비정기적으로 수리하거나 건물의 일부분을 임대한 행위가 업무상과실치상죄의 '업무'에 해당하는지 여부(소극)

[2] 3층 건물의 소유자로서 건물 각 층을 임대한 피고인이, 건물 2층으로 올라가는 계단참의 전면 벽이 아크릴 소재의 창문 형태로 되어 있고 별도의 고정장치가 없는데도 안전바를 설치하는 등 낙하사고 방지를 위한 관리의무를 소홀히 함으로써, 건물 2층에서 나오던 甲이 신발을 신으려고 아크릴 벽면에 기대는 과정에서 벽면이 떨어지고 개방된 결과 1층으로 추락하여 상해를 입었다고 하여 업무상과실치상으로 기소된 사안

【판결요지】

[1] 업무상과실치상죄의 **'업무'** 란 사람의 사회생활면에서 하나의 지위로서 계속적으로 종사하는 사무를 말한다. 여기에는 수행하는 직무 자체가 위험성을 갖기 때문에 안전배려를 의무의 내용으로 하는 경우는 물론 사람의 생명·신체의 위험을 방지하는 것을 의무의 내용으로 하는 업무도 포함된다. 그러나 건물 소유자가 안전배려나 안전관리 사무에 계속적으로 종사하거나 그러한 계속적 사무를 담당하는 지위를 가지지 않은 채 단지 건물을 비정기적으로 수리하거나 건물의 일부분을 임대하였다는 사정만으로는 건물 소유자의 위와 같은 행위가 업무상과실치상죄의 '업무'에 해당한다고 보기 어렵다.

[2] 피고인이 건물에 대한 수선 등의 관리를 비정기적으로 하였으나 그 이상의 안전배려나 안전관리 사무에 계속적으로 종사하였다고 인정하기 어렵다고 보아 업무상과실치상의 공소사실을 이유에서 무죄로 판단하고 축소사실인 과실치상 부분을 유죄로 인정한 원심판결이 정당하다.

---

1. 형법 제268조의 업무의 범위 [대법원 1988. 10. 11. 선고, 88도1273]

【판시사항】

[1] 형법 제171조의 업무의 의미

[2] 형법 제268조의 업무의 범위

【판결요지】

[1] 형법 제171조 소정의 업무는 직무로서 화기로부터의 안전을 배려해야 할 사회생활상의 지위를 뜻한다.

[2] 형법 제268조의 업무에는 사람의 생명.신체의 위험을 방지하는 것을 의무내용으로 하는 업무도 포함된다.

---

2. 교도관들의 업무가 업무상과실치사죄에서 말하는 업무에 해당하는지 여부(적극) [대법원 2007. 5. 31. 선고, 2006도3493]

【판시사항】

공휴일 또는 야간에 구치소 소장을 대리하는 당직간부에게 수용자들의 생명·신체에 대한 위험을 방지할 의무가 있는지 여부(적극) 및 교도관들의 업무가 업무상과실치사죄에서 말하는 업무에 해당하는지 여부(적극)

【이 유】

행형법 및 교도관직무규칙의 규정과 구치소라는 수용시설의 특성에 비추어 보면, 공휴일 또는 야간에는 소장을 대리하는 당직간부에게는 구치소에 수용된 수용자들의 생명·신체에 대한 위험을 방지할 법령상 내지 조리상의 의무가 있다고 할 것이고, 이와 같은 의무를 직무로서 수행하는 교도관들의 업무는 업무상과실치사죄에서 말하는 업무에 해당한다고 판단하고, 나아가 사동 2관구 관구감독자로 근무한 피고인 2도 당직간부임을 전제로 하여 위와 같은 의무가 있다.

3. 건물 소유자 지위를 업무상과실치상죄의 '업무'로 볼 수 있는지 여부(소극) [대법원 2009. 5. 28. 선고, 2009도1040]

【판시사항】

[1] 건물 소유자의 지위를 업무상과실치상죄의 '업무'로 볼 수 있는지 여부(소극)

[2] 4층 건물의 2층 내부 벽면에 설치된 분전반을 통해 3층과 4층으로 가설된 전선이 합선으로 단락되어 화재가 나 상해가 발생한 사안

[3] 건물의 안전에 이상이 있음을 알고 있었다는 이유만으로 임차인에게 '업무상과실치상죄'에 정한 '업무상 주의의무' 위반이 있다고 본 원심판결을 심리미진 등을 이유로 파기한 사례

【판결요지】

[1] 업무상과실치상죄에 있어서의 '업무'란 사람의 사회생활면에서 하나의 지위로서 계속적으로 종사하는 사무를 말하고, 여기에는 수행하는 직무 자체가 위험성을 갖기 때문에 안전배려를 의무의 내용으로 하는 경우는 물론 사람의 생명·신체의 위험을 방지하는 것을 의무내용으로 하는 업무도 포함되는데, 안전배려 내지 안전관리 사무에 계속적으로 종사하여 위와 같은 지위로서의 계속성을 가지지 아니한 채 단지 건물의 소유자로서 건물을 비정기적으로 수리하거나 건물의 일부분을 임대하였다는 사정만으로는 업무상과실치상죄에 있어서의 '업무'로 보기 어렵다.

[2] 4층 건물의 소유자로서 위 건물 2층을 임대하였다는 사정만으로 업무상과실치상죄에 있어서의 '업무'에 관한 증명이 있다고 본 원심판결을 심리미진 등을 이유로 파기한 사례

[3] 발화지점으로 지적된 분전반이 건물의 2층 내부 벽면에 매립·설치되어 있고, 건물 3층과 4층에 이르는 전선은 벽체 내부의 통로를 따라 분전반 후면을 거쳐 배선되어 있는 건물의 화재와 관련하여, 분전반이나 전선이 임차인의 지배관리영역에 속하는 것인지 여부, 임차인에게 위 분전반이나 그 내부 전선의 이상으로 인한 화재를 예방하여야 할 주의의무가 있다고 볼 특별한 사정이 있는지 여부, 나아가 그 주의의무가 '업무상'의 주의에 속하는지 여부 등을 심리하지 않은 채, 분전반이나 건물의 3층과 4층에 이르는 전선이 화재원인이고 10여 년간 건물 2층을 임차해 오면서 당해 건물의 안전에 이상이 있음을 알고 있었다는 이유만으로, 임차인에게 '업무상 주의의무' 위반이 있다고 본 원심판결을 심리미진 등을 이유로 파기한 사례

268-Ⅲ-2. 특정범죄가중법 제5조의12 위반죄는 선박의 교통으로 인하여 형법 제268조의 죄를 범한 선박의 선장 또는 승무원이 수난구호법 제18조 제1항 단서에 규정된 의무를 이행하기 이전에 사고현장을 이탈한 때에 성립하는지 여부(적극) [대법원 2015. 11. 12. 선고, 2015도6809, 전원합의체 판결]

【판시사항】

특정범죄 가중처벌 등에 관한 법률 제5조의12 위반죄는 선박의 교통으로 인하여 형법 제268조의 죄를 범한 선박의 선장 또는 승무원이 수난구호법 제18조 제1항 단서에 규정된 의무를 이행하기 이전에 사고현장을 이탈한 때에 성립하는지 여부(적극) 및 위 죄는 '선박 간의 충돌사고' 나 '조타상의 과실' 로 형법 제268조의 죄를 범한 경우에 한하여 성립하는지 여부(소극)

【판결요지】

특정범죄 가중처벌 등에 관한 법률(이하 '특정범죄가중법' 이라 한다) 제1조, 제5조의12 제1호, 제2호, 해사안전법 제2조 제2호, 수난구호법 제18조 제1항 단서의 체계, 내용 및 취지 등을 고려하면, 특정범죄가중법 제5조의12 위반죄는 형법 제268조의 업무상과실치사상죄 및 중과실치사상죄를 기본범죄로 하여 수난구호법 제18조 제1항 단서 위반행위 및 도주행위를 결합하여 가중 처벌하는 일종의 결합범으로서 선박의 교통으로 형법 제268조의 죄를 범한 선박의 선장 또는 승무원이 수난구호법 제18조 제1항 단서에 규정된 의무를 이행하기 이전에 사고현장을 이탈한 때에 성립하고, '선박 간의 충돌사고' 나 '조타상의 과실' 로 형법 제268조의 죄를 범한 경우에 한하여 성립하는 것으로 볼 수 없다.

268-Ⅲ-3. 요양보호사의 요양원에 입소한 치매 노인이 음식물을 제대로 삼키지 못한 채 사레가 들린 듯 기침을 하는 장면을 목격하고도 적절한 조치를 취하지 않아 사망에 이르게 한 경우(적극) [의정부지법 2015. 10. 14. 선고, 2014노2767. 확정]

【판결요지】

폭력성 치매 증상으로 노인전문병원에서 입원치료를 받은 후 혼자 거동을 하거나 식사를 할 수 없고 의사소통도 불가능한 상태에 이르러 요양원에 입소하였고, 사고 발생 약 두 달 전부터 폐렴 증상으로 통원치료를 받을 당시 작성된 진료기록지에 '사레가 자주 들린다고 함, 혼자서는 식사 못한다고 함' 이라는 기재가 있는 점, 요양원에 입소한 치매 노인의 경우 식사를 할 때 유사한 돌발 상황이 자주 발생한다는 것은 요양원 종사자들에게 널리 알려진 사실로서 피고인들은 이를 충분히 예견할 수 있었던 점 등 제반 사정을 종합하면, 피고인들이 업무상 주의의무를 위반하여 그 결과 사망에 이르렀다.

268-Ⅲ-4. '골프 카트' 운전업무에 종사하는 자의 업무상 주의의무(적극) [대법원 2010. 7. 22. 선고, 2010도1911]

【판시사항】

[1] '골프 카트' 운전업무에 종사하는 자의 업무상 주의의무

[2] 골프장 경기보조원인 피고인이 골프 카트 운전자로서의 업무상 과실로 승객을 골프 카트에서 떨어지게 하여 상해를 입게 하였다고 본 원심판단을 수긍한 사례

【판결요지】

[1] 골프 카트는 안전벨트나 골프 카트 좌우에 문 등이 없고 개방되어 있어 승객이 떨어져 사고를 당할 위험이 커, 골프 카트 운전업무에 종사하는 자로서는 골프 카트 출발 전에는 승객들에게 안전 손잡이를 잡도록 고지하고 승객이 안전 손잡이를 잡은 것을 확인하고 출발하여야 하고, 우회전이나 좌회전을 하는 경우에도 골프 카트의 좌우가 개방되어 있어 승객들이 떨어져서 다칠 우려가 있으므로 충분히 서행하면서 안전하게 좌회전이나 우회전을 하여야 할 업무상 주의의무가 있다.

[2] 골프장의 경기보조원인 피고인이 골프 카트에 피해자 등 승객들을 태우고 진행하기 전에 안전 손잡이를 잡도록 고지하지도 않고, 또한 승객들이 안전 손잡이를 잡았는지 확인하지도 않은 상태에서 만연히 출발하였으며, 각도 70°가 넘는 우로 굽은 길을 속도를 충분히 줄이지 않고 급하게 우회전한 업무상 과실로, 피해자를 골프 카트에서 떨어지게 하여 두개골골절, 지주막하출혈 등의 상해를 입게 하였다고 본 원심판단을 수긍한 사례

268-Ⅲ-5. 술을 마시고 찜질방에 들어온 甲이 찜질방 직원 몰래 후문으로 나가 술을 더 마시고 들어와 잠을 자다 사망한 사안(소극) [대법원 2010. 2. 11. 선고, 2009도9807]

【판결요지】

甲이 처음 찜질방에 들어갈 당시 술에 만취하여 목욕장의 정상적 이용이 곤란한 상태였다고 단정하기 어렵고, 찜질방 직원 및 영업주에게 손님이 몰래 후문으로 나가 술을 더 마시고 들어올 경우까지 예상하여 직원을 추가로 배치하거나 후문으로 출입하는 모든 자를 통제·관리하여야 할 업무상 주의의무가 있다고 보기 어렵다.

268-Ⅲ-6. 모텔 방에 투숙하여 담배를 피운 후 재떨이에 담배를 끄게 되었으나 담뱃불이 완전히 꺼졌는지 여부를 확인하지 않은 채 불이 붙기 쉬운 휴지를 재떨이에 버리고 잠을 잔 과실로 담뱃불이 휴지와 침대시트에 옮겨 붙게 함으로써 화재가 발생한 사안(소극) [대법원 2010. 1. 14. 선고, 2009도12109,2009감도38]

【판시사항】

이 사건 화재는 피고인이 모텔 방에 투숙하여 담배를 피운 후 재떨이에 담배를 끄게 되었으나 담뱃불이 완전히 꺼졌는지 여부를 확인하지 않은 채 불이 붙기 쉬운 휴지를 재떨이에 버리고 잠을 잔 과실로 담뱃불이 휴지와 옆에 있던 침대시트에 옮겨 붙게 함으로써 발생하였고, 이러한 피고인의 과실은 중대한 과실에 해당한다고 전제한 다음, 이와 같이 이 사건 화재가 피고인의 중과실로 발생하였다 하더라도, 이 부분 공소사실과 같이 부작위에 의한 현주건조물방화치사 및 현주건조물방화치상죄가 성립하기 위하여는, 피고인에게 법률상의 소화의무가 인정되는 외에 소화의 가능성 및 용이성이 있었음에도 피고인이 그 소화의무에 위배하여 이미 발생한 화력을 방치함으로써 소훼의 결

과를 발생시켜야 하는 것인데, 이 사건 화재가 피고인의 중대한 과실 있는 선행행위로 발생한 이상 피고인에게 이 사건 화재를 소화할 법률상 의무는 있다 할 것이나, <u>피고인이 이 사건 화재 발생 사실을 안 상태에서 모텔을 빠져나오면서도 모텔 주인이나 다른 투숙객들에게 이를 알리지 아니하였다는 사정만으로는 피고인이 이 사건 화재를 용이하게 소화할 수 있었다고 보기 어렵고, 달리 이를</u> 인정할 만한 증거가 없다는 이유로, 이 부분 공소사실에 대하여 무죄로 판단하였다.

268-Ⅲ-7. 차에 싣고 내리거나 운반하는 과정에서 위험을 초래할 우려가 있는 물품을 출고하여 운반을 의뢰하는 경우, 운반 의뢰인의 주의의무 및 그 주의의무 위반과 물품을 싣고 내리는 과정에서 발생한 추락사고 사이의 인과관계 유무(적극) [대법원 2009. 7. 23. 선고, 2009도3219]

【판시사항】

[1] 차에 싣고 내리거나 운반하는 과정에서 위험을 초래할 우려가 있는 물품을 출고하여 운반을 의뢰하는 경우, 운반 의뢰인의 주의의무 및 그 주의의무 위반과 물품을 싣고 내리는 과정에서 발생한 추락사고 사이의 인과관계 유무(적극)

[2] 건축자재인 철판 수백 장의 운반을 의뢰한 자가 절단면이 날카롭고 무거운 철판을 묶기에 매우 부적합한 폴리에스터 끈을 사용하여 철판 묶음 작업을 하는 등의 과실로 철판 쏠림 현상이 발생하였고, 이로 인하여 철판을 차에서 내리는 과정에서 철판이 쏟아져 내려 화물차 운전자가 사망한 사안에서, 운반 의뢰인에게 업무상 과실치사의 죄책을 인정한 사례

【이 유】

무게가 무겁거나, 날카로운 형상을 가지고 있는 등 상·하차 과정이나 운반 과정에 위험을 초래할 우려가 있는 물품을 출고하여 운반을 의뢰함에 있어서는 그 물품의 특성에 맞게 적절한 단위로 서로 단단히 묶거나 포장하여 운반 과정 등에 장애를 발생시키지 않도록 할 주의의무가 있다 할 것이고, 그러한 주의의무를 게을리 함으로써 물품의 묶음이나 포장이 쉽게 풀어지거나 파손되게 하여 물품의 상·하차 과정에서 당해 물품이 추락하는 사고가 발생하였다면, 그 사고와 위 주의의무 위반과 사이에는 상당인과관계가 있다 할 것이다.

피고인들은 수백 장의 철판의 운반을 의뢰하면서 이들 철판이 운반 과정에서 서로 흐트러지지 않도록 적절한 단위로 나누어 받침목 등과 함께 서로 단단히 묶는 등의 작업을 소홀히 하는 잘못을 범하였고, 그러한 주의의무 위반과 철판 하차 과정에서 철판이 쏟아져 내려 피해자가 사망에 이르게 된 위 사고 사이에는 상당인과관계가 있다고 할 수 있다.

268-Ⅲ-8. 자동차정비공인이 규격에 맞지 않는 비정품 볼트를 사용하여 피해자 소유 차량을 수리함으로써 교통사고를 초래하였고 이로 인하여 피해자에게 약 13주간의 치료를 요하는 상해를 입게 한 사안(적극) [의정부지법 2009. 7. 16. 선고, 2009노84. 확정]

【판결요지】

자동차정비공인 피고인이 수차례 피해자 소유의 차량을 수리하면서 규격에 맞는 정품 볼트를 사용하여 로워암과 너클을 고정하여야 할 업무상 주의의무가 있음에도 규격에 맞지 않는 비정품 볼

트를 사용한 과실로 교통사고를 초래하였고, 이로 인하여 피해자에게 약 13주간의 치료를 요하는 상해를 입게 한 사안에서, 업무상과실치상죄를 인정한 사례

268-Ⅲ-9. 스키장 안전관리를 책임지는 사람의 업무상 주의의무(적극) [전주지법 2008. 3. 25. 선고, 2007고정701. 확정]

【판결요지】

스키장의 안전관리를 책임지는 자로서는 안전사고 위험이 있는 곳에는 안전망 또는 안전매트 등의 안전시설을 설치하여 사고를 미연에 방지할 업무상 주의의무가 있고, 또한 스키장을 이용하는 자가 보호장구 착용의무를 준수하지 아니할 경우 스키장 이용을 거절하거나 중지하게 함으로써 보호장구 미착용으로 인한 안전사고를 미연에 방지할 업무상 주의의무가 있다.

268-Ⅲ-10. 액화석유가스 판매사업자가 수요자의 소비설비 철거를 요청받고 철거하라고 이야기하여 이사를 가는 자로 하여금 별다른 안전조치도 취하지 아니한 채 휴즈콕크(속칭 중간밸브)까지 떼어가게 하여 그 부분으로 새어 나온 가스로 폭발사고가 발생한 경우(적극) [대법원 2006. 5. 12. 선고, 2006도819]

【판시사항】

구 액화석유가스의안전및사업관리법(2003. 9. 29. 법률 제6976호 액화석유가스의안전관리및사업법으로 개정되어 2004. 3. 30. 시행되기 전의 것, 이하 '구법'이라 한다) 제9조 제1항은 액화석유가스 판매사업자가 액화석유가스를 수요자에게 공급할 때에는 그 수요자의 시설에 대하여 안전점검을 실시하고, 산업자원부령이 정하는 바에 의하여 수요자에게 위해 예방에 필요한 사항을 계도하여야 한다고 정하고 있는바, 이는 액화석유가스가 인화 폭발하기 쉬운 성질을 가지고 있고 그 폭발 사고로 인한 피해도 심각하여 고도의 위험성을 가지고 있는 반면 일반인이 그 누출 가능성 등을 미리 알기 어려운 사정 등 때문에 액화석유가스 판매업자에게 엄격한 주의의무를 부과한 것이라고 보이므로 (대법원 2004. 10. 28. 선고 2003도5487 판결 등 참조), 일반 수요자에게 가스를 공급하는 액화석유가스 판매사업자로서는 액화석유가스 공급계약을 체결한 때로부터 그 계약이 해지될 때까지 액화석유가스에 의한 재해가 발생할 위험성이 있는 경우에는 언제든 이를 미리 방지하기 위한 조치를 강구할 업무상의 주의의무가 있다고 할 것이다.

268-Ⅲ-11. 유아원(어린이집) 원장실에서 원장이 개인적으로 사용하던 가스난로를 유아원 교사가 임의로 원생들의 교실에 비치.사용하다가 원생이 부주의로 화상을 입은 경우(소극) [부산지법 2001. 8. 28. 선고, 2001노696. 확정]

【판결요지】

유아원 원장에게 원생의 사고발생에 대한 형사상 과실책임을 묻기 위해서는 그가 영·유아보육 책임자로서 이 사고의 발생을 예견할 수 있었음에도 불구하고 이를 게을리한 과실이 있고, 또한 그 과실이 이 사고발생의 직접 원인이 되었음이 인정되어야 하며, 그 과실의 유무를 판단함에는

유아원 원장과 동종의 업무에 종사하는 일반적 보통인의 주의 정도를 표준으로 하여야 하고, 이에는 사고 당시의 관련 법령에서 요구하는 시설기준, 보육환경 등이 고려되어야 할 것이며, 영·유아보육책임자의 책임 및 보호자적 지위만을 강조한 나머지 과다한 업무상 주의의무를 요구할 수는 없는바, 관련 법령에 비추어 볼 때 원장이 업무상 주의의무를 위반하였다고 할 수 없을 뿐만 아니라, 원장으로서는 교사가 임의로 가스난로를 옮겨 사용할 것이라는 것까지 예견할 수는 없다고 할 것이므로 원장에게 업무상 과실이 있다고 할 수 없다.

268-Ⅲ-12. 강제도선사가 좌초 사고에 관하여 해도를 믿고 항행하였다는 사유로 면책될 수 있는지 여부 [대법원 1995. 4. 11. 선고, 94도3302]

【판시사항】

[1] 강제도선사가 좌초 사고에 관하여 해도를 믿고 항행하였다는 사유로 면책될 수 있는지 여부

[2] 강제도선구에서의 선장의 주의의무

【판결요지】

[1] 도선사는 법률에 의하여 상당히 고도의 주의의무가 부과되어, 해도에 표시된 장애물 뿐 아니라 해도에 표시되어 있지 않고 외관상 쉽게 발견되지 않는 위험물을 포함하여 지방수역에 관한 지식을 가지고 있어야 하며 이를 활용할 의무가 있고 더욱이 강제도선사는 전문지식이 있다고 판단하여 선임된 자이기 때문에 선박이 임의로 승선시킨 도선사보다 고도의 주의의무를 부담하고 있는 점을 고려하여 볼 때, 강제도선사인 피고인이 선택한 항로로 운항중이던 유조선의 수중암초 충돌로 인한 업무상과실치상 및 해양오염방지법위반 사건에 관하여 피고인이 해도를 믿고 항행을 하였다 하여 면책될 수 없다.

[2] 선장이 강제도선구에서의 도선사의 조선지휘사항에 일일이 간섭할 수는 없다 하더라도, 도선사의 운항로선택 등 조선지휘상황이 통상의 예에서 벗어난 위험한 것임을 알았음에도 조기에 이를 시정토록 촉구하여 안전한 운항로선택 및 안전운항조치를 취하도록 적극적인 조치를 취하지 아니한 것은 잘못이다.

268-Ⅲ-13. 놀이방 경영주가 생후 3개월 20일된 여아를 푹신한 요 위에 엎어서 재웠는데 그 여아가 사망한 경우[대법원 1994. 12. 27. 선고, 94도2580]

【판시사항】

놀이방 경영주가 생후 3개월 20일된 여아를 푹신한 요 위에 엎어서 재웠는데 그 여아가 사망한 경우, 그 경영주의 업무상 과실로 질식사하였다는 공소사실이 유죄로 인정되기 위하여 필요한 증명

【판결요지】

놀이방 경영주가 생후 3개월 20일된 여아를 푹신한 요 위에 엎어서 재웠는데 그 여아가 사망한 경우, 그 경영주의 업무상 과실로 피해자가 질식사하였다는 공소사실이 유죄로 인정되기 위하여는, 우선 피해자의 사망원인이 질식사임이 밝혀져야 하고, 다음으로는 피해자가 당시 스스로 목을 가누지 못하였기 때문에 엎어서 자는 동안에 고개를 뒤척이는 등의 사유로 우연히 발생한 호

흡곤난상태를 벗어나지 못하였거나, 일반적으로 엎어 재우는 것 자체가 질식사의 원인이 될 수 있고, 그 개연성 또한 상당히 높다는 점이 증명되어야 하며, 그렇지 않으면 피해자의 기도가 막혀 질식사에 이르게 된 구체적 사정, 예컨대 당시 피해자의 건강상태에 비추어 엎어 재우는 것만으로도 호흡곤난이 올 수 있었다거나 푹신한 요 위에 엎어 재워서 호흡곤난이 발생할 위험성이 아주 높았다는 점 등이 증명되어야 할 것이다.

268-Ⅲ-14. 업무상과실치사상죄의 공소시효 기산점(=범죄행위가 종료한 때) [대법원 1994. 3. 22. 선고, 94도35]

【판결요지】

공소시효의 기산점에 관하여 규정한 형사소송법 제252조 제1항 소정의"범죄행위"에는 당해 범죄의 결과까지도 포함되는 취지로 해석함이 상당하므로, 업무상과실치사상죄의 공소시효는 피해자들이 사상에 이른 결과가 발생함으로써 그 범죄행위가 종료한 때로부터 진행한다.

268-Ⅲ-15. 수영장에 배치된 안전요원이 성인풀 쪽을 지키고 있는 사이에 피해자(9세)가 유아풀로 내려가는 미끄럼틀을 타고 내려가 끝부분에 다다랐을 때 다가오는 어린아이에게 부딪치지 않으려고 몸을 틀다가 미끄럼틀 손잡이에 부딪쳐 상해를 입은 사고 [대법원 1992. 11. 13. 선고, 92도610]

【판결요지】

수영장의 경영자인 피고인이 수영장 내의 미끄럼틀에 안전요원을 배치하여 안전사고를 당하지 않도록 보살피도록 하였는데, 안전요원이 성인풀 쪽을 지키고 있는 사이에 피해자(9세)가 유아풀로 내려가는 미끄럼틀을 타고 내려가 끝부분에 다다랐을 때 다가오는 어린아이에게 부딪치지 않으려고 몸을 틀다가 미끄럼틀 손잡이에 입부분을 부딪쳐 상해를 입었다면, 안전요원이 사고방지조치의무를 제대로 이행하지 않을 것에 대비하여 피고인이 안전조치지시 외에 안전요원의 지시에 따르지 아니하면 미끄럼틀을 이용할 수 없도록 쇠사슬을 설치하거나, 낙하지점 부근에 다른 사람들이 접근하여 오지 않도록 안전시설을 설치하고, 수영장 내에 안전요원을 충분히 배치하여 미끄럼틀 낙하지점에 다른 사람이 접근하지 못하게 하여 충돌을 방지하게 할 구체적이고 직접적인 업무상 주의의무가 있다고 할 수 없다.

268-Ⅲ-16. "러시안 룰렛" 게임을 하다가 사망한 경우 [대법원 1992. 3. 10. 선고, 91도3172]

【판결요지】

경찰관인 피고인들은 동료 경찰관인 갑 및 피해자 을과 함께 술을 많이 마셔 취하여 있던 중 갑자기 위 갑이 총을 꺼내 을과 같이 총을 번갈아 자기의 머리에 대고 쏘는 소위 "러시안 룰렛" 게임을 하다가 을이 자신이 쏜 총에 맞아 사망한 경우 피고인들은 위 갑과 을이 "러시안 룰렛" 게임을 함에 있어 갑과 어떠한 의사의 연락이 있었다거나 어떠한 원인행위를 공동으로 한 바가 없고, 다만 위 게임을 제지하지 못하였을 뿐인데 보통사람의 상식으로서는 함께 수차에 걸쳐서 흥겹게 술을 마시고 놀았던 일행이 갑자기 자살행위와 다름없는 위 게임을 하리라고는 쉽게 예상할 수 없는 것이고 (신뢰의 원칙), 게다가 이 사건 사고는 피고인들이 "장난치지 말라" 며 말로 위 갑을 만류하던 중에 순식간에 일어난 사고여서 음주만취하여 주의능력이 상당히 저하된 상태에 있던 피고인들로서는 미처 물리력으로 이를 제지할 여유도 없었던 것이므로, 경찰관이라는 신분상의 조건을 고려하더라도 위와 같은 상황에서 피고인들이 이 사건 "러시안 룰렛" 게임을 즉시 물리력으로 제지하지 못하였다 한들 그것만으로는 위 갑의 과실과 더불어 중과실치사죄의 형사상 책임을 지울 만한 위법한 주의의무위반이 있었다고 평가할 수 없다.

268-Ⅲ-17. 기온 급상승으로 철로장출이 직접적인 원인이 되어 열차가 일부 탈선한 경우 기관사의 업무상과실 유무(소극) [대법원 1991. 12. 10. 선고, 91도2044]

【판결요지】

기관사가 열차 운행중 사고지점 부근이 좌우 진동이 심하다는 다른 열차로부터의 연락이 있으니 주의운전을 바란다는 무전만 받고 시속 약 85Km로 운행하던 중 사고지점 약 50m 앞에서 궤도가 장출되어 있는 것을 발견하고 비상제동을 걸었으나 미치지 못하여 열차가 일부 탈선한 경우, 열차는 미리 지정된 속도로 진행하고 특별한 사정이 없는 한 마음대로 속력을 가감할 수 없는데, 육안으로 궤도장출을 발견하려면 상당히 가까이 가야만 가능하며 그 지점에 이르기 전에 시속 약 20 내지 30Km로 감속하여야만 열차를 정지시킬수 있었던 점 및 위 사고는 기온의 급상승으로 인한 철로장출이 그 직접적인 원인이 된 점 등에 비추어 보면 이와 같은 상황에서 기관사에게 위 사고를 예상하고 충분히 감속하여 즉시 정차해야 할 주의의무가 있다고 할 수 없다.

268-Ⅲ-18. 야영장 연수부의 지도교사가 연수부 결정을 어기고 야영장에 설치된 전기점화장치의 사용을 승낙하여 발생한 감전사고에 있어서, 야영장 행정책임자인 연수부장직무대리의 책임(소극) [대법원 1991. 9. 10. 선고, 91도1075]

【판결요지】

화재 등의 위험 때문에 야영장에 설치된 전기점화장치를 사용하지 않기로 한 야영장 연수부의 결정을 어기고 위 연수부 지도교사가 휴일당직근무자의 승낙 없이 전기점화장치의 사용을 승낙하여 그 조작중 전기공급으로 발생한 감전사고에 있어서, 위 야영장 행정책임자인 연수부장직무대리의 형사상 과실이 있다고 하기 어렵다.

268-Ⅲ-19. 연탄가스 중독환자가 퇴원시 자신의 병명을 물었으나 담당 의사가 아무런 요양방법을 지도하여 주지 아니하여 병명을 알지못한 환자가 퇴원 즉시 처음 사고 난 방에서 다시 자다가 재차 연탄가스에 중독된 경우 의사의 업무상과실 유무(적극) [대법원 1991. 2. 12. 선고, 90도2547]

【판시사항】

연탄가스 중독환자가 퇴원시 자신의 병명을 물었으나 환자를 그 병명으로 진단, 치료한 의사가 아무런 요양방법을 지도하여 주지 아니하여 병명을 알지못한 환자가 퇴원 즉시 처음 사고 난 방에서 다시 자다가 재차 연탄가스에 중독된 경우 의사의 업무상과실 유무(적극) 및 그 과실과 재차의 연탄가스 중독과의 인과관계 유무(적극)

【판결요지】

자기집 안방에서 취침하다가 일산화탄소(연탄가스) 중독으로 병원 응급실에 후송되어 온 환자를 진단하여 일산화탄소 중독으로 판명하고 치료한 담당의사에게 회복된 환자가 이튿날 퇴원할 당시 자신의 병명을 문의하였는데도 의사가 아무런 요양방법을 지도하여 주지 아니하여, 환자가 일산화탄소에 중독되었던 사실을 모르고 퇴원 즉시 사고 난 자기 집 안방에서 다시 취침하다 전신피부파열 등 일산화탄소 중독을 입은 것이라면, 위 의사에게는 그 원인 사실을 모르고 병명을 문의하는 환자에게 그 병명을 알려주고 이에 대한 주의사항인 피해장소인 방의 수선이나 환자에 대한 요양의 방법 기타 건강관리에 필요한 사항을 지도하여 줄 요양방법의 지도의무가 있는 것이므로 이를 태만한 것으로서 의사로서의 업무상과실이 있고, 이 과실과 재차의 일산화탄소 중독과의 사이에 인과관계가 있다고 보아야 한다.

268-Ⅲ-20. 부근에 고압전선이 설치되어 있는 건물옥상에 애드벌룬을 띄움에 있어서의 업무상 주의의무(적극) [대법원 1990. 11. 13. 선고, 90도1987]

【판결요지】

광고업자가 건물옥상에 고정수소 2,850기압을 주입한 애드벌룬을 공중에 띄움에 있어서 당시 강풍이 불고 있었고 그곳 부근에 22,900볼트의 고압전선이 설치되어 있었다면 그 안전여부를 확인하면서 주민들에게 위험을 알려주어 주의를 환기시키고 애드벌룬이 고압선에 감겼을 때에도 안전하게 이를 제거할 방법을 강구할 업무상 주의의무가 있다.

268-Ⅲ-21. 역무원에게 열차가 열차운전취급규정의 각 규정을 무시한 채 운행될 것이라는 것까지 예견하여 이에 대비할 주의의무가 있는지 여부(소극) [대법원 1986. 11. 25. 선고, 85도597]

【판결요지】

열차운전취급규정의 각 규정에 의하면 특급열차의 기관사는 정위치에서의 예고된 진행수신호가 없는 한 역 장내신호기의 정지신호에 따라 반드시 동 열차를 정지시키도록 되어 있고, 나아가 특급열차에는 자동제어장치가 설치되어 상치신호기의 정지신호에 따라 자동으로 열차가 정지되도록 장치되어 있다면 역무원으로서는 특급열차가 장내신호기의 정지신호를 무시한 채 역구내로 계속 진입하여 올 것을 예견하여 동 특급열차를 향하여 정지수신호를 현시할 업무상 주의의무가 있다고 할 수 없다.

268-Ⅲ-22. 업무에 직접 관여하지 아니한 호텔회장의 호텔내 화재에 의한 업무상 과실치사상 책임(소극) [대법원 1986. 7. 22. 선고, 85도108]

【판결요지】

호텔을 경영하는 주식회사에 대표이사가 따로 있고 동 회사의 실질적인 책임자로서 업무전반을 총괄하는 전무밑에 상무, 지배인, 관리부장, 영업부장 등을 따로 두어 각 소관업무를 분담처리하도록 하는 한편, 소방법 소정의 방화관리자까지 선정, 당국에 신고하여 동인으로 하여금 소방훈련 및 화기사용 또는 취급에 관한 지도감독 등을 하도록 하고 있다면 위 <u>회사의 업무에 전혀 관여하지 않고 있던 소위 회장에게는 위 회사의 직원들에 대한 일반적, 추상적 지휘감독의 책임은 있을지언정 동 호텔 종업원의 부주의와 호텔구조상의 결함으로 발생, 확대된 화재에 대한 구체적이고도 직접적인 주의의무는 없다고 할 수 밖에 없다.</u>

268-Ⅲ-23. 1단 기어를 넣은 상태에서 시동 열쇠를 끼워놓은 채 차에서 떠난 운전자의 과실 여부(적극)
[대법원 1986. 7. 8. 선고, 86도1048]

【판결요지】

운전자가 차를 세워 시동을 끄고 1단 기어가 들어가 있는 상태에서 시동열쇠를 끼워놓은 채 11세 남짓한 어린이를 조수석에 남겨두고 차에서 내려온 동안 동인이 시동열쇠를 돌리며 악셀러레이터 페달을 밟아 차량이 진행하여 사고가 발생한 경우, 비록 동인의 행위가 사고의 직접적인 원인이었다 할지라도 그 경우 운전자로서는 위 어린이를 먼저 하차시키던가 운전기기를 만지지 않도록 주의를 주거나 손브레이크를 채운 뒤 시동열쇠를 빼는 등 사고를 미리 막을 수 있는 제반조치를 취할 업무상 주의의무가 있다 할 것이어서 이를 게을리 한 과실은 사고결과와 법률상의 인과관계가 있다고 봄이 상당하다.

268-Ⅲ-24. 구조상 결함 있는 승강기관리책임자의 정전기의 주의의무 [대법원 1986. 3. 11. 선고, 85도2833]

【판결요지】

사고 승강기가 제작시부터 승강기와 승강기 통로의 벽사이가 벌어져 있었고 위 승강기에는 정전이 될 때에 자체발전의 전원이 바로 연결되는 자동배선시스템이 설치되어 있지 아니하여 정전이 되고 자력발전으로 전기를 다시 공급하기까지 약 2, 3분의 시간이 소요되는등 구조상의 잘못이 있었다면 승강기관리책임자로서는 주민들의 반발이 있다 하더라도 정전예고시간부터 최소한 5분 전에는 승강기를 1층에 정지시켜 두었다가 전기가 들어오면 다시 가동운행하게 하는 등으로 사고를 미연에 방지할 주의의무가 있다.

268-Ⅲ-25. 교사가 징계목적으로 학생의 손바닥을 때리기 위해 회초리를 들어올리다 옆에서 구경하려는 다른 학생 눈을 찔러 상해를 입힌 경우(소극) [대법원 1985. 7. 9. 선고, 84도822]

【판시사항】

【판결요지】

교사가 징계의 목적으로 회초리로 학생들의 손바닥을 때리기 위해 회초리를 들어올리는 순간 이를 구경하기 위해 옆으로 고개를 돌려 일어나는 다른 학생의 눈을 찔러 그로 하여금 우안실명의 상해를 입게 한 경우, 직접 징계당하는 학생의 옆에 있는 다른 학생이 징계 당하는 것을 구경하기 위하여 고개를 돌려 뒤에서 다가 선다던가 옆자리에서 일어나는 것까지 예견할 수는 없다고 할 것이고 교사가 교육의 목적으로 학생을 징계하기 위하여 매질하는 경우에 반드시 한 사람씩 불러내어서 해야 할 주의의무가 있다고도 할 수 없어 위 교사의 행위를 업무상 과실치상죄에 문의할 수는 없다.

268-Ⅲ-26. 무모한 추월시도차량에 대한 선행차량 운전자의 업무상 주의의무 [대법원 1984. 5. 29. 선고, 84도483]

【판결요지】

피고인(갑)이 봉고트럭을 운전하고 도로 2차선상으로, 피고인(을)이 버스를 운전하고 도로 3차선상으로 거의 병행운행하고 있을 즈음 도로 3차선에서 피고인(을)의 버스뒤를 따라 운행하여 오던 피해자 운전의 오토바이가 버스를 앞지르기 위해 도로 2차선으로 진입하여 무모하게 위 트럭과 버스 사이에 끼어 들어 이 사이를 빠져 나가려 한 경우에 있어서는 선행차량이 속도를 낮추어 앞지르려는 피해자의 오토바이를 선행하도록 하여 줄 업무상 주의의무가 있다고 할 수 없다.

268-Ⅲ-27. 앞서가는 자전거를 추월하는 자동차운전자와 신뢰원칙의 적용한계 [대법원 1984. 4. 10., 선고, 84도79]

【판결요지】

신뢰의 원칙은 상대방 교통관여자가 도로교통의 제반법규를 지켜 도로교통에 임하리라고 신뢰할 수 없는 특별한 사정이 있는 경우에는 그 적용이 배제된다고 할 것인바 본사건의 사고지점이 노폭 약 10미터의 편도 1차선 직선도로이며 진행방향 좌측으로 부락으로 들어가는 소로가 정(J)자형으로 이어져 있는 곳이고 당시 피해자는 자전거 짐받이에 생선상자를 적재하고 앞서서 진행하고 있었다면 피해자를 추월하고자 하는 자동차운전사는 자전거와 간격을 넓힌 것만으로는 부족하고 경적을 울려서 자전거를 탄 피해자의 주의를 환기시키거나 속도를 줄이고 그의 동태를 주시하면서 추월하였어야 할 주의의무가 있다고 할 것이고 그같은 경우 피해자가 도로를 좌회전하거나 횡단하고자 할 때에는 도로교통법의 규정에 따른 조치를 취하리라고 신뢰하여도 좋다고 하여 위 사고발생에 대하여 운전사에게 아무런 잘못이 없다고 함은 신뢰의 원칙을 오해한 위법이 있다.

268-Ⅲ-28. 화약류취급책임자 면허 없는 자에게 화약류를 취급케 한 행위와 화약류 폭발사고 간에 인과관계(소극) [대법원 1981. 9. 8. 선고, 81도53]

【판결요지】

탄광덕대인 피고인이 화약류취급책임자 면허가 없는 갑에게 화약고 열쇠를 맡기었던 바갑이 경찰관의 화약고 검열에 대비하여 임의로 화약고에서 뇌관, 폭약 등을 꺼내어 이를 노무자 숙소 아궁이에 감추었고, 이 사실을 모르는 자가 위 아궁이에 불을 때다 위 폭발물에 인화되어 폭발위력으로 사람을 사상에 이르게 한 경우에는 피고인으로서는 위와 같은 사고를 예견할 수 있었다고 보기 어려울뿐 아니라 피고인이 갑에게 위 열쇠를 보관 시키고 화약류를 취급하도록 한 행위와 위 사고발생 간에는 인과관계가 있다고 할 수 없다.

제27장 낙태의 죄

제269조[낙태]

제269조(낙태) ① 부녀가 약물 기타 방법으로 낙태한 때에는 1년 이하의 징역 또는 200만원 이하의 벌금에 처한다. 〈개정 1995. 12. 29.〉
② 부녀의 촉탁 또는 승낙을 받아 낙태하게 한 자도 제1항의 형과 같다. 〈개정 1995. 12. 29.〉
③ 제2항의 죄를 범하여 부녀를 상해에 이르게 한때에는 3년 이하의 징역에 처한다. 사망에 이르게 한때에는 7년 이하의 징역에 처한다. 〈개정 1995. 12. 29.〉
[헌법불합치, 2017헌바127, 2019. 4. 11. 형법(1995. 12. 29. 법률 제5057호로 개정된 것) 제269조 제1항, 제270조 제1항 중 '의사'에 관한 부분은 모두 헌법에 합치되지 아니한다. 위 조항들은 2020. 12. 31.을 시한으로 입법자가 개정할 때까지 계속 적용된다]

269-1. 결혼을 전제로 교제하던 여성 甲의 임신 사실을 알고 수회에 걸쳐 낙태를 권유하였다가 거부당하였는데, 그 후 甲이 피고인에게 알리지 아니한 채 낙태시술을 받은 사안(적극) [대법원 2013. 9. 12. 선고, 2012도2744

【판결요지】

피고인이 결혼을 전제로 교제하던 여성 甲의 임신 사실을 알고 수회에 걸쳐 낙태를 권유하였다가 거부당하자, 甲에게 출산 여부는 알아서 하되 더 이상 결혼을 진행하지 않겠다고 통보하고, 이후에도 아이에 대한 친권을 행사할 의사가 없다고 하면서 낙태할 병원을 물색해 주기도 하였는데, 그 후 甲이 피고인에게 알리지 아니한 채 자신이 알아본 병원에서 낙태시술을 받은 사안에서, 피고인은 甲에게 직접 낙태를 권유할 당시뿐만 아니라 출산 여부는 알아서 하라고 통보한 이후에도 계속 낙태를 교사하였고, 甲은 이로 인하여 낙태를 결의·실행하게 되었다고 보는 것이 타당하며, 甲이 당초 아이를 낳을 것처럼 말한 사실이 있다는 사정만으로 피고인의 낙태교사행위와 甲의 낙태결의 사이에 인과관계가 단절되는 것은 아니라는 이유로, 피고인에게 낙태교사죄를 인정한 원심판단을 정당하다.

269-2. 무면허 의료행위로서 승락낙태를 한 경우 무면허 의료영업죄와 승락낙태죄와[대구고법 1973. 9. 13., 73노472, 확정]

【판결요지】

의사면허 없는 자가 업으로 부녀의 승락을 받아 낙태케 한 행위는 승락낙태죄와 무면허 의료영업죄와의 두 개의 구성요건에 해당하는 한 개의 행위로서 상상적경합관계에 선다.

제270조[의사 등의 낙태, 부동의낙태]

제270조(의사 등의 낙태, 부동의낙태) ① 의사, 한의사, 조산사, 약제사 또는 약종상이 부녀의 촉탁 또는 승낙을 받아 낙태하게 한 때에는 2년 이하의 징역에 처한다. 〈개정 1995. 12. 29.〉
② 부녀의 촉탁 또는 승낙없이 낙태하게 한 자는 3년 이하의 징역에 처한다
③ 제1항 또는 제2항의 죄를 범하여 부녀를 상해에 이르게 한때에는 5년 이하의 징역에 처한다. 사망에 이르게 한때에는 10년 이하의 징역에 처한다. 〈개정 1995. 12. 29.〉
④ 전 3항의 경우에는 7년 이하의 자격정지를 병과한다.
[헌법불합치, 2017헌바127, 2019. 4. 11. 형법(1995. 12. 29. 법률 제5057호로 개정된 것) 제269조 제1항, 제270조 제1항 중 '의사'에 관한 부분은 모두 헌법에 합치되지 아니한다. 위 조항들은 2020. 12. 31.을 시한으로 입법자가 개정할 때까지 계속 적용된다.

270-1. 낙태시술 결과 태아의 사망 여부가 낙태죄의 성립에 영향이 있는지 여부(소극) [대법원 2005. 4. 15., 선고, 2003도2780

【판시사항】

[1] 낙태시술 결과 태아의 사망 여부가 낙태죄의 성립에 영향이 있는지 여부(소극)

[2] 산부인과 의사인 피고인이 약물에 의한 유도분만의 방법으로 낙태시술을 하였으나 태아가 살아서 미숙아 상태로 출생하자 그 미숙아에게 염화칼륨을 주입하여 사망하게 한 사안에서 피고인에게 살해의 범의가 인정된다고 한 원심의 판단을 수긍한 사례

【판결요지】

[1] 낙태죄는 태아를 자연분만기에 앞서서 인위적으로 모체 밖으로 배출하거나 모체 안에서 살해함으로써 성립하고, 그 결과 태아가 사망하였는지 여부는 낙태죄의 성립에 영향이 없다.

[2] 산부인과 의사인 피고인이 약물에 의한 유도분만의 방법으로 낙태시술을 하였으나 태아가 살아서 미숙아 상태로 출생하자 그 미숙아에게 염화칼륨을 주입하여 사망하게 한 사안에서, 염화칼륨 주입행위를 낙태를 완성하기 위한 행위에 불과한 것으로 볼 수 없고, 살아서 출생한 미숙아가 정상적으로 생존할 확률이 적다고 하더라도 그 상태에 대한 확인이나 최소한의 의료행위도 없이 적극적으로 염화칼륨을 주입하여 미숙아를 사망에 이르게 하였다면 피고인에게는 미숙아를 살해하려는 범의가 인정된다고 한 원심의 판단을 수긍한 사례.

제28장 유기와 학대의 죄

제271조[유기, 존속유기]

> 제271조(유기, 존속유기) ① 나이가 많거나 어림, 질병 그 밖의 사정으로 도움이 필요한 사람을 법률상 또는 계약상 보호할 의무가 있는 자가 유기한 경우에는 3년 이하의 징역 또는 500만원 이하의 벌금에 처한다.
> ② 자기 또는 배우자의 직계존속에 대하여 제1항의 죄를 지은 경우에는 10년 이하의 징역 또는 1천500만원 이하의 벌금에 처한다.
> ③ 제1항의 죄를 지어 사람의 생명에 위험을 발생하게 한 경우에는 7년 이하의 징역에 처한다.
> ④ 제2항의 죄를 지어 사람의 생명에 위험을 발생하게 한 경우에는 2년 이상의 유기징역에 처한다.
> [전문개정 2020. 12. 8.]

271-1. 유기치사죄의 성립요건 / 유기죄에 관한 형법 제271조 제1항에서 말하는 '법률상 보호의무'에 부부간의 부양의무가 포함되는지 여부(적극) [대법원 2018. 5. 11. 선고, 2018도4018]

【판결요지】

유기죄를 범하여 사람을 사망에 이르게 하는 유기치사죄가 성립하기 위해서는 먼저 유기죄가 성립하여야 하므로, 행위자가 유기죄에 관한 형법 제271조 제1항이 정하고 있는 것처럼 "노유, 질병 기타 사정으로 인하여 부조를 요하는 자를 보호할 법률상 또는 계약상 의무 있는 자"에 해당하여야 한다. 여기에서 말하는 법률상 보호의무에는 민법 제826조 제1항에 근거한 부부간의 부양의무도 포함된다.

271-2. 계약상 부조의무 유무를 판단하는 기준 [대법원 2011. 11. 24. 선고, 2011도12302]

【판시사항】

[1] 유기죄에 관한 형법 제271조 제1항의 '계약상 의무'가 계약에 기한 주된 급부의무가 부조를 제공하는 것인 경우에 한정되는지 여부(소극) 및 '계약상의 부조의무' 유무를 판단하는 기준

[2] 피고인이 자신이 운영하는 주점에 손님으로 와서 수일 동안 식사는 한 끼도 하지 않은 채 계속하여 술을 마시고 만취한 피해자를 주점 내에 그대로 방치하여 저체온증 등으로 사망에 이르게 하였다는 내용으로 예비적으로 기소된 사안

【판결요지】

[1] 유기죄에 관한 형법 제271조 제1항은 그 행위의 주체를 "노유, 질병 기타 사정으로 부조를 요하는 자를 보호할 법률상 또는 계약상 의무 있는 자"라고 정하고 있다. 여기서의 '계약상 의무'는 간호사나 보모와 같이 계약에 기한 주된 급부의무가 부조를 제공하는 것인 경우에 반드시 한정되지 아니하며, 계약의 해석상 계약관계의 목적이 달성될 수 있도록 상대방의 신체 또는 생명에 대하여 주의와 배려를 한다는 부수적 의무의 한 내용으로 상대방을 부조하여야 하는 경우를 배제

하는 것은 아니라고 할 것이다. 그러나 그 의무 위반의 효과로서 주로 손해배상책임이 문제되는 민사영역에서와는 달리 유기죄의 경우에는 당사자의 인적 책임에 대한 형사적 제재가 문제된다는 점 등을 고려하여 보면, 단지 위와 같은 부수의무로서의 민사적 부조의무 또는 보호의무가 인정된다고 해서 형법 제271조 소정의 '계약상 의무'가 당연히 긍정된다고는 말할 수 없고, 당해 계약관계의 성질과 내용, 계약당사자 기타 관련자들 사이의 관계 및 그 전개양상, 그들의 경제적·사회적 지위, 부조가 필요하기에 이른 전후의 경위, 필요로 하는 부조의 대체가능성을 포함하여 그 부조의 종류와 내용, 달리 부조를 제공할 사람 또는 설비가 있는지 여부 기타 제반 사정을 고려하여 위 '계약상의 부조의무'의 유무를 신중하게 판단하여야 한다.

[2] 피해자가 피고인의 지배 아래 있는 주점에서 3일 동안 과도하게 술을 마시고 추운 날씨에 난방이 제대로 되지 아니한 주점 내 소파에서 잠을 자면서 정신을 잃은 상태에 있었다면, 피고인은 주점의 운영자로서 피해자의 생명 또는 신체에 대한 위해가 발생하지 아니하도록 피해자를 주점 내실로 옮기거나 인근에 있는 여관에 데려다 주어 쉬게 하거나 피해자의 지인 또는 경찰에 연락하는 등 필요한 조치를 강구하여야 할 계약상의 부조의무를 부담한다.

271-3. 사실혼의 경우에도 유기죄의 성립에 필요한 '법률상 보호의무' 존재가 인정되는지 여부(적극)
[대법원 2008. 2. 14. 선고, 2007도3952]

【판시사항】
[1] 사실혼의 경우에도 유기죄의 성립에 필요한 '법률상 보호의무'의 존재가 인정되는지 여부(적극)

[2] 동거 또는 내연관계를 맺은 사정만으로는 사실혼관계를 인정할 수 없고, 내연녀가 치사량의 필로폰을 복용하여 부조를 요하는 상태에 있었음을 인식하였다는 점을 인정할 증거가 부족하다는 이유로 유기치사죄의 성립을 부정한 사례

【판결요지】
[1] 형법 제271조 제1항에서 말하는 법률상 보호의무 가운데는 민법 제826조 제1항에 근거한 부부간의 부양의무도 포함되며, 나아가 법률상 부부는 아니지만 사실혼 관계에 있는 경우에도 위 민법 규정의 취지 및 유기죄의 보호법익에 비추어 위와 같은 법률상 보호의무의 존재를 긍정하여야 하지만, 사실혼에 해당하여 법률혼에 준하는 보호를 받기 위하여는 단순한 동거 또는 간헐적인 정교관계를 맺고 있다는 사정만으로는 부족하고, 그 당사자 사이에 주관적으로 혼인의 의사가 있고 객관적으로도 사회관념상 가족질서적인 면에서 부부공동생활을 인정할 만한 혼인생활의 실체가 존재하여야 한다.

---

1. 유기죄의 주관적 요건 [대법원 1988. 8. 9. 선고, 86도225]

【판결요지】
유기죄에 있어서는 행위자가 요부조자에 대한 보호책임의 발행원인이 된 사실이 존재한다는 것을 인식하고 이에 기한 부조의무를 해태한다는 의식이 있음을 요한다.

271-4. 교통사고 발생에 가공한 사실이 없는 자가 교통사고로 인한 피해자를 사고 장소로부터 옮겨 유기하고 도주한 운전자의 행위에 가공한 경우의 죄책 [대구고법 1990. 12. 12. 선고, 90노629, 확정]

【판결요지】

특정범죄가중처벌등에관한법률 제5조의3 제2항 제2호 위반의 죄는 교통사고를 일으킨 운전자가 피해자를 사고장소로부터 옮겨 유기하고 도주한 경우에 성립하는 죄로서 이는 교통사고로 피해자를 다치게 한 운전자라는 신분을 가진 자가 그 신분으로 말미암아 피해자를 구조할 법률상 의무를 지게 되고 그 의무에 위반하여 피해자를 사고장소로부터 옮겨 유기하고 도주한 경우에 성립하는 업무상과실치사상죄와 유기죄를 결합범이라 할 것인바, 위와 같은 <u>신분관계가 없는 자가 신분을 가진 자의 행위에 가공하였다 하더라도 선행이 교통사고에 공조한 사실이 없는 이상, 형법상 유기죄의 방조의 책임을 짐은 변론으로 하고 위 특별법상의 책임을 물을 수는 없다.</u>

271-5. 실신한 강간치상죄의 피해자를 현장에 그대로 방치한 경우(소극) [대법원 1980. 6. 24. 선고, 80도726]

【판결요지】

<u>강간치상의 범행을 저지른 자가 그 범행으로 인하여 실신상태에 있는 피해자를 구호하지 아니하고 방치하였다고 하더라도 그 행위는 포괄적으로 단일의 강간치상죄만을 구성한다.</u>

271-6. 일정기간 동행한 사실만으로 유기죄의 주체가 될 수 있는지 여부(소극) [대법원 1977. 1. 11. 선고, 76도3419]

【판결요지】

현행 형법은 유기죄에 있어서 구법과는 달리 보호법익의 범위를 넓힌 반면에 보호책임없는 자의 유기죄는 없애고 법률상 또는 계약상의 의무있는 자만을 유기죄의 주체로 규정하고 있어 명문상 사회상규상의 보호책임을 관념할 수 없다고 하겠으니 유기죄의 죄책을 인정하려면 보호책임이 있게 된 경위 사정관계등을 설시하여 구성요건이 요구하는 법률상 또는 계약상보호의무를 밝혀야 하고 설혹 동행자가 구조를 요하게 되었다 하여도 일정거리를 동행한 사실만으로서는 피고인에게 법률상 계약상의 보호의무가 있다고 할 수 없으니 유기죄의 주체가 될 수 없다.

271-7. 유기죄나 유기치사죄의 구성요건인 이른바 「질병으로 인하여 부조를 요할 자」의 의미 [서울고법 1962. 9. 12. 62노148, 확정]

【판결요지】

유기죄나 그 결과적 가중범인 유기치사죄의 구성요건인 이른바 "질병으로 인하여 부조를 요할 자"라 함은 질병의 정도가 다른 사람의 부조가 없이는 독립하여 생존을 계속할 수 없는 상태에 있는 자를 말한다.

제273조[학대, 존속학대]

> 제273조(학대, 존속학대) ① 자기의 보호 또는 감독을 받는 사람을 학대한 자는 2년 이하의 징역 또는 500만원 이하의 벌금에 처한다. 〈개정 1995. 12. 29.〉
> ② 자기 또는 배우자의 직계존속에 대하여 전항의 죄를 범한 때에는 5년 이하의 징역 또는 700만원 이하의 벌금에 처한다. 〈개정 1995. 12. 29.〉

273-1. 아동복지법 제17조 제3호에서 규정한 '아동의 신체에 손상을 주거나 신체의 건강 및 발달을 해치는 신체적 학대행위'에 아동의 신체건강과 그 정상적인 발달을 저해한 결과를 초래할 위험 또는 가능성이 발생한 경우가 포함되는지 여부(적극) [울산지법 2017. 8. 4. 선고, 2017노542. 확정]

【판시사항】

아동복지법 제17조 제3호에서 규정한 '아동의 신체에 손상을 주거나 신체의 건강 및 발달을 해치는 신체적 학대행위'에 아동의 신체건강과 그 정상적인 발달을 저해한 결과를 초래할 위험 또는 가능성이 발생한 경우가 포함되는지 여부(적극) 및 위 죄의 범의는 반드시 아동학대의 목적이나 의도가 있어야 인정되는지 여부(소극)

【판결요지】

아동복지법 제3조 제7호는 '아동학대'란 '보호자를 포함한 성인이 아동의 건강 또는 복지를 해치거나 정상적 발달을 저해할 수 있는 신체적·정신적·성적 폭력이나 가혹행위를 하는 것과 아동의 보호자가 아동을 유기하거나 방임하는 것'이라고 규정하고, 같은 법 제17조 제3호에서 '아동의 신체에 손상을 주거나 신체의 건강 및 발달을 해치는 신체적 학대행위'를 금지행위로서 규정하고 있다. 한편 형법상 학대죄는 단순히 상대방의 인격에 대한 반인륜적 침해만으로는 부족하고 적어도 유기에 준할 정도에 이르러야 한다고 해석되고 있으나, 형법상 학대죄는 생명, 신체를 보호법익으로 하여 보호 또는 감독을 받는 자를 보호대상으로 하는 데 반하여, 아동복지법은 아동의 건강과 복지를 보호법익으로 하고(아동복지법 제1조), 18세 미만인 사람만을 보호대상으로 하며(아동복지법 제3조 제1호), 아동의 경우 완전하고 조화로운 인격발달을 위하여 사회적으로 보호받을 필요성에서 성인에 비하여 보호가치가 크므로, 아동복지법상 학대의 개념은 형법상 학대의 개념보다 넓게 해석하는 것이 타당하다. 위와 같은 아동복지법의 입법 목적, 일반적인 아동의 지적 수준과 신체발달 정도, 신체적 학대행위가 있었던 경우 그로 인하여 신체의 건강 및 발달이 저해되었는지를 정확히 확인하는 것은 현실적으로 쉽지 않은 점 등에 비추어 보면, 아동복지법 제17조 제3호에서 규정한 '아동의 신체에 손상을 주거나 신체의 건강 및 발달을 해치는 신체적 학대행위'에는 현실적으로 아동의 신체건강과 그 정상적인 발달을 저해한 경우뿐만 아니라 그러한 결과를 초래할 위험 또는 가능성이 발생한 경우도 포함되고, 위 죄의 범의는 반드시 아동학대의 목적이나 의도가 있어야 인정되는 것이 아니고, 아동의 신체건강 및 발달의 저해라는 결과를 발생시킬 가능성 또는 위험이 있는 행위 자체를 인식하거나 예견하고 이를 용인하면 족하다.

273-2. 형법 제273조 제1항에서 말하는 '학대'의 의미 [대법원 2000. 4. 25. 선고, 2000도223]

【판결요지】

형법 제273조 제1항에서 말하는 '학대'라 함은 육체적으로 고통을 주거나 정신적으로 차별대우를 하는 행위를 가리키고, 이러한 학대행위는 형법의 규정체제상 학대와 유기의 죄가 같은 장에 위치하고 있는 점 등에 비추어 단순히 상대방의 인격에 대한 반인륜적 침해만으로는 부족하고 적어도 유기에 준할 정도에 이르러야 한다.

273-3. 수회에 걸친 일련의 학대행위의 일부에 대하여 위법성이 조각된다는 이유로 무죄를 선고할 수 있는지 여부 [대법원 1986. 7. 8. 선고, 84도2922]

【판결요지】

학대죄는 자기의 보호 또는 감독을 받는 사람에게 육체적으로 고통을 주거나 정신적으로 차별대우를 하는 행위가 있음과 동시에 범죄가 완성되는 상태범 또는 즉시범이라 할 것이고 비록 수십회에 걸쳐서 계속되는 일련의 폭행행위가 있었다 하더라도 그중 친권자로서의 징계권의 범위에 속하여 위 위법성이 조각되는 부분이 있다면 그 부분을 따로 떼어 무죄의 판결을 할 수 있다.

제275조〔유기등 치사상〕

> 제275조(유기등 치사상) ① 제271조 내지 제273조의 죄를 범하여 사람을 상해에 이르게 한 때에는 7년 이하의 징역에 처한다. 사망에 이르게 한 때에는 3년 이상의 유기징역에 처한다.
> ② 자기 또는 배우자의 직계존속에 대하여 제271조 또는 제273조의 죄를 범하여 상해에 이르게 한 때에는 3년 이상의 유기징역에 처한다. 사망에 이르게 한 때에는 무기 또는 5년이상의 징역에 처한다. [전문개정 1995. 12. 29.]

275-1. 유기치사죄의 성립 요건 [대법원 2018. 5. 11. 선고, 2018도4018]

【판결요지】

유기죄를 범하여 사람을 사망에 이르게 하는 유기치사죄가 성립하기 위해서는 먼저 유기죄가 성립하여야 하므로, 행위자가 유기죄에 관한 형법 제271조 제1항이 정하고 있는 것처럼 "노유, 질병 기타 사정으로 인하여 부조를 요하는 자를 보호할 법률상 또는 계약상 의무 있는 자"에 해당하여야 한다. 여기에서 말하는 법률상 보호의무에는 민법 제826조 제1항에 근거한 부부간의 부양의무도 포함된다.

275-2. 추운 겨울날 새벽에 만취하여 인사불성이 된 손님을 길거리에 방기하여 동사케 한 술집경영자와 종업원의 유기치사죄 성립여부(적극) [서울고법 1992. 5. 29. 선고, 92노1085, 확정]

【판시사항】

추운 겨울날 새벽에 만취하여 인사불성이 된 손님을 길거리에 방기하여 동사케 한 술집경영자와 종업원에 대하여 유기치사죄가 성립한다.

제29장 체포와 감금의 죄

제276조[체포, 감금, 존속체포, 존속감금]

> 제276조(체포, 감금, 존속체포, 존속감금) ① 사람을 체포 또는 감금한 자는 5년 이하의 징역 또는 700만원 이하의 벌금에 처한다. 〈개정 1995. 12. 29.〉
> ② 자기 또는 배우자의 직계존속에 대하여 제1항의 죄를 범한 때에는 10년 이하의 징역 또는 1천 500만원 이하의 벌금에 처한다. 〈개정 1995. 12. 29.〉

276-1. 체포죄의 실행의 착수 시기 및 기수 시기[대법원 2020. 3. 27. 선고, 2016도18713]

【판시사항】

[1] 체포죄의 실행의 착수 시기

[2] 체포죄의 기수 시기 및 체포죄의 미수범이 성립하는 경우

[3] 체포치상죄에서 '상해'의 의미 / 피해자가 입은 상처가 체포치상죄의 상해에 해당하지 아니하는 경우

【판결요지】

[1] 체포죄는 사람의 신체에 대하여 직접적이고 현실적인 구속을 가하여 신체활동의 자유를 박탈하는 죄로서, 그 실행의 착수 시기는 체포의 고의로 타인의 신체적 활동의 자유를 현실적으로 침해하는 행위를 개시한 때이다.

[2] 체포죄는 계속범으로서 체포의 행위에 확실히 사람의 신체의 자유를 구속한다고 인정할 수 있을 정도의 시간적 계속이 있어야 기수에 이르고, 신체의 자유에 대한 구속이 그와 같은 정도에 이르지 못하고 일시적인 것으로 그친 경우에는 체포죄의 미수범이 성립할 뿐이다.

[3] 체포치상죄의 상해는 피해자 신체의 건강상태가 불량하게 변경되고 생활기능에 장애가 초래되는 것을 말한다. 피해자가 입은 상처가 극히 경미하여 굳이 치료할 필요가 없고 치료를 받지 않더라도 일상생활을 하는 데 아무런 지장이 없으며 시일이 경과함에 따라 자연적으로 치유될 수 있는 정도라면, 그로 인하여 피해자의 신체의 건강상태가 불량하게 변경되었다거나 생활기능에 장애가 초래된 것으로 보기 어려워 체포치상죄의 상해에 해당한다고 할 수 없다.

276-2. 체포죄에서 '체포' 의미와 체포죄가 계속범인지 여부(적극) [대법원 2018. 2. 28. 선고, 2017도21249]

【판결요지】

형법 제276조 제1항의 체포죄에서 말하는 '**체포**'는 사람의 신체에 대하여 직접적이고 현실적인 구속을 가하여 신체활동의 자유를 박탈하는 행위를 의미하는 것으로서 수단과 방법을 불문한다. 체포죄는 계속범으로서 체포의 행위에 확실히 사람의 신체의 자유를 구속한다고 인정할 수 있을 정도의 시간적 계속이 있어야 하나, 체포의 고의로써 타인의 신체적 활동의 자유를 현실적으로 침해하는 행위를 개시한 때 체포죄의 실행에 착수하였다고 볼 것이다.

276-3. 정신의료기관장이 자의(自意)로 입원한 환자로부터 퇴원요구가 있는데도 정신보건법에 정해진 절차를 밟지 않은 채 방치한 경우, 위법한 감금행위에 해당하는지 여부(적극) [대법원 2017. 8. 18. 선고, 2017도7134]

【판결요지】

구 정신보건법(2015. 1. 28. 법률 제13110호로 개정되기 전의 것, 이하 같다) 제23조 제2항은 '정신의료기관의 장은 자의(自意)로 입원 등을 한 환자로부터 퇴원 신청이 있는 경우에는 지체 없이 퇴원을 시켜야 한다' 고 정하고 있다(2016. 5. 29. 법률 제14224호로 전부 개정된 정신건강 증진 및 정신질환자 복지서비스 지원에 관한 법률 제41조 제2항은 '정신의료기관 등의 장은 자의 입원 등을 한 사람이 퇴원 등을 신청한 경우에는 지체 없이 퇴원 등을 시켜야 한다' 고 정하고 있다). 환자로부터 퇴원 요구가 있는데도 구 정신보건법에 정해진 절차를 밟지 않은 채 방치한 경우에는 위법한 감금행위가 있다.

276-4. 보호의무자 동의를 제대로 얻지 못한 상태에서 정신의료기관장의 결정에 의하여 정신질환자에 대한 입원이 이루어진 경우, 정신의료기관장의 입원 결정과 구별되는 정신건강의학과 전문의의 입원진단 내지 입원권고서 작성행위만을 가지고 부적법한 입원행위라고 보아 감금죄로 처벌할 수 있는지 여부(원칙적 소극) [대법원 2017. 4. 28. 선고, 2013도13569]

【판시사항】

정신보건법(2016. 5. 29. 법률 제14224호 정신건강증진 및 정신질환자 복지서비스 지원에 관한 법률로 전부 개정되기 전의 것, 이하 같다) 제24조 제1항은 정신의료기관 등의 장은 정신질환자의 보호의무자 2인의 동의가 있고 정신건강의학과 전문의가 입원이 필요하다고 판단한 경우에 한하여 해당 정신질환자를 입원시킬 수 있으며, 입원을 할 때 해당 보호의무자로부터 보건복지부령으로 정하는 입원동의서 및 보호의무자임을 확인할 수 있는 서류를 받아야 한다고 규정하고 있고, 제2항은 정신건강의학과 전문의는 정신질환자의 입원이 필요하다고 진단한 때에는 제1항에 따른 입원동의서에 '환자가 정신의료기관 등에서 입원치료나 요양을 받을 만한 정도 또는 성질의 정신질환에 걸려 있는 경우' 또는 '환자 자신의 건강 또는 안전이나 타인의 안전을 위하여 입원할 필요가 있는 경우' 중 어느 하나에 해당된다고 판단한다는 의견을 기재한 입원권고서를 첨부하여야 한다고 규정하고 있다.

이러한 규정들과 정신질환자의 보호의무자는 정신건강의학과 전문의의 진단에 의하지 아니하고 정신질환자를 입원시켜서는 아니 된다고 규정하고 있는 정신보건법 제22조 제1항의 취지 및 모든 정신질환자는 인간으로서의 존엄과 가치를 보장받으며 입원치료가 필요한 정신질환자에 대하여는 항상 자발적 입원이 권장되어야 한다는 제2조 제1항, 제5항이 정한 기본이념 등에 비추어 보면, 제24조에서 정한 보호의무자에 의한 입원의 경우에는 보호의무자 2인이 동의하고 또한 정신건강 의학과 전문의가 정신질환자를 직접 대면하여 진찰하고 입원이 필요하다고 진단한 다음 이에 기하여 정신의료기관의 장이 입원을 결정한다(대법원 2001. 2. 23. 선고 2000도4415 판결, 대법원

2015. 10. 29. 선고 2015도8429 판결 참조).

그렇다면 보호의무자의 동의를 제대로 얻지 못한 상태에서 정신의료기관의 장의 결정에 의하여 정신질환자에 대한 입원이 이루어졌다 하더라도, 정신건강의학과 전문의가 사실과 다르게 입원 진단을 하였다거나 또는 정신의료기관의 장 등과 공동하거나 공모하여 정신질환자를 강제입원시 켰다는 등의 특별한 사정이 없는 이상, 정신의료기관의 장의 입원 결정과 구별되는 정신건강의학 과 전문의의 입원 진단 내지 입원권고서 작성행위만을 가지고 부적법한 입원행위라고 보아 감금 죄로 처벌할 수 없다.

---

1. 정신건강의학과 전문의인 피고인 甲, 乙이 각각 피해자의 아들 피고인 丙 등과 공동하여 피해자를 응급 이송차량에 강제로 태워 병원으로 데려가 입원시킨 경우 [대법원 2015. 10. 29. 선고, 2015도8429]

【판결요지】

망상장애와 같은 정신질환의 경우 진단적 조사 또는 정확한 진단을 위해 지속적인 관찰이나 특수한 검 사가 필요한 때에도 환자의 입원이 고려될 수 있고, 피고인 甲, 乙은 보호의무자인 피고인 丙의 진술뿐 만 아니라 피해자를 직접 대면하여 진찰한 결과를 토대로 피해자에게 피해사고나 망상장애의 의심이 있다고 판단하여 입원이 필요하다는 진단을 한 것이므로, <u>진단 과정에 정신건강의학과 전문의로서 최 선의 주의를 다하지 아니하거나 신중하지 못했던 점이 일부 있었더라도 피해자를 정확히 진단하여 치 료할 의사로 입원시켰다고 볼 여지 또한 충분하여 피고인 甲, 乙에게 감금죄의 고의가 있었다거나 이들 의 행위가 형법상 감금행위에 해당한다고 단정하기 어렵다.</u>

276-5. 감금된 특정구역 내부에서 일정한 생활의 자유를 허용한 경우, 감금죄 성립 여부(적극)
  [대법원 2011. 9. 29. 선고, 2010도5962]

【판시사항】

감금죄는 사람의 행동의 자유를 그 보호법익으로 하여 사람이 특정한 구역에서 나가는 것을 불가 능하게 하거나 또는 심히 곤란하게 하는 죄로서, 이와 같이 <u>사람이 특정한 구역에서 나가는 것을 불가능하게 하거나 심히 곤란하게 하는 그 장애는 물리적·유형적 장애뿐만 아니라 심리적·무형적 장애에 의하여서도 가능하고, 또 감금의 본질은 사람의 행동의 자유를 구속하는 것으로 행동의 자 유를 구속하는 그 수단과 방법에는 아무런 제한이 없으므로 그 수단과 방법에는 유형적인 것이거나 무형적인 것이거나를 가리지 아니하며, 감금에 있어서의 사람의 행동의 자유의 박탈은 반드시 전면 적이어야 할 필요가 없으므로 감금된 특정구역 내부에서 일정한 생활의 자유가 허용되어 있었다고 하더라도 감금죄의 성립에는 아무 소장이 없다</u>(대법원 2000. 3. 24. 선고 2000도102 판결 참조).

---

1. 미성년자를 유인한 자가 미성년자를 감금한 경우, 미성년자유인죄 외에 별도로 감금죄 성립 여부(적극)
  [대법원 1998. 5. 26. 선고, 98도1036]

【판시사항】

[1] 감금죄의 수단과 방법 및 일정한 장소적 제약하에서 제한된 행동의 자유를 허용한 경우, 감금죄의 성립 여부(적극)

[2] 미성년자를 유인한 자가 미성년자를 감금한 경우, 미성년자유인죄 외에 별도로 감금죄가 성립하는지 여부(적극)

【판결요지】

[1] 감금죄가 성립하기 위하여 반드시 사람의 행동의 자유를 전면적으로 박탈할 필요는 없고, 감금된 특정한 구역 범위 안에서 일정한 생활의 자유가 허용되어 있었다고 하더라도 유형적이거나 무형적인 수단과 방법에 의하여 사람이 특정한 구역에서 벗어나는 것을 불가능하게 하거나 매우 곤란하게 한 이상 감금죄의 성립에는 아무런 지장이 없다.

[2] 미성년자를 유인한 자가 계속하여 미성년자를 불법하게 감금하였을 때에는 미성년자유인죄 이외에 감금죄가 별도로 성립한다.

---

2. 승용차로 피해자를 가로막아 승차하게 한 후 하차 요구를 무시한 채 당초 목적지가 아닌 다른 장소를 향하여 시속 약 60km 내지 70km의 속도로 진행하여 차량에서 내리지 못하게 한 경우(적극) [대법원 2000. 2. 11. 선고, 99도5286]

【판결요지】

승용차로 피해자를 가로막아 승차하게 한 후 피해자의 하차 요구를 무시한 채 당초 목적지가 아닌 다른 장소를 향하여 시속 약 60km 내지 70km의 속도로 진행하여 피해자를 차량에서 내리지 못하게 한 행위는 감금죄에 해당하고, 피해자가 그와 같은 감금상태를 벗어날 목적으로 차량을 빠져 나오려다가 길바닥에 떨어져 상해를 입고 그 결과 사망에 이르렀다면 감금행위와 피해자의 사망 사이에는 상당인과관계가 있다고 할 것이므로 감금치사죄에 해당한다.

276-6. 감금행위가 강도상해 범행의 수단에 그치지 아니하고 강도상해 범행이 끝난 뒤에도 계속된 경우, 감금죄와 강도상해죄의 죄수 [대법원 2003. 1. 10. 선고, 2002도4380]

【판결요지】

감금행위가 단순히 강도상해 범행의 수단이 되는 데 그치지 아니하고 강도상해의 범행이 끝난 뒤에도 계속된 경우에는 1개의 행위가 감금죄와 강도상해죄에 해당하는 경우라고 볼 수 없고, 이 경우 감금죄와 강도상해죄는 형법 제37조의 경합범 관계에 있다.

276-7. 감금행위가 강간죄나 강도죄 수단이 된 경우, 감금죄가 별죄를 구성하는지 여부(적극) [대법원 1997. 1. 21. 선고, 96도2715]

【판결요지】

감금행위가 강간죄나 강도죄의 수단이 된 경우에도 감금죄는 강간죄나 강도죄에 흡수되지 아니하고 별죄를 구성한다.

---

1. 강간 목적으로 피해자를 차에 태워 주행, 외포케한 행위가 감금죄와 강간죄 실행 착수 여부(적극) [대법원 1983. 4. 26. 선고, 83도323]

【판시사항】

[1] 감금행위가 강간미수죄의 수단인 경우에 감금죄의 성부 및 죄수

[2] 강간의 목적으로 피해자를 차에 태워 주행, 외포케한 행위가 감금죄와 강간죄의 실행의 착수에 해당하는지 여부(적극)

【판결요지】

[1] 강간죄의 성립에 언제나 직접적으로 또 필요한 수단으로서 감금행위를 수반하는 것은 아니므로 감금행위가 강간미수죄의 수단이 되었다 하여 감금행위는 강간미수죄에 흡수되어 범죄를 구성하지 않는다고 할 수는 없는 것이고, 그때에는 감금죄와 강간미수죄는 일개의 행위에 의하여 실현된 경우로서 형법 제40조의 상상적 경합관계에 있다.

[2] 피고인이 피해자가 자동차에서 내릴 수 없는 상태에 있음을 이용하여 강간하려고 결의하고, 주행중인 자동차에서 탈출불가능하게 하여 외포케 하고 50킬로미터를 운행하여 여관 앞까지 강제연행한 후 강간하려다 미수에 그친 경우 위 협박은 감금죄의 실행의 착수임과 동시에 강간미수죄의 실행의 착수라고 할 것이다.

2. 강간목적으로 피해자를 강제승차 시켜 주행한 경우 위 피해자를 강제승차 시킨 운행자 이외의 동승자를 감금죄의 공범으로 볼 수 있는지 여부(적극) [대법원 1984. 8. 21. 선고, 84도1550]

【판결요지】

피해자가 피고인에 의하여 강제로 자동차에 태워지고 피해자의 하차요청을 묵살한 채 하차할 수 없는 상태로 운행이 강행되었다면 그 운행자가 피고인 아닌 피고인의 친구이었다 하더라도 그 감금행위에는 피고인이 그 운행자와 암묵적으로 의사연락하여 범행에 공동가공한 것으로 못볼 바 아니다.

3. 감금된 특정구역안에서 일정한 생활의 자유가 주어진 경우 감금죄 성부(적극) [대법원 1984. 5. 15. 선고, 84도655]

【판결요지】

피해자가 여관 등에서 8일간 있는 동안 그의 처와 만났으며 피고인 등과 같이 술을 마신 일이 있는 등 특정지역내에서 일정한 생활의 자유가 허용되었고, 피고인이 피해자에게 폭행을 가한 것은 감금을 위한 것이라기 보다는 피해자의 채무불이행에 대한 분노에서 행하여진 것으로 보인다든지 또는 피해자가 피고인 등과 민·형사간문제를 삼지 않겠다는 합의서를 경찰에 제출한 사실 또는 피해자나 그의 가족이 감금사실에 대하여 고소, 고발을 하지 않았다는 사정 등이 있다 하더라도 피고인 일행이 밤마다 폭행하고 괴롭히고 있으니 경찰에 신고하라고 피해자가 전화한 사실이 있을 뿐 아니라 감금에서 풀려난 것이 피해자의 얼굴 등이 많이 상해 있는 것을 본 공소외(갑)이 경찰에 신고하여 경찰관이 와서 피고인 등을 연행해 감으로써 풀려난 것임에 비추어 볼 때, 피해자가 그의 행동의 자유에 아무런 제약도 받지 아니하고 그의 자유로운 의사에 의하여 8일간을 여관 등에서 보내게 된 것이라고 볼 수 없다.

276-8. 감금행위의 방법 [대법원 1985. 6. 25. 선고, 84도2083]

【판결요지】

형법 제276조 제1항에 규정된 감금죄에 있어서의 감금행위는 사람으로 하여금 일정한 장소 밖으로 나가지 못하도록 신체의 자유를 제한하는 행위를 가리키며 그 방법은 반드시 물리적인 장애를 사용하는 경우 뿐만 아니라 무형적인 수단으로서 공포심에 의하여 나갈 수 없게 한 경우도 포함한다.

276-9. 80여명이 호텔 출입문을 봉쇄하여 피해자 출입을 방해한 행위의 감금 여부(적극) [대법원 1983. 9. 13. 선고, 80도277]

【판결요지】

폭력행위등처벌에관한법률 제3조 제1항 소정의 감금죄는 단체나 다중의 위력으로 사람의 행동의 자유를 장소적으로 구속하는 경우를 처벌하는 규정임이 명백하므로 피고인들이 대한상이군경회원 80여명과 공동으로 호텔 출입문을 봉쇄하며 피해자들의 출입을 방해하였다면 위의 감금죄에 해당한다.

276-10. 감금수단으로 한 단순협박의 경우 협박죄 구성여부(소극) [대법원 1982. 6. 22. 선고, 82도705]

【판결요지】

감금을 하기 위한 수단으로서 행사된 단순한 협박행위는 감금죄에 흡수되어 따로 협박죄를 구성하지 아니한다.

276-11. 모가 승낙한 정신병자에 대한 감금행위(소극) [대법원 1980. 2. 12. 선고, 79도1349]

【판결요지】

정신병자의 어머니의 의뢰 및 승낙하에 그 감호를 위하여 그 보호실 문을 야간에 한해서 3일간 시정하여 출입을 못하게 한 감금행위는 그 병자의 신체의 안정과 보호를 위하여 사회통념상 부득이 한 조처로서 수긍될 수 있는 것이면, 위법성이 없다.

제277조[중체포, 중감금, 존속중체포, 존속중감금]

> 제277조(중체포, 중감금, 존속중체포, 존속중감금) ① 사람을 체포 또는 감금하여 가혹한 행위를
> 가한 자는 7년 이하의 징역에 처한다.
> ② 자기 또는 배우자의 직계존속에 대하여 전항의 죄를 범한 때에는 2년 이상의 유기징역에 처한다.

277-1. 아파트 안방에 감금된 피해자가 가혹행위를 피하려고 창문을 통하여 아파트 아래 잔디밭에
뛰어 내리다가 사망한 경우(적극) [대법원 1991. 10. 25. 선고, 91도2085]

【판결요지】

피고인이 아파트 안방에서 안방문에 못질을 하여 동거하던 피해자가 술집에 나갈 수 없게 감금
하고, 피해자를 때리고 옷을 벗기는 등 가혹한 행위를 하여 피해자가 이를 피하기 위하여 창문을
통해 밖으로 뛰어 내리려 하자 피고인이 이를 제지한 후, 피고인이 거실로 나오는 사이에 갑자기
안방 창문을 통하여 알몸으로 아파트 아래 잔디밭에 뛰어 내리다가 다발성 실질장기파열상 등을
입고 사망한 경우, 피고인의 중감금행위와 피해자의 사망 사이에는 인과관계가 있어 피고인은 중
감금치사죄의 죄책을 진다.

제281조[체포 · 감금등의 치사상]

> 제281조(체포 · 감금등의 치사상) ① 제276조 내지 제280조의 죄를 범하여 사람을 상해에 이르
> 게 한 때에는 1년 이상의 유기징역에 처한다. 사망에 이르게 한 때에는 3년 이상의 유기징역에
> 처한다.
> ② 자기 또는 배우자의 직계존속에 대하여 제276조 내지 제280조의 죄를 범하여 상해에 이르게
> 한 때에는 2년 이상의 유기징역에 처한다. 사망에 이르게 한 때에는 무기 또는 5년이상의 징역
> 에 처한다. [전문개정 1995. 12. 29.]

281-1. 체포치상죄에서 '상해'의 의미 [대법원 2020. 3. 27. 선고, 2016도18713]

【판결요지】

체포치상죄의 상해는 피해자 신체의 건강상태가 불량하게 변경되고 생활기능에 장애가 초래되는
것을 말한다. 피해자가 입은 상처가 극히 경미하여 굳이 치료할 필요가 없고 치료를 받지 않더라
도 일상생활을 하는 데 아무런 지장이 없으며 시일이 경과함에 따라 자연적으로 치유될 수 있는
정도라면, 그로 인하여 피해자의 신체의 건강상태가 불량하게 변경되었다거나 생활기능에 장애가
초래된 것으로 보기 어려워 체포치상죄의 상해에 해당한다고 할 수 없다.

281-2. 감금 행위와 혈전이 폐동맥을 막아 사망한 결과 사이에 상당인과관계 여부(적극) [대법원 2002.

10. 11. 선고, 2002도4315]

【판결요지】

<u>4일 가량 물조차 제대로 마시지 못하고 잠도 자지 아니하여 거의 탈진 상태에 이른 피해자의 손과 발을 17시간 이상 묶어 두고 좁은 차량 속에서 움직이지 못하게 감금한 행위와 묶인 부위의 혈액 순환에 장애가 발생하여 혈전이 형성되고 그 혈전이 폐동맥을 막아 사망에 이르게 된 결과 사이에는 상당인과관계가 있다.</u>

281-3. 아파트 안방에 감금된 피해자가 가혹행위를 피하려고 창문을 통하여 아파트 아래 잔디밭에 뛰어 내리다가 사망한 경우(적극) [대법원 1991. 10. 25. 선고, 91도2085]

【판결요지】

피고인이 아파트 안방에서 안방문에 못질을 하여 동거하던 피해자가 술집에 나갈 수 없게 감금하고, 피해자를 때리고 옷을 벗기는 등 가혹한 행위를 하여 피해자가 이를 피하기 위하여 창문을 통해 밖으로 뛰어 내리려 하자 피고인이 이를 제지한 후, 피고인이 거실로 나오는 사이에 갑자기 안방 창문을 통하여 알몸으로 아파트 아래 잔디밭에 뛰어 내리다가 다발성 실질장기파열상 등을 입고 사망한 경우, 피고인의 중감금행위와 피해자의 사망 사이에는 인과관계가 있어 피고인은 중감금치사죄의 죄책을 진다.

281-4. 피감금자에 대한 위험발생을 방지함이 없이 방치한 경우 살인죄의 성부(적극) [대법원 1982. 11. 23. 선고, 82도2024]

【판결요지】

피고인이 미성년자를 유인하여 포박 감금한 후 단지 그 상태를 유지하였을 뿐인데도 피감금자가 사망에 이르게 된 것이라면 피고인의 죄책은 감금치 사죄에 해당한다 하겠으나, 나아가서 그 감금상태가 계속된 어느 시점에서 피고인에게 살해의 범의가 생겨 피감금자에 대한 위험발생을 방지함이없이 포박감금상태에 있던 피감금자를 그대로 방치함으로써 사망케 하였다면 피고인의 부작위는 살인죄의 구성요건적 행위를 충족하는 것이라고 평가하기에 충분하므로 부작위에 의한 살인죄를 구성한다.

281-5. 피감금자에 대한 위험발생을 방지함이 없이 방치한 경우 살인죄 성부(적극) [서울고법 1979. 5. 30. 선고, 79노358, 확정]

【판결요지】

피고인들이 피해자에게 노래를 부르지 아니하면 내릴 수 없다는 공포심을 갖게 하고 피해자가 내려달라는 지점으로부터 약 500여미터를 계속 진행함으로써 불안을 느낀 피해자가 주행 중인 트럭에서 뛰어 내려 사망케 되었다면 피고인들의 본건 감금의 소위는 피해자의 사망과의 사이에 상당인과관계가 있다고 할 수 있다.

제30장 협박의 죄

제283조[협박, 존속협박]

> 제283조(협박, 존속협박) ① 사람을 협박한 자는 3년 이하의 징역, 500만원 이하의 벌금, 구류 또는 과료에 처한다. 〈개정 1995. 12. 29.〉
> ② 자기 또는 배우자의 직계존속에 대하여 제1항의 죄를 범한 때에는 5년 이하의 징역 또는 700만원 이하의 벌금에 처한다. 〈개정 1995. 12. 29.〉
> ③ 제1항 및 제2항의 죄는 피해자의 명시한 의사에 반하여 공소를 제기할 수 없다.

283-1. 경범죄처벌법상 '음주소란' 범칙행위로 범칙금 통고처분을 받아 이를 납부하였는데, 이와 근접한 일시·장소에서 위험한 물건인 과도(果刀)를 들고 피해자를 쫓아가며 "죽여 버린다."고 소리쳐 협박한 경우 [대법원 2012. 9. 13. 선고, 2012도6612]

【판결요지】

피고인에게 적용된 경범죄처벌법 제1조 제25호(음주소란등)의 범칙행위와 폭력행위 등 처벌에 관한 법률 위반 공소사실인 흉기휴대협박행위는, 범행 장소와 일시가 근접하고 모두 피고인과 피해자의 시비에서 발단이 된 것으로 보이는 점에서 일부 중복되는 면이 있으나, 범죄사실의 내용이나 행위의 수단 및 태양, 각 행위에 따른 피해법익이 다르고, 죄질에도 현저한 차이가 있으며, 범칙행위의 내용이나 수단 및 태양 등에 비추어 그 행위과정에서나 이로 인한 결과에 통상적으로 흉기휴대협박행위까지 포함된다거나 이를 예상할 수 있다고 볼 수 없으므로 기본적 사실관계가 동일한 것으로 평가할 수 없다는 이유로, 범칙행위에 대한 범칙금 납부의 효력이 공소사실에 미치지 않는다.

283-2. 협박죄에서 '협박'의 의미와 판단기준 및 제3자 법익을 침해하겠다는 내용의 해악 고지가 피해자 본인에 대한 협박죄를 구성하는 경우 [대법원 2012. 8. 17. 선고, 2011도10451]

【판시사항】

[1] 협박죄에서 '협박'의 의미와 판단 기준 및 제3자의 법익을 침해하겠다는 내용의 해악 고지가 피해자 본인에 대한 협박죄를 구성하는 경우

[2] 피고인이 공중전화를 이용하여 경찰서에 여러 차례 전화를 걸어 전화를 받은 각 경찰관에게 경찰서 관할구역 내에 있는 甲 정당의 당사를 폭파하겠다는 말을 한 사안

【판결요지】

[1] 형법 제283조에서 정하는 협박죄의 성립에 요구되는 '협박'이라고 함은 일반적으로 그 상대방이 된 사람으로 하여금 공포심을 일으키기에 충분한 정도의 해악을 고지하는 것으로서, 그러한 해악의 고지에 해당하는지 여부는 행위자와 상대방의 성향, 고지 당시의 주변 상황, 행위자와 상대방 사이의 관계·지위, 그 친숙의 정도 등 행위 전후의 여러 사정을 종합하여 판단되어야 한다. 한편 여기서의 '해악'이란 법익을 침해하는 것을 가리키는데, 그 해악이 반드시 피해자 본

인이 아니라 그 친족 그 밖의 제3자의 법익을 침해하는 것을 내용으로 하더라도 피해자 본인과 제3자가 밀접한 관계에 있어서 그 해악의 내용이 피해자 본인에게 공포심을 일으킬 만한 것이라면 협박죄가 성립할 수 있다.

[2] 피고인이 혼자 술을 마시던 중 甲 정당이 국회에서 예산안을 강행처리하였다는 것에 화가 나서 공중전화를 이용하여 경찰서에 여러 차례 전화를 걸어 전화를 받은 각 경찰관에게 경찰서 관할구역 내에 있는 甲 정당의 당사를 폭파하겠다는 말을 한 사안에서, 피고인은 甲 정당에 관한 해악을 고지한 것이므로 각 경찰관 개인에 관한 해악을 고지하였다고 할 수 없고, 다른 특별한 사정이 없는 한 일반적으로 甲 정당에 대한 해악의 고지가 각 경찰관 개인에게 공포심을 일으킬 만큼 서로 밀접한 관계에 있다고 보기 어려운데도, 이와 달리 피고인의 행위가 각 경찰관에 대한 협박죄를 구성한다고 본 원심판결에 협박죄에 관한 법리오해의 위법이 있다.

---

1. 협박죄의 기수에 이르기 위하여 상대방이 현실적으로 공포심을 일으킬 것을 요하는지 여부(소극) [대법원 2007. 9. 28. 선고, 2007도606, 전원합의체 판결]

【판시사항】

[1] 협박죄의 기수에 이르기 위하여 상대방이 현실적으로 공포심을 일으킬 것을 요하는지 여부(소극)

[2] 권리행사나 직무집행의 일환으로 해악을 고지한 경우, 협박죄의 성립 여부

[3] 정보보안과 소속 경찰관이 자신의 지위를 내세우면서 타인의 민사분쟁에 개입하여 빨리 채무를 변제하지 않으면 상부에 보고하여 문제를 삼겠다고 말한 사안에서, 상대방이 채무를 변제하고 피해 변상을 하는지 여부에 따라 직무집행 여부를 결정하겠다는 취지이더라도 정당한 직무집행이라거나 목적 달성을 위한 상당한 수단으로 인정할 수 없어 정당행위에 해당하지 않는다.

【판결요지】

[1] [다수의견] (가) 협박죄가 성립하려면 고지된 해악의 내용이 행위자와 상대의 성향, 고지 당시의 주변 상황, 행위자와 상대방 사이의 친숙의 정도 및 지위 등의 상호관계, 제3자에 의한 해악을 고지한 경우에는 그에 포함되거나 암시된 제3자와 행위자 사이의 관계 등 행위 전후의 여러 사정을 종합하여 볼 때에 일반적으로 사람으로 하여금 공포심을 일으키게 하기에 충분한 것이어야 하지만, 상대방이 그에 의하여 현실적으로 공포심을 일으킬 것까지 요구하는 것은 아니며, 그와 같은 정도의 해악을 고지함으로써 상대방이 그 의미를 인식한 이상, 상대방이 현실적으로 공포심을 일으켰는지 여부와 관계없이 그로써 구성요건은 충족되어 협박죄의 기수에 이르는 것으로 해석하여야 한다.

(나) 결국, 협박죄는 사람의 의사결정의 자유를 보호법익으로 하는 위험범이라 봄이 상당하고, **협박죄의 미수범 처벌조항은** 해악의 고지가 현실적으로 상대방에게 도달하지 아니한 경우나, 도달은 하였으나 상대방이 이를 지각하지 못하였거나 고지된 해악의 의미를 인식하지 못한 경우 등에 적용될 뿐이다.

[2] 권리행사나 직무집행의 일환으로 상대방에게 일정한 해악을 고지한 경우, 그 해악의 고지가 정당한 권리행사나 직무집행으로서 사회상규에 반하지 아니하는 때에는 협박죄가 성립하지 아니하나, 외관상 권리행사나 직무집행으로 보이더라도 실질적으로 권리나 직무권한의 남용이 되어 사회상규에 반하는 때에는 협박죄가 성립한다고 보아야 할 것인바, 구체적으로는 그 해악의 고지가 정당한 목적을 위한 상당한 수단이라고 볼 수 있으면 위법성이 조각되지만, 위와 같은 관련성이 인정되지 아니하는 경우에는 그 위법성이 조각되지 아니한다.

2. '법인'이 협박죄의 객체가 될 수 있는지 여부(소극) [대법원 2010. 7. 15. 선고, 2010도1017]

【판시사항】

[1] '제3자'의 법익을 침해하겠다는 내용의 해악 고지가 피해자 본인에 대한 협박죄를 구성하는지 여부의 판단 기준 및 위 제3자에 '법인'이 포함되는지 여부(적극)

[2] '법인'이 협박죄의 객체가 될 수 있는지 여부(소극)

[3] 채권추심회사의 지사장이 자신의 횡령행위에 대한 민·형사상 책임을 모면하기 위하여 회사 본사에 '회사의 내부비리 등을 관계 기관에 고발하겠다'는 취지의 서면을 보내는 한편, 위 회사의 임원에게 전화를 걸어 위 서면의 내용과 같은 취지로 발언한 사안에서, 위 회사의 임원에 대한 협박죄를 인정한 원심의 판단을 수긍한 사례

【판결요지】

[1] 협박죄에서 협박이란 일반적으로 보아 사람으로 하여금 공포심을 일으킬 정도의 해악을 고지하는 것을 의미하며, 그 고지되는 해악의 내용, 즉 침해하겠다는 법익의 종류나 법익의 향유 주체 등에는 아무런 제한이 없다. 따라서 피해자 본인이나 그 친족뿐만 아니라 그 밖의 '제3자'에 대한 법익 침해를 내용으로 하는 해악을 고지하는 것이라고 하더라도 피해자 본인과 제3자가 밀접한 관계에 있어 그 해악의 내용이 피해자 본인에게 공포심을 일으킬 만한 정도의 것이라면 협박죄가 성립할 수 있다. 이 때 '제3자'에는 자연인뿐만 아니라 법인도 포함된다 할 것인데, 피해자 본인에게 법인에 대한 법익을 침해하겠다는 내용의 해악을 고지한 것이 피해자 본인에 대하여 공포심을 일으킬 만한 정도가 되는지 여부는 고지된 해악의 구체적 내용 및 그 표현방법, 피해자와 법인의 관계, 법인 내에서의 피해자의 지위와 역할, 해악의 고지에 이르게 된 경위, 당시 법인의 활동 및 경제적 상황 등 여러 사정을 종합하여 판단하여야 한다.

[2] 협박죄는 사람의 의사결정의 자유를 보호법익으로 하는 범죄로서 형법규정의 체계상 개인적 법익, 특히 사람의 자유에 대한 죄 중 하나로 구성되어 있는바, 위와 같은 협박죄의 보호법익, 형법규정상 체계, 협박의 행위 개념 등에 비추어 볼 때, 협박죄는 자연인만을 그 대상으로 예정하고 있을 뿐 법인은 협박죄의 객체가 될 수 없다.

[3] 채권추심 회사의 지사장이 회사로부터 자신의 횡령행위에 대한 민·형사상 책임을 추궁당할 지경에 이르자 이를 모면하기 위하여 회사 본사에 '회사의 내부비리 등을 금융감독원 등 관계 기관에 고발하겠다'는 취지의 서면을 보내는 한편, 위 회사 경영지원본부장이자 상무이사에게 전화를 걸어 자신의 횡령행위를 문제삼지 말라고 요구하면서 위 서면의 내용과 같은 취지로 발언한 사안에서, 위 상무이사에 대한 협박죄를 인정한 원심의 판단을 수긍한 사례

283-3. 신문기자인 피고인이 고소인에게 2회에 걸쳐 증여세 포탈에 대한 취재를 요구하면서 이에 응하지 않으면 취재한 내용대로 보도하겠다고 말한 경우(소극) [대법원 2011. 7. 14. 선고, 2011도639]

【판결요지】

피고인이 취재와 보도를 빙자하여 고소인에게 부당한 요구를 하기 위한 취지는 아니었던 점, 당시 피고인이 고소인에게 취재를 요구하였다가 거절당하자 인터뷰 협조요청서와 서면질의 내용을 그 자리에 두고 나왔을 뿐 폭언을 하거나 보도하지 않는 데 대한 대가를 요구하지 않은 점, 관할 세무서가 피고인의 제보에 따라 탈세 여부를 조사한 후 증여세를 추징하였다고 피고인에게 통지

한 점, 고소인에게 불리한 사실을 보도하는 경우 기자로서 보도에 앞서 정확한 사실 확인과 보도 여부 등을 결정하기 위해 취재 요청이 필요했으리라고 보이는 점 등 제반 사정에 비추어, 위 행위가 설령 협박죄에서 말하는 해악의 고지에 해당하더라도 특별한 사정이 없는 한 기사 작성을 위한 자료를 수집하고 보도하기 위한 것으로서 신문기자의 일상적 업무 범위에 속하여 사회상규에 반하지 아니하는 행위라고 보는 것이 타당하다.

283-4. 채권추심을 위하여 한 독촉 등 권리행사에 필요한 행위가 정당행위로 되기 위한 요건 [대법원 2011. 5. 26. 선고, 2011도2412]

【판시사항】

[1] 채권추심을 위하여 한 독촉 등 권리행사에 필요한 행위가 정당행위로 되기 위한 요건

[2] 사채업자인 피고인이 채무자 甲에게, 채무를 변제하지 않으면 甲이 숨기고 싶어하는 과거 행적과 사채를 쓴 사실 등을 남편과 시댁에 알리겠다는 등의 문자메시지를 발송한 사안

【이 유】

채권자가 채권추심을 위하여 독촉 등 권리행사에 필요한 행위를 할 수 있기는 하지만, 법률상 허용되는 정당한 절차에 의한 것이어야 하며, 또한 채무자의 자발적 이행을 촉구하기 위해 필요한 범위 안에서 상당한 방법으로 그 권리가 행사되어야 한다.

사채업자인 피고인은 피해자에게, 채무를 변제하지 않으면 피해자가 숨기고 싶어하는 과거의 행적과 사채를 쓴 사실 등을 남편과 시댁에 알리겠다는 등의 문자메시지를 발송하였다는 것인바, 이는 피해자에게 공포심을 일으키기에 충분하다고 보아야 할 것이고, 그 밖에 피고인이 고지한 해악의 구체적인 내용과 표현방법, 피고인이 피해자에게 위와 같은 해악을 고지하게 된 경위와 동기 등 제반 사정 등을 종합하면, 피고인에게 협박의 고의가 있었음을 충분히 인정할 수 있으며, 피고인이 정당한 절차와 방법을 통해 그 권리를 행사하지 아니하고 피해자에게 위와 같이 해악을 고지한 것이 사회의 관습이나 윤리관념 등 사회통념에 비추어 용인할 수 있는 정도의 것이라고 볼 수는 없다.

---

1. 온 몸에 연소성이 높은 고무놀을 바르고 라이타 불을 켜는 동작을 하면서 이를 말리려는 피해자 등에게 가위, 송곳을 휘두르면서 "방에 불을 지르겠다" "가족 전부를 죽여버리겠다"고 한 경우(적극) [대법원 1991. 5. 10. 선고, 90도2102]

【판시사항】

피고인이 피해자인 누나의 집에서 온 몸에 연소성이 높은 고무놀을 바르고 라이타 불을 켜는 동작을 하면서 이를 말리려는 피해자 등에게 가위, 송곳을 휘두르면서 "방에 불을 지르겠다" "가족 전부를 죽여버리겠다"고 소리치고 이를 1시간 가량 말리던 피해자가 끝내 무섭고 두려워 신고를 하였다면, 피고인의 행위는 피해자로 하여금 공포심을 일으킬 수 있는 정도의 해악의 고지가 되고, 피고인에게 협박의 고의가 있었다고 본 사례

【판결요지】

피고인이 피해자인 누나의 집에서 갑자기 온 몸에 연소성이 높은 고무놀을 바르고 라이타 불을 켜는 동작을 하면서 이를 말리려는 피해자 등에게 가위, 송곳을 휘두르면서 "방에 불을 지르겠다" "가족 전부를 죽여버리겠다"고 소리쳤고 피해자가 피고인의 행위를 약 1시간 가량 말렸으나 듣지 아니하여 무섭고 두려워서 신고를 하였다면, 피고인의 행위는 피해자 등에게 공포심을 일으키기에 충분할 정도의 해악을 고지한 것이고, 나아가 피고인에게 실제로 피해자 등의 신체에 위해를 가할 의사나 불을 놓을 의사가 없었다고 할지라도 위와 같은 해악을 고지한다는 점에 대한 인식, 인용은 있었다고 봄이 상당하고, 피해자가 그 이상의 행동에 이르지 못하도록 막은 바 있다 해도 피고인의 행위가 단순한 감정적 언동에 불과하거나 가해의 의사가 없음이 객관적으로 명백한 경우에 해당한다고는 볼 수 없다.

---

2. 감정적인 욕설 내지 일시적인 분노 표시를 한 경우(소극) [대법원 2006. 8. 25. 선고, 2006도546]
【판시사항】
피고인이 자신의 동거남과 성관계를 가진 바 있던 피해자에게 "사람을 사서 쥐도 새도 모르게 파묻어버리겠다. 너까지 것 쉽게 죽일 수 있다."라고 한 말에 관하여 이는 언성을 높이면서 말다툼으로 흥분한 나머지 단순히 감정적인 욕설 내지 일시적 분노의 표시를 한 것에 불과하고 해악을 고지한다는 인식을 갖고 한 것이라고 보기 어렵다고 판단한 것은 수긍이 가고, 거기에 채증법칙을 위반하여 사실을 오인하거나 협박죄에 관한 법리를 오해하여 판결에 영향을 미친 위법이 있다고 할 수 없다.

283-5. 피해자와 술을 마시던 중 화가 나 횟집 주방에 있던 회칼 2자루를 들고 나와 죽어버리겠다며 자해하려고 한 경우(적극) [대법원 2011. 1. 27. 선고, 2010도14316]

【판시사항】
피고인은 피해자와 횟집에서 술을 마시던 중 피해자가 모래 채취에 관하여 항의하는 데에 화가 나서, 횟집 주방에 있던 회칼 2자루를 들고 나와 죽어버리겠다며 자해하려고 하였다는 것이다. 이를 앞서 본 법리에 비추어 보면, 피고인의 행위는 단순한 자해행위 시늉에 불과한 것이 아니라 피고인의 요구에 응하지 않으면 피해자에게 어떠한 해악을 가할 듯한 위세를 보인 행위로서 협박에 해당한다고도 볼 수 있다.

---

1. 협박죄에 있어서의 해악을 가할 것을 고지하는 방법 [대법원 1975. 10. 7. 선고, 74도2727]
【판결요지】
협박죄에 있어서의 해악을 가할 것을 고지하는 행위는 통상 언어에 의하는 것이나 경우에 따라서는 한 마디 말도 없이 거동에 의하여서도 고지할 수 있는 것이다.

283-6. 피해자가 피고인에 대한 합의서를 법원에 제출한 사안에서, 피고인의 처벌을 희망하지 않는 의사를 명시적으로 표시한 것이라고 본 사례 [대법원 2008. 2. 29. 선고, 2007도11339]

【판시사항】
피해자는 피고인의 제1심 국선변호인을 통하여 2007. 10. 11. "가해자와 피해자 간에 원만한 합의를 하였으므로 이 건을 차후 민·형사상 어떠한 이의도 제기치 않을 것을 서약하면서 합의서를 제출합니다"라는 내용과 "합의금 이백 중 나머지 일백만 원은 11월부터 매월 10만 원씩 송금하기로 함" 이라는 내용이 기재된 합의서를 제1심법원에 제출하였음을 알 수 있는바, 그렇다면 위 피해자는 위 합의서를 제출함으로써 피고인에 대한 처벌을 희망하지 아니한다는 의사를 명시적으로 표시한 것으로 봄이 상당하다고 할 것이다(대법원 1994. 2. 25. 선고 93도3221 판결, 대법원 2001. 12. 14. 선고 2001도4283 판결 등 참조).

283-7. 제3자로 하여금 해악을 가하도록 하겠다는 방식으로 해악을 고지하는 경우 협박죄 구성 요건 [대법원 2007. 6. 1. 선고, 2006도1125]

【판시사항】

[1] 제3자로 하여금 해악을 가하도록 하겠다는 방식으로 해악을 고지하는 경우 협박죄를 구성하기 위한 요건

[2] 피고인이 피해자의 장모가 있는 자리에서 서류를 보이면서 "피고인의 요구를 들어주지 않으면 서류를 세무서로 보내 세무조사를 받게 하여 피해자를 망하게 하겠다" 라고 말하여 피해자의 장모로 하여금 피해자에게 위와 같은 사실을 전하게 하고, 그 다음날 피해자의 처에게 전화를 하여 "며칠 있으면 국세청에서 조사가 나올 것이니 그렇게 아시오" 라고 말한 경우, 위 각 행위는 협박죄에 있어서 해악의 고지에 해당한다.

【이 유】

행위자가 직접 해악을 가하겠다고 고지하는 것은 물론 제3자로 하여금 해악을 가하도록 하겠다는 방식으로도 해악의 고지는 가능한바, 고지자가 제3자의 행위를 사실상 지배하거나 제3자에게 영향을 미칠 수 있는 지위에 있는 것으로 믿게 하는 명시적·묵시적 언동을 하였거나 제3자의 행위가 고지자의 의사에 의하여 좌우될 수 있는 것으로 상대방이 인식한 경우에는 고지자가 직접 해악을 가하겠다고 고지한 것과 마찬가지의 행위로 평가할 수 있다(대법원 2006. 12. 8. 선고 2006도6155 판결 참조).

피고인이 2001. 10. 6.경 피해자의 장모가 있는 자리에서 서류를 보이면서 "피고인의 요구를 들어주지 않으면 서류를 세무서로 보내 세무조사를 받게 하여 피해자를 망하게 하겠다." 라고 말하여 피해자의 장모로 하여금 피해자에게 위와 같은 사실을 전하게 하고, 그 다음날 피해자의 처에게 전화를 하여 "며칠 있으면 국세청에서 조사가 나올 것이니 그렇게 아시오." 라고 말한 사실을 인정한 다음, 피고인의 위 각 행위는 협박죄에 있어서의 해악의 고지에 해당한다.

283-8. 폭행 또는 협박으로 부녀를 강간한 경우 강간죄 외에 폭행죄나 협박죄 또는 폭력행위법위반죄를 구성하는지 여부(소극) 및 이들 각 죄의 관계(=법조경합) [대법원 2002. 5. 16. 선고, 2002도51, 전원합의체 판결]

【판결요지】

폭행 또는 협박으로 부녀를 강간한 경우에는 강간죄만 성립하고, 그것과 별도로 강간의 수단으로 사용된 폭행·협박이 형법상의 폭행죄나 협박죄 또는 폭력행위등처벌에관한법률위반의 죄를 구성한다고는 볼 수 없으며, 강간죄와 이들 각 죄는 이른바 법조경합의 관계일 뿐이다.

283-9. 친권자가 자에게 야구방망이로 때릴 듯한 태도를 취하면서 "죽여 버린다."고 말한 경우(적극) [대법원 2002. 2. 8. 선고, 2001도6468]

【판결요지】

친권자는 자를 보호하고 교양할 권리의무가 있고(민법 제913조) 그 자를 보호 또는 교양하기 위하여 필요한 징계를 할 수 있기는 하지만(민법 제915조) 인격의 건전한 육성을 위하여 필요한 범위 안에서 상당한 방법으로 행사되어야만 할 것인데, 스스로의 감정을 이기지 못하고 야구방망이로 때릴 듯이 피해자에게 "죽여 버린다."고 말하여 협박하는 것은 그 자체로 피해자의 인격 성장에 장해를 가져올 우려가 커서 이를 교양권의 행사라고 보기도 어렵다.

283-10. '죽이겠다'는 언행이 서로 감정적으로 격앙된 상태에서 한 경우(소극) [춘천지법 영월지원 1996. 4. 9. 선고, 95고단505. 확정]

【판결요지】

피고인이 피해자에 대하여 '죽이겠다', '양어장을 해먹나 보자'는 등의 취지의 말을 한 사실은 인정되나, 피고인측의 건축공사로 인한 피해자의 양식장 피해 문제로 8개월여간 다투어 온 피고인과 피해자의 관계, 그와 같은 취지의 언행을 하게 된 경위와 주위 상황, 그 내용과 형태 등을 고려하면, 피고인의 그와 같은 행위는 서로 감정적으로 격앙된 상태에서 폭언을 한 것에 불과하여 협박죄를 구성하지 아니한다.

> 1. 피해자에게 "입을 찢어 버릴라"라고 한 말이 단순한 욕설에 지나지 않은 경우(소극) [대법원 1986. 7. 22. 선고, 86도1140]
> 【판결요지】
> 피해자와 언쟁중 "입을 찢어 버릴라"라고 한 말은 당시의 주위사정등에 비추어 단순한 감정적인 욕설에 불과하고 피해자에게 해악을 가할 것을 고지한 행위라고 볼 수 없어 협박에 해당하지 않는다.

283-11. "앞으로 수박이 없어지면 네 책임으로 한다"고 말한 경우(소극) [대법원 1995. 9. 29. 선고, 94도2187]

【판결요지】

"앞으로 수박이 없어지면 네 책임으로 한다" 고 말하였다고 하더라도 그것만으로는 구체적으로 어떠한 법익에 어떠한 해악을 가하겠다는 것인지를 알 수 없어 이를 해악의 고지라고 보기 어렵고, 가사 위와 같이 말한 것이 다소간의 해악의 고지에 해당한다고 가정하더라도, 피고인이 전에도 여러 차례 수박을 절취당하여 그 범인을 붙잡기 위해 수박밭을 지키고 있던 중 마침 같은 마을에 거주하며 피고인과 먼 친척간이기도 한 피해자가 피고인의 수박밭에 들어와 두리번거리는 것을 발견하자 피해자가 수박을 훔치려던 것으로 믿은 나머지 피해자를 훈계하려고 위와 같이 말하였으며 그 과정에서 폭행을 가하거나 달리 유형력을 행사한 바는 없었다면, 가사 피고인이 위와 같이 말한 것으로 인하여 피해자가 어떤 공포심을 느꼈다고 하더라도 피고인이 위와 같은 말을 하게 된 경위, 피고인과 피해자의 나이 및 신분관계 등에 비추어 볼 때 이는 정당한 훈계의 범위를 벗어나는 것이 아니어서 사회상규에 위배되지 아니하므로 위법성이 없다고 봄이 상당하고, 그 후 피해자가 스스로 음독 자살하기에 이르렀다 하더라도 이는 피해자가 자신의 결백을 밝히려는 데 그 동기가 있었던 것으로 보일 뿐 그것이 피고인의 협박으로 인한 결과라고 보기도 어려우므로 그와 같은 결과의 발생만을 들어 이를 달리 볼 것은 아니다.

283-12. 피고인이 피해자로부터 뺨을 맞는 등 폭행을 당하여 서로 멱살을 잡고 다투자 주위 사람들이 싸움을 제지하였으나 피해자에게 대항하기 위하여 깨어진 병으로 피해자를 찌를 듯이 겨누어 협박한 경우(적극) [대법원 1991. 5. 28. 선고, 91도80]

【판결요지】

피고인이 피해자로부터 갑작스럽게 뺨을 맞는 등 폭행을 당하여 서로 멱살을 잡고 다투자 주위 사람들이 싸움을 제지하였으나 피해자에게 대항하기 위하여 깨어진 병으로 피해자를 찌를 듯이 겨누어 협박한 경우, 피고인의 행위는 자기의 법익에 대한 현재의 부당한 침해를 방어하기 위한 것이라고 볼 수 있으나, 맨손으로 공격하는 상대방에 대하여 위험한 물건인 깨어진 병을 가지고 대항한다는 것은 사회통념상 그 정도를 초과한 방어행위로서 상당성이 결여된 것이고, 또 주위사람들이 싸움을 제지하였다는 상황에 비추어 야간의 공포나 당황으로 인한 것이었다고 보기도 어렵다.

283-13. 슈퍼마켓 사무실에서 식칼을 들고 피해자를 협박한 행위와 식칼을 들고 매장을 돌아다니며 손님을 내쫓아 영업을 방해한 행위의 죄수 관계(=실체적경합범) [대법원 1991. 1. 29. 선고, 90도2445]

【판결요지】

피고인이 슈퍼마켓사무실에서 식칼을 들고 피해자를 협박한 행위와 식칼을 들고 매장을 돌아다니며 손님을 내쫓아 그의 영업을 방해한 행위는 별개의 행위이다.

제284조[특수협박]

> 제284조(특수협박) 단체 또는 다중의 위력을 보이거나 위험한 물건을 휴대하여 전조제1항, 제2항의 죄를 범한 때에는 7년 이하의 징역 또는 1천만원 이하의 벌금에 처한다. ⟨개정 1995. 12. 29.⟩

284-1. 특수협박죄에서 말하는 위험한 물건을 '휴대하여' 및 '협박'의 의미 [대법원 2017. 3. 30. 선고, 2017도771]

【판시사항】

형법 제284조, 제283조 제1항은 위험한 물건을 휴대하여 사람을 협박한 자를 특수협박죄로 처벌하도록 규정하고 있는바, 여기서 위험한 물건을 '**휴대하여**'는 범행현장에서 사용하려는 의도 아래 위험한 물건을 소지하거나 몸에 지니는 경우를 가리키고, '**협박**'은 일반적으로 그 상대방이 된 사람으로 하여금 공포심을 일으키기에 충분한 정도의 해악을 고지하는 것을 말한다(대법원 2012. 8. 17. 선고 2011도10451 판결, 대법원 2015. 8. 19. 선고 2015도7852 판결 등 참조).

284-2. 법원이 특수협박죄로 공소가 제기된 범죄사실을 공소장변경 없이 상습특수협박죄로 처벌할 수 있는지 여부(원칙적 소극) [대법원 2016. 10. 27. 선고, 2016도11880]

【이 유】

상습특수협박죄는 특수협박죄보다 가중하여 처벌하도록 규정되어 있으므로, 특별한 사정이 없는 한 불고불리의 원칙상 법원이 특수협박죄로 공소가 제기된 범죄사실을 공소장변경 없이 상습특수협박죄로 처벌할 수 없다(대법원 2006. 11. 24. 선고 2006도6451 판결 참조).

제31장 약취(略取), 유인(誘引) 및 인신매매의 죄

제287조[미성년자의 약취, 유인]

> 제287조(미성년자의 약취, 유인) 미성년자를 약취 또는 유인한 사람은 10년 이하의 징역에 처한다.
> [전문개정 2013. 4. 5.]

287-1. 미성년자를 보호·감독하는 사람이 해당 미성년자에 대한 약취죄 주체가 될 수 있는지 여부(한정 적극) [대법원 2017. 12. 13. 선고, 2015도10032]

【판시사항】

[1] 미성년자약취죄의 구성요건 중 '약취'의 의미와 판단 기준

[2] 미성년자를 보호·감독하는 사람이 해당 미성년자에 대한 약취죄의 주체가 될 수 있는지 여부(한정 적극) / 부모가 이혼하였거나 별거하는 상황에서 미성년의 자녀를 부모의 일방이 평온하게 보호·양육하고 있는데, 상대방 부모가 폭행, 협박 또는 불법적인 사실상의 힘을 행사하여 그 보호·양육 상태를 깨뜨리고 자녀를 탈취하여 자기 또는 제3자의 사실상 지배하에 옮긴 행위가 미성년자에 대한 약취죄를 구성하는지 여부(원칙적 적극)

【이 유】

형법 제287조의 미성년자약취죄의 구성요건요소로서 약취란 폭행, 협박 또는 불법적인 사실상의 힘을 수단으로 사용하여 피해자를 그 의사에 반하여 자유로운 생활관계 또는 보호관계로부터 이탈시켜 자기 또는 제3자의 사실상 지배하에 옮기는 행위를 의미하고, 구체적 사건에서 어떤 행위가 약취에 해당하는지 여부는 행위의 목적과 의도, 행위 당시의 정황, 행위의 태양과 종류, 수단과 방법, 피해자의 상태 등 관련 사정을 종합하여 판단하여야 한다(대법원 2009. 7. 9. 선고 2009도3816 판결 등 참조).

한편 미성년자를 보호·감독하는 사람이라고 하더라도 다른 보호감독자의 보호·양육권을 침해하거나 자신의 보호·양육권을 남용하여 미성년자 본인의 이익을 침해하는 때에는 미성년자에 대한 약취죄의 주체가 될 수 있으므로(대법원 2008. 1. 31. 선고 2007도8011 판결 등 참조), 부모가 이혼하였거나 별거하는 상황에서 미성년의 자녀를 부모의 일방이 평온하게 보호·양육하고 있는데, 상대방 부모가 폭행, 협박 또는 불법적인 사실상의 힘을 행사하여 그 보호·양육 상태를 깨뜨리고 자녀를 탈취하여 자기 또는 제3자의 사실상 지배하에 옮긴 경우, 그와 같은 행위는 특별한 사정이 없는 한 미성년자에 대한 약취죄를 구성한다(대법원 2013. 6. 20. 선고 2010도14328 전원합의체 판결).

> 1. 베트남 여성의 자녀 약취 사건 [대법원 2013. 6. 20. 선고, 2010도14328, 전원합의체 판결]
> 【판시사항】

[1] 미성년자약취죄, 국외이송약취죄 등의 구성요건 중 '약취'의 의미와 그 판단 기준 및 미성년자를
보호·감독하는 사람이 해당 미성년자에 대한 약취죄의 주체가 될 수 있는지 여부(한정 적극)와 미
성년 자녀의 부모 일방에 대하여 자녀에 대한 약취죄가 성립하기 위한 요건

[2] 베트남 국적 여성인 피고인이 남편 甲의 의사에 반하여 생후 약 13개월 된 자녀 乙을 주거지에서
데리고 나와 약취하고 베트남에 함께 입국함으로써 乙을 국외에 이송하였다고 하여 국외이송약취
및 피약취자국외이송으로 기소된 사안

【판결요지】

[1] [다수의견] 형법 제287조의 미성년자약취죄, 제288조 제3항 전단[구 형법(2013. 4. 5. 법률 제
11731호로 개정되기 전의 것을 말한다. 이하 같다) 제289조 제1항에 해당한다]의 국외이송약취죄
등의 구성요건요소로서 약취란 폭행, 협박 또는 불법적인 사실상의 힘을 수단으로 사용하여 피해
자를 그 의사에 반하여 자유로운 생활관계 또는 보호관계로부터 이탈시켜 자기 또는 제3자의 사실
상 지배하에 옮기는 행위를 의미하고, 구체적 사건에서 어떤 행위가 약취에 해당하는지 여부는 행
위의 목적과 의도, 행위 당시의 정황, 행위의 태양과 종류, 수단과 방법, 피해자의 상태 등 관련
사정을 종합하여 판단하여야 한다. 한편 미성년자를 보호·감독하는 사람이라고 하더라도 다른 보
호감독자의 보호·양육권을 침해하거나 자신의 보호·양육권을 남용하여 미성년자 본인의 이익을 침
해하는 때에는 미성년자에 대한 약취죄의 주체가 될 수 있는데, 그 경우에도 해당 보호감독자에
대하여 약취죄의 성립을 인정할 수 있으려면 그 행위가 위와 같은 의미의 약취에 해당하여야 한다.
그렇지 아니하고 폭행, 협박 또는 불법적인 사실상의 힘을 사용하여 그 미성년자를 평온하던 종전
의 보호·양육 상태로부터 이탈시켰다고 볼 수 없는 행위에 대하여까지 다른 보호감독자의 보호·양
육권을 침해하였다는 이유로 미성년자에 대한 약취죄의 성립을 긍정하는 것은 형벌법규의 문언
범위를 벗어나는 해석으로서 죄형법정주의의 원칙에 비추어 허용될 수 없다. 따라서 부모가 이혼
하였거나 별거하는 상황에서 미성년의 자녀를 부모의 일방이 평온하게 보호·양육하고 있는데, 상
대방 부모가 폭행, 협박 또는 불법적인 사실상의 힘을 행사하여 그 보호·양육 상태를 깨뜨리고 자
녀를 탈취하여 자기 또는 제3자의 사실상 지배하에 옮긴 경우, 그와 같은 행위는 특별한 사정이
없는 한 미성년자에 대한 약취죄를 구성한다고 볼 수 있다. 그러나 이와 달리 미성년의 자녀를 부
모가 함께 동거하면서 보호·양육하여 오던 중 부모의 일방이 상대방 부모나 그 자녀에게 어떠한
폭행, 협박이나 불법적인 사실상의 힘을 행사함이 없이 그 자녀를 데리고 종전의 거소를 벗어나
다른 곳으로 옮겨 자녀에 대한 보호·양육을 계속하였다면, 그 행위가 보호·양육권의 남용에 해당한
다는 등 특별한 사정이 없는 한 설령 이에 관하여 법원의 결정이나 상대방 부모의 동의를 얻지
아니하였다고 하더라도 그러한 행위에 대하여 곧바로 형법상 미성년자에 대한 약취죄의 성립을
인정할 수는 없다.

[2] 제반 사정을 종합할 때 피고인이 乙을 데리고 베트남으로 떠난 행위는 어떠한 실력을 행사하여
乙을 평온하던 종전의 보호·양육 상태로부터 이탈시킨 것이라기보다 친권자인 모(母)로서 출생 이
후 줄곧 맡아왔던 乙에 대한 보호·양육을 계속 유지한 행위에 해당하여, 이를 폭행, 협박 또는 불법
적인 사실상의 힘을 사용하여 乙을 자기 또는 제3자의 지배하에 옮긴 약취행위로 볼 수는 없다는
이유로, 피고인에게 무죄를 인정한 원심판단은 정당하다.

287-2. 미성년자를 약취한 후 강간 목적으로 상해 등을 가하고 나아가 강간 및 살인미수를 범한 경우, 약취한 미성년자에 대한 상해 등으로 인한 특정범죄 가중처벌 등에 관한 법률 위반죄와 미성년자에 대한 강간 및 살인미수행위로 인한 성폭력범죄의 처벌 등에 관한 특례법 위반죄의 죄수 관계(=실체적 경합범) [대법원 2014. 2. 27. 선고, 2013도12301,2013전도252,2013치도2]

【판결요지】

미성년자인 피해자를 약취한 후에 강간을 목적으로 피해자에게 가혹한 행위 및 상해를 가하고 나아가 그 피해자에 대한 강간 및 살인미수를 범하였다면, 이에 대하여는 약취한 미성년자에 대한 상해 등으로 인한 특정범죄 가중처벌 등에 관한 법률 위반죄 및 미성년자인 피해자에 대한 강간 및 살인미수행위로 인한 성폭력범죄의 처벌 등에 관한 특례법 위반죄가 각 성립하고, 설령 상해의 결과가 피해자에 대한 강간 및 살인미수행위 과정에서 발생한 것이라 하더라도 위 각 죄는 서로 형법 제37조 전단의 실체적 경합범 관계에 있다.

287-3. 미성년자약취죄의 약취행위에서 장소적 이전이 갖는 의미 [대법원 2008. 1. 17. 선고, 2007도8485]

【판시사항】

[1] 형법상 미성년자약취죄의 약취행위에서 장소적 이전이 갖는 의미

[2] 미성년자와 그 부모의 주거에 침입하여 장소적 이전 없이 미성년자에게 폭행·협박을 가한 것이 형법 제287조의 미성년자약취죄를 구성하는지 여부의 판단 기준

[3] 미성년자 혼자 머무는 주거에 침입하여 강도 범행을 하는 과정에서 일시적으로 부모와의 보호관계가 사실상 침해·배제된 경우 형법 제287조의 미성년자약취죄가 성립하지 않는다.

【판결요지】

[1] 형법 제287조에 규정된 약취행위는 폭행 또는 협박을 수단으로 하여 미성년자를 그 의사에 반하여 자유로운 생활관계 또는 보호관계로부터 이탈시켜 범인이나 제3자의 사실상 지배하에 옮기는 행위를 말하는 것이다. 물론, 여기에는 미성년자를 장소적으로 이전시키는 경우뿐만 아니라 장소적 이전 없이 기존의 자유로운 생활관계 또는 부모와의 보호관계로부터 이탈시켜 범인이나 제3자의 사실상 지배하에 두는 경우도 포함된다고 보아야 한다. 다만, 미성년자와 보호자의 일상생활의 장소적 중심인 주거에서 장소적 이전을 전제로 하지 아니한 채 폭행 또는 협박이 이루어진 경우에는, 그로 인하여 미성년자와 부모의 보호관계가 제한 혹은 박탈되는 모든 경우에 형법 제287조의 미성년자약취죄가 성립하는 것으로 볼 수는 없고, 무엇보다 미성년자를 기존의 생활관계 및 보호관계로부터 이탈시킬 의도가 없는 경우에는 실행의 착수조차 인정하기 어려우며, 범행의 목적과 수단, 시간적 간격 등을 고려할 때 사회통념상 실제로 기존의 생활관계 및 보호관계로부터 이탈시킨 것으로 인정되어야만 기수가 성립한다.

[2] 미성년자가 혼자 머무는 주거에 침입하여 그를 감금한 뒤 폭행 또는 협박에 의하여 부모의 출입을 봉쇄하거나, 미성년자와 부모가 거주하는 주거에 침입하여 부모만을 강제로 퇴거시키고 독자적인 생활관계를 형성하기에 이르렀다면 비록 장소적 이전이 없었다 할지라도 형법 제287조

의 미성년자약취죄에 해당함이 명백하지만, 강도 범행을 하는 과정에서 혼자 주거에 머무르고 있는 미성년자를 체포·감금하거나 혹은 미성년자와 그의 부모를 함께 체포·감금, 또는 폭행·협박을 가하는 경우, 나아가 주거지에 침입하여 미성년자의 신체에 위해를 가할 것처럼 협박하여 부모로부터 금품을 강취하는 경우와 같이, 일시적으로 부모와의 보호관계가 사실상 침해·배제되었다 할지라도, 그 의도가 미성년자를 기존의 생활관계 및 보호관계로부터 이탈시키는 데 있었던 것이 아니라 단지 금품 강취를 위하여 반항을 제압하는 데 있었다거나 금품 강취를 위하여 고지한 해악의 대상이 그곳에 거주하는 미성년자였던 것에 불과하다면, 특별한 사정이 없는 한 미성년자를 약취한다는 범의를 인정하기 곤란할 뿐 아니라, 보통의 경우 시간적 간격이 짧아 그 주거지를 중심으로 영위되었던 기존의 생활관계로부터 완전히 이탈되었다고 평가하기도 곤란하다.

[3] 미성년자 혼자 머무는 주거에 침입하여 강도 범행을 하는 과정에서 미성년자와 그 부모에게 폭행·협박을 가하여 일시적으로 부모와의 보호관계가 사실상 침해·배제되었더라도, 미성년자가 기존의 생활관계로부터 완전히 이탈되었다거나 새로운 생활관계가 형성되었다고 볼 수 없고 범인의 의도도 위와 같은 생활관계의 이탈이 아니라 단지 금품 강취를 위한 반항 억압에 있었으므로, 형법 제287조의 미성년자약취죄가 성립하지 않는다.

287-4. 미성년자약취죄의 입법취지와 보호법익 및 피고인이 미성년자의 동의하에 그 부의 감호권을 침해하여 피고인의 사실상 지배하로 옮긴 경우(적극) [대법원 2003. 2. 11. 선고, 2002도7115]

【판결요지】

형법 제287조에 규정된 미성년자약취죄의 입법 취지는 심신의 발육이 불충분하고 지려와 경험이 풍부하지 못한 미성년자를 특별히 보호하기 위하여 그를 약취하는 행위를 처벌하려는 데 그 입법의 취지가 있으며, 미성년자의 자유 외에 보호감독자의 감호권도 그 보호법익으로 하고 있다는 점을 고려하면, 피고인과 공범들이 미성년자를 보호·감독하고 있던 그 아버지의 감호권을 침해하여 그녀를 자신들의 사실상 지배하로 옮긴 이상 미성년자약취죄가 성립한다 할 것이고, 약취행위에 미성년자의 동의가 있었다 하더라도 본죄의 성립에는 변함이 없다.

287-5. 미성년자를 유인한 자가 미성년자를 감금한 경우, 미성년자유인죄 외에 별도로 감금죄가 성립 여부(적극) [대법원 1998. 5. 26. 선고, 98도1036]

【판결요지】

미성년자를 유인한 자가 계속하여 미성년자를 불법하게 감금하였을 때에는 미성년자유인죄 이외에 감금죄가 별도로 성립한다.

287-6. 미성년자유인죄의 유혹의 의미 [대법원 1996. 2. 27. 선고, 95도2980]

【판결요지】

미성년자유인죄라 함은 기망 또는 유혹을 수단으로 하여 미성년자를 꾀어 현재의 보호상태로부터 이탈케 하여 자기 또는 제3자의 사실적 지배하로 옮기는 행위를 말하고, 여기서의 유혹이라 함은 기망의 정도에는 이르지 아니하나 감언이설로써 상대방을 현혹시켜 판단의 적정을 그르치게 하는 것이므로 반드시 그 유혹의 내용이 허위일 것을 요하지는 않는다.

287-7. 미성년자의 약취, 유인에는 가담한 바 없으나 그 후 그 정을 알면서 이를 미끼로 한 뇌물요구행위에 가담한 경우 종범 해당 여부(적극) [대법원 1982. 11. 23. 선고, 82도2024]

【판시사항】

미성년자의 약취, 유인에는 가담한 바 없으나 그 후 그 정을 알면서 이를 미끼로 한 뇌물요구행위에 가담한 경우 특정범죄가중처벌등에 관한 법률 제5조의2 제2항 제1호 위반죄의 종범에 해당하는지 여부

【판결요지】

특정범죄가중처벌등에 관한 법률 제5조의2 제2항 제1호 소정의 죄는 형법 제287조의 미성년자 약취, 유인행위와 약취 또는 유인한 미성년자의 부모 기타 그 미성년자의 안전을 염려하는 자의 우려를 이용하여 재물이나 재산상의 이익을 취득하거나 이를 요구하는 행위가 결합된 단순일죄의 범죄라고 봄이 상당하므로 비록 타인이 미성년자를 약취, 유인한 행위에는 가담한 바 없다 하더라도 사후에 그 사실을 알면서 약취.유인한 미성년자를 부모 기타 그 미성년자의 안전을 염려하는 자의 우려를 이용하여 재물이나 재산상의 이익을 취득하거나 요구하는 타인의 행위에 가담하여 이를 방조한 때에는 단순히 재물등 요구행위의 종범이 되는데 그치는 것이 아니라 종합범인 위 특정범죄가중처벌등에 관한 법률 제5조의2 제2항 제1호 위반죄의 종범에 해당한다.

287-8. 하자있는 피해자의 승낙과 미성년자 유인죄의 성부 [대법원 1982. 4. 27. 선고, 82도186]

【판결요지】

피해자가 스스로 가출하였다고는 하나 그것이 피고인의 독자적인 교리설교에 의하여 하자 있는 의사로써 이루어진 것이고, 동 피해자를 보호감독권자의 보호관계로부터 이탈시켜 피고인의 지배하에 옮긴이상 미성년자 유인죄가 성립한다.

287-9. 미성년자 아버지의 부탁으로 그 아이들을 보호하고 있는 자가 아이들 어머니의 인도요구를 거부하는 경우(소극) [대법원 1974. 5. 28. 선고, 74도840]

【판결요지】

미성년자의 아버지의 부탁으로 그 아이들을 보호하고 있는 자는 위 아이를 인도하라는 어머니의 요구를 거부하였다 하여 미성년자약취죄의 죄책을 진다고 볼 수 없다.

제288조[추행 등 목적 약취, 유인 등]

> 제288조(추행 등 목적 약취, 유인 등) ① 추행, 간음, 결혼 또는 영리의 목적으로 사람을 약취 또는 유인한 사람은 1년 이상 10년 이하의 징역에 처한다.
> ② 노동력 착취, 성매매와 성적 착취, 장기적출을 목적으로 사람을 약취 또는 유인한 사람은 2년 이상 15년 이하의 징역에 처한다.
> ③ 국외에 이송할 목적으로 사람을 약취 또는 유인하거나 약취 또는 유인된 사람을 국외에 이송한 사람도 제2항과 동일한 형으로 처벌한다. [전문개정 2013. 4. 5.]

288-1. 구 특정범죄 가중처벌 등에 관한 법률 제5조의2 제4항의 삭제가 '추행 목적의 유인죄'를 가중처벌하도록 한 종전의 조치가 과중하다는 데서 나온 반성적 조치로서 형법 제1조 제2항에 따라 신법이 적용되는 경우에 해당하는지 여부(적극) [대법원 2013. 7. 11. 선고, 2013도4862,2013전도101]

【판결요지】

구 특정범죄 가중처벌 등에 관한 법률(2013. 4. 5. 법률 제11731호로 개정되기 전의 것) 제5조의2 제4항은 "형법 제288조·제289조 또는 제292조 제1항의 죄를 범한 사람은 무기 또는 5년 이상의 징역에 처한다."고 규정하고, 구 형법(2013. 4. 5. 법률 제11731호로 개정되기 전의 것) 제288조 제1항은 "추행, 간음 또는 영리의 목적으로 사람을 약취 또는 유인한 자는 1년 이상의 유기징역에 처한다."고 규정하였으나, 원심판결 선고 전 시행된 특정범죄 가중처벌 등에 관한 법률(2013. 4. 5. 법률 제11731호로 개정된 것)에는 제5조의2 제4항이 삭제되고, 형법(2013. 4. 5. 법률 제11731호로 개정된 것) 제288조 제1항은 "추행, 간음, 결혼 또는 영리의 목적으로 사람을 약취 또는 유인한 사람은 1년 이상 10년 이하의 징역에 처한다."고 규정하여 추행 목적의 유인죄에 대한 법정형이 변경되었는데, 그 취지는 추행 목적의 유인의 형태와 동기가 다양함에도 불구하고 무기 또는 5년 이상의 징역으로 가중처벌하도록 한 종전의 조치가 과중하다는 데서 나온 반성적 조치라고 보아야 할 것이어서, 이는 형법 제1조 제2항의 '범죄 후 법률의 변경에 의하여 그 행위가 범죄를 구성하지 아니하거나 형이 구법보다 경한 때'에 해당한다.

288-2. 술에 만취한 피고인이 초등학교 5학년 여학생의 소매를 잡아끌면서 "우리 집에 같이 자러 가자"고 한 행위가 형법 제288조의 약취행위의 수단인 '폭행'여부(적극) [대법원 2009. 7. 9. 선고, 2009도3816]

【판시사항】

[1] 형법 제288조의 약취행위에서 폭행·협박의 정도 및 그 판단 기준

[2] 술에 만취한 피고인이 초등학교 5학년 여학생의 소매를 잡아끌면서 "우리 집에 같이 자러 가자"고 한 행위가 형법 제288조의 약취행위의 수단인 '폭행'에 해당한다.

【이 유】

형법 제288조에 규정된 약취행위는 피해자를 그 의사에 반하여 자유로운 생활관계 또는 보호관계로부터 범인이나 제3자의 사실상 지배하에 옮기는 행위를 말하는 것으로서, 폭행 또는 협박을

수단으로 사용하는 경우에 그 폭행 또는 협박의 정도는 상대방을 실력적 지배하에 둘 수 있을 정도이면 족하고 반드시 상대방의 반항을 억압할 정도의 것임을 요하지는 아니하고 (대법원 1991. 8. 13. 선고 91도1184 판결 참조), 뿐만 아니라 약취에는 폭행 또는 협박 이외의 사실상의 힘에 의한 경우도 포함되며, 어떤 행위가 위와 같은 약취행위에 해당하는지 여부는 행위의 목적과 의도, 행위 당시의 정황, 행위의 태양과 종류, 피해자의 의사 등을 종합하여 판단하여야 한다.

피고인이 위와 같이 위험에 대한 대처능력이 미약한 초등학교 5학년 여학생인 피해자의 소매를 잡아끌면서 '우리 집에 같이 자러가자' 라고 한 행위는 그 행위의 목적과 의도, 행위 당시의 정황, 행위의 태양과 종류, 피해자의 의사 등을 종합하여 볼 때, 피고인이 피해자를 그 의사에 반하여 자유로운 생활관계 또는 보호관계로부터 피고인의 사실상 지배하에 옮기기 위한 약취행위의 수단으로서 폭행에 충분히 해당한다고 할 것이고, 또한 약취의 의사도 인정된다고 할 것이므로, 피고인에게 약취행위에 해당하는 실행행위가 있다고 보아야 할 것이고, 당시 피고인이 술에 많이 취한 상태였다고 하더라도 버스에서 내려 집으로 가는 중이었다는 점 등의 사정에 비추어 심신상실의 상태에까지 이르렀다고는 보기 어려운 이상 이를 이유로 약취행위의 실행행위를 부정할 수는 없다.

> 1. 형법 제288조의 약취행위에 있어서 폭행·협박의 정도 [대법원 2004. 10. 28. 선고, 2004도4437]
> 【판결요지】
> 형법 제288조에 규정된 약취행위는 피해자를 그 의사에 반하여 자유로운 생활관계 또는 보호관계로부터 범인이나 제3자의 사실적 지배하에 옮기는 행위를 말하는 것으로서, 여기서 사실적 지배라 함은 사람에 대한 물리적·실력적 지배관계를 의미한다 할 것이므로, 영리 목적 약취죄의 인정 여부는 다른 사람을 폭행 또는 협박하여 위와 같은 사실적 지배 아래 두었는가에 달려 있다 할 것이다(대법원 1991. 8. 13. 선고 91도1184 판결, 2004. 5. 14. 선고 2003도8019 판결 등 참조).

288-3. 형법 제288조에 정한 '유인'의 의미 [대법원 2007. 5. 11. 선고, 2007도2318]

【판시사항】

형법 제288조에서 말하는 '유인' 이란 기망 또는 유혹을 수단으로 사람을 꾀어 그 하자 있는 의사에 따라 그 사람을 자유로운 생활관계 또는 보호관계로부터 이탈하게 하여 자기 또는 제3자의 사실적 지배 아래로 옮기는 행위를 말하고 (대법원 1976. 9. 14. 선고 76도2072 판결, 1996. 2. 27. 선고 95도2980 판결 등 참조), 여기서 사실적 지배라고 함은 미성년자에 대한 물리적·실력적인 지배관계를 의미한다고 할 것이다(대법원 1998. 5. 15. 선고 98도690 판결 참조).

피고인이 11세에 불과한 어린 나이의 피해자를 유혹하여 위 모텔 앞길에서부터 위 모텔 301호실까지 데리고 간 이상, 그로써 피고인은 피해자를 자유로운 생활관계로부터 이탈시켜 피고인의 사실적 지배 아래로 옮겼다고 할 것이고, 이로써 간음목적유인죄의 기수에 이른 것으로 보아야 할 것이다.

288-4. 부녀매매죄 주체 및 객체와 그 성립요건 [대법원 1992. 1. 21. 선고, 91도1402, 전원합의체 판결]

【판결요지】

부녀매매죄는 부녀자의 신체의 자유를 그 일차적인 보호법익으로 하는 죄로서 그 행위의 객체는 부녀이고, 여자인 이상 그 나이나 성년, 미성년, 기혼 여부 등을 불문한다고 보아야 하고, 행위의 주체에는 제한이 없으니 반드시 친권자등의 보호자만이 본 죄의 주체가 될 수 있다는 것도 근거 없는 해석이라 할 것이며, 요컨대 본죄의 성립 여부는 그 주체 및 객체에 중점을 두고 볼 것이 아니라 매매의 일방이 어떤 경위로 취득한 부녀자에 대한 실력적 지배를 대가를 받고 그 상대방에게 넘긴다고 하는 행위에 중점을 두고 판단하여야 하므로 매도인이 매매 당시 부녀자를 실력으로 지배하고 있었는가 여부 즉 계속된 협박이나 명시적 혹은 묵시적인 폭행의 위협 등의 험악한 분위기로 인하여 보통의 부녀자라면 법질서에 보호를 호소하기를 단념할 정도의 상태에서 그 신체에 대한 인계인수가 이루어졌는가의 여부에 달려 있다고 하여야 할 것이다.

제32장 강간과 추행의 죄

제297조[강간]

> 제297조(강간) 폭행 또는 협박으로 사람을 강간한 자는 3년 이상의 유기징역에 처한다. 〈개정 2012. 12. 18.〉

297-1. 강간죄가 성립하기 위한 가해자의 폭행·협박이 있었는지 판단하는 방법 [대법원 2018. 2. 28. 선고, 2017도21249]

【판결요지】

강간죄가 성립하기 위한 가해자의 폭행·협박이 있었는지 여부는 폭행·협박의 내용과 정도는 물론 유형력을 행사하게 된 경위, 피해자와의 관계, 행위 당시와 그 후의 정황 등 모든 사정을 종합하여 피해자가 당시 처하였던 구체적인 상황을 기준으로 판단하여야 하며, 사후적으로 보아 피해자가 범행 현장을 벗어날 수 있었다거나 피해자가 사력을 다하여 반항하지 않았다는 사정만으로 가해자의 폭행·협박이 피해자의 항거를 현저히 곤란하게 할 정도에 이르지 않았다고 섣불리 단정하여서는 안 된다.

297-2. 폭행·협박이 반드시 간음행위보다 선행되어야 하는지 여부(소극)[대법원 2017. 10. 12. 선고, 2016도16948, 2016전도156]

【판시사항】

강간죄가 성립하기 위한 폭행·협박의 정도 및 폭행·협박이 피해자의 항거를 불가능하게 하거나 현저히 곤란하게 할 정도였는지 판단하는 기준 / 강간죄에서 폭행·협박과 간음 사이에 인과관계가 있어야 하는지 여부(적극) 및 폭행·협박이 반드시 간음행위보다 선행되어야 하는지 여부(소극)

【판결요지】

강간죄가 성립하려면 가해자의 폭행·협박은 피해자의 항거를 불가능하게 하거나 현저히 곤란하게 할 정도의 것이어야 한다. 폭행·협박이 피해자의 항거를 불가능하게 하거나 현저히 곤란하게 할 정도의 것이었는지 여부는 폭행·협박의 내용과 정도는 물론, 유형력을 행사하게 된 경위, 피해자와의 관계, 성교 당시와 그 후의 정황 등 모든 사정을 종합하여 판단하여야 한다. 또한 강간죄에서의 폭행·협박과 간음 사이에는 인과관계가 있어야 하나, 폭행·협박이 반드시 간음행위보다 선행되어야 하는 것은 아니다.

> 1. 강간죄에 있어서의 폭행·협박의 정도 및 그 판단 기준 [대법원 2001. 2. 23. 선고, 2000도5395]
> 【판결요지】
> 강간죄가 성립하려면 가해자의 폭행, 협박은 피해자의 항거를 불가능하게 하거나 현저히 곤란하게 할 정도의 것이어야 하고, 그 폭행, 협박이 피해자의 항거를 불가능하게 하거나 현저히 곤란하게 할 정도

의 것이었는지 여부는 그 폭행, 협박의 내용과 정도는 물론, 유형력을 행사하게 된 경위, 피해자와의 관계, 성교 당시와 그 후의 정황 등 모든 사정을 종합하여 판단하여야 한다.

297-3. 강간죄의 객체인 '부녀'에 법률상 처(妻)가 포함되는지 여부(적극) 및 혼인관계가 실질적으로 유지되고 있더라도 남편이 반항을 불가능하게 하거나 현저히 곤란하게 할 정도의 폭행이나 협박을 가하여 아내를 간음한 경우 강간죄가 성립하는지 여부(적극) [대법원 2013. 5. 16., 선고, 2012도14788,2012전도252, 전원합의체 판결]

【판시사항】

형법 제297조에서 규정한 강간죄의 객체인 '부녀'에 법률상 처(妻)가 포함되는지 여부(적극) 및 혼인관계가 실질적으로 유지되고 있더라도 남편이 반항을 불가능하게 하거나 현저히 곤란하게 할 정도의 폭행이나 협박을 가하여 아내를 간음한 경우 강간죄가 성립하는지 여부(적극)와 남편의 아내에 대한 폭행 또는 협박이 피해자의 반항을 불가능하게 하거나 현저히 곤란하게 할 정도에 이른 것인지 판단하는 기준

【판결요지】

[다수의견] (가) 형법(2012. 12. 18. 법률 제11574호로 개정되기 전의 것, 이하 같다) 제297조는 부녀를 강간한 자를 처벌한다고 규정하고 있는데, 형법이 강간죄의 객체로 규정하고 있는 '부녀'란 성년이든 미성년이든, 기혼이든 미혼이든 불문하며 곧 여자를 가리킨다. 이와 같이 형법은 법률상 처를 강간죄의 객체에서 제외하는 명문의 규정을 두고 있지 않으므로, 문언 해석상으로도 법률상 처가 강간죄의 객체에 포함된다고 새기는 것에 아무런 제한이 없다. 한편 1953. 9. 18. 법률 제293호로 제정된 형법은 강간죄를 규정한 제297조를 담고 있는 제2편 제32장의 제목을 '정조에 관한 죄'라고 정하고 있었는데, 1995. 12. 29. 법률 제5057호로 형법이 개정되면서 그 제목이 '강간과 추행의 죄'로 바뀌게 되었다. 이러한 형법의 개정은 강간죄의 보호법익이 현재 또는 장래의 배우자인 남성을 전제로 한 관념으로 인식될 수 있는 '여성의 정조' 또는 '성적 순결'이 아니라, 자유롭고 독립된 개인으로서 여성이 가지는 성적 자기결정권이라는 사회 일반의 보편적 인식과 법감정을 반영한 것으로 볼 수 있다. 부부 사이에 민법상의 동거의무가 인정된다고 하더라도 거기에 폭행, 협박에 의하여 강요된 성관계를 감내할 의무가 내포되어 있다고 할 수 없다. 혼인이 개인의 성적 자기결정권에 대한 포기를 의미한다고 할 수 없고, 성적으로 억압된 삶을 인내하는 과정일 수도 없기 때문이다.

(나) 결론적으로 헌법이 보장하는 혼인과 가족생활의 내용, 가정에서의 성폭력에 대한 인식의 변화, 형법의 체계와 그 개정 경과, 강간죄의 보호법익과 부부의 동거의무의 내용 등에 비추어 보면, 형법 제297조가 정한 강간죄의 객체인 '부녀'에는 법률상 처가 포함되고, 혼인관계가 파탄된 경우뿐만 아니라 혼인관계가 실질적으로 유지되고 있는 경우에도 남편이 반항을 불가능하게 하거나 현저히 곤란하게 할 정도의 폭행이나 협박을 가하여 아내를 간음한 경우에는 강간죄가 성립한다고 보아야 한다. 다만 남편의 아내에 대한 폭행 또는 협박이 피해자의 반항을 불가능하게 하거나 현저히 곤란하게 할 정도에 이른 것인지 여부는, 부부 사이의 성생활에 대한 국가의 개입

은 가정의 유지라는 관점에서 최대한 자제하여야 한다는 전제에서, 그 폭행 또는 협박의 내용과 정도가 아내의 성적 자기결정권을 본질적으로 침해하는 정도에 이른 것인지 여부, 남편이 유형력을 행사하게 된 경위, 혼인생활의 형태와 부부의 평소 성행, 성교 당시와 그 후의 상황 등 모든 사정을 종합하여 신중하게 판단하여야 한다.

---

1. 법률상 혼인관계에 있기는 하나 혼인관계가 파탄에 이르고 실질적인 부부관계를 인정할 수 없는 경우, 처가 강간죄의 객체가 되는지 여부(적극) [대법원 2009. 2. 12. 선고, 2008도8601]

【판결요지】

혼인관계가 존속하는 상태에서 남편이 처의 의사에 반하여 폭행 또는 협박으로 성교행위를 한 경우 강간죄가 성립하는지 여부는 별론으로 하더라도, 적어도 당사자 사이에 혼인관계가 파탄되었을 뿐만 아니라 더 이상 혼인관계를 지속할 의사가 없고 이혼의사의 합치가 있어 실질적인 부부관계가 인정될 수 없는 상태에 이르렀다면, 법률상의 배우자인 처도 강간죄의 객체가 된다.

297-4. 피해자가 13세 미만 여자임을 알면서 강간하였다는 사실이 검사에 의하여 증명되어야 하는지 여부(적극) [대법원 2012. 8. 30. 선고, 2012도7377]

【판시사항】

[1] 구 성폭력범죄의 처벌 및 피해자보호 등에 관한 법률 제8조의2 제1항에서 정한 범죄의 성립이 인정되려면, 피고인이 피해자가 13세 미만의 여자임을 알면서 강간하였다는 사실이 검사에 의하여 증명되어야 하는지 여부(적극) 및 이때 피해자가 13세 미만의 여자라는 객관적 사실이 피고인이 이를 알고 있었다는 점을 추단할 수 있는 근거가 되는지 여부(소극)

[2] 피고인이 13세 미만 미성년자인 피해자(여, 12세)를 강간하였다고 하여 구 성폭력범죄의 처벌 및 피해자보호 등에 관한 법률 위반으로 기소된 사안에서, 제반 사정에 비추어 피고인이 피해자가 13세 미만인 사실을 미필적으로라도 인식하고 있었다는 것이 증명되었다고 단정할 수 없는데도, 이와 달리 보아 유죄를 인정한 원심판결에 형사재판의 증명책임에 관한 법리를 오해하는 등의 위법이 있다.

【판결요지】

[1] 형사재판에서 공소가 제기된 범죄의 구성요건을 이루는 사실은 그것이 주관적 요건이든 객관적 요건이든 그 입증책임이 검사에게 있으므로, 구 성폭력범죄의 처벌 및 피해자보호 등에 관한 법률(2010. 4. 15. 법률 제10258호 성폭력범죄의 피해자보호 등에 관한 법률로 개정되기 전의 것) 제8조의2 제1항에서 정하는 범죄의 성립이 인정되려면, 피고인이 피해자가 13세 미만의 여자임을 알면서 그를 강간하였다는 사실이 검사에 의하여 입증되어야 한다. 물론 피고인이 일정한 사정의 인식 여부와 같은 내심의 사실에 관하여 이를 부인하는 경우에는 이러한 주관적 요소로 되는 사실은 사물의 성질상 그 내심과 상당한 관련이 있는 간접사실 또는 정황사실을 증명하는 방법에 의하여 이를 입증할 수밖에 없고, 이 때 무엇이 상당한 관련성이 있는 간접사실에 해당할 것인가는 정상적인 경험칙에 바탕을 두고 사실의 연결상태를 합리적으로 분석·판단하는 방법에 의하여야 한다. 그러나 피해자가 13세 미만의 여자라는 객관적 사실로부터 피고인이 그 사실을 알고 있었나는

점이 추단된다고 볼 만한 경험칙 기타 사실상 또는 법적 근거는 이를 어디서도 찾을 수 없다.

[2] 13세 미만의 여자에 대한 강간죄에서 피해자가 13세 미만이라고 하더라도 피고인이 피해자가 13세 미만인 사실을 몰랐다고 범의를 부인하는 경우에는 다른 범죄와 마찬가지로 상당한 관련성이 있는 간접사실 또는 정황사실에 의하여 증명 여부가 판단되어야 하는데, 제반 사정에 비추어 피고인이 범행 당시 이를 미필적으로라도 인식하고 있었다는 것이 합리적 의심의 여지 없이 증명되었다고 단정할 수 없는데도, "피해자가 13세 미만의 여자인 이상 그 당시의 객관적인 정황에 비추어 피고인이 피해자가 13세 미만의 여자라는 사실을 인식하였더라면 강간행위로 나아가지 아니하였으리라고 인정할 만한 합리적인 근거를 찾을 수 없다면" 같은 법 제8조의2 제1항에서 정하는 강간죄에 관한 미필적 고의가 인정될 수 있다는 법리에 따라 유죄를 인정한 원심판결에 형사재판의 증명책임에 관한 법리를 오해하는 등의 위법이 있다.

297-5. 피해자 甲(女)을 비롯한 동호회 회원들과 연말 회식을 한 후 귀가하려는 甲에게 대리기사를 불러 데려다 주겠다면서 자신의 승용차 뒷좌석에 태운 다음 甲의 의사에 반하여 그를 강간한 사안 [대법원 2012. 7. 12. 선고, 2012도4031]

【판시사항】

피고인이 피해자 甲(女)을 비롯한 동호회 회원들과 연말 회식을 한 후 귀가하려는 甲에게 대리기사를 불러 데려다 주겠다면서 자신의 승용차 뒷좌석에 태운 다음 甲의 의사에 반하여 그를 강간하였다는 내용으로 기소된 사안에서, 제반 사정에 비추어 피고인은 甲의 반항을 억압하거나 현저히 곤란하게 할 정도의 유형력을 행사하여 강간하기에 이르렀다고 보기에 충분한데도, 이와 달리 보아 무죄를 선고한 원심판결에 심리미진 등 위법이 있다.

【이 유】

피고인이 피해자에게 대리기사를 불러 집으로 데려다 주겠다고 하며 <u>피해자를 피고인의 차량 뒷좌석에 태운 후 간음을 하게 된 경위, 피고인과 피해자의 체격, 피해자가 처해 있던 상황, 피해시간, 피고인과 피해자와의 관계, 성교 당시의 상황, 성교 이후의 피해자의 피고인에 대한 행동 등 제반 사정을 종합하여 보면, 피고인은 피해자의 의사에 반하여 피해자의 반항을 억압하거나 현저하게 곤란하게 할 정도의 유형력을 행사하여 피해자를 강간하기에 이르렀다고 보기에 충분하다.</u>

297-6. 강간죄의 객체인 부녀로 인정하기 위한 법률적 性(성)의 결정 기준, 성전환자가 출생시와 달리 전환된 성을 법률적 성으로 평가받을 수 있는 조건 등 [대법원 2009. 9. 10. 선고, 2009도3580]

【판시사항】

[1] 강간죄의 객체인 부녀로 인정하기 위한 법률적 성(性)의 결정 기준

[2] 성전환자가 출생시와 달리 전환된 성을 법률적 성으로 평가받을 수 있는 경우

[3] 성전환자가 강간죄의 객체인 '부녀'에 해당한다고 한 사례

【판결요지】

[1] 강간죄의 객체는 부녀로서 여자를 가리키는 것이므로, 강간죄의 성립을 인정하기 위하여는

피해자를 법률상 여자로 인정할 수 있어야 한다. 종래에는 사람의 성을 성염색체와 이에 따른 생식기·성기 등 생물학적인 요소에 따라 결정하여 왔으나, 근래에 와서는 생물학적인 요소뿐 아니라 개인이 스스로 인식하는 남성 또는 여성으로의 귀속감 및 개인이 남성 또는 여성으로서 적합하다고 사회적으로 승인된 행동·태도·성격적 특징 등의 성역할을 수행하는 측면, 즉 정신적·사회적 요소들 역시 사람의 성을 결정하는 요소 중의 하나로 인정받게 되었으므로, 성의 결정에 있어 생물학적 요소와 정신적·사회적 요소를 종합적으로 고려하여야 한다.

 [2] 성전환증을 가진 사람의 경우에도 남성 또는 여성 중 어느 한쪽의 성염색체를 보유하고 있고 그 염색체와 일치하는 생식기와 성기가 형성·발달되어 출생하지만, 출생 당시에는 아직 그 사람의 정신적·사회적인 의미에서의 성을 인지할 수 없으므로, 사회통념상 그 출생 당시에는 생물학적인 신체적 성징에 따라 법률적인 성이 평가된다. 그러나 출생 후의 성장에 따라 일관되게 출생 당시의 생물학적인 성에 대한 불일치감 및 위화감·혐오감을 갖고 반대의 성에 귀속감을 느끼면서 반대의 성으로서의 역할을 수행하며 성기를 포함한 신체 외관 역시 반대의 성으로서 형성하기를 강력히 원하여, 정신과적으로 성전환증의 진단을 받고 상당기간 정신과적 치료나 호르몬치료 등을 실시하여도 여전히 위 증세가 치유되지 않고 반대의 성에 대한 정신적·사회적 적응이 이루어짐에 따라, 일반적인 의학적 기준에 의하여 성전환수술을 받고 반대 성으로서의 외부 성기를 비롯한 신체를 갖추고, 나아가 전환된 신체에 따른 성을 가진 사람으로서 만족감을 느끼며 공고한 성정체성의 인식 아래 그 성에 맞춘 의복, 두발 등의 외관을 하고 성관계 등 개인적인 영역 및 직업 등 사회적인 영역에서 모두 전환된 성으로서의 역할을 수행함으로써 주위 사람들로부터도 그 성으로서 인식되고 있으며, 전환된 성을 그 사람의 성이라고 보더라도 다른 사람들과의 신분관계에 중대한 변동을 초래하거나 사회에 부정적인 영향을 주지 아니하여 사회적으로 허용된다고 볼 수 있다면, 이러한 여러 사정을 종합적으로 고려하여 사람의 성에 대한 평가 기준에 비추어 사회통념상 신체적으로 전환된 성을 갖추고 있다고 인정될 수 있는 경우가 있다. 이와 같은 성전환자는 출생시와는 달리 전환된 성이 법률적으로도 그 성전환자의 성이라고 평가받을 수 있다.

 [3] 성전환자를 여성으로 인식하여 강간한 사안에서, 피해자가 성장기부터 남성에 대한 불일치감과 여성으로의 성귀속감을 나타냈고, 성전환 수술로 인하여 여성으로서의 신체와 외관을 갖추었으며, 수술 이후 30여 년간 개인적·사회적으로 여성으로서의 생활을 영위해 가고 있는 점 등을 고려할 때, 사회통념상 여성으로 평가되는 성전환자로서 강간죄의 객체인 '부녀'에 해당한다

297-7. 피고인에게 다른 일행의 강간 범행에 공동으로 가공할 의사가 있었다고 볼 수 없다고 한 사례
[대법원 2003. 3. 28., 선고, 2002도7477]

　【판결요지】

　피해자 일행을 한 사람씩 나누어 강간하자는 피고인 일행의 제의에 아무런 대답도 하지 않고 따라 다니다가 자신의 강간 상대방으로 남겨진 공소외인에게 일체의 신체적 접촉도 시도하지 않은 채 다른 일행이 인근 숲 속에서 강간을 마칠 때까지 공소외인과 함께 이야기만 나눈 경우, 피고인에게 다른 일행의 강간 범행에 공동으로 가공할 의사가 있었다고 볼 수 없다.

297-8. 강간범이 강간 범행 후 특수강도 범의를 일으켜 부녀의 재물을 강취한 경우, 성폭력법 제5조 제2항 특수강도강간죄로 의율할 수 있는지 여부(한정 소극) [대법원 2002. 2. 8. 선고, 2001도6425]

【판결요지】

강간범이 강간행위 후에 강도의 범의를 일으켜 그 부녀의 재물을 강취하는 경우에는 형법상 강도강간죄가 아니라 강간죄와 강도죄의 경합범이 성립될 수 있을 뿐인바, 성폭력범죄의처벌및피해자보호등에관한법률 제5조 제2항은 형법 제334조(특수강도) 등의 죄를 범한 자가 형법 제297조(강간) 등의 죄를 범한 경우에 이를 특수강도강간 등의 죄로 가중하여 처벌하고 있으므로, 다른 특별한 사정이 없는 한 강간범이 강간의 범행 후에 특수강도의 범의를 일으켜 그 부녀의 재물을 강취한 경우에는 이를 성폭력범죄의처벌및피해자보호등에관한법률 제5조 제2항 소정의 특수강도강간죄로 의율할 수 없다.

---

1. 강간의 실행행위 계속 중 강도행위를 한 경우 강도강간죄 구성 여부(적극) [대법원 1988. 9. 9. 선고, 88도1240]

【판결요지】

강도강간죄는 강도라는 신분을 가진 범인이 강간죄를 범하였을 때 성립하는 범죄이고 따라서 강간범이 강간행위 후에 강도의 범의를 일으켜 그 부녀의 재물을 강취하는 경우에는 강도강간죄가 아니라 강도죄와 강간죄의 경합범이 성립될 수 있을 뿐이나, 강간범이 강간행위 종료전 즉 그 실행행위의 계속중에 강도의 행위를 할 경우에는 이때에 바로 강도의 신분을 취득하는 것이므로 이후에 그 자리에서 강간행위를 계속하는 때에는 강도가 부녀를 강간한 때에 해당하여 형법 제339조 소정의 강도강간죄를 구성한다.

297-9. 피해자를 여관방으로 유인하여 방문을 걸어 잠근 후 성교할 것을 요구한 사안(적극) [대법원 2000. 8. 18. 선고, 2000도1914]

【판시사항】

피고인이 피해자를 여관방으로 유인한 다음 방문을 걸어 잠근 후 피해자에게 성교할 것을 요구하였으나 피해자가 이를 거부하자 "옆방에 내 친구들이 많이 있다. 소리지르면 다 들을 것이다. 조용히 해라. 한 명하고 할 것이냐? 여러 명하고 할 것이냐?"라고 말하면서 성행위를 요구한 사실이 인정되는바, 이러한 사실과 피해자의 연령이 어린 점, 다른 사람의 출입이 곤란한 심야의 여관방에 피고인과 피해자 단둘이 있는 상황인 점 등 기록에 나타난 모든 사정을 종합하면 피고인이 피해자의 항거를 현저히 곤란하게 할 정도의 유형력을 행사한 사실은 충분히 인정된다.

297-10. 다음에 만나 친해지면 응해 주겠다는 피해자의 간곡한 부탁에 따라 강간행위의 실행을 중지한 경우를 중지미수여부(적극) [대법원 1993. 10. 12. 선고, 93도1851]

【판결요지】

피고인이 피해자를 강간하려다가 피해자의 다음 번에 만나 친해지면 응해 주겠다는 취지의 간곡한 부탁으로 인하여 그 목적을 이루지 못한 후 피해자를 자신의 차에 태워 집까지 데려다 주었다면 피고인은 자의로 피해자에 대한 강간행위를 중지한 것이고 피해자의 다음에 만나 친해지면 응해 주겠다는 취지의 간곡한 부탁은 사회통념상 범죄실행에 대한 장애라고 여겨지지는 아니하므로 피고인의 행위는 중지미수에 해당한다.

---

1. 강도강간미수가 중지범의 요건인 자의성을 결여하였다고 본 사례 [대법원 1992. 7. 28. 선고, 92도917]

【판결요지】

피고인 갑, 을, 병이 강도행위를 하던 중 피고인 갑, 을은 피해자를 강간하려고 작은 방으로 끌고가 팬티를 강제로 벗기고 음부를 만지던 중 피해자가 수술한 지 얼마 안되어 배가 아프다면서 애원하는 바람에 그 뜻을 이루지 못하였다면, 강도행위의 계속 중 이미 공포상태에 빠진 피해자를 강간하려고 한 이상 강간의 실행에 착수한 것이고, 피고인들이 간음행위를 중단한 것은 피해자를 불쌍히 여겨서가 아니라 피해자의 신체조건상 강간을 하기에 지장이 있다고 본 데에 기인한 것이므로, 이는 일반의 경험상 강간행위를 수행함에 장애가 되는 외부적 사정에 의하여 범행을 중지한 것에 지나지 않는 것으로서 중지범의 요건인 자의성을 결여하였다.

297-11. 간음목적으로 여자 혼자 있는 방문 앞에서 방문을 열어주지 않으면 부수고 들어갈 듯한 기세로 방문을 두드리고 피해자가 창문에 걸터 앉아 가까이 오면 뛰어 내리겠다고 하는데도 베란다를 통하여 창문으로 침입하려고 한 경우 [대법원 1991. 4. 9. 선고, 91도288]

【판시사항】

피고인이 간음할 목적으로 여자 혼자 있는 방문 앞에서 방문을 열어주지 않으면 부수고 들어갈 듯한 기세로 방문을 두드리고 피해자가 창문에 걸터 앉아 가까이 오면 뛰어 내리겠다고 하는데도 베란다를 통하여 창문으로 침입하려고 한 것을 강간의 착수가 있었다고 본 사례

【판결요지】

피고인이 간음할 목적으로 새벽 4시에 여자 혼자 있는 방문 앞에 가서 피해자가 방문을 열어 주지 않으면 부수고 들어갈 듯한 기세로 방문을 두드리고 피해자가 위험을 느끼고 창문에 걸터 앉아 가까이 오면 뛰어 내리겠다고 하는데도 베란다를 통하여 창문으로 침입하려고 하였다면 강간의 수단으로서의 폭행에 착수하였다고 할 수 있으므로 강간의 착수가 있었다고 할 것이다.

---

1. 강간 목적으로 피해자 집에 침입하여 안방에서 자고있는 피해자의 가슴과 엉덩이를 만지면서 간음을 기도하였다는 사실만으로 강간죄의 실행 착수가 있었다고 볼 수 있는지 여부(소극) [대법원 1990. 5. 25. 선고, 90도607]

【판결요지】

강간죄의 실행의 착수가 있었다고 하려면 강간의 수단으로서 폭행이나 협박을 한 사실이 있어야 할 터인데 피고인이 강간할 목적으로 피해자의 집에 침입하였다 하더라도 안방에 들어가 누워 자고 있는 피해자의 가슴과 엉덩이를 만지면서 간음을 기도하였다는 사실만으로는 강간의 수단으로 피해자에게 폭행이나 협박을 개시하였다고 하기는 어렵다.

제297조의2[유사강간]

> 제297조의2(유사강간) 폭행 또는 협박으로 사람에 대하여 구강, 항문 등 신체(성기는 제외한다)의 내부에 성기를 넣거나 성기, 항문에 손가락 등 신체(성기는 제외한다)의 일부 또는 도구를 넣는 행위를 한 사람은 2년 이상의 유기징역에 처한다. [본조신설 2012. 12. 18.]

297의2-1. 군형법상 군인등유사강간 및 군인등강제추행죄가 형법상 유사강간 및 강제추행의 죄에 대해 가중처벌되는 죄로서 성폭력특례법 제2조 제2항에 의하여 성폭력범죄에 포함되는지 여부(적극) [대법원 2014. 12. 24. 선고, 2014도10916]

【판결요지】

성폭력범죄의 처벌 등에 관한 특례법(이하 '성폭력특례법' 이라고 한다) 제2조 제1항은 각 호의 어느 하나에 해당하는 죄를 성폭력범죄로 규정하였는데, 제3호에는 형법 제297조의2(유사강간), 제298조(강제추행)의 죄가 포함되어 있고, 같은 법 제2조 제2항에서 '제1항 각 호의 범죄로서 다른 법률에 따라 가중처벌되는 죄' 는 성폭력범죄로 본다고 규정하였다.

한편 2009. 11. 2. 법률 제9820호로 개정된 군형법은 군대 내 여군의 비율이 확대되고 군대 내 성폭력 문제가 심각해지자 여군을 성폭력범죄로부터 보호하고 군대 내 군기확립을 위하여 제15장에 강간과 추행의 죄에 관한 장을 신설하면서 제92조의2에 군인등강제추행의 죄를 규정하였고, 그 후 2012. 12. 18. 법률 제11574호로 형법이 개정되면서 제297조의2(유사강간)의 죄가 신설되자 2013. 4. 5. 법률 제11734호로 군형법도 개정되면서 제92조의2에 군인등유사강간의 죄가 신설되고, 군인등강제추행의 죄는 제92조의3으로 조항이 변경되었다.

위와 같이 군형법상 강간과 강제추행의 죄가 군인을 상대로 한 성폭력범죄를 가중처벌하기 위한 것으로서 형법상 강간 및 강제추행의 죄와 본질적인 차이가 없어 이를 성폭력특례법상 성폭력범죄에서 제외할 합리적인 이유가 없는 점, 군인등유사강간 및 군인등강제추행의 죄는 행위주체가 군형법 제1조에 규정된 자로 제한되고 범행대상(또는 행위객체)이 군형법 제1조 제1항 내지 제3항에 규정된 자로 제한되는 점 외에 형법상 유사강간 및 강제추행의 죄와 행위태양이 동일한 점 등을 종합하여 보면, 군인등유사강간 및 군인등강제추행의 죄는 형법상 유사강간 및 강제추행의 죄에 대하여 가중처벌하는 죄로서 성폭력특례법 제2조 제2항에 의해 성폭력범죄에 포함된다고 보아야 한다.

제298조(강제추행)

> 제298조(강제추행) 폭행 또는 협박으로 사람에 대하여 추행을 한 자는 10년 이하의 징역 또는 1천 500만원 이하의 벌금에 처한다. 〈개정 1995. 12. 29.〉

298-1. 강제추행죄에 포함되는 '기습추행'의 경우, 추행행위와 동시에 저질러지는 폭행행위의 정도
[대법원 2020. 3. 26. 선고, 2019도15994]

【판시사항】

[1] 강제추행죄에 포함되는 이른바 '기습추행'의 경우, 추행행위와 동시에 저질러지는 폭행행위의 정도 / '추행'의 의미 및 이에 해당하는지 판단하는 기준

[2] 미용업체인 甲 주식회사를 운영하는 피고인이 甲 회사의 가맹점에서 근무하는 乙(여, 27세)을 비롯한 직원들과 노래방에서 회식을 하던 중 乙을 자신의 옆자리에 앉힌 후 갑자기 乙의 볼에 입을 맞추고, 이에 乙이 '하지 마세요'라고 하였음에도 계속하여 오른손으로 乙의 오른쪽 허벅지를 쓰다듬어 강제로 추행하였다는 내용으로 기소된 사안

【판결요지】

[1] 강제추행죄는 상대방에 대하여 폭행 또는 협박을 가하여 항거를 곤란하게 한 뒤에 추행행위를 하는 경우뿐만 아니라 폭행행위 자체가 추행행위라고 인정되는 이른바 기습추행의 경우도 포함된다. 특히 기습추행의 경우 추행행위와 동시에 저질러지는 폭행행위는 반드시 상대방의 의사를 억압할 정도의 것임을 요하지 않고 상대방의 의사에 반하는 유형력의 행사가 있기만 하면 그 힘의 대소강약을 불문한다는 것이 일관된 판례의 입장이다. 이에 따라 대법원은, 피해자의 옷 위로 엉덩이나 가슴을 쓰다듬는 행위, 피해자의 의사에 반하여 그 어깨를 주무르는 행위, 교사가 여중생의 얼굴에 자신의 얼굴을 들이밀면서 비비는 행위나 여중생의 귀를 쓸어 만지는 행위 등에 대하여 피해자의 의사에 반하는 유형력의 행사가 이루어져 기습추행에 해당한다고 판단한 바 있다.

나아가 추행은 객관적으로 일반인에게 성적 수치심이나 혐오감을 일으키게 하고 선량한 성적 도덕관념에 반하는 행위로서 피해자의 성적 자유를 침해하는 것으로, 이에 해당하는지 여부는 피해자의 의사, 성별, 연령, 행위자와 피해자의 이전부터의 관계, 그 행위에 이르게 된 경위, 구체적 행위태양, 주위의 객관적 상황과 그 시대의 성적 도덕관념 등을 종합적으로 고려하여 신중히 결정되어야 한다.

[2] 공소사실 중 피고인이 乙의 허벅지를 쓰다듬은 행위로 인한 강제추행 부분에 대하여는, 乙은 본인의 의사에 반하여 피고인이 자신의 허벅지를 쓰다듬었다는 취지로 일관되게 진술하였고, 당시 현장에 있었던 증인들의 진술 역시 피고인이 乙의 허벅지를 쓰다듬는 장면을 목격하였다는 취지로서 乙의 진술에 부합하는 점, 여성인 乙이 성적 수치심이나 혐오감을 느낄 수 있는 부위인 허벅지를 쓰다듬은 행위는 乙의 의사에 반하여 이루어진 것인 한 乙의 성적 자유를 침해하는 유형력의 행사에 해당할 뿐 아니라 일반인에게도 성적 수치심이나 혐오감을 일으키게 하는 추행행위라고 보아야 하는 점, 원심은 무죄의 근거로서 피고인이 乙의 허벅지를 쓰다듬던 당시 乙이 즉

시 피고인에게 항의하거나 반발하는 등의 거부의사를 밝히는 대신 그 자리에 가만히 있었다는 점을 중시한 것으로 보이나, 성범죄 피해자의 대처 양상은 피해자의 성정이나 가해자와의 관계 및 구체적인 상황에 따라 다르게 나타날 수밖에 없다는 점에서 위 사정만으로는 강제추행죄의 성립이 부정된다고 보기 어려운 점 등을 종합할 때 기습추행으로 인한 강제추행죄의 성립을 부정적으로 볼 수 없을 뿐 아니라, 피고인이 저지른 행위가 자신의 의사에 반하였다는 乙 진술의 신빙성에 대하여 합리적인 의심을 가질 만한 사정도 없다는 이유로, 이와 달리 보아 이 부분에 대하여도 범죄의 증명이 없다고 본 원심의 판단에 기습추행 내지 강제추행죄의 성립에 관한 법리를 오해한 잘못이 있다.

---

1. 피해자와 춤을 추면서 순간적으로 피해자의 유방을 만진 행위(적극) [대법원 2002. 42. 6 . 선고, 2001도2417]

【판시사항】

[1] 강제추행죄에 있어서 폭행의 형태와 정도

[2] 강제추행죄에 있어서 추행의 의미 및 판단 기준

[3] 피해자와 춤을 추면서 순간적으로 피해자의 유방을 만진 행위가 강제추행에 해당된다.

【판결요지】

[1] 강제추행죄는 상대방에 대하여 폭행 또는 협박을 가하여 항거를 곤란하게 한 뒤에 추행행위를 하는 경우뿐만 아니라 폭행행위 자체가 추행행위라고 인정되는 경우도 포함되는 것이며, 이 경우에 있어서의 폭행은 반드시 상대방의 의사를 억압할 정도의 것임을 요하지 않고 상대방의 의사에 반하는 유형력의 행사가 있는 이상 그 힘의 대소강약을 불문한다.

[2] 추행이라 함은 객관적으로 일반인에게 성적 수치심이나 혐오감을 일으키게 하고 선량한 성적 도덕 관념에 반하는 행위로서 피해자의 성적 자유를 침해하는 것이라고 할 것인데, 이에 해당하는지 여부는 피해자의 의사, 성별, 연령, 행위자와 피해자의 이전부터의 관계, 그 행위에 이르게 된 경위, 구체적 행위태양, 주위의 객관적 상황과 그 시대의 성적 도덕관념 등을 종합적으로 고려하여 신중히 결정되어야 한다.

[3] 피해자와 춤을 추면서 피해자의 유방을 만진 행위가 순간적인 행위에 불과하더라도 피해자의 의사에 반하여 행하여진 유형력의 행사에 해당하고 피해자의 성적 자유를 침해할 뿐만 아니라 일반인의 입장에서도 추행행위라고 평가될 수 있는 것으로서, 폭행행위 자체가 추행행위라고 인정되어 강제추행에 해당된다.

---

2. 직장 상사가 등 뒤에서 피해자의 의사에 명백히 반하여 어깨를 주무른 경우(적극) [대법원 2004. 4. 16. 선고, 2004도52]

【판시사항】

직장 상사가 등 뒤에서 피해자의 의사에 명백히 반하여 어깨를 주무른 경우, 여성에 대한 추행에 있어 신체 부위에 따라 본질적인 차이가 있다고 볼 수 없다는 이유로 추행에 해당한다.

298-2. 피해자를 도구로 삼아 피해자 신체를 이용하여 추행행위를 한 경우, 강제추행죄의 간접정범 해당

여부(적극) [대법원 2018. 2. 8. 선고, 2016도17733]

【판시사항】

강제추행죄가 '자수범'에 해당하는지 여부(소극) / 피해자를 도구로 삼아 피해자의 신체를 이용하여 추행행위를 한 경우, 강제추행죄의 간접정범에 해당하는지 여부(적극)

【판결요지】

강제추행죄는 사람의 성적 자유 내지 성적 자기결정의 자유를 보호하기 위한 죄로서 정범 자신이 직접 범죄를 실행하여야 성립하는 자수범이라고 볼 수 없으므로, 처벌되지 아니하는 타인을 도구로 삼아 피해자를 강제로 추행하는 간접정범의 형태로도 범할 수 있다. 여기서 강제추행에 관한 간접 정범의 의사를 실현하는 도구로서의 타인에는 피해자도 포함될 수 있으므로, 피해자를 도구로 삼아 피해자의 신체를 이용하여 추행행위를 한 경우에도 강제추행죄의 간접정범에 해당할 수 있다.

298-3. 주점에서 회식을 하던 중 후배 여성 전공의 甲이 테이블에 엎드려 있는 틈에 자신의 얼굴을 甲의 얼굴에 가까이 들이대고 양손으로 甲의 머리를 만진 경우(적극) [의정부지법 2016. 5. 17. 선고, 2015노2213. 확정]

【판결요지】

甲은 만 26세의 여성으로 2년차 전공의이고, 피고인은 3년차 전공의로서 甲의 상급자인데, 피고인과 甲은 6개월간 함께 일을 해야 하는 사이인 점, 피고인은 사건 발생 전에도 甲의 가슴을 만진 전력이 있는 점, 당시 甲은 더 이상 술을 마시지 않기 위해 취한 것처럼 엎드려 있었는데, 피고인은 甲이 의식을 잃었다고 생각하고 자신의 얼굴을 甲의 얼굴에 가까이 들이댄 다음 양손으로 甲의 머리를 만진 점 등에 비추어 보면, 피고인의 행위는 추행에 해당하고 피고인에게 추행의 고의가 있었다.

298-4. 추행의 고의로 폭행행위를 하여 실행행위에 착수하였으나 추행의 결과에 이르지 못한 경우, 강제추행미수죄 성립 여부(적극) [대법원 2015. 9. 10. 선고, 2015도6980,2015모2524]

【판시사항】

[1] 추행의 고의로 폭행행위를 하여 실행행위에 착수하였으나 추행의 결과에 이르지 못한 경우, 강제추행미수죄가 성립하는지 여부(적극) 및 이러한 법리는 폭행행위 자체가 추행행위라고 인정되는 '기습추행'의 경우에도 마찬가지로 적용되는지 여부(적극)

[2] 피고인이 밤에 술을 마시고 배회하던 중 버스에서 내려 혼자 걸어가는 피해자 甲을 발견하고 마스크를 착용한 채 뒤따라가다가 인적이 없고 외진 곳에서 가까이 접근하여 껴안으려 하였으나, 甲이 뒤돌아보면서 소리치자 그 상태로 몇 초 동안 쳐다보다가 다시 오던 길로 되돌아갔다고 하여 아동·청소년의 성보호에 관한 법률 위반으로 기소된 사안

【판결요지】

[1] 추행의 고의로 상대방의 의사에 반하는 유형력의 행사, 즉 폭행행위를 하여 실행행위에 착수하였으나 추행의 결과에 이르지 못한 때에는 강제추행미수죄가 성립하며, 이러한 법리는 폭행

행위 자체가 추행행위라고 인정되는 이른바 '기습추행'의 경우에도 마찬가지로 적용된다.

[2] 피고인과 甲의 관계, 甲의 연령과 의사, 행위에 이르게 된 경위와 당시 상황, 행위 후 甲의 반응 및 행위가 甲에게 미친 영향 등을 고려하여 보면, 피고인은 甲을 추행하기 위해 뒤따라간 것으로 추행의 고의를 인정할 수 있고, 피고인이 가까이 접근하여 갑자기 뒤에서 껴안는 행위는 일반인에게 성적 수치심이나 혐오감을 일으키게 하고 선량한 성적 도덕관념에 반하는 행위로서 甲의 성적 자유를 침해하는 행위여서 그 자체로 이른바 '기습추행' 행위로 볼 수 있으므로, 피고인의 팔이 甲의 몸에 닿지 않았더라도 양팔을 높이 들어 갑자기 뒤에서 껴안으려는 행위는 甲의 의사에 반하는 유형력의 행사로서 폭행행위에 해당하며, 그때 '기습추행'에 관한 실행의 착수가 있는데, 마침 甲이 뒤돌아보면서 소리치는 바람에 몸을 껴안는 추행의 결과에 이르지 못하고 미수에 그쳤으므로, 피고인의 행위는 아동·청소년에 대한 강제추행미수죄에 해당한다.

298-5. 피해자 甲(여, 48세)에게 욕설을 하면서 자신의 바지를 벗어 성기를 보여주는 행위(소극) [대법원 2012. 7. 26. 선고, 2011도8805]

【판시사항】
[1] 강제추행죄 구성요건 중 '추행'의 의미와 그 판단 기준
[2] 피고인이 피해자 甲(여, 48세)에게 욕설을 하면서 자신의 바지를 벗어 성기를 보여주는 방법으로 강제추행하였다는 내용으로 기소된 사안

【판결요지】
[1] 형법 제298조는 "폭행 또는 협박으로 사람에 대하여 추행을 한 자"를 강제추행죄로 벌할 것을 정한다. 그런데 강제추행죄는 개인의 성적 자유라는 개인적 법익을 침해하는 죄로서, 위 법규정에서의 '추행'이란 일반인에게 성적 수치심이나 혐오감을 일으키고 선량한 성적 도덕관념에 반하는 행위인 것만으로는 부족하고 그 행위의 상대방인 피해자의 성적 자기결정의 자유를 침해하는 것이어야 한다. 따라서 건전한 성풍속이라는 일반적인 사회적 법익을 보호하려는 목적을 가진 형법 제245조의 공연음란죄에서 정하는 '음란한 행위'(또는 이른바 과다노출에 관한 경범죄처벌법 제1조 제41호에서 정하는 행위)가 특정한 사람을 상대로 행하여졌다고 해서 반드시 그 사람에 대하여 '추행'이 된다고 말할 수 없고, 무엇보다도 문제의 행위가 피해자의 성적 자유를 침해하는 것으로 평가될 수 있어야 한다. 그리고 이에 해당하는지 여부는 피해자의 의사·성별·연령, 행위자와 피해자의 관계, 그 행위에 이르게 된 경위, 구체적 행위태양, 주위의 객관적 상황 등을 종합적으로 고려하여 정하여진다.

[2] 甲의 성별·연령, 행위에 이르게 된 경위, 甲에 대하여 어떠한 신체 접촉도 없었던 점, 행위 장소가 사람 및 차량의 왕래가 빈번한 도로로서 공중에게 공개된 곳인 점, 피고인이 한 욕설은 성적인 성질을 가지지 아니하는 것으로서 '추행'과 관련이 없는 점, 甲이 자신의 성적 결정의 자유를 침해당하였다고 볼 만한 사정이 없는 점 등 제반 사정을 고려할 때, 단순히 피고인이 바지를 벗어 자신의 성기를 보여준 것만으로는 폭행 또는 협박으로 '추행'을 하였다고 볼 수 없다.

1. 골프장 여종업원들이 거부의사를 밝혔음에도, 골프장 사장과의 친분관계를 내세워 함께 술을 마시지 않을 경우 신분상의 불이익을 가할 것처럼 협박하여 러브샷의 방법으로 술을 마시게 한 경우(적극) [대법원 2008. 3. 13. 선고, 2007도10050]

【판시사항】

피고인이 이 사건 당일 (상호 생략) 컨트리클럽 회장 공소외인 등과 골프를 친 후 위 컨트리클럽 내 식당에서 식사를 하면서 그곳에서 근무 중인 여종업원인 피해자들에게 함께 술을 마실 것을 요구하였다가 피해자들로부터 거절당하였음에도 불구하고, 위 컨트리클럽의 회장인 위 공소외인과의 친분관계를 내세워 피해자들에게 어떠한 신분상의 불이익을 가할 것처럼 협박하여 피해자들로 하여금 목 뒤로 팔을 감아 돌림으로써 얼굴이나 상체가 밀착되어 서로 포옹하는 것과 같은 신체접촉이 있게 되는 이른바 러브샷의 방법으로 술을 마시게 한 사실을 인정한 다음, <u>피고인과 피해자들의 관계, 성별, 연령 및 위 러브샷에 이르게 된 경위나 그 과정에서 나타난 피해자들의 의사 등에 비추어 볼 때 강제추행죄의 구성요건인 '강제추행'에 해당하고, 이 때 피해자들의 유효한 승낙이 있었다고 볼 수 없다.</u>

2. 엘리베이터 안에서 피해자를 칼로 위협하는 방법으로 꼼짝하지 못하도록 하여 자신의 실력적인 지배 하에 둔 다음 자위행위 모습을 보여준 행위(적극) [대법원 2010. 2. 25. 선고, 2009도13716]

【판시사항】

피고인이 엘리베이터 안에서 피해자를 칼로 위협하는 등의 방법으로 꼼짝하지 못하도록 하여 자신의 실력적인 지배하에 둔 다음 자위행위 모습을 보여준 행위

【이 유】

피고인이 엘리베이터라는 폐쇄된 공간에서 피해자들을 칼로 위협하는 등으로 꼼짝하지 못하도록 자신의 실력적인 지배하에 둔 다음 피해자들에게 성적 수치심과 혐오감을 일으키는 자신의 자위행위 모습을 보여 주고 피해자들로 하여금 이를 외면하거나 피할 수 없게 한 행위는 강제추행죄의 추행에 해당한다.

3. 유부녀에 대하여 혼인 외 성관계 사실을 폭로하겠다는 내용으로 협박하여 강간한 경우(적극) [대법원 2007. 1. 25. 선고, 2006도5979]

【판시사항】

[1] 폭행을 수반함이 없이 협박만을 수단으로 피해자를 간음 또는 추행하였고 그 협박과 간음 또는 추행 사이에 시간적 간격이 있더라도, 강간죄나 강제추행죄의 성립요건으로서의 협박의 정도에 해당하고 그 협박으로 인하여 간음 또는 추행이 이루어졌다고 볼 수 있는 경우, 강간죄 또는 강제추행죄가 성립하는지 여부(적극)

[2] 유부녀에 대하여 혼인 외 성관계 사실을 폭로하겠다는 등의 내용으로 협박한 것이 강간죄, 강제추행죄의 성립요건으로서 협박에 해당하는지 여부에 대한 판단 방법

[3] 혼인 외 성관계 사실을 폭로하겠다는 등의 내용으로 유부녀인 피해자를 협박하여 간음 또는 추행한 사안에서 강간죄 및 강제추행죄가 성립한다.

【판결요지】

[1] 가해자가 폭행을 수반함이 없이 오직 협박만을 수단으로 피해자를 간음 또는 추행한 경우에도 그 협박의 정도가 피해자의 항거를 불가능하게 하거나 현저히 곤란하게 할 정도의 것(강간죄)이거나 또는 피해자의 항거를 곤란하게 할 정도의 것(강제추행죄)이면 강간죄 또는 강제추행죄가 성립하

고, 협박과 간음 또는 추행 사이에 시간적 간격이 있더라도 협박에 의하여 간음 또는 추행이 이루어진 것으로 인정될 수 있다면 달리 볼 것은 아니다.

[2] 유부녀인 피해자에 대하여 혼인 외 성관계 사실을 폭로하겠다는 등의 내용으로 협박하여 피해자를 간음 또는 추행한 경우에 있어서 그 협박이 강간죄와 강제추행죄에 해당하는 폭행의 정도의 것이 었는지 여부에 관하여는, 일반적으로 혼인한 여성에 대하여 정조의 가치를 특히 중시하는 우리 사회의 현실이나 형법상 간통죄로 처벌하는 조항이 있는 사정 등을 감안할 때 혼인 외 성관계 사실의 폭로 자체가 여성의 명예손상, 가족관계의 파탄, 경제적 생활기반의 상실 등 생활상의 이익에 막대한 영향을 미칠 수 있고 경우에 따라서는 간통죄로 처벌받는 신체상의 불이익이 초래될 수도 있으며, 나아가 폭로의 상대방이나 범위 및 방법(예를 들면 인터넷 공개, 가족들에 대한 공개, 자녀들의 학교에 대한 공개 등)에 따라서는 그 심리적 압박의 정도가 심각할 수 있으므로, 단순히 협박의 내용만으로 그 정도를 단정할 수는 없고, 그 밖에도 협박의 경위, 가해자 및 피해자의 신분이나 사회적 지위, 피해자와의 관계, 간음 또는 추행 당시와 그 후의 정황, 그 협박이 피해자에게 미칠 수 있는 심리적 압박의 내용과 정도 등 모든 사정을 종합하여 신중하게 판단하여야 한다.

[3] 유부녀인 피해자에 대하여 혼인 외 성관계 사실을 폭로하겠다는 등의 내용으로 협박하여 피해자를 간음 또는 추행한 사안에서 위와 같은 협박이 피해자를 단순히 외포시킨 정도를 넘어 적어도 피해자의 항거를 현저히 곤란하게 할 정도의 것이었다고 보기에 충분하다는 이유로, 강간죄 및 강제추행죄가 성립한다.

제299조[준강간, 준강제추행]

제299조(준강간, 준강제추행) 사람의 심신상실 또는 항거불능의 상태를 이용하여 간음 또는 추행을 한 자는 제297조, 제297조의2 및 제298조의 예에 의한다. 〈개정 2012. 12. 18.〉

299-1. 피해자가 심신상실 또는 항거불능 상태에 있다고 인식하고 그러한 상태를 이용하여 간음할 의사로 피해자를 간음하였으나 피해자가 실제로는 심신상실 또는 항거불능의 상태에 있지 않은 경우, 준강간죄의 불능미수가 성립하는지 여부(적극) [대법원 2019. 3. 28. 선고, 2018도16002, 전원합의체 판결]

【판시사항】

[1] 준강간죄에서 '고의'의 내용

[2] 피고인이 피해자가 심신상실 또는 항거불능의 상태에 있다고 인식하고 그러한 상태를 이용하여 간음할 의사로 피해자를 간음하였으나 피해자가 실제로는 심신상실 또는 항거불능의 상태에 있지 않은 경우, 준강간죄의 불능미수가 성립하는지 여부(적극)

【판결요지】

[1] 형법 제297조는 "폭행 또는 협박으로 사람을 강간한 자는 3년 이상의 유기징역에 처한다." 라고 규정하고, 제299조는 "사람의 심신상실 또는 항거불능의 상태를 이용하여 간음 또는 추행을

한 자는 제297조, 제297조의2 및 제298조의 예에 의한다." 라고 규정하고 있다. 형법은 폭행 또는 협박의 방법이 아닌 심신상실 또는 항거불능의 상태를 이용하여 간음한 행위를 강간죄에 준하여 처벌하고 있으므로, 준강간의 고의는 피해자가 심신상실 또는 항거불능의 상태에 있다는 것과 그러한 상태를 이용하여 간음한다는 구성요건적 결과 발생의 가능성을 인식하고 그러한 위험을 용인하는 내심의 의사를 말한다.

[2] [다수의견] 형법 제300조는 준강간죄의 미수범을 처벌한다. 또한 형법 제27조는 "실행의 수단 또는 대상의 착오로 인하여 결과의 발생이 불가능하더라도 위험성이 있는 때에는 처벌한다. 단, 형을 감경 또는 면제할 수 있다." 라고 규정하여 불능미수범을 처벌하고 있다.

따라서 피고인이 피해자가 심신상실 또는 항거불능의 상태에 있다고 인식하고 그러한 상태를 이용하여 간음할 의사로 피해자를 간음하였으나 피해자가 실제로는 심신상실 또는 항거불능의 상태에 있지 않은 경우에는, 실행의 수단 또는 대상의 착오로 인하여 준강간죄에서 규정하고 있는 구성요건적 결과의 발생이 처음부터 불가능하였고 실제로 그러한 결과가 발생하였다고 할 수 없다. 피고인이 준강간의 실행에 착수하였으나 범죄가 기수에 이르지 못하였으므로 준강간죄의 미수범이 성립한다. 피고인이 행위 당시에 인식한 사정을 놓고 일반인이 객관적으로 판단하여 보았을 때 준강간의 결과가 발생할 위험성이 있었으므로 준강간죄의 불능미수가 성립한다.

구체적인 이유는 다음과 같다.

① 형법 제27조에서 규정하고 있는 불능미수는 행위자에게 범죄의사가 있고 실행의 착수라고 볼 수 있는 행위가 있지만 실행의 수단이나 대상의 착오로 처음부터 구성요건이 충족될 가능성이 없는 경우이다. 다만 결과적으로 구성요건의 충족은 불가능하지만, 그 행위의 위험성이 있으면 불능미수로 처벌한다. 불능미수는 행위자가 실제로 존재하지 않는 사실을 존재한다고 오인하였다는 측면에서 존재하는 사실을 인식하지 못한 사실의 착오와 다르다.

② 형법은 제25조 제1항에서 "범죄의 실행에 착수하여 행위를 종료하지 못하였거나 결과가 발생하지 아니한 때에는 미수범으로 처벌한다." 라고 하여 장애미수를 규정하고, 제26조에서 "범인이 자의로 실행에 착수한 행위를 중지하거나 그 행위로 인한 결과의 발생을 방지한 때에는 형을 감경 또는 면제한다." 라고 하여 중지미수를 규정하고 있다. 장애미수 또는 중지미수는 범죄의 실행에 착수할 당시 실행행위를 놓고 판단하였을 때 행위자가 의도한 범죄의 기수가 성립할 가능성이 있었으므로 처음부터 기수가 될 가능성이 객관적으로 배제되는 불능미수와 구별된다.

③ 형법 제27조에서 정한 '실행의 수단 또는 대상의 착오' 는 행위자가 시도한 행위방법 또는 행위객체로는 결과의 발생이 처음부터 불가능하다는 것을 의미한다. 그리고 '결과 발생의 불가능' 은 실행의 수단 또는 대상의 원시적 불가능성으로 인하여 범죄가 기수에 이를 수 없는 것을 의미한다고 보아야 한다. 한편 불능범과 구별되는 불능미수의 성립요건인 '위험성' 은 피고인이 행위 당시에 인식한 사정을 놓고 일반인이 객관적으로 판단하여 결과 발생의 가능성이 있는지 여부를 따져야 한다.

④ 형법 제299조에서 정한 준강간죄는 사람의 심신상실 또는 항거불능의 상태를 이용하여 간음함으로써 성립하는 범죄로서, 정신적·신체적 사정으로 인하여 성적인 자기방어를 할 수 없는 사

람의 성적 자기결정권을 보호법익으로 한다. 심신상실 또는 항거불능의 상태는 피해자인 사람에게 존재하여야 하므로 준강간죄에서 행위의 대상은 '심신상실 또는 항거불능의 상태에 있는 사람'이다. 그리고 구성요건에 해당하는 행위는 그러한 '심신상실 또는 항거불능의 상태를 이용하여 간음' 하는 것이다. 심신상실 또는 항거불능의 상태에 있는 사람에 대하여 그 사람의 그러한 상태를 이용하여 간음행위를 하면 구성요건이 충족되어 준강간죄가 기수에 이른다.

피고인이 피해자가 심신상실 또는 항거불능의 상태에 있다고 인식하고 그러한 상태를 이용하여 간음할 의사를 가지고 간음하였으나, 실행의 착수 당시부터 피해자가 실제로는 심신상실 또는 항거불능의 상태에 있지 않았다면, 실행의 수단 또는 대상의 착오로 준강간죄의 기수에 이를 가능성이 처음부터 없다고 볼 수 있다. 이 경우 피고인이 행위 당시에 인식한 사정을 놓고 일반인이 객관적으로 판단하여 보았을 때 정신적·신체적 사정으로 인하여 성적인 자기방어를 할 수 없는 사람의 성적 자기결정권을 침해하여 준강간의 결과가 발생할 위험성이 있었다면 불능미수가 성립한다.

299-2. 준강간죄에서 실행의 착수 시기 [대법원 2019. 2. 14. 선고, 2018도19295]

【판시사항】

[1] 준강간죄에서 실행의 착수 시기

[2] 피고인이 피해자 甲(여, 18세)과 성관계를 할 의사로 술에 취하여 모텔 침대에 잠들어 있는 甲의 속바지를 벗기다가 甲이 깨어나자 중단함으로써 甲의 항거불능 상태를 이용하여 간음하려다가 미수에 그쳤다고 하여 아동·청소년의 성보호에 관한 법률 위반(준강간)으로 기소된 사안에서, 피고인이 甲의 속바지를 벗기려던 행위는 간음의 의도를 가지고 간음의 수단이라고 할 수 있는 행동을 시작한 것으로서 준강간죄의 실행에 착수한 것이라.

【이 유】

준강간죄에서 실행의 착수 시기는 피해자의 심신상실 또는 항거불능의 상태를 이용하여 간음을 할 의도를 가지고 간음의 수단이라고 할 수 있는 행동을 시작한 때로 보아야 한다(대법원 2000. 1. 14. 선고 99도5187 판결 참조).

원심판결 이유 및 기록에 의하면 피고인이 피해자와 성관계를 할 의사로 술에 취하여 모텔 침대에 잠들어 있는 피해자의 속바지를 벗기다가 피해자가 깨어나자 중단한 사실을 알 수 있다. 그렇다면 피고인이 피해자의 속바지를 벗기려던 행위는 간음의 의도를 가지고 간음의 수단이라고 할 수 있는 행동을 시작한 것으로서 준강간죄의 실행에 착수한 것으로 보아야 한다.

---

1. 준강간죄의 실행에 착수하였다고 본 사례 [대법원 2000. 1. 14. 선고, 99도5187]

【판결요지】

피고인이 잠을 자고 있는 피해자의 옷을 벗긴 후 자신의 바지를 내린 상태에서 피해자의 음부 등을 만지고 자신의 성기를 피해자의 음부에 삽입하려고 하였으나 피해자가 몸을 뒤척이고 비트는 등 잠에서 깨어 거부하는 듯한 기색을 보이자 더 이상 간음행위에 나아가는 것을 포기한 경우, 준강간죄의 실행에 착수하였다고 본 사례

299-3. 준강간·준강제추행죄에서 '항거불능의 상태'의 의미 [대법원 2012. 6. 28. 선고, 2012도2631]

【판시사항】

형법 제299조는 사람의 심신상실 또는 항거불능의 상태를 이용하여 간음 또는 추행을 한 자를 형법 제297조, 제298조의 강간 또는 강제추행의 죄와 같이 처벌하도록 규정하고 있는바, 여기에서의 항거불능의 상태라 함은 형법 제297조, 제298조와의 균형상 심신상실 이외의 원인 때문에 심리적 또는 물리적으로 반항이 절대적으로 불가능하거나 현저히 곤란한 경우를 의미하는 것이다 (대법원 2000. 5. 26. 선고 98도3257 판결, 대법원 2009. 4. 23. 선고 2009도2001 판결 등 참조).

299-4. 교회 노회장이 교회 여신도들을 간음·추행한 사안 [대법원 2009. 4. 23. 선고, 2009도2001]

【판시사항】

교회 노회장이 교회 여신도들을 간음·추행한 사안에서, 교회 여신도들이 종교적 믿음에 대한 충격 등 정신적 혼란으로 인한 항거불능의 상태에 있었다고 보아 교회 노회장에게 준강간·강제추행죄 등을 인정한 사례

【이 유】

피해자가 피고인에 대하여 갖고 있던 믿음과 경외감, 추행 당시의 피고인 및 피해자의 행위 내용과 태도, 그 당시 피해자를 둘러싼 제반 환경과 피해자의 심리상태, 연령, 지적능력 등에 비추어 보면, 피고인에 대한 종교적 믿음이 무너지는 정신적 충격을 받으면서 피고인의 행위가 종교적으로 필요한 행위로서 이를 용인해야 하는지에 관해 판단과 결정을 하지 못한 채 곤혹과 당황, 경악 등 정신적 혼란을 겪어 피고인의 행위를 거부하지 못하는 한편, 피고인의 행위를 그대로 용인하는 다른 신도들이 주위에 있는 상태에서 위와 같은 정신적 혼란이 더욱 가중된 나머지, 피고인의 행위가 성적(性的) 행위임을 알면서도 이에 대한 반항이 현저하게 곤란한 상태에 있었다고 판단하고, 피고인의 위 피해자에 대한 이 사건 준강제추행의 공소사실에 대하여 무죄를 선고한 제1심 판결을 파기하고 유죄를 인정하였다.

제301조[강간 등 상해 · 치상]

> 제301조(강간 등 상해 · 치상) 제297조, 제297조의2 및 제298조부터 제300조까지의 죄를 범한 자가 사람을 상해하거나 상해에 이르게 한 때에는 무기 또는 5년 이상의 징역에 처한다. 〈개정 2012. 12. 18.〉 [전문개정 1995. 12. 29.]

301-1. 수면제 등 약물을 투약하여 피해자를 일시적으로 수면 또는 의식불명 상태에 이르게 한 경우, '상해'에 해당하는지 여부(한정 적극) 및 이때 피해자에게 상해가 발생하였는지 판단하는 방법
[대법원 2017. 7. 11. 선고, 2015도3939]

【판시사항】

강간치상죄에서 '상해'의 의미 및 판단 기준 / 수면제 등 약물을 투약하여 피해자를 일시적으로 수면 또는 의식불명 상태에 이르게 한 경우, '상해'에 해당하는지 여부(한정 적극) 및 이때 피해자에게 상해가 발생하였는지 판단하는 방법

【이 유】

강간치상죄에서 상해는 피해자의 건강상태가 불량하게 변경되고 생리적 기능이나 생활기능에 장애가 초래되는 것을 말하는 것으로 육체적 기능뿐만 아니라 정신적 기능에 장애가 생기는 경우도 포함된다. 이는 객관적, 일률적으로 판단할 것이 아니라 피해자의 연령, 성별, 체격 등 신체 · 정신상의 구체적 상태를 기준으로 판단하여야 한다(대법원 2003. 9. 26. 선고 2003도4606 판결, 대법원 2011. 12. 8. 선고 2011도7928 판결 등 참조).

수면제 등 약물을 투약하여 피해자를 일시적으로 수면 또는 의식불명 상태에 이르게 한 경우에 약물로 인하여 피해자의 건강상태가 나쁘게 변경되고 생활기능에 장애가 초래되었다면 이는 상해에 해당한다. 피해자가 자연적으로 의식을 회복하거나 후유증이나 외부적으로 드러난 상처가 없더라도 마찬가지이다. 이때 피해자에게 상해가 발생하였는지는 피해자의 연령, 성별, 체격 등 신체 · 정신상의 구체적인 상태, 약물의 종류 · 용량 · 효과 등 약물의 작용에 영향을 미칠 수 있는 여러 요소에 기초하여 약물 투약으로 피해자에게 발생한 의식장애나 기억장애 등 신체 · 정신상 변화의 내용이나 정도를 종합적으로 고려하여 판단하여야 한다.

---

1. 강간치상죄에 있어서 상해의 판단기준 [대법원 2003. 9. 26. 선고, 2003도4606]

【판시사항】

[1] 강간치상죄에 있어서 상해의 판단기준

[2] 피해자에게 발생한 상처가 강간치상죄에서 정한 상해에 해당하지 않는다고 판단한 원심판결을 파기한 사례

【판결요지】

[1] 강간행위에 수반하여 생긴 상해가 극히 경미한 것으로서 굳이 치료할 필요가 없어서 자연적으로 치유되며 일상생활을 하는 데 아무런 지장이 없는 경우에는 강간치상죄의 상해에 해당되지 아니한다고 할 수 있을 터이나, 그러한 논거는 피해자의 반항을 억압할 만한 폭행 또는 협박이 없어도 일상생활

중 발생할 수 있는 것이거나 합의에 따른 성교행위에서도 통상 발생할 수 있는 상해와 같은 정도임을 전제로 하는 것이므로 그러한 정도를 넘는 상해가 그 폭행 또는 협박에 의하여 생긴 경우라면 상해에 해당된다고 할 것이며, 피해자의 건강상태가 나쁘게 변경되고 생활기능에 장애가 초래된 것인지는 객관적, 일률적으로 판단될 것이 아니라 피해자의 연령, 성별, 체격 등 신체, 정신상의 구체적 상태를 기준으로 판단되어야 한다.

[2] 정식의 상해진단서는 제출되어 있지 아니하나 피해자가 입은 상처의 부위와 내용, 그 상해의 정도나 치유기간 등에 비추어 보아 그러한 정도의 상처로 인하여 피해자의 신체의 건강상태가 불량하게 변경되고 생활기능에 장애가 초래된 것이 아니라고 단정할 수 없음에도 불구하고 피해자에게 발생한 상처가 강간치상죄에서 정한 상해에 해당하지 않는다고 판단한 원심판결을 파기한 사례

2. 수면제를 투약하여 피해자를 간음하거나 추행한 사건 [대법원 2017. 6. 29. 선고, 2017도3196]

【판시사항】

수면제와 같은 약물을 투약하여 피해자를 일시적으로 수면 또는 의식불명 상태에 이르게 한 것이 강간치상죄나 강제추행치상죄에서 말하는 상해에 해당하는 경우 및 판단 기준

【판결요지】

강간치상죄나 강제추행치상죄에 있어서의 상해는 피해자의 신체의 완전성을 훼손하거나 생리적 기능에 장애를 초래하는 것, 즉 피해자의 건강상태가 불량하게 변경되고 생활기능에 장애가 초래되는 것을 말하는 것으로, 여기서의 생리적 기능에는 육체적 기능뿐만 아니라 정신적 기능도 포함된다.

따라서 수면제와 같은 약물을 투약하여 피해자를 일시적으로 수면 또는 의식불명 상태에 이르게 한 경우에도 약물로 인하여 피해자의 건강상태가 불량하게 변경되고 생활기능에 장애가 초래되었다면 자연적으로 의식을 회복하거나 외부적으로 드러난 상처가 없더라도 이는 강간치상죄나 강제추행치상죄에서 말하는 상해에 해당한다. 그리고 피해자에게 이러한 상해가 발생하였는지는 객관적, 일률적으로 판단할 것이 아니라 피해자의 연령, 성별, 체격 등 신체·정신상의 구체적인 상태, 약물의 종류와 용량, 투약방법, 음주 여부 등 약물의 작용에 미칠 수 있는 여러 요소를 기초로 하여 약물 투약으로 인하여 피해자에게 발생한 의식장애나 기억장애 등 신체, 정신상의 변화와 내용 및 정도를 종합적으로 고려하여 판단하여야 한다.

3. 부녀의 음모를 1회용 면도기로 일부 깎은 것이 강제추행치상죄 해당 여부(소극) [대법원 2000. 3. 23. 선고, 99도3099]

【판결요지】

음모는 성적 성숙함을 나타내거나 치부를 가려주는 등의 시각적·감각적인 기능 이외에 특별한 생리적 기능이 없는 것이므로, 피해자의 음모의 모근(毛根) 부분을 남기고 모간(毛幹) 부분만을 일부 잘라냄으로써 음모의 전체적인 외관에 변형만이 생겼다면, 이로 인하여 피해자에게 수치심을 야기하기는 하겠지만, 병리적으로 보아 피해자의 신체의 건강상태가 불량하게 변경되거나 생활기능에 장애가 초래되었다고 할 수는 없을 것이므로, 그것이 폭행에 해당할 수 있음은 별론으로 하고 강제추행치상죄의 상해에 해당한다고 할 수는 없다.

301-2. 고의범인 상해죄로 처벌한 상해를 다시 결과적가중범인 강제추행치상죄의 상해로 인정할 수

【판시사항】

[1] 고의범인 상해죄로 처벌한 상해를 다시 결과적 가중범인 강제추행치상죄의 상해로 인정할 수 있는지 여부(소극)

[2] 피고인이 피해자를 폭행하여 비골 골절 등의 상해를 가한 다음 강제추행한 사안에서, 폭력행위 등 처벌에 관한 법률 위반죄로 처벌한 상해를 다시 결과적 가중범인 강제추행치상죄의 상해로 인정한 원심판결을 파기한 사례

[3] 강제추행 과정에서 입힌 가슴부 찰과상 등이 강제추행치상죄의 '상해'에 해당한다고 본 원심판결을 파기한 사례

【판결요지】

[1] 강제추행치상죄에서 상해의 결과는 강제추행의 수단으로 사용한 폭행이나 추행행위 그 자체 또는 강제추행에 수반하는 행위로부터 발생한 것이어야 한다. 따라서 상해를 가한 부분을 고의범인 상해죄로 처벌하면서 이를 다시 결과적 가중범인 강제추행치상죄의 상해로 인정하여 이중으로 처벌할 수는 없다.

[2] 피고인이 피해자를 폭행하여 비골 골절 등의 상해를 가한 다음 강제추행한 사안에서, 피고인의 위 폭행을 강제추행의 수단으로서의 폭행으로 볼 수 없어 위 상해와 강제추행 사이에 인과관계가 없다는 이유로, 폭력행위 등 처벌에 관한 법률 위반죄로 처벌한 상해를 다시 결과적 가중범인 강제추행치상죄의 상해로 인정한 원심판결을 파기한 사례

[3] 강제추행 과정에서 입힌 가슴부 찰과상 등이 별도의 치료를 받지 않더라도 일상생활을 하는 데 아무런 지장이 없고 시일이 경과함에 따라 자연적으로 치유되었다면 강제추행치상죄의 상해에 해당하지 않을 여지가 있다.

---

1. 강제추행 과정에서 피해자가 젖가슴에 약 10일 요치의 좌상을 입고, 그 압통과 종창을 치료하기 위하여 주사를 맞고 3일간 투약한 경우(적극) [대법원 2000. 2. 11. 선고, 99도4794]

【판결요지】

피해자가 강제추행 과정에서 가해자로부터 왼쪽 젖가슴을 꽉 움켜잡힘으로 인하여 왼쪽 젖가슴에 약 10일간의 치료를 요하는 좌상을 입고, 심한 압통과 약간의 종창이 있어 그 치료를 위하여 병원에서 주사를 맞고 3일간 투약을 한 경우, 피해자는 위와 같은 상처로 인하여 신체의 건강상태가 불량하게 변경되고 생활기능에 장애가 초래되었다 할 것이어서 이는 강제추행치상죄에 있어서의 상해의 개념에 해당한다.

---

2. 경부 및 전흉부 피하출혈, 통증으로 약 7일 간의 가료를 요하는 상처(소극) [대법원 1994. 11. 4. 선고, 94도1311]

【판결요지】

피해자를 강간하려다가 미수에 그치고 그 과정에서 피해자에게 경부 및 전흉부 피하출혈, 통증으로 약 7일 간의 가료를 요하는 상처가 발생하였으나 그 상처가 굳이 치료를 받지 않더라도 일상생활을 하는 데 아무런 지장이 없고 시일이 경과함에 따라 자연적으로 치유될 수 있는 정도라면 그로 인하여 신체의

완전성이 손상되고 생활기능에 장애가 왔다거나 건강상태가 불량하게 변경되었다고 보기는 어려워 강간치상죄의 상해에 해당하지 않는다.

301-3. 강간 등에 의한 치사상죄에 있어서 사상의 결과가 간음행위 자체나 강간에 수반하는 행위에서 발생한 경우도 포함하는지 여부(적극) [대법원 2008. 2. 29. 선고, 2007도10120]

【판시사항】

[1] 강간 등에 의한 치사상죄에 있어서 사상의 결과가 간음행위 자체나 강간에 수반하는 행위에서 발생한 경우도 포함하는지 여부(적극)

[2] 피고인들이 의도적으로 피해자를 술에 취하도록 유도하고 수차례 강간한 후 의식불명 상태에 빠진 피해자를 비닐창고로 옮겨 놓아 피해자가 저체온증으로 사망한 사안에서, 위 피해자의 사망과 피고인들의 강간 및 그 수반행위와의 인과관계 그리고 피해자의 사망에 대한 피고인들의 예견가능성이 인정되므로, 위 비닐창고에서 피해자를 재차 강제추행, 강간하고 하의를 벗겨 놓은 채 귀가한 피고인이 있다 하더라도 피고인들은 피해자의 사망에 대한 책임을 면한다고 볼 수 없어 강간치사죄가 인정된다.

【이 유】

강간 등에 의한 치사상죄에 있어서 사상의 결과는 간음행위 그 자체로부터 발생한 경우나 강간의 수단으로 사용한 폭행으로부터 발생한 경우는 물론 강간에 수반하는 행위에서 발생한 경우도 포함한다(대법원 1995. 1. 12. 선고 94도2781 판결 등 참조).

1. 스스로 야기한 강간범행의 와중에서 피해자가 손가락을 깨물며 반항하자 물린 손가락을 비틀며 잡아 뽑다가 피해자에게 치아결손의 상해를 입힌 소위를 긴급피난행위라 할 수 있는지 여부(소극) [대법원 1995. 1. 12. 선고, 94도2781]

【판결요지】

피고인이 스스로 야기한 강간범행의 와중에서 피해자가 피고인의 손가락을 깨물며 반항하자 물린 손가락을 비틀며 잡아 뽑다가 피해자에게 치아결손의 상해를 입힌 소위를 가리켜 법에 의하여 용인되는 피난행위라 할 수 없다.

301-4. 피해자가 소형승용차 안에서 강간범행을 모면하려고 저항하는 과정에서 피고인과의 물리적 충돌로 인하여 입은 '우측 슬관절 부위 찰과상 (적극) [대법원 2005. 5. 26. 선고, 2005도1039]

【판시사항】

피해자가 소형승용차 안에서 강간범행을 모면하려고 저항하는 과정에서 피고인과의 물리적 충돌로 인하여 입은 '우측 슬관절 부위 찰과상' 등이 강간치상죄의 상해에 해당하지 않는다고 본 원심판결을 파기한 사례

301-5. 머리카락이나 음모를 깍는 행위가 강제추행치상죄에 있어서의 상해에 해당하는지 여부(소극) [서울고법 1998. 7. 1. 선고, 98노1042 : 확정]

【판결요지】

강제추행치상죄에 있어서의 상해는 신체의 생리적 기능을 훼손하는 행위를 의미하므로 머리카락이나 음모를 깎거나 절단하는 행위는 상해에 해당하지 않는다.

301-6. 피해자의 경추부좌상 및 우측주관절부염좌상이 강간치상죄에 있어서의 상해 해당 여부(적극)
  [대법원 1997. 9. 5. 선고, 97도1725]

【판결요지】

피고인이 범행 당시 양쪽 손으로 피해자의 팔을 붙잡아 내리누르고 비틀었으며, 엄지와 검지 손가락으로 약 10초간 피해자의 목을 내리눌러 피해자에게 경추부좌상 및 우측주관절부염좌상이 발생하였다면, 이러한 상처로 인하여 피해자의 신체의 건강상태가 불량하게 변경되고 생활기능에 장애가 초래된 것이 아니라고 볼 수 없다.

> 1. 요치 2일의 피하일혈반을 미성년자의제강제추행치상죄에 있어서의 상해로 본 사례 [대법원 1990. 4. 13. 선고, 90도154]
>
> 【판결요지】
> 피고인이 7세 1월 남짓밖에 안되는 피해자의 질내에 손가락을 넣어 만지는 등 추행을 하여 피해자의 음순 좌우 양측에 생긴 남적색 피하일혈반이 타박이나 마찰로 말미암아 음순내부에 피멍이 든 것으로서 그 상처부위에 소변의 독소가 들어가면 염증이 생길 수도 있는 것이라면, 그 상처를 치료하는데 필요한 기간이 2일에 불과하더라도, 형법 제301조 소정의 상해의 개념에 해당하는 것으로 보아야 한다.

301-7. 성경험을 가진 여자의 특이체질로 인해 새로 형성된 처녀막의 파열이 강간치상죄를 구성하는 상처에 해당되는지 여부(적극) [대법원 1995. 7. 25. 선고, 94도1351]

【판결요지】

처녀막은 부녀자의 신체에 있어서 생리조직의 일부를 구성하는 것으로서, 그것이 파열되면 정도의 차이는 있어도 생활기능에 장애가 오는 것이라고 보아야 하고, 처녀막 파열이 그와 같은 성질의 것인 한 비록 피해자가 성경험을 가진 여자로서 특이체질로 인해 새로 형성된 처녀막이 파열되었다 하더라도 강간치상죄를 구성하는 상처에 해당된다.

301-8. 강간하려는 행위와 이를 피하려다 사상에 이르게 된 사실 사이에 상당인과관계를 인정 여부(적극)
  [대법원 1995. 5. 12. 선고, 95도425]

【판시사항】

[1] 강간하려는 행위와 이를 피하려다 사상에 이르게 된 사실 사이에 상당인과관계를 인정할 수 있는지 여부
[2] 피고인의 강간미수행위와 피해자의 추락사 사이에 상당인과관계가 있다고 보아 피고인을 강간치사죄로 처단한 사례

【판결요지】

[1] 폭행이나 협박을 가하여 간음을 하려는 행위와 이에 극도의 흥분을 느끼고 공포심에 사로잡혀 이를 피하려다 사상에 이르게 된 사실과는 이른바 상당인과관계가 있어 강간치사상죄로 다스릴 수 있다.

[2] 피고인이 자신이 경영하는 속셈학원의 강사로 피해자를 채용하고 학습교재를 설명하겠다는 구실로 유인하여 호텔 객실에 감금한 후 강간하려 하자, 피해자가 완강히 반항하던 중 피고인이 대실시간 연장을 위해 전화하는 사이에 객실 창문을 통해 탈출하려다가 지상에 추락하여 사망한 사안에서, 피고인의 강간미수행위와 피해자의 사망과의 사이에 상당인과관계가 있다고 보아 피고인을 강간치사죄로 처단한 원심의 판단을 수긍한 사례

301-9. 강간을 모면하기 위하여 4층 여관방 창문을 넘어 뛰어내리다가 상해를 입은 데 대하여 예견가능성이 없다는 이유로 강간치상죄로 처벌할 수 없다. [대법원 1993. 4. 27. 선고, 92도3229]

【판시사항】

피해자가 피고인과 만나 함께 놀다가 큰 저항 없이 여관방에 함께 들어갔으며, 피고인이 강간을 시도하면서 한 폭행 또는 협박의 정도가 강간의 수단으로는 비교적 경미하였고, 피해자가 여관방 창문을 통하여 아래로 뛰어내릴 당시에는 피고인이 소변을 보기 위하여 화장실에 가 있는 때이어서 피해자가 일단 급박한 위해상태에서 벗어나 있었을 뿐 아니라, 무엇보다도 4층에 위치한 위 방에서 밖으로 뛰어내리는 경우에는 크게 다치거나 심지어는 생명을 잃는 수도 있는 것인 점을 아울러 본다면, 이러한 상황 아래에서 피해자가 강간을 모면하기 위하여 4층에서 창문을 넘어 뛰어내리거나 또는 이로 인하여 상해를 입기까지 되리라고는 예견할 수 없다고 봄이 경험칙에 부합한다 할 것이다.

> 1. 상해의 결과를 예견할 수 없어 강간치상죄로 처단할 수 없다고 판단한 사례 [대법원 1985. 10. 8. 선고, 85도1537]
>
> 【판결요지】
> 피고인과 피해자가 여관에 투숙하여 별다른 저항이나 마찰없이 성행위를 한 후, 피고인이 잠시 방밖으로 나간 사이에 피해자가 방문을 안에서 잠그고 구내전화를 통하여 여관종업원에게 구조요청까지 한 후라면, 일반경험칙상 이러한 상황아래에서 피해자가 피고인의 방문 흔드는 소리에 겁을 먹고 강간을 모면하기 위하여 3층에서 창문을 넘어 탈출하다가 상해를 입을 것이라고 예견할 수는 없다고 볼 것이므로 이를 강간치상죄로 처단할 수 없다.

301-10. 좌전경부흡입상이 강간치상죄의 상해에 해당되지 않는다고 본 사례 [대법원 1991. 11. 8. 선고, 91도2188]

【판결요지】

강간 피해자가 입은 좌전경부흡입상은 인체의 생활기능에 장애를 주고 건강상태를 불량하게 변경하였다고도 보기 어려워 강간치상죄의 상해에 해당한다 할 수 없다.

> 1. 강간도중 흥분하여 피해자의 어깨를 입으로 빨아서 생긴 반상출혈상의 상해 여부(소극) [대법원 1986. 7. 8. 선고, 85도2042]
>
> 【판결요지】
>
> 강간도중 흥분하여 피해자의 왼쪽 어깨를 입으로 빨아서 생긴 동전크기 정도의 반상출혈상은 별다른 통증이나 자각증상도 없어 피해자는 그 상처를 알아차릴 수도 없었는데 의사가 진찰을 하던 과정에서 우연히 발견한 것이고 의학상 치료를 받지 아니하더라도 자연흡수되어 보통 1주 정도가 지나면 자연치유되는 것으로서 인체의 생활기능에 장해를 주고 건강상태를 불량하게 변경하는 것이 아니어서 강간치상죄의 상해에 해당한다 할 수 없다.

301-11. 피해자승낙이 있는 것으로 오신하여 성교를 하려고 한 과정에서 상해를 입힌 경우, 강간치상죄의 성부(소극) [부산지법 1991. 8. 20. 선고, 91고합291, 확정]

【판결요지】

강간치상죄는 강간죄와 마찬가지로 폭행 또는 협박으로 부녀자를 강간하려 한 경우에 성립하는 고의범으로서 피해자가 성교행위를 승낙하고 있는 경우에는 구성요건해당성이 없어 범죄가 성립할 수 없음은 물론 피해자가 겉으로는 승낙하지 않고 있다고 하더라도 내심의 진의는 승낙하고 있는 것이라고 행위자가 오신하여 성교를 하려고 한 과정에서 상해를 입힌 경우에도 강간치상죄의 고의는 조각되므로 같은 죄로 처벌할 수 없다.

301-12. 상처의 정확한 명칭과 치료기간이 명시되지 않았어도 강간치상의 구성요건을 특정한 것이라고 본 사례 [대법원 1989. 12. 22. 선고, 89도1079]

【판결요지】

상처의 정확한 명칭과 치료에 소요되는 기간이 명시되지 아니한 채 "음부의 질에 출혈케 하여 치료기간 미상의 상해를 입힌 것"이라고 기재된 것만으로도 형법 제301조 소정의 "사람을 사상에 이르게 한" 구성요건을 특정한 것이라고 볼 수 있다.

301-13. 3, 4일간 가료를 요하는 외음부 충혈과 양상박부 근육통 상처(소극) [대법원 1989. 1. 31. 선고, 88도831]

【판결요지】

피해자가 이미 성행위의 경험이 있는 자로서 그가 입은 상처가 3, 4일간의 가료를 요하는 외음부 충혈과 양 상박부 근육통으로서 위 피해자가 병원에 가서 치료를 받지 않더라도 일상생활을 하는데 아무런 지장이 없고 자연적으로 치유가 될 수 있는 정도이며 실제 아무런 치유를 받은 일이 없다면 이로 인하여 신체의 완전성이 손상되고 생활기능에 장애가 왔다거나 건강상태가 불량하게 변경되었다고 보기는 어려우므로 위 상처가 강간치상죄의 상해에 해당된다고는 할 수 없다.

301-14. 강간치상을 범한 자가 범행 은폐를 위하여 피해자를 살해한 경우 [대법원 1987. 1. 20. 선고, 86도2360]

【판결요지】

피해자를 2회 강간하여 2주간 치료를 요하는 질입구파열창을 입힌 자가 피해자에게 용서를 구하였으나 피해자가 이에 불응하면서 위 강간사실을 부모에게 알리겠다고 하자 피해자를 살해하여 위 범행을 은폐시키기로 마음먹고 철사줄과 양손으로 피해자의 목을 졸라 질식 사망케 하였다면, 동인의 위와 같은 소위는 <u>강간치상죄와 살인죄의 경합범이 된다.</u>

301-15. 강간이 미수에 그친 경우, 강간치상죄의 성부(적극) [대법원 1986. 6. 10. 선고, 86도887]

　【판결요지】

　강간치상죄는 강간이 미수에 그친 경우라도 강간의 수단이 된 폭행에 의하여 피해자에게 상해를 입히면 성립한다.

301-16. 범죄실행에 직접 가담하지 않은 강간공모자와 강간치상죄의 공동정범의 죄책 [대법원 1984. 2. 14., 선고, 83도3120

　【판결요지】

　공동정범의 경우에 공모자 전원이 일정한 일시, 장소에 집합하여 모의하지 아니하고 공범자중 수인을 통하여 범의의 연락이 있고 그 범의내용에 대하여 포괄적 또는 개별적인 의사연락이나 그 인식이 있었다면 그들 전원이 공모관계에 있다 할 것이고, 이와 같이 <u>공모한 후 공범자중의 1인이 설사 범죄실행에 직접 가담하지 아니하였다 하더라도 다른 공모자가 분담실행한 공모자가 실행한 행위에 대하여 공동정범의 책임이 있다 할 것이며, 공범자중 수인이 강간의 기회에 상해의 결과를 야기하였다면 다른 공범자가 그 결과의 인식이 없었더라도 강간치상죄의 책임이 있다.</u>

301-17. 상호의사 연락없이 동일인에 대하여 강간을 시도한 자 중의 1인의 강간치상죄에 대한 타방의 공동정범의 성부(소극) [대법원 1983. 9. 27. 선고, 83도1787]

　【판결요지】

　피고인이 1심상피고인과 함께 술집에서 같이 자다가 깨어 옆에서 잠든 접대부를 강간하려다가 피해자의 반항으로 목적을 이루지 못하고 포기한 뒤, 뒤이어 잠을 깬 1심상피고인이 피해자를 강간코자 하였으나 역시 피해자의 반항으로 목적을 이루지 못하고 피해자를 구타하는 것을 적극 만류한 사실이 인정된다면, 피고인에 대하여는 1심상피고인의 강간치상행위에 대한 공모 공동정범의 죄책을 물을 수 없다.

301-18. 강간행위로 인한 0.1cm 정도의 회음부 찰과상과 강간치상죄의 성부(적극) [대법원 1983. 7. 12. 선고, 83도1258]

　【판결요지】

　피고인들이 피해자를 강간하여 피해자에게 요치 10일의 회음부찰과상을 입혔다면 상해의 정도가 0.1cm 정도의 찰과상에 불과하더라도 이것도 형법상 상해의 개념에 해당하므로 강간치상죄의 성립에 영향이 없다.

301-19. 피고인등 3인이 피해자들 3인을 강간하기로 공모하고 각각 그중 1인씩을 강간하여 상해를 입힌 경우의 죄수 [서울고법 1983. 2. 10. 선고, 82노3102, 확정]

【판결요지】

피고인등 3인이 피해자들 3인을 강간하기로 공모하고 각각 그 중 1인씩을 강간하여 상해를 입힌 경우, 이와 같은 피고인등의 행위는 피해자의 수에 따라 3개의 강간치상죄를 구성하며 위 각 죄는 서로 실체적 경합관계에 있다.

301-20. 강간행위와 그것이 원인이 된 피해자의 자살행위 간에 인과관계의 유무(소극) [대법원 1982. 11. 23. 선고, 82도1446]

【판결요지】

강간을 당한 피해자가 집에 돌아가 음독자살하기에 이르른 원인이 강간을 당함으로 인하여 생긴 수치심과 장래에 대한 절망감 등에 있었다 하더라도 그 자살행위가 바로 강간행위로 인하여 생긴 당연의 결과라고 볼 수는 없으므로 강간행위와 피해자의 자살행위 사이에 인과관계를 인정할 수는 없다.

301-21. 수회 강간에 의하여 치상의 결과가 발생한 경우 죄수 [대구고법 1981. 3. 26. 선고, 81노162, 확정]

【판결요지】

수회의 강간에 의하여 치상의 결과를 발생한 경우에는 강간회수에 따라서 강간치상죄가 성립되는 것이 아니고 일련의 행위를 포괄하여 1개의 강간치상죄만이 성립한다고 볼 것이다.

301-22. 폭행, 협박을 가하여 간음하려는 행위를 피하려다 다친 경우 강간치상죄의 성부(적극) [대법원 1978. 7. 11. 선고, 78도1331]

【판결요지】

폭행, 협박을 가하여 간음하려는 행위와 이에 극도의 흥분을 느끼고 공포심에 사로잡혀 이를 피하려다 사상에 이르게 된 사실과는 이른바 상당 인과관계가 있다 할 것이고, 따라서 강간치상죄가 성립한다.

제302조[미성년자 등에 대한 간음]

> 제302조(미성년자 등에 대한 간음) 미성년자 또는 심신미약자에 대하여 위계 또는 위력으로써 간음 또는 추행을 한 자는 5년 이하의 징역에 처한다.

302-1. 미성년자 등 추행죄에서 말하는 '미성년자', '심신미약자'의 의미 / 위 죄에서 말하는 '추행'의 의미 및 추행에 해당하는지 판단하는 기준 / 위 죄에서 말하는 '위력'의 의미 및 위력으로써 추행한 것인지 판단하는 기준 [대법원 2019. 6. 13. 선고, 2019도3341]

【판시사항】

[1] 형법 제32장에 규정된 '강간과 추행의 죄'의 보호법익인 '성적 자유', '성적 자기결정권'의 의미

[2] 미성년자 등 추행죄에서 말하는 '미성년자', '심신미약자'의 의미

[3] 위 죄에서 말하는 '추행'의 의미 및 추행에 해당하는지 판단하는 기준

[4] 위 죄에서 말하는 '위력'의 의미 및 위력으로써 추행한 것인지 판단하는 기준

【판결요지】

[1] 형법 제302조는 "미성년자 또는 심신미약자에 대하여 위계 또는 위력으로써 간음 또는 추행을 한 자는 5년 이하의 징역에 처한다."라고 규정하고 있다. 형법은 제2편 제32장에서 '강간과 추행의 죄'를 규정하고 있는데, 이 장에 규정된 죄는 모두 개인의 성적 자유 또는 성적 자기결정권을 침해하는 것을 내용으로 한다. 여기에서 '성적 자유'는 적극적으로 성행위를 할 수 있는 자유가 아니라 소극적으로 원치 않는 성행위를 하지 않을 자유를 말하고, '성적 자기결정권'은 성행위를 할 것인가 여부, 성행위를 할 때 상대방을 누구로 할 것인가 여부, 성행위의 방법 등을 스스로 결정할 수 있는 권리를 의미한다. 형법 제32장의 죄의 기본적 구성요건은 강간죄(제297조)나 강제추행죄(제298조)인데, 이 죄는 미성년자나 심신미약자와 같이 판단능력이나 대처능력이 일반인에 비하여 낮은 사람은 낮은 정도의 유·무형력의 행사에 의해서도 저항을 제대로 하지 못하고 피해를 입을 가능성이 있기 때문에 범죄의 성립요건을 보다 완화된 형태로 규정한 것이다.

[2] 이 죄에서 **미성년자**는 형법 제305조 및 성폭력범죄의 처벌 등에 관한 특례법 제7조 제5항의 관계를 살펴볼 때 '13세 이상 19세 미만의 사람'을 가리키는 것으로 보아야 하고, **심신미약자**란 정신기능의 장애로 인하여 사물을 변별하거나 의사를 결정할 능력이 미약한 사람을 말한다.

[3] 그리고 **추행**이란 객관적으로 피해자와 같은 처지에 있는 일반적·평균적인 사람으로 하여금 성적 수치심이나 혐오감을 일으키게 하고 선량한 성적 도덕관념에 반하는 행위로서 구체적인 피해자를 대상으로 하여 피해자의 성적 자유를 침해하는 것을 의미하는데, 이에 해당하는지 여부는 피해자의 의사, 성별, 연령, 행위자와 피해자의 관계, 행위에 이르게 된 경위, 피해자에 대하여 이루어진 구체적 행위태양, 주위의 객관적 상황과 그 시대의 성적 도덕관념 등을 종합적으로 고려하여 판단하여야 한다.

[4] **위력**이란 피해자의 성적 자유의사를 제압하기에 충분한 세력으로서 유형적이든 무형적이

든 묻지 않으며, 폭행·협박뿐 아니라 행위자의 사회적·경제적·정치적인 지위나 권세를 이용하는 것도 가능하다. **위력으로써 추행한 것인지 여부**는 피해자에 대하여 이루어진 구체적인 행위의 경위 및 태양, 행사한 세력의 내용과 정도, 이용한 행위자의 지위나 권세의 종류, 피해자의 연령, 행위자와 피해자의 이전부터의 관계, 피해자에게 주는 위압감 및 성적 자유의사에 대한 침해의 정도, 범행 당시의 정황 등 여러 사정을 종합적으로 고려하여 판단하여야 한다.

---

1. 청소년성보호법에서 말하는 '위력'의 의미 및 위력 행사 여부의 판단 방법 [대법원 2008. 7. 24. 선고, 2008도4069]

【판시사항】

[1] 청소년의 성보호에 관한 법률에서 말하는 '위력'의 의미 및 위력 행사 여부의 판단 방법

[2] 체구가 큰 만 27세 남자가 만 15세(48kg)인 피해자의 거부 의사에도 불구하고, 성교를 위하여 피해자의 몸 위로 올라간 것 외에 별다른 유형력을 행사하지는 않은 사안에서, 청소년의 성보호에 관한 법률상 '위력에 의한 청소년 강간죄'의 성립을 인정한 사례

【이 유】

청소년의 성보호에 관한 법률 위반(청소년강간등)죄는 '위계 또는 위력으로써 여자 청소년을 간음하거나 청소년에 대하여 추행한' 것인바, 이 경우 위력이라 함은 피해자의 자유의사를 제압하기에 충분한 세력을 말하고, 유형적이든 무형적이든 묻지 않으므로 폭행·협박뿐 아니라 행위자의 사회적·경제적·정치적인 지위나 권세를 이용하는 것도 가능하며, '위력으로써' 간음 또는 추행한 것인지 여부는 행사한 유형력의 내용과 정도 내지 이용한 행위자의 지위나 권세의 종류, 피해자의 연령, 행위자와 피해자의 이전부터의 관계, 그 행위에 이르게 된 경위, 구체적인 행위 태양, 범행 당시의 정황 등 제반 사정을 종합적으로 고려하여 판단하여야 한다(대법원 1998. 1. 23. 선고 97도2506 판결, 2008. 2. 15. 선고 2007도11013 판결 등 참조).

302-2. 피해자에게 남자를 소개시켜 준다고 거짓말 하여 여관으로 유인하여 간음한 경우, 형법 제302조 위계에 해당하는지 여부(소극) [대법원 2002. 7. 12. 선고, 2002도2029]

【판시사항】

[1] 형법 제302조 소정의 위계에 의한 심신미약자간음죄에 있어서 '위계'의 의미

[2] 피해자에게 남자를 소개시켜 준다고 거짓말을 하여 여관으로 유인하여 간음한 경우, 형법 제302조 소정의 위계에 해당하는지 여부(소극)

【판결요지】

[1] 형법 제302조 소정의 위계에 의한 심신미약자간음죄에 있어서 위계라 함은 행위자가 간음의 목적으로 상대방에게 오인, 착각, 부지를 일으키고는 상대방의 그러한 심적 상태를 이용하여 간음의 목적을 달성하는 것을 말하는 것이고, 여기에서 오인, 착각, 부지란 간음행위 자체에 대한 오인, 착각, 부지를 말하는 것이지, 간음행위와 불가분적 관련성이 인정되지 않는 다른 조건에 관한 오인, 착각, 부지를 가리키는 것은 아니다.

[2] 피고인이 피해자를 여관으로 유인하기 위하여 남자를 소개시켜 주겠다고 거짓말을 하고 피

해자가 이에 속아 여관으로 오게 되었고 거기에서 성관계를 하게 되었다 할지라도, 그녀가 여관으로 온 행위와 성교행위 사이에는 불가분의 관련성이 인정되지 아니하는 만큼 이로 인하여 피해자가 간음행위 자체에 대한 착오에 빠졌다거나 이를 알지 못하였다고 할 수는 없다 할 것이어서, 피고인의 위 행위는 형법 제302조 소정의 위계에 의한 심신미약자간음죄에 있어서 위계에 해당하지 아니한다.

---

1. 청소년에게 성교의 대가로 돈을 주겠다고 거짓말한 행위 [대법원 2001. 12. 24. 선고, 2001도5074]
【판시사항】
[1] 청소년의성보호에관한법률 제10조와 형법 제297조, 제298조, 제299조 및 제302조의 관계
[2] 청소년에게 성교의 대가로 돈을 주겠다고 거짓말한 행위가 청소년의성보호에관한법률 제10조 제4항 소정의 위계에 해당하지 아니한다고 본 사례
【판결요지】
[1] 청소년의성보호에관한법률 제10조는 "① 여자 청소년에 대하여 형법 제297조(강간)의 죄를 범한 자는 5년 이상의 유기징역에 처한다. ② 청소년에 대하여 형법 제298조(강제추행)의 죄를 범한 자는 1년 이상의 유기징역 또는 500만 원 이상 2천만 원 이하의 벌금에 처한다. ③ 청소년에 대하여 형법 제299조(준강간, 준강제추행)의 죄를 범한 자는 제1항 또는 제2항의 예에 의한다. ④ 위계 또는 위력으로써 여자 청소년을 간음하거나 청소년에 대하여 추행을 한 자는 제1항 또는 제2항의 예에 의한다. ⑤ 제1항 내지 제4항의 미수범은 처벌한다."라고 규정하고 있고, 형법 제2편 제32장은 제297조에서 강간, 제298조에서 강제추행, 제299조에서 준강간, 준강제추행에 대하여 각 규정하고 있으며 제302조에서 "미성년자 또는 심신미약자에 대하여 위계 또는 위력으로써 간음 또는 추행을 한 자는 5년 이하의 징역에 처한다."라고 규정하고 있으므로, 청소년의성보호에관한법률 제10조는 형법 제297조, 제298조, 제299조 및 제302조의 죄에 대하여 피해자가 청소년인 경우에 이를 가중처벌하는 규정일 뿐이지 그 구성요건을 형법과 달리하는 규정은 아니다.
[2] 피고인이 청소년에게 성교의 대가로 돈을 주겠다고 거짓말하고 청소년이 이에 속아 피고인과 성교행위를 하였다고 하더라도, 사리판단력이 있는 청소년에 관하여는 그러한 금품의 제공과 성교행위 사이에 불가분의 관련성이 인정되지 아니하는 만큼 이로 인하여 청소년이 간음행위 자체에 대한 착오에 빠졌다거나 이를 알지 못하였다고 할 수 없다는 이유로 피고인의 행위가 청소년의성보호에관한법률 제10조 제4항 소정의 위계에 해당하지 아니한다고 본 사례

302-3. 미성년자에 대한 간음행위의 과정 또는 결과로서 처녀막파열상과 소음순내괴양상을 입힌 경우 미성년자간음죄이외에 상해죄가 별도로 성립되는지 여부와 양죄가 상상적경합관계에 있는지 여부
[서울고법 1975. 7. 10. 75노482, 확정]
【판결요지】
미성년자를 위계 또는 위력으로써 간음하는 과정 또는 그 결과로서 처녀막파열상과 소음순내괴양상을 입힌 경우 상해의 결과에 대한 인식이 있었다고 보기 어려우므로 미성년자간음죄이외에 상해죄가 별도로 성립된다고 볼 수 없고, 위 간음과 부상은 일개의 행위로 인하여 발생한 결과로서 상상적경합관계에 있다할 것이어서 상해의 점에 관하여 무죄를 선고하더라도 주문에 표시할 것은 아니다.

제303조[업무상위력 등에 의한 간음]

> 제303조(업무상위력 등에 의한 간음) ① 업무, 고용 기타 관계로 인하여 자기의 보호 또는 감독을 받는 사람에 대하여 위계 또는 위력으로써 간음한 자는 7년 이하의 징역 또는 3천만원 이하의 벌금에 처한다. 〈개정 1995. 12. 29. 2012. 12. 18. 2018. 10. 16.〉
> ② 법률에 의하여 구금된 사람을 감호하는 자가 그 사람을 간음한 때에는 10년 이하의 징역에 처한다. 〈개정 2012. 12. 18. 2018. 10. 16.〉

303-1. 업무상위력에의한 음죄의 피해자가 해고될 것이 두려워 고소를 하지 않는 것이 형사소송법 제230조 제1항 단서 소정의 "고소할 수 없는 불가항력의 사유"에 해당하는지 여부(소극) [대법원 1985. 9. 10. 선고, 85도1273]

【판결요지】

자기의 피용자인 부녀를 간음하면서 불응하는 경우 해고할 것을 위협하였다 하더라도 이는 업무상 위력에 의한 간음죄의 구성요건일 뿐 그 경우 해고될 것이 두려워 고소를 하지 않은 것이 고소할 수 없는 불가항력적 사유에 해당한다고 할 수 없다.

303-2. 남녀간 정사를 내용으로 하는 강간 간통 강제추행 업무상위력 등에 의한 간음 등의 범죄에 있어서의 채증방법 [대법원 1976. 2. 10. 선고, 74도1519]

【판시사항】

[1] 형법 303조 1항 규정중 기타 관계로 자기의 보호 또는 감독을 받는 부녀 중에는 사실상의 보호 또는 감독을 받는 상황에 있는 부녀도 포함되는지 여부

[2] 남녀간의 정사를 내용으로 하는 강간 간통 강제추행 업무상위력 등에 의한 간음 등의 범죄에 있어서의 채증방법

【판결요지】

[1] 형법 303조 1항 규정중 기타 관계로 자기의 보호 또는 감독을 받는 부녀라 함은 사실상의 보호 또는 감독을 받는 상황에 있는 부녀인 경우도 이에 포함되는 것으로 보는 것이 우리의 일반 사회통념이나 실정 그리고 동 법조를 신설하여 동 법조 규정상황하에 있는 부녀의 애정의 자유가 부당하게 침해되는 것을 보호하려는 법의 정신에 비추어 타당하다.

[2] 남녀간의 정사를 내용으로 하는 강간 간통 강제추행 업무상 위력등에 의한 간음 등의 범죄에 있어서는 행위의 성질상 당사자간에서 극비리에 또는 외부에서 알기 어려운 상태하에서 감행되는 것이 보통이고 그 피해자 외에는 이에 대한 물적증거나 직접적 목격증인 등의 증언을 기대하기가 어려운 사정이 있는 것이라 할 것이니 이런 범죄는 <u>피해자의 피해전말에 관한 증언을 토대로 하여 범행의 전후사정에 관한 제반증거를 종합하여 우리의 경험법칙에 비추어서 범행이 있었다고 인정될 수 있는 경우에는 이를 유죄로 인정할 수 있는 것이다.</u>

제305조[미성년자에 대한 간음, 추행]

제305조(미성년자에 대한 간음, 추행) ① 13세 미만의 사람에 대하여 간음 또는 추행을 한 자는 제297조, 제297조의2, 제298조, 제301조 또는 제301조의2의 예에 의한다. 〈개정 1995. 12. 29. 2012. 12. 18. 2020. 5. 19.〉
② 13세 이상 16세 미만의 사람에 대하여 간음 또는 추행을 한 19세 이상의 자는 제297조, 제297조의2, 제298조, 제301조 또는 제301조의2의 예에 의한다. 〈신설 2020. 5. 19.〉

305-1. 형법 제305조의 미성년자의제강제추행죄의 성립요건과 초등학교 4학년 담임교사(남자)가 교실에서 자신이 담당하는 반 남학생의 성기를 만진 행위(적극) [대법원 2006. 1. 13. 선고, 2005도6791]

【판시사항】

[1] 형법 제305조의 미성년자의제강제추행죄의 성립요건

[2] 초등학교 4학년 담임교사(남자)가 교실에서 자신이 담당하는 반의 남학생의 성기를 만진 행위가 미성년자의제강제추행죄에서 말하는 '추행'에 해당한다고 한 원심의 판단을 수긍한 사례

【판결요지】

[1] 형법 제305조의 미성년자의제강제추행죄는 '13세 미만의 아동이 외부로부터의 부적절한 성적 자극이나 물리력의 행사가 없는 상태에서 심리적 장애 없이 성적 정체성 및 가치관을 형성할 권익'을 보호법익으로 하는 것으로서, 그 성립에 필요한 주관적 구성요건요소는 고의만으로 충분하고, 그 외에 성욕을 자극·흥분·만족시키려는 주관적 동기나 목적까지 있어야 하는 것은 아니다.

[2] 초등학교 4학년 담임교사(남자)가 교실에서 자신이 담당하는 반의 남학생의 성기를 만진 행위가 미성년자의제강제추행죄에서 말하는 '추행'에 해당한다고 한 원심의 판단을 수긍한 사례

305-2. 피해자 외음부염증이 미성년자의제강제추행치상죄에 있어서 상해 해당여부(적극) [대법원 1996. 11. 22. 선고, 96도1395]

【판결요지】

미성년자에 대한 추행행위로 인하여 그 피해자의 외음부 부위에 염증이 발생한 것이라면, 그 증상이 약간의 발적과 경도의 염증이 수반된 정도에 불과하다고 하더라도 그로 인하여 피해자 신체의 건강상태가 불량하게 변경되고 생활기능에 장애가 초래된 것이 아니라고 볼 수 없으니, 이러한 상해는 미성년자의제강제추행치상죄의 상해의 개념에 해당한다.

1. 요치 2일의 피하일혈반을 미성년자의제강제추행치상죄에 있어서의 상해로 본 사례 [대법원 1990. 4. 13. 선고, 90도154].
【판결요지】
피고인이 7세 1월 남짓밖에 안되는 피해자의 질내에 손가락을 넣어 만지는 등 추행을 하여 피해자의 음순 좌우 양측에 생긴 남적색 피하일혈반이 타박이나 마찰로 말미암아 음순내부에 피멍이 든 것으로서

그 상처부위에 소변의 독소가 들어가면 염증이 생길 수도 있는 것이라면, 그 상처를 치료하는데 필요한 기간이 2일에 불과하더라도, 형법 제301조 소정의 상해의 개념에 해당하는 것으로 보아야 한다.

305-3. 미성년자의제강간, 강제추행죄의 공소제기에 있어서 범행일시 기재방법 [대법원 1982. 12. 14. 선고, 82도2442]

【판시사항】

[1] 미성년자의제강간, 강제추행죄에 있어서의 죄수

[2] 미성년자의제강간, 강제추행죄의 공소제기에 있어서 범행일시의 기재방법

【판결요지】

[1] 미성년자의제강간죄 또는 미성년자의제강제추행죄는 행위시마다 1개의 범죄가 성립한다.

[2] 미성년자의제강간죄 또는 미성년자의제강제추행죄는 행위시마다 1개의 범죄가 성립하므로 이 사건 공소사실중 "피고인이 1980.12. 일자불상경부터 1981.9.5 전일경까지 사이에 피해자를 협박하여 20여회 강간 또는 강제추행하였다" 는 부분은 그 범행일시가 명시되지 아니하여 동 공소사실부분에 대한 공소는 기각을 면할 수 없다.

305-4. 미성년자의제강간추행죄 성립에 있어서 위계 또는 위력이나 폭행 또는 협박 등의 행사요부 및 피해자의 동의가 있으면 위 죄가 불성립하는지 여부 [대법원 1982. 10. 12. 선고, 82도2183]

【판결요지】

형법 제305조에 규정된 13세미만 부녀에 대한 의제강간, 추행죄는 그 성립에 있어 위계 또는 위력이나 폭행 또는 협박의 방법에 의함을 요하지 아니하며 피해자의 동의가 있었다고 하여도 성립하는 것이다.

---

1. 형법 305조 소정의 미성년자에 대한 강간죄의 성립요건 [대법원 1975. 5. 13. 선고, 75도855]

【판결요지】

형법 305조 소정의 미성년자에 대한 강간죄는 13세미만의 부녀(사람)라는 사실을 알고 간음을 하면 성립되는 것이고 간음을 함에 있어서 피해자에게 폭행, 협박을 가하거나 피해자의 의사에 반하여야 하는 것은 아니다.

제33장 명예에 관한 죄

제307조(명예훼손)

> 제307조(명예훼손) ① 공연히 사실을 적시하여 사람의 명예를 훼손한 자는 2년 이하의 징역이나 금고 또는 500만원 이하의 벌금에 처한다. 〈개정 1995. 12. 29.〉
> ② 공연히 허위의 사실을 적시하여 사람의 명예를 훼손한 자는 5년 이하의 징역, 10년 이하의 자격정지 또는 1천만원 이하의 벌금에 처한다. 〈개정 1995. 12. 29.〉

307-1. 피고인이 제3자에게 '피해자가 노임 일부를 유용했다'는 문자메시지를 보낸 사안에서 전파가능성의 인식을 부정한 원심이 타당한지 여부(소극) [대법원 2021. 4. 8. 선고 2020도18437]

【판결요지】

명예훼손죄의 구성요건으로서 공연성은 '불특정 또는 다수인이 인식할 수 있는 상태'를 의미하고, 개별적으로 소수의 사람에게 사실을 적시하였더라도 그 상대방이 불특정 또는 다수인에게 적시된 사실을 전파할 가능성이 있는 때에도 공연성이 인정된다. 공연성의 존부는 발언자와 상대방 또는 피해자 사이의 관계나 지위, 대화를 하게 된 경위와 상황, 사실적시의 내용, 적시의 방법과 장소 등 행위 당시의 객관적 제반 사정에 관하여 심리한다음, 그로부터 상대방이 불특정 또는 다수인에게 전파할 가능성이 있는지 여부를 검토하여 종합적으로 판단하여야 한다(대법원 2020. 11. 19. 선고 2020도5813 전원합의체 판결참조).

피고인은 공사 도급인이고 피해자는 수급인, 김○○는 피해자의 소개로 공사현장에서 일한 관계에 있는 점, 피고인은 피해자에게 공사대금 일부를 미지급하여 항의를 받았는데, 그러자 피고인은 김○○에게 '지급할 노임 중 1,900만 원을 피해자가 수령한 후 이를 유용하였다'는 취지의 문자메시지를 보낸 점 등 이 사건에서 피고인과 김○○ 및 피해자 사이의 관계, 피고인이 이 사건 문자메시지를 보내게 된 경위, 이 사건 문자메시지의 내용 등에 의할 때 전파가능성 및 그 인식을 섣불리 부정할 수 없다. 원심이 피고인에게 전파가능성의 인식이 없었다는 취지로 판단한 부분은 적절하지 않다. 그러나, 원심의 위 판단부분을 제외하더라도 검사가 제출한 증거들만으로는 피고인에게 허위성의 인식, 명예훼손의 고의가 있었다는 점이 합리적 의심의 여지가 없을 정도로 증명되었다고 보기 어려운 이 사건에서, 원심의 결론에 상고이유 주장과 같이 논리와 경험의 법칙을 위반하여 자유심증주의의 한계를 벗어나거나 명예훼손죄의 고의에 관한 법리를 오해하여 결론에 영향을 미친 잘못이 없다.

307-2. 대통령의 업무수행과 관련한 의견을 표명하는 과정에서 의혹을 제기한 것이 허위사실 적시에 의한 명예훼손죄를 구성하는지 문제된 사안 [대법원 2021. 3. 25. 2016도14995]

【판시사항】

공론의 장에 나선 전면적 공적 인물의 경우에는 비판과 의혹의 제기를 감수해야 하고 그러한 비판과 의혹에 대해서는 해명과 재반박을 통해서 이를 극복해야 하며 공적 관심사에 대한 표현의 자유는 중요한 헌법상 권리로서 최대한 보장되어야 한다(대법원 2018. 10. 30. 선고 2014다61654 전원합의체 판결 참조). 따라서 공적 인물과 관련된 공적 관심사에 관하여 의혹을 제기하는 형태의 표현행위에 대해서는 일반인에 대한 경우와 달리 암시에 의한 사실의 적시로 평가하는 데 신중해야 한다. 특히 정부 또는 국가기관의 정책결정이나 업무수행과 관련된 사항은 항상 국민의 감시와 비판의 대상이 되어야 하고, 이러한 감시와 비판은 표현의 자유가 충분히 보장될 때 비로소 정상적으로 이루어질 수 있으며, 정부 또는 국가기관은 형법상 명예훼손죄의 피해자가 될 수 없다. 그러므로 정부 또는 국가기관의 정책결정 또는 업무수행과 관련된 사항을 주된 내용으로 하는 발언으로 정책결정이나 업무수행에 관여한 공직자에 대한 사회적평가가 다소 저하될 수 있더라도, 발언 내용이 공직자 개인에 대한 악의적이거나 심히 경솔한 공격으로서 현저히 상당성을 잃은 것으로 평가되지 않는 한, 그 발언은 여전히 공공의 이익에 관한 것으로서 공직자 개인에 대한 명예훼손이 된다고 할 수 없다(대법원2006. 10. 13. 선고 2005도3112 판결, 대법원 2011. 9. 2. 선고 2010도17237 판결 등 참조).

피고인 박○○이 4·16연대 사무실에 대한 압수·수색 규탄 기자회견에서 '세월호 참사7시간 동안 박근혜 대통령이 마약이나 보톡스를 했다는 의혹이 사실인지 청와대를 압수·수색해서 확인했으면 좋겠다.'는 취지로 한 발언에 대하여 허위사실 적시에 의한 명예훼손으로 기소된 사건에서, 위 발언은 피고인 박○○과 4·16 연대 사무실에 대한 압수수색의 부당성과 피해자의 행적을 밝힐 필요성에 관한 의견을 표명하는 과정에서 세간에널리 퍼져 있는 의혹을 제시한 것으로 '피해자가 마약을 하거나 보톡스 주사를 맞고 있어 직무 수행을 하지 않았다.'는 구체적인 사실을 적시하였다고 단정하기 어렵고, 피고인박○○이 공적 인물과 관련된 공적 관심사항에 대한 의혹을 제기하는 방식으로 표현행위를 한 것으로서 대통령인 피해자 개인에 대한 악의적이거나 심히 경솔한 공격으로서 현저히 상당성을 잃은 것으로 평가할 수 없으므로, 명예훼손죄로 처벌할 수 없다.

307-3. 개별적인 소수에 대한 발언을 불특정 또는 다수인에게 전파될 가능성을 이유로 공연성을 인정하기 위한 요건 [대법원 2020. 12. 30. 선고, 2015도15619]

【판시사항】

[1] 명예훼손죄의 구성요건인 '공연성'의 의미 / 개별적인 소수에 대한 발언을 불특정 또는 다수인에게 전파될 가능성을 이유로 공연성을 인정하기 위한 요건 / 발언 상대방이 직무상 비밀 유지의무 또는 이를 처리해야 할 공무원이나 이와 유사한 지위에 있는 경우, 공연성이 부정되는지 여부(적극) 및 이때 공연성을 인정하기 위해서는 그러한 관계나 신분에도 불구하고 불특정 또는 다수인에게 전파될 수 있다고 볼 만한 특별한 사정이 존재하여야 하는지 여부(적극)

[2] 명예훼손죄가 추상적 위험범인지 여부(적극) / 발언 상대방이 이미 알고 있는 사실을 적시한 경우, 공연성의 유무(적극)

【이 유】

명예훼손죄의 구성요건으로서 공연성은 '불특정 또는 다수인이 인식할 수 있는 상태'를 의미하고, 개별적으로 소수의 사람에게 사실을 적시하였더라도 그 상대방이 불특정 또는 다수인에게 적시된 사실을 전파할 가능성이 있는 때에도 공연성이 인정된다. 개별적인 소수에 대한 발언을 불특정 또는 다수인에게 전파될 가능성을 이유로 공연성을 인정하기 위해서는 막연히 전파될 가능성이 있다는 것만으로 부족하고, 고도의 가능성 내지 개연성이 필요하며, 이에 대한 검사의 엄격한 증명을 요한다. 특히 발언 상대방이 직무상 비밀유지의무 또는 이를 처리해야 할 공무원이나 이와 유사한 지위에 있는 경우에는 그러한 관계나 신분으로 인하여 비밀의 보장이 상당히 높은 정도로 기대되는 경우로서 공연성이 부정되고, 공연성을 인정하기 위해서는 그러한 관계나 신분에도 불구하고 불특정 또는 다수인에게 전파될 수 있다고 볼 만한 특별한 사정이 존재하여야 한다(대법원 2020. 11. 19. 선고 2020도5813 전원합의체 판결 참조).

원심은 이 사건 공소사실 중 2013. 4. 19. 명예훼손의 점에 대하여, 피고인들과 피해자는 골프장의 경기도우미(캐디)인데 경기도우미들은 자율규정을 위반한 경기도우미에 대한 징계를 스스로 결정한 후 골프장 운영 회사의 접수 직원인 공소외인에게 전달하고, 위 회사 내부의 검토·보고를 거쳐 시행하는 점, 이 부분 공소사실에서 문제 된 요청서는 허위사실에 기초한 것이기는 하나 피해자가 자율규정을 위반하여 징계하였으니 골프장에 출입금지를 시켜 달라는 내용으로 절차에 따라 공소외인에게 전달되어 위 회사에 의해 피해자에 대한 출입금지조치가 있었던 점을 인정한 다음, 피고인들이 피해자에 대한 허위사실을 적시하여 공소외인를 통하여 위 회사에 전달한 사실이 인정된다 하더라도, 이는 피해자에 대한 출입금지처분을 요청하기 위하여 그 담당자에게 요청서를 제출한 것이므로, 피고인들이 적시한 허위사실이 담당자인 공소외인를 통하여 불특정 또는 다수인에게 전파될 가능성이 있다고 보이지 않는다는 이유를 들어 공연성을 부정하고 무죄로 판단하였다.

명예훼손죄는 추상적 위험범으로 불특정 또는 다수인이 적시된 사실을 실제 인식하지 못하였다고 하더라도 인식할 수 있는 상태에 놓인 것으로도 명예가 훼손된 것으로 보아야 한다(위 대법원 2020도5813 전원합의체 판결 참조). 발언 상대방이 이미 알고 있는 사실을 적시하였더라도 공연성 즉 전파될 가능성이 없다고 볼 수 없다(대법원 1993. 3. 23. 선고 92도455 판결 등 참조).

원심은 이 사건 공소사실 중 2013. 6. 18.경 명예훼손의 점에 대하여, 피고인들이 피해자에 대한 허위사실을 적시한 서명자료를 만들어 여러 명의 동료들에게 읽게 하고 서명을 받았다면 불특정 또는 다수인이 인식할 수 있는 상태에 해당하고, 설령 그 내용이 동료들 사이에 만연한 소문이었다고 하더라도 명예훼손죄를 구성한다고 판단하였다. 앞서 본 법리에 원심이 확정한 사실관계를 비추어 살펴보면, 위와 같은 원심의 판단에 상고이유 주장과 같이 명예훼손죄의 공연성에 관한 법리를 오해한 잘못이 없다.

---

1. 피해자와 일면식이 없는 사람들이 이미 알고 있는 내용의 명예훼손발언을 들은 경우 공연성 유무(적극)
   [대법원 1993. 3. 23. 선고, 92도455]
   【판결요지】
   명예훼손의 발언(피해자들이 전과가 많다는 내용)을 들은 사람들이 피해자들과는 일면식이 없다거나 이미 피해자들의 전과사실을 알고 있었다고 하더라도 공연성 즉 발언이 전파될 가능성이 없다고 볼 수 없다.

307-4. 정부 또는 국가기관이 형법상 명예훼손죄의 피해자가 될 수 있는지 여부(소극) [대법원 2018. 11. 29. 선고, 2016도14678]

【판시사항】

[1] 명예훼손죄가 성립하기 위한 명예훼손적 표현인지 판단하는 기준 / 표현의 자유와 명예보호 사이의 한계를 정할 때 고려하여야 할 사항 / 정부 또는 국가기관이 형법상 명예훼손죄의 피해자가 될 수 있는지 여부(소극) / 정부 또는 국가기관의 업무수행과 관련된 사항에 관한 표현으로 업무수행에 관여한 공직자에 대한 사회적 평가가 저하되는 경우, 곧바로 공직자 개인에 대한 명예훼손죄가 성립하는지 여부(원칙적 소극)

[2] 명예훼손죄가 성립하기 위하여 피해자가 특정되어야 하는지 여부(적극) / 집합적 명사를 사용한 명예훼손적 표현이 구성원 개개인에 대한 명예훼손죄를 구성하는지 판단하는 기준

【이 유】

명예훼손죄가 성립하기 위해서는 피해자의 사회적 가치나 평가가 침해될 가능성이 있어야 하므로, 어떤 표현이 명예훼손적인지는 그 표현에 대한 사회통념에 따른 객관적 평가에 따라 판단하여야 한다(대법원 2008. 11. 27. 선고 2008도6728 판결 등 참조). 표현의 자유와 명예보호 사이의 한계를 정할 때 표현으로 명예가 훼손되는 피해자의 지위나 표현의 내용 등에 따라 심사기준에 차이를 두어야 하고, 공공적·사회적인 의미를 가진 사안에 관한 표현의 경우에는 표현의 자유를 가급적 넓게 보호하여야 한다. 특히 정부 또는 국가기관의 업무수행과 관련된 사항은 항상 국민의 감시와 비판의 대상이 되어야 하는 것이고 정부 또는 국가기관은 형법상 명예훼손죄의 피해자가 될 수 없으므로(형법과 정보통신망법은 명예훼손죄의 피해자를 '사람'으로 명시하고 있다), 정부 또는 국가기관의 업무수행과 관련된 사항에 관한 표현으로 그 업무수행에 관여한 공직자에 대한 사회적 평가가 다소 저하될 수 있다고 하더라도, 그 내용이 공직자 개인에 대한 악의적이거나 심히 경솔한 공격으로서 현저히 상당성을 잃은 것으로 평가되지 않는 한, 그로 인하여 곧바로 공직자 개인에 대한 명예훼손이 된다고 할 수 없다(대법원 2003. 7. 22. 선고 2002다62494 판결, 대법원 2011. 9. 2. 선고 2010도17237 판결 등 참조).

명예훼손죄는 어떤 특정한 사람 또는 인격을 보유하는 단체에 대하여 명예를 훼손함으로써 성립하는 것이므로 피해자가 특정되어야 한다. 집합적 명사를 쓴 경우에도 어떤 범위에 속하는 특정인을 가리키는 것이 명백하면, 이를 각자의 명예를 훼손하는 행위라고 볼 수 있다. 그러나 명예훼손의 내용이 집단에 속한 특정인에 대한 것이라고 해석되기 힘들고 집단표시에 의한 비난이 개별구성원에 이르러서는 비난의 정도가 희석되어 구성원 개개인의 사회적 평가에 영향을 미칠 정도에 이르지 않는 것으로 평가되는 경우에는 구성원 개개인에 대한 명예훼손이 성립하지 않는다(대법원 2000. 10. 10. 선고 99도5407 판결, 대법원 2011. 7. 28. 선고 2008도3120 판결 등 참조).

1. 정치인의 명예훼손적 표현행위의 목적이 검찰의 선거사범 처리가 불공정하고 이에 대한 불복을 정치적으로 탄압하고 있다는 의혹을 국민에게 고발하고자 하는 데 있는 경우(소극) [대법원 2003. 7. 22. 선고, 2002다62494]

【판시사항】

[1] 정치인의 명예훼손적 표현행위의 목적이 검찰의 선거사범 처리가 불공정하고 이에 대한 불복을 정치적으로 탄압하고 있다는 의혹을 국민에게 고발하고자 하는 데에 있어 그 내용이 공공의 이익에 관한 것으로 위법성이 조각된다고 본 사례

[2] 언론·출판의 자유와 명예보호 사이의 한계설정에 있어서 공공적·사회적인 의미를 가진 사안에 관한 표현의 경우 언론의 자유에 대한 제한이 완화되어야 하는지 여부(적극)

【판결요지】

[1] 비록 정치인의 기자회견 내용 중에 개인에 대한 형사사건의 처리와 세무조사에 대한 불만과 항의가 포함되지 않았다고 할 수는 없지만, 기자회견을 하게 된 경위나 그 내용의 전체적인 취지로 보아 그 주목적은 개인적인 문제에서 비롯된 것이 아니라 검찰의 선거사범 처리가 불공정하고 이에 대한 불복을 정치적으로 탄압하고 있다는 의혹을 국민에게 고발하고자 하는 데에 있고, 이는 그 내용이 공공의 이익에 관한 것이라고 보아야 할 것이어서, 기자회견 내용이 진실하거나 그 내용을 진실이라고 믿을 상당한 이유가 있다면, 정치인의 명예훼손적 표현행위는 그 위법성이 조각된다고 본 사례

[2] 표현의 자유와 명예보호 사이의 한계를 설정함에 있어서는, 당해 표현으로 인하여 명예를 훼손당하게 되는 피해자가 공적인 존재인지 사적인 존재인지, 그 표현이 공적인 관심 사안에 관한 것인지 순수한 사적인 영역에 속하는 사안에 관한 것인지 등에 따라 그 심사기준에 차이를 두어, 공공적·사회적인 의미를 가진 사안에 관한 표현의 경우에는 언론의 자유에 대한 제한이 완화되어야 하고, 또한 공직자의 업무처리가 정당하게 이루어지고 있는지 여부는 항상 국민의 감시와 비판의 대상이 되어야 하고, 특히 선거법위반사건 등 정치적인 영향력을 가진 사건 처리의 공정성에 대한 정당의 감시기능은 정당의 중요한 임무 중의 하나이므로, 이러한 감시와 비판기능은 보장되어야 하고 그것이 악의적이거나 현저히 상당성을 잃은 공격이 아닌 한 쉽게 제한되어서는 아니된다.

2. 우리나라 유명 소주회사가 일본의 주류회사에 지분이 50% 넘어가 일본 기업이 되었다고 하는 사실 적시(소극) [대법원 2008. 11. 27. 선고, 2008도6728]

【판시사항】

[1] 명예훼손죄 성립에 필요한 사실 적시의 정도와 명예훼손적 표현인지 여부의 판단 기준

[2] 우리나라 유명 소주회사가 일본의 주류회사에 지분이 50% 넘어가 일본 기업이 되었다고 하는 사실 적시는 가치중립적 표현으로서 명예훼손적 표현이 아니라.

【이 유】

[1] 명예훼손죄가 성립하기 위하여는 특정인의 사회적 가치 내지 평가가 침해될 가능성이 있는 구체적인 사실을 적시하여야 하는바, 어떤 표현이 명예훼손적인지 여부는 그 표현에 대한 사회통념에 따른 객관적 평가에 의하여 판단하여야 하고, 가치중립적인 표현을 사용하였다 하여도 사회통념상 그로 인하여 특정인의 사회적 평가가 저하되었다고 판단된다면 명예훼손죄가 성립할 수 있으나(대법원 2007. 10. 25. 선고 2007도5077 판결 참조), 원심이 피고인의 판시 발언 중 사실을 적시한 부분인 '(주)진로가 일본 아사히 맥주에 지분이 50% 넘어가 일본 기업이 됐다'는 부분은 가치중립적인 표현으로서, 우리나

라와 일본의 특수한 역사적 배경과 소주라는 상품의 특수성 때문에 '참이슬' 소주를 생산하는 공소사실 기재 피해자 회사의 대주주 내지 지배주주가 일본 회사라고 적시하는 경우 일부 소비자들이 '참이슬' 소주의 구매에 소극적이 될 여지가 있다 하더라도 이를 사회통념상 공소사실 기재 피해자 회사의 사회적 가치 내지 평가가 침해될 가능성이 있는 명예훼손적 표현이라고 볼 수 없을 뿐만 아니라, 한편 판시 증거들만으로는 피고인의 판시 발언이 공연히 이루어졌다거나, 피고인이 판시 발언이 허위라고 인식하였다고 인정하기에 부족하고 달리 이를 인정할 증거가 없다는 등의 이유로, 이 부분 공소사실을 무죄로 인정한 제1심판결을 그대로 유지하였는바, 위 법리 및 기록에 의하여 살펴보면, 원심의 조치는 정당하고, 상고이유의 주장과 같이 채증법칙을 위반하거나, 명예훼손죄에 관한 법리를 오해한 위법 등이 없다.

3. 공적사안에 관한 언론보도의 명예훼손죄 성립 여부 판단기준 및 정부 또는 국가기관의 정책결정이나 업무수행과 관련된 언론보도로 인하여 그에 관여한 공직자 개인에 대한 명예훼손죄가 성립하는지 여부(한정 소극) [대법원 2011. 9. 2. 선고, 2010도17237]

【판시사항】

[1] 명예훼손죄에서 '사실의 적시'의 의미와 판단 기준

[2] 방송국 프로듀서 등 피고인들이 특정 프로그램 방송보도를 통하여 이른바 '한미 쇠고기 수입 협상'의 협상단 대표와 주무부처 장관이 미국산 쇠고기 실태를 제대로 파악하지 못하였다는 취지의 허위사실을 적시하여 이들의 명예를 훼손하였다는 내용으로 기소된 사안

[3] 공적사안에 관한 언론보도의 명예훼손죄 성립 여부 판단 기준 및 정부 또는 국가기관의 정책결정이나 업무수행과 관련된 언론보도로 인하여 그에 관여한 공직자 개인에 대한 명예훼손죄가 성립하는지 여부(한정 소극)

【판결요지】

[1] 명예훼손죄에서 **'사실의 적시'**란 가치판단이나 평가를 내용으로 하는 '의견표현'에 대치되는 개념으로서 시간과 공간적으로 구체적인 과거 또는 현재의 사실관계에 관한 보고 내지 진술을 의미하며, 표현내용이 증거에 의해 증명이 가능한 것을 말하고, 판단할 보고 내지 진술이 사실인가 또는 의견인가를 구별할 때에는 언어의 통상적 의미와 용법, 증명가능성, 문제된 말이 사용된 문맥, 표현이 행하여진 사회적 상황 등 전체적 정황을 고려하여 판단하여야 한다.

[2] 방송국 프로듀서 등 피고인들이 특정 프로그램 방송보도를 통하여 '미국산 쇠고기 수입을 위한 제2차 한미 전문가 기술협의'(이른바 '한미 쇠고기 수입 협상')의 협상단 대표와 주무부처 장관이 미국산 쇠고기 실태를 제대로 파악하지 못하였다는 취지의 허위사실을 적시하여 이들의 명예를 훼손하였다는 내용으로 기소된 사안에서, 명예훼손죄의 사실적시에 관한 법리 및 대법원 2011. 9. 2. 선고 2009다52649 전원합의체 판결에서 정부 협상단의 미국산 쇠고기 실태 파악 관련 방송보도에 관하여, 정부가 미국 도축시스템의 실태 중 아무 것도 본 적이 없다는 구체적 사실을 적시한 것이 아니라, 미국산 쇠고기 수입위생조건 협상에 필요한 만큼 미국 도축시스템의 실태를 제대로 알지 못하였다는 주관적 평가를 내린 것이라고 판시한 점 등에 비추어, 이 부분 보도내용을 비판 내지 의견 제시로 보아 명예훼손죄에서 말하는 '사실의 적시'에 해당하지 않는다.

[3] 언론보도로 인한 명예훼손이 문제되는 경우에는 그 보도로 인한 피해자가 공적인 존재인지 사적인 존재인지, 그 보도가 공적인 관심사안에 관한 것인지 순수한 사적인 영역에 속하는 사안에 관한 것인지, 그 보도가 객관적으로 국민이 알아야 할 공공성, 사회성을 갖춘 사안에 관한 것으로 여론

형성이나 공개토론에 기여하는 것인지 아닌지 등을 따져보아 공적 존재에 대한 공적 관심사안과 사적인 영역에 속하는 사안 간 심사기준에 차이를 두어야 하는데, 당해 표현이 사적인 영역에 속하는 사안에 관한 것인 경우에는 언론의 자유보다 명예의 보호라는 인격권이 우선할 수 있으나, 공공적·사회적인 의미를 가진 사안에 관한 것인 경우에는 그 평가를 달리하여야 하고 언론의 자유에 대한 제한이 완화되어야 한다. 특히 정부 또는 국가기관의 정책결정이나 업무수행과 관련된 사항은 항상 국민의 감시와 비판의 대상이 되어야 하고, 이러한 감시와 비판은 이를 주요 임무로 하는 언론보도의 자유가 충분히 보장될 때 비로소 정상적으로 수행될 수 있으며, 정부 또는 국가기관은 형법상 명예훼손죄의 피해자가 될 수 없으므로, 정부 또는 국가기관의 정책결정 또는 업무수행과 관련된 사항을 주된 내용으로 하는 언론보도로 인하여 그 정책결정이나 업무수행에 관여한 공직자에 대한 사회적 평가가 다소 저하될 수 있더라도, 그 보도의 내용이 공직자 개인에 대한 악의적이거나 심히 경솔한 공격으로서 현저히 상당성을 잃은 것으로 평가되지 않는 한, 그 보도로 인하여 곧바로 공직자 개인에 대한 명예훼손이 된다고 할 수 없다.

---

4. 피해자를 집합적 명사로 표현한 경우, 명예훼손죄가 성립 여부(한정 적극) [대법원 2000. 10. 10. 선고, 99도5407]

【판결요지】

명예훼손죄는 어떤 특정한 사람 또는 인격을 보유하는 단체에 대하여 그 명예를 훼손함으로써 성립하는 것이므로 그 피해자는 특정한 것임을 요하고, 다만 서울시민 또는 경기도민이라 함과 같은 막연한 표시에 의해서는 명예훼손죄를 구성하지 아니한다 할 것이지만, 집합적 명사를 쓴 경우에도 그것에 의하여 그 범위에 속하는 특정인을 가리키는 것이 명백하면, 이를 각자의 명예를 훼손하는 행위라고 볼 수 있다.

307-5. 공적인 존재의 정치적 이념을 비판하는 표현에 대한 법적 규제와 그 한계 [대법원 2018. 10. 30. 선고, 2014다61654, 전원합의체 판결]

【판시사항】

[1] 표현행위가 명예훼손에 해당하는지를 판단할 때 고려하여야 할 사항 및 타인에 대하여 비판적인 의견을 표명하는 것이 불법행위가 되는 경우 / 공적인 존재의 정치적 이념을 비판하는 표현에 대한 법적 규제와 그 한계

[2] 甲 등이 트위터 글이나 기사들에 乙 등을 비판하는 글을 작성·게시하면서 '종북', '주사파' 등의 표현으로 지칭한 사안

【판결요지】

[1] [다수의견] (가) 명예훼손과 모욕적 표현은 구분해서 다루어야 하고 그 책임의 인정 여부도 달리함으로써 정치적 논쟁이나 의견 표명과 관련하여 표현의 자유를 넓게 보장할 필요가 있다. 표현행위로 인한 명예훼손책임이 인정되려면 사실을 적시함으로써 명예가 훼손되었다는 점이 인정되어야 한다. 명예는 객관적인 사회적 평판을 뜻한다. 누군가를 단순히 '종북'이나 '주사파'라고 하는 등 부정적인 표현으로 지칭했다고 해서 명예훼손이라고 단정할 수 없고, 그러한 표현행위로 말미암아 객관적으로 평판이나 명성이 손상되었다는 점까지 증명되어야 명예훼손책임이 인정된다.

표현행위가 명예훼손에 해당하는지를 판단할 때에는 사용된 표현뿐만 아니라 발언자와 그 상대

방이 누구이고 어떤 지위에 있는지도 고려해야 한다. '극우' 든 '극좌' 든, '보수우익' 이든 '종북' 이나 '주사파' 든 그 표현만을 들어 명예훼손이라고 판단할 수 없고, 그 표현을 한 맥락을 고려하여 명예훼손에 해당하는지를 판단해야 한다. 피해자의 지위를 고려하는 것은 이른바 공인 이론에 반영되어 있다. 공론의 장에 나선 전면적 공적 인물의 경우에는 비판을 감수해야 하고 그러한 비판에 대해서는 해명과 재반박을 통해서 극복해야 한다. 발언자의 지위나 평소 태도도 그 발언으로 상대방의 명예를 훼손했는지 판단할 때 영향을 미칠 수 있다.

민주주의 국가에서는 여론의 자유로운 형성과 전달에 의하여 다수의견을 집약시켜 민주적 정치질서를 생성·유지시켜 나가야 하므로 표현의 자유, 특히 공적 관심사에 대한 표현의 자유는 중요한 헌법상 권리로서 최대한 보장되어야 한다. 다만 개인의 사적 법익도 보호되어야 하므로, 표현의 자유 보장과 인격권 보호라는 두 법익이 충돌하였을 때에는 구체적인 경우에 표현의 자유로 얻어지는 가치와 인격권의 보호에 의하여 달성되는 가치를 비교형량하여 그 규제의 폭과 방법을 정하여야 한다. 타인에 대하여 비판적인 의견을 표명하는 것은 극히 예외적인 사정이 없는 한 위법하다고 볼 수 없다. 그러나 표현행위의 형식과 내용이 모욕적이고 경멸적인 인신공격에 해당하거나 타인의 신상에 관하여 다소간의 과장을 넘어서 사실을 왜곡하는 공표행위를 하는 등으로 인격권을 침해한 경우에는 의견 표명으로서의 한계를 벗어난 것으로서 불법행위가 될 수 있다.

(나) 언론에서 공직자 등에 대해 비판하거나 정치적 반대의견을 표명하면서 사실의 적시가 일부 포함된 경우에도 불법행위책임을 인정하는 것은 신중해야 한다. 위에서 보았듯이 대법원이 언론보도가 공직자 또는 공직 사회에 대한 감시·비판·견제라는 정당한 언론활동의 범위를 벗어나 악의적이거나 심히 경솔한 공격으로서 현저히 상당성을 잃은 것으로 평가되는 경우에 한하여 책임을 인정하고 있는 것도 이러한 맥락이다. 표현이 공적인 존재의 정치적 이념에 관한 것인 때에는 특별한 의미가 있다. 공적인 존재가 가진 국가·사회적 영향력이 크면 클수록 그 존재가 가진 정치적 이념은 국가의 운명에까지 영향을 미치게 된다. 그러므로 그 존재가 가진 정치적 이념은 더욱 철저히 공개되고 검증되어야 하며, 이에 대한 의문이나 의혹은 그 개연성이 있는 한 광범위하게 문제제기가 허용되어야 하고 공개토론을 받아야 한다. 정확한 논증이나 공적인 판단이 내려지기 전이라고 해서 그에 대한 의혹의 제기가 공적 존재의 명예보호라는 이름으로 봉쇄되어서는 안 되고 찬반토론을 통한 경쟁과정에서 도태되도록 하는 것이 민주적이다.

그런데 사람이나 단체가 가진 정치적 이념은 외부적으로 분명하게 드러나지 않는 경우가 많을 뿐 아니라 정치적 이념의 성질상 그들이 어떠한 이념을 가지고 있는지를 정확히 증명해 낸다는 것은 거의 불가능한 일이다. 그러므로 이에 대한 의혹의 제기나 주관적인 평가가 진실에 부합하는지 혹은 진실하다고 믿을 만한 상당한 이유가 있는지를 따질 때에는 일반의 경우와 같이 엄격하게 증명해 낼 것을 요구해서는 안 되고, 그러한 의혹의 제기나 주관적인 평가를 내릴 수도 있는 구체적 정황의 제시로 증명의 부담을 완화해 주어야 한다. 나아가 공방의 대상으로 된 좌와 우의 이념문제 등은 국가의 운명과 이에 따른 국민 개개인의 존재양식을 결정하는 중차대한 쟁점이고 이 논쟁에는 필연적으로 평가적인 요소가 수반되는 특성이 있다. 그러므로 이 문제에 관한 표현의 자유는 넓게 보장되어야 하고 이에 관한 일방의 타방에 대한 공격이 타방의 기본입장을 왜곡시키는 것이 아닌 한 부분적인 오류나 다소의 과장이 있다 하더라도 이를 들어 섣불리 불법행위의 책임을 인정함으로써 이 문제에 관한 언로를 봉쇄하여서는 안 된다.

정치적 이념에 관한 논쟁이나 토론에 법원이 직접 개입하여 사법적 책임을 부과하는 것은 바람직하지 않다. 어떤 사람이 가지고 있는 정치적 이념은 사실문제이기는 하지만, 많은 경우 의견과 섞여 있어 논쟁과 평가 없이는 이에 대해 판단하는 것 자체가 불가능하기 때문이다.

(다) 어느 시대, 어느 사회에서나 부정확하거나 바람직하지 못한 표현들은 있기 마련이다. 그렇다고 해서 이러한 표현들 모두에 대하여 무거운 법적 책임을 묻는 것이 그 해결책이 될 수는 없다. 일정한 한계를 넘는 표현에 대해서는 엄정한 조치를 취할 필요가 있지만, 그에 앞서 자유로운 토론과 성숙한 민주주의를 위하여 표현의 자유를 더욱 넓게 보장하는 것이 전제되어야 한다. 자유로운 의견 표명과 공개 토론과정에서 부분적으로 잘못되거나 과장된 표현은 피할 수 없고, 표현의 자유가 제 기능을 발휘하기 위해서는 그 생존에 필요한 숨 쉴 공간이 있어야 하기 때문이다. 따라서 명예훼손이나 모욕적 표현을 이유로 법적 책임을 지우는 범위를 좁히되, 법적으로 용인할 수 있는 한계를 명백히 넘는 표현에 대해서는 더욱 엄정하게 대응해야 한다.

명예훼손으로 인한 책임으로부터 표현의 자유를 보장하기 위해서는 이른바 '숨 쉴 공간'을 확보해 두어야 한다. 부적절하거나 부당한 표현에 대해서는 도의적 책임이나 정치적 책임을 져야하는 경우도 있고 법적 책임을 져야 하는 경우도 있다. 도의적·정치적 책임을 져야 하는 사안에 무조건 법적 책임을 부과하려고 해서는 안 된다. 표현의 자유를 위해 법적 판단으로부터 자유로운 중립적인 공간을 남겨두어야 한다.

표현의 자유를 보장하는 것은 좌우의 문제가 아니다. 진보든 보수든 표현을 자유롭게 보장해야만 서로 장점을 배우고 단점을 보완할 기회를 가질 수 있다. 비록 양쪽이 서로에게 벽을 치고 서로 비방하는 상황이라고 하더라도, 일반 국민은 그들의 토론과 논쟁을 보면서 누가 옳고 그른지 판단할 수 있는 기회를 가져야 한다. 정치적·이념적 논쟁 과정에서 통상 있을 수 있는 수사학적인 과장이나 비유적인 표현에 불과하다고 볼 수 있는 부분에 대해서까지 금기시하고 법적 책임을 지우는 것은 표현의 자유를 지나치게 제한하는 결과가 될 수 있다.

[2] 甲 등이 트위터 글이나 기사들에 乙 등을 비판하는 글을 작성·게시하면서 '종북', '주사파', '▽▽▽▽연합'이라는 표현으로 지칭한 사안에서, 위 표현행위의 의미를 객관적으로 확정할 경우 사실 적시가 아니라 의견 표명으로 볼 여지가 있는 점, 명예훼손에 해당하려면 사실의 적시가 있는지 따져보고 그것이 진실인지 허위인지에 따라 손해의 정도를 달리 보아야 하는데, 위 표현행위에 사실의 적시가 포함되어 있다고 하더라도 공인인 乙 등에 대한 의혹의 제기나 주장이 진실이라고 믿을 만한 상당한 이유가 있다고 볼 만한 구체적 정황의 제시가 있는 점 등에 비추어, 甲 등이 트위터 글이나 기사들에서 한 위 표현행위는 의견 표명이나 구체적인 정황 제시가 있는 의혹 제기에 불과하여 불법행위가 되지 않거나 乙 등이 공인이라는 점을 고려할 때 위법하지 않다.

307-6. 불미스러운 소문의 진위를 확인하고자 질문하는 과정에서 타인 명예를 훼손하는 발언을 한 경우(소극)
[대법원 2018. 6. 15. 선고, 2018도4200]

【판시사항】

[1] 명예훼손죄의 성립요건 / 불미스러운 소문의 진위를 확인하고자 질문을 하는 과정에서 타인의 명예를 훼손하는 발언을 한 경우, 명예훼손의 고의를 인정할 수 있는지 여부(소극)

[2] 전파가능성을 이유로 명예훼손죄의 공연성을 인정하는 경우, 주관적 구성요건요소로서 고의의 내용 및 고의 유무의 판단 방법

[3] 마트의 운영자인 피고인이 마트에 물품을 납품하는 업체 직원인 甲을 불러 '다른 업체에서는 마트에 입점하기 위하여 입점비를 준다고 하던데, 입점비를 얼마나 줬냐? 점장 乙이 여러 군데 업체에서 입점비를 돈으로 받아 해먹었고, 지금 뒷조사 중이다.'라고 말하여 공연히 허위 사실을 적시하여 乙의 명예를 훼손하였다는 내용으로 기소된 사안

【판결요지】

[1] 명예훼손죄가 성립하기 위해서는 주관적 구성요소로서 타인의 명예를 훼손한다는 고의를 가지고 사람의 사회적 평가를 저하시키는 데 충분한 구체적 사실을 적시하는 행위를 할 것이 요구된다. 따라서 불미스러운 소문의 진위를 확인하고자 질문을 하는 과정에서 타인의 명예를 훼손하는 발언을 하였다면 이러한 경우에는 그 동기에 비추어 명예훼손의 고의를 인정하기 어렵다.

[2] 명예훼손죄의 구성요건인 공연성은 불특정 또는 다수인이 인식할 수 있는 상태를 말한다. 비록 개별적으로 한 사람에 대하여 사실을 유포하였더라도 그로부터 불특정 또는 다수인에게 전파될 가능성이 있다면 공연성의 요건을 충족하지만 이와 달리 전파될 가능성이 없다면 특정한 한 사람에 대한 사실의 유포는 공연성이 없다고 할 것이다. 한편 위와 같이 전파가능성을 이유로 명예훼손죄의 공연성을 인정하는 경우에는 적어도 범죄구성요건의 주관적 요소로서 미필적 고의가 필요하므로 전파가능성에 대한 인식이 있음은 물론 나아가 그 위험을 용인하는 내심의 의사가 있어야 한다. 행위자가 전파가능성을 용인하고 있었는지 여부는 외부에 나타난 행위의 형태와 상황 등 구체적인 사정을 기초로 일반인이라면 그 전파가능성을 어떻게 평가할 것인가를 고려하면서 행위자의 입장에서 그 심리상태를 추인하여야 한다.

[3] 마트의 운영자인 피고인이 마트에 아이스크림을 납품하는 업체 직원인 甲을 불러 '다른 업체에서는 마트에 입점하기 위하여 입점비를 준다고 하던데, 입점비를 얼마나 줬냐? 점장 乙이 여러 군데 업체에서 입점비를 돈으로 받아 해먹었고, 지금 뒷조사 중이다.'라고 말하여 공연히 허위 사실을 적시하여 乙의 명예를 훼손하였다는 내용으로 기소된 사안에서, 피고인은 마트 영업을 시작하면서 乙을 점장으로 고용하여 관리를 맡겼는데, 재고조사 후 일부 품목과 금액의 손실이 발견되자 그때부터 乙을 의심하여 마트 관계자들을 상대로 乙의 비리 여부를 확인하고 다니던 중 乙이 납품업자들로부터 현금으로 입점비를 받았다는 이야기를 듣고 甲을 불러 乙에게 입점비를 얼마 주었느냐고 질문하였던 점 등 제반 사정을 종합하면, 피고인은 乙이 납품업체들로부터 입점비를 받아 개인적으로 착복하였다는 소문을 듣고 甲을 불러 소문의 진위를 확인하면서 甲도 입점비를 乙에게 주었는지 질문하는 과정에서 위와 같은 말을 한 것으로 보이므로, 乙의 사회적 평가를 저하시킬 의도를 가지거나 그러한 결과가 발생할 것을 인식한 상태에서 위와 같은 말을 한 것이 아니어서 피고인에게 명예훼손의 고의를 인정하기 어렵고, 한편 피고인이 아무도 없는 사무실

로 甲을 불러 단둘이 이야기를 하였고, 甲에게 그와 같은 사실을 乙에게 말하지 말고 혼자만 알고 있으라고 당부하였으며, 甲이 그 후 乙에게는 이야기하였으나 乙 외의 다른 사람들에게 이야기한 정황은 없는 점 등을 고려하면 피고인에게 전파가능성에 대한 인식과 그 위험을 용인하는 내심의 의사가 있었다고 보기도 어려운데도, 이와 달리 보아 유죄를 인정한 원심판단에 명예훼손죄에서의 고의와 공연성 또는 전파가능성에 관한 법리오해의 잘못이 있다.

---

1. 목사가 진위확인을 위하여 교회집사들에게 전임목사의 불미스런 소문에 관하여 물은 경우(소극) [대법원 1985. 5. 28. 선고, 85도588]

【판결요지】

명예훼손죄의 주관적 구성요건으로서의 범의는 행위자가 피해자의 명예가 훼손되는 결과를 발생케 하는 사실을 인식하므로 족하다 할 것이나 새로 목사로서 부임한 피고인이 전임목사에 관한 교회내의 불미스러운 소문의 진위를 확인하기 위하여 이를 교회집사들에게 물어보았다면 이는 경험칙상 충분히 있을 수 있는 일로서 명예훼손의 고의없는 단순한 확인에 지나지 아니하여 사실의 적시라고 할 수 없다 할 것이므로 이 점에서 피고인에게 명예훼손의 고의 또는 미필적 고의가 있을 수 없다고 할 수밖에 없다.

---

2. 예배시간에 교인의 교회재산전용을 공표한 부목사의 행위(적극) [대법원 1984. 7. 10. 선고, 84도1197]

【판결요지】

교회의 부목사가 다수 교인이 모인 예배시간에 "본 교회소유 대지에 관한사실을 밝힘"이란 제목으로, 위 교회가 대표자들의 명의로 불하받은 귀속 재산인 위 토지가 교회가 처분한 바 없는데도 소외 학원으로 소유권이전 등기된 것은 위 대표자 중의 1인인 학교장이 사리를 좇아 증여한 것처럼 날조한 사기행각이라는 내용의 유인물을 배포. 낭독하고 위 학교장을 단상에 불러 경위를 해명하라고 요구한 행위는, 사실을 적시하여 위 소외 학원과 소외 학교장의 명예를 훼손한 경우에 해당한다.

---

3. 기자를 통하여 사실을 적시함에 있어 기자가 취재를 한 상태에서 아직 기사화하여 보도하지 않은 경우, 공연성 여부(소극) [대법원 2000. 5. 16. 선고, 99도5622]

【판결요지】

통상 기자가 아닌 보통 사람에게 사실을 적시할 경우에는 그 자체로서 적시된 사실이 외부에 공표되는 것이므로 그 때부터 곧 전파가능성을 따져 공연성 여부를 판단하여야 할 것이지만, 그와는 달리 기자를 통해 사실을 적시하는 경우에는 기사화되어 보도되어야만 적시된 사실이 외부에 공표된다고 보아야 할 것이므로 기자가 취재를 한 상태에서 아직 기사화하여 보도하지 아니한 경우에는 전파가능성이 없다고 할 것이어서 공연성이 없다고 봄이 상당하다.

307-7. 한 사람에게 사실을 유포하였더라도 불특정 또는 다수인에게 전파될 가능성이 있으면 공연성의 요건을 충족하는지 여부(적극) [대법원 2017. 9. 7. 선고, 2016도15819]

【판시사항】

[1] 명예훼손죄의 구성요건인 공연성의 의미 및 한 사람에게 사실을 유포하였더라도 불특정 또는 다수인에게 전파될 가능성이 있으면 공연성의 요건을 충족하는지 여부(적극) / 전파가능성을

이유로 명예훼손죄의 공연성을 인정하는 경우, 주관적 요소로서 고의의 내용 및 행위자가 전파가능성을 용인하고 있었는지 판단하는 방법

[2] 甲 대학교 사무처장인 피고인이 인터넷신문 기자에게 총장의 성추행 사건 등으로 복잡한 학교 측 입장을 이야기하면서 총장을 성추행 혐의로 고소한 甲 대학교 소속 교수인 피해자들에 대하여 '피해자들이 이상한 남녀관계인데, 치정 행각을 가리기 위해 개명을 하였고, 이를 확인해 보면 알 것이다' 라는 취지의 말을 하여 공연히 허위의 사실을 적시하여 피해자들의 명예를 훼손하였다는 이유로 기소된 사안에서, 피고인에게 위와 같은 발언의 전파가능성에 관한 인식 및 용인의 의사가 없었다고 본 원심판단에 사실오인 또는 법리오해의 위법이 있다.

【이 유】

명예훼손죄의 구성요건인 공연성은 불특정 또는 다수인이 인식할 수 있는 상태를 말하므로, 비록 개별적으로 한 사람에게 사실을 유포하였다고 하더라도 그로부터 불특정 또는 다수인에게 전파될 가능성이 있다면 공연성의 요건을 충족한다(대법원 2008. 2. 14. 선고 2007도8155 판결 등 참조). 그리고 위와 같이 전파가능성을 이유로 명예훼손죄의 공연성을 인정하는 경우에 범죄구성요건의 주관적 요소로서 미필적 고의가 있으면 되므로, 전파가능성에 관한 인식이 있는 때는 물론 나아가 그 위험을 용인하는 내심의 의사가 있는 때에도 공연성이 인정될 수 있다. 나아가 그 행위자가 전파가능성을 용인하고 있었는지의 여부는 외부에 나타난 행위의 형태와 행위의 상황 등 구체적인 사정을 기초로 하여 일반인이라면 그 전파가능성을 어떻게 평가할 것인가를 고려하면서 행위자의 입장에서 그 심리상태를 추인하여야 한다(대법원 2013. 7. 25. 선고 2013도6465 판결 등 참조).

1. 개인 블로그의 비공개 대화방에서 일대일 비밀대화로 사실을 적시한 경우(적극) [대법원 2008. 2. 14. 선고, 2007도8155]

【판결요지】
개인 블로그의 비공개 대화방에서 상대방으로부터 비밀을 지키겠다는 말을 듣고 일대일로 대화하였다고 하더라도, 그 사정만으로 대화 상대방이 대화내용을 불특정 또는 다수에게 전파할 가능성이 없다고 할 수 없으므로, 명예훼손죄의 요건인 공연성을 인정할 여지가 있다.

2. 특정한 한 사람에 대한 사실의 유포와 명예훼손죄에 있어서의 공연성 [대법원 1981. 10. 27. 선고, 81도1023]

【판결요지】
명예훼손죄의 구성요건인 '공연성'은 불특정 또는 다수인이 인식할 수 있는 상태를 의미하므로, 비록 개별적으로 한 사람에 대하여 사실을 유포하였다고 하여도 이로부터 불특정 또는 다수인에게 전파될 가능성이 있다면 공연성의 요건을 충족하는 것이나, 이와 반대의 경우라면 특정한 한 사람에 대한 사실의 유포는 공연성을 결여한 것이다.

3. 개별적으로 한 사람에 대하여 한 사실유포와 공연성 [대법원 1982. 3. 23. 선고, 81도2491]

【판결요지】

명예훼손죄에 있어서의 공연성은, 불특정 다수인이 인식할 수 있는 상태를 뜻하므로 비밀이 보장되고 전파될 우려가 없는 경우가 아니라면 비록 개별적으로 한 사람에 대하여 사실을 유포하였다고 하여도 그 사람이 외부에 유포하여 그것이 전파된 개연성이 있다면 공연성이 있다.

4. 특정인에 대한 사실유포와 명예훼손죄의 공연성 [대법원 1984. 2. 28. 선고, 83도891]

【판결요지】

명예훼손죄에 있어서 공연성은 불특정 또는 다수인이 인식할 수 있는 상태를 의미하므로, 비록 개별적으로 한 사람에 대하여 사실을 유포하였다 하여도 이로부터 불특정 또는 다수인에게 전파될 가능성이 있다면 공연성의 요건을 충족하는 것이나, 이와 달리 비밀이 보장되거나 전파될 가능성이 없는 경우는 특정한 사람에 대한 사실의 유포는 공연성을 결여한 것이라고 아니할 수 없는바, 피고인이 다방에서 피해자와 동업관계로 친한 사이인 공소외인에 대하여 피해자의 험담을 한 경우에 있어서 다방내의 좌석이 다른 손님의 자리와 멀리 떨어져 있고 그 당시 공소외인은 피고인에게 왜 피해자에 관해서 그런 말을 하느냐고 힐책까지 한 사실이 있다면 전파될 가능성이 있다고 볼 수 없다.

5. 전문한 사실의 적시도 명예훼손죄에 있어서의 사실의 적시에 해당하는지 여부(적극) [대법원 1985. 4. 23. 선고, 85도431]

【판시사항】

[1] 전문한 사실의 적시도 명예훼손죄에 있어서의 사실의 적시에 해당하는지 여부(적극)

[2] 한 사람에 대한 사실의 유포와 공연성

【판결요지】

[1] 명예훼손죄에 있어서의 사실의 적시는 그 사실의 적시자가 스스로 실험한 것으로 적시하던 타인으로부터 전문한 것으로 적시하던 불문한다.

[2] 명예훼손죄의 구성요건인 공연성은 불특정 또는 다수인이 인식할 수 있는 상태를 의미하므로 비록 개별적으로 한 사람에 대하여 사실을 유포하였다 하더라도 그로부터 불특정 또는 다수인에게 전파될 가능성이 있다면 공연성의 요건을 충족한다.

307-8. 사실의 적시와 의견표현의 구별에 관한 사건 [대법원 2017. 5. 11. 선고, 2016도19255]

【판시사항】

명예훼손죄에서 '사실의 적시'의 의미 및 판단할 진술이 사실인가 또는 의견인가 판단하는 기준 / 다른 사람의 말이나 글을 비평하면서 사용한 표현이 겉으로 보기에 증거에 의해 입증 가능한 구체적인 사실관계를 서술하는 형태를 취하고 있으나, 명예훼손죄에서 말하는 사실의 적시에 해당하지 않는 경우

【판결요지】

명예훼손죄에서의 사실의 적시란 가치판단이나 평가를 내용으로 하는 의견표현에 대치되는 개념으로서 시간과 공간적으로 구체적인 과거 또는 현재의 사실관계에 관한 보고 내지 진술을 의미하며, 그 표현내용이 증거에 의한 입증이 가능한 것을 말하고, 판단할 진술이 사실인가 또는 의견인가를 구별할 때에는 언어의 통상적 의미와 용법, 입증가능성, 문제된 말이 사용된 문맥, 그 표

현이 행하여진 사회적 상황 등 전체적 정황을 고려하여 판단하여야 한다.

다른 사람의 말이나 글을 비평하면서 사용한 표현이 겉으로 보기에 증거에 의해 입증 가능한 구체적인 사실관계를 서술하는 형태를 취하고 있더라도, 글의 집필의도, 논리적 흐름, 서술체계 및 전개방식, 해당 글과 비평의 대상이 된 말 또는 글의 전체적인 내용 등을 종합하여 볼 때, 평균적인 독자의 관점에서 문제 된 부분이 실제로는 비평자의 주관적 의견에 해당하고, 다만 비평자가 자신의 의견을 강조하기 위한 수단으로 그와 같은 표현을 사용한 것이라고 이해된다면 명예훼손죄에서 말하는 사실의 적시에 해당한다고 볼 수 없다.

> 1. 형법 제307조의 명예훼손죄와 공직선거법 제251조의 후보자비방죄가 상상적경합의 관계(적극) [대법원 1998. 3. 24. 선고, 97도2956]
>
> 【판결요지】
>
> 형법 제307조의 명예훼손죄와 공직선거및선거부정방지법 제251조의 후보자비방죄가 상상적경합의 관계에 있다고 본 원심판결을 수긍한 사례

307-9. 명예훼손죄는 적시된 사실이 진실한 사실인 경우이든 허위의 사실인 경우이든 모두 성립할 수 있는지 여부(적극) [대법원 2017. 4. 26. 선고, 2016도18024]

【판시사항】

형법 제307조 제1항의 명예훼손죄는 적시된 사실이 진실한 사실인 경우이든 허위의 사실인 경우이든 모두 성립할 수 있는지 여부(적극) 및 적시된 사실이 허위의 사실이나 행위자에게 허위성에 대한 인식이 없는 경우, 제307조 제1항의 명예훼손죄가 성립하는지 여부(적극)

【판결요지】

형법 제307조 제1항, 제2항, 제310조의 체계와 문언 및 내용에 의하면, 제307조 제1항의 '사실'은 제2항의 '허위의 사실'과 반대되는 '진실한 사실'을 말하는 것이 아니라 가치판단이나 평가를 내용으로 하는 '의견'에 대치되는 개념이다. 따라서 <u>제307조 제1항의 명예훼손죄는 적시된 사실이 진실한 사실인 경우이든 허위의 사실인 경우이든 모두 성립될 수 있고, 특히 적시된 사실이 허위의 사실이라고 하더라도 행위자에게 허위성에 대한 인식이 없는 경우에는 제307조 제2항의 명예훼손죄가 아니라 제307조 제1항의 명예훼손죄가 성립될 수 있다.</u> 제307조 제1항의 법정형이 2년 이하의 징역 등으로 되어 있는 반면 제307조 제2항의 법정형은 5년 이하의 징역 등으로 되어 있는 것은 적시된 사실이 객관적으로 허위일 뿐 아니라 행위자가 그 사실의 허위성에 대한 주관적 인식을 하면서 명예훼손행위를 하였다는 점에서 가벌성이 높다고 본 것이다.

307-10. 허위사실 적시에 의한 명예훼손죄에서 적시된 사실의 허위성 및 허위의 인식에 관한 증명책임 소재(=검사) [대법원 2017. 4. 7. 선고, 2016도11215]

【판시사항】

허위사실 적시에 의한 명예훼손죄에서 적시된 사실의 허위성 및 허위의 인식에 관한 증명책임 소재(=검사) / 이러한 법리는 허위사실을 적시한 행위가 허위사실 유포 기타 위계에 의한 업무방

해죄에 해당하는지를 판단할 때에도 마찬가지로 적용되는지 여부(적극) / 이 경우 적시된 사실이 허위의 사실인지 판단하는 방법

【이 유】

형사재판에서 공소가 제기된 범죄의 구성요건을 이루는 사실은 주관적 요건이든 객관적 요건이든 검사에게 증명책임이 있으므로, 형법 제307조 제2항의 허위사실 적시에 의한 명예훼손죄로 기소된 사건에서, <u>적시된 사실이 사람의 사회적 평가를 떨어뜨리는 것으로서 객관적으로 진실에 부합하지 아니하여 허위라는 점 및 피고인이 그 적시된 사실이 허위라는 것을 인식하고 있었다는 점은 모두 검사가 증명하여야 한다</u>(대법원 2014. 9. 4. 선고 2012도13718 판결 등 참조). 위와 같은 법리는 허위사실을 적시한 행위가 형법 제314조 제1항의 허위사실 유포 기타 위계에 의한 업무방해죄에 해당하는지 여부를 판단할 때도 마찬가지로 적용된다(대법원 2010. 10. 28. 선고 2009도4949 판결 참조). 이 경우 적시된 사실이 허위의 사실인지 여부는 적시된 사실의 내용 전체의 취지를 살펴서 판단하여야 하고, 중요한 부분이 객관적 사실과 합치되는 경우에는 세부적인 내용이 진실과 약간 차이가 나거나 다소 과장된 표현이 있다고 하더라도 이를 허위의 사실이라고 볼 수 없다(대법원 1999. 10. 22. 선고 99도3213 판결, 대법원 2006. 9. 8. 선고 2006도1580 판결 등 참조).

---

1. 형법 제307조 제2항 허위사실 적시에 의한 명예훼손죄 성립요건 [대법원 1999. 10. 22. 선고, 99도3213]

【판시사항】

[1] 형법 제307조 제2항 소정의 허위사실 적시에 의한 명예훼손죄의 성립 요건

[2] 형법 제307조 제2항 소정의 허위사실 적시에 의한 명예훼손죄에 대하여 형법 제310조를 적용할 수 있는지 여부(소극)

[3] 형법 제307조 제2항 소정의 '허위의 사실' 해당 여부의 판단 기준

【판결요지】

[1] 형법 제307조 제2항이 정하는 허위사실 적시에 의한 명예훼손죄가 성립하기 위하여는 범인이 공연히 사실의 적시를 하여야 하고, 그 적시한 사실이 사람의 사회적 평가를 저하시키는 것으로서 허위이어야 하며, 범인이 그와 같은 사실이 허위라고 인식하였어야 한다.

[2] 형법 제310조는 형법 제307조 제1항의 행위가 진실한 사실로서 오로지 공공의 이익에 관한 때에는 처벌하지 아니한다고 규정하고 있는바, 형법 제307조 제2항이 정하는 허위사실 적시에 의한 명예훼손죄가 성립하기 위하여는 적시한 사실이 허위이고, 범인이 그와 같은 사실이 허위라고 인식하였어야 하는 것이므로 <u>형법 제307조 제2항에 해당하는 행위에 대하여는 위법성 조각에 관한 형법 제310조를 적용할 여지가 없다.</u>

[3] 형법 제307조 제2항을 적용하기 위하여 적시된 사실이 허위의 사실인지 여부를 판단함에 있어서는 적시된 사실의 내용 전체의 취지를 살펴볼 때 중요한 부분이 객관적 사실과 합치되는 경우에는 세부(細部)에 있어서 진실과 약간 차이가 나거나 다소 과장된 표현이 있다 하더라도 이를 허위의 사실이라고 볼 수는 없다.

2. 종교적 목적을 위한 언론·출판의 자유를 행사하는 과정에서 타 종교의 신앙 대상을 우스꽝스럽게 묘사하거나 다소 모욕적이고 불쾌하게 느껴지는 표현을 사용하는 것이 허용되는지 여부(한정 적극) [대법원 2014. 9. 4. 선고, 2012도13718]

【판시사항】

[1] 종교적 목적을 위한 언론·출판의 자유를 행사하는 과정에서 타 종교의 신앙 대상을 우스꽝스럽게 묘사하거나 다소 모욕적이고 불쾌하게 느껴지는 표현을 사용하는 것이 허용되는지 여부(한정 적극)

[2] 적시된 사실이 '허위'인지 판단하는 기준 / 허위사실을 적시한 행위를 형법 제307조 제2항의 명예훼손죄로 처벌할 수 없는 경우

[3] 종교적 목적을 위한 언론·출판의 자유가 허용되는 범위

【판결요지】

[1] 우리 헌법이 종교의 자유를 보장함으로써 보호하고자 하는 것은 종교 자체나 종교가 신봉하는 신앙의 대상이 아니라, 종교를 신봉하는 국민, 즉 신앙인이고, 종교에 대한 비판은 성질상 어느 정도의 편견과 자극적인 표현을 수반하게 되는 경우가 많으므로, 타 종교의 신앙의 대상에 대한 모욕이 곧바로 그 신앙의 대상을 신봉하는 종교단체나 신도들에 대한 명예훼손이 되는 것은 아니고, 종교적 목적을 위한 언론·출판의 자유를 행사하는 과정에서 타 종교의 신앙의 대상을 우스꽝스럽게 묘사하거나 다소 모욕적이고 불쾌하게 느껴지는 표현을 사용하였더라도 그것이 그 종교를 신봉하는 신도들에 대한 증오의 감정을 드러내는 것이거나 그 자체로 폭행·협박 등을 유발할 우려가 있는 정도가 아닌 이상 허용된다고 보아야 한다.

[2] 비록 허위의 사실을 적시하였더라도 허위의 사실이 특정인의 사회적 가치 내지 평가를 침해할 수 있는 내용이 아니라면 형법 제307조의 명예훼손죄는 성립하지 않고, 사회 평균인의 입장에서 허위의 사실을 적시한 발언을 들었을 경우와 비교하여 오히려 진실한 사실을 듣는 경우에 피해자의 사회적 가치 내지 평가가 더 크게 침해될 것으로 예상되거나, 양자 사이에 별다른 차이가 없을 것이라고 보는 것이 합리적인 경우라면, 형법 제307조 제2항의 허위사실 적시에 의한 명예훼손죄로 처벌할 수는 없다.

[3] 아무리 종교적 목적을 위한 언론·출판의 자유가 고도로 보장되고, 종교적 의미의 검증을 위한 문제의 제기가 널리 허용되어야 한다고 하더라도 구체적 정황의 뒷받침도 없이 악의적으로 모함하는 일이 허용되지 않도록 경계해야 함은 물론, 구체적 정황에 근거한 것이라 하더라도 표현방법에 있어서는 상대방의 인격을 존중하는 바탕 위에서 어휘를 선택하여야 하고, 아무리 비판을 받아야 할 사항이 있다고 하더라도 모멸적인 표현으로 모욕을 가하는 일은 허용될 수 없다.

307-11. 피해자 성명을 명시하지 않은 허위사실 적시행위가 명예훼손죄를 구성하는 경우 [대법원 2014. 3. 27. 선고, 2011도11226]

【판시사항】

[1] 피해자의 성명을 명시하지 않은 허위사실 적시행위가 명예훼손죄를 구성하는 경우

[2] 명예훼손죄의 성립에 필요한 사실 적시의 정도 및 명예훼손적 표현인지 판단하는 기준

【이 유】

공소사실의 기재에 있어서 범죄의 일시, 장소, 방법을 명시하여 공소사실을 특정하도록 한 법의 취지는 법원에 대하여 심판의 대상을 한정하고 피고인에게 방어의 범위를 특정하여 그 방어권 행

사를 쉽게 해 주기 위한 데에 있는 것이므로, 공소사실은 이러한 요소를 종합하여 구성요건 해당사실을 다른 사실과 구별할 수 있을 정도로 기재하면 충분하고, 공소장에 범죄의 일시, 장소, 방법 등이 구체적으로 지적되지 않았더라도 위와 같이 공소사실을 특정하도록 한 법의 취지에 반하지 아니하고, 공소범죄의 성격에 비추어 그 개괄적 표시가 부득이한 경우에는, 그 공소내용이 특정되지 않아 공소제기가 위법하다고 할 수 없다(대법원 2006. 10. 12. 선고 2004도4896 판결 등 참조). 한편 <u>명예훼손죄가 성립하려면 반드시 사람의 성명을 명시하여 허위의 사실을 적시하여야만 하는 것은 아니므로 사람의 성명을 명시하지 않은 허위사실의 적시행위도 그 표현의 내용을 주위사정과 종합 판단하여 그것이 어느 특정인을 지목하는 것인가를 알아차릴 수 있는 경우에는 그 특정인에 대한 명예훼손죄를 구성한다</u>(대법원 1982. 11. 9. 선고 82도1256 판결 등 참조).

명예훼손죄가 성립하기 위해서는 피해자의 사회적 가치 내지 평가가 침해될 가능성이 있는 구체적 사실을 적시하여야 하는바, 어떤 표현이 명예훼손적인지 여부는 그 표현에 대한 사회통념에 따른 객관적 평가에 의하여 판단하여야 한다(대법원 2008. 11. 27. 선고 2008도6728 판결 등 참조).

이 사건 글은 허위의 사실을 근거로 삼아 마치 이 사건 기동대 소속 어느 누군가가 작성한 것처럼 되어 있지만, 그 전체적인 내용은 경찰 상부에서 내린 진압명령이 불법적이어서 이에 불복하기로 결정하였다는 취지로서, 이러한 진압명령에 집단적으로 거부행위를 하겠다는 것이 이 사건 기동대 소속 전경들의 사회적 가치나 평가를 객관적으로 저하시키는 표현에 해당한다고 보기 어렵다. 그리고 피고인이 이 사건 글을 게시한 목적은 집회를 진압하려는 전경들의 명예를 훼손하려는 데 있다기보다는 일반인들의 집회 참여를 독려하기 위하여 진압 전경들도 동요하고 있다는 뜻을 나타내기 위한 것으로 보인다. 한편 이 사건 글을 접하게 된 일반인들의 인식이나 사회통념 등에 비추어 보더라도 위 글로 인하여 이 사건 기동대 소속 전경 개개인에 대한 기존의 사회적 가치나 평가가 근본적으로 변동될 것으로 보이지 아니한다. 위와 같은 글의 내용과 취지, 게시 목적 및 일반인의 인식 등 여러 가지 사정을 고려할 때 이 사건 글이 비록 허위사실을 적시한 것이기는 하나 이 사건 기동대 소속 전경들의 사회적 가치나 평가를 침해하는 형법 제307조의 명예 훼손적 표현에 해당한다고 보기 어렵다.

---

1. 주위 사정을 종합하여 피해자를 특정할 수 있는 허위사실의 적시행위(적극) [대법원 1982. 11. 9. 선고, 82도1256]

【판결요지】

명예훼손죄가 성립하려면 반드시 사람의 성명을 명시하여 허위의 사실을 적시하여야만 하는 것은 아니므로 사람의 성명을 명시한 바없는 허위사실의 적시행위도 그 표현의 내용을 주위사정과 종합판단하여 그것이 어느 특정인을 지목하는 것인가를 알아차릴 수 있는 경우에는 그 특정인에 대한 명예훼손죄를 구성한다.

---

2. 피해자가 동성애자라는 내용의 글을 인터넷사이트에 게시한 행위(적극) [대법원 2007. 10. 25. 선고, 2007도5077]

【판시사항】

[1] 명예훼손죄 성립에 필요한 사실 적시의 정도와 명예훼손적 표현인지 여부의 판단 기준

[2] 피해자가 동성애자라는 내용의 글을 인터넷사이트에 게시한 행위

【이 유】

[1] 명예훼손죄가 성립하기 위하여는 특정인의 사회적 가치 내지 평가가 침해될 가능성이 있는 구체적인 사실을 적시하여야 하는바(대법원 2000. 2. 25. 선고 98도2188 판결 등 참조), 어떤 표현이 명예훼손적인지 여부는 그 표현에 대한 사회 통념에 따른 객관적 평가에 의하여 판단하여야 한다. 따라서 가치중립적인 표현을 사용하였다 하더라도 사회 통념상 그로 인하여 특정인의 사회적 평가가 저하되었다고 판단된다면 명예훼손죄가 성립할 수 있다. 원심판결의 이유에 의하면, 원심은 그 설시의 증거를 종합하여, 사실은 피해자가 동성애자가 아님에도 불구하고 피고인은 인터넷사이트 싸이월드에 7회에 걸쳐 피해자가 동성애자라는 내용의 글을 게재한 사실을 인정한 다음, <u>현재 우리사회에서 자신이 스스로 동성애자라고 공개적으로 밝히는 경우 사회적으로 상당한 주목을 받는 점, 피고인이 피해자를 괴롭히기 위하여 이 사건 글을 게재한 점 등 그 판시의 사정에 비추어 볼 때, 피고인이 위와 같은 글을 게시한 행위는 피해자의 명예를 훼손한 행위에 해당한다.</u>

307-12. 허위사실 적시에 의한 명예훼손죄에서 적시된 사실이 허위인지, 행위자가 그 허위성을 인식하였는지 판단하는 기준과 위 죄가 미필적 고의에 의하여 성립하는지 여부(적극) 및 '사자명예훼손죄' 판단에서도 같은 법리가 적용되는지 여부(적극) [대법원 2014. 3. 13. 선고, 2013도12430]

【판결요지】

형법 제307조 제2항의 허위사실 적시에 의한 명예훼손죄에서 적시된 사실이 허위인지 여부를 판단함에 있어서는 <u>적시된 사실의 내용 전체의 취지를 살펴볼 때 세부적인 내용에서 진실과 약간 차이가 나거나 다소 과장된 표현이 있는 정도에 불과하다면 이를 허위라고 볼 수 없으나, 중요한 부분이 객관적 사실과 합치하지 않는다면 이를 허위라고 보아야 한다.</u> 나아가 행위자가 그 사항이 허위라는 것을 인식하였는지 여부는 성질상 외부에서 이를 알거나 증명하기 어려우므로, 공표된 사실의 내용과 구체성, 소명자료의 존재 및 내용, 피고인이 밝히는 사실의 출처 및 인지 경위 등을 토대로 피고인의 학력, 경력, 사회적 지위, 공표 경위, 시점 및 그로 말미암아 예상되는 파급효과 등의 여러 객관적 사정을 종합하여 판단할 수밖에 없으며, 범죄의 고의는 확정적 고의뿐만 아니라 결과 발생에 대한 인식이 있고 그를 용인하는 의사인 이른바 미필적 고의도 포함하므로 허위사실 적시에 의한 명예훼손죄 역시 미필적 고의에 의하여도 성립하고, 위와 같은 법리는 <u>형법 제308조의 사자명예훼손죄의 판단에서도 마찬가지로 적용된다.</u>

307-13. 전국동시지방선거에서 군수로 당선된 甲을 비방하는 내용의 문자메시지를 마치 관할 지방검찰청 지청에서 발신하는 것처럼 기자들에게 발송한 행위(소극) [대법원 2011. 8. 18. 선고, 2011도6904]

【판결요지】

문자메시지는 '관할 지청에서 乙을 구속하고 甲 군수를 조사하고 있다' 는 취지의 내용으로 보일 뿐이고, 피고인이 지청장실 전화번호 끝자리를 생략한 허위 발신번호를 게재한 사정까지 함께 고려하더라도 문자메시지 내용에서 '지청장 또는 지청 구성원이 그와 같은 내용을 알린다' 는 사실이 곧바로 유추될 수 있다고 보이지 않으므로, 위 문자메시지에 의하여 지청장 또는 지청 구성

원의 사회적 가치나 평가를 저하시키기에 충분한 구체적인 사실의 적시가 있다고 볼 수 없다.

307-14. 범죄를 고발하였다는 사실이 주위에 알려진 경우, 고발인의 사회적 가치나 평가가 침해될 가능성이 있는지 여부(한정 적극) [대법원 2009. 9. 24. 선고, 2009도6687]

【판시사항】

[1] 범죄를 고발하였다는 사실이 주위에 알려진 경우, 고발인의 사회적 가치나 평가가 침해될 가능성이 있는지 여부(한정 적극)

[2] 甲이 제3자에게 乙이 丙을 선거법 위반으로 고발하였다는 말만 하고 그 고발의 동기나 경위에 관하여는 언급하지 않았다면, 그 자체만으로는 乙의 사회적 가치나 평가를 침해하기에 충분한 구체적인 사실이 적시되었다고 보기 어렵다.

【판결요지】

[1] 누구든지 범죄가 있다고 생각하는 때에는 고발할 수 있는 것이므로 어떤 사람이 범죄를 고발하였다는 사실이 주위에 알려졌다고 하여 그 고발사실 자체만으로 고발인의 사회적 가치나 평가가 침해될 가능성이 있다고 볼 수는 없다. <u>다만, 그 고발의 동기나 경위가 불순하다거나 온당하지 못하다는 등의 사정이 함께 알려진 경우에는 고발인의 명예가 침해될 가능성이 있다.</u>

---

1. 피고인이 다만 피해자가 피고인의 범죄를 고발하였다는 내용의 언사만을 하고 그 고발의 동기나 경위에 관하여는 전혀 언급을 하지 아니한 경우(소극) [대법원 1994. 6. 28. 선고, 93도696]

【판시사항】

피고인이 다만 피해자가 피고인의 범죄를 고발하였다는 내용의 언사만을 하고 그 고발의 동기나 경위에 관하여는 전혀 언급을 하지 아니하였다면, 그와 같은 언사만으로는 피해자의 사회적 가치나 평가를 침해하기에 충분한 구체적인 사실이 적시되었다고 보기는 어렵다.

307-15. 적시한 사실이 이미 사회의 일부에서 다루어진 소문인 경우, 구 정보통신망법 제61조 제2항 명예훼손죄의 공연성을 인정할 수 있는지 여부(적극) [대법원 2008. 7. 10., 선고, 2008도2422

【판결요지】

구 정보통신망 이용촉진 및 정보보호 등에 관한 법률(2007. 12. 21. 법률 제8778호로 개정되기 전의 것, 이하 '구 법'이라고만 한다) 제61조 제2항에 규정된 정보통신망을 이용한 명예훼손죄에 있어서의 <u>사실의 적시란 반드시 사실을 직접적으로 표현한 경우에 한정할 것은 아니고, 간접적이고 우회적인 표현에 의하더라도 그 표현의 전 취지에 비추어 그와 같은 사실의 존재를 암시하고, 또 이로써 특정인의 사회적 가치 내지 평가가 침해될 가능성이 있을 정도의 구체성이 있으면 족한 것인데</u> (대법원 1991. 5. 14. 선고 91도420 판결, 대법원 2003. 1. 24. 선고 2000다37647 판결 등 참조), 원심판결 이유와 원심이 인용한 제1심판결의 채용 증거들에 의하면, 피고인은 인터넷 포탈사이트의 피해자에 대한 기사란에 그녀가 재벌과 사이에 아이를 낳거나 아이를 낳아준 대가로 수십억 원을 받은 사실이 없음에도 불구하고, 그러한 사실이 있는 것처럼 댓글이 붙어 있던 상황에서, 추가로 "지고지순이 뜻이 뭔지나 아니? 모 재벌님하고의 관계는 끝났나?"

라는 내용의 댓글을 게시하였다는 것인바, 위와 같은 댓글이 이루어진 장소, 시기와 상황, 그 표현의 전 취지 등을 위 법리에 비추어 보면, 피고인의 위와 같은 행위는 간접적이고 우회적인 표현을 통하여 위와 같은 허위 사실의 존재를 구체적으로 암시하는 방법으로 사실을 적시한 경우에 해당한다고 하지 않을 수 없으므로, 피고인의 위 주장은 받아들여질 수 없는 것이다.

피고인은 자신이 게시한 내용은 연예정보를 다루는 모든 방송, 신문, 잡지 등에서 다루어진 내용이기에 공연성이 없는 것이라고도 주장하나, 피고인의 위 주장 또한 피고인이 제1심판결에 대하여 항소하면서 그와 같은 사유를 항소이유로 삼은 바 없음이 기록상 명백하고, 원심판결이 위 상고이유에 관하여 직권으로 심판대상으로 삼은 바도 없으므로 앞서 본 법리에 비추어 적법한 상고이유가 될 수 없다. 나아가 직권으로 살펴보더라도, 구 법 제61조 제2항 위반죄에 있어서 공연성이란 불특정 또는 다수인이 인식할 수 있는 상태를 의미하는 것인바 (대법원 2004. 6. 25. 선고 2003도4934 판결, 대법원 2008. 2. 14. 선고 2007도8155 판결 등 참조), 적시된 사실이 이미 사회의 일부에서 다루어진 소문이라고 하더라도 이를 적시하여 사람의 사회적 평가를 저하시킬 만한 행위를 한 때에는 명예훼손에 해당한다 할 것이고(대법원 1994. 4. 12. 선고 93도3535 판결 참조), 원심판결 이유와 원심이 인용한 제1심판결의 채용 증거들에 의하면, 피고인이 게시한 댓글은 해당 인터넷 포탈 사이트를 이용하는 불특정 다수의 이용자들이 쉽게 그 내용을 확인할 수 있는 것이었음을 알 수 있으므로, 피고인이 위와 같이 인터넷 포탈사이트의 기사란에 댓글을 게재한 행위는 당연히 공연성이 있는 것이라고 할 것이다. 따라서 피고인의 위 주장 또한 받아들여질 수 없는 것이다.

307-16. 기자회견이 허위사실 적시에 의한 명예훼손이 되기 위한 요건 및 그 허위 여부의 판단 기준
[대법원 2008. 5. 8. 선고, 2006다45275]

【판시사항】

언론사 소속 기자들에게 보도자료 등을 배포한 다음 이를 토대로 하여 구두로 설명하는 방식으로 한 기자회견이 허위사실 적시에 의한 명예훼손이 되려면, 적시된 사실이 특정인의 사회적 평가를 저하시키는 것으로서 허위이어야 할 것인바, 그 허위 여부를 판단함에 있어서는 그 기자회견 전체의 취지를 살펴볼 때 중요한 부분이 객관적 사실과 합치되는 경우에는 세부에 있어서 진실과 약간 차이가 나거나 다소 과장된 표현이 있다고 하더라도 이를 허위의 사실이라고 볼 수는 없으므로, 그 기자회견의 전체적인 취지와의 연관 아래에서 배포된 보도자료 및 구두설명의 객관적 내용, 사용된 어휘의 통상적인 의미, 문구의 연결방법 등을 종합적으로 고려하여 기자들에게 주는 전체적인 인상도 그 판단 기준으로 삼아야 하고(대법원 2001. 1. 19. 선고 2000다10208 판결, 대법원 2004. 2. 27. 선고 2001다53387 판결 등 참조), 설령 기자회견과 관련하여 배포된 보도자료 중 일부 내용의 진위가 분명하지 아니하여 오해의 소지가 있거나 거기에 특정인에 대한 비판이 부가되어 있다고 하더라도, 그 보도자료 중의 다른 기재 내용이나 구두설명 등을 전체적 · 객관적으로 파악하여 그것이 허위사실의 적시에 해당하는지 여부를 가려야 할 것이고, 그 취지가 불분명한 일부 내용만을 따로 떼어내어 허위사실이라고 단정하여서는 안 될 것이다(대법원 2007. 1. 26. 선고 2004도1632 판결 등 참조).

한편, 사실을 적시한 표현행위가 타인의 명예를 훼손하는 경우에도 그것이 공공의 이해에 관한 사항으로서 그 목적이 오로지 공공의 이익을 위한 것일 때에는 적시된 사실이 진실이라는 증명이 있거나 그 증명이 없더라도 행위자가 그것을 진실이라고 믿었고 또 그렇게 믿을 상당한 이유가 있으면 위법성이 없다고 할 것인바(대법원 1988. 10. 11. 선고 85다카29 판결 등 참조), 여기서 '그 목적이 오로지 공공의 이익을 위한 것일 때'라 함은 적시된 사실이 객관적으로 볼 때 공공의 이익에 관한 것으로서 행위자도 주관적으로 공공의 이익을 위하여 그 사실을 적시한 것이어야 하고, 적시된 사실이 공공의 이익에 관한 것인지 여부는 그 적시된 사실의 내용과 성질, 그 사실의 공표가 이루어진 상대방의 범위, 표현의 방법 등 그 표현 자체에 관한 제반 사정을 감안함과 동시에 그 표현에 의하여 훼손되거나 훼손될 수 있는 명예의 침해 정도 등을 비교·고려하여 결정하여야 하며 (대법원 2006. 5. 25. 선고 2005도2049 판결 등 참조), 행위자의 주요한 동기 내지 목적이 공공의 이익을 위한 것이라면 부수적으로 다른 개인적인 목적 또는 동기가 내포되어 있거나 그 표현에 있어서 다소 모욕적인 표현이 들어 있더라도 무방하고(대법원 2007. 1. 26. 선고 2004도1632 판결, 대법원 2007. 12. 13. 선고 2006도1239 판결 등 참조), '진실한 사실'이라 함은 그 내용 전체의 취지를 살펴볼 때 중요한 부분이 객관적 사실과 합치되는 사실이라는 의미로서 세부에 있어 진실과 약간 차이가 나거나 다소 과장된 표현이 있더라도 무방하다고 할 것이다(대법원 1998. 10. 9. 선고 97도158 판결, 대법원 2006. 3. 23. 선고 2003다52142 판결 등 참조). 그리고 표현의 자유와 명예 보호 사이의 한계를 설정함에 있어서는 당해 표현으로 인하여 명예를 훼손당하게 되는 피해자가 공적인 존재인지 사적인 존재인지, 그 표현이 공적 관심 사안에 관한 것인지 순수한 사적 영역에 속하는 사안에 관한 것인지 등에 따라 그 심사기준에 차이를 두어, 공공적·사회적인 의미를 가진 사안에 관한 표현의 경우에는 표현의 자유에 대한 제한이 완화되어야 한다(대법원 2002. 1. 22. 선고 2000다37524, 37531 판결, 대법원 2006. 3. 23. 선고 2003다52142 판결 등 참조).

307-17. 인터넷 홈페이지에 게시한 글(詩)의 표현행위가 명예훼손죄의 사실의 적시에 해당하는지 여부 판단 기준 [대법원 2007. 5. 10. 선고, 2007도1307]

【판시사항】

[1] 인터넷 홈페이지에 게시한 글(詩)의 표현행위가 명예훼손죄의 사실의 적시에 해당하는지 여부의 판단 기준

[2] 인터넷에 게시된 시(詩) 중 일부 내용이 일반 독자에게 그 표현 자체로서 사실의 적시라고 이해될 여지가 충분하고 피해자의 의정활동에 관한 것으로서 명예에 관련된 사실이라고 본 사례

【이 유】

명예훼손죄가 성립하기 위하여는 사실의 적시가 있어야 하고 적시된 사실은 이로써 특정인의 사회적 가치 내지 평가가 침해될 가능성이 있을 정도로 구체성을 띠어야 할 것인바(대법원 1994. 10. 25. 선고 94도1770 판결 등 참조), 인터넷 홈페이지에 게시한 어떠한 글(詩)의 표현행위가 명예훼손과 관련하여 문제가 되는 경우 그 표현이 사실을 적시하는 것인가, 아니면 단순히 풍자를 하는 것에 불과한 것인가, 또는 풍자를 하는 것이라면 그와 동시에 묵시적으로라도 그 전제가

되는 사실을 적시하고 있는 것인가 그렇지 아니한가의 구별은, 당해 글의 객관적인 내용과 아울러 일반의 독자가 보통의 주의로 글을 접하는 방법을 전제로 글에 사용된 어휘의 통상적인 의미, 글의 전체적인 흐름, 문구의 연결 방법 등을 기준으로 판단하여야 하고, 여기에다가 당해 글이 게시된 보다 넓은 문맥이나 배경이 되는 사회적 흐름 등도 함께 고려하여야 하는 것이다.

원심은, 피고인의 시(詩) 중 '민생법안이 널려 있어도 / 국회에 앉아 있으면 하품만 하는 년이지 / 아니지 국회 출석율 꼴지이지'라는 내용은 일반 독자에게 그 표현 자체로서 사실의 적시라고 이해될 여지가 충분하고, 그 내용은 피해자의 의정활동에 관한 것으로서 명예에 관련된 사실이라고 판단하였는바, 앞서 본 법리와 기록에 비추어 살펴보면, 이와 같은 원심의 판단은 옳은 것으로 수긍이 가고, 거기에 상고이유의 주장과 같은 명예훼손죄의 구성요건에 관한 법리오해의 위법이 있다고 할 수 없다.

307-18. 과거 또는 현재의 사실을 기초로 하거나 이에 대한 주장을 포함하여 장래의 일을 적시하는 경우(적극) 및 그 판단 기준 [대법원 2003. 5. 13. 선고, 2002도7420]

【판시사항】

[1] 과거 또는 현재의 사실을 기초로 하거나 이에 대한 주장을 포함하여 장래의 일을 적시하는 경우, 명예훼손죄의 성립 여부(적극) 및 그 판단 기준

[2] 피고인이 경찰관을 상대로 진정한 사건이 혐의인정되지 않아 내사종결 처리되었음에도 불구하고 공연히 "사건을 조사한 경찰관이 내일부로 검찰청에서 구속영장이 떨어진다."고 말한 것은 현재의 사실을 기초로 하거나 이에 대한 주장을 포함하여 장래의 일을 적시한 것으로 볼 수 있어 명예훼손죄에 있어서의 사실의 적시에 해당한다.

【판결요지】

[1] 명예훼손죄가 성립하기 위하여는 사실의 적시가 있어야 하는데, 여기에서 적시의 대상이 되는 사실이란 현실적으로 발생하고 증명할 수 있는 과거 또는 현재의 사실을 말하며, 장래의 일을 적시하더라도 그것이 과거 또는 현재의 사실을 기초로 하거나 이에 대한 주장을 포함하는 경우에는 명예훼손죄가 성립한다고 할 것이고, 장래의 일을 적시하는 것이 과거 또는 현재의 사실을 기초로 하거나 이에 대한 주장을 포함하는지 여부는 그 적시된 표현 자체는 물론 전체적인 취지나 내용, 적시에 이르게 된 경위 및 전후 상황, 기타 제반 사정을 종합적으로 참작하여 판단하여야 한다.

307-19. 직장 전산망에 설치된 전자게시판에 타인의 명예를 훼손하는 내용의 글을 게시한 행위(적극) [대법원 2000. 5. 12. 선고, 99도5734]

【판시사항】

이 사건에서 피고인이 한 범행사실은 1997. 12. 30. 및 1998. 1. 6. 피고인 및 피해자의 직장인 공무원 및 사립학교교직원의료보험관리공단의 전산망에 설치된 전자게시판에 "모 직원은 공단과 직접 관계된 소송사건에서 공단이 신청한 증인으로 법정에 나와 양심에 따라 사실대로 증언할 것을 선서하였음에도 불구하고 거짓 사실로 증언을 하였고 그에 따라 위증죄로 고소를 당하여 결국 검찰

로부터 기소유예처분을 결정한 바 있습니다. 그럼에도 불구하고 또다시 자신의 양심을 저버리고는 검찰의 기소유예처분이 마치 헌법상 보장된 기본권을 침해한 것인 양 주장하면서 헌법재판소에 헌법소원을 제기하였지만 얼마 전에 결국 기각당하고 말았습니다. 이러한 제반 사실은 공직자로서의 품위를 손상시킨 행위인바 공단은 마땅히 그에 상응하는 인사조치를 취하여야 할 것으로 판단되어 여론광장을 통해 의견을 개진합니다."라는 글을 게시하였다는 것이고, 기록에 의하면 위 피해자는 1996. 5. 30. 피고인이 중앙노동위원회 위원장을 상대로 제기한 부당전보인사발령규제재심판정취소소송에 증인으로 출석하여 피고인에게 불리한 내용의 증언을 하였고, 이에 대하여 피고인이 위증죄로 고소하여 서울지방검찰청에서 1996. 9. 20. 기소유예처분을 하였으며, 위 피해자가 그 처분의 취소를 구하는 헌법소원심판을 청구하였으나 1997. 11. 27. 청구가 기각된 사실, 피고인은 "위 피해자가 위 헌법소원심판청구서에 피고인의 명예를 훼손하는 내용의 허위사실을 기재하여 이를 위 공단 총무부 등에 자료로 제출함으로써 공연히 허위의 사실을 적시하여 피고인의 명예를 훼손하였다."고 하여 위 피해자를 고소하였으나 서울지방검찰청에서 1997. 6. 30. 혐의없음 처분을 하였고, 피고인이 이에 대하여 검찰청법에 의한 항고 및 재항고를 한 후 1997. 10. 28. 그 처분의 취소를 구하는 헌법소원심판을 청구한 사실을 인정할 수 있는바, 위와 같은 피고인과 위 피해자의 관계, 위 게시내용에 포함된 사실이 진실한 사실이기는 하나 위 피해자를 비방하는 취지가 게시내용의 주조를 이루고 있는 등 표현의 방법과 위 전자게시판은 위 공단의 임직원 모두가 열람할 수 있는 점 및 피고인의 이 사건 범행에 의하여 훼손되거나 훼손될 수 있는 위 피해자의 명예의 침해 정도 등에 비추어 보면, 이 사건 범행이 오로지 공공의 이익에 관한 것이라고는 할 수 없다는 원심의 판단은 옳게 수긍이 가고, 거기에 지적하는 바와 같은 심리미진, 채증법칙 위배로 인한 사실오인, 명예훼손죄의 위법성 조각사유에 관한 법리오해의 위법이나 이유불비의 잘못은 없다.

307-20. 이혼소송 계속중인 처가 남편의 친구에게 서신을 보내면서 남편의 명예를 훼손하는 문구가 기재된 서신을 동봉한 경우(소극) [대법원 2000. 2. 11. 선고, 99도4579]

【판시사항】

피고인과 피해자는 원래 법률상의 부부로서 서로 이혼소송을 제기하여 1997. 5. 9. 피고인의 청구에 기하여 이혼한다는 제1심판결이 선고된 사실, 공소외인은 피해자의 친구인 대학교수로서 위 소송 과정에서 피해자에게 유리한 증거자료인 진술서를 작성하여 주었던 관계로, 피고인은 1998년 1월 말경 공소외인에게 사실 관계를 알리는 내용의 편지를 보내는 기회에 피해자에게 보내는 서신도 함께 동봉하였던바, 피해자에게 보내는 위 서신에 바로 공소사실과 같은 문구가 기재되어 있었던 사실, 피해자는 친구인 공소외인으로부터 위 서신을 전달받은 다음, 이 사건 공소사실과는 다른 사실로 피고인을 고소함에 있어서 위 서신을 자료로 첨부하였을 뿐인 사실을 알 수 있으며, 달리 공소외인이 위 사실을 불특정 또는 다수인에게 전파하였음을 엿볼 수 있는 자료는 기록상 이를 찾아볼 수 없는바, 이와 같은 사정하에서는 특히 위 공소외인과 피고인과의 관계에 비추어 보아 피고인이 적시한 사실이 불특정 또는 다수인에게 전파될 가능성이 있다고 볼 수는 없는 것이다.

307-21. 교수가 학생들 앞에서 피해자의 이성관계를 암시하는 발언을 한 경우(적극) [대법원 1991. 5. 14. 선고, 91도420]

【판시사항】

명예훼손죄에 있어서의 사실의 적시는 사실을 직접적으로 표현한 경우에 한정될 것은 아니고, 간접적이고 우회적인 표현에 의하더라도 그 표현의 전취지에 비추어 그와 같은 사실의 존재를 암시하고, 또 이로써 특정인의 사회적 가치 내지 평가가 침해될 가능성이 있을 정도의 구체성이 있으면 족한 것이다. 기록에 의하여 원심판결이유를 살펴보면, 원심이 그 거시증거들에 의하여 피고인이 판시 학생들 앞에서 피해자 김수균의 이성관계를 암시하는 판시와 같은 발언을 하여 위 김수균의 명예를 훼손하였다는 이 사건 공소사실을 유죄로 인정한 조치는 정당한 것으로 수긍이 가고 , 거기에 소론과 같은 채증법칙위배 또는 명예훼손죄의 법리오해의 위법이 있다 할 수 없다.

307-22. 사단법인 이사장이 의안에 관하여 발언하다가 타인의 명예를 훼손하는 내용의 말을 한 경우 사회상규에 반하지 아니하는지 여부(소극) [대법원 1990. 12. 26. 선고, 90도2473]

【판시사항】

[1] 사단법인의 이사장이 이사회 또는 임시총회를 진행중 회원 10여명 또는 30여명이 있는 자리에서 허위사실을 말한 경우 공연성 유무(적극)

[2] 사단법인의 이사장이 의안에 관하여 발언하다가 타인의 명예를 훼손하는 내용의 말을 한 경우 사회상규에 반하지 아니하는지 여부(소극)

【판결요지】

[1] 공소외 사단법인의 이사장이 이사회 또는 임시총회를 진행하다가 회원 10여명 또는 30여명이 있는 자리에서 허위사실을 말하였다면 그 공연성이 있다 할 것이다.

[2] 공소외 사단법인의 이사장이 이사회 또는 임시총회의 의장으로서 의안에 관하여 발언하다가 타인의 명예를 훼손하는 내용의 말을 하였다면 사회상규에 반하지 아니한다고 할 수 없으므로 위법성이 조각되지 아니한다.

307-23. 조합장인 피고인이 피해자의 측근 1인에게 이사회에서 피해자를 불신임하게된 사유를 설명하는 과정에서 피해자의 여자관계 소문을 말한 경우(소극) [대법원 1990. 4. 27. 선고, 89도1467]

【판시사항】

[1] 조합장이 대의원총회에서 회의진행의 질서유지를 위하여 한 발언으로서 사회상규에 위배되지 않는다는 등의 이유로 명예훼손죄의 성립을 부정한 사례

[2] 조합장인 피고인이 피해자의 측근 1인에게 이사회에서 피해자를 불신임하게된 사유를 설명하는 과정에서 피해자의 여자관계 소문을 말한 경우와 명예훼손죄에 있어서의 공연성

【판결요지】

[1] 조합의 긴급이사회에서 불신임을 받아 조합장직을 사임한 피해자가 그후 개최된 대의원총회에

서 피고인 등의 음모로 조합장직을 박탈당한 것이라고 대의원들을 선동하여 회의 진행이 어렵게 되자 새조합장이 되어 사회를 보던 피고인이 그 회의진행의 질서유지를 위한 필요조처로서 이사회의 불신임결의 과정에 대한 진상보고를 하면서 피해자는 긴급 이사회에서 불신임을 받고 쫓겨나간 사람이라고 발언한 것이라면, 피고인에게 명예훼손의 범의가 있다고 볼 수 없을 뿐만 아니라 그러한 발언은 업무로 인한 행위이고 사회상규에 위배되지 아니한 행위라고 한 원심의 판단은 수긍된다.

[2] 명예훼손죄에 있어서의 공연성은 불특정 또는 다수인이 인식할 수 있는 상태를 의미하므로 비록 개별적으로 한 사람에 대하여 사실을 유포하였더라도 이로부터 불특정 또는 다수인에게 전파될 가능성이 있다면 공연성의 요건을 충족한다고 할 것이나, 이와 달리 전파될 가능성이 없는 경우라면 특정한 한 사람에 대한 사실의 유포는 공연성을 결여한 것이라고 보아야 할 것인 바, 조합장으로 취임한 피고인이 조합의 원만한 운영을 위하여 <u>피해자의 측근이며 피해자의 불신임을 적극 반대하였던 갑에게 조합운영에 대한 협조를 구하기 위하여 동인과 단둘이 있는 자리에서 이사회가 피해자를 불신임하게 된 사유를 설명하는 과정에서 피해자에 대한 여자관계의 소문이 돌고 있다는 취지의 말을 한 것이라면 그것은 전파될 가능성이 있다고 할 수 없다.</u>

---

1. 여관방에서 피해자 및 그 가족앞에서 행한 발설과 공연성(소극) [대법원 1984. 4. 10. 선고, 83도49]

【판결요지】

피고인이 각 피해자에게 "사이비 기자 운운" 또는 "너 이 쌍년 왔구나"라고 말한 장소가 여관방안이고 그곳에는 피고인과 그의 처, 피해자들과 그들의 딸, 사위, 매형 밖에 없었고 피고인이 피고인의 딸과 피해자들의 아들간의 파탄된 혼인관계를 수습하기 위하여 만나 얘기하던 중 감정이 격화되어 위와 같은 발설을 한 사실이 인정된다면, 위 발언은 불특정 또는 다수인이 인식할 수 있는 상태, 또는 불특정다수인에게 전파될 가능성이 있는 상태에서 이루어진 것이라 보기 어려우므로 이는 공연성이 없다 할 것이다.

307-24. 명예훼손죄와 모욕죄의 구별기준 [대법원 1989. 3. 14. 선고, 88도1397]

【판시사항】

[1] 명예훼손죄와 모욕죄의 구별기준

[2] 명예훼손죄에 있어서의 사실의 적시에 해당되지 않는다.

【판결요지】

[1] 명예훼손죄에 있어서의 사실의 적시는 사람의 <u>사회적 가치 내지 평가를 저하시키는 구체적 사실의 적시를 요하며 단지 모욕적 언사를 사용하는 것은 모욕죄에 해당할 뿐 명예훼손죄에 해당하지는 않는다.</u>

[2] "아무것도 아닌 똥꼬다리 같은 놈"이라는 구절은 모욕적인 언사일 뿐 구체적인 사실의 적시라고 할 수 없고 "잘 운영되어 가는 어촌계를 파괴하려 한다"는 구절도 구체적인 사실의 적시라고 할 수 없으므로 명예훼손죄에 있어서의 사실의 적시에 해당한다고 볼 수 없다.

---

1. 단순한 욕설이 명예훼손죄에 해당하는지 여부(소극) [대법원 1987. 5. 12. 선고, 87도739]

【판시사항】

[1] 명예훼손죄 및 모욕죄의 보호법익과 그 구별의 기준
[2] 단순한 욕설이 명예훼손죄에 해당하는지 여부

【판결요지】

[1] 명예훼손죄와 모욕죄의 보호법익은 다같이 사람의 가치에 대한 사회적 평가인 이른바 외부적 명예
인 점에서는 차이가 없으나 다만 명예훼손은 사람의 사회적 평가를 저하시킬 만한 구체적 사실의
적시를 하여 명예를 침해함을 요하는 것으로서 구체적 사실이 아닌 단순한 추상적 판단이나 경멸
적 감정의 표현으로서 사회적 평가를 저하시키는 모욕죄와 다르다.

[2] "늙은 화냥년의 간나, 너가 화냥질을 했잖아" 라고 한 피고인의 발언내용은 그 자체가 피해자의 사회
적 평가를 저하시킬 만한 구체적 사실의 적시라기 보다는 피고인이 피해자의 도덕성에 관하여 경멸적
인 감정표현을 과장되게 강조한 욕설에 불과한 것으로서 이를 막바로 명예훼손죄로 의율할 수는 없다.

307-25. 피해자에게 한 욕설을 피고인의 남편외에 들은 사람이 없는 경우 공연성 인정여부(소극) [대법원 1985. 11. 26. 선고, 85도2037]

【판결요지】

명예훼손죄에 있어서의 공연성이라 함은 불특정 또는 다수인이 인식할 수 있는 상태를 가리키는
것인바, 피고인이 자기 집에서 피해자와 서로 다투다가 피해자에게 한 욕설을 피고인의 남편외에
들은 사람이 없다고 한다면 그 욕설을 불특정 또는 다수인이 인식할 수 있는 상태였다고 할 수는
없으므로 공연성을 인정하기 어렵다.

1. 2인 앞에서의 명예훼손과 공연성 [대법원 1983. 10. 11. 선고, 83도2222]

【판결요지】

피고인이 공소외 (갑)의 집앞에서 공소외 (을) 및 피해자의 시어머니(병)이 있는 자리에서 피해자의 명
예를 훼손하는 말을 한 사실이 인정된다면, 말의 전파가능성이 없어서 공연성이 결여되었다는 주장은
허용될 수 없다.

307-26. 구체적인 사실의 적시가 없어 명예훼손죄에 해당하지 않는다고 판단한 사례 [대법원 1985. 10. 22. 선고, 85도1629]

【판결요지】

피해자에 대하여 "야 이 개같은 잡년아, 시집을 열두번을 간 년아, 자식도 못 낳는 창녀같은
년" 이라고 큰소리 친 경우, 위 발언내용은 그 자체가 피해자의 사회적 평가를 저하시킬 만한 구
체적 사실이라기 보다는 피해자의 도덕성에 관하여 가지고 있는 추상적 판단이나 경멸적인 감정
표현을 과장되게 강조한 욕설에 지나지 아니하여 형법 제311조의 모욕에는 해당할지언정, 제307
조 제1항의 명예훼손에 해당한다고 보기 어렵다.

1. 명예훼손죄에 있어서 "사실의 적시"의 의미 및 단지 "빨갱이 계집년" "첩년"등이라고 욕한 경우의
죄책 (=모욕) [대법원 1981. 11. 24. 선고, 81도2280]

【판결요지】

명예훼손죄에 있어서 '사실의 적시'라 함은 사람의 사회적 평가를 저하시키는데 충분한 구체적 사실을 적시하는 것을 말하므로, 이를 적시하지 아니하고 단지 모멸적인 언사를 사용하여 타인의 사회적 평가를 경멸하는, 자기의 추상적 판단을 표시하는 것 ("빨갱이 계집년" "만신(무당)" "첩년"이라고 말한 것)은 사람을 모욕한 경우에 해당하고, 명예훼손죄에는 해당하지 아니한다.

307-27. 처의 외박추궁에 대한 동침한 사실의 답변과 공연성(소극) [대법원 1984. 3. 27. 선고, 84도86]

【판결요지】

피고인이 집에서 피고인의 처로부터 전날 피고인이 외박한 사실에 대하여 추궁당하자 이를 모면하기 위하여 처에게 피해자와 여관방에서 동침한 사실이 있다고 말한 사실만으로써는 명예훼손죄의 구성요건인 공연성이 있다 할 수 없다.

307-28. 교사 비행을 적은 진정서를 학교 이사장에게 제출한 경우(소극) [대법원 1983. 10. 25. 선고, 83도2190]

【판결요지】

중학교 교사에 대해 " 전과범으로서 교사직을 팔아가며 이웃을 해치고 고발을 일삼는 악덕 교사"라는 취지의 진정서를 그가 근무하는 학교법인 이사장 앞으로 제출한 행위 자체는 위 진정서의 내용과 진정서의 수취인인 학교법인 이사장과 위 교사의 관계등에 비추어 볼 때 위 이사장이 위 진정서 내용을 타에 전파할 가능성이 있다고 보기 어려우므로 명예훼손죄의 구성요건인 공연성이 있다고 보기 어렵다.

307-29. 진정서를 우송한 행위와 공연성(소극) [대법원 1983. 9. 27. 선고, 83도2040]

【판결요지】

명예훼손죄의 구성요건인 " 공연성" 은 불특정다수인이 인식할 수 있는 상태를 뜻하는 것으로 사실을 적시하는 행위가 불특정다수인에 대하여 행하여지거나 또는 이와 같은 사실이 불특정 다수인에게 전파될 가능성이 있어야 하므로 타인을 비방하는 내용의 진정서를 우송한 행위는 공연성이 없다.

307-30. 사실적시 행위가 피해자와 모두 집안간인 관계에 있는 사람들 앞에서 이루어진 경우(소극) [대법원 1982. 4. 27. 선고, 82도371]

【판결요지】

사실적시행위가 피해자와 모두 집안간인 관계에 있는 사람들 앞에서 이루어졌고 그 이외의 타인들에게는 알려지지 않도록 감추려는 것이었다면 불특정 다수인에게 전파될 가능성이 없어 공연성을 갖춘 것이라고 할 수 없다.

307-31. 71명 회원에게 유인물을 우송한 행위의 공연성 여부(적극) [대법원 1981. 8. 25. 선고, 81도149]

【판결요지】

피고인이 타인의 명예를 훼손할 만한 사실을 기재한 유인물을 71명의 회원에게 우송으로 배포한 소위는 비록 위 유인물을 배포받은 자의 범위에 다소의 제한이 있고, 또 수취인이 특정되어 있다 하더라도 공연성이 있다 할 것이므로 명예훼손죄가 성립한다.

307-32. 편지의 발송과 공연성 [대법원 1979. 8. 14. 선고, 79도1517]

【판결요지】

편지의 수신인이 편지내용을 타인에게 유포할 가능성이 있으면 공연성이 인정된다.

제308조[사자의 명예훼손]

> 제308조(사자의 명예훼손) 공연히 허위의 사실을 적시하여 사자의 명예를 훼손한 자는 2년 이하의 징역이나 금고 또는 500만원 이하의 벌금에 처한다. 〈개정 1995. 12. 29.〉

308-1. 형법 제307조 제2항의 '허위사실 적시에 의한 명예훼손죄'에서 적시된 사실이 허위인지, 행위자가 그 허위성을 인식하였는지 판단하는 기준과 위 죄가 미필적 고의에 의하여 성립하는지 여부(적극) 및 '사자명예훼손죄' 판단에서도 같은 법리가 적용되는지 여부(적극) 대법원 2014. 3. 13. 선고, 2013도12430]

【판결요지】

형법 제307조 제2항의 허위사실 적시에 의한 명예훼손죄에서 적시된 사실이 허위인지 여부를 판단함에 있어서는 적시된 사실의 내용 전체의 취지를 살펴볼 때 세부적인 내용에서 진실과 약간 차이가 나거나 다소 과장된 표현이 있는 정도에 불과하다면 이를 허위라고 볼 수 없으나, 중요한 부분이 객관적 사실과 합치하지 않는다면 이를 허위라고 보아야 한다. 나아가 행위자가 그 사항이 **허위라는 것을 인식하였는지 여부**는 성질상 외부에서 이를 알거나 증명하기 어려우므로, 공표된 사실의 내용과 구체성, 소명자료의 존재 및 내용, 피고인이 밝히는 사실의 출처 및 인지 경위 등을 토대로 피고인의 학력, 경력, 사회적 지위, 공표 경위, 시점 및 그로 말미암아 예상되는 파급효과 등의 여러 객관적 사정을 종합하여 판단할 수밖에 없으며, **범죄의 고의**는 확정적 고의뿐만 아니라 결과 발생에 대한 인식이 있고 그를 용인하는 의사인 이른바 미필적 고의도 포함하므로 허위사실 적시에 의한 명예훼손죄 역시 미필적 고의에 의하여도 성립하고, 위와 같은 법리는 형법 제308조의 사자명예훼손죄의 판단에서도 마찬가지로 적용된다.

308-2. 역사드라마가 그 소재가 된 역사적 인물의 명예를 훼손할 수 있는 허위사실을 적시하였는지 여부에 대한 판단 기준 [대법원 2010. 4. 29. 선고, 2007도8411]

【판시사항】

[1] 역사드라마가 그 소재가 된 역사적 인물의 명예를 훼손할 수 있는 허위사실을 적시하였는지 여부에 대한 판단 기준

[2] 역사드라마 '서울 1945'의 특정 장면이 공연히 허위사실을 적시하여 망인(亡人)인 이승만 등의 명예를 훼손하였다는 공소사실에 대하여, 구체적인 허위사실의 적시가 있었다고 보기 어렵 다는 이유로 무죄를 선고한 원심판단을 정당하다.

【판결요지】

[1] 역사적 인물을 모델로 한 드라마(즉, 역사드라마)가 그 소재가 된 역사적 인물의 명예를 훼 손할 수 있는 허위사실을 적시하였는지 여부를 판단할 때에는 <u>적시된 사실의 내용, 진실이라고</u> <u>믿게 된 근거나 자료의 신빙성, 예술적 표현의 자유로 얻어지는 가치와 인격권의 보호에 의해 달</u> <u>성되는 가치의 이익형량은 물론 역사드라마의 특성에 따르는 여러 사정과 드라마의 주된 제작목</u> <u>적, 드라마에 등장하는 역사적 인물과 사건이 이야기의 중심인지 배경인지 여부, 실존인물에 의</u> <u>한 역사적 사실과 가상인물에 의한 허구적 이야기가 드라마 내에서 차지하는 비중, 드라마상에서</u> <u>실존인물과 가상인물이 결합된 구조와 방식, 묘사된 사실이 이야기 전개상 상당한 정도 허구로</u> <u>승화되어 시청자의 입장에서 그것이 실제로 일어난 역사적 사실로 오해되지 않을 정도에 이른 것</u> <u>으로 볼 수 있는지 여부 등을 종합적으로 고려하여야만 한다.</u>

308-3. "빚 때문에 도망다니며 죽은 척하는 나쁜 놈" 이란 발언과 사자에 대한 명예훼손(적극)
　　　　[대법원 1983. 10. 25. 선고, 83도1520]

【판결요지】

사자 명예훼손죄는 사자에 대한 사회적, 역사적 평가를 보호법익으로 하는 것이므로 그 구성요 건으로서의 사실의 적시는 허위의 사실일 것을 요하는 바 피고인이 사망자의 사망사실을 알면서 위 망인은 사망한 것이 아니고 빚 때문에 도망다니며 죽은 척 하는 나쁜 놈이라고 함은 공연히 허위의 사실을 적시한 행위로서 사자의 명예를 훼손하였다고 볼 것이다.

308-4. 사자의 명예훼손죄는 공연히 허위의 사실을 적시하여 사자의 명예를 훼손하므로써 성립한다.
　　　　[대법원 1972. 9. 26. 선고, 72도1798]

【판시사항】

정가문중에서 사람백정 두번째 나왔는데 셋째 백정은 몇대 손에서 언제 나오려나" "호조참판 소 외 4는 8대손에 사람백정 낳을줄 어찌 알았으랴 사람죽인 정가들 아무 회계없으니 또다시 어느놈 이 백정질 할거냐"하는 요지의 비문을 조가하여 그 비석을 불특정 다수인이 왕래하며 볼 수 있는 이천군 장호원읍 풍계리 소재 도로옆 노상에 세워둠으로써 공연히 초계정씨의 팔대선조인 사망한 정 소외 4등의 명예를 훼손한 것이라고 인정하여 사자의 명예훼손에 관한 형법 제308조를 적용하 였다. 그러나 사자의 명예훼손죄는 공연히 "허위의 사실"을 적시하여 사자의 명예를 훼손하므로 써 성립하는바, 소외 2가 소외 3을 살해하였음은 위 판결이 인정하였음에도 불구하고 위 적시 사 실이 허위인가 여부를 판시함이 없이 형법 제308조를 적용하였음은 이유불비 또는 법리오해의 위 법이있다 할것이고, 이는 판결에 영향을 미쳤다 할 것이므로 논지는 이유있다.

제309조[출판물 등에 의한 명예훼손]

> 제309조(출판물 등에 의한 명예훼손) ① 사람을 비방할 목적으로 신문, 잡지 또는 라디오 기타 출판물에 의하여 제307조제1항의 죄를 범한 자는 3년 이하의 징역이나 금고 또는 700만원 이하의 벌금에 처한다. 〈개정 1995. 12. 29.〉
> ② 제1항의 방법으로 제307조제2항의 죄를 범한 자는 7년 이하의 징역, 10년 이하의 자격정지 또는 1천500만원 이하의 벌금에 처한다. 〈개정 1995. 12. 29.〉

309-1. 형법 제309조 제2항에서 정한 '허위사실 적시 출판물에 의한 명예훼손죄'가 성립하기 위한 요건
[대법원 2018. 11. 29. 선고, 2016도14678]

【판시사항】

[1] 정보통신망 이용촉진 및 정보보호 등에 관한 법률 제70조 제2항에서 정한 '허위사실 적시에 의한 명예훼손죄' 또는 형법 제309조 제2항에서 정한 '허위사실 적시 출판물에 의한 명예훼손죄'가 성립하기 위한 요건

[2] 정보통신망 이용촉진 및 정보보호 등에 관한 법률 제70조 제2항, 형법 제309조 제2항에서 정한 '사람을 비방할 목적'의 의미와 판단 기준 및 '공공의 이익'을 위한 것과의 관계

【이 유】

[1] 정보통신망 이용촉진 및 정보보호 등에 관한 법률(이하 '정보통신망법'이라 한다) 제70조 제2항이 정한 '허위사실 적시에 의한 명예훼손죄' 또는 형법 제309조 제2항, 제1항이 정한 '허위사실 적시 출판물에 의한 명예훼손죄'가 성립하려면 피고인이 적시하는 사실이 허위이고 그 사실이 허위임을 인식하여야 하며, 이러한 허위의 인식에 대한 증명책임은 검사에게 있다. 여기에서 사실의 적시는 가치판단이나 평가를 내용으로 하는 의견표현에 대치되는 개념으로서 시간적으로나 공간적으로 구체적인 과거 또는 현재의 사실관계에 관한 보고나 진술을 뜻한다. 적시된 사실의 중요한 부분이 객관적 사실과 합치되는 경우에는 세부적으로 진실과 약간 차이가 나거나 다소 과장된 표현이 있더라도 이를 거짓의 사실이라고 볼 수 없다. 거짓의 사실인지를 판단할 때에는 적시된 사실 내용 전체의 취지를 살펴 객관적 사실과 합치하지 않는 부분이 중요한 부분인지 여부를 결정하여야 한다(대법원 2011. 6. 10. 선고 2011도1147 판결 등 참조).

[2] 정보통신망법 제70조 제2항, 형법 제309조 제2항이 정한 **'사람을 비방할 목적'** 이란 가해의 의사와 목적을 필요로 하는 것으로, 사람을 비방할 목적이 있는지는 적시한 사실의 내용과 성질, 사실의 공표가 이루어진 상대방의 범위, 표현의 방법 등 표현 자체에 관한 여러 사정을 감안함과 동시에 그 표현으로 훼손되거나 훼손될 수 있는 명예의 침해 정도 등을 비교·형량하여 판단하여야 한다. '비방할 목적'은 공공의 이익을 위한 것과는 행위자의 주관적 의도의 방향에서 상반되므로, 적시한 사실이 공공의 이익에 관한 것인 경우에는 특별한 사정이 없는 한 비방할 목적은 부정된다. 여기에서 '적시한 사실이 공공의 이익에 관한 경우'라 함은 적시한 사실이 객관적으로 볼 때 공공의 이익에 관한 것으로서 행위자도 주관적으로 공공의 이익을 위하여 그 사

실을 적시한 것이어야 한다. 그 사실이 공공의 이익에 관한 것인지는 명예훼손의 피해자가 공무원 등 공인(公人)인지 아니면 사인(私人)에 불과한지, 그 표현이 객관적으로 국민이 알아야 할 공공성·사회성을 갖춘 공적 관심 사안에 관한 것으로 사회의 여론형성이나 공개토론에 기여하는 것인지 아니면 순수한 사적인 영역에 속하는 것인지, 피해자가 명예훼손적 표현의 위험을 자초한 것인지 여부, 그리고 표현으로 훼손되는 명예의 성격과 침해의 정도, 표현의 방법과 동기 등 여러 사정을 고려하여 판단하여야 한다. 행위자의 주요한 동기와 목적이 공공의 이익을 위한 것이라면 부수적으로 다른 사익적 목적이나 동기가 포함되어 있더라도 비방할 목적이 있다고 보기는 어렵다(대법원 2011. 11. 24. 선고 2010도10864 판결 등 참조).

---

1. 정보통신망법 제70조에서 정한 '사람을 비방할 목적' 유무의 판단 기준 및 '공공의 이익'을 위한 것과의 관계 [대법원 2011. 11. 24., 선고, 2010도10864

【판결요지】

법 제70조 제1, 2항에서 정한 '사람을 비방할 목적'이란 가해의 의사 내지 목적을 요하는 것으로, 사람을 비방할 목적이 있는지 여부는 당해 적시 사실의 내용과 성질, 당해 사실의 공표가 이루어진 상대방의 범위, 그 표현의 방법 등 그 표현 자체에 관한 제반 사정을 감안함과 동시에 그 표현에 의하여 훼손되거나 훼손될 수 있는 명예의 침해 정도 등을 비교·형량하여 판단되어야 한다. 또한 비방할 목적이란 공공의 이익을 위한 것과는 행위자의 주관적 의도의 방향에 있어 서로 상반되는 관계에 있으므로, 적시한 사실이 공공의 이익에 관한 것인 경우에는 특별한 사정이 없는 한 비방할 목적은 부인된다고 봄이 상당하고, 여기에서 '적시한 사실이 공공의 이익에 관한 경우'라 함은 적시된 사실이 객관적으로 볼 때 공공의 이익에 관한 것으로서 행위자도 주관적으로 공공의 이익을 위하여 그 사실을 적시한 것이어야 하는데, 공공의 이익에 관한 것에는 널리 국가·사회 기타 일반 다수인의 이익에 관한 것뿐만 아니라 특정한 사회집단이나 그 구성원 전체의 관심과 이익에 관한 것도 포함하는 것이다. 나아가 그 적시된 사실이 이러한 공공의 이익에 관한 것인지 여부는 당해 명예훼손적 표현으로 인한 피해자가 공무원 내지 공적 인물과 같은 공인(公人)인지 아니면 사인(私人)에 불과한지 여부, 그 표현이 객관적으로 국민이 알아야 할 공공성·사회성을 갖춘 공적 관심 사안에 관한 것으로 사회의 여론형성 내지 공개토론에 기여하는 것인지 아니면 순수한 사적인 영역에 속하는 것인지 여부, 피해자가 그와 같은 명예훼손적 표현의 위험을 자초한 것인지 여부, 그리고 그 표현에 의하여 훼손되는 명예의 성격과 그 침해의 정도, 그 표현의 방법과 동기 등 제반 사정을 고려하여 판단하여야 하고, 행위자의 주요한 동기 내지 목적이 공공의 이익을 위한 것이라면 부수적으로 다른 사익적 목적이나 동기가 내포되어 있더라도 비방할 목적이 있다고 보기는 어렵다

309-2. 언론기관이 수사기관 등에서 조사가 진행 중인 사실에 관하여 보도할 때 부담하는 주의의무의 내용 [대법원 2016. 5. 27. 선고, 2015다33489]

【판시사항】

[1] 신문이나 인터넷 매체의 기사가 타인의 명예를 훼손하여 불법행위가 되는지 판단하는 기준 및 언론기관이 수사기관 등에서 조사가 진행 중인 사실에 관하여 보도할 때 부담하는 주의의무의 내용

[2] 언론·출판을 통해 사실을 적시함으로써 타인의 명예를 훼손하는 경우, 위법성이 조각되기

위한 요건 및 여기서 적시된 사실이 공공의 이익에 관한 것인지 판단하는 기준

【판결요지】

[1] 신문이나 인터넷 매체의 기사가 타인의 명예를 훼손하여 불법행위가 되는지는 일반 독자가 기사를 접하는 통상의 방법을 전제로 기사의 전체적인 취지 및 객관적 내용, 사용된 어휘의 통상적인 의미, 문구의 연결 방법 등을 종합적으로 고려하여 기사가 독자에게 주는 전체적인 인상을 기준으로 판단하여야 한다. 특히 보도의 내용이 수사기관 등에서 조사가 진행 중인 사실에 관한 것일 경우, 일반 독자들로서는 보도된 혐의사실의 진실 여부를 확인할 수 있는 별다른 방도가 없을 뿐 아니라 보도 내용을 그대로 진실로 받아들일 개연성이 있고, 신문보도 및 인터넷이 가지는 광범위하고도 신속한 전파력 등으로 인하여 보도 내용의 진실 여하를 불문하고 보도 자체만으로도 피조사자로 거론된 자 등은 심각한 피해를 입을 수 있다. 그러므로 수사기관 등의 조사사실을 보도하는 언론기관으로서는 보도에 앞서 조사 혐의사실의 진실성을 뒷받침할 적절하고도 충분한 취재를 하여야 하고, 확인되지 아니한 고소인의 일방적 주장을 여과 없이 인용하여 부각시키거나 주변 사정을 무리하게 연결시켜 마치 고소 내용이 진실인 것처럼 보이게 내용 구성을 하는 등으로 기사가 주는 전체적인 인상으로 인하여 일반 독자들이 사실을 오해하는 일이 생기지 않도록 기사 내용이나 표현방법 등에 대하여도 주의를 하여야 하고, 그러한 주의의무를 다하지 않았다면 명예훼손으로 인한 손해배상책임을 져야 한다.

[2] 언론·출판을 통해 사실을 적시함으로써 타인의 명예를 훼손하는 경우에도 그것이 진실한 사실로서 오로지 공공의 이익에 관한 때에는 행위에 위법성이 없다. 여기서 **적시된 사실이 공공의 이익에 관한 것인지**는 적시된 사실의 구체적 내용, 사실의 공표가 이루어진 상대방의 범위, 표현의 방법 등 표현 자체에 관한 제반 사정을 고려함과 동시에 표현에 의하여 훼손되거나 훼손될 수 있는 명예의 침해 정도 등을 비교·고려하여 결정하여야 하고, 나아가 명예훼손을 당한 피해자가 공적 인물인지 일반 사인인지, 공적 인물 중에서도 공직자나 정치인 등과 같이 광범위하게 국민의 관심과 감시의 대상이 되는 인물인지, 단지 특정 시기에 한정된 범위에서 관심을 끌게 된 데 지나지 않는 인물인지, 적시된 사실이 피해자의 공적 활동 분야와 관련된 것이거나 공공성·사회성이 있어 공적 관심사에 해당하고 그와 관련한 공론의 필요성이 있는지, 그리고 공적 관심을 불러일으키게 된 데에 피해자 스스로 어떤 관여가 된 바 있는지 등을 종합적으로 살펴서 결정하여야 한다.

309-3. 甲이 신문기자인 乙에게 연예인 A의 실명을 거론하면서 허위사실을 적시함으로써 A를 비방할 목적으로 기사의 자료를 제공하자, 이를 진실한 것으로 오신한 乙이 기사를 작성하여 공표한 경우(적극)
[대법원 2009. 11. 12. 선고, 2009도8949]

【판시사항】

형법 제309조 제2항 소정의 '사람을 비방할 목적' 이란 가해의 의사 내지 목적을 요하는 것으로, 사람을 비방할 목적이 있는지 여부는 당해 적시 사실의 내용과 성질, 당해 사실의 공표가 이루어진 상대방의 범위, 표현의 방법 등 그 표현 자체에 관한 제반 사정을 감안함과 동시에 그 표현에 의하여 훼손되거나 훼손될 수 있는 명예의 침해 정도 등을 비교, 고려하여 결정하여야 한다

(대법원 2007. 12. 27. 선고 2007도4850 판결 참조). 그리고 타인을 비방할 목적으로 허위사실인 기사의 재료를 신문기자에게 제공한 경우에 그 기사를 신문지상에 게재하느냐의 여부는 오로지 당해 신문의 편집인의 권한에 속한다고 할 것이나, 그 기사를 편집인이 신문지상에 게재한 이상 그 기사의 게재는 기사재료를 제공한 자의 행위에 기인한 것이므로, 그 기사재료를 제공한 자는 형법 제309조 제2항 소정의 출판물에 의한 명예훼손죄의 죄책을 면할 수 없는 것이다(대법원 1994. 4. 12. 선고 93도3535 판결 참조).

309-4. 대한항공 858기 폭파사건에 관한 소설을 집필, 출간한 행위(소극) [대법원 2009. 6. 11. 선고, 2009도156]

【판시사항】

형법 제309조 제1항 소정의 출판물에 의한 명예훼손죄는 타인을 비방할 목적으로 신문, 잡지 또는 라디오 기타 출판물에 의하여 사실을 적시하여 타인의 명예를 훼손할 경우에 성립되는 범죄로서, 여기서 '비방할 목적'이란 가해의 의사 내지 목적을 요하는 것으로서 공공의 이익을 위한 것과는 행위자의 주관적 의도의 방향에 있어 서로 상반되는 관계에 있다고 할 것이므로, 적시한 사실이 공공의 이익에 관한 것인 경우에는 특별한 사정이 없는 한 비방할 목적은 부인된다고 봄이 상당하고, 그 적시한 사실이 공공의 이익에 관한 것인지 여부는 당해 명예훼손적 표현으로 인한 피해자가 공무원 내지 공적 인물과 같은 공인인지 아니면 사인에 불과한지, 그 표현이 객관적으로 국민이 알아야 할 공공성·사회성을 갖춘 공적 관심 사안에 관한 것으로 사회의 여론형성 내지 공개토론에 기여하는 것인지 아니면 순수한 사적인 영역에 속하는 것인지, 피해자가 그와 같은 명예훼손적 표현의 위험을 자초한 것인지, 그리고 그 표현에 의하여 훼손되는 명예의 성격과 침해의 정도, 그 표현의 방법과 동기 등의 여러 사정에 비추어 판단하여야 할 것이며, 또한 적시된 사실은 이로써 특정인의 사회적 가치 내지 평가가 침해될 가능성이 있을 정도로 구체성을 띠어야 하는 것이다(대법원 2007. 6. 14. 선고 2004도4826 판결, 대법원 2007. 10. 26. 선고 2006도5924 판결 등 참조).

309-5. 형법 제309조에 정한 '사람을 비방할 목적'의 의미 및 판단 방법 [대법원 2008. 11. 13. 선고, 2006도7915]

【판시사항】

[1] 형법 제309조 제2항의 허위사실적시 출판물에 의한 명예훼손죄에서 공표사실의 허위성에 관한 증명책임 및 증명의 정도

[2] 형법 제309조 제2항의 허위사실적시 출판물에 의한 명예훼손의 공소사실에 대하여 공소장변경 절차 없이 같은 조 제1항의 사실적시 출판물에 의한 명예훼손으로 처벌할 수 있는지 여부(적극)

[3] 형법 제309조에 정한 '사람을 비방할 목적'의 의미 및 판단 방법

[4] 감사원 소속 공무원이 재벌그룹의 콘도미니엄 사업승인과 관련한 특혜의혹사건에 관하여 기자들에게 "양심선언"이란 제목 아래 감사원 국장이 외부의 압력을 받아 감사를 이유 없이 중단시켰다는 내용의 유인물을 배포한 사안에서, 비방의 목적이나 허위라는 인식이 없으므로 출판물

에 의한 명예훼손죄가 성립하지 않는다.

【이 유】

[1] 형법 제309조 제2항의 출판물에 의한 명예훼손죄로 기소된 사건에서, 공표된 사실이 허위라는 점은 검사가 이를 적극적으로 증명하여야 하고, 단지 공표된 사실이 진실이라는 증명이 없다는 것만으로는 허위사실공표에 의한 명예훼손죄가 성립할 수 없다. 그런데 위 증명책임을 다하였는지 여부를 결정함에 있어서는, 어느 사실이 적극적으로 존재한다는 것의 증명은 물론, 그 사실의 부존재의 증명이라도 특정 기간과 특정 장소에서의 특정행위의 부존재에 관한 것이라면 적극적 당사자인 검사가 이를 합리적 의심의 여지가 없이 증명하여야 할 것이지만, 특정되지 아니한 기간과 공간에서의 구체화되지 아니한 사실의 부존재를 증명한다는 것은 사회통념상 불가능한 반면 그 사실이 존재한다고 주장·증명하는 것이 보다 용이하므로 이러한 사정은 검사가 그 입증책임을 다하였는지를 판단함에 있어 고려되어야 하고, 따라서 의혹을 받을 일을 한 사실이 없다고 주장하는 사람에 대하여 의혹을 받을 사실이 존재한다고 적극적으로 주장하는 사람은 그러한 사실의 존재를 수긍할 만한 소명자료를 제시할 부담을 지며 검사는 제시된 자료의 신빙성을 탄핵하는 방법으로 허위사실임을 입증할 수 있을 것인데, 이 때 제시하여야 할 소명자료는 단순히 소문을 제시하는 것만으로는 부족하고 적어도 허위임을 검사가 입증하는 것이 가능할 정도의 구체성은 갖추어야 하며, 이러한 소명자료의 제시가 없거나 제시된 소명자료의 신빙성이 탄핵된 때에는 허위사실공표로서의 책임을 져야 한다 (대법원 2004. 2. 26. 선고 99도5190 판결, 대법원 2005. 7. 22. 선고 2005도2627 판결 등 참조).

[2] 형법 제309조 제2항의 허위사실적시 출판물에 의한 명예훼손의 공소사실에는 같은 조 제1항 소정의 사실적시 출판물에 의한 명예훼손의 공소사실도 포함되어 있으므로, 피고인이 적시한 사실이 허위사실이 아니거나 피고인에게 적시한 사실이 허위사실이라는 인식이 없다면 법원은 공소장변경절차 없이도 형법 제309조 제1항의 사실적시 출판물에 의한 명예훼손죄로 인정할 수 있다 (대법원 1993. 9. 24. 선고 93도1732 판결, 대법원 1997. 2. 14. 선고 96도2234 판결 등 참조).

[3] 형법 제309조 소정의 '사람을 비방할 목적'이란 가해의 의사 내지 목적을 요하는 것으로서 공공의 이익을 위한 것과는 행위자의 주관적 의도의 방향에 있어 서로 상반되는 관계에 있으므로, 적시한 사실이 공공의 이익에 관한 것인 경우에는 특별한 사정이 없는 한 비방할 목적은 부인될 수밖에 없다 (대법원 2005. 4. 29. 선고 2003도2137 판결 등 참조). 그리고 '적시한 사실이 공공의 이익에 관한 경우'라 함은 적시된 사실이 객관적으로 볼 때 공공의 이익에 관한 것으로서 행위자도 주관적으로 공공의 이익을 위하여 그 사실을 적시한 것이어야 하는데, 여기에서 공공의 이익이라 함은 널리 국가·사회 기타 일반 다수인의 이익에 관한 것 뿐 아니라 특정한 사회집단이나 그 구성원 전체의 관심과 이익을 포함한다. 나아가 그 적시한 사실이 공공의 이익에 관한 것인지 여부는 당해 명예훼손적 표현으로 인한 피해자가 공무원 내지 공적 인물과 같은 공인(公人)인지 아니면 사인(私人)에 불과한지, 그 표현이 객관적으로 국민이 알아야 할 공공성·사회성을 갖춘 공적 관심사안에 관한 것으로 사회의 여론형성 내지 공개토론에 기여하는 것인지 아니면 순수한 사적인 영역에 속하는 것인지, 피해자가 그와 같은 명예훼손적 표현의 위험을 자초한 것인지, 그

리고 그 표현에 의하여 훼손되는 명예의 성격과 침해의 정도, 그 표현의 방법과 동기 등의 여러 사정에 비추어 판단하여야 할 것이다(대법원 2007. 6. 14. 선고 2004도4826 판결 등 참조).

---

1. 형법 제309조 제1항과 제310조와의 관계 [대법원 2003. 12. 26. 선고, 2003도6036]
【판결요지】
형법 제309조 제1항 소정의 '사람을 비방할 목적'이란 가해의 의사 내지 목적을 요하는 것으로서 공공의 이익을 위한 것과는 행위자의 주관적 의도의 방향에 있어 서로 상반되는 관계에 있다고 할 것이므로, 형법 제310조의 공공의 이익에 관한 때에는 처벌하지 아니한다는 규정은 사람을 비방할 목적이 있어야 하는 형법 제309조 제1항 소정의 행위에 대하여는 적용되지 아니하고 그 목적을 필요로 하지 않는 형법 제307조 제1항의 행위에 한하여 적용되는 것이고, 반면에 적시한 사실이 공공의 이익에 관한 것인 경우에는 특별한 사정이 없는 한 비방 목적은 부인된다고 봄이 상당하므로 이와 같은 경우에는 형법 제307조 제1항 소정의 명예훼손죄의 성립 여부가 문제될 수 있고 이에 대하여는 다시 형법 제310조에 의한 위법성 조각 여부가 문제로 될 수 있다.

309-6. 언론매체의 표현행위가 타인의 명예를 훼손하는지 여부의 판단 기준 [대법원 2008. 2. 28. 선고, 2005다28365]
【판시사항】
[1] 언론매체의 표현행위가 타인의 명예를 훼손하는지 여부의 판단 기준
[2] 언론매체에 의한 명예훼손에서 위법성조각사유
[3] 언론·출판의 자유와 명예보호 사이의 한계를 설정할 때 고려하여야 할 사항
[4] 언론기관 보도에 의한 명예훼손에서 관여한 자의 책임 유무에 대한 판단 기준
【이 유】
언론매체의 표현행위가 타인의 명예를 훼손하는지의 여부는 일반 독자가 기사를 접하는 통상의 방법을 전제로 그 표현의 전체적인 취지와의 연관 하에서 기사의 객관적 내용, 사용된 어휘의 통상적인 의미, 문구의 연결방법 등을 종합적으로 고려하여 그 표현이 독자에게 주는 전체적인 인상을 기준으로 판단하여야 하고, 여기에다가 당해 표현행위의 배경이 된 사회적 흐름 속에서 당해 표현이 가지는 의미를 함께 고려하여야 한다(대법원 1997. 10. 28. 선고 96다38032 판결, 대법원 2002. 1. 22. 선고 2000다37524, 37531 판결 등 참조).
[2] 그런데 어떤 표현이 타인의 명예를 훼손하더라도 그 표현이 공공의 이해에 관한 사항으로서 그 목적이 오로지 공공의 이익을 위한 것일 때에는 그 내용이 진실한 사실이거나 행위자가 그것을 진실이라고 믿을 상당한 이유가 있는 경우에는 위법성이 없다고 할 것인바, 여기서 '그 목적이 오로지 공공의 이익을 위한 것'이라 함은 적시된 사실이 객관적으로 보아 공공의 이익에 관한 것으로서 행위자도 공공의 이익을 위하여 그 사실을 적시한 것을 의미하는데, 행위자의 주요한 목적이나 동기가 공공의 이익을 위한 것이라면 부수적으로 다른 사익적 목적이나 동기가 내포되어 있더라도 무방하고, 여기서 '진실한 사실'이라 함은 그 내용 전체의 취지를 살펴볼 때 중요한 부분이 객관적 사실과 합치되는 사실이라는 의미로서 세부에 있어 진실과 약간 차이가 나거

나 다소 과장된 표현이 있더라도 무방하다(위 2000다37524, 37531 판결, 대법원 2006. 3. 23. 선고 2003다52142 판결 등 참조). 또한, 행위자가 보도내용이 진실이라고 믿을 만한 상당한 이유가 있는지의 여부는 적시된 사실의 내용, 진실이라고 믿게 된 근거나 자료의 확실성과 신빙성, 사실 확인의 용이성, 보도로 인한 피해자의 피해 정도 등 여러 사정을 종합하여 행위자가 보도 내용의 진위 여부를 확인하기 위하여 적절하고도 충분한 조사를 다하였는가, 그 진실성이 객관적이고도 합리적인 자료나 근거에 의하여 뒷받침되는가 하는 점에 비추어 판단하여야 한다(대법원 1998. 5. 8. 선고 96다36395 판결, 대법원 2006. 5. 12. 선고 2004다35199 판결 등 참조).

한편, 언론·출판의 자유와 명예보호 사이의 한계를 설정함에 있어서는 표현된 내용이 사적 관계에 관한 것인가 공적 관계에 관한 것인가에 따라 차이가 있는바, 당해 표현으로 인한 피해자가 공적인 존재인지 사적인 존재인지, 그 표현이 공적인 관심 사안에 관한 것인지 순수한 사적인 영역에 속하는 사안에 관한 것인지 등에 따라 그 심사기준에 차이를 두어 공공적·사회적 의미가 있는 사안에 관한 표현의 경우에는 언론의 자유에 대한 제한이 완화되어야 한다(위 2000다37524, 37531 판결, 대법원 2006. 3. 23. 선고 2003다52142 판결 등 참조).

위 법리와 기록에 비추어 원심판결 이유를 살펴보면, 원심이 그 채용증거를 종합하여 판시 사실을 인정한 다음, 원고 교회 만민중앙교회(이하 '원고 교회'라고 한다), 원고 2에 대한 성추문 관련 보도내용, 1999. 5. 12. 문화일보, 1999. 5. 13. 한겨레신문, 경향신문, 1999. 6월호 여성동아, 여성중앙, 1999. 6.경 발행된 'MBC 사보 6월호' 등에 게재된 피고 5의 인터뷰 기사 및 원고 3, 4에 대한 보도내용에 대하여만 명예훼손에 의한 불법행위의 성립을 인정하고, 나머지 부분에 대하여는 사회적 평가가 저하되었다고 보기 어려워 명예훼손 자체가 성립되지 않는다거나 위법성이 조각되었다는 이유로 불법행위의 성립을 부정하였는바, 이와 같은 원심의 조치는 정당한 것으로 수긍이 가고, 거기에 상고이유로 주장하는 바와 같은 위법이 있다고 할 수 없다.

309-7. 정보통신망을 이용한 명예훼손의 경우 범죄행위의 종료시기 [대법원 2007. 10. 25., 선고, 2006도346]

【판시사항】

원심판결 이유에 의하면 원심은, 정보통신망을 이용한 명예훼손의 경우에도 게재행위의 종료만으로 범죄행위가 종료하는 것이 아니고 원래 게시물이 삭제되어 정보의 송수신이 불가능해지는 시점을 범죄의 종료시기로 보아서 이 때부터 공소시효를 기산하여야 한다는 검사의 주장을 배척하고, 이 경우도 게재행위 즉시 범죄가 성립하고 종료한다고 판단하였다.

살피건대, 서적·신문 등 기존의 매체에 명예훼손적 내용의 글을 게시하는 경우에 그 게시행위로써 명예훼손의 범행은 종료하는 것이며 그 서적이나 신문을 회수하지 않는 동안 범행이 계속된다고 보지는 않는다는 점을 고려해 보면, 정보통신망을 이용한 명예훼손의 경우에, 게시행위 후에도 독자의 접근가능성이 기존의 매체에 비하여 좀 더 높다고 볼 여지가 있다 하더라도 그러한 정도의 차이만으로 정보통신망을 이용한 명예훼손의 경우에 범죄의 종료시기가 달라진다고 볼 수는 없다. 따라서 원심의 위와 같은 판단은 정당하고, 원심판결에 상고이유에서 주장하는 바와 같이 법리를 오해한 위법이 있다고 할 수 없다.

309-8. 적시된 사실이 공공의 이익에 관한 것인지 여부의 판단 방법 및 공인(公人)의 공적 활동과 밀접한 관련이 있는 사안에 관하여 진실을 공표한 경우 원칙적으로 공공의 이익에 관한 것이라는 증명이 있다고 볼 것인지 여부(적극) [대법원 2006. 10. 13. 선고, 2005도3112]

【판시사항】

[1] 적시된 사실이 공공의 이익에 관한 것인지 여부의 판단 방법 및 공인(公人)의 공적 활동과 밀접한 관련이 있는 사안에 관하여 진실을 공표한 경우에 원칙적으로 공공의 이익에 관한 것이라는 증명이 있다고 볼 것인지 여부(적극)

[2] 인터넷신문 기자가 시의회의원이 시청공무원에게 욕설 등 폭언을 하며 질책하였다는 내용의 기사를 작성, 보도한 사안에서, 위 기사의 내용이 사실을 그대로 적시한 것으로 위 시의회의원을 비방할 목적을 인정하기 어렵다.

【이 유】

정보통신망 이용촉진 및 정보보호 등에 관한 법률 제61조 제1항의 사람을 비방할 목적이란 형법 제309조 제1항의 사람을 비방할 목적과 마찬가지로 가해의 의사 내지 목적을 요하는 것으로서 공공의 이익을 위한 것과는 행위자의 주관적 의도의 방향에 있어 서로 상반되는 관계에 있다고 할 것이므로, 적시된 사실이 공공의 이익에 관한 것인 경우에는 특별한 사정이 없는 한 비방할 목적은 부인된다고 봄이 상당하다. 한편, 적시된 사실이 공공의 이익에 관한 것인지 여부는 당해 명예훼손적 표현으로 인한 피해자가 공무원 내지 공적 인물과 같은 공인(公人)인지 아니면 사인(私人)에 불과한지 여부, 그 표현이 객관적으로 국민이 알아야 할 공공성, 사회성을 갖춘 공적 관심사안에 관한 것으로 사회의 여론형성 내지 공개토론에 기여하는 것인지 아니면 순수한 사적인 영역에 속하는 것인지 여부, 피해자가 그와 같은 명예훼손적 표현의 위험을 자초한 것인지 여부, 그리고 그 표현에 의하여 훼손되는 명예의 성격과 그 침해의 정도, 그 표현의 방법과 동기 등 제반 사정을 고려하여 판단하여야 할 것이고, 특히 공인의 공적 활동과 밀접한 관련이 있는 사안에 관하여 진실을 공표한 경우에는 원칙적으로 공공의 이익에 관한 것이라는 증명이 있는 것으로 보아야 할 것이며, 행위자의 주요한 동기 내지 목적이 공공의 이익을 위한 것인 이상 부수적으로 다른 개인적인 목적이나 동기가 내포되어 있더라도 공공의 이익에 관한 것으로 봄이 상당하다(대법원 2005. 4. 29. 선고 2003도2137 판결 참조).

---

1. 국립대학교 교수가 자신의 연구실 내에서 제자인 여학생을 성추행하였다는 내용의 글을 지역 여성단체가 인터넷 홈페이지 또는 소식지에 게재한 행위(소극) [대법원 2005. 4. 29. 선고, 2003도2137]

【판결요지】

국립대학교 교수가 자신의 연구실 내에서 제자인 여학생을 성추행하였다는 내용의 글을 지역 여성단체가 자신의 인터넷 홈페이지 또는 소식지에 게재한 사안에서, 국립대학교 교수인 피해자의 지위, 적시사실의 내용 및 성격, 표현의 방법, 동기 및 경위 등 제반 사정을 종합하여 볼 때, 비록 성범죄에 관한 내용이어서 명예의 훼손정도가 심각하다는 점까지를 감안한다 할지라도 인터넷 홈페이지 또는 소식지에 위와 같은 내용을 게재한 행위는 학내 성폭력 사건의 철저한 진상조사와 처벌 그리고 학내 성폭력의 근절을 위한 대책마련을 촉구하기 위한 목적으로 공공의 이익을 위한 것으로서 달리 비방의 목적이 있다고 단정할 수 없다.

309-9. 신문기사에 피해자의 성명 등이 명시되지 않았으나 '교육감 출마예상자', '모 상업계 교장' 등의 표현을 주위사정과 종합해 보면 피해자임을 특정할 수 있는 경우(적극) [대법원 2005. 6. 10. 선고, 2005도2316]

【판시사항】

형법 제309조 제2항의 출판물 등에 의한 명예훼손죄가 성립하려면 적시된 허위사실에 의하여 명예를 훼손당하게 될 피해자가 특정되어야 하나, 사람의 성명 등이 명시되지 아니하여 게재된 기사나 영상 자체만으로는 피해자를 인식하기 어렵게 되어 있더라도 그 표현의 내용을 주위사정과 종합해 보면 기사나 영상이 나타내는 피해자가 누구인지를 알 수 있고 또 그 사실을 아는 사람이 다수인 경우에는 피해자가 특정되었다고(대법원 1989. 11. 14. 선고 89도1744 판결 참조) 전제하여, 판시 이 사건 기사에는 '10년의 세월이 지나', '(경남)교육감 선거', '교육감 출마예상자', '전직 교육 고위 간부', '군(郡) 지역 고교 교장', '모 상업계 교장'이라고 기재된 사실을 포함한 판시사실을 인정하고, 그 판시와 같은 이유를 들어 이 사건 기사 내용의 당사자는 피해자임을 특정할 수 있고, 또한 경상남도 교육계에 종사하는 많은 사람들이 이 사건 기사 내용의 당사자가 피해자임을 알 수 있는 경우에 해당한다고 판단한 것은 정당하여 수긍이 가고, 거기에 채증법칙 위배, 심리미진 또는 명예훼손·피해자의 특정 등에 관한 법리오해의 위법이 없다.

309-10. 타인을 비방할 목적으로 허위사실인 기사의 재료를 신문기자에게 제공한 행위 (적극) [대법원 2004. 5. 14. 선고, 2003도5370]

【판시사항】

타인을 비방할 목적으로 허위사실인 기사의 재료를 신문기자에게 제공한 경우에 기사를 신문지상에 게재하느냐의 여부는 신문 편집인의 권한에 속한다고 할 것이나, 이를 편집인이 신문지상에 게재한 이상 기사의 게재는 기사 재료를 제공한 자의 행위에 기인한 것이므로 기사 재료의 제공 행위는 형법 제309조 제2항소정의 출판물에 의한 명예훼손죄의 죄책을 면할 수 없다(대법원 1994. 4. 12. 선고 93도3535 판결 참조).

따라서 피고인이 피해자를 비방할 목적으로 조선일보 기자에게 피고인이 동대표 선거에서 당선되고도 선거가 무효로 된 경위에 관하여 허위사실을 설명하고 자료를 제공하여, 그 내용을 진실한 것으로 오신한 기자로 하여금 조선일보에 허위기사를 게재하도록 하였다면 이는 출판물에의한명예훼손죄의 구성요건을 충족하므로, 피고인에 대하여 같은 죄가 성립하는 것으로 본 원심의 판단은 옳고, 거기에 출판물에의한명예훼손죄의 구성요건에 관한 법리를 오해한 위법이 있다고 할 수 없다.

한편, 형법 제309조 제1항 소정의 '비방할 목적'이란 가해의 의사 내지 목적을 요하는 것으로서 공공의 이익을 위한 것과는 행위자의 주관적 의도의 방향에 있어 서로 상반되는 관계에 있다고 할 것이므로, 형법 제310조의 공공의 이익에 관한 때에는 처벌하지 아니한다는 규정은 비방할 목적이 있어야 하는형법 제309조 제1항소정의 행위에 대하여는 적용되지 아니하고, 그 목적을 필요로 하지 않는형법 제307조 제1항의 행위에 한하여 적용되는 것이며, 반면에 적시한 사실이 공공의 이익에 관한 것인 경우에는 특별한 사정이 없는 한 비방 목적은 부인된다고 봄이 상당하므로 이와 같은 경우에는형법 제307조 제1항소정의 명예훼손죄의 성립 여부가 문제될 수 있고 이에 대하여는 다시 형법 제310조에 의한 위법성 조각 여부가 문제로 될 수 있다(대법원 1998. 10. 9. 선고 97도158 판결 참조).

---

1. 이미 사회의 일부에 잘 알려진 사실을 적시하여 사회적 평가를 저하시킬 행위(적극) [대법원 1994. 4. 12. 선고, 93도3535]

【판결요지】

명예훼손죄가 성립하기 위하여는 반드시 숨겨진 사실을 적발하는 행위만에 한하지 아니하고 이미 사회의 일부에 잘 알려진 사실이라고 하더라도 이를 적시하여 사람의 사회적 평가를 저하시킬 만한 행위를 한 때에는 명예훼손죄를 구성한다.

---

2. 형법 제309조 제1항 소정의 '기타 출판물'의 의미 [대법원 1998. 10. 9. 선고, 97도158]

【판시사항】

[1] 형법 제310조 소정의 '진실한 사실'의 의미

[2] 형법 제309조 제1항 소정의 '기타 출판물'의 의미

【판결요지】

[1] 형법은 명예에 관한 죄에 대하여 제307조 및 제309조에서 적시한 사실이 진실인지 허위인지에 따라 법정형을 달리 규정하고 제310조에서 진실한 사실로서 오로지 공공의 이익에 관한 때에는 처벌하지 아니하다고 규정하고 있는바, 여기서 '진실한 사실'이란 그 내용 전체의 취지를 살펴볼 때 중요한 부분이 객관적 사실과 합치되는 사실이라는 의미로서 세부(細部)에 있어 진실과 약간 차이가 나거나 다소 과장된 표현이 있더라도 무방하다.

[2] 형법 제309조 제1항 소정의 '기타 출판물'에 해당한다고 하기 위하여는, 사실적시의 방법으로서 출판물 등을 이용하는 경우 그 성질상 다수인이 견문할 수 있는 높은 전파성과 신뢰성 및 장기간의 보존가능성 등 피해자에 대한 법익침해의 정도가 더욱 크다는 데 그 가중처벌의 이유가 있는 점에 비추어 보면, 그것이 등록·출판된 제본 인쇄물이나 제작물은 아니라고 할지라도 적어도 그와 같은 정도의 효용과 기능을 가지고 사실상 출판물로 유통·통용될 수 있는 외관을 가진 인쇄물로 볼 수 있어야 한다.

---

3. 언론매체의 표현행위가 명예훼손죄의 사실 적시에 해당하는지 여부에 대한 판단 기준 [대법원 2000. 2. 25. 선고, 98도2188]

【판시사항】

[1] 언론매체의 표현행위가 명예훼손죄의 사실 적시에 해당하는지 여부에 대한 판단 기준

[2] 적시된 사실이 공공의 이익에 관한 것인 경우, 형법 제309조 소정의 '사람을 비방할 목적'이 부인되는지 여부(적극)

【판결요지】

[1] 신문 등 언론매체의 어떠한 표현행위가 명예훼손과 관련하여 문제가 되는 경우 그 표현이 사실을 적시하는 것인가, 아니면 단순히 의견 또는 논평을 표명하는 것인가, 또는 의견 또는 논평을 표명하는 것이라면 그와 동시에 묵시적으로라도 그 전제가 되는 사실을 적시하고 있는 것인가 그렇지 아니한가의 구별은, 당해 기사의 객관적인 내용과 아울러 일반의 독자가 보통의 주의로 기사를 접하는 방법을 전제로 기사에 사용된 어휘의 통상적인 의미, 기사의 전체적인 흐름, 문구의 연결 방법 등을 기준으로 판단하여야 하고, 여기에다가 당해 기사가 게재된 보다 넓은 문맥이나 배경이 되는 사회적 흐름 등도 함께 고려하여야 한다.

[2] 형법 제309조 소정의 '사람을 비방할 목적'이란 가해의 의사 내지 목적을 요하는 것으로서 공공의 이익을 위한 것과는 행위자의 주관적 의도의 방향에 있어 서로 상반되는 관계에 있다고 할 것이므로, 적시한 사실이 공공의 이익에 관한 것인 때에는 특별한 사정이 없는 한 비방의 목적은 부인된다.

309-11. 월간지 기사의 중요한 부분이 객관적 사실과 합치되고 다만 기사의 제목이 다소간의 과장 내지는 비유적인 표현에 해당한 경우(소극) [대법원 2004. 2. 13. 선고, 2003도6675]

【판시사항】

[1] 명예훼손죄에 있어서 적시된 사실이 허위의 사실인지 여부에 대한 판단 기준

[2] 월간지 기사의 중요한 부분이 객관적 사실과 합치되고 다만 기사의 제목이 다소간의 과장 내지는 비유적인 표현에 불과하다고 보아 전체적으로 허위의 사실을 적시한 것이라고 볼 수 없다.

【이유】

명예훼손죄에 있어서 적시된 사실이 허위의 사실인지 여부를 판단함에 있어서는 적시된 사실의 내용 전체의 취지를 살펴볼 때 중요한 부분이 객관적 사실과 합치되는 경우에는 세부(細部)에 있어서 진실과 약간 차이가 나거나 다소 과장된 표현이 있다 하더라도 이를 허위의 사실이라고 볼 수는 없다(대법원 2000. 2. 25. 선고 99도4757 판결 참조).

원심은, 그 채택 증거들을 종합하여, 운수회사인 피해자는 지입차주인 피고인 전현철과 사이에서 위 피고인이 지입료·제세공과금·보험료 등을 부담하여 납부하기로 하되 지입료를 체납하거나 피해자가 제세공과금 등을 대납하는 경우에는 그 금액에 대하여 월 1%의 지연손해금을 지급하기로 하는 위탁관리계약을 체결한 사실, 피해자가 1997. 10.경부터 2000. 10. 30.까지 사이에 위 피고인을 대신하여 합계 6,113,800원의 제세공과금 등을 대납하였음에도 위 피고인이 이를 변제하지 아니하자, 피해자는 2000. 11.경 위 피고인을 상대로 대구지방법원에 민사소송을 제기하면서 약정 지연손해금 이율인 연 12%를 훨씬 상회하는 연 25%로 계산한 지연손해금 3,493,160원을 원금 6,113,800원에 가산하여 그 합계 9,606,960원 및 이에 대한 법정 지연손해금을 청구한 사실 등 판시와 같은 사실을 인정한 다음, 위와 같이 피해자가 약정 이율에 의하지 아니한 채 임의로 고율을 적용하여 계산한 지연손해금을 청구한 것이 사실인 만큼, 이 사건 기사의 중요한 부분은

객관적 사실과 합치되고, 다만 기사의 제목에서 '운수회사인가 사채업자인가'라고 한 것은 다소 간의 과장 내지는 비유적인 표현에 불과하다고 할 것이므로, 이 사건 기사는 전체적인 취지로 보아 허위의 사실을 적시한 것이라고 볼 수 없고, 달리 이 사건 기사의 내용이 허위의 사실임을 인정할 증거가 없다는 이유로, 피고인들을 유죄로 인정한 제1심판결을 파기하고 무죄를 선고하였는 바, 기록과 위의 법리에 의하여 살펴보면, 이러한 원심의 조치는 옳은 것으로 수긍이 가고, 거기에 필요한 심리를 다하지 아니한 채 채증법칙을 어겨 사실을 오인하거나 출판물에 의한 명예훼손죄에 관한 법리를 오해한 위법 등이 없다.

309-12. 출판물에의한명예훼손죄의 주관적 요건 및 그 입증방법 [대법원 2002. 12. 10. 선고, 2001도7095]

【판결요지】
형법 제309조 제2항 소정의 출판물에 의한 명예훼손죄는 타인을 비방할 목적으로 신문, 잡지 또는 라디오 기타 출판물에 의하여 허위의 사실을 적시하여 타인의 명예를 훼손할 경우에 성립되는 범죄로서, <u>피고인이 범의를 부인하고 있는 경우에는 사물의 성질상 고의와 상당한 관련성이 있는 간접 사실을 증명하는 방법에 의하여 입증할 수밖에 없고, 무엇이 상당한 관련성이 있는 간접사실에 해당할 것인가는 정상적인 경험칙에 바탕을 두고 치밀한 관찰력이나 분석력에 의하여 사실의 연결상태를 합리적으로 판단하는 방법에 의하여야 한다.</u>

309-13. 제보자가 기사의 취재·작성과 직접적인 연관이 없는 자에게 허위의 사실을 알렸으나 그 사실이 신문에 보도된 경우, 제보자에게 출판물에 의한 명예훼손죄의 책임을 물을 수 있는지 여부(한정 소극) [대법원 2002. 6. 28. 선고, 2000도3045]

【판시사항】
[1] 제보자가 기사의 취재·작성과 직접적인 연관이 없는 자에게 허위의 사실을 알렸으나 그 사실이 신문에 보도된 경우, 제보자에게 출판물에 의한 명예훼손죄의 책임을 물을 수 있는지 여부(한정 소극)
[2] 의사가 의료기기 회사와의 분쟁을 정치적으로 해결하기 위하여 국회의원에게 허위의 사실을 제보하였을 뿐인데, 위 국회의원의 발표로 그 사실이 일간신문에 게재된 경우 출판물에 의한 명예훼손이 성립하지 아니한다.

【판결요지】
[1] 출판물에 의한 명예훼손죄는 간접정범에 의하여 범하여질 수도 있으므로 타인을 비방할 목적으로 허위의 기사 재료를 그 정을 모르는 기자에게 제공하여 신문 등에 보도되게 한 경우에도 성립할 수 있으나 <u>제보자가 기사의 취재·작성과 직접적인 연관이 없는 자에게 허위의 사실을 알렸을 뿐인 경우에는, 제보자가 피제보자에게 그 알리는 사실이 기사화 되도록 특별히 부탁하였다거나 피제보자가 이를 기사화 할 것이 고도로 예상되는 등의 특별한 사정이 없는 한, 피제보자가 언론에 공개하거나 기자들에게 취재됨으로써 그 사실이 신문에 게재되어 일반 공중에게 배포되더라도 제보자에게 출판·배포된 기사에 관하여 출판물에 의한 명예훼손죄의 책임을 물을 수는 없다.</u>

[2] 의사가 의료기기 회사와의 분쟁을 정치적으로 해결하기 위하여 국회의원에게 허위의 사실을 제보하였을 뿐인데, 위 국회의원의 발표로 그 사실이 일간신문에 게재된 경우 출판물에 의한 명예훼손이 성립하지 아니한다.

309-14. 컴퓨터 워드프로세서로 작성되어 프린트된 A4 용지 7쪽 분량의 인쇄물이 '기타 출판물'에 해당하는지(소극) [대법원 2000. 2. 11. 선고, 99도3048]

【판시사항】

[1] 형법 제309조 제1항 소정의 '기타 출판물'에 해당하기 위한 요건

[2] 컴퓨터 워드프로세서로 작성되어 프린트된 A4 용지 7쪽 분량의 인쇄물이 형법 제309조 제1항 소정의 '기타 출판물'에 해당하지 않는다고 본 사례

【판결요지】

[1] 형법이 출판물 등에 의한 명예훼손죄를 일반 명예훼손죄보다 중벌하는 이유는 사실적시의 방법으로서의 출판물 등의 이용이 그 성질상 다수인이 견문할 수 있는 높은 전파성과 신뢰성 및 장기간의 보존가능성 등 피해자에 대한 법익침해의 정도가 더욱 크다는 데 있는 점에 비추어 보면, 형법 제309조 제1항 소정의 '기타 출판물'에 해당한다고 하기 위하여는 그것이 등록·출판된 제본인쇄물이나 제작물은 아니라고 할지라도 적어도 그와 같은 정도의 효용과 기능을 가지고 사실상 출판물로 유통·통용될 수 있는 외관을 가진 인쇄물로 볼 수 있어야 한다.

[2] 컴퓨터 워드프로세서로 작성되어 프린트된 A4 용지 7쪽 분량의 인쇄물이 형법 제309조 제1항 소정의 '기타 출판물'에 해당하지 않는다고 본 사례

---

1. 모조지에 싸인펜으로 기재하여 만든 심입광고문(소극) [대법원 1986. 3. 25. 선고, 85도1143]

【판결요지】

가로 약 25센티미터, 세로 약 30센티미터되는 모조지 위에 싸인펜으로 특정인의 인적사항, 인상, 말씨 등을 기재하고 위 사람은 정신분열증 환자로서 무단가출하였으니 연락해 달라는 취지의 내용을 기재한 광고문은 형법 제309조에서 말하는 출판물에 해당한다고 보기 어렵다.

---

2. 장수가 2장에 불과하며 제본방법도 조잡한 것으로 보이는 최고서 사본(소극) [대법원 1997. 8. 26. 선고, 97도133]

【판결요지】

장수가 2장에 불과하며 제본방법도 조잡한 것으로 보이는 최고서 사본이 출판물이라고 할 수 있을 정도의 외관과 기능을 가진 인쇄물에 해당한다고 보기는 어렵다.

309-15. 언론매체의 기사가 명예를 훼손하는 내용인지 여부의 판단 기준 [대법원 1997. 10. 28. 선고, 96다38032]

【판결요지】

명예훼손이란 명예주체에 대한 사회적 평가를 저하시키는 일체의 행위를 의미하고, 신문이나 잡

지 등 언론매체가 특정인에 관한 기사를 게재한 경우 <u>그 기사가 특정인의 명예를 훼손하는 내용</u> <u>인지의 여부는 기사의 객관적인 내용과 아울러 일반 독자가 기사를 접하는 통상의 방법을 전제로</u> <u>기사의 전체적인 흐름, 사용된 어휘의 통상적인 의미, 문구의 연결 방법 등을 종합적으로 고려하</u> <u>여 그 기사가 독자에게 주는 전체적인 인상도 그 판단 기준으로 삼아야 한다.</u>

309-16. 다른 교단 소속 목사의 이단성 여부에 관한 연구 책자 중 그 목사 주장을 비판하고 명예를 침해하는 내용이 포함되어 있으나 그 내용 중요 부분이 진실에 합치하고 자기 교단의 교리 및 신자들의 보호를 위하여 주로 그들을 상대로 책자를 배포한 경우(소극) [대법원 1997. 8. 29. 선고, 97다19755]

【판결요지】

어느 교단이 그 산하 단체로 하여금 다른 교단 소속 목사의 주장의 이단성 여부에 관해 연구하게 한 후 그 결과를 책자에 게재하여 배포한 경우, 비록 그 공표 내용 중에 그 목사의 교리와 주장을 비판하고 그 명예를 침해하는 내용이 포함되어 있다고 할지라도, 이는 신앙의 본질적 내용으로서 최대한 보장받아야 할 종교적 비판의 표현 행위로서 그 안에 다소 과장되거나 부적절한 표현이 있다 하더라도 중요한 부분에 있어서 진실에 합치할 뿐만 아니라 자기 교단의 교리 보호와 그 산하 지도자들 및 신자들의 신앙 보호를 위하여 주로 그들을 상대로 주의를 촉구하는 취지에서 공표한 것이므로 위법성이 없다고 본 사례

> 1. 신학대학교 교수가 특정인의 명예를 훼손하는 사실을 적시하였으나 공공의 이익을 위한 것으로 본 사례 [대법원 1996. 4. 12. 선고, 94도3309]
> 【판결요지】
> 신학대학교의 교수가 출판물 등을 통하여 종교단체인 구원파를 이단으로 비판하는 과정에서 특정인을 그 실질적 지도자로 지목하여 명예를 훼손하는 사실을 적시하였으나 비방의 목적에서라기보다는 공공의 이익을 위하여 한 행위라고 판단한 사례

309-17. 조사보고서의 관련자료에 타인에 대한 고소장 사본을 첨부한 행위가 자신의 주장의 정당성을 입증하기 위한 자료의 제출행위로서 그 고소장의 내용에 다소 타인의 명예를 훼손하는 내용이 들어 있을 때(소극) ([대법원 1995. 3. 17. 선고, 93도923]

【판결요지】

피고인이 소속한 교단협의회에서 조사위원회를 구성하여 피고인이 목사로 있는 교회의 이단성 여부에 대한 조사활동을 하고 보고서를 그 교회 사무국장에게 작성토록 하자, <u>피고인이 조사보고</u> <u>서의 관련 자료에 피해자를 명예훼손죄로 고소했던 고소장의 사본을 첨부한 경우, 이는 자신의</u> <u>주장의 정당성을 입증하기 위한 자료의 제출행위로서 정당한 행위로 볼 것이지, 고소장의 내용에</u> <u>다소 피해자의 명예를 훼손하는 내용이 들어 있다 하더라도 이를 이유로 고소장을 첨부한 행위가</u> <u>위법하다고까지는 할 수 없다.</u>

309-18. 대간첩작전시의 기념촬영사진을 광주민주화운동 관련화보로 제공하여 월간잡지에 게재케 한 경우(적극) [대법원 1989. 11. 14. 선고, 89도1744]

【판시사항】

[1] 대간첩작전시의 기념촬영사진을 광주민주화운동 관련화보로 제공하여 월간잡지에 게재케 한 경우 비방의 목적이 있었다고 본 사례

[2] 출판물 등에 의한 명예훼손죄에 있어서의 피해자의 특정

【판결요지】

[1] 대간첩작전시의 기념촬영사진을 광주민주화운동 관련화보로 제공하여 월간잡지에 게재케 한 경우 비방의 목적이 있었다고 본 사례

[2] 형법 제309조 제2항의 출판물 등에 의한 명예훼손죄가 성립하려면 적시된 허위사실에 의하여 명예를 훼손당하게 될 피해자가 특정되어야 하나, 사람의 성명 등이 명시되지 아니하여 게재된 기사나 영상 자체만으로는 피해자를 인식하기 어렵게 되어 있더라도 그 표현의 내용을 주위사정과 종합해 보면 기사나 영상이 나타내는 피해자가 누구인가를 알 수 있고 또 그 사실을 아는 사람이 다수인 경우에는 피해자가 특정되어 있다고 볼 것이다.

309-19. 개인적 명예손상이 되는 사항을 기재한 종중세적을 배포한 행위(적극) [대법원 1983. 6. 14. 선고, 82도744]

【판결요지】

광주이씨 선조들의 업적을 기리고 후손들의 귀감으로 하려는 광리세적에 피고인과 피해자 사이의 개인적 명예손상의 내용이 되는 사항을 적어 넣어 종원들에게 배포한 피고인에게 피해자를 비방할 목적이 있다고 봄이 상당하다.

제310조[위법성의 조각]

제310조(위법성의 조각) 제307조제1항의 행위가 진실한 사실로서 오로지 공공의 이익에 관한 때에는 처벌하지 아니한다.

310-1. 형법 제310조에서 정한 '진실한 사실'과 '오로지 공공의 이익에 관한 때'의 의미 및 판단 기준
[대법원 2020. 8. 13. 선고, 2019도13404]

【판시사항】

[1] 형법 제310조에서 정한 '진실한 사실' 과 오로지 공공의 이익에 관한 때' 의 의미 및 판단 기준

[2] 적시된 사실이 진실한 것이라는 증명이 없더라도 행위자가 진실한 것으로 믿었고 그렇게 믿을 만한 상당한 이유가 있는 경우 형법 제310조에 따라 위법성이 조각되는지 여부(적극)

【이 유】

[1] 공연히 사실을 적시하여 사람의 명예를 훼손하는 행위가 진실한 사실로서 오로지 공공의 이익에 관한 때에는 형법 제310조에 따라 처벌할 수 없다. 여기서 '진실한 사실' 이란 그 내용 전체의 취지를 살펴볼 때 중요한 부분이 객관적 사실과 합치되는 사실이라는 의미로서 세부에 있어 진실과 약간 차이가 나거나 다소 과장된 표현이 있더라도 무방하다. '오로지 공공의 이익에 관한 때' 라 함은 적시된 사실이 객관적으로 볼 때 공공의 이익에 관한 것으로서 행위자도 주관적으로 공공의 이익을 위하여 그 사실을 적시한 것이어야 한다. 여기의 공공의 이익에 관한 것에는 널리 국가·사회 기타 일반 다수인의 이익에 관한 것뿐만 아니라 특정한 사회집단이나 그 구성원 전체의 관심과 이익에 관한 것도 포함한다. 적시된 사실이 공공의 이익에 관한 것인지 여부는 당해 적시 사실의 내용과 성질, 당해 사실의 공표가 이루어진 상대방의 범위, 그 표현의 방법 등 그 표현 자체에 관한 제반 사정을 감안함과 동시에 그 표현에 의하여 훼손되거나 훼손될 수 있는 명예의 침해 정도 등을 비교·고려하여 결정하여야 하며, 행위자의 주요한 동기 내지 목적이 공공의 이익을 위한 것이라면 부수적으로 다른 사익적 목적이나 동기가 내포되어 있더라도 형법 제310조의 적용을 배제할 수 없다(대법원 1997. 4. 11. 선고 97도88 판결, 대법원 1998. 10. 9. 선고 97도158 판결, 대법원 2001. 10. 9. 선고 2001도3594 판결 등 참조).

[2] 형법 제310조의 규정은 인격권으로서의 개인의 명예의 보호와 헌법 제21조에 의한 정당한 표현의 자유의 보장이라는 상충되는 두 법익의 조화를 꾀한 것이므로, 두 법익 간의 조화와 균형을 고려한다면 적시된 사실이 진실한 것이라는 증명이 없더라도 행위자가 진실한 것으로 믿었고 또 그렇게 믿을 만한 상당한 이유가 있는 경우에는 위법성이 없다고 보아야 한다(대법원 2007. 12. 14. 선고 2006도2074 판결 등 참조).

1. 명예훼손죄의 위법성조각사유 [대법원 1997. 4. 11. 선고, 97도88]
【판시사항】
[1] 명예훼손죄의 위법성조각사유

[2] 명예훼손죄의 위법성조각사유인 공공의 이익에 관한 것인지 여부의 판단 기준

[3] 한국국악협회 이사장 선거 전후에 걸쳐 이사장으로 입후보하여 당선된 자에 관한 사실을 적시한 행위
가, 개인적인 동기가 다소 개재되었다고 하더라도 공공의 이익을 위한 것으로서 위법성이 조각된다.

【판결요지】

[1] 공연히 사실을 적시하여 사람의 명예를 훼손한 행위가 형법 제310조에 따라서 위법성이 조각되어 처
벌되지 않기 위하여는 적시된 사실이 객관적으로 볼 때 공공의 이익에 관한 것으로서 행위자도 공공
의 이익을 위하여 그 사실을 적시한 것이어야 될 뿐만 아니라, 그 적시된 사실이 진실한 것이거나 적
어도 행위자가 그 사실을 진실한 것으로 믿었고 또 그렇게 믿을 만한 상당한 이유가 있어야 한다.

[2] 위 [1]항의 경우 공공의 이익에 관한 것이라 함은 널리 국가·사회 기타 일반 다수인의 이익에 관한
것뿐만 아니라 특정한 사회집단이나 그 구성원 전체의 이익에 관한 것도 포함된다고 할 것인바,
공공의 이익에 관한 것인지 여부는 적시된 사실 자체의 내용과 성질에 비추어 객관적으로 판단하
여야 할 것이고, 사실을 적시한 행위자의 주요한 목적이 공공의 이익을 위한 것이면 부수적으로
다른 목적이 있었다고 하더라도 형법 제310조의 적용을 배제할 수 없다.

---

2. 전국교직원노동조합 소속 교사가 작성·배포한 보도자료의 일부에 사실과 다른 기재가 있으나 전체적
으로 그 기재 내용이 진실인 경우(소극) [대법원 2001. 10. 9. 선고, 2001도3594]

【판시사항】

전국교직원노동조합 소속 교사가 작성·배포한 보도자료의 일부에 사실과 다른 기재가 있으나 전체적
으로 그 기재 내용이 진실하고 공공의 이익을 위한 것이라고 보아 명예훼손죄의 위법성이 조각된다.

---

3. 명예훼손행위자가 적시한 사실을 진실한 것으로 믿었고 그렇게 믿을 만한 상당한 이유가 있는 경우
에도 위법성이 조각되는지 여부(적극) [대법원 2007. 12. 14. 선고, 2006도2074]

【판시사항】

[1] 명예훼손행위자가 적시한 사실을 진실한 것으로 믿었고 그렇게 믿을 만한 상당한 이유가 있는 경우
에도 위법성이 조각되는지 여부(적극)

[2] 개인택시운송조합 전임 이사장이 새로 취임한 이사장의 비리에 관한 사실을 적시하여 조합원들에
게 유인물을 배포한 행위가 진실한 사실로서 공공의 이익에 관한 것이므로 위법성이 조각된다.

【이 유】

[1] 형법 제310조의 규정은 인격권으로서의 개인의 명예의 보호와 헌법 제21조에 의한 정당한 표현의
자유의 보장이라는 상충되는 두 법익의 조화를 꾀한 것이라고 보아야 할 것이므로, 두 법익간의
조화와 균형을 고려한다면 적시된 사실이 진실한 것이라는 증명이 없더라도 행위자가 진실한 것으
로 믿었고 또 그렇게 믿을 만한 상당한 이유가 있는 경우에는 위법성이 없다고 보아야 할 것이다
(대법원 1993. 6. 22. 선고 92도3160 판결 등 참조).

310-2. 재단법인 이사장 甲이 전임 이사장 乙에 대하여 재임 기간 중 재단법인의 재산을 횡령하였다고
고소하였다가 무고죄로 유죄판결을 받자, 피고인들이 甲의 퇴진을 요구하는 시위를 하면서 甲이
유죄판결을 받은 사실 등을 적시한 경우(소극) [대법원 2017. 6. 15. 선고, 2016도8557]

【판결요지】

피고인들이 甲의 범행전력을 적시함으로써 사회적 평가를 저하시키는 행위를 하였지만, 적시된 주된 사실이 진실에 부합하고 오로지 공공의 이익에 관한 것으로 위법성이 조각된다고 볼 여지가 충분하다.

---

1. '오로지 공공의 이익에 관한 때'의 의미 및 그 판단 기준 [대법원 2004. 10. 15. 선고, 2004도3912]

【판시사항】
[1] 형법 제310조에 정한 '오로지 공공의 이익에 관한 때'의 의미 및 그 판단 기준
[2] 대표이사에게 압력을 가하여 단체협상에서 양보를 얻어내기 위한 방법의 하나로 현수막과 피켓을 들고 확성기를 사용하여 반복해서 불특정다수의 행인을 상대로 소리치면서 거리행진 행위

【판결요지】
[1] 형법 제310조에서 '오로지 공공의 이익에 관한 때'라 함은 적시된 사실이 객관적으로 볼 때, 공공의 이익에 관한 것으로서 행위자도 주관적으로 공공의 이익을 위하여 그 사실을 적시한 것이어야 하는 것인데, 여기의 공공의 이익에 관한 것에는 널리 국가·사회 기타 일반 다수인의 이익에 관한 것뿐만 아니라 특정한 사회집단이나 그 구성원 전체의 관심과 이익에 관한 것도 포함하는 것이고, 적시된 사실이 공공의 이익에 관한 것인지 여부는 당해 적시사실의 내용과 성질, 당해 사실의 공표가 이루어진 상대방의 범위, 그 표현의 방법 등 그 표현 자체에 관한 제반 사정을 감안함과 동시에 그 표현에 의하여 훼손되거나 훼손될 수 있는 명예의 침해 정도 등을 비교·고려하여 결정하여야 한다.
[2] 회사의 대표이사에게 압력을 가하여 단체협상에서 양보를 얻어내기 위한 방법의 하나로 현수막과 피켓을 들고 확성기를 사용하여 반복해서 불특정다수의 행인을 상대로 소리치면서 거리행진을 함으로써 위 대표이사의 명예를 훼손한 행위가 공공의 이익을 위하여 사실을 적시한 것으로 볼 수 없어 위법성이 조각되지 아니한다.

310-3. '허위사실 적시에 의한 명예훼손죄'에 해당하는 행위에 형법 제310조가 적용되는지 여부(소극) [대법원 2015. 7. 9. 선고, 2013도4786]

【판시사항】
허위사실 적시에 의한 명예훼손죄에 해당하는 행위에 대하여는 위법성조각에 관한 형법 제310조는 적용될 여지가 없다(대법원 1993. 4. 13. 선고 92도234 판결, 대법원 2012. 5. 9. 선고 2010도2690 판결 등 참조).

310-4. 어떤 사실을 기초로 의견 또는 논평을 표명함으로써 타인의 명예를 훼손한 경우, 위법성이 조각되기 위한 요건 [대법원 2012. 11. 15. 선고, 2011다86782]

【판결요지】
어떤 사실을 기초로 의견 또는 논평을 표명함으로써 타인의 명예를 훼손하는 경우에도 그 행위가 공공의 이해에 관한 사항에 관계되고 그 목적이 공익을 도모하기 위한 것일 때에는 그와 같은 의견 또는 논평의 전제가 되는 사실이 중요한 부분에서 진실이라는 증명이 있거나 그 전제가 되는 사실이 중요한 부분에서 진실이라는 증명이 없더라도 표현행위를 한 사람이 그 전제가 되는 사실이 중요한 부분에서 진실이라고 믿을 만한 상당한 이유가 있는 경우에는 위법성이 없다고 보아야 한다.

1. 의견 또는 논평을 표명하는 표현행위로 타인의 명예를 훼손한 경우의 위법성 조각사유 [대법원 2008. 2. 1. 선고, 2005다8262]

【판시사항】

민사상 타인에 대한 명예훼손은 사실을 적시하는 표현행위뿐만 아니라 의견 또는 논평을 표명하는 표현행위에 의하여도 성립할 수 있는데, 어떤 사실을 기초로 하여 의견 또는 논평을 표명함으로써 타인의 명예를 훼손하는 경우에는 그 행위가 공공의 이해에 관한 사항에 관계되고, 그 목적이 공익을 도모하기 위한 것일 때에는 그와 같은 의견 또는 논평의 전제가 되는 사실이 중요한 부분에 있어서 진실이라는 증명이 있거나 그 전제가 되는 사실이 중요한 부분에 있어서 진실이라는 증명이 없더라도 표현행위를 한 사람이 그 전제가 되는 사실이 중요한 부분에 있어서 진실이라고 믿을 만한 상당한 이유가 있는 경우에는 위법성이 없다고 보아야 할 것이다(대법원 1999. 2. 9. 선고 98다31356 판결 참조).

310-5. 특정 상가건물관리회 회장이 위 관리회의 결산보고를 하면서 전 관리회장이 체납관리비 등을 둘러싼 분쟁으로 자신을 폭행하여 유죄판결을 받은 사실을 알린 사안(소극) [대법원 2008. 11. 13. 선고, 2008도6342]

【판시사항】

[1] 형법 제310조의 위법성조각사유에 해당하기 위한 요건인 '진실한 사실', '오로지 공공의 이익에 관한 때'의 의미와 판단 기준

[2] 특정 상가건물관리회의 회장이 위 관리회의 결산보고를 하면서 전 관리회장이 체납관리비 등을 둘러싼 분쟁으로 자신을 폭행하여 유죄판결을 받은 사실을 알린 사안에서, 건물관리회원 전체의 관심과 이익에 관한 것으로서 형법 제310조에 의하여 위법성이 조각된다.

【이 유】

공연히 사실을 적시하여 사람의 명예를 훼손한 행위가 형법 제310조에 따라서 위법성이 조각되어 처벌되지 않기 위해서는 적시된 사실이 객관적으로 볼 때 공공의 이익에 관한 것으로서 행위자도 공공의 이익을 위하여 그 사실을 적시한 것이어야 하는데, 여기서 공공의 이익에 관한 것이라 함은 널리 국가·사회 기타 일반 다수인의 이익에 관한 것뿐만 아니라 특정한 사회집단이나 그 구성원 전체의 이익에 관한 것도 포함된다고 할 것인바, 공공의 이익에 관한 것인지 여부는 적시된 사실 자체의 내용과 성질, 당해 사실의 공표가 이루어진 상대방의 범위, 그 표현의 방법 등 그 표현 자체에 관한 여러 사정을 감안함과 동시에 그 표현에 의하여 훼손되거나 훼손될 수 있는 명예의 침해 정도 등을 비교·고려하여 결정하여야 하고, 사실을 적시한 행위자의 주요한 목적이 공공의 이익을 위한 것이면 부수적으로 다른 목적이 있었다고 하더라도 형법 제310조의 적용을 배제할 수 없다(대법원 1997. 4. 11. 선고 97도88 판결, 대법원 2007. 12. 14. 선고 2006도2074 판결 등 참조).

1. 특정 제약회사를 비방하는 취지가 내용의 주조를 이루고 있는 글을 작성하여 국회의원이나 언론사, 다른 제약회사 등의 홈페이지에 게재한 행위(적극) [대법원 2004. 5. 28. 선고, 2004도1497]

【판시사항】

특정 제약회사를 비방하는 취지가 내용의 주조를 이루고 있는 글을 작성하여 국회의원이나 언론사, 다른 제약회사 등의 홈페이지에 게재한 행위가 형법 제310조 및 제20조에 해당하지 아니한다.

310-6. 형법 제310조의 규정이 정보통신망법 제61조 제2항 위반죄에도 적용되는지 여부(소극) [대법원 2008. 10. 23. 선고, 2008도6999]

【판시사항】

구 정보통신망이용촉진 및 정보보호 등에 관한 법률(2007. 12. 21. 법률 제8778호로 개정되기 전의 것) 제61조 제2항 소정의 '사람을 비방할 목적' 이란 가해의 의사 내지 목적을 요하는 것으로서, 공공의 이익을 위한 것과는 행위자의 주관적 의도의 방향에 있어 서로 상반되는 관계에 있다고 할 것이므로, 형법 제310조의 공공의 이익에 관한 때에는 처벌하지 아니한다는 규정은 사람을 비방할 목적이 있어야 하는 구 정보통신망이용촉진 및 정보보호 등에 관한 법률 제61조 제2항 소정의 행위에 대하여는 적용되지 아니한다.

310-7. 교장 甲이 여성기간제교사 乙에게 차 접대 요구와 부당한 대우를 하였다는 인상을 주는 내용의 글을 게재한 교사 丙의 명예훼손행위(소극) [대법원 2008. 7. 10. 선고, 2007도9885]

【판시사항】

여성 교원의 차 접대와 관련하여 이 사건 발생 3년 전부터 교육·여성 관련 행정기관에서 이를 금지하는 지침을 내려왔던 점, 교육현장에서의 남녀평등은 중요한 헌법적 가치이고, 교육문제는 교육 관련자들만의 문제가 아니라 학부모와 학생 등 국가사회 일반의 관심사항이며, 교육문제에 관하여 정보가 공개되고 공론의 장이 마련될 필요가 있는 점, 이 사건 글이 게재된 이후 교사 업무분장의 잘못과 부적절한 관행에 대하여 시정조치가 이루어진 점 등을 종합하여 보면, 이 사건 글을 게재한 주요 동기 내지 목적은 공공의 이익에 관한 것이라고 볼 수 있다고 판단하여, 위 피고인의 행위가 형법 제310조에 의하여 위법성이 조각되어 죄가 되지 않는다는 제1심의 판단을 유지하였다.

310-8. 언론사가 정치강연회에서 초청연사가 한 발언을 인용하는 방법으로 다른 언론사의 명예를 훼손하는 내용의 기사를 게재한 경우(소극) [대법원 2008. 4. 24. 선고, 2006다53214]

【판시사항】

[1] 언론매체가 사실을 적시하여 타인의 명예를 훼손한 경우의 위법성조각사유 및 인터넷상의 가상공동체의 자료실이나 게시판 등에 게시·저장된 자료에 터잡아 사실관계의 조사나 확인 없이 명예훼손행위를 한 경우, 그 내용이 진실이라고 믿을 만한 상당한 이유가 있다고 볼 수 있는지 여부(소극)

[2] 언론사가 정치강연회에서 초청연사가 한 발언을 인용하는 방법으로 다른 언론사의 명예를 훼손하는 내용의 기사를 게재한 사안

【판결요지】

[1] 언론매체가 사실을 적시하여 타인의 명예를 훼손하는 행위를 한 경우에도 그것이 공공의 이해에 관한 사항으로서 그 목적이 오로지 공공의 이익을 위한 것일 때에는 적시된 사실이 진실이라는

증명이 있거나 그 증명이 없다 하더라도 행위자가 그것을 진실이라고 믿었고 또 그렇게 믿을 상당한 이유가 있으면 위법성이 없다. 인터넷에서 무료로 취득한 공개 정보는 누구나 손쉽게 복사·가공하여 게시·전송할 수 있는 것으로서, 그 내용의 진위가 불명확함은 물론 궁극적 출처도 특정하기 어려우므로, 특정한 사안에 관하여 관심이 있는 사람들이 접속하는 인터넷상의 가상공동체 (cyber community)의 자료실이나 게시판 등에 게시·저장된 자료를 보고 그에 터잡아 달리 사실관계의 조사나 확인이 없이 다른 사람의 사회적 평판을 저하시킬 만한 사실의 적시를 하였다면, 가사 행위자가 그 내용이 진실이라 믿었다 한들 그렇게 믿을 만한 상당한 이유가 있다고 보기 어렵다.

[2] 별도의 사실확인 절차 없이 내용의 진위가 불명확하고 출처도 특정하기 어려운 인터넷 게시물에 근거한 위 발언을 진실이라고 믿을 만한 상당한 이유가 있다고 볼 수는 없지만, 제반 사정상 위 기사는 언론사에 대한 정당한 감시와 비판 기능의 수행으로서 보호되어야 할 범위에 속하므로 그 명예훼손행위가 악의적이거나 현저히 상당성을 잃어 위법하다고 볼 수 없다.

---

1. 언론매체에 의한 명예훼손에 있어서 위법성 조각 사유 및 그 사유 중 '그 목적이 오로지 공공의 이익을 위한 것일 때'와 '진실한 사실'의 의미 [대법원 2006. 3. 23. 선고, 2003다52142]

【판시사항】

[1] 언론매체에 의한 명예훼손에 있어서 위법성 조각 사유 및 그 사유 중 '그 목적이 오로지 공공의 이익을 위한 것일 때'와 '진실한 사실'의 의미

[2] 언론사의 주식투자 문제에 관한 방송보도에 대하여, 그 보도가 공공의 이해에 관한 사항으로서 그 목적이 공공의 이익을 위한 것이고, 주요 부분에 허위사실의 적시가 있었다고 할 수 없어 위법성이 조각된다고 한 원심의 판단을 수긍한 사례

【판결요지】

[1] 방송 등 언론매체가 사실을 적시하여 타인의 명예를 훼손하는 행위를 한 경우에도 그것이 공공의 이해에 관한 사항으로서 그 목적이 오로지 공공의 이익을 위한 것일 때에는 적시된 사실이 진실이라는 증명이 있거나 그 증명이 없다 하더라도 행위자가 그것을 진실이라고 믿었고 또 그렇게 믿을 상당한 이유가 있으면 위법성이 없다고 보아야 할 것인바, 여기서 '그 목적이 오로지 공공의 이익을 위한 것일 때'라 함은 적시된 사실이 객관적으로 볼 때 공공의 이익에 관한 것으로서 행위자도 공공의 이익을 위하여 그 사실을 적시한 것을 의미하는데, 행위자의 주요한 목적이나 동기가 공공의 이익을 위한 것이라면 부수적으로 다른 사익적 목적이나 동기가 내포되어 있더라도 무방하고, 여기서 '진실한 사실'이라고 함은 그 내용 전체의 취지를 살펴볼 때 중요한 부분이 객관적 사실과 합치되는 사실이라는 의미로서 세부에 있어 진실과 약간 차이가 나거나 다소 과장된 표현이 있더라도 무방하다.

[2] 방송사가 언론사의 주식투자 문제를 다루면서 특정 신문사가 언론사로서의 힘을 이용하여 싼 이자로 돈을 대출받은 의혹이 있고 이 돈을 주식에 투자하여 막대한 평가이익을 거두었다고 보도한 데 대하여, 위 방송보도는 공공의 이해에 관한 사항으로서 사익적 동기가 다소 내포되어 있지만 그 주요 목적과 동기가 공공의 이익을 위한 것이고, 취득한 주식 수를 사실과 달리 보도하는 등 사소한 부분에 오류 내지 과장이 있으나 주요 부분에 허위사실의 적시가 있었다고 할 수 없으므로 위법성이 조각된다.

310-9. 학교가 합리적이고 정상적으로 운영되게 할 목적으로 공연히 사실을 적시하였더라도, 피해자들의 거주지 앞에서 그들의 주소까지 명시한 경우(적극) [대법원 2008. 3. 14. 선고, 2006도6049]

【판시사항】

피고인들이 적시한 사실이 피해자들이 거주하는 아파트 주민들과 관련이 있다고 볼 수 없고, 달리 피고인들이 피해자들의 주소까지 명시하여야 할 사정이 보이지 아니하는 점 등에 비추어, 피고인들이 피해자들이 거주하는 아파트 앞에서 피해자들의 주소까지 명시하여 피해자들의 명예를 훼손한 것을 두고 오로지 공공의 이익에 관한 것이라고 보기는 어렵다고 할 것이다.

310-10. 명예훼손적 표현이 사실의 적시인지 또는 의견·논평의 표명에 해당하는지 여부의 구별 기준 [대법원 2008. 1. 24. 선고, 2005다58823]

【판시사항】

[1] 명예훼손으로 인한 손해배상청구소송에서 적시된 사실의 허위성 및 위법성조각사유에 대한 증명책임의 분배

[2] 명예훼손적 표현이 사실의 적시인지 또는 의견·논평의 표명에 해당하는지 여부 구별 기준

[3] 명예훼손 행위자가 적시한 사실을 진실이라고 믿을 상당한 이유가 있는지 여부의 판단 시점 및 증거자료의 범위

[4] 언론·출판을 통한 명예훼손행위의 위법성 조각사유의 내용 및 판단 기준

【판결요지】

[1] 언론·출판을 통해 사실을 적시함으로써 타인의 명예를 훼손한 경우, 원고가 청구원인으로 그 적시된 사실이 허위사실이거나 허위평가라고 주장하며 손해배상을 구하는 때에는 그 허위성에 대한 입증책임은 원고에게 있고, 다만 피고가 그 적시된 사실이 진실한 사실로서 오로지 공공의 이익에 관한 것이므로 위법성이 없다고 항변할 경우 그 위법성을 조각시키는 사유에 대한 증명책임은 피고에게 있다.

[2] 타인에 대한 명예훼손은 사실을 적시하는 방법으로 행해질 수도 있고, 의견을 표명하는 방법으로 행해질 수도 있는바, 그 표현이 사실을 적시하는 것인가, 아니면 단순히 의견 또는 논평을 표명하는 것인가, 또는 의견 또는 논평을 표명하는 것이라면 그와 동시에 묵시적으로라도 그 전제가 되는 사실을 적시하고 있는 것인가 그렇지 아니한가의 구별은, 당해 표현의 객관적인 내용과 아울러 일반인이 보통의 주의로 그 표현을 접하는 방법을 전제로 거기에 사용된 어휘의 통상적인 의미, 전체적인 흐름, 문구의 연결 방법 등을 기준으로 판단하여야 하고, 여기에다가 당해 표현이 게재된 보다 넓은 문맥이나 배경이 되는 사회적 흐름 등도 함께 고려하여야 하는 것이다.

[3] 타인의 명예를 훼손하는 표현이 진실한 사실인지, 행위자가 그것을 진실이라고 믿을 상당한 이유가 있는지 여부는 표현 당시의 시점에서 판단되어야 하지만, 그렇더라도 그 전후에 밝혀진 사실들을 참고하여 표현 시점에서의 진실성 및 상당성 유무를 가릴 수 있으므로, 표현 행위 후에 수집된 증거자료도 그 판단의 증거로 삼을 수 있다.

[4] 언론·출판을 통해 사실을 적시함으로써 타인의 명예를 훼손하는 행위를 한 경우에도 그것이 공공의 이해에 관한 사항으로서 그 목적이 오로지 공공의 이익을 위한 것인 때에는 진실한 사실이라는 것이 증명되면 그 행위에 위법성이 없고, 또한 그 진실성이 증명되지 아니하더라도 행위자가 그것을 진실이라고 믿을 만한 상당한 이유가 있는 경우에는 위법성이 없다고 보아야 할 것이나, 그 표현 내용이 진실이라고 믿을 만한 상당한 이유가 있는지의 여부는 적시된 사실의 내용, 진실이라고 믿게 된 근거나 자료의 확실성과 신빙성, 사실 확인의 용이성, 피해자의 피해 정도 등 여러 사정을 종합하여 행위자가 적시 내용의 진위 여부를 확인하기 위하여 적절하고도 충분한 조사를 다하였는가, 그 진실성이 객관적이고도 합리적인 자료나 근거에 의하여 뒷받침되는가 하는 점에 비추어 판단하여야 한다.

---

1. 사생활과 관련된 사항의 공개가 사생활의 비밀을 침해하는 것으로서 위법하다고 하기 위한 요건 [대법원 2006. 12. 22. 선고, 2006다15922]

【판결요지】

사생활과 관련된 사항의 공개가 사생활의 비밀을 침해하는 것으로서 위법하다고 하기 위하여는 적어도 공표된 사항이 일반인의 감수성을 기준으로 하여 그 개인의 입장에 섰을 때 공개되기를 바라지 않을 것에 해당하고 아울러 일반인에게 아직 알려지지 않은 것으로서 그것이 공개됨으로써 그 개인이 불쾌감이나 불안감을 가질 사항 등에 해당하여야 한다.

---

2. 피의사실 공표로 인한 명예훼손의 경우, 그 진실성에 관한 오신의 상당성 여부의 판단 시점(공표 당시) 및 증거자료의 사용 범위 [대법원 1996. 8. 20. 선고, 94다29928]

【판시사항】

[1] 피의사실 공표로 인한 명예훼손의 경우, 그 진실성에 관한 오신의 상당성 여부의 판단 시점(공표 당시) 및 증거자료의 사용 범위

[2] 수사기관의 피의사실 공표로 인하여 피의자의 명예가 훼손된 사안에서, 피의사실이 진실이라고 믿은 데에 상당한 이유가 없다는 이유로, 보도자료의 작성·배포에 관여한 경찰서장과 수사경찰관 및 국가의 연대배상책임을 인정한 사례

【판결요지】

[1] 피의사실 공표로 인한 명예훼손의 경우, 공표한 피의사실의 진실성에 관한 오신에 상당성이 있는지 여부는 발표 당시의 시점에서 판단되어야 하지만 발표 당시의 시점에서 판단한다고 하더라도 그 전후의 수사과정과 밝혀진 사실들을 참고하여야 발표시점에서의 상당성 여부를 가릴 수 있는 것이므로, 발표 후에 수집된 증거자료도 상당성 인정의 증거로 사용할 수 있다.

[2] 수사기관이 피의자의 자백을 받아 기자들에게 보도자료를 배포하는 방법으로 피의사실을 공표함으로써 피의자의 명예가 훼손된 사안에서, 피의사실이 진실이라고 믿은 데에 상당한 이유가 없다는 이유로, 보도자료의 작성·배포에 관여한 경찰서장과 수사경찰관 및 국가의 연대배상책임을 인정한 사례

310-11. 언론기관이 수사가 진행중인 범죄혐의사실을 보도함에 있어 취해야 할 주의의무의 내용 [대법원 2007. 6. 29. 선고, 2005다55510]

【판시사항】

[1] 언론기관이 수사가 진행중인 범죄혐의사실을 보도함에 있어 취해야 할 주의의무의 내용

[2] 범죄혐의사실 보도로 인한 명예훼손의 경우, 그 진실성에 관한 오신의 상당성 여부의 판단기준시점 및 보도 후에 수집된 증거자료도 상당성 인정의 증거로 사용할 수 있는지 여부(적극)

【이 유】

보도 내용이 수사기관이나 그에 준하는 국가기관 등에 의하여 수사 또는 조사가 진행중인 범죄혐의사실에 관한 것일 경우, 일반 독자들로서는 보도된 범죄혐의사실의 진실 여부를 확인할 수 있는 별다른 방도가 없을 뿐만 아니라 언론기관이 가지는 권위와 그에 대한 신뢰에 기하여 보도 내용을 그대로 진실로 받아들이는 경향이 있고, 언론매체의 보도가 가지는 광범위하고도 신속한 전파력으로 인하여 사후 정정보도나 반박보도 등의 조치에 의한 피해구제만으로는 사실상 충분한 명예회복을 기대할 수 없는 것이 보통이므로, 보도 내용의 진실 여하를 불문하고 그러한 보도 자체만으로도 범죄혐의자나 피해자 또는 그 주변 인물들이 입게 되는 피해의 심각성을 고려할 때, 이러한 범죄혐의사실을 보도함에 있어 언론기관으로서는 <u>보도에 앞서 범죄혐의사실의 진실성을 뒷받침할 적절하고도 충분한 취재를 하여야 함은 물론이고, 보도 내용 또한 객관적이고도 공정하여야 할 뿐만 아니라, 무죄추정의 원칙에 입각하여 보도의 형식 여하를 불문하고 혐의에 불과한 사실에 대하여 유죄를 암시하거나 독자들로 하여금 유죄의 인상을 줄 우려가 있는 용어나 표현을 사용하여서는 안 된다고 할 것이고, 한편 보도한 범죄혐의사실의 진실성에 관한 오신에 상당성이 있는지 여부는 보도 당시의 시점에서 판단되어야 하지만 보도 당시의 시점에서 판단한다고 하더라도 그 전후의 수사과정과 밝혀진 사실들을 참고하여야 보도시점에서의 상당성 여부를 가릴 수 있는 것이므로, 보도 후에 수집된 증거자료도 상당성 인정의 증거로 사용할 수 있다.</u>

310-12. 형법 제310조의 위법성조각사유에 해당하기 위한 요건 및 그 증명 책임의 소재 [대법원 2007. 5. 10., 선고, 2006도8544

【판결요지】

<u>방송 등 언론매체가 사실을 적시하여 타인의 명예를 훼손하는 행위를 한 경우 형법 제310조에 의하여 처벌되지 않기 위해서는 적시된 사실이 객관적으로 볼 때 공공의 이익에 관한 것으로서 행위자도 공공의 이익을 위하여 그 사실을 적시한 것이어야 될 뿐만 아니라, 그 적시된 사실이 진실한 것이거나 적어도 행위자가 그 사실을 진실한 것으로 믿었고, 또 그렇게 믿을 만한 상당한 이유가 있어야 할 것이며</u> (대법원 2002. 9. 24. 선고 2002도3570 판결 등 참조), 한편 그것이 진실한 사실로서 오로지 공공의 이익에 관한 때에 해당된다는 점은 행위자가 증명하여야 한다(대법원 1996. 10. 25. 선고 95도1473 판결 등 참조).

위와 같은 법리에 비추어 기록을 살펴보면, 14개 교육·시민단체가 시교육청 기자실에서 학교급식제도 개선촉구를 위한 공동기자회견을 열어 배포한 기자회견문 중 제11항의 '공산품 관련 모 업체는 학교 급식업체 선정 과정에서 5%의 리베이트를 주는 조건을 제시하여 6개 학교에서 선정되었으며, 그 중 1개 학교에서는 그 리베이트로 간식을 넣어주고 있다' 라는 사실이 진실한 것이 아님

에도 불구하고, 언론기관 소속 보도기자인 피고인이 위 교육·시민단체의 담당자 또는 위 '공산품 관련 모 업체'로 지목된 (상호 생략)유통을 상대로 진위 확인을 위한 조사를 제대로 하지 아니한 채 기자회견문 및 그 질의응답과정에서 알려진 추가적 사실만을 기초로 하여 마치 독자적인 취재에 의하여 (상호 생략)유통이 6개 학교에 리베이트를 제공한 대가로 급식 납품업체로 선정된 것을 확인한 것처럼 단정적인 기사를 작성·보도하였는바, 이 사건에서 신속한 보도가 요구되거나 취재원의 신빙성이 담보되는 등의 특단의 사정이 없는 한 피고인이 교육·시민단체가 제공한 기자회견문의 내용이 진실하다고 믿은 데에 상당한 이유가 있다고 보기는 어렵다고 할 것이다.

310-13. 공적 관심사안에 관하여 진실하거나 진실이라고 봄이 상당한 사실을 공표한 경우에 '공공의 이익'에 관한 것이라는 증명이 있는 것으로 볼 수 있는지 여부(한정 적극) [대법원 2007. 1. 26. 선고, 2004도1632]

【판시사항】

형법 제310조에서 말하는 '공공의 이익'의 의미 및 공적 관심사안에 관하여 진실하거나 진실이라고 봄이 상당한 사실을 공표한 경우에 '공공의 이익'에 관한 것이라는 증명이 있는 것으로 볼 수 있는지 여부(한정 적극)

【판결요지】

형법 제310조에서 말하는 공공의 이익에는 널리 국가, 사회 기타 일반 다수인의 이익에 관한 것뿐만 아니라 특정 사회집단이나 그 구성원 전체의 관심과 이익에 관한 것도 포함되고, 행위자의 주요한 동기 내지 목적이 공공의 이익을 위한 것이라면 부수적으로 다른 개인적인 목적 또는 동기가 내포되어 있거나 그 표현에 있어서 다소 모욕적인 표현이 들어 있다 하더라도 형법 제310조의 적용을 배제할 수 없다. 나아가 공인이나 공적 기관의 공적 활동 혹은 정책에 대하여는 국민의 알 권리와 다양한 사상, 의견의 교환을 보장하는 언론의 자유의 측면에서 그에 대한 감시와 비판기능이 보장되어야 하므로 명예를 훼손당한 자가 공인인지, 그 표현이 객관적으로 국민이 알아야 할 공공성, 사회성을 갖춘 공적 관심사안에 관한 것으로 사회의 여론형성 내지 공개토론에 기여하는 것인지, 피해자가 그와 같은 명예훼손적 표현의 위험을 자초한 것인지 여부 등의 사정도 적극 고려되어야 한다. 따라서 이러한 공적 관심사안에 관하여 진실하거나 진실이라고 봄에 <u>상당한 사실을 공표한 경우에는 그것이 악의적이거나 현저히 상당성을 잃은 공격에 해당하지 않는 한 원칙적으로 공공의 이익에 관한 것이라는 증명이 있는 것으로 보아야 한다.</u>

310-14. 아파트 동대표인 피고인이 자신에 대한 부정비리 의혹을 해명하기 위하여 그 의혹제기자가 명예훼손죄로 입건된 사실 등을 기재한 문서를 아파트 입주민들에게 배포한 행위(소극) [대법원 2005. 7. 15. 선고, 2004도1388]

【판결요지】

아파트 동대표인 피고인이 자신에 대한 부정비리 의혹을 해명하기 위하여 그 의혹제기자가 명예훼손죄로 입건된 사실 등을 기재한 문서를 아파트 입주민들에게 배포한 사안에서, 문서에 기재된 내용이 대체로 객관적인 사실과 일치하고, 배포가 이루어진 상대방의 범위가 제한되며, 그 표현방법도 위 의혹제기자를 비방하는 표현이 없는 점 등 제반 사정에 비추어, 위 문서 배포행위가 오로지 공공의 이익을 위하여 진실한 사실을 적시한 경우로서 형법 제310조의 위법성조각사유에 해당한다.

310-15. 명예훼손의 피해자가 공직자인 경우, 위법성조각사유의 입증책임이 전환되는지 여부(소극)
[대법원 2003. 9. 2. 선고, 2002다63558]

【판결요지】

방송 등 언론 매체가 사실을 적시하여 개인의 명예를 훼손하는 행위를 한 경우에도 그것이 공공의 이해에 관한 사항으로서 그 목적이 오로지 공공의 이익을 위한 것일 때에는 적시된 사실이 진실이라는 증명이 있으면 그 행위에 위법성이 없다 할 것이고, 그 증명이 없더라도 행위자가 그것을 진실이라고 믿을 상당한 이유가 있는 경우에는 역시 위법성이 없다고 보아야 하지만, 명예훼손의 피해자가 공직자라고 하여 위 진실성이나 상당한 이유의 입증책임을 피해자가 부담하여야 한다고 볼 수는 없다.

---

1. 언론 매체의 명예훼손행위에 있어 적시된 사실이 역사적 사실과 관련된 경우, 진실이라고 믿을 상당한 이유가 있었는지의 판단 방법 [대법원 1998. 2. 27. 선고, 97다19038]

【판시사항】

[1] 언론 매체의 명예훼손행위에 있어 적시된 사실이 역사적 사실과 관련된 경우, 진실이라고 믿을 상당한 이유가 있었는지의 판단 방법
[2] 백범 김구 선생 암살사건의 논픽션드라마에서 배후로 묘사된 자의 명예훼손에 대하여, 방송사의 고의·과실이 없다는 이유에서 불법행위책임이 성립되지 않는다.

【판결요지】

[1] 언론 매체의 명예훼손행위와 관련하여 적시된 사실이 진실이라고 믿을 상당한 이유가 있는지의 여부를 판단함에 있어서는 적시된 사실의 내용, 진실이라고 믿게 된 근거나 자료의 확실성, 표현 방법 등 여러 사정을 종합하여 판단하여야 하고, 특히 적시된 사실이 역사적 사실인 경우 시간이 경과함에 따라 점차 망인이나 그 유족의 명예보다는 역사적 사실에 대한 탐구 또는 표현의 자유가 보호되어야 하고 또 진실 여부를 확인할 수 있는 객관적 자료에도 한계가 있어 진실 여부를 확인하는 것이 용이하지 아니한 점도 고려되어야 한다.

---

2. 정당 대변인의 정치적인 논평의 위법성을 판단함에 있어서 고려되어야 할 특수성 [대법원 2003. 7. 8. 선고, 2002다64384]

【판시사항】

[1] 언론·출판의 자유와 명예보호 사이의 한계설정에 있어서 심사기준
[2] 정당 대변인의 정치적인 논평의 위법성을 판단함에 있어서 고려되어야 할 특수성
[3] 정당 대변인이 절도범의 진술을 믿고서 전라북도 도지사가 사택에 미화를 보관하고 있다가 도난당하였음에도 이를 은폐하고 있다는 내용의 성명을 발표한 것이 고위공직자의 도덕성이라는 공적 사안에 관한 정당 대변인의 정치적 논평에 해당한다고 하여 위법성을 인정하지 않은 사례

【판결요지】

[1] 언론·출판의 자유와 명예보호 사이의 한계를 설정함에 있어서는, 당해 표현으로 명예를 훼손당하게 되는 피해자가 공적인 존재인지 사적인 존재인지, 그 표현이 공적인 관심사안에 관한 것인지 순수한 사적인 영역에 속하는 사안에 관한 것인지 등에 따라 그 심사기준에 차이를 두어, 공공적·사회적인 의미를 가진 사안에 관한 표현의 경우에는 언론의 자유에 대한 제한이 완화되어야 하고, 특히 공직자의 도덕성, 청렴성에 대하여는 국민과 정당의 감시기능이 필요함에 비추어 볼 때, 그 점에 관한 의혹의 제기는 악의적이거나 현저히 상당성을 잃은 공격이 아닌 한 쉽게 책임을 추궁하여서는 안 된다.

[2] 민주정치제도하에서는 정당활동의 자유도 너무나 중요하여 그 보장에 소홀함이 있어서는 아니되고, 정당의 정치적 주장에는 국민의 지지를 얻기 위하여 어느 정도의 수사적인 과장표현은 용인될 수 있으므로, 정당 대변인의 정치적인 논평의 위법성을 판단함에 있어서는 이러한 특수성이 고려되어야 한다.

310-16. 수사기관의 피의사실 공표행위가 허용되기 위한 요건 및 그 위법성 조각 여부의 판단 기준
[대법원 2002. 9. 24. 선고, 2001다49692]

【판결요지】

일반 국민들은 사회에서 발생하는 제반 범죄에 관한 알권리를 가지고 있고 수사기관이 피의사실에 관하여 발표를 하는 것은 국민들의 이러한 권리를 충족하기 위한 방법의 일환이라 할 것이나, 한편 헌법 제27조 제4항은 형사피고인에 대한 무죄추정의 원칙을 천명하고 있고, 형법 제126조는 검찰, 경찰 기타 범죄수사에 관한 직무를 행하는 자 또는 이를 감독하거나 보조하는 자가 그 직무를 행함에 당하여 지득한 피의사실을 공판청구 전에 공표하는 행위를 범죄로 규정하고 있으며, 형사소송법 제198조는 검사, 사법경찰관리 기타 직무상 수사에 관계 있는 자는 비밀을 엄수하며 피의자 또는 다른 사람의 인권을 존중하여야 한다고 규정하고 있는바, 수사기관의 피의사실 공표행위는 공권력에 의한 수사결과를 바탕으로 한 것으로 국민들에게 그 내용이 진실이라는 강한 신뢰를 부여함은 물론 그로 인하여 피의자나 피해자 나아가 그 주변 인물들에 대하여 치명적인 피해를 가할 수도 있다는 점을 고려할 때, 수사기관의 발표는 원칙적으로 일반 국민들의 정당한 관심의 대상이 되는 사항에 관하여 객관적이고도 충분한 증거나 자료를 바탕으로 한 사실 발표에 한정되어야 하고, 이를 발표함에 있어서도 정당한 목적하에 수사결과를 발표할 수 있는 권한을 가진 자에 의하여 공식의 절차에 따라 행하여져야 하며, 무죄추정의 원칙에 반하여 유죄를 속단하게 할 우려가 있는 표현이나 추측 또는 예단을 불러일으킬 우려가 있는 표현을 피하는 등 그 내용이나 표현 방법에 대하여도 유념하지 아니하면 아니 된다 할 것이므로, 수사기관의 피의사실 공표행위가 위법성을 조각하는지의 여부를 판단함에 있어서는 공표 목적의 공익성과 공표 내용의 공공성, 공표의 필요성, 공표된 피의사실의 객관성 및 정확성, 공표의 절차와 형식, 그 표현 방법, 피의사실의 공표로 인하여 생기는 피침해이익의 성질, 내용 등을 종합적으로 참작하여야 한다.

1. 담당 검사가 피의자가 피의사실을 강력히 부인하고 있음에도 불구하고 추가 보강수사를 하지 않은 채 참고인 측의 불확실한 진술만을 근거로 마치 피의자의 범행이 확정된 듯한 표현을 사용하여 기자들에게 피의사실을 공표한 경우(적극) [대법원 1999. 1. 26. 선고, 97다10215]

【판시사항】

[1] 담당 검사가 피의자가 피의사실을 강력히 부인하고 있음에도 불구하고 추가 보강수사를 하지 않은 채 참고인 측의 불확실한 진술만을 근거로 마치 피의자의 범행이 확정된 듯한 표현을 사용하여 기자들에게 피의사실을 공표한 경우, 위법성이 조각되지 않는다.

[2] 신문보도가 "…혐의를 받고 있다."는 형식으로 되어 있고 또 피의자가 그러한 혐의를 받고 있는 것이 사실이라 하더라도 보도 내용이 피의자의 범행사실을 단정하는 듯한 문구를 사용하고 있고 그 피의사실이 사실이라는 증명이 없는 이상 그 신문보도가 진실이라는 입증은 없다고 본 사례

[3] 신문보도에 의한 표현의 자유의 허용 한계

[4] 신문기자가 담당 검사로부터 취재한 피의사실을 그 진위 여부에 관한 별도의 조사 및 확인 없이 보도했으나 위 기사가 검사가 소정의 절차에 의하여 행한 발표 및 배포 자료를 기초로 객관적으로 작성되어 있는 경우, 그 기사 내용이 진실이 아니라고 하여도 위법성이 조각된다고 본 사례

[5] 일간신문사의 기자가 타 신문사의 기사 내용과 피의자에 대한 구속영장 사본만을 열람하고 별도의 취재 없이 마치 자신의 직접 취재에 의하여 피의자의 범행이 확인된 것처럼 단정적으로 기사를 게재한 경우, 피의자에 대한 명예훼손행위의 위법성이 조각되지 않는다.

【판결요지】

[1] 담당 검사가 피의자가 피의사실을 강력히 부인하고 있었음에도 불구하고 추가 보강수사를 하지 않은 채 참고인들의 불확실한 진술만을 근거로 피의자의 범행동기나 그가 유출한 회사기밀의 내용 및 경쟁업체 관계자들에 대한 향후 수사확대 방향 등에 관하여 상세히 언급함으로써 마치 피의자의 범행이 확정된 듯한 표현을 사용하여 각 언론사의 기자들을 상대로 언론에 의한 보도를 전제로 피의사실을 공표한 경우, 피의사실 공표행위의 위법성이 조각되지 않는다.

[2] 신문 기사의 제목이 본문에 비하여 활자의 크기나 지면 면적이 훨씬 크고 피의자의 범행을 단정하는 듯한 문구를 사용하고 있으며 본문의 내용 또한 피의자의 범행동기와 그가 누설한 회사기밀의 내용을 구체적으로 적시하고 있고 피의자의 범행이 진실임을 전제로 수사당국이 수사의 범위를 확대할 예정인 것처럼 검찰관계자의 말을 그대로 인용하고 있는 경우, 그 보도가 "…혐의를 받고 있다."는 형식으로 되어 있고 또 피의자가 그러한 혐의를 받고 있는 것이 사실이라 하더라도 피의자가 회사기밀을 누설한 것이 사실이라는 증명이 없는 이상 그 신문보도가 진실이라는 입증은 없다.

[3] 신문보도에 의한 표현의 자유가 헌법에 의하여 보장되는 권리라고 할지라도 그로 인하여 개인의 명예나 사생활의 자유와 비밀이라는 또다른 법익이 침해되는 결과를 초래하게 될 경우에는 표현의 자유로 얻어지는 이익과 인격권의 보호에 의하여 달성되는 가치를 비교형량하여 그 위법성의 조각 여부를 판단하지 아니하면 아니되고, 이러한 이익을 비교형량함에 있어서는 보도 목적의 공익성과 보도 내용의 공공성, 보도 매체의 성격과 보도 내용이 신속한 보도를 요하는 것인가의 여부, 보도의 근거가 된 정보원(情報源)의 신빙성, 보도 내용의 진실성과 공정성 및 그 표현 방법, 보도로 인하여 피해자 등이 입게 될 피해의 정도 등 여러 사정을 종합하여 판단하여야 한다.

[4] 신문기자가 담당 검사로부터 취재한 피의사실을 그 진위 여부에 관한 별도의 조사 및 확인 없이 보도했으나 위 기사가 검사가 소정의 절차에 의하여 행한 발표 및 배포 자료를 기초로 객관적으로 작성되어 있는 경우, 그 기사 내용이 진실이 아니라고 하여도 위법성이 조각된다고 본 사례

[5] 일간신문사 기자가 타 신문사의 기사 내용과 피의자에 대한 구속영장 사본만을 열람한 것만으로는 위 기자가 기사 내용의 진실성을 담보하기 위하여 필요한 취재를 다한 것이라고 할 수 없고, 더욱이 피의자가 범행혐의를 받고 있을 뿐임에도 불구하고 마치 자신의 직접 취재에 의하여 그 범행이

확인된 것처럼 단정적으로 기사를 게재한 경우, 일간신문에 있어서의 보도의 신속성이란 공익적인 요소를 고려한다고 하더라도, 이러한 기사를 게재한 것이 피의자에 대한 명예훼손행위의 위법성을 조각하게 할 정도에 이른 것이라고 볼 수 없다.

310-17. 종교적 비판의 표현행위로 인한 명예훼손의 경우, 위법성 여부의 판단 방법 [대법원 1996. 9. 6. 선고, 96다19246]

【판결요지】

다른 종교나 종교집단을 비판할 권리는 최대한 보장받아야 할 것인데, 그로 인하여 타인의 명예 등 인격권을 침해하는 경우에 종교의 자유 보장과 개인의 명예보호라는 두 법익을 어떻게 조정할 것인지는, 그 비판행위로 얻어지는 이익, 가치와 공표가 이루어진 범위의 광협, 그 표현 방법 등 그 비판행위 자체에 관한 제반 사정을 감안함과 동시에 그 비판에 의하여 훼손되거나 훼손될 수 있는 타인의 명예 침해의 정도를 비교·고려하여 결정하여야 한다.

1. 개인의 사적인 신상에 관하여 적시된 사실도 그 적시의 주요한 동기가 공공의 이익을 위한 것이라면 형법 제310조 소정의 공공의 이익에 관한 것으로 볼 수 있는지 여부 [대법원 1996. 4. 12. 선고, 94도3309]

【판결요지】

개인의 사적인 신상에 관한 사실이라고 하더라도 그가 관계하는 사회적 활동의 성질이나 이를 통하여 사회에 미치는 영향력의 정도 등의 여하에 따라서는 그 사회적 활동에 대한 비판 내지 평가의 한 자료가 될 수 있는 것이므로 개인의 사적인 신상에 관하여 적시된 사실도 그 적시의 주요한 동기가 공공의 이익을 위한 것이라면 위와 같은 의미에서 형법 제310조 소정의 공공의 이익에 관한 것으로 볼 수 있는 경우가 있다.

310-18. 출판물 등에 의한 명예훼손행위는 오로지 공공의 이익을 위한 행위였다 하더라도 위법성이 조각될 수 없는지 여부(소극) [대법원 1995. 6. 30. 선고, 95도1010]

【판결요지】

형법 제307조 제1항의 명예훼손행위가 진실한 사실로서 오로지 공공의 이익에 관한 때에는 위법성이 조각되나 형법 제309조 제1항의 출판물 등에 의한 명예훼손행위는 그것이 오로지 공공의 이익을 위한 행위였다고 하더라도 위법성이 조각되지 않음은 형법 제310조의 규정에 비추어 명백하다.

1. 형법 제310조 규정의 적용범위 [대법원 1986. 5. 27. 선고, 85도785]

【판결요지】

형법 제310조가 동법 제307조 제1항의 행위가 진실한 사실로서 오로지 공공의 이익에 관한 때에는 처벌하지 아니한다라고 규정하고 있으므로 위 제310조는 동법 제307조 제1항의 행위에 한하여 적용되는 것이고 제309조 위반행위에 대하여는 적용되지 않는다.

310-19. 적시된 사실이 공공의 이익에 관한 것인지 여부의 판단기준 [대법원 1993. 6. 22. 선고, 92도3160]

【판시사항】

[1] 적시된 사실이 공공의 이익에 관한 것인지 여부의 판단기준

[2] 노동조합 조합장이 전임 조합장의 업무처리 내용 중 근거자료가 불명확한 부분에 대하여 대자보를 작성 부착한 행위가 공공의 이익을 위한 것이고 적시된 내용을 진실이라고 믿고 그렇게 믿은 데에 상당한 이유가 있다 하여 위법성이 조각된다고 본 사례

【판결요지】

[1] 적시된 사실이 공공의 이익에 관한 것인지 여부는 사실 자체의 내용과 성질에 비추어 객관적으로 판단하여야 하고, 행위자의 주요한 목적이 공공의 이익을 위한 것이면 부수적으로 다른 사익적 동기가 내포되어 있더라도 형법 제310조의 적용을 배제할 수 없다.

---

1. 공공의 이익을 위한 동기에 피해자를 비방할 목적도 함께 있을 경우 형법 제310조의 적용가부(적극)
   [대법원 1989. 2. 14. 선고, 88도899]

【판시사항】

[1] 명예훼손과 위법성 조각사유

[2] 공공의 이익을 위한 동기에 피해자를 비방할 목적도 함께 있을 경우 형법 제310조의 적용가부(적극)

【판결요지】

[1] 교회담임목사를 출교처분한다는 취지의 교단산하 재판위원회의 판결문은 성질상 교회나 교단 소속 신자들 사이에서는 당연히 전파, 고지될 수 있는 것이므로 위 판결문을 복사하여 예배를 보러온 신도들에게 배포한 행위에 의하여 그 목사의 개인적인 명예가 훼손된다 하여도 그것은 진실한 사실로서 오로지 교단 또는 그 산하교회 소속신자들의 이익에 관한 때에 해당하거나 적어도 사회상규에 위배되지 아니하는 행위에 해당하여 위법성이 없다.

[2] '[1]'항의 경우 피고인들의 소행에 피해자를 비방할 목적이 함께 숨어 있었다고 하더라도 그 주요한 동기가 공공의 이익을 위한 것이라면 형법 제310조의 적용을 배제할 수 없다.

제311조[모욕]

> 제311조(모욕) 공연히 사람을 모욕한 자는 1년 이하의 징역이나 금고 또는 200만원 이하의 벌금에 처한다. 〈개정 1995. 12. 29.〉

311-1. 모욕죄의 보호법익(=외부적 명예) 및 모욕죄에서 말하는 '모욕'의 의미 [대법원 2018. 11. 29. 선고, 2017도2661]

【판시사항】

[1] 모욕죄의 보호법익(=외부적 명예) 및 모욕죄에서 말하는 '모욕'의 의미 / 상대방의 인격적 가치에 대한 사회적 평가를 저하시킬 만한 것이 아닌 표현이 다소 무례한 방법으로 표시된 경우, 모욕죄의 구성요건에 해당하는지 여부(소극)

[2] 甲 주식회사 해고자 신분으로 노동조합 사무장직을 맡아 노조활동을 하는 피고인이 노사 관계자 140여 명이 있는 가운데 큰 소리로 피고인보다 15세 연장자로서 甲 회사 부사장인 乙을 향해 "야 ○○아, ○○이 여기 있네, 니 이름이 ○○이잖아, ○○아 나오니까 좋지?" 등으로 여러 차례 乙의 이름을 불러 乙을 모욕하였다는 내용으로 기소된 사안에서, 제반 사정을 종합하면, 피고인의 위 발언은 상대방을 불쾌하게 할 수 있는 무례하고 예의에 벗어난 표현이기는 하지만 객관적으로 乙의 인격적 가치에 대한 사회적 평가를 저하시킬 만한 모욕적 언사에 해당하지 않는다.

【판결요지】

[1] 형법 제311조의 모욕죄는 사람의 가치에 대한 사회적 평가를 의미하는 외부적 명예를 보호법익으로 하는 범죄로서, 모욕죄에서 말하는 **모욕이란** 사실을 적시하지 아니하고 사람의 사회적 평가를 저하시킬 만한 추상적 판단이나 경멸적 감정을 표현하는 것을 의미한다. 따라서 어떠한 표현이 상대방의 인격적 가치에 대한 사회적 평가를 저하시킬 만한 것이 아니라면 설령 그 표현이 다소 무례한 방법으로 표시되었다 하더라도 이를 두고 모욕죄의 구성요건에 해당한다고 볼 수 없다.

[2] 甲 주식회사 해고자 신분으로 노동조합 사무장직을 맡아 노조활동을 하는 피고인이 노사 관계자 140여 명이 있는 가운데 큰 소리로 피고인보다 15세 연장자로서 甲 회사 부사장인 乙을 향해 "야 ○○아, ○○이 여기 있네, 니 이름이 ○○이잖아, ○○아 나오니까 좋지?" 등으로 여러 차례 乙의 이름을 불러 乙을 모욕하였다는 내용으로 기소된 사안에서, 甲 회사는 노사분규로 노조와 사용자가 극심한 대립을 겪고 있고, 그러한 과정에서 사용자 측의 부당노동행위가 사실로 확인되는 등 노사간 갈등이 격화된 점, 乙은 사용자 측 교섭위원들과 노사교섭을 하였다가 노조 간부 丙이 乙에게 욕설을 하여 교섭이 결렬되었고, 그 후 노사 양측이 교섭을 이어나갔으나 피고인과 丙이 乙에게 다시 욕설을 하여 노사교섭이 파행된 점, 乙 등을 비롯한 관리자 40여 명이 시설관리권 행사 명목으로 노조가 설치한 미승인 게시물을 철거하기 위하여 모이자, 이를 제지하기 위해 노조 조합원 100여 명이 모여 서로 대치하였는데, 피고인은 사용자 측의 게시물 철거행위가 노조활동을 방해하고 노동운동에 대해 간섭하는 것으로 여겨 화가 나 위와 같이 말하였던 점 및 피고인과 乙의 관계, 피고인이 이러한 발언을 하게 된 경위, 발언의 의미와 전체적인 맥락, 발언

을 한 장소와 발언 전후의 정황을 종합하면, 피고인의 위 발언은 상대방을 불쾌하게 할 수 있는 무례하고 예의에 벗어난 표현이기는 하지만 객관적으로 乙의 인격적 가치에 대한 사회적 평가를 저하시킬 만한 모욕적 언사에 해당한다고 보기 어렵다는 이유로, 이와 달리 본 원심판단에 형법상 모욕의 의미에 관한 법리를 오해한 잘못이 있다.

---

1. 명예훼손죄 및 모욕죄의 보호법익과 그 구별의 기준 [대법원 1987. 5. 12. 선고, 87도739]

【판결요지】

명예훼손죄와 모욕죄의 보호법익은 다같이 사람의 가치에 대한 사회적 평가인 이른바 외부적 명예인 점에서는 차이가 없으나 다만 명예훼손은 사람의 사회적 평가를 저하시킬 만한 구체적 사실의 적시를 하여 명예를 침해함을 요하는 것으로서 구체적 사실이 아닌 단순한 추상적 판단이나 경멸적 감정의 표현으로서 사회적 평가를 저하시키는 모욕죄와 다르다.

---

2. 관리소장 甲의 업무처리에 항의하기 위해 관리소장실을 방문한 자리에서 甲과 언쟁을 하다가 "야, 이따위로 일할래.", "나이 처먹은 게 무슨 자랑이냐."라고 말한 경우(소극) [대법원 2015. 9. 10. 선고, 2015도2229]

【판시사항】

아파트 입주자대표회의 감사인 피고인이 관리소장 甲의 업무처리에 항의하기 위해 관리소장실을 방문한 자리에서 甲과 언쟁을 하다가 "야, 이따위로 일할래.", "나이 처먹은 게 무슨 자랑이냐."라고 말한 사안

【판결요지】

피고인과 甲의 관계, 피고인이 발언을 하게 된 경위와 발언의 횟수, 발언의 의미와 전체적인 맥락, 발언을 한 장소와 발언 전후의 정황 등에 비추어 볼 때, <u>피고인의 발언은 상대방을 불쾌하게 할 수 있는 무례하고 저속한 표현이기는 하지만 객관적으로 甲의 인격적 가치에 대한 사회적 평가를 저하시킬 만한 모욕적 언사에 해당하지 않는다.</u>

---

3. 신고를 받고 출동한 경찰관 甲에게 늦게 도착한 데 대하여 항의하는 과정에서 "아이 씨발!"이라고 말한 사안(소극) [대법원 2015. 12. 24. 선고, 2015도6622]

【판시사항】

피고인이 택시 기사와 요금 문제로 시비가 벌어져 112 신고를 한 후, 신고를 받고 출동한 경찰관 甲에게 늦게 도착한 데 대하여 항의하는 과정에서 "아이 씨발!"이라고 말한 사안

【판결요지】

제반 사정에 비추어 피고인의 발언은 직접적으로 <u>피해자를 특정하여 그의 인격적 가치에 대한 사회적 평가를 저하시킬 만한 경멸적 감정을 표현한 모욕적 언사에 해당한다고 단정하기 어렵다.</u>

311-2. 인터넷 포털 사이트에서 강제탈퇴시킨 후 보여준 태도에 대하여 불만을 가지고 댓글에'선무당이 사람 잡는다, 자승자박, 아전인수, 사필귀정, 자업자득, 자중지란, 공황장애 ㅋ'라고 게시한 경우(소극) [대법원 2018. 5. 30. 선고, 2016도20890]

【판시사항】

피고인이 공소외인이 인터넷 포털 사이트 '○○'의 다른 카페에서 다른 회원을 강제탈퇴시킨 후 보여준 태도에 대하여 불만을 가지고 댓글을 게시하게 된 사실, 피고인이 게시한 댓글 내용은 '선무당이 사람 잡는다, 자승자박, 아전인수, 사필귀정, 자업자득, 자중지란, 공황장애 ㅋ'라 고 되어 있는 사실을 알 수 있다. 위 사실관계에 나타난 피고인의 댓글 게시 경위, 댓글의 전체 내용과 표현 방식, 공황장애의 의미(뚜렷한 근거나 이유 없이 갑자기 심한 불안과 공포를 느끼는 공황 발작이 되풀이해서 일어나는 병) 등을 종합하면, 피고인이 댓글로 게시한 '공황장애 ㅋ'라 는 표현이 상대방을 불쾌하게 할 수 있는 무례한 표현이기는 하나, 상대방의 인격적 가치에 대한 사회적 평가를 저하시킬 만한 표현에 해당한다고 보기는 어렵다.

311-3. 택시요금문제로 경찰관인 피해자가 피고인에게 "손님, 요금을 지불하고 귀가하세요."라고 말하자 피고인이 피해자를 향해 "뭐야. 개새끼야.","뭐 하는 거야. 새끼들아.","씨팔놈들아. 개새끼야."라고 큰소리로 욕설를 한 경우(적극) [대법원 2017. 4. 13. 선고, 2016도15264]

【판시사항】

모욕죄가 성립하기 위하여 피해자의 외부적 명예가 현실적으로 침해되거나 구체적·현실적으로 침해될 위험이 발생하여야 하는지 여부(소극)

【이 유】

피고인이 택시를 타고 목적지까지 갔음에도 택시기사에게 택시요금을 주지 않자 택시기사가 경찰서 지구대 앞까지 운전하여 간 다음 112 신고를 하였고, 위 지구대 앞길에서 피해자를 포함한 경찰관들이 위 택시에 다가가 피고인에게 택시요금을 지불하라고 요청하자 피고인이 "야! 뭐 야!"라고 소리를 쳐서 피고인을 택시에서 내리게 한 후, 피해자가 피고인에게 "손님, 요금을 지불하고 귀가하세요."라고 말하자 피고인이 피해자를 향해 "뭐야. 개새끼야.", "뭐 하는 거야. 새끼들아.", "씨팔놈들아. 개새끼야."라고 큰소리로 욕설를 한 사실을 알 수 있다.

위와 같은 피고인의 발언 내용과 그 당시의 주변 상황, 경찰관이 현장에서 피고인에게 위와 같은 권유를 하게 된 경위 등을 종합해 보면, 당시 피고인에게 정당한 요금을 지불하게 하고 안전하게 귀가하게 하기 위하여 법집행을 하려는 경찰관 개인을 향하여 경멸적 표현을 담은 욕설을 함으로써 경찰관 개인의 인격적 가치에 대한 평가를 저하시킬 위험이 있는 모욕행위를 하였다고 볼 것이고, 이를 단순히 당시 상황에 대한 분노의 감정을 표출하거나 무례한 언동을 한 정도에 그친 것으로 평가하기는 어렵다. 그리고 설령 그 장소에 있던 사람들이 전후 경과를 지켜보았기 때문에 피고인이 근거 없이 터무니없는 욕설을 한다는 사정을 인식할 수 있었다고 하더라도 공연성 및 전파가능성도 있었다고 보이는 이상, 피해자인 경찰관 개인의 외부적 명예를 저하시킬 만한 추상적 위험을 부정할 수는 없다고 할 것이다.

311-4. 국가나 지방자치단체가 명예훼손죄 또는 모욕죄의 피해자가 될 수 있는지 여부(소극) [대법원 2016. 12. 27. 선고, 2014도15290]

【판결요지】

형법이 명예훼손죄 또는 모욕죄를 처벌함으로써 보호하고자 하는 사람의 가치에 대한 평가인 외부적 명예는 개인적 법익으로서, 국민의 기본권을 보호 내지 실현해야 할 책임과 의무를 지고 있는 공권력의 행사인 국가나 지방자치단체는 기본권의 수범자일 뿐 기본권의 주체가 아니고, 정책결정이나 업무수행과 관련된 사항은 항상 국민의 광범위한 감시와 비판의 대상이 되어야 하며 이러한 감시와 비판은 그에 대한 표현의 자유가 충분히 보장될 때에 비로소 정상적으로 수행될 수 있으므로, 국가나 지방자치단체는 국민에 대한 관계에서 형벌의 수단을 통해 보호되는 외부적 명예의 주체가 될 수는 없고, 따라서 명예훼손죄나 모욕죄의 피해자가 될 수 없다.

311-5. 집단표시에 의한 모욕이 집단 구성원 개개인에 대한 모욕죄를 구성하는 경우 및 구체적인 판단 기준 [대법원 2014. 3. 27. 선고, 2011도15631]
　【판결요지】
모욕죄는 특정한 사람 또는 인격을 보유하는 단체에 대하여 사회적 평가를 저하시킬 만한 경멸적 감정을 표현함으로써 성립하므로 그 피해자는 특정되어야 한다.
그리고 이른바 집단표시에 의한 모욕은, 모욕의 내용이 집단에 속한 특정인에 대한 것이라고는 해석되기 힘들고, 집단표시에 의한 비난이 개별구성원에 이르러서는 비난의 정도가 희석되어 구성원 개개인의 사회적 평가에 영향을 미칠 정도에 이르지 아니한 경우에는 구성원 개개인에 대한 모욕이 성립되지 않는다고 봄이 원칙이고, 비난의 정도가 희석되지 않아 구성원 개개인의 사회적 평가를 저하시킬 만한 것으로 평가될 경우에는 예외적으로 구성원 개개인에 대한 모욕이 성립할 수 있다. 한편 구성원 개개인에 대한 것으로 여겨질 정도로 구성원 수가 적거나 당시의 주위 정황 등으로 보아 집단 내 개별구성원을 지칭하는 것으로 여겨질 수 있는 때에는 집단 내 개별구성원이 피해자로서 특정된다고 보아야 할 것인데, 구체적인 기준으로는 집단의 크기, 집단의 성격과 집단 내에서의 피해자의 지위 등을 들 수 있다.

311-6. 임대아파트의 분양전환과 관련하여 임차인이 관리사무소의 방송시설을 이용하여 임차인대표회의의 전임회장을 비판한 경우(소극) [대법원 2008. 12. 11. 선고, 2008도8917]
　【판시사항】
임대아파트의 분양전환과 관련하여 임차인이 아파트 관리사무소의 방송시설을 이용하여 임차인대표회의 전임회장을 비판하며 "전 회장의 개인적인 의사에 의하여 주택공사의 일방적인 견해에 놀아나고 있기 때문에"라고 한 표현이 전체 문언상 모욕죄의 '모욕'에 해당하지 않는다.

---

1. "아무것도 아닌 똥꼬다리 같은 놈"이라는 구절 [대법원 1989. 3. 14. 선고, 88도1397]
　【판결요지】
모욕적인 언사일 뿐 구체적인 사실의 적시라고 할 수 없고 "잘 운영되어 가는 어촌계를 파괴하려 한다"는 구절도 구체적인 사실의 적시라고 할 수 없으므로 명예훼손죄에 있어서의 사실의 적시에 해당한다고 볼 수 없다.

311-7. "부모가 그런 식이니 자식도 그런 것이다"와 같은 표현(소극) [대법원 2007. 2. 22. 선고, 2006도8915]

【판결요지】

상대방의 기분이 다소 상할 수 있다고 하더라도 그 내용이 너무나 막연하여 그것만으로 곧 상대방의 명예감정을 해하여 형법상 모욕죄를 구성한다고 보기는 어렵다.

311-8. "애꾸눈, 병신"이라는 발언내용이 구체적 사실을 적시한 것인지 여부(=모욕) [대법원 1994. 10. 25. 선고, 94도1770]

【판결요지】

"애꾸눈, 병신" 이라는 발언 내용은 피고인이 피해자를 모욕하기 위하여 경멸적인 언사를 사용하면서 욕설을 한 것에 지나지 아니하고, 피해자의 사회적 가치나 평가를 저하시키기에 충분한 구체적 사실을 적시한 것이라고 보기는 어렵다.

> 1. 명예훼손죄에 있어서 "사실의 적시"의 의미 및 단지 "빨갱이 계집년" "첩년"등이라고 욕한 경우의 죄책 (= 모욕) [대법원 1981. 11. 24. 선고, 81도2280]
> 【판결요지】
> 명예훼손죄에 있어서 '사실의 적시'라 함은 사람의 사회적 평가를 저하시키는데 충분한 구체적 사실을 적시하는 것을 말하므로, 이를 적시하지 아니하고 단지 모멸적인 언사를 사용하여 타인의 사회적 평가를 경멸하는, 자기의 추상적 판단을 표시하는 것 ("빨갱이 계집년" "만신(무당)" "첩년"이라고 말한 것)은 사람을 모욕한 경우에 해당하고, 명예훼손죄에는 해당하지 아니한다.

> 2. 피해자에 대하여 "야 이 개같은 잡년아, 시집을 열두번을 간 년아, 자식도 못 낳는 창녀같은 년"이라고 큰소리 친 경우(=모욕) [대법원 1985. 10. 22. 선고, 85도1629]
> 【판결요지】
> 위 발언내용은 그 자체가 피해자의 사회적 평가를 저하시킬 만한 구체적 사실이라기 보다는 피해자의 도덕성에 관하여 가지고 있는 추상적 판단이나 경멸적인 감정표현을 과장되게 강조한 욕설에 지나지 아니하여 형법 제311조의 모욕에는 해당할지언정, 형법 제307조 제1항의 명예훼손에 해당한다고 보기 어렵다.

311-9. 6인이 있는 자리에서 피해자가 듣는 가운데 피해자를 경멸하는 욕설 섞인 표현을 한 경우의 모욕죄 성립 여부(적극) [대법원 1990. 9. 25. 선고, 90도873]

【판결요지】

동네사람 4명과 구청직원 2명 등이 있는 자리에서 피해자가 듣는 가운데 구청직원에게 피해자를 가리키면서 '저 망할년 저기 오네'라고 피해자를 경멸하는 욕설 섞인 표현을 하였다면 피해자를 모욕하였다고 볼 수 있다.

제312조[고소와 피해자의 의사]

> 제312조(고소와 피해자의 의사) ① 제308조와 제311조의 죄는 고소가 있어야 공소를 제기할 수 있다. 〈개정 1995. 12. 29.〉
> ② 제307조와 제309조의 죄는 피해자의 명시한 의사에 반하여 공소를 제기할 수 없다. 〈개정 1995. 12. 29.〉

312-1. 반의사불벌죄에 있어서 피해자가 처벌을 희망하지 아니하는 의사표시나 처벌을 희망하는 의사표시의 철회를 하였다고 인정하기 위한 요건 [대법원 2001. 6. 15. 선고, 2001도1809]

【판결요지】

반의사불벌죄에 있어서 피해자가 처벌을 희망하지 아니하는 의사표시나 처벌을 희망하는 의사표시의 철회를 하였다고 인정하기 위해서는 피해자의 진실한 의사가 명백하고 믿을 수 있는 방법으로 표현되어야 한다.

【이 유】

형법 제312조 제2항에 의하면, 형법 제309조의 출판물등에의한명예훼손죄는 피해자의 고소가 있어야 공소를 제기할 수 있는 이른바 친고죄가 아니라 피해자의 명시한 의사에 반하여 공소를 제기할 수 없는 이른바 반의사불벌죄이므로, 피해자 1이 피고인을 고소한 일이 없다고 하더라도 이 사건 공소제기의 효력에는 아무런 영향이 없다 할 것이다.

또한, 반의사불벌죄에 있어서 피해자가 처벌을 희망하지 아니하는 의사표시나 처벌을 희망하는 의사표시의 철회를 하였다고 인정하기 위해서는 피해자의 진실한 의사가 명백하고 믿을 수 있는 방법으로 표현되어야 할 것이다.

312-2. 고소가 어떠한 사항에 관한 것인가의 여부는 고소인이 고소장에 붙인 죄명이나 그 죄에 기재한 사실에 구애 되는지 여부(소극) [대법원 1981. 6. 23. 선고, 81도1250]

【판결요지】

고소가 어떠한 사항에 관한 것인가의 여부는 고소장에 붙인 죄명에 구애될 것이 아니라 고소의 내용에 의하여 결정하여야 할 것이므로 고소장에 명예훼손죄의 죄명을 붙이고 그 죄에 관한 사실을 적었으나 그 사실이 명예훼손죄를 구성하지 않고 모욕죄를 구성하는 경우에는 위 고소는 모욕죄에 대한 고소로서의 효력을 갖는다.

제34장 신용, 업무와 경매에 관한 죄

제313조[신용훼손]

> 제313조(신용훼손) 허위의 사실을 유포하거나 기타 위계로써 사람의 신용을 훼손한 자는 5년 이하의 징역 또는 1천500만원 이하의 벌금에 처한다. 〈개정 1995. 12. 29.〉

313-1. 신용훼손죄에서 '신용'의 의미 [대법원 2011. 5. 13. 선고, 2009도5549]

【판시사항】

[1] 신용훼손죄에서 '신용' 의 의미

[2] 퀵서비스 운영자인 피고인이 허위사실을 유포하여 손님들로 하여금 불친절하고 배달을 지연시킨 사업체가 경쟁관계에 있는 피해자 운영의 퀵서비스인 것처럼 인식하게 한 사안

【판결요지】

[1] 형법 제313조의 신용훼손죄에서 **신용** 은 경제적 신용, 즉 사람의 지급능력 또는 지급의사에 대한 사회적 신뢰를 의미한다.

[2] 퀵서비스 운영자인 피고인이 배달업무를 하면서, 손님의 불만이 예상되는 경우에는 평소 경쟁관계에 있는 피해자 운영의 퀵서비스 명의로 된 영수증을 작성·교부함으로써 손님들로 하여금 불친절하고 배달을 지연시킨 사업체가 피해자 운영의 퀵서비스인 것처럼 인식하게 한 사안에서, 퀵서비스의 주된 계약내용이 신속하고 친절한 배달이라 하더라도, 그와 같은 사정만으로 위 행위가 피해자의 경제적 신용, 즉 지급능력이나 지급의사에 대한 사회적 신뢰를 저해하는 행위에 해당한다고 보기는 어렵다.

---

1. 신용훼손죄와 업무방해죄에 있어서 허위사실의 유포의 의미 및 전파가능성을 이유로 허위사실 유포를 인정하는 경우, 주관적 요소로서 고의의 내용과 고의 유무 판단 방법 [대법원 2006. 5. 25. 선고, 2004도1313]

【판시사항】

[1] 신용훼손죄와 업무방해죄에 있어서 허위사실의 유포의 의미 및 전파가능성을 이유로 허위사실의 유포를 인정하는 경우, 주관적 요소로서 고의의 내용과 고의 유무의 판단 방법

[2] 건축공사의 시공사 대표이사가 비용을 줄이려는 시도에서 건축설계자에게 제품변경을 요청하는 문서를 송부한 사안에서, 위 문서의 내용은 위 제품을 판매하는 회사의 지불능력이나 지불의사에 대한 사회적 신뢰를 저해한 것이 아니라고 보아 신용훼손죄의 객체인 신용에 해당하지 않는다.

【이 유】

'허위의 사실을 유포한다'고 함은 실제의 객관적인 사실과 다른 사실을 불특정 또는 다수인에게 전파시키는 것을 말하는데, 이러한 경우 그 행위자에게 행위 당시 자신이 유포한 사실이 허위라는 점을 적극적으로 인식하였을 것을 요한다고 할 것이며 (대법원 1994. 1. 28. 선고 93도1278 판결 참조), 이와 같이 전파가능성을 이유로 허위사실의 유포를 인정하는 경우에는 적어도 범죄구성요건의 주관적 요소로서 미

필적 고의가 필요하므로 전파가능성에 대한 인식이 있음은 물론 나아가 그 위험을 용인하는 내심의 의사가 있어야 하고, 그 행위자가 전파가능성을 용인하고 있었는지의 여부는 외부에 나타난 행위의 형태와 행위의 상황 등 구체적인 사정을 기초로 하여 일반인이라면 그 전파가능성을 어떻게 평가할 것인가를 고려하면서 행위자의 입장에서 그 심리상태를 추인하여야 할 것이다(대법원 2004. 4. 9. 선고 2004도 340 판결 참조). 이는 같은 행위를 구성요건으로 하는 업무방해죄의 경우에도 마찬가지라고 할 것이다.

313-2. 신용훼손죄에서 '위계'의 의미와 그 범의 [대법원 2006. 12. 7. 선고, 2006도3400]

【판시사항】

[1] 형법 제313조의 신용훼손죄에서 '위계'의 의미와 그 범의

[2] 피고인이 피해자에 관한 허위의 내용을 기재한 편지를 은행에 송부함으로써 은행의 오인 또는 착각 등을 일으켜 위계로써 피해자의 신용을 훼손하였다고 본 사례

【이 유】

'위계' 라 함은 행위자의 행위목적을 달성하기 위하여 상대방에게 오인·착각 또는 부지를 일으키게 하여 이를 이용하는 것을 말한다. 그리고 신용훼손죄에 있어서의 범의는 반드시 확정적인 고의를 요하는 것은 아니고, 허위사실을 유포하거나 기타 위계를 사용한다는 점과 그 결과 다른 사람의 신용을 저하시킬 염려가 있는 상태가 발생한다는 점에 대한 미필적 인식으로도 족하다 할 것이다.

1. 단순한 의견이나 가치판단 표시가 신용훼손죄 허위사실의 유포에 해당하는지 여부(소극) [대법원 1983. 2. 8. 선고, 82도2486]

【판결요지】

형법상 신용훼손죄는 허위사실의 유포 기타 위계로써 사람의 신용을 훼손할 것을 요하고, 여기서 **허위사실의 유포**라 함은 객관적으로 진실과 부합하지 않는 과거 또는 현재의 사실을 유포하는 것으로서 (미래의 사실도 증거에 의한 입증이 가능할 때에는 여기의 사실에 포함된다고 할 것이다.) 피고인의 단순한 의견이나 가치판단을 표시하는 것은 이에 해당하지 않는다고 할 것이므로, 공소외 (갑)은 8년전부터 남편없이 3자녀를 데리고 생계를 꾸려왔을 뿐 아니라 피고인에 대한 다액의 채무를 담보하기 위해 동녀의 아파트와 가재도구까지를 피고인에게 제공한 사실이 인정되니 위 공소외 (갑)이 집도 남편도 없는 과부라고 말한 것이 허위사실이 될 수 없고 또 공소외 (갑)이 계주로서 계불입금을 모아서 도망가더라도 책임지고 도와줄 사람이 없다는 취지의 피고인의 말은 피고인의 위 공소외 (갑)에 대한 개인적 의견이나 평가를 진술한 것에 불과하여 허위사실의 유포라고 볼 수 없다.

제314조[업무방해]

> 제314조(업무방해) ① 제313조의 방법 또는 위력으로써 사람의 업무를 방해한 자는 5년 이하의 징역 또는 1천500만원 이하의 벌금에 처한다. 〈개정 1995. 12. 29.〉
> ② 컴퓨터등 정보처리장치 또는 전자기록등 특수매체기록을 손괴하거나 정보처리장치에 허위의 정보 또는 부정한 명령을 입력하거나 기타 방법으로 정보처리에 장애를 발생하게 하여 사람의 업무를 방해한 자도 제1항의 형과 같다. 〈신설 1995. 12. 29.〉

Ⅰ. 업무방해 [노동쟁의 관련]

314-Ⅰ-1. 사용자가 연설, 사내방송 등을 통하여 의견을 표명하는 행위가 노동조합 및 노동관계조정법 제81조 제4호에서 정한 부당노동행위에 해당하는 경우 및 이때 사용자에게 노동조합의 조직이나 운영 및 활동을 지배하거나 이에 개입하는 의사가 있는지 판단하는 방법 [대법원 2013. 1. 31. 선고, 2012도3475]

【판시사항】

[1] 사용자가 연설, 사내방송 등을 통하여 의견을 표명하는 행위가 노동조합 및 노동관계조정법 제81조 제4호에서 정한 부당노동행위에 해당하는 경우 및 이때 사용자에게 노동조합의 조직이나 운영 및 활동을 지배하거나 이에 개입하는 의사가 있는지 판단하는 방법

[2] 업무방해죄의 성립에 필요한 '고의'의 내용

[3] 업무방해죄에서 '위력'의 판단기준과 '방해한다'는 의미 및 업무방해죄의 성립에 '업무방해의 결과' 발생이 필요한지 여부(소극)

[4] 전국철도노동조합이 파업을 예고한 상황에서 파업 예정일 하루 전에 사용자인 한국철도공사 측 교섭위원 甲이 산하 차량정비단 직원들을 상대로 설명회 등 특별교육을 실시하려고 하자, 노동조합 간부인 피고인들 등이 직원들의 교육장 진입을 막는 등 위력으로 甲의 업무를 방해하였다는 내용으로 기소된 사안에서, 위 특별교육이 노동조합 운영에 대한 지배·개입의 부당노동행위로서 '업무'에 해당하지 않는다는 등의 이유로 피고인들에게 무죄를 선고한 원심판결에 법리오해 등 위법이 있다.

【이 유】

업무방해죄에서 업무방해의 범의는 반드시 업무방해의 목적이나 계획적인 업무방해의 의도가 있어야 인정되는 것은 아니고, 자기의 행위로 인하여 타인의 업무가 방해될 것이라는 결과를 발생시킬 만한 가능성 또는 위험이 있음을 인식하거나 예견하면 족한 것이며, 그 인식이나 예견은 확정적인 것은 물론 불확정적인 것이라도 이른바 미필적 고의로 인정되는 것이다(대법원 2009. 1. 15. 선고 2008도9410 판결 참조). 그리고 업무방해죄의 '위력'이란 사람의 자유의사를 제압·혼란케 할 만한 일체의 세력으로서 유형적이든 무형적이든 묻지 아니하므로, 폭력·협박은 물론 사회적·경제적·정치적 지위와 권세에 의한 압박 등도 이에 포함되고, 현실적으로 피해자의 자

유의사가 제압될 필요는 없으나 피해자의 자유의사를 제압하기에 충분한 세력이어야 하며, 이러한 위력에 해당하는지 여부는 범행의 일시·장소, 범행의 동기, 목적, 인원수, 세력의 태양, 업무의 종류, 피해자의 지위 등 제반 사정을 고려하여 객관적으로 판단하여야 한다. 또한, 반드시 업무에 종사 중인 사람에게 직접 가해지는 세력이어야만 하는 것은 아니고, 사람의 자유의사를 제압하기에 충분한 상태를 조성하여 사람으로 하여금 자유로운 행동을 불가능하게 하거나 현저히 곤란하게 하는 행위도 이에 포함될 수 있다(대법원 2009. 9. 10. 선고 2009도5732 판결, 대법원 2011. 10. 13. 선고 2009도5698 판결 등 참조). 나아가 업무방해죄에 있어 업무를 '방해한다' 함은 업무의 집행 자체를 방해하는 것은 물론이고 널리 업무의 경영을 저해하는 것도 포함한다 할 것이고(대법원 1999. 5. 14. 선고 98도3767 판결, 대법원 2010. 4. 8. 선고 2007도6754 판결 등 참조), 업무방해죄의 성립에 있어서는 업무방해의 결과가 실제로 발생함을 요하지 아니하며 업무방해의 결과를 초래할 위험이 발생하면 족하다(대법원 2002. 3. 29. 선고 2000도3231 판결, 대법원 2010. 3. 25. 선고 2008도4228 판결 등 참조).

314-I-2. 쟁의행위 파업이 업무방해죄의 '위력'에 해당하는지 여부(한정 적극) [대법원 2011. 10. 27. 선고, 2009도3390]

【판시사항】

[1] 쟁의행위로서 파업이 업무방해죄의 '위력'에 해당하는지 여부(한정 적극)

[2] 전국민주노동조합총연맹 부위원장인 피고인이 위원장 등과 공모하여 연맹 산하의 전국 사업장에서 '미국산 쇠고기 수입 반대' 등을 주된 목적으로 총파업을 실시하여 위력으로 사용자의 업무를 방해하였다는 내용으로 기소된 사안

【이 유】

업무방해죄는 위계 또는 위력으로써 사람의 업무를 방해한 경우에 성립한다(「형법」 제314조 제1항). 여기에서 위력이라 함은 사람의 자유의사를 제압·혼란케 할 만한 일체의 세력을 말한다. 근로자가 그 주장을 관철할 목적으로 근로의 제공을 거부하여 업무의 정상적인 운영을 저해하는 쟁의행위로서의 파업도, 단순히 근로계약에 따른 노무의 제공을 거부하는 부작위에 그치지 아니하고 이를 넘어서 사용자에게 압력을 가하여 근로자의 주장을 관철하고자 집단적으로 노무제공을 중단하는 실력행사이므로, 업무방해죄에서 말하는 위력에 해당하는 요소를 포함하고 있다.

그런데 근로자는, 헌법 제37조 제2항에 의하여 국가안전보장·질서유지 또는 공공복리 등의 공익상의 이유로 제한될 수 있고 그 권리의 행사가 정당한 것이어야 한다는 내재적 한계가 있어 절대적인 권리는 아니지만, 원칙적으로는 헌법상 보장된 기본권으로서 근로조건 향상을 위한 자주적인 단결권·단체교섭권 및 단체행동권을 가진다(헌법 제33조 제1항).

그러므로 쟁의행위로서의 파업이 언제나 업무방해죄에 해당하는 것으로 볼 것은 아니고, 전후 사정과 경위 등에 비추어 사용자가 예측할 수 없는 시기에 전격적으로 이루어져 사용자의 사업운영에 심대한 혼란 내지 막대한 손해를 초래하는 등으로 사용자의 사업계속에 관한 자유의사가 제압·혼란될 수 있다고 평가할 수 있는 경우에 비로소 그 집단적 노무제공의 거부가 위력에 해당하여 업무

방해죄가 성립한다고 봄이 상당하다(대법원 2011. 3. 17. 선고 2007도482 전원합의체 판결 참조).

314-Ⅰ-3. 전국금속노동조합 부위원장, 공장점거파업 중인 甲 주식회사 노조와 공모하여 위력으로 甲 회사의 업무를 방해한 경우(적극) [대법원 2011. 10. 27. 선고, 2010도7733]

【판시사항】

[1] 전국금속노동조합 부위원장인 피고인이, 공장점거파업 중인 甲 주식회사 노조(이하 '지부'라고 한다)와 공모하여 위력으로 甲 회사의 업무를 방해하였다는 내용으로 기소된 사안

[2] 전국금속노동조합 부위원장인 피고인이, 조합 핵심간부 등과 공모하여 '미국산 쇠고기 수입 반대' 등을 주된 목적으로 조합 산하 전국 사업장에서 총파업을 실시하여 위력으로 사용자의 업무를 방해하였다는 내용으로 기소된 사안

【판결요지】

[1] 지부 파업 경위 및 진행 과정, 노조와 지부의 관계 및 노조의 파업지원 경위, 피고인이 노조 활동을 결정하는 중앙집행위원회 및 상무집행위원회 의사결정 과정에 참석하고, 나아가 전면적인 공장점거파업이 진행 중인 甲 회사 공장에 상주하면서 현장을 촬영하는 등 상황을 파악하고 점거농성 근로자들을 격려하는 역할을 수행한 점 등 여러 사정을 종합할 때, <u>지부의 불법파업으로 인한 업무방해 행위에 대한 암묵적인 공모는 물론 그 범행에 대한 본질적 기여를 통한 기능적 행위지배를 한 자에 해당한다고 보아 피고인에게 유죄를 인정한 원심판단을 수긍한 사례</u>

[2] 공소사실에 근로자 182명 중 9명만이 부분파업에 참여하는 등 파업 규모로 보아 사용자의 사업운영에 심대한 혼란이나 막대한 손해가 초래되었다고 볼 수 없는 사업장까지 피해 사업장으로 적시되어 있는 점에 비추어, 사업장들 가운데 일부는 사용자의 사업계속에 관한 자유의사가 제압·혼란될 수 있는 경우로 평가할 수 없는 여지가 있는데도 공소사실 전부를 유죄로 인정한 원심판결에 업무방해죄에 관한 법리오해의 위법이 있다.

314-Ⅰ-4. 파업으로 인한 업무방해 사건 [대법원 2011. 3. 17. 선고, 2007도482, <u>전원합의체 판결</u>]

【판시사항】

[1] 쟁의행위로서 파업이 업무방해죄의 '위력'에 해당하는지 여부(한정 적극)

[2] 피고인을 비롯한 전국철도노동조합 집행부가 중앙노동위원회 위원장의 직권중재회부결정에도 불구하고 파업에 돌입할 것을 지시하여, 조합원들이 사업장에 출근하지 아니한 채 업무를 거부하여 사용자에게 손해를 입힌 사안에서, 피고인에 대한 업무방해의 공소사실을 유죄로 인정한 원심판결을 수긍한 사례

【판결요지】

[1] [다수의견] (가) 업무방해죄는 위계 또는 위력으로써 사람의 업무를 방해한 경우에 성립하며(형법 제314조 제1항), '위력'이란 사람의 자유의사를 제압·혼란케 할 만한 일체의 세력을 말한다. 쟁의행위로서 파업(노동조합 및 노동관계조정법 제2조 제6호)도, 단순히 근로계약에 따른 노무의 제공을 거부하는 부작위에 그치지 아니하고 이를 넘어서 사용자에게 압력을 가하여 근

로자의 주장을 관철하고자 집단적으로 노무제공을 중단하는 실력행사이므로, 업무방해죄에서 말하는 위력에 해당하는 요소를 포함하고 있다.

(나) 근로자는 원칙적으로 헌법상 보장된 기본권으로서 근로조건 향상을 위한 자주적인 단결권·단체교섭권 및 단체행동권을 가지므로(헌법 제33조 제1항), 쟁의행위로서 파업이 언제나 업무방해죄에 해당하는 것으로 볼 것은 아니고, 전후 사정과 경위 등에 비추어 사용자가 예측할 수 없는 시기에 전격적으로 이루어져 사용자의 사업운영에 심대한 혼란 내지 막대한 손해를 초래하는 등으로 사용자의 사업계속에 관한 자유의사가 제압·혼란될 수 있다고 평가할 수 있는 경우에 비로소 집단적 노무제공의 거부가 위력에 해당하여 업무방해죄가 성립한다고 보는 것이 타당하다.

(다) 이와 달리, 근로자들이 집단적으로 근로의 제공을 거부하여 사용자의 정상적인 업무운영을 저해하고 손해를 발생하게 한 행위가 당연히 위력에 해당하는 것을 전제로 노동관계 법령에 따른 정당한 쟁의행위로서 위법성이 조각되는 경우가 아닌 한 업무방해죄를 구성한다는 취지로 판시한 <u>대법원 1991. 4. 23. 선고 90도2771 판결, 대법원 1991. 11. 8. 선고 91도326 판결, 대법원 2004. 5. 27. 선고 2004도689 판결, 대법원 2006. 5. 12. 선고 2002도3450 판결, 대법원 2006. 5. 25. 선고 2002도5577 판결</u> 등은 이 판결의 견해에 배치되는 범위 내에서 변경한다.

[2] [다수의견] 피고인을 비롯한 전국철도노동조합 집행부가 중앙노동위원회 위원장의 직권중재회부결정에도 불구하고 파업에 돌입할 것을 지시하여, 조합원들이 전국 사업장에 출근하지 아니한 채 업무를 거부하여 철도 운행이 중단되도록 함으로써 한국철도공사에 영업수익 손실과 대체인력 보상금 등 막대한 손해를 입힌 사안에서, 중앙노동위원회 위원장의 중재회부보류결정의 경위 및 내용, 노동조합의 총파업 결의 이후에도 노사 간에 단체교섭이 계속 진행되다가 최종적으로 결렬된 직후 위 직권중재회부결정이 내려진 점을 감안할 때, 한국철도공사로서는 노동조합이 필수공익사업장으로 파업이 허용되지 않는 사업장에서 구 노동조합 및 노동관계조정법(2006. 12. 30. 법률 제8158호로 개정되기 전의 것)상 직권중재회부 시 쟁의행위 금지규정 등을 위반하면서까지 파업을 강행하리라고는 예측할 수 없었다 할 것이고, 나아가 파업의 결과 수백 회에 이르는 열차 운행이 중단되어 한국철도공사의 사업운영에 예기치 않은 중대한 손해를 끼친 사정들에 비추어, 위 파업은 사용자의 자유의사를 제압·혼란케 할 만한 세력으로서 형법 제314조 제1항에서 정한 '위력'에 해당한다.

---

1. 쟁의행위 목적이 아닌 다른 목적을 위하여 다수 근로자들이 상호의사 연락하에 집단적으로 일시에 조퇴하거나 결근하는 등 노무제공을 거부함으로써 회사업무의 정상적인 운영을 저해한 경우(적극)
   [대법원 1991. 1. 29. 선고, 90도2852]

【판시사항】

[1] 쟁의행위의 목적이 아닌 다른 목적을 위하여 다수 근로자들이 상호의사 연락하에 집단적으로 일시에 조퇴하거나 결근하는 등 노무제공을 거부함으로써 회사업무의 정상적인 운영을 저해한 경우 업무방해죄의 성부(적극)

[2] 정당한 쟁의행위의 목적이 없이 오직 업무방해의 수단으로 이용하기 위하여 다수의 근로자가 집단적으로 일시에 월차유급휴가를 신청하여 일제히 결근함으로써 회사업무의 정상적인 운영을 저해한 경우 업무방해죄의 성부(적극)

【판결요지】

[1] 근로조건의 유지 또는 향상 등 쟁의행위의 목적이 아닌 다른 목적을 위하여 다수 근로자들이 상호 의사연락하에 집단적으로 일시에 조퇴하거나 결근하는 등 노무제공을 거부함으로써 회사업무의 정상적인 운영을 저해하였다면 이는 다중의 위력에 의한 업무방해행위에 해당한다.

[2] 근로기준법상 월차유급휴가의 사용은 근로자의 자유의사에 맡겨진 것으로서 연차유급휴가와는 달리 사용자에게 그 시기를 변경할 수 있는 권한조차 없는 것이지만, 정당한 쟁의행위의 목적이 없이 오직 업무방해의 수단으로 이용하기 위하여 다수의 근로자가 집단적으로 일시에 월차유급휴가를 신청하여 일제히 결근함으로써 회사 업무의 정상적인 운영을 저해한 경우에는 업무방해행위를 구성한다.

2. 다수 근로자들이 정당한 쟁의행위 아닌 집단적 단체행동으로 근로 제공을 거부함으로써 사용자 업무의 정상적인 운영을 저해하여 손해를 발생한 경우(적극) [대법원 1991. 4. 23. 선고, 90도2771] ☞ 변경

【판시사항】

[1] 다수의 근로자들이 정당한 쟁의행위 아닌 집단적 단체행동으로 근로의 제공을 거부함으로써 사용자의 업무의 정상적인 운영을 저해하여 손해를 발생하게 한 경우의 업무방해죄의 성부(적극)

[2] 노동조합의 기획실장이 1일 1개분과별로 조합원인 근로자 약 1000여명 이상씩으로 하여금 일과시간에 집단적으로 작업에 임하지 아니 하고 집회 및 시위에 참가하게 함으로써 회사의 조업에 차질을 가져 오게 하였다면, 그것이 정당한 쟁의행위에 해당하지 아니하는 한, 업무방해죄의 공동정범의 책임을 진다고 본 사례

【판결요지】

[1] 다수의 근로자들이 상호 의사연락하에 집단적으로 작업장을 이탈하거나 결근하는 등 근로의 제공을 거부함으로써 사용자의 생산. 판매 등 업무의 정상적인 운영을 저해하여 손해를 발생하게 하였다면, 그와 같은 행위가 노동관계법령에 따른 정당한 쟁의행위로서 위법성이 조각되는 경우가 아닌 한, 다중의 위력으로써 타인의 업무를 방해하는 행위에 해당하여 업무방해죄를 구성한다.

[2] 노동조합의 기획실장이 노동조합 대의원간담회의 결의를 거쳐 1일 1개분과별로 조합원인 근로자 약 1000명 또는 약 1500명으로 하여금 그 일과시간에 집단적으로 작업에 임하지 아니하고 집회 및 시위에 참가하게 함으로써 회사의 조업에 차질을 가져오게 하였다면, 그와 같은 집단행동이 노동관계법령에 따른 정당한 쟁의행위에 해당하지 아니하는 한, 집단행동을 통한 위력으로써 회사의 업무를 방해한 공동정범으로서의 책임을 면할 수 없고, 근로자들에게 위계 또는 위력을 행사한 결과로 근로자들이 회사의 업무를 방해한 경우에만 업무방해죄의 책임을 진다고 볼 것은 아니다.

3. 쟁의행위 목적 없이 다수 근로자들이 집단적으로 일시에 노무제공을 거부함으로써 업무의 정상적인 운영을 저해한 경우(적극) [대법원 1991. 4. 23. 선고, 90도2961]

【판시사항】

[1] 쟁의행위의 목적 없이 다수 근로자들이 집단적으로 일시에 노무제공을 거부함으로써 업무의 정상적인 운영을 저해한 경우 다중의 위력에 의한 업무방해행위에 해당하는지 여부(적극)

[2] 전체 근로자 50명 중 29명이 노동조합에 가입한 회사의 노동조합 위원장이 다른 2명과 함께 조합원 1명을 대동하고 3시간 정도 조기퇴근하였다 하여 막바로 위력에 의한 업무방해에 해당한다고 하기는 어렵다고 본 사례

[1] 근로조건의 유지 또는 향상 등의 쟁의행위의 목적이 아닌 다른 목적을 위하여 다수 근로자들이 상호의사 연락하에 집단적으로 일시에 조퇴하거나 결근하는 등 노무제공을 거부함으로써 업무의 정상적인 운영을 저해하였다면 이는 다중의 위력에 의한 업무방해 행위에 해당한다고 볼 것인바, 이 경우에는 다수 근로자들의 집단적 행위가 형법 제314조에 규정하는 위력, 즉 사람의 자유의사를 제압할 만한 세력이 되기 때문이다.

[2] 형법 제314조에서 규정하는 위력이란 폭행이나 협박에 한정되는 것은 아니지만 사람의 자유의사를 제압할 만한 세력을 말하는 것이므로 전체 근로자 50명 중 29명이 노동조합에 가입하였고, 생산직 근로자는 28-29명인 회사의 노동조합 위원장이 다른 2명과 함께 조합원 1명을 대동하고 노동관계집회에 참석하기 위하여 3시간 정도 조기 퇴근한 것만 가지고 막바로 위력에 해당한다거나 위력으로 업무를 방해한 경우에 해당한다고 하기는 어렵다.

4. 노동쟁의행위가 형식적으로는 업무방해죄의 구성요건에 해당하나 정당행위로서 위법성이 조각되는 경우 [대법원 1991. 11. 8. 선고, 91도326] ☞ 변경

【판시사항】

[1] 노동쟁의행위가 형식적으로는 업무방해죄의 구성요건에 해당하나 정당행위로서 위법성이 조각되는 경우

[2] 근로자들의 집단적 노무제공의 거부와 업무방해죄의 성부다. 해고된 근로자라도 상당한 기간 내에 그 해고의 효력을 다투는 자에 대하여는 근로자 또는 조합원으로서의 지위가 인정되는지 여부(적극)

【판결요지】

[1] 형법 제314조 소정의 업무방해죄에서 말하는 위력이란 사람의 의사의 자유를 제압, 혼란케 할 세력을 가리키는 것으로서, 노동쟁의행위는 본질적으로 위력에 의한 업무방해의 요소를 포함하고 있는데, 다만 근로자의 단체행동권은 단결권, 단체교섭권과 함께 헌법에 의하여 보장된 권리이므로 단체행동권에 속하는 노동쟁의행위가 형식적으로는 업무방해죄의 구성요건에 해당하는 경우에도 그것이 근로자의 근로조건의 유지, 개선 기타 근로자의 정당한 이익을 주장하기 위한 상당한 수단인 경우에는 정당행위로서 위법성이 조각된다고 할 것이다.

[2] 근로자들이 작업시간에 집단적으로 작업에 임하지 아니한 것은 다른 위법의 요소가 없는 한 근로제공의무의 불이행에 지나지 않는다고 할 것이지만, 단순한 노무제공의 거부라고 하더라도 그것이 정당한 쟁의행위가 아니면서 위력으로 업무의 정상적인 운영을 방해할 정도에 이르면 형법상 업무방해죄가 성립될 수 있다.

5. 근로자들의 집단적 노무제공 거부행위를 업무방해죄로 처벌하는 것이 강제노역금지에 위배되는지 여부(소극) 대법원 2003. 12. 26. 선고, 2001도1863]

【판시사항】

[1] 근로자들의 집단적 노무제공의 거부가 형법상 업무방해죄를 구성하는 경우

[2] 근로자들의 집단적 노무제공 거부행위를 업무방해죄로 처벌하는 것이 강제노역금지에 위배되는지 여부(소극)

【판결요지】

[1] 형법 제314조 소정의 업무방해죄에서 말하는 위력이란 폭행이나 협박은 물론 사람의 의사의 자유를 제압, 혼란케 할 세력을 가리키는 것으로서, 노동쟁의행위는 근로자들이 단결하여 사용자에게 압박을 가하는 것이므로 본질적으로 위력에 의한 업무방해의 요소를 포함하고 있는 것이고, 따라서 근로자들이 근무시간에 집단적으로 근무에 임하지 아니한 것은 다른 위법의 요소가 없는 한 근로제공의무의 불이행에 지나지 않는다고 할 것이지만, 단순한 노무제공의 거부라고 하더라도 그것이 정당한 쟁의행위가 아니면서 위력으로 업무의 정상적인 운영을 방해할 정도에 이르면 형법상 업무방해죄가 성립될 수 있다.

[2] 집단적 노무제공의 거부가 본질적으로 위력성을 가져 외형상 업무방해죄의 구성요건에 해당한다 하더라도 그것이 헌법과 법률이 보장하고 있는 범위 내의 행사로서 정당성이 인정되는 경우에는 위법성이 조각되어 처벌할 수 없는 것인바, 이는 헌법이 보장하는 근로3권의 내재적 한계를 넘어선 행위(헌법의 보호영역 밖에 있는 행위)를 규제하는 것일 뿐 정당한 권리행사까지 처벌하는 것은 아니므로, 본인의 의사에 반하여 강제노역을 강요하는 것이라고 할 수도 없다.

6. 다수근로자들이 정당한 쟁의행위 아닌 집단적 단체행동으로 근로 제공을 거부함으로써 사용자의 업무의 정상적인 운영을 저해하여 손해를 발생하게 한 경우(한정 소극) [대법원 2006. 5. 12. 선고, 2002도3450] ☞ 변경

【판결요지】
다수의 근로자들이 상호 의사연락하에 집단적으로 작업장을 이탈하거나 결근하는 등 근로의 제공을 거부함으로써 사용자의 생산·판매 등 업무의 정상적인 운영을 저해하여 손해를 발생하게 하였다면, 그와 같은 행위가 노동관계 법령에 따른 정당한 쟁의행위로서 위법성이 조각되는 경우가 아닌 한, 다중의 위력으로써 타인의 업무를 방해하는 행위에 해당하여 업무방해죄를 구성한다.

7. 근로자들의 근로제공 거부가 업무방해죄를 구성하는 경우 [대법원 2006. 5. 25. 선고, 2002도5577] ☞ 변경

【판시사항】
사용자와 근로계약을 체결한 근로자가 자의로 계약을 위반하여 근로를 제공하지 아니하였다고 하더라도 근로계약의 불이행에 따른 채무불이행의 책임을 지게 되는 것은 별론으로 하고, 바로 업무방해죄를 구성하는 것이라고 볼 수는 없겠지만, 다수의 근로자들이 상호 의사연락하에 집단적으로 작업장을 이탈하거나 결근하는 등 근로의 제공을 거부함으로써 사용자의 생산·판매 등 업무의 정상적인 운영을 저해하여 손해를 발생하게 하였다면, 그와 같은 행위가 노동관계법령에 따른 정당한 쟁의행위로서 위법성이 조각되는 경우가 아닌 한, 다중의 위력으로써 타인의 업무를 방해하는 행위에 해당하여 업무방해죄를 구성한다(대법원 1991. 4. 23. 선고 90도2771 판결, 2004. 5. 27. 선고 2004도689 판결 등 참조).

314-Ⅰ-5. 노동조합의 조합원들이 쟁의행위로 사용자인 서울특별시건축사회의 사무실 일부를 점거한 행위(소극) [대법원 2007. 12. 28. 선고, 2007도5204]

【판결요지】
　노동조합의 조합원들이 쟁의행위로 사용자인 서울특별시건축사회의 사무실 일부를 점거한 사안에서, 점거한 곳의 범위와 평소의 사용형태, 사용자측에서 이를 사용하지 못하게 됨으로써 입은 피해의 내용과 정도 등에 비추어 이는 폭력의 행사에 해당하지 않는 사업장시설의 부분적·병존적인 점거로서 사용자의 재산권과 조화를 이루고 있고, 사용자의 업무가 실제로 방해되었거나 업무방해의 결과를 초래할 위험성이 발생하였다고 보기 어려우므로, 위 점거행위는 노동관계 법령에 따른 정당한 행위로서 위법성이 조각되어 업무방해죄의 책임을 물을 수 없다.

---

1. 직장 또는 사업장시설의 전면적, 배타적 점거와 쟁의행위의 정당성 한계 [대법원 1991. 6. 11. 선고, 91도383]

【판시사항】

[1] 직장 또는 사업장시설의 전면적, 배타적 점거와 쟁의행위의 정당성의 한계

[2] 보험회사의 노조 쟁의대책위원회의 총무가 쟁의대책위원 등과 공모공동하여, 일요일을 제외한 1주일 동안 매일 약 1,500명 내지 약 2,000명의 노조원들을 동원하여 회사 건물에서 복도 점거, 꽹과리 등에 의한 소음발생 등의 방법으로 한 점거농성이 직장 또는 사업장시설의 전면적 또는 배타적인 점거에 해당할 뿐 아니라 폭력에 의한 업무저해행위까지도 수반한 것이어서 쟁의행위의 정당성의 한계를 벗어나 업무방해죄를 구성한다고 본 사례

【판결요지】

[1] 직장 또는 사업장시설의 점거는 적극적인 쟁의행위의 한 형태로서 그 점거의 범위가 직장 또는 사업장시설의 일부분이고 사용자측의 출입이나 관리지배를 배제하지 않는 병존적인 점거에 지나지 않을 때에는 정당한 쟁의행위로 볼 수 있으나, 이와 달리 직장 또는 사업장시설을 전면적, 배타적으로 점거하여 조합원 이외의 자의 출입을 저지하거나 사용자측의 관리지배를 배제하여 업무의 중단 또는는 혼란을 야기케 하는 것과 같은 행위는 이미 정당성의 한계를 벗어난 것이라고 볼 수밖에 없다.

[2] 보험회사의 노조 쟁의대책위원회의 총무가 쟁의대책위원 등과 공모공동하여, 일요일을 제외한 1주일 동안 매일 약 1,500명 내지 약 2,000명의 노조원들을 동원하여 18:00경에 회사 건물 1층 로비에서 정기적으로 당일 참가노조원의 총회를 갖고, 나머지 시간에는 쟁의대책위원회에서 지정한 대로 위 건물 1층 로비, 5층 계약부 영업장 등의 사무실 앞 복도 등에 플래카드를 걸고 대자보를 붙이고 각 농성장에서 다수의 인원으로 농성장을 점거하여 고객 및 근무사원들의 통행을 방해하고, 구호, 노래 등의 제창과 앰프와 꽹과리 등의 사용 등으로 각종 소음을 발생시키고, 영업대 등을 점거하거나 사무실 진입을 시도하면서 관리직사원들과 몸싸움과 욕설 등을 하고, 복도를 점거하고 출입문을 다중의 힘으로 봉쇄하여 감금하는 등의 방법으로 점거농성을 하였다면, 위의 쟁의행위는 직장 또는 사업장 시설의 전면적 또는 배타적인 점거에 해당할 뿐 아니라 폭력에 의한 업무저해행위까지도 수반한 것이어서 쟁의행위의 정당성의 한계를 벗어난 것이므로 업무방해죄를 구성한다.

314-Ⅰ-6. 노동조합원의 찬·반투표 절차를 거치지 아니한 쟁의행위의 정당성 유무(소극) [대법원 2001. 10. 25. 선고, 99도4837, 전원합의체 판결]

【판결요지】

[다수의견] 근로자의 쟁의행위가 형법상 정당행위가 되기 위하여는 첫째 그 주체가 단체교섭의 주체로 될 수 있는 자이어야 하고, 둘째 그 목적이 근로조건의 향상을 위한 노사간의 자치적 교섭을 조성하는 데에 있어야 하며, 셋째 사용자가 근로자의 근로조건 개선에 관한 구체적인 요구

에 대하여 단체교섭을 거부하였을 때 개시하되 특별한 사정이 없는 한 조합원의 찬성결정 등 법령이 규정한 절차를 거쳐야 하고, 넷째 그 수단과 방법이 사용자의 재산권과 조화를 이루어야 함은 물론 폭력의 행사에 해당되지 아니하여야 한다는 여러 조건을 모두 구비하여야 하는바, 특히 그 절차에 관하여 쟁의행위를 함에 있어 조합원의 직접·비밀·무기명투표에 의한 찬성결정이라는 절차를 거쳐야 한다는 노동조합및노동관계조정법 제41조 제1항의 규정은 노동조합의 자주적이고 민주적인 운영을 도모함과 아울러 쟁의행위에 참가한 근로자들이 사후에 그 쟁의행위의 정당성 유무와 관련하여 어떠한 불이익을 당하지 않도록 그 개시에 관한 조합의사의 결정에 보다 신중을 기하기 위하여 마련된 규정이므로 위의 절차를 위반한 쟁의행위는 그 절차를 따를 수 없는 객관적인 사정이 인정되지 아니하는 한 정당성이 상실된다. 이와 달리 쟁의행위의 개시에 앞서 노동조합및노동관계조정법 제41조 제1항에 의한 투표절차를 거치지 아니한 경우에도 조합원의 민주적 의사결정이 실질적으로 확보된 때에는 단지 노동조합 내부의 의사형성 과정에 결함이 있는 정도에 불과하다고 하여 쟁의행위의 정당성이 상실되지 않는 것으로 해석한다면 위임에 의한 대리투표, 공개결의나 사후결의, 사실상의 찬성간주 등의 방법이 용인되는 결과, 그와 같은 견해는 위의 관계 규정과 대법원의 판례취지에 반하는 것이 된다. 따라서 견해를 달리하여 노동조합및노동관계조정법 제41조 제1항을 위반하여 조합원의 직접·비밀·무기명 투표에 의한 과반수의 찬성결정을 거치지 아니하고 쟁의행위에 나아간 경우에도 조합원의 민주적 의사결정이 실질적으로 확보된 경우에는 위와 같은 투표절차를 거치지 아니하였다는 사정만으로 쟁의행위가 정당성을 상실한다고 볼 수 없다는 취지의 대법원 2000. 5. 26. 선고 99도4836 판결은 이와 어긋나는 부분에 한하여 변경하기로 한다.

---

1. 노동조합 규약상 단체협약안에 대하여는 조합원의 동의를 얻어야 효력을 갖는다는 내용이 있음에도 노동조합측이 단체교섭에 임하는 대표자가 최종적인 결정권한을 갖고 있음을 사용자에게 확인시키지 않은 채 단체교섭만을 요구한 경우, 그 단체교섭 결렬을 이유로 한 쟁의행위 정당성 여부(소극)
   [대법원 2000. 5. 12. 선고, 98도3299]

【판결요지】

구 노동조합법(1996. 12. 31. 법률 제5244호 노동조합및노동관계조정법 부칙 제3조로 폐지) 제33조 제1항 본문은 "노동조합의 대표자 또는 노동조합으로부터 위임을 받은 자는 그 노동자 또는 조합원을 위하여 사용자나 사용자단체와 단체협약의 체결 기타의 사항에 관하여 교섭할 권한이 있다."고 규정하고 있고, 여기서 '교섭할 권한'이라 함은 교섭한 결과에 따라 단체협약을 체결할 권한을 포함하는 것이라고 할 것인바, 노동조합의 규약에 단체협약안에 대하여 조합원의 결의로 동의를 얻어야 효력을 갖는다는 내용이 있다면, 비록 조합원들이 노동조합을 결성하면서 단체협약의 체결에 관한 사항을 위원장과 중앙집행위원회에 위임하기로 의결하였다고 하더라도 노동조합측에서 이와 같이 별도의 위임까지 받았다는 사정을 회사측에 통보하지 않은 이상, 회사측으로서는 노사 쌍방간의 타협과 양보의 결과로 단체협약 요구안에 대하여 합의를 도출하더라도 노동조합 총회에서 그 단체협약안을 받아들이기를 거부하여 단체교섭의 성과를 무로 돌릴 위험성이 있어 최종적인 결정 권한이 확인되지 않은 교섭대표와 성실한 자세로 교섭에 임하는 것을 기대할 수 없으니, 노동조합측에서 회사측의 단체협약 체결권한에 대한 의문을 해소시켜 줄 수 있음에도 불구하고 이를 해소시키지 않은 채 단체교섭만을 요구하였다면 단체교섭을 위한 진지한 노력을 다하였다고 볼 수 없고 따라서 그러한 상황에서 가진 단체교섭이 결렬되었다고 하더라도 이를 이유로 하는 쟁의행위는 그 목적과 시기, 절차에 있어서 정당한 쟁의행위라고 볼 수 없다.

314-I-7. 09 : 00 이전에 출근하여 업무준비를 한 후 09 : 00부터 근무하도록 되어 있는 직원들을 집단으로 09 : 00 정각에 출근하도록 시킨 행위(적극) [대법원 1996. 5. 10. 선고, 96도419]

【판결요지】

단체협약에 따른 공사 사장의 지시로 09 : 00 이전에 출근하여 업무준비를 한 후 09 : 00부터 근무를 하도록 되어 있음에도 피고인이 쟁의행위의 적법한 절차를 거치지도 아니한 채 조합원들로 하여금 집단으로 09 : 00 정각에 출근하도록 지시를 하여 이에 따라 수백, 수천 명의 조합원들이 집단적으로 09 : 00 정각에 출근함으로써 전화고장수리가 지연되는 등으로 위 공사의 업무수행에 지장을 초래하였다면 이는 실질적으로 피고인 등이 위 공사의 정상적인 업무수행을 저해함으로써 그들의 주장을 관철시키기 위하여 한 쟁의행위라 할 것이나 쟁의행위의 적법한 절차를 거치지 아니하였음은 물론 이로 인하여 공익에 커다란 영향을 미치는 위 공사의 정상적인 업무운영이 방해되었을 뿐만 아니라 전화고장수리 등을 받고자 하는 수요자들에게도 상당한 지장을 초래하게 된 점 등에 비추어 정당한 쟁의행위의 한계를 벗어난 것으로 업무방해죄를 구성하고, 피고인의 이와 같은 행위가 노동3권을 보장받고 있는 근로자의 당연한 권리행사로서 형법 제20조 소정의 정당행위에 해당한다고 볼 수 없다.

314-I-8. 노동조합 간부들이 회사와 협의 없이 일방적으로 휴무를 결정한 후 유인물을 배포하여 유급 휴일로 오인한 근로자들이 출근하지 아니하여 공장의 가동을 불능케 한 행위(적극) [대법원 1992. 3. 31. 선고, 92도58]

【판결요지】

여러 곳에 공장을 둔 회사의 노동조합 중앙집행위원회에서 회사 사정상 이전에 예정되었던 공장별 체육대회를 취소하되, 당일을 유급 휴일로 할 것인지의 여부는 단체협약에 관한 사항으로서 노사협의를 거쳐 최종 결정하기로 하였는데, 그 후 당일을 유급 휴일로 할 것인지에 관하여 노사협의가 없었고, 오히려 위 회사와 위 회사 노동조합에서는 위 당일에 정상 근무를 하도록 통보하였음에도 불구하고, 위 회사 인천공장 근로자들로서 위 회사 노동조합 인천지부 지부장, 부지부장, 사무장, 또는 대의원들이 공동하여 체육대회 전날 위 회사 인천공장에서 위 회사 노동조합 인천지부 대의원회를 개최하여 일방적으로 체육대회 날을 휴무로 결정한 후, 같은 취지의 유인물을 참석 대의원들에게 배포하여 위 회사 인천공장 소속 근로자들로 하여금 당일을 유급휴일로 오인하여 출근하지 않도록 함으로써 위 회사 인천공장의 정상 가동을 불능케 하였다면, 이는 위계에 의한 업무방해죄를 구성한다고 보아야 할 것이다.

314-I-9. 해고 당한 후 해고처분무효확인소송을 제기한 근로자가 노동조합 대의원이 아니면서도 회사의 의사에 반하여 조합대의원 회의에 함부로 들어가고 회사경비원들의 출입통제업무를

방해한 행위(적극) [대법원 1991. 9. 10. 선고, 91도1666]

【판결요지】

해고를 당한 후 해고처분무효확인소송을 제기하여 그 효력을 다툼으로써 노동조합의 조합원인 근로자의 지위를 그대로 갖고 있다 하더라도 회사가 조합의 대의원이 아닌 피고인에게 회사 내의 조합대의원회의에 참석하는 것을 허락하지 아니하였는데도 그 의사에 반하여 함부로 거기에 들어가고 회사경비원들의 출입통제업무를 방해한 것은 <u>건조물침입죄와 업무방해죄에</u> 해당한다.

314-I-10. 회사에서 휴업공고를 하였다 하더라도 비상대책위원회 의장이 근로자들로 하여금 작업을 거부하게 함과 아울러 다수의 근로자들로 하여금 관리직사원을 포함한 모든 출입자의 출입을 통제한 행위(적극) [대법원 1991. 6. 11. 선고, 91도753]

【판결요지】

회사에서 휴업공고를 하였다 하더라도 비상대책위원회 의장인 피고인 등이 근로자들로 하여금 작업을 거부하게 함과 아울러 회사로 통하는 모든 출입문에 바리케이트 등을 설치하고 다수의 근로자들로 하여금 위 회사의 관리직사원을 포함한 모든 출입자의 출입을 통제하였다면 <u>위력으로 회사의 업무를 방해한 것이며 그 위법성이 조각되지 아니한다.</u>

314-I-11. 노동조건개선 목적을 관철하기 위한 통근버스 운행방해, 탈의실 농성점거 등의 행위가 법령에 의한 행위 또는 업무로 인한 행위로서 위법성이 조각되는지 여부(소극) [대법원 1990. 7. 10. 선고, 90도755]

【판시사항】

[1] 9 내지 10명의 사람이 광업소출입구를 봉쇄하고 근로자 300여명 또는 600여명이 탈의실에 들어가지 못하도록 하면서 점거 농성한 경우 업무방해죄의 성부(적극)

[2] 노동조건의 개선 등의 목적을 관철하기 위한 통근버스 운행방해, 탈의실 농성점거 등의 행위가 법령에 의한 행위 또는 업무로 인한 행위로서 위법성이 조각되는지 여부(소극)

【판결요지】

[1] 업무방해죄에 있어서의 위력이란 의사의 자유를 제압, 혼란케 할 정도의 세력을 가리키는 것인 바, 이 사건 업무방해의 주체가 피고인들을 포함하여 9 내지 10명 정도였다고 하더라도 그들이 철제옷장으로 광업소 출입구를 봉쇄하고 바리케이트를 설치한 후 출근한 근로자 300여명 또는 600여명이 탈의실에 들어가지 못하도록 하고 근로자들에게 입갱을 하지 말도록 선동하면서 탈의실을 점거농성하여 광업소의 조업을 방해하였다면 이는 위력으로 사람의 업무를 방해한 경우로서 업무방해죄에 해당한다.

[2] 피고인들이 한 통근버스 운행방해, 탈의실 농성점거, 농성행위 등의 행위가 적법한 절차를 거치지 않고 이루어진 것이어서 업무방해죄, 일반교통방해죄의 구성요건에 해당하는 것이라면 정당한 노동조합 활동이라고 볼 수 없어 법령에 의한 행위 또는 업무로 인한 행위라고 할 수 없고, 설사 피고인들이 노동조건의 개선이나 임금인상 등의 목적을 관철하기 위하여 그와 같은 행위를

하였다고 하여도 이와 같이 그 절차가 위법이고, 또 그 방법이 위와 같은 것이어서 사회상규상 허용될 수 없는 것인 이상은 마찬가지이므로 위법성이 조각되지 아니한다.

---

1. 해고 근로자가 시위근로자와 함께 관리직 사원을 힘으로 밀어 붙이고 회사건물을 무단점거한 경우 건조물침입죄 및 업무방해죄로 의율처단한 조치의 적부(적극) [대법원 1990. 6. 12. 선고, 90도672]

【판결요지】

해고되어 회사의 근로자도 아닌 피고인이 시위근로자 570명과 함께 회사건물 본관 앞까지 이동한 다음 무단점거를 저지하려는 관리직사원등 400여명을 힘으로 밀어붙이고 동 건물을 점거하였는데 이러한 집단행위가 적법한 쟁의행위도 아니었으며, 또한 쟁의행위에 당연히 수반되는 범위에 든다고 할 수 없는 관리직 사원 600여명의 업무영역에 관하여 방해를 한 경우에 있어서 원심이 위 피고인의 행위를 건조물침입죄 및 업무방해죄로 각 의율처단한 것은 옳다.

II. 업무방해 [대학입시/시험/논문 등 관련]

314-II-1. 수산업협동조합의 신규직원 채용에서 필기시험에서 합격선에 못 미치는 점수를 받게 되자, 조합장의 지시에 따라 점수조작행위를 통하여 이들을 필기시험에 합격시킨 행위(적극) [대법원 2010. 3. 25. 선고, 2009도8506]

【판시사항】

수산업협동조합의 신규직원 채용에 응시한 甲과 乙이 필기시험에서 합격선에 못 미치는 점수를 받게 되자, 채점업무 담당자들이 조합장인 피고인의 지시에 따라 점수조작행위를 통하여 이들을 필기시험에 합격시킴으로써 필기시험 합격자를 대상으로 하는 면접시험에 응시할 수 있도록 한 사안에서 위 점수조작행위에 공모 또는 양해하였다고 볼 수 없는 일부 면접위원들이 조합의 신규직원 채용업무로서 수행한 면접업무는 위 점수조작행위에 의하여 방해되었다고 보아야 한다.

314-II-2. 다른 사람이 작성한 논문을 피고인 단독 혹은 공동으로 작성한 논문인 것처럼 학술지에 제출하여 발표한 논문연구실적을 부교수 승진심사 서류에 포함하여 제출한 사안(적극) [대법원 2009. 9. 10. 선고, 2009도4772]

【판결요지】

당해 논문을 제외한 다른 논문만으로도 부교수 승진 요건을 월등히 충족하고 있었다는 등의 사정만으로는 승진심사 업무의 적정성이나 공정성을 해할 위험성이 없었다고 단정할 수 없으므로, 위계에 의한 업무방해죄를 구성한다.

314-II-3. 순수한 예상문제를 선정하여 수험생이나 그 교습자에게 주는 행위가 시험실시업무를 방해하는 행위인지 여부(소극) [대법원 1999. 12. 10. 선고, 99도3487]

【판시사항】

[1] 순수한 예상문제를 선정하여 수험생이나 그 교습자에게 주는 행위가 시험실시업무를 방해하는 행위인지 여부(소극)

[2] 출제위원이 선정한 문제를 시험실시자에게 제출하기 전에 외부에 유출한 행위만으로 업무방해죄가 성립하는지 여부(소극)

【판결요지】

[1] 객관적으로 보아 당해 출제교사가 출제할 것이라고 예측되는 순수한 예상문제를 선정하여 수험생이나 그 교습자에게 주는 행위를 가지고 시험실시업무를 방해하는 행위라고 할 수는 없다.

[2] 시험의 출제위원이 문제를 선정하여 시험실시자에게 제출하기 전에 이를 유출하였다고 하더라도 이러한 행위 자체는 위계를 사용하여 시험실시자의 업무를 방해하는 행위가 아니라 그 준비단계에 불과한 것이고, 그 후 그와 같이 유출된 문제가 시험실시자에게 제출되지도 아니하였다면 그러한 문제유출로 인하여 시험실시 업무가 방해될 추상적인 위험조차도 있다고 할 수 없으므로 업무방해죄가 성립한다고 할 수 없다.

---

1. 대학원신입생전형시험문제를 사전에 알려 준 교수와 미리 답안쪽지를 작성하여 답안지를 작성한 수험생의 죄책(=위계에 의한 업무방해죄) [대법원 1991. 11. 12. 선고, 91도2211]

【판결요지】

교수인 피고인 갑이 출제교수들로부터 대학원신입생전형시험문제를 제출받아 피고인 을, 병에게 그 시험문제를 알려주자 그들이 답안쪽지를 작성한 다음 이를 답안지에 그대로 베껴써서 그 정을 모르는 시험감독관에게 제출한 경우, 위계로써 입시감독업무를 방해한 것이므로 업무방해죄에 해당한다.

314-Ⅱ-4. 대학교가 업무방해죄에 있어서 업무의 주체가 될 수 있는지 여부(소극) [대법원 1999. 1. 15. 선고, 98도663]

【판시사항】

[1] 대학교가 업무방해죄에 있어서 업무의 주체가 될 수 있는지 여부(소극)

[2] 대학 편입학업무의 주체는 대학교가 아닌 총장이고, 성적평가업무의 주체는 대학교가 아닌 담당교수라고 본 사례

【판결요지】

[1] 업무방해죄에 있어서의 행위의 객체는 타인의 업무이고, 여기서 타인이라 함은 범인 이외의 자연인과 법인 및 법인격 없는 단체를 가리키므로, 법적 성질이 영조물에 불과한 대학교 자체는 업무방해죄에 있어서의 업무의 주체가 될 수 없다.

314-Ⅱ-5. 대학원 입학전형 업무가 업무방해죄의 객체인 '업무'에 해당하는지 여부(적극) [대법원 1995. 12. 5. 선고, 94도1520]

【판결요지】

대학원 입학전형 업무를 방해함에 있어서 피고인들이 공모하여 방조한 이상 대학원 입학전형 업무가 업무방해죄의 객체인 '업무'에 해당된다.

1. 대학교 총장이 입학사정위원들에게 허위로 작성된 사정부에 따라 입학사정을 하게 한 행위(적극) [대법원 1993. 5. 11. 선고, 92도255]

【판결요지】

대학교 총장이 신입생을 추가로 모집함에 있어 기부금을 낸 학부모나 교직원 자녀들의 성적 또는 지망학과를 고쳐 석차가 추가로 모집하는 인원의 범위 내에 들도록 사정부를 허위로 작성한 다음 그 정을 모르는 입학사정위원들에게 제출하여 허위로 작성된 사정부에 따라 입학사정을 하게 함으로써 위 자녀들을 합격자로 사정하게 하였다면 이는 위계로써 입학사정업무를 방해하였다고 할 것이다.

2. 대학교 교직원으로 하여금 허위의 사정부를 작성하게 함으로써 입학사정위원들이 그에 따라 입학사정을 하게 한 행위(적극) [대법원 1994. 3. 11. 선고, 93도2305]

【판결요지】

학부모들이 대학교 교무처장 등에게 자녀들의 부정입학을 청탁하면서 그 대가로 대학교측에 기부금명목의 금품을 제공하고 이에 따라 교무처장 등이 그들의 실제 입학시험성적을 임의로 고쳐 그 석차가 모집정원의 범위 내에 들도록 사정부를 허위로 작성한 다음 이를 그정을 모르는 입학사정위원들에게 제출하여 그들로 하여금 그 사정부에 따라 입학사정을 하게 함으로써 자녀들을 합격자로 사정처리 하게 한 것은 위계로써 입학사정위원들의 사정업무를 방해한 것이다.

3. 채점위원이 채점절차 완료 후 일부 응시생을 합격시킬 목적으로 채점결과를 변경한 행위(적극) [대법원 1993. 12. 28. 선고, 93도2669]

【판결요지】

채점절차가 실질적으로 완료되어 채점위원이라고 하더라도 채점상의 착오를 바로 잡기 위한 것이 아닌 한 더 이상 채점결과를 변경할 수 없는 단계에서 일부 응시생들을 합격시킬 목적만으로 채점결과를 변경한 행위는 채점행위의 범위를 벗어난 것으로 채점을 담당한 교수의 권한에 속하는 것이 아님이 분명하고, 따라서 위와 같은 행위는 결국 아무 권한도 없이 이미 확정된 채점결과를 임의로 변경하여 대학원위원회의 합격자사정업무를 위계로써 방해한 것에 해당한다.

314-II-6. 승계적 공동정범으로서 업무방해죄의 기수로 논할 수 없다. [대법원 1994. 12. 2. 선고, 94도2510]

【판결요지】

대학교 입시에서 수험생의 학부모들로부터 합격시켜 달라는 청탁을 받은 갑교수가 그 수험생으로 하여금 답안지에 비밀표시를 하도록 해 놓고 채점위원이 될 것으로 예상되는 을 교수에게 비밀표시된 답안지 채점을 부정하게 높게 하는 등 위계의 방법으로 부정합격시키도록 하자고 부탁하여 을이 이를 승낙하는 방법으로 갑과 공모하였는데 그 후 을이 채점위원이 되지 아니하자 채점위원이 된 병 교수에게 그와 같은 부정채점을 청탁한 경우, 병이 을의 부정채점 제의를 거절하고 즉시 그 대학교 교무처장에게 신고함으로써 더 이상 입시부정행위를 할 수 없게 되었고 달리 그 이후 을이 갑이나 수험생들 및 그 대학교 총장으로 하여금 부정한 행위나 처분을 하게 할 만한 행위를 한 바 없다면, 을의 범행 가담 이후 그 대학교 총장의 입시관리업무가 방해될 만한 행위가 없다 할 것이니 업무방해죄의 기수로 논할 수 없음이 명백하므로 병에게 부정청탁을 하였으나 뜻을 못 이룬 을의 행위를 형법 제314조를 적용하여 업무방해죄의 죄책을 지울 수 없다.

314-Ⅱ-7. 석사학위논문 작성제출자가 직접 작성한 것인지 또는 타인에 의하여 대작된 것인지 여부 판별 기준 [대법원 1996. 7. 30. 선고, 94도2708]

【판시사항】

[1] 석사학위논문의 작성·제출자가 직접 작성한 것인지 또는 타인에 의하여 대작된 것인지 여부를 판별하는 기준

[2] 타인에 의하여 대작된 논문이라고 본 사례

【판결요지】

[1] 일반적으로 석사학위논문 정도의 학술적 저작물을 작성함에 있어서는 논문작성 과정에서 타인으로부터 외국서적의 번역이나 자료의 통계처리 등 단순하고 기술적인 조력을 받는 것은 허용된다고 보아야 할 것이나, 그 작성자로서는 학위논문의 작성을 통하여 논문의 체제나 분류방법 등 논문 작성방법을 배우고, 지도교수가 중점적으로 지도하여 정립한 논문의 틀에 따라 필요한 문헌이나 자료를 수집하여 분석, 정리한 다음 이를 논문의 내용으로 완성하는 것이 가장 중요한 일이라 할 것이므로, 비록 논문작성자가 지도교수의 지도에 따라 논문의 제목, 주제, 목차 등을 직접 작성하였다고 하더라도 자료를 분석, 정리하여 논문의 내용을 완성하는 일의 대부분을 타인에게 의존하였다면 그 논문은 논문작성자가 주체적으로 작성한 논문이 아니라 타인에 의하여 대작된 것이라고 보아야 한다.

[2] 단순히 통계처리와 분석, 또는 외국자료의 번역과 타자만을 타인에게 의뢰한 것이 아니라 전체 논문의 초안작성을 의뢰하고, 그에 따라 작성된 논문의 내용에 약간의 수정만을 가하여 제출하였음이 인정된다는 이유로 업무방해죄에 대하여 무죄를 선고한 원심판결을 파기한 사례

314-Ⅱ-8. 입학시험 응시자가, 우연한 기회에 출제될, 시험문제를 알게 되어, 그에 대한 해답을 암기한 후, 그 암기에 따라 입학시험답안을, 작성 제출한 경우(소극) [대법원 1966. 3. 22. 선고, 65도1164]

【판결요지】

입학시험에 응시한 수험생으로서 자기 자신이 부정한 방법으로 탐지한 것이 아니고 우연한 기회에 미리 출제될 시험문제를 알게 되어 그에 대한 답을 암기하였을 경우 그 암기한 답에 해당된 문제가 출제되었다 하여도 위와 같은 경위로서 암기한 답을 그 입학시험 답안지에 기재하여서는 아니된다는 것을 그 일반수험생에게 기대한다는 것은 보통의 경우 도저히 불가능하다 할 것이다.

III. 업무방해 (기타)

314-III-1. 업무방해죄의 성립에 업무방해의 결과가 실제로 발생함을 요하는지 여부(소극) [대법원 2020. 9. 24. 선고, 2017도19283]

【판시사항】

[1] 업무방해죄의 성립에 업무방해의 결과가 실제로 발생함을 요하는지 여부(소극)

[2] 신청을 받아 자격요건 등을 심사하여 수용 여부를 결정하는 업무의 담당자에게 신청인이 허위의 주장을 하면서 이에 부합하는 허위의 소명자료를 첨부하여 제출한 행위가 위계에 의한 업무방해죄를 구성하는 경우

[3] 피고인 甲, 乙이 공모하여, 피고인 甲은 丙 고등학교의 학생 丁이 약 10개월 동안 총 84시간의 봉사활동을 한 것처럼 허위로 기재된 봉사활동확인서를 발급받아 피고인 乙에게 교부하고, 피고인 乙은 이를 丁의 담임교사를 통하여 丙 학교에 제출하여 丁으로 하여금 2010년도 학교장 명의의 봉사상을 수상하도록 하는 방법으로 위계로써 학교장의 봉사상 심사 및 선정 업무를 방해하였다는 내용으로 기소된 사안에서, 피고인들에게 무죄를 선고한 원심판단에 업무방해죄의 성립에 관한 법리오해의 위법이 있다.

【판결요지】

[1] 업무방해죄의 성립에 있어서는 업무방해의 결과가 실제로 발생함을 요하지 않고 업무방해의 결과를 초래할 위험이 발생하면 족하다.

[2] 상대방으로부터 신청을 받아 상대방이 일정한 자격요건 등을 갖춘 경우에 한하여 그에 대한 수용 여부를 결정하는 업무에 있어서는 신청서에 기재된 사유가 사실과 부합하지 않을 수 있음을 전제로 자격요건 등을 심사·판단하는 것이므로, 업무담당자가 사실을 충분히 확인하지 않은 채 신청인이 제출한 허위의 신청사유나 허위의 소명자료를 가볍게 믿고 이를 수용하였다면 이는 업무담당자의 불충분한 심사에 기인한 것으로서 신청인의 위계가 업무방해의 위험성을 발생시켰다고 할 수 없어 위계에 의한 업무방해죄를 구성하지 않는다. 그러나 신청인이 업무담당자에게 허위의 주장을 하면서 이에 부합하는 허위의 소명자료를 첨부하여 제출한 경우 그 수리 여부를 결정하는 업무담당자가 관계 규정이 정한 바에 따라 그 요건의 존부에 관하여 나름대로 충분히 심사를 하였으나 신청사유 및 소명자료가 허위임을 발견하지 못하여 신청을 수리하게 될 정도에 이르렀다면 이는 업무담당자의 불충분한 심사가 아니라 신청인의 위계행위에 의하여 업무방해의 위험성이 발생된 것이어서 이에 대하여 위계에 의한 업무방해죄가 성립된다.

[3] 피고인 甲, 乙이 공모하여, 피고인 甲은 丙 고등학교의 학생 丁이 약 10개월 동안 총 84시간의 봉사활동을 한 것처럼 허위로 기재된 봉사활동확인서를 발급받아 피고인 乙에게 교부하고, 피고인 乙은 이를 丁의 담임교사를 통하여 丙 학교에 제출하여 丁으로 하여금 2010년도 학교장 명의의 봉사상을 수상하도록 하는 방법으로 위계로써 학교장의 봉사상 심사 및 선정 업무를 방해하였다는 내용으로 기소된 사안에서, 관련 법령에 의하면 학교의 장은 학생지도 및 상급학교의 학생 선발에 활용할 수 있는 인적사항, 학적사항, 출결사항 등 학교생활기록을 작성·관리하도록

규정하고 있는데, 봉사활동 및 봉사상 수상경력은 이러한 학교생활기록 사항에 포함되는 점, 丙 학교는 학생들이 제출하는 봉사활동확인서에 따라 학교생활기록부에 봉사활동내역 및 시간 등을 기재한 후 학년도 말에 학교생활기록부의 연간 봉사실적 누계시간이 80시간 이상인 학생을 특별활동부에 추천하고, 특별활동부에서 이를 취합한 후 공적심사위원회를 통하여 봉사활동시간의 적정성에 관한 자료를 검토·심의하고 학교장의 결재를 거쳐 봉사상 수상자를 선정하도록 정하고 있는 점, 피고인 乙이 제출한 봉사활동확인서는 교내가 아닌 학교 외에서 이루어진 봉사활동에 관한 것이고, 주관기관이 그 명의로 발급하였으며, 위 확인서 자체로 명백한 모순·오류가 있다거나 丙 학교 담당교사들 또는 학교장 등이 위 확인서에서 그 내용이 허위임을 인식하였거나 인식할 수 있었다고 볼 사정도 발견되지 않는 점, 학교장은 피고인 乙이 제출한 봉사활동확인서에 기재된 대로 丁이 봉사활동을 한 것으로 오인·착각하여 丁을 봉사상 수상자로 선정하였으므로, 피고인들의 허위 봉사활동확인서 제출로써 학교장의 봉사상 심사 및 선정 업무 방해의 결과를 초래할 위험이 발생한 점, 丙 학교의 봉사상 심사 및 선정 업무는 봉사활동확인서의 내용이 사실과 부합하지 않을 수 있음을 전제로 봉사상 수상의 자격요건 등을 심사·판단하는 업무라고 볼 수 없는 점 등의 사정을 종합하면, 이와 다른 전제에서 丁의 봉사상 수상자 선정은 丙 학교 업무담당자의 불충분한 심사에 기인한 것으로서 피고인들의 위계가 업무방해의 위험성을 발생시켰다고 할 수 없다고 보아 피고인들에게 무죄를 선고한 원심의 판단에 업무방해죄의 성립에 관한 법리오해의 위법이 있다.

---

1. 신청을 받아 자격요건을 심사하여 수용 여부를 결정하는 업무의 담당자에게 신청인이 허위의 주장을 하면서 허위의 자료를 제출한 것이 '위계에 의한 업무방해죄'를 구성하는 경우 대법원 2010. 3. 25. 선고, 2008도4228]

【판시사항】

상대방으로부터 신청을 받아 상대방이 일정한 자격요건 등을 갖춘 경우에 한하여 그에 대한 수용 여부를 결정하는 업무에 있어서는 신청서에 기재된 사유가 사실과 부합하지 않을 수 있음을 전제로 그 자격요건 등을 심사·판단하는 것이므로, 그 업무담당자가 사실을 충분히 확인하지 아니한 채 신청인이 제출한 허위의 신청사유나 허위의 소명자료를 가볍게 믿고 이를 수용하였다면 이는 업무담당자의 불충분한 심사에 기인한 것으로서 신청인의 위계가 업무방해의 위험성을 발생시켰다고 할 수 없어 위계에 의한 업무방해죄를 구성하지 않는다고 할 것이지만, 신청인이 업무담당자에게 허위의 주장을 하면서 이에 부합하는 허위의 소명자료를 첨부하여 제출한 경우 그 수리 여부를 결정하는 업무담당자가 관계 규정이 정한 바에 따라 그 요건의 존부에 관하여 나름대로 충분히 심사를 하였으나 신청사유 및 소명자료가 허위임을 발견하지 못하여 그 신청을 수리하게 될 정도에 이르렀다면 이는 업무담당자의 불충분한 심사가 아니라 신청인의 위계행위에 의하여 업무방해의 위험성이 발생된 것이어서 이에 대하여 위계에 의한 업무방해죄가 성립된다(대법원 2007. 12. 27. 선고 2007도5030 판결 등 참조).

---

2. 대표이사인 회사의 소방사업부장이 소속 직원들에게 허위의 사실을 유포하는 방법으로 직원들로부터 사표를 제출받은 경우(적극) [대법원 2002. 3. 29. 선고, 2000도3231]

【판시사항】

[1] '방해한다'는 의미

[2] 피해자가 대표이사인 회사의 소방사업부장이 소속 직원들에게 허위의 사실을 유포하는 등의 방법을 사용하여 직원들로부터 사표를 제출받은 경우, 업무방해죄가 성립된다.

【판결요지】

[1] 업무를 '방해한다'함은 업무의 집행 자체를 방해하는 것은 물론이고 널리 업무의 경영을 저해하는 것도 포함한다.

[2] 피해자가 대표이사인 회사의 소방사업부장이 소속 직원들에게 허위의 사실을 유포하는 등의 방법을 사용하여 직원들로부터 사표를 제출받은 경우, 직원들이 집단적으로 사표를 제출함으로써 일시적으로나마 소방사업부의 업무에서 이탈하거나 업무를 중단할 위험이 생겼고 그로 인하여 피해자의 소방사업부 업무의 경영을 저해할 위험성이 발생하였다고 볼 것이므로, 업무방해죄가 성립된다.

---

3. 신청을 받아 자격요건을 심사하여 수용 여부를 결정하는 업무의 담당자에게 신청인이 허위의 주장을 하면서 허위의 자료를 제출한 경우(적극) [대법원 2007. 12. 27. 선고, 2007도5030]

【판시사항】

[1] 신청을 받아 자격요건을 심사하여 수용 여부를 결정하는 업무의 담당자에게 신청인이 허위의 주장을 하면서 허위의 자료를 제출한 것이 위계에 의한 업무방해죄를 구성하는 경우

[2] 대한주택공사가 시행하는 택지개발사업의 공동택지용지 수의공급업무와 관련하여 신청자격이 없는 자가 매매계약일자를 허위기재한 소유토지조서 등 신청자격이 있는 것처럼 보이는 자료를 첨부하여 수의공급신청을 한 경우, 위계에 의한 업무방해죄를 구성한다.

【판결요지】

[1] 상대방으로부터 신청을 받아 상대방이 일정한 자격요건 등을 갖춘 경우에 한하여 그에 대한 수용 여부를 결정하는 업무에 있어서는 신청서에 기재된 사유가 사실과 부합하지 않을 수 있음을 전제로 그 자격요건 등을 심사·판단하는 것이므로, 그 업무담당자가 사실을 충분히 확인하지 아니한 채 신청인이 제출한 허위의 신청사유나 허위의 소명자료를 가볍게 믿고 이를 수용하였다면 이는 업무담당자의 불충분한 심사에 기인한 것으로서 신청인의 위계가 업무방해의 위험성을 발생시켰다고 할 수 없어 위계에 의한 업무방해죄를 구성하지 않지만, 신청인이 업무담당자에게 허위의 주장을 하면서 이에 부합하는 허위의 소명자료를 첨부하여 제출한 경우 그 수리 여부를 결정하는 업무담당자가 관계 규정이 정한 바에 따라 그 요건의 존부에 관하여 나름대로 충분히 심사를 하였음에도 신청사유 및 소명자료가 허위임을 발견하지 못하여 그 신청을 수리하게 될 정도에 이르렀다면, 이는 업무담당자의 불충분한 심사가 아니라 신청인의 위계행위에 의하여 업무방해의 위험성이 발생한 것이어서 위계에 의한 업무방해죄가 성립한다.

[2] 대한주택공사가 시행하는 택지개발사업의 공동택지용지 수의공급업무와 관련하여 택지개발예정지구 지정공고일 이후에 대상토지를 매수하여 관련 규정상 신청자격이 없는 자가, 계약일자를 위 공고일 이전으로 허위기재한 매매계약서를 기초로 소유권이전등기를 마친 후 그 등기부등본과 계약일자를 허위로 기재한 소유토지조서를 첨부하여 수의공급신청을 한 경우, 위 공사의 택지공급업무의 적정성과 공정성을 해할 위험을 초래한 것에 해당하여 위계에 의한 업무방해죄를 구성한다.

314-Ⅲ-2. 업무수행 자체가 아니라 업무의 적정성 내지 공정성이 방해된 경우(적극) [대법원 2020. 4.

9. 선고, 2017도9459]

【판시사항】

위계에 의한 업무방해죄에 있어서 위계란 행위자의 행위목적을 달성하기 위하여 상대방에게 오인, 착각 또는 부지를 일으키게 하여 이를 이용하는 것을 말하고, 업무방해죄의 성립에는 업무방해의 결과가 실제로 발생함을 요하지 않고 업무방해의 결과를 초래할 위험이 발생하는 것이면 족하며, 업무수행 자체가 아니라 업무의 적정성 내지 공정성이 방해된 경우에도 업무방해죄가 성립한다(대법원 2008. 1. 17. 선고 2006도1721 판결, 대법원 2009. 9. 10. 선고 2009도4772 판결 등 참조).

---

1. 위계에 의한 업무방해죄의 성립요건 [대법원 2008. 1. 17. 선고, 2006도1721]

【판시사항】

[1] 위계에 의한 업무방해죄의 성립요건

[2] 한국자산관리공사가 공적자금을 회수하기 위하여 공적자금 투입업체의 출자전환주식을 매각하기로 하고 그 매각업무의 주간사를 선정하는 과정에서, 1차 선정위원회의 구성원들이 특정 업체에 유리하게 평가표의 평가항목별 배점을 수정하여 그 업체를 1순위로 선정한 다음, 이러한 사실을 고지하지 않은 채 2차 선정위원회에 심사결과와 수정된 평가표를 제출한 것은 위계에 의한 업무방해죄를 구성한다.

【판결요지】

[1] **위계에 의한 업무방해죄에 있어서 위계란**, 행위자의 행위목적을 달성하기 위하여 상대방에게 오인, 착각 또는 부지를 일으키게 하여 이를 이용하는 것을 말하고, 업무방해죄의 성립에는 업무방해의 결과가 실제로 발생함을 요하지 않고 업무방해의 결과를 초래할 위험이 발생하는 것이면 족하며, 업무수행 자체가 아니라 업무의 적정성 내지 공정성이 방해된 경우에도 업무방해죄가 성립한다.

[2] 한국자산관리공사가 공적자금을 회수하기 위하여 공적자금 투입업체의 출자전환주식을 매각하기로 하고 그 매각업무의 주간사를 선정하는 과정에서 우선 공사 내부구성원들이 1차 선정위원회를 구성하여 후보기관을 심사·선정하면서, 위 선정위원회가 준수해야 하는 매각심사소위원회의 평가표에 따를 경우 甲업체의 제안서 심사결과가 경쟁상대인 乙업체보다 불리하다고 판단되자, 위 평가표의 평가항목별 배점을 甲업체에 유리하게 수정하여 甲업체를 1순위로, 乙업체를 2순위로 선정한 다음, 이러한 사실을 고지하지 않은 채 별도의 민간전문가가 참여한 2차 선정위원회에 위 심사결과와 수정된 평가표를 제출하여 평가절차를 진행하게 한 경우, 위 평가표의 임의 수정 및 제출행위는 위계에 해당하고 이로 인하여 위 2차 선정위원회의 민간전문가가 매각 주간사를 선정하는 업무의 적정성 내지 공정성을 해할 위험이 발생하였으므로 위계에 의한 업무방해죄가 성립한다.

---

2. 업무방해죄가 성립하기 위하여 업무방해의 결과가 실제로 발생하여야 하는지 여부(소극) [대법원 2018. 7. 24. 선고, 2015도12094]

【판시사항】

[1] 업무방해죄가 성립하기 위하여 업무방해의 결과가 실제로 발생하여야 하는지 여부(소극) 및 업무수행 자체가 아니라 업무의 적정성 내지 공정성이 방해된 경우에도 업무방해죄가 성립하는지 여부(적극)

[2] 업무방해의 고의에 반드시 업무방해의 목적이나 계획적인 업무방해의 의도가 있어야 하는지 여부 (소극) 및 업무방해죄의 성립에 필요한 고의의 내용

【이 유】

[1] 업무방해죄의 성립에는 업무방해의 결과가 실제로 발생함을 요하지 않고 업무방해의 결과를 초래할 위험이 발생하면 족하며, 업무수행 자체가 아니라 업무의 적정성 내지 공정성이 방해된 경우에도 업무방해죄가 성립한다(대법원 2010. 3. 25. 선고 2009도8506 판결 등 참조).

[2] 업무방해의 고의는 반드시 업무방해의 목적이나 계획적인 업무방해의 의도가 있어야만 하는 것이 아니고, 자신의 행위로 인하여 타인의 업무가 방해될 가능성 또는 위험에 대한 인식이나 예견으로 충분하며, 그 인식이나 예견은 확정적인 것은 물론 불확정적인 것이라도 이른바 미필적 고의로도 인정된다(대법원 2012. 5. 24. 선고 2009도4141 판결 등 참조).

314-Ⅲ-3. 업무방해죄의 행위 객체인 타인의 업무 중 '타인'의 의미(=범인 이외의 자연인과 법인 및 법인격 없는 단체) [대법원 2018. 5. 15. 선고, 2017도19499]

【판시사항】

[1] 업무방해죄의 행위 객체인 타인의 업무 중 '타인' 의 의미(=범인 이외의 자연인과 법인 및 법인격 없는 단체)

[2] 업무방해죄에서 '위력' 의 의미 및 위력에 해당하는지 판단하는 기준 / 업무방해죄의 위력이 반드시 업무에 종사 중인 사람에게 직접 가해지는 세력만을 의미하는지 여부(소극)

[3] 업무방해죄가 성립하기 위하여 업무방해의 결과가 실제로 발생하여야 하는지 여부(소극) 및 업무수행 자체가 아니라 업무의 적정성이나 공정성이 방해된 경우에도 업무방해죄가 성립하는지 여부(적극)

[4] 위계에 의한 업무방해죄에서 '위계' 의 의미

【이 유】

[1] 업무방해죄에 있어서의 행위의 객체는 타인의 업무이고, 여기서 **타인**이라 함은 범인 이외의 자연인과 법인 및 법인격 없는 단체를 가리킨다(대법원 2007. 12. 27. 선고 2005도6404 판결 등 참조). △△△대 학칙 등에 따라 △△△대의 입학에 관한 업무가 총장인 피고인 3의 권한에 속한다고 하더라도, 그중 면접업무는 면접위원들에게, 신입생 모집과 사정업무는 교무위원들에게 각 위임되었고, 그 수임자들은 각자의 명의와 책임으로 수임받은 권한을 행사하여야 한다. 따라서 위와 같이 위임된 업무는 면접위원들 및 교무위원들의 독립된 업무에 속하고, 총장인 피고인 3과의 관계에서도 타인의 업무에 해당한다(대법원 1993. 5. 11. 선고 92도255 판결 등 참조). 같은 취지인 원심판단은 정당하고, 거기에 상고이유로 지적하는 바와 같이 업무방해죄에서 행위 객체인 '타인의 업무' 에 관한 법리를 오해하는 등의 잘못이 없다.

[2] 업무방해죄의 **'위력'** 이란 사람의 자유의사를 제압·혼란케 할 만한 일체의 세력으로, 유형적이든 무형적이든 묻지 아니하므로 폭력·협박은 물론 사회적·경제적·정치적 지위와 권세에 의한 압박 등도 이에 포함되고(대법원 2007. 6. 14. 선고 2007도2178 판결 등 참조), 현실적으로 피해자의 자유의사가 제압될 것을 요하는 것은 아니지만, 범인의 위세, 사람 수, 주위 상황 등에 비추

어 피해자의 자유의사를 제압하기 족한 세력을 의미한다. 위력에 해당하는지는 범행 일시·장소, 범행 동기와 목적, 인원수, 세력의 태양, 업무의 종류, 피해자의 지위 등 제반 사정을 고려하여 객관적으로 판단하여야 한다. 또한 업무방해죄의 위력은 반드시 업무에 종사 중인 사람에게 직접 가해지는 세력만을 의미하는 것은 아니고, 사람의 자유의사를 제압하기에 족한 일정한 물적 상태를 만들어 그 사람이 자유롭게 행동하지 못하도록 하거나, 자유롭게 행동하는 것을 현저히 곤란하게 만드는 행위도 이에 포함될 수 있다(대법원 2009. 9. 10. 선고 2009도5732 판결 등 참조).

 [3] 업무방해죄가 성립하기 위하여 업무방해의 결과가 실제로 발생할 필요는 없고 업무방해의 결과를 초래할 위험이 발생하면 족하며, 업무수행 자체가 아니라 업무의 적정성이나 공정성이 방해된 경우에도 업무방해죄가 성립한다(대법원 2010. 3. 25. 선고 2009도8506 판결 등 참조).

 위계에 의한 업무방해죄에 있어 '위계'란 행위자가 행위 목적을 달성하기 위하여 상대방에게 오인·착각 또는 부지를 일으키게 하여 이를 이용하는 것을 말한다(대법원 2010. 3. 25. 선고 2009도8506 판결 등 참조).

 교육부장관의 특별사안감사와 관련하여, 감사대상자가 감사관에게 허위 사실을 진술하거나 감사목적 달성에 필요한 자료를 감추고 허위 자료를 제출하였다고 하더라도, 감사관이 충분한 조사를 하지 않은 채 그와 같은 허위 진술과 자료만으로 자료 수집·조사 절차를 마쳤다면, 이는 감사관의 불충분한 조사에 기인한 것으로서 감사대상자 등의 위계에 의하여 감사관의 감사업무가 방해되었다고 볼 수 없어 위계에 의한 공무집행방해죄가 성립하지 않는다. 그러나 감사대상자가 적극적으로 허위 자료를 조작하여 제출하고 자료 조작 결과 감사관이 그 진위에 관하여 나름대로 충실한 조사를 하더라도 제출된 자료가 허위임을 발견하지 못할 정도에 이르렀다면, 이는 위계에 의하여 감사관의 감사업무를 적극적으로 방해한 것으로서 위계에 의한 공무집행방해죄가 성립한다(대법원 2011. 2. 10. 선고 2010도15986 판결 등 참조).

---

1. 지방공사 사장이 신규직원 채용권한을 행사하는 것은 공사의 기관으로서 공사의 업무를 집행하는 것이므로, 위 권한의 귀속주체인 사장 본인에 대한 관계에서도 업무방해죄의 객체인 타인의 업무에 해당 여부(적극) [대법원 2007. 12. 27. 선고, 2005도6404]

【판시사항】

[1] 지방공사 사장이 신규직원 채용권한을 행사하는 것은 공사의 기관으로서 공사의 업무를 집행하는 것이므로, 위 권한의 귀속주체인 사장 본인에 대한 관계에서도 업무방해죄의 객체인 타인의 업무에 해당한다.

[2] 신규직원 채용권한을 가지고 있는 지방공사 사장이 시험업무 담당자에게 지시하여 상호 공모 내지 양해하에 시험성적조작 등의 부정한 행위를 한 경우, '위계'에 의한 업무방해죄에 해당하지 않는다.

【판결요지】

[1] 지방공사 사장이 신규직원 채용권한을 행사하는 것은 공사의 기관으로서 공사의 업무를 집행하는 것이므로, 위 권한의 귀속주체인 사장 본인에 대한 관계에서도 업무방해죄의 객체인 타인의 업무에 해당한다.

[2] 신규직원 채용권한을 가지고 있는 지방공사 사장이 시험업무 담당자들에게 지시하여 상호 공모 내지 양해하에 시험성적조작 등의 부정한 행위를 한 경우, 법인인 공사에게 신규직원 채용업무와 관련하여 오인·착각 또는 부지를 일으키게 한 것이 아니므로, '위계'에 의한 업무방해죄에 해당하지 않는다.

2. 경작 중이던 농작물을 트랙터를 이용하여 갈아엎은 다음 그곳에 이랑을 만들고 새로운 농작물을 심어 피해자의 논밭 경작 행위를 불가능하게 하는 행위(적극) [대법원 2009. 9. 10. 선고, 2009도5732]
【판시사항】
피고인이 피해자들이 경작 중이던 농작물을 트랙터를 이용하여 갈아엎은 다음 그곳에 이랑을 만들고 새로운 농작물을 심어 피해자의 자유로운 논밭 경작 행위를 불가능하게 하거나 현저히 곤란하게 한 경우, 위력에 의한 업무방해죄에 해당한다.

314-Ⅲ-4. 부작위에 의한 업무방해죄가 성립하기 위한 요건 [대법원 2017. 12. 22. 선고, 2017도13211]
【판시사항】
[1] 부작위에 의한 업무방해죄가 성립하기 위한 요건
[2] 피고인이 甲과 토지 지상에 창고를 신축하는 데 필요한 형틀공사 계약을 체결한 후 그 공사를 완료하였는데, 甲이 공사대금을 주지 않는다는 이유로 위 토지에 쌓아 둔 건축자재를 치우지 않고 공사현장을 막는 방법으로 위력으로써 甲의 창고 신축 공사 업무를 방해하였다는 내용으로 기소된 사안에
【판결요지】
[1] 업무방해죄와 같이 작위를 내용으로 하는 범죄를 부작위에 의하여 범하는 부진정 부작위범이 성립하기 위해서는 부작위를 실행행위로서의 작위와 동일시할 수 있어야 한다.
[2] 피고인이 일부러 건축자재를 甲의 토지 위에 쌓아 두어 공사현장을 막은 것이 아니라 당초 자신의 공사를 위해 쌓아 두었던 건축자재를 공사 완료 후 치우지 않은 것에 불과하므로, 비록 공사대금을 받을 목적으로 건축자재를 치우지 않았더라도, 피고인이 자신의 공사를 위하여 쌓아 두었던 건축자재를 공사 완료 후에 단순히 치우지 않은 행위가 위력으로써 甲의 추가 공사 업무를 방해하는 업무방해죄의 실행행위로서 甲의 업무에 대하여 하는 적극적인 방해행위와 동등한 형법적 가치를 가진다고 볼 수 없는데도, 이와 달리 보아 공소사실을 유죄로 인정한 원심판결에 부작위에 의한 업무방해죄의 성립에 관한 법리오해의 잘못이 있다.

314-Ⅲ-5. 직업이나 사회생활상 지위에 기한 것이라고 보기 어렵고 단순히 개인적인 일상생활의 일환으로 행하여지는 사무가 업무방해죄의 업무에 해당하는지 여부(소극) [대법원 2017. 11. 9. 선고, 2014도3270]
【판시사항】
형법 제314조에서 정한 업무방해죄의 '업무' 란 직업 기타 사회생활상의 지위에 기하여 계속적으로 종사하는 사무 또는 사업을 말하는 것으로서(대법원 2013. 6. 14. 선고 2013도3829 판결 참

조), 직업이나 사회생활상의 지위에 기한 것이라고 보기 어려운 단순한 개인적인 일상생활의 일환으로 행하여지는 사무는 업무방해죄의 보호대상인 업무에 해당한다고 볼 수 없다.

> **1. 학생들이 학교에 등교하여 교실에서 수업을 듣는 것이 '업무'에 해당하는지 여부(소극) [대법원 2013. 6. 14. 선고, 2013도3829]**
>
> **【판결요지】**
> 형법상 업무방해죄의 보호대상이 되는 '업무'라 함은 직업 기타 사회생활상의 지위에 기하여 계속적으로 종사하는 사무 또는 사업을 말하는 것인데, 초등학생들이 학교에 등교하여 교실에서 수업을 듣는 것은 헌법 제31조가 정하고 있는 무상으로 초등교육을 받을 권리 및 초·중등교육법 제12, 13조가 정하고 있는 국가의 의무교육 실시의무와 부모들의 취학의무 등에 기하여 <u>학생들 본인의 권리를 행사하는 것이거나 국가 내지 부모들의 의무를 이행하는 것에 불과할 뿐 그것이 '직업 기타 사회생활상의 지위에 기하여 계속적으로 종사하는 사무 또는 사업'에 해당한다고 할 수 없다.</u>

314-Ⅲ-6. 사우나를 인계하는 과정에서 자신을 부당하게 해고하였다는 이유로 화가 나 그곳 전기배전반의 위치와 각 스위치의 작동방법 등을 알려주지 않는 행위(소극) [대법원 2017. 11. 9. 선고, 2017도12541]

【판시사항】

甲 주식회사가 운영하는 사우나에서 시설 및 보일러, 전기 등을 관리하던 피고인이, 甲 회사가 乙에게 사우나를 인계하는 과정에서 자신을 부당하게 해고하였다는 이유로 화가 나 그곳 전기배전반의 위치와 각 스위치의 작동방법 등을 알려주지 않는 등으로 甲 회사의 사우나 경영 업무를 방해하였다는 내용으로 기소된 사안에서 피고인의 위 행위가 甲 회사나 乙이 사우나를 운영하려는 자유의사 또는 甲 회사가 乙에게 사우나의 운영에 관한 업무 인수인계를 정상적으로 해 주려는 자유의사를 제압하기에 족한 위력에 해당한다고 단정하기 어렵다.

314-Ⅲ-7. 유포한 대상이 사실인지 또는 의견인지를 구별하는 방법 [대법원 2017. 4. 13. 선고, 2016도19159]

【판시사항】

업무방해죄에서 '허위사실의 유포'의 의미 및 유포한 대상이 사실인지 또는 의견인지를 구별하는 방법 / 여기서 '허위사실'에 해당하는지 판단하는 기준

【이 유】

업무방해죄에서 '허위사실의 유포'라고 함은 객관적으로 진실과 부합하지 않는 사실을 유포하는 것으로서 단순한 의견이나 가치판단을 표시하는 것은 이에 해당하지 아니한다. <u>유포한 대상이 사실인지 또는 의견인지를 구별할 때는 언어의 통상적 의미와 용법, 증명가능성, 문제된 말이 사용된 문맥, 당시의 사회적 상황 등 전체적 정황을 고려하여 판단하여야 한다</u>(대법원 1998. 3. 24. 선고 97도2956 판결, 대법원 2011. 9. 2. 선고 2010도17237 판결 등 참조). 그리고 여기서 허위사실은 기본적 사실이 허위여야만 하는 것은 아니고, 기본적 사실은 허위가 아니라도 이에 허위사실을 상당 정도 부가시킴으로써 타인의 업무를 방해할 위험이 있는 경우도 포함된다. 그러

나 그 내용의 전체 취지를 살펴볼 때 중요한 부분은 객관적 사실과 합치되는데 단지 세부적인 사실에 약간 차이가 있거나 다소 과장된 정도에 불과하여 타인의 업무를 방해할 위험이 없는 경우는 이에 해당하지 않는다(대법원 2006. 9. 8. 선고 2006도1580 판결 등 참조).

314-III-8. 여객선의 출항 전 안전점검을 충실히 하고 그 결과를 기재한 서류를 작성 또는 보관하여야 할 운항관리자의 업무가 한국해운조합에 대한 관계에서 타인의 업무에 해당하는지 여부(적극) [대법원 2016. 7. 27. 선고, 2015도17290]

【판시사항】

여객선의 출항 전 안전점검이 기본적으로 해운법 등 관련 법령에 의하여 운항관리자의 직무로 규정된 것이라고 볼 수 있으나, 한국해운조합으로 하여금 운항관리자를 선임하고 각 지부에 설치된 운항관리실에 배치하여 구체적으로 업무를 수행하도록 하고 있는 점, 한국해운조합법 등 관련 규정에 의하면 한국해운조합의 사업 중 하나로 규정된 '여객선 안전운항관리에 관한 사업'에는 적어도 운항관리자 및 운항관리실의 운영과 관련한 사업이 포함되는 점 등을 고려하면, 한국해운조합 역시 관련 법령에 의하여 운항관리자의 출항 전 안전점검 등 그 직무 수행과 관련된 업무를 담당하고 있다고 보이고, 그에 따라 한국해운조합은 그 자신의 업무로 출항 전 안전점검에 관한 운항관리자의 적절한 업무 수행과 이를 감독하기 위한 범위 내에서 내부 규정을 마련하거나 업무에 필요한 지시를 할 수 있다고 보아야 한다. 이러한 취지에 따라 한국해운조합이 그 내부 규정인 여객선운항관리실운영기준과 운항관리실업무처리요령을 마련하여 운항관리자로 하여금 적절하게 확인한 여객선 안전점검 보고서를 보관하게 하고 여객선 방문결과 서류를 기록하고 유지하도록 하고, 한국해운조합 이사장이 현대설봉호 화재 사건을 계기로 운항관리자에게 안전점검 보고서 서면확인 시 공란 여부를 정확히 확인하도록 업무에 관한 지시를 한 것은 모두 운항관리자와의 관계에서 한국해운조합의 업무라고 봄이 타당하다. 따라서 출항 전 안전점검을 충실히 하고 그 결과를 기재한 서류를 작성 또는 보관하여야 할 운항관리자의 업무는 한국해운조합에 대한 관계에서 타인의 업무에 해당한다(대법원 2015. 10. 29. 선고 2015도7703 판결 참조).

314-III-9. 법률상 보호할 가치가 있는 업무인지 판단하는 기준 [대법원 2015. 4. 23. 선고, 2013도9828]

【판시사항】

법률상 보호할 가치가 있는 업무인지 판단하는 기준 / 업무의 개시나 수행과정에 실체상 또는 절차상의 하자가 있더라도 정도가 반사회성을 띠거나 그와 동등한 평가를 경우에 이르지 아니한 이상 업무방해죄의 보호대상이 되는지 여부(적극)

【이 유】

법률상 보호할 가치가 있는 업무인지 여부는 그 사무가 사실상 평온하게 이루어져 사회적 활동의 기반이 되고 있느냐에 따라 결정되고, 그 업무의 개시나 수행과정에 실체상 또는 절차상의 하자가 있다 하더라도 그 정도가 사회생활상 도저히 용인할 수 없는 정도로 반사회성을 띠는 데까지 이르거나 법적 보호라는 측면에서 그와 동등한 평가를 받을 수밖에 없는 경우에 이르지 아니한 이상 업무방해죄의 보호대상이 된다(대법원 1996. 11. 12. 선고 96도2214 판결, 대법원 2013. 11. 28. 선고 2013도4430 판결 등 참조).

> 1. 아파트관리사무실의 경리가 관리단 총회에서 새로이 선임된 관리인에 의하여 재임명되어 경리업무를 수행하여 온 경우, 위 관리인 선임에 무효사유가 있는 경우 위 경리의 아파트관리업무(적극) [대법원 2006. 3. 9. 선고, 2006도382]
>
> 【판시사항】
> 아파트관리사무실의 경리가 관리단 총회에서 새로이 선임된 관리인에 의하여 재임명되어 경리업무를 수행하여 온 경우, 위 관리인 선임에 무효사유가 있다고 하더라도 위 경리의 아파트관리업무가 업무방해죄의 보호대상에서 제외된다고 보기는 어렵다.

314-Ⅲ-10. 소비자불매운동이 위력에 의한 업무방해죄를 구성하는지 판단하는 기준 [대법원 2013. 3. 14. 선고, 2010도410]

【판시사항】

[1] 소비자불매운동이 위력에 의한 업무방해죄를 구성하는지 판단하는 기준

[2] 위력 행사의 상대방이 피해자가 아닌 제3자인 경우 피해자에 대한 업무방해죄가 성립하기 위한 요건 및 그 판단 기준

[3] 인터넷카페의 운영진인 피고인들이 카페 회원들과 공모하여, 특정 신문들에 광고를 게재하는 광고주들에게 불매운동의 일환으로 지속적·집단적으로 항의전화를 하거나 항의글을 게시하는 등의 방법으로 광고중단을 압박함으로써 위력으로 광고주들 및 신문사들의 업무를 방해하였다는 내용으로 기소된 사안에서, 피고인들의 행위가 광고주들에 대하여는 업무방해죄의 위력에 해당하지만, 신문사들에 대하여는 직접적인 위력의 행사가 있었다고 보기에 부족하다고 본 사례

【판결요지】

[1] 소비자가 구매력을 무기로 상품이나 용역에 대한 자신들의 선호를 시장에 실질적으로 반영하기 위한 집단적 시도인 소비자불매운동은 본래 '공정한 가격으로 양질의 상품 또는 용역을 적절한 유통구조를 통해 적절한 시기에 안전하게 구입하거나 사용할 소비자의 제반 권익을 증진할 목적'에서 행해지는 소비자보호운동의 일환으로서 헌법 제124조를 통하여 제도로서 보장되나, 그와는 다른 측면에서 일반 시민들이 특정한 사회, 경제적 또는 정치적 대의나 가치를 주장·옹호하거나 이를 진작시키기 위한 수단으로서 소비자불매운동을 선택하는 경우도 있을 수 있고, 이러한 소비자불매운동 역시 반드시 헌법 제124조는 아니더라도 헌법 제21조에 따라 보장되는 정치적 표현의 자유나 헌법 제10조에 내재된 일반적 행동의 자유의 관점 등에서 보호받을 가능성이 있으므로, 단순히 소비자불매운동이 헌법 제124조에 따라 보장되는 소비자보호운동의 요건을 갖추지 못하였다는 이유만으로 이에 대하여 아무런 헌법적 보호도 주어지지 아니한다거나 소비자불매운동에 본질적으로 내재되어 있는 집단행위로서의 성격과 대상 기업에 대한 불이익 또는 피해의 가능성만을 들어 곧바로 형법 제314조 제1항의 업무방해죄에서 말하는 위력의 행사에 해당한다고 단정하여서는 아니 된다. 다만 그 소비자불매운동이 헌법상 보장되는 정치적 표현의 자유나 일반적 행동의

자유 등의 점에서도 전체 법질서상 용인될 수 없을 정도로 사회적 상당성을 갖추지 못한 때에는 그 행위 자체가 위법한 세력의 행사로서 형법 제314조 제1항의 업무방해죄에서 말하는 위력의 개념에 포섭될 수 있고, 그러한 관점에서 어떠한 <u>소비자불매운동이 위력에 의한 업무방해죄를 구성하는지 여부는 해당 소비자불매운동의 목적, 불매운동에 이르게 된 경위, 대상 기업의 선정이유 및 불매운동의 목적과의 연관성, 대상 기업의 사회·경제적 지위와 거기에 비교되는 불매운동의 규모 및 영향력, 불매운동 참여자의 자발성, 불매운동 실행과정에서 다른 폭력행위나 위법행위의 수반 여부, 불매운동의 기간 및 그로 인하여 대상 기업이 입은 불이익이나 피해의 정도, 그에 대한 대상 기업의 반응이나 태도 등 제반 사정을 종합적·실질적으로 고려하여 판단하여야 한다.</u>

[2] 업무방해죄의 위력은 원칙적으로 피해자에게 행사되어야 하므로, 그 위력 행사의 상대방이 피해자가 아닌 제3자인 경우 그로 인하여 피해자의 자유의사가 제압될 가능성이 직접적으로 발생함으로써 이를 실질적으로 피해자에 대한 위력의 행사와 동일시할 수 있는 특별한 사정이 있는 경우가 아니라면 피해자에 대한 업무방해죄가 성립한다고 볼 수 없다. 이때 제3자에 대한 위력의 행사로 피해자의 자유의사가 직접 제압될 가능성이 있는지는 위력 행사의 의도나 목적, 위력 행사의 상대방인 제3자와 피해자의 관계, 위력의 행사 장소나 방법 등 태양, 제3자에 대한 위력의 행사에 관한 피해자의 인식 여부, 제3자에 대한 위력의 행사로 피해자가 입게 되는 불이익이나 피해의 정도, 피해자에 의한 위력의 배제나 제3자에 대한 보호의 가능성 등을 종합적으로 고려하여 판단하여야 한다.

[3] 인터넷카페의 운영진인 피고인들이 카페 회원들과 공모하여, 특정 신문들에 광고를 게재하는 광고주들에게 불매운동의 일환으로 지속적·집단적으로 항의전화를 하거나 광고주들의 홈페이지에 항의글을 게시하는 등의 방법으로 광고중단을 압박함으로써 위력으로 광고주들 및 신문사들의 업무를 방해하였다는 내용으로 기소된 사안에서, 원심이 피고인들이 벌인 불매운동의 목적, 그 조직과정, 대상 기업의 선정경위, 불매운동의 규모 및 영향력, 불매운동의 실행 형태, 불매운동의 기간, 대상 기업인 광고주들이 입은 불이익이나 피해의 정도 등에 비추어 피고인들의 위 행위가 광고주들의 자유의사를 제압할 만한 세력으로서 위력에 해당한다고 본 것은 정당하나, 나아가 피고인들의 행위로 신문사들이 실제 입은 불이익이나 피해의 정도, 그로 인하여 신문사들의 영업활동이나 보도에 관한 자유의사가 제압될 만한 상황에 이르렀는지 등을 구체적으로 심리하여 살펴보지 아니한 채, 신문사들에 대한 직접적인 위력의 행사가 있었다고 보아 유죄를 인정한 원심판결에 업무방해죄의 구성요건인 위력의 대상 등에 관한 법리를 오해하여 심리를 다하지 아니한 잘못이 있다.

---

1. 甲 주식회사 임원이 자동차 판매수수료율과 관련하여 대리점 사업자들과 甲 회사 사이에 의견대립이 고조되자, 대리점 사업자 乙이 일정액의 사용료를 지급하고 판매정보 교환 등에 이용해 오던 甲 회사의 내부전산망 전체 및 고객관리시스템 중 자유게시판에 대한 접속권한을 차단한 사안(적극) [대법원 2012. 5. 24. 선고, 2009도4141]

【판시사항】

甲 주식회사 임원인 피고인이 자동차 판매수수료율과 관련하여 대리점 사업자들과 甲 회사 사이에 의견대립이 고조되자, 대리점 사업자 乙이 일정액의 사용료를 지급하고 판매정보 교환 등에 이용해 오던

甲 회사의 내부전산망 전체 및 고객관리시스템 중 자유게시판에 대한 접속권한을 차단한 사안에서, 피고인이 위력으로 乙의 업무를 방해하였다고 본 원심판단을 정당하다.

314-Ⅲ-11. 정당한 권한 행사가 업무방해죄의 '위력'에 해당하는지 여부(원칙적 소극) [대법원 2013. 2. 28. 선고, 2011도16718]

【판결요지】

업무방해죄의 수단인 위력은 사람의 자유의사를 제압·혼란하게 할 만한 일체의 억압적 방법을 말하고, 이는 제3자를 통하여 간접적으로 행사하는 것도 포함될 수 있다. 그러나 어떤 행위의 결과 상대방의 업무에 지장이 초래되었다 하더라도 행위자가 가지는 정당한 권한을 행사한 것으로 볼 수 있는 경우에는, 행위의 내용이나 수단 등이 사회통념상 허용될 수 없는 등 특별한 사정이 없는 한 업무방해죄를 구성하는 위력을 행사한 것이라고 할 수 없다. 따라서 제3자로 하여금 상대방에게 어떤 조치를 취하게 하는 등으로 상대방의 업무에 곤란을 야기하거나 그러한 위험이 초래되게 하였다 하더라도, 행위자가 제3자의 의사결정에 관여할 수 있는 권한을 가지고 있거나 그에 대하여 업무상 지시를 할 수 있는 지위에 있는 경우에는 특별한 사정이 없는 한 업무방해죄를 구성하지 아니한다.

314-Ⅲ-12. 상호저축은행 경영진이 영업정지가 임박한 상황에서 甲 저축은행에 파견되어 있던 금융감독원 감독관에게 알리지 아니한 채 영업마감 후에 특정 고액 예금채권자들에게 영업정지 예정사실을 알려주어 예금을 인출하도록 한 행위(적극) [대법원 2013. 1. 24. 선고, 2012도10629]

【판시사항】

甲 상호저축은행 경영진인 피고인이 영업정지가 임박한 상황에서 甲 저축은행에 파견되어 있던 금융감독원 감독관에게 알리지 아니한 채 영업마감 후에 특정 고액 예금채권자들에게 영업정지 예정사실을 알려주어 예금을 인출하도록 함으로써 파견감독관의 상시감독업무를 방해하였다는 내용으로 기소된 사안

【판결요지】

피고인이 영업정지 예정사실 통지에 관한 파견감독관의 부지를 이용하여 예금채권자들로 하여금 예금을 인출하도록 한 것이 업무방해죄의 위계에 해당한다고 본 원심판단을 수긍한 사례

314-Ⅲ-13. 동일한 피해자에 대한 폭행행위가 업무방해죄의 수단이 된 경우, 폭행행위가 이른바 '불가벌적 수반행위'에 해당하여 업무방해죄에 대하여 흡수관계에 있는지 여부(소극) [대법원 2012. 10. 11. 선고, 2012도1895]

【판결요지】

업무방해죄와 폭행죄는 구성요건과 보호법익을 달리하고 있고, 업무방해죄의 성립에 일반적·전형적으로 사람에 대한 폭행행위를 수반하는 것은 아니며, 폭행행위가 업무방해죄에 비하여 별도로 고려되지 않을 만큼 경미한 것이라고 할 수도 없으므로, 설령 피해자에 대한 폭행행위가 동일한 피해자에 대한 업무방해죄의 수단이 되었다고 하더라도 그러한 폭행행위가 이른바 '불가벌적

수반행위'에 해당하여 업무방해죄에 대하여 흡수관계에 있다고 볼 수는 없다.

314-Ⅲ-14. 성매매알선 등 행위가 업무방해죄의 보호대상인 '업무'에 해당하는지 여부(소극) [대법원 2011. 10. 13. 선고, 2011도7081]

【판시사항】

[1] 성매매알선 등 행위의 처벌에 관한 법률에서 정하고 있는 성매매알선 등 행위가 업무방해죄의 보호대상인 '업무'에 해당하는지 여부(소극)

[2] 폭력조직 간부인 피고인이 조직원들과 공모하여 甲이 운영하는 성매매업소 앞에 속칭 '병풍'을 치거나 차량을 주차해 놓는 등 위력으로써 업무를 방해하였다는 내용으로 기소된 사안

【판결요지】

[1] 구 성매매알선 등 행위의 처벌에 관한 법률(2010. 4. 15. 법률 제10261호로 개정되기 전의 것)은 제2조 제1항 제2호에서 성매매알선 등 행위에 해당하는 행위로 '성매매를 알선·권유·유인 또는 강요하는 행위', '성매매의 장소를 제공하는 행위' 등을 규정하고, 제4조 제2호 및 제4호에서 성매매알선행위와 성을 파는 행위를 하게 할 목적으로 타인을 고용·모집하는 행위를 금지하고, 이를 위반하여 성매매알선 등 행위를 한 자 및 미수범을 형사처벌하도록 규정하고 있으므로(같은 법 제19조 제1항 제1호, 제2항 제1호, 제23조 등 참조), 성매매알선 등 행위는 법에 의하여 원천적으로 금지된 행위로서 형사처벌의 대상이 되는 중대한 범죄행위일 뿐 아니라 정의관념상 용인될 수 없는 정도로 반사회성을 띠는 경우에 해당하므로, 업무방해죄의 보호대상이 되는 업무라고 볼 수 없다.

[2] 甲은 사창가 골목에서 윤락녀를 고용하여 성매매업소를 운영하여 왔는데, 성매매업소 운영에는 성매매를 알선·권유하거나 성매매장소를 제공하는 행위 등이 필연적으로 수반되고 따라서 업소 운영자는 구 성매매알선 등 행위의 처벌에 관한 법률(2010. 4. 15. 법률 제10261호로 개정되기 전의 것) 제19조 제1항 제1호의 '성매매알선 등 행위를 한 자' 또는 같은 법 제19조 제2항 제1호의 '영업으로 성매매알선 등 행위를 한 자'에 해당하므로, 甲의 성매매업소 운영업무는 업무방해죄의 보호대상이 되는 업무라고 볼 수 없다.

---

1. 의료법인이 아닌 자가 의료기관을 개설하여 운영하는 경우, 그 의료기관운영업무가 업무방해죄의 보호대상이 되는 '업무'에 해당하는지 여부(소극) [대법원 2001. 11. 30. 선고, 2001도2015]
   【판결요지】
   의료인이나 의료법인이 아닌 자가 의료기관을 개설하여 운영하는 행위는 그 위법의 정도가 중하여 사회생활상 도저히 용인될 수 없는 정도로 반사회성을 띠고 있으므로 업무방해죄의 보호대상이 되는 '업무'에 해당하지 않는다.

---

2. 법원의 직무집행정지 가처분결정에 의하여 그 직무집행이 정지된 자가 법원의 결정에 반하여 직무를 수행함으로써 업무를 계속 행하는 경우(소극) [대법원 2002. 8. 23. 선고, 2001도5592]
   【판결요지】

법원의 직무집행정지 가처분결정에 의하여 그 직무집행이 정지된 자가 법원의 결정에 반하여 직무를 수행함으로써 업무를 계속 행하는 경우 그 업무는 국법질서와 재판의 존엄성을 무시하는 것으로서 사실상 평온하게 이루어지는 사회적 활동의 기반이 되는 것이라 할 수 없고, 비록 그 업무가 반사회성을 띠는 경우라고까지는 할 수 없다고 하더라도 법적 보호라는 측면에서는 그와 동등한 평가를 받을 수밖에 없으므로, 그 업무자체는 법의 보호를 받을 가치를 상실하였다고 하지 않을 수 없어 업무방해죄에서 말하는 업무에 해당하지 않는다.

---

3. 공인중개사 아닌 사람이 영위하는 중개업이 업무방해죄의 보호대상이 되는지 여부(소극) [대법원 2007. 1. 12. 선고, 2006도6599]

【판결요지】
공인중개사인 피고인이 자신의 명의로 등록되어 있으나 실제로는 공인중개사가 아닌 피해자가 주도적으로 운영하는 형식으로 동업하여 중개사무소를 운영하다가 위 동업관계가 피해자의 귀책사유로 종료되고 피고인이 동업관계의 종료로 부동산중개업을 그만두기로 한 경우, 피해자의 중개업은 법에 의하여 금지된 행위로서 형사처벌의 대상이 되는 범죄행위에 해당하는 것으로서 업무방해죄의 보호대상이 되는 업무라고 볼 수 없다.

314-Ⅲ-15. 공무원이 직무상 수행하는 '공무'를 방해하는 행위를 업무방해죄로 의율할 수 있는지 여부(소극) [대법원 2011. 7. 28. 선고, 2009도11104]

【판시사항】
[1] 공무원이 직무상 수행하는 '공무'를 방해하는 행위를 업무방해죄로 의율할 수 있는지 여부(소극)
[2] 피고인이 甲 등과 공모하여 위력으로 시장(市長) 乙 및 丙 회사 관계자 등의 기자회견 업무를 방해하였다는 내용으로 기소된 사안에서, 공소사실 중 공무원 乙의 기자회견 업무에 대한 업무방해의 점을 유죄로 인정한 원심판결에 업무방해죄 성립범위에 관한 법리오해의 위법이 있다.

【이 유】
형법이 업무방해죄와는 별도로 공무집행방해죄를 규정하고 있는 것은 사적 업무와 공무를 구별하여 공무에 관해서는 공무원에 대한 폭행, 협박 또는 위계의 방법으로 그 집행을 방해하는 경우에 한하여 처벌하겠다는 취지라고 보아야 할 것이고, 따라서 공무원이 직무상 수행하는 공무를 방해하는 행위에 대해서는 업무방해죄로 의율할 수는 없다(대법원 2009. 11. 19. 선고 2009도4166 전원합의체 판결 참조).

---

1. 공공기관 민원실에서 민원인들이 위력에 해당하는 소란을 피운 행위(소극) [대법원 2009. 11. 19. 선고, 2009도4166, 전원합의체 판결]

【판시사항】
[1] 공무원이 직무상 수행하는 공무를 방해하는 행위를 업무방해죄로 의율할 수 있는지 여부(소극)
[2] 공공기관 민원실에서 민원인들이 위력에 해당하는 소란을 피운 행위에 대하여 업무방해죄의 성립을 인정한 원심판결을 파기한 사례

【판결요지】

[1] [다수의견] 형법상 업무방해죄의 보호법익은 업무를 통한 사람의 사회적·경제적 활동을 보호하려는 데 있으므로, 그 보호대상이 되는 '업무'란 직업 또는 계속적으로 종사하는 사무나 사업을 말하고, 여기서 '사무' 또는 '사업'은 단순히 경제적 활동만을 의미하는 것이 아니라 널리 사람이 그 사회생활상의 지위에서 계속적으로 행하는 일체의 사회적 활동을 의미한다. 한편, 형법상 업무방해죄와 별도로 규정한 공무집행방해죄에서 '직무의 집행'이란 널리 공무원이 직무상 취급할 수 있는 사무를 행하는 것을 의미하는데, 이 죄의 보호법익이 공무원에 의하여 구체적으로 행하여지는 국가 또는 공공기관의 기능을 보호하고자 하는 데 있는 점을 감안할 때, 공무원의 직무집행이 적법한 경우에 한하여 공무집행방해죄가 성립하고, 여기에서 적법한 공무집행이란 그 행위가 공무원의 추상적 권한에 속할 뿐 아니라 구체적 직무집행에 관한 법률상 요건과 방식을 갖춘 경우를 가리키는 것으로 보아야 한다. 이와 같이 업무방해죄와 공무집행방해죄는 그 보호법익과 보호대상이 상이할 뿐만 아니라 업무방해죄의 행위유형에 비하여 공무집행방해죄의 행위유형은 보다 제한되어 있다. 즉 공무집행방해죄는 폭행, 협박에 이른 경우를 구성요건으로 삼고 있을 뿐 이에 이르지 아니하는 위력 등에 의한 경우는 그 구성요건의 대상으로 삼고 있지 않다. 또한, 형법은 공무집행방해죄 외에도 여러 가지 유형의 공무방해행위를 처벌하는 규정을 개별적·구체적으로 마련하여 두고 있으므로, 이러한 처벌조항 이외에 공무의 집행을 업무방해죄에 의하여 보호받도록 하여야 할 현실적 필요가 적다는 측면도 있다. 그러므로 형법이 업무방해죄와는 별도로 공무집행방해죄를 규정하고 있는 것은 사적 업무와 공무를 구별하여 공무에 관해서는 공무원에 대한 폭행, 협박 또는 위계의 방법으로 그 집행을 방해하는 경우에 한하여 처벌하겠다는 취지라고 보아야 한다. 따라서 공무원이 직무상 수행하는 공무를 방해하는 행위에 대해서는 업무방해죄로 의율할 수는 없다고 해석함이 상당하다.

[2] 지방경찰청 민원실에서 민원인들이 진정사건의 처리와 관련하여 지방경찰청장과의 면담 등을 요구하면서 이를 제지하는 경찰관들에게 큰소리로 욕설을 하고 행패를 부린 행위에 대하여, 경찰관들의 수사 관련 업무를 방해한 것이라는 이유로 업무방해죄의 성립을 인정한 원심판결에, 업무방해죄의 성립범위에 관한 법리를 오해한 위법이 있다.

314-Ⅲ-16. 건물을 임차하여 학원을 운영하던 피고인이 건물을 인도한 이후에도 자신 명의로 된 학원설립등록을 말소하지 않고 휴원신고를 연장함으로써 새로운 임차인이 그 건물에서 학원설립등록을 하지 못하도록 한 경우(소극) [대법원 2010. 11. 25. 선고, 2010도9186]

【판시사항】

피고인이 기존의 학원설립등록을 말소하지 않은 것은 임대인과 사이의 분쟁에 기한 것으로 보이고, 결국 피고인은 이 사건 건물을 명도한 후에 제기한 소송을 통하여 임대인으로부터 임대보증금 잔액조로 1,000만 원을 지급받기도 한 것인데, 그와 같은 상황에서 피고인이 이 사건 건물에 대한 학원설립등록을 말소하지 않았다고 하여, 그와 같은 행위가 사회통념상 허용되는 범위를 넘어 피고인과 어떠한 직접적인 법률관계도 없는 피해자의 자유의사를 제압·혼란케 할 정도의 위력에 해당한다고 보기에도 부족하다 할 것이다.

314-Ⅲ-17. 공무원으로부터 업무를 위탁받아 수행하는 사인(私人)의 업무집행을 방해한 경우, 형법상

업무방해죄의 성립 여부 [대법원 2010. 6. 10. 선고, 2010도935]

【판시사항】

[1] 공무원으로부터 업무를 위탁받아 수행하는 사인(私人)의 업무집행을 방해한 경우, 형법상 업무방해죄의 성립 여부

[2] 도로관리청으로부터 권한을 위임받아 과적차량 단속 업무를 수행하는 자의 적재량 측정을 강제하기 위한 조치가 정당한 업무집행인지 여부(한정 소극)

[3] 도로관리청으로부터 권한을 위임받아 과적단속 업무를 담당하는 피해자의 적재량 재측정을 거부하면서, 재측정의 목적으로 피고인의 차량에 올라탄 피해자를 그대로 둔 채 차량을 진행한 사안에서, 위 행위에 대하여 업무방해의 결과가 발생할 위험이 없다고 한 원심판단을 정당하다.

【이 유】

공무원으로부터 업무를 위탁받아 수행하는 사인의 업무집행을 방해하였다는 이유로 업무방해죄로 기소가 된 경우, 형법상 업무방해죄의 보호대상이 되는 '업무'라 함은 직업 또는 계속적으로 종사하는 사무나 사업을 말하는 것으로서 타인의 위법한 행위에 의한 침해로부터 보호할 가치가 있는 것이면 되고, 그 업무의 기초가 된 계약 또는 행정행위 등이 반드시 적법하여야 하는 것은 아니나, 정당한 업무집행이라고 할 수 없는 행위에 대하여는 이를 위력으로 배제하였다고 하더라도 업무방해죄가 성립되지 아니한다고 할 것이다(대법원 1967. 10. 31. 선고 67도1086 판결, 대법원 1970. 8. 31. 선고 70도1384 판결, 대법원 1980. 9. 9. 선고 79도249 판결 등 참조).

또한, 도로관리청 또는 그로부터 권한을 위임받아 과적차량 단속을 위한 적재량 측정의 업무를 수행하는 자라고 하더라도, 적재량 측정을 강제할 수 있는 법령상의 근거가 없는 한, 측정에 불응하는 자를 고발하는 것은 별론으로 하고, 측정을 강제하기 위한 조치를 취할 권한은 없으므로, 이를 위한 조치가 정당한 업무집행이라고 볼 수는 없다.

원심판결이 도로관리청으로부터 권한을 위임받아 고속도로에서의 과적단속 업무를 담당하는 피해자로부터 축조작을 의심받고 적재량 재측정을 요구받은 피고인이 이를 거부하고 고속도로를 빠져나가려 하자, 재측정을 시킬 목적으로 차량에 올라탄 피해자를 그대로 둔 채 차량을 진행한 행위에 대하여 업무방해의 결과가 발생할 위험이 없다고 판단한 조치는 위와 같은 법리에 따른 것으로 정당하고, 거기에 업무방해죄의 업무방해행위에 대한 법리를 오해한 위법이 없다.

---

1. 정당한 권한없이 점포를 철거 하려하는 자의 행위를 방해한 경우(소극) [대법원 1967. 10. 31. 선고, 67도1086]

【판결요지】

정당한 권한없이 피고인들의 점포를 철거하려고 하므로 단지 점포철거만을 못하게 방해한 경우에는 업무방해죄가 성립된다 할 수 없다.

---

2. 점유에 대한 부당한 침탈의 배제행위와 업무방해의 성부(소극) [대법원 1980. 9. 9. 선고, 79도249]

【판결요지】

> 피고인이 점유 경작하고 있는 논에 공소외인이 그 논의 소유권을 취득하였다는 이유로 적법한 절차에 의한 인도를 받지 아니한 채 묘판을 설치하려고 하자 피고인이 그 묘판을 허물어뜨린 행위는 피고인의 점유에 대한 부당한 침탈 또는 방해행위의 배제를 위한 행위이므로 이를 업무방해라고 할 수 없다.

314-Ⅲ-18. 한국도로공사가 고속도로 통행료 자동징수시스템을 도입하기로 한 후 업체 선정을 위한 현장성능시험을 시행한 사안(적극) [대법원 2010. 5. 27. 선고, 2008도2344]

【판결요지】

당시 입찰에 참가한 회사의 하이패스 시스템이 시험에 관한 기본가정 내지 도로공사의 제안요청서상 요구되는 기술적 조건을 충족하지 못하였고 입찰참여조건을 위반하여 성능시험 자체가 부적합한 것으로 드러났다고 하더라도, 위 시험의 개시나 수행과정에서의 하자 정도가 반사회성을 띠는 데까지 이르렀다고 볼 수 없다는 이유로, 도로공사의 위 성능시험 업무는 업무방해죄의 보호대상이 된다.

314-Ⅲ-19. 자신 명의로 사업자등록이 되어 있고 자신이 상주하여 지게차 판매 등을 하고 있는 지위를 이용하여, 피해자 사업장 출입을 금지하기 위하여 출입문에 설치된 자물쇠 비밀번호를 변경한 행위(적극)[대법원 2009. 4. 23. 선고, 2007도9924]

【판시사항】

피고인이 피해자의 승낙을 받지 아니하고 자물쇠의 비밀번호를 변경하였다고 하더라도, 피해자에게 사전에 위와 같이 말하면서 자물쇠의 비밀번호를 변경한 이상, 피해자에게 오인·착각 또는 부지를 일으켜 이를 이용하여 피해자의 업무를 방해한 것으로 보기는 어렵고, 오히려 피해자가 운영하는 위 사업이 자신의 명의로 사업자등록이 되어 있고 자신이 상주하여 지게차 판매 등을 하고 있는 <u>지위를 이용하여 자물쇠의 비밀번호를 변경함으로써 피해자의 업무를 위력으로 방해하였다고 봄이 상당하다고 할 것이다.</u>

314-Ⅲ-20. 자신의 명의로 등록되어 있는 피해자 운영의 학원에 대하여 피해자의 승낙을 받지 아니하고 폐원신고를 한 행위(적극) [대법원 2005. 3. 25. 선고, 2003도5004]

【판결요지】

피고인이 자신의 명의로 등록되어 있는 피해자 운영의 학원에 대하여 피해자의 승낙을 받지 아니하고 폐원신고를 하였다고 하더라도 피해자에게 사전에 통고를 한 뒤 폐원신고를 하였다면 피해자에게 오인·착각 또는 부지를 일으켜 이를 이용하여 피해자의 업무를 방해한 것으로 보기는 어렵고, 오히려 피해자가 운영하고 있는 학원이 자신의 명의로 등록되어 있는 지위를 이용하여 임의로 폐원신고를 함으로써 피해자의 업무를 위력으로써 방해한 것이다.

> 1. 노동운동을 할 목적으로 자신의 신분을 숨긴 채 타인 명의로 허위의 학력, 경력을 기재한 이력서와 생활기록부 등을 제출하여 채용시험에 합격한 경우(적극) [대법원 1992. 6. 9. 선고, 91도2221]
> 【판결요지】

회사가 공원모집을 함에 있어 학력, 경력을 기재한 이력서와 주민등록등본, 생활기록부및각서 등 서류를 교부받고, 응모자를 상대로 문제를 출제하여 시험을 보게 한 것은 단순히 응모자의 노동력을 평가하기 위한 것만이 아니라 노사간의 신뢰 형성및기업질서 유지를 위한 응모자의 지능과 경험, 교육 정도, 정직성및직장에 대한 적응도 등을 감안하여 위 회사의 근로자로서 고용할 만한 적격자인지 여부를 결정하기 위한 자료를 얻기 위함인 것으로 인정되는데 피고인이 노동운동을 하기 위하여 노동현장에 취업하고자 하나, 자신이 대학교에 입학한 학력과 국가보안법위반죄의 처벌 전력 때문에 쉽사리 입사할 수 없음을 알고, 타인 명의로 허위의 학력과 경력을 기재한 이력서를 작성하고, 동인의 고등학교 생활기록부 등 서류를 작성 제출하여 시험에 합격하였다면, 피고인은 위계에 의하여 위 회사의 근로자로서의 적격자를 채용하는 업무를 방해하였다.

314-Ⅲ-21. 신청을 받아 자격요건을 심사하여 수용 여부를 결정하는 업무의 담당자가 신청인이 제출한 허위의 신청사유 등을 충분히 확인하지 않은 채 수용한 경우(소극) [대법원 2008. 6. 26. 선고, 2008도2537]

【판시사항】

형법 제314조 제1항의 업무방해죄는 위계 또는 위력으로서 사람의 업무를 방해한 경우에 성립하는 것이고, 여기서의 '위계' 라 함은 행위자의 행위목적을 달성하기 위하여 상대방에게 오인·착각 또는 부지를 일으키게 하여 이를 이용하는 것을 말한다(대법원 2005. 3. 25. 선고 2003도5004 판결 등 참조). 한편, 상대방으로부터 신청을 받아 상대방이 일정한 자격요건 등을 갖춘 경우에 한하여 그에 대한 수용 여부를 결정하는 업무에 있어서는 신청서에 기재된 사유가 사실과 부합하지 않을 수 있음을 전제로 그 자격요건 등을 심사·판단하는 것이므로, 그 업무담당자가 사실을 충분히 확인하지 아니한 채 신청인이 제출한 허위의 신청사유나 허위의 소명자료를 가볍게 믿고 이를 수용하였다면, 이는 업무담당자의 불충분한 심사에 기인한 것으로서 신청인의 위계가 업무방해의 위험성을 발생시켰다고 할 수 없어 위계에 의한 업무방해죄를 구성하지 않는다(대법원 2007. 12. 27. 선고 2007도5030 판결 등 참조).

314-Ⅲ-22. 임대업자가 임차인의 의무이행을 강요하기 위하여 계약서상 규정을 근거로 임차물에 대하여 단전·단수조치를 취한 경우(원칙적 소극) [대법원 2007. 9. 20. 선고, 2006도9157]

【판결요지】

호텔 내 주점의 임대인이 임차인의 차임 연체를 이유로 계약서상 규정에 따라 위 주점에 대하여 단전·단수조치를 취한 경우, 약정 기간이 만료되었고 임대차보증금도 차임연체 등으로 공제되어 이미 남아있지 않은 상태에서 미리 예고한 후 단전·단수조치를 하였다면 형법 제20조의 정당행위에 해당하지만, 약정 기간이 만료되지 않았고 임대차보증금도 상당한 액수가 남아있는 상태에서 계약해지의 의사표시와 경고만을 한 후 단전·단수조치를 하였다면 정당행위로 볼 수 없다.

314-Ⅲ-23. 업무의 양도·양수와 관련하여 양수인의 '업무'에 대한 양도인의 업무방해죄가 인정되기 위한 요건 [대법원 2007. 8. 23. 선고, 2006도3687]

【판시사항】

[1] 업무의 양도·양수와 관련하여 양수인의 '업무'에 대한 양도인의 업무방해죄가 인정되기 위한 요건

[2] 회사 운영권의 양도·양수 합의의 존부 및 효력에 관한 다툼이 있는 상황에서 양수인이 비정상적으로 위 회사의 임원변경등기를 마친 것만으로는 회사 대표이사로서 정상적인 업무에 종사하기 시작하였다거나 그 업무가 양도인에 대한 관계에서 보호할 가치가 있는 정도에 이르렀다고 보기 어려워, 양도인의 침해행위가 양수인의 '업무'에 대한 업무방해죄를 구성하는 것으로 볼 수 없다.

【판결요지】

[1] 형법상 업무방해죄의 보호대상이 되는 '업무'는 직업 또는 계속적으로 종사하는 사무나 사업으로서 일정 기간 사실상 평온하게 이루어져 사회적 활동의 기반이 되는 것을 말하며, 그 업무의 기초가 된 계약 또는 행정행위 등이 반드시 적법하여야 하는 것은 아니지만 타인의 위법한 행위에 의한 침해로부터 보호할 가치가 있는 것이어야 한다. 따라서 어떠한 업무의 양도·양수 여부를 둘러싸고 분쟁이 발생한 경우에 양수인의 업무에 대한 양도인의 업무방해죄가 인정되려면, 당해 업무에 관한 양도·양수합의의 존재가 인정되어야 함은 물론이고, 더 나아가 그 합의에 따라 당해 업무가 실제로 양수인에게 양도된 후 사실상 평온하게 이루어져 양수인의 사회적 활동의 기반이 됨으로써 타인, 특히 양도인의 위법한 행위에 의한 침해로부터 보호할 가치가 있는 업무라고 볼 수 있을 정도에 이르러야 한다.

> 1. 공사시공권자의 출입을 제지한 행위가 업무방해죄를 구성하지 않는다고 본 사례 [대법원 1989. 3. 14. 선고, 87도3674]
>
> 【판결요지】
>
> 갑회사가, 건축공사를 시공하던 을에 대한 채권자단 대표로부터 공사시공권을 인수하였다 하더라도 적법한 절차를 거쳐 공사현장을 인수받지 아니하고 실력으로 공사현장을 인수받아 공사를 시행(계속)하려 한다면 을이 공사현장에 들어오려는 갑회사의 사람들을 제지하였다고 하여 갑회사의 정당한 업무를 방해한 것이라고 할 수 없다.

314-Ⅲ-24. 인터넷 자유게시판 등에 실제의 객관적인 사실을 게시하는 행위(소극) [대법원 2007. 6. 29. 선고, 2006도3839]

【판결요지】

형법 제314조 제1항 소정의 위계에 의한 업무방해죄에 있어서의 '위계'라 함은 행위자의 행위목적을 달성하기 위하여 상대방에게 오인·착각 또는 부지를 일으키게 하여 이를 이용하는 것을 말하므로, 인터넷 자유게시판 등에 실제의 객관적인 사실을 게시하는 행위는, 설령 그로 인하여 피해자의 업무가 방해된다고 하더라도, 위 법조항 소정의 '위계'에 해당하지 않는다.

314-Ⅲ-25. 업무방해의 결과발생 염려가 없는 경우, 업무방해죄 성립 여부(소극) [대법원 2007. 4. 27. 선고, 2006도9028]

【판시사항】

[1] 업무방해의 결과발생의 염려가 없는 경우, 업무방해죄의 성립 여부(소극)

[2] 피고인이 피해자가 조경수 운반을 위하여 사용하던 피고인 소유 토지 위의 현황도로에 축대를 쌓아 그 통행을 막은 사안에서, 그 도로폐쇄에도 불구하고 대체도로를 이용하여 종전과 같이 조경수 운반차량 등을 운행할 수 있어 피해자의 조경수 운반업무가 방해되는 결과발생의 염려가 없었다는 이유로 피고인을 업무방해죄로 의율한 원심판결을 파기한 사례

【이 유】

업무방해죄의 성립에 있어서는 업무방해의 결과가 실제로 발생함을 요하는 것은 아니고 업무방해의 결과를 초래할 위험이 발생하면 충분하다 할 것이나, 결과발생의 염려가 없는 경우에는 본죄가 성립하지 않는다고 할 것이다(대법원 2005. 10. 27. 선고 2005도5432 판결 참조).

이 사건 도로부분은 양주시 장흥면 삼상리 (상세 지번 3 생략) 일대에서 조경포지농장을 운영하는 피해자가 위 농장 출입을 위하여 사용해 온 현황도로의 일부인데, 피고인이 위와 같이 이 사건 도로부분의 통행을 막기 오래 전부터, 위 현황도로 중 이 사건 도로부분의 북쪽 바로 위 지점에서 위 삼상리 (상세 지번 1, 4, 5 생략)의 토지를 차례로 지나 이 사건 도로부분의 남쪽으로 얼마 떨어지지 않은 지점을 연결하는 비포장도로가 이 사건 도로부분의 대체도로로 개설되어 있었고, 위 대체도로로도 조경수 운반차량 등의 통행이 가능하였던 사실, 위 대체도로 부지 중 일부는 (명칭 생략)종중의 소유인데 그 대표자 공소외 1은 이 사건 도로부분을 피고인과 함께 폐쇄하면서도 위 대체도로의 통행까지 막는 조치는 취하지 않은 사실을 알 수 있다. 사정이 이러하다면, 피해자로서는 이 사건 도로부분의 폐쇄에도 불구하고 위 대체도로를 이용하여 종전과 같이 조경수 운반차량 등을 운행할 수 있었다고 보여(실제 이 사건 도로부분 폐쇄 이후로도 위 대체도로를 이용한 위 농장의 차량 출입은 가능하였던 것으로 보인다. 수사기록 57면, 공판기록 123면, 126면), 피해자의 조경수 운반업무 등이 방해되는 결과발생의 염려가 없었다고 볼 여지가 충분하고, 한편 피고인에게 그 조경수 운반업무 등을 방해한다는 고의가 있었다고 보기도 어렵다.

314-Ⅲ-26. 대부업체 직원이 대출금을 회수하기 위하여 채무자의 휴대전화로 수백 회에 이르는 전화공세를 한 경우(적극) [대법원 2005. 5. 27. 선고, 2004도8447]

【판결요지】

대부업체 직원이 대출금을 회수하기 위하여 소액의 지연이자를 문제삼아 법적 조치를 거론하면서 소규모 간판업자인 채무자의 휴대전화로 수백 회에 이르는 전화공세를 한 것이 사회통념상 허용한도를 벗어난 채권추심행위로서 채무자의 간판업 업무가 방해되는 결과를 초래할 위험이 있었다고 보아 업무방해죄를 구성한다.

> 1. 종중 정기총회를 주재하는 종중 회장의 의사진행업무(적극) [대법원 1995. 10. 12. 선고, 95도1589]
> 【판시사항】

종중 정기총회를 주재하는 종중 회장의 의사진행업무를 형법 제314조 소정의 업무방해죄에 의하여 보호되는 업무에 해당된다.

【판결요지】

종중 정기총회를 주재하는 종중 회장의 의사진행업무 자체는 1회성을 갖는 것이라고 하더라도 그것이 종중 회장으로서의 사회적인 지위에서 계속적으로 행하여 온 종중 업무수행의 일환으로 행하여진 것이라면, 그와 같은 의사진행업무도 형법 제314조 소정의 업무방해죄에 의하여 보호되는 업무에 해당되고, 또 종중 회장의 위와 같은 업무는 종중원들에 대한 관계에서는 타인의 업무라.

314-Ⅲ-27. 회사의 공장이전과 관련한 제반 업무가 업무방해죄에 의한 보호의 대상이 되는 업무에 해당하는지 여부(적극) [대법원 2005. 4. 15. 선고, 2004도8701]

【판결요지】

회사가 사업장의 이전을 계획하고 그 이전을 전후하여 사업을 중단 없이 영위할 목적으로 이전에 따른 사업의 지속적인 수행방안, 새 사업장의 신축 및 가동개시와 구 사업장의 폐쇄 및 가동중단 등에 관한 일련의 경영상 계획의 일환으로서 시간적·절차적으로 일정기간의 소요가 예상되는 사업장 이전을 추진, 실시하는 행위는 그 자체로서 일정기간 계속성을 지닌 업무의 성격을 지니고 있을 뿐만 아니라 회사의 본래 업무인 목적 사업의 경영과 밀접불가분의 관계에서 그에 수반하여 이루어지는 것으로 볼 수 있으므로 이 점에서도 업무방해죄에 의한 보호의 대상이 되는 업무에 해당한다.

1. 조업이 끝난 후 공장 정문의 개폐 등 관리사무가 업무방해죄에서 보호의 대상이 되는 업무에 해당하는지 여부(적극) [대법원 1992. 2. 11. 선고, 91도1834]

【판시사항】

[1] 10여명의 공장 종업원들이 공장 정문을 봉쇄하고 출입자를 통제하여 규찰을 보며 이사 등이 밖으로 나가지 못하도록 막은 것이 업무방해죄에 있어서의 위력에 해당한다.

[2] 조업이 끝난 후 공장 정문의 개폐 등 관리사무가 업무방해죄에서 보호의 대상이 되는 업무에 해당하는지 여부(적극)

【판결요지】

[1] 10여명의 공장 종업원들이 회사의 공장 정문을 봉쇄하고 출입자를 통제하여 규찰을 보며 공장 관리직 사원들과 함께 밖으로 나가려는 이사를 밖으로 나가지 못하게 하였다면 위와 같은 일련의 행위과정에 나타난 위세는 위 회사를 위한 업무종사자들의 자유의사를 제압하거나 혼란케 할만한 정도의 세력이어서 업무방해죄에 있어서의 행위수단인 위력에 해당된다.

[2] 주간에 있어서의 공장 조업이 끝났다고 하더라도 공장을 가동하여 섬유제품을 생산, 가공, 판매하는 회사 본래의 주된 영업활동을 원활하게 수행하기 위하여 위 회사는 공장건물 및 기자재 관리나 당직 근무자 등을 통한 공장출입자에 대한 통제를 야간에도 계속해야 함은 물론 전체 회사 직원들의 출퇴근이 제대로 이루어질 수 있도록 공장 정문의 정상적인 개폐 등에도 만전을 기하여야 하는 것이며, 이러한 업무는 위 회사의 주된 업무와 밀접불가분의 관계에 있으면서 계속적으로 수행되어지는 회사의 부수적 업무라 할 것이므로 이는 업무방해죄에서 보호의 대상으로 삼고 있는 업무에 해당된다.

314-Ⅲ-28. 주주로서 주주총회에서 의결권 등을 행사하는 것이 업무방해죄의 보호대상이 되는 '업무'에
해당하는지 여부(소극) [대법원 2004. 10. 28. 선고, 2004도1256]

【판결요지】

형법상 업무방해죄의 보호대상이 되는 '업무'라 함은 직업 기타 사회생활상의 지위에 기하여 계
속적으로 종사하는 사무 또는 사업을 말하는 것인데, 주주로서 주주총회에서 의결권 등을 행사하
는 것은 주식의 보유자로서 그 자격에서 권리를 행사하는 것에 불과할 뿐 그것이 '직업 기타 사
회생활상의 지위에 기하여 계속적으로 종사하는 사무 또는 사업'에 해당한다고 할 수 없다.

314-Ⅲ-29. 신고한 옥외집회에서 고성능 확성기 등을 사용하여 소음을 발생시킨 행위가 인근 상인
및 사무실 종사자들에 대한 업무방해여부(적극) [대법원 2004. 10. 15. 선고, 2004도4467]

【판결요지】

신고한 옥외집회에서 고성능 확성기 등을 사용하여 발생된 소음이 82.9dB 내지 100.1dB에 이르
고, 사무실 내에서의 전화통화, 대화 등이 어려웠으며, 밖에서는 부근을 통행하기조차 곤란하였
고, 인근 상인들도 소음으로 인한 고통을 호소하는 정도에 이르렀다면 이는 위력으로 인근 상인
및 사무실 종사자들의 업무를 방해한 업무방해죄를 구성한다.

314-Ⅲ-30. 주한외국영사관에 비자발급을 신청함에 있어 신청인이 제출한 허위의 자료 등에 대하여
업무담당자가 충분히 심사하였으나 신청사유 및 소명자료가 허위임을 발견하지 못하여 그
신청을 수리하게 된 경우(적극) [대법원 2004. 3. 26. 선고, 2003도7927]

【판결요지】

주한외국영사관의 비자발급업무와 같이 상대방으로부터 신청을 받아 일정한 자격요건 등을 갖춘
경우에 한하여 그에 대한 수용 여부를 결정하는 업무에 있어서는 신청서에 기재된 사유가 사실과
부합하지 않을 수 있음을 전제로 하여 그 자격요건 등을 심사·판단하는 것이므로, 그 업무담당
자가 사실을 충분히 확인하지 아니한 채 신청인이 제출한 허위의 신청사유나 허위의 소명자료를
가볍게 믿고 이를 수용하였다면 이는 업무담당자의 불충분한 심사에 기인한 것으로서 신청인의
위계가 업무방해의 위험성을 발생시켰다고 할 수 없어 위계에 의한 업무방해죄를 구성하지 않는
다고 할 것이지만, 신청인이 업무담당자에게 허위의 주장을 하면서 이에 부합하는 허위의 소명자
료를 첨부하여 제출한 경우 그 수리 여부를 결정하는 업무담당자가 관계 규정이 정한 바에 따라
그 요건의 존부에 관하여 나름대로 충분히 심사를 하였으나 신청사유 및 소명자료가 허위임을 발
견하지 못하여 그 신청을 수리하게 될 정도에 이르렀다면 이는 업무담당자의 불충분한 심사가 아
니라 신청인의 위계행위에 의하여 업무방해의 위험성이 발생된 것이어서 이에 대하여 위계에 의
한 업무방해죄가 성립된다.

1. 업무방해죄의 보호대상이 되는 "업무"의 의미 및 그 기초가 된 계약 또는 행정행위 등이 반드시 적법
   하여야 하는지 여부(소극) [대법원 1991. 6. 28. 선고, 91도944]
   【판시사항】
   [1] 업무방해죄의 보호대상이 되는 "업무"의 의미 및 그 기초가 된 계약 또는 행정행위 등이 반드시
       적법하여야 하는지 여부(소극)
   [2] 공사 사장에 대한 사원들의 출근저지 및 퇴진을 위한 일련의 집단행동으로 인하여 동인의 업무가
       방해되는 결과를 초래할 위험이 발생하였다고 인정한 사례
   【판결요지】
   [1] 업무방해죄의 보호대상이 되는 "업무"라 함은 직업 또는 계속적으로 종사하는 사무나 사업을 말하
       는 것으로서 타인의 위법한 행위에 의한 침해로부터 보호할 가치가 있는 것이면 되고, 그 업무의
       기초가 된 계약 또는 행정행위 등이 반드시 적법하여야 하는 것은 아니다.

2. 당사자가 허위의 신청사유를 주장하면서 이에 들어맞는 거짓 소명자료를 제출하였고, 이에 대하여
   행정청이 인·허가요건의 해당 여부에 관하여 충분히 심사하였으나 신청사유 및 소명자료가 거짓임을
   발견하지 못하여 인·허가처분을 하게 된 경우(적극) [대법원 2002. 9. 10. 선고, 2002도2131]
   【판시사항】
   [1] 당사자가 허위의 신청사유를 주장하면서 이에 들어맞는 거짓 소명자료를 제출하였고, 이에 대하여
       행정청이 인·허가요건의 해당 여부에 관하여 충분히 심사하였으나 신청사유 및 소명자료가 거짓임
       을 발견하지 못하여 인·허가처분을 하게 된 경우(적극)
   [2] 개인택시운송사업 양도·양수를 위하여 허위의 신청사유를 주장하면서 의사로부터 허위 진단서를
       발급받아 이를 소명자료로 제출하여 행정청으로부터 양도·양수 인가처분을 받은 경우, 위계에 의
       한 공무집행방해죄가 성립한다.
   【판결요지】
   [1] 행정청이 당사자의 신청에 따라 인·허가처분을 함에 있어서는 그 신청사유가 사실과 들어맞지 아
       니하는 경우가 있음을 전제로 하여 인·허가 여부를 심사·결정하는 것이므로, 행정청이 사실을 충분
       히 확인하지 아니한 채 신청인이 제출한 사실과 다른 신청사유나 소명자료를 믿고 인·허가를 하였
       다면, 이는 행정청의 불충분한 심사로 인한 것으로서 신청인의 위계에 의한 것이었다고 볼 수 없어
       위계에 의한 공무집행방해죄가 성립하지 아니한다 할 것이나 당사자가 행정청에 사실과 다른 신청
       사유를 주장하면서 이에 들어맞는 거짓 소명자료를 첨부하여 제출한 경우 행정청이 관계 법령에
       따라 인·허가요건에 해당하는지 여부에 관하여 충분히 심사하였으나 신청사유와 소명자료가 거짓
       임을 발견하지 못하여 인·허가처분을 하게 되었다면 이는 행정청의 불충분한 심사로 인한 것이 아
       니라 신청인의 위계에 의한 것으로서 위계에 의한 공무집행방해죄가 성립된다.
   [2] 피고인이 개인택시운송사업 면허를 받은 지 5년이 지나지 아니하여 원칙적으로 개인택시운송사업
       을 양도할 수 없는 사람 등과 공모하여 질병이 있는 노숙자들로 하여금 그들이 개인택시운송사업
       을 양도하려고 하는 사람인 것처럼 위장하여 의사의 진료를 받게 한 뒤 이러한 사정을 모르는 의사
       로부터 개인택시운송사업의 양도인이 1년 이상의 질병에 걸려 있는 것으로 된 허위 진단서를 발급
       받고 이를 소명자료로 삼아 행정청에 개인택시운송사업의 양도·양수 인가신청을 하여 그 진단서를
       믿은 행정청으로부터 인가처분을 받은 경우, 위계에 의한 공무집행방해죄가 성립한다.

314-Ⅲ-31. 불특정 다수인의 통행로로 이용되어 오던 도로의 토지 일부 소유자라 하더라도 그 도로의 중간에 바위를 놓아두거나 이를 파헤침으로써 차량의 통행을 못하게 한 행위(적극) [대법원 2002. 4. 26. 선고, 2001도6903]

【판시사항】

피고인이 이 사건 도로의 일부가 자신의 소유라 하더라도 적법한 절차에 의하여 문제를 해결하려고 하지 아니하고 그 도로의 중간에 바위를 놓아두거나 이를 파헤침으로써 차량의 통행을 못하게 한 이상, 피고인의 이러한 행위는 일반교통방해 및 업무방해에 해당한다.

314-Ⅲ-32. 주주가 주주총회에 참석하면서 소유 주식 중 일부에 관한 의결권의 대리행사를 타인들에게 나누어 위임하여 주주총회에 참석한 그 의결권 대리인들이 대표이사의 주주총회장에서의 퇴장 요구를 거절하면서 고성과 욕설 등을 사용하여 대표이사의 주주총회의 개최, 진행을 포기하게 만든 경우(적극) [대법원 2001. 9. 7. 선고, 2001도2917]

【판결요지】

주주가 주주총회에 참석하면서 소유 주식 중 일부에 관한 의결권의 대리행사를 타인들에게 나누어 위임하여 주주총회에 참석한 그 의결권 대리인들이 대표이사의 주주총회장에서의 퇴장 요구를 거절하면서 고성과 욕설 등을 사용하여 대표이사의 주주총회의 개최, 진행을 포기하게 만든 경우, 그와 같은 의결권 대리행사의 위임은 위세를 과시하여 정상적인 주주총회의 진행을 저해할 의도이고 주주총회에서 그 의결권 대리인들이 요구한 사항은 의결권 대리행사를 위한 권한 범위에 속하지 않으므로, 대표이사는 그 대리인들이 주주총회에 참석하는 것을 적법하게 거절할 수 있었다는 이유로, 업무방해죄가 성립한다.

314-Ⅲ-33. 서류배달업 회사가 고객으로부터 배달을 의뢰받은 서류의 포장 안에 특정 종교를 비방하는 내용의 전단을 회사 몰래 집어 넣어 함께 배달되게 한 경우(적극) [대법원 1999. 5. 14. 선고, 98도3767]

【판시사항】

[1] 업무방해죄에 있어 업무를 '방해한다'는 의미

[2] 서류배달업 회사가 고객으로부터 배달을 의뢰받은 서류의 포장 안에 특정 종교를 비방하는 내용의 전단을 피고인이 위 회사 몰래 집어 넣어 함께 배달되게 한 경우

【판결요지】

[1] 업무방해죄에 있어 업무를 '방해한다'함은 업무의 집행 자체를 방해하는 것은 물론이고 널리 업무의 경영을 저해하는 것도 포함한다.

[2 피고인이 서류배달업 회사가 고객으로부터 배달을 의뢰받은 서류의 포장 안에 특정종교를 비방하는 내용의 전단을 집어 넣어 함께 배달되게 한 경우, 위 회사의 서류배달업무를 방해한 것으로 업무방해죄가 성립한다.

314-Ⅲ-34. 도급인의 공사계약 해제가 적법하고 수급인이 스스로 공사를 중단한 상태에서 도급인이
공사현장에 남아 있는 수급인 소유의 공사자재 등을 다른 곳에 옮겨 놓은 경우(소극)
[대법원 1999. 1. 29. 선고, 98도3240]

【판결요지】

도급인의 공사계약 해제가 적법하고 수급인이 스스로 공사를 중단한 상태에서 도급인이 공사현
장에 남아 있는 수급인 소유의 공사자재 등을 다른 곳에 옮겨 놓았다고 하여 도급인이 수급인의
공사업무를 방해한 것으로 볼 수는 없다.

314-Ⅲ-35. 금융실명거래및비밀보장에관한긴급재정경제명령상의 실명전환에 관한 금융기관의 업무
내용 및 합의차명에 의한 실명전환행위의 업무방해죄 성부(소극) [대법원 1997. 4. 17.
선고, 96도3377, 전원합의체 판결]

【판결요지】

[다수의견] 금융실명거래및비밀보장에관한긴급재정경제명령의 목적과 관계 규정의 취지를 종합
하여 보면, 기존 비실명자산의 거래자가 위 긴급명령의 시행에 따라 이를 실명전환하는 경우 금
융기관으로서는 실명전환사무를 처리함에 있어서 거래통장과 거래인감 등을 소지하여 거래자라고
자칭하는 자의 명의가 실명인지 여부를 확인하여야 하고 또 그것으로써 금융기관으로서의 할 일
을 다하는 것이라 할 것이고, 그가 과연 금융자산의 실질적인 권리자인지 여부를 조사·확인할
것까지는 없다고 할 것이므로, 실명전환사무를 처리하는 금융기관의 업무는 실명전환을 청구하는
자가 권리자의 외관을 가지고 있는지 여부를 확인하고 그의 명의가 위 긴급명령에서 정하고 있는
주민등록표상의 명의 등 실명인지 여부를 확인하는 것일 뿐이지, 나아가 그가 과연 금융자산의
실질적인 권리자인지 여부를 조사·확인하는 것까지 그 업무라고 할 수는 없다. 따라서 기존의
비실명예금을 합의차명에 의하여 명의대여자의 실명으로 전환한 행위는 위 긴급명령에 따른 금융
기관의 실명전환에 관한 업무를 방해한 것이라 할 수 없다.

314-Ⅲ-36. 영업을 하지 않고 매장 내에서 점거 농성만을 하던 백화점 입주상인들에 대한 단전조치(소극)
[대법원 1995. 6. 30. 선고, 94도3136]

【판결요지】

백화점 입주상인들이 영업을 하지 않고 매장 내에서 점거 농성만을 하면서 매장 내의 기존의 전
기시설에 임의로 전선을 연결하여 각종 전열기구를 사용함으로써 화재위험이 높아 백화점 경영
회사의 대표이사인 피고인이 부득이 단전조치를 취하였다면, 그 단전조치 당시 보호받을 업무가
존재하지 않았을 뿐만 아니라 화재예방 등 건물의 안전한 유지 관리를 위한 정당한 권한 행사의
범위 내의 행위에 해당하므로 피고인의 단전조치가 업무방해죄를 구성한다고 볼 수 없다.

1. 임차한 농지의 경작행위를 방해하는 행위(적극) [대법원 1980. 11. 25. 선고, 79도1956]

농지의 임대차는 농지개혁법상 무효라고 하더라도 그 임차한 농지의 경작행위를 방해하는 행위는 업무
방해죄가 성립된다.

2. 임대인 승낙없이 전차한 전차인이 그 건물내에서 한 영업(적극) [대법원 1986. 12. 23. 선고, 86도 1372]

【판결요지】

건물의 전차인이 임대인의 승낙없이 전차하였다고 하더라도 전차인이 불법침탈등의 방법에 의하여 위 건물의 점유를 개시한 것이 아니고 그동안 평온하게 음식점등 영업을 하면서 점유를 계속하여 온 이상 위 전차인의 업무를 업무방해죄에 의하여 보호받지 못하는 권리라고 단정할 수 없다.

314-Ⅲ-37. 양식대하에 대한 현재의 관리상태를 유지하려 한 행위(소극) [대법원 1994. 4. 12. 선고, 93도2690]

【판결요지】

피고인이 피해자들에게 대하양식장에 관한 권리 일체를 양도하고 그 대금일부를 지급받은 상태에서 피고인과 피해자들이 쌍방의 합의로 양식장 운영을 목적으로 하는 주식회사를 설립하는 한편 피해자들이 양식장 운영을 해 왔는데, 양식장 양도잔대금의 지급관계 등을 둘러싸고 분규가 끊임없이 계속되자 피고인이 적극적으로 양식장 운영에 관여하여 자신의 돈으로 관리인에게 급료를 지급하고 사료를 투입하는 등 대하 사육을 계속하였으며, 피고인이 자기측 관리인을 시켜 수문을 철사로 묶어 자물쇠를 채워두고 있었는데, 피해자들이 관리인이 없는 틈을 타 절단기로 자물쇠를 절단한 후 대하를 포획하였고, 피고인이 경찰관이 지시하는 바에 따라 더 이상의 포획행위를 중지시키기 위하여 수문을 잠그고 또 수문여닫이용 손잡이를 회사 창고에 보관하였다면, 양식대하에 대한 소유권이 피고인에게 귀속되는지의 여부에 관계없이 양식대하에 대한 현재의 관리상태를 유지하려 한 피고인의 위와 같은 행위를 형법상의 업무방해죄에 해당한다고 할 수 없다.

314-Ⅲ-38. 한국소비자보호원의 발표 내용을 과장, 왜곡하고 발표에 들어 있지 아니한 내용을 삽입하는 등의 광고 행위(적극) [대법원 1993. 4. 13. 선고, 92도3035]

【판시사항】

[1] 한국소비자보호원의 발표 내용을 과장, 왜곡하고 발표에 들어 있지 아니한 내용을 삽입하는 등의 광고를 한 것이 출판물에 의한 명예훼손죄 및 업무방해죄에 해당한다.

[2] '[1]'항의 경우 양 죄의 죄수관계(=상상적경합)

【판결요지】

[1] 한국소비자보호원의 발표 내용을 과장, 왜곡하고 발표에 들어 있지 아니한 내용을 삽입하는 등의 광고를 한 것이 출판물에 의한 명예훼손죄 및 업무방해죄에 해당한다.

[2] 한국소비자보호원을 비방할 목적으로 18회에 걸쳐서 출판물에 의하여 공연히 허위의 사실을 적시·유포함으로써 한국소비자보호원의 명예를 훼손하고 업무를 방해하였다는 각죄는 1개의 행

위가 2개의 죄에 해당하는 형법 제40조 소정의 상상적경합의 관계에 있다.

> 1. 변호사사무실 앞에서 등에 붉은색 페인트로 "무죄라고 약속하고 이백만원에 선임했다."라는 등 허위의 사실을 기재한 흰 까운을 입고 주변을 배회하는 행위(적극) [대법원 1991. 8. 27. 선고, 91도1344]
>
> 【판결요지】
> 피고인의 구속 형사사건의 변호인으로 선임된 변호사가 피고인에게 무죄판결을 받아주겠다고 약속한 일이 없고 피고인이 범죄사실을 자백하여 유죄의 선고를 받고 확정되었는데도, 피고인이 사람의 통행이 빈번한 변호사 사무실 앞에서 등에 붉은색 페인트로 "무죄라고 약속하고 이백만원에 선임했다. 사건담당 변호사"라는 등을 기재한 흰까운을 입고 주변을 배회하는 등 하였다면 이는 공연히 허위의 사실을 적시하여 유포함으로써 변호사로서의 업무의 경영을 저해하는 경우에 해당하므로 업무방해죄를 구성한다.

314-Ⅲ-39. 대표선출에 관한 규정에 위배하여 개최된 유림총회의 회의를 위력으로 진행하지 못하게 한 행위(적극) [대법원 1991. 2. 12. 선고, 90도2501]

【판결요지】

피고인들이 마이크를 빼앗으며 유림총회의 회의를 진행하지 못하게 하고 피해자를 비방하면서 걸려 있는 현수막을 제거하고 회의장에 들어가려는 대의원들을 회의에 참석하지 못하게 하였다면 위력으로 피해자의 유림총회 개최업무를 방해한 것이라고 보아야 할 것이고, 피해자가 유림대표 선출에 관한 규정에 위배하여 위 회의를 개최하였고, 결국 총회의 무기연기가 선언되었다고 하여도 업무방해죄의 성립에 영향이 없다.

314-Ⅲ-40. 슈퍼마켓 사무실에서 식칼을 들고 피해자를 협박한 행위와 식칼을 들고 매장을 돌아다니며 손님을 내쫓아 그의 영업을 방해한 행위의 죄수 관계(=실체적경합범) [대법원 1991. 1. 29. 선고, 90도2445]

【판결요지】

피고인이 슈퍼마켓사무실에서 식칼을 들고 피해자를 협박한 행위와 식칼을 들고 매장을 돌아다니며 손님을 내쫓아 그의 영업을 방해한 행위는 별개의 행위이다.

314-Ⅲ-41. 자기소유 토지에 타인이 가옥을 신축하려고 기초를 판 것을 메워버린 경우(소극) [대법원 1985. 10. 22. 선고, 85도1597]

【판결요지】

자기소유의 토지에다 타인이 가옥을 신축하려고 기초를 판 것을 메워버린 행위는 자기소유, 점유에 대한 부당한 침탈 또는 방해행위를 배제하기 위한 것이고 이를 타인의 업무를 방해한 것이라고 보기는 어렵다.

314-Ⅲ-42. 업무를 준비하기 위한 일시적 사무를 방해하는 행위(소극) [대법원 1985. 4. 9. 선고, 84도300]

【판결요지】

업무방해죄에 있어서 업무라 함은 직업 기타 계속적으로 종사하는 사무 또는 사업을 말하며 사람의 주된 업무뿐만 아니라 이에 밀접불가분의 부수적인 업무도 포함되나, 비닐가공공장을 경영하는 자가 공장을 이전하는 업무는 성질상 새로운 비닐가공업무를 준비하기 위한 일시적인 사무는 될지언정 이를 비닐가공업무에 부수한 계속성을 지닌 업무라고는 말할 수 없어 위 이전업무를 방해한 행위는 업무방해죄에 해당하지 아니한다.

314-Ⅲ-43. 어장대표자가 어장에 대한 가공의 채권을 주장하여 후임대표자에게 인장을 인도하지 않은 행위(소극) [대법원 1984. 7. 10. 선고, 84도638]

【판결요지】

소외 어장의 대표자였던 피고인이 어장측에 대한 허위의 채권을 주장하면서 후임대표자에게 그 인장을 인도하기를 거절함으로써 후임대표자가 만기도래한 어장소유의 수산업협동조합 예탁금을 인출하지 못하였고 어장소유 선박의 검사를 받지 못한 결과를 초래하였다 하여, 피고인의 위 허위주장을 가리켜 허위사실을 유포하거나 기타 위계로써 타인의 업무를 방해한 경우에 해당한다고는 할 수 없다.

314-Ⅲ-44. 공장을 양도하고 기왕의 외상대금채권을 포기한 자가 외상대금을 수금한 경우(소극) [대법원 1984. 5. 9. 선고, 83도2270]

【판결요지】

피고인이 그가 경영하던 공장을 공소외 (갑)에게 양도하면서 미수 외상대금 채권의 수금권을 포기하기로 약정하고도 이를 외상채무자들에게 고지하지 아니하고 외상대금을 수령하였다 하여 이로써 위계로 위 공소외인의 공장경영의무를 방해한 것이라 할 수 없다.

314-Ⅲ-45. 업무수행자에게 한 약간의 욕설이 업무방해죄의 위력 행사에 해당하는지 여부(소극) [대법원 1983. 10. 11. 선고, 82도2584]

【판시사항】

[1] 상인협의회가 임관리비 상당액을 징수, 예치한 것이 임관리비를 징수할 시장주식회사 업무에 대한 방해인지 여부

[2] 업무수행자에게 한 약간의 욕설이 업무방해죄의 위력 행사에 해당하는지 여부

[3] 정당하지 않은 업무수행과 업무방해죄

【판결요지】

[1] 동대문종합시장주식회사측의 임차보증금과 임료의 일방적 인상과 증평수문제등 불합리한 문제에 대하여 피해상인들이 이에 대항키 위해 자발적으로 결성한 단체인 동대문종합상가상인협의회의 임원들이 가입상인들로부터 임관리비 상당액을 징수하여 은행에 예치한 것이 위 상인협의회 구성원들의 총의에 따른 사무를 집행한 것에 불과한 이상, 피고인들의 의도는 계약조건의 절충에 있다고 보여지고 이로써 위 회사의 임관리비를 징수할 업무를 방해할 범의가 있었다거나 업무를 방해할만한 위력을 행사한 것으로 보기 어렵다.

[2] 계약갱신 및 체납임·관리비 상당액을 독려차 나온 사원에게 " 너희들이 무엇인데 상인협의회에서 하는 일을 방해하며 협의회에서 돌리는 유인물을 압수하느냐 당장 해임시키겠다" 고 한 정도의 욕설을 한 행위만으로는 업무방해죄의 위력을 행사한 것으로 보기 어렵다.

[3] 정당한 업무수행이라고 할 수 없는 행위에 대하여 피고인들이 위력으로 방해하였다 하더라도 이는 오히려 피고인들의 업무에 대한 부당한 침탈 또는 방해행위의 배제를 위한 것이어서 업무방해죄가 성립하지 않는다.

314-Ⅲ-46. 계운영에 관한 업무방해와 계주의 승인 [대법원 1983. 2. 8. 선고, 82도2486]

【판결요지】

피고인이 계원들로 하여금 공소외 (갑)대신 피고인을 계주로 믿게 하여 계금을 지급하고 불입금을 지급받아 위계를 사용하여 공소외 (갑)의 계운영업무를 방해하였다고 하여도 피고인에 대하여 다액의 채무를 부담하고 있던 공소외 (갑)으로서는 채권확보를 위한 피고인의 요구를 거절할 수 없었기 때문에 피고인이 계주의 업무를 대행하는데 대하여 이를 승인 내지 묵인한 사실이 인정된다면 피고인의 소위는 이른바 위 공소외 (갑)의 승락이 있었던 것으로서 위법성이 저각되어 업무방해죄가 성립되지 않는다.

314-Ⅲ-47. 타인이 점유경작하는 토지를 소유권자가 자경하겠다는 내용증명을 낸 후 경작하는 경우(소극) [대법원 1977. 10. 11. 선고, 77도2502]

【판결요지】

토지의 실제 소유권자가 적법한 절차에 의하여 점유이전을 받지 못한 상태에서 본건 밭을 자경하겠다는 내용의 내용 증명 우편을 현재의 점유자들에게 발송한 후 경작하였다 하더라도 이를 정당한 업무수행 행위로 볼 수 없다.

314-Ⅲ-48. 수확권한 있는 자에 의한 토지매수인의 경작방해와 정당방위 [대법원 1977. 5. 24. 선고, 76도3460]

【판결요지】

국유토지가 공개입찰에 의하여 매매되고 그 인도집행이 완료되었다 하더라도 그 토지의 종전 경작자인 피고인이 파종한 보리가 30센치 이상 성장하였다면 그 보리는 피고인의 소유로서 그가 수확할 권한이 있으므로 토지매수자가 토지를 경작하기 위하여 소를 이용하여 쟁기질을 하고 성장한 보리를 갈아뭉게는 행위는 피고인의 재산에 대한 현재의 부당한 침해라 할 것이므로 이를 막기 위하여 그 경작을 못 하도록 소 앞을 가로막고 쟁기를 잡아당기는 등의 피고인의 행위는 정당방위에 해당된다. 토지의 인도집행이 있은 후에도 피고인이 다시 토지를 점유 경작하고 있었다면 그 점유가 비록 불법이라 하여도 새로운 점유상태가 형성되었다 할 것이므로 매수인이 다시 적법한 인도절차를 밟지않고 한 경작행위는 정당한 업무수행이라 할 수 없으므로 이를 저지한 피고인의 행위는 업무방해죄에 해당되지 않는다.

314-Ⅲ-49. 토지 점유자가 합법적인 절차에 의하지 않고 강제경작하려는 소유자 또는 관리인의 행위를 방해한 경우(소극) [대법원 1975. 12. 23. 선고, 74도3255]

【판결요지】

토지 점유자가 소유자 또는 관리인에 대하여 토지를 점유할 권원을 대항할 수 없다 할지라도 관리인의 합법적인 절차에 의하여 점유를 개시하지 아니하고 경작하는 농사를 정당한 업무수행이라 할 수 없으므로 관리인의 강제경작하려는 행위를 방해하였다하여 업무방해죄가 성립되지 아니한다.

Ⅳ. 컴퓨터등장애 업무방해

314-Ⅳ-1. 컴퓨터 등 정보처리장치에 정보를 입력하는 등의 행위가 입력된 정보 등을 바탕으로 업무를 담당하는 사람의 오인, 착각 또는 부지를 일으킬 목적으로 행해진 경우, 그 행위가 업무를 담당하는 사람을 직접적인 대상으로 이루어진 것이 아니라도 '위계'에 해당하는지 여부(적극) [대법원 2013. 11. 28. 선고, 2013도5117]

【판시사항】

[1] 컴퓨터 등 정보처리장치에 정보를 입력하는 등의 행위가 입력된 정보 등을 바탕으로 업무를 담당하는 사람의 오인, 착각 또는 부지를 일으킬 목적으로 행해진 경우, 그 행위가 업무를 담당하는 사람을 직접적인 대상으로 이루어진 것이 아니라도 '위계'에 해당하는지 여부(적극)

[2] 甲 정당의 국회의원 비례대표 후보자 추천을 위한 당내 경선과정에서 피고인들이 선거권자들로부터 인증번호만을 전달받은 뒤 그들 명의로 특정 후보자에게 전자투표를 하는 방법으로 위계로써 甲 정당의 경선관리 업무를 방해하였다는 내용으로 기소된 사안

【판결요지】

[1] 컴퓨터 등 정보처리장치에 정보를 입력하는 등의 행위가 그 입력된 정보 등을 바탕으로 업무를 담당하는 사람의 오인, 착각 또는 부지를 일으킬 목적으로 행해진 경우에는 그 행위가 업무를 담당하는 사람을 직접적인 대상으로 이루어진 것이 아니라고 하여 위계가 아니라고 할 수는 없다.

[2] 국회의원 비례대표 후보자 명단을 확정하기 위한 당내 경선은 정당의 대표자나 대의원을 선출하는 절차와 달리 국회의원 당선으로 연결될 수 있는 중요한 절차로서 직접투표의 원칙이 그러한 경선절차의 민주성을 확보하기 위한 최소한의 기준이 된다고 할 수 있는 점 등 제반 사정을 종합할 때, 당내 경선에도 직접·평등·비밀투표 등 일반적인 선거원칙이 그대로 적용되고 대리투표는 허용되지 않는다는 이유로 피고인들에게 유죄를 인정한 사례

314-Ⅳ-2. 악성프로그램이 설치된 피해 컴퓨터 사용자들이 실제로 인터넷 포털사이트에 해당 검색어로 검색하거나 검색 결과에서 해당 스폰서링크를 클릭하지 않았음에도 그와 같이 검색하고 클릭한 것처럼 인터넷 포털사이트의 관련 시스템 서버에 허위의 신호를 발송하는 방법으로

정보처리에 장애를 발생하게 한 경우(적극) [대법원 2013. 3. 28. 선고, 2010도14607]

【판시사항】

[1] 정보통신망에서 처리가 예정된 종류의 정보자료인 이상 허위의 정보자료를 처리하게 함으로써 정보통신망 관리자나 이용자의 주관적 입장에서 보아 진실에 반하는 정보처리 결과를 만들어 내었더라도, 정보통신망에서 정보를 수집·가공·저장·검색·송신 또는 수신하는 기능을 물리적으로 수행하지 못하게 하거나 그 기능 수행을 저해하지는 아니하는 경우, '정보통신망 장애'에 의한 구 정보통신망 이용촉진 및 정보보호 등에 관한 법률 위반죄로 처벌할 수 있는지 여부(소극)

[2] 甲 주식회사 대표이사인 피고인이, 악성프로그램이 설치된 피해 컴퓨터 사용자들이 실제로 인터넷 포털사이트에 해당 검색어로 검색하거나 검색 결과에서 해당 스폰서링크를 클릭하지 않았음에도 그와 같이 검색하고 클릭한 것처럼 인터넷 포털사이트의 관련 시스템 서버에 허위의 신호를 발송하는 방법으로 정보처리에 장애를 발생하게 하였다고 하여 컴퓨터등장애업무방해로 기소된 사안

【판결요지】

[1] 허위의 정보자료를 처리하게 하였다고 하더라도 그것이 정보통신망에서 처리가 예정된 종류의 정보자료인 이상 구 정보통신망 이용촉진 및 정보보호 등에 관한 법률(2008. 6. 13. 법률 제9119호로 개정되기 전의 것, 이하 '정보통신망법'이라고 한다) 제48조 제3항 및 제71조 제5호에서 정한 '부정한 명령'을 처리하게 한 것이라 할 수 없고, 나아가 그와 같이 허위의 자료를 처리하게 함으로써 정보통신망의 관리자나 이용자의 주관적 입장에서 보아 진실에 반하는 정보처리 결과를 만들어 내었다고 하더라도 정보통신망에서 정보를 수집·가공·저장·검색·송신 또는 수신하는 기능을 물리적으로 수행하지 못하게 하거나 그 기능 수행을 저해하지는 아니하는 이상 형법에서 정한 '정보처리 장애'에 해당하여 컴퓨터등장애업무방해죄가 성립될 수 있음은 별론으로 하고 위 규정들에서 정한 '정보통신망 장애'에 해당한다고 할 수 없으므로, 이를 정보통신망 장애에 의한 정보통신망법 위반죄로 처벌할 수는 없다.

[2] 피고인의 행위는 객관적으로 진실에 반하는 내용의 정보인 '허위의 정보'를 입력한 것에 해당하고, 그 결과 네이버의 관련 시스템 서버에서 실제적으로 검색어가 입력되거나 특정 스폰서링크가 클릭된 것으로 인식하여 그에 따른 정보처리가 이루어졌으므로 이는 네이버의 관련 시스템 등 정보처리장치가 그 사용목적에 부합하는 기능을 하지 못하거나 사용목적과 다른 기능을 함으로써 정보처리의 장애가 현실적으로 발생하였고, 이로 인하여 네이버의 검색어 제공서비스 등의 업무나 네이버의 스폰서링크 광고주들의 광고 업무가 방해되었다.

314-IV-3. '컴퓨터 등 정보처리장치', '손괴', '허위의 정보 또는 부정한 명령의 입력', '기타 방법'의 의미 [대법원 2012. 5. 24. 선고, 2011도7943]

【판시사항】

[1] 형법 제314조 제2항의 컴퓨터 등 장애 업무방해죄 구성요건 중 '컴퓨터 등 정보처리장치', '손괴', '허위의 정보 또는 부정한 명령의 입력', '기타 방법'의 의미

[2] 주택재건축조합 조합장인 피고인이 자신에 대한 감사활동을 방해하기 위하여 조합 사무실에

있던 컴퓨터에 비밀번호를 설정하고 하드디스크를 분리·보관함으로써 조합 업무를 방해하였다는 내용으로 기소된 사안에서, 위와 같은 방법으로 조합의 정보처리에 관한 업무를 방해한 행위는 형법 제314조 제2항의 컴퓨터 등 장애 업무방해죄에 해당한다는 이유로, 원심이 이를 형법 제314조 제1항의 업무방해행위로 본 것은 잘못이나 그 법정형이 동일하여 판결에 영향이 없다

【이 유】

[1] 형법 제314조 제2항의 컴퓨터 등 장애에 의한 업무방해죄는, 컴퓨터 등 정보처리장치 또는 전자기록 등 특수매체기록을 손괴하거나 정보처리장치에 허위의 정보 또는 부정한 명령을 입력하거나 기타 방법으로 정보처리장치에 장애를 발생하게 하여 사람의 업무를 방해한 경우에 성립하는데, 여기에서 **'컴퓨터 등 정보처리장치'** 란 자동적으로 계산이나 데이터처리를 할 수 있는 전자장치로서 하드웨어와 소프트웨어를 모두 포함하고 (대법원 2004. 7. 9. 선고 2002도631 판결 참조), **'손괴'** 란 유형력을 행사하여 물리적으로 파괴·멸실시키는 것뿐 아니라 전자기록의 소거나 자력에 의한 교란도 포함하며, **'허위의 정보 또는 부정한 명령의 입력'** 이란 객관적으로 진실에 반하는 내용의 정보를 입력하거나 정보처리장치를 운영하는 본래의 목적과 상이한 명령을 입력하는 것이고, '기타 방법' 이란 컴퓨터의 정보처리에 장애를 초래하는 가해수단으로서 컴퓨터의 작동에 직접·간접으로 영향을 미치는 일체의 행위를 말한다.

[2] 이 사건 컴퓨터와 하드디스크는 형법 제314조 제2항에 규정된 '컴퓨터 등 정보처리장치'에 해당하고, 업무수행을 위해서가 아니라 담당직원의 정상적인 업무수행을 방해할 의도에서 그 담당 직원의 의사와는 상관없이 함부로 컴퓨터에 비밀번호를 설정한 행위는 같은 항의 '허위의 정보 또는 부정한 명령의 입력' 에 해당하며 컴퓨터의 하드디스크를 분리·보관한 행위는 같은 항의 '손괴' 에 해당하므로, 피고인이 컴퓨터에 비밀번호를 설정하고 하드디스크를 분리·보관함으로써 조합의 정보처리에 관한 업무를 방해한 행위는 형법 제314조 제2항의 컴퓨터 등 장애 업무방해죄에 해당한다고 할 것이다.

1. 메인컴퓨터 비밀번호를 후임자에게 알려주지 않은 시스템관리자 행위(소극) [대법원 2004. 7. 9. 선고, 2002도631]

【판시사항】

형법 제314조 제2항은 '컴퓨터 등 정보처리장치 또는 전자기록 등 특수매체기록을 손괴하거나 정보처리장치에 허위의 정보 또는 부정한 명령을 입력하거나 기타 방법으로 정보처리에 장애를 발생하게 하여 사람의 업무를 방해한 자'를 처벌하도록 규정하고 있는바, 여기에서 '컴퓨터 등 정보처리장치'란 자동적으로 계산이나 데이터처리를 할 수 있는 전자장치로서 하드웨어와 소프트웨어를 모두 포함하고, '기타 방법'이란 컴퓨터의 정보처리에 장애를 초래하는 가해수단으로서 컴퓨터의 작동에 직접·간접으로 영향을 미치는 일체의 행위를 말하며, 위 죄가 성립하기 위해서는 위와 같은 가해행위의 결과 정보처리장치가 그 사용목적에 부합하는 기능을 하지 못하거나 사용목적과 다른 기능을 하는 등 정보처리의 장애가 현실적으로 발생하였을 것을 요한다고 할 것이다.

한편, 메인 컴퓨터의 비밀번호는 시스템관리자가 시스템에 접근하기 위하여 사용하는 보안 수단에 불과하므로, 단순히 메인 컴퓨터의 비밀번호를 알려주지 아니한 것만으로는 정보처리장치의 작동에 직접

영향을 주어 그 사용목적에 부합하는 기능을 하지 못하게 하거나 사용목적과 다른 기능을 하게 하였다고 볼 수 없어 형법 제314조 제2항에 의한 컴퓨터등장애업무방해죄로 의율할 수 없다 할 것이다.

---

2. 컴퓨터 등 장애 업무방해죄가 성립하기 위하여 정보처리의 장애가 현실적으로 발생할 것을 요하는지 여부(적극) [대법원 2010. 9. 30. 선고, 2009도12238]

【판시사항】

[1] 형법 제314조 제2항의 컴퓨터 등 장애 업무방해죄가 성립하기 위하여 정보처리의 장애가 현실적으로 발생할 것을 요하는지 여부(적극)

[2] 피고인들이 불특정 다수의 인터넷 이용자들에게 배포한 '업링크솔루션'이라는 프로그램은 그로 인해 정보처리의 장애가 현실적으로 발생하였다고 볼 수 없어 컴퓨터 등 장애 업무방해죄로 의율할 수 없다고 본 원심판단을 수긍한 사례

【판결요지】

[1] 컴퓨터 등 장애 업무방해죄에서 '기타 방법'이란 컴퓨터의 정보처리에 장애를 초래하는 가해수단으로서 컴퓨터의 작동에 직접·간접으로 영향을 미치는 일체의 행위를 말하나, 위 죄가 성립하기 위해서는 위와 같은 가해행위의 결과 정보처리장치가 그 사용목적에 부합하는 기능을 하지 못하거나 사용목적과 다른 기능을 하는 등 정보처리의 장애가 현실적으로 발생하였을 것을 요한다.

[2] 피고인들이 불특정 다수의 인터넷 이용자들에게 배포한 '업링크솔루션'이라는 프로그램은, 甲 회사의 네이버 포털사이트 서버가 이용자의 컴퓨터에 정보를 전송하는 데에는 아무런 영향을 주지 않고, 다만 이용자의 동의에 따라 위 프로그램이 설치된 컴퓨터 화면에서만 네이버 화면이 전송받은 원래 모습과는 달리 피고인들의 광고가 대체 혹은 삽입된 형태로 나타나도록 하는 것에 불과하므로, 이것만으로는 정보처리장치의 작동에 직접·간접으로 영향을 주어 그 사용목적에 부합하는 기능을 하지 못하게 하거나 사용목적과 다른 기능을 하게 하였다고 볼 수 없어 컴퓨터 등 장애 업무방해죄로 의율할 수 없다.

314-IV-4. 불특정 다수인의 업무처리에 사용되는 컴퓨터 등을 대상으로 범한 '컴퓨터 등 장애 업무방해죄'에 대한 공소사실의 특정 정도 [대법원 2011. 5. 13. 선고, 2008도10116]

【판시사항】

[1] 불특정 다수인의 업무처리에 사용되는 컴퓨터 등을 대상으로 범한 '컴퓨터 등 장애 업무방해죄'에 대한 공소사실의 특정 정도

[2] 피고인들이 불특정 다수 인터넷 이용자들의 컴퓨터에 자신들의 프로그램을 설치하여 경쟁업체 프로그램이 정상적으로 사용되거나 설치되지 못하도록 함으로써 인터넷 이용자들의 인터넷 이용에 관한 업무를 방해하였다고 하여 '컴퓨터 등 장애 업무방해'로 기소된 사안

【판결요지】

[1] 형법 제314조 제2항에서 정한 '컴퓨터 등 장애 업무방해죄'는 피해자의 업무를 보호객체로 삼고 있는데, 불특정 다수인이 업무처리를 위하여 사용하는 컴퓨터 등 정보처리장치 등을 대상으로 위 조항에서 정한 범죄가 저질러진 경우에는 <u>최소한 컴퓨터 등 정보처리장치 등을 이용한 업무 주체가 구체적으로 누구인지</u>, 나아가 그 업무가 위 조항의 보호객체인 업무에 해당하는지를

심리·판단할 수 있을 정도로 특정되어야만 하고, 이에 이르지 못한 경우에는 공소사실로서 적법하게 특정되었다고 보기 어렵다.

[2] 공소장의 기재만으로는 피해자인 인터넷 이용자들이 누구이고 몇 명인지 특정되지 않아 몇 개의 죄로 공소제기한 것인지 알 수 없고, 방해된 업무 내용이 구체적으로 무엇인지 알 수 없어 보호객체인 업무에 해당하는지를 심리·판단할 수 없다는 이유로, 공소사실이 특정되지 않았다고 본 원심판단을 정당하다.

314-IV-5. 포털사이트 운영회사의 통계집계시스템 서버에 허위의 클릭정보를 전송하여 그 정보가 검색순위 결정 과정에 반영된 경우(적극) [대법원 2009. 4. 9. 선고, 2008도11978]

【판결요지】

형법 제314조 제2항의 '컴퓨터 등 장애 업무방해죄'가 성립하기 위해서는 가해행위 결과 정보처리장치가 그 사용목적에 부합하는 기능을 하지 못하거나 사용목적과 다른 기능을 하는 등 정보처리에 장애가 현실적으로 발생하였을 것을 요하나, 정보처리에 장애를 발생하게 하여 업무방해의 결과를 초래할 위험이 발생한 이상, 나아가 업무방해의 결과가 실제로 발생하지 않더라도 위죄가 성립한다. 따라서 포털사이트 운영회사의 통계집계시스템 서버에 허위의 클릭정보를 전송하여 검색순위 결정 과정에서 위와 같이 전송된 허위의 클릭정보가 실제로 통계에 반영됨으로써 정보처리에 장애가 현실적으로 발생하였다면, 그로 인하여 실제로 검색순위의 변동을 초래하지는 않았다 하더라도 '컴퓨터 등 장애 업무방해죄'가 성립한다.

314-IV-6. 정보처리장치를 관리, 운영할 권한이 없는 사람이 그 정보처리장치에 입력되어 있던 관리자의 아이디와 비밀번호를 무단으로 변경하는 행위(적극) [대법원 2007. 3. 16. 선고, 2006도6663]

【판시사항】

[1] 정보처리장치를 관리, 운영할 권한이 없는 사람이 그 정보처리장치에 입력되어 있던 관리자의 아이디와 비밀번호를 무단으로 변경하는 행위가 컴퓨터 등 장애업무방해죄를 구성하는지 여부(적극)

[2] 대학 교직원이 전보발령으로 인하여 웹서버를 관리, 운영할 권한이 없는 상태에서 웹서버에 접속하여 홈페이지 관리자의 비밀번호를 무단으로 변경한 행위가 컴퓨터 등 장애업무방해죄를 구성한다.

【이 유】

원심판결의 채택 증거를 기록에 의하여 살펴보면, 원심이, 형법 제314조 제2항의 컴퓨터 등 장애업무방해죄는 컴퓨터 등 정보처리장치 또는 전자기록 등 특수매체기록을 손괴하거나 정보처리장치에 허위의 정보 또는 부정한 명령을 입력하거나 기타 방법으로 정보처리장치에 장애를 발생하게 하여 사람의 업무를 방해함으로써 성립하는 것인데, 정보처리장치를 관리, 운영할 권한이 없는 자가 그 정보처리장치에 입력되어 있던 관리자의 아이디와 비밀번호를 무단으로 변경하는 행위는 정보처리장치에 부정한 명령을 입력하여 정당한 아이디와 비밀번호를 정보처리장치에 접속할 수 없게 만드는 행위로서 정보처리장치에 장애를 현실적으로 발생시킬 뿐 아니라 이로 인하여 업무방해의 위험을 초래할 수 있으므로 이 죄를 구성한다 고 전제한 다음, (이름 생략)대학측이 정보지원센터에서 교학처로 전보발령한 것을 부당노동행위로서 무효라고 볼 수 없고, 그 전보발령으로 웹서버를 관리, 운영할 권한이 없는 상태에서 피고인이 웹서버에 접속하여 홈페이지 관리자의 비밀번호를 무단으로 변경한 행위는 정당한 행위라고 할 수 없고, 그로 인하여 정보처리장치에 현실적인 장애를 발생시킴으로써 (이름 생략)대학측에 대하여 업무방해의 위험을 초래한 행위에 해당하여 컴퓨터 등 장애업무방해죄를 구성한다.

314-IV-7. 특정 회사가 제공하는 게임사이트에서 사설 프로그램 (한도우미 프로그램)을 이용하여 약관상 양도가 금지되는 포커머니를 약속된 상대방에게 이전해 준 행위(적극) [대법원 2009. 10. 15. 선고, 2007도9334]

【판결요지】

특정 회사가 제공하는 게임사이트에서 정상적인 포커게임을 하고 있는 것처럼 가장하면서 통상적인 업무처리 과정에서 적발해 내기 어려운 사설 프로그램 ('한도우미 프로그램')을 이용하여 약관상 양도가 금지되는 포커머니를 약속된 상대방에게 이전해 준 사안에서, 이는 구 정보통신망 이용촉진 및 정보보호 등에 관한 법률(2008. 6. 13. 법률 제9119호로 개정되기 전의 것) 제48조 제2항에서 정한 '악성프로그램'이나 형법 제314조 제2항에 정한 '부정한 명령의 입력'에 해당하지는 않지만, 회사의 정상적인 게임사이트 운영 업무를 방해한 것이므로 위계에 의한 업무방해죄를 구성한다.

제315조[경매, 입찰의 방해]

> 제315조(경매, 입찰의 방해) 위계 또는 위력 기타 방법으로 경매 또는 입찰의 공정을 해한 자는 2년 이하의 징역 또는 700만원 이하의 벌금에 처한다. 〈개정 1995. 12. 29.〉

315-1. 건설산업기본법 제95조 제3호에서 정한 '입찰행위'의 의미(=형법상 입찰방해죄의 '입찰'과 동일한 개념) [대법원 2015. 12. 24. 선고, 2015도13946]

【판시사항】

[1] 건설산업기본법 제95조 제3호에서 정한 '입찰행위'의 의미(=형법상 입찰방해죄의 '입찰'과 동일한 개념) 및 위 규정에서 정한 '다른 건설업자의 입찰행위를 방해한 자'에 입찰에 참가할 가능성이 있는 다른 건설업자의 입찰 참가 여부 결정 등에 영향을 미침으로써 입찰행위를 방해한 자가 포함되는지 여부(적극)

[2] 건설산업기본법 제95조 제3호 위반죄가 위태범인지 여부(적극) 및 위 죄가 성립하기 위하여 현실적으로 다른 건설업자의 입찰행위가 방해되는 결과가 발생하여야 하는지 여부(소극)

【이 유】

건설산업기본법 제95조는, 건설공사의 입찰에서 다음 각 호의 어느 하나에 해당하는 행위를 한 자는 5년 이하의 징역 또는 5천만 원 이하의 벌금에 처한다고 규정하고, 제3호에서 '위계 또는 위력, 그 밖의 방법으로 다른 건설업자의 입찰행위를 방해한 자'를 들고 있다. 건설공사의 적정한 시공과 건설산업의 건전한 발전을 도모하고자 하는 건설산업기본법의 목적과 위와 같은 처벌규정을 두게 된 입법 취지를 종합하여 볼 때, 이는 같은 조 제1호와 제2호에서 들고 있는 사유 이외에도 건설공사의 입찰에서 입찰의 공정을 해치는 행위를 하는 건설업자들을 특별히 가중 처벌하기 위한 것으로서 형법 제315조 소정의 입찰방해죄의 특별규정이라 할 것이고, 여기서 '입찰행위'를 방해한다고 함은 형법상의 입찰방해죄의 구성요건을 충족함을 의미하는 것이므로 건설산업기본법 제95조 제3호 소정의 '입찰행위'의 개념은 형법상의 입찰방해죄에 있어 '입찰'과 동일한 개념이라고 할 것이다(대법원 2001. 11. 30. 선고 2001도2423 판결, 대법원 2013. 10. 17. 선고 2013도6966 판결 등 참조). 따라서 건설산업기본법 제95조 제3호 소정의 '다른 건설업자의 입찰행위를 방해한 자'에는 입찰에 참가한 다른 건설업자의 입찰행위를 방해한 자뿐만 아니라 입찰에 참가할 가능성이 있는 다른 건설업자의 입찰 참가 여부 결정 등에 영향을 미침으로써 입찰행위를 방해한 자도 포함된다고 보아야 한다. 나아가 형법상의 입찰방해죄와 마찬가지로 건설산업기본법 제95조 제3호 위반죄는 건설공사의 입찰에서 위계 또는 위력, 그 밖의 방법으로 다른 건설업자의 입찰행위를 방해하는 경우에 성립하는 위태범이므로, 다른 건설업자의 입찰행위를 방해할 행위를 하면 그것으로 족하고 현실적으로 다른 건설업자의 입찰행위가 방해되는 결과가 발생할 필요는 없다.

315-2. 입찰자들 상호간에 특정업체가 낙찰받기로 하는 담합이 이루어진 상태에서 일부 입찰자가 자신이 낙찰받기 위하여 당초의 합의에 따르지 아니한 채 낙찰받기로 한 특정업체보다 저가로 입찰한

경우(적극) [대법원 2010. 10. 14. 선고, 2010도4940]

【판시사항】

[1] 입찰방해 행위에 가격결정 외에 적법하고 공정한 경쟁방법을 해하는 행위도 포함되는지 여부(적극)

[2] 입찰자들 상호간에 특정업체가 낙찰받기로 하는 담합이 이루어진 상태에서 일부 입찰자가 자신이 낙찰받기 위하여 당초의 합의에 따르지 아니한 채 낙찰받기로 한 특정업체보다 저가로 입찰한 경우, 입찰방해죄가 성립하는지 여부(적극)

[3] 피고인이 서울특별시도시철도공사가 발주한 시각장애인용 음성유도기 제작설치 입찰에 관한 담합에 가담하기로 하였다가 자신이 낙찰받기 위하여 당초의 합의에 따르지 아니한 채 낙찰받기로 한 특정업체보다 저가로 입찰한 행위는 입찰방해죄에 해당한다.

【판결요지】

[1] 입찰방해죄는 위태범으로서 결과의 불공정이 현실적으로 나타나는 것을 요하는 것이 아니고, 그 행위에는 가격을 결정하는 데 있어서 뿐 아니라, 적법하고 공정한 경쟁방법을 해하는 행위도 포함된다.

[2] 입찰자들 상호간에 특정업체가 낙찰받기로 하는 담합이 이루어진 상태에서 그 특정업체를 포함한 다른 입찰자들은 당초의 합의에 따라 입찰에 참가하였으나 일부 입찰자는 자신이 낙찰받기 위하여 당초의 합의에 따르지 아니한 채 오히려 낙찰받기로 한 특정업체보다 저가로 입찰하였다면, 이러한 일부 입찰자의 행위는 위와 같은 담합을 이용하여 낙찰을 받은 것이라는 점에서 적법하고 공정한 경쟁방법을 해한 것이 되고, 따라서 이러한 일부 입찰자의 행위 역시 입찰방해죄에 해당한다.

1. 동종업자 사이의 무모한 출혈경쟁을 방지하기 위한 수단으로 실질적으로 단독입찰을 하면서 경쟁입찰인 것같이 가장한 경우(적극) [대법원 2003. 9. 26. 선고, 2002도3924]

【판시사항】

[1] 동종업자 사이의 무모한 출혈경쟁을 방지하기 위한 수단으로 실질적으로 단독입찰을 하면서 경쟁입찰인 것같이 가장한 경우, 입찰방해죄가 성립하는지 여부(적극)

[2] 형법 제315조의 입찰방해죄 소정의 '입찰의 공정을 해한'의 의미 및 입찰방해미수죄의 처벌 여부(소극)

[3] 입찰자들의 전부 또는 일부 사이에서 담합을 시도하는 행위가 있었을 뿐 실제로 담합이 이루어지지 못하였고, 위계 또는 위력 등의 정도가 타인의 응찰 내지 투찰행위를 저지할 정도에 이르지 못한 경우, 입찰방해죄가 성립하는지 여부(소극)

【판결요지】

[1] 입찰방해죄는 위태범으로서 결과의 불공정이 현실적으로 나타나는 것을 요하는 것이 아니고, 그 행위에는 가격을 결정하는 데 있어서뿐 아니라, 적법하고 공정한 경쟁방법을 해하는 행위도 포함되므로, 그 행위가 설사 동종(同種)업자 사이의 무모한 출혈경쟁을 방지하기 위한 수단에 불과하여 입찰가격에 있어 입찰실시자의 이익을 해하거나 입찰자에게 부당한 이익을 얻게 하는 것이 아니었다 하더라도 실질적으로는 단독입찰을 하면서 경쟁입찰인 것같이 가장하였다면 그 입찰가격으로써 낙찰하게 한 점에서 경쟁입찰의 방법을 해한 것이 되어 입찰의 공정을 해한 것으로 되었다 할 것이다.

[2] 형법 제315조의 입찰방해죄는 입찰의 공정을 해하는 죄인바, 입찰의 공정을 해하는 행위란 '공정한 자유경쟁을 방해할 염려가 있는 상태를 발생시키는 것, 즉, 공정한 자유경쟁을 통한 적정한 가격형성에 부당한 영향을 주는 상태를 발생시키는 것'을 의미하며 한편, 입찰방해미수죄는 따로 처벌규정이 없어 처벌되지 아니한다.

[3] 입찰자들의 전부 또는 일부 사이에서 담합을 시도하는 행위가 있었을 뿐 실제로 담합이 이루어지지 못하였고, 또 위계 또는 위력 기타의 방법으로 담합이 이루어진 것과 같은 결과를 얻어내거나 다른 입찰자들의 응찰 내지 투찰행위를 저지하려는 시도가 있었지만 역시 그 위계 또는 위력 등의 정도가 담합이 이루어진 것과 같은 결과를 얻어내거나 그들의 응찰 내지 투찰행위를 저지할 정도에 이르지 못하였고 또 실제로 방해된 바도 없다면, 이로써 공정한 자유경쟁을 방해할 염려가 있는 상태 즉, 공정한 자유경쟁을 통한 적정한 가격형성에 부당한 영향을 주는 상태를 발생시켜 그 입찰의 공정을 해하였다고 볼 수 없어, 이는 입찰방해미수행위에 불과하고 입찰방해죄의 기수에 이르렀다고 할 수는 없다.

2. 담합행위가 입찰방해죄로 되기 위하여는 반드시 입찰참가자 전원과의 사이에 담합이 이루어져야 하는지 여부(소극) [대법원 2006. 6. 9. 선고, 2005도8498]
【판결요지】
가장경쟁자를 조작하거나 입찰의 경쟁에 참가하는 자가 서로 통모하여 그 중의 특정한 자를 낙찰자로 하기 위하여 일정한 가격 이하 또는 이상으로 입찰하지 않을 것을 협정하거나 입찰을 포기하게 하는 등의 소위 담합행위가 입찰방해죄로 되기 위하여는 반드시 입찰참가자 전원과의 사이에 담합이 이루어져야 하는 것은 아니고, 입찰참가자들 중 일부와의 사이에만 담합이 이루어진 경우라고 하더라도 그것이 입찰의 공정을 해하는 것으로 평가되는 이상 입찰방해죄는 성립한다.

3. 입찰방해죄에서 '입찰의 공정을 해하는 행위'의 의미 [대법원 2007. 5. 31. 선고, 2006도8070]
【판시사항】
[1] 입찰방해죄에서 '입찰의 공정을 해하는 행위'의 의미 및 지명경쟁입찰의 시행자인 법인의 대표자가 특정인과 공모하여 그 특정인이 낙찰자로 선정될 수 있도록 예정가격을 알려 주고 그 특정인이 나머지 입찰참가인들과 담합하여 입찰에 응한 경우, 입찰방해죄의 성립 여부(적극)
[2] 입찰을 실시할 법적 의무에 기하여 시행한 입찰만이 입찰방해죄의 객체가 되는지 여부(소극)
[3] 학교법인의 이사장과 직원이 특정업자와 공모하여 예정가격을 미리 알려 줌으로써 그 특정업자가 공정한 자유경쟁 없이 공사를 낙찰받을 수 있도록 한 사안에서, 위 사람들을 모두 입찰방해죄로 처단한 원심의 조치를 수긍한 사례
【판결요지】
[1] 입찰방해죄는 위계 또는 위력 기타의 방법으로 입찰의 공정을 해하는 경우에 성립하는 위태범으로서 결과의 불공정이 현실적으로 나타나는 것을 필요로 하지 않고, 여기서 '입찰의 공정을 해하는 행위'란 공정한 자유경쟁을 방해할 염려가 있는 상태를 발생시키는 것, 즉 공정한 자유경쟁을 통한 적정한 가격형성에 부당한 영향을 주는 상태를 발생시키는 것으로, 그 행위에는 가격결정뿐 아니라 '적법하고 공정한 경쟁방법'을 해하는 행위도 포함되고, 지명경쟁입찰의 시행자인 법인의 대표자가 특정인과 공모하여 그 특정인이 낙찰자로 선정될 수 있도록 예정가격을 알려 주고 그 특정인은 나머지 입찰

참가인들과 담합하여 입찰에 응하였다면 입찰의 실시 없이 서류상으로만 입찰의 근거를 조작한 경우와는 달리 현실로 실시된 입찰의 공정을 해하는 것으로 평가되어 입찰방해죄가 성립한다.

[2] 입찰시행자가 입찰을 실시할 법적 의무에 기하여 시행한 입찰이라야만 입찰방해죄의 객체가 되는 것은 아니다.

---

4. 입찰절차가 아니라 경제주체의 임의의 선택에 따른 계약체결의 과정에서 공정한 경쟁을 해하는 행위를 한 경우(소극) [대법원 2008. 5. 29. 선고, 2007도5037]

【판시사항】

[1] 입찰절차가 아니라 경제주체의 임의의 선택에 따른 계약체결의 과정에서 공정한 경쟁을 해하는 행위를 한 경우, 입찰방해죄가 성립하는지 여부(소극)

[2] 한국토지공사 지역본부가 중고자동차매매단지를 분양하기 위하여 유자격 신청자들을 대상으로 무작위 공개추첨하여 1인의 수분양자를 선정하는 절차를 진행하는데, 신청자격이 없는 피고인이 총 12인의 신청자 중 9인의 신청자의 자격과 명의를 빌려 그 당첨확률을 약 75%까지 인위적으로 높여 분양을 신청한 사안에서, 입찰방해죄와 업무방해죄의 성립을 모두 부정한 사례

【판결요지】

[1] 형법 제315조의 입찰방해죄는 위계 또는 위력 기타의 방법으로 입찰의 공정을 해하는 경우에 성립하는 위태범으로서, 여기서 '입찰의 공정을 해하는 행위'란 공정한 자유경쟁을 통한 적정한 가격형성에 부당한 영향을 주는 상태를 발생시키는 것으로, 그 행위에는 가격결정뿐 아니라 적법하고 공정한 경쟁방법을 해하는 행위도 포함되지만, 이러한 입찰방해 행위가 있다고 하기 위해서는 그 방해의 대상이 되는 입찰절차가 존재하여야 하므로, 위와 같이 공정한 자유경쟁을 통한 적정한 가격형성을 목적으로 하는 입찰절차가 아니라 공적·사적 경제주체의 임의의 선택에 따른 계약체결의 과정에 공정한 경쟁을 해하는 행위가 개재되었다 하여 입찰방해죄로 처벌할 수는 없다.

[2] 한국토지공사 지역본부가 중고자동차매매단지를 분양하기 위하여 유자격 신청자들을 대상으로 무작위 공개추첨하여 1인의 수분양자를 선정하는 절차를 진행하는데, 신청자격이 없는 피고인이 총 12인의 신청자 중 9인의 신청자의 자격과 명의를 빌려 그 당첨확률을 약 75%까지 인위적으로 높여 분양을 신청한 사안에서, 위 분양절차는 공정한 자유경쟁을 통한 적정한 가격형성을 목적으로 하는 입찰절차에 해당하지 않고, 피고인이 분양절차에 참가한 것은 9인의 신청자와 맺은 합작투자의 약정에 따른 것으로서 위 분양업무의 주체인 한국토지공사가 예정하고 있던 범위 내의 행위이므로, 위 추첨방식의 분양업무의 적정성과 공정성 등을 방해하는 행위라고 볼 수 없어 입찰방해죄나 업무방해죄가 성립하지 않는다.

315-3. 일부 입찰참가자들이 가격을 합의하고, 낙찰이 되면 특정 업체가 모든 공사를 하기로 합의하는 등 담합하여 투찰행위를 한 경우(적극) [대법원 2009. 5. 14. 선고, 2008도11361]

【판결요지】

일부 입찰참가자들이 가격을 합의하고, 낙찰이 되면 특정 업체가 모든 공사를 하기로 합의하는 등 담합하여 투찰행위를 한 사안에서, 이는 '적법하고 공정한 경쟁방법'을 해하는 행위로서 입찰의 공정을 해하는 경우에 해당하며, 결과적으로 위 투찰에 참여한 업체의 수가 많아서 실제로 가격형성에 부당한 영향을 주지 않았다고 하더라도 입찰방해죄가 성립한다.

1. 고속도로 휴게소 운영권 입찰에서 여러 회사가 각자 입찰에 참가하되 누구라도 낙찰될 경우 동업하여 새로운 회사를 설립하고 그 회사로 하여금 휴게소를 운영하기로 합의한 후 입찰에 참가한 경우(적극) [대법원 2006. 12. 22. 선고, 2004도2581]

【판시사항】

고속도로 휴게소 운영권 입찰에서 여러 회사가 각자 입찰에 참가하되 누구라도 낙찰될 경우 동업하여 새로운 회사를 설립하고 그 회사로 하여금 휴게소를 운영하기로 합의한 후 입찰에 참가한 경우 입찰방해죄가 성립한다.

315-4. 일정 요건을 갖춘 분양신청자를 대상으로 추첨을 통해 1인의 분양대상자를 선정하는 방식으로 분양절차를 진행한 경우(소극) [대법원 2008. 12. 24. 선고, 2007도9287]

【판시사항】

한국토지공사 지사가 폐기물최종처리시설 부지를 분양하면서 일정 요건을 갖춘 분양신청자를 대상으로 추첨을 통해 1인의 분양대상자를 선정하는 방식으로 분양절차를 진행한 사안에서, 이는 입찰방해죄의 입찰절차에 해당하지 않는다.

315-5. 동업자들이 무모한 출혈경쟁을 방지하기 위한 수단으로 실질적으로 단독입찰을 하면서 경쟁입찰인 것같이 가장한 경우(적극) [대법원 2001. 6. 29. 선고, 99도4525]

【판시사항】

[1] 동업자들이 무모한 출혈경쟁을 방지하기 위한 수단으로 실질적으로 단독입찰을 하면서 경쟁입찰인 것같이 가장한 경우, 입찰방해죄가 성립하는지 여부(적극)

[2] 한국전력공사 지사에서 발주하는 배전공사 특수단가계약의 입찰에 참가한 피고인들이 공모하여 실질적으로 단독입찰을 경쟁입찰인 것처럼 가장한 사안에서, 위 담합행위는 적법하고 공정한 경쟁방법을 해치고 적정한 가격형성을 방해한 것으로서 입찰방해죄를 구성한다.

【이 유】

피고인들 및 제1심 공동피고인 공소외인은 한국전력공사 부산지사에서 발주하는 동래 5개 지역에 대한 98 배전공사 특수단가계약의 입찰에 참가함에 있어 그 입찰 방식이 발주자가 미리 공개한 10개의 복수예비가격에서 무작위로 3개의 예비가격을 추첨하여 합한 후 다시 3으로 나누어 평균가격을 산출하고, 그 평균가격의 90%를 입찰기준금액으로 정하여 입찰 당일 입찰자 중에서 위 입찰기준금액을 상회함과 동시에 그에 가장 근접한 가격으로 입찰한 자를 낙찰자로 정하여 향후 2년 동안 그 지역에서 시공되는 단가 5,000만 원 이하의 전기공사를 독점하고, 그 공사대금은 처음 낙찰 당시 정해진 낙찰률에 따라 지급받게 되어 있자, 피고인들 및 공소외인이 공모하여 공소외인은 형식상 입찰에 참가하되 복수예비가격 중 최소가격 3개가 추첨되거나 또는 그 다음 최소가격 3개가 추첨되었을 때에만 낙찰받을 수 있는 가격을 써넣음으로써 사실상 입찰을 포기하고, 피고인들은 1개 지역씩 자신이 낙찰받을 지역을 정하여 복수예비가격 중 최대가격으로 3개가 추첨되었을 경우 또는 그에 근접한 경우에만 낙찰될 수 있는 가격을 써넣어 최대한 높은 가격으로 응찰하고 나머지 입찰 참가자들은 공소외인과 같이 도저히 낙찰받을 수 없는 가격을 써넣어 실질적으로 단독입찰을 경쟁입찰인 것처럼 가장하여 피고인들이 각 1개 지역씩을 낙찰받고, 공소외인은 입찰을 포기한 대가로 1억 원을 지급받은 사실을 인정하고, 피고인들의 위와 같은 행위는 적법하고 공정한 경쟁방법을 해치고 적정한 가격형성을 방해한 것이 되어 입찰의 공정을 해하였다 할 것이어서 형법 제315조 소정의 입찰방해죄를 구성한다.

---

1. 입찰방해죄의 성립에 있어서 현실적으로 입찰의 공정을 해한 결과가 발생함을 요하는지 여부(소극)
   [대법원 1994. 5. 24. 선고, 94도600]
   【판결요지】
   입찰방해죄는 위계 또는 위력 기타의 방법으로 입찰의 공정을 해하는 경우에 성립하는 위태범으로서, 입찰의 공정을 해할 행위를 하면 그것으로 족한 것이지 현실적으로 입찰의 공정을 해한 결과가 발생할 필요는 없다.

315-6. 실제로는 수의계약을 체결하면서 입찰절차를 거쳤다는 증빙을 남기기 위하여 입찰을 전혀 시행하지 아니한 채 형식적인 입찰서류만을 작성하여 입찰이 있었던 것처럼 조작한 경우, 건설산업기본법의 '입찰방해 행위'에 해당하는지 여부(소극) [대법원 2001. 2. 9. 선고, 2000도4700]

【판결요지】
건설산업기본법 제95조 제3호에서 규정하고 있는 입찰방해 행위가 있다고 인정하기 위하여는 그 방해의 대상인 입찰이 현실적으로 존재하여야 한다고 볼 것이므로, 실제로 실시된 입찰절차에서 실질적으로는 단독입찰을 하면서 마치 경쟁입찰을 한 것처럼 가장하는 경우와는 달리, 실제로는 수의계약을 체결하면서 입찰절차를 거쳤다는 증빙을 남기기 위하여 입찰을 전혀 시행하지 아니한 채 형식적인 입찰서류만을 작성하여 입찰이 있었던 것처럼 조작한 행위는 위 규정에서 말하는 입찰방해 행위에 해당한다고 할 수 없다.

---

1. 형법 제315조 소정의 입찰방해죄에 있어 '위력'의 의미 [대법원 2000. 7. 6. 선고, 99도4079]
   【판결요지】
   형법 제315조 소정의 입찰방해죄에 있어 '위력'이란 사람의 자유의사를 제압, 혼란케 할 만한 일체의 유형적 또는 무형적 세력을 말하는 것으로서 폭행, 협박은 물론 사회적, 경제적, 정치적 지위와 권세에 의한 압력 등을 포함하는 것이다.

---

2. 입찰방해죄가 결과범인지 여부(소극) 및 위력의 정도 [대법원 1993. 2. 23. 선고, 92도3395]
   【판시사항】
   [1] 입찰방해죄가 결과범인지 여부(소극) 및 위력의 정도
   [2] 입찰장소의 주변을 에워싸고 사람들의 출입을 막는 등 위력을 사용하여 입찰에 참가하려는 사람을 참석하지 못하도록 한 행위가 입찰방해죄를 구성한다.
   【판결요지】

[1] 입찰방해죄는 위계 또는 위력 기타의 방법으로 입찰의 공정을 해하는 경우에 성립하는 것으로서, 입찰의 공정을 해할 행위를 하면 족하고 현실적으로 입찰의 공정을 해한 결과가 발생할 필요가 없으며, 위력의 사용은 폭행·협박의 정도에 이르러야만 되는 것도 아니다.

3. 입찰에 있어서 가장 경쟁자의 조작행위가 유찰방지를 위한 수단에 지나지 아니한 경우(적극) [대법원 1971. 4. 30. 선고, 71도519]

【판결요지】

이 죄는 위태범으로서 결과의 불공정이 현실적으로 나타나는 것을 요하는 것이 아니며 그 행위에는 가격을 결정하는데 있어서 뿐 아니라 적법하고 공정한 경쟁방법을 해하는 행위도 포함되므로 그 행위가 설사 유찰방지를 위한 수단에 불과하여 입찰가격에 있어서 국가의 이익을 해하거나 입찰자에게 부당한 이익을 얻게 하는 것이 아니었고 그 낙찰가격도 사정가격보다 높은 것이었다 하여도 실질적으로는 단독입찰을 경쟁입찰인 것 같이 가장하여 그 입찰가격으로서 낙찰되게 한 점에서 경쟁입찰의 방법을 해한 것이어서 입찰의 공정을 해하였다 할 것이다.

315-7. 한국전기공사협회 부산지부 소속 일부 회원으로 구성된 협력회의 회장과 총무가 공모하여 전기공사를 실질적으로 회원사들이 추첨에 기하여 순번제로 단독입찰하면서 경쟁입찰을 가장한 행위(적극) [대법원 1991. 10. 22. 선고, 91도1961]

【판결요지】

피고인들이 한국전기공사협회 부산지부 소속 일부 회원으로 구성된 협력회의 회장과 총무로서 공모하여, 위 지부회원들만이 수주할 수 있는 한국전력공사에서 발주하는 일정 공사금액 이하의 부산시내 전기공사를 자유경쟁에 기하여 입찰할 경우 예정가에 훨씬 못미치는 가격으로 수주를 하게 되는 결과를 방지하고 이를 개개 회사의 이익으로 돌리고자, 각 회원사들의 동의를 얻어 회원사들이 추첨에 기하여 순번제로 단독응찰하고 나머지 일부 회원사는 이에 들러리를 서는 방식으로 사실상 단독으로 입찰하는 한편 낙찰한 회사는 도급액의 10%를 협력회기금으로 납부하여 연말에 분배하는 방법으로 떡값을 주어 각 회원사들이 순번에 기하여 사실상 단독낙찰하게 하였다면, 피고인들의 행위는 위계로써 입찰의 공정을 해한 경우에 해당한다.

315-8. 경매방해죄의 범죄사실의 특정의 정도 [대법원 1990. 10. 30. 선고, 90도2022]

【판결요지】

피고인들이 공모하여 경매신청에 나서려는 성명불상의 2, 3인의 사람들을 경매법정 밖으로 밀어내어 공소외인이 단독으로 경매절차에 참여토록 하였으면 경매방해죄가 성립되는 것이고 원심법원이 경매를 방해한 자 중 피고인들 이외의 자들이나 경매신청에 나서려는 사람들이 구체적으로 누구라고 밝히지 아니하였고, 위 성명불상의 사람들이 실제로 경매에 응찰하려고 착수하였는지 등을 심리하여 밝히지 아니하였다고 하여 범죄사실이 특정되지 아니하였다거나 경매방해의 법리를 오해한 위법이 있다고 할 수 없다.

315-9. 금품수수 없는 담합행위와 입찰방해죄의 성부(적극) [대법원 1983. 1. 18. 선고, 81도824]

【판시사항】

[1] 금품수수 없는 담합행위와 입찰방해죄의 성부(적극)

[2] 입찰자 일부와 담합이 있었으나 타입찰자와는 담합이 이루어지지 않는 경우 입찰방해죄의 성부(소극)

【판결요지】

[1] 가장경쟁자를 조작하거나 입찰의 경쟁에 참가하는 자가 서로 통모하여 그 중의 특정한 자를 낙찰자로 하기 위하여 기타의 자는 일정한 가격이하 또는 이상으로 입찰하지 않을 것을 협정하는 소위 담합행위는 입찰가격에 있어서 실시자의 이익을 해하는 것이 아니라도 실질적인 단독입찰을 경쟁입찰인 것처럼 가장하여 그 입찰가격으로 낙찰되게 한 경우에는 담합자간에 금품의 수수에 관계없이 일응 입찰의 공정을 해할 위험성이 있다 하겠다.

[2] 담합이 있고 그에 따른 담합금이 수수되었다 하더라도 입찰시행자의 이익을 해함이 없이 자유로운 경쟁을 한 것과 동일한 결과로 되는 경우에는 입찰의 공정을 해할 위험성이 없다고 할 것인바, 이 사건 입찰에 참가한 (갑), (을), (병), (정), (무)의 5개 회사 중에서 (갑)회사의 전무인 피고인이 담합한 것은 (을)회사가 들러리로 세운 (병)회사 뿐이며 (을), (무)회사와는 담합이 이루어지지 아니하여 그들의 투찰가격은 모두 입찰예정가격을 넘고 있으며, 피고인 역시 (을)회사 등으로부터 확답을 못얻어 불안한 나머지 당초 예정한 것보다 훨씬 높은 가격으로 응찰하였고, (병)회사 등이 (을)회사의 들러리로 입찰에 참가하게 된 사정을 몰랐다면 비록 피고인이 담합을 제의하였으나 실질적인 입찰참가자인 (을), (무)회사 등이 이를 받아들이지 않은 이상 그들을 형식적으로 입찰에 참가하게 하여 피고인의 실질적인 단독입찰을 경쟁입찰로 가장한 것이라고 볼 수 없고 결국은 자유경쟁을 한 것과 동일한 결과로 되어 위 (병)회사가 부정한 이익을 받았다 하더라도 그것만으로는 입찰방해죄가 성립한다고 볼 수 없다.

315-10. 형법 315조 소정 입찰방해죄의 구성요건 [대법원 1976. 7. 13. 선고, 74도717]

【판결요지】

가장경쟁자를 조작하고 입찰에 관하여 사전에 모의를 하는 경우에는 입찰가격에 있어 입찰을 실시하는 자의 이익을 해한 것이 없다 해도 실질적인 단독입찰을 경쟁입찰로 가장하여 그 입찰가격으로서 낙찰하게 한 점에서 담합자 간에 금품의 수수여부를 막론하고 입찰의 공정을 해하였다 할 것이므로 입찰방해죄를 구성한다.

315-11. 주문자 예정가격내에서 무모한 경쟁을 방지하고자 담합한 경우, 담합자끼리 금품의 수수가 있었다 하더라도 입찰자체의 공정을 해하였다고 볼 수 없는지 여부 [대법원 1971. 4. 20. 선고, 70도2241]

【이 유】

원심판결 이유에 의하면 원심은 피고인 송유도는 이 사건 입찰에 응하기에 앞서 부산시 동구 범일동 소재 보림 다방에서 피고인 이도선의 주선아래 유일한 경쟁자인 피고인 조수형과 회동하여 피고인 조수형의 요청에 따라 그로부터 도합 30만원 중 고날 15만원을 교부 받고 같은해 1. 13. 나머지 15만원을 교부 받기로 하고 입찰을 양도 하기로 하여 미리 낙찰자와 낙찰가격을 담합한 다음 형식상 경쟁자로서 입찰에 참가하여 피고인 조수형은 입찰 액 5,614,100원 피고인 송유도는 5,693,500원으로 응찰하여 철도국 입찰예정 가격 5,874,700원 범위 내에서 최저가격 입찰자인 피고인 조수형에게 낙찰케 하였다는 사실을 인정하고 이 사실을 실질적으로 피고인 조수형의 단독 입찰을 경쟁입찰인 듯이 가장 함으로써 그 입찰 가격에 낙찰 하도록 조작 하였다고 판시하여 입찰의 본질인 경쟁방법을 해 하였다고 인정 하였다.

그러나 원심이 인정한 사실 자체로 보아 피고인 2의 응찰행위는 본인의 의사이고 가장 경쟁자를 꾸미며, 그 입찰에 소요되는 서류를 허위로 작성한 것이라고 보여지지 아니하므로 이 사건 입찰이 주문자가 미리 예정가격을 내정하여 그 예정가격내에서 최저가격으로 입찰한 자를 낙찰자로 하는 것임이 기록에 의하여 분명한 이상, 피고인 1, 2, 3의 담합의 목적이 세탁물 단가 가격을 올려 주문자의 이익을 해하려는 것이 아니고, 주문자의 예정가격 내에서 무모한 경쟁을 방지하려고 함에 있다고 보아야 할 것이고, 이러한 경우에 담합자끼리 금품의 수수가 있었다고 하더라도 입찰 자체의 공정을 해하였다고는 볼 수 없다고 할 것이니 (대법원 1969.7.22. 선고 65도1166 판결 참조), 원심은 필경 인정사실에 대하여 법률적 평가를 잘못한 것이 아니면, 입찰방해에 관한 법리를 오해하여 판결에 영향을 미친 위법이 있다고 할 것이고 논지는 이유 있다.

315-12. 공사 도급계약을 맺기 위한 입찰에 있어 입찰 경쟁자들이 미리 입찰가격과 낙찰자를 협정하고 금전을 주고 받은 경우(소극) [대법원 1960. 8. 4. 4292형상96]

【판결요지】

공사주문자가 미리 공사 예정가격을 내정하여 놓고 경쟁입찰의 방법에 의하여 그 예정가격내에서 최저가격으로 입찰한 자를 낙찰자로 하여 동인으로 하여금 공사를 도급케 하는 경우에 경쟁자등이 입찰전에 미리 가격과 낙찰자를 협정하였다 할지라도 그 담합의 목적이 공사가격을 경상시켜 주문자의 이익을 해하고 부정한 이익을 얻으려 함에 있는 것이 아니고 주문자의 예정가격내에서 무모한 경쟁을 방지하려 함에 있는 경우에는 가사 금원을 수수한 경우라고 부정을 해하였다고는 볼 수 없다.

제35장 비밀침해의 죄

제316조[비밀침해]

> 제316조(비밀침해) ① 봉함 기타 비밀장치한 사람의 편지, 문서 또는 도화를 개봉한 자는 3년 이하의 징역이나 금고 또는 500만원 이하의 벌금에 처한다. 〈개정 1995. 12. 29.〉
> ② 봉함 기타 비밀장치한 사람의 편지, 문서, 도화 또는 전자기록등 특수매체기록을 기술적 수단을 이용하여 그 내용을 알아낸 자도 제1항의 형과 같다. 〈신설 1995. 12. 29.〉

316-1. 회사의 이익을 빼돌린다는 소문을 확인할 목적으로, 피해자가 사용하면서 비밀번호를 설정하여 비밀장치를 한 전자기록인 개인용 컴퓨터의 하드디스크를 검색한 행위(소극) [대법원 2009. 12. 24. 선고, 2007도6243]

【판결요지】

'회사의 직원이 회사의 이익을 빼돌린다' 는 소문을 확인할 목적으로, 비밀번호를 설정함으로써 비밀장치를 한 전자기록인 피해자가 사용하던 '개인용 컴퓨터의 하드디스크' 를 떼어내어 다른 컴퓨터에 연결한 다음 의심이 드는 단어로 파일을 검색하여 메신저 대화 내용, 이메일 등을 출력한 사안에서, 피해자의 범죄 혐의를 구체적이고 합리적으로 의심할 수 있는 상황에서 피고인이 긴급히 확인하고 대처할 필요가 있었고, 그 열람의 범위를 범죄 혐의와 관련된 범위로 제한하였으며, 피해자가 입사시 회사 소유의 컴퓨터를 무단 사용하지 않고 업무 관련 결과물을 모두 회사에 귀속시키겠다고 약정하였고, 검색 결과 범죄행위를 확인할 수 있는 여러 자료가 발견된 사정 등에 비추어, 피고인의 그러한 행위는 사회통념상 허용될 수 있는 상당성이 있는 행위로서 형법 제20조의 '정당행위' 라고 본 원심의 판단을 수긍한 사례

316-2. 비밀침해죄에서 '비밀장치가 되어 있는 문서'의 의미 [대법원 2008. 11. 27. 선고, 2008도9071]

【판시사항】

[1] 형법 제316조 제1항 비밀침해죄에서 '비밀장치가 되어 있는 문서' 의 의미

[2] 2단 서랍의 아랫칸에 잠금장치가 되어 있는 경우 형법 제316조 제1항의 '비밀장치'에 해당한다.

【이 유】

형법 제316조 제1항의 비밀침해죄는 봉함 기타 비밀장치한 사람의 편지, 문서 또는 도화를 개봉하는 행위를 처벌하는 죄이고, 이때 **'봉함 기타 비밀장치가 되어 있는 문서'** 란 '기타 비밀장치' 라는 일반 조항을 사용하여 널리 비밀을 보호하고자 하는 위 규정의 취지에 비추어 볼 때, 반드시 문서 자체에 비밀장치가 되어 있는 것만을 의미하는 것은 아니고, 봉함 이외의 방법으로 외부 포장을 만들어서 그 안의 내용을 알 수 없게 만드는 일체의 장치를 가리키는 것으로, 잠금장치 있는 용기나 서랍 등도 포함한다고 할 것인바, 이 사건과 같이 서랍이 2단으로 되어 있어 그 중 아랫칸

의 윗부분이 막혀 있지 않아 윗칸을 밖으로 빼내면 아랫칸의 내용물을 쉽게 볼 수 있는 구조로 되어 있는 서랍이라고 하더라도, 피해자가 아랫칸에 잠금장치를 하였고 통상적으로 서랍의 윗칸을 빼어 잠금장치 된 아랫칸 내용물을 볼 수 있는 구조라거나 그와 같은 방법으로 볼 수 있다는 것을 예상할 수 없어 객관적으로 그 내용물을 쉽게 볼 수 없도록 외부에 의사를 표시하였다면, 형법 제316조 제1항의 규정 취지에 비추어 아랫칸은 윗칸에 잠금장치가 되어 있는지 여부에 관계없이 그 자체로서 형법 제316조 제1항에 규정하고 있는 비밀장치에 해당한다고 할 것이다.

316-3. 아들과 이름이 같은 채무자승계인 앞으로 송달된 대체집행결정정본을 개봉한 집행채권자에게 신서개피 고의 여부(적극) [대법원 1984. 6. 12. 선고, 84도620]

【판결요지】

피고인이 대체집행사건의 채무자의 승계인 (갑)앞으로 우송된 결정정본을 평소 동명으로 호명되고 있는 자기의 장남앞으로 온 신서인 줄 알고서 개피하였다고 주장하나, 피고인이 당초 건물철거 등의 대체집행신청을 하면서 채무자의 승계인 (갑)의 주소로 표기한 장소에서는 피고인의 장남이 이미 10여년 전에 살다가 타처로 이주하여 버렸고, 위 봉함우편물이 바로 피고인신청의 대체집행사건을 처리한 법원의 소송서류였다는 점, 그 수신인 또한 피고인이 대체집행신청을 한 사건의 상대방주소와 성명으로 표시되어 발송된 문서라는 점을 고려해 볼때 피고인은 위 서류가 바로 대체집행사건의 채무자의 승계인 (갑)에게 송달되는 소송서류라는 사실을 능히 알고 있었다고 봄이 경험칙에 합치된다고 할 것이니 피고인에게 신서개피의 고의가 있었음을 부정할 수 없다.

제36장 주거침입의 죄

제319조[주거침입, 퇴거불응]

> 제319조(주거침입, 퇴거불응) ① 사람의 주거, 관리하는 건조물, 선박이나 항공기 또는 점유하는 방실에 침입한 자는 3년 이하의 징역 또는 500만원 이하의 벌금에 처한다. 〈개정 1995. 12. 29.〉
> ② 전항의 장소에서 퇴거요구를 받고 응하지 아니한 자도 전항의 형과 같다.

319-1. 건조물 거주자나 관리자와의 관계 등으로 평소 건조물 출입이 허용된 사람이 거주자나 관리자의 명시적 또는 추정적 의사에 반하여 건조물에 들어간 경우(적극) [대법원 2021. 1. 14. 선고, 2017도21323]

【판시사항】

[1] 건조물침입죄의 보호법익과 성립요건 / 건조물의 거주자나 관리자와의 관계 등으로 평소 건조물에 출입이 허용된 사람이 거주자나 관리자의 명시적 또는 추정적 의사에 반하여 건조물에 들어간 경우, 건조물침입죄가 성립하는지 여부(적극)

[2] 공동주택의 입주자대표회의가 입주자 등이 아닌 자(외부인)의 단지 안 주차장에 대한 출입을 금지하는 결정을 하고 그 사실을 외부인에게 통보하였음에도 외부인이 입주자대표회의의 결정에 반하여 그 주차장에 들어간 경우, 출입 당시 관리자로부터 구체적인 제지를 받지 않았더라도 건조물침입죄가 성립하는지 여부(적극) / 이때 외부인이 일부 입주자 등의 승낙을 받고 단지 안의 주차장에 들어간 경우, 건조물침입죄가 성립하는지 여부(한정 적극) 및 판단 기준

【판결요지】

[1] 건조물침입죄는 건조물의 사실상 평온을 보호법익으로 하고 있으므로 건조물 관리자의 의사에 반하여 건조물에 침입함으로써 성립한다. 건조물의 거주자나 관리자와의 관계 등으로 평소 건조물에 출입이 허용된 사람이라 하더라도 건조물에 들어간 행위가 거주자나 관리자의 명시적 또는 추정적 의사에 반함에도 불구하고 감행된 것이라면 건조물침입죄가 성립한다.

[2] 입주자대표회의는 구 주택법 또는 공동주택관리법에 따라 구성되는 공동주택의 자치의결기구로서 공동주택의 입주자 및 사용자(이하 '입주자 등'이라 한다)를 대표하여 공동주택의 관리에 관한 주요사항을 결정할 수 있고, 개별 입주자 등은 원활한 공동생활을 유지하기 위하여 공동주택에서의 본질적인 권리가 침해되지 않는 한 입주자대표회의가 결정한 공동주택의 관리에 관한 사항을 따를 의무가 있다. 공동주택의 관리에 관한 사항에는 '단지 안의 주차장 유지 및 운영에 관한 사항'도 포함된다. 따라서 입주자대표회의가 입주자 등이 아닌 자(이하 '외부인'이라 한다)의 단지 안 주차장에 대한 출입을 금지하는 결정을 하고 그 사실을 외부인에게 통보하였음에도 외부인이 입주자대표회의의 결정에 반하여 그 주차장에 들어갔다면, 출입 당시 관리자로부터 구체적인 제지를 받지 않았다고 하더라도 그 주차장의 관리권자인 입주자대표회의의 의사에 반하여 들어간 것이므로 건조물침입죄가 성립한다.

설령 외부인이 일부 입주자 등의 승낙을 받고 단지 안의 주차장에 들어갔다고 하더라도 개별 입

주자 등은 그 주차장에 대한 본질적인 권리가 침해되지 않는 한 입주자대표회의의 단지 안의 주차장 관리에 관한 결정에 따를 의무가 있으므로 건조물침입죄의 성립에 영향이 없다. 외부인의 단지 안 주차장 출입을 금지하는 입주자대표회의의 결정이 개별 입주자 등의 본질적인 권리를 침해하는지 여부는 주차장의 유지 및 운영에 관한 입주자대표회의에서 제정·개정한 제 규정의 내용, 주차장의 본래 사용용도와 목적, 입주자 등 사이의 관계, 입주자 등과 외부인 사이의 관계, 외부인의 출입 목적과 출입 방법 등을 종합적으로 고려하여 판단하여야 한다.

---

1. 건조물침입죄에서 침입행위의 객체인 '건조물'에 포함되는 '위요지'의 의미 [대법원 2017. 12. 22. 선고, 2017도690]

【판시사항】

[1] 건조물침입죄에서 침입행위의 객체인 '건조물'에 포함되는 '위요지'의 의미

[2] 관리자가 일정한 토지와 외부의 경계에 인적 또는 물적 설비를 갖추고 외부인의 출입을 제한하고 있으나 그 토지에 인접하여 건조물로서의 요건을 갖춘 구조물이 존재하지 않는 경우, 이러한 토지가 건조물침입죄의 객체인 위요지에 해당하는지 여부(소극)

【이 유】

[1] 건조물침입죄에서 침입행위의 객체인 '건조물'은 건조물침입죄가 사실상 주거의 평온을 보호법익으로 하는 점에 비추어 엄격한 의미에서의 건조물 그 자체뿐만이 아니라 그에 부속하는 위요지를 포함한다고 할 것이나, 여기서 **위요지**라고 함은 건조물에 인접한 그 주변의 토지로서 외부와의 경계에 담 등이 설치되어 그 토지가 건조물의 이용에 제공되고 또 외부인이 함부로 출입할 수 없다는 점이 객관적으로 명확하게 드러나야 한다(대법원 2010. 4. 29. 선고 2009도14643 판결 등 참조).

[2] 관리자가 일정한 토지와 외부의 경계에 인적 또는 물적 설비를 갖추고 외부인의 출입을 제한하고 있더라도 그 토지에 인접하여 건조물로서의 요건을 갖춘 구조물이 존재하지 않는다면 이러한 토지는 건조물침입죄의 객체인 위요지에 해당하지 않는다고 봄이 타당하다.

319-2. 집행관이 집행채권자 甲 조합 소유 아파트에서 유치권을 주장하는 피고인을 상대로 부동산인도집행을 실시하자, 피고인이 이에 불만을 갖고 아파트 출입문과 잠금 장치를 훼손하며 강제로 개방하고 아파트에 들어간 행위(적극) [대법원 2017. 9. 7. 선고, 2017도9999]

【판시사항】

집행관이 집행채권자 甲 조합 소유 아파트에서 유치권을 주장하는 피고인을 상대로 부동산인도집행을 실시하자, 피고인이 이에 불만을 갖고 아파트 출입문과 잠금 장치를 훼손하며 강제로 개방하고 아파트에 들어갔다고 하여 재물손괴 및 건조물침입으로 기소된 사안에서, 피고인이 아파트에 들어갈 당시에는 이미 甲 조합이 집행관으로부터 아파트를 인도받은 후 출입문의 잠금 장치를 교체하는 등으로 그 점유가 확립된 상태여서 점유권 침해의 현장성 내지 추적가능성이 있다고 보기 어려워 점유를 실력에 의하여 탈환한 피고인의 행위가 민법상 자력구제에 해당하지 않는다.

319-3. 상습절도 등 죄를 범한 범인이 그 범행의 수단으로 주거침입을 한 경우, 주거침입행위가 별개로 주거침입죄를 구성하는지 여부(소극) [대법원 2017. 7. 11. 선고, 2017도4044]

【판결요지】

특정범죄 가중처벌 등에 관한 법률 제5조의4 제6항에 규정된 상습절도 등 죄를 범한 범인이 그 범행의 수단으로 주거침입을 한 경우에 주거침입행위는 상습절도 등 죄에 흡수되어 위 조문에 규정된 상습절도 등 죄의 1죄만이 성립하고 별개로 주거침입죄를 구성하지 않으며, 또 위 상습절도 등 죄를 범한 범인이 그 범행 외에 상습적인 절도의 목적으로 주거침입을 하였다가 절도에 이르지 아니하고 주거침입에 그친 경우에도 그것이 절도상습성의 발현이라고 보이는 이상 주거침입행위는 다른 상습절도 등 죄에 흡수되어 위 조문에 규정된 상습절도 등 죄의 1죄만을 구성하고 상습절도 등 죄와 별개로 주거침입죄를 구성하지 않는다.

1. 특정범죄가중처벌법의 상습절도 등 죄를 범한 범인이 그 범행의 수단으로 주거침입을 한 경우의 죄책
   [대법원 1984. 12. 26. 선고, 84도1573, 전원합의체 판결]

【판결요지】

「다수의견」 특정범죄가중처벌등에관한법률 제5조의4 제1항에 규정된 상습절도등 죄를 범한 범인이 그 범행의 수단으로 주거침입을 한 경우에 주거침입행위는 상습절도등 죄에 흡수되어 위 법조에 규정된 상습절도등죄의 1죄만이 성립하고 별개로 주거침입죄를 구성하지 않으며, 또 위 상습절도등 죄를 범한 범인이 그 범행 외에 상습적인 절도의 목적으로 주거침입을 하였다가 절도에 이르지 아니하고 주거침입에 그친 경우에도 그것이 절도상습성의 발현이라고 보여지는 이상 주거침입행위는 다른 상습절도등 죄에 흡수되어 위 법조에 규정된 상습절도등의 1죄만을 구성하고 이 상습절도등 죄와 별개로 주거침입죄를 구성하지 않는다.

2. 주거침입죄와 상습특수절도죄의 경합 [대법원 1983. 4. 12. 선고, 83도422] ☞ 폐기

【판결요지】

주거침입죄는 상습특수절도죄에 흡수되는 것이 아니므로 양죄는 포괄일죄가 아닌 경합범관계에 있다.

3. 상습절도의 목적으로 주거침입을 한 경우 주거침입이 별죄를 구성하는지 여부(소극) [대법원 1983. 6. 28. 선고, 83도1068]

【판결요지】

상습절도의 목적으로 주거침입을 한 경우에 상습자가 저지른 위 주거침입은 별개의 죄를 구성하는 것이 아니라 특정범죄가중처벌등에관한법률 제5조의4 제1항이 정한 구성요건적 사실에 포함되어 있는 것으로 보아 상습절도 또는 그 미수죄를 그 내용으로 하는 동 법조 제1항 위반의 1죄만을 구성하는 것으로 해석함이 상당하다.

319-4. '주간에' 사람의 주거 등에 침입하여 '야간에' 타인의 재물을 절취한 행위를 야간주거침입절도죄로 처벌할 수 있는지 여부(소극) [대법원 2011. 4. 14. 선고, 2011도300,2011감도5]

【판결요지】

형법은 제329조에서 절도죄를 규정하고 곧바로 제330조에서 야간주거침입절도죄를 규정하고 있을 뿐, 야간절도죄에 관하여는 처벌규정을 별도로 두고 있지 아니하다. 이러한 형법 제330조의

규정형식과 그 구성요건의 문언에 비추어 보면, 형법은 야간에 이루어지는 주거침입행위의 위험성에 주목하여 그러한 행위를 수반한 절도를 야간주거침입절도죄로 중하게 처벌하고 있는 것으로 보아야 하고, 따라서 주거침입이 주간에 이루어진 경우에는 야간주거침입절도죄가 성립하지 않는다고 해석하는 것이 타당하다.

319-5. 퇴거불응죄에서 '건조물'에 '위요지'가 포함되는지 여부(적극) 및 '위요지'의 범위 [대법원 2010. 3. 11. 선고, 2009도12609]

【판시사항】

[1] 퇴거불응죄에서 '건조물'에 '위요지'가 포함되는지 여부(적극) 및 '위요지'의 범위

[2] 옥외집회 또는 시위가 '신고한 범위를 뚜렷이 벗어나는 행위'에 해당하는지 여부의 판단 기준 및 방법

[3] 시위의 '신고 장소'는 병원 부지의 옆문과 같은 역할을 하고 있는 곳으로서 병원 1동 건물로부터 약 20~25m 정도 떨어져 있는 반면 '시위 장소'는 병원 건물들의 앞 또는 옆 마당과 같은 역할을 하고 있고, 병원 1동 건물로부터 약 5m 정도 떨어져 있고, '시위 방법'도 '평화적인 집회 후 피켓 선전전'으로 신고하였으나 '목에 형틀을 두른 채 일렬횡대로 앉아 구호를 외치는 방법'으로 진행된 사안에서, 실제 시위 행위가 '신고한 장소 등의 범위를 뚜렷이 벗어나는 행위'에 해당한다는 취지의 원심판단을 정당한 것으로 수긍한 사례

【판결요지】

[1] 퇴거불응죄에 있어서 '건조물'이라 함은 단순히 건조물 그 자체만을 말하는 것이 아니고 위요지를 포함하고, '위요지'가 되기 위하여는 건조물에 인접한 그 주변 토지로서 관리자가 외부와의 경계에 문과 담 등을 설치하여 그 토지가 건조물의 이용을 위하여 제공되었다는 것이 명확히 드러나야 할 것인데, 화단의 설치, 수목의 식재 등으로 담장의 설치를 대체하는 경우에도 건조물에 인접한 그 주변 토지가 건물, 화단, 수목 등으로 둘러싸여 건조물의 이용에 제공되었다는 것이 명확히 드러난다면 위요지가 될 수 있다. 또한 일반적으로 개방되어 있는 장소라 하더라도 관리자가 필요에 따라 그 출입을 제한할 수 있는 것이므로 관리자의 퇴거요구에도 불구하고 건조물에서 퇴거하지 않는 것은 사실상의 건조물의 평온을 해하는 것으로서 퇴거불응죄를 구성한다 할 것이다.

---

1. 건물신축 공사현장에 무단으로 들어간 뒤 타워크레인에 올라가 이를 점거한 경우(소극) [대법원 2005. 10. 7. 선고, 2005도5351]

【판시사항】

[1] 주거침입죄에 있어서 침입행위의 객체인 건조물의 의미와 그 범위

[2] 피고인들이 건물신축 공사현장에 무단으로 들어간 뒤 타워크레인에 올라가 이를 점거한 사안에서, 주거침입죄가 성립하지 않는다고 한 원심의 판단을 수긍한 사례

【판결요지】

[1] 주거침입죄에 있어서 침입행위의 객체인 건조물은 주위벽 또는 기둥과 지붕 또는 천정으로 구성된 구조물로서 사람이 기거하거나 출입할 수 있는 장소를 말하고, 또한 단순히 건조물 그 자체만을 말하는 것이 아니고 위요지를 포함한다고 할 것이나 위요지가 되기 위하여는 건조물에 인접한 그 주변 토지로서 관리자가 외부와의 경계에 문과 담 등을 설치하여 그 토지가 건조물의 이용을 위하여 제공되었다는 것이 명확히 드러나야 한다.

[2] 피고인들이 건물신축 공사현장에 무단으로 들어간 뒤 타워크레인에 올라가 이를 점거한 사안에서, 타워크레인은 건설기계의 일종으로서 작업을 위하여 토지에 고정되었을 뿐이고 운전실은 기계를 운전하기 위한 작업공간 그 자체이지 건조물침입죄의 객체인 건조물에 해당하지 아니하고, 피고인들이 위 공사현장에 컨테이너 박스 등으로 가설된 현장사무실 또는 경비실 자체에 들어가지 아니하였다면, 피고인들이 위 공사현장의 구내에 들어간 행위를 위 공사현장 구내에 있는 건조물인 위 각 현장사무실 또는 경비실에 침입한 행위로 보거나, 위 공사현장 구내에 있는 건축 중인 건물에 침입한 행위로 볼 수 없다.

319-6. 근로자들이 사용자가 제3자와 공동으로 관리·사용하는 공간을 사용자에 대한 정당한 쟁의행위를 이유로 관리자의 의사에 반하여 침입점거한 경우, 위 제3자에 대하여도 정당행위로서 주거침입의 위법성이 조각되는지 여부(소극) [대법원 2010. 3. 11. 선고, 2009도5008]

【판시사항】

[1] 근로자들이 사용자가 제3자와 공동으로 관리·사용하는 공간을 사용자에 대한 정당한 쟁의행위를 이유로 관리자의 의사에 반하여 침입·점거한 경우, 위 제3자에 대하여도 정당행위로서 주거침입의 위법성이 조각되는지 여부(소극)

[2] 근로자들이 사용자인 (주)코스콤 이외에도 (주)한국증권선물거래소가 병존적으로 관리·사용하는 빌딩 로비에 쟁의행위를 이유로 침입하여 그 중 일부를 점거하며 농성한 사안에서, 위 행위를 무죄로 인정한 원심판결을 파기한 사례

【판결요지】

[1] 2인 이상이 하나의 공간에서 공동생활을 하고 있는 경우에는 각자 주거의 평온을 누릴 권리가 있으므로, 사용자가 제3자와 공동으로 관리·사용하는 공간을 사용자에 대한 쟁의행위를 이유로 관리자의 의사에 반하여 침입·점거한 경우, 비록 그 공간의 점거가 사용자에 대한 관계에서 정당한 쟁의행위로 평가될 여지가 있다 하여도 이를 공동으로 관리·사용하는 제3자의 명시적 또는 추정적인 승낙이 없는 이상 위 제3자에 대하여서까지 이를 정당행위라고 하여 주거침입의 위법성이 조각된다고 볼 수는 없다.

[2] 근로자들이 사용자인 (주)코스콤 이외에도 (주)한국증권선물거래소가 병존적으로 관리·사용하는 빌딩 로비에 쟁의행위를 이유로 침입하여, 그 중 일부를 점거하며 10여 일간 숙식하면서 선전전, 강연, 토론 등의 방법으로 농성한 사안에서, 위 행위가 제3자인 (주)한국증권선물거래소에 대한 관계에서도 정당하다고 하여 무죄로 인정한 원심판결에 쟁의행위의 위법성 조각 등에 관한 법리오해 또는 심리미진의 위법이 있다는 이유로 파기한 사례

1. 적법한 쟁의행위로 사업장을 점거한 근로자가 부당한 직장폐쇄에 대항하여 퇴거요구에 불응한 것이 퇴거불응죄를 구성하는지 여부(소극) [대법원 2007. 12. 28. 선고, 2007도5204]

【판시사항】

[1] 사용자의 직장폐쇄가 정당한 쟁의행위로 인정되기 위한 요건 및 적법한 쟁의행위로 사업장을 점거한 근로자가 부당한 직장폐쇄에 대항하여 퇴거요구에 불응한 것이 퇴거불응죄를 구성하는지 여부(소극)

[2] 노동조합이 파업을 시작한 지 불과 4시간 만에 사용자가 바로 직장폐쇄 조치를 취한 것이 정당한 쟁의행위로 인정되지 아니하므로, 사용자측 시설을 정당하게 점거한 조합원들이 사용자의 퇴거요구에 불응하였더라도 퇴거불응죄가 성립하지 아니한다.

【판결요지】

[1] 사용자의 직장폐쇄는 노사간의 교섭태도, 경과, 근로자측 쟁의행위의 태양, 그로 인하여 사용자측이 받는 타격의 정도 등에 관한 구체적 사정에 비추어 형평상 근로자측의 쟁의행위에 대한 대항·방위 수단으로서 상당성이 인정되는 경우에 한하여 정당한 쟁의행위로 평가받을 수 있는 것이고, 사용자의 직장폐쇄가 정당한 쟁의행위로 인정되지 아니하는 때에는 적법한 쟁의행위로서 사업장을 점거 중인 근로자들이 직장폐쇄를 단행한 사용자로부터 퇴거 요구를 받고 이에 불응한 채 직장점거를 계속하더라도 퇴거불응죄가 성립하지 아니한다.

[2] 사용자측의 노사간 교섭에 소극적인 태도, 노동조합의 파업이 노사간 교섭력의 균형과 사용자측 업무수행에 미치는 영향 등에 비추어 노동조합이 파업을 시작한 지 불과 4시간 만에 사용자가 바로 직장폐쇄 조치를 취한 것은 정당한 쟁의행위로 인정되지 아니하므로, 사용자측 시설을 정당하게 점거한 조합원들이 사용자로부터 퇴거요구를 받고 이에 불응하였더라도 퇴거불응죄가 성립하지 아니한다.

319-7. 다가구용 단독주택이나 공동주택 내부에 있는 엘리베이터, 공용 계단과 복도가 주거침입죄의 객체인 '사람의 주거'에 해당하는지 여부(적극) [대법원 2009. 9. 10. 선고, 2009도4335]

【판시사항】

[1] 다가구용 단독주택이나 공동주택 내부에 있는 엘리베이터, 공용 계단과 복도가 주거침입죄의 객체인 '사람의 주거'에 해당하는지 여부(적극)

[2] 피고인이 강간할 목적으로 피해자를 따라 피해자가 거주하는 아파트 내부의 엘리베이터에 탄 다음 그 안에서 폭행을 가하여 반항을 억압한 후 계단으로 끌고 가 피해자를 강간하고 상해를 입힌 사안에서, 피고인이 성폭력범죄의 처벌 및 피해자보호 등에 관한 법률 제5조 제1항에 정한 주거침입범의 신분을 가지게 되었다는 이유로, 주거침입을 인정하지 않고 강간상해죄만을 선고한 원심판결을 파기한 사례

【판결요지】

[1] 주거침입죄에 있어서 주거란 단순히 가옥 자체만을 말하는 것이 아니라 그 정원 등 위요지를 포함한다. 따라서 다가구용 단독주택이나 다세대주택·연립주택·아파트 등 공동주택 안에서 공용으로 사용하는 엘리베이터, 계단과 복도는 주거로 사용하는 각 가구 또는 세대의 전용 부분에 필수적으로 부속하는 부분으로서 그 거주자들에 의하여 일상생활에서 감시·관리가 예정되어

있고 사실상의 주거의 평온을 보호할 필요성이 있는 부분이므로, 다가구용 단독주택이나 다세대주택·연립주택·아파트 등 공동주택의 내부에 있는 엘리베이터, 공용 계단과 복도는 특별한 사정이 없는 한 주거침입죄의 객체인 '사람의 주거'에 해당하고, 위 장소에 거주자의 명시적, 묵시적 의사에 반하여 침입하는 행위는 주거침입죄를 구성한다.

---

1. 부당한 절차에 의한 불법점유의 배제와 주거침입죄의 성부/주거침입죄에 있어서 "주거 또는 건조물"과 "침입"의 의미 [대법원 1983. 3. 8. 선고, 82도1363]

【판시사항】

[1] 부당한 절차에 의한 불법점유의 배제와 주거침입죄의 성부

[2] 주거침입죄에 있어서 "주거 또는 건조물"과 "침입"의 의미

[3] 주지 취임을 위한 신임주지 등의 경내 난입행위가 주거침입죄에 해당한다고 본 사례

【판결요지】

[1] 주거침입죄는 사실상의 주거의 평온을 보호법익으로 하는 것이므로 그 거주자 또는 간수자가 건조물 등에 거주 또는 간수할 법률상 권한을 가지고 있는 여부는 범죄의 성립을 좌우하는 것이 아니며 일단 적법하게 거주 또는 간수를 개시한 후에 그 권한을 상실하여 사법상 불법점유가 되더라도 권리자가 이를 배제하기 위하여 정당한 절차에 의하지 아니하고 그 주거 또는 건조물을 침입한 경우에는 주거침입죄가 성립한다.

[2] 주거침입죄에 있어서 주거 또는 건조물이라 함은 단순히 가옥만을 말하는 것이 아니고 그 위요지를 포함한다 할 것이고, 침입이라 함은 거주자 또는 간수자의 의사에 반하여 들어가면 족한 것이고 어떤 저항을 받는 것을 요하지 않으며, 일반적으로 개방되어 있는 장소라도 필요한 때는 관리자가 그 출입을 금지 내지 제한할 수 있는 것이므로 그 출입금지 내지 제한하는 의사에 반하여 무리하게 주거 또는 건조물 구내에 들어간다면 주거침입죄를 구성한다.

[3] 약 270명의 승려 및 신도들이 피고인의 주지취임을 반대하면서 사찰경내를 굳게 지키고 있는 상황을 알면서, 피고인이 약 37명 가량의 일반승려들을 규합하여 이들과 함께 날이 채 새기도 전에 잠겨진 뒷문을 넘어 들어가거나 정문에 설치된 철조망을 걷어 내고 정문을 통과하는 방법으로 사찰 경내로 난입했다면, 그러한 피고인 등의 행위는 종법에 따른 검수절차를 통한 주지직 취임의 한계를 일탈한 것이고, 전임 주지측의 사찰경내에 대한 사실상 점유의 평온을 침해한 것으로 주거침입죄가 성립한다.

---

2. 주거침입죄의 성립요건 및 '주거'의 의미 [대법원 2001. 4. 24. 선고, 2001도1092]

【판시사항】

[1] 주거침입죄의 성립 요건 및 주거침입죄에 있어서 '주거'의 의미

[2] 이미 수일 전에 2차례에 걸쳐 피해자를 강간하였던 피고인이 대문을 몰래 열고 들어와 담장과 피해자가 거주하던 방 사이의 좁은 통로에서 창문을 통하여 방안을 엿본 경우, 주거침입죄에 해당한다.

【판결요지】

[1] 주거침입죄는 사실상의 주거의 평온을 보호법익으로 하는 것으로 거주자가 누리는 사실상의 주거의 평온을 해할 수 있는 정도에 이르렀다면 범죄구성요건을 충족하는 것이라고 보아야 하고, 주거침입죄에 있어서 주거라 함은 단순히 가옥 자체만을 말하는 것이 아니라 그 위요지를 포함한다.

319-8. 특정범죄가중처벌법 제5조의4 제5항 위반죄를 범한 절도범인이 그 범행수단으로 주간에 주거침입을 한 경우의 죄수(=실체적 경합) [대법원 2008. 11. 27. 선고, 2008도7820]

【판결요지】

특정범죄가중처벌 등에 관한 법률 제5조의4 제5항은 범죄경력과 누범가중에 해당함을 요건으로 하는 반면, 같은 조 제1항은 상습성을 요건으로 하고 있어 그 요건이 서로 다르다. 또한, 형법 제330조의 야간주거침입절도죄 및 제331조 제1항의 손괴특수절도죄를 제외하고 일반적으로 주거침입은 절도죄의 구성요건이 아니므로, 절도범인이 그 범행수단으로 주거침입을 한 경우에 그 주거침입행위는 절도죄에 흡수되지 아니하고 별개로 주거침입죄를 구성하여 절도죄와는 실체적 경합의 관계에 서는 것이 원칙이다. 따라서 주간에 주거에 침입하여 절도함으로써 특정범죄가중처벌 등에 관한 법률 제5조의4 제5항 위반죄가 성립하는 경우, 별도로 형법 제319조의 주거침입죄를 구성한다.

319-9. 권리자가 자신의 권리를 실행하기 위하여 법정 절차에 의하지 않고 건조물에 침입한 경우(적극) [대법원 2008. 5. 8. 선고, 2007도11322]

【판시사항】

[1] 권리자가 자신의 권리를 실행하기 위하여 법정 절차에 의하지 않고 건조물에 침입한 경우, 주거침입죄가 성립하는지 여부(적극)

[2] 다른 사람의 주택에 무단 침입한 범죄사실로 이미 유죄판결을 받은 사람이 판결 확정 후에도 퇴거하지 않은 채 계속하여 당해 주택에 거주한 사안에서 확정 이후의 행위는 별도의 주거침입죄를 구성한다.

【판결요지】

[1] 주거침입죄는 사실상의 주거의 평온을 보호법익으로 하는 것이므로, 그 주거자 또는 간수자가 건조물 등에 거주 또는 간수할 권리를 가지고 있는가의 여부는 범죄의 성립을 좌우하는 것이 아니며, 점유할 권리 없는 자의 점유라 하더라도 그 주거의 평온은 보호되어야 할 것이므로, 권리자가 그 권리를 실행함에 있어 법에 정하여진 절차에 의하지 아니하고 그 건조물 등에 침입한 경우에는 주거침입죄가 성립한다.

319-10. 침입 대상인 아파트에 사람이 있는지 확인하기 위해 초인종을 누른 행위의 주거침입죄 실행의 착수 해당 여부(소극) [대법원 2008. 4. 10. 선고, 2008도1464]

【판시사항】

[1] 주거침입죄의 실행의 착수시기

[2] 침입 대상인 아파트에 사람이 있는지 확인하기 위해 초인종을 누른 행위가 주거침입죄의 실행의 착수에 해당하는지 여부(소극)

【이 유】

주거침입죄의 실행의 착수는 주거자, 관리자, 점유자 등의 의사에 반하여 주거나 관리하는 건조물 등에 들어가는 행위, 즉 구성요건의 일부를 실현하는 행위까지 요구하는 것은 아니고 범죄구성요건의 실현에 이르는 현실적 위험성을 포함하는 행위를 개시하는 것으로 족하다고 할 것이나 (대법원 2003. 10. 24. 선고 2003도4417 판결, 대법원 2006. 9. 14. 선고 2006도2824 판결 등 참조), <u>침입 대상인 아파트에 사람이 있는지를 확인하기 위해 그 집의 초인종을 누른 행위만으로는 침입의 현실적 위험성을 포함하는 행위를 시작하였다거나, 주거의 사실상의 평온을 침해할 객관적인 위험성을 포함하는 행위를 한 것으로 볼 수 없다 할 것이다.</u>

아파트의 초인종을 누르다가 사람이 없으면 만능키 등을 이용하여 문을 열고 안으로 들어가 물건을 훔치기로 모의한 피고인들이 함께 다니다가 피고인 A는 C의 집 초인종을 누르면서 "자장면 시키지 않았느냐" 라고 말하였으나 집 안에 있던 C가 "시킨 적 없다"고 대답하자 계단을 이용하여 아래층으로 이동한 이 사건 사안에 대하여, 피고인들이 주거침입의 실행의 착수에 해당하는 행위를 하였다고 볼 수 없다.

---

1. 출입문이 열려 있으면 안으로 들어가겠다는 의사 아래 출입문을 당겨보는 행위를 주거침입의 실행에 착수한 것으로 볼 수 있는지 여부(적극) [대법원 2006. 9. 14. 선고, 2006도2824]

【판결요지】

주거침입죄의 실행의 착수는 주거자, 관리자, 점유자 등의 의사에 반하여 주거나 관리하는 건조물 등에 들어가는 행위, 즉 구성요건의 일부를 실현하는 행위까지 요구하는 것은 아니고 범죄구성요건의 실현에 이르는 현실적 위험성을 포함하는 행위를 개시하는 것으로 족하므로, 출입문이 열려 있으면 안으로 들어가겠다는 의사 아래 출입문을 당겨보는 행위는 바로 주거의 사실상의 평온을 침해할 객관적인 위험성을 포함하는 행위를 한 것으로 볼 수 있어 그것으로 주거침입의 실행에 착수한 것으로 보아야 한다.

319-11. 피해자 소유의 축사 건물 및 그 부지를 임의경매절차에서 매수한 사람이 위 부지 밖에 설치된 피해자 소유 소독시설을 통로로 삼아 위 축사건물에 출입한 경우(적극) [대법원 2007. 12. 13. 선고, 2007도7247]

【판시사항】

[1] 피해자 소유의 축사 건물 및 그 부지를 임의경매절차에서 매수한 사람이 위 부지 밖에 설치된 피해자 소유 소독시설을 통로로 삼아 위 축사건물에 출입한 경우

[2] 물탱크시설이 건조물침입죄의 객체인 '관리하는 건조물'에 해당하지 않는다고 본 사례

【판결요지】

[1] 피해자 소유의 축사 건물 및 그 부지를 임의경매절차에서 매수한 사람이 위 부지 밖에 설치된 피해자 소유 소독시설을 통로로 삼아 위 축사건물에 출입한 사안에서, 위 소독시설은 축사출입차량의 소독을 위하여 설치한 것이기는 하나 별개의 토지 위에 존재하는 독립한 건조물로서 축사 자체의 효용에 제공된 종물이 아니므로, 위 출입행위는 건조물침입죄를 구성한다.

[2] 건조물침입죄의 객체인 관리하는 건조물은 주위 벽, 기둥과 지붕 또는 천정으로 구성된 구조물로서 사람이 기거하거나 출입할 수 있는 장소를 말하므로, 물탱크시설은 이에 해당하지 않는다.

319-12. 정당한 퇴거요구를 받고 건물에서 나가면서 가재도구 등을 남겨둔 경우 퇴거불응 여부(소극)
    [대법원 2007. 11. 15. 선고, 2007도6990]

【판시사항】

[1] 퇴거불응죄에서 '퇴거'의 의미

[2] 정당한 퇴거요구를 받고 건물에서 나가면서 가재도구 등을 남겨둔 경우 퇴거불응죄를 구성하지 않는다.

【이 유】

원심은, 주거침입죄와 퇴거불응죄는 모두 사실상의 주거의 평온을 그 보호법익으로 하고, 주거침입죄에서의 침입이 신체적 침해로서 행위자의 신체가 주거에 들어가야 함을 의미하는 것과 마찬가지로 퇴거불응죄의 퇴거 역시 행위자의 신체가 주거에서 나감을 의미하므로, 피고인이 이 사건 건물에 가재도구 등을 남겨두었다는 사정은 퇴거불응죄의 성부에 영향이 없고, 한편 판시 증거들만으로는 피고인이 피해자 또는 그의 처인 공소외인으로부터 퇴거요구를 받고서도 이 사건 건물에서 퇴거하지 않았다는 이 사건 공소사실을 인정하기에 부족하고 달리 이를 인정할 증거가 없으며, 오히려 판시 증거들에 의하면, 피고인 및 그 가족들이 이 사건 공소사실 기재 일시경 위 공소외인으로부터 퇴거요구를 받고 공소외인에게 이 사건 건물의 열쇠를 반환한 다음 이 사건 건물에서 나감으로써 퇴거하였다고 보인다는 이유로, 이 사건 공소사실을 유죄로 인정한 제1심판결을 파기하고 무죄를 선고하였는바, 관련 법리 및 기록에 의하여 살펴보면, 원심의 위 인정 및 판단은 정당하다.

319-13. 거주자의 의사와 주거침입죄의 성립 [대법원 2007. 8. 23. 선고, 2007도2595]

【판결요지】

주거침입죄는 사실상의 주거의 평온을 보호법익으로 하는 것이므로 그 거주자 또는 관리자가 건조물 등에 거주 또는 관리할 권한을 가지고 있는가 여부는 범죄의 성립을 좌우하는 것이 아니고, 그 거주자나 관리자와의 관계 등으로 평소 그 건조물에 출입이 허용된 사람이라 하더라도 주거에 들어간 행위가 거주자나 관리자의 명시적 또는 추정적 의사에 반함에도 불구하고 감행된 것이라면 주거침입죄는 성립하며, 출입문을 통한 정상적인 출입이 아닌 경우 특별한 사정이 없는 한 그 침입 방법 자체에 의하여 위와 같은 의사에 반하는 것으로 보아야 한다.

---

1. 무효인 경락허가결정에 의한 인도집행에 기하여 경락인이 점유하는 건물내에 소유자가 무단히 들어간 경우(적극) [대법원 1984. 4. 24. 선고, 83도1429]

【판결요지】

근저당권설정등기가 되어 있지 아니한 별개 독립의 이 사건 건물이 근저당권의 목적으로 된 대지 및 건물과 일괄하여 경매된 경우 이 사건 건물에 대한 경락허가결정이 당연무효라고 하더라도 이에 기한 인도명령에 의한 집행으로서 일단 이 사건 건물의 점유가 경락인에게 이전된 이상 이 사건 건물의 소유자인 피고인이 위 무효인 인도집행에 반하여 위 건물에 들어간 경우에도 주거침입죄는 성립한다.

> 2. 권리자가 그 권리실행으로서 자력구제의 수단으로 건조물에 침입한 경우(적극) [대법원 1985. 3. 26.
> 선고, 85도122]
>
> 【판결요지】
>
> 주거침입죄는 사실상의 주거의 평온을 보호법익으로 하는 것이므로 그 거주자 또는 간호자가 건조물등
> 에 거주 또는 간수할 권리를 가지고 있는가의 여부는 범죄의 성립을 좌우하는 것이 아니며, 점유할
> 권리없는 자의 점유라고 하더라도 그 주거의 평온은 보호되어야 할 것이므로, 권리자가 그 권리실행으
> 로서 자력구제의 수단으로 건조물에 침입한 경우에도 주거침입죄가 성립한다.

319-14. 타인이 인도받아 점유하고 있는 자신 소유 비닐하우스의 열쇠를 손괴하고 그 안에 들어간
행위 [대법원 2007. 3. 15. 선고, 2006도7044]

【판시사항】

이 사건 비닐하우스의 소유권이 피고인에게 있다 하더라도, 피해자가 공소외인으로부터 이 사건
비닐하우스를 인도받아 점유하고 있는 이상 피고인이 함부로 이 사건 비닐하우스의 열쇠를 손괴
하고 그 안에 들어간 행위는 재물손괴죄 및 주거침입죄에 해당한다.

319-15. 일반인 출입이 허용된 건조물에 그 시설을 손괴하는 등 범죄의 목적으로 들어간 경우(적극)
[대법원 2007. 3. 15. 선고, 2006도7079]

【판시사항】

[1] 일반인의 출입이 허용된 건조물에 그 시설을 손괴하는 등 범죄의 목적으로 들어간 경우에
건조물침입죄의 성부(적극)

[2] 촉석루 내 의기사에 보관 중이던 공용물건인 논개영정을 적법한 권한 없이 강제로 철거할
목적으로 위 의기사에 들어간 행위가 건조물침입죄에 해당한다.

【이 유】

일반인의 출입이 허용된 건조물이라고 하더라도 관리자의 명시적 또는 추정적 의사에 반하여 그
곳에 들어간 것이라면 건조물침입죄가 성립하는 것이므로(대법원 1997. 3. 28. 선고 95도2674 판
결 참조), 일반인의 출입이 허용된 건조물에 그 시설을 손괴하는 등 범죄의 목적으로 들어간 경
우에는 건조물침입죄가 성립된다.

> 1. 영업주의 명시적 또는 추정적 의사에 반하여 음식점에 들어간 행위(적극) [대법원 1997. 3. 28. 선고,
> 95도2674]
>
> 【판시사항】
>
> [1] 영업주의 명시적 또는 추정적 의사에 반하여 음식점에 들어간 행위의 주거침입죄 성부(적극)
>
> [2] 불법선거운동 적발 목적으로 도청기를 설치하기 위하여 타인의 주거에 침입한 행위의 정당행위
> 성부(소극)
>
> 【판결요지】

[1] 일반인의 출입이 허용된 음식점이라 하더라도, 영업주의 명시적 또는 추정적 의사에 반하여 들어간 것이라면 주거침입죄가 성립되는바, 기관장들의 조찬모임에서의 대화내용을 도청하기 위한 도청장치를 설치할 목적으로 손님을 가장하여 그 조찬모임 장소인 음식점에 들어간 경우에는 영업주가 그 출입을 허용하지 않았을 것으로 보는 것이 경험칙에 부합하므로, 그와 같은 행위는 주거침입죄가 성립한다.
[2] 타인의 주거에 침입한 행위가 비록 불법선거운동을 적발하려는 목적으로 이루어진 것이라고 하더라도, 타인의 주거에 도청장치를 설치하는 행위는 그 수단과 방법의 상당성을 결하는 것으로서 정당행위에 해당하지 않는다.

319-16. 적법하게 직장폐쇄를 단행한 사용자로부터 퇴거요구를 받고도 불응한 채 직장점거를 계속한 행위(적극) [대법원 2005. 6. 9. 선고, 2004도7218]

【판시사항】

사용자가 적법하게 직장폐쇄를 하게 되면, 사용자의 사업장에 대한 물권적 지배권이 전면적으로 회복되는 결과 사용자는 사업장을 점거중인 근로자들에 대하여 정당하게 사업장으로부터의 퇴거를 요구할 수 있고 퇴거를 요구받은 이후의 직장점거는 위법하게 되므로, 적법하게 직장폐쇄를 단행한 사용자로부터 퇴거요구를 받고도 불응한 채 직장점거를 계속한 행위는 <u>퇴거불응죄를 구성한다고 할 것이다.</u>

319-17. 구체적으로 출입을 제지당하지 않았다고 하더라도 관리자의 의사에 반하여 건조물인 대학교에 들어간 경우(적극) [대법원 2004. 8. 30. 선고, 2004도3212]

【판결요지】

대학교가 교내에서의 집회를 허용하지 아니하고 집회와 관련된 외부인의 출입을 금지하였는데도 집회를 위하여 그 대학교에 들어간 것이라면 비록 대학교에 들어갈 때 구체적으로 제지를 받지 아니하였다고 하더라도 대학교 관리자의 의사에 반하여 건조물에 들어간 것으로서 건조물침입죄가 성립한다.

319-18. 피해자가 사용중인 공중화장실의 용변칸에 노크하여 남편으로 오인한 피해자가 용변칸 문을 열자 강간할 의도로 용변칸에 들어간 행위(적극) [대법원 2003. 5. 30. 선고, 2003도1256]

【판시사항】

[1] 주거침입죄에 있어서 거주자의 반대의사가 추정될 수 있는지 여부(적극)
[2] 피고인이 피해자가 사용중인 공중화장실의 용변칸에 노크하여 남편으로 오인한 피해자가 용변칸 문을 열자 강간할 의도로 용변칸에 들어간 것이라면 피해자가 명시적 또는 묵시적으로 이를 승낙하였다고 볼 수 없어 주거침입죄에 해당한다.

【판결요지】

[1] <u>타인의 주거에 거주자의 의사에 반하여 들어가는 경우는 주거침입죄가 성립하며 이 때 거주자의 의사라 함은 명시적인 경우뿐만 아니라 묵시적인 경우도 포함되고 주변사정에 따라서는 거주자의 반대의사가 추정될 수도 있다.</u>

319-19. 사용자의 직장폐쇄가 정당한 쟁의행위로 인정되지 아니하는 경우, 근로자가 평소 출입이 허용되는 사업장 안에 들어가는 행위(소극) [대법원 2002. 9. 24. 선고, 2002도2243]

【판결요지】

사용자의 직장폐쇄가 정당한 쟁의행위로 인정되지 아니하는 때에는 다른 특별한 사정이 없는 한 근로자가 평소 출입이 허용되는 사업장 안에 들어가는 행위가 주거침입죄를 구성하지 아니한다.

319-20. 일반적으로 개방된 장소에서 건조물침입죄를 구성하는 경우 [대법원 1996. 5. 10. 선고, 96도419]

【판결요지】

건조물침입죄는 사실상의 주거의 평온을 그 보호법익으로 하는 것이므로 건조물 관리자의 의사에 반하여 건조물에 침입함으로써 성립하는 것이고, 일반적으로 개방되어 있는 장소라 하더라도 관리자가 필요에 따라 그 출입을 제한할 수 있는 것이므로 관리자의 출입제지에도 불구하고 다중이 고함이나 소란을 피우면서 건조물에 출입하는 것은 사실상의 주거의 평온을 해하는 것으로서 건조물침입죄를 구성한다.

---

1. 교회의 예배를 방해할 목적으로 교회에 출입하는 자에 대하여 교회의당회가 출입금지의결을 하고 퇴거를 요구하였는데도 이에 불응한 행위(적극) [대법원 1992. 4. 28. 선고, 91도2309]

【판시사항】

[1] 교회의 예배를 방해할 목적으로 교회에 출입하는 자에 대하여 교회의당회가 출입금지의결을 하고 퇴거를 요구하였는데도 이에 불응한 행위가 퇴거불응죄에 해당하는지 여부(적극)

[2] 교회 건물의 현관에 들어간 후 퇴거요구에 불응한 행위가 위 "[1]"죄에 해당하는지 여부(적극)

[3] 일반적으로 개방되어 있는 장소에 대하여 관리자가 출입을 금지 내지 제한할 수 있는지 여부(적극)와 교회의 경우

【판결요지】

[1] 피고인이 예배의 목적이 아니라 교회의 예배를 방해하여 교회의 평온을 해할 목적으로 교회에 출입하는 것이 판명되어 위 교회 건물의 관리주체라고 할 수 있는 교회당회에서 피고인에 대한 교회출입금지의결을 하고, 이에 따라 위 교회의 관리인이 피고인에게 퇴거를 요구한 경우 피고인의 교회출입을 막으려는 위 교회의 의사는 명백히 나타난 것이기 때문에 이에 기하여 퇴거요구를 한 것은 정당하고 이에 불응하여 퇴거를 하지 아니한 행위는 퇴거불응죄에 해당한다.

[2] 사회통념상 현관도 건물의 일부임이 분명한 것이므로 피고인이 교회 건물의 현관에 들어간 이상 그 곳에서 교회 관리인의 퇴거요구를 받고 이에 응하지 않았다면 퇴거불응죄가 성립한다.

[3] 교회는 교인들의 총유에 속하는 것으로서 교인들 모두가 사용수익권을 갖고 있고, 출입이 묵시적으로 승낙되어 있는 장소인바, 이같이 일반적으로 개방되어 있는 장소라도 필요한 때는 관리자가 그 출입을 금지 내지 제한할 수 있다.

319-21. 야간에 타인 집 창문을 열고 얼굴을 들이미는 등의 행위(적극) [대법원 1995. 9. 15. 선고, 94도2561]

【판시사항】

[1] 주거침입죄의 성립과 그 범의

[2] 주거침입죄의 실행의 착수와 미수범

[3] 야간에 타인의 집 창문을 열고 얼굴을 들이미는 등의 행위에 관하여 주거침입죄의 기수를 인정한 사례

【판결요지】

[1] 주거침입죄는 사실상의 주거의 평온을 보호법익으로 하는 것이므로, 반드시 행위자의 신체의 전부가 범행의 목적인 타인의 주거 안으로 들어가야만 성립하는 것이 아니라 신체의 일부만 타인의 주거 안으로 들어갔다고 하더라도 거주자가 누리는 사실상의 주기의 평온을 해할 수 있는 정도에 이르렀다면 범죄구성요건을 충족하는 것이라고 보아야 하고, 따라서 주거침입죄의 범의는 반드시 신체의 전부가 타인의 주거 안으로 들어간다는 인식이 있어야만 하는 것이 아니라 신체의 일부라도 타인의 주거 안으로 들어간다는 인식이 있으면 족하다.

[2] '[1]'항의 범의로써 예컨대 주거로 들어가는 문의 시정장치를 부수거나 문을 여는 등 침입을 위한 구체적 행위를 시작하였다면 주거침입죄의 실행의 착수는 있었다고 보아야 하고, 신체의 극히 일부분이 주거 안으로 들어갔지만 사실상 주거의 평온을 해하는 정도에 이르지 아니하였다면 주거침입죄의 미수에 그친다.

[3] 야간에 타인의 집의 창문을 열고 집 안으로 얼굴을 들이미는 등의 행위를 하였다면 피고인이 자신의 신체의 일부가 집 안으로 들어간다는 인식하에 하였더라도 주거침입죄의 범의는 인정되고, 또한 비록 신체의 일부만이 집 안으로 들어갔다고 하더라도 사실상 주거의 평온을 해하였다면 주거침입죄는 기수에 이르렀다.

319-22. 수인이 흉기를 휴대하여 타인 건조물에 침입하기로 공모한 후 일부만이 건조물에 들어간 경우 [대법원 1994. 10. 11. 선고, 94도1991]

【판시사항】

수인이 흉기를 휴대하여 타인 건조물에 침입하기로 공모한 후 일부만이 건조물에 들어간 경우, 폭력행위등처벌에관한법률 제3조 제1항, 제2조 제1항, 형법 제319조 제1항 소정의 특수주거침입죄의 구성요건인 '흉기휴대' 여부를 직접 건조물에 들어간 범인을 기준으로 결정하는지 여부 (94.10.11. 94도1991)

【판결요지】

폭력행위등처벌에관한법률 제3조 제1항, 제2조 제1항, 형법 제319조 제1항 소정의 특수주거침입죄는 흉기 기타 위험한 물건을 휴대하여 타인의 주거나 건조물 등에 침입함으로써 성립하는 범죄이므로, 수인이 흉기를 휴대하여 타인의 건조물에 침입하기로 공모한 후 그중 일부는 밖에서 망을 보고 나머지 일부만이 건조물 안으로 들어갔을 경우에 있어서 특수주거침입죄의 구성요건이 충족되었다고 볼 수 있는지의 여부는 직접 건조물에 들어간 범인을 기준으로 하여 그 범인이 흉기를 휴대하였다고 볼 수 있느냐의 여부에 따라 결정되어야 한다.

319-23. 대학교 강의실이 일반인에게 개방되어 자유롭게 출입할 수 있는 건조물인지 여부(소극)
       [대법원 1992. 9. 25. 선고, 92도1520]
   【판결요지】
   일반적으로 대학교의 강의실은 그 대학 당국에 의하여 관리되면서 그 관리업무나 강의와 관련되는 사람에 한하여 출입이 허용되는 건조물이지 널리 일반인에게 개방되어 누구나 자유롭게 출입할 수 있는 곳은 아니다.

319-24. 해고를 당한 후 해고처분무효확인소송을 제기한 근로자가 노동조합의 대의원이 아니면서도 회사 의사에 반하여 회사 내의 조합대의원 회의에 함부로 들어가고 회사경비원들의 출입통제업무를 방해한 경우 [대법원 1991. 9. 10. 선고, 91도1666]
   【판결요지】
   해고를 당한 후 해고처분무효확인소송을 제기하여 그 효력을 다툼으로써 노동조합의 조합원인 근로자의 지위를 그대로 갖고 있다 하더라도 회사가 조합의 대의원이 아닌 피고인에게 회사 내의 조합대의원회의에 참석하는 것을 허락하지 아니하였는데도 그 의사에 반하여 함부로 거기에 들어가고 회사경비원들의 출입통제업무를 방해한 것은 <u>건조물침입죄와 업무방해죄에 해당한다.</u>

319-25. 타인점유하의 가옥에 대한 소유자의 침입(적극) [대법원 1989. 9. 12. 선고, 89도889]
   【판시사항】
   [1] 타인점유하의 가옥에 대한 소유자의 침입과 주거침입의 성부
   [2] 가옥소유자의 침입에 대한 피해자의 추정적 승낙
   【판결요지】
   [1] 이 사건 가옥을 피해자가 점유관리하고 있었다면 그 건물이 가사 피고인의 소유였다할지라도 주거침입죄의 성립에 아무런 장애가 되지 않는다.
   [2] 건물의 소유자라고 주장하는 피고인과 그것을 점유관리하고 있는 피해자 사이에 건물의 소유권에 대한 분쟁이 계속되고 있는 상황이라면 피고인이 그 건물에 침입하는 것에 대한 피해자의 추정적 승낙이 있었다거나 피고인의 이 사건 범행이 사회상규에 위배되지 않는다고 볼 수 없다.

319-26. 야간에 영업소가 들어있는 건물 복도, 계단에 출입하는 행위(소극) [대법원 1985. 2. 8. 선고, 84도2917]
   【판결요지】
   <u>다방, 당구장, 독서실 등의 영업소가 들어서 있는 건물중 공용으로 사용되는 계단과 복도는 주야간을 막론하고 관리자의 명시적 승낙이 없어도 누구나 자유롭게 통행할 수 있는 곳이라 할 것이므로 관리자가 1층 출입문을 특별히 시정하지 않는 한 범죄의 목적으로 위 건물에 들어가는 경우 이외에는 그 출입에 관하여 관리자나 소유자의 묵시적 승낙이 있다고 봄이 상당하여 그 출입행위는 주거침입죄를 구성하지 않는다.</u>

319-27. 남편 부재중 간통의 목적으로 처의 승낙하에 주거에 들어간 경우 주거침입죄의 성부(적극)
　　　 [대법원 1984. 6. 26. 선고, 83도685]

　【판시사항】

　[1] 거주자중 1인의 승낙은 있으나 타거주자의 의사에 반하여 주거에 출입하는 경우 주거침입죄의 성부

　[2] 남편의 부재중 간통의 목적으로 처의 승낙하에 주거에 들어간 경우 주거침입죄의 성부(적극)

　【판결요지】

　[1] 형법상 주거침입죄의 보호법익은 주거권이라는 법적 개념이 아니고 사적 생활관계에 있어서의 사실상 주거의 자유와 평온으로서 그 주거에서 공동생활을 하고 있는 전원이 평온을 누릴 권리가 있다 할 것이나 복수의 주거권자가 있는 경우 한 사람의 승낙이 다른 거주자의 의사에 직접·간접으로 반하는 경우에는 그에 의한 주거에의 출입은 그 의사에 반한 사람의 주거의 평온 즉 주거의 지배·관리의 평온을 해치는 결과가 되므로 주거침입죄가 성립한다.

　[2] 동거자중의 1인이 부재중인 경우라도 주거의 지배관리관계가 외관상 존재하는 상태로 인정되는 한 위 법리에는 영향이 없다고 볼 것이니 남편이 일시 부재중 간통의 목적하에 그 처의 승낙을 얻어 주거에 들어간 경우라도 남편의 주거에 대한 지배관리관계는 여전히 존속한다고 봄이 옳고 사회통념상 간통의 목적으로 주거에 들어오는 것은 남편의 의사에 반한다고 보여지므로 처의 승낙이 있었다 하더라도 남편의 주거의 사실상의 평온은 깨어졌다 할 것이므로 이러한 경우에는 주거침입죄가 성립한다고 할 것이다.

319-28. 절도 목적으로 건조물에 침입하여 물색중 발각된 경우 [대법원 1984. 3. 13. 선고, 84도71]

　【판결요지】

　절도의 목적으로 건조물에 침입한 자가 절취할 물건을 물색하다가 발각되어 미수에 그친 경우에는 건조물침입죄와 절도미수의 죄가 성립되며, 다만 상습범일 경우에는 특정범죄가중처벌등에 관한 법률 제5조의 4 제1항의 입법취지 등으로 보아 그 법 제5조의 4 제1항 위반의 죄가 성립할 뿐이다.

319-29. 친족 집에 잠시 들어가 있다가 그 친족을 찾아온 타인의 돈을 절취한 경우 별도로 주거침입죄 성부(소극) [대법원 1984. 2. 14. 선고, 83도2897]

　【판시사항】

　[1] 공소사실 중 주거침입으로 표현된 부분에 대한 판단과 불고불리의 원칙

　[2] 친족의 집에 잠시 들어가 있다가 그 친족을 찾아온 타인의 돈을 절취한 경우 별도로 주거침입죄의 성부

　【판결요지】

　[1] 공소사실중 " 피해자의 집에 이르러 대문을 통하여 안방으로 들어가……피해자 소유의 현금……을 꺼내가지고 나오고" 라는 기재는 주거침입과 절도죄로 의율기소하고 있음이 명백한 바

이니 그 공소사실 중 주거침입으로 표현된 부분이 절도하게 된 경위를 설시한 것에 불과하다고 인정할 만한 자료가 없는 이 사건에 있어서 주거침입죄에 대하여 판단하고 무죄를 선고한 것은 불고불리의 원칙에 위배되지 아니한다.

[2] 피고인이 인근동리에 사는 고모의 아들인 피해자의 집에 잠시 들어가 있는 동안에 동 피해자에게 돈을 갚기 위하여 찾아온 동 피해자의 이질의 돈을 절취하였다면 피고인이 당초부터 불법목적을 가지고 위 피해자의 집에 들어갔거나 그의 의사에 반하여 그의 집에 들어간 것이 아니어서 주거침입죄 부분의 공소사실은 범죄의 증명이 없는 때에 해당한다.

319-30. 욕설을 따지기 위하여 야간에 발설자의 집에 몰려들어간 경우(적극)[대법원 1983. 10. 11. 선고, 83도2230]

【판결요지】

피고인이 소외인의 동리부녀자에 대한 욕설을 따지기 위하여 동리부녀자 10여명과 작당하여 야간(밤 9시경)에 소외인의 집에 몰려들어갔다면, 이는 주거자의 의사에 반한다는 인식 아래 한 것으로 위법하다.

319-31. 평소 무상출입하던 주거에 범죄 목적으로 들어간 경우(적극) [대법원 1983. 7. 12. 선고, 83도1394]

【판결요지】

피고인이 피해자와 이웃 사이어서 평소 그 주거에 무상출입하던 관계에 있었다 하더라도 범죄의 목적으로 피해자의 승락없이 그 주거에 들어간 경우에는 주거침입죄가 성립된다.

제321조〔주거·신체 수색〕

> 제321조(주거·신체 수색) 사람의 신체, 주거, 관리하는 건조물, 자동차, 선박이나 항공기 또는 점유하는 방실을 수색한 자는 3년 이하의 징역에 처한다. 〈개정 1995. 12. 29.〉

321-1. 주주총회에 참석한 의결권 대리인이 회사 사무실을 뒤져 원하는 장부를 찾아낸 경우(적극)
[대법원 2001. 9. 7. 선고, 2001도2917]

【판시사항】

[1] 주주총회에 참석한 의결권 대리인이 회사 사무실을 뒤져 원하는 장부를 찾아낸 경우, 형법 제20조 소정의 정당행위라고 볼 수 없다는 이유로 방실수색죄가 성립한다.

[2] 주주총회에 참석한 주주가 회사측의 의사에 반하여 회사 사무실을 뒤져 회계장부를 강제로 찾아 열람한 경우, 형법 제20조 소정의 정당행위에 해당하는지 여부(소극)

【판결요지】

[1] 주주총회에 참석한 의결권 대리인이 회사 사무실을 뒤져 원하는 장부를 찾아낸 경우, 형법 제20조 소정의 정당행위라고 볼 수 없다는 이유로 방실수색죄가 성립한다.

[2] 회사의 정기주주총회에 적법하게 참석한 주주라고 할지라도 주주총회장에서의 질문, 의사진행 발언, 의결권의 행사 등의 주주총회에서의 통상적인 권리행사 범위를 넘어서서 회사의 구체적인 회계장부나 서류철 등을 열람하기 위하여는 별도로 상법 제466조 등에 정해진 바에 따라 회사에 대하여 그 열람을 청구하여야 하고, 만일 회사에서 정당한 이유 없이 이를 거부하는 경우에는 법원에 그 이행을 청구하여 그 결과에 따라 회계장부 등을 열람할 수 있을 뿐 주주총회 장소라고 하여 회사측의 의사에 반하여 회사의 회계장부를 강제로 찾아 열람할 수는 없다고 할 것이며, 설사 회사측이 회사 운영을 부실하게 하여 소수주주들에게 손해를 입게 하였다고 하더라도 위와 같은 사정만으로 주주총회에 참석한 주주가 강제로 사무실을 뒤져 회계장부를 찾아내는 것이 사회통념상 용인되는 정당행위로 되는 것은 아니다.

제37장 권리행사를 방해하는 죄

제323조(권리행사방해)

> 제323조(권리행사방해) 타인의 점유 또는 권리의 목적이 된 자기의 물건 또는 전자기록등 특수매체기록을 취거, 은닉 또는 손괴하여 타인의 권리행사를 방해한 자는 5년 이하의 징역 또는 700만원 이하의 벌금에 처한다. 〈개정 1995. 12. 29.〉

323-1. 자기 소유가 아닌 물건이 권리행사방해죄의 객체가 될 수 있는지 여부(소극) [대법원 2017. 5. 30. 선고, 2017도4578]

【판시사항】

자기의 소유가 아닌 물건이 권리행사방해죄의 객체가 될 수 있는지 여부(소극) / 권리행사방해죄의 공범으로 기소된 물건의 소유자에게 고의가 없는 등으로 범죄가 성립하지 않는 경우, 물건의 소유자가 아닌 사람이 권리행사방해죄의 공동정범이 될 수 있는지 여부(소극)

【판결요지】

형법 제323조의 권리행사방해죄는 타인의 점유 또는 권리의 목적이 된 자기의 물건을 취거, 은닉 또는 손괴하여 타인의 권리행사를 방해함으로써 성립하므로 그 취거, 은닉 또는 손괴한 물건이 자기의 물건이 아니라면 권리행사방해죄가 성립할 수 없다. 물건의 소유자가 아닌 사람은 형법 제33조 본문에 따라 소유자의 권리행사방해 범행에 가담한 경우에 한하여 그의 공범이 될 수 있을 뿐이다. 그러나 권리행사방해죄의 공범으로 기소된 물건의 소유자에게 고의가 없는 등으로 범죄가 성립하지 않는다면 공동정범이 성립할 여지가 없다.

> 1. 지입제로 운행하던 택시를 지입회사의 요구로 회사 차고지에 입고하였다가 회사의 승낙을 받지 않고 가져간 행위(소극) [대법원 2003. 5. 30. 선고, 2000도5767]
>
> 【판결요지】
>
> 피고인이 택시를 회사에 지입하여 운행하였다고 하더라도, 피고인이 회사와 사이에 위 택시의 소유권을 피고인이 보유하기로 약정하였다는 등의 특별한 사정이 없는 한, 위 택시는 그 등록명의자인 회사의 소유이고 피고인의 소유는 아니라고 할 것이므로 회사의 요구로 위 택시를 회사 차고지에 입고하였다가 회사의 승낙을 받지 않고 이를 가져간 피고인의 행위는 권리행사방해죄에 해당하지 않는다.

> 2. 피해자에게 담보로 제공한 차량이 그 자동차등록원부에 타인 명의로 등록되어 있는 이상 그 차량은 피고인의 소유는 아니라는 이유로, 피해자 승낙 없이 미리 소지하고 있던 차량 보조키를 이용하여 간 행위(소극) [대법원 2005. 11. 10. 선고, 2005도6604]
>
> 【판시사항】

> 피고인이 피해자에게 담보로 제공한 차량이 그 자동차등록원부에 타인 명의로 등록되어 있는 이상 그 차량은 피고인의 소유는 아니라는 이유로, 피고인이 피해자의 승낙 없이 미리 소지하고 있던 위 차량의 보조키를 이용하여 이를 운전하여 간 행위가 권리행사방해죄를 구성하지 않는다.

323-2. '은닉'의 의미 및 권리행사방해죄가 성립하기 위하여 현실로 권리행사가 방해되었을 것이 필요한지 여부(소극) [대법원 2017. 5. 17. 선고, 2017도2230]

【판시사항】

[1] 권리행사방해죄의 구성요건 중 '은닉'의 의미 및 권리행사방해죄가 성립하기 위하여 현실로 권리행사가 방해되었을 것이 필요한지 여부(소극)

[2] 피고인들이 공모하여 렌트카 회사인 甲 주식회사를 설립한 다음 乙 주식회사 등의 명의로 저당권등록이 되어 있는 다수의 차량들을 사들여 甲 회사 소유의 영업용 차량으로 등록한 후 자동차대여사업자등록 취소처분을 받아 차량등록을 직권말소시켜 저당권 등이 소멸되게 함으로써 乙 회사 등의 저당권의 목적인 차량들을 은닉하는 방법으로 권리행사를 방해하였다는 내용으로 기소된 사안

【판결요지】

[1] 형법 제323조의 권리행사방해죄는 타인의 점유 또는 권리의 목적이 된 자기의 물건 또는 전자기록 등 특수매체기록을 취거, 은닉 또는 손괴하여 타인의 권리행사를 방해함으로써 성립한다. 여기서 '<u>**은닉**</u>'<u>이란 타인의 점유 또는 권리의 목적이 된 자기 물건 등의 소재를 발견하기 불가능하게 하거나 또는 현저히 곤란한 상태에 두는 것을 말하고, 그로 인하여 권리행사가 방해될 우려가 있는 상태에 이르면 권리행사방해죄가 성립하고 현실로 권리행사가 방해되었을 것까지 필요로 하는 것은 아니다.</u>

[2] 피고인들은 처음부터 자동차대여사업자에 대한 등록취소 및 자동차등록 직권말소절차의 허점을 이용하여 권리행사를 방해할 목적으로 범행을 모의한 다음 렌트카 사업자등록만 하였을 뿐 실제로는 영업을 하지 아니함에도 차량 구입자들 또는 지입차주들로 하여금 차량을 관리·처분하도록 함으로써 차량들의 소재를 파악할 수 없게 하였고, 나아가 자동차대여사업자등록이 취소되어 차량들에 대한 저당권등록마저 직권말소되도록 하였으므로, 이러한 행위는 그 자체로 저당권자인 乙 회사 등으로 하여금 자동차등록원부에 기초하여 저당권의 목적이 된 자동차의 소재를 파악하는 것을 현저하게 곤란하게 하거나 불가능하게 하는 행위에 해당한다.

323-3. 차량을 구입하면서 피해자로부터 차량 매수대금을 차용하고 담보로 차량에 피해자 명의의 저당권을 설정해 주었는데, 그 후 대부업자로부터 돈을 차용하면서 차량을 대부업자에게 담보로 제공하여 이른바 '대포차'로 유통되게 한 사안 [대법원 2016. 11. 10. 선고, 2016도13734]

【판시사항】

<u>피고인이 차량을 구입하면서 피해자로부터 차량 매수대금을 차용하고 담보로 차량에 피해자 명의의 저당권을 설정해 주었는데, 그 후 대부업자로부터 돈을 차용하면서 차량을 대부업자에게 담</u>

보로 제공하여 이른바 '대포차'로 유통되게 한 사안에서, 피고인이 피해자의 권리의 목적이 된 피고인의 물건을 은닉하여 권리행사를 방해하였다고 본 원심판단이 정당하다.

【이 유】

피고인이 2011. 5. 9.경 체어맨 승용차 1대를 구입하면서 피해자로부터 차량 매수대금 2,000만 원을 차용하고 그 담보로 위 차량에 피해자 명의의 저당권을 설정해 주었음에도, 2011. 12.경 대부업자로부터 400만 원을 차용하면서 위 차량을 대부업자에게 담보로 제공하여 이른바 '대포차'로 유통되게 한 사실을 인정하고, 피고인이 피해자의 권리의 목적이 된 피고인의 물건을 은닉하여 권리행사를 방해하였다고 판단하였다.

---

1. 공장근저당권이 설정된 기계를 이중담보로 제공하기 위하여 타처로 옮긴 경우(적극) [대법원 1994. 9. 27. 선고, 94도1439]

【판결요지】

공장근저당권이 설정된 선반기계 등을 이중담보로 제공하기 위하여 이를 다른 장소로 옮긴 경우, 이는 공장저당권의 행사가 방해될 우려가 있는 행위로서 권리행사방해죄에 해당한다.

323-4. 권리행사방해죄에서 '타인의 점유'의 의미 [대법원 2011. 5. 13. 선고, 2011도2368]

【판시사항】

[1] 권리행사방해죄에서 '타인의 점유'의 의미

[2] 甲 종합건설회사가 유치권 행사를 위하여 점유하고 있던 주택에 피고인이 그 소유자인 처(妻)와 함께 출입문 용접을 해제하고 들어가 거주한 사안에서, 유치권자인 甲 회사의 권리행사를 방해하였다고 보아 형법 제323조의 권리행사방해죄의 유죄를 인정한 원심판단을 수긍한 사례

【이 유】

형법 제323조의 권리행사방해죄에 있어서의 **타인의 점유**라 함은 권원으로 인한 점유, 즉 정당한 원인에 기하여 물건을 점유하는 것을 의미하지만, 반드시 본권에 기한 점유만을 말하는 것이 아니라 유치권 등에 기한 점유도 여기에 해당한다.

원심이 인정한 바와 같이 공소외 주식회사가 이 사건 주택의 유치권자로서 그 유치권행사를 위하여 주택을 점유하고 있었다면, 피고인이 그 소유자인 처와 함께 유치권자의 권리행사를 방해한 것은 형법 제323조에 해당한다고 할 것이므로, 같은 취지의 원심의 판단은 정당하다.

---

1. 무효인 경매절차에 의하여 부동산을 낙찰받아 점유하게 된 자의 점유가 '타인의 점유'에 해당하는지 여부(적극) [대법원 2003. 11. 28. 선고, 2003도4257]

【판결요지】

형법 제323조의 권리행사방해죄에 있어서의 타인의 점유라 함은 권원으로 인한 점유 즉 정당한 원인에 기하여 그 물건을 점유하는 권리있는 점유를 의미하는 것으로서 본권을 갖지 아니한 절도범인의 점유는 여기에 해당하지 아니하나, 반드시 본권에 의한 점유만에 한하지 아니하고 동시이행항변권 등에 기한 점유와 같은 적법한 점유도 여기에 해당한다고 할 것이고, 한편, 쌍무계약이 무효로 되어 각 당사자가

서로 취득한 것을 반환하여야 할 경우, 어느 일방의 당사자에게만 먼저 그 반환의무의 이행이 강제된다면 공평과 신의칙에 위배되는 결과가 되므로 각 당사자의 반환의무는 동시이행 관계에 있다고 보아 민법 제536조를 준용함이 옳다고 해석되고, 이러한 법리는 경매절차가 무효로 된 경우에도 마찬가지라고 할 것이므로, 무효인 경매절차에서 경매목적물을 경락받아 이를 점유하고 있는 낙찰자의 점유는 적법한 점유로서 그 점유자는 권리행사방해죄에 있어서의 타인의 물건을 점유하고 있는 자라고 할 것이다.

323-5. 운수회사 직원이 회사 대표 甲 등과 공모하여 지입차주인 피해자들이 점유하는 각 차량 또는 번호판을 지입료 등 연체를 이유로 무단 취거한 사안(적극) [대법원 2010. 10. 14. 선고, 2008도6578]

【판시사항】

권리행사방해죄에서의 보호대상인 '타인의 점유'는 반드시 점유할 권원에 기한 점유만을 의미하는 것은 아니고, 일단 적법한 권원에 기하여 점유를 개시하였으나 사후에 점유권원을 상실한 경우의 점유, 점유권원의 존부가 외관상 명백하지 아니하여 법정절차를 통하여 권원의 존부가 밝혀질 때까지의 점유, 권원에 기하여 점유를 개시한 것은 아니나 동시이행항변권 등으로 대항할 수 있는 점유 등과 같이 법정절차를 통한 분쟁해결시까지 잠정적으로 보호할 가치있는 점유는 모두 포함된다고 볼 것이며, 다만 절도범인의 점유와 같이 점유할 권리없는 자의 점유임이 외관상 명백한 경우는 포함되지 아니한다(대법원 2006. 3. 23. 선고 2005도4455 판결 등 참조).

---

1. 렌트카회사 공동대표이사 중 1인이 회사 보유 차량을 자신의 개인적인 채무담보 명목으로 피해자에게 넘겨 주었는데 다른 공동대표이사가 위 차량을 몰래 회수하도록 한 경우(적극) [대법원 2006. 3. 23. 선고, 2005도4455]

【판시사항】

렌트카회사의 공동대표이사 중 1인이 회사 보유 차량을 자신의 개인적인 채무담보 명목으로 피해자에게 넘겨 주었는데 다른 공동대표이사가 위 차량을 몰래 회수하도록 한 경우, 위 피해자의 점유는 권리행사방해죄의 보호대상인 점유에 해당한다.

323-6. '자기의 물건'의 의미와 그 소유권 귀속의 기준 및 명의신탁 받은 부동산이 명의수탁자의 '자기의 물건'인지 여부(원칙적 소극) [대법원 2007. 1. 11. 선고, 2006도4215]

【판시사항】

형법 제323조의 권리행사방해죄에서 말하는 **'자기의 물건'** 이라 함은 범인이 소유하는 물건을 의미하고, 여기서 소유권의 귀속은 민법 기타 법령에 의하여 정하여진다 할 것인바, 부동산실권리자 명의등기에 관한 법률 제4조 제1항, 제2항 및 제8조에 의하면 종중 및 배우자에 대한 특례가 인정되는 경우나 부동산에 관한 물권을 취득하기 위한 계약에서 명의수탁자가 그 일방당사자가 되고 그 타방 당사자가 명의신탁약정이 있다는 사실을 알지 못하는 경우 이외에는 명의수탁자는 명의신탁 받은 부동산의 소유자가 될 수 없고, 이는 제3자에 대한 관계에 있어서도 마찬가지이므로, 명의수탁자로서는 명의신탁 받은 부동산이 '자기의 물건'이라고 할 수 없다.

323-7. 배우자에게 명의신탁한 부동산이 '자기의 물건'에 해당하는지 여부(소극) [대법원 2005. 9. 9. 선고, 2005도626]

【판시사항】

[1] 배우자에게 명의신탁한 부동산이 권리행사방해죄에서 말하는 '자기의 물건'에 해당하는지 여부(소극)

[2] 피고인이 이른바 중간생략등기형 명의신탁 또는 계약명의신탁의 방식으로 자신의 처에게 등기명의를 신탁해 놓은 점포에 자물쇠를 채워 점포의 임차인을 출입하지 못하게 한 경우, 그 점포가 권리행사방해죄의 객체인 '자기의 물건'에 해당하지 않는다.

【판결요지】

[1] 부동산 실권리자명의 등기에 관한 법률 제8조는 배우자 명의로 부동산에 관한 물권을 등기한 경우에 조세포탈, 강제집행의 면탈 또는 법령상 제한의 회피를 목적으로 하지 아니한 때에는 제4조 내지 제7조 및 제12조 제1항, 제2항의 규정을 적용하지 아니한다고 규정하고 있는바, 만일 명의신탁자가 그러한 목적으로 명의신탁을 함으로써 명의신탁이 무효로 되는 경우에는 말할 것도 없고, 그러한 목적이 없어서 유효한 명의신탁이 되는 경우에도 제3자인 부동산의 임차인에 대한 관계에서는 명의신탁자는 소유자가 될 수 없으므로, 어느 모로 보나 신탁한 부동산이 권리행사방해죄에서 말하는 '자기의 물건'이라 할 수 없다.

[2] 피고인이 이른바 중간생략등기형 명의신탁 또는 계약명의신탁의 방식으로 자신의 처에게 등기명의를 신탁하여 놓은 점포에 자물쇠를 채워 점포의 임차인을 출입하지 못하게 한 경우, 그 점포가 권리행사방해죄의 객체인 자기의 물건에 해당하지 않는다.

323-8. '타인의 점유'에 절도범인 점유도 해당하는지 여부(소극) [대법원 1994. 11. 11. 선고, 94도343]

【판결요지】

권리행사방해죄에 있어서의 타인의 점유라 함은 권원으로 인한 점유 즉 정당한 원인에 기하여 그 물건을 점유하는 권리 있는 자의 점유를 의미하는 것으로서 본권을 갖지 아니하는 절도범인의 점유는 여기에 해당하지 않는다.

---

1. 계약해제와 타인의 물건을 점유하는 자 [대법원 1960. 9. 14. 선고, 4293형상448]
【판결요지】
일단 적법한 원유에 기하여 물건을 점유한 이상 그 점유를 생하게 한 계약이 해제되더라도 본조 소정의 타인의 물건을 점유하고 있는 자라 할 것이다.

---

2. 명도의무 있는 건물점유자가 타인의 물건을 점유하는 자에 해당하는지 여부(적극) [대법원 1977. 9. 13. 선고, 77도1672]
【판결요지】

일단 적법한 원유에 기하여 물건을 점유한 이상 그 후에 그 점유물을 소유자에게 명도하여야 할 사정이 발생하였다 할지라도 점유자가 임의로 명도를 하지 아니하고 계속 점유하고 있다면 그 점유자는 권리행사방해죄에 있어서의 타인의 물건을 점유하고 있는 자이다.

323-9. 주식회사 대표이사가 직무집행행위로서 타인이 점유하는 위 회사의 물건을 취거한 경우 "자기의 물건"에 해당하는지 여부(적극) [대법원 1992. 1. 21. 선고, 91도1170]

【판결요지】

주식회사의 대표이사가 대표이사의 지위에 기하여 그 직무집행행위로서 타인이 점유하는 위 회사의 물건을 취거한 경우에는, 위 행위는 위 회사의 대표기관으로서의 행위라고 평가되므로, 위 회사의 물건도 권리행사방해죄에 있어서의 "자기의 물건"이라고 보아야 할 것이다.

323-10. 타인의 '권리'에 점유를 수반하지 아니하는 채권도 포함되는지 여부(적극) [대법원 1991. 4. 26. 선고, 90도1958]

【판결요지】

권리행사방해죄의 구성요건 중 타인의 '권리'란 반드시 제한물권만을 의미하는 것이 아니라 물건에 대하여 점유를 수반하지 아니하는 채권도 이에 포함된다.

323-11. 차량대여회사가 대여차량을 실력으로 회수한 행위(적극) [대법원 1989. 7. 25. 선고, 88도410]

【판결요지】

이 사건 차량을 대여받은 사람들이 차량대여회사로부터 차량을 대여받으면서 장차 회사에 대한 지입료등 월납입금을 미납할 경우 회사 임의로 차량을 철수 회수하거나 번호판을 제거하여도 이의없다는 취지의 서면약정을 한 사실이 있음은 소론과 같으나, 위와 같이 대여받은 사람들 가운데 일부는 월납입금을 담보할 보증금을 예치하고 매월 지입료 등 명목의 금원을 납입하기로 하여 이 사건 차량회수 당시에 그 미납액이 보증금액수에 미달되어 있었고 또 일부는 당초 위 회사로부터 이 사건 차량을 인수한 자로부터 다시 인수하여 위 회사에 대한 지입료등 납부의무 자체의 존부와 그 액수가 불명확한 상태에 있었던 사정 등이 엿보이는 데다가 월납입금의 미납이 발생할 경우 회사측이 법적 절차에 의하지 아니하고 다소간의 실력을 행사하는 등 일방적으로 차량 등을 회수하여야만 될 급박한 필요성이 있게 된다고 볼 만한 자료를 기록상 찾아볼 수 없는 이 사건에 있어서는 차량대여시에 위와 같은 서면약정을 받아 두었다 하여 차량 등을 실제로 회수할 때에 이를 회수당하고 사람들의 의사에 반한다면 일방적인 실력행사에 의하는 등의 판시 회수행위는 형법에 정한 정당행위에 해당한다 할 수 없다 할 것이다.

323-12. 형법 제323조 소정의 '취거'의 의미 [대법원 1988. 2. 23. 선고, 87도1952]

【판결요지】

형법 제323조 소정의 권리행사방해죄에 있어서의 **취거**라 함은 타인의 점유 또는 권리의 목적이 된 자기의 물건을 그 점유자의 의사에 반하여 그 점유자의 점유로부터 자기 또는 제3자의 점유로 옮기는 것을 말하므로 점유자의 의사나 그의 하자있는 의사에 기하여 점유가 이전된 경우에는 여기에서 말하는 취거로 볼 수는 없다.

323-13. 다방영업권 양도인이 양수인 경영의 다방내시설물등을 손괴한 경우 [대법원 1986. 6. 24. 선고, 86도770]

【판결요지】

일반적으로 다방영업을 경영하던 자가 다방 내의 영업시설물 및 건물임대차보증금반환청구권과 함께 다방영업에 관한 일체의 권리를 양도하고 다방을 인도하여 양수인이 다방영업을 개시하였다면 특단의 사정이 없는 한 그 다방 내의 시설물등은 일응 양수인에게 소유권이 이전되었다고 볼 것이고, 그후에 양도계약이 해제되었다면 계약해제의 효과로서 그 시설물등의 소유권은 당연히 양도인에게 회복되어 진다고 보아야 할 것이므로 양도인이 양수인이 경영하고 있는 다방의 시설물등을 손괴한 행위를 권리행사방해죄로 인정하려면 위 양도계약이 해제되어 시설물등의 소유권이 양도인에게 복귀되었는지 또 위 계약이 해제되었다면 해제와 별도로 위 시설물등의 점유반환절차가 있었는지 등을 밝혀보고 그 결과에 따라 권리행사방해죄의 구성요건 충족여부를 심판하였어야 한다.

323-14. 지입한 굴삭기를 취거한 행위(소극) [대법원 1985. 9. 10. 선고, 85도899]

【판결요지】

피고인이 이건 굴삭기를 취거할 당시 그 굴삭기를 공소외 회사에 지입하여 그 회사명의로 중기등록원부에 소유권등록이 되어 있었다면 위 굴삭기는 위 회사의 소유이고 피고인의 소유가 아니라 할 것이므로 이를 취거한 행위는 권리행사방해죄를 구성하지 않는다.

> 1. 회사에 지입하여 회사명의로 자동차등록원부에 등록된 자동차에 대하여 실질적인 소유자(소극) [대법원 1974. 11. 12. 선고, 74도1632]
> 【판결요지】
> 피고인이 본건 자동차를 수거할 당시에 피고인이 그 자동차를 택시주식회사에 지입하여 동 회사명의로 자동차등록원부에 소유권등록이 되어 있었다면 도로운송차량법 제5조 규정에 비추어 본건 자동차는 동 회사의 소유이고 피고인의 소유가 아니므로 피고인이 자동차를 수거하였어도 권리행사방해죄가 되지 않는다.

323-15. 회사 부사장이 회사소유 선박을 취거한 경우(소극) [대법원 1984. 6. 26. 선고, 83도2413]

【판결요지】

이 사건 선박이 공소외 회사명의로 소유권등기가 경료된 것이라면 위 선박은 피고인의 소유라 할 수 없고 피고인이 위 회사의 과점주주라거나 부사장이라 하여도 피고인의 소유라 할 수 없는 것이므로, 피고인이 타인이 점유중인 위 선박을 취거하였다 하여도 이는 권리행사방해죄를 구성하지 아니한다.

제324조[강요]

> 제324조(강요) ① 폭행 또는 협박으로 사람의 권리행사를 방해하거나 의무없는 일을 하게 한 자는 5년 이하의 징역 또는 3천만원 이하의 벌금에 처한다. 〈개정 1995. 12. 29. 2016. 1. 6.〉
> ② 단체 또는 다중의 위력을 보이거나 위험한 물건을 휴대하여 제1항의 죄를 범한 자는 10년 이하의 징역 또는 5천만원 이하의 벌금에 처한다. 〈신설 2016. 1. 6.〉

324-1. 강요죄에서 말하는 '협박'의 의미와 내용 [대법원 2020. 2. 13. 선고, 2019도5186]

【판시사항】

[1] 강요죄에서 말하는 '협박' 의 의미와 내용 / 행위자가 직업이나 지위에 기초하여 상대방에게 어떠한 이익 등의 제공을 요구한 경우, 그 요구 행위가 강요죄의 수단으로서 해악의 고지에 해당하는지 판단하는 기준 / 공무원인 행위자가 상대방에게 어떠한 이익 등의 제공을 요구하였으나 위와 같은 해악의 고지로 인정될 수 없는 경우, 강요죄가 성립하는지 여부(소극)

[2] 대통령비서실장 및 정무수석비서관실 소속 공무원들인 피고인들이, 2014~2016년도의 3년 동안 각 연도별로 전국경제인연합회에 특정 정치성향 시민단체들에 대한 자금지원을 요구하고 그로 인하여 전국경제인연합회 부회장 甲으로 하여금 해당 단체들에 자금지원을 하도록 하였다고 하여 직권남용권리행사방해 및 강요의 공소사실로 기소된 사안

【판결요지】

[1] 강요죄는 폭행 또는 협박으로 사람의 권리행사를 방해하거나 의무 없는 일을 하게 하는 범죄이다. 여기에서 협박은 객관적으로 사람의 의사결정의 자유를 제한하거나 의사실행의 자유를 방해할 정도로 겁을 먹게 할 만한 해악을 고지하는 것을 말한다. 이와 같은 협박이 인정되기 위해서는 발생 가능한 것으로 생각할 수 있는 정도의 구체적인 해악의 고지가 있어야 한다. 행위자가 직업이나 지위에 기초하여 상대방에게 어떠한 이익 등의 제공을 요구하였을 때 그 요구 행위가 강요죄의 수단으로서 해악의 고지에 해당하는지 여부는 행위자의 지위뿐만 아니라 그 언동의 내용과 경위, 요구 당시의 상황, 행위자와 상대방의 성행·경력·상호관계 등에 비추어 볼 때 상대방으로 하여금 그 요구에 불응하면 어떠한 해악에 이를 것이라는 인식을 갖게 하였다고 볼 수 있는지, 행위자와 상대방이 행위자의 지위에서 상대방에게 줄 수 있는 해악을 인식하거나 합리적으로 예상할 수 있었는지 등을 종합하여 판단해야 한다. 공무원인 행위자가 상대방에게 어떠한 이익 등의 제공을 요구한 경우 위와 같은 해악의 고지로 인정될 수 없다면 직권남용이나 뇌물 요구 등이 될 수는 있어도 협박을 요건으로 하는 강요죄가 성립하기는 어렵다.

[2] 피고인들이 위와 같이 자금지원을 요구한 행위는 대통령비서실장과 정무수석비서관실의 일반적 직무권한에 속하는 사항으로서 직권을 남용한 경우에 해당하고, 甲은 위 직권남용 행위로 인하여 전경련의 해당 보수 시민단체에 대한 자금지원 결정이라는 의무 없는 일을 하였다는 등의 이유로 직권남용권리행사방해죄가 성립한다고 본 원심판단을 수긍하고, 한편 대통령비서실 소속 공무원이 그 지위에 기초하여 어떠한 이익 등의 제공을 요구하였다고 해서 곧바로 그 요구를 해악의 고지라고 평가

할 수 없는 점, 요구 당시 상대방에게 그 요구에 따르지 않으면 해악에 이를 것이라는 인식을 갖게 하였다고 평가할 만한 언동의 내용과 경위, 요구 당시의 상황, 행위자와 상대방의 성행·경력·상호 관계 등에 관한 사정이 나타나 있지 않은 점, 전경련 관계자들이 대통령비서실의 요구를 받고도 그에 따르지 않으면 정책 건의 무산, 전경련 회원사에 대한 인허가 지연 등의 불이익을 받는다고 예상하는 것이 합리적이라고 볼 만한 사정도 제시되지 않은 점 등 여러 사정을 종합하면 피고인들의 위와 같은 자금지원 요구를 강요죄의 성립 요건인 협박, 즉 해악의 고지에 해당한다고 단정할 수 없다는 이유로, 이와 달리 본 원심판단에 강요죄의 협박에 관한 법리를 오해한 잘못이 있다.

324-2. 강요죄의 수단으로서 '협박'의 의미와 내용 및 협박이 정당한 권리의 실현 수단으로 사용된 경우 강요죄 성립 여부(한정 적극)와 판단 기준 [대법원 2017. 10. 26. 선고, 2015도16696]

【판시사항】

[1] 강요죄의 수단으로서 '협박'의 의미와 내용 및 협박이 정당한 권리의 실현 수단으로 사용된 경우 강요죄가 성립하는지 여부(한정 적극)와 판단 기준

[2] 민주노총 전국건설노조 건설기계지부 소속 노조원인 피고인들이, 현장소장인 피해자 甲이 노조원이 아닌 피해자 乙의 건설장비를 투입하여 수해상습지 개선사업 공사를 진행하자 '민주노총이 어떤 곳인지 아느냐, 현장에서 장비를 빼라'는 취지로 말하거나 공사 발주처에 부실공사가 진행되고 있다는 취지의 진정을 제기하는 방법으로 공사현장에서 사용하던 장비를 철수하게 하고 '현장에서 사용하는 모든 건설장비는 노조와 합의하여 결정한다'는 협약서를 작성하게 함으로써 피해자들에게 의무 없는 일을 하게 하였다고 하여 폭력행위 등 처벌에 관한 법률 위반(공동강요)으로 기소된 사안

【판결요지】

[1] 강요죄는 폭행 또는 협박으로 사람의 권리행사를 방해하거나 의무 없는 일을 하게 하는 범죄이다(형법 제324조). 강요죄의 수단으로서 협박은 사람의 의사결정의 자유를 제한하거나 의사실행의 자유를 방해할 정도로 겁을 먹게 할 만한 해악을 고지하는 것을 말하고, 해악의 고지는 반드시 명시적인 방법이 아니더라도 말이나 행동을 통해서 상대방으로 하여금 어떠한 해악에 이르게 할 것이라는 인식을 갖게 하는 것이면 족하다. 이러한 <u>해악의 고지가 비록 정당한 권리의 실현 수단으로 사용된 경우라고 하여도 권리실현의 수단 방법이 사회통념상 허용되는 정도나 범위를 넘는다면 강요죄가 성립하고, 여기서 어떠한 행위가 구체적으로 사회통념상 허용되는 정도나 범위를 넘는 것인지는 그 행위의 주관적인 측면과 객관적인 측면, 즉 추구된 목적과 선택된 수단을 전체적으로 종합하여 판단하여야 한다.</u>

[2] 피고인들은 공사현장에서 장비를 뺄 것을 요구하면서 그렇지 않을 경우 발주처에 민원을 넣어 공사를 못하게 하겠다고 말하고, 실제로 요구가 받아들여지지 않자 발주처에 부실시공 여부를 철저하게 조사하여 처벌하여 달라는 취지의 진정을 제기한 다음 이를 이용하여 피해자들로 하여금 장비를 철수하게 하고, 공사현장의 모든 건설장비를 피고인들 쪽에서 배차하는 장비만을 사용하도록 하는 취지의 협약서를 작성하도록 하였는데, 이와 같은 피고인들의 행위는 피해자들의 정

당한 영업활동을 방해함으로써 피해자들로 하여금 장비를 철수시키고 자신들이 속한 노조 지회의 장비만을 사용하도록 하기 위하여 발주처에 대한 진정이라는 수단을 동원한 것으로 그 의도나 목적이 정당하다고 보기 어렵고, 나아가 피해자들의 정당한 영업활동의 자유를 침해하는 것이며, 피고인들이 피해자들에게 위와 같은 내용의 언사를 사용하고 부실공사가 아님에도 공사 발주처에 부실공사를 조사해 달라는 진정을 하였다면 이는 사회통념상 허용되는 정도나 범위를 넘는 것으로서 강요죄의 수단인 협박에 해당함에도, 이와 달리 보아 공소사실을 무죄로 판단한 원심판결에 심리미진 또는 강요죄의 수단인 협박에 관한 법리오해의 잘못이 있다.

324-3. 소비자불매운동 과정에서 이루어진 어떠한 행위가 강요죄나 공갈죄의 수단인 '협박'에 해당하는지 판단 기준 [대법원 2013. 4. 11. 선고, 2010도13774]

【판시사항】

[1] 소비자불매운동 과정에서 이루어진 어떠한 행위가 강요죄나 공갈죄의 수단인 '협박'에 해당하는지 판단하는 기준

[2] 피고인이, 甲 주식회사가 특정 신문들에 광고를 편중했다는 이유로 기자회견을 열어 甲 회사에 대하여 불매운동을 하겠다고 하면서 특정 신문들에 대한 광고를 중단할 것과 다른 신문들에 대해서도 동등하게 광고를 집행할 것을 요구하고 甲 회사 인터넷 홈페이지에 그와 같은 내용의 팝업창을 띄우게 한 사안에서, 제반 사정을 고려할 때 피고인의 행위가 강요죄나 공갈죄의 수단인 협박에 해당한다고 본 원심판단을 수긍한 사례

【판결요지】

[1] 소비자가 구매력을 무기로 상품이나 용역에 대한 자신들의 선호를 시장에 실질적으로 반영하기 위한 집단적 시도인 소비자불매운동은 본래 '공정한 가격으로 양질의 상품 또는 용역을 적절한 유통구조를 통해 적절한 시기에 안전하게 구입하거나 사용할 소비자의 제반 권익을 증진할 목적'에서 행해지는 소비자보호운동의 일환으로서 헌법 제124조를 통하여 제도로서 보장되나, 그와는 다른 측면에서 일반 시민들이 특정한 사회, 경제적 또는 정치적 대의나 가치를 주장·옹호하거나 이를 진작시키기 위한 수단으로 소비자불매운동을 선택하는 경우도 있을 수 있고, 이러한 소비자불매운동 역시 반드시 헌법 제124조는 아니더라도 헌법 제21조에 따라 보장되는 정치적 표현의 자유나 헌법 제10조에 내재된 일반적 행동의 자유의 관점 등에서 보호받을 가능성이 있으므로, 단순히 소비자불매운동이 헌법 제124조에 따라 보장되는 소비자보호운동의 요건을 갖추지 못하였다는 이유만으로 이에 대하여 아무런 헌법적 보호도 주어지지 아니한다고 단정하여서는 아니 된다. 다만 대상 기업에 특정한 요구를 하면서 이에 응하지 않을 경우 불매운동의 실행 등 대상 기업에 불이익이 되는 조치를 취하겠다고 고지하거나 공표하는 것과 같이 소비자불매운동의 일환으로 이루어지는 것으로 볼 수 있는 표현이나 행동이 정치적 표현의 자유나 일반적 행동의 자유 등의 관점에서도 전체 법질서상 용인될 수 없을 정도로 사회적 상당성을 갖추지 못한 때에는 그 행위 자체가 강요죄나 공갈죄에서 말하는 협박의 개념에 포섭될 수 있으므로, <u>소비자불매운동 과정에서 이루어진 어떠한 행위가 강요죄나 공갈죄의 수단인 협박에 해당하는지 여부는 해</u>

당 소비자불매운동의 목적, 불매운동에 이르게 된 경위, 대상 기업의 선정이유 및 불매운동의 목적과의 연관성, 대상 기업의 사회·경제적 지위와 거기에 비교되는 불매운동의 규모 및 영향력, 대상 기업에 고지한 요구사항과 불이익 조치의 구체적 내용, 그 불이익 조치의 심각성과 실현가능성, 고지나 공표 등의 구체적인 행위 태양, 그에 대한 상대방 내지 대상 기업의 반응이나 태도 등 제반 사정을 종합적·실질적으로 고려하여 판단하여야 한다.

[2] 피고인이, 甲 주식회사가 특정 신문들에 광고를 편중했다는 이유로 기자회견을 열어 甲 회사에 대하여 불매운동을 하겠다고 하면서 특정 신문들에 대한 광고를 중단할 것과 다른 신문들에 대해서도 특정 신문들과 동등하게 광고를 집행할 것을 요구하고 甲 회사 인터넷 홈페이지에 '甲 회사는 앞으로 특정 언론사에 편중하지 않고 동등한 광고 집행을 하겠다'는 내용의 팝업창을 띄우게 한 사안에서, 불매운동의 목적, 그 조직과정 및 규모, 대상 기업으로 甲 회사 하나만을 선정한 경위, 기자회견을 통해 공표한 불매운동의 방법 및 대상 제품, 甲 회사 직원에게 고지한 요구사항의 구체적인 내용, 위 공표나 고지행위 당시의 상황, 그에 대한 甲 회사 경영진의 반응, 위 요구사항에 응하지 않을 경우 甲 회사에 예상되는 피해의 심각성 등 제반 사정을 고려할 때, 피고인의 행위는 甲 회사의 의사결정권자로 하여금 그 요구를 수용하지 아니할 경우 불매운동이 지속되어 영업에 타격을 입게 될 것이라는 겁을 먹게 하여 의사결정 및 의사실행의 자유를 침해한 것으로 강요죄나 공갈죄의 수단으로서의 협박에 해당한다.

324-4. 강요죄 구성요건 중 '의무 없는 일'의 의미 및 법률상 의무 있는 일을 하게 한 경우 강요죄 성립 여부(소극) [대법원 2012. 11. 29. 선고, 2010도1233]

【판시사항】

[1] 강요죄 구성요건 중 '의무 없는 일'의 의미 및 법률상 의무 있는 일을 하게 한 경우 강요죄가 성립하는지 여부(소극)

[2] 군인인 상관이 직무수행을 태만히 하거나 지시사항을 불이행하고 허위보고 등을 한 부하에게 근무태도를 교정하고 직무수행을 감독하기 위하여 직무수행 내역을 일지 형식으로 기재하여 보고하도록 명령한 경우, 형법상 강요죄가 성립하는지 여부(소극)

【판결요지】

[1] 강요죄는 폭행 또는 협박으로 사람의 권리행사를 방해하거나 의무 없는 일을 하게 하는 것을 말하고, 여기에서 '의무 없는 일'이란 법령, 계약 등에 기하여 발생하는 법률상 의무 없는 일을 말하므로, 법률상 의무 있는 일을 하게 한 경우에는 강요죄가 성립할 여지가 없다.

[2] 군인사법 제47조의2의 위임에 따른 군인복무규율 제7조 제1항, 제8조, 제22조 제1항, 제2항, 제23조 제1항의 내용 및 취지 등에 비추어 보면, 상관이 직무수행을 태만히 하거나 지시사항을 불이행하고 허위보고 등을 한 부하에게 근무태도를 교정하고 직무수행을 감독하기 위하여 직무수행의 내역을 일지 형식으로 기재하여 보고하도록 명령하는 행위는 직무권한 범위 내에서 내린 정당한 명령이므로 부하는 명령을 실행할 법률상 의무가 있고, 명령을 실행하지 아니하는 경우 군인사법 제57조 제2항에서 정한 징계처분이 내려진다거나 그에 갈음하여 얼차려의 제재가 부과된

다고 하여 그와 같은 명령이 형법 제324조의 강요죄를 구성한다고 볼 수 없다.

---

1. 피고인이 특정 연예인에게 팬미팅 공연을 하도록 강요하고 공연이 이행되지 않으면 안 좋은 일을 당할 것이라고 협박한 사안 [대법원 2008. 5. 15. 선고, 2008도1097]

【판시사항】

[1] 강요죄에서 '의무 없는 일'의 의미 및 폭행 또는 협박으로 법률상 의무 있는 일을 하게 한 경우 강요죄가 성립하는지 여부(소극)

[2] 피고인이 특정 연예인에게 팬미팅 공연을 하도록 강요하고 공연이 이행되지 않으면 안 좋은 일을 당할 것이라고 협박한 사안

【판결요지】

[1] 강요죄는 폭행 또는 협박으로 사람의 권리행사를 방해하거나 의무 없는 일을 하게 하는 것을 말하고, 여기에서 '의무 없는 일'이란 법령, 계약 등에 기하여 발생하는 법률상 의무 없는 일을 말하므로, 폭행 또는 협박으로 법률상 의무 있는 일을 하게 한 경우에는 폭행 또는 협박죄만 성립할 뿐 강요죄는 성립하지 아니한다.

[2] 폭력조직 전력이 있는 피고인이 특정 연예인에게 팬미팅 공연을 하도록 강요하면서 만날 것을 요구하고, 팬미팅 공연이 이행되지 않으면 안 좋은 일을 당할 것이라고 협박한 사안에서, 위 연예인에게 공연을 할 의무가 없다는 점에 대한 미필적 인식 즉, 강요죄의 고의가 피고인에게 있었다고 단정하기 어렵다.

324-5. 환경단체 소속 회원들이 축산 농가들의 폐수 배출 단속활동을 벌이면서 폐수 배출현장을 사진촬영하거나 지적하는 한편 폐수 배출사실을 확인하는 내용의 사실확인서를 징구하는 과정에서 서명하지 아니할 경우 법에 저촉된다고 겁을 주는 행위(적극) [대법원 2010. 4. 29. 선고, 2007도7064]

【판시사항】

환경단체 소속 회원들이 축산 농가들의 폐수 배출 단속활동을 벌이면서 폐수 배출현장을 사진촬영하거나 지적하는 한편 폐수 배출사실을 확인하는 내용의 사실확인서를 징구하는 과정에서 서명하지 아니할 경우 법에 저촉된다고 겁을 주는 등 행한 일련의 행위가 '협박'에 의한 강요행위에 해당한다.

324-6. 직장 상사가 범죄행위를 저지른 부하직원에게 사직을 단순히 권유한 행위(소극) [대법원 2008. 11. 27. 선고, 2008도7018]

【판시사항】

강요죄라 함은 폭행 또는 협박으로 사람의 권리행사를 방해하거나 의무 없는 일을 하게 하는 것을 말하고, 여기에서의 협박은 객관적으로 사람의 의사결정의 자유를 제한하거나 의사실행의 자유를 방해할 정도로 겁을 먹게 할 만한 해악을 고지하는 것을 말하는바(대법원 2003. 9. 26. 선고 2003도763 판결 참조), 직장에서 상사가 범죄행위를 저지른 부하직원에게 징계절차에 앞서 자진하여 사직할 것을 단순히 권유하였다고 하여 이를 강요죄에서의 협박에 해당한다고 볼 수는 없다.

324-7. 골프시설의 운영자가 골프회원에게 불리하게 변경된 내용의 회칙에 대하여 동의한다는

내용의 등록신청서를 제출하지 아니하면 회원으로 대우하지 아니하겠다고 통지한 경우(적극)
[대법원 2003. 9. 26. 선고, 2003도763]

【판시사항】

골프시설의 운영자가 골프회원에게 불리하게 변경된 내용의 회칙에 대하여 동의한다는 내용의 등록신청서를 제출하지 아니하면 회원으로 대우하지 아니하겠다고 통지한 것이 강요죄에 해당한다.

324-8. 피해자를 협박하여 여권을 강제 회수한 경우(적극) [대법원 1993. 7. 27. 선고, 93도901]

【판결요지】

형법 제324조 소정의 폭력에 의한 권리행사방해죄는 폭행 또는 협박에 의하여 권리행사가 현실적으로 방해되어야 할 것인바, 피해자의 해외도피를 방지하기 위하여 피해자를 협박하고 이에 피해자가 겁을 먹고 있는 상태를 이용하여 동인 소유의 여권을 교부하게 하여 피해자가 그의 여권을 강제 회수당하였다면 피해자가 해외여행을 할 권리는 사실상 침해되었다고 볼 것이므로 권리행사방해죄의 기수로 보아야 한다.

324-9. 폭력에 의한 권리행사방해를 하고 이를 근거로 계속하여 갈취행위를 한 경우(=공갈죄)
[대법원 1985. 6. 25. 선고, 84도2083]

【판결요지】

피고인이 투자금의 회수를 위해 피해자를 강요하여 물품대금을 횡령하였다는 자인서를 받아낸 뒤 이를 근거로 돈을 갈취한 경우, 피고인의 주된 범의가 피해자로부터 돈을 갈취하는 데에 있었던 것이라면 피고인은 단일한 공갈의 범의하에 갈취의 방법으로 일단 자인서를 작성케 한 후 이를 근거로 계속하여 갈취행위를 한 것으로 보아야 할 것이므로 위 행위는 포함하여 <u>공갈죄 일죄만을 구성한다고 보아야 한다.</u>

324-10. 법률상 의무없는 진술서를 작성케 한 행위(적극) [대법원 1974. 5. 14. 선고, 73도2578]

【판결요지】

피고인이 피해자를 협박하여 동인으로 하여금 법률상 의무없는 진술서를 작성케한 행위는 사람의 자유권행사를 방해한 것이므로 형법 324조의 폭력에 의한 권리행사방해죄를 구성한다.

재산범죄

3편

재산에 관한 죄

목 차

제38장 절도와 강도의 죄

제333조(강도) ·········· 1170

제340조(해상강도) ··· 1202

제341조(상습범) ··· 1203

제39장 사기와 공갈의 죄

제350조(공갈) ··· 1340

제351조(상습범) ·· **1353**

제40장 횡령과 배임의 죄

제41장 장물에 관한 죄

제42장 손괴의 죄

제38장 절도와 강도의 죄

제1절 절도의 죄

제329조[절도]

> 제329조(절도) 타인의 재물을 절취한 자는 6년 이하의 징역 또는 1천만원 이하의 벌금에 처한다. 〈개정 1995. 12. 29.〉

329-1. 절도죄에서 '절취' 의미 및 어떤 물건이 타인의 점유하에 있는지 판단하는 기준 [대법원 2016. 12. 15., 선고, 2016도15492]

【판시사항】

[1] 절도죄에서 '절취' 의미 및 어떤 물건이 타인의 점유하에 있는지 판단하는 기준

[2] 甲은 강제경매 절차에서 피고인 소유이던 토지 및 그 지상 건물을 매수한 후 법원으로부터 인도명령을 받아 인도집행을 하였는데, 피고인이 인도집행 전에 건물 외벽에 설치된 전기코드에 선을 연결하여 피고인이 점유하며 창고로 사용 중인 컨테이너로 전기를 공급받아 사용하였다고 하여 절도로 기소된 사안에서, 피고인은 인도명령의 집행이 이루어지기 전까지는 당초부터 피고인이 점유·관리하던 전기를 사용한 것에 불과할 뿐 타인이 점유·관리하던 전기를 사용한 것이라고 할 수 없고, 피고인에게 절도의 범의도 인정할 수 없다.

【이 유】

절취란 타인이 점유하고 있는 재물을 점유자의 의사에 반하여 그 점유를 배제하고 자기 또는 제3자의 점유로 옮기는 것을 말하고, 어떤 물건이 타인의 점유하에 있다고 할 것인지의 여부는, 객관적인 요소로서의 관리범위 내지 사실적 관리가능성 외에 주관적 요소로서의 지배의사를 참작하여 결정하되 궁극적으로는 당해 물건의 형상과 그 밖의 구체적인 사정에 따라 사회통념에 비추어 규범적 관점에서 판단하여야 한다(대법원 1999. 11. 12. 선고 99도3801 판결, 대법원 2008. 7. 10. 선고 2008도3252 판결 등 참조).

> 1. 임차인이 임대계약 종료 후 식당건물에서 퇴거하면서 종전부터 사용하던 냉장고의 전원을 켜 둔 채 그대로 두어 전기가 소비된 사안(소극) [대법원 2008. 7. 10., 선고, 2008도3252]
>
> 【판결요지】
>
> 임차인이 임대계약 종료 후 식당건물에서 퇴거하면서 종전부터 사용하던 냉장고의 전원을 켜 둔 채 그대로 두었다가 약 1개월 후 철거해 가는 바람에 그 기간 동안 전기가 소비된 사안에서, 임차인이 퇴거 후에도 냉장고에 관한 점유·관리를 그대로 보유하고 있었다고 보아야 하므로, 냉장고를 통하여 전기를 계속 사용하였다고 하더라도 이는 당초부터 자기의 점유·관리하에 있던 전기를 사용한 것일 뿐 타인의 점유·관리하에 있던 전기가 아니어서 절도죄가 성립하지 않는다.

329-2. 절도죄에서 '불법영득의사'의 의미 및 어떠한 물건을 점유자의 의사에 반하여 취거하는 행위가 결과적으로 소유자의 이익으로 된다는 사정 또는 소유자의 추정적 승낙이 있다고 볼 만한 사정이 있는 경우, 불법영득의사(원칙적 적극) [대법원 2014. 2. 21., 선고, 2013도14139]

【판시사항】

절도죄에서 '불법영득의사' 의 의미 및 어떠한 물건을 점유자의 의사에 반하여 취거하는 행위가 결과적으로 소유자의 이익으로 된다는 사정 또는 소유자의 추정적 승낙이 있다고 볼 만한 사정이 있는 경우, 불법영득의사가 인정되는지 여부(원칙적 적극)

【판결요지】

절도죄의 성립에 필요한 불법영득의 의사란 타인의 물건을 그 권리자를 배제하고 자기의 소유물과 같이 그 경제적 용법에 따라 이용·처분하고자 하는 의사를 말하는 것으로서, 단순히 타인의 점유만을 침해하였다고 하여 그로써 곧 절도죄가 성립하는 것은 아니나, 재물의 소유권 또는 이에 준하는 본권을 침해하는 의사가 있으면 되고 반드시 영구적으로 보유할 의사가 필요한 것은 아니며, 그것이 물건 자체를 영득할 의사인지 물건의 가치만을 영득할 의사인지를 불문한다. 따라서 어떠한 물건을 점유자의 의사에 반하여 취거하는 행위가 결과적으로 소유자의 이익으로 된다는 사정 또는 소유자의 추정적 승낙이 있다고 볼 만한 사정이 있다고 하더라도, 다른 특별한 사정이 없는 한 그러한 사유만으로 불법영득의 의사가 없다고 할 수는 없다.

> 1. 피고인이 자신의 모(母) 甲 명의로 구입·등록하여 甲에게 명의신탁한 자동차를 乙에게 담보로 제공한 후 乙 몰래 가져가 절취한 경우(적극) [대법원 2012. 4. 26., 선고, 2010도11771]
> 【판시사항】
> 피고인이 자신의 모(母) 甲 명의로 구입·등록하여 甲에게 명의신탁한 자동차를 乙에게 담보로 제공한 후 乙 몰래 가져가 절취하였다는 내용으로 기소된 사안에서, 乙에 대한 관계에서 자동차의 소유자는 甲이고 피고인은 소유자가 아니므로 乙이 점유하고 있는 자동차를 임의로 가져간 이상 절도죄가 성립한다.

329-3. 이른바 명의신탁 자동차의 소유권 귀속 관계 [대법원 2013. 2. 28., 선고, 2012도15303]

【판시사항】

[1] 이른바 명의신탁 자동차의 소유권 귀속관계

[2] 피고인이 자신의 명의로 등록된 자동차를 사실혼 관계에 있던 甲에게 증여하여 甲만이 이를 운행·관리하여 오다가 서로 별거하면서 재산분할 내지 위자료 명목으로 甲이 소유하기로 하였는데, 피고인이 이를 임의로 운전해 간 사안에서, 자동차 등록명의와 관계없이 피고인과 甲 사이에서는 甲을 소유자로 보아야 한다는 이유로 절도죄를 인정한 원심판단을 정당하다.

【이 유】

자동차에 대한 소유권의 득실변경은 등록을 함으로써 그 효력이 생기고 등록이 없는 한 대외적 관계에서는 물론 당사자의 대내적 관계에서도 소유권을 취득할 수 없는 것이 원칙이지만, 당사자 사이에 소유권을 등록명의자 아닌 자가 보유하기로 약정하였다는 등의 특별한 사정이 있는 경우에는 그 내부관계에 있어서는 등록명의자 아닌 자가 소유권을 보유하게 된다고 할 것이다(대법원 1989. 9. 12. 선고 88다카18641 판결, 대법원 2003. 5. 30. 선고 2000도5767 판결 등 참조).

원심은, 피고인 명의로 등록되어 있지만 피해자가 점유·관리하여 온 이 사건 승용차를 피고인이 임의로 운전해 감으로써 이를 절취하였다는 내용의 이 사건 공소사실에 대하여, 그 판시 증거들에 의하여 피고인이 사실혼 관계에 있던 피해자에게 이 사건 승용차를 선물하여 증여한 이래 피해자만이 이 사건 승용차를 운행하며 관리하여 온 사실, 피고인과 피해자가 별거하면서 재산분할 내지 위자료 명목으로 피해자가 이 사건 승용차를 소유하기로 한 사실 등을 인정한 다음, 이 사건 승용차는 그 등록명의와 관계없이 피고인과 피해자 사이에서는 피해자를 소유자로 보아야 한다는 이유로 피고인의 행위가 절도행위에 해당한다고 판단하였다.

앞서 본 법리와 기록에 비추어 살펴보면, 원심의 위와 같은 사실인정과 판단은 모두 정당한 것으로 수긍이 되고, 거기에 상고이유로 주장하는 바와 같이 논리와 경험칙을 위반하여 자유심증주의의 한계를 벗어나거나 자동차 소유관계에 관한 법리를 오해하는 등으로 판결에 영향을 미친 위법이 있다 할 수 없다.

---

1. 자동차 명의신탁관계에서 제3자가 명의수탁자로부터 승용차를 가져가 매도할 것을 허락받고 명의신탁자 몰래 가져간 경우, 제3자와 명의수탁자의 공모공동정범(적극) [대법원 2007. 1. 11., 선고, 2006도4498]

【판시사항】

자동차 명의신탁관계에서 제3자가 명의수탁자로부터 승용차를 가져가 매도할 것을 허락받고 인감증명 등을 교부받아 위 승용차를 명의신탁자 몰래 가져간 경우, 위 제3자와 명의수탁자의 공모·가공에 의한 절도죄의 공모공동정범이 성립한다.

329-4. 일시 사용 목적으로 타인 점유를 침탈한 경우 불법영득의사 여부 [대법원 2012. 7. 12., 선고, 2012도1132]

【판시사항】

[1] 절도죄에서 '불법영득의사'의 의미 및 일시 사용의 목적으로 타인의 점유를 침탈한 경우에도 불법영득의사가 인정되는 경우

[2] 피고인이 甲의 영업점 내에 있는 甲 소유의 휴대전화를 허락 없이 가지고 나와 사용한 다음 약 1~2시간 후 위 영업점 정문 옆 화분에 놓아두고 가 절취하였다는 내용으로 기소된 사안에서, 피고인이 甲의 휴대전화를 자신의 소유물과 같이 경제적 용법에 따라 이용하다가 본래의 장소와 다른 곳에 유기하여 불법영득의사가 있었다고 할 것인데도, 이와 달리 보아 무죄를 선고한 원심판결에 법리오해의 위법이 있다.

【판결요지】

[1] 절도죄의 성립에 필요한 불법영득의 의사란 권리자를 배제하고 타인의 물건을 자기의 소유물과 같이 이용·처분할 의사를 말하고, 영구적으로 물건의 경제적 이익을 보유할 의사임은 요하지 않으며, 일시 사용의 목적으로 타인의 점유를 침탈한 경우에도 사용으로 인하여 물건 자체가 가지는 경제적 가치가 상당한 정도로 소모되거나 또는 상당한 장시간 점유하고 있거나 본래의 장

소와 다른 곳에 유기하는 경우에는 이를 일시 사용하는 경우라고는 볼 수 없으므로 영득의 의사가 없다고 할 수 없다.

---

1. 타인의 은행 직불카드를 무단 사용 후 곧 반환한 경우, 직불카드에 대한 절도죄 여부(소극) [대법원 2006. 3. 9., 선고, 2005도7819]

【판시사항】

[1] 타인의 재물을 점유자의 승낙 없이 무단 사용하는 경우, 불법영득의사 유무의 판단 기준

[2] 타인의 은행 직불카드를 무단 사용하여 자신의 예금계좌로 돈을 이체시킨 후 곧 직불카드를 반환한 경우, 그 직불카드에 대한 절도죄의 성립 여부(소극)

【판결요지】

[1] 타인의 재물을 점유자의 승낙 없이 무단 사용하는 경우에 있어서 그 사용으로 인하여 <u>물건 자체가 가지는 경제적 가치가 상당한 정도로 소모되거나 또는 사용 후 그 재물을 본래 있었던 장소가 아닌 다른 장소에 버리거나 곧 반환하지 아니하고 장시간 점유하고 있는 것과 같은 때에는 그 소유권 또는 본권을 침해할 의사가 있다고 보아 불법영득의 의사를 인정할 수 있을 것이나</u>, 그렇지 않고 그 사용으로 인한 가치의 소모가 무시할 수 있을 정도로 경미하고, 또한 <u>사용 후 곧 반환한 것과 같은 때에는 그 소유권 또는 본권을 침해할 의사가 있다고 할 수 없어 불법영득의 의사가 있다고 인정할 수 없다.</u>

[2] 은행이 발급한 직불카드를 사용하여 타인의 예금계좌에서 자기의 예금계좌로 돈을 이체시켰다 하더라도 직불카드 자체가 가지는 경제적 가치가 계좌이체된 금액만큼 소모되었다고 할 수는 없으므로, 이를 일시 사용하고 곧 반환한 경우에는 그 직불카드에 대한 불법영득의 의사는 없다고 보아야 한다.

---

2. 타인의 예금통장을 무단사용하여 예금인출 후 바로 예금통장을 반환한 경우, 예금통장에 대한 절도죄 성립 여부(한정 적극) [대법원 2010. 5. 27., 선고, 2009도9008]

【판결요지】

예금통장은 예금채권을 표창하는 유가증권이 아니고 그 자체에 예금액 상당의 경제적 가치가 화체되어 있는 것도 아니지만, 이를 소지함으로써 예금채권의 행사자격을 증명할 수 있는 자격증권으로서 예금계약사실 뿐 아니라 예금액에 대한 증명기능이 있고 이러한 증명기능은 예금통장 자체가 가지는 경제적 가치라고 보아야 하므로, 예금통장을 사용하여 예금을 인출하게 되면 그 인출된 예금액에 대하여는 예금통장 자체의 예금액 증명기능이 상실되고 이에 따라 그 상실된 기능에 상응한 경제적 가치도 소모된다. 그렇다면 타인의 예금통장을 무단사용하여 예금을 인출한 후 바로 예금통장을 반환하였다 하더라도 그 사용으로 인한 위와 같은 경제적 가치의 소모가 무시할 수 있을 정도로 경미한 경우가 아닌 이상, <u>예금통장 자체가 가지는 예금액 증명기능의 경제적 가치에 대한 불법영득의 의사를 인정할 수 있으므로 절도죄가 성립한다.</u>

---

3. 타인의 재물을 점유자의 승낙 없이 무단 사용하는 경우(소극) [대법원 2011. 8. 18., 선고, 2010도9570]

【판시사항】

[1] 타인의 재물을 점유자의 승낙 없이 무단 사용하는 경우, 절도죄의 '불법영득의사' 인정 여부

[2] 甲 주식회사 감사인 피고인이 회사 경영진과의 불화로 한 달 가까이 결근하다가 회사 감사실에 침입하여 자신이 사용하던 컴퓨터에서 하드디스크를 떼어간 후 4개월 가까이 지난 시점에 반환한 사안에서, 피고인이 하드디스크를 일시 보관 후 반환하였다고 평가하기 어려워 불법영득의사를 인정할 수 있다고 본 원심판단을 수긍한 사례

【이 유】

[1] 절도죄에 있어서의 불법영득의 의사는 영구적으로 그 물건의 경제적 이익을 보유할 의사가 필요치 아니하여도 소유권 또는 이에 준하는 본권을 침해하는 의사, 즉 목적물의 물질을 영득할 의사나 물질의 가치만을 영득할 의사라도 영득의 의사가 있다고 할 것이고(대법원 1981. 10. 13. 선고 81도2394 판결 등 참조), 타인의 재물을 점유자의 승낙 없이 무단 사용하는 경우에 있어서 그 사용으로 인하여 물건 자체가 가지는 경제적 가치가 상당한 정도로 소모되거나 또는 사용 후 그 재물을 본래 있었던 장소가 아닌 다른 장소에 버리거나 곧 반환하지 아니하고 장시간 점유하고 있는 것과 같은 때에는 그 소유권 또는 본권을 침해할 의사가 있다고 보아 불법영득의 의사를 인정할 수 있을 것이다(대법원 2006. 3. 9. 선고 2005도7819 판결 등 참조).

329-5. 재물을 점유하는 소유자의 사망에 따라 소유권을 취득한 상속인이 그 점유를 취득하여 상속인에 대한 절도죄가 성립할 수 있는 시기 [대법원 2012. 4. 26., 선고, 2010도6334]

【판시사항】

[1] 절도죄의 성립요건 중 타인의 '점유'의 의미와 판단 기준 및 재물을 점유하는 소유자의 사망에 따라 소유권을 취득한 상속인이 그 점유를 취득하여 상속인에 대한 절도죄가 성립할 수 있는 시기

[2] 피고인이 내연관계에 있는 甲과 아파트에서 동거하다가, 甲의 사망으로 상속인인 乙 및 丙 소유에 속하게 된 부동산 등기권리증 등이 들어 있는 가방을 위 아파트에서 가지고 가 절취하였다는 내용으로 기소된 사안에서

【판결요지】

[1] 절도죄란 재물에 대한 타인의 점유를 침해함으로써 성립하는 것이다. 여기서의 '점유'라고 함은 현실적으로 어떠한 재물을 지배하는 순수한 사실상의 관계를 말하는 것으로서, 민법상의 점유와 반드시 일치하는 것이 아니다. 물론 이러한 현실적 지배라고 하여도 점유자가 반드시 직접 소지하거나 항상 감수(監守)하여야 하는 것은 아니고, 재물을 위와 같은 의미에서 사실상으로 지배하는지 여부는 재물의 크기·형상, 그 개성의 유무, 점유자와 재물과의 시간적·장소적 관계 등을 종합하여 사회통념에 비추어 결정되어야 한다. 그렇게 보면 종전 점유자의 점유가 그의 사망으로 인한 상속에 의하여 당연히 그 상속인에게 이전된다는 민법 제193조는 절도죄의 요건으로서의 '타인의 점유'와 관련하여서는 적용의 여지가 없고, 재물을 점유하는 소유자로부터 이를 상속받아 그 소유권을 취득하였다고 하더라도 상속인이 그 재물에 관하여 위에서 본 의미에서의 사실상의 지배를 가지게 되어야만 이를 점유하는 것으로서 그때부터 비로소 상속인에 대한 절도죄가 성립할 수 있다.

[2] 피고인이 甲의 사망 전부터 아파트에서 甲과 함께 거주하였고, 甲의 자식인 乙 및 丙은 위

아파트에서 전혀 거주한 일이 없이 다른 곳에서 거주·생활하다가 甲의 사망으로 아파트 등의 소유권을 상속하였으나, 乙 및 丙이 甲 사망 후 피고인이 가방을 가지고 가기까지 그들의 소유권 등에 기하여 아파트 또는 그곳에 있던 가방의 인도 등을 요구한 일이 전혀 없는 사정 등에 비추어, 피고인이 가방을 들고 나온 시점에 乙 및 丙이 아파트에 있던 가방을 사실상 지배하여 점유하고 있었다고 볼 수 없어 피고인의 행위가 乙 등의 가방에 대한 점유를 침해하여 절도죄를 구성한다고 할 수 없는데도, 이와 달리 보아 절도죄를 인정한 원심판결에 절도죄의 점유에 관한 법리오해 등의 위법이 있다.

---

1. 임야내에 버려진 망부석을 임야관리인이 타에 처분한 행위(소극) [대법원 1981. 8. 25., 선고, 80도509]

【판결요지】

망부석이 묘의 장구로서 묘주의 소유에 속하였는데 묘는 이장하고 망부석만이 30여년간 방치된 상태에 있어 외형상 그 소유자가 방기한 것으로 되어 그 물건은 산주의 추상적, 포괄적 소지에 속하게 되었어도 그 산주가 망부석을 사실상 지배할 의사가 없음을 표시한 경우에는 그의 소지하에 있다고 볼 수 없고, 이는 임야의 관리인으로서 사실상 점유하여 온 자의 소지하에 있다고 볼 것이므로 동 관리인이나 그와 함께 위 망부석을 처분한 자를 절도죄로 의율할 수 없다.

329-6. 수산업법에 의한 양식어업권을 행사하는 구역 내에서 자연 번식하는 수산동식물의 채취와 절도죄의 성립 여부(소극) [대법원 2010. 4. 8., 선고, 2009도11827]

【판시사항】

[1] 수산업법에 의한 양식어업권을 행사하는 구역 내에서 자연 번식하는 수산동식물의 채취와 절도죄의 성립 여부(소극)

[2] 어업권자와 어업권행사계약을 체결하고 어업권을 행사하는 피해자의 양식장에서 '자연산' 모시조개를 무단 채취한 행위가 절도죄에 해당하지 아니한다.

【이 유】

수산업법에 의한 양식어업권은 행정관청의 면허를 받아 해상의 일정구역 내에서 패류·해조류 또는 정착성 수산동물을 포획·채취할 수 있는 권리를 가리키는 것으로서 이는 그 지역에서 천연으로 생육하는 수산동식물을 어업면허를 받은 종류에 한하여 배타적·선점적으로 채취할 수 있는 권리에 불과하고 그 지역 내의 수산식물의 소유권을 취득하는 권리는 아니므로 어업권의 취득만으로 당연히 그 지역 내에서 자연 번식하는 수산동식물의 소유권이나 점유권까지 취득한다고는 볼 수 없다(대법원 1983. 2. 8. 선고 82도696 판결 참조).

따라서 어업권자와 어업권행사계약을 체결하고 어업권을 행사하는 피해자의 양식장에서 모시조개를 채취한 경우 절도죄가 성립하기 위해서는 그 채취한 모시조개가 자연 번식하는 것이 아니라 그 피해자가 양식하는 것으로서 피해자의 소유임이 인정되어야 한다.

329-7. 약정에 기한 인도청구권이 인정되는 경우 점유자의 의사에 반하여 점유를 배제하는 행위를 함으로써 절도죄 성립 여부(적극) [대법원 2010. 2. 25., 선고, 2009도5064]

【판시사항】

약정에 기한 인도청구권이 인정되는 경우에도 점유자의 의사에 반하여 점유를 배제하는 행위를 함으로써 절도죄가 성립하는지 여부(적극)

【판결요지】

약정에 기한 인도 등의 청구권이 인정된다고 하더라도, 취거 당시에 점유 이전에 관한 점유자의 명시적·묵시적인 동의가 있었던 것으로 인정되지 않는 한, 점유자의 의사에 반하여 점유를 배제하는 행위를 함으로써 절도죄는 성립하는 것이다.

---

1. 굴삭기 매수인이 약정된 기일에 대금채무 불이행 시 굴삭기를 가져가도 좋다는 약정 후 그 채무를 불이행하자 굴삭기를 취거하여 매도한 경우(적극) [대법원 2001. 10. 26., 선고, 2001도4546]

【판시사항】

굴삭기 매수인이 약정된 기일에 대금채무를 이행하지 아니하면 굴삭기를 회수하여 가도 좋다는 약정을 하고 각서와 매매계약서 및 양도증명서 등을 작성하여 판매회사 담당자에게 교부한 후 그 채무를 불이행하자 그 담당자가 굴삭기를 취거하여 매도한 경우, 굴삭기에 대한 소유권 등록 없이 매수인의 위와 같은 약정 및 각서 등의 작성, 교부만으로 굴삭기에 대한 소유권이 판매회사로 이전될 수는 없으므로 굴삭기 취거 당시 그 소유권은 여전히 매수인에게 남아 있고, 매수인의 의사표시 중에 자신의 동의나 승낙 없이 현실적으로 자신의 점유를 배제하고 굴삭기를 가져가도 좋다는 의사까지 포함되어 있었던 것으로 보기는 어렵다는 이유로, 그 굴삭기 취거행위는 절도죄에 해당하고 불법영득의 의사도 인정된다.

329-8. 강·절도 등에 대한 가중처벌규정인 특정범죄가중처벌법 제5조의4 제5항 위반죄에 대한 확정판결의 기판력이 그 판결확정 전에 범한 다른 절도범행에 미치는지 여부(소극) [대법원 2010. 1. 28., 선고, 2009도13411]

【판시사항】

강·절도 등에 대한 가중처벌규정인 특정범죄가중처벌 등에 관한 법률 제5조의4 제5항 위반죄에 대한 확정판결의 기판력이 그 판결확정 전에 범한 다른 절도범행에 미치는지 여부(소극)

【판결요지】

특정범죄가중처벌 등에 관한 법률 제5조의4 제5항은 거기서 정하는 범죄전력 및 누범가중의 요건이 갖추어진 경우에는 상습성이 인정되지 아니하는 때에도 상습범에 관한 같은 조 제1항 내지 제4항 소정의 법정형에 의하여 처벌한다는 취지로서, 위 제5항의 범죄로 기소되어 처벌받은 경우를 상습범으로 기소되어 처벌받은 경우라고 볼 수 없다. 따라서 설사 피고인에게 절도의 습벽이 인정된다고 하더라도 위 법조항으로 처벌받은 확정판결의 기판력은 그 판결의 확정 전에 범한 다른 절도행위에 대하여는 미치지 아니한다고 봄이 상당하다.

329-9. 야간에 손전등과 박스 포장용 노끈을 이용하여 도로에 주차된 차량의 문이 잠겨 있는지 확인하기 위해 양손으로 운전석 문의 손잡이를 잡고 열려고 하던 중 발각된 경우(적극) [대법원 2009. 9. 24., 선고, 2009도5595]

【판시사항】

야간에 손전등과 박스 포장용 노끈을 이용하여 도로에 주차된 차량의 문을 열고 현금 등을 훔치기로 마음먹고, 차량의 문이 잠겨 있는지 확인하기 위해 양손으로 운전석 문의 손잡이를 잡고 열려고 하던 중 경찰관에게 발각된 사안

【이 유】

피고인이 야간에 소지하고 있던 손전등과 박스 포장용 노끈을 이용하여 도로에 주차된 차량의 문을 열고 그 안에 들어있는 현금 등을 절취할 것을 마음먹고 이 사건 승합차량의 문이 잠겨 있는지 확인하기 위해 양손으로 운전석 문의 손잡이를 잡고 열려고 하던 중 경찰관에게 발각된 사실이 인정되는데, 이러한 행위는 승합차량 내의 재물을 절취할 목적으로 승합차량 내에 침입하려는 행위에 착수한 것으로 볼 수 있고, 그로써 차량 내에 있는 재물에 대한 피해자의 사실상의 지배를 침해하는 데에 밀접한 행위가 개시된 것으로 보아 절도죄의 실행에 착수한 것으로 봄이 상당하다.

329-10. 동업관계에 불화가 생겨 그 중 1인이 나오지 않자, 남은 동업인이 혼자 생강 밭을 경작하여 생강을 반출한 행위(소극) [대법원 2009. 2. 12., 선고, 2008도11804]

【판시사항】

두 사람으로 된 생강농사 동업관계에 불화가 생겨 그 중 1인이 나오지 않자, 남은 동업인이 혼자 생강 밭을 경작하여 생강을 반출한 행위가 절도죄를 구성하지 않는다.

【이 유】

두 사람으로 된 동업관계 즉, 조합관계에 있어 그 중 1인이 탈퇴하면 조합관계는 해산됨이 없이 종료되어 청산이 뒤따르지 아니하며 조합원의 합유에 속한 조합재산은 남은 조합원의 단독소유에 속하고, 탈퇴자와 남은 자 사이에 탈퇴로 인한 계산을 하여야 한다(대법원 1983. 2. 22. 선고 82 도3236 판결, 대법원 1999. 3. 12. 선고 98다54458 판결 참조).

329-11. 동산의 양도담보권자가 채무자 점유 아래 있는 담보목적물을 매각하고 목적물반환청구권을 양도한 다음 매수인으로 하여금 목적물을 취거하게 한 경우(소극) [대법원 2008. 11. 27., 선고, 2006도4263]

【판시사항】

동산의 양도담보권자가 채무자의 점유 아래 있는 담보목적물을 매각하고 목적물반환청구권을 양도한 다음 매수인으로 하여금 목적물을 취거하게 한 경우, 절도죄의 성립 여부(소극)

【판결요지】

양도담보권자인 채권자가 제3자에게 담보목적물인 동산을 매각한 경우, 제3자는 채권자와 채무자 사이의 정산절차 종결 여부와 관계없이 양도담보 목적물을 인도받음으로써 소유권을 취득하게 되고, 양도담보의 설정자가 담보목적물을 점유하고 있는 경우에는 그 목적물의 인도는 채권자로부터 목적물반환청구권을 양도받는 방법으로도 가능하다. 채권자가 양도담보 목적물을 위와 같은 방법으로 제3자에게 처분하여 그 목적물의 소유권을 취득하게 한 다음 그 제3자로 하여금 그 목

적물을 취거하게 한 경우, 그 제3자로서는 자기의 소유물을 취거한 것에 불과하므로, 채권자의 이 같은 행위는 절도죄를 구성하지 않는다.

329-12. 입목절도죄의 기수시기(=입목채취시) [대법원 2008. 10. 23., 선고, 2008도6080]

【판결요지】

입목을 절취하기 위하여 캐낸 때에 소유자의 입목에 대한 점유가 침해되어 범인의 사실적 지배하에 놓이게 되므로 범인이 그 점유를 취득하고 절도죄는 기수에 이른다. 이를 운반하거나 반출하는 등의 행위는 필요하지 않다. 절도범인이 혼자 입목을 땅에서 완전히 캐낸 후에 비로소 제3자가 가담하여 함께 입목을 운반한 사안에서, 특수절도죄의 성립을 부정한 사례

329-13. 영업비밀이 담긴 타인의 재물을 절취하여 그 영업비밀을 부정사용한 행위가 절도의 불가벌적 사후행위에 해당하는지 여부(소극) [대법원 2008. 9. 11., 선고, 2008도5364]

【판시사항】

[1] 영업비밀이 담긴 타인의 재물을 절취하여 그 영업비밀을 부정사용한 행위가 절도의 불가벌적 사후행위에 해당하는지 여부(소극)

[2] 부정한 이익을 얻을 목적으로 타인의 영업비밀이 담긴 CD를 절취하여 그 영업비밀을 부정사용한 사안에서, 절도죄와 별도로 부정경쟁방지 및 영업비밀보호에 관한 법률상 영업비밀부정사용죄가 성립한다.

【판결요지】

[1] 부정한 이익을 얻거나 기업에 손해를 가할 목적으로 그 기업에 유용한 영업비밀이 담겨 있는 타인의 재물을 절취한 후 그 영업비밀을 사용하는 경우, 영업비밀의 부정사용행위는 새로운 법익의 침해로 보아야 하므로 위와 같은 부정사용행위가 절도범행의 불가벌적 사후행위가 되는 것은 아니다.

[2] 부정한 이익을 얻을 목적으로 타인의 영업비밀이 담긴 CD를 절취하여 그 영업비밀을 부정사용한 사안에서, 절도죄와 별도로 부정경쟁방지 및 영업비밀보호에 관한 법률상 영업비밀부정사용죄가 성립한다.

329-14. 절취한 타인 신용카드를 이용하여 현금지급기에서 자신 예금계좌로 돈을 이체시킨 후 현금인출한 행위가 절도죄를 구성하는지 여부(소극) [대법원 2008. 6. 12., 선고, 2008도2440]

【판결요지】

절취한 타인의 신용카드를 이용하여 현금지급기에서 계좌이체를 한 행위는 컴퓨터등사용사기죄에서 컴퓨터 등 정보처리장치에 권한 없이 정보를 입력하여 정보처리를 하게 한 행위에 해당함은 별론으로 하고 이를 절취행위라고 볼 수는 없고, 한편 위 계좌이체 후 현금지급기에서 현금을 인출한 행위는 자신의 신용카드나 현금카드를 이용한 것이어서 이러한 현금인출이 현금지급기 관리자의 의사에 반한다고 볼 수 없어 절취행위에 해당하지 않으므로 절도죄를 구성하지 않는다.

329-15. 회사를 퇴사하면서 원료의 배합비율, 시제품의 품질 확인이나 제조기술 향상을 위한 각종 실험결과 등을 기재한 자료를 가져간 경우(적극) [대법원 2008. 2. 15., 선고, 2005도6223]

　【판시사항】

　사원이 회사를 퇴사하면서 원료의 배합비율, 제조공정, 시제품의 품질 확인이나 제조기술 향상을 위한 각종 실험결과 등을 기재한 자료를 가져간 경우

　【판결요지】

　사원이 회사를 퇴사하면서 부품과 원료의 배합비율과 제조공정을 기술한 자료와 회사가 시제품의 품질을 확인하거나 제조기술 향상을 위한 각종 실험을 통하여 나타난 결과를 기재한 자료를 가져간 경우 이는 절도에 해당하고, 위 자료는 구 부정경쟁방지 및 영업비밀보호에 관한 법률(2004. 1. 20. 법률 제7095호로 개정되기 전의 것)에 정한 영업비밀에 해당한다.

---

1. 회사를 퇴사하면서 동 회사연구실에 보관중이던 회사의 목적 업무상 기술분야에 관한 문서사본을 취거하는 행위(적극) [대법원 1986. 9. 23., 선고, 86도1205]

　【판결요지】

　피고인이 근무하던 회사를 퇴사하면서 가져간 서류가 이미 공개된 기술내용에 관한 것이고 외국회사에서 선전용으로 무료로 배부해 주는 것이며 동 회사연구실 직원들이 사본하여 사물처럼 사용하던 것이라도 위 서류들이 회사의 목적업무중 기술분야에 관한 문서들로서 국내에서 쉽게 구할 수 있는 것도 아니며 연구실 직원들의 업무수행을 위하여 필요한 경우에만 사용이 허용된 것이라면 위 서류들은 위 회사에 있어서는 소유권의 대상으로 할 수 있는 주관적 가치뿐만 아니라 그 경제적 가치도 있는 것으로 재물에 해당한다 할 것이어서 이를 취거하는 행위는 절도에 해당하고 비록 그것이 문서의 사본에 불과하고 또 인수인계 품목에 포함되지 아니 하였다 하여 그 위법성이 조각된다 할 수 없다.

329-16. 절도죄의 객체인 '재물'의 의미 [대법원 2007. 8. 23., 선고, 2007도2595]

　【판시사항】

　[1] 절도죄의 객체인 '재물'의 의미

　[2] 사실상 퇴사하면서 회사의 승낙 없이 가지고 간 부동산매매계약서 사본들이 절도죄의 객체인 재물에 해당한다.

　【판결요지】

　절도죄의 객체인 재물은 반드시 객관적인 금전적 교환가치를 가질 필요는 없고 소유자·점유자가 주관적인 가치를 가지고 있는 것으로 족하고, 이 경우 주관적·경제적 가치의 유무를 판별함에 있어서는 그것이 타인에 의하여 이용되지 않는다고 하는 소극적 관계에 있어서 그 가치가 성립하더라도 관계없다.

---

1. 발행자가 회수하여 세조각으로 찢어버림으로써 객관적 가치가 경미하여 교환가격을 갖지 않는 약속어음의 소지를 침해한 경우(적극) [대법원 1976. 1. 27., 선고, 74도3442]

【판결요지】

재산죄의 객체인 재물은 반드시 객관적인 금전적 교환 가치를 가질 필요는 없고 소유자 점유자가 주관적인 가치를 가지고 있음으로서 족하고 주관적 경제적 가치 유무의 판별은 그것이 타인에 의하여 이용되지 않는다고 하는 소극적 관계에 있어서 그 가치가 성립하는 경우가 있을 수 있는 것이니 발행자가 회수하여 세조각으로 찢어버림으로써 폐지로 되어 쓸모없는 것처럼 보이는 약속어음의 소지를 침해하여 가져갔다면 절도죄가 성립한다.

2. 백지의 자동차출고의뢰서 용지가 절도죄의 객체인 재물에 해당하는지 여부(적극) [대법원 1996. 5. 10., 선고, 95도3057]

【판시사항】

[1] 백지의 자동차출고의뢰서 용지가 절도죄의 객체인 재물에 해당하는지 여부(적극)

[2] 절도죄에 있어서 불법영득의 의사

【판결요지】

[1] 재산죄의 객체인 재물은 반드시 객관적인 금전적 교환가치를 가질 필요는 없고 소유자, 점유자가 주관적인 가치를 가지고 있음으로써 족하다고 할 것이고, 이 경우 주관적, 경제적 가치의 유무를 판별함에 있어서는 그것이 타인에 의하여 이용되지 않는다고 하는 소극적 관계에 있어서 그 가치가 성립하더라도 관계없다 할 것이므로, 피고인이 절취한 백지의 자동차출고의뢰서 용지도 그것이 어떠한 권리도 표창하고 있지 않다 하더라도 경제적 가치가 없다고는 할 수 없어 이는 절도죄의 객체가 되는 재물에 해당한다.

[2] 형법상 절도죄의 성립에 필요한 불법영득의 의사라 함은 권리자를 배제하고 타인의 물건을 자기의 소유물과 같이 그 경제적 용법에 따라서 이를 이용하고 또는 처분할 의사를 말하는 것이다.

3. 원주주명부 복사본이 절도죄의 객체여부(적극) [대법원 2004. 10. 28., 선고, 2004도5183]

【판시사항】

피고인이 절취한 주주명부가 기재된 용지 70장은 피해자 회사에 비치되어 있던 그 소유의 복사용지를 이용하여 전산출력된 사실, 설령 피고인이 가지고 나왔다는 위 서류들이 비록 원주주명부를 복사하여 놓은 복사본이었다 하더라도, 위 서류들은 피해자 회사의 주주명단을 기재하여 놓은 문서들로서 주주명단을 정리할 당시 위 서류들에 기재된 인적사항 등이 외부에 유출되는 것을 방지하기 위하여 피해자 회사에서는 회의실 밖에 위치해 있던 분쇄기를 이용하여 명단을 폐기해 온 사실을 인정할 수 있는바, 그렇다면 위 서류들은 피해자 회사에 있어서는 소유권의 대상으로 할 수 있는 주관적 가치뿐만 아니라 그 경제적 가치도 있다 할 것이어서, 절도죄의 객체가 되는 재물에 해당한다.

329-17. 갈취(강취)한 현금카드를 사용하여 현금자동지급기에서 예금을 인출행위가 공갈(강도)죄와 별도로 절도죄를 구성하는지 여부(소극) [대법원 2007. 5. 10., 선고, 2007도1375]

【판시사항】

[1] 갈취한 현금카드를 사용하여 현금자동지급기에서 예금을 인출한 행위가 공갈죄와 별도로 절도죄를 구성하는지 여부(소극)

[2] 강취한 현금카드를 사용하여 현금자동지급기에서 예금을 인출한 행위가 강도죄와 별도로 절

도죄를 구성하는지 여부(적극)

【판결요지】

[1] 예금주인 현금카드 소유자를 협박하여 그 카드를 갈취한 다음 피해자의 승낙에 의하여 현금카드를 사용할 권한을 부여받아 이를 이용하여 현금자동지급기에서 현금을 인출한 행위는 모두 피해자의 예금을 갈취하고자 하는 피고인의 단일하고 계속된 범의 아래에서 이루어진 일련의 행위로서 포괄하여 하나의 공갈죄를 구성하므로, 현금자동지급기에서 피해자의 예금을 인출한 행위를 현금카드 갈취행위와 분리하여 따로 절도죄로 처단할 수는 없다. 왜냐하면 위 예금 인출 행위는 하자 있는 의사표시이기는 하지만 피해자의 승낙에 기한 것이고, 피해자가 그 승낙의 의사표시를 취소하기까지는 현금카드를 적법, 유효하게 사용할 수 있으므로, 은행으로서도 피해자의 지급정지 신청이 없는 한 그의 의사에 따라 그의 계산으로 적법하게 예금을 지급할 수밖에 없기 때문이다.

[2] 강도죄는 공갈죄와는 달리 피해자의 반항을 억압할 정도로 강력한 정도의 폭행·협박을 수단으로 재물을 탈취하여야 성립하므로, 피해자로부터 현금카드를 강취하였다고 인정되는 경우에는 피해자로부터 현금카드의 사용에 관한 승낙의 의사표시가 있었다고 볼 여지가 없다. 따라서 강취한 현금카드를 사용하여 현금자동지급기에서 예금을 인출한 행위는 피해자의 승낙에 기한 것이라고 할 수 없으므로, 현금자동지급기 관리자의 의사에 반하여 그의 지배를 배제하고 그 현금을 자기의 지배하에 옮겨 놓는 것이 되어서 강도죄와는 별도로 절도죄를 구성한다.

---

1. 현금카드 소유자를 협박하여 예금인출 승낙과 함께 현금카드를 교부받은 후 현금자동지급기에서 예금을 여러 번 인출한 경우, 해당 범죄 및 죄수 [대법원 1996. 9. 20., 선고, 95도1728]

【판결요지】

예금주인 현금카드 소유자를 협박하여 그 카드를 갈취하였고, 하자 있는 의사표시이기는 하지만 피해자의 승낙에 의하여 현금카드를 사용할 권한을 부여받아 이를 이용하여 현금을 인출한 이상, 피해자가 그 승낙의 의사표시를 취소하기까지는 현금카드를 적법, 유효하게 사용할 수 있고, 은행의 경우에도 피해자의 지급정지 신청이 없는 한 피해자의 의사에 따라 그의 계산으로 적법하게 예금을 지급할 수밖에 없는 것이므로, 피고인이 피해자로부터 현금카드를 사용한 예금인출의 승낙을 받고 현금카드를 교부받은 행위와 이를 사용하여 현금자동지급기에서 예금을 여러 번 인출한 행위들은 모두 피해자의 예금을 갈취하고자 하는 피고인의 단일하고 계속된 범의 아래에서 이루어진 일련의 행위로서 포괄하여 하나의 공갈죄를 구성한다고 볼 것이지, 현금지급기에서 피해자의 예금을 취득한 행위를 현금지급기 관리자의 의사에 반하여 그가 점유하고 있는 현금을 절취한 것이라 하여 이를 현금카드 갈취행위와 분리하여 따로 절도죄로 처단할 수는 없다.

---

2. 강취한 직불카드를 사용하여 현금자동인출기에서 현금을 인출한 경우, 절도죄가 성립 여부(적극) [대법원 2007. 4. 13. 선고, 2007도1377]

【이 유】

범인이 피해자로부터 직불카드 등을 강취한 경우에는, 이를 갈취 또는 편취한 경우와는 달리, 피해자가 그 직불카드 등의 사용권한을 범인에게 부여하였다고 할 수 없고, 따라서 그와 같이 강취한 직불카드를 사용하여 현금자동인출기에서 현금을 인출하여 가진 경우에는 그 현금자동인출기 관리자의 의사에 반

하여 그의 지배를 배제하고 그 현금을 자기의 지배하에 옮겨 놓는 것이 되므로 절도죄가 별도로 성립한
다고 할 것이다(대법원 1995. 7. 28. 선고 95도997 판결 참조).

그럼에도 불구하고 원심은, 피고인이 피해자로부터 직불카드를 강취한 이 사건에서, 피해자가 그 직불
카드의 사용권한을 피고인에게 부여한 것으로 보아 그 직불카드를 사용하여 현금자동인출기에서 현금
을 인출한 행위는 그 직불카드 등을 강취한 행위와 포괄하여 하나의 강도죄가 성립할 뿐 따로 절도죄가
성립하는 것은 아니라고 판단하고 말았으니, 원심판결에는 직불카드를 강취한 후 이를 사용하여 현금
을 인출한 경우에 있어서의 강도죄와 절도죄의 관계에 관한 법리를 오해하여 판결에 영향을 미친 위법
이 있다고 할 것이다.

329-18. 피씨방에 두고 간 타인의 핸드폰 취한 행위(=절도) [대법원 2007. 3. 15., 선고, 2006도9338]

【판시사항】

피해자가 피씨방에 두고 간 핸드폰은 피씨방 관리자의 점유하에 있어서 제3자가 이를 취한 행위
는 절도죄를 구성한다고 할 것이다.(대법원 1988. 4. 25. 선고 88도409 판결 참조),

1. 종업원으로 종사하던 당구장에서 주운 금반지 처분행위(=절도) [대법원 1988. 4. 25., 선고, 88도409]

【판결요지】

어떤 물건을 잃어버린 장소가 당구장과 같이 타인의 관리 아래 있을 때에는 그 물건은 일응 그 관리자
의 점유에 속한다 할 것이고, 이를 그 관리자 아닌 제3자가 취거하는 것은 유실물횡령이 아니라 절도죄
에 해당한다.

2. 승객이 놓고 내린 지하철의 전동차 바닥이나 선반 위에 있던 물건을 가져간 행위(=점유이탈물횡령죄) [대법원 1999. 11. 26., 선고, 99도3963]

【판결요지】

승객이 놓고 내린 지하철의 전동차 바닥이나 선반 위에 있던 물건을 가지고 간 경우, 지하철의 승무원
은 유실물법상 전동차의 관수자로서 승객이 잊고 내린 유실물을 교부받을 권능을 가질 뿐 전동차 안에
있는 승객의 물건을 점유한다고 할 수 없고, 그 유실물을 현실적으로 발견하지 않는 한 이에 대한 점유
를 개시하였다고 할 수도 없으므로, 그 사이에 위와 같은 유실물을 발견하고 가져간 행위는 점유이탈물
횡령죄에 해당함은 별론으로 하고 절도죄에 해당하지는 않는다.

3. 고속버스 승객이 차내에 있는 유실물을 가져 간 경우(=점유이탈물횡령죄) [대법원 1993. 3. 16., 선고, 92도3170]

【판결요지】

고속버스 운전사는 고속버스의 관수자로서 차내에 있는 승객의 물건을 점유하는 것이 아니고 승객이
잊고 내린 유실물을 교부받을 권능을 가질 뿐이므로 유실물을 현실적으로 발견하지 않는 한 이에 대한
점유를 개시하였다고 할 수 없고, 그 사이에 다른 승객이 유실물을 발견하고 이를 가져 갔다면 절도에
해당하지 아니하고 점유이탈물횡령에 해당한다.

329-19. 대량으로 사육되는 돼지에 대한 이중 양도담보설정계약이 체결된 경우 뒤에 양도담보설정계약을

체결한 이중양수 채권자의 돼지 반출행위(=절도) [대법원 2007. 2. 22., 선고, 2006도8649]

【판시사항】

돈사에서 대량으로 사육되는 돼지에 대한 이중의 양도담보설정계약이 체결된 경우 뒤에 양도담보설정계약을 체결한 이중양수 채권자가 임의로 돼지를 반출한 행위가 절도죄를 구성한다.

【이 유】

돈사에서 대량으로 사육되는 돼지를 집합물에 대한 양도담보의 목적물로 삼은 경우, 그 돼지는 번식, 사망, 판매, 구입 등의 요인에 의하여 증감 변동하기 마련이므로 양도담보권자가 그 때마다 별도의 양도담보권설정계약을 맺거나 점유개정의 표시를 하지 않더라도 하나의 집합물로서 동일성을 잃지 아니한 채 양도담보권의 효력은 항상 현재의 집합물 위에 미치게 되고(대법원 2004. 11. 12. 선고 2004다22858 판결 참조), 금전채무를 담보하기 위하여 채무자가 그 소유의 동산을 채권자에게 양도하되 점유개정의 방법으로 인도하고 채무자가 이를 계속 점유하기로 약정한 경우 특별한 사정이 없는 한 그 동산의 소유권은 신탁적으로 이전되는 것에 불과하여, 채권자와 채무자 사이의 대내적 관계에서는 채무자가 소유권을 보유하나 대외적인 관계에서의 채무자는 동산의 소유권을 이미 채권자에게 양도한 무권리자가 되는 것이어서 다시 다른 채권자와 사이에 양도담보설정계약을 체결하고 점유개정의 방법으로 인도하더라도 선의취득이 인정되지 않는 한 나중에 설정계약을 체결한 채권자로서는 양도담보권을 취득할 수 없는데, 현실의 인도가 아닌 점유개정의 방법으로는 선의취득이 인정되지 아니하므로 결국 뒤의 채권자는 적법하게 양도담보권을 취득할 수 없다(대법원 2005. 2. 18. 선고 2004다37430 판결 참조).

329-20. 타인 명의를 모용하여 발급받은 신용카드 이용하여 현금자동지급기에서 현금대출 행위(=절도죄) [대법원 2006. 7. 27., 선고, 2006도3126]

【판결요지】

피고인이 타인의 명의를 모용하여 신용카드를 발급받은 경우, 비록 카드회사가 피고인으로부터 기망을 당한 나머지 피고인에게 피모용자 명의로 발급된 신용카드를 교부하고, 사실상 피고인이 지정한 비밀번호를 입력하여 현금자동지급기에 의한 현금대출(현금서비스)을 받을 수 있도록 하였다 할지라도, 카드회사의 내심의 의사는 물론 표시된 의사도 어디까지나 카드명의인인 피모용자에게 이를 허용하는 데 있을 뿐 피고인에게 이를 허용한 것은 아니라는 점에서, 피고인이 타인의 명의를 모용하여 발급받은 신용카드를 사용하여 현금자동지급기에서 현금대출을 받는 행위는 카드회사에 의하여 미리 포괄적으로 허용된 행위가 아니라, 현금자동지급기의 관리자의 의사에 반하여 그의 지배를 배제한 채 그 현금을 자기의 지배하에 옮겨 놓는 행위로서 절도죄에 해당한다.

329-21. 채권확보를 목적으로 점유자의 의사에 반하여 점유를 배제한 행위(적극) [대법원 2006. 3. 24., 선고, 2005도8081]

【판시사항】

[1] 형법상 절취 및 불법영득의 의사의 의미

[2] 채권 확보를 목적으로 점유자의 의사에 반하여 점유를 배제한 행위가 절도죄 여부(적극)

【이 유】

형법상 절취란 타인이 점유하고 있는 자기 이외의 자의 소유물을 점유자의 의사에 반하여 그 점유를 배제하고 자기 또는 제3자의 점유로 옮기는 것을 말하고, 절도죄의 성립에 필요한 불법영득의 의사라 함은 권리자를 배제하고 타인의 물건을 자기의 소유물과 같이 그 경제적 용법에 따라 이용·처분할 의사를 말하는 것으로, 단순한 점유의 침해만으로는 절도죄를 구성할 수 없으나 영구적으로 그 물건의 경제적 이익을 보유할 의사가 필요한 것은 아니고, 소유권 또는 이에 준하는 본권을 침해하는 의사 즉 목적물의 물질을 영득할 의사이든 그 물질의 가치만을 영득할 의사이든을 불문하고 그 재물에 대한 영득의 의사가 있으면 족하다.

또한, 비록 채권을 확보할 목적이라고 할지라도 취거 당시에 점유 이전에 관한 점유자의 명시적·묵시적인 동의가 있었던 것으로 인정되지 않는 한 점유자의 의사에 반하여 점유를 배제하는 행위를 함으로써 절도죄는 성립하는 것이고, 그러한 경우에 특별한 사정이 없는 한 불법영득의 의사가 없었다고 할 수는 없다.

329-22. 현금카드 소유자로부터 편취한 현금카드 이용 현금자동지급기에서 예금을 인출행위 [대법원 2005. 9. 30., 선고, 2005도5869]

【판시사항】

[1] 피고인이 현금카드의 소유자로부터 편취한 현금카드를 이용하여 현금자동지급기에서 예금을 인출한 행위의 죄책

[2] 피고인이 현금카드의 소유자로부터 편취한 현금카드를 이용하여 현금자동지급기에서 예금을 인출한 사안에서 절취의 주위적 공소사실과 횡령의 예비적 공소사실 모두에 대하여 무죄를 선고한 원심의 판단을 수긍한 사례

【판결요지】

[1] 예금주인 현금카드 소유자로부터 그 카드를 편취하여, 비록 하자 있는 의사표시이기는 하지만 현금카드 소유자의 승낙에 의하여 사용권한을 부여받은 이상, 그 소유자가 승낙의 의사표시를 취소하기까지는 현금카드를 적법, 유효하게 사용할 수 있으며, 은행 등 금융기관은 현금카드 소유자의 지급정지 신청이 없는 한 카드 소유자의 의사에 따라 그의 계산으로 적법하게 예금을 지급할 수밖에 없는 것이므로, 피고인이 현금카드의 소유자로부터 현금카드를 사용한 예금인출의 승낙을 받고 현금카드를 교부받은 행위와 이를 사용하여 현금자동지급기에서 예금을 여러 번 인출한 행위들은 모두 현금카드 소유자의 예금을 편취하고자 하는 피고인의 단일하고 계속된 범의 아래에서 이루어진 일련의 행위로서 포괄하여 하나의 사기죄를 구성한다고 볼 것이지, 현금자동지급기에서 카드 소유자의 예금을 인출, 취득한 행위를 현금자동지급기 관리자의 의사에 반하여 그가 점유하고 있는 현금을 절취한 것이라 하여 이를 현금카드 편취행위와 분리하여 따로 절도죄로 처단할 수는 없다.

[2] 피고인이 현금카드의 소유자로부터 현금카드를 편취하여 예금인출의 승낙을 받고 현금카드

를 교부받아 이를 이용하여 현금을 인출한 사안에서, 피고인의 현금 인출행위가 현금지급기 관리자의 의사에 반하여 그가 점유하고 있는 현금을 절취한 것에 해당한다거나 피고인이 인출된 현금의 보관자의 지위에 있는 것이 아니라는 이유로 절취의 주위적 공소사실과 횡령의 예비적 공소사실 모두에 대하여 무죄를 선고한 원심의 판단을 수긍한 사례.

329-23. 명의대여자가 명의대여 약정에 따라 발급된 영업허가증과 사업자등록증을 가지고 간 행위(적극) [대법원 2004. 3. 12., 선고, 2002도5090]

【판결요지】

명의대여 약정에 따른 신청에 의하여 발급된 영업허가증과 사업자등록증은 피해자가 인도받음으로써 피해자의 소유가 되었다고 할 것이므로, 이를 명의대여자가 가지고 간 행위가 절도죄에 해당한다.

329-24. 주간에 절도의 목적으로 타인의 주거에 침입한 경우, 절도죄 실행의 착수시기 [대법원 2003. 6. 24., 선고, 2003도1985,2003감도26]

【판시사항】

[1] 주간에 절도의 목적으로 타인의 주거에 침입한 경우, 절도죄의 실행의 착수시기

[2] 주간에 절도의 목적으로 방 안까지 들어갔다가 절취할 재물을 찾지 못하여 거실로 돌아나온 경우, 절도죄의 실행 착수가 인정된다.

【판결요지】

[1] 야간이 아닌 주간에 절도의 목적으로 다른 사람의 주거에 침입하여 절취할 재물의 물색행위를 시작하는 등 그에 대한 사실상의 지배를 침해하는 데에 밀접한 행위를 개시하면 절도죄의 실행에 착수한 것으로 보아야 한다.

[2] 주간에 절도의 목적으로 방 안까지 들어갔다가 절취할 재물을 찾지 못하여 거실로 돌아나온 경우, 절도죄의 실행 착수가 인정된다.

329-25. 컴퓨터에 저장된 정보가 재물에 해당하는지 여부(소극) 및 이를 복사하거나 출력해 간 경우 절도죄 구성 여부(소극) [대법원 2002. 7. 12., 선고, 2002도745]

【판시사항】

[1] 컴퓨터에 저장된 정보가 절도죄의 객체로서 재물에 해당하는지 여부(소극) 및 이를 복사하거나 출력해 간 경우 절도죄를 구성하는지 여부(소극)

[2] 컴퓨터 속의 정보를 빼내갈 목적으로 종이에 출력하여 가져간 경우 그 정보가 기재된 그 문서에 대한 절도죄가 성립하는지 여부(소극)

【판결요지】

[1] 절도죄의 객체는 관리가능한 동력을 포함한 '재물'에 한한다 할 것이고, 또 절도죄가 성립하기 위해서는 그 재물의 소유자 기타 점유자의 점유 내지 이용가능성을 배제하고 이를 자신의 점유하에 배타적으로 이전하는 행위가 있어야만 할 것인바, 컴퓨터에 저장되어 있는 '정보' 그 자체는

유체물이라고 볼 수도 없고, 물질성을 가진 동력도 아니므로 재물이 될 수 없다 할 것이며, 또 <u>이를 복사하거나 출력하였다 할지라도 그 정보 자체가 감소하거나 피해자의 점유 및 이용가능성을 감소시키는 것이 아니므로 그 복사나 출력 행위를 가지고 절도죄를 구성한다고 볼 수도 없다.</u>

[2] 피고인이 컴퓨터에 저장된 정보를 출력하여 생성한 문서는 피해 회사의 업무를 위하여 생성되어 피해 회사에 의하여 보관되고 있던 문서가 아니라, 피고인이 가지고 갈 목적으로 피해 회사의 업무와 관계없이 새로이 생성시킨 문서라 할 것이므로, 이는 피해 회사 소유의 문서라고 볼 수는 없다 할 것이어서, 이를 가지고 간 행위를 들어 피해 회사 소유의 문서를 절취한 것으로 볼 수는 없다.

329-26. 타인의 문서를 복사한 후 원본은 그대로 두고 사본만 가져간 경우(소극) [대법원 1996. 8. 23., 선고, 95도192]

【판결요지】

회사 직원이 업무와 관련하여 다른 사람이 작성한 회사의 문서를 복사기를 이용하여 복사를 한 후 원본은 제자리에 갖다 놓고 그 사본만 가져간 경우, 그 회사 소유의 문서의 사본을 절취한 것으로 볼 수는 없다.

329-27. 살해된 피해자의 주머니에서 꺼낸 지갑을 살해도구로 이용한 골프채와 옷 등 다른 증거품들과 함께 자신의 차량에 싣고 가다가 쓰레기 소각장에서 태워버린 경우 [대법원 2000. 10. 13., 선고, 2000도3655]

【판시사항】

[1] 절도죄의 성립에 필요한 '불법영득의 의사'의 의미

[2] 피고인이 살해된 피해자의 주머니에서 꺼낸 지갑을 살해도구로 이용한 골프채와 옷 등 다른 증거품들과 함께 자신의 차량에 싣고 가다가 쓰레기 소각장에서 태워버린 경우, 살인 범행의 증거를 인멸하기 위한 행위로서 불법영득의 의사가 있었다고 보기 어렵다.

【판결요지】

[1] 절도죄의 성립에 필요한 불법영득의 의사라 함은 권리자를 배제하고 타인의 물건을 자기의 소유물과 같이 그 경제적 용법에 따라 이용, 처분하려는 의사를 말한다.

[2] 피고인이 살해된 피해자의 주머니에서 꺼낸 지갑을 살해도구로 이용한 골프채와 옷 등 다른 증거품들과 함께 자신의 차량에 싣고 가다가 쓰레기 소각장에서 태워버린 경우, 살인 범행의 증거를 인멸하기 위한 행위로서 불법영득의 의사가 있었다고 보기 어렵다.

---

1. 사격장에서 군무를 이탈하면서 총기를 휴대한 경우 불법영득의 의사(소극) [대법원 1992. 9. 8., 선고, 91도3149]

【판시사항】

[1] 절도죄에서의 불법영득의 의사

[2] 사격장에서 군무를 이탈하면서 총기를 휴대하였다는 것만 가지고는 피고인에게 총기에 대한 불법영득의 의사가 있었다고 할 수 없다 한 사례

【판결요지】

[1] 절도죄의 성립에 필요한 불법영득의 의사라 함은 권리자를 배제하고 타인의 물건을 자기의 소유물과 같이 그 경제적 용법에 따라 이용·처분할 의사를 말하는 것으로 영구적으로 그 물건의 경제적 이익을 보유할 의사가 필요한 것은 아니지만 단순한 점유의 침해만으로서는 절도죄를 구성할 수 없고 소유권 또는 이에 준하는 본권을 침해하는 의사 즉 목적물의 물질을 영득할 의사이거나 또는 그 물질의 가치만을 영득할 의사이든 적어도 그 재물에 대한영득의 의사가 있어야 한다.

[2] 피고인이 군무를 이탈할 때 총기를 휴대하고 있는지 조차 인식할 수 없는 정신상태에 있었고 총기는 어떤 경우라도 몸을 떠나서는 안된다는 교육을 지속적으로 받아왔다면 사격장에서 군무를 이탈하면서 총기를 휴대하였다는것만 가지고는 피고인에게 총기에 대한 불법영득의 의사가 있었다고 할 수 없다 한 사례.

---

2. 후일 변제할 의사가 있을 경우 불법영득의사 여부(적극) [대법원 1999. 4. 9., 선고, 99도519]

【판시사항】

절도죄에 있어서 영득의 의사의 의미 및 후일 변제할 의사가 있었다면 불법영득의사가 부정되는지 여부(소극)

【판결요지】

절도죄에 있어 영득의 의사라 함은 권리자를 배제하고 타인의 물건을 자기 소유물과 같이 그 경제적 용법에 따라 이용·처분할 의사를 말하는 것이므로, 피고인이 현금 등이 들어 있는 피해자의 지갑을 가져갈 당시에 피해자의 승낙을 받지 않았다면 가사 피고인이 후일 변제할 의사가 있었다고 하더라도 불법영득의사가 있었다고 할 것이다.

329-28. 타인의 재물을 점유자의 승낙 없이 무단 사용하는 경우, 불법영득의사 유무의 판단 기준
[대법원 2000. 3. 28., 선고, 2000도493]

【판시사항】

[1] 타인의 재물을 점유자의 승낙 없이 무단 사용하는 경우, 불법영득의사 유무의 판단 기준

[2] 피해자의 승낙 없이 혼인신고서를 작성하기 위하여 피해자의 도장을 몰래 꺼내어 사용한 후 곧바로 제자리에 갖다 놓은 경우, 도장에 대한 불법영득의 의사가 있었다고 볼 수 없다.

【판결요지】

[1] 타인의 재물을 점유자의 승낙 없이 무단 사용하는 경우 그 사용으로 인하여 재물 자체가 가지는 경제적 가치가 상당한 정도로 소모되거나 또는 사용 후 그 재물을 본래의 장소가 아닌 다른 곳에 버리거나 곧 반환하지 아니하고 장시간 점유하고 있는 것과 같은 때에는 그 소유권 또는 본권을 침해할 의사가 있다고 보아 불법영득의 의사를 인정할 수 있으나, 그렇지 아니하고 그 사용으로 인한 가치의 소모가 무시할 수 있을 정도로 경미하고 또 사용 후 곧 반환한 것과 같은 때에는 그 소유권 또는 본권을 침해할 의사가 있다고 할 수 없어 불법영득의 의사를 인정할 수 없다.

---

1. 동네 선배의 차량을 3차례에 걸쳐 2-3시간 정도 몰래 운행한 후 원래의 장소에 갖다 놓은 행위(소극)
[대법원 1992. 4. 24., 선고, 92도118]

【판시사항】

[1] 사용절도에 있어서 불법영득의사의 판단기준

[2] 동네 선배의 차량을 3차례에 걸쳐 2-3시간 정도 몰래 운행한 후 원래의 장소에 갖다 놓은 행위에 불법영득의 의사가 없다고 본 사례

【판결요지】

[1] 타인의 재물을 점유자의 승낙 없이 무단사용하는 경우에 있어서 그 사용으로 물건 자체가 가지는 경제적 가치가 상당한 정도로 소모되거나 또는 사용 후 본래의 장소가 아닌 다른 곳에 버리거나 곧 반환하지 아니하고 장시간 점유하고 있는 것과 같은 때에는 그 소유권 또는 본권을 침해할 의사가 있다고 보아 불법영득의 의사를 인정할 수 있을 것이나 그렇지 아니하고 그 사용으로 인한 가치의 소모가 무시할 정도로 경미하고 또 사용 후 곧 반환한 것과 같은 때에는 그 소유권 또는 본권을 침해할 의사가 있다고 할 수 없어 불법영득의 의사를 인정할 수 없다고 봄이 상당하다.

[2] 동네 선배로부터 차량을 빌렸다가 반환하지 아니한 보조열쇠를 이용하여 그 후 3차례에 걸쳐 위 차량을 2-3시간 정도 운행한 후 원래 주차된 곳에 갖다 놓아 반환한 경우 피해자와의 친분관계, 차량의 운행경위, 운행시간, 운행 후의 정황 등에 비추어 불법령득의 의사가 있었다고 볼 수 없다.

2. 타인물건을 점유자의 승낙없이 무단사용하는 경우 불법영득의사의 유무의 판단기준 [대법원 1987. 12. 8., 선고, 87도1959]

【판결요지】

타인의 물건을 점유자의 승낙없이 무단사용하는 경우에 있어서 그 사용으로 물건자체가 가지는 경제적 가치가 상당한 정도로 소모되거나 또는 사용후 본래의 장소가 아닌 다른 곳에 버리거나 곧 반환하지 아니하고 장시간 점유하고 있었다면 그 소유권 또는 본권을 침해할 의사가 있다고 보아 불법영득의 의사를 인정할 수 있을 것이나 그렇지 아니하고 그 사용으로 인한 가치의 소모가 무시할 수 있을 정도로 경미하고 또 사용후 곧 반환하였다면 그 소유권 또는 본권을 침해할 의사가 있다고 할 수 없어 불법영득의 의사를 인정할 수 없다.

329-29. 절취한 대마를 흡입할 목적으로 소지 행위가 절도죄 외에 무허가대마소지죄를 구성하는지 여부(적극) 및 두 죄의 관계(=경합범) [대법원 1999. 4. 13., 선고, 98도3619]

【판시사항】

절취한 대마를 흡입할 목적으로 소지하는 행위가 절도죄 외에 무허가대마소지죄를 구성하는지 여부(적극) 및 두 죄의 관계(=경합범)

【판결요지】

대마취급자가 아닌 자가 절취한 대마를 흡입할 목적으로 소지하는 행위는 절도죄의 보호법익과는 다른 새로운 법익을 침해하는 행위이므로 절도죄의 불가벌적 사후행위로서 절도죄에 포괄흡수된다고 할 수 없고 절도죄 외에 별개의 죄를 구성한다고 할 것이며, 절도죄와 무허가대마소지죄는 경합범의 관계에 있다.

329-30. 위조유가증권이 절도죄의 객체가 되는지 여부(적극) [대법원 1998. 11. 24., 선고, 98도2967]

【판결요지】

유가증권도 그것이 정상적으로 발행된 것은 물론 비록 작성권한 없는 자에 의하여 위조된 것이라고 하더라도 절차에 따라 몰수되기까지는 그 소지자의 점유를 보호하여야 한다는 점에서 형법상 재물로서 절도죄의 객체가 된다.

329-31. 피해자로부터 지갑을 잠시 건네받아 지갑에서 현금카드를 꺼내 자동인출기에서 현금을 인출 후 현금카드를 반환한 경우, 현금카드에 대한 불법영득의사(소극) [대법원 1998. 11. 10., 선고, 98도2642]

【판시사항】

[1] 타인의 재물을 점유자의 승낙 없이 무단사용하는 경우, 불법영득의사 유무의 판단 기준

[2] 피해자로부터 지갑을 잠시 건네받아 임의로 지갑에서 현금카드를 꺼내어 현금자동인출기에서 현금을 인출하고 곧바로 피해자에게 현금카드를 반환한 경우, 현금카드에 대한 불법영득의사가 없다고 본 사례

【판결요지】

[1] 타인의 재물을 점유자의 승낙 없이 무단사용하는 경우에 있어서 그 사용으로 인하여 물건 자체가 가지는 경제적 가치가 상당한 정도로 소모되거나 또는 사용 후 그 재물을 본래 있었던 장소가 아닌 다른 곳에 버리거나 곧 반환하지 아니하고 장시간 점유하고 있는 것과 같은 때에는 그 소유권 또는 본권을 침해할 의사가 있다고 보아 불법영득의 의사를 인정할 수 있을 것이나 그렇지 아니하고 그 사용으로 인한 가치의 소모가 무시할 수 있을 정도로 경미하고 또한 사용 후 곧 반환한 것과 같은 때에는 그 소유권 또는 본권을 침해할 의사가 있다고 할 수 없어 불법영득의 의사를 인정할 수 없다.

---

1. 자동차의 사용절도로 인정된 경우 그에 소비된 휘발유에 대한 절도죄의 성부(소극) [대법원 1984. 4. 24., 선고, 84도311]

【판시사항】

[1] 친구가 근무하는 세차장에 있는 차를 운전하여 2킬로미터 정도 운행한 경우와 불법영득의 의사(사용절도)

[2] 자동차의 사용절도로 인정된 경우 그에 소비된 휘발유에 대한 절도죄의 성부(소극)

【판결요지】

[1] 피고인들이 친구의 근무처인 세차장에 들렀다가 이 사건 승용차를 발견하고는 습득한 승용차열쇠로 문을 열고 시동을 걸고서 아는 여자를 만나러 가기 위해 위 차를 운행하여 갔다가 위 세차장으로 되돌아 오던 중 위 승용차가 운행정지처분을 당하여 앞 번호판이 없었던 관계로 때마침 순찰중이던 방범대원에게 검문을 당하여 입건되었고 피고인들이 검거장소까지 운행한 거리가 약 2킬로미터 정도로서 그에 소요된 시간이 약 10분 정도라면 피고인들은 위 승용차를 불법영득하려 한 것이 아니고 잠깐동안 사용할 의사로 위와 같이 무단운행한 것이라 인정되므로 피고인들에게 불법영득의 의사가 있다고 보기 어렵다.

[2] 불법영득의 의사없이 타인의 자동차를 일시 사용하는 경우 휘발유가 소비되는 것은 필연적이므로 자동차의 사용방법, 사용시간, 주행거리 그밖의 구체적인 상황으로 보아 자동차 그 자체의 일시사용이 그 주목적이고 소비된 휘발유의 양이 매우 적은 것임이 명백한 경우에는 그 휘발유의 소비는 자동차의 일시사용 가운데 포함되는 것으로서 이에 대하여는 별도의 절도죄가 성립되지 아니한다.

329-32. 교회가 분열된 후 교회재산을 자기 교파만이 사용하기 위하여 가져간 경우(적극) [대법원 1998. 7. 10., 선고, 98도126]

【판결요지】

하나의 교회가 두 개 이상으로 분열된 경우 그 재산의 처분에 관하여 교회 장정 등에 규정이 없는 한 분열 당시 교인들의 총의에 따라 그 귀속을 정하여야 하고 그와 같은 절차 없이 위 재산에 대하여 다른 교파의 점유를 배제하고 자기 교파만의 지배에 옮긴다는 인식 아래 이를 가지고 갔다면 절도죄를 구성한다.

329-33. 타인의 전화기를 무단사용하는 경우(소극) [대법원 1998. 6. 23., 선고, 98도700]

【판결요지】

타인의 전화기를 무단으로 사용하여 전화통화를 하는 행위는 전기통신사업자가 그가 갖추고 있는 통신선로, 전화교환기 등 전기통신설비를 이용하고 전기의 성질을 과학적으로 응용한 기술을 사용하여 전화가입자에게 음향의 송수신이 가능하도록 하여 줌으로써 상대방과의 통신을 매개하여 주는 역무, 즉 전기통신사업자에 의하여 가능하게 된 전화기의 음향송수신기능을 부당하게 이용하는 것으로, 이러한 내용의 역무는 무형적인 이익에 불과하고 물리적 관리의 대상이 될 수 없어 재물이 아니라고 할 것이므로 절도죄의 객체가 되지 아니한다.

329-34. 권원 없이 타인의 토지 위에 식재한 감나무에서 감을 수확한 행위(적극) [대법원 1998. 4. 24., 선고, 97도3425]

【판결요지】

타인의 토지상에 권원 없이 식재한 수목의 소유권은 토지소유자에게 귀속하고 권원에 의하여 식재한 경우에는 그 소유권이 식재한 자에게 있으므로, 권원 없이 식재한 감나무에서 감을 수확한 것은 절도죄에 해당한다.

---

1. 타인의 토지상에 식재한 수목의 소유권 [대법원 1980. 9. 30., 선고, 80도1874]
【판결요지】
타인의 토지상에 권원없이 식재한 수목의 소유권은 토지소유자에게 귀속되고 권원에 의하여 식재한 경우에는 그 소유권이 식재한 자에게 있다

329-35. 예식장 축의금 접수대에서 접수인인 것처럼 행세하여 축의금을 교부받아 가로챈 행위(절도) [대법원 1996. 10. 15., 선고, 96도2227]

【판결요지】

피해자가 결혼예식장에서 신부측 축의금 접수인인 것처럼 행세하는 피고인에게 축의금을 내어 놓자 이를 교부받아 가로챈 사안에서, 피해자의 교부행위의 취지는 신부측에 전달하는 것일 뿐 피고인에게 그 처분권을 주는 것이 아니므로, 이를 피고인에게 교부한 것이라고 볼 수 없고 단지 신부측 접수대에 교부하는 취지에 불과하므로 피고인이 그 돈을 가져간 것은 신부측 접수처의 점유를 침탈하여 범한 절취행위라고 보는 것이 정당하다.

---

1. 책을 빌려서 보는 척하다 가져간 경우 절도죄의 성부(적극) [대법원 1983. 2. 22., 선고, 82도3115]

【판결요지】

피해자가 가지고 있는 책을 잠깐 보겠다고 하며 동인이 있는 자리에서 보는 척 하다가 가져갔다면 위 책은 아직 피해자의 점유하에 있었다고 할 것이므로 절도죄가 성립한다.

---

2. 금방에서 귀금속을 구입할 것처럼 가장하여 순금목걸이 등을 건네받은 다음 도주한 경우(적극) [대법원 1994. 8. 12., 선고, 94도1487]

【판결요지】

피고인이 피해자 경영의 금방에서 마치 귀금속을 구입할 것처럼 가장하여 피해자로부터 순금목걸이 등을 건네받은 다음 화장실에 갔다 오겠다는 핑계를 대고 도주한 것이라면 위 순금목걸이 등은 도주하기 전까지는 아직 피해자의 점유하에 있었다고 할 것이므로 이를 절도죄로 의율 처단한 것은 정당하다.

---

3. 동업자금으로 구입한 포크레인을 피해자의 허락 없이 타인에게 가져가도록 한 행위(적극) [대법원 1990. 9. 11., 선고, 90도1021]

【판시사항】

피고인이 피고인과 피해자의 동업자금으로 구입한 포크레인을 피해자의 허락 없이 공소외인으로 하여금 운전하여 가도를 한 행위가 절도죄를 구성하는지 여부(적극)

【판결요지】

피고인이 피고인과 피해자의 동업자금으로 구입하여 피해자가 관리하고 있던 다이야포크레인 1대를 그의 허락 없이 공소외인으로 하여금 운전하여 가도록 한 행위는 절도죄를 구성한다.

329-36. 상사와의 의견 충돌 후 항의 표시로 사표를 제출한 다음 평소 전적으로 보관, 관리하던 비자금 관계서류 및 금품이 든 가방을 들고나온 경우(소극) [대법원 1995. 9. 5., 선고, 94도3033]

【판시사항】

상사와의 의견 충돌 끝에 항의의 표시로 사표를 제출한 다음 평소 피고인이 전적으로 보관, 관리해 오던 이른바 비자금 관계 서류 및 금품이 든 가방을 들고 나온 경우, 절도죄의 성립 부정

【판결요지】

상사와의 의견 충돌 끝에 항의의 표시로 사표를 제출한 다음 평소 피고인이 전적으로 보관, 관리해 오던 이른바 비자금 관계 서류 및 금품이 든 가방을 들고 나온 경우, 불법령득의 의사가 있다고 할 수 없을 뿐만 아니라, 그 서류 및 금품이 타인의 점유하에 있던 물건이라고도 볼 수 없다.

329-37. 타인과 공유관계에 있는 물건의 절도죄 객체여부(적극) [대법원 1994. 11. 25., 선고, 94도2432]
　【판결요지】
　타인과 공유관계에 있는 물건도 절도죄의 객체가 되는 타인의 재물에 속한다.

---

1. 공동점유에 속한 동업재산을 단독으로 자기 지배로 옮긴 경우(적극) [대법원 1987. 12. 8., 선고, 87도 1831]
【판결요지】
동업자의 공동점유에 속하는 동업재산을 다른 동업자의 승낙없이 그 점유를 배제하고 단독으로 자기의 지배로 옮겼다면 절도죄가 성립된다.

---

2. 조합원 1인이 조합원 공동점유에 속하는 합유물 취거행위(적극) [대법원 1982. 4. 27., 선고, 81도 2956]
【판결요지】
조합원의 1인이 조합원의 공동점유에 속하는 합유물을 다른 조합원의 승낙없이 단독으로 취거한 경우에는 절도죄가 성립한다.

---

3. 공동점유에 속하는 조합재산을 단독점유로 옮긴 경우(적극) [대법원 1982. 12. 28., 선고, 82도2058]
【판결요지】
조합원의 1인이 조합원의 공동점유에 속하는 합유의 물건을 다른 조합원의 승락없이 조합원의 점유를 배제하고 단독으로 자신의 지배하에 옮긴다는 인식이 있었다면 절도죄에 있어서의 불법영득의 의사가 있었다고 볼 것이다.

329-38. 섬에 오랫동안 방치된 물건 사용행위(소극) [대법원 1994. 10. 11., 선고, 94도1481]
　【판결요지】
　육지로부터 멀리 떨어진 섬에서 광산을 개발하기 위하여 발전기, 경운기 엔진을 섬으로 반입하였다가 광업권 설정이 취소됨으로써 광산개발이 불가능하게 되자 육지로 그 물건들을 반출하는 것을 포기하고 그대로 유기하여 둔채 섬을 떠난 후 10년 동안 그 물건들을 관리하지 않고 있었다면, 그 섬에 거주하는 피고인이 그 소유자가 섬을 떠난지 7년이 경과한 뒤 노후된 물건들을 피고인 집 가까이에 옮겨 놓았다 하더라도, 그 물건들의 반입 경위, 그 소유자가 섬을 떠나게 된 경위, 그 물건들을 옮긴 시점과 그간의 관리상황 등에 비추어 볼 때 피고인이 그 물건들을 옮겨 갈 당시 원소유자나 그 상속인이 그물건들을 점유할 의사로 사실상 지배하고 있었다고는 볼 수 없으므로, 그 물건들을 절도죄의 객체인 타인이 점유하는 물건으로 볼 수 없다고 한 원심판결을 수긍한 사례.

329-39. 절취목적으로 내리막길에 주차되어 있는 자동차 안에 들어가 핸드브레이크를 풀자 자동차가 10미터 정도 굴러가다 멈춘 경우, 절도와 도로교통법상 운전 여부 [대법원 1994. 9. 9., 선고, 94도1522]

【판시사항】

절취 목적으로 내리막길에 주차되어 있는 자동차 안에 들어가 핸드브레이크를 풀자 자동차가 10미터 정도 굴러가다 멈춘 경우, 절도의 기수 여부와 도로교통법상 운전의 해당 여부

【판결요지】

자동차를 절취할 생각으로 자동차의 조수석문을 열고 들어가 시동을 걸려고시도하는 등 차 안의 기기를 이것저것 만지다가 핸드브레이크를 풀게 되었는데 그 장소가 내리막길인 관계로 시동이 걸리지 않은 상태에서 약 10미터 전진하다가 가로수를 들이받는 바람에 멈추게 되었다면 절도의 기수에 해당한다고 볼 수 없을 뿐 아니라 도로교통법 제2조 제19호 소정의 자동차의 운전에 해당하지 아니한다.

329-40. 살해된 피해자의 재물에 대한 점유 [대법원 1993. 9. 28., 선고, 93도2143]

【판결요지】

피해자를 살해한 방에서 사망한 피해자 곁에 4시간 30분쯤 있다가 그곳 피해자의 자취방 벽에 걸려 있던 피해자가 소지하는 물건들을 영득의 의사로 가지고 나온 경우 피해자가 생전에 가진 점유는 사망 후에도 여전히 계속되는 것으로 보아야 한다.

329-41. 길가에 시동을 걸어놓은 채 세워둔 자동차를 200미터 가량 간 경우 불법영득 의사(적극)
[대법원 1992. 9. 22., 선고, 92도1949]

【판결요지】

피고인이 길가에 시동을 걸어놓은 채 세워둔 모르는 사람의 자동차를 함부로 운전하고 약 200미터 가량 갔다면 불법영득의 의사가 있었다 할 것이다.

> 1. 길가에 세워져 있는 오토바이를 소유자의 승낙없이 타고가서 용무를 마친 약1시간 30분 후 본래 있던 곳에서 약 7,8미터 되는 장소에 방치(적극) [대법원 1981. 10. 13., 선고, 81도2394]
> 【판결요지】
> 절도죄에 있어서의 불법영득의 의사는 영구적으로 그 물건의 경제적 이익을 보유할 의사가 필요치 아니하여도 소유권 또는 이에 준하는 본권을 침해하는 의사, 즉 목적물의 물질을 영득할 의사나 물질의 가치만을 영득할 의사라도 영득의 의사가 있다고 할 것인바, 피고인이 길가에 세워져 있는 오토바이를 소유자의 승낙없이 타고가서 용무를 마친 약1시간 30분 후 본래 있던 곳에서 약 7,8미터 되는 장소에 방치하였다면 불법영득의 의사가 있었다고 할 것이다.

329-42. 내연관계 있던 자의 물건을 가져와 보관한 후 그가 이를 찾으러 오면 이를 반환하면서 타일러 다시 내연관계를 지속시킬 생각으로 가져온 경우(소극) [대법원 1992. 5. 12, 선고, 92도280]

【판결요지】

내연관계에 있던 여자가 계속 회피하며 만나 주지 않자 내연관계를 회복시켜 볼 목적으로 그녀의 물건을 가져 와 보관한 후 이를 찾으러 오면 그 때 그 물건을 반환하면서 타일러 다시 내연관

계를 지속시킬 생각으로 물건을 가져 왔고 그녀의 가족에게 그 사실을 그녀에게 연락하라고 말하였으며 그 후 이를 보관하고 있으면서 이용 내지 소비하지 아니한 경우 불법영득의 의사가 없다.

329-43. 가구회사의 디자이너가 평소 임의처분이 허용된 자신이 제작한 가구 디자인 도면을 가지고 나온 행위(소극) [대법원 1992. 3. 27., 선고, 91도2831]

【판결요지】

가구회사의 디자이너인 피고인이 자신이 제작한 가구 디자인 도면을 가지고 나온 경우 평소 위 회사에서 채택한 도면은 그 유출과 반출을 엄격히 통제하고 있으나 채택하지 아니 한 도면들은 대부분 작성한 디자이너에게 반환하여 각자가 자기의 서랍 또는 집에 보관하거나 폐기하는 등 디자이너 개인에게 임의처분이 허용되어 왔고, 피고인은 회사로부터 부당하게 징계를 받았다고 생각하고 노동위원회에 구제신청을 하면서 자신이 그 동안 회사업무에 충실하였다는 사실을 입증하기 위한 자료로 삼기 위하여 이를 가지고 나온 것이라면 피고인에게 위 도면들에 대한 불법영득의 의사가 있었다고 볼 수 없다.

---

1. 타인의 재물을 임의로 경찰관서에 가져가 범죄의 증거물로 제시한 경우(소극) [대법원 1986. 7. 8., 선고, 86도354]

【판결요지】

피고인이 피해자등과 말다툼을 하면서 시비하는 중에 그들중 일행이 피고인을 식칼로 찔러 죽이겠다고 위협을 하여 주위를 살펴보니 식칼이 있어 이를 갖고 파출소에 가져가 협박의 증거물로 제시하였다면, 가사 피고인의 위 협박의 신고내용이 허위라고 하더라도 불법영득의 의사가 있었다고 할 수는 없다.

---

2. 피해자의 전화번호를 알아두기 위하여 전화요금 영수증을 가져간 행위(소극) [대법원 1989. 11. 28., 선고, 89도1679]

【판결요지】

절도죄의 성립에 필요한 불법영득의 의사라 함은 권리자를 배제하고 타인의 물건을 자기의 소유물과 같이 이용, 처분할 의사를 의미한다 할 것인 바, 피고인이 피해자의 전화번호를 알아두기 위하여 피해자가 떨어뜨린 전화요금영수증을 습득한 후 돌려주지 않은 경우에 그에게 불법영득의 의사가 있다고 인정하기 어렵다.

---

3. 타인 소유의 버스요금함 서랍 견본을 그에 대한 최초 고안자로서의 권리를 확보하겠다는 생각으로 가져와 의장출원을 의뢰하고 당일 원래 있던 곳에 가져다 둔 경우[대법원 1991. 6. 11., 선고, 91도878]

【판시사항】

피고인이 타인 소유의 버스요금함 서랍 견본 1개를 그에 대한 최초 고안자로서의 권리를 확보하겠다는 생각으로 가지고 나가 변리사에게 의장출원을 의뢰하고 그 도면을 작성한 뒤 당일 이를 원래 있던 곳에 가져다 두었다면 불법영득의사를 인정할 수 없다.

329-44. 임야의 입목을 벌채 해주면 원목을 주겠다고 한 후 이를 이행하지 않고 다른 사람에게

매도한 경우(소극) [대법원 1991. 4. 26., 선고, 90도1958]

【판시사항】

피고인과 갑 간에 갑이 임야의 입목을 벌채하는 등의 공사를 완료하면 피고인은 갑에게 벌채한 원목을 인도하기로 하는 계약이 성립되어 갑이 계약상의 의무를 다 이행하였는데 피고인이 이를 갑에게 인도하지 아니하고 타인에게 매도한 행위가 절도죄를 구성하지 아니한다고 본 사례

【판결요지】

피고인과 갑 간에 '갑이 임야의 입목을 벌채하는 등의 공사를 완료하면 피고인은 갑에게 그 벌채한 원목을 인도한다'는 계약이 성립되고 갑이 위 계약상 의무를 모두 이행하였더라도 그것만으로 위 원목의 소유권이 바로 갑에게 귀속되는 것이 아니라 별도로 그 소유자인 피고인이 갑에게 위 원목에 관한 소유권이전의 의사표시를 하고 이를 인도함으로써 비로소 그 소유권이전의 효력이 생기는 것이므로, 아직 피고인이 갑에게 위 원목에 관한 소유권이전의 의사표시를 하고 이를 인도하지 아니한 채 이를 타인에게 매도한 행위는 자기 소유 물건의 처분행위에 불과하여 절도죄를 구성하지 아니한다.

329-45. 자기에게 권리가 있다고 허위의 주장을 하면서 피해자 소유물을 가져간 데 대하여 피해자의 묵시적인 동의가 있는 경우(소극) [대법원 1990. 8. 10., 선고, 90도1211]

【판시사항】

피고인이. 자기에게 권리가 있다고 허위의 주장을 하면서 피해자 소유물을 가져간 데 대하여 피해자의 묵시적인 동의가 있은 경우 절도죄의 성립여부(소극)

【판결요지】

피고인이 피해자에게 이 사건 밍크 45마리에 관하여. 자기에게 그 권리가 있다고 주장하면서 이를 가져간 데 대하여 피해자의 묵시적인 동의가 있었다면 피고인의 주장이 후에 허위임이 밝혀졌더라도 피고인의 행위는 절도죄의 절취행위에는 해당하지 않는다.

---

1. 동거중인 피해자의 지갑에서 현금을 꺼내 가는 것을 피해자가 목격하고서도 묵인한 경우(소극) [대법원 1985. 11. 26., 선고, 85도1487]

【판결요지】

피고인이 동거중인 피해자의 지갑에서 현금을 꺼내가는 것을 피해자가 현장에서 목격하고도 만류하지 아니하였다면 피해자가 이를 허용하는 묵시적 의사가 있었다고 봄이 상당하여 이는 절도죄를 구성하지 않는다.

329-46. 회사 채권 확보목적으로 회사의 총무과장이 채무자 소유의 자동차를 채무자의 승낙없이 운전하여 회사로 옮겨 놓은 다음, 법원의 가압류결정과 감수보존명령에 따라 집달관이 보관하게 될 때까지 회사 지배하에 둔 경우(적극) [대법원 1990. 5. 25., 선고, 90도573]

【판시사항】

회사의 채권을 확보할 목적으로 회사의 총무과장이 채무자 소유의 자동차를 채무자의 승낙없이 운전하여 회사로 옮겨 놓은 다음, 법원의 가압류결정과 감수보존명령에 따라 집달관이 보관하게 될 때까지 위 회사의 지배하에 둔 경우 불법영득의사의 유무(적극)

【판결요지】

회사의 총무과장이 회사의 물품대금채권을 확보할 목적으로 채무자의 승낙을 받지 아니한 채 그의 의사에 반하여 부산에 있는 그의 점포 앞에 세워놓은 그의 소유인 자동차를 운전하여 광주에 있는 위 회사로 옮겨놓은 다음, 광주지방법원의 가압류결정과 감수보존명령에 따라 집달관이 보존하게 될 때까지 위 회사의 지배하에 두었다면, 위 자동차의 권리자를 배제하고 타인의 물건을 자기의 소유인 것과 마찬가지로 그 경제적용법에 따라 이용하거나 처분할 의사로 자동차를 광주로 운전하여 간 것으로 보지 않을 수 없으므로 불법영득의 의사가 있었다고 볼 수 밖에 없다.

329-47. 주인집 방과 세집 방에서 각 재물을 절취한 경우 절도죄 죄수 [대법원 1989. 8. 8., 선고, 89도664]

【판결요지】

절도범이 갑의 집에 침입하여 그 집의 방안에서 그 소유의 재물을 절취하고 그 무렵 그 집에 세들어 사는 을의 방에 침입하여 재물을 절취하려다 미수에 그쳤다면 <u>위 두 범죄는 그 범행장소와 물품의 관리자를 달리하고 있어서 별개의 범죄를 구성한다.</u>

329-48. 절도죄의 성립요건과 그 설시방법 [대법원 1989. 6. 13., 선고, 89도28]

【판결요지】

절도죄는 범인이 불법영득의 의사로 타인이 점유하고 있는 재물을 점유자의 의사에 반하여 자기의 지배하에 옮기는 것으로 성립되므로 <u>절도의 객체가 현금인 경우 이를 누가 보관하고 있었는가를 밝히고 범인이 그 보관자의 의사에 반하여 자기지배하에 옮기는 과정을 통상인이 알아 볼 수 있도록 설시하여야 한다.</u>

329-49. 피해자의 집 부엌문에 시정된 열쇠고리의 장식을 뜯는 행위 [대법원 1989. 2. 28., 선고, 88도1165]

【판결요지】

피해자의 집 부엌문에 시정된 열쇠고리의 장식을 뜯는 행위만으로는 <u>절도죄의 실행행위에 착수한 것이라고 볼 수 없다.</u>

329-50. 불법취득물에 대한 소유권포기의 오인과 절도 범의 [대법원 1989. 1. 17., 선고, 88도971]

【판시사항】

【판결요지】

절도의 범의는 타인의 점유하에 있는 타인소유물을 그 의사에 반하여 자기 또는 제3자의 점유하에 이전하는 데에 대한 인식을 말하므로, <u>타인이 그 소유권을 포기하고 버린 물건으로 오인하여 이를 취득하였다면 이와 같이 오인하는 데에 정당한 이유가 인정되는 한 절도의 범의를 인정할 수 없다.</u>

329-51. 절취의 목적으로 재물을 물색한 경우 실행의 착수여부(적극) [대법원 1987. 1. 20., 선고, 86도2199]

【판결요지】

금품을 훔칠 목적으로 피해자의 집에 담을 넘어 침입하여 그집 부엌에서 금품을 물색하던 중에 발각되어 도주한 것이라면 이는 절취행위에 착수한 것이라고 보아야 한다.

---

1. 절도 목적으로 건조물에 침입하여 물색중 발각된 경우 [대법원 1984. 3. 13., 선고, 84도71]

【판결요지】

절도의 목적으로 건조물에 침입한 자가 절취할 물건을 물색하다가 발각되어 미수에 그친 경우에는 건조물침입죄와 절도미수의 죄가 성립되며, 다만 상습범일 경우에는 특정범죄가중처벌등에 관한 법률 제5조의 4 제1항의 입법취지 등으로 보아 그 법 제5조의 4 제1항 위반의 죄가 성립할 뿐이다.

---

2. 자동차 안에 들어 있는 밍크코트를 절취할 생각으로 공범이 차 옆에서 망을 보는 사이 차 오른쪽 앞문을 열려고 앞문손잡이를 잡아당기다 발각된 경우 [대법원 1986. 12. 23., 선고, 86도2256]

【판결요지】

절도죄의 실행의 착수시기는 재물에 대한 타인의 사실상의 지배를 침해하는데 밀접한 행위가 개시된 때라 할 것인바 피해자 소유 자동차 안에 들어 있는 밍크코트를 발견하고 이를 절취할 생각으로 공범이 위 차 옆에서 망을 보는 사이 위 차 오른쪽 앞문을 열려고 앞문손잡이를 잡아당기다가 피해자에게 발각되었다면 절도의 실행에 착수하였다고 봄이 상당하다.

---

3. 소를 흥정하고 있는 피해자의 뒤에 접근하여 그가 들고 있던 가방으로 돈이 들어 있는 피해자의 하의 왼쪽 주머니를 스치면서 지나간 행위(소극) [대법원 1986. 11. 11., 선고, 86도1109]

【판결요지】

소를 흥정하고 있는 피해자의 뒤에 접근하여 그가 들고 있던 가방으로 돈이 들어 있는 피해자의 하의 왼쪽 주머니를 스치면서 지나간 행위는 단지 피해자의 주의력을 흐트려 주머니속에 들은 금원을 절취하기 위한 예비단계의 행위에 불과한 것이고 이로써 실행의 착수에 이른 것이라고는 볼 수 없다.

329-52. 절취한 자기앞수표를 현금 대신으로 교부한 행위의 사기죄 성부 [대법원 1987. 1. 20., 선고, 86도1728]

【판결요지】

금융기관발행의 자기앞수표는 그 액면금을 즉시 지급받을 수 있어 현금에 대신하는 기능을 하고 있으므로 절취한 자기앞수표를 현금 대신으로 교부한 행위는 절도행위에 대한 가벌적 평가에 당연히 포함되는 것으로 봄이 상당하다 할 것이므로 절취한 자기앞수표를 음식대금으로 교부하고 거스름돈을 환불받은 행위는 절도의 불가벌적 사후처분행위로서 사기죄가 되지 아니한다.

1. 절취한 열차승차권을 역직원에게 자기의 소유인 양 속여 현금과 교환한 경우(소극) [대법원 1975. 8. 29., 선고, 75도1996]

【판결요지】

열차승차권은 그 자체에 권리가 화체되어 있는 무기명증권이므로 이를 곧 사용하여 승차하거나 권면가액으로 양도할 수 있고 매입금액의 환불을 받을 수 있는 것으로서 열차승차권을 절취한 자가 환불을 받음에 있어 비록 기망행위가 수반한다 하더라도 절도죄 외에 따로 사기죄가 성립하지 아니한다.

---

2. 절취한 자기앞 수표를 추심의뢰하여 환금한 경우 사기죄(소극) [대법원 1982. 7. 27., 선고, 82도822]

【판결요지】

금융기관 발행의 자기앞수표는 즉시 지급받을 수 있어 현금에 대신하는 기능을 하고 있는 점에서 현금적인 성격이 강하므로 절취한 자기앞수표의 환금행위는 절취행위에 대한 수반한 당연의 경과라 하여 절도행위에 대한 가벌적 평가에 당연히 포함된다 봄이 상당하므로 사기죄가 성립하지 아니한다.

329-53. 점원의 초청으로 점포내에 들어가 물건을 취거하는 행위와 불법영득의 의사(적극) [대법원 1986. 9. 9., 선고, 86도1439]

【판결요지】

피해자가 경영하는 주점의 잠겨 있는 샷타문을 열고 그곳 주방안에 있던 맥주등을 꺼내어 마셨다면 타인의 재물에 대한 불법영득의 의사가 있었다고 할 것이고 주점까지 가게된 동기가 주점점원의 초청에 의한 것이었다 하더라도 피해자의 승낙없이 재물을 취거하는 행위는 절도죄를 구성한다.

329-54. 피해자 소유의 오토바이를 타고 심부름을 가다 마음이 변하여 타고 가버린 경우(=횡령죄) [대법원 1986. 8. 19., 선고, 86도1093]

【판시사항】

피해자 소유의 오토바이를 타고 심부름을 가다가 마음이 변하여 그대로 타고 가버린 경우의 죄책

【판결요지】

피해자가 그 소유의 오토바이를 타고 심부름을 다녀오라고 하여서 그 오토바이를 타고 가다가 마음이 변하여 이를 반환하지 아니한 채 그대로 타고 가버렸다면 횡령죄를 구성함은 별론으로 하고 적어도 절도죄를 구성하지는 아니한다.

329-55. 종중소유의 분묘를 간수하고 있는 산지기가 그 분묘에 설치된 석등을 반출해 낸 경우(=절도) [대법원 1985. 3. 26., 선고, 84도3024,84감도474]

【판시사항】

종중소유의 분묘를 간수하고 있는 산지기가 그 분묘에 설치된 석등 등을 반출해 낸 경우의 죄책

【판결요지】

산지기로서 종중 소유의 분묘를 간수하고 있는 자는 그 분묘에 설치된 석등이나 문관석 등을 점유하고 있다고는 할 수 없으므로 이러한 물건 등을 반출하여 가는 행위는 횡령죄가 아니고 절도

<u>죄를 구성한다.</u>

329-56. 소매치기에 있어서의 실행의 착수시기 [대법원 1984. 12. 11., 선고, 84도2524]

【판결요지】

소매치기의 경우 피해자의 양복상의 주머니로부터 금품을 절취하려고 그 호주머니에 손을 뻗쳐 그 겉을 더듬은 때에는 절도의 범행은 <u>예비단계를 지나 실행에 착수하였다고 봄이 상당하다.</u>

329-57. 강간피해자가 도피하면서 범죄현장에 놓고간 가방에서 돈을 꺼낸 경우(절도) [대법원 1984. 2. 28., 선고, 84도38]

【판시사항】

강간피해자가 도피하면서 범죄현장에 놓고간 가방에서 피고인이 돈을 꺼낸 경우의 죄책

【판결요지】

강간을 당한 피해자가 도피하면서 현장에 놓아두고 간 손가방은 점유이탈물이 아니라 사회통념상 피해자의 지배하에 있는 물건이라고 보아야 할 것이므로 피고인이 그 손가방안에 들어 있는 피해자 소유의 돈을 꺼낸 소위는 절도죄에 해당한다.

329-58. 창고밖으로 물건을 운반해 가다가 발각된 경우 절도죄의 기수(적극) [대법원 1984. 2. 14., 선고, 83도3242]

【판결요지】

<u>창고에서 물건을 밖으로 들고 나와 운반해가다가 방범대원들에게 발각되어 체포되었다면 절도의 기수에 해당한다.</u>

329-59. 별거중인 남편이 궤짝에 넣어 보관중인 인장을 처가 취거한 경우(적극) [대법원 1984. 1. 31., 선고, 83도3027]

【판결요지】

인장이 들은 돈궤짝을 사실상 별개 가옥에 별거 중인 남편이 그 거주가옥에 보관중이었다면 처가 그 돈궤짝의 열쇠를 소지하고 있었다고 하더라도 그안에 들은 인장은 처의 단독보관하에 있는 것이 아니라 남편과 공동보관하에 있다고 보아야 할 것이므로, <u>공동보관자중의 1인인 처가 다른 보관자인 남편의 동의없이 불법영득의 의사로 위 인장을 취거한 이상 절도죄를 구성한다고 보아야 할 것이다.</u>

329-60. 대금지급을 연체중인 매수인이 매매목적물을 타에 전매한 경우 매도인 측의 취거행위와 절도죄 성부(적극) [대법원 1983. 11. 22., 선고, 83도2539]

【판결요지】

(갑)회사가 공소외 (을)에게 철재를 외상 판매하고 그 대금지급을 위하여 받은 약속어음이 부도

되어 동 물품의 반환청구권을 가지고 있다 하여도, (갑)회사의 사원인 피고인이 위 (을)로부터 피해자 (병)이 위 철재를 매수하여 점유하고 있는 사실을 알고서도 이를 운반하여 갔다면 절도죄의 성립에 영향이 없다.

329-61. 손가방 걸쇠만을 열은 경우 절도죄 실행 착수(적극) [대법원 1983. 10. 25., 선고, 83도2432]

【판결요지】
금품을 절취하기 위하여 고속버스 선반 위에 놓여진 손가방의 한쪽 걸쇠만 열었다 하여도 절도 범행의 실행에 착수하였다 할 것이다.

329-62. 판매사원이 회사의 거래자에게 임의로 물품 인출한 소위 [대법원 1983. 10. 25., 선고, 83도1865]

【판결요지】
회사의 판매사원인 피고인이 임의로(물품창고에 미리 준비한 사제열쇠로 들어가 당직근무자나 지점장에게 알리지 않고) 물품을 인출하여 공소외인에게 교부했더라도, 그 공소외인이 회사와 직접 거래를 개시한 자이고 위 물품은 회사와 공소외인간의 거래물품으로 정리되어 그 대금의 일부까지 납부한 사실이 인정된다면, 피고인의 위 소위는 비록 물품인출절차에 잘못이 있다 하더라도 정상거래를 위한 출고로 보아 불법영득의사로써 절취한 것이라고는 할 수 없다.

329-63. 재물의 타인성을 오신한 취거행위와 절도죄 범의(소극) [대법원 1983. 9. 13., 선고, 83도1762]

【판결요지】
절도죄에 있어서 재물의 타인성을 오신하여 그 재물이 자기에게 취득(빌린 것)할 것이 허용된 동일한 물건으로 오인하고 가져온 경우에는 범죄사실에 대한 인식이 있다고 할 수 없으므로 범의가 조각되어 절도죄가 성립하지 아니한다.

329-64. 효력없는 해약통고후 매수인이 특약에 따라 매수묘목을 이식한 경우(소극) [대법원 1983. 6. 28., 선고, 83도1132]

【판결요지】
상대방이 계약의 이행에 착수한 이후에는 계약당사자 일방은 계약금의 포기 또는 배액상환으로써 계약을 해제할 수 없는 것이므로 매수인이 묘목매매계약의 잔대금 지급전에라도 매수묘목을 이식 인도받을 수 있도록 한 특약에 따라 묘목의 이식작업에 착수하였다면 그 이후 매도인의 계약해제는 효력이 없고 따라서 매수인이 위 계약통고후 묘목을 이식한 행위에는 타인의 재물을 절취한다는 의사가 있다고 볼 수 없다.

329-65. 자기채권 추심을 위한 채무자 소유의 금원탈취(적극) [대법원 1983. 4. 12., 선고, 83도297]

【판결요지】

채무자의 책상설합을 승락없이 뜯어 돈을 꺼내 자기의 채권의 변제에 충당한 것은 자기채권의 추심을 위하여 채무자의 점유하에 있는 채무자 소유의 금원을 불법하게 탈취한 것으로 불법영득의 의사가 있다고 볼 것이다.

329-66. 임의로 타인 소유물을 취거하였다가 반환하거나 차용증을 작성해 준 경우(적극) [대법원 1983. 3. 8., 선고, 83도54]

【판결요지】

피고인이 임의로 가져나온 카메라를 전당포 입질이 여의치 아니하여 후일 되돌려 주었다거나, 현금을 가져나올 때 일시 차용한다는 쪽지를 써 놓았다 하여도 소유자의 사전 승락없이 카메라와 현금을 가져 나왔다면 불법영득의 의사가 있었다고 할 것이다.

329-67. 매도한 배추의 처분과 불법영득의 의사 [대법원 1982. 2. 23., 선고, 81도2371]

【판결요지】

매수인이 매수한 배추를 약정기일까지 수거해 가지도 않고 달리 연락도 되지 않는데다가 배추는 누렇게 뜨고 썩기 시작하여 이를 그대로 다 버리게 될 우려가 있어 소외인에게 처분하고 그 대금 중 소개비를 공제한 잔금을 농협에 정기예탁한 경우라면 피고인에게 불법영득의 의사가 있었다고 볼 수 없다.

329-68. 절취한 은행예금통장을 이용하여 은행원을 기만해서 예금을 인출한 행위가 별도로 사기죄 구성 여부(적극) [대법원 1974. 11. 26., 선고, 74도2817]

【판결요지】

절취한 은행예금통장을 이용하여 은행원을 기망해서 진실한 명의인이 예금을 찾는 것으로 오신시켜 예금을 편취한 것이라면 새로운 법익의 침해로 절도죄 외에 따로 사기죄가 성립한다.

329-69. 절도죄의 성립 요건으로서의 "불법영득 의사"의 의의 [대법원 1965. 2. 24., 선고, 64도795]

【판결요지】

절도죄의 성립에 있어서 영구적으로 그 물건의 경제적 이익을 보지할 의사가 필요치는 아니하여도 단순한 점유의 침해만으로서는 절도죄가 구성될 수 없고 소유권 또는 이에 준하는 본권을 침해하는 의사 즉 목적물의 물질을 영득할 의사나 또 물질의 가치만을 영득할 의사이든 적어도 그 재물에 대한 영득의 의사가 있어야 할 것인바, 피고인은 자신이 잃어버린 총을 보충하기 위하여 같은 소속대 3회기중대 공소외 갑 소지 군용 칼빙소총 1정을 무단히 가지고 나온데 불과하고 영득의 의사가 없었다는 것이며 이는 피고인의 소위가 자기의 물건과 동양으로 그 경제적 용법에 따라 이를 이용 또는 처분하여 권리자(국가)를 배제할 의사를 가지고 한 것이 아니므로 피고인에게 영득의 의사가 있었다고 볼 수 없다는 취지로 판단한 원판결에 법령위반이 없다.

제330조[야간주거침입절도]

> 제330조(야간주거침입절도) 야간에 사람의 주거, 관리하는 건조물, 선박, 항공기 또는 점유하는 방실(房室)에 침입하여 타인의 재물을 절취(竊取)한 자는 10년 이하의 징역에 처한다.[전문개정 2020. 12. 8.]

330-1. 야간주거침입절도죄에서 '야간에' 의 의미 [대법원 2015. 8. 27., 선고, 2015도5381]

【판시사항】

야간주거침입절도죄에 대하여 정하는 형법 제330조에서 '야간에' 라고 함은 일몰 후부터 다음 날 일출 전까지를 말한다(대법원 2011. 10. 27. 선고 2011도11793 판결 참조).

원심판결에 의하면, 원심은 피고인이 2014. 7. 6. 05:30경 피해자의 주거지에 침입하여 지갑과 카드 등을 절취하였다는 공소사실 부분에 대하여 상습야간주거침입절도죄에 해당한다고 판단하여 형법 제332조, 제330조를 적용하였다. 그러나 기록에 의하면 이 사건 범행 당일의 일출시각은 05:17경인 사실을 알 수 있다. 그렇다면 이 부분 공소사실은 상습절도에는 해당할지언정 상습야간주거침입절도의 죄에는 해당한다고 볼 수 없다.

330-2. 주간에 주거 등에 침입하여 야간에 타인의 재물을 절취한 행위를 야간주거침입절도죄로 처벌할 수 있는지 여부(소극) [대법원 2011. 4. 14., 선고, 2011도300,2011감도5]

【판시사항】

주간에 사람의 주거 등에 침입하여 야간에 타인의 재물을 절취한 행위를 형법 제330조의 야간주거침입절도죄로 처벌할 수 있는지 여부(소극)

【판결요지】

형법은 제329조에서 절도죄를 규정하고 곧바로 제330조에서 야간주거침입절도죄를 규정하고 있을 뿐, 야간절도죄에 관하여는 처벌규정을 별도로 두고 있지 아니하다. 이러한 형법 제330조의 규정형식과 그 구성요건의 문언에 비추어 보면, 형법은 야간에 이루어지는 주거침입행위의 위험성에 주목하여 그러한 행위를 수반한 절도를 야간주거침입절도죄로 중하게 처벌하고 있는 것으로 보아야 하고, 따라서 주거침입이 주간에 이루어진 경우에는 야간주거침입절도죄가 성립하지 않는다고 해석하는 것이 타당하다.

330-3. 야간에 다세대주택에 침입하여 물건을 절취하기 위하여 가스배관을 타고 오르다 발각되어 그냥 뛰어내렸다면, 야간주거침입절도죄의 실행의 착수(소극)[대법원 2008. 3. 27., 선고, 2008도917]

【판시사항】

야간에 다세대주택에 침입하여 물건을 절취하기 위하여 가스배관을 타고 오르다가 순찰 중이던 경찰관에게 발각되어 그냥 뛰어내렸다면, 야간주거침입절도죄의 실행의 착수에 이르지 못했다.

330-4. 주거침입죄 실행의 착수시기 및 출입문이 열려 있으면 안으로 들어가겠다는 의사 아래 출입문을 당겨보는 행위를 주거침입의 실행에 착수한 것으로 볼 수 있는지(적극) [대법원 2006. 9. 14., 선고, 2006도2824]

【판시사항】

[1] 야간주거침입절도죄의 실행의 착수시기

[2] 주거침입죄의 실행의 착수시기 및 출입문이 열려 있으면 안으로 들어가겠다는 의사 아래 출입문을 당겨보는 행위를 주거침입의 실행에 착수한 것으로 볼 수 있는지 여부(적극)

【판결요지】

[1] 야간에 타인의 재물을 절취할 목적으로 사람의 주거에 침입한 경우에는 주거에 침입한 단계에서 이미 형법 제330조에서 규정한 야간주거침입절도죄라는 범죄행위의 실행에 착수한 것이라고 보아야 한다.

[2] 주거침입죄의 실행의 착수는 주거자, 관리자, 점유자 등의 의사에 반하여 주거나 관리하는 건조물 등에 들어가는 행위, 즉 구성요건의 일부를 실현하는 행위까지 요구하는 것은 아니고 범죄구성요건의 실현에 이르는 현실적 위험성을 포함하는 행위를 개시하는 것으로 족하므로, 출입문이 열려 있으면 안으로 들어가겠다는 의사 아래 출입문을 당겨보는 행위는 바로 주거의 사실상의 평온을 침해할 객관적인 위험성을 포함하는 행위를 한 것으로 볼 수 있어 그것으로 주거침입의 실행에 착수한 것으로 보아야 한다.

---

1. 야간에 아파트에 침입하여 물건을 훔칠 의도하에 아파트의 베란다 철제난간까지 올라가 유리창문을 열려고 시도한 경우(적극) [대법원 2003. 10. 24., 선고, 2003도4417]

【판시사항】

[1] 준강도의 주체로서 절도의 의미 및 야간주거침입절도죄의 실행의 착수시기

[2] 야간에 아파트에 침입하여 물건을 훔칠 의도하에 아파트의 베란다 철제난간까지 올라가 유리창문을 열려고 시도하였다면 야간주거침입절도죄의 실행에 착수한 것으로 보아야 한다.

【판결요지】

[1] 준강도의 주체는 절도 즉 절도범인으로, 절도의 실행에 착수한 이상 미수이거나 기수이거나 불문하고, 야간에 타인의 재물을 절취할 목적으로 사람의 주거에 침입한 경우에는 주거에 침입한 단계에서 이미 형법 제330조에서 규정한 야간주거침입절도죄라는 범죄행위의 실행에 착수한 것이라고 보아야 하며, 주거침입죄의 경우 주거침입의 범의로써 예컨대, 주거로 들어가는 문의 시정장치를 부수거나 문을 여는 등 침입을 위한 구체적 행위를 시작하였다면 주거침입죄의 실행의 착수는 있었다고 보아야 한다.

330-5. 야간에 까페에서 내실에 침입하여 장식장 안에 있던 정기적금통장을 꺼내 들고 까페로 나오던 중 발각된 경우 야간주거침입절도 기수 여부(적극) [대법원 1991. 4. 23., 선고, 91도476]

【판시사항】

<u>야간에 까페에서 그 곳 내실에 침입하여 장식장 안에 들어 있던 정기적금통장등을 꺼내 들고 까페로 나오던 중 발각되어 돌려 준 경우 야간주거침입절도의 기수 여부(적극)</u>

【판결요지】

피고인이 피해자 경영의 까페에서 야간에 아무도 없는 그 곳 내실에 침입하여 장식장 안에 들어 있던 정기적금통장 등을 꺼내 들고 까페로 나오던 중 발각되어 돌려 준 경우 피고인은 피해자의 재물에 대한 소지(점유)를 침해하고, 일단 피고인 자신의 지배 내에 옮겼다고 볼 수 있으니 절도의 미수에 그친 것이 아니라 야간주거침입절도의 기수라고 할 것이다.

330-6. 야간주거침입절도죄 침입행위의 객체인 건조물 의미 [대법원 1989. 2. 28., 선고, 88도2430]

【판결요지】

야간주거침입절도죄에 있어서 침입행위의 객체인 건조물은 주위벽 또는 기둥과 지붕 또는 천정으로 구성된 구조물로서 사람이 기거하거나 출입할 수 있는 장소를 말하며 반드시 영구적인 구조물일 것을 요하지 않는다.

330-7. 야간거주침입절도죄의 실행의 착수시기 [대법원 1984. 12. 26., 선고, 84도2433]

【판결요지】

<u>야간에 타인의 재물을 절취할 목적으로 사람의 주거에 침입한 경우에는 주거에 침입한 행위의 단계에서 이미 형법 제330조에서 규정한 야간주거침입절도죄라는 범죄행위의 실행에 착수한 것이라고 볼 것이다.</u>

제331조(특수절도)

제331조(특수절도) ① 야간에 문이나 담 그 밖의 건조물의 일부를 손괴하고 제330조의 장소에 침
입하여 타인의 재물을 절취한 자는 1년 이상 10년 이하의 징역에 처한다.
② 흉기를 휴대하거나 2명 이상이 합동하여 타인의 재물을 절취한 자도 제1항의 형에 처한다. [전
문개정 2020. 12. 8.]

331-1. 형법 제331조 제1항에 정한 '손괴'의 의미 [대법원 2015. 10. 29., 선고, 2015도7559]

【판시사항】

[1] 형법 제331조 제1항에 정한 '손괴' 의 의미

[2] 피고인이 야간에 피해자들이 운영하는 식당의 창문과 방충망을 손괴하고 침입하여 현금을
절취하였다는 내용으로 형법 제331조 제1항의 특수절도로 기소된 사안에서, 피고인은 창문과 방
충망을 창틀에서 분리하였을 뿐 물리적으로 훼손하여 효용을 상실하게 한 것은 아니라는 이유로
무죄를 인정한 사례

【이 유】

형법 제331조 제1항은 야간에 문호 또는 장벽 기타 건조물의 일부를 손괴하고 형법 제330조의
장소에 침입하여 타인의 재물을 절취한 자는 1년 이상 10년 이하의 징역에 처한다고 규정하고 있
다. 형법 제331조 제1항에 정한 <u>'**손괴**'는 물리적으로 문호 또는 장벽 기타 건조물의 일부를 훼
손하여 그 효용을 상실시키는 것을 말한다</u>(대법원 2004. 10. 15. 선고 2004도4505 판결 참조).

---

1. '문호 또는 장벽 기타 건조물의 일부' 및 '손괴'의 의미 [대법원 2004. 10. 15., 선고, 2004도4505]

【판시사항】

[1] 형법 제331조 제1항에 정한 '문호 또는 장벽 기타 건조물의 일부' 및 '손괴'의 의미

[2] 형법 제331조 제1항에 정한 문호 또는 장벽 기타 건조물의 일부를 손괴한 경우에 해당한다.

【판결요지】

[1] 형법 제331조 제1항에 정한 <u>'문호 또는 장벽 기타 건조물의 일부'라 함은 주거 등에 대한 침입을
방지하기 위하여 설치된 일체의 위장시설(圍障施設)</u>을 말하고, '손괴'라 함은 물리적으로 위와 같
은 위장시설을 훼손하여 그 효용을 상실시키는 것을 말한다.

[2] 야간에 불이 꺼져 있는 상점의 출입문을 손으로 열어보려고 하였으나 출입문의 하단에 부착되어 있
던 잠금 고리가 잠겨져 있어 열리지 않았는데, 출입문을 발로 걷어차자 잠금 고리의 아래쪽 부착
부분이 출입문에서 떨어져 출입문과의 사이가 뜨게 되면서 출입문이 열려 상점 안으로 침입하여 재
물을 절취하였다면, 이는 물리적으로 위장시설을 훼손하여 그 효용을 상실시키는 행위에 해당한다.

---

2. 특수절도죄의 실행의 착수시기(=물색행위시) [대법원 1977. 7. 26., 선고, 77도1802]

【판결요지】

현실적으로 절취목적물에 접근하지 못하였다 하더라도 야간에 타인의 주거에 침입하여 건조물의 일부
인 방문고리를 손괴하였다면 형법 제331조의 특수절도죄의 실행에 착수한 것이다.

> 3. 방문고리를 파괴한 것이 문호의 손괴에 해당한지(적극) [대법원 1979. 9. 11., 선고, 79도1736]
>
> 【판결요지】
>
> 야간에 연탄집게와 식도로서 방문고리를 파괴하고 방에 침입하여 재물을 절취하면 이는 문호의 손괴에 해당되어 특수절도죄가 성립한다.

331-2. '흉기를 휴대하여 타인의 재물을 절취한' 행위를 특수절도죄로 가중처벌하는 취지 및 형법 제331조 제2항에서 '흉기'의 의미와 판단 기준 [대법원 2012. 6. 14., 선고, 2012도4175]

【이 유】

형법은 흉기와 위험한 물건을 분명하게 구분하여 규정하고 있는바, 형벌법규는 문언에 따라 엄격하게 해석·적용하여야 하고 피고인에게 불리한 방향으로 지나치게 확장해석하거나 유추해석해서는 아니 된다. 그리고 형법 제331조 제2항에서 '흉기를 휴대하여 타인의 재물을 절취한' 행위를 특수절도죄로 가중하여 처벌하는 것은 흉기의 휴대로 인하여 피해자 등에 대한 위해의 위험이 커진다는 점 등을 고려한 것으로 볼 수 있다. 이에 비추어 위 형법 조항에서 규정한 **흉기**는 본래 살상용·파괴용으로 만들어진 것이거나 이에 준할 정도의 위험성을 가진 것으로 봄이 상당하고, 그러한 **위험성을 가진 물건에 해당하는지 여부**는 그 물건의 본래의 용도, 크기와 모양, 개조 여부, 구체적 범행 과정에서 그 물건을 사용한 방법 등 제반 사정에 비추어 사회통념에 따라 객관적으로 판단할 것이다.

피고인이 사용한 이 사건 드라이버는 일반적인 드라이버와 동일한 것으로 특별히 개조된 바는 없는 것으로 보이고, 그 크기와 모양 등 제반 사정에 비추어 보더라도 피고인의 이 사건 범행이 흉기를 휴대하여 타인의 재물을 절취한 경우에 해당한다고 보기는 어렵다고 보인다. 따라서 원심이 피고인의 이 사건 범행이 형법 제331조 제2항이 규정한 특수절도죄에 해당한다고 본 제1심판결을 그대로 유지한 조치에는 관련 법리를 오해하였거나 필요한 심리를 다하지 않음으로써 판결에 영향을 미친 위법이 있다.

331-3. 3인 이상이 합동절도 모의 후 2인 이상이 범행을 실행한 경우, 직접 실행행위에 가담하지 않은 자의 공모공동정범 인정 여부(적극) [대법원 2011. 5. 13., 선고, 2011도2021]

【판시사항】

[1] 3인 이상이 합동절도를 모의한 후 2인 이상이 범행을 실행한 경우, 직접 실행행위에 가담하지 않은 자에 대한 공모공동정범 인정 여부(적극)

[2] 피고인이 甲, 乙과 공모한 후 甲, 乙은 피해자 회사의 사무실 금고에서 현금을 절취하고, 피고인은 위 사무실로부터 약 100m 떨어진 곳에서 망을 보는 방법으로 합동하여 재물을 절취하였다고 하여 주위적으로 기소된 사안

【이 유】

3인 이상의 범인이 합동절도의 범행을 공모한 후 적어도 2인 이상의 범인이 범행 현장에서 시간

적, 장소적으로 협동관계를 이루어 절도의 실행행위를 분담하여 절도 범행을 한 경우에, 그 공모에는 참여하였으나 현장에서 절도의 실행행위를 직접 분담하지 아니한 다른 범인에 대하여도 그가 현장에서 절도 범행을 실행한 위 2인 이상의 범인의 행위를 자기 의사의 수단으로 하여 합동절도의 범행을 하였다고 평가할 수 있는 정범성의 표지를 갖추고 있는 한 공동정범의 일반 이론에 비추어 그 다른 범인에 대하여 합동절도의 공동정범으로 인정할 수 있다(대법원 1998. 5. 21. 선고 98도321 전원합의체 판결 참조).

---

1. 3인 이상이 합동절도를 모의한 후 2인 이상이 범행을 실행한 경우, 직접 실행행위에 가담하지 않은 자에 대한 공모공동정범의 인정 여부(적극) [대법원 1998. 5. 21., 선고, 98도321, 전원합의체 판결]
【판결요지】
3인 이상의 범인이 합동절도의 범행을 공모한 후 적어도 2인 이상의 범인이 범행 현장에서 시간적, 장소적으로 협동관계를 이루어 절도의 실행행위를 분담하여 절도 범행을 한 경우에는 공동정범의 일반 이론에 비추어 그 공모에는 참여하였으나 현장에서 절도의 실행행위를 직접 분담하지 아니한 다른 범인에 대하여도 그가 현장에서 절도 범행을 실행한 위 2인 이상의 범인의 행위를 자기 의사의 수단으로 하여 합동절도의 범행을 하였다고 평가할 수 있는 정범성의 표지를 갖추고 있다고 보여지는 한 그 다른 범인에 대하여 합동절도의 공동정범의 성립을 부정할 이유가 없다고 할 것이다. 형법 제331조 제2항 후단의 규정이 위와 같이 3인 이상이 공모하고 적어도 2인 이상이 합동절도의 범행을 실행한 경우에 대하여 공동정범의 성립을 부정하는 취지라고 해석할 이유가 없을 뿐만 아니라, 만일 공동정범의 성립 가능성을 제한한다면 직접 실행행위에 참여하지 아니하면서 배후에서 합동절도의 범행을 조종하는 수괴는 그 행위의 기여도가 강력함에도 불구하고 공동정범으로 처벌받지 아니하는 불합리한 현상이 나타날 수 있다. 그러므로 합동절도에서도 공동정범과 교사범·종범의 구별기준은 일반원칙에 따라야 하고, 그 결과 범행현장에 존재하지 아니한 범인도 공동정범이 될 수 있으며, 반대로 상황에 따라서는 장소적으로 협동한 범인도 방조만 한 경우에는 종범으로 처벌될 수도 있다.

331-4. 특수절도에서 절도범인이 그 범행수단으로 주거에 침입한 경우, 특수절도죄와 주거침입죄의 죄수관계(=실체적 경합) [대법원 2009. 12. 24., 선고, 2009도9667]
【판시사항】
[1] 형법 제331조 제2항의 특수절도에서 절도범인이 그 범행수단으로 주거에 침입한 경우, 특수절도죄와 주거침입죄와의 죄수관계(=실체적 경합) 및 특수절도죄의 실행의 착수 시기(=물색행위시)
[2] ‘주간에’ 아파트 출입문 시정장치를 손괴하다가 발각되어 도주한 피고인들이 특수절도미수죄로 기소된 사안에서, ‘실행의 착수’가 없었다는 이유로 형법 제331조 제2항의 특수절도죄의 점에 대해 무죄를 선고한 원심 판단을 수긍한 사례
【판결요지】
[1] 형법 제331조 제2항의 특수절도에 있어서 주거침입은 그 구성요건이 아니므로, 절도범인이 그 범행수단으로 주거침입을 한 경우에 그 주거침입행위는 절도죄에 흡수되지 아니하고 별개로 주거침입죄를 구성하여 절도죄와는 실체적 경합의 관계에 있게 되고, 2인 이상이 합동하여 야간

이 아닌 주간에 절도의 목적으로 타인의 주거에 침입하였다 하여도 아직 절취할 물건의 물색행위를 시작하기 전이라면 특수절도죄의 실행에는 착수한 것으로 볼 수 없는 것이어서 그 미수죄가 성립하지 않는다. 위 법리에 비추어 보면, 원심이 <u>주간에 피해자의 아파트 출입문 시정장치를 손괴하다가 마침 귀가하던 피해자에게 발각되어 도주한 피고인들에 대하여 형법 제331조 제2항에 정한 특수절도죄의 실행의 착수가 없었다는 이유로 무죄를 선고한 조치는 옳고, 주장과 같은 법리오해의 위법이 없다.</u>

331-5. 형법 제331조 제2항 후단의 합동범의 성립요건 [대법원 1996. 3. 22., 선고, 96도313]
　【판시사항】
　공범이 절취행위를 하는 동안 피해자 집 안의 가까운 곳에 대기하고 있다가 절취품을 가지고 같이 나온 경우 합동범이 된다.
　【판결요지】
　피고인이 피해자의 형과 범행을 모의하고 피해자의 형이 피해자의 집에서 절취행위를 하는 동안 피고인은 그 집 안의 가까운 곳에 대기하고 있다가 절취품을 가지고 같이 나온 경우 시간적, 장소적으로 협동관계가 있었다고 보아 실행행위의 분담이 없었다고 판단한 원심판결을 파기한 사례.

> 1. 합동절도의 의미 [대법원 1969. 7. 22., 선고, 67도1117]
> 　【판시사항】
> 　합동절도의 경우에는 주관적 요건으로서의 공모외에 객관적 요건으로서의 실행행위의 분담이 있어야 할 것이고 그 실행행위에 있어서는 시간적으로나 장소적으로 합동관계가 있다고 볼 수 있는 것이라야 할 것이다
> 　【판결요지】
> 　본조 제2항 전단에서 이른바 2인 이상이 합동하여 타인의 재물을 절취한 자라고 한 합동절도의 경우에는 주관적 요건으로서의 공모외에 객관적 요건으로서의 실행행위의 분담이 있어야 할 것이고, 그 실행행위에 있어서는 시간적으로나 공간적으로 합동관계가 있다고 볼 수 있는 것이라야 할 것이다.

> 2. 실행행위를 분담한 협동행위가 없다 하여 특수강도의 합동범을 부정한 사례 [대법원 1985. 3. 26., 선고, 84도2956]
> 　【판결요지】
> 　형법 제334조 제2항에 규정된 합동범은 주관적 요건으로서 공모가 있어야 하고 객관적 요건으로서 현장에서의 실행행위의 분담이라는 협동관계가 있어야 하는 것이므로 피고인이 다른 피고인들과 택시강도를 하기로 모의한 일이 있다고 하여도 다른 피고인들이 피해자에 대한 폭행에 착수하기 전에 겁을 먹고 미리 현장에서 도주해 버렸다면 다른 피고인들과의 사이에 강도의 실행행위를 분담한 협동관계가 있었다고 보기는 어려우므로 피고인을 특수강도의 합동범으로 다스릴 수는 없다.

331-6. 소유권유보부 할부매매의 목적인 중기의 매도인측이 매수인으로부터 이미 타회사에 지입된 중기를 회수한 것이 특수절도에 해당한다고 본 사례 [대법원 1989. 11. 14., 선고, 89도773]

【판결요지】

을이 갑회사로부터 중기를 갑회사에 소유권을 유보하고 할부로 매수한 다음 병회사에 이를 지입하고 중기등록원부에 병회사를 소유자로 등록한 후 을의 갑에 대한 할부매매대금 채무를 담보하기 위하여 갑명의로 근저당권 설정등록을 하였으며 위 중기는 을이 이를 점유하고 있었는데 갑의 회사원인 피고인들이 합동하여 승낙없이 위 중기를 가져간 경우, 지입자가 사실상의 처분관리권을 가지고 있다고 하여도 이는 지입자와 지입받은 회사와의 내부관계에 지나지 않는 것이고 대외적으로는 자동차등록원부상의 소유자 등록이 원인무효가 아닌 한 지입받은 회사가 소유권자로서의 권리(처분권 등)를 가지고 의무(공과금 등 납세의무, 중기보유자의 손해배상 책임 등)를 지는 것이므로 피고인들의 중기취거행위는 지입받은 회사인 병의 중기등록원부상의 소유권을 침해한 것으로서 특수절도죄에 해당한다.

331-7. 야간에 절도목적으로 출입문의 자물통고리를 절단하고 집안으로 침입하려다가 발견된 경우, 특수절도의 실행의 착수여부 [대법원 1986. 9. 9., 선고, 86도1273]

【판결요지】

야간에 절도의 목적으로 출입문에 장치된 자물통 고리를 절단하고 출입문을 손괴한 뒤 집안으로 침입하려다가 발각된 것이라면 이는 특수절도죄의 실행에 착수한 것이다.

331-8. 특수절도의 범인들이 범행 후 서로 다른 길로 도주하다가 그중 1인이 체포를 면탈할 목적으로 폭행하여 상해를 가한 경우 나머지 범인의 죄책 [대법원 1984. 10. 10., 선고, 84도1887]

【판결요지】

특수절도의 범인들이 범행이 발각되어 각기 다른 길로 도주하다가 그중 1인이 체포를 면탈할 목적으로 폭행하여 상해를 가한 때에는, 나머지 범인도 위 공범이 추격하는 피해자에게 체포되지 아니하려고 위와 같이 폭행할 것을 전연 예기하지 못한 것으로는 볼 수 없다 할 것이므로 그 폭행의 결과로 발생한 상해에 관하여 형법 제337조, 제335조의 강도상해죄의 책임을 면할 수 없다.

---

1. 절도의 공모자중 1인이 체포를 일탈할 목적으로 폭행하여 상해를 가한 때 나머지 자의 죄책 [대법원 1984. 2. 28., 선고, 83도3321]

【판시사항】

[1] 절도의 공모자중 1인이 체포를 일탈할 목적으로 폭행하여 상해를 가한 때 나머지 자의 죄책

[2] 망을 보다가 도주한 후 다른 절도 공범자가 폭행.상해를 가한 경우 도주한 다른 절도공범자의 죄책

【판결요지】

[1] 준강도가 성립하려면 절도가 절도행위의 실행중 또는 실행직후에 체포를 면탈할 목적으로 폭행, 협박을 한 때에 성립하고 이로써 상해를 가하였을 때에는 강도상해죄가 성립되는 것이고, 공모합동하여 절도를 한 경우 범인중의 하나가 체포를 면탈할 목적으로 폭행을 하여 상해를 가한 때에는 나머지 범인도 이를 예기하지 못한 것으로 볼 수 없다면 강도상해죄의 죄책을 면할 수 없다.

[2] 절도를 공모한 피고인이 다른 공모자 (갑)의 폭행행위에 대하여 사전양해나 의사의 연락이 전혀 없었고, 범행장소가 빈 가게로 알고 있었고, 위 (갑)이 담배창구를 통하여 가게에 들어가 물건을 절취하고 피고인은 밖에서 망을 보던중 예기치 않았던 인기척 소리가 나므로 도주해버린 이후에 위 (갑)이 창구에 몸이 걸려 빠져 나오지 못하게 되어 피해자에게 붙들리자 체포를 면탈할 목적으로 피해자에게 폭행을 가하여 상해를 입힌 것이고, 피고인은 그동안 상당한 거리를 도주하였을 것으로 추정되는 상황하에서는 피고인이 위 (갑)의 폭행행위를 전연 예기할 수 없었다고 보여지므로 피고인에게 준강도상해죄의 공동책임을 지울 수 없다.

331-9. 형법 제331조 제2항 후단의 합동절도죄의 구성 요건과 "갑"이 공모한 내용대로 "을" "병"이 절취하여 온 황소를 대기하던 장소에서 트럭에 싣고 운반한 경우 죄책 [대법원 1976. 7. 27., 선고, 75도2720]

【판결요지】

형법 331조 2항 후단 소정 합동절도에는 주관적 요건으로서 공모외에 객관적 요건으로서 시간적으로나 장소적으로 협동관계가 있는 실행행위의 분담이 있어야 하므로 "갑"이 공모한 내용대로 국도상에서 "을" "병" 등이 당일 마을에서 절취하여 온 황소를 대기하였던 트럭에 싣고 운반한 행위는 시간적으로나 장소적으로 절취행위와 협동관계가 있다고 할 수 없어 합동절도죄로 문의할 수는 없으나 공동정범에 있어서 범죄행위를 공모한 후 그 실행행위에 직접 가담하지 아니하더라도 다른 공범자의 죄책을 면할 수 없으니 "갑"의 소위는 본건 공소사실의 범위에 속한다고 보아지므로 "갑"은 일반 절도죄의 공동정범 또는 합동절도방조로서의 죄책을 면할 수 없다.

331-10. 철도운송 승무원들이 운송중의 화물을 탈취한 때에는 업무상횡령이 아니고 특수절도가 된다. [대법원 1969. 7. 8., 선고, 69도798]

【판시사항】

피고인들은 열차사무소 급하수로서 합동하여 그들이 승무한 화차내에서 동 화차에 적재한 운송인인 철도청의 수탁화물중 이사짐 포장을 풀고 그 속에 묶어 넣어둔 탁상용 시계1개 외 의류등 9점을 빼내어 탈취하였다는 것인 바, 이 운송중의 화물은 교통부의 기관에 의하여 점유보관되는 것이라 해석되고, 피고인들의 점유 보관하에 있는 것이라 볼 수 없는 바이어서 원판결이 피고인들의 본건 범행을 소론 업무상 횡령으로 보지 아니하고, 특수절도로 보았음은 정당하다.

제331조의2[자동차등 불법사용]

> 제331조의2(자동차등 불법사용) 권리자의 동의없이 타인의 자동차, 선박, 항공기 또는 원동기장치
> 자전거를 일시 사용한 자는 3년 이하의 징역, 500만원 이하의 벌금, 구류 또는 과료에 처한다.
> [본조신설 1995. 12. 29.]

331의2-1. 자동차등불법사용죄의 적용 요건 및 절도죄에 있어서 불법영득의 의사 [대법원 2002. 9. 6., 선고, 2002도3465]

【판시사항】

[1] 형법 제331조의2 소정의 자동차등불법사용죄의 적용 요건 및 절도죄에 있어서 불법영득의 의사

[2] 소유자의 승낙 없이 오토바이를 타고 가서 다른 장소에 버린 경우, 자동차등불법사용죄가 아닌 절도죄가 성립한다.

【판결요지】

[1] 자동차등불법사용죄는 타인의 자동차 등의 교통수단을 불법영득의 의사 없이 일시 사용하는 경우에 적용되는 것으로서 불법영득의사가 인정되는 경우에는 절도죄로 처벌할 수 있을 뿐 본죄로 처벌할 수 없다 할 것이며, 절도죄의 성립에 필요한 불법영득의 의사라 함은 권리자를 배제하고 타인의 물건을 자기의 소유물과 같이 이용, 처분할 의사를 말하고 영구적으로 그 물건의 경제적 이익을 보유할 의사임은 요치 않으며 일시사용의 목적으로 타인의 점유를 침탈한 경우에도 이를 반환할 의사 없이 상당한 장시간 점유하고 있거나 본래의 장소와 다른 곳에 유기하는 경우에는 이를 일시 사용하는 경우라고는 볼 수 없으므로 영득의 의사가 없다고 할 수 없다.

331의2-2. 절도습벽의 발현으로 자동차등불법사용의 범행도 함께 저지른 경우, 자동차등불법사용죄가 상습절도죄와 포괄일죄의 관계에 있는지 여부(적극) [대법원 2002. 4. 26., 선고, 2002도429]

【판시사항】

절도습벽의 발현으로 자동차등불법사용의 범행도 함께 저지른 경우, 형법 제331조의2 소정의 자동차등불법사용죄가 특정범죄가중처벌등에관한법률 제5조의4 제1항 소정의 상습절도죄와 포괄일죄의 관계에 있는지 여부(적극)

【판결요지】

형법 제331조의2, 제332조 및 특정범죄가중처벌등에관한법률(이하 '특가법'이라 한다) 제5조의4 제1항 등의 규정 취지나 자동차등불법사용죄의 성질에 비추어 보면, 상습으로 절도, 야간주거침입절도, 특수절도 또는 그 미수 등의 범행을 저지른 자가 마찬가지로 절도 습벽의 발현으로 자동차등불법사용의 범행도 함께 저지른 경우에 검사가 형법상의 상습절도죄로 기소하는 때는 물론이고, 자동차등불법사용의 점을 제외한 나머지 범행에 대하여 특가법상의 상습절도 등의 죄로 기소하는 때에도 자동차등불법사용의 위법성에 대한 평가는 특가법상의 상습절도 등 죄의 구성요건적 평가 내지 위법성 평가에 포함되어 있다고 보는 것이 타당하고, 따라서 상습절도 등의 범행을 한

자가 추가로 자동차등불법사용의 범행을 한 경우에 그것이 절도 습벽의 발현이라고 보이는 이상 자동차등불법사용의 범행은 상습절도 등의 죄에 흡수되어 1죄만이 성립하고 이와 별개로 자동차 등불법사용죄는 성립하지 않는다고 보아야 한다.

331의2-3. 차량을 반환할 의사로 피해자의 동의 없이 일시 사용한 경우이므로 특수절도죄가 아닌 자동차등불법사용죄를 적용해야 한다. [대법원 1998. 9. 4., 선고, 98도2181]

【판시사항】

차량을 반환할 의사로 피해자의 동의 없이 일시 사용한 경우이므로 특수절도죄가 아닌 자동차등 불법사용죄를 적용해야 한다.

제332조[상습범]

> 제332조(상습범) 상습으로 제329조 내지 제331조의2의 죄를 범한 자는 그 죄에 정한 형의 2분의 1까지 가중한다. 〈개정 1995. 12. 29.〉

332-1. 상습절도죄를 범한 범인이 범행의 수단으로 주간에 주거침입을 한 경우, 주간 주거침입행위가 별개로 주거침입죄를 구성하는지 여부(적극) [대법원 2015. 10. 15., 선고, 2015도9049]

【판시사항】

형법 제332조에 규정된 상습절도죄를 범한 범인이 범행의 수단으로 주간에 주거침입을 한 경우, 주간 주거침입행위가 별개로 주거침입죄를 구성하는지 여부(적극) / 형법 제332조에 규정된 상습절도죄를 범한 범인이 그 범행 외에 상습적인 절도의 목적으로 주간에 주거침입을 하였다가 절도에 이르지 아니하고 주거침입에 그친 경우, 주간 주거침입행위가 별개로 주거침입죄를 구성하는지 여부(적극)

【이 유】

형법 제332조는 단순절도, 야간주거침입절도와 특수절도 및 자동차 등 불법사용의 죄에 정한 각 형의 2분의 1을 가중하여 처벌하도록 규정하고 있으므로, 위 규정은 주거침입을 구성요건으로 하지 않는 상습단순절도와 주거침입을 구성요건으로 하고 있는 상습야간주거침입절도 또는 상습손괴특수절도에 대한 취급을 달리하여, 주거침입을 구성요건으로 하고 있는 상습야간주거침입절도 또는 상습손괴특수절도를 더 무거운 법정형을 기준으로 가중처벌하고 있다. 따라서 상습으로 단순절도를 범한 범인이 상습적인 절도범행의 수단으로 주간에 주거침입을 한 경우에 그 주간 주거침입행위의 위법성에 대한 평가가 형법 제332조, 제329조의 구성요건적 평가에 포함되어 있다고 볼 수 없다. 그러므로 형법 제332조에 규정된 상습절도죄를 범한 범인이 그 범행의 수단으로 주간에 주거침입을 한 경우 그 주간 주거침입행위는 상습절도죄와 별개로 주거침입죄를 구성한다. 또 형법 제332조에 규정된 상습절도죄를 범한 범인이 그 범행 외에 상습적인 절도의 목적으로 주간에 주거침입을 하였다가 절도에 이르지 아니하고 주거침입에 그친 경우에도 그 주간 주거침입행위는 상습절도죄와 별개로 주거침입죄를 구성한다.

> 1. 특정범죄가중처벌등에관한법률 제5조의4 제1항 상습절도 등 죄를 범한 범인이 그 범행의 수단으로 주거침입을 한 경우의 죄책 [대법원 1984. 12. 26., 선고, 84도1573, 전원합의체 판결]
>
> 【판결요지】
>
> 「다수의견」 특정범죄가중처벌등에관한법률 제5조의4 제1항에 규정된 상습절도등 죄를 범한 범인이 그 범행의 수단으로 주거침입을 한 경우에 주거침입행위는 상습절도등 죄에 흡수되어 위 법조에 규정된 상습절도등죄의 1죄만이 성립하고 별개로 주거침입죄를 구성하지 않으며, 또 위 상습절도등 죄를 범한 범인이 그 범행 외에 상습적인 절도의 목적으로 주거침입을 하였다가 절도에 이르지 아니하고 주거침입에 그친 경우에도 그것이 절도상습성의 발현이라고 보여지는 이상 주거침입행위는 다른 상습절도등 죄에 흡수되어 위 법조에 규정된 상습절도등의 1죄만을 구성하고 이 상습절도등 죄와 별개로 주거침입죄를 구성하지 않는다.

332-2. 상습절도죄를 범한 범인이 범행의 수단으로 주간에 주거침입을 한 경우, 주간 주거침입행위가 별개로 주거침입죄를 구성하는지 여부(적극) [대법원 2015. 10. 15. 선고, 2015도8169]

【판시사항】

형법 제332조에 규정된 상습절도죄를 범한 범인이 범행의 수단으로 주간에 주거침입을 한 경우, 주간 주거침입행위가 별개로 주거침입죄를 구성하는지 여부(적극) / 형법 제332조에 규정된 상습절도죄를 범한 범인이 그 범행 외에 상습적인 절도의 목적으로 주간에 주거침입을 하였다가 절도에 이르지 아니하고 주거침입에 그친 경우, 주간 주거침입행위가 별개로 주거침입죄를 구성하는지 여부(적극)

【판결요지】

형법 제330조에 규정된 야간주거침입절도죄 및 형법 제331조 제1항에 규정된 특수절도(야간손괴침입절도)죄를 제외하고 일반적으로 주거침입은 절도죄의 구성요건이 아니므로 절도범인이 범행수단으로 주거침입을 한 경우에 주거침입행위는 절도죄에 흡수되지 아니하고 별개로 주거침입죄를 구성하여 절도죄와는 실체적 경합의 관계에 서는 것이 원칙이다. 또 형법 제332조는 상습으로 단순절도(형법 제329조), 야간주거침입절도(형법 제330조)와 특수절도(형법 제331조) 및 자동차 등 불법사용(형법 제331조의2)의 죄를 범한 자는 그 죄에 정한 각 형의 2분의 1을 가중하여 처벌하도록 규정하고 있으므로, 위 규정은 주거침입을 구성요건으로 하지 않는 상습단순절도와 주거침입을 구성요건으로 하고 있는 상습야간주거침입절도 또는 상습특수절도(야간손괴침입절도)에 대한 취급을 달리하여, 주거침입을 구성요건으로 하고 있는 상습야간주거침입절도 또는 상습특수절도(야간손괴침입절도)를 더 무거운 법정형을 기준으로 가중처벌하고 있다. 따라서 상습으로 단순절도를 범한 범인이 상습적인 절도범행의 수단으로 주간(낮)에 주거침입을 한 경우에 주간 주거침입행위의 위법성에 대한 평가가 형법 제332조, 제329조의 구성요건적 평가에 포함되어 있다고 볼 수 없다. 그러므로 형법 제332조에 규정된 상습절도죄를 범한 범인이 범행의 수단으로 주간에 주거침입을 한 경우 주간 주거침입행위는 상습절도죄와 별개로 주거침입죄를 구성한다. 또 형법 제332조에 규정된 상습절도죄를 범한 범인이 그 범행 외에 상습적인 절도의 목적으로 주간에 주거침입을 하였다가 절도에 이르지 아니하고 주거침입에 그친 경우에도 주간 주거침입행위는 상습절도죄와 별개로 주거침입죄를 구성한다.

332-3. 절도와 강도가 상습성 인정의 기초가 되는 같은 유형의 범죄인지(소극) [대법원 1990. 4. 10., 선고, 90감도8]

【판결요지】

상습범은 같은 유형의 범행을 반복누행하는 습벽을 말하는 것인 바, 절도와 강도는 유형을 달리하는 범행이므로 각 별로 상습성의 유무를 가려야 하며, 사회보호법 제6조 제2항 제2호에서 절도와 강도를 형법 각칙의 같은 장에 규정된 죄로서 동종 또는 유사한 죄로 규정하고 있다고 하여 상습성 인정의 기초가 되는 같은 유형의 범죄라고 말할 수 없다.

332-4. 최종전과인 범행후 10년 남짓 경과된 뒤에 행하여진 절도범죄를 절도습벽의 발로라고 인정할 수 있는지 여부(적극) [대법원 1987. 10. 26., 선고, 87도1662]

【판결요지】

최종특수절도전과인 범행후 10년 남짓이 경과된 뒤에 행하여진 것이라고 하더라도 피고인에게는 위 최종전과를 포함하여 4회에 걸친 절도죄 또는 특수절도죄의 실형전과가 있는데다가 차량과 대형절단기 등을 범행도구로 이용하여 새벽 1시가 넘은 심야에 근접한 장소에서 3회에 걸쳐 절취행위를 반복하였다면 위 각 범행의 수단과 방법, 범행회수등을 종합하여 볼 때 위 각 범행은 피고인의 절도습벽의 발로라고 인정할 수 있다.

332-5. 3차례에 걸친 전과만으로 최종범행일로부터 6년이 훨씬 지나고 출소일로부터 3년이 지난 단 1회의 범행을 상습범으로 인정할 수 있는지 여부(적극) [대법원 1987. 9. 8., 선고, 87도1371]

【판결요지】

상습범에 있어서의 상습성이라 함은 범행을 반복누행하는 습벽을 말하는 것이므로 상습성을 인정함에 있어서는 그 범행의 회수와 태양, 종전의 전과사실등이 그 중요한 근거가 되는 것이라 하더라도 이 사건에 있어서와 같이 3차례에 걸친 전과사실이 있으나 최종범행일로부터 6년이 훨씬 지나고 출소일로부터는 3년이 지난 후에 이 사건 범행을 단 1회 범한 것이라면 상기 전과가 있고 그 범죄의 태양이 동종이었다 하여 이것만으로 이 사건 범행을 상습성의 발현이라고 인정하기에는 부족하다 할 것이고 이 사건 범행이 위 최종전과로부터 장기간의 시일이 경과한 후에 범한 단 1회의 범행임에도 불구하고 이를 굳이 상습범으로 인정하기 위하여는 위 전과사실등과 더불어 특히 이것이 범행습벽의 발현이라고 인정해도 무방할 합리적 인 사정이 있어야 한다.

332-6. 전과사실과 상습범 인정 [대법원 1984. 3. 27., 선고, 84도69]

【판결요지】

절도행위의 전과가 여러 번 있었다고 하여 반드시 상습성이 인정된다고 볼 수 없고 그 여러 번의 전과사실과의 관계에서 판시 범행이 절도습성의 발현이라고 인정될 수 있는 경우에만 상습성의 인정이 가능하다.

> **1. 최종전과로 출소한 후 3년만에 저지른 범행을 상습범으로 인정한 사례** [대법원 1982. 10. 12., 선고, 82도2010]
> 【판결요지】
> 특수절도에 있어서 상습성의 인정은 절도행위의 전과가 여러번 있었다는 사실만으로 반드시 상습성이 인정된다고 볼 수 없고 그 여러번 행하여진 전과사실과의 관계에서 판시범행이 절도습성의 발현이라고 인정될 수 있는 경우에만 상습성의 인정이 가능한 것으로, 피고인의 범행이 최종전과사실로 출소한 때부터 3년이 경과하였으나 상습특수절도 등으로 7차에 걸쳐 실형선고를 받은 전력과 범행의 동기, 수단, 가범으로 인정함이 상당하다.

> **2. 4차에 걸친 절도죄의 전과가 있는 자가 범한 절도행위에 상습성이 있다고 인정한 사례** [대법원 1983. 4. 26., 선고, 83도445]
> 【판결요지】
> 절도죄에 있어서 상습성의 인정은 단순히 수 개의 절도 전과가 있는 사실만으로는 부족하고 적어도 절도습벽의 발현이라고 인정되는 경우에 한하여야 하나, 이 사건 피고인은 특수절도죄 등으로 4차에 걸쳐 실형선고를 받아 그 집행을 종료한 전과가 있는데다가 이건 범행도 두 차례에 걸쳐 타인의 재물을 절취한 것으로서 어느 것이나 우발적 범행이라고 보기 어려운 사정 등을 고려해 보면 절도의 상습성이 있다고 인정된다.

332-7. 절도의 상습성 인정의 기준 [대법원 1984. 3. 13., 선고, 84도35]

　【판결요지】

　절도죄에 있어서 상습성을 인정하려면 절도전과가 수회이고 그 수단·방법 및 성질이 같으며 그 범행이 절도습성의 발현인 경우에 한하고 그 범행이 우발적인 동기나 급박한 경제적 사정하에서 이루어진 것이어서 절도습성의 발로라 볼 수 없는 경우에는 상습절도라 볼 수 없는 것이며 장시일이 경과한 전과사실을 근거로 상습성을 인정하려면 그 전후관계를 종합하여 그 범행이 피고인의 습벽의 발로라고 인정함에 상당한 특별사정이 있어야 한다 할 것이다.

> **1. 절도전과 5범의 절도행위를 상습범이 아니라고 한 예** [대법원 1982. 1. 19., 선고, 81도3133]
> 【판결요지】
> 절도전과 5범인 피고인이 최종전과범죄 후 약 6년이 지나서 경제적 사정이 급박한 나머지 행한 절도행위를 상습범이 아니라고 인정한 예

332-8. 집행유예기간중에 있는 자가 출소 후 한달만에 동종의 범행을 저지른 경우와 상습범 [대법원 1983. 10. 11., 선고, 83도1885]

　【판결요지】

　질도죄로 형의 선고를 받아 그 집행유예기간 중에 있는 자가 출소한지 한날만에 다시 절도행위

를 반복하였다면 이를 상습범으로 처단한 조치는 정당하다.

332-9. 절·강도 6범인 자가 복역출소후 1년 6월이 경과된 후에 행한 절취행위에 대해 상습성을 인정한 사례 [대법원 1983. 8. 23., 선고, 83도1506]

【판결요지】

절·강도 전과가 6회나 있는 자가 비록 복역출소 후 1년 10월이 경과된 후의 것이기는 하나 아는 사람의 집에서 자고 나오면서 반지와 카메라를 훔쳐 나온 것은 도벽의 습성에 인한 것이다.

332-10. 전과가 없으나 범행수법 등에 비추어 상습성을 인정한 사례 [대법원 1983. 4. 12., 선고, 83도304]

【판시사항】

[1] 전과가 없으나 범행수법 등에 비추어 상습성을 인정한 사례

[2] 상습성의 인정과 재범의 위험성

【판결요지】

[1] 전과사실이 없었다 하더라도 불과 2개여월 사이에 각 8회 내지 13회의 절도 등 행위를 반복하였고 범행의 수단, 방법이 범행을 거듭함에 따라 전문화해 간 경우 그 범행의 동기 등에 비추어서 절도의 상습성을 인정한 원심조치는 정당하다.

[2] 재범의 위험성의 존부에 관하여는 피고인의 연령, 전과, 가족관계, 환경, 직업, 소행, 범행의 수단, 방법, 범행 후의 정황, 교육정도 등 제반자료를 종합검토하여 범행자가 다시 죄를 범하여 법적평온을 깨뜨릴 고도의 개연성이 있는지 여부를 판단하여야 하는 것으로 피고인들의 범행이 상습화·전문화되어 가는 사정은 엿 보이나, 피고인들은 모두 범행 당시 20세 전후의 전혀 전과가 없던 자들로서 모두 부모형제가 있고 이 사건 범행사실을 모두 순순히 자백하며 전비를 깊이 뉘우치고 있고 피해자들과 주민들 역시 관대한 처분을 바라는 진정서 등을 제출하고 있는 사정 등에 의하면 2개월 동안에 8 내지 13회의 절도범행을 저지른 사실만으로 재범의 위험성이 있다고 볼 수 없다.

제2절 강도의 죄

제333조[강도]

> 제333조(강도) 폭행 또는 협박으로 타인의 재물을 강취하거나 기타 재산상의 이익을 취득하거나 제삼자로 하여금 이를 취득하게 한 자는 3년 이상의 유기징역에 처한다.

333-1. 강도 범의 없이 공범들과 피해자의 반항을 억압함에 충분한 정도로 피해자를 폭행하던 중 공범들이 계속하여 폭행하는 사이에 피해자의 재물을 취거한 경우, 강도죄의 성립 여부(적극) [대법원 2013. 12. 12., 선고, 2013도11899]

【판시사항】

피고인이 강도의 범의 없이 공범들과 함께 피해자의 반항을 억압함에 충분한 정도로 피해자를 폭행하던 중 공범들이 계속하여 폭행하는 사이에 피해자의 재물을 취거한 경우, 강도죄의 성립 여부(적극) 및 그 과정에서 피해자가 상해를 입은 경우, 강도상해죄의 성립 여부(적극)

【이 유】

형법 제333조의 강도죄는 사람의 반항을 억압함에 충분한 폭행 또는 협박을 사용하여 타인의 재물을 강취하거나 재산상의 이익을 취득함으로써 성립하는 범죄이므로, 피고인이 강도의 범의 없이 공범들과 함께 피해자의 반항을 억압함에 충분한 정도로 피해자를 폭행하던 중 공범들이 피해자를 계속하여 폭행하는 사이에 피해자의 재물을 취거한 경우에는 피고인 및 공범들의 위 폭행에 의한 반항억압의 상태와 재물의 탈취가 시간적으로 극히 밀접하여 전체적·실질적으로 재물 탈취의 범의를 실현한 행위로 평가할 수 있으므로 강도죄의 성립을 인정할 수 있고(대법원 2009. 1. 30. 선고 2008도10308 판결 참조), 그 과정에서 피해자가 상해를 입었다면 강도상해죄가 성립한다고 보아야 한다.

---

1. 강도죄 성립에서 절취행위와 폭행·협박과의 관련성 [대법원 2009. 1. 30., 선고, 2008도10308]

【판시사항】

[1] 강도죄 성립에서 절취행위와 폭행·협박과의 관련성

[2] 주점 도우미인 피해자와의 윤락행위 도중 시비 끝에 피해자를 이불로 덮어씌우고 폭행한 후 이불 속에 들어 있는 피해자를 두고 나가다가 탁자 위의 피해자 손가방 안에서 현금을 가져간 사안에서, 폭행에 의한 강도죄의 성립을 인정한 원심을 파기한 사례

【이 유】

[1] 형법 제333조의 강도죄는 사람의 반항을 억압함에 충분한 폭행 또는 협박을 사용하여 타인의 재물을 강취하거나 재산상의 이익을 취득함으로써 성립하는 범죄이므로, 피고인이 타인에 대하여 반항을 억압함에 충분한 정도의 폭행 또는 협박을 가한 사실이 있다 해도 그 타인이 재물 취거의 사실을 알지 못하는 사이에 그 틈을 이용하여 피고인이 우발적으로 타인의 재물을 취거한 경우에는 위 폭행이나 협박이 재물 탈취의 방법으로 사용된 것이 아님은 물론, 그 폭행 또는 협박으로 조성된 피해자의 반항억압의 상태를 이용하여 재물을 취득하는 경우에도 해당하지 아니하여 양자 사이

에 인과관계가 존재하지 아니한다 할 것이므로, 위 폭행 또는 협박에 의한 반항억압의 상태가 처음부터 재물 탈취의 계획하에 이루어졌다거나 양자가 시간적으로 극히 밀접되어 있는 등 전체적·실질적으로 단일한 재물 탈취의 범의의 실현행위로 평가할 수 있는 경우에 해당하지 아니하는 한 강도죄의 성립을 인정하여서는 안 될 것이다 (대법원 1956. 8. 17. 선고 4289형상170 판결 참조).

---

2. 강도죄에서 '폭행, 협박'과 '재물의 탈취'와의 관계 [대법원 2010. 12. 9., 선고, 2010도9630]

【판시사항】

강도죄에서 '폭행, 협박'과 '재물의 탈취'와의 관계 및 강간범인이 폭행, 협박에 의한 반항억압 상태가 계속 중임을 이용하여 재물을 탈취하는 경우 새로운 폭행, 협박을 요하는지 여부(소극)

【판결요지】

강도죄는 재물탈취의 방법으로 폭행, 협박을 사용하는 행위를 처벌하는 것이므로 폭행, 협박으로 타인의 재물을 탈취한 이상 피해자가 우연히 재물탈취 사실을 알지 못하였다고 하더라도 강도죄는 성립하고, 폭행, 협박당한 자가 탈취당한 재물의 소유자 또는 점유자일 것을 요하지도 아니하며, 강간범인이 부녀를 강간할 목적으로 폭행, 협박에 의하여 반항을 억압한 후 반항억압 상태가 계속 중임을 이용하여 재물을 탈취하는 경우에는 재물탈취를 위한 새로운 폭행, 협박이 없더라도 강도죄가 성립한다.

333-2. 날치기' 수법의 점유탈취 과정에서 벌어진 강제력의 행사가 피해자의 반항을 억압하거나 항거 불능케 할 정도인 경우(적극) [대법원 2007. 12. 13., 선고, 2007도7601]

【판시사항】

[1] '날치기' 의 수법의 점유탈취 과정에서 벌어진 강제력의 행사가 피해자의 반항을 억압하거나 항거 불능케 할 정도인 경우, 강도죄의 폭행에 해당하는지 여부(적극)

[2] 날치기 수법으로 피해자가 들고 있던 가방을 탈취하면서 강제력을 행사하여 상해를 입힌 사안에서 강도치상죄의 성립을 인정한 사례

【판결요지】

[1] 소위 '날치기' 와 같이 강제력을 사용하여 재물을 절취하는 행위가 때로는 피해자를 넘어뜨리거나 상해를 입게 하는 경우가 있고, 그러한 결과가 피해자의 반항 억압을 목적으로 함이 없이 점유탈취의 과정에서 우연히 가해진 경우라면 이는 강도가 아니라 절도에 불과하지만, 그 강제력의 행사가 사회통념상 객관적으로 상대방의 반항을 억압하거나 항거 불능케 할 정도의 것이라면 이는 강도죄의 폭행에 해당한다. 그러므로 날치기 수법의 점유탈취 과정에서 이를 알아채고 재물을 뺏기지 않으려는 상대방의 반항에 부딪혔음에도 계속하여 피해자를 끌고 가면서 억지로 재물을 빼앗은 행위는 피해자의 반항을 억압한 후 재물을 강취한 것으로서 강도에 해당한다.

[2] 날치기 수법으로 피해자가 들고 있던 가방을 탈취하면서 가방을 놓지 않고 버티는 피해자를 5m 가량 끌고 감으로써 피해자의 무릎 등에 상해를 입힌 경우, 반항을 억압하기 위한 목적으로 가해진 강제력으로서 그 반항을 억압할 정도에 해당한다고 보아 강도치상죄의 성립을 인정한 사례.

333-3. 강도죄에 있어서 폭행·협박의 정도 [대법원 2004. 10. 28., 선고, 2004도4437]

【판시사항】

강도죄에 있어서 폭행과 협박의 정도는 사회통념상 객관적으로 상대방의 반항을 억압하거나 항거불능케 할 정도의 것이라야 한다(대법원 2001. 3. 23. 선고 2001도359 판결 등 참조).

333-4. 폭행 또는 협박을 가하여 재물을 탈취한 경우, 공갈죄와 강도죄가 되는지 여부에 대한 판단 기준 [서울고법 1998. 8. 12., 선고, 98노988. 확정]

【판시사항】

타인에게 폭행 또는 협박을 가하여 재물을 탈취한 경우, 공갈죄가 되는지 아니면 강도죄가 되는지 여부에 대한 판단 기준

【판결요지】

타인에게 폭행 또는 협박을 가하여 재물을 탈취한 경우에 그것이 공갈죄가 되는가 아니면 강도죄가 되는가는 그 폭행·협박이 사회통념상 일반적으로 피해자의 반항을 억압할만한 정도의 것인가 하는 객관적인 기준에 의하여 결정하여야 하는 것이고, 구체적 사안의 피해자의 주관을 기준으로 그 피해자의 반항을 억압할 정도인가 아닌가에 의하여 결정되는 것은 아니지만, 이를 판단함에 있어서는 폭행·협박의 객관적인 성질뿐 아니라, 범의를 포함하여 당해 행위가 강취라는 행위로 수행된 것인가, 아니면 갈취하는 행위로 수행된 것인가 하는 재물탈취의 형태를 종합하여 평가하여야 한다.

333-5. 폭행·협박으로 피해자로 하여금 피해자의 신용카드 매출전표에 서명하게 하였으나 피해자가 허위 서명을 하여 교부한 경우, 강도죄 성부(적극) [대법원 1997. 2. 25., 선고, 96도3411]

【판시사항】

[1] 강도죄에 있어서의 '재산상 이익'의 의미

[2] 폭행·협박으로 피해자로 하여금 피해자의 신용카드 매출전표에 서명하게 하였으나 피해자가 허위 서명을 하여 교부한 경우, 강도죄의 성부(적극)

【판결요지】

[1] 형법 제333조 후단의 강도죄(이른바 강제이득죄)의 요건이 되는 재산상의 이익이란 재물 이외의 재산상의 이익을 말하는 것으로서, 그 <u>재산상의 이익은 반드시 사법상 유효한 재산상의 이득만을 의미하는 것이 아니고 외견상 재산상의 이득을 얻을 것이라고 인정할 수 있는 사실관계만 있으면 여기에 해당된다.</u>

[2] 피고인들이 폭행·협박으로 피해자로 하여금 매출전표에 서명을 하게 한 다음 이를 교부받아 소지함으로써 이미 외관상 각 매출전표를 제출하여 신용카드회사들로부터 그 금액을 지급받을 수 있는 상태가 되었는바, <u>피해자가 각 매출전표에 허위 서명한 탓으로 피고인들이 신용카드회사들에게 각 매출전표를 제출하여도 신용카드회사들이 신용카드 가맹점 규약 또는 약관의 규정을 들어 그 금액의 지급을 거절할 가능성이 있다 하더라도, 그로 인하여 피고인들이 각 매출전표 상의 금액을 지급받을 가능성이 완전히 없어져 버린 것이 아니고 외견상 여전히 그 금액을 지급받을 가능성이 있는 상태이므로, 결국 피고인들이 '재산상 이익'을 취득하였다고 볼 수 있다.</u>

1. 강제이득죄의 요건인 재산상 이익의 의미 [대법원 1994. 2. 22., 선고, 93도428]

【판결요지】

형법 제333조 후단의 강도죄, 이른바 강제이득죄의 요건인 재산상의 이익이란 재물 이외의 재산상의 이익을 말하는 것으로서 적극적 이익(적극적인 재산의 증가)이든 소극적 이익(소극적인 부채의 감소)이든 상관없는 것이고, 강제이득죄는 권리의무관계가 외형상으로라도 불법적으로 변동되는 것을 막고자함에 있는 것으로서 항거불능이나 반항을 억압할 정도의 폭행 협박을 그 요건으로 하는 강도죄의 성질상 그 권리의무관계의 외형상 변동의 사법상 효력의 유무는 그 범죄의 성립에 영향이 없고, 법률상 정당하게 그 이행을 청구할 수 있는 것이 아니라도 강도죄에 있어서의 재산상의 이익에 해당하는 것이며, 따라서 이와 같은 재산상의 이익은 반드시 사법상 유효한 재산상의 이득만을 의미하는 것이 아니고 외견상 재산상의 이득을 얻을 것이라고 인정할 수 있는 사실관계만 있으면 된다.

333-6. 강도가 가족에게 폭행·협박하여 집안에 있는 재물을 탈취한 경우의 죄수 [대법원 1996. 7. 30., 선고, 96도1285]

【판결요지】

강도가 시간적으로 접착된 상황에서 가족을 이루는 수인에게 폭행·협박을 가하여 집안에 있는 재물을 탈취한 경우 그 재물은 가족의 공동점유 아래 있는 것으로서, 이를 탈취하는 행위는 그 소유자가 누구인지에 불구하고 단일한 강도죄의 죄책을 진다.

1. 강도가 동일 장소에서 동일 방법으로 시간적으로 접착된 상황에서 수인의 피해자들에게 폭행 또는 협박하여 그들로부터 각기 점유관리하고 있는 재물을 강취한 경우 죄수 [대법원 1991. 6. 25., 선고, 91도643]

【판시사항】

[1] 강도가 동일한 장소에서 동일한 방법으로 시간적으로 접착된 상황에서 수인의 피해자들에게 폭행 또는 협박을 가하여 그들로부터 각기 점유관리하고 있는 재물을 각각 강취한 경우의 죄수

[2] 피고인의 여관 종업원과 주인에 대한 각 강도행위가 각별로 강도죄를 구성하되 법률상 1개의 행위로 평가되어 위 2죄는 상상적 경합범관계에 있다고 본 사례

[3] 상상적 경합범관계에 있는 두 피해자에 대한 강도행위를 원심이 포괄 일죄로 잘못 판단하여 피고인이 한 피해자에 대한 특수강도죄에 관하여 받은 유죄의 확정판결의 효력이 다른 피해자에 대한 강도상해행위에 대하여도 미친다고 보아 그 공소사실에 대하여 면소를 선고한 경우, 원심의 위와 같은 잘못이 판결에 영향을 미칠 것인지 여부(소극)

[4] 강도가 여관에 들어가 안내실에 있던 여관의 관리인을 칼로 찔러 상해를 가하고 그로부터 금품을 강취한 다음, 각 객실에 들어가 각 투숙객들로부터 금품을 강취한 행위가 피해자 별로 강도상해죄 및 강도죄의 실체적 경합범이 된다고 본 사례

【판결요지】

[1] 강도가 동일한 장소에서 동일한 방법으로 시간적으로 접착된 상황에서 수인의 재물을 강취하였다고 하더라도, 수인의 피해자들에게 폭행 또는 협박을 가하여 그들로부터 그들이 각기 점유관리하고 있는 재물을 각각 강취하였다면, 피해자들의 수에 따라 수개의 강도죄를 구성하는 것이고, 다만 강도범인이 피해자들의 반항을 억압하는 수단인 폭행·협박행위가 사실상 공통으로 이루어졌기 때문에, 법률상 1개의 행위로 평가되어 상상적경합으로 보아야 될 경우가 있는 것은 별문제이다.

[2] 피고인이 여관에서 종업원을 칼로 찔러 상해를 가하고 객실로 끌고 들어가는 등 폭행·협박을 하고 있던 중, 마침 다른 방에서 나오던 여관의 주인도 같은 방에 밀어 넣은 후, 주인으로부터 금품을 강취하고, 1층 안내실에서 종업원 소유의 현금을 꺼내 갔다면, 여관 종업원과 주인에 대한 각 강도 행위가 각별로 강도죄를 구성하되 피고인이 피해자인 종업원과 주인을 폭행·협박한 행위는 법률상 1개의 행위로 평가되는 것이 상당하므로 위 2죄는 상상적 경합범관계에 있다고 할 것이다.

[3] 피해자 별로 강도죄를 구성하되 상상적 경합범관계에 있는 피고인의 행위를 원심이 포괄하여 1개의 강도죄만을 구성하는 것으로 잘못 판단하여 피고인이 한 피해자에 대한 특수강도죄에 관하여 받은 유죄의 확정 판결의 효력이 다른 피해자에 대한 강도상해행위에 대하여도 미친다고 보아 그 공소사실에 대하여 면소의 선고를 하였더라도, 위 유죄의 확정 판결의 효력은 그 죄와 상상적경합의 관계에 있는 다른 피해자에 대한 강도상해죄에 대하여도 어차피 미치게 되므로, 원심의 위와 같은 잘못은 판결에 영향을 미칠 것이 못된다.

[4] 강도가 서로 다른 시기에 다른 장소에서 수인의 피해자들에게 각기 폭행 또는 협박을 하여 각 그 피해자들의 재물을 강취하고, 그 피해자들 중 1인을 상해한 경우에는, 각기 별도로 강도죄와 강도 상해죄가 성립하는 것임은 물론, 법률상 1개의 행위로 평가되는 것도 아닌 바, 피고인이 여관에 들어가 1층 안내실에 있던 여관의 관리인을 칼로 찔러 상해를 가하고, 그로부터 금품을 강취한 다음, 각 객실에 들어가 각 투숙객들로부터 금품을 강취하였다면, 피고인의 위와 같은 각 행위는 비록 시간적으로 접착된 상황에서 동일한 방법으로 이루어지기는 하였으나, 포괄하여 1개의 강도상 해죄만을 구성하는 것이 아니라 실체적경합범의 관계에 있는 것이라고 할 것이다.

333-7. 예금통장을 강취하고 예금자 명의 예금청구서를 위조한 다음 은행원에 제출행사하여 금원을 교부받은 경우 죄책 및 그 죄수관계(= 실체적 경합관계) [대법원 1991. 9. 10., 선고, 91도1722]

【판결요지】

피고인이 예금통장을 강취하고 예금자 명의의 예금청구서를 위조한 다음 이를 은행원에게 제출 행사하여 예금인출금 명목의 금원을 교부받았다면 강도, 사문서위조, 동행사, 사기의 각 범죄가 성립하고 이들은 실체적 경합관계에 있다 할 것이다.

1. 강취한 은행예금통장을 이용하여 은행직원을 기망하여 예금환급 명목으로 금원 인출함이 불가벌적 사후행위인지 여부(소극) [대법원 1990. 7. 10., 선고, 90도1176]

【판결요지】

영득죄에 의하여 취득한 장물을 처분하는 것은 재산죄에 수반하는 불가벌적 사후행위에 불과하므로 다른 죄를 구성하지 않는다 하겠으나 강취한 은행예금통장을 이용하여 은행직원을 기망하여 진실한 명의인이 예금의 환급을 청구하는 것으로 오신케 함으로써 예금의 환급 명목으로 금원을 편취하는 것은 다시 새로운 법익을 침해하는 행위이므로 장물의 단순한 사후처분과는 같지 아니하고 별도의 사기죄를 구성한다.

333-8. 약물로써 졸음에 빠지게 하는 것이 강도죄에 있어서의 폭행에 해당되는지 여부(적극) [대법원 1979. 9. 25., 선고, 79도1735]

【판결요지】

"아리반" (신경안정제) 4알을 탄 우유나 사와가 들어 있는 갑을 휴대하고 다니다가 사람에게 마시게 하여 졸음에 빠지게하고 그 틈에 그 사람의 돈이나 물건을 빼앗은 경우에 그 수단은 강도죄에서 요구하는 남의 항거를 억압할 정도의 폭행에 해당된다.

333-9. 두사람에게 수면제등이 섞인 밥을 먹여서 물건을 강취하려고 한 경우의 죄수 [서울고법 1974. 12. 27., 74노976 확정]

【판결요지】

폭행협박이 위 두사람에게 각기 행하여지도록 되어 있었고 그 재물 강취의 상대방도 위 두사람이므로 강도미수죄도 피해자 수대로 성립한다 할 것이고 위 양죄는 형법 37조 전단의 경합범 관계에 있다 할 것이다.

제334조[특수강도]

제334조(특수강도) ① 야간에 사람의 주거, 관리하는 건조물, 선박이나 항공기 또는 점유하는 방실에 침입하여 제333조의 죄를 범한 자는 무기 또는 5년 이상의 징역에 처한다. 〈개정 1995. 12. 29.〉
② 흉기를 휴대하거나 2인 이상이 합동하여 전조의 죄를 범한 자도 전항의 형과 같다.

334-1. 강도상해죄의 '강도'에 특수강도가 포함되는지(적극) [대법원 2012. 12. 27., 선고, 2012도12777]

【판시사항】

강도상해죄의 '강도'에 형법 제334조 제1항 특수강도가 포함되는지 여부(적극) 및 형법 제334조 제1항 특수강도에 의한 강도상해의 경우 별도로 '주거침입죄'가 성립하는지 여부(소극)

【이 유】

형법 제334조 제1항은 "야간에 사람의 주거, 관리하는 건조물, 선박이나 항공기 또는 점유하는 방실에 침입하여 제333조(강도)의 죄를 범한 자는 무기 또는 5년 이상의 징역에 처한다."고 규정하고 있고, 형법 제337조는 "강도가 사람을 상해하거나 상해에 이르게 한 때에는 무기 또는 7년 이상의 징역에 처한다."고 규정하고 있는데, 강도상해죄에 있어서의 강도는 형법 제334조 제1항 특수강도도 포함된다고 보아야 한다. 그런데 형법 제334조 제1항 특수강도죄는 '주거침입'이라는 요건을 포함하고 있으므로 형법 제334조 제1항 특수강도죄가 성립할 경우 '주거침입죄'는 별도로 처벌할 수 없고, 형법 제334조 제1항 특수강도에 의한 강도상해가 성립할 경우에도 별도로 '주거침입죄'를 처벌할 수 없다고 보아야 할 것이다.

334-2. 합동범에 있어서 공모나 모의에 대한 입증의 정도 [대법원 2001. 12. 11., 선고, 2001도4013]

【판결요지】

형법 제334조 제2항 소정의 합동범에 있어서의 공모나 모의는 반드시 사전에 이루어진 것만을 필요로 하는 것이 아니고, 범행현장에서 암묵리에 의사상통하는 것도 포함되나, 이와 같은 공모나 모의는 그 '범죄될 사실'이라 할 것이므로 이를 인정하기 위하여는 엄격한 증명에 의하지 않으면 안된다.

334-3. 반항 불가능한 정도에 이른 폭행, 협박이 있은 후 그로부터 상당한 시간이 경과한 후 다른 장소에서 금원을 교부받은 경우(소극) [대법원 1995. 3. 28., 선고, 95도91]

【판시사항】

반항 불가능한 정도에 이른 폭행, 협박이 있은 후 그로부터 상당한 시간이 경과한 후 폭행, 협박이 있은 곳과는 다른 장소에서 금원을 교부받은 범죄사실을 특수강도죄의 기수로 처벌한 원심판결을 심리미진·법리오해의 위법을 이유로 파기한 사례

【이 유】

피고인이 1994.4.2. 01:00경 피해자 1의 집과 여관에서 위와 같은 폭행, 협박을 한 후 그로부터

상당한 시간이 경과한 후인 같은 날 19:00경 다른 장소에서 위 금원을 교부받았다는 것인바, 그렇다면 피고인의 위와 같은 폭행, 협박으로 인하여 위 피해자의 의사가 억압하여 반항이 불가능한 정도에 이르렀다고 하더라도 그후 피고인의 폭행, 협박으로부터 벗어난 이후에는 그러한 의사억압상태가 계속된다고 보기는 어렵다 할 것이고, 기록을 살펴보아도 위 금원 교부 당시에 다시 피해자의 의사를 억압하여 반항을 불가능하게 할 정도의 폭행, 협박이 있었다거나, 이전의 폭행, 협박으로 인한 의사억압 상태가 위 금원교부시까지 계속되었다고 볼 특별한 사정이 있었다고 볼 증거는 없고, 오히려 기록상 위 피해자가 피고인과 헤어진 후 피고인으로부터 다시 돈을 요구하는 무선호출 연락을 받고 피고인이 다시 행패를 부릴 것이 두려워 은행에서 예금을 인출하여 피고인에게 지급하였다는 사정이 엿보이므로, 위 금원교부는 위 피해자의 의사에 반하여 반항이 불가능한 상태에서 강취된 것이라기보다는 피해자의 하자 있는 의사에 의하여 교부된 즉 갈취당한 것으로 보인다.

따라서 위와 같은 사실관계라면 특수강도죄의 미수로 처벌할 수는 있을지언정 이를 특수강도죄의 기수로 처벌한 원심판결에는 위 재물의 교부가 피해자의 의사에 의한 것인지 아니면 피해자의 의사와 무관하게 강취당한 것인지에 관하여 심리를 제대로 하지 아니한 채 사실을 오인하였거나 특수강도죄 소정의 강취의 점에 관하여 법리를 오해한 위법이 있다 할 것이다.

334-4. 강도행위가 야간에 주거에 침입하여 이루어지는 특수강도죄의 실행의 착수시기 [대법원 1992. 7. 28., 선고, 92도917]

【판시사항】

[1] 합동범의 객관적 요건인 실행행위의 분담의 의미

[2] 강도행위가 야간에 주거에 침입하여 이루어지는 특수강도죄의 실행의 착수시기

[3] 절도범인 또는 강도범인이 체포를 면탈할 목적으로 경찰관에게 폭행(협박)을 가한 경우 준강도죄 또는 강도죄와 공무집행방해죄의 죄수

【판결요지】

[1] 합동범은 주관적 요건으로서 공모 외에 객관적 요건으로서 현장에서의 실행행위의 분담을 요하나 이 실행행위의 분담은 반드시 동시에 동일장소에서 실행행위를 특정하여 분담하는 것만을 뜻하는 것이 아니라 시간적으로나 장소적으로 서로 협동관계에 있다고 볼 수 있으면 충분하다.

[2] 형법 제334조 제1항 소정의 야간주거침입강도죄는 주거침입과 강도의 결합범으로서 시간적으로 주거침입행위가 선행되므로 주거침입을 한 때에 본죄의 실행에 착수한 것으로 볼 것인바, 같은 조 제2항 소정의 흉기휴대 합동강도죄에 있어서도 그 강도행위가 야간에 주거에 침입하여 이루어지는 경우에는 주거침입을 한 때에 실행에 착수한 것으로 보는 것이 타당하다.

[3] **절도범인**이 체포를 면탈할 목적으로 경찰관에게 폭행 협박을 가한 때에는 준강도죄와 공무집행방해죄를 구성하고 양죄는 상상적 경합관계에 있으나, **강도범인**이 체포를 면탈할 목적으로 경찰관에게 폭행을 가한 때에는 강도죄와 공무집행방해죄는 실체적 경합관계에 있고 상상적 경합관계에 있는 것이아니다.

1. 특수강도죄에 있어서의 실행의 착수시기 [대법원 1991. 11. 22., 선고, 91도2296]

【판결요지】

특수강도의 실행의 착수는 강도의 실행행위 즉 사람의 반항을 억압할 수 있는 정도의 폭행 또는 협박에 나아갈 때에 있다 할 것이다.

334-5. 상습강도죄와 강도상해죄가 상상적 경합범 관계에 있는지 여부(소극) [대법원 1990. 9. 28., 선고, 90도1365]

【판결요지】

형법 제333조, 제334조, 제337조, 제341조, 특정범죄가중처벌등에관한법률 제5조의4 제3항, 제5조의5의 각 규정을 살펴보면 강도죄와 강도상해죄는 따로 규정되어 있고 상습강도죄(형법 제341조)에 강도상해죄가 포괄흡수될 수는 없는 것이므로 위 2죄는 상상적 경합범 관계가 아니다.

334-6. 합동범에 있어서 주관적 요건으로서의 공모나 모의의 의의 [대법원 1988. 11. 22., 선고, 88도1557]

【판결요지】

형법 제334조 제2항 소정의 "합동하여"라 함은 주관적 요건으로서의 공모와 객관적 요건으로서의 범행현장에서의 범행의 실행의 분담이 있어야 하나, 그 공모나 모의는 반드시 사전에 이루어진 것만을 필요로 하는 것이 아니고 범행현장에서 암묵리에 의사상통하는 것도 포함된다.

334-7. 특수강도 범행의 모의와 강취한 장물의 처분만을 알선한 경우 특수강도의 공동정범의 성부 [대법원 1983. 2. 22., 선고, 82도3103]

【판시사항】

특수강도의 범행의 모의와 강취한 장물의 처분만을 알선한 경우 특수강도의 공동정범의 성부

【판결요지】

특수강도의 범행을 모의한 이상 범행의 실행에 가담하지 아니하고, 공모자들이 강취해 온 장물의 처분을 알선만하였다 하더라도, 특수강도의 공동정범이 된다 할 것이므로 장물알선죄로 의율할 것이 아니다.

제335조[준강도]

> 제335조(준강도) 절도가 재물의 탈환에 항거하거나 체포를 면탈하거나 범죄의 흔적을 인멸할 목적으로 폭행 또는 협박한 때에는 제333조 및 제334조의 예에 따른다. [전문개정 2020. 12. 8.]

335-1. 준강도죄의 주체(=절도범인) [대법원 2014. 5. 16., 선고, 2014도2521]

【판시사항】

[1] 준강도죄의 주체(=절도범인)

[2] 피고인이 술집 운영자 甲을 유인·폭행하고 도주함으로써 술값의 지급을 면하여 재산상 이익을 취득하고 상해를 가하였다고 하여 강도상해로 기소되었는데, 원심이 위 공소사실을 '피고인이 술값의 지급을 면하여 재산상 이익을 취득하고 甲을 폭행하였다'는 범죄사실로 인정하여 준강도죄를 적용한 사안

【판결요지】

[1] 형법 제335조는 '절도'가 재물의 탈환을 항거하거나 체포를 면탈하거나 죄적을 인멸한 목적으로 폭행 또는 협박을 가한 때에 준강도가 성립한다고 규정하고 있으므로, 준강도죄의 주체는 절도범인이고, 절도죄의 객체는 재물이다.

[2] 원심이 인정한 범죄사실에는 그 자체로 절도의 실행에 착수하였다는 내용이 포함되어 있지 않음에도 준강도죄를 적용하여 유죄로 인정한 원심판결에 준강도죄의 주체에 관한 법리오해의 잘못이 있다.

> 1. 준강도의 주체로서 절도의 의미 및 야간주거침입절도죄의 실행의 착수시기 [대법원 2003. 10. 24., 선고, 2003도4417]
>
> 【판결요지】
> 준강도의 주체는 절도 즉 절도범인으로, 절도의 실행에 착수한 이상 미수이거나 기수이거나 불문하고, 야간에 타인의 재물을 절취할 목적으로 사람의 주거에 침입한 경우에는 주거에 침입한 단계에서 이미 형법 제330조에서 규정한 야간주거침입절도죄라는 범죄행위의 실행에 착수한 것이라고 보아야 하며, 주거침입죄의 경우 주거침입의 범의로써 예컨대, 주거로 들어가는 문의 시정장치를 부수거나 문을 여는 등 침입을 위한 구체적 행위를 시작하였다면 주거침입죄의 실행의 착수는 있었다고 보아야 한다.

335-2. 준강도죄에서 말하는 '절도의 기회'의 의미 [대법원 2009. 7. 23., 선고, 2009도5022

【이 유】

준강도는 절도범인이 절도의 기회에 재물탈환의 항거 등의 목적으로 폭행 또는 협박을 가함으로써 성립되는 것으로서, 여기서 **절도의 기회**라고 함은 절도범인과 피해자 측이 절도의 현장에 있는 경우와 절도에 잇달아 또는 절도의 시간·장소에 접착하여 피해자 측이 범인을 체포할 수 있는 상황, 범인이 죄적인멸에 나올 가능성이 높은 상황에 있는 경우를 말하고, 그러한 의미에서 피해자 측이 추적태세에 있는 경우나 범인이 일단 체포되어 아직 신병확보가 확실하다고 할 수

없는 경우에는 절도의 기회에 해당한다(대법원 2001. 10. 23. 선고 2001도4142, 2001감도100 판결 참조). 한편, 강도상해죄에 있어서의 상해는 피해자의 신체의 건강상태가 불량하게 변경되고 생활기능에 장애가 초래되는 것을 말한다(대법원 2003. 7. 11. 선고 2003도2313 판결 등 참조).

335-3. 준강도죄의 미수기수의 판단 기준 [대법원 2004. 11. 18., 선고, 2004도5074, 전원합의체 판결]

【판결요지】

[다수의견] 형법 제335조에서 절도가 재물의 탈환을 항거하거나 체포를 면탈하거나 죄적을 인멸할 목적으로 폭행 또는 협박을 가한 때에 준강도로서 강도죄의 예에 따라 처벌하는 취지는, 강도죄와 준강도죄의 구성요건인 재물탈취와 폭행·협박 사이에 시간적 순서상 전후의 차이가 있을 뿐 실질적으로 위법성이 같다고 보기 때문인바, 이와 같은 준강도죄의 입법 취지, 강도죄와의 균형 등을 종합적으로 고려해 보면, 준강도죄의 기수 여부는 절도행위의 기수 여부를 기준으로 하여 판단하여야 한다.

【참조판례】

대법원 1964. 11. 20. 선고 64도504 판결(집12-2, 형30)(변경), 대법원 1969. 10. 23. 선고 69도1353 판결(집17-3, 형62)(변경), 대법원 1973. 11. 13. 선고 73도1553 전원합의체 판결(공1973, 7621), 대법원 1981. 3. 24. 선고 81도409 판결(공1981, 13856), 대법원 1990. 4. 24. 선고 90도193 판결(공1990, 1196)

---

1. 형법 제335조의 이른바 "절도가 체포를 면탈하기 위하여 폭행을 가한 때"의 의의. [대법원 1964. 11. 24., 선고, 64도504] ☞ 변경

【판결요지】

본조에서 말하는 절도가 체포를 면탈하기 위하여 폭행을 가한 때라 함은 절도미수범의 그와 같은 경우에도 해당한다 할 것이요. 이러한 경우에 준강도미수로 볼 수 없다 할 것이고 또 폭행을 가하여 상해를 가한 때에는 강도상해가 된다.

---

2. 절도미수라 하여도 준강도로서 형법제335조의 적용이 있을 경우 [대법원 1969. 10. 23., 선고, 69도1353] ☞ 변경

【판시사항】

절도미수라 하여도 준강도로서 형법제335조의 적용이 있을 경우에는 형법제342조를 적용하지 아니한다.

---

3. 단순절도범인이 체포를 면탈하기 위하여 협박을 가하면서 비로소 흉기를 사용한 경우(적극) [대법원 1973. 11. 13., 선고, 73도1553, 전원합의체 판결]

【판결요지】

[다수의견] 절도범인이 처음에는 흉기를 휴대하지 아니하였으나, 체포를 면탈할 목적으로 폭행 또는 협박을 가할 때에 비로소 흉기를 휴대 사용하게된 경우에는 형법 제334조의 예에 의한 준강도 (특수강도의 준강도)가 된다.

> 4. 준강도죄에 있어서의 폭행과 협박의 정도 [대법원 1981. 3. 24., 선고, 81도409]
>
> 【판결요지】
>
> 준강도죄에 있어서의 폭행이나 협박은 상대방의 반항을 억압하는 수단으로서 일반적 객관적으로 가능하다고 인정하는 정도의 것이면 되고 반드시 현실적으로 반항을 억압하였음을 필요로 하는 것은 아니다.

> 5. 체포에 필요한 정도를 넘는 심한 폭력에 대항하기 위하여 절도범이 체포자에게 상해를 입힌 경우(소극) [대법원 1990. 4. 24., 선고, 90도193]
>
> 【판결요지】
>
> 준강도죄의 구성요건인 폭행, 협박은 일반강도죄와의 균형상 사람의 반항을 억압할 정도의 것임을 요하므로, 일반적, 객관적으로 체포 또는 재물탈환을 하려는 자의 체포의사나 탈환의사를 제압할 정도라고 인정될 만한 폭행, 협박이 있어야만 준강도죄가 성립한다고 할 것인 바, 피고인을 체포하려는 피해자가 체포에 필요한 정도를 넘어서서 발로 차며 늑골 9, 10번 골절상, 좌폐기흉증, 좌흉막출혈 등 전치 3개월을 요하는 중상을 입힐 정도로 심한 폭력을 가해오자 피고인이 이를 피하기 위하여 엉겁결에 솥뚜껑을 들어 위 폭력을 막아 내려다가 그 솥뚜껑에 스치어 피해자가 상처를 입게 되었다면 피고인의 위 행위는 일반적, 객관적으로 피해자의 체포의사를 제압할 정도의 폭행에 해당하지 않는다고 할 것이므로 준강도상해죄는 성립되지 않는다.

335-4. 준강도죄에 있어서의 '재물의 탈환을 항거할 목적'의 의미 [대법원 2003. 7. 25., 선고, 2003도2316]

【판결요지】

준강도죄에 있어서의 '재물의 탈환을 항거할 목적'이라 함은 일단 절도가 재물을 자기의 배타적 지배하에 옮긴 뒤 탈취한 재물을 피해자측으로부터 탈환당하지 않기 위하여 대항하는 것을 말한다.

335-5. 준강도죄의 성립에 있어서 절도행위와 폭행·협박행위의 관련성 [대법원 2001. 10. 23., 선고, 2001도4142]

【판결요지】

준강도는 절도범인이 절도의 기회에 재물탈환의 항거 등의 목적으로 폭행 또는 협박을 가함으로써 성립되는 것으로서, 여기서 절도의 기회라고 함은 절도범인과 피해자측이 절도의 현장에 있는 경우와 절도에 잇달아 또는 절도의 시간·장소에 접착하여 피해자측이 범인을 체포할 수 있는 상황, 범인이 죄적인멸에 나올 가능성이 높은 상황에 있는 경우를 말하고, 그러한 의미에서 피해자측이 추적태세에 있는 경우나 범인이 일단 체포되어 아직 신병확보가 확실하다고 할 수 없는 경우에는 절도의 기회에 해당한다.

> 1. 준강도죄의 성립요건과 폭행, 협박의 시기 [대법원 1984. 9. 11., 선고, 84도1398]
>
> 【판결요지】

준강도는 절도범인이 절도의 기회에 재물탈환·항거등의 목적으로 폭행 또는 협박을 가함으로써 성립되는 것이므로 그 폭행 또는 협박은 절도의 실행에 착수하여 그 실행중이거나 그 실행 직후 또는 실행의 범의를 포기한 직후로서 사회통념상 범죄행위가 완료되지 아니하였다고 인정될 만한 단계에서 행하여짐을 요한다.

2. 준강도죄의 성립요건으로서의 폭행·협박의 시한 [대법원 1999. 2. 26., 선고, 98도3321]

【판시사항】

[1] 준강도죄의 성립요건으로서의 폭행·협박의 시한

[2] 절도범행 후 10분이 지나 피해자의 집에서 200m 떨어진 곳에서 붙잡혀 피해자의 집으로 돌아와 피해자를 폭행한 경우, 준강도죄가 성립하지 않는다.

【판결요지】

[1] 준강도는 절도범인이 절도의 기회에 재물탈환, 항거 등의 목적으로 폭행 또는 협박을 가함으로써 성립되는 것이므로, 그 폭행 또는 협박은 절도의 실행에 착수하여 그 실행중이거나 그 실행 직후 또는 실행의 범의를 포기한 직후로서 사회통념상 범죄행위가 완료되지 아니하였다고 인정될 만한 단계에서 행하여짐을 요한다.

[2] 피해자의 집에서 절도범행을 마친지 10분 가량 지나 피해자의 집에서 200m 가량 떨어진 버스정류장이 있는 곳에서 피고인을 절도범인이라고 의심하고 뒤쫓아 온 피해자에게 붙잡혀 피해자의 집으로 돌아왔을 때 비로소 피해자를 폭행한 경우, 그 폭행은 사회통념상 절도범행이 이미 완료된 이후에 행하여졌다는 이유로 준강도죄가 성립하지 않는다.

335-6. 준강도 범죄사실에 상습특수절도사실 포함 여부(소극) [대법원 1996. 7. 26., 선고, 96감도42]

【판결요지】

준강도죄는 그 주체가 절도범인이기만 하면 족하고 반드시 상습을 요하는 것이 아니므로 준강도죄에 당연히 상습특수절도사실이 포함되어 있다고 할 수 없다.

335-7. 절도미수범의 준강도 내지 강도상해죄 주체 여부(적극) [대법원 1990. 2. 27., 선고, 89도2532]

【판결요지】

형법 제335조의 조문 가운데 "절도" 운운함은 절도기수범과 절도미수범을 모두 포함하는 것이고, 준강도가 사람을 상해했을 때에는 형법 제337조의 강도상해죄가 성립된다.

335-8. 준강도죄의 성립에 있어 절도행위와 체포면탈을 위한 폭행과의 근접성 [부산고법 1989. 9. 27., 선고, 89노598, 확정]

【판결요지】

절도범이 원래의 절도범행현장으로부터 안전하게 도피하여 더 이상 추적이나 어떠한 체포위협도 느끼지 아니한 채 새로운 제3의 범행대상까지 물색하게 되었을 정도로 시간적, 장소적 경과가 있었다면 그후 비록 당초 범행현장에서부터의 탐문을 계속하던 경찰관에게 발각되어 체포를 면할 목적으로 그에게 상해를 가하였다 하더라도 이는 절도가 절도행위의 기회계속중에 또는 절도실행기회의 연장

상태에서 체포를 면탈할 목적으로 상해를 가하였다고 보기 어려우므로 강도상해죄로 처벌할 수 없다.

> 1. 준강도죄 성립에 절도행위와 체포면탈을 위한 폭행과의 근접성 판단기준 [대법원 1987. 10. 26., 선고, 87도 1662]
>
> 【판결요지】
> 절도가 절도행위의 기회계속중이라고 볼 수 있는 그 실행중 또는 실행직후에 체포를 면탈할 목적으로 폭행을 가한 때에는 준강도죄가 성립되고 이로써 상해를 입혔을 때는 강도상해죄가 성립된다.

335-9. 절도공범 중 1인의 체포면탈을 위한 경찰관 상해행위와 다른 공범에 관한 준강도상해죄의 성립여부(적극) [대법원 1989. 3. 28., 선고, 88도2291]

【판결요지】

갑이 을과 공모하여 타인의 재물을 절취하려다 미수에 그친 이상 을이 체포를 면탈하려고 경찰관에게 상해를 가할때 갑이 비록 거기에는 가담하지 아니하였다고 하더라도 을의 행위를 예견하지 못한 것으로 볼 수 없는 한 준강도상해의 죄책을 면할 수 없다.

335-10. 절도범인이 체포현장에서 절취가 아니고 자기소유물을 가져가는 것이라고 경비원과 시비하다가 폭행한 경우 준강도죄의 성부(적극) [대법원 1984. 7. 24., 선고, 84도1167]

【판결요지】

피고인이 점유자 또는 소유자의 승락없이 물건을 갖고 나오다 경비원에게 발각되어 동인이 절도범인 체포사실을 파출소에 신고전화하려는데 피고인이 잘해 보자며 대들면서 폭행을 가한 경우에는, 설사 그 같은 행위가 피고인이 사장도 잘 안다하며 전화확인을 하자는 제의를 경비원이 거부하면서 내일이나 모래와서 확인한 후에 가져가라하자 피고인이 자기의 것이니 무조건 달라고 시비한 끝에 저질러진 것이라 하여도, 그곳이 체포현장이었고 주위 사람에게 도주를 방지케 부탁한 상태아래 일어난 것이라면 준강도 행위에 해당한다.

335-11. 잠든 절도피해자 이마를 때려 깨운 경우 준강도상해죄 여부(소극) [대법원 1984. 6. 5., 선고, 84도460]

【판결요지】

절도 피해자가 잠을 자다가 이마를 맞고 잠이 깨어 비로소 맞은 것을 알았다고 진술할 뿐, 피해자가 소리를 지르므로 피고인이 체포를 면탈하기 위하여 피해자를 때린 것이라고 인정할 수 없다면 피고인에게는 준강도 상해의 죄책을 지울 수 없다.

335-12. 오토바이를 끌고 가다가 추격하여 온 피해자의 얼굴을 주먹으로 때리고, 놓아주지 아니하면 죽여버리겠다고 협박한 경우(적극) [대법원 1983. 3. 8., 선고, 82도2838]

【판결요지】

오토바이를 끌고 가다가 추격하여 온 피해자에게 멱살을 잡히게 되자 체포를 면탈할 목적으로 피해자의 얼굴을 주먹으로 때리고, 놓아주지 아니하면 죽여버리겠다고 협박한 경우에는 그 같은 폭행, 협박은 피해자의 반항을 억압하기 위한 수단으로써 일반적, 객관적으로 가능하다고 인정되는 정도의 폭행, 협박에 해당한다고 볼 수 있으므로 준강도죄를 구성한다.

335-13. 합동절도중 1인이 체포를 면탈할 목적으로 상해를 가한 경우 여타범인의 준강도상해죄 성부(적극) [대법원 1982. 7. 13., 선고, 82도1352]

【판시사항】

[1] 준강도죄의 성립에 있어서 절취행위와 체포면탈을 위한 폭행, 협박과의 근접성의 표준

[2] 합동절도중 1인이 체포를 면탈할 목적으로 폭행하여 상해를 가한 경우 여타범인의 준강도상해죄 성부

【판결요지】

[1] 절도범행의 종료 후 얼마되지 아니한 단계이고 안전지대에로 이탈하지 못하고 피해자측에 의하여 체포될 가능성이 남아있는 단계에서 추적당하여 체포되려 하자 구타한 경우에는 절도행위와 그 체포를 면탈하기 위한 구타행위와의 사이에 시간상 및 거리상 극히 근접한 관계에 있다 할 것이므로, 준강도죄가 성립한다.

[2] 합동하여 절도를 한 경우 범인 중 1인이 체포를 면탈할 목적으로 폭행을 하여 상해를 가한 때에는 나머지 범인도 이를 예기하지 못한 것으로 볼 수 없으면 준강도상해죄의 죄책을 면할 수 없다.

335-14. 준강도죄에 있어서의 폭행 협박의 정도 [대법원 1967. 9. 19., 선고, 67도1015]

【판결요지】

절도가 체포를 면탈할 목적으로 상대방의 왼쪽 손바닥을 1회 입으로 깨물어 동인에게 전치 1주일을 요하는 좌측 수장교상을 입힌 경우에는 이는 상대방의 체포의 공격력을 억압할 수 있을 정도의 폭행이라 할 것이다.

제337조[강도상해, 치상]

> 제337조(강도상해, 치상) 강도가 사람을 상해하거나 상해에 이르게 한때에는 무기 또는 7년 이상의 징역에 처한다. 〈개정 1995. 12. 29.〉

337-1. 강도상해죄 성립요건 및 강도범행 이후 피해자의 심리적 저항불능 상태가 해소되지 않은 상태에서 상해행위가 행하여진 경우(적극) [대법원 2014. 9. 26., 선고, 2014도9567]

【판시사항】

강도상해죄의 성립요건 및 강도범행 이후 피해자의 심리적 저항불능 상태가 해소되지 않은 상태에서 강도범인의 상해행위가 행하여진 경우, 강도상해죄의 성립 여부(적극)

【판결요지】

형법 제337조의 강도상해죄는 강도범인이 강도의 기회에 상해행위를 함으로써 성립하므로 강도범행의 실행 중이거나 실행 직후 또는 실행의 범의를 포기한 직후로서 사회통념상 범죄행위가 완료되지 아니하였다고 볼 수 있는 단계에서 상해가 행하여짐을 요건으로 한다. 그러나 반드시 강도범행의 수단으로 한 폭행에 의하여 상해를 입힐 것을 요하는 것은 아니고 상해행위가 강도가 기수에 이르기 전에 행하여져야만 하는 것은 아니므로, <u>강도범행 이후에도 피해자를 계속 끌고 다니거나 차량에 태우고 함께 이동하는 등으로 강도범행으로 인한 피해자의 심리적 저항불능 상태가 해소되지 않은 상태에서 강도범인의 상해행위가 있었다면 강취행위와 상해행위 사이에 다소의 시간적·공간적 간격이 있었다는 것만으로는 강도상해죄의 성립에 영향이 없다.</u>

337-2. 강도상해죄에서 '상해'의 의미 [대법원 2009. 7. 23., 선고, 2009도5022]

【판시사항】

강도상해죄에 있어서의 상해는 피해자의 신체의 건강상태가 불량하게 변경되고 생활기능에 장애가 초래되는 것을 말한다(대법원 2003. 7. 11. 선고 2003도2313 판결 등 참조).

> 1. 강도상해죄에 있어서의 상해의 의미 [대법원 2003. 7. 11., 선고, 2003도2313]
>
> 【판결요지】
>
> 강도상해죄에 있어서의 상해는 피해자의 신체의 건강상태가 불량하게 변경되고 생활기능에 장애가 초래되는 것을 말하는 것으로서, 피해자가 입은 상처가 극히 경미하여 굳이 치료할 필요가 없고 치료를 받지 않더라도 일상생활을 하는 데 아무런 지장이 없으며 시일이 경과함에 따라 자연적으로 치유될 수 있는 정도라면, 그로 인하여 피해자의 신체의 건강상태가 불량하게 변경되었다거나 생활기능에 장애가 초래된 것으로 보기 어려워 강도상해죄에 있어서의 상해에 해당한다고 할 수 없다.

337-3. 다른 공모자들이 피해자를 뒤쫓아 가자 단지 "어?"라고만 하고 더 이상 만류하지 아니하여 공모자들이 강도상해의 범행을 한 경우(적극) [대법원 2008. 4. 10., 선고, 2008도1274]

【판시사항】

다른 3명의 공모자들과 강도 모의를 주도한 피고인이, 다른 공모자들이 피해자를 뒤쫓아 가자 단지 "어?" 라고만 하고 더 이상 만류하지 아니하여 공모자들이 강도상해의 범행을 한 사안에서, 피고인이 그 공모관계에서 이탈하였다고 볼 수 없다.

【판결요지】

다른 3명의 공모자들과 강도 모의를 하면서 삽을 들고 사람을 때리는 시늉을 하는 등 그 모의를 주도한 피고인이 함께 범행 대상을 물색하다가 다른 공모자들이 강도의 대상을 지목하고 뒤쫓아 가자 단지 "어?" 라고만 하고 비대한 체격 때문에 뒤따라가지 못한 채 범행현장에서 200m 정도 떨어진 곳에 앉아 있었으나 위 공모자들이 피해자를 쫓아가 강도상해의 범행을 한 사안에서, <u>피고인에게 공동가공의 의사와 공동의사에 기한 기능적 행위지배를 통한 범죄의 실행사실이 인정되므로 강도상해죄의 공모관계에 있고, 다른 공모자가 강도상해죄의 실행에 착수하기까지 범행을 만류하는 등으로 그 공모관계에서 이탈하였다고 볼 수 없으므로 강도상해죄의 공동정범으로서의 죄책을 진다</u>

337-4. 날치기 수법으로 피해자가 들고 있던 가방을 탈취하면서 강제력을 행사하여 상해를 입힌 경우(적극) [대법원 2007. 12. 13., 선고, 2007도7601]

【판결요지】

날치기 수법으로 피해자가 들고 있던 가방을 탈취하면서 가방을 놓지 않고 버티는 피해자를 5m 가량 끌고 감으로써 피해자의 무릎 등에 상해를 입힌 경우, 반항을 억압하기 위한 목적으로 가해진 강제력으로서 그 반항을 억압할 정도에 해당한다고 보아 강도치상죄의 성립을 인정한 사례.

---

1. 날치기 수법에 의한 절도범이 점유탈취의 과정에서 피해자를 넘어지게 하거나 부상케 하는 경우(소극) [대법원 2003. 7. 25., 선고, 2003도2316]

【판시사항】

[1] 날치기 수법에 의한 절도범이 점유탈취의 과정에서 우연히 피해자를 넘어지게 하거나 부상케 하는 경우, 이를 강도치상죄로 의율할 수 있는지 여부(소극)

[2] 피해자의 상해가 차량을 이용한 날치기 수법의 절도시 점유탈취의 과정에서 우연히 가해진 것에 불과하고, 그에 수반된 강제력 행사도 피해자의 반항을 억압하기 위한 목적 또는 정도의 것은 아니었던 것으로 보아 강도치상죄로 의율한 원심판결을 파기한 사례

【판결요지】

[1] 날치기와 같이 강력적으로 재물을 절취하는 행위는 때로는 피해자를 전도시키거나 부상케 하는 경우가 있고, 구체적인 상황에 따라서는 이를 강도로 인정하여야 할 때가 있다 할 것이나, 그와 같은 결과가 피해자의 반항억압을 목적으로 함이 없이 점유탈취의 과정에서 우연히 가해진 경우라면 이는 절도에 불과한 것으로 보아야 한다.

---

2. 수인이 재물강취의 의사로 피해자를 상해하고, 그 중 1인이 몰래 피해자가 도망가면서 남겨 둔 옷에서 돈을 꺼내어 사용한 경우(적극) [대법원 2004. 10. 28., 선고, 2004도4437]

【판시사항】

수인이 재물강취의 의사로 피해자를 상해하고, 그 중 1인이 몰래 피해자가 도망가면서 남겨 둔 옷에서 돈을 꺼내어 사용한 경우, 위 1인의 강도행위를 나머지 행위자들이 예측할 수 있었다고 보아 강도상해의 공동정범의 성립을 긍정한 사례

337-5. 감금행위가 강도상해 범행의 수단에 그치지 아니하고 강도상해의 범행이 끝난 뒤에도 계속된 경우, 감금죄와 강도상해죄의 죄수 [대법원 2003. 1. 10., 선고, 2002도4380]

【판결요지】

감금행위가 단순히 강도상해 범행의 수단이 되는 데 그치지 아니하고 강도상해의 범행이 끝난 뒤에도 계속된 경우에는 1개의 행위가 감금죄와 강도상해죄에 해당하는 경우라고 볼 수 없고, 이 경우 감금죄와 강도상해죄는 형법 제37조의 경합범 관계에 있다.

337-6. 절도범인이 일단 체포되었으나 아직 신병확보가 확실하지 않은 단계에서 체포 상태를 면하기 위해 폭행하여 상해를 가한 경우(적극) [대법원 2001. 10. 23., 선고, 2001도4142]

【판시사항】

절도범인이 일단 체포되었으나 아직 신병확보가 확실하지 않은 단계에서 체포 상태를 면하기 위해 폭행하여 상해를 가한 경우, 강도상해죄의 성립을 인정한 사례

【판결요지】

절도범인이 일단 체포되었으나 아직 신병확보가 확실하지 않은 단계에서 체포 상태를 면하기 위해 폭행하여 상해를 가한 경우, 그 행위는 절도의 기회에 체포를 면탈할 목적으로 폭행하여 상해를 가한 것으로서 강도상해죄에 해당한다.

337-7. 절도범이 체포를 면탈할 목적으로 체포하려는 여러 명의 피해자에게 같은 기회에 폭행을 가하여 그 중 1인에게만 상해를 가한 경우(=포괄하여 강도상해죄의 일죄) [대법원 2001. 8. 21., 선고, 2001도3447]

【판시사항】

절도범이 체포를 면탈할 목적으로 체포하려는 여러 명의 피해자에게 같은 기회에 폭행을 가하여 그 중 1인에게만 상해를 가한 경우, 그 죄수(=포괄하여 강도상해죄의 일죄)

【판결요지】

절도범이 체포를 면탈할 목적으로 체포하려는 여러 명의 피해자에게 같은 기회에 폭행을 가하여 그 중 1인에게만 상해를 가하였다면 이러한 행위는 포괄하여 하나의 강도상해죄만 성립한다.

1. 준강도행위가 진전하여 상해행위를 수반한 경우 [대법원 1966. 12. 6., 선고, 66도1392]
【판결요지】
일괄하여 준강도상해죄의 일죄가 성립하는 것이지 별도로 준강도죄의 성립이 있는 것은 아니다.

337-8. 강도합동범 중 1인이 피해자를 상해한 경우 상해까지 공모하지는 아니한 다른 자도 상해의

결과에 대하여 책임을 지는지 여부(적극) [대법원 1998. 4. 14., 선고, 98도356]

【판결요지】

강도합동범 중 1인이 피고인과 공모한대로 과도를 들고 강도를 하기 위하여 피해자의 거소를 들어가 피해자를 향하여 칼을 휘두른 이상 이미 강도의 실행행위에 착수한 것임이 명백하고, 그가 피해자들을 과도로 찔러 상해를 가하였다면 대문 밖에서 망을 본 공범인 피고인이 구체적으로 상해를 가할 것까지 공모하지 않았다 하더라도 피고인은 상해의 결과에 대하여도 공범으로서의 책임을 면할 수 없다.

> 1. 강도공범자 중의 1인이 강도의 기회에 상해를 입힌 경우 나머지 공범의 죄책(적극) [대법원 1988. 12. 13., 선고, 88도1844]
>
> 【판결요지】
>
> 강도공범자 중의 1인이 강도의 기회에 피해자에게 폭력을 가하여 상해를 입힌 경우에, 다른 공범자도 재물강취의 수단으로 폭행이 가해질 것이라는 점에 관하여 상호의사의 연락이 있었던 것이므로, 구체적으로 상해에 관하여는 공모하지 않았다 하더라도 폭행으로 생긴 결과에 대하여 공범으로서의 책임을 진다.

337-9. 피해자가 피고인의 폭행·협박행위를 피하려다 상해를 입게 된 경우(적극) [대법원 1996. 7. 12., 선고, 96도1142]

【판시사항】

[1] 강도치상죄의 성립요건

[2] 피해자가 피고인의 폭행·협박행위를 피하려다 상해를 입게 된 경우(=강도치상죄)

【판결요지】

[1] 폭행 또는 협박으로 타인의 재물을 강취하려는 행위와 이에 극도의 흥분을 느끼고 공포심에 사로잡혀 이를 피하려다 상해에 이르게 된 사실과는 상당인과관계가 있다 할 것이고 이 경우 강취 행위자가 상해의 결과의 발생을 예견할 수 있었다면 이를 강도치상죄로 다스릴 수 있다.

[2] 피고인이 피해자와 함께 도박을 하다가 돈 3,200만 원을 잃자 도박을 할 때부터 같이 있었던 일행 2명 외에 후배 3명을 동원한 데다가 피고인은 식칼까지 들고 위 피해자로부터 돈을 빼앗으려고 한 점, 위 피해자는 이를 피하려고 도박을 하고 있었던 위 집 안방 출입문을 잠그면서 출입문이 열리지 않도록 완강히 버티고 있었던 점, 이에 피고인이 위 피해자에게 "이 새끼 죽여 버리겠다."고 위협하면서 위 출입문 틈 사이로 위 식칼을 집어 넣어 잠금장치를 풀려고 하고 발로 위 출입문을 수회 차서 결국 그 문을 열고 위 안방 안으로 들어 왔으며, 칼을 든 피고인 외에도 그 문 밖에 피고인의 일행 5명이 있어 그 문을 통해서는 밖으로 탈출하기가 불가능하였던 점 등을 종합하여 보면 피고인의 위 폭행·협박행위와 위 피해자의 상해 사이에는 상당인과관계가 있고, 피고인으로서는 위 피해자가 위 도박으로 차지한 금원을 강취당하지 않기 위하여 반항하면서 경우에 따라서는 베란다의 외부로 통하는 창문을 통하여 위 주택 아래로 뛰어 내리는 등 탈출을 시도할 가능성이 있고 그러한 경우에는 위 피해자가 상해를 입을 수 있다는 예견도 가능하였다고 봄이 상당하므로, 피고인의 위 범죄사실은 강도치상죄를 구성한다고 본 사례.

337-10. 외상물품 대금채권의 회수를 의뢰받은 자가 그 추심과정에서 폭행·협박행위 한 경우(적극) [대법원 1995. 12. 12., 선고, 95도2385]

【판결요지】

채권자로부터 채무자에 대한 외상물품 대금채권의 회수를 의뢰받았다 하더라도, 채무자의 반항을 억압할 정도의 폭행과 협박을 가하여 재물 및 재산상 이득을 취득한 이상 이는 정당한 권리행사라고 볼 수 없음이 명백하여 강도상해죄가 성립함에는 아무런 지장이 없다.

337-11. 강도범이 강도의 기회에 범행 현장에서 재물강취, 재물탈환 항거, 체포면탈, 죄적인멸 등 이외의 사유로 사람을 상해한 경우(적극) [대법원 1992. 4. 14., 선고, 92도408]

【판시사항】

강도범이 강도의 기회에 범행 현장에서 재물강취, 재물탈환 항거, 체포면탈, 죄적인멸 등 이외의 사유로 사람을 상해한 경우에도 강도상해죄가 성립하는지 여부(적극)

【판결요지】

강도범인이 강도를 하는 기회에 범행의 현장에서 사람을 상해한 이상, 재물강취의 수단인 폭행으로 인하여 상해의 결과가 발생한 것이 아니고, 재물의 탈환을 항거하거나 체포를 면탈하거나 죄적을 인멸할 목적으로 폭행을 가한 것이 아니라고 하더라도 강도상해죄가 성립한다.

337-12. 피해자가 운전하는 자동차에 함께 타고 도주하던 강도가 강취 후 1시간 20분이 지나 피해자에게 상해를 가한 경우(적극) [대법원 1992. 1. 21., 선고, 91도2727]

【판결요지】

피고인이 피해자로부터 재물을 강취하고 피해자가 운전하는 자동차에 함께 타고 도주하다가 단속 경찰관이 뒤따라오자 피해자를 칼로 찔러 상해를 가하였다면 강도상해죄를 구성한다 할 것이고 강취와 상해 사이에 1시간 20분이라는 시간적 간격이 있었다는 것만으로는 그 범죄의 성립에 영향이 없다.

---

1. 강도가 강취 직후 현장에서 30미터 떨어진 지점에서 피해자를 상해한 경우(적극) [대법원 1984. 6. 26., 선고, 84도970]

【판결요지】

강도가 재물강취의 수단으로서 한 폭행에 의하여 상해를 입힌 경우가 아니라도 강도의 기회에 상해를 입힌 것이라면 강도상해죄가 성립한다 할 것인바, 강취현장에서 피고인의 발을 붙잡고 늘어지는 피해자를 30미터쯤 끌고가서 폭행함으로써 상해한 피고인의 소위는 강도상해죄에 해당한다 할 것이다.

---

2. 강도상해죄에 있어서 상해의 수단과 시기 [대법원 1986. 4. 8., 선고, 86도264]

【판결요지】

강도상해죄는 절도가 그 실행중 또는 실행직후에 재물의 탈환을 항거하거나 체포를 면탈하거나 죄적을
인멸할 목적으로 상해를 가한 때에 성립하는 것으로서 반드시 무기를 들고 금품을 강취하고 그 계제에
상해를 가해야 하는 것은 아니다.

337-13. 합동절도범행 도중에, 공범 중 1인이 체포면탈의 목적으로 피해자를 폭행하여 상처를 입게
함으로써 추적을 할 수 없게 한 경우(적극) [대법원 1991. 11. 26., 선고, 91도2267]

【판시사항】

합동절도범행 도중에, 공범 중 1인이 체포면탈의 목적으로 피해자를 폭행하여 상처를 입게 함으
로써 추적을 할 수 없게 한 경우의 강도상해의 성부(적극)

【판결요지】

피고인들이 합동하여 절도범행을 하는 도중에, 사전에 구체적인 의사연락이 없었다고 하여도,
피고인이 체포를 면탈할 목적으로 피해자를 힘껏 떠밀어 콘크리트바닥에 넘어뜨려 상처를 입게
함으로써 추적을 할 수 없게 한 경우, 폭행의 정도가 피해자의 추적을 억압할 정도의 것이었던
이상 피고인들은 강도상해의 죄책을 면할 수 없다.

337-14. 강도 공범자 중 1인이 강도의 기회에 피해자에게 상해를 입힌 경우 다른 공범자도
강도상해 및 강도치상의 죄책을 지는지 여부(적극) [대법원 1990. 12. 26., 선고, 90도2362]

【판결요지】

강도의 공범자 중의 한 사람이 강도의 기회에 피해자에게 폭행을 가하여 상해를 입힌 경우 다른
공범자도 재물강취의 수단으로 폭행을 가할 것이라는 점에 관하여 상호의사의 연락이 있었던 것
이므로 구체적으로 상해에 관하여는 공모하지 않았다 하더라도 폭행으로 생긴 결과에 대한 공범
으로서 강도상해 및 강도치상의 책임을 진다.

337-15. 절도공범자 중 1인의 상해행위와 타공범자 죄책 [대법원 1989. 12. 12., 선고, 89도1991]

【판결요지】

피고인과 원심피고인들이 타인의 재물을 절취하기로 공모한 다음 피고인은 망을 보고 원심피고인들이
재물을 절취한 다음 달아나려다가 피해자에게 발각되자 체포를 면탈할 목적으로 피해자를 때려 상해
를 입혔다면 피고인도 이를 전연 예견하지 못했다고 볼 수 없어 강도상해죄의 죄책을 면할 수 없다.

337-16. 절도범인들이 피해자에게 발각되자 체포를 면탈할 목적으로 피해자를 협박하여 이에 놀란
피해자가 뒷걸음질치다가 넘어져 다친 경우(적극) [서울고법 1989. 8. 31., 선고, 89노1999, 확정]

【판결요지】

절도범인들이 피해자에게 발각되자 체포를 면탈할 목적으로 피해자를 협박하여 이에 놀란 피해
자가 뒷걸음질치다가 넘어져 다쳤다면 비록 범인들이 상해의 고의를 가지고 있지 않았거나 직접
적으로 피해자에게 상해를 가한 일이 없다고 하더라도 그 상처는 강도의 기회에 발생한 것이고

예상가능한 것이어서 강도치상죄가 성립된다.

---

1. 택시요금의 지급을 면할 목적으로 과도로 협박만 하였는데 이에 놀란 운전수가 급회전하다가 과도에 찔린 경우(적극) [대법원 1985. 1. 15., 선고, 84도2397]

【판결요지】

강도치상죄에 있어서의 상해는 강도의 기회에 범인의 행위로 인하여 발생한 것이면 족한 것이므로, 피고인이 택시를 타고 가다가 요금지급을 면할 목적으로 소지한 과도로 운전수를 협박하자 이에 놀란 운전수가 택시를 급우회전하면서 그 충격으로 피고인이 겨누고 있던 과도에 어깨부분이 찔려 상처를 입었다면, 피고인의 위 행위를 강도치상죄에 의율함은 정당하다.

337-17. 재물의 강취여부와 강도상해죄의 기수와의 관계 [대법원 1988. 2. 9., 선고, 87도2492]

【판결요지】

강도범이 강도의 기회에 사람을 상해하여 상해의 결과가 발생하면 형법 제337조 전단의 강도상해죄의 기수가 되는 것이고 거기에 반드시 재물탈취의 목적달성을 필요로 하는 것은 아니다.

---

1. 절도미수범이 피해자에게 상해를 가한 경우(적극)[대법원 1971. 1. 26., 선고, 70도2518]

【판시사항】

절도가 체포를 면탈할 목적으로 폭행을 가하여 피해자에게 상해의 결과를 발생케 한 경우, 비록 재물의 절취는 미수에 그쳤다 할지라도 형법 제337조의 기수범으로 보아야 한다.

---

2. 절도의 목적달성여부와 강도상해죄의 성립과의 관계 [대법원 1985. 5. 28., 선고, 85도682]

【판결요지】

절취품을 물색중 피해자가 잠에서 깨어나 "도둑이야"고 고함치자 체포를 면탈할 목적으로 그녀에게 이불을 덮어 씌우고 입과 목을 졸라 상해를 입혔다면 절도의 목적달성여부에 관계없이 강도상해죄가 성립한다.

---

3. 재물강취의 미수와 강도상해 및 강도치상죄의 성부 [대법원 1986. 9. 23., 선고, 86도1526]

【판결요지】

형법 제337조의 강도상해, 치상죄는 재물강취의 기수와 미수를 불문하고 범인이 강도범행의 기회에 사람을 상해하거나 치상하게 되면 성립하는 것이다.

337-18. 피해자들의 부상이 강도를 체포하려는 과정에서 스스로의 행위의 결과로 생긴 경우(소극)
　　　　[대법원 1985. 7. 9. 선고, 85도1109]

【판결요지】

강도상해죄는 강도가 사람을 상해한 경우에 성립하는 것이므로 도주하는 강도를 체포하기 위해 위에서 덮쳐 오른손으로 목을 잡고, 왼손으로 앞부분을 잡는 순간 강도가 들고 있던 벽돌에 끼어 있는 철사에 찔려 부상을 입었다거나 또는 도망하려는 공범을 뒤에서 양팔로 목을 감싸잡고 내려오다 같이 넘어져 부상을 입은 경우라면 위 부상들은 피해자들의 적극적인 체포행위 과정에서 스스로의 행위의 결과로 입은 상처이어서 위 상해의 결과에 대하여 강도상해죄로 의율할 수 없다.

337-19. 준강도죄에 있어 상해피해자가 2명인 경우의 죄수 [서울고법 1982. 3. 25., 선고, 82노296, 확정]

【판결요지】

단일한 절취의 의사로 침입하였다가 체포를 면탈하기 위하여 같은 장소에서 두 사람에게 상해를 입힌 경우에는 두 개의 강도상해를 구성하는 것이 아니고 강도상해의 단순 1죄를 구성할 뿐이다.

337-20. 도망하던 절도 공범의 한사람이 추격하는 피해자에게 상해를 가한 경우와 직접상해를 가하지 아니한 다른 공범에 대한 결과적 가중 [대법원 1967. 3. 7., 선고, 67도178]

【판결요지】

도망하던 절도공범의 한 사람이 체포를 면할 목적으로 추격하는 피해자에게 폭행을 가하여 상해를 입힌 경우에는 다른 공범자 역시 그 폭행을 전혀 예기하지 못한 것으로 볼 수 없는 이상 강도상해의 형사책임을 면할 수 없다.(결과적 가중범)

제338조【강도살인·치사】

제338조(강도살인·치사) 강도가 사람을 살해한 때에는 사형 또는 무기징역에 처한다. 사망에 이르게 한 때에는 무기 또는 10년 이상의 징역에 처한다. [전문개정 1995. 12. 29.]

338-1. 채무를 면탈할 의사로 채권자를 살해하였으나 일시적으로 채권자측의 추급을 면한 것에 불과한 경우(소극) [대법원 2010. 9. 30., 선고, 2010도7405]

【판시사항】

[1] 채무를 면탈할 의사로 채권자를 살해하였으나 일시적으로 채권자측의 추급을 면한 것에 불과한 경우, 강도살인죄가 성립하는지 여부(소극)

[2] 피고인 甲, 乙이 공모하여 채무를 면탈할 의사로 채권자 丙을 살해한 사안에서

【판결요지】

[1] 강도살인죄가 성립하려면 먼저 강도죄의 성립이 인정되어야 하고, 강도죄가 성립하려면 불법영득(또는 불법이득)의 의사가 있어야 하며, 형법 제333조 후단 소정의 이른바 강제이득죄의 성립요건인 '재산상 이익의 취득'을 인정하기 위하여서는 재산상 이익이 사실상 피해자에 대하여 불이익하게 범인 또는 제3자 앞으로 이전되었다고 볼 만한 상태가 이루어져야 하는데, 채무의 존재가 명백할 뿐만 아니라 채권자의 상속인이 존재하고 그 상속인에게 채권의 존재를 확인할 방법이 확보되어 있는 경우에는 비록 그 채무를 면탈할 의사로 채권자를 살해하더라도 일시적으로 채권자측의 추급을 면한 것에 불과하여 재산상 이익의 지배가 채권자측으로부터 범인 앞으로 이전되었다고 보기는 어려우므로, 이러한 경우에는 강도살인죄가 성립할 수 없다.

[2] 甲의 丙에 대한 채무의 존재가 명백할 뿐만 아니라 丙의 상속인이 존재하고 그 상속인에게 채권의 존재를 확인할 방법이 확보되어 있으므로 일시적으로 채권자측의 추급을 면한 것에 불과하고 재산상 이익의 지배가 채권자측으로부터 甲 앞으로 이전되었다고 볼 수 없다는 이유로, 위 강도살인의 공소사실을 무죄로 인정한 원심판단을 수긍한 사례.

---

1. 술값 채무를 면탈할 목적으로 술집 주인을 살해하고 곧바로 피해자가 소지하던 현금을 탈취한 경우 (적극) [대법원 1999. 3. 9., 선고, 99도242]

【판결요지】

술집에 피고인과 술집 주인 두 사람밖에 없는 상황에서 술값의 지급을 요구하는 술집 주인을 살해하고 곧바로 피해자가 소지하던 현금을 탈취한 경우 강도살인죄가 성립한다.

---

2. 강도살인죄의 성립요건 [대법원 2004. 6. 24., 선고, 2004도1098]

【판시사항】

[1] 강도살인죄의 성립요건

[2] 살해 후 상당한 시간이 지난 후에 별도의 범의에 터잡아 이루어진 재물 취거행위를 그보다 앞선 살인행위와 합쳐서 강도살인죄로 처단할 수 없다.

【판결요지】

[1] 강도살인죄는 강도범인이 강도의 기회에 살인행위를 함으로써 성립하는 것이므로, 강도범행의 실행중이거나 그 실행 직후 또는 실행의 범의를 포기한 직후로서 사회통념상 범죄행위가 완료되지 아니하였다고 볼 수 있는 단계에서 살인이 행하여짐을 요건으로 한다.

[2] 피고인이 피해자 소유의 돈과 신용카드에 대하여 불법영득의 의사를 갖게 된 것이 살해 후 상당한 시간이 지난 후로서 살인의 범죄행위가 이미 완료된 후의 일이라면, 살해 후 상당한 시간이 지난 후에 별도의 범의에 터잡아 이루어진 재물 취거행위를 그보다 앞선 살인행위와 합쳐서 강도살인죄로 처단할 수 없다.

338-2. 강도살인죄에 있어서 살인의 범의의 인정 기준 및 범행 당시 살인의 범의는 없었고 상해 또는 폭행의 범의만이 있었을 뿐이라고 다투는 경우, 살인의 범의에 대한 판단 기준 [대법원 2002. 2. 8., 선고, 2001도6425]

【판시사항】

강도살인죄에 있어서 살인의 범의의 인정 기준 및 피고인이 범행 당시 살인의 범의는 없었고 상해 또는 폭행의 범의만이 있었을 뿐이라고 다투는 경우, 살인의 범의에 대한 판단 기준

【판결요지】

[1] **강도살인죄에 있어서의 살인의 범의**는 반드시 살해의 목적이나 계획적인 살해의 의도가 있어야 인정되는 것은 아니고, 자기의 행위로 인하여 타인의 사망의 결과를 발생시킬 만한 가능 또는 위험이 있음을 인식하거나 예견하면 족한 것이고 그 인식이나 예견은 확정적인 것은 물론 불확정적인 것이라도 이른바 미필적 고의로 인정되는 것인바, 피고인이 범행 당시 살인의 범의는 없었고 단지 상해 또는 폭행의 범의만 있었을 뿐이라고 다투는 경우에 피고인에게 범행 당시 살

인의 범의가 있었는지 여부는 피고인이 범행에 이르게 된 경위, 범행의 동기, 준비된 흉기의 유무·종류·용법, 공격의 부위와 반복성, 사망의 결과발생가능성 정도 등 범행 전후의 객관적인 사정을 종합하여 판단할 수밖에 없다.

[2] 강도가 베개로 피해자의 머리부분을 약 3분간 누르던 중 피해자가 저항을 멈추고 사지가 늘어졌음에도 계속하여 누른 행위에 살해의 고의가 있었다고 한 원심의 판단을 수긍한 사례.

338-3. 강도범행 직후 경찰관에게 붙잡혀 파출소로 연행되던 자가 체포를 면하기 위하여 과도로써 경찰관을 찔러 사망케 한 경우(적극) [대법원 1996. 7. 12., 선고, 96도1108]

【판결요지】

강도범행 직후 신고를 받고 출동한 경찰관이 위 범행 현장으로부터 약 150m 지점에서, 화물차를 타고 도주하는 피고인을 발견하고 순찰차로 추적하여 격투 끝에 피고인을 붙잡았으나, 피고인이 너무 힘이 세고 반항이 심하여 수갑도 채우지 못한 채 피고인을 순찰차에 억지로 밀어 넣고서 파출소로 연행하고자 하였는데, 그 순간 피고인이 체포를 면하기 위하여 소지하고 있던 과도로써 옆에 앉아 있던 경찰관을 찔러 사망케 하였다면 피고인의 위 살인행위는 강도행위와 시간상 및 거리상 극히 근접하여 사회통념상 범죄행위가 완료되지 아니한 상태에서 이루어진 것이라고 보여지므로(위 살인행위 당시에 피고인이 체포되어 신체가 완전히 구속된 상태이었다고 볼 수 없다), 원심이 피고인을 강도살인죄로 적용하여 처벌한 것은 옳다.

338-4. 강도의 공범자 중 1인이 강도의 기회에 피해자를 살해한 경우 살인에 관하여까지는 공모하지 아니한 다른 공범자의 죄책 [대법원 1992. 12. 22., 선고, 92도2462]

【판결요지】

강도의 공범자 중 1인이 강도의 기회에 피해자의 신체에 대하여 폭행을 가하거나 피해자의 신체를 상해하여 피해자를 살해한 경우에, 다른 공범자에게도 재물을 강취하는 수단으로 폭행이나 상해가 가하여질 것이라는 점에 관하여 상호 의사의 연락이 있었던 것으로 보아야 하므로, 구체적으로 살인에 관하여까지는 공모하지 않았다고 하더라도 폭행이나 상해로 생긴 결과에 대하여 공범으로서의 책임을 져야 한다.

> 1. 등산용 칼을 이용하여 노상강도를 하기로 공모한 공범자 중 1인이 강도살인행위를 저지른 경우 살인행위에 직접 관여하지 아니한 다른 공범자의 죄책 [대법원 1990. 11. 27., 선고, 90도2262]
> 【판결요지】
> 피고인들이 등산용 칼을 이용하여 노상강도를 하기로 공모한 사건에서 범행 당시 차안에서 망을 보고 있던 피고인 갑이나 등산용 칼을 휴대하고 있던 피고인 을과 함께 차에서 내려 피해자로부터 금품을 강취하려 했던 피고인 병으로서는 그때 우연히 현장을 목격하게 된 다른 피해자를 피고인 을이 소지중인 등산용 칼로 살해하여 강도살인행위에 이를 것을 전혀 예상하지 못하였다고 할 수 없으므로 피고인들 모두는 강도치사죄로 의율처단함이 옳다.

2. 수인이 합동하여 강도를 한 경우 그 중 1인이 사람을 살해한 경우의 죄책 [대법원 1991. 11. 12., 선고, 91도2156]

【판시사항】

[1] 강도살인죄의 공동정범과 고의

[2] 강도의 공범자 중 1인이 강도의 기회에 피해자를 살해한 경우, 살인의 공모를 하지 아니한 다른 공모자의 죄책 및 결과를 예견할 수 없었다는 주장에 대한 항소심의 판단 요부(적극)

[3] 수인이 합동하여 강도를 한 경우 그 중 1인이 사람을 살해한 경우의 죄책

【판결요지】

[1] 강도살인죄는 고의범이므로 강도살인죄의 공동정범이 성립하기 위하여는 강도의 점뿐 아니라 살인의 점에 관한 고의의 공동이 필요하다.

[2] 강도의 공범자 중 1인이 강도의 기회에 피해자에게 폭행 또는 상해를 가하여 살해한 경우, 다른 공모자가 살인의 공모를 하지 아니하였다고 하여도 그 살인행위나 치사의 결과를 예견할 수 없었던 경우가 아니면 강도치사죄의 죄책을 면할 수 없다고 할 것이나, 피고인이나 변호인이 항소이유로서 이를 전혀 예견할 수 없었다고 주장하는 경우, 이에 관하여는 사실심인 항소심이 판단을 하여야 한다.

[3] 강도살인죄는 고의범이고 강도치사죄는 이른바 결과적가중범으로서 살인의 고의까지 요하는 것이 아니므로, 수인이 합동하여 강도를 한 경우 그 중 1인이 사람을 살해하는 행위를 하였다면 그 범인은 강도살인죄의 기수 또는 미수의 죄책을 지는 것이고 다른 공범자도 살해행위에 관한 고의의 공동이 있었으면 그 또한 강도살인죄의 기수 또는 미수의 죄책을 지는 것이 당연하다 하겠으나, 고의의 공동이 없었으면 피해자가 사망한 경우에는 강도치사의, 강도살인이 미수에 그치고 피해자가 상해만 입은 경우에는 강도상해 또는 치상의, 피해자가 아무런 상해를 입지 아니한 경우에는 강도의 죄책만 진다고 보아야 할 것이다.

338-5. 절도가 체포를 면탈할 목적으로 사람을 살해한 경우의 죄책 [대법원 1987. 9. 22., 선고, 87도1592]

【판결요지】

강도살인죄(형법 제338조)의 주체인 강도는 준강도죄(형법 제335조)의 강도범인을 포함한다고 할 것이므로 절도가 체포를 면탈할 목적으로 사람을 살해한 때에는 강도살인죄가 성립한다.

338-6. 피해자를 강간한 후 항거불능 상태를 이용 피해자에게 돈을 내놓으라고 하여 서랍안에서 꺼내주는 돈을 받는 즉시 팁이라고 하면서 브라쟈속으로 그 돈을 집어넣어 준 경우 [대법원 1986. 6. 24., 선고, 86도776]

【판결요지】

강도살인죄가 성립하려면 먼저 강도죄의 성립이 인정되어야 하고 강도죄가 성립하려면 불법영득의 의사가 있어야 하는 것인 바, 피해자를 강간한 후 항거불능 상태에 있는 피해자에게 돈을 내놓으라고 하여 피해자가 서랍안에서 꺼내주는 돈을 받는 즉시 팁이라고 하면서 피해자의 브라쟈속으로 그 돈을 집어 넣어 준 것이라면 이는 불법영득을 하려 한 것이 아니라 피해자를 희롱하기 위하여 돈을 뺏은 다음 그대로 돌려주려고 한 의도였다고 할 것이므로 불법영득의 의사가 있었다

고 보기 어렵다.

338-7. 채무면탈의 목적으로 채권자를 살해한 후 소지하였던 재물까지 탈취한 경우 [대법원 1985. 10. 22., 선고, 85도1527]

【판결요지】

채무면탈의 목적으로 채권자를 살해하고 동인의 반항능력이 완전히 상실된 것을 이용하여 즉석에서 동인이 소지하고 있던 재물까지 탈취하였다면 살인행위와 재물탈취행위는 서로 밀접하게 관련되어 있어 살인행위를 이용한 재물탈취행위라고 볼 것이므로 이는 강도살인죄에 해당한다.

338-8. 강도를 모의한 자와 살인의 결과에 대한 죄책유무 [대법원 1984. 2. 28., 선고, 83도3162]

【판결요지】

수인이 합동하여 강도를 한 경우 1인이 강취하는 과정에서 간수자를 강타, 사망케 한 때에는 나머지 범인도 이를 예기하지 못한 것으로 볼 수 없는 경우에는 강도살인죄의 죄책을 면할 수 없다 할 것인바, 피고인들이 사전에 금품강취범행을 모의하고 전원이 범행현장에 임하여 각자 범죄의 실행을 분담하였으며 그 과정에 피고인(갑)을 제외한 나머지 3명이 모두 과도 또는 쇠파이프등을 휴대하였고 쇠파이프를 휴대한 피고인(을)이 위 피해자를 감시하였던 상황에 비추어 피고인(을)이 피해자를 강타, 살해하리라는 점에 관하여 나머지 피고인들도 예기할 수 없었다고는 보여지지 아니하므로 피고인들을 모두 강도살인죄의 정범으로 처단함은 정당하다.

제339조[강도강간]

339-1. 강간의 실행행위 계속 중에 강도한 경우(적극) [대법원 2010. 12. 9., 선고, 2010도9630]

【판시사항】

[1] 강간의 실행행위 계속 중에 강도행위를 한 경우 '강도강간죄'를 구성하는지 여부(적극) 및 특수강간범이 강간행위 종료 전에 특수강도의 행위를 한 경우 구 성폭력범죄의 처벌 및 피해자보호 등에 관한 법률 제5조 제2항에 정한 '특수강도강간죄'로 의율할 수 있는지 여부(원칙적 적극)

[2] 甲에 대한 특수강간 행위 도중 범행현장에 있던 乙 소유의 핸드백을 가져간 피고인의 행위를 포괄하여 구 성폭력범죄의 처벌 및 피해자보호 등에 관한 법률 위반(특수강도강간등)죄에 해당한다고 판단한 원심의 조치를 수긍한 사례

【판결요지】

[1] 강간범이 강간행위 후에 강도의 범의를 일으켜 그 부녀의 재물을 강취하는 경우에는 강도강간죄가 아니라 강간죄와 강도죄의 경합범이 성립될 수 있을 뿐이지만, 강간행위의 종료 전 즉 그 실행행위의 계속 중에 강도의 행위를 할 경우에는 이때에 바로 강도의 신분을 취득하는 것이므로 이후에 그 자리에서 강간행위를 계속하는 때에는 강도가 부녀를 강간한 때에 해당하여 형법 제339조에 정한 강도강간죄를 구성하고, 구 성폭력범죄의 처벌 및 피해자보호 등에 관한 법률(2010. 4. 15. 법률 제10258호 성폭력범죄의 피해자보호 등에 관한 법률로 개정되기 전의 것) 제5조 제2항은 형법 제334조(특수강도) 등의 죄를 범한 자가 형법 제297조(강간) 등의 죄를 범한 경우에 이를 특수강도강간 등의 죄로 가중하여 처벌하는 것이므로, 다른 특별한 사정이 없는 한 특수강간범이 강간행위 종료 전에 특수강도의 행위를 한 이후에 그 자리에서 강간행위를 계속하는 때에도 특수강도가 부녀를 강간한 때에 해당하여 구 성폭력범죄의 처벌 및 피해자보호 등에 관한 법률 제5조 제2항에 정한 특수강도강간죄로 의율할 수 있다.

[2] 야간에 甲의 주거에 침입하여 드라이버를 들이대며 협박하여 甲의 반항을 억압한 상태에서 강간행위의 실행 도중 범행현장에 있던 乙 소유의 핸드백을 가져간 피고인의 행위를 포괄하여 구 성폭력범죄의 처벌 및 피해자보호 등에 관한 법률(2010. 4. 15. 법률 제10258호 성폭력범죄의 피해자보호 등에 관한 법률로 개정되기 전의 것) 위반(특수강도강간등)죄에 해당한다고 판단한 원심의 조치를 수긍한 사례.

1. 강도강간죄의 성립요건 [대법원 1977. 9. 28., 선고, 77도1350]

【판결요지】

강도강간죄는 강도가 강간하는 것을 그 요건으로 하므로 부녀를 강간한자가 강간행위후에 강도의 범의를 일으켜 재물을 강취하는 경우에는 강간죄와 강도죄의 경합범이 성립될 수 있을 뿐이다.

> 2. 강간범이 강간의 범행 후에 특수강도의 범의를 일으켜 부녀의 재물을 강취한 경우 [대법원 2002. 2.
>   8., 선고, 2001도6425]
>
> 【판시사항】
>
> 강간범이 강간의 범행 후에 특수강도의 범의를 일으켜 부녀의 재물을 강취한 경우, 성폭력범죄의처벌
> 및피해자보호등에관한법률 제5조 제2항 소정의 특수강도강간죄로 의율할 수 있는지 여부(한정 소극)
>
> 【판결요지】
>
> 강간범이 강간행위 후에 강도의 범의를 일으켜 그 부녀의 재물을 강취하는 경우에는 형법상 강도강간
> 죄가 아니라 강간죄와 강도죄의 경합범이 성립될 수 있을 뿐인바, 성폭력범죄의처벌및피해자보호등에
> 관한법률 제5조 제2항은 형법 제334조(특수강도) 등의 죄를 범한 자가 형법 제297조(강간) 등의 죄를
> 범한 경우에 이를 특수강도강간 등의 죄로 가중하여 처벌하고 있으므로, 다른 특별한 사정이 없는 한
> <u>강간범이 강간의 범행 후에 특수강도의 범의를 일으켜 그 부녀의 재물을 강취한 경우에는 이를 성폭력</u>
> <u>범죄의처벌및피해자보호등에관한법률 제5조 제2항 소정의 특수강도강간죄로 의율할 수 없다.</u>

339-2. 강간 실행행위의 계속 중에 강도행위를 한 경우(적극) [대법원 2010. 7. 15., 선고, 2010도3594]

【판시사항】

[1] 강간의 실행행위의 계속 중에 강도행위를 한 경우 '강도강간죄'를 구성하는지 여부(적극)

[2] 특수강간범이 강간행위 종료 전에 특수강도의 행위를 한 경우, 구 성폭력범죄의 처벌 및 피해자
보호 등에 관한 법률 제5조 제2항에 정한 '특수강도강간죄'로 의율할 수 있는지 여부(원칙적 적극)

【이 유】

강도강간죄는 강도라는 신분을 가진 범인이 강간죄를 범하였을 때 성립하는 범죄이므로, 강간범
이 강간행위 후에 강도의 범의를 일으켜 그 부녀의 재물을 강취하는 경우에는 강도강간죄가 아니
라 강도죄와 강간죄의 경합범이 성립될 수 있을 뿐이나, 강간범이 강간행위 종료전, 즉 그 실행
행위의 계속 중에 강도의 행위를 할 경우에는 이때에 바로 강도의 신분을 취득하는 것이므로 이
후에 그 자리에서 강간행위를 계속하는 때에는 강도가 부녀를 강간한 때에 해당하여 「형법」 제
339조 소정의 강도강간죄를 구성한다 할 것이고 (대법원 1988. 9. 9. 선고 88도1240 판결 참조),
구 「성폭력범죄의 처벌 및 피해자보호 등에 관한 법률」 제5조 제2항은 「형법」 제334조(특수강
도) 등의 죄를 범한 자가 「형법」 제297조(강간) 등의 죄를 범한 경우에 이를 특수강도강간 등의
죄로 가중하여 처벌하는 것이므로, 「다른 특별한 사정이 없는 한 특수강간범이 강간행위 종료
전에 특수강도의 행위를 한 이후에 그 자리에서 강간행위를 계속하는 때에도 특수강도가 부녀를
강간한 때에 해당하여 구 「성폭력범죄의 처벌 및 피해자보호 등에 관한 법률」 제5조 제2항에 정
한 특수강도강간죄로 의율할 수 있다」.

339-3. 강도가 피해자에게 상해를 입혔으나 재물의 강취에는 이르지 못하고 그 자리에서 항거불능
     상태에 빠진 피해자를 간음한 경우 [대법원 2010. 4. 29., 선고, 2010도1099]

【판시사항】

강도가 피해자에게 상해를 입혔으나 재물의 강취에는 이르지 못하고 그 자리에서 항거불능 상태에 빠진 피해자를 간음한 경우의 죄명 및 그 실행행위의 일부인 강도미수 행위가 별개의 범죄를 구성하는지 여부(소극)

【이 유】

강도가 피해자에게 상해를 입혔으나 재물의 강취에는 이르지 못하고 그 자리에서 항거불능 상태에 빠진 피해자를 간음한 경우에는 강도상해죄와 강도강간죄만 성립하고(대법원 1988. 6. 28. 선고 88도820 판결), 그 실행행위의 일부인 강도미수 행위는 위 각 죄에 흡수되어 별개의 범죄를 구성하지 않는다. 또한, 특정범죄 가중처벌 등에 관한 법률은 제5조의4 제3항에서 강도, 특수강도, 인질강도, 해상강도의 각 죄에 관해서만 상습범 가중처벌을 규정하고 있는 이상 이에 해당하지 않는 강도상해죄와 강도강간죄가 유죄로 인정된다 하여 위 상습범으로 가중처벌할 수는 없고, 별개의 독립한 범죄로 처벌하는 위 각 죄의 일부로서 그에 흡수된 강도미수 행위만을 따로 떼어 강도 등의 상습범에 관한 위 가중처벌 규정을 적용할 수도 없다.

---

1. 강도강간이 미수에 그쳤으나 반항을 억압하기 위한 폭행으로 상해를 입힌 경우 [대법원 1988. 6. 28., 선고, 88도820]

【판결요지】

강도가 재물강취의 뜻을 재물의 부재로 이루지 못한 채 미수에 그쳤으나 그 자리에서 항거불능의 상태에 빠진 피해자를 간음할 것을 결의하고 실행에 착수했으나 역시 미수에 그쳤더라도 반항을 억압하기 위한 폭행으로 피해자에게 상해를 입힌 경우에는 강도강간미수죄와 강도치상죄가 성립되고 이는 1개의 행위가 2개의 죄명에 해당되어 상상적 경합관계가 성립된다.

339-4. 강도가 강간하려고 하였으나 피해자의 어린 딸이 잠에서 깨어 우는 바람에 그만두었거나, 피해자가 임신중인데다 시장에 간 남편이 곧 돌아온다고 하여 그만둔 경우 중지범 여부(소극) [대법원 1993. 4. 13., 선고, 93도347]

【판시사항】

강도가 강간하려고 하였으나 피해자의 어린 딸이 잠에서 깨어 우는 바람에 그만두었거나, 피해자가 임신중인데다 시장에 간 남편이 곧 돌아온다고 하여 그만둔 경우 중지범의 요건인 자의성을 인정할 수 있는지 여부(소극)

【판결요지】

강도가 강간하려고 하였으나 잠자던 피해자의 어린 딸이 잠에서 깨어 우는 바람에 도주하였고, 또 피해자가 시장에 간 남편이 곧 돌아온다고 하면서 임신중이라고 말하자 도주한 경우에는 자의로 강간행위를 중지하였다고 볼 수 없다.

---

1. 강도강간미수가 중지범의 요건인 자의성 여부(소극) [대법원 1992. 7. 28., 선고, 92도917]

【판결요지】

피고인 갑, 을, 병이 강도행위를 하던 중 피고인 갑, 을은 피해자를 강간하려고 작은 방으로 끌고가 팬티를 강제로 벗기고 음부를 만지던 중 피해자가 수술한 지 얼마 안 되어 배가 아프다면서 애원하는 바람에 그 뜻을 이루지 못하였다면, 강도행위의 계속 중 이미 공포상태에 빠진 피해자를 강간하려고 한 이상 강간의 실행에 착수한 것이고, 피고인들이 간음행위를 중단한 것은 피해자를 불쌍히 여겨서가 아니라 피해자의 신체조건상 강간을 하기에 지장이 있다고 본 데에 기인한 것이므로, 이는 일반의 경험상 강간행위를 수행함에 장애가 되는 외부적 사정에 의하여 범행을 중지한 것에 지나지 않는 것으로서 중지범의 요건인 자의성을 결여하였다.

339-5. 강도의 범의하에 야간에 흉기를 휴대한 채 주거에 침입하여 집안의 동정을 살피다가 피해자를 발견하고 강간한 경우 특수강도강간죄의 성부(소극) [대법원 1991. 11. 22., 선고, 91도2296]

【판시사항】

강도의 범의하에 야간에 흉기를 휴대한 채 타인의 주거에 침입하여 집안의 동정을 살피다가 피해자를 발견하고 갑자기 욕정을 일으켜 칼로 협박하여 강간한 경우 특수강도강간죄의 성부(소극)

【판결요지】

야간에 흉기를 휴대한 채 타인의 주거에 침입하여 집안의 동정을 살피는 것만으로는 특수강도의 실행에 착수한 것이라고 할 수 없으므로 위의 특수강도에 착수하기도 전에 저질러진 위와 같은 강간행위가 구 특정범죄가중처벌등에관한법률 제5조의6 제1항 소정의 특수강도강간죄에 해당한다고 할 수 없다.

339-6. 강도하기로 모의한 후 피해자 甲남으로부터 금품을 빼앗고 피해자 乙녀를 강간한 경우(적극) [대법원 1991. 11. 12., 선고, 91도2241]

【판결요지】

피고인이 강도하기로 모의를 한 후 피해자 갑남으로부터 금품을 빼았고 이어서 피해자 을녀를 강간하였다면 강도강간죄를 구성한다.

339-7. 강도행위를 완료하기 전에 강간을 한 경우 [대법원 1986. 5. 27., 선고, 86도507]

【판결요지】

형법 제339조의 강도강간죄는 강도가 실행에 착수한 뒤 강도행위를 완료하기 전에 강간을 한 경우에도 성립된다.

1. 강도가 실행에 착수하였으나 아직 강도행위를 완료하기 전에 강간을 한 경우(적극) [대법원 1984. 10. 10., 선고, 84도1880]
【판결요지】
형법 제339조의 강도강간죄는 강도범인이 강도의 기회에 강간행위를 한 경우에 성립되는 것으로서 강도가 실행에 착수하였으나 아직 강도행위를 완료하기 전에 강간을 한 경우도 이에 포함된다.

339-8. 강도가 미수인 경우의 강도강간죄의 성부 [대법원 1986. 1. 28., 선고, 85도2416]

【판결요지】

강도강간죄는 형법 제333조, 제335조, 제336조의 강도죄와 같은법 제297조, 제299조, 제305조의 강간죄와의 결합범으로서 강도가 부녀를 강간함으로서 성립하고 <u>강도가 기수이거나 미수이거나를 가리지 아니한다.</u>

339-9. 강도의 공범들이 강간할 때 피해자의 자녀들을 감시한 타공범의 죄책 [대법원 1986. 1. 21., 선고, 85도2411]

【판결요지】

피고인이 공범들과 함께 강도범행을 저지른 후 피해자의 신고를 막기 위하여 공범들이 묶여있는 피해자를 옆방으로 끌고가 강간범행을 할 때에 피고인은 자녀들을 감시하고 있었다면 공범들의 강도강간범죄에 공동가공한 것이라 하겠으므로 비록 피고인이 <u>직접강간행위를 하지 않았다 하더라도 강도강간의 공동죄책을 면할 수 없다.</u>

339-10. 강도의 미수와 강도강간, 강도치상등 죄의 성부 [대법원 1985. 10. 22., 선고, 85도2001]

【판결요지】

강도강간, 강도치상등의 죄는 강도의 계제에 강간 또는 치상의 결과가 발생하면 되는 것이지 강도의 기수나 미수를 가리지 않는다.

339-11. 강간하는 과정에서 피해자들이 도망가지 못하게 손가방을 빼앗은 행위와 불법영득 의사 유무(소극) [대법원 1985. 8. 13., 선고, 85도1170]

【판결요지】

불법영득의 의사라 함은 권리자를 배제하여 타인의 물건을 자기의 물건과 같이 그 경제적 용법에 따라 이용처분하는 의사를 말하는 것이므로 강간하는 과정에서 피해자들이 도망가지 못하게 하기 위해 손가방을 빼앗은 것에 불과하다면 이에 불법영득의 의사가 있었다고 할 수 없다.

339-12. 강도상해후 즉석에서 피해자를 강간한 경우의 죄책 [광주고법 1985. 6. 21., 선고, 85노96, 확정]

【판결요지】

피고인들의 이 사건 강도상해와 강도강간의 범행이 동일한 장소에서 동일한 피해자에 대하여 단시간내에 연속적으로 행하여진 것이라는 점에서 볼 때 강도상해행위와 강도강간행위와의 사이에 그 전의 강도의 범의가 갱신되었다고 할 수 없으므로 이는 1개의 행위가 2개의 죄명에 해당하는 상상적경합범의 경우라 할 것이다.

339-13. 강도범행 중 1인이 강간할 의사를 표명하면서 협박을 하고 타공범자가 강간한 경우 위

협박자의 죄책 [대법원 1985. 2. 26., 선고, 84도2732]

【판시사항】

강도범행 중 1인이 강간할 의사를 표명하면서 협박을 하고 타공범자가 강간한 경우 위 협박자의 죄책

【판결요지】

갑과 을이 합동하여 강도 범행 도중에 갑이 피해자의 가슴에 칼을 들이대고 강간할 의사를 표명하면서 협박하고 을이 피해자를 강간하였다면 위 갑의 협박행위는 강도강간죄의 수단을 이루고 강도강간죄의 실행행위의 일부를 분담수행하였다고 할 것이고, 위 갑, 을 간에는 강도강간에 대한 암묵의 의사연락이 있었다고 보여져 갑도 강도강간죄의 죄책을 져야 한다.

제340조[해상강도]

> 제340조(해상강도) ①다 중의 위력으로 해상에서 선박을 강취하거나 선박내에 침입하여 타인의 재물을 강취한 자는 무기 또는 7년 이상의 징역에 처한다.
> ② 제1항의 죄를 범한 자가 사람을 상해하거나 상해에 이르게 한때에는 무기 또는 10년 이상의 징역에 처한다. 〈개정 1995. 12. 29.〉
> ③ 제1항의 죄를 범한 자가 사람을 살해 또는 사망에 이르게 하거나 강간한 때에는 사형 또는 무기 징역에 처한다. 〈개정 1995. 12. 29., 2012. 12. 18.〉

340-1. 선장을 비롯한 일부 선원들을 살해 등의 방법으로 선박의 지배권을 장악하여 목적지까지 항해한 후 선박을 매도하거나 침몰시키려고 한 경우 [대법원 1997. 7. 25., 선고, 97도1142]

【판시사항】

선장을 비롯한 일부 선원들을 살해하는 등의 방법으로 선박의 지배권을 장악하여 목적지까지 항해한 후 선박을 매도하거나 침몰시키려고 한 경우에 선박에 대한 불법영득의 의사가 있다고 보아 해상강도살인죄로 인정한 사례

【판결요지】

선장을 비롯한 일부 선원들을 살해하는 등의 방법으로 선박의 지배권을 장악하여 목적지까지 항해한 후 선박을 매도하거나 침몰시키려고 한 경우에 선박에 대한 불법영득의 의사가 있다고 보아 해상강도살인죄로 인정한 사례(페스카마 15호 선상 살인사건).

제341조[상습범]

> 제341조(상습범) 상습으로 제333조, 제334조, 제336조 또는 전조제1항의 죄를 범한 자는 무기 또는 10년 이상의 징역에 처한다.

341-1. 강도상습성의 발현으로 보여지는 강도예비죄가 특정범죄가중처벌등에관한법률 제5조의4 제3항의 상습강도죄와 포괄일죄의 관계에 있는지(적극) [대법원 2002. 11. 26., 선고, 2002도5211]

【판결요지】

특정범죄가중처벌등에관한법률 제5조의4 제3항에 규정된 상습강도죄를 범한 범인이 그 범행 외에 상습적인 강도의 목적으로 강도예비를 하였다가 강도에 이르지 아니하고 강도예비에 그친 경우에도 그것이 강도상습성의 발현이라고 보여지는 경우에는 강도예비행위는 상습강도죄에 흡수되어 위 법조에 규정된 상습강도죄의 1죄만을 구성하고 이 상습강도죄와 별개로 강도예비죄를 구성하지 않는다고 보아야 한다.

341-2. 상습강도죄와 강도상해죄가 상상적 경합범 관계에 있는지 여부(소극) [대법원 1990. 9. 28., 선고, 90도1365]

【판결요지】

형법 제333조, 제334조, 제337조, 제341조, 특정범죄가중처벌등에관한법률 제5조의4 제3항, 제5조의5의 각 규정을 살펴보면 강도죄와 강도상해죄는 따로 규정되어 있고 상습강도죄(형법 제341조)에 강도상해죄가 포괄흡수될 수는 없는 것이므로 위 2죄는 상상적 경합범 관계가 아니다.

341-3. 2회에 걸친 절도죄의 전과만으로 강도죄의 상습성을 인정할 수 있는지 여부(소극) [대법원 1989. 12. 12., 선고, 89도1995]

【판결요지】

특정범죄가중처벌등에관한법률 제5조의4 제3항의 상습강도범은 강도의 습벽이 있는 자가 그 습벽이 발현되어 강도죄의 범한 경우에 성립되는 것이므로 절도죄의 전과가 2회있을 뿐 강도의 전력이 없다면 위와 같은 절도의 전과만으로 강도죄의 상습성을 인정하는 자료로 삼을 수 없다.

341-4. 전과는 없으나 단기간내의 반복된 범행인 점등을 이유로 상습성을 인정한 사례 [대법원 1986. 6. 10., 선고, 86도778]

【판결요지】

비록 피고인에게 강도의 전과사실이 없다 하더라도 불과 3개월여 사이에 16회에 걸쳐 특수강도행위를 반복하였고 여러사람이 한 밤중에 칼을 협박의 도구로 사용하며 피해자들을 묶어놓는 등 그 범행의 수단 방법이 범행을 거듭함에 따라 전문화, 대형화해가고 있다면 특수강도의 상습성을 인정할 수 있다.

제343조[예비, 음모]

제343조(예비, 음모) 강도할 목적으로 예비 또는 음모한 자는 7년 이하의 징역에 처한다.

343-1. 강도를 할 목적에 이르지 않고 준강도할 목적이 있음에 그치는 경우에 강도예비·음모죄가
　　　성립하는지 여부(소극)　[대법원 2006. 9. 14., 선고, 2004도6432]

【판결요지】

강도예비·음모죄가 성립하기 위해서는 예비·음모 행위자에게 미필적으로라도 '강도'를 할 목
적이 있음이 인정되어야 하고 그에 이르지 않고 단순히 '준강도' 할 목적이 있음에 그치는 경우
에는 강도예비·음모죄로 처벌할 수 없다.

343-2. 강도예비죄가 특정범죄가중처벌등에관한법률 제5조의4 제3항의 상습강도죄와 포괄일죄의
　　　관계에 있는지 여부(적극) [대법원 2002. 11. 26., 선고, 2002도5211]

【판시사항】

강도상습성의 발현으로 보여지는 강도예비죄가 특정범죄가중처벌등에관한법률 제5조의4 제3항
소정의 상습강도죄와 포괄일죄의 관계에 있는지 여부(적극)

【판결요지】

특정범죄가중처벌등에관한법률 제5조의4 제3항에 규정된 상습강도죄를 범한 범인이 그 범행 외
에 상습적인 강도의 목적으로 강도예비를 하였다가 강도에 이르지 아니하고 강도예비에 그친 경
우에도 그것이 강도상습성의 발현이라고 보여지는 경우에는 강도예비행위는 상습강도죄에 흡수되
어 위 법조에 규정된 상습강도죄의 1죄만을 구성하고 이 상습강도죄와 별개로 강도예비죄를 구성
하지 않는다고 보아야 한다.

343-3. 강도예비후 강도미수죄에 이르렀을 때에는 전자는 후자에 흡수된다. [광주고법 1981. 12. 30.,
　　　선고, 81노901, 확정]

【판결요지】

피고인들이 강도할 목적으로 모의하여 강도예비를 한 후 범의의 갱신없이 이틀 후에 특수강도미
수죄에 이르렀으므로 강도예비의 점에 대한 범죄사실은 특수강도미수죄의 실행행위의 일부로서
흡수된다고 보아 한개의 특수강도미수죄로 처단함이 상당하다.

제344조[친족간의 범행]

> 제344조(친족간의 범행) 제328조의 규정은 제329조 내지 제332조의 죄 또는 미수범에 준용한다.

344-1. 절도범인이 피해물건의 소유자와 점유자 중 어느 한쪽과만 친족관계가 있는 경우(소극)
[대법원 2014. 9. 25., 선고, 2014도8984]

【판시사항】

절도범인이 피해물건의 소유자와 점유자 중 어느 한쪽과만 친족관계가 있는 경우, 친족상도례에 관한 규정의 적용 여부(소극)

【이 유】

형법 제344조에 의하여 준용되는 형법 제328조 제1항에 정한 친족간의 범행에 관한 규정은 범인과 피해물건의 소유자 및 점유자 쌍방간에 같은 규정에 정한 친족관계가 있는 경우에만 적용되는 것이며, 단지 절도범인과 피해물건의 소유자간에만 친족관계가 있거나 절도범인과 피해물건의 점유자간에만 친족관계가 있는 경우에는 그 적용이 없다고 보아야 한다(대법원 1980. 11. 11. 선고 80도131 판결 참조).

> 1. 절도범인이 피해물건의 소유자나 점유자의 어느 일방과의 사이에서만 친족관계가 있는 경우에 친족상도례에 관한 규정의 적용이 있는지 여부 [대법원 1980. 11. 11. 선고, 80도131]

【이 유】

원심은 피고인이 1978. 8. 8. 19 : 00경 서울 종로구 종로 4가 49소재 공소 외 1이 경영하는 금은 세공 공장에서 공소외 1이 공소 외 홍상열로부터 가공의뢰를 받아 보관중이던 위 홍상열 소유의 다이아몬드 6개 도합 시가 금 138만원 상당을 절취한 사실을 인정한 다음, 공소외 1은 피고인의 생질(피고인의 누이인 공소외 2의 아들)로서 피고인과 공소외 1은 형법 제344조에 의하여 준용되는 같은 법 제328조 제 2 항 소정의 친족관계가 있는 것이고, 위 친족간의 범행에 관한 규정은 피해물건의 소유자와 범인과의 관계에 관하여 규정한 것이 아니라 절도죄의 직접의 피해자인 피해물건의 점유자와 범인과의 관계에 관하여 규정한 것이므로 결국 본건 절도죄는 친족간의 범행에 관한 규정의 적용이 있는 것으로 보아야 할 것인데 피해자인 공소외 1이 피고인을 고소한 바 없으니 본건 공소는 형법 제344조 및 제328조 제 2 항에서 요구하는 고소없이 제기된 공소에 해당된다는 이유로 본건 공소를 기각한 제 1 심판결을 유지하였다.

그러나 절도죄는 재물의 점유를 침탈하므로 인하여 성립하는 범죄이므로 재물의 점유자가 절도죄의 피해자가 되는 것이나 절도죄는 점유자의 점유를 침탈하므로 인하여 그 재물의 소유자를 해하게 되는 것이므로 재물의 소유자도 절도죄의 피해자로 보아야 할 것이다. 그러니 형법 제344조에 의하여 준용되는 형법 제328조 제2항 소정의 친족간의 범행에 관한 조문은 범인과 피해물건의 소유자 및 점유자 쌍방간에 같은 조문 소정의 친족관계가 있는 경우에만 적용되는 것이고, 단지 절도범인과 피해물건의 소유자간에만 친족관계가 있거나 절도범인과 피해물건의 점유자간에만 친족관계가 있는 경우에는 그 적용이 없는 것이라고 보는 것이 타당할 것이다.

그런데 이 사건에 있어서 피고인이 본건 피해물건의 점유자(소지자)인 위 정원헌에 대한 관계에서만 위 법조 소정의 친족관계가 있을 뿐이고 본건 피해물건의 소유자인 공소외 홍상열과의 사이에 위 법조 소정의 친족관계가 없는 것이라면 피고인에 대하여 형법 제344조에 의하여 준용되는 형법 제328조 제2항은 적용될 수 없는 것이라고 할 것이니 원심이 피고인에 대하여 위 친족간의 범행에 관한 규정을 적용하여 공소를 기각한 제 1 심판결을 유지한 것은 절도죄의 보호법익 및 친족간의 범행에 관한 법리를 오해하여 판결결과에 영향을 미친 위법을 범하였다고 아니할 수 없다.

344-2. 인지 소급효가 친족상도례 규정에 미치는지 여부(적극) [대법원 1997. 1. 24., 선고, 96도1731]
【판결요지】
형법 제344조, 제328조 제1항 소정의 친족간의 범행에 관한 규정이 적용되기 위한 친족관계는 원칙적으로 범행 당시에 존재하여야 하는 것이지만, 부가 혼인 외의 출생자를 인지하는 경우에 있어서는 민법 제860조에 의하여 그 자의 출생시에 소급하여 인지의 효력이 생기는 것이며, 이와 같은 <u>인지의 소급효는 친족상도례에 관한 규정의 적용에도 미친다고 보아야 할 것이므로, 인지가 범행 후에 이루어진 경우라고 하더라도 그 소급효에 따라 형성되는 친족관계를 기초로 하여 친족상도례의 규정이 적용된다.</u>

344-3. 피고인이 피해자 외사촌 동생인 경우 친족상도례 적용 여부(적극) [대법원 1991. 7. 12., 선고, 91도1077]
【판결요지】
절도죄의 피고인이 피해자의 외사촌 동생이라면 형법 제344조, 제328조 제2항에 의하여 피해자의 고소가 있어야 처벌할 수 있다.

344-4. 결혼한 오빠 부재중 집에서 그 소유의 민화를 절취한 경우(적극) [대법원 1985. 3. 26., 선고, 84도365]
【판결요지】
이건 피해품인 민화가 피고인의 오빠가 매수한 것이라면 이는 동인의 특유재산으로서 이에 대한 점유·관리권은 동인에게 있다 할 것이고 범행당시 비록 동인이 집에 없었다 하더라도 그것이 동인소유의 집 벽에 걸려있었던 이상 동인의 지배력이 미치는 범위안에 있는 것이라 할 것이므로 동인의 소지에 속하고 그 부부의 공동점유하에 있다고 볼 수는 없어 이를 절취한 행위에 대하여는 친족상도례가 적용된다.

344-5. 친족인 피해자가 수사관서에서 단순히 법대로 처벌해 주십시요라고 한 진술을 고소라고 볼 수 있는지 여부 [대구고법 1982. 6. 22., 선고, 82노433, 확정]
【판결요지】
절도범행의 피해자가 피고인의 외숙모인 경우 피고인과는 친족관계에 있다 할 것이고 이런 경우에 피고인을 처벌하려면 피해자의 고소가 있어야 할 것인바 **경찰이 사건을 인지하여 피해자를 불러서 진술을 받음에 있어 피해자가 단순히 법대로 처벌해 달라고 진술하였다면 이를 고소로 보기에는 부족하다.**

제39장 사기와 공갈의 죄

제1절 사기의 죄

제347조[사기]

> 제347조(사기) ① 사람을 기망하여 재물의 교부를 받거나 재산상의 이익을 취득한 자는 10년 이하의 징역 또는 2천만원 이하의 벌금에 처한다. 〈개정 1995. 12. 29.〉
> ② 전항의 방법으로 제삼자로 하여금 재물의 교부를 받게 하거나 재산상의 이익을 취득하게 한 때에도 전항의 형과 같다.

Ⅰ. 일반사기

347-Ⅰ-1. 화가가 추상적인 아이디어만 제공하고 회화를 그려오게 하여 친작으로 만매한 행위(소극)
    [대법원 2020. 6. 25., 선고, 2018도13696]

【판시사항】

[1] 사기죄의 요건으로서 '부작위에 의한 기망' 의 의미 및 이때 법률상 고지의무가 인정되는 범위 / 법률상 고지의무의 근거가 되는 거래의 내용이나 거래관행 등 거래실정에 관한 사실을 주장·증명할 책임의 소재(=검사)

[2] 피고인이 화가 甲에게 돈을 주고 자신의 기존 콜라주 작품을 회화로 그려오게 하거나, 자신이 추상적인 아이디어만 제공하고 이를 甲이 임의대로 회화로 표현하게 하는 등의 작업을 지시한 다음 甲으로부터 완성된 그림을 건네받아 경미한 작업만 추가하고 자신의 서명을 하였음에도, 위와 같은 방법으로 그림을 완성한다는 사실을 고지하지 아니하고 사실상 甲 등이 그린 그림을 마치 자신이 직접 그린 친작(親作)인 것처럼 전시하여 피해자들에게 그림(미술작품)을 판매하고 대금 상당의 돈을 편취하였다는 내용으로 기소된 사안

【판결요지】

[1] 사기죄의 요건으로서의 **기망**은 널리 재산상의 거래관계에서 서로 지켜야 할 신의와 성실의 의무를 저버리는 모든 적극적 또는 소극적 행위를 말하고, 이러한 소극적 행위로서의 **부작위에 의한 기망**은 법률상 고지의무 있는 자가 일정한 사실에 관하여 상대방이 착오에 빠져 있음을 알면서도 이를 고지하지 않는 것을 말한다. 여기에서 법률상 고지의무는 법령, 계약, 관습, 조리 등에 의하여 인정되는 것으로서 문제가 되는 구체적인 사례에 즉응하여 거래실정과 신의성실의 원칙에 의하여 결정되어야 한다. 그리고 법률상 고지의무를 인정할 것인지는 법률문제로서 상고심의 심판대상이 되지만 그 근거가 되는 거래의 내용이나 거래관행 등 거래실정에 관한 사실을 주장·증명할 책임은 검사에게 있다.

[2] 피고인이 미술작품의 창작과정, 특히 조수 등 다른 사람이 관여한 사정을 알리지 않은 것이

신의칙상 고지의무 위반으로서 사기죄에서의 기망행위에 해당하고 그 그림을 판매한 것이 판매대금의 편취행위라고 보려면 두 가지의 전제, 즉 미술작품의 거래에서 창작과정을 알려주는 것, 특히 작가가 조수의 도움을 받았는지 등 다른 관여자가 있음을 알려주는 것이 관행이라는 것 및 미술작품을 구매한 사람이 이러한 사정에 관한 고지를 받았더라면 거래에 임하지 아니하였을 것이라는 관계가 인정되어야 하고, 미술작품의 거래에서 기망 여부를 판단할 때에는 미술작품에 위작 여부나 저작권에 관한 다툼이 있는 등의 특별한 사정이 없는 한 법원은 미술작품의 가치 평가 등은 전문가의 의견을 존중하는 사법자제 원칙을 지켜야 한다는 이유로, 피해자들의 구매 동기 등 제반 사정에 비추어 검사가 제출한 증거만으로는 피해자들이 미술작품을 피고인의 친작으로 착오한 상태에서 구매한 것이라고 단정하기 어렵다고 보아 피고인에게 무죄를 선고한 원심판단을 수긍한 사례.

---

1. 특정 시술을 받으면 아들을 낳을 수 있을 것이라는 착오에 빠져있는 피해자들에게 그 시술의 효과와 원리에 관하여 사실대로 고지하지 아니한 경우(적극) [대법원 2000. 1. 28., 선고, 99도2884]

【판시사항】
사기죄의 요건으로서의 부작위에 의한 기망의 의미

【판결요지】
[1] 사기죄의 요건으로서의 기망은 널리 재산상의 거래관계에 있어 서로 지켜야 할 신의와 성실의 의무를 저버리는 모든 적극적 또는 소극적 행위를 말하는 것이고, 이러한 소극적 행위로서의 부작위에 의한 기망은 법률상 고지의무 있는 자가 일정한 사실에 관하여 상대방이 착오에 빠져 있음을 알면서도 이를 고지하지 아니함을 말하는 것으로서, 일반거래의 경험칙상 상대방이 그 사실을 알았더라면 당해 법률행위를 하지 않았을 것이 명백한 경우에는 신의칙에 비추어 그 사실을 고지할 법률상 의무가 인정되는 것이다.
[2] 특정 시술을 받으면 아들을 낳을 수 있을 것이라는 착오에 빠져있는 피해자들에게 그 시술의 효과와 원리에 관하여 사실대로 고지하지 아니한 채 아들을 낳을 수 있는 시술인 것처럼 가장하여 일련의 시술과 처방을 행한 의사에 대하여 사기죄의 성립을 인정한 사례.

347-Ⅰ-2. 국민건강보험공단을 피해자로 하는 사기죄 구성 여부(원칙적 소극) [대법원 2019. 5. 30., 선고, 2019도1839]

【판시사항】
의료인으로서 자격과 면허를 보유한 사람이 의료법에 따라 의료기관을 개설하여 건강보험의 가입자 또는 피부양자에게 국민건강보험법에서 정한 요양급여를 실시하고 국민건강보험공단으로부터 요양급여비용을 지급받았는데, 그 의료기관이 다른 의료인의 명의로 개설·운영되어 의료법 제4조 제2항을 위반한 경우, 국민건강보험공단을 피해자로 하는 사기죄를 구성하는지 여부(원칙적 소극)

【판결요지】
비록 의료법 제4조 제2항은 '의사, 치과의사, 한의사 또는 조산사'(이하 '의료인'이라 한다)가 다른 의료인의 명의로 의료기관을 개설하거나 운영하는 행위를 제한하고 있으나, 이를 위반하여 개설·운영되는 의료기관도 의료기관 개설이 허용되는 의료인에 의하여 개설되었다는 점에서 제4조

제2항이 준수된 경우와 본질적 차이가 있다고 볼 수 없다. 또한 의료인이 다른 의료인의 명의로 의료기관을 개설·운영하면서 실시한 요양급여도 국민건강보험법에서 정한 요양급여의 기준에 부합하지 않는 등의 다른 사정이 없는 한 정상적인 의료기관이 실시한 요양급여와 본질적인 차이가 있다고 단정하기 어렵다. 의료법이 의료인의 자격이 없는 일반인이 제33조 제2항을 위반하여 의료기관을 개설한 경우와 달리, 제4조 제2항을 위반하여 의료기관을 개설·운영하는 의료인에게 고용되어 의료행위를 한 자에 대하여 별도의 처벌규정을 두지 아니한 것도 이를 고려한 것으로 보인다. 따라서 의료인으로서 자격과 면허를 보유한 사람이 의료법에 따라 의료기관을 개설하여 건강보험의 가입자 또는 피부양자에게 국민건강보험법에서 정한 요양급여를 실시하고 국민건강보험공단으로부터 요양급여비용을 지급받았다면, 설령 그 의료기관이 다른 의료인의 명의로 개설·운영되어 의료법 제4조 제2항을 위반하였더라도 그 자체만으로는 국민건강보험법상 요양급여비용을 청구할 수 있는 요양기관에서 제외되지 아니하므로, 달리 요양급여비용을 적법하게 지급받을 수 있는 자격 내지 요건이 흠결되지 않는 한 국민건강보험공단을 피해자로 하는 사기죄를 구성한다고 할 수 없다.

---

1. 비의료인이 의료법을 위반하여 개설한 의료기관이 마치 의료법에 의하여 적법하게 개설된 요양기관인 것처럼 국민건강보험공단에 요양급여비용의 지급을 청구하여 지급받을 경우(적극) [대법원 2018. 4. 10., 선고, 2017도17699]
【판시사항】
[1] 비의료인이 의료법 제33조 제2항을 위반하여 개설한 의료기관이 마치 의료법에 의하여 적법하게 개설된 요양기관인 것처럼 국민건강보험공단에 요양급여비용의 지급을 청구하여 국민건강보험공단으로부터 요양급여비용을 지급받을 경우, 사기죄가 성립하는지 여부(적극)
[2] 비의료인이 의료법 제33조 제2항을 위반하여 개설한 의료기관에서 면허를 갖춘 의료인을 통해 교통사고 환자 등에 대한 진료가 이루어진 경우, 해당 의료기관이 보험회사 등에 교통사고 환자 등을 진료한 의료기관이 위 의료법 규정에 위반되어 개설된 것이라는 사정을 고지하지 아니한 채 자동차손해배상 보장법에 따라 자동차보험진료수가의 지급을 청구한 행위가 사기죄에서 말하는 기망에 해당하는지 여부(소극)
[3] 비의료인이 의료법 제33조 제2항을 위반하여 개설한 의료기관에서 면허를 갖춘 의료인을 통해 환자 등에 대한 진료가 이루어진 경우, 해당 의료기관이 보험회사 등에 실손의료보험의 피보험자를 진료한 의료기관이 위 의료법 규정에 위반되어 개설된 것이라는 사정을 고지하지 아니한 채 실손의료보험계약에 따라 실손의료비를 청구하는 보험수익자에게 진료사실증명 등을 발급해 준 사실만으로 사기죄에서 말하는 기망에 해당하는지 여부(원칙적 소극)
【판결요지】
[1] 헌법은 국민의 보건에 관한 국가적 보호의무를 선언하고 있고(제36조 제3항), 국민건강보험은 이를 실현하기 위해 피보험자인 국민이 납부하는 기여금 형태의 보험료와 국고부담을 재원으로 하여 국민 보건에 관하여 발생하는 사회적 위험을 보험의 방식으로 대처하는 일종의 사회보험이다. 이를 위해 국민건강보험법은, 공법인인 국민건강보험공단을 단일의 보험자로 설립하고(제13조), 의료법에 따라 개설된 의료기관만을 요양기관으로 건강보험제도 내에 편입시킨 다음 이들로 하여금 국민건강보험공단을 대신하여 요양급여를 실시하게 하고(제42조), 요양급여 실시에 따른 비용 중

공단부담금에 해당하는 부분에 대해서는 요양기관이 직접 국민건강보험공단을 상대로 '요양급여비용'을 청구하도록 규정하고 있다(제44조 제1항, 제47조 제1항). 따라서 의료법 제33조 제2항을 위반하여 적법하게 개설되지 아니한 의료기관에서 환자를 진료하는 등의 요양급여를 실시하였다면 해당 의료기관은 국민건강보험법상 요양급여비용을 청구할 수 있는 요양기관에 해당되지 아니하므로 요양급여비용을 적법하게 지급받을 자격이 없다고 보아야 한다.

결국 의료인의 자격이 없는 일반인(비의료인)이 개설한 의료기관이 마치 의료법에 의하여 적법하게 개설된 요양기관인 것처럼 국민건강보험공단에 요양급여비용의 지급을 청구하는 것은 국민건강보험공단으로 하여금 요양급여비용 지급에 관한 의사결정에 착오를 일으키게 하는 것이 되어 사기죄의 기망행위에 해당하고, 이러한 기망행위에 의하여 국민건강보험공단으로부터 요양급여비용을 지급받을 경우에는 사기죄가 성립한다.

[2] 자동차보험계약의 보험자는 피보험자가 자동차를 소유, 사용 또는 관리하는 동안에 발생한 사고(이하 '교통사고'라 한다)로 인하여 생긴 손해를 보상할 책임이 있다(상법 제726조의2). 한편 자동차손해배상 보장법은 교통사고 환자 등 피해자(이하 '피해자'라고만 한다)를 보호하는 것을 주된 목적으로 하면서(제1조), 이를 위해 자동차보험의 피보험자 등에게 교통사고에 따른 손해배상책임이 발생하였을 때 피해자로 하여금 보험회사 등에 대해 상법 제724조 제2항에 따라 보험금 등을 자기에게 직접 지급해 줄 것을 청구할 수 있도록 하고(제10조 제1항 전단), 그중 자동차보험진료수가에 해당하는 금액은 피해자의 선택에 따라 진료한 의료기관에 직접 지급하여 줄 것을 청구할 수 있도록 규정하고 있다(같은 항 후단).

한편 의료기관의 보험회사 등에 대한 자동차보험진료수가의 청구는 피해자를 보호할 목적으로 피해자가 보험회사 등에 대해 갖는 직접청구권에 근거하여 그 인정 범위 내에서 법률상 특별히 인정되는 것이고, 의료기관에 대해 그 청구액 상당이 지급되지 않더라도 실제 교통사고로 인한 손해가 발생하여 그에 따른 진료가 이루어진 이상 피해자에게라도 반드시 지급되어야 할 성질의 것이다. 위와 같은 피해자가 보험회사 등에게 갖는 직접청구권과 의료기관의 자동차보험진료수가 청구의 인정 근거, 범위 및 성격에다가 자동차손해배상 보장법의 입법 목적 등을 종합적으로 고려하면, 설령 개설자격이 없는 비의료인이 의료법 제33조 제2항을 위반하여 개설한 의료기관이라고 하더라도, 면허를 갖춘 의료인을 통해 피해자에 대한 진료가 이루어지고 보험회사 등에 자동차손해배상 보장법에 따라 자동차보험진료수가를 청구한 것이라면 보험회사 등으로서는 특별한 사정이 없는 한 그 지급을 거부할 수 없다고 보아야 한다. 따라서 피해자를 진료한 의료기관이 위 의료법 규정에 위반되어 개설된 것이라는 사정은 피해자나 해당 의료기관에 대한 보험회사 등의 자동차보험진료수가 지급의무에 영향을 미칠 수 있는 사유가 아니어서, 해당 의료기관이 보험회사 등에 이를 고지하지 아니한 채 그 지급을 청구하였다고 하여 사기죄에서 말하는 기망이 있다고 볼 수는 없다.

[3] 상법 제737조, 제739조의2, 제739조의3의 규정과 실손의료보험이 보험회사가 피보험자의 질병 또는 상해로 인한 의료비 상당의 손해를 보상하는 것을 내용으로 한다는 점을 종합해 보면, 실손의료보험에는 상법상 상해보험에 관한 규정이 준용되고, 그 경우 인보험인 상해보험에서와 마찬가지로 실손의료보험에서도 보험사고가 발생하면 보험수익자만이 보험회사에 대해 실손의료비 청구권을 행사할 수 있다고 보아야 한다. 반면 피보험자를 진료한 의료기관으로서는 피보험자나 보험수익자로부터 그에 따른 진료비를 지급받을 수 있고, 경우에 따라 보험수익자의 청구에 응하여 진료사실 증명 등을 발급해 줌으로써 단순히 그 보험금 청구 절차를 도울 수 있을 뿐이다.

따라서 특별한 사정이 없는 한 피보험자를 진료한 의료기관이 의료법 제33조 제2항에 위반되어 개설된 것이라는 사정은 해당 피보험자에 대한 보험회사의 실손의료비 지급의무에 영향을 미칠 수 있는 사유가 아니라고 보아야 하고, 설령 해당 의료기관이 보험회사 등에 이를 고지하지 아니한 채 보험수익자에게 진료사실증명 등을 발급해 주었다 하더라도, 그러한 사실만으로는 사기죄에서 말하는 기망이 있다고 볼 수는 없다.

2. 전화를 이용하여 진찰한 것임에도 내원 진찰인 것처럼 가장하여 국민건강보험관리공단에 요양급여 비용을 청구(적극) [대법원 2013. 4. 26., 선고, 2011도10797]

【판시사항】

의사인 피고인이 전화를 이용하여 진찰한 것임에도 내원 진찰인 것처럼 가장하여 국민건강보험관리공단에 요양급여비용을 청구함으로써 진찰료 등을 편취하였다는 내용으로 기소된 사안에서, 피고인에게 사기죄를 인정한 원심판단이 정당하다.

【판결요지】

의사인 피고인이 전화를 이용하여 진찰(이하 '전화 진찰'이라고 한다)한 것임에도 내원 진찰인 것처럼 가장하여 국민건강보험관리공단에 요양급여비용을 청구함으로써 진찰료 등을 편취하였다는 내용으로 기소된 사안에서, 당시에 시행되던 구 '국민건강보험 요양급여의 기준에 관한 규칙'(2010. 3. 19. 보건복지부령 제1호로 개정되기 전의 것)에 기한 보건복지부장관의 고시는 내원을 전제로 한 진찰만을 요양급여의 대상으로 정하고 있고 전화 진찰이나 이에 기한 약제 등의 지급은 요양급여의 대상으로 정하고 있지 아니하므로, 전화 진찰이 구 의료법(2009. 1. 30. 법률 제9386호로 개정되기 전의 것) 제17조 제1항에서 정한 '직접 진찰'에 해당한다고 하더라도 그러한 사정만으로 요양급여의 대상이 된다고 할 수 없는 이상, 전화 진찰을 요양급여대상으로 되어 있던 내원 진찰인 것으로 하여 요양급여비용을 청구한 것은 기망행위로서 사기죄를 구성하고, 피고인의 불법이득의 의사 또한 인정된다는 이유로, 피고인에게 유죄를 인정한 원심판단이 정당하다.

347-I-3. 담보로 제공할 목적물의 가액을 허위로 부풀려 금융기관으로부터 대출 받은 경우(적극) [대법원 2019. 4. 3., 선고, 2018도19772]

【판시사항】

담보로 제공할 목적물의 가액을 허위로 부풀려 금융기관으로부터 대출을 받은 경우, 사기죄가 성립하는지 여부(적극) 및 이때 사기죄의 이득액에서 담보물의 실제 가액을 전제로 한 대출가능 금액을 공제하여야 하는지 여부(소극)

【이 유】

담보로 제공할 목적물의 가액을 허위로 부풀려 금융기관으로부터 대출을 받은 경우 그 대출이 기망행위에 의하여 이루어진 이상 그로써 사기죄는 성립하고, 이 경우 사기죄의 이득액에서 담보물의 실제 가액을 전제로 한 대출가능금액을 공제하여야 하는 것은 아니다(대법원 2007. 9. 6. 선고 2007도5497 판결, 대법원 2017. 12. 22. 선고 2017도12649 판결 등 참조).

1. 금원 편취를 내용으로 하는 사기죄에서 대가가 일부 지급되거나 담보가 제공된 경우의 편취액(=교부받은 금원 전부) [대법원 2017. 12. 22., 선고, 2017도12649]

【판시사항】

[1] 금원 편취를 내용으로 하는 사기죄에서 대가가 일부 지급되거나 담보가 제공된 경우의 편취액(=교부받은 금원 전부)

[2] 기업의 부실 재무제표 제출로 인한 기망행위와 금융기관의 여신 결정 사이에 인과관계가 단절되는지를 판단할 때 고려하여야 할 사항

【판결요지】

[1] 금원 편취를 내용으로 하는 사기죄에서는 기망으로 인한 금원 교부가 있으면 그 자체로써 피해자의 재산침해가 되어 바로 사기죄가 성립하고, 상당한 대가가 지급되었다거나 피해자의 전체 재산상에 손해가 없다 하여도 사기죄의 성립에는 영향이 없다. 그러므로 사기죄에서 그 대가가 일부 지급되거나 담보가 제공된 경우에도 편취액은 피해자로부터 교부된 금원으로부터 그 대가 또는 담보 상당액을 공제한 차액이 아니라 교부받은 금원 전부라고 보아야 한다.

[2] 기업의 재무제표 및 이에 대한 외부감사인의 회계감사 결과를 기재한 감사보고서는 대상 기업의 정확한 재무상태를 드러내는 가장 객관적인 자료로서 증권거래소 등을 통하여 일반에 공시되고, 기업의 신용도와 상환능력 등의 기초자료로서 기업이 발행하는 회사채 및 기업어음의 신용등급평가와 금융기관의 여신제공 여부의 결정에 중요한 판단근거가 된다. 그 결과 해당 기업의 재무제표의 중요한 사항에 관하여 회계처리기준에 위반되는 분식이 있음을 알면서도, 대규모의 여신을 제공하는 것과 같은 사례는 이례적이라고 하지 않을 수 없고, 당기순이익이 흑자인지 적자인지와 같은 사정은 해당 기업체의 신용도를 판단할 때에 보통 중요한 사항의 하나에 해당한다. 나아가 금융기관의 통상적인 여신처리기준에 의하면, 적자상태인 당해 기업에 대한 여신이 가능했을 수도 있다고 하더라도, 이로 인하여 획일적으로 부실 재무제표 제출로 인한 기망행위와 여신 결정 사이의 인과관계가 단절된다고 볼 수는 없고, 기업이 적자상태를 숨기기 위하여 흑자 상황인 것처럼 작성한 재무제표를 제출하였다는 사실이 발각될 경우 초래될 수 있는 신뢰성 평가에 미치는 부정적인 영향까지 적절하게 고려·평가하여 인과관계 단절 여부를 살펴보아야 한다.

347-I-4. 사기죄의 구성요건 중 '기망'의 의미 및 고지의무 위반이 거래의 상대방을 기망한 것이 되어 사기죄를 구성하는 경우 [대법원 2018. 8. 1., 선고, 2017도20682]

【판시사항】

[1] 사기죄의 구성요건 중 '기망'의 의미 및 고지의무 위반이 거래의 상대방을 기망한 것이 되어 사기죄를 구성하는 경우

[2] 사기죄의 주관적 구성요건인 편취의 고의를 판단하는 기준 및 차용금 편취의 고의를 인정할 수 있는 경우

[3] 피고인이 甲 저축은행에 대출을 신청하여 심사를 받을 당시 동시에 다른 저축은행에 대출을 신청한 상태였는데도 甲 저축은행으로부터 다른 금융회사에 동시에 진행 중인 대출이 있는지에 대하여 질문을 받자 '없다'고 답변하였고, 甲 저축은행으로부터 대출을 받은 지 약 6개월 후에 신용회복위원회에 대출 이후 증가한 채무를 포함하여 프리워크아웃을 신청한 사안

【판결요지】

[1] 사기죄의 요건인 기망은 널리 재산상의 거래관계에서 서로 지켜야 할 신의와 성실의 의무를 저버리는 모든 적극적, 소극적 행위를 말한다. 반드시 법률행위의 중요 부분에 관한 허위표시를 해야 하는 것은 아니고, 상대방을 착오에 빠뜨려 행위자가 희망하는 재산적 처분행위를 하도록 하기 위한 판단의 기초가 되는 사실에 관한 것이면 충분하다. 따라서 <u>거래의 상대방이 일정한 사정에 관한 고지를 받았더라면 거래를 하지 않았을 것이라는 관계가 인정되는 경우에는, 그 거래로 재물을 받는 자에게는 신의성실의 원칙상 사전에 상대방에게 그와 같은 사정을 고지할 의무가 있다. 그런데도 이를 고지하지 않은 것은 고지할 사실을 묵비함으로써 상대방을 기망한 것이 되어 사기죄를 구성한다.</u>

[2] 사기죄의 주관적 구성요건인 편취의 고의는 피고인이 자백하지 않는 한 범행 전후 피고인의 재력, 환경, 범행의 내용, 거래의 이행과정, 피해자와의 관계 등과 같은 객관적인 사정을 종합하여 판단하여야 한다. 민사상 금전대차관계에서 채무불이행 사실을 가지고 바로 차용금 편취의 고의를 인정할 수는 없으나 피고인이 확실한 변제의 의사가 없거나 또는 차용 시 약속한 변제기일 내에 변제할 능력이 없는데도 변제할 것처럼 가장하여 금원을 차용한 경우에는 편취의 고의를 인정할 수 있다.

[3] 피고인은 甲 저축은행에 대하여 다른 금융회사에 동시에 진행 중인 대출이 있는지를 허위로 고지하였고, 甲 저축은행이 제대로 된 고지를 받았더라면 대출을 해주지 않았을 것으로 판단되며, 그 밖에 피고인의 재력, 채무액, 대출금의 사용처, 대출일부터 약 6개월 후 프리워크아웃을 신청한 점과 그 경위 등의 사정을 종합하면, 기망행위, 기망행위와 처분행위 사이의 인과관계와 편취의 고의가 인정된다고 볼 여지가 있다는 이유로, 이와 달리 보아 피고인에 대한 사기 공소사실을 무죄라고 판단한 원심판결에 사기죄에서 기망행위, 기망행위와 처분행위 사이의 인과관계와 편취의 고의에 관한 법리를 오해한 잘못이 있다.

---

1. 피해자의 현실적 손해발생이 사기죄의 구성요건인지 여부(소극) [대법원 2004. 4. 9., 선고, 2003도7828]

【판시사항】

[1] 사채업자가 대출희망자로부터 대출을 의뢰받은 다음 대출희망자가 자동차의 실제 구입자가 아니어서 자동차할부금융의 대상이 되지 아니함에도 그가 실제로 자동차를 할부로 구입하는 것처럼 그 명의의 대출신청서 등 관련 서류를 작성한 후 이를 할부금융회사에 제출하여 자동차할부금융으로 대출금을 받은 경우, 사기죄가 성립한다.

[2] 피해자의 현실적 손해발생이 사기죄의 구성요건인지 여부(소극)

【판결요지】

[1] 사채업자가 대출희망자로부터 대출을 의뢰받은 다음 대출희망자가 자동차의 실제 구입자가 아니어서 자동차할부금융의 대상이 되지 아니함에도 그가 실제로 자동차를 할부로 구입하는 것처럼 그 명의의 대출신청서 등 관련 서류를 작성한 후 이를 할부금융회사에 제출하여 자동차할부금융으로 대출금을 받은 경우, 할부금융회사로서는 사채업자가 할부금융의 방법으로 대출의뢰인들 명의로

자동차를 구입하여 보유할 의사 없이 단지 자동차할부금융대출의 형식을 빌려 자금을 융통하려는 의도로 할부금융대출을 신청하였다는 사정을 알았더라면 할부금융대출을 실시하지 않았을 것이므로, 사채업자로서는 신의성실의 원칙상 사전에 할부금융회사에게 자동차를 구입하여 보유할 의사 없이 자동차할부금융대출의 방법으로 자금을 융통하려는 사정을 고지할 의무가 있다 할 것이고, 그럼에도 불구하고 이를 고지하지 아니한 채 대출의뢰인들 명의로 자동차할부금융을 신청하여 그 대출금을 지급하도록 한 행위는 고지할 사실을 묵비함으로써 거래상대방인 할부금융회사를 기망한 것이 되어 사기죄를 구성한다.

[2] 사기죄는 타인을 기망하여 그로 인한 하자 있는 의사에 기하여 재물의 교부를 받거나 재산상의 이득을 취득함으로써 성립되는 범죄로서 그 본질은 기망행위에 의한 재산이나 재산상 이익의 취득에 있는 것이고 상대방에게 현실적으로 재산상 손해가 발생함을 요건으로 하지 아니한다.

---

2. 변제의 의사나 능력이 없는 자가 있는 것처럼 가장하여 금원을 차용한 경우 편취의 범의 [대법원 1983. 8. 23., 선고, 83도1048]

【판결요지】

민사상의 금전대차관계에서 그 채무불이행 사실을 가지고 바로 차용금 편취의 범의를 인정할 수는 없으나 피고인이 확실한 변제의 의사가 없거나 또는 차용시 약속한 변제기일내에 변제할 능력이 없음에도 불구하고 변제할 것처럼 가장하여 금원을 차용한 경우에는 편취의 범의를 인정할 수 있다.

---

3. 사기죄에 있어서 범의의 판단 기준 및 그 시점 [대법원 1996. 3. 26., 선고, 95도3034]

【판시사항】

[1] 사기죄에 있어서 범의의 판단 기준 및 그 시점

[2] 차용 당시 편취의 범의가 있었는지에 관하여 심리미진이 있다는 이유로 원심판결을 파기한 사례

【판결요지】

[1] 차용금의 편취에 의한 사기죄의 성립 여부는 차용 당시를 기준으로 판단하여야 하므로, 피고인이 차용 당시에는 변제할 의사와 능력이 있었다면 그 후에 차용사실을 전면 부인하면서 변제를 거부한다고 하더라도 이는 단순한 민사상의 채무불이행에 불과할 뿐 형사상 사기죄가 성립한다고 할 수 없고, 한편 사기죄의 주관적 구성요건인 편취의 범의의 존부는 피고인이 자백하지 아니하는 한 범행 전후의 피고인의 재력, 환경, 범행의 내용, 거래의 이행과정, 피해자와의 관계 등과 같은 객관적인 사정을 종합하여 판단하여야 한다.

347-Ⅰ-5. 금원 편취를 내용으로 하는 사기죄에서 대가가 일부 지급된 경우, 그 편취액(=교부받은 금원 전부) [대법원 2018. 4. 12., 선고, 2017도21196]

【판시사항】

[1] 기망행위를 수단으로 한 권리행사가 사기죄를 구성하는 경우

[2] 금원 편취를 내용으로 하는 사기죄에서 대가가 일부 지급된 경우, 그 편취액(=교부받은 금원 전부) / 이는 사기로 인한 특정경제범죄 가중처벌 등에 관한 법률 위반죄에서도 마찬가지인지 여부(적극)

【이 유】

기망행위를 수단으로 한 권리행사의 경우 그 권리행사에 속하는 행위와 그 수단에 속하는 기망행위를 전체적으로 관찰하여 그와 같은 기망행위가 사회통념상 권리행사의 수단으로서 용인할 수 없는 정도라면 그 권리행사에 속하는 행위는 사기죄를 구성한다(대법원 1997. 10. 14. 선고 96도1405 판결, 대법원 2002. 12. 24. 선고 2002도5085 판결 등 참조). 또한 금원 편취를 내용으로 하는 사기죄에서는 기망으로 인한 금원 교부가 있으면 그 자체로써 피해자의 재산침해가 되어 바로 사기죄가 성립하고, 상당한 대가가 지급되었다거나 피해자의 전체 재산상에 손해가 없다 하여도 사기죄의 성립에는 그 영향이 없으므로 사기죄에 있어서 그 대가가 일부 지급된 경우에도 그 편취액은 피해자로부터 교부된 금원으로부터 그 대가를 공제한 차액이 아니라 교부받은 금원 전부이고(대법원 2007. 10. 11. 선고 2007도6012 판결 등 참조), 이는 사기로 인한 특정경제범죄법 위반죄에 있어서도 마찬가지다(대법원 2009. 1. 15. 선고 2008도6983 판결 참조).

347-Ⅰ-6. 사기죄가 성립하기 위하여 기망행위와 상대방의 착오 및 재물의 교부 또는 재산상 이익의 공여 사이에 <u>순차적인 인과관계</u>가 있어야 하는지 여부(적극) [대법원 2017. 12. 5., 선고, 2017도14423]

【판시사항】
<u>사기죄는 타인을 기망하여 착오에 빠뜨리고 처분행위를 유발하여 재물을 교부받거나 재산상 이익을 얻음으로써 성립하는 것으로, 기망행위와 상대방의 착오 및 재물의 교부 또는 재산상 이익의 공여 사이에 순차적인 인과관계가 있어야 한다</u>(대법원 1979. 8. 14. 선고 78도1808 판결, 대법원 2009. 6. 23. 선고 2008도1697 판결 등 참조).

---

1. 착오에 빠진 원인 중에 피기망자 측의 과실이 있는 경우에도 사기죄가 성립하는지 여부(적극) [대법원 2009. 6. 23., 선고, 2008도1697]
【판시사항】
[1] 착오에 빠진 원인 중에 피기망자 측의 과실이 있는 경우에도 사기죄가 성립하는지 여부(적극) 및 사기죄의 주관적 구성요건인 '편취의 범의'의 판단 기준
[2] 대부업자가 새마을금고와 제3자에 대한 차량담보대출채권을 담보로 제공하고 개개 자동차담보채권액만큼 대출받는 것을 내용으로 하는 '대출채권담보대출 중개운용에 관한 업무협약 및 채권담보계약'을 체결하였음에도, 계약 취지와 달리 대출금을 기존 채무의 변제에 사용하고 새마을금고의 허락 없이 임의로 차량에 설정된 근저당권을 해제하는 등 새마을금고에 대한 채무변제를 성실히 이행하지 않은 사안에서, 위 대부업자가 대출 당시 대출금채무를 변제할 의사나 능력이 없음에도 있는 것처럼 새마을금고를 기망하여 이에 속은 새마을금고로부터 대출금을 편취하였고 그 편취의 범의도 인정된다고 보아, 위 대출이 새마을금고의 재무상태 등에 대한 실사를 거쳐 실행됨으로써 새마을금고가 위 대출이 가능하다는 착오에 빠지는 원인 중에 새마을금고 측의 과실이 있더라도 사기죄의 성립이 인정된다.
【이 유】
[1] 사기죄가 성립하기 위해서는 기망행위와 상대방의 착오 및 재물의 교부 또는 재산상의 이익의 공여와의 사이에 순차적인 인과관계가 있어야 하지만, <u>착오에 빠진 원인 중에 피기망자 측에 과실이 있는</u>

경우에도 사기죄가 성립한다. 한편, 사기죄의 주관적 구성요건인 편취의 범의는 피고인이 자백하지 않는 이상 범행 전후 피고인의 재력, 환경, 범행의 내용, 거래의 이행과정 등과 같은 객관적인 사정 등을 종합하여 판단할 수밖에 없고, 그 범의는 확정적인 고의가 아닌 미필적 고의로도 족하다(대법원 2008. 2. 28. 선고 2007도10416 판결, 대법원 2008. 8. 21. 선고 2007도8726 판결 등 참조).

347-I-7. 불행을 고지하거나 길흉화복에 관한 어떠한 결과를 약속하고 기도비 등의 명목으로 대가를 교부받은 경우(한정 적극) [대법원 2017. 11. 9., 선고, 2016도12460]

【판시사항】

사기죄의 구성요건인 편취의 범의를 판단하는 기준 / 피고인이 피해자에게 불행을 고지하거나 길흉화복에 관한 어떠한 결과를 약속하고 기도비 등의 명목으로 대가를 교부받은 경우, 사기죄에 해당하는지 여부(한정 적극)

【판결요지】

사기죄의 구성요건인 편취의 범의는 피고인이 자백하지 아니하는 이상 범행 전후의 피고인의 재력, 환경, 범행의 내용, 기망 대상 행위의 이행가능성 및 이행과정 등과 같은 객관적인 사정 등을 종합하여 판단할 수밖에 없다. 그리고 피고인이 피해자에게 불행을 고지하거나 길흉화복에 관한 어떠한 결과를 약속하고 기도비 등의 명목으로 대가를 교부받은 경우에 전통적인 관습 또는 종교행위로서 허용될 수 있는 한계를 벗어났다면 사기죄에 해당한다.

> **1. 자기 자본 없이 상가·오피스텔의 신축 및 분양 사업을 진행하다가 공사를 중단, 방치한 경우(적극) [대법원 1995. 4. 25., 선고, 95도424]**
>
> 【판시사항】
> 자기 자본 없이 상가·오피스텔의 신축 및 분양 사업을 진행하다가 공사를 중단, 방치한 사안에서 분양대금 등의 편취 범의를 인정한 사례
>
> 【판결요지】
> 피고인이 자기 자본 없이 금융기관 대출금과 분양대금만으로 상가 및 오피스텔의 신축 및 분양 사업을 진행하다가 공사를 중단, 방치한 사안에서 분양대금 등의 편취 범의를 인정한 원심판결을 수긍한 사례.

347-I-8. 전화금융사기 [대법원 2017. 10. 26., 선고, 2017도8600]

【판시사항】

[1] 피고인들이 불특정 다수의 피해자들에게 전화하여 금융기관 등을 사칭하면서 신용등급을 올려 낮은 이자로 대출을 해주겠다고 속여 신용관리비용 명목의 돈을 송금받아 편취할 목적으로 보이스피싱 사기 조직을 구성하고 이에 가담하여 조직원으로 활동함으로써 범죄단체를 조직하거나 이에 가입·활동하였다는 내용으로 기소된 사안

[2] 피고인들이 보이스피싱 사기 범죄단체의 구성원으로 활동하면서 사기범죄의 피해자들로부터 제3자 명의의 계좌로 돈을 송금받는 방법으로 범죄수익 등의 취득에 관한 사실을 가장하였다고 하여 범죄수익은닉의 규제 및 처벌 등에 관한 법률 위반으로 기소된 사안

[3] 피고인들이 보이스피싱 사기 범죄단체의 구성원으로 활동하면서 사기범죄의 피해자들로부터 취득한 범죄수익에 대하여 범죄수익은닉의 규제 및 처벌 등에 관한 법률에 따라 추징이 선고된 사안

[4] 피고인이 보이스피싱 사기 범죄단체에 가입한 후 사기범죄의 피해자들로부터 돈을 편취하는 등 그 구성원으로서 활동하였다는 내용의 공소사실이 유죄로 인정된 사안

【판결요지】

[1] 위 보이스피싱 조직은 보이스피싱이라는 사기범죄를 목적으로 구성된 다수인의 계속적인 결합체로서 총책을 중심으로 간부급 조직원들과 상담원들, 현금인출책 등으로 구성되어 내부의 위계질서가 유지되고 조직원의 역할 분담이 이루어지는 최소한의 통솔체계를 갖춘 형법상의 범죄단체에 해당하고, 보이스피싱 조직의 업무를 수행한 피고인들에게 범죄단체 가입 및 활동에 대한 고의가 인정되며, 피고인들의 보이스피싱 조직에 의한 사기범죄 행위가 범죄단체 활동에 해당한다고 본 원심판단을 수긍한 사례.

[2] 피고인들이 피해자들로부터 자신 또는 공범들의 계좌와 전혀 무관한 제3자 명의의 계좌로 송금받는 행위는 범죄수익 취득을 가장하는 행위에 해당하고, 이와 같은 범죄수익 은닉행위에 대한 고의도 있다고 본 원심판단을 수긍한 사례.

[3] 범죄수익은닉규제법 제8조 제3항, 제10조 제2항이 범죄수익 등의 재산이 범죄피해재산인 경우 이를 몰수 또는 추징할 수 없다고 규정하고 있으나 이는 재산에 관한 죄 외에 독자적 법익을 함께 침해한 경우까지 적용되는 것은 아니라고 보아, 위 범죄단체활동죄에 의한 범죄수익은 범죄수익은닉규제법 제2조 제1호, [별표] 제1의 (가)목, 제2호 (가)목, 제8조 제1항, 제10조 제1항에 의하여 각 추징의 대상이 되고, 그 범죄수익이 사기죄의 피해자로부터 취득한 재산에 해당하여도 마찬가지라고 본 원심판단을 수긍한 사례.

[4] 범죄단체 가입행위 또는 범죄단체 구성원으로서 활동하는 행위와 사기행위는 각각 별개의 범죄구성요건을 충족하는 독립된 행위이고 서로 보호법익도 달라 법조경합 관계로 목적된 범죄인 사기죄만 성립하는 것은 아니라고 본 원심판단을 수긍한 사례.

347-Ⅰ-9. 기망행위에 의하여 국가적 또는 공공적 법익을 침해한 경우 [대법원 2017. 10. 26., 선고, 2017도10394]

【판시사항】

[1] 기망행위에 의하여 국가적 또는 공공적 법익을 침해한 경우, 형법상 사기죄가 성립하기 위한 요건

[2] '거짓 신청이나 그 밖의 부정한 방법으로 보조금의 교부를 받은 행위' 를 처벌하는 구 보조금 관리에 관한 법률 제40조 위반죄가 사기죄와 별개의 범죄인지 여부(적극)

【이 유】

기망행위에 의하여 국가적 또는 공공적 법익을 침해한 경우라도 그와 동시에 형법상 사기죄의 보호법익인 재산권을 침해하는 것과 동일하게 평가할 수 있는 때에는 당해 행정법규에서 사기죄와 특별관계에 해당하는 처벌 규정을 별도로 두고 있지 않는 한 사기죄가 성립할 수 있다(대법원

2008. 11. 27. 선고 2008도7303 판결 참조).

한편 구 보조금 관리에 관한 법률(2016. 1. 28. 법률 제13931호로 개정되기 전의 것) 제40조는 "거짓 신청이나 그 밖의 부정한 방법으로 보조금의 교부를 받은 행위"를 구성요건으로 하고 있어 구성요건상 행위자가 불법영득의 의사를 가질 것과 상대방이 착오에 빠질 것을 요건으로 하지 아니하므로, 이를 구성요건으로 하는 사기죄와는 별개의 범죄라고 할 것이다(대법원 2002. 12. 24. 선고 2002도5085 판결 등 참조).

---

1. 기망행위에 의하여 조세를 포탈하거나 조세의 환급·공제를 받은 경우(소극) [대법원 2008. 11. 27., 선고, 2008도7303]

【판시사항】

[1] 기망행위에 의하여 조세를 포탈하거나 조세의 환급·공제를 받은 경우 사기죄가 성립하는지 여부 (소극)

[2] 주유소 운영자가 농·어민 등에게 조세특례제한법에 정한 면세유를 공급한 것처럼 위조한 면세유류공급확인서로 정유회사를 기망하여 면세유를 공급받음으로써 면세유와 정상유의 가격 차이 상당의 이득을 취득한 사안에서, 국가 또는 지방자치단체에 대하여 사기죄를 구성하지 않는다.

【판결요지】

[1] 망행위에 의하여 조세를 포탈하거나 조세의 환급·공제를 받은 경우에는 조세범처벌법 제9조에서 이러한 행위를 처벌하는 규정을 별도로 두고 있을 뿐만 아니라, 조세를 강제적으로 징수하는 국가 또는 지방자치단체의 직접적인 권력작용을 사기죄의 보호법익인 재산권과 동일하게 평가할 수 없는 것이므로 조세범처벌법 위반죄가 성립함은 별론으로 하고, 형법상 사기죄는 성립하지 않는다.

[2] 주유소 운영자가 농·어민 등에게 조세특례제한법에 정한 면세유를 공급한 것처럼 위조한 면세유류공급확인서로 정유회사를 기망하여 면세유를 공급받음으로써 면세유와 정상유의 가격 차이 상당의 이득을 취득한 사안에서, 정유회사에 대하여 사기죄를 구성하는 것은 별론으로 하고, 국가 또는 지방자치단체를 기망하여 국세 및 지방세의 환급세액 상당을 편취한 것으로 볼 수 없다.

347-Ⅰ-10. 사기죄 피해자가 법인이나 단체인 경우, 기망행위로 인한 착오, 인과관계 등이 있었는지 판단하는 기준이 되는 자 [대법원 2017. 9. 26., 선고, 2017도8449]

【판시사항】

사기죄의 피해자가 법인이나 단체인 경우, 기망행위로 인한 착오, 인과관계 등이 있었는지 판단하는 기준이 되는 자(=대표 등 최종 의사결정권자 또는 내부적인 권한 위임 등에 따라 실질적으로 법인의 의사를 결정하고 처분을 할 권한을 가지고 있는 사람) / 피해자 법인이나 단체의 대표자 또는 실질적으로 의사결정을 하는 최종결재권자 등이 기망행위자와 동일인이거나 기망행위자와 공모하는 등 기망행위임을 알고 있었던 경우, 사기죄가 성립하는지 여부(소극) / 피해자 법인이나 단체의 업무를 처리하는 실무자인 일반 직원이나 구성원 등이 기망행위임을 알고 있었으나, 그 대표자 또는 실질적으로 의사결정을 하는 최종결재권자 등이 기망행위임을 알지 못한 채 착오에 빠져 처분행위에 이른 경우, 피해자 법인에 대한 사기죄가 성립하는지 여부(적극)

【판결요지】

사기죄의 피해자가 법인이나 단체인 경우에 기망행위로 인한 착오, 인과관계 등이 있었는지는 법인이나 단체의 대표 등 최종 의사결정권자 또는 내부적인 권한 위임 등에 따라 실질적으로 법인의 의사를 결정하고 처분을 할 권한을 가지고 있는 사람을 기준으로 판단하여야 한다.

따라서 피해자 법인이나 단체의 대표자 또는 실질적으로 의사결정을 하는 최종결재권자 등이 기망행위자와 동일인이거나 기망행위자와 공모하는 등 기망행위임을 알고 있었던 경우에는 기망행위로 인한 착오가 있다고 볼 수 없고, 재물 교부 등의 처분행위가 있었더라도 기망행위와 인과관계가 있다고 보기 어렵다. 이러한 경우에는 사안에 따라 업무상횡령죄 또는 업무상배임죄 등이 성립하는 것은 별론으로 하고 사기죄가 성립한다고 볼 수 없다.

반면에 피해자 법인이나 단체의 업무를 처리하는 실무자인 일반 직원이나 구성원 등이 기망행위임을 알고 있었더라도, 피해자 법인이나 단체의 대표자 또는 실질적으로 의사결정을 하는 최종결재권자 등이 기망행위임을 알지 못한 채 착오에 빠져 처분행위에 이른 경우라면, 피해자 법인에 대한 사기죄의 성립에 영향이 없다.

---

1. 피해자 법인이나 단체의 대표자 또는 실질적으로 의사결정을 하는 최종결재권자 등 기망의 상대방이 기망행위자와 동일인이거나 기망행위자와 공모하는 등 기망행위를 알고 있었던 경우(소극) [대법원 2017. 8. 29., 선고, 2016도18986]

【판시사항】

사기죄의 피해자가 법인이나 단체인 경우, 기망행위가 있었는지 판단하는 기준이 되는 자 및 피해자 법인이나 단체의 대표자 또는 실질적으로 의사결정을 하는 최종결재권자 등 기망의 상대방이 기망행위자와 동일인이거나 기망행위자와 공모하는 등 기망행위를 알고 있었던 경우, 사기죄가 성립하는지 여부(소극)

【판결요지】

사기죄는 타인을 기망하여 착오에 빠뜨려 재물을 교부받거나 재산상의 이익을 얻음으로써 성립하므로 기망행위의 상대방 또는 피기망자는 재물 또는 재산상 이익을 처분할 권한이 있어야 한다. 사기죄의 피해자가 법인이나 단체인 경우에 기망행위가 있었는지는 법인이나 단체의 대표 등 최종 의사결정권자 또는 내부적인 권한 위임 등에 따라 실질적으로 법인의 의사를 결정하고 처분을 할 권한을 가지고 있는 사람을 기준으로 판단하여야 한다. <u>피해자 법인이나 단체의 대표자 또는 실질적으로 의사결정을 하는 최종결재권자 등 기망의 상대방이 기망행위자와 동일인이거나 기망행위자와 공모하는 등 기망행위를 알고 있었던 경우에는 기망의 상대방에게 기망행위로 인한 착오가 있다고 볼 수 없고, 기망의 상대방이 재물을 교부하는 등의 처분을 했더라도 기망행위와 인과관계가 있다고 보기 어렵다.</u> 이러한 경우에는 사안에 따라 업무상횡령죄 또는 업무상배임죄 등이 성립하는 것은 별론으로 하고 사기죄가 성립한다고 보기 어렵다.

347-Ⅰ-11. 수개의 선거비용 항목을 허위기재한 하나의 선거비용 보전청구서를 제출하여 선거비용을 과다 보전받아 편취한 경우, 사기죄의 죄수(=일죄) [대법원 2017. 5. 30., 선고, 2016도21713]

【판시사항】

수개의 선거비용 항목을 허위기재한 하나의 선거비용 보전청구서를 제출하여 선거비용을 과다 보전받아 편취한 경우, 사기죄의 죄수(=일죄)

【판결요지】

피고인이 수개의 선거비용 항목을 허위기재한 하나의 선거비용 보전청구서를 제출하여 대한민국으로부터 선거비용을 과다 보전받아 이를 편취하였다면 이는 일죄로 평가되어야 하고, 각 선거비용 항목에 따라 별개의 사기죄가 성립하는 것은 아니다.

347-I-12. 피기망자가 처분행위 의미나 내용을 인식하지 못하였으나 피기망자 작위 또는 부작위가 직접 재산상 손해를 초래하는 재산적 처분행위로 평가되고, 이러한 작위 또는 부작위를 피기망자가 인식하고 한 경우, 사기죄의 처분행위에 상응하는 처분의사가 인정되는지 여부(적극) [대법원 2017. 2. 16., 선고, 2016도13362, 전원합의체 판결]

【판시사항】

[1] 피기망자가 처분행위의 의미나 내용을 인식하지 못하였으나 피기망자의 작위 또는 부작위가 직접 재산상 손해를 초래하는 재산적 처분행위로 평가되고, 이러한 작위 또는 부작위를 피기망자가 인식하고 한 경우, 사기죄의 처분행위에 상응하는 처분의사가 인정되는지 여부(적극)

[2] 피기망자가 행위자의 기망행위로 인하여 착오에 빠진 결과 내심의 의사와 다른 효과를 발생시키는 내용의 처분문서에 서명 또는 날인함으로써 처분문서의 내용에 따른 재산상 손해가 초래된 경우, 피기망자의 행위가 사기죄에서 말하는 처분행위에 해당하는지 여부(적극) / 이때 피기망자가 처분결과, 즉 문서의 구체적 내용과 법적 효과를 미처 인식하지 못하였으나 처분문서에 서명 또는 날인하는 행위에 관한 인식이 있었던 경우, 피기망자의 처분의사가 인정되는지 여부(적극)

[3] 피고인 등이 토지의 소유자이자 매도인인 피해자 甲 등에게 토지거래허가 등에 필요한 서류라고 속여 근저당권설정계약서 등에 서명·날인하게 하고 인감증명서를 교부받은 다음, 이를 이용하여 甲 등의 소유 토지에 피고인을 채무자로 한 근저당권을 乙 등에게 설정하여 주고 돈을 차용하는 방법으로 재산상 이익을 취득하였다고 하여 특정경제범죄 가중처벌 등에 관한 법률 위반(사기) 및 사기로 기소된 사안

【판결요지】

[1] [다수의견] 사기죄에서 처분행위는 행위자의 기망행위에 의한 피기망자의 착오와 행위자 등의 재물 또는 재산상 이익의 취득이라는 최종적 결과를 중간에서 매개·연결하는 한편, 착오에 빠진 피해자의 행위를 이용하여 재산을 취득하는 것을 본질적 특성으로 하는 사기죄와 피해자의 행위에 의하지 아니하고 행위자가 탈취의 방법으로 재물을 취득하는 절도죄를 구분하는 역할을 한다. 처분행위가 갖는 이러한 역할과 기능을 고려하면, 피기망자의 의사에 기초한 어떤 행위를 통해 행위자 등이 재물 또는 재산상의 이익을 취득하였다고 평가할 수 있는 경우라면 사기죄에서 말하는 처분행위가 인정된다.

사기죄에서 피기망자의 처분의사는 기망행위로 착오에 빠진 상태에서 형성된 하자 있는 의사이므로 불완전하거나 결함이 있을 수밖에 없다. 처분행위의 법적 의미나 경제적 효과 등에 대한 피기망자의 주관적 인식과 실제로 초래되는 결과가 일치하지 않는 것이 오히려 당연하고, 이 점이 사기죄의 본질적 속성이다. 따라서 처분의사는 착오에 빠진 피기망자가 어떤 행위를 한다는 인식이 있으면 충분하고, 그 행위가 가져오는 결과에 대한 인식까지 필요하다고 볼 것은 아니다.

사기죄의 성립요소로서 기망행위는 널리 거래관계에서 지켜야 할 신의칙에 반하는 행위로서 사람으로 하여금 착오를 일으키게 하는 것을 말하고, 착오는 사실과 일치하지 않는 인식을 의미하는 것으로, 사실에 관한 것이든, 법률관계에 관한 것이든, 법률효과에 관한 것이든 상관없다. 또한 사실과 일치하지 않는 하자 있는 피기망자의 인식은 처분행위의 동기, 의도, 목적에 관한 것이든, 처분행위 자체에 관한 것이든 제한이 없다. 따라서 피기망자가 기망당한 결과 자신의 작위 또는 부작위가 갖는 의미를 제대로 인식하지 못하여 그러한 행위가 초래하는 결과를 인식하지 못하였더라도 그와 같은 착오 상태에서 재산상 손해를 초래하는 행위를 하기에 이르렀다면 피기망자의 처분행위와 그에 상응하는 처분의사가 있다고 보아야 한다.

피해자의 처분행위에 처분의사가 필요하다고 보는 근거는 처분행위를 피해자가 인식하고 한 것이라는 점이 인정될 때 처분행위를 피해자가 한 행위라고 볼 수 있기 때문이다. 다시 말하여 사기죄에서 피해자의 처분의사가 갖는 기능은 피해자의 처분행위가 존재한다는 객관적 측면에 상응하여 이를 주관적 측면에서 확인하는 역할을 하는 것일 뿐이다. 따라서 처분행위라고 평가되는 어떤 행위를 피해자가 인식하고 한 것이라면 피해자의 처분의사가 있다고 할 수 있다. 결국 피해자가 처분행위로 인한 결과까지 인식할 필요가 있는 것은 아니다.

결론적으로 사기죄의 본질과 구조, 처분행위와 그 의사적 요소로서 처분의사의 기능과 역할, 기망행위와 착오의 의미 등에 비추어 보면, 비록 피기망자가 처분행위의 의미나 내용을 인식하지 못하였더라도, 피기망자의 작위 또는 부작위가 직접 재산상 손해를 초래하는 재산적 처분행위로 평가되고, 이러한 작위 또는 부작위를 피기망자가 인식하고 한 것이라면 처분행위에 상응하는 처분의사는 인정된다. 다시 말하면 피기망자가 자신의 작위 또는 부작위에 따른 결과까지 인식하여야 처분의사를 인정할 수 있는 것은 아니다.

[2] [다수의견] 이른바 '서명사취' 사기는 기망행위에 의해 유발된 착오로 인하여 피기망자가 내심의 의사와 다른 처분문서에 서명 또는 날인함으로써 재산상 손해를 초래한 경우이다. 여기서는 행위자의 기망행위 태양 자체가 피기망자가 자신의 처분행위의 의미나 내용을 제대로 인식할 수 없는 상황을 이용하거나 피기망자로 하여금 자신의 행위로 인한 결과를 인식하지 못하게 하는 것을 핵심적인 내용으로 하고, 이로 말미암아 피기망자는 착오에 빠져 처분문서에 대한 자신의 서명 또는 날인행위가 초래하는 결과를 인식하지 못하는 특수성이 있다. 피기망자의 하자 있는 처분행위를 이용하는 것이 사기죄의 본질인데, 서명사취 사안에서는 그 하자가 의사표시 자체의 성립과정에 존재한다.

이러한 서명사취 사안에서 피기망자가 처분문서의 내용을 제대로 인식하지 못하고 처분문서에 서명 또는 날인함으로써 내심의 의사와 처분문서를 통하여 객관적·외부적으로 인식되는 의사가 일치하지 않게 되었더라도, 피기망자의 행위에 의하여 행위자 등이 재물이나 재산상 이익을 취득하는 결과가 초래되었다고 할 수 있는 것은 그러한 재산의 이전을 내용으로 하는 처분문서가 피기망자에 의하여 작성되었다고 볼 수 있기 때문이다. 이처럼 피기망자가 행위자의 기망행위로 인하여 착오에 빠진 결과 내심의 의사와 다른 효과를 발생시키는 내용의 처분문서에 서명 또는 날인함으로써 처분문서의 내용에 따른 재산상 손해가 초래되었다면 그와 같은 처분문서에 서명 또는 날인을 한 피기망자의 행위는 사기죄에서 말하는 처분행위에 해당한다. 아울러 비록 피기망자가 처분결과, 즉 문서의 구체적 내용과 법적 효과를 미처 인식하지 못하였더라도, 어떤 문서에 스스로 서명 또는 날인함으로써 처분문서에 서명 또는 날인하는 행위에 관한 인식이 있었던 이상 피기망자의 처분의사 역시 인정된다.

[3] 피고인 등이 토지의 소유자이자 매도인인 피해자 甲 등에게 토지거래허가 등에 필요한 서류라고 속여 근저당권설정계약서 등에 서명·날인하게 하고 인감증명서를 교부받은 다음, 이를 이용하여 甲 등의 소유 토지에 피고인을 채무자로 한 근저당권을 乙 등에게 설정하여 주고 돈을 차용하는 방법으로 재산상 이익을 취득하였다고 하여 특정경제범죄 가중처벌 등에 관한 법률 위반(사기) 및 사기로 기소된 사안에서, 甲 등은 피고인 등의 기망행위로 착오에 빠진 결과 토지거래허가 등에 필요한 서류로 잘못 알고 처분문서인 근저당권설정계약서 등에 서명 또는 날인함으로써 재산상 손해를 초래하는 행위를 하였으므로 甲 등의 행위는 사기죄에서 말하는 처분행위에 해당하고, 甲 등이 비록 자신들이 서명 또는 날인하는 문서의 정확한 내용과 문서의 작성행위가 어떤 결과를 초래하는지를 미처 인식하지 못하였더라도 토지거래허가 등에 관한 서류로 알고 그와 다른 근저당권설정계약에 관한 내용이 기재되어 있는 문서에 스스로 서명 또는 날인함으로써 그 문서에 서명 또는 는 날인하는 행위에 관한 인식이 있었던 이상 처분의사도 인정됨에도, 甲 등에게 그 소유 토지들에 근저당권 등을 설정하여 줄 의사가 없었다는 이유만으로 甲 등의 처분행위가 없다고 보아 공소사실을 무죄로 판단한 원심판결에 사기죄의 처분행위에 관한 법리오해의 잘못이 있다.

【참조판례】

[1] 대법원 1983. 2. 22. 선고 82도3115 판결(공1983, 629), 대법원 1984. 2. 14. 선고 83도2995 판결(공1984, 475), 대법원 1987. 10. 26. 선고 87도1042 판결(공1987, 1829)(변경), 대법원 1994. 8. 12. 선고 94도1487 판결(공1994하, 2320), 대법원 1999. 7. 9. 선고 99도1326 판결(공1999하, 1681)(변경), 대법원 2006. 1. 26. 선고 2005도1160 판결, 대법원 2011. 4. 14. 선고 2011도769 판결(공2011상, 984)(변경) [2] 대법원 2000. 6. 13. 선고 2000도778 판결(공2000하, 1700)

---

1. 사기죄에 있어서 처분행위의 의미 [대법원 1987. 10. 26., 선고, 87도1042] ☞ 변경
【판결요지】
사기죄는 타인을 기망하여 착오에 빠뜨리게 하고 그 처분행위를 유발하여 재물, 재산상의 이득을 얻음으로써 성립하는 것이므로 여기서 처분행위라고 하는 것은 재산적 처분행위를 의미하고 그것은 주관적으로 피기망자가 처분의사 즉 처분결과를 인식하고 객관적으로는 이러한 의사에 지배된 행위가 있을 것을 요한다.

---

2. 기존채무의 변제기 연장으로 인한 기한 유예의 재산상 이익이 아니라 연장기간 동안의 이자 중 미지급 부분에 대한 재산상 이익 취득여부(소극) [대법원 1999. 7. 9., 선고, 99도1326] ☞ 변경
【판결요지】
기존채무의 변제기 연장으로 인한 기한 유예의 재산상 이익이 아니라 변제기를 연장받음으로써 연장기간 동안의 이자 중 미지급 부분에 대한 재산상 이익을 편취하였다는 공소사실에 대하여 피기망자의 재산적 처분행위가 없었다는 이유로 사기죄의 성립을 부정한 사례.

3. 피고인이 피해자들을 기망하여 이자 지급 약정하에 대여금을 교부받았으나 이자를 지급하지 않은 사안[대법원 2011. 4. 14., 선고, 2011도769] ☞ 변경

【판시사항】

[1] 피고인이 피해자들을 기망하여 이자 지급 약정하에 대여금을 교부받았으나 이자를 지급하지 않은 사안

[2] 수인의 피해자에 대하여 단일한 범의하에 동일한 방법으로 각 피해자별로 기망행위를 한 경우, 사기죄의 죄수 및 포괄일죄로 볼 수 있는 경우

[3] 사기죄 피해자들의 피해 법익이 동일하다고 볼 근거가 없는데도, 위 피해자들이 부부라는 사정만으로 이들에 대한 각 사기 행위가 포괄하여 일죄에 해당한다고 보아 특정경제범죄 가중처벌 등에 관한 법률을 적용한 원심판결에 죄수에 관한 심리미진 또는 법리오해의 위법이 있다.

【판결요지】

[1] 이자 부분에 대해서도 사기죄가 성립하기 위하여는 피고인의 기망행위로 인해 이자 부분에 관한 별도의 처분행위가 있어야 하는데, 이에 대하여 피해자들의 처분행위가 있었다고 단정할 자료가 없는데도, 피고인의 기망행위와 위 이자 발생 사이에 인과관계를 인정하여 유죄를 인정한 원심판단에 심리미진이나 채증법칙 위반 또는 법리오해의 위법이 있다.

[2] 사기죄에서 수인의 피해자에 대하여 각 피해자별로 기망행위를 하여 각각 재물을 편취한 경우에 그 범의가 단일하고 범행방법이 동일하다고 하더라도 포괄일죄가 성립하는 것이 아니라 피해자별로 1개씩의 죄가 성립하는 것으로 보아야 한다. 다만 피해자들이 하나의 동업체를 구성하는 등으로 피해 법익이 동일하다고 볼 수 있는 사정이 있는 경우에는 피해자가 복수이더라도 이들에 대한 사기죄를 포괄하여 일죄로 볼 수도 있다.

[3] 사기죄 피해자들의 피해 법익이 동일하다고 볼 근거가 없는데도, 위 피해자들이 부부라는 사정만으로 이들에 대한 각 사기 행위가 포괄하여 일죄에 해당한다고 보아 특정경제범죄 가중처벌 등에 관한 법률을 적용한 원심판결에 죄수에 관한 심리미진 또는 법리오해의 위법이 있다.

---

4. 명의인을 기망하여 문서를 작성케 하는 경우에는 서명·날인이 정당히 성립된 경우에도 사문서위조죄가 성립하는지 여부(적극) [대법원 2000. 6. 13., 선고, 2000도778]

【판결요지】

명의인을 기망하여 문서를 작성케 하는 경우는 서명, 날인이 정당히 성립된 경우에도 기망자는 명의인을 이용하여 서명 날인자의 의사에 반하는 문서를 작성케 하는 것이므로 사문서위조죄가 성립한다.

347- I-13. 사업 수행과정에서 이루어진 거래에서 기업경영자가 파산에 의한 채무불이행 가능성을 인식할 수 있었으나 그러한 사태를 피할 수 있는 가능성이 있다고 믿고, 계약이행을 위해 노력할 의사가 있었을 경우(소극) [대법원 2017. 1. 25., 선고, 2016도18432]

【판시사항】

사업의 수행과정에서 이루어진 거래에서 기업경영자가 파산에 의한 채무불이행의 가능성을 인식할 수 있었으나 그러한 사태를 피할 수 있는 가능성이 있다고 믿었고, 계약이행을 위해 노력할 의사가 있었을 경우, 사기죄의 고의가 있었다고 단정할 수 있는지 여부(소극)

【이 유】

 사업의 수행과정에서 이루어진 거래에 있어서 그 채무불이행이 예측된 결과라고 하여 그 기업경영자에 대한 사기죄의 성부가 문제된 경우, 그 거래시점에 그 사업체가 경영부진 상태에 있었기 때문에 사정에 따라 파산에 이를 수 있다고 예견할 수 있었다는 것만으로 사기죄의 고의가 있다고 단정하는 것은 발생한 결과에 따라 범죄의 성부를 결정하는 것과 마찬가지이다. 따라서 설사 기업경영자가 파산에 의한 채무불이행의 가능성을 인식할 수 있었다고 하더라도 그러한 사태를 피할 수 있는 가능성이 있다고 믿었고, 계약이행을 위해 노력할 의사가 있었을 때에는 사기죄의 고의가 있었다고 단정하여서는 안 된다(대법원 2001. 3. 27. 선고 2001도202 판결, 대법원 2016. 6. 9. 선고 2015도18555 판결 등 참조).

---

1. 피해자가 피고인의 신용상태를 인식하고 있어 장래의 변제지체 또는 변제불능에 대한 위험을 예상하고 있거나 예상할 수 있었던 경우 [대법원 2016. 6. 9., 선고, 2015도18555]

【판시사항】

[1] 피해자가 피고인의 신용상태를 인식하고 있어 장래의 변제지체 또는 변제불능에 대한 위험을 예상하고 있거나 예상할 수 있었던 경우, 피고인이 그 후 제대로 변제하지 못하였다는 사실만으로 변제능력에 관하여 피해자를 기망하였다거나 사기죄의 고의가 있었다고 단정할 수 있는지 여부(원칙적 소극)

[2] 기업경영자가 파산에 의한 채무불이행 가능성을 인식할 수 있었으나 그러한 사태를 피할 수 있는 가능성이 있다고 믿었고, 계약이행을 위해 노력할 의사가 있었을 경우, 사기죄의 고의가 있었다고 단정할 수 있는지 여부(소극)

【이 유】

[1] 피해자가 피고인의 신용상태를 인식하고 있어 장래의 변제지체 또는 변제불능에 대한 위험을 예상하고 있거나 예상할 수 있었다면, 피고인이 구체적인 변제의사, 변제능력, 거래조건 등 거래 여부를 결정지을 수 있는 중요한 사항을 허위로 말하였다는 등의 사정이 없는 한, 피고인이 그 후 제대로 변제하지 못하였다는 사실만 가지고 변제능력에 관하여 피해자를 기망하였다거나 사기죄의 고의가 있었다고 단정할 수 없다(대법원 2016. 4. 28. 선고 2012도14516 판결 참조). 또한 사업의 수행과정에서 이루어진 거래에 있어서 그 채무불이행이 예측된 결과라고 하여 그 기업경영자에 대한 사기죄의 성부가 문제된 경우, 그 거래시점에서 그 사업체가 경영부진 상태에 있었기 때문에 사정에 따라 파산에 이를 수 있다고 예견할 수 있었다는 것만으로 사기죄의 고의가 있다고 단정하는 것은 발생한 결과에 따라 범죄의 성부를 결정하는 것과 마찬가지이다. 따라서 설사 기업경영자가 파산에 의한 채무불이행의 가능성을 인식할 수 있었다고 하더라도 그러한 사태를 피할 수 있는 가능성이 있다고 믿었고, 계약이행을 위해 노력할 의사가 있었을 때에는 사기죄의 고의가 있었다고 단정하여서는 안 된다(대법원 2001. 3. 27. 선고 2001도202 판결 참조).

347-I-14. 어린이집 운영자가 운영과 관련하여 허위로 지출을 증액한 내용의 '재무회계규칙에 의한 회계를 하고 그 결과를 보고하여 기본보육료를 지급받은 경우 [대법원 2016. 12. 29., 선고, 2015도3394]

【판시사항】

 어린이집 운영자가 어린이집의 운영과 관련하여 허위로 지출을 증액한 내용으 '재무회계규칙에 의한 회계'를 하고 그 결과를 보고하여 기본보육료를 지급받은 경우, 구 영유아보육법 제54조 제2항의 '거짓이나 그 밖의 부정한 방법으로 보조금을 교부받은 경우'에 해당하는지 여부(소극) 및 형법 제347조 제1항에 정한 사기죄에 해당하는지 여부(소극)

【판결요지】

구 영유아보육법(2013. 1. 23. 법률 제11627호로 개정되기 전의 것, 이하 같다) 제36조, 구 영유아보육법 시행령(2013. 12. 4. 대통령령 제24904호로 개정되기 전의 것, 이하 같다) 제24조 제1항 제2호, 제6호, 제7호, 제2항 및 보건복지부장관이 발행한 '2012년도 보육사업 안내'의 문언·취지 등에 비추어 알 수 있는 다음과 같은 사정, 즉 '2012년도 보육사업 안내'에서 기본보육료의 지원요건으로 정한 '재무회계규칙에 의한 회계보고 이행'에서 재무회계규칙은 '2012년도 보육사업 안내'에 첨부된 '어린이집 재무회계규칙'을 의미하는데, 이는 어린이집의 재무와 회계에 필요한 사항을 정한 것으로서 구 영유아보육법 시행령 제24조가 위임한 범위에 당연히 포함된다고 보기 어렵고, 규정 내용도 어린이집 재무회계에 관한 일반적인 기준에 불과할 뿐 보육서비스의 내용이나 품질과는 직접적인 관련이 없는 점, 구 영유아보육법령 및 '2012년도 보육사업 안내'에는 '재무회계규칙에 의한 회계보고 이행'과 관련하여 회계보고 내용의 진실성을 검증하기 위한 절차 등에 관하여 아무런 규정을 두고 있지 아니하고, 실제로 기본보육료 지급 과정에서 회계보고 내용에 대한 심사를 하지 아니하고 있는 점, '2012년도 보육사업 안내'는 기본보육료 지원요건 중 '재무회계규칙에 의한 회계보고 이행'을 제외한 나머지 요건에 대하여는 위반 시 기본보육료를 환수하도록 정하고 있음에도 '재무회계규칙에 의한 회계보고 이행'의 위반에 대하여는 환수에 관한 사항을 정하고 있지 아니한 점 등을 종합하면, 기본보육료 신청 과정에서 일단 회계보고를 한 이상 '2012년도 보육사업 안내'에 정한 기본보육료 지원요건으로서의 '재무회계규칙에 의한 회계보고 이행'이 있었다고 보아야 한다.

따라서 어린이집 운영자가 어린이집의 운영과 관련하여 허위로 지출을 증액한 내용으로 '재무회계규칙에 의한 회계'를 하고 그 결과를 보고하여 기본보육료를 지급받았더라도 그와 같이 회계보고에 허위가 개입되어 있다는 사정은 기본보육료의 지급에 관한 의사결정에 영향을 미쳤다고 볼 수 없으므로, 이를 들어 구 영유아보육법 제54조 제2항의 '거짓이나 그 밖의 부정한 방법으로 보조금을 교부받은 경우'에 해당한다고 볼 수 없고, 이와 같은 행위가 형법 제347조 제1항에 정한 사기죄에 해당한다고 볼 수도 없다.

347-I-15. 사기죄 등 재산범죄에서 일정기간 반복하여 행하여진 각 범행이 포괄일죄로 되기 위한 요건 및 포괄일죄여부 판단 고려 사항 [대법원 2016. 10. 27., 선고, 2016도11318]

【판시사항】

사기죄 등 재산범죄에서 일정기간 반복하여 행하여진 각 범행이 포괄일죄로 되기 위한 요건 및 포괄일죄가 되는지 판단할 때 고려하여야 할 사항 / 범의의 단일성과 계속성을 판단하는 기준

【판결요지】

사기죄 등 재산범죄에서 동일한 피해자에 대하여 단일하고 계속된 범의하에 동종의 범행을 일정기

간 반복하여 행한 경우에는 각 범행은 통틀어 포괄일죄가 될 수 있다. 다만 각 범행이 포괄일죄가 되느냐 경합범이 되느냐는 그에 따라 피해액을 기준으로 가중처벌을 하도록 하는 특별법이 적용되는지 등이 달라질 뿐 아니라 양형 판단 및 공소시효와 기판력에 이르기까지 피고인에게 중대한 영향을 미치게 되므로 매우 신중하게 판단하여야 한다. 특히 범의의 단일성과 계속성은 개별 범행의 방법과 태양, 범행의 동기, 각 범행 사이의 시간적 간격, 그리고 동일한 기회 내지 관계를 이용하는 상황이 지속되는 가운데 후속 범행이 있었는지, 즉 범의의 단절이나 갱신이 있었다고 볼 만한 사정이 있는지 등을 세밀하게 살펴 논리와 경험칙에 근거하여 합리적으로 판단하여야 한다.

347-Ⅰ-16. 공사도급 또는 하도급계약에서 공사대금을 기성고 비율에 따라 산정한 기성금으로 분할 지급하기로 약정한 경우, 수급인 또는 하수급인이 시공물량을 부풀려 기성금을 청구하고 이를 지급받는 행위 [대법원 2016. 10. 13., 선고, 2015도11200]

【판시사항】

공사의 도급 또는 하도급계약에서 공사대금을 기성고 비율에 따라 산정한 기성금으로 분할 지급하기로 약정한 경우, 수급인 또는 하수급인이 시공물량을 부풀려 기성금을 청구하고 이를 지급받는 행위가 사기죄로 인정되는 경우 및 판단 기준

【이 유】

공사의 도급 또는 하도급계약에서 공사대금을 기성고 비율에 따라 산정한 기성금으로 분할 지급하기로 약정한 경우에 수급인 또는 하수급인이 시공물량을 부풀려 기성금을 청구하고 이를 지급받는 행위가 거래관계에서 신의와 성실의 의무를 저버리는 것으로서 사회통념상 권리행사의 수단으로 용인할 수 없는 정도에 이르렀다고 볼 수 있다면 사기죄로 인정할 수 있다. 이때 그와 같은 행위가 사회통념상 용인할 수 있는지 여부는 설계물량과 시공물량 사이의 차이, 물량 차이의 발생원인, 기성고 비율의 산정방식, 약정공사대금의 결정방식과 설계변경에 따른 계약금액의 조정 가능성 등을 종합하여 판단하여야 한다.

---

1. 콘도회원권 판매 등의 대리점 영업을 하는 자가 위조한 회원증 등을 마치 사용가능한 것으로 피해자들에게 말하거나 위조된 사실을 숨긴 채 판매하고 그 대금을 지급받은 사안 [대법원 2009. 10. 15., 선고, 2009도7459]

【판시사항】

콘도회원권 판매 등의 대리점 영업을 하는 자가 위조한 회원증 등을 마치 사용가능한 것으로 피해자들에게 말하거나 위조된 사실을 숨긴 채 판매하고 그 대금을 지급받은 사안에서 사기죄의 성립을 인정

---

2. 부동산 소유권이전등기절차 이행을 구하는 소를 제기하여 동시이행 조건 없이 이행을 명하는 승소확정판결을 받아 부동산 소유권을 이전받은 사안 [대법원 2011. 3. 10., 선고, 2010도14856]

【판시사항】

부동산 소유권이전등기절차 이행을 구하는 소를 제기하여 동시이행 조건 없이 이행을 명하는 승소확정판결을 받은 피고인이, 부동산 소유권을 이전받더라도 매매잔금을 공탁할 의사나 능력이 없음에도 피

해자에게 매매잔금을 공탁해 줄 것처럼 거짓말을 하여 그러한 내용으로 합의한 후 그에 따라 부동산 소유권을 임의로 이전받은 사안에서, 피고인의 행위는 사회통념상 권리행사의 수단으로서 용인할 수 있는 범위를 벗어난 것으로 사기죄의 기망행위에 해당한다.

347-Ⅰ-17. 사기죄 성립여부 판단 기준 시점(=행위 당시) [대법원 2016. 4. 28., 선고, 2012도14516]

【판시사항】

사기죄가 성립하는지 판단하는 기준 시점(=행위 당시) 및 차주가 돈을 빌릴 당시에 변제할 의사와 능력을 가지고 있었으나 그 후 변제하지 않고 있는 경우, 사기죄가 성립하는지 여부(소극) / 대주가 장래의 변제 지체 또는 변제불능에 대한 위험을 예상하고 있었거나 충분히 예상할 수 있는 경우, 차주가 그 후 제대로 변제하지 못하였다는 사실만으로 변제능력에 관하여 대주를 기망하였다거나 차주에게 편취의 범의가 있었다고 단정할 수 있는지 여부(원칙적 소극)

【판결요지】

사기죄가 성립하는지는 행위 당시를 기준으로 판단하여야 하므로, 소비대차 거래에서 차주가 돈을 빌릴 당시에는 변제할 의사와 능력을 가지고 있었다면 비록 그 후에 변제하지 않고 있더라도 이는 민사상 채무불이행에 불과하며 형사상 사기죄가 성립하지는 아니한다. 따라서 소비대차 거래에서, 대주와 차주 사이의 친척·친지와 같은 인적 관계 및 계속적인 거래 관계 등에 의하여 대주가 차주의 신용 상태를 인식하고 있어 장래의 변제 지체 또는 변제불능에 대한 위험을 예상하고 있었거나 충분히 예상할 수 있는 경우에는, 차주가 차용 당시 구체적인 변제의사, 변제능력, 차용 조건 등과 관련하여 소비대차 여부를 결정지을 수 있는 중요한 사항에 관하여 허위 사실을 말하였다는 등의 다른 사정이 없다면, 차주가 그 후 제대로 변제하지 못하였다는 사실만을 가지고 변제능력에 관하여 대주를 기망하였다거나 차주에게 편취의 범의가 있었다고 단정할 수 없다.

347-Ⅰ-18. 자동차 양도 후 위치 추적으로 절취한 경우 [대법원 2016. 3. 24., 선고, 2015도17452]

【판시사항】

피고인 등이 피해자 甲 등에게 자동차를 매도하겠다고 거짓말하고 자동차를 양도하면서 매매대금을 편취한 다음, 자동차에 미리 부착해 놓은 지피에스(GPS)로 위치를 추적하여 자동차를 절취하였다고 하여 사기 및 특수절도로 기소된 사안

【판결요지】

피고인이 甲 등에게 자동차를 인도하고 소유권이전등록에 필요한 일체의 서류를 교부함으로써 甲 등이 언제든지 자동차의 소유권이전등록을 마칠 수 있게 된 이상, 피고인이 자동차를 양도한 후 다시 절취할 의사를 가지고 있었더라도 자동차의 소유권을 이전하여 줄 의사가 없었다고 볼 수 없고, 피고인이 자동차를 매도할 당시 곧바로 다시 절취할 의사를 가지고 있으면서도 이를 숨긴 것을 기망이라고 할 수 없어, 결국 피고인이 자동차를 매도할 당시 기망행위가 없었으므로, 피고인에게 사기죄를 인정한 원심판결에 법리오해의 잘못이 있다.

347-I-19. 사기도박 실행 착수시기(=사기도박을 위한 기망행위를 개시한 때) 및 실행착수 후 사기도박을 숨기기 위한 정상적인 도박이 사기죄 실행행위에 포함되는지 여부(적극) [대법원 2015. 10. 29., 선고, 2015도10948]

【판시사항】

[1] 사기도박에서 실행의 착수 시기(=사기도박을 위한 기망행위를 개시한 때) 및 실행의 착수 후에 사기도박을 숨기기 위하여 한 정상적인 도박이 사기죄의 실행행위에 포함되는지 여부(적극)

[2] 동일한 피해자에 대하여 수회에 걸쳐 기망행위를 하여 금원을 편취하였는데 범의가 단일하고 범행 방법이 동일한 경우, 사기죄의 죄수(=포괄일죄) / 피해자의 도박이 피고인들의 기망행위에 의하여 이루어진 경우, 사기죄가 성립하는지 여부(적극) 및 이로 인하여 피고인들이 취득한 재물이나 재산상 이익(=도박 당일 피해자가 잃은 도금 상당액)

【이 유】

사기죄는 편취의 의사로 기망행위를 개시한 때에 실행에 착수한 것으로 보아야 하므로, 사기도박에서도 사기적인 방법으로 도금을 편취하려고 하는 자가 상대방에게 도박에 참가할 것을 권유하는 등 기망행위를 개시한 때에 실행의 착수가 있는 것으로 보아야 하고, 그 후에 사기도박을 숨기기 위하여 정상적인 도박을 하였더라도 이는 사기죄의 실행행위에 포함된다. 한편 사기죄에서 동일한 피해자에 대하여 수회에 걸쳐 기망행위를 하여 금원을 편취한 경우에 그 범의가 단일하고 범행 방법이 동일하다면 사기죄의 포괄일죄만이 성립한다(대법원 2002. 7. 12. 선고 2002도 2029 판결, 대법원 2006. 2. 23. 선고 2005도8645 판결 등 참조). 따라서 피해자의 도박이 피고인들의 기망행위에 의하여 이루어졌다면 그로써 사기죄는 성립하며, 이로 인하여 피고인들이 취득한 재물이나 재산상 이익은 도박 당일 피해자가 잃은 도금 상당액이라 할 것이다.

1. '사기도박'의 경우 사기죄 외에 도박죄가 별도로 성립하는지 여부(소극) [대법원 2011. 1. 13., 선고, 2010도9330]

【판시사항】

[1] 이른바 '사기도박'의 경우 사기죄 외에 도박죄가 별도로 성립하는지 여부(소극)

[2] 사기도박에서 실행의 착수시기(=사기도박을 위한 기망행위를 개시한 때)

[3] 피고인 등이 사기도박에 필요한 준비를 갖추고 그 실행에 착수한 후에 사기도박을 숨기기 위하여 얼마간 정상적인 도박을 하였더라도 이는 사기죄의 실행행위에 포함되는 것이어서, 피고인에 대하여는 피해자들에 대한 사기죄만이 성립하고 도박죄는 따로 성립하지 아니한다.

[4] 피고인 등이 피해자들을 유인하여 사기도박으로 도금을 편취한 행위는 사회관념상 1개의 행위로 평가함이 상당하므로, 피해자들에 대한 각 사기죄는 상상적 경합의 관계에 있다.

【판결요지】

[1] 도박이란 2인 이상의 자가 상호간에 재물을 도(賭)하여 우연한 승패에 의하여 그 재물의 득실을 결정하는 것이므로, 이른바 사기도박과 같이 도박당사자의 일방이 사기의 수단으로써 승패의 수를 지배하는 경우에는 도박에서의 우연성이 결여되어 사기죄만 성립하고 도박죄는 성립하지 아니한다.

[2] 사기죄는 편취의 의사로 기망행위를 개시한 때에 실행에 착수한 것으로 보아야 하므로, 사기도박에서도 사기적인 방법으로 도금을 편취하려고 하는 자가 상대방에게 도박에 참가할 것을 권유하는 등 기망행위를 개시한 때에 실행의 착수가 있는 것으로 보아야 한다.

[3] 피고인 등이 사기도박에 필요한 준비를 갖추고 그러한 의도로 피해자들에게 도박에 참가하도록 권유한 때 또는 늦어도 그 정을 알지 못하는 피해자들이 도박에 참가한 때에는 이미 사기죄의 실행에 착수하였다고 할 것이므로, 피고인 등이 그 후에 사기도박을 숨기기 위하여 얼마간 정상적인 도박을 하였더라도 이는 사기죄의 실행행위에 포함되는 것이어서 피고인에 대하여는 피해자들에 대한 사기죄만이 성립하고 도박죄는 따로 성립하지 아니함에도, 이와 달리 피해자들에 대한 사기죄 외에 도박죄가 별도로 성립하는 것으로 판단하고 이를 유죄로 인정한 원심판결에 사기도박에 있어서의 실행의 착수시기 등에 관한 법리오해의 위법이 있다.

[4] 피고인 등이 피해자들을 유인하여 사기도박으로 도금을 편취한 행위는 사회관념상 1개의 행위로 평가하는 것이 타당하므로, 피해자들에 대한 각 사기죄는 상상적 경합의 관계에 있다고 보아야 함에도, 위 각 죄가 실체적 경합의 관계에 있는 것으로 보고 경합범 가중을 한 원심판결에 사기죄의 죄수에 관한 법리오해의 위법이 있다.

2. 기망방법에 의한 도박이 사기죄가 되는지 여부 [대법원 1985. 4. 23., 선고, 85도583]

【판결요지】

화투의 조작에 숙달하여 원하는 대로 끝수를 조작할 수 있어서 우연성이 없음에도 피해자를 우연에 의하여 승부가 결정되는 것처럼 오신시켜 돈을 도하게 하여 이를 편취한 행위는 이른바 기망방법에 의한 도박으로서 사기죄에 해당한다.

3. 포괄일죄의 중간에 별종의 죄의 확정판결이 끼어 있는 경우의 처벌례(=확정판결 후의 범죄) [대법원 2002. 7. 12., 선고, 2002도2029]

【판시사항】

동일한 피해자에 대하여 수회에 걸쳐 기망행위를 하여 금원을 편취한 경우, 사기죄의 죄수(=포괄일죄) 및 포괄일죄의 중간에 별종의 죄의 확정판결이 끼어 있는 경우의 처벌례(=확정판결 후의 범죄)

【판결요지】

사기죄에 있어서 동일한 피해자에 대하여 수회에 걸쳐 기망행위를 하여 금원을 편취한 경우, 그 범의가 단일하고 범행 방법이 동일하다면 사기죄의 포괄일죄만이 성립한다 할 것이고, 포괄일죄는 그 중간에 별종의 범죄에 대한 확정판결이 끼어 있어도 그 때문에 포괄적 범죄가 둘로 나뉘는 것은 아니라 할 것이고, 또 이 경우에는 그 확정판결 후의 범죄로서 다루어야 한다.

4. 타인의 돈을 차용하면서 충분한 담보를 제공한 경우(소극) [대법원 2006. 2. 23., 선고, 2005도8645]

【판시사항】

[1] 빌딩을 경락받은 피고인들이 수분양자들과 사이에 대출금으로 충당되는 중도금을 제외한 계약금과 잔금의 지급을 유예하고 재매입을 보장하는 등의 비정상적인 이면약정을 체결하고 점포를 분양하였음에도, 금융기관에 대해서는 그러한 이면약정의 내용을 감춘 채 분양 중도금의 집단적 대출을 교섭하여 중도금 대출 명목으로 금원을 지급받은 사안

[2] 타인으로부터 돈을 차용하면서 충분한 담보를 제공한 경우, 그 차용금을 변제할 의사와 능력이 있다고 볼 수 있는지 여부(적극)

【판결요지】

[1] 대출 금융기관에 대하여 비정상적인 이면약정의 내용을 알릴 신의칙상 의무가 있다고 보아 이를 알리지 않은 것은 사기죄의 요건으로서의 부작위에 의한 기망에 해당한다.

[2] 타인으로부터 돈을 차용하면서 충분한 담보를 제공하였다면 특별한 사정이 없는 한 그 차용금을 변제할 의사와 능력이 없었다고 볼 수는 없다.

[3] 빌딩을 경락받은 피고인들이 점포를 분양하면서 수분양자들 명의로 분양 중도금의 집단적 대출을 받을 당시 충분한 금액의 근저당권이 설정되어 있었으나, 수분양자들과의 비정상적인 이면약정과 같은 담보가치의 평가에 중요한 사항을 대출 금융기관에 알리지 않은 점 등의 사정이 있다면 충분한 담보를 제공한 것으로 볼 수 없어 편취의 범의가 인정된다.

347-Ⅰ-20. 거래물품 편취에 의한 사기죄에서 '편취의 범의'를 판단하는 기준 [대법원 2014. 11. 27., 선고, 2014도3775]

【판시사항】

거래물품 편취에 의한 사기죄에서 '편취의 범의'를 판단하는 기준 / 물품거래관계에서 물품을 공급받는 자가 물품대금 마련방법에 관하여 상대방에게 진실에 반하는 사실을 고지하여 물품을 공급받은 경우, 사기죄의 성립 여부

【이 유】

사기죄의 주관적 구성요건인 편취의 범의는 피고인이 자백하지 않는 이상 범행 전후 피고인의 재력, 환경, 범행의 내용, 거래의 이행과정 등과 같은 객관적인 사정 등을 종합하여 판단할 수밖에 없고, 그 범의는 확정적인 고의가 아닌 미필적 고의로도 족하며, 특히 물품거래관계에서 편취에 의한 사기죄의 성립 여부는 거래 당시를 기준으로 피고인에게 물품대금을 변제할 의사나 능력이 없음에도 피해자에게 물품대금을 변제할 것처럼 거짓말을 하여 피해자로부터 물품 등을 편취할 고의가 있었는지의 여부에 의하여 판단하여야 한다(대법원 2008. 2. 28. 선고 2007도10416 판결 등 참조). 그리고 물품거래관계에서 물품을 공급받는 자가 물품대금을 마련할 방법에 관하여 상대방에게 사실대로 고지하였더라면 상대방이 물품을 공급하지 않았을 경우에 물품대금의 마련방법에 관하여 상대방에게 진실에 반하는 사실을 고지하여 물품을 공급받았다면 사기죄가 성립한다(대법원 2005. 9. 15. 선고 2003도5382 판결 등 참조).

1. 사기죄에 있어서 편취범의에 대한 판단 기준 및 거래물품의 편취에 의한 사기죄에 있어서 편취범의의 판단 기준시점(=거래 당시) [대법원 2005. 11. 24., 선고, 2005도7481]

【판시사항】

[1] 사기죄에 있어서 편취범의에 대한 판단 기준 및 거래물품의 편취에 의한 사기죄에 있어서 편취범의의 판단 기준시점(=거래 당시)

[2] 피고인이 거래 당시 물품대금을 변제할 능력이나 의사가 없었다고 단정하여 물품대금 상당액을 편취하였다는 내용의 공소사실을 유죄로 인정한 원심판결을 파기한 사례

[3] 사기죄의 성립요건 및 물품 편취에 의한 사기죄가 성립한 경우에 그 물품대금 채무를 변제하지 아니한 행위가 별도로 재산상 이익 편취에 의한 사기죄를 구성하는지 여부(한정 적극)

【이 유】

[1] 사기죄의 주관적 구성요건인 편취의 범의는 피고인이 자백하지 않는 이상 범행 전후의 피고인의 재력, 환경, 범행의 내용, 거래의 이행과정 등과 같은 객관적인 사정 등을 종합하여 판단할 수밖에 없고(대법원 1998. 1. 20. 선고 97도2630 판결, 2004. 12. 10. 선고 2004도3515 판결 등 참조), 물품거래 관계에 있어서 편취에 의한 사기죄의 성립 여부는 거래 당시를 기준으로 피고인에게 납품대금을 변제할 의사나 능력이 없음에도 피해자에게 납품대금을 변제할 것처럼 거짓말을 하여 피해자로부터 물품 등을 편취할 고의가 있었는지의 여부에 의하여 판단하여야 하므로, 납품 후 경제사정 등의 변화로 납품대금을 변제할 수 없게 되었다고 하여 사기죄에 해당한다고 볼 수 없다고 할 것이다(대법원 2003. 1. 24. 선고 2002도5265 판결 등 참조).
사기죄는 타인을 기망하여 착오에 빠뜨리고 그 처분행위를 유발하여 재물을 교부받거나 재산상 이익을 얻음으로써 성립하는 것으로서, 사기죄가 성립하기 위하여는 기망행위와 피기망자의 착오 및 재산적 처분행위가 있어야 하고 이들 사이에는 인과관계가 있어야 할 것이며(대법원 2000. 6. 27. 선고 2000도1155 판결 등 참조), 한편 일반적으로 물품거래 관계에 있어서 물품대금을 변제할 의사나 능력이 없음에도 피해자를 기망하여 물품을 공급받는 경우 피해자의 착오에 의한 재산적 처분행위는 물품의 교부로서 이로써 재물에 대한 사기죄가 성립하고, 그 이후에 물품대금채무를 변제하지 아니한 것은 채무불이행에 불과하여 별도로 재산상 이익을 편취한 것이라고는 볼 수 없으며, 다만 또다른 기망 행위에 의하여 그 채무변제의 유예를 받거나 채무를 면제받은 경우 등 피해자의 별개의 처분행위가 있는 경우에 한하여 재산상 이익 편취에 의한 사기죄가 성립할 수 있을 것이다.

---

2. 거래물품 및 어음할인금 편취에 의한 사기죄의 경우에 있어 편취의 범의에 관한 판단 방법 [대법원 2008. 2. 28., 선고, 2007도10416]

【판시사항】

[1] 거래물품 및 어음할인금 편취에 의한 사기죄의 경우에 있어 편취의 범의에 관한 판단 방법

[2] 같은 시기에 같은 피해자로부터 물품을 납품받고 어음을 할인받은 사안에서 물품 편취부분은 무죄로 판단하고 어음금 편취부분만을 유죄로 인정한 원심판결을 편취의 범의에 관한 법리오해 및 채증법칙 위반 등을 이유로 파기한 사례

[3] 신용보증기금의 신용보증서 발급이 피고인의 기망행위에 의하여 이루어진 경우, 사기죄의 성립 여부(적극) 및 그로 인하여 피고인이 취득한 재산상 이익(=신용보증금액 상당액)

【판결요지】

[1] 사기죄의 주관적 구성요건인 편취의 범의는 피고인이 자백하지 않는 이상 범행 전후 피고인의 재력, 환경, 범행의 내용, 거래의 이행과정 등과 같은 객관적인 사정 등을 종합하여 판단할 수밖에 없고, 그 범의는 확정적인 고의가 아닌 미필적 고의로도 족하다. 특히 물품거래관계에 있어서 편취에 의한 사기죄의 성립 여부는 거래 당시를 기준으로 피고인에게 납품대금을 변제할 의사나 능력이 없음에도 피해자에게 납품대금을 변제할 것처럼 거짓말을 하여 피해자로부터 물품 등을 편취할 고의가 있었는지 여부에 의하여 판단하여야 하며, 어음할인의 방법으로 금원을 교부받은 경우에는 어음이 지급기

일에 결제되지 않으리라는 점을 예견하였거나 지급기일에 지급될 수 있다는 확신이 없으면서도 그러한 내용을 수취인에게 고지하지 아니하고 이를 속여서 할인을 받았다면 사기죄가 성립한다.

[2] 거래 상대방으로부터 어음을 할인받는 한편 동시에 물품을 납품받으면서 어음을 교부한 사안에서, 그 중 어느 한쪽에만 편취의 의사가 있었다고 볼 만한 특별한 사정이 없음에도 물품 편취 부분을 무죄로 판단하면서 어음할인금 편취 부분을 유죄로 판단한 원심판결을 사기죄에 있어서 편취의 범의에 관한 법리오해 및 채증법칙 위반 등을 이유로 파기한 사례.

[3] 신용보증기금의 신용보증서 발급이 피고인의 기망행위에 의하여 이루어진 이상 그로써 곧 사기죄는 성립하고, 그로 인하여 피고인이 취득한 재산상 이익은 신용보증금액 상당액이다.

---

3. 일시적 자금 압박으로 물품대금을 지급하지 못한 경우(소극) [대법원 2003. 1. 24., 선고, 2002도5265]

【판시사항】
일시적인 자금 압박으로 물품대금을 지급하지 못한 피고인에게 거래 당시부터 편취 범의가 있었다고 보아 유죄를 인정한 원심판결을 파기한 사례

【판결요지】
계속적인 물품거래 도중 일시적인 자금 압박으로 물품대금을 지급하지 못한 것에 불과한 피고인에게 거래 당시부터 편취 범의가 있었다고 보기 어렵다.

---

4. 거래관계 또는 차용관계에 있어서 거래대금이나 차용금을 지급 또는 변제할 의사나 능력의 유무에 관한 판단시점 [대법원 1985. 7. 23., 선고, 85도754]

【판결요지】
거래관계 또는 차용관계에 있어서 이른바 그 대금 또는 차용금을 지급 또는 변제할 의사나 능력의 유무에 관하여는 그 거래당시의 구체적 정황에 따라 가려야 할 뿐 거래관계나 차용관계가 성립된 이후의 경제적 사정의 변화로 이를 이행할 수 없게 되었다 하더라도 이와 같은 의사나 능력이 없다하여 이를 사기죄로 논할 수는 없다.

347-I-21. 경제적 이익을 기대할 수 있는 자금운용의 권한 내지 지위를 획득하는 것이 사기죄의 객체인 재산상 이익에 포함되는지 여부(한정 적극) [대법원 2012. 9. 27. 선고, 2011도282]

【이 유】
경제적 이익을 기대할 수 있는 자금운용의 권한 내지 지위의 획득도 그 자체로 경제적 가치가 있는 것으로 평가할 수 있다면 사기죄의 객체인 재산상의 이익에 포함된다 할 것이다.

원심은 그 판시와 같은 이유를 들어, 피고인이 자신이 개발한 주식운용프로그램을 이용하여 상당한 수익을 낼 수 있고 만일 손해가 발생하더라도 원금과 은행 정기예금 이자 상당은 그 반환을 보장하겠다는 취지로 기망하여 이 사건 주식계좌의 사용권한을 부여받은 사실이 넉넉히 인정된다고 하였다. 나아가 원심은, 피고인이 피해자의 자금이 예치된 피해자 명의 주식계좌에 대한 비밀번호와 아이디를 전달받음으로써 적어도 주식거래 자체에 있어서는 자금주인 피해자와 동일한 거래상 지위와 권능을 부여받은 점, 그 결과 피고인은 아무런 금융비용도 부담하지 아니한 채 독자적으로 위 주식계좌를 운영할 수 있었던 점, 주식운용 자체에 대한 보수 약정이 있었던 것은 아

니나 주식운용에 따른 수익금이 발생할 경우 그 중 1/2에 해당하는 금원을 매월 지급받기로 약정한 점 등을 종합하여, 피고인이 이 사건 <u>주식계좌의 사용권한을 부여받은 것은 그 운용 결과에 따라 수익금 중 1/2에 대한 분배청구권을 취득한 것으로 평가될 수 있어 그 자체로서 사기죄에서 정한 재산상 이익에 해당한다고 판단하였다.</u>

원심판결 이유를 앞서 본 법리와 원심이 적법하게 채택한 증거들에 비추어 보면, 피고인은 원심 판시와 같이 장래의 수익 발생을 조건으로 한 수익분배청구권을 취득하였을 뿐 아니라 그러한 경제적 이익을 기대할 수 있는 자금운용의 권한과 지위를 획득하였고, 이는 주식거래의 특성 등에 비추어 충분히 경제적 가치가 있다고 평가할 수 있는 것이므로 피해자를 기망하여 그러한 권한과 지위를 획득한 것 자체로 사기죄의 객체인 재산상 이익을 취득한 것으로 볼 수 있다 할 것이다. 따라서 피고인이 피해자를 기망하여 재산상의 이익을 취득한 경우에 해당한다고 본 원심판단의 결론은 정당한 것으로 수긍할 수 있다.

347-Ⅰ-22. 투자금 편취에 의한 사기죄에서 투자받은 사람이 투자자에게 한 원금반환 약정이 기망행위에 해당하는 경우 및 이때 편취의 고의 유무를 판단하는 기준 시점(=투자금 약정 당시) [대법원 2013. 9. 26., 선고, 2013도3631]

【판시사항】

사기죄의 요건으로서의 기망은 널리 재산상의 거래관계에 있어서 서로 지켜야 할 신의와 성실의 의무를 저버리는 적극적 또는 소극적 행위로서 사람으로 하여금 착오를 일으키게 하는 것을 말하고, 반드시 법률행위의 중요부분에 관한 것임을 요하지 않으며 단지 상대방이 개별적 처분행위를 하기 위한 판단의 기초사실에 관한 것이면 충분하다(대법원 2009. 1. 30. 선고 2008도10519 판결 등 참조). 따라서 투자금의 편취에 의한 사기죄의 성립 여부에 있어 투자약정 당시 투자받은 사람이 투자자로부터 투자금을 지급받아 투자자에게 설명한 투자사업에 사용하더라도 일정 기간 내에 원금을 반환할 의사나 능력이 없음에도 마치 일정 기간 내에 투자자에게 원금을 반환할 것처럼 거짓말을 한 경우에는 투자를 받는 사람과 투자자의 관계, 거래의 상황, 투자자의 경험, 지식, 성격, 직업 등 행위 당시의 구체적인 사정에 비추어 투자자가 원금반환 약정을 전적으로 믿고 투자를 한 경우라면 사기죄의 요건으로서 기망행위에 해당할 수 있고, 이때 투자금 약정 당시를 기준으로 피해자로부터 투자금을 편취할 고의가 있었는지 여부를 판단하여야 할 것이다.

347-Ⅰ-23. 금융회사 등의 임직원의 직무에 속하는 사항에 관하여 알선할 의사와 능력이 없음에도 알선을 한다고 기망하고 금품 등을 수수한 경우 [대법원 2012. 6. 28., 선고, 2012도3927]

【판시사항】

금융회사 등의 임직원의 직무에 속하는 사항에 관하여 알선할 의사와 능력이 없음에도 알선을 한다고 기망하고 금품 등을 수수한 경우, 사기죄와 특정경제범죄 가중처벌 등에 관한 법률 위반(알선수재)죄가 성립하는지 여부(적극) 및 그 죄수 관계(=상상적 경합)

【판결요지】

금융회사 등의 임직원의 직무에 속하는 사항의 알선에 관하여 금품이나 그 밖의 이익을 수수한 때에는 위와 같은 금품 등을 수수하는 것으로써 특정경제범죄 가중처벌 등에 관한 법률 위반(알선수재)죄가 성립되고, 위와 같은 금품 등을 수수한 자가 실제로 알선할 생각이 없었다 하더라도 금품 등을 수수하는 것이 자기의 이득을 취하기 위한 것이라면 위 죄의 성립에는 영향이 없다. 따라서 피고인이 금융회사 등의 임직원의 직무에 속하는 사항에 관하여 알선할 의사와 능력이 없음에도 알선을 한다고 기망하고 이에 속은 피해자로부터 알선을 한다는 명목으로 금품 등을 수수하였다면, 이러한 피고인의 행위는 형법 제347조 제1항의 사기죄와 특정경제범죄 가중처벌 등에 관한 법률 제7조 위반죄에 각 해당하고 위 두 죄는 상상적 경합의 관계에 있다.

---

1. 공무원이 취급하는 사건에 관하여 청탁 또는 알선을 할 의사와 능력이 없음에도 청탁 또는 알선을 한다고 기망하고 금품을 교부받은 경우(적극) [대법원 2008. 2. 28., 선고, 2007도10004]

【판결요지】

공무원이 취급하는 사건에 관하여 청탁 또는 알선을 할 의사와 능력이 없음에도 청탁 또는 알선을 한다고 기망하고, 이에 속은 피해자로부터 청탁 또는 알선을 한다는 명목으로 금품을 받은 경우, 그 행위가 공무원이 취급하는 사건에 관하여 청탁 또는 알선을 한다는 명목으로 금품·향응 기타 이익을 받은 것으로서 구 변호사법(2007. 3. 29. 법률 제8321호로 개정되기 전의 것) 제111조 위반죄가 성립하거나 공무원의 직무에 속한 사항의 알선에 관하여 금품을 수수한 경우로서 특정범죄 가중처벌 등에 관한 법률 위반(알선수재)죄가 성립하는 것과 상관없이, 그 행위는 다른 사람을 속여 재물을 받은 행위로서 사기죄를 구성한다.

347-Ⅰ-24. 기망행위를 통해 스스로 재물을 취득하지 않고 제3자에게 재물을 교부받게 한 경우, 사기죄 성립요건 [대법원 2012. 5. 24., 선고, 2011도15639]

【판시사항】

범인이 기망행위에 의해 스스로 재물을 취득하지 않고 제3자로 하여금 재물의 교부를 받게 한 경우에 사기죄가 성립하려면, 그 제3자가 범인과 사이에 정을 모르는 도구 또는 범인의 이익을 위해 행동하는 대리인의 관계에 있거나, 그렇지 않다면 적어도 불법영득의사와의 관련상 범인에게 그 제3자로 하여금 재물을 취득하게 할 의사가 있어야 한다(대법원 2009. 1. 30. 선고 2008도9985 판결 등 참조).

---

1. 甲이 乙에게 이중매도한 택지분양권을 순차 매수한 丙·丁에게 이중매도 사실을 숨긴 채 자신의 명의로 형식적인 매매계약서를 작성해 준 사안 [대법원 2009. 1. 30., 선고, 2008도9985]

【판시사항】

[1] 기망행위를 통해 스스로 재물을 취득하지 않고 제3자에게 재물을 교부받게 한 경우 사기죄가 성립하기 위한 요건

[2] 甲이 乙에게 이중매도한 택지분양권을 순차 매수한 丙·丁에게 이중매도 사실을 숨긴 채 자신의 명의로 형식적인 매매계약서를 작성해 준 사안에서, 甲이 직접 매매대금을 수령하지 않았더라도 丙·丁에 대한 사기죄가 성립한다고 판단한 사례

【판결요지】

[1] 범인이 기망행위에 의해 스스로 재물을 취득하지 않고 제3자로 하여금 재물의 교부를 받게 한 경우에 사기죄가 성립하려면, 그 제3자가 범인과 사이에 정을 모르는 도구 또는 범인의 이익을 위해 행동하는 대리인의 관계에 있거나, 그렇지 않다면 적어도 불법영득의사와의 관련상 범인에게 그 제3자로 하여금 재물을 취득하게 할 의사가 있어야 한다. 위와 같은 의사는 반드시 적극적 의욕이나 확정적 인식이어야 하는 것은 아니고 미필적 인식이 있으면 충분하며, 그 의사가 있는지 여부는 범인과 그 제3자 및 피해자 사이의 관계, 기망행위 혹은 편취행위의 동기, 경위와 수단·방법, 그 행위의 내용과 태양 및 당시의 거래관행 등 여러 사정을 종합하여 사회통념에 비추어 합리적으로 판단하여야 한다. 한편, 재물편취를 내용으로 하는 사기죄에 있어서는 기망으로 인한 재물교부가 있으면 그 자체로써 피해자의 재산침해가 되어 곧 사기죄는 성립하는 것이고, 그로 인한 이익이 결과적으로 누구에게 귀속하는지는 사기죄의 성부에 아무런 영향이 없다.

347-Ⅰ-25. 부동산 이중매매에서 매도인이 제1의 매매계약을 일방적으로 해제할 수 없는 처지에 있었다는 사정을 제2의 매수인에게 불고지한 경우(소극) [대법원 2012. 1. 26., 선고, 2011도15179]

【판시사항】

부동산 이중매매에서 매도인이 제1의 매매계약을 일방적으로 해제할 수 없는 처지에 있었다는 사정을 제2의 매수인에게 고지하지 아니한 것이 사기죄의 기망행위에 해당하는지 여부(소극) 및 부동산 이중양도담보의 경우에도 동일한 법리가 적용되는지 여부(적극)

【이 유】

부동산을 매매함에 있어서 매도인이 매수인에게 매매와 관련된 어떤 구체적인 사정을 고지하지 아니함으로써, 장차 매매의 효력이나 매매에 따르는 채무의 이행에 장애를 가져와 매수인이 매매목적물에 대한 권리를 확보하지 못할 위험이 생길 수 있음을 알면서도, 매수인에게 그와 같은 사정을 고지하지 아니한 채 매매계약을 체결하고 매매대금을 교부받는 한편, 매수인이 그와 같은 사정을 고지받았더라면 매매계약을 체결하지 아니하거나 매매대금을 지급하지 아니하였을 것임이 경험칙상 명백한 경우에는, 신의성실의 원칙상 매수인에게 미리 그와 같은 사정을 고지할 의무가 매도인에게 있다고 할 것이므로, 매도인이 매수인에게 그와 같은 사정을 고지하지 아니한 것은 사기죄의 구성요건인 기망에 해당한다고 할 것이지만, 매매로 인한 법률관계에 아무런 영향도 미칠 수 없는 것이어서 매수인의 권리실현에 장애가 되지 아니하는 사유까지 매도인이 매수인에게 고지할 의무가 있다고는 볼 수 없는 것인바, 부동산의 이중매매에 있어서 매도인이 제1의 매매계약을 일방적으로 해제할 수 없는 처지에 있었다는 사정만으로는, 바로 제2의 매매계약의 효력이나 그 매매계약에 따르는 채무의 이행에 장애를 가져오는 것이라고 할 수 없음은 물론, 제2의 매수인의 매매목적물에 대한 권리의 실현에 장애가 된다고 볼 수도 없는 것이므로 매도인이 제2의 매수인에게 그와 같은 사정을 고지하지 아니하였다고 하여 제2의 매수인을 기망한 것이라고 평가할 수는 없을 것이고(대법원 2008. 5. 8. 선고 2008도1652 판결 등 참조), 부동산의 이중양도담보에 있어서도 마찬가지라고 할 것이다.

1. 부동산의 이중매매에서 매도인이 제2의 매수인에게 제1의 매매계약을 일방적으로 해제할 수 없는 처지에 있음을 고지하지 아니한 경우(소극) [대법원 2008. 5. 8., 선고, 2008도1652]

【판시사항】

[1] 부동산의 매도인에게 신의성실의 원칙상 고지의무가 있어 그 불고지행위가 사기죄의 구성요건인 기망에 해당하는 경우

[2] 부동산의 이중매매에서 매도인이 제2의 매수인에게 제1의 매매계약을 일방적으로 해제할 수 없는 처지에 있음을 고지하지 아니한 것이 사기죄의 기망행위에 해당하는지 여부(소극)

【이 유】

[1] 부동산을 매매함에 있어서 매도인이 매수인에게 매매와 관련된 어떤 구체적인 사정을 고지하지 아니함으로써, 장차 매매의 효력이나 매매에 따르는 채무의 이행에 장애를 가져와 매수인이 매매목적물에 대한 권리를 확보하지 못할 위험이 생길 수 있음을 알면서도, 매수인에게 그와 같은 사정을 고지하지 아니한 채 매매계약을 체결하고 매매대금을 교부받는 한편, 매수인이 그와 같은 사정을 고지받았더라면 매매계약을 체결하지 아니하거나 매매대금을 지급하지 아니하였을 것임이 경험칙상 명백한 경우에는, 신의성실의 원칙상 매수인에게 미리 그와 같은 사정을 고지할 의무가 매도인에게 있다고 할 것이므로, 매도인이 매수인에게 그와 같은 사정을 고지하지 아니한 것은 사기죄의 구성요건인 기망에 해당한다고 할 것이지만, 매매로 인한 법률관계에 아무런 영향도 미칠 수 없는 것이어서 매수인의 권리실현에 장애가 되지 아니하는 사유까지 매도인이 매수인에게 고지할 의무가 있다고는 볼 수 없는 것인바, 부동산의 이중매매에 있어서 매도인이 제1의 매매계약을 일방적으로 해제할 수 없는 처지에 있었다는 사정만으로는, 바로 제2의 매매계약의 효력이나 그 매매계약에 따르는 채무의 이행에 장애를 가져오는 것이라고 할 수 없음은 물론, 제2의 매수인의 매매목적물에 대한 권리의 실현에 장애가 된다고 볼 수도 없는 것이므로 매도인이 제2의 매수인에게 그와 같은 사정을 고지하지 아니하였다고 하여 제2의 매수인을 기망한 것이라고 평가할 수는 없을 것이다(대법원 1991. 12. 24. 선고 91도2698 판결, 대법원 2005. 11. 25. 선고 2005도5021 판결 참조).

347-Ⅰ-26. 기망행위를 수단으로 한 권리행사의 사기죄 여부 [대법원 2011. 11. 24., 선고, 2010도15454]

【판시사항】

[1] 기망행위를 수단으로 한 권리행사가 사기죄를 구성하는 경우

[2] 영농조합법인의 대표이사 등 피고인들이 버섯재배사 신축사업 진행과 관련하여 허위의 임금지급 증빙서류들을 작성·제출하여 지방자치단체로부터 지원되는 보조금을 교부받아 편취한 사안에서, 피고인들의 행위는 사회통념상 권리행사의 수단으로 용인할 수 있는 범위를 벗어난 것으로서 기망행위에 해당한다고 본 원심판단을 수긍한 사례

【이 유】

사기죄의 요건으로서의 기망은 널리 재산상의 거래관계에서 서로 지켜야 할 신의와 성실의 의무를 저버리는 모든 적극적 또는 소극적 행위를 말하는 것으로서, 반드시 법률행위의 중요부분에 관한 것임을 요하지 않으며, 상대방을 착오에 빠지게 하여 행위자가 희망하는 재산적 처분행위를 하도록 하기 위한 판단의 기초사실에 관한 것이면 충분하고, 사기죄의 주관적 구성요건인 편취의

범의는 피고인이 자백하지 않는 이상 범행 전후의 피고인 등의 재력, 환경, 범행의 경위와 내용, 거래의 이행과정 등과 같은 객관적인 사정 등을 종합하여 판단할 수밖에 없다(대법원 2009. 10. 15. 선고 2009도7459 판결 등 참조). 또한 기망행위를 수단으로 한 권리행사의 경우 그 권리행사에 속하는 행위와 그 수단에 속하는 기망행위를 전체적으로 관찰하여 그와 같은 기망행위가 사회통념상 권리행사의 수단으로서 용인할 수 없는 정도라면 그 권리행사에 속하는 행위는 사기죄를 구성한다고 할 것이다(대법원 2007. 6. 15. 선고 2006도2371 판결 등 참조).

---

1. 자기앞수표를 교부한 자가 분실하였다고 허위로 공시최고신청을 하여 제권판결을 선고받은 경우 [대법원 2003. 12. 26., 선고, 2003도4914]

【판시사항】

[1] 자기앞수표를 교부한 자가 이를 분실하였다고 허위로 공시최고신청을 하여 제권판결을 선고받아 확정된 경우, 이로써 사기죄에 있어서의 재산상 이익을 취득한 것으로 볼 수 있는지 여부(적극)

[2] 기망행위를 수단으로 한 권리행사가 사기죄를 구성하는 경우

[3] 자기앞수표를 갈취당한 자가 이를 분실하였다고 허위로 공시최고신청을 하여 제권판결을 선고받은 경우, 그 수표를 갈취하여 소지하고 있는 자에 대한 사기죄가 성립된다.

【판결요지】

[1] 자기앞수표를 교부한 자가 이를 분실하였다고 허위로 공시최고신청을 하여 제권판결을 선고받아 확정되었다면, 그 제권판결의 적극적 효력에 의해 그 자는 그 수표상의 채무자인 은행에 대하여 수표를 소지하지 않고도 수표상의 권리를 행사할 수 있는 지위를 취득하였다고 할 것이므로, 이로써 사기죄에 있어서의 재산상 이익을 취득한 것으로 보기에 충분하다고 할 것이고, 이는 제권판결이 그 신청인에게 수표상의 권리를 행사할 수 있는 형식적 자격을 인정하는 데 그치고, 그를 실질적 권리자로 확정하는 것이 아니라는 점만으로 달리 볼 수는 없다.

[2] 기망행위를 수단으로 한 권리행사의 경우 그 권리행사에 속하는 행위와 그 수단에 속하는 기망행위를 전체적으로 관찰하여 그와 같은 기망행위가 사회통념상 권리행사의 수단으로서 용인할 수 없는 정도라면 그 권리행사에 속하는 행위는 사기죄를 구성한다.

347-Ⅰ-27. 인감증명서 편취하는 경우 소지인에 대한 관계에서 사기죄 성립 여부(적극) [대법원 2011. 11. 10., 선고, 2011도9919]

【판시사항】

[1] 인감증명서가 형법상 '재물'에 해당하는지 여부(원칙적 적극) 및 인감증명서를 편취하는 경우 소지인에 대한 관계에서 사기죄가 성립하는지 여부(적극)

[2] 피고인이 피해자에게서 매수한 재개발아파트 수분양권을 이미 매도하였는데도 마치 자신이 피해자의 입주권을 정당하게 보유하고 있는 것처럼 피해자의 딸과 사위에게 거짓말하여 피해자 명의의 인감증명서를 교부받은 사안에서, 피고인의 행위에 대하여는 재물의 편취에 의한 사기죄가 성립한다고 할 것인데도, 이와 달리 보아 무죄를 선고한 원심판결에는 법리오해의 위법이 있다.

【판결요지】

[1] 인감증명서는 인감과 함께 소지함으로써 인감 자체의 동일성을 증명함과 동시에 거래행위자

의 동일성과 거래행위가 행위자의 의사에 의한 것임을 확인하는 자료로서 개인의 권리의무에 관계되는 일에 사용되는 등 일반인의 거래상 극히 중요한 기능을 가진다. 따라서 그 문서는 다른 특별한 사정이 없는 한 재산적 가치를 가지는 것이어서 형법상의 '재물'에 해당한다고 할 것이다. 이는 그 내용 중에 재물이나 재산상 이익의 처분에 관한 사항이 포함되어 있지 아니하다고 하여 달리 볼 것이 아니다. 따라서 위 용도로 발급되어 그 소지인에게 재산적 가치가 있는 것으로 인정되는 인감증명서를 그 소지인을 기망하여 편취하는 것은 그 소지인에 대한 관계에서 사기죄가 성립한다고 할 것이다.

[2] 피고인이 피해자에게서 매수한 재개발아파트 수분양권을 이미 매도하였는데도 마치 자신이 피해자의 입주권을 정당하게 보유하고 있는 것처럼 피해자의 딸과 사위에게 거짓말하여 피해자 명의의 인감증명서 3장을 교부받은 사안에서, 위 인감증명서는 피해자측이 발급받아 소지하게 된 피해자 명의의 것으로서 재물성이 인정된다 할 것인데, 피고인이 피해자측을 기망하여 이를 교부받은 이상 재물에 대한 편취행위가 성립한다고 보아야 하고, 피고인은 피해자의 재개발아파트 수분양권을 이중으로 매도할 목적으로 그에 중요한 의미를 가지는 피해자 명의의 인감증명서를 기망에 의하여 취득하였다는 것이므로 위 인감증명서에 대한 편취의 고의도 인정하기에 충분하므로, 위와 같은 피고인의 행위에 대하여는 재물의 편취에 의한 사기죄가 성립한다.

347-Ⅰ-28. 피해자 재산적 처분행위 또는 이를 유발한 행위가 피고인이 도모하는 사업의 성패 내지 성과와 밀접하게 관련된 경우, 사기죄 성립 여부 판단 방법 [대법원 2011. 10. 13., 선고, 2011도8829]

【판시사항】

[1] 피해자의 재산적 처분행위 또는 이를 유발한 피고인의 행위가 피고인이 도모하는 사업의 성패 내지 성과와 밀접하게 관련된 경우, 사기죄 성립 여부에 관한 판단 방법

[2] 甲 주식회사 운영자인 피고인이 회사 운영이 어려워 돈을 차용하거나 투자를 받더라도 갚을 의사나 능력이 없는데도 피해자들을 기망하여 회사 운영자금 명목으로 돈을 차용하여 편취하였다는 내용으로 기소된 사안

【판결요지】

[1] 사기죄는 타인을 기망하여 착오에 빠뜨리고 처분행위를 유발하여 재물을 교부받거나 재산상 이익을 얻음으로써 성립하는 것으로서, 기망, 착오, 재산적 처분행위 사이에 인과관계가 있어야 하고, 한편 어떠한 행위가 타인을 착오에 빠지게 한 기망행위에 해당하는지 및 그러한 기망행위와 재산적 처분행위 사이에 인과관계가 있는지는 거래의 상황, 상대방의 지식, 성격, 경험, 직업 등 행위 당시의 구체적 사정을 고려하여 일반적·객관적으로 판단하여야 한다. 따라서 피해자의 재산적 처분행위나 이러한 재산적 처분행위를 유발한 피고인의 행위가 피고인이 도모하는 어떠한 사업의 성패 내지 성과와 밀접한 관련 아래 이루어진 경우에는, 단순히 피고인의 재력이나 신용 상태 등을 토대로 기망행위나 인과관계 존부를 판단할 수는 없고, 피해자와 피고인의 관계, 당해 사업에 대한 피해자의 인식 및 관여 정도, 피해자가 당해 사업과 관련하여 재산적 처분행위를 하

게 된 구체적 경위, 당해 사업의 성공가능성, 피해자의 경험과 직업 등의 사정을 모두 종합하여 일반적·객관적으로 판단하여야 한다.

[2] 피해자들은 부동산 중개업자 또는 은행지점장 출신으로 甲 회사에서 부사장으로 행세하거나 자금담당 상무로 근무하면서 자금조달 및 투자유치 등의 업무를 직접 수행하여 왔으므로 그 과정에서 甲 회사나 피고인이 타인으로부터 투자금을 조달하지 않는 한 자력으로는 대여금을 변제할 만한 능력이 없다는 것을 충분히 알게 되었으리라고 보이는 점, 자금담당 상무로 근무하던 피해자가 임원진 선임을 둘러싼 의견대립으로 고용계약을 해지하면서 甲 회사의 자금조달에 문제가 생겼고, 피해자들로부터 차용한 돈은 甲 회사의 운영경비 등으로 사용된 점 등 피해자들의 경험과 직업, 피해자들이 甲 회사에 대여한 자금의 용도 등 제반 사정을 종합할 때, 피고인이 피해자들을 기망하였다거나 피고인의 기망행위로 인하여 피해자들이 착오에 빠져 어떠한 재산적 처분행위를 하였다고 볼 수 없는데도, 이와 달리 보아 유죄를 인정한 원심판결에 법리오해의 위법이 있다.

---

1. 기망행위에의 해당여부의 판단기준 [대법원 1988. 3. 8., 선고,, 87도1872]

【판결요지】

어떤 행위가 타인을 착오에 빠지게 한 기망행위에 해당하는가의 여부는 거래의 상황, 상대방의 지식, 성격, 경험, 직업 등 행위당시의 구체적 사정을 고려하여 일반적·객관적으로 결정하지 않으면 안된다.

---

2. 보험금을 편취할 의사로 허위 또는 과장하여 보험사고를 신고하거나 고의로 보험사고를 유발한 경우 (적극) [대법원 2011. 2. 24., 선고, 2010도17512]

【판시사항】

[1] 피고인이 보험금을 편취할 의사로 허위 또는 과장하여 보험사고를 신고하거나 고의로 보험사고를 유발한 경우, 보험금에 관한 사기죄의 성립 여부(적극) 및 성립 범위(=보험금 전체)

[2] 피고인이 남편의 폭행으로 목을 다쳤을 뿐인데도 교통사고로 상해를 입었다는 취지로 보험금을 청구하여 다수의 보험회사들로부터 보험금을 편취하였다는 내용으로 기소된 사안에서, 피고인의 보험금청구가 기망행위에 해당한다거나 인과관계가 있다고 단정하여 사기죄를 인정한 원심판결에 법리오해 또는 심리미진의 위법이 있다.

【판결요지】

[1] 피고인이 보험금을 편취할 의사로 허위로 보험사고를 신고하거나 고의로 보험사고를 유발한 경우 보험금에 관한 사기죄가 성립하고, 나아가 설령 피고인이 보험사고에 해당할 수 있는 사고로 경미한 상해를 입었다고 하더라도 이를 기화로 보험금을 편취할 의사로 상해를 과장하여 병원에 장기간 입원하고 이를 이유로 실제 피해에 비하여 과다한 보험금을 지급받는 경우에는 보험금 전체에 대해 사기죄가 성립한다.

[2] 피고인이 남편의 폭행으로 목을 다쳤을 뿐인데도 교통사고로 상해를 입었다는 취지로 보험금을 청구하여 다수의 보험회사들로부터 보험금을 교부받아 편취하였다는 내용으로 기소된 사안에서, 피고인이 위와 같이 상해를 입고 수술을 받았으나 후유장해가 남은 것은 사실이고 이는 일반재해에 해당되므로, 피고인의 교통재해를 이유로 한 보험금청구가 보험회사에 대한 기망에 해당할 수 있으려면 각 보험약관상 교통재해만이 보험사고로 규정되어 있을 뿐 일반재해는 보험사고로 규정

되어 있지 않거나 교통재해의 보험금이 일반재해의 보험금보다 다액으로 규정되어 있는 경우에 해당한다는 점이 전제되어야 할 것임에도, 피고인이 가입한 각 보험의 보험사고가 무엇인지 및 각 보험회사들이 보험금을 지급한 것이 피고인의 기망으로 인한 것인지 등에 대하여 상세히 심리·판단하지 아니한 채 피고인의 보험금청구가 기망행위에 해당한다거나 인과관계가 있다고 쉽사리 단정하여 사기죄를 인정한 원심판결에 법리오해 또는 심리미진의 위법이 있다.

347-Ⅰ-29. 휴대전화 문자메시지를 발송하더라도 이용대금을 납부할 의사와 능력이 없는데도, 단독으로 또는 공범들과 함께 사용이 정지되거나 사용할 수 없게 된 '대포폰'으로 유통시킨 경우(소극) [대법원 2011. 7. 28., 선고, 2011도5299]

【판시사항】

피고인이, 휴대전화 문자메시지를 발송하더라도 이용대금을 납부할 의사와 능력이 없는데도, 단독으로 또는 공범들과 함께 사용이 정지되거나 사용할 수 없게 된 휴대전화를 구입한 후 이른바 '대포폰'으로 유통시켜 사용하도록 하거나 '유심칩(USIM Chip) 읽기'를 통하여 해당 휴대전화의 문자발송제한을 해제하고 광고성 문자를 대량 발송하는 방법으로 이동통신회사들로부터 이용대금 상당의 재산상 이득을 취득하였다는 내용으로 기소된 사안

【판결요지】

피고인이, 휴대전화 문자메시지를 발송하더라도 이용대금을 납부할 의사와 능력이 없는데도, 단독으로 또는 공범들과 함께 이용대금 미납 등의 사유로 사용이 정지되거나 유심칩(USIM Chip) 분실로 사용할 수 없게 된 휴대전화를 구입한 후 이른바 '대포폰'으로 유통시켜 사용하도록 하거나 유심칩 읽기를 통하여 해당 휴대전화의 문자발송제한(1일 500개)을 해제하고 광고성 문자를 대량 발송하는 방법으로 이동통신회사들로부터 이용대금 상당의 재산상 이득을 취득하였다는 내용으로 기소된 사안에서, <u>피고인이 이동통신 판매대리점의 컴퓨터를 이용하여 이동통신회사들의 전산망에 접속한 다음 전산상으로 사용정지된 휴대전화를 사용할 수 있도록 하거나 유심칩 읽기를 통해 문자메시지 발송한도를 해제한 것은 전산상 자동으로 처리된 것일 뿐 사기죄 구성요건인 '사람을 기망하여 재산상 이득을 취득한 경우'에 해당한다고 볼 수 없는데도</u>, 이와 달리 보아 피고인에게 사기죄를 인정한 원심판단에 법리오해의 위법이 있다.

347-Ⅰ-30. 부동산 매매 시 신의성실의 원칙상 매도인에게 고지의무가 인정되어 그 위반이 사기죄의 구성요건인 '기망'에 해당하는 경우 대법원 2011. 1. 27., 선고, 2010도5124]

【판시사항】

[1] 부동산 매매 시 신의성실의 원칙상 매도인에게 고지의무가 인정되어 그 위반이 사기죄의 구성요건인 '기망'에 해당하는 경우

[2] 부동산중개업자인 피고인이 아파트 입주권을 매도하면서 그 입주권을 2억 5,000만 원에 확보하여 2억 9,500만 원에 전매한다는 사실을 매수인에게 고지하지 않은 사안에서, 피고인이 매수인을 기망하여 차액 4,500만 원을 편취하였다고 보기 어려워 사기죄가 성립하지 않는다고 본 원심판단을 수긍한 사례

【이 유】

부동산을 매매함에 있어서 매도인이 매수인에게 매매와 관련된 어떤 구체적인 사정을 고지하지 아니함으로써 장차 매매의 효력이나 매매에 따르는 채무의 이행에 장애를 가져와 매수인이 매매 목적물에 대한 권리를 확보하지 못할 위험이 생길 수 있음을 알면서도 매수인에게 그와 같은 사정을 고지하지 아니한 채 매매계약을 체결하고 매매대금을 교부받는 한편, 매수인은 그와 같은 사정을 고지받았더라면 매매계약을 체결하지 아니하거나 매매대금을 지급하지 아니하였을 것임이 경험칙상 명백한 경우에는, <u>신의성실의 원칙상 매수인에게 미리 그와 같은 사정을 고지할 의무가 매도인에게 있다고 할 것이므로, 매도인이 매수인에게 그와 같은 사정을 고지하지 아니한 것이 사기죄의 구성요건인 기망에 해당한다고 할 것이지만, 매매로 인한 법률관계에 아무런 영향도 미칠 수 없는 것이어서 매수인의 권리의 실현에 장애가 되지 아니하는 사유까지 매도인이 매수인에게 고지할 의무가 있다고는 볼 수 없다</u>(대법원 1991. 12. 24. 선고 91도2698 판결, 대법원 2001. 9. 25. 선고 2001도3349 판결 등 참조).

---

1. 부동산의 이중매매에 있어서 매도인이 제2의 매수인에게 제1의 매매계약을 일방적으로 해제할 수 없는 처지에 있음을 고지하지 아니한 경우(소극) [대법원 1991. 12. 24., 선고, 91도2698]

【판결요지】

부동산의 이중매매에 있어서 매도인이 제1의 매매계약을 일방적으로 해제할 수 없는 처지에 있었다는 사정만으로는, 바로 제2의 매매계약의 효력이나 그 매매계약에 따르는 채무이행, 또는 제2의 매수인의 매매목적물에 대한 권리의 실현에 장애가 된다고도 볼 수 없는 것이므로 매도인이 제2의 매수인에게 그와 같은 사정을 고지하지 아니하였다고 하여 제2의 매수인을 기망한 것이라고 할 수 없다.

347-Ⅰ-31. 재물 또는 재산상 이익의 가액이 사기죄 성립에 영향을 미치는지 여부(소극) [대법원 2010. 12. 9., 선고, 2010도12928]

【판시사항】

[1] 재물 또는 재산상 이익의 가액이 사기죄 성립에 영향을 미치는지 여부(소극)

[2] 제3자로부터 금원을 융자받거나 물품을 외상으로 공급받을 목적으로 타인을 기망하여 그 타인 소유의 부동산에 제3자 앞으로 근저당권을 설정케 한 자가 그로 인하여 취득하는 재산상 이익의 내용 및 특정경제범죄 가중처벌 등에 관한 법률 제3조의 적용을 전제로 한 구체적 가액(이득액)의 산정 방법

[3] 특정경제범죄 가중처벌 등에 관한 법률 위반(사기)죄가 아닌 형법상 이득사기죄의 경우, 피고인이 편취한 재산상 이익의 구체적인 가액은 양형사유에 불과하여 범죄 성립에 영향을 미치지 못한다는 이유로, 편취액 산정에 관한 피고인의 상고이유 주장을 배척한 사례

[4] 재물편취를 내용으로 하는 사기죄에서 상당한 대가가 지급되었다거나 피해자의 전체 재산상에 손해가 없더라도 사기죄가 성립하는지 여부(적극)

[5] 부동산 등 재물편취의 경우 특정경제범죄 가중처벌 등에 관한 법률 제3조의 적용을 전제로 구체적 가액(이득액)을 산정할 때에, 부동산 등의 시가 상당액에서 근저당권 등에 의한 부담 금

액을 공제하여야 하는지 여부(적극)

【이 유】

제3자로부터 금원을 융자받거나 물품을 외상으로 공급받을 목적으로 타인을 기망하여 그 타인 소유의 부동산에 제3자 앞으로 근저당권을 설정하게 한 자는 그로 인하여 그 타인 소유의 부동산을 자신의 제3자와의 거래에 대한 담보로 이용할 수 있는 재산상 이익을 취득하였다고 할 것인데, 다만 그 구체적 이득액을 범죄구성요건요소로 특별히 규정한 「특정경제범죄 가중처벌 등에 관한 법률」 제3조를 적용함에 있어서는 그 가액(이득액)은 원칙적으로 그 부동산의 시가 범위 내의 채권최고액 상당이라 할 것이고, 그 부동산에 이미 다른 근저당권이 설정되어 있는 경우에 그 부동산에 대하여 후순위 근저당권을 취득하는 자로서는 원칙적으로 그 부동산의 시가에서 다시 선순위 근저당권의 채권최고액을 공제한 잔액 상당액을 기망자가 얻는 이득액의 한도로 보아야 할 것이나, 예외적으로 선순위 근저당권의 담보가치가 실제 피담보채권액만큼만 파악되고 있는 것으로 인정하였다고 볼 수 있는 특별한 사정이 있는 경우에는 근저당권 설정 당시의 그 부동산의 시가에서 그 선순위 근저당권의 실제 피담보채권액을 공제한 잔액 상당액을 그 이득액의 한도로 보아, 위 이득액에 대한 증명이 있는지를 살펴서 그 범죄의 성립 여부를 따져야 할 뿐이다(대법원 2000. 4. 25. 선고 2000도137 판결 참조).

재물편취를 내용으로 하는 사기죄에 있어서는 기망으로 인한 재물교부가 있으면 그 자체로써 피해자의 재산침해가 되어 이로써 곧 사기죄가 성립하는 것이고, 상당한 대가가 지급되었다거나 피해자의 전체 재산상에 손해가 없다 하여도 사기죄의 성립에는 영향이 없고(대법원 2000. 7. 7. 선고 2000도1899 판결 등 참조), 다만 부동산 등 재물편취에 관한 사기죄라 해도 그 구체적 이득액을 범죄구성요건요소로 특별히 규정한 「특정경제범죄 가중처벌 등에 관한 법률」 제3조를 적용함에 있어서는 그 부동산 등의 시가 상당액에서 근저당권의 채권최고액 범위 내에서의 피담보채권액, 압류에 걸린 집행채권액, 가압류에 걸린 청구금액 범위 내에서의 피보전채권액 등을 뺀 실제의 교환가치를 산정한 다음 위 이득액에 대한 증명이 있는지를 살펴서 그 범죄의 성립 여부를 따져야 할 뿐이다(대법원 2007. 4. 19. 선고 2005도7288 전원합의체 판결 참조).

---

1. 부동산을 편취한 경우에 특정경제범죄 가중처벌 등에 관한 법률 제3조의 적용을 전제로 그 부동산의 가액을 산정함에 있어, 부동산의 시가 상당액에서 근저당권 등에 의한 부담에 상당하는 금액을 공제하여야 하는지 여부(적극) [대법원 2007. 4. 19., 선고, 2005도7288, 전원합의체 판결]

【판결요지】

[다수의견] (가) 형법 제347조의 사기죄는 사람을 기망하여 재물의 교부를 받거나 재산상의 이익을 취득하거나 제3자로 하여금 재물의 교부를 받게 하거나 재산상의 이익을 취득하게 함으로써 성립하고, 그 교부받은 재물이나 재산상 이익의 가액이 얼마인지는 문제되지 아니하는 데 비하여, 사기로 인한 특정경제범죄 가중처벌 등에 관한 법률 위반죄에 있어서는 편취한 재물이나 재산상 이익의 가액이 5억 원 이상 또는 50억 원 이상이라는 것이 범죄구성요건의 일부로 되어 있고 그 가액에 따라 그 죄에 대한 형벌도 가중되어 있으므로, 이를 적용함에 있어서는 편취한 재물이나 재산상 이익의 가액을 엄격하고 신중하게 산정함으로써, 범죄와 형벌 사이에 적정한 균형이 이루어져야

한다는 죄형균형 원칙이나 형벌은 책임에 기초하고 그 책임에 비례하여야 한다는 책임주의 원칙이 훼손되지 않도록 유의하여야 한다.

(나) 따라서 사람을 기망하여 부동산의 소유권을 이전받거나 제3자로 하여금 이전받게 함으로써 이를 편취한 경우에 특정경제범죄 가중처벌 등에 관한 법률 제3조의 적용을 전제로 하여 그 부동산의 가액을 산정함에 있어서는, 그 부동산에 아무런 부담이 없는 때에는 그 부동산의 시가 상당액이 곧 그 가액이라고 볼 것이지만, 그 부동산에 근저당권설정등기가 경료되어 있거나 압류 또는 가압류 등이 이루어져 있는 때에는 특별한 사정이 없는 한 아무런 부담이 없는 상태에서의 그 부동산의 시가 상당액에서 근저당권의 채권최고액 범위 내에서의 피담보채권액, 압류에 걸린 집행채권액, 가압류에 걸린 청구금액 범위 내에서의 피보전채권액 등을 뺀 실제의 교환가치를 그 부동산의 가액으로 보아야 한다.

2. 제3자로부터 금원을 융자받거나 물품을 외상으로 공급받을 목적으로 타인을 기망하여 그 타인 소유의 부동산에 제3자 앞으로 근저당권을 설정케 한 자가 그로 인하여 취득하는 재산상 이익의 내용 및 그 가액 산정 방법 [대법원 2000. 4. 25., 선고, 2000도137]

【판결요지】

제3자로부터 금원을 융자받거나 물품을 외상으로 공급받을 목적으로 타인을 기망하여 그 타인 소유의 부동산에 제3자 앞으로 근저당권을 설정케 한 자가 그로 인하여 취득하는 재산상 이익은 그 타인 소유의 부동산을 자신의 제3자와의 거래에 대한 담보로 이용할 수 있는 이익이고, 그 가액(이득액)은 원칙적으로 그 부동산의 시가 범위 내의 채권 최고액 상당이라 할 것인데, 한편 그 부동산에 이미 다른 근저당권이 설정되어 있는 경우에, 그 부동산에 대하여 후순위 근저당권을 취득하는 자로서는 선순위 근저당권의 채권 최고액만큼의 담보가치가 이미 선순위 근저당권자에 의하여 파악되고 있는 것으로 인정하고 거래하는 것이 보통이므로, 원칙적으로 그 부동산의 시가에서 다시 선순위 근저당권의 채권 최고액을 공제한 잔액 상당액을 기망자가 얻는 이득액의 한도로 보아야 할 것이나, 다만 그 부동산에 이미 다른 근저당권이 설정되어 있는 경우에도 후순위 근저당권을 취득하는 자로서 선순위 근저당권의 담보가치가 실제 피담보채권액만큼만 파악되고 있는 것으로 인정하였다고 볼 수 있는 특별한 사정이 있는 경우에는 근저당권 설정 당시의 그 부동산의 시가에서 그 선순위 근저당권의 실제 피담보채권액을 공제한 잔액 상당액을 그 이득액의 한도로 볼 수 있다 할 것이다.

3. 사기죄에 있어서 그 대가가 일부 지급된 경우의 편취액(=교부받은 재물 전부) [대법원 2000. 7. 7., 선고, 2000도1899]

【판시사항】

[1] 사기죄에 있어서 그 대가가 일부 지급된 경우의 편취액(=교부받은 재물 전부)

[2] 특정경제범죄가중처벌등에관한법률 제3조 소정의 이득액의 의미 및 수인의 피해자에 대하여 각별로 기망행위를 하여 각각 재물을 편취한 경우에는 피해자별로 독립한 사기죄가 성립하는지 여부(적극)

[3] 형법 제347조 제1항의 사기죄와 방문판매등에관한법률 제45조 제2항 제1호의 위반죄와의 관계(= 실체적 경합범)

【판결요지】

[1] 재물편취를 내용으로 하는 사기죄에 있어서는 기망으로 인한 재물교부가 있으면 그 자체로써 피해자의 재산침해가 되어 이로써 곧 사기죄가 성립하는 것이고, <u>상당한 대가가 지급되었다거나 피해자의 전체 재산상에 손해가 없다 하여도 사기죄의 성립에는 그 영향이 없으므로 사기죄에 있어서 그 대가가 일부 지급된 경우에도 그 편취액은 피해자로부터 교부된 재물의 가치로부터 그 대가를 공제한 차액이 아니라 교부받은 재물 전부라 할 것이다.</u>

[2] 특정경제범죄가중처벌등에관한법률 제3조에서 말하는 이득액은 단순일죄의 이득액이나 혹은 포괄일죄가 성립하는 경우의 이득액의 합산액을 의미하는 것이고, 경합범으로 처벌될 수 죄의 각 이득액을 합한 금액을 의미하는 것은 아니며, 수인의 피해자에 대하여 각별로 기망행위를 하여 각각 재물을 편취한 경우에는 범의가 단일하고 범행방법이 동일하더라도 각 피해자의 피해법익은 독립한 것이므로 이를 포괄일죄로 파악할 수 없고 피해자별로 독립한 사기죄가 성립된다.

[3] 방문판매등에관한법률 제45조 제2항 제1호는 "누구든지 다단계판매조직 또는 이와 유사하게 순차적·단계적으로 가입한 가입자로 구성된 다단계조직을 이용하여 상품 또는 용역의 거래없이 금전거래만을 하거나 상품 또는 용역의 거래를 가장하여 사실상 금전거래만을 하는 행위를 하여서는 아니된다."고 규정하고 있어서 그 행위 자체를 사기행위라고 볼 수는 없고, 그러한 금전거래를 통한 형법 제347조 제1항의 사기죄와 방문판매등에관한법률 제45조 제2항 제1호의 위반죄는 법률상 1개의 행위로 평가되는 경우에 해당하지 않으며, 또 각 그 구성요건을 달리하는 별개의 범죄로서, 서로 보호법익을 달리하고 있어 양죄를 상상적 경합관계나 법조경합관계로 볼 것이 아니라 실체적 경합관계로 봄이 상당하다.

4. 재물을 편취한 후 현실적인 자금의 수수 없이 형식적으로 기왕에 편취한 금원을 새로이 장부상으로만 재투자하는 것으로 처리한 경우 [대법원 2007. 1. 25., 선고, 2006도7470]

【판시사항】
재물을 편취한 후 현실적인 자금의 수수 없이 형식적으로 기왕에 편취한 금원을 새로이 장부상으로만 재투자하는 것으로 처리한 경우, 재투자금액이 편취액에 포함되는지 여부(소극)

【판결요지】
재물을 편취한 후 현실적인 자금의 수수 없이 형식적으로 기왕에 편취한 금원을 새로이 장부상으로만 재투자하는 것으로 처리한 경우, 그 <u>재투자금액은 이를 편취액의 합산에서 제외하여야 한다.</u>

347-Ⅰ-32. 사기 범행의 피해자로부터 현금을 예금계좌로 송금받은 경우, 그 사기죄의 객체가 '재물' 또는 '재산상의 이익' 인지 여부(=재물) [대법원 2010. 12. 9., 선고, 2010도6256]

【판시사항】
 [1] 사기 범행의 피해자로부터 현금을 예금계좌로 송금받은 경우, 그 사기죄의 객체가 '재물' 인지 또는 '재산상의 이익' 인지 여부(=재물)
 [2] 본인 명의의 예금계좌를 양도하는 방법으로 본범의 사기 범행을 용이하게 한 방조범이 본범의 사기행위 결과 그의 예금계좌에 입금된 돈을 인출한 경우, '장물취득죄' 가 성립하는지 여부(소극)
 [3] 사기 범행에 이용되리라는 사정을 알고서도 자신의 명의로 은행 예금계좌를 개설하여 甲에게 이를 양도함으로써 甲이 乙을 속여 乙로 하여금 현금을 위 계좌로 송금하게 한 사기 범행을

방조한 피고인이 위 계좌로 송금된 돈 중 일부를 인출하여 甲이 편취한 장물을 취득하였다는 공소사실에 대하여, 위 '장물취득' 부분을 무죄로 선고한 원심판단을 정당하다.

【판결요지】

[1] 사기죄의 객체는 타인이 점유하는 '타인의' 재물 또는 재산상의 이익이므로, 피해자와의 관계에서 살펴보아 그것이 피해자 소유의 재물인지 아니면 피해자가 보유하는 재산상의 이익인지에 따라 '재물'이 객체인지 아니면 '재산상의 이익'이 객체인지 구별하여야 하는 것으로서, 이 사건과 같이 피해자가 본범의 기망행위에 속아 현금을 피고인 명의의 은행 예금계좌로 송금하였다면, 이는 재물에 해당하는 현금을 교부하는 방법이 예금계좌로 송금하는 형식으로 이루어진 것에 불과하여, 피해자의 은행에 대한 예금채권은 당초 발생하지 않는다.

[2] 장물취득죄에서 '취득'이라 함은 장물의 점유를 이전받음으로써 그 장물에 대하여 사실상 처분권을 획득하는 것을 의미하는데, 이 사건의 경우 본범의 사기행위는 피고인이 예금계좌를 개설하여 본범에게 양도한 방조행위가 가공되어 본범에게 편취금이 귀속되는 과정 없이 피고인이 피해자로부터 피고인의 예금계좌로 돈을 송금받아 취득함으로써 종료되는 것이고, 그 후 피고인이 자신의 예금계좌에서 위 돈을 인출하였다 하더라도 이는 예금명의자로서 은행에 예금반환을 청구한 결과일 뿐 본범으로부터 위 돈에 대한 점유를 이전받아 사실상 처분권을 획득한 것은 아니므로, 피고인의 위와 같은 인출행위를 장물취득죄로 벌할 수는 없다.

[3] 사기 범행에 이용되리라는 사정을 알고서도 자신의 명의로 새마을금고 예금계좌를 개설하여 甲에게 이를 양도함으로써 甲이 乙을 속여 乙로 하여금 1,000만 원을 위 계좌로 송금하게 한 사기 범행을 방조한 피고인이 위 계좌로 송금된 돈 중 140만 원을 인출하여 甲이 편취한 장물을 취득하였다는 공소사실에 대하여, 甲이 사기 범행으로 취득한 것은 재산상 이익이어서 장물에 해당하지 않는다는 원심판단은 적절하지 아니하지만, 피고인의 위와 같은 인출행위를 장물취득죄로 벌할 수는 없으므로, 위 '장물취득' 부분을 무죄로 선고한 원심의 결론을 정당하다.

347-Ⅰ-33. 상품 허위, 과장광고가 기망행위에 해당하는 경우 [대법원 2010. 9. 9., 선고, 2010도7298]

【판시사항】

[1] 상품의 허위, 과장광고가 사기죄의 기망행위에 해당하는 경우

[2] 기획부동산업자인 피고인들이 도시계획시설 사업으로 수용되는 철거주택의 입주권을 받게 해 줄 의사나 능력이 없는데도 '구청 공무원들에게 이미 작업을 해놓아 입주권이 나올 것이 확실하다'는 취지로 피해자들을 기망하여 입주권 매매대금을 편취하였다는 내용으로 기소된 사안에서, 피고인들이 위에 언급한 내용은 객관적 사실에 부합하거나 사기죄의 기망행위에 해당한다고 보기는 어려운데도, 이와 달리 본 원심판단에 법리오해 및 사실오인의 위법이 있다.

【이 유】

상품의 선전·광고에 있어 다소의 과장이나 허위가 수반되었다고 하더라도 일반 상거래의 관행과 신의칙에 비추어 시인될 수 있는 정도의 것이라면 이를 가리켜 기망하였다고는 할 수가 없고, 거래에 있어 중요한 사항에 관한 구체적 사실을 신의성실의 의무에 비추어 비난받을 정도의 방법

으로 허위로 고지하여야만 비로소 과장, 허위광고의 한계를 넘어 사기죄의 기망행위에 해당한다고 할 것이다(대법원 2004. 1. 15. 선고 2003도5728 판결, 대법원 2007. 1. 25. 선고 2004도45 판결 등 참조).

---

1. 통신판매 허위광고가 사기죄의 기망행위를 구성한다. [대법원 2002. 2. 5., 선고, 2001도5789]

【판결요지】

통신판매에 있어 소비자가 갖는 상품의 품질, 가격에 대한 정보는 전적으로 유통업자의 광고에 의존할 수밖에 없고, TV홈쇼핑업체에 대한 소비자들의 신뢰는 TV라는 영상매체를 이용한 스스로의 강도 높은 광고에 의하여 창출된 것인 만큼 이에 대한 소비자들의 신뢰와 기대는 특별히 보호되어야 할 것인바, 농업협동조합의 조합원이나 검품위원이 아닌 자가 TV홈쇼핑업체에 납품한 삼이 제3자가 산삼의 종자인지 여부가 불분명한 삼의 종자를 뿌려 이식하면서 인공적으로 재배한 삼이라는 사실을 알면서도 광고방송에 출연하여 위 삼이 위 조합의 조합원들이 자연산삼의 종자를 심산유곡에 심고 자연방임 상태에서 성장시킨 산양산삼이며 자신이 조합의 검품위원으로서 위 삼 중 우수한 것만을 선정하여 감정인의 감정을 받은 것처럼 허위 내용의 광고를 한 것은 진실규명이 가능하고 구매의 결정에 있어 가장 중요한 요소로서 구체적 사실인 판매물품의 품질에 관하여 기망한 것으로서 그 사술의 정도가 사회적으로 용인될 수 있는 상술의 정도를 넘은 것이어서 사기죄의 기망행위를 구성한다.

---

2. 성인병 치료에 특별한 효능이 있는 좋은 약이라는 허위 강의식 선전·광고행위를 하여 고가에 판매한 경우(적극) [대법원 2004. 1. 15., 선고, 2001도1429]

【판시사항】

[1] 오리, 하명, 누에, 동충하초, 녹용 등 여러가지 재료를 혼합하여 제조·가공한 '녹동달오리골드'라는 제품이 당뇨병, 관절염, 신경통 등의 성인병 치료에 특별한 효능이 있는 좋은 약이라는 허위의 강의식 선전·광고행위를 하여 고가에 판매한 경우 사기죄의 기망행위를 구성한다.

[2] 형법 제347조 제1항의 사기죄와 무허가 의약품 제조행위를 처벌하는 보건범죄단속에관한특별조치법 제3조 제1항 제2호 위반죄를 실체적 경합관계로 봄이 상당하다.

【판결요지】

[1] 오리, 하명, 누에, 동충하초, 녹용 등 여러가지 재료를 혼합하여 제조·가공한 '녹동달오리골드'라는 제품이 당뇨병, 관절염, 신경통 등의 성인병 치료에 특별한 효능이 있는 좋은 약이라는 허위의 강의식 선전·광고행위를 하여 이에 속은 노인들로 하여금 위 제품을 고가에 구입하도록 한 것은 그 사술의 정도가 사회적으로 용인될 수 있는 상술의 정도를 넘은 것이어서 사기죄의 기망행위를 구성한다.

347-Ⅰ-34. 송금의뢰인과 수취인 사이에 계좌이체 등의 원인이 되는 법률관계가 존재하지 않음에도 계좌이체에 의하여 수취인이 이체금액 상당의 예금채권을 취득한 경우(적극) [대법원 2010. 5. 27., 선고, 2010도3498]

【판시사항】

[1] 송금의뢰인과 수취인 사이에 계좌이체 등의 원인이 되는 법률관계가 존재하지 않음에도 계좌이체에 의하여 수취인이 이체금액 상당의 예금채권을 취득한 경우, 수취인이 은행에 예금반환

을 청구하여 지급받는 행위가 은행을 피해자로 한 사기죄에 해당하는지 여부(소극)

[2] 예금주인 피고인이 제3자에게 편취당한 송금의뢰인으로부터 자신의 은행계좌에 계좌송금된 돈을 출금한 사안

【판결요지】

[1] 송금의뢰인이 수취인의 예금계좌에 계좌이체 등을 한 이후, 수취인이 은행에 대하여 예금반환을 청구함에 따라 은행이 수취인에게 그 예금을 지급하는 행위는 계좌이체금액 상당의 예금계약의 성립 및 그 예금채권 취득에 따른 것으로서 은행이 착오에 빠져 처분행위를 한 것이라고 볼 수 없으므로, 결국 이러한 행위는 은행을 피해자로 한 형법 제347조의 사기죄에 해당하지 않는다고 봄이 상당하다.

[2] 예금주인 피고인이 제3자에게 편취당한 송금의뢰인으로부터 자신의 은행계좌에 계좌송금된 돈을 출금한 사안에서, 피고인은 예금주로서 은행에 대하여 예금반환을 청구할 수 있는 권한을 가진 자이므로, 위 은행을 피해자로 한 사기죄가 성립하지 않는다는 원심의 판단을 정당하다.

347-Ⅰ-35. 가장거래에 의한 사기죄'와 '분식회계에 의한 사기죄'의 죄수 관계 [대법원 2010. 5. 27., 선고, 2007도10056]

【판시사항】

[1] '수출입거래를 가장한 신용장 개설 방법에 의한 사기죄'와 '분식회계에 의한 재무제표 등을 이용한 신용장 개설 방법에 의한 사기죄'의 죄수 관계

[2] 사기행위로 은행들이 수회에 걸쳐 신용장을 개설하게 하여 각 신용장 대금 상당액의 지급보증을 받은 경우, 특정경제범죄 가중처벌 등에 관한 법률 제3조 제1항에서 정한 '이득액'의 산정 방법

【판결요지】

[1] 석유를 수입하는 것처럼 가장하여 신용장 개설은행들로 하여금 신용장을 개설하게 하고 신용장 대금 상당액의 지급을 보증하게 함으로써 동액 상당의 재산상 이익을 취득한 행위는 피해자들인 신용장 개설은행별로 각각 포괄하여 1죄가 성립하고, 분식회계에 의한 재무제표 및 감사보고서 등으로 은행으로 하여금 신용장을 개설하게 하여 신용장 대금 상당액의 지급을 보증하게 함으로써 동액 상당의 재산상 이익을 취득한 행위도 포괄하여 1죄가 성립한다고 할 것이나, 위와 같이 '가장거래에 의한 사기죄'와 '분식회계에 의한 사기죄'는 범행 방법이 동일하지 않아 그 피해자가 동일하더라도 포괄일죄가 성립한다고 할 수 없다.

[2] 甲 회사의 임원인 피고인들의 사기행위로 신용장 개설은행들이 수회에 걸쳐 신용장을 개설하여 甲 회사가 각 신용장 대금 상당액의 지급보증을 받음으로써 재산상 이익을 취득하였다면, 그 편취범행으로 취득한 재산상 이익의 가액으로 볼 수 있는 신용장 대금의 합계액이 특정경제범죄 가중처벌 등에 관한 법률 제3조 제1항이 정한 이득액이 되는 것이지, 甲 회사가 이후 신용장 대금을 결제하였다고 하여 그 결제한 대금을 공제하여 이득액을 산정해야 하는 것은 아니다.

1. 편취범행으로 교부받은 투자금을 피해자들에게 반환하였다가 다시 그 돈을 재투자받는 방식으로 계
   속적으로 투자금을 수수한 경우 [대법원 2006. 5. 26., 선고, 2006도1614]
   【판시사항】
   [1] 특정경제범죄 가중처벌 등에 관한 법률 제3조 제1항에서 말하는 '이득액'의 의미
   [2] 편취범행으로 교부받은 투자금을 피해자들에게 반환하였다가 다시 그 돈을 재투자받는 방식으로
       계속적으로 투자금을 수수한 경우, 특정경제범죄 가중처벌 등에 관한 법률 제3조 제1항에서의 이
       득액의 산정 방법
   【판결요지】
   [1] 사기죄는 기망으로 인한 재물의 교부가 있으면 바로 성립하고, 특정경제범죄 가중처벌 등에 관한
       법률 제3조 제1항 소정의 '이득액'이란 거기에 열거된 범죄행위로 인하여 취득하거나 제3자로 하
       여금 취득하게 한 불법영득의 대상이 된 재물이나 재산상 이익의 가액 합계이지 궁극적으로 그와
       같은 이득이 실현되었는지 여부는 영향이 없다.
   [2] 피고인이 원금 및 수익금을 제대로 지불하여 줄 의사나 능력 없이 피해자들로부터 투자금을 교부받
       아 이를 편취하였다면 그 투자금을 교부받을 때마다 각별로 사기죄가 성립하는 것이므로, 교부받
       은 투자금을 피해자들에게 반환하였다가 다시 그 돈을 재투자받는 방식으로 계속적으로 투자금을
       수수하였다면 그 각 편취범행으로 교부받은 투자금의 합계액이 특정경제범죄 가중처벌 등에 관한
       법률 제3조 제1항 소정의 이득액이 되는 것이지, 반환한 원금 및 수익금을 공제하여 이득액을 산
       정해야 하는 것은 아니다.

347-Ⅰ-36. 피해자에게 대가가 지급된 후 피해자를 기망하여 그가 보유하고 있는 그 대가를 다시
         편취하거나 피해자로부터 그 대가를 위탁받아 보관 중 횡령한 경우, 별도의 사기죄 성립
         여부(적극) [대법원 2009. 10. 29., 선고, 2009도7052]
   【판시사항】
   사기죄에서 피해자에게 대가가 지급된 후 피해자를 기망하여 그가 보유하고 있는 그 대가를 다
   시 편취하거나 피해자로부터 그 대가를 위탁받아 보관 중 횡령한 경우, 별도의 사기죄나 횡령죄
   가 성립하는지 여부(적극)
   【판결요지】
   사기죄에서 피해자에게 그 대가가 지급된 경우, 피해자를 기망하여 그가 보유하고 있는 그 대가를
   다시 편취하거나 피해자로부터 그 대가를 위탁받아 보관 중 횡령하였다면, 이는 새로운 법익의 침
   해가 발생한 경우이므로, 기존에 성립한 사기죄와는 별도의 새로운 사기죄나 횡령죄가 성립한다.

347-Ⅰ-37. 어음수표의 할인에 의한 사기죄에서 취득한 재산상의 이익액(=실제 수령한 현금액)
         [대법원 2009. 7. 23., 선고, 2009도2384]
   【판시사항】
   [1] 어음·수표의 할인에 의한 사기죄에서 피고인이 취득한 재산상의 이익액(=실제 수령한 현금액)
   [2] 어음의 할인에 의한 사기죄에서 피고인이 피해자로부터 실제 수령한 할인금이 아닌 어음 액
   면금을 편취액으로 인정한 원심판결을 파기한 사례

【판결요지】

 [1] 어음·수표의 할인에 의한 사기죄에서 피고인이 피해자로부터 수령한 현금액이 피고인이 피해자에게 교부한 어음 등의 액면금보다 적을 경우, 피고인이 취득한 재산상의 이익액은, 당사자가 선이자와 비용을 공제한 현금액만을 실제로 수수하면서도 선이자와 비용을 합한 금액을 대여원금으로 하기로 하고 대여이율을 정하는 등의 소비대차특약을 한 경우 등의 특별한 사정이 없는 한, 위 어음 등의 액면금이 아니라 피고인이 수령한 현금액이다.

 [2] 어음의 할인에 의한 사기죄에서 피고인이 피해자로부터 실제 수령한 할인금이 아닌 어음 액면금을 편취액으로 인정한 원심판결을 파기한 사례.

---

1. 기존 채무의 변제조로 약속어음 또는 당좌수표를 교부한 경우, 기존 채무의 소멸 여부(소극) [대법원 1998. 12. 9., 선고, 98도3282]

【판시사항】

[1] 지급기일에 결제되지 않으리라는 점을 예견하였거나 지급될 수 있다는 확신 없이 수표나 어음을 할인받은 경우, 사기죄의 성립 여부(적극)

[2] 기존 채무의 변제조로 약속어음 또는 당좌수표를 교부한 경우, 기존 채무의 소멸 여부(소극)

[3] 사기죄에 있어서 채무이행을 연기받는 것이 재산상 이익에 해당하는지 여부(적극) 및 그 이익액을 산출할 수 있는지 여부(소극)

【판결요지】

[1] 수표나 어음이 지급기일에 결제되지 않으리라는 점을 예견하였거나 지급기일에 지급될 수 있다는 확신이 없으면서도 그러한 내용을 수취인에게 고지하지 아니하고 이를 속여서 할인을 받으면 사기죄가 성립한다.

[2] 기존 채무의 변제조로 약속어음 또는 당좌수표를 교부한 경우, 당사자가 기존채무를 소멸시키기로 하는 특약을 하지 않는 한 위 교부만에 의하여는 기존채무가 소멸하지 아니하고, 위 약속어음 또는 당좌수표가 결제되었을 때 비로소 기존채무가 소멸한다.

[3] 약속어음 또는 당좌수표를 수수함에 의하여 채무이행을 연기받는 것도 재산상의 이익이 되므로, 채무이행을 연기받은 사기죄는 성립할 수 있으나, 채무이행을 연기받은 것에 의한 재산상의 이익액은 이를 산출할 수 없으므로 이는 특정경제범죄가중처벌등에관한법률 제3조 제1항 제2호의 이득액을 계산함에 있어서는 합산될 것이 아니다.

347-Ⅰ-38. 근저당권자의 대리인이 채무자 겸 소유자 명의의 위임장을 위조하여 법원에 제출하는 방법으로 경매개시결정 정본을 교부받은 경우(적극) [대법원 2009. 7. 9., 선고, 2009도295]

【판결요지】

 근저당권자의 대리인인 피고인이 채무자 겸 소유자인 피해자를 대리하여 경매개시결정 정본을 받을 권한이 없음에도, 경매개시결정 정본 등 서류의 수령을 피고인에게 위임한다는 내용의 피해자 명의의 위임장을 위조하여 법원에 제출하는 방법으로 경매개시결정 정본을 교부받은 사안에서, 위 행위는 사회통념상 도저히 용인될 수 없으므로 비록 근저당권이 유효하다고 하더라도 사기죄의 기망행위에 해당한다.

347-I-39. 국회의원 선거에서 정당의 공천을 받게 해주겠다며 금품받은 경우 죄책 및 그 죄수관계
(=공천관련 금품수수죄와 사기죄의 상상적 경합관계) [대법원 2009. 4. 23., 선고, 2009도834]

【판결요지】

국회의원 선거에서 정당의 공천을 받게 하여 줄 의사나 능력이 없음에도 이를 해 줄 수 있는 것처럼 기망하여 공천과 관련하여 금품을 받은 경우, 공직선거법상 공천관련금품수수죄와 사기죄가 모두 성립하고 양자는 상상적 경합의 관계에 있다.

347-I-40. 점포에 대한 권리금을 지급한 것처럼 허위의 사용내역서를 작성·교부하여 동업자들을 기망하고
출자금 지급을 면제받으려다 미수에 그친 사안 [대법원 2009. 3. 26., 선고, 2008도6641]

【판시사항】

피고인이 점포에 대한 권리금을 지급한 것처럼 허위의 사용내역서를 작성·교부하여 동업자들을 기망하고 출자금 지급을 면제받으려 하였으나 미수에 그친 사안에서, 동업자들이 피고인에 대한 출자의무를 명시적으로 면제하지 않았더라도, 착오에 빠져 이를 면제해 주는 결과에 이를 수 있어, 이는 부작위에 의한 처분행위에 해당한다.

【이 유】

그런데 원심은 피고인이 사실은 오락실 개업준비를 위하여 권리금을 지급한 사실이 없음에도 허위의 사용내역서를 작성·교부하여 마치 피고인이 권리금 6,000만 원을 지급한 것처럼 피해자들인 동업자를 속여 6,000만 원 출자금 지급을 면제받아 재산상의 이익을 취득하려 하였으나 동업자인 피해자들이 근거자료 제시를 요구하며 이의를 제기하는 바람에 그 뜻을 이루지 못하고 미수에 그쳤다는 이 사건 공소사실에 대하여, 피고인의 공소장 기재와 같은 기망사실은 인정되나 피고인의 그러한 기망행위로 인하여 동업자들이 피고인이 출자금 전액에 대한 출자의무를 모두 이행하여 그 중 6,000만 원이 권리금으로 지출되었다는 착오에 빠졌다고 하더라도 이로써 동업자들은 피고인이 출자해야 할 출자금 전액을 출자한 것으로 인정하는 착오상태에 머물게 될 뿐, 더 나아가 피고인이 6,000만 원의 출자의무를 불이행하였음을 전제로 이를 면제해 주는 처분행위를 할 여지가 없는 것이므로 공소사실은 그 자체로 사기죄가 되지 않는다는 이유를 들어 무죄를 선고하였는바, 위 법리에 비추어 보면 비록 동업자들이 피고인에 대하여 출자의무를 명시적으로 면제하지 아니하더라도, 피고인의 <u>기망행위에 의하여 피고인이 출자금 전액에 대한 출자의무를 이행하였다는 착오에 빠진 결과 이를 면제해 주는 결과에 이를 수 있는 만큼 이는 부작위에 의한 처분행위에 해당한다.</u>

1. 사기죄의 성립 요건인 처분행위의 의미 및 채무이행을 연기받을 목적으로 어음을 발행 교부한 경우
(적극) [대법원 2007. 3. 30., 선고, 2005도5972]
【판시사항】
[1] 사기죄의 성립 요건인 처분행위의 의미 및 채무이행을 연기받을 목적으로 어음을 발행 교부한 경우, 사기죄의 성부(적극)

[2] 채권자가 채무자로부터 정상적으로 결제될 가능성이 없는 어음(딱지어음)을 진성어음인 것처럼 교부받고 어음상의 지급기일까지 그 채권의 행사를 늦추어 준 경우, 사기죄의 성립요건인 처분행위가 있었다거나 그 처분행위가 채무자의 기망행위로 인하여 이루어졌다고 보기 어렵다고 한 원심판결을 파기한 사례

【이 유】

[1] 사기죄는 타인을 기망하여 착오에 빠뜨리게 하고 그 처분행위를 유발하여 재물 또는 재산상의 이득을 얻음으로써 성립하는 것인데, 여기서 처분행위라고 하는 것은 재산적 처분행위를 의미하고 그것은 주관적으로 피기망자가 처분의사, 즉 처분결과를 인식하고 객관적으로는 이러한 의사에 지배된 행위가 있을 것을 요하지만(대법원 1999. 7. 9. 선고 99도1326 판결 등 참조) 반드시 작위에 의할 것임을 요하지는 아니하며, 한편 채무이행을 연기받는 것도 사기죄에 있어서 재산상의 이익이 되므로 채무자가 채권자에 대하여 소정기일까지 지급할 의사나 능력이 없음에도 종전 채무의 변제기를 늦출 목적에서 어음을 발행, 교부한 경우에는 사기죄가 성립한다(대법원 1997. 7. 25. 선고 97도1095 판결 등 참조).

---

2. 기망에 의해 착오에 빠진 결과 채권의 존재를 알지 못하여 채권을 행사하지 아니한 것이 부작위에 의한 재산의 처분행위에 해당하는지 여부(적극) [대법원 2007. 7. 12., 선고, 2005도9221]

【판시사항】

[1] 피해자가 기망에 의해 착오에 빠진 결과 채권의 존재를 알지 못하여 채권을 행사하지 아니한 것이 부작위에 의한 재산의 처분행위에 해당하는지 여부(적극)

[2] 출판사 경영자가 출고현황표를 조작하는 방법으로 실제출판부수를 속여 작가에게 인세의 일부만을 지급한 사안에서, 작가가 나머지 인세에 대한 청구권의 존재 자체를 알지 못하는 착오에 빠져 이를 행사하지 아니한 것이 사기죄에 있어 부작위에 의한 처분행위에 해당한다고 본 사례

【판결요지】

[1] 사기죄는 타인을 기망하여 착오를 일으키게 하고 그로 인한 처분행위를 유발하여 재물·재산상의 이득을 얻음으로써 성립하고, 여기서 처분행위라 함은 재산적 처분행위로서 피해자가 자유의사로 직접 재산상 손해를 초래하는 작위에 나아가거나 또는 부작위에 이른 것을 말하므로, 피해자가 착오에 빠진 결과 채권의 존재를 알지 못하여 채권을 행사하지 아니하였다면 그와 같은 부작위도 재산의 처분행위에 해당한다.

347-Ⅰ-41. 편취 범의에 대한 판단기준 및 미필적 고의를 인정하기 위한 요건 [대법원 2009. 2. 26., 선고, 2007도1214]

【판시사항】

사기죄의 주관적 구성요건인 편취의 범의는 피고인이 자백하지 않는 이상 범행 전후의 피고인의 재력, 환경, 범행의 내용, 거래의 이행과정 등과 같은 객관적인 사정 등을 종합하여 판단할 수밖에 없으며, 미필적 고의에 의하여도 사기죄는 성립되는 것인바, 범죄구성요건의 주관적 요소로서 미필적 고의라 함은 범죄사실의 발생가능성을 불확실한 것으로 표상하면서 이를 용인하고 있는 경우를 말하고, 미필적 고의가 있었다고 하려면 범죄사실의 발생가능성에 대한 인식이 있음은 물

론, 나아가 범죄사실이 발생할 위험을 용인하는 내심의 의사가 있어야 하며, 그 행위자가 범죄사실이 발생할 가능성을 용인하고 있었는지의 여부는 행위자의 진술에 의존하지 아니하고, 외부에 나타난 행위의 형태와 행위의 상황 등 구체적인 사정을 기초로 하여 일반인이라면 당해 범죄사실이 발생할 가능성을 어떻게 평가할 것인가를 고려하면서 행위자의 입장에서 그 심리상태를 추인하여야 한다(대법원 2008. 1. 18. 선고 2007도8781 판결 등 참조).

347-Ⅰ-42. 채무면제를 목적으로 하는 사기죄의 성립요건인 '처분행위' 유무에 대한 판단방법 [대법원 2009. 2. 12., 선고, 2008도10971]

【판시사항】

[1] 채무면제를 목적으로 하는 사기죄의 성립요건인 '처분행위' 유무에 대한 판단 방법

[2] 차용금채무에 갈음한 양도담보 및 대물변제계약을 체결하였지만 계약을 전후하여 채무의 일부를 변제충당한 사안에서, 기존의 채무를 확정적으로 면제 내지 소멸시키는 처분행위가 존재하지 않는다는 이유로 채무면제를 목적으로 하는 사기죄의 성립을 부정한 사례

【이 유】

사기죄에 있어서 '재산상의 이익'이란 채권을 취득하거나 담보를 제공받는 등의 적극적 이익뿐만 아니라 채무를 면제받는 등의 소극적 이익까지 포함하는 것이기는 하지만, 단순한 채무변제 유예의 정도를 넘어서 채무의 면제라고 하는 재산상 이익에 관한 사기죄가 성립하기 위해서는 채무자의 기망행위로 인하여 그 채무를 확정적으로 소멸 내지 면제시키는 채권자의 처분행위가 있어야만 하는 것이므로, 단지 채무의 이행을 위하여 채권 기타 재산적 권리의 양도가 있었다는 사정만으로 그러한 처분행위가 있었다고 단정하여서는 안될 것이고, 그것이 기존 채무의 확정적인 소멸 내지 면제를 전제로 이루어진 것인지 여부를 적극적으로 살핀 다음, 채무면제를 목적으로 하는 사기죄의 성립 여부를 판단하여야 할 것이다(대법원 2008. 12. 24. 선고 2008도8600 판결 참조).

347-Ⅰ-43. 주유소 운영자가 면세유를 공급한 것처럼 부당하게 발급받은 면세유류공급확인서로 석유정제업자를 기망하여 부가가치세 등에 상당한 석유류를 취득한 사안 [대법원 2009. 1. 15., 선고, 2006도6687]

【판시사항】

주유소 운영자가 농민들에게 면세유를 공급한 것처럼 부당하게 발급받은 면세유류공급확인서로 석유정제업자를 기망하여 부가가치세 등에 상당한 석유류를 취득한 사안에서, 석유정제업자에게 현실적인 재산상 손해가 없더라도 사기죄가 성립한다.

【이 유】

사기죄는 타인을 기망하여 그로 인한 하자 있는 의사에 기하여 재물의 교부를 받거나 재산상의 이익을 취득함으로써 성립되는 것으로, 사기죄의 본질은 기망에 의한 재물이나 재산상의 이득의 취득에 있고 상대방에게 현실적으로 재산상 손해가 발생함을 그 요건으로 하지 않는다(대법원 1987. 12. 22. 선고 87도2168 판결, 대법원 2008. 11. 27. 선고 2008도7303 판결 등 참조). 원심이 인용한 제1심판결이 채택한 증거들에 의하면, 피고인은 주유소를 운영하면서 위 주유소에서

농민들에게 면세된 가격으로 석유류를 공급해 준 사실이 없음에도 농업협동조합으로부터 면세유류공급확인서를 부당하게 발급받아 이를 이용하여 농민들에게 석유류를 면세된 가격에 공급한 것처럼 현대오일뱅크 주식회사를 기망하여 위 주유소가 위 회사로부터 석유류를 공급받으면서 부담한 부가가치세나 교통세 등에 상당하는 석유류를 교부받았는바, <u>피고인이 현대오일뱅크를 기망하여 재물의 교부를 받은 이상 현대오일뱅크에 대하여 사기죄가 성립한다고 할 것이고, 이로 인하여 현대오일뱅크에 현실적으로 재산상 손해가 없다고 하여 달리 볼 것은 아니다.</u>

347-Ⅰ-44. 분양대금 편취에 의한 사기죄의 편취 범의의 판단 시점 및 기준 [대법원 2008. 9. 25., 선고, 2008도5618]

【판결요지】

사기죄의 성립 여부는 그 행위 당시를 기준으로 판단하여야 하고, 그 행위 이후의 경제사정의 변화 등으로 인하여 피고인이 채무불이행 상태에 이르게 된다고 하여 이를 사기죄로 처벌할 수는 없다. 따라서 이른바 분양대금 편취에 의한 사기죄의 성립 여부를 판단할 때에도 <u>분양계약을 체결할 당시 또는 그 분양대금을 수령할 당시에 피고인에게 그 편취의 범의가 있었는지 여부, 즉 그 당시에 분양목적물에 관하여 분양계약을 체결하고 그 분양대금을 수령하더라도 수분양자에게 해당 목적물을 분양해 주는 것이 불가능하게 될 가능성을 인식하고 이를 용인한 채 그러한 행위를 한 것인지 여부를 기준으로 판단하여야 한다.</u>

347-Ⅰ-45. 신생 수입브랜드의 시계를 마치 오랜 전통을 지닌 브랜드의 제품인 것처럼 허위광고하여 구매자들에게 고가로 판매한 행위(적극) [대법원 2008. 7. 10., 선고, 2008도1664]

【판결요지】

지오모나코 시계가 국내에 처음 수입되기 시작한 2002년 당시 위 '지오모나코'라는 브랜드는 시장에 출시된 지 1년 정도밖에 지나지 않은 신생 브랜드로서 세계적인 명성이나 인지도가 거의 없었고, 지오모나코 본사를 설립한 미켈레 아씨오네 가문은 3대째 귀금속 세공업을 하던 가문이지 3대째 시계제조업을 하던 가문이 아님에도, 마치 3대에 걸쳐 180년 동안 시계제조업을 이어온 브랜드인 것처럼 허위의 광고문구를 작성하여 이를 잡지나 홈쇼핑 방송, 기타 각종 매체를 통해 홍보함으로써, 이를 본 사람들로 하여금 위 지오모나코가 180년을 이어온 전통 있는 브랜드로서 그만큼 위 시계의 품질과 명성이 뛰어날 것으로 오인케 하는 방법으로 개당 수백만 원을 호가하는 고가의 시계들을 판매한 것은 사회적으로 용인될 수 있는 한계를 넘은 것으로서 사기죄의 기망행위에 해당한다고 보았다. 재물편취를 내용으로 하는 사기죄에 있어 기망으로 인한 재물의 교부가 있으면 그 자체로써 피해자의 재산침해가 되어 사기죄가 성립하므로, 상당한 대가가 지급되었는지 여부는 사기죄의 성립에 아무런 영향이 없을 뿐 아니라(대법원 1999. 7. 9. 선고 99도1040 판결 참조), <u>이른바 '명품'이라 불리는 고가품 또는 사치품의 경우, 제품 자체의 품질이나 디자인 외에 브랜드의 역사나 전통, 신뢰도 등도 그 제품의 가치를 결정짓는 매우 중요한 요소가 된다 할 것이어서, 위 시계를 전통 있는 브랜드의 제품으로 오인한 이 사건 구매자들에게 실질적인 피해가 없다고도 볼 수 없다.</u>

1. 대형백화점에서의 이른바 변칙세일 [대법원 1992. 9. 14., 선고, 91도2994]

【판시사항】

[1] 대형백화점에서의 이른바 변칙세일이 사기죄의 기망행위를 구성한다.

[2] 통상적인 업무처리과정에서 위 "[1]"항의 변칙세일에 관여한 백화점 직원에게 백화점을 위한 불법 영득의 의사가 있었다고 본 사례

【판결요지】

[1] 현대산업화 사회에 있어 소비자가 갖는 상품의 품질, 가격에 대한 정보는 대부분 생산자 및 유통업 자의 광고에 의존할 수밖에 없고 백화점과 같은 대형유통업체에 대한 소비자들의 신뢰(정당한 품 질, 정당한 가격)는 백화점 스스로의 대대적인 광고에 의하여 창출된 것으로서 이에 대한 소비자들 의 신뢰와 기대는 보호되어야 한다고 할 것인바, 종전에 출하한 일이 없던 신상품에 대하여 첫 출 하시부터 종전가격 및 할인가격을 비교표시하여 막바로 세일에 들어가는 이른바 변칙세일은 진실 규명이 가능한 구체적 사실인 가격조건에 관하여 기망이 이루어진 경우로서 그 사술의 정도가 사 회적으로 용인될 수 있는 상술의 정도를 넘은 것이어서 사기죄의 기망행위를 구성한다.

[2] 피고인이 백화점의 직원으로 통상적인 업무처리과정에서 위 "[1]"항의 변칙세일에 통상적인 업무처 리과정에서 접하게 되었다 할지라도 피고인에게 백화점을 위한 불법영득의 의사가 있었다고 본다.

347-Ⅰ-46. 인터넷 사이트의 초기화면에 성인 동영상물에 대한 광고용 선전문구 및 영상을 게재하고 이를 통해 접속한 사람들을 유료회원으로 가입시킨 사안 [대법원 2008. 6. 12., 선고, 2008도76]

【판시사항】

인터넷 사이트의 초기화면에 성인 동영상물에 대한 광고용 선전문구 및 영상을 게재하고 이를 통해 접속한 사람들을 유료회원으로 가입시킨 사안에서, 광고내용이 구 정보통신망 이용촉진 및 정 보보호 등에 관한 법률상 음란표현물에 해당하지 않고, 또한 실제 제공하는 영상물과 광고내용에 다 소 차이가 있더라도 사기의 기망행위에 해당하지 않는다.

1. 상가를 분양하면서 그 운영방법 및 수익보장에 대하여 다소의 과장·허위 광고가 수반된 경우 [대법원 2001. 5. 29., 선고, 99다55601]

【판시사항】

상가를 분양하면서 그 운영방법 및 수익보장에 대하여 다소의 과장·허위 광고가 수반되었다 하더라도 기망행위에 해당하지 않는다.

【판결요지】

상품의 선전 광고에 있어서 거래의 중요한 사항에 관하여 구체적 사실을 신의성실의 의무에 비추어 비 난받을 정도의 방법으로 허위로 고지한 경우에는 기망행위에 해당한다고 할 것이나, 그 선전 광고에 다소의 과장 허위가 수반되는 것은 그것이 일반 상거래의 관행과 신의칙에 비추어 시인될 수 있는 한 기망성이 결여된다고 할 것이고, 또한 용도가 특정된 특수시설을 분양받을 경우 그 운영을 어떻게 하 고, 그 수익은 얼마나 될 것인지와 같은 사항은 투자자들의 책임과 판단하에 결정될 성질의 것이므로,

상가를 분양하면서 그 곳에 첨단 오락타운을 조성하고 전문경영인에 의한 위탁경영을 통하여 일정 수익을 보장한다는 취지의 광고를 하였다고 하여 이로써 상대방을 기망하여 분양계약을 체결하게 하였다거나 상대방이 계약의 중요부분에 관하여 착오를 일으켜 분양계약을 체결하게 된 것이라 볼 수 없다.

347-I-47. 사기죄에 있어서 편취의 범의에 관한 판단 방법 및 미필적 고의 [대법원 2008. 3. 27., 선고, 2008도443]

【판시사항】

사기죄의 주관적 구성요건인 편취의 범의는 피고인이 자백하지 않는 이상 범행 전후의 피고인의 재력, 환경, 범행의 내용, 거래의 이행과정 등과 같은 객관적인 사정 등을 종합하여 판단할 수밖에 없으며, 미필적 고의에 의하여도 사기죄는 성립되는 것인바, 범죄구성요건의 주관적 요소로서 미필적 고의라 함은 범죄사실의 발생 가능성을 불확실한 것으로 표상하면서 이를 용인하고 있는 경우를 말하고, 미필적 고의가 있었다고 하려면 범죄사실의 발생 가능성에 대한 인식이 있음은 물론 나아가 범죄사실이 발생할 위험을 용인하는 내심의 의사가 있어야 하며, 그 행위자가 범죄사실이 발생할 가능성을 용인하고 있었는지의 여부는 행위자의 진술에 의존하지 아니하고 외부에 나타난 행위의 형태와 행위의 상황 등 구체적인 사정을 기초로 하여 일반인이라면 당해 범죄사실이 발생할 가능성을 어떻게 평가할 것인가를 고려하면서 행위자의 입장에서 그 심리상태를 추인하여야 한다(대법원 2008. 1. 18. 선고 2007도8781 판결 등 참조).

347-I-48. 피해자에게 근저당권을 설정해 주겠다고 기망하여 금원을 편취한 다음 목적 부동산에 대하여 제3자에게 근저당권을 설정하여 준 배임행위가 사기죄의 불가벌적 사후행위인지 여부(소극) [대법원 2008. 3. 27., 선고, 2007도9328]

【판결요지】

부동산에 피해자 명의의 근저당권을 설정하여 줄 의사가 없음에도 피해자를 속이고 근저당권설정을 약정하여 금원을 편취한 경우라 할지라도, 이러한 약정은 사기 등을 이유로 취소되지 않는 한 여전히 유효하여 피해자 명의의 근저당권설정등기를 하여 줄 임무가 발생하는 것이고, 그럼에도 불구하고 임무에 위배하여 그 부동산에 관하여 제3자 명의로 근저당권설정등기를 마친 경우, 이러한 배임행위는 금원을 편취한 사기죄와는 전혀 다른 새로운 보호법익을 침해하는 행위로서 사기 범행의 불가벌적 사후행위가 되는 것이 아니라 별죄를 구성한다.

347-I-49. 유사수신행위의 금지에 관한 유사수신행위의 규제에 관한 법률 위반죄와 특정경제범죄 가중처벌 등에 관한 법률 제3조 제1항 위반(사기)죄의 관계(=실체적 경합범) [대법원 2008. 2. 29., 선고, 2007도10414]

【판결요지】

유사수신행위의 규제에 관한 법률 제3조에서 금지하고 있는 유사수신행위 그 자체에는 기망행위가 포함되어 있지 않고, 이러한 위 법률 위반죄와 특정경제범죄 가중처벌 등에 관한 법률 위반

(사기)죄는 각 그 구성요건을 달리하는 별개의 범죄로서, 서로 행위의 태양이나 보호법익을 달리하고 있어 양 죄는 상상적 경합관계가 아니라 실체적 경합관계로 봄이 상당할 뿐만 아니라, 그 기본적 사실관계에 있어서도 동일하다고 볼 수 없다.

347-Ⅰ-50. 유동적 무효의 상태인 부동산 매매계약이라 하더라도 매수인이 제3자로부터 금전을 융자받을 목적으로 매도인을 기망하여 매도인 소유의 부동산에 제3자 앞으로 근저당권을 설정한 경우(적극) [대법원 2008. 2. 14., 선고, 2007도10658]

【판시사항】

유동적 무효의 상태인 부동산 매매계약이라 하더라도 매수인이 제3자로부터 금전을 융자받을 목적으로 매도인을 기망하여 매도인 소유의 부동산에 제3자 앞으로 근저당권을 설정하게 함으로써 재산상 이익을 취득하였다면, 사기죄가 성립한다.

【이 유】

사기죄는 타인을 기망하여 그로 인한 하자있는 의사에 기하여 재물을 교부받거나 재산상 이익을 취득함으로써 성립되는 범죄인 만큼, 설사 피고인과 피해자들 사이의 매매계약이 토지거래허가를 받지 아니하여 유동적 무효의 상태에 있었다 하더라도, 피고인이 대출금 및 매매대금을 정산해 줄 것처럼 피해자 공소외 2를 기망하여 그로 하여금 근저당권을 설정하게 함으로써 재산상의 이익을 취득한 이상 피고인으로서는 사기죄의 죄책을 면할 수 없다

347-Ⅰ-51. 무효인 가등기를 말소하는 것이 사기죄의 재산적 처분행위에 해당하는지 여부(적극) [대법원 2008. 1. 24., 선고, 2007도9417]

【판시사항】

[1] 무효인 가등기를 말소하는 것이 사기죄의 재산적 처분행위에 해당하는지 여부(적극)

[2] 무효인 가등기여서 그 말소를 구할 권리를 가진 자라 하더라도 기망행위를 사용하여 이를 말소하게 하였다면 사기죄가 성립한다.

【이 유】

사기죄는 타인을 기망하여 착오에 빠뜨리고 그 처분행위를 유발하여 재물이나 재산상의 이득을 얻음으로써 성립하는 것으로서 여기에서 처분행위라 함은 재산적 처분행위를 의미한다고 할 것인바(대법원 2002. 11. 22. 선고 2000도4419 판결 등 참조), 부동산 위에 소유권이전청구권 보전의 가등기를 마친 자가 그 가등기를 말소하면 부동산 소유자는 가등기의 부담이 없는 부동산을 소유하게 되는 이익을 얻게 되는 것이므로, 가등기를 말소하는 것 역시 사기죄에서 말하는 재산적 처분행위에 해당하고, 설령 그 후 위 가등기에 의하여 보전하고자 하였던 소유권이전청구권이 존재하지 않아 위 가등기가 무효임이 밝혀졌다고 하더라도 가등기의 말소로 인한 재산상의 이익이 없었던 것으로 볼 수 없다. 한편, <u>피고인에게 피해자 명의의 가등기 말소를 구할 권리가 인정된다 하더라도 피고인이 기망행위를 사용하여 피해자로 하여금 위 가등기를 말소하게 한 경우 그 기망행위가 사회통념상 권리행사의 수단으로서 용인될 수 없는 것이라면 피고인의 위와 같은 행위는 사기죄를 구성한다.</u>

> 1. 배당이의 소송 제1심에서 패소판결을 받고 항소한 자가 그 항소를 취하하는 것이 사기죄에서 말하는 재산적 처분행위에 해당하는지 여부(적극) [대법원 2002. 11. 22., 선고, 2000도4419]
>
> 【판결요지】
> 사기죄는 타인을 기망하여 착오에 빠뜨리게 하고 그 처분행위를 유발하여 재물이나 재산상의 이득을 얻음으로써 성립하는 것이므로 여기에 처분행위라고 하는 것은 재산적 처분행위를 의미하는 것이라고 할 것인바, 배당이의 소송의 제1심에서 패소판결을 받고 항소한 자가 그 항소를 취하하면 그 즉시 제1심판결이 확정되고 상대방이 배당금을 수령할 수 있는 이익을 얻게 되는 것이므로 위 항소를 취하하는 것 역시 사기죄에서 말하는 재산적 처분행위에 해당한다.

347-Ⅰ-52. 개인파산·면책제도를 통하여 면책을 받은 채무자에 대한 차용금 사기죄의 심리방법 [대법원 2007. 11. 29., 선고, 2007도8549]

【판시사항】

[1] 개인파산·면책제도를 통하여 면책을 받은 채무자에 대한 차용금 사기죄의 심리방법

[2] 차용금 사기죄로 기소된 피고인이 파산신청을 하여 면책허가결정이 확정된 사안에서, 피고인이 파산신청 2년 전부터 불과 40여 일 전까지 여러 사람들로부터 돈을 빌려서 채무변제와 생활비 등으로 사용한 것은 사기죄를 구성한다.

【판결요지】

[1] 채무자회생 및 파산에 관한 법률상 개인파산·면책제도의 주된 목적 중의 하나는 파산선고 당시 자신의 재산을 모두 파산배당을 위하여 제공한, 정직하였으나 불운한 채무자의 파산선고 전의 채무의 면책을 통하여 그가 파산선고 전의 채무로 인한 압박을 받거나 의지가 꺾이지 않고 앞으로 경제적 회생을 위한 노력을 할 수 있는 여건을 제공하는 것이다. 그러나 한편, 채무자회생 및 파산에 관한 법률은 채권자 등 이해관계인의 법률관계를 조정하고 파산제도의 남용을 방지하기 위하여, 같은 법 제309조에서 법원은 파산신청이 성실하지 아니하거나 파산절차의 남용에 해당한다고 인정되는 때에는 파산신청을 기각할 수 있도록 하고, 같은 법 제564조 제1항의 각 호에 해당하는 경우에는 법원이 면책을 불허가할 수 있도록 하고, '채무자가 고의로 가한 불법행위로 인한 손해배상청구권' 등 같은 법 제566조의 각 호의 청구권은 면책대상에서 제외하며, 같은 법 제569조에 따라 채무자가 파산재단에 속하는 재산을 은닉 또는 손괴하는 등 사기파산죄로 유죄의 확정판결을 받거나 채무자가 부정한 방법으로 면책을 받은 경우 법원의 결정에 의하여 면책이 취소될 수 있도록 하고 있다. 따라서 개인파산·면책제도를 통하여 면책을 받은 채무자에 대한 차용금 사기죄의 인정 여부는 그 사기로 인한 손해배상채무가 면책대상에서 제외되어 경제적 회생을 도모하려는 채무자의 의지를 꺾는 결과가 될 수 있다는 점을 감안하여 보다 신중한 판단을 요한다.

347-Ⅰ-53. 양도증서 등 특허 관련 명의변경 서류를 위조하여 일본국 특허청 공무원에게 제출하여 특허 출원자를 자신 명의로 변경한 사안 [대법원 2007. 11. 16., 선고, 2007도3475]

【판시사항】

양도증서 등 특허 관련 명의변경 서류를 위조하여 일본국 특허청 공무원에게 제출함으로써 특허의 출원자를 자신의 명의로 변경한 사안에서, 특허권에 관한 처분행위가 있었다고 볼 수 없으므로 사기죄를 구성하지 않는다.

【이 유】

사기죄는 다른 사람을 기망하여 착오에 빠뜨리고 그로 인한 처분행위로 재물의 교부를 받거나 재산상 이익을 얻음으로써 성립하는 것인데(대법원 1981. 7. 28. 선고 81도529 판결, 대법원 1982. 2. 9. 선고 81도944 판결 등 참조), 피고인이 피해자 공소외인 명의의 양도증서 등 명의변경 서류를 위조하여 일본국 특허청 공무원에게 제출함으로써 피고인 명의로 이 사건 특허의 출원자 명의를 변경하였다고 하더라도 위 <u>피해자의 이 사건 특허를 받을 수 있는 권리에 관한 처분행위가 있었다고 할 수 없을 뿐만 아니라 일본국 특허청 공무원에게 이 사건 특허를 받을 수 있는 권리의 처분권한이 있다고도 볼 수 없으므로, 이 부분 공소사실은 사기죄를 구성한다고 보기 어렵다.</u>

347-I-54. 가압류채권자가 기망을 당하여 부동산가압류를 해제한 경우(적극) [대법원 2007. 9. 20., 선고, 2007도5507]

【판시사항】

가압류채권자가 기망을 당하여 부동산가압류를 해제하는 것이 사기죄의 처분행위에 해당하는지 여부(적극) 및 위 가압류의 피보전채권이 존재하지 않았더라도 마찬가지인지 여부(적극)

【판결요지】

부동산가압류결정을 받아 부동산에 관한 가압류집행까지 마친 자가 그 가압류를 해제하면 소유자는 가압류의 부담이 없는 부동산을 소유하는 이익을 얻게 되므로, <u>가압류를 해제하는 것 역시 사기죄에서 말하는 재산적 처분행위에 해당하고, 그 이후 가압류의 피보전채권이 존재하지 않는 것으로 밝혀졌다고 하더라도 가압류의 해제로 인한 재산상의 이익이 없었다고 할 수 없다.</u>

347-I-55. 아파트 수분양권자가 소유권이전등기청구권을 가압류당하자 채무를 변제하겠다고 가압류채권자를 기망하여 가압류를 해제하게 한 후 아파트를 매도하고서도 채무를 변제하지 않은 사안(적극) [대법원 2007. 7. 26., 선고, 2007도3160]

【판결요지】

아파트 소유권이전등기청구권을 가압류당한 아파트 수분양권자가 위 청구권을 행사하거나 아파트를 매도할 수 없게 되자 가압류채권자에게 가압류를 해제하여 주면 아파트 매도대금으로 채무를 변제하겠다고 거짓말하여 이에 속은 채권자로부터 가압류해제신청서를 받아 가압류를 해제한 후 아파트를 매도하였으면서도 위 채무를 변제하지 아니한 사안에서, 위 수분양권자로서는 가압류가 해제됨으로써 아파트 매도가 용이해져 매도대금을 수령할 수 있게 된 이익이 있으므로 가압류청구금액 상당의 재산상의 이익을 취득한 사기죄가 성립한다.

347-I-56. 대출 조건과 용도가 임야매수자금으로 한정된 정책자금을 대출받으면서 임야매수자금을

실제보다 부풀린 허위의 계약서를 제출한 경우 [대법원 2007. 4. 27., 선고, 2006도7634]

【판시사항】

[1] 대출의 조건과 용도가 임야매수자금으로 한정되어 있는 정책자금을 대출받으면서 임야매수 자금을 실제보다 부풀린 허위의 계약서를 제출한 경우, 대출자금에 대한 상환의사와 능력의 유무를 불문하고 편취의 고의가 인정되는지 여부(적극)

[2] 대출의 조건 및 용도에 위반하여 자금을 사용하는 관행을 이유로 대출 조건과 용도가 임야매수자금으로 한정된 정책자금을 실제보다 부풀려 대출받아 편취한 행위가 사회상규에 위배되지 않는 정당한 행위라거나 비난가능성이 없다고 할 수 있는지 여부(소극)

【판결요지】

[1] 농어촌구조개선 특별회계기금을 재원으로 하여 임업후계자육성을 위해 이루어지는 정책자금대출로서 그 대출의 조건 및 용도가 임야매수자금으로 한정되어 있는 정책자금을 대출받음에 있어 임야매수자금을 실제보다 부풀린 허위의 계약서를 제출함으로써 대출취급기관을 기망하였다면, 피고인에게 대출받을 자금을 상환할 의사와 능력이 있었는지 여부를 불문하고 편취의 고의가 인정된다.

[2] 임야매수자금으로 대출받은 돈을 임야매수를 위해 사용하지는 않더라도 임업경영의 목적으로 사용하는 한 산림조합이나 정부가 이를 용인하여 왔다거나, 정책자금을 대출받은 사람들이 대출의 조건 및 용도에 위반하여 자금을 사용하는 관행이 있다고는 인정할 수 없을 뿐만 아니라, 설령 그러한 관행이 존재한다고 하더라도 이는 법에 어긋나는 것이므로 그러한 관행을 이유로 대출 조건과 용도가 임야매수자금으로 한정된 정책자금을 실제보다 부풀려 대출받아 편취한 행위가 사회상규에 위배되지 않는 정당한 행위라거나 비난가능성이 없다고 할 수는 없다.

347-Ⅰ-57. 신용보증기금의 신용보증서 발급이 기망행위에 의하여 이루어진 경우, 사기죄의 성립 여부(적극) 및 그로 인하여 취득한 재산상 이익(=신용보증금액 상당액) [대법원 2007. 4. 26., 선고, 2007도1274]

【판시사항】

신용보증기금의 신용보증서 발급이 피고인의 기망행위에 의하여 이루어진 이상 그로써 곧 사기죄는 성립하는 것이고, 그로 인하여 피고인이 취득한 재산상 이익은 신용보증금액 상당액이라 할 것이다.(대법원 2002. 6. 28. 선고 2002도1848 판결, 2005. 11. 10. 선고 2005도6026 판결 등 참조)

> 1. 기망에 의한 금융대출에 있어서 담보권설정이 되어 있는 경우 사기죄의 성부 및 사취액 산정 [대법원 1983. 4. 26., 선고, 82도3088]
>
> 【판결요지】
> 금융기관의 대출이나 신용보증기금의 신용보증서 발급이 기망행위에 의하여 이루어진 이상 그로써 곧 사기죄는 성립하는 것이고, 담보권의 설정이 있었다 하여 결론을 달리하는 바는 아니며 또 그러한 경우 사기죄의 이득액에서 담보물의 가액을 공제하여야 하는 것이 아니다.

347-Ⅰ-58. 변제의 의사나 능력이 없이 금원 대여를 요청하여 동인의 배서가 된 약속어음으로

금융기관에서 할인받은 경우에 피고인이 약속어음에 대해 상환의무를 지는 경우에도 배서인에 대한 사기죄 성립 여부(적극) [대법원 2007. 4. 12., 선고, 2007도1033]

【판시사항】

피고인이 변제의 의사나 능력이 없음에도 이를 숨긴 채 타인에게 금원 대여를 요청하여 동인의 배서가 된 약속어음으로 금융기관에서 할인받은 경우에 피고인이 위 약속어음에 대해 상환의무를 지는 경우에도 위 배서인에 대한 사기죄가 성립하는지 여부(적극)

【이 유】

금융기관의 직원들이 대출을 함에 있어 대출채권의 회수를 확실하게 하기 위하여 충분한 담보를 제공받는 등 상당하고도 합리적인 조치를 강구함이 없이 만연히 대출을 해 주었다면 업무위배행위로 제3자로 하여금 재산상 이득을 취득하게 하고 금융기관에 손해를 가한다는 인식이 없었다고 볼 수 없다(대법원 2002. 6. 28. 선고 2000도3716 판결 등 참조). 한편, 업무상배임죄의 실행으로 인하여 이익을 얻게 되는 수익자 또는 그와 밀접한 관련이 있는 제3자를 배임의 실행행위자와 공동정범으로 인정하기 위하여는 실행행위자의 행위가 피해자 본인에 대한 배임행위에 해당한다는 것을 알면서도 소극적으로 그 배임행위에 편승하여 이익을 취득한 것만으로는 부족하고, 실행행위자의 배임행위를 교사하거나 또는 배임행위의 전 과정에 관여하는 등으로 배임행위에 적극 가담할 것을 필요로 한다(대법원 2003. 10. 30. 선고 2003도4382 판결 등 참조).

---

1. 매도인이 매수인으로부터 매매잔금을 지급 받음에 있어 매수인이 착오에 빠져 지급해야 할 금액을 초과하여 교부한 돈을 수령한 행위가 부작위에 의한 사기죄여부(적극) [대법원 2004. 5. 27., 선고, 2003도4531]

【판결요지】

사기죄의 요건으로서의 기망은 널리 재산상의 거래관계에 있어 서로 지켜야 할 신의와 성실의 의무를 저버리는 모든 적극적 또는 소극적 행위를 말하는 것이고, 그 중 소극적 행위로서의 부작위에 의한 기망은 법률상 고지의무 있는 자가 일정한 사실에 관하여 상대방이 착오에 빠져 있음을 알면서도 그 사실을 고지하지 아니함을 말하는 것으로서, 일반거래의 경험칙상 상대방이 그 사실을 알았더라면 당해 법률행위를 하지 않았을 것이 명백한 경우에는 신의칙에 비추어 그 사실을 고지할 법률상 의무가 인정된다 할 것인바, 매수인이 매도인에게 매매잔금을 지급함에 있어 착오에 빠져 지급해야 할 금액을 초과하는 돈을 교부하는 경우, 매도인이 사실대로 고지하였다면 매수인이 그와 같이 초과하여 교부하지 아니하였을 것임은 경험칙상 명백하므로, 매도인이 매매잔금을 교부받기 전 또는 교부받던 중에 그 사실을 알게 되었을 경우에는 특별한 사정이 없는 한 매도인으로서는 매수인에게 사실대로 고지하여 매수인의 그 착오를 제거하여야 할 신의칙상 의무를 지므로 그 의무를 이행하지 아니하고 매수인이 건네주는 돈을 그대로 수령한 경우에는 **사기죄**에 해당될 것이지만, 그 사실을 미리 알지 못하고 매매잔금을 건네주고 받는 행위를 끝마친 후에야 비로소 알게 되었을 경우에는 주고 받는 행위는 이미 종료되어 버린 후이므로 매수인의 착오 상태를 제거하기 위하여 그 사실을 고지하여야 할 법률상 의무의 불이행은 더 이상 그 초과된 금액 편취의 수단으로서의 의미는 없으므로, 교부하는 돈을 그대로 받은 그 행위는 **점유이탈물횡령죄**가 될 수 있음은 별론으로 하고 사기죄를 구성할 수는 없다.

347-Ⅰ-59. 사기죄의 요건으로서 부작위에 의한 기망의 의미 [대법원 2007. 4. 12. 선고, 2007도967]

　【판시사항】

　[1] 사기죄의 요건으로서 부작위에 의한 기망의 의미

　[2] 특정 질병을 앓고 있는 사람이 보험회사가 정한 약관에 그 질병에 대한 고지의무를 규정하고 있음을 알면서도 이를 고지하지 아니한 채 그 사실을 모르는 보험회사와 그 질병을 담보하는 보험계약을 체결한 다음 바로 그 질병의 발병을 사유로 하여 보험금을 청구한 경우 사기죄의 성립 여부(적극)

　【이 유】

　<u>사기죄의 요건으로서의 기망은 널리 재산상의 거래관계에 있어 서로 지켜야 할 신의와 성실의 의무를 저버리는 모든 적극적 또는 소극적 행위를 말하는 것이고, 이러한 소극적 행위로서의 부작위에 의한 기망은 법률상 고지의무 있는 자가 일정한 사실에 관하여 상대방이 착오에 빠져 있음을 알면서도 이를 고지하지 아니함을 말하는 것</u>으로서(대법원 2006. 2. 23. 선고 2005도8645 판결 등 참조), 특정 질병을 앓고 있는 사람이 보험회사가 정한 약관에 그 질병에 대한 고지의무를 규정하고 있음을 알면서도 이를 고지하지 아니한 채 그 사실을 모르는 보험회사와 그 질병을 담보하는 보험계약을 체결한 다음 바로 그 질병의 발병을 사유로 하여 보험금을 청구하였다면 특별한 사정이 없는 한 사기죄에 있어서의 기망행위 내지 편취의 범의를 인정할 수 있고, 보험회사가 그 사실을 알지 못한 데에 과실이 있다거나 고지의무위반을 이유로 보험계약을 해제할 수 있다고 하여 사기죄의 성립에 영향이 생기는 것은 아니다.

347-Ⅰ-60. 도박자금으로 사용하기 위하여 금원을 차용한 행위가 사기죄를 구성한다. [대법원 2006. 11. 23., 선고, 2006도6795]

　【판시사항】

　[1] 차용금의 편취에 의한 사기죄의 성립 여부 및 편취 범의의 존부의 판단 기준

　[2] 불법원인급여에 해당하는 경우에도 사기죄가 성립할 수 있는지 여부(적극)

　[3] 도박자금으로 사용하기 위하여 금원을 차용한 행위가 사기죄를 구성한다.

　【이 유】

　차용금의 편취에 의한 사기죄의 성립 여부는 차용 당시를 기준으로 판단하여야 하고, 사기죄의 주관적 구성요건인 편취의 범의의 존부는 피고인이 자백하지 아니하는 한 범행 전후의 피고인의 재력, 환경, 범행의 내용, 거래의 이행과정, 피해자와의 관계 등과 같은 객관적 사정을 종합하여 판단하여야 할 것인바, 원심이 유지한 제1심판결의 채택증거들을 기록에 비추어 살펴보면, 피고인이 편취의 범의로 이 사건 범행을 저지른 사실을 충분히 인정할 수 있으므로, 이를 유죄로 인정한 원심판결에 채증법칙 위배로 인한 사실오인의 위법이 있다고 할 수 없다.

　한편, 민법 제746조의 불법원인급여에 해당하여 급여자가 수익자에 대한 반환청구권을 행사할 수 없다고 하더라도, 수익자가 기망을 통하여 급여자로 하여금 불법원인급여에 해당하는 재물을 제공하도록 하였다면 사기죄가 성립한다고 할 것인바 (대법원 1995. 9. 15. 선고 95도707 판결

참조), 피고인이 피해자 공소외인으로부터 도박자금으로 사용하기 위하여 금원을 차용하였더라도 사기죄의 성립에는 영향이 없다고 한 원심의 판단은 옳은 것으로 수긍이 가고, 거기에 불법원인 급여와 사기죄의 성립에 관한 법리오해의 위법이 있다고 할 수 없다.

---

1. 용도를 속이고 돈을 빌린 행위 [대법원 1995. 9. 15., 선고, 95도707]

【판시사항】

사기죄의 실행행위로서의 기망은 반드시 법률행위의 중요 부분에 관한 허위표시임을 요하지 아니하고 상대방을 착오에 빠지게 하여 행위자가 희망하는 재산적 처분행위를 하도록 하기 위한 판단의 기초가 되는 사실에 관한 것이면 충분하므로, 용도를 속이고 돈을 빌린 경우에 만일 진정한 용도를 고지하였더라면 상대방이 빌려 주지 않았을 것이라는 관계에 있는 때에는 사기죄의 실행행위인 기망은 있는 것으로 보아야 한다.

347-I-61. 이미 과다한 부채의 누적 등으로 신용카드 사용으로 인한 대출금채무를 변제할 의사나 능력이 없는 상황에 신용카드를 사용한 경우 [대법원 2006. 3. 24., 선고, 2006도282]

【판시사항】

[1] 이미 과다한 부채의 누적 등으로 신용카드 사용으로 인한 대출금채무를 변제할 의사나 능력이 없는 상황에 처하였음에도 불구하고 신용카드를 사용한 경우, 사기죄에 있어서 기망행위 내지 편취의 범의를 인정할 수 있는지 여부(적극)

[2] 신용카드업자에게 사용대금을 변제할 의사나 능력이 없는 상황에서 신용카드를 사용한 사기죄에 있어서, 반드시 현실적인 피기망자와 처분행위자의 이름 등이 특정되어야 하는 것은 아니라.

【이 유】

신용카드의 거래는 신용카드업자로부터 카드를 발급받은 사람(이하 '카드회원'이라 한다)이 신용카드를 사용하여 가맹점으로부터 물품을 구입하면 신용카드업자는 그 카드를 소지하여 사용한 사람이 신용카드업자로부터 신용카드를 발급받은 정당한 카드회원인 한 그 물품구입대금을 가맹점에 결제하는 한편, 카드회원에 대하여 물품구입대금을 대출해 준 금전채권을 가지는 것이고, 또 카드회원이 현금자동지급기를 통해서 혹은 이른바 인터넷 뱅킹이나 폰 뱅킹의 방법으로 현금서비스를 받아 가면 현금대출관계가 성립되어 신용카드업자는 카드회원에게 대출금채권을 가지는 것이므로, 궁극적으로는 카드회원이 신용카드업자에게 신용카드 거래에서 발생한 대출금채무를 변제할 의무를 부담하게 된다. 그렇다면 이와 같이 신용카드사용으로 인한 신용카드업자의 금전채권을 발생케 하는 행위는 카드회원이 신용카드업자에 대하여 대금을 성실히 변제할 것을 전제로 하는 것이므로, 카드회원이 일시적인 자금궁색 등의 이유로 그 채무를 일시적으로 이행하지 못하게 되는 상황이 아니라 이미 과다한 부채의 누적 등으로 신용카드 사용으로 인한 대출금채무를 변제할 의사나 능력이 없는 상황에 처하였음에도 불구하고 신용카드를 사용하였다면, 사기죄에 있어서 기망행위 내지 편취의 범의를 인정할 수 있다 할 것이다.

347-I-62. 상대방을 기망하여 부당하게 저가로 재물을 매수함으로써 편취한 경우, 그 재물 가액의
　　　　평가방법 [대법원 2006. 3. 10., 선고, 2005도9387]

【판시사항】

　상대방을 기망하여 부당하게 저가로 재물을 매수함으로써 편취한 경우, 특별한 사정이 없는 한 그
재물의 가액은 기망행위의 결과 실제로 지급된 가격이 아니라 기망행위가 없었더라면 지급하였을
가격 혹은 시가에 의하여 평가하여야 할 것이므로, 피해자를 기망하여 <u>유류를 공급받으면서 실제</u>
<u>로 지급한 면세유 가격, 즉 세금과 공과금 등이 모두 공제된 가격이 아니라, 그것이 모두 합산된</u>
<u>일반 시중가격을 기준으로 편취된 재물인 유류의 가액을 평가하여 이득액을 산정하여야 한다.</u>

347-I-63. 어음을 편취한 후 이를 숨기고 제3자로부터 할인받은 경우, 그 어음할인행위가 별도의
　　　　사기죄를 구성하는지 여부(적극) [대법원 2005. 9. 30., 선고, 2005도5236]

【판시사항】

　편취한 약속어음을 그와 같은 사실을 모르는 제3자에게 편취사실을 숨기고 할인받는 행위는 당
초의 어음 편취와는 별개의 새로운 법익을 침해하는 행위로서 기망행위와 할인금의 교부행위 사
이에 상당인과관계가 있어 새로운 사기죄를 구성한다 할 것이고, 설령 그 약속어음을 취득한 제3
자가 선의이고 약속어음의 발행인이나 배서인이 어음금을 지급할 의사와 능력이 있었다 하더라도
이러한 사정은 사기죄의 성립에 영향이 없다(대법원 2000. 9. 5. 선고 99도3590 판결 참조).

347-I-64. 채무자가 채권자에게 속칭 딱지어음을 제공하여 채무의 변제기를 늦춘 사안(적극)
　　　　[대법원 2005. 9. 15., 선고, 2005도5215]

【판시사항】

　[1] 채무이행을 연기받을 목적으로 어음을 발행 교부한 경우, 사기죄의 성부(적극)

　[2] 채무자가 채권자에게 속칭 딱지어음을 제공하여 채무의 변제기를 늦춘 사안에서, 사기죄가
성립하지 않는다고 한 원심판결을 파기한 사례

【이　유】

　사기죄는 기망되어 착오에 빠진 피기망자의 재산상 처분행위에 의하여 범인이 재물이나 재산상
이득을 취득하는 경우에 성립되는 것으로서, 그 이득의 취득으로써 상대방의 재산이 침해되는 것
이므로 상대방에게 현실적으로 재산상의 손해가 발생하지 않았다고 하더라도 사기죄의 성립에 영
향이 없는 것이고, 한편 채무이행을 연기받는 것도 사기죄에 있어서 재산상의 이익이 되므로, <u>채</u>
<u>무자가 채권자에 대하여 소정기일까지 지급할 의사와 능력이 없음에도 종전 채무의 변제기를 늦</u>
<u>출 목적에서 어음을 발행 교부한 경우에는 사기죄가 성립한다</u>(대법원 1997. 7. 25. 선고 97도
1095 판결 등 참조).

1. 어음이 지급기일에 결제되지 않으리라는 점을 예견하면서도 그 내용을 수취인에게 고지하지 아니하고 이를 속여 할인을 받은 경우(적극) [대법원 1997. 7. 25., 선고, 97도1095]

【판시사항】

[1] 어음이 지급기일에 결제되지 않으리라는 점을 예견하면서도 그 내용을 수취인에게 고지하지 아니하고 이를 속여 할인을 받은 경우, 사기죄의 성부(적극)

[2] 융통어음을 진성어음인 것처럼 속여 할인 받으면서 일부 담보를 제공한 경우, 사기죄의 성부(적극)

[3] 채무이행을 연기받을 목적으로 어음을 발행한 경우, 사기죄의 성부(적극)

[4] 재산상 이익 취득의 사기죄에 있어서 이익의 수액을 명시하지 않은 것이 위법인지 여부(소극)

[5] 형법 제347조 제2항의 사기죄에 해당하는 범죄사실에 대하여 형법 제347조 제1항으로 의율한 것이 판결에 영향을 미친 위법에 해당하는지 여부(소극)

【판결요지】

[1] 어음이 지급기일에 결제되지 않으리라는 점을 예견하였거나 지급기일에 지급될 수 있다는 확신이 없으면서도 그러한 내용을 수취인에게 고지하지 아니하고 이를 속여서 할인을 받았다면 사기죄가 성립한다.

[2] 융통어음을 할인함에 있어 그 상대방에 대하여 그 어음이 이른바 진성어음인 것처럼 하기 위하여 적극적인 위장수단을 강구하는 것은 명백한 기망행위에 해당되어 상대방으로 하여금 그 뜻을 오신케 하고 할인명목으로 돈을 교부케 한 행위도 사기죄를 구성하고, 그 할인을 받음에 있어 일부의 담보를 제공하였다 하여 결론이 달라지는 것은 아니므로, 담보가액을 공제하지 아니한 편취 금액 전부에 대하여 사기죄가 성립한다.

[3] 사기죄에 있어서 채무이행을 연기받는 것도 재산상의 이익이 되므로, 채무자가 채권자에 대하여 소정기일까지 지급할 의사와 능력이 없음에도 종전 채무의 변제기를 늦출 목적에서 어음을 발행 교부한 경우에는 사기죄가 성립한다.

[4] 사기죄에 있어서 재산상의 이익은 계산적으로 산출할 수 있는 이익에 한정하지 아니하므로 범죄사실을 판시함에 있어서도 그 이익의 수액을 명시하지 않았다 하더라도 위법이라고 할 수 없다.

[5] 피고인들의 행위가 형법 제347조 제1항의 죄가 성립하지 아니하고 제3자로 하여금 재물을 교부받게 한 경우로서 같은 법 제347조 제2항의 죄가 성립하는 것이라 하더라도 위 제347조 제1항의 죄와 그 제2항의 죄는 그 형이 같아 판결 결과에 영향을 미치는 것은 아니다.

347-Ⅰ-65. 수인의 피해자에 대하여 단일한 범의하에 동일한 방법으로 각 피해자별로 기망행위를 하여 재물을 편취한 경우, 사기죄의 죄수 [대법원 2004. 7. 22., 선고, 2004도2390]

【판시사항】

[1] 수인의 피해자에 대하여 단일한 범의하에 동일한 방법으로 각 피해자별로 기망행위를 하여 재물을 편취한 경우, 사기죄의 죄수 및 공소사실의 기재방법

[2] 사기 범행의 공소사실에 대하여 피해자나 그 피해액을 알 수 없어 공소사실이 특정되었다고 볼 수 없다는 이유로 공소를 기각한 원심판결을 정당하다.

[3] 영업범의 의미 및 사기죄를 영업범으로 볼 수 있는지 여부(소극)

【이 유】

단일한 범의를 가지고 상대방을 기망하여 착오에 빠뜨리고 그로부터 동일한 방법에 의하여 여러 차례에 걸쳐 재물을 편취하면 그 전체가 포괄하여 일죄로 되지만, 여러 사람의 피해자에 대하여 따로 기망행위를 하여 각각 재물을 편취한 경우에는 비록 범의가 단일하고 범행방법이 동일하더라도 각 피해자의 피해법익은 독립한 것이므로 그 전체가 포괄일죄로 되지 아니하고 피해자별로 독립한 여러 개의 사기죄가 성립되고(대법원 1989. 6. 13. 선고 89도582 판결, 2001. 12. 28. 선고 2001도6130 판결 등 참조), 이러한 경우 그 공소사실은 각 피해자와 피해자별 피해액을 특정할 수 있도록 기재하여야 하는 것이다(대법원 1996. 2. 13. 선고 95도2121 판결, 2003. 4. 8. 선고 2003도382 판결 등 참조).

영업범이란 집합범의 일종으로 구성요건의 성질에서 이미 동종행위가 반복될 것으로 당연히 예상되는 범죄를 가리키는 것인바, 피고인의 판시 사기 범행이 비록 동종의 행위를 반복한 것으로 되어 있더라도 구성요건의 성질상 동종행위가 반복될 것이 예상되는 범죄라고 볼 수는 없어 영업범이라고 할 수는 없다 할 것이다.

---

1. 단일한 범의로 동일한 범행방법에 의하여 수인의 피해자에 대한 사기죄를 저지른 경우의 죄수 [대법원 1989. 6. 13., 선고, 89도582]

【판결요지】

단일한 범의의 발동에 의하여 상대방을 기망하고 그 결과 착오에 빠져 있는 동일인으로부터 어떤 기간 동안 동일한 방법에 의하여 금원을 편취한 경우에는 이를 포괄적으로 관찰하여 일죄로 처단하는 것이 상당하나, 수인의 피해자에 대하여 각별로 기망행위를 하여 각각 재물을 편취한 경우에는 비록 범의가 단일하고 범행방법이 동일하더라도 각피해자의 피해법익은 독립한 것이므로 이를 포괄일죄로 파악할 수는 없고 피해자별로 독립한 수개의 사기죄가 성립된다.

---

2. 가공일을 고쳐서 식품을 판매한 백화점 직원에게 사기죄를 인정한 사례 [대법원 1996. 2. 13., 선고, 95도2121]

【판시사항】

[1] 가공일을 고쳐서 식품을 판매한 백화점 직원에게 사기죄를 인정한 사례

[2] 공소사실의 특정정도

【판결요지】

[1] 판매하다 남은 식품에 부착되어 있는 바코드와 비닐랩 포장을 뜯어내고 다시 포장을 하면서 가공일이 당일로 기재된 바코드와 백화점 상표를 부착하여 진열대에 진열하여 마치 위 상품이 판매 당일 구입되어 가공된 신선한 것처럼 고객에게 판매한 백화점 식품담당 직원에게 사기죄를 인정한다.

[2] 사기죄에 있어서 수인의 피해자에 대하여 각별로 기망행위를 하여 각각 재물을 편취한 경우에 그 범의가 단일하고 범행방법이 동일하다고 하더라도 포괄1죄가 되는 것이 아니라 피해자별로 1개씩의 죄가 성립하는 것으로 보아야 할 것이고, 이러한 경우 그 공소사실은 각 피해자와 피해자별 피해액을 특정할 수 있도록 기재하여야 할 것인바, '일정한 기간 사이에 성명불상의 고객들에게 1일 평균 매상액 상당을 판매하여 그 대금 상당액을 편취하였다'는 내용은 피해자나 피해액이 특정되었다고 할 수 없다.

3. 동일 피해자에 대하여 수회에 걸쳐 기망행위를 하였으나 범의의 단일성과 계속성이 인정되지 않거나 범행방법이 동일하지 않은 경우, 사기죄의 죄수(=실체적 경합범) [대법원 1997. 6. 27., 선고, 97도508]

【판결요지】

사기죄에 있어 동일한 피해자에 대하여 수회에 걸쳐 기망행위를 하여 금원을 편취한 경우 범의가 단일하고 범행방법이 동일하다면 사기죄의 포괄1죄만이 성립한다고 할 것이나, 범의의 단일성과 계속성이 인정되지 아니하거나 범행방법이 동일하지 않은 경우에는 각 범행은 실체적 경합범에 해당한다.

347-I-66. 사기의 수단으로 발행한 수표가 지급거절된 경우, 부정수표단속법위반죄와 사기죄의 죄수 관계(=실체적 경합범) [대법원 2004. 6. 25., 선고, 2004도1751]

【판시사항】

[1] 동일한 피해자에 대하여 수회에 걸쳐 기망행위를 하여 금원을 편취하였으나 범의의 단일성과 계속성이 인정되지 않거나 범행방법이 동일하지 않은 경우, 사기죄의 죄수(=실체적 경합범)

[2] 사기의 수단으로 발행한 수표가 지급거절된 경우, 부정수표단속법위반죄와 사기죄의 죄수 관계(=실체적 경합범)

【판결요지】

[1] 단일한 범의의 발동에 의하여 상대방을 기망하고 그 결과 착오에 빠져 있는 동일인으로부터 일정 기간 동안 동일한 방법에 의하여 금원을 편취한 경우에는 이를 포괄적으로 관찰하여 일죄로 처단하는 것이 가능할 것이나, 범의의 단일성과 계속성이 인정되지 아니하거나 범행방법이 동일하지 않은 경우에는 각 범행은 실체적 경합범에 해당한다.

[2] 사기의 수단으로 발행한 수표가 지급거절된 경우 부정수표단속법위반죄와 사기죄는 그 행위의 태양과 보호법익을 달리하므로 실체적 경합범의 관계에 있다.

347-I-67. 외환위기 후 생계형 신규창업자금대출을 받으면서 대출자격 및 대출금 용도를 기망한 행위(적극) [대법원 2003. 12. 12., 선고, 2003도4450]

【판결요지】

명의상의 학원 원장에 불과한 자가 외환위기 후 신규창업 자금을 지원하기 위한 생계형 창업특별보증제도의 목적 및 대출금의 용도에 반하여 창업자금 대출금 중 일부를 개인적인 용도로 사용할 생각이었음에도 불구하고 이를 속이고 위 대출금을 위 학원 운전자금 용도로 사용하겠다면서 보증을 신청한 행위가 사기죄의 기망행위에 해당한다.

347-I-68. 타인의 명의를 빌려 예금계좌를 개설한 후, 통장과 도장은 명의인에게 보관시키고 자신은 위 계좌의 현금인출카드를 소지한 채, 명의인을 기망하여 위 예금계좌로 돈을 송금하게 한 경우(적극) [대법원 2003. 7. 25., 선고, 2003도2252]

【판결요지】

타인의 명의를 빌려 예금계좌를 개설한 후, 통장과 도장은 명의인에게 보관시키고 자신은 위 계좌의 현금인출카드를 소지한 채, 명의인을 기망하여 위 예금계좌로 돈을 송금하게 한 경우, <u>자신은 통장의 현금인출카드를 소지하고 있으면서 언제든지 카드를 이용하여 차명계좌 통장으로부터 금원을 인출할 수 있었고, 명의인을 기망하여 위 통장으로 돈을 송금받은 이상, 이로써 송금받은 돈을 자신의 지배하에 두게 되어 편취행위는 기수에 이르렀다고 할 것이고, 이후 편취금을 인출하지 않고 있던 중 명의인이 이를 인출하여 갔다 하더라도 이는 범죄성립 후의 사정일 뿐 사기죄의 성립에 영향이 없다.</u>

347-I-69. 사기죄에 있어서 '재물의 교부'가 재물의 현실의 인도만을 의미하는 것인지 여부(소극) [대법원 2003. 5. 16., 선고, 2001도1825]

【판시사항】

[1] 사기죄에 있어서 '재물의 교부'가 재물의 현실의 인도만을 의미하는 것인지 여부(소극)

[2] 피고인의 주문에 따라 제작된 도자기 중 실제로 배달된 것뿐만 아니라 피고인이 지정하는 장소로의 배달을 위하여 피해자가 보관중인 도자기도 피고인에게 모두 교부되었다고 판단하여 사기죄의 기수를 인정한 원심을 수긍한 사례

【판결요지】

[1] 사기죄에 있어서 '재물의 교부'란 범인의 기망에 따라 피해자가 착오로 재물에 대한 사실상의 지배를 범인에게 이전하는 것을 의미하는데, 재물의 교부가 있었다고 하기 위하여 반드시 재물의 현실의 인도가 필요한 것은 아니고 재물이 범인의 사실상 지배 아래에 들어가 그의 자유로운 처분이 가능한 상태에 놓인 경우에도 재물의 교부가 있었다고 보아야 한다.

347-I-70. 처음부터 용도를 속여 대출받은 국민주택 건설자금 중 일부를 나중에 국민주택 건설자금으로 사용한 경우, 대출금에 대하여 사기죄가 성립하는지 여부(적극) [대법원 2002. 7. 26., 선고, 2002도2620]

【판시사항】

[1] 사기죄의 성립 요건인 처분행위와 피기망자의 의미

[2] 용도를 속여 국민주택 건설자금을 대출받음에 있어, 기금 대출사무를 위탁받은 은행의 일선 담당 직원이 대출금이 지정된 용도에 사용되지 않을 것이라는 점을 알고 있었다 하더라도, 대출신청액이 일정한 금액을 초과하는 경우에는 은행장이 대출 승인 여부를 결정할 권한이 있으므로, 은행장을 피기망자라고 보아 사기죄의 성립을 인정한 사례

[3] 은행으로부터 용도를 속여 국민주택 건설자금을 대출받으면서 대출금 중 일부로 같은 은행에 대한 기존 대출채무의 변제에 갈음하기로 한 경우, 대출금 전액에 대하여 사기죄가 성립하는지 여부(적극)

[4] 처음부터 용도를 속여 대출받은 국민주택 건설자금 중 일부를 나중에 국민주택 건설자금으로 사용한 경우, 대출금 전액에 대하여 사기죄가 성립하는지 여부(적극)

【판결요지】

[1] 사기죄는 타인을 기망하여 착오에 빠지게 하고 그 처분행위를 유발하여 재물, 재산상의 이익을 얻음으로써 성립하는 범죄로서, 여기서 처분행위라고 하는 것은 범인 등에게 재물을 교부하거나 또는 재산상의 이익을 부여하는 재산적 처분행위를 의미하고, 피기망자는 재물 또는 재산상의 이익에 대한 처분행위를 할 권한이 있는 자를 말한다.

[2] 용도를 속여 국민주택 건설자금을 대출받음에 있어, 기금 대출사무를 위탁받은 은행의 일선 담당 직원이 대출금이 지정된 용도에 사용되지 않을 것이라는 점을 알고 있었다 하더라도, 대출 신청액이 일정한 금액을 초과하는 경우에는 은행장이 대출 승인 여부를 결정할 권한이 있으므로, 은행장을 피기망자라고 보아 사기죄의 성립을 인정한 사례.

[3] 국민주택기금은 국민주택건설자금 등 주택건설촉진법 제10조의4에서 정한 용도 외로는 이를 운용할 수 없는 점, 관리규정은 한국주택은행장으로 하여금 국민주택건설자금을 융자받고자 하는 민간사업자가 허위 또는 부정한 수단으로 자금융자승인을 받은 때에는 자금융자승인을 취소하도록 하고, 기금대출을 받은 자가 융자금을 주택건설자금 이외의 용도로 사용한 때에는 융자금을 일시에 회수하도록 규정하고 있는 점에 비추어 보면, 국민주택건설자금을 융자받고자 하는 민간사업자가 사실은 국민주택건설자금으로 사용할 의사가 없으면서도 국민주택건설자금으로 사용할 것처럼 용도를 속여 자금융자승인을 받아 국민주택건설자금을 대출받은 경우에는, 대출받을 당시 자금의 일부를 지급받는 대신 이로써 같은 은행에 대한 기존채무의 변제에 갈음하기로 하였다 하더라도 대출금 전액에 대하여 사기죄가 성립한다.

[4] 국민주택건설자금을 융자받고자 하는 민간사업자가 처음부터 사실은 국민주택건설자금으로 사용할 의사가 없으면서도 국민주택건설자금으로 사용할 것처럼 용도를 속여 국민주택건설자금을 대출받은 경우에는 대출받은 자금 중 일부를 나중에 국민주택건설자금으로 사용하였다 하더라도 대출금 전액에 대하여 사기죄가 성립한다.

---

1. 사기죄의 성립 요건인 처분행위와 피기망자의 의미 [대법원 2001. 4. 27., 선고, 99도484]

【판결요지】

사기죄는 타인을 기망하여 착오에 빠뜨리게 하고 그 처분행위를 유발하여 재물, 재산상의 이익을 얻음으로써 성립하는 것이고, 여기서 처분행위라고 하는 것은 범인 등에게 재물을 교부하거나 또는 재산상의 이익을 부여하는 재산적 처분행위를 의미하며, 피기망자는 재물 또는 재산상의 이익에 대한 처분행위를 할 권한이 있는 자임은 물론이다.

347-I-71. 은행지점장이 대출고객인 스포츠센터 영업주의 회원권 판매와 관련하여 그 업주가 과다한 대출채무를 부담하고 있는 사실을 알면서도 그의 자력에 대하여 과장되게 설명하였다는 점만으로는 그 업주와 공동으로 사기범행을 저질렀다고 할 수 없다. [대법원 2002. 6. 14., 선고, 99도3658]

【판결요지】

비록 은행지점장이 담보가치가 거의 없는 스포츠센터의 건물·부지에 근저당권만을 설정한 채 그 운영자금을 대출하고, 그 대가로 스포츠센터 영업주로부터 그의 신용카드를 교부받아 사용하고, 또 그 영업주와 사적으로 자주 접촉하면서 교류를 가져왔음을 엿볼 수 있기는 하나, 그렇다고 하더라도 은행 지점장이 은행의 신용을 해치면서 더욱 범죄가 되는 행위까지 하면서 그를 도와주어야 할 특별한 사정이나 특수한 관계가 있지 않는 한, 은행 지점장이 설령 스포츠센터 영업주가 과다한 대출원리금 채무를 부담하고 있음을 알면서도 피해자들에게 그의 상환능력을 과장하여 설명하였다는 점만으로는 은행 지점장이 스포츠센터 영업주와 공동으로 사기범행을 저질렀다고 단정할 수 없다.

347-Ⅰ-72. 어음 발행인들이 각자 자력이 부족한 상태에서 자금을 편법으로 확보하기 위하여 서로 동액의 융통어음을 발행하여 교환한 경우(소극) [대법원 2002. 4. 23., 선고, 2001도6570]

【판결요지】

어음의 발행인이 그 지급기일에 결제되지 않으리라는 점을 예견하였거나 지급기일에 지급될 수 있다는 확신이 없으면서도 그러한 내용을 상대방에게 고지하지 아니한 채 이를 속여 어음을 발행·교부하고 상대방으로부터 그 대가를 교부받았다면 사기죄가 성립하는 것이지만, 이와 달리 어음의 발행인들이 각자 자력이 부족한 상태에서 자금을 편법으로 확보하기 위하여 서로 동액의 융통어음을 발행하여 교환한 경우에는, 특별한 사정이 없는 한 쌍방은 그 상대방의 부실한 자력상태를 용인함과 동시에, 상대방이 발행한 어음이 지급기일에 결제되지 아니할 때에는 자기가 발행한 어음도 결제하지 않겠다는 약정 하에 서로 어음을 교환하는 것이므로, 자기가 발행한 어음이 그 지급기일에 결제되지 않으리라는 점을 예견하였거나 지급기일에 지급될 수 있다는 확신 없이 상대방으로부터 어음을 교부받았다고 하더라도 사기죄가 성립하는 것은 아니다.

---

1. 기망수단으로 어음, 수표를 발행하여 할인받거나 물품을 매수하고 이것이 전전유통되다가 부도된 경우에 발행인의 사기행위 피해자 [대법원 1981. 12. 22., 선고, 81도2605]

【판결요지】

수표 또는 어음의 발행인이 그 지급기일에 결제되지 않으리라는 정을 예견하면서도 이를 발행하고 거래상대방을 속여 그 할인을 받거나 물품을 매수하였다면 위 발행인의 사기행위는 이로써 완성되는 것이고, 위 거래상대방이 그 수표 또는 어음을 타에 양도함으로써 전전유통되고 최후소지인이 지급기일에 지급제시하였으나 부도되었다고 하더라도 특별한 사정이 없는 한 동 소지인에 대한 관계에서 발행인의 행위를 사기죄로 의율할 수 없다.

---

2. 수표 또는 어음이 지급기일에 지급될 수 있다는 확신없이 할인한 경우(적극) [대법원 1985. 3. 12., 선고, 84도1461]

【판결요지】

수표 또는 어음의 발행인이 그 지급기일에 결제되지 않으리라는 점을 예견하였거나 지급기일에 지급될 수 있다는 확신이 없으면서도 그러한 내용을 수취인에게 고지하지 아니하고 이를 속여서 할인을 받았다면 사기죄가 성립한다.

347-I-73. 임대인과 임대차계약을 체결한 임차인이 임차건물에 거주하기는 하였으나 그의 처만이
        전입신고를 마친 후에 경매절차에서 배당을 받기 위하여 임대차계약서상의 임차인 명의를
        처로 변경하여 경매법원에 배당요구 한 경우(소극) [대법원 2002. 2. 8., 선고, 2001도6669]

【판결요지】

임대인과 임대차계약을 체결한 임차인이 임차건물에 거주하기는 하였으나 그의 처만이 전입신고
를 마친 후에 경매절차에서 배당을 받기 위하여 임대차계약서상의 임차인 명의를 처로 변경하여
경매법원에 배당요구를 한 경우, 실제의 임차인이 전세계약서상의 임차인 명의를 처의 명의로 변
경하지 아니하였다 하더라도 소액임대차보증금에 대한 우선변제권 행사로서 배당금을 수령할 권
리가 있다 할 것이어서, 경매법원이 실제의 임차인을 처로 오인하여 배당결정을 하였더라도 이로
써 재물의 편취라는 결과의 발생은 불가능하다 할 것이고, 이러한 임차인의 행위를 객관적으로
결과발생의 가능성이 있는 행위라고 볼 수도 없다.

347-I-74. 금품 등을 받을 것을 전제로 성행위를 하는 부녀를 기망하여 성행위 대가의 지급을
        면하는 경우(적극) [대법원 2001. 10. 23., 선고, 2001도2991]

【판결요지】

일반적으로 부녀와의 성행위 자체는 경제적으로 평가할 수 없고, 부녀가 상대방으로부터 금품이
나 재산상 이익을 받을 것을 약속하고 성행위를 하는 약속 자체는 선량한 풍속 기타 사회질서에
위반한 사항을 내용으로 하는 법률행위로서 무효이나, 사기죄의 객체가 되는 재산상의 이익이 반
드시 사법(私法)상 보호되는 경제적 이익만을 의미하지 아니하고, 부녀가 금품 등을 받을 것을
전제로 성행위를 하는 경우 그 행위의 대가는 사기죄의 객체인 경제적 이익에 해당하므로, 부녀
를 기망하여 성행위 대가의 지급을 면하는 경우 사기죄가 성립한다.

---

1. 부녀와의 정교가 공갈죄의 객체인 재산상 이익으로 평가될 수 있는지 여부(소극) [대법원 1983. 2.
   8., 선고, 82도2714]

【판결요지】

공갈죄는 재산범으로서 그 객체인 재산상 이익은 경제적 이익이 있는 것을 말하는 것인바, 일반적으로
부녀와의 정부 그 자체는 이를 경제적으로 평가할 수 없는 것이므로 부녀를 공갈하여 정교를 맺었다고
하여도 특단의 사정이 없는 한 이로써 재산상 이익을 갈취한 것이라고 볼 수는 없는 것이며, 부녀가
주점접대부라 할지라도 피고인과 매음을 전제로 정교를 맺은 것이 아닌 이상 피고인이 매음대가의 지
급을 면하였다고 볼 여지가 없으니 공갈죄가 성립하지 아니한다.

347-I-75. 피해자를 속여 교부받은 인감증명서 등으로 등기소요서류를 작성하여 소유권이전등기를
        마친 경우(소극) [대법원 2001. 7. 13., 선고, 2001도1289]

【판결요지】

사기죄는 타인을 기망하여 착오에 빠뜨리고 그로 인한 처분행위로 재물의 교부를 받거나 재산상

의 이익을 취득한 때에 성립하는 것이므로, 피고인이 피해자에게 부동산매도용인감증명 및 등기의무자본인확인서면의 진실한 용도를 속이고 그 서류들을 교부받아 피고인 등 명의로 위 부동산에 관한 소유권이전등기를 경료하였다 하여도 피해자의 위 부동산에 관한 처분행위가 있었다고할 수 없을 것이고 따라서 사기죄를 구성하지 않는다.

347-Ⅰ-76. 원인관계가 소멸한 약속어음 공정증서에 기하여 강제집행을 하는 경우(적극) [대법원 1999. 12. 10., 선고, 99도2213]

【판결요지】
채무자가 강제집행을 승낙한 취지의 기재가 있는 약속어음 공정증서에 있어서 그 약속어음의 원인관계가 소멸하였음에도 불구하고, 약속어음 공정증서 정본을 소지하고 있음을 기화로 이를 근거로 하여 강제집행을 하였다면 사기죄를 구성한다.

---

1. 채무자에 대하여 승소확정판결을 받은 후 대여금 전액을 변제받고서도 위 판결정본으로 채무자 소유의 동산에 압류집행한 행위의 죄책 [대법원 1988. 4. 12., 선고,, 87도2394]

【판결요지】
대여금 채권자가 채무자에 대하여 승소확정판결을 받은 대여원리금채권을 그 판결확정후에 전액을 변제받고서도 형식상 적법한 채무명의인 판결정본을 그대로 소지하고 있음을 이용하여 위 판결정본에 기한 채권이 존재함을 내세워 집달관으로 하여금 그 집행절차를 수임하게 하여 위 채무자 소유의 동산에 압류집행을 하도록 하였다면 채권자의 위 소위는 사기미수에 해당한다.

---

2. 채권이 소멸된 판결정본을 근거로 강제집행을 하는 경우 사기죄의 성부(적극) [대법원 1992. 12. 22., 선고, 92도2218]

【판결요지】
민사판결의 주문에 표시된 채권을 변제받거나 상계하여 그 채권이 소멸되었음에도 불구하고 정본을 소지하고 있음을 기화로 이를 근거로 하여 강제집행을 하였다면 사기죄를 구성한다.

347-Ⅰ-77. 타인의 일반전화를 무단 이용하여 전화통화를 한 경우 사기죄 여부(소극) [대법원 1999. 6. 25., 선고, 98도3891]

【판결요지】
사기죄가 성립하기 위하여는 기망행위와 이에 기한 피해자의 처분행위가 있어야 할 것인바, 타인의 일반전화를 무단으로 이용하여 전화통화를 하는 행위는 전기통신사업자인 한국전기통신공사가 일반전화 가입자인 타인에게 통신을 매개하여 주는 역무를 부당하게 이용하는 것에 불과하여한국전기통신공사에 대한 기망행위에 해당한다고 볼 수 없을 뿐만 아니라, 이에 따라 제공되는역무도 일반전화 가입자와 한국전기통신공사 사이에 체결된 서비스이용계약에 따라 제공되는 것으로서 한국전기통신공사가 착오에 빠져 처분행위를 한 것이라고 볼 수 없으므로, 결국 위와 같은 행위는 형법 제347조의 사기죄를 구성하지 아니한다 할 것이고, 이는 형법이 제348조의2를 신설하여 부정한 방법으로 대가를 지급하지 아니하고 공중전화를 이용하여 재산상 이익을 취득한 자를 처벌하는 규정을 별도로 둔 취지에 비추어 보아도 분명하다.

---

1. 타인 전화기를 무단사용하는 경우, 절도죄 성립 여부(소극) [대법원 1998. 6. 23., 선고, 98도700]

【판결요지】

타인의 전화기를 무단으로 사용하여 전화통화를 하는 행위는 전기통신사업자가 그가 갖추고 있는 통신선로, 전화교환기 등 전기통신설비를 이용하고 전기의 성질을 과학적으로 응용한 기술을 사용하여 전화가입자에게 음향의 송수신이 가능하도록 하여 줌으로써 상대방과의 통신을 매개하여 주는 역무, 즉 전기통신사업자에 의하여 가능하게 된 전화기의 음향송수신기능을 부당하게 이용하는 것으로, 이러한 내용의 역무는 무형적인 이익에 불과하고 물리적 관리의 대상이 될 수 없어 재물이 아니라고 할 것이므로 절도죄의 객체가 되지 아니한다.

347-Ⅰ-78. 가계수표 발행인이 허위의 분실사유를 들어 공시최고 신청을 하여 법원으로부터 제권판결을 받은 경우(적극) [대법원 1999. 4. 9., 선고, 99도364]

【판시사항】

가계수표 발행인이 그 수표를 타인이 교부받아 소지하고 있는 사실을 알면서도 허위의 분실사유를 들어 공시최고 신청을 하여 법원으로부터 제권판결을 받은 경우, 사기죄의 성립 여부(적극)

【판결요지】

가계수표발행인이 자기가 발행한 가계수표를 타인이 교부받아 소지하고 있는 사실을 알면서도, 또한 그 수표가 적법히 지급 제시되어 수표상의 소구의무를 부담하고 있음에도 불구하고 허위의 분실사유를 들어 공시최고 신청을 하고 이에 따라 법원으로부터 제권판결을 받음으로써 수표상의 채무를 면하여 그 수표금 상당의 재산상 이득을 취득하였다면 이러한 행위는 사기죄에 해당한다.

---

1. 백지약속어음 발행인 "갑"으로부터 일시 빌려 받은 "을"이 지급거절증 작성기간 경과 후 "병"에게 양도하였는데 "갑"이 분실 이유로 제권판결을 받은 경우(소극) [대법원 1976. 7. 27., 선고, 75도634]

【판결요지】

"갑"이 자금관계없이 수취인을 백지로 한 약속어음을 작성하여 "을"에게 일시 빌려 주었던 바 "을"은 지급거절증서작성기간 경과후에 "병"에게 손해배상조로 이를 양도한 경우 동 양도는 지명채권양도의 효력밖에 없고 발행인인 "갑"에게 대하여 "을"이나 "병"은 어음금을 청구할 권리없는 법리라 할 것이고 "갑"이 위 어음을 분실하였다고 하여 제권판결을 받았다 하여도 어음금채무를 면하여 재산상의 이익을 취득하였다고 할 수 없으므로 사기죄가 성립하지 아니한다.

347-Ⅰ-79. 태풍피해복구보조금 지원절차가 행정당국에 의한 실사를 거쳐 피해자로 확인된 경우 보조금 지원신청을 할 수 있도록 되어 있는 경우, 허위의 피해신고만으로 사기죄의 실행 착수가 있다고 볼 수 있는지 여부(소극) [대법원 1999. 3. 12., 선고, 98도3443]

【판결요지】

태풍 피해복구보조금 지원절차가 행정당국에 의한 실사를 거쳐 피해자로 확인된 경우에 한하여 보조금 지원신청을 할 수 있도록 되어 있는 경우, 피해신고는 국가가 보조금의 지원 여부 및 정도를 결정함에 있어 그 직권조사를 개시하기 위한 참고자료에 불과하다는 이유로 허위의 피해신고만으로는 위 보조금 편취범행의 실행에 착수한 것이라고 볼 수 없다.

347-Ⅰ-80. 신용카드 가맹점주가 신용카드회사에게 용역의 제공을 가장한 허위의 매출전표를 제출하여 대금을 청구한 행위(적극) [대법원 1999. 2. 12., 선고, 98도3549]

【판결요지】

신용카드 가맹점주가 신용카드회사로부터 금원을 교부받을 당시 신용카드회사에게 매출전표가 용역의 제공을 가장하여 허위로 작성된 것임을 고지하지 아니한 채 제출하여 대금을 청구하였고, 신용카드회사는 매출전표에 기재된 바와 같은 가맹점의 용역의 제공이 실제로 있은 것으로 오신하여 그에게 그 대금 상당의 금원을 교부한 경우, 신용카드회사가 가맹점의 용역의 제공을 가장한 허위 내용의 매출전표에 의한 대금청구에 대하여는 이를 거절할 수 있는 등 매출전표가 허위임을 알았다면 가맹점주에게 그 대금의 지급을 하지 아니하였을 관계가 인정된다면, 가맹점주가 용역의 제공을 가장한 허위의 매출전표임을 고지하지 아니한 채 신용카드회사에게 제출하여 대금을 청구한 행위는 사기죄의 실행행위로서의 기망행위에 해당하고, 가맹점주에게 이러한 기망행위에 대한 범의가 있었다면, 비록 당시 그에게 신용카드 이용대금을 변제할 의사와 능력이 있었다고 하더라도 사기죄의 범의가 있었음을 인정할 수 있다.

---

1. 사기죄의 실행행위로서의 기망의 대상 [대법원 1996. 2. 27., 선고, 95도2828]

【판결요지】

사기죄의 실행행위로서의 기망은 반드시 법률행위의 중요 부분에 관한 허위표시임을 요하지 아니하고 상대방을 착오에 빠지게 하여 행위자가 희망하는 재산적 처분행위를 하도록 하기 위한 판단의 기초가 되는 사실에 관한 것이면 족한 것이므로, 용도를 속이고 돈을 빌린 경우에 있어서 만일 진정한 용도를 고지하였더라면 상대방이 돈을 빌려 주지 않았을 것이라는 관계에 있는 때에는 사기죄의 실행행위인 기망은 있는 것으로 보아야 한다.

347-Ⅰ-81. 임대인이 임대차계약을 체결하면서 임차인에게 임대목적물이 경매진행중인 사실을 알리지 아니한 경우(적극) [대법원 1998. 12. 8., 선고, 98도3263]

【판결요지】

사기죄의 요건으로서의 기망은 널리 재산상의 거래관계에 있어 서로 지켜야 할 신의와 성실의 의무를 저버리는 모든 적극적 또는 소극적 행위를 말하는 것이고, 이러한 소극적 행위로서의 부작위에 의한 기망은 법률상 고지의무 있는 자가 일정한 사실에 관하여 상대방이 착오에 빠져 있음을 알면서도 이를 고지하지 아니함을 말하는 것으로서, 일반거래의 경험칙상 상대방이 그 사실을 알았더라면 당해 법률행위를 하지 않았을 것이 명백한 경우에는 신의칙에 비추어 그 사실을 고지할 법률상 의무가 인정되는 것이다.

347-I-82. 기망수단으로 금원을 제공받고 그 금원 중 일부를 변제한 경우, 그 금원 전체에 대하여 사기죄가 성립하는지 여부(적극) [대법원 1998. 4. 24., 선고, 98도248]

【판결요지】

기망수단으로서 변조 또는 위조한 차용증서 등을 제시하였고 그 과정에서 일부 진정한 금전 소비대차관계가 성립되어 피해자가 그 차용인들로부터 일부를 회수하였다고 할지라도 당초의 수령액 전부에 대하여 사기죄가 성립하는 것이지 그 수령액에서 진정하게 소비대차가 성립한 금액을 공제한 액수에 한하여 사기죄가 성립하는 것은 아니다.

---

1. 융통어음을 진성어음인 양 오신케 하여 할인명목으로 금원을 교부케 한 행위(적극) [대법원 1987. 6. 9., 선고, 86도2759]

【판결요지】

융통어음을 할인함에 있어 그 상대방에 대하여 그 어음이 매매대금조로 받았다는 이른바 진성어음인 것처럼 하기 위하여 적극적인 위장수단을 강구하는 것은 명백한 기망행위에 해당되며 상대방으로 하여금 그 뜻을 오신케 하고 할인명목으로 돈을 교부케 한 행위는 사기죄가 성립한다.

---

2. 기망에 의한 금원차용에 있어 별도의 담보가 제공된 경우(적극) [대법원 1993. 7. 27., 선고, 93도1408]

【판시사항】

[1] 기망에 의한 금원차용에 있어서 별도의 담보가 제공된 경우 사기죄의 성부(적극)

[2] 지급기일에 결제되지 않으리라는 점을 예견하였거나 지급될 수 있다는 확신 없이 어음을 할인받은 경우 사기죄의 성부(적극)

【판결요지】

[1] 위조한 수표 또는 약속어음을 마치 진정한 수표 또는 약속어음인 것처럼 피해자들에게 담보로 교부하는 등의 기망행위에 의하여 금원대여가 이루어진 이상 그로써 사기죄는 성립하는 것이고 금원을 차용함에 있어 별도의 담보를 제공하였다 하여 결론을 달리하는 것은 아니다.

[2] 어음이 지급기일에 결제되지 않으리라는 점을 예견하였거나 지급기일에 지급될 수 있다는 확신이 없으면서도 그러한 내용을 수취인에게 고지하지 아니하고 이를 속여서 할인을 받았다면 사기죄가 성립된다.

347-I-83. 이른바 딱지어음 등이 전전유통된 경우, 그 발행인을 최종 소지인에 대한 관계에서 사기죄로 처벌할 수 있는지 여부(소극) [대법원 1998. 2. 10., 선고, 97도3040]

【판결요지】

어음, 수표의 발행인이 그 지급기일에 결제되지 않으리라는 정을 예견하면서도 이를 발행하고, 거래상대방을 속여 그 할인을 받거나 물품을 매수하였다면 위 발행인의 사기행위는 이로써 완성되는 것이고, 위 거래상대방이 그 어음, 수표를 타에 양도함으로써 전전유통되고 최후소지인이 지급기일에 지급제시하였으나 부도되었다고 하더라도 특별한 사정이 없는 한 그 최후소지인에 대한 관계에서 발행인의 행위를 사기죄로 의율할 수 없다.

347-Ⅰ-84. 어음할인 방법으로 금원을 교부받은 경우, 사기죄의 성립요건과 편취의 범의의 판단방법
[대법원 1997. 12. 26., 선고, 97도2609]

【판결요지】

어음이 지급기일에 결제되지 않으리라는 점을 예견하였거나 지급기일에 지급될 수 있다는 확신이 없으면서도 그러한 내용을 수취인에게 고지하지 아니하고 이를 속여서 할인을 받았다면 사기죄가 성립한다고 할 것이고, 사기죄의 주관적 구성요건인 편취의 범의는 피고인이 자백하지 않는 이상 범행 전후의 피고인의 재력, 환경, 범행의 내용, 거래의 이행과정 등과 같은 객관적인 사정 등을 종합하여 판단할 수밖에 없다 할 것이고, 그 범의는 확정적인 고의가 아닌 미필적인 고의로도 족하다.

347-Ⅰ-85. 현금으로 결제하겠다고 하여 물품을 구입한 후 상대방이 그 존재를 다투고 있는 채권과 상계하겠다고 한 경우(적극) [대법원 1997. 11. 11., 선고, 97도2220]

【판결요지】

피고인이 피해자로부터 냉동오징어를 구입하더라도 그 잔대금을 지급할 의사 없이 계약금 명목으로 일부 금원을 지급하고 나머지 대금을 지급하지 않은 사안에서, 피고인이 위 잔대금채무를 이전에 피해자에 대하여 가지고 있었던 채권으로 상계할 의사를 가지고 있었다 하더라도 피해자가 위 채권의 존재 자체를 다투고 있는 상태에서 마치 현금으로 결제할 것처럼 기망하여 물품을 교부받은 것은 사회통념상 용인된다고 볼 수 없으므로, 사기죄가 성립한다.

347-Ⅰ-86. 음식점에서 한우만을 취급하는 것으로 기망하여 수입 쇠갈비를 판매한 경우(적극)
[대법원 1997. 9. 9., 선고, 97도1561]

【판결요지】

식육식당을 경영하는 자가 음식점에서 한우만을 취급한다는 취지의 상호를 사용하면서 광고선전판, 식단표 등에도 한우만을 사용한다고 기재한 경우, '한우만을 판매한다'는 취지의 광고가 식육점 부분에만 한정하는 것이 아니라 음식점에서 조리·판매하는 쇠고기에 대한 광고로서 음식점에서 쇠고기를 먹는 사람들로 하여금 그 곳에서는 한우만을 판매하는 것으로 오인시키기에 충분하므로, 이러한 광고는 진실규명이 가능한 구체적인 사실인 쇠갈비의 품질과 원산지에 관하여 기망이 이루어진 경우로서 그 사술의 정도가 사회적으로 용인될 수 있는 상술의 정도를 넘는 것이고, 따라서 피고인의 기망행위 및 편취의 범의를 인정하기에 넉넉하다고 본 사례.

347-I-87. 유증을 받은 재산에 대하여 상속재산분할청구가 제기되어 있다는 사정을 매수인에게 고지하지 아니하고 수증재산을 매매한 경우 [대법원 1997. 7. 8., 선고, 97도472]

【판결요지】

유증받은 재산에 대하여 상속재산분할청구가 제기되어 있다는 사정을 매수인에게 고지하지 아니하고 수증재산을 매매한 경우, 매도인에게 편취의 범의가 있다고 하려면, 그가 단순히 다른 공동상속인에 의하여 상속재산분할청구가 제기되어 있다는 사실을 알았다는 것만으로는 부족하고, 적어도 그가 그 토지를 유증에 의하여 전부 취득하게 되는 것이 아니라 민법상 유류분제도에 따라 다른 공동상속인들이 유류분반환청구권을 행사하는 경우에는 유류분 침해의 한도에서 그 토지를 취득할 수 없게 된다는 사실을 알고 있었다는 것이 전제되어야 한다.

347-I-88. 보험가입사실증명원의 사기죄 객체 여부(소극) [대법원 1997. 3. 28., 선고, 96도2625]

【판시사항】

교통사고처리특례법 제4조 소정의 보험가입사실증명원이 사기죄의 객체가 되는지 여부(소극)

【판결요지】

보험가입사실증명원은 교통사고를 일으킨 차가 교통사고처리특례법 제4조에서 정한 취지의 보험에 가입하였음을 보험회사가 증명하는 내용의 문서일 뿐이고 거기에 재물이나 재산상의 이익의 처분에 관한 사항을 포함하고 있는 것은 아니므로, 이러한 문서의 불법취득에 의해 침해된 또는 침해될 우려가 있는 법익은 보험가입사실증명원인 서면 그 자체가 아니고 그 문서가 교통사고처리특례법 제4조에 정한 보험에 가입한 사실의 진위에 관한 내용이라고 할 것이고, 따라서 이러한 증명에 의하여 사기죄에서 말하는 재물이나 재산상의 이익이 침해된 것으로 볼 것은 아니어서 보험가입사실증명원은 사기죄의 객체가 되지 아니한다.

---

1. 등기공무원이 경락허가결정등본에 등기필의 취지를 기재한 문서가 사기죄의 객체인 재물인지 여부 (적극) [대법원 1989. 3. 14., 선고, 88도975]

【판결요지】

등기공무원이 경매법에 의한 경락허가결정의 등본에 소유권이전등기를 완료하였다는 등기필의 취지를 기재하고 등기소인을 압날한 문서는 사기죄의 객체가 되는 재물이다.

---

2. 무효인 약속어음공정증서가 사기죄의 객체가 되는지 여부 [대법원 1995. 12. 22., 선고, 94도3013]

【판결요지】

약속어음공정증서에 증서를 무효로 하는 사유가 존재한다고 하더라도 그 증서 자체에 이를 무효로 하는 사유의 기재가 없고 외형상 권리의무를 증명함에 족한 체제를 구비하고 있는 한 그 증서는 형법상의 재물로서 사기죄의 객체가 됨에 아무런 지장이 없다.

347-I-89. 어음할인 행위가 사기죄로 되는 경우 [대법원 1997. 2. 14., 선고, 96도2904]

【판시사항】

[1] 특별한 자금공급 없이는 도산이 불가피한 상황에서 신용과대조작, 변태적 지급보증 및 재력 과시 등의 방법으로 변제자력을 가장하여 대출, 지급보증 및 어음할인을 받은 행위가 사기죄에 해당한다.

[2] 채권자를 기망하여 이루어진 채무변제기의 연장 또는 대환의 사기죄 성부(적극)

[3] 어음할인 행위가 사기죄로 되는 경우

【판결요지】

[1] 특별한 자금공급 없이는 도산이 불가피한 상황에서 신용과대조작, 변태적 지급보증 및 재력 과시 등의 방법으로 변제자력을 가장하여 대출, 지급보증 및 어음할인을 받은 행위가 사기죄에 해당한다.

[2] 대환이라 함은 현실적인 자금의 수수 없이 형식적으로만 신규대출을 하여 기존채무를 변제 하는 것으로서 특별한 사정이 없는 이상 대환은 형식적으로는 별도의 대출에 해당하나 실질적으 로는 기존채무에 대한 변제기의 연장에 해당하는 것이고, 기망에 의하여 채무의 변제기를 연장받 은 경우에도 사기죄가 성립하므로, 타인을 기망하여 대출을 받은 것이 신규대출이 아니라 대환에 해당한다고 하더라도 사기죄로 의율함에 지장이 없다.

[3] 어음이 지급기일에 결제되지 않으리라는 점을 예견하였거나 지급기일에 지급될 수 있다는 확신이 없으면서도 그러한 내용을 수취인에게 고지하지 아니하고 이를 속여서 할인을 받았다면 사기죄가 성립한다.

347-I-90. 강취한 신용카드를 가지고 자신이 그 신용카드의 정당한 소지인인양 가맹점 점주를 속여 물품 등을 제공받은 경우 [대법원 1997. 1. 21., 선고, 96도2715]

【판결요지】

강취한 신용카드를 가지고 자신이 그 신용카드의 정당한 소지인인양 가맹점의 점주를 속이고 그 에 속은 점주로부터 주류 등을 제공받아 이를 취득한 것이라면 신용카드부정사용죄와 별도로 사 기죄가 성립한다.

347-I-91. 대출금을 정상적으로 결제할 의사나 능력 없이 자기 명의 신용카드를 사용하여 현금서비스를 받거나 가맹점으로부터 물품을 구입한 경우 [대법원 1996. 4. 9., 선고, 95도2466]

【판결요지】

신용카드의 거래는 신용카드회사로부터 카드를 발급받은 사람이 위 카드를 사용하여 카드가맹점 으로부터 물품을 구입하면 그 카드를 소지하여 사용하는 사람이 카드회사로부터 카드를 발급받은 정당한 소지인인 한 카드회사가 그 대금을 가맹점에 결제하고, 카드회사는 카드사용자에 대하여 물품구입대금을 대출해 준 금전채권을 가지는 것이고, 또 카드사용자가 현금자동지급기를 통해서 현금서비스를 받아 가면 현금대출관계가 성립되게 되는 것인바, 이와 같은 카드사용으로 인한 카드회사의 금전채권을 발생케 하는 카드사용 행위는 카드회사로부터 일정한 한도 내에서 신용공여가 이루어지고, 그 신용공여의 범위 내에서는 정당한 소지인에 의한 카드사용에 의한 금전대출이 카드 발급시에 미리 포괄적으로 허용되어 있는 것인바, 현금자동지급기를 통한 현금대출도 결국 카드회사로부터 그 지급이 미리 허용된 것이고, 단순히 그 지급방법만이 사람이 아닌 기계에 의해서 이루어지는 것에 불과하다. 그렇다면 피고인이 카드사용으로 인한 대금결제의 의사와 능력이 없으면서도 있는 것 같이 가장하여 카드회사를 기망하고, 카드회사는 이에 착오를 일으켜 일정 한도 내에서 카드사용을 허용해 줌으로써 피고인은 기망당한 카드회사의 신용공여라는 하자 있는 의사표시에 편승하여 자동지급기를 통한 현금대출도 받고, 가맹점을 통한 물품구입대금 대출도 받아 카드발급회사로 하여금 같은 액수 상당의 피해를 입게 함으로써, 카드사용으로 인한 일련의 편취행위가 포괄적으로 이루어지는 것이다. 따라서 <u>카드사용으로 인한 카드회사의 손해는 그것이 자동지급기에 의한 인출행위이든 가맹점을 통한 물품구입행위이든 불문하고 모두가 피해자인 카드회사의 기망당한 의사표시에 따른 카드발급에 터잡아 이루어지는 사기의 포괄일죄이다.</u>

347-Ⅰ-92. 피해자를 기망하여 피해자를 연대보증인으로 차량 할부판매보증보험계약을 체결하게 한 경우(적극) [대법원 1995. 8. 25., 선고, 94도2132]

【판결요지】

풀카고트럭 2세트와 카고트럭 4대를 할부로 매입하여 출고받은 뒤 그 할부매매계약의 연대보증인을 구할 수 없자 피해자에게 거짓말을 하여 풀카고트럭 1대에 대한 연대보증용 인감증명서를 교부받은 후, 피해자로부터 그 서류에 대한 반환을 요구받고도 반환하지 않고 있다가 자동차 회사 판매 영업소 직원에게 교부하면서 풀카고트럭 1세트와 카고트럭 4대의 매매계약 연대보증인으로 처리하라고 하여, 피해자를 연대보증 하는 약속어음 공정증서를 작성하게 하고, 피해자를 연대보증인으로 하여 자신이 경영하는 회사와 보증보험회사 간에 그 차량들의 할부판매보증보험계약을 체결하게 함으로써 그 차량매매대금 중 선지급금을 제외한 나머지 금액 상당의 재산상의 이익을 편취한 피고인의 행위를 사기죄로 처단한 원심판결을 수긍한 사례.

> 1. 차용금의 일부를 빌려주겠다고 타인을 기망하여 그를 연대보증인이 되게 한 후 신용금고로부터 돈을 차용하여 강제집행까지 당하게 한 경우(적극) [대법원 1982. 10. 26., 선고, 82도2217]
>
> 【판결요지】
> 피고인이 상호신용금고로부터 금 2,000,000원을 차용하기 위해서 2인의 연대채무자가 필요하기 때문에 공소외(갑)으로 하여금 연대채무자가 되게 하기 위하여 차용금중 금 1,000,000원을 동인이 쓰도록 하여 주겠다고 거짓말을 하였고 공소외(갑)은 이를 진실한 것으로 믿고 위 차용금에서 금 1,000,000원을 쓴다는 의도아래 위 차용에 있어서 연대보증인이 되었을 뿐 아니라 위 차용금 지급의 연대가 있을 때에는 즉시 강제집행을 받더라도 이의없음을 인낙한다는 공정증서까지를 작성 차입하였는데 피고인이 위 차용금의 지급을 지체하자 상호신용금고에서 공소외(갑)의 재산에 대하여 강제집행을 하기에 이르렀음이 인정된다면, 공소외(갑)이 피고인의 허언에 기망되어 연대채무를 부담하였기 때문에 피고인

이 의도한대로 금 2,000,000원을 차용할 수 있었다는 재산상 불법의 이익을 취득한 것이 되므로 공소외(갑)을 피기망자 및 피해자로 하는 사기죄가 성립한다.

2. 타인을 기망하여 그 소유부동산에 저당권을 설정케 하고 이를 담보로 금원을 융자받은 경우(적극) [대법원 1985. 11. 12., 선고, 84도984]

【판결요지】

타인을 기망하여 그 소유의 부동산에 저당권을 설정케 하고 이를 담보로 금원을 융자받은 경우, 위와 같은 행위는 피해자의 저당권설정행위라는 재산적 처분행위에 의하여 위 저당권을 담보로 하여 융자받은 금원상당의 재산상이익인 담보가치를 취득한 것이 되므로 이는 위 피해자를 피기망자 및 피해자로 하는 사기죄를 구성한다.

347-Ⅰ-93. 연립주택 분양에 있어 평수를 과장 광고한 것이 기망행위에 해당하지 않는다. [대법원 1995. 7. 28., 선고, 95다19515, 95다19522(반소)]

【판결요지】

연립주택을 분양함에 있어 평형의 수치를 다소 과장하여 광고를 하였으나, 그 분양가의 결정방법, 분양계약 체결의 경위, 피분양자가 그 분양계약서나 건축물관리대장 등에 의하여 그 공급면적을 평(坪)으로 환산하여 쉽게 확인할 수 있었던 점 등 제반 사정에 비추어 볼 때, 그 광고는 그 거래당사자 사이에서 매매대금을 산정하기 위한 기준이 되었다고 할 수 없고, 단지 분양 대상 주택의 규모를 표시하여 분양이 쉽게 이루어지도록 하려는 의도에서 한 것에 지나지 아니한다는 이유로, <u>연립주택의 서비스면적을 포함하여 평형을 과장한 광고가 거래에 있어 중요한 사항에 관하여 구체적 사실을 거래상의 신의성실의 의무에 비추어 비난받을 정도의 방법으로 허위로 고지함으로써 사회적으로 용인될 수 있는 상술의 정도를 넘은 기망행위에 해당하지 않는다.</u>

347-Ⅰ-94. 백화점의 식품매장에서 재고 생식품을 가공일자가 재포장일자로 기재된 바코드라벨을 부착하여 재판매하는 행위(적극) [대법원 1995. 7. 28., 선고, 95도1157]

【판결요지】

백화점의 식품매장에서 당일 판매되지 못하고 남은 생식품들에 대하여 그 다음날 아침 포장지를 교체하면서 가공일자가 재포장일자로 기재된 바코드라벨을 부착하여 재판매하는 행위 내지 판매기법은 제품의 신선도에 대한 소비자들의 신뢰를 배신하고 그들의 생식품 구매 동기에 있어서 중요한 요소인 가공일자에 관한 착오를 이용하여 재고상품을 종전 가격에 판매하고자 하는 것으로서 그 사술의 정도가 사회적으로 용인될 수 있는 상술의 정도를 넘은 기망행위라..

347-Ⅰ-95. 사기죄에 있어서 대가가 일부 지급된 경우, 그 편취액은 대가를 공제한 차액이 되는지 여부 [대법원 1995. 3. 24., 선고, 95도203]

【판결요지】

재물편취를 내용으로 하는 사기죄에 있어서는 기망으로 인한 재물교부가 있으면 그 자체로써 피해자의 재산침해가 되어 이로써 곧 사기죄가 성립하는 것이고, 상당한 대가가 지급되었다거나 피해자의 전체 재산상에 손해가 없다 하여도 사기죄의 성립에는 그 영향이 없으므로 <u>사기죄에 있어서 그 대가가 일부 지급된 경우에도 그 편취액은 피해자로부터 교부된 재물의 가치로부터 그 대가를 공제한 차액이 아니라 교부받은 재물 전부이다.</u>

---

1. 사기죄의 성립에 있어서 피해자의 전체 재산상에 손해발생 요부(소극) [대법원 1982. 6. 22., 선고, 82도777]

【판결요지】

재물편취를 내용으로 하는 사기죄에 있어서는 기망으로 인한 재물교부가 있으면 그 자체로써 피해자의 재산침해가 되어 이로써 곧 사기죄가 성립하는 것이고 상당한 대가가 지급되었다거나 피해자의 전체 재산상에 손해가 없다 하여도 사기죄의 상립에는 영향이 없다.

---

2. 낙찰계의 계주가 계원들로부터 계불입금 명목으로 금원을 편취함에 있어 낙찰받는 계원으로부터 이자조로 징수한 돈을 낙찰받지 못한 다른 계원들에게 분배한 사정이 있는 경우 그 편취액(=계불입금 전액) [대법원 1991. 5. 28., 선고, 91도668]

【판결요지】

피고인이 낙찰계를 조직하여 상습적으로 계원인 피해자들을 기망하여 이들로부터 계불입금 명목으로 금원을 편취한 경우, 피고인이 피해자들을 기망하여 계불입금을 취득함으로써 위 범죄는 성립하는 것이어서 설사 피고인이 낙찰받는 계원으로부터 이자조로 징수한 돈을 낙찰받지 못한 다른 계원들에게 분배한 사실이 있다 하더라도 계불입금 전액을 그 편취액으로 보아야 할 것이며 이에서 이자조로 지급한 금액을 공제한 금액만을 편취액으로 볼 것은 아니다.

347-Ⅰ-96. 부동산매매에 있어서 매도인의 불고지가 기망에 해당하고 그 기망행위와 매수인의 매수행위 사이에 인과관계가 있다고 본 사례 [대법원 1994. 10. 21., 선고, 94도2048]

【판시사항】

[1] 부동산매매에 있어서 매도인의 불고지가 기망에 해당하고 그 기망행위와 매수인의 매수행위 사이에 인과관계가 있다고 본 사례

[2] 피해자에게 현실적으로 재산상의 손해가 발생하여야 사기죄가 성립되는지 여부

【판결요지】

[1] 피고인의 국유재산법 위반행위로 말미암아 전득자들이 매매목적물인 국유지에 대한 권리를 확보하지 못할 위험이 생길 수도 있다는 사정은 전득자들의 입장에서 볼 때 전매계약의 체결 여부를 결정짓는 매우 중요한 요소라 할 것이므로 피고인은 신의성실의 원칙상 전득자들에게 이를 고지할 의무가 있다 하겠고, 그럼에도 불구하고 피고인이 매수인인 전득자에게 그와 같은 사정을 고지하지 아니하였다면 이는 사기죄의 구성요건인 기망행위에 해당하는 것이며, 피해자인 전득자가 그와 같은 사정 때문에 그 전매행위가 무효로 될지도 모른다는 사실을 사전에 알았더라면 그 전매계약에 임하지 않았으리라는 점은 경험칙상 쉽게 추측할 수 있다 하겠으므로 피고인의 기망

행위와 피해자의 매수행위 사이에는 인과관계가 있다고 보아야 한다.

[2] 사기죄의 본질은 기망에 의한 재물이나 재산상 이득의 취득에 있고 이로써 상대방의 재산이 침해되는 것이므로 상대방에게 현실적으로 재산상의 손해가 발생하지 않았다 하더라도 사기죄의 성립에는 아무런 영향이 없는 것이어서, 피해자가 피고인의 기망에 의하여 당해 부동산의 소유권을 취득할 수 없게 될지도 모른다는 사정을 알지 못한 채 이를 매수하였다면 이미 재산의 침해가 있었다 할 것이고, 그 이후 피해자가 매수인 명의변경절차나 국가에 대한 민사소송 등을 통하여 소유권이전등기를 경료받아 재산상의 손해가 없게 되었다 하더라도 이는 사기죄의 성립에 아무런 영향을 미칠 수 없다.

1. 재산권에 관한 거래관계에 있어서 당사자의 고지의무 [대법원 1985. 3. 12., 선고, 84도93]

【판결요지】

재산권에 관한 거래관계에 있어서 일방이 상대방에게 그 거래에 관련한 어떠한 사항에 대하여 이를 고지하지 아니하므로써 장차 그 거래관계의 효력 또는 채무의 이행에 장애를 가져와 계약상의 채권을 확보하지 못할 위험이 생길 수 있음을 알면서 이를 상대방에게 고지하지 아니하고 거래관계를 맺어 상대방으로부터 재물의 교부를 받거나 재산상의 이익을 받고 상대방은 그와 같은 사정에 관한 고지를 받았더라면 당해 거래관계에 임하지 아니하였거나 이를 지속하여 재물등을 교부하지 아니하였을 것임이 경험칙상 명백한 경우 그 재물 등의 수취인에게는 신의 성실의 원칙상 사전에 상대방에게 그와 같은 사정을 고지할 의무가 있다 할 것이고 이를 고지하지 아니한 것은 고지할 사실을 묵비함으로써 상대방을 기망한 것이 되어 사기죄를 구성한다 할 것이나 법률관계의 효력에 영향이 없고 상대방의 권리실현에 장애가 되지 아니하는 사유는 이를 고지할 의무가 없다.

2. 연립주택을 건축하다가 자금부족으로 목적물이 모두 채무담보의 목적으로 가등기 또는 이중 분양되어 곧 양도절차를 이행하여야 할 형편이었음에도 이를 숨기고 다시 제3자와 분양계약 또는 전세임대차계약을 체결한 경우(적극) [대법원 1990. 11. 13., 선고, 90도1218]

【판결요지】

피고인이 재력이 별로 없이 무리하게 연립주택의 건축을 떠맡아 일체의 공사자금을 다른 사람들로부터 조달하여 공사를 하다가 채무초과 상태가 되어 목적물로 모두 채권담보의 목적으로 제3자들 앞으로 가등기가 경료 되거나 이중으로 분양계약이 체결되어 담보권의 실행을 위하여 채권자들에게 각 그 가등기에 기한 본등기절차를 이행하거나 위 분양계약에 기한 소유권이전등기절차을 이행하고 목적물도 명도하여 주어야 할 형편에 처해 있었음에도 이러한 사정을 숨기고 피해자들과 분양계약을 다시 체결하거나 임대차(전세)계약을 체결하고 그 후 피해자인 수분양자나 전세입주자들은 가등기에 기한 본등기를 마친 채권자나 권리를 주장하는 앞서의 수분양자들로부터 가옥명도청구 등을 다하여 법적 불안상태에 빠져 있었음에도 피고인으로서는 이를 수습할 길이 없었다면 피고인은 분명 대금이나 전세금을 편취할 범의가 있었다고 보아야 한다.

3. 국민주택선매청약예금증서를 이중으로 양도한 예금주 죄책 [대법원 1987. 6. 23., 선고, 87도1045]

【판결요지】

> 국민주택선매청약예금의 예금주가 이미 갑에게 동 예금증서를 양도하였음에도 위 증서를 분실한 것처럼 은행에 통장 및 인감분실신고를 하여 예금증서를 재발급 받은 다음 위 1차 매매계약사실 및 예금증서의 재발급사실을 숨긴 채 2차로 을에게 다시 양도한 소위는 사기죄에 해당한다.

347-I-97. 토지소유자로 등기된 자가 자신이 진정한 소유자가 아님을 알고서도 기업자나 공탁공무원에게 그 사실을 고지하지 아니한 채 수용보상공탁금을 출급, 수령한 경우(적극) [대법원 1994. 10. 14., 선고, 94도1911]

【판결요지】

비록 토지의 소유자로 등기되어 있다고 하더라도 자신이 진정한 소유자가 아닌 사실을 알게 된 이상, 당해 토지의 수용보상금을 수령함에 있어서 당해 토지를 수용한 기업자나 공탁공무원에게 그러한 사실을 고지하여야 할 의무가 있다고 보아야 할 것이고, 이러한 사실을 고지하지 아니한 채 수용보상금으로 공탁된 공탁금의 출급을 신청하여 이를 수령한 이상 기망행위가 없다고 할 수 없다.

> 1. 토지에 대하여 도시계획이 입안되어 있어 장차 협의매수되거나 수용될 것이라는 사정을 매수인에게 고지하지 아니한 행위(적극) [대법원 1993. 7. 13., 선고, 93도14]
>
> 【판시사항】
>
> 토지에 대하여 도시계획이 입안되어 있어 장차 협의매수되거나 수용될 것이라는 사정을 매수인에게 고지하지 아니한 행위가 부작위에 의한 사기죄를 구성한다고 본 사례

> 2. 자기 점유의 타인 재물을 영득함에 있어 기망행위를 한 자의 사기죄의 성부(소극) [대법원 1987. 12. 22., 선고, 87도2168]
>
> 【판시사항】
>
> [1] 자기 점유의 타인 재물을 영득함에 있어 기망행위를 한 자의 사기죄의 성부
>
> [2] 민사상 구제수단의 존재 또는 현실적인 재산상 손해의 불발생과 사기죄의 성부
>
> 【판결요지】
>
> [1] 사기죄는 타인이 점유하는 재물을 그의 처분행위에 의하여 취득함으로써 성립하는 죄이므로 자기가 점유하는 타인의 재물에 대하여는 이것을 영득 함에 기망행위를 한다 하여도 사기죄는 성립하지 아니하고 횡령죄만을 구성한다.
>
> [2] 기망의 상대방과 재산상의 피해자는 동일인임을 요하지 아니하고 기망당한 자가 민사상의 구제수단이 있다거나 현실적으로 재산상의 손해가 발생하지 않았다 하더라도 사기죄 성립에는 영향이 없다.

347-I-98. 사기죄에서 피기망자와 피해자가 다른 경우, 피기망자에게 요구되는 피해자의 재산을 처분할 수 있는 권능이나 지위가 반드시 사법상의 위임이나 대리권의 범위와 일치하여야 하는지 여부(소극) [대법원 1994. 10. 11., 선고, 94도1575]

【판결요지】

사기죄가 성립되려면 피기망자가 착오에 빠져 어떠한 재산상의 처분행위를 하도록 유발하여 재산적 이득을 얻을 것을 요하고, 피기망자와 재산상의 피해자가 같은 사람이 아닌 경우에는 피기

망자가 피해자를 위하여 그 재산을 처분할 수 있는 권능을 갖거나 그 지위에 있어야 하지만, 여기에서 피해자를 위하여 재산을 처분할 수 있는 권능이나 지위라 함은 반드시 사법상의 위임이나 대리권의 범위와 일치하여야 하는 것은 아니고 피해자의 의사에 기하여 재산을 처분할 수 있는 서류 등이 교부된 경우에는 피기망자의 처분행위가 설사 피해자의 진정한 의도와 어긋나는 경우라고 할지라도 위와 같은 권능을 갖거나 그 지위에 있는 것으로 보아야 한다.

347-Ⅰ-99. 유가증권 사기범행의 이득액 [대법원 1994. 9. 9., 선고, 94도2032]

【판결요지】
유가증권을 편취한 사기범행의 이득액은 그 유가증권의 액면가액이다.

347-Ⅰ-100. 장물인 자기앞수표를 현금 대신 교부한 행위의 가벌성 [대법원 1993. 11. 23., 선고, 93도213]

【판결요지】
금융기관 발행의 자기앞수표는 그 액면금을 즉시 지급받을 수 있는 점에서 현금에 대신하는 기능을 가지고 있어서 장물인 자기앞수표를 취득한 후 이를 현금 대신 교부한 행위는 장물취득에 대한 가벌적 평가에 당연히 포함되는 불가벌적 사후행위로서 별도의 범죄를 구성하지 아니한다.

> 1. 절취한 자기앞수표를 현금 대신으로 교부한 행위의 사기죄 성부(소극) [대법원 1987. 1. 20., 선고, 86도1728]
>
> 【판결요지】
> 금융기관발행의 자기앞수표는 그 액면금을 즉시 지급받을 수 있어 현금에 대신하는 기능을 하고 있으므로 절취한 자기앞수표를 현금 대신으로 교부한 행위는 절도행위에 대한 가벌적 평가에 당연히 포함되는 것으로 봄이 상당하다 할 것이므로 절취한 자기앞수표를 음식대금으로 교부하고 거스름돈을 환불받은 행위는 절도의 불가벌적 사후처분행위로서 사기죄가 되지 아니한다.

> 2. 절취한 열차승차권을 역직원에게 자기의 소유인 양 속여 현금과 교환한 경우(소극) [대법원 1975. 8. 29., 선고, 75도1996]
>
> 【판결요지】
> 열차승차권은 그 자체에 권리가 화체되어 있는 무기명증권이므로 이를 곧 사용하여 승차하거나 권면가액으로 양도할 수 있고 매입금액의 환불을 받을 수 있는 것으로서 열차승차권을 절취한 자가 환불을 받음에 있어 비록 기망행위가 수반한다 하더라도 절도죄 외에 따로히 사기죄가 성립하지 아니한다.

347-Ⅰ-101. 부동산매매목적물이 유언으로 재단법인에 출연된 사실을 숨기고 매도하여 대금을 교부받은 경우(적극) [대법원 1992. 8. 14., 선고, 91도2202]

【판결요지】
부동산매매에 있어서 매매목적물에 관하여 유언으로 재단법인에 출연되었는지의 여부가 문제되고 다른 부동산에 관하여는 이미 위 유언이 유효하다는 판결까지 있었다면 이러한 사정들은 특별한 사정이 없는 한 매수인으로서는 매매계약의 체결 여부를 결정짓는 매우 중요한 요소이므로, 매도인은 거래의 신의성실의 원칙상 매수인에게 이를 고지할 법률상의 의무가 있고 매도인이 매수인에게 위와 같은 사실을 숨기고 매도하여 대금을 교부받았다면 이는 사기죄를 구성한다.

---

1. 매매목적물의 소유권 귀속에 관한 재심소송계속 사실을 숨기고 매도하여 대금을 교부받은 경우(적극) [대법원 1986. 9. 9., 선고, 86도956]

【판결요지】

부동산매매에 있어서 매매목적물에 관하여 소유권귀속에 관한 분쟁이 있어 재심소송이 계속중에 있다면 이러한 사정들은 특별한 사정이 없는 한 매수인으로서는 매매계약의 체결 여부를 결정짓는 매우 중요한 요소이므로 매도인은 거래의 신의성실의 원칙상 매수인에게 고지할 의무가 있다 할 것이고 매도인 이 매수인에게 소송계속사실을 숨기고 매도하여 대금을 교부받았다면 이는 사기죄를 구성한다.

---

2. 매매시 매매목적물에 대한 소송계속 사실의 불고지와 사기죄의 성부(성립) [대법원 1983. 3. 22., 선고, 82도2837]

【판결요지】

부동산매매에 있어서 매수인이 매매목적물의 소송계속 사실을 모르고 그 대금을 교부하려는 경우에 신의성실을 원칙으로 하는 거래의 필요상 매도인측은 이를 매수인에게 고지할 법률상 의무 있다고 할 것이므로 매수인이 소송계속중인 사실을 알았다면 매수하지 아니할 것으로 보여지는 경우에 소송계속 사실을 숨기고 매도하여 그 대금을 교부받았다면 사기죄가 성립하고, 매도인이 매수인에게 소유권이전등기를 넘겨준 여부등 현실적으로 매수인의 재산상의 손해여부는 사기죄의 성립에 아무런 소장이 없다.

---

3. 경락허가된 부동산을 고지하지 않고 전세놓았을 경우(적극) [대법원 1974. 3. 12., 선고, 74도164]

【판결요지】

제3자에게 경락허가결정이 된 부동산을 그런 사실을 묵비한채 전세를 놓았다면 경락허가 사실의 불고지는 사기죄에 해당한다.

347-Ⅰ-102. 부동산의 공동매수인 중 일방이 매도인과 공모하여 자신의 실제 매수가격을 숨긴 채, 타 매수인에게는 자신도 동인과 같은 값으로 매수하는 것인 양 말하여 비싼 값으로 매수하게 한 뒤 그 차액을 분배받은 행위(적극) [대법원 1992. 3. 10., 선고, 91도2746]

【판시사항】

부동산의 공동매수인 중 일방이 매도인과 공모하여 자신의 실제 매수가격을 숨긴 채, 타 매수인에게는 자신도 동인과 같은 값으로 매수하는 것인 양 말하여 비싼 값으로 매수하게 한 뒤 그 차액을 분배받은 행위가 기망 행위에 해당한다.

【판결요지】

피고인은 동일한 부동산을 피해자와 함께 매수하면서 매도인과 공모하여, 사실은 그 부동산의 평당 매수단가를 피해자보다 싸게 매수하면서도 피해자에게는 자신이 마치 피해자와 같은 값으로 매수하는 것처럼 말하여 피해자를 착오에 빠뜨려 그 부동산을 비싼 값에 매수케 하고, 그 매매차액을 분배, 교부받은 경우 이는 사기죄의 구성요건인 기망행위에 해당한다고 할 것이고, 위 피해자가 만일 동일한 부동산을 피고인과 함께 매수하면서 피고인의 평당 매수단가 보다 비싸게 매수한다는 사실을 사전에 알았더라면 그 매매계약에 임하지 않았으리라는 점은 경험법칙상 쉽게 추측할 수 있다 하겠으므로, 피고인의 위 기망행위와 피해자의 매수행위 사이에 인과관계가 있다고 보아야 한다.

347-Ⅰ-103. 피해자 처에 대한 채권을 회수하기 위하여 피해자 처와 공모하여 피해자와의 사이에 피해자 소유의 부동산에 관한 매매계약을 체결하고, 그 매매대금을 위 채권에 충당한 경우(적극) [대법원 1991. 9. 10., 선고, 91도376]

【판결요지】
피고인이 피해자의 처에 대한 채권을 회수하기 위하여 피해자의 처와 공모하여 제3자를 매수인으로 내세워 피해자와의 사이에 피해자 소유의 부동산에 관한 매매계약을 체결하고, 그 매매대금을 위 채권에 충당한 행위는 사회상규상 정당한 권리행사의 범위를 벗어난 것으로서 재산상의 거래관계에 있어서 거래당사자가 지켜야 할 신의와 성실의 의무를 저버린 기망행위가 된다고 하여 사기죄의 성립을 인정한 사례.

347-Ⅰ-104. 이전하지 아니하고서는 계속 가동할 수 없게 된 프라스틱공장을 매도함에 있어 매도인측이 위와 같은 사정을 고지하지 아니하고 공장을 운영하는 데 아무런 문제가 없다고 말한 경우(적극) [대법원 1991. 7. 23., 선고, 91도458]

【판결요지】
공장의 정상가동 여부는 매매계약의 체결 여부를 결정짓는 중요한 요소이므로 프라스틱 공장이 이를 이전하지 아니하고서는 계속 가동할 수 없게 된 경우, 신의성실의 원칙상 매도인에게 위와 같은 사정에 관한 고지의무가 있다고 보아야 할 것이어서, 매도인측이 위와 같은 사정을 고지하지 아니하고 공장을 운영하는 데 아무런 문제가 없다고 말하였다면 이는 매수인을 기망한 경우라고 보아야 할 것이다.

347-Ⅰ-105. 한문 판독능력이 없는 피해자에게 백미 100가마를 변제한다면서 백미 10가마의 보관증을 백미 100가마의 보관증이라고 속여 교부한 행위(소극) [대법원 1990. 12. 26., 선고, 90도2037]

【판시사항】
[1] 한문 판독능력이 없는 피해자에게 백미 100가마를 변제한다면서 백미 10가마의 보관증을 백미 100가마의 보관증이라고 속여 교부한 행위의 이익사기죄 성립여부(소극)
[2] 공소사실이 위 '[1]'항과 같은 경우 법원이 공소장 변경없이 백미 10가마의 보관증을 백미 100가마의 보관증이라고 속여 차용증서를 편취한 것으로 인정할 수 있는지 여부(소극)

【판결요지】
[1] 피고인이 피해자에게 백미 100가마를 변제한다고 말하면서 10가마의 백미보관증을 100가마

의 보관증이라고 속여 교부하고 한문판독능력이 없는 피해자가 이를 100가마의 보관증으로 믿고 교부받았다고 하더라도 나머지 90가마의 채무가 소멸할리 없고 피고인이 위 채무를 면탈하였다고 할 수 없어 이로 인하여 재산상의 이익을 취득하였다고 할 수 없을 것이므로 이익사기죄에 해당한다고 할 수 없다.

[2] 피고인이 10가마의 백미 보관증을 100가마의 백미 보관증이라고 속여 피해자로부터 피고인이 전에 작성하여 준 차용증서를 교부받았다면 그 차용증서를 편취한 것이라고 할 수 있을 것이고, 경우에 따라 죄도 성립할 수 있을 것이나 위 "[1]" 항의 공소사실에는 그와 같은 사실의 기재가 없으므로 법원은 공소장 변경없이 그와 같은 사실을 인정할 수 없다.

347-Ⅰ-106. 지입차량을 매매하면서 매도인인 지입차주가 지입회사에 대한 연체채무액을 알고 있는 경우 매수인에게 고지의무 여부(적극) [대법원 1990. 11. 27., 선고, 90도1087]

【판시사항】

[1] 지입차량을 매매함에 있어서 매도인인 지입차주가 지입회사에 대한 연체채무액을 알고 있는 경우 이를 매수인에게 고지한 의무가 있는지 여부(적극)

[2] 매도인 지입차주가 지입회사에 대한 연체채무액을 자세히 몰라 매수인에게 이를 고지하지 아니한 것이므로 사기죄의 죄책을 지울 수 없다.

【판결요지】

[1] 지입회사는 지입차량에 대한 체납채무를 납입하지 아니하면 정기검사를 거부하고, 또한 지입차량의 매매시에 연체채무가 완납되거나 이를 매수인이 인수하는 경우에만 지입차주의 변경을 허용하여 주는 것이 통례로 되어 있는 점과 이 사건 지입차량의 총매매대금인 710만원에 비하여 회사에 대한 연체채무가 상당히 고액인 300만원 이상인 점을 고려할 때 매수인으로서는 위와 같은 채무의 존재를 알았더라도 위 차량을 매수하였을 것으로는 경험칙상 인정되지 아니하므로 만일 지입차주가 위 채무내용에 관하여 이를 알고 있었다면 그 채무의 존재를 매수인에게 고지할 의무가 있다고 할 것이다.

[2] 법률상 고지의무 있는 자가 그 사실의 내용을 구체적으로 알지 못하기 때문에 고지하지 아니한 것이라면 고지의무위반의 죄책을 물을 수 없다 할 것인바, 지입차량의 운행에 관여하지 아니하여 지입회사에 대한 연체채무액을 자세히 알 수 없어 지입차량 매도 당시 중개인에게 지입회사에 대한 연체채무를 직접 알아보라고 하면서 회사 전화번호까지 알려주었다면 매도인이 연체채무액이 다액임을 알면서도 매수인에게 이를 고지하지 아니함으로써 그를 기만하였다고는 볼 수 없으므로 사기죄의 죄책을 지울 수는 없다.

---

1. 내용을 구체적으로 알지 못하기 때문에 고지하지 않아도 고지의무 위반이 되는지 여부(소극) [대법원 1985. 4. 9., 선고, 85도17]
   【판결요지】

법률상 고지의무 있는 자가 사실을 고지하지 아니함으로써 상대방의 착오에 빠진 상태를 계속시켜 이를 이용하는 경우에 이른바 부작위에 의한 기망행위가 성립하는 것이나, 그 사실의 내용을 구체적으로 알지 못하기 때문에 고지하지 아니한 것이라면 고지의무위반의 죄책을 물을 수 없다.

347-Ⅰ-107. 수탁자가 명의신탁 받은 부동산을 신탁자의 승낙 없이 제3자에게 매도하여 소유권 이전등기를 마쳐 준 경우 제3취득자에 대한 사기죄 성부(소극) [대법원 1990. 11. 13., 선고, 90도1961]

【판결요지】

피고인 단독명의로 소유권이전등기가 되어 있는 부동산 중 1/2지분은 타인으로부터 명의신탁 받은 것임에도 불구하고 피고인이 그의 승낙 없이 위 부동산 전부를 피해자에게 매도하여 그 소유권이전등기를 마쳐준 경우 매수인은 유효하게 위 부동산의 소유권을 취득하므로 매수인인 피해자에 대하여 사기죄를 구성하지 않는다.

1. 부동산의 명의수탁자가 제3자에게 매도하고 소유권이전등기까지 넘겨 준 경우, 그 제3자에 대한 사기죄의 성부(소극) [대법원 1985. 12. 10., 선고, 85도1222]

【판결요지】

부동산의 명의수탁자가 부동산을 제3자에게 매도하고 매매를 원인으로 한 소유권이전등기까지 마쳐 준 경우, 명의신탁의 법리상 대외적으로 수탁자에게 그 부동산의 처분권한이 있는 것임이 분명하고, 제3자로서도 자기명의의 소유권이전등기가 경료된 이상 무슨 손해가 있을리 없으므로 그 제3자에 대한 사기죄가 성립될 여지가 없다.

347-Ⅰ-108. 매매목적물의 물량을 명시하지 않은 이른바 밭떼기매매에서 그 경작면적을 속인 경우(적극) [대법원 1990. 4. 10., 선고, 89도2224]

【판결요지】

피고인과 피해자 사이에 체결된 더덕묘매매계약이 약 5,000여평의 묘밭에 씨앗 2가마 3말을 파종하여 생육된 더덕묘를 대금 1,500만원에 매매하는 내용으로 되어 있어서 매매목적물의 물량을 명시하지 않은 이른바 밭떼기 매매라고 할지라도 위 매매일로부터 수확일까지의 기간이 약 1개월에 불과하고 당시는 겨울철이어서 그 사이에 더덕의 생육에는 아무런 변동이 없었다면, 위 매매는 장래에 생육될 작물이 아니라 이미 생육이 된 현존 작물로서 위 5,000여평의 토지에서 씨앗 2가마 3말을 파종하여 통상적으로 수확될 것이 예상되는 수량의 더덕묘를 매매목적물로 한 것이고 이 수량에 대하여 매매대금을 1,500만원으로 정한 취지라고 보아야 할 것이므로 경작면적이 5,000여평이라는 점은 계약의 주요부분을 이루는 것이고, 따라서 피고인이 실제로 5,000여평이 되지 않음에도 불구하고 5,000여평 이라고 경작면적을 표시하였다면 허위의 사실을 고지한 것이라고 볼 수밖에 없다.

347-Ⅰ-109. 계주가 계원들로부터 계불입금을 편취한 경우 그 중 일부 계원들로부터의 편취행위에

대한 확정판결 기판력이 나머지 계원들에 대한 편취행위에도 미치는지 여부(적극) [대법원 1990. 1. 25., 선고, 89도252]

【판결요지】

단일하고 계속된 범의아래 같은 장소에서 반복하여 여러 사람으로부터 계불입금을 편취한 소위는 피해자별로 포괄하여 1개의 사기죄가 성립하고 이들 포괄일죄 상호간은 상상적 경합관계에 있다고 볼 것이므로 그중 일부 피해자들로부터 계불입금을 편취하였다는 공소사실에 대하여 확정판결이 있었다면 나머지 피해자들에 대한 이 사건 공소사실에 대하여도 위 판결의 기판력이 미치게 된다고 할 것이다.

347-I-110. 자동차를 매도하면서 그 자동차가 제3자와의 대물변제예약의 목적이 되어 있는 사실을 고지하지 않고 매매대금을 교부받은 경우(소극) [대법원 1989. 10. 24., 선고, 89도1397]

【판결요지】

자동차의 매도인이 이미 제3자와의 사이에 자동차매매계약이 체결된 사실을 고지하지 아니한 채 매수인과 매매계약을 체결하였다고 하더라도 제3자와의 위 자동차매매계약이 그 제3자에 대한 차용금채무를 담보하기 위하여 대물변제의 예약을 한 것이라면 매도인은 제3자 명의로 소유권이전등록이 되기까지는 언제든지 차용원리금을 변제하고 위 대물변제예약을 해제할 수 있는 것이며 이 대물변제의 예약 때문에 당연히 매수인이 그 자동차를 인도받아 소유권을 취득하는데 장애가 되는 것은 아니므로 이와 같은 사실만으로는 매도인이 매수인을 기망하여 그 매매대금을 편취한 것이라고 볼 수 없다.

347-I-111. 보상금청구권자들이 보상금 청구를 하여 오자 관계공무원이 보상금청구인들 명의로 보상면적 또는 단가를 늘려 기재한 새로운 보상청구서 등을 위조, 행사하여 보상금을 편취한 경우 편취금액에서 보상금청구권자들에게 지급해야할 금액이 제외되는지 여부(소극) [대법원 1989. 1. 31., 선고, 88도2136]

【판결요지】

보상금청구권자들이 정당한 면적이나 단가 범위 내의 금액에 대해 보상금청구를 하여 오자 피고인이 보상금청구권자들 명의로 면적 또는 단가를 늘려 기재한 새로운 보상금청구서 등을 위조, 행사하여 관계 경리담당자 등을 기망하여 원래의 정당한 청구액보다 현저히 많은 금액을 보상금 명목으로 인출받은 것은 보상금청구인들이 정당한 권리행사를 한 것이 아니라 지급사무 담당자인 피고인이 그와 같은 보상금청구가 있음을 이용하여 금원편취를 위한 수단으로 보상금 지급 명목의 금원지급청구를 하였던 것에 불과하므로 피고인이 수령한 금액 가운데 정당한 보상청구권자에게 지급해야 할 금액이 포함되어 있었다 하여 이를 편취금액에서 제외할 일이 아니다.

> 1. 피해자에 대하여 채권을 가지는 피고인이 피해자를 기망하여 교부받은 약속어음의 액면금이 채권액을 초과하는 경우(적극) [대법원 1982. 9. 14., 선고, 82도1679]
> 【판결요지】

약속어음은 그 자체가 재산적 가치를 지닌 유가증권으로서 재물성이 있고 이 사건 어음은 단일하여 불가분이므로 설사 피고인이 피해자에 대하여 편취어음금의 일부에 해당하는 채권을 가진다 하더라도 이 사건의 어음을 기망에 의하여 교부받은 경우에는 그 어음금 전부에 대하여 사기죄가 성립한다.

2. 채무청산위원회의 위원인 채권자가 타인의 채권증서를 변조하여 허위증액된 만큼의 배당금을 채무청산위원회로부터 취득한 경우 사기죄의 성부(적극) [대법원 1982. 12. 14., 선고, 82도2357]

【판시사항】

[1] 채무청산위원회의 위원인 채권자가 타인의 채권증서를 변조하여 허위증액된 만큼의 배당금을 채무청산위원회로부터 취득한 경우 사기죄의 성부

[2] 변조된 채권증서에 의한 배당금수령이 채무청산위원회의 업무수행에 관련된 행위로서 사회상규에 위반되지 않는 것이라고 볼 수 없다.

【판결요지】

[1] 채무청산위원회가 채무자의 채무정산을 위하여 여러 채권자들로부터 채권신고를 받아 채무자소유의 재산을 처분한 금원을 가지고 각 채권액비율에 따라 배당변제키로 한 경우에 채무청산위원회의 위원인 피고인이 일부채권의 채권증서를 변조하여 채권액을 허위로 증액시킴으로써 그 증액된 만큼에 상당한 배당금을 취득하려고 하였다면, 허위로 증액시킨 금액이 피고인이 채권액을 밑돈다 하더라도 이는 증액된 채권액이 정당한 채권액인 것처럼 가장하여 다른 채권자들을 기망, 오신케 하고 이로 인하여 증액된 만큼의 비율에 의한 배당을 받아 이를 편취하고자 한 것이므로 사기죄의 성립에 아무런 영향이 없다.

[2] 피고인의 변조 채권증서를 이용하여 채무청산위원회로부터 편취한 금원의 용도가 동 위원회가 채무자로부터 그 재산을 양도받는 데에 결정적인 역할을 한 자들에 대한 사례금으로 지급하기 위한 것이었다고 하여 동 변조증서에 의한 배당금취득이 채무청산위원회의 위원으로서 업무수행에 관련된 행위로서 사회상규에 위반되지 않는 것이라고 볼 수 없다.

347- I -112. 허위채권에 의한 가압류와 사기죄 실행의 착수 [대법원 1988. 9. 13., 선고, 88도55]

【판결요지】

가압류는 강제집행의 보전방법에 불과한 것이어서 허위의 채권을 피보전권리로 삼아 가압류를 하였다고 하더라도 그 채권에 관하여 현실적으로 청구의 의사표시를 한 것이라고는 볼 수 없으므로, 본안소송을 제기하지 아니한 채 가압류를 한 것만으로는 사기죄의 실행에 착수하였다고 할 수 없다.

347- I -113. 금원을 편취함에 있어 동일 피해자로부터 수차에 걸쳐 재물을 수수한 경우의 죄수
[대법원 1988. 9. 6., 선고, 87도1166]

【판결요지】

피고인이 취직교제비 명목으로 금원을 편취함에 있어 동일 피해자로부터 재물을 여러차례에 걸쳐 수수함으로써 그 행위가 여러개로 보이더라도 그것이 단일하고 계속되는 범의에 의하여 이루어진 것이고 동일한 법익을 침해한 때에는 사기죄의 포괄일죄로 보는 것이 상당하다.

347-I-114. 기망하여 금전을 차용한 후 타에 대여하여 변제받지 못함으로써 현실적 이득이 없게 된 경우(적극) [대법원 1988. 2. 9., 선고, 87도58]

【판결요지】

차용자가 갚을 의사와 능력이 없으면서 있는 것처럼 속여 피해자들로부터 차용금명목으로 금원을 교부받은 이상 차용자가 이를 타에 대여하였다가 변제받을 수 없게 되어 차용자에게 현실적인 이득이 남아 있지 않는 결과가 되었다 하더라도 이미 성립한 사기죄에는 아무런 영향이 없다.

347-I-115. 아파트 신축분양자가 미완공아파트를 채권담보의 뜻으로 채권자들에게 분양한 후 소유권이전등기경료전에 다시 제3자에게 위 분양사실을 고지하지 아니하고 임대차계약을 체결한 경우(소극) [대법원 1987. 12. 8., 선고, 87도1839]

【판결요지】

아파트를 신축하여 분양하고자 하는 피고인이 그 아파트신축자금 등으로 차용한 금원 등을 변제하지 못하여 채권자들의 요구에 따라 위 아파트가 아직 완공되지 아니한 상태에서 그 채권담보의 뜻으로 위 차용금 등을 아파트분양대금으로 대체하여 분양한 후 각 수분양자 명의로 소유권이전등기를 마쳐주기 전에 이를 다시 제3자에게 위와 같은 분양사실을 고지하지 아니한 채 임대차계약(전세계약)을 체결한 경우에 있어 피고인이 위 임대차계약상의 의무를 이행하여 그 임차인으로 하여금 각 해당아파트를 실제로 입주사용케 하였다면 현행민법이 물권변동에 관하여 형식주의를 취하고 있는 이상 각 수분양자에게 소유권이전등기를 하기 이전에는 피고인이 그 부동산을 원시취득한 법률상 소유자로서 이를 처분할 수 있을 뿐만 아니라 위 분양에 따른 소유권이전등기가 경료되기 이전에는 피담보채무를 변제하여 소유권이전등기의무를 면할 수도 있으니 피고인이 위 임대차계약을 체결할 때에 위 분양사실을 각 임차인에게 고지하지 아니하였다는 사실만으로는 동인들을 기망한 것이라고 볼 수 없다.

> 1. 금원차용의 담보조로 한 상가아파트의 분양사실의 불고지와 사기죄의 성부(소극) [대법원 1983. 6. 28., 선고, 82도1684]
> 【판결요지】
> 차용금원의 담보목적으로 차주가 상가아파트를 1차분양하였으나 그에 따른 소유권이전등기가 아직 경료되지 않았던 이상 피담보채무를 변제하여 1차분양계약을 해제할 수 있었던 것이니 차주가 2차분양자에 대하여 금원차용시 1차분양사실을 고지하지 아니하였다는 사실만으로는 동인을 기망한 것이라 볼 수 없다.

347-I-116. 의제자백에 의한 승소판결에 기하여 경료된 소유권이전등기가 실체관계에 부합하는 경우 사기죄 및 공정증서원본불실기재죄의 성부 [대법원 1987. 3. 10., 선고, 86도864]

【판결요지】

피고인이 그가 점유하고 있는 토지에 대하여 매매를 원인으로 하는 소유권이전등기소송을 제기하여서 의제자백에 의한 승소판결을 받아 경료된 피고인 명의의 소유권이전등기가 비록 절차상의 하자가 있다 하더라도 점유에 의한 소유권취득시효가 완성함으로써 결국 위 소유권이전등기가 실체적 권리관계에 부합하는 유효한 등기라고 한다면 위의 소송에 있어서 피고인에게 위 토지를 편취하려는 범의가 있었다고 볼 수 없고 또한 위와 같이 경료된 등기 역시 불실의 등기라고도 할 수 없다.

347-Ⅰ-117. 채권자로부터 채무의 변제 또는 담보제공을 독촉받고 자기에게 처분권없는 타인의 자산을 양도해 준 경우(소극) [대법원 1986. 7. 22., 선고, 86도681]

【판결요지】

채권자들로부터 채무의 변제 또는 담보제공을 심하게 독촉받자 그러한 급한 상황에서 풀려 나오려는 의도에서 공소외인으로부터 환매권을 양수받은 사실이 없어 처분권이 없는 부동산등에 대해서 환매권양도계약을 체결해준 것 뿐이라면 그것만으로 채권자들에 대한 채무를 확정적으로 면제받은 것이라고 볼 수 없어 위 채권자들에 대한 사기죄를 구성하지 않는다.

---

1. 채무 면탈 목적으로 존재하지 않는 제3자에 대한 채권 양도행위(소극) [대법원 1985. 3. 12., 선고, 85도74]

【판결요지】

사기죄는 사람을 기망하여 자기 또는 제3자로 하여금 재물 또는 재산상의 이익을 얻거나 얻게 하는 경우에 성립하는 것인 바, 자기의 채권자에 대한 채무이행으로 채권을 양도하였다 하더라도 위 채권이 존재하지 않는다면 이를 양도하였다 하여 권리이전의 효력을 발생할 수 없는 것이고 따라서 채권자에 대한 기존의 채무도 소멸하는 것이 아니므로 채무면탈의 효과도 발생할 수 없어 위 채권의 양도로써 재산상의 이득을 취하였다고는 볼 수 없으므로 사기죄는 성립하지 않는다.

347-Ⅰ-118. 계속검사를 받지 않은 자동차를 매수하면서 자동차에 하자가 없다고 말한 경우(소극) [대법원 1986. 7. 8., 선고, 85도1874]

【판결요지】

구 도로운송차량법(1980.12.31 법률 제3307호) 제50조 소정의 계속검사를 받지 않았다 하더라도 동법 제49조의 2, 제14조 제1항 제5호, 제2항, 제3항 소정의 관할관청의 검사 및 말소등록에 관한 최고절차가 없었다면 당연히 말소등록이 될 차량이었다고 볼 수 없는 것이고 설령 말소등록이 되는 경우라고 하더라도 동법 제8조 소정의 등록기준에 적합한 자동차인 이상 다시 등록할 수도 있는 것이므로 자동차매매계약당시까지 관할관청의 검사 및 말소등록에 관한 최고절차가 없었거나, 그 자동차가 직권말소된 후에도 다시 등록을 받을 수 있는 기준에 적합한 경우라면 매도인이 위 자동차매매계약당시 매수인에게 위 자동차에 하자가 없다거나 신규등록이 가능하다는 말을 하였다 하더라도 매수인을 기망한 것이라고 볼 수 없다.

347-Ⅰ-119. 계약금만 지급한 상태에서 토지소유권이전등기를 마친 경우 편취행위에 해당 여부의 판단기준 [대법원 1986. 3. 11., 선고, 85도2815]

【판결요지】

매수인이 계약금만 지급한 상태에서 매도인으로부터 토지에 관한 소유권 이전등기 서류를 교부받아 소유권이전등기를 마친 소위가 편취행위가 되느냐의 여부는 그 후 매수인이 중도금과 잔대금을 지급할 의사와 능력이 없었느냐의 여부에 따라 판단하여야 한다.

347-Ⅰ-120. 편취한 재물의 반환과 사기죄의 성부 [대법원 1986. 2. 25., 선고, 85도2748]

【판결요지】

사기죄는 사람을 적극적으로 기망하거나 소극적으로 신의성실의 원칙상 고지할 의무있는 사항을 묵비하여 이에 속은 타인으로부터 재물의 교부를 받거나 재산상의 이득을 취득한 경우에 성립하고 이미 취득한 재물 또는 재산상 이득을 사후에 반환, 변상했다 하더라도 이는 범죄의 성립에 영향을 미치지 않는다.

347-Ⅰ-121. 유가증권을 편취하는 경우의 기수시기 [대법원 1985. 12. 24., 선고, 85도2317]

【판결요지】

사기범행으로 당좌수표등 유가증권을 편취할 경우에는 유가증권을 교부 받은 단계에서 재물편취의 기수가 된다.

---

1. 주식편취의 기수시기 [대법원 1984. 12. 26., 선고, 84도2303]

【판결요지】

주식의 편취에 관하여는 주식회사가 주권을 발행하기 전이면 위 주식이 표창하는 재산적 이익이 처분되면 당사자 사이에는 유효하게 이를 편취하게 되어 불법이득죄가 성립되나, 주권발행 후이면 주권은 주식의 일정 단위가 화체된 유가증권으로서 그 자체가 재산적 가치를 지닌 재물이므로 그 주식이 기명주식 또는 무기명주식이냐에 따라 각 그 양도방법에 의하여 주권이 교부되는 때에 재물편취죄의 기수가 된다.

347-Ⅰ-122. 매도인의 담보제공사실 불고지와 매수인에 대한 사기죄의 성부 [대법원 1985. 11. 26., 선고, 85도1830]

【판결요지】

피고인이 공소외인에 대한 채무담보를 위하여 본건 부동산에 대하여 매매계약을 체결하고 다시 피해자와도 매매계약을 체결하여 잔금까지 모두 교부받은 경우 잔금의 수령이 위 공소외인에 대한 채무의 변제기이후라 하더라도 동인 앞으로 담보제공에 따른 소유권이전등기가 경료되어 있지 않은 이상 피고인으로서는 위 담보제공 사실을 소극적으로 고지하지 아니하였다는 사실만으로 위 피해자를 기망한 것이라고 볼 수 없다.

---

1. 매도인의 담보제공 사실 불고지와 매수인에 대한 기망 [대법원 1984. 5. 9., 선고, 83도3194]

【판결요지】

채무담보로 제공된 아파트를 분양하는 매도인이 매수인에게 담보제공의 사실을 고지하지 아니하였을 뿐 동 사실이 없다는 취지의 말을 하는 등 적극적으로 매수인을 기망한 바 없고 매수인이 분양계약을 체결한 당시에 위 담보제공에 따른 소유권이전등기가 경료되지 않았음이 인정된다면 매도인으로서는

피담보채무를 변제하고 위 담보제공에 관한 계약을 해제할 수 있었던 것이므로 위 담보사실을 소극적으로 고지하지 않았다는 것만으로는 매수인을 기망하였다고 할 수 없다.

347-Ⅰ-123. 계속적인 거래 또는 대차관계에 있어서 채무를 이행하지 못하였다는 사정만으로 편취의 고의를 인정할 수 있는지 여부(소극) [대법원 1985. 9. 24., 선고, 85도1498]

【판결요지】

계속적인 거래 또는 임차관계에 있어서 자금궁색 등의 이유로 그 채무를 이행하지 못하였다는 사정만으로 편취의 고의가 있었다고 단정하기 어렵다.

347-Ⅰ-124. 임대차계약 당시 저당권설정 사실의 불고지와 사기죄의 성부(소극) [대법원 1985. 9. 10., 선고, 85도1306]

【판결요지】

임대차계약을 체결하고 보증금을 교부받을 시 그 부동산에 관하여 저당권이 설정되어 있다는 사실을 고지하지 않았다 하더라도 임대인이 계약당시 그 부동산이 경매되리라는 사정을 알지 못하였다면 불법영득의 의사로서 임차인을 기망하여 보증금을 편취하였다고 보기 어렵다.

347-Ⅰ-125. 허위의 선하증권을 발행교부하여 수취인으로 하여금 그 물품대금을 지급받게 한 경우의 죄책 [대법원 1985. 8. 20., 선고, 83도2575]

【판결요지】

허위의 선하증권을 발행하여 타인에게 교부하여 줌으로써 그 타인으로 하여금 이를 행사하여 그 선하증권상의 물품대금을 지급받게 한 소위는 허위 유가증권행사죄와 사기죄의 공동정범을 인정하기에 충분하다.

347-Ⅰ-126. 저당권으로 담보되는 채무를 대위변제한 자가 저당권자의 명의로 채권계산서를 제출하여 우선변제를 받은 경우(소극) [대법원 1985. 7. 9., 선고, 85도1034]

【판결요지】

타인의 채무를 대위변제한 경우 그 채무를 위한 담보권은 당연히 소멸되는 것이 아니고 대위변제한 자가 채권자를 대위하여 그 담보권에 기하여 우선변제를 받는 것이므로 저당채무를 대위변제한 자가 경락대금을 배당받는 과정에서 민법상 변제자 대위의 방식에 의하지 아니하고 저당채권자가 직접 우선변제를 받는 것 같이 그들 명의로 채권계산서를 제출하여 배당금을 수령하였다 하더라도 실질적으로 위 우선배당금을 받을 권리가 있는 이상 타인의 재물을 편취할 범의가 있었다고는 볼 수 없다.

347-Ⅰ-127. 수출쿼터를 보유함이 없이 관계서류를 위조하여 할 의사로 수출을 대행키로 한 것이 기망행위가 되는지 여부(적극) [대법원 1985. 5. 14., 선고, 80도2973]

【판시사항】

[1] 수출쿼터를 보유함이 없이 관계서류를 위조하여 할 의사로 수출을 대행키로 한 것이 기망행위가 되는지 여부

[2] 실손해발생의 유무와 사기죄의 성부

【판결요지】

[1] 의류수출의 대행은 대행자가 수출쿼터를 보유하고 있어야만 가능한 것이어서 피고인이 피해자들에게 수출대행을 하여 주겠다고 한 것은 보유하고 있는 수출쿼터를 이용하여 정당한 절차로 수출대행을 하여 주겠다는 뜻이었다고 봄이 경험칙에 합치된다 할 것이고 수출쿼터 관계서류를 위조하여 대행해 주겠다는 내용은 아니었을 것이므로 의류수출쿼터를 보유하고 있는 것처럼 기망하여 수출대행을 하여 주겠다고 한 피고인의 행위는 피고인이 비록 관계서류를 위조하는 방법으로 수출대행을 하여 줄 의사를 가지고 있었다 하더라도 전체적으로 피해자들을 기망한 행위에 해당한다.

[2] 재물편취를 내용으로 하는 사기죄에 있어서는 기망으로 인한 재물의 교부가 있으면 그 자체로서 피해자의 재산침해가 되어 이로써 곧 사기죄가 성립하는 것이고, 상당한 대가가 지급되었다거나 피해자에게 전체 재산상의 손해가 없다 하여도 사기죄의 성립에 영향이 없다 할 것이니 수출쿼터 양도대금 내지 수출대행료가 기망행위에 의하여 교부된 이상 피고인이 위조된 서류에 의한 것이기는 하나 피해자들의 의류수출대행을 아무런 사고없이 완료해 줌으로써 피해자들에게 재산상의 손해가 없었다 하더라도 사기죄가 성립한다.

347-Ⅰ-128. 경매절차가 진행중인 사실을 고지하지도 아니한 채 지입차의 명의변경 계약을 체결하고 대금을 지급받은 경우(적극) [대법원 1985. 4. 9., 선고, 85도242]

【판결요지】

화물자동차 위수탁관리운영계약(일명 지입계약)체결시, 목적물인 차량들에 대하여 이미 근저당권이 설정되어 그 경매절차가 진행 중에 있었다면, 피고인으로서는 의당 위와 같은 사정을 고지하여야 할 신의칙상 의무가 있다 할 것임에도 이를 고지하지 아니한 채 숨기고 지입차주의 명의를 피해자명의로 변경해주겠다는 내용의 계약을 체결하고 지입차량대금을 지급받았다면 사기죄에 해당한다.

347-Ⅰ-129. 건물건축 목적으로 매수한다는 정을 알면서 건축이 가능한 것처럼 가장하여 절대농지를 매도한 경우(적극) [대법원 1985. 4. 9., 선고, 85도167]

【판결요지】

토지의 매매계약서에 매수인의 매수목적 즉 건물건축의 목적으로 매수한다는 내용이 표시되지 않았다고 하여도 매도인이 그러한 매수인의 매수목적을 알면서 건축이 가능한 것처럼 가장하여 이를 오신한 매수인과 사이에 매매계약이 성립된 것이라면 위와 같은 매도인의 행위는 사기죄의 구성요건인 기망행위에 해당한다.

347-Ⅰ-130. 부동산 매도인이 동 부동산에 대한 명도소송이 계속 중이고 점유이전금 지 가처분까지

되어 있는 사실을 매수인에게 고지할 의무가 있는지 여부(적극) [대법원 1985. 3. 26., 선고, 84도301]

【판결요지】

매매에 있어서 매수인이 알았다면 매수하지 아니할 것이 거래의 경험칙상 명백한 사실에 대하여는 매도인은 신의성실의 원칙에 따라 이를 상대방에게 고지할 법률상 의무가 있다고 보아야 할 것이므로 제3자가 매도인을 상대로 대지 및 지상건물에 대한 명도소송을 제기하여 계속중이고 점유이전금지가처분까지 되어 있는 사실을 매수인이 알았다면 거래의 경험칙상 위 대지를 매수하지 아니하였을 것이 분명하므로 신의성실의 원칙에 따라 매도인은 위와 같은 소송관계를 매수인에게 고지할 법률상 의무가 있다.

347-I-131. 돈을 차용할 당시 단순히 채무액이 적극재산보다 많다는 사실만으로 변제능력이 없었다고 단정할 수 있는지 여부(소극) [대법원 1985. 3. 12., 선고, 84도3067]

【판결요지】

피고인이 돈을 차용할 당시 부채가 적극재산보다 다소 많다고 하더라도 그 부채는 피고인이 근무하던 회사나 인척의 것으로서 채무이행이 급박한 상태도 아니었을 뿐만 아니라 피고인이 당시 금융업계에 종사하고 있어 자금동원능력이 있었다면 단순히 채무액이 적극재산에 비하여 많다는 사실만으로 위 금원의 차용당시 채무변제 능력이 없었다고 볼 수 없다.

347-I-132. 발행인의 자금부족으로 지급거절된 약속어음도 사기죄의 객체가 되는지 여부(적극) [대법원 1985. 3. 9., 선고, 85도951]

【판결요지】

약속어음은 그 자체가 재산적 가치를 지닌 유가증권으로서 만기에 지급장소에서 어음금이 지급되지 아니하는 때라도 소지인은 배서인, 발행인 기타 어음채무자에 대하여 소구권을 행사할 수 있어서 그 효용이 소멸된 것이 아니므로 발행인의 자금부족으로 지급장소에서 지급되지 아니하는 약속어음이라도 사기죄의 객체가 된다.

347-I-133. 배서부분이 위조된 약속어음을 할인하여 수령한 금원을 모두 회사의 운영자금으로 사용한 경우(적극)[대법원 1985. 2. 26., 선고, 84도2877]

【판결요지】

배서부분이 위조된 약속어음을 제시하여 어음할인의 방식으로 돈을 수령하였다면 그 시에 사기죄는 성립하고 그 후 이 돈을 온.라인을 통하여 공소외 회사에 송금하여 그 돈이 모두 동 회사의 운영자금으로 사용되었다고 하더라도 이는 사기죄 성립후의 사후행위에 불과할 뿐 이를 들어 이 돈을 편취한 것이 아니라고 할 수 없다.

347-I-134. 사기죄에 있어서의 재산상 손해의 발생에 전체 재산의 감소를 요하는지 여부(소극)

【판결요지】

타인을 기망하여 재물을 편취하는 사기죄에 있어서는 피기망자의 착오에 의한 재물의 교부 자체가 재산상 손해에 해당하는 것으로서 이 밖에 피해자의 전체 재산의 감소를 필요로 하지 않는다고 할 것이므로, 피해자가 피고인의 기망에 의하여 운송면허를 양수하고 그 대가를 지급한 이상 그 대가를 반환받을 수 있다고 하여도 재산상 손해는 이미 발생한 것이라고 할 것이다.

347-Ⅰ-135. 재산권에 관한 거래관계에 있어서 당사자 고지의무 [대법원 1984. 9. 25., 선고, 84도882]

【판결요지】

재산권에 관한 거래관계에 있어서, 일방이 상대방에게 그 거래에 관련된 어떠한 사항에 대하여 이를 고지하지 아니함으로써 장차 그 거래관계의 효력 또는 채무의 이행에 장애를 가져와 계약상의 채권을 확보하지 못할 위험이 생길 수 있음을 알면서 이를 상대방에게 고지하지 아니하고 거래관계를 맺거나 그러한 상태를 묵비하여 상대방으로부터 재물의 교부를 받거나 재산상의 이익을 받고 상대방은 그와 같은 사정에 관한 고지를 받았더라면 당해 거래관계에 임하지 아니하였거나, 이를 지속하여 재물 등의 교부를 하지 아니하였을 것임이 경험칙상 명백한 경우, 그 재물의 수취인에게는 신의성실의 원칙상 사전에 상대방에게 그와 같은 사정을 고지할 의무가 있다할 것이고 이를 고지하지 아니한 것은 상대방을 기망한 것이되어 사기죄를 구성한다 할 것이고 법률관계의 효력에 영향이 없고 상대방의 권리실현에 장애가 되지 아니하는 사유는 이를 고지할 의무가 없다.

347-Ⅰ-136. 부동산 매수인이 그 서류를 이용하여 타 부동산의 이전등기를 할 의사로 매도인으로부터 당해 소유권이전등기 소요서류를 교부받는 행위와 사기죄의 성부(소극) [대법원 1984. 9. 25., 선고, 84도1449]

【판결요지】

부동산 매수인은 매도인에 대하여 동 부동산의 소유권이전등기 소요서류의 교부청구권이 있으므로 매수인측의 대리인인 피고인이 매도인인 피해자들로부터 동 서류등을 교부받은 것이라면 당시 피고인이 그 서류를 이용하여 다른 부동산에 대한 소유권이전등기를 할 의사를 가지고 있었고 피해자들이 피고인의 진의를 알지 못하고 있었다 하더라도 위 피해자들의 등기소요서류 교부행위 자체는 착오로 인한 재산적 처분행위라고 할 수 없어 비록 피고인이 진실한 용도를 고지않았다 하더라도 그것만으로 곧 위 서류의 수령행위가 사기죄를 구성한다고는 볼 수 없다.

347-Ⅰ-137. 채권자가 채권의 양도통지를 않고서 채무금을 수령한 행위와 사기죄의 성부(소극) [대법원 1984. 5. 9., 선고, 83도2270]

【판결요지】

채무자는 채권자로부터 채권의 양도통지를 받지 않은 이상 채무금은 원래의 채권자에게 반환할 의무가 있는 것이므로, 채권양도 통지 전에는 그 채무자가 채권자에게 그 채무금을 반환하면 유효한 변제가 되는 것이고 채권자에 대하여 위 채무금의 지급을 거부할 권리를 유보하고 양수인에게만 지급해야 할 특별한 사정이 없는 한 채무자로서는 양수인이 채무의 지급을 구한다 하더라도 이를 거부할 권리가 있으므로 채권자가 위 채권의 양도사실을 밝히지 아니하고 직접 위 외상대금을 수령하였다 하여 기망수단을 써서 채무자를 착오에 빠뜨려 그 대금을 편취한 것이라 할 수 없다.

347-Ⅰ-138. 타인의 부동산에 근저당권을 설정하여 자신의 외상거래담보로 이용한 행위와 재산상 이익 취득 [대법원 1984. 4. 10., 선고, 84도119]

【판결요지】

피고인이 피해자 소유 부동산에 관하여 소외 회사의 명의의 근저당권을 설정하여 피고인이 위 근저당권을 자신의 위 소외 회사와의 외상거래에 대한 담보로 이용하였다면 그 같은 근저당권의 이용으로 피고인이 취득한 재산상의 이익이 전혀 없다고 볼 수 없다.

347-Ⅰ-139. 담보부금원차용과 기망에 의한 재물의 편취 [대법원 1984. 3. 27., 선고, 84도231]

【판결요지】

금원을 차용하면서 충분한 담보를 제공하였다면 특단의 사정이 없는 한 그 차용금을 변제할 의사와 능력이 없었다고 볼 수 없으며 그 담보물이 제3자의 소유라 하더라도 담보권설정이 무효가 아닌 이상 마찬가지라고 할 것이다.

347-Ⅰ-140. 부적법한 방법으로 면회계공무원으로부터 교부받은 돈을 면의 소요경비에 사용한 공무원과 사기죄의 성부(소극) [대법원 1984. 2. 14., 선고, 83도2857]

【판결요지】

면사무소직원이 면회계공무원으로부터 자금을 지출받음에 있어서 적법한 절차가 아닌 허위의 지출결의서의 작성·행사라는 변태적인 방법을 취하였다 하여도 그 돈을 결국 면이 지출해야 할 소요경비에 사용하였다면 허위 공문서의 작성 및 동행사의 점은 별론으로 하고 거기에는 소관면에 무슨 손해가 있다거나 불법영득의사가 있었다고는 볼 수 없다 할 것이고 본인인 면을 위한 행위로서 편법을 사용한 것에 불과하여 사기죄를 구성한다고 볼 수 없다.

347-Ⅰ-141. 임대인이 방을 제3자에게 재차 임대하고 원래 임차인에게 계약금의 배액을 제공한 경우 사기죄의 범의(소극) [대법원 1984. 1. 31., 선고, 83도2888]

【판결요지】

피고인이 공소외 (갑)간에 특정한 방과 부엌에 관하여 임대차계약을 체결하고 계약금을 수령한 후 같은 방을 보다 유리한 조건을 제시하는 공소외(을)에게 재차 임대하여 입주시키고 (갑)으로부터는 중도금을 교부받으면서 다른 방에 입주를 권하였으나 다른 방은 좁다고 거부하자 동인과의 임대차계약을 해제하고 계약금의 배액과 중도금을 반환하였다면 피고인이 그 소유의 방을 임대할 의사가 전혀 없었음에도 기망하여 임대계약을 한 것이라고 단정하기 어렵다.

347-I-142. 임대시 소유권이전사실 불고지와 사기(적극) [대법원 1984. 1. 31., 선고, 83도1501]

【판결요지】

채권의 담보로 가옥소유권이 채권자에게 이전등기되었음에도 피고인이 이런 사실을 숨긴채 채무자와 공모하여 동 가옥이 채무자의 소유인양 타인에게 임대하고 그 임대보증금등 명목으로 금원을 수령한 소위는 사기죄를 구성한다.

347-I-143. 계주의 부탁을 받아 미리 교부받은 당첨표시된 추첨권을 제시하여 당첨자가 되었으나 계금은 계주가 가져간 경우 사기죄의 성부(적극) [대법원 1984. 1. 31., 선고, 83도2825]

【판시사항】

[1] 계주의 부탁을 받아 미리 교부받은 당첨표시된 추첨권을 제시하여 당첨자가 되었으나 계금은 계주가 가져간 경우 사기죄의 성부

[2] 계주의 부탁을 받아 미리 교부받은 당첨표시된 추첨권을 제시하여 당첨자가 된 경우 계주와 당첨자간의 사기죄의 공범관계의 성부

【판결요지】

[1] 피고인이 계주의 부탁을 받아 미리 교부받아 가지고 있던 당첨표시가 된 추첨권을 다른 계원 모르게 마치 정당한 추첨권을 추첨한 것처럼 제시함으로써 당첨자가 되었다면, 피고인이 이 사건 계금을 종국적으로 취득한 사실이 없고 계주가 이를 가져갔다고 하더라도 이는 사기죄의 성립에 아무런 소장이 없다.

[2] 피고인이 계주의 부탁을 받아 미리 교부받아 가지고 있던 당첨표시가 된 당첨권을 다른 계원 모르게 마치 정당한 추첨권을 추첨한 것처럼 제시하여 당첨자가 되었다면, 계를 살려나가기 위한 것이라는 계주의 말을 믿고 이에 협조한 것이라 하더라도 피고인과 계주간에는 정당한 방법과 절차에 의하지 아니한 기망의 방법으로 계금을 타기로 공모한 공범관계가 성립함이 명백하다.

347-I-144. 임차권이 무단양도 된 뒤에 임대인이 양수인으로부터 차임을 받은 경우 임차인의 사기죄 여부(소극) [대법원 1984. 1. 17., 선고, 83도2932]

【판결요지】

임대인의 승인없이 임차권을 양도하거나 전대할 수 없도록 되어 있음에도 불구하고 임차인이 피해자에게 위 임대인의 승락을 받은 것처럼 거짓말을 하여 이를 오신한 피해자와 임차권양도계약을 체결하고 그 보증인 및 권리금 등으로 도합 1,100만원을 교부받았다면 그로써 사기죄가 성립하고 비록 위 계약 후에 임대인이 피해자로부터 차임을 수령한 사실이 있다 하여도 사기죄의 성립에 아무런 소장이 없다.

347-I-145. 계속적 거래관계에 있는 수급자가 일부거래대금에 관하여 상계할 속셈하에 물품공급을 받은 경우(소극) [대법원 1983. 12. 27., 선고, 83도2641]

【판결요지】

사기죄에 있어서의 기망이란 널리 재산상의 거래관계에 있어서 서로 지켜야 할 신의와 성실의 의무를 저버리는 것을 말하는 것인바, 피고인이 소외 제지회사와 간의 계속적 거래중 일부 거래 대금에 관해서는 위 회사에 대한 알선수수료채권으로써 상계할 속셈으로 물품의 공급을 받고 그 대금을 지급하지 않았다 하더라도 그 후에 여러차례 거래가 계속되었고 후속거래의 결과 입금된 물품대금이 미결대금보다 훨씬 많다면, 피고인에게 기망의 의사를 인정하기 어렵고 또 계속적 거래관계에 있어 특정기간의 특정거래관계에만 대금지급의 의사가 없었고 따라서 사기죄가 성립한다고도 할 수 없다.

347-I-146. 부동산매매계약을 체결함에 있어서 목적물에 관하여 소송이 계속 중인 사실을 고지하지 않은 행위(소극) [대법원 1983. 12. 27., 선고, 82도2497]

【판결요지】

피고인이 부동산매매계약을 체결함에 있어서 그 목적물에 관하여 재심소송이 제기되었고 그에 관한 대법원의 파기환송판결이 있었음을 적극적으로 은폐하려고 하였던 것이 아니고 단순히 위 사실을 고지하지 아니하였다는 점만으로써 피고에게 사기죄의 범의가 있다고 볼 수 없다.

347-I-147. 발행인이 은행도약속어음에 대하여 허위의 피사취계를 제출한 경우에 있어서 은행에 대한 기망행위의 성부(소극) [대법원 1983. 10. 11., 선고, 83도1799]

【판시사항】

[1] 기망의 의사로 약속어음을 발행한 경우에 있어서 피기망자

[2] 발행인이 은행도 약속어음에 대하여 허위의 피사취계를 제출한 경우에 있어서 은행에 대한 기망행위의 성부

【판결요지】

[1] 피고인이 어음을 발행함에 있어서 당초부터 피사취계를 제출하여 어음금의 지급을 면할 의사를 가졌으면서도 이를 숨기고 정상적으로 지급될 어음인 것처럼 가장하였다면 어음을 발행함으로써 수취인이나 그 이후의 소지인을 기망한 것이다.

[2] 은행을 지급장소로 한 약속어음에 있어서 피사취계의 제출은 발행인이 은행에 대하여 지급위탁을 취소하는 의사표시에 불과하므로 이에 따라 은행은 제시된 어음금의 지급을 거절하여야 하고 은행이 그 지급위탁 취소사유로 되어 있는 사취사실이 진실인가의 여부를 판단하여 지급위탁의 취소를 거절할 수는 없는 것이므로 발행인이 어음이 사취된 것처럼 가장하여 피사취계를 제출한 경우라 하더라도 그 피사취계의 제출로써 은행을 기망하여 어음금 지급에 관한 재산적 처분행위를 하게 한 것이라고 볼 수 없다.

347-I-148. 해외취업자 모집을 가장하여 금원을 편취한 경우 사기죄 외에 직업안정법 성립 여부(소극) [대법원 1983. 9. 27., 선고, 83도1847]

【판결요지】

직업안정법 제15조 제1항, 제16조, 제30조의 적용대상이 되는 해외취업자 무허가모집이나 보수수령등 직업안정법 위반행위는 실지로 취업시켜 줄 의사와 능력이 없이 오로지 기망의 방법으로 모집을 가장하여 하는 경우를 포함하지 않는다고 볼 것이므로 기망의 방법으로 모집을 가장하여 금원을 편취한 경우에는 사기죄만이 성립한다.

347-Ⅰ-149. 기업체의 매매에 있어서 그 기업의 자산가치나 수익성에 대한 매도인의 고지정도와 기망행위의 인정여부(적극) [대법원 1983. 8. 23., 선고, 83도1447]

【판시사항】

[1] 기업체의 매매에 있어서 그 기업의 자산가치나 수익성에 대한 매도인의 고지정도와 기망행위의 인정여부

[2] 법인체의 매도에 있어서 그 소유가 아닌 공장시설을 법인체의 소유인 것처럼 가장한 경우 기망행위의 성립

[3] 매매계약이 해제된 경우에 있어서 편취한 계약금에 관한 사기죄의 성부(적극)

【판결요지】

[1] 일반적으로 상거래에 있어서 상품의 품질이나 가치에 관한 광고·선전에는 다소의 과장이 수반되는 것이 보통이며 특히 기업체의 매매에 있어서 매도인이 그 기업의 자산가치나 수익성을 다소 과장하여 매수인에게 고지하는 것은 그 과장이 일반상거래의 관행과 신의칙에 비추어 시인될 수 있는 한 기망성이 결여된다 할 것이나 위와 같은 정도를 넘는 과장행위는 위법한 기망행위가 된다.

[2] 공장시설을 법인체의 소유인 것처럼 가장하여 그 법인체를 매도한 경우에 매매의 직접대상은 법인체라 할지라도 그 법인체의 소유가 될 수 없는 공장시설을 그 법인체의 소유인 것처럼 가장한 점에 기망행위가 성립한다.

[3] 피해자를 기망하여 매매계약금 명목으로 금원을 편취한 경우에 설사 그 피해자가 위 계약금 지급후 잔금준비를 못하여 위 계약을 해제하였더라도 계약금에 관한 사기죄의 성립에 아무런 소장이 없다.

347-Ⅰ-150. 대출용도의 허위신고에 의한 중소기업운전자금대출과 사기죄의 성부(적극) [대법원 1983. 7. 26., 선고, 83도1085]

【판결요지】

중소기업운전자금은 대출용도가 한정되어 있어, 그 용도 이외는 대출받을 수 없는 경우이므로 피고인이 그 용도에 관하여 진실에 반하여 마치 중소기업운전자금으로 사용할 것같이 허위사실을 기재하여 융자신청을 하고 중소기업은행으로 하여금 착오에 빠뜨리게 하여서 그 자금을 융자받았다면 이는 사기죄에 해당한다.

> 1. 특정인이 특정목적에만 사용되는 융자금을 특정인의 특정목적에만 사용되는 것으로 융자자를 기망하여 대부받은 경우(적극) [대법원 1975. 1. 28., 선고, 74도2738]
>
> 【판결요지】
> 양송이 재배자가 아닌 자나 양송이 재배사업목적 외의 용도로는 대부할 수 없는 사업자금을 그 일부에 대하여 제3자에게 양송이 재배사업목적 이외의 용도에 소비하도록 나누어 주기로 하고 융자자에 대하여는 융자금을 자신의 양송이 재배사업에 전액사용 하는 것처럼 관계서류를 작성하여 사업자금의 대부를 받은 자가 그중 일부를 제3자에게 지급하여 사용케 하였다면 사기죄가 구성된다.

347-Ⅰ-151. 타인의 사무를 처리하는 자가 기망행위를 수단으로 배임행위를 한 경우 형사책임 여하 [대법원 1983. 7. 12., 선고, 82도1910]

【판결요지】
타인의 위탁에 의하여 사무를 처리하는 자가 그 사무처리상 임무에 위배하여 본인을 기망하고 착오에 빠진 본인으로부터 재물을 교부받은 경우에는 사기죄가 성립되며 설사 배임죄의 구성요건이 충족되어도 별도로 배임죄를 구성하는 것이 아니다.

347-Ⅰ-152. 약속어음의 지급기일을 변조하여 할인금을 교부받은 경우(적극) [대법원 1983. 7. 12., 선고, 83도680]

【판결요지】
약속어음을 할인받기 위하여 어음상의 지급기일을 변조한 후 약속어음의 전부가 마치 진정한 것처럼 타인을 기망하여 배서양도하고 할인금을 교부받은 경우에는 비록 그 행위자가 어음법상의 법리에 의하여 변조 후의 문언에 따라 책임을 진다고 하더라도 형사상 사기죄를 구성한다.

347-Ⅰ-153. 피해자가 기망의 정을 알면서도 동정하여 금원을 대여한 경우(소극) [대법원 1983. 6. 28., 선고, 83도831]

【판결요지】
피고인이 총각이라면서 결혼하여 사업을 일으켜 보자고 하였더라도, 피해자가 금원을 대여할 당시 피고인이 경영하는 회사의 자금사정이 어렵다는 사실 및 피고인에게 동거하는 약혼녀가 있다는 사실을 알고 있음에도 그를 좋아하고 동정한 나머지 위 금원을 대여하여 주었다면 피고인에게 기망되어 금원을 편취당하였다고 보기 어려우므로 사기죄는 성립하지 아니한다.

347-Ⅰ-154. 식육점과 그에 딸린 식당의 매매에 있어서 매도인의 식당영업무허가의 불고지(소극) [대법원 1983. 6. 14., 선고, 83도575]

【판결요지】
식육점과 그에 딸린 식당의 매매에 있어서 매수인이 매도인에게 식육점영업허가와 함께 식당에 대한 영업허가도 가지고 있는 것으로 생각하고 식당의 명의변경문제에 관해서는 묻지도 않고 매도인으로부터 식육점허가증과 식당등록증을 인계받아 식육점에 대한 허가명의만을 변경한 다음 약 8개월간 식육점과 식당을 경영하였고 그동안 한번도 매도인에 대하여 위 식당영업권의 명의변경문제를 거론한 바 없고, 또 매매계약서에도 식육점허가권에 관하여는 이를 매매대상으로 명시하면서도 식당영업권에 관하여는 아무런 언급이 없이 다만 식육점의 시설중에 식당시설인 불고기 굽는 화덕 3개만을 포함시켰을 뿐이라면 위 매매가 식당영업허가가 있음을 전제로 하는 것이라고는 단정할 수 없고 위와 같은 사정하에서는 매도인이 식당영업허가가 없는 사실을 고지하지 아니하였다 하더라도 기망행위에 해당한다고 볼 수 없다.

347-I-155. 아내의 돈거래를 남편이 알고 있었을 것이라는 증언만으로 남편에 대한 사기공범 인정의 가부(소극) [대법원 1983. 5. 24., 선고, 83도744]

【판결요지】

피해자와 (갑)녀가 3년간이나 돈을 거래하였으니 (갑)녀의 남편인 피고인이 그의 처의 하는 일을 알고 있었을 것이라는 막연한 진술만으로는 피고인이 공모하여 차용금 명목하에 금원을 편취한 것이라고 인정할 수 없다.

347-I-156. 토지소유자 청탁에 따라 허위 감정서를 제출하여 동인으로 하여금 과다한 보상금을 수령케 한 토지평가사와 사기죄 공동정범 성부(적극) [대법원 1983. 2. 28., 선고, 81도2344]

【판결요지】

공공용지의 취득 및 손실보상에 관한 특례법시행령 제2조 제8항, 동법시행규칙 제5조의 4 제4항의 규정을 비추어 볼 때, 위 특례법의 규정에 의한 의뢰를 받아 토지평가사 등이 작성제출한 감정평가보고서는 국토관리청이 토지소유자와의 협의에 응할 보상가액 사정을 하는데 있어서의 참고정도에 지나지않는 것이 아니라 위 관리청으로서는 반드시 감정인들의 평가액에 따르도록 되어 있음을 알 수 있으니, 토지평가사 등이 이 사건 토지 소유자로부터 청탁을 받아 허위의 감정서를 제출하여 토지소유자로 하여금 과다한 보상금을 수령케 하였다면 사기죄의 공동정범을 인정하기에 충분하다 할 것이다.

347-I-157. 처 명의 임대차계약을 피고인 명의로 고치고 임차보증금 반환청구에 대하여 전부명령이 있은 사실을 감추고서 한 전대차계약의 체결과 사기죄의 성부(적극) [대법원 1983. 2. 22., 선고, 82도3139]

【판결요지】

피고인이 임대차계약서상의 임차인의 명의를 처로부터 자기명의로 고친다음 자기가 임차인이라면서 임대차계약서를 피해자에게 보이고 건물소유자에게는 전대사실을 알리지 않기로 하는 한편 임차보증금 반환청구채권에 대하여 채권압류 및 전부명령이 있는 사실을 고지하지 아니하고 점포를 전대하고 보증금을 교부받았다면 위 불고지는 피해자를 기망하기 위하여 적극적으로 동 사실을 은폐한 것이라고 보지 않을 수 없고, 위 임차보증금 반환청구채권이 전부된 사실은 사실상 상대적으로 피해자의 전차보증금 반환청구등을 곤란하게 하는 사유가 됨이 명백하므로 피해자에게 보증금 반환채권이 있다는 사실은 사기죄의 성립에 아무런 소장이 없다.

347- I -158. 임차인이 보증금반환청구권을 양도하기로 약정 후 그 양도통지 전에 보증금을 반환받은 경우(소극) [대법원 1982. 11. 23., 선고, 82도2428]

【판결요지】

원래 임대인은 임차인으로부터 그 보증금반환채권의 양도통지를 받지 않은 이상 그 보증금은 임차인에게 반환할 의무가 있는 것이므로 피고인이 공소외 (갑)에게 약속어음을 발행하면서 지급기일에 지급되지 않은 경우에는 공소외 (을)에 대해 가지는 임대보증금 반환채권을 공소외 (갑)에게 양도하기로 약정한 바 있다 하더라도 그 양도의 효력이 생기고 그 양도통지가 있기 전에는 임차인인 피고인에게 보증금을 반환하면 유효한 변제가 됨은 물론이고, 설사 공소외 (을)이 위 약정사실을 알고 있었고 피고인이 공소외 (갑)과 알아서 처리하겠다는 취지의 거짓말을 한바 있다 하더라도 공소외 (을)로서는 그 적법한 양도통지가 있기 전까지는 피고인에 대하여 직접 위 보증금을 수령한 소위를 들어서 기망 수단을 사용하여 공소외 (을)을 착오에 빠뜨린 결과 위 보증금을 편취한 것이라고는 할 수 없으므로 사기죄를 구성하지 않는다.

347- I -159. 허위선전광고에 의한 기망행위로 인하여 대리점계약이 체결된 경우(적극) [대법원 1982. 10. 26., 선고, 81도2531]

【판결요지】

피고인의 사업에 관한 선전광고가 허위의 것이라면 그 선전광고 내용을 믿고 대리점계약에 응모하러온 피해자들은 그 광고에 기망되어 착오에 빠져 있었음이 분명하다 할 것이니 실제계약을 체결함에 있어 거짓말을 하고 아니하고는 그 기망 내지 착오의 정도에 차이가 있을뿐 사기죄에 있어서의 기망과 착오에는 아무런 소장이 있다 할 수 없을 뿐 아니라 허위의 선전광고에 기망되어 착오에 빠져있는 일부 피해자들이 계약체결 현장에서 거짓말을 들은 바 없어 또 다시 기망당하지 아니하였다는 것만으로서는 사기죄의 성립에 아무런 영향이 없다.

347- I -160. 계주가 피해자가 타게 될 계금에서 그가 보증한 다른 계원의 체납계불입금을 상계할 생각을 품고서 계속하여 피해자로부터 계불입금을 수납한 경우 사기죄의 성부(소극) [대법원 1982. 10. 12., 선고, 82도1888]

【판결요지】

사기죄는 기망행위로 인하여 상대방을 착오에 빠뜨리고 그 착오에 기한 상대방의 재산적 처분행위에 의하여 재물의 점유를 취득함으로써 성립하는 것인바, 계원인 피해자가 계금을 탈때까지 매월 계불입금을 계주인 피고인에게 납부한 것이 유효하게 계속된 계의 계원으로서 그 계불입금 납부의무를 이행한 것이라 인정되는 경우라면 설사 계주인 피고인이 내심으로는 피해자가 타게 될 계금에서 동 피해자가 보증한바 있는 다른 계원의 체납계납입금을 상계할 생각을 품고 있었다 하더라도 위와 같이 계주가 계원으로부터 계불입금 납부의무의 이행으로 지급되는 금원을 수납한 것을 가지고 피해자를 기망하여 계불입금을 편취한 것이라고 볼 수 없다.

347- I -161. 어음사취 부도를 위한 별단예금의 반환청구권에 대하여 허위채권에 기하여 한 압류 및 전부명령 신청의 사기미수 여부(소극) [대법원 1982. 7. 27., 선고, 82도1160]

【판시사항】

[1] 어음사취 부도를 위한 별단예금의 반환청구권에 대하여 허위채권에 기하여 한 압류 및 전부명령 신청이 사기미수에 해당하는지 여부

[2] 기한 미도래 채권의 단순한 지급명령 신청이 기망행위에 해당하는지 여부(소극)

【판결요지】

[1] 어음사취 부도를 위한 별단예금은 그 반환사유가 발생하면 예금주에게 반환하도록 약정되어 있는 것이므로 공소외(갑)이 피고인과 공모하여 허위채무를 부담하고 공소외(갑)의 은행에 대한 별단예금반환청구권이 피고인에게 전부되도록 하였더라도 그 채권 전부로 인하여 채권의 성질이 바뀌거나 2중 변제할 위험이 있게 된다거나 채무자인 은행의 항변권(특히 기한 미도래의 항변)이 소멸된다고 볼 아무런 이유가 없는 이상 은행에게 부당한 이득의 제공을 요구하는 것이 되지 못하므로 부당이득의 편취행위라고 볼 수 없다.

[2] 기한 미도래의 채권을 소송에 의하여 청구함에 있어서 기한의 이익이 상실되었다는 허위의 증거를 조작하는 등의 적극적인 사술을 사용하지 아니한 채 단지 즉시 지급을 구하는 취지의 지급명령신청은 법원을 기망하여 부당한 이득을 편취하려는 기망행위에 해당하지 아니한다.

347- I -162. 절취한 자기앞수표를 추심의뢰하여 환금한 경우(소극) [대법원 1982. 7. 27., 선고, 82도822]

【판결요지】

금융기관 발행의 자기앞수표는 즉시 지급받을 수 있어 현금에 대신하는 기능을 하고 있는 점에서 현금적인 성격이 강하므로 절취한 자기앞수표의 환금행위는 절취행위에 대한 수반한 당연한 경과라 하여 절도행위에 대한 가벌적 평가에 당연히 포함된다 봄이 상당하므로 사기죄가 성립하지 아니한다.

347- I -163. 매수한, 토지의 일부만을 이전등기하겠다고 기망하여 교부받은 인장으로 그 토지 전부에 대하여 이전등기를 필한 경우(소극) [대법원 1982. 3. 9., 선고, 81도1732]

【판결요지】

토지의 일부만을 매수한 자가 그 부분만을 분할 이전하겠다고 거짓말하여 소유자로 부터 인장을 교부받아 토지전부에 관하여 소유권이전등기를 필한 경우에는 매수하지 아니한 부분에 관한 등기에 대하여는 위 소유자의 처분행위가 없었을 뿐만 아니라 등기공무원에게는 그 처분권한이 있다고 볼 수 없어 사기죄가 성립하지 않는다.

> 1. 타인 명의의 등기서류를 위조하여 소유권이전등기를 경료한 경우(소극) [대법원 1981. 7. 28., 선고, 81도529]
>
> 【판결요지】
> 타인 명의의 등기서류를 위조하여 등기공무원에게 제출함으로써 피고인 명의로 소유권이전등기를 마쳤다고 하여도 피해자의 처분행위가 없을 뿐 아니라 등기공무원에게는 위 부동산의 처분권한이 있다고 볼 수 없어 사기죄가 성립하지 않는다.

347-Ⅰ-164. 타인 소유 부동산에 대하여 보존등기를 한 경우(소극) [대법원 1982. 2. 9., 선고, 81도944]

【판결요지】

피고인 소유가 아닌 부동산에 대하여 피고인 소유인 것처럼 보존등기신청을 하여 그 정을 모르는 등기공무원으로 하여금 그 등기를 하게 한 경우에 등기공무원의 위 행위는 재산상 처분권한 있는 자의 처분행위라고 볼 수 없으므로 피고인의 위 소위는 사기죄를 구성하지 아니한다.

347-Ⅰ-165. 부동산을 담보로 제공하여 주면 타처로부터 돈을 빌려 그 중 1부를 차용하여 주겠다고 기망한 후 이를 담보로 빌린 돈 전부를 피고인 혼자 쓴 경우(소극) [대법원 1981. 10. 13., 선고, 81도2129]

【판결요지】

갑에게 그 소유 부동산을 담보로 제공하여 주면 제3자로부터 금 300만원을 대부받아 그 중금 100만원을 차용하여 주겠다고 거짓말하여 제3자에게 근저당권을 설정하여 주고 금 300만원을 대부받은 후 그 전부를 피고인 혼자 쓴 경우에 위 금원의 교부는 갑이나 위 제3자의 착오에 인한 재산적 처분행위라고 할 수 없으므로 피고인이 위 금 300만원을 편취하였다고 할 수 없다.

347-Ⅰ-166. 자기가 점유하는 타인의 재물을 횡령하기 위하여 기망을 한 경우(소극) [대법원 1980. 12. 9., 선고, 80도1177]

【판결요지】

자기가 점유하는 타인의 재물을 횡령하기 위하여 기망수단을 쓴 경우에는 피기망자에 의한 재산처분행위가 없으므로 일반적으로 횡령죄만 성립되고 사기죄는 성립되지 아니한다.

347-Ⅰ-167. 절도가 장물을 자기것인 양 제3자에게 담보로 제공하고 금원을 편취한 행위(적극) [대법원 1980. 11. 25., 선고, 80도2310]

【판결요지】

절도범인이 절취한 장물을 자기 것인양 제3자에게 담보로 제공하고 금원을 편취한 경우에는 별도의 사기죄가 성립된다.

347-Ⅰ-168. 전당표를 절취한 자가 기망행위에 의하여 전당물을 교부받아 편취한 경우(적극) [대법원 1980. 10. 14., 선고, 80도2155]

【판결요지】

절취한 전당표를 제3자에게 교부하면서 자기 누님의 것이니 찾아 달라고 거짓말을 하여 이를 믿은 제3자가 전당포에 이르러 그 종업원에게 전당표를 제시하여 기망케 하고 전당물을 교부받게 하여 편취하였다면 이는 사기죄를 구성하는 것이다.

> 1. 절취한 은행예금통장을 이용하여 은행원을 기만해서 예금을 인출한 행위(적극) [대법원 1974. 11. 26., 선고, 74도2817]
> 【판결요지】
> 절취한 은행예금통장을 이용하여 은행원을 기만해서 진실한 명의인이 예금을 찾는 것으로 오신시켜 예금을 편취한 것이라면 새로운 법익의 침해로 절도죄 외에 따로 사기죄가 성립한다.

347-Ⅰ-169. 석유사업법 제22조 제1호 위반죄와 사기죄 [대법원 1980. 4. 22., 선고, 79도1485]

【판결요지】

판매의 목적으로 휘발유에 솔벤트를 혼합하여 그 품질을 저하시킨 석유사업법 제22조 제1호 위반죄의 행위 자체는 그를 정상적인 휘발유인 것으로 잘못 알고 구입하는 사람에 대한 사기행위라고 보아야 할 것이므로 석유사업법 제22조 제1호 위반죄와 사기죄는 상상적 경합관계에 있다.

347-Ⅰ-170. 급격한 물가상승 사실을 감안하여 편취의사를 부인한 예 [대법원 1979. 11. 27., 선고, 79도1716]

【판결요지】

피고인이 폐유정유공장을 건설할 계획으로 공사를 진행하였으나 건설자재등 급격한 물가의 상승으로 건축공정 90%에서 공장을 완공하지 못하였고 피해자가 공장건설 현장에 수시로 가서 이를 확인까지 하였다면 피고인에게 피해자를 기망하여 총판보증금을 편취할 의사가 있었다고 보기 어렵다.

347-Ⅰ-171. 위조통화를 행사한 경우 사기죄 성립 여부(적극) [대법원 1979. 7. 10., 선고, 79도840]

【판결요지】

통화위조죄에 관한 규정은 공공의 거래상의 신용 및 안전을 보호하는 공공적인 법익을 보호함을 목적으로 하고 있고, 사기죄는 개인의 재산법익에 대한 죄이어서 양죄는 그 보호법익을 달리하고 있으므로 위조통화를 행사하여 재물을 불법영득한 때에는 위조통화행사죄와 사기죄의 양죄가 성립된다.

347-Ⅰ-172. 환자가 치료비 채무의 이행을 임시 모면하기 위하여 거짓말을 하고 병원을 빠져 나와 도주한 경우(소극) [대법원 1970. 9. 22., 선고, 70도1615]

【판결요지】

치료비채무의 이행을 모면하기 위하여 피고인이 거짓말을 하고 입원환자(처)와 함께 병원을 빠져 나와 도주하였다 하여도 그것만으로서는 피고인이 위 치료비의 지급채무를 면탈받은 것은 아니라 할 것이므로 사기죄가 될 수 없다.

Ⅱ. 소송사기

347-Ⅱ-1. '소송사기'의 의미 및 소송사기죄를 인정할 때 유의할 사항 / 소송사기죄가 성립하기 위한 요건 [대법원 2018. 12. 28., 선고, 2018도13305]

【판시사항】

[1] '소송사기'의 의미 및 소송사기죄를 인정할 때 유의할 사항 / 소송사기죄가 성립하기 위한 요건

[2] 甲 주식회사 대표이사인 피고인이, 2011. 11.경 甲 회사에 입사하였다가 2016. 3. 11. 퇴직한 근로자 乙을 상대로 2011. 12.부터 2015. 4.까지 포괄일급에 포함하여 이미 지급한 퇴직적립금에 대하여 부당이득반환청구 소송을 제기하면서 2015. 5. 1.자 근로계약서의 일급란 기재 금액을 변조하여 증거자료로 제출한 사안에서, 甲 회사는 乙에게 포괄일급에 일급의 8.3%에 해당하는 퇴직적립금을 포함하여 임금을 지급하였는데, 乙의 퇴사 후 위와 같이 乙에게 지급된 퇴직적립금이 퇴직금 지급으로서의 효력이 없다는 자문을 받고 별도로 퇴직금 전액을 지급하였으므로 피고인이 부당이득반환의 소를 제기한 것은 정당한 권리행사의 일환이라는 등의 이유로, 이와 달리 보아 피고인에게 사기미수죄를 인정한 원심판결에 소송사기의 법리를 오해한 잘못이 있다.

【판결요지】

[1] 소송사기는 법원을 기망하여 자기에게 유리한 판결을 얻음으로써 상대방의 재물 또는 재산상 이익을 취득하는 것을 내용으로 하는 범죄로서, 이를 처벌하는 것은 필연적으로 누구든지 자기에게 유리한 주장을 하고 소송을 통하여 권리구제를 받을 수 있다는 민사재판제도의 위축을 가져올 수밖에 없으므로, 피고인이 그 범행을 인정한 경우 외에는 그 소송상의 주장이 사실과 다름이 객관적으로 명백하거나 피고인이 그 소송상의 주장이 명백히 허위인 것을 인식하였거나 증거를 조작하려고 한 흔적이 있는 등의 경우 외에는 이를 쉽사리 유죄로 인정하여서는 안 된다. 그리고 소송사기가 성립하기 위하여는 제소 당시에 그 주장과 같은 채권이 존재하지 아니한다는 것만으로는 부족하고 그 주장의 채권이 존재하지 아니하는 사실을 잘 알면서도 허위의 주장과 증명으로써 법원을 기망한다는 인식을 하고 있어야만 하고, 단순히 사실을 잘못 인식하였다거나 법률적 평가를 잘못하여 존재하지 않는 권리를 존재한다고 믿고 제소한 행위는 사기죄를 구성하지 않는다.

[2] 甲 주식회사 대표이사인 피고인이, 2011. 11.경 甲 회사에 입사하여 기계정비공으로 근무하다가 2016. 3. 11. 퇴직한 근로자 乙을 상대로 2011. 12.부터 2015. 4.까지 포괄일급에 포함하여 이미 지급한 퇴직적립금에 대하여 부당이득반환청구 소송을 제기하면서 2015. 5. 1.자 근로계약서의 일급란 기재 금액을 변조하여 증거자료로 제출한 사안에서, 甲 회사는 乙에게 포괄일급에 일급의 8.3%에 해당하는 퇴직적립금을 포함하여 임금을 지급하였는데, 乙의 퇴사 후 위와 같이 乙에게 지급된 퇴직적립금이 퇴직금 지급으로서의 효력이 없다는 자문을 받고 별도로 퇴직금 전액을 지급하였으므로 피고인이 이미 지급한 퇴직적립금에 대하여 부당이득반환의 소를 제기한 것은 정당한 권리행사의 일환으로 이루어진 것으로서, 이러한 피고인의 주장이 허위의 주장이라거나 이로써 법원을 기망한 것이라고 볼 수 없고, 또한 피고인이 제기한 부당이득반환청구 소송은 2015. 5. 1.자 근로계약서가 작성되기 전까지 甲 회사가 乙에게 지급한 퇴직적립금의 반환을 구

하는 것으로 2015. 5. 1. 이후에 지급한 임금과 관련된 청구를 하고 있지 않으므로 2015. 5. 1. 이후의 근로조건에 관한 내용을 규정한 위 근로계약서는 위 소송의 권리발생 사유에 관한 증거가 될 수 없어 소송의 내용이나 결과에 전혀 영향을 미칠 수 없으며, 비록 피고인이 위 소송을 제기하면서 위 근로계약서의 일급란 기재 금액을 변조하여 제출하였더라도 그것만으로 피고인이 증거조작을 통하여 법원을 기망한 것이라거나 피고인에게 허위사실을 증명함으로써 법원을 기망한다는 인식이 있었다고 볼 수 없다는 이유로, 이와 달리 보아 피고인에게 사기미수죄를 인정한 원심 판결에 소송사기의 법리를 오해한 잘못이 있다.

---

1. 소송사기죄를 적용함에 있어 유의할 사항 [대법원 1998. 9. 8., 선고, 98도1949]

【판결요지】

소송사기는 법원을 기망하여 제3자의 재물을 편취할 것을 기도하는 것을 내용으로 하는 범죄로서, 그 이면에는 필연적으로 누구든지 자기에게 유리한 법률상의 주장을 하고 민사재판을 통하여 권리구제를 받을 수 있다는 이념과의 상치가 문제되므로 양자의 조정을 위하여서도 그 적용은 엄격함을 요한다 할 것이니, 피고인이 범행을 인정한 경우 외에는 그 소송상의 주장이 사실과 다른 것임이 객관적으로 명백하거나 증거를 조작하려고 한 흔적이 있는 등의 경우 외에는 이를 유죄로 인정하기 위하여는 각별한 주의가 필요하다.

---

2. 소송사기를 사기죄로 인정하기 위한 요건 [대법원 2003. 5. 16., 선고, 2003도373]

【판시사항】

[1] 소송사기죄 적용의 엄격성

[2] 이른바 소송사기를 사기죄로 인정하기 위한 요건

【판결요지】

[1] 소송사기는 법원을 기망하여 자기에게 유리한 판결을 얻음으로써 상대방의 재물 또는 재산상 이익을 취득하는 것을 내용으로 하는 범죄로서, 이를 처벌하는 것은 필연적으로 누구든지 자기에게 유리한 주장을 하고 소송을 통하여 권리구제를 받을 수 있다는 민사재판제도의 위축을 가져올 수밖에 없으므로, 피고인이 그 범행을 인정한 경우 외에는 그 소송상의 주장이 사실과 다름이 객관적으로 명백하거나 피고인이 그 소송상의 주장이 명백히 허위인 것을 인식하였거나 증거를 조작하려고 한 흔적이 있는 등의 경우 외에는 이를 쉽사리 유죄로 인정하여서는 안 된다.

[2] 소송사기가 성립하기 위하여는 제소 당시에 그 주장과 같은 채권이 존재하지 아니하다는 것만으로는 부족하고 그 주장의 채권이 존재하지 아니한 사실을 잘 알고 있으면서도 허위의 주장과 입증으로써 법원을 기망한다는 인식을 하고 있어야만 하고, 단순히 사실을 잘못 인식하거나 법률적인 평가를 그르침으로 인하여 존재하지 않는 채권을 존재한다고 믿고 제소하는 행위는 사기죄를 구성하지 않는다.

347-Ⅱ-2. 강제집행절차를 통한 소송사기에서 실행의 착수 시기(=집행절차의 개시신청을 한 때 또는 진행 중인, 집행절차에 배당신청을 한 때) [대법원 2015. 2. 12., 선고, 2014도10086]

【판시사항】

강제집행절차를 통한 소송사기에서 실행의 착수 시기(=집행절차의 개시신청을 한 때 또는 진행

중인 집행절차에 배당신청을 한 때) / 부동산에 관한 소유권이전등기청구권에 대한 강제집행절차에서, 소송사기의 실행의 착수 시기(=허위 채권에 기한 공정증서를 집행권원으로 하여 채무자의 소유권이전등기청구권에 대하여 압류신청을 한 때)

【판결요지】

강제집행절차를 통한 소송사기는 집행절차의 개시신청을 한 때 또는 진행 중인 집행절차에 배당신청을 한 때에 실행에 착수하였다고 볼 것이다.

민사집행법 제244조에서 규정하는 부동산에 관한 권리이전청구권에 대한 강제집행은 그 자체를 처분하여 대금으로 채권에 만족을 기하는 것이 아니고, 부동산에 관한 권리이전청구권을 압류하여 청구권의 내용을 실현시키고 부동산을 채무자의 책임재산으로 귀속시킨 다음 다시 부동산에 대한 경매를 실시하여 매각대금으로 채권에 만족을 기하는 것이다. 이러한 경우 소유권이전등기청구권에 대한 압류는 당해 부동산에 대한 경매의 실시를 위한 사전 단계로서의 의미를 가지나, 전체로서의 강제집행절차를 위한 일련의 시작행위라고 할 수 있으므로, 허위 채권에 기한 공정증서를 집행권원으로 하여 채무자의 소유권이전등기청구권에 대하여 압류신청을 한 시점에 소송사기의 실행에 착수하였다고 볼 것이다.

347-Ⅱ-3. 피담보채권인 공사대금 채권을 실제와 달리 허위로 부풀려 유치권에 의한 경매를 신청한 경우, 소송사기죄의 실행의 착수여부(적극) [대법원 2012. 11. 15., 선고, 2012도9603]

【판결요지】

유치권에 의한 경매를 신청한 유치권자는 일반채권자와 마찬가지로 피담보채권액에 기초하여 배당을 받게 되는 결과 피담보채권인 공사대금 채권을 실제와 달리 허위로 크게 부풀려 유치권에 의한 경매를 신청할 경우 정당한 채권액에 의하여 경매를 신청한 경우보다 더 많은 배당금을 받을 수도 있으므로, 이는 법원을 기망하여 배당이라는 법원의 처분행위에 의하여 재산상 이익을 취득하려는 행위로서, 불능범에 해당한다고 볼 수 없고, 소송사기죄의 실행의 착수에 해당한다.

347-Ⅱ-4. 진정한 임차권자가 아니면서 허위의 임대차계약서를 법원에 제출하여 임차권등기명령을 신청한 행위의 소송사기 실행 착수 여부(적극) [대법원 2012. 5. 24., 선고, 2010도12732]

【판시사항】

[1] 통정허위표시로서 무효인 임대차계약에 기초하여 임차권등기명령을 받아 임차권등기를 마친 경우, 외형상 임차인으로서 취득하게 되는 권리가 사기죄의 객체인 '재산상 이익'에 해당하는지 여부(적극)

[2] 진정한 임차권자가 아니면서 허위의 임대차계약서를 법원에 제출하여 임차권등기명령을 신청한 행위가 소송사기의 실행의 착수에 해당하는지 여부(적극)

【이 유】

형법 제347조에서 말하는 재산상 이익 취득은 그 재산상의 이익을 법률상 유효하게 취득함을 필요로 하지 아니하고 그 이익 취득이 법률상 무효라 하여도 외형상 취득한 것이면 족한 것이다

(대법원 1975. 5. 27. 선고 75도760 판결 등 참조). 상가건물 임대차보호법 제6조에 의한 임차권등기명령이 임대인에게 고지되어 효력이 발생하면 법원사무관 등은 지체 없이 촉탁서에 재판서 등본을 첨부하여 등기관에게 임차권등기의 기입을 촉탁하도록 되어 있고(임차권등기명령 절차에 관한 규칙 제5조), 상가건물 임대차보호법 제6조 제5항에 의하면, 위와 같이 임차권등기명령의 집행에 의한 임차권등기가 경료되면 임차인은 제3조 제1항의 규정에 의한 대항력 및 제5조 제2항의 규정에 의한 우선변제권을 취득하고(임차인이 임차권등기 이전에 이미 대항력 또는 우선변제권을 취득한 경우에는 그 대항력 또는 우선변제권이 그대로 유지된다), 임차권등기 이후에는 제3조 제1항의 대항요건을 상실하더라도 이미 취득한 대항력 또는 우선변제권을 상실하지 아니하는 효력이 있으므로, 그 임차권등기의 기초가 되는 임대차계약이 통정허위표시로서 무효라 하더라도, 장차 피신청인의 이의신청 또는 취소신청에 의한 법원의 재판을 거쳐 그 임차권등기가 말소될 때까지는 신청인은 외형상으로 우선변제권 있는 임차인으로서 부동산 담보권에 유사한 권리를 취득하게 된다 할 것이니, 이러한 이익은 재산적 가치가 있는 구체적 이익으로서 사기죄의 객체인 재산상 이익에 해당한다고 봄이 상당하다.

또한 소송사기에 있어서 피기망자인 법원의 재판은 피해자의 처분행위에 갈음하는 내용과 효력이 있는 것이어야 하고, 그렇지 아니하는 경우에는 착오에 의한 재물의 교부행위가 있다고 할 수 없어서 사기죄는 성립되지 아니하는바(대법원 2002. 1. 11. 선고 2000도1881 판결 등 참조), 위에서 본 바와 같은 임차권등기명령의 절차 및 그 집행에 의한 임차권등기의 법적 효력을 고려하면, 다른 특별한 사정이 없는 한, 법원의 임차권등기명령은 피신청인의 재산상의 지위 또는 상태에 영향을 미칠 수 있는 행위로서 피신청인의 처분행위에 갈음하는 내용과 효력이 있다고 보아야 하고, 따라서 이러한 법원의 임차권등기명령을 이용한 소송사기의 경우 피해자인 피신청인이 직접 처분행위를 하였는지 여부는 사기죄의 성부에 아무런 영향을 주지 못한다.

위와 같이 법원의 임차권등기명령을 피해자의 재산적 처분행위에 갈음하는 내용과 효력이 있는 것으로 보고 그 집행에 의한 임차권등기가 마쳐짐으로써 신청인이 재산상 이익을 취득하였다고 보는 이상, 진정한 임차권자가 아니면서 허위의 임대차계약서를 법원에 제출하여 임차권등기명령을 신청하면 그로써 소송사기의 실행행위에 착수한 것으로 보아야 하고, 나아가 그 임차보증금 반환채권에 관하여 현실적으로 청구의 의사표시를 하여야만 사기죄의 실행의 착수가 있다고 볼 것은 아니다.

---

1. 사망한 자를 상대로 한 제소의 소송사기 성립 여부(소극) [대법원 2002. 1. 11. 선고, 2000도1881]
【판결요지】
소송사기에 있어서 피기망자인 법원의 재판은 피해자의 처분행위에 갈음하는 내용과 효력이 있는 것이어야 하고, 그렇지 아니하는 경우에는 착오에 의한 재물의 교부행위가 있다고 할 수 없어서 사기죄는 성립되지 아니한다고 할 것이므로, 피고인의 제소가 사망한 자를 상대로 한 것이라면 이와 같은 사망한 자에 대한 판결은 그 내용에 따른 효력이 생기지 아니하여 상속인에게 그 효력이 미치지 아니하고 따라서 사기죄를 구성한다고 할 수 없다.

347-Ⅱ-5. '소송사기'를 사기죄로 인정하기 위한 요건 및 허위의 내용으로 소송을 제기한 경우 허위의 증거를 이용하지 않더라도 법원을 기망하는 수단이 될 수 있는지 여부 [대법원 2011. 9. 8., 선고, 2011도7262]

【판시사항】

[1] 이른바 '소송사기'를 사기죄로 인정하기 위한 요건 및 허위의 내용으로 소송을 제기한 경우 허위의 증거를 이용하지 않더라도 법원을 기망하는 수단이 될 수 있는지 여부

[2] 甲 주식회사의 경영자인 피고인이, 甲 회사와 乙 주식회사 사이에 허위로 작성된 물품공급계약서에 따른 공급을 완료하였음을 전제로 乙 회사를 상대로 물품대금 청구소송을 제기하면서 증거자료로 위 물품공급계약서를 제출하였다가 그 후 소송을 취하한 사안에서, 피고인의 행위가 사기미수죄에 해당한다고 본 원심판단을 수긍한 사례

【판결요지】

[1] 소송사기는 법원을 기망하여 제3자의 재물을 편취할 것을 기도하는 것을 내용으로 하는 것으로서, 사기죄로 인정하기 위하여는 제소 당시 그 주장과 같은 권리가 존재하지 않는다는 것만으로는 부족하고, 그 주장의 권리가 존재하지 않는 사실을 잘 알고 있으면서도 허위의 주장과 입증으로 법원을 기망한다는 인식을 요한다. 그러나 허위의 내용으로 소송을 제기하여 법원을 기망한다는 고의가 있는 경우에 법원을 기망하는 것은 반드시 허위의 증거를 이용하지 않더라도 당사자의 주장이 법원을 기망하기에 충분한 것이라면 기망수단이 된다.

[2] 甲 주식회사와 乙 주식회사 사이에 작성된 물품공급계약서는 피고인 등이 乙 회사가 발행한 어음을 할인하는 과정에서 허위로 작성한 것이고, 실제로 甲 회사가 乙 회사에 물품을 공급한 사실이 없는데도, 甲 회사 경영자인 피고인이 물품공급계약에 따른 공급을 완료하였음을 전제로 乙 회사를 상대로 물품대금 청구소송을 제기하면서 증거자료로 위 물품공급계약서를 제출하였다가 그 후 소송을 취하한 사안에서, 피고인의 행위가 사기미수죄에 해당한다.

---

1. 증거를 조작함이 없이 허위의 내용으로 지급명령을 신청한 경우, 사기죄의 기망수단이 되는지 여부 (적극) [대법원 2004. 6. 24., 선고, 2002도4151]

【판시사항】

[1] 증거를 조작함이 없이 허위의 내용으로 지급명령을 신청한 경우, 사기죄의 기망수단이 되는지 여부(적극)

[2] 지급명령신청에 대해 상대방이 이의신청을 하는 경우, 사기죄의 성립에 영향을 미치는지 여부(소극)

[3] 허위의 내용으로 신청한 지급명령이 그대로 확정된 경우, 사기죄의 기수에 이르렀다고 볼 수 있는지 여부(적극)

【판결요지】

[1] 허위의 내용으로 지급명령을 신청하여 법원을 기망한다는 고의가 있는 경우에 법원을 기망하는 것은 반드시 허위의 증거를 이용하지 않더라도 당사자의 주장이 법원을 기만하기 충분한 것이라면 기망수단이 된다.

[2] 지급명령신청에 대해 상대방이 이의신청을 하면 지급명령은 이의의 범위 안에서 그 효력을 잃게 되고 지급명령을 신청한 때에 소를 제기한 것으로 보게 되는 것이지만 이로써 이미 실행에 착수한 사기의 범행 자체가 없었던 것으로 되는 것은 아니다.

[3] 지급명령을 송달받은 채무자가 2주일 이내에 이의신청을 하지 않는 경우에는 구 민사소송법(2002. 1. 26. 법률 제6626호로 전문 개정되기 전의 것) 제445조에 따라 지급명령은 확정되고, 이와 같이 확정된 지급명령에 대해서는 항고를 제기하는 등 동일한 절차 내에서는 불복절차가 따로 없어서 이를 취소하기 위해서는 재심의 소를 제기하거나 위 법 제505조에 따라 청구이의의 소로써 강제집행의 불허를 소구할 길이 열려 있을 뿐인데, 이는 피해자가 별도의 소로써 피해구제를 받을 수 있는 것에 불과하므로 허위의 내용으로 신청한 지급명령이 그대로 확정된 경우에는 소송사기의 방법으로 승소 판결을 받아 확정된 경우와 마찬가지로 사기죄는 이미 기수에 이르렀다고 볼 것이다.

---

2. '소송사기'가 성립하기 위한 주관적 요건 및 채권에 대한 압류 및 전부(추심)명령을 신청한 경우 '피압류채권의 존부'가 법원의 심사 대상인지 여부(소극) [대법원 2009. 12. 10., 선고, 2009도9982]

【판시사항】

[1] '소송사기'가 성립하기 위한 주관적 요건 및 채권에 대한 압류 및 전부(추심)명령을 신청한 경우 '피압류채권의 존부'가 법원의 심사 대상인지 여부(소극)

[2] 피고인(甲회사 운영자)이 '甲회사의 乙에 대한 채권'이 존재하지 않는다는 사실을 알면서 그 사실을 모르는 丙(甲회사에 대한 채권자)에게 '甲회사의 乙에 대한 채권'의 압류 및 전부(추심)명령을 신청하게 하여 그 명령을 받게 한 사안에서, 丙이 甲회사에 대하여 진정한 채권을 가지고 있는 이상, 위와 같은 사정만으로는 법원을 기망하였다거나 소송사기의 실행에 착수한 것으로 볼 수 없다.

【판결요지】

[1] 소송사기는 법원을 기망하여 자기에게 유리한 판결을 얻음으로써 상대방의 재물 또는 재산상 이익을 취득하는 것을 내용으로 하는 범죄로서, 소송사기가 성립하기 위하여는 제소 당시에 그 주장과 같은 채권이 존재하지 아니한다는 것만으로는 부족하고, 그 주장의 채권이 존재하지 아니하는 사실을 잘 알면서도 허위의 주장과 입증으로써 법원을 기망한다는 인식을 하고 있어야만 한다. 한편, 채권에 대한 압류 및 전부(추심)명령을 신청한 경우, 집행력 있는 정본의 존부, 집행개시의 요건 구비 여부 등은 법원의 심사 대상이지만 피압류채권의 존부는 그 심사 대상이 아니다.

347-II-6. 예고등기로 인한 경매대상 부동산의 경매가격 하락 등을 목적으로 허위의 채권을 주장하며 채권자대위의 방식에 의한 원인무효로 인한 소유권보존등기 말소청구소송을 제기한 경우, 소송사기의 불법영득의사 및 실행의 착수가 인정되는지 여부(소극) [대법원 2009. 4. 9., 선고, 2009도128]

【판시사항】

피고인이 갑이 부동산을 매수한 일이 없음에도 매수한 것처럼 허위의 사실을 주장하여 위 부동산에 대한 소유권이전등기를 거친 사람을 상대로 그 이전등기의 원인무효를 내세워 그 이전등기의 말소를 구하는 소송을 갑 명의로 제기하고 그 소송의 결과 원고로 된 갑이 승소한다고 가정하더라도 그 피고의 등기가 말소될 뿐이고 이것만으로 피고인이 위 부동산에 관한 어떠한 권리를 취득하거나 의무를 면하는 것은 아니므로 법원을 기망하여 재물이나 재산상 이익을 편취한 것이라고 보기 어렵고, 따라서 위 소제기 행위를 가리켜 사기의 실행에 착수한 것이라고 할 수 없다 (대법원 1981. 12. 8. 선고 81도1451 판결 참조).

---

1. 타인 명의로 말소등기청구소송을 제기한 경우 소송사기 실행 착수 여부 [대법원 1981. 12. 8., 선고, 81도1451]

【판결요지】

피고인이 갑 명의로, 갑이 이 건 임야를 매수한 일이 없음에도 매수한 것 처럼 허위의 사실을 주장하여 위 임야에 대한 소유권이전등기를 거친 자들을 상대로 각 그 소유권이전등기말소를 구하는 소송을 제기하였다가 취하하였다고 하여도, 위 소송의 결과 원고로 된 갑이 승소한다고 가정하더라도 위 피고들의 등기가 말소될 뿐이고 이것만으로 피고인이 위 임야에 관한 어떠한 권리를 취득하거나 의무를 면하는 것은 아니므로 법원을 기망하여 재물이나 재산상 이익을 편취한 것이라고 보기 어려우니 위 소제기 행위를 가리켜 사기의 실행에 착수한 것이라고 할 수 없다.

---

2. 허위의 주장을 하면서 소유권보존등기 명의자를 상대로 보존등기의 말소를 구하는 소송을 제기하여 승소확정판결을 받은 경우(적극) [대법원 2006. 4. 7., 선고, 2005도9858, 전원합의체 판결]

【판시사항】

허위의 주장을 하면서 소유권보존등기 명의자를 상대로 보존등기의 말소를 구하는 소송을 제기하여 승소확정판결을 받은 경우, 소송사기의 성립 여부(적극) 및 그 기수시기(=승소판결이 확정된 때)

【판결요지】

[다수의견] 피고인 또는 그와 공모한 자가 자신이 토지의 소유자라고 허위의 주장을 하면서 소유권보존등기 명의자를 상대로 보존등기의 말소를 구하는 소송을 제기한 경우 그 소송에서 위 토지가 피고인 또는 그와 공모한 자의 소유임을 인정하여 보존등기 말소를 명하는 내용의 승소확정판결을 받는다면, 이에 터 잡아 언제든지 단독으로 상대방의 소유권보존등기를 말소시킨 후 위 판결을 부동산등기법 제130조 제2호 소정의 소유권을 증명하는 판결로 하여 자기 앞으로의 소유권보존등기를 신청하여 그 등기를 마칠 수 있게 되므로, 이는 법원을 기망하여 유리한 판결을 얻음으로써 '대상 토지의 소유권에 대한 방해를 제거하고 그 소유명의를 얻을 수 있는 지위'라는 재산상 이익을 취득한 것이고, 그 경우 기수시기는 위 판결이 확정된 때이다.

---

3. 원인무효임을 주장하여 등기명의인에 대하여 한 말소등기청구소송의 제기와 소송사기의 실행의 착수여부 [대법원 1983. 10. 25., 선고, 83도1566] ☞ 변경

【판시사항】

[1] 의제자백 판결에 의한 소유권이전등기와 소송사기에 있어서 재물의 편취

[2] 원인무효임을 주장하여 등기명의인에 대하여 한 말소등기청구소송의 제기와 소송사기의 실행의 착수여부

【판결요지】

[1] 피고인이 타인과 공모하여 그 공모자를 상대로 제소하여 의제자백의 판결을 받아 이에 기해 부동산의 지분이전등기를 한 소위는 소송 상대방의 의견에 부합한 것으로서 동인으로부터 부동산을 편취

한 것이라고 볼 수 없고 또 그 부동산의 진정한 소유자가 따로 있다 하더라도 피고인이 공모에 의한 의제자백 판결에 기하여 그 진정한 소유자로부터 소유권을 이전받은 것이 아니므로 소유자로부터 위 부동산을 편취한 것이라고 볼 여지도 없다.

[2] 피고인이 그 자신이 아닌 타인명의로 등기명의인들을 상대로 그들 명의의 소유권보존등기 및 이전등기의 말소등기소송을 제기한 경우, 가사 그 타인이 승소한다고 가정하더라도 등기명의인들의 등기가 말소될 뿐이고 이로써 그 타인이 위 부동산에 대하여 어떠한 권리를 회복 또는 취득하거나 의무를 면하는 것은 아니므로 법원을 기망하여 재물이나 재산상 이익을 편취한 것이라고 볼 수 없을 것이니 위와 같은 말소등기청구소송의 제기만으로는 사기의 실행에 착수한 것이라고 할 수 없다.

347-II-7. 강제집행절차에서 채무자가 제3자를 허위채권자로 내세우는 방법으로 법원을 기망한 소송사기 행위의 피해자 [대법원 2008. 12. 11., 선고, 2008도7631]

【판시사항】

소송사기죄는 법원을 기망하여 제3자의 재물을 편취하거나 재산상 이득을 취득하는 것을 기도하는 것을 내용으로 하는 것이므로(대법원 2004. 6. 24. 선고 2002도4151 판결 참조), 배당절차와 같은 강제집행절차에서 배당될 금전의 소유자 겸 채무자가 제3자와 공모하여 그 제3자를 허위채권자로 내세우는 방법으로 법원을 기망함으로써 배당을 받아 재산상 이득을 취득하는 경우, 그로 인한 피해자는 그 절차에서 법원에 대한 기망이 없었을 경우 배당을 받을 수 있었음에도 위 기망으로 인하여 배당을 받지 못하게 된 자라고 보아야 할 것인데, 원심판결 이유에 의하면, 피고인이 위 공탁금의 소유자 겸 채무자인 대순진리회의 대리인과 공모하여 허위채권에 기한 채권압류 및 추심명령을 받아 배당요구를 하는 기망행위를 하지 아니하였더라면 위 공탁금은 모두 공소외 2가 추심하거나 배당받을 수 있었을 것임에도, 피고인의 기망행위로 인하여 공소외 2는 피고인이 배당받게 된 금액만큼 배당을 받지 못하는 피해를 입게 되었음을 알 수 있는바, 위와 같은 사정을 앞서 본 법리에 비추어 보면 피고인의 위 소송사기 행위로 인한 피해자는 공소외 2라고 보아야 할 것이다.

347-II-8. 간접정범 형태에 의한 소송사기죄가 성립하는 경우 [대법원 2007. 9. 6., 선고, 2006도3591]

【판시사항】

[1] 간접정범 형태에 의한 소송사기죄가 성립하는 경우

[2] 甲이 존재하지 않는 약정이자에 관한 내용을 부가하여 위조한 乙 명의 차용증을 바탕으로 乙에 대한 차용금채권을 丙에게 양도하고, 이러한 사정을 모르는 丙으로 하여금 乙을 상대로 양수금 청구소송을 제기하게 한 사안에서, 甲의 행위는 丙을 도구로 이용한 간접정범 형태의 소송사기죄를 구성한다.

【판결요지】

[1] 자기에게 유리한 판결을 얻기 위하여 소송상의 주장이 사실과 다름이 객관적으로 명백하거나 증거가 조작되어 있다는 정을 인식하지 못하는 제3자를 이용하여 그로 하여금 소송의 당사자가 되게 하고 법원을 기망하여 소송 상대방의 재물 또는 재산상 이익을 취득하려 하였다면 간접정범의 형태에 의한 소송사기죄가 성립하게 된다.

[2] 甲이 乙 명의 차용증을 가지고 있기는 하나 그 채권의 존재에 관하여 乙과 다툼이 있는 상황에서 당초에 없던 월 2푼의 약정이자에 관한 내용 등을 부가한 乙 명의 차용증을 새로 위조하여, 이를 바탕으로 자신의 처에 대한 채권자인 丙에게 차용원금 및 위조된 차용증에 기한 약정이자 2,500만 원을 양도하고, 이러한 사정을 모르는 丙으로 하여금 乙을 상대로 양수금 청구소송을 제기하도록 한 사안에서, 적어도 위 약정이자 2,500만 원 중 법정지연손해금 상당의 돈을 제외한 나머지 돈에 관한 甲의 행위는 丙을 도구로 이용한 간접정범 형태의 소송사기죄를 구성한다.

---

1. 특정 권원에 기하여 민사소송 진행 중 법원에 조작된 증거를 제출하면서 종전에 주장하던 특정 권원과 별개의 허위의 권원을 추가로 주장하는 경우(적극) [대법원 2004. 6. 25., 선고, 2003도7124]

【판시사항】

[1] 소송사기죄 적용의 엄격성과 성립요건 및 소송사기에서 말하는 증거 조작의 의미

[2] 특정 권원에 기하여 민사소송을 진행하던 중 법원에 조작된 증거를 제출하면서 종전에 주장하던 특정 권원과 별개의 허위의 권원을 추가로 주장하는 경우, 소송사기죄의 성립 여부(적극)

【판결요지】

[1] 소송사기는 법원을 속여 자기에게 유리한 판결을 얻음으로써 상대방의 재물 또는 재산상 이익을 취득하는 범죄로서, 이를 쉽사리 유죄로 인정하게 되면 누구든지 자기에게 유리한 주장을 하고 소송을 통하여 권리구제를 받을 수 있는 민사재판제도의 위축을 가져올 수밖에 없으므로, 피고인이 그 범행을 인정한 경우 외에는 그 소송상의 주장이 사실과 다름이 객관적으로 명백하고 피고인이 그 주장이 명백히 거짓인 것을 인식하였거나 증거를 조작하려고 하였음이 인정되는 때와 같이 범죄가 성립되는 것이 명백한 경우가 아니면 이를 유죄로 인정하여서는 아니 되고, 단순히 사실을 잘못 인식하였다거나 법률적 평가를 잘못하여 존재하지 않는 권리를 존재한다고 믿고 제소한 행위는 사기죄를 구성하지 아니하며, 소송상 주장이 다소 사실과 다르더라도 존재한다고 믿는 권리를 이유 있게 하기 위한 과장표현에 지나지 아니하는 경우 사기의 범의가 있다고 볼 수 없고, 또한, 소송사기에서 말하는 증거의 조작이란 처분문서 등을 거짓으로 만들어내거나 증인의 허위 증언을 유도하는 등으로 객관적·제3자적 증거를 조작하는 행위를 말한다.

[2] 피고인이 특정 권원에 기하여 민사소송을 진행하던 중 법원에 조작된 증거를 제출하면서 종전에 주장하던 특정 권원과 별개의 허위의 권원을 추가로 주장하는 경우에 그 당시로서는 종전의 특정 권원의 인정 여부가 확정되지 아니하였고, 만약 종전의 특정 권원이 배척될 때에는 조작된 증거에 의하여 법원을 기망하여 추가된 허위의 권원을 인정받아 승소판결을 받을 가능성이 있으므로, 가사 나중에 법원이 종전의 특정 권원을 인정하여 피고인에게 승소판결을 선고하였다고 하더라도, 피고인의 이러한 행위는 특별한 사정이 없는 한 소송사기의 실행의 착수에 해당된다.

347-Ⅱ-9. 법률문외한인 피고인이 실질적으로는 동일한 선순위근저당권과 후순위근저당권의 피담보 채권에 관하여 각각 배당을 요구하여 받은 행위(소극) 대법원 2007. 4. 13., 선고, 2005도4222]

【판시사항】

[1] 소송사기죄 적용의 엄격성

[2] 법률문외한인 피고인이 실질적으로는 동일한 선순위근저당권과 후순위근저당권의 피담보채

권에 관하여 각각 배당을 요구하여 배당받은 행위가 소송사기에 해당하지 아니한다고 본 사례

【이 유】

소송사기 행위를 처벌하는 것은 필연적으로 누구든지 자기에게 유리한 주장을 하고 소송을 통하여 권리구제를 받을 수 있다는 민사재판제도의 위축을 초래하고 본질적으로 민사분쟁인 사안을 소송사기라는 형사분쟁으로 비화시킬 위험이 있으므로 극히 신중해야 할 것이다(대법원 2003. 5. 16. 선고 2003도373 판결 등 참조).

---

1. 일방적인 권리주장을 기재한 통고서 등을 작성하여 내용증명우편으로 발송한 후 이를 법원에 증거로 제출한 경우, 소송사기에서 말하는 증거의 조작이라고 볼 수 있는지 여부(소극) [대법원 2004. 3. 25., 선고, 2003도7700]

【판시사항】

소송사기는 법원을 속여 자기에게 유리한 판결을 얻음으로써 상대방의 재물 또는 재산상 이익을 취득하는 범죄로서, 이를 쉽사리 유죄로 인정하게 되면 누구든지 자기에게 유리한 주장을 하고 소송을 통하여 권리구제를 받을 수 있는 민사재판제도의 위축을 가져올 수밖에 없으므로, 피고인이 그 범행을 인정한 경우 외에는 그 소송상의 주장이 사실과 다름이 객관적으로 명백하고 피고인이 그 주장이 명백히 거짓인 것을 인식하였거나 증거를 조작하려고 하였음이 인정되는 때와 같이 범죄가 성립되는 것이 명백한 경우가 아니면 이를 유죄로 인정하여서는 아니 되고, 단순히 사실을 잘못 인식하였다거나 법률적 평가를 잘못하여 존재하지 않는 권리를 존재한다고 믿고 제소한 행위는 사기죄를 구성하지 아니하며, 소송상 주장이 다소 사실과 다르더라도 존재한다고 믿는 권리를 이유 있게 하기 위한 과장표현에 지나지 아니하는 경우 사기의 범의가 있다고 볼 수 없다(대법원 1992. 4. 10. 선고 91도2427 판결, 1994. 10. 25. 선고 94도1819 판결 및 2003. 2. 11. 선고 2002도6851 판결 등 참조).

347-Ⅱ-10. 사위소송에 있어서 소송사기의 실행 착수 시기 [대법원 2006. 11. 10., 선고, 2006도5811]

【판결요지】

소송사기는 법원을 기망하여 자기에게 유리한 판결을 얻고 이에 터잡아 상대방으로부터 재물의 교부를 받거나 재산상 이익을 취득하는 것을 말하는 것으로서 소송에서 주장하는 권리가 존재하지 않는 사실을 알고 있으면서도 법원을 기망한다는 인식을 가지고 소를 제기하면 이로써 실행의 착수가 있고 소장의 유효한 송달을 요하지 아니한다고 할 것인바, 이러한 법리는 제소자가 상대방의 주소를 허위로 기재함으로써 그 허위주소로 소송서류가 송달되어 그로 인하여 상대방 아닌 다른 사람이 그 서류를 받아 소송이 진행된 경우에도 마찬가지로 적용된다.

---

1. 소송사기에 있어서 실행의 착수 [대법원 1993. 9. 14., 선고, 93도915]

【판결요지】

소송사기는 법원을 기망하여 자기에게 유리한 판결을 얻고 이에 터잡아 상대방으로부터 재물의 교부를 받거나 재산상 이익을 취득하는 것을 말하는 것으로서 소송에서 주장하는 권리가 존재하지 않는 사실을 알고 있으면서도 법원을 기망한다는 인식을 가지고 소를 제기하면 이로써 실행의 착수가 있었다고 할 것이고, 피해자에 대한 직접적인 기망이 있어야 하는 것은 아니다.

347-Ⅱ-11. 소송비용을 편취할 의사로 소송비용의 지급을 구하는 손해배상청구의 소를 제기한 경우, 사기죄의 불능범에 해당 여부 [대법원 2005. 12. 8., 선고, 2005도8105]

【판결요지】

불능범의 판단 기준으로서 위험성 판단은 피고인이 행위 당시에 인식한 사정을 놓고 이것이 객관적으로 일반인의 판단으로 보아 결과 발생의 가능성이 있느냐를 따져야 하고(대법원 1978. 3. 28. 선고 77도4049 판결 참조), 한편 민사소송법상 소송비용의 청구는 소송비용액 확정절차에 의하도록 규정하고 있으므로, 위 절차에 의하지 아니하고 손해배상금 청구의 소 등으로 소송비용의 지급을 구하는 것은 소의 이익이 없는 부적법한 소로서 허용될 수 없다고 할 것이다. 따라서 소송비용을 편취할 의사로 소송비용의 지급을 구하는 손해배상청구의 소를 제기하였다고 하더라도 이는 객관적으로 소송비용의 청구방법에 관한 법률적 지식을 가진 일반인의 판단으로 보아 결과 발생의 가능성이 없어 위험성이 인정되지 않는다고 할 것이다.

피고인이 공소외 1로부터 소송비용 명목으로 공소외 2를 통하여 100만 원을 이미 송금받았음에도 불구하고 공소외 1을 피고로 하여 종전에 피고인이 공소외 1을 상대로 제기하였던 여러 소와 관련한 소송비용 상당액의 지급을 구하는 손해배상금 청구의 소를 제기하였다가 담당 판사로부터 소송비용의 확정은 소송비용액 확정절차를 통하여 하라는 권유를 받고 위 소를 취하한 사실을 인정한 다음, 피고인이 제기한 이 사건 손해배상금 청구의 소는 소의 이익이 흠결된 부적법한 소로서 각하를 면할 수 없어 피고인이 승소할 수 없다는 것이고, 그렇다면 피고인의 이 부분 소송사기 범행은 실행 수단의 착오로 인하여 결과 발생이 불가능할 뿐만 아니라 위험성도 없다 할 것이어서 소송사기죄의 불능미수에 해당한다.

347-Ⅱ-12. 부동산등기부상 소유자로 등기된 적이 있는 자가 자신 이후에 소유권이전등기를 경료한 등기명의인들을 상대로 허위의 사실을 주장하면서 소유권이전등기말소청구소송을 제기한 경우(적극) [대법원 2003. 7. 22., 선고, 2003도1951]

【판시사항】

부동산등기부상 소유자로 등기된 적이 있는 자가 자신 이후에 소유권이전등기를 경료한 등기명의인들을 상대로 허위의 사실을 주장하면서 소유권이전등기말소청구소송을 제기한 경우, 사기의 실행에 착수한 것으로 볼 수 있는지 여부(적극)

【판결요지】

이른바 소송사기는 법원을 기망하여 자기에게 유리한 재판을 얻고 이에 기하여 상대방으로부터 재물의 교부를 받거나 재산상 이익을 취득하는 것을 말하는 것인바, 부동산등기부상 소유자로 등기된 적이 있는 자가 자기 이후에 소유권이전등기를 경료한 등기명의인들을 상대로 허위의 사실을 주장하면서 그들 명의의 소유권이전등기의 말소를 구하는 소송을 제기한 경우 그 소송에서 승소한다면 등기명의인들의 등기가 말소됨으로써 그 소송을 제기한 자의 등기명의가 회복되는 것이므로 이는 법원을 기망하여 재물이나 재산상 이익을 편취한 것이라고 할 것이고 따라서 등기명의인들 전부 또는 일부를 상대로 하는 그와 같은 말소등기청구 소송의 제기는 사기의 실행에 착수한 것이라고 보아야 한다.

347-Ⅱ-13. 상대방에게 유리한 증거를 제출하지 않거나 상대방에게 유리한 사실을 진술하지 않는 행위가 소송사기의 기망이 되는지 여부(소극) [대법원 2002. 6. 28., 선고, 2001도1610]

【판시사항】

[1] 당사자주의 소송구조하에서 상대방에게 유리한 증거를 제출하지 않거나 상대방에게 유리한 사실을 진술하지 않는 행위만으로 소송사기에 있어 기망이 된다고 할 수 있는지 여부(소극)

[2] 채권자가 채권배당절차에서 실제 배당받아야 할 금액을 초과한 금액을 수령하였음에도 사기의 고의를 인정할 수 없는 경우

【판결요지】

[1] 당사자주의 소송구조하에서는 자기에게 유리한 주장이나 증거는 각자가 자신의 책임하에 변론에 현출하여야 하는 것이고, 비록 자기가 상대방에게 유리한 증거를 가지고 있다거나 상대방에게 유리한 사실을 알고 있다고 하더라도 상대방을 위하여 이를 현출하여야 할 의무가 있다고 보기는 어려울 것이므로 상대방에게 유리한 증거를 제출하지 않거나 상대방에게 유리한 사실을 진술하지 않는 행위만으로는 소송사기에 있어 기망이 된다고 할 수 없다.

[2] 채권자의 가압류의 피보전채권액에 터잡아 배당표가 작성되어 가압류채권자에 대한 배당액이 공탁된 다음 위 가압류의 본안소송 확정판결에서 채권자에게 인용된 금액 중 일부가 변제되어 위 잔존채권액이 가압류의 피보전채권액보다 작아졌다고 하더라도 원리금 산정 및 일부 변제에 따른 충당과정이 간단치 아니하여 잔존채권액을 쉽게 확정할 수 없는 등 그 배당금이 위 잔존채권액을 초과하는 것이 명백하지 아니한 이상 위 확정판결에서 인용된 금액 전부가 잔존하는 것처럼 위 확정판결정본을 그대로 집행법원에 제출하여 실제 배당받아야 할 금액을 초과한 금액을 수령하였다고 하더라도 채권자에게 사기의 고의를 인정할 수는 없다.

> **1. 민사소송 피고가 소송사기죄의 주체가 될 수 있는지 여부(적극) [대법원 1998. 2. 27., 선고, 97도2786]**
> **【판결요지】**
> 적극적 소송당사자인 원고뿐만 아니라 방어적인 위치에 있는 피고라 하더라도 허위내용의 서류를 작성하여 이를 증거로 제출하거나 위증을 시키는 등의 적극적인 방법으로 법원을 기망하여 착오에 빠지게 한 결과 승소확정판결을 받음으로써 자기의 재산상의 의무이행을 면하게 된 경우에는 그 재산가액 상당에 대하여 사기죄가 성립한다고 할 것이고, 그와 같은 경우에는 적극적인 방법으로 법원을 기망할 의사를 가지고 허위내용의 서류를 증거로 제출하거나 그에 따른 주장을 담은 답변서나 준비서면을 제출한 경우에 사기죄의 실행의 착수가 있다고 볼 것이다.

347-Ⅱ-14. 전부명령에 있어서 소송사기죄가 성립되지 아니한다고 본 사례 [대법원 2001. 5. 29., 선고, 2001도210]

【판결요지】

피고인이 채권자로서 법원으로부터 전부명령을 받았으나 채무자의 의사에 반하거나 착오에 의하여 피전부채권을 편취한 것이라고 볼 수 없고, 피전부채권에 이해관계를 가진 채무자의 일반채권자로부터 재물을 교부받거나 재산상 이익을 취득한 것이라고 볼 수도 없다는 이유로 소송사기가 성립되지 아니한다.

347-Ⅱ-15. 소송사기미수죄에 있어서 범죄행위의 종료시기(=소송이 종료된 때) [대법원 2000. 2. 11., 선고, 99도4459]

【판결요지】

공소시효는 범죄행위가 종료한 때로부터 진행하는 것으로서, 법원을 기망하여 유리한 판결을 얻어내고 이에 터잡아 상대방으로부터 재물이나 재산상 이익을 취득하려고 소송을 제기하였다가 법원으로부터 패소의 종국판결을 선고받고 그 판결이 확정되는 등 법원으로부터 유리한 판결을 받지 못하고 소송이 종료됨으로써 미수에 그친 경우에, 그러한 소송사기미수죄에 있어서 범죄행위의 종료시기는 위와 같이 소송이 종료된 때라고 할 것이다.

---

1. 법원을 기망하여 승소판결을 받고 소유권이전등기를 경료한 경우 사기죄와 공정증서원본불실기재죄와의 죄수 [대법원 1983. 4. 26., 선고, 83도188]

【판시사항】

[1] 사기죄에 있어서 재산권을 침해받은 자의 구체적 명시요부

[2] 법원을 기망하여 승소판결을 받고 소유권이전등기를 경료한 경우 사기죄와 공정증서원본불실기재죄와의 죄수

【판결요지】

[1] 사기죄의 판시에 있어서 그 범죄행위로 인하여 재산권을 침해받은 자가 누구인가 하는 것을 구체적으로 명시하지 아니하여도 그 재산권이 범인이외의 다른 사람이 것이라는 것이 판문상 명백하면 이유에 불비가 있는 것이라고 할 수는 없다.

[2] 법원을 기망하여 승소판결을 받고 그 확정판결에 의하여 소유권이전등기를 경료한 경우에는 사기죄와 별도로 공정증서원본 불실기재죄가 성립하고 양죄는 실체적 경합범 관계에 있다.

347-Ⅱ-16. 점유취득시효 완성 후 등기명의인을 상대로 점유취득시효 완성을 원인으로 한 소유권이전등기청구소송을 제기하면서 점유의 권원에 관한 증거를 위조하고 그 진정성립 등에 관한 위증을 교사한 경우(적극) [대법원 1997. 10. 14., 선고, 96도1405]

【판시사항】

점유취득시효 완성 후 등기명의인을 상대로 점유취득시효 완성을 원인으로 한 소유권이전등기청구소송을 제기하면서 점유의 권원에 관한 증거를 위조하고 그 진정성립 등에 관한 위증을 교사한 경우, 소송사기죄의 성립 여부(적극)

【판결요지】

토지를 20년 이상 점유하여 왔더라도 그 점유권원의 성질이 불분명하여 일단 자주점유로 추정받

기는 하나, 상대방이 그 추정을 번복시킬 수 있는 사실을 입증하면 취득시효를 인정받을 수 없어 결국 상대방의 입증 여부에 따라 소송의 승패가 결정되는 소송에서, 소송의 승패에 결정적인 증거인 자주점유의 권원에 관한 처분문서를 위조하고, 그 성립에 관한 위증을 교사함으로써 상대방의 추정번복의 입증을 원천적으로 봉쇄하고 법원으로서도 그 처분문서의 성립이 인정되는 한 채증법칙상 그 문서의 내용대로 인정할 수밖에 없도록 하는 등의 소송행위는 사회통념상 도저히 용인될 수 없다고 할 것이므로, 비록 점유자가 자주점유로 추정받는다고 하더라도 위와 같은 기망행위에 의하여 적극적으로 법원을 기망하여 착오에 빠지게 함으로써 승소판결을 받고, 등기까지 했던 것이라면 그 행위는 정당한 권리행사라 할 수 없어 사기죄를 구성한다.

347-Ⅱ-17. 소송사기의 방법으로 건축주 명의를 변경한 경우 [대법원 1997. 7. 11., 선고, 95도1874]

【판시사항】

[1] 소송사기의 방법으로 건축주 명의를 변경한 경우의 사기죄의 객체

[2] 재산상 이익 취득의 사기죄에 대하여 재물 편취의 사기죄로 의율한 것이 판결에 영향을 미친 위법에 해당하는지 여부(소극)

[3] 건축주 명의변경을 목적으로 하는 소송사기의 기수 시기

【판결요지】

[1] 신축중인 다세대주택에 관하여 건축허가 명의가 변경되었다 하여 그 소유권이 변경된 건축허가 명의인에게 이전되는 것은 아니므로, 피고인이 법원을 기망하여 건축주명의변경절차이행청구 소송에서 승소확정판결을 받았다거나 나아가 이에 기하여 위 다세대주택에 관한 건축허가 명의를 변경하였다 하여 위 다세대주택 그 자체를 편취한 것으로는 볼 수 없고, 단지 건축주로서 공사를 계속하여 다세대주택을 완공하고 사용승인을 받은 다음 건축물대장에 등재하여 완공된 다세대주택에 관하여 그의 명의로 소유권보존등기를 경료할 수 있는 등 건축허가에 따른 재산상 이익을 취득한 것으로 보아야 한다.

[2] 피고인이 편취한 것이 재물로서의 신축 부동산 그 자체인가 아니면 건축허가로 인한 재산상 이익인가 하는 점은 동일한 사실관계에 기초한 법률적 평가의 차이에 불과할 뿐이고 양자 모두 동일한 법조항에 규정된 죄로서 그 죄질과 처벌이 동일한 이상, 피고인이 재산상 이익을 취득하였음에도 불구하고 재물을 편취한 것으로 잘못 판단하였다 하더라도 그것이 판결에 영향을 미쳤다고는 할 수 없다.

[3] 소송사기의 경우에는 당해 소송의 판결이 확정된 때에 범행이 기수에 이르는 것이므로, 신축중인 다세대주택 4동의 건축주 명의변경을 목적으로 하는 사기소송을 제기하여 4동 전부에 대하여 승소판결을 선고받아 그 판결이 확정된 이상 승소판결을 받은 후 3동에 관하여만 건축주 명의변경이 이루어졌다 하더라도 4동 전부에 대하여 건축허가에 따른 재산상 이익을 취득한 사기죄의 기수에 이른 것으로 보아야 한다.

---

1. 타인의 토지소유권을 편취할 목적으로 하는 사기소송 [대법원 1980. 4. 22., 선고, 80도533]

타인의 토지소유권을 편취할 목적으로 하는 사기소송은 목적토지에 대한 소유권이전등기 절차이행에 관한 승소의 확정판결을 받으면 이때 불법한 이익을 취득한 사기죄가 성립된다.

347-II-18. 사망한 자를 상대로 한 제소의 소송사기 성부(소극) [대법원 1997. 7. 8., 선고, 97도632]

【판결요지】

피고인의 제소가 사망한 자를 상대로 한 것이라면 그 판결은 그 내용에 따른 효력이 생기지 아니하여 상속인에게 그 효력이 미치지 아니하므로, 사기죄를 구성할 수 없다.

347-II-19. 법원을 기망하여 얻으려고 한 판결의 내용이 소송 상대방의 의사에 부합하는 것일 때에도 소송사기죄가 성립하는지 여부(소극) [대법원 1996. 8. 23., 선고, 96도1265]

【판결요지】

소송사기에 있어서 피기망자인 법원의 재판은 피해자의 처분행위에 갈음하는 내용과 효력이 있는 것이어야 하므로, 피고인들이 타인과 공모하여 그 공모자를 상대로 제소한 경우나 피고인들이 법원을 기망하여 얻으려고 한 판결의 내용이 소송 상대방의 의사에 부합하는 것일 때에는, 착오에 의한 재물의 교부행위가 있다고 할 수 없어 소송사기죄가 성립되지 아니한다.

347-II-20. 등기말소소송상의 허위주장을 사기미수죄로 처단한 사례 [대법원 1990. 1. 23., 선고, 89도607]

【판결요지】

피고인이 이 사건 부동산에 관하여 소유권이전청구권 보전의 가등기를 마쳐주고 그 후 그에 대한 매매계약을 체결한 다음 그 소유권이전등기에 필요한 서류를 작성, 교부해 주고서도 가등기등 말소청구소송에서 위 가등기와 소유권이전등기는 제3자들의 문서위조와 인감위조 등에 의하여 이루어진 원인무효의 등기라고 주장하였다면, 피고인이 단순히 사실을 잘못 인식하였다거나 법률적 평가를 잘못한 것이 아니라 권리가 존재하지 아니함을 잘 알고 있으면서도 허위의 주장을 한 것이므로 사기미수죄를 유죄로 인정한 것은 정당하다.

347-II-21. 허위의 준비서면과 자술서를 작성하여 제출한 행위가 소송사기의 실행의 착수에 해당하는지 여부(적극) [대법원 1988. 9. 20., 선고, 87도964]

【판결요지】

소유권이전등기말소청구사건에 대한 재심의 소가 계속중 재심원고를 승소시키기 위하여 재심피고명의로 허위의 내용을 기재한 준비서면과 자술서를 작성하여 법원에 제출한 행위는 허위의 증거를 조작하고 적극적으로 사술을 사용하여 법원을 기망하는 행위로서 소송사기의 실행의 착수에 해당한다.

347-II-22. 제3자 소유의 토지에 대한 소송상 화해와 소송사기죄의 성부(소극) [대법원 1987. 8. 18., 선고, 87도1153]

【판결요지】

이른바 소송사기에 있어서 피기망자인 법원의 재판은 피해자의 처분행위에 갈음하는 내용과 같은 효력이 있는 것이라야 하고 그렇지 아니하는 경우에는 착오에 의한 재물의 교부행위가 있다고 할 수 없어서 사기죄는 성립하지 아니한다고 할 것인바, 피고인이 국가등의 소유인 토지들이 미등기임을 기화로 갑과 공모하여 을을 그 소유자로 내세운 다음 갑이 을을 상대로 위 토지들에 대하여 매매를 원인으로 한 소유권이전등기절차이행의 소를 제기하여 소송진행중 쌍방의 소송대리인등에게 화해하도록 하여 재판부로 하여금 을이 대금수령과 상환으로 갑에게 위 토지들에 대한 소유권이전등기절차를 이행한다는 취지의 화해조서를 작성하게 한 경우, 이와 같은 소송상 화해의 효력은 소송당사자들 사이에만 미치고 제3자인 토지소유자에게는 미치지 아니하며 그 화해조서에 기하여 위 토지들에 대한 제3자의 소유권이 갑에게 이전되는 것도 아니므로 피고인의 위와 같은 행위가 사기죄를 구성한다고 할 수 없다.

347-Ⅱ-23. 부동산에 관하여 권한없는 자를 상대로 소유권확인의 판결을 받아 소유권보존등기를 경료한 경우(소극) [대법원 1985. 10. 8., 선고, 84도2642]

【판결요지】

소송사기에 있어서 피기망자인 법원의 재판은 피해자의 처분행위에 갈음하는 내용과 효력이 있는 것이어야 하고 그렇지 않은 경우에는 착오에 의한 재물의 교부행위가 있다고 할 수 없을 것인바, 피고인이 타인소유의 부동산에 관하여 아무런 권한이 없는 사람을 상대로 소유권확인등의 청구소송을 제기함으로써 법원을 기망하여 승소판결을 받고 그 확정판결을 이용하여 동 부동산에 대한 소유권보존등기를 경료했다 하여도, 위 판결의 효력은 소송당사자들 사이에만 미치고 제3자인 부동산소유자에게는 미치지 아니하여 위 판결로 인하여 위 부동산에 대한 제3자의 소유권이 피고인에게 이전되는 것도 아니므로 사기죄를 구성한다고 볼 수 없다.

347-Ⅱ-24. 법원을 기망하여 얻은 인낙조서에 의하여 타인소유의 미등기 토지에 대한 소유권보존등기를 경료한 경우(소극) [대법원 1984. 4. 10., 선고, 83도2289]

【판결요지】

소송사기는 법원을 기망하여 자기에게 유리한 판결 등을 얻고 이에 기하여 상대방으로부터 재물의 교부를 받거나 재산상 이익을 취득하는 것을 말하는 것인바 피고인이 공소외 (갑)으로 하여금 피고인을 상대로 성명미상자 소유의 미등기토지에 대한 소유권이전등기청구소송을 제기토록 하고 피고인이 그 토지의 일부를 위 (갑)에게 매도하였으니 그 지분에 대한 소유권이전등기절차를 이행하라는 내용의 인낙조서를 작성하고 그 토지에 관하여 대위신청자에 의해서 등기부상에 피고인의 명의로 소유권보존등기를 등재케 하였다면 피고인은 위 인낙조서에 의하여 위 성명미상자로부터 위 토지의 소유권 또는 지분권을 이전받은 것이 아니므로 위 토지를 편취한 것이라고 볼 여지가 없으니 소송사기가 성립한다고 볼 수 없다.

III. 보험사기

347-Ⅲ-1. 보험계약자가 고지의무를 위반하여 보험회사와 보험계약을 체결한 경우, 보험금 편취를 위한 고의의 기망행위를 인정하기 위한 요건 및 이때 사기죄의 기수시기(=보험금을 지급받았을 때) [대법원 2019. 4. 3. 선고, 2014도2754]

【판결요지】

보험계약자가 고지의무를 위반하여 보험회사와 보험계약을 체결한다 하더라도 그 보험금은 보험계약의 체결만으로 지급되는 것이 아니라 보험계약에서 정한 우연한 사고가 발생하여야만 지급되는 것이다. 상법상 고지의무를 위반하여 보험계약을 체결하였다는 사정만으로 보험계약자에게 미필적으로나마 보험금 편취를 위한 고의의 기망행위가 있었다고 단정하여서는 아니 되고, 더 나아가 보험사고가 이미 발생하였음에도 이를 묵비한 채 보험계약을 체결하거나 보험사고 발생의 개연성이 농후함을 인식하면서도 보험계약을 체결하는 경우 또는 보험사고를 임의로 조작하려는 의도를 갖고 보험계약을 체결하는 경우와 같이 그 행위가 '보험사고의 우연성'과 같은 보험의 본질을 해할 정도에 이르러야 비로소 보험금 편취를 위한 고의의 기망행위를 인정할 수 있다. 피고인이 위와 같은 고의의 기망행위로 보험계약을 체결하고 위 보험사고가 발생하였다는 이유로 보험회사에 보험금을 청구하여 보험금을 지급받았을 때 사기죄는 기수에 이른다.

347-Ⅲ-2. 보험계약자가 보험자와 보험계약을 체결하면서 상법상 고지의무를 위반한 행위가 보험금 편취를 위한 고의의 기망행위에 해당하기 위한 요건 [대법원 2017. 4. 26., 선고, 2017도1405]

【판시사항】

보험계약자가 보험자와 보험계약을 체결하면서 상법상 고지의무를 위반한 행위가 보험금 편취를 위한 고의의 기망행위에 해당하기 위한 요건 및 특히 상해·질병보험계약을 체결하는 보험계약자가 보험사고 발생의 개연성이 농후함을 인식하였는지 판단하는 기준

【판결요지】

부작위에 의한 기망은 보험계약자가 보험자와 보험계약을 체결하면서 상법상 고지의무를 위반한 경우에도 인정될 수 있다. 다만 보험계약자가 보험자와 보험계약을 체결하더라도 우연한 사고가 발생하여야만 보험금이 지급되는 것이므로, 고지의무 위반은 보험사고가 이미 발생하였음에도 이를 묵비한 채 보험계약을 체결하거나 보험사고 발생의 개연성이 농후함을 인식하면서도 보험계약을 체결하는 경우 또는 보험사고를 임의로 조작하려는 의도를 가지고 보험계약을 체결하는 경우와 같이 '보험사고의 우연성'이라는 보험의 본질을 해할 정도에 이르러야 비로소 보험금 편취를 위한 고의의 기망행위에 해당한다. 특히 상해·질병보험계약을 체결하는 보험계약자가 보험사고 발생의 개연성이 농후함을 인식하였는지는 보험계약 체결 전 기왕에 입은 상해의 부위 및 정도, 기존 질병의 종류와 증상 및 정도, 상해나 질병으로 치료받은 전력 및 시기와 횟수, 보험계약 체결 후 보험사고 발생 시까지의 기간과 더불어 이미 가입되어 있는 보험의 유무 및 종류와 내역, 보험계약 체결의 동기 내지 경과 등을 두루 살펴 판단하여야 한다.

1. 생명보험계약의 보험사고 요건 중 '우연한 사고'의 의미 및 고지의무를 위반하여 생명보험계약을 체결한 경우 [대법원 2012. 11. 15., 선고, 2010도6910]

【판시사항】

[1] 사기죄에서 기망행위는 고의를 전제로 하고 여기에는 미필적 고의도 포함되는 것이지만, 범죄구성요건의 주관적 요소로서 미필적 고의라 함은 범죄사실의 발생가능성을 불확실한 것으로 표상하면서 이를 용인하고 있는 경우를 말하므로, 미필적 고의가 있었다고 하려면 범죄사실의 발생가능성에 대한 인식이 있음은 물론 나아가 범죄사실이 발생할 위험을 용인하는 내심의 의사가 있어야 하며, 그 행위자가 범죄사실이 발생할 가능성을 용인하고 있었는지의 여부는 외부에 나타난 행위의 형태와 행위의 상황 등 구체적인 사정을 기초로 하여 일반인이라면 당해 범죄사실이 발생할 가능성을 어떻게 평가할 것인가를 고려하면서 행위자의 입장에서 그 심리상태를 추인하여야 한다 (대법원 2009. 2. 26. 선고 2007도1214 판결 참조).

[2] 한편 생명보험계약은 사람의 생명에 관한 '우연한 사고'에 대하여 보험금을 지급하기로 하는 약정을 말하고, 여기서 '우연한 사고'라 함은 사고가 피보험자가 예측할 수 없는 원인에 의하여 발생하는 것으로서 고의에 의한 것이 아니고 예견하지 않았는데 우연히 발생하고 통상적인 과정으로는 기대할 수 없는 결과를 가져오는 사고를 의미한다(대법원 2010. 8. 19. 선고 2008다78491, 78507 판결 참조). 따라서 보험계약자가 상법상 고지의무를 위반하여 보험자와 생명보험계약을 체결한다고 하더라도 그 보험금은 보험계약의 체결만으로 지급되는 것이 아니라 우연한 사고가 발생하여야만 지급되는 것이므로, 상법상 고지의무를 위반하여 보험계약을 체결하였다는 사정만으로 보험계약자에게 미필적으로나마 보험금 편취를 위한 고의의 기망행위가 있었다고 단정하여서는 아니 되고, 더 나아가 보험사고가 이미 발생하였음에도 이를 묵비한 채 보험계약을 체결하거나 보험사고 발생의 개연성이 농후함을 인식하면서도 보험계약을 체결하는 경우 또는 보험사고를 임의로 조작하려는 의도를 갖고 보험계약을 체결하는 경우와 같이 그 행위가 '보험사고의 우연성'과 같은 보험의 본질을 해할 정도에 이르러야 비로소 보험금 편취를 위한 고의의 기망행위를 인정할 수 있다고 할 것이다.

347-Ⅲ-3. 보험계약자가 보험계약 체결 시 보험금액이 목적물의 가액을 현저하게 초과하는 초과보험 상태를 의도적으로 유발한 후 보험사고가 발생하자 초과보험 사실을 알지 못하는 보험자에게 목적물의 가액을 묵비한 채 보험금을 청구하여 받은 경우 [대법원 2015. 7. 23., 선고, 2015도6905]

【판시사항】

보험계약자가 보험계약 체결 시 보험금액이 목적물의 가액을 현저하게 초과하는 초과보험 상태를 의도적으로 유발한 후 보험사고가 발생하자 초과보험 사실을 알지 못하는 보험자에게 목적물의 가액을 묵비한 채 보험금을 청구하여 교부받은 경우, 보험금을 청구한 행위가 사기죄의 실행행위로서 기망행위에 해당하는지 여부(한정 적극)

【판결요지】

보험계약자가 보험계약 체결 시 보험금액이 목적물의 가액을 현저하게 초과하는 초과보험 상태를 의도적으로 유발한 후 보험사고가 발생하자 초과보험 사실을 알지 못하는 보험자에게 목적물의 가액을 묵비한 채 보험금을 청구하여 보험금을 교부받은 경우, 보험자가 보험금액이 목적물의 가액을 현저하게 초과한다는 것을 알았더라면 같은 조건으로 보험계약을 체결하지 않았을 뿐만 아니라 협정보험가액에 따른 보험금을 그대로 지급하지 아니하였을 관계가 인정된다면, 보험계약자가 초과보험 사실을 알지 못하는 보험자에게 목적물의 가액을 묵비한 채 보험금을 청구한 행위는 사기죄의 실행행위로서의 기망행위에 해당한다.

347-Ⅲ-4. 타인의 사망을 보험사고로 하는 생명보험계약을 체결할 때 제3자가 피보험자인 것처럼 가장하여 체결하는 등으로 그 유효요건이 갖추어지지 못한 경우 [대법원 2013. 11. 14., 선고, 2013도7494]

【판시사항】

타인의 사망을 보험사고로 하는 생명보험계약을 체결할 때 제3자가 피보험자인 것처럼 가장하여 체결하는 등으로 그 유효요건이 갖추어지지 못한 경우, 보험계약을 체결한 행위만으로 보험금 편취를 위한 기망행위의 실행에 착수한 것으로 볼 수 있는지 여부(원칙적 소극)

【판결요지】

타인의 사망을 보험사고로 하는 생명보험계약을 체결함에 있어 제3자가 피보험자인 것처럼 가장하여 체결하는 등으로 그 유효요건이 갖추어지지 못한 경우에도, 보험계약 체결 당시에 이미 보험사고가 발생하였음에도 이를 숨겼다거나 보험사고의 구체적 발생 가능성을 예견할 만한 사정을 인식하고 있었던 경우 또는 고의로 보험사고를 일으키려는 의도를 가지고 보험계약을 체결한 경우와 같이 보험사고의 우연성과 같은 보험의 본질을 해칠 정도라고 볼 수 있는 특별한 사정이 없는 한, 그와 같이 하자 있는 보험계약을 체결한 행위만으로는 미필적으로라도 보험금을 편취하려는 의사에 의한 기망행위의 실행에 착수한 것으로 볼 것은 아니다. 그러므로 그와 같이 기망행위의 실행의 착수로 인정할 수 없는 경우에 피보험자 본인임을 가장하는 등으로 보험계약을 체결한 행위는 단지 장차의 보험금 편취를 위한 예비행위에 지나지 않는다.

---

1. 산업재해보상 보험급여를 지급받을 수 있는 지위에 있는 자가 특정 일자에 업무상 재해를 입은 사실이 없음에도 허위 내용의 목격자진술서를 첨부하는 등의 부정한 방법 보험급여를 지급은 경우(적극) [대법원 2003. 6. 13., 선고, 2002도6410]

【판시사항】

산업재해보상 보험급여를 지급받을 수 있는 지위에 있었다고 하더라도 특정 일자에 업무상 재해를 입은 사실이 전혀 없음에도 불구하고, 허위 내용의 목격자진술서를 첨부하는 등의 부정한 방법으로 요양신청을 하여 산업재해보상 보험급여를 지급받았다면, 이러한 행위는 그 자체로 이미 사회통념상 권리행사의 수단으로 용인할 수 없는 정도라.

【판결요지】

산업재해보상 보험급여를 지급받을 수 있는 지위에 있었다고 하더라도 특정 일자에 업무상 재해를 입은 사실이 전혀 없음에도 불구하고, 허위 내용의 목격자진술서를 첨부하는 등의 부정한 방법으로 요양신청을 하여 산업재해보상 보험급여를 지급받았다면, 피고인의 이러한 행위는 특별한 사정이 없는 한 그 자체로 이미 사회통념상 권리행사의 수단으로 용인할 수 없는 정도라..

347-Ⅲ-5. 실제 지급받을 수 있는 보험금보다 다액의 보험금을 기망행위로 편취한 경우(적극) 및 그 성립범위(=지급받은 보험금 전체) [대법원 2009. 5. 28., 선고, 2008도4665]

【판시사항】

[1] 입원치료의 의미와 입원 여부의 판단 방법

[2] 실제 지급받을 수 있는 보험금보다 다액의 보험금을 기망행위로 편취한 경우 사기죄의 성립 여부(적극) 및 그 성립범위(=지급받은 보험금 전체)

[3] 실제 일부 입원치료가 필요하더라도 그 범위를 넘는 장기간의 입원을 유도하여 과도한 요양 급여비를 청구한 행위는, 사회통념상 권리행사의 수단으로 용인할 수 없는 것이어서 요양급여비 전체에 대하여 사기죄가 성립한다.

【판결요지】

[1] '입원'이라 함은 환자의 질병에 대한 저항력이 매우 낮거나 투여되는 약물이 가져오는 부작용 혹은 부수효과와 관련하여 의료진의 지속적인 관찰이 필요한 경우, 영양상태 및 섭취음식물에 대한 관리가 필요한 경우, 약물투여·처치 등이 계속적으로 이루어질 필요가 있어 환자의 통원이 오히려 치료에 불편함을 끼치는 경우 또는 환자의 상태가 통원을 감당할 수 없는 상태에 있는 경우나 감염의 위험이 있는 경우 등에 환자가 병원 내에 체류하면서 치료를 받는 것으로서, 보건복지부 고시인 '요양급여의 적용기준 및 방법에 관한 세부사항' 등의 제반 규정에 따라 환자가 6시간 이상 입원실에 체류하면서 의료진의 관찰 및 관리 아래 치료를 받는 것을 의미하나, 입원실 체류시간만을 기준으로 입원 여부를 판단할 수는 없고, 환자의 증상, 진단 및 치료 내용과 경위, 환자들의 행동 등을 종합하여 판단하여야 한다.

[2] 기망행위를 수단으로 한 권리행사의 경우 그 권리행사에 속하는 행위와 그 수단에 속하는 기망행위를 전체적으로 관찰하여 그와 같은 기망행위가 사회통념상 권리행사의 수단으로서 용인할 수 없는 정도라면 그 권리행사에 속하는 행위는 사기죄를 구성하는데, <u>보험금을 지급받을 수 있는 사유가 있다 하더라도 이를 기화로 실제 지급받을 수 있는 보험금보다 다액의 보험금을 편취할 의사로 장기간의 입원 등을 통하여 과다한 보험금을 지급받는 경우에는 지급받은 보험금 전체에 대하여 사기죄가 성립한다.</u>

[3] 환자들의 건강상태에 맞게 적정한 진료행위를 하지 않은 채 입원의 필요성이 적은 환자들에게까지 입원을 권유하고 퇴원을 만류하는 등으로 장기간의 입원을 유도하여 국민건강보험공단에 과다한 요양급여비를 청구한 행위는 사회통념상 권리행사의 수단으로 용인할 수 없는 것이어서, 비록 그 중 일부 기간에 대하여 실제 입원치료가 필요하였다고 하더라도 그 부분을 포함한 당해 입원기간의 요양급여비 전체에 대하여 사기죄가 성립한다.

---

1. 입원치료를 받을 필요가 없는 환자들이 보험금 수령을 위하여 입원치료를 받으려고 하는 사실을 알면서도 입원을 허가하여 형식상으로 입원치료를 받도록 한 후 입원확인서를 발급해 준 행위 [대법원 2006. 1. 12., 선고, 2004도6557]

【판시사항】

[1] 통원치료와 대비되는 개념으로서의 입원치료의 의미와 입원 여부의 판단 방법

[2] 환자가 입원수속을 밟은 후 고정된 병실을 배정받아 치료를 받는 형식을 취하였고 병원에 6시간 이상 체류하였다고 하더라도, 실제 치료를 받은 시간과 치료의 내용이나 목적 등을 종합하여, 치료의 실질이 입원치료가 아닌 통원치료에 해당한다고 한 원심의 판단을 수긍한 사례

【판결요지】

[1] 입원이라 함은 환자의 질병에 대한 저항력이 매우 낮거나 투여되는 약물이 가져오는 부작용 혹은 부수효과와 관련하여 의료진의 지속적인 관찰이 필요한 경우, 영양상태 및 섭취음식물에 대한 관리가 필요한 경우, 약물투여·처치 등이 계속적으로 이루어질 필요가 있어 환자의 통원이 오히려 치료에 불편함을 끼치는 경우 또는 환자의 상태가 통원을 감당할 수 없는 상태에 있는 경우나 감염의 위험이 있는 경우 등에 환자가 병원 내에 체류하면서 치료를 받는 것으로서, 보건복지부 고시인 '요양급여의 적용기준 및 방법에 관한 세부사항' 등의 제반 규정에 따라 환자가 6시간 이상 입원실에 체류하면서 의료진의 관찰 및 관리하에 치료를 받는 것을 의미한다고 할 것이나, 입원실 체류시간만을 기준으로 입원 여부를 판단할 수는 없고, 환자의 증상, 진단 및 치료 내용과 경위, 환자들의 행동 등을 종합하여 판단하여야 한다.

[2] 환자가 입원수속을 밟은 후 고정된 병실을 배정받아 치료를 받는 형식을 취하였고 병원에 6시간 이상 체류하였다고 하더라도, 실제 치료를 받은 시간과 치료의 내용이나 목적 등을 종합하여, 치료의 실질이 입원치료가 아닌 통원치료에 해당한다고 한 원심의 판단을 수긍한 사례.

[3] 의사인 피고인이 입원치료를 받을 필요가 없는 환자들이 보험금 수령을 위하여 입원치료를 받으려고 하는 사실을 알면서도 입원을 허가하여 형식상으로 입원치료를 받도록 한 후 입원확인서를 발급하여 준 사안에서, 사기방조죄가 성립한다고 한 원심의 판단을 수긍한 사례.

2. 치료의 실질이 통원치료이거나 필요 이상의 장기입원을 한 후 이러한 사정을 알리지 않은 채 보험금을 청구하는 행위 [대법원 2007. 6. 15., 선고, 2007도2941]

【판시사항】

치료의 실질이 통원치료이거나 필요 이상의 장기입원을 한 후 이러한 사정을 알리지 않은 채 보험회사에 대하여 보험약관에 정한 입원기간을 충족시켰다고 주장하면서 보험금을 청구하는 행위가 사기죄에 해당한다.

3. 보험사고에 해당할 수 있는 사고로 인하여 경미한 상해를 입었는데도 장기간 입원하고 이를 이유로 실제 피해에 비하여 과다한 보험금을 지급받는 경우(적극)와 그 성립범위(=보험금 전체) [대법원 2007. 5. 11., 선고, 2007도2134]

【판시사항】

피고인이 보험사고에 해당할 수 있는 사고로 인하여 경미한 상해를 입었다고 하더라도 이를 기화로 보험금을 편취할 의사로 그 상해를 과장하여 병원에 장기간 입원하고 이를 이유로 실제 피해에 비하여 과다한 보험금을 지급받는 경우 사기죄의 성립 여부(적극)와 그 성립범위(=보험금 전체)

【이 유】

보험금을 편취할 의사로 고의적으로 사고를 유발한 경우 보험금에 관한 사기죄가 성립하고, 나아가 설령 피고인이 보험사고에 해당할 수 있는 사고로 인하여 경미한 상해를 입었다고 하더라도 이를 기화로 보험금을 편취할 의사로 그 상해를 과장하여 병원에 장기간 입원하고 이를 이유로 실제 피해에 비하여 과다한 보험금을 지급받는 경우에는 그 보험금 전체에 대해 사기죄가 성립한다고 할 것이다(대법원 2003. 6. 13. 선고 2003도477 판결, 2005. 9. 9. 선고 2005도3518 판결 등 참조).

347-Ⅲ-6. 의료기관이 보험회사에 대하여 허위로 진료수가를 과다하게 청구하여 진료비를 지급받은 경우 사기죄의 성립여부(적극) [대법원 2008. 2. 29., 선고, 2006도5945]

【판시사항】

[1] 의료기관이 보험회사에 대하여 허위로 진료수가를 과다하게 청구하여 진료비를 지급받은 경우 사기죄의 성립여부(적극)

[2] 의료기관이, 보험회사가 진료수가를 삭감할 것을 미리 예상하고, 허위로 과다하게 진료수가를 청구하여 보험회사로부터 실제 발생하지 않은 진료비를 지급받았다면, 허위·과다청구 부분에 대한 편취의사 및 불법영득의사가 인정된다.

【이 유】

자동차보험의 진료수가는 관련 법령이 정한 절차에 따라 결정·지급되는 것으로서, 보험회사가 임의로 의료기관의 지급청구내역이나 금액을 삭감할 수 없고, 보험회사의 부당한 감액조치에 대하여는 의료기관이 진료수가분쟁심의회에 심사를 청구할 수 있는 것인바, 그럼에도 불구하고 의료기관이 청구한 진료수가 내역을 보험회사가 삭감할 것을 미리 예상하고 그만큼 허위로 과다하게 진료수가를 청구하였다면, 허위로 과다하게 청구한 부분에 대한 편취의사 및 불법영득의사가 있었다고 보아야 할 것이다(대법원 2005. 9. 28. 선고 2005도1876 판결 참조). 그리고 의료기관이 청구한 진료수가를 보험회사가 10-15% 가량 삭감하는 관행이나 묵계가 성립되어 있다고는 인정되지 아니하므로 의료기관의 위와 같은 진료수가의 허위·과다청구를 가리켜 적법행위에 대한 기대가능성이 없다거나 위법성이 없다고는 할 수 없고, 허위·과다청구를 통하여 실제로 지급받은 금액이 다액이 아니라는 등의 사정만으로는 보험회사에게 손해가 없다고 할 수도 없다.

제347조의2[컴퓨터등 사용사기]

> 제347조의2(컴퓨터등 사용사기) 컴퓨터등 정보처리장치에 허위의 정보 또는 부정한 명령을 입력하거나 권한 없이 정보를 입력·변경하여 정보처리를 하게 함으로써 재산상의 이익을 취득하거나 제3자로 하여금 취득하게 한 자는 10년 이하의 징역 또는 2천만원 이하의 벌금에 처한다. [전문개정 2001. 12. 29.]

347의2-1. 컴퓨터등사용사기죄에서 '정보처리', '재산상 이익 취득'의 의미 [대법원 2014. 3. 13., 선고, 2013도16099]

【판결요지】

형법 제347조의2는 컴퓨터 등 정보처리장치에 허위의 정보 또는 부정한 명령을 입력하거나 권한 없이 정보를 입력·변경하여 정보처리를 하게 함으로써 재산상의 이익을 취득하거나 제3자로 하여금 취득하게 하는 행위를 처벌하고 있다. 이는 재산변동에 관한 사무가 사람의 개입 없이 컴퓨터 등에 의하여 기계적·자동적으로 처리되는 경우가 증가함에 따라 이를 악용하여 불법적인 이익을 취하는 행위도 증가하였으나 이들 새로운 유형의 행위는 사람에 대한 기망행위나 상대방의 처분행위 등을 수반하지 않아 기존 사기죄로는 처벌할 수 없다는 점 등을 고려하여 신설한 규정이다. 여기서 '**정보처리**'는 사기죄에서 피해자의 처분행위에 상응하므로 입력된 허위의 정보 등에 의하여 계산이나 데이터의 처리가 이루어짐으로써 직접적으로 재산처분의 결과를 초래하여야 하고, 행위자나 제3자의 '**재산상 이익 취득**'은 사람의 처분행위가 개재됨이 없이 컴퓨터 등에 의한 정보처리 과정에서 이루어져야 한다.

347의2-2. 부정한 명령의 입력'의 의미 및 사무처리시스템의 프로그램 자체에서 발생하는 오류를 적극적으로 이용하여 사무처리의 목적에 비추어 정당하지 아니한 사무처리를 하게 하는 행위(원칙적 적극) [대법원 2013. 11. 14., 선고, 2011도4440]

【판시사항】

[1] 컴퓨터 등 사용사기죄의 구성요건 중 '부정한 명령의 입력'의 의미 및 사무처리시스템의 프로그램 자체에서 발생하는 오류를 적극적으로 이용하여 사무처리의 목적에 비추어 정당하지 아니한 사무처리를 하게 하는 행위가 '부정한 명령의 입력'에 해당하는지 여부(원칙적 적극)

[2] 피고인이 甲 주식회사에서 운영하는 전자복권구매시스템에서 일정한 조건하에 복권 구매명령을 입력하면 가상계좌로 복권 구매요청금과 동일한 액수의 가상현금이 입금되는 프로그램 오류를 이용하여 복권 구매명령을 입력하는 행위를 반복함으로써 자신의 가상계좌로 구매요청금 상당의 금액이 입금되게 한 사안에서, 피고인의 행위가 컴퓨터 등 사용사기죄에서 정한 '부정한 명령의 입력'에 해당한다.

【판결요지】

[1] 형법 제347조의2는 컴퓨터 등 정보처리장치에 허위의 정보 또는 부정한 명령을 입력하거나

권한 없이 정보를 입력·변경하여 정보처리를 하게 함으로써 재산상의 이익을 취득하거나 제3자로 하여금 취득하게 하는 행위를 처벌하고 있다. 여기서 **'부정한 명령의 입력'** 은 당해 사무처리시스템에 예정되어 있는 사무처리의 목적에 비추어 지시해서는 안 될 명령을 입력하는 것을 의미한다. 따라서 설령 '허위의 정보'를 입력한 경우가 아니라고 하더라도, 당해 사무처리시스템의 프로그램을 구성하는 개개의 명령을 부정하게 변개·삭제하는 행위는 물론 프로그램 자체에서 발생하는 오류를 적극적으로 이용하여 그 사무처리의 목적에 비추어 정당하지 아니한 사무처리를 하게 하는 행위도 특별한 사정이 없는 한 위 '부정한 명령의 입력'에 해당한다고 보아야 한다.

[2] 피고인이 甲 주식회사에서 운영하는 전자복권구매시스템에서 은행환불명령을 입력하여 가상계좌 잔액이 1,000원 이하로 되었을 때 복권 구매명령을 입력하면 가상계좌로 복권 구매요청금과 동일한 액수의 가상현금이 입금되는 프로그램 오류를 이용하여 잔액을 1,000원 이하로 만들고 다시 복권 구매명령을 입력하는 행위를 반복함으로써 피고인의 가상계좌로 구매요청금 상당의 금액이 입금되게 한 사안에서, 피고인의 행위는 형법 제347조의2에서 정한 '허위의 정보 입력'에 해당하지는 않더라도, 프로그램 자체에서 발생하는 오류를 적극적으로 이용하여 사무처리의 목적에 비추어 정당하지 아니한 사무처리를 하게 한 행위로서 '부정한 명령의 입력'에 해당한다.

347의2-3. 자신의 동생 甲 사망 후 甲의 미성년 자녀 乙 및 그의 생모 친권자 丙에게 알리지 않고 甲 명의의 현금카드를 사용하여 甲의 계좌에서 예금을 인출하거나 예금을 자신의 계좌로 이체한 행위 [서울중앙지법 2012. 3. 29., 선고, 2011노3337. 확정]

【판시사항】

피고인이, 자신의 동생 甲 사망 후 甲의 미성년 자녀 乙 및 그의 생모 친권자 丙에게 알리지 않고 甲 명의의 현금카드를 사용하여 甲의 계좌에서 예금을 인출하거나 예금을 자신의 계좌로 이체하여 절도 및 컴퓨터등사용사기죄로 기소된 사안

【판결요지】

권한 없는 자가 타인의 현금카드를 이용하여 예금을 인출하거나 예금 잔고를 다른 금융기관에 개설된 자기 계좌로 이체한 경우 절도 범행의 피해자는 현금자동인출기 관리자이고, 컴퓨터등사용사기 범행의 피해자는 자금이체 거래의 직접적인 당사자이자 이중지급 위험의 원칙적 부담자인 거래 금융기관이므로, 이와 같은 경우 친족 간의 범행을 전제로 하는 친족상도례 규정이 적용되지 않는다는 이유로, 위 각 범행의 피해자가 乙임을 전제로 친족상도례 규정이 적용되어야 한다는 피고인 주장을 배척한 사례.

347의2-4. 컴퓨터 등 사용사기죄의 기수시기 [전주지법 2008. 9. 4., 선고, 2008노690. 확정]

【판시사항】

[1] 형법 제347조의2에 정한 컴퓨터 등 사용사기죄의 기수시기

[2] 모바일상품권을 구매하면서 타인의 신용카드 정보를 권한 없이 입력하여 결제하였다가 카드회사에 의해 거래승인이 취소되어 재산상 이익을 취득하지 못하였다면, 형법 제347조의2에 정한

컴퓨터 등 사용사기죄의 미수에 해당한다.

　　【판결요지】

　　[1] 형법 제347조의2에서 정한 컴퓨터 등 사용사기죄는 컴퓨터 등 정보처리장치에 허위의 정보 또는 부정한 명령을 입력하거나 권한 없이 정보를 입력·변경하여 정보처리를 하게 함으로써 재산상의 이익을 취득한 경우에 성립한다.

　　[2] 모바일상품권을 구매하면서 타인의 신용카드 정보를 권한 없이 입력하여 결제하였다가 카드회사에 의해 거래승인이 취소되어 재산상 이익을 취득하지 못하였다면, 형법 제347조의2에 정한 컴퓨터 등 사용사기죄의 미수에 해당한다.

347의2-5. 손자가 할아버지 소유 농업협동조합 예금통장을 절취하여 현금자동지급기에서 자신의 거래 은행 계좌로 이체한 사안 [대법원 2007. 3. 15., 선고, 2006도2704]

　　【판시사항】

　　[1] 절취한 친족 소유의 예금통장을 현금자동지급기에 넣고 조작하여 예금 잔고를 다른 금융기관의 자기 계좌로 이체하는 방법으로 저지른 컴퓨터등사용사기죄에 있어서의 피해자(=친족 명의 계좌의 금융기관)

　　[2] 손자가 할아버지 소유 농업협동조합 예금통장을 절취하여 이를 현금자동지급기에 넣고 조작하는 방법으로 예금 잔고를 자신의 거래 은행 계좌로 이체한 사안에서, 위 농업협동조합이 컴퓨터 등 사용사기 범행 부분의 피해자라는 이유로 친족상도례를 적용할 수 없다.

　　【판결요지】

　　[1] 컴퓨터 등 정보처리장치를 통하여 이루어지는 금융기관 사이의 전자식 자금이체거래는 금융기관 사이의 환거래관계를 매개로 하여 금융기관 사이나 금융기관을 이용하는 고객 사이에서 현실적인 자금의 수수 없이 지급·수령을 실현하는 거래방식인바, 권한 없이 컴퓨터 등 정보처리장치를 이용하여 예금계좌 명의인이 거래하는 금융기관의 계좌 예금 잔고 중 일부를 자신이 거래하는 다른 금융기관에 개설된 그 명의 계좌로 이체한 경우, 예금계좌 명의인의 거래 금융기관에 대한 예금반환 채권은 이러한 행위로 인하여 영향을 받을 이유가 없는 것이므로, 거래 금융기관으로서는 예금계좌 명의인에 대한 예금반환 채무를 여전히 부담하면서도 환거래관계상 다른 금융기관에 대하여 자금이체로 인한 이체자금 상당액 결제채무를 추가 부담하게 됨으로써 이체된 예금 상당액의 채무를 이중으로 지급해야 할 위험에 처하게 된다. 따라서 친척 소유 예금통장을 절취한 자가 그 친척 거래 금융기관에 설치된 현금자동지급기에 예금통장을 넣고 조작하는 방법으로 친척 명의 계좌의 예금 잔고를 자신이 거래하는 다른 금융기관에 개설된 자기 계좌로 이체한 경우, 그 범행으로 인한 피해자는 이체된 예금 상당액의 채무를 이중으로 지급해야 할 위험에 처하게 되는 그 친척 거래 금융기관이라 할 것이고, 거래 약관의 면책 조항이나 채권의 준점유자에 대한 법리 적용 등에 의하여 위와 같은 범행으로 인한 피해가 최종적으로는 예금 명의인인 친척에게 전가될 수 있다고 하여, 자금이체 거래의 직접적인 당사자이자 이중지급 위험의 원칙적인 부담자인 거래 금융기관을 위와 같은 컴퓨터 등 사용사기 범행의 피해자에 해당하지 않는다고 볼 수는 없으므로, 위

와 같은 경우에는 친족 사이의 범행을 전제로 하는 친족상도례를 적용할 수 없다.

[2] 손자가 할아버지 소유 농업협동조합 예금통장을 절취하여 이를 현금자동지급기에 넣고 조작하는 방법으로 예금 잔고를 자신의 거래 은행 계좌로 이체한 사안에서, 위 농업협동조합이 컴퓨터 등 사용사기 범행 부분의 피해자라는 이유로 친족상도례를 적용할 수 없다.

347의2-6. 금융기관 직원이 전산단말기를 이용 특정계좌에 돈이 입금된 것처럼 허위의 정보를 입력한 경우, 컴퓨터 등 사용사기죄의 기수시기 [대법원 2006. 9. 14., 선고, 2006도4127]

【판결요지】

금융기관 직원이 전산단말기를 이용하여 다른 공범들이 지정한 특정계좌에 돈이 입금된 것처럼 허위의 정보를 입력하는 방법으로 위 계좌로 입금되도록 한 경우, 이러한 입금절차를 완료함으로써 장차 그 계좌에서 이를 인출하여 갈 수 있는 재산상 이익을 취득하였으므로 형법 제347조의2에서 정하는 컴퓨터 등 사용사기죄는 기수에 이르렀고, 그 후 그러한 입금이 취소되어 현실적으로 인출되지 못하였다고 하더라도 이미 성립한 컴퓨터 등 사용사기죄에 어떤 영향이 있다고 할 수는 없다.

347의2-7. 타인 명의를 모용하여 발급받은 신용카드를 이용하여 ARS 전화서비스나 인터넷 등을 통하여 신용대출을 받는 경우(=컴퓨터 등 사용사기죄) [대법원 2006. 7. 27., 선고, 2006도3126]

【판시사항】

[1] 타인의 명의를 모용하여 발급받은 신용카드를 이용하여 현금자동지급기에서 현금대출을 받는 경우의 죄책(=절도죄)

[2] 타인의 명의를 모용하여 발급받은 신용카드를 이용하여 ARS 전화서비스나 인터넷 등을 통하여 신용대출을 받는 경우의 죄책(=컴퓨터 등 사용사기죄)

【판결요지】

[1] 피고인이 타인의 명의를 모용하여 신용카드를 발급받은 경우, 비록 카드회사가 피고인으로부터 기망을 당한 나머지 피고인에게 피모용자 명의로 발급된 신용카드를 교부하고, 사실상 피고인이 지정한 비밀번호를 입력하여 현금자동지급기에 의한 현금대출(현금서비스)을 받을 수 있도록 하였다 할지라도, 카드회사의 내심의 의사는 물론 표시된 의사도 어디까지나 카드명의인인 피모용자에게 이를 허용하는 데 있을 뿐 피고인에게 이를 허용한 것은 아니라는 점에서, 피고인이 타인의 명의를 모용하여 발급받은 신용카드를 사용하여 현금자동지급기에서 현금대출을 받는 행위는 카드회사에 의하여 미리 포괄적으로 허용된 행위가 아니라, 현금자동지급기의 관리자의 의사에 반하여 그의 지배를 배제한 채 그 현금을 자기의 지배하에 옮겨 놓는 행위로서 절도죄에 해당한다.

[2] 타인의 명의를 모용하여 발급받은 신용카드의 번호와 그 비밀번호를 이용하여 ARS 전화서비스나 인터넷 등을 통하여 신용대출을 받는 방법으로 재산상 이익을 취득하는 행위 역시 미리 포괄적으로 허용된 행위가 아닌 이상, 컴퓨터 등 정보처리장치에 권한 없이 정보를 입력하여 정보처리를 하게 함으로써 재산상 이익을 취득하는 행위로서 컴퓨터 등 사용사기죄에 해당한다.

> 1. 타인의 명의를 모용하여 발급받은 신용카드로 현금자동지급기에서 현금을 인출하는 행위를 컴퓨터
> 등사용사기죄로 처벌할 수 있는지 여부(소극) [대법원 2002. 7. 12., 선고, 2002도2134]
>
> 【판결요지】
> 형법 제347조의2에서 규정하는 컴퓨터등사용사기죄의 객체는 재물이 아닌 재산상의 이익에 한정되어
> 있으므로, 타인의 명의를 모용하여 발급받은 신용카드로 현금자동지급기에서 현금을 인출하는 행위를
> 이 법조항을 적용하여 처벌할 수는 없다.

347의2-8. 예금주인 현금카드 소유자로부터 일정액 현금을 인출해 오라는 부탁과 함께 현금카드를
건네 받아 위임받은 금액을 초과 인출 행위(적극) [대법원 2006. 3. 24., 선고, 2005도3516]

【판결요지】

예금주인 현금카드 소유자로부터 일정한 금액의 현금을 인출해 오라는 부탁을 받으면서 이와 함
께 현금카드를 건네받은 것을 기화로 그 위임을 받은 금액을 초과하여 현금을 인출하는 방법으로
그 차액 상당을 위법하게 이득할 의사로 현금자동지급기에 그 초과된 금액이 인출되도록 입력하
여 그 초과된 금액의 현금을 인출한 경우에는 그 인출된 현금에 대한 점유를 취득함으로써 이 때
에 그 인출한 현금 총액 중 인출을 위임받은 금액을 넘는 부분의 비율에 상당하는 재산상 이익을
취득한 것으로 볼 수 있으므로 이러한 행위는 그 차액 상당액에 관하여 형법 제347조의2(컴퓨터
등사용사기)에 규정된 '컴퓨터 등 정보처리장치에 권한 없이 정보를 입력하여 정보처리를 하게
함으로써 재산상의 이익을 취득' 하는 행위로서 컴퓨터 등 사용사기죄에 해당된다.

347의2-9. 금융기관 직원이 범죄 목적으로 전산단말기를 이용하여 특정계좌에 거액을 무자원
송금한 경우(적극) [대법원 2006. 1. 26., 선고, 2005도8507]

【판결요지】

형법 제347조의2는 정보처리장치에 허위의 정보 또는 부정한 명령을 입력하거나 권한 없이 정보
를 입력·변경하여 정보처리를 하게 함으로써 재산상의 이익을 취득하거나 제3자로 하여금 취득
하게 한 자는 이를 처벌하도록 규정하고 있는바, 금융기관 직원이 범죄의 목적으로 전산단말기를
이용하여 다른 공범들이 지정한 특정계좌에 무자원 송금의 방식으로 거액을 입금한 것은 형법 제
347조의2에서 정하는 컴퓨터 등 사용사기죄에서의 '권한 없이 정보를 입력하여 정보처리를 하게
한 경우' 에 해당한다고 할 것이고, 이는 그 직원이 평상시 금융기관의 여·수신업무를 처리할
권한이 있었다고 하여도 마찬가지이다.

347의2-10. 절취한 타인 신용카드로 현금자동지급기에서 현금 인출 행위(소극) [대법원 2003. 5. 13.,
선고, 2003도1178]

【판결요지】

우리 형법은 재산범죄의 객체가 재물인지 재산상의 이익인지에 따라 이를 재물죄와 이득죄로 명
시하여 규정하고 있는데, 형법 제347조가 일반 사기죄를 재물죄 겸 이득죄로 규정한 것과 달리

형법 제347조의2는 컴퓨터등사용사기죄의 객체를 재물이 아닌 재산상의 이익으로만 한정하여 규정하고 있으므로, 절취한 타인의 신용카드로 현금자동지급기에서 현금을 인출하는 행위가 재물에 관한 범죄임이 분명한 이상 이를 위 컴퓨터등사용사기죄로 처벌할 수는 없다고 할 것이고, 입법자의 의도가 이와 달리 이를 위 죄로 처벌하고자 하는 데 있었다거나 유사한 사례와 비교하여 처벌상의 불균형이 발생할 우려가 있다는 이유만으로 그와 달리 볼 수는 없다.

347의2-11. 타인 인적사항을 도용하여 타인 명의로 발급받은 신용카드의 번호와 그 비밀번호를 인터넷사이트에 입력함으로써 재산상 이익을 취득한 행위(적극) [대법원 2003. 1. 10., 선고, 2002도2363]

【판시사항】

[1] 컴퓨터 등 정보처리장치에 권한 없이 명령을 입력하는 행위가 구 형법 제347조의2 규정에 의한 처벌대상이 되는지 여부(적극)

[2] 타인의 인적 사항을 도용하여 타인 명의로 발급받은 신용카드의 번호와 그 비밀번호를 인터넷사이트에 입력함으로써 재산상 이익을 취득한 행위가 구 형법 제347조의2 소정의 컴퓨터등사용사기죄에 해당하지 않는다고 무죄를 선고한 원심판결을 파기한 사례

【판결요지】

[1] 구 형법(2001. 12. 29. 법률 제6543호로 개정되기 전의 것) 제347조의2 규정의 입법취지와 목적은 프로그램 자체는 변경(조작)함이 없이 명령을 입력(사용)할 권한 없는 자가 명령을 입력하는 것도 부정한 명령을 입력하는 행위에 포함한다고 보아, 진실한 자료의 권한 없는 사용에 의한 재산상 이익 취득행위도 처벌대상으로 삼으려는 것이었음을 알 수 있고, 오히려 그러한 범죄 유형이 프로그램을 구성하는 개개의 명령을 부정하게 변경, 삭제, 추가하는 방법에 의한 재산상 이익 취득의 범죄 유형보다 훨씬 손쉽게 또 더 자주 저질러질 것임도 충분히 예상되었던 점에 비추어 이러한 입법취지와 목적은 충분히 수긍할 수 있으며, 그와 같은 권한 없는 자에 의한 명령 입력행위를 '명령을 부정하게 입력하는 행위' 또는 '부정한 명령을 입력하는 행위'에 포함된다고 해석하는 것이 그 문언의 통상적인 의미를 벗어나는 것이라고 할 수도 없고, 그렇다면 그 문언의 해석을 둘러싸고 학설상 일부 논란이 있었고, 이러한 논란을 종식시키기 위해 그와 같이 권한 없이 정보를 입력, 변경하여 정보처리를 하게 하는 행위를 따로 규정하는 내용의 개정을 하게 되었다고 하더라도, 구 형법상으로는 그와 같은 <u>권한 없는 자가 명령을 입력하는 방법에 의한 재산상 이익 취득행위가 처벌대상에서 제외되어 있었다</u>고 볼 수는 없는바, 이러한 해석이 죄형법정주의에 의하여 금지되는 유추적용에 해당한다고 할 수도 없다.

[2] 타인의 인적 사항을 도용하여 타인 명의로 발급받은 신용카드의 번호와 그 비밀번호를 인터넷사이트에 입력함으로써 재산상 이익을 취득한 행위가 구 형법 제347조의2 소정의 컴퓨터등사용사기죄에 해당하지 않는다고 무죄를 선고한 원심판결을 파기한 사례.

제348조의2[편의시설부정이용]

> 제348조의2(편의시설부정이용) 부정한 방법으로 대가를 지급하지 아니하고 자동판매기, 공중전화 기타 유료자동설비를 이용하여 재물 또는 재산상의 이익을 취득한 자는 3년 이하의 징역, 500만원 이하의 벌금, 구류 또는 과료에 처한다. [본조신설 1995. 12. 29.]

348의2-1. 타인의 전화카드를 절취하여 전화통화에 이용한 행위(소극) [대법원 2001. 9. 25., 선고, 2001도3625]

【판시사항】

타인의 전화카드(한국통신의 후불식 통신카드)를 절취하여 전화통화에 이용한 행위가 형법 제348조의2 소정의 편의시설부정이용의 죄에 해당하는지 여부(소극)

【판결요지】

형법 제348조의2에서 규정하는 편의시설부정이용의 죄는 부정한 방법으로 대가를 지급하지 아니하고 자동판매기, 공중전화 기타 유료자동설비를 이용하여 재물 또는 재산상의 이익을 취득하는 행위를 범죄구성요건으로 하고 있는데, 타인의 전화카드(한국통신의 후불식 통신카드)를 절취하여 전화통화에 이용한 경우에는 통신카드서비스 이용계약을 한 피해자가 그 통신요금을 납부할 책임을 부담하게 되므로, 이러한 경우에는 피고인이 '대가를 지급하지 아니하고' 공중전화를 이용한 경우에 해당한다고 볼 수 없어 편의시설부정이용의 죄를 구성하지 않는다.

348의2-2. 일반전화를 무단 이용하여 전화통화를 한 경우 [대법원 1999. 6. 25., 선고, 98도3891]

【판결요지】

사기죄가 성립하기 위하여는 기망행위와 이에 기한 피해자의 처분행위가 있어야 할 것인바, 타인의 일반전화를 무단으로 이용하여 전화통화를 하는 행위는 전기통신사업자인 한국전기통신공사가 일반전화 가입자인 타인에게 통신을 매개하여 주는 역무를 부당하게 이용하는 것에 불과하여 한국전기통신공사에 대한 기망행위에 해당한다고 볼 수 없을 뿐만 아니라, 이에 따라 제공되는 역무도 일반전화 가입자와 한국전기통신공사 사이에 체결된 서비스이용계약에 따라 제공되는 것으로서 한국전기통신공사가 착오에 빠져 처분행위를 한 것이라고 볼 수 없으므로, 결국 위와 같은 행위는 형법 제347조의 사기죄를 구성하지 아니한다 할 것이고, 이는 형법이 제348조의2를 신설하여 부정한 방법으로 대가를 지급하지 아니하고 공중전화를 이용하여 재산상 이익을 취득한 자를 처벌하는 규정을 별도로 둔 취지에 비추어 보아도 분명하다.

제349조[부당이득]

제349조(부당이득) ① 사람의 곤궁하고 절박한 상태를 이용하여 현저하게 부당한 이익을 취득한
자는 3년 이하의 징역 또는 1천만원 이하의 벌금에 처한다.
② 제1항의 방법으로 제3자로 하여금 부당한 이익을 취득하게 한 경우에도 제1항의 형에 처한다.
[전문개정 2020. 12. 8.]

349-1. 개발사업 부지 일부의 매매와 관련된 이른바 '알박기' 사건에서 부당이득죄가 성립하기 위한
요건 [대법원 2010. 5. 27., 선고, 2010도778]

【판시사항】

[1] 형법 제349조의 부당이득죄에서 피해자가 궁박한 상태에 있었는지 여부와 현저하게 부당한
이득을 취득하였는지 여부의 판단 기준

[2] 개발사업의 부지 일부의 매매와 관련된 이른바 '알박기' 사건에서 부당이득죄가 성립하기
위한 요건

[3] 피고인이 주상복합건물 신축사업 부지 중 일부 부동산을 매수하였다가, 위 사업의 시행사에
주변 부지의 평당 매매가보다 약 2.4배 이상 비싼 금액에 다시 매도한 사안에서, 부당이득죄의
성립을 부정한 원심판단을 수긍한 사례

【이 유】

형법상 부당이득죄에 있어서 **궁박**이라 함은 '급박한 곤궁'을 의미하고, **'현저하게 부당한 이익의
취득'** 이라 함은 단순히 시가와 이익과의 배율로만 판단할 것이 아니라 구체적·개별적 사안에 있
어서 일반인의 사회통념에 따라 결정하여야 하는 것으로서, 피해자가 궁박한 상태에 있었는지 여부
및 급부와 반대급부 사이에 현저히 부당한 불균형이 존재하는지 여부는 거래당사자의 신분과 상호
간의 관계, 피해자가 처한 상황의 절박성의 정도, 계약의 체결을 둘러싼 협상과정 및 거래를 통한
피해자의 이익, 피해자가 그 거래를 통해 추구하고자 한 목적을 달성하기 위한 다른 적절한 대안의
존재 여부, 피고인에게 피해자와 거래하여야 할 신의칙상 의무가 있는지 여부 등 여러 상황을 종합
하여 구체적으로 판단하되, 특히 우리 헌법이 규정하고 있는 자유시장경제질서와 여기에서 파생되
는 사적 계약자유의 원칙을 고려하여 그 범죄의 성립을 인정함에 있어서는 신중을 요한다(대법원
2005. 4. 15. 선고 2004도1246 판결, 대법원 2009. 1. 15. 선고 2008도1246 판결 등 참조).

한편, 개발사업 등이 추진되는 사업부지 중 일부의 매매와 관련된 이른바 **'알박기' 사건에서 부
당이득죄의 성립 여부가 문제되는 경우**에도 위와 같은 여러 상황을 종합하여 구체적으로 판단하
되, 그 범죄의 성립을 인정하기 위하여는 피고인이 피해자의 개발사업 등이 추진되는 상황을 미
리 알고 그 사업부지 내의 부동산을 매수한 경우이거나 피해자에게 협조할 듯한 태도를 취하여
사업을 추진하도록 한 후에 협조를 거부하는 경우 등과 같이 피해자가 궁박한 상태에 빠지게 된
데에 피고인이 적극적으로 원인을 제공하였거나 상당한 책임을 부담하는 정도에 이르러야 한다
(대법원 2009. 1. 15. 선고 2008도8577 판결 참조).

1. 아파트 건축사업이 추진되기 수년 전부터 사업부지 내 일부 부동산을 소유하여 온 피고인이 사업자의 매도 제안을 거부하다가 인근 토지 시가의 40배가 넘는 대금을 받고 매도한 사안(부정) [대법원 2009. 1. 15., 선고, 2008도8577]

【판시사항】

아파트 건축사업이 추진되기 수년 전부터 사업부지 내 일부 부동산을 소유하여 온 피고인이 사업자의 매도 제안을 거부하다가 인근 토지 시가의 40배가 넘는 대금을 받고 매도한 사안에서, 부당이득죄의 성립을 부정한 사례

---

2. 재건축조합에게 토지를 시세보다 비싼 가격으로 매도한 경우(소극) [대법원 2005. 4. 15., 선고, 2004도1246]

【판결요지】

피고인이 피해자인 재건축조합에게 토지를 시세보다 비싼 가격으로 매도하였더라도 그 매매대금이 현저하게 부당하다고 단정할 수 없거나, 위 조합이 재건축사업을 추진함에 있어서 위 토지가 반드시 필요한 것은 아니었고, 이를 매입하지 아니하고도 재건축을 추진할 대안이 있었음에도 재건축조합의 이익에 가장 부합한다는 판단하에 피고인을 설득하여 위 토지를 매입하게 된 사정 등에 비추어 재건축조합의 궁박 상태를 인정하기에는 부족하다는 이유로 피고인에 대하여 무죄를 선고한 원심판결을 수긍한 사례.

---

3. 개발사업 등의 추진 전에 이를 알지 못하고 취득한 사업부지 일부를 사업자에게 매도하면서 시가보다 많은 대가를 약정·수령한 행위(소극) [대법원 2009. 1. 15., 선고, 2008도1246]

【판시사항】

[1] 개발사업 등의 추진 전에 이를 알지 못하고 취득한 사업부지 일부를 사업자에게 매도하면서 시가보다 많은 대가를 약정·수령한 행위가 부당이득죄를 구성하는지 여부

[2] 아파트 신축사업이 추진되기 수년 전 사업부지 중 일부 토지를 취득하여 거주 또는 영업장소로 사용하던 피고인이 이를 사업자에게 매도하면서 시가 상승 등을 이유로 대금의 증액을 요구하여 종전보다 1.5 내지 3배가량 높은 대금을 받은 사안에서, 부당이득죄의 성립을 부정한 사례

【판결요지】

[1] 개발사업 등의 추진 전에 이를 알지 못하고 부동산을 취득·소유하면서 그 위에 생활 또는 사업상의 기반을 쌓고 있어서 그 부동산을 타인에게 양도하는 것이 그의 생활 또는 사업 등에 상당한 변화를 초래하게 되는 경우에는, 일반적으로 애초 그 양도의 의무 및 의사가 없는 사람으로 하여금 그 양도를 결단하도록 하기 위하여 그러한 변화에 대한 주저를 극복할 상당한 경제적 유인(誘因) 등이 제공될 필요가 있고, 사업자로서도 그러한 사정을 통상 알 수 있다는 점에 비추어, 이를 매도하라는 사업자 등의 제안을 받고 그 매도의 조건을 협상한 결과 큰 이득을 얻었다는 것만으로는 다른 특별한 사정이 없는 한 피해자의 궁박을 이용하여 현저하게 부당한 이익을 얻었다고 쉽사리 말할 수 없다. 또한, 그 협상의 과정에서 개발사업의 시행으로 인근 부동산의 시가가 전반적으로 상승한 것을 들어 대가의 증액을 요구했다고 해서 이를 형사적으로 비난받을 행태라고 할 수 없다.

349-2. 甲회사 공동주택신축사업 계획을 미리 알고 있던 乙이 사업부지 내의 토지소유자 丙을

회유하여 甲과 맺은 토지매매 약정을 깨고 자신에게 이전등기하게 한 다음 甲에게 재매도하면서 2배 이상 매매대금과 양도소득세를 부담시킨 사안(적극) [대법원 2008. 5. 29., 선고, 2008도2612]

【판시사항】
甲건설회사의 공동주택신축사업 계획을 미리 알고 있던 乙이 사업부지 내의 토지소유자 丙을 회유하여 甲과 맺은 토지매매 약정을 깨고 자신에게 이를 매도 및 이전등기하게 한 다음 이를 甲에게 재매도하면서 2배 이상의 매매대금과 양도소득세를 부담시킨 사안

【이 유】
위 토지가 전체 사업부지 내에서 갖는 중요성, 乙의 자력, 甲의 사업진행정도 등을 고려할 때 부당이득죄가 성립한다.

---

1. 부동산을 시가 약 6배에 해당하는 가격으로 매도한 경우(소극) [대법원 2005. 9. 29., 선고, 2005도4239]

【판시사항】
피고인들이 부동산을 시가의 약 6배에 해당하는 가격으로 매도함으로써 사회통념상 다소 과도한 이득을 취득하였다고 할지라도, 토지의 보유경위 및 기간, 쌍방 당사자의 협상과정, 거래를 통한 매수인의 이익 등을 종합하여 보면, 피고인들이 현저하게 부당한 이득을 취득하였다고 단정할 수 없다.

---

2. 건설회사가 아파트 건설사업의 순조로운 진행과 막대한 은행융자금 이자의 부담을 피하기 위해 토지소유권을 시급히 확보해야 하는 처지를 이용하여 3배 이상으로 매매한 경우(적극) [대법원 2007. 12. 28., 선고, 2007도6441]

【판시사항】
토지매수인인 건설회사가 아파트 건설사업의 순조로운 진행과 막대한 은행융자금 이자의 부담을 피하기 위해 토지소유권을 시급히 확보해야 하는 처지여서 목적 토지에 관하여 명의자인 문중원들과 문중 사이의 소유권 분쟁에 관한 민사소송의 종료시까지 기다릴 여유가 없는 사정을 이용하여, 문중 대표자이자 목적 토지의 공유지분권자인 사람이 자기 지분에 대해 문중 명의 매매계약과 따로 별도의 매매계약을 체결하고 나머지 지분권자들의 3배 이상의 매매대금을 수령한 것은 건설회사의 궁박을 이용하여 현저하게 부당한 이득을 취한 것으로서 부당이득죄가 성립한다.

349-3. 형법 제349조 제1항 등 위헌소원 [2006. 7. 27. 2005헌바19 전원재판부]

【판시사항】
[1] 사람의 궁박한 상태를 이용하여 현저하게 부당한 이익을 취득한 자는 3년 이하의 징역 또는 1천만 원 이하의 벌금에 처하도록 한 형법 제349조 제1항(이하 '이 사건 법률조항'이라 한다) 중 '궁박', '현저하게 부당한 이익' 등의 용어들이 불명확한 개념으로서 죄형법정주의의 명확성의 원칙에 위배되는지 여부(소극)
[2] 이 사건 법률조항이 사인 간의 계약체결로 인하여 일방 당사자가 현저히 부당한 이익을 얻은 경우 이를 형사처벌함으로써 사실상 일방 당사자로 하여금 그러한 내용의 계약을 하지 못하도

록 함으로써 사인 간의 계약의 자유를 과잉제한하고 있는 것은 아닌지 여부(소극)

【결정요지】

[1] '궁박'이나 '현저하게 부당한 이익'이라는 개념도 형법상의 '지려천박(知慮淺薄)', '기망', '임무에 위배' 등과 같이 범죄구성요건을 형성하는 개념 중 구체적 사안에 있어서 일정한 해석을 통하여 적용할 수 있는 일반적, 규범적 개념의 하나로서, '궁박한 상태를 이용하여 현저하게 부당한 이익을 취득'하였는지 여부는 사회통념 또는 건전한 상식에 따라 거래당사자의 신분과 상호 간의 관계, 피해자가 처한 상황의 절박성의 정도, 계약의 체결을 둘러싼 협상과정 및 피해자의 이익, 피해자가 그 거래를 통해 추구하고자 한 목적을 달성하기 위한 다른 적절한 대안의 존재 여부 등 제반 상황을 종합한다면 합리적으로 판단할 수 있다고 할 것이므로 이 사건 법률조항이 지니는 약간의 불명확성은 법관의 통상적인 해석 작용에 의하여 충분히 보완될 수 있고 건전한 상식과 통상적인 법감정을 가진 일반인이라면 금지되는 행위가 무엇인지를 예측할 수 있으므로 이 사건 법률조항은 죄형법정주의에서 요구되는 명확성의 원칙에 위배되지 아니한다.

[2] 폭리행위는 단지 현저히 부당한 이익을 취득하였다는 결과의 측면뿐만 아니라 행위의 측면에 있어서 그러한 이익취득이 정당한 노력의 결과가 아니라 상대방의 궁박상태를 이용한 결과라는 점에서 사회적 비난가능성이 높아 단지 폭리행위로 인하여 초래된 불균형한 재산상태를 시정하는 것에 그치지 않고 나아가 이러한 행위를 형사처벌의 대상인 반사회적인 행위로 할 필요가 있으며, 부당이득죄의 법정형은 징역 3년 이하 또는 1천만 원 이하의 벌금에 처하도록 하고 있으므로 법관은 개개 사안의 불법정도에 따라 징역형부터 벌금형까지 적절한 형을 선택하여 선고할 수 있기 때문에 행위의 개별성에 맞추어 구체적 사안에 따른 개인의 책임에 상응하는 형벌을 과할 수 있어 형벌의 정도가 행위자가 초래한 불법정도에 비하여 지나치게 가혹하다고 하기도 어려워 이 사건 법률조항이 사인 간의 계약의 자유를 합리적 근거 없이 필요이상으로 지나치게 제한한다거나 사적자치의 원칙에 위반된다고도 할 수 없다.

349-4. 300만원의 변제에 갈음하여 600여만원의 이득을 취득한 경우(소극) [대법원 1972. 10. 31., 선고, 72도1803]

【판시사항】

300만원의 변제에 갈음하여 합금 600여만원의 이득을 취득함으로써 지급받을 300만원을 공제한 300만원의 이득을 취득한 것만으로는 본조의 현저하게 부당한 이득을 취득한 것이라고 보기 어렵다.

제2절 공갈의 죄

제350조[공갈]

> 제350조(공갈) ① 사람을 공갈하여 재물의 교부를 받거나 재산상의 이익을 취득한 자는 10년 이하의 징역 또는 2천만원 이하의 벌금에 처한다. 〈개정 1995. 12. 29.〉
> ② 전항의 방법으로 제삼자로 하여금 재물의 교부를 받게 하거나 재산상의 이익을 취득하게 한 때에도 전항의 형과 같다.

350-1. 협박이 정당한 권리의 실현 수단으로 사용된 경우, 공갈죄의 실행에 착수한 것인지 판단기준 [대법원 2019. 2. 14., 선고, 2018도19493]

【판시사항】

공갈죄의 수단인 '협박' 의 의미 / 협박이 정당한 권리의 실현 수단으로 사용된 경우, 공갈죄의 실행에 착수한 것인지 판단하는 기준

【이 유】

공갈죄의 수단인 협박은 사람의 의사결정의 자유를 제한하거나 의사실행의 자유를 방해할 정도로 겁을 먹게 할 만한 해악을 고지하는 것을 말한다. 고지하는 내용이 위법하지 않은 것인 때에도 해악이 될 수 있고, 해악의 고지는 반드시 명시의 방법에 의할 필요는 없으며 언어나 거동에 의하여 상대방으로 하여금 어떠한 해악에 이르게 할 것이라는 인식을 가지게 하는 것이면 된다. 또한 이러한 해악의 고지가 비록 정당한 권리의 실현 수단으로 사용된 경우라 하여도 그 권리실현의 수단·방법이 사회통념상 허용되는 정도나 범위를 넘는다면 공갈죄의 실행에 착수한 것으로 보아야 한다. 여기서 어떠한 행위가 구체적으로 사회통념상 허용되는 정도나 범위를 넘는지는 그 행위의 주관적인 측면과 객관적인 측면, 즉 추구한 목적과 선택한 수단을 전체적으로 종합하여 판단한다(대법원 1995. 3. 10. 선고 94도2422 판결, 대법원 2017. 7. 11. 선고 2015도18708 판결 등 참조).

350-2. 도박행위가 공갈죄 수단인 경우, 공갈죄에 흡수되는지 여부(소극) [대법원 2014. 3. 13., 선고, 2014도212]

【판시사항】

공갈죄와 도박죄는 그 구성요건과 보호법익을 달리하고 있고, 공갈죄의 성립에 일반적·전형적으로 도박행위를 수반하는 것은 아니며, 도박행위가 공갈죄에 비하여 별도로 고려되지 않을 만큼 경미한 것이라고 할 수도 없으므로, 도박행위가 공갈죄의 수단이 되었다 하여 그 도박행위가 공갈죄에 흡수되어 별도의 범죄를 구성하지 않는다고 할 수 없다.

350-3. 소비자불매운동 과정에서 이루어진 어떠한 행위가 강요죄나 공갈죄의 수단인 '협박'에 해당하는지 판단 기준 [대법원 2013. 4. 11., 선고, 2010도13774]

【판시사항】

[1] 강요죄나 공갈죄의 수단인 '협박'의 의미

[2] 소비자불매운동 과정에서 이루어진 어떠한 행위가 강요죄나 공갈죄의 수단인 '협박'에 해당하는지 판단하는 기준

[3] 피고인이, 甲 주식회사가 특정 신문들에 광고를 편중했다는 이유로 기자회견을 열어 甲 회사에 대하여 불매운동을 하겠다고 하면서 특정 신문들에 대한 광고를 중단할 것과 다른 신문들에 대해서도 동등하게 광고를 집행할 것을 요구하고 甲 회사 인터넷 홈페이지에 그와 같은 내용의 팝업창을 띄우게 한 사안

[4] 공갈죄가 성립하기 위하여 공갈의 상대방이 재산상 피해자와 동일하여야 하는지 여부(소극) 및 재물의 교부 외에 반드시 피해자의 전체 재산의 감소가 요구되는지 여부(소극)

【판결요지】

[1] 강요죄나 공갈죄의 수단인 협박은 사람의 의사결정의 자유를 제한하거나 의사실행의 자유를 방해할 정도로 겁을 먹게 할 만한 해악을 고지하는 것을 말하는데, 해악의 고지는 반드시 명시적인 방법이 아니더라도 말이나 행동을 통해서 상대방으로 하여금 어떠한 해악에 이르게 할 것이라는 인식을 갖게 하는 것이면 족하고, 피공갈자 이외의 제3자를 통해서 간접적으로 할 수도 있으며, 행위자가 그의 직업, 지위 등에 기하여 불법한 위세를 이용하여 재물의 교부나 재산상 이익을 요구하고 상대방으로 하여금 그 요구에 응하지 않을 때에는 부당한 불이익을 당할 위험이 있다는 위구심을 일으키게 하는 경우에도 해악의 고지가 된다.

[2] 소비자가 구매력을 무기로 상품이나 용역에 대한 자신들의 선호를 시장에 실질적으로 반영하기 위한 집단적 시도인 소비자불매운동은 본래 '공정한 가격으로 양질의 상품 또는 용역을 적절한 유통구조를 통해 적절한 시기에 안전하게 구입하거나 사용할 소비자의 제반 권익을 증진할 목적'에서 행해지는 소비자보호운동의 일환으로서 헌법 제124조를 통하여 제도로서 보장되나, 그와는 다른 측면에서 일반 시민들이 특정한 사회, 경제적 또는 정치적 대의나 가치를 주장·옹호하거나 이를 진작시키기 위한 수단으로 소비자불매운동을 선택하는 경우도 있을 수 있고, 이러한 소비자불매운동 역시 반드시 헌법 제124조는 아니더라도 헌법 제21조에 따라 보장되는 정치적 표현의 자유나 헌법 제10조에 내재된 일반적 행동의 자유의 관점 등에서 보호받을 가능성이 있으므로, 단순히 소비자불매운동이 헌법 제124조에 따라 보장되는 소비자보호운동의 요건을 갖추지 못하였다는 이유만으로 이에 대하여 아무런 헌법적 보호도 주어지지 아니한다고 단정하여서는 아니 된다. 다만 대상 기업에 특정한 요구를 하면서 이에 응하지 않을 경우 불매운동의 실행 등 대상 기업에 불이익이 되는 조치를 취하겠다고 고지하거나 공표하는 것과 같이 소비자불매운동의 일환으로 이루어지는 것으로 볼 수 있는 표현이나 행동이 정치적 표현의 자유나 일반적 행동의 자유 등의 관점에서도 전체 법질서상 용인될 수 없을 정도로 사회적 상당성을 갖추지 못한 때에는 그 행위 자체가 강요죄나 공갈죄에서 말하는 협박의 개념에 포섭될 수 있으므로, 소비자불매운동 과정에서 이루어진 어떠한 행위가 강요죄나 공갈죄의 수단인 협박에 해당하는지 여부는 해당 소비자불매운동의 목적, 불매운동에 이르게 된 경위, 대상 기업의 선정이유 및 불매운동의 목

적과의 연관성, 대상 기업의 사회·경제적 지위와 거기에 비교되는 불매운동의 규모 및 영향력, 대상 기업에 고지한 요구사항과 불이익 조치의 구체적 내용, 그 불이익 조치의 심각성과 실현가능성, 고지나 공표 등의 구체적인 행위 태양, 그에 대한 상대방 내지 대상 기업의 반응이나 태도 등 제반 사정을 종합적·실질적으로 고려하여 판단하여야 한다.

[3] 불매운동의 목적, 그 조직과정 및 규모, 대상 기업으로 甲 회사 하나만을 선정한 경위, 기자회견을 통해 공표한 불매운동의 방법 및 대상 제품, 甲 회사 직원에게 고지한 요구사항의 구체적인 내용, 위 공표나 고지행위 당시의 상황, 그에 대한 甲 회사 경영진의 반응, 위 요구사항에 응하지 않을 경우 甲 회사에 예상되는 피해의 심각성 등 제반 사정을 고려할 때, 피고인의 행위는 甲 회사의 의사결정권자로 하여금 그 요구를 수용하지 아니할 경우 불매운동이 지속되어 영업에 타격을 입게 될 것이라는 겁을 먹게 하여 의사결정 및 의사실행의 자유를 침해한 것으로 강요죄나 공갈죄의 수단으로서의 협박에 해당한다.

[4] 공갈죄는 다른 사람을 공갈하여 그로 인한 하자 있는 의사에 기하여 자기 또는 제3자에게 재물을 교부하게 하거나 재산상 이익을 취득하게 함으로써 성립되는 범죄로서, 공갈의 상대방이 재산상의 피해자와 같아야 할 필요는 없고, 피공갈자의 하자 있는 의사에 기하여 이루어지는 재물의 교부 자체가 공갈죄에서의 재산상 손해에 해당하므로, 반드시 피해자의 전체 재산의 감소가 요구되는 것도 아니다.

---

1. 폭력조직의 두목 또는 조직원이 제3자를 통해 피해자들에게 암묵적인 방법으로 재물의 교부를 요구하여 교부한 경우(적극) [대법원 2005. 7. 15., 선고, 2004도1565]
【판시사항】
폭력조직의 두목 또는 조직원이 제3자를 통해 피해자들에게 암묵적인 방법으로 재물의 교부를 요구하고 이에 응하지 아니할 때에는 부당한 불이익을 초래할 위험이 있을 수 있다는 위구심을 야기하게 하고, 나아가 피해자들이 곤경에 빠진 제3자를 위해 마지못해 돈을 준 경우
【판결요지】
피해자들이 제작·투자한 영화의 소재로 삼은 폭력조직의 두목 또는 조직원이 피해자들에게 그 영화의 감독을 통해 조직폭력배의 불량한 성행, 경력 등을 이용하여 재물의 교부를 요구하고 피해자들로 하여금 그 요구에 응하지 아니할 때에는 부당한 불이익을 초래할 위험이 있을 수 있다는 위구심을 야기하게 하였고, 피해자들도 돈을 요구하는 상대방이 자신들이 영화의 소재로 삼았던 폭력조직의 두목 또는 조직원이므로 이에 응하지 않을 경우 자신들이 받을 불이익을 두려워하거나 또는 곤경에 빠진 위 영화감독을 위해서라도 돈을 지급하지 않을 수 없다고 판단하여 마지못해 돈을 준 경우, 공갈죄의 성립을 긍정한다.

---

2. 주점의 종업원에게 신체에 위해를 가할 듯한 태도를 보여 이에 겁을 먹은 종업원으로부터 주류를 제공받은 경우(적극) [대법원 2005. 9. 29., 선고, 2005도4738]
【판시사항】
[1] 공갈죄에 있어서 공갈의 상대방의 요건
[2] 주점의 종업원에게 신체에 위해를 가할 듯한 태도를 보여 이에 겁을 먹은 위 종업원으로부터 주류를 제공받은 경우에 있어 공갈죄가 성립한다고 한 원심의 판단을 수긍한 사례

【판결요지】
[1] 공갈죄에 있어서 공갈의 상대방은 재산상의 피해자와 동일함을 요하지는 아니하나, 공갈의 목적이
된 재물 기타 재산상의 이익을 처분할 수 있는 사실상 또는 법률상의 권한을 갖거나 그러한 지위에
있음을 요한다.
[2] 주점의 종업원에게 신체에 위해를 가할 듯한 태도를 보여 이에 겁을 먹은 위 종업원으로부터 주류
를 제공받은 경우에 있어 위 종업원은 주류에 대한 사실상의 처분권자이므로 공갈죄의 피해자에
해당된다고 보아 공갈죄가 성립한다.

350-4. 공갈죄의 대상인 '타인의 재물' 인지 판단 기준 [대법원 2012. 8. 30., 선고, 2012도6157]
【판시사항】
[1] 공갈죄의 대상인 '타인의 재물' 인지 판단하는 기준 및 절도범이 절취한 금전이 다른 금전
등과 명백하게 구분되는 예외적인 경우, 절도 피해자에 대한 관계에서 그 금전을 절도범인 타인
의 재물이라고 할 수 있는지 여부(소극)
[2] 甲이 乙의 돈을 절취한 다음 다른 금전과 섞거나 교환하지 않고 쇼핑백 등에 넣어 자신의
집에 숨겨두었는데, 피고인이 乙의 지시로 丙과 함께 甲에게 겁을 주어 위 돈을 교부받아 갈취하
였다고 하여 폭력행위 등 처벌에 관한 법률 위반(공동공갈)으로 기소된 사안
【판결요지】
[1] 공갈죄의 대상이 되는 재물은 타인의 재물을 의미하므로, 사람을 공갈하여 자기의 재물을 교
부받는 경우에는 공갈죄가 성립하지 아니한다. 그리고 타인의 재물인지는 민법, 상법, 기타의 실
체법에 의하여 결정되는데, 금전을 도난당한 경우 절도범이 절취한 금전만 소지하고 있는 때 등과
같이 구체적으로 절취된 금전을 특정할 수 있어 객관적으로 다른 금전 등과 구분됨이 명백한 예외
적인 경우에는 절도 피해자에 대한 관계에서 그 금전이 절도범인 타인의 재물이라고 할 수 없다.
[2] 피고인 등이 甲에게서 되찾은 돈은 절취 대상인 당해 금전이라고 구체적으로 특정할 수 있
어 객관적으로 甲의 다른 재산과 구분됨이 명백하므로 이를 타인인 甲의 재물이라고 볼 수 없고,
따라서 비록 피고인 등이 甲을 공갈하여 돈을 교부받았더라도 타인의 재물을 갈취한 행위로서 공
갈죄가 성립된다고 볼 수 없는데도, 이와 달리 보아 유죄를 인정한 원심판결에 공갈죄의 대상인
타인의 재물 등에 관한 법리오해의 위법이 있다.

350-5. 택시를 타고 간 후 목적지가 다르다는 이유로 택시요금의 지급을 면하고자 이를 요구하는
피해자를 폭행하고 달아난 경우(소극) [대법원 2012. 1. 27., 선고, 2011도16044]
【판시사항】
[1] 재산상 이익의 취득으로 인한 공갈죄의 성립 요건
[2] 피고인이 피해자가 운전하는 택시를 타고 간 후 목적지가 다르다는 이유로 택시요금의 지급
을 면하고자 이를 요구하는 피해자를 폭행하고 달아난 사안
【판결요지】
[1] 재산상 이익의 취득으로 인한 공갈죄가 성립하려면 폭행 또는 협박과 같은 공갈행위로 인하

여 피공갈자가 재산상 이익을 공여하는 처분행위가 있어야 한다. 물론 그러한 처분행위는 반드시 작위에 한하지 아니하고 부작위로도 족하여서, 피공갈자가 외포심을 일으켜 묵인하고 있는 동안에 공갈자가 직접 재산상의 이익을 탈취한 경우에도 공갈죄가 성립할 수 있다. 그러나 폭행의 상대방이 위와 같은 의미에서의 처분행위를 한 바 없고, 단지 행위자가 법적으로 의무 있는 재산상 이익의 공여를 면하기 위하여 상대방을 폭행하고 현장에서 도주함으로써 상대방이 행위자로부터 원래라면 얻을 수 있었던 재산상 이익의 실현에 장애가 발생한 것에 불과하다면, 그 행위자에게 공갈죄의 죄책을 물을 수 없다.

 [2] 피고인이 피해자가 운전하는 택시를 타고 간 후 최초의 장소에 이르러 택시요금의 지급을 면할 목적으로 다른 장소에 가자고 하였다면서 택시에서 내린 다음 택시요금 지급을 요구하는 피해자를 때리고 달아나자, 피해자가 피고인이 말한 다른 장소까지 쫓아가 기다리다 그곳에서 피고인을 발견하고 택시요금 지급을 요구하였는데 피고인이 다시 피해자의 얼굴 등을 주먹으로 때리고 달아난 사안에서, 피해자가 피고인에게 계속해서 택시요금의 지급을 요구하였으나 피고인이 이를 면하고자 피해자를 폭행하고 달아났을 뿐, 피해자가 폭행을 당하여 외포심을 일으켜 수동적·소극적으로라도 피고인이 택시요금 지급을 면하는 것을 용인하여 이익을 공여하는 처분행위를 하였다고 할 수 없다.

350-6. 권리실현의 수단으로 해악을 고지한 경우 공갈죄 성립여부(한정 적극) [대법원 2007. 10. 11., 선고, 2007도6406]

【판시사항】

 공갈죄의 수단으로서의 협박은 사람의 의사결정의 자유를 제한하거나 의사실행의 자유를 방해할 정도로 겁을 먹게 할 만한 해악을 고지하는 것을 말하고 여기에서 고지된 해악의 실현은 반드시 그 자체가 위법한 것임을 요하지 아니하며 해악의 고지가 권리실현의 수단으로 사용된 경우라고 하여도 그것이 권리행사를 빙자하여 협박을 수단으로 상대방을 겁을 먹게 하였고 권리실행의 수단 방법이 사회통념상 허용되는 정도나 범위를 넘는다면 공갈죄가 성립한다(대법원 1993. 9. 14. 선고 93도915 판결, 대법원 2004. 9. 24. 선고 2003도6443 판결 등 참조).

350-7. 갈취한 현금카드를 사용하여 현금자동지급기에서 예금을 인출한 행위가 공갈죄와 별도로 절도죄를 구성하는지 여부(소극) [대법원 2007. 5. 10., 선고, 2007도1375]

【판시사항】

 [1] 갈취한 현금카드를 사용하여 현금자동지급기에서 예금을 인출한 행위가 공갈죄와 별도로 절도죄를 구성하는지 여부(소극)

 [2] 강취한 현금카드를 사용하여 현금자동지급기에서 예금을 인출한 행위가 강도죄와 별도로 절도죄를 구성하는지 여부(적극)

【판결요지】

 [1] 예금주인 현금카드 소유자를 협박하여 그 카드를 갈취한 다음 피해자의 승낙에 의하여 현금카드를 사용할 권한을 부여받아 이를 이용하여 현금자동지급기에서 현금을 인출한 행위는 모두 피해

자의 예금을 갈취하고자 하는 피고인의 단일하고 계속된 범의 아래에서 이루어진 일련의 행위로서 포괄하여 하나의 공갈죄를 구성하므로, 현금자동지급기에서 피해자의 예금을 인출한 행위를 현금 카드 갈취행위와 분리하여 따로 절도죄로 처단할 수는 없다. 왜냐하면 위 예금 인출 행위는 하자 있는 의사표시이기는 하지만 피해자의 승낙에 기한 것이고, 피해자가 그 승낙의 의사표시를 취소 하기까지는 현금카드를 적법, 유효하게 사용할 수 있으므로, 은행으로서도 피해자의 지급정지 신 청이 없는 한 그의 의사에 따라 그의 계산으로 적법하게 예금을 지급할 수밖에 없기 때문이다.

[2] 강도죄는 공갈죄와는 달리 피해자의 반항을 억압할 정도로 강력한 정도의 폭행·협박을 수 단으로 재물을 탈취하여야 성립하므로, 피해자로부터 현금카드를 강취하였다고 인정되는 경우에 는 피해자로부터 현금카드의 사용에 관한 승낙의 의사표시가 있었다고 볼 여지가 없다. 따라서 강취한 현금카드를 사용하여 현금자동지급기에서 예금을 인출한 행위는 피해자의 승낙에 기한 것 이라고 할 수 없으므로, 현금자동지급기 관리자의 의사에 반하여 그의 지배를 배제하고 그 현금 을 자기의 지배하에 옮겨 놓는 것이 되어서 강도죄와는 별도로 절도죄를 구성한다.

---

1. 현금카드 소유자를 협박하여 예금인출 승낙과 함께 현금카드를 교부받은 후 현금자동지급기에서 예금을 여러 번 인출한 경우, 해당 범죄 및 죄수 [대법원 1996. 9. 20., 선고, 95도1728]
   【판결요지】
   예금주인 현금카드 소유자를 협박하여 그 카드를 갈취하였고, 하자 있는 의사표시이기는 하지만 피해 자의 승낙에 의하여 현금카드를 사용할 권한을 부여받아 이를 이용하여 현금을 인출한 이상, 피해자가 그 승낙의 의사표시를 취소하기까지는 현금카드를 적법, 유효하게 사용할 수 있고, 은행의 경우에도 피해자의 지급정지 신청이 없는 한 피해자의 의사에 따라 그의 계산으로 적법하게 예금을 지급할 수밖 에 없는 것이므로, 피고인이 피해자로부터 현금카드를 사용한 예금인출의 승낙을 받고 현금카드를 교 부받은 행위와 이를 사용하여 현금자동지급기에서 예금을 여러 번 인출한 행위들은 모두 피해자의 예 금을 갈취하고자 하는 피고인의 단일하고 계속된 범의 아래에서 이루어진 일련의 행위로서 포괄하여 하나의 공갈죄를 구성한다고 볼 것이지, 현금지급기에서 피해자의 예금을 취득한 행위를 현금지급기 관리자의 의사에 반하여 그가 점유하고 있는 현금을 절취한 것이라 하여 이를 현금카드 갈취행위와 분리하여 따로 절도죄로 처단할 수는 없다.

350-8. 권리 행사가 공갈죄를 구성하는 경우 및 그 판단 기준 [대법원 2006. 5. 12., 선고, 2005도9595]
   【판시사항】
   아무리 자신에게 정당한 권리가 있다고 하더라도, 그 권리의 행사를 빙자하여, 사회통념상 허용 되는 정도나 범위를 넘어서는 협박을 수단으로 상대방을 겁주어 재물을 교부받거나 재산상의 이 익을 받으려고 하였다면, 이는 공갈죄의 실행에 착수한 것이라고 보아야 하고, 이 경우 구체적으 로 어떠한 행위가 사회통념상 허용되는 정도나 범위를 넘는 것인지 여부는 그 행위의 주관적인 측면과 객관적인 측면, 즉 추구된 목적과 선택된 수단을 전체적으로 종합하여 판단하여야 한다 (대법원 1991. 12. 13. 선고 91도2127 판결, 1995. 3. 10. 선고 94도2422 판결 등 참조).
   원심이, 그 판시의 증거를 종합하여, 위 피고인들이 공동하여 그 판시와 같은 방법으로 주식회사 (업체명 생략)으로부터 400억 원을 갈취하려다가 미수에 그친 사실을 인정하고 위 피고인들을 공동공갈미수의 폭력행위 등 처벌에 관한 법률 위반죄로 처단한 것은, 기록과 앞서 본 법리에 비추어 옳고, 거기에 상고이유의 주장과 같은, 심리미진이나 채증법칙 위배로 인한 사실오인, 공갈죄에 관한 법리오해 등의 위법이 없다.

---

1. 공사부실로 하자가 발생하여 공사를 중단한 수급인이 도급인으로부터 공사대금 명목의 금품을 받은 행위(적극) [대법원 1991. 12. 13., 선고, 91도2127]

【판시사항】

공사부실로 하자가 발생하여 공사를 중단한 수급인이 도급인으로부터 공사대금 명목의 금품을 받은 소위가 정당한 권리행사에도 해당되지 않고 그 수단이 사회통념상 허용되는 범위를 넘는 것이어서 공갈죄에 해당한다고 본 사례

【판결요지】

정당한 권리가 있다 하더라도 그 권리행사에 빙자하여 사회통념상 허용되는 범위를 넘어 협박을 수단으로 상대방을 외포시켜 재물의 교부 또는 재산상의 이익을 받는 경우와 같이 그 행위가 정당한 권리행사라고 인정되지 아니하는 경우에는 공갈죄가 성립된다고 할 것인바, 공사 수급인의 공사부실로 하자가 발생되어 도급인측에서 하자보수시까지 기성고 잔액의 지급을 거절하자 수급인이 일방적으로 공사를 중단하여 수급인에게 자신이 임의로 결가계산한 기성고 잔액 등 금 199,000,000원의 지급청구권이 있다고 볼 수 없을 뿐만 아니라, 비록 그렇지 않다 하더라도 수급인이 권리행사에 빙자하여 도급인측에 대하여 비리를 관계기관에 고발하겠다는 내용의 협박 내지 사무실의 장시간 무단점거 및 직원들에 대한 폭행 등의 위법수단을 써서 기성고 공사대금 명목으로 금 80,000,000원을 교부받은 소위는 사회통념상 허용되는 범위를 넘는 것으로서 이는 공갈죄에 해당한다.

350-9. 언론사 종사자가 취재원에 대하여 불리한 기사의 보도 여부를 놓고 광고 배정, 신문구독을 요구한 행위(소극) [대법원 2002. 12. 10., 선고, 2001도7095]

【판시사항】

[1] 언론사 종사자가 취재원에 대하여 불리한 기사의 보도 여부를 놓고 광고 배정, 신문구독을 요구한 행위가 공갈죄의 수단으로서 해악의 고지에 해당하는지 여부의 판단 기준

【판결요지】

[1] 신문사 경영자가 자신이 발행하는 신문의 구독을 요청 또는 권유하는 것은 신문 부수의 확장을 위한 일상적인 업무의 범위 내에 속하는 것으로서, 특단의 사정이 없는 한, 사회통념상 용인되는 행위라고 보아야 할 것이므로, 언론사 종사자가 취재원에 대하여 불리한 기사의 보도 여부를 놓고 광고 게재나 신문구독을 요구한 행위가 공갈죄의 수단으로서 해악의 고지에 해당되는지 여부는 그러한 요구를 한 자와 요구를 받은 자 사이의 관계와 지위, 언론사의 사회적 영향력, 당사자의 의도와 추구하고자 하는 경제적 이익의 내용, 그러한 요구에 이른 전후 경위, 당사자가 그 과정에서 보인 태도, 관련 기사 내용과 그 기사가 상대방의 이해관계에 미치는 영향력의 크기, 불리한 기사와 요구한 금품 사이의 견련성 정도, 불이익을 시사한 구체적인 언동의 존부와

그 내용 등을 두루 심사하여 이를 신중하게 판단하여야 한다.

[2] 지역신문의 발행인이 시정에 관한 비판기사 및 사설을 보도하고 관련 공무원에게 광고의뢰 및 직보배정을 타신문사와 같은 수준으로 높게 해달라고 요청한 사실만으로 공갈죄의 수단으로서 그 상대방을 협박하였다고 볼 수 없다.

---

1. 소유건물에 인접한 대지 위에 건축허가조건에 위반되게 건물을 신축, 사용하는 소유자로부터 일조권 침해 등으로 인한 손해배상에 관한 합의금을 받은 경우(소극) [대법원 1990. 8. 14., 선고, 90도114]

【판시사항】

피고인이 그 소유건물에 인접한 대지 위에 건축허가조건에 위반되게 건물을 신축, 사용하는 소유자로부터 일조권 침해 등으로 인한 손해배상에 관한 합의금을 받은 것이 사회통념상 용인되는 범위를 넘지 않는 것이어서 공갈죄가 성립되지 않는다.

---

2. 부실공사 관련 기사에 대한 해당 업체의 반박광고가 있음에도 반복 기사가 나간 상태에서, 그 신문사 사주 및 광고국장이 자사 신문에 사과광고를 게재토록 하면서 과다 광고료를 받은 행위(적극) [대법원 1997. 2. 14., 선고, 96도1959]

【판시사항】

부실공사 관련 기사에 대한 해당 업체의 반박광고가 있음에도 반복 기사가 나간 상태에서, 그 신문사 사주 및 광고국장이 그 업체 대표이사에게 감정이 격앙되어 있는 기자들의 분위기를 전하는 방식으로 자사 신문에 사과광고를 게재토록 하면서 과다 광고료를 받은 행위가 공갈죄의 구성요건에 해당한다.

【판결요지】

신문의 부실공사 관련 기사에 대한 해당 건설업체의 반박광고가 있었음에도 재차 부실공사 관련 기사가 나가는 등 그 신문사 기자들과 그 건설업체 대표이사의 감정이 악화되어 있는 상태에서, 그 신문사 사주 및 광고국장이 보도자제를 요청하는 그 건설업체 대표이사에게 자사 신문에 사과광고를 싣지 않으면 그 건설업체의 신용을 해치는 기사가 계속 게재될 것 같다는 기자들의 분위기를 전달하는 방식으로 사과광고를 게재토록 하면서 과다한 광고료를 받은 행위가 공갈죄의 구성요건에 해당한다.

---

3. 정신병원에서의 퇴원 요구를 거절해 온 피해자의 배우자가 피해자에 대하여 재산이전 요구를 한 경우, 그 배우자가 재산이전 요구에 응하지 않으면 퇴원시켜 주지 않겠다 한 경우(적극)[대법원 2001. 2. 23., 선고, 2000도4415]

【판시사항】

피해자의 정신병원에서의 퇴원 요구를 거절해 온 피해자의 배우자가 피해자에 대하여 재산이전 요구를 한 경우, 그 배우자가 재산이전 요구에 응하지 않으면 퇴원시켜 주지 않겠다고 말한 바 없더라도 이는 암묵적 의사표시로서 공갈죄의 수단인 해악의 고지에 해당하고 이러한 해악의 고지가 권리의 실현수단으로 사용되었더라도 그 수단방법이 사회통념상 허용되는 정도나 범위를 넘는 것으로서 공갈죄를 구성한다.

350-10. 조상천도제를 지내지 아니하면 좋지 않은 일이 생긴다는 취지의 해악 고지(소극) [대법원 2002. 2. 8., 선고, 2000도3245]

【판결요지】

조상천도제를 지내지 아니하면 좋지 않은 일이 생긴다는 취지의 해악의 고지는 길흉화복이나 천재지변의 예고로서 행위자에 의하여 직접, 간접적으로 좌우될 수 없는 것이고 가해자가 현실적으로 특정되어 있지도 않으며 해악의 발생가능성이 합리적으로 예견될 수 있는 것이 아니므로 협박으로 평가될 수 없다.

350-11. 도망중인 채무자를 우연히 만나 구속시키겠다는 등 변제 독촉을 하여 커피숍을 이전받은 경우(소극) [제주지법 1997. 4. 2., 선고, 96노384. 확정]

【판결요지】

도망중인 채무자를 우연히 만나 채무자가 투숙하는 호텔 객실로 따라 들어갔다가 채무자가 자꾸 피하려 하자 경찰에 기소중지자로 신고하여 함께 파출소까지 동행하였으나 채무자가 기소중지자로 처리되어 있지 않아 풀려난 후, 다시 채무자의 친구가 경영하는 술집으로 가서 다음날까지 채무자와 함께 있으면서 구속시키겠다는 등 채무변제를 독촉하여 채무자의 딸 명의로 되어 있는 커피숍을 채무변제조로 이전받고 정산한 잔액을 채무자에게 돌려준 사안에서, 채권자의 행위가 공갈죄의 갈취에 해당하지 않는다.

350-12. 권리행사를 빙자하여 사회통념상 용인되기 어려운 협박을 하여 상대방을 외포케 한 경우 공갈죄의 성부(적극) [대법원 1996. 3. 22., 선고, 95도2801]

【판결요지】

정당한 권리가 있다 하더라도 그 권리행사를 빙자하여 사회통념상 용인되기 어려운 정도를 넘는 협박을 수단으로 상대방을 외포케 하여 재물의 교부 또는 재산상의 이익을 받으려 하였다면 공갈죄가 성립한다.

---

1. 매수인이 매도인의 대리인에게 매매건물을 명도하거나 명도소송비용을 내놓지 않으면 고소하여 구속시키겠다고 말한 경우(소극) [대법원 1984. 6. 26., 선고, 84도648]

【판결요지】

피해자가 공소외 (갑)을 대리하여 동인 소유의 여관을 피고인에게 매도하고 피고인으로부터 계약금과 잔대금 일부를 수령하였는데 그 후 위 (갑)이 많은 부채로 도피해 버리고 동인의 채권자들이 채무변제를 요구하면서 위 여관을 점거하여 피고인에게 여관을 명도하기가 어렵게 되자 피고인은 피해자에게 여관을 명도해 주던가 명도소송비용을 내놓지 않으면 고소하여 구속시키겠다고 말한 경우 피고인이 매도인의 대리인인 위 피해자에게 위 여관의 명도 또는 명도소송비용을 요구한 것은 매수인으로서 정당한 권리행사라 할 것이며 위와 같이 다소 위협적인 말을 하였다고 하여도 이는 사회통념상 용인될 정도의 것으로서 협박으로 볼 수 없다.

---

2. 교통사고의 피해자가 사고차량 운전자의 사용자로부터 사회통념상 허용되는 범위를 넘어 금품을 교부받은 경우(적극) [대법원 1990. 3. 27., 선고, 89도2036]

【판결요지】

피고인이 교통사고로 2주일간의 치료를 요하는 상해를 당하여 그로 인한 손해배상청구권이 있음을 기화로 사고차량의 운전사가 바뀐 것을 알고서 그 운전사의 사용자에게 과다한 금원을 요구하면서 이에 응하지 않으면 수사기관에 신고할듯한 태도를 보여 이에 겁을 먹은 동인으로부터 금 3,500,000원을 교부받은 것이라면 이는 손해배상을 받기 위한 수단으로서 사회통념상 허용되는 범위를 넘어서 그 권리행사를 빙자하여 상대방을 외포하게 함으로써 재물을 교부받은 경우에 해당하므로 공갈죄가 성립한다.

3. 목재대금청구소송 계속중 원고가 피고에게 피고의 양도소득세 포탈사실을 관계기관에 진정하여 일을 벌리겠다 한 경우(적극)[대법원 1990. 11. 23., 선고, 90도1864]

【판시사항】

목재대금청구소송 계속중 원고가 피고에게 피고의 양도소득세 포탈사실을 관계기관에 진정하여 일을 벌리겠다고 말하여 겁을 먹은 피고로부터 대금지급약속을 받아낸 행위가 사회상규에 위배되는지 여부(적극)

【판결요지】

피고인이 피해자를 상대로 목재대금청구소송 계속중 피해자에게 피해자의 양도소득세포탈사실을 관계기관에 진정하여 일을 벌리려 한다고 말하여 겁을 먹은 피해자로부터 목재대금을 지급하겠다는 약속을 받아낸 행위는 사회상규에 어긋나지 않는다고 할 수 없다.

350-13. 공무원이 직무와 관계없이 타인을 공갈하여 재물을 교부하게 한 경우, 뇌물공여죄 성립여부(소극) [대법원 1994. 12. 22., 선고, 94도2528]

【판결요지】

공무원이 직무집행의 의사 없이 또는 직무처리와 대가적 관계없이 타인을 공갈하여 재물을 교부하게 한 경우에는 공갈죄만이 성립하고, 이러한 경우 재물의 교부자가 공무원의 해악의 고지로 인하여 외포의 결과 금품을 제공한 것이라면 그는 공갈죄의 피해자가 될 것이고 뇌물공여죄는 성립될 수 없다고 하여야 할 것이다.

350-14. 부동산에 대한 공갈죄의 기수시기 [대법원 1992. 9. 14., 선고, 92도1506]

【판결요지】

부동산에 대한 공갈죄는 그 부동산에 관하여 소유권이전등기를 경료받거나 또는 인도를 받은 때에 기수로 되는 것이고, 소유권이전등기에 필요한 서류를 교부 받은 때에 기수로 되어 그 범행이 완료되는 것은 아니다.

350-15. 주인을 협박하여 취직한 종업원이 근로를 제공하지 아니하고 주인으로부터 월급 상당액을 교부받은 경우(적극) [대법원 1991. 10. 11., 선고, 91도1755]

【판결요지】

종업원이 주인을 협박하여 그 업소에 취직을 하여 그 주인으로부터 월급 상당액을 교부받은 경우 그 종업원이 주인에게 종업원으로서 상당한 근로를 제공한 바가 없다면 이는 갈취행위로 보아야 한다.

350-16. 피해자 기망에 의해 부동산을 비싸게 매수 후 그 계약을 취소함이 없이 등기를 그대로 둔
채 피해자를 협박 재산상의 이득을 얻은 행위(적극) [대법원 1991. 9. 24., 선고, 91도1824]
　【판시사항】
　피해자의 기망에 의하여 부동산을 비싸게 매수한 피고인이 그 계약을 취소함이 없이 등기를 피
고인 앞으로 둔 채 피해자를 협박하여 재산상의 이득을 얻거나 돈을 받은 행위가 공갈죄를 구성
하는지 여부(적극)
　【판결요지】
　피해자의 기망에 의하여 부동산을 비싸게 매수한 피고인이라도 그 계약을 취소함이 없이 등기를
피고인 앞으로 둔 채 피해자의 전매차익을 받아낼 셈으로 피해자를 협박하여 재산상의 이득을 얻
거나 돈을 받았다면 이는 정당한 권리행사의 범위를 넘은 것으로서 사회통념상 용인될 수 없으므
로 공갈죄를 구성한다.

350-17. 공갈범행으로 취득한 이득액 산정의 기준시기 [대법원 1990. 10. 16., 선고, 90도1815]
　【판시사항】
　[1] 공갈범행으로 인하여 취득한 이득액 산정의 기준시기
　[2] 특정경제범죄가중처벌등에관한법률 제3조 제1항 소정의 '이득액'의 의미
　【판결요지】
　[1] 공갈폭행으로 인하여 취득한 이득액은 공갈범행으로 인하여 취득하기로 약정된 즉 불법영득
의 대상이 된 재물이나 재산상의 이익의 가액이 기준이 되어야 하고, 범죄의 기수시기를 기준으
로 하여 산정할 것이며 그 후의 사정변경을 고려할 것이 아니고 그와 같은 사정변경의 가능성이
공갈 행위시 예견 가능한 것이라고 하여도 마찬가지이다.
　[2] 특정경제범죄가중처벌등에관한법률 제3조 제1항 소정의 '이득액'이란 거기에 열거된 범죄
행위로 인하여 취득하거나 제3자로 하여금 취득하게 한 불법영득의 대상이 된 재물이나 재산상
이익의 가액의 합계인 것이지 궁극적으로 그와 같은 이득을 실현할 것인지, 거기에 어떠한 조건
이나 부담이 붙었는지 여부는 영향이 없다.

350-18. 민사소송 제기나 그 소송 유지가 공갈행위에 해당될 수 있는지 여부(소극) [대법원 1989. 2.
28., 선고, 87도690]
　【판결요지】
　처분권주의, 변론주의의 원리를 채택하고 있는 민사소송에 있어 부당한 제소나 그 소송의 유지
가 있다 하더라도 상대방은 이에 응소하여 방어권을 충분히 행사할 수 있는 것이고 소의 취하는
상대방이 이를 강제할 수 없는 것이므로, 토지매도인이 그 매매대금을 지급받기 위하여 매수인을
상대로 하여 당해토지에 관한 소유권이전등기말소청구소송을 제기하고 위 대금을 변제받지 못하
면 위 소송을 취하하지 아니하고 예고등기도 말소하지 않겠다는 취지를 알렸다고 하여 이를 지목

하여 공갈행위라고 단정할 수는 없다.

350-19. 채권회수행위에 대하여 공갈죄 성립을 인정한 사례 [대법원 1987. 10. 26., 선고, 87도1656]

【판결요지】

피고인이 을로부터 피해자 갑에 대한 외상대금채권회수의 의뢰를 받고 이를 승낙한 다음 위 외상대금을 받아 주기 위하여 갑에게 을의 채무를 당장 갚고 나서 영업을 하라고 요구하고, 이를 갚기 전에는 영업을 할 수 없다 하면서 개새끼라고 욕을 하고 눈을 치켜뜨고 죽어볼래 하면서 갑의 멱살을 2, 3분 잡아 흔드는 등 겁을 먹게 하여 갑으로 하여금 금원을 을에게 교부하게 하였다면, 피고인의 위 소위는 공갈죄를 구성하는 것으로 이 행위가 단순히 채권회수를 위한 권리행사로서 사회통념상 용인된 행위라고는 할 수 없다.

350-20. 공갈하여 지정한 은행구좌에 입금케 한 경우(적극) [대법원 1985. 9. 24., 선고, 85도1687]

【판결요지】

피해자들을 공갈하여 피해자들로 하여금 지정한 예금구좌에 돈을 입금케 한 이상, 위 돈은 범인이 자유로이 처분할 수 있는 상태에 놓인 것으로서 공갈죄는 이미 기수에 이르렀다 할 것이다.

350-21. 폭력에 의한 권리행사방해를 하고 이를 근거로 계속하여 갈취행위를 한 경우의 죄수 [대법원 1985. 6. 25., 선고, 84도2083]

【판시사항】

[1] 폭력에 의한 권리행사방해를 하고 이를 근거로 계속하여 갈취행위를 한 경우의 죄수

[2] 폭행·협박을 사용한 권리행사와 공갈죄의 성부

【판결요지】

[1] 피고인이 투자금의 회수를 위해 피해자를 강요하여 물품대금을 횡령하였다는 자인서를 받아낸 뒤 이를 근거로 돈을 갈취한 경우, 피고인의 주된 범의가 피해자로부터 돈을 갈취하는 데에 있었던 것이라면 피고인은 단일한 공갈의 범의하에 갈취의 방법으로 일단 자인서를 작성케 한 후 이를 근거로 계속하여 갈취행위를 한 것으로 보아야 할 것이므로 위 행위는 포함하여 <u>공갈죄 일죄만을 구성한다고 보아야 한다.</u>

[2] 재물의 교부를 받거나 재산상 이익을 취득할 권리가 있는 자라고 할지라도 사회통념상 일반적으로 용인될 수 없는 정도의 폭행, 협박의 방법을 사용하여 재물의 교부를 받거나 재산상 이익을 취득한 때에는 이는 정당한 권리행사라고 볼 수 없으므로 공갈죄를 구성한다.

350-22. 자리세 등을 지급받을 정당한 권원은 없었으나 이를 알고 있는 피해자와 약정에 의하여 자리세를 지급받아 온 경우(소극) [대법원 1985. 5. 14., 선고, 84도2289]

【판결요지】

피고인이 소방도로를 무단점용하고 있어 자리세 등을 지급받을 정당한 권원이 없었다 하더라도 피

해자가 이를 알면서 피고인과 자리세를 지급하기로 약정하여 이를 지급하여 온 이상 <u>피고인이 소방도로 무단점용으로 인한 도로법상의 처벌을 받는 것은 별론으로 하되 공갈죄로 문의할 수는 없다.</u>

350-23. 처와 처남 등 간의 상속재산분배 과정에서 처남을 고발 고소하고 위협적인 언사를 사용한 경우(소극) [대법원 1984. 2. 14., 선고, 81도3202]

【판결요지】

피고인이 그 처와 처남등 간의 상속재산분배과정에 끼어들어 불화끝에 처남을 고발, 고소하고 다소 위협적인 언사를 사용하였다 하더라도 4,5개월간에 걸친 협의과정에서 처남이 변호사의 도움을 받아 상속재산의 일부인 이 사건 부동산의 소유권을 넘겨주게 된 점과 처남의 사회적 지위 등 모든 사정을 참작하면 처남이 피고인의 협박에 의하여 외포심을 느낀 나머지 위 부동산을 양도하였다고 보기 어렵다.

350-24. 종전상처까지 포함된 치료비 및 합의금수령과 공갈죄 [대법원 1984. 1. 24., 선고, 83도3023]

【판결요지】

피고인의 코 부분을 촬영한 X선사진에 나타난 비골골절상은 오래전에 생긴 것이기는 하나 피고인이 공소외인들과 서로 다투다가 땅에 넘어지는 바람에 비부좌상으로 심한 출혈과 비부주위에 종창이 있어 그 때문에 X선촬영까지 하게 된 이상 피고인이 <u>공소외인들과의 싸움으로 비부좌상외에 종전상처인 비골골절상까지 그때 입은 것으로 믿고 치료비 및 합의금 명목으로 돈을 받았다 하여 공갈죄를 구성한다고 할 수 없다.</u>

350-25. 부녀와의 정교가 공갈죄의 객체인 재산상 이익으로 평가될 수 있는지 여부(소극) [대법원 1983. 2. 8., 선고, 82도2714]

【판결요지】

공갈죄는 재산범으로서 그 객체인 재산상 이익은 경제적 이익이 있는 것을 말하는 것인바, 일반적으로 부녀와의 정부 그 자체는 이를 경제적으로 평가할 수 없는 것이므로 부녀를 공갈하여 정교를 맺었다고 하여도 특단의 사정이 없는 한 이로써 재산상 이익을 갈취한 것이라고 볼 수는 없는 것이며, <u>부녀가 주점접대부라 할지라도 피고인과 매음을 전제로 정교를 맺은 것이 아닌 이상 피고인이 매음대가의 지급을 면하였다고 볼 여지가 없으니 공갈죄가 성립하지 아니한다.</u>

350-26. 정당한 권리행사를 위하여 상대방의 비위를 진정하겠다는 의사표시와 공갈죄(소극) [대법원 1979. 10. 30., 선고, 79도1660]

【판결요지】

피고인이 공사한 건물의 대장상 평수보다 실제상의 평수가 많아 실제상의 평수에 따른 공사금의 지급을 요구하면서 그렇지 않으면 구청장에게 진정하여서라도 대장상의 건물평수가 부족함을 밝히겠다고 하는 의사표시는 사회상규에 어긋나지 아니하며 협박을 하여 부당한 이득을 얻으려는 의사가 있었다고 볼 수 없다.

350-27. 피해자의 고용인을 통하여 피해자에게 피해자가 경영하는 기업체의 탈세사실을 국세청이나 정보부에 고발한다 한 경우(적극) [대법원 1969. 7. 29., 선고, 69도984]

【판결요지】

피해자의 고용인을 통하여 피해자에게 피해자가 경영하는 기업체의 탈세사실을 국세청이나 정보부에 고발한다는 말을 전하였다면 이는 공갈죄의 행위에 착수한 것이라 할 것이다.

제351조[상습범]

> 제351조(상습범) 상습으로 제347조 내지 전조의 죄를 범한 자는 그 죄에 정한 형의 2분의 1까지 가중한다.

351-1. 상습사기에서 '상습성'의 의미와 판단 기준 [대법원 2011. 11. 24., 선고, 2009도980]

【판시사항】

상습사기에 있어서의 상습성이라 함은 반복하여 사기행위를 하는 습벽으로서 행위자의 속성을 말하고, 이러한 습벽의 유무를 판단함에 있어서는 사기의 전과가 중요한 판단자료가 되나 사기의 전과가 없다고 하더라도 범행의 횟수, 수단과 방법, 동기 등 제반 사정을 참작하여 사기의 습벽이 인정되는 경우에는 상습성을 인정할 수 있다(대법원 2005. 10. 28. 선고 2005도5774 판결, 대법원 2009. 9. 10. 선고 2009도5075 판결 등 참조).

351-2. 상습사기에 있어 상습성의 판단 기준 및 처음부터 장기간에 걸쳐 불특정 다수로부터 회원가입비 명목의 금원을 편취할 목적으로 상당한 자금을 투자하여 성인사이트를 개설하고 직원까지 고용하여 사기행위를 영업으로 한 경우(적극) [대법원 2006. 9. 8., 선고, 2006도2860]

【판결요지】

상습사기에 있어서의 상습성은 반복하여 사기행위를 하는 습벽으로서 행위자의 속성을 말하고, 이러한 습벽의 유무를 판단함에 있어서는 사기의 전과가 중요한 판단자료가 되나 사기의 전과가 없다고 하더라도 범행의 횟수, 수단과 방법, 동기 등 제반 사정을 참작하여 사기의 습벽이 인정되는 경우에는 상습성을 인정하여야 하는 것이며, 특히 처음부터 장기간에 걸쳐 불특정 다수로부터 회원가입비 명목의 금원을 편취할 목적으로 상당한 자금을 투자하여 성인사이트를 개설하고 직원까지 고용하여 사기행위를 영업으로 한 경우에는 그 행위의 반복성이 영업이라는 면에서 행위 그 자체의 속성에서 나아가 행위자의 속성으로서 상습성을 내포하는 성질을 갖게 되고, 또한 이미 투자한 자금에 얽매여 그러한 사기행위를 쉽게 그만둘 수 없다는 자본적 또는 경제활동상의 의존성도 습벽의 내용이 될 수 있으므로 상습성을 인정할 수 있다.

351-3. 상습범에 있어서의 공소제기의 효력 [대법원 1999. 11. 26., 선고, 99도3929]

【판결요지】

상습범에 있어서 공소제기의 효력은 공소가 제기된 범죄사실과 동일성이 인정되는 범죄사실 전체에 미치는 것이며, 또한 공소제기의 효력이 미치는 시적 범위는 사실심리의 가능성이 있는 최후의 시점인 판결선고시를 기준으로 삼아야 할 것이므로, 검사가 일단 상습사기죄로 공소제기한 후 그 공소의 효력이 미치는 위 기준시까지의 사기행위 일부를 별개의 독립된 상습사기죄로 공소제기를 함은 비록 그 공소사실이 먼저 공소제기를 한 상습사기의 범행 이후에 이루어진 사기 범행을 내용으로 한 것일지라도 공소가 제기된 동일사건에 대한 이중기소에 해당되어 허용될 수 없다.

351-4. 판결확정 전 범한 사기죄가 확정된 사기죄와 상습사기죄의 포괄일죄의 관계에 있는 경우 그 확정판결의 기판력이 후에 기소된 공소사실에 미치는지 여부(적극) [대법원 1990. 5. 22., 선고, 89도1984]

【판결요지】

1988.6.29. 유죄판결을 선고받고 확정된 사기죄의 범죄사실과 그 판결선고 전에 범한 것으로 후에 공소제기된 이 사건 공소범죄사실이 그 수법에 있어 서로 동일 내지 유사하며 피고인은 4회의 사기죄의 전과가 있음에도 불구하고 또 다시 단기간내에 동종의 범죄를 반복한 것에 비추어 보면 확정판결의 사기죄 범죄사실과 그 판결선고 전에 있었던 이 사건 사기공소 범죄사실은 상습사기죄의 포괄일죄의 관계에 있고 위 사기죄에 대한 확정판결은 이 사건 공소사실에도 미친다 할 것이므로 이 사건 공소사실에 대해서는 확정판결이 있는 때에 해당한다는 이유로 면소판결을 선고할 것이다.

351-5. 상습사기 범행중 일부에 대한 확정판결의 기판력 범위 [대법원 1983. 10. 11., 선고, 82도402]

【판결요지】

확정판결을 받은 사기죄와 그 확정판결 전에 행해진 4회에 걸친 사기행위가 모두 피고인의 사기 습벽에서 이루어졌다면 위 두 범죄는 실체법상 포괄일죄인 상습사기죄의 관계에 있다 할 것이므로 위 사기죄에 대한 확정판결의 기판력은 그 후에 상습사기죄로 공소제기된 확정판결전의 범행에 대하여도 미치게 되는 것이므로 이에 대하여는 면소의 판결을 할 것이다.

351-6. 상습범 사건에서 공소의 효력과 판결의 확정력이 미치는 시적 범위 [대법원 1982. 12. 28., 선고, 82도2500]

【판결요지】

상습범 사건에 있어서의 공소의 효력과 판결의 확정력은 사실심리의 가능성이 있는 최후의 시점인 판결선고시를 기준으로 하여 가리게 되고 그때까지 행하여진 행위에 대하여서만 공소의 효력과 판결의 확정력이 미치므로 피고인이 1982.2.18 상습사기죄로 집행유예의 판결을 선고받은 후 같은달 21에 범한 사기의 공소사실에 대하여는 동 집행유예 확정판결의 효력이 미치지 아니한다.

제354조[친족간의 범행, 동력]

> 제354조(친족간의 범행, 동력) 제328조와 제346조의 규정은 본장의 죄에 준용한다.

354-1. 법원을 기망하여 직계혈족 관계에 있는 제3자로부터 재물을 편취한 경우, 사기죄의 범인에 대하여는 친족상도례에 의하여 형을 면제하여야 하는지 여부(적극) [대법원 2018. 1. 25., 선고, 2016도6757]

【판시사항】

사기죄의 보호법익은 재산권이라고 할 것이므로 사기죄에 있어서는 재산상의 권리를 가지는 자가 아니면 피해자가 될 수 없다. 그러므로 법원을 기망하여 제3자로부터 재물을 편취한 경우에 피기망자인 법원은 피해자가 될 수 없고 재물을 편취당한 제3자가 피해자라고 할 것이므로 피해자인 제3자와 사기죄를 범한 자가 직계혈족의 관계에 있을 때에는 그 범인에 대하여는 형법 제354조에 의하여 준용되는 형법 제328조 제1항에 의하여 그 형을 면제하여야 할 것이다(대법원 2014. 9. 26. 선고 2014도8076 판결 등 참조).

354-2. 사기죄를 범하는 사람이 금원을 편취하기 위한 수단으로 피해자와 혼인신고를 한 것이어서 혼인이 무효인 경우, 피해자에 대한 사기죄에서 친족상도례를 적용할 수 있는지 여부(소극) [대법원 2015. 12. 10., 선고, 2014도11533]

【이 유】

형법 제354조, 제328조 제1항에 의하면 배우자 사이의 사기죄는 이른바 친족상도례에 의하여 형을 면제하도록 되어 있으나, 사기죄를 범하는 자가 금원을 편취하기 위한 수단으로 피해자와 혼인신고를 한 것이어서 그 혼인이 무효인 경우라면, 그러한 피해자에 대한 사기죄에서는 친족상도례를 적용할 수 없다고 할 것이다.

354-3. 甲은 피고인의 8촌 혈족, 丙은 피고인의 부친이나, 피고인에게 형법상 친족상도례 규정이 적용되지 않는다. [대법원 2015. 6. 11., 선고, 2015도3160]

【판시사항】

피고인 등이 공모하여, 피해자 甲, 乙 등을 기망하여 甲, 乙 및 丙과 부동산 매매계약을 체결하고 소유권을 이전받은 다음 잔금을 지급하지 않아 같은 금액 상당의 재산상 이익을 편취하였다는 내용으로 기소된 사안에서, 甲은 피고인의 8촌 혈족, 丙은 피고인의 부친이나, 피고인에게 형법상 친족상도례 규정이 적용되지 않는다.

【판결요지】

피고인 등이 공모하여, 피해자 甲, 乙 등을 기망하여 甲, 乙 및 丙과 부동산 매매계약을 체결하고 소유권을 이전받은 다음 잔금을 지급하지 않아 같은 금액 상당의 재산상 이익을 편취하였다는 내용으로 기소된 사안에서, 甲은 피고인의 8촌 혈족, 丙은 피고인의 부친이나, 위 부동산이 甲,

乙, 丙의 합유로 등기되어 있어 피고인에게 형법상 친족상도례 규정이 적용되지 않는다.

354-4. 친족상도례를 규정한 형법 제328조 제1항에서 '그 배우자'가 동거가족의 배우자만을 의미하는지 여부(소극) [대법원 2011. 5. 13., 선고, 2011도1765]

【판시사항】

[1] 친족상도례를 규정한 형법 제328조 제1항에서 '그 배우자'가 동거가족의 배우자만을 의미하는지 여부(소극)

[2] 피고인이 상습으로 재물을 편취하였다고 하여 특정경제범죄 가중처벌 등에 관한 법률 위반(사기)으로 기소된 사안에서, 피고인이 피해자 甲 직계혈족의 배우자임을 이유로 형법 제354조, 제328조 제1항에 따라 甲에 대한 상습사기의 공소사실에 대하여 형을 면제한 원심판단을 정당하다.

【이 유】

형법 제354조에 의하여 준용되는 제328조 제1항에서 "직계혈족, 배우자, 동거친족, 동거가족 또는 그 배우자 간의 제323조의 죄는 그 형을 면제한다."고 규정하고 있는바, 여기서 '그 배우자'는 동거가족의 배우자만을 의미하는 것이 아니라, 직계혈족, 동거친족, 동거가족 모두의 배우자를 의미하는 것으로 볼 것이다. 기록에 의하면, 피고인이 피해자 조성만의 직계혈족의 배우자임을 이유로 형법 제354조, 제328조 제1항에 따라 피해자 조성만에 대한 상습사기의 점에 관한 공소사실에 대하여 형을 면제한 것은 정당하고, 거기에 상고이유의 주장과 같이 친족상도례에 관한 법리를 오해한 위법이 없다.

354-5. 친족상도례가 적용되는 '친족'의 범위 및 사기죄의 피고인과 피해자가 사돈지간인 경우 친족에 해당하는지 여부(소극) [대법원 2011. 4. 28., 선고, 2011도2170]

【판시사항】

[1] 친족상도례가 적용되는 '친족'의 범위 및 사기죄의 피고인과 피해자가 사돈지간인 경우 친족에 해당하는지 여부(소극)

[2] 피고인이 자신과 사돈지간인 피해자를 속여 돈을 편취하였다며 사기로 기소된 사안에서, 피고인과 피해자가 2촌의 인척인 친족이라는 이유로 위 범죄를 친족상도례가 적용되는 친고죄라고 판단한 후 피해자의 고소가 고소기간을 경과하여 부적법하다고 보아 공소를 기각한 원심판결 및 제1심판결을 모두 파기한 사례

【판결요지】

[1] 친족상도례가 적용되는 친족의 범위는 민법의 규정에 의하여야 하는데, 민법 제767조는 배우자, 혈족 및 인척을 친족으로 한다고 규정하고 있고, 민법 제769조는 혈족의 배우자, 배우자의 혈족, 배우자의 혈족의 배우자만을 인척으로 규정하고 있을 뿐, 구 민법(1990. 1. 13. 법률 제4199호로 개정되기 전의 것) 제769조에서 인척으로 규정하였던 '혈족의 배우자의 혈족'을 인척에 포함시키지 않고 있다. 따라서 사기죄의 피고인과 피해자가 사돈지간이라고 하더라도 이를 민법상 친족으로 볼 수 없다.

[2] 피고인이 백화점 내 점포에 입점시켜 주겠다고 속여 피해자로부터 입점비 명목으로 돈을 편취하였다며 사기로 기소된 사안에서, 피고인의 딸과 피해자의 아들이 혼인하여 피고인과 피해자가 사돈지간이라고 하더라도 민법상 친족으로 볼 수 없는데도, 2촌의 인척인 친족이라는 이유로 위 범죄를 친족상도례가 적용되는 친고죄라고 판단한 후 피해자의 고소가 고소기간을 경과하여 부적법하다고 보아 공소를 기각한 원심판결 및 제1심판결에 친족의 범위에 관한 법리오해의 위법이 있다고 하여 모두 파기한 사례.

354-6. 친족상도례에 관한 형법 규정은 특정경제범죄가중처벌등에관한법률 제3조 제1항 위반죄에도 적용되는지 여부(적극) [대법원 2000. 10. 13., 선고, 99오1]

【판시사항】

[1] 친족상도례에 관한 형법 규정은 특정경제범죄가중처벌등에관한법률 제3조 제1항 위반죄에도 적용되는지 여부(적극)

[2] 호주의 직계비속 장남자 아닌 가족인 남자가 혼인한 후 호적상 법정분가의 절차를 거치지 아니하여 호주의 호적부에 가족으로 그대로 남아 있는 경우, 호주의 가족이라는 신분관계의 소멸 여부(적극)

【판결요지】

[1] 형법 제354조, 제328조의 규정을 종합하면, 직계혈족, 배우자, 동거친족, 호주, 가족 또는 그 배우자 간의 사기 및 사기미수의 각 죄는 그 형을 면제하여야 하고, 그 외의 친족 간에는 고소가 있어야 공소를 제기할 수 있으며, 또한 형법상 사기죄의 성질은 특정경제범죄가중처벌등에관한법률 제3조 제1항에 의해 가중처벌되는 경우에도 그대로 유지되고, 특별법인 특정경제범죄가중처벌등에관한법률에 친족상도례에 관한 형법 제354조, 제328조의 적용을 배제한다는 명시적인 규정이 없으므로, 형법 제354조는 특정경제범죄가중처벌등에관한법률 제3조 제1항 위반죄에도 그대로 적용된다.

[2] 구 민법(1990. 1. 13. 법률 제4199호로 개정되기 전의 것) 제789조 제1항은, '가족은 혼인하면 당연히 분가된다.'고 규정하고 있었으므로, 호주의 직계비속 장남자 아닌 가족인 남자가 혼인하면 법률의 규정에 의하여 당연히 분가되어야 함에도 호적상 법정분가의 절차를 거치지 아니하여 호주의 호적부에 가족으로 남아 있다고 하더라도, 그러한 호적 기재와는 관계없이 혼인신고를 한 이후에는 호주의 가족이라는 신분관계는 소멸되는 것이다.

제40장 횡령과 배임의 죄

제1절 횡령의 죄

제355조①〔횡령〕

> 제355조(횡령, 배임) ① 타인의 재물을 보관하는 자가 그 재물을 횡령하거나 그 반환을 거부한 때에는 5년 이하의 징역 또는 1천500만원 이하의 벌금에 처한다. 〈개정 1995. 12. 29.〉

I. 횡령(명의신탁 관련)

355①-I-1. 횡령죄 성립에 필요한 법률상 또는 사실상의 위탁관계는 횡령죄로 보호할 만한 가치 있는 신임에 의한 것으로 한정되는지 여부(적극) 및 위탁관계가 있는지 판단하는 기준 [대법원 2021. 2. 18., 선고, 2016도18761, 전원합의체 판결]

【판시사항】

[1] 횡령죄에서 말하는 '보관' 의 의미 / 횡령죄 성립에 필요한 법률상 또는 사실상의 위탁관계는 횡령죄로 보호할 만한 가치 있는 신임에 의한 것으로 한정되는지 여부(적극) 및 위탁관계가 있는지 판단하는 기준

[2] 부동산 실권리자명의 등기에 관한 법률을 위반하여 명의신탁자가 그 소유인 부동산의 등기명의를 명의수탁자에게 이전하는 이른바 양자간 명의신탁의 경우, 명의수탁자가 명의신탁자에 대한 관계에서 '타인의 재물을 보관하는 자' 의 지위에 있는지 여부(소극) 및 이때 명의수탁자가 신탁받은 부동산을 임의로 처분하면 명의신탁자에 대한 관계에서 횡령죄가 성립하는지 여부(소극) / 이러한 법리는, 부동산 명의신탁이 같은 법 시행 전에 이루어졌고 같은 법에서 정한 유예기간 내에 실명등기를 하지 아니함으로써 그 명의신탁약정 및 이에 따라 행하여진 등기에 의한 물권변동이 무효로 된 후에 처분행위가 이루어진 경우에도 마찬가지로 적용되는지 여부(적극)

【판결요지】

[1] 형법 제355조 제1항이 정한 횡령죄에서 보관이란 위탁관계에 의하여 재물을 점유하는 것을 뜻하므로 횡령죄가 성립하기 위하여는 재물의 보관자와 재물의 소유자(또는 기타의 본권자) 사이에 법률상 또는 사실상의 위탁관계가 존재하여야 한다. 이러한 <u>위탁관계는 사용대차·임대차·위임 등의 계약에 의하여서뿐만 아니라 사무관리·관습·조리·신의칙 등에 의해서도 성립될 수 있으나, 횡령죄의 본질이 신임관계에 기초하여 위탁된 타인의 물건을 위법하게 영득하는 데 있음에 비추어 볼 때 위탁관계는 횡령죄로 보호할 만한 가치 있는 신임에 의한 것으로 한정함이 타당하다.</u> 위탁관계가 있는지 여부는 재물의 보관자와 소유자 사이의 관계, 재물을 보관하게 된 경위 등에 비추어 볼 때 보관자에게 재물의 보관 상태를 그대로 유지하여야 할 의무를 부과하여 그 보

관 상태를 형사법적으로 보호할 필요가 있는지 등을 고려하여 규범적으로 판단하여야 한다.

[2] 부동산 실권리자명의 등기에 관한 법률(이하 '부동산실명법' 이라 한다)은 부동산에 관한 소유권과 그 밖의 물권을 실체적 권리관계와 일치하도록 실권리자 명의로 등기하게 함으로써 부동산등기제도를 악용한 투기·탈세·탈법행위 등 반사회적 행위를 방지하고 부동산 거래의 정상화와 부동산 가격의 안정을 도모하여 국민경제의 건전한 발전에 이바지함을 목적으로 하고 있다 (제1조). 부동산실명법에 의하면, 누구든지 부동산에 관한 물권을 명의신탁약정에 따라 명의수탁자의 명의로 등기하여서는 아니 되고(제3조 제1항), 명의신탁약정과 그에 따른 등기로 이루어진 부동산에 관한 물권변동은 무효가 되며(제4조 제1항, 제2항 본문), 명의신탁약정에 따른 명의수탁자 명의의 등기를 금지하도록 규정한 부동산실명법 제3조 제1항을 위반한 경우 명의신탁자와 명의수탁자 쌍방은 형사처벌된다(제7조).

이러한 부동산실명법의 명의신탁관계에 대한 규율 내용 및 태도 등에 비추어 보면, 부동산실명법을 위반하여 명의신탁자가 그 소유인 부동산의 등기명의를 명의수탁자에게 이전하는 이른바 양자간 명의신탁의 경우, 계약인 명의신탁약정과 그에 부수한 위임약정, 명의신탁약정을 전제로 한 명의신탁 부동산 및 그 처분대금 반환약정은 모두 무효이다.

나아가 명의신탁자와 명의수탁자 사이에 무효인 명의신탁약정 등에 기초하여 존재한다고 주장될 수 있는 사실상의 위탁관계라는 것은 부동산실명법에 반하여 범죄를 구성하는 불법적인 관계에 지나지 아니할 뿐 이를 형법상 보호할 만한 가치 있는 신임에 의한 것이라고 할 수 없다.

명의수탁자가 명의신탁자에 대하여 소유권이전등기말소의무를 부담하게 되나, 위 소유권이전등기는 처음부터 원인무효여서 명의수탁자는 명의신탁자가 소유권에 기한 방해배제청구로 말소를 구하는 것에 대하여 상대방으로서 응할 처지에 있음에 불과하다. 명의수탁자가 제3자와 한 처분행위가 부동산실명법 제4조 제3항에 따라 유효하게 될 가능성이 있다고 하더라도 이는 거래 상대방인 제3자를 보호하기 위하여 명의신탁약정의 무효에 대한 예외를 설정한 취지일 뿐 명의신탁자와 명의수탁자 사이에 위 처분행위를 유효하게 만드는 어떠한 위탁관계가 존재함을 전제한 것이라고는 볼 수 없다. 따라서 말소등기의무의 존재나 명의수탁자에 의한 유효한 처분가능성을 들어 명의수탁자가 명의신탁자에 대한 관계에서 '타인의 재물을 보관하는 자' 의 지위에 있다고 볼 수도 없다.

그러므로 부동산실명법을 위반한 양자간 명의신탁의 경우 명의수탁자가 신탁받은 부동산을 임의로 처분하여도 명의신탁자에 대한 관계에서 횡령죄가 성립하지 아니한다. 이러한 법리는 부동산 명의신탁이 부동산실명법 시행 전에 이루어졌고 같은 법이 정한 유예기간 이내에 실명등기를 하지 아니함으로써 그 명의신탁약정 및 이에 따라 행하여진 등기에 의한 물권변동이 무효로 된 후에 처분행위가 이루어진 경우에도 마찬가지로 적용된다.

---

1. 중간생략등기형 명의신탁에서 신탁부동산의 임의 처분 사건 [대법원 2016. 5. 19., 선고, 2014도6992, 전원합의체 판결]
【판시사항】

명의신탁자가 매수한 부동산에 관하여 부동산 실권리자명의 등기에 관한 법률을 위반하여 명의수탁자와 맺은 명의신탁약정에 따라 매도인에게서 바로 명의수탁자 명의로 소유권이전등기를 마친 이른바 중간생략등기형 명의신탁을 한 경우, 명의수탁자가 명의신탁자의 재물을 보관하는 자인지 여부(소극) 및 명의수탁자가 신탁받은 부동산을 임의로 처분하면 명의신탁자에 대한 관계에서 횡령죄가 성립하는지 여부(소극)

【판결요지】

1. 형법 제355조 제1항이 정한 횡령죄의 주체는 타인의 재물을 보관하는 자라야 하고, 타인의 재물인지 아닌지는 민법, 상법, 기타의 실체법에 따라 결정하여야 한다. 횡령죄에서 보관이란 위탁관계에 의하여 재물을 점유하는 것을 뜻하므로 횡령죄가 성립하기 위하여는 재물의 보관자와 재물의 소유자(또는 기타의 본권자) 사이에 법률상 또는 사실상의 위탁신임관계가 존재하여야 한다. 이러한 위탁신임관계는 사용대차·임대차·위임 등의 계약에 의하여서뿐만 아니라 사무관리·관습·조리·신의칙 등에 의해서도 성립될 수 있으나, 횡령죄의 본질이 신임관계에 기초하여 위탁된 타인의 물건을 위법하게 영득하는 데 있음에 비추어 볼 때 위탁신임관계는 횡령죄로 보호할 만한 가치 있는 신임에 의한 것으로 한정함이 타당하다.

2. 그런데 부동산을 매수한 명의신탁자가 자신의 명의로 소유권이전등기를 하지 아니하고 명의수탁자와 맺은 명의신탁약정에 따라 매도인에게서 바로 명의수탁자에게 중간생략의 소유권이전등기를 마친 경우, 부동산 실권리자명의 등기에 관한 법률(이하 '부동산실명법'이라 한다) 제4조 제2항 본문에 의하여 명의수탁자 명의의 소유권이전등기는 무효이고, 신탁부동산의 소유권은 매도인이 그대로 보유하게 된다. 따라서 명의신탁자로서는 매도인에 대한 소유권이전등기청구권을 가질 뿐 신탁부동산의 소유권을 가지지 아니하고, 명의수탁자 역시 명의신탁자에 대하여 직접 신탁부동산의 소유권을 이전할 의무를 부담하지는 아니하므로, 신탁부동산의 소유자도 아닌 명의신탁자에 대한 관계에서 명의수탁자가 횡령죄에서 말하는 '타인의 재물을 보관하는 자'의 지위에 있다고 볼 수는 없다. 명의신탁자가 매매계약의 당사자로서 매도인을 대위하여 신탁부동산을 이전받아 취득할 수 있는 권리 기타 법적 가능성을 가지고 있기는 하지만, 명의신탁자가 이러한 권리 등을 보유하였음을 이유로 명의신탁자를 사실상 또는 실질적 소유권자로 보아 민사상 소유권이론과 달리 횡령죄가 보호하는 신탁부동산의 소유자라고 평가할 수는 없다. 명의수탁자에 대한 관계에서 명의신탁자를 사실상 또는 실질적 소유권자라고 형법적으로 평가하는 것은 부동산실명법이 명의신탁약정을 무효로 하고 있음에도 불구하고 무효인 명의신탁약정에 따른 소유권의 상대적 귀속을 인정하는 것과 다름이 없어서 부동산실명법의 규정과 취지에 명백히 반하여 허용될 수 없다.

3. 그리고 부동산에 관한 소유권과 그 밖의 물권을 실체적 권리관계와 일치하도록 실권리자 명의로 등기하게 함으로써 부동산등기제도를 악용한 투기·탈세·탈법행위 등 반사회적 행위를 방지하고 부동산 거래의 정상화와 부동산 가격의 안정을 도모하여 국민경제의 건전한 발전에 이바지함을 목적으로 하고 있는 부동산실명법의 입법 취지와 아울러, 명의신탁약정에 따른 명의수탁자 명의의 등기를 금지하고 이를 위반한 명의신탁자와 명의수탁자 쌍방을 형사처벌까지 하고 있는 부동산실명법의 명의신탁관계에 대한 규율 내용 및 태도 등에 비추어 볼 때, 명의신탁자와 명의수탁자 사이에 위탁신임관계를 근거 지우는 계약인 명의신탁약정 또는 이에 부수한 위임약정이 무효임에도 불구하고 횡령죄 성립을 위한 사무관리·관습·조리·신의칙에 기초한 위탁신임관계가 있다고 할 수는 없다. 또한 명의신탁자와 명의수탁자 사이에 존재한다고 주장될 수 있는 사실상의 위탁관계라는 것

도 부동산실명법에 반하여 범죄를 구성하는 불법적인 관계에 지나지 아니할 뿐 이를 형법상 보호할 만한 가치 있는 신임에 의한 것이라고 할 수 없다.

4. 그러므로 명의신탁자가 매수한 부동산에 관하여 부동산실명법을 위반하여 명의수탁자와 맺은 명의신탁약정에 따라 매도인에게서 바로 명의수탁자 명의로 소유권이전등기를 마친 이른바 중간생략등기형 명의신탁을 한 경우, 명의신탁자는 신탁부동산의 소유권을 가지지 아니하고, 명의신탁자와 명의수탁자 사이에 위탁신임관계를 인정할 수도 없다. 따라서 명의수탁자가 명의신탁자의 재물을 보관하는 자라고 할 수 없으므로, 명의수탁자가 신탁받은 부동산을 임의로 처분하여도 명의신탁자에 대한 관계에서 횡령죄가 성립하지 아니한다.

2. 사기이용계좌의 명의인이 전기통신금융사기(보이스피싱) 피해금을 횡령한 사건 [대법원 2018. 7. 19., 선고, 2017도17494, 전원합의체 판결]

【판시사항】

[1] 횡령죄의 주체인 '타인의 재물을 보관하는 자'의 의미 및 이에 해당하는지 판단하는 기준

[2] 송금의뢰인이 다른 사람의 예금계좌에 자금을 송금·이체하여 송금의뢰인과 계좌명의인 사이에 송금·이체의 원인이 된 법률관계가 존재하지 않음에도 송금·이체에 의하여 계좌명의인이 그 금액 상당의 예금채권을 취득한 경우, 계좌명의인이 그와 같이 송금·이체된 돈을 그대로 보관하지 않고 영득할 의사로 인출하면 횡령죄가 성립하는지 여부(적극) / 계좌명의인이 개설한 예금계좌가 전기통신금융사기 범행에 이용되어 그 계좌에 피해자가 사기피해금을 송금·이체한 경우, 계좌명의인이 그 돈을 영득할 의사로 인출하면 피해자에 대한 횡령죄가 성립하는지 여부(한정 적극) 및 이때 계좌명의인의 인출행위가 전기통신금융사기의 범인에 대한 관계에서도 횡령죄가 되는지 여부(소극)

[3] 피고인 甲, 乙이 공모하여, 피고인 甲 명의로 개설된 예금계좌의 접근매체를 보이스피싱 조직원 丙에게 양도함으로써 丙의 丁에 대한 전기통신금융사기 범행을 방조하고, 사기피해자 丁이 丙에게 속아 위 계좌로 송금한 사기피해금 중 일부를 별도의 접근매체를 이용하여 임의로 인출함으로써 주위적으로는 丙의 재물을, 예비적으로는 丁의 재물을 횡령하였다는 내용으로 기소되었는데, 원심이 피고인들에 대한 사기방조 및 횡령의 공소사실을 모두 무죄로 판단한 사안

【판결요지】

[1] 형법 제355조 제1항이 정한 횡령죄의 주체는 타인의 재물을 보관하는 자라야 하고, 여기에서 보관이란 위탁관계에 의하여 재물을 점유하는 것을 뜻하므로 횡령죄가 성립하기 위하여는 재물의 보관자와 재물의 소유자(또는 기타의 본권자) 사이에 위탁관계가 있어야 한다. 이러한 위탁관계는 사실상의 관계에 있으면 충분하고 피고인이 반드시 민사상 계약의 당사자일 필요는 없다. 위탁관계는 사용대차·임대차·위임·임치 등의 계약에 의하여 발생하는 것이 보통이지만 이에 한하지 않고 사무관리와 같은 법률의 규정, 관습이나 조리 또는 신의성실의 원칙에 의해서도 발생할 수 있다. 그러나 횡령죄의 본질이 위탁받은 타인의 재물을 불법으로 영득하는 데 있음에 비추어 볼 때 그 위탁관계는 횡령죄로 보호할 만한 가치가 있는 것으로 한정된다. 위탁관계가 있는지 여부는 재물의 보관자와 소유자 사이의 관계, 재물을 보관하게 된 경위 등에 비추어 볼 때 보관자에게 재물의 보관상태를 그대로 유지하여야 할 의무를 부과하여 그 보관 상태를 형사법적으로 보호할 필요가 있는지 등을 고려하여 규범적으로 판단하여야 한다.

[2] [다수의견] 송금의뢰인이 다른 사람의 예금계좌에 자금을 송금·이체한 경우 특별한 사정이 없는 한 송금의뢰인과 계좌명의인 사이에 그 원인이 되는 법률관계가 존재하는지 여부에 관계없이 계좌명의인(수취인)과 수취은행 사이에는 그 자금에 대하여 예금계약이 성립하고, 계좌명의인은 수취은행에 대하여 그 금액 상당의 예금채권을 취득한다. 이때 송금의뢰인과 계좌명의인 사이에 송금·이체의 원인이 된 법률관계가 존재하지 않음에도 송금·이체에 의하여 계좌명의인이 그 금액 상당의 예금채권을 취득한 경우 계좌명의인은 송금의뢰인에게 그 금액 상당의 돈을 반환하여야 한다. 이와 같이 계좌명의인이 송금·이체의 원인이 되는 법률관계가 존재하지 않음에도 계좌이체에 의하여 취득한 예금채권 상당의 돈은 송금의뢰인에게 반환하여야 할 성격의 것이므로, 계좌명의인은 그와 같이 송금·이체된 돈에 대하여 송금의뢰인을 위하여 보관하는 지위에 있다고 보아야 한다. 따라서 계좌명의인이 그와 같이 송금·이체된 돈을 그대로 보관하지 않고 영득할 의사로 인출하면 횡령죄가 성립한다. 이러한 법리는 계좌명의인이 개설한 예금계좌가 전기통신금융사기 범행에 이용되어 그 계좌에 피해자가 사기피해금을 송금·이체한 경우에도 마찬가지로 적용된다. 계좌명의인은 피해자와 사이에 아무런 법률관계 없이 송금·이체된 사기피해금 상당의 돈을 피해자에게 반환하여야 하므로, 피해자를 위하여 사기피해금을 보관하는 지위에 있다고 보아야 하고, 만약 계좌명의인이 그 돈을 영득할 의사로 인출하면 피해자에 대한 횡령죄가 성립한다. 이때 계좌명의인이 사기의 공범이라면 자신이 가담한 범행의 결과 피해금을 보관하게 된 것일 뿐이어서 피해자와 사이에 위탁관계가 없고, 그가 송금·이체된 돈을 인출하더라도 이는 자신이 저지른 사기범행의 실행행위에 지나지 아니하여 새로운 법익을 침해한다고 볼 수 없으므로 사기죄 외에 별도로 횡령죄를 구성하지 않는다.

한편 계좌명의인의 인출행위는 전기통신금융사기의 범인에 대한 관계에서는 횡령죄가 되지 않는다.

① 계좌명의인이 전기통신금융사기의 범인에게 예금계좌에 연결된 접근매체를 양도하였다 하더라도 은행에 대하여 여전히 예금계약의 당사자로서 예금반환청구권을 가지는 이상 그 계좌에 송금·이체된 돈이 그 접근매체를 교부받은 사람에게 귀속되었다고 볼 수는 없다. 접근매체를 교부받은 사람은 계좌명의인의 예금반환청구권을 자신이 사실상 행사할 수 있게 된 것일 뿐 예금 자체를 취득한 것이 아니다. 판례는 전기통신금융사기 범행으로 피해자의 돈이 사기이용계좌로 송금·이체되었다면 이로써 편취행위는 기수에 이른다고 보고 있는데, 이는 사기범이 접근매체를 이용하여 그 돈을 인출할 수 있는 상태에 이르렀다는 의미일 뿐 사기범이 그 돈을 취득하였다는 것은 아니다.

② 또한 계좌명의인과 전기통신금융사기의 범인 사이의 관계는 횡령죄로 보호할 만한 가치가 있는 위탁관계가 아니다. 사기범이 제3자 명의 사기이용계좌로 돈을 송금·이체하게 하는 행위는 그 자체로 범죄행위에 해당한다. 그리고 사기범이 그 계좌를 이용하는 것도 전기통신금융사기 범행의 실행행위에 해당하므로 계좌명의인과 사기범 사이의 관계를 횡령죄로 보호하는 것은 그 범행으로 송금·이체된 돈을 사기범에게 귀속시키는 결과가 되어 옳지 않다.

[3] 피고인 甲, 乙이 공모하여, 피고인 甲 명의로 개설된 예금계좌의 접근매체를 보이스피싱 조직원 丙에게 양도함으로써 丙의 丁에 대한 전기통신금융사기 범행을 방조하고, 사기피해자 丁이 丙에게 속아 위 계좌로 송금한 사기피해금 중 일부를 별도의 접근매체를 이용하여 임의로 인출함으로써 주위적으로는 丙의 재물을, 예비적으로는 丁의 재물을 횡령하였다는 내용으로 기소되었는데, 원심이 피고인들에 대한 사기방조 및 횡령의 공소사실을 모두 무죄로 판단한 사안에서, 피고인들에게 사기방조죄가 성립하지 않는 이상 사기피해금 중 일부를 임의로 인출한 행위는 사기피해자 丁에 대한 횡령죄가 성립한다는 이유로, 원심이 공소사실 중 횡령의 점에 관하여 丙을 피해자로 삼은

> 주위적 공소사실을 무죄로 판단한 것은 정당하나, 이와 달리 丁을 피해자로 삼은 예비적 공소사실도 무죄로 판단한 데에는 횡령죄에서의 위탁관계 등에 관한 법리를 오해한 위법이 있다.

355①-Ⅰ-2. 명의신탁자와 명의수탁자가 이른바 계약명의신탁약정을 맺고, 명의수탁자가 이러한 사실을 알지 못하는 소유자와 부동산 매매계약을 체결한 후 명의수탁자 명의로 소유권이전등기를 한 경우, 명의수탁자가 명의신탁자에 대한 관계에서 타인의 재물을 보관하는 자인지 여부(소극) [대법원 2016. 8. 24. 선고, 2014도6740]

【이 유】

명의신탁자와 명의수탁자가 이른바 계약명의신탁약정을 맺고, 이에 따라 명의수탁자가 이러한 사실을 알지 못하는 소유자와 부동산 매매계약을 체결한 후 명의수탁자 명의로 소유권이전등기를 한 경우, 명의수탁자는 명의신탁자에 대한 관계에서도 유효하게 소유권을 취득하므로 타인의 재물을 보관하는 자라고 볼 수 없다(대법원 2000. 3. 24. 선고 98도4347 판결 등 참조). 이러한 경우 소유자가 계약명의신탁약정이 있음을 알고 있었다면 명의수탁자 명의의 소유권이전등기는 무효이고, 부동산의 소유권은 매도인이 그대로 보유하고 있으므로, 명의수탁자는 부동산 취득을 위한 계약의 당사자도 아닌 명의신탁자의 재물을 보관하는 자의 지위에 있다고 볼 수 없다(대법원 2012. 11. 29. 선고 2011도7361 판결 등 참조). 또한, 명의신탁자와 명의수탁자가 이른바 중간생략등기형 명의신탁약정을 맺고 소유자와 매매계약을 체결한 경우에도, 명의신탁자는 신탁부동산의 소유권을 가지지 아니하고, 명의신탁자와 명의수탁자 사이에 위탁신임관계를 인정할 수 없으므로, 명의수탁자는 매도인에 대하여 소유권이전등기청구권을 가질 뿐인 명의신탁자의 재물을 보관하는 자라고 할 수 없다(대법원 2016. 5. 19. 선고 2014도6992 전원합의체 판결 참조).

원심은 그 판시와 같은 이유를 들어, 공소외 1이 피고인에게 이 사건 광산 토지의 소유권이전등기 명의를 신탁하였는데, 피고인이 농업협동조합중앙회에 대한 대출금 채무에 대한 담보로 위 토지에 관하여 저당권을 설정해 주어 이를 횡령하였다고 판단하였다.

그러나 앞서 본 법리에 따르면, 피고인이 공소외 1로부터 이 사건 광산 토지에 관한 소유이전등기 명의를 신탁받았다고 하더라도 그 명의신탁약정의 내용에 따라서는 횡령죄에서의 타인의 재물을 보관하는 자라고 할 수 없으므로, 원심으로서는 피고인과 공소외 1의 명의신탁약정이 어떠한 유형에 해당하는지를 더 심리한 후에 횡령죄의 성립 여부에 관하여 판단하였어야 했다. 그런데도 이에 이르지 아니한 채 유죄로 판단한 원심에는 명의신탁약정과 횡령죄의 성립에 관한 법리를 오해하여 필요한 심리를 다하지 아니함으로써 판결 결과에 영향을 미친 잘못이 있다.

355①-Ⅰ-3. 명의수탁자가 신탁받은 부동산을 임의 처분하면 명의신탁자에 대한 관계에서 횡령죄가 성립하는지 여부(소극) [대법원 2016. 5. 26., 선고, 2015도89]

【판시사항】

명의신탁자가 취득한 부동산에 관하여 부동산 실권리자명의 등기에 관한 법률을 위반하여 명의수탁자와 맺은 명의신탁약정에 따라 증여자에게서 바로 명의수탁자 명의로 소유권이전등기를 마친 이른바 중간생략등기형 명의신탁을 한 경우, 명의수탁자가 명의신탁자의 재물을 보관하는 자인지 여부(소극) 및 명의수탁자가 신탁받은 부동산을 임의로 처분하면 명의신탁자에 대한 관계에서 횡령죄가 성립하는지 여부(소극)

【이 유】

 형법 제355조 제1항이 정한 횡령죄의 주체는 타인의 재물을 보관하는 자라야 하고, 타인의 재물인지 아닌지는 민법, 상법, 기타의 실체법에 따라 결정하여야 한다(대법원 2003. 10. 10. 선고 2003도3516 판결, 대법원 2010. 5. 13. 선고 2009도1373 판결 등 참조). 횡령죄에서 보관이란 위탁관계에 의하여 재물을 점유하는 것을 뜻하므로 횡령죄가 성립하기 위하여는 그 재물의 보관자와 재물의 소유자(또는 기타의 본권자) 사이에 법률상 또는 사실상의 위탁신임관계가 존재하여야 한다(대법원 2005. 9. 9. 선고 2003도4828 판결, 대법원 2010. 6. 24. 선고 2009도9242 판결 등 참조). 이러한 위탁신임관계는 사용대차·임대차·위임 등의 계약에 의하여서뿐만 아니라 사무관리·관습·조리·신의칙 등에 의해서도 성립될 수 있으나(대법원 2006. 1. 12. 선고 2005도7610 판결 등 참조), 횡령죄의 본질이 신임관계에 기초하여 위탁된 타인의 물건을 위법하게 영득하는 데 있음에 비추어 볼 때 그 위탁신임관계는 횡령죄로 보호할 만한 가치 있는 신임에 의한 것으로 한정함이 타당하다. 명의신탁자가 취득한 부동산에 관하여 부동산실명법을 위반하여 명의수탁자와 맺은 명의신탁약정에 따라 증여자로부터 바로 명의수탁자 명의로 소유권이전등기를 마친 이른바 중간생략등기형 명의신탁을 한 경우, 명의신탁자는 신탁부동산의 소유권을 가지지 아니하고, 명의신탁자와 명의수탁자 사이에 위탁신임관계를 인정할 수도 없다. 따라서 명의수탁자가 명의신탁자의 재물을 보관하는 자라고 할 수 없으므로, 명의수탁자가 신탁받은 부동산을 임의로 처분하여도 명의신탁자에 대한 관계에서 횡령죄가 성립하지 아니한다(대법원 2016. 5. 19. 선고 2014도6992 전원합의체 판결 참조).

355①- I-4. 타인의 부동산을 보관 중인 자가 그 부동산에 근저당권설정등기를 마침으로써 횡령행위가 기수에 이른 후 같은 부동산에 별개의 근저당권을 설정하거나 해당 부동산을 매각한 행위(원칙적 적극) [대법원 2015. 1. 29., 선고, 2014도12022]

【판시사항】

 타인의 부동산을 보관 중인 자가 불법영득의사를 가지고 그 부동산에 근저당권설정등기를 경료함으로써 일단 횡령행위가 기수에 이르렀다 하더라도 그 후 같은 부동산에 별개의 근저당권을 설정하여 새로운 법익침해의 위험을 추가함으로써 법익침해의 위험을 증가시키거나 해당 부동산을 매각함으로써 기존의 근저당권과 관계없이 법익침해의 결과를 발생시켰다면, 이는 당초의 근저당권 실행을 위한 임의경매에 의한 매각 등 그 근저당권으로 인해 당연히 예상될 수 있는 범위를 넘어 새로운 법익침해의 위험을 추가시키거나 법익침해의 결과를 발생시킨 것이므로 특별한 사정이 없는 한 불가벌적 사후행위로 볼 수 없고, 별도로 횡령죄를 구성한다(대법원 2013. 2. 21. 선고 2010도10500 전원합의체 판결 참조).

1. 피해자 甲 종중으로부터 토지를 명의신탁받아 보관 중이던 피고인 乙이 개인 채무 변제에 사용할 돈을 차용하기 위해 위 토지에 근저당권을 설정하였는데, 그 후 피고인 乙, 丙이 공모하여 위 토지를 丁에게 매도한 사안 [대법원 2013. 2. 21., 선고, 2010도10500, 전원합의체 판결]

【판시사항】

[1] 선행 처분행위로 횡령죄가 기수에 이른 후 이루어진 후행 처분행위가 별도로 횡령죄를 구성하는지 여부 및 타인의 부동산을 보관 중인 자가 그 부동산에 근저당권설정등기를 마침으로써 횡령행위가 기수에 이른 후 같은 부동산에 별개의 근저당권을 설정하거나 해당 부동산을 매각한 행위가 별도로 횡령죄를 구성하는지 여부(원칙적 적극)

[2] 피해자 甲 종중으로부터 토지를 명의신탁받아 보관 중이던 피고인 乙이 개인 채무 변제에 사용할 돈을 차용하기 위해 위 토지에 근저당권을 설정하였는데, 그 후 피고인 乙, 丙이 공모하여 위 토지를 丁에게 매도한 사안에서, 피고인들의 토지 매도행위가 별도의 횡령죄를 구성한다고 본 원심판단을 정당하다.

【판결요지】

[1] [다수의견] (가) 횡령죄는 다른 사람의 재물에 관한 소유권 등 본권을 보호법익으로 하고 법익침해의 위험이 있으면 침해의 결과가 발생되지 아니하더라도 성립하는 위험범이다. 그리고 일단 특정한 처분행위(이를 '선행 처분행위'라 한다)로 인하여 법익침해의 위험이 발생함으로써 횡령죄가 기수에 이른 후 종국적인 법익침해의 결과가 발생하기 전에 새로운 처분행위(이를 '후행 처분행위'라 한다)가 이루어졌을 때, 후행 처분행위가 선행 처분행위에 의하여 발생한 위험을 현실적인 법익침해로 완성하는 수단에 불과하거나 그 과정에서 당연히 예상될 수 있는 것으로서 새로운 위험을 추가하는 것이 아니라면 후행 처분행위에 의해 발생한 위험은 선행 처분행위에 의하여 이미 성립된 횡령죄에 의해 평가된 위험에 포함되는 것이므로 후행 처분행위는 이른바 불가벌적 사후행위에 해당한다. 그러나 후행 처분행위가 이를 넘어서서, 선행 처분행위로 예상할 수 없는 새로운 위험을 추가함으로써 법익침해에 대한 위험을 증가시키거나 선행 처분행위와는 무관한 방법으로 법익침해의 결과를 발생시키는 경우라면, 이는 선행 처분행위에 의하여 이미 성립된 횡령죄에 의해 평가된 위험의 범위를 벗어나는 것이므로 특별한 사정이 없는 한 별도로 횡령죄를 구성한다고 보아야 한다.

(나) 따라서 타인의 부동산을 보관 중인 자가 불법영득의사를 가지고 그 부동산에 근저당권설정등기를 경료함으로써 일단 횡령행위가 기수에 이르렀다 하더라도 그 후 같은 부동산에 별개의 근저당권을 설정하여 새로운 법익침해의 위험을 추가함으로써 법익침해의 위험을 증가시키거나 해당 부동산을 매각함으로써 기존의 근저당권과 관계없이 법익침해의 결과를 발생시켰다면, 이는 당초의 근저당권 실행을 위한 임의경매에 의한 매각 등 그 근저당권으로 인해 당연히 예상될 수 있는 범위를 넘어 새로운 법익침해의 위험을 추가시키거나 법익침해의 결과를 발생시킨 것이므로 특별한 사정이 없는 한 불가벌적 사후행위로 볼 수 없고, 별도로 횡령죄를 구성한다.

[2] 피해자 甲 종중으로부터 종중 소유의 토지를 명의신탁받아 보관 중이던 피고인 乙이 자신의 개인 채무 변제에 사용할 돈을 차용하기 위해 위 토지에 근저당권을 설정하였는데, 그 후 피고인 乙, 丙이 공모하여 위 토지를 丁에게 매도한 사안에서, 피고인들이 토지를 매도한 행위는 선행 근저당권설정행위 이후에 이루어진 것이어서 불가벌적 사후행위에 해당한다는 취지의 피고인들 주장을 배척하고 위 토지 매도행위가 별도의 횡령죄를 구성한다고 본 원심판단을 정당하다.

【참조판례】

대법원 1996. 11. 29. 선고 96도1755 판결(공1997상, 264)(변경), 대법원 1997. 1. 20. 선고 96도 2731 판결(변경), 대법원 1998. 2. 24. 선고 97도3282 판결(공1998상, 948)(변경), 대법원 1999. 4. 27. 선고 99도5 판결(공1999상, 1114)(변경), 대법원 1999. 11. 26. 선고 99도2651 판결(공2000 상, 109)(변경), 대법원 2000. 3. 24. 선고 2000도310 판결(공2000상, 1117)(변경), 대법원 2002. 11. 13. 선고 2002도2219 판결(공2003상, 123), 대법원 2006. 8. 24. 선고 2006도3636 판결(변경), 대법원 2006. 11. 9. 선고 2005도8699 판결(변경), 대법원 2009. 2. 12. 선고 2008도10971 판결

1-1. 명의신탁받은 토지를 승낙 없이 제3자에게 근저당권을 설정한 뒤 다시 다른 사람에게 근저당권을 설정한 경우, 두 번째 설정행위(소극) [대법원 1996. 11. 29., 선고, 96도1755] ☞ 변경

【판결요지】

명의신탁받아 보관 중이던 토지를 피해자의 승낙 없이 제3자에게 근저당권설정등기를 경료해 준 경우 횡령죄가 성립하고, 그 후 또 다시 다른 사람에게 근저당권설정등기를 경료해 주었다 하더라도 이는 횡령물의 처분행위로서 별개의 횡령죄를 구성하지 않는다.(근저당권 설정 및 말소등기의 과정을 시간 순으로 단순화시켜 보면, 제1번 설정, 제2번 설정, 제1번 말소, 제3번 설정, 제2번 말소의 순으로 진행 된 사안에서, 제3번 설정행위에 대하여 기소한 사건임).

1-2. 타인으로부터 명의신탁받아 보관중이던 토지에 대하여 명의신탁자의 승낙 없이 제3자에게 근저당 권설정등기를 경료해 준 다음, 다시 그 토지를 다른 사람에게 매도한 경우, 나중 행위가 불가벌적 사후행위에 해당하는지 여부(적극) [대법원 1998. 2. 24., 선고, 97도3282] ☞ 변경

【판결요지】

횡령죄는 타인의 재물을 보관하는 자가 그 재물을 횡령하는 경우에 성립하는 범죄이고, 횡령죄의 구성 요건으로서의 횡령행위란 불법영득의사를 실현하는 일체의 행위를 말하는 것이어서 타인의 재물을 점 유하는 자가 그 점유를 자기를 위한 점유로 바꾸려고 하는 의사를 가지고 그러한 영득의 의사가 외부에 인식될 수 있는 객관적 행위를 하였을 때에는 그 재물 전체에 대한 횡령죄가 성립되고, 일단 횡령을 한 이후에 다시 그 재물을 처분하는 것은 불가벌적 사후행위에 해당하여 처벌할 수 없으므로, 타인으로 부터 명의신탁받아 보관중이던 토지에 대하여 피해자인 명의신탁자의 승낙 없이 제3자에게 근저당권 설정등기를 경료해 주면 그 때에 그 토지에 대한 횡령죄가 성립하고, 그 후 피해자의 승낙 없이 그 토지를 다른 사람에게 매도하더라도 이는 횡령물의 처분행위로서 별개의 횡령죄를 구성하지 아니한다.

1-3. 부동산 명의수탁자가 신탁자 승낙 없이 갑으로 근저당권설정등기를 경료하였다가 그 후 그 말소등 기를 신청함과 동시에 을로 근저당권설정등기를 신청하여 갑 명의의 근저당권말소등기와 을 명의 의 근저당권설정등기가 순차 경료된 경우, 을 명의의 근저당권설정행위가 불가벌적사후행위인지 여부(적극) [대법원 1999. 4. 27., 선고, 99도5] ☞ 변경

【판결요지】

부동산 명의수탁자가 신탁자의 승낙 없이 갑 앞으로 근저당권설정등기를 경료하였다가 그 후 그 말소 등기를 신청함과 동시에 을 앞으로 근저당권설정등기를 신청하여 갑 명의의 근저당권말소등기와 을 명의의 근저당권설정등기가 순차 경료된 경우, 명의수탁자의 횡령행위는 갑 앞으로 근저당권설정등기 를 경료할 당시에 완성되었으므로 그 후 다시 을 앞으로 근저당권설정등기를 경료한 행위는 횡령물의

처분행위로서 새로운 법익의 침해를 수반하지 않는 이른바 불가벌적사후행위에 해당하여 별도의 횡령죄를 구성하지 아니하고, 을 명의의 근저당권설정등기가 경료되기 전에 동시에 신청한 갑 명의의 근저당권말소등기가 먼저 경료되었다 하여 달리 볼 것은 아니다.

1-4. 명의신탁받아 보관 중이던 토지를 명의신탁자의 승낙 없이 제3자에게 근저당권설정등기를 경료해 준 경우(적극) [대법원 1999. 11. 26., 선고, 99도2651] ☞ 변경

【판시사항】

[1] 명의신탁받아 보관 중이던 토지를 명의신탁자의 승낙 없이 제3자에게 근저당권설정등기를 경료해 준 경우, 토지 전체에 대한 횡령죄가 성립하는지 여부(적극) 및 그 후 그 토지를 다른 사람에게 매도한 행위가 별개의 횡령죄를 구성하는지 여부(소극)

[2] 배임죄로 기소된 공소사실에 대하여 공소장변경 없이 횡령죄를 적용하여 처벌할 수 있는지 여부(적극)

【판결요지】

[1] 명의신탁 받아 보관 중이던 토지를 명의신탁자의 승낙 없이 제3자에게 근저당권설정등기를 경료해 준 경우 위 토지 전체에 대한 횡령죄가 성립하며, 그 후 다시 피해자의 승낙 없이 다른 사람에게 이를 매도하더라도 이는 소위 불가벌적 사후행위에 해당하는 횡령물의 처분행위로서 별개의 횡령죄를 구성하지 아니한다.

[2] 횡령죄와 배임죄는 다같이 신임관계를 기본으로 하고 있는 같은 죄질의 재산범죄로서 그 형벌에 있어서도 경중의 차이가 없고 동일한 범죄사실에 대하여 단지 법률적용만을 달리하는 경우에 해당하므로 법원은 배임죄로 기소된 공소사실에 대하여 공소장변경 없이도 횡령죄를 적용하여 처벌할 수 있다.

1-5. 부동산 명의수탁자가 신탁자의 승낙 없이 갑으로 근저당권설정등기를 경료했다가 후에 그 말소등기를 신청함과 동시에 을로 소유권이전등기를 신청함에 따라 갑 명의의 근저당권말소등기와 을 명의의 소유권이전등기가 순차 경료된 경우, 을 명의로 소유권이전등기를 경료해 준 행위가 별도의 횡령죄 구성 여부(소극) [대법원 2000. 3. 24., 선고, 2000도310] ☞ 변경

【판결요지】

부동산의 명의수탁자가 신탁자의 승낙 없이 갑 앞으로 근저당권설정등기를 경료했다가 후에 그 말소등기를 신청함과 동시에 을 앞으로 소유권이전등기를 신청함에 따라 갑 명의의 근저당권말소등기와 을 명의의 소유권이전등기가 순차 경료된 경우, 갑 명의의 근저당권설정등기를 경료할 당시에 해당 부동산에 대한 불법영득의 의사를 외부에 객관적으로 나타냄으로써 횡령죄는 이미 완성되었고, 을 명의의 소유권이전등기가 경료되기 전에 동시에 신청한 갑 명의의 근저당권에 대한 말소등기가 먼저 경료되었다고 하더라도 갑 명의의 근저당권설정등기의 말소는 을 명의의 소유권이전등기의 준비행위에 불과하다 할 것이어서 명의신탁자의 소유권에 대한 침해가 회복되지 아니한 상태에서 행하여진 을 명의의 소유권이전등기를 경료해 준 행위는 횡령물의 처분행위로서 새로운 법익의 침해를 수반하지 않는 이른바 불가벌적 사후행위에 해당하여 별도의 횡령죄를 구성하지 아니한다.

355①-Ⅰ-5. 목적과 용도를 정하여 위탁받은 돈을 수탁자가 임의로 소비한 행위(적극) [대법원 2014. 1. 16., 선고, 2013도11014]

【판시사항】

목적과 용도를 정하여 위탁받은 돈을 수탁자가 임의로 소비한 행위가 횡령죄를 구성하는지 여부(적극) 및 금전의 교부행위가 계약상 채무의 이행으로서 변제의 성질을 갖는 경우, 상대방이 변제금으로 교부받은 돈을 임의로 소비한 행위가 횡령죄를 구성하는지 여부(원칙적 소극)

【이 유】

횡령죄는 타인의 재물을 보관하는 자가 그 재물을 횡령하는 것을 처벌하는 범죄이므로 횡령죄가 성립되기 위해서는 횡령의 대상이 된 재물이 타인의 소유일 것을 요하는 것인바, 목적과 용도를 정하여 위탁한 금전은 정해진 목적, 용도에 사용할 때까지는 이에 대한 소유권이 위탁자에게 유보되어 있는 것으로서 수탁자가 임의로 소비하면 횡령죄를 구성한다(대법원 2008. 12. 11. 선고 2007도 10341 판결 등 참조). 그러나 금전의 교부행위가 계약상 채무의 이행으로서 변제의 성질을 가지는 경우에는, 특별한 사정이 없는 한 금전이 상대방에게 교부됨으로써 그 소유권이 상대방에게 이전되므로 상대방이 변제금으로 교부받은 돈을 임의로 소비하였더라도 횡령죄를 구성하지 아니한다.

---

1. 목적과 용도를 정하여 위탁한 금전을 수탁자가 임의로 소비한 경우(적극) [대법원 2013. 11. 14., 선고, 2013도8121]

【판시사항】

목적과 용도를 정하여 위탁한 금전을 수탁자가 임의로 소비한 경우, 횡령죄가 성립하는지 여부(적극) 및 이 경우 피해자 등이 목적과 용도를 정하여 금전을 위탁한 사실과 그 목적과 용도가 무엇인지가 엄격한 증명의 대상인지 여부(적극)

【이 유】

목적과 용도를 정하여 위탁한 금전을 수탁자가 임의로 소비하면 횡령죄를 구성할 수 있으나(대법원 2002. 10. 11. 선고 2002도2939 판결, 대법원 2006. 3. 9. 선고 2003도6733 판결 등 참조), 이 경우 피해자 등이 목적과 용도를 정하여 금전을 위탁한 사실 및 그 목적과 용도가 무엇인지는 엄격한 증명의 대상이라고 보아야 한다.

355①-Ⅰ-6. 위탁매매에서 위탁매매인이 위탁품이나 판매대금을 임의로 사용·소비한 경우, 횡령죄가 성립하는지 여부(원칙적 적극) [대법원 2013. 3. 28. 선고, 2012도16191]

【이 유】

위탁매매에 있어서 위탁품의 소유권은 위임자에게 있고 그 판매대금은 이를 수령함과 동시에 위탁자에게 귀속한다 할 것이므로, 특별한 사정이 없는 한 위탁매매인이 위탁품이나 그 판매대금을 임의로 사용·소비한 때에는 횡령죄가 성립한다고 할 것이다(대법원 1990. 3. 27. 선고 89도813 판결 등).

원심판결 이유 및 원심이 적법하게 채택한 증거들에 의하면, 금은방을 운영하던 피고인이 피해자에게 금을 맡겨 주면 시세에 따라 사고파는 방법으로 운용하여 매달 일정한 이익금을 지급하여 주고, 피해자의 요청이 있으면 언제든지 보관 중인 금과 현금을 반환해 주겠다고 제안한 사실, 피해자는 피고인에게 공소사실 기재와 같이 2005. 9. 5.경부터 2007. 7. 27.경까지 5회에 걸쳐 일정량의 금 또는 그에 상응하는 현금을 맡겼고, 피고인은 이에 대하여 피해자에게 매달 약정한 이익금을 지급하여 온 사실, 피고인은 경제사정이 악화되자 피해자를 위하여 보관하던 금과 현금을 개인채무 변제 등에 사용한 사실 등을 알 수 있다. 사실관계가 이러하다면, 피해자는 금은방을 운영하는 피고인의 경험과 지식을 활용함에 따른 이익을 노리고 자신 소유의 금을 피고인에게 맡겨 사고팔게 하였다고 할 것인데, 이를 앞서 본 법리에 비추어 보면, 피해자가 피고인에게 매매를 위탁하거나 피고인이 그 결과로 취득한 금이나 현금은 모두 피해자의 소유이고, 피고인이 이를 개인채무의 변제 등에 사용한 행위는 횡령죄를 구성한다고 할 것이다.

355①- I-7. 계약명의신탁 방식으로 명의수탁자가 당사자가 되어 명의신탁약정이 있다는 사실을 알고 있는 소유자로부터 부동산 매수계약을 체결한 후 명의수탁자 앞으로 소유권이전등기가 행하여진 경우, 명의수탁자가 명의신탁자에 대한 관계에서 횡령죄의 '타인의 재물을 보관하는 자'에 해당하는지 여부(소극) [대법원 2012. 12. 13., 선고, 2010도10515]

【판시사항】
[1] 이른바 계약명의신탁 방식으로 명의수탁자가 당사자가 되어 명의신탁약정이 있다는 사실을 알고 있는 소유자로부터 부동산을 매수하는 계약을 체결한 후 명의수탁자 앞으로 소유권이전등기가 행하여진 경우, 명의수탁자가 명의신탁자에 대한 관계에서 횡령죄의 '타인의 재물을 보관하는 자'에 해당하는지 여부(소극)

[2] 피고인이 甲과 체결한 명의신탁약정에 따라 甲이 분양받은 아파트에 관하여 피고인 명의로 소유권보존등기를 마친 후 甲의 허락 없이 이를 乙에게 매도하여 횡령하였다는 내용으로 기소된 사안에서, 제반 사정에 비추어 피고인이 甲에 대한 관계에서 '아파트를 보관하는 자'의 지위에 있다고 볼 수 없는데도, 이와 달리 보아 유죄를 인정한 원심판결에 법리오해의 위법이 있다.

【판결요지】
[1] 명의신탁자와 명의수탁자가 이른바 계약명의신탁약정을 맺고 명의수탁자가 당사자가 되어 그러한 명의신탁약정이 있다는 사실을 알고 있는 소유자로부터 부동산을 매수하는 계약을 체결한 후 그 매매계약에 따라 명의수탁자 앞으로 당해 부동산의 소유권이전등기가 행하여졌다면 '부동산 실권리자명의 등기에 관한 법률' 제4조 제2항 본문에 의하여 명의수탁자 명의의 소유권이전 등기는 무효이고 당해 부동산의 소유권은 매도인이 그대로 보유하게 된다. 나아가 그 경우 명의신탁자는 부동산매매계약의 당사자가 되지 아니하고 또 명의신탁약정은 위 법률 제4조 제1항에 의하여 무효이므로, 그는 다른 특별한 사정이 없는 한 부동산 자체를 매도인으로부터 이전받아 취득할 수 있는 권리 기타 법적 가능성을 가지지 못한다. 따라서 이때 명의수탁자가 명의신탁자에 대한 관계에서 횡령죄에서의 '타인의 재물을 보관하는 자'의 지위에 있다고 볼 수 없다.

[2] 피고인이 甲과 체결한 명의신탁약정에 따라 甲이 조합측으로부터 분양받은 아파트에 관하여 피고인 명의로 소유권보존등기를 마친 후 甲의 허락 없이 이를 乙에게 매도하여 횡령하였다는 내용으로 기소된 사안에서, 제반 사정에 비추어 아파트 분양계약에서 매수인 명의의 대여는 甲과 피고인의 내부적인 관계에 불과하여 아파트 분양계약의 매수인 지위에 있는 것은 피고인이고 나아가 매도인인 조합측은 甲과 피고인의 명의대여관계를 알고 있었으므로 아파트 소유권은 매도인에게 있고, 아파트 분양계약의 당사자가 아닌 甲은 달리 아파트 자체를 취득할 법적 가능성이 없

으므로 결국 피고인이 甲에 대한 관계에서 '아파트를 보관하는 자'의 지위에 있다고 볼 수 없는데도, 이와 달리 보아 유죄를 인정한 원심판결에 횡령죄에서 타인의 재물을 보관하는 자'내지 이른바 악의의 계약명의신탁에 관한 법리오해의 위법이 있다.

355①-I-8. 업무상횡령죄에서 '업무'의 의미 및 횡령죄에서 재물 보관에 관한 위탁관계가 사실상 관계로 충분한지 여부(적극) [대법원 2011. 10. 13. 선고, 2009도13751]

【이 유】

업무상횡령죄에 있어 '업무'는 법령, 계약에 의한 것뿐만 아니라 관례를 좇거나 사실상의 것이거나를 묻지 않고 같은 행위를 반복할 지위에 따른 사무를 가리키며, 횡령죄에 있어 재물 보관에 관한 위탁관계는 사실상의 관계에 있으면 충분하다(대법원 2001. 7. 10. 선고 2000도5597 판결, 대법원 2008. 1. 31. 선고 2007도9632 판결 참조).

원심판결에 의하면, 원심은, 피고인이 공소외 1 학교법인의 이사장으로서 공소외 1 학교법인이 설치·운영하는 ○○대학과 ○○대학 산학협력단(이하 '산학협력단'이라 한다)의 운영에 직·간접적으로 영향력을 행사하고, ○○대학 교비나 산학협력단 자금에 관하여 입출금을 지시하기도 하였던 점 등의 사정을 종합하여 피고인이 ○○대학 교비회계자금 및 산학협력단 자금에 관하여도 사실상 보관자의 지위에 있었다고 판단하였는바, 앞서 본 법리와 기록에 비추어 살펴보면, 원심의 판단은 정당한 것으로 수긍할 수 있고 거기에 업무상횡령죄의 주체에 관한 법리오해의 잘못이 없다.

355①-I-9. 신탁자와 체결한 명의신탁 약정에 따라 수탁자가 계약당사자로서 선의의 소유자와 부동산 매매계약을 체결하고 수탁자 명의로 소유권이전등기를 마친 경우, 수탁자가 '타인의 재물을 보관하는 자'에 해당하는지 여부(소극) [대법원 2010. 11. 11., 선고, 2008도7451]

【판시사항】

횡령죄는 타인의 재물을 보관하는 자가 그 재물을 횡령하는 경우에 성립하는 범죄이므로, 횡령의 대상이 된 재물이 타인의 소유이어야 한다. 그런데 부동산 실권리자명의 등기에 관한 법률 제2조 제1호 및 제4조의 규정에 의하면, 신탁자와 수탁자가 명의신탁약정을 맺고 이에 따라 수탁자가 당사자가 되어 명의신탁약정이 있다는 사실을 알지 못하는 소유자와 사이에서 부동산에 관한 매매계약을 체결한 후 그 매매계약에 기하여 당해 부동산의 소유권이전등기를 수탁자 명의로 경료한 경우에는 그 소유권이전등기에 의한 당해 부동산에 관한 물권변동은 유효하지만 신탁자와 수탁자 사이의 명의신탁약정은 무효이므로, 수탁자는 전 소유자인 매도인뿐만 아니라 신탁자에 대한 관계에서도 유효하게 당해 부동산의 소유권을 취득한 것으로 보아야 하고, 따라서 그 수탁자는 타인의 재물을 보관하는 자라고 할 수 없다 (대법원 2000. 3. 24. 선고 98도4347 판결, 대법원 2006. 9. 8. 선고 2005도9733 판결 등 참조).

355①-I-10. 중간생략등기형 명의신탁에서 수탁자가 부동산을 임의로 처분한 경우(적극)[대법원 2010. 9. 30., 선고, 2010도8556]

【판시사항】

[1] 이른바 '중간생략등기형 명의신탁'에서 수탁자가 부동산을 임의로 처분한 경우 횡령죄의 성립 여부(적극)

[2] 피고인의 이 사건 범행은 명의신탁된 부동산에 관하여 2005. 11. 18. 근저당권을 설정한 행위로서, 2008. 5. 8. 근저당권을 설정한 행위와는 기본적인 사실관계를 달리하므로, 2008. 5. 8. 근저당권을 설정한 행위에 대하여 이미 불가벌적 사후행위라는 이유로 무죄판결을 받아 확정되었더라도 그 이전에 완성된 이 사건 범행을 횡령죄로 처벌하는 것이 일사부재리 원칙 내지 이중처벌금지의 원칙에 반한다고 할 수 없다.

【이 유】

부동산을 그 소유자로부터 매수한 자가 자신 명의로 소유권이전등기를 하지 아니하고, 제3자와 맺은 명의신탁약정에 따라 매도인으로부터 바로 제3자 앞으로 중간생략의 소유권이전등기를 경료한 경우, 그 제3자가 그와 같은 명의신탁약정에 따라 자기 명의로 신탁된 부동산을 임의로 처분하면 신탁자와의 관계에서 횡령죄가 성립한다(대법원 2001. 11. 27. 선고 2000도3463 판결 등 참조).

---

1. 명의수탁자가 신탁 받은 부동산의 일부에 대한 토지수용보상금 중 일부를 소비하고, 이어 수용되지 않은 나머지 부동산 전체에 대한 반환 거부한 경우 [대법원 2001. 11. 27., 선고, 2000도3463]

【판결요지】

명의수탁자가 신탁 받은 부동산의 일부에 대한 토지수용보상금 중 일부를 소비하고, 이어 수용되지 않은 나머지 부동산 전체에 대한 반환을 거부한 경우, 부동산의 일부에 관하여 수령한 수용보상금 중 일부를 소비하였다고 하여 객관적으로 부동산 전체에 대한 불법영득의 의사를 외부에 발현시키는 행위가 있었다고 볼 수는 없으므로, 그 금원 횡령죄가 성립된 이후에 수용되지 않은 나머지 부동산 전체에 대한 반환을 거부한 것은 새로운 법익의 침해가 있는 것으로서 별개의 횡령죄가 성립하는 것이지 불가벌적 사후행위라 할 수 없다.

---

2. 중간생략등기형 명의신탁 또는 삼자간 등기명의신탁에 있어서 수탁자가 부동산을 임의로 처분한 경우(적극) [대법원 2002. 2. 22., 선고, 2001도6209]

【판시사항】

[1] 이른바 중간생략등기형 명의신탁 또는 삼자간 등기명의신탁에 있어서 수탁자가 부동산을 임의로 처분한 경우, 횡령죄의 성립 여부(적극)

[2] 강학상 계약명의신탁 중 매도인이 명의신탁 사실을 안 경우라고 인정하여 수탁자의 부동산 처분행위가 횡령죄를 구성하지 아니한다고 판단한 원심판결을 전제가 된 부동산 명의신탁관계가 중간생략등기형 명의신탁 또는 삼자간 등기명의신탁에 해당한다는 이유로 파기한 사례

【판결요지】

[1] 신탁자가 수탁자와 명의신탁 약정을 맺고 신탁자가 매매계약의 당사자가 되어 매도인과 매매계약을 체결하되 다만 등기를 매도인으로부터 수탁자 앞으로 직접 이전하는 이른바 중간생략등기형 명의신탁 또는 삼자간 등기명의신탁 관계에서 명의수탁자가 명의신탁된 부동산 지분을 임의로 처분하였다면 횡령죄가 성립한다.

3. 등기부상 소유명의인의 '배우자'로서 소유명의인의 위임에 의하여 그 부동산의 실질적인 지배·관리권 및 대외적인 처분권을 갖고 있는 경우 [대법원 2010. 1. 28., 선고, 2009도1884]

【판시사항】

부동산의 보관은 원칙적으로 등기부상의 소유명의인에 대하여 인정되지만, 등기부상의 명의인이 아니라도 소유자의 위임에 의거해서 실제로 타인의 부동산을 관리·지배하면서 제3자에게 유효하게 처분할 수 있는 지위에 있는 자는 그 부동산에 대한 지배력을 가지고 있는 자로서 횡령죄의 성립에 있어 그 부동산을 보관하는 자에 해당한다고 보아야 할 것이므로(대법원 1990. 3. 23. 선고 89도1911 판결, 대법원 1993. 3. 9. 선고 92도2999 판결 등 참조), 등기부상 소유명의인의 배우자로서 소유명의인의 위임에 의하여 그 부동산의 실질적인 지배·관리권 및 대외적인 처분권을 갖고 있는 경우에는 그 부동산의 보관자에 해당한다고 할 것이다.

355①- I-11. 명의신탁 약정에 따라 수탁자가 그 약정 사실을 알지 못하는 소유자와 부동산 매매계약을 체결 후 자신 명의로 소유권이전등기를 마친 경우(소극) [대법원 2009. 9. 10., 선고, 2009도4501]

【판시사항】

명의신탁 약정에 따라 수탁자가 그 약정이 있다는 사실을 알지 못하는 소유자와 부동산매매계약을 체결한 후 자신의 명의로 소유권이전등기를 마친 경우, 그 수탁자가 형법 제355조 제1항의 '타인의 재물을 보관하는 자'에 해당하는지 여부(소극)

【이 유】

횡령죄는 타인의 재물을 보관하는 자가 그 재물을 횡령하는 경우에 성립하는 범죄인바, 부동산 실권리자명의 등기에 관한 법률 제2조 제1호 및 제4조의 규정에 의하면, 신탁자와 수탁자가 명의신탁 약정을 맺고, 이에 따라 수탁자가 당사자가 되어 명의신탁 약정이 있다는 사실을 알지 못하는 소유자와 사이에서 부동산에 관한 매매계약을 체결한 후 그 매매계약에 기하여 당해 부동산의 소유권이전등기를 수탁자 이름으로 경료한 경우에는, 그 소유권이전등기에 의한 당해 부동산에 관한 물권변동은 유효하고, 한편 신탁자와 수탁자 사이의 명의신탁 약정은 무효이므로, 결국 수탁자는 전 소유자인 매도인뿐만 아니라 신탁자에 대한 관계에서도 유효하게 당해 부동산의 소유권을 취득한 것으로 보아야 할 것이고, 따라서 그 수탁자는 타인의 재물을 보관하는 자라고 볼 수 없다 (대법원 2000. 3. 24. 선고 98도4347 판결 참조).

355①- I-12. 횡령죄에서 타인의 재물을 보관하는 자의 지위를 구성하는 '위탁신임관계'를 발생시키는 명의신탁관계의 판단 기준 [대법원 2008. 10. 23., 선고, 2007도6463]

【판시사항】

[1] 횡령죄에서 타인의 재물을 보관하는 자의 지위를 구성하는 '위탁신임관계'를 발생시키는 명의신탁관계의 판단 기준

[2] 산업발전법상 기업구조조정조합의 업무집행조합원이 투자자산의 처분 등을 조합원총회의 결의사항으로 규정한 조합규약에도 불구하고 조합 명의로 업무상 보관하던 주식을 임의로 매각한

사안에서, 횡령죄의 성립을 인정한 사례

【판결요지】

[1] 횡령죄는 타인의 재물을 보관하는 자가 그 재물을 횡령하거나 반환을 거부하는 것을 내용으로 하는 범죄로서, 횡령죄의 주체는 타인의 재물을 보관하는 자이다. 여기서 보관이라 함은 위탁관계에 의하여 재물을 점유하는 것을 의미하므로, 결국 횡령죄가 성립하기 위하여는 그 재물의 보관자와 재물의 소유자(또는 기타의 본권자) 사이에 법률상 또는 사실상의 위탁신임관계가 존재하여야 한다. 이러한 위탁신임관계를 발생시키는 명의신탁관계는 반드시 신탁자와 수탁자 사이의 명시적 계약에 의하여만 성립하는 것이 아니라 묵시적 합의에 의하여도 성립할 수 있다. 그리고 명의신탁에 대한 묵시적 합의가 있었는지 여부는 위탁자와 수탁자 사이의 관계, 수탁자가 그 재물을 보관하게 된 동기와 경위, 위탁자와 수탁자 사이의 거래 내용과 태양 등 모든 사정을 종합하여 사회통념에 비추어 합리적으로 판단하여야 한다.

---

1. 임야의 진정한 소유자와는 전혀 무관한 신탁자로부터 임야의 지분을 명의신탁받은 사람이 신탁받은 지분을 처분한 행위(소극) [대법원 2007. 5. 31., 선고, 2007도1082]

【판시사항】

[1] 부동산에 관한 횡령죄에 있어서 보관자의 지위에 대한 판단 기준 및 원인무효인 소유권이전등기의 명의자가 횡령죄의 주체인 타인의 재물을 보관하는 자에 해당하는지 여부(소극)

[2] 임야의 진정한 소유자와는 전혀 무관한 신탁자로부터 임야의 지분을 명의신탁받은 사람이 신탁받은 지분을 처분한 행위가 신탁자에 대해서나 소유자에 대하여 위 임야 지분을 횡령한 것으로 볼 수 없다.

【판결요지】

[1] 횡령죄의 주체는 타인의 재물을 보관하는 자이어야 하고, 여기서 보관이라 함은 위탁관계에 의하여 재물을 점유하는 것을 의미하므로, 결국 횡령죄가 성립하기 위하여는 그 재물의 보관자가 재물의 소유자(또는 기타의 본권자)와 사이에 법률상 또는 사실상의 위탁신임관계가 존재하여야 하고, 또한 부동산의 경우 보관자의 지위는 점유를 기준으로 할 것이 아니라 그 부동산을 제3자에게 유효하게 처분할 수 있는 권능의 유무를 기준으로 결정하여야 하므로, 원인무효인 소유권이전등기의 명의자는 횡령죄의 주체인 타인의 재물을 보관하는 자에 해당한다고 할 수 없다.

[2] 임야의 진정한 소유자와는 전혀 무관하게 신탁자로부터 임야 지분을 명의신탁받아 지분이전등기를 경료한 수탁자가 신탁받은 지분을 임의로 처분한 사안에서, 소유자와 수탁자 사이에 위 임야 지분에 관한 법률상 또는 사실상의 위탁신임관계가 성립하였다고 할 수 없고, 또한 어차피 원인무효인 소유권이전등기의 명의자에 불과하여 위 임야 지분을 제3자에게 유효하게 처분할 수 있는 권능을 갖지 아니한 수탁자로서는 위 임야 지분을 보관하는 자의 지위에 있다고도 할 수 없으므로, 그 처분 행위가 신탁자에 대해서나 또는 소유자에 대하여 위 임야 지분을 횡령한 것으로 된다고 할 수 없다.

355①-Ⅰ-13. 이른바 '3자간 명의신탁' 또는 '중간생략등기형 명의신탁'에서 수탁자가 신탁부동산을 임의로 처분한 경우(적극) [대법원 2008. 4. 10., 선고, 2008도1033]

【판시사항】

[1] 이른바 '3자간 명의신탁' 또는 '중간생략등기형 명의신탁'에서 수탁자가 신탁부동산을 임

의로 처분한 경우, 횡령죄가 성립하는지 여부(적극)

[2] 농지의 명의신탁 당시에는 신탁자가 농지매매증명을 발급받을 수 없었으나 그 후 사정변경으로 신탁자가 명의신탁을 해지하고 그 반환을 구할 수 있게 된 경우, 그 시점부터 수탁자가 횡령죄의 주체인 위 농지를 '보관하는 자'가 되는지 여부(적극)

【이 유】

[1] 부동산을 소유자로부터 매수한 자가 그 명의로 소유권이전등기를 하지 아니하고 제3자와 맺은 명의신탁약정에 따라 매도인으로부터 바로 그 제3자에게 중간생략의 소유권이전등기를 마친 경우, 그 제3자가 그 명의로 신탁된 부동산을 임의로 처분하였다면 신탁자에 대한 횡령죄가 성립한다(대법원 2001. 11. 27. 선고 2000도3463 판결 참조).

피해자가 B와 함께 C로부터 이 사건 부동산을 매수한 후 B의 지분을 인수한 피고인과 사이에 명의신탁약정을 체결하고 피고인 명의로 위 부동산 전부에 관하여 소유권이전등기를 마친 사실을 인정한 다음, 피고인과 피해자의 명의신탁은 이른바 '3자간 명의신탁' 또는 '중간생략등기형 명의신탁'에 해당하고 피고인이 그 명의로 신탁된 이 사건 부동산 중 피해자 지분을 임의로 처분하였다면 피해자에 대하여 횡령죄를 구성한다.

[2] 나아가 구 농지개혁법(1994. 12. 22. 법률 제4817호 농지법 부칙 제2조에 의하여 1996. 1. 1.자로 폐지된 것, 이하 '구 농지개혁법'이라 한다)상 농지를 매수할 수 있는 자는 농가이거나 농가가 되려는 자에 한하므로, 농지를 명의신탁하는 경우에도 수탁자가 구 농지개혁법에 의하여 그 농지를 매수할 수 없는 경우라면 그 명의신탁은 무효이지만, 수탁자가 적법하게 그 농지를 매수할 수 있는 경우에는 비록 그 명의신탁 시점에 신탁자가 농지매매증명을 발급받을 수 없어 위 농지를 매수할 수 없었다고 하더라도, 그 후 사정변경으로 인하여 신탁자가 수탁자에 대하여 위 농지에 관한 명의신탁을 해지하고 그 반환을 구할 수 있게 된 이상, 그 시점부터는 수탁자가 신탁자를 위하여 위 농지를 보관하는 자의 지위에 서게 되고, 신탁자와 수탁자 사이의 별도의 법률행위가 없었다고 하여 달리 볼 것은 아니다 (대법원 1998. 7. 28. 선고 97도3283 판결 등 참조).

355①-Ⅰ-14. 이른바 중간생략등기형 명의신탁에 있어서 수탁자가 부동산을 임의로 처분한 경우(적극)
[대법원 2002. 8. 27., 선고, 2002도2926]

【판결요지】

부동산에 관하여 신탁자가 수탁자와 명의신탁약정을 맺고 신탁자가 매매계약의 당사자가 되어 매도인과 매매계약을 체결하되 다만 등기를 매도인으로부터 수탁자 앞으로 직접 이전하는 방법으로 명의신탁을 한 경우 명의수탁자가 그 부동산을 임의로 처분하였다면 횡령죄가 성립한다.

> 1. 부동산실권리자명의등기에관한법률 시행 이후에 명의신탁 받은 부동산에 관하여 수탁자가 임의로 근저당권을 설정한 경우(적극) [대법원 1999. 10. 12., 선고, 99도3170]
> 【판결요지】

신탁자가 그 소유 명의로 되어 있던 부동산을 수탁자에게 명의신탁하였는데 수탁자가 임의로 그 부동산에 관하여 근저당권을 설정하였다면 신탁자에 대한 횡령죄가 성립하고, 그 명의신탁이 부동산실권리자명의등기에관한법률 시행 이후에 이루어진 것이라고 하여 달리 볼 것은 아니다.

2. 부동산실권리자명의등기에관한법률 시행 전에 부동산 소유자로부터 명의신탁받은 자가 같은 법이 정한 유예기간 이내에 실명등기를 하지 않은 상태에서 임의 처분한 경우(적극) [대법원 2000. 2. 22., 선고, 99도5227]

【판결요지】
부동산을 소유자로부터 명의수탁받은 자가 이를 임의로 처분하였다면 명의신탁자에 대한 횡령죄가 성립하며, 그 명의신탁이 부동산실권리자명의등기에관한법률 시행 전에 이루어졌고 같은 법이 정한 유예기간 이내에 실명등기를 하지 아니함으로써 그 명의신탁약정 및 이에 따라 행하여진 등기에 의한 물권변동이 무효로 된 후에 처분행위가 이루어졌다고 하여 달리 볼 것이 아니다.

355①-I-15. 부동산에 관한 횡령죄에 있어서 타인의 재물을 보관하는 자의 지위에 있는지 여부의 판단기준 및 공동상속인 중 1인이 상속 부동산을 혼자 점유하던 중 다른 공동상속인의 상속지분을 임의처분한 경우(소극) [대법원 2000. 4. 11., 선고, 2000도565]

【판결요지】
부동산에 관한 횡령죄에 있어서 타인의 재물을 보관하는 자의 지위는 동산의 경우와는 달리 부동산에 대한 점유의 여부가 아니라 부동산을 제3자에게 유효하게 처분할 수 있는 권능의 유무에 따라 결정하여야 하므로, 부동산을 공동으로 상속한 자들 중 1인이 부동산을 혼자 점유하던 중 다른 공동상속인의 상속지분을 임의로 처분하여도 그에게는 그 처분권능이 없어 횡령죄가 성립하지 아니한다.

1. 명의신탁 받은 토지에 지급된 수용보상금을 임의소비한 경우(적극) [대법원 1987. 2. 10., 선고, 86도1607]

【판시사항】
[1] 부동산에 대한 원인무효의 등기명의자와 보관자의 지위
[2] 부동산에 대한 원인무효의 등기명의자가 토지소유자에게 지급된 보상금을 수령한 경우, 위 보상금의 보관관계
[3] 명의신탁을 받은 토지에 관하여 지급된 수용보상금을 임의소비한 경우와 횡령죄

【판결요지】
[1] 횡령죄가 성립하기 위하여서는 우선 타인의 재물을 보관하는 자의 지위에 있어야 하고 부동산에 대한 보관자의 지위는 동산의 경우에 있어서와는 달리 그 부동산에 대한 점유를 기준으로 할 것이 아니라 그 부동산을 제3자에게 유효하게 처분할 수 있는 권능의 유무를 기준으로 하여 결정할 것이므로 타인소유의 토지에 관하여 그 소유권이전등기를 경료받음이 없이 그 경작관리권만을 위임받아 이를 점유해 온 자는 그 토지 자체에 대한 보관자의 지위에 있다고는 할 수 없고 그후 동인이 허위의 보증서와 확인서를 발급받아 부동산소유권이전등기등에 관한 특별조치법에 의한 소유권이

전등기를 임의로 경료하였다 하더라도 그와 같은 원인무효의 등기에 의하여 그 토지에 대한 처분권능이 새로이 발생하는 것이 아니므로 마찬가지라 할 것이다.

[2] 타인소유의 토지에 대한 보관자의 지위에 있지 아니한 자가 그 앞으로 원인무효의 소유권이전등기가 경료되어 있음을 이용하여 그 토지가 농지개량사업에 의하여 수로로 편입되게 됨으로써 토지소유자에게 지급될 보상금을 수령하였다 하더라도 그 보상금에 대한 점유의 취득은 농지개량사업시행자에 대한 기망행위로 인한 것으로 보아야 할 뿐 진정한 토지소유자의 위임에 기한 것이라고는 할 수 없으므로 그 보상금에 대하여 어떠한 보관관계가 성립한다고 볼 여지가 없다.

[3] 토지의 일부 지분에 관하여 명의신탁에 의한 소유권이전등기를 경료받아 가지고 있는 사람은 그 지분의 범위내에서 그 토지를 제3자에게 유효하게 처분할 수 있는 권능을 가지게 되어 횡령죄의 주체인 보관자의 지위에 있다 할 것이므로 위 명의신탁되었던 지분에 관하여 수용보상금을 수령한 것은 위 토지의 보관자의 지위에서 수령한 것이니 이를 명의신탁자에게 반환하지 않고 임의 소비한 행위는 횡령죄를 구성한다.

---

2. 명의수탁자로부터 수탁부동산에 관한 소유권이전등기를 경료받는 경우의 법률관계 [대법원 1989. 2. 28., 선고, 88도1368]

【판시사항】

[1] 원인무효인 소유권이전등기의 명의자가 횡령죄의 주체가 될 수 있는지 여부(소극)

[2] 명의수탁자로부터 수탁부동산에 관한 소유권이전등기를 경료받는 경우의 법률관계

【판결요지】

[1] 원인무효인 소유권이전등기의 명의자로서 그 부동산을 법률상 유효하게 처분할 수 있는 지위에 있지 않은 자는 횡령죄의 주체인 타인의 재물을 보관하는 자에 해당하지 않는다.

[2] 부동산의 명의수탁자인 갑으로부터 을이 그 소유권이전등기를 경료받은 경우 갑의 처분행위는 대외적으로 유효하여 을은 그 부동산의 권리를 취득하는 것이지 명의수탁자의 지위를 승계하는 것이 아니므로 을이 한 처분행위는 권리자의 처분행위로서 횡령죄가 성립할 수 없다.

---

3. 공유지분의 명의수탁자와 횡령죄에 있어서 부동산을 보관하는 자 [대법원 1989. 12. 8., 선고, 89도1220]

【판결요지】

횡령죄에 있어서 부동산을 보관하는 자라 함은 동산의 경우와는 달리 그 부동산에 대한 점유를 기준으로 할 것이 아니고 그 부동산을 제3자에게 유효하게 처분할 수 있는 권능의 유무를 기준으로 하여 결정하여야 할 것이고, 토지의 일부지분에 관하여 명의신탁에 의한 소유권이전등기를 경료 받은 사람은 그 지분의 범위내에서 그 토지를 제3자에게 유효하게 처분할 수 있는 권능을 갖게 되어 그 부동산을 보관하는 자의 지위에 있다 할 것이다.

---

4. 명의수탁자의 포괄승계인과 횡령죄에 있어 부동산에 대한 보관자의 지위 [대법원 1996. 1. 23., 선고, 95도784]

【판결요지】

횡령죄에 있어 부동산에 대한 보관자의 지위는 그 부동산에 대한 점유를 기준으로 할 것이 아니라 그 부동산을 유효하게 처분할 수 있는 권능이 있는지의 여부를 기준으로 하여 결정하여야 할 것이고, 위 임야의 사정명의자로서 명의수탁자인 조부가 사망함에 따라 그의 자인 부가, 또 위 부가 사망함에 따라 피고인이 각 그 상속인이 됨으로써 피고인은 위 임야의 수탁관리자로서의 지위를 포괄승계한 것이어서, 피고인은 위 임야를 유효하게 처분할 수 있는 보관자로서의 지위를 취득하였다고 할 것이다.

355①-Ⅰ-16. 부동산의 횡령죄가 성립하기 위해선 명의신탁 등 위탁이라는 신임관계가 있어야 하는지 여부(적극) [대법원 1994. 11. 25., 선고, 93도2404]

【판결요지】

횡령죄는 위탁이라는 신임관계에 반하여 타인의 재물을 보관하는 자가 이를 횡령하거나 또는 반환을 거부함으로써 성립하는 것이므로, 부동산의 등기명의자인 피고인이 그중 일부 지분을 횡령하였다고 하려면 우선 그 피해자가 그 부동산 지분의 실제 소유권자로서 피고인에게 그 지분을 명의신탁함으로써 피고인과의 사이에 위탁이라는 신임관계가 있어야 할 것이다.

355①-Ⅰ-17. 종중이 횡령죄 피해자로 특정되기 위하여는 그 공동선조를 반드시 확정하여야 하는지 여부 [대법원 1994. 9. 23., 선고, 93도919]

【판시사항】

[1] 피해자가 종중인 경우 횡령죄 성립의 전제요건

[2] 종중이 횡령죄의 피해자로 특정되기 위하여는 그 공동선조를 반드시 확정하여야 하는지 여부

【판결요지】

[1] 횡령죄는 위탁이라는 신임관계에 반하여 타인의 재물을 보관하는 자가 이를 횡령하거나 또는 반환을 거부함으로써 성립하는 것이므로 피고인이 임야를 횡령하였다고 인정하려면 피고인과의 위탁관계가 있는 종중이 실재하여야 하고, 그 종중과의 사이에 위탁이라는 신임관계가 있어야 한다.

[2] 피해자인 종중의 실체가 확인될 수 있는 이상, 피고인이 종중으로부터 임야를 명의신탁받았다는 사실 자체를 부인하고 있다면 피해자는 그 종중으로 특정될 수 있다고 보아야 하고 그 종중의 공동선조를 반드시 확정하여야만 횡령죄의 피해자가 특정된다고 할 수는 없으며, 검사가 석명한 종중의 공동선조가 사실과 다르다면 법원으로서는 심리한 결과 공동선조를 바로잡을 수도 있다.

> 1. 실재가 불명확한 경우 종중소유임야에 관한 횡령죄의 성부(소극) [대법원 1983. 4. 12., 선고, 83도195]
> 【판결요지】
> 명의신탁된 종중소유임야에 관하여 횡령죄가 성립하려면 우선 피고인 또는 그 공모자와 위탁관계에 있는 타인인 종중이 실재하여야 하고, 그 종중과의 사이에 위탁신임 관계가 있어야 할 것이므로 임야의 소유권자가 어느 문중인지 불명확하고 위탁신임 관계도 확정할 수 없다면 횡령죄는 성립하지 아니한다.

355①-Ⅰ-18. 문중이 명의신탁한 토지가 농지개혁법 시행 당시 정부의 매수대상에서 제외되는 위토 등이 아닌 농지로서 수탁자가 경작하고 있었던 경우, 수탁자가 신탁자를 위하여

보관하는 자 지위에 있는지 여부(소극) [대법원 1991. 10. 22., 선고, 91도1397]

【판결요지】

문중이 명의신탁한 토지가 농지개혁법 시행 당시 같은 법의 적용대상이 되는 농지로서 수탁자가 경작하고 있었고 이것이 정부의 매수대상에서 제외되는 위토 등이 아니었다면 같은법 제11조 제1호, 제27조의 규정취지에 비추어 볼 때 신탁자는 그 신탁계약을 해지하여도 그 농지의 반환(인도나 소유권이전등기)을 청구할 수 없고, 그 결과 신탁자와 수탁자 사이의 명의신탁관계는 소멸되고 수탁자는 완전한 소유권을 취득하게 되며, 수탁자가 신탁자를 위하여 보관하는 자의 지위에 서게 되지 않는다고 보아야 한다.

355①-I-19. 부동산 명의수탁자가 신탁자 승낙없이 목적부동산을 제3자에게 매각하는 것을 알면서도 수탁자에게 매수자를 소개해 준 부동산소개업자의 죄책 [대법원 1988. 3. 22, 선고, 87도2585]

【판결요지】

형법상 방조행위는 정범이 범행을 한다는 점을 알면서 그 실행행위를 용이하게 하는 직접 간접의 행위를 말하므로 <u>부동산소개업자로서 부동산의 등기명의수탁자가 그 명의신탁자의 승낙없이 이를 제3자에게 매각하여 불법영득하려고 하는 점을 알면서도 그 범행을 도와주기 위하여 수탁자에게 매수할 자를 소개하여 주는 등의 방법으로 그 횡령행위를 용이하게 하였다면 이러한 부동산소개업자의 행위는 횡령죄의 방조범에 해당한다.</u>

355①-I-20. 부동산의 명의수탁자가 그 부동산에 임의로 담보권을 설정한 경우(적극) [대법원 1985. 9. 10., 선고, 85도86]

【판결요지】

타인소유의 부동산을 보관중인 명의수탁자가 위 신탁관계에 위반하여 이를 담보로 제공하고 근저당권을 설정하는 경우에는 후에 이를 반환하였는지 여부에 관계없이 위 부동산에 관한 근저당권설정등기를 마치는 때에 위 부동산에 관한 횡령죄의 기수가 된다.

355①-I-21. 부동산 명의수탁자가 소유자의 위임에 따라 동 부동산을 매도하고 그 대금을 수령하여 소비한 경우(적극) 대법원 1984. 9. 25., 선고, 84도1650]

【판결요지】

피고인이 명의신탁의 방법으로 피해자 소유 부동산을 보관·관리하여 오다가 피해자의 위임에 따라 이를 매도하고 그 대금을 수령한 경우에는 그 매매대금은 피해자를 위하여 보관하여야 하고 단지 대금상당액의 반환채무만 진다고는 볼 수 없으며 또 그 보관중의 매매대금을 피고인 자신을 위하여 소비하였다면 그로써 불법영득의 의사를 실현한 것이라 할 것이어서 후일 피고인이 이를 반환할 의사와 능력이 있었다 하여도 이는 횡령죄의 성립을 좌우하는 것이 아니다.

355①-I-22. 명의신탁받은 농지의 반환거부와 횡령죄 [대법원 1983. 11. 8., 선고, 82도800]

【판결요지】

명의신탁자가 구체적인 보수나 비용의 약정없이 신탁한 농지의 반환을 요구하면서 등기이전에 따른 비용과 세금은 자신이 부담하고 수탁자인 피고인에게 손해가 없도록 하겠다고 했음에도 불구하고 피고인이 위 토지에 대해 재산세를 납부한 것이 해결되지 않았고 계속 2년 가량 더 농사를 짓고 넘겨 주겠다는 대답으로 위 반환요구에 불응한 소위는 타인의 재물을 보관하는 자가 그 위탁취지에 반하여 정당한 권한없이 반환을 거부한 것이므로 횡령죄를 구성한다.

II. 횡령[용도외의 목적 사용]

355①-II-1. 용도가 엄격히 제한된 자금을 위탁받아 집행하면서 제한된 용도 이외의 목적으로 자금을 사용한 경우(적극) [대법원 2018. 10. 4., 선고, 2016도16388]

【판시사항】

타인으로부터 용도가 엄격히 제한된 자금을 위탁받아 집행하면서 제한된 용도 이외의 목적으로 자금을 사용한 경우, 횡령죄가 성립하는지 여부(적극) / 보조금을 집행할 직책에 있는 자가 자기 자신의 이익을 위한 것이 아니고 경비부족을 메우기 위하여 보조금을 전용하였으나 보조금의 용도가 엄격하게 제한되어 있는 경우, 횡령죄가 성립하는지 여부(적극)

【이 유】

타인으로부터 용도가 엄격히 제한된 자금을 위탁받아 집행하면서 그 제한된 용도 이외의 목적으로 자금을 사용하는 것은 그 사용이 개인적인 목적에서 비롯된 경우는 물론 결과적으로 자금을 위탁한 본인을 위하는 면이 있더라도 그 사용행위 자체로써 불법영득의 의사를 실현한 것이 되어 횡령죄가 성립한다(대법원 2013. 1. 31. 선고 2011도1701 판결 참조). 보조금을 집행할 직책에 있는 자가 자기 자신의 이익을 위한 것이 아니고 경비부족을 메우기 위하여 보조금을 전용한 것이라 하더라도, 그 보조금의 용도가 엄격하게 제한되어 있는 이상 불법영득의 의사를 부인할 수는 없다(대법원 2010. 9. 30. 선고 2010도987 판결 참조).

355①-II-2. 사립학교의 교비회계에 속하는 수입을 적법한 교비회계의 세출에 포함되는 용도가 아닌 다른 용도에 사용한 경우(적극) [대법원 2015. 2. 26., 선고, 2014도15182]

【판시사항】

타인으로부터 용도가 엄격히 제한된 자금을 위탁받아 집행하면서 그 제한된 용도 이외의 목적으로 자금을 사용하는 것은 그 사용이 개인적인 목적에서 비롯된 경우는 물론 결과적으로 자금을 위탁한 본인을 위하는 면이 있더라도 그 사용행위 자체로서 불법영득의 의사를 실현한 것이 되어 횡령죄가 성립하므로, 결국 사립학교의 교비회계에 속하는 수입을 적법한 교비회계의 세출에 포함되는 용도 즉, 당해 학교의 교육에 직접 필요한 용도가 아닌 다른 용도에 사용하였다면 그 사용행위 자체로서 불법영득의사를 실현하는 것이 되어 그로 인한 죄책을 면할 수 없다(대법원

2008. 2. 29. 선고 2007도9755 판결, 대법원 2012. 5. 10. 선고 2011도12408 판결 참조).

1. 사립학교법령상 교비회계자금을 다른 용도에 사용한 경우(적극) [대법원 2014. 8. 28., 선고, 2014도
6286]

【판시사항】

사립학교법령상 교비회계자금을 다른 용도에 사용한 경우, 그 자체로 횡령죄가 성립하는지 여부(적극)
/ 이는 교비회계에 속하는 돈을 같은 학교법인에 속하는 다른 학교의 교비회계에 사용한 경우에도 마
찬가지인지 여부(적극)

【이 유】

타인으로부터 용도가 엄격히 제한된 자금을 위탁받아 집행하면서 그 제한된 용도 이외의 목적으로 자
금을 사용하는 것은 그 사용이 개인적인 목적에서 비롯된 경우는 물론 결과적으로 자금을 위탁한 본인
을 위하는 면이 있더라도 그 사용행위 자체로서 불법영득의 의사를 실현한 것이 되어 횡령죄가 성립하
는바, 사립학교법 제29조 및 같은 법 시행령에 의해 학교법인의 회계는 학교회계와 법인회계로 구분되
고 학교회계 중 특히 교비회계에 속하는 수입은 다른 회계에 전출하거나 대여할 수 없는 등 용도가
엄격히 제한되어 있으므로 교비회계자금을 다른 용도에 사용하였다면 그 자체로서 횡령죄가 성립하고
(대법원 2003. 5. 30. 선고 2002도235 판결 등 참조), 이는 사립학교법상 교비회계에 속하는 금원을
같은 학교법인에 속하는 다른 학교의 교비회계에 사용한 경우에도 마찬가지이다(대법원 2002. 5. 10.
선고 2001도1779 판결 등 참조).

355①-Ⅱ-3. 단체의 대표자가 단체를 위하여 자금을 지출할 때 본래 사용될 이외의 목적으로 자금을
지출하였다는 사정만으로 횡령죄가 성립한다고 단정할 수 없는 경우 [대법원 2013. 2.
15., 선고, 2011도13606]

【판시사항】

타인으로부터 용도나 목적이 엄격히 제한된 자금을 위탁받아 집행하면서 제한된 용도 이외의 목
적으로 자금을 사용한 경우 횡령죄의 성립 여부(적극) 및 단체의 대표자가 단체를 위하여 자금을
지출할 때 본래 사용될 이외의 목적으로 자금을 지출하였다는 사정만으로 횡령죄가 성립한다고
단정할 수 없는 경우

【이 유】

타인으로부터 용도나 목적이 엄격히 제한된 자금을 위탁받아 집행하면서 그 제한된 용도 이외의
목적으로 자금을 사용하는 것은 그 사용행위 자체로서 불법영득의사를 실현한 것이 되어 횡령죄
가 성립한다(대법원 2008. 2. 29. 선고 2007도9755 판결, 대법원 2010. 3. 11. 선고 2009도6482
판결 등 참조). 그러나 단체의 대표자가 단체를 위하여 자금을 지출하면서 법령의 규정 또는 단
체 내부 규정으로 그 자금의 용도가 엄격하게 제한된 것이 아닐 뿐 아니라 그 자금을 집행하기
위한 단체 내부의 정상적인 절차를 거쳤다면, 본래 사용될 이외의 목적으로 자금을 지출하였다는
사정만으로 그 지출행위에 불법영득의사가 있었다고 단정할 수 없다(대법원 2012. 5. 24. 선고
2012도535 판결 등 참조).

1. 甲 주식회사의 공동운영자인 피고인들이 乙 주식회사의 자금집행 담당자 丙과 공모하여, 乙 회사가 甲 회사와 체결한 선박건조계약에 따라 甲 회사로부터 지급받은 선박건조 선수금을 甲 회사의 대출금 변제 등 다른 용도에 사용한 경우(소극) [대법원 2012. 5. 24., 선고, 2012도535]

【판결요지】

甲 회사와 乙 회사 및 선수금환급보증서를 발급하여 준 보험회사가 선수금 계좌관리약정을 체결하면서 乙 회사가 선수금 계좌에 입금된 자금을 인출하는 경우 보험회사에 증빙자료를 제출하여 검토·확인을 받아야 하며, 증빙자료를 제출하지 않거나 선박건조 이외의 목적으로 선수금을 사용할 경우 보험회사가 출금 정지 등을 요구할 수 있도록 약정하여 乙 회사가 위 약정에 따른 채무를 부담하더라도, 그러한 사정만으로 乙 회사 내부에서 선수금을 집행하는 직원에 대한 관계에서 그 용도가 선박건조용으로 엄격하게 제한되어 있었다고 단정할 수 없고, 乙 회사 자금집행자가 선수금을 사적으로 유용한 것이 아니고 정상적인 회계처리를 거쳐 계열사인 甲 회사에 자금지원한 것이라면 업무상배임죄에 해당함은 별론으로 하고 업무상횡령죄의 불법영득의사가 있었다고 단정하기 어려운데도, 이와 달리 보아 유죄를 인정한 원심판결에 법리오해의 위법이 있다.

355①-Ⅱ-4. 임대인 회사 대표이사가 임차인으로부터 수도요금 등 납부라는 특정한 목적으로 위탁받은 돈을 은행대출이자 용도 등으로 임의소비한 경우(적극) [대법원 2008. 10. 9., 선고, 2008도3787]

【판시사항】

[1] 목적과 용도를 정하여 위탁받은 금원을 임의로 소비한 경우 횡령죄의 성부(적극)

[2] 임대인 회사 대표이사가 임차인으로부터 수도요금 등 납부라는 특정한 목적으로 위탁받은 돈을 은행대출이자 용도 등으로 임의소비한 경우, 횡령죄가 성립한다.

【이 유】

목적과 용도를 정하여 위탁한 금전은 정해진 목적, 용도에 사용할 때까지는 이에 대한 소유권이 위탁자에게 유보되어 있는 것이므로, 수탁자가 이를 임의로 소비하면 횡령죄가 성립한다고 할 것이다 (대법원 2004. 5. 27. 선고 2003도6988 판결, 대법원 2006. 3. 9. 선고 2003도6733 판결 등 참조).

1. 집합건물의 관리회사가 구분소유자들로부터 특별수선충당금의 명목으로 금원을 납부받아 보관하던 중 이를 일반경비로 사용한 경우(적극) [대법원 2004. 5. 27., 선고, 2003도6988]

【판시사항】

[1] 집합건물의 관리회사가 구분소유자들로부터 특별수선충당금의 명목으로 금원을 납부받아 보관하던 중 이를 일반경비로 사용한 경우 횡령죄를 구성한다.

[2] 부동산에 관한 횡령죄에 있어서 타인의 재물을 보관하는 자의 지위에 있는지 여부의 판단 기준 및 부동산의 공유자 중 1인이 다른 공유자의 지분을 임의로 처분하거나 임대한 경우(소극)

【판결요지】

[1] 집합건물의 관리회사가 구분소유자들로부터 특별수선충당금의 명목으로 금원을 납부받아 보관하던 중 이를 일반경비로 사용한 경우 횡령죄를 구성한다.

[2] 부동산에 관한 횡령죄에 있어서 타인의 재물을 보관하는 자의 지위는 동산의 경우와는 달리 부동산에 대한 점유의 여부가 아니라 부동산을 제3자에게 유효하게 처분할 수 있는 권능의 유무에 따라 결정하여야 하므로, 부동산의 공유자 중 1인이 다른 공유자의 지분을 임의로 처분하거나 임대하여도 그에게는 그 처분권능이 없어 횡령죄가 성립하지 아니한다.

355①-II-5. 회사의 경영권 방어 또는 회사의 매각 등을 위하여 위탁받은 주식과 현금을 개인적인 용도로 사용한 경우(적극) [대법원 2008. 5. 8., 선고, 2008도1652]

【판시사항】

회사의 경영권 방어 또는 회사의 매각 등을 위하여 위탁받은 주식과 현금을 개인적인 용도로 사용한 경우 횡령죄를 구성한다.

【이 유】

원심 및 제1심이 채용한 증거들을 기록에 비추어 살펴보면, 공소외 1 등이 공소외 2에게 회사의 경영권 방어 또는 회사의 매각 등을 위하여 이 사건 주식(현물주식 포함)과 현금을 교부한 사실, 피고인이 공소외 2와 공모하여 공소외 2가 위와 같이 위탁받은 이 사건 주식과 현금을 임의로 피고인의 개인적인 용도로 사용한 사실을 알 수 있다. 앞서 본 법리 및 위 인정 사실과 기록에 나타난 제반 사정을 종합하여 보면, 피고인이 위와 같이 용도가 특정된 자금을 임의로 그 제한된 용도 이외의 목적으로 사용하는 것은 그 사용행위 자체로서 불법영득의 의사를 실현한 것이 되어 횡령죄가 성립한다고 할 것이고, 공소외 2가 공범으로 기소되지 아니하였다고 하여 달리 볼 이유는 없다.

1. 사립학교법상 교비회계에 속하는 금원을 같은 학교법인에 속하는 다른 학교의 교비회계에 사용한 경우(적극) [대법원 2002. 5. 10., 선고, 2001도1779]

【판시사항】

[1] 타인으로부터 용도가 엄격히 제한된 자금을 위탁받아 집행하면서 그 제한된 용도 이외의 목적으로 자금을 이용한 경우, 횡령죄의 성립 여부(적극)

[2] 사립학교법상 교비회계에 속하는 금원을 같은 학교법인에 속하는 다른 학교의 교비회계에 사용한 경우, 횡령죄 소정의 불법영득의사가 있다고 인정한 사례

【판결요지】

[1] 업무상횡령죄에 있어서의 불법영득의 의사라 함은 자기 또는 제3자의 이익을 꾀할 목적으로 업무상의 임무에 위배하여 보관하고 있는 타인의 재물을 자기의 소유인 것과 같이 사실상 또는 법률상 처분하는 의사를 의미하는 것으로, 타인으로부터 용도가 엄격히 제한된 자금을 위탁받아 집행하면서 그 제한된 용도 이외의 목적으로 자금을 사용하는 것은, 그 사용이 개인적인 목적에서 비롯된 경우는 물론 결과적으로 자금을 위탁한 본인을 위하는 면이 있더라도, 그 사용행위 자체로서 불법영득의 의사를 실현한 것이 되어 횡령죄가 성립한다.

[2] 사립학교법 제29조 및 같은법시행령에 의해 학교법인의 회계는 학교회계, 법인회계로 구분되고, 학교회계 중 특히 교비회계에 속하는 수입은 다른 회계에 전출하거나 대여할 수 없는 등 용도가 엄격히 제한됨에도 불구하고, 갑 학교의 교비회계자금을 같은 학교법인에 속하는 을 학교의 교비회계에 사용한 경우, 횡령죄 소정의 불법영득의사가 있다고 인정한 사례.

2. 주상복합상가의 매수인들로부터 우수상인유치비 명목으로 금원을 납부받아 보관하던 중 그 용도와 무관하게 일반경비로 사용한 경우(적극) [대법원 2002. 8. 23., 선고, 2002도366]
【판시사항】
주상복합상가의 매수인들로부터 우수상인유치비 명목으로 금원을 납부받아 보관하던 중 그 용도와 무관하게 일반경비로 사용한 경우 횡령죄를 구성한다.

355①-II-6. 골프회원권 매매중개업체를 운영하는 자가 매수의뢰와 함께 입금받아 보관하던 금원을 일시 다른 회원권 매입대금 등으로 사용한 경우(소극) [대법원 2008. 3. 14., 선고, 2007도7568]

【판시사항】
골프회원권 매매중개업체를 운영하는 자가 매수의뢰와 함께 입금받아 보관하던 금원을 일시적으로 다른 회원권의 매입대금 등으로 임의로 소비한 사안에서, 위 매입대금은 그 목적과 용도를 정하여 위탁된 금전으로서 골프회원권 매입시까지 그 소유권이 위탁자에게 유보되어 있으나, 다른 회사자금과 함께 보관된 이상 그 특정성을 인정하기 어렵고, 피고인의 불법영득의사를 추단할 수 없으므로 횡령죄를 구성하지 아니한다.

【이 유】
목적과 용도를 정하여 위탁한 금전은 정해진 목적과 용도에 사용할 때까지는 이에 대한 소유권이 위탁자에게 유보되어 있다고 보아야 할 것이나, 특별히 그 금전의 특정성이 요구되지 않는 경우 수탁자가 위탁의 취지에 반하지 않고 필요한 시기에 다른 금전으로 대체시킬 수 있는 상태에 있는 한 이를 일시 사용하더라도 횡령죄를 구성한다고 할 수 없고, 수탁자가 그 위탁의 취지에 반하여 다른 용도에 소비할 때 비로소 횡령죄를 구성한다(대법원 1995. 10. 12. 선고 94도2076 판결, 대법원 2002. 10. 11. 선고 2002도2939 판결 등 참조).

1. 목적, 용도를 정하여 위탁한 금전에 관한 횡령죄의 구성 [대법원 1995. 10. 12., 선고, 94도2076]
【판결요지】
목적, 용도를 정하여 위탁한 금전은 정해진 목적, 용도에 사용할 때까지는 이에 대한 소유권이 위탁자에게 유보되어 있는 것으로서, 특히 그 금전의 특정성이 요구되지 않는 경우 수탁자가 위탁의 취지에 반하지 않고 필요한 시기에 다른 금전으로 대체시킬 수 있는 상태에 있는 한 이를 일시 사용하더라도 횡령죄를 구성한다고 할 수 없고, 수탁자가 그 위탁의 취지에 반하여 다른 용도에 소비할 때 비로소 횡령죄를 구성한다.

355①-II-7. 사립학교에서의 교비회계자금을 다른 용도에 사용한 경우(적극) [대법원 2005. 9. 28., 선고, 2005도3929]
【판결요지】
타인으로부터 용도가 엄격히 제한된 자금을 위탁받아 집행하면서 그 제한된 용도 이외의 목적으로 자금을 사용하는 것은 그 사용이 개인적인 목적에서 비롯된 경우는 물론 결과적으로 자금을 위탁한 본인을 위하는 면이 있더라도 그 사용행위 자체로서 불법영득의 의사를 실현한 것이 되어 횡령죄가 성립하는바, 사립학교법 제29조 및 같은 법 시행령에 의해 학교법인의 회계는 학교회계와 법인회계로 구분되고 학교회계 중 특히 교비회계에 속하는 수입은 다른 회계에 전출하거나 대여할 수 없는 등 용도가 엄격히 제한되어 있기 때문에 교비회계자금을 다른 용도에 사용하였다면 그 자체로서 횡령죄가 성립한다.

---

1. 사립학교의 교비회계에 속하는 국가보조금을 전용하여 학교법인의 수익용 자산 취득비용으로 사용한 경우(적극) [대법원 2004. 12. 24., 선고, 2003도4570]

【판시사항】

[1] 사립학교의 교비회계에 속하는 국가보조금을 전용하여 학교법인의 수익용 자산 취득비용으로 사용한 경우, 횡령죄가 성립한다.

[2] 사립학교에서의 교비회계자금의 유용과 횡령죄의 성립 여부(적극)

【판결요지】

[1] 보조금의예산및관리에관한법률의 규정 취지에 비추어 보면, 위 법률에 의한 국가보조금은 그 용도가 엄격히 제한된 자금으로 봄이 상당하므로, 사립학교에서 이를 전용하여 학교법인의 수익용 자산 취득비용으로 사용한 경우, 횡령죄가 성립한다.

[2] 사립학교의 경우, 사립학교법 제29조 및 같은법시행령에 의해 학교법인의 회계가 학교회계와 법인회계로 구분되고 학교회계 중 특히, 교비회계에 속하는 수입은 다른 회계에 전출하거나 대여할 수 없는 등 용도가 엄격히 제한되어 있기 때문에 교비회계자금을 다른 용도에 사용하였다면 그 자체로서 횡령죄가 성립한다.

III. 횡령[대표이사/단체대표/학교법인 관련]

355①-III-1. 법인의 운영자나 관리자가 회계로부터 분리시켜 별도로 관리하는 '비자금'이 법인을 위한 목적이 아니라 법인의 자금을 빼내어 착복할 목적으로 조성한 것임이 명백히 밝혀진 경우, 조성행위 자체로써 불법영득의사가 실현된 것으로 볼 수 있는지 여부(적극) [대법원 2017. 5. 30. 선고, 2016도9027]

【판시사항】

법인의 운영자나 관리자가 회계로부터 분리시켜 별도로 관리하는 '비자금'이 법인을 위한 목적이 아니라 법인의 자금을 빼내어 착복할 목적으로 조성한 것임이 명백히 밝혀진 경우, 조성행위 자체로써 불법영득의사가 실현된 것으로 볼 수 있는지 여부(적극) / 피고인들이 회사의 비자금을 보관·관리하고 있다가 사용한 사실은 인정하면서도 회사를 위하여 인출·사용하였다고 주장하는 경우, 불법영득의사를 인정할 수 있는지 판단하는 방법

【이 유】

횡령죄가 성립하려면 보관하고 있는 타인의 재물을 자기 또는 제3자의 이익을 꾀할 목적으로 임무에 위배하여 자기의 소유인 것과 같이 사실상 또는 법률상 처분하는 의사를 의미하는 불법영득의 의사가 있어야 한다. 법인의 회계장부에 올리지 않고 법인의 운영자나 관리자가 회계로부터 분리시켜 별도로 관리하는 이른바 비자금은, 법인을 위한 목적이 아니라 법인의 자금을 빼내어 착복할 목적으로 조성한 것임이 명백히 밝혀진 경우에는 조성행위 자체로써 불법영득의 의사가 실현된 것으로 볼 수 있다(대법원 2006. 6. 27. 선고 2005도2626 판결 등). 또한 보관·관리하던 비자금을 인출·사용하였음에도 그 자금의 행방이나 사용처를 제대로 설명하지 못하거나 당사자가 주장하는 사용처에 그 비자금이 사용되었다고 볼 수 있는 자료는 현저히 부족하고 오히려 개인적인 용도에 사용하였다는 신빙성 있는 자료가 훨씬 많은 것과 같은 경우에는 비자금의 사용행위가 불법영득의 의사에 의한 횡령에 해당하는 것으로 추단할 수 있을 것이다.

하지만 이와 달리 피고인들이 불법영득의사의 존재를 인정하기 어려운 사유를 들어 비자금의 행방이나 사용처에 대한 설명을 하고 있고 이에 부합하는 자료도 제시한 경우에는 피고인들이 보관·관리하고 있던 비자금을 일단 다른 용도로 소비한 다음 그만한 돈을 별도로 입금 또는 반환한 것이라는 등의 사정이 인정되지 않는 한, 함부로 그 비자금을 불법영득의사로 인출·사용함으로써 횡령하였다고 단정할 것은 아니다(대법원 1994. 9. 9. 선고 94도998 판결, 대법원 2002. 7. 26. 선고 2001도5459 판결 등 참조). 그러므로 피고인들이 회사의 비자금을 보관·관리하고 있다가 사용한 사실은 인정하면서도 회사를 위하여 인출·사용하였다고 주장하는 경우에 불법영득의사를 인정할 수 있는지 여부는, 비자금의 조성 동기, 방법, 규모, 기간, 보관 및 관리방식 등에 비추어 비자금이 조성된 후에도 법인이 보유하는 자금의 성격이 유지되었는지 여부, 그 비자금의 사용이 사회통념이나 거래관념상 회사의 운영 및 경영상의 필요에 따른 것으로 회사가 비용부담을 하는 것이 상당하다고 볼 수 있는 용도에 지출되었는지 여부, 비자금 사용의 구체적인 시기, 대상, 범위, 금액 등이 상당한 정도의 객관성과 합리성이 있는 기준에 의하여 정해졌는지 여부를 비롯하여 비자금을 사용한 시기, 경위, 결과 등을 종합적으로 고려하여 그 비자금 사용의 주된 목적이 개인적인 용도를 위한 것이라고 볼 수 있는지에 따라 신중하게 판단하여야 한다(대법원 2009. 2. 26. 선고 2007도4784 판결 등 참조).

그리고 불법영득의사를 실현하는 행위로서의 횡령행위가 있었다는 점은, 합리적인 의심의 여지가 없을 정도로 확신을 가지게 하는 증명력이 있는 엄격한 증거에 의하여 증명하여야 하고, 그만한 증거가 없다면 설령 유죄의 의심이 간다고 하더라도 피고인들의 이익으로 판단하여야 한다.

한편 형법 제355조 제1항의 횡령죄 및 제356조의 업무상 횡령죄는 타인의 재물을 보관하는 자가 재물을 횡령하거나 반환을 거부함으로써 성립하고 재물의 가액이 얼마인지는 양형 판단에서 고려할 사유가 될 뿐이다. 반면 횡령으로 인한 특정경제범죄법 위반죄는 횡령한 재물의 가액이 5억 원 이상 또는 50억 원 이상일 것이 범죄구성요건의 일부로 되어 있고 그 가액에 따라 그 죄에 대한 형벌도 가중되어 있다. 그러므로 범죄와 형벌 사이에 적정한 균형이 이루어져야 한다는 죄형균형의 원칙, 그리고 형벌은 책임에 기초하고 그 책임에 비례하여야 한다는 책임주의 원칙이 훼손되지 않도록 하려면, 횡령한 재물의 가액이 특정경제범죄법의 적용 기준이 되는 하한 금액을 초과한다는 점도 다른 구성요건 요소와 마찬가지로 엄격한 증거에 의하여 증명되어야 한다(대법원 2013. 5. 9. 선고 2013도2857 판결 등 참조).

355①-Ⅲ-2. 주식회사의 대표이사가 회사의 돈을 인출하여 사용하였는데 사용처에 관한 증빙자료를 제시하지 못하는 경우(적극) [대법원 2013. 6. 27., 선고, 2013도2510]

【판시사항】

업무상횡령죄에서의 불법영득의 의사는 자기 또는 제3자의 이익을 꾀할 목적으로 업무상의 임무에 위배하여 보관하는 타인의 재물을 자기의 소유인 경우와 같은 처분을 하는 의사를 말한다. 주식회사의 대표이사가 회사의 돈을 인출하여 사용하였는데 그 사용처에 관한 증빙자료를 제시하지 못하고 있고 그 인출사유와 사용처에 관하여 납득할 만한 합리적인 설명을 하지 못하고 있다면, 이는 그가 불법영득의 의사로 회사의 돈을 인출하여 개인적 용도로 사용한 것으로 추단할 수 있다(대법원 2008. 3. 27. 선고 2007도9250 판결 등 참조).

355①-Ⅲ-3. 회사의 운영자나 대표 등이 내부 절차를 거쳐 고문 등을 위촉하고 급여를 지급한 행위가 업무상횡령으로 인정되기 위한 요건과 판단 기준 [대법원 2013. 6. 27. 선고, 2012도4848]

【판결요지】

회사 운영자나 대표 등이 그 내부 절차를 거쳐 고문 등을 위촉하고 급여를 지급한 행위가 업무상횡령으로 인정되기 위해서는 그와 같이 고문 등을 위촉할 필요성이나 정당성이 명백히 결여되거나 그 지급되는 급여가 합리적인 수준을 현저히 벗어나는 경우이어야 한다. 그리고 그에 해당하는지를 판단하기 위해서는 고문 등으로 위촉된 자의 업무수행능력뿐만 아니라, 고문 등의 위촉 경위와 동기, 고문 등으로 위촉된 자와 회사의 관계, 그가 회사 발전에 기여한 내용 및 정도, 고문 등으로 위촉되어 담당하기로 한 업무의 내용 및 중요성, 회사 규모와 당시의 경제적 상황, 고문 등의 위촉으로 인하여 회사가 얻을 것으로 예상되는 유·무형의 이익, 관련 업계의 관행 등을 종합적으로 고려하여 판단하여야 한다.

355①-Ⅲ-4. 회사의 비자금을 불법영득의사로써 횡령한 것으로 인정할 수 있는지 여부(소극) [대법원 2012. 8. 23., 선고, 2011도14045]

【판시사항】

피고인들이 보관·관리하고 있던 회사의 비자금이 인출·사용되었음에도 피고인들이 그 행방이나 사용처를 제대로 설명하지 못하거나, 피고인들이 주장하는 사용처에 사용된 자금이 그 비자금과는 다른 자금으로 충당된 것으로 드러나는 등 피고인들이 주장하는 사용처에 비자금이 사용되었다는 점을 인정할 수 있는 자료가 부족하고 오히려 피고인들이 비자금을 개인적인 용도에 사용하였다는 점에 대한 신빙성 있는 자료가 많은 경우 등에는 피고인들이 그 돈을 불법영득의 의사로써 횡령한 것이라고 추단할 수 있을 것이다. 하지만 이와 달리 피고인들이 불법영득의사의 존재를 인정하기 어려운 사유를 들어 비자금의 행방이나 사용처에 대한 설명을 하고 있고 이에 부합하는 자료도 있다면, 피고인들이 그 보관·관리하고 있던 비자금을 일단 타 용도로 소비한 다음 그만한 돈을 별도로 입금 또는 반환한 것이라는 등의 사정이 인정되지 아니하는 한, 함부로 보관·관리하고 있던 비자금을 불법영득의사로 인출하여 횡령하였다고 인정할 수는 없다(대법원 2009. 2. 26. 선고 2007도4784 판결 등 참조).

> **1. 1인 회사의 주주가 회사 자금을 임의로 처분한 경우, 횡령죄를 구성하는지 여부(적극) [대법원 2010. 4. 29., 선고, 2007도6553]**
>
> 【판시사항】
> 주식회사의 주식이 사실상 1인 주주에 귀속하는 1인 회사에 있어서도 회사와 주주는 분명히 별개의 인격이어서 1인 회사의 재산이 곧바로 그 1인 주주의 소유라고 볼 수 없으므로, <u>사실상 1인 주주라고 하더라도 회사의 자금을 임의로 처분한 행위는 횡령죄를 구성한다</u>(대법원 1989. 5. 23. 선고 89도570 판결, 대법원 1995. 3. 14. 선고 95도59 판결 등 참조). 한편 피고인이 회사의 돈을 인출하여 사용하고도 그 사용처에 관한 증빙자료를 제시하지 못하거나 피고인이 주장하는 사용처에 사용된 자금이 그 돈과 다른 자금으로 충당된 것으로 드러나는 등 피고인이 주장하는 사용처에 그 돈이 사용되었다는 점을 인정할 수 있는 자료가 부족하고, 오히려 피고인이 그 돈을 개인적인 용도에 사용하였다는 점에 대한 신빙성 있는 자료가 많은 경우에는 피고인이 그 돈을 불법영득의 의사로써 횡령한 것이라고 추단할 수 있다(대법원 2002. 7. 26. 선고 2001도5459 판결, 대법원 2008. 3. 27. 선고 2007도9250 판결 등 참조).

355①-Ⅲ-5. 주식회사의 주주나 대표이사가 회사 소유 재산을 사적인 용도로 임의 처분한 경우(적극) [대법원 2012. 6. 28., 선고, 2012도2628]

【판시사항】
　주식회사는 주주와 독립된 별개의 권리주체로서 그 이해가 반드시 일치하는 것은 아니므로, 회사 소유 재산을 주주나 대표이사가 제3자의 자금 조달을 위하여 담보로 제공하는 등 사적인 용도로 임의 처분하였다면 그 처분에 관하여 주주총회나 이사회의 결의가 있었는지 여부와는 관계없이 횡령죄의 죄책을 면할 수는 없다(대법원 2005. 8. 19. 선고 2005도3045 판결, 대법원 2010. 12. 23. 선고 2008도8851 판결 등 참조).

355①-Ⅲ-6. 횡령한 재물을 사후에 반환하거나 변상·보전하는 의사가 있는 경우 불법영득의사 여부(적극) [대법원 2012. 1. 27., 선고, 2011도14247]

【판시사항】
　회사의 대표이사 혹은 그에 준하여 회사 자금의 보관이나 운용에 관한 사실상의 사무를 처리하여 온 자가 회사를 위한 지출 이외의 용도로 거액의 회사 자금을 가지급금 등의 명목으로 인출, 사용함에 있어서 이자나 변제기의 약정이 없음은 물론 이사회 결의 등 적법한 절차도 거치지 아니하는 것은 통상 용인될 수 있는 범위를 벗어나 대표이사 등의 지위를 이용하여 회사 자금을 사적인 용도로 임의로 대여, 처분하는 것과 다름없어 횡령죄를 구성한다(대법원 2006. 4. 27. 선고 2003도135 판결 등 참조). 한편 횡령죄에 있어서 불법영득의 의사라 함은 자기 또는 제3자의 이익을 꾀할 목적으로 임무에 위배하여 보관하는 타인의 재물을 자기의 소유인 경우와 같이 처분을 하는 의사를 말하고, 사후에 이를 반환하거나 변상, 보전하는 의사가 있다 하더라도 불법영득의 의사를 인정함에는 지장이 없으며, 그와 같이 사후에 변상하거나 보전한 금액을 횡령금액에서 공제해야 하는 것도 아니다(대법원 2010. 5. 27. 선고 2010도3399 판결 등 참조).

355①-Ⅲ-7. 대표이사가 자신의 다른 횡령사실을 감추기 위하여 가공의 공사대금을 지급한 것처럼 회계처리하고 가공의 공사대금에 대한 부가가치세 명목으로 회사 자금을 임의 지출한 경우(적극)[대법원 2008. 11. 13., 선고, 2006도4885]

【판시사항】
대표이사가 자신의 다른 횡령사실을 감추기 위하여 가공의 공사대금을 지급한 것처럼 회계처리하고 가공의 공사대금에 대한 부가가치세 명목으로 회사 자금을 임의로 지출한 경우 횡령죄의 성립 여부(적극) 및 그 후 환급받은 세액을 재입금한 행위의 법적 평가

【판결요지】
주식회사의 대표이사가 자신의 다른 횡령사실을 감추기 위한 목적으로 가공의 공사대금을 지급한 것처럼 허위로 회계처리하면서 가공의 공사대금에 대한 부가가치세 명목으로 회사 자금을 임의로 지출한 경우에는 그로써 횡령죄는 기수에 이른다. 그 후에 그 지출액 상당을 매입세액으로 환급받아 회사에 다시 입금하였다고 하더라도 이미 성립한 횡령죄에 영향을 미치지 아니한다.

355①-Ⅲ-8. 주식회사 주주 겸 대표이사가 신주발행절차에서 자신이 취득할 신주를 타인에게 매도하고자 하면서 양도소득세 등의 부담을 피하기 위해 주식매수인이 직접 신주를 인수하는 절차를 취한 경우(적극) [대법원 2006. 10. 27., 선고, 2004도6503]

【판시사항】
[1] 주식회사의 주주 겸 대표이사가 신주발행절차에서 자신이 취득할 신주를 타인에게 매도하고자 하면서 양도소득세 등의 부담을 피하기 위해 주식매수인이 직접 신주를 인수하는 절차를 취한 경우, 대표이사가 주식매수인으로부터 받은 주식매수대금을 개인적인 용도로 사용한 것이 횡령죄를 구성하는지 여부(적극)
[2] 주식회사의 대표이사가 타인을 기망하여 신주를 인수하게 한 후 그로부터 납입받은 신주인수대금을 횡령한 것이 사기죄의 불가벌적 사후행위인지 여부(소극)

【판결요지】
[1] 주식회사의 주주 겸 대표이사가 장차 신주발행절차에서 자신이 취득하게 될 주식을 타인에게 매도하고자 하면서 다만 양도소득세 등의 부담을 피하기 위해 주식매수인이 회사에 대해 직접 신주를 인수하는 절차를 취한 경우, 회사에 대한 관계에서 신주인수인은 대표이사가 아니라 주식매수인이므로 대표이사가 주식매수인으로부터 받은 주식매매대금은 신주인수대금으로서 이를 보관 중 개인적인 용도로 사용하였다면 횡령죄를 구성한다.
[2] 주식회사의 대표이사가 타인을 기망하여 회사가 발행하는 신주를 인수하게 한 다음 그로부

터 납입받은 신주인수대금을 보관하던 중 횡령한 행위는 사기죄와는 전혀 다른 새로운 보호법익을 침해하는 행위로서 별죄를 구성한다.

355①-Ⅲ-9. 1인 대표이사가 주식의 상호 혹은 순차 소유관계에 있는 수개의 법인을 동시에 운영하면서 각 법인의 돈을 다른 법인을 위하여 사용한 경우(한정 적극) [대법원 2006. 9. 22, 선고, 2004도3314]

【판시사항】

[1] 타인으로부터 금원을 차용하여 주금을 납입하고 설립등기나 증자등기 후 바로 인출하여 차용금 변제에 사용하는 경우, 업무상횡령죄의 성립 여부(소극)

[2] 피고인이 회사를 인수한 후 사채업자를 동원하여 제3자 배정방식에 의한 유상증자를 추진하면서 사채업자가 인수하기로 한 주식납입대금 일부를 양도성예금증서로 바꾸어 투자손실에 대한 담보조로 사채업자에게 교부한 경우에 회사 소유의 돈을 불법영득한다는 의사가 존재하지 아니하여 업무상횡령죄를 구성하지 않는다.

[3] 1인의 대표이사가 주식의 상호 혹은 순차 소유관계에 있는 수개의 법인을 동시에 운영하면서 각 법인의 돈을 다른 법인을 위하여 사용한 경우 업무상횡령죄의 성부(한정 적극)

【이 유】

주식회사의 설립업무 또는 증자업무를 담당한 자와 주식인수인이 사전 공모하여 주금납입취급은행 이외의 제3자로부터 납입금에 해당하는 금액을 차입하여 주금을 납입하고 납입취급은행으로부터 납입금보관증명서를 교부받아 회사의 설립등기절차 또는 증자등기절차를 마친 직후 이를 인출하여 위 차용금채무의 변제에 사용하는 경우, 위와 같은 행위는 실질적으로 회사의 자본을 증가시키는 것이 아니고 등기를 위하여 납입을 가장하는 편법에 불과하여 주금의 납입 및 인출의 전 과정에서 회사의 자본금에는 실제 아무런 변동이 없다고 보아야 할 것이므로 그들에게 회사의 돈을 임의로 유용한다는 불법영득의 의사가 있다고 보기 어렵다 할 것이고, 따라서 회사 자본이 실질적으로 증가됨을 전제로 한 업무상횡령죄가 성립한다고 할 수는 없다(대법원 2004. 6. 17. 선고 2003도7645 전원합의체 판결, 2004. 12. 10. 선고 2003도3963 판결 등 참조).

<u>1인의 대표이사가 주식의 상호 혹은 순차 소유관계에 있는 수 개의 법인을 동시에 운영하면서 각 법인의 돈을 다른 법인을 위하여 사용한 경우, 각 법인은 별개의 법인격을 가진 소유의 주체로서 이를 실질적으로 1개의 법인이라고 볼 수 없을 뿐만 아니라 법률상 권리의무의 주체로서의 법인격을 갖춘 영리법인은 이윤의 귀속주체로서의 주주와는 엄연히 구별되어야 하므로 위 돈의 사용행위가 그 지출 법인의 이익을 위한 것이라는 등의 특별한 사정이 인정되지 않는 한 업무상 횡령죄를 구성한다고 보아야 할 것이다</u>(대법원 1996. 8. 23. 선고 96도1525 판결, 2000. 12. 8. 선고 99도214 판결 등 참조).

> 1. 수개의 학교법인을 운영하는 자가 각 학교법인의 금원을 다른 학교법인을 위하여 사용한 경우(적극)
> [대법원 2000. 12. 8., 선고, 99도214]

355①-Ⅲ-10. 채무자 법인의 대표이사를 비롯한 공동상속인들이 피상속인의 채무자 법인에 대한
대여금채권을 공동상속한 경우, 위 대표이사가 단독으로 피상속인의 채무자 법인에 대한
채권을 변제받는 것으로 회계처리하면서 채무자 법인의 자금을 인출한 경우 [대법원
2006. 6. 30., 선고, 2005도5338]

【판시사항】
[1] 채무자 법인의 대표이사를 비롯한 공동상속인들이 피상속인의 채무자 법인에 대한 대여금채
권을 공동상속한 경우, 위 대표이사가 단독으로 피상속인의 채무자 법인에 대한 채권을 변제받는
것으로 회계처리하면서 채무자 법인의 자금을 인출한 경우의 죄책
[2] 채무자 법인의 대표이사인 피고인이 피상속인의 채무자 법인에 대한 대여금채권을 공동상속
하고도 피고인이 단독으로 피상속인의 채무자 법인에 대한 채권을 변제받는 것으로 회계처리하면
서 채무자 법인의 자금을 인출한 사안에서, 횡령금액을 잘못 산정한 원심판결을 파기한 사례

【이 유】
채무자 법인의 대표이사인 피고인을 비롯한 공동상속인들이 피상속인의 채무자 법인에 대한 대
여금채권을 공동상속한 경우, 피고인이 다른 공동상속인들로부터 위 대여금채권의 변제수령에 관
한 권한을 위임받은 바가 없음에도 단독으로 피상속인의 채무자 법인에 대한 채권을 변제받는 것
으로 회계처리하면서 채무자 법인의 자금을 인출하였다면, 그 인출금액 중 피고인의 상속분을 초
과하는 부분에 대하여는 권한 없이 채무자 법인 소유의 금원을 인출한 것이어서 채무자 법인에
대한 업무상횡령죄가 성립한다 할 것이고, 피고인이 위와 같이 인출한 금원에 대하여 다른 공동
상속인들과 사이에 어떠한 위탁관계를 맺고 있다고 할 수 없으므로 다른 공동상속인들을 위하여
위 인출금원을 보관하는 자의 지위에 있다고 할 수 없다.
원심판결 이유에 의하면, 원심은 그 채용 증거들을 종합하여 공소외 1이 1996. 10. 19. 사망하
여 그의 처와 자식들이 망인의 재산을 공동상속하였고, 공소외 1의 상속인들의 상속지분은 처인
공소외 2가 3/15, 공소외 3, 피고인, 공소외 4, 5, 6이 각 2/15, 망 공소외 7의 대습상속인인 공
소외 8이 6/105, 공소외 9, 10이 각 4/105인 사실, 공소외 1의 주식회사 공소외 11(이하 '공소
외 11 회사'라 한다)에 대한 채권이 5,797,550,395원인 사실을 인정한 후 공소외 11 회사의 대
표이사인 피고인이 공소외 1의 공소외 11 회사에 대한 채권의 변제명목으로 공소외 11 회사의 자
금에서 인출한 금액 중 피고인의 상속지분에 해당하는 금원에 대하여는 정당하게 수령할 권리가
있으므로 횡령죄가 성립하지 아니한다고 하면서 이 사건 제1 공소사실 횡령금액 2억 원과 이 사
건 제2 공소사실 횡령금액 5억 원 중에서 받을 권리가 있는 26,666,666원(=200,000,000원 ×

2/15) 및 66,666,666원(=500,000,000원 × 2/15)에 대해서는 횡령죄가 성립한다고 할 수 없으므로, 2억 원 및 5억 원에서 위 각 금원을 제외한 나머지 173,333,333원(=200,000,000원 - 26,666,666원) 및 433,333,333원(=500,000,000원 - 66,666,666원)이 횡령금액이 되어야 한다고 판단하였다.

355①-Ⅲ-11. 회사 대표이사 혹은 그에 준하여 회사 자금의 보관이나 운용에 관한 사실상의 사무를 처리하여 온 자가 이자나 변제기의 약정과 이사회 결의 등 적법한 절차 없이 회사를 위한 지출 이외의 용도로 회사 자금을 가지급금 등의 명목으로 인출, 사용한 행위(적극)
[대법원 2006. 4. 27., 선고, 2003도135]

【판결요지】

회사의 대표이사 혹은 그에 준하여 회사 자금의 보관이나 운용에 관한 사실상의 사무를 처리하여 온 자가 회사를 위한 지출 이외의 용도로 거액의 회사 자금을 가지급금 등의 명목으로 인출, 사용함에 있어서 이자나 변제기의 약정이 없음은 물론 이사회 결의 등 적법한 절차도 거치지 아니하는 것은 통상 용인될 수 있는 범위를 벗어나 대표이사 등의 지위를 이용하여 회사 자금을 사적인 용도로 임의로 대여, 처분하는 것과 다름없어 횡령죄를 구성한다고 볼 수 있다.

355①-Ⅲ-12. 회사의 이사가 회사 재산을 공직선거 입후보자의 선거자금으로 지원한 경우(적극)
[대법원 1999. 6. 25., 선고, 99도1141]

【판결요지】

회사의 이사가 보관 중인 회사 재산을 처분하여 그 대금을 공직선거에 입후보한 타인의 선거자금으로 지원한 경우 그것이 회사의 이익을 도모할 목적으로 합리적인 범위 내에서 이루어졌다면 그 이사에게 횡령죄에 있어서 요구되는 불법영득의 의사가 있다고 할 수 없을 것이나, 그것이 회사의 이익을 도모할 목적보다는 그 후보자 개인의 이익을 도모할 목적이나 기타 다른 목적으로 행하여졌다면 그 이사는 회사에 대하여 횡령죄의 죄책을 면하지 못한다.

355①-Ⅲ-13. 주식회사의 자금으로 대표이사의 개인적 손해에 대한 보상금을 지급한 경우(적극)
[대법원 1990. 2. 23., 선고, 89도2466]

【판시사항】

[1] 주식회사의 자금으로 대표이사의 개인적 손해에 대한 보상금을 지급한 것이 주주총회결의의 한계를 벗어난 것으로서 횡령에 해당한다고 본 사례

[2] 회사를 위한 탈세행위로 형사재판을 받는 대표이사의 변호사비용과 벌금을 회사자금으로 지급하는 것이 사회상규에 어긋나지 않는 행위인지 여부(소극)

【판결요지】

[1] 주식회사는 그 구성분자인 주주와 독립된 별개의 권리주체로서 그 이해가 반드시 일치하는 것은 아니므로 주주총회의 의결권에는 스스로 한계가 있고 그 한계를 벗어나는 사항에 대하여서

는 비록 그 의결이 있었다 해도 범죄를 구성할 수 있는 것인 바, 형사재판을 받는 대표이사의 개인적인 변호사비용과 그의 정신적, 육체적 손해에 대한 보상금을 요양비 또는 퇴직위로금 명목으로 가장하여 회사자금으로 지급하였다면 이는 주식회사제도의 목적에 비추어 볼 때 주주총회의 결의에 관계없이 횡령에 해당한다.

[2] 대표이사가 회사를 위한 탈세행위로 인하여 형사재판을 받는 경우 그 변호사비용과 벌금을 회사에서 부담하는 것이 관례라고 하여도 그러한 행위가 사회상규에 어긋나지 않는다고 할만큼 사회적으로 용인되어 보편화 된 관례라고 할 수 없다.

355①-Ⅲ-14. 상호신용금고의 경영자가 금고자금을 유용하여 부외부채를 변제한 경우(소극) [대법원 1986. 6. 24., 선고, 86도538]

【판결요지】

상호신용금고의 경영자가 장부상 직원들의 봉급을 인상한 것처럼 하여 실제로는 종전과 같은 액수를 지급하면서 그 차액으로 회사의 부외부채를 변제한 경우, 이는 회사의 채무를 변제한 것이어서 횡령의 범의가 있었다고 볼 수 없다.

355①-Ⅲ-15. 법인대표가 동 법인의 자금을 법인의 운영을 위하여 변태지출한 경우(소극) [대법원 1984. 4. 26., 선고, 82도1674]

【판결요지】

피고인이 공소외 재단법인을 운영함에 있어 경비를 지출하고도 그 영수증을 발급받지 못하거나 감독기관으로부터 인정받기 어려운 경조비·접대비 등의 잡지출에 대하여 번역료, 항공권판매보상금 등 잡수입금으로 이를 충당하고 동 잡지출계정은 일반경리장부와는 별도로 장부를 만들어 변태지출하였고, 공소외인들에게 봉급을 지급하지 않고도 지급한 것처럼 경리장부에 기재하고 그 금액을 장부계정에 입금시켰다 하더라도 이는 장부상의 자금이동에 불과하므로 피고인이 공소외 법인의 변태지출된 경비나 봉급명목의 돈을 횡령한 것이라고 볼 수는 없다.

IV. 횡령(동업자 관련)

355①-IV-1. 동업자가 동업재산에 대한 지분을 임의처분하거나 동업재산 매각대금을 임의소비한 경우(적극) [대법원 2011. 6. 10., 선고, 2010도17684]

【판시사항】

[1] 동업자가 동업재산에 대한 지분을 임의처분하거나 동업재산 매각대금을 임의소비한 경우, 횡령죄의 성립 여부(적극)

[2] 동업자 사이에 손익분배 정산이 되지 않은 상태에서 동업자 한 사람이 동업재산을 횡령한 경우, 횡령죄의 성립 범위(=횡령금액 전부)

[3] 피고인과 甲 주식회사가 동업약정을 맺고 사업을 진행하다가 乙 주식회사에 사업권을 양도하는 양도양수계약을 체결한 다음 이익금을 같은 비율로 분배하기로 약정했는데도, 피고인이 乙 회사에게서 송금받은 일부 계약금을 보관 중 甲 회사 대표이사인 丙 승낙 없이 그 대부분을 임의로 소비한 사안에서, 피고인은 지분비율에 관계없이 임의로 소비한 금액 전부에 대하여 횡령죄의 죄책을 부담한다고 본 원심판단을 수긍한 사례

【판결요지】

[1] 동업재산은 동업자의 합유에 속하므로, 동업관계가 존속하는 한 동업자는 동업재산에 대한 지분을 임의로 처분할 권한이 없고, 동업자 한 사람이 지분을 임의로 처분하거나 또는 동업재산의 처분으로 얻은 대금을 보관 중 임의로 소비하였다면 횡령죄의 죄책을 면할 수 없다.

[2] 동업자 사이에 손익분배 정산이 되지 아니하였다면 동업자 한 사람이 임의로 동업자들의 합유에 속하는 동업재산을 처분할 권한이 없는 것이므로, 동업자 한 사람이 동업재산을 보관 중 임의로 횡령하였다면 지분비율에 관계없이 횡령한 금액 전부에 대하여 횡령죄의 죄책을 부담한다.

[3] 피고인과 甲 주식회사가 서로 금전 또는 노무를 출자하여 甲 회사 명의로 공동주택건립사업을 시행하기로 하는 내용의 동업약정을 맺고 사업을 진행하다가 乙 주식회사에 사업권을 양도하는 양도양수계약을 체결한 다음, 위 양도대금에서 비용을 공제한 이익금을 같은 비율로 분배하기로 약정했는데도, 피고인이 乙 회사에게서 甲 명의의 법인계좌로 송금받은 일부 계약금을 보관 중 甲 회사 대표이사인 丙 승낙 없이 그 대부분을 임의로 인출하여 개인적인 용도로 소비한 사안에서, 피고인이 甲 회사와 동업관계에 있더라도 지분비율에 관계없이 임의로 소비한 금액 전부에 대하여 횡령죄의 죄책을 면할 수 없다는 이유로, 같은 취지의 원심판단을 수긍한 사례.

355①-IV-2. 동업자의 지분권 임의양도에 있어서 불법영득의 의사를 인정하기 어렵다. [대법원 1982. 9. 28., 선고, 81도2777]

【판결요지】

피고인과 공소외(갑)이 피고인 소유의 대지 및 신축 중인 건물부분을 금 60,000,000원에 평가하여 그 반액에 해당하는 금원을 공소외 (갑)이 투자하여 동업하기로 하고 공소외 (갑)이 피고인에 대하여 가지는 기존 채권 27,000,000원을 그 투자금으로 충당하고 위 부동산에 대하여 각 50% 씩

권리를 확보하기로 하되 위 건물이 완공되어 그 소유권보존등기를 마친 날로부터 4개월 내에 피고인이 공소외(갑)의 투자금 및 이에 대한 월 5분의 이자를 가산 지급하면 위 동업관계는 당연 종료된다는 취지의 약정을 한 후 완공된 건물에 관하여 피고인과 공소외 (갑) 공유명의로 보존등기를 경료한 경우에 있어서, 피고인이 위 약정에 따라 동업관계를 종료시키기 위하여 피고인의 1/2 지분을 타에 양도한 행위나 그 양도대금을 공소외 (갑)의 투자 원리금의 변제에 충당한 행위에 불법영득의 의사를 인정하기는 어렵다.

355①-IV-3. 동업자의 동의 없이 통지만 하고 동업체의 재산을 임의처분한 경우(적극) [대법원 1993. 2. 23., 선고, 92도387]

【판결요지】

동업체에 속하는 재산을 다른 동업자들의 동의 없이 임의로 처분하거나 반출하는 행위는 이를 다른 동업자들에게 통지를 하였다 하더라도 횡령죄를 구성한다.

---

1. 조합원중의 한 사람이 조합에서 탈퇴하면서 조합재산을 단독으로 처분하기 위하여 가져간 경우(적극) [대법원 1975. 5. 27., 선고, 75도1014]

【판결요지】

2인으로 구성된 조합에서 조합원중의 한 사람이 조합에서 탈퇴하는 경우에는 조합관계는 종료되고 조합재산은 남은 조합원의 단독소유가 되는 것이고 탈퇴하는 조합원이 조합관계의 종료에 따른 남은 조합원과의 계산을 위하여 조합재산을 가져갈 권리는 없는 것이므로 조합재산인 젖소를 단독으로 처분하기 위하여 끌고 간 소위는 횡령죄의 구성요건을 충족한다.

355①-IV-4. 입목벌채사업 동업계약의 존속 중에 입목 등의 매도대금을 임의로 소비한 경우(적극) [대법원 1990. 7. 13., 선고, 90도903]

【판결요지】

피고인은 입목을 출자하고 피해자는 자금을 출자하여 공동으로 입목 벌채사업을 경영하기로 동업계약을 체결하고, 또 피해자가 매수대금을 출자하여 피고인의 명의로 다른 입목과 지상권을 매수하여 공동으로 입목벌채사업을 경영하던 중에 피고인이 제3자에게 위 각 입목과 지상권을 매도하고 계약금과 중도금으로 받은 돈을 자기의 용도에 임의로 소비한 행위는 횡령죄를 구성한다.

---

1. 동업자 1인에 의한 합유물건 처분과 횡령죄의 성부 [대법원 1982. 12. 28., 선고, 81도3140]

【판결요지】

동업관계가 존속하는 이상 동업관계로 생긴 물건은 동업자의 합유에 속한다고 할 것이므로 동업체를 공동 운영하던 중 동업자의 합유에 속하는 물건을 동업자 1인이 단독으로 처분한 행위는 횡령죄에 해당한다.

355①-IV-5. 동업청산으로 인한 정산금 등을 분배받지 못하여 동업자가 매도한 시설을 유치한 경우(소극) [대법원 1990. 3. 13., 선고, 89도1952]

【판결요지】

식료품제조공장을 피고인과 동업으로 경영하던 공소외 갑이 피고인으로부터 그 처분권한을 위임 받아 그 업체를 피해자에게 매도하여 그 대금을 전액 수령하고도 피고인에게 당초의 결산합의에 따른 정산금을 지급하여 주지 아니하고, 피해자도 피고인으로부터 동업자 전원이 동석한 가운데 잔대금을 지급하여 달라는 요구를 받고도 이를 무시한 채 갑에게 임의로 잔대금을 직접 지급하여 주어, 피고인이 동업관계의 청산에 따른 자신의 몫을 정산받을 때까지 그 시설을 유치하고자 이의 반환을 거부하였다면 피고인에게 불법영득의 의사가 있었던 것이라 할 수 없으므로 피고인의 반환거부행위는 횡령죄를 구성한다고 할 수 없다.

355①-IV-6. 동업으로 인한 수익금의 임의소비(적극) [대법원 1989. 11. 14., 선고, 89도17]

【판결요지】

갑이 을과의 사이에 동업계약을 체결하고 중기의 운영으로 인한 수익금을 을명의의 통장에 입금 시켰다가 그의 결재를 받아 지출하기로 약정하고서도 위 중기가 자신의 단독소유라고 주장하며 을의 동의없이 위 약정에 따른 절차를 거치지 아니하고 그 수익금을 임의로 소비하였다면 그중 일부를 비용으로 사용한 사실이 있더라도 횡령죄를 구성한다.

355①-IV-7. 동업관계가 종료한 것이라고 믿고 그에 따른 금전을 임의소비한 경우(소극) [대법원 1985. 8. 13., 선고, 85도1230]

【판결요지】

형법 제13조가 고의를 결과에 대한 인식 또는 표상으로 파악하고 있으므로 동업자가 투자금 전 액을 회수하여 그 이후 동업관계에 관여한 바가 없고 피고인 역시 위 동업관계가 종료한 것이라고 믿고 혼자서 동업계약에 따라 매수한 부동산의 전매, 관리를 도맡아 처리하면서 그에 따른 금 전을 임의소비하였다면 피고인에게는 횡령사실에 대한 인식이 없었다고 함이 상당하여 결국 그 고의가 없었다고 할 수밖에 없다.

355①-IV-8. 동업체 투자원리금의 반환으로써 동업계약을 해소시킬 수 있다는 특약의 의미 [대법원 1984. 1. 24., 선고, 83도940]

【판시사항】

[1] 동업체 투자원리금의 반환으로써 동업계약을 해소시킬 수 있다는 특약의 의미

[2] 동업계약에 대한 해지권 행사전의 동업자금의 유용과 횡령죄의 성부

【판결요지】

[1] 동업계약상 약정기간내에 투자원리금을 반제함으로써 동 계약을 해소시킬 수 있다고 한 특 약이 있는 경우 이는 <u>동업계약을 투자금 상당의 대여금채권을 확보하기 위한 실질적 채권담보 약 정으로 해석할 수는 없고 오히려 그 특약은 동업계약에 관한 해지권 유보의 특약으로 해석함이 상당하다.</u>

[2] 해지권 유보의 특약에 따라 투자원리금을 변제공탁 함으로써 동업계약에 대한 해지권을 행사하기 전에 동업자금을 개인채무의 변제에 충당하였다면 위 특약의 존재는 횡령죄의 성립에 아무런 영향이 없다.

V. 횡령(기타)

355①-V-1. 계좌명의인이 송금·이체의 원인이 되는 법률관계가 존재하지 않음에도 계좌이체에 의하여 예금채권 상당의 돈을 취득한 경우, 그와 같이 송금·이체된 돈에 대하여 송금의뢰인을 위하여 보관하는 지위에 있는지 여부(적극) [대법원 2019. 4. 3., 선고, 2018도7955]

【판시사항】

계좌명의인이 송금·이체의 원인이 되는 법률관계가 존재하지 않음에도 계좌이체에 의하여 예금채권 상당의 돈을 취득한 경우, 그와 같이 송금·이체된 돈에 대하여 송금의뢰인을 위하여 보관하는 지위에 있는지 여부(적극) 및 이때 계좌명의인이 그 돈을 그대로 보관하지 않고 영득할 의사로 인출하면 횡령죄가 성립하는지 여부(적극) / 계좌명의인이 개설한 예금계좌가 사기 범행에 이용되어 그 계좌에 피해자가 사기피해금을 송금·이체한 경우, 계좌명의인이 그 돈을 영득할 의사로 인출하면 피해자에 대한 횡령죄가 성립하는지 여부(적극)

【이 유】

계좌명의인이 송금·이체의 원인이 되는 법률관계가 존재하지 않음에도 계좌이체에 의하여 취득한 예금채권 상당의 돈은 송금의뢰인에게 반환하여야 할 성격의 것이므로, 계좌명의인은 그와 같이 송금·이체된 돈에 대하여 송금의뢰인을 위하여 보관하는 지위에 있다고 보아야 한다. 따라서 계좌명의인이 그와 같이 송금·이체된 돈을 그대로 보관하지 않고 영득할 의사로 인출하면 횡령죄가 성립한다. 이러한 법리는 계좌명의인이 개설한 예금계좌가 사기 범행에 이용되어 그 계좌에 피해자가 사기피해금을 송금·이체한 경우에도 마찬가지로 적용된다. 계좌명의인이 개설한 예금계좌가 사기 범행에 이용되어 그 계좌에 피해자가 사기피해금을 송금·이체한 경우 계좌명의인은 피해자와 사이에 아무런 법률관계 없이 송금·이체된 사기피해금을 피해자에게 반환하여야 하므로 피해자를 위하여 사기피해금을 보관하는 지위에 있다고 보아야 하고, 만약 계좌명의인이 그 돈을 영득할 의사로 인출하면 피해자에 대한 횡령죄가 성립한다(대법원 2018. 7. 19. 선고 2017도17494 전원합의체 판결 참조).

355①-V-2. 사기범행에 이용되리라는 사정을 알지 못한 채 단순히 자신 명의 계좌의 접근매체를 양도하였을 뿐이어서 사기의 공범에 해당하지 않는 경우, 성명불상자의 사기범행에 속은 피해자가 위 계좌로 송금하여 입금된 돈을 임의로 인출한 행위(적극) [대법원 2018. 8. 1., 선고, 2018도5255]

【판시사항】

피고인이 사기범행에 이용되리라는 사정을 알지 못한 채 단순히 자신 명의 계좌의 접근매체를 양도하였을 뿐이어서 사기의 공범에 해당하지 않는 경우에는 성명불상자의 사기범행에 속은 피해자가 위 계좌로 송금하여 입금된 돈을 피고인이 보관하고 있다고 할 수 있어 피고인이 이를 임의로 인출한 행위는 횡령죄를 구성한다고 볼 여지가 있다(대법원 2018. 7. 19. 선고 2017도17494 전원합의체 판결 참조).

355①-V-3. 계좌명의인이 개설한 예금계좌가 전기통신금융사기 범행에 이용되어 그 계좌에 피해자가 사기피해금을 송금·이체한 경우, 계좌명의인이 그 돈을 영득할 의사로 인출하면 피해자에 대한 횡령죄가 성립하는지 여부(적극) [대법원 2018. 7. 26., 선고, 2017노21715]

【판시사항】

계좌명의인이 개설한 예금계좌가 전기통신금융사기 범행에 이용되어 그 계좌에 피해자가 사기피해금을 송금·이체한 경우 계좌명의인은 피해자와 사이에 아무런 법률관계 없이 송금·이체된 사기피해금 상당의 돈을 피해자에게 반환하여야 하므로 피해자를 위하여 사기피해금을 보관하는 지위에 있다고 보아야 하고, 만약 계좌명의인이 그 돈을 영득할 의사로 인출하면 피해자에 대한 횡령죄가 성립한다. 이때 계좌명의인이 사기의 공범이라면 자신이 가담한 범행의 결과 피해금을 보관하게 된 것일 뿐이어서 피해자와 사이에 위탁관계가 없고, 그가 송금·이체된 돈을 인출하더라도 이는 자신이 저지른 사기범행의 실행행위에 지나지 아니하여 새로운 법익을 침해한다고 볼 수 없으므로 사기죄 외에 별도로 횡령죄를 구성하지 않는다(대법원 2018. 7. 19. 선고 2017도17494 전원합의체 판결 참조).

1. 전기통신금융사기의 범인이 피해자를 기망하여 사기이용계좌로 송금·이체받은 후 이를 인출한 행위가 별도의 횡령죄를 구성하는지 여부(소극) [대법원 2017. 5. 31., 선고, 2017도3894]

【판시사항】

전기통신금융사기(이른바 보이스피싱 범죄)의 범인이 피해자를 기망하여 피해자의 자금을 사기이용계좌로 송금·이체받은 후 사기이용계좌에서 현금을 인출한 행위가 사기의 피해자에 대하여 별도의 횡령죄를 구성하는지 여부(소극) 및 이러한 법리는 사기범행에 이용되리라는 사정을 알고서 자신 명의 계좌의 접근매체를 양도함으로써 사기범행을 방조한 종범이 사기이용계좌로 송금된 피해자의 자금을 임의로 인출한 경우에도 마찬가지로 적용되는지 여부(적극)

【판결요지】

전기통신금융사기(이른바 보이스피싱 범죄)의 범인이 피해자를 기망하여 피해자의 자금을 사기이용계좌로 송금·이체받으면 사기죄는 기수에 이르고, 범인이 피해자의 자금을 점유하고 있다고 하여 피해자와의 어떠한 위탁관계나 신임관계가 존재한다고 볼 수 없을 뿐만 아니라, 그 후 범인이 사기이용계좌에서 현금을 인출하였더라도 이는 이미 성립한 사기범행이 예정하고 있던 행위에 지나지 아니하여 새로운 법익을 침해한다고 보기도 어려우므로, 위와 같은 인출행위는 사기의 피해자에 대하여 별도의 횡령죄를 구성하지 아니한다. 이러한 법리는 사기범행에 이용되리라는 사정을 알고서 자신 명의 계좌의 접근매체를 양도함으로써 사기범행을 방조한 종범이 사기이용계좌로 송금된 피해자의 자금을 임의로 인출한 경우에도 마찬가지로 적용된다.

355①-V-4. 횡령죄의 성립시기 및 보관자가 자기 또는 제3자의 이익을 위하여 소유자의 이익에 반하여 재물을 처분한 경우(적극) [대법원 2017. 9. 21., 선고, 2017도7843]

【판시사항】

횡령죄는 타인의 재물을 보관하는 자가 그 재물을 횡령하는 경우에 성립하는 범죄로서 불법영득의사가 외부에 인식될 수 있는 객관적 행위가 있을 때 횡령죄가 성립하고(대법원 2004. 12. 9. 선고 2004도5904 판결 등 참조), 보관자가 자기 또는 제3자의 이익을 위하여 소유자의 이익에 반하여 재물을 처분한 경우에는 그 재물에 대한 불법영득의사를 인정할 수 있다(대법원 2016. 8. 30. 선고 2013도658 판결 등 참조).

---

1. 타인의 재물을 보관하는 자가 소유자의 이익을 위하여 재물을 처분한 경우 [대법원 2016. 8. 30., 선고, 2013도658]

【판시사항】

[1] 횡령행위가 여러 단계의 일련의 거래 과정을 거쳐 이루어지는 등의 사유로 여러 재물을 횡령의 객체로 볼 여지가 있는 경우, 횡령의 객체를 확정하는 기준

[2] 횡령죄에서 불법영득의사의 의미 및 타인의 재물을 보관하는 자가 소유자의 이익을 위하여 재물을 처분한 경우, 불법영득의사를 인정할 수 있는지 여부(원칙적 소극)

【판결요지】

[1] 횡령죄는 타인의 재물에 대한 재산범죄로 재물의 소유권 등 본권을 보호법익으로 하는 범죄이므로, 어떤 재물을 횡령의 객체로 보느냐에 따라 재물이 타인의 소유인지, 위탁관계에 기초한 보관자의 지위가 인정되는지, 피해자가 누구인지, 재물에 대한 반환청구가 가능한지 등이 달라질 수 있다. 따라서 횡령행위가 여러 단계의 일련의 거래 과정을 거쳐 이루어지는 등의 사유로 여러 재물을 횡령의 객체로 볼 여지가 있어 이를 확정할 필요가 있는 경우에는, 재물의 소유관계 및 성상(性狀), 위탁관계의 내용, 재물의 보관·처분 방법, 행위자가 어떤 재물을 영득할 의사로 횡령행위를 한 것인지 등의 제반 사정을 종합적으로 고려하여 횡령의 객체를 확정해야 한다.

[2] 횡령죄에서 불법영득의사는 타인의 재물을 보관하는 자가 자기 또는 제3자의 이익을 꾀할 목적으로 위탁의 취지에 반하여 타인의 재물을 자기의 소유인 것처럼 권한 없이 스스로 처분하는 의사를 의미한다. 따라서 보관자가 자기 또는 제3자의 이익을 위하여 소유자의 이익에 반하여 재물을 처분한 경우에는 재물에 대한 불법영득의사를 인정할 수 있으나, 그와 달리 소유자의 이익을 위하여 재물을 처분한 경우에는 특별한 사정이 없는 한 그 재물에 대하여는 불법영득의사를 인정할 수 없다.

355①-V-5. 아파트 특별수선충당금을 구조진단 견적비 및 손해배상청구소송의 변호사 선임료로 사용한 경우 [대법원 2017. 2. 15., 선고, 2013도14777]

【판시사항】

[1] 횡령죄에서 '불법영득의사'의 의미 및 타인의 재물을 보관하는 자가 소유자의 이익을 위하여 재물을 처분한 경우, 불법영득의사의 유무(원칙적 소극) / 피고인이 불법영득의사를 부인하는 경우의 증명 방법 및 불법영득의사를 실현하는 행위로서 횡령행위가 있다는 사실의 증명책임 소

재(=검사)와 증명 정도

 [2] 甲 아파트의 입주자대표회의 회장인 피고인이, 일반 관리비와 별도로 입주자대표회의 명의 계좌에 적립·관리되는 특별수선충당금을 아파트 구조진단 견적비 및 시공사인 乙 주식회사에 대한 손해배상청구소송의 변호사 선임료로 사용함으로써 아파트 관리규약에 의하여 정하여진 용도 외에 사용하였다고 하여 업무상횡령으로 기소된 사안에서, 피고인의 불법영득의사를 인정한 원심판결에 법리오해의 잘못이 있다.

 【판결요지】

 [1] 횡령죄에서 불법영득의 의사는 타인의 재물을 보관하는 자가 위탁의 취지에 반하여 자기 또는 제3자의 이익을 위하여 권한 없이 재물을 자기의 소유인 것처럼 사실상 또는 법률상 처분하는 의사를 의미하므로, 보관자가 자기 또는 제3자의 이익을 위한 것이 아니라 소유자의 이익을 위하여 이를 처분한 경우에는 특별한 사정이 없는 한 불법영득의 의사를 인정할 수 없다.

 위와 같은 불법영득의 의사는 내심의 의사에 속하여 피고인이 이를 부인하는 경우, 이러한 주관적 요소로 되는 사실은 사물의 성질상 그와 상당한 관련이 있는 간접사실 또는 정황사실을 증명하는 방법에 의하여 증명할 수밖에 없다. 불법영득의사를 실현하는 행위로서의 횡령행위가 있다는 사실은 검사가 증명하여야 하고, 그 증명은 법관으로 하여금 합리적인 의심을 할 여지가 없을 정도의 확신을 생기게 하는 증명력을 가진 엄격한 증거에 의하여야 한다. 이와 같은 증거가 없다면 설령 피고인에게 유죄의 의심이 간다 하더라도 피고인의 이익으로 판단할 수밖에 없다.

 [2] 甲 아파트의 입주자대표회의 회장인 피고인이, 일반 관리비와 별도로 입주자대표회의 명의 계좌에 적립·관리되는 특별수선충당금을 아파트 구조진단 견적비 및 시공사인 乙 주식회사에 대한 손해배상청구소송의 변호사 선임료로 사용함으로써 아파트 관리규약에 의하여 정하여진 용도 외에 사용하였다고 하여 업무상횡령으로 기소된 사안에서, 특별수선충당금은 甲 아파트의 주요시설 교체 및 보수를 위하여 별도로 적립한 자금으로 원칙적으로 그 범위 내에서 사용하도록 용도가 제한된 자금이나, 당시에는 특별수선충당금의 용도 외 사용이 관리규약에 의해서만 제한되고 있었던 점, 피고인이 구분소유자들 또는 입주민들로부터 포괄적인 동의를 얻어 특별수선충당금을 위탁의 취지에 부합하는 용도에 사용한 것으로 볼 여지가 있는 점 등 제반 사정을 종합하면, 피고인이 특별수선충당금을 위와 같이 지출한 것이 위탁의 취지에 반하여 자기 또는 제3자의 이익을 위하여 자기의 소유인 것처럼 처분하였다고 단정하기 어려우므로, 피고인의 불법영득의사를 인정한 원심판결에 업무상횡령죄의 불법영득의사에 관한 법리오해의 잘못이 있다.

---

1. 학교법인 회계관리 중 교비회계에 속하는 수입금을 전용한 것이 곧바로 횡령행위가 되는지 여부(소극) [대법원 1994. 9. 9., 선고, 94도998]
 【판시사항】
 [1] 불법영득의사의 실현행위로서 횡령행위의 입증정도
 [2] 학교법인 회계관리 중 교비회계에 속하는 수입금을 전용한 것이 곧바로 횡령행위가 되는지 여부
 【판결요지】

[1] 불법영득의사를 실현하는 행위로서의 횡령행위가 있다는 점은 검사가입증하여야 하는 것으로서, 그 입증은 법관으로 하여금 합리적인 의심을 할 여지가 없을 정도의 확신을 생기게 하는 증명력을 가진 엄격한 증거에 의하여야 하는 것이고 이와 같은 증거가 없다면 설령 피고인에게 유죄의 의심이 간다 하더라도 피고인의 이익으로 판단할 수밖에 없다 할 것인바, 피고인이 자신이 위탁받아 보관하고 있던 돈이 모두 없어졌는데도 그 행방이나 사용처를 제대로 설명하지 못한다면 일응 피고인이 이를 임의소비하여 횡령한 것이라고 추단할 수 있겠지만, 그렇지 아니하고 피고인이 불법영득의사의 존재를 인정하기 어려운 사유를 들어 돈의 행방이나 사용처에 대한 설명을 하고 있고 이에 부합하는 자료도 있다면 피고인이 위탁받은 돈을 일단 타용도로 소비한 다음 그만한 돈을 별도로 입금 또는 반환한 것이라는 등의 사정이 인정되지 아니하는 한 함부로 위탁받은 돈을 불법영득의사로 인출하여 횡령하였다고 인정할 수는 없다.

[2] 사립학교법 및 같은법시행령이 특히 교비회계에 속하는 수입금에 대하여 그 사용처를 엄격하게 제한하고 다른 회계에 전출하거나 대여할 수 없도록 규정하고 있고, 피고인이 교비회계에 속하는 입학금 등을 송금받은 것은 학교법인의 용도에 전용한 것으로 볼 여지도 있기는 하지만, 교비회계에 속하는 수입금을 다른 회계에 전용하는 것이 사립학교법 위반으로 처벌될 수 있음은 별론으로 하고 그 전용 자체만으로 곧바로 불법영득의사를 실현하는 횡령행위가 된다고 할 수 없다.

2. 법인이나 단체의 임직원이 이른바 '판공비' 또는 '업무추진비'를 불법영득의 의사로 횡령한 것으로 인정하기 위한 요건 [대법원 2010. 6. 24., 선고, 2007도5899]

【판시사항】

[1] 보관 중인 금전의 용도가 추상적으로 정하여진 경우 보관자의 불법영득의 의사에 관한 입증책임자 (=검사) 및 입증 방법

[2] 법인이나 단체의 임직원이 이른바 '판공비' 또는 '업무추진비'를 불법영득의 의사로 횡령한 것으로 인정하기 위한 요건

[3] 버스운송사업조합의 이사장이 현금으로 지급된 판공비 또는 조합활동비의 구체적인 사용처를 설명하지 못한다거나 그 증빙자료를 제출하지 못하고 있다는 이유로 불법영득의 의사를 추단한 원심판결에 법리오해의 위법이 있다.

【판결요지】

[1] 불법영득의 의사에 관한 입증책임은 어디까지나 검사에게 있는 것이므로, 어떤 금전의 용도가 추상적으로 정하여져 있다 하여도 그 구체적인 사용 목적이나 사용처, 사용 시기 등에 관하여 보관자에게 광범위한 재량을 가지고 이를 사용할 권한이 부여되어 있고, 지출한 후에 그에 관한 사후보고나 증빙자료의 제출도 요구되지 않는 성질의 것이라면, 그 보관자가 위 금전을 사용한 다음 그 행방이나 사용처를 제대로 설명하지 못하거나 증빙자료를 제출하지 못하고 있다고 하여 함부로 불법영득의 의사를 추단하여서는 아니되고, 그 금전이 본래의 사용 목적과는 관계없이 개인적인 이익을 위하여 지출되었다거나 합리적인 범위를 넘어 과다하게 이를 지출하였다는 등 불법영득의 의사를 인정할 수 있는 사정을 검사가 입증하여야 함은 입증책임의 법리상 당연하다.

[2] 법인이나 단체에서 임직원에게 업무를 수행하는 데에 드는 비용 명목으로 정관 기타의 규정에 의해 지급되는 이른바 판공비 또는 업무추진비가 직무수행에 드는 경비를 보전해 주는 실비변상적 급여의 성질을 가지고 있고, 정관이나 그 지급기준 등에서 업무와 관련하여 지출하도록 포괄적으로 정

하고 있을 뿐 그 용도나 목적에 구체적인 제한을 두고 있지 않을 뿐만 아니라, 이를 사용한 후에도 그 지출에 관한 영수증 등 증빙자료를 요구하고 있지 않은 경우에는, 임직원에게 그 사용처나 규모, 업무와 관련된 것인지 여부 등에 대한 판단이 맡겨져 있고, 그러한 판단은 우선적으로 존중되어야 한다. 따라서 <u>임직원이 판공비 등을 불법영득의 의사로 횡령한 것으로 인정하려면 판공비 등이 업무와 관련없이 개인적인 이익을 위하여 지출되었다거나 또는 업무와 관련되더라도 합리적인 범위를 넘어 지나치게 과다하게 지출되었다는 점이 증명되어야 할 것이고, 단지 판공비 등을 사용한 임직원이 그 행방이나 사용처를 제대로 설명하지 못하거나 사후적으로 그 사용에 관한 증빙자료를 제출하지 못하고 있다고 하여 함부로 불법영득의 의사로 이를 횡령하였다고 추단하여서는 아니된다.</u>

[3] 버스운송사업조합의 이사장이 현금으로 지급된 판공비 또는 조합활동비의 구체적인 사용처를 설명하지 못한다거나 사후적으로 그 증빙자료를 제출하지 못하고 있다는 이유로 불법영득의 의사를 추단하고, 위 조합의 일부 자금이 그 용도와 목적에 맞게 지출되었다는 합리적인 가능성을 배제할 수 없음에도 이를 횡령하였다고 인정한 원심판결에 법리오해의 위법이 있다.

355①-V-6. 타인을 위하여 금전 등을 보관·관리하는 사람이 과다하게 부풀린 금액으로 공사계약을 체결하기로 공사업자 등과 사전에 약정하고 과다 지급된 공사대금 중 일부를 되돌려 받는 행위(적극) [대법원 2015. 12. 10., 선고, 2013도13444]

【판시사항】

타인을 위하여 금전 등을 보관·관리하는 사람이 과다하게 부풀린 금액으로 공사계약을 체결하기로 공사업자 등과 사전에 약정하고 과다 지급된 공사대금 중 일부를 되돌려 받는 행위가 횡령이 되는지 여부(적극) 및 횡령액(=과다하게 부풀려 지급된 공사대금 상당액)

【이 유】

타인을 위하여 금전 등을 보관·관리하는 자가 개인적 용도로 사용할 자금을 마련하기 위하여, 적정한 금액보다 과다하게 부풀린 금액으로 공사계약을 체결하기로 공사업자 등과 사전에 약정하고 그에 따라 과다 지급된 공사대금 중의 일부를 공사업자로부터 되돌려 받는 행위는 <u>그 타인에 대한 관계에서 과다하게 부풀려 지급된 공사대금 상당액의 횡령이 된다</u>(대법원 2010. 5. 27. 선고 2010도3399 판결 등 참조).

355①-V-7. 소유권 취득에 등록이 필요한 타인 소유 차량을 인도받아 보관하고 있는 사람이 이를 처분한 경우(적극) [대법원 2015. 6. 25., 선고, 2015도1944, <u>전원합의체 판결</u>]

【판시사항】

소유권의 취득에 등록이 필요한 타인 소유 차량을 인도받아 보관하고 있는 사람이 이를 사실상 처분한 경우, 보관 위임자나 보관자가 차량의 등록명의자가 아니라도 횡령죄가 성립하는지 여부(적극) / 지입회사에 소유권이 있는 차량에 대하여 지입회사에서 운행관리권을 위임받은 지입차주 또는 지입차주에게서 차량 보관을 위임받은 사람이 지입회사 또는 지입차주의 승낙 없이 보관 중인 차량을 사실상 처분한 경우에도 같은 법리가 적용되는지 여부(적극)

【판결요지】

횡령죄는 타인의 재물을 보관하는 사람이 재물을 횡령하거나 반환을 거부한 때에 성립한다(형법 제355조 제1항). 횡령죄에서 재물의 보관은 재물에 대한 사실상 또는 법률상 지배력이 있는 상태를 의미하며, 횡령행위는 불법영득의사를 실현하는 일체의 행위를 말한다. 따라서 소유권의 취득에 등록이 필요한 타인 소유의 차량을 인도받아 보관하고 있는 사람이 이를 사실상 처분하면 횡령죄가 성립하며, 보관 위임자나 보관자가 차량의 등록명의자일 필요는 없다. 그리고 이와 같은 법리는 지입회사에 소유권이 있는 차량에 대하여 지입회사에서 운행관리권을 위임받은 지입차주가 지입회사의 승낙 없이 보관 중인 차량을 사실상 처분하거나 지입차주에게서 차량 보관을 위임받은 사람이 지입차주의 승낙 없이 보관 중인 차량을 사실상 처분한 경우에도 마찬가지로 적용된다.

【참조판례】

대법원 1978. 10. 10. 선고 78도1714 판결(공1978, 598)(변경), 대법원 1987. 10. 13. 선고 87도1778 판결(공1987, 1751), 대법원 2004. 12. 9. 선고 2004도5904 판결(공2005상, 147), 대법원 2006. 12. 22. 선고 2004도3276 판결(변경), 대법원 2013. 12. 12. 선고 2012도16315 판결

---

1. 횡령죄에 있어서 재물의 보관의 의미 [대법원 1987. 10. 13., 선고, 87도1778]

【판결요지】

횡령죄에 있어서의 재물의 보관이라 함은 재물에 대한 사실상 또는 법률상 지배력이 있는 상태를 의미하므로 그 보관이 위탁관계에 기인하여야 할 것임은 물론이나 그것이 반드시 사용대차, 임대차, 위임 등의 계약에 의하여 설정되는 것임을 요하지 아니하고 사무관리, 관습, 조리, 신의칙에 의해서도 성립된다.

355①-V-8. 타인의 금전을 위탁받아 보관하는 자가 보관방법으로 금융기관에 예치한 경우, 보관자의 지위를 갖는지 여부(적극) [대법원 2015. 2. 12., 선고, 2014도11244]

【판시사항】

[1] 타인의 금전을 위탁받아 보관하는 자가 보관방법으로 금융기관에 예치한 경우, 보관자의 지위를 갖는지 여부(적극)

[2] 타인의 금전을 위탁받아 보관하는 자가 보관방법으로 금융기관에 자신의 명의로 예치한 후 이를 함부로 인출하여 소비하거나 위탁자에게서 반환요구를 받았음에도 영득의 의사로 반환을 거부하는 경우, 횡령죄가 성립하는지 여부(적극)

【이 유】

타인의 금전을 위탁받아 보관하는 자가 보관방법으로 금융기관에 자신의 명의로 예치한 경우, 금융실명거래 및 비밀보장에 관한 긴급재정경제명령이 시행된 이후라도 위탁자가 그 위탁한 금전의 반환을 구할 수 없는 것은 아니므로, 수탁자가 이를 함부로 인출하여 소비하거나 또는 위탁자로부터 반환요구를 받았음에도 이를 영득할 의사로 반환을 거부하는 경우에는 횡령죄가 성립한다(대법원 2000. 8. 18. 선고 2000도1856 판결 참조).

1. 주식회사 소유 재산을 주주나 대표이사 등이 제3자의 자금조달을 위한 담보제공 등 사적인 용도로 임의 처분한 경우(적극) [대법원 2011. 3. 24., 선고, 2010도17396]
【판결요지】
주식회사는 주주와 독립된 별개의 권리주체로서 이해가 반드시 일치하는 것은 아니므로, 주주나 대표이사 또는 그에 준하여 회사 자금의 보관이나 운용에 관한 사실상의 사무를 처리하는 자가 회사 소유 재산을 제3자의 자금 조달을 위하여 담보로 제공하는 등 사적인 용도로 임의 처분하였다면 그 처분에 관하여 주주총회나 이사회의 결의가 있었는지 여부와는 관계없이 횡령죄의 죄책을 면할 수는 없다.

---

2. 횡령행위를 주선하고 그 처분행위를 적극적으로 종용한 경우, 횡령행위에 가담한 공동정범의 죄책을 부담하는지 여부(적극) [대법원 2005. 8. 19., 선고, 2005도3045]
【판시사항】
[1] 주식회사 소유 재산을 주주나 대표이사가 사적인 용도로 임의 처분한 경우, 횡령죄의 성립 여부(적극) 및 횡령죄에 있어서 불법영득의사의 의미
[2] 횡령행위를 주선하고 그 처분행위를 적극적으로 종용한 경우, 횡령행위에 가담한 공동정범의 죄책을 부담하는지 여부(적극)
【판결요지】
[1] 주식회사는 주주와 독립된 별개의 권리주체로서 그 이해가 반드시 일치하는 것은 아니므로, 회사 소유 재산을 주주나 대표이사가 제3자의 자금 조달을 위하여 담보로 제공하는 등 사적인 용도로 임의 처분하였다면 그 처분에 관하여 주주총회나 이사회의 결의가 있었는지 여부와는 관계없이 횡령죄의 죄책을 면할 수는 없는 것이고, 횡령죄에 있어서 불법영득의 의사라 함은 자기 또는 제3자의 이익을 꾀할 목적으로 업무상의 임무에 위배하여 보관하는 타인의 재물을 자기의 소유인 경우와 같은 처분을 하는 의사를 말하고 사후에 이를 반환하거나 변상, 보전하는 의사가 있다 하더라도 불법영득의 의사를 인정함에 지장이 없다.
[2] 주식회사의 재산을 임의로 처분하려는 대표이사의 횡령행위를 주선하고 그 처분행위를 적극적으로 종용한 경우에는 대표이사의 횡령행위에 가담한 공동정범의 죄책을 면할 수 없다.

355①-V-9. 구분소유적 공유관계에서 각 공유자가 자신의 특정 구분부분을 단독으로 처분하고 공유지분등기를 자유로이 이전할 수 있는지 여부(적극) [대법원 2014. 12. 24., 선고, 2011도11084]
【판시사항】
구분소유적 공유관계에서 각 공유자가 자신의 특정 구분부분을 단독으로 처분하고 이에 해당하는 공유지분등기를 자유로이 이전할 수 있는지 여부(적극) / 구분소유하고 있는 특정 구분부분별로 독립한 필지로 분할되는 경우, 각 공유자가 특정 구분부분 필지가 아닌 나머지 각 필지 위에 전사된 자신 명의의 공유지분을 다른 공유자에 대한 관계에서 보관하는 자의 지위에 있는지 여부(원칙적 적극)
【판결요지】
구분소유적 공유관계에서 각 공유자 상호 간에는 각자의 특정 구분부분을 자유롭게 처분함에 서

로 동의하고 있다고 볼 수 있으므로, 공유자 각자는 자신의 특정 구분부분을 단독으로 처분하고 이에 해당하는 공유지분등기를 자유로이 이전할 수 있는데, 이는 공유지분등기가 내부적으로 공유자 각자의 특정 구분부분을 표상하기 때문이다. 그러나 구분소유하고 있는 특정 구분부분별로 독립한 필지로 분할되는 경우에는 특별한 사정이 없는 한 각자의 특정 구분부분에 해당하는 필지가 아닌 나머지 각 필지에 전사된 공유자 명의의 공유지분등기는 더 이상 당해 공유자의 특정 구분부분에 해당하는 필지를 표상하는 등기라고 볼 수 없고, 각 공유자 상호 간에 상호명의신탁관계만이 존속하므로, 각 공유자는 나머지 각 필지 위에 전사된 자신 명의의 공유지분에 관하여 다른 공유자에 대한 관계에서 그 공유지분을 보관하는 자의 지위에 있다.

355①-V-10. 학교발전기금으로 기부된 금원을 법령상 정해진 용도 이외에 사용하는 행위(원칙적 적극) [대법원 2014. 3. 13., 선고, 2012도6336]

【이 유】

초·중등교육법, 그 시행령 및 학교발전기금의 조성·운용 및 회계에 관한 규칙 등 관련 법령이 학교발전기금의 조성에 관한 그 주체·목적·절차·방법 등은 물론이고 학교발전기금의 운용·사용·회계관리 등에 관하여도 엄격히 규정하고 있고, 이와 같은 관련 법령의 입법취지가 '열악한 교육재정여건을 감안하여 학교운영위원회를 통한 기금의 조성을 허용하는 대신에 기금의 조성 및 사용에 투명성을 기하고 찬조금 등 금품모금과 관련한 잡음을 없애기 위한 것'에 있는 점 등에 비추어 볼 때, 초·중등교육법에 정한 학교발전기금으로 기부한 금원의 경우, 그 기부의 경위와 목적, 상황, 액수 등 그 실질에 비추어 위와 같이 법령상 엄격히 제한된 용도 외에 학교운영에 필요한 특정한 공익적 용도로 수수한 것으로 볼 수 있는 예외적 경우가 아닌 한, 학교운영위원회에 귀속되어 법령에서 정한 사용목적으로만 사용되어야 할 것이므로, 그 정해진 용도 외의 사용행위는 원칙적으로 횡령죄를 구성한다고 보아야 할 것이다(대법원 2010. 7. 22. 선고 2007도4713 판결 참조).

355①-V-11. 甲과 함께 소주방에서 술을 마시다가 서로 몸싸움을 하는 과정에서 甲이 떨어뜨리고 간 휴대전화를 소주방 업주로부터 건네받아 보관하던 중 임의로 사용한 경우(소극) [대법원 2014. 3. 13., 선고, 2012도5346]

【판시사항】

횡령죄에서 불법영득의 의사는 자기 또는 제3자의 이익을 꾀할 목적으로 임무에 위배하여 보관하는 타인의 재물을 자기의 소유인 것과 같이 처분을 하는 의사를 말하는바(대법원 2005. 8. 19. 선고 2005도3045 판결 등 참조), 피고인이 피해자의 휴대전화를 보관하면서 임의로 사용한 것만으로는 불법영득의 의사가 있었다고 단정하기 어렵다고 할 것이다.

355①-V-12. 횡령죄의 객체인'재물'에 채권이나 그 밖의 권리 등이 포함되는지 여부(소극) [대법원 2014. 2. 27., 선고, 2011도832]

【판시사항】

횡령죄의 객체는 자기가 보관하는 '타인의 재물' 이므로 재물이 아닌 재산상의 이익은 횡령죄의 객체가 될 수 없다. 횡령죄의 객체인 재물은 동산이나 부동산 등 유체물에 한정되지 아니하고 관리할 수 있는 동력도 재물로 간주되지만(형법 제361조, 제346조), 여기에서 말하는 관리란 물리적 또는 물질적 관리를 가리킨다고 볼 것이고, 재물과 재산상 이익을 구별하고 횡령과 배임을 별개의 죄로 규정한 현행 형법의 규정에 비추어 볼 때 사무적으로 관리가 가능한 채권이나 그 밖의 권리 등은 재물에 포함된다고 해석할 수 없다(대법원 1994. 3. 8. 선고 93도2272 판결 등 참조).

---

1. 광업권이 횡령죄의 객체가 되는지 여부(소극) [대법원 1994. 3. 8., 선고, 93도2272]

【판결요지】
광업권은 재물인 광물을 취득할 수 있는 권리에 불과하지 재물 그 자체는 아니므로 횡령죄의 객체가 된다고 할 수 없고, 광업법 제12조가 광업권을 물권으로 하고 광업법에서 따로 정한 경우를 제외하고는 부동산에 관한 민법 기타 법령의 규정을 준용하도록 규정하고 있다 하여 광업권이 부동산과 마찬가지로 횡령죄의 객체가 된다고 할 수는 없다.

---

2. 주식이 횡령죄의 객체가 될 수 있는지 여부(소극) [대법원 2005. 2. 18., 선고, 2002도2822]

【판결요지】
법상 주식은 자본구성의 단위 또는 주주의 지위(株主權)를 의미하고, 주주권을 표창하는 유가증권인 주권(株券)과는 구분이 되는바, 주권(株券)은 유가증권으로서 재물에 해당되므로 횡령죄의 객체가 될 수 있으나, 자본의 구성단위 또는 주주권을 의미하는 주식은 재물이 아니므로 횡령죄의 객체가 될 수 없다.

355①-Ⅴ-13. 여러 개의 위탁관계에 의하여 보관하던 여러 개의 재물을 1개의 행위에 의하여 횡령한 경우(=상상적 경합범) [대법원 2013. 10. 31., 선고, 2013도10020]

【판시사항】
여러 개의 위탁관계에 의하여 보관하던 여러 개의 재물을 1개의 행위에 의하여 횡령한 경우 위탁관계별로 수개의 횡령죄가 성립하고, 그 사이에는 상상적 경합의 관계가 있는 것으로 보아야 한다.

355①-Ⅴ-14. 횡령한 재물을 사후에 반환하거나 변상·보전하는 의사가 있더라도 불법영득의사를 인정할 수 있는지 여부(적극) [대법원 2013. 3. 14., 선고, 2011도7259]

【판시사항】
횡령죄에 있어서 불법영득의 의사라 함은 자기 또는 제3자의 이익을 꾀할 목적으로 임무에 위배하여 보관하는 타인의 재물을 자기의 소유인 경우와 같이 처분을 하는 의사를 말하고, 사후에 이를 반환하거나 변상, 보전하는 의사가 있다 하더라도 불법영득의 의사를 인정함에는 지장이 없는 것이므로(대법원 2005. 8. 19. 선고 2005도3045 판결 등 참조), 피고인들이 이 사건 요양병원 운영과 관련하여 광양시에 가한 손해가 이 사건 예치금에서 공제될 수 있다는 사정만으로, 피고인들에게 불법영득의 의사가 없었다고 볼 수도 없다.

355①-V-15. 보관하던 수목을 함부로 제3자에 매도하는 계약을 체결하고 계약금을 수령·소비한 경우 횡령죄가 기수에 이르렀다고 볼 수 있는지 여부(적극) [대법원 2012. 8. 17. 선고 2011도9113)

【판결요지】

형법 제355조 제1항은 "타인의 재물을 보관하는 자가 그 재물을 횡령하거나 그 반환을 거부한 때에는 처벌한다."라고 규정하고 있는바, 횡령죄는 다른 사람의 재물에 관한 소유권 등 본권을 그 보호법익으로 하고 본권이 침해될 위험성이 있으면 그 침해의 결과가 발생하지 아니하더라도 성립하는 이른바 '위험범'에 해당하며, 나아가 횡령행위라고 함은 위탁관계에 의하여 재물을 보관하는 자가 대외적으로 불법영득의사를 표현 내지 실현하거나, 또는 자신이 보관하는 재물을 소유자의 의사와 관계없이 임의로 제3자에게 처분함으로써 정당한 소유자의 본권(本勸) 침해에 관한 구체적인 재산상 위험을 초래하는 유형의 범죄행위를 지칭한다.

피고인에 대한 이 사건 공소사실 중 횡령의 점의 요지는, 피고인은 이 사건 수목 40그루를 피해자 C를 위하여 보관하던 중, 위 피해자로부터 이 사건 수목을 처분하여도 좋다는 허락을 받지 않았음에도 불구하고, 2008. 4. 8. D와 E에게 이 사건 수목을 대금 1억 9,000만 원에 매도하는 매매계약을 체결하고, 즉석에서 계약금 명목으로 5,000만 원을 교부받아 이를 임의로 사용함으로써 피고인은 시가 1,200만 원 상당의 피해자 C 소유의 이 사건 수목 40그루를 임의로 처분하여 횡령하였다는 것이다.

위 인정사실에 의하면, 피고인이 이 사건 수목에 관하여 합유자인 피해자 C를 배제한 채, 피고인의 단독소유인 것처럼 행세하면서 매매계약을 체결함으로써 "횡령의 불법영득의사가 표현되었다"라고 볼 소지가 있고, 따라서 피고인이 횡령죄의 "실행의 착수"에 나아갔다고 볼 수는 있으나, 더 나아가 합유자인 피해자 C의 소유권 침해에 대한 구체적인 위험발생에까지 이르렀다고는 선뜻 단정하기 어렵다.

왜냐하면, 부동산의 매매계약이라고 함은, 매수인 측에 특별한 잘못이 없다고 하더라도 매도인 측에서 계약금의 배액을 상환하는 방법으로 언제든지 해약할 수 있는 것이고, 특히 무권한자의 계약행위에 대하여는 소유자가 거래상대방에게 무권한자의 사기행위라는 점을 밝힘으로써 부동산 전체의 소유권 상실 위험에서는 손쉽게 벗어날 수 있는 것이며, 실제로 이 사건의 경우에 있어서 피해자 C가 위와 같은 조치를 취함으로써 이 사건 수목 전체에 대한 소유권 상실의 위험에까지는 다다르지 않았던 것으로 보이기 때문이다. 그리고 이 사건 수목은 피해자 C가 임차한 제3자의 토지에 정착된 부동산으로서(민법 제99조 제1항), 피고인이 '금전', '동산' 등에서와 같은 맥락의 형법적 측면의 직접적인 점유에까지는 다다르지 못한 상태에 있었으며, 이 사건 수목에 관하여 피고인 또는 부동산매수인 명의의 명인방법 등의 조치를 취한 적도 없었고, 피고인이 이 사건 수목을 토지에서 분리·보관하거나, 분리·반출한 사실도 발견되지 아니한다. 따라서 단순히 피고인이 이 사건 수목에 관한 매매계약을 체결하고 계약금을 수령한 사실만으로는 횡령죄의 '실행의 착수'의 단계를 넘어 더 나아가 '기수범'에 이르렀다고 보기는 어렵다고 할 것이다.

355①-V-16. 제3채무자가 집행공탁을 하여야 할 것을 착오로 변제공탁을 한 경우, 압류채권금을 변제받아 집행채권자에게 반환을 거부한 집행채무자에게 횡령죄 성립 여부(소극) [대법원 2012. 1. 12., 선고, 2011도12604]

【판시사항】

[1] 제3채무자가 집행공탁을 하여야 할 것을 착오로 변제공탁을 한 경우, 압류채권금을 변제받아 집행채권자에게 반환을 거부한 집행채무자에게 횡령죄가 성립하는지 여부(소극)

[2] 피고인이 한국수자원공사에 대하여 가지는 토지보상금채권에 관하여 피고인의 채권자 甲 주식회사가 압류 및 추심명령을 받아 그 명령이 피고인에게 송달되었는데, 그 후 한국수자원공사가 업무착오로 토지보상금을 집행공탁이 아닌 변제공탁하자 피고인이 이를 수령하여 보관하며 반환요구를 거절함으로써 횡령하였다는 내용으로 기소된 사안

【판결요지】

[1] 집행채무자가 제3채무자에 대하여 가지는 금전채권에 관하여 압류 및 추심명령이 행하여져서 제3채무자는 집행채무자에게 그 채권금을 지급하는 것이, 집행채무자는 이를 수령하는 것이 각 금지된다고 하더라도(민사집행법 제227조 제1항 참조), 제3채무자가 위와 같은 금지에도 불구하고 피압류채무를 스스로 변제하였거나 또는 그에 관하여 민법 제487조에 기한 변제공탁을 하였다면, 집행채무자가 그로써 수령한 금전은 자기 채권에 관한 원래의 이행으로 또는 변제공탁 등과 같이 변제에 갈음하는 방법을 통하여 취득한 것으로서 역시 그의 소유에 속한다고 할 것이고, 그가 단지 집행채권자 또는 제3채무자의 금전을 '보관'하는 관계에 있다고 할 수 없다. 따라서 집행채무자가 그 금전을 집행채권자에게 반환하는 것을 거부하였다고 하여 그에게 횡령의 죄책을 물을 수는 없다. 이는 제3채무자가 원래 민사집행법 제248조에서 정하는 집행공탁을 하여야 할 것을 착오로 변제공탁을 하였다고 해서 달리 볼 수 없다.

[2] 피고인이 자신의 공유 토지가 다목적댐사업의 사업구역에 편입됨으로써 한국수자원공사에 대하여 가지게 된 토지보상금채권에 관하여 피고인의 채권자 甲 주식회사가 압류 및 추심명령을 받아 그 명령이 피고인에게 송달되었는데, 그 후 한국수자원공사가 업무착오로 토지보상금을 집행공탁이 아니라 피고인을 피공탁자로 변제공탁한 것을 기화로 피고인이 이를 수령하여 보관하며 한국수자원공사의 반환요구를 여러 차례에 걸쳐 거절함으로써 횡령하였다는 내용으로 기소된 사안에서, 피고인이 한국수자원공사의 공탁 취지에 좇아 수령한 토지보상금은 피고인의 소유이고 달리 위 금전이 한국수자원공사의 소유라는 점을 인정할 증거가 없다고 보아 무죄를 인정한 원심 판단을 수긍한 사례.

355①-V-17. 금전수수를 수반하는 사무처리를 위임받은 자가 그 행위에 기하여 위임자를 위하여 제3자로부터 수령한 금전이 위임자의 소유에 속하는지 여부(원칙적 적극) [대법원 2011. 6. 10., 선고, 2010도17202]

【판시사항】

[1] 금전 수수를 수반하는 사무처리를 위임받은 자가 그 행위에 기하여 위임자를 위하여 제3자로부터 수령한 금전이 위임자의 소유에 속하는지 여부(원칙적 적극)

[2] 의류유통 판매업체인 甲 주식회사 대표이사 및 실질적 운영자인 피고인들이 공모하여, 甲 회사가 乙 유한회사 등과 체결한 투자약정과 乙 회사와 체결한 위탁판매 및 구매계약의 사무처리 위임에 따라 투자금으로 구입한 의류의 판매대금을 甲 회사 명의 미지정계좌로 입금받아 임의로 소비한 사안에서, 甲 회사는 위임자인 乙 회사를 위하여 위 대금을 보관하는 지위에 있으므로 피고인들의 행위가 횡령죄를 구성한다고 본 원심판단을 수긍한 사례

【이 유】

횡령죄는 타인의 재물을 보관하는 자가 그 재물을 횡령하는 것을 처벌하는 범죄이므로, 횡령죄가 성립되기 위해서는 횡령의 대상이 된 재물이 타인의 소유일 것을 요하는바, <u>금전의 수수를 수반하는 사무처리를 위임받은 자가 그 행위에 기하여 위임자를 위하여 제3자로부터 수령한 금전은 목적이나 용도를 한정하여 위탁된 금전과 마찬가지로, 달리 특별한 사정이 없는 한, 그 수령과 동시에 위임자의 소유에 속하고, 위임을 받은 자는 이를 위임자를 위하여 보관하는 관계에 있다</u>고 보아야 하며(대법원 2005. 11. 10. 선고 2005도3627 판결 등 참조), 타인으로부터 용도가 엄격히 제한된 자금을 위탁받아 집행하면서 그 제한된 용도 이외의 목적으로 자금을 사용하는 것은 그 사용이 개인적인 목적에서 비롯된 경우는 물론 결과적으로 자금을 위탁한 본인을 위하는 면이 있더라도 그 사용행위 자체로서 불법영득의 의사를 실현한 것이 되어 횡령죄가 성립한다(대법원 2001. 7. 13. 선고 2001도1660 판결, 대법원 2008. 2. 29. 선고 2007도9755 판결 등 참조).

---

1. 금전수수를 수반하는 사무처리를 위임받은 자가 수령한 금전이 사무처리의 위임에 따라 위임자를 위하여 수령한 것인지 여부의 판단 방법 [대법원 2005. 11. 10., 선고, 2005도3627]

【판시사항】

[1] 금전수수를 수반하는 사무처리를 위임받은 자가 그 행위에 기하여 위임자를 위하여 제3자로부터 수령한 금전의 귀속관계(=위임자)

[2] 금전수수를 수반하는 사무처리를 위임받은 자가 수령한 금전이 사무처리의 위임에 따라 위임자를 위하여 수령한 것인지 여부의 판단 방법

【판결요지】

[1] 횡령죄는 타인의 재물을 보관하는 자가 그 재물을 횡령하는 것을 처벌하는 범죄이므로, 횡령죄가 성립되기 위해서는 횡령의 대상이 된 재물이 타인의 소유일 것을 요하는 것인바, 금전의 수수를 수반하는 사무처리를 위임받은 자가 그 행위에 기하여 위임자를 위하여 제3자로부터 수령한 금전은 목적이나 용도를 한정하여 위탁된 금전과 마찬가지로 달리 특별한 사정이 없는 한 그 수령과 동시에 위임자의 소유에 속하고, 위임을 받은 자는 이를 위임자를 위하여 보관하는 관계에 있다고 보아야 한다.

[2] <u>수령한 금전이 사무처리의 위임에 따라 위임자를 위하여 수령한 것인지 여부는 수령의 원인이 된 법률관계의 성질과 당사자의 의사에 의하여 판단되어야 하며, 만일 당사자 사이에 별도의 채권, 채무가 존재하여 수령한 금전에 관한 정산절차가 남아 있는 등 위임자에게 반환하여야 할 금액을</u>

> 쉽게 확정할 수 없는 사정이 있다면, 이러한 경우에는 수령한 금전의 소유권을 바로 위임자의 소유
> 로 귀속시키기로 하는 약정이 있었다고 쉽사리 단정하여서는 안 된다.

355①-V-18. 피고인이 운영하는 오피스텔 등 신축·분양사업 시행사인 甲 주식회사가 시공사인 乙 주식회사와 공동사업자로서 상호 협력하여 사업을 추진하기로 약정한 사안 [대법원 2011. 5. 26., 선고, 2011도1904]

【판시사항】

[1] 피고인이 운영하는 오피스텔 등 신축·분양사업 시행사인 甲 주식회사가 시공사인 乙 주식회사와 공동사업자로서 상호 협력하여 사업을 추진하기로 약정한 사안

[2] 오피스텔 등 신축·분양사업의 시행사인 甲 주식회사와 시공사인 乙 주식회사가 동업계약을 체결하여 조합을 구성하였는데, 甲 회사의 대표이사인 피고인이 조합 사업과 관련된 부가가치세를 납부한 후 돌려받은 환급금을 공동 운영계좌에 입금하지 않은 사안

[3] 오피스텔 등 신축·분양사업의 시행사인 甲 주식회사와 시공사인 乙 주식회사가 동업계약을 체결하여 조합을 구성하였는데, 甲 회사의 대표이사인 피고인이 조합 사업과 관련된 부가가치세 환급금 등을 동업재산에 귀속시키지 않고 甲 회사 운영자금 등에 임의로 사용하였다고 하여 기소된 사안

【판결요지】

[1] 甲 회사와 乙 회사는 공동사업이행협약 등을 통하여 상당한 재산상 이익과 노무를 출자하고 위 사업을 공동으로 경영할 것을 약정하는 동업계약을 체결함으로써 조합을 구성하였으므로, 동업관계로 인하여 발생한 수익금은 합유에 속하는 동업재산에 해당하며, 甲 회사는 이를 乙 회사를 위하여 보관하는 지위에 있다고 본 원심판단을 수긍한 사례.

[2] 위 부가가치세 환급금은 동업재산이므로 피고인이 이를 개인적인 용도에 임의로 사용하였다면 甲 회사와 乙 회사의 이익분배비율과 관계없이 그 전액에 대하여 횡령죄의 죄책을 부담한다.

[3] 피고인이 위 돈을 조합 사업과 직·간접적으로 관련된 비용에 지출하였더라도 그 전부에 대하여 횡령죄의 죄책을 부담한다고 본 원심판단에 횡령죄의 불법영득의사 인정에 관한 법리오해 및 심리미진의 위법이 있다.

355①-V-19. 착오로 송금되어 입금된 돈을 인출하여 소비한 행위가 송금인과 피고인 사이에 별다른 거래관계가 없는 경우 횡령죄 여부(적극) [대법원 2010. 12. 9., 선고, 2010도891]

【판시사항】

[1] 착오로 송금되어 입금된 돈을 임의로 인출하여 소비한 행위가 송금인과 피고인 사이에 별다른 거래관계가 없는 경우에도 횡령죄에 해당하는지 여부(적극)

[2] 피고인이, 甲 회사의 직원이 착오로 피고인 명의 은행 계좌에 잘못 송금한 돈을 임의로 인출하여 사용한 사안에서, 피고인이 甲 회사와 아무런 거래관계가 없다는 등의 이유만으로 주위적 공소사실인 횡령에 대하여 무죄를 선고한 원심판결에 법리오해의 위법이 있다.

【이 유】

어떤 예금계좌에 돈이 착오로 잘못 송금되어 입금된 경우에는 그 예금주와 송금인 사이에 신의칙상 보관관계가 성립한다고 할 것이므로, 피고인이 송금 절차의 착오로 인하여 피고인 명의의 은행 계좌에 입금된 돈을 임의로 인출하여 소비한 행위는 횡령죄에 해당하고(대법원 1968. 7. 24. 선고 1966도1705 판결, 대법원 2005. 10. 28. 선고 2005도5975 판결, 대법원 2006. 10. 12. 선고 2006도3929 판결 등 참조), 이는 송금인과 피고인 사이에 별다른 거래관계가 없다고 하더라도 마찬가지이다.

355①-V-20. 횡령 이후 다시 그 재물을 처분하는 것이 불가벌적 사후행위에 해당하는지 여부(적극)
[대법원 2010. 2. 25., 선고, 2010도93]

【판시사항】

[1] 횡령죄에서 '횡령행위'의 의미 및 횡령 이후에 다시 그 재물을 처분하는 것이 불가벌적 사후행위에 해당하는지 여부(적극)

[2] 공동상속인 중 1인이 상속재산인 임야를 보관 중 다른 상속인들로부터 매도후 분배 또는 소유권이전등기를 요구받고도 그 반환을 거부한 경우 이때 이미 횡령죄가 성립하고, 그 후 그 임야에 관하여 다시 제3자 앞으로 근저당권설정등기를 경료해 준 행위는 불가벌적 사후행위로서 별도의 횡령죄를 구성하지 않는다.

【이 유】

횡령죄는 타인의 재물을 보관하는 자가 그 재물을 횡령하는 경우에 성립하는 범죄이고, 횡령죄의 구성요건으로서의 횡령행위란 불법영득의사를 실현하는 일체의 행위를 말하는 것이어서 타인의 재물을 점유하는 자가 그 점유를 자기를 위한 점유로 바꾸려고 하는 의사를 가지고 그러한 영득의 의사가 외부에 인식될 수 있는 객관적 행위를 하였을 때에는 그 재물 전체에 대한 횡령죄가 성립되고, 일단 횡령을 한 이후에 다시 그 재물을 처분하는 것은 불가벌적 사후행위에 해당하여 처벌할 수 없다(대법원 1998. 2. 24. 선고 97도3282 판결 등 참조).

355①-V-21. 자신이 위탁받아 보관하고 있던 재물이 없어졌는데도 그 행방이나 사용처를 제대로 설명하지 못하는 경우 이를 임의소비하여 횡령한 것으로 추단할 수 있는지 여부(적극)
[대법원 2009. 12. 10., 선고, 2008도10669]

【판시사항】

[1] 자신이 위탁받아 보관하고 있던 재물이 없어졌는데도 그 행방이나 사용처를 제대로 설명하지 못하는 경우 이를 임의소비하여 횡령한 것으로 추단할 수 있는지 여부(적극) 및 횡령죄에 있어서 위탁관계는 '사무관리'에 의하여도 발생할 수 있는지 여부(적극)

[2] 피해자로부터 불상(금제삼존불상)을 팔아달라는 부탁을 받았는지 또는 부탁을 받지 않은 상태에서 가지고 나왔는지는 분명하지 아니하나 불상을 보관하고 있었음은 명백한 상태에서, 피해자로부터 불상의 반환을 요구받고도 이를 반환하지 아니하였고, 그와 같이 반환하지 못하는 이유

를 수시로 번복하고 있을 뿐 불상의 행방에 관하여 납득할 만한 설명을 하지 못하고 있는 행위가, 형법 제355조 제1항의 '타인의 재물을 보관하는 자가 그 반환을 거부한 때'에 해당한다.

【이 유】

피고인이 자신이 위탁받아 보관하고 있던 재물이 없어졌는데도 그 행방이나 사용처를 제대로 설명하지 못한다면 일단 피고인이 이를 임의소비하여 횡령한 것이라고 추단할 수 있다고 할 것이고 (대법원 2007. 9. 6. 선고 2006도5538 판결 등 참조), 횡령죄에 있어서 위탁관계는 사무관리에 의하여도 발생할 수 있다.

피고인은 수사기관에서부터 원심에 이르기까지 공소외 2가 2007. 5. 30. 15:00경 공소외 3 주식회사 사장 집무실에서 이 사건 불상을 팔아달라고 하면서 주어서 이를 가지고 나왔다고 주장하여 이 사건 불상을 보관하고 있었음을 인정하고 있고, 원심이 채용한 공소외 4의 진술에 비추어 보아도 피고인이 피해자 공소외 1, 2로부터 이 사건 불상을 팔아달라는 부탁을 받았는지 또는 그와 같은 부탁을 받지 않은 상태에서 이 사건 불상을 가지고 나왔는지는 분명하지 아니하나 피고인이 이 사건 불상을 보관하고 있었음은 명백하다. 그런데 피고인은 위 피해자들로부터 이 사건 불상의 반환을 요구받고도 이를 반환하지 아니하였고, 그와 같이 이 사건 불상을 반환하지 못하는 이유로, 이 사건 불상을 한강에 버렸다고 하거나, 팔아달라고 전호일에게 맡겼다거나, 술에 취한 상태에서 택시에 두고 내려 분실하였다고 하는 등 수시로 진술을 번복하고 있을 뿐 이 사건 불상의 행방에 관하여 납득할 만한 설명을 하지 못하고 있다. 앞서 살펴본 법리에 의하면 피고인의 위와 같은 행위는 형법 제355조 제1항 소정의 타인의 재물을 보관하는 자가 그 반환을 거부한 때에 해당한다고 보아야 할 것이다.

---

1. 불법영득의사의 실현행위로서 횡령행위에 대한 입증 정도 [대법원 2002. 7. 26., 선고, 2001도5459]

【판시사항】

[1] 불법영득의사의 실현행위로서 횡령행위에 대한 입증 정도

[2] 대표이사가 회사를 위하여 보관하고 있는 회사 소유의 금전으로 자신의 회사에 대한 채권의 변제에 충당하는 행위가 자기거래에 해당하는지 여부(소극) 및 이사회 승인 없이 한 위 변제충당 행위가 횡령죄를 구성하는지 여부(소극)

【판결요지】

[1] 피고인이 자신이 인출하여 보관하고 있다가 사용한 돈의 행방이나 사용처를 제대로 설명하지 못하거나 또는 피고인이 주장하는 사용처에 사용된 자금이 그 돈과는 다른 자금으로 충당된 것으로 드러나는 등 피고인이 주장하는 사용처에 그 돈이 사용되었다는 점을 인정할 수 있는 자료가 부족하고, 오히려 피고인이 그 돈을 개인적인 용도에 사용하였다는 점에 대한 신빙성 있는 자료가 많은 경우에는 피고인이 그 돈을 불법영득의 의사로써 횡령한 것이라고 추단할 수 있다.

[2] 회사에 대하여 개인적인 채권을 가지고 있는 대표이사가 회사를 위하여 보관하고 있는 회사 소유의 금전으로 자신의 채권 변제에 충당하는 행위는 회사와 이사의 이해가 충돌하는 자기거래행위에 해당하지 않는 것이므로, 대표이사가 이사회의 승인 등의 절차 없이 그와 같이 자신의 회사에 대한

> 채권을 변제하였더라도, 이는 대표이사의 권한 내에서 한 회사 채무의 이행행위로서 유효하고, 따라서 불법영득의 의사가 인정되지 아니하여 횡령죄의 죄책을 물을 수 없다.

355①-V-22. 피해자와 맺은 공동매수약정에 반하여 자신의 단독명의로 소유권이전등기를 마쳤다가 피해자에게 소유권확인증서를 작성해 준 피고인이, 그 후 해당 토지에 관해 수령한 도시개발사업보상금 중 피해자의 지분에 대한 반환요구를 거부한 경우 [대법원 2009. 11. 26., 선고, 2009도5547]

【판결요지】

피고인이 피해자와 특정 토지를 공동으로 매수하여 공동으로 소유권이전등기를 마치되 그 업무를 피고인이 처리하기로 하는 공동매수약정을 맺었음에도 그에 반하여 피고인 단독명의로 소유권이전등기를 마쳤다가, 이에 대해 항의하는 피해자에게 해당 지분에 관한 소유권확인증서를 작성·교부하였는데 그 후 해당 토지에 관해 수령한 도시개발사업보상금 중 피해자의 지분 부분에 대한 반환 요구를 거부한 사안에서, 위 소유권확정증서 작성으로 피고인과 피해자 사이에 '2자 간 등기명의신탁약정'이 성립하였음을 전제로 피고인에게 횡령죄가 성립한다.

355①-V-23. 금전수수를 수반하는 사무처리를 위임받은 자가 그 행위에 기하여 위임자를 위하여 제3자로부터 수령한 금전의 귀속관계(=위임자) [대법원 2009. 6. 11., 선고, 2009도2461]

【판시사항】

[1] 금전수수를 수반하는 사무처리를 위임받은 자가 그 행위에 기하여 위임자를 위하여 제3자로부터 수령한 금전의 귀속관계(=위임자) 및 이 경우 위임자를 위하여 수령한 것인지 여부를 판단하는 방법

[2] 건물에 대한 과반수 지분을 가진 공유자들이 과반수 지분권에 기하여 건물의 사용·수익에 대한 결정에 따라 위 건물의 임대수익을 분배하면서 피해자를 제외한 사안에서, 피고인들이 피해자에 대하여 그 지분 상당액을 보관하는 지위에 있었다고 볼 수 없어 횡령죄가 성립하지 않는다.

【이 유】

횡령죄는 타인의 재물을 보관하는 자가 그 재물을 횡령하는 것을 처벌하는 범죄이므로, 횡령죄가 성립되기 위해서는 횡령의 대상이 된 재물이 타인의 소유일 것을 요하는 것인바, 금전의 수수를 수반하는 사무처리를 위임받은 자가 그 행위에 기하여 위임자를 위하여 제3자로부터 수령한 금전은 목적이나 용도를 한정하여 위탁된 금전과 마찬가지로 달리 특별한 사정이 없는 한 그 수령과 동시에 위임자의 소유에 속하고, 위임을 받은 자는 이를 위임자를 위하여 보관하는 관계에 있다고 보아야 할 것이지만(대법원 2004. 3. 12. 선고 2004도134 판결 등 참조), 수령한 금전이 사무처리의 위임에 따라 위임자를 위하여 수령한 것인지 여부는 수령의 원인이 된 법률관계의 성질과 당사자의 의사에 의하여 판단되어야 한다(대법원 2005. 11. 10. 선고 2005도3627 판결 참조).

1. 터미널사업자가 운송사업자로부터 승차권 판매를 위탁받아 승차권을 판매하여 취득한 판매대금의 반환요구를 거부한 행위(적극) [대법원 2004. 4. 9., 선고, 2004도671]
【판시사항】
피고인은 여객자동차운수사업법 소정의 터미널사업자로서 위 법 제48조에 따라 운송사업자인 피해자 친선고속 주식회사(이하 '피해자회사'라 한다)로부터 승차권 판매를 위탁받아 피해자회사를 위하여 승객들에게 승차권을 판매하였음을 알 수 있는바, 이와 같이 피해자회사로부터 위탁받은 승차권 판매의 결과 피고인이 취득한 승차권 판매대금은 특별한 사정이 없는 한 피해자회사의 소유에 속하고 피고인은 피해자회사를 위하여 이를 보관하는 관계에 있다고 봄이 상당하다.

2. 금전수수를 수반하는 사무처리를 위임받은 자가 그 행위에 기하여 위임자를 위하여 제3자로부터 수령한 금전의 귀속관계(=위임자) [대법원 2004. 3. 12., 선고, 2004도134]
【판결요지】
금전의 수수를 수반하는 사무처리를 위임받은 자가 그 행위에 기하여 위임자를 위하여 제3자로부터 수령한 금전은 목적이나 용도를 한정하여 위탁된 금전과 마찬가지로 달리 특별한 사정이 없는 한 그 수령과 동시에 위임자의 소유에 속하고, 위임을 받은 자는 이를 위임자를 위하여 보관하는 관계에 있다고 보아야 한다.

355①-V-24. 실질적으로 피해자가 단독으로 운영하여 오던 사업장이어서 그 사업장의 재산은 피해자 단독 소유라고 할 것임에도, 익명조합관계의 영업자의 지위에 있다고 주장하면서 사업장 재산의 반환을 거부한 사안 [대법원 2009. 4. 23., 선고, 2007도9924]
【판시사항】
익명조합원이 영업을 위하여 출자한 금전 기타의 재산은 상대편인 영업자의 재산으로 된다 할 것이므로 그 영업자는 타인의 재물을 보관하는 자의 입장에 서지 아니한다고 할 것이다(대법원 1973. 1. 30. 선고 72도2704 판결 참조).
그러나 상법 제78조가 규정하는 익명조합관계는 당사자의 일방이 상대방의 영업을 위하여 출자하고 상대방은 그 영업으로 인한 이익을 분배할 것을 약정함으로써 그 효력이 생기는 것이므로, 당사자 사이에 영업으로 인한 이익을 분배할 것이 약정되어 있지 않는 이상 그 법률관계를 익명조합관계라고 할 수 없다. 또한 형법 제355조 제1항 소정의 '반환의 거부'라 함은 보관물에 대하여 소유자의 권리를 배제하는 의사를 표시하는 행위를 뜻하므로 타인의 재물을 보관하는 자가 단순히 반환요구에 불응한 사실만으로 횡령죄를 구성하는 것은 아니며, 횡령죄를 구성한다고 하려면 그 반환불응의 이유와 주관적인 의사 등을 종합하여 그 행위가 횡령행위와 같다고 볼 수 있을 정도이어야만 한다(대법원 1993. 6. 8. 선고 93도874 판결 등 참조).

1. 타인의 금전을 위탁받아 금융기관에 자신의 명의로 예치한 경우, 횡령죄의 주체인 보관자의 지위를 갖는지 여부(적극) 대법원 2008. 12. 11., 선고, 2008도8279]
【판시사항】

[1] 타인의 금전을 위탁받아 금융기관에 자신의 명의로 예치한 경우, 횡령죄의 주체인 보관자의 지위를 갖는지 여부(적극)

[2] 특정 목적을 달성하기까지 단독으로 예금을 인출할 수 없게 하기 위한 목적으로 공동명의 예금계좌를 개설한 경우, 각 공동명의 예금채권자가 횡령죄에서의 보관자에 해당하는지 여부(적극)

[3] 형법 제355조 제1항에 정한 '반환의 거부'의 의미 및 판단 기준

[4] 보관자의 지위에 있는 공동명의 예금채권자가 다른 채권의 집행 확보를 위하여 위 예금계좌에 초과로 입금된 돈의 반환을 거부한 사안에서 횡령죄의 성립을 부정한 사례

【이 유】

[1] 횡령죄에 있어서 보관이라 함은 재물이 사실상 지배하에 있는 경우뿐만 아니라 법률상의 지배·처분이 가능한 상태를 모두 가리키는 것으로 타인의 금전을 위탁받아 보관하는 자는 보관방법으로 이를 은행 등의 금융기관에 예치한 경우에도 보관자의 지위를 갖는 것이고(대법원 2000. 8. 18. 선고 2000도1856 판결 등 참조),

[2] 은행에 공동명의로 예금을 하고 은행에 대하여 그 권리를 함께 행사하기로 한 경우에 만일 동업자금을 공동명의로 예금한 경우라면 채권의 준합유관계에 있다고 볼 것이나, 공동명의 예금채권자들 각자가 분담하여 출연한 돈을 동업 이외의 특정 목적을 위하여 공동명의로 예치해 둠으로써 그 목적이 달성되기 전에는 공동명의 예금채권자가 단독으로 예금을 인출할 수 없도록 방지·감시하고자 하는 등의 목적으로 공동명의로 예금을 개설한 경우라면 하나의 예금채권이 분량적으로 분할되어 각 공동명의 예금채권자들에게 귀속된다(대법원 2008. 10. 9. 선고 2005다72430 판결 참조).

[3] 형법 제355조 제1항에서 정하는 '반환의 거부'라고 함은 보관물에 대하여 소유자의 권리를 배제하는 의사표시를 하는 행위를 뜻하므로, 타인의 재물을 보관하는 자가 단순히 반환을 거부한 사실만으로는 횡령죄를 구성하는 것은 아니며, 반환거부의 이유 및 주관적인 의사 등을 종합하여 반환거부행위가 횡령행위와 같다고 볼 수 있을 정도이어야만 횡령죄가 성립한다 (대법원 1992. 11. 27. 선고 92도2079 판결, 대법원 2002. 9. 4. 선고 2000도637 판결 등 참조).

355①-V-25. 수의계약을 체결하는 공무원이 공사업자와 계약금액을 부풀려 계약하고 부풀린 금액을 되돌려 받기로 약정한 다음 이를 수수한 경우 [대법원 2007. 10. 12, 선고, 2005도7112]

【판시사항】

[1] 공무원이 수의계약을 체결하면서 공사업자로부터 수수한 돈의 뇌물성 유무를 판단하는 기준

[2] 수의계약을 체결하는 공무원이 공사업자와 계약금액을 부풀려서 계약하고 부풀린 금액을 자신이 되돌려 받기로 사전에 약정한 다음 그에 따라 수수한 돈은 성격상 뇌물이 아니고 횡령금에 해당한다.

【판결요지】

[1] 공무원이 관공서에 필요한 공사의 시행이나 물품의 구입을 위하여 수의계약을 체결하면서 해당 공사업자 등으로부터 돈을 수수한 경우, 그 돈의 성격을 공무원의 직무와 관련하여 수수된 뇌물로 볼 것인지, 아니면 적정한 금액보다 과다하게 부풀린 금액으로 계약을 체결하기로 공사업자 등과 사전 약정하여 이를 횡령(국고손실)한 것으로 볼 것인지 여부는, 돈을 공여하고 수수한 당사자들의 의사, 계약의 내용과 성격, 계약금액과 수수한 금액 사이의 비율, 수수한 돈의 액수,

그 계약이행으로 공사업자 등이 얻을 수 있는 적정한 이익, 공사업자 등이 공무원으로부터 공사대금 등을 지급받은 시기와 돈을 공무원에게 교부한 시간적 간격, 공사업자 등이 공무원에게 교부한 돈이 공무원으로부터 지급받은 바로 그 돈인지 여부, 수수한 장소와 방법 등을 종합적으로 고려하여 객관적으로 평가하여 판단해야 한다.

[2] 수의계약을 체결하는 공무원이 해당 공사업자와 적정한 금액 이상으로 계약금액을 부풀려서 계약하고 부풀린 금액을 자신이 되돌려 받기로 사전에 약정한 다음 그에 따라 수수한 돈은 성격상 뇌물이 아니고 횡령금에 해당한다.

355①-Ⅴ-26. 동산 담보권자가 담보권의 범위를 벗어나서 담보물의 반환을 거부하거나 처분한 경우(적극) [대법원 2007. 6. 14., 선고, 2005도7880]

【판결요지】

금전을 대여하면서 채무자로부터 그 담보로 동산을 교부받은 담보권자는 그 담보권의 범위 내에서 담보권을 행사할 수 있을 것인데, 담보권자가 담보목적물을 보관하고 있음을 기화로 실제의 피담보채권 이외에 자신의 제3자에 대한 기존의 채권까지 변제받을 의도로, 채무자인 담보제공자와의 소비대차 및 담보설정관계를 부정하고 그 담보목적물이 자신과 제3자 사이의 소비대차 및 담보설정계약에 따라 제공된 것으로서 실제의 피담보채권 외에 제3자에 대한 기존의 채권까지도 피담보채권에 포함되는 것이라고 주장하면서 그것까지 포함하여 변제가 이루어지지 아니할 경우 반환하지 않을 것임을 표명하다가 타인에게 담보목적물을 매각하거나 담보로 제공하여 피담보채무 이외의 채권까지도 변제충당한 경우에는 정당한 담보권의 행사라고 볼 수 없고, 위탁의 취지에 반하여 자기 또는 제3자의 이익을 위하여 권한 없이 그 재물을 자기의 소유인 것 같이 처분하는 것으로서 불법영득의 의사가 인정된다.

355①-Ⅴ-27. 소유권 유보부 동산 매매계약의 법적 성질과 그 목적물의 소유권 귀속관계 [대법원 2007. 6. 1., 선고, 2006도8400]

【판시사항】

동산의 매매계약을 체결하면서, 매도인이 대금을 모두 지급받기 전에 목적물을 매수인에게 인도하기는 하지만 대금이 모두 지급될 때까지는 목적물의 소유권은 매도인에게 유보되며 대금이 모두 지급된 때에 그 소유권이 매수인에게 이전된다는 내용의 이른바 소유권유보의 특약을 한 경우, 목적물의 소유권을 이전한다는 당사자 사이의 물권적 합의는 매매계약을 체결하고 목적물을 인도한 때 이미 성립하지만 대금이 모두 지급되는 것을 정지조건으로 하므로, 목적물이 매수인에게 인도되었다고 하더라도 특별한 사정이 없는 한 매도인은 대금이 모두 지급될 때까지 매수인뿐만 아니라 제3자에 대하여도 유보된 목적물의 소유권을 주장할 수 있으며, 이와 같은 법리는 소유권유보의 특약을 한 매매계약이 매수인의 목적물 판매를 예정하고 있다 하더라도 다를 바 없다(대법원 1999. 9. 7. 선고 99다30534 판결 참조).

355①-V-28. 금전수수를 수반하는 사무처리를 위임받은 자가 그 행위에 기하여 위임자를 위하여 제3자로부터 수령한 금전의 귀속관계 및 수임자가 위 금전을 임의로 위임자에 대한 자신의 채권에 상계충당한 경우(적극) [대법원 2007. 2. 22., 선고, 2006도8939]

【판시사항】

금전의 수수를 수반하는 사무처리를 위임받은 자가 그 행위에 기하여 위임자를 위하여 제3자로부터 수령한 금전은, 목적이나 용도를 한정하여 위탁된 금전과 마찬가지로, 달리 특별한 사정이 없는 한 그 수령과 동시에 위임자의 소유에 속하고, 위임을 받은 자는 이를 위임자를 위하여 보관하는 관계에 있다고 보아야 하며, 위임받은 자가 그 행위에 기하여 위임자를 위하여 제3자로부터 수령한 금전도 목적이나 용도를 한정하여 위탁된 금전의 경우와 마찬가지로 그 위임의 취지대로 사용하지 않고 마음대로 피고인의 위임자에 대한 채권에 상계충당함은, 상계정산하기로 하였다는 특별한 약정이 없는 한, 당초 위임한 취지에 반하는 것으로서 횡령죄를 구성한다고 할 것이다(대법원 2002. 9. 10. 선고 2001도3100 판결 참조).

355①-V-29. 횡령죄에 있어서 '반환의 거부'의 의미 및 정당한 사유에 기한 반환거부와 불법영득의 의사 [대법원 2006. 2. 10., 선고, 2003도7487]

【판시사항】

형법 제355조 제1항에서 정하는 '반환의 거부'란 보관물에 대하여 소유자의 권리를 배제하는 의사표시를 하는 행위를 뜻하므로, '반환의 거부'가 횡령죄를 구성하려면 타인의 재물을 보관하는 자가 단순히 그 반환을 거부한 사실만으로는 부족하고 그 반환거부의 이유와 주관적인 의사들을 종합하여 반환거부행위가 횡령행위와 같다고 볼 수 있을 정도이어야 하고, 횡령죄에 있어서 이른바 불법영득의 의사는 타인의 재물을 보관하는 자가 그 취지에 반하여 정당한 권원 없이 스스로 소유권자와 같이 이를 처분하는 의사를 말하는 것이므로 비록 그 반환을 거부하였다고 하더라도 그 반환거부에 정당한 이유가 있어 이를 반환하지 아니하였다면 불법영득의 의사가 있다 할 수 없다(대법원 1998. 7. 10. 선고 98도126 판결 등 참조).

355①-V-30. 부동산 매수인이 매매목적물을 담보로 제공하여 차용한 금전으로 매매대금을 지급하기로 약정하였으나 그 차용금액 일부를 임의로 소비한 경우(소극) [대법원 2005. 9. 29., 선고, 2005도4809]

【판시사항】

부동산 매수인이 매매대금의 완납 전에 그 매매목적물을 담보로 하여 금전을 차용함에 있어 매도인의 승낙을 받는 한편 매도인과 사이에 그 차용금액의 일부는 매도인에게 매매대금으로 우선 교부하여 주기로 약정한 다음 금전을 차용하여 이를 전부 임의로 소비한 경우에 매도인과 매수인 사이의 위의 약정은 매매잔대금의 지급방법의 하나를 정한 것에 불과한 것이므로, 이로써 매수인이 대금완납 시까지 매도인을 위하여 위 매매목적물을 관리하거나 담보 제공하여 차용한 금전을 보관하여야 하는 지위에 있다고 볼 수 없고, 매수인이 차용금액의 일부를 매도인에게 지급하지 아니하였다고 하더라도 이는 단순한 민사상의 채무불이행에 지나지 아니할 뿐 횡령죄는 성립하지 아니한다(대법원 1987. 3. 24. 선고 83도1420 판결 참조).

355①-Ⅴ-31. 수탁자가 할인을 위하여 교부받은 약속어음을 자신의 채무변제에 충당한 경우(적극) [대법원 2004. 5. 28., 선고, 2003도7509]

【판시사항】

약속어음을 할인을 위하여 교부받은 수탁자는 위탁의 취지에 따라 보관하는 것에 불과하므로, 위탁된 약속어음을 수탁자가 자신의 채무변제에 충당하였다면 이와 같은 수탁자의 행위는 위탁의 취지에 반하는 것으로서 횡령죄를 구성한다(대법원 1983. 4. 26. 선고 82도3079 판결 참조).

> 1. 사취 어음을 피해자에 대한 피고인 채권변제에 충당한 경우(소극) [대법원 1983. 4. 26., 선고, 82도3079]
>
> 【판결요지】
> 피고인이 당초부터 피해자를 기망하여 약속어음을 교부받은 경우에는 그 교부받은 즉시 사기죄가 성립하고 그 후 이를 피해자에 대한 피고인의 채권의 변제에 충당하였다 하더라도 불가벌적 사후행위가 됨에 그칠 뿐, 별도로 횡령죄를 구성하지 않는다.

355①-Ⅴ-32. 장물보관 의뢰를 받은 자가 그 정을 알면서 이를 보관하고 있다가 임의 처분한 경우(소극) [대법원 2004. 4. 9., 선고, 2003도8219]

【판시사항】

[1] 장물보관 의뢰를 받은 자가 그 정을 알면서 이를 보관하고 있다가 임의 처분한 경우, 장물보관죄 이외에 횡령죄가 성립하는지 여부(소극)

[2] 피고인이 업무상 과실로 장물을 보관하고 있다가 처분한 행위는 업무상과실장물보관죄의 가벌적 평가에 포함되고 별도로 횡령죄를 구성하지 않는다고 한 원심의 판단을 수긍한 사례

【판결요지】

[1] 절도 범인으로부터 장물보관 의뢰를 받은 자가 그 정을 알면서 이를 인도받아 보관하고 있다가 임의 처분하였다 하여도 장물보관죄가 성립하는 때에는 이미 그 소유자의 소유물 추구권을 침해하였으므로 그 후의 횡령행위는 불가벌적 사후행위에 불과하여 별도로 횡령죄가 성립하지 않는다.

355①-Ⅴ-33. 예산의 항목 유용만으로 업무상횡령죄의 불법영득의사를 단정할 수 있는지 여부(한정 소극) [대법원 2002. 11. 26., 선고, 2002도5130]

【판시사항】

[1] 예산의 항목 유용만으로 업무상 횡령죄의 불법영득의사를 단정할 수 있는지 여부(한정 소극)

[2] 불법영득의사의 실현행위로서 횡령행위에 대한 입증의 정도

[3] 단지 피고인이 출장비를 지정용도 이외로 임의 소비하였다는 것만으로 바로 피고인에게 불

법영득의 의사를 인정할 수는 없다.

【판결요지】

[1] 예산을 집행할 직책에 있는 자가 자기 자신의 이익을 위한 것이 아니고 경비부족을 메우기 위하여 예산을 전용한 경우라면, 그 예산의 항목유용 자체가 위법한 목적이 있다거나 예산의 용도가 엄격하게 제한되어 있는 경우는 별론으로 하고 그것이 본래 책정되거나 영달되어 있어야 할 필요경비이기 때문에 일정한 절차를 거치면 그 지출이 허용될 수 있었던 때에는 그 간격을 메우기 위한 유용이 있었다는 것만으로 바로 그 유용자에게 불법영득의 의사가 있었다고 단정할 수는 없다.

[2] 불법영득의사를 실현하는 행위로서의 횡령행위가 있다는 점은 검사가 입증하여야 하는 것으로서, 그 입증은 법관으로 하여금 합리적인 의심을 할 여지가 없을 정도의 확신을 생기게 하는 증명력을 가진 엄격한 증거에 의하여야 하는 것이고, 이와 같은 증거가 없다면 설령 피고인에게 유죄의 의심이 간다 하더라도 피고인의 이익으로 판단할 수밖에 없다.

[3] 출장비 예산의 항목유용 자체가 위법한 목적이 있다거나 예산의 용도가 엄격하게 제한되어 있다고 볼만한 사정이 없다면 단지 피고인이 출장비를 지정용도 이외로 임의 소비하였다는 것만으로 바로 피고인에게 불법영득의 의사를 인정할 수는 없다.

355①-Ⅴ-34. 함께 복권을 나누어 당첨 여부를 확인한 자들 사이에 당첨금을 공유하기로 하는 묵시적 합의이행을 거부한 경우(적극) [대법원 2000. 11. 10., 선고, 2000도4335]

【판시사항】

함께 복권을 나누어 당첨 여부를 확인한 자들 사이에 당첨금을 공유하기로 하는 묵시적 합의가 있었다고 봄이 상당하다는 이유로 그 복권의 당첨금 수령인이 그 당첨금 중 타인의 몫의 반환을 거부한 경우, 횡령죄가 성립될 수 있다.

【판결요지】

피고인이 2천 원을 내어 피해자를 통하여 구입한 복권 4장을 피고인과 피해자를 포함한 4명이 한 장씩 나누어 그 당첨 여부를 확인하는 결과 피해자 등 2명이 긁어 확인한 복권 2장이 1천 원씩에 당첨되자 이를 다시 복권 4장으로 교환하여 같은 4명이 각자 한 장씩 골라잡아 그 당첨 여부를 확인한 결과 피해자 등 2명이 긁어 확인한 복권 2장이 2천만 원씩에 당첨되었으나 당첨금을 수령한 피고인이 피해자에게 그 당첨금의 반환을 거부한 경우, 피고인과 피해자를 포함한 4명 사이에는 어느 누구의 복권이 당첨되더라도 당첨금을 공평하게 나누거나 공동으로 사용하기로 하는 묵시적인 합의가 있었다고 보아야 하므로 그 당첨금 전액은 같은 4명의 공유라고 봄이 상당하여 피고인으로서는 피해자의 당첨금 반환요구에 따라 그의 몫을 반환할 의무가 있고 피고인이 이를 거부하고 있는 이상 불법영득의사가 있다는 이유로 횡령죄가 성립될 수 있다.

355①-Ⅴ-35. 부동산 입찰절차에서 수인이 대금을 분담하되 그 중 1인 명의로 낙찰받기로 약정하여 그에 따라 낙찰이 이루어진 후 그 명의인이 임의로 그 부동산을 처분한 경우(소극) [대법원 2000. 9. 8., 선고, 2000도258]

【판결요지】

부동산 입찰절차에서 수인이 대금을 분담하되 그 중 1인 명의로 낙찰받기로 약정하여 그에 따라 낙찰이 이루어진 경우, 그 <u>입찰절차에서 낙찰인의 지위에 서게 되는 사람은 어디까지나 그 명의인이므로 입찰목적부동산의 소유권은 경락대금을 실질적으로 부담한 자가 누구인가와 상관없이 그 명의인이 취득한다</u> 할 것이므로 그 부동산은 횡령죄의 객체인 타인의 재물이라고 볼 수 없어 <u>명의인이 이를 임의로 처분하더라도 횡령죄를 구성하지 않는다.</u>

355①-V-36. 횡령행위의 한 태양으로서의 은닉의 의미 및 회사의 비자금을 회계장부상 일반자금 속에 은닉한 경우(소극) [대법원 1999. 9. 17., 선고, 99도2889]

【판결요지】

횡령행위의 한 태양으로서의 은닉이란, 타인의 재물의 보관자가 위탁의 본지에 반해 그 재물을 발견하기 곤란한 상태에 두는 것을 말하는 것인바, <u>피고인이 조성한 비자금이 회사의 장부상 일반자금 속에 은닉되어 있었다 하더라도 이는 당해 비자금의 소유자인 회사 이외의 제3자가 이를 발견하기 곤란하게 하기 위한 장부상의 분식(粉飾)에 불과하여 그것만으로 피고인의 불법영득의 의사를 인정할 수는 없다.</u>

355①-V-37. 포주가 윤락녀가 받은 화대를 보관하였다가 분배하기로 약정하고도 보관중인 화대를 임의로 소비한 경우(적극) [대법원 1999. 9. 17., 선고, 98도2036]

【판결요지】

포주가 윤락녀와 사이에 윤락녀가 받은 화대를 포주가 보관하였다가 절반씩 분배하기로 약정하고도 보관중인 화대를 임의로 소비한 경우, 포주와 윤락녀의 사회적 지위, 약정에 이르게 된 경위와 약정의 구체적 내용, 급여의 성격 등을 종합해 볼 때 <u>포주의 불법성이 윤락녀의 불법성보다 현저히 크므로 화대의 소유권이 여전히 윤락녀에게 속한다는 이유로 횡령죄를 구성한다.</u>

355①-V-38. 불법원인급여와 횡령죄의 성부 [대법원 1999. 6. 11., 선고, 99도275]

【판결요지】

민법 제746조에 불법의 원인으로 인하여 재산을 급여하거나 노무를 제공한 때에는 그 이익의 반환을 청구하지 못한다고 규정한 뜻은 급여를 한 사람은 그 원인행위가 법률상 무효임을 내세워 상대방에게 부당이득반환청구를 할 수 없고, 또 급여한 물건의 소유권이 자기에게 있다고 하여 소유권에 기한 반환청구도 할 수 없어서 결국 급여한 물건의 소유권은 급여를 받은 상대방에게 귀속되는 것이므로, <u>갑이 을로부터 제3자에 대한 뇌물공여 또는 배임증재의 목적으로 전달하여 달라고 교부받은 금전은 불법원인급여물에 해당하여 그 소유권은 갑에게 귀속되는 것으로서 갑이 위 금전을 제3자에게 전달하지 않고 임의로 소비하였다고 하더라도 횡령죄가 성립하지 않는다.</u>

---

1. 불법원인급여와 물권적 청구권의 행사 [대법원 1979. 11. 13., 선고, 79다483, <u>전원합의체 판결</u>]

민법 제746조는 단지 부당이득제도만을 제한하는 것이 아니라 동법 제103조와 함께 사법의 기본이념으로서, 결국 사회적 타당성이 없는 행위를 한 사람은 스스로 불법한 행위를 주장하여 복구를 그 형식 여하에 불구하고 소구할 수 없다는 이상을 표현한 것이므로, 급여를 한 사람은 그 원인행위가 법률상 무효라 하여 상대방에게 부당이득반환청구를 할 수 없음은 물론 급여한 물건의 소유권은 여전히 자기에게 있다고 하여 소유권에 기한 반환청구도 할 수 없고 따라서 급여한 물건의 소유권은 급여를 받은 상대방에게 귀속된다.

355①-Ⅴ-39. 채권양도인이 양도통지 전 채무자로부터 채권을 추심하여 금전을 수령한 경우, 양도인과 양수인 사이에서 그 금전의 소유권 귀속(=양수인) 및 양도인이 위 금전을 양수인을 위하여 보관하는 지위에 있는지 여부(적극) [대법원 1999. 4. 15., 선고, 97도666, 전원합의체 판결]

【판결요지】

[다수의견] 채권양도는 채권을 하나의 재화로 다루어 이를 처분하는 계약으로서, 채권 자체가 그 동일성을 잃지 아니한 채 양도인으로부터 양수인에게로 바로 이전하고, 이 경우 양수인으로서는 채권자의 지위를 확보하여 채무자로부터 유효하게 채권의 변제를 받는 것이 그 목적인바, 우리 민법은 채무자와 제3자에 대한 대항요건으로서 채무자에 대한 양도의 통지 또는 채무자의 양도에 대한 승낙을 요구하고, 채무자에 대한 통지의 권능을 양도인에게만 부여하고 있으므로, 양도인은 채무자에게 채권양도 통지를 하거나 채무자로부터 채권양도 승낙을 받음으로써 양수인으로 하여금 채무자에 대한 대항요건을 갖출 수 있도록 해 줄 의무를 부담하며, 양도인이 채권양도 통지를 하기 전에 타에 채권을 이중으로 양도하여 채무자에게 그 양도통지를 하는 등 대항요건을 갖추어 줌으로써 양수인이 채무자에게 대항할 수 없게 되면 양수인은 그 목적을 달성할 수 없게 되므로, 양도인이 이와 같은 행위를 하지 않음으로써 양수인으로 하여금 원만하게 채권을 추심할 수 있도록 하여야 할 의무도 당연히 포함되고, 양도인의 이와 같은 적극적·소극적 의무는 이미 양수인에게 귀속된 채권을 보전하기 위한 것이고, 그 채권의 보전 여부는 오로지 양도인의 의사에 매여 있는 것이므로, 채권양도의 당사자 사이에서는 양도인은 양수인을 위하여 양수채권 보전에 관한 사무를 처리하는 자라고 할 수 있고, 따라서 채권양도의 당사자 사이에는 양도인의 사무처리를 통하여 양수인은 유효하게 채무자에게 채권을 추심할 수 있다는 신임관계가 전제되어 있다고 보아야 할 것이고, 나아가 양도인이 채권양도 통지를 하기 전에 채무자로부터 채권을 추심하여 금전을 수령한 경우, 아직 대항요건을 갖추지 아니한 이상 채무자가 양도인에 대하여 한 변제는 유효하고, 그 결과 양수인에게 귀속되었던 채권은 소멸하지만, 이는 이미 채권을 양도하여 그 채권에 관한 한 아무런 권한도 가지지 아니하는 양도인이 양수인에게 귀속된 채권에 대한 변제로서 수령한 것이므로, 채권양도의 당연한 귀결로서 그 금전을 자신에게 귀속시키기 위하여 수령할 수는 없는 것이고, 오로지 양수인에게 전달해 주기 위하여서만 수령할 수 있을 뿐이어서, 양도인이 수령한 금전은 양도인과 양수인 사이에서 양수인의 소유에 속하고, 여기에다가 위와 같

이 양도인이 양수인을 위하여 채권보전에 관한 사무를 처리하는 지위에 있다는 것을 고려하면, 양도인은 이를 양수인을 위하여 보관하는 관계에 있다고 보아야 할 것이다.

---

1. 횡령죄에 있어서 타인의 재물을 보관하게 된 원인 [대법원 1985. 9. 10., 선고, 84도2644]
【판결요지】
횡령죄에 있어서 타인을 위하여 재물을 보관하게 된 원인은 반드시 소유자의 위탁행위에 기인한 것임을 필요로 하지 않는다.

---

2. 위탁에 의한 보관금의 임의소비행위의 횡령죄 여부 [대법원 1987. 5. 26., 선고,, 86도1946]
【판결요지】
위탁에 의한 보관금중 일부를 그 용도에 따르지 않고 임의사용에 소비했다면 그 소위는 바로 횡령죄의 구성요건에 해당된다.

---

3. 어업면허권을 양도하고서도 그 어업면허권이 자기 앞으로 되어 있음을 기화로 어업권손실보상금을 수령하여 소비한 경우(적극) [대법원 1993. 8. 24., 선고, 93도1578]
【판결요지】
양식어업면허권자가 그 어업면허권을 양도한 후 아직도 어업면허권이 자기앞으로 되어 있음을 틈타서 어업권손실보상금을 수령하여 일부는 자기 이름으로 예금하고 일부는 생활비 등에 소비하였다면 이는 횡령죄를 구성한다.

---

4. 횡령죄의 조리에 의한 위탁관계의 성립을 긍정한 사례 [대법원 1996. 5. 14., 선고, 96도410]
【판결요지】
채무자가 채무총액에 관한 지불각서를 써 줄 것으로 믿고, 채권자가 채무자에게 그 액면금 등을 확인할 수 있도록 가계수표들을 교부하였다면, 채권자와 채무자 사이에는 만약 합의가 결렬되어 채무자가 채권자에게 지불각서를 써 주지 아니하는 경우에는 곧바로 그 가계수표들을 채권자에게 반환하기로 하는, 횡령죄에 있어서 조리에 의한 위탁관계가 발생하였다고 본 사례.

---

5. 금원 대출 요청을 받은 일부 대출금을 소비한 경우(적극) [대법원 1996. 6. 14., 선고, 96도106]
【판시사항】
[1] 금전의 수수를 수반하는 사무처리를 위임받은 자가 그 행위에 기하여 위임자를 위하여 제3자로부터 수령한 금전의 귀속
[2] 피해자로부터 금원을 대출받아 달라는 요청을 받은 피고인이 일부 대출금을 소비한 경우 횡령죄가 성립한다고 본 사례
【판결요지】
[1] 금전의 수수를 수반하는 사무처리를 위임받은 자가 그 행위에 기하여 위임자를 위하여 제3자로부터 수령한 금전은, 목적이나 용도를 한정하여 위탁된 금전과 마찬가지로 달리 특별한 사정이 없는 한 그 수령과 동시에 위임자의 소유에 속하고, 위임을 받은 자는 이를 위임자를 위하여 보관하는 관계에 있다고 보아야 한다.

[2] 피해자로부터 토지를 타에 담보로 제공하여 금원을 대출받아 달라는 요청을 받고 토지를 신협에 담보로 제공하고 금원을 수령하였다면, 그 대출금의 소유를 우선 피고인에게 귀속시키기로 약정하는 등 특별한 사정이 없는 한, 이는 당초부터 피해자에게 권리를 취득하게 하려는 것을 목적으로 한 것이므로, 비록 피고인이 자신 또는 남편 등을 채무자로 하여 금원을 대출받았고 또한 그 대출금의 일부인 금 3천만 원을 피해자로부터 차용하기로 하는 약속이 있었다고 하더라도 수임자인 피고인이 신협으로부터 수령함과 동시에 피고인의 별도의 권리이전의 의사표시 없이 그 대출금은 당연히 피해자에게 귀속된다 할 것이고, 나아가 제2차로 대출금 4천만 원이 나온 후 피고인이 피해자와 대출금 일부인 금 3천만 원의 처리문제로 서로 언쟁을 벌이다가 위 대출건은 없었던 일로 하고 신협과 대출건을 해지하기로 하며 피고인이 대출받은 금 4천만 원을 신협에 그대로 반환하기로 하였다면, 피고인은 여전히 피해자와의 위 합의에 따라 위 금원을 신협에 그대로 반환한다는 목적하에 피해자를 위하여 이를 보관하는 관계에 있었다고 보아야 할 것이므로, 피고인이 그 대출금을 임의로 자신의 채무변제 등에 소비함은 금전위탁의 취지에 반하는 것으로서 횡령죄를 구성한다.

6. 입장료와 함께 문화예술진흥기금을 모금한 극장 경영자가 그 기금을 임의소비한 경우(적극) [대법원 1997. 3. 28., 선고, 96도3155]
【판결요지】
문화예술진흥법에 의하여 입장료와 함께 문화예술진흥기금을 받은 극장 경영자는 한국문화예술진흥원을 위하여 그 기금을 보관하고 있는 자의 지위에 있으므로, 이를 별도로 관리하지 아니하고 자신의 예금통장에 혼합보관하면서 임의로 자신의 극장운영자금 등으로 소비하였다면, 횡령죄의 고의나 불법영득의 의사가 있다고 보아 업무상횡령죄가 성립한다고 본 사례.

7. 위탁자로부터 당좌수표 할인을 의뢰받고 제3자를 기망하여 당좌수표를 할인받은 다음 그 할인금을 임의소비한 경우(적극) [대법원 1998. 4. 10., 선고, 97도3057]
【판시사항】
위탁자로부터 당좌수표 할인을 의뢰받은 피고인이 제3자를 기망하여 당좌수표를 할인받은 다음 그 할인금을 임의소비한 경우, 제3자에 대한 사기죄와 별도로 위탁자에 대한 횡령죄가 성립한다.

355①-V-40. 프랜차이즈 계약 내용에 비추어 가맹점주가 물품판매대금을 임의 소비한 경우(소극) [대법원 1998. 4. 14., 선고, 98도292]

【판결요지】

피고인이 본사와 맺은 가맹점계약은 독립된 상인간에 일방이 타방의 상호, 상표 등의 영업표지를 이용하고 그 영업에 관하여 일정한 통제를 받으며 이에 대한 대가를 타방에 지급하기로 하는 특수한 계약 형태인 이른바 '프랜차이즈 계약'으로서 그 기본적인 성격은 각각 독립된 상인으로서의 본사 및 가맹점주 간의 계약기간 동안의 계속적인 물품공급계약이고, 본사의 경우 실제로는 가맹점의 영업활동에 관여함이 없이 경영기술지도, 상품대여의 대가로 결과적으로 매출액의 일정 비율을 보장받는 것에 지나지 아니하여 본사와 가맹점이 독립하여 공동경영하고, 그 사이에서 손익분배가 공동으로 이루어진다고 할 수 없으므로 이러한 가맹점 계약을 동업계약 관계로는 볼 수 없고, 따라서 가맹점주인 피고인이 판매하여 보관 중인 물품판매 대금은 피고인의 소유라 할 것이어서 피고인이 이를 임의 소비한 행위는 프랜차이즈 계약상의 채무불이행에 지나지 아니하므로, 결국 횡령죄는 성립하지 아니한다고 판단한 원심판결을 수긍한 사례.

355①-V-41. 공사대금 등의 수금업무를 담당하는 수급인 회사 직원이 도급인으로부터 공사대금을 수령하여 소비한 경우(소극) [대법원 1998. 2. 27., 선고, 97다54635]

【판결요지】

수급인 회사의 이사 겸 업무부장으로서 건물 신축공사와 관련된 부가가치세와 공사대금 수금 등의 업무를 담당하여 온 자는 수급인 회사를 위하여 그 건물 신축공사대금 및 그에 대한 부가가치세를 수령할 권한이 있다 할 것이므로, 도급인이 그에게 수급인 회사에 지급할 부가가치세 명목의 금원을 지급한 이상 그로써 수급인 회사에 대하여 금원을 지급한 효력이 발생하는 것이고, 따라서 그가 그 금원을 수급인 회사에 입금시키지 아니하고 임의로 소비하였다 하더라도 이는 수급인 회사에 대한 횡령행위가 될 뿐 도급인에 대한 횡령행위가 되지는 않는다.

355①-V-42. 부동산 매도를 위임한 자가 수임인에게 매수인으로부터 수령한 대금에서 필요경비를 지출하여 위임사무를 처리할 것도 함께 위임 또는 승낙한 경우, 매매대금을 위임자에게 지급하지 아니한 채 위임사무의 필요경비로 지출한 경우(소극) [대법원 1997. 9. 30., 선고, 97도1863]

【판결요지】

위임자가 부동산의 매도를 위임하면서 수임인에게 매수인으로부터 수령한 대금에서 필요한 경비를 지출하여 위임받은 사무를 처리할 것도 함께 위임하였거나, 이를 미리 승낙한 경우라면 수임인이 수령한 매매대금을 위임자에게 지급하지 아니한 채 위임받은 사무를 처리하기 위한 경비로 직접 지출하였다 하더라도 불법영득의 의사를 인정할 수 없다.

355①-V-43. 피해자가 토지를 매수하여 사실상의 처분권을 취득한 후 다시 매도인에게 그 토지의 매각을 의뢰한 경우 매도인이 매각대금을 소비한 경우(적극) [대법원 1995. 11. 24., 선고, 95도1923]

【판결요지】

매도인은 피해자로부터 이 사건 대지를 타에 매각하여 달라는 요청을 받고 이에 따라 이 사건 대지를 매각, 그 대금을 수령하였다는 것이므로, 피해자가 매도인에게 이 사건 대지의 매각을 요청하고 이에 따라 매도인이 매각한 것을 가지고 피해자와 매도인이 그들 사이에 맺어진 당초의 매매계약을 합의해제하기로 한 것이라고 볼 수 있다는 등의 특별한 사정이 없는 한, 비록 피해자가 이 사건 대지의 매각을 의뢰한 상대방이 바로 이 사건 대지의 소유자로서 피해자에게 이를 매도하였던 자였다고 하더라도, 그 매각대금은 피해자의 소유에 속하며, 매도인은 이를 그를 위하여 보관하는 관계에 있다고 볼 것이어서, 매도인이 그 매각대금을 임의로 소비하였다면 횡령죄가 성립한다.

1. 타인을 위하여 토지매매거래를 포괄적으로 대리하여 온 자가 매수인들로부터 지급받아 보관하던 금
   원을 임의소비한 경우(적극) [대법원 1982. 9. 28., 선고, 82도1486]
   【판결요지】
   피고인이 공소외 (갑)의 위임을 받아 동인이 제공한 토지매입자금을 가지고 동인을 위하여 토지를 매입
   하여 전매하고 그 매도대금으로 다시 다른 토지를 매입하여 전매하는 등 토지매매거래를 포괄적으로
   대리하여 온 경우에 있어서, 피고인이 토지매수인들로부터 공소외 (갑)을 위하여 지급받아 보관하던
   금원 중에서 이 사건 토지 잔대금을 그 매도인에게 지급하여야 함에도 불구하고 이를 임의로 소비하였
   다면 비록 공소외 (갑)으로부터 직접 교부받은 금원이 아니라고 할지라도 동인을 위하여 보관하던 금
   원을 횡령한 것에 해당한다고 할 것이다.

355①-V-44. 액면을 보충할인하여 달라는 의뢰를 받고 액면 백지 약속어음을 교부받은 자가 보충권
         한도를 넘어 사용한 경우(소극) [대법원 1995. 1. 20., 선고, 94도2760]
   【판결요지】
   발행인으로부터 일정한 금액의 범위 내에서 액면을 보충·할인하여 달라는 의뢰를 받고 액면 백지
   인 약속어음을 교부받아 보관중이던 자가 발행인과의 합의에 의하여 정해진 보충권의 한도를 넘어
   보충을 한 경우에는 발행인의 서명날인 있는 기존의 약속어음 용지를 이용하여 새로운 별개의 약
   속어음을 발행한 것에 해당하여 이러한 보충권의 남용행위로 인하여 생겨난 새로운 약속어음에 대
   하여는 발행인과의 관계에서 보관자의 지위에 있다 할 수 없으므로, 설사 그 약속어음을 자신의
   채무변제조로 제3자에게 교부하여 임의로 사용하였다고 하더라도, 발행인으로 하여금 제3자에 대
   하여 어음상의 채무를 부담하는 손해를 입게 한 데에 대한 **배임죄가 성립될 수 있음은 별론**으로
   하고, 보관자의 지위에 있음을 전제로 횡령죄가 성립될 수는 없다.

355①-V-45. 회사에서 지급된 노트에 영업상의 주요사항이 기재되어 있더라도 그 노트가 피고인의
         소유이어서 퇴직시 이를 회사에 반환하지 않은 행위(소극) [대법원 1994. 5. 24., 선고,
         94도763]
   【판결요지】
   노트에 피고인이 근무하던 회사의 영업상의 주요사항이 기재되어 있고 그 업무내용과 관련성이
   있기는 하였으나, 이는 직무수행상의 일환으로 작성된 것은 아니고 개인적인 필요에 의하여 작성
   된 것으로서 그 노트에 기재된 내용이 회사의 기밀사항이라 하여도 이 노트는 피고인의 소유에
   속한다고 볼 것이어서 퇴직시에 이를 회사에 반환하지 아니하고 가지고 나온 행위가 횡령죄를 구
   성한다고 할 수 없다.

355①-V-46. 양도담보권자와 채무자 사이에 변제할 채무액에 관하여 다툼이 있는 상태에서
         양도담보권자가 그 채무가 잔존한 것으로 믿고 담보부동산을 처분한 경우(소극) [대법원
         1992. 7. 14., 선고, 92도279]

【판결요지】

양도담보권자와 채무자 사이에 변제할 채무액에 관하여 다툼이 있었다면 채무가 잔존한 것으로 믿고 담보부동산을 처분한 양도담보권자에게 위 부동산에 관한 횡령의 범의가 있다고 볼 수 없고, 그가 담보부동산을 처분한 후 정산의무를 이행하지 아니한 것만으로는 범죄행위가 되지 아니한다.

355①-V-47. 종중의 이사들이 정식으로 이사회를 개최함이 없이 종중의 금원을 종중의 임원 등에게 대여하는 데 동의한 행위의 불법영득의 의사(소극) [대법원 1992. 5. 22., 선고, 92도564]

【판시사항】

[1] 종중 이사회의 결의사항에 관하여 정식으로 이사회를 개최하지 아니 하였으나 이를 개최하였을 경우 참석이 가능할 것으로 여겨지는 이사 전원이 이에 동의하였다면 위 사항에 이사회의 결의가 없었다고 단정할 수는 없다.

[2] 종중의 이사들이 정식으로 이사회를 개최함이 없이 종중의 금원을 종중의 임원 등에게 대여하는 데 동의한 행위에 불법영득의 의사를 인정할 수 없다.

【판결요지】

[1] 종중원에 대한 종중 금원의 대여는 종중 이사회의 의결로써 할 수 있는 것인데 이에 관하여 정식으로 이사회를 개최한 바는 없으나 종중규약상 이사회의 정족수는 재적이사 과반수 출석으로 성회되고 출석자 3분의 2 이상의 찬동으로 의결된다고 규정되어 있고 이사 총원 9명 중 지방에 거주하고 있던 4명을 제외하고 이사회를 개최하였을 경우 참석이 가능할 것으로 여겨지는 이사 5명 전원이 이에 동의한 이상 위 금원의 대여가 이사회의 결의 없이 이루어진 것이라고 단정할 수는 없다.

[2] 종중의 이사들이 보험회사에 예치된 종중의 금원 중 일부를 인출하여 종중의 임원 등에게 대여하는 데 위 [1]항과 같은 경위로 동의한 경우 종중규약상 종중원에 대한 종중재산의 대여를 금지하는 규정이 없고 위 종중원들이 위 금원에 대하여 보험회사에서 지급되는 금리 이상의 이자를 지급할 것을 조건으로 하였다면 위 동의 속에 불법영득의 의사 즉 종중재산을 보관하는 자가 그 위탁의 취지에 반하여 자기 또는 제3자의 이익을 위하여 이를 자기의 소유인 것 같이 처분하려는 의사가 있었다고 볼 수 없다.

355①-V-48. 부탁 받은 다이아몬드를 판매하고 그 대금을 소비한 경우(적극) [대법원 1990. 8. 28., 선고, 90도1019]

【판결요지】

피고인이 피해자로부터 피해자 소유의 다이아반지 1개를 팔아 달라는 부탁을 받고 교부받아 이를 판매한 대금을 보관중 임의소비한 경우 피고인에게 불법영득의 의사가 있었다고 보아야 할 것이므로 피고인의 행위는 횡령죄를 구성한다.

355①-V-49. 명의수탁부동산인 점을 알고 수탁자와 공모하여 처분한 경우 횡령죄의 공동정범 성립 여부(적극) [대법원 1990. 8. 10., 선고, 90도414]

【판결요지】

명의수탁부동산인 점을 알고 있으면서 수탁자와 공모하여 이를 타에 처분하였을 경우에는 횡령
죄의 공동정범이 된다.

355①-V-50. 달력 제작납품주문을 받아오면 그 대금 일부를 이익배당금으로 지급받기로 한 사람이
대금으로 수령한 약속어음을 임의처분한 경우(적극) [대법원 1990. 5. 25., 선고, 90도578]

【판결요지】

피고인이 달력의 제작납품주문을 받아오면 피해자가 그의 비용으로 그의 시설을 이용하여 제작
납품하고 그 대금의 2 내지 15%에 해당하는 금원을 이익배당금 명목으로 피고인에게 지급하기로
하는 내용의 계약을 체결한 후, 피고인이 주문을 받아와 피해자가 달력을 제작하여 피고인으로
하여금 납품하고 그 대금을 수령하여 오도록 한바, 피고인이 그 대금으로 수령한 약속어음을 임
의처분하고 피해자에게 지급하는 것을 거부하고 있는 경우에는, 피해자가 제작한 달력을 피고인
이 공급하고 받은 대금은 위 두사람 사이의 내부관계에 있어서는 바로 위 피해자의 소유로 귀속
한다고 할 것이므로 피고인이 이를 소비하거나 현금으로 할인하고도 이를 피해자에게 지급하지
않는 행위는 횡령죄에 해당한다.

355①-V-51. 이익분배 등 판매대금처분에 관하여 특약이 있는 위탁판매계약(소극) [대법원 1990. 3.
27., 선고, 89도813]

【판시사항】

이익분배 등 판매대금처분에 관하여 특약이 있는 위탁판매계약의 경우 위탁판매인의 판매대금의
소비 또는 인도거부가 곧바로 횡령죄를 구성하는지 여부(소극)

【판결요지】

통상 위탁판매의 경우에 위탁판매인이 위탁물을 매매하고 수령한 금원은 위탁자의 소유에 속하
여 위탁판매인이 함부로 이를 소비하거나 인도를 거부하는 때에는 횡령죄가 성립한다고 할 것이
나, 위탁판매인과 위탁자간에 판매대금에서 각종 비용이나 수수료 등을 공제한 이익을 분배하기
로 하는 등 그 대금처분에 관하여 특별한 약정이 있는 경우에는 이에 관한 정산관계가 밝혀지지
않는 한 위탁물을 판매하여 이를 소비하거나 인도를 거부 하였다 하여 곧바로 횡령죄가 성립한다
고는 할 수 없다.

355①-V-52. 건축허가명의를 수탁받은 회사의 실질적 경영자가 소유권보존등기가 되지 않은
신축건물의 보관자로서 횡령죄의 주체라고 본 사례 [대법원 1990. 3. 23., 선고,
89도1911]

【판결요지】

법률상 부동산을 제3자에게 유효하게 처분할 수 있는 지위에 있는 자는 그 부동산에 대한 지배
력을 가지고 있다고 할 것이므로, 횡령죄의 성립에 있어서 그 부동산을 보관하는 자에 해당한다

고 보아야 할 것인 바, 소유권보존등기가 되어있지 않은 이 사건 건물이 실제로 피해자가 재료의 주요부분과 노력을 제공하여 건축한 피해자의 소유로서 건축허가명의만을 갑회사에게 신탁한 경우에 있어서, 건축허가 관계서류에 의하여 작성된 건축물관리대장(또는 가옥대장)의 등본에 의하여 자기 또는 피상속인이 그 대장에 소유자로서 등록되어 있는 것을 증명하는 자가 미등기건물의 소유권보존등기를 신청할 수 있도록 되어 있는 부동산등기법 제131조 제1호, 건축법시행규칙 제6조 등의 규정내용에 비추어볼때 갑회사의 실질적인 경영자인 피고인은 건축허가명의자인 갑회사의 명의로 소유권보존등기를 하여 대외적으로 유효하게 위 건물을 처분할 수 있는 지위에 있는 자이어서 타인의 부동산인 위 건물을 보관하는 자에 해당한다고 보아야 할 것이다.

355①-V-53. 어음금의 상환의무자로부터 그 어음의 회수용으로 받은 돈을 다른 곳에 소비한 경우(적극) [대법원 1989. 11. 14., 선고, 89도968]

【판결요지】

갑이 을에게 타인 발행의 약속어음의 할인을 부탁하면서 위 어음에 배서하여 주고 을은 이를 다시 병에게 배서하여 할인하였다가 위 어음이 부도가 되어 병은 을에게 그 변제를 요구하였고 을은 다시 갑에게 어음금의 상환을 요구한 경우, 갑이 을에게 위 약속어음 회수용으로 용도를 특정하여 돈을 지급하였다면, 갑으로서도 위 약속어음을 회수하여 소지하여야 그 발행인으로부터 어음금을 회수할 수 있는 것이므로 이를 단순한 채무의 변제라고만 할 수는 없고 을은 갑을 위하여, 그리고 그 어음회수를 위하여 그 돈을 보관하는 자의 지위에 있다고 볼 것이므로 을이 이 돈을 갑의 의사에 반하여 어음회수용으로 사용하지 아니하고 소비한 것이라면 횡령죄가 성립한다.

355①-V-54. 점유개정에 의한 동산양도담보계약에 의하여 채무자가 점유하던 동산을 다른 사유로 보관하게 된 채권자가 횡령죄의 주체가 될 수 있는지 여부(적극) [대법원 1989. 4. 11., 선고, 88도906]

【판결요지】

채무자가 채무이행의 담보를 위하여 동산에 관한 양도담보계약을 체결하고 점유개정의 방법으로 여전히 그 동산을 점유하는 경우 그 계약이 채무의 담보를 위하여 양도의 형식을 취하였을 뿐이고 실질은 채무의 담보와 담보권실행의 청산절차를 주된 내용으로 하는 것이라면 별단의 사정이 없는 한 그 동산의 소유권은 여전히 채무자에게 남아 있고, 채권자는 단지 양도담보물권을 취득하는 데 지나지 않으므로 그 동산을 다른 사유에 의하여 보관하게 된 채권자는 타인 소유의 물건을 보관하는 자로서 횡령죄의 주체가 될 수 있다.

---

1. 약한의미의 양도담보의 채무자가 그 목적물을 처분행위(소극) [대법원 1980. 11. 11., 선고, 80도2097]

【판결요지】

약한의미의 양도담보에 있어서는 목적물의 소유권은 채무자에게 유보되어 있고 채권자에게는 그 채무불이행시의 목적물에 대한 담보권 및 환가권만이 귀속되는 것이어서 채무자는 자기의 물건을 보관하고 있는 셈이 되는 것이므로 양도담보의 목적물을 제3자에게 처분하였다 하더라도 횡령죄를 구성하지 아니한다.

355①-V-55. 다른 명목으로 금원을 위탁받은 자가 임의로 자기의 채권과 상계처리한 경우(적극)
[대법원 1989. 1. 31., 선고, 88도1992]

【판결요지】

피고인이 교회신축공사를 감독하면서 위 교회로부터 레미콘대금을 지급하라는 명목으로 금원을 받았으면서도 거기에 사용하지 아니하고 이를 마음대로 피고인이 받을 채권과 상계처리하였다면 상계정산하기로 하였다는 특별한 약정이 없는 한 이는 금원을 위탁한 취지에 반하는 것이어서 횡령죄를 구성한다.

355①-V-56. 지급담보를 위하여 교부받은 약속어음 소지자가 횡령죄의 주체인 타인의 재물을 보관하는 자에 해당되는지 여부(소극) [대법원 1988. 1. 19., 선고, 87도2078]

【판결요지】

매도인이 매수인으로부터 지급받아야 할 부동산의 매매잔대금의 지급을 담보(확보)하기 위하여 매수인으로부터 약속어음을 발행교부 받아 소지한 것이라면 위 어음상의 권리는 적법하게 매도인에게 귀속되었다 할 것이고, 매도인과 매수인 사이의 위 어음반환조건은 그들 사이의 단순한 채권적 약정에 불과하므로 위 매도인을 횡령죄의 주체인 타인의 재물을 보관하는자의 지위에 있다고 볼 수 없다.

355①-V-57. 행위자의 주관적 판단이 객관적으로 보아 심히 부당한 것은 아니라고 사회통념상 인정된다고 하여 횡령의 범의를 부정한 사례 [대법원 1987. 4. 28., 선고, 86도824]

【판시사항】

[1] 행위자의 주관적 판단이 객관적으로 보아 심히 부당한 것은 아니라고 사회통념상 인정된다고 하여 횡령의 범의를 부정한 사례

[2] 정당한 사유에 기한 반환거부와 불법영득의 의사

【판결요지】

[1] 장학기금출연자중 상당수로부터 장학기금반환요구가 있는등의 여러 사정으로 위 장학기금의 정상적인 운영이 어렵게 되자 그 장학기금의 이사장이 이를 해체할 수 밖에 없다고 판단해서 해산절차를 취하여 위 반환요구자의 대부분에게 그 출연원금을 반환하였다면 비록 그 해산절차의 적법여부에 의문이 제기될 수 있다고 하더라도 위와 같은 주관적 판단이 객관적으로 보아 심히 부당한 것은 아니라고 사회통념상 인정되므로 여기에 횡령의 범의가 있었다고 할 수는 없다.

[2] 횡령죄에 있어서의 이른바 불법영득의 의사는 타인의 재물을 보관하는 자가 그 취지에 반하여 정당한 권원없이 스스로 소유권자와 같이 이를 처분하는 의사를 말하는 것이므로 비록 그 반환을 거부하였다고 하더라도 그 반환거부에 정당한 사유가 있어 이를 반환하지 않는 사실만으로는 불법영득의 의사가 있다고 할 수는 없다.

1. 정당한 사유에 기한 보관물의 반환거부와 횡령죄의 성부(소극) [대법원 1986. 2. 25., 선고, 86도2]

【판결요지】

횡령죄에 있어서의 불법영득의 의사는 타인의 재물을 보관하는 자가 그 취지에 반하여 정당한 권한없이 스스로 소유권자와 같이 이를 처분하는 의사를 말하는 것이므로, 비록 그 반환을 거부하였다 하더라도 그 반환거부에 정당한 사유가 있을 때에는 불법영득의 의사가 있다고 할 수 없다.

2. 동산의 선의취득자의 반환거부와 횡령죄 성부(소극) [대법원 1983. 12. 13., 선고, 83도2642]

【판결요지】

피고인이 극장내에 비치된 일체의 비품 및 극장 운영권을, 공연장(극장) 허가명의자로서 위 극장을 직접 운영하고 있던 공소외 (갑)으로부터 매수하고 이를 인도받아 그 소유권을 선의취득하였다고 인정된다면, 피고인이 극장비품인 이 사건 동산에 대한 당초 소유자의 반환요구를 거절하였다고 하여 횡령죄를 구성할 수는 없다.

355①-V-58. 회사자금을 인출하여 임의로 처분한 후에 그 금원을 회사의 신주인수자금으로 사용한 경우(적극) [대법원 1987. 2. 24., 선고, 86도999]

【판시사항】

[1] 회사자금을 인출하여 임의로 처분한 후에 그 금원을 회사의 신주인수자금으로 사용한 경우 횡령죄의 성부(적극)

[2] 소위 1인 주주가 회사에 대한 횡령죄의 주체가 될 수 있는지 여부(적극)

【판결요지】

[1] 회사자금을 인출하여 임의로 처분함으로써 횡령죄는 기수에 달하는 것이며 그 후에 그 금원을 회사의 신주발행시에 신주인수자금으로 사용하여 결과적으로 회사에 입금되었다고 해서 이미 성립한 횡령죄에 영향을 미치는 바 없고, 그러한 사정만으로 불법영득의 의사가 있었음을 부정할 수 없다.

[2] 주식회사의 주식이 사실상 1인의 주주에 귀속하는 1인 회사에 있어서도 행위의 주체와 그 본인은 분명히 별개의 인격이므로 그 법인인 주식회사 소유의 금원을 임의로 소비할 때 횡령죄는 성립하는 것이다.

355①-V-59. 부동산의 소유명의를 위탁받은 자가 소유명의를 자기로 하지 않고 子(자) 명의로 하여 둔 채 사망한 경우(소극) [대법원 1987. 2. 10., 선고, 86도2349]

【판결요지】

부동산의 소유명의 및 관리를 위탁받은 자가 자기명의로의 소유권이전등기를 생략한 채 그 자에게 소유권이전등기를 하여 주고 사망하였다면 비록 자가 그러한 사정을 알고 있었다고 하더라도 그로써 곧 그 자가 위탁자에 대한 관계에 있어 등기명의 및 관리의 수탁자로서의 지위를 취득하거나 승계하게 된다고는 할 수 없어 위탁자에게 그 부동산의 반환을 거부한다 하더라도 횡령죄를 구성하지는 않는다.

355①-V-60. 보관취지에 반하여 타인의 금원을 임의로 소비한 자가 그 타인에 대하여 다액의 채권이 있다는 사정과 횡령죄의 성부(적극) [대법원 1986. 9. 23., 선고, 86도1478]

【판결요지】

어촌계장이던 피고인이 어촌계장을 그만 둔 후 공소외인으로부터 동인이 종래 어촌계 자금을 변태지출하여 변상할 책임이 있는 금원을 어촌계에 입금시켜 달라는 의뢰를 받고 동금원을 교부받아 보관중에 소비하였다면 비록 피고인이 위 어촌계로부터 도로 받아야 할 다액의 채권이 있었다 하더라도 위 보관금을 그 취지에 따라 입금조치하지 않고 타에 소비한 데에 그 영득의 의사가 없다거나 또는 그 위법성이 조각된다 할 수 없다.

355①-V-61. 오토바이를 타고 심부름을 가다가 마음이 변하여 그대로 타고 가버린 경우(=횡령) [대법원 1986. 8. 19., 선고, 86도1093]

【판결요지】

피해자가 그 소유의 오토바이를 타고 심부름을 다녀오라고 하여서 그 오토바이를 타고 가다가 마음이 변하여 이를 반환하지 아니한 채 그대로 타고 가버렸다면 횡령죄를 구성함은 별론으로 하고 적어도 절도죄를 구성하지는 아니한다.

355①-V-62. 매도인이 매수인으로부터 교부받은 물건납품을 위한 선매대금을 임의로 소비한 경우(소극) [대법원 1986. 6. 24., 선고, 86도631]

【판결요지】

물건납품을 위한 선매대금은 매수인으로부터 매도인에게 교부되면 그 소유권이 매도인에게 이전되는 것이고 따라서 매수인을 위하여 그 대금을 보관하는 지위에 있지 아니하므로 매도인이 그 대금으로 교부받은 돈을 임의로 소비하였다 하더라도 이는 횡령죄를 구성하지 아니한다.

355①-V-63. 위탁판매인이 그 판매대금을 사용소비한 경우(적극) [대법원 1986. 6. 24., 선고, 86도1000]

【판결요지】

위탁매매에 있어서는 위탁품의 소유권은 위임자에게 속하고 그 판매대금은 다른 특약이나 특단의 사정이 없는 한 이를 수령함과 동시에 위탁자에게 귀속한다 할 것이므로 이를 사용 소비한 때에는 횡령죄가 구성된다.

355①-V-64. 타인을 공갈하여 교부받은 재물을 처분한 경우(소극) [대법원 1986. 2. 11., 선고, 85도2513]

【판결요지】

형법 제355조 제1항의 횡령죄는 불법영득의 의사없이 목적물의 점유를 시작한 경우라야 하고 타인을 공갈하여 재물을 교부케 한 경우에는 공갈죄를 구성하는 외에 그것을 소비하고 타에 처분하였다 하더라도 횡령죄를 구성하지는 않는다.

355①-Ⅴ-65. 농업조합장이 조합채무자로부터 받은 금원을 타 조합직원 명의의 가장된 대출금이 변제된 것처럼 장부정리를 한 경우(적극) [대법원 1985. 7. 9., 선고, 84도2597]

【판결요지】

단위농업협동조합의 조합장이 조합채무자가 채무변제로 납입한 금원을 자신의 영업실적을 과장하기 위해 만든 조합직원 명의의 가장된 대출금중 동액상당이 변제된 것처럼 변칙적인 장부정리를 한 경우, 이와 같은 행위는 일시적인 장부상 분식을 한 데에 불과한 것으로 횡령행위라고 볼 수 없다.

355①-Ⅴ-66. 임차인 소유물건의 취거를 방해한 임대인이 그 물건들을 제3자에게 임의 매각한 경우(적극) [대법원 1985. 4. 9., 선고, 84도300]

【판결요지】

임차인이 이사하면서 그가 소유하거나 타인으로부터 위탁받아 보관중이던 물건들을 임대인의 방해로 옮기지 못하고 그 임차공장내에 그대로 두었다면 임대인은 사무관리 또는 조리상 당연히 임차인을 위하여 위 물건들을 보관하는 지위에 있다 할 것이므로 임대인이 그 후 이를 임의로 매각하거나 반환을 거부하였다면 횡령죄를 구성한다.

355①-Ⅴ-67. 공탁금회수 즉시 반환하기로 하고 차용한 금원을 공탁후 회수한 경우, 그 공탁금의 소유자 [대법원 1985. 3. 26., 선고, 84도2293]

【판결요지】

공탁금회수 즉시 반환하기로 하고 차용한 금원을 피고인명의로 공탁하였다가 공탁금회수 청구권에 의하여 법원으로부터 회수한 금원은 공탁자인 피고인의 소유이고 공탁금회수 즉시 채권자에게 반환하기로 하는 약정이 있었다 하더라도 그 결론에는 영향이 없다.

355①-Ⅴ-68. 채권을 추심하여 채권자들의 채권액에 비례하여 분배하기로 한 채권자단의 단장이 채무자로부터 받은 금원을 모두 자기채권의 변제에 충당한 경우의 횡령액 [대법원 1985. 2. 13., 선고, 84도2521]

【판결요지】

채권을 추심하여 각 채권자들의 채권액에 비례하여 분배하기로 한 채권자단의 단장이 채무자로부터 채권자들에게 분배해 달라는 취지로 받은 금원을 보관중 자신의 채권액에 모두 충당한 경우 동인도 자기채권액에 비례하여 분배받을 것이 있음이 마땅하므로 동인의 횡령액은 그 전액을 횡령하였다고는 볼 수 없고 자기의 채권비율에 따른 분배액을 초과한 금액만을 횡령하였다고 보아야 한다.

355①-Ⅴ-69. 타인에 대한 채무변제를 위탁받은 돈을 자신의 위탁자에 대한 채권에 충당한 경우(적극) [대법원 1984. 11. 13., 선고, 84도1199]

【판결요지】

타인에 대한 채무의 변제를 위하여 위탁받은 금원을 함부로 자신의 위탁자에 대한 채권에 충당함은 당초의 금원위탁의 취지에 위반되는 것으로서 횡령죄를 구성한다고 볼 것이고, 위탁자에 대한 채권의 존재는 횡령죄의 성립에 영향을 미치는 것이 아니다.

355①-V-70. 임차인과 전차인 사이 임대차보증금 반환채권 중 전대차보증금 상당에 대한 권리행사를 우선적으로 부여한다는 내용의 약정취지 [대법원 1984. 9. 25., 선고, 84도1622]

【판결요지】

임차인인 피고인이 전대차보증금 5,000,000원에 전대하고 전대차보증금의 반환에 관하여 피고인의 임대차보증금 7,000,000원의 반환채권중 5,000,000원에 대한 권리행사를 피해자인 전차인에게 우선적으로 부여한다는 내용의 약정을 하였다면, 이는 임대차보증금 중 5,000,000원의 반환채권 피해자에게 양도한다는 것이 아니라 피고인이 전대차보증금의 반환을 다짐하는 뜻으로 위 임대차보증금 7,000,000원을 받으면 이중 5,000,000원을 전대차보증금의 반환으로서 우선적으로 지급하겠다는 뜻에 지나지 않으므로, 피고인이 임차인으로서 임대인으로부터 임대차보증금중 연체임료 등을 공제한 금액의 약속어음을 수령한 것은 당연하고, 이를 피해자를 위하여 수령보관한 것이라고 볼 수 없다.

355①-V-71. 조부가 보관위탁 받은 토지를 상속인 부가 임의로 자인 피고인 앞으로 소유권이전 등기한 경우(소극) [대법원 1984. 4. 24., 선고, 83도2116]

【판시사항】

조부가 보관위탁 받은 토지를 상속인 부가 임의로 자인 피고인 앞으로 소유권이전등기한 경우 피고인의 위 토지매각 행위

【판결요지】

종중이 그 소유의 토지를 피고인의 조부 (갑)에게 위탁관리케 하고 동인 명의로 토지사정을 받은 것인데 (갑)이 사망하자 그 상속인인 피고인의 부 (을)이 상속등기와 아울러 매매를 가장하여 피고인 앞으로 소유권이전 등기를 경료하였다면 그로써 (을)의 종중에 대한 횡령행위는 이미 완성하였다고 봄이 상당하고 달리 종중이 피고인에게 이 사건 토지를 새로이 보관위탁한 사실이 인정되지 않는 한 피고인은 위 (을)의 횡령 행위로 인하여 생긴 장물인 위 토지에 관하여 장물취득 또는 양여자의 지위에 섬은 별론으로 하고 피고인이 위 토지를 매각한 경우 종중에 대한 횡령죄를 구성한다고 볼 수는 없다.

355①-V-72. 물건 소유자 이외의 자가 물건의 보관을 위탁한 경우 횡령죄의 성부(적극) [대법원 1984. 1. 31., 선고, 83도2947]

【판결요지】

셋방살이하던 자가 다른 곳으로 이주가면서 후에 찾아가겠다고 그 셋방에 물건을 놓고 갔고, 집주인은 그 물건을 그대로 둔 채 타인에게 그 방을 빌려주면서 그자의 승락을 받아 물건을 보관시

켰다면 집주인은 새로 세든 자에게 방을 세놓을 때 그 셋방안에 있는 위 물건들의 보관을 위탁하였다고 봄이 상당하므로 새로 세든 자가 위 물건들을 소비 및 매각처분한 소위를 <u>원심이 절도로 처리한 것은 횡령죄에 있어서의 보관에 관한 법리를 오해한 것이다.</u>

355①-V-73. 어음할인 행위 자체가 불법영득의사의 실현인 경우 횡령액수(=어음액면금) [대법원 1983. 11. 8., 선고, 83도2346]

【판시사항】

[1] 피해자를 속여서 승낙받아 어음할인한 후 할인금액을 소비한 경우 횡령죄의 성부

[2] 어음할인 행위 자체가 불법영득의사의 실현인 경우 횡령액수(=어음액면금)

【판결요지】

[1] 피고인이 보관중인 약속어음을 불법영득의사로서 현금으로 할인한 경우, 설사 피고인이 그 정을 모르는 피해자를 속여 현금할인에 관하여 승낙을 받았더라도 횡령죄의 성립에 하등 영향이 없다.

[2] 소개인인 피고인이 매매잔대금조로 교부받아 보관하던 약속어음을 현금으로 할인한 자체가 불법영득의사의 실현인 경우, 횡령액은 어음을 할인한 현금액이 아니라 횡령한 약속어음의 액면금 상당액인 것이다.

355①-V-74. 임차인이 증축한 임차건물 부분에 대한 철거보상금을 건물 소유자가 임의 소비한 경우(소극) [대법원 1983. 11. 8., 선고, 83도2411]

【판결요지】

임차인이 임차건물에 덧붙여 방 한칸과 부엌 일부를 증축하여 기존건물과 일체로서 점유. 사용해 온 경우, 증축된 부분은 물리적 구조나 용도, 기능 및 거래의 관점에서 사회적, 경제적으로 고찰할 때 그 자체는 구조상 건물로서의 독립성이 없고 별개의 독립물로서의 효용을 갖지 못하여 기존건물에 부합되었다고 할 것이니 동 건물의 철거보상금은 건물 소유자에게 귀속되는 것이므로 소유자가 이를 임의로 소비하였다 하더라도 횡령죄는 성립하지 아니한다.

355①-V-75. 3인이 공동하여 개간허가를 받아 개간한 국유지를 1인이 단독 처분한 경우(소극) [대법원 1983. 6. 28., 선고, 80도1372]

【판결요지】

피고인이 공소외 (갑), (을)과 공모하여 당국으로부터 개간허가를 받아 개간한 국유지를 국가와 매매계약마저도 체결하지 아니한 상태에서 위 양인의 의사에 반하여 제3자들에게 매도하였더라도 위 개간지가 피고인과 위 양인의 공유라고 할 수 없을 뿐만 아니라 피고인이 위 양인으로부터 관리 또는 처분의 위임을 받았다고도 볼 수 없으므로 피고인의 소위는 횡령죄에 해당하지 않는다.

355①-V-76. 노무도급계약의 수급인이 재료일부를 대체 구입하여 공사를 완성 후 도급인으로부터 그에 해당하는 재료를 받아 처분한 경우 (소극) [대법원 1983. 4. 12., 선고, 82도2410]

【판결요지】

도급인이 제공하는 재료로 공작물을 제작·완성하기로 하는 노무도급계약에 있어서 재료일부가 적기에 제공되지 아니하여 수급인이 공사진행의 편의상 도급인으로부터 제공받을 재료와 동 품질·동량의 다른 재료를 구입하여 공작물의 제작을 완성한 후 도급인의 검수까지 마쳤다면 그 뒤에 도급인으로부터 제공받은 재료는 수급인의 소유에 귀속시키기로 하는 당사자간의 묵시적인 합의가 있었던 것이라고 봄이 상당하므로, 그 후 수급인이 도급인으로부터 제공받은 재료를 처분하였다 하더라도 횡령죄를 구성하지 아니한다.

355①-V-77. 싸롱의 관리를 위임받은 자가 그 싸롱 내의 물품을 부정처분한 경우(적극) [대법원 1983. 2. 22., 선고, 82도3092]

【판결요지】

범행 당시 휴업중인 싸롱의 소유자로부터 열쇠를 받고 그 관리를 위임받아 보관 중인 싸롱내의 물품을 부정처분한 경우 횡령의 죄책은 있을지언정 절도에는 해당하지 않는다.

355①-V-78. 2인의 조합관계에서 1인의 조합원이 탈퇴한 경우 잔존조합원에 의한 조합재산의 단독처분과 횡령죄의 성부(소극) [대법원 1983. 2. 22., 선고, 82도3236]

【판결요지】

2인의 조합관계에 있어서 1인의 조합원이 탈퇴의 의사를 표시하였을 경우 조합관계는 그 성질상 종료되나 특별한 사정이 없는 한 조합은 해산되지 아니하며 따라서 청산도 개시되지 아니하고 조합원의 합유에 속하였던 조합재산은 탈퇴하지 않은 남은 조합원의 단독소유에 속하게 되어 탈퇴한 사람과 남은 사람사이에는 탈퇴에 따른 투자금의 환급등 계산만이 남는다고 할 것이므로, (갑)과 (을)이 당구장을 동업하기로 약정하였다가 공동으로 운영하지도 못한채 (갑)이 동업조건에 불만을 갖고 약정투자금의 일부만을 지급한 후 동업계약을 해지하고 탈퇴해버린 경우에 (을)이 동 당구장을 단독처분하였다 해도 횡령죄를 구성하지 아니한다.

355①-V-79. 물건 운반을 의뢰받은 짐꾼이 그 물건을 영득한 경우(적극) [대법원 1982. 11. 23., 선고, 82도2394]

【판결요지】

피해자가 시장 점포에서 물건을 매수하여 묶어서 그곳에 맡겨 놓은 후 그곳에서 약 50미터 떨어져 동 점포를 살펴볼 수 없는 딴 가게로 가서 지게 짐꾼인 피고인을 불러 피고인 단독으로 위 점포에 가서 맡긴 물건을 운반해 줄 것을 의뢰하였더니 피고인이 동 점포에 가서 맡긴 물건을 찾아 피해자에게 운반해 주지 않고 용달차에 싣고 가서 처분한 것이라면 피고인의 위 운반을 위한 소지 관계는 피해자의 위탁에 의한 보관관계에 있다고 할 것이므로 이를 영득한 행위는 절도죄가 아니라 횡령죄를 구성한다.

355①-V-80. 위탁판매인과 위탁자간에 판매대금에서 비용공제 후 이익을 반분하기로 한 약정이 있는 경우 위탁판매인에 의한 위탁물 처분(소극) [대법원 1982. 11. 23., 선고, 82도1887]

【판결요지】

통상 위탁판매의 경우에 위탁판매인이 위탁물을 매매하고 수령한 금원은 위탁자의 소유에 속하여 위탁판매인이 함부로 이를 소비하거나 인도를 거부하는 때에는 횡령죄가 성립한다 할 것이나, 위탁판매인인 피고인과 위탁자간에 판매대금에서 각종 비용을 공제한 이익금을 반분하기로 하는 약정이 있었는데 양자간에 선전비용, 기념전 준비, 표구대 등에 상당한 비용이 지출되었다고 다투어지고 있는 사실관계 하에서라면 그 같은 정산관계가 밝혀지지 않는 한 위탁물의 판매가 있었다 하여 곧바로 횡령죄가 성립한다고는 할 수 없을 것이다.

355①-V-81. 사용자가 피용자가 제공한 입사보증금을 소비한 경우(소극) [대법원 1979. 6. 12., 선고, 79도656]

【판결요지】

소위 입사보증금은 고용계약과 관련하여 피용자가 장래 부담하게 될지도 모르는 손해배상 채무의 담보로서 제공되는 신원보증금으로서 일단 그 소유권은 사용자에게 이전되는 것이니 사용자가 이를 소비하여도 횡령죄를 구성하지 아니한다.

제356조[업무상횡령]

제356조(업무상의 횡령과 배임) 업무상의 임무에 위배하여 제355조의 죄를 범한 자는 10년 이하의 징역 또는 3천만원 이하의 벌금에 처한다. 〈개정 1995. 12. 29.〉

356-1. 업무상횡령죄에서 '불법영득의사'의 의미 및 횡령한 재물을 사후 반환하거나 변상, 보전하는 의사가 있는 경우 불법영득의사(적극) [대법원 2014. 12. 24., 선고, 2014도11263]

【판시사항】

업무상횡령죄에서의 불법영득의 의사는 자기 또는 제3자의 이익을 꾀할 목적으로 업무상의 임무에 위반하여 보관하고 있는 타인의 재물을 자기의 소유인 것과 같이 사실상 또는 법률상 처분하는 의사를 말하고 사후에 이를 반환하거나 변상, 보전하는 의사가 있다고 하더라도 불법영득의 의사를 인정함에 지장이 없다(대법원 1983. 9. 13. 선고 82도75 판결, 대법원 2006. 6. 2. 선고 2005도3431 판결 등 참조).

1. 수표발행 권한을 위임받은 자가 개인용도로 수표를 발행하여 예금을 인출한 행위(적극) [대법원 1983. 9. 13., 선고, 82도75]

【판결요지】

회사로부터 수표발행 권한을 위임받은 자가 업무상의 임무에 위배하여 자기 또는 제3자의 용도에 충당하기 위하여 수표를 발행하고 그 수표를 이용하여 거래은행으로부터 회사의 예금을 인출하는 행위는 불법영득의 의사를 실현하는 행위로서 업무상횡령죄가 성립한다.

356-2. 주식회사의 설립업무 또는 증자업무를 담당한 자와 주식인수인이 사전 공모하여 제3자로부터 차용한 돈으로 주금을 납입하고 설립등기 또는 증자등기 후 바로 인출하여 차용금 변제에 사용하는 경우, 업무상횡령죄가 성립하는지 여부(소극) [대법원 2013. 4. 11. 선고, 2012도15585]

【이 유】

주식회사의 설립업무 또는 증자업무를 담당한 사람과 주식인수인이 사전 공모하여 주금납입취급은행 이외의 제3자로부터 납입금에 해당하는 금액을 차입하여 주금을 납입하고 납입취급은행으로부터 납입금보관증명서를 교부받아 회사의 설립등기절차 또는 증자등기절차를 마친 직후 이를 인출하여 위 차용금채무의 변제에 사용하는 경우, 위와 같은 행위는 실질적으로 회사의 자본을 증가시키는 것이 아니고 등기를 위하여 납입을 가장하는 편법에 불과하여 주금의 납입 및 인출의 전 과정에서 회사의 자본금에는 실제 아무런 변동이 없다고 보아야 할 것이므로 그들에게 회사의 돈을 임의로 유용한다는 불법영득의 의사가 있다고 보기 어렵다 할 것이고, 따라서 회사 자본이 실질적으로 증가함을 전제로 한 업무상횡령죄가 성립한다고 할 수 없다(대법원 2004. 6. 17. 선고 2003도7645 전원합의체 판결, 대법원 2009. 6. 25. 선고 2008도10096 판결 등 참조).

원심은 양도성예금증서의 자금 출처인 36억 원은 공소외 1 주식회사(이하 '공소외 1 회사'라고 한다)의 계좌에 입금되기 전에 이미 즉시 인출될 것이 예정되어 실질적으로 가장된 방법에 의한 대위변제에 불과하여 공소외 1 회사의 자금으로서 실체를 형성한 바가 없으므로, 그 입금 전에 이미 즉시 인출이 예정된 위 36억 원을 약정에 따라 공소외 2에게 양도성예금증서 형태로 제공한 위 피고인들에게 공소외 1 회사 소유의 돈을 불법영득한다는 의사가 존재한다고 볼 수 없다고 판단하였다.

356-3. 법인 운영자 또는 관리자가 법인과 아무런 관련이 없거나 개인적인 용도로 착복할 목적하에 법인자금으로 비자금을 조성한 경우(적극) [대법원 2011. 2. 10., 선고, 2010도12920]

【판시사항】

[1] 법인의 운영자 또는 관리자가 법인과 아무런 관련이 없거나 개인적인 용도로 착복할 목적하에 법인 자금으로 비자금을 조성한 경우 업무상횡령죄의 '불법영득의사'가 인정되는지 여부(적극) 및 행위자에게 법인 자금을 착복할 목적이 있었는지의 판단 기준

[2] 피고인이 피해 회사 자금을 인출하여 부외자금을 조성한 뒤 자기 또는 제3자인 다른 계열사들의 이익을 위하여 사용한 사안에서, 이는 피해 회사의 자금을 자기의 소유 자금인 것처럼 처분할 의사로 부외자금을 조성한 것으로 보이므로 피고인의 불법영득의사가 인정되고, 계열회사 전부가 피고인의 1인회사라고 하더라도 달리 볼 수 없다.

【이 유】

업무상횡령죄에 있어서의 불법영득의 의사라 함은 타인의 재물을 보관하는 자가 자기 또는 제3자의 이익을 꾀할 목적으로 업무상의 임무에 위배하여 보관하는 타인의 재물을 자기의 소유인 경우와 같이 사실상 또는 법률상 처분하는 의사를 의미하고, 반드시 자기 스스로 영득하여야만 하는 것은 아니고(대법원 2000. 12. 27. 선고 2000도4005 판결, 대법원 2008. 8. 21. 선고 2007도9318 판결 등 참조), 법인의 운영자 또는 관리자가 법인을 위한 목적이 아니라 법인과는 아무런 관련이 없거나 개인적인 용도로 착복할 목적으로 법인의 자금을 빼내어 별도로 비자금을 조성하였다면 그 조성행위 자체로써 불법영득의 의사가 실현된 것이며, 이때 그 행위자에게 법인의 자금을 빼내어 착복할 목적이 있었는지 여부는 그 법인의 성격과 비자금의 조성 동기, 방법, 규모, 기간, 비자금의 보관방법 및 실제 사용용도 등 제반 사정을 종합적으로 고려하여 판단하여야 한다.

356-4. 단체의 '대표자 개인'이 당사자가 된 민·형사사건의 변호사 비용을 '단체'의 비용으로 지출할 수 있는 예외적인 경우 [대법원 2009. 9. 10., 선고, 2009도4987]

【판시사항】

원칙적으로 단체의 비용으로 지출할 수 있는 변호사 선임료는 단체 자체가 소송당사자가 된 경우에 한하므로 단체의 대표자 개인이 당사자가 된 민·형사 사건의 변호사 비용은 단체의 비용으로 지출할 수 없고, 예외적으로 분쟁에 대한 실질적인 이해관계는 단체에게 있으나 법적인 이유로 그 대표자의 지위에 있는 개인이 소송 기타 법적 절차의 당사자가 되었다거나 대표자로서 단체를 위해 적법하게 행한 직무행위 또는 대표자의 지위에 있음으로 말미암아 의무적으로 행한 행위 등과 관련하여 분쟁이 발생한 경우와 같이, 당해 법적 분쟁이 단체와 업무적인 관련이 깊고 당시의 제반 사정에 비추어 단체의 이익을 위하여 소송을 수행하거나 고소에 대응하여야 할 특별

한 필요성이 있는 경우에 한하여 단체의 비용으로 변호사 선임료를 지출할 수 있다(.

356-5. 업무상횡령죄에 있어서 불법영득 의사의 의의 [대법원 1995. 3. 14., 선고, 95도59]

【판시사항】

[1] 불법영득의 의사로써 업무상 보관중인 타인의 금전을 횡령한 자가 그 소유자에 대하여 별도의 금전채권을 가지고 있음을 주장하고 이를 자동채권으로 하여 횡령액에 관하여 상계의 의사표시를 하면 이미 성립한 업무상횡령죄에 영향이 있는지 여부

[2] 1인 회사의 주주가 그 회사의 금원을 업무상 보관중 이를 임의로 처분한 행위가 업무상횡령죄를 구성하는지 여부

【판결요지】

[1] 일단 불법영득의 의사로써 업무상 보관중인 타인의 금전을 횡령하여 범죄가 성립한 이상 횡령의 범행을 한 자가 물건의 소유자에 대하여 별도의 금전채권을 가지고 있음을 주장하고 이를 자동채권으로 하여 그 대등액에서 횡령액에 관하여 상계의 의사표시를 한다고 하더라도 이미 성립한 업무상횡령죄에 무슨 영향이 있는 것은 아니다.

[2] 주식회사의 주식이 사실상 1인의 주주에 귀속하는 1인 회사에 있어서도 회사와 주주는 분명히 별개의 인격이어서 1인 회사의 재산이 곧바로 그 1인 주주의 소유라고 볼 수 없으므로, 회사의 사실상 1인 주주라고 하더라도 회사의 금원을 업무상 보관중 이를 임의로 처분한 소위는 업무상횡령죄를 구성한다.

356-6. 법인의 대표자가 법인경비에서 직무집행정지가처분결정을 당한 이사의 소송비용을 지급한 경우(소극) [대법원 1990. 6. 26., 선고, 89도1102]

【판결요지】

법인의 이사를 상대로 한 이사직무집행정지가처분결정이 된 경우, 당해 법인의 업무를 수행하는 이사의 직무집행이 정지당함으로써 사실상 법인의 업무수행에 지장을 받게 될 것은 명백하므로, 법인으로서는 그 이사 자격의 부존재가 객관적으로 명확하여 항쟁의 여지가 없는 경우가 아닌 한 위 가처분에 대항하여 항쟁할 필요가 있다고 할 것이고, 이와 같이 필요한 한도내에서 법인의 대표자가 법인경비에서 당해 가처분사건의 피신청인인 이사의 소송비용을 지급하더라도 이는 법인의 업무수행에 필요한 비용을 지급한 것에 해당하고 법인의 경비를 횡령한 것이라고는 볼 수 없다.

356-7. 면장 등이 면의 전도자금에 대한 업무상횡령죄의 주체(소극) [대법원 1989. 10. 10., 선고, 87도1901]

【판시사항】

[1] 면장 등이 면의 전도자금에 대한 업무상횡령죄의 주체가 될 수 없다고 본 사례

[2] 예산의 항목유용과 업무상횡령죄에 있어서의 불법영득의 의사

[3] 업무상 횡령의 공범 중 업무상 보관의 신분관계가 없다고 본 사례

【판결요지】

[1] 군의 재무회계규칙상 전도자금출납원은 부면장으로, 세입세출외 현금출납원은 총무계장으로 지정되어 있고, 실제로도 예산이 군에서 영달되어 면소속 금고인 단위농협에 예치되면 회계사무보조가 지출결의서를 기안작성하여 소정의 결의를 받아 전도자금은 부면장이, 세입세출외 현금의 경우는 총무계장이 각 지출원으로서 출금전표를 끊어주어 이를 단위농협에 제시하여 현금을 인출하여 왔다면, 회계사무보조와 총무계장은 전도자금에 대하여는 이를 업무상 직접 점유보관하는 자라고 할 수 없고, 면장도 수입지출의 명령과 회계감독을 하는 지위에 있었음에 그치고 전도자금을 직접 점유보관하는 자라고 할 수 없으니 위 전도자금에 대한 업무상횡령죄의 주체가 될 수 없다.

[2] 공공단체의 예산을 집행할 직책에 있는 자가 자신의 이익을 위한 것이 아니고 행정상 필요한 경비의 부족을 메우기 위하여 여유있는 다른 항목의 예산을 유용한 경우 그 예산의 항목유용 자체가 위법한 목적을 가지고 있거나, 용도가 엄격하게 제한되어 있는 경우에는 그 지출이 아무리 본인인 공공단체 등을 위한 지출이더라도 불법영득의 의사를 부정할 수 없으나, 그것이 본래 책정되거나 영달되어 있어야 할 필요경비이기 때문에 일정한 절차를 거치면 그 지출이 허용될 수 있었던 경우에는 그 간격을 메우기 위하여 유용하였더라도 행정책임을 지는 것은 별론으로 하고 바로 불법영득의 의사가 있었다고 단정할 수는 없다.

[3] 면의 예산과는 별도로 면장이 면민들로부터 모금하여 그 개인명으로 예금하여 보관하고 있던 체육대회성금의 업무상 점유보관자는 면장뿐이므로 면의 총무계장이 면장과 공모하여 업무상 횡령죄를 저질렀다 하여도 업무상 보관책임있는 신분관계가 없는 총무계장에 대하여는 형법 제33조 단서에 의하여 형법 제355조 제1항에 따라 처단하여야 한다.

356-8. 보관취지에 반하는 공금의 유용과 업무상횡령죄의 성부 [대법원 1989. 3. 14., 선고, 88도1278]

【판결요지】

택시노조조합장이 각 단위노동조합으로부터 일정한 금액을 연맹의무금으로 특정하여 받아 보관하다가 이를 상위조합인 전국자동차노동조합연맹에 송금하지 아니하고 분실운영비 등으로 사용하였다면 그 보관취지에 반하는 것이 되어 불법영득의 의사가 있다고 하지 않을 수 없고 비록 그 후 이를 반환하거나 변상·보충할 의사가 있더라도 업무상 횡령죄의 성립에는 아무런 영향이 없다.

356-9. 형식상 공제계산하여 기장된 재형저축 불입금에 대한 회사 대표이사의 업무상 보관여부(소극) [대법원 1983. 12. 13., 선고, 83도889]

【판결요지】

회사가 종업원의 급료명세서를 작성함에 있어서 다만 형식상 재형저축 불입금으로 공제계산하여 둔 것처럼 하였을 뿐 회사의 부채가 많아서 실제로 재형저축금을 공제하여 보관하지 않은 경우에는, 회사가 보유하고 있던 자금이 공제한 재형저축불입금 상당을 충당할 수 있어서 회사의 대표이사가 종업원들의 재형저축불입금으로서 업무상 보관하고 있다고 보아야 할 경우와는 달리, 위 재형저축불입금을 공제하여 보관한다고 볼수 없다.

제2절 배임의 죄

제355조②[배임]

> 제355조(횡령, 배임) ② 타인의 사무를 처리하는 자가 그 임무에 위배하는 행위로써 재산상의 이익을 취득하거나 제삼자로 하여금 이를 취득하게 하여 본인에게 손해를 가한 때에도 전항의 형과 같다.

I. 배임(이중매매)

355②-I-1. 채권에 대한 동산 양도담보설정자의 동산 매각행위와 배임죄 [대법원 2020. 2. 20. 선고 2019도9756 전원합의체 판결]

【판시사항】

채무자가 금전채무를 담보하기 위하여 동산을 채권자에게 양도담보로 제공한 경우, 채권자에 대한 관계에서 '타인의 사무를 처리하는 자'에 해당하는지 여부(소극) 및 이때 채무자가 담보물을 제3자에게 처분하는 등으로 담보가치를 감소 또는 상실시켜 채권자의 담보권 실행이나 이를 통한 채권실현에 위험을 초래하는 경우, 배임죄가 성립하는지 여부(소극)

【이 유】

채무자가 금전채무를 담보하기 위하여 동산을 채권자에게 양도담보로 제공한 경우에 채무자가 부담하는 의무, 즉 담보물의 담보가치를 유지·보전하거나 담보물을 손상, 감소 또는 멸실시키지 않을 소극적 의무, 담보권 실행 시 채권자나 그가 지정하는 자에게 담보물을 현실로 인도할 의무와 같이 채권자의 담보권 실행에 협조할 의무 등은 모두 양도담보설정계약에 따라 부담하게 된 채무자 자신의 급부의무이다. 또한 양도담보설정계약에 따라 채무자가 부담하는 의무는 담보목적의 달성, 즉 채무불이행 시 담보권 실행을 통한 채권의 실현을 위한 것이므로 담보설정계약의 체결이나 담보권 설정 전후를 불문하고 당사자 관계의 전형적·본질적 내용은 여전히 금전채권의 실현 내지 피담보채무의 변제에 있다. 따라서 이러한 경우 채무자가 통상의 계약에서의 이익대립 관계를 넘어서 채권자와의 신임관계에 기초하여 채권자의 사무를 맡아 처리하는 것으로 볼 수 없으므로 채무자는 채권자에 대한 관계에서 '타인의 사무를 처리하는 자'에 해당하지 아니하고, 그가 담보물을 제3자에게 처분하는 등으로 담보가치를 감소 또는 상실시켜 채권자의 담보권 실행이나 이를 통한 채권실현에 위험을 초래하더라도 배임죄가 성립한다고 할 수 없다.

355②-I-2. 부동산 이중매매 배임죄 사건 [대법원 2018. 5. 17., 선고, 2017도4027, 전원합의체 판결]

【판시사항】

[1] 부동산 매매계약에서 중도금이 지급되는 등 계약이 본격적으로 이행되는 단계에 이른 경우, 그때부터 매도인은 배임죄에서 말하는 '타인의 사무를 처리하는 자'에 해당하는지 여부(적극)

및 그러한 지위에 있는 매도인이 매수인에게 계약 내용에 따라 부동산의 소유권을 이전해 주기 전에 그 부동산을 제3자에게 처분하고 제3자 앞으로 그 처분에 따른 등기를 마쳐 준 경우, 배임죄가 성립하는지 여부(적극)

[2] 부동산 매도인인 피고인이 매수인 甲 등과 매매계약을 체결하고 甲 등으로부터 계약금과 중도금을 지급받은 후 매매목적물인 부동산을 제3자 乙 등에게 이중으로 매도하고 소유권이전등기를 마쳐 주어 구 특정경제범죄 가중처벌 등에 관한 법률 위반(배임)으로 기소된 사안에서, 제반 사정을 종합하면 피고인의 행위는 甲 등과의 신임관계를 저버리는 임무위배행위로서 배임죄가 성립하고, 피고인에게 배임의 범의와 불법이득의사가 인정됨에도, 이와 달리 보아 공소사실을 무죄로 판단한 원심판결에 배임죄에서 '타인의 사무를 처리하는 자', 범의 등에 관한 법리오해의 위법이 있다.

【판결요지】

[1] [다수의견] 부동산 매매계약에서 계약금만 지급된 단계에서는 어느 당사자나 계약금을 포기하거나 그 배액을 상환함으로써 자유롭게 계약의 구속력에서 벗어날 수 있다. 그러나 중도금이 지급되는 등 계약이 본격적으로 이행되는 단계에 이른 때에는 계약이 취소되거나 해제되지 않는 한 매도인은 매수인에게 부동산의 소유권을 이전해 줄 의무에서 벗어날 수 없다. 따라서 이러한 단계에 이른 때에 매도인은 매수인에 대하여 매수인의 재산보전에 협력하여 재산적 이익을 보호·관리할 신임관계에 있게 된다. 그때부터 매도인은 배임죄에서 말하는 '타인의 사무를 처리하는 자'에 해당한다고 보아야 한다. 그러한 지위에 있는 매도인이 매수인에게 계약 내용에 따라 부동산의 소유권을 이전해 주기 전에 그 부동산을 제3자에게 처분하고 제3자 앞으로 그 처분에 따른 등기를 마쳐 준 행위는 매수인의 부동산 취득 또는 보전에 지장을 초래하는 행위이다. 이는 매수인과의 신임관계를 저버리는 행위로서 배임죄가 성립한다.

그 이유는 다음과 같다.

① 배임죄는 타인과 그 재산상 이익을 보호·관리하여야 할 신임관계에 있는 사람이 신뢰를 저버리는 행위를 함으로써 타인의 재산상 이익을 침해할 때 성립하는 범죄이다. 계약관계에 있는 당사자 사이에 어느 정도의 신뢰가 형성되었을 때 형사법에 의해 보호받는 신임관계가 발생한다고 볼 것인지, 어떠한 형태의 신뢰위반 행위를 가벌적인 임무위배행위로 인정할 것인지는 계약의 내용과 이행의 정도, 그에 따른 계약의 구속력 정도, 거래 관행, 신임관계의 유형과 내용, 신뢰위반의 정도 등을 종합적으로 고려하여 타인의 재산상 이익 보호가 신임관계의 전형적·본질적 내용이 되었는지, 해당 행위가 형사법의 개입이 정당화될 정도의 배신적인 행위인지 등에 따라 규범적으로 판단해야 한다. 이와 같이 배임죄의 성립 범위를 확정함에 있어서는 형벌법규로서의 배임죄가 본연의 기능을 다하지 못하게 되어 개인의 재산권 보호가 소홀해지지 않도록 유의해야 한다.

② 우리나라에서 부동산은 국민의 기본적 생활의 터전으로 경제활동의 근저를 이루고 있고, 국민 개개인이 보유하는 재산가치의 대부분을 부동산이 차지하는 경우도 상당하다. 이렇듯 부동산이 경제생활에서 차지하는 비중이나 이를 목적으로 한 거래의 사회경제적 의미는 여전히 크다.

③ 부동산 매매대금은 통상 계약금, 중도금, 잔금으로 나뉘어 지급된다. 매수인이 매도인에게 중도금을 지급하면 당사자가 임의로 계약을 해제할 수 없는 구속력이 발생한다(민법 제565조 참조).

그런데 매수인이 매도인에게 매매대금의 상당부분에 이르는 계약금과 중도금까지 지급하더라도 매도인의 이중매매를 방지할 보편적이고 충분한 수단은 마련되어 있지 않다. 이러한 상황에서도 매수인은 매도인이 소유권이전등기를 마쳐 줄 것으로 믿고 중도금을 지급한다. 즉 매수인은 매도인이 소유권이전등기를 마쳐 줄 것이라는 신뢰에 기초하여 중도금을 지급하고, 매도인 또한 중도금이 그러한 신뢰를 바탕으로 지급된다는 것을 인식하면서 이를 받는다. 따라서 중도금이 지급된 단계부터는 매도인이 매수인의 재산보전에 협력하는 신임관계가 당사자 관계의 전형적·본질적 내용이 된다. 이러한 신임관계에 있는 매도인은 매수인의 소유권 취득 사무를 처리하는 자로서 배임죄에서 말하는 '타인의 사무를 처리하는 자'에 해당하게 된다. 나아가 그러한 지위에 있는 매도인이 매수인에게 소유권을 이전하기 전에 고의로 제3자에게 목적부동산을 처분하는 행위는 매매계약상 혹은 신의칙상 당연히 하지 않아야 할 행위로서 배임죄에서 말하는 임무위배행위로 평가할 수 있다.

④ 대법원은 오래전부터 부동산 이중매매 사건에서, 매도인은 매수인 앞으로 소유권이전등기를 마칠 때까지 협력할 의무가 있고, 매도인이 중도금을 지급받은 이후 목적부동산을 제3자에게 이중으로 양도하면 배임죄가 성립한다고 일관되게 판결함으로써 그러한 판례를 확립하여 왔다. 이러한 판례 법리는 부동산 이중매매를 억제하고 매수인을 보호하는 역할을 충실히 수행하여 왔고, 현재 우리의 부동산 매매거래 현실에 비추어 보더라도 여전히 타당하다. 이러한 법리가 부동산 거래의 왜곡 또는 혼란을 야기하는 것도 아니고, 매도인의 계약의 자유를 과도하게 제한한다고 볼 수도 없다. 따라서 기존의 판례는 유지되어야 한다.

[2] 부동산 매도인인 피고인이 매수인 甲 등과 매매계약을 체결하고 甲 등으로부터 계약금과 중도금을 지급받은 후 매매목적물인 부동산을 제3자 乙 등에게 이중으로 매도하고 소유권이전등기를 마쳐 주어 구 특정경제범죄 가중처벌 등에 관한 법률(2016. 1. 6. 법률 제13719호로 개정되기 전의 것) 위반(배임)으로 기소된 사안에서, 甲 등이 피고인에게 매매계약에 따라 중도금을 지급하였을 때 매매계약은 임의로 해제할 수 없는 단계에 이르렀고, 피고인은 甲 등에 대하여 재산적 이익을 보호할 신임관계에 있게 되어 타인인 甲 등의 부동산에 관한 소유권 취득 사무를 처리하는 자가 된 점, 甲 등이 잔금 지급기일이 지나도 부동산을 인도받지 못하자 피고인에게 보낸 통고서의 내용은, 甲 등이 피고인에게 요구조건을 받아들일 것을 촉구하면서 이를 받아들이지 않으면 매매계약을 해제하겠다는 취지일 뿐 그 자체로 계약 해제의 의사표시가 포함되어 있다고 보기 어려운 점, 피고인은 매매계약이 적법하게 해제되지 않은 상태에서 甲 등에 대한 위와 같은 신임관계에 기초한 임무를 위배하여 부동산을 乙 등에게 매도하고 소유권이전등기를 마쳐 준 점, 비록 피고인이 당시 임차인으로부터 부동산을 반환받지 못하여 甲 등에게 이를 인도하지 못하고 있었고, 甲 등과 채무불이행으로 인한 손해배상과 관련한 말들을 주고받았더라도, 매매계약이 적법하게 해제되지 않고 유효하게 유지되고 있었던 이상 위와 같은 신임관계가 소멸되었다고 볼 수 없는 점을 종합하면, 피고인의 행위는 甲 등과의 신임관계를 저버리는 임무위배행위로서 배임죄가 성립하고, 또한 매매계약은 당시 적법하게 해제되지 않았고, 설령 피고인이 적법하게 해제되었다고 믿었더라도 그 믿음에 정당한 사유가 있다고 보기 어려워 피고인에게 배임의 범의와 불법이득의사가 인정됨에도, 이와 달리 보아 공소사실을 무죄로 판단한 원심판결에 배임죄에서 '타

인의 사무를 처리하는 자', 범의 등에 관한 법리오해의 위법이 있다.

【참조판례】

[1] 대법원 1975. 12. 23. 선고 74도2215 판결(공1976, 8956), 대법원 1983. 10. 11. 선고 83도2057 판결(공1983, 1683), 대법원 1985. 1. 29. 선고 84도1814 판결(공1985, 405), 대법원 1986. 12. 9. 선고 86도1112 판결(공1987, 180), 대법원 1992. 12. 24. 선고 92도1223 판결(공1993상, 661), 대법원 2005. 10. 28. 선고 2005도5713 판결(공2005하, 1909), 대법원 2008. 7. 10. 선고 2008도3766 판결, 대법원 2009. 2. 26. 선고 2008도11722 판결(공2009상, 401), 대법원 2011. 1. 20. 선고 2008도10479 전원합의체 판결(공2011상, 482), 대법원 2011. 4. 28. 선고 2011도3247 판결(공2011상, 1223), 대법원 2011. 6. 30. 선고 2011도1651 판결(공2011하, 1574), 대법원 2012. 1. 26. 선고 2011도5179 판결, 대법원 2014. 8. 21. 선고 2014도3363 전원합의체 판결(공2014하, 1923)

---

1. 매수인에 대한 등기협력의무를 지고 있는 부동산 매도인이 제3자에게 근저당권설정등기를 하게 한 경우(적극) [대법원 1975. 12. 23., 선고, 74도2215]

【판결요지】

부동산 매매에 있어서 등기의무자인 매도인의 임무는 일면에 있어 자기의 재산처분 행위를 완성케 하는 것은 자기의 사무임과 동시에 타면에 있어 등기의무자인 매도인의 협력없이는 매수인 명의로의 소유권이전등기는 완성되는 것이 아니므로 등기권리자인 매수인의 소유권취득을 위한 사무의 일부를 이루는 것이고 매도인의 등기협력의무는 주로 타인인 매수인을 위하여 부담하고 있는 것임에 비추어 부동산매도인은 형법상의 타인의 사무를 처리하는 입장에 있는 것이므로 그 임무에 위배하여 매도한 부동산에 대하여 제3자에게 근저당권설정등기를 하게 한 경우에는 배임죄가 성립한다.

---

2. 부동산의 이중매매와 배임죄의 실행의 착수시기 [대법원 1983. 10. 11., 선고, 83도2057]

【판결요지】

매도인이 부동산을 제1차 매수인에게 매도하고 계약금과 중도금까지 수령한 이상 특단의 약정이 없는 한 잔금수령과 동시에 매수인 명의로의 소유권이전등기에 협력할 임무가 있고 이 임무는 주로 위 매수인을 위하여 부담하는 임무라 할 것이므로, 위 매매계약이 적법하게 해제되지 않은 이상 매도인이 다시 제3자와 사이에 매매계약을 체결하고 계약금과 중도금까지 수령한 것은 제1차 매수인에 대한 소유권이전등기 협력임무의 위배와 밀접한 행위로서 배임죄의 실행착수라고 보아야 할 것이다.

---

3. 중도금까지 수령한 매도인이 동 부동산을 제3자에게 처분한 경우(적극) [대법원 1985. 1. 29., 선고, 84도1814]

【판결요지】

부동산의 매도인이 매수인으로부터 계약금과 중도금까지 수령한 이상 특단의 약정이 없다면 잔금수령과 동시에 매수인 명의로의 소유권이전등기에 협력할 임무가 있다고 할 것이므로 그 후 매도인이 위 부동산을 제3자에게 처분함으로써 제1차 매수인이나 중간생략등기의 합의를 한 전매수인에게 잔대금수령과 상환으로 소유권이전등기절차를 이행하는 것이 불가능하게 되었다면 배임죄의 책임을 면할 수 없다.

4. 부동산 2중 양도에 있어 매도인이 선매수인에게 소유권이전등기의무를 이행한 경우, 동인의 후매수인에 대한 배임죄의 성부(소극) [대법원 1986. 12. 9., 선고, 86도1112]

【판결요지】

부동산을 이중으로 매도한 경우에 매도인이 선매수인에게 소유권이전의무를 이행하였다고 해서 그를 후매수인에 대하여 그 임무를 위법하게 위배하였다고는 할 수 없다.

---

5. 부동산 이중매매에 있어서 매도인의 선매수인에 대한 매매계약이 사기죄를 구성하는 경우 선매수인에 대한 소유권이전의무의 존부(한정적극) [대법원 1992. 12. 24., 선고, 92도1223]

【판결요지】

부동산의 이중매매에 있어서 매도인의 선매수인에 대한 매매계약이 특별한 사정에 의하여 선매수인에 대하여 사기죄를 구성하는 경우에도 그 매매계약에 무효의 사유가 있거나 취소되지 않는 한 매도인의 선매수인에 대한 소유권이전의무가 존재하지 아니하거나 소멸할 리가 없다.

---

6. 무허가건물을 이중으로 양도한 경우에 있어 배임죄의 실행의 착수시기와 기수 시기 [대법원 2005. 10. 28., 선고, 2005도5713]

【판결요지】

무허가건물대장은 무허가건물의 정비에 관한 행정상의 사무처리의 편의를 위하여 작성 비치되는 것으로써 그 대장에의 기재에 의하여 무허가건물에 관한 권리의 변동이 초래되거나 공시되는 효과가 생기는 것이 아니므로 무허가건물대장에 소유자로 등재되었다는 사정만으로는 그 무허가건물에 대한 소유권 기타의 권리를 취득하거나 권리자로 추정되는 효력은 없다 할 것이나, 무허가건물의 양도인은 특별한 사정이 없는 한 대금수령과 동시에 양수인에게 그 건물을 인도할 의무가 있다 할 것이고, 무허가건물의 양수인은 양도인으로부터 무허가건물을 인도받아 점유함으로써 소유권에 준하는 사용·수익 처분의 포괄적인 권능을 가지게 되므로, 이와 같이 <u>양수인에게 무허가건물을 인도할 의무를 부담하는 양도인이 중도금 또는 잔금까지 수령한 상태에서 양수인의 의사에 반하여 제3자에게 그 무허가건물을 이중으로 양도하고 중도금까지 수령하였다면 이는 양수인에 대한 관계에서 임무위배행위로서 배임죄의 실행의 착수가 있었다고 할 것이고, 더 나아가 제3자로부터 잔금을 수령하고 무허가건물을 인도하였다면 이는 배임죄의 기수에 해당한다.</u>

---

7. 부동산 이중매매에서 매도인이 선매수인에게 소유권이전의무를 이행한 경우, 후매수인에 대한 배임죄의 성부(소극) [대법원 2009. 2. 26., 선고, 2008도11722]

【판시사항】

[1] 부동산 이중매매에서 매도인이 선매수인에게 소유권이전의무를 이행한 경우, 후매수인에 대한 배임죄의 성부(소극)

[2] 아파트 건축분양회사가 수분양자들에게 소유권이전등기절차를 이행하지 않은 채 분양 전 금융기관과 체결한 근저당권설정계약에 따라 근저당권설정등기를 경료해 준 사안

[3] 신탁자와 신축아파트에 대한 부동산관리처분 신탁계약을 체결하고 소유권이전등기까지 경료해 준 위탁자가 임의로 신탁목적물을 제3자에게 매도하여 제3자로 하여금 아파트를 임대하고 보증금을 받게 한 사안

【판결요지】

[1] 부동산을 이중으로 매도한 경우에 매도인이 선매수인에게 소유권이전의무를 이행하였다고 하여 후매수인에 대한 관계에서 그가 임무를 위법하게 위배한 것이라고 할 수 없다.

[2] 수분양자들에 대한 배임죄의 성립을 부정한 사례.

[3] 신탁계약의 목적은 소유권이전등기의 경료로써 이미 달성되었고 신탁목적물에 대한 보존·관리 및 비용부담 등의 사무는 위탁자인 건축분양회사 자신의 사무에 해당하므로, 위탁자의 위 처분행위는 배임죄를 구성하지 않는다.

---

8. 부동산매매에서 미리 소유권을 이전받은 매수인이 목적물을 담보로 제공하는 방법으로 매매대금을 마련하여 매도인에게 제공하기로 약정한 경우, 위 매수인이 '타인의 사무를 처리하는 자'에 해당하는 지 여부(소극) [대법원 2011. 4. 28., 선고, 2011도3247]

【판시사항】

[1] 부동산매매에서 미리 소유권을 이전받은 매수인이 목적물을 담보로 제공하는 방법으로 매매대금을 마련하여 매도인에게 제공하기로 약정한 경우, 위 매수인이 배임죄상 '타인의 사무를 처리하는 자'에 해당하는지 여부(소극)

[2] 피고인이 甲에게서 부동산을 매수하면서, 계약금을 지급하는 즉시 피고인 앞으로 소유권을 이전받되 매매잔금은 일정기간 내에 이를 담보로 대출을 받아 지급하고 건축허가를 받지 못하면 계약을 해제하여 원상회복해 주기로 약정하였는데도, 소유권을 이전받은 직후 이에 관하여 다른 용도로 근저당권을 설정한 사안에서, 피고인에게 배임죄가 성립하지 않는다고 본 원심판단을 정당하다.

【판결요지】

[1] 일정한 신임관계의 고의적 외면에 대한 형사적 징벌을 핵심으로 하는 배임의 관점에서 보면, 부동산매매에서 매수인이 대금을 지급하는 것에 대하여 매도인이 계약상 권리의 만족이라는 이익이 있다고 하여도 대금의 지급은 어디까지나 매수인의 법적 의무로서 행하여지는 것이고, 그 사무의 처리에 관하여 통상의 계약에서의 이익대립관계를 넘는 신임관계가 당사자 사이에 발생한다고 할 수 없다. 따라서 그 대금의 지급은 당사자 사이의 신임관계에 기하여 매수인에게 위탁된 매도인의 사무가 아니라 애초부터 매수인 자신의 사무라고 할 것이다. 또한 매도인이 대금을 모두 지급받지 못한 상태에서 매수인 앞으로 목적물에 관한 소유권이전등기를 경료하였다면, 이는 법이 동시이행의 항변권 등으로 마련한 대금 수령의 보장을 매도인이 자신의 의사에 기하여 포기한 것으로서, 다른 특별한 사정이 없는 한 대금을 받지 못하는 위험을 스스로 인수한 것으로 평가된다. 그리고 그와 같이 미리 부동산을 이전받은 매수인이 이를 담보로 제공하여 매매대금 지급을 위한 자금을 마련하고 이를 매도인에게 제공함으로써 잔금을 지급하기로 당사자 사이에 약정하였다고 하더라도, 이는 기본적으로 매수인이 매매대금의 재원을 마련하는 방편에 관한 것이고, 그 성실한 이행에 의하여 매도인이 대금을 모두 받게 되는 이익을 얻는다는 것만으로 매수인이 신임관계에 기하여 매도인의 사무를 처리하는 것이 된다고 할 수 없다.

[2] 피고인이 甲에게서 임야를 매수하면서, 계약금을 지급하는 즉시 피고인 앞으로 소유권을 이전받되 매매잔금은 甲의 책임 아래 형질변경과 건축허가를 받으면 일정기간 내에 위 임야를 담보로 대출을 받아 지급하고 건축허가가 나지 아니하면 계약을 해제하여 원상회복해 주기로 약정하였는데도, 위 임야에 관하여 소유권이전등기를 받은 당일 1건, 그 후 1건의 근저당권을 설정한 사안에서, 피고인

이 소유권이전등기를 받은 당일 이를 담보로 제공하여 자금을 융통하였고 그 후에도 같은 일을 하였으며 융통한 자금을 甲에게 매매대금으로 지급하지 아니하였다고 하여도 타인의 사무를 처리하는 자가 그 임무에 위배하는 행위를 한 것으로 볼 수 없고, 그러한 담보 제공 등의 행위가 피고인이 위 임야를 甲에게 반환할 의무를 현실적으로 부담하고 있지 아니한 상태에서 행하여진 이상 달라지지 아니한다는 이유로, 피고인에게 배임죄가 성립하지 않는다고 본 원심판단을 정당하다.

9. 부동산 이중매매로 인한 배임죄에서, 특정경제범죄 가중처벌 등에 관한 법률 제3조 제1항의 적용을 전제로 대상 부동산 가액을 산정할 때, 부동산 시가 상당액에서 근저당권 등에 의한 부담 금액을 공제하여야 하는지 여부(적극) [대법원 2011. 6. 30., 선고, 2011도1651]

【판시사항】

[1] 피고인들이 특정경제범죄 가중처벌 등에 관한 법률 위반(배임)으로 기소된 사안

[2] 피고인들이 담보권 실행을 위한 경매절차가 진행 중인 호텔을 피해자 측에 매도하면서 이에 관한 최선순위 근저당권과 소유권이전청구권 가등기를 이전하여 주기로 한 약정에 따라 중도금까지 수령하였는데도, 가등기를 피고인들이 실질적으로 지배하는 甲 회사 및 乙 회사에 이전하였다고 하여 특정경제범죄 가중처벌 등에 관한 법률 위반(배임)으로 기소된 사안

[3] 부동산 이중매매로 인한 배임죄에서, 특정경제범죄 가중처벌 등에 관한 법률 제3조 제1항의 적용을 전제로 대상 부동산 가액을 산정할 때, 부동산 시가 상당액에서 근저당권 등에 의한 부담 금액을 공제하여야 하는지 여부(적극)

[4] 피고인들이 담보권 실행을 위한 경매절차가 진행 중인 호텔을 피해자 측에 매도하면서 이에 관한 최선순위 근저당권과 소유권이전청구권 가등기를 이전하여 주기로 한 약정에 따라 중도금까지 수령하였는데도, 가등기를 다른 회사들에 이전하였다고 하여 특정경제범죄 가중처벌 등에 관한 법률 위반(배임)으로 기소된 사안

【판결요지】

[1] 원심이 공소사실과 달리 피고인들이 '가등기에 의한 본등기를 경료하고 근저당권을 양수하여 이를 말소한 후 낙찰자 동의 없이 경매절차를 취소시킴으로써 정상적으로 호텔에 관하여 아무 부담 없는 소유권을 취득할 수 있도록 협력할 임무'를 위반하였다고 인정하였더라도, 기본적 사실의 동일성 범위를 벗어나 공소사실에 없는 새로운 임무를 인정하였다거나 이로 인해 피고인들의 방어권 행사에 실질적 불이익이 초래되었다고 할 수 없다는 이유로, 공소장변경 없이 공소사실과 다른 범죄사실을 인정한 원심판단에 불고불리 원칙에 위배하거나 공소장변경에 관한 법리오해 등의 위법이 없다.

[2] 피고인들과 甲 회사, 乙 회사의 관계에 비추어 가등기의 등기명의를 회복하여 피해자에게 이전등기해 주는 것이 불가능하지는 않으나, 제반 사정에 비추어 이로 인해 피해자의 피고인들에 대한 가등기이전등기청구권이 이행불능에 빠질 위험성이 발생하였다.

[3] 배임행위로 얻은 재산상 이익의 일정한 액수 자체를 가중적 구성요건으로 규정하고 있는 특정경제범죄 가중처벌 등에 관한 법률 제3조 제1항의 적용을 전제로 하여 이중매매 대상이 된 부동산 가액을 산정하는 경우, 부동산에 아무런 부담이 없는 때에는 부동산 시가 상당액이 곧 가액이라고 볼 것이지만, 부동산에 근저당권설정등기가 경료되어 있거나 압류 또는 가압류 등이 이루어진 때에는 특별한 사정이 없는 한 아무런 부담이 없는 상태의 부동산 시가 상당액에서 근저당권의 채권

최고액 범위 내에서 피담보채권액, 압류에 걸린 집행채권액, 가압류에 걸린 청구금액 범위 내에서 피보전채권액 등을 뺀 실제 교환가치를 부동산 가액으로 보아야 한다.

[4] 피고인들의 배임행위 당시 호텔에 관하여는 이 사건 근저당권 외에도 가등기에 앞서 3건의 근저당권등기와 가압류등기가 각 마쳐져 있었고, 가등기 자체에도 4건의 가압류 또는 압류가 각 마쳐져 있었으므로, 배임행위로 인한 이득액을 산정할 때에는 이 사건 근저당권의 채권최고액 범위 내에서 피담보채권액뿐만 아니라 가등기에 앞서 설정된 각 근저당권의 채권최고액 범위 내에서 피담보채권액이나 가압류에 걸린 청구금액 범위 내에서 피보전채권액 등을 모두 공제하여야 하는데도, 원심이 이득액을 산정할 때 이를 공제하지 않은 것은 잘못이나, 제반 사정에 비추어 이와 같은 법리오해는 판결 결과에 영향이 없다.

10. 채권 담보 목적으로 부동산에 관한 대물변제예약을 체결한 채무자가 대물로 변제하기로 한 부동산을 제3자에게 처분한 경우(소극) [대법원 2014. 8. 21., 선고, 2014도3363, 전원합의체 판결]

【판시사항】

[1] 채권 담보 목적으로 부동산에 관한 대물변제예약을 체결한 채무자가 대물로 변제하기로 한 부동산을 제3자에게 처분한 경우(소극)

[2] 채무자인 피고인이 채권자 甲에게 차용금을 변제하지 못할 경우 자신의 어머니 소유 부동산에 대한 유증상속분을 대물변제하기로 약정한 후 유증을 원인으로 위 부동산에 관한 소유권이전등기를 마쳤음에도 이를 제3자에게 매도함으로써 甲에게 손해를 입혔다고 하여 배임으로 기소된 사안

【판결요지】

[1] [다수의견] (가) 채무자가 채권자에 대하여 소비대차 등으로 인한 채무를 부담하고 이를 담보하기 위하여 장래에 부동산의 소유권을 이전하기로 하는 내용의 대물변제예약에서, 약정의 내용에 좇은 이행을 하여야 할 채무는 특별한 사정이 없는 한 '자기의 사무'에 해당하는 것이 원칙이다.

(나) 채무자가 대물변제예약에 따라 부동산에 관한 소유권을 이전해 줄 의무는 예약 당시에 확정적으로 발생하는 것이 아니라 채무자가 차용금을 제때에 반환하지 못하여 채권자가 예약완결권을 행사한 후에야 비로소 문제가 되고, 채무자는 예약완결권 행사 이후라도 얼마든지 금전채무를 변제하여 당해 부동산에 관한 소유권이전등기절차를 이행할 의무를 소멸시키고 의무에서 벗어날 수 있다. 한편 채권자는 당해 부동산을 특정물 자체보다는 담보물로서 가치를 평가하고 이로써 기존의 금전채권을 변제받는 데 주된 관심이 있으므로, 채무자의 채무불이행으로 인하여 대물변제예약에 따른 소유권등기를 이전받는 것이 불가능하게 되는 상황이 초래되어도 채권자는 채무자로부터 금전적 손해배상을 받음으로써 대물변제예약을 통해 달성하고자 한 목적을 사실상 이룰 수 있다. 이러한 점에서 대물변제예약의 궁극적 목적은 차용금반환채무의 이행 확보에 있고, 채무자가 대물변제예약에 따라 부동산에 관한 소유권이전등기절차를 이행할 의무는 궁극적 목적을 달성하기 위해 채무자에게 요구되는 부수적 내용이어서 이를 가지고 배임죄에서 말하는 신임관계에 기초하여 채권자의 재산을 보호 또는 관리하여야 하는 '타인의 사무'에 해당한다고 볼 수는 없다.

(다) 그러므로 채권 담보를 위한 대물변제예약 사안에서 채무자가 대물로 변제하기로 한 부동산을 제3자에게 처분하였다고 하더라도 형법상 배임죄가 성립하는 것은 아니다.

[2] 피고인이 대물변제예약에 따라 甲에게 부동산의 소유권이전등기를 마쳐 줄 의무는 민사상 채무에 불과할 뿐 타인의 사무라고 할 수 없어 피고인이 '타인의 사무를 처리하는 자'의 지위에 있다고

볼 수 없는데도, 피고인이 이에 해당된다고 전제하여 유죄를 인정한 원심판결에 배임죄에서 '타인의 사무를 처리하는 자'의 의미에 관한 법리오해의 위법이 있다.

355②-I-3. 직무발명에 대한 권리를 사용자 등에게 승계한다는 취지를 정한 약정 또는 근무규정의 적용을 받는 종업원이 직무발명의 완성 사실을 사용자에게 알리지 않은 채 특허받을 수 있는 권리를 제3자에게 이중으로 양도하여 제3자가 특허권 등록까지 마치도록 하는 등으로 발명 내용이 공개되도록 한 경우(적극) [대법원 2012. 11. 15., 선고, 2012도6676]

【판결요지】

직무발명에 대한 특허를 받을 수 있는 권리 등을 사용자 등에게 승계한다는 취지를 정한 약정 또는 근무규정의 적용을 받는 종업원 등은 사용자 등이 이를 승계하지 아니하기로 확정되기 전까지는 임의로 위와 같은 승계 약정 또는 근무규정의 구속에서 벗어날 수 없는 상태에 있는 것이어서, 종업원 등이 그 발명의 내용에 관한 비밀을 유지한 채 사용자 등의 특허권 등 권리의 취득에 협력하여야 할 의무는 자기 사무의 처리라는 측면과 아울러 상대방의 재산보전에 협력하는 타인 사무의 처리라는 성격을 동시에 가지게 되므로, 이러한 경우 종업원 등은 배임죄의 주체인 '타인의 사무를 처리하는 자'의 지위에 있다고 할 것이다. 따라서 위와 같은 지위에 있는 종업원 등이 임무를 위반하여 직무발명을 완성하고도 그 사실을 사용자 등에게 알리지 않은 채 그 발명에 대한 특허를 받을 수 있는 권리를 제3자에게 이중으로 양도하여 제3자가 특허권 등록까지 마치도록 하는 등으로 그 발명의 내용이 공개되도록 하였다면, 이는 사용자 등에게 손해를 가하는 행위로서 배임죄를 구성한다.

355②-I-4. 동산 이중양도 사건 [대법원 2011. 1. 20., 선고, 2008도10479, 전원합의체 판결]

【판시사항】

[1] 매도인이 매수인으로부터 중도금을 수령한 이후에 매매목적물인 '동산'을 제3자에게 양도하는 행위가 배임죄에 해당하는지 여부(소극)

[2] 피고인이 '인쇄기'를 甲에게 양도하기로 하고 계약금 및 중도금을 수령하였음에도 이를 자신의 채권자 乙에게 기존 채무 변제에 갈음하여 양도함으로써 재산상 이익을 취득하고 甲에게 동액 상당의 손해를 입혔다는 배임의 공소사실에 대하여, 이를 무죄로 선고한 원심판단을 수긍.

【판결요지】

[1] [다수의견]

(가) 매매와 같이 당사자 일방이 재산권을 상대방에게 이전할 것을 약정하고 상대방이 그 대금을 지급할 것을 약정함으로써 그 효력이 생기는 계약의 경우(민법 제563조), 쌍방이 그 계약의 내용에 좇은 이행을 하여야 할 채무는 특별한 사정이 없는 한 '자기의 사무'에 해당하는 것이 원칙이다.

(나) 매매의 목적물이 동산일 경우, 매도인은 매수인에게 계약에 정한 바에 따라 그 목적물인 동산을 인도함으로써 계약의 이행을 완료하게 되고 그때 매수인은 매매목적물에 대한 권리를 취득하게 되는 것이므로, 매도인에게 자기의 사무인 동산인도채무 외에 별도로 매수인의 재산의 보호 내지 관리 행위에 협력할 의무가 있다고 할 수 없다. 동산매매계약에서의 매도인은 매수인에

대하여 그의 사무를 처리하는 지위에 있지 아니하므로, 매도인이 목적물을 매수인에게 인도하지 아니하고 이를 타에 처분하였다 하더라도 형법상 배임죄가 성립하는 것은 아니다.

[2] [다수의견] 피고인이 '인쇄기'를 甲에게 양도하기로 하고 계약금 및 중도금을 수령하였음에도 이를 자신의 채권자 乙에게 기존 채무 변제에 갈음하여 양도함으로써 재산상 이익을 취득하고 甲에게 동액 상당의 손해를 입혔다는 배임의 공소사실에 대하여, 피고인은 甲에 대하여 그의 사무를 처리하는 지위에 있지 않다는 이유로 무죄를 선고한 원심판단을 수긍한 사례

---

1. 동산의 이중 양도담보제공 행위와 배임죄의 성부(소극) [대법원 1990. 2. 13., 선고, 89도1931]

【판결요지】

피고인이 그 소유의 이 사건 에어콘 등을 피해자에게 양도담보로 제공하고 점유개정의 방법으로 점유하고 있다가 다시 이를 제3자에게 양도담보로 제공하고 역시 점유개정의 방법으로 점유를 계속한 경우 뒤의 양도담보권자인 제3자는 처음의 담보권자인 피해자에 대하여 배타적으로 자기의 담보권을 주장할 수 없으므로 위와 같이 이중으로 양도담보제공이 된 것만으로는 처음의 양도담보권자에게 담보권의 상실이나 담보가치의 감소 등 손해가 발생한 것으로 볼 수 없으니 배임죄를 구성하지 않는다.

---

2. 동산에 대하여 점유개정의 방법으로 이중양도담보 설정(소극) [대법원 1989. 4. 11., 선고, 88도1586]

【판결요지】

동산에 대하여 점유개정의 방법으로 이중양도담보를 설정한 경우 뒤의 양도담보권자는 처음의 양도담보권자에 대하여 배타적으로 자기의 담보권을 주장할 수 없으므로 이중으로 양도담보제공이 된 것만으로는 가사담보권 설정자가 처음의 양도담보권자에게 이중으로 양도담보제공을 하지 않기로 특약하였더라도 그에게 담보권의 상실이나 담보가치의 감소 등 손해가 발생한다고 볼 수 없으므로 배임죄를 구성하지 않는다.

355②-Ⅰ-5. 부동산 이중매매에서 매도인이 선매수인에게 소유권이전의무를 이행한 경우, 후매수인에 대한 배임죄 성립 여부(소극) [대법원 2010. 4. 29., 선고, 2009도14427]

【판시사항】

[1] 부동산 이중매매에서 매도인이 선매수인에게 소유권이전의무를 이행한 경우, 후매수인에 대한 배임죄가 성립하는지 여부(소극)

[2] 부동산의 이중양도와 배임죄의 실행의 착수 시기

【이 유】

부동산을 이중으로 매도한 경우에 매도인이 선매수인에게 소유권이전의무를 이행하였다고 하여 후매수인에 대한 관계에서 그가 임무를 위법하게 위배한 것이라고 할 수 없다(대법원 1992. 12. 24. 선고 92도1223 판결, 대법원 2009. 2. 26. 선고 2008도11722 판결 등 참조). 그리고 부동산 이중양도에 있어서 매도인이 제2차 매수인으로부터 계약금만을 지급받고 중도금을 수령한 바 없다면 배임죄의 실행의 착수가 있었다고 볼 수 없다(대법원 1983. 10. 11. 선고 83도2057 판결, 대법원 2003. 3. 25. 선고 2002도7134 판결 등 참조).

> 1. 부동산의 이중양도와 배임죄 실행의 착수 시기 [대법원 2003. 3. 25., 선고, 2002도7134]
> 【판결요지】
> 피고인이 제1차 매수인으로부터 계약금 및 중도금 명목의 금원을 교부받은 후 제2차 매수인에게 부동산을 매도하기로 하고 계약금만을 지급받은 뒤 더 이상의 계약 이행에 나아가지 않았다면 배임죄의 실행의 착수가 있었다고 볼 수 없다.

355②-Ⅰ-6. 매도인이 부동산을 제3자에게 이중매매하고 소유권이전청구권 보전을 위한 가등기를 마쳐 준 경우(적극) [대법원 2008. 7. 10., 선고, 2008도3766]

【판시사항】

배임죄에 있어서 재산상 손해를 가한 때라 함은 현실적인 손해를 가한 경우뿐 아니라 재산상 손해발생의 위험을 초래한 경우도 포함하는바, 부동산의 매도인으로서 매수인에 대하여 그 앞으로의 소유권이전등기절차에 협력할 의무 있는 자가 그 임무에 위배하여 같은 부동산을 매수인 이외의 제3자에게 이중으로 매도하고 제3자 앞으로 소유권이전청구권 보전을 위한 가등기를 마쳐 주었다면, 이는 매수인에게 손해발생의 위험을 초래하는 행위로서 배임죄를 구성한다(대법원 1983. 6. 14. 선고 81도2278 판결, 대법원 2006. 11. 9. 선고 2006도3626 판결 등 참조).

> 1. 지상건물을 철거하여 대지를 인도하기로 한 매도인이 약정기한 전에 동 건물을 타인 앞으로 가등기한 경우(적극) [대법원 1983. 6. 14., 선고, 81도2278]
> 【판결요지】
> 대지 및 건물의 매도인이 잔대금을 수령한 후 6개월내에 지상건물을 철거하여 멸실등기를 하여 주기로 약정하였음에도 잔대금 수령후에 그 지상건물에 대하여 제3자 앞으로 가등기를 마쳐주었다면, 매도인의 이러한 소위는 지상건물철거 및 멸실등기이행임무에 위반됨은 물론 대지에 대한 매수인 앞으로의 소유권이전등기임무에도 위반되는 행위라 할 것이고, 이러한 소위가 건물을 철거하기로 약정한 기한이전의 행위였다 하더라도 매수인에게 손해발생의 위험을 초래케 한 경우에 해당하므로 배임죄가 성립한다.

> 2. 부동산양도인이 계약금 및 중도금에 갈음하여 양수인 소유부동산에 관한 소유권이전등기 소요서류를 교부받았다가 그 양도부동산을 제3자에게 이중양도한 경우의 죄책(적극) [대법원 1986. 10. 28., 선고, 86도936]
> 【판결요지】
> 부동산을 대금 213,000,000원에 양도하면서 양수인으로부터 계약금 및 중도금에 갈음하여 양수인 소유의 부동산을 120,000,000원으로 평가하여 이전받기로 하고 그 소유권이전등기소요서류를 모두 교부받았다면 양도인이 비록 그 부동산에 관하여 자기앞으로 소유권이전등기를 마치지 않은 상태였다 하더라도 그 이전등기에 필요한 서류를 모두 교부받은 이상 양도인 앞으로의 소유권이전등기는 그 실행여부만이 남아 있는 것이고 이는 오로지 양도인의 의사와 행위에 의하여 좌우될 사항이어서 그 상태는 사회통념 내지 신의칙에 비추어 계약금 및 중도금을 이행받은 경우와 마찬가지라고 봄이 상당하여 이경우 양도인이 양도부동산을 제3자에게 이중양도하고 소유권이전등기를 마쳤다면 이는 양수인에 대한 배임행위가 된다.

355②-Ⅰ-7. 이중매매가 배임행위이기 위한 요건 [대법원 2007. 6. 14., 선고, 2007도379]

【판시사항】

이중매매에 있어서 매도인이 매수인의 사무를 처리하는 자로서 배임죄의 주체가 되기 위하여는 <u>매도인이 계약금을 받은 것만으로는 부족하고 적어도 중도금을 받는 등 매도인이 더 이상 임의로 계약을 해제할 수 없는 상태에 이르러야 하는바</u>, 특별한 사정이 없는 한 매매계약 당시 합의한 계약금이 매매대금 총액에 비하여 다소 과다하다는 사정만으로 매도인이 그 배액을 상환하여 매매계약을 해제할 권한을 유보하지 아니한 것으로 볼 수는 없고, 이러한 경우 매도인이 합의한 계약금 전부를 지급받지 못하고 있다면, 아직 타인의 사무를 처리하는 자의 지위에 있다고 할 수 없으므로 이중으로 제3자에게 처분한 행위에 대하여 배임죄의 책임을 물을 수 없다(대법원 1986. 7. 8. 선고 85도1873 판결 등 참조).

---

1. 매매계약금 수령 자가 배임죄 주체가 될 수 있는지 여부(소극) [대법원 1980. 5. 27., 선고, 80도290]

【판결요지】

피고인이 공소외인으로부터 매매계약금만을 수령하였다면 피고인은 아직 그 소유권이전등기 절차를 이행할 의무가 있다고 할 수 없으므로 이 사건 임야를 다시 다른 곳에 처분한 행위를 배임죄로 다스릴 수 없다.

355②-Ⅰ-8. 점유개정 방법에 의한 동산 이중 양도담보제공 행위가 배임죄를 구성하는지 여부(소극) [대법원 2007. 2. 22., 선고, 2006도6686]

【판시사항】

[1] 점유개정의 방법에 의한 동산의 이중 양도담보제공 행위가 배임죄를 구성하는지 여부(소극)

[2] 점유개정의 방법으로 양도담보에 제공한 동산인 어선(20t 이하)을 다시 제3자에게 매도하고 어선원부상 소유자명의를 변경 등록한 것만으로는 양도담보권자에게 어떠한 재산상 손해를 발생시킬 위험이 없다는 이유로 배임죄의 성립을 부정한 사례

【이 유】

동산을 양도담보로 제공하고 점유개정의 방법으로 점유하고 있다가 이를 다시 제3자에게 역시 점유개정의 방법으로 양도하는 경우에는, 제3자가 그 동산을 선의취득할 수가 없으므로, 최초의 양도담보권자에게 어떠한 재산상 손해의 위험이 발생한다고 할 수 없고, 따라서 배임죄가 성립하지 않는다(대법원 1990. 2. 13. 선고 89도1931 판결 참조).

355②-Ⅰ-9. 점유개정의 방식으로 이중의 양도담보 설정계약을 체결한 후 양도담보 설정자가 목적물인 동산을 임의로 처분한 경우, 2차로 설정계약을 체결한 채권자에 대한 관계에서도 배임죄를 구성하는지 여부(소극) [대법원 2004. 6. 25., 선고, 2004도1751]

【판결요지】

금전채무를 담보하기 위하여 채무자가 그 소유의 동산을 채권자에게 양도하되 점유개정에 의하여 채무자가 이를 계속 점유하기로 한 경우 특별한 사정이 없는 한 동산의 소유권은 신탁적으로 이전

됨에 불과하여 채권자와 채무자 사이의 대내적 관계에서 채무자는 의연히 소유권을 보유하나 대외적인 관계에 있어서 채무자는 동산의 소유권을 이미 채권자에게 양도한 무권리자가 되는 것이어서 다시 다른 채권자와 사이에 양도담보 설정계약을 체결하고 점유개정의 방법으로 인도를 하더라도 선의취득이 인정되지 않는 한 나중에 설정계약을 체결한 채권자는 양도담보권을 취득할 수 없는데, 현실의 인도가 아닌 점유개정으로는 선의취득이 인정되지 아니하므로, 결국 뒤의 채권자는 양도담보권을 취득할 수 없고, 따라서 이와 같이 채무자가 그 소유의 동산에 대하여 점유개정의 방식으로 채권자들에게 이중의 양도담보 설정계약을 체결한 후 양도담보 설정자가 목적물을 임의로 제3자에게 처분하였다면 양도담보권자라 할 수 없는 뒤의 채권자에 대한 관계에서는, 설정자인 채무자가 타인의 사무를 처리하는 자에 해당한다고 할 수 없어 배임죄가 성립하지 않는다.

355②-Ⅰ-10. 입목에관한법률에 의하여 등기되지 아니한 입목의 이중양도와 배임죄의 성부(적극) [대법원 1993. 9. 28., 선고, 93도2069]

【판결요지】

동백나무는 입목에관한법률의 적용을 받을 수 있는 수목의 집단에 속하지 아니하고, 이를 토지와 독립하여 거래하는 경우 명인방법에 의한 거래가 인정되고 있어 매도인은 매수인 명의로의 명인방법의 실시에 협력할 임무가 있는 것인데, 매도인이 위와 같은 명인방법도 실시하지 아니한 채 이미 매도한 입목(동백나무)을 포함한 임야를 이중으로 타에 매도하고 소유권이전등기를 경료해 주었다면, 입목매수인과의 관계에 있어서는 배임죄의 죄책을 면할 수 없다.

355②-Ⅰ-11. 제3자 명의의 부동산을 이중 양도한 양도인에 대하여 배임죄 성립 여부(적극) [대법원 1993. 4. 9., 선고, 92도2431]

【판시사항】

[1] 제3자 명의의 부동산을 이중 양도한 양도인에 대하여 배임죄의 성립을 인정할 수 있는 경우
[2] 교회의 대표자가 교인총회를 소집, 개최하여 처분결의를 얻을 수 있음에도 그러한 노력을 하지 아니한 채 이중으로 매매계약을 체결하거나 담보가등기를 설정한 행위가 배임죄에 해당한다.

【판결요지】

[1] 부동산의 매도인은 매매계약이 채권적으로라도 유효하여 매수인에 대하여 소유권이전등기 절차에 협력할 의무를 지는 경우에 한하여 배임죄의 주체 즉 타인의 사무를 처리할 자의 지위에 있는 것이어서 매도인이 부동산을 이중으로 매도하는 등 임무위배행위를 하면 배임죄로 처벌할 수 있고, 임무위배행위 당시 부동산의 소유 명의가 매도인 아닌 제3자 앞으로 되어 있더라도 소유권이전등기를 매수인에게 경료하여 줄 수 있는 지위 즉 매수인을 위한 등기협력임무가 이행가능한 지위에 있으면 배임죄의 성립에 지장이 없다.

---

1. 제3자명의의 부동산을 이중양도한 양도인의 제1양수인에 대한 배임죄의 성부 [대법원 1985. 11. 12., 선고, 84도984]

【판결요지】

부동산의 매매에 있어 그 매매대금을 수령한 매도인은 매수인 앞으로의 소유권이전등기 경료에 관하여 매수인에게 협력할 임무가 있고 매도인의 이 등기협력임무는 주로 타인인 매수인을 위하여 부담하고 있는 것이어서 매도인이 위 등기협력임무에 위배되는 행위를 한 때에는 배임죄를 구성한다 할 것이고, 이 경우 부동산에 대한 등기부상 소유명의가 임무에 위배되는 행위를 할 당시 매도인명의가 아닌 제3자 명의로 되어 있다 하더라도 매도인이 그 제3자로부터 등기명의를 일단 넘겨받는 방법에 의하든, 그 제3자로부터 매수인에게 직접 소유명의를 넘기는 방법에 의하든 그 소유권이전등기를 매수인에게 경료하여 줄 수 있는 지위, 즉 매수인을 위한 등기협력임무가 이행가능한 지위에 있으면 위 배임죄의 성립에 지장이 없다.

355②-Ⅰ-12. 농지를 이중매도한 경우 먼저의 농지매매에 관하여 소재지관서의 증명이 없다는 이유만으로 배임죄의 성립이 부정되는지 여부(소극) [대법원 1991. 7. 9., 선고, 91도846]

【판시사항】

[1] 농지를 이중매도한 경우에 먼저의 농지매매에 관하여 소재지관서의 증명이 없다는 이유만으로 배임죄의 성립이 부정되는지 여부(소극)

[2] 농지에 관하여 관광진흥법에 의한 관광지 또는 관광단지 조성계획의 승인이 있는 경우 농지 소재지관서의 증명이 없더라도 소유권이전등기가 가능한지 여부(적극)

[3] 농지매매 당사자들이 장차 소유권이전등기가 가능하게 되면 이전등기를 할 생각으로 매매계약을 체결하고 매매대금을 지급한 후 소유권등기청구권보전을 위한 가등기를 해 두었다면, 농지 소재지관서의 증명이 없다거나 당장 이를 발급받을 수 있는 형편에 있지 않다고 하더라도 이를 이중으로 매도하여 소유권이전등기를 한 경우에는 배임죄에 해당한다.

【판결요지】

[1] 물권변동에 관하여 형식주의를 취하고 있는 현행 민법하에 있어서는 농지매매에 관하여 소재지관서의 증명이 없는 경우에는 매매에 의한 물권변동의 효과, 즉 소유권이전의 효과를 발생할 수는 없으나 농지매매 당사자 사이에 채권계약으로서의 매매계약은 유효히 성립할 수 있는 것이므로, 농지를 이중으로 매도한 경우에 먼저의 농지매매에 관하여 소재지관서의 증명이 없다는 이유만으로는 배임죄의 성립을 부정할 수 없다.

[2] 관광진흥법에 의하면 농지가 국민관광지로 선정 공고되었다는 사유만으로 농지개혁법의 적용이 배제된다고 할 수는 없으나, 그 제26조 제11호에 의하면 관광지 또는 관광단지 조성계획의 승인이 있으면 농지의보전및이용에관한법률에 의한 농지전용의 허가나 협의, 동의, 승인 등이 있는 것으로 본다고 규정되어 있으므로 이때에는 농지 소재지관서의 증명이 없더라도 소유권이전등기가 가능하다고 할 것이다.

[3] 농지매매 당사자들이 장차 관광지 조성계획의 승인이 있는 등의 사유로 소유권이전등기가 가능하게 되면 이전등기를 할 생각으로 매매계약을 체결하고 매매대금을 지급한 후 소유권등기청구권보전을 위한 가등기를 해두었다면, 농지소재지관서의 증명이 없다거나 당장 이를 발급받을 수 있는 형편에 있지 않다고 하더라도 이를 이중으로 매도하여 소유권이전등기를 한 경우에는 배임죄에 해당한다.

355②-I-13. 2중의 양도담보제공 행위와 배임죄 성부(소극) [대법원 1987. 5. 12., 선고, 86도1117]

【판결요지】

채무자가 채권의 이행을 담보하기 위하여 동산에 대한 양도담보계약을 체결하고 점유개정의 방법으로 그 동산을 점유하고 있는 경우라도 위 담보계약의 내용이 차용금의 담보를 위하여 대물변제의 형식을 빌렸을 뿐 사실은 차용금의 담보와 담보권실행의 정산절차를 그 주된 내용으로 하는 것이라면 특별한 사정이 없는 한 그 동산의 소유권은 채무자에게 유보되어 있고 그 정산절차를 이행하는 의무는 곧 채무자 자신의 사무처리에 속하는 것이므로 그 정산의무를 이행하지 아니한 채 그 동산을 다시 같은 방법으로 다른 사람에 대한 담보로 제공하였다 하더라도 임무위배행위가 있었다고 할 수 없고 또 처음의 채권자에게 담보권의 상실이나 담보가치의 감소 등 어떤 손해가 발생하였다거나 손해발생의 위험이 있다 할 수 없으므로 채무자의 위와 같은 2중의 양도담보 제공행위는 배임죄를 구성하지 아니한다

355②-I-14. 대물변제로 양도한 후 등기를 경료해 주지않고 다시 2중으로 부동산을 양도한 경우와 배임죄 실행의 착수 [대법원 1984. 8. 21., 선고, 84도691]

【판결요지】

부동산소유자가 동 부동산을 제1차 매수인에게 매도하고 계약금과 중도금까지 수령한 이상 특단의 약정이 없으면 잔금수령과 동시에 매수인 명의로의 소유권이전등기에 협력할 임무가 있고 이 임무는 주로 위 매수인을 위하여 부담하는 임무라고 할 것이므로 위 매매계약이 적법하게 해제되었다면 모르되 그렇지 않은 이상 이를 다시 제3자와의 사이에 그 부동산에 대한 매매계약을 체결하고 계약금과 중도금까지 수령한 것은 위 <u>제1차 매수인에 대한 소유권이전등기협력의무의 위배와 밀접한 행위로서 배임죄의 실행의 착수라고 보아야 할 것인 바 이와 같은 이론은 부동산소유자가 대물변제로 양도하여 놓고 그 양수인에게 소유권이전등기를 하지 아니하고 제3자에게 양도하는 경우도 동일하다 할 것이다.</u>

355②-I-15. 잔금의 일부를 미수령한 매도인이 매매목적물을 이중양도한 경우(적극) [대법원 1983. 4. 26., 선고, 82도49]

【판결요지】

매도인이 계약금, 중도금의 전부와 잔금의 일부를 수령하고 있었다면 매도인은 일방적으로 그 매매계약을 해제할 권리가 없고 잔금수령과 동시에 매수인에게 소유권이전등기를 이행할 의무가 발생하므로 매수인의 사무를 처리하는 지위에 있어 배임죄의 주체가 된다.

355②-I-16. 토석채취권 이중매매 경우에 배임죄 성립 여부(적극) [대법원 1979. 7. 10., 선고, 79도961]

【판결요지】

토석채취권을 매도한 자는 그 매수인에게 그들이 토석을 채취할 수 있도록 그에 필요한 서류를

넘겨주어 위 허가를 받는데 협력하여야 할 의무가 있으므로 위 임무에 위배하여 타인에게 토석채취권을 양도하고 소요서류를 교부하여 토석채취허가를 취득케 한 경우에는 배임죄가 성립한다.

II. 배임[계주관련]

355②-II-1. 낙찰계 계주가 계원들에게서 계불입금을 징수하지 않은 상태에서 부담하는 계금지급의무가 '타인의 사무'에 해당하는지 여부(소극) [대법원 2009. 8. 20., 선고, 2009도3143]

【판결요지】

낙찰계의 계주가 계원들과의 약정에 따라 부담하는 계금지급의무가 배임죄에서 말하는 '타인의 사무'에 해당하려면 그 관계의 본질적 내용이 단순한 채권관계상의 의무를 넘어서 신임관계에 기초하여 타인의 재산을 보호 내지 관리하는 데 이르러야 하는바, 계주가 계원들로부터 계불입금을 징수하게 되면 그 계불입금은 실질적으로 낙찰계원에 대한 계금지급을 위하여 계주에게 위탁된 금원의 성격을 지니고 따라서 계주는 이를 낙찰·지급받을 계원과의 사이에서 단순한 채권관계를 넘어 신의칙상 그 계금지급을 위하여 위 계불입금을 보호 내지 관리하여야 하는 신임관계에 들어서게 되므로, 이에 기초한 계주의 계금지급의무는 배임죄에서 말하는 타인의 사무에 해당한다. 그러나 계주가 계원들로부터 계불입금을 징수하지 아니하였다면 그러한 상태에서 부담하는 계금지급의무는 위와 같은 신임관계에 이르지 아니한 단순한 채권관계상의 의무에 불과하여 타인의 사무에 속하지 아니하고, 이는 계주가 계원들과의 약정을 위반하여 계불입금을 징수하지 아니한 경우라 하여 달리 볼 수 없다.

---

1. 파계 후 계주가 계금을 지급하지 않은 경우(소극) [대법원 1982. 11. 9., 선고, 82도2093]

【판결요지】

계주는 계원들로부터 징수한 계금을 계원에게 지급하여야 할 업무상 임무가 있으므로 그 임무에 위배하여 지정된 계원에게 지급하지 아니하고 임의로 소비한 경우에는 업무상 배임죄가 성립한다고 할 것이나, 계가 파계된 후에 있어서는 계불입금의 청산의무는 있을지언정 계 존속을 전제로 한 위와 같은 계금지급의무는 인정할 여지가 없는 것이므로 계주가 파계후에 계원들로부터 계가 존속하는 것처럼 계금을 징수하는 것이 계원들과 사이에 사기죄가 성립함은 별론으로 하고 위와 같이 징수한 금원을 계불입금의 청산금이 아니라 계 존속을 전제로 한 계금으로서 계원에게 지급할 업무상 임무가 있다고 볼 수 없다.

---

2. 계주가 상계를 이유로 계금지급을 거절한 경우(소극) [대법원 1984. 6. 26., 선고, 84도849]

【판결요지】

계원이 공소외 (갑)으로부터 채무의 이행을 독촉받자 계주에게 자신의 계금 수령일을 변제기로 하여 위 (갑)에게 금전을 대여하도록 하였으면서도 계금을 수령한 후에는 대여금을 변제하지 아니할 기세를 보이므로 계주가 위 (갑)과 공동으로 계원에게 상호간의 채권을 상계하도록 하자고 말한 사실이 인정된다면 계주는 위 (갑)으로부터 위 대여금채권의 변제에 갈음하여 계원에 대한 위 (갑)의 채권을 양수

받아 위 (갑)이 양도사실을 피해자에게 통지함과 동시에 계원의 계주에 대한 계금채권과 대등액에서 상계의 의사표시를 한것이라고 보여져 계주의 위 계금지급임무는 소멸되었다고 할 것이므로 계주가 계원에 대하여 계금지급을 거절한 행위는 배임죄를 구성하지 아니한다.

3. 중간계주 책임하에 모집한 계원에 대한 계주의 계금지급의무(소극) [대법원 1984. 2. 28., 선고, 83도 3279]

【판결요지】

피고인이 조직한 두개의 순번계에 아홉구좌를 가입한 공소외(갑)이 소위 중간계주로서 계불입금의 수령, 납부 또는 계금의 수령, 납부등을 그 자신의 책임으로 하여 위 아홉구좌의 계원을 모집하여 운영하고 있었고 공소외(을)은 위 (갑)이 중간계주로서 모집한 계원으로 위 아홉구좌중 한 구좌에 가입했다면 특단의 사정이 없는 한 피고인은 계주로서 위 (을)에 대하여 계금지급의무가 없다.

4. 계금의 지급연체와 계주의 배임행위(소극) [대법원 1983. 11. 8., 선고, 83도2309]

【판결요지】

계주인 피고인이 계원에게 100만원의 곗돈을 부족되게 지급한 것이 사실이라 하더라도 그 당시 피고인이 100만원을 다음달에 주겠다고 말하고 계원인 고소인이 처음에는 안된다고 하다가 나중에는 다음달에 달라고 승락하였다면 피고인의 위 소위를 가리켜 임무에 위배한 행위라고 할 수 없다.

5. 중간계주를 통하여 계부금을 불입한 자가 계원으로서의 지위를 갖는지의 여부 [대법원 1983. 4. 12., 선고, 82도2460]

【판시사항】

[1] 중간계주를 통하여 계부금을 불입한 자가 계원으로서의 지위를 갖는지의 여부

[2] 계주가 계원의 지위를 갖지 않는 자에 대해 계금지급을 하지않은 경우 배임죄의 성부

【판결요지】

[1] 피고인이 계주가 되어 조직한 번호계에 가입한 계원은 (갑)이었고, 공소외 (을)은 (갑)이 중간계주가 되어 가입한 여러 구좌중 23번구좌의 1/2에 가입한 것인 경우에는 (을)은 피고인에 대한 관계에 있어서 계원으로서의 지위를 보유하지 아니한다.

[2] 중간계주를 통하여 계부금을 불입하였으나 계원으로서의 지위를 갖지 않는 자에 대하여 계주가 계금지급을 하지 아니하더라도 배임죄가 성립하지 아니한다.

355②-Ⅱ-2. 계주가 계원들로부터 월불입금을 모두 징수하였음에도 정당한 사유 없이 이를 지정된 계원에게 지급하지 아니한 경우(적극) [대법원 1995. 9. 29., 선고, 95도1176]

【판시사항】

[1] 계주가 계원들로부터 월불입금을 모두 징수하였음에도 불구하고 정당한 사유 없이 이를 지정된 계원에게 지급하지 아니한 경우

[2] 계원과 계주의 권리의무 관계

[3] 계주가 성실하게 계불입금을 지급하여 온 계원에게 거짓말을 하여 그 계원이 낙찰받아 계금

을 탈 수 있는 기회를 박탈하였다면 계주의 위와 같은 임무위배는 배임죄를 구성한다.

【판결요지】

[1] 계주가 계원들로부터 월불입금을 모두 징수하였음에도 불구하고 그 임무에 위배하여 정당한 사유 없이 이를 지정된 계원에게 지급하지 아니하였다면 다른 특별한 사정이 없는 한 그 지정된 계원에 대한 관계에 있어서 배임죄를 구성한다.

[2] 계는 계원과 계주 간의 계약관계를 기초로 성립하여 유지되는 것이고, 계원과 계주의 권리의무는 상호 교환적인 것으로서 어느 한 쪽이 기본적인 약정을 성실하게 이행하여 왔다면 다른 한 쪽도 그에 대응하는 자신의 의무를 성실하게 이행할 임무가 있다.

[3] 계가 정상적으로 운영되고 있음에도 불구하고 계주가 그 동안 성실하게 계불입금을 지급하여 온 계원에게 계가 깨졌다는 등의 거짓말을 하여 그 계원이 계에 참석하여 낙찰받아 계금을 탈 수 있는 기회를 박탈하여 손해를 가하였다면 계주의 위와 같은 임무위배는 그 계원에 대한 관계에 있어서 배임죄를 구성한다.

---

1. 낙찰계의 계주가 계원의 이름을 모용, 낙찰받아 그 계금을 자의로 소비한 경우 [대법원 1986. 7. 22., 선고, 86도230]

【판결요지】

낙찰계에 있어서와 같이 계주가 계원의 위임을 받아 계불입금을 납부받고 입찰을 시행하여 낙찰계원에게 계금을 급부할 임무가 있는 경우에 그 임무에 위배하여 계주가 마음대로 계원의 이름을 모용하여 낙찰받아 그 계금을 자의로 소비한 때에는 배임죄가 성립되고 그 경우 피해자는 계원전체이고 피해액은 계주가 이득한 금액이다.

---

2. 계불입금을 납부하지 않은 계원에게 계금을 지급하지 아니한 계주의 행위(소극) [대법원 1987. 6. 23., 선고,, 86도2343]

【판시사항】

[1] 계의 성질

[2] 계불입금을 납부하지 않은 계원에게 계금을 지급하지 아니한 계주의 행위

【판결요지】

[1] 계는 계원과 계주간의 계약관계를 기초로 성립하여 유지되는 것이고 계원과 계주의 권리의무는 상호교환적인 것으로서 어느 한쪽이 기본적인 약정을 위배하면 상대방의 의무이행을 강요할 수 없는 것인바, 계원의 계불입금지급의무는 계약내용에 있어 가장 기본적인 요소이므로 이 의무를 이행하지 않는 한 계원은 계주에게 계금지급을 요구할 수 없는 것이다.

[2] 계원이 계불입금을 성실히 지급하지 않음으로써 계의 기본약정을 파기하였다면 계주가 그에게 계금을 주어야 할 의무는 없고 다만 그들 사이에는 정산문제만 남게 될 뿐이므로 계주가 위 계원에 대하여 계금을 지급하지 아니하였다고 하여 이를 임무에 위배한 행위라 할 수 없는 만큼 배임죄를 구성하지 않는다.

III. 배임(기타)

355②-Ⅲ-1. 채무자가 금전채무를 담보하기 위한 저당권설정계약에 따라 채권자에게 그 소유의 부동산에 관하여 저당권을 설정할 의무를 부담하게 된 경우(소극) [대법원 2020. 7. 9., 선고, 2015도3820]

【판시사항】

채무자가 금전채무를 담보하기 위한 저당권설정계약에 따라 채권자에게 그 소유의 부동산에 관하여 저당권을 설정할 의무를 부담하게 된 경우, 채권자에 대한 관계에서 '타인의 사무를 처리하는 자' 에 해당하는지 여부(소극) / 이때 채무자가 제3자에게 먼저 담보물에 관한 저당권을 설정하거나 담보물을 양도하는 등으로 담보가치를 감소 또는 상실시켜 채권자의 채권실현에 위험을 초래하는 경우, 배임죄가 성립하는지 여부(소극) / 위와 같은 법리는, 채무자가 금전채무에 대한 담보로 부동산에 관하여 양도담보설정계약을 체결하고 이에 따라 채권자에게 소유권이전등기를 해 줄 의무가 있음에도 제3자에게 그 부동산을 처분한 경우에도 적용되는지 여부(적극)

【이 유】

채무자가 금전채무를 담보하기 위한 저당권설정계약에 따라 채권자에게 그 소유의 부동산에 관하여 저당권을 설정할 의무를 부담하게 되었다고 하더라도, 이를 들어 채무자가 통상의 계약에서 이루어지는 이익대립관계를 넘어서 채권자와의 신임관계에 기초하여 채권자의 사무를 맡아 처리하는 것으로 볼 수 없다.

채무자가 저당권설정계약에 따라 채권자에 대하여 부담하는 저당권을 설정할 의무는 계약에 따라 부담하게 된 채무자 자신의 의무이다. 채무자가 위와 같은 의무를 이행하는 것은 채무자 자신의 사무에 해당할 뿐이므로, 채무자를 채권자에 대한 관계에서 '타인의 사무를 처리하는 자' 라고 할 수 없다. 따라서 채무자가 제3자에게 먼저 담보물에 관한 저당권을 설정하거나 담보물을 양도하는 등으로 담보가치를 감소 또는 상실시켜 채권자의 채권실현에 위험을 초래하더라도 배임죄가 성립한다고 할 수 없다.

위와 같은 법리는, 채무자가 금전채무에 대한 담보로 부동산에 관하여 양도담보설정계약을 체결하고 이에 따라 채권자에게 소유권이전등기를 해 줄 의무가 있음에도 제3자에게 그 부동산을 처분한 경우에도 적용된다(대법원 2020. 6. 18. 선고 2019도14340 전원합의체 판결 참조).

355②-Ⅲ-2. 부동산 매매계약에서 중도금이 지급되는 등 계약이 본격적으로 이행되는 단계에 이른 경우, 그때부터 매도인은 배임죄에서 말하는 '타인의 사무를 처리하는 자'에 해당하는지 여부(적극) [대법원 2020. 5. 14., 선고, 2019도16228]

【판시사항】

부동산 매매계약에서 중도금이 지급되는 등 계약이 본격적으로 이행되는 단계에 이른 경우, 그때부터 매도인은 배임죄에서 말하는 '타인의 사무를 처리하는 자' 에 해당하는지 여부(적극) / 그러한 지위에 있는 매도인이 매수인에게 계약 내용에 따라 부동산의 소유권을 이전해 주기 전에 그 부동산을 제3자에게 처분하고 제3자 앞으로 그 처분에 따른 등기를 마쳐 준 경우, 배임죄가 성립하는지 여부(적극) / 매도인이 매수인에게 순위보전의 효력이 있는 가등기를 마쳐 준 경우, 가등기로 인하여 매수인의 재산보전에 협력하여 재산적 이익을 보호·관리할 신임관계의 전형적·본질적 내용이 변경되는지 여부(소극)

【판결요지】

부동산 매매계약에서 계약금만 지급된 단계에서는 어느 당사자나 계약금을 포기하거나 그 배액을 상환함으로써 자유롭게 계약의 구속력에서 벗어날 수 있다. 그러나 중도금이 지급되는 등 계약이 본격적으로 이행되는 단계에 이른 때에는 계약이 취소되거나 해제되지 않는 한 매도인은 매수인에게 부동산의 소유권을 이전해 줄 의무에서 벗어날 수 없다. 따라서 이러한 단계에 이른 때에 매도인은 매수인에 대하여 매수인의 재산보전에 협력하여 재산적 이익을 보호·관리할 신임관계에 있게 된다. 그때부터 매도인은 배임죄에서 말하는 '타인의 사무를 처리하는 자'에 해당한다고 보아야 한다. 그러한 지위에 있는 매도인이 매수인에게 계약 내용에 따라 부동산의 소유권을 이전해 주기 전에 그 부동산을 제3자에게 처분하고 제3자 앞으로 그 처분에 따른 등기를 마쳐 준 행위는 매수인의 부동산 취득 또는 보전에 지장을 초래하는 행위이다. 이는 매수인과의 신임관계를 저버리는 행위로서 배임죄가 성립한다. 그리고 매도인이 매수인에게 순위보전의 효력이 있는 가등기를 마쳐 주었더라도 이는 향후 매수인에게 손해를 회복할 수 있는 방안을 마련하여 준 것일 뿐 그 자체로 물권변동의 효력이 있는 것은 아니어서 매도인으로서는 소유권을 이전하여 줄 의무에서 벗어날 수 없으므로, 그와 같은 가등기로 인하여 매수인의 재산보전에 협력하여 재산적 이익을 보호·관리할 신임관계의 전형적·본질적 내용이 변경된다고 할 수 없다.

355②-Ⅲ-3. 배임죄의 주체인 '타인의 사무를 처리하는 자'의 의미 [대법원 2020. 4. 29., 선고, 2014도9907]

【판시사항】

피고인이 甲 새마을금고로부터 특정 토지 위에 건물을 신축하는 데 필요한 공사자금을 대출받으면서 이를 담보하기 위하여 乙 신탁회사를 수탁자, 甲 금고를 우선수익자, 피고인을 위탁자 겸 수익자로 한 담보신탁계약 및 자금관리대리사무계약을 체결하였고 계약 내용에 따라 건물이 준공된 후 乙 회사에 신탁등기를 이행하여 甲 금고의 우선수익권을 보장할 임무가 있음에도 이에 위배하여 丙 앞으로 건물의 소유권보존등기를 마쳐줌으로써 甲 금고에 재산상 손해를 가하였다고 하여 특정경제범죄 가중처벌 등에 관한 법률 위반(배임)으로 기소된 사안

【판결요지】

피고인이 乙 회사, 甲 금고와 체결한 담보신탁계약의 신탁 대상 부동산은 토지이고, 건물에 대해서는 위 계약에 따라 신탁등기가 이루어지는 것이 아니라 향후 건물이 준공되어 소유권보존등기까지 마친 후 乙 회사를 수탁자로, 甲 금고를 우선수익자로 한 담보신탁계약 등을 체결하고 그에 따른 등기절차 등을 이행하기로 약정한 것에 불과한 점, 건물에 관하여 추가 담보신탁하기로 약정한 것은 甲 금고가 피고인에 대한 대출금 채권의 변제를 확보하기 위함이고, 甲 금고의 주된

관심은 건물에 대한 신탁등기 이행 여부가 아닌, 대출금 채권의 회수에 있다고 봄이 타당한 점, 피고인은 甲 금고와의 관계에서 향후 건물이 준공되면 乙 회사와 건물에 대한 담보신탁계약, 자금관리대리사무계약 등을 체결하고, 그에 따라 신탁등기절차를 이행하여 甲 금고에 우선수익권을 보장할 민사상 의무를 부담함에 불과하고, '甲 금고의 우선수익권'은 계약당사자인 피고인, 甲 금고, 乙 회사 등이 약정한 바에 따라 각자의 의무를 성실히 이행하면 그 결과로서 보장될 뿐인 점을 종합하면, 결국 피고인이 통상의 계약에서의 이익대립관계를 넘어서 甲 금고와의 신임관계에 기초하여 甲 금고의 우선수익권을 보호 또는 관리하는 등 그의 사무를 처리하는 자의 지위에 있다고 보기 어려우므로 배임죄에서의 '타인의 사무를 처리하는 자'에 해당하지 않는다는 이유로, 이와 달리 보아 피고인에게 유죄를 인정한 원심판결에 배임죄에서 '타인의 사무를 처리하는 자'의 의미에 관한 법리를 오해한 잘못이 있다.

> **1. 채무자가 투자금반환채무의 변제를 위해 담보로 제공한 임차권 권리를 그대로 유지할 계약상 의무가 배임죄에서 말하는 '타인의 사무'에 해당하는지 여부(소극) [대법원 2015. 3. 26., 선고, 2015도1301]**
>
> 【판결요지】
>
> 채무자가 투자금반환채무의 변제를 위하여 담보로 제공한 임차권 등의 권리를 그대로 유지할 계약상 의무가 있다고 하더라도, 이는 기본적으로 투자금반환채무의 변제의 방법에 관한 것이고, 성실한 이행에 의하여 채권자가 계약상 권리의 만족이라는 이익을 얻는다고 하여도 이를 가지고 통상의 계약에서의 이익대립관계를 넘어서 배임죄에서 말하는 신임관계에 기초하여 채권자의 재산을 보호 또는 관리하여야 하는 '타인의 사무'에 해당한다고 볼 수 없다.

355②-Ⅲ-4. 경영상의 판단과 관련하여 기업의 경영자에게 배임의 고의가 있었는지 판단하는 기준 [대법원 2019. 6. 13. 선고, 2018도20655]

【이 유】

경영상의 판단과 관련하여 기업의 경영자에게 배임의 고의가 있었는지 여부를 판단함에 있어서도 일반적인 업무상배임죄에 있어서 고의의 입증방법과 마찬가지의 법리가 적용되어야 함은 물론이지만, 기업의 경영에는 원천적으로 위험이 내재하여 있어서 경영자가 아무런 개인적인 이익을 취할 의도 없이 선의에 기하여 가능한 범위 내에서 수집된 정보를 바탕으로 기업의 이익에 합치된다는 믿음을 가지고 신중하게 결정을 내렸다 하더라도 그 예측이 빗나가 기업에 손해가 발생하는 경우가 있을 수 있다. 이러한 경우에까지 고의에 관한 해석기준을 완화하여 업무상배임죄의 형사책임을 묻고자 한다면 이는 죄형법정주의의 원칙에 위배되는 것임은 물론이고 정책적인 차원에서 볼 때에도 영업이익의 원천인 기업가 정신을 위축시키는 결과를 낳게 되어 당해 기업뿐만 아니라 사회적으로도 큰 손실이 될 것이므로, 현행 형법상의 배임죄가 위태범이라는 법리를 부인할 수 없다 할지라도, 문제된 경영상의 판단에 이르게 된 경위와 동기, 판단대상인 사업의 내용, 기업이 처한 경제적 상황, 손실발생의 개연성과 이익획득의 개연성 등 제반 사정에 비추어 자기 또는 제3자가 재산상 이익을 취득한다는 인식과 본인에게 손해를 가한다는 인식(미필적 인식을 포함)하의 의도적 행위임이 인정되는 경우에 한하여 배임죄의 고의를 인정하는 엄격한 해석기준은 유지되어야 할 것이고, 그러한 인식이 없는데 단순히 본인에게 손해가 발생하였다는 결과만으로 책임을 묻거나 주의의무를 소홀히 한 과실이 있다는 이유로 책임을 물을 수는 없다(대법원 2010. 1. 14. 선고 2007도10415 판결 등 참조).

한편 비상장주식을 거래한 경우에 있어서 그 시가는 그에 관한 객관적 교환가치가 적정하게 반영된 정상적인 거래의 실례가 있는 경우에는 그 거래가격을 시가로 보아 주식의 가액을 평가하여야 할 것이나, 만약 그러한 거래사례가 없는 경우에는 거래 당시 당해 비상장법인 및 거래당사자의 상황, 당해 업종의 특성 등을 종합적으로 고려하여 합리적으로 판단하여 적절한 평가방법을 선택하여야 할 것이다(대법원 2005. 4. 29. 선고 2005도856 판결, 대법원 2007. 3. 15. 선고 2004도5742 판결 등 참조).

원심판결 이유에 의하면, 원심은, 공소외 10 회사와 공소외 2 회사 사이의 긴밀한 거래관계 및 사업적 관련성, 공소외 2 회사의 공소외 10 회사 지분 1차 인수의 진행 경과 및 목적, 그 결과로서 형성된 공소외 2 회사의 공소외 10 회사에 대한 지배관계, 피고인 2에 의한 2차 인수 제안의 경위, 1차 인수 후 2차 인수 당시까지 공소외 10 회사의 실적 개선 현황 및 자회사로서의 이용가치, 2차 인수를 위한 주식인수가격 산정의 방법, 주식인수가격 산정 자료가 된 '비전 2020'의 작성 경위 및 내용, 2차 인수 당시 이사회결의 등 절차적 요건 준수 여부 등에 관한 상세한 사실을 인정한 다음, 제1심 및 검사가 든 사정만으로는 피고인 1이 대표이사로서 경영상의 필요성이 없음에도 피고인 2 등에게 재산상 이익을 줄 의도로 판시 공소외 10 회사 지분에 관한 2차 인수를 결정하고 적정한 가치에 비하여 부당하게 높은 수준에서 주식인수가격을 산정하여 인수대금을 지급하게 함으로써 임무를 위배하여 피해자 공소외 2 회사에 재산상의 손해를 가하였다고 단정할 수는 없고, 이는 경영상의 판단에 따른 것으로서 그러한 판단이 현저하게 합리성을 결여한 것이라고 볼 수 없다고 인정하여, 이 부분 공소사실을 무죄로 판단하였다.

원심판결 이유를 위 법리 및 기록에 비추어 살펴보면, 원심의 판단은 정당한 것으로 수긍이 가고, 거기에 상고이유 주장과 같은 주식 인수와 관련된 업무상배임죄의 성립요건, 경영상의 판단, 공모관계의 성립 등에 관한 법리를 오해하거나 논리와 경험의 법칙에 위반하여 자유심증주의의 한계를 벗어나는 등의 잘못이 없다.

355②-Ⅲ-5. 부동산 매매계약에서 중도금이 지급되는 등 계약이 본격적으로 이행되는 단계에 이른 경우, 그때부터 매도인은 배임죄에서 말하는 '타인의 사무를 처리하는 자'에 해당하는지 여부(적극) [대법원 2018. 12. 13., 선고, 2016도19308]

【판시사항】

[1] 부동산 매매계약에서 중도금이 지급되는 등 계약이 본격적으로 이행되는 단계에 이른 경우, 그때부터 매도인은 배임죄에서 말하는 '타인의 사무를 처리하는 자'에 해당하는지 여부(적극) 및 그러한 지위에 있는 매도인이 매수인에게 계약 내용에 따라 부동산의 소유권을 이전해 주기 전에 부동산을 제3자에게 처분하여 등기를 하는 행위가 배임죄를 구성하는지 여부(적극) / 서면으로 부동산 증여의 의사를 표시한 증여자가 '타인의 사무를 처리하는 자'에 해당하는지 여부

(적극) 및 그가 수증자에게 증여계약에 따라 부동산의 소유권을 이전하지 않고 부동산을 제3자에게 처분하여 등기를 하는 행위가 배임죄를 구성하는지 여부(적극)

[2] 피고인이 甲과의 증여계약에 따라 목장용지 중 1/2 지분을 甲에게 증여하고 증여의 의사를 서면으로 표시하였는데 그 후 금융기관에서 일정 금액의 돈을 대출받으면서 목장용지에 금융기관 앞으로 근저당권설정등기를 마침으로써 피담보채무액 중 1/2 지분에 해당하는 금액의 재산상 이익을 취득하고, 甲에게 같은 금액의 재산상 손해를 입혔다고 하여 배임으로 기소된 사안에서, 서면으로 증여의 의사를 표시한 증여자의 소유권이전등기의무가 증여자 자기의 사무일 뿐이라는 전제에서 공소사실을 무죄로 판단한 원심판결에 법리오해 등의 잘못이 있다.

【판결요지】

[1] 부동산 매매계약에서 중도금이 지급되는 등 계약이 본격적으로 이행되는 단계에 이른 때에는 계약이 취소되거나 해제되지 않는 한 매도인은 매수인에게 부동산의 소유권을 이전할 의무에서 벗어날 수 없다. 이러한 단계에 이른 때에 매도인은 매수인에게 매수인의 재산보전에 협력하여 재산적 이익을 보호 · 관리할 신임관계에 있게 되고, 그때부터 배임죄에서 말하는 '타인의 사무를 처리하는 자'에 해당한다고 보아야 한다. 그러한 지위에 있는 매도인이 매수인에게 계약 내용에 따라 부동산의 소유권을 이전해 주기 전에 부동산을 제3자에게 처분하여 등기를 하는 행위는 매수인의 부동산 취득이나 보전에 지장을 초래하는 행위로서 배임죄가 성립한다.

이러한 법리는 서면에 의한 부동산 증여계약에도 마찬가지로 적용된다. 서면으로 부동산 증여의 의사를 표시한 증여자는 계약이 취소되거나 해제되지 않는 한 수증자에게 목적부동산의 소유권을 이전할 의무에서 벗어날 수 없다. 그러한 증여자는 '타인의 사무를 처리하는 자'에 해당하고, 그가 수증자에게 증여계약에 따라 부동산의 소유권을 이전하지 않고 부동산을 제3자에게 처분하여 등기를 하는 행위는 수증자와의 신임관계를 저버리는 행위로서 배임죄가 성립한다.

[2] 피고인이 甲과의 증여계약에 따라 목장용지 중 1/2 지분을 甲에게 증여하고 증여의 의사를 서면으로 표시하였는데 그 후 농업협동조합에서 4,000만 원을 대출받으면서 목장용지에 농업협동조합 앞으로 채권최고액 5,200만 원의 근저당권설정등기를 마침으로써 피담보채무액 중 1/2 지분에 해당하는 2,000만 원의 재산상 이익을 취득하고, 甲에게 같은 금액의 재산상 손해를 입혔다고 하여 배임으로 기소된 사안에서, 피고인이 서면으로 증여의 의사를 표시하였는지에 관하여 심리하지 아니한 채, 서면으로 증여의 의사를 표시한 증여자의 소유권이전등기의무는 증여자 자기의 사무일 뿐이라는 전제에서 공소사실을 무죄로 판단한 원심판결에 배임죄에서 '타인의 사무를 처리하는 자' 등에 관한 법리를 오해하고 필요한 심리를 다하지 않은 잘못이 있다.

355②-Ⅲ-6. 회사의 대표이사 등이 임무에 위배하여 회사로 하여금 다른 사업자와 용역계약을 체결하게 하면서 적정한 용역비의 수준을 벗어나 부당하게 과다한 용역비를 정하여 지급하게 한 경우(원칙적 적극) [대법원 2018. 2. 13., 선고, 2017도17627]

【판시사항】

회사의 대표이사 등이 임무에 위배하여 회사로 하여금 다른 사업자와 용역계약을 체결하게 하면서 적정한 용역비의 수준을 벗어나 부당하게 과다한 용역비를 정하여 지급하게 한 경우, 재산상 손해를 회사에 가한 것인지 여부(원칙적 적극) 및 이때 배임죄의 성립에 필요한 재산상 손해 발생을 증명하는 방법과 증명 정도

【판결요지】

회사의 대표이사 등이 임무에 위배하여 회사로 하여금 다른 사업자와 용역계약을 체결하게 하면서 적정한 용역비의 수준을 벗어나 부당하게 과다한 용역비를 정하여 지급하게 하였다면 다른 특별한 사정이 없는 한 통상 그와 같이 지급한 용역비와 적정한 수준의 용역비 사이의 차액 상당의 손해를 회사에 가하였다고 볼 수 있다. 이 경우 배임죄가 성립하기 위해서는 해당 용역비가 적정한 수준에 비하여 과다하다고 볼 수 있는지가 객관적이고 합리적인 평가 방법이나 기준을 통하여 충분히 증명되어야 하고, 손해의 발생이 그와 같이 증명된 이상 손해액이 구체적으로 명백하게 산정되지 아니하였더라도 배임죄의 성립에는 영향이 없다. 그러나 적정한 수준에 비하여 과다한지 여부를 판단할 객관적이고 합리적인 평가 방법이나 기준 없이 단지 임무위배행위가 없었다면 더 낮은 수준의 용역비로 정할 수도 있었다는 가능성만을 가지고 재산상 손해 발생이 있었다고 쉽사리 단정하여서는 안 된다.

---

1. 경영권 프리미엄을 지닌 주식의 매도와 관련한 배임죄에서 손해액을 산정하는 경우, 경영권 프리미엄의 가치 평가방법 [대법원 2009. 10. 29., 선고, 2008도11036]

【판시사항】

[1] 경영권 프리미엄을 지닌 주식의 매도와 관련한 배임죄에서 손해액을 산정하는 경우, 경영권 프리미엄의 가치 평가방법

[2] 주식 거래와 관련한 배임행위로 인한 손해의 발생 여부를 판단하기 위하여 주식의 가치를 평가하는 방법

【판결요지】

[1] 회사의 대표이사 등이 그 임무에 위배하여 회사가 보유하는 주식을 적정가액 이하로 매도함으로 인하여 회사에 가한 손해액은 통상 그 주식의 실제 매매대금과 그 주식의 적정가액 사이의 차액 상당이라고 봄이 타당하고, 그 주식이 회사의 경영권을 행사할 수 있는 이른바 경영권 프리미엄을 지니고 있는 경우에는 그 가치를 평가하여 주식의 적정가액 산정에 가산하여야 한다. 이때 경영권 프리미엄의 가치는 통상 회사의 현재 및 미래 가치, 경영권 획득으로 인한 파급효과, 경영권 확보에 필요한 주식을 공개시장에서 매수할 경우의 필요비용 등을 고려하여 결정되는 것이지만 궁극적으로는 거래 상대방과의 교섭조건, 교섭능력 등에 따라 구체화될 수밖에 없는 것이므로, 이를 과세관청이 과세표준을 산정하기 위하여 사용하는 상속세 및 증여세법 제63조 제3항의 규정에 따라 일정 비율을 할증하는 방법으로 일률적으로 산정할 수는 없다고 보아야 한다.

[2] 배임죄의 성립을 인정하려면 손해의 발생이 합리적인 의심이 없는 정도의 증명에 이르러야 하는바, 배임행위로 인한 재산상 손해의 발생 여부가 충분히 입증되지 않았음에도 가볍게 액수 미상의 손해는 발생하였다고 인정함으로써 배임죄의 성립을 인정하는 것은 허용될 수 없다. 따라서 주식 거래와 관련한 배임행위로 인한 손해의 발생 여부를 판단하기 위하여 주식 가치의 평가가 요구되는 경우에는, 그 평가 방법이나 기준에 따라 주식의 가치가 구구하게 산정된다고 하더라도 이를 쉽게 포기하지

말고 상대적으로 가장 타당한 평가방법이나 기준을 심리하여 손해의 발생 여부를 구체적으로 판단하는 것이 필요하다. 다만, 주식 거래에 수반하는 경영권 프리미엄의 가치를 함께 평가하는 경우에는 경영권 프리미엄 자체가 궁극적으로 거래 상대방과의 교섭조건, 교섭능력 등에 따라 평가될 수밖에 없는 것이므로 이를 산정할 방법이 없어서 결과적으로 배임죄의 손해액을 구체적으로 산정할 수 없게 되었다고 하더라도 여기에 심리미진이나 이유모순 등의 위법이 있다고 볼 수 없다.

355②-Ⅲ-7. 배임죄 구성요건 중 '임무에 위배하는 행위'의 의미 [대법원 2017. 11. 9., 선고, 2015도12633]

【판시사항】

[1] 배임죄의 구성요건 중 '임무에 위배하는 행위'의 의미

[2] 회사의 이사 등이 타인에게 회사자금을 대여한 행위가 회사에 대하여 배임행위가 되는 경우 및 타인이 자금지원 회사의 계열회사라도 마찬가지인지 여부(적극)

[3] 경영상의 판단을 이유로 배임죄의 고의를 인정할 수 있는지 판단하는 기준

[4] 동일한 기업집단에 속한 계열회사 사이의 지원행위가 합리적인 경영판단의 재량 범위 내에서 행하여진 것인지를 판단할 때 고려하여야 할 사항

【판결요지】

[1] 배임죄는 타인의 사무를 처리하는 자가 그 임무에 위배하는 행위로써 재산상 이익을 취득하거나 제3자로 하여금 이를 취득하게 하여 본인에게 손해를 가함으로써 성립한다. 여기서 그 **'임무에 위배하는 행위'** 는 사무의 내용, 성질 등 구체적 상황에 비추어 법률의 규정, 계약의 내용 혹은 신의칙상 당연히 할 것으로 기대되는 행위를 하지 않거나 당연히 하지 않아야 할 것으로 기대되는 행위를 함으로써 본인과 사이의 신임관계를 저버리는 일체의 행위를 포함한다.

[2] 회사의 이사 등이 타인에게 회사자금을 대여함에 있어 타인이 이미 채무변제능력을 상실하여 그에게 자금을 대여할 경우 회사에 손해가 발생하리라는 정을 충분히 알면서 이에 나아갔거나, 충분한 담보를 제공받는 등 상당하고도 합리적인 채권회수조치를 취하지 아니한 채 만연히 대여해 주었다면, 그와 같은 자금대여는 타인에게 이익을 얻게 하고 회사에 손해를 가하는 행위로서 회사에 대하여 배임행위가 되고, 회사의 이사는 단순히 그것이 경영상의 판단이라는 이유만으로 배임죄의 죄책을 면할 수 없으며, 이러한 이치는 타인이 자금지원 회사의 계열회사라 하여 달라지지 않는다.

[3] 다만 기업의 경영에는 원천적으로 위험이 내재하여 있어서 경영자가 개인적인 이익을 취할 의도 없이 가능한 범위 내에서 수집된 정보를 바탕으로 기업의 이익을 위한다는 생각으로 신중하게 결정을 내렸더라도 예측이 빗나가 기업에 손해가 발생하는 경우가 있으므로, 이러한 경우에까지 고의에 관한 해석기준을 완화하여 업무상배임죄의 형사책임을 물을 수 없다. 여기서 경영상의 판단을 이유로 배임죄의 고의를 인정할 수 있는지는 문제 된 경영상의 판단에 이르게 된 경위와 동기, 판단대상인 사업의 내용, 기업이 처한 경제적 상황, 손실발생의 개연성과 이익획득의 개연성 등 제반 사정에 비추어 자기 또는 제3자가 재산상 이익을 취득한다는 인식과 본인에게 손해를 가한다는 인식하의 의도적 행위임이 인정되는 경우인지에 따라 개별적으로 판단하여야 한다.

[4] 한편 기업집단의 공동목표에 따른 공동이익의 추구가 사실적, 경제적으로 중요한 의미를 갖는

경우라도 기업집단을 구성하는 개별 계열회사는 별도의 독립된 법인격을 가지고 있는 주체로서 각자의 채권자나 주주 등 다수의 이해관계인이 관여되어 있고, 사안에 따라서는 기업집단의 공동이익과 상반되는 계열회사의 고유이익이 있을 수 있다. 이와 같이 동일한 기업집단에 속한 계열회사 사이의 지원행위가 기업집단의 차원에서 계열회사들의 공동이익을 위한 것이라 하더라도 지원 계열회사의 재산상 손해의 위험을 수반하는 경우가 있으므로, 기업집단 내 계열회사 사이의 지원행위가 합리적인 경영판단의 재량 범위 내에서 행하여졌는지는 신중하게 판단하여야 한다.

 따라서 동일한 기업집단에 속한 계열회사 사이의 지원행위가 합리적인 경영판단의 재량 범위 내에서 행하여진 것인지를 판단하기 위해서는 앞서 본 여러 사정들과 아울러, 지원을 주고받는 계열회사들이 자본과 영업 등 실체적인 측면에서 결합되어 공동이익과 시너지 효과를 추구하는 관계에 있는지, 이러한 계열회사들 사이의 지원행위가 지원하는 계열회사를 포함하여 기업집단에 속한 계열회사들의 공동이익을 도모하기 위한 것으로서 특정인 또는 특정회사만의 이익을 위한 것은 아닌지, 지원 계열회사의 선정 및 지원 규모 등이 당해 계열회사의 의사나 지원 능력 등을 충분히 고려하여 객관적이고 합리적으로 결정된 것인지, 구체적인 지원행위가 정상적이고 합법적인 방법으로 시행된 것인지, 지원을 하는 계열회사에 지원행위로 인한 부담이나 위험에 상응하는 적절한 보상을 객관적으로 기대할 수 있는 상황이었는지 등까지 충분히 고려하여야 한다. 위와 같은 사정들을 종합하여 볼 때 문제 된 계열회사 사이의 지원행위가 합리적인 경영판단의 재량 범위 내에서 행하여진 것이라고 인정된다면 이러한 행위는 본인에게 손해를 가한다는 인식하의 의도적 행위라고 인정하기 어렵다.

---

1. 회사의 이사 등이 타인에게 회사자금을 대여함에 있어 그 타인이 이미 채무변제능력을 상실하여 자금을 대여할 경우 회사에 손해가 발생하리라는 정을 알면서 채권회수조치를 취하지 아니한 채 만연히 대여해 준 경우(적극) [대법원 2000. 3. 14., 선고, 99도4923]

【판시사항】

회사의 이사 등이 타인에게 회사자금을 대여함에 있어 그 타인이 이미 채무변제능력을 상실하여 그에게 자금을 대여할 경우 회사에 손해가 발생하리라는 정을 충분히 알면서 이에 나아갔거나 충분한 담보를 제공받는 등 상당하고도 합리적인 채권회수조치를 취하지 아니한 채 만연히 대여해 준 경우, 업무상 배임죄의 성립 여부(적극)

【판결요지】

'재산상의 손해를 가한 때'라 함은 현실적인 손해를 가한 경우뿐만 아니라 재산상 실해 발생의 위험을 초래한 경우도 포함되므로, 회사의 이사 등이 타인에게 회사자금을 대여함에 있어 그 타인이 이미 채무변제능력을 상실하여 그에게 자금을 대여할 경우 회사에 손해가 발생하리라는 정을 충분히 알면서 이에 나아갔거나, 충분한 담보를 제공받는 등 상당하고도 합리적인 채권회수조치를 취하지 아니한 채 만연히 대여해 주었다면, 그와 같은 자금대여는 타인에게 이익을 얻게 하고 회사에 손해를 가하는 행위로서 회사에 대하여 배임행위가 되고, 회사의 이사는 단순히 그것이 경영상의 판단이라는 이유만으로 배임죄의 죄책을 면할 수는 없으며, 이러한 이치는 그 타인이 자금지원 회사의 계열회사라 하여 달라지지 않는다.

2. 법인 임원이 당해 법인의 자금을 다른 법인에 대여한 행위 [대법원 2010. 10. 28., 선고, 2009도1149]

【판시사항】
[1] 법인 임원이 당해 법인의 자금을 다른 법인에 대여한 행위가 배임죄에 해당하는지 여부의 판단 기준 및 당해 법인 임원이 부적정한 회계처리를 통해 자금대여 사실 자체를 은폐한 경우 그 판단 기준
[2] 법인이 실질적으로는 당해 법인 소유 주식을 다른 법인의 명의만을 빌려 인수한 것이라고 인정하기 위하여 고려하여야 할 사항 및 그 판단 기준
[3] 보증인이 변제자력이 없는 피보증인에게 신규자금을 제공하거나 신규자금 차용에 관한 담보를 제공하면서 이미 보증한 채무의 변제에 사용되도록 한 경우, 새로이 손해 발생의 위험을 초래한 것으로 볼 수 있는지 여부(소극)
[4] 회사의 이사 등이 계열회사에 회사자금을 대여하면서 상당하고도 합리적인 채권회수조치를 취하지 아니한 경우 업무상배임죄의 성립 여부(적극) 및 경영상의 판단을 이유로 한 배임죄의 고의의 판단 기준

【판결요지】
[1] 어떤 법인이 법인격을 달리하는 다른 법인에 자금을 대여한 경우, 그 자금을 대여한 당해 법인 임원의 행위가 배임죄에 해당하는지를 판단할 때에는 그 임원이 사무의 내용, 성질 등 구체적 상황에 비추어 법률의 규정, 계약의 내용 혹은 신의칙상 당연히 할 것으로 기대되는 행위를 하지 않거나 당연히 하지 않아야 할 것으로 기대되는 행위를 함으로써 당해 법인과 임원 사이의 신임관계를 저버리는 행위를 하였는지 및 그러한 행위를 통해 당해 법인에 재산상 실해 발생의 위험을 초래하였는지를 기준으로 판단하여야 한다. 한편 당해 법인의 임원이 회계처리를 적정하게 하지 아니함으로써 다른 법인에 자금을 대여한 사실 자체를 은폐한 경우, 그러한 부적정한 회계처리는 자금대여와 관련된 배임행위의 고의를 뒷받침하는 유력한 요소로 평가할 수 있는 것이므로, 그러한 부적정한 회계처리에도 불구하고 배임죄의 성립을 부정하려면 당해 법인과 다른 법인의 관계, 자금대여의 경위와 목적, 자금대여의 방법 등 제반 사정을 종합적으로 고려하여 보다 신중하게 판단할 필요가 있다.
[2] 어떤 주식이 실질적으로는 당해 법인의 소유인데 그 주식을 인수할 당시 다른 법인의 명의만을 빌려 인수한 것이라고 인정하기 위하여는, 그 주식을 인수할 당시의 당해 법인과 다른 법인의 관계, 다른 법인 명의로 주식을 인수하게 된 경위, 주식인수대금을 조달하여 납입한 경위, 주권의 소지 여부, 당해 법인이 주주로서 실질적으로 권리를 행사하였는지 여부, 주식처분에 따른 이익이 당해 법인에 귀속되었는지 여부 및 그 밖의 모든 사정을 종합적으로 고려하되, 당해 법인과 다른 법인이 엄연히 법인격을 달리하는 별개의 법인으로서 각기 권리의무의 귀속주체가 될 수 있다는 점을 감안하여 단순히 주식취득에 따른 경제적 효과가 직·간접적으로 당해 법인에 미치는지 여부를 기준으로 판단할 것이 아니라 법률상으로도 당해 법인을 실질적인 주식인수인으로 평가할 수 있는지를 기준으로 판단하여야 한다.
[3] 이미 타인의 채무에 대하여 보증을 하였는데, 피보증인이 변제자력이 없어 결국 보증인이 그 보증채무를 이행하게 될 우려가 있고, 보증인이 피보증인에게 신규로 자금을 제공하거나 피보증인이 신규로 자금을 차용하는 데 담보를 제공하면서 그 신규자금이 이미 보증을 한 채무의 변제에 사용되도록 한 경우라면, 보증인으로서는 기보증채무와 별도로 새로 손해를 발생시킬 위험을 초래한 것이라고 볼 수 없다.
[4] 회사의 이사 등이 타인에게 회사자금을 대여하면서 그 타인이 이미 채무변제능력을 상실하여 그에게 자금을 대여하거나 지급보증할 경우 회사에 손해가 발생하리라는 정을 충분히 알면서 이에 나

아갔거나, 충분한 담보를 제공받는 등 상당하고도 합리적인 채권회수조치를 취하지 아니한 채 만연히 대여해 주었다면, 그와 같은 자금대여나 지급보증은 타인에게 이익을 얻게 하고 회사에 손해를 가하는 행위로서 회사에 대하여 배임행위가 되고, 회사의 이사는 단순히 그것이 경영상의 판단이라는 이유만으로 배임죄의 죄책을 면할 수는 없으며, 이러한 이치는 그 타인이 자금지원 회사의 계열회사라 하여 달라지지 않는 것이고, 한편 경영상의 판단을 이유로 배임죄의 고의를 인정할 수 있는지는 문제된 경영상의 판단에 이르게 된 경위와 동기, 판단대상인 사업의 내용, 기업이 처한 경제적 상황, 손실발생의 개연성과 이익획득의 개연성 등 제반 사정에 비추어 자기 또는 제3자가 재산상 이익을 취득한다는 인식과 본인에게 손해를 가한다는 인식하의 의도적 행위임이 인정되는 경우인지에 따라 개별적으로 판단하여야 한다.

3. 회사 이사 등이 계열회사에 회사자금을 대여하거나 계열회사의 채무를 회사 이름으로 지급보증하면서 합리적인 채권회수조치를 취하지 아니한 경우(적극) [대법원 2013. 9. 26., 선고, 2013도5214]

【판시사항】
[1] 회사의 이사 등이 계열회사에 회사자금을 대여하거나 계열회사의 채무를 회사 이름으로 지급보증하면서 상당하고도 합리적인 채권회수조치를 취하지 아니한 경우 배임죄가 성립하는지 여부(적극) 및 경영상의 판단에 대한 배임죄의 고의 유무를 판단하는 기준
[2] 보증인이 변제자력이 없는 피보증인에게 신규자금을 제공하거나 신규자금 차용에 관한 담보를 제공하면서 이미 보증한 채무의 변제에 사용되도록 한 경우, 새로이 손해 발생의 위험을 초래한 것으로 볼 수 있는지 여부(소극)

【판결요지】
[1] 회사의 이사 등이 타인에게 회사자금을 대여하거나 타인의 채무를 회사 이름으로 지급보증함에 있어 그 타인이 이미 채무변제능력을 상실하여 그를 위하여 자금을 대여하거나 지급보증을 할 경우 회사에 손해가 발생하리라는 점을 충분히 알면서 이에 나아갔거나, 충분한 담보를 제공받는 등 상당하고도 합리적인 채권회수조치를 취하지 아니한 채 만연히 대여해 주었다면, 그와 같은 자금대여나 지급보증은 타인에게 이익을 얻게 하고 회사에 손해를 가하는 행위로서 회사에 대하여 배임행위가 되고, 이러한 이치는 그 타인이 자금지원 회사의 계열회사라 하여 달라지지 않는다. 한편 경영상의 판단을 이유로 배임죄의 고의를 인정할 수 있는지는 문제된 경영상의 판단에 이르게 된 경위와 동기, 판단대상인 사업의 내용, 기업이 처한 경제적 상황, 손실발생의 개연성과 이익획득의 개연성 등 제반 사정에 비추어 자기 또는 제3자가 재산상 이익을 취득한다는 인식과 본인에게 손해를 가한다는 인식하의 의도적 행위임이 인정되는 경우인지에 따라 개별적으로 판단하여야 한다.
[2] 이미 타인의 채무에 대하여 보증을 하였는데, 피보증인이 변제자력이 없어 결국 보증인이 보증채무를 이행하게 될 우려가 있고, 보증인이 피보증인에게 신규로 자금을 제공하거나 피보증인이 신규로 자금을 차용하는 데 담보를 제공하면서 그 신규자금이 이미 보증을 한 채무의 변제에 사용되도록 한 경우라면, 보증인으로서는 기보증채무와 별도로 새로 손해를 발생시킬 위험을 초래한 것이라고 볼 수 없다.

355②-Ⅲ-8. 배임죄 실행의 착수시기와 기수시기 / 형사재판에서 배임죄의 객관적 구성요건요소인 손해 발생 또는 배임죄의 보호법익인 피해자의 재산상 이익의 침해 여부를 판단하는 기준

[대법원 2017. 9. 21., 선고, 2014도9960

【판결요지】

　타인의 사무를 처리하는 자가 배임의 범의로, 즉 <u>임무에 위배하는 행위를 한다는 점과 이로 인</u><u>하여 자기 또는 제3자가 이익을 취득하여 본인에게 손해를 가한다는 점에 대한 인식이나 의사를 가지고 임무에 위배한 행위를 개시한 때</u> 배임죄의 실행에 착수한 것이고, <u>이러한 행위로 인하여 자기 또는 제3자가 이익을 취득하여 본인에게 손해를 가한 때 배임죄는 기수가 된다</u>(형법 제355조 제2항). 그런데 타인의 사무를 처리하는 자의 임무위배행위는 민사재판에서 법질서에 위배되는 법률행위로서 무효로 판단될 가능성이 적지 않고, 그 결과 본인에게도 아무런 손해가 발생하지 않는 경우가 많다. 이러한 때에는 배임죄의 기수를 인정할 수 없다. 그러나 의무부담행위로 인하여 실제로 채무의 이행이 이루어지거나 본인이 민법상 불법행위책임을 부담하게 되는 등 본인에게 현실적인 손해가 발생하거나 실해 발생의 위험이 생겼다고 볼 수 있는 사정이 있는 때에는 배임죄의 기수를 인정하여야 한다. 다시 말하면, 형사재판에서 배임죄의 객관적 구성요건요소인 손해 발생 또는 배임죄의 보호법익인 피해자의 재산상 이익의 침해 여부는 구체적 사안별로 타인의 사무의 내용과 성질, 임무위배의 중대성 및 본인의 재산 상태에 미치는 영향 등을 종합하여 신중하게 판단하여야 한다.

355②-Ⅲ-9. 금융기관의 임직원이 예금주와의 사이에서 그의 재산관리에 관한 사무를 처리하는 자의 지위에 있는지 여부(소극) [대법원 2017. 8. 24. 선고, 2017도7489]

【이 유】

　1. <u>예금은 은행 등 법률이 정하는 금융기관을 수치인으로 하는 금전의 소비임치계약으로서, 그 예금계좌에 입금된 금전의 소유권은 금융기관에 이전되고, 예금주는 그 예금계좌를 통한 예금반환채권을 취득하므로, 금융기관의 임직원은 예금주로부터 예금계좌를 통한 적법한 예금반환 청구가 있으면 이에 응할 의무가 있을 뿐 예금주와의 사이에서 그의 재산관리에 관한 사무를 처리하는 자의 지위에 있다고 할 수 없다</u>(대법원 2008. 4. 24. 선고 2008도1408 판결 등 참조).

　2. 원심판결 이유 및 적법하게 채택된 증거들에 의하면 다음과 같은 사실을 알 수 있다.

　가. 피고인은 2014. 2. 3.경부터 2015. 6. 23.경까지 공소외 주식회사(이하 '공소외 은행' 이라 한다)에서 여신 업무를 담당하는 직원으로 근무하였다.

　나. 직접 고객을 방문하여 은행 업무를 처리해주는 외부영업제도(Business Development Consultant)에 따라, 피고인은 원심판시 9명의 피해자들을 직장이나 거주지 주변에서 직접 만나 피해자들로부터 대출신청을 받고 신용대출거래약정서 등 대출신청에 필요한 서류를 교부받아 공소외 은행에 피해자들 명의로 대출신청을 하였다.

　다. 그런데 피고인은 대출금을 입금받을 용도로 피해자들이 새로 개설을 의뢰한 예금계좌의 통장을 발급하고도 피해자들에게 전달하지 않거나 이미 개설되어 있는 피해자들 명의 예금계좌의 통장과 현금카드를 피해자들의 허락 없이 새로 발급하여 소지하고 있으면서 이를 이용하여 위 예금계좌에 입금된 대출금을 인출하거나 이체하는 방법으로 2014. 5. 21.경부터 2015. 5. 12.경까지 사이에

38회에 걸쳐 피해자들 명의 예금계좌에 입금된 대출금 합계 516,764,315원을 임의로 소비하였다.

3. 위와 같은 사실관계를 앞에서 본 법리에 비추어 살펴보면, 피해자들 명의 예금계좌에 입금된 대출금은 공소외 은행의 소유이고, 그 직원인 피고인이 위 대출금을 관리하고 또한 공소외 은행이 발행하는 예금계좌의 통장을 예금주에게 교부하는 것은 공소외 은행의 업무에 속하며 예금주인 피해자들의 사무에 속한다고 볼 수 없으므로, 피고인이 피해자들과의 사이에서 피해자들의 재산관리에 관한 사무를 처리하는 지위에 있다고 할 수 없다. 따라서 피고인이 피해자들 명의 예금계좌에 입금된 대출금을 임의로 인출하였다 하더라도 피해자들에 대한 관계에서 업무상배임죄가 성립한다고 할 수 없다. 그뿐 아니라, 공소외 은행 직원인 피고인이 피해자들 명의 예금계좌에 입금된 대출금을 권한 없이 인출한 이상 피해자들의 예금채권은 소멸하지 않고 그대로 존속하며 피해자들은 여전히 공소외 은행에 대하여 그 반환을 구할 수 있으므로(대법원 2010. 5. 27. 선고 2010다613 판결 등 참조), 피고인의 대출금 인출로 인하여 피해자들에게 재산상의 손해가 발생하였다고 할 수도 없다.

355②-Ⅲ-10. 배임죄의 성립요건 및 실행의 착수시기와 기수시기 [대법원 2017. 7. 20., 선고, 2014도1104, 전원합의체 판결]

【판시사항】

[1] 배임죄의 성립요건 및 실행의 착수시기와 기수시기

[2] 주식회사의 대표이사가 대표권을 남용하는 등 임무에 위배하여 약속어음 발행을 한 행위가 배임죄의 기수 또는 미수에 해당하는지 판단하는 기준

[3] 甲 주식회사 대표이사인 피고인이, 자신이 별도로 대표이사를 맡고 있던 乙 주식회사의 丙 은행에 대한 대출금채무를 담보하기 위해 丙 은행에 甲 회사 명의로 약속어음을 발행하여 줌으로써 丙 은행에 재산상 이익을 취득하게 하고 甲 회사에 손해를 가하였다고 하여 특정경제범죄 가중처벌 등에 관한 법률 위반(배임)으로 기소된 사안에서, 약속어음 발행행위가 배임죄의 기수에 이르렀음을 전제로 공소사실을 유죄로 판단한 원심판결에 배임죄의 재산상 손해 요건 및 기수시기 등에 관한 법리오해의 잘못이 있다.

【판결요지】

[1] 형법 제355조 제2항은 타인의 사무를 처리하는 자가 그 임무에 위배하는 행위로써 재산상 이익을 취득하거나 제3자로 하여금 이를 취득하게 하여 본인에게 손해를 가한 때에 배임죄가 성립한다고 규정하고 있고, 형법 제359조는 그 미수범은 처벌한다고 규정하고 있다. 이와 같이 형법은 타인의 사무를 처리하는 자가 그 임무에 위배하는 행위를 할 것과 그러한 행위로 인해 행위자나 제3자가 재산상 이익을 취득하여 본인에게 손해를 가할 것을 배임죄의 객관적 구성요건으로 정하고 있으므로, 타인의 사무를 처리하는 자가 배임의 범의로, 즉 임무에 위배하는 행위를 한다는 점과 이로 인하여 자기 또는 제3자가 이익을 취득하여 본인에게 손해를 가한다는 점에 대한 인식이나 의사를 가지고 임무에 위배한 행위를 개시한 때 배임죄의 **실행에 착수**한 것이고, 이러한 행위로 인하여 자기 또는 제3자가 이익을 취득하여 본인에게 손해를 가한 때 **기수**에 이른다.

[2] [다수의견]

(가) 배임죄로 기소된 형사사건의 재판실무에서 배임죄의 기수시기를 심리·판단하기란 쉽지 않다. 타인의 사무를 처리하는 자가 형식적으로는 본인을 위한 법률행위를 하는 외관을 갖추고 있지만 그러한 행위가 실질적으로는 배임죄에서의 임무위배행위에 해당하는 경우, 이러한 행위는 민사재판에서 반사회질서의 법률행위(민법 제103조 참조) 등에 해당한다는 사유로 무효로 판단될 가능성이 적지 않은데, 형사재판에서 배임죄의 성립 여부를 판단할 때에도 이러한 행위에 대한 민사법상의 평가가 경제적 관점에서 피해자의 재산 상태에 미치는 영향 등을 충분히 고려하여야 하기 때문이다. 결국 형사재판에서 배임죄의 객관적 구성요건요소인 손해 발생 또는 배임죄의 보호법익인 피해자의 재산상 이익의 침해 여부를 판단할 때에는 종래의 대법원판례를 기준으로 하되 구체적 사안별로 타인의 사무의 내용과 성질, 임무위배의 중대성 및 본인의 재산 상태에 미치는 영향 등을 종합하여 신중하게 판단하여야 한다.

(나) 주식회사의 대표이사가 대표권을 남용하는 등 그 임무에 위배하여 회사 명의로 의무를 부담하는 행위를 하더라도 일단 회사의 행위로서 유효하고, 다만 상대방이 대표이사의 진의를 알았거나 알 수 있었을 때에는 회사에 대하여 무효가 된다. 따라서 <u>상대방이 대표권남용 사실을 알았거나 알 수 있었던 경우 그 의무부담행위는 원칙적으로 회사에 대하여 효력이 없고, 경제적 관점에서 보아도 이러한 사실만으로는 회사에 현실적인 손해가 발생하였다거나 실해 발생의 위험이 초래되었다고 평가하기 어려우므로, 달리 그 의무부담행위로 인하여 실제로 채무의 이행이 이루어졌다거나 회사가 민법상 불법행위책임을 부담하게 되었다는 등의 사정이 없는 이상 배임죄의 기수에 이른 것은 아니다. 그러나 이 경우에도 대표이사로서는 배임의 범의로 임무위배행위를 함으로써 실행에 착수한 것이므로 배임죄의 미수범이 된다.</u>

<u>그리고 상대방이 대표권남용 사실을 알지 못하였다는 등의 사정이 있어 그 의무부담행위가 회사에 대하여 유효한 경우에는 회사의 채무가 발생하고 회사는 그 채무를 이행할 의무를 부담하므로, 이러한 채무의 발생은 그 자체로 현실적인 손해 또는 재산상 실해 발생의 위험이라고 할 것이어서 그 채무가 현실적으로 이행되기 전이라도 배임죄의 기수에 이르렀다고 보아야 한다.</u>

(다) 주식회사의 대표이사가 대표권을 남용하는 등 그 임무에 위배하여 약속어음 발행을 한 행위가 배임죄에 해당하는지도 원칙적으로 위에서 살펴본 의무부담행위와 마찬가지로 보아야 한다. 다만 약속어음 발행의 경우 어음법상 발행인은 종전의 소지인에 대한 인적 관계로 인한 항변으로써 소지인에게 대항하지 못하므로(어음법 제17조, 제77조), 어음발행이 무효라 하더라도 그 어음이 실제로 제3자에게 유통되었다면 회사로서는 어음채무를 부담할 위험이 구체적·현실적으로 발생하였다고 보아야 하고, 따라서 그 어음채무가 실제로 이행되기 전이라도 배임죄의 기수범이 된다. 그러나 약속어음 발행이 무효일 뿐만 아니라 그 어음이 유통되지도 않았다면 회사는 어음발행의 상대방에게 어음채무를 부담하지 않기 때문에 특별한 사정이 없는 한 회사에 현실적으로 손해가 발생하였다거나 실해 발생의 위험이 발생하였다고도 볼 수 없으므로, 이때에는 배임죄의 기수범이 아니라 배임미수죄로 처벌하여야 한다.

[3] 甲 주식회사 대표이사인 피고인이, 자신이 별도로 대표이사를 맡고 있던 乙 주식회사의 丙 은행에 대한 대출금채무를 담보하기 위해 丙 은행에 甲 회사 명의로 액면금 29억 9,000만 원의

약속어음을 발행하여 줌으로써 丙 은행에 재산상 이익을 취득하게 하고 甲 회사에 손해를 가하였다고 하여 특정경제범죄 가중처벌 등에 관한 법률 위반(배임)으로 기소된 사안에서, 피고인이 대표권을 남용하여 약속어음을 발행하였고 당시 상대방인 丙 은행이 그러한 사실을 알았거나 알 수 있었던 때에 해당하여 그 발행행위가 甲 회사에 대하여 효력이 없다면, 그로 인해 甲 회사가 실제로 약속어음금을 지급하였거나 민사상 손해배상책임 등을 부담하거나 약속어음이 실제로 제3자에게 유통되었다는 등의 특별한 사정이 없는 한 피고인의 약속어음 발행행위로 인해 甲 회사에 현실적인 손해나 재산상 실해 발생의 위험이 초래되었다고 볼 수 없는데도, 이에 대한 심리 없이 약속어음 발행행위가 배임죄의 기수에 이르렀음을 전제로 공소사실을 유죄로 판단한 원심판결에 배임죄의 재산상 손해 요건 및 기수시기 등에 관한 법리오해의 잘못이 있다.

---

1. 재산상 손해가 있었는지를 판단하는 기준 [대법원 2012. 12. 27., 선고, 2012도10822] ☞ 변경

【판시사항】

[1] 배임죄 구성요건 중 '재산상의 손해를 가한 때'의 의미 및 재산상 손해가 있었는지를 판단하는 기준

[2] 회사의 대표이사가 대표권을 남용하여 회사 명의의 약속어음을 발행한다는 사정을 상대방이 알았거나 중대한 과실로 알지 못하여 회사가 상대방에 대해 채무를 부담하지 아니하는 경우, 회사에 대하여 배임죄에서의 재산상 실해 발생의 위험이 초래되었다고 볼 수 있는지 여부(원칙적 적극)

【판결요지】

[1] 배임죄는 타인의 사무를 처리하는 자가 그 임무에 위배하는 행위로써 재산상 이익을 취득하거나 제3자로 하여금 이를 취득하게 하여 본인에게 손해를 가함으로써 성립하는 범죄로, 여기에서 '재산상의 손해를 가한 때'라 함은 현실적인 손해를 가한 경우뿐만 아니라 재산상 실해 발생의 위험을 초래한 경우도 포함되고, 재산상 손해의 유무에 대한 판단은 본인의 전 재산 상태와의 관계에서 법률적 판단에 의하지 아니하고 경제적 관점에서 파악하여야 하므로, 법률적 판단에 의하여 당해 배임행위가 무효라 하더라도 경제적 관점에서 파악하여 배임행위로 인하여 본인에게 현실적인 손해를 가하였거나 재산상 실해 발생의 위험을 초래한 경우에는 재산상의 손해를 가한 때에 해당되어 배임죄를 구성한다.

[2] 회사의 대표이사가 개인 채무를 담보하기 위하여 회사 명의의 약속어음을 발행하는 것은 대표권 남용행위이고, 만일 상대방이 그 사실을 알고 있었거나 중대한 과실로 알지 못하였다면 대표이사가 회사 명의의 약속어음을 발행한 것은 회사에 대하여 무효이므로 회사는 상대방에 대하여 어음금 채무를 지지 아니할 뿐만 아니라 위와 같은 사정하에서라면 회사는 상대방에 대하여 민법 제35조 제1항에 의한 손해배상책임 또는 민법 제756조 제1항에 의한 사용자책임도 지지 아니한다. 그러나 약속어음은 원칙적으로 배서에 의하여 양도할 수 있고(어음법 제11조 제1항, 제77조 제1항), 약속어음에 의하여 청구를 받은 자는 그 소지인이 채무자를 해할 것을 알고 어음을 취득한 경우가 아니라면 발행인 또는 종전의 소지인에 대한 인적 관계로 인한 항변으로써 소지인에게 대항하지 못하므로(어음법 제17조, 제77조 제1항), 대표이사가 대표권을 남용하여 회사 명의의 약속어음을 발행하였다면, 비록 상대방이 그 사실을 알고 있었거나 중대한 과실로 알지 못하여 회사가 상대방에 대하여는 채무를 부담하지 아니한다 하더라도 약속어음이 제3자에게 유통될 경우 회사가 소지인에 대하여 어음금 채무를 부담할 위험은 이미 발생하였다 할 것이므로, 그 약속어음이 제3자에

게 유통되지 아니한다는 특별한 사정이 없는 한 경제적 관점에서는 회사에 대하여 배임죄에서의 재산상 실해 발생의 위험이 초래되었다고 봄이 상당하다.

2. 회사의 대표이사가 대표권을 남용하여 회사 명의의 약속어음을 발행한 사실을 상대방이 알았거나 중대한 과실로 알지 못하여 회사가 상대방에 대해 채무를 부담하지 아니하는 경우(원칙적 적극) [대법원 2013. 2. 14., 선고, 2011도10302] ☞ 변경

【판시사항】

회사의 대표이사가 대표권을 남용하여 회사 명의의 약속어음을 발행한 사실을 상대방이 알았거나 중대한 과실로 알지 못하여 회사가 상대방에 대해 채무를 부담하지 아니하는 경우, 회사에 대하여 배임죄에서의 재산상 실해 발생의 위험이 초래되었다고 볼 수 있는지 여부(원칙적 적극) 및 약속어음이 제3자에게 유통되지 아니한다는 특별한 사정이 있는지 판단하는 기준

【판결요지】

회사의 대표이사가 대표권을 남용하여 회사 명의의 약속어음을 발행하였다면, 비록 상대방이 그 남용의 사실을 알았거나 중대한 과실로 알지 못하여 회사가 상대방에 대하여는 채무를 부담하지 아니한다 하더라도 약속어음이 제3자에게 유통될 경우 회사가 소지인에 대하여 어음금채무를 부담할 위험은 이미 발생하였다 할 것이므로, 그 약속어음이 제3자에게 유통되지 아니한다는 특별한 사정이 없는 한 경제적 관점에서는 회사에 대하여 배임죄에서의 재산상 실해 발생의 위험이 초래되었다고 봄이 상당하다. 여기에서 그 약속어음이 제3자에게 유통되지 아니한다는 특별한 사정이 있는지 여부는 어음의 발행인과 수취인 기타 관련자들의 관계 및 그들 사이의 종전 거래실제, 유통하지 아니한다는 확약이 있는지 여부 등 약속어음 발행 전후의 구체적 경위와 사정, 발행된 어음의 문면·형식·재질 기타 유통성에 영향을 주는 어음의 외형적 요소, 나아가 약속어음 외에 다른 담보가 제공되었는지 여부, 그 담보의 종류 또는 내용, 어음수취인 기타 관련자들의 권리 추급 기타 그 권리관계의 전개양상 등 여러 사정들을 종합적으로 고려하여 판단하여야 한다.

355②-Ⅲ-11. 배임죄 구성요건 중 '타인의 사무를 처리하는 자' [대법원 2017. 4. 26., 선고, 2017도2181]

【판시사항】

타인의 사무를 처리하는 자가 그 임무에 위배하는 행위로 재산상 이익을 취득하여 사무의 주체인 타인에게 손해를 입힌 경우에 배임죄가 성립한다(형법 제355조 제2항). 여기에서 '타인의 사무' 라 함은 타인의 재산관리에 관한 사무의 전부 또는 일부를 타인을 위하여 대행하는 경우와 타인의 재산보전행위에 협력하는 경우라야만 되고, 두 당사자 관계의 본질적 내용이 단순한 채권관계상의 의무를 넘어서 그들 간의 신임관계에 기초하여 타인의 재산을 보호·관리하는 데 있어야 한다(대법원 2011. 1. 20. 선고 2008도10479 전원합의체 판결, 대법원 2014. 2. 27. 선고 2011도3482 판결 등 참조). 그러나 그 사무의 처리가 오로지 타인의 이익을 보호·관리하는 것만을 내용으로 하여야 할 필요는 없고, 자신의 이익을 도모하는 성질도 아울러 가진다고 하더라도 타인을 위한 사무로서의 성질이 부수적·주변적인 의미를 넘어서 중요한 내용을 이루는 경우에는 '타인의 사무를 처리하는 자' 에 해당한다(대법원 2012. 5. 10. 선고 2010도3532 판결 참조).

1. 甲 주식회사와 가맹점 관리대행계약 등을 체결하고 그 대리점으로서 가맹점 관리업무 등을 수행하는 乙 주식회사 대표이사가 임무에 위배하여 甲 회사의 가맹점을 다른 경쟁업체 가맹점으로 임의로 전환하여 甲 회사에 재산상 손해를 가한 경우(적극) [대법원 2012. 5. 10., 선고, 2010도3532]

【판시사항】
甲 주식회사와 가맹점 관리대행계약 등을 체결하고 그 대리점으로서 가맹점 관리업무 등을 수행하는 乙 주식회사 대표이사인 피고인이, 임무에 위배하여 甲 회사의 가맹점을 다른 경쟁업체 가맹점으로 임의로 전환하여 甲 회사에 재산상 손해를 가하였다고 하여 업무상배임으로 기소된 사안에서, 피고인은 甲 회사의 가맹점 관리업무를 대행하는 '타인의 사무를 처리하는 자'의 지위에 있는데도, 이와 달리 보아 무죄를 선고한 원심판결에 법리오해의 위법이 있다.

【판결요지】
신용카드 정보통신부가사업회사[통상 '밴(VAN. value added network의 약어) 사업자'라고도 한다]인 甲 주식회사와 가맹점 관리대행계약, 대리점계약, 단말기 무상임대차계약, 판매장려금계약을 각 체결하고 甲 회사의 대리점으로서 카드단말기의 판매 및 설치, 가맹점 관리업무 등을 수행하는 乙 주식회사 대표이사인 피고인이, 그 임무에 위배하여 甲 회사의 기존 가입 가맹점을 甲 회사와 경쟁관계에 있는 다른 밴사업자 가맹점으로 임의로 전환하여 甲 회사에 재산상 손해를 가하였다고 하여 업무상배임으로 기소된 사안에서, 甲 회사가 보유하는 가맹점은 甲 회사의 수익과 직결되는 재산적 가치를 지니고 있어 피고인이 甲 회사를 대신하여 가맹점을 모집·유지 및 관리하는 것은 본래 甲 회사의 사무로서 피고인에 대한 인적 신임관계에 기하여 그 처리가 피고인에게 위탁된 것이고, 이는 단지 피고인 자신의 사무만에 그치지 아니하고 甲 회사의 재산적 이익을 보호 내지 관리하는 것을 본질적 내용으로 하며, 그 업무가 피고인 자신의 계약상 의무를 이행하고 甲 회사로부터 더 많은 수수료 이익을 취득하기 위한 피고인 자신의 사무의 성격을 일부 가지고 있다고 하여 달리 볼 것이 아니므로, 피고인은 甲 회사와 신임관계에 기하여 甲 회사의 가맹점 관리업무를 대행하는 '타인의 사무를 처리하는 자'의 지위에 있다고 할 것인데도, 이와 달리 보아 무죄를 선고한 원심판결에 배임죄에서 '타인의 사무를 처리하는 자'에 관한 법리오해의 위법이 있다.

355②-Ⅲ-12. 재산상 손해가 발생하였다고 평가될 수 있는 '재산상 실해 발생의 위험'의 의미 [대법원 2017. 2. 3., 선고, 2016도3674]

【판시사항】
[1] 배임죄에서 '재산상의 손해'의 의미와 판단 기준(=경제적 관점) 및 재산상 손해가 발생하였다고 평가될 수 있는 '재산상 실해 발생의 위험'의 의미
[2] 유치권자로부터 점유를 위탁받아 부동산을 점유하는 자가 부동산의 소유자로부터 인도소송을 당하여 재판상 자백을 한 경우, 재판상 자백이 손해 발생의 구체적·현실적인 위험을 초래하기에 이르렀는지 판단하는 기준

【판결요지】
[1] 배임죄에서 재산상의 손해에는 현실적인 손해가 발생한 경우뿐만 아니라 재산상 실해 발생의 위험을 초래한 경우도 포함되고, 재산상 손해의 유무에 대한 판단은 법률적 판단에 의하지 않고 경제적 관점에서 파악하여야 한다. 그런데 재산상 손해가 발생하였다고 평가될 수 있는 재산상 실해 발생의 위험이란 본인에게 손해가 발생할 막연한 위험이 있는 것만으로는 부족하고 경제

적인 관점에서 보아 본인에게 손해가 발생한 것과 같은 정도로 구체적인 위험이 있는 경우를 의미한다. 따라서 재산상 실해 발생의 위험은 구체적·현실적인 위험이 야기된 정도에 이르러야 하고 단지 막연한 가능성이 있다는 정도로는 부족하다.

 [2] 따라서 유치권자로부터 점유를 위탁받아 부동산을 점유하는 자가 부동산의 소유자로부터 인도소송을 당하여 재판상 자백을 한 경우, 그러한 재판상 자백이 손해 발생의 구체적·현실적인 위험을 초래하기에 이르렀는지를 판단할 때에는 재판상 자백이 인도소송 및 유치권의 존속·성립에 어떠한 영향을 미치는지, 소유자가 재판상 자백에 의한 판결에 기초하여 유치권자 등을 상대로 인도집행을 할 수 있는지, 유치권자가 그 집행을 배제할 방법이 있는지 등 여러 사정을 종합하여 신중하게 판단하여야 한다.

---

1. 타인에 대한 채무 담보로 제3채무자에 대한 채권에 권리질권을 설정하고, 질권설정자가 제3채무자에게 질권설정의 사실을 통지하여 제3채무자가 승낙한 상태에서, 질권설정자가 질권자의 동의 없이 제3채무자에게서 질권 목적인 채권 변제를 받은 경우(소극) [대법원 2016. 4. 29., 선고, 2015도5665]

【판시사항】

타인에 대한 채무의 담보로 제3채무자에 대한 채권에 대하여 권리질권을 설정하고, 질권설정자가 제3채무자에게 질권설정의 사실을 통지하거나 제3채무자가 이를 승낙한 상태에서, 질권설정자가 질권자의 동의 없이 제3채무자에게서 질권의 목적인 채권의 변제를 받은 경우, 질권자에 대한 관계에서 배임죄가 성립하는지 여부(소극)

【판결요지】

타인에 대한 채무의 담보로 제3채무자에 대한 채권에 대하여 권리질권을 설정한 경우 질권설정자는 질권자의 동의 없이 질권의 목적된 권리를 소멸하게 하거나 질권자의 이익을 해하는 변경을 할 수 없다(민법 제352조). 또한 질권설정자가 제3채무자에게 질권설정의 사실을 통지하거나 제3채무자가 이를 승낙한 때에는 제3채무자가 질권자의 동의 없이 질권의 목적인 채무를 변제하더라도 이로써 질권자에게 대항할 수 없고, 질권자는 여전히 제3채무자에 대하여 직접 채무의 변제를 청구하거나 변제할 금액의 공탁을 청구할 수 있다(민법 제353조 제2항, 제3항). 그러므로 이러한 경우 질권설정자가 질권의 목적인 채권의 변제를 받았다고 하여 질권자에 대한 관계에서 타인의 사무를 처리하는 자로서 임무에 위배하는 행위를 하여 질권자에게 손해를 가하거나 손해 발생의 위험을 초래하였다고 할 수 없고, 배임죄가 성립하지도 않는다.

355②-Ⅲ-13. 전환사채 발행 업무상배임 사건 [대법원 2015. 12. 10., 선고, 2012도235]

【판시사항】

 실질적으로 전환사채 인수대금이 납입되지 않았음에도 전환사채를 발행한 경우, 전환사채 발행 업무를 담당하는 사람이 업무상배임죄의 죄책을 지는지 여부(원칙적 적극) / 이때 전환사채 인수인이 전환사채를 처분하여 대금 중 일부를 회사에 입금하였거나 전환사채를 주식으로 전환하였다는 사후적인 사정이 이미 성립된 업무상배임죄에 영향을 주는지 여부(소극)

【판결요지】

 전환사채는 발행 당시에는 사채의 성질을 갖는 것으로서 사채권자가 전환권을 행사한 때에 비로소 주식으로 전환된다. 전환사채의 발행업무를 담당하는 사람과 전환사채 인수인이 사전 공모하여 제 3자에게서 전환사채 인수대금에 해당하는 금액을 차용하여 전환사채 인수대금을 납입하고 전환사 채 발행절차를 마친 직후 인출하여 차용금채무의 변제에 사용하는 등 실질적으로 전환사채 인수대 금이 납입되지 않았음에도 전환사채를 발행한 경우에, 전환사채의 발행이 주식 발행의 목적을 달 성하기 위한 수단으로 이루어졌고 실제로 목적대로 곧 전환권이 행사되어 주식이 발행됨에 따라 실질적으로 신주인수대금의 납입을 가장하는 편법에 불과하다고 평가될 수 있는 등의 특별한 사정 이 없는 한, 전환사채의 발행업무를 담당하는 사람은 회사에 대하여 전환사채 인수대금이 모두 납 입되어 실질적으로 회사에 귀속되도록 조치할 업무상의 임무를 위반하여, 전환사채 인수인이 인수 대금을 납입하지 않고서도 전환사채를 취득하게 하여 인수대금 상당의 이득을 얻게 하고, 회사가 사채상환의무를 부담하면서도 그에 상응하여 취득하여야 할 인수대금 상당의 금전을 취득하지 못 하게 하여 같은 금액 상당의 손해를 입게 하였으므로, 업무상배임죄의 죄책을 진다. 그리고 그 후 전환사채의 인수인이 전환사채를 처분하여 대금 중 일부를 회사에 입금하였거나 또는 사채로 보유 하는 이익과 주식으로 전환할 경우의 이익을 비교하여 전환권을 행사함으로써 전환사채를 주식으 로 전환하였더라도, 이러한 사후적인 사정은 이미 성립된 업무상배임죄에 영향을 주지 못한다.

355②-Ⅲ-14. 사무처리에 대하여 본인 동의가 있는 때 임무위배행위라고 할 수 있는지 여부(소극) [대법원 2015. 6. 11., 선고, 2012도1352]

【판시사항】

배임죄에서 '임무에 위배하는 행위'는 처리하는 사무의 내용, 성질 등에 비추어 법령의 규정, 계약의 내용 또는 신의칙상 당연히 하여야 할 것으로 기대되는 행위를 하지 않거나 당연히 하지 않아야 할 것으로 기대되는 행위를 함으로써 본인과의 신임관계를 저버리는 행위를 말하는 것으 로서(대법원 2003. 1. 10. 선고 2002도758 판결 등 참조), 그러한 사무처리에 대하여 본인의 동 의가 있는 때에는 임무에 위배하는 행위라고 할 수 없다.

---

1. 배임행위가 재산처분에 관한 결정권을 가진 학교법인 이사회의 결의를 받아 한 경우(소극) [대법원 2003. 1. 10., 선고, 2002도758]

【판시사항】

[1] 배임행위가 재산처분에 관한 결정권을 가진 학교법인 이사회의 결의를 받아서 한 것일 경우, 위법 성이 조각되는지 여부(소극)

[2] 학교법인이 운영하는 대학교의 총장에게 학교법인의 재산에 관한 사무를 처리하는 자의 지위를 인정한 사례

【판결요지】

[1] 명예총장에의 추대 및 활동비 내지 전용 운전사의 제공이 '임무에 위배하는 행위'에 해당하는 이상, 헌법 제31조 제4항에 따라 대학의 자치가 인정되고 그 내용에 인사에 관한 자치 내지 자주결정권, 재정에 관한 자주결정권이 포함되며 그러한 결정권을 가진 학교법인 이사회의 결의가 있었다고 하여 정당화할 수도 없다.

> [2] 대학교 총장으로 대학교 업무 전반을 총괄함과 동시에 학교법인의 이사로서 학교법인 이사회에 상당한 영향력을 행사하고 있는 자가 학교법인의 이사로서 이사회에 참석하여 명예총장에 추대하는 결의에 찬성하고, 이사회의 결의에 따라 대학교의 총장으로서 대학교의 교비로써 명예총장의 활동비 및 전용 운전사의 급여를 지급한 경우, 업무상배임죄의 주체가 될 수 있다.

355②-Ⅲ-15. 차입매수 또는 LBO(Leveraged Buy-Out의 약어) 방식의 기업인수를 주도한 관련자들에게 배임죄 성립 판단 기준 [대법원 2015. 3. 12, 선고, 2012도9148]

【판시사항】

[1] 차입매수 또는 LBO(Leveraged Buy-Out의 약어) 방식의 기업인수를 주도한 관련자들에게 배임죄가 성립하는지 판단하는 기준

[2] 경영상의 판단과 관련하여 기업 경영자에게 배임의 고의가 있었는지 판단하는 방법

【이 유】

[1] 이른바 차입매수 또는 LBO(Leveraged Buy-Out의 약어이다)란 일의적인 법적 개념이 아니라 일반적으로 기업인수를 위한 자금의 상당 부분에 관하여 피인수회사의 자산을 담보로 제공하거나 그 상당 부분을 피인수기업의 자산으로 변제하기로 하여 차입한 자금으로 충당하는 방식의 기업인수 기법을 일괄하여 부르는 경영학상의 용어로, 거래현실에서 그 구체적인 태양은 매우 다양하다. 이러한 차입매수에 관하여는 이를 따로 규율하는 법률이 없는 이상 일률적으로 차입매수방식에 의한 기업인수를 주도한 관련자들에게 배임죄가 성립한다거나 성립하지 아니한다고 단정할 수 없는 것이고, 배임죄의 성립 여부는 차입매수가 이루어지는 과정에서의 행위가 배임죄의 구성요건에 해당하는지 여부에 따라 개별적으로 판단되어야 한다(대법원 2010. 4. 15. 선고 2009도6634 판결, 대법원 2011. 12. 22. 선고 2010도1544 판결 등 참조).

[2] 그리고 경영상의 판단과 관련하여 기업의 경영자에게 배임의 고의가 있었는지 여부를 판단함에 있어서도 일반적인 업무상배임죄에 있어서 고의의 입증 방법과 마찬가지의 법리가 적용되어야 함은 물론이지만, 기업의 경영에는 원천적으로 위험이 내재하여 있어서 경영자가 아무런 개인적인 이익을 취할 의도 없이 선의에 기하여 가능한 범위 내에서 수집된 정보를 바탕으로 기업의 이익에 합치된다는 믿음을 가지고 신중하게 결정을 내렸다 하더라도 그 예측이 빗나가 기업에 손해가 발생하는 경우가 있을 수 있는바, 이러한 경우에까지 고의에 관한 해석기준을 완화하여 업무상배임죄의 형사책임을 묻고자 한다면 이는 죄형법정주의의 원칙에 위배되는 것임은 물론이고 정책적인 차원에서 볼 때에도 영업이익의 원천인 기업가 정신을 위축시키는 결과를 낳게 되어 당해 기업뿐만 아니라 사회적으로도 큰 손실이 될 것이므로, 현행 형법상의 배임죄가 위태범이라는 법리를 부인할 수 없다 할지라도, <u>문제된 경영상의 판단에 이르게 된 경위와 동기, 판단대상인 사업의 내용, 기업이 처한 경제적 상황, 손실발생의 개연성과 이익획득의 개연성 등 제반 사정에 비추어 자기 또는 제3자가 재산상 이익을 취득한다는 인식과 본인에게 손해를 가한다는 인식(미필적 인식을 포함)하의 의도적 행위임이 인정되는 경우에 한하여 배임죄의 고의를 인정하는 엄격한 해석기준은 유지되어야 할 것이고,</u> 그러한 인식이 없는데 단순히 본인에게 손해가 발생하였다

는 결과만으로 책임을 묻거나 주의의무를 소홀히 한 과실이 있다는 이유로 책임을 물을 수는 없다(대법원 2004. 7. 22. 선고 2002도4229 판결 참조).

355②-Ⅲ-16. 회사의 대표이사가 채무변제능력 상실이 아닌 '채무초과 상태' 에 있는 타인에게 회사자금을 대여하거나 타인의 채무를 회사 이름으로 연대보증하거나 또는 타인의 채무를 위하여 회사 재산을 담보로 제공한 경우(소극) [대법원 2014. 11. 27., 선고, 2013도2858]

【판시사항】

회사의 대표이사가 타인에게 회사의 자금을 대여하거나 타인의 채무를 회사 이름으로 연대보증하거나 또는 타인의 채무를 위하여 회사의 재산을 담보로 제공함에 있어 그 타인이 이미 채무변제능력을 상실한 관계로 그에게 자금을 대여하거나 그를 위하여 연대보증을 하거나 또는 담보를 제공할 경우에 회사에 손해가 발생할 것이라는 점을 알면서도 이에 나아갔다면 이러한 행위들은 회사에 대한 배임행위가 된다고 할 것이나, 그 타인이 채무초과 상태에 있더라도 그러한 이유만으로는 자금대여나 연대보증 또는 담보제공이 곧 회사에 대하여 배임행위가 된다고 단정할 수 없다(대법원 2004. 6. 24. 선고 2004도520 판결 등 참조).

---

1. 주식의 실질가치가 영(零)인 회사가 발행하는 신주를 액면가격으로 인수하는 경우, 손해액의 범위 [대법원 2004. 6. 24., 선고, 2004도520]

【판시사항】

[1] 주식의 실질가치가 영(零)인 회사가 발행하는 신주를 액면가격으로 인수하는 경우, 손해액의 범위

[2] 회사의 대표이사가 채무변제능력의 상실이 아닌 단순히 채무초과 상태에 있는 타인의 채무를 회사 이름으로 지급보증 또는 연대보증을 하는 경우, 회사에 대한 배임행위가 되는지 여부(소극)

【판결요지】

[1] 주식의 실질가치가 영(零)인 회사가 발행하는 신주를 액면가격으로 인수하는 경우에 그로 인한 손해액은 그 **신주 인수대금 전액** 상당으로 보아야 한다.

[2] 회사의 대표이사가 타인의 채무를 회사 이름으로 지급보증 또는 연대보증함에 있어 그 타인이 만성적인 적자로 손실액이나 채무액이 누적되어 가고 있는 등 재무구조가 상당히 불량하여 이미 채무변제능력을 상실한 관계로 그를 위하여 지급보증 또는 연대보증을 할 경우에 회사에 손해가 발생할 것이라는 점을 알면서도 이에 나아갔다면 그러한 지급보증 또는 연대보증은 회사에 대하여 배임행위가 된다고 할 것이나, 그 타인이 단순히 채무초과 상태에 있다는 이유만으로는 그러한 지급보증 또는 연대보증이 곧 회사에 대하여 배임행위가 된다고 단정할 수 없다.

355②-Ⅲ-17. 보증인이 변제자력이 없는 피보증인에게 신규자금을 제공하거나 신규자금 차용에 관한 담보를 제공하면서 이미 보증한 채무의 변제에 사용되도록 한 경우(소극) [대법원 2014. 7. 10., 선고, 2013도10516]

【판시사항】

[1] 보증인이 변제자력이 없는 피보증인에게 신규자금을 제공하거나 신규자금 차용에 관한 담보를 제공하면서 이미 보증한 채무의 변제에 사용되도록 한 경우, 새로이 손해 발생의 위험을 초래

한 것인지 여부(소극)

[2] 회사의 이사 등이 계열회사에 회사자금을 대여하면서 상당하고도 합리적인 채권회수조치를 취하지 아니한 경우, 배임죄가 성립하는지 여부(적극)

[3] 회사의 임원 등이 임무에 위배하여 회사에 손해를 가한 경우, 임무위배행위에 대해 사실상 대주주의 양해를 얻었다거나 이사회의 결의가 있었다는 사유만으로 배임죄의 죄책을 면할 수 있는지 여부(소극)

【이 유】

회사의 이사 등이 타인에게 회사자금을 대여할 때에 그 타인이 이미 채무변제능력을 상실하여 그에게 자금을 대여할 경우 회사에 손해가 발생하리라는 정을 충분히 알면서 이에 나아갔거나, 충분한 담보를 제공받는 등 상당하고도 합리적인 채권회수조치를 취하지 아니한 채 만연히 대여해 주었다면, 그와 같은 자금대여는 타인에게 이익을 얻게 하고 회사에 손해를 가하는 행위로서 회사에 대하여 배임행위가 되고, 회사의 이사 등은 단순히 그것이 경영상의 판단이라는 이유만으로 배임죄의 죄책을 면할 수는 없으며, 이러한 이치는 그 타인이 자금지원 회사의 계열회사라 하여 달라지지 않는다(대법원 2009. 7. 23. 선고 2007도541 판결 등 참조). 회사의 임원 등이 그 임무에 위배되는 행위로 재산상 이익을 취득하거나 제3자로 하여금 이를 취득하게 하여 회사에 손해를 가한 때에는 이로써 배임죄가 성립하고, 그 임무위배행위에 대하여 사실상 대주주의 양해를 얻었다거나, 이사회의 결의가 있었다고 하여 배임죄의 성립에 어떠한 영향이 있는 것이 아니다(대법원 2000. 11. 24. 선고 99도822 판결 등 참조).

1. 주식회사 이사가 타인 발행 약속어음에 회사 명의로 배서함에 있어 그 타인이 어음금의 지급능력이 없어 배서로 인하여 회사 손해가 발생하리라는 점을 알고 있었던 경우(소극) [대법원 2000. 5. 26., 선고, 99도2781]

【판시사항】

[1] 주식회사의 이사가 타인 발행의 약속어음에 회사 명의로 배서함에 있어 그 타인이 어음금의 지급능력이 없어 그 배서로 인하여 회사에 손해가 발생하리라는 점을 알고 있었던 경우, 그 배서가 경영상의 판단에 따른 것이라는 이유만으로 배임죄의 죄책을 면할 수 있는지 여부(소극)

[2] 주식회사의 임원이 그 임무위배행위에 대하여 사실상 대주주의 양해를 얻었다는 사유만으로 배임죄의 죄책을 면할 수 있는지 여부(소극)

[3] 주식회사의 이사가 임무에 위배하여 주주 또는 회사 채권자에게 손해가 될 행위를 한 경우, 그 행위에 대하여 이사회의 결의가 있었다는 이유만으로 배임죄의 죄책을 면할 수 있는지 여부(소극)

【판결요지】

[1] 주식회사의 이사가 타인 발행의 약속어음에 회사 명의로 배서할 경우 그 타인이 어음금의 지급능력이 없어 그 배서로 인하여 회사에 손해가 발생하리라는 점을 알면서 이에 나아갔다면, 이러한 약속어음의 배서행위는 타인에게 이익을 얻게 하고 회사에 손해를 가하는 행위로서 회사에 대하여 배임행위가 되고, 그것이 경영상의 판단이라는 이유만으로 배임죄의 죄책을 면할 수는 없다.

[2] 주식회사와 주주는 별개의 인격으로서 동일인이라고 볼 수 없으므로, 회사의 임원이 그 임무에 위배되는 행위로 재산상 이익을 취득하거나 제3자로 하여금 이를 취득하게 하여 회사에 손해를 가한 때에는 이로써 배임죄가 성립하고, 그 임무위배행위에 대하여 사실상 대주주의 양해를 얻었다고 하여 본인인 회사에 손해가 없다거나 또는 배임의 범의가 없다고도 볼 수 없다.

[3] 주식회사의 경영을 책임지는 이사는 이사회의 결의가 있더라도 그 결의 내용이 주주 또는 회사 채권자를 해하는 불법한 목적이 있는 경우에는 이에 맹종할 것이 아니라 회사를 위하여 성실한 직무수행을 할 의무가 있으므로, 이사가 임무에 위배하여 주주 또는 회사 채권자에게 손해가 될 행위를 하였다면, 회사 이사회의 결의가 있었다고 하여 그 배임행위가 정당화될 수 없다.

2. 회사의 임원이 임무위배행위에 대하여 대주주의 양해를 얻었다거나 이사회의 결의가 있었다는 사유만으로 배임죄의 죄책을 면할 수 있는지 여부(소극) 대법원 2000. 11. 24., 선고, 99도822]

【판시사항】

회사의 임원이 그 임무위배행위에 대하여 사실상 대주주의 양해를 얻었다거나 이사회의 결의가 있었다는 사유만으로 배임죄의 죄책을 면할 수 있는지 여부(소극) 및 배임죄에 있어 재산상 손해 유무에 대한 판단 기준

【판결요지】

회사의 임원이 그 임무에 위배되는 행위로 재산상 이익을 취득하거나 제3자로 하여금 이를 취득하게 하여 회사에 손해를 가한 때에는 이로써 배임죄가 성립하고, 그 임무위배행위에 대하여 사실상 대주주의 양해를 얻었다거나, 이사회의 결의가 있었다고 하여 배임죄의 성립에 어떠한 영향이 있는 것이 아니며, 배임죄에 있어서 재산상 손해의 유무에 대한 판단은 본인의 전 재산 상태와의 관계에서 경제적 관점에 따라 판단되어야 하므로 법률적 판단에 의하여 당해 배임행위가 무효라 하더라도 경제적 관점에서 파악하여 본인에게 현실적인 손해를 가하였거나 재산상 실해 발생의 위험을 초래한 경우에는 재산상의 손해를 가한 때에 해당하여 배임죄를 구성한다.

355②-Ⅲ-18. 거래상대방의 대향적 행위 존재를 필요로 하는 유형의 배임죄에서 거래상대방을 배임의 실행행위자와 공동정범으로 인정하기 위한 요건 대법원 2013. 7. 11., 선고, 2011도5337]

【판시사항】

거래상대방의 대향적 행위의 존재를 필요로 하는 유형의 배임죄의 경우에, 거래상대방으로서는 기본적으로 배임행위의 실행행위자와는 별개의 이해관계를 가지고 반대편에서 독자적으로 거래에 임한다는 점을 감안할 때, 거래상대방을 배임의 실행행위자와 공동정범으로 인정하기 위해서는 거래상대방이 실행행위자의 행위가 피해자 본인에 대한 배임행위에 해당한다는 것을 알면서도 소극적으로 그 배임행위에 편승하여 이익을 취득한 것만으로는 부족하고, 실행행위자의 배임행위를 교사하거나 또는 배임행위의 전 과정에 관여하는 등으로 배임행위에 적극 가담할 것을 필요로 한다(대법원 2006. 10. 26. 선고 2006도5147 판결 등 참조).

355②-Ⅲ-19. 최초 배임행위가 법률적 관점에서 무효라도 그 후 계속적으로 배임행위에 관여하여 본인에게 현실적인 손해를 가한 경우(적극) 대법원 2013. 4. 11., 선고, 2012도15890]

【판시사항】

[1] 배임죄의 구성요건 중 '재산상의 손해를 가한 때'의 의미와 판단 기준 및 최초 배임행위가 법률적 관점에서 무효라도 그 후 계속적으로 배임행위에 관여하여 본인에게 현실적인 손해를 가한 경우에도 동일한 법리가 적용되는지 여부(적극)

[2] 피고인 甲이 피고인 乙의 자금 지원 등을 통해 丙 주식회사를 인수한 다음 피고인 乙의 요구에 따라 丙 회사로 하여금 별다른 반대급부도 받지 않고 丁 주식회사의 피고인 乙에 대한 채무를 연대보증하도록 하였는데, 피고인 甲은 그 후 위 연대보증에 기초하여 강제집행을 할 때 丙 회사가 아무런 이의를 제기하지 않기로 하는 약정을 피고인 乙과 체결하여 丙 회사에 손해를 입게 한 사안에서, 피고인들이 배임행위의 무효 여부와는 관계없이 배임죄의 죄책을 진다.

【판결요지】

[1] 배임죄는 타인의 사무를 처리하는 자가 그 임무에 위배하는 행위로써 재산상 이익을 취득하거나 제3자로 하여금 이를 취득하게 하여 본인에게 손해를 가함으로써 성립하는 범죄로서, 여기에서 '재산상의 손해를 가한 때'에는 현실적인 손해를 가한 경우뿐만 아니라 재산상 실해 발생의 위험을 초래한 경우도 포함된다. 재산상 손해의 유무에 대한 판단은 본인의 전 재산 상태와의 관계에서 법률적 판단에 의하지 아니하고 경제적 관점에서 파악하여야 하므로, 법률적 판단에 의하여 당해 배임행위가 무효라 하더라도 경제적 관점에서 파악하여 배임행위로 인하여 본인에게 현실적인 손해를 가하였거나 재산상 실해 발생의 위험을 초래한 경우에는 재산상의 손해를 가한 때에 해당되어 배임죄를 구성한다. 이러한 법리는 최초 배임행위가 법률적 관점에서 무효라고 하더라도 그 후 타인의 사무를 처리하는 자가 계속적으로 배임행위에 관여하여 본인에게 현실적인 손해를 가한 경우에도 마찬가지이다.

[2] 피고인 甲이 피고인 乙의 자금 지원 등을 통해 丙 주식회사를 인수한 다음 피고인 乙의 적극적인 요구에 따라 丙 회사로 하여금 별다른 반대급부도 받지 않고 丁 주식회사의 피고인 乙에 대한 금전채무와 그 담보 목적으로 丁 회사가 발행한 약속어음채무를 연대보증하도록 하였는데, 피고인 甲은 그 후 피고인 乙이 위 연대보증에 기초하여 강제집행을 할 때 丙 회사가 아무런 이의를 제기하지 않기로 하는 약정(이하 '이의부제기약정'이라 한다)을 피고인 乙과 체결하여 피고인 乙이 丙 회사로부터 약속어음금을 추심하도록 함으로써 丙 회사에 손해를 입게 한 사안에서, 피고인 甲이 丙 회사의 대표이사로서 회사 재산을 성실히 관리하고 보전해야 할 업무상 임무가 있는데도 채권자인 피고인 乙의 요구를 거절하지 못하고 별다른 반대급부도 받지 않은 채 연대보증 및 이의부제기약정 등을 함으로써 피고인 乙에게 약속어음금 상당의 재산상 이익을 취득하게 하고 丙 회사에 손해를 입게 한 것은 배임행위에 해당하고, 피고인 乙도 피고인 甲의 배임행위 전 과정에 적극적으로 가담한 이상 배임죄의 공동정범에 해당하며, 위 배임행위는 대표권남용에 의한 연대보증의 채무부담행위뿐만 아니라 나아가 강제집행 과정에서 이의부제기약정의 체결을 통하여 피고인 乙이 약속어음금을 추심하도록 함으로써 직접적으로 丙 회사가 추심금 상당의 현실적인 손해를 입게 된 일련의 행위를 모두 포함하는 것으로서, 피고인들의 위와 같은 배임행위가 직접적인 원인이 되어 丙 회사가 현실적인 손해를 입은 이상 배임행위의 무효 여부와는

관계없이 배임죄의 죄책을 진다고 본 원심판단을 수긍한 사례.

355②-Ⅲ-20. 주주총회결의에서 자신이 대표이사로 선임된 것으로 총회의사록을 위조한 자가 회사를 대표하여 대물변제 행위를 한 경우(원칙적 소극) 대법원 2013. 3. 28., 선고, 2010도7439]

【판시사항】

배임죄는 임무에 위배하는 행위로 인한 현실적인 손해의 발생이나 재산상 실해발생의 위험을 요건으로 하므로 그러한 손해발생의 위험이 초래되지 아니한 경우에는 배임죄가 성립하지 아니한다(대법원 2010. 9. 30. 선고 2010도6490 판결 참조). 또한 <u>주식회사의 주주총회결의에서 자신이 대표이사로 선임된 것으로 주주총회의사록 등을 위조한 자가 회사를 대표하여 한 대물변제 등의 행위는 법률상 효력이 없어 그로 인하여 회사에 어떠한 손해가 발생한다고 할 수 없으므로, 그 행위로 인하여 회사가 상법 제395조의 표현대표이사책임을 부담하는 등의 특별한 사정이 없는 한 그 대표이사를 사칭한 자의 행위는 배임죄를 구성하지 아니한다.</u>

---

1. 법인 대표자 또는 피용자가 그 법인 명의로 한 채무부담행위가 관련 법령에 위배되어 무효인 경우(원칙적 소극) 대법원 2010. 9. 30., 선고, 2010도6490]

【판시사항】

법인의 대표자 또는 피용자가 그 법인 명의로 한 채무부담행위가 관련 법령에 위배되어 무효인 경우, 위 법인에 대한 배임죄를 구성하는지 여부(원칙적 소극)

【판결요지】

법인의 대표자 또는 피용자가 그 법인 명의로 한 채무부담행위가 관련 법령에 위배되어 법률상 효력이 없는 경우에는 그로 인하여 법인에게 어떠한 손해가 발생한다고 할 수 없으므로, 그 행위로 인하여 법인이 민법상 사용자책임 또는 법인의 불법행위책임을 부담하는 등의 특별한 사정이 없는 한 그 대표자 또는 피용자의 행위는 배임죄를 구성하지 아니한다.

---

2. 주식회사 대표이사 등이 개인적 이익을 위하여 대표권을 행사하고 상대방이 그 진의를 알았거나 알 수 있었을 경우 그 행위의 회사에 대한 효력(=무효) 대법원 2012. 5. 24., 선고, 2012도2142]

【판시사항】

[1] 법인의 대표자가 법인 명의로 한 채무부담행위가 법률상 무효인 경우 법인에 대한 배임죄를 구성하는지 여부(원칙적 소극) 및 주식회사의 대표이사 등이 개인적 이익을 위하여 대표권을 행사하고 상대방이 그 진의를 알았거나 알 수 있었을 경우 그 행위의 회사에 대한 효력(=무효)

[2] 주식회사 대표이사인 피고인이 자신의 채권자들에게 회사 명의의 금전소비대차 공정증서 등을 작성해 주었다고 하여 구 특정경제범죄 가중처벌 등에 관한 법률 위반(배임) 등으로 기소된 사안에서, 피고인의 행위는 대표권 남용으로서 상대방들도 이를 알았거나 알 수 있었으므로 무효이고, 그로 인하여 회사에 재산상 손해가 발생하였다거나 재산상 실해발생의 위험이 초래되었다고 볼 수 없다는 이유로 무죄를 선고한 원심판단을 정당하다.

【판결요지】

[1] 배임죄에서 '재산상 손해를 가한 때'에는 현실적인 손해를 가한 경우뿐만 아니라 재산상 실해발생의 위험을 초래한 경우도 포함되나, 그러한 손해발생의 위험조차 초래되지 아니한 경우에는 배임죄가 성립하지 아니한다. 이에 따라 법인의 대표자가 법인 명의로 한 채무부담행위가 법률상 효력이 없는 경우에는 특별한 사정이 없는 한 그로 인하여 법인에 어떠한 손해가 발생하거나 발생할 위험이 있다고 할 수 없으므로 그 대표자의 행위는 배임죄를 구성하지 아니하며, 주식회사의 대표이사 등이 회사의 이익을 위해서가 아니라 자기 또는 제3자의 이익을 도모할 목적으로 대표권을 행사한 경우에 상대방이 대표이사 등의 진의를 알았거나 알 수 있었을 때에는 그 행위는 회사에 대하여 무효가 되므로 위와 같이 보아야 한다.

[2] 甲 주식회사 대표이사인 피고인이 자신의 채권자들에게 甲 회사 명의의 금전소비대차 공정증서와 약속어음 공정증서를 작성해 줌으로써 甲 회사에 재산상 손해를 가하였다고 하여 구 특정경제범죄 가중처벌 등에 관한 법률(2012. 2. 10. 법률 제11304호로 개정되기 전의 것) 위반(배임) 등으로 기소된 사안에서, 피고인의 행위는 대표권을 남용한 행위로서 상대방들도 피고인이 甲 회사의 이익과 관계없이 자기 또는 제3자의 이익을 도모할 목적으로 공정증서를 작성해 준다는 것을 알았거나 충분히 알 수 있었으므로 모두 무효이고, 그로 인하여 甲 회사에 재산상 손해가 발생하였다거나 재산상 실해발생의 위험이 초래되었다고 볼 수 없다는 이유로 무죄를 선고한 원심판단을 정당하다.

355②-III-21. 불법행위로 인해 근저당권이 소멸된 경우 근저당권자가 입은 재산상 손해액 및 근저당권 이외 담보권의 경우에도 동일한 법리가 적용되는지 여부(적극) 대법원 2013. 1. 24., 선고, 2012도10629]

【판결요지】

타인의 불법행위로 인하여 근저당권이 소멸된 경우 근저당권자로서는 근저당권이 소멸하지 아니하였더라면 그 실행으로 피담보채무의 변제를 받았을 것임에도 불구하고 근저당권의 소멸로 말미암아 이러한 변제를 받게 되는 권능을 상실하게 되는 것이므로, 그 근저당권의 소멸로 인하여 근저당권자가 입게 되는 손해는 근저당 목적물인 부동산의 가액 범위 내에서 채권최고액을 한도로 하는 피담보채권액이라고 할 것이며, 이와 같은 법리는 근저당권 외에 다른 담보권의 경우에도 마찬가지로 적용된다.

355②-III-22. 대표이사가 자신의 채권자에게 차용금에 대한 담보로 회사명의 정기예금에 질권을 설정하여 준 후 채권자가 대표이사 동의하에 해당 자금을 전액 인출한 경우, 인출동의행위는 질권설정이라는 배임행위의 불가벌적 사후행위인지, 별도로 횡령죄까지 성립하는지 여부 [대법원 2012. 11. 29., 선고, 2012도10980

【판결요지】

甲 주식회사 대표이사인 피고인이 자신의 채권자 乙에게 차용금에 대한 담보로 甲 회사 명의 정기예금에 질권을 설정하여 주었는데, 그 후 乙이 차용금과 정기예금의 변제기가 모두 도래한 이후 피고인의 동의하에 정기예금 계좌에 입금되어 있던 甲 회사 자금을 전액 인출하였다고 하여 구 특정경제범죄 가중처벌 등에 관한 법률(2012. 2. 10. 법률 제11304호로 개정되기 전의 것) 위반으로 기소된 사안에서, 민법 제353조에 의하면 질권자는 질권의 목적이 된 채권을 직접 청구할 수 있으므

로, 피고인의 예금인출동의행위는 이미 배임행위로써 이루어진 질권설정행위의 사후조처에 불과하여 새로운 법익의 침해를 수반하지 않는 이른바 불가벌적 사후행위에 해당하고, 별도의 횡령죄를 구성하지 않는데도, 이와 달리 피고인에 대하여 질권설정으로 인한 배임죄와 별도로 예금인출로 인한 횡령죄까지 성립한다고 본 원심판결에 불가벌적 사후행위에 관한 법리오해의 위법이 있다.

355②-Ⅲ-23. 甲주식회사 대표이사인 피고인이 乙주식회사 대표이사 丙과 포괄적 주식교환계약을 체결하면서 甲회사의 매출액을 부풀려 허위 계상한 회계자료를 평가기관에 제공하는 방법으로 甲회사의 주식가치가 과대평가되도록 하여 주식교환비율을 정한 다음 乙회사의 대표이사로 취임한 후 위 계약에 따라 주식교환을 실시함으로써 乙회사에 손해를 가한 경우(적극) [대법원 2012. 11. 15., 선고, 2010도11382]

【판시사항】

甲 주식회사 대표이사인 피고인이 乙 주식회사 대표이사 丙과 포괄적 주식교환계약을 체결하면서 甲 회사의 매출액을 부풀려 허위 계상한 회계자료를 평가기관에 제공하는 방법으로 甲 회사의 주식가치가 과대평가되도록 하여 주식교환비율을 정한 다음 乙 회사의 대표이사로 취임한 후 위 계약에 따라 주식교환을 실시함으로써 乙 회사에 손해를 가하였다고 하여 구 특정경제범죄 가중처벌 등에 관한 법률 위반(배임)으로 기소된 사안

【판결요지】

포괄적 주식교환계약의 이행 사무를 처리할 당시 피고인은 乙 회사 대표이사의 지위에 있었고, 허위 매출자료 등에 의하여 甲 회사의 주당가치가 증가되었다는 사정과 포괄적 주식교환계약을 그대로 실시하면 乙 회사가 주당가치에 상당 정도 미달하는 甲 회사의 주식을 인수하고 그 대가로 乙 회사의 신주를 甲 회사 주주들에게 발행하게 되어 乙 회사가 상당한 재산상 손해를 입게 되리라는 사정을 잘 알고 있었으므로, 乙 회사의 사무를 처리하는 지위에 있었던 피고인에게는 乙 회사의 이사회나 주주총회를 소집하여 위와 같은 사정을 알리고 기망을 이유로 포괄적 주식교환계약을 취소하는 등 선량한 관리자로서 乙 회사가 입을 재산상 손해를 방지하고 乙 회사에 최선의 이익이 되도록 직무를 충실하게 수행할 업무상 임무가 있었다고 보아야 하고, 그런데도 피고인이 이러한 조치를 취하지 아니하고 오히려 사기적인 포괄적 주식교환계약에 의하여 계획된 甲 회사 내지 그 주주들을 위한 부당한 이익을 실현하기 위해서 그 계약을 이행한 것은 乙 회사의 대표이사로서 당연히 하여야 할 것으로 기대되는 행위를 하지 아니한 것으로서 본인인 乙 회사와 신임관계를 저버리는 행위를 한 것으로 보기에 충분하다는 이유로, 이와 달리 보아 무죄를 인정한 원심판결에 업무상배임죄의 성립 및 기망을 이유로 한 계약취소에 관한 법리를 오해하고 필요한 심리를 다하지 아니한 위법이 있다.

355②-Ⅲ-24. 경영상 판단과 관련하여 경영자에게 배임 고의와 불법이득의 의사가 있었는지 판단하는 방법 [대법원 2012. 8. 30., 선고, 2011도15052]

【판시사항】

경영상 판단과 관련하여 경영자에게 배임의 고의와 불법이득의 의사가 있었는지 여부를 판단할 때에는 문제된 경영상의 판단에 이르게 된 경위와 동기, 판단대상인 사업의 내용, 기업이 처한 경제적 상황, 손실발생의 개연성과 이익획득의 개연성 등 여러 사정을 고려하여 자기 또는 제3자가 재산상 이익을 취득한다는 인식과 본인에게 손해를 가한다는 인식(미필적 인식을 포함)하의 의도적 행위임이 인정되는 경우에 한하여 배임죄의 고의를 인정하는 엄격한 해석기준은 유지되어야 하고, 그러한 인식이 없는데 단순히 본인에게 손해가 발생하였다는 결과만으로 책임을 묻거나 주의의무를 소홀히 한 과실이 있다는 이유로는 책임을 물을 수 없으나(대법원 2004. 7. 22. 선고 2002도4229 판결 참조), 배임죄에서 말하는 임무위배행위에 해당하는지 여부는 그 사무의 성질·내용, 사무집행자의 구체적인 역할과 지위, 행위 당시의 구체적 상황에 따라 그 행위가 신의성실의 원칙에 비추어 통상의 업무집행의 범위를 일탈하였는가에 따라 판단하여야 하는바, 경영자의 경영상 판단에 관하여 위와 같은 사정을 모두 고려하더라도 법령의 규정, 계약 내용 또는 신의성실의 원칙상 구체적 상황과 자신의 역할·지위에서 당연히 하여야 할 것으로 기대되는 행위를 하지 않거나 당연히 하지 않아야 할 것으로 기대되는 행위를 행함으로써 재산상 이익을 취득하거나 제3자로 하여금 이를 취득하게 하고 본인에게 손해를 가하였다면 그에 관한 고의 내지 불법이득의 의사는 여전히 이를 인정함이 마땅하다(대법원 2007. 11. 15. 선고 2007도6075 판결 참조).

---

1. 甲 상호저축은행 임원인 피고인들이 타인 명의로 토지를 매수한 다음 이른바 특수목적법인(SPC)인 乙 주식회사를 설립하고 乙 회사에 甲 은행 자금을 대출하여 乙 회사 명의로 골프장 건설사업을 추진함으로써 甲 은행에 손해를 가한 경우(적극) [대법원 2011. 10. 27., 선고, 2009도14464]

【판시사항】
甲 상호저축은행 임원인 피고인들이 타인 명의로 토지를 매수한 다음 이른바 특수목적법인(SPC)인 乙 주식회사를 설립하고 乙 회사에 甲 은행 자금을 대출하여 乙 회사 명의로 골프장 건설사업을 추진함으로써 甲 은행에 손해를 가하였다고 하여 특정경제범죄 가중처벌 등에 관한 법률 위반(배임)죄로 기소된 사안

【판결요지】
피고인들이 상호저축은행법 등 관계 법령에 위배되는 까닭에 甲 은행이 실질적 당사자가 되어 시행하거나 보유할 수 없는 골프장 건설사업을 타인의 명의 등을 내세워 편법으로 추진하고, 임원의 임무에 위배하여 구체적인 사업성 검토도 제대로 거치지 아니한 채 함부로 甲 은행의 자금을 지출한 행위는 법령의 규정, 직무 내용은 물론 신의성실의 원칙상 당연히 하지 않아야 할 것으로 기대되는 행위를 함으로써 본인과 맺은 신임관계를 저버리고 그로 인하여 본인에게 재산상 손해를 가하고 제3자로 하여금 재산상 이익을 취득하게 한 경우이다.

---

2. 재단법인 불교방송의 이사장 직무대리인이 후원회 기부금을 정상 회계처리하지 않고 자신과 친분관계에 있는 신도에게 확실한 담보도 제공받지 아니한 채 대여한 경우(적극) [대법원 2000. 12. 8., 선고, 99도3338]

【판시사항】
[1] 재단법인 불교방송의 이사장 직무대리인이 후원회 기부금을 정상 회계처리하지 않고 자신과 친분관계에 있는 신도에게 확실한 담보도 제공받지 아니한 채 대여한 경우, 그 신도가 이자금을 제때에 불입하고 나중에 원금을 변제하였다 하더라도 배임죄가 성립한다고 본 사례

[2] 재단법인 불교방송의 이사장 직무대리인이 후원회 기부금을 정상 회계처리하지 않고 자신과 친분 관계에 있는 신도에게 확실한 담보도 제공받지 아니한 채 대여한 경우, 피고인이 그 재단법인의 이익을 위한다는 의사가 있었다 하더라도 그 의사는 부수적일 뿐이고 가해의 의사가 주된 것이라는 이유로 배임의 고의를 인정한 사례

355②-III-25. 주식의 매수와 관련 배임죄에서 손해액 산정 방법 [대법원 2012. 6. 28. 선고, 2012도2623]

【판시사항】

[1] 주식의 매수와 관련한 배임죄에서 손해액을 산정하는 방법

[2] 배임죄에서 '재산상의 손해를 가한 때'의 의미 및 주식의 실질가치가 0인 회사가 발행하는 신주를 액면가격으로 인수하는 경우의 손해액 범위

[3] 비상장주식의 거래와 관련한 배임죄에서 손해액 산정을 위하여 주식의 적정가액을 평가하는 방법

[4] 배임죄의 손해액이나 이득액 계산에 잘못이 있더라도 올바른 금액 또한 특정경제범죄 가중처벌 등에 관한 법률 제3조 제1항 각 호에 해당하는 경우, 그 잘못이 같은 법조항을 적용한 판결 결과에 영향을 미치는지 여부(소극)

【이 유】

[1] 회사의 대표이사 등이 그 임무에 위배하여 주식을 고가로 매수함으로 인하여 회사에 가한 손해액은, 그 주식이 회사의 경영권을 행사할 수 있는 이른바 경영권 프리미엄을 지니고 있어 그 가치를 평가하여 주식의 적정가액 산정에 가산하여야 하는 특별한 사정이 없는 한, 통상 그 주식의 실제 매수대금과 그 주식의 적정가액 사이의 차액 상당이라고 봄이 타당하다(대법원 2005. 4. 29. 선고 2005도856 판결, 대법원 2009. 10. 29. 선고 2008도11036 판결 등 참조).

[2] 배임죄에서 재산상의 손해를 가한 때라 함은 현실적인 손해를 가한 경우뿐만 아니라 재산상 실해 발생의 위험을 초래한 경우도 포함되고(대법원 2008. 5. 8. 선고 2008도484 판결, 대법원 2009. 7. 23. 선고 2007도541 판결 등 참조), 주식의 실질가치가 0인 회사가 발행하는 신주를 액면가격으로 인수하는 경우 그로 인한 손해액은 그 신주 인수대금 전액 상당으로 보아야 할 것이다(대법원 2004. 6. 24. 선고 2004도520 판결 참조). 그리고 비상장주식을 거래한 경우에, 그에 관한 객관적 교환가치가 적정하게 반영된 정상적인 거래의 실례가 있다면 그 거래가격을 시가로 보아 주식의 가액을 평가하여야 할 것이나, 만약 그러한 거래사례가 없다면 거래 당시 당해 비상장법인 및 거래당사자의 상황, 당해 업종의 특성 등을 종합적으로 고려하여 보편적으로 인정되는 여러 평가방법들 중에서 합리적이라고 판단되는 평가방법들을 적용하여 주식의 적정가액을 평가할 수 있으며, 그러한 평가방법의 하나로서 상속세 및 증여세법 시행령 제54조의 평가방법을 사용할 수 있다 (대법원 2007. 2. 8. 선고 2006도483 판결 등 참조).

[3] 손해액이나 이득액의 계산에 잘못이 있더라도 그 금액이 특정경제범죄 가중처벌 등에 관한 법률 제3조 제1항 각 호 중 어느 것에 해당한다면 그 잘못은 같은 법조항을 적용한 판결의 결과에는 영향이 없다 (대법원 1989. 10. 24. 선고 89도641 판결, 대법원 2011. 6. 30. 선고 2011도1651 판결 등 참조).

1. 동일 채무를 위하여 기존의 담보방법을 새로운 것으로 교체하여 제공하는 행위가 배임죄의 '재산상 손해를 가한 때'에 해당하기 위한 요건 [대법원 2008. 5. 8., 선고, 2008도484]

【판시사항】

[1] 동일 채무를 위하여 기존의 담보방법을 새로운 것으로 교체하여 제공하는 행위가 배임죄의 '재산상 손해를 가한 때'에 해당하기 위한 요건

[2] 회사의 대표이사가 제3자의 채무를 담보하기 위하여 회사 명의의 백지약속어음을 제공하는 배임행위를 한 후 이를 회수하고 다른 담보방법으로 새로운 약속어음을 배서·교부한 사안에서, 위 담보교체행위로 회사에 새로운 손해발생의 위험을 초래하였다고 보기 어렵다.

【판결요지】

[1] 배임죄의 '재산상 손해를 가한 때'에 관한 판단에서, 기왕에 한 담보제공행위로 인하여 이미 재산상의 손해발생 위험이 발생하였다면 그 후에 그 담보물을 다른 담보물로 교체한다 하여도 새로 제공하는 담보물의 가치가 기존 담보물의 가치보다 더 작거나 동일하다면 회사에 새로운 손해발생의 위험이 발생하였다고 볼 수 없으며, 이러한 법리는 제공된 전후의 담보방법이 다소 다른 경우에도 같다. 따라서 동일 채무를 위해 기존의 담보방법을 새로운 담보방법으로 교체하는 행위를 배임죄로 처단하려면 새로운 담보물의 가치가 기존의 담보물에 비해 더 크다거나 선행 담보제공에 의해 발생한 기존의 손해발생의 위험이 어떤 사유로 소멸하고 그 담보교체로 인해 기존의 손해발생의 위험과는 다른 새로운 손해발생의 위험이 발생하였다고 평가할 수 있는 사정이 있어야 한다.

[2] 회사의 대표이사가 제3자의 채무를 담보하기 위하여 회사 명의의 백지약속어음을 제공하는 배임행위를 한 후 법적 효력이 더 확실한 채무보증을 위해 이를 회수하고 대신 다른 회사가 발행한 새로운 약속어음을 배서·교부한 사안에서, 선행 담보제공행위로 백지약속어음을 제공할 때 이미 회사에 그 피담보채무액 상당의 손해발생 위험이 발생하였고, 경제적인 관점에서 볼 때 전후의 담보제공에 의해 발생하는 손해발생의 위험성은 결국 동일하므로, 위 담보교체행위로 선행 담보제공으로 인한 기존의 위험과는 별개로 회사에 새로운 손해발생의 위험을 초래하였다고 보기 어렵다.

2. 건축중인 건물을 분양 후 그 건물부지를 담보로 융자를 받은 경우(적극) [대법원 1989. 10. 24., 선고, 89도641]

【판시사항】

[1] 건축중인 건물을 분양한 후 그 건물부지를 담보로 융자를 받은 경우 배임죄의 성부(적극)

[2] 배임죄로 인한 손해액 계산이 잘못되었으나 올바른 금액이 특정경제범죄가중처벌등에관한법률 제3조 제1항 각호에 해당하는 경우 적용 법조항

[3] 부동산의 매도인이 매수인에게 소유권이전등기를 넘겨주기 전에 그 부동산에 근저당권을 설정하고 제3자로부터 금원을 차용한 경우 매수인이 입은 손해액

【판결요지】

[1] 피고인이 신축중에 있던 건물을 피해자들에게 분양하고 피해자들로부터 계약금과 중도금을 받았으므로 건물완공후 그 건물과 대지에 관하여 피해자들에게 소유권이전등기를 경료해 줄 업무상의 임무가 있음에도 이에 위배하여 위 대지에 관하여 근저당권을 설정하고 대출을 받았다면, 피고인에게 공사완성후 위 근저당권설정등기를 말소하여 피해자들에게 소유권이전등기를 해 주려는 내

심의 의사가 있었다거나 분양한 건물의 공사진행기간동안 건물부지를 담보하여 융자를 받는 것이 설사 건설업계의 관례라고 하더라도 배임죄의 성립에는 영향이 없다.

[2] 배임죄에서 손해를 가한 때라 함은 실해발생의 위험을 초래케 할 경우도 포함하는 것이므로 손해액이 구체적으로 명백하게 산정되지 않았더라도 배임죄의 성립에는 영향이 없고 설사 손해액이나 이득액의 계산에 잘못이 있더라도 그 금액이 특정경제범죄가중처벌등에관한법률 제3조 제1항 각호 중 어느 것에 해당한다면 그 잘못은 같은 법조항을 적용한 판결의 결과에는 영향이 없다.

[3] 부동산의 매도인이 매수인 앞으로 소유권이전등기를 경료하여 주기 이전에 제3자로부터 금원을 차용하고 그 담보로 근저당권설정등기를 해 준 경우 매수인이 입은 손해는 그 근저당권에 의하여 담보되는 피담보채무 상당액이다.

3. 위임받은 사무가 소유권이전등기의무인 경우 배임죄 성립 요건 [대법원 2011. 6. 30., 선고, 2011도1651]

【판시사항】

[1] 배임죄에서 '본인에게 손해를 가한 때'의 의미 및 위임받은 사무가 소유권이전등기의무인 경우 배임죄의 성립 요건

[2] 피고인들이 담보권 실행을 위한 경매절차가 진행 중인 호텔을 피해자 측에 매도하면서 이에 관한 최선순위 근저당권과 소유권이전청구권 가등기를 이전하여 주기로 한 약정에 따라 중도금까지 수령하였는데도, 가등기를 피고인들이 실질적으로 지배하는 甲 회사 및 乙 회사에 이전하였다고 하여 특정경제범죄 가중처벌 등에 관한 법률 위반(배임)으로 기소된 사안

[3] 부동산 이중매매로 인한 배임죄에서, 특정경제범죄 가중처벌 등에 관한 법률 제3조 제1항의 적용을 전제로 대상 부동산 가액을 산정할 때, 부동산 시가 상당액에서 근저당권 등에 의한 부담 금액을 공제하여야 하는지 여부(적극)

[4] 피고인들이 담보권 실행을 위한 경매절차가 진행 중인 호텔을 피해자 측에 매도하면서 이에 관한 최선순위 근저당권과 소유권이전청구권 가등기를 이전하여 주기로 한 약정에 따라 중도금까지 수령하였는데도, 가등기를 다른 회사들에 이전하였다고 하여 특정경제범죄 가중처벌 등에 관한 법률 위반(배임)으로 기소된 사안

【판결요지】

[1] 배임죄는 타인의 사무를 처리하는 자가 임무에 위배하는 행위로써 재산상 이익을 취득하거나 제3자로 하여금 이를 취득하게 하여 본인에게 손해를 가한 경우에 성립되고, 여기서 '본인에게 손해를 가한 때'란 현실적인 실해를 가한 경우뿐만 아니라 실해 발생의 위험성을 초래한 경우도 포함되며, 위임받은 타인의 사무가 부동산소유권 이전등기의무인 경우에는 임무위배행위로 인하여 매수인이 가지는 소유권이전등기청구권이 이행불능되거나 이행불능에 빠질 위험성이 있으면 배임죄는 성립한다.

[2] 피고인들과 甲 회사, 乙 회사의 관계에 비추어 가등기의 등기명의를 회복하여 피해자에게 이전등기해 주는 것이 불가능하지는 않으나, 제반 사정에 비추어 이로 인해 피해자의 피고인들에 대한 가등기이전등기청구권이 이행불능에 빠질 위험성이 발생하였다는 이유로 피고인들에게 유죄를 인정한 원심판단을 수긍한 사례.

[3] 배임행위로 얻은 재산상 이익의 일정한 액수 자체를 가중적 구성요건으로 규정하고 있는 특정경제범죄 가중처벌 등에 관한 법률 제3조 제1항의 적용을 전제로 하여 이중매매 대상이 된 부동산 가액을 산정하는 경우, 부동산에 아무런 부담이 없는 때에는 부동산 시가 상당액이 곧 가액이라고

볼 것이지만, 부동산에 근저당권설정등기가 경료되어 있거나 압류 또는 가압류 등이 이루어진 때에는 특별한 사정이 없는 한 아무런 부담이 없는 상태의 부동산 시가 상당액에서 근저당권의 채권최고액 범위 내에서 피담보채권액, 압류에 걸린 집행채권액, 가압류에 걸린 청구금액 범위 내에서 피보전채권액 등을 뺀 실제 교환가치를 부동산 가액으로 보아야 한다.

[4] 피고인들이 담보권 실행을 위한 경매절차가 진행 중인 호텔을 피해자 측에 매도하면서 소유권 확보 방안으로 이에 관한 최선순위 근저당권(이하 '이 사건 근저당권'이라 한다)과 소유권이전청구권 가등기를 이전하여 주고 가등기보다 먼저 설정된 근저당권이나 가압류, 가등기 자체에 걸린 가압류 등을 모두 말소하여 주기로 약정하였는데, 그 후 중도금을 수령하면서 이 사건 근저당권 및 가등기 이전에 필요한 서류를 피해자 측에 교부하고도 가등기에 관하여는 임의로 다른 회사들 앞으로 이전등기를 마쳤다고 하여 특정경제범죄 가중처벌 등에 관한 법률 위반(배임)으로 기소된 사안에서, 피고인들의 배임행위 당시 호텔에 관하여는 이 사건 근저당권 외에도 가등기에 앞서 3건의 근저당권등기와 가압류등기가 각 마쳐져 있었고, 가등기 자체에도 4건의 가압류 또는 압류가 각 마쳐져 있었으므로, 배임행위로 인한 이득액을 산정할 때에는 이 사건 근저당권의 채권최고액 범위 내에서 피담보채권액뿐만 아니라 가등기에 앞서 설정된 각 근저당권의 채권최고액 범위 내에서 피담보채권액이나 가압류에 걸린 청구금액 범위 내에서 피보전채권액 등을 모두 공제하여야 하는데도, 원심이 이득액을 산정할 때 이를 공제하지 않은 것은 잘못이나, 제반 사정에 비추어 이와 같은 법리오해는 판결 결과에 영향이 없다.

355②-Ⅲ-26. 예탁금 회원제로 운영되는 골프장의 회원권을 다른 채무에 대한 담보 목적으로 양도한 경우, 회원권 양도의 당사자 사이에서 양도인이 양수인을 위하여 회원권 보전에 관한 사무를 처리하는 자의 지위에 있는지 여부(적극) [대법원 2012. 2. 23., 선고, 2011도16385]

【판시사항】

[1] 이른바 예탁금 회원제로 운영되는 골프장의 회원권을 다른 채무에 대한 담보 목적으로 양도한 경우, 회원권 양도의 당사자 사이에서 양도인이 양수인을 위하여 회원권 보전에 관한 사무를 처리하는 자의 지위에 있는지 여부(적극)

[2] 피고인이 甲에게서 돈을 차용하면서 피고인 소유의 골프회원권을 담보로 제공한 후 제3자에게 임의로 매도한 사안에서, 피고인이 담보물인 골프회원권을 담보 목적에 맞게 보관·관리할 의무를 부담함으로써 甲의 사무를 처리하는 자의 지위에 있다고 보아 배임죄를 인정한 원심판단을 정당하다.

【판결요지】

[1] 회원 가입 시에 일정 금액을 예탁하였다가 탈퇴 등의 경우에 예탁금을 반환받는 이른바 예탁금 회원제로 운영되는 골프장의 회원권을 다른 채무에 대한 담보 목적으로 양도한 경우, 회원권은 양도인과 양수인 사이에서는 동일성을 유지한 채 양도인으로부터 양수인에게 이전하고, 양도인은 양수인에게 귀속된 회원권을 보전하기 위하여 채무자인 골프장 운영 회사에 채권양도 통지를 하거나 채권양도 승낙(필요한 경우에는 명의개서까지)을 받음으로써 양수인으로 하여금 채무자에 대한 대항요건을 갖출 수 있도록 해 줄 의무를 부담하므로, 회원권 양도의 당사자 사이에서는 양도인은 양수인을 위하여 회원권 보전에 관한 사무를 처리하는 자라고 할 것이다.

[2] 피고인이 甲에게서 돈을 차용하면서 피고인 소유의 골프회원권을 담보로 제공한 후 이를 제3

자에게 임의로 매도한 사안에서, 피고인과 甲 사이에 골프회원권에 관하여 유효하게 담보계약이 체결되어 피고인이 담보물인 골프회원권을 담보 목적에 맞게 보관·관리할 의무를 부담함으로써 甲의 사무를 처리하는 자의 지위에 있다고 보아 피고인에 대하여 배임죄를 인정한 원심판단을 정당하다.

355②-Ⅲ-27. 법인의 대표자 또는 피용자가 법인 명의로 한 채무부담행위가 법률상 무효인 경우, 법인에 대한 배임죄 구성 여부(원칙적 소극) [대법원 2012. 2. 9., 선고, 2010도176]

【판시사항】

[1] 법인의 대표자 또는 피용자가 법인 명의로 한 채무부담행위가 법률상 무효인 경우, 법인에 대한 배임죄를 구성하는지 여부(원칙적 소극)

[2] 주식회사의 대표이사인 피고인이 회사에 대한 자신의 대여금 채권의 담보를 취득한다는 명목으로 회사 명의의 약속어음을 발행·취득하였다고 하여 특정경제범죄 가중처벌 등에 관한 법률 위반(배임)으로 기소된 사안에서, 피고인의 약속어음 발행행위가 대표권 남용행위라면 이로 인하여 회사에 재산상 손해가 발생하였다고 할 수 없는데도, 이와 달리 보아 유죄를 인정한 원심판결에 법리오해의 위법이 있다.

【이 유】

배임죄는 임무에 위배하는 행위로 인한 현실적 손해의 발생이나 재산상 실해발생의 위험을 요건으로 하므로 그러한 손해발생의 위험이 초래되지 아니한 경우에는 배임죄가 성립하지 않는다. 그리고 법인의 대표자 또는 피용자가 법인 명의로 한 채무부담행위가 관련 법령에 위배되어 법률상 효력이 없는 경우에는 그로 인하여 법인에게 어떠한 손해가 발생한다고 할 수 없으므로, 그 행위로 인하여 법인이 민법상 사용자책임 또는 법인의 불법행위책임을 부담하는 등의 특별한 사정이 없는 한 그 대표자 또는 피용자의 행위는 배임죄를 구성하지 아니한다(대법원 2010. 9. 30. 선고 2010도6490 판결, 대법원 2011. 9. 29. 선고 2011도8110 판결 등 참조). 한편 회사의 대표이사가 대표권의 범위 내에서 한 행위는 설사 대표이사가 회사의 영리목적과 관계없이 자기 또는 제3자의 이익을 도모할 목적으로 그 권한을 남용한 것이라 할지라도 일단 회사의 행위로서 유효하지만, 그 행위의 상대방이 대표이사의 진의를 알았거나 알 수 있었을 때에는 회사에 대하여 무효가 된다(대법원 2010. 5. 27. 선고 2010도1490 판결 등 참조).

355②-Ⅲ-28. 회사의 대표이사가 회사 명의로 체결한 계약이 관련 법령이나 정관에 위배되어 법률상 효력이 없는 경우, 그 계약의 체결행위만으로 배임기수 여부(원칙적 소극) [대법원 2011. 11. 24., 선고, 2010도11394]

【판시사항】

[1] 회사의 대표이사가 회사 명의로 체결한 계약이 관련 법령이나 정관에 위배되어 법률상 효력이 없는 경우, 그 계약의 체결행위만으로 배임의 범행이 기수에 이르렀거나 범행이 종료되었다고 볼 수 있는지 여부(원칙적 소극)

[2] 甲 주식회사 대표이사인 피고인이 주주총회 의사록을 허위로 작성하고 이를 근거로 임직원

들과 주식매수선택권부여계약을 체결함으로써 甲 회사에 재산상 손해를 가하였다고 하며 특정경제범죄 가중처벌 등에 관한 법률 위반(배임)으로 기소된 사안에서, 법률상 무효인 계약을 체결한 것만으로는 업무상배임죄 구성요건이 완성되거나 범행이 종료되었다고 볼 수 없는데도, 계약을 체결한 시점에 범행이 종료되었음을 전제로 공소시효가 완성되었다고 보아 면소를 선고한 원심판결에는 법리오해의 위법이 있다.

【판결요지】

[1] 형법 제355조 제2항의 배임죄 또는 형법 제356조의 업무상배임죄는 임무에 위배되는 행위로 재산상 이익을 취득하거나 제3자로 하여금 취득하게 하여 본인에게 손해를 가한 때에 성립하는 범죄인데, 이때 본인에게 재산상의 손해를 가한 것이란 본인의 전체적 재산가치가 감소됨을 가리키는 것으로서 본인에게 현실적인 손해를 입힌 경우뿐만 아니라 재산상 실해 발생의 위험을 초래한 경우도 포함한다. 그리고 위와 같은 재산상 손해의 유무는 법률적 판단에 의하지 아니하고 경제적 관점에서 파악하여야 하나, 회사의 대표이사가 회사 명의로 체결한 계약이 관련 법령이나 정관에 위배되어 법률상 효력이 없는 경우에는 그로 인하여 회사가 계약 상대방에게 민법상 불법행위책임을 부담하게 되는 등 특별한 사정이 없는 한 계약의 체결행위만으로 회사에 현실적인 손해가 발생하거나 재산상 실해 발생의 위험이 초래되었다고 할 수 없어서, 그것만으로 배임죄 구성요건이 모두 충족되어 범행이 기수에 이르렀거나 범행이 종료되었다고 볼 수 없다.

[2] 甲 주식회사 대표이사인 피고인이 주주총회 의사록을 허위로 작성하고 이를 근거로 피고인을 비롯한 임직원들과 주식매수선택권부여계약을 체결함으로써 甲 회사에 재산상 손해를 가하였다고 하며 특정경제범죄 가중처벌 등에 관한 법률 위반(배임)으로 기소된 사안에서, 상법과 정관에 위배되어 법률상 무효인 계약을 체결한 것만으로는 업무상배임죄 구성요건이 완성되거나 범행이 종료되었다고 볼 수 없고, 임직원들이 이후 계약에 기초하여 甲 회사에 주식매수선택권을 행사하고, 피고인이 이에 호응하여 주식의 실질가치에 미달하는 금액만을 받고 신주를 발행해 줌으로써 비로소 甲 회사에 현실적 손해가 발생하거나 그러한 실해 발생의 위험이 초래되었다고 볼 수 있으므로, 피고인에 대한 업무상배임죄는 피고인이 의도한 배임행위가 모두 실행된 때로서 최종적으로 주식매수선택권이 행사되고 그에 따라 신주가 발행된 시점에 종료되었다고 보아야 하는데도, 이와 달리 계약을 체결한 시점에 범행이 종료되었음을 전제로 공소시효가 완성되었다고 보아 면소를 선고한 원심판결에는 법리오해의 위법이 있다.

---

1. 배임죄나 업무상배임죄에서 재산상의 손실을 야기한 임무위배행위가 동시에 그 손실을 보상할 만한 재산상의 이익을 준 경우, '재산상 손해'의 유무(소극) [대법원 2011. 4. 28., 선고, 2009도14268]

【판시사항】

[1] 피고인이 甲과 공동으로 토지를 매수하여 그 지상에 창고사업을 하는 내용의 동업약정을 하고 동업재산이 될 토지에 관한 매매계약을 체결하였는데, 이후 甲 몰래 제3자 명의로 소유권이전등기를 마치는 배임행위를 한 사안

[2] 배임죄나 업무상배임죄에서 재산상의 손실을 야기한 임무위배행위가 동시에 그 손실을 보상할 만한 재산상의 이익을 준 경우, '재산상 손해'의 유무(소극)

[3] 피고인이 甲과 공동으로 토지를 매수하여 그 지상에 창고사업을 하는 내용의 동업약정을 하고 동업 재산이 될 토지에 관한 매매계약을 체결한 다음 매도인에게 계약금을 지급하였는데, 이후 甲 몰래 제3자 명의로 소유권이전등기를 마치는 배임행위를 한 사안

【판결요지】

[1] 피고인과 甲은 2인 이상이 상호출자하여 공동사업을 경영할 것을 내용으로 하는 민법 제703조가 정한 조합계약을 체결한 것이고, 피고인은 부동산의 소유권이전등기 등 업무에 관하여 동업체인 조합에 대하여 선량한 관리자의 주의로 사무를 처리해야 할 의무가 있으므로(민법 제707조, 제681 조), '조합의 사무를 처리하는 자'의 지위에 있다고 할 것인데도 그 임무에 위배하여 위와 같이 소유권이전등기를 마침으로써 위 '조합'에 대한 배임행위를 한 것으로 보아야 한다는 이유로, 피해자를 '甲'이라고 본 원심판단에 배임죄의 피해자 특정에 관한 법리오해의 위법이 있다.

[2] 배임죄나 업무상배임죄에서 '재산상의 손해를 가한 때'란 현실적인 손해를 가한 경우뿐만 아니라 재산상 실해 발생의 위험을 초래한 경우도 포함되고, 재산상 손해의 유무에 대한 판단은 법률적 판단에 의하지 아니하고 경제적 관점에서 파악하여야 하지만, 여기서 재산상의 손해를 가한다는 것은 총체적으로 보아 본인의 재산상태에 손해를 가하는 경우, 즉 본인의 전체적 재산가치의 감소를 가져오는 것을 말하므로 재산상의 손실을 야기한 임무위배행위가 동시에 그 손실을 보상할 만한 재산상의 이익을 준 경우, 예컨대 배임행위로 인한 급부와 반대급부가 상응하고 다른 재산상 손해(현실적인 손해 또는 재산상 실해 발생의 위험)도 없는 때에는 전체적 재산가치의 감소, 즉 재산상 손해가 있다고 할 수 없다.

[3] 피해자인 조합으로서는 장차 취득할 것이 기대되었던 토지의 가치에 상응하는 재산이 감소되었지만 다른 한편으로는 토지의 잔금지급의무를 면하게 되었으므로 토지의 매수대금 상당액이 위 배임행위로 인하여 조합이 입게 된 재산상 손해액에 해당한다고 할 수는 없는데도, 피고인이 얻은 이득액 및 피해자가 입은 손해액을 토지의 매수대금 상당액으로 인정하여 피고인을 특정경제범죄 가중처벌 등에 관한 법률 위반(배임)죄로 의율한 원심판단에 배임죄의 재산상 손해액에 관한 법리오해의 위법이 있다.

355②-Ⅲ-29. 부동산에 처분금지가처분결정을 받아 가처분집행까지 마친 경우, 피보전채권의 실제 존재 여부를 불문하고 가처분권리자에게 가처분 유지로 인한 재산상 이익이 인정되는지 여부(적극) [대법원 2011. 10. 27., 선고, 2010도7624]

【판시사항】

[1] 부동산에 처분금지가처분결정을 받아 가처분집행까지 마친 경우, 피보전채권의 실제 존재 여부를 불문하고 가처분권리자에게 가처분 유지로 인한 재산상 이익이 인정되는지 여부(적극)

[2] 배임적 거래행위의 상대방을 배임행위 공범으로 인정하기 위한 요건

【판결요지】

[1] 부동산에 처분금지가처분결정을 받아 가처분집행까지 마친 경우, 피보전채권의 실제 존재 여부를 불문하고 가처분이 되어 있는 부동산은 매매나 담보제공 등에 있어 그렇지 않은 부동산보다 불리할 수밖에 없는 점, 가처분집행이 되어 있는 부동산의 가처분집행이 해제되면 가처분 부담이 없는 부동산을 소유하게 되는 이익을 얻게 되는 점 등을 고려하면 가처분권리자로서는 가처

분 유지로 인한 재산상 이익이 인정되고, 그 후 가처분의 피보전채권이 존재하지 않는 것으로 밝혀졌더라도 가처분의 유지로 인한 재산상 이익이 있었던 것으로 보아야 한다.

 [2] 거래상대방의 대향적 행위의 존재를 필요로 하는 유형의 배임죄에서 거래상대방은 기본적으로 배임행위의 실행행위자와 별개의 이해관계를 가지고 반대편에서 독자적으로 거래에 임한다는 점을 감안할 때, 거래상대방이 배임행위를 교사하거나 배임행위의 전 과정에 관여하는 등 배임행위에 적극가담함으로써 실행행위자와의 계약이 반사회적 법률행위에 해당하여 무효로 되는 경우 배임죄의 교사범 또는 공동정범이 될 수 있음은 별론으로 하고, 관여 정도가 거기에까지 이르지 아니하여 법질서 전체적인 관점에서 살펴볼 때 사회적 상당성을 갖춘 경우에는 비록 정범의 행위가 배임행위에 해당한다는 점을 알고 거래에 임하였다는 사정이 있어 외견상 방조행위로 평가될 수 있는 행위가 있었다 할지라도 범죄를 구성할 정도의 위법성은 없다고 보는 것이 타당하다.

---

1. 주식회사의 대표이사가 임무에 위배하여 주주 또는 회사 채권자에게 손해가 될 행위를 한 경우, 그 행위에 대하여 주주총회의 결의가 있는 경우 배임죄의 죄책을 면할 수 있는지 여부(소극) [대법원 2005. 10. 28., 선고, 2005도4915]

【판시사항】

[1] 주식회사의 대표이사가 임무에 위배하여 주주 또는 회사 채권자에게 손해가 될 행위를 한 경우, 그 행위에 대하여 이사회 또는 주주총회의 결의가 있었다는 이유만으로 배임죄의 죄책을 면할 수 있는지 여부(소극)

[2] 1인 회사의 주주가 자신의 개인채무를 담보하기 위하여 회사 소유의 부동산에 대하여 근저당권설정등기를 마쳐 주어 배임죄가 성립한 이후에 그 부동산에 대하여 새로운 담보권을 설정해 주는 행위가 별도의 배임죄를 구성하는지 여부(적극)

【판결요지】

[1] 회사의 대표이사는 이사회 또는 주주총회의 결의가 있더라도 그 결의내용이 회사 채권자를 해하는 불법한 목적이 있는 경우에는 이에 맹종할 것이 아니라 회사를 위하여 성실한 직무수행을 할 의무가 있으므로 대표이사가 임무에 배임하는 행위를 함으로써 주주 또는 회사 채권자에게 손해가 될 행위를 하였다면 그 회사의 이사회 또는 주주총회의 결의가 있었다고 하여 그 배임행위가 정당화될 수는 없다.

[2] 배임죄는 재산상 이익을 객체로 하는 범죄이므로, 1인 회사의 주주가 자신의 개인채무를 담보하기 위하여 회사 소유의 부동산에 대하여 근저당권설정등기를 마쳐 주어 배임죄가 성립한 이후에 그 부동산에 대하여 새로운 담보권을 설정해 주는 행위는 선순위 근저당권의 담보가치를 공제한 나머지 담보가치 상당의 재산상 이익을 침해하는 행위로서 별도의 배임죄가 성립한다.

355②-Ⅲ-30. 부동산 매매업자 甲이 피고인에게 토지거래허가구역 내 토지를 매수하면서, 매수인을 자신이 운영하는 부동산컨설팅 회사 직원 乙 등의 명의로 하고, 소유권이전등기는 甲이 지정하는 자에게 하기로 하는 내용의 토지매매계약을 체결하고 대금을 지급하였는데, 그 후 위 토지가 허가구역 지정에서 해제되자 피고인이 이를 임의로 처분한 사안(소극) [대법원 2011. 6. 30., 선고, 2011도614]

부동산 매매업자 甲이 피고인에게 토지거래허가구역 내 토지를 매수하면서, 매수인을 자신이 운영하는 부동산컨설팅 회사 직원 乙 등의 명의로 하고, 소유권이전등기는 甲이 지정하는 자에게 하기로 하는 내용의 토지매매계약을 체결하고 대금을 지급하였는데, 그 후 위 토지가 허가구역 지정에서 해제되자 피고인이 이를 임의로 처분한 사안

【판결요지】

법상 토지거래허가에 필요한 거주요건을 갖추지 못한 甲이 허가요건을 갖춘 丙 명의로 허가를 받으려는 의사로 위와 같이 토지매매계약을 체결한 이상, 이와 같은 행위는 처음부터 토지거래허가를 잠탈한 경우에 해당하고, 따라서 위 계약은 처음 체결된 때부터 확정적으로 무효이므로 피고인의 행위가 배임죄를 구성한다고 보기 어려운데도, 위 계약이 토지거래허가를 잠탈하는 내용의 계약이라고 단정할 수 없다는 이유로 피고인에게 배임죄를 인정한 원심판결에 논리와 경험법칙 위반 또는 법리오해의 위법이 있다.

355②-Ⅲ-31. 건물을 매수함으로써 전 소유자로부터 취득한 타인의 건물사용 수익에 관한 채권행사를 불능하게 한 경우 그 건물 매수인이 전 소유자와 공동정범의 죄책을 지는지 여부(소극) [대법원 1982. 9. 28., 선고, 81도2777]

【판결요지】

이 사건 건물에 관하여 사용수익권을 부여하는 문제의 약정은 공소외 (갑)이 채권자인 공소외 (을)에 대한 위 건물공사대금 채무의 변제의 방편으로 공소외 (을)에게 동 건물을 타에 임대하여 임대차보증금과 임대료수익 행위를 인용하여야 할 소극적의무를 내용으로 하는 것으로서 공소외 (갑)의 위와 같은 내용의 채무부담행위는 공소외 (을)의 재산을 보전할 임무부담행위도 아니고 동인의 위 채권실현에 특별히 공소외 (갑)의 협력의무를 수반하는 것도 아닌 단순한 채권적인 수인의무에 불과하다 할것이므로 이를 배임죄에 있어서의 타인의 사무라고 보기 어렵다. 따라서 공소외 (갑)이 위 사무에 반하여 위 건물을 매도하고 피고인이 이를 매수함으로써 결과적으로 공소외 (을)에게 채권변제충당을 하지 못하게 하였다 하더라도 피고인에게 공소외 (갑)과 공모에 의한 배임죄의 죄책을 지울 수는 없다.

355②-Ⅲ-32. 회사의 임원이 사실상 1인 사원이나 대지분을 가진 사원의 양해를 얻어 임무위배 행위를 한 경우(소극) : 론스타 사건 [대법원 2011. 3. 10., 선고, 2008도6335]

【판시사항】

[1] 회사의 임원이 사실상 1인 사원이나 대지분을 가진 사원의 양해를 얻어 임무위배행위를 한 경우, 배임죄의 죄책을 면할 수 있는지 여부(소극)

[2] 甲 회사 및 乙 회사 모두의 자산관리자인 丙 회사의 대표이사 丁이 甲 회사의 1인 사원의 동의를 얻어 甲 회사의 수익을 乙 회사에 불법적으로 이전한 행위가 배임죄를 구성한다.

【판결요지】

[1] 유한회사와 그 사원은 별개의 법인격을 가진 존재로서 동일인이라 할 수 없고 유한회사의 손해가 항상 사원의 손해와 일치한다고 할 수도 없으므로, 1인 사원이나 대지분을 가진 사원도 본인인 유한회사에 손해를 가하는 임무위배행위를 한 경우에는 배임죄의 죄책을 진다. 따라서 회사의 임원이 임무에 위배되는 행위로 재산상 이익을 취득하거나 제3자로 하여금 이를 취득하게 하여 회사에 손해를 가한 경우, 임무위배행위에 대하여 사실상 1인 사원이나 대지분을 가진 사원의 양해를 얻었다고 하더라도 배임죄의 성립에는 지장이 없다.

[2] 甲 회사 및 乙 회사 모두의 자산관리자인 丙 회사의 대표이사 丁이 甲 회사의 수익을 乙 회사에 불법적으로 이전한 행위는 배임죄를 구성하고, 丁의 배임행위가 甲 회사의 1인 사원 동의하에 이루어진 것이라도 달리 볼 수 없다고 본 원심판단을 수긍한 사례.

355②-Ⅲ-33. 망(亡) 甲은 망 乙에게, 망 乙은 丙에게 각 토지에 관한 소유권이전등기절차를 순차 이행하여야 할 의무가 있고, 甲의 처인 피고인도 甲의 위와 같은 의무를 상속하였음에도 위 토지를 제3자에게 처분한 경우(소극) [대법원 2011. 1. 27., 선고, 2009도10701]

【판시사항】

[1] 망(亡) 甲은 망 乙에게, 망 乙은 丙에게 각 토지에 관한 소유권이전등기절차를 순차 이행하여야 할 의무가 있고, 甲의 처인 피고인도 甲의 위와 같은 의무를 상속하였음에도 위 토지를 제3자에게 처분하고 소유권이전등기를 마침으로써 그 시가 상당의 재산상 이익을 취득하고 丙에게 그에 해당하는 손해를 가하였다는 내용으로 기소된 사안

[2] 원심이 공소장변경 없이도 직권으로 피고인에 대한 배임의 공소사실에 피해자로 기재된 '丙'이 아닌 '乙의 상속인들'을 피해자로 보아 배임죄 성립을 인정하였어야 한다는 취지의 검사의 상고이유 주장을 배척하고, 공소제기된 대로 '丙'을 피해자로 한 배임죄에 관하여만 판단하여 무죄를 선고한 원심의 조치를 정당하다.

【판결요지】

[1] 乙과 丙 사이의 토지 매매는 자경 또는 자영할 의사가 없었던 매매로서 丙은 구 농지개혁법(1994. 12. 22. 법률 제4817호 농지법 부칙 제2조로 폐지)상 위 토지의 소유권을 취득할 수 없으므로, 피고인이 제3자에게 위 토지를 처분하고 소유권이전등기절차를 마쳤더라도 丙에 대하여 배임죄를 구성하지 아니한다고 본 원심판단을 수긍한 사례.

[2] 원심이 공소장변경 없이도 직권으로 피고인에 대한 배임의 공소사실에 피해자로 기재된 丙이 아닌 乙의 상속인들을 피해자로 보아 배임죄 성립을 인정하였어야 한다는 취지의 검사의 상고이유 주장에 대하여, 공소사실과 달리 乙의 상속인들을 피해자로 인정할 경우 그에 대응할 피고인의 방어방법이 달라질 수밖에 없어 그의 방어권 행사에 실질적인 불이익을 초래할 염려가 있다고 보일 뿐만 아니라, 원심이 직권으로 乙의 상속인들을 피해자로 인정하지 아니한 것이 현저하게 정의와 형평에 반한다고 볼 수도 없다는 이유로, 공소제기된 대로 丙을 피해자로 한 배임죄에 관하여만 판단하여 무죄를 선고한 원심의 조치를 정당하다.

355②-Ⅲ-34. 타인에게 근저당권설정의무를 부담하는 자가 제3자에게 근저당권을 설정해 준 경우, '재산상 이익 내지 손해'산정 방법 [대법원 2011. 1. 13., 선고, 2009도10541]

【판시사항】

[1] 타인에게 근저당권설정의무를 부담하는 자가 제3자에게 근저당권을 설정해 준 경우, 배임죄의 '재산상 이익 내지 손해' 산정 방법

[2] 피고인이 甲 부동산에 관하여 乙 은행에 1순위 근저당권을 설정하여 준 후 피해자 丙 앞으로 2순위 근저당권을 설정해 주기로 약정하고도, 그 후 甲 부동산 외에 피고인 소유의 丁 부동산도 공동담보로 제공하여 두 개의 부동산에 관하여 乙 은행 앞으로 1순위 근저당권을 설정하고, 바로 이어 이들 부동산에 관하여 乙 은행 앞으로 2순위 근저당권도 설정하여 준 사안에서, 피고인의 위 배임행위로 인한 재산상 이득액이 甲 부동산의 시가에서 1순위 근저당권의 채권최고액을 공제한 금액이라고 판단하고 만연히 특정경제범죄 가중처벌 등에 관한 법률을 적용한 원심판결에 같은 법 제3조의 이득액 또는 공동저당에 관한 법리오해의 위법이 있다.

【판결요지】

[1] 타인에 대하여 근저당권설정의무를 부담하는 자가 제3자에게 근저당권을 설정하여 주는 배임행위로 인하여 취득하는 재산상 이익 내지 그 타인의 손해는 <u>그 타인에게 설정하여 주기로 한 근저당권의 담보가치 중 제3자와의 거래에 대한 담보로 이용함으로써 상실된 담보가치 상당으로서, 이를 산정하는 때에 제3자에 대한 근저당권 설정 이후에도 당해 부동산의 담보가치가 남아 있는 경우에는 그 부분을 재산상 이익 내지 손해에 포함시킬 수 없다.</u> 그리고 수 개의 부동산이 공동담보로 제공된 경우에 그 중 한 개의 부동산에 대하여 먼저 담보권이 실행되었다면 그 매득금 중에서 선순위채권자는 담보최고액의 범위 내에서 채권전액에 대하여 우선변제를 받을 권리가 있다고 할지라도 공동담보가 된 부동산 간에 있어서는 그 가격의 비율에 따라 피담보채권을 각 부담하고 있다 할 것이므로, 공동담보가 된 부동산의 피담보채권에 대한 담보가치의 산정은 그 공동담보가 된 부동산의 가격 비율에 의하여 산정하는 것이 타당하다.

[2] 피고인이 甲 부동산에 관하여 乙 은행에 1순위 근저당권을 설정하여 준 후 피해자 丙 앞으로 2순위 근저당권을 설정해 주기로 약정하고도, 그 후 甲 부동산 외에 피고인 소유의 丁 부동산도 공동담보로 제공하여 두 개의 부동산에 관하여 乙 은행 앞으로 1순위 근저당권을 설정하고, 바로 이어 이들 부동산에 관하여 乙 은행 앞으로 2순위 근저당권도 설정하여 준 사안에서, 피고인의 위 배임행위로 인한 재산상 이득액은 피고인이 丙에게 설정하여 주기로 한 근저당권의 채권최고액 중 피고인이 乙 은행에 2순위 근저당권을 설정하여 줌으로써 상실된 甲 부동산의 담보가치이고, 피고인의 위 배임행위 이후에도 甲 부동산에 잔존 담보가치가 있다면 이 부분은 재산상 이득액을 산정할 때 공제하여야 하며, 甲 부동산의 전체 담보가치는 그 시가에서 1순위 근저당권의 채권최고액을 공동담보 부동산의 가액비율로 안분한 금액 중 甲 부동산의 해당액을 공제한 금액이고, 피고인의 위 배임행위로 인하여 상실된 甲 부동산의 담보가치는 2순위 근저당권의 채권최고액을 공동담보 부동산의 가액비율에 따라 안분한 금액 중 甲 부동산의 해당액이 되어, 결국

위 범행으로 인한 재산상 이득액은 피고인이 丙에게 설정하여 주기로 한 근저당권의 채권최고액 중 위 범행으로 인하여 상실된 甲 부동산의 담보가치에서 甲 부동산의 잔존 담보가치를 공제한 금액이라고 할 것이므로, 원심으로서는 甲 부동산의 담보가치와 위 범행 이후의 甲 부동산에 관한 잔존 담보가치 등에 관하여 더 나아가 심리하여 위와 같이 재산상 이득액을 산정한 후 그 이득액이 5억 원 이상이 되는지 여부에 따라 특정경제범죄 가중처벌 등에 관한 법률 제3조의 적용 여부를 판단하여야 하는데도, 위 범행으로 인한 재산상 이득액이 甲 부동산의 시가에서 1순위 근저당권의 채권최고액을 공제한 금액이라고 판단하고 만연히 위 법을 적용한 원심판결에 같은 법 제3조의 이득액 또는 공동저당에 관한 법리오해의 위법이 있다.

---

1. 전세권설정의무를 부담하는 자가 제3자에게 근저당권을 설정하여 준 행위가 배임죄에 해당하는지 여부의 판단 방법 [대법원 2006. 6. 15., 선고, 2004도5102]

【판시사항】

전세권설정의무를 부담하는 자가 제3자에게 근저당권을 설정하여 준 경우 그 행위가 배임죄에 해당하는지 여부를 판단하기 위해서는 당시 그 부동산의 시가 및 선순위담보권의 피담보채권액을 계산하여 그 행위로 인하여 당해 부동산의 담보가치가 상실되었는지를 따져 보아야 할 것인바(대법원 1990. 4. 24. 선고 89도2281 판결 등 참조), 이러한 법리에 비추어 기록을 살펴보면, 원심의 위와 같은 사실인정과 판단은 정당한 것으로 수긍이 가고, 거기에 상고이유에서 주장하는 바와 같은 채증법칙 위배로 인한 사실오인, 배임죄에 있어서 재산상 손해에 관한 법리오해 등의 위법이 있다고 할 수 없다.

---

2. 전세권자에게 전세권설정등기를 해주지 않고 제3자에게 저당권을 설정해 준 사안에 있어서 배임죄의 손해발생 여부 [대법원 1990. 4. 24., 선고, 89도2281]

【판결요지】

피고인이 금 180,000,000원의 1번 근저당권설정등기가 되어 있는 토지와 건물중 건물에 대하여만 피해자와 전세계약을 체결하면서 전세금 130,000,000원의 전세권설정등기를 하여 주기로 하고서도 그 등기를 하지 아니한 채 위 토지와 건물에 대하여 제3자에게 금 270,000,000원의 2번 근저당권설정등기를 경료함으로써 건물의 전세권자인 피해자에게 위 전세금상당의 손해를 입혔다는 내용의 공소범죄 사실을 심리함에 있어서, 피해자에게 손해를 입혔는지의 여부는 피고인이 2번 근저당권설정등기를 한 당시의 건물의 담보가치가 얼마나 되는가 하는 점을 밝혀 그 손해의 발생 여부를 판단하여야 할 것인데도 불구하고, 원심이 그로부터 9개월이 지난 후의 위 토지와 건물의 시가합계액만을 심리한 다음 위 2번 근저당권설정등기에 의하여 피고인의 피해자에 대한 전세금반환채무의 담보능력을 상실하였다고 볼 수 없다고 판단한 것은 배임죄에 있어서의 손해에 관한 법리오해와 심리미진의 위법이 있다.

---

3. 타인에게 근저당권설정의무를 부담하는 자가 제3자에게 근저당권을 설정해 줌으로써 배임죄가 성립하는 경우, 취득한 재산상 이익액 또는 타인의 손해액 산정방법 [대법원 2009. 9. 24., 선고, 2008도9213]

【판결요지】

제3자로부터 금원을 융자받을 목적으로 타인을 기망하여 그 타인 소유의 부동산에 제3자 앞으로 근저당권을 설정하게 한 자가 그로 인하여 취득하는 재산상 이익은 그 타인 소유의 부동산을 자신의 제3자와의 거래에 대한 담보로 이용할 수 있는 이익이다. 또한, 전세권설정의무를 부담하는 자가 제3자에게 근저당권을 설정하여 준 경우 그 행위가 배임죄에 해당하는지 여부를 판단하기 위해서는 당시 그 부동산의 시가 및 선순위담보권의 피담보채권액을 계산하여 그 행위로 인하여 당해 부동산의 담보가치가 상실되었는지를 따져보아야 한다. 따라서 타인에 대하여 근저당권설정의무를 부담하는 자가 제3자에게 근저당권을 설정하여 주는 배임행위로 인하여 취득하는 재산상 이익 내지 그 타인의 손해는 그 타인에게 설정하여 주기로 한 근저당권의 담보가치 중 제3자와의 거래에 대한 담보로 이용함으로써 상실된 담보가치 상당으로서, 이를 산정하는 때에 제3자에 대한 근저당권 설정 이후에도 당해 부동산의 담보가치가 남아 있는 경우에는 그 부분을 재산상 이익 내지 손해에 포함시킬 수 없다.

355②-Ⅲ-35. 금전채무를 담보하기 위하여 채무자가 그 소유의 동산을 채권자에게 점유개정에 의하여 양도한 후 이를 처분하는 등 담보가치 감소시킨 행위(적극) [대법원 2010. 11. 25., 선고, 2010도11293]

【판시사항】

금전채무를 담보하기 위하여 채무자가 그 소유의 동산을 채권자에게 점유개정에 의하여 양도한 경우에는 이른바 약한 양도담보가 설정된 것이라고 볼 것이므로, 채무자는 채권자(양도담보권자)가 담보의 목적을 달성할 수 있도록 이를 보관할 의무를 지게 되어 채권자에 대하여 그의 사무를 처리하는 자의 지위에 있게 된다 할 것이니, 채무자가 양도담보된 동산을 처분하는 등 부당히 그 담보가치를 감소시키는 행위를 한 경우에는 배임죄가 성립된다(대법원 1983. 3. 8. 선고 82도1829 판결, 대법원 1989. 7. 25. 선고 89도350 판결 등 참조).

355②-Ⅲ-36. 배임행위가 본인 이외의 제3자에 대한 '사기죄'를 구성하는 경우 별도로 '배임죄'가 성립하는지 여부(적극) 및 두 죄의 죄수 관계(=실체적 경합) [대법원 2010. 11. 11., 선고, 2010도10690]

【판시사항】

[1] 배임행위가 본인 이외의 제3자에 대한 '사기죄'를 구성하는 경우 별도로 '배임죄'가 성립하는지 여부(적극) 및 두 죄의 죄수 관계(=실체적 경합)

[2] 건물관리인이 건물주로부터 월세임대차계약 체결업무를 위임받고도 임차인들을 속여 전세임대차계약을 체결하고 그 보증금을 편취한 경우, 사기죄와 별도로 업무상배임죄가 성립하고 두 죄가 실체적 경합범의 관계에 있다고 본 원심판단을 수긍한 사례

【이 유】

배임죄에 있어 재산상의 손해를 가한 때라 함은 현실적인 손해를 가한 경우뿐만 아니라 재산상 실해 발생의 위험을 초래한 경우도 포함되고, 재산상 손해의 유무에 대한 판단은 본인의 전 재산 상태와의 관계에서 법률적 판단에 의하지 아니하고 경제적 관점에서 파악하여야 하며, 따라서 법률적 판단에 의하여 당해 배임행위가 무효라 하더라도 경제적 관점에서 파악하여 배임행위로 인하여 본인에게 현실적인 손해를 가하였거나 재산상 실해 발생의 위험을 초래한 경우에는 재산상의 손해를 가한 때에 해당한다(대법원 1999. 6. 22. 선고 99도1095 판결, 대법원 2004. 3. 26.

선고 2003도7878 판결 등 참조). 그리고 <u>본인에 대한 배임행위가 본인 이외의 제3자에 대한 사기</u> <u>죄를 구성한다 하더라도 그로 인하여 본인에게 손해가 생긴 때에는 사기죄와 함께 배임죄가 성립</u> <u>한다</u>(대법원 1987. 4. 28. 선고 83도1568 판결 참조).

---

1. 배임죄의 기수시기 및 배임으로 취득할 물건을 매수하기로 합의 내지 청탁한 자의 죄책 [대법원
   1987. 4. 28., 선고, 83도1568]
   【판시사항】
   [1] 배임행위가 본인 이외의 제3자에 대한 사기죄를 구성하는 경우 배임죄 성부
   [2] 배임죄의 기수시기 및 배임으로 취득할 물건을 매수하기로 합의 내지 청탁한 자의 죄책
   【판결요지】
   [1] 본인에 대한 배임행위가 본인 이외의 제3자에 대한 사기죄를 구성한다 하더라도 그로 인하여 본인
     에게 손해가 생긴 때에는 <u>사기죄와 함께 배임죄가 성립한다.</u>
   [2] 배임죄는 본인에게 손해를 가한 때에 기수가 되는 것이므로 본인에게 손해가 발생하기 이전에 업무
     상 배임행위로 취득할 유류를 그 배임행위자로부터 미리 이를 매수하기로 합의 내지 응탁한 피고
     인들의 행위는 배임으로 취득한 장물을 취득한 행위에 지나지 않는 것이 아니라 <u>모두 배임행위</u>
     <u>자체의 공동정범이 된다.</u>

355②-III-37. 주식회사의 신주발행에서 대표이사가 일반 주주들에 대하여 '타인의 사무를 처리하는
          자'의 지위에 있는지 여부(소극) [대법원 2010. 10. 14., 선고, 2010도387]
   【판시사항】
   [1] 주식회사의 신주발행에서 대표이사가 일반 주주들에 대하여 '타인의 사무를 처리하는 자'
   의 지위에 있는지 여부(소극)
   [2] 주식회사 한국외환은행의 매각 관련 신주발행에서 은행장 甲 및 부행장 乙이 위 은행에 대
   한 관계에서 사무처리자의 지위에 있으나, 위 은행의 기존 주주들에 대한 관계에서는 사무처리자
   의 지위에 있지 않다고 본 원심판단을 수긍한 사례
   [3] 재정경제부 금융정책국장이 한국수출입은행과 코메르츠뱅크가 보유한 주식회사 한국외환은
   행 구주매각에서 수출입은행에 대한 관계에서는 사무처리자의 지위에 있으나, 코메르츠뱅크에 대
   하여는 그렇지 않다고 본 원심판단을 수긍한 사례
   [4] 재정경제부 금융정책국장이 주식회사 한국외환은행의 매각 관련 신주발행에서 위 은행이나
   그 주주들에 대한 사무처리자의 지위에 있지 않다고 본 사례
   [5] 금융거래와 관련한 경영상의 판단과 관련하여 금융기관의 경영자에게 배임의 고의가 있었는
   지 여부를 판단하는 기준
   [6] 공무원이 공공기관 등으로부터 보유 주식의 매각협상 등에 대한 위임을 받아 그 위임사무
   및 직무의 본지에 적합하다는 판단하에 이를 처리하고 그 내용이 그 위임사무 및 직무범위 내에
   속하는 경우, 배임죄가 성립하는지 여부(원칙적 소극)
   【판결요지】

[1] 신주발행은 주식회사의 자본조달을 목적으로 하는 것으로서, 신주발행과 관련한 대표이사의 업무는 회사의 사무일 뿐이므로 신주발행 과정에서 대표이사가 납입된 주금을 회사를 위하여 사용하도록 관리·보관하는 업무 역시 회사에 대한 선관주의의무 내지 충실의무에 기한 것으로서 회사의 사무에 속하는 것이고, <u>신주발행에서 대표이사가 일반 주주들에 대하여 그들의 신주인수권과 기존 주식의 가치를 보존하는 임무를 대행한다거나 주주의 재산보전 행위에 협력하는 자로서 타인의 사무를 처리하는 자의 지위에 있다고는 볼 수 없다.</u>

[2] 주식회사 한국외환은행의 매각 관련 신주발행에서 은행장 甲 및 부행장 乙이 위 은행에 대한 관계에서 사무처리자의 지위에 있으나 위 은행의 기존 주주들에 대한 관계에서는 사무처리자의 지위에 있지 않고, 한국수출입은행과 코메르츠뱅크가 보유한 위 은행 구주매각에서 협상에 관한 위임을 받아 그들에 대한 사무처리자의 지위에 있다고 본 원심판단을 수긍한 사례.

[3] 재정경제부 금융정책국장이 한국수출입은행과 코메르츠뱅크가 보유한 주식회사 한국외환은행 구주매각에서 수출입은행에 대한 관계에서는 사무처리자의 지위에 있으나, 코메르츠뱅크에 대한 관계에서는 사무처리자의 지위에 있지 않다고 본 원심판단을 수긍한 사례.

[4] 주식회사 한국외환은행의 매각 관련 신주발행 업무가 위 은행 이사회의 결정 사항으로 그 대표이사 또는 이사의 사무에 속하는 점, 재정경제부 금융정책국장으로서의 업무집행은 국가나 정부, 국민을 위하여 부담하는 공무일 뿐, 달리 특별한 사정이 없는 한 위 은행에 대하여 부담하는 사무의 처리라고 볼 수는 없는 점 등에 비추어, 재정경제부 금융정책국장이 위 신주발행에서 위 은행이나 그 주주들에 대한 사무처리자의 지위에 있다고 볼 수는 없다.

[5] 이윤추구와 아울러 공공적 역할도 담당하는 각종 금융기관의 경영자가 금융거래와 관련한 경영상 판단을 할 때에 그 업무처리의 내용, 방법, 시기 등이 법령이나 당해 구체적 사정하에서 일의적인 것으로 특정되지 않는 경우에는 결과적으로 특정한 조치를 취하지 아니하는 바람에 본인에게 손해가 발생하였다는 사정만으로 배임의 책임을 물을 수는 없고, 그 경우 경영자에게 배임의 고의가 있었는지 여부를 판단할 때에는 문제된 경영상의 판단에 이르게 된 경위와 동기, 판단대상인 업무의 내용, 금융기관이 처한 경제적 상황, 손실발생의 개연성 등 제반 사정에 비추어 자기 또는 제3자가 재산상 이득을 취득한다는 인식과 본인에게 손해를 가한다는 인식하의 의도적 행위임이 인정되는 경우에 한하여 배임죄의 고의를 인정하는 엄격한 해석기준이 유지되어야 한다.

[6] 공무원이 공공기관 등으로부터 보유하는 주식의 매각협상 등에 대한 위임을 받은 경우 그 당시의 경제적 상황과 여건, 매각의 필요성, 매각 가격의 적정성 등을 종합적으로 고려하여 그 위임사무 및 직무의 본지에 적합하다는 판단하에 이를 처리하고 그 내용이 그 위임사무 및 직무 범위 내에 속하는 것으로 인정된다면, 특별한 사정이 없는 한 이는 정책 판단과 선택의 문제로서 그 방안의 시행에 의해 결과적으로 공공기관 등에 재산적 손해가 발생하거나 제3자에게 재산적 이익이 귀속되는 측면이 있다는 것만으로 임무위배가 있다 할 수 없으므로, 그 손해에 대해 행정적인 책임 기타 다른 법령상의 책임을 묻는 것은 모르되 이로 인해 그 행위가 배임죄에 해당한다고 할 수는 없다.

1. 사무처리자가 법적 권한이 소멸되거나 그 직에서 해임된 후 사무인계 전에 사무를 처리한 경우도 이에 해당하는지 여부(적극) [대법원 1999. 6. 22., 선고, 99도1095]

【판결요지】

배임죄는 타인의 사무를 처리하는 자가 그 임무에 위배하는 행위로써 재산상 이익을 취득하거나 제3자로 하여금 이를 취득하게 하여 본인에게 손해를 가함으로써 성립하는바, 배임죄의 주체로서 타인의 사무를 처리하는 자라 함은 타인과의 대내관계에 있어서 신의성실의 원칙에 비추어 그 사무를 처리할 신임관계가 존재한다고 인정되는 자를 의미하고 반드시 제3자에 대한 대외관계에서 그 사무에 관한 권한이 존재할 것을 요하지 않으며, 또 그 사무가 포괄적 위탁사무일 것을 요하는 것도 아니고, 사무처리의 근거, 즉 신임관계의 발생근거는 법령의 규정, 법률행위, 관습 또는 사무관리에 의하여도 발생할 수 있으므로, 법적인 권한이 소멸된 후에 사무를 처리하거나 그 사무처리자가 그 직에서 해임된 후 사무인계 전에 사무를 처리한 경우도 배임죄에 있어서의 사무를 처리하는 경우에 해당한다.

2. 금융거래와 관련한 경영상의 판단과 관련하여 금융기관의 경영자에게 배임의 고의가 있었는지 여부를 판단하는 방법 [대법원 2007. 1. 26., 선고, 2004도1632]

【판결요지】

업무상배임죄의 고의는 업무상 타인의 사무를 처리하는 자가 본인에게 재산상의 손해를 가한다는 의사와 자기 또는 제3자가 재산상 이득을 취득한다는 의사가 임무위배행위에 대한 인식과 결합하여 성립하는 것인데, 타인의 사무를 처리하는 자가 본인의 이익을 위하여 문제가 된 행위를 하였다고 주장하면서 범의를 부인하고 있는 경우에는 관련 제반 사정의 종합적인 고려하에 사물의 성질상 고의와 상당한 관련성이 있는 간접사실을 증명하는 방법에 의하여 이를 입증하여야 한다. 이윤추구와 아울러 공공적 역할도 담당하는 각종 금융기관의 경영자가 금융거래와 관련한 경영상 판단을 함에 있어서 그 업무처리의 내용, 방법, 시기 등이 법령이나 당해 구체적 사정하에서 일의적인 것으로 특정되지 않는 경우에는 결과적으로 특정한 조치를 취하지 아니하는 바람에 본인에게 손해가 발생하였다는 사정만으로 책임을 물을 수는 없고, 그 경우 경영자에게 배임의 고의가 있었는지 여부를 판단함에 있어서는 문제된 경영상의 판단에 이르게 된 경위와 동기, 판단대상인 업무의 내용, 금융기관이 처한 경제적 상황, 손실 발생의 개연성 등 제반 사정에 비추어 자기 또는 제3자가 재산상 이득을 취득한다는 인식과 본인에게 손해를 가한다는 인식하의 의도적 행위임이 인정되는 경우에 한하여 배임죄의 고의를 인정하는 엄격한 해석기준이 유지되어야 한다.

355②-Ⅲ-38. 부동산 양도담보 설정의 취지로 분양계약을 체결한 자가 임의로 그 부동산에 대하여 처분행위를 한 경우(적극) [대법원 2010. 9. 9., 선고, 2010도5975]

【판시사항】

[1] 부동산 양도담보 설정의 취지로 분양계약을 체결한 자가 임의로 그 부동산에 대하여 처분행위를 한 경우 배임죄를 구성하는지 여부(적극)

[2] 차용금 또는 공사대금의 지급을 위하여 아파트 분양계약서를 작성해 준 피고인이 관리신탁계약을 체결하여 신탁회사에 그 소유권을 이전한 행위는, 분양계약에 따라 소유권이전등기청구권을 갖고 있는 피해자들에 대한 임무위배행위로 봄이 상당하고 배임의 고의도 인정된다는 취지의

원심판단을 수긍한 사례

【이 유】

　채권자들과 부동산 양도담보 설정의 취지로 분양계약을 체결한 피고인이 그 소유권이전등기 경료 전에 임의로 그 부동산에 대하여 처분행위를 한 경우 양도담보권자의 채권에 대한 담보능력 감소의 위험이 발생한 이상 배임죄를 구성하는 것이며(대법원 1984. 8. 21. 선고 84도691 판결, 대법원 1997. 6. 24. 선고 96도1218 판결 각 참조), 피고인의 신탁등기 이전에 이미 아태호명산 빌리지 아파트의 신축공사가 완공되었음은 명백하므로, 공사대금의 지급을 위하여 분양계약을 체결한 부분에 관해서도 피고인의 임무위배행위가 충분히 인정된다.(대법원 1984. 7. 24. 선고 84도815 판결, 대법원 1985. 3. 26. 선고 85도124 판결 각 참조)

---

1. 공사수급인이 잔여공사를 하지 않아 공사비 담보조로 분양키로 한 아파트를 타에 양도한 경우(소극)
　[대법원 1984. 7. 24., 선고, 84도815]

【판결요지】

공사도급인이 공사비담보조로 수급인에게 아파트를 분양키로 약정한 경우에 수급인이 잔여공사를 완성하지 아니한 이상 위 분양계약은 조건불성취로 효력이 발생하지 아니하며 도급인에게는 소유권이전등기의무가 없다고 보아야 할 것이므로 수급인이 잔여공사를 전혀 하지 않다가 이를 포기하였다면 도급인이 아파트를 보존등기 후 수급인에게 소유권이전등기하여 주지 않고 제3자에게 처분하였다 하여도 배임죄를 구성한다고는 할 수 없다.

---

2. 정지조건부 대물변제예약을 하였다가 조건이 성취되지 아니하여 동 부동산을 다시 타에 담보 제공한 경우 배임죄의 성부(소극) [대법원 1985. 3. 26., 선고, 85도124]

【판결요지】

도급인이 수급인에게 잔여공사를 완공할 것을 정지조건으로 하여 그 공사비에 대한 대물변제로 부동산의 소유권을 이전키로 하였으나 수급인이 위 공사를 완성하지 않았다면 수급인으로서는 도급인에게 위 대물변제예약의 이행을 청구할 수 있는 지위에 있지 않다 할 것이므로 도급인이 위 부동산을 다시 다른 채권자에게 담보제공하였다 하여 이를 임무위배행위라 할 수 없다.

---

3. 양도담보설정자가 기존의 근저당권자인 제3자에게 지상권설정등기를 경료하여 준 경우(적극) [대법원 1997. 6. 24., 선고, 96도1218]

【판결요지】

배임죄에 있어서 손해란 현실적인 손해가 발생한 경우뿐만 아니라 재산상의 위험이 발생된 경우도 포함되므로, 자신의 채권자와 부동산양도담보설정계약을 체결한 피고인이 그 소유권이전등기 경료 전에 임의로 기존의 근저당권자인 제3자에게 지상권설정등기를 경료하여 준 경우, 그 지상권 설정이 새로운 채무부담행위에 기한 것이 아니라 기존의 저당권자가 가지는 채권을 저당권과 함께 담보하는 의미밖에 없다고 하더라도 이로써 양도담보권자의 채권에 대한 담보능력 감소의 위험이 발생한 이상 배임죄를 구성한다.

355②-Ⅲ-39. 영화제작사 甲회사 대표이사가 투자인인 乙회사 부담의 영화 현상료 등을 자신이

변제하지 못할 경우 장래에 발생할 회사 예금으로 변제에 충당할 의사로 甲회사 명의의 은행통장을 乙회사에 건네준 후 위 통장계좌에 입금된 예금을 출금·소비한 사안(적극) [대법원 2010. 8. 19., 선고, 2010도6280]

【판결요지】

영화제작사인 甲 회사의 대표이사가, 회사 제작의 영화 '어린왕자'에 관련된 프린트 및 현상료를 투자자인 乙 회사가 부담하는 대신, 乙 회사에 甲 회사 명의의 은행통장과 법인인감, 보안카드를 건네주고, 자신이 이를 변제하지 못할 경우 위 통장계좌로 입금받을 예정인 부가가치세 환급금으로 대체하기로 하는 내용의 지불각서를 작성하여 주었으나, 그 후 환급금의 입금 사실을 먼저 확인하고 통장 분실신고를 한 뒤 재발급받은 새 통장을 이용하여 위 돈을 다른 계좌로 이체하고 출금하여 다른 채권자들에게 지급한 사안에서, 이러한 경우 대표이사로서는 자신이 위 현상료 등을 변제할 때까지 乙 회사가 위 예금채권에 대한 실질적인 담보권을 유지하고, 나아가 이를 변제하지 못한 경우에는 乙 회사가 위 예금을 직접 출금할 수 있도록 협력해야 할 의무가 있음에도, 스스로 위 예금을 출금·소비함으로써 위 의무에 위배하여 乙 회사에 손해를 가하였으므로 배임죄를 구성한다.

355②-Ⅲ-40. 배임죄의 성립과 관련하여, '조합'에 대한 판결에 대하여 조합이 항소를 제기하는 등으로 다투고 있거나, '조합 임원'을 상대로 한 직무집행정지 가처분 등이 있는 경우, 조합장이 당연히 그 판결 등에 따른 조치를 취하여야 할 임무가 있는지 여부(소극) [대법원 2009. 9. 10., 선고, 2009도4987]

【판시사항】

배임죄에 있어서 '임무에 위배되는 행위'라 함은 처리하는 사무의 내용, 성질 등에 비추어 법령의 규정, 계약의 내용 또는 신의칙상 당연히 하여야 할 것으로 기대되는 행위를 하지 않거나 당연히 하지 않아야 할 것으로 기대되는 행위를 함으로써 본인과의 신임관계를 저버리는 일체의 행위를 포함하므로(대법원 2003. 1. 10. 선고 2002도758 판결 등 참조), 재건축정비사업조합의 조합장이 조합에 대한 법원의 판결 등의 취지에 비추어 당연히 하여야 할 것으로 기대되는 행위를 하지 않거나 당연히 하지 않아야 할 것으로 기대되는 행위를 한 경우에는 그 임무에 위배되는 행위를 한 것이라고 할 수 있을 것이지만, 조합이 당해 판결에 대하여 항소를 제기하는 등으로 다투고 있는 경우 등에도 조합장이 당연히 그 판결의 취지에 따른 조치를 취하여야 할 임무가 있다고 볼 수는 없다 할 것이고, 한편 조합이 아닌 조합 임원들을 상대로 한 직무집행정지 가처분 등이 있다고 하여 조합장에게 반드시 그에 따른 조치를 취하여야 할 임무가 있다고 볼 수도 없다.

355②-Ⅲ-41. 금융기관 대출담당 직원이 아파트를 담보로 대출을 해준 후 그 아파트에 임차인이 대항력을 갖춘 후에 그에 관한 근저당권설정등기를 마친 경우, 배임행위로 금융기관이 입은 손해액 [대법원 2009. 7. 23., 선고, 2009도3712]

【판시사항】

금융기관의 대출담당 직원이 아파트를 담보로 대출을 해준 후 그 아파트에 임차인이 전입신고를 하는 등으로 대항력을 갖추고 나서야 아파트에 대한 근저당권설정등기를 경료한 경우, 금융기관이 입은 손해는 아파트에 대한 대출액수와 대출 당시 부동산가액에서 대항력이 발생한 임대차보증금의 액수를 공제한 나머지 금액을 비교하여, 부동산 가액에서 위 임대차보증금 액수를 공제한 잔액 즉 잔존 담보가치가 대출액수에 미달하는 때에 그 부족분에 해당하는 금액이라고 봄이 상당하다.

355②-Ⅲ-42. 마을의 물류창고 신축 회사로부터 공사에 따른 피해보상 예치금을 받아 보관하던 마을 이장이 탄핵으로 사임한 후에도 후임 이장에게 위 예치금을 인계하지 않고 계속 보관하다가 예치금 반환기간이 종료되자 마을 주민들의 동의 없이 회사에 반환한 행위(적극) [대법원 2009. 2. 12., 선고, 2008도10915]

【판시사항】

이 사건 예치금은 위 예치기간 중 암반발파 작업으로 인해 마을 주민들의 건물에 발생할 수 있는 손해를 담보하기 위하여 교부된 금원으로서 마을 주민들 전체의 총유에 속한다고 할 것이고, 피고인은 마을 주민들의 대표(이장) 자격에서 이를 보관하고 있던 것에 불과하므로, 2005. 5.경 마을 주민들에 의하여 탄핵된 피고인으로서는 새로 이장으로 선임된 공소외 1에게 이 사건 예치금을 인계해 주어야 할 임무가 있으며, 이는 마을 주민들에 대하여 '타인의 사무'에 해당한다.

그리고 피고인이 위 임무에 위배하여 이 사건 예치금을 공소외 1에게 인계하지 않았을 뿐만 아니라 더 나아가 2005. 12. 26.경 그 당시는 마을의 이장도 아닌 피고인이 마을 주민들의 건물에 피해가 발생하지 아니하였음이 확정되지 아니한 상태에서 마을 이장인 공소외 1이나 마을 주민들과 상의도 없이 함부로 이 사건 예치금 전액을 공소외 회사에 반환함으로써 공소외 회사로 하여금 이를 처분할 수 있는 재산상의 이익을 취득하게 하고 마을 주민들에게 손해배상에 대한 담보를 상실하는 손해를 가한 행위는 형법 제355조 제2항 소정의 배임행위에 해당한다고 할 것이다.

355②-Ⅲ-43. 단순히 타인에 대한 채무를 부담하는 사람이 '타인의 사무를 처리하는 자'에 해당하는지 여부(소극) [대법원 2008. 6. 26., 선고, 2007도7060]

【판시사항】

배임죄는 타인의 사무를 처리하는 자가 그 임무에 위배하는 행위로써 재산상의 이익을 취득하거나 제3자로 하여금 이를 취득하게 하여 본인에게 손해를 가한 경우에 성립하는바, 재산상의 이익 취득에 관하여 배임죄의 죄책을 인정하기 위해서는 그러한 재산상의 이익취득과 임무위배행위 사이에 상당인과관계가 인정되어야 한다(대법원 2007. 7. 26. 선고 2005도6439 판결 참조).

그런데 원심이 판시한 바에 의하더라도 피고인이 알켐코리아로부터 제공받아 취득한 재산상 이익인 연구용역비와 담당직원 임금은 이 사건 시험연구용역계약에 따른 알켐코리아의 의무이행에 기한 것일 뿐, 이 사건 공소사실에서 피고인의 임무위배행위로 적시되어 있는 강원지역환경기술센터와의 계약 체결 또는 용역결과 제공으로 인하여 초래된 것이 아니므로, 원심이 지적하고 있는 재산상 이익의 취득과 피고인의 임무위배행위 사이에는 상당인과관계를 인정할 수 없다.

355②-Ⅲ-44. 비상장주식의 시가 또는 실제가치 평가방법 [대법원 2008. 5. 15., 선고, 2005도7911]

【판시사항】

[1] 비상장주식의 시가 또는 실제 가치의 평가방법

[2] 재벌그룹 소속 甲회사가 골프장 건설사업을 진행 중인 비상장회사 乙의 주식 전부를 보유하고 乙회사를 위하여 수백억 원의 채무보증을 한 상태에서 甲회사의 대표이사와 이사들이 乙회사의 주식 전부를 주당 1원으로 계산하여 위 대표이사 등에게 매도한 사안

[3] 재벌그룹 소속의 상장법인인 회사의 이사들이 대표이사이자 대주주인 丙에게 자사주를 매각한 사안

【판결요지】

[1] 비상장주식을 거래한 경우 그 시가는 객관적 교환가치가 적정하게 반영된 <u>정상적인 거래의 실례가 있는 경우에는 그 거래가격을 시가로 보아</u> 주식의 가액을 평가하여야 하나, 그러한 <u>거래 사례가 없는 경우에는 보편적으로 인정되는 여러 가지 평가 방법들을 고려하되 거래 당시 당해 비상장법인 및 거래당사자의 상황, 당해 업종의 특성 등을 종합적으로 고려하여 합리적으로 판단</u>하여야 한다.

[2] 당시 乙회사의 채무 상태는 부채가 자산을 근소하게 초과하고 있었다 하더라도 회원권이 분양되기 전에는 수입을 기대할 수 없는 골프장 사업의 특성상 이는 당연한 것이고 향후 골프장 사업계획을 실행하여 수익을 내고 기업의 가치도 상승할 가능성이 충분하므로, 위 주식 매도행위는 甲회사에 주식의 내재된 가치를 포기하면서 신용위험만을 부담시키는 것으로서 <u>甲회사에 주식의 적정한 거래가격과 매도가격의 차액 상당에 해당하는 손해를 가한 배임행위에 해당한다.</u>

[3] 丙이 사실상 지배·보유하고 있는 의결권 있는 보통 주식의 일정 부분이 의결권이 제한된 상태에서 회사의 지배구조에 상당한 영향을 미칠 수 있는 정도의 자사주 매각거래를 하면서, 적절한 매각 상대방을 선정하고 매각조건 등을 결정하는 절차를 거치는 등의 노력을 하지 않은 채 회사에는 별다른 이익이 없는 반면 丙에게 일방적으로 유리한 매각조건으로 자사주 매각을 단행한 점 및 매수인인 丙의 이익과 편의를 가져온 거래의 제반 상황에 비추어, <u>위 자사주 매각행위는 회사를 위한다는 경영상의 판단에 기초한 것이 아닌 丙의 개인적 이익을 위한 것으로서 배임죄의 고의와 본인인 회사의 재산 상태에 손해를 가하는 결과가 발생하였다</u>는 점을 모두 인정한 사례.

355②-Ⅲ-45. 금융기관의 임직원이 예금주에 대하여 타인의 사무를 처리하는 자의 지위에 있는지 여부(소극) [대법원 2008. 4. 24., 선고, 2008도1408]

【판결요지】

이른바 보통예금은 은행 등 법률이 정하는 금융기관을 수치인으로 하는 금전의 소비임치 계약으로서, 그 예금계좌에 입금된 금전의 소유권은 금융기관에 이전되고, 예금주는 그 예금계좌를 통한 예금반환채권을 취득하는 것이므로, 금융기관의 임직원은 예금주로부터 예금계좌를 통한 적법한 예금반환 청구가 있으면 이에 응할 의무가 있을 뿐 예금주와의 사이에서 그의 재산관리에 관

한 사무를 처리하는 자의 지위에 있다고 할 수 없다.

355②-Ⅲ-46. 계약명의신탁에서 수탁자가 신탁자에 대하여 '타인의 사무를 처리하는 자'에 해당하는지 여부(소극) [대법원 2008. 3. 27., 선고, 2008도455]

【판시사항】

신탁자와 수탁자가 명의신탁약정을 맺고, 그에 따라 수탁자가 당사자가 되어 명의신탁약정이 있다는 사실을 알지 못하는 소유자와 사이에서 부동산에 관한 매매계약을 체결한 계약명의신탁에 있어, 수탁자는 신탁자에 대한 관계에서도 신탁 부동산의 소유권을 완전히 취득하고 단지 신탁자에 대하여 명의신탁약정의 무효로 인한 부당이득 반환의부만을 부담할 뿐인바, 그와 같은 부당이득 반환의무는 명의신탁약정의 무효로 인하여 수탁자가 신탁자에 대하여 부담하는 통상의 채무에 불과할 뿐 아니라 신탁자와 수탁자 간의 명의신탁약정이 무효인 이상, 특별한 사정이 없는 한 신탁자와 수탁자 간에 명의신탁약정과 함께 이루어진 부동산 매입의 위임 약정 역시 무효라고 할 것이므로, 수탁자가 신탁자와의 신임관계에 기하여 신탁자를 위하여 신탁 부동산을 관리한다거나 신탁자의 허락 없이 이를 처분하여서는 아니되는 의무를 부담하는 등으로 타인의 사무를 처리하는 자의 지위에 있다고 볼 수 없다(대법원 2001. 9. 25. 선고 2001도2722 판결, 대법원 2004. 4. 27. 선고 2003도6994 판결 등 참조).

355②-Ⅲ-47. 채무담보로 근저당권설정등기 의무를 지고 있는 자가 제3자 명의로 근저당권설정등기를 마친 경우(적극) [대법원 2008. 3. 27., 선고, 2007도9328]

【판시사항】

[1] 채무의 담보로 근저당권설정등기 의무를 지고 있는 자가 제3자 명의로 근저당권설정등기를 마친 경우, 배임죄가 성립하는지 여부(적극)

[2] 피해자에게 근저당권을 설정해 주겠다고 기망하여 금원을 편취한 다음 목적 부동산에 대하여 제3자에게 근저당권을 설정하여 준 배임행위가 사기죄의 불가벌적 사후행위인지 여부(소극)

【판결요지】

[1] 채무의 담보로 근저당권설정등기를 하여 줄 임무가 있음에도 불구하고 이를 이행하지 않고 임의로 제3자 명의로 근저당권설정등기를 마치는 행위는 배임죄를 구성한다.

[2] 부동산에 피해자 명의의 근저당권을 설정하여 줄 의사가 없음에도 피해자를 속이고 근저당권설정을 약정하여 금원을 편취한 경우라 할지라도, 이러한 약정은 사기 등을 이유로 취소되지 않는 한 여전히 유효하여 피해자 명의의 근저당권설정등기를 하여 줄 임무가 발생하는 것이고, 그럼에도 불구하고 임무에 위배하여 그 부동산에 관하여 제3자 명의로 근저당권설정등기를 마친 경우, 이러한 배임행위는 금원을 편취한 사기죄와는 전혀 다른 새로운 보호법익을 침해하는 행위로서 사기 범행의 불가벌적 사후행위가 되는 것이 아니라 별죄를 구성한다.

355②-Ⅲ-48. 불량대출이 배임죄를 구성하기 위한 요건 [대법원 2008. 2. 14., 선고, 2007도7716]

[1] 이른바 불량대출이 배임죄를 구성하기 위한 요건

[2] 회수할 수 없게 된 은행채권을 회수하기 위한 신규대출과 배임죄의 성부

[3] 이미 신용불량자로 등록되어 있어 추가대출이 불가능한데도 마치 그 연체대출금이 모두 변제된 것처럼 전산조작을 하여 부정대출을 해주었더라도, 이로 인하여 결과적으로 회수한 채권액이 더 많아졌다면 계산상 대출금융기관에게 손해가 아닌 이익이 되었다고 볼 여지가 있다.

【이 유】

은행의 지점장 등 대출업무를 담당하는 자가 그 업무취급에 관한 은행의 관계규정을 위반하여 담보물에 대한 대출한도액을 초과하여 대출하거나 담보로 할 수 없는 물건을 담보로 하여 대출을 하는 등 이른바 불량대출을 하였을 경우에 그것이 배임죄를 구성하려면 그와 같은 <u>대출행위가 배임이 된다는 인식하에 대출금 채권의 확보를 위한 조치를 하지 아니하여 회수의 확실성이 없는 채권을 발생하게 함으로써 은행에 재산상의 손해를 가하는 등의 요건을 갖추어야 할 것이므로 그 대출이 정상적인 방법으로 회수할 수 없게 된 은행채권을 회수하기 위하여 이루어진 경우에 있어서는 그 대출을 위하여 제공받는 물적, 인적담보에 의한 회수의 가능성과 그렇게 대출함으로써 회수할 수 없게 된 채권을 회수할 수 있는가를 은행의 대출관계 규정이나 업무관행에 따른 통상의 업무집행범위에 비추어 구체적인 상황에 따라 실질적으로 판단하여야 할 것이다.</u> 그러므로 비록 담보물에 대한 대출한도액을 초과하여 대출하거나 담보로 할 수 없는 물건을 담보로 하여 대출하였다 하더라도 그 대출에 따른 물적, 인적담보를 확보하여 그렇게 대출한 것이 회수할 수 없는 채권을 회수하여 실질적으로 은행에 이익이 되고 그것이 통상적인 업무집행범위에 속하는 것으로 용인될 수 있는 것이라면 그 대출로 인하여 회수의 확실성이 없는 일부 채권이 발생하였다 하여 이를 가지고 대출업무 담당자로서의 채권확보조치를 하지 아니한 임무위반행위에 해당하고 또 그와 같은 임무위반의 인식이 있었다고 볼 수 없다 할 것이다(대법원 1987. 4. 4. 선고 85도1339 판결 참조).

---

1. 회수할 수 없게 된 은행채권을 회수하기 위한 대출과 배임죄 성부 [대법원 1987. 4. 4., 선고, 85도1339]

【판결요지】

비록 담보물에 대한 대출한도액을 초과하여 대출하거나 담보로 할 수 없는 물건을 담보로 하여 대출하였다 하더라도 그 대출에 따른 인적, 물적담보를 확보하여 그렇게 대출한 것이 회수할 수 없는 채권을 회수하여 실질적으로 은행에 이익이 되고 그것이 통상적인 업무집행 범위에 속하는 것으로 용인될 수 있는 것이라면 그 대출로 인하여 회수의 확실성이 없는 일부채권이 발생하였다 하여 이를 가지고 대출업무담당자로서의 채권확보조치를 하지 아니한 임무위반행위에 해당하거나 그와 같은 임무위반의 인식이 있었다고 볼 수 없다.

355②-Ⅲ-49. 근저당권설정자가 등기관계 서류를 위조하여 근저당권설정등기를 말소한 경우(소극)
　　　　　[대법원 2007. 8. 24., 선고, 2007도3408]

【판시사항】

채무자가 제3자 소유의 부동산을 채무의 담보로 제공하기로 한 약정에 따라 채권자를 위하여 그 부동산에 근저당권설정등기를 경료하여 준 경우, 이로써 채무자는 담보제공약정상의 의무를 이행한 것이 되고, 그 후 위 근저당권설정등기를 임의로 말소하여서 안 되는 것은 물권의 대세적 효력의 당연한 귀결로서 채무자를 포함한 모든 사람이 부담하는 의무이고 채무자가 그 담보제공약정에 따라 채권자의 재산의 관리보호를 위하여 특별히 부담하는 의무는 아니므로, 채무자가 등기관계 서류를 위조하여 근저당권설정등기를 말소하였다 하더라도 이는 문서에 관한 범죄를 구성할 뿐이고 달리 배임죄를 구성한다고 할 수 없다(대법원 1987. 8. 18. 선고 87도201 판결 참조).

355②-Ⅲ-50. 실제 회사 업무를 전혀 수행하지 않는 임원에 대한 정기적인 보수 지급행위가 정당화될 수 있는지 여부(원칙적 소극) [대법원 2007. 6. 1., 선고, 2006도1813]

【판시사항】

[1] 배임죄의 주체인 타인의 사무를 처리하는 자에게 대외관계에서 그 사무에 관한 권한이 존재할 것이 필요한지 여부(소극)

[2] 실제 회사 업무를 전혀 수행하지 않는 임원에 대한 정기적인 보수 지급행위가 정당화될 수 있는지 여부(원칙적 소극)

【판결요지】

[1] 배임죄의 주체인 타인의 사무를 처리하는 자라 함은 타인과의 대내관계에 있어서 신의성실의 원칙에 비추어 그 사무를 처리할 신임관계가 존재한다고 인정되는 자를 의미하고, 반드시 제3자에 대한 대외관계에서 그 사무에 관한 권한이 존재할 것을 요하지 않는다.

[2] 주주총회나 이사회의 결의에 의하여 주식회사의 임원에 대한 추상적인 보수액이 결정되었다고 하더라도 실제 회사 업무를 전혀 수행하지 않는 임원의 경우에는 구체적인 보수 지급청구권이 발생하지 않고, 주식회사는 주주와 독립된 별개의 권리주체로서 그 이해가 반드시 일치하는 것은 아니므로 주주총회나 이사회에서 임원을 해임하지 않았다거나 해임할 가능성이 없다는 이유만으로 실제 회사 업무를 전혀 수행하지 않는 임원에 대한 정기적인 보수 지급행위가 정당화될 수는 없다.

355②-Ⅲ-51. 부동산매도 후 그 매매계약을 해제하고 다시 제3자에게 매도하였으나 해제가 부적법한 경우, 배임죄의 범의가 인정되는지 여부(한정 적극) [대법원 2007. 3. 29., 선고, 2006도6674]

【판시사항】

[1] 부동산을 매도한 후 그 매매계약을 해제하고 다시 제3자에게 매도하였으나 해제가 부적법한 경우, 배임죄의 범의가 인정되는지 여부(한정 적극) 및 위 법리가 기부약정과 같은 증여계약에도 적용되는지 여부(적극)

[2] 증여자가 법인과의 부동산 기부약정에 관하여 적법한 해제사유가 있다고 믿었지만 그 믿음에 정당한 사유가 있지 아니하다고 보아, 증여자가 증여 부동산들을 제3자에게 매도한 행위가 배임죄를 구성한다고 본 사례

【이 유】

매매계약에 있어서 매도인이 부동산을 매도한 후 그 매매계약을 해제하고 이를 다시 제3자에게 매도한 경우에 그 매매계약의 해제가 해제요건을 갖추지 못하여 부적법하더라도 매도인이 그 해제가 적법한 것으로 믿고 그 믿음에 정당한 이유가 있다면 매도인에게 배임죄의 범의를 인정할 수 없지만, 피고인이 들고 있는 계약해제사유가 적법한 것이 아닌데 피고인이 이를 적법한 해제 사유로 믿고 그 믿음에 정당한 사유가 있었다고 보여지지 아니하는 경우 피고인의 배임의 범의는 인정되며(대법원 2006. 5. 12. 선고 2006도1140 판결 등 참조), 이와 같은 법리는 이 사건 기부 약정과 같은 증여계약에도 마찬가지로 적용되어야 한다.

355②-Ⅲ-52. 채권담보를 목적으로 부동산 소유권이전등기를 경료받은 채권자가 그 변제기일 이전에 이를 제3자에게 처분한 경우(적극) [대법원 2007. 1. 25., 선고, 2005도7559]

【판시사항】

채권의 담보를 목적으로 부동산의 소유권이전등기를 경료받은 채권자는 채무자가 변제기일까지 그 채무를 변제하면 채무자에게 그 소유명의를 환원하여 주기 위하여 그 소유권이전등기를 이행할 의무가 있으므로 그 변제기일 이전에 그 임무에 위배하여 이를 제3자에게 처분하였다면 변제기일까지 채무자의 변제가 없었다 하더라도 배임죄가 성립한다(대법원 1992. 7. 14. 선고 92도753 판결 참조).

355②-Ⅲ-53. 지상건물을 철거해 주기로 약정한 대지매도인이 잔금 수령 후 철거약정기한 전에 그 건물에 관하여 타인 앞으로 가등기를 마쳐준 경우(원칙적 적극) [대법원 2006. 12. 21., 선고, 2006도2684]

【판시사항】

대지 및 지상건물의 소유자가 대지를 매도하면서 잔대금 수령 후 일정 기간 내에 매수인을 위하여 그 지상건물을 스스로 철거하고 멸실등기절차를 해주기로 약정하였음에도 매수인으로부터 잔대금을 모두 수령한 뒤에 그 지상건물에 대하여 제3자 앞으로 소유권이전청구권 보전을 위한 가등기를 마쳐주었다면, 그와 같은 매도인의 행위는 대지에 대한 매수인의 소유권행사에 지장을 초래케 하였다는 점에서 매수인 앞으로의 소유권이전등기임무에 위반되는 배임행위라고 할 것이지만(대법원 1983. 6. 14. 선고 81도2278 판결 참조), 매도인이 지상건물을 철거하기로 약속한 기한까지 위 가등기를 말소하고 건물철거의무를 이행할 수 있을 것으로 믿었고 객관적으로도 그 이행이 가능하였다는 등의 특별한 사정이 있는 경우에는 배임죄의 고의가 인정되지 않는다고 봄이 상당하다.

355②-Ⅲ-54. 1인회사에 있어서 1인 주주가 회사에 대한 배임죄의 주체가 될 수 있는지 여부(적극) [대법원 2006. 6. 16., 선고, 2004도7585]

【판시사항】

이른바 1인회사에 있어서도 행위의 주체와 그 본인은 분명히 별개의 인격이며, 그 본인인 주식회사에 재산상 손해가 발생하였을 때 배임죄는 성립하는 것이므로 궁극적으로 그 손해가 주주의 손해가 된다 하더라도 이미 성립한 죄에는 아무 소장이 없다 할 것인바(대법원 1983. 12. 13. 선고 83도2330 전원합의체 판결 등 참조), 피고인이 다른 주주들의 주식을 모두 취득하려 하였다는 사정만으로 배임죄의 성립에 영향을 미치는 것도 아니므로, 이에 반하는 상고이유의 주장은 받아들일 수 없다.

---

1. 소위 1인 주주가 회사에 대한 배임죄의 주체가 될 수 있느냐 여부(적극) [대법원 1983. 12. 13., 선고, 83도2330, 전원합의체 판결]

【판시사항】

[1] 소위 1인 주주가 회사에 대한 배임죄의 주체가 될 수 있느냐 여부(적극)

[2] 본인에게 손해를 가하려는 의사가 배임죄의 구성요건인지 여부(소극)

【판결요지】

[1] 배임죄의 주체는 타인을 위하여 사무를 처리하는 자이며, 그의 임무위반 행위로써 그 타인인 본인에게 재산상의 손해를 발생케 하였을 때 이 죄가 성립되는 것인 즉, <u>소위 1인회사에 있어서도 행위의 주체와 그 본인은 분명히 별개의 인격이며, 그 본인인 주식회사에 재산상 손해가 발생하였을 때 배임죄는 기수가 되는 것이므로 궁극적으로 그 손해가 주주의 손해가 된다 하더라도 이미 성립한 죄에는 아무 소장이 없다.</u>

[2] 우리 형법은 배임죄에 있어 자기 또는 제3자의 이익을 도모하고 또 본인에게 손해를 가하려는 목적을 그 구성요건으로 규정하고 있지 않으므로 배임죄의 범의는 자기의 행위가 그 임무에 위배한다는 인식으로 족하고, 본인에게 손해를 가하려는 의사는 이를 필요로 하지 않는다.

---

2. 1인 주주회사에 있어 그 주주가 회사에 대한 배임죄의 주체가 될 수 있는지 여부 [대법원 1984. 9. 25., 선고, 84도1581]

【판결요지】

(A)금고와 (B)금고의 모든 주식이 사실상 피고인 (갑)에게 귀속되어 있어 위 양 금고가 소위 1인 주식회사라 하더라도 위 금고들은 주식회사로서 피고인 (갑)과는 행위주체에 있어 별개의 인격체이므로 그 본인인 주식회사에 손해가 발생하였을 때 배임죄는 기수가 되는 것이며, 궁극적으로 그 손해가 주주의 손해가 된다 하더라도 위 금고들의 손해가 반드시 주주인 피고인 (갑)의 손해와 일치한다고도 할 수 없다.

355②-Ⅲ-55. 서면에 의하지 아니한 증여계약이 행하여진 경우, 증여자가 수증자에 대하여 배임죄의 주체인 타인의 사무를 처리하는 자의 지위에 있는지 여부(소극) [대법원 2005. 12. 9., 선고, 2005도5962]

【판결요지】

서면에 의하지 아니한 증여계약이 행하여진 경우 당사자는 그 증여가 이행되기 전까지는 언제든지 이를 해제할 수 있으므로 증여자가 구두의 증여계약에 따라 수증자에 대하여 증여 목적물의 소유권을 이전하여 줄 의무를 부담한다고 하더라도 그 증여자는 수증자의 사무를 처리하는 자의 지위에 있다고 할 수 없다.

355②-Ⅲ-56. 학교법인 이사장이 법인의 명의로 자금사정이 악화되어 있던 제3자의 채무를 인수하면서

약속어음에 배서연대보증행위를 한 경우(적극) [대법원 2005. 8. 25., 선고, 2005도3410]

【판시사항】

학교법인의 이사장이 위 법인의 명의로 임의로 채무부담 행위를 하여서는 아니 된다는 사실을 잘 알면서도 자금사정이 악화되어 있던 제3자의 채무를 사실상 인수하면서 약속어음에 배서연대보증행위를 하였다면 배임의 범의를 충분히 인정할 수 있다고 한 원심의 판단을 수긍한 사례

【이 유】

학교법인의 경우 그 사용목적에 따른 재산을 보존하기 위하여 관계 법령 또는 정관에서 재산의 처분행위나 채무의 부담행위에 대하여 엄격한 절차를 규정하고 있고, 학교법인 (법인명 생략)의 이사장인 피고인이 관련 법령 또는 정관 규정의 취지에 의하여 학교법인 명의로는 임의로 채무를 부담하는 행위를 하여서는 아니 된다는 사실을 잘 알면서도, 그러한 임무에 위반하여 자금사정이 악화되어 있던 의료법인 (법인명 생략)의 주식회사 영천상호신용금고에 대한 채무를 사실상 인수하면서 이 사건 약속어음에 배서연대보증행위를 하였으므로 피고인에게 배임의 범의를 충분히 인정할 수 있다.

355②-Ⅲ-57. 단순히 회사에 손해가 발생하였다는 결과만으로 회사 임원에게 책임을 묻거나 주의의무를 소홀히 한 과실이 있다는 이유로 배임 고의가 있다고 하기는 어렵다.
[대법원 2005. 6. 9., 선고, 2004도2786]

【판시사항】

단순히 회사에 손해가 발생하였다는 결과만으로 회사 임원인 피고인에게 책임을 묻거나 주의의무를 소홀히 한 과실이 있다는 이유로 피고인에게 배임의 고의가 있었다고 하기는 어렵다.

【판결요지】

부동산신탁회사의 상무이사인 피고인이 토지개발신탁사업의 개발투자비 상환채권을 담보하기 위해 제공된 공소외인 소유의 부동산에 관한 관리·처분신탁계약을 해지하고 소유권이전등기를 환원한 사안에서, 피고인은 결재권자로서 담당 지점장이 보고한 내용을 검토, 확인한 후 이를 승인하였고, 피고인 자신의 개인적인 이익을 취하거나 위탁자로 하여금 재산상의 이익을 취하게 할 의도가 있었다고 볼 사정이 없으므로, 단순히 부동산신탁회사에 손해가 발생하였다는 결과만으로 피고인에게 책임을 묻거나 주의의무를 소홀히 한 과실이 있다는 이유로 피고인에게 배임의 고의가 있었다고 하기는 어렵다.

355②-Ⅲ-58. 골프시설 운영자가 일반회원들을 위한 회원의 날을 없애고, 일반회원들 중에서 주말예약에 대하여 우선권이 있는 특별회원을 모집한 것이 일반회원들에 대한 배임죄 여부(소극)
[대법원 2003. 9. 26., 선고, 2003도763]

【판결요지】

골프시설의 운영자가 일반회원들을 위한 회원의 날을 없애고, 일반회원들 중에서 주말예약에 대하여 우선권이 있는 특별회원을 모집함으로써 일반회원들의 주말예약권을 사실상 제한하거나 박탈하는 결과가 되었다고 하더라도, 이는 일반회원들에 대한 회원가입계약에 따른 민사상의 채

무를 불이행한 것에 불과하고, 골프시설의 운영자가 일반회원들의 골프회원권이라는 재산관리에 관한 사무를 대행하거나 그 재산의 보전행위에 협력하는 지위에 있다고 할 수는 없으므로 배임죄의 주체인 타인의 사무를 처리하는 자에 해당하지 아니한다는 이유로 일반회원들에 대한 배임죄를 구성하지 아니한다.

355②-Ⅲ-59. 금융기관에 대한 피담보채무를 이행인수하면서 공장저당법에 의하여 공장저당권이 설정된 공작기계를 함께 양수한 자가 제3자에게 그 목적물을 처분한 경우(적극) [대법원 2003. 7. 11., 선고, 2003도67]

【판결요지】

설정자로부터 그의 금융기관에 대한 피담보채무를 이행인수하면서 공장저당법에 의하여 공장저당권이 설정된 공장기계를 함께 양수한 자는 그 채무 변제시까지 목적물을 담보 목적에 맞게 보관하여야 할 임무가 있다고 할 것이므로 그 임무에 위배하여 제3자에게 임의 매도하였다면 공장저당권자에 대하여 배임죄가 성립한다.

355②-Ⅲ-60. 미성년자와 친생자관계가 없으나 호적상 친모로 등재되어 있는 자가 미성년자의 상속재산 처분에 관여한 경우 [대법원 2002. 6. 14., 선고, 2001도3534]

【판결요지】

미성년자와 친생자관계가 없으나 호적상 친모로 등재되어 있는 자가 미성년자의 상속재산 처분에 관여한 경우, 배임죄에 있어서 타인의 사무를 처리하는 자의 지위에 있다.

355②-Ⅲ-61. 비영리재단법인 이사장의 행위가 주무관청의 허가의 문제로 법률상 유효한지 여부와 관계없이 재단법인과 사이의 신임관계를 저버린 배임행위에 해당한다. [대법원 2001. 9. 28., 선고, 99도2639]

【판결요지】

비영리 재단법인의 이사장이 설립목적과는 다른 목적으로 기본재산을 매수하여 사용할 의도를 가진 공소외인과 사이에 기본재산의 직접적인 매도는 주무관청의 허가문제 등으로 불가능하자 이사진 등을 교체하는 방법으로 재단법인의 운영을 공소외인에게 넘긴 후 공소외인이 의도하는 사업을 할 수 있게 재단법인의 명칭과 목적을 변경함으로써 사실상 기본재산을 매각하는 효과를 얻되 그 대가로 금원을 받기로 하는 약정을 체결하고 그 일부를 수령한 경우, 주무관청의 허가의 문제로 법률상 유효한 약정인가 여부와 관계없이 재단법인과 사이의 신임관계를 저버린 배임행위에 해당한다.

355②-Ⅲ-62. 배임죄에 있어서 범의 입증 방법 및 대출에 있어서 부실한 담보를 받고 대출한도 거래약정 또는 여신한도 거래약정을 체결한 다음 수차에 걸쳐 대출금 인출이 이루어진 경우, 배임죄 죄수(=단순일죄) [대법원 2001. 2. 9., 선고, 2000도5000]

【판결요지】

배임죄의 범의는 피고인이 자인하지 아니하는 경우 사물의 성질상 배임의 범의와 상당한 관련성이 있는 간접사실을 증명하는 방법에 의하여 입증될 수밖에 없으며, 대출에 있어서 부실한 담보를 받고 대출한도 거래약정 또는 여신한도 거래약정을 체결하면 그 때에 그 한도금액 범위 내에서 한 개의 배임죄가 성립한다고 볼 것이며 그 한도금액을 여러 번에 걸쳐 나누어 인출하였다고 하여 그 여러 번의 인출행위를 포괄하여 배임죄의 일죄가 성립한다고 볼 것은 아니다.

> **1. 타인의 사무를 처리하는 자가 그 임무에 위배하여 채무자에게 기존 대출금에 대한 대출기한을 연장해 준 경우(한정 소극) [대법원 1999. 7. 9., 선고, 99도1864]**
>
> 【판결요지】
>
> 배임죄는 타인의 사무를 처리하는 자가 그 임무에 위배하는 행위로 인하여 재산상의 이익을 취득하거나 제3자로 하여금 이를 취득하게 하여 본인에게 손해를 가하는 것을 내용으로 하는 범죄로서, 배임죄가 성립하기 위하여는 행위자의 임무위배행위로 인하여 본인에게 재산상 손해가 발생 또는 발생할 염려가 있어야 하는 것인바, 타인의 사무를 처리하는 자가 그 임무에 위배하여 채무자에게 기존 대출금에 대한 대출기한을 연장해 준 경우, <u>기한 연장 당시에는 채무자로부터 대출금을 모두 회수할 수 있었는데 기한을 연장해 주면 채무자의 자금사정이 대출금을 회수할 수 없을 정도로 악화되리라는 사정을 알고 그 기한을 연장해 준 경우에 그 기한연장으로 인한 새로운 손해가 발생하였다고 할 수 있을 것이므로 이러한 사정이 밝혀지지 않고서는 대출기한을 연장해 준 부분을 따로 떼어 배임죄가 성립된다고 말할 수는 없을 것이다.</u>

355②-Ⅲ-63. 사실상 학교법인의 경영을 주도하고 업무를 총괄하며 학교자금을 보관·관리하는 업무를 취급하고 있는 학교법인 이사 겸 학교법인이 설립한 고등학교의 교장이 학교재산에 관한 임대차계약을 체결한 경우 [대법원 2000. 3. 14., 선고, 99도457]

【판시사항】

[1] 사실상 학교법인의 경영을 주도하고 업무를 총괄하며 학교자금을 보관·관리하는 업무를 취급하고 있는 학교법인의 이사 겸 학교법인이 설립한 고등학교의 교장이 학교재산에 관한 임대차계약을 체결한 경우, 업무상배임죄의 주체가 될 수 있다.

[2] 배임죄에 있어 '임무에 위배하는 행위'의 의미 및 배임행위가 재산처분에 관한 결정권을 가진 학교법인 이사회의 결의 또는 감독청의 허가를 받아서 한 것일 경우, 위법성이 조각되는지 여부(소극)

【판결요지】

[1] 사실상 학교법인의 경영을 주도하고 업무를 총괄하며 학교자금을 보관·관리하는 업무를 취급하고 있는 학교법인의 이사 겸 학교법인이 설립한 고등학교의 교장이 학교재산에 관한 임대차계약을 체결한 경우, 업무상배임죄의 주체가 될 수 있다.

[2] 배임죄에 있어서 '임무에 위배하는 행위'라 함은 처리하는 사무의 내용, 성질 등에 비추어 법령의 규정, 계약의 내용 또는 신의칙상 당연히 하여야 할 것으로 기대되는 행위를 하지 않거나 당연히 하지 않아야 할 것으로 기대되는 행위를 함으로써 본인과의 신임관계를 저버리는 일체의 행위를 포함하며, 이에 해당하는 한 재산처분에 관한 결정권을 가진 학교법인의 이사회의 결의가

있었다거나 감독청의 허가를 받아서 한 것이라고 하여 정당화할 수 없다.

---

1. 학교법인의 이사장과 대표이사가 감독청의 허가를 받아 학교법인의 기본재산을 예상전매가격보다 훨씬 낮은 가격으로 처분함으로써 학교법인에게 손해를 가한 경우 배임행위의 성립시기 [대법원 1990. 6. 8., 선고, 89도1417]

【판시사항】

[1] 학교법인의 이사장과 대표이사가 감독청의 허가를 받아 학교법인의 기본재산을 예상전매가격보다 훨씬 낮은 가격으로 처분함으로써 학교법인에게 손해를 가한 경우 배임행위의 성립시기

[2] 학교법인의 이사장이 학교법인 소유의 토지를 예측되는 전매가격보다 현저한 저가로 매도한 행위가 임무에 위배되는 배임행위가 되는지 여부(적극) 및 이에 관하여 학교법인 이사회의 결의가 있었다거나 감독청의 허가조건에 위반되지 아니한다는 사유가 위법성조각사유가 되는지 여부(소극)

【판결요지】

[1] 감독청의 허가를 받지 아니한 학교법인의 기본재산 매도행위는 사립학교법 제28조 제1항에 위반되어 당연무효로서 그 자체만으로서는 학교법인의 재산상태에 어떠한 영향을 미칠 수 없는 것이므로 학교법인의 이사장과 대표이사가 학교법인의 기본재산을 예상 전매가격보다 훨씬 낮은 가격으로 처분함으로써 학교법인에게 재산상의 손해를 가한 경우에 배임행위의 성립시기는 <u>토지의 매각에 관한 감독청의 허가를 받아 이를 유효하게 처분할 수 있게 된 상황에서 매수인과 사이의 매매계약을 체결하여 매도한 때</u>라 할 것이고, 감독청의 허가를 받기 이전에 학교법인의 이사들 전원이 매수인에게 위 토지의 매수를 요청하여 매수인이 그 요청을 수락하였다거나, 그후 매수인과 토지의 매매에 관한 가계약을 체결한 사실 등은 피고인들이 위범행에 이르게 된 과정에 지나지 아니한다.

[2] 배임죄 구성에 있어서 임무에 위배하는 행위라 함은 처리하는 사무의 내용, 성질등에 비추어 법령의 규정, 계약의 내용 또는 신의칙상 당연히 하여야 할 것으로 기대되는 행위를 하지 않거나 당연히 하지 않아야 할 것으로 기대되는 행위를 함으로써 본인과의 신임관계를 저버리는 일체의 행위를 포함한다고 할 것인바, 학교법인의 이사장이 학교법인 소유의 토지를 매도함에 있어서 그 매수인이 그 매매목적물인 부동산을 매수 즉시 그 매매가격보다 월등하게 높은 가격으로 전매할 것임을 알면서도 이를 확실하게 예측되는 전매가격보다 현저한 저가로 매도하였다면, 이는 그 임무에 위배되는 배임행위로서 본인인 학교법인에게 손해를 가하였다고 보지 아니할 수 없고 위의 저가매도에 관하여 재산처분에 관한 결정권을 가진 학교법인의 이사회의 경의가 있었다거나 그것이 감독청의 허가조건에 위배되지 아니한다는 사유만으로는 그 배임행위를 정당화 할 수 없다.

355②-Ⅲ-64. 배임죄 성립에 행위자의 적법한 대리권이 필요한지 여부(소극) [대법원 1999. 9. 17., 선고, 97도3219]

【판결요지】

배임죄에 있어서 타인의 사무를 처리하는 자라 함은 양자간의 신임관계에 기초를 둔 타인의 재산보호 내지 관리의무가 있음을 그 본질적 내용으로 하는 것이므로, 배임죄의 성립에 있어 행위자가 대외관계에서 타인의 재산을 처분할 적법한 대리권이 있음을 요하지 아니한다.

355②-Ⅲ-65. 배임죄에 있어서 본인에게 손해를 가한 때의 의미 및 그 손해액을 잘못 산정한 것이

위법한지 여부(적극) [대법원 1999. 4. 13., 선고, 98도4022]

【판시사항】

[1] 배임죄의 주관적 요건과 그 인정 방법

[2] 동일한 토지에 관하여 피해자로부터는 소유권이전등기신청 업무를, 제3자로부터는 가압류신청 업무를 각 의뢰받은 법무사 사무실 사무장이 가압류 기입등기 촉탁 후 피해자 앞으로의 소유권이전등기서류를 접수시키기 위하여 소유권이전등기 업무를 의도적으로 지연시킴으로써 피해자에게 손해를 입게 하였다는 점에 관한 고의를 인정하기 부족하다.

[3] 배임죄에 있어서 본인에게 손해를 가한 때의 의미 및 그 손해액을 잘못 산정한 것이 위법한지 여부(적극)

【판결요지】

[1] 배임죄가 성립하기 위하여는 주관적 요건으로서 임무에 위배되는 행위를 한다는 인식 이외에도 그로 인하여 자기 또는 제3자의 이득을 취득하고 본인에게 손해를 가한다는 점에 관한 의사 내지 인식을 필요로 하는 것이므로, 피고인이 배임죄의 범의를 부인하는 경우에는 사물의 성질상 배임죄의 주관적 요소로 되는 사실(고의, 동기 등의 내심적 사실)은 고의와 상당한 관련성이 있는 간접사실을 증명하는 방법에 의하여 입증할 수밖에 없다고 할 것이고, 이 경우 그 간접 사실 중에는 피고인이 배임행위를 하였다고 볼 만한 징표와 어긋나는 사실의 의문점이 해소되어야 할 것이다.

[2] 동일한 토지에 관하여 피해자로부터는 소유권이전등기신청 업무를, 제3자로부터는 가압류신청 업무를 각 의뢰받은 법무사 사무실 사무장이 가압류 기입등기 촉탁 후 피해자 앞으로의 소유권이전등기서류를 접수시키기 위하여 소유권이전등기 업무를 의도적으로 지연시킴으로써 피해자에게 손해를 입게 하였다는 점에 관한 고의를 인정하기 부족하다.

[3] 배임죄에서 본인에게 손해를 가한 때라 함은 총체적으로 보아 본인의 재산상태에 손해를 가한 경우를 말하고, 실해발생의 위험을 초래케 할 경우도 포함하는 것이므로 손해액이 구체적으로 명백하게 산정되지 않았더라도 배임죄의 성립에는 영향이 없다고 할 것이나, 본인에게 발생된 손해액을 구체적으로 산정하여 인정하는 경우에는 이를 잘못 산정하는 것은 위법하다.

---

1. 피해자에게 부동산 1/2 지분에 대하여 소유권이전등기를 이행할 의무에 위배하여 제3자에게 그 부동산 전부 근저당권을 설정해 준 경우 피해자 손해액 [대법원 1990. 3. 27., 선고, 89도1083]

【판결요지】

피고인이 피해자에게 이 사건 부동산의 1/2지분에 대하여 소유권이전등기절차를 이행할 임무가 있음에도 불구하고 이에 위배하여 위 부동산 전체에 대하여 제3자에게 채권최고액 6,000만원의 근저당권설정등기를 경료하였다면, 피해자가 위 부동산에 대하여 갖는 권리는 1/2의 지분에 국한되므로 위 부동산가액이 위 채권최고액보다 저렴하다는 등 특단의 사정이 없는 한 피해자가 위와 같은 물상보증채무부담으로 입게 될 손해는 채권최고액 전액이 아니라 위 채권최고액 중 그 지분에 상응하는 3,000만원에 한정된다고 보아야 할 것이다.

2. 은행 지점장이 자신의 채무에 대한 보장조로 정상적인 보호예수증서로서의 외관을 갖추지 아니한 보호예수증서를 작성·교부한 행위(소극) [대법원 1997. 5. 30., 선고, 95도531]

【판결요지】

은행 지점장인 피고인이 자신의 개인채무에 대한 보장조로 보호예수물의 수령 없이 정상적으로 발급된 보호예수증서로서의 외관을 갖추지 아니한 보호예수증서를 채권자에게 작성·교부한 사안에서, 피고인의 보호예수증서 작성·교부행위로 말미암아 은행에게 현실적인 손해가 발생하였거나 재산상 실해 발생의 위험이 초래되었다고 볼 수 없다.

355②-Ⅲ-66. 영업비밀을 취득함으로써 얻는 이익액 [대법원 1999. 3. 12., 선고, 98도4704]

【판결요지】

영업비밀을 취득함으로써 얻는 이익은 그 영업비밀이 가지는 재산가치 상당이고, 그 재산가치는 그 영업비밀을 가지고 경쟁사 등 다른 업체에서 제품을 만들 경우, 그 영업비밀로 인하여 기술개발에 소요되는 비용이 감소되는 경우의 그 감소분 상당과 나아가 그 영업비밀을 이용하여 제품생산에까지 발전시킬 경우 제품판매이익 중 그 영업비밀이 제공되지 않았을 경우의 차액 상당으로서 그러한 가치를 감안하여 시장경제원리에 의하여 형성될 시장교환가격이다.

355②-Ⅲ-67. 수입업자가 신용장개설은행에게 양도담보로 제공한 수입 물품을 신용장대금 변제 전에 보세창고업자로부터 인도받아 임의 처분한 경우(적극) [대법원 1998. 11. 10., 선고, 98도2526]

【판결요지】

수입업자가 신용장개설은행에게 양도담보로 제공한 수입 물품이 통관을 위하여 보세창고업자에게 입고되자 관세법 제6조 소정의 관세납부의무자인 물품을 수입한 화주로서 수입신고를 하고, 통관절차를 마친 다음 보세창고업자에게 수입신고필증을 제시하고 물품을 인도받았다면 수입업자는 신의법칙상 양도담보권자인 개설은행이 담보의 목적을 달성할 수 있도록 개설은행에 대한 신용장대금 변제시까지 위 물품을 보관할 의무를 지게 되고, 이 의무는 개설은행에 대하여 타인의 사무에 해당한다고 할 것이므로 위 물품을 처분하는 등 부당하게 그 담보가치를 감소시키는 행위는 형법상 배임죄를 구성한다.

1. 채무자가 양도담보로 제공한 자동차를 처분한 경우 배임죄의 성부(적극) [대법원 1989. 7. 25., 선고, 89도350]

【판시사항】

[1] 채무자가 양도담보로 제공한 자동차를 처분한 경우 배임죄의 성부(적극)

[2] 채무자가 양도담보로 제공한 자동차를 처분하였으나 양도담보권자가 그 등록명의를 넘겨준 경우 배임죄의 성립을 부정한 사례

【판결요지】

[1] 양도담보된 동산이 자동차인 경우 소유권의 득실변경은 등록을 하여야만 효력이 생기지만 그 사용방법에 따라 담보가치에 영향을 주므로 자동차를 양도담보로 설정하고서 점유하는 채무자가 이를 처분하는 등 부당히 그 담보가치를 감소시키는 행위를 한 경우에도 역시 배임죄의 죄책을 면할 수 없다.

[2] 채무자가 자동차의 등록명의를 양도담보권자에게 담보조로 넘겨놓고서 점유중, 타인에게 그 자동차를 매도하였더라도 그 매도직후에 그 등록명의를 양도담보권자 스스로 매수인 등에게 넘겨주었다면 채무자의 행위를 가리켜 부당히 담보가치를 감소시키는 행위라고 할 수 없다.

355②-Ⅲ-68. 담보권자가 담보목적물을 부당하게 염가로 처분한 경우, 배임죄의 성립 여부(소극) [대법원 1997. 12. 23., 선고, 97도2430]

【판결요지】

담보권자가 변제기 경과 후에 담보권을 실행하기 위하여 담보목적물을 처분하는 행위는 담보계약에 따라 담보권자에게 주어진 권능이어서 자기의 사무처리에 속하는 것이지 타인인 채무자의 사무처리에 속하는 것이라고 할 수 없으므로, 담보권자가 담보권을 실행하기 위하여 담보목적물을 처분함에 있어 시가에 따른 적절한 처분을 하여야 할 의무는 담보계약상의 민사채무일 뿐 그와 같은 형법상의 의무가 있는 것은 아니므로 그에 위반한 경우 배임죄가 성립된다고 할 수 없다.

355②-Ⅲ-69. 신용금고 대표이사가 허위로 예금이 입금이 된 것처럼 업무처리를 마친 다음 예금통장을 명의자에게 교부한 경우(적극) [대법원 1996. 9. 6., 선고, 96도1606]

【판시사항】

[1] 신용금고 대표이사가 허위로 예금이 입금이 된 것처럼 업무처리를 마친 다음 예금통장을 명의자에게 교부한 경우, 재산상 실해 발생의 위험을 초래하였다고 본 사례

[2] [1]항의 경우 허위의 예금액을 초과하는 금액이 예치된 별도의 예금통장과 도장을 보관받아 그 예금을 인출하여 허위의 예금통장에 입금할 수 있도록 되어 있었다 하더라도, 신용금고에게 실해 발생의 위험이 있다고 본 사례

【판결요지】

[1] 피고인이 자신이 대표이사로 있는 신용금고에 양도인 명의의 예금이 실제로 입금되지 아니하였음에도, 그 예금이 이미 입금된 듯이 입금전표와 거래원장을 작성하고 전산입력까지 마친 다음 예금통장을 명의자들에게 교부한 것이라면, 설사 신용금고와 위 명의자들간에 민사상의 예금계약이 적법하게 체결된 것이 아니어서 신용금고에게 예금반환채무가 발생한 것은 아니라고 하더라도, 그 허위의 예금은 신용금고로부터 언제든지 인출될 수 있는 상태에 있게 됨으로써 이미 신용금고에게 재산상 실해 발생의 위험을 초래하였다.

[2] 피고인들이 주식 양도양수계약으로 인하여 [1]항의 허위 예금액을 초과하는 금액이 예치된 법인 명의의 예금통장과 도장을 양도인으로부터 받아 보관하고 있어서 그 예금을 인출하여 허위의 예금통장에 입금할 수 있도록 되어 있었다고 하더라도, 법인의 예금을 피고인들이 임의로 인출하는 것은 범죄행위가 될 뿐 아니라 위 각 예금은 서로 예금주 명의를 달리하여 어떠한 경우에나 그 허위의 예금이 인출됨으로 인한 손해가 담보된다고는 할 수 없으므로, 신용금고에게 실해 발생의 위험이 있다.

355②-III-70. 국토이용관리법상의 규제구역 내 토지를 허가 없이 매도한 매도인이 배임죄의 주체에 해당하는지 여부(소극) [대법원 1996. 8. 23., 선고, 96도1514]

【판결요지】

국토이용관리법 제21조의2 소정의 규제구역 내에 있는 토지를 매도하였으나 같은 법 소정의 거래 허가를 받은 바가 없다면, 매도인에게 매수인에 대한 소유권이전등기에 협력할 의무가 생겼다고 볼 수 없고, 따라서 매도인이 배임죄의 주체인 타인의 사무를 처리하는 자에 해당한다고 할 수 없다.

---

1. 국토이용관리법 소정의 거래허가를 받지 않고 토지를 매도한 자가 배임죄의 주체가 될 수 있는지 여부(소극)[대법원 1994. 6. 14., 선고, 94도612]

【판결요지】

국토이용관리법 제21조의2 소정의 규제구역 내에 있는 토지에 관하여 소유권 등 권리를 이전 또는 설정하는 내용의 거래계약은 같은 법 제21조의3 제1항 소정의 관할관청의 허가를 받아야 그 효력이 발생하고 허가를 받기 전에는 물권적 효력은 물론 채권적 효력도 발생하지 않는 것이므로 토지를 매도하였다고 하더라도 같은 법 소정의 거래허가를 받은 바 없다면 그 매매계약은 채권적 효력도 없는 것이어서 매도인에게 매수인에 대한 소유권이전등기에 협력할 의무가 생겼다고 볼 수 없고, 따라서 매도인을 배임죄의 주체인 타인의 사무를 처리하는 자에 해당한다고 할 수 없다.

---

2. 토지거래허가 전 매도인이 타인의 사무를 처리하는 자에 해당하는지 여부(소극) [대법원 1996. 2. 9., 선고, 95도2891]

【판결요지】

국토이용관리법 제21조의2에 의하여 지정된 토지의 거래계약 허가구역 안에 있는 토지의 매매에 관하여 같은 법 제21조의3 제1항에 의한 토지거래허가를 받은 바 없으므로, 그 매매계약은 채권적 효력도 없는 것이어서 매도인에게 매수인에 대한 소유권이전등기에 협력할 의무가 생겼다고 볼 수 없으므로 매도인을 배임죄의 주체인 타인의 사무를 처리하는 자에 해당한다고 할 수 없고, 허가구역 안에 있는 토지의 거래당사자 사이에 그 허가를 받도록 서로 협력할 의무가 있다고 하더라도 이는 아직 타인의 사무로 볼 수는 없다.

355②-III-71. 조합 대표자로부터 필요한 조합의 결의 없이 약속어음을 발행받았다 하더라도 조합장의 배임행위에 가담하였다고 보기 어렵다. [대법원 1996. 4. 23., 선고, 96도163]

【판결요지】

조합의 대표자에게 약정위반에 따른 청구권을 행사하여 위 대표자로부터 약속어음을 발행받고 그에 대한 집행증서를 작성 교부받았다면, 피고인이 위 약속어음 발행 당시에 그에 관하여 위 조합의 결의를 거치지 않은 사실을 알고 있었다 하더라도 이는 위 조합이 승계약정을 위반한 데에 대하여 피고인 자신의 채권을 확보하기 위한 정당한 권리의 행사라고 보여지고, 그와 같은 피고인의 행위가 위 조합으로부터 불법적인 이익을 얻을 의사로써 위 대표자의 배임행위에 가담하였다고 보기 어렵다고 판단한 원심판결을 수긍한 사례.

355②-Ⅲ-72. 주식회사 대표이사가 회사의 유일한 재산을 처분한 행위가 법률상 무효라고 하더라도 재산상의 손해를 가한 경우에 해당한다고 본 사례 [대법원 1995. 11. 21., 선고, 94도1375]

【판결요지】

주식회사의 대표이사가 회사의 유일한 재산을 처분하면서 주주총회의 특별결의나 이사회의 승인을 거치지 아니하여 그 매매계약이나 소유권이전등기가 법률상 무효라고 하더라도 경제적 관점에서 파악할 때 재산상 손해를 가한 경우에 해당한다고 본 사례.

355②-Ⅲ-73. 채무자에게 환매권을 주는 형식을 취하여 담보 목적의 소유권이전등기를 마친 채권자가 제3자에게 근저당권을 경료하여 준 경우(적극) [대법원 1995. 5. 12., 선고, 95도283]

【판시사항】

[1] 채무자에게 환매권을 주는 형식을 취하여 담보 목적의 소유권이전등기를 마친 채권자가 제3자에게 근저당권을 경료하여 준 경우, 배임죄의 성립 여부

【판결요지】

[1] 채권의 담보를 목적으로 부동산의 소유권이전등기를 마친 채권자는 채무자가 변제기일까지 그 채무를 변제하면 채무자에게 그 소유명의를 환원하여 주기 위하여 그 소유권이전등기를 이행할 의무가 있으므로, 그 변제기일 이전에 그 임무에 위배하여 제3자에게 근저당권을 경료하여 주었다면 변제기일까지 채무자의 채무변제가 없었다고 하더라도 배임죄는 성립되고, 그와 같은 법리는 채무자에게 환매권을 주는 형식을 취하였다고 하여 다를 바가 없다.

[2] 당사자들 사이에 정산절차가 이루어져 소유권이 채권자에게 확정적으로 귀속되었고 채무자는 채권자의 은혜적인 조처에 의하여 환매권만을 가지게 된 것으로 보아 채권자가 제3자에게 근저당권설정등기를 하여 준 행위에 대하여 무죄를 선고한 원심판결을 채증법칙 위배, 법리오해 등을 이유로 파기한 사례.

---

1. 부동산 소유권이전등기 소요서류를 채권확보조로 임치하고 있는자가 타인에게 처분한 경우 (적극) [대법원 1973. 3. 13., 선고, 73도181]

【판결요지】

공사잔대금 확보조로 부동산에 관한 소유권 이전등기 소요서류를 임치하고 있는자가 이를 타인에게 처분하였을 경우에는 배임죄를 구성한다.

---

2. 채권담보의 목적으로 부동산소유권이전등기를 경료받은 채권자가 변제기일 이전에 제3자에게 근저당권설정등기를 경료한 경우 (적극) [대법원 1987. 4. 28., 선고, 87도265]

【판결요지】

채권의 담보를 목적으로 부동산의 소유권이전등기를 경료받은 채권자는 채무자가 변제기일까지 그 채무를 변제하면 채무자에게 그 소유명의를 환원하여 주기 위하여 그 소유권이전등기를 이행할 의무가 있으므로 그 변제기일 이전에 그 임무에 위배하여 제3자에게 근저당권설정등기를 경료하여 주었다면

> 변제기일까지 채무자의 채무변제가 없었다 하더라도 배임죄는 성립된다 할 것이고 그와 같은 법리는 채무자에게 환매권을 주는 형식을 취하였다 하여 다를 바 없다.

355②-Ⅲ-74. 국토이용관리법상의 허가구역 안에 있는 토지와 건물을 허가 없이 매매한 경우 매도인이 배임죄 주체가 될 수 있는지 여부(소극) [대법원 1994. 6. 28., 선고, 94도1279]

【판시사항】

국토이용관리법상의 허가구역 안에 있는 토지와 건물을 허가 없이 매매한경우 매도인이 배임죄의 주체가 될 수 있는지 여부

【판결요지】

매매의 목적물인 토지와 건물이 국토이용관리법상의 허가구역 안에 있는 경우 토지거래계약에 관하여 같은 법에 따른 허가를 받은바 없다면 매도인이 토지에 관하여 배임죄의 주체인 타인의 사무를 처리하는 자에 해당한다고 할 수 없음은 물론이고, 토지에 관한 거래허가가 없으면 건물만이라도 매매하였을 것이라고 볼 수 있는 특별한 사정이 없는 한 토지와 그 지상의 건물은 법률적인 운명을 같이 한다고 볼 것이어서, 토지에 대한 거래허가가 있어 그 매매계약이 유효한 것으로 확정되지 아니한 상태에서 건물부분의 매매계약만 유효한 것으로 보아 매도인에게 건물만에 대한 이전등기의무가 있다고 할 수 없다.

> **1. 국토이용관리법상 규제구역 내 토지에 관한 거래계약의 허가받기 전의 효력 유무(소극) [대법원 1992. 10. 13., 선고, 92도1070]**
>
> 【판시사항】
> [1] 국토이용관리법상 규제구역 내 토지에 관한 거래계약의 허가받기 전의 효력 유무(소극)
> [2] 위 [1]항의 규제구역 내 토지를 매도하였으나 거래허가를 받지 않은 경우 매도인이 배임죄의 주체인 타인의 사무를 처리하는 자에 해당하는지 여부(소극)
>
> 【판결요지】
> [1] 국토이용관리법 제21조의2 소정의 규제구역 내에 있는 토지에 관하여 소유권 등 권리를 이전 또는 설정하는 내용의 거래계약은 같은 법 제21조의3 제1항 소정의 관할관청의 허가를 받아야 그 효력이 발생하고 허가를 받기 전에는 물권적 효력은 물론 채권적 효력도 발생하지 않는다.
> [2] 위 "[1]"항의 규제구역 내의 토지를 매도하였으나 같은 법 소정의 거래허가를 받은 바 없다면 매도인에게 매수인에 대한 소유권이전등기에 협력할 의무가 생겼다고 볼 수 없고, 따라서 매도인이 배임죄의 주체인 타인의 사무를 처리하는 자에 해당한다고 할 수 없다.

355②-Ⅲ-75. 상속부동산 전부를 매도한 상속인 중 1인의 배임행위로 인하여 매수인이 입은 손해가 상속분에 한정되는지 여부(소극) [대법원 1993. 5. 27., 선고, 93도169]

【판시사항】

[1] 위임받은 사무가 소유권이전등기의무인 경우 배임죄의 성립요건

[2] 매도인을 포함한 공동상속인들이 그 중 1인에게 지분을 증여하여 소유권이전등기가 된 경우

매도인이 소유권을 회복하여 매수인에게 소유권이전등기절차를 이행할 수 있는 특별한 사정이 있다고 볼 수 없다 한 사례

[3] 상속부동산 전부를 매도한 상속인 중 1인의 배임행위로 인하여 매수인이 입은 손해가 상속분에 한정되는지 여부(소극)

【판결요지】

[1] 위임받은 타인의 사무가 부동산소유권이전등기의무인 경우에는 매도인의 임무위배행위로 인하여 매수인의 소유권이전등기청구권이 이행불능되거나 이행불능에 빠질 위험성이 있으면 배임죄는 성립된다.

[2] 매도인을 포함한 공동상속인들이 그 중 1인에게 지분을 증여하여 소유권이전등기가 된 경우 매도인이 소유권을 회복하여 매수인에게 소유권이전등기절차를 이행할 수 있는 특별한 사정이 있다고 볼 수 없다 한 사례.

[3] 매도인이 8분의 1 지분의 상속인이라 하더라도 토지 전부의 매도인으로서 매수인에게 토지 전부에 관하여 소유권이전등기를 경료하여 줄 의무가 있다 할 것이므로 매도인의 배임행위로 인한 매수인의 손해는 매도인의 상속지분에 한정되지 아니한다.

---

1. 매수인에 대한 매도인의 소유권이전등기의무위반 행위가 배임이 되기 위한 요건 [대법원 1985. 8. 20., 선고, 84도2109]

【판결요지】

배임죄에서 본인에게 손해를 가한 때라 함은 현실적인 실해를 가한 경우에 한정되는 것은 아니라 하여도 적어도 실해발생의 위험성은 있어야 된다 할 것이므로 그 위임받은 타인의 사무가 부동산소유권이전등기의무인 경우에는 매도인의 임무위배 행위로 인하여 매수인이 가지고 있는 소유권이전등기청구권이 이행불능에 빠질 위험성이 있어야 된다.

355②-Ⅲ-76. 다른 동업자들이 영업활동을 중단하거나 동업약정기간이 경과한 경우 동업자들이 공동으로 취득한 해사채취권을 그 취득명의자인 잔여 동업자가 임의로 매도한 경우(적극) [대법원 1992. 10. 27., 선고, 91도2346]

【판시사항】

다른 동업자들이 영업활동을 중단하거나 동업약정기간이 경과한 경우 동업자들이 공동으로 취득한 해사채취권을 그 취득명의자인 잔여 동업자가 임의로 매도한 경우 배임죄의 성부(=적극)

【판결요지】

동업자들이 동업계약을 체결하고 영업을 해 오다가 중도에 영업활동을 중단하였거나 또는 동업약정기간이 경과되었더라도 그것만으로는 공동으로 취득한 해사채취권이 동업자의 1인인 피고인의 단독소유가 된다고 볼 수 없고 나머지 동업자들의 지분에 관한 한 명의수탁자의 지위에 있다 할 것이므로 이를 임의로 매도한 것은 배임죄에 해당한다.

> 1. 조합탈퇴 후 사업자등록명의를 다른 사람앞으로 변경시키고 대가로 그에게 공장설비를 이용케 한
>   행위 (적극) [대법원 1987. 5. 12., 선고, 86도2566]
>
> 【판결요지】
> 동업관계에서 탈퇴한 이상 아직 존속하고 있는 위 조합을 위하여 탈퇴로 인한 계산이 끝날 때까지 사업
> 자등록명의나 공장시설 등을 선량하게 보존할 의무가 있다 할 것이므로 위 조합을 탈퇴한 후에 위와
> 같은 임무에 위배하여 그 사업자등록 명의를 다른 사람앞으로 변경시켜 그 대가로 월사용료를 받기로
> 하여 그에게 위 공장설비를 이용하도록 함으로써 다른 동업자들로 하여금 위 공장경영에 관여할 수
> 없게 하였다면 이는 배임죄에 해당한다.

355②-Ⅲ-77. 갑은 자금만 투자하고 을은 공사 시공 및 일체의 거래행위를 담당하는 내용의 동업
계약을 체결하였다가 위 계약이 종료된 경우 그 정산과정에서 을이 한 제3자에 대한
채권양도행위(소극) [대법원 1992. 4. 14., 선고, 91도2390]

【판시사항】

갑은 자금만 투자하고 을은 공사 시공 및 일체의 거래행위를 담당하는 내용의 동업계약을 체결
하였다가 위 계약이 종료된 경우 그 정산과정에서 을이 한 제3자에 대한 채권양도행위가 타인의
사무를 처리하는 자로서 임무위배행위라고 할 수 없다.

【판결요지】

동업자 갑은 자금만 투자하고 동업자 을은 노무와 설비를 투자하여 공사를 수급하여 시공하고
그 대금 등을 추심하는 등 일체의 거래행위를 담당하면서 그 이익을 나누어 갖기로 하는 내용의
동업계약이 체결되었다가 그 계약이 종료된 경우 위 공사 시공 등 일체의 행위를 담당하였던 을
이 자금만을 투자한 갑에게 투자금원을 반환하고 또 이익 또는 손해를 부담시키는 내용의 정산의
무나 그 정산과정에서 행하는 채권의 추심과 채무의 변제 등의 행위는 모두 을 자신의 사무이지
자금을 투자한 갑을 위하여 하는 타인의 사무라고 볼 수는 없다고 보아 을의 제3자에 대한 채권
양도행위를 배임죄에 있어서 타인의 사무를 처리하는 자로서의 임무위배행위라고 할 수 없다.

355②-Ⅲ-78. 음식점 임차인 지위를 양도한 자가 타인의 사무를 처리하는 자인지 여부(소극) [대법원
1991. 12. 10., 선고, 91도2184]

【판결요지】

음식점 임대차계약에 의한 임차인의 지위를 양도한 자는 양도사실을 임대인에게 통지하고 양수
인이 갖는 임차인의 지위를 상실하지 않게 할 의무가 있다고 하여도, 이러한 임무는 임차권 양도
인으로서 부담하는 채무로서 양도인 자신의 의무일 뿐이지 자기의 사무임과 동시에 양수인의 권
리취득을 위한 사무의 일부를 이룬다고 볼 수 없으므로 양도인을 배임죄의 주체인 타인의 사무를
처리하는 자로 볼 수 없다.

> 1. 점포임차권의 2중양도와 배임죄 [대법원 1986. 9. 23., 선고, 86도811]
> 【판결요지】

점포임차권양도계약을 체결한 후 계약금과 중도금까지 지급받았다 하더라도 잔금을 수령함과 동시에 양수인에게 점포를 명도하여 줄 양도인의 의무는 위 양도계약에 따르는 민사상의 채무에 지나지 아니하여 이를 타인의 사무로 볼 수 없으므로 비록 양도인이 위 임차권을 2중으로 양도하였다 하더라도 배임죄를 구성하지 않는다.

---

2. 양품점의 임차권양도계약을 체결한 양도인의 점포 이중양도행위(소극) [대법원 1990. 9. 25., 선고, 90도1216]
【판결요지】
양품점의 임차권만의 양도계약을 체결한 경우 양수인에게 그 점포를 명도하여 줄 양도인의 의무는 양도계약에 따른 민사상의 채무에 불과할 뿐 타인의 사무라고 할 수 없으므로 위 점포의 이중양도행위는 배임죄를 구성하지 않는다.

355②-Ⅲ-79. 수출회사와 수출대행계약을 맺은 대행위탁자가 타인의 사무를 처리하는 자에 해당 여부(적극) [대법원 1991. 3. 27., 선고, 91도262]

【판결요지】
피고인이 수출회사와의 수출대행계약에 따라 위 회사로부터 인수받은 원부자재와 가공한 반제품은 모두 위 회사의 소유로서 피고인은 선량한 관리자의 주의의무를 다하여 관리하기로 약정하였다면 위 약정에 따라 위 회사를 위한 관리사무를 처리하는 자로서 위 회사명의로 구입한 원부자재를 사용하여 상품을 제조한 후 수출대행계약의 취지와 신용장조건에 따라 이를 수출신용장상의 명의자인 위 회사이름으로 수출함으로써 위 회사로 하여금 수출대금을 추심하여 원부자재대금을 공제하는 등 정산절차를 취할 수 있도록 해줄 업무상 임무가 있다.

355②-Ⅲ-80. 신탁자와 사이에 금전적 계산관계를 가지는 명의수탁자가 신탁자 승낙이나 권한 없이 수탁부동산에 관하여 근저당권설정등기를 한 경우(적극) [대법원 1990. 10. 30., 선고, 90도1858]

【판결요지】
신탁자와의 사이에 금전적인 계산을 할 것이 있다고 하여도 부동산에 관한 명의신탁관계가 유지되고 있는 법률관계하에서 수탁자가 신탁자의 승낙이나 처분권한 없이 근저당권설정등기를 하게 하면 배임행위에 해당한다.

355②-Ⅲ-81. 부동산 매도인이 중도금까지 받은 후 제3자 앞으로 근저당권설정등기를 경료해 주었으나 등기전에 매수인이 처분금지가처분을 해 놓은 경우(적극) [대법원 1990. 10. 16., 선고, 90도1702]

【판결요지】
배임죄에 있어서 '재산상 손해를 가한 때'라 함은 현실적으로 손해를 가한 경우뿐만 아니라 손해발생의 위험을 초래한 경우도 포함되는 것이므로 염전의 2분지 1 지분을 매도하고 계약금과 중도금을 받은 자가 잔금과 상환으로 이전등기절차를 하여줄 임무에 위배하여 제3자 앞으로 근저당권설정등기를 하였다면 비록 피해자가 위 근저당권설정등기를 하기 전에 처분금지가처분을 해 두었다 하더라도 배임죄의 성립에 아무런 영향을 미칠 수 없다.

---

1. 양도담보권자가 변제기전에 담보부동산에 관하여 제3자 앞으로 가등기를 하여 준 경우(적극) [대법원 1989. 11. 28., 선고, 89도1309]

【판결요지】

배임죄에 있어서 재산상 손해를 가한 때라 함은 현실적인 손해를 가한 경우 뿐만 아니라 재산상 손해발생의 위험을 초래한 경우도 포함되는 바, 채권담보의 목적으로 부동산의 소유권이전등기를 넘겨받은 채권자는 채무자가 변제기까지 그 채무를 변제하면 그 등기를 환원하여 줄 의무가 있는 것이므로 그 변제기일 이전에 그 임무에 위배하여 제3자에게 소유권이전청구권의 보전을 위한 가등기를 하여 주었다면 설사 그 때문에 채무자의 환매권을 종국적으로 상실케 하는 것은 아니라고 하더라도 그 담보가치 상당의 실해가 발생할 위험을 초래한 것이 되므로 비록 채무자가 변제기일까지 채무를 변제하지 아니하였더라도 배임죄의 성립에는 아무런 영향이 없다.

355②-Ⅲ-82. 담보목적 가등기권자가 소유자측으로부터 채무변제공탁 사실을 통고받고서도 본등기 경료와 동시에 제3자 명의로 가등기한 경우(적극) [대법원 1990. 8. 10., 선고, 90도414]

【판결요지】

담보목적으로 피고인 명의로 가등기가 경료된 피해자 소유의 부동산에 대하여 피해자의 아들로부터 채무가 변제 공탁된 사실을 통고받고서도 피고인 앞으로 본등기를 경료함과 동시에 제3자 앞으로 가등기를 경료하여 준 경우에는 배임죄가 성립된다.

355②-Ⅲ-83. 대표청산인이 청산회사 채권자들에 대한 관계에 있어서 타인의 사무를 처리하는 자에 해당하는지의 여부(소극) [대법원 1990. 5. 25., 선고, 90도6]

【판결요지】

청산회사의 대표청산인이 처리하는 채무의 변제, 재산의 환가처분 등 회사의 청산의무는 청산인 자신의 사무 또는 청산회사의 업무에 속하는 것이므로, 청산인은 회사의 채권자들에 대한 관계에 있어 직접 그들의 사무를 처리하는 자가 아니다.

355②-Ⅲ-84. 토지소유자에게 원매인을 소개한 자에 불과하고 매매계약체결을 위임받은 것이 아니어서 토지매매 사무에 관하여 배임죄의 주체가 될 수 없다고 본 사례 [대법원 1990. 5. 8., 선고, 89도1524]

【판시사항】

[1] 토지소유자에게 원매인을 소개한 자에 불과하고 매매계약체결을 위임받은 것이 아니어서 토지매매 사무에 관하여 배임죄의 주체가 될 수 없다고 본 사례

[2] 원매자의 호가 또는 추측가격만을 기초로 하여 토지매매대금이 시세보다 저렴하다고 단정하여 그 매매를 위임한 피해자에게 차액 상당의 손해를 끼쳤다고 인정한 것이 채증법칙위배 또는

배임죄에 있어서의 이득과 손해에 관한 법리오해의 위법에 해당한다고 본 사례

【판결요지】

[1] 배임죄에 있어서 범죄의 주체는 타인의 사무를 처리하는 신분이 있어야 하고, 여기에서 "타인의 사무를 처리하는 자"라 함은 양자간의 신임관계에 기초를 둔 타인의 재산의 보호 내지 관리 의무가 있음을 그 본질적 내용으로 하는 경우를 말하는 바, 피고인 갑으로부터 사위인 피고인 을을 소개받은 피해자가 을과 사이에 피해자소유 토지에 대한 매매계약을 체결하고 등기이전용 인감증명도 직접 발급받아 피고인들과 함께 사법서사 사무실에 가서 이전등기신청을 위임하였으며, 등기관서에 위 매매가 상위없다고 직접 신고하였다면, 비록 피고인들(피고인 갑은 피해자와 3촌 지간임)이, 피해자가 음주의 습벽이 있어 낭비가 심하므로 그 매매대금을 직접 피해자에게 교부하지 아니하고 이를 보관하면서 피해자의 채권자에 대한 채무의 원리금도 변제하고, 피해자가 매수한 아파트의 매매잔금도 지급하는 등 일부 관리한 바 있더라도 피고인 갑이 신임관계에 기초하여 위 토지에 대한 매매를 위임받아 관리하였다고는 볼 수 없다.

[2] 매매가격이란 당시의 수요와 공급에 따라 형성되는 것으로서, 원매자의 사정, 거래상황 등에 따라 많은 가격차가 있을 수 있다할 것인데, 피해자가 1984.9.경 이 사건 토지를 매도하려고 내어 놓았으나 계속 팔리지 아니하였고, 더구나 이미 이 사건 토지에 근저당권이 설정되어 있어서 언제 경매신청이 있을지도 모르는 상황이고, 이 사건 거래시로부터 6개월도 안되는 시기에 설정된 근저당권의 채권최고액이 금 15,000,000원이었다면 이 사건 매매대금 21,500,000원이 시세보다 저렴하다고 단정할 수도 없다고 할 것임에도 불구하고, 원심이 원매자의 호가 또는 추측가격에 지나지 않고 이 사건 거래당시 구체적으로 결가될 수 있는 객관적 시세라고 볼 수 없는 내용의 증거들만으로 피고인이 시세와 매매대금의 차액 상당을 이득하여 피해자에게 손해를 끼쳤다고 인정한 것은 채증법칙을 위배하여 사실을 오인하였거나 배임죄에 있어서의 이득과 손해에 관한 법리를 오해한 위법이 있다.

355②-Ⅲ-85. 신용협동조합 이사장이 비조합원으로부터 받은 예탁금을 임의인출하여 어음할인 등에 사용한 행위(적극) [대법원 1990. 2. 23., 선고, 89도325]

【판결요지】

신용협동조합의 이사장이 그 임무에 위배하여 장부와 기록을 작성 비치하지 않는 이른바 부외거래의 방법으로, 조합의 사무실에서 조합원이 아닌 사람들로부터 예탁금을 수입하면서, 조합원으로부터 예탁금을 수입하는 경우와 마찬가지로 조합의 명의로 작성된 정기 예탁금증서를 교부한 다음 그 예탁금을 조합에 일단 입금시켰다가 임의로 인출하여 가지고, 신용상 태가 나쁜 사람들이 발행하거나 배서한 어음을 교부받고 돈을 대여하는 등의 어음할인업무를 취급하였다면, 그와 같은 거래가 조합과 관계가 없는 피고인의 개인적인 거래라고는 볼 수 없으므로, 배임죄를 인정한 원심의 판단은 정당하고 타인의 사무를 처리하는 자에 관한 법리오해의 위법이 없다.

355②-Ⅲ-86. 배임행위로 인한 손해가 토지임차권의 상실인 경우 피해금액의 표시는 없었으나

손해가 특정되었다고 본 사례 [대법원 1990. 1. 23., 선고, 87도2625]

【판결요지】

토지임차권 상실을 배임행위로 인한 손해로 인정하면서 그 손해의 표시를 "토지 1085.5평에 대한 임차권의 시가상당액" 이라고 설시하여 그 대상과 범위를 정해 놓았다면 설사 이를 금액으로 산정 표시되지 않았다 하여 손해가 특정되지 않았다고 할 수 없다.

355②-Ⅲ-87. 채권자가 채무자로부터 양도담보 받은 부동산을 채무자의 승낙 하에 자신의 채무에 대한 담보로 제공한 경우(소극) [대법원 1990. 1. 12., 선고, 88도1153]

【판결요지】

피고인이 피해자로부터 대여금채무의 담보로 소유권이전등기를 넘겨 받은 부동산에 관하여 이를 피고인이 거래하던 갑회사에 대한 물품대금 채무의 담보로 제공할 것을 승낙받으면서 과거의 채무까지 담보하거나 과거의 채무로 상계되는 일이 없도록 하기로 약정하였더라도, 그와 같은 약정의 의미가 과거의 채무까지 담보함으로 인하여 피해자가 피고인에 대한 차용 원리금을 변제할 경우 위 부동산의 소유권을 회복하는데 장애를 발생시키게 하면 안 된다는 것을 뜻하는 것이라고 해석된다면, 위와 같은 약정 때문에 피고인이 위 부동산을 갑 회사에 대한 과거의 채무에 대한 담보로까지 제공하여서는 안되는 의무를 부담하게 된 것은 아니라고 보아야 할 것이고, 따라서 피고인이 자신의 갑회사에 대한 물품대금 의무를 담보하기 위하여 이 부동산에 근저당권을 설정함에 있어서 담보채무를 피고인이 갑회사에 대하여 장래 부담하게 될 채무로 한정시키지 않았더라도 피고인에게는 배임죄의 구성요건인 임무위배행위가 있었다고 볼 수 없다.

355②-Ⅲ-88. 이사회 또는 주주총회의 불법한 내용 결의에 따른 대표이사의 직무수행과 배임죄의 성부(적극) [대법원 1989. 10. 13., 선고, 89도1012]

【판결요지】

대표이사는 이사회 또는 주주총회의 결의가 있더라도 그 결의내용이 회사 채권자를 해하는 불법한 목적이 있는 경우에는 이에 맹종할 것이 아니라 회사를 위하여 성실한 직무수행을 할 의무가 있으므로 대표이사가 임무에 배임하는 행위를 함으로써 주주 또는 회사채권자에게 손해가 될 행위를 하였다면 그 회사의 이사회 또는 주주총회의 결의가 있었다고 하여 그 배임행위가 정당화 될 수는 없다.

355②-Ⅲ-89. 양도담보의 피담보채무가 소멸함에 따른 양도담보권자의 회복의무가 타인의 사무인지 여부(적극) [대법원 1988. 12. 13., 선고, 88도184]

【판시사항】

[1] 양도담보의 피담보채무가 소멸함에 따른 양도담보권자의 회복의무가 타인의 사무인지 여부 (적극)

[2] 이의의 유보없는 공탁금수령의 법률적 효과의 무지와 위법성의 인식

【판결요지】

[1] 양도담보의 채무자는 채권자가 담보권의 실행을 위하여 양도담보의 목적물처분을 종료할 때까지 피담보채무를 변제하여 목적물을 도로 찾아올 수 있고 양도담보의 피담보채권이 채무자의 변제 등에 의하여 소멸하면 양도담보권자는 담보목적물의 소유자이었던 담보설정자에게 그 권리를 회복시켜 줄 의무를 부담하게 함으로 그 이행은 타인의 재산을 보전하는 형법 제355조 제2항 소정의 타인의 사무라고 할 것이다.

[2] 채무자가 채권자로부터 금원을 차용하면서 담보를 제공한 부동산 위에 채권자가 은행으로부터 금원을 차용하고서 설정한 저당권에 기하여 임의경매절차가 진행되고 있는 동안에 위 채무자가 차용원리금을 변제공탁한 것을 채권자가 아무런 이의도 없이 이를 수령하고서도 위 경매절차에 대하여 손을 쓰지 아니하는 바람에 타인에게 경락되게 하고 그 부동산의 경락잔금까지 받아간 경우라면, 비록 채권자가 민사법상 이의의 유보없는 공탁금수령의 법률상의 효과에 대한 정확한 지식이 없었다 하더라도 금전소비대차거래에 있어서 이자제한법의 존재가 공지의 사실로 되어 있는 거래계의 실정에 비추어 막연하게나마 자기의 행위에 대한 위법의 인식이 있었다고 보지 못할 바 아니므로 위 채권자의 미필적 고의는 인정할 수 있다.

355②-III-90. 채무담보를 위하여 채권자에게 자기소유의 미등기건물을 제공하고 매매계약을 체결한 채무자가 소유권보전등기를 한 후 제3자에 대한 채무담보로 가등기를 경료한 경우(적극) [대법원 1988. 9. 13., 선고, 87도1762]

【판결요지】

채무자가 채권자에게 차용금채무의 담보로 채무자 소유의 미등기건물을 제공하고 이에 대하여 매매계약을 체결한 경우에 채무자는 채권자의 담보권실행에 따라 위 매매계약의 이행으로 채권자에게 위 건물에 대한 소유권이전등기절차를 이행할 의무가 있으므로 이러한 의무를 부담하고 있는 채무자가 위 건물에 대하여 일단 자신의 명의로 소유권보존등기를 한 후 위 채권자의 의사에 반하여 제3자에 대한 차용금채무의 담보로 동인명의의 가등기를 경료하였다면 이는 위 채권자에 대한 관계에서 임무위배행위에 해당하는 것으로서 배임죄의 구성요건을 충족한다.

355②-III-91. 부적법한 해제를 적법하게 해제된 것으로 믿고 목적부동산을 타에 매도 또는 담보로 제공한 경우 (소극) [대법원 1988. 5. 10., 선고, 88도74]

【판결요지】

매도인이 부동산을 매도한 후 그 매매계약을 해제하고 이를 다시 제3자에게 매도하거나 담보로 제공한 경우에 위 매매계약의 해제가 해제요건을 갖추지 못하여 부적법한 것이라고 하더라도 만일 매도인이 위 매매계약의 해제가 적법하게 된 것으로 믿고 위 부동산을 타에 매도 또는 담보로 제공한 것이라면 매도인에게 배임죄의 범의를 인정할 수 없다.

---

1. 해제요건을 갖추지 못한 매매계약해제 후 이중매도 (소극) [대법원 1983. 2. 22., 선고, 82도1636]
【판결요지】

피고인이 부동산매매계약을 해제함에 있어 매도인으로서의 자기채무를 이행제공함이 없이 상대방의 채무이행을 최고하고 그 이행이 없자 이를 이유로 매매계약의 해제통고를 한후 계약이 해제된 것으로 믿고서 부동산을 타에 이중으로 매도하였다면, 설사 계약이 적법히 해제되지 않았다 할지라도 배임죄의 범의를 인정할 수 없다고 할 것이다.

---

2. 매매계약 취소 후 목적부동산을 다시 제3자에게 매도한 경우 (소극) [대법원 1986. 12. 9., 선고, 86도1671]

【판결요지】

부동산매매계약을 계약의 중요부분에 착오가 있었다거나 기망에 의한 것임을 이유로 취소한 다음 다시 타인에게 매매 또는 임대했다 하더라도 그 경우 매도인을 매수인의 사무를 처리하는 자의 지위에 있다고 할 수 없고, 또 설사 그 계약이 적법히 취소되지 아니하였다 하더라도 매도인의 위 매매 또는 임대행위가 위 계약이 적법하게 취소된 것으로 믿고 행한 것이라면 배임의 범의를 인정할 수 없다.

355②-Ⅲ-92. 내연의 처와 불륜관계를 지속하는 대가로 부동산에 관한 소유권이전등기를 경료해 주기로 약정하고 이를 이행않은 경우(소극) [대법원 1986. 9. 9., 선고, 86도1382]

【판결요지】

내연의 처와의 불륜관계를 지속하는 대가로서 부동산에 관한 소유권이전등기를 경료해 주기로 약정한 경우, 위 부동산 증여계약은 선량한 풍속과 사회질서에 반하는 것으로 무효이어서 위 증여로 인한 소유권이전등기의무가 인정되지 아니하는 이상 동인이 타인의 사무를 처리하는 자에 해당한다고 볼 수 없어 비록 위 등기의무를 이행하지 않는다 하더라도 배임죄를 구성하지 않는다.

355②-Ⅲ-93. 양도담보권자 정산의무불이행과 배임죄의 성부(소극) [대법원 1986. 7. 8., 선고, 85도554]

【판결요지】

양도담보가 처분정산형의 경우이건, 귀속정산형의 경우이건 간에 담보권자가 변제기 경과후에 담보권을 실행하여 그 환가대금 또는 평가액을 채권원리금과 담보권 실행비용등의 변제에 충당하고 그 나머지가 있는 경우에 이를 담보제공자에게 돌려주어야 할 의무는 담보계약에 따라 부담하는 자신의 정산의무이므로 그 의무를 이행하는 사무는 곧 자기의 사무처리에 속하는 것이라 할 것이고, 이를 타인인 채무자의 사무처리에 속하는 것이라고 볼 수 없다 할 것이어서 그 정산의무를 이행하지 아니한 것으로는 배임죄를 구성하지 않는다.

355②-Ⅲ-94. 타인재산 관리자가 타인소유 부동산을 그 가치이하의 채무변제 대가로 양도하는 경우(적극) [대법원 1986. 6. 10., 선고, 84도2015]

【판결요지】

교회재산의 관리업무에 종사하고 있던 자가 공소외인과 간에 동인이 위 부동산을 담보로 금융기관으로부터 8,000만원의 대출을 받아 교회채무를 변제키로 하는 약정하에 2억원 상당의 교회부동산을 동인 앞으로 무조건 소유권이전등기하여 주는 것은 동인에게 차액상당의 재산상 이익을 취득케하고 소유자인 교회에게 손해를 입히는 것이 되어 배임죄에 해당한다.

355②-Ⅲ-95. 사후에 잔금회수책 하나로 보관증을 받을 의도로 동업자에게 동업자금의 임의소비를
　　　　　　승낙한 각서의 효력(소극) [대법원 1985. 9. 24., 선고, 85도1444]

　【판결요지】

　동업자금으로 구입한 부동산을 매도한 대금을 피고인이 임의소비하여 동업자가 이를 추궁하며
반환을 요구하자 피고인이 그 금원에 상당한 현금보관증을 작성하여 동업자에게 교부하려 하면서
그 대신 위 매도대금은 피고인이 임의로 소비하여도 좋다는 각서를 요구하여 동업자가 위 현금보
관증을 받을 의도 아래 그와 같은 각서를 작성해 준 것이라면 이로써 사전사후에 위 잔대금의 사
용 소비를 승낙한 것이라고 볼 수는 없다.

355②-Ⅲ-96. 채권추심을 위한 양도담보권자의 제3채권자에 대한 담보권설정 행위(적극) [대법원
　　　　　　1985. 9. 10., 선고, 85도1210]

　【판결요지】

　약한 의미의 양도담보에 있어서 양도담보권자가 변제기 경과후 제3자 앞으로 근저당권을 설정하
고 금원을 차용하여 양도담보채권의 변제에 충당하고 그 잔액을 채무자에게 정산한다 하여도 당
사자의 의사에 반한다고 볼 특별한 사정이 없는 한 하나의 담보권실행방법으로 위법하지 않고 이
와 같은 채권추심을 위한 담보권설정이 있는 경우에 원래의 채무자는 이해관계 있는 자로서 자신
의 채무범위내에서 채권자가 차용한 금원의 원리금을 변제하고 담보목적물을 회수할 수 있음은
물론, 채권자도 담보목적물을 다시 환가처분하거나 평가처분한 후 정산하여 자신의 제3채권자에
대한 채무자로서의 지위에서 벗어날 수 있다.

---

1. 양도담보권자가 변제기 후 채권추심을 위하여 담보부동산에 관하여 가등기를 경료하거나 근저당권
　을 설정하고 금원을 차용한 행위(소극) [대법원 1982. 9. 28., 선고, 82도1621]
　【판결요지】
　채권자가 변제기 경과 후 담보권을 실행하는 방법으로 양도담보 목적물을 환가처분하거나 평가처분하
는 대신에 다시 제3자 앞으로 가등기를 경료하거나 근저당권을 설정하고 금원을 차용하여 이로써 양도
담보채권의 변제에 충당하고 그 잔액을 채무자에게 정산한다 하여도, 채무자로서는 가등기 또는 근저
당권등기의 부담은 붙을지언정 담보 목적물의 환수권을 상실하지 아니하여 위의 환가처분이나 평가처
분보다 불이익하다고 볼 수 없으므로 당사자의 의사에 반한다고 볼 특별한 사정이 없는 한 위와 같은
채권추심을 위한 양도 담보권자의 담보설정행위를 위법한 담보물의 처분행위로서 채무자에 대한 배임
행위가 된다고 단정할 수 없다.

355②-Ⅲ-97. 타인의 위약금배상업무를 처리함에 있어 전체적인 배상액은 당초약정된 위약금의
　　　　　　범위내이나 배상자의 의무 없는 부분이 포함되어 있는 경우, 그 사무처리자의 배임죄
　　　　　　성부(소극) [대법원 1985. 9. 10., 선고, 84도1404]

　【판결요지】

매도인의 위약으로 매매계약이 해제되어 매도인이 매수인과의 특약에 따른 계약금상당액을 손해로서 배상함에 있어 매수인과의 협의에 따라 배상한 손해금이 전체적으로 위 계약금 상당액을 초과하지 않는다면 비록 그 구체적 내역 가운데 매수인이 그 계약체결과정에서 소개인에게 지급한 소개비상당액이 포함되어 있다 하더라도 이는 위약자인 매도인이 배상할 의무있는 손해액 범위내의 금액을 지급한 것에 불과하며 소개인이 매수인에게 반환할 채무를 매도인이 대신 변제한 것이라고 볼 수 없으므로 위와같은 매도인의 사무처리자의 소위를 배임죄에 해당한다고 할 수 없다.

355②-Ⅲ-98. 종중소유부동산에 관하여 종중의 결의없는 무효의 소유권이전등기를 경료받은 자가 그 부동산을 타에 처분하는 행위(소극) [대법원 1985. 9. 10., 선고, 84도1518]

【판결요지】

종중의 대표자가 그의 자와 공모하여 종중의 결의없이 대표자자격을 참칭하여 종중소유 부동산에 관하여 자앞으로 법률상 원인없는 소유권이전등기를 경료하였다면 위 자가 종중에 대하여 무슨 사무처리의 임무를 부담하거나 종중과의 사이에 재물의 보관관계가 있다고 할 수 없어 그 명의의 부동산을 다시 처분하였다 하더라도 배임죄를 구성할 여지는 없다.

355②-Ⅲ-99. 은행지점장이 은행에 대한 부하직원의 범행사실을 발견하고도 손해 보전에 필요한 조치를 취하지 아니한 경우 방조범 여부(적극) [대법원 1984. 11. 27., 선고, 84도1906]

【판결요지】

형법상 방조는 작위에 의하여 정범의 실행행위를 용이하게 하는 경우는 물론, 직무상의 의무가 있는 자가 정범의 범죄행위를 인식하면서도 그것을 방지하여야 할 제반조치를 취하지 아니하는 부작위로 인하여 정범의 실행행위를 용이하게 하는 경우에도 성립된다 할 것이므로 은행지점장이 정범인 부하직원들의 범행을 인식하면서도 그들의 은행에 대한 배임행위를 방치하였다면 배임죄의 방조범이 성립된다.

355②-Ⅲ-100. 타인의 사무를 처리할 의무 주체가 법인인 경우 법인의 대표기관이 배임죄의 주체가 될 수 있는지 여부(적극) [대법원 1984. 10. 10., 선고, 82도2595, 전원합의체 판결]

【판결요지】

[다수의견] 형법 제355조 제2항의 배임죄에 있어서 타인의 사무를 처리할 의무의 주체가 법인이 되는 경우라도 법인은 다만 사법상의 의무주체가 될 뿐 범죄능력이 없는 것이며 그 타인의 사무는 법인을 대표하는 자연인인 대표기관의 의사결정에 따른 대표행위에 의하여 실현될 수 밖에 없어 그 대표기관은 마땅히 법인이 타인에 대하여 부담하고 있는 의무내용 대로 사무를 처리할 임무가 있다 할 것이므로 법인이 처리할 의무를 지는 타인의 사무에 관하여는 법인이 배임죄의 주체가 될 수 없고 그 법인을 대표하여 사무를 처리하는 자연인인 대표기관이 바로 타인의 사무를 처리하는 자 즉 배임죄의 주체가 된다.

【참조판례】

<u>대법원 1983.2.22. 선고 82도1527 판결(변경), 1982.2.9. 선고 80도1796 판결(변경), 1984.10.10. 선고 83도2774 판결(동지), 1984.10.10. 선고 82도2359 판결(동지)</u>

---

1. 회사가 아파트를 분양한 경우 동 회사의 대표이사가 배임죄에 있어서의 타인의 사무를 처리하는 자에 해당하는지 여부(소극) [대법원 1983. 2. 22., 선고, 82도1527] ☞ 변경

【판결요지】

(갑)회사가 건축중인 아파트를 공소외 (을)에게 분양한 경우 공소외 (을)에게 아파트의 소유권이전등기를 하여 줄 의무는 (갑)회사가 부담하고 있음이 분명하고 위 분양계약 후 대표이사에 취임한 피고인은 동 회사의 대표기관에 불과하므로 피고인으로서는 공소외 (을)에 대하여 위 등기사무를 처리하는 자의 위치에 있다고 볼 수 없고 공소외 (을)과 피고인간은 배임죄에서 말하는 타인과 본인과의 관계에 있지 아니하다.

---

2. 회사가 이중양도한 경우 대표이사 배임죄 성부(소극) [대법원 1982. 2. 9., 선고, 80도1796] ☞ 변경

【판결요지】

갑회사의 대표이사인 A가 회사 소유부동산을 회사 명의로 을에게 양도하였는데, 그 후 위 회사의 대표이사가 된 피고인이 위 사실을 알면서 다시 제3자에게 회사 명의로 양도하고 그 소유권이전등기를 경료하였다고 하여도 을에게 소유권이전등기를 하여 줄 의무는 위 회사가 부담하는 것이고, 피고인이 을에 대하여 그 사무를 처리하는 지위, 즉 피고인과 을 사 이에 타인과 본인의 관계가 없다고 할 것이니 피고인에게 배임죄가 성립될리 없다.

355②-Ⅲ-101. 입주자들 위임에 의하여 아파트 건축업자가 분양대금 일부에 충당할 융자금을 일괄지급받은 것이 타인의 사무를 처리하는 것인지 여부(적극) [대법원 1984. 9. 25., 선고, 84도1568]

【판결요지】

피고인이 공소외 망 (갑)이 건축한 (A)아파트를 인수하여 이의 준공검사를 마치고 공소외 (을) 등에게 분양하면서 아파트분양대금의 일부를 은행의 융자금으로 충당하게 되어 있어 피고인은 입주자들의 위임에 의하여 위 은행으로부터 입주자들에게 개별적으로 지급되는 융자금을 일괄하여 지급받아 이를 분양대금에 충당하였다면 피고인은 위 입주자들의 사무를 처리하는 지위에 있다.

355②-Ⅲ-102. 채무자가 물상보증인 사전승락 없이 채무 최고한도액을 초과하여 차금한 경우(소극) [대법원 1984. 7. 24., 선고, 83도3196]

【판결요지】

제3자가 자기소유의 부동산에 관하여 채무자를 위하여 일정한 채무최고액을 정하여 채권자에게 근저당권설정을 계약하고 등기를 마친 경우에는 특별한 사정이 없는 한 채권자 및 채무자는 그 한도액내에서 금원대차를 할 수 있고 그 대차시마다 근저당권설정자의 승락을 받을 필요가 없다고 할 것이며 설령 그 한도액을 초과하여 대차를 한다 할지라도 근저당권설정자는 그 한도액 범위내에서만 담보책임이 있으므로 이 경우에도 근저당권설정자의 사전승락이 필요없다고 해석되므로 채무자가 금원차용시 마다 설정자의 사전승락을 받지 않았다 하여도 배임죄를 구성하지 않는다.

355②-Ⅲ-103. 물상보증인이 입게 될 손해를 차주가 그의 공장재산으로써 담보키로 한 경우 차주가 동 재산에 관하여 타인의 사무를 처리하는 지위에 있는지 여부(소극) [대법원 1984. 7. 10., 선고, 84도995]

【판결요지】

피고인의 차금시 부동산을 담보로 제공(근저당권설정) 해 준 (갑)과 피고인 사이에, 근저당권 실행으로 위 담보물이 처분될 때 (갑)이 입게 될 손해를 담보하기 위하여, 위 차용금 채무를 변제할 때까지 피고인이 (을)은행으로부터 연부상환으로 매입(상환완료시까지 소유권은 동 은행이 보유)한 공장재산 일체를 위 (갑)의 사전승낙 없이는 매각 등 처분 못하며 또 타에 처분할 때는 그 매득금으로, (을)은행과의 매매를 해제할 때는 불입한 연부상환금의 반환금으로 위 (갑)에 대한 피고인의 채무를 우선 변제키로 약정하였다 하여도, 피고인이 위 공장재산에 관하여 위 (갑)을 위하여 이를 관리 또는 보전하고 있다고 할 수 없고 다만 위 (갑)에 대하여 부담하게 될 손해 배상채무의 확보책으로 위 공장재산의 처분에 관한 특약상의 채무를 지고 있을 따름이니 피고인을 가리켜 타인의 사무를 처리하는 지위에 있다고 볼 수 없다.

355②-Ⅲ-104. 한국전력공사 지방출장소장이 전기수용자에 대한 전기요금환급사무를 태만히 한 경우 전기수용자에 대한 배임죄의 성부(소극) [대법원 1984. 7. 10., 선고, 84도883]

【판결요지】

한국전력공사 지방출장소장인 피고인이 전기수용자로부터 전기요금 징수가 부당하다는 항의를 받고 이를 조사하여 초과징수된 금액을 전기수용자에게 환급처리하는 임무는 한국전력공사의 사무를 처리하는 직원으로서의 임무라 하겠으므로 피고인이 그 환급사무의 처리를 태만히 하였다 하여도 한국전력공사에 대한 임무위배는 될지언정 위 전기수용자에 대한 임무위배는 될 수 없다고 할 것인데, 피고인의 위 임무위배 행위는 사무주체인 한국전력공사에 아무런 손해를 입힌 바 없음이 명백하여 배임죄를 구성하지 아니한다.

355②-Ⅲ-105. 상표권양도약정을 체결한 자가 그 상표권이전등록의무의 이행을 거부하고 그 상표를 계속 사용하는 경우(소극) [대법원 1984. 5. 29., 선고, 83도2930]

【판결요지】

상표권양도약정을 체결한 피고인은 양수인에 대하여 그 상표권에 관하여 양수인 명의로 이전등록하도록 협력할 의무가 있고 그 점에서 양수인의 사무를 처리하는 자의 지위를 가진다 할 것이지만, 피고인이 그 상표권이전등록의무의 이행을 거부하고 양수인과 동종생산업체를 설립하여 그 제품에 위 상표를 부착하여 사용하였다 하더라도 이는 상표권이전등록을 이 행하여 자기의 양도행위를 완성하여야 하는 자기의 채무의 불이행에 불과한 것이고 그것이 양수인의 사무를 처리하는 자의 임무위배행위에 해당하여 배임죄를 구성하는 것이라고 할 수는 없다.

355②-Ⅲ-106. 주류제조면허 양도인이 공동매수인의 1인과 공모하여 그에게 면허이전절차 소요 서류를 교부한 경우(적극) [대법원 1984. 5. 9., 선고, 83도3084]

【판결요지】

피고인이 소외 공동매수인들과 간에 소위 주류제조면허권에 관한 양도 계약을 체결하고 그 대가를 지급받았는데도 공동 매수인 중의 1인인 소외 (갑)과 공모하여 피고인이 (갑)으로부터 윗돈을 받고 그 면허가 위 (갑)의 자인 소외 (을)앞으로 실질적으로 이전될 수 있도록 필요한 제반 협조를 제공키로 하는 한편 이전절차에 필요한 구비서류 일체를 (갑)에게 교부하였다면, 피고인은 공동매수인들 앞으로 보충면허가 발급될 수 있도록 협력해야 할 지위에 있음에도 동 협력임무에 위배하여 공동매수인들 아닌 위 (을) 앞으로 보충면허가 발급되도록 함으로써 위 공동매수인들이 분담한 위 면허권 양수대금 상당의 손해를 끼쳤다 할 것이고 피고인이 위의 면허이전관계서류를 공동매수인의 1인인 위 (갑)에게 교부하였다 하여 이로써 나머지 공동매수인에 대한 면허 양도인으로서의 협력임무를 다한 것으로 평가할 수는 없다 할 것이므로 배임죄를 구성한다.

> 1. 주류제조면허의 양도자가 타인의 사무를 처리하는 자가 되는지 여부(적극) [대법원 1979. 11. 27., 선고, 76도3962]
>
> 【판결요지】
>
> 주류제조면허의 양도계약은 양도인이 면허취소신청을 함과 동시에 양수인이 면허신청을 하는 방법으로 일반적으로 널리 행하여 지고 있으므로 이를 무효라 할 수 없으며 양도인의 면허취소신청은 양수인의 면허획득에 중요한 요소가 되는 것이므로 자기 자신의 사무인 동시에 양수인이 면허신청을 하여 면허를 얻는 사무의 일부를 이룩하고 있는 양수인의 사무라고 할 것이므로 그 의무불이행은 배임죄가 성립한다.

355②-Ⅲ-107. 대지를 매도하였다가 등기를 넘기지 않은 채 재매입한 자가 이를 타에 다시 매도한 경우(소극) [대법원 1984. 4. 24., 선고, 83도1945]

【판결요지】

피고인이 소외인에게 이 사건 대지를 매도하였으나 그 뒤 동 대지 위에 상가건물 2동을 신축하기 위하여 위 소외인으로부터 그 각 매수부분을 재매입한 경우에는 피고인은 위 소외인에 대한 관계에 있어서는 위 대지의 재매입금을 청산할 의무만 지고 있을 뿐 위 대지에 관하여 위 소외인에게 소유권이전등기절차를 이행하여 줄 의무는 부담하고 있지 않다 할 것이므로, 피고인이 위 상가건물이 완성된 후 공사비지급을 위하여 위 대지 전부에 관하여 공사업자들 명의로 소유권이전등기를 경료해 준 사실이 있다 하더라도 그것이 배임죄를 구성한다고는 볼 수 없다.

355②-Ⅲ-108. 대지의 대금채권 담보조로 지상건물 소유권 보존등기를 경료한 매도인이 매수인이 원하는 건물분양자가 아닌 제3자에게 소유권 지분이전등기를 경료하여 준 경우 배임죄의 공동정범의 성부(소극) [대법원 1984. 1. 24., 선고, 83도1035]

【판결요지】

대지매도인이 중도금 및 잔금채권을 담보하기 위하여 매수인이 건축한 동지상 상가건물의 소유권보존등기를 그 명의로 하면서 동인과 사이에 점포를 직접 분양자들에게 지분이전등기를 하기로 하였는데, 이미 상가점포를 분양받은 자들이 있음에도 불구하고 매수인의 요구에 따라 제3자에게 소유권지분이전등기를 경료하여 주었다 하더라도 매도인은 점포분양 계약의 당사자가 아니므로 점포분양자들에게 지분이전등기절차에 협력할 의무를 부담하고 있다고 보기 어렵고 설사 매도인이 위 대지를 매도하면서 직접 점포를 분양받은 자에게 이전등기를 해 줄 것을 약정하였다고 하더라도 이는 매수인에 대하여 부담하는 의무일 뿐 분양자들에 대한 의무로는 볼 수 없으므로 이들의 사부를 처리하는 자의 지위에 있다고 볼 수 없으며, 매도인이 매매계약상의 의무를 이행함으로 인하여 점포분양자들이 손해를 입었다고하더라도 이를 배임행위에 해당한다거나 매수인의 배임행위에 가담하였다 하여 동인과 배임죄의 공동정범으로 처단할 수는 없다 할 것이다.

355②-Ⅲ-109. 담보목적으로 소유권보존등기를 경료한 채권자가 채무자의 지위를 양수한 자에 대하여 타인의 사고를 처리하는 자에 해당하는지 여부(소극) [대법원 1984. 1. 24., 선고, 81도3077]

【판결요지】

매립공사의 비용을 조달하기 위하여 조합원들이 그들의 매립지에 대한 권리를 피고인에게 양도하되 피고인이 비용을 조달하여 매립공사를 완공시킨 뒤 조합원들이 비용을 지급하면 피고인은 조합원들에게 소유권이전등기를 넘겨주고 만일 비용을 지급하지 아니하면 피고인이 임의처분하여도 이의없기로 약정한 경우, 조합원들이 상당한 기간내에 비용을 지급함도 없이 그들의 권리를 타인에게 양도하였다 하더라도 피고인과 위 조합원들 및 그 타인과의 사이에 특별한 약정이 없는 한 피고인이 그 타인에게 직접 소유권이전등기를 경료해 줄 의무가 있다 할 수 없으므로 피고인은 타인의 의무를 처리하는 자에 해당하지 아니한다.

355②-Ⅲ-110. 월부상환중인 자동차를 타에 매도한 자의 할부금납부의무와 배임죄에서의 타인의 사무(소극) [대법원 1983. 11. 8., 선고, 83도2496]

【판결요지】

피고인이 월부상환중인 자동차를 공소외인에게 매도하였으나 자동차등록 명의는 피고인의 명의로 남아있어 그 소유권이 아직 피고인에게 있다면 판매회사에 대하여 할부금을 납부하는 것은 피고인 자신의 사무처리에 불과하고, 피고인이 매매계약을 체결함에 있어 연체된 할부금을 중도금 지급기일까지 완불하여 자동차를 인도받아 사용하는 위 공소외인에게 아무런 손해를 주지 않기로 약정하였다 하여도 이는 단순한 채무를 부담하는 경우에 해당할 뿐 이로 인하여 피고인이 배임죄에서 말하는 타인의 사무를 처리하는 자에 해당한다고 볼 수 없다.

355②-Ⅲ-111. 저당권 명의수탁자가 임의 변제자를 위한 사무처리자에 해당하는지 여부(소극) [대법원 1983. 11. 8., 선고, 83도1553]

【판결요지】

피고인과 공소외 (갑)의 채권을 담보하기 위한 것이지만 피고인의 단독명의로 근저당권이 설정된 경우 변제할 이익이 없는 제3자는 위 (갑)의 채권을 변제하였어도 채권자의 승락이 없으면 채권자를 대위할 수 없는 것이므로 피고인은 근저당권을 대위행사 할 수 있는 지위에 있지 아니하는 제3자의 사무를 처리하는 자에 해당되지 아니하니 피고인이 그 자신의 채권의 만족을 위하여 임의경매 신청 중 그 채무를 변제받고 경매신청을 취하하려는 것을 위 제3자가 (갑)을 대위한 위 근저당권의 공동관리자임을 자칭하고 경매를 취하하지 말라고 종용하였으나 피고인이 이를 묵살, 경매를 취하하였더라도 배임죄에 해당되지 않는다.

355②-Ⅲ-112. 담보물에 대한 일체의 권한을 위임받은 자가 대위변제를 한 후 그 명의로 소유권이전등기를 경료받은 경우(소극) [대법원 1983. 9. 13., 선고, 82도2613]

【판결요지】

피고인의 알선으로 대주 2인으로부터 금원을 차용하고 부동산을 담보로 제공하여 대주명의로 제1, 2순위 가등기를 경료한 후 그 부동산에 관한 권한 일체를 피고인에게 위임한 경우에 있어서, 피고인이 제1, 2순위 가등기에 우선하는 근저당권에 기한 경매를 막기 위하여 그 피담보채권을 변제하고, 또 제1순위 가등기권자가 그 명의로 본등기를 하여 제2순위 가등기가 말소되자 제1순위 가등기권자의 피담보채권까지 변제하고, 위 두개의 구상채권과 제2순위 가등기권자의 채권을 담보하기 위하여 피고인이 제1순위 가등기권자와 사이에 이미 변제한 채무원리금을 매매대금으로 하여 피고인 명의로 소유권이전등기를 하였다고 하여 배임의 범의가 있다 할 수 없다.

355②-Ⅲ-113. 통정허위표시에 의한 부동산매도후 다시 매도한 것이 배임죄를 구성하는지 여부(소극) [대법원 1983. 7. 12., 선고, 82도2941]

【판결요지】

피고인이 이 사건 부동산에 대한 공소외인과의 분쟁을 피고인의 처남을 내세워 해결할 생각으로 처남에게 허위로 위 부동산에 대한 매매계약서를 작성교부하고 가등기를 경료한 후 위 부동산중 일부를 타인에게 매도하였다 하여 2중매매에 의한 배임행위가 된다고 할 수 없다.

355②-Ⅲ-114. 조합원이 단독으로 추가 출자하여 구입한 자동차의 임의처분과 횡령죄의 성부(적극) [대법원 1983. 2. 22., 선고, 82도2467]

【판결요지】

피고인과 공소외(갑)이 당초의 공동사업 재산인 지입택시를 폐차하고 출자를 더하여 새차를 구입하여 공동사업을 계속 경영하기로 합의가 이루어진 이상 그뒤 위 (갑)이 추가출자 의무를 이행하지 아니하므로 부득이 피고인이 단독으로 새차를 구입운행하였다 하더라도 이로써 이때 당초의 동업관계가 종료되었다고 할 수는 없고 피고인이 그뒤 새차를 매도처분하여 공동사업을 경영할 수 없게 되었을 때까지는 의연히 동업관계가 존속하였다 할 것이니 새차가 자동차등록원부상으로는 피고인 단독명의로 등록되어 있다 하더라도 동업자의 내부관계에 있어서는 그 사실상의 소유권이 그들에게 합유적으로 귀속한다 할 것이어서 피고인이 임의로 새차를 매도처분한 경우에는 배임죄가 아니라 횡령죄를 구성한다.

355②-Ⅲ-115. 환매기일 도과 후 제3자 앞으로 근저당권설정등기를 경료케 한 경우(소극) [대법원 1983. 2. 22., 선고, 82도2945]

【판결요지】

부동산을 대물변제하면서 환매할 수 있도록 약정하였다고 하여도 환매기일이 도과된 후에 채권자가 동 부동산에 관하여 제3자 앞으로 그 저당권설정등기를 한 것은 배임행위가 될 수 없다.

355②-Ⅲ-116. 대지매도대금 채권자에 대하여 건물소유자가 부담하는 처분상의 제한의무와 배임죄에 있어서 타인의 사무 해당여부(소극) [대법원 1983. 2. 8., 선고, 81도3137]

【판결요지】

배임죄에 있어서 타인의 사무라 함은 신임관계에 기초를 둔 타인의 재산의 보호 내지 관리의무가 있을 것을 그 본질적 내용으로 하는 것으로 타인의 재산관리에 관한 사무를 대행하는 경우, 예컨대 위임, 고용 등의 계약상 타인의 재산의 관리 보전의 임무를 부담하는데 본인을 위하여 일정한 권한을 행사하는 경우, 등기협력의무와 같이 매매, 담보권설정등 자기의 거래를 완성하기 위한 자기의 사무인 동시에 상대방의 재산보전에 협력할 의무가 있는 경우 따위를 말한다고 할 것인지 본건과 같이 공소외인의 대지매도대금수령의 확보책으로 피고인들 소유의 본건 건물의 처분은 공소외인의 사전 승락 아래 하겠다는 특약상의 의무는 단순한 채무에 불과하고 공소외인의 재산관리 내지 보전의 사무라고 할 수 없다고 할 것이다.

355②-Ⅲ-117. 금전소비대차를 소개하고 담보권의 설정 및 처분행위를 주도적으로 담당한 자가 타인의 사무를 처리하는 자에 해당하는지 여부(소극) [대법원 1983. 2. 8., 선고, 82도2101]

【판결요지】

금전소비대차의 소개자인 피고인이 채권자를 위한 담보권의 설정과 담보물의 처분행위를 주도적으로 담당하였다는 사실만으로는 배임죄에 있어서의 타인의 사무를 처리하는 자로서의 지위를 갖는다고 볼 수 없으므로, 그에게 채무변제가 없는 경우에 담보물을 적정한 가액으로 환가하여 채권의 변제에 충당하고 나머지를 채무자에게 반환하여 줄 임무가 있다고 할 수 없다.

355②-Ⅲ-118. 건물사용권을 부여한 자가 타인의 사무를 처리하는 자에 해당하는지 여부(소극) [대법원 1982. 9. 14., 선고, 80도1816]

【판결요지】

배임죄에 있어서의 타인의 사무라 함은 타인의 재산관리에 관한 사무의 전부 또는 일부를 대행하는 경우와 매매, 저당권의 설정등 거래를 완성하기 위한 등기협력의무와 같이 자기의 사무인 동시에 상대방의 재산보전이 그의 적극적, 소극적 협력에 관계되는 경우를 뜻하고 이 사건에서와 같이 피고인이 피해자에게 건물 사용권을 부여하고 피해자에 의한 임대보증금과 임대로 수익행위를 인용해야 할 소극적 의무를 부담함에 그치는 경우에는 피고인 본인의 사무로 인정될지언정 피해자인 타인의 사무에 해당한다고 볼 수 없다.

355②-Ⅲ-119. 건축 도급업자가 설계도에 따라 시공하지 아니한 경우(소극) [대법원 1982. 6. 22., 선고, 82도45]

【판결요지】

배임죄의 요건인 "타인의 사무처리"로 인정되려면 타인의 재산관리에 관한 사무의 전부 또는 일부를 타인을 위하여 대행하는 경우와 타인의 재산보전행위에 협력하는 경우라야만 되는 것이고 단순히 타인에 대하여 채무를 부담하는 경우에는 본인의 사무로 될지언정 타인의 사무처리에 해당한다고 볼 수 없는바, 건축공사수급자의 건축에 관한 소위는 그 자신의 사무의 처리에 속하므로 그가 설계도에 시공하지 아니하였다 하여도 배임죄를 구성하지 아니한다.

355②-Ⅲ-120. 공동구입한 택시를 법정폐차시한 전에 폐차케 한 경우(소극) [대법원 1982. 2. 23., 선고, 81도2601]

【판결요지】

피고인이 피해자와 공동구입한 택시를 법정폐차 시한 전에 임의로 폐차케 한 경우 <u>특단의 사정이 없는 한 그 폐차조치만으로써는 피해자에게 장차 얻을 수 있었을 수익금상실의 손해는 발생하였을지언정 피고인이 피해자 몫에 해당하는 이익을 취득하였다고 볼 수는 없으므로 배임죄가 성립하지 않는다.</u>

355②-Ⅲ-121. 캬바레 영업허가권의 임차인 내지 명의수탁자가 이를 타에 처분하고 그 명의를 이전하려 한 경우의 죄책(배임미수) [대법원 1981. 7. 28., 선고, 81도966]

【판결요지】

피고인이 캬바레영업을 할 목적으로 캬바레건물을 임차하면서 임대차계약이 종료될 때에 반환하기로 하는 약정 아래 캬바레영업허가 명의를 이전받았다면 임대인에 대한 대내적 관계에서는 위 영업허가권의 단순한 임차인내지 명의수탁자에 불과하다 할 것이므로 임대차계약 종료시에 이를 반환하는 범위안에서 타인의 사무를 처리하는 자라고 할 것이니 이 임무에 위배하여 이를 제3자에게 처분하고 그 명의를 이전하려 하였다면 배임미수에 해당한다.

제356조[업무상배임]

> 제356조(업무상의 횡령과 배임) 업무상의 임무에 위배하여 제355조의 죄를 범한 자는 10년 이하의 징역 또는 3천만원 이하의 벌금에 처한다. 〈개정 1995. 12. 29.〉

356-1. 업무상배임행위를 특정경제범죄 가중처벌 등에 관한 법률 위반(배임)죄로 가중 처벌하기 위해서는 재산상 손해의 발생 및 그 액수에 관한 증명이 있어야 하는지 여부(적극) [대법원 2018. 4. 12., 선고, 2017도21196]

【판시사항】

업무상 배임행위를 특정경제범죄법 위반(배임)죄로 가중 처벌하기 위해서는 재산상 손해의 발생 및 그 액수에 관한 증명이 있어야 한다(대법원 2001. 11. 13. 선고 2001도3531 판결 참조).

356-2. 업무상배임죄에서'재산상의 손해'의 의미와 재산상 손해의 유무에 대한 판단 기준(=경제적 관점) 및 재산상 손해가 발생하였다고 평가할 수 있는'재산상 실해 발생의 위험'의 의미와 정도(=구체적·현실적인 위험이 야기된 정도) [대법원 2017. 10. 12., 선고, 2017도6151]

【판시사항】

[1] 업무상배임죄에서 '재산상의 손해' 의 의미와 재산상 손해의 유무에 대한 판단 기준(=경제적 관점) 및 재산상 손해가 발생하였다고 평가할 수 있는 '재산상 실해 발생의 위험' 의 의미와 정도(=구체적·현실적인 위험이 야기된 정도)

[2] 업무상배임죄에서 타인의 사무를 처리하는 자의 임무위배행위가 민사재판에서 법질서에 위배되는 법률행위로서 무효로 판단될 가능성이 있는 경우, 본인(타인)에게 재산상의 손해가 발생하였는지를 판단할 때 유의하여야 할 사항

[3] 배합사료 판매회사인 甲 회사의 영업사원인 피고인이 乙에게 배합사료를 공급하면서 甲 회사의 내부 결재를 거치지 않고 장려금 등 명목으로 임의로 단가를 조정하거나 대금을 할인해 줌으로써 乙에게 재산상 이익을 취득하게 하고 甲 회사에 손해를 가하였다고 하여 특정경제범죄 가중처벌 등에 관한 법률 위반(배임)으로 기소된 사안

【판결요지】

[1] 업무상배임죄는 업무상 타인의 사무를 처리하는 자가 임무에 위배하는 행위를 하고 그러한 임무위배행위로 인하여 재산상의 이익을 취득하거나 제3자로 하여금 이를 취득하게 하여 본인에게 재산상의 손해를 가한 때 성립하는데, 여기서 재산상의 손해에는 현실적인 손해가 발생한 경우뿐만 아니라 재산상 실해 발생의 위험을 초래한 경우도 포함되고, 재산상 손해의 유무에 대한 판단은 법률적 판단에 의하지 않고 경제적 관점에서 파악하여야 한다. 그런데 <u>재산상 손해가 발생하였다고 평가될 수 있는 재산상 실해 발생의 위험이란 본인에게 손해가 발생할 막연한 위험이 있는 것만으로는 부족하고 경제적인 관점에서 보아 본인에게 손해가 발생한 것과 같은 정도로 구체적인 위험이 있는 경우를 의미한다. 따라서 재산상 실해 발생의 위험은 구체적·현실적인 위험</u>

이 야기된 정도에 이르러야 하고 단지 막연한 가능성이 있다는 정도로는 부족하다.

[2] 업무상배임죄에서 타인의 사무를 처리하는 자의 임무위배행위는 민사재판에서 법질서에 위배되는 법률행위로서 무효로 판단될 가능성이 적지 않고, 그 결과 본인(타인)에게도 아무런 손해가 발생하지 않는 경우가 많다. 이러한 경우에는 그 의무부담행위로 인하여 실제로 채무의 이행이 이루어졌는지 또는 본인이 민법상 사용자책임 등을 부담하게 되었는지 등과 같이 현실적인 손해가 발생하거나 실해 발생의 위험이 생겼다고 볼 수 있는 사정이 있는지를 면밀히 심리·판단하여야 한다.

[3] 甲 회사의 乙 측을 상대로 한 물품대금 소송의 제1심에서 甲 회사가 승소하였지만 상대방의 항소로 항소심에 계속 중인 이상 사용자책임 등을 부담할 가능성을 완전히 배제하기 어렵다는 등의 원심이 설시한 사정만으로는 甲 회사에 재산상 실해가 발생할 가능성이 생겼다고 말할 수는 있어도 나아가 그 실해 발생의 위험이 구체적·현실적인 정도에 이르렀다고 보기 어려운데도, 피고인의 행위가 甲 회사의 재산 상태에 구체적으로 어떠한 영향을 미쳤는지, 위 물품대금 소송의 제1심판결에도 불구하고 甲 회사가 사용자책임을 부담한다고 볼 만한 사정이 있는지 등을 면밀히 심리하여 甲 회사에 현실적인 손해가 발생하거나 실해 발생의 위험이 생겼다고 볼 수 있는지를 판단하지 아니한 채 공소사실을 유죄로 판단한 원심판결에 배임죄의 재산상 손해 요건에 관한 법리를 오해하여 필요한 심리를 다하지 아니한 잘못이 있다.

---

1. 새마을금고 임·직원이 동일인 대출한도 제한규정을 위반하여 초과대출행위를 한 사실만으로 새마을금고에 업무상배임죄를 구성하는 재산상 손해가 발생하였다고 볼 수 있는지 여부(소극) [대법원 2008. 6. 19., 선고, 2006도4876, 전원합의체 판결]

【판결요지】

[다수의견] 새마을금고의 동일인 대출한도 제한규정은 새마을금고 자체의 적정한 운영을 위하여 마련된 것이지 대출채무자의 신용도를 평가해서 대출채권의 회수가능성을 직접적으로 고려하여 만들어진 것은 아니므로 동일인 대출한도를 초과하였다는 사실만으로 곧바로 대출채권을 회수하지 못하게 될 위험이 생겼다고 볼 수 없고, 구 새마을금고법(2007. 5. 25. 법률 제8485호로 개정되기 전의 것) 제26조의2, 제27조에 비추어 보면 동일인 대출한도를 초과하였다는 사정만으로는 다른 회원들에 대한 대출을 곤란하게 하여 새마을금고의 적정한 자산운용에 장애를 초래한다는 등 어떠한 위험이 발생하였다고 단정할 수도 없다. 따라서 동일인 대출한도를 초과하여 대출함으로써 구 새마을금고법을 위반하였다고 하더라도, 대출한도 제한규정 위반으로 처벌함은 별론으로 하고, 그 사실만으로 특별한 사정이 없는 한 업무상배임죄가 성립한다고 할 수 없고, 일반적으로 이러한 동일인 대출한도 초과대출이라는 임무위배의 점에 더하여 대출 당시의 대출채무자의 재무상태, 다른 금융기관으로부터의 차입금, 기타 채무를 포함한 전반적인 금융거래상황, 사업현황 및 전망과 대출금의 용도, 소요기간 등에 비추어 볼 때 채무상환능력이 부족하거나 제공된 담보의 경제적 가치가 부실해서 대출채권의 회수에 문제가 있는 것으로 판단되는 경우에 재산상 손해가 발생하였다고 보아 업무상배임죄가 성립한다고 해야 한다.

---

2. 업무상배임죄에서 재산상 손해가 발생하였다고 평가될 수 있는 '재산상 실해 발생의 위험' 의미 [대법원 2015. 9. 10., 선고, 2015도6745]

【판시사항】

[1] 업무상배임죄에서 재산상 손해가 발생하였다고 평가될 수 있는 '재산상 실해 발생의 위험'의 의미

[2] 甲 은행 지점장인 피고인이 업무상 임무에 위배하여 물품대금지급보증서를 발급한 후 乙 주식회사의 거래처인 丙 주식회사에 건네줌으로써 甲 은행에 손해를 가하였다고 하여 특정경제범죄 가중처벌 등에 관한 법률 위반(배임)으로 기소된 사안

【판결요지】

[1] 재산상 손해가 발생하였다고 평가될 수 있는 재산상 실해 발생의 위험이란 본인에게 손해가 발생할 막연한 위험이 있는 것만으로는 부족하고 경제적인 관점에서 보아 본인에게 손해가 발생한 것과 같은 정도로 구체적인 위험이 있는 경우를 의미한다. 따라서 재산상 실해 발생의 위험은 구체적·현실적인 위험이 야기된 정도에 이르러야 하고 단지 막연한 가능성이 있다는 정도로는 부족하다.

[2] 丙 회사는 지급보증서가 정상적으로 발급된 것이 아님을 확인하고 乙 회사를 통하여 물품을 주문하였던 사람들에게 물품을 공급하지 않음으로써 乙 회사가 丙 회사에 대하여 아무런 물품대금 채무를 부담하지 않게 된 사정 등에 비추어, 피고인이 甲 은행을 대리하여 乙 회사가 丙 회사에 대해 장래 부담하게 될 물품대금 채무에 대하여 지급보증을 하였더라도, 丙 회사가 乙 회사와 거래를 개시하지 않아 지급보증 대상인 물품대금 지급채무 자체가 현실적으로 발생하지 않은 이상, 보증인인 甲 은행에 경제적인 관점에서 손해가 발생한 것과 같은 정도로 구체적인 위험이 발생하였다고 평가할 수 없다.

356-3. 회사 임직원이 영업비밀을 경쟁업체에 유출하거나 스스로의 이익을 위하여 이용할 목적으로 무단으로 반출한 경우, 업무상배임죄 기수시기(=반출 시) 및 영업비밀은 아니나 영업상 주요한 자산인 자료의 반출행위가 업무상배임죄를 구성하는지 여부(적극) [대법원 2016. 6. 23., 선고, 2014도11876]

【판시사항】

[1] 회사 임직원이 영업비밀을 경쟁업체에 유출하거나 스스로의 이익을 위하여 이용할 목적으로 무단으로 반출한 경우, 업무상배임죄의 기수시기(=반출 시) 및 영업비밀은 아니나 영업상 주요한 자산인 자료의 반출행위가 업무상배임죄를 구성하는지 여부(적극)

[2] 회사 임직원이 영업비밀이나 영업상 주요한 자산인 자료를 적법하게 반출하였으나 퇴사 시 반환·폐기의무가 있음에도 경쟁업체에 유출하거나 스스로의 이익을 위하여 이용할 목적으로 영업비밀 등을 반환·폐기하지 아니한 행위가 업무상배임죄에 해당하는지 여부(적극)

【이 유】

회사 임직원이 영업비밀을 경쟁업체에 유출하거나 스스로의 이익을 위하여 이용할 목적으로 무단으로 반출하였다면 그 반출 시에 업무상배임죄의 기수가 되고, 영업비밀이 아니더라도 그 자료가 불특정 다수의 사람에게 공개되지 아니하였고 사용자가 상당한 시간, 노력 및 비용을 들여 제작한 영업상 주요한 자산인 경우에도 그 자료의 반출행위는 업무상배임죄를 구성한다. 한편 회사 임직원이 영업비밀이나 영업상 주요한 자산인 자료를 적법하게 반출하여 그 반출행위가 업무상배임죄에 해당하지 않는 경우에도 퇴사 시에 그 영업비밀 등을 회사에 반환하거나 폐기할 의무가 있음에도 경쟁업체에 유출하거나 스스로의 이익을 위하여 이용할 목적으로 이를 반환하거나 폐기하지 아니하였다면, 이러한 행위는 업무상배임죄에 해당한다(대법원 2008. 4. 24. 선고 2006도

9089 판결, 대법원 2009. 10. 15. 선고 2008도9433 판결 등 참조).

그리고 업무상배임죄가 성립하려면 주관적 요건으로서 임무 위배의 인식과 그로 인하여 자기 또는 제3자가 이익을 취득하고 본인에게 손해를 가한다는 인식, 즉 배임의 고의가 있어야 하는데, 이러한 인식은 미필적 인식으로도 충분하다. 피고인이 배임의 범의를 부인하는 경우에 배임의 주관적 요소로 되는 사실은 사물의 성질상 범의와 상당한 관련성이 있는 간접사실을 증명하는 방법에 의하여 입증할 수밖에 없고, 이때 무엇이 상당한 관련성이 있는 간접사실에 해당할 것인지는 정상적인 경험칙에 바탕을 두고 치밀한 관찰력이나 분석력에 의하여 사실의 연결상태를 합리적으로 판단하여야 한다(대법원 1988. 11. 22. 선고 88도1523 판결 등 참조).

---

1. 업무상배임죄의 업무의 의미와 고의의 입증방법 [대법원 1988. 11. 22., 선고, 88도1523]

【판시사항】

[1] 업무상배임죄의 업무의 의미

[2] 업무상배임죄의 고의의 입증방법

[3] 업무상배임죄의 고의

【판결요지】

[1] 업무상배임죄에 있어서 **업무**란 법령이나 계약에 의한 것뿐만 아니라 관례거나 사실상이거나를 묻지 않고 같은 행위를 반복할 지위에 따른 사무를 가리킨다.

[2] 업무상배임죄의 고의는 업무상 타인의 사무를 처리하는 자가 본인에게 재산상의 손해를 가한다는 의사와 자기 또는 제3자의 재산상의 이득의 의사가 임무에 위배된다는 인식과 결합되어 성립되는 것이며, 이와 같은 업무상배임죄의 주관적 요소로 되는 사실(고의, 동기등의 내심적 사실)은 피고인이 본인의 이익을 위하여 문제가 된 행위를 하였다고 주장하면서 범의를 부인하고 있는 경우에는 사물의 성질상 고의와 상당한 관련성이 있는 간접 사실을 증명하는 방법에 의하여 입증할 수 밖에 없고, 무엇이 상당한 관련성이 있는 간접사실에 해당할 것인가는 정상적인 경험칙에 바탕을 두고 치밀한 관찰력이나 분석력에 의하여 사실의 연결상태를 합리적으로 판단하는 방법에 의하여야 한다.

[3] 업무상배임죄의 고의는 그 행위자가 본인의 이익을 위한다는 의사도 있는 경우에는 주된 의사가 어느 것인가를 판별하여 본인의 이익을 위한다는 의사는 부수적일 뿐이고 이득 또는 가해의 의사가 주된 것임이 판명되면 본죄의 고의가 있었다고 보아야 한다.

356-4. 피해가 회복되었다는 사정이 배임죄 성립에 영향을 주는지 여부(소극) [대법원 2015. 11. 26., 선고, 2014도17180]

【판시사항】

[1] 업무상배임죄에서 '재산상의 손해를 가한 때'의 의미 및 재산상 손해의 유무는 경제적 관점에서 실질적으로 판단하여야 하는지 여부(적극) / 피해가 회복되었다는 사정이 배임죄 성립에 영향을 주는지 여부(소극)

[2] 甲 주식회사 대표이사인 피고인이 자신과 딸이 발행주식 전부를 소유하고 있는 乙 주식회사 및 丙 주식회사를 운영하면서, 甲 회사로 하여금 乙 회사가 건물 신축 과정에서 받은 대출금 등 채무를 연대보증하게 하고 신축될 건물을 미리 임차하여 임대차보증금을 선지급하도록 하거나, 丙

회사의 대출금채무를 연대보증하게 함으로써 甲 회사에 재산상 손해를 가하였다고 하여 특정경제범죄 가중처벌 등에 관한 법률 위반(배임)으로 기소된 사안에서, 피고인의 행위는 甲 회사에 대한 임무위배행위로서 甲 회사에 재산상 손해발생의 위험을 초래하였고, 배임의 고의도 인정된다.

【판결요지】

[1] 업무상배임죄에서 재산상의 손해를 가한 때란 총체적으로 보아 본인의 재산 상태에 손해를 가하는 경우를 말하고, 현실적인 손해를 가한 경우뿐만 아니라 재산상 손해발생의 위험을 초래한 경우도 포함된다. 그리고 재산상 손해의 유무에 관한 판단은 법률적 판단에 의하지 아니하고 경제적 관점에서 실질적으로 판단되어야 하고, 일단 손해의 위험을 발생시킨 이상 나중에 피해가 회복되었다고 하여도 배임죄의 성립에 영향을 주는 것은 아니다.

[2] 甲 주식회사 대표이사인 피고인이 자신과 딸이 발행주식 전부를 소유하고 있는 乙 주식회사 및 丙 주식회사를 운영하면서, 甲 회사로 하여금 乙 회사가 건물 신축 과정에서 丁 은행에서 받은 대출금 등 채무를 연대보증하게 하고 신축될 건물을 미리 임차하여 임대차보증금을 선지급하도록 하거나, 丙 회사의 丁 은행에 대한 대출금채무를 연대보증하게 함으로써 甲 회사에 재산상 손해를 가하였다고 하여 특정경제범죄 가중처벌 등에 관한 법률 위반(배임)으로 기소된 사안에서, 피고인이 甲 회사로 하여금 乙 회사 및 丙 회사를 위하여 수차례에 걸쳐 대출금 등 채무를 연대보증하게 하면서도 어떠한 대가나 이익을 제공받지 아니하였고, 甲 회사가 연대보증채무를 이행할 경우 구상금채권의 확보방안도 마련하지 아니한 점, 피고인이 甲 회사의 이사회 승인을 받거나 다른 주주들의 동의를 받지 아니한 점 등을 종합하면, 피고인의 행위는 甲 회사에 대한 임무위배행위로서 甲 회사에 재산상 손해발생의 위험을 초래하였고, 피고인에게 배임의 고의도 인정된다.

---

1. 회사 이사가 시가보다 현저하게 낮은 가액으로 신주 등을 발행한 경우(적극) [대법원 2009. 5. 29., 선고, 2007도4949, 전원합의체 판결]

【판시사항】

[1] 회사의 이사가 시가보다 현저하게 낮은 가액으로 신주 등을 발행한 경우 업무상배임죄가 성립하는지 여부

[2] 신주 등의 발행에서 주주 배정방식과 제3자 배정방식을 구별하는 기준 및 회사가 기존 주주들에게 지분비율대로 신주 등을 인수할 기회를 부여하였다면 주주들이 그 인수를 포기함에 따라 발생한 실권주 등을 시가보다 현저히 낮은 가액으로 제3자에게 배정한 경우에도 주주 배정방식으로 볼 수 있는지 여부

[3] 주주 배정방식에 의한 전환사채 발행시 주주가 인수하지 아니하여 실권된 부분을 제3자에게 발행하는 경우 전환가액 등 발행조건을 변경하여야 하는지 여부

[4] 전환사채 발행을 위한 이사회 결의에는 하자가 있었다 하더라도 실권된 전환사채를 제3자에게 배정하기로 의결한 이사회 결의에는 하자가 없는 경우, 전환사채 발행절차를 진행한 것이 업무상배임죄의 임무위배에 해당하지 않는다.

[5] 회사 지배권 이전을 목적으로 한 전환사채의 발행이 이사의 임무위배에 해당하는지 여부(소극)

【판결요지】

[1] [다수의견] 주주는 회사에 대하여 주식의 인수가액에 대한 납입의무를 부담할 뿐 인수가액 전액을 납입하여 주식을 취득한 후에는 주주 유한책임의 원칙에 따라 회사에 대하여 추가 출자의무를 부담하지 않는 점, 회사가 준비금을 자본으로 전입하거나 이익을 주식으로 배당할 경우에는 주주들에게 지분비율에 따라 무상으로 신주를 발행할 수 있는 점 등에 비추어 볼 때, 회사가 주주 배정의 방법, 즉 주주가 가진 주식 수에 따라 신주, 전환사채나 신주인수권부사채(이하 '신주 등'이라 한다)의 배정을 하는 방법으로 신주 등을 발행하는 경우에는 발행가액 등을 반드시 시가에 의하여야 하는 것은 아니다. 따라서, 회사의 이사로서는 주주 배정의 방법으로 신주를 발행하는 경우 원칙적으로 액면가를 하회하여서는 아니 된다는 제약 외에는 주주 전체의 이익, 회사의 자금조달의 필요성, 급박성 등을 감안하여 경영판단에 따라 자유로이 그 발행조건을 정할 수 있다고 보아야 하므로, 시가보다 낮게 발행가액 등을 정함으로써 주주들로부터 가능한 최대한의 자금을 유치하지 못하였다고 하여 배임죄의 구성요건인 임무위배, 즉 회사의 재산보호의무를 위반하였다고 볼 것은 아니다. 그러나 주주배정의 방법이 아니라 제3자에게 인수권을 부여하는 제3자 배정방법의 경우, 제3자는 신주 등을 인수함으로써 회사의 지분을 새로 취득하게 되므로 그 제3자와 회사와의 관계를 주주의 경우와 동일하게 볼 수는 없다. 제3자에게 시가보다 현저하게 낮은 가액으로 신주 등을 발행하는 경우에는 시가를 적정하게 반영하여 발행조건을 정하거나 또는 주식의 실질가액을 고려한 적정한 가격에 의하여 발행하는 경우와 비교하여 그 차이에 상당한 만큼 회사의 자산을 증가시키지 못하게 되는 결과가 발생하는데, 이 경우에는 회사법상 공정한 발행가액과 실제 발행가액과의 차액에 발행주식수를 곱하여 산출된 액수만큼 회사가 손해를 입은 것으로 보아야 한다. 이와 같이 현저하게 불공정한 가액으로 제3자 배정방식에 의하여 신주 등을 발행하는 행위는 이사의 임무위배행위에 해당하는 것으로서 그로 인하여 회사에 공정한 발행가액과의 차액에 상당하는 자금을 취득하지 못하게 되는 손해를 입힌 이상 이사에 대하여 배임죄의 죄책을 물을 수 있다. 다만, 회사가 제3자 배정의 방법으로 신주 등을 발행하는 경우에는 회사의 재무구조, 영업전망과 그에 대한 시장의 평가, 주식의 실질가액, 금융시장의 상황, 신주의 인수가능성 등 여러 사정을 종합적으로 고려하여, 이사가 그 임무에 위배하여 신주의 발행가액 등을 공정한 가액보다 현저히 낮추어 발행한 경우에 해당하는지를 살펴 이사의 업무상배임죄의 성립 여부를 판단하여야 한다.

[2] [다수의견] 신주 등의 발행에서 주주 배정방식과 제3자 배정방식을 구별하는 기준은 회사가 신주 등을 발행하는 때에 주주들에게 그들의 지분비율에 따라 신주 등을 우선적으로 인수할 기회를 부여하였는지 여부에 따라 객관적으로 결정되어야 할 성질의 것이지, 신주 등의 인수권을 부여받은 주주들이 실제로 인수권을 행사함으로써 신주 등을 배정받았는지 여부에 좌우되는 것은 아니다. 회사가 기존 주주들에게 지분비율대로 신주 등을 인수할 기회를 부여하였는데도 주주들이 그 인수를 포기함에 따라 발생한 실권주 등을 제3자에게 배정한 결과 회사 지분비율에 변화가 생기고, 이 경우 신주 등의 발행가액이 시가보다 현저하게 낮아 그 인수권을 행사하지 아니한 주주들이 보유한 주식의 가치가 희석되어 기존 주주들의 부(富)가 새로이 주주가 된 사람들에게 이전되는 효과가 발생하더라도, 그로 인한 불이익은 기존 주주들 자신의 선택에 의한 것일 뿐이다. 또한, 회사의 입장에서 보더라도 기존 주주들이 신주 등을 인수하여 이를 제3자에게 양도한 경우와 이사회가 기존 주주들이 인수하지 아니한 신주 등을 제3자에게 배정한 경우를 비교하여 보면 회사에 유입되는 자금의 규모에 아무런 차이가 없을 것이므로, 이사가 회사에 대한 관계에서 어떠한 임무에 위배하여 손해를 끼쳤다고 볼 수는 없다.

[3] [다수의견] 상법상 전환사채를 주주 배정방식에 의하여 발행하는 경우에도 주주가 그 인수권을 잃은 때에는 회사는 이사회의 결의에 의하여 그 인수가 없는 부분에 대하여 자유로이 이를 제3자에게 처분할 수 있는 것인데, 단일한 기회에 발행되는 전환사채의 발행조건은 동일하여야 하므로, 주주배정으로 전환사채를 발행하는 경우에 주주가 인수하지 아니하여 실권된 부분에 관하여 이를 주주가 인수한 부분과 별도로 취급하여 전환가액 등 발행조건을 변경하여 발행할 여지가 없다. 주주배정의 방법으로 주주에게 전환사채인수권을 부여하였지만 주주들이 인수청약하지 아니하여 실권된 부분을 제3자에게 발행하더라도 주주의 경우와 같은 조건으로 발행할 수밖에 없고, 이러한 법리는 주주들이 전환사채의 인수청약을 하지 아니함으로써 발생하는 실권의 규모에 따라 달라지는 것은 아니다.

[4] 전환사채 발행을 위한 이사회 결의에는 하자가 있었다 하더라도 실권된 전환사채를 제3자에게 배정하기로 의결한 이사회 결의에는 하자가 없는 경우, 전환사채의 발행절차를 진행한 것이 재산보호의무 위반으로서의 임무위배에 해당하지 않는다.

[5] 이사가 주식회사의 지배권을 기존 주주의 의사에 반하여 제3자에게 이전하는 것은 기존 주주의 이익을 침해하는 행위일 뿐 지배권의 객체인 주식회사의 이익을 침해하는 것으로 볼 수는 없는데, 주식회사의 이사는 주식회사의 사무를 처리하는 자의 지위에 있다고 할 수 있지만 주식회사와 별개인 주주들에 대한 관계에서 직접 그들의 사무를 처리하는 자의 지위에 있는 것은 아니고, 더욱이 경영권의 이전은 지배주식을 확보하는 데 따르는 부수적인 효과에 불과한 것이어서, 회사 지분비율의 변화가 기존 주주 자신의 선택에 기인한 것이라면 지배권 이전과 관련하여 이사에게 임무위배가 있다고 할 수 없다.

356-5. 공무원이 임무에 위배되는 행위로써 제3자로 하여금 재산상 이익을 취득하게 하여 국가에 손해를 가한 경우, 업무상배임죄 성립 여부(적극) [대법원 2013. 9. 27. 선고, 2013도6835]

【이 유】

공무원이 그 임무에 위배되는 행위로써 제3자로 하여금 재산상의 이익을 취득하게 하여 국가에 손해를 가한 경우에 업무상배임죄가 성립한다(대법원 2008. 6. 26. 선고 2006도2222 판결). 그리고 업무상배임죄에서 '임무에 위배되는 행위'는 당해 사무의 내용·성질 등 구체적 상황에 비추어 법률의 규정, 계약의 내용 또는 신의성실의 원칙상 당연히 할 것으로 기대되는 행위를 하지 않거나 당연히 하지 말아야 할 것으로 기대되는 행위를 함으로써 본인에 대한 신임관계를 저버리는 일체의 행위를 말하고, 그럼으로써 재산상 이익을 취득하거나 제3자로 하여금 이를 취득하게 하고 본인에게 손해를 가한 이상 그에 관한 고의 내지 불법이득의사가 인정된다고 할 것이다(대법원 2012. 9. 13. 선고 2012도3840 판결, 대법원 2011. 10. 27. 선고 2009도14464 판결 등 참조).

원심은, 공무원인 피고인 1, 2가 공소외 1 대통령의 퇴임 후 사용할 사저부지와 그 경호부지를 일괄 매수하는 사무를 처리하면서 매매계약 체결 후 그 매수대금을 공소외 1 대통령의 아들 공소외 2와 국가에 배분함에 있어, 사저부지 가격을 높게 평가하면 경호부지 가격이 내려가고 경호부지 가격을 높게 평가하면 사저부지 가격이 내려가는 관계에 있으므로, 이러한 경우 다른 특별한 대체수단이 없는 이상 공익사업을 위한 토지 등의 취득 및 보상에 관한 법률에서 정한 복수의 감정평가업자의 평가액의 산술평균액을 기준으로 하여 그 비율을 정하여 배분하는 것이 가장 합리적이고 객관적인 방법이라 할 것인데, 이미 복수의 감정평가업자에게 감정평가를 의뢰하여 그 결과를 통보받았음에도 굳이 이를 무시하면서 인근 부동산업자들이나 인터넷, 지인 등으로부터의 불확실한 정보를 가지고 감정평가결과와 전혀 다르게 상대적으로 사저부지 가격을 낮게 평가하고 경호부지 가격을 높게 평가하여 매수대금을 배분한 것은 국가사무를 처리하는 자로서의 임무위배 행위에 해당하고 위 피고인들에게 배임의 고의 및 불법이득의사도 인정된다고 판단하였다.

356-6. 업무상배임죄에서 재산상 손해 유무를 판단하는 기준 및 '소극적 손해'의 유무와 범위 산정 방법 [대법원 2013. 4. 26., 선고, 2011도6798]

【판시사항】

[1] 업무상배임죄에서 재산상 손해 유무를 판단하는 기준 및 '소극적 손해'의 유무와 범위 산정 방법

[2] 피고인이, 甲이 운영하는 乙 주식회사의 부사장으로 대외 영업활동을 하여 그 계약 등을 乙 회사에 귀속시키기로 甲과 약정하고도 이를 위반하여 乙 회사에 손해를 가하였다고 하여 업무상 배임으로 기소된 사안

【판결요지】

[1] 업무상배임죄에서 재산상 손해의 유무에 관한 판단은 법률적 판단에 의하지 아니하고 경제적 관점에서 실질적으로 판단하여야 하는데, 여기에는 재산의 처분 등 직접적인 재산의 감소, 보증이나 담보제공 등 채무 부담으로 인한 재산의 감소와 같은 적극적 손해를 야기한 경우는 물론, 객관적으로 보아 취득할 것이 충분히 기대되는데도 임무위배행위로 말미암아 이익을 얻지 못한 경우, 즉 소극적 손해를 야기한 경우도 포함된다. 이러한 **소극적 손해**는 재산증가를 객관적·개연적으로 기대할 수 있음에도 임무위배행위로 이러한 재산증가가 이루어지지 않은 경우를 의미하므로 임무위배행위가 없었다면 실현되었을 재산 상태와 임무위배행위로 말미암아 현실적으로 실현된 재산 상태를 비교하여 그 유무 및 범위를 산정하여야 한다.

[2] 乙 회사의 재산상 손해는 피고인의 임무위배행위로 乙 회사의 금형제작·납품계약 체결기회가 박탈됨으로써 발생하므로, 원칙적으로 계약을 체결한 때를 기준으로 금형제작·납품계약 대금에 기초하여 산정하여야 하며, 계약대금 중에서 사후적으로 발생되는 미수금이나 계약 해지로 받지 못하게 되는 나머지 계약대금 등은 특별한 사정이 없는 한 계약 대금에서 공제할 것이 아닌데도, 이와 달리 금형제작·납품계약 대금 중 미수금 및 계약 해지로 받지 못하게 된 부분은 피고인의 배임행위로 인한 재산상 손해로 인정할 수 없다고 본 원심판결에 업무상배임죄의 재산상 손해에 관한 법리를 오해한 잘못이 있다.

356-7. 회사의 이사 등이 타인에게 회사자금을 대여할 때 충분한 담보를 제공받는 등 상당하고도 합리적인 채권회수조치를 취하지 아니한 경우, 업무상배임죄가 성립하는지 여부(적극) [대법원 2013. 4. 11. 선고, 2012도15585]

【이 유】

배임죄는 타인의 사무를 처리하는 사람이 그 임무에 위배하는 행위로써 재산상 이익을 취득하거나 제3자로 하여금 이를 취득하게 하여 본인에게 손해를 가함으로써 성립하는바, 여기서 그 '임무에 위배하는 행위'는 사무의 내용, 성질 등 구체적 상황에 비추어 법률의 규정, 계약의 내용 혹은 신의칙상 당연히 할 것으로 기대되는 행위를 하지 않거나 당연히 하지 않아야 할 것으로 기대되는 행위를 함으로써 본인과의 신임관계를 저버리는 일체의 행위를 포함하고, '재산상의 손해를 가한 때'는 현실적인 손해를 가한 경우뿐만 아니라 재산상 실해 발생의 위험을 초래한 경우도 포함하므로, 회사의 이사 등이 타인에게 회사자금을 대여함에 있어 그 타인이 이미 채무변제능력을 상실하여 그에게 자금을 대여할 경우 회사에 손해가 발생하리라는 정을 충분히 알면서 이에 나아갔거나, 충분한 담보를 제공받는 등 상당하고도 합리적인 채권회수조치를 취하지 아니한 채 만연히 대여해 주었다면, 그와 같은 자금대여는 타인에게 이익을 얻게 하고 회사에 손해를 가하는 행위로서 회사에 대하여 배임행위가 되고, 회사의 이사는 단순히 그것이 경영상의 판단이라는 이유만으로 배임죄의 죄책을 면할 수는 없다(대법원 2000. 3. 14. 선고 99도4923 판결 등 참조).

원심은 그 판시와 같은 대여 경위 및 시기, 형식적으로 제공된 담보 제공 형태 및 담보 가치 등 여러 사정을 종합하여, 피고인 1, 피고인 3이 상대방의 자산현황, 채권회수 가능성 등에 관하여 조사를 하거나 충분한 담보를 제공받는 등 상당하고 합리적인 채권회수조치 없이 공소외 6 주식회사에 3억 원, 공소외 7 주식회사에 10억 원, 공소외 8 주식회사에 3회에 걸쳐 합계 12억 5,000만 원의 공소외 1 회사의 자금을 대여함으로써 위 회사들에 위 금액 상당의 재산상 이익을 취득하게 하고 피해자 공소외 1 회사에 같은 금액 상당의 손해를 가하였다고 판단하였다.

356-8. 업무상배임죄의 '고의'의 의미와 증명방법 [대법원 2012. 6. 28., 선고, 2012도3317]

【판시사항】

업무상배임죄가 성립하려면 주관적 요건으로서 임무위배의 인식과 그로 인하여 자기 또는 제3자가 이익을 취득하고 본인에게 손해를 가한다는 인식, 즉 배임의 고의가 있어야 하는데, 이러한 인식은 미필적 인식으로도 족하다. 피고인이 배임죄의 범의를 부인하는 경우에는 사물의 성질상 배임죄의 주관적 요소로 되는 사실은 고의와 상당한 관련성이 있는 간접사실을 증명하는 방법에 의하여 입증할 수밖에 없고, 이때 무엇이 상당한 관련성이 있는 간접사실에 해당할 것인가는 정상적인 경험칙에 바탕을 두고 치밀한 관찰력이나 분석력에 의하여 사실의 연결상태를 합리적으로 판단하여야 한다(대법원 2011. 7. 28. 선고 2010도9652 판결 등 참조).

356-9. 업무상배임죄로 이익을 얻는 수익자 또는 그와 밀접한 관련이 있는 제3자를 배임 실행행위자와 공동정범으로 인정하기 위한 요건 [대법원 2011. 2. 24., 선고, 2010도13801]

【판시사항】

[1] 업무상배임죄로 이익을 얻는 수익자 또는 그와 밀접한 관련이 있는 제3자를 배임의 실행행위자와 공동정범으로 인정하기 위한 요건

[2] 동일인 한도초과 대출로 인하여 '상호저축은행법 위반죄'와 '업무상배임죄'가 성립하는

경우 두 죄의 죄수 관계(=상상적 경합) 및 그 중 1죄에 대한 확정판결의 기판력이 다른 죄에 대하여도 미치는지 여부(적극)

【판결요지】

[1] 업무상배임죄로 이익을 얻는 수익자 또는 그와 밀접한 관련이 있는 제3자를 배임의 실행행위자와 공동정범으로 인정하기 위해서는 <u>실행행위자의 행위가 피해자 본인에 대한 배임행위에 해당한다는 것을 알면서도 소극적으로 배임행위에 편승하여 이익을 취득한 것만으로는 부족하고, 실행행위자의 배임행위를 교사하거나 또는 배임행위의 전 과정에 관여하는 등으로 배임행위에 적극 가담할 것이 필요하다.</u>

[2] 동일인 한도초과 대출로 상호저축은행에 손해를 가하여 상호저축은행법 위반죄와 업무상배임죄가 모두 성립한 경우, 두 죄는 형법 제40조에서 정한 상상적 경합관계에 있고, 형법 제40조의 상상적 경합관계의 경우에는 그 중 1죄에 대한 확정판결의 기판력은 다른 죄에 대하여도 미친다.

---

1. 회사직원이 영업비밀을 경쟁업체에 무단 반출한 경우(적극) [대법원 2003. 10. 30., 선고, 2003도4382]

【판결요지】

<u>회사직원이 영업비밀을 경쟁업체에 유출하거나 스스로의 이익을 위하여 이용할 목적으로 무단으로 반출한 때 업무상배임죄의 기수에 이르렀다고 할 것이고, 그 이후에 위 직원과 접촉하여 영업비밀을 취득하려고 한 자는 업무상배임죄의 공동정범이 될 수 없다.</u>

356-10. 이익을 취득하는 제3자가 같은 계열회사이고 계열그룹 전체의 회생을 위한다는 목적에서 이루어진 행위(적극) [대법원 2009. 7. 23., 선고, 2007도541]

【판시사항】

[1] 회사의 이사 등이 타인에게 회사자금을 대여한 행위가 업무상배임죄를 구성하는 경우

[2] 이익을 취득하는 제3자가 같은 계열회사이고 계열그룹 전체의 회생을 위한다는 목적에서 이루어진 행위이더라도 배임죄의 고의를 인정할 수 있는지 여부(적극)

[3] 보증인이 변제자력이 없는 피보증인에게 신규자금을 제공하거나 신규자금 차용에 관한 담보를 제공하면서 이미 보증을 한 채무의 변제에 사용되도록 한 경우, 새로이 손해 발생의 위험을 초래한 것으로 볼 수 있는지 여부(소극)

[4] 대규모기업집단에 속한 A 회사가 종합금융회사의 지급보증 아래 할인받은 어음을 결제하지 못하여 종합금융회사가 현실적·구체적으로 어음금을 대위변제하여야 할 상황에서, 종합금융회사와의 어음거래약정에 기한 채무에 관하여 연대보증을 한 같은 그룹 계열회사인 B 회사와 C 회사가 A 회사를 지원하여 이미 보증을 한 채무를 변제하도록 한 것은, 별도의 새로운 손해를 발생시킬 위험을 가져온 것으로 볼 수 없다.

[5] 수 개의 업무상 배임행위가 포괄일죄를 구성하는 경우

【판결요지】

[1] 배임죄는 타인의 사무를 처리하는 자가 그 임무에 위배하는 행위로 재산상 이익을 취득하거나 제3자로 하여금 이를 취득하게 하여 본인에게 손해를 가함으로써 성립한다. 이 경우 그 '임

무에 위배하는 행위'라 함은 사무의 내용, 성질 등 구체적 상황에 비추어 법률의 규정, 계약의 내용 혹은 신의칙상 당연히 할 것으로 기대되는 행위를 하지 않거나 당연히 하지 않아야 할 것으로 기대되는 행위를 함으로써 본인과 사이의 신임관계를 저버리는 일체의 행위를 포함하고, '재산상의 손해를 가한 때'라 함은 현실적인 손해를 가한 경우뿐만 아니라 재산상 실해 발생의 위험을 초래한 경우도 포함한다. 따라서 회사의 이사 등이 타인에게 회사자금을 대여함에 있어 그 타인이 이미 채무변제능력을 상실하여 그에게 자금을 대여할 경우 회사에 손해가 발생하리라는 정을 충분히 알면서 이에 나아갔거나, 충분한 담보를 제공받는 등 상당하고도 합리적인 채권회수 조치를 취하지 아니한 채 만연히 대여해 주었다면, 그와 같은 자금대여는 타인에게 이익을 얻게 하고 회사에 손해를 가하는 행위로서 회사에 대하여 배임행위가 되고, 회사의 이사는 단순히 그것이 경영상의 판단이라는 이유만으로 배임죄의 죄책을 면할 수는 없으며, 이러한 이치는 그 타인이 자금지원 회사의 계열회사라 하여 달라지지 않는다.

[2] 업무상배임죄가 성립하려면 주관적 요건으로서 임무위배의 인식과 그로 인하여 자기 또는 제3자가 이익을 취득하고 본인에게 손해를 가한다는 인식, 즉 배임의 고의가 있어야 한다. 이러한 인식은 미필적 인식으로도 족하므로, 이익을 취득하는 제3자가 같은 계열회사이고 계열그룹 전체의 회생을 위한다는 목적에서 이루어진 행위로서 그 행위의 결과가 일부 본인을 위한 측면이 있다 하더라도 본인의 이익을 위한다는 의사는 부수적일 뿐이고 이득 또는 가해의 의사가 주된 것임이 판명되면 배임죄의 고의를 부정할 수 없다.

[3] 이미 타인의 채무에 대하여 보증을 하였는데, 피보증인이 변제자력이 없어 결국 보증인이 그 보증채무를 이행하게 될 우려가 있고, 보증인이 피보증인에게 신규로 자금을 제공하거나 피보증인이 신규로 자금을 차용하는 데 담보를 제공하면서 그 신규자금이 이미 보증을 한 채무의 변제에 사용되도록 한 경우라면, 보증인으로서는 기보증채무와 별도로 새로 손해를 발생시킬 위험을 초래한 것이라고 볼 수 없다.

[4] 대규모기업집단에 속한 A 회사가 종합금융회사의 지급보증 아래 할인받은 어음을 결제하지 못하여 종합금융회사가 현실적·구체적으로 어음금을 대위변제하여야 할 상황에서, 종합금융회사와의 어음거래약정에 기한 채무에 관하여 연대보증을 하고 있던 A 회사와 같은 그룹내 계열사인 B 회사와 C 회사가 A 회사의 어음을 매입하거나 전면보증을 하는 방법으로 A 회사를 지원하여 B 회사와 C 회사가 보증한 기존의 채무를 변제하도록 한 것은 자신의 보증채무를 감소시킨 것으로서, 기왕의 보증행위로 인한 손해와는 별도의 새로운 손해를 발생시킬 위험을 가져온 것으로 볼 수 없다.

[5] 수 개의 업무상 배임행위가 있더라도 피해법익이 단일하고 범죄의 태양이 동일할 뿐만 아니라 그 수 개의 배임행위가 단일한 범의에 기한 일련의 행위라고 볼 수 있는 경우에는 그 수 개의 배임행위는 포괄하여 일죄를 구성한다.

---

1. 회사 경영자가 안정주주를 확보하여 경영권을 계속 유지하는 것을 주된 목적으로 종업원의 자사주 매입에 회사자금을 지원한 경우(적극) [대법원 1999. 6. 25., 선고, 99도1141]
【판시사항】

[1] 회사 경영자가 안정주주를 확보하여 경영권을 계속 유지하는 것을 주된 목적으로 종업원의 자사주 매입에 회사자금을 지원한 경우, 업무상배임죄의 성립을 인정한 사례

[2] 회사의 이사가 채무변제능력을 상실한 계열회사에게 회사자금을 대여하거나 그의 채무를 지급보증한 경우, 업무상배임죄의 성립을 인정한 사례

【판결요지】

[1] 종업원지주제도는 회사의 종업원에 대한 편의제공을 당연한 전제로 하여 성립하는 것인 만큼, 종업원지주제도 하에서 회사의 경영자가 종업원의 자사주 매입을 돕기 위하여 회사자금을 지원하는 것 자체를 들어 회사에 대한 임무위배행위라고 할 수는 없을 것이나, 경영자의 자금지원의 주된 목적이 종업원의 재산형성을 통한 복리증진보다는 안정주주를 확보함으로써 경영자의 회사에 대한 경영권을 계속 유지하고자 하는 데 있다면, 그 자금지원은 경영자의 이익을 위하여 회사재산을 사용하는 것이 되어 회사의 이익에 반하므로 회사에 대한 관계에서 임무위배행위가 된다.

[2] 회사의 이사가 타인에게 회사자금을 대여하거나 타인의 채무를 회사 이름으로 지급보증함에 있어 그 타인이 이미 채무변제능력을 상실하여 그를 위하여 자금을 대여하거나 지급보증을 할 경우 회사에 손해가 발생하리라는 점을 충분히 알면서 이에 나아갔다면, 그와 같은 자금대여나 지급보증은 타인에게 이익을 얻게 하고 회사에 손해를 가하는 행위로서 회사에 대하여 배임행위가 되고, 회사의 이사는 단순히 그것이 경영상의 판단이라는 이유만으로 배임죄의 죄책을 면할 수는 없으며, 이러한 이치는 그 타인이 자금지원 회사의 계열회사라 하여 달라지지 않는다.

2. 보조기관이 업무상배임죄 주체가 될 수 있는지 여부(적극) [대법원 2004. 6. 24., 선고, 2004도520]

【판시사항】

[1] 업무상배임죄의 주관적 요건 및 부수적으로 본인의 이익을 위한다는 의사로써 행위한 경우(적극)

[2] 대기업의 회장 등이 경영상의 판단이라는 이유로 甲 계열회사의 자금으로 재무구조가 상당히 불량한 상태에 있는 乙 계열회사가 발행하는 신주를 액면가격으로 인수한 것이 그 자체로 업무상배임행위임이 분명하고 배임에 대한 고의도 충분히 인정된다.

[3] 보조기관이 업무상배임죄의 주체가 될 수 있는지 여부(적극)

【판결요지】

[1] 업무상배임죄가 성립하려면 주관적 요건으로서 임무위배의 인식과 그로 인하여 자기 또는 제3자가 이익을 취득하고 본인에게 손해를 가한다는 인식, 즉 배임의 고의가 있어야 하고, 이러한 인식은 미필적 인식으로도 족한바, 이익을 취득하는 제3자가 같은 계열회사이고, 계열그룹 전체의 회생을 위한다는 목적에서 이루어진 행위로서 그 행위의 결과가 일부 본인을 위한 측면이 있다 하더라도 본인의 이익을 위한다는 의사는 부수적일 뿐이고 이득 또는 가해의 의사가 주된 것임이 판명되면 배임죄의 고의를 부정할 수 없다.

[2] 대기업의 회장 등이 경영상의 판단이라는 이유로 甲 계열회사의 자금으로 재무구조가 상당히 불량한 상태에 있는 乙 계열회사가 발행하는 신주를 액면가격으로 인수한 것이 그 자체로 업무상배임행위임이 분명하고 배임에 대한 고의도 충분히 인정된다.

[3] 업무상배임죄에 있어서 타인의 사무를 처리하는 자란 고유의 권한으로서 그 처리를 하는 자에 한하지 않고 그 자의 <u>보조기관으로서 직접 또는 간접으로 그 처리에 관한 사무를 담당하는 자도 포함</u>한다.

3. 비상장주식의 매입가격이 적정하다고 하더라도 배임죄에서의 손해가 발생하였다고 볼 수 있는 경우
   [대법원 2008. 5. 29., 선고, 2005도4640]
   【판시사항】
[1] 재벌그룹 회장과 그룹 구조조정추진본부 임원들이 해외금융자본과 특정 계열사의 분쟁을 해결하기
   위하여 그 계열사의 유상증자에 다른 계열사들을 동원하여 참여시킴으로써 다른 계열사들에 손해
   를 입힌 사안에서, 업무상배임죄가 성립한다.
[2] 회사의 이사가 회사를 대표하여 주주 등 특수관계자와 주식교환계약을 체결한 것이 경영상 필요에
   의한 정상적인 거래로 허용될 수 없는 것으로서 특수관계자의 개인적 이익을 위한 것이라면 업무
   상 배임행위에 해당하는지 여부(적극)
[3] 비상장주식의 매입가격이 적정하다고 하더라도 배임죄에서의 손해가 발생하였다고 볼 수 있는 경우
   【판결요지】
[1] 재벌그룹 회장과 그룹 구조조정추진본부 임원들이 해외금융자본과 특정 계열사의 분쟁을 해결하는
   방편으로 다른 계열사들로 하여금 해외금융자본과 옵션계약을 체결하게 하는 방식으로 다른 계열
   사들을 특정 계열사의 유상증자에 동원하여 참여시킴으로써 다른 계열사들에 손해를 입힌 사안에
   서, 다른 계열사들이 옵션계약을 체결하게 된 사정, 재정상태 등 제반 사정에 비추어 업무상배임죄
   가 성립한다.
[2] 회사의 이사가 그 회사의 이사, 주주 등 특수관계자와 교환의 방법으로 그 회사가 보유중인 다른
   회사 발행의 주식을 양도하고 그 특수관계자로부터 제3의 회사 발행의 주식을 취득하는 경우, 그
   거래의 목적, 계약체결의 경위 및 내용, 거래대금의 규모 및 회사의 재무상태 등 사정에 비추어
   그것이 회사의 입장에서 볼 때 경영상의 필요에 의한 정상적인 거래로서 허용될 수 있는 한계를
   넘어 주로 교환거래를 하려는 특수관계자의 개인적인 이익을 위한 것에 불과하다면, 업무상배임죄
   의 임무위배행위에 해당한다.
[3] 회사가 매입한 비상장주식의 실거래가격이 시가에 근접하거나 적정한 가격으로 볼 수 있는 범위
   내에 속하여 실거래가격과의 차이가 명백하지 않은 경우라고 하더라도, 그 거래의 주된 목적이 비
   상장주식을 매도하려는 매도인의 자금조달에 있고 회사로서는 그 목적 달성에 이용된 것에 불과하
   다고 보이는 등의 특별한 사정이 있다면, 비상장주식을 현금화함으로써 매도인에게 유동성을 증가
   시키는 재산상의 이익을 취득하게 하고 반대로 회사에 그에 상응하는 재산상의 손해로서 그 가액
   을 산정할 수 없는 손해를 가한 것으로 볼 수 있다. 다만, 기업의 경영과 자금운영에 구체적 위험을
   초래하지 않았음에도 단지 현금유동성의 상실만을 이유로 배임죄의 성립요건인 재산상 위험이 발
   생하였다고 인정하는 것은 신중을 기하여야 한다.

4. 신규 대출금 일부가 기존 대출금의 이자 또는 신규 대출금의 이자 지급에 사용되었다고 하더라도
   이를 업무상배임의 재산상 손해에서 제외할 것은 아니고, 대출수수료 등과 같이 대출과 관련하여 발
   생하는 필요비 역시 재산상 손해액에 포함된다 [대법원 2007. 1. 12., 선고, 2006도6464]
   【판시사항】
업무상 배임행위로 인한 신규 대출금의 일부가 기존 대출금의 이자 또는 신규 대출금의 이자 지급에
사용되었다고 하더라도 이를 업무상 배임의 재산상 손해에서 제외할 것은 아니고, 대출수수료 등과
같이 대출과 관련하여 발생하는 필요비 역시 재산상 손해액에 포함된다.

356-11. 배임행위로 인하여 행위자나 제3자가 재산상 이익을 취득하지 않은 경우 업무상배임죄 성립 여부(소극) [대법원 2009. 6. 25., 선고, 2008도3792]

【판시사항】

[1] 업무상배임죄에서 행위자나 제3자가 취득하는 재산상 이익의 의미 및 배임행위로 인하여 행위자나 제3자가 재산상 이익을 취득하지 않은 경우 업무상배임죄의 성립 여부(소극)

[2] 입주자대표회의 회장이 열 사용요금의 납부를 위한 지출결의서의 날인을 거부함으로써 아파트 입주자들에게 그 연체료를 부담시킨 사안에서, 열 사용요금 납부연체료를 지급받은 공급업체가 연체료 상당의 재산상 이익을 취득한 것으로 볼 수 없다는 이유로 업무상배임죄의 성립을 인정한 원심판결을 파기한 사례

【판결요지】

[1] 업무상배임죄는 타인의 사무를 처리하는 자가 그 업무상의 임무에 위배하는 행위로써 재산상의 이익을 취득하거나 제3자로 하여금 이를 취득하게 하여 본인에게 손해를 가한 때에 성립하는데, 여기서 '본인에게 재산상의 손해를 가한다' 함은 총체적으로 보아 본인의 재산상태에 손해를 가하는 경우, 즉 본인의 전체적 재산가치의 감소를 가져오는 것을 말하는 것이고, 이와 같은 법리는 타인의 사무를 처리하는 자 내지 제3자가 취득하는 재산상의 이익에 대하여도 동일하게 적용되는 것으로 보아야 한다. 또한, 업무상배임죄는 본인에게 재산상의 손해를 가하는 외에 배임행위로 인하여 행위자 스스로 재산상의 이익을 취득하거나 제3자로 하여금 재산상의 이익을 취득하게 할 것을 요건으로 하므로, 본인에게 손해를 가하였다고 하더라도 행위자 또는 제3자가 재산상 이익을 취득한 사실이 없다면 배임죄가 성립할 수 없다.

[2] 입주자대표회의 회장이 지출결의서에 날인을 거부함으로써 아파트 입주자들에게 그 연체료를 부담시킨 사안에서, 열 사용요금 납부 연체로 인하여 발생한 연체료는 금전채무 불이행으로 인한 손해배상에 해당하므로, 공급업체가 연체료를 지급받았다는 사실만으로 공급업체가 그에 해당하는 재산상의 이익을 취득하게 된 것으로 단정하기 어렵고, 나아가 공급업체가 열 사용요금 연체로 인하여 실제로는 아무런 손해를 입지 않았거나 연체료 액수보다 적은 손해를 입었다는 등의 특별한 사정이 인정되는 경우에 한하여 비로소 연체료 내지 연체료 금액에서 실제 손해액을 공제한 차액에 해당하는 재산상의 이익을 취득한 것으로 볼 수 있을 뿐이라는 이유로, 공급업체가 연체료 상당의 재산상 이익을 취득한 것으로 보아 업무상배임죄의 성립을 인정한 원심판결을 파기한 사례.

---

1. 업무상배임죄에서 행위자나 제3자가 취득하는 재산상 이익의 의미 [대법원 2007. 7. 26., 선고, 2005 도6439]

【판시사항】

[1] 업무상배임죄에서 행위자나 제3자가 취득하는 재산상 이익의 의미

【판결요지】

[1] 업무상배임죄는 타인의 사무를 처리하는 자가 그 업무상의 임무에 위배하여 재산상의 이익을 취득하거나 제3자로 하여금 이를 취득하게 함으로써 본인에게 손해를 가한 때에 성립하는데, 여기서 본인에게 재산상의 손해를 가한다 함은 총체적으로 보아 본인의 재산 상태에 손해를 가하는 경우, 즉 본인의 전체적 재산가치의 감소를 가져오는 것을 말하고, 이와 같은 법리는 타인의 사무를 처리하는 자 내지 제3자가 취득하는 재산상의 이익에 대하여도 동일하게 적용된다.

[2] 회사를 대표하여 기계 제작·설치 계약의 이행에 관한 업무를 처리하는 사람이 고의로 기계 제작 의무를 이행하지 않아 계약이 해제됨으로써 상대방이 보증보험회사로부터 선급금반환 및 위약금 명목의 보험금을 수령한 사안에서, 위 보험금의 수령사실만으로 상대방이 재산상 이익을 취득하였나고 단정할 수 없다.

356-12. 영업비밀을 유출하거나 회사로부터 무단 반출한 경우 업무상배임죄의 기수시기 [대법원 2008. 4. 24., 선고, 2006도9089]

【판시사항】

[1] 영업비밀을 유출하거나 회사로부터 무단 반출한 경우 업무상배임죄의 기수시기 및 영업비밀은 아니지만 영업상 주요한 자산인 자료를 무단반출하거나 적법하게 반출한 영업비밀 등을 퇴사시 반환·폐기의무에 위배하여 경쟁업체에 유출하거나 반환·폐기하지 않은 행위가 업무상배임죄를 구성하는지 여부

[2] 회사직원이 퇴사시 업무관련 파일들을 회사에 반환하거나 폐기할 의무가 있음에도 이를 폐기하지 않고 계속 보관하다가 경쟁업체에 반출한 사안

【판결요지】

[1] 회사직원이 영업비밀을 경쟁업체에 유출하거나 스스로의 이익을 위하여 이용할 목적으로 무단으로 반출하였다면 그 반출시에 업무상배임죄의 기수가 되고, 영업비밀이 아니더라도 그 자료가 불특정 다수의 사람에게 공개되지 않았고 사용자가 상당한 시간, 노력 및 비용을 들여 제작한 영업상 주요한 자산인 경우에도 그 자료의 반출행위는 업무상배임죄를 구성하며, 회사직원이 영업비밀이나 영업상 주요한 자산인 자료를 적법하게 반출하여 그 반출행위가 업무상배임죄에 해당하지 않는 경우라도 퇴사시에 그 영업비밀 등을 회사에 반환하거나 폐기할 의무가 있음에도 경쟁업체에 유출하거나 스스로의 이익을 위하여 이용할 목적으로 이를 반환하거나 폐기하지 아니하였다면, 이러한 행위는 업무상배임죄에 해당한다.

[2] 회사 관련 파일에 관한 보안준수서약서 또는 비밀유지서약서, 고용계약에 따른 부수적 의무 내지 신의칙상 퇴사시 위 파일들을 회사에 반환하거나 폐기할 의무가 있고, 업무상 필요가 있는 경우에 한하여 업무용 자료의 반출을 용인하고 있음에도, 회사직원이 회사의 승낙을 받지 않은 채 위 파일들을 반출하고, 퇴사시에 위 사실을 고지하지 않은 채 위 파일들을 폐기하지 않고 계속 보관하여 위 파일들 중 일부를 경쟁업체에 반출한 사안에서, 위 파일들이 회사의 영업비밀 또는 영업상 주요한 자산에 해당한다면, 위 파일들의 각 반출행위 또는 파일들의 미반환·미폐기 행위는 업무상배임죄를 구성한다고 본 사례.

356-13. 회사 영업비밀을 유출하지 않을 것을 서약한 직원이 대가를 얻기 위하여 경쟁업체에 영업비밀을 유출한 행위(적극) [대법원 2006. 10. 27., 선고, 2004도6876]

【판시사항】

배임죄는 타인의 사무를 처리하는 자가 그 임무에 위배하는 행위로써 재산상 이익을 취득하거나 제3자로 하여금 이를 취득하게 하여 본인에게 손해를 가함으로써 성립하는바, 이 경우 그 임무에 위배하는 행위라 함은 사무의 내용, 성질 등 구체적 상황에 비추어 법률의 규정, 계약의 내용 혹은 신의칙상 당연히 할 것으로 기대되는 행위를 하지 않거나 당연히 하지 않아야 할 것으로 기대되는 행위를 함으로써 본인과 사이의 신임관계를 저버리는 일체의 행위를 포함하는 것이므로, 회사의 영업비밀을 사외로 유출하지 않을 것을 서약한 그 직원이 경제적인 대가를 얻기 위하여 경쟁업체에 영업비밀을 유출하는 행위는 회사와의 신임관계를 저버리는 행위로서 업무상배임죄를 구성한다(대법원 1999. 3. 12. 선고 98도4704 판결, 2004. 5. 14. 선고 2004도714 판결 등 참조).

356-14. 회사 대표이사가 납입가장하여 신주를 발행하고 그 주식인수인이 신주인수대금을 실제로 회사에 납입하지 않은 경우(소극) [대법원 2007. 9. 6., 선고, 2005도1847]

【판시사항】

비록 회사의 대표이사가 유상증자를 통한 신주발행을 함에 있어 납입을 가장하는 방법에 의하여 주금이 납입된 상태에서 자기 또는 제3자에게 신주를 발행해 주었고, 이후 그 주식인수인이 그 신주인수대금을 실제로 회사에 납부하지 아니하고 있다 하더라도 그로 인하여 회사에게 그 신주인수대금 상당의 자본이 감소하는 등의 재산상 손해가 발생한 것으로는 보기 어렵다고 할 것이므로, 그 행위가 업무상배임죄에 해당한다고 할 수는 없다.

356-15. 회사 대표이사 등이 그 임무에 위배하여 회사로 하여금 다른 회사의 주식을 고가로 매수하게 한 경우 회사에 가한 손해액의 산정 방법 [대법원 2007. 3. 15., 선고, 2004도5742]

【판시사항】

[1] 회사의 대표이사 등이 그 임무에 위배하여 회사로 하여금 다른 회사의 주식을 고가로 매수하게 한 경우 회사에 가한 손해액의 산정 방법

[2] 경영상의 판단과 관련하여 기업의 경영자에게 업무상배임의 고의가 있는 것으로 인정되는 경우

[3] 대기업 또는 대기업의 회장 등 개인이 정치적으로 난처한 상황에서 벗어나기 위하여 자회사 및 협력회사 등으로 하여금 특정 회사의 주식을 매입수량, 가격 및 매입시기를 미리 정하여 매입하게 한 행위가 업무상 배임행위에 해당하고 그에 대한 고의도 있었다고 본 사례

【판결요지】

[1] 회사의 대표이사 등이 그 임무에 위배하여 회사로 하여금 다른 회사의 주식을 고가로 매수하게 한 경우 회사에 가한 손해액은 통상 그 주식의 매매대금과 적정가액으로서의 시가 사이의 차액 상당이라고 봄이 상당하며, 증권거래소에 상장되지 않거나 증권업협회에 등록되지 않은 법

인이 발행한 비상장주식의 경우에도 그에 관한 객관적 교환가치가 적정하게 반영된 정상적인 거래의 실례가 있는 경우에는 그 거래가격을 시가로 보아 주식의 가액을 평가하여야 한다.

 [2] 기업의 경영에는 원천적으로 위험이 내재하여 있어서 경영자가 아무런 개인적인 이익을 취할 의도 없이 선의에 기하여 가능한 범위 내에서 수집된 정보를 바탕으로 기업의 이익에 합치된다는 믿음을 가지고 신중하게 결정을 내렸다 하더라도 그 예측이 빗나가 기업에 손해가 발생하는 경우가 있을 수 있는바, 이러한 경우에까지 고의에 관한 해석기준을 완화하여 업무상배임죄의 형사책임을 물을 수는 없으나, 기업의 경영자가 문제된 행위를 함에 있어 합리적으로 가능한 범위 내에서 수집한 정보를 근거로 하여 당해 기업이 처한 경제적 상황이나 그 행위로 인한 손실발생과 이익획득의 개연성 등의 제반 사정을 신중하게 검토하지 아니한 채, 당해 기업이나 경영자 개인이 정치적인 이유 등으로 곤란함을 겪고 있는 상황에서 벗어나기 위해서는 비록 경제적인 관점에서 기업에 재산상 손해를 가하는 결과가 초래되더라도 이를 용인할 수밖에 없다는 인식하에 의도적으로 그와 같은 행위를 하였다면 업무상배임죄의 고의는 있었다고 봄이 상당하다.

> **1. 비등록·비상장 법인 대표이사의 전환사채 발행·인수행위(적극)** [대법원 2001. 9. 28., 선고, 2001도3191]
> **【판결요지】**
> 비등록·비상장 법인의 대표이사가 시세차익을 얻을 의도로 주식 시가보다 현저히 낮은 금액을 전환가격으로 한 전환사채를 발행하고 제3자의 이름을 빌려 이를 인수한 후 전환권을 행사하여 인수한 주식 중 일부를 직원들에게 전환가격 상당에 배분한 경우, 전환사채의 발행·인수로써 주식 시가와 전환가격의 차액 상당의 재산상의 이익을 취득하고 법인에게 손해를 가한 업무상배임죄가 성립하였다.

356-16. 법인 대표자가 이사직무집행정지가처분결정을 당한 이사의 소송비용을 법인경비에서 지급한 경우(한정 소극) [대법원 2003. 5. 30., 선고, 2003도1174]

 【판시사항】

 법인의 대표자가 이사직무집행정지가처분결정을 당한 이사의 소송비용을 법인경비에서 지급한 경우, 업무상횡령죄의 성립 여부(한정 소극)

 【판결요지】

 법인의 이사를 상대로 한 이사직무집행정지가처분결정이 된 경우, 당해 법인의 업무를 수행하는 이사의 직무집행이 정지당함으로써 사실상 법인의 업무수행에 지장을 받게 될 것은 명백하므로 법인으로서는 그 이사 자격의 부존재가 객관적으로 명백하여 항쟁의 여지가 없는 경우가 아닌 한 위 가처분에 대항하여 항쟁할 필요가 있다고 할 것이고, 이와 같이 필요한 한도 내에서 법인의 대표자가 법인 경비에서 당해 가처분 사건의 피신청인인 이사의 소송비용을 지급하더라도 이는 법인의 업무수행을 위하여 필요한 비용을 지급한 것에 해당하고, 법인의 경비를 횡령한 것이라고는 볼 수 없다.

356-17. 사회복지법인 부회장(상무이사)이 보조금을 법인의 목적 이외에 사용한 행위(적극) [대법원 1990. 7. 24., 선고, 90도1042]

 【판시사항】

사회복지법인의 부회장(상무이사)이 서울특별시로부터 받은 보조금을 그 법인의 목적 이외에 사용한 행위가 업무상배임죄를 구성하는지 여부(적극)

【판결요지】

사회복지법인의 부회장(상무이사)이 사회복지사업법 제13조에 의하여 서울특별시로부터 보조금을 받아 위 법인을 위하여 보관 중 마음대로 신규임용자의 임용일자를 소급하고 퇴직할 직원의 퇴직일을 늦추는 등의 방법으로 그 차액을 그 법인의 목적 이외에 사용하였다면 이는 위 법인에 손해를 가한 것이 되고 또 불법영득의 의사가 있었다고 보아야 하므로 업무상배임죄를 구성한다.

356-18. 은행 내부규정에 위배된 회수불능의 위험이 있는 융통어음할인 행위(적극) [대법원 1989. 1. 31., 선고, 87도2133]

【판결요지】

은행지점장이 은행의 내부규정에 위배하여 그 전부 또는 일부가 회수불가능할 위험이 있는 융통어음을 할인해 주었다면 그 할인당시에 은행에 실해발생의 위험을 초래한 것이었다고 볼 수 있어 이는 업무상 배임행위에 해당한다.

356-19. 업무상배임죄의 성립과 재산상의 손해를 가한다는 의사나 이득을 얻게 하려는 목적의 요부 [대법원 1988. 2. 23., 선고, 87도1436]

【판결요지】

업무상배임죄가 성립되기 위하여서는 주관적으로 배임행위의 결과 본인에게 재산상의 손해가 발생 또는 발생될 염려가 있다는 인식과 자기 또는 제3자가 재산상의 이득을 얻는다는 인식이 있으면 족한 것이고 본인에게 재산상의 손해를 가한다는 의사나 자기 또는 제3자에게 재산상의 이득을 얻게 하려는 목적은 요하지 아니한다.

356-20. 보험계약모집인이 회사로부터 자기가 모집한 보험계약을 해약하라는 지시를 받고 이를 이행하지 않는 사이 보험사고가 발생하여 보험금을 지급토록 한 경우(소극) [대법원 1986. 8. 19., 선고, 85도2144]

【판결요지】

업무상배임죄는 타인에 대한 신뢰관계에서 일정한 임무에 따라 사무처리를 할 법적의무가 있는 자가 당해사정하에서 당연히 할 것이 법적으로 기대되는 행위를 하지 않는 때에 성립하는 것이므로 보험계약 모집인이 보험회사로부터 자기가 모집하여 체결시킨 보험계약이 위험성이 크니 해약토록 하라는 지시를 받고 이를 이행하지 아니하는 사이 보험사고가 발생하여 보험회사가 그 계약에 따른 보험금을 지급하게 되었다 하더라도 위 보험모집인에게 보험계약자들을 설득하여 보험계약을 해약시켜야 할 법적 의무가 있다 할 수 없어 동인이 이를 이행하지 아니한 것이 업무상 임무에 위배된다고 할 수 없다.

356-21. 예산의 유용과 업무상배임죄의 성부 [대법원 1974. 5. 14., 선고, 73도3208]

【판결요지】

예산을 본래의 취지대로 사용치 아니하고 본인을 위하여 일시 유용한 경우는 그 유용자에게 불법영득의 의사가 있었다고 할 수 없다.

356-22. 변조된 수표에 대하여 피고인이 그 수표의 발행자측으로서 이상없는 수표라고 말하며 그 수표금을 지급하게 한 경우(적극) [대법원 1973. 11. 27., 선고, 73도2339]

【판결요지】

수표의 발행일자를 변조하면서 거기에 정정인이 찍혀있지 않았기 때문에 지급인인 농업협동중앙회 영업부담당자인 "갑"으로서는 이것은 사고수표로 처리하여 그 지급을 거절하여야 마땅할 것이라 할지라도 이때 피고인이 그 수표발행자 측으로서 이상없는 수표라고 말하여 지급하게 하였다면 피고인으로서는 업무상배임의 책임을 면하기 어렵다.

제357조[배임수증재]

제357조(배임수증재) ① 타인의 사무를 처리하는 자가 그 임무에 관하여 부정한 청탁을 받고 재물 또는 재산상의 이익을 취득하거나 제3자로 하여금 이를 취득하게 한 때에는 5년 이하의 징역 또는 1천만원 이하의 벌금에 처한다. 〈개정 2016. 5. 29.〉
② 제1항의 재물 또는 재산상 이익을 공여한 자는 2년 이하의 징역 또는 500만원 이하의 벌금에 처한다. 〈개정 2020. 12. 8.〉
③ 범인 또는 그 사정을 아는 제3자가 취득한 제1항의 재물은 몰수한다. 그 재물을 몰수하기 불가능하거나 재산상의 이익을 취득한 때에는 그 가액을 추징한다. 〈개정 2016. 5. 29., 2020. 12. 8.〉

357-1. 배임수재죄에서 타인의 업무를 처리하는 자에게 공여한 금품에 부정한 청탁의 대가로서의 성질과 그 외의 행위에 대한 사례로서 성질이 불가분적으로 결합되어 있는 경우, 그 전부가 부정한 청탁 대가로의 성질을 갖는지 여부(적극) [대법원 2019. 10. 17., 선고, 2018도16652]

【판시사항】

배임수재죄에서 타인의 업무를 처리하는 자에게 공여한 금품에 부정한 청탁의 대가로서의 성질과 그 외의 행위에 대한 사례로서의 성질이 불가분적으로 결합되어 있는 경우에는 <u>그 전부가 불가분적으로 부정한 청탁의 대가로서의 성질을 갖는 것으로 보아야 한다</u>(대법원 2012. 5. 24. 선고 2012도535 판결, 대법원 2015. 7. 23. 선고 2015도3080 판결 참조).

---

1. '부정한 청탁'의 의미와 판단 기준 및 청탁의 방법 [대법원 2015. 7. 23., 선고, 2015도3080]

【판시사항】
[1] 배임수·증재죄에서 '부정한 청탁'의 의미와 판단 기준 및 청탁의 방법 / 타인의 업무를 처리하는 사람에게 공여한 금품에 부정한 청탁의 대가로서의 성질과 그 외의 행위에 대한 사례로서의 성질이 불가분적으로 결합되어 있는 경우, 전부가 부정한 청탁의 대가로서의 성질을 갖는지 여부(적극)
[2] 배임증재의 공모공동정범이 수재자에게 재물 또는 재산상 이익이 제공되는 방법을 구체적으로 몰랐더라도 공모관계가 인정되는지 여부(적극)
[3] 타인의 사무를 처리하는 사람이 임무에 관하여 부정한 청탁을 받고 자신이 아닌 다른 사람에게 재물 또는 재산상의 이익을 취득하게 한 때 배임수재죄가 성립할 수 있는 경우
【이 유】
[1] 배임수·증재죄에서 **'부정한 청탁'**은 반드시 업무상 배임의 내용이 되는 정도에 이를 필요는 없고, 사회상규 또는 신의성실의 원칙에 반하는 것을 내용으로 하면 충분하다. **'부정한 청탁'**에 해당하는 지를 판단할 때에는 청탁의 내용 및 이에 관련한 대가의 액수, 형식, 보호법익인 거래의 청렴성 등을 종합적으로 고찰하여야 하고, 그 청탁이 반드시 명시적으로 이루어져야 하는 것은 아니며 묵시적으로 이루어지더라도 무방하다. 그리고 타인의 업무를 처리하는 사람에게 공여한 금품에 부정한 청탁의 대가로서의 성질과 그 외의 행위에 대한 사례로서의 성질이 불가분적으로 결합되어 있는 경우에는 그 전부가 불가분적으로 부정한 청탁의 대가로서의 성질을 갖는 것으로 보아야 한다 (대법원 2012. 5. 24. 선고 2012도535 판결 등 참조).

[3] 타인의 사무를 처리하는 사람이 그 임무에 관하여 부정한 청탁을 받았다 하더라도 자신이 아니라 다른 사람으로 하여금 재물 또는 재산상의 이익을 취득하게 한 경우에는 형법 제357조 제1항의 배임수재죄가 성립하지 아니한다. 다만 그 다른 사람이 부정한 청탁을 받은 사람의 사자 또는 대리인으로서 재물 또는 재산상 이익을 취득한 경우나 그 밖에 평소 부정한 청탁을 받은 사람이 그 다른 사람의 생활비 등을 부담하고 있었다거나 혹은 그 다른 사람에 대하여 채무를 부담하고 있었다는 등의 사정이 있어, 그 다른 사람이 재물 또는 재산상 이익을 받음으로써 부정한 청탁을 받은 사람이 그만큼 지출을 면하게 되는 경우 등 사회통념상 그 다른 사람이 재물 또는 재산상 이익을 받은 것을 부정한 청탁을 받은 사람이 직접 받은 것과 동일하게 평가할 수 있는 관계가 있는 경우에는 위 죄가 성립할 수 있다(대법원 2009. 3. 12. 선고 2008도1321 판결 등 참조).

357-2. 배임수재죄의 성립요건 [대법원 2017. 12. 7., 선고, 2017도12129]

【판시사항】

[1] 구 형법 제357조 제1항 배임수재죄의 성립요건 / 타인의 사무를 처리하는 자가 그 임무에 관하여 부정한 청탁을 받고 자신이 아니라 다른 사람으로 하여금 재물 또는 재산상 이익을 취득하게 한 때에도 위 죄가 성립할 수 있는 경우

[2] 백화점 및 면세점의 입점업체 선정 업무를 총괄하는 피고인이 입점업체들로부터 추가 입점이나 매장 이동 등 입점 관련 편의를 제공해 달라는 청탁을 받고 그 대가로 매장 수익금 등을 지급받는 방법으로 돈을 수수하였다고 하여 구 형법상 배임수재로 기소된 사안

【판결요지】

[1] 구 형법(2016. 5. 29. 법률 제14178호로 개정되기 전의 것) 제357조 제1항의 배임수재죄는 타인의 사무를 처리하는 자가 그 임무에 관하여 부정한 청탁을 받고 재물 또는 재산상 이익을 취득한 때에 성립한다. 배임수재죄의 행위주체가 재물 또는 재산상 이익을 취득하였는지는 증거에 의하여 인정된 사실에 대한 규범적 평가의 문제이다. 타인의 사무를 처리하는 자가 그 임무에 관하여 부정한 청탁을 받고 자신이 아니라 다른 사람으로 하여금 재물 또는 재산상 이익을 취득하게 한 경우에 특별한 사정이 있으면 사회통념상 자신이 받은 것과 같이 평가할 수 있다. 또한 다른 사람이 재물 또는 재산상 이익을 취득한 때에도 그 다른 사람이 부정한 청탁을 받은 자의 사자 또는 대리인으로서 재물 또는 재산상 이익을 취득한 경우나 그 밖에 평소 부정한 청탁을 받은 자가 그 다른 사람의 생활비 등을 부담하고 있었다거나 혹은 그 다른 사람에 대하여 채무를 부담하고 있었다는 등의 사정이 있어 그 다른 사람이 재물 또는 재산상 이익을 받음으로써 부정한 청탁을 받은 자가 그만큼 지출을 면하게 되는 경우 등 사회통념상 그 다른 사람이 재물 또는 재산상 이익을 받은 것을 부정한 청탁을 받은 자가 직접 받은 것과 같이 평가할 수 있는 관계가 있다면 위 죄가 성립할 수 있다.

[2] 피고인이 입점업체 대표 甲으로부터 부정한 청탁을 받고 그 대가로 자신이 받아온 수익금을 딸에게 주도록 甲에게 지시하였다면 이는 피고인 자신이 수익금을 취득한 것과 같다고 평가하여야 하고, 피고인이 입점업체인 乙 주식회사 대표이사 丙으로부터 부정한 청탁을 받고 그 대가를 피고인이 아들 명의로 설립하여 자신이 지배하는 丁 주식회사 계좌로 돈을 입금하도록 한 이상 사회통념상 피고인이 직접 받은 것과 동일하게 보아야 하는데도, 이와 달리 보아 이 부분 공소사

실을 무죄로 판단한 원심판결에 배임수재죄에서 '재물 또는 재산상 이익을 취득한 자'의 의미에 관한 법리오해의 잘못이 있다.

---

1. 임무에 관하여 부정한 청탁을 받은 자가 자신이 아니라 다른 사람으로 하여금 재물 또는 재산상의 이익을 취득하게 한 때(적극) [대법원 2006. 12. 22., 선고, 2004도2581]

【판결요지】

형법 제357조 제1항의 배임수재죄는 타인의 사무를 처리하는 자가 그 임무에 관하여 부정한 청탁을 받고 재물 또는 재산상의 이익을 취득한 경우에 성립하고 같은 조 제2항의 배임증재죄는 제1항의 재물 또는 이익을 공여한 경우에 성립하는 것으로서, 법문상 타인의 사무를 처리하는 자가 그 임무에 관하여 부정한 청탁을 받았다 하더라도 자신이 아니라 다른 사람으로 하여금 재물 또는 재산상의 이익을 취득하게 한 경우에는 위 죄가 성립하지 않음이 명백하다. 다만, 그 다른 사람이 부정한 청탁을 받은 자의 사자 또는 대리인으로서 재물 또는 재산상 이익을 취득한 경우나 그 밖에 평소 부정한 청탁을 받은 자가 그 다른 사람의 생활비 등을 부담하고 있었다거나 혹은 그 다른 사람에 대하여 채무를 부담하고 있었다는 등의 사정이 있어 그 다른 사람이 재물 또는 재산상 이익을 받음으로써 부정한 청탁을 받은 자가 그만큼 지출을 면하게 되는 경우 등 사회통념상 그 다른 사람이 재물 또는 재산상 이익을 받은 것을 부정한 청탁을 받은 자가 직접 받은 것과 동일하게 평가할 수 있는 관계가 있는 경우에는 위 죄가 성립할 수 있다.

---

2. 병역법상 지정업체의 대표이사가 병역의무자를 형식적으로 당해 지정업체 소속 병역특례 산업기능요원으로 편입시킨 뒤 다른 회사에서 근무하도록 해 달라는 부정한 청탁을 받고 그 대가로 금원을 송금받은 경우(적극) [대법원 2009. 3. 12., 선고, 2008도1321]

【판결요지】

구 병역법(2004. 3. 11. 법률 제7186호로 개정되기 전의 것)상 지정업체의 대표이사인 피고인이 병역의무자를 형식적으로 당해 지정업체 소속 병역특례 산업기능요원으로 편입시킨 뒤 다른 회사에서 근무하도록 해 달라는 부정한 청탁을 받고 그 대가로 위 지정업체 명의의 계좌로 금원을 송금받은 사안에서, 피고인이 당해 지정업체의 대표이사이자 주요 주주이므로 위 지정업체가 재물 또는 재산상 이익을 받는 것은 피고인이 받는 것과 사실상 동일하게 평가할 수 있어 배임수재죄가 성립한다.

357-3. 타인의 사무를 처리하는 자가 증재자(贈財者)로부터 돈이 입금된 계좌의 예금통장이나 이를 인출할 수 있는 현금카드나 신용카드를 교부받은 경우, 예금된 돈을 취득한 것으로 볼 수 있는지 여부(한정 적극) [대법원 2017. 12. 5., 선고, 2017도11564]

【판결요지】

타인의 사무를 처리하는 자가 그 임무에 관하여 부정한 청탁을 받고 재물 또는 재산상의 이익을 취득하거나 제3자로 하여금 이를 취득하게 하면 배임수재죄가 성립한다(형법 제357조 제1항). 타인의 사무를 처리하는 자가 증재자(贈財者)로부터 돈이 입금된 계좌의 예금통장이나 이를 인출할 수 있는 현금카드나 신용카드를 교부받아 이를 소지하면서 언제든지 위 예금통장 등을 이용하여 예금된 돈을 인출할 수 있어 예금통장의 돈을 자신이 지배하고 입금된 돈에 대한 실질적인 사용권한과 처분권한을 가지고 있는 것으로 평가될 수 있다면, 예금된 돈을 취득한 것으로 보아야 한다.

357-4. 배임수재죄 및 배임증재죄에서 공여 또는 취득하는 재물 또는 재산상 이익은 부정한 청탁에 대한 대가 또는 사례여야 하는지 여부(적극) [대법원 2016. 10. 13., 선고, 2014도17211]

【판시사항】

배임수재죄 및 배임증재죄에서 공여 또는 취득하는 재물 또는 재산상 이익은 부정한 청탁에 대한 대가 또는 사례여야 하는지 여부(적극) / 거래상대방의 대향적 행위의 존재를 필요로 하는 유형의 배임죄에서, 배임행위의 실행행위자가 거래에 따른 계약상 의무를 이행받은 것을 부정한 청탁에 대한 대가로 수수하였다고 단정할 수 있는지 여부(소극)

【판결요지】

배임수재죄 및 배임증재죄에서 공여 또는 취득하는 재물 또는 재산상 이익은 부정한 청탁에 대한 대가 또는 사례여야 한다. 따라서 거래상대방의 대향적 행위의 존재를 필요로 하는 유형의 배임죄에서 거래상대방이 양수대금 등 거래에 따른 계약상 의무를 이행하고 배임행위의 실행행위자가 이를 이행받은 것을 두고 부정한 청탁에 대한 대가로 수수하였다고 쉽게 단정하여서는 아니 된다.

357-5. 공동의 사기범행으로 얻은 돈을 공범자끼리 수수한 행위가 공동정범들의 내부적인 분배행위에 지나지 않는 경우, 돈의 수수행위가 따로 배임수증재죄를 구성하는지 여부(소극) [대법원 2016. 5. 24., 선고, 2015도18795]

【판시사항】

[1] 공동의 사기 범행으로 얻은 돈을 공범자끼리 수수한 행위가 공동정범들의 내부적인 분배행위에 지나지 않는 경우, 돈의 수수행위가 따로 배임수증재죄를 구성하는지 여부(소극)

[2] 공사 발주처의 입찰 업무를 처리하는 자가 공사업자와 공모하여 부정한 방법으로 낙찰하한가를 알아낸 다음 공사업자에게 알려주어 발주처가 공사업자를 낙찰자로 선정하도록 하여 공사계약의 체결에 이르게 하고 공사업자에게서 돈을 수수한 경우, 돈의 성격을 타인의 업무에 관한 부정한 청탁의 대가로 볼 것인지, 공동의 사기 범행에 따라 편취한 것으로 볼 것인지 판단하는 기준

【판결요지】

[1] 공동의 사기 범행으로 인하여 얻은 돈을 공범자끼리 수수한 행위가 공동정범들 사이의 범행에 의하여 취득한 돈이나 재산상 이익의 내부적인 분배행위에 지나지 않는다면 돈의 수수행위가 따로 배임수증재죄를 구성한다고 볼 수는 없다.

[2] 공사 발주처의 입찰 업무를 처리하는 자가 공사업자와 공모하여 부정한 방법으로 낙찰하한가를 알아낸 다음 공사업자에게 알려주어 발주처가 공사업자를 낙찰자로 선정하도록 하여 공사계약의 체결에 이르게 하고 공사업자에게서 돈을 수수한 경우에, 돈의 성격을 타인의 업무에 관한 부정한 청탁의 대가로 볼 것인지, 아니면 공동의 사기 범행에 따라 편취한 것으로 볼 것인지는 돈을 공여하고 수수한 당사자들의 의사, 공사계약 자체의 내용 및 성격, 계약금액과 수수된 금액 사이의 비율, 수수된 돈 자체의 액수, 계약이행을 통해 공사업자가 취득할 수 있는 적정한 이익, 공사업자가 발주처에서 공사대금 등을 지급받은 시기와 공범인 입찰 업무를 처리하는 자에게 돈

을 교부한 시간적 간격, 공사업자가 공범에게 교부한 돈이 발주처에서 지급받은 바로 그 돈인지 여부, 수수한 장소 및 방법 등을 종합적으로 고려하여 객관적으로 평가하여 판단해야 한다.

---

1. 공동편취한 금원을 공범자끼리 수수한 경우, 배임증수재죄의 성부(소극) [대법원 1985. 8. 20., 선고, 84도2599]

【판결요지】

공동의 사기범행으로 인하여 얻은 금원을 공범자끼리 수수한 행위는 공동편취한 금원의 내부적인 사후 분배행위에 지나지 않는 것이어서 그 금원수수행위가 따로 배임증수재죄를 구성한다고 볼 수는 없다.

357-6. 배임수재자가 배임증재자에게서 무상으로 빌려준 물건을 인도받아 사용하고 있던 중에 공무원이 되었는데, 배임증재자가 배임수재자에게 뇌물공여의 뜻을 밝히고 물건을 계속하여 배임수재자가 사용할 수 있는 상태로 두는 경우, 뇌물공여죄가 성립하는지 여부(원칙적 소극) [대법원 2015. 10. 15., 선고, 2015도6232]

【판결요지】

배임수재자가 배임증재자에게서 그가 무상으로 빌려준 물건을 인도받아 사용하고 있던 중에 공무원이 된 경우, 그 사실을 알게 된 배임증재자가 배임수재자에게 앞으로 물건은 공무원의 직무에 관하여 빌려주는 것이라고 하면서 뇌물공여의 뜻을 밝히고 물건을 계속하여 배임수재자가 사용할 수 있는 상태로 두더라도, 처음에 배임증재로 무상 대여할 당시에 정한 사용기간을 추가로 연장해 주는 등 새로운 이익을 제공한 것으로 평가할 만한 사정이 없다면, 이는 종전에 이미 제공한 이익을 나중에 와서 뇌물로 하겠다는 것에 불과할 뿐 새롭게 뇌물로 제공되는 이익이 없어 뇌물공여죄가 성립하지 않는다.

357-7. 배임수재죄에서 '부정한 청탁'의 의미와 판단 기준 [대법원 2014. 5. 16., 선고, 2012도11259]

【판시사항】

형법 제357조 제1항에서 규정한 배임수재죄에 있어서 **'부정한 청탁'** 이라 함은 청탁이 사회상규와 신의성실의 원칙에 반하는 것을 말하고, 이를 판단함에 있어서는 청탁의 내용 및 이와 관련되어 교부받거나 공여한 재물의 액수·형식, 보호법익인 사무처리자의 청렴성 등을 종합적으로 고찰하여야 하며, 그 청탁이 반드시 명시적으로 이루어져야 하는 것은 아니고, 묵시적으로 이루어지더라도 무방하다(대법원 2011. 2. 24. 선고 2010도11784 판결 등 참조).

---

1. 배임수재죄의 성립 요건인 '임무에 관하여'의 의미 [대법원 2010. 9. 9., 선고, 2009도10681]

【판시사항】

[1] 배임수재죄의 성립 요건인 '임무에 관하여'의 의미

[2] 노동조합과는 별개의 사업장 내 단체인 이른바 '현장조직'의 간부가 회사 측으로부터 두 차례에 걸쳐 합계 5,000만 원을 받은 사안

[3] 노동조합과는 별개의 사업장 내 단체인 이른바 '현장조직'의 간부가 회사 측으로부터 부정한 청탁을 받고 두 차례에 걸쳐 합계 5,000만 원을 받은 사안

【판결요지】

[1] 형법 제357조 제1항에서 규정한 배임수재죄는 타인의 사무를 처리하는 자가 그 임무에 관하여 부정한 청탁을 받고 재물 또는 재산상의 이익을 취득한 경우에 성립하고, 재물 또는 이익의 취득만으로 바로 기수에 이르며, 그 청탁에 상응하는 부정행위 내지 배임행위에 나아갈 것이 요구되지 아니한다. 여기에서 '임무에 관하여'라 함은 타인의 사무를 처리하는 자가 위탁받은 사무를 말하는 것이나, 이는 그 위탁관계로 인한 본래의 사무뿐만 아니라 그와 밀접한 관계가 있는 범위 내의 사무도 포함되는 것이다.

[2] 노동조합과는 별개의 사업장 내 단체인 이른바 '현장조직'의 간부인 피고인이 회사 측으로부터 두 차례에 걸쳐 합계 5,000만 원을 받은 사안에서, 관련 진술 및 제반 정황을 종합할 때 임금·단체협약 체결을 위한 교섭 등과 관련하여 현장조직 소속의 노조 대의원 등에게 영향력을 행사하여 협상이 원만하게 조속히 타결될 수 있도록 협조해 달라는 취지의 부정한 청탁을 인정할 수 있거나, 묵시적으로나마 이를 인정하기에 충분하다.

[3] 노동조합과는 별개의 사업장 내 단체인 이른바 '현장조직'의 간부인 피고인이 회사 측으로부터 부정한 청탁을 받고 두 차례에 걸쳐 합계 5,000만 원을 받은 사안에서, 위 현장조직은 현장 활동가들이 중심이 되어 조직한 자발적·비공식적 단체로서, 그 설립 목적 및 주된 활동은 노조 집행부 선거에서 그 소속 회원이 선출되도록 주력하며, 노조 집행부에 대한 평가를 수행하고, 노조의 의사결정 과정에서 소속 대의원이나 교섭위원을 통하여 그리고 조합원들을 상대로 한 선전·홍보를 통하여 영향력을 행사하는 것으로 알려져 있으며, 피고인이 그 간부로 있는 현장조직인 기아자동차 민주노동자회는 위 회사 내에 존재하는 여러 현장조직들 중 가장 유력하고 대표적인 조직이고, 자체 규약 및 독자적인 기관을 갖추고 있으며, 노조 임원선거의 참여, 조합원 교육 및 선전·홍보사업, 교섭위원 및 대의원과의 정책 협의 등의 활동을 조직적·체계적으로 수행하고 있음을 알 수 있고, 특히 이 사건에서 문제된 단체교섭절차에서 그 영향력을 확장하고 그 의견을 관철하고 있으므로, 위와 같은 여러 사업 및 활동을 총괄하고 이를 추진하는 사무를 처리해 온 피고인이 노동조합 활동이나 위 현장조직 소속 대의원 내지 교섭위원들에 대하여 사실상의 영향력을 행사하는 것을 단순히 친분관계를 이용하여 평소 알고 지내던 노조원들에게 부탁을 한 것이라거나 조합원 내지 소속 회원으로서 지지를 표방하거나 사업에 참여하는 등의 개인적 차원의 활동을 한 것이라고 볼 수는 없어 위 청탁의 '임무관련성'을 충분히 인정할 수 있다.

2. '본인에게 손해를 가할 것'이 배임수재죄의 성립 요건인지 여부(소극) [대법원 2011. 2. 24., 선고, 2010도11784]

【판시사항】

[1] '임무위배행위'나 '본인에게 손해를 가할 것'이 배임수재죄의 성립 요건인지 여부(소극)

[2] 주택조합아파트 시공회사 직원인 피고인들이 조합장으로부터 조합의 이중분양에 관한 민원을 묵인하거나 조합의 입장을 배려해 달라는 청탁을 받고 위 아파트 분양권을 취득한 사안에서, 피고인들에게 배임수재죄를 인정한 원심판단을 수긍한 사례

【판결요지】

[1] 배임수재죄는 타인의 사무를 처리하는 자가 그 임무에 관하여 부정한 청탁을 받고 재물 등을 취득함으로써 성립하는 것이고, 어떠한 임무위배행위나 본인에게 손해를 가할 것을 요건으로 하는 것은 아니다.

[2] 주택조합아파트 시공회사 직원인 피고인들이 조합장으로부터 조합의 이중분양에 관한 민원을 회사에 보고하지 않고 묵인하거나 이중분양에 대한 조치를 강구할 때 조합의 입장을 배려하여 달라는 청탁을 받고 위 아파트 분양권을 취득한 사안에서, 피고인들에게 배임수재죄를 인정한 원심판단을 수긍한 사례.

357-8. 학교법인의 운영권을 양도하고 양수인으로부터 양수인 측을 학교법인 임원으로 선임해 주는 대가로 양도대금을 받기로 하는 내용의 청탁이 배임수재죄의 '부정한 청탁' 에 해당하는지 여부(원칙적 소극) [대법원 2014. 1. 23., 선고, 2013도11735]

【판결요지】

사립학교법 제20조 제1항, 제2항, 제20조의2, 제20조의3, 제28조 제1항, 제47조, 제73조 제2호의 내용과 취지 등을 종합적으로 고려하여 보면, 학교법인 운영권의 유상 양도를 금지·처벌하는 입법자의 명시적 결단이 없는 이상 학교법인 운영권의 양도 및 그 양도대금의 수수 등으로 인하여 향후 학교법인의 기본재산에 악영향을 미칠 수 있다거나 학교법인의 건전한 운영에 지장을 초래할 수 있다는 추상적 위험성만으로 운영권 양도계약에 따른 양도대금 수수행위를 형사처벌하는 것은 죄형법정주의나 형벌법규 명확성의 원칙에 반하는 것으로서 허용될 수 없다. 따라서 학교법인의 이사장 또는 사립학교경영자가 학교법인 운영권을 양도하고 양수인으로부터 양수인 측을 학교법인의 임원으로 선임해 주는 대가로 양도대금을 받기로 하는 내용의 '청탁' 을 받았다 하더라도, 그 청탁의 내용이 당해 학교법인의 설립 목적과 다른 목적으로 기본재산을 매수하여 사용하려는 것으로서 학교법인의 존립에 중대한 위협을 초래할 것임이 명백하다는 등의 특별한 사정이 없는 한, 그 청탁이 사회상규 또는 신의성실의 원칙에 반하는 것을 내용으로 하는 것이라고 할 수 없으므로 이를 배임수재죄의 구성요건인 '부정한 청탁' 에 해당한다고 할 수 없고, 나아가 학교법인의 이사장 또는 사립학교경영자가 자신들이 출연한 재산을 회수하기 위하여 양도대금을 받았다거나 당해 학교법인이 국가 또는 지방자치단체로부터 일정한 보조금을 지원받아 왔다는 등의 사정은 위와 같은 결론에 영향을 미칠 수 없다.

357-9. 부정한 청탁을 받고 사후에 청탁의 대가로 재물 또는 재산상의 이익을 취득한 경우와 부정한 청탁의 결과로 상대방이 얻은 재물 등의 일부를 상대방으로부터 청탁의 대가로 취득한 경우(적극) [대법원 2013. 11. 14., 선고, 2011도11174]

【판시사항】

배임수재죄 구성요건 중 '부정한 청탁' 의 의미와 판단 기준 및 부정한 청탁을 받고 나서 사후에 청탁의 대가로 재물 또는 재산상의 이익을 취득한 경우와 부정한 청탁의 결과로 상대방이 얻은 재물 등의 일부를 상대방으로부터 청탁의 대가로 취득한 경우(적극)

【판결요지】

임무에 관하여 부정한 청탁을 받고 재물 또는 재산상 이익을 취득하면 배임수재죄는 성립되고, 어떠한 임무위배행위를 하거나 본인에게 손해를 가하는 것을 요건으로 하지 아니하나, 재물 또는 이익을 공여하는 사람과 취득하는 사람 사이에 부정한 청탁이 개재되지 않는 한 성립하지 않는다. 여기서 '부정한 청탁' 이란 반드시 업무상 배임의 내용이 되는 정도에 이를 필요는 없고, 사회상규 또는 신의성실의 원칙에 반하는 것을 내용으로 하면 족하며, 이를 판단할 때에는 청탁의 내용 및 이에 관련한 대가의 액수, 형식, 보호법익인 거래의 청렴성 등을 종합적으로 고찰하여야 하며, 청탁이 반드시 명시적일 필요는 없다. 그리고 부정한 청탁을 받고 나서 사후에 재물 또는 재산상의 이익을 취득하였다고 하더라도 재물 또는 재산상의 이익이 청탁의 대가인 이상 배임수재죄가 성립되며, 또한 부정한 청탁의 결과로 상대방이 얻은 재물 또는 재산상 이익의 일부를 상대방으로부터 청탁의 대가로 취득한 경우에도 마찬가지이다.

357-10. 장래 담당할 임무에 관하여 부정한 청탁을 받고 재물 또는 재산상 이익을 취득한 후 그 임무를 현실적으로 담당하게 된 경우(적극) [대법원 2013. 10. 11., 선고, 2012도13719]

【판시사항】

타인의 사무를 처리하는 자가 그 신임관계에 기한 사무의 범위에 속한 것으로서 장래에 담당할 것이 합리적으로 기대되는 임무에 관하여 부정한 청탁을 받고 재물 또는 재산상 이익을 취득한 후 그 청탁에 관한 임무를 현실적으로 담당하게 되었다면 이로써 타인의 사무를 처리하는 자의 청렴성은 훼손되는 것이어서 배임수재죄의 성립을 인정할 수 있다(대법원 2010. 4. 15. 선고 2009도4791 판결 등 참조).

원심은 이 사건 2차 사업을 발주한 공소외 4 주식회사에서 평가위원 위촉 관련 업무를 담당하였던 공소외 5의 제1심에서의 진술 등 채택증거에 의하여 인정되는 그 판시와 같은 사정들을 이유로, 설사 피고인이 공소외 1로부터 위 청탁을 받을 당시 아직 정식으로 평가위원에 선정되었다는 통보를 받지는 않았다고 하더라도 위촉될 것이 사실상 확정된 상태였으므로, 피고인은 공소외 4 주식회사와의 관계에서 '타인의 사무를 처리하는 자'의 위치에 있었다고 판단하였다. 앞서 본 법리와 기록에 비추어 살펴보면, 원심의 위와 같은 판단은 정당한 것으로 수긍할 수 있다. 거기에 상고이유로 주장하는 배임수재죄의 요건인 '타인의 사무를 처리하는 자'에 관한 법리오해나 자유심증주의의 한계를 벗어나는 등의 위법이 있다 할 수 없다.

---

1. 방송국 예능담당 프로듀서가 연예기획사 운영자로부터 출연조건으로 상당한 시세차익이 예상되는 주식의 매수기회를 제공받은 경우(적극) [대법원 2010. 4. 15., 선고, 2009도4791]

【판시사항】

방송국 예능담당 프로듀서인 피고인이 연예기획사 운영자로부터 상당한 시세차익이 예상되는 주식의 매수기회를 제공받음으로써 피고인이 제작하는 예능프로그램 등에 그 소속 연예인을 출연시키거나 뮤직비디오를 방영해 달라는 청탁을 받고, 이 주식을 매수함으로써 재산상 이익을 취득한 사안에서, 배임수재죄의 성립을 인정한 사례

---

2. 수인으로부터 각각 같은 종류의 부정한 청탁과 함께 금품을 받은 배임수재행위가 포괄일죄를 구성하는지 여부(소극) [대법원 2008. 12. 11., 선고, 2008도6987]

【판시사항】

[1] 회원제 골프장의 예약업무 담당자가 부킹대행업자의 청탁에 따라 회원에게 제공해야 하는 주말부 킹권을 부킹대행업자에게 판매하고 그 대금 명목의 금품을 받은 것이 배임수재죄에 해당한다.

[2] 수인으로부터 각각 같은 종류의 부정한 청탁과 함께 금품을 받은 배임수재행위가 포괄일죄를 구성 하는지 여부(소극)

【판결요지】

[1] 회원제 골프장의 예약업무 담당자가 부킹대행업자의 청탁에 따라 회원에게 제공해야 하는 주말부 킹권을 부킹대행업자에게 판매하고 그 대금 명목의 금품을 받은 것이 배임수재죄에 해당한다.

[2] 타인의 사무를 처리하는 자가 동일인으로부터 그 직무에 관하여 부정한 청탁을 받고 여러 차례에 걸쳐 금품을 수수한 경우, 그것이 단일하고도 계속된 범의 아래 일정기간 반복하여 이루어진 것이 고 그 피해법익도 동일한 때에는 이를 포괄일죄로 보아야 한다. 다만, 여러 사람으로부터 각각 부정 한 청탁을 받고 그들로부터 각각 금품을 수수한 경우에는 비록 그 청탁이 동종의 것이라고 하더라 도 단일하고 계속된 범의 아래 이루어진 범행으로 보기 어려워 그 전체를 포괄일죄로 볼 수 없다.

3. 대학병원 의사가 의약품을 사용해 준 대가 또는 향후 의약품을 지속적으로 납품할 수 있도록 해달라 는 청탁의 취지로 제약회사가 제공하는 의약품에 관한 '시판 후 조사' 연구용역계약을 체결하고 연구 비 명목의 돈을 수수한 경우(소극) [대법원 2011. 8. 18., 선고, 2010도10290]

【판시사항】

[1] 대학병원 등의 의사인 피고인들이, 의약품을 사용해 준 대가 또는 향후 의약품을 지속적으로 납품 할 수 있도록 해달라는 청탁의 취지로 제약회사 등이 제공하는 의약품에 관한 '시판 후 조사' 연구 용역계약을 체결하고 연구비 명목의 돈을 수수한 경우(소극)

[2] 대학병원 의사인 피고인이, 의약품 등을 지속적으로 납품할 수 있도록 해달라는 부정한 청탁 또는 의약품 등을 사용해 준 대가로 제약회사 등으로부터 명절 선물이나 골프접대 등 향응을 제공받은 경우(적극)

【판결요지】

[1] 대학병원 등의 의사인 피고인들이, 의약품인 조영제를 사용해 준 대가 또는 향후 조영제를 지속적 으로 납품할 수 있도록 해달라는 청탁의 취지로 제약회사 등이 제공하는 조영제에 관한 '시판 후 조사'(PMS, Post Marketing Surveillance) 연구용역계약을 체결하고 연구비 명목의 돈을 수수하였 다고 하여 배임수재의 공소사실로 기소된 사안에서, 연구목적의 적정성 및 필요성, 연구결과 신뢰 성을 확보하려는 노력의 유무, 연구 수행과정과 방법의 적정성 및 결과 충실성, 연구대가의 적정성 등 제반 사정에 비추어, 연구용역계약은 의학적 관점에서 필요성에 따라 근거와 이유를 가지고 정 당하게 체결되어 수행되었을 뿐, 제약회사 등의 조영제 납품에 관한 부정한 청탁 또는 대가 지급 의도로 체결된 것으로 볼 수 없다.

[2] 피고인이 실질적으로 조영제 등의 계속사용 여부를 결정할 권한이 있었고, 단순히 1회에 그치지 않고 여러 차례에 걸쳐 선물과 향응을 제공받았으며, 제약회사 등은 피고인과 유대강화를 통해 지 속적으로 조영제 등을 납품하기 위하여 이를 제공한 점 등의 사정을 종합할 때, 피고인은 '타인의 사무를 처리하는 자'에 해당하고, 피고인이 받은 선물, 골프접대비, 회식비 등은 부정한 청탁의 대 가로서 단순한 사교적 의례 범위에 해당하지 않는다.

357-11. 회사 이사 등이 보관 중인 회사자금으로 뇌물을 공여한 경우, 회사에 대하여 업무상횡령죄를 구성하는지 여부(적극) 및 회사자금으로 부정한 청탁을 하고 배임증재를 한 경우에도 같은 법리가 적용되는지 여부(원칙적 적극) [대법원 2013. 4. 25., 선고, 2011도9238]

【판결요지】

회사가 기업활동을 하면서 형사상의 범죄를 수단으로 하여서는 안 되므로 뇌물공여를 금지하는 법률 규정은 회사가 기업활동을 할 때 준수하여야 하고, 따라서 회사의 이사 등이 업무상의 임무에 위배하여 보관 중인 회사의 자금으로 뇌물을 공여하였다면 이는 오로지 회사의 이익을 도모할 목적이라기보다는 뇌물공여 상대방의 이익을 도모할 목적이나 기타 다른 목적으로 행하여진 것이라고 보아야 하므로, 그 이사 등은 회사에 대하여 업무상횡령죄의 죄책을 면하지 못한다. 그리고 특별한 사정이 없는 한 이러한 법리는 회사의 이사 등이 회사의 자금으로 부정한 청탁을 하고 배임증재를 한 경우에도 마찬가지로 적용된다.

357-12. 증재자에게 '정당한 업무에 속하는 청탁'이 수재자에게 '부정한 청탁'이 될 수 있는지 여부(적극) [대법원 2011. 10. 27., 선고, 2010도7624]

【판시사항】

[1] 증재자에게는 '정당한 업무에 속하는 청탁'이 수재자에게 '부정한 청탁'이 될 수 있는지 여부(적극)

[2] 甲 주식회사를 사실상 관리하는 乙이 甲 회사가 사업용 부지로 매수한 토지에 관하여 처분금지가처분등기를 마쳐두었는데, 토지를 매수하려는 丙에게서 가처분을 취하해 달라는 청탁을 받고 돈을 수수하였다는 내용으로 기소된 사안에서, 乙에게는 배임수재죄가 성립하나, 丙이 돈을 교부한 행위는 사회상규에 위배되지 아니하여 배임증재죄를 구성할 정도의 위법성이 없다.

【판결요지】

[1] 형법 제357조 제1항의 배임수재죄와 같은 조 제2항의 배임증재죄는 통상 필요적 공범의 관계에 있기는 하나, 이것은 반드시 수재자와 증재자가 같이 처벌받아야 하는 것을 의미하는 것은 아니고, 증재자에게는 정당한 업무에 속하는 청탁이라도 수재자에게는 부정한 청탁이 될 수도 있다.

[2] 甲 주식회사를 사실상 관리하는 乙이 甲 회사가 사업용 부지로 매수한 토지에 관하여 처분금지가처분등기를 마쳐두었는데, 위 토지를 매수하려는 丙에게서 가처분을 취하해 달라는 취지의 청탁을 받고 돈을 수수하였다는 내용으로 기소된 사안에서, 乙이 받은 돈은 부정한 청탁의 대가임이 분명하고 乙에게 부정한 청탁에 대한 인식이 없었다고 볼 수 없어 배임수재죄가 성립하나, 반면 丙은 사업의 더 큰 손실을 피하기 위하여 가처분 취하의 대가로 乙이 지정하는 계좌로 돈을 송금한 점, 丙으로서는 위 돈이 궁극적으로 甲 회사에 귀속될 것인지 乙에게 귀속될 것인지에 관한 분명한 인식이 있었다고 볼 수 없는 점 등 제반 사정에 비추어, 丙이 가처분 취하의 대가로 돈을 교부한 행위는 사회상규에 위배되지 아니하여 배임증재죄를 구성할 정도의 위법성은 없다.

> 1. 방송프로듀서에게 담당 방송프로그램에 특정가수 노래만을 자주 방송하여 달라는 청탁이 배임수재
> 죄의 부정한 청탁에 해당하는지 여부(적극) [대법원 1991. 1. 15., 선고, 90도2257]
> 【판결요지】
> 배임수재죄의 수재자에 대한 부정한 청탁이라 함은 업무상배임에 이르는 정도는 아니나 사회상규 또는
> 신의성실의 원칙에 반하는 것을 내용으로 하는 청탁을 의미하므로 <u>방송국에서 프로그램의 제작연출</u>
> <u>등의 사무를 처리하는 프로듀서가 특정 가수의 노래만을 편파적으로 선곡하여 계속 방송하여서는 아니</u>
> <u>되고 청취자들의 인기도, 호응도 등을 고려하여 여러 가수들의 노래를 공정성실하게 방송하여야 할</u>
> <u>임무가 있음에도 담당 방송프로그램에 특정 가수의 노래만을 자주 방송하여 달라는 청탁은 사회상규나</u>
> <u>신의성실의 원칙에 반하는 부정한 청탁이라 할 것이다.</u>

357-13. 지역화물자동차운송사업협회 대표가 전국화물자동차운송사업연합회 회장 선거에서 자신을
지지해달라는 취지의 부정한 청탁을 받고 돈을 수수한 경우(적극) [대법원 2011. 8. 25., 선고,
2009도5618]

【판결요지】

시·도 화물자동차운송사업협회(이하 '지역협회' 라 한다) 대표자인 피고인들이 甲으로부터 전국
화물자동차운송사업연합회(이하 '연합회' 라 한다) 회장 선거에서 자신을 지지해달라는 취지의
부정한 청탁을 받고 돈을 수수하였다고 하여 배임수재죄로 기소된 사안에서, 구 화물자동차 운수
사업법(2008. 2. 29. 법률 제8852호로 개정되기 전의 것) 제33조 제1항, 제2항, 제9항, 제35조
제1항 및 연합회와 지역협회 각 정관규정 등에 의하면, 각 지역협회 대표자가 연합회 총회에서
총회의 구성원이 되어 회장 선출에 관한 선거권 내지 의결권을 행사하는 것은 연합회 회원인 각
지역협회 업무집행기관으로서 권한을 행사하는 것에 불과하므로, 이러한 대표자의 권한행사는 자
기의 사무를 처리하는 것이 아니라 타인인 '지역협회' 의 사무를 처리하는 것으로 보아야 한다.

> 1. 재건축조합장이 재건축 현장의 철거공사 수주와 관련 철거업체로부터 금품을 수수한 경우(적극) [대
> 법원 2007. 6. 29., 선고, 2007도3096]
> 【판시사항】
> 재건축조합장이 재건축 현장의 철거공사 수주와 관련하여 철거업체로부터 금품을 수수한 경우, 배임수
> 재죄의 주체로 인정한 사례

357-14. 임무에 관하여 부정한 청탁을 받은 자가 자신이 아니라 다른 사람으로 하여금 재물 또는
재산상의 이익을 취득하게 한 때(소극) [대법원 2009. 6. 11., 선고, 2009도1518]

【판시사항】

[1] 임무에 관하여 부정한 청탁을 받은 자가 자신이 아니라 다른 사람으로 하여금 재물 또는 재
산상의 이익을 취득하게 한 때 배임수재죄가 성립할 수 있는 경우

[2] 다른 대학의 교수인 피고인이 대학원생들의 학위논문 작성에 필요한 실험대행 및 논문원고
를 작성해 주고 그 대가를 대학원생들로부터 직접 또는 그들의 지도교수를 통하여 수수한 사안에

서, 사회통념상 피고인의 수수행위를 위 지도교수들의 직접적인 수수행위로 평가할 수 있는 긴밀한 관계를 인정할 수 없음에도 불구하고 위 지도교수들에게 배임수재 정범의 실행행위성을 인정한 원심을 심리미진 등을 이유로 파기한 사례

【이 유】

형법 제357조 제1항의 배임수재죄는 타인의 사무를 처리하는 자가 그 임무에 관하여 부정한 청탁을 받고 재물 또는 재산상의 이익을 취득한 경우에 성립하는 것으로서, 법문상 타인의 사무를 처리하는 자가 그 임무에 관하여 부정한 청탁을 받았다 하더라도 자신이 아니라 다른 사람으로 하여금 재물 또는 재산상의 이익을 취득하게 한 경우에는 위 죄가 성립하지 않음이 명백하고, 다만 사회통념상 그 다른 사람이 재물 또는 재산상 이익을 받은 것을 부정한 청탁을 받은 자가 직접 받은 것과 같이 평가할 수 있는 관계가 있는 경우에만 위 죄가 성립될 수 있다 (대법원 2006. 12. 22. 선고 2004도2581 판결 참조). 종범은 정범의 실행행위 전이나 실행행위 중에 정범을 방조하여 그 실행행위를 용이하게 하는 것을 말하므로 정범의 실행행위가 있어야 성립한다(대법원 1979. 2. 27. 선고 78도3113 판결, 대법원 2007. 11. 29. 선고 2007도8050 판결 등 참조).

---

1. 대학원생들이 지도교수들을 통하여 다른 대학교 교수에게 "학위논문 작성에 필요한 실험대행 및 논문의 주요부분 작성 등 편의를 제공하여 문제없이 학위를 취득하게 해 달라"는 청탁을 하고 금품을 교부한 사안(소극) [대법원 2008. 3. 27., 선고, 2006도3504]

【판결요지】

위 청탁은 부정한 청탁에 해당하지만, 타 대학 대학원생들에 대한 논문지도 및 심사업무가 피고인의 임무라고 할 수 없으며, 피고인이 대학원생들 지도교수들의 배임수재행위에 공모하였다고 보기도 어렵다.

357-15. 조합 이사장이 조합이 주관하는 도자기 축제 대행기획사로부터 조합운영비 명목으로 현금 3,000만원을 받아 조합운영비로 사용한 사안(소극) [대법원 2008. 4. 24., 선고, 2006도1202]

【판결요지】

조합 이사장이 조합이 주관하는 도자기 축제의 대행기획사를 선정하는 과정에서 최종 기획사로 선정된 회사로부터 조합운영비 지급을 약속받고 위 축제가 끝난 후 조합운영비 명목으로 현금 3,000만 원을 교부받아 조합운영비로 사용한 사안에서, 이사장이 개인적인 이익을 위해서가 아니라 조합의 이사장으로서 위 금원을 받아 조합의 운영경비로 사용한 것이라는 이유로 배임수재죄의 성립을 부정한 사례.

---

1. 실질적으로 학교법인 이사장 직무를 수행하면서 학교공사와 관련 공사대금 중 학교법인 부담부분 상당액을 학교법인에 기부하는 것을 조건으로 공사계약을 체결 후 공사를 완성하여 이 부분에 대한 공사대금 지급의무를 면제받거나 그 대금 상당액을 입금받은 다음 다시 수급인에게 공사대금으로 지급한 것으로 처리한 경우(소극) [대법원 2001. 2. 9., 선고, 2000도4700]

【판시사항】

실질적으로 학교법인의 이사장 직무를 수행하면서 학교공사와 관련하여 공사대금 중 수급인이 학교법인 부담부분 상당액을 학교법인에 기부하는 것을 조건으로 공사계약을 체결한 후 공사를 완성하여 이 부분에 대한 공사대금 지급의무를 면제받거나 그 대금 상당액을 입금받은 다음 다시 수급인에게 공사대금으로 지급한 것으로 처리한 경우(소극)

【판결요지】

실질적으로 학교법인의 이사장 직무를 수행하면서 학교공사와 관련하여 공사대금 중 수급인이 학교법인 부담부분 상당액을 학교법인에 기부하는 것을 조건으로 공사계약을 체결한 후 공사를 완성하여 이 부분에 대한 공사대금 지급의무를 면제받거나 그 대금 상당액을 입금받은 다음 다시 수급인에게 공사대금으로 지급한 것으로 처리한 경우, 이러한 행위는 학교공사에 관하여 관계 규정에 따른 공개입찰을 하지 아니하는 대신 특정 공사업자와 수의계약을 체결하면서 공사업자에게 공사대금 중 국고지원 부분만을 지급하기로 하고 학교법인 부담 부분은 면제받은 것으로 볼 것이고, 이러한 경우 <u>공사대금 지급채무는 학교법인이 공사업자에 대하여 부담하는 것이므로 이를 면제받는 것은 학교법인의 이익으로 되는 것일 뿐 실질적으로 학교법인의 이사장 직무를 수행한 자가 면제받은 대금 상당의 이익을 취득하였다고 볼 수는 없고, 따라서 위와 같은 행위는, 공개입찰을 하지 아니하고 수의계약을 체결한 것에 대하여 행정상의 책임 등을 묻는 것은 별론으로 하고, 타인의 사무를 처리하는 자가 그 임무에 위배하여 부정한 청탁을 받고 재물 또는 재산상의 이익을 취득한 경우에 해당한다고 할 수는 없다.</u>

357-16. 타인의 위탁을 받아 계약과 관련된 사무를 처리하는 자가 특정인으로부터 '계약의 상대방이 될 수 있도록 해달라'는 부탁과 함께 그 대가로 돈을 받은 경우(원칙적 적극) [대법원 2006. 11. 23., 선고, 2006도906]

【판시사항】

'복지센터 건축공사 중 전기공사를 공소외 3 주식회사로부터 하도급 받도록 해달라' 는 부탁이 '부정한 청탁' 에 해당하는지에 관하여 보건대, 일반적으로 타인의 위탁을 받아 계약과 관련된 사무를 처리하는 자가 특정인으로부터 '계약의 상대방이 될 수 있도록 해달라' 는 부탁과 함께 그 대가로 돈을 받은 경우에는 특별한 사정이 없는 한 부정한 청탁에 해당한다고 봄이 상당할 뿐만 아니라, 원심이 인정한 다음과 같은 사정들, 즉 공소외 3 주식회사는 위 회사에 등록된 협력업체 중에서 입찰을 통하여 하도급업체를 선정하는 것을 원칙으로 하는데 공소외 1 주식회사는 공소외 3 주식회사의 협력업체로 등록되어 있지 않았던 점, 피고인 1이 권원표를 통하여 공소외 3 주식회사에 공소외 1 주식회사를 추천함으로써 공소외 1 주식회사가 하도급업체로 선정된 후 공소외 2에게 돈을 요구하는 취지의 말을 한 점, 청탁의 대가로 받은 돈이 2억 원으로 거액이며 호텔 지하주차장에서 은밀하게 수수가 이루어진 점 등을 종합하여 보면, 위와 같은 청탁이 사회상규와 신의성실의 원칙에 반하는 부정한 청탁에 해당함을 넉넉히 인정할 수 있다.

1. 대학교수가 특정출판사 교재를 채택하여 달라는 청탁을 받고 교재 판매대금의 일정비율을 받은 경우 (적극) [대법원 1996. 10. 11., 선고, 95도2090]

【판시사항】

대학교수가 특정출판사의 교재를 채택하여 달라는 청탁을 받고 교재 판매대금의 일정비율에 해당하는 금원을 받은 경우 배임수증죄를 긍정한 사례

357-17. 단순히 규정이 허용하는 범위 내에서 최대한 선처를 바란다는 내용의 청탁 사례로 금품을 수수한 경우(소극) [대법원 2006. 3. 24., 선고, 2005도6433]

【판시사항】

[1] 한국야구위원회 사무총장이 잠실야구장의 광고권자 선정 업무를 처리하는 자에 해당한다고 볼 수는 없고, 그 담당 업무가 위 광고권자 선정 업무와 밀접한 관계가 있는 범위 내의 사무라고 보기도 어려워, 위 광고권자 선정과 관련하여 부정한 청탁을 받고 금품을 수수한 행위를 배임수재죄로 처벌할 수 없다.

[2] 단순히 규정이 허용하는 범위 내에서 최대한의 선처를 바란다는 내용의 청탁의 사례로 금품을 수수한 경우 배임수재죄의 성립 여부(소극)

【이 유】

[1] 이 사건 당시 피고인은 KBO(한국야구위원회) 사무총장으로 근무하였고, 잠실야구장의 광고권자를 선정하는 권한은 잠실야구장운영본부에게 있을 뿐 피고인이 잠실야구장의 광고권자 선정 관련 업무를 담당하지는 아니한 사실, 실제로 공소외 1 주식회사를 잠실운동장의 광고권자로 선정하고 그 관련 업무를 담당한 것도 잠실야구장운영본부였던 사실을 알 수 있고, 기록상 피고인이 직접 또는 간접으로 잠실야구장의 광고권자 선정 업무를 담당하거나 이에 참여 또는 보조하였다는 점을 인정할 만한 자료를 찾아볼 수 없으므로, 피고인은 잠실야구장의 광고권자 선정 업무를 처리하는 자에 해당한다고 볼 수는 없으며, 피고인의 지위와 KBO 총재 및 잠실야구장운영본부 대표와의 관계 등을 살펴볼 때 피고인이 잠실야구장 광고권 계약체결의 주체인 위 운영본부 대표에게 공소외 1 주식회사를 위하여 유리한 이야기를 전해줄 수 있었던 사정만으로는 KBO 총재특별보좌관 내지 사무총장으로서 KBO 총재를 보좌하고 KBO의 행정적 운영과 예산의 집행을 담당하는 업무가 잠실야구장의 광고권자 선정 업무와 밀접한 관계가 있는 범위 내의 사무라고 보기도 어렵다고 할 것이다. 따라서 피고인이 잠실야구장의 광고권자 선정과 관련하여 부정한 청탁을 받고 금품을 수수하였다고 하더라도 스스로 타인의 사무를 처리하는 자로서 그러한 행위를 하였다고는 볼 수 없으므로 위와 같은 행위를 배임수재죄로 처벌할 수는 없다고 할 것이다.

[2] 형법 제357조 제1항 소정의 배임수재죄는 뇌물수수죄와 달리 재물 또는 이익을 공여하는 사람과 취득하는 사람 사이에 부정한 청탁이 개재되지 않는 한 성립하지 않는다고 할 것인데, 여기서 '부정한 청탁'이라 함은 사회상규 또는 신의성실의 원칙에 반하는 것을 내용으로 하는 청탁을 의미하고, 그 청탁이 반드시 명시적임을 요하는 것은 아니지만, 청탁한 내용이 단순히 규정이 허용하는 범위 내에서 최대한의 선처를 바란다는 내용에 불과하다면 사회상규에 어긋난 부정한 청탁이라고 볼 수 없고 따라서 이러한 청탁의 사례로 금품을 수수한 것은 배임수재에 해당하지 않는다고 할 것이다 (대법원 1982. 9. 28. 선고 82도1656 판결 등 참조).

357-18. 주식회사 이사가 타인의 사무를 처리하는 자로서 배임수재죄의 주체가 될 수 있는지 여부(적극) [대법원 2002. 4. 9., 선고, 99도2165]

【판시사항】

[1] 주식회사의 이사가 타인의 사무를 처리하는 자로서 배임수재죄의 주체가 될 수 있는지 여부(적극)

[2] 광고대행업무를 수행하는 주식회사의 대표이사에게, 방송사 관계자에게 사례비를 지급하여서라도 특정회사의 이익을 위해 수능과외방송을 하는 내용의 방송협약을 체결해 달라고 부탁하는 것이 부정한 청탁에 해당된다.

【판결요지】

[1] 주식회사의 이사는 주주총회에서 선임되며, 회사와 이사의 관계는 위임에 관한 규정을 준용하고, 이사는 법령과 정관의 규정에 따라 회사를 위하여 그 직무를 충실하게 수행하여야 할 의무가 있으므로, 주식회사의 이사는 법률의 규정에 의하여 '타인의 사무를 처리하는 자'로서 배임수재죄의 주체가 될 수 있다.

[2] 방송은 공적 책임을 수행하고 그 내용의 공정성과 공공성을 유지하여야 하는 것이므로, 광고대행업무를 수행하는 주식회사의 대표이사에게, 방송사 관계자에게 사례비를 지급하여서라도 특정학원 소속 강사만을 채용하고 특정회사에서 출판되는 교재를 채택하여 특정회사의 이익을 위해 수능과외방송을 하는 내용의 방송협약을 체결해 달라고 부탁하는 것은 사회상규와 신의성실의 원칙에 반하는 것으로서 부정한 청탁에 해당된다.

357-19. 단순한 재산상 이익 요구 또는 약속만을 한 경우, 배임수재죄 성립 여부(소극) [대법원 1999. 1. 29., 선고, 98도4182]

【판시사항】

[1] 단순한 재산상 이익의 요구 또는 약속만을 한 경우, 배임수재죄의 성립 여부(소극)

[2] 골프장 회원권에 관하여 피고인 명의로 명의변경이 이루어지지 아니한 이상 피고인이 현실적으로 재산상 이익을 취득하지 않았다는 이유로 배임수재죄의 성립을 부정한 사례

【판결요지】

[1] 형법 제357조 제1항의 배임수재죄로 처벌하기 위하여는 타인의 사무를 처리하는 자가 부정한 청탁을 받아들이고 이에 대한 대가로서 재물 또는 재산상의 이익을 받은 데에 대한 범의가 있어야 할 것이고, 또 배임수재죄에서 말하는 '재산상의 이익의 취득'이라 함은 현실적인 취득만을 의미하므로 단순한 요구 또는 약속만을 한 경우에는 이에 포함되지 아니한다.

---

1. 계약관계를 유지시켜 기존 권리를 확보하기 위하여 하는 부탁행위(소극) [대법원 1991. 8. 27., 선고, 91도61]

【판결요지】

형법 제357조 제1항 소정의 배임수증죄는 타인의 사무를 처리하는 자가 그 임무에 관하여 부정한 청탁을 받고 재물 또는 재산상의 이익을 취득하는 경우에 성립하는 것이고, 그 청탁에 따른 일정한 행위가

현실적으로 행하여 질 것을 요하지는 아니하나, 재물 또는 재산상의 이익을 공여하는 사람과 이를 취득하는 사람 사이에 부정한 청탁이 개재되어야 하는 것이고, 계약관계를 유지시켜 기존 권리를 확보하기 위하여 하는 부탁행위 등은 부정한 청탁이라고 할 수 없다.

357-20. 대학 편입학업무를 담당하지 아니한 피고인 甲이 피고인 乙로부터 편입학과 관련한 부정한 청탁을 받고 금품을 수수한 경우(소극) [대법원 1999. 1. 15., 선고, 98도663]

【판결요지】

대학 편입학업무를 담당하지 아니한 피고인 甲이 피고인 乙로부터 편입학과 관련한 부정한 청탁을 받고 금품을 수수하였다 하더라도 편입학업무를 담당한 교무처장 등이 피고인 甲이 부정한 청탁을 받았음을 알았거나 스스로 부정한 청탁을 받았다고 볼 자료가 없는 경우, 피고인 甲을 배임수재로, 피고인 乙을 배임증재로 처벌할 수 없다.

357-21. 타인의 사무를 처리하는 자가 부정한 청탁을 받고 사직한 후 재물을 수수한 경우(적극) [대법원 1997. 10. 24., 선고, 97도2042]

【판결요지】

형법 제357조 제1항의 배임수재죄는 타인의 사무를 처리하는 자의 청렴성을 보호법익으로 하는 것으로, 그 임무에 관하여 부정한 청탁을 받고 재물을 수수함으로써 성립하고 반드시 수재 당시에도 그와 관련된 임무를 현실적으로 담당하고 있음을 그 요건으로 하는 것은 아니므로, 타인의 사무를 처리하는 자가 그 임무에 관하여 부정한 청탁을 받은 이상 그 후 사직으로 인하여 그 직무를 담당하지 아니하게 된 상태에서 재물을 수수하게 되었다 하더라도, 그 재물 등의 수수가 부정한 청탁과 관련하여 이루어진 것이라면 배임수재죄가 성립한다.

357-22. 대학교 부총장이 의과대학부속병원의 부대시설 운영권을 인수하는 데 우선적으로 추천하여 달라는 청탁을 받고 그 사례비를 받은 경우(적극) [대법원 1991. 12. 10., 선고, 91도2543]

【판결요지】

대학교의 의과대학부속병원 부대시설의 임차 운영자를 선정할 권한을 가진 총장 겸 부속병원장의 직무를 보좌 또는 대행하거나 임차인을 추천할 권한 등이 있는 부총장이 위 부속병원의 부대시설 운영권을 인수하는 데 우선적으로 추천해 달라는 청탁을 받고 그 사례비 명목으로 금 3,000만 원을 받았다면, 이는 타인의 사무를 처리하는 자가 그 임무에 관해 사회상규 또는 신의성실의 원칙에 반하는 부정한 청탁을 받고 사례비 명목으로 금원을 받은 것이 되어 배임수재죄를 구성한다.

1. 대한주택공사. 자재과장과 직원에게 물품납품계약을 한국보훈복지공단과 수의계약으로 체결하여 주면 사례하겠다 청탁하고 계약체결 후 돈을 교부한 경우(적극) [대법원 1990. 8. 10., 선고, 90도665]
【판결요지】
배임수증재죄에 있어서의 부정한 청탁이라 함은 청탁이 사회상규 또는 신의성실의 원칙에 반하는 것을 말하고 이를 판단함에 있어서는 청탁의 내용과 이에 관련하여 공여한 재물의 액수, 형식, 이 죄의 보호법익인 거래의 청렴성 등을 종합적으로 고찰하여야 할 것인바, 피고인이 물품구매계약을 담당하고 있는 공소외 공사. 자재과장과 직원에게 물품납품계약을 한국보훈복지공단과 수의계약으로 체결하여 주고 편의를 보아 주면 사례하겠다고 청탁하고 그 구매계약체결 후 금 2,180만원을 교부하였다면 피고인의 위 청탁은 부정한 청탁이라고 하여야 할 것이다.

357-23. 방송국 소속 가요담당 프로듀서가 배임수재죄의 주체가 될 수 있는지 여부(적극) [대법원 1991. 6. 11., 선고, 91도688]

【판시사항】

[1] 방송국 소속 가요담당 프로듀서가 배임수재죄의 주체가 될 수 있는지 여부(적극)

[2] 가요담당 방송프로듀서가 직무상 알고 지내던 가수매니저들로부터 20만원 내지 100만원 정도의 금품을 28회에 걸쳐 받은 것이 사회상규에 위반되지 아니하는지 여부(소극)

【판결요지】

[1] 방송국에 소속되어 가요 프로그램의 제작연출 등의 사무를 처리하는 가요담당 프로듀서는, 방송법이 규정하고 있는 방송의 공적책임수행과 그 내용의 공정성 및 공공성의 요청에 따라 방송국의 내규가 정하는 제한 범위 내에서, 방송될 가요를 선곡하는 임무를 방송국으로부터 부여받은 자로서 "타인의 사무를 처리하는 자"이므로 배임수재죄의 주체가 될 수 있다.

[2] 가요담당 방송프로듀서가 직무상 알고 지내던 가수매니저들로부터 많게는 100만원 적게는 20만원 정도의 금품을 28회에 걸쳐 받은 것을 가리켜 의례적이라거나 사회상규에 위반되지 아니한다고 할 수 없다.

357-24. 임무에 관하여 부정한 청탁을 받고 수수한 금원 중 일부를 되돌려준 경우(소극) [대법원 1991. 6. 11., 선고, 91도413]

【판시사항】

[1] 종합병원 또는 대학병원 소속 의사들이 의약품수입업자로부터 일정 비율의 사례비를 줄터이니 수입하여 독점판매하고 있는 특정약을 본래의 적응증인 순환기질환뿐 아니라 내분비 등 거의 모든 병에 잘 듣는 약이니 그러한 환자에게 원외처방하여 그들로 하여금 위 약을 많이 사먹도록 해달라는 부탁을 받고 금원을 교부받은 경우 배임수재죄를 구성하는지 여부(적극)

[2] 임무에 관하여 부정한 청탁을 받고 수수한 금원 중 일부를 되돌려준 것만으로 배임수재죄의 성립에 영향이 있는지 여부(소극)

【판결요지】

[1] 배임수증죄에 있어서의 부정한 청탁이라 함은 청탁이 사회상규와 신의성실의 원칙에 반하는 것을 말하고 이를 판단함에 있어서는 청탁의 내용과 이에 관련되어 교부받거나 공여한 재물의 액수, 형식, 이 죄의 보호법익인 거래의 청렴성 등을 종합적으로 고찰하여야 할 것인바, 종합병원 또는 대학병원 소속 의사들이 자신들이 처방하는 약을 환자들이 예외 없이 구입 복용하는 것을 기화로, 의약품수입업자로부터 병당 5만원 내지 7만원씩의 사례비를 줄터이니 수입하여 시중 약

국에는 보급하지 않고 직접 전화주문만 받아 독점판매하고 있는 메가비트 500이라는 약을 본래의 적응증인 순환기질환뿐 아니라 내분비 등 거의 모든 병에 잘 듣는 약이니 그러한 환자에게 원외처방하여 그들로 하여금 위 약을 많이 사먹도록 해달라는 부탁을 받고 금원을 교부받은 경우, 위 의사들은 그 임무에 관하여 부정한 청탁을 받고 금품을 수수하였다고 할 것이므로 위와 같은 행위는 배임수재죄를 구성한다.

[2] 임무에 관하여 부정한 청탁을 받고 4회에 걸쳐 합계 금 7,000,000원을 수수하였다면 그 후에 그 중 일부 금원을 다시 되돌려 준 것만으로 이를 수수할 당시에 영득의 의사가 없었다고 단정할 수 없으므로 배임수재죄의 성립에 영향이 없다.

357-25. 배임수재죄의 성립에 있어 취득당시 취재와 관련된 임무를 현실적으로 담당하고 있음을 요하는지 여부(적극) [대법원 1987. 4. 28., 선고, 87도414]

【판결요지】

형법 제357조 제1항의 배임수재죄는 타인의 사무를 처리하는 자의 청렴성을 그 보호법익으로 하고 있는바, 그 임무에 관하여 부정한 청탁을 받고, 재물을 수수함으로써 성립되고, 반드시 취재 당시에도 취재와 관련된 임무를 현실적으로 담당하고 있음을 그 요건으로 하는 것은 아니므로 타인의 사무를 처리하는 자가 그 임무에 관하여 부정한 청탁을 받은 이상 그후 사무분담 변경으로 그 직무를 담당하지 아니하게 된 상태에서 재물을 수수하게 되었다 하더라도 여전히 타인의 사무를 처리하는 지위에 있고, 그 재물등의 수수가 부정한 청탁과 관련하여 이루어진 것이라면 배임수재죄는 성립한다.

357-26. 계약관계를 유지시켜 달라는 부탁을 받고 사례금명목으로 금원을 교부받은 경우(소극) [대법원 1985. 10. 22., 선고, 85도465]

【판결요지】

형법상 배임수재죄는 재물 또는 이익을 공여하는 사람과 취득하는 사람 사이에 부정한 청탁이 개재되지 않는 한 성립되지 아니하며, 여기에 부정한 청탁이라 함은 사회상규 또는 신의ㆍ성실의 원칙에 반하는 것을 내용으로 하는 청탁을 말하므로, 계약관계를 유지시켜 기존권리를 확보하기 위한 부탁행위는 부정한 청탁이라 할 수 없으므로, 계약관계를 유지시켜 달라는 부탁을 받고 사례금명목으로 금원을 교부받은 행위는 배임수재죄에 해당하지 아니한다.

357-27. 점포 등의 임대 및 관리를 담당하는 자가 배임수재죄에 있어서의 타인의 사무를 처리하는 자에 해당하는지 여부(적극) [대법원 1984. 8. 21., 선고, 83도2447]

【판시사항】

[1] 점포 등의 임대 및 관리를 담당하는 자가 배임수재죄에 있어서의 타인의 사무를 처리하는 자에 해당하는가의 여부(적극)

[2] 본인에의 손해발생이 배임수재죄의 성립요건인지의 여부(소극)

[1] 임대차계약을 체결함에 있어 임차인을 선정하거나 임대보증금 및 차임을 결정하는 권한이 없고 다만 상사에게 임차인을 추천할 수 있는 권한 밖에 없다 하더라도 업무과장으로서 점포 등의 임대 및 관리를 담당하고 있는 이상 타인의 사무를 처리하는 자에 해당한다 할 것이며 그러한 자가 다른 사람이 점포를 임차하려는 상태에서 사례비를 줄 터이니 자기에게 임대하여 달라는 부탁을 받고 금원을 교부받은 소위는 형법 제357조의 구성요건에 해당한다.

[2] 배임수재죄에 있어서는 본인에게 손해가 발생하였는지의 여부는 그 죄의 성립에 영향이 없다.

---

1. 사실상 재산적 가치가 없는 주식의 매각대금 명목으로 받은 금원을 부정한 청탁에 대한 대가로 볼 것인지 여부(적극) [대법원 1983. 12. 13., 선고, 82도735]

【판시사항】

[1] 사실상 재산적 가치가 없는 주식의 매각대금 명목으로 받은 금원을 부정한 청탁에 대한 대가로 볼 것인지 여부(적극)

[2] 자격없는 건설업체를 입찰경쟁업체로 지명하고 사례를 받았지만 본인에게 손해가 발생하지 않은 경우 배임수재죄의 성립 여부(적극)

【판결요지】

[1] 도급순위가 385위이고 부채가 자본금을 초과하고 공사실적도 없으며 장래 수익성이 크게 호전될 전망도 없는 데다 노임의 미불로 고발위험에 처해 있어 파산 직전의 건설회사라면 그 같은 회사의 주식은 사실상 재산적 가치가 없다 할 것이므로, 동 회사의 전무로부터 피고인이 대표이사로 있는 건설회사가 발주하는 공사에 파산 직전의 위 회사를 입찰경쟁업체로 지명하여 주는 대가로 피고인이 소유하는 동 회사의 주식을 금 4천만원에 인수해 주겠다는 청탁을 받고 그 명목등으로 돈을 받았다면 이는 주식 매각 대금이라고 볼 수 없고 이는 사회상규와 신의성실의 원칙에 반하는 부정한 청탁에 대한 대가로 볼 것이므로 배임수재죄가 성립한다.

[2] 피고인이 그가 대표이사로 있는 회사가 발주하는 공사에 관하여 입찰경쟁업체로 지명함에 있어서 부적당하다는 정을 알면서도 부정한 청탁을 받고 소외 건설업체를 지명하고 그 사례조로 금원을 수수하여 배임수재죄가 성립하였다면 그 후 위 건설업체가 동 공사를 아무런 하자없이 시공하여 준공검사를 마침으로써 그 회사에 아무런 손해가 발생하지 아니하였더라도 아무런 영향이 없다.

357-28. 단순히 환심을 사두기 위해 재물을 교부한 경우와 배임수재죄의 부정한 청탁(소극) [대법원 1983. 12. 27., 선고, 83도2472]

【판결요지】

피고인이 유류부정처분 대금을 나누어 준 것이 단지 환심을 사두어 후일 범행이 발각되더라도 이를 누설하지 않게끔 하기 위한 것이었다고 보여지는 경우에 있어서는 만연히 임무와 관련하여 재물 또는 재산상 이득을 취득한데 불과하고 배임수재죄에 있어서 청탁의 내용이라 할 수 있는 구체적이고 특정한 임무행위에 관하여 부정한 청탁이라고 보기 어렵다.

357-29. 배임수재금원의 반환과 추징 [대법원 1983. 8. 23., 선고, 83도406]

【판결요지】

배임수재자가 해당 금액을 제공자에게 반환하였다 하더라도 이를 추징할 수 없는 것은 아니다.

357-30. 대출금의 회수불능이 예상되는 회사에 대한 대출청탁과 배임증재죄에 있어서의 부정한 청탁(적극) [대법원 1983. 3. 8., 선고, 82도2873]

【판결요지】

대출금의 회수불능이 예상되는 회사들 앞으로 거액의 대출을 원활하게 하여 달라고 은행장에게 청탁하고 거액의 돈을 공여한 것은 불량대출까지도 그 청탁의 내용으로 한 것이었다 할 것이므로 이는 은행장으로서의 임무에 관한 부정한 청탁에 해당한다.

357-31. 부정한 청탁과 관계없이 금품을 받은 경우에 배임수재죄의 성부(소극) [대법원 1982. 7. 13., 선고, 82도874]

【판결요지】

배임수재죄는 타인의 사무를 처리하는 자가 그 임무에 관하여 부정한 청탁을 받고 이에 응하여 재물을 취득함으로써 성립하는 것이고 재물을 공여하는 자가 부정한 청탁을 하였다 하더라도 그 청탁을 받아들임이 없이 그 청탁과는 관계없이 금품을 받은 경우에는 배임수재죄는 성립하지 아니한다.

357-32. 감정사가 법정보수이외의 보수취득금지규정을 위반한 죄와 배임수재죄와의 관계 [대법원 1982. 7. 13., 선고, 82도925]

【판결요지】

감정업에 종사하는 자는 재무부장관이 정하는 보수 이외에는 어떠한 명목으로도 그 업무와 관련된 보수를 받아서는 안된다는 감정평가에 관한 제19조는 감정업자의 과도한 보수금징수를 규제하기 위한 단속적 규정으로서 그 벌칙규정인 동법 제28조 제3호는 행정벌의 성질을 가진 것이고, 한편 배임수재죄는 타인의 사무를 처리하는 자의 청렴성을 그 보호법익으로 하는 형사벌로써 위 양규정은 일반법과 특별법의 관계에 있지 아니하다.

357-33. 신문사 지국장이 취재기사를 본사에 송고하지 말아 달라는 청탁을 받고 그 묵인사례조로 금품을 교부받은 행위(적극) [대법원 1970. 9. 17., 선고, 70도1355]

【판결요지】

신문사의 지국장이 취재기사를 본사에 송고하지 말아 달아는 청탁을 받고 그 묵인사례조로 금품을 교부받은 행위는 배임수재죄가 된다.

제360조[점유이탈물횡령]

> 제360조(점유이탈물횡령) ① 유실물, 표류물 또는 타인의 점유를 이탈한 재물을 횡령한 자는 1년 이하의 징역이나 300만원 이하의 벌금 또는 과료에 처한다. <개정 1995. 12. 29.>
> ② 매장물을 횡령한 자도 전항의 형과 같다.

360-1. 승객이 놓고 내린 지하철의 전동차 바닥이나 선반 위에 있던 물건을 가지고 감으로써 성립하는 범죄(=점유이탈물횡령죄) [대법원 1999. 11. 26., 선고, 99도3963]

【판결요지】

승객이 놓고 내린 지하철의 전동차 바닥이나 선반 위에 있던 물건을 가지고 간 경우, 지하철의 승무원은 유실물법상 전동차의 관수자로서 승객이 잊고 내린 유실물을 교부받을 권능을 가질 뿐 전동차 안에 있는 승객의 물건을 점유한다고 할 수 없고, 그 유실물을 현실적으로 발견하지 않는 한 이에 대한 점유를 개시하였다고 할 수도 없으므로, 그 사이에 위와 같은 유실물을 발견하고 가져간 행위는 점유이탈물횡령죄에 해당함은 별론으로 하고 절도죄에 해당하지는 않는다.

> 1. 종업원으로 종사하던 당구장에서 주운 금반지를 처분한 자의 죄책(=절도죄) [대법원 1988. 4. 25., 선고, 88도409]
>
> 【판결요지】
>
> 어떤 물건을 잃어버린 장소가 당구장과 같이 타인의 관리 아래 있을 때에는 그 물건은 일응 그 관리자의 점유에 속한다 할 것이고, 이를 그 관리자 아닌 제3자가 취거하는 것은 유실물횡령이 아니라 절도죄에 해당한다.

> 2. 고속버스 승객이 차내에 있는 유실물을 가져 간 경우의 죄책(=점유이탈물횡령죄) [대법원 1993. 3. 16., 선고, 92도3170]
>
> 【판결요지】
>
> 고속버스 운전사는 고속버스의 관수자로서 차내에 있는 승객의 물건을 점유하는 것이 아니고 승객이 잊고 내린 유실물을 교부받을 권능을 가질 뿐이므로 유실물을 현실적으로 발견하지 않는 한 이에 대한 점유를 개시하였다고 할 수 없고, 그 사이에 다른 승객이 유실물을 발견하고 이를 가져 갔다면 절도에 해당하지 아니하고 점유이탈물횡령에 해당한다.

360-2. 강간피해자가 도피하면서 범죄현장에 놓고간 가방에서 돈을 꺼낸 경우(=절도죄) [대법원 1984. 2. 28., 선고, 84도38]

【판결요지】

강간을 당한 피해자가 도피하면서 현장에 놓아두고 간 손가방은 점유이탈물이 아니라 사회통념상 피해자의 지배하에 있는 물건이라고 보아야 할 것이므로 피고인이 그 손가방안에 들어 있는 피해자 소유의 돈을 꺼낸 소위는 절도죄에 해당한다.

제361조[친족간의 범행, 동력]

제361조(친족간의 범행, 동력) 제328조와 제346조의 규정은 본장의 죄에 준용한다.

361-1. 횡령죄의 객체인 '재물'에 채권이나 그 밖의 권리 등이 포함되는지 여부(소극) [대법원 2014. 2. 27., 선고, 2011도832]

【판시사항】

횡령죄의 객체는 자기가 보관하는 '타인의 재물' 이므로 재물이 아닌 재산상의 이익은 횡령죄의 객체가 될 수 없다. 횡령죄의 객체인 재물은 동산이나 부동산 등 유체물에 한정되지 아니하고 관리할 수 있는 동력도 재물로 간주되지만(형법 제361조, 제346조), 여기에서 말하는 **관리**란 물리적 또는 물질적 관리를 가리킨다고 볼 것이고, 재물과 재산상 이익을 구별하고 횡령과 배임을 별개의 죄로 규정한 현행 형법의 규정에 비추어 볼 때 사무적으로 관리가 가능한 채권이나 그 밖의 권리 등은 재물에 포함된다고 해석할 수 없다(대법원 1994. 3. 8. 선고 93도2272 판결 등 참조).

1. 광업권이 횡령죄의 객체가 되는지 여부(소극) [대법원 1994. 3. 8., 선고, 93도2272]

【판결요지】

광업권은 재물인 광물을 취득할 수 있는 권리에 불과하지 재물 그 자체는 아니므로 횡령죄의 객체가 된다고 할 수 없고, 광업법 제12조가 광업권을 물권으로 하고 광업법에서 따로 정한 경우를 제외하고는 부동산에 관한 민법 기타 법령의 규정을 준용하도록 규정하고 있다 하여 광업권이 부동산과 마찬가지로 횡령죄의 객체가 된다고 할 수는 없다.

361-2. 횡령범인이 피해물건의 소유자와 위탁자 중 한쪽과 친족관계가 있는 경우, 친족상도례의 적용 여부(소극) [대법원 2008. 7. 24., 선고, 2008도3438]

【판결요지】

횡령범인이 위탁자가 소유자를 위해 보관하고 있는 물건을 위탁자로부터 보관받아 이를 횡령한 경우에 형법 제361조에 의하여 준용되는 제328조 제2항의 친족간의 범행에 관한 조문은 범인과 피해물건의 소유자 및 위탁자 쌍방 사이에 같은 조문에 정한 친족관계가 있는 경우에만 적용되고, 단지 횡령범인과 피해물건의 소유자간에만 친족관계가 있거나 횡령범인과 피해물건의 위탁자 간에만 친족관계가 있는 경우에는 적용되지 않는다.

361-3. 친고죄에 있어서 처벌불원의 의사표시가 있은 후에 한 고소의 효력 [대법원 1993. 10. 22., 선고, 93도1620]

【판결요지】

피해자가 고소장을 제출하여 처벌을 희망하는 의사를 분명히 표시한 후 고소를 취소한 바 없다면 비록 고소 전에 피해자가 처벌을 원치 않았다 하더라도 그 후에 한 피해자의 고소는 유효하다.

제41장 장물에 관한 죄

제362조[장물의 취득, 알선 등]

> 제362조(장물의 취득, 알선 등) ① 장물을 취득, 양도, 운반 또는 보관한 자는 7년 이하의 징역 또는 1천500만원 이하의 벌금에 처한다. 〈개정 1995. 12. 29.〉
> ② 전항의 행위를 알선한 자도 전항의 형과 같다.

362-1. 장물인 수입자동차를 국내에서 신규등록한 것이 원시취득에 해당하여 장물양도행위가 범죄를 구성하지 않는다고 볼 것인지 여부(소극) [대법원 2011. 5. 13., 선고, 2009도3552]

【판시사항】

[1] 장물죄에서 '장물' 의 인식이 미필적 인식으로 충분한지 여부(적극)

[2] 장물인 수입자동차를 국내에서 신규등록한 것이 원시취득에 해당하여 장물양도행위가 범죄를 구성하지 않는다고 볼 것인지 여부(소극)

[3] 피고인이 도난차량인 미등록 수입자동차를 취득하여 신규등록을 마친 후 위 자동차가 장물일지도 모른다고 생각하면서 이를 양도한 사안에서, 피고인의 선의취득 주장을 배척하고 장물양도죄를 인정한 원심의 조치를 수긍한 사례

【이 유】

장물죄에 있어서 장물의 인식은 확정적 인식임을 요하지 않으며 장물일지도 모른다는 의심을 가지는 정도의 미필적 인식으로서도 충분하다(대법원 2004. 12. 9. 선고 2004도5904 판결 등 참조). 원심이 유지한 제1심의 채택 증거에 의하면, 피고인은 2004. 12.경 미등록 상태였던 이 사건 수입자동차를 취득한 후, 2005. 3. 29.경 최초 등록이 마쳐진 이 사건 수입자동차가 장물일지도 모른다고 생각하면서도 2005. 5. 28.경 이를 다시 공소외인에게 양도한 사실을 알 수 있는바, 이를 위 법리에 비추어 살펴보면, 원심이 피고인의 선의취득 주장을 배척하고 이 사건 수입자동차에 대한 장물양도죄의 공소사실을 유죄로 인정한 조치는 정당하여 수긍할 수 있고, 위와 같은 원심의 판단에 장물죄에 관한 법리를 오해하는 등의 위법이 있다고 할 수 없다.

그리고 구 자동차관리법(2009. 2. 6. 법률 제9449호로 개정되기 전의 것) 제6조가 "자동차 소유권의 득실변경은 등록을 하여야 그 효력이 생긴다." 고 규정하고 있기는 하나, 위 규정은 도로에서의 운행에 제공될 자동차의 소유권을 공증하고 안전성을 확보하고자 하는 데 그 취지가 있는 것이므로, 장물인 수입자동차를 신규등록하였다고 하여 그 최초 등록명의인이 해당 수입자동차를 원시취득하게 된다거나 그 장물양도행위가 범죄가 되지 않는다고 볼 수는 없다.

1. 甲이 회사 자금으로 乙에게 주식매각 대금조로 금원을 지급한 경우, 그 금원은 단순히 횡령행위에 제공된 물건이 아니라 횡령행위에 의하여 영득된 장물에 해당한다. [대법원 2004. 12. 9., 선고, 2004도5904]

【판시사항】

[1] 장물의 의미

[2] 장물취득죄에 있어서 장물의 인식정도와 그 인정기준

[3] 甲이 회사 자금으로 乙에게 주식매각 대금조로 금원을 지급한 경우, 그 금원은 단순히 횡령행위에 제공된 물건이 아니라 횡령행위에 의하여 영득된 장물에 해당한다.

【판결요지】

[1] 장물이라 함은 재산죄인 범죄행위에 의하여 영득된 물건을 말하는 것으로서 절도, 강도, 사기, 공갈, 횡령 등 영득죄에 의하여 취득된 물건이어야 한다.

[2] 장물취득죄에 있어서 장물의 인식은 확정적 인식임을 요하지 않으며 장물일지도 모른다는 의심을 가지는 정도의 미필적 인식으로서도 충분하고, 또한 장물인 정을 알고 있었느냐의 여부는 장물 소지자의 신분, 재물의 성질, 거래의 대가 기타 상황을 참작하여 이를 인정할 수밖에 없다.

[3] 甲이 회사 자금으로 乙에게 주식매각 대금조로 금원을 지급한 경우, 그 금원은 단순히 횡령행위에 제공된 물건이 아니라 횡령행위에 의하여 영득된 장물에 해당한다고 할 것이고, 나아가 설령 甲이 乙에게 금원을 교부한 행위 자체가 횡령행위라고 하더라도 이러한 경우 甲의 업무상횡령죄가 기수에 달하는 것과 동시에 그 금원은 장물이 된다.

2. 재물을 인도받은 후에 비로소 장물이 아닌가 하는 의구심을 가진 경우에 장물취득죄를 구성하는지 여부(소극) [대법원 2006. 10. 13., 선고, 2004도6084]

【판시사항】

[1] 장물취득죄에 있어서 장물의 인식 정도와 그 인정 기준

[2] 재물을 인도받은 후에 비로소 장물이 아닌가 하는 의구심을 가진 경우에 장물취득죄를 구성하는지 여부(소극)

[3] 장물인 정을 모르고 장물을 보관하였다가 그 후에 장물인 정을 알고서도 이를 계속하여 보관하는 행위가 장물보관죄를 구성하는지 여부(한정 소극)

[4] 전당포영업자의 장물취득죄에 있어서 고의 유무의 판단 기준 시점

【이 유】

[1] 장물죄에 있어서 장물의 인식은 확정적 인식임을 요하지 않으며 장물일지도 모른다는 의심을 가지는 정도의 미필적 인식으로서도 충분하고, 장물인 정을 알고 있었느냐의 여부는 장물 소지자의 신분, 재물의 성질, 거래의 대가 기타 상황을 참작하여 이를 인정할 수밖에 없다 할 것인바(대법원 2000. 9. 5. 선고 99도3590 판결, 2004. 12. 9. 선고 2004도5904 판결 등 참조), 위와 같은 법리와 기록에 비추어 살펴보면, 원심이 그 판시와 같은 이유로 피고인이 제1심 판시 범죄일람표 (4) 기재와 같이 공소외인으로부터 보석들을 전당잡을 당시 그 보석들이 피해자들로부터 편취한 장물이라는 정을 알았다고 보기는 어렵고, 다만 피고인이 피해자들로부터 피고인의 전당포에 자신들의 보석이 없느냐는 문의를 받은 시점부터는 위 보석들이 장물일지도 모른다는 사실을 인식하고 있었다고 본 것은 정당한 것으로 수긍이 가고, 거기에 상고이유로 주장하는 바와 같은 채증법칙 위배로 인한 사실오인의 위법이 없다.

[2] 장물취득죄는 취득 당시 장물인 정을 알면서 재물을 취득하여야 성립하는 것이므로 피고인이 재물을 인도받은 후에 비로소 장물이 아닌가 하는 의구심을 가졌다고 하여 그 재물수수행위가 장물취득죄를 구성한다고 할 수 없다(대법원 1971. 4. 20. 선고 71도468 판결 참조),.

[3] 장물인 정을 모르고 장물을 보관하였다가 그 후에 장물인 정을 알게 된 경우 그 정을 알고서도 이를 계속하여 보관하는 행위는 장물죄를 구성하는 것이나 이 경우에도 점유할 권한이 있는 때에는 이를 계속하여 보관하더라도 장물보관죄가 성립한다고 할 수 없다.

[4] 전당포영업자가 돈을 대여하고 물건을 전당잡는 행위(질권설정행위)는 전당잡은 물건에 대하여 사실상의 처분권을 획득하는 행위로서 장물취득죄에 있어서의 취득행위에 해당하므로 장물취득죄에 있어서의 고의 유무는 이때를 기준으로 판단하여야 하는데, 이 사건과 같이 전당포영업자인 피고인이 보석들을 전당잡으면서 인도받을 당시 장물이라는 정을 알았다고 볼 증거가 없다면, 그 후 장물일지도 모른다고 의심하면서 소유권포기각서를 받은 행위가 장물취득죄에 해당한다고 볼 여지가 없다.

[5] 전당포영업자가 보석들을 전당잡으면서 인도받을 당시 장물인 정을 몰랐다가 그 후 장물일지도 모른다고 의심하면서 소유권포기각서를 받은 행위는 장물취득죄에 해당하지 않고, 또한 전당포영업자가 대여금채권의 담보로 보석들을 전당잡은 경우에는 이를 점유할 권한이 있는 때에 해당하여 장물보관죄 역시 성립하지 않는다.

362-2. 장물죄에서 본범이 되는 범죄행위에 대하여 우리 형법이 적용되지 않는 경우, 그에 관한 법적 평가 기준 및 '장물'에 해당하기 위한 요건 [대법원 2011. 4. 28., 선고, 2010도15350]

【판시사항】

[1] 장물죄에서 본범이 되는 범죄행위에 대하여 우리 형법이 적용되지 않는 경우, 그에 관한 법적 평가 기준 및 '장물'에 해당하기 위한 요건

[2] 대한민국 국민 또는 외국인이 미국 캘리포니아주에서 미국 리스회사와 미국 캘리포니아주의 법에 따라 차량 이용에 관한 리스계약을 체결하였는데, 이후 자동차수입업자인 피고인이 리스기간 중 위 리스이용자들이 임의로 처분한 위 차량들을 수입한 사안에서, 피고인에게 장물취득죄를 인정한 원심판단의 결론을 정당하다.

【판결요지】

[1] '**장물**'이라 함은 재산죄인 범죄행위에 의하여 영득된 물건을 말하는 것으로서 절도·강도·사기·공갈·횡령 등 영득죄에 의하여 취득된 물건이어야 한다. 여기에서의 범죄행위는 절도죄 등 본범의 구성요건에 해당하는 위법한 행위일 것을 요한다. 그리고 본범의 행위에 관한 법적 평가는 그 행위에 대하여 우리 형법이 적용되지 아니하는 경우에도 우리 형법을 기준으로 하여야 하고 또한 이로써 충분하므로, 본범의 행위가 우리 형법에 비추어 절도죄 등의 구성요건에 해당하는 위법한 행위라고 인정되는 이상 이에 의하여 영득된 재물은 장물에 해당한다.

[2] 대한민국 국민 또는 외국인이 미국 캘리포니아주에서 미국 리스회사와 미국 캘리포니아주의 법에 따라 차량 이용에 관한 리스계약을 체결하면서 준거법에 관하여는 별도로 약정하지 아니하였는데, 이후 자동차수입업자인 피고인이 리스기간 중 위 리스이용자들이 임의로 처분한 리스계약의 목적물인 차량들을 수입한 사안에서, 국제사법에 따라 위 리스계약에 적용될 준거법인 미국 캘리포니아주의 법에 의하면, 위 차량들의 소유권은 리스회사에 속하고, 리스이용자는 일정 기간 차량의 점유·사용의 권한을 이전받을 뿐이어서(미국 캘리포니아주 상법 제10103조 제a항 제10호도 참조), 리스이용자들은 리스회사에 대한 관계에서 위 차량들에 관한 보관자로서의 지위에 있

으므로, 위 차량들을 임의로 처분한 행위는 형법상 횡령죄의 구성요건에 해당하는 위법한 행위로 평가되고 이에 의하여 영득된 위 차량들은 장물에 해당한다는 이유로, 피고인에게 장물취득죄를 인정한 원심판단의 결론을 정당하다.

---

1. 장물죄에 있어서 장물의 의미 및 장물죄를 인정하기 위하여는 본범의 범죄행위를 구체적으로 명시하여야 하는지 여부(소극) [대법원 2000. 3. 24., 선고, 99도5275]

【판결요지】

장물죄에 있어서의 장물이 되기 위하여는 본범이 절도, 강도, 사기, 공갈, 횡령 등 재산죄에 의하여 영득한 물건이면 족하고 그 중 어느 범죄에 의하여 영득한 것인지를 구체적으로 명시할 것을 요하지 않는다.

362-3. 본인 명의의 예금계좌를 양도하는 방법으로 본범의 사기 범행을 용이하게 한 방조범이 본범의 사기행위 결과 그의 예금계좌에 입금된 돈을 인출한 경우,'장물취득죄'가 성립하는지 여부(소극) [대법원 2010. 12. 9., 선고, 2010도6256]

【판시사항】

[1] 본인 명의의 예금계좌를 양도하는 방법으로 본범의 사기 범행을 용이하게 한 방조범이 본범의 사기행위 결과 그의 예금계좌에 입금된 돈을 인출한 경우, '장물취득죄'가 성립하는지 여부(소극)

[2] 사기 범행에 이용되리라는 사정을 알고서도 자신의 명의로 은행 예금계좌를 개설하여 甲에게 이를 양도함으로써 甲이 乙을 속여 乙로 하여금 현금을 위 계좌로 송금하게 한 사기 범행을 방조한 피고인이 위 계좌로 송금된 돈 중 일부를 인출하여 甲이 편취한 장물을 취득하였다는 공소사실에 대하여, 위 '장물취득' 부분을 무죄로 선고한 원심판단을 정당하다.

【판결요지】

[1] 장물취득죄에서 '취득' 이라 함은 장물의 점유를 이전받음으로써 그 장물에 대하여 사실상 처분권을 획득하는 것을 의미하는데, 이 사건의 경우 본범의 사기행위는 피고인이 예금계좌를 개설하여 본범에게 양도한 방조행위가 가공되어 본범에게 편취금이 귀속되는 과정 없이 피고인이 피해자로부터 피고인의 예금계좌로 돈을 송금받아 취득함으로써 종료되는 것이고, 그 후 피고인이 자신의 예금계좌에서 위 돈을 인출하였다 하더라도 이는 예금명의자로서 은행에 예금반환을 청구한 결과일 뿐 본범으로부터 위 돈에 대한 점유를 이전받아 사실상 처분권을 획득한 것은 아니므로, 피고인의 위와 같은 인출행위를 장물취득죄로 벌할 수는 없다.

[2] 사기 범행에 이용되리라는 사정을 알고서도 자신의 명의로 새마을금고 예금계좌를 개설하여 甲에게 이를 양도함으로써 甲이 乙을 속여 乙로 하여금 1,000만 원을 위 계좌로 송금하게 한 사기 범행을 방조한 피고인이 위 계좌로 송금된 돈 중 140만 원을 인출하여 甲이 편취한 장물을 취득하였다는 공소사실에 대하여, 甲이 사기 범행으로 취득한 것은 재산상 이익이어서 장물에 해당하지 않는다는 원심판단은 적절하지 아니하지만, 피고인의 위와 같은 인출행위를 장물취득죄로 벌할 수는 없으므로, 위 장물취득' 부분을 무죄로 선고한 원심의 결론을 정당하다.

362-4. 장물알선죄에서'알선'의 의미 및 그 성립요건 [대법원 2009. 4. 23., 선고, 2009도1203]

【판시사항】

[1] 형법 제362조 제2항의 장물알선죄에서 '알선' 의 의미 및 그 성립요건

[2] 장물인 귀금속의 매도를 부탁받은 피고인이 그 귀금속이 장물임을 알면서도 매매를 중개하고 매수인에게 이를 전달하려다가 매수인을 만나기도 전에 체포되었다 하더라도, 위 귀금속의 매매를 중개함으로써 장물알선죄가 성립한다.

【판결요지】

[1] 형법 제362조 제2항에 정한 장물알선죄에서 **알선** 이란 장물을 취득·양도·운반·보관하려는 당사자 사이에 서서 이를 중개하거나 편의를 도모하는 것을 의미한다. 따라서 장물인 정을 알면서, 장물을 취득·양도·운반·보관하려는 당사자 사이에 서서 서로를 연결하여 장물의 취득·양도·운반·보관행위를 중개하거나 편의를 도모하였다면, 그 알선에 의하여 당사자 사이에 실제로 장물의 취득·양도·운반·보관에 관한 계약이 성립하지 아니하였거나 장물의 점유가 현실적으로 이전되지 아니한 경우라도 장물알선죄가 성립한다.

[2] 장물인 귀금속의 매도를 부탁받은 피고인이 그 귀금속이 장물임을 알면서도 매매를 중개하고 매수인에게 이를 전달하려다가 매수인을 만나기도 전에 체포되었다 하더라도, 위 귀금속의 매매를 중개함으로써 장물알선죄가 성립한다.

362-5. 장물인 현금과 자기앞수표를 금융기관에 예치하였다가 현금으로 인출한 경우, 인출한 현금의 장물성 여부(적극) [대법원 2004. 4. 16., 선고, 2004도353]

【판시사항】

[1] 재산범죄의 불가벌적 사후행위로 인하여 취득한 물건이 장물이 될 수 있는지 여부(적극)

[2] 컴퓨터등사용사기죄의 범행으로 예금채권을 취득한 다음 자기의 현금카드를 사용하여 현금자동지급기에서 현금을 인출한 경우, 그 인출된 현금은 장물이 될 수 없다.

[3] 장물인 현금과 자기앞수표를 금융기관에 예치하였다가 현금으로 인출한 경우, 인출한 현금의 장물성 여부(적극)

[4] 甲이 권한 없이 인터넷뱅킹으로 타인의 예금계좌에서 자신의 예금계좌로 돈을 이체한 후 그 중 일부를 인출하여 그 정을 아는 乙에게 교부한 경우, 乙의 장물취득죄의 성립을 부정한 사례

【판결요지】

[1] 형법 제41장의 장물에 관한 죄에 있어서의 '장물'이라 함은 재산범죄로 인하여 취득한 물건 그 자체를 말하므로, 재산범죄를 저지른 이후에 별도의 재산범죄의 구성요건에 해당하는 사후행위가 있었다면 비록 그 행위가 불가벌적 사후행위로서 처벌의 대상이 되지 않는다 할지라도 그 사후행위로 인하여 취득한 물건은 재산범죄로 인하여 취득한 물건으로서 장물이 될 수 있다.

[2] 컴퓨터등사용사기죄의 범행으로 예금채권을 취득한 다음 자기의 현금카드를 사용하여 현금자동지급기에서 현금을 인출한 경우, 현금카드 사용권한 있는 자의 정당한 사용에 의한 것으로서 현금자동지급기 관리자의 의사에 반하거나 기망행위 및 그에 따른 처분행위도 없었으므로, 별도로 절도죄나 사기죄의 구성요건에 해당하지 않는다 할 것이고, 그 결과 그 인출된 현금은 재산범

죄에 의하여 취득한 재물이 아니므로 장물이 될 수 없다.

[3] 장물인 현금 또는 수표를 금융기관에 예금의 형태로 보관하였다가 이를 반환받기 위하여 동일한 액수의 현금 또는 수표를 인출한 경우에 예금계약의 성질상 그 인출된 현금 또는 수표는 당초의 현금 또는 수표와 물리적인 동일성은 상실되었지만 액수에 의하여 표시되는 금전적 가치에는 아무런 변동이 없으므로, 장물로서의 성질은 그대로 유지된다.

[4] 甲이 권한 없이 인터넷뱅킹으로 타인의 예금계좌에서 자신의 예금계좌로 돈을 이체한 후 그 중 일부를 인출하여 그 정을 아는 乙에게 교부한 경우, 甲이 컴퓨터등사용사기죄에 의하여 취득한 예금채권은 재물이 아니라 재산상 이익이므로, 그가 자신의 예금계좌에서 돈을 인출하였더라도 장물을 금융기관에 예치하였다가 인출한 것으로 볼 수 없다는 이유로 乙의 장물취득죄의 성립을 부정한다.

---

1. 장물인 자기앞수표를 현금 대신 교부한 행위의 가별성(소극) [대법원 1993. 11. 23., 선고, 93도213]
【판결요지】
금융기관 발행의 자기앞수표는 그 액면금을 즉시 지급받을 수 있는 점에서 현금에 대신하는 기능을 가지고 있어서 장물인 자기앞수표를 취득한 후 이를 현금 대신 교부한 행위는 장물취득에 대한 가벌적 평가에 당연히 포함되는 불가벌적 사후행위로서 별도의 범죄를 구성하지 아니한다.

362-6. 장물보관 의뢰를 받은 자가 그 정을 알면서 이를 보관하고 있다가 임의 처분한 경우, 장물보관죄 이외에 횡령죄가 성립하는지 여부(소극) [대법원 2004. 4. 9., 선고, 2003도8219]
【판결요지】
절도 범인으로부터 장물보관 의뢰를 받은 자가 그 정을 알면서 이를 인도받아 보관하고 있다가 임의 처분하였다 하여도 장물보관죄가 성립하는 때에는 이미 그 소유자의 소유물 추구권을 침해하였으므로 그 후의 횡령행위는 불가벌적 사후행위에 불과하여 별도로 횡령죄가 성립하지 않는다.

362-7. 장물인 현금과 자기앞수표를 금융기관에 예치하였다가 현금으로 인출한 경우, 인출한 현금의 장물성 상실 여부(소극) [대법원 2000. 3. 10., 선고, 98도2579
【판결요지】
장물이라 함은 재산범죄로 인하여 취득한 물건 그 자체를 말하고, 그 장물의 처분대가는 장물성을 상실하는 것이지만, 금전은 고도의 대체성을 가지고 있어 다른 종류의 통화와 쉽게 교환할 수 있고, 그 금전 자체는 별다른 의미가 없고 금액에 의하여 표시되는 금전적 가치가 거래상 의미를 가지고 유통되고 있는 점에 비추어 볼 때, 장물인 현금을 금융기관에 예금의 형태로 보관하였다가 이를 반환받기 위하여 동일한 액수의 현금을 인출한 경우에 예금계약의 성질상 인출된 현금은 당초의 현금과 물리적인 동일성은 상실되었지만 액수에 의하여 표시되는 금전적 가치에는 아무런 변동이 없으므로 장물로서의 성질은 그대로 유지된다고 봄이 상당하고, 자기앞수표도 그 액면금을 즉시 지급받을 수 있는 등 현금에 대신하는 기능을 가지고 거래상 현금과 동일하게 취급되고 있는 점에서 금전의 경우와 동일하게 보아야 한다.

362-8. 장물취득죄에 있어서 장물의 인식정도와 그 인정기준 [대법원 1995. 1. 20., 선고, 94도1968]

【판결요지】

장물취득죄에 있어서 <u>장물의 인식은 확정적 인식임을 요하지 않으며 장물일지도 모른다는 의심을 가지는 정도의 미필적 인식으로서도 충분하고, 또한 장물인 정을 알고 있었느냐의 여부는 장물 소지자의 신분, 재물의 성질, 거래의 대가 기타 상황을 참작하여 이를 인정할 수밖에 없다.</u>

362-9. 범죄집단의 일원으로부터 장물을 취득한 경우, 장물취득죄의 성부(적극) [대법원 1986. 9. 9., 선고, 86도1273]

【판결요지】

장물죄는 타인(본범)이 불법하게 영득한 재물의 처분에 관여하는 범죄이므로 자기의 범죄에 의하여 영득한 물건에 대하여는 성립하지 아니하고 이는 불가벌적 사후행위에 해당하나 <u>여기에서 자기의 범죄라 함은 정범자(공동정범과 합동범을 포함한다)에 한정되는 것이므로 평소 본범과 공동하여 수차 상습으로 절도등 범행을 자행함으로써 실질적인 범죄집단을 이루고 있었다 하더라도, 당해 범죄행위의 정범자(공동정범이나 합동범)로 되지 아니한 이상 이를 자기의 범죄라고 할 수 없고 따라서 그 장물의 취득을 불가벌적 사후행위라고 할 수 없다.</u>

362-10. 점유권한 있는 자가 장물인 정을 알고서도 계속 보관한 경우, 장물보관죄의 성부(소극) [대법원 1986. 1. 21., 선고, 85도2472]

【판결요지】

장물인 정을 모르고 장물을 보관하였다가 그 후에 장물인 정을 알게 된 경우 그 정을 알고서도 이를 계속하여 보관하는 행위는 장물죄를 구성하는 것이나 이 경우에도 점유할 권한이 있는 때에는 이를 계속하여 보관하더라도 장물보관죄가 성립하지 않는다.

362-11. 귀금속 매입시 주민등록증 이외의 방법으로 인적사항을 확인하였고 매입가격도 적정한 경우에 있어서 장물지정인정의 가부 [대법원 1984. 2. 14., 선고, 83도3014]

【판결요지】

금은방을 경영하는 자가 귀금속을 매입함에 있어서 매도인이 주민등록증을 소지하고 있지 않아 이를 확인치 않았으나 전에 일차 거래한바 있던 매도인의 일행의 인적 사항을 확인하여 고물매입대장을 작성하였고, 매입가격도 적정하다면 피고인이 장물인 정을 알았다고 할 수 없다.

362-12. 배임행위에 제공된 물건의 장물성 유무(소극) [대법원 1983. 11. 8., 선고, 82도2119]

【판결요지】

양도담보로 제공한 후 다시 타에 양도한 물건은 배임행위에 제공한 물건이지 배임행위로 인하여 영득한 물건 자체는 아니므로 장물이라고 볼 수 없다.

362-13. 장물인 승용차에 편승한 것을 장물운반행위의 실행을 분담한 것으로 볼 수 있는지
　　　여부(소극) [대법원 1983. 9. 13., 선고, 83도1146]
　【판결요지】
　타인이 절취, 운전하는 승용차의 뒷자석에 편승한 것을 가리켜 장물운반행위의 실행을 분담하였
다고는 할 수 없다.

362-14. 양도담보제공자가 담보물을 임의처분하여 배임죄를 범한 경우에 동 물건이 장물인지의
　　　여부(소극) [대법원 1981. 7. 28., 선고, 81도618]
　【판결요지】
　채무자가 채권자에게 양도담보로 제공한 물건을 임의로 타인에게 양도하는 행위는 배임죄에 해
당하나 동 물건은 배임행위에 제공한 물건이지 배임행위로 인하여 영득한 물건 자체는 아니므로
장물이라고 볼 수 없고, 따라서 위 타인이 그러한 사정을 알면서 그 물건을 취득하였다고 하여도
장물취득죄로 처벌할 수 없다.

362-15. 신탁재산을 횡령한다는 정을 알면서도 매수한 경우 장물취득죄가 성립되는지 여부(소극)
　　　[대법원 1979. 11. 27., 선고, 79도2410]
　【판결요지】
　신탁행위에 있어서는 수탁자가 외부관계에 대하여 소유자로 간주되므로 이를 취득한 제3자는 수탁자
가 신탁자의 승낙없이 매각하는 정을 알고 있는 여부에 불구하고 장물취득죄가 성립하지 아니한다.

362-16. 자동차등록명의자 아닌 지입자로부터 임대 또는 전대받은 자로부터 그 차량을 매수하는
　　　행위가 장물취득죄가 되는지 여부(소극) [대법원 1978. 10. 10., 선고, 78도1714]
　【판결요지】
　자동차의 등록명의자 아닌 지입자로부터 그 자동차를 임대 또는 전대받은 자는 그 자동차에 관
하여 법률상 처분할 수 있는 지위에 있다고 할 수 없으므로 타인의 재산을 보관하는 자에 해당하
지 아니하며 따라서 그로부터 자동차를 매수한 해위는 장물취득죄가 되지 아니한다.

362-17. 장물이란 영득죄에 의하여 취득한 물건 그 자체를 말한다. [대법원 1972. 2. 22., 선고,
　　　71도2296]
　【판결요지】
　장물이라함은 영득죄에 의하여 취득한 물건 자체를 말하는 것이므로 장물을 처분하여 얻어진 돈
을 받았다고 하더라도 장물취득죄가 성립되지 않는다.

제363조[상습범]

> 제363조(상습범) ① 상습으로 전조의 죄를 범한 자는 1년 이상 10년 이하의 징역에 처한다.
> ② 제1항의 경우에는 10년 이하의 자격정지 또는 1천500만원 이하의 벌금을 병과할 수 있다. 〈개정 1995. 12. 29.〉

363-1. 동거하는 남자로부터 장물인 정을 알면서 절취품을 약 1년 6개월 간 8회에 걸쳐 보관한 경우 상습성이 인정되는지 여부(소극) [대구지법 2002. 3. 20., 선고, 92고합800. 확정]

【판결요지】

특정범죄가중처벌등에관한법률 제5조의4 제4항에서 규정한 상습장물보관죄란 장물보관의 습벽이 있는 자가 그 범행을 저지른 경우를 가리킨다고 할 것인바, 피고인이 단기간 내에 8회에 걸쳐 반복하여 장물들을 보관하기는 하였으나, 그 이전에 장물과 관련된 아무런 전과가 없고, 자신과 동거하는 남자가 절취한 장물들을 그의 부탁을 받고 장물인 정을 미필적으로 인식한 채로 보관하였을 뿐인 것으로 보이는 점 등에 비추어 보면, 피고인의 장물보관 범행이 그 습벽의 발로에 기한 것이라고 단정하기는 어렵다.

363-2. 동종의 전과가 있는 자가 단시일내에 동종의 범행을 19회나 저지른 경우 상습성(적극) [대법원 1983. 10. 11., 선고, 83도2324]

【판결요지】

동종의 전과가 있는 자가 약 6월간의 단시일내에 동종의 범행을 19회나 저질렀다면 그 범행의 상습성을 인정할 수 있다.

제364조[업무상과실, 중과실]

> 제364조(업무상과실, 중과실) 업무상과실 또는 중대한 과실로 인하여 제362조의 죄를 범한 자는 1년 이하의 금고 또는 500만원 이하의 벌금에 처한다. 〈개정 1995. 12. 29.〉

364-1. 금은방 운영자가 귀금속류를 매수함에 있어 장물인지 여부의 확인에 관하여 업무상 요구되는 주의의무의 정도 [대법원 2003. 4. 25., 선고, 2003도348]

【판시사항】

[1] 금은방 운영자가 귀금속류를 매수함에 있어 장물인지 여부의 확인에 관하여 업무상 요구되는 주의의무의 정도

[2] 금은방 운영자가 반지를 매수함에 있어 업무상 주의의무를 다하였다고 본 원심판결을 파기한 사례

【판결요지】

[1] 금은방을 운영하는 자가 귀금속류를 매수함에 있어 매도자의 신원확인절차를 거쳤다고 하여도 장물인지의 여부를 의심할 만한 특별한 사정이 있거나, 매수물품의 성질과 종류 및 매도자의 신원 등에 좀 더 세심한 주의를 기울였다면 그 물건이 장물임을 알 수 있었음에도 불구하고 이를 게을리하여 장물인 정을 모르고 매수하여 취득한 경우에는 업무상과실장물취득죄가 성립한다고 할 것이고, 물건이 장물인지의 여부를 의심할 만한 특별한 사정이 있는지 여부나 그 물건이 장물임을 알 수 있었는지 여부는 매도자의 인적사항과 신분, 물건의 성질과 종류 및 가격, 매도자와 그 물건의 객관적 관련성, 매도자의 언동 등 일체의 사정을 참작하여 판단하여야 한다.

[2] 금은방 운영자가 반지를 매수함에 있어 장물인 정을 알 수 있었거나 장물인지의 여부를 의심할 만한 특별한 사정이 있었다면 매도인의 신원확인 외에 반지의 출처 및 소지경위 등에 대하여도 확인할 업무상 주의의무가 있다고 할 것임에도 그러한 업무상 주의의무가 없다고 보아 무죄를 선고한 원심판결을 파기한 사례.

---

1. 전당포주가 신원확인절차를 거쳤더라도 업무상 과실 장물취득죄가 성립하는 경우 [대법원 1984. 11. 27., 선고, 84도1413]

【판결요지】
전당포주가 전당물주의 신원확인절차를 거쳤다고 하여도 전당의 회수전당물의 성질과 종류 및 전당물주의 신원등에 좀 더 세심한 주의를 기울였다면 전당물이 장물임을 알 수 있었음에도 불구하고 이를 게을리하여 장물인 정을 모르고 전당잡은 경우에는 업무상 과실 장물취득의 죄책을 면할 수 없다.

---

2. 전당포업주가 물품을 전당잡고자 할 때의 주의의무의 정도 [대법원 1985. 2. 26., 선고, 84도2732]

【판결요지】
전당포주가 물품을 전당잡고자 할 때는 전당물주의 주소, 성명, 직업, 연령과 그 물품의 출처, 특징 및 전당잡히려는 동기, 그 신분에 상응한 소지인지의 여부 등을 알아 보아야 할 업무상의 주의의무가 있다

할 것이고 이를 게을리 하여 장물인 정을 모르고 전당잡은 경우에는 비록 주민등록증을 확인하였다 하여도 그 사실만으로는 업무상 과실장물취득의 죄책을 면할 수 없다.

---

3. 전자대리점 경영자의 취급물품 매수에 관한 업무상 주의의무 [대법원 1987. 6. 9., 선고,, 87도915]
【판결요지】
전자대리점을 경영하는 자가 그 취급물품의 판매회사 사원으로부터 그가 소개한 회사 보관창고의 물품 반출업무담당자가 그 창고에서 내어 주는 회사소유 물품을 반출하여 판매후 그 대금을 달라는 부탁을 받고 이를 반출함에 있어서 그 대금도 확실히 정하지 않고 인수증의 발행등 정당한 출고절차를 거치지 아니하였다면 전자대리점경영자로서는 마땅히 그 회사관계자등에게 위 물품이 정당하게 출고되는 것인지 여부를 확인하여야 할 업무상의 주의의무가 있다.

364-2. 전당물을 입질받음에 있어 전당포 경영자의 주의의무 정도 [대법원 1987. 2. 24., 선고, 86도2077]
【판결요지】
전당포 경영자가 전당물을 입질받음에 있어 소유관계를 묻고 주민등록증을 제시받아 전당물대장에 주소, 성명, 직업, 주민등록번호, 연령등을 기재하였다면 특별한 사정이 없는 한 전당포 경영자로서의 주의의무를 다한 것이고 더 나아가 입질물품이 실제로 상대방의 소유인지의 여부 또는 전당물의 출처, 전당잡히려는 동기등을 확인하여야 할 주의의무까지는 없다.

364-3. 같은 시내에 있는 동업자로부터 밀가루등을 고시가격보다 저렴하게 매수한 상인에게 업무상 과실장물취득죄의 성립을 부정한 예 [대법원 1986. 8. 19., 선고, 84도704]
【판결요지】
밀가루 및 전분등을 구입판매하는 상인이 같은 시내에서 같은 업종의 상회를 경영하고 있는 자로부터 수표부도를 막기 위하여 공장출고가격보다 염가로 팔려고 하니 밀가루등을 사라는 권유를 받고 고시가격 또는 통상의 공장출고가격보다 다소 저렴한 가격으로 매수한 경우, 위 밀가루나 전분등이 비수기에 대량으로 현금으로 매수할 때는 위 고시가격 또는 통상의 출고가격 이하로 얼마든지 거래가 이루어지고 있는 실정이었다면 비록 동인이 그 물건들의 출처나 수표부도여부를 확인하지 않고 세금계산서를 작성.교부받거나 기장처리를 하지 아니하였다 하더라도 장물인지의 여부확인을 위해 업무상 요구되는 주의의무를 게을리하였다고 할 수 없다.

364-4. 장물여부에 관한 중고품매입상의 주의의무 [대법원 1984. 2. 14., 선고, 83도2982]
【판결요지】
시계점을 경영하면서 중고시계의 매매도 하고 있는 피고인이 장물로 판정된 시계를 매입함에 있어 매도인에게 그 시계의 구입장소, 구입시기, 구입가격, 매각이유 등을 묻고 비치된 장부에 매입가격 및 주민등록증에 의해 확인된 위 매도인의 인적사항 일체를 사실대로 기재하였다면, 그 이상 위 매도인의 신분이나 시계출처 및 소지 경위에 대한 위 매도인의 설명의 진부에 대하여서까지 확인하여야 할 주의의무가 있다고는 보기 어렵다.

364-5. 영업장소 외에서 거액의 채권을 일반인으로부터 매수하는 경우 전문 채권상의 장물성 조사의무 및 이를 태만히 한 과실정도(=중과실) [대법원 1983. 12. 27., 선고, 81다카600]

【판결요지】

전문채권상이 부지의 비전문상으로부터 3일 동안에 5회에 걸쳐 모두 8천여만원의 국민채권을 영업장소 아닌 음식점, 다방에서 매수하는데 그 채권중에는 이미 상환기일이 도래하여 누구라도 발행은행에 가면 곧 현금으로 상환받을 수 있는 채권이 상당수 포함되어 있다면, 전문채권상으로서는 매각채권이 장물인 여부를 명확히 하기 위해서 그 채권의 출처, 소지하게 된 경위, 매도인이 이를 소지함에 적법한 신분인지 여부를 알아 보아야 할 주의의무가 있다고 할 것이고, 이를 게을리 함으로써 의심없이 매입한 경우에는 거래상 주의의무를 현저히 태만히 한 중대한 과실로 보아야 할 것이다.

364-6. 영업용 택시운전사가 승객이 소지한 물건에 대한 장물인지 여부의 확인의무 존부(소극) [대법원 1983. 6. 28., 선고, 83도1144]

【판결요지】

영업용 택시운전사에게 승객의 소지품의 내용 및 내력 등에 관하여 이를 물어보고 조사할 권한이나 의무가 없으므로 택시운전사가 승객의 물건의 출처와 장물 여부를 따지고 신분에 적합한 소지인인가를 알아보는 등의 주의를 하지 않고 승객의 물건을 운반하였다 하여도 업무상 과실장물운반죄가 성립하지 않는다.

364-7. 양곡보관을 본래의 업무로 하는 창고업자가 그 보관의뢰자와 간에 양곡의 매매 또는 그 알선을 한 경우와 형법 제364조의 업무 [대법원 1962. 5. 17., 선고, 4294형상596]

【판결요지】

본조의 업무라고 함은 본래의 업무는 물론 그에 부수되는 업무도 포함한다고 해석함이 타당하며 본건에 있어서 창고업을 경영하는 자로서 본래의 업무로서 양곡을 보관하는 동시 보관의뢰자들과 간에 양곡의 매매 또는 그 알선을 하는등 거래를 한 경우에 있어서는 그 매매 또는 그 알선은 본래의 창고업에 부수된 업무라고 하여야 할 것이다

제42장 손괴의 죄

제366조[재물손괴등]

제366조(재물손괴등) 타인의 재물, 문서 또는 전자기록등 특수매체기록을 손괴 또는 은닉 기타 방법으로 기 효용을 해한 자는 3년이하의 징역 또는 700만원 이하의 벌금에 처한다. 〈개정 1995. 12. 29.〉

366-1. 도로 바닥에 낙서를 하는 행위 등이 재물손괴죄 해당여부 판단기준 [대법원 2020. 3. 27., 선고, 2017도20455]

【판시사항】

[1] 재물손괴죄에서 '재물의 효용을 해한다'는 것의 의미 / 도로 바닥에 낙서를 하는 행위 등이 재물손괴죄에 해당하는지 판단하는 기준

[2] 甲 주식회사의 직원인 피고인들이 유색 페인트와 래커 스프레이를 이용하여 甲 회사 소유의 도로 바닥에 직접 문구를 기재하거나 도로 위에 놓인 현수막 천에 문구를 기재하여 페인트가 바닥으로 배어 나와 도로에 배게 하는 방법으로 다중의 위력으로써 도로의 효용을 해하였다고 하여 특수재물손괴로 기소된 사안

【판결요지】

[1] 형법 제366조의 재물손괴죄는 타인의 재물을 손괴 또는 은닉하거나 기타의 방법으로 그 효용을 해하는 경우에 성립한다. 여기에서 재물의 효용을 해한다고 함은 사실상으로나 감정상으로 재물을 본래의 사용 목적에 제공할 수 없는 상태로 만드는 것을 말하고, 일시적으로 재물을 이용할 수 없는 상태로 만드는 것도 포함한다.

특히 도로 바닥에 낙서를 하는 행위 등이 도로의 효용을 해하는 것에 해당하는지 여부는, <u>당해 도로의 용도와 기능, 그 행위가 도로의 안전표지인 노면표시 기능 및 이용자들의 통행과 안전에 미치는 영향, 그 행위가 도로의 미관을 해치는 정도, 도로의 이용자들이 느끼는 불쾌감이나 저항감, 원상회복의 난이도와 거기에 드는 비용, 그 행위의 목적과 시간적 계속성, 행위 당시의 상황 등 제반 사정을 종합하여 사회통념에 따라 판단하여야 한다.</u>

[2] 위 도로는 甲 회사의 임원과 근로자들 및 거래처 관계자들이 이용하는 도로로 산업 현장에 위치한 위 도로의 주된 용도와 기능은 사람과 자동차 등이 통행하는 데 있고, 미관은 그다지 중요한 작용을 하지 않는 곳으로 보이는 점, 피고인들이 도로 바닥에 기재한 여러 문구들 때문에 도로를 이용하는 사람들과 자동차 등이 통행하는 것 자체가 물리적으로 불가능하게 되지는 않은 점, 甲 회사의 정문 입구에 있는 과속방지턱 등을 포함하여 도로 위에 상당한 크기로 기재된 위 문구의 글자들이 차량운전자 등의 통행과 안전에 실질적인 지장을 초래하였다고 보기 어려운 점, 도로 바닥에 기재된 문구에 甲 회사 임원들의 실명과 그에 대한 모욕적인 내용 등이 여럿 포함되어 있지만, 도로의 이용자들이 이 부분 도로를 통행할 때 그 문구로 인하여 불쾌감, 저항감을 느껴 이를 본래의 사용 목적대로 사용할 수 없을 정도에 이르렀다고 보기 부족한 점, <u>도로 바닥에</u>

페인트와 래커 스프레이로 쓰여 있는 여러 문구는 아스팔트 접착용 도료로 덧칠하는 등의 방법으로 원상회복되었는데, 그다지 많은 시간과 큰 비용이 들었다고 보이지 않는 점 등을 종합하면, 피고인들이 위와 같은 방법으로 도로 바닥에 여러 문구를 써놓은 행위가 위 도로의 효용을 해하는 정도에 이른 것이라고 보기 어렵다는 이유로, 이와 달리 보아 공소사실을 유죄로 판단한 원심판결에 재물손괴죄에 관한 법리를 오해하는 등의 잘못이 있다.

---

1. 건조물 벽면에 낙서를 하거나 게시물을 부착 또는 오물을 투척하는 행위의 재물손괴죄에 해당 여부 판단 기준 [대법원 2007. 6. 28., 선고, 2007도2590]

【판시사항】

[1] 건조물의 벽면에 낙서를 하거나 게시물을 부착 또는 오물을 투척하는 행위가 재물손괴죄에 해당하는지 여부의 판단 기준

[2] 해고노동자 등이 복직을 요구하는 집회를 개최하던 중 래커 스프레이를 이용하여 회사 건물 외벽과 1층 벽면 등에 낙서한 행위는 건물의 효용을 해한 것으로 볼 수 있으나, 이와 별도로 계란 30여 개를 건물에 투척한 행위는 건물의 효용을 해하는 정도의 것에 해당하지 않는다고 본 사례

【판결요지】

[1] 형법 제366조 소정의 재물손괴죄는 타인의 재물을 손괴 또는 은닉하거나 기타의 방법으로 그 효용을 해하는 경우에 성립하는바, 여기에서 재물의 효용을 해한다고 함은 사실상으로나 감정상으로 그 재물을 본래의 사용목적에 제공할 수 없게 하는 상태로 만드는 것을 말하며, 일시적으로 그 재물을 이용할 수 없는 상태로 만드는 것도 여기에 포함된다. 특히, 건조물의 벽면에 낙서를 하거나 게시물을 부착하는 행위 또는 오물을 투척하는 행위 등이 그 건조물의 효용을 해하는 것에 해당하는지 여부는, 당해 건조물의 용도와 기능, 그 행위가 건조물의 채광·통풍·조망 등에 미치는 영향과 건조물의 미관을 해치는 정도, 건조물 이용자들이 느끼는 불쾌감이나 저항감, 원상회복의 난이도와 거기에 드는 비용, 그 행위의 목적과 시간적 계속성, 행위 당시의 상황 등 제반 사정을 종합하여 사회통념에 따라 판단하여야 한다.

---

2. 일시적으로 재물을 이용할 수 없는 상태로 만드는 것도 이에 포함되는지 여부(적극) [대법원 2017. 12. 13., 선고, 2017도10474]

【판시사항】

[1] 재물손괴죄 구성요건 중 '재물의 효용을 해한다'는 것의 의미 및 일시적으로 재물을 이용할 수 없는 상태로 만드는 것도 이에 포함되는지 여부(적극)

[2] 건조물의 외부에 그림을 그리는 행위 등이 건조물의 효용을 해하는 것에 해당하는지 판단하는 기준

【이 유】

[1] 형법 제366조의 재물손괴죄는 타인의 재물을 손괴 또는 은닉하거나 기타의 방법으로 그 효용을 해하는 경우에 성립한다. 여기에서 재물의 효용을 해한다고 함은 사실상으로나 감정상으로 그 재물을 본래의 사용목적에 제공할 수 없는 상태로 만드는 것을 말하며, 일시적으로 그 재물을 이용할 수 없는 상태로 만드는 것도 포함된다.

366-2. 홍보를 위해 광고판(홍보용 배너와 거치대)을 1층 로비에 설치해 둔 광고판을 그 장소에서 제거하여 컨테이너로 된 창고로 옮긴 경우(적극) [대법원 2018. 7. 24., 선고, 2017도18807]

【판시사항】

甲이 홍보를 위해 광고판(홍보용 배너와 거치대)을 1층 로비에 설치해 두었는데, 피고인이 乙에게 지시하여 乙이 위 광고판을 그 장소에서 제거하여 컨테이너로 된 창고로 옮겨 놓아 甲이 사용할 수 없도록 한 사안에서 비록 물질적인 형태의 변경이나 멸실, 감손을 초래하지 않은 채 그대로 옮겼더라도 위 광고판은 본래적 역할을 할 수 없는 상태로 되었으므로 피고인의 행위는 재물손괴죄에서의 재물의 효용을 해하는 행위에 해당한다.

366-3. 회사 경리사무 처리상 필요불가결한 매출계산서, 매출명세서등의 반환을 거부 한 경우(적극) [대법원 1971. 11. 23., 선고, 71도1576]

【판시사항】

회사의 경리사무 처리상 필요불가결한 매출계산서, 매출명세서등의 반환을 거부함으로써 그 문서들을 일시적으로 그와 같은 용도에 사용할 수 없게 하는 것도 그 문서의 효용을 해한 경우에 해당한다.

366-4. 자동문을 자동으로 작동하지 않고 수동으로만 개폐가 가능하게 하여 자동잠금장치로서 역할을 할 수 없도록 한 경우(적극) [대법원 2016. 11. 25., 선고, 2016도9219]

【판결요지】

재물손괴죄는 타인의 재물, 문서 또는 전자기록 등 특수매체기록을 손괴 또는 은닉 기타 방법으로 그 효용을 해한 경우에 성립한다(형법 제366조). 여기에서 손괴 또는 은닉 기타 방법으로 그 효용을 해하는 경우에는 물질적인 파괴행위로 물건 등을 본래의 목적에 사용할 수 없는 상태로 만드는 경우뿐만 아니라 일시적으로 물건 등의 구체적 역할을 할 수 없는 상태로 만들어 효용을 떨어뜨리는 경우도 포함된다. 따라서 자동문을 자동으로 작동하지 않고 수동으로만 개폐가 가능하게 하여 자동잠금장치로서 역할을 할 수 없도록 한 경우에도 재물손괴죄가 성립한다.

366-5. 어느 문서에 대한 종래의 사용상태가 문서 소유자의 의사에 반하여 또는 그와 무관하게 이루어진 경우(소극) [대법원 2015. 11. 27., 선고, 2014도13083]

【판시사항】

소유자의 의사에 따라 형성된 종래의 이용상태를 변경시켜 종래의 상태에 따른 이용을 일시적으로 불가능하게 하는 경우, 문서손괴죄가 성립하는지 여부(적극) / 어느 문서에 대한 종래의 사용상태가 문서 소유자의 의사에 반하여 또는 그와 무관하게 이루어진 경우, 문서손괴죄가 성립하는지 여부

【판결요지】

 문서손괴죄는 타인 소유의 문서를 손괴 또는 은닉 기타 방법으로 효용을 해함으로써 성립하고, 문서의 효용을 해한다는 것은 문서를 본래의 사용목적에 제공할 수 없게 하는 상태로 만드는 것은 물론 일시적으로 그것을 이용할 수 없는 상태로 만드는 것도 포함한다. 따라서 소유자의 의사에 따라 어느 장소에 게시 중인 문서를 소유자의 의사에 반하여 떼어내는 것과 같이 소유자의 의사에 따라 형성된 종래의 이용상태를 변경시켜 종래의 상태에 따른 이용을 일시적으로 불가능하게 하는 경우에도 문서손괴죄가 성립할 수 있다. 그러나 문서손괴죄는 문서의 소유자가 문서를 소유하면서 사용하는 것을 보호하려는 것이므로, 어느 문서에 대한 종래의 사용상태가 문서 소유자의 의사에 반하여 또는 문서 소유자의 의사와 무관하게 이루어진 경우에 단순히 종래의 사용상태를 제거하거나 변경시키는 것에 불과하고 손괴, 은닉하는 등으로 새로이 문서 소유자의 문서 사용에 지장을 초래하지 않는 경우에는 문서의 효용, 즉 문서 소유자의 문서에 대한 사용가치를 일시적으로도 해하였다고 할 수 없어서 문서손괴죄가 성립하지 아니한다.

---

1. 자기가 점유하는 타인소유 문서도 문서손괴죄의 객체가 되는지 여부(적극) [대법원 1984. 12. 26., 선고, 84도2290]

【판결요지】

문서손괴죄의 객체는 타인소유의 문서이며 피고인 자신의 점유하에 있는 문서라 할지라도 타인소유인 이상 이를 손괴하는 행위는 문서손괴죄에 해당한다.

366-6. 재건축사업으로 철거가 예정된 빈 아파트의 재물손괴죄 객체 여부(적극) [대법원 2010. 2. 25., 선고, 2009도8473]

【판시사항】

재건축사업으로 철거가 예정되어 있고 그 입주자들이 모두 이사하여 아무도 거주하지 않는 아파트가 재물손괴죄의 객체가 되는지 여부(적극)

【이 유】

 재건축사업으로 철거가 예정되어 있었고 그 입주자들이 모두 이사하여 아무도 거주하지 않은 채 비어 있는 아파트라 하더라도, 그 아파트 자체의 객관적 성상이 본래 사용목적인 주거용으로 사용될 수 없는 상태가 아니었고, 더욱이 그 소유자들이 재건축조합으로의 신탁등기 및 인도를 거부하는 방법으로 계속 그 소유권을 행사하고 있는 상황이었다면 위와 같은 사정만으로는 위 아파트가 재물로서의 이용가치나 효용이 없는 물건으로 되었다고 할 수 없으므로, 위 아파트는 재물손괴죄의 객체가 된다고 할 것이다(대법원 2007. 9. 20. 선고 2007도5207 판결 참조).

---

1. 본래의 용도에 사용할 수 없으나 다른 용도에 사용할 수 있는 경우와 재물손괴죄의 객체(적극) [대법원 1979. 7. 24., 선고, 78도2138]

【판결요지】

포도주 원액이 부패하여 포도주 원료로서의 효용가치는 상실되었으나, 그 산도가 1.8도 내지 6.2도에 이르고 있어 식초의 제조등 다른 용도에 사용할 수 있는 경우에는 재물손괴죄의 객체가 될 수 있다.

366-7. 타인이 인도받아 점유하고 있는 자신 소유의 비닐하우스의 열쇠를 손괴하고 그 안에 들어간 행위의 재물손괴죄 및 주거침입죄 해당여부 [대법원 2007. 3. 15., 선고, 2006도7044]

【판시사항】

타인이 인도받아 점유하고 있는 자신 소유의 비닐하우스의 열쇠를 손괴하고 그 안에 들어간 행위가 재물손괴죄 및 주거침입죄에 해당한다.

【이 유】

이 사건 비닐하우스의 소유권이 피고인에게 있다 하더라도, 피해자가 공소외인으로부터 이 사건 비닐하우스를 인도받아 점유하고 있는 이상 피고인이 함부로 이 사건 비닐하우스의 열쇠를 손괴하고 그 안에 들어간 행위는 재물손괴죄 및 주거침입죄에 해당한다.

366-8. 도시재개발법에 의한 관리처분계획의 인가·고시 이후 분양처분의 고시 이전에 재개발구역 안의 무허가 건물을 제3자가 임의로 손괴하는 경우(적극) [대법원 2004. 5. 28., 선고, 2004도434]

【판결요지】

구 도시재개발법(2002. 12. 30. 법률 제6852호로 폐지)에 의한 재개발구역 안의 무허가 건물에 대한 사실상 소유권은 관리처분계획의 인가·고시에 의하여 이에 해당하는 아파트 등을 분양받을 조합원의 지위로 잠정적으로 바뀌고, 분양처분의 고시가 있는 경우에는 같은 법 제39조 제1항 전문의 규정에 의하여 그에 대한 사실상 소유권이 소멸하고 분양받은 아파트에 대한 소유권만이 남게 되는 것이므로, 관리처분계획의 인가·고시 이후 분양처분의 고시 이전에 재개발구역 안의 무허가 건물을 제3자가 임의로 손괴할 경우 특별한 사정이 없는 한 재물손괴죄가 성립한다.

366-9. 수확되지 아니한 농작물(쪽파)에 대한 소유권 취득의 요건 [대법원 1996. 2. 23., 선고, 95도2754]

【판시사항】

[1] 수확되지 아니한 농작물(쪽파)에 대한 소유권 취득의 요건

[2] 쪽파의 명인방법을 갖추지 아니하였다는 이유로 재물손괴죄에 관하여 무죄를 선고한 원심판결을 긍인한 사례

【판결요지】

[1] 물권변동에 있어서 형식주의를 채택하고 있는 현행 민법하에서는 소유권을 이전한다는 의사 외에 부동산에 있어서는 등기를, 동산에 있어서는 인도를 필요로 함과 마찬가지로 이 사건 쪽파와 같은 수확되지 아니한 농작물에 있어서는 명인방법을 실시함으로써 그 소유권을 취득한다.

[2] 쪽파의 매수인이 명인방법을 갖추지 않은 경우, 쪽파에 대한 소유권을 취득하였다고 볼 수 없어 그 소유권은 여전히 매도인에게 있고 매도인과 제3자 사이에 일정 기간 후 임의처분의 약정

이 있었다면 그 기간 후에 제3자가 쪽파를 손괴하였더라도 재물손괴죄가 성립하지 않는다.

366-10. 영업을 방해하기 위하여 타인이 설치하려는 철조망을 영업자가 당초 놓여있던 곳으로부터 200 내지 300미터 떨어진 곳으로 옮긴 행위(소극) [대법원 1990. 9. 25., 선고, 90도1591]

【판결요지】

갑 소유였다가 약정에 따라 을 명의로 이전되었으나 권리관계에 다툼이 생긴 토지상에서 갑이 버스공용터미널을 운영하고 있는 데 을이 갑의 영업을 방해하기 위하여 철조망을 설치하려 하자 갑이 위 철조망을 가까운 곳에 마땅한 장소가 없어 터미널로부터 약 200 내지 300미터 가량 떨어진 갑 소유의 다른 토지 위에 옮겨 놓았다면 갑의 행위에는 재물의 소재를 불명하게 함으로써 그 발견을 곤란 또는 불가능하게 하여 그 효능을 해하게 하는 재물은닉의 범의가 있다고 할 수 없다.

366-11. 경락받은 공장건물을 개조하기 위하여 그 안에 시설되어 있는 타인의 자재를 적법한 절차없이 철거하게 하여 손괴한 행위(적극) [대법원 1990. 5. 22., 선고, 90도700]

【판결요지】

피고인이 경락받은 농수산물 저온저장 공장건물 중 공냉식 저온창고를 수냉식으로 개조함에 있어 그 공장에 시설된 피해자 소유의 자재에 관하여 피해자에게 철거를 최고하는 등 적법한 조치를 취함이 없이 이를 일방적으로 철거하게 하여 손괴하였다면 이는 재물손괴의 범의가 없었다고 할 수 없고 이것이 사회상규상 당연히 허용되는 것이라고 할 수도 없다.

366-12. 경리장부를 이기하는 과정에서 누계가 잘못된 부분을 찢은 행위(소극) [대법원 1989. 10. 24., 선고, 88도1296]

【판결요지】

손괴죄의 객체인 문서란 거기에 표시된 내용이 적어도 법률상 또는 사회생활상 중요한 사항에 관한 것이어야 하는 바, 이미 작성되어 있던 장부의 기재를 새로운 장부로 이기하는 과정에서 누계 등을 잘못 기재하다가 그 부분을 찢어버리고 계속하여 종전장부의 기재내용을 모두 이기하였다면 그 당시 새로운 경리장부는 아직 작성중에 있어서 손괴죄의 객체가 되는 문서로서의 경리장부가 아니라 할 것이고, 또 그 찢어버린 부분이 진실된 증빙내용을 기재한 것이었다는 등의 특별한 사정이 없는 한 그 이기과정에서 잘못 기재되어 찢어버린 부분 그 자체가 손괴죄의 객체가 되는 재산적 이용가치 내지 효용이 있는 재물이라고도 볼 수 없다.

366-13. 타인(타기관)에 접수되어 있는 자기명의 문서를 무효화시킨 경우(적극) [대법원 1987. 4. 14., 선고, 87도177]

【판결요지】

비록 자기명의의 문서라 할지라도 이미 타인(타기관)에 접수되어 있는 문서에 대하여 함부로 이를 무효화시켜 그 용도에 사용하지 못하게 하였다면 일응 형법상의 문서손괴죄를 구성한다 할 것이므로 그러한 내용의 범죄될 사실을 허위로 기재하여 수사기관에 고소한 이상 무고죄의 죄책을 면할 수 없다.

366-14. 작성명의인의 표시가 없고 별개의 계산수식만 기재되어 있음에도 문서에 해당된다고 본 사례 [대법원 1985. 10. 22., 선고, 85도1677]

【판결요지】

이건 계산서에 작성명의인의 표시가 없고 그 내용에 있어 표시가 부분적으로 생략되어 몇 개의 계산수식만 기재되어 있기는 하나 계산서의 내용, 형식, 필적등을 종합하면 그 작성명의인을 쉽게 알 수 있을 뿐 아니라 동 계산서에 기재되어 있는 계산수식만으로서도 그 내용을 객관적으로 이해하기 충분하다면, 위 계산서는 그 작성명의인의 확정적인 의사가 표시된 것이 분명하여 문서에 해당된다.

366-15. 약속어음의 발행인이 소지인으로 부터 그 어음을 교부받아 수취인란에 타인의 이름을 기재함으로써 배서의 연속을 상실케 한 경우(적극) [대법원 1985. 2. 26., 선고, 84도2802]

【판결요지】

약속어음의 발행인이 소지인에게 어음의 액면과 지급기일을 개서하여 주겠다고 하여 위 어음을 교부받은 후 위 어음의 수취인란에 타인의 이름을 추가로 기입하여 위 어음배서의 연속성을 상실하게 함으로써 그 효용을 해한 경우에는 문서손괴죄에 해당한다.

366-16. 임차인이 방치한 가재도구를 승낙없이 옮겨치워 침수로 부패된 경우(소극) [대법원 1983. 5. 10., 선고, 83도595]

【판결요지】

임차인이 가재도구를 그대로 둔 채 시골로 내려가 버린 사이에 임대인의 모인 피고인이 임차인의 승낙없이 가재도구를 옥상에 옮겨놓으면서 그 위에다 비닐장판과 비닐천 등을 덮어씌워 비가 스며들지 않게끔 하고 또한 다른 사람이 열지 못하도록 종이를 바르는 등 조치를 취하였다면 설사 그 무렵 내린 비로 침수되어 그 효용을 해하였다 하더라도 손괴의 범의가 있다고 보기 어렵다.

366-17. 허위내용의 확인서를 그 소유자 의사에 반해 작성 명의인이 손괴한 경우(적극) [대법원 1982. 12. 28., 선고, 82도1807]

【판결요지】

확인서가 소유자의 의사에 반하여 손괴된 것이라면 그 확인서가 피고인 명의로 작성된 것이고 또 그것이 진실에 반하는 허위내용을 기재한 것이라 하더라도 피고인은 문서손괴의 죄책을 면할 수 없다.

366-18. 채무담보조로 보관받은 약속어음의 지급일자를 지운 경우(적극) [대법원 1982. 7. 27., 선고, 82도223]

【판결요지】

약속어음의 수취인이 차용금의 지급담보를 위하여 은행에 보관시킨 약속어음을 은행지점장이 발행인의 부탁을 받고 그 지급기일란의 일자를 지움으로써 그 효용을 해한 경우에는 문서손괴죄가 성립한다.

366-19. 판결에 의하여 명도받은 토지의 경계에 설치한 철조망과 경고판을 치워버린 경우(적극) [대법원 1982. 7. 13., 선고, 82도1057]

【판결요지】

재물손괴죄에서의 효용을 해하는 행위에는 일시 물건의 구체적 역할을 할 수 없는 상태로 만드는 경우도 해당하므로 판결에 의하여 명도받은 토지의 경계에 설치해 놓은 철조망과 경고판을 치워 버림으로써 울타리로서의 역할을 해한 때에는 재물손괴죄가 성립한다.

366-20. 본래의 용도에 사용할 수 없으나 다른 용도에 사용할 수 있는 경우(적극) [대법원 1979. 7. 24., 선고, 78도2138]

【판결요지】

포도주 원액이 부패하여 포도주 원료로서의 효용가치는 상실되었으나, 그 산도가 1.8도 내지 6.2도에 이르고 있어 식초의 제조등 다른 용도에 사용할 수 있는 경우에는 재물손괴죄의 객체가 될 수 있다.

366-21. 우물에 연결하고 땅속에 묻어서 수도관적 역할을 하고 있는 고무호오스중 약 1.5미터를 발굴하여 우물가에 제쳐 놓음으로써 물이 통하지 못하게 한 행위(적극) [대법원 1971. 1. 26., 선고, 70도2378]

【판결요지】

우물에 연결하고 땅속에 묻어서 수도관적인 역할을 하고 있는 고무호오스중 약 1.5미터를 발굴하여 우물가에 제쳐 놓음으로써 물이 통하지 못하게 한 행위는 호오스 자체를 물질적으로 손괴한 것은 아니라 할지라도 그 구체적인 역할을 하고 있는 고무호오스 효용을 해한 것이라고 볼 수 있다.

제370조[경계침범]

> 제370조(경계침범) 경계표를 손괴, 이동 또는 제거하거나 기타 방법으로 토지의 경계를 인식 불능하게 한 자는 3년 이하의 징역 또는 500만원 이하의 벌금에 처한다. 〈개정 1995. 12. 29.〉

370-1. 법률상의 정당한 경계를 침범하는 행위가 있더라도 토지의 사실상의 경계에 대한 인식불능의 결과가 발생하지 않는 한 경계침범죄 여부(적극) [대법원 2010. 9. 9., 선고, 2008도8973]

　【판시사항】

　[1] 경계침범죄에서 '경계'의 의미 및 법률상의 정당한 경계를 침범하는 행위가 있더라도 토지의 사실상의 경계에 대한 인식불능의 결과가 발생하지 않는 한 경계침범죄가 성립하지 아니하는지 여부(적극)

　[2] 피고인이 피해자 소유의 인접한 토지를 침범하여 나무를 심고 도랑을 파내는 등의 행위를 하였다는 경계침범의 공소사실에 대하여, 피고인과 피해자 소유의 토지는 이전부터 경계구분이 되어 있지 않았고, 피고인의 행위로 새삼스럽게 토지경계에 대한 인식불능의 결과를 초래하였다고 볼 수 없다는 이유로 무죄를 선고한 원심판결을 수긍한 사례

　【이 유】

　경계침범죄는 토지의 경계에 관한 권리관계의 안정을 확보하여 사권을 보호하고 사회질서를 유지하려는 데 그 목적이 있는 것으로서, 단순히 경계표를 손괴, 이동 또는 제거하는 것만으로는 부족하고 위와 같은 행위나 기타 방법으로 토지의 경계를 인식불능하게 함으로써 비로소 성립된다 할 것인데, 여기에서 말하는 경계는 법률상의 정당한 경계인지 여부와는 상관없이 종래부터 경계로서 일반적으로 승인되어 왔거나 이해관계인들의 명시적 또는 묵시적 합의가 존재하는 등 어느 정도 객관적으로 통용되어 오던 사실상의 경계를 의미한다 할 것이므로, 설령 법률상의 정당한 경계를 침범하는 행위가 있었다 하더라도 그로 말미암아 위와 같은 토지의 사실상의 경계에 대한 인식불능의 결과가 발생하지 않는 한 경계침범죄가 성립하지 아니한다 할 것이다 (대법원 1991. 9. 10. 선고 91도856 판결, 대법원 1992. 12. 8. 선고 92도1682 판결 등 참조).

> 1. 실제상의 경계선에 부합되지는 않으나 종전부터 일반적으로 승인되어 온 경계표가 계표에 해당되는지 여부(적극) [대법원 1991. 9. 10., 선고, 91도856]
>
> 　【판시사항】
> [1] 실제상의 경계선에 부합되지는 않으나 종전부터 일반적으로 승인되어 온 경계표가 형법 제370조 소정의 계표에 해당되는지 여부(적극)
> [2] 계표의 손괴 등의 행위가 있더라도 토지경계의 인식불능의 결과가 발생하지 않은 경우의 경계침범죄의 성립 여부(소극)
>
> 　【판결요지】
> [1] 비록 실제상의 경계선에 부합되지 않는 경계표라 할지라도 그것이 종전부터 일반적으로 승인되어 온 것이라면 그와 같은 경계표는 형법 제370조 소정의 계표에 해당된다 할 것이다.

[2] 형법 제370조의 경계침범죄는 단순히 계표를 손괴하는 것만으로는 부족하고 계표를 손괴, 이동 또는 제거하거나 기타 방법으로 토지의 경계를 인식불능하게 함으로써 비로소 성립되며 계표의 손괴, 이동 또는 제거 등은 토지의 경계를 인식불능케 하는 방법의 예시에 불과하여 이와 같은 행위의 결과로서 토지의 경계가 인식불능케 됨을 필요로 하고 동죄에 대하여는 미수죄에 관한 규정이 없으므로 계표의 손괴 등의 행위가 있더라도 토지경계의 인식불능의 결과가 발생하지 않은 한 본죄가 성립될 수 없다.

2. 일시적인 경계표도 경계침범죄의 객체에 해당하는지(적극) [대법원 1999. 4. 9., 선고, 99도480]

【판시사항】
[1] 경계침범죄에 있어서 경계의 의미
[2] 일시적인 경계표도 경계침범죄의 객체에 해당하는지 여부(적극)

【판결요지】
[1] 형법 제370조에서 말하는 경계는 반드시 법률상의 정당한 경계를 말하는 것이 아니고 비록 법률상의 정당한 경계에 부합되지 아니하는 경계라고 하더라도 이해관계인들의 명시적 또는 묵시적 합의에 의하여 정하여진 것이면 이는 이 법조에서 말하는 경계라고 할 것이다.
[2] 형법 제370조에서 말하는 경계표는 그것이 어느 정도 객관적으로 통용되는 사실상의 경계를 표시하는 것이라면 영속적인 것이 아니고 일시적인 것이라도 이 죄의 객체에 해당한다.

3. 수목·유수 등 자연물도 경계침범죄의 '경계'를 이루는 경계표가 될 수 있는지 여부(적극) [대법원 2007. 12. 28., 선고, 2007도9181]

【판시사항】
[1] 경계침범죄에서 '경계'의 의미 및 종래 통용되어 오던 사실상의 경계가 법률상 정당한 경계인지 다툼이 있을지라도 여전히 이에 해당하는지 여부(한정 적극)
[2] 수목·유수 등 자연물도 경계침범죄의 '경계'를 이루는 경계표가 될 수 있는지 여부(적극)
[3] 토지의 경계에 관하여 다툼이 있던 중 경계선 부근의 조형소나무 등을 뽑아내고 그 부근을 굴착하여 경계를 불분명하게 한 행위가 경계침범행위에 해당한다.

【이 유】
[1] '경계'는 반드시 법률상의 정당한 경계를 가리키는 것은 아니고, 비록 법률상의 정당한 경계에 부합되지 않는 경계라 하더라도 그것이 종래부터 일반적으로 승인되어 왔거나 이해관계인들의 명시적 또는 묵시적 합의에 의하여 정해진 것으로서 객관적으로 경계로 통용되어 왔다면 이는 본조에서 말하는 경계라 할 것이고 (대법원 1976. 5. 25. 선고 75도2564 판결, 대법원 1986. 12. 9. 선고 86도1492 판결 등 참조), 따라서 그와 같이 종래 통용되어 오던 사실상의 경계가 법률상의 정당한 경계인지 여부에 대하여 다툼이 있다고 하더라도, 그 사실상의 경계가 법률상 정당한 경계가 아니라는 점이 이미 판결로 확정되었다는 등 경계로서의 객관성을 상실하는 것으로 볼 만한 특단의 사정이 없는 한, 여전히 본조에서 말하는 경계에 해당되는 것이라고 보아야 할 것이다.
[2] 경계를 표시하는 경계표는 반드시 담장 등과 같이 인위적으로 설치된 구조물만을 의미하는 것으로 볼 것은 아니고, 수목이나 유수 등과 같이 종래부터 자연적으로 존재하던 것이라도 경계표지로 승인된 것이면 여기의 경계표에 해당한다고 할 것이다.

370-2. 형법 제370조 소정 계표의 의의 [대법원 1986. 12. 9., 선고, 86도1492]

【판결요지】

형법 제370조의 경계침범죄는 토지의 경계에 관한 권리관계의 안정을 확보하여 사권을 보호하고 사회질서를 유지하려는데 그 규정목적이 있으므로 비록 실체상의 경계선에 부합되지 않는 경계표라 할지라도 그것이 종전부터 일반적으로 승인되어 왔다거나 이해관계인들의 명시적 또는 묵시적 합의에 의하여 정하여진 것이라면 그와 같은 경계표는 위 법조 소정의 계표에 해당된다 할 것이고 반대로 기존경계가 진실한 권리상태와 맞지 않는다는 이유로 당사자의 어느 한쪽이 기존경계를 무시하고 일방적으로 경계측량을 하여 이를 실체권리관계에 맞는 경계라고 주장하면서 그 위에 계표를 설치하더라도 이와 같은 경계표는 위 법조에서 말하는 계표에 해당되지 않는다.

370-3. 건물의 처마가 타인소유의 가옥지붕위로 나오게 한 경우 경계침범죄 성부(소극) [대법원 1984. 2. 28., 선고, 83도1533]

【판결요지】

피고인이 건물을 신축하면서 그 건물의 1층과 2층 사이에 있는 처마를 피해자소유의 가옥 지붕위로 나오게 한 사실만으로는 양토지의 경계가 인식불능되었다고 볼 수 없으므로 경계침범죄의 구성요건에 해당하지 아니한다.

370-4. 경계침범죄는 계표를 손괴, 이동, 또는 제거하거나 기타방법으로 토지의 경계를 인식불능케 함으로 성립한다. [대법원 1972. 2. 29., 선고, 71도2293]

【판결요지】

경계 침범 죄는 계표를 손괴 이동 또는 제거하거나 기타 방법으로 토지의 경계를 인식 불능하게 함으로써 성립하는 것이므로 계표의 손괴 등의 행위가 있다 하더라도 토지경계의 인식불능의 결과가 발생하지 않는 한 경계 침범죄가 성립하지 아니한다.

수사실무총서 등대지기 **Ⅴ** **(2023년판)**

실무 형법판례집 저자 / 박태곤. 유경일

profile

주요약력

박 태 곤
‣ 1980. 4. 경찰공무원 임용
‣ 전남청 수사직무학교 교관(2000년~2007년)
‣ 경찰청 제1회 전문수사관 인증취득(금융경제범죄)
‣ 前 순천서 형사과장, 수사과장(경정)
‣ 前 여수서 수사과장, 형사과장
‣ 前 목포서 형사과장, 수사과장
‣ 前 전남경찰청 지능범죄수사대장
‣ 前 광양서 수사과장
‣ 前 청암대학교 외래교수

주요저서

‣ 주관식 형사소송법(고시뱅크)
‣ 수사서류작성요령(등대지기 Ⅰ)
‣ 형법(등대지기 Ⅱ)
‣ 형사특별법(등대지기 Ⅲ)
‣ 여성·청소년범죄(등대지기 Ⅳ)
‣ 특사경수사지침서(등대지기 Ⅴ)
‣ 요양보호사국가시험 요약집 및 문제집

주요약력

유 경 일
‣ 2005. 11. 경찰공무원 임용
‣ 現 경찰청 혁신기획조정담당관실(경감)

개정 2판 발행 2023년 1월 10일 / 초판 발행 2021년 5월 10일
저자 : 박태곤, 유경일 / 발행인 : 김현호 / 발행처 : 법문북스
주소 : 서울 구로구 경인로 54길 4
전화 : (02) 2636-2911~2 / FAX (02) 2636-3012
homepage : www.lawb.co.kr
ISBN : 978-89-7535-948-4(93360)
가격 : 180,000원